PROCESSO CONSTITUCIONAL

Diretora de Conteúdo e Operações Editoriais
JULIANA MAYUMI ONO

Gerente de Conteúdo
MILISA CRISTINE ROMERA

Editorial: Aline Marchesi da Silva, Diego Garcia Mendonça, Karolina de Albuquerque Araújo Martino e Quenia Becker

Gerente de Conteúdo Tax: Vanessa Miranda de M. Pereira

Direitos Autorais: Viviane M. C. Carmezim

Assistente de Conteúdo Editorial: Juliana Menezes Drumond

Analista de Operações Editoriais: Alana Fagundes Valério

Analista de Conteúdo Editorial Júnior: Bárbara Baraldi

Estagiárias: Ana Amalia Strojnowski, Bruna Mestriner e Mirna Adel Nasser

Produção Editorial
Coordenação
ANDRÉIA R. SCHNEIDER NUNES CARVALHAES

Especialistas Editoriais: Gabriele Lais Sant'Anna dos Santos e Maria Angélica Leite

Analista de Projetos: Larissa Gonçalves de Moura

Analistas de Operações Editoriais: Caroline Vieira, Damares Regina Felício, Danielle Castro de Morais, Mariana Plastino Andrade, Mayara Macioni Pinto, Patrícia Melhado Navarra e Vanessa Mafra

Analistas de Qualidade Editorial: Ana Paula Cavalcanti, Fernanda Lessa, Thaís Pereira e Victória Menezes Pereira

Designer Editorial: Lucas Kfouri

Estagiárias: Bianca Satie Abduch, Maria Carolina Ferreira, Sofia Mattos e Tainá Luz Carvalho

Capa: Linotec

Líder de Inovações de Conteúdo para Print
CAMILLA FUREGATO DA SILVA

Equipe de Conteúdo Digital
Coordenação
MARCELLO ANTONIO MASTROROSA PEDRO

Analistas: Gabriel George Martins, Jonatan Souza, Maria Cristina Lopes Araujo e Rodrigo Araujo

Gerente de Operações e Produção Gráfica
MAURICIO ALVES MONTE

Analista de Produção Gráfica: Aline Ferrarezi Regis e Jéssica Maria Ferreira Bueno

Assistente de Produção Gráfica: Ana Paula de Araújo Evangelista

Dados Internacionais de Catalogação na Publicação (CIP)
(Câmara Brasileira do Livro, SP, Brasil)

Processo Constitucional / Organizadores Paula Pessoa, Cleverton Cremonese ; Coordenação Luiz Guilherme Marinoni, Ingo Wolfgang Sarlet. -- 2. ed. rev., atual. e ampl. -- São Paulo : Thomson Reuters Brasil, 2021.

"Associação Brasileira de Direito Processual Constitucional"
Vários autores.
Bibliografia.
ISBN 978-65-5991-909-3

1. Direito constitucional 2. Direito constitucional - Brasil 3. Direito processual 4. Direito processual - Brasil I. Pessoa, Paula. II. Cremonese, Cleverton. III. Marinoni, Luiz Guilherme. IV. Sarlet, Ingo Wolfgang.

21-67830
CDU-342:347.9(81)

Índices para catálogo sistemático:
1. Brasil : Processo Constitucional : Direito 342:347.9(81)
Cibele Maria Dias - Bibliotecária - CRB-8/9427

Luiz Guilherme
MARINONI

Ingo Wolfgang
SARLET

Coordenadores

PROCESSO CONSTITUCIONAL

Associação Brasileira de
Direito Processual Constitucional

Cleverton Cremonese
Paula Pessoa
Organizadores

2ª EDIÇÃO
revista, atualizada e ampliada

THOMSON REUTERS
REVISTA DOS TRIBUNAIS™

PROCESSO CONSTITUCIONAL
Associação Brasileira de Direito Processual Constitucional

Organizadores
PAULA PESSOA e CLEVERTON CREMONESE

Coordenação
LUIZ GUILHERME MARINONI E INGO WOLFGANG SARLET

2ª edição revista, atualizada e ampliada.
1ª edição: 2019.

Diagramação eletrônica: Linotec Fotocomposição e Fotolito Ltda., CNPJ 60.442.175/0001-80
Impressão e encadernação: Paym Gráfica e Editora Ltda., CNPJ 02.514.013/0001-04

© desta edição [2021]
THOMSON REUTERS BRASIL CONTEÚDO E TECNOLOGIA LTDA.

Juliana Mayumi Ono
Diretora Responsável

Av. Dr. Cardoso de Melo, 1855 – 13º andar – Vila Olímpia
CEP 04548-005, São Paulo, SP, Brasil

TODOS OS DIREITOS RESERVADOS. Proibida a reprodução total ou parcial, por qualquer meio ou processo, especialmente por sistemas gráficos, microfílmicos, fotográficos, reprográficos, fonográficos, videográficos. Vedada a memorização e/ou a recuperação total ou parcial, bem como a inclusão de qualquer parte desta obra em qualquer sistema de processamento de dados. Essas proibições aplicam-se também às características gráficas da obra e à sua editoração. A violação dos direitos autorais é punível como crime (art. 184 e parágrafos, do Código Penal), com pena de prisão e multa, conjuntamente com busca e apreensão e indenizações diversas (arts. 101 a 110 da Lei 9.610, de 19.02.1998, Lei dos Direitos Autorais).

Os autores gozam da mais ampla liberdade de opinião e de crítica, cabendo-lhes a responsabilidade das ideias e dos conceitos emitidos em seus trabalhos.

CENTRAL DE RELACIONAMENTO THOMSON REUTERS SELO REVISTA DOS TRIBUNAIS
(atendimento, em dias úteis, das 09h às 18h)
Tel. 0800-702-2433
e-mail de atendimento ao consumidor: sacrt@thomsonreuters.com
e-mail para submissão dos originais: aval.livro@thomsonreuters.com
Conheça mais sobre Thomson Reuters: www.thomsonreuters.com.br
Acesse o nosso *eComm*
www.livrariart.com.br
Impresso no Brasil [07-2021]
Profissional
Fechamento desta edição [02.06.2021]

ISBN 978-65-5991-909-3

SUMÁRIO

APRESENTAÇÃO 33

CORTES CONSTITUCIONAIS EM PERSPECTIVA COMPARADA

1. EL TRIBUNAL CONSTITUCIONAL ESPAÑOL COMO "TRIBUNAL DE CONFLICTOS"

    José María Porras Ramírez 39

    Introducción 39

    1. Los conflictos de competencia entre el Estado y las comunidades autónomas, o de éstas entre sí 40

        a) El conflicto positivo 40

        b) El conflicto negativo 49

    2. Los conflictos entre órganos constitucionales del Estado 51

    3. Las impugnaciones reguladas en el Título V LOTC 54

    4. El conflicto en defensa de la autonomía local 56

2. LA JUSTICIA CONSTITUCIONAL EN EUROPA ENTRE LAS DOS GUERRAS: EL ORIGEN DEL «MODELO EUROPEO» DE JUSTICIA CONSTITUCIONAL

    Marco Olivetti 67

    1. Introducción 67

    2. Tres observaciones sobre la jurisdicción constitucional en Suiza 70

    3. El Tribunal Constitucional de Checoslovaquia 73

        3.1. Composición, competencias, sentencias 73

        3.2. El Tribunal constitucional checoslovaco en la realidad constitucional de la República Checoslovaca entre 1920 y 1938 76

    4. El Tribunal Constitucional de Austria 77

4.1. Los poderes del Tribunal Constitucional austríaco según el texto original de la Constitución de 1920 78

4.2. La reforma constitucional de 1929 80

4.3. ¿El Tribunal Constitucional austríaco como arquetipo del «modelo europeo» de justicia constitucional? 81

4.4. ¿Una corte «kelseniana»? 82

5. La justicia constitucional en la República de Weimar 84

5.1. El *Staatsgerichtshof* (Tribunal de Estado) 84

5.2. El *Reichsgericht* (Tribunal del *Reich*) 86

5.3. El desarrollo «espontáneo» del control difuso de constitucionalidad de las leyes 87

5.4. La República de Weimar como teatro del gran debate sobre la justicia constitucional 89

6. La justicia constitucional en la Segunda República española: antecedentes 91

6.1. El Tribunal de Garantías Constitucionales prevista por la Constitución de 1931 93

6.2. Los efectos de las sentencias de inconstitucionalidad 95

7. Algunas observaciones críticas sobre el origen del modelo europeo de justicia constitucional 96

7.1. Justicia constitucional, democracia y Estado de derecho 96

7.2. ¿La aparición espontánea del control difuso? 99

7.3. Justicia constitucional y autonomías territoriales 100

7.4. Justicia constitucional, Estado de derecho y derechos fundamentales 101

3. I DIFFERENTI LIVELLI DI PROTEZIONE DEI DIRITTI: UN INVITO A RIPENSARE I MODELLI

Roberto Romboli 103

1. Premessa 104

2. Protezione dei diritti e modello di giustizia costituzionale previsto in Italia 105

3. Protezione dei diritti e modello di ordinamento giudiziario previsto in Italia 107

4. La concreta realizzazione del modello di giustizia costituzionale con riguardo alla protezione dei diritti: l'obbligo di interpretazione conforme come avvicinamento del modello accentrato a quello diffuso............. 108

5. La concreta realizzazione del modello di ordinamento giudiziario con riguardo alla protezione dei diritti: le garanzie di autonomia, indipendenza e imparzialità della magistratura... 112

6. Criticità nella protezione dei diritti: A) L'inerzia del legislatore ed i suoi riflessi sulla tutela dei diritti che trovano fondamento nella Costituzione e dei diritti che si fondano invece sulla legge.. 114

7. Segue: i limiti all'intervento "creativo" del Giudice costituzionale e dei giudici comuni (i c.d. nuovi diritti) e la diversa legittimazione del diritto giurisprudenziale rispetto al diritto politico.. 116

8. B) Le c.d. zone franche della giustizia costituzionale: le leggi per le quali è più difficile attivare il controllo della Corte costituzionale............... 118

9. Segue: il ricorso alla Corte Edu o alla Corte di giustizia come rimedio alle lacune derivanti dal modello di giustizia costituzionale nazionale.... 119

10. Il possibile disorientamento di fronte ad una pluralità di modelli: i giudizi davanti alla Corte costituzionale, alla Corte di Strasburgo ed alla Corte di Lussemburgo 122

11. L'esigenza di un ripensamento del modello: A) la previsione di un ricorso individuale diretto e le sue differenti "stagioni".................................... 124

12. Segue: la "stagione" attuale e le ragioni per riflettere nuovamente sul tema. Il recente caso della legge elettorale e la forzatura, da parte della Corte, del modello e dei suoi caratteri... 126

13. Segue: un ricorso individuale diretto per coprire le c.d. zone franche oppure per sanzionare una violazione dei diritti ad opera dell'autorità giudiziaria. Rilievi critici... 129

14. B) Una proposta provocatoria: la trasformazione del nostro modello "misto" in un modello "duale", con previsione di un modello diffuso accanto a quello accentrato. La riconduzione ad unità di modello dei giudizi davanti alla Corte costituzionale, alla Corte di Strasburgo ed alla Corte di Lussemburgo: l'alternativa fra disapplicazione e proponimento della questione di costituzionalità.. 132

JURISDIÇÃO CONSTITUCIONAL: JUSTIFICAÇÃO, LIMITES, DIÁLOGOS INTERINSTITUCIONAIS E LEGITIMIDADE

4. VISIÓN SUSTANCIALISTA DEL PROCESO DE CONTROL CONSTITUCIONAL: ANÁLISIS ECONÓMICO

    Álvaro Pérez Ragone 139

1. Introducción 139
2. El problema de la institucionalidad 142
3. Política, diseño constitucional y economía 145
4. Enfoque comparado constitucional y control de "lo constitucional": relecturas de Kelsen y Schmitt 153
5. El problema de la revisión contramayoritaria de los tribunales constitucionales 158
6. Conclusiones 162

5. A JUSTIÇA CONSTITUCIONAL E AS SUAS RELAÇÕES DE TENSÃO COM OS DEMAIS PODERES DO ESTADO

    Carlos Blanco de Morais 163

Introdução 164
1. Como enquadrar a Justiça constitucional entre os poderes do Estado? ... 164
   1.1. Serão os chamados Tribunais Constitucionais, jurisdições idênticas às demais? 165
      1.1.1. Designação dos juízes 166
      1.1.2. Funções de custódia da ordem jurídica e política ... 166
      1.1.3. Metódica e tipos de decisão 166
      1.1.4. Um novo poder a par do legislativo, executivo e judicial? ... 169
2. O princípio da separação de poderes ainda é o que era? 170
   2.1. Mutações na morfologia do princípio da separação de poderes derivadas de transformações nas funções e nos fins do Estado 171
3. Tipologia das tensões em sede de separação de poderes protagonizadas pela Justiça Constitucional 172
   3.1. Tensões de baixa intensidade 173
      3.1.1. No exercício comum da atividade de controlo ... 173
      3.1.2. Em decisões que arbitram conflitos entre poderes ... 173
   3.2. Tensões de intensidade moderada 174

SUMÁRIO | 9

    3.2.1. Decisões de mutação constitucional sem reação imediata dos poderes afetados 174

    3.2.2. Tensão entre órgãos do poder judicial com *overruling* de decisões manipulativas da Justiça Constitucional pelos tribunais ordinários 175

  3.3. Tensões de intensidade elevada 175

    3.3.1. Inviabilização de política pública com resposta do órgão político em sede de emenda constitucional (*overruling* legislativo de decisão da Justiça Constitucional) 175

    3.3.2. Declaração de inconstitucionalidade de emendas constitucionais 176

    3.3.3. Tribunal em ostensiva divergência com as políticas públicas do Executivo em tempo de crise financeira e atuando como poder moderador 177

    3.3.4. Intromissão da Justiça Constitucional na organização interna dos outros poderes 179

  3.4. Tensões de alta intensidade 180

    3.4.1. A ameaça de *Court Packing* nos Estados Unidos 180

    3.4.2. Enfrentamento entre o Tribunal Constitucional espanhol e o Supremo Tribunal de Justiça 181

    3.4.3. As crises polaca e húngara 181

4. Nota sobre o ativismo da Justiça constitucional e historial da ineficiência dos remédios dos órgãos políticos para o conter: a experiência norte-americana 182

5. Do respeito do princípio da separação de poderes pelos Tribunais Constitucionais e o problema da sua controlabilidade 184

6. ENTRE O DIREITO E A POLÍTICA: LIMITAÇÃO E LEGITIMIDADE DA ATUAÇÃO JURISDICIONAL

  CAROLINA FONTES VIEIRA 187

  1. Introdução 187

  2. Ascensão do Poder Judiciário no Brasil 189

  3. Parâmetros de legitimação 201

  4. Considerações finais 209

7. LA JURISDICCIÓN CONSTITUCIONAL EN AMÉRICA LATINA: LOS RETOS Y DESAFÍOS YA ENTRADO EL SIGLO XXI

    César Landa 211
    I. Introducción 211
    II. Sobre la jurisdicción constitucional 215
    III. Génesis y evolución de la jurisdicción constitucional 216
    IV. El caso del control constitucional de las leyes (control abstracto – dimensión objetiva) 218
    V. El caso de la tutela de los derechos fundamentales (dimensión subjetiva) 222
    VI. El diálogo jurisprudencial: ¿es suficiente y eficiente? 227
    VII. A modo de conclusión y un *excursus*: los retos y desafíos siguen siendo los mismos, pero hay nuevas tareas pendientes 232

8. CORTE CONSTITUCIONAL E DIÁLOGOS INSTITUCIONAIS

    Clèmerson Merlin Clève e Bruno Meneses Lorenzetto 235
    Introdução 235
    1. Aprofundando um pouco mais a discussão 236
    2. A estrutura dos diálogos 240
    3. A promessa (normativa) do diálogo 244
    4. Diálogos institucionais no Brasil 246
    Considerações finais 248
    Referências 250

9. DESAFIOS AO CONSTITUCIONALISMO BRASILEIRO NOS 30 ANOS DA CONSTITUIÇÃO CIDADÃ: A CRISE E AS POSSIBILIDADES EM FACE DA JURISDIÇÃO CONSTITUCIONAL

    Diogo Bacha e Silva e Alexandre Gustavo Melo Franco de Moraes Bahia 253
    Introdução 253
    1. Contexto histórico da formação da Jurisdição Constitucional na América Latina 256
    2. A Jurisdição Constitucional na América Latina nas novas Constituições do fim do Século XX e Início do Século XXI 267
    3. Considerações finais 270

10. PROTAGONISMO INSTITUCIONAL DO PODER JUDICIÁRIO NO ESTADO CONTEMPORÂNEO: REFLEXÕES SOBRE A JUDICIALIZAÇÃO, O ATIVISMO JUDICIAL E A AUTONOMIA PROCESSUAL DA JUSTIÇA CONSTITUCIONAL

    Guilherme Peña de Moraes 273

    1. Introdução 273

    2. Judicialização da política 274

    3. Protagonismo judicial 275

    4. Ativismo Judicial 277

        4.1. Definição 277

        4.2. Tipologia 278

    5. Ativismo extrajudicial 278

    6. Ativismo dialógico 279

    7. Ativismo procedimental 280

    8. Limitação 280

    9. Discriminação ou preconceito 281

    10. Deliberação popular 281

    11. Funcionamento da democracia 282

    12. Capacidade técnica 282

    13. Proteção deficiente dos direitos das gerações futuras 283

    14. Conclusão 283

11. CONSTITUCIÓN REFORMADA EN 2005, TRATADOS INTERNACIONALES Y CONTROL DE CONSTITUCIONALIDAD

    Humberto Nogueira Alcalá 285

    1. Introducción 285

    2. Los tratados internacionales después de la reforma constitucional de 2005 291

    3. El sistema de control de constitucionalidad desde la entrada en vigencia de la reforma de 2005 300

    4. Consideraciones finales 306

12. EL DEBATE SOBRE LA ÚLTIMA PALABRA: REFLEXIONES SOBRE EL DESARROLLO DEL CONTROL CONSTITUCIONAL

 Jorge Alejandro Amaya 309

 I. Introducción. Los debates históricos sobre la última palabra constitucional 309

 II. La constitucionalización del Derecho Internacional y la internacionalización del Derecho Constitucional. Las cláusulas "puente" 315

 III. El principio de supremacía constitucional en la República Argentina y su evolución 316

 IV. El nacimiento y desarrollo del control de convencionalidad en la jurisprudencia de la CorteIDH 320

 V. La recepción del control de convencionalidad por parte de la Corte Suprema de Justicia de la Nación Argentina. Una jurisprudencia cambiante. Distintas etapas 322

 VI. ¿Cómo resolvemos el debate sobre la última palabra? 326

13. PRÓ-MAJORITARIEDADE *VERSUS* CONTRAMAJORITARIEDADE: A CONSTRUÇÃO DO CAPITAL POLÍTICO DA JURISDIÇÃO CONSTITUCIONAL

 Pedro Felipe de Oliveira Santos 329

 Prólogo 329

 1. Introdução 330

 2. Constituições e jurisdição constitucional como instituições políticas ... 335

 3. Para além da jurisdição constitucional contramajoritária: proteção de direitos fundamentais na pauta majoritária? 341

 4. Uma nova tipologia de funções para a jurisdição constitucional: o Supremo Tribunal Federal sob a égide da Constituição de 1988 346

 5. Conclusão 355

14. A FUNÇÃO ILUMINISTA DOS TRIBUNAIS CONSTITUCIONAIS E O "HEROÍSMO MORAL CLARIVIDENTE": UM CONTRAPONTO AO EMPREENDIMENTO TEÓRICO DE LUÍS ROBERTO BARROSO

 Samuel Sales Fonteles 357

 1. Introdução: os pontos cegos dos tribunais e a rara capacidade de "heroísmo moral clarividente" 357

2. Confrontando a função iluminista das Cortes Constitucionais com os autênticos iluministas: uma acareação entre Luís Roberto Barroso, Immanuel Kant, Montesquieu, Rousseau e John Locke 362

    2.1. O primeiro degrau: o "enigma do se" 367

        2.1.1. O oximoro do desacordo moral razoável que só admite uma única solução moral razoável 368

        2.1.2. A ausência de dons premonitórios e a perigosa bússola da dignidade humana 373

        2.1.3. A alucinação teórica da chamada constituição invisível (Laurence Tribe): o Rei está nu! 377

    2.2. O segundo degrau: o "enigma do quando" 381

    2.3. Desconstruindo a visão romantizada sobre a mais simbólica decisão iluminista: Brown v. Board of Education (1954) 383

3. Conclusão 388

METODOLOGIA DE JULGAMENTO E "ESTILO" DAS DECISÕES NAS CORTES SUPREMAS

15. TRANSPARÊNCIA E CONFIDENCIALIDADE NA DELIBERAÇÃO JUDICIAL: PONDERAÇÕES SOBRE O PROCESSO DECISÓRIO DO STF

    Bruno Marzullo Zaroni 393

    1. Transparência e confidencialidade na deliberação judicial 393

    2. A dinâmica decisória do STF 398

    3. O paradoxo da deliberação pública 401

    4. Reflexões finais 413

16. ESTILO DAS DECISÕES DO SUPREMO TRIBUNAL FEDERAL: COMO DECIDE O INTÉRPRETE SUPREMO DA CONSTITUIÇÃO?

    Naiara Posenato 415

17. QUAL REGRA DE DECISÃO PARA A JURISDIÇÃO CONSTITUCIONAL: MAIORIAS OU SUPERMAIORIAS? UMA VELHA DISCUSSÃO NÃO TÃO CONHECIDA NA HISTÓRIA CONSTITUCIONAL

    Paula Pessoa Pereira 443

    1. Observações iniciais 443

2. Constitucionalismo norte-americano e a regra supermajoritária como proposta para a Suprema Corte 444
3. Constitucionalismo brasileiro e a regra supermajoritária como proposta para o Supremo Tribunal Federal 453
   3.1. Discussão no espaço legislativo 453
   3.2. Discussão no campo doutrinário 474
4. Considerações finais 480

EFICÁCIA DAS DECISÕES CONSTITUCIONAIS

18. EFEITO VINCULANTE E STF: É CORRETO NEGAR A TRANSCENDÊNCIA DOS MOTIVOS DETERMINANTES DAS DECISÕES?
    Ana Paula Oliveira Avila 485
    1. Introdução 485
    2. A controvérsia jurisprudencial e suas consequências práticas 487
    3. A função das decisões da jurisdição constitucional 491
    4. Efeito vinculante: origens, significado e função 495
    5. Um argumento possivelmente conclusivo: a interpretação do dispositivo de uma decisão 501
    6. Considerações finais 506

19. PROCESSO CONSTITUCIONAL E INTEGRIDADE JURISPRUDENCIAL
    André Ramos Tavares 507
    1. A integridade jurisprudencial: elementos iniciais 507
    2. A proteção da confiança no processo constitucional 509
    3. Modulação *pro futuro* como política judicial 514

20. ABSTRATIVIZAÇÃO DO *JUDICIAL REVIEW* NO BRASIL: ALCANCE EFICACIAL DO ART. 525, § 12, DO CÓDIGO DE PROCESSO CIVIL E MUTAÇÃO CONSTITUCIONAL
    Fabrício Muraro Novais 517
    Considerações introdutórias 517
    1. Estado democrático de direito, filtragem constitucional e controle de constitucionalidade das leis no Brasil 519

2. Sistema de justiça constitucional e modelos de controle de constitucionalidade no Brasil 523

3. Abstrativização do controle difuso, mutação constitucional e alcance eficacial do art. 525, § 12, do Código de Processo Civil 529

Considerações finais 534

21. A EFICÁCIA TEMPORAL DAS DECISÕES DE DECLARAÇÃO DE INCONSTITUCIONALIDADE COM FORÇA OBRIGATÓRIA GERAL: UM OLHAR LUSO-BRASILEIRO

  Fernando Alves Correia 537

 I. Introdução 537

 II. As soluções do ordenamento jurídico-constitucional português 539

  1. O princípio da eficácia *ex tunc* 539

  2. A faculdade de delimitação de efeitos 545

  3. O efeito repristinatório 546

  4. Limitação dos efeitos *in futuro* 549

 III. As soluções do ordenamento jurídico-constitucional brasileiro 553

 IV. Breve nota conclusiva 558

22. A FUNÇÃO NORMATIVA DAS SENTENÇAS CONSTITUCIONAIS

  Francisco Balaguer Callejón 561

 1. Introdução 561

 2. A função normativa da jurisdição constitucional 562

 3. Características da função normativa das sentenças constitucionais 563

  3.1. Complexidade 563

  3.2. Complementaridade 565

  3.3. Caráter fragmentário 566

 4. Limites da função normativa das sentenças constitucionais 568

  4.1. O princípio democrático como limite e legitimação 568

  4.2. A divisão de poderes 570

 5. O valor normativo das sentenças constitucionais 570

23. A MODULAÇÃO DOS EFEITOS DA DECISÃO: ANÁLISE E CRÍTICA AO INSTITUTO

    Marco Aurélio Mello 573
1. Introdução 573
2. A modulação de efeitos e a jurisprudência do Supremo 574
3. Conclusão 585

INTERPRETAÇÃO CONFORME A CONSTITUIÇÃO

24. A INTERPRETAÇÃO CONFORME DIANTE DO CONTROLE DIFUSO DE CONSTITUCIONALIDADE

    Luiz Guilherme Marinoni 589
1. Introdução 590
2. A interpretação conforme como método de interpretação 591
3. A interpretação conforme no modelo do controle da constitucionalidade 593
4. O problema da interpretação conforme no direito brasileiro 596
5. A jurisprudência brasileira diante da questão constitucional perante os órgãos fracionários dos tribunais 598
6. O dever de o juiz buscar a interpretação conforme, antes de suscitar a inconstitucionalidade à Corte Constitucional, no sistema italiano 604
7. Interpretação conforme e decisão manipulativa na Corte Constitucional italiana 607
8. Interpretação conforme e instituição de norma compatível com a Constituição a despeito do significado do dispositivo legal 612
9. Limites da "reconstrução" da norma em sede de controle de constitucionalidade 619
10. Justificativa da possibilidade da correção da norma inconstitucional... 625
11. Quando a interpretação conforme e a decisão manipulativa são confundidas: a jurisprudência do Supremo Tribunal Federal e a sua consequência 627
12. A interpretação conforme *apenas colabora* diante do controle de constitucionalidade 633
13. A importância de separar interpretação conforme e correção de norma inconstitucional no sistema brasileiro 633

13.1. Porque o raciocínio de controle incidental de constitucionalidade pressupõe o exaurimento da tentativa de interpretação conforme 633

13.2. Para eliminar a confusão entre as atribuições do órgão fracionário e as do plenário ou do órgão especial no controle incidental realizado perante os Tribunais, inclusive diante do Superior Tribunal de Justiça 635

13.3. Para que se evite a mistura dos raciocínios aptos à interpretação conforme e à correção da norma inconstitucional 636

13.4. Para colaborar para a definição da Corte Suprema incumbida de atribuir sentido à lei perante a Constituição e para que as funções do Superior Tribunal de Justiça e do Supremo Tribunal Federal possam ser racionalizadas 637

25. SULL'INTERPRETAZIONE CONFORME A COSTITUZIONE DELLE LEGGI

Marco Ruotolo 643

1. Premessa. Sull'ampliamento dei poteri interpretativi dei giudici comuni... 643
2. Sui limiti dell'interpretazione "meramente" letterale 647
3. La tecnica dell'interpretazione conforme a Costituzione nella giurisprudenza costituzionale 651

    3.1. a) la questione dell'omessa ricerca di una soluzione conforme a Costituzione quale ragione di inammissibilità 655

    3.2. b) l'evoluzione che porta a ritenere che lo sforzo del giudice nella predetta ricerca può dirsi soddisfatto da una idonea motivazione circa le ragioni che lo inducono a ritenere improbabile l'esito ermeneutico conforme a Costituzione............. 656

    3.3. c) i limiti dell'interpretazione conforme e la questione della disapplicazione 658

26. BREVI CENNI SULLA STORIA DELLA COSTITUZIONALIZZAZIONE ITALIANA: CONFLITTI INTERPRETATIVI E CONFLITTI FRA CORTI

Susanna Pozzolo 663

1. Conflitti fra le corti............. 663
2. Decisioni ed evoluzioni interpretative. Conflitti di uguaglianza 666
3. Verso l'uguaglianza (?) 671
4. A mo' di conclusione provvisoria............. 674

POSSIBILIDADES INSTITUCIONAIS E PROCEDIMENTAIS DO CONTROLE INCIDENTAL: RECURSO EXTRAORDINÁRIO E REPERCUSSÃO GERAL

27. O INCIDENTE DE RESOLUÇÃO DE RECURSOS EXTRAORDINÁRIOS REPETITIVOS E AS AUDIÊNCIAS PÚBLICAS NO SUPREMO TRIBUNAL FEDERAL

    Alexandre Freire 677

1. Considerações gerais... 677
2. Natureza jurídica e estrutura do incidente de resolução dos recursos extraordinários repetitivos 681
    2.1. Incidente processual: conceito, características e outras categorias relacionadas... 682
    2.2. Questão incidental... 685
        2.2.1. Conceitos e características.................................... 685
            2.2.1.1. Acessoriedade 686
            2.2.1.2. Acidentabilidade 688
    2.3. Procedimento incidental 689
        2.3.1. Conceito e características 689
            2.3.1.1. Autonomia estrutural............................. 690
            2.3.1.2. Vinculação funcional 691
3. Julgamento de recursos extraordinários repetitivos: um incidente processual... 692
4. A audiência pública como espaço democrático de legitimidade das decisões formalizadas no incidente de recursos extraordinários repetitivos... 696
    4.1. Procedimento para realização de audiências públicas no Supremo Tribunal Federal 700
    4.2. A audiência pública no Supremo Tribunal Federal: da legitimidade técnica à legitimidade democrática................................... 702
    4.3. Lições decorrentes das audiências públicas realizadas no Supremo Tribunal Federal para sua devida convocação no julgamento dos incidentes de recursos extraordinários repetitivos 705
5. Conclusão 706
6. Bibliografia 708

28. A RESSIGNIFICAÇÃO DA RECLAMAÇÃO E O CONCEITO DE "ESGOTAMENTO DE INSTÂNCIA" PREVISTO NO ART. 988, § 5º, II, DO CPC/2015: UM NOVO REQUISITO DE PROCEDIBILIDADE INSTITUÍDO PELA MINIRREFORMA DO CPC 2015

    Bruno Dantas e Hugo Lemes 713

1. Introdução 713
2. O caminho trilhado pela reclamação nos últimos 30 anos da Constituição Federal 714
    2.1. O CPC 2015 e os precedentes: uma remodelação da reclamação ... 718
3. Modificações introduzidas pela Lei 13.256/16 ao regime da reclamação instituído pelo CPC 2015 720
4. Nova hipótese de admissibilidade condicionada da reclamação (repercussão geral e recursos repetitivos. Art. 988, § 5º, II) 722
    4.1. O requisito do esgotamento de instâncias e a jurisprudência do STF e do STJ 724
    4.2. Agravo interno e agravo em recurso especial e extraordinário no CPC 2015 726
5. Tentativa de sistematização do conceito de esgotamento de instância ... 728
6. Conclusão 730

29. REPERCUSSÃO GERAL COMO INSTRUMENTO DE CONCRETIZAÇÃO DO SUPREMO TRIBUNAL DOS DIREITOS FUNDAMENTAIS

    Christine Oliveira Peter da Silva 733

1. A crise do Supremo Tribunal Federal 733
    1.1. Introito 733
    1.2. Repercussão Geral e Arguição de Relevância 735
2. A solução: Supremo Tribunal dos Direitos Fundamentais 741
3. Sistemática da Repercussão Geral: primeira fase 746
4. Gestão por temas e a mudança de paradigma gerencial no STF: segunda fase 747
    4.1. Tema como categoria processual autônoma 748
    4.2. Metodologia de identificação de temas 749
    4.3. Criação do tema como um objeto na base de dados jurisdicional do Supremo Tribunal Federal 751
    4.4. Legados da gestão por temas 752

5. Um outro Recurso Extraordinário para um outro Supremo Tribunal: terceira fase da sistemática da repercussão geral 755

6. Considerações Finais 758

30. O RECURSO EXTRAORDINÁRIO COMO FUNÇÃO DE CONTROLE DIFUSO DE CONSTITUCIONALIDADE

DANIEL MOURA NOGUEIRA 761

Introdução 761

1. Breve noção de controle de constitucionalidade 763

    1.1. Os dois planos de controle de constitucionalidade 767

2. Teoria do sistema excepcional de recursos 770

3. Efeitos genéricos dos recursos cíveis 772

4. Recurso extraordinário 773

    4.1. Origem, tribunal e poder 773

    4.2. Decisões que admitem recurso extraordinário 776

    4.3. Efeitos do recurso extraordinário 777

5. Recurso extraordinário e o controle de constitucionalidade concreto e difuso 779

    5.1. Hipóteses do controle – Cognição, devolução e translação no recurso extraordinário 779

    5.2. Admissibilidade *versus* mérito no recurso extraordinário 781

    5.3. Juízo de mérito no recurso extraordinário 783

6. Controle difuso de constitucionalidade e repercussão geral 786

7. Consequência do resultado do controle difuso de (in)constitucionalidade no recurso extraordinário – Seria um controle com resultado *misto*? 788

    7.1. Consequências comuns (regra) 789

    7.2. Efeitos possíveis: força de precedente e coisa julgada *erga omnes* ... 790

    7.3. O Senado Federal na declaração de inconstitucionalidade pelo STF – Mitigação 794

Conclusão 797

31. A NOVA PERSPECTIVA DO STF SOBRE O CONTROLE DIFUSO: A RECLAMAÇÃO 4.335

LENIO LUIZ STRECK 799

1. Resumo do caso 799

2.	A decisão	800
3.	Análise	802

32. PODER DO RELATOR PARA DECIDIR SOBRE O SOBRESTAMENTO DOS PROCESSOS PENDENTES (ART. 1.035, § 5º, CPC). QUESTÃO DE ORDEM NA REPERCUSSÃO GERAL NO RECURSO EXTRAORDINÁRIO 966.177

Luiz Fux 811

33. COMO APRIMORAR O FUNCIONAMENTO DA REPERCUSSÃO GERAL? UM DIÁLOGO COM LUÍS ROBERTO BARROSO E FREDERICO MONTEDONIO REGO

	Luiz Henrique Krassuski Fortes	841
1.	Introdução	841
2.	Considerações sobre o funcionamento da repercussão geral	845
3.	O diagnóstico de Luís Roberto Barroso e Frederico Montedonio Rego sobre o "fracasso" da repercussão geral	852
4.	O processo na Suprema Corte dos Estados Unidos	857
5.	Diálogo com a proposta de Barroso e Montedonio Rego para salvar a repercussão geral	867
6.	Participação efetiva de *amicus curiae* no reconhecimento da repercussão geral (uma proposta de *lege lata*)	872

34. CONTROLE DIFUSO DE CONSTITUCIONALIDADE DAS LEIS: RUMO CADA VEZ MAIS AO SISTEMA ABSTRATO?

	Marco Félix Jobim	875
1.	Introdução	875
2.	Ainda há modelo híbrido de constitucionalidade de leis no Brasil?	878
3.	Um único cidadão e o "perdido" caminho da objetivação	885
4.	Considerações finais	890

35. AGRAVO INTERNO, COLEGIALIDADE E PRECEDENTES NO SUPREMO TRIBUNAL FEDERAL

	William Soares Pugliese	893
1.	Introdução	893
2.	Decisões monocráticas no STF	894

3.	Agravos internos providos no STF	897
4.	Agravo interno e colegialidade	899
5.	Agravo interno e precedentes	904
6.	Conclusão	906
	Referências	907

DIREITOS FUNDAMENTAIS PROCESSUAIS

36. PROCESSO CONSTITUCIONAL E DIREITO AO DIÁLOGO NO PROCESSO: ENTRE O DIREITO AO CONTRADITÓRIO E O DEVER DE FUNDAMENTAÇÃO

	DANIEL MITIDIERO	913
	Introdução	913
1.	O direito ao justo Processo Constitucional: sua perfectibilidade	913
2.	O valor do diálogo entre as partes e o juiz no Processo Constitucional	924
	Considerações finais	925

37. O DEVIDO PROCESSO LEGAL COLETIVO: DELIMITAÇÃO DE SEUS ELEMENTOS À LUZ DA CONSTITUIÇÃO DE 1988 E DA TEORIA DOS LITÍGIOS COLETIVOS

	EDILSON VITORELLI	927
1.	Introdução	927
2.	Histórico da cláusula do devido processo legal até o início do século XX	928
3.	Definindo os elementos do devido processo legal: o século XX na jurisprudência norte-americana	934
4.	O devido processo legal coletivo e a tipologia dos litígios coletivos	943
	4.1. Litígios coletivos globais	944
	4.2. Litígios coletivos locais	944
	4.3. Litígios coletivos irradiados	947
5.	Elementos específicos do devido processo legal coletivo, de acordo com os tipos de litígios coletivos	949
	5.1. O princípio da titularidade definida dos interesses representados ...	953
	5.2. O princípio da atuação orbital do representante	954

5.3. O princípio da complementaridade entre representação e participação 956
5.4. O princípio da variância representativa 957
6. Conclusão 959

38. DISCRIMINACIÓN POLÍTICA POR DESPIDO ARBITRARIO, DESVIACIÓN DE PODER E INDEPENDENCIA JUDICIAL (A PROPÓSITO DEL *CASO SAN MIGUEL SOSA Y OTRAS VS. VENEZUELA*)
   Eduardo Ferrer Mac-Gregor 963
   1. Introducción 963
   2. El derecho al trabajo como derecho protegido por la Convención Americana mediante el artículo 26 y sus particularidades en el presente caso 965
      2.1. El derecho al trabajo como derecho autónomo 965
      2.2. El derecho al trabajo en el presente caso y el principio *iura novit curia* 968
      2.3. Línea jurisprudencial en materia laboral como derecho autónomo... 979
   3. La independencia judicial como parte de las garantías judiciales y del acceso a la justicia, a la luz del contexto del presente caso y la "desviación de poder" declarada en la sentencia 985

39. GARANTISMO, DERECHOS Y PROTECCIÓN PROCESAL
   Domingo García Belaunde 995
   1. ¿Un problema reciente? 995
   2. Una mirada retrospectiva 997
   3. ¿Garantías constitucionales? 998
   4. ¿Qué garantiza una garantía? 999
   5. Repaso bibliográfico 1000
   6. Cambio de rumbo 1004
   7. El proceso como sucedáneo de la "garantía" 1004
   8. Garantismo en sentido débil 1006
   9. El garantismo como "filosofía jurídica" 1006
   10. ¿Presencia del "garantismo"? 1008
   11. Las travesuras del legislador 1009
   12. Palabras finales 1009

40. SUPREMO E CONTRADITÓRIO: A NECESSÁRIA REVISÃO DO TEMA 424 DA REPERCUSSÃO GERAL E O PRECEDENTE ARE 639.228

    Marçal Justen Filho e Miguel Gualano de Godoy 1011

    1. A Constituição de 1988 1011

    2. A centralidade do Supremo Tribunal Federal 1014

    3. A Constituição de 1988, o direito fundamental ao contraditório e o Supremo Tribunal Federal 1016

    4. O precedente ARE 639.228 – Tema 424 da Repercussão Geral (Rel. Min. Cezar Peluso) 1016

    5. A necessária revisão do Tema 424 da Repercussão Geral – precedente ARE 639.228 1017

    6. A consequência prática da orientação do STF no Tema 424 da Repercussão Geral – precedente ARE 639.228 1020

    7. Como mudar, mas ao mesmo tempo evitar a proliferação de recursos e a ordinarização da jurisdição constitucional do STF? 1020

    8. Considerações finais 1022

41. O DEVIDO PROCESSO LEGAL, A PARTICIPAÇÃO E A REPRESENTAÇÃO DE INTERESSES EM PROCESSOS COMPLEXOS

    Sérgio Cruz Arenhart 1023

    1. Considerações iniciais 1023

    2. Participação e representação no processo coletivo 1026

    3. A (des)pessoalização dos interesses no processo estrutural. Participação e representação 1030

    4. Representação adequada de interesses 1034

    5. A participação e a representação de interesses nos processos estruturais 1043

    6. Otimizando a participação e a representação. Em busca do equilíbrio ... 1046

AÇÕES CONSTITUCIONAIS

42. O *HABEAS CORPUS* COMO PEDRA FUNDAMENTAL DO PROCESSO CONSTITUCIONAL BRASILEIRO

    Gilmar Ferreira Mendes 1051

    1. Considerações iniciais 1051

2. A Constituição de 1891 e o desenvolvimento da doutrina brasileira do *habeas corpus* 1052
3. A alteração constitucional de 1926 e a restrição do *habeas corpus* 1063
4. A criação do mandado de segurança em resposta à restrição do *habeas corpus* 1064
5. A influência do mandado de segurança no rito da representação interventiva 1066
6. Os remédios constitucionais da Constituição de 1988 1075
7. O mandado de segurança na Constituição de 1988 1076
8. O mandado de segurança coletivo 1079
9. O *habeas corpus* na Constituição de 1988 1081
10. *Habeas corpus*, ilegalidade que não afeta direito de locomoção e fungibilidade 1083
11. *Habeas corpus* contra decisão denegatória de liminar em *habeas corpus* e HC substitutivo de recurso ordinário 1086
12. Possibilidade de impetração de *habeas corpus* coletivo 1089
13. O caso do *habeas corpus* coletivo em favor das mulheres grávidas e mães presas 1090
14. Conclusão 1093

43. ACCIÓN DE PROTECCIÓN COLECTIVA DE DERECHOS FUNDAMENTALES Y PROTECCIÓN CONSTITUCIONAL

Luis Andrés Cucarella Galiana 1095

1. Introducción 1095
2. Modelo concentrado de control de constitucionalidad: decisiones que deben adoptarse en un código procesal constitucional 1097
    2.1. Cauces para el control de constitucionalidad 1097
        2.1.1. Control en abstracto 1097
        2.1.2. La aportación de Kelsen 1098
        2.1.3. Algunos ejemplos del continente europeo 1099
        2.1.4. Control en concreto 1101
            2.1.4.1. Decisiones normativas 1101
            2.1.4.2. Análisis comparado 1101

2.2. Momento para el control de constitucionalidad 1104
  2.2.1. Control a priori 1104
  2.2.2. Control a posteriori 1105
2.3. Composición y designación de magistrados................................. 1106
  2.3.1. Consideraciones generales 1106
  2.3.2. Número de magistrados 1107
  2.3.3. Designación de magistrados.. 1108
    2.3.3.1. Aportaciones de Kelsen................................... 1108
    2.3.3.2. Modelos existentes.. 1110
      2.3.3.2.1. Designación exclusiva por el Parlamento 1110
      2.3.3.2.2. Designación por altas instancias del Estado... 1111
      2.3.3.2.3. Modelo mixto 1111
        2.3.3.2.3.1. Predominio de la designación parlamentaria... 1111
        2.3.3.2.3.2. Predominio del criterio de autoridad................ 1112
      2.3.3.2.4. Designación popular 1113
    2.3.3.3. Problemas de aplicación práctica..................... 1113
2.4. Derechos humanos y tribunales constitucionales 1116
  2.4.1. Planteamiento general... 1116
  2.4.2. Derecho comparado 1117
  2.4.3. Acción de grupo en la protección jurisdiccional de los derechos fundamentales 1119

44. LITÍGIOS ESTRUTURAIS NO PROCESSO CONSTITUCIONAL: POTENCIALIDADES E LIMITAÇÕES DE REFORMAS ESTRUTURAIS VIA *HABEAS CORPUS*

Marcella Pereira Ferraro.. 1125

1. Considerações iniciais.. 1125
2. O HC 143.641/SP 1126
3. *Habeas corpus* coletivo: coletivo até que ponto?........................... 1133
  3.1. Oscilações e coletivizações 1133

3.2. A exigência de identificação dos beneficiários............................ 1139

3.3. Decisão coletiva e repetição da lei 1145

4. *Habeas corpus* genérico, corretivo ou impróprio: abertura à abordagem estrutural?.. 1148

5. *Habeas corpus* coletivo-estrutural: do cabimento às técnicas processuais adequadas.. 1155

5.1. Diálogos, construções contínuas e microinstitucionalidades....... 1157

5.2. Coletivização e coletivizações: por uma perspectiva abrangente e adequada 1159

5.3. Do grupo homogêneo à imbricação de interesses....................... 1161

6. Considerações finais 1162

45. MANDADO DE SEGURANÇA: O INCESSANTE APERFEIÇOAMENTO DO INSTITUTO

Paulo Roberto de Gouvêa Medina... 1165

1. O tema.. 1165

2. O mandado de segurança como ação civil.................................... 1166

3. Direito líquido e certo: evolução da doutrina acerca desse pressuposto... 1168

4. A liminar no mandado de segurança: medida inerente ao instituto 1175

5. Mandado de segurança coletivo: outra dimensão do *mandamus*.......... 1178

6. Uma nova perspectiva para o mandado de segurança, de *lege ferenda* ... 1181

7. Considerações finais 1185

TUTELA DOS DIREITOS FUNDAMENTAIS

46. DIREITOS FUNDAMENTAIS SOCIAIS, MÍNIMO EXISTENCIAL E DECISÕES ESTRUTURANTES NA JURISDIÇÃO CONSTITUCIONAL

Ingo Wolfgang Sarlet.. 1189

1. Introdução... 1189

2. O assim chamado mínimo existencial como direito fundamental – origens e conteúdo 1190

3. O direito ao mínimo existencial e sua concretização no âmbito da jurisdição constitucional mediante o recurso a decisões do tipo estruturante......... 1205

4. Considerações finais 1215

47. NOTAS A RESPEITO DAS LEIS INTERPRETATIVAS E IMPOSTOS RE-
TROACTIVOS

José Casalta Nabais 1219

I. Leis interpretativas e leis inovadoras nas leis do Orçamento do Estado... 1221
1. As leis interpretativas 1221
2. As leis inovadoras 1224
3. As leis interpretativas no direito fiscal 1226
II. Impostos retroactivos 1231
1. O âmbito da proibição da retroactividade dos impostos 1231
2. O conceito relevante de retroactividade dos impostos 1234
3. A redução do princípio da não retroactividade dos impostos ao princípio da protecção da confiança legítima 1237

48. CONSIDERAZIONI SULLA GIURISPRUDENZA COSTITUZIONALE IN MATERIA DI DIRITTI FONDAMENTALI A SESSANTADUE ANNI DALLA PRIMA SENTENZA DELLA CORTE COSTITUZIONALE ITALIANA

Giancarlo Rolla 1241

1. Le principali finalità della Corte costituzionale 1241
2. I lineamenti generali del sistema italiano di giustizia costituzionale: dal dibattito in Assemblea costituente al "modello" realizzato dal legislatore e dalla giurisprudenza della Corte 1242
3. Il consolidamento del ruolo della Corte: un'interpretazione estensiva delle sue competenze in tema di sindacato sulla costituzionalità delle leggi 1245
4. Il consolidamento del ruolo della Corte: b) la nascita di nuovi tipi di sentenze 1249
5. L'anima "politica" e quella "giurisdizionale" della Corte costituzionale... 1251
6. Alcuni *trend* della giurisprudenza costituzionale: a) la fase di attuazione della Costituzione 1254
7. Alcuni *trend* della giurisprudenza costituzionale: la fase della "mediazione" 1256
8. Alcuni *trend* della giurisprudenza costituzionale recente: i rapporti tra scelte legislative e "questioni scientifiche controverse" 1258
9. Alcuni aspetti della giurisprudenza costituzionale recente: b) il difficile equilibrio tra diritti e crisi economiche e politiche 1261

49. PRINCIPIOS RECTORES EN DERECHOS HUMANOS

    Gonzalo Aguilar Cavallo 1267

    1. Introducción 1267

    2. Valor de los principios en derechos humanos 1269

    3. Identificación de los principios rectores substanciales en Derechos Humanos 1278

        3.1. El Principio de Dignidad 1279

        3.2. Principio de humanidad 1286

    4. Conclusiones... 1290

50. TRINTA ANOS DA CONSTITUIÇÃO: A REPÚBLICA QUE AINDA NÃO FOI

    Luís Roberto Barroso 1291

    I. Introdução.. 1291

    1. A comemoração dos dez anos 1292

    2. A comemoração dos vinte anos... 1293

    3. A Constituição de trinta anos... 1295

    II. Minha relação com a Constituição 1296

    III. Alguns pontos altos 1299

    1. Estabilidade institucional.. 1299

    2. Estabilidade monetária.. 1300

    3. Inclusão social... 1301

    IV. O destaque maior: o avanço dos direitos fundamentais 1302

    V. Os pontos fracos desses 30 anos... 1304

    1. O sistema político 1304

    2. A corrupção sistêmica 1308

    VI. Conclusão 1311

CONTROLE DE CONVENCIONALIDADE E DIÁLOGO ENTRE CORTES

51. A EFICÁCIA DOS PRECEDENTES DA CORTE INTERAMERICANA DE DIREITOS HUMANOS NO DIREITO INTERNO

    Cleverton Cremonese de Souza 1317

    1. Considerações iniciais... 1317

2. A Corte IDH como definidora de sentido e unificadora dos direitos humanos 1318
3. A eficácia das decisões da Corte IDH e o precedente do caso Gelman *versus* Uruguai 1320
4. A eficácia vinculante dos precedentes da Corte IDH no direito interno... 1328
5. Conclusão 1333

52. CONTROL DE CONSTITUCIONALIDAD, CONTROL DE CONVENCIONALIDAD Y LA PROBLEMÁTICA DE SUS TOPES
    Néstor Pedro Sagüés 1335
    1. Introducción. Control de convencionalidad internacional y nacional. Simultaneidad con el control de constitucionalidad 1335
    2. "Manifestaciones" del control de convencionalidad "nacional", o "desde abajo". Primera: caso de cosa juzgada internacional 1338
    3. Segunda "manifestación" del control de convencionalidad nacional. Situación de "cosa interpretada" 1338
    4. Variantes de la segunda manifestación ("cosa interpretada"). Control represivo. Caso de inaplicación de las normas nacionales 1340
    5. El control nacional constructivo o positivo de convencionalidad. Selección de interpretaciones 1341
    6. Construcción de interpretaciones. Interpretaciones mutativas por adición 1343
    7. Interpretaciones mutativas por sustracción 1344
    8. Interpretaciones mutativas por sustracción-adición, o mixtas ("sustitutivas") 1345
    9. Conclusiones. Hacia la "constitución convencionalizada", propia del "Estado constitucional y convencional de derecho". Los topes de la convencionalización 1346
    10. Voces de renuencia 1348
    11. Reexamen del tema. La aplicación de la "fórmula de Radbruch" 1351

53. LA CORTE INTERAMERICANA DE DERECHOS HUMANOS COMO INSTANCIA DE REVISIÓN DE LA COSA JUZGADA DEL DERECHO LOCAL: CONFLICTOS Y REALIDADES
    Osvaldo Alfredo Gozaíni 1355
    1. Introducción 1355
    2. ¿Se puede revisar la cosa juzgada? 1357

3.	Objetivos a considerar cuando se actúa sobre un caso	1359
4.	Poderes del tribunal internacional	1361
	4.1. Competencia de la competencia	1362
	4.2. Principio de progresividad...	1364
5.	¿Qué se entiende por cuarta instancia?..	1368
	5.1. Origen de la teoría de la cuarta instancia...................................	1370
	5.2. Revisión indirecta o impropia..	1371
	5.3. Generación del *ius commune*...	1373
6.	El marco normativo de adhesión al Pacto de San José de Costa Rica ...	1374
7.	Desarrollo jurisprudencial	1376
8.	El recurso de revisión de la cosa juzgada	1380
9.	Conclusiones...	1383

54. DIALOGO TRA CORTI: ALCUNE RAGIONI DI UN SUCCESSO

	Remo Caponi	1387
1.	Introduzione	1387
2.	Ragioni di un successo	1393
3.	Formazione legislativa e formazione giurisprudenziale del diritto	1394
4.	Interazioni tra corti	1397
5.	Corti tra diritto e società	1398
6.	Nuova questione costituzionale	1399

APRESENTAÇÃO

A Constituição de 1988 não apenas estimulou o desenvolvimento teórico do direito constitucional, conferindo-lhe a sua devida posição na Academia, como colaborou para a frutificação de uma particular abordagem das formas processuais relativas ao controle de constitucionalidade e ao modo de produção das decisões constitucionais, obrigando, ainda, o próprio direito processual civil a se conectar com as teorias que informam o direito constitucional.

Não é exagero dizer que a teoria do processo civil, já há algum tempo, não consegue nem pode se desligar do direito constitucional. Daí derivam, por exemplo, abordagens do fenômeno processual civil guiadas por teorias próprias aos direitos fundamentais, como a que faz ver, na deficiência de regra do Código de Processo Civil, insuficiência de proteção a direito fundamental processual, capaz de ser suprida pelo juiz do caso com base na regra da menor lesividade. Vale dizer que as formas do Código de Processo Civil, definitivamente, deixaram de ser um limite ou obstáculo à tutela dos direitos, não mais havendo dúvida de que são parte de um sistema sustentado em normas investidas de grande carga axiológica.

Assim, é ainda mais evidente que as ações constitucionais e os direitos fundamentais processuais hoje podem ser vistos como um organismo particularizado pela sua função superior de tutelar situações substanciais de especial relevância e de iluminar e direcionar o modo como o sistema de distribuição de justiça deve se pautar para não fugir dos princípios que regem a democracia.

No entanto, o controle de constitucionalidade e a função do Supremo Tribunal Federal constituem os pontos que mais chamam a atenção de quem está atento à necessidade de debates e estudos dirigidos ao funcionamento adequado de um processo impregnado pelas tintas da Constituição. A tradição do controle de constitucionalidade brasileiro, marcada pelo controle difuso e incidental, foi substancialmente impactada pela inserção, ainda que gradual, de novas formas de controle direto e concentrado de constitucionalidade – instituídas já quando da promulgação da Constituição de 1988 –, mas também mediante reformas constitucionais, legislativas e pela via da interpretação. A jurisprudência do Supremo Tribunal Federal, como é sabido, teve – e ainda tem – inestimável importância para o desenvolvimento do significado das ações voltadas ao controle de constitucionalidade, colaborando para a construção de um direito atento ao dinamismo de um processo voltado à tutela da Constituição, embora também tenha atraído – por várias razões – consideráveis doses de ceticismo e críticas abertas ao papel da jurisdição constitucional.

Mas o controle difuso, em vista de regras como a de reserva de plenário e, especialmente, em virtude da instituição, ao lado do Supremo Tribunal Federal, de uma Corte voltada a atribuir sentido ao direito federal infraconstitucional, indiscutivelmente também exige análise atenta, complexa e sofisticada. O pouco caso em delinear a Corte incumbida de atribuir sentido à lei nos termos da Constituição exala no cotidiano forense, tornando muitas vezes difícil saber quando se deve usar recurso especial ou recurso extraordinário e conduzindo as Cortes a proferirem decisões de inadmissibilidade contraditórias. Imaginar que o pressuposto de "violação de dispositivo da Constituição", apto à interposição do recurso extraordinário, pode ser lido como à época da Constituição de 1967/1969 é desconsiderar o significado da instituição do Superior Tribunal de Justiça pela Constituição de 1988, contribuindo para a sobreposição de funções que não podem se tocar, inclusive para a racionalização da tarefa de administrar a justiça.

Grande relevância também tem a "descoberta" de que o controle incidental, ao ser consolidado mediante o recurso extraordinário, não pode prescindir de eficácia vinculante, ou melhor, não pode dispensar o efeito obrigatório que natural e necessariamente deriva dos precedentes constitucionais, sem os quais o controle difuso não consegue conviver com a coerência do direito e a segurança jurídica. A eficácia obrigatória ou vinculante de precedente que define uma questão constitucional não é um problema de opção legislativa, mas algo que descende, inexoravelmente, da função atribuída ao Supremo Tribunal Federal, de controlar a compatibilidade da interpretação da lei com a Constituição e de atribuir-lhe significado. O dado curioso, nisso tudo, é a suposição de que os precedentes constitucionais e a sua natural eficácia tenham algo a ver com "abstrativização" do controle difuso, quando, bem vistas as coisas, o fenômeno é inverso, na medida em que a ideia de precedente constitucional simplesmente certifica a importância e a força do controle difuso, alçando-o ao seu devido lugar, ou seja, àquele que não pode deixar de ocupar, mas que, a despeito disso, nunca efetivamente ocupou desde que concebido no direito brasileiro. Aliás, a técnica da repercussão geral só tem sentido quando se tem em conta que as decisões do Supremo Tribunal Federal, quando devidamente qualificadas, constituem critérios de orientação da vida em sociedade e das decisões dos juízes e tribunais do País. Afinal, a existência de filtros, necessária ao exercício das funções de uma Corte Suprema, obviamente parte do pressuposto de que as decisões a serem tomadas não se prestam apenas a regular as situações concretas, servindo unicamente às partes.

A Associação Brasileira de Direito Processual Constitucional, criada há alguns anos, está presa à ideia de que a tutela da Constituição requer esforços contínuos para que o processo que lhe serve de meio de concretização possa cumprir a sua importante missão, bem como condicionada à certeza de que o direito processual, à distância das normas constitucionais, é algo estéril. A presente coletânea, nessas condições, pretende ser a concretização de uma vontade de servir à Constituição e a demonstração de que a Associação, por meio dos seus participantes, está empenhada em colaborar para que o processo e o controle de constitucionalidade sempre estejam atentos à devida percepção dos valores fundamentais à sociedade e ao Estado de Direito.

A presente coletânea conta com meia centena de trabalhos escritos por importantes estudiosos brasileiros e por grandes nomes de países europeus e do restante da América Latina, com a particularidade de reunir textos de quatro ilustres Ministros do Supremo Tribunal Federal, constituindo-se, assim, numa verdadeira enciclopédia do direito processual constitucional. Resta-nos, assim, cumprimentar aqueles que, chamados a colaborar, não hesitaram em escrever os relevantes trabalhos que dão composição à Coletânea, esperando que todos nós possamos contribuir ao diálogo e ao desenvolvimento do direito processual para que a Constituição continue sempre a ser a luz e a força que estimulam, orientam e tornam eficaz a justiça brasileira.

Em dezembro de 2018, ainda ao ensejo das comemorações dos 30 anos da Constituição da República Federativa do Brasil de 1988.

LUIZ GUILHERME MARINONI
Presidente da Associação Brasileira de Direito Processual Constitucional.
Professor Titular da Universidade Federal do Paraná.
Pós-Doutor pela Universidade de Milão. *Visiting Scholar* na Columbia University.

INGO WOLFGANG SARLET
Professor titular e Coordenador do PPGD da Escola de Direito da PUCRS.
Doutor em Direito pela Universidade de Munique. Pós-Doutor pela Universidade de Munique e pelo Instituto Max-Planck de Direito Social e Política Social (Munique) e pelo Instituto Max-Planck de Direito Privado Estrangeiro e Internacional (Hamburgo).

PAULA PESSOA PEREIRA
Mestre e Doutora em Direito pela Universidade Federal do Paraná.
Professora nos cursos de graduação e mestrado em Direito da Universidade Católica de Brasília. Professora colaboradora na Universidade de Brasília.
Assessora de ministro no Supremo Tribunal Federal.

CLEVERTON CREMONESE
Mestrando em Justiça Constitucional e Direitos Humanos na Universidade de Bolonha. Membro da Associação Mundial de Justiça Constitucional.

CORTES CONSTITUCIONAIS EM PERSPECTIVA COMPARADA

1
EL TRIBUNAL CONSTITUCIONAL ESPAÑOL COMO "TRIBUNAL DE CONFLICTOS"

JOSÉ MARÍA PORRAS RAMÍREZ

Catedrático de Derecho Constitucional de la Universidad de Granada.

SUMARIO: Introducción; 1. Los Conflictos de competencia entre el estado y las comunidades autónomas, o de éstas entre si; a) El conflicto positivo; b) El conflicto negativo; 2. Los conflictos entre órganos constitucionales del estado; 3. Las impugnaciones reguladas en el título V LOTC; 4. El conflicto en defensa de la autonomía local.

Introducción

El Tribunal Constitucional español, al igual que sus homólogos, alemán e italiano, viene desarrollando, desde su creación, una inestimable función como *"tribunal de conflictos"*, especialmente de aquellos ligados a la *división territorial del poder*. No en vano, desde un principio, existió siempre una clara vinculación entre el Tribunal Constitucional y el llamado *"Estado autonómico"*[1], que tiene su precedente histórico en el Tribunal de Garantías Constitucionales de la II República[2]. De ese modo, a través de esa vía, y junto con el recurso de inconstitucionalidad, se ha ido conformando jurisprudencialmente un modelo de organización territorial del Estado que había quedado abierto e indeterminado, de forma deliberada, en la Constitución.

En este sentido, el art. 161.1 c) de la Constitución reconoce, inicialmente, la competencia del Tribunal Constitucional para conocer: *"De los conflictos*

---

1. F. Rubio Llorente, "La jurisdicción constitucional en España", en F. Rubio Llorente y J. Jiménez Campo, "Estudios sobre jurisdicción constitucional", Madrid, McGraw-Hill, 1998, págs.1-29; en especial, págs.18-25. A. J. Gómez Montoro, "Los procesos de resolución de conflictos constitucionales", en "Jurisdicción y procesos constitucionales", Madrid, McGraw-Hill, 2000, págs.77 y ss.
2. Cfr., el art 121 de la Constitución de 1931.

de competencia entre el Estado y las CCAA o de los de éstas entre sí". A su vez, en estrecha conexión de sentido, el art. 161.2 CE determina, en su primera frase, que "El Gobierno podrá impugnar ante el TC las disposiciones y resoluciones adoptadas por los órganos de las Comunidades Autónomas". A todo ello cabe añadir, como dispone la letra d) del citado art. 161.1, la posibilidad de que el TC pueda, también, conocer, en "numerus apertus", "De las demás materias que le atribuyan la Constitución o las leyes orgánicas", atribución ésta que permite ampliar significativamente sus competencias.

Fundándose en esas habilitaciones, el Título IV de la Ley Orgánica del Tribunal Constitucional procede a regular tales *"conflictos constitucionales"*, a los que, primero, enumera en los dos párrafos de su art. 59. Se refiere así:

1) A los *conflictos de competencia* que opongan al Estado con una o más Comunidades Autónomas; o a dos o más Comunidades Autónomas entre sí.

2) A los *conflictos de atribuciones* que enfrenten al Gobierno con el Congreso de los Diputados, el Senado o el Consejo General del Poder Judicial; o a cualquiera de estos órganos constitucionales entre sí.

3) A los *conflictos en defensa de la autonomía local*, planteados por municipios y provincias frente al Estado o a una Comunidad Autónoma.

4) Finalmente, a tales procesos conviene agregar, conforme a lo previsto en el art. 161.2 CE y al Título V LOTC (arts. 76 y 77), los *conflictos* que se susciten *por la impugnación,* por parte del Gobierno, de las disposiciones y resoluciones sin fuerza de ley de las Comunidades Autónomas, *por motivos materiales,* que no competenciales.

1. Los conflictos de competencia entre el Estado y las comunidades autónomas, o de éstas entre sí

Cabe distinguir, de acuerdo con la Ley, la existencia de *conflictos positivos y negativos de competencia.*

a) El conflicto positivo

Hasta el presente, los conflictos positivos de competencia[3] han tenido una importancia muy notable, si bien la misma se advierte decreciente en el tiempo. Su frecuencia, especialmente acusada en los años ochenta del pasado siglo, trae causa, como se ha indicado, en primer lugar, de la *apertura e indeterminación*

---

3. Con carácter general, entre otros, vid., M. Terol Becerra, "Los conflictos de competencia entre el Estado y las Comunidades Autónomas", Sevilla, Universidad de Sevilla, 1988. J. García Roca, "Los conflictos de competencia entre el Estado y las Comunidades Autónomas. (Una aproximación desde la jurisprudencia constitucional), Madrid, Centro de Estudios Constitucionales, 1993.

del sistema de reparto competencial existente, motivada por una imperfecta delimitación del espacio competencial autonómico. Ese hecho genera conflictos que, habitualmente, traen causa de la avidez del Estado por incidir en aquél, so pretexto de salvaguardar el interés general. En segundo lugar, y en no menor medida, contribuye a esa proliferación de conflictos la *insuficiencia de medios o instrumentos propios del llamado federalismo cooperativo*, orientados a reconducir las diferencias, propiciando acuerdos que eviten la formalización de contenciosos. Ambos factores concurrentes han ocasionado, en determinados períodos temporales, la extrema judicialización del modelo vigente de organización territorial del Estado.

En ese sentido hay que constatar el hecho de que *las Comunidades Autónomas han sido, habitualmente, las impulsoras preferentes de tales conflictos*, en tanto que instancias de poder político más frecuentemente consideradas perjudicadas por el desequilibrado sistema de distribución competencial resultante. La constante intervención del Estado en, prácticamente, cuantos ámbitos materiales existen, ya se encontrara, o no, el mismo, expresamente habilitado para hacerlo, ha ocasionado el frecuente menoscabo y devaluación de las competencias autonómicas. Así, la frecuente apelación por parte del mismo a las muy genéricas competencias de carácter transversal que se contienen en el art. 149.1, apartados 1º y 13º, combinada con su facultad para determinar, en relación con las materias de regulación compartida, tanto el alcance de su legislación, como el de las normas de carácter básico que le corresponde dictar, ha supuesto, al cabo, la restricción, en ocasiones, muy apreciable, del poder de disposición o margen de autodeterminación normativa atribuido a las Comunidades Autónomas. A ello se une la constatación de que el Estado ha venido reservándose, tradicionalmente, un papel preponderante, cuando no excluyente, en el proceso europeo de toma de decisiones, en relación con ámbitos competenciales asumidos por las Comunidades Autónomas. De ese modo, ha alterado la distribución interna del poder público y la naturaleza y el alcance de las competencias autonómicas[4].

No obstante, el descenso apreciable de esta modalidad de procesos es, también, hoy, una realidad incontrovertible[5]. Se debe, más que a factores políticos coyunturales, relacionados con el cambio y eventual convergencia de las mayorías gobernantes en los distintos espacios territoriales, al *progresivo desarrollo, aún incompleto, de los mecanismos de cooperación entre el Estado y las Comunidades Autónomas*[6], hecho éste que ha propiciado, ya la evitación, ya la resolución extrajudicial de

---

4. J. Mª Porras Ramírez, "Las reformas estatutarias y el nuevo sistema autonómico de fuentes del Derecho", Madrid, Civitas, 2007, págs. 53 y ss.
5. Consúltense, a este respecto, las sucesivas memorias anuales del Tribunal Constitucional.
6. La ausencia de un Senado territorial verdaderamente digno de ese nombre es aún muy representativa de esas carencias.

los conflictos; y, también, en no menor medida, a la constatación de que *la práctica totalidad de los, aproximadamente, doscientos setenta y cinco títulos competenciales hayan sido ya objeto de pronunciamiento por parte del Tribunal Constitucional*, lo que ha permitido establecer una densa y prolija jurisprudencia, incorporada, cuando menos, a la letra de los Estatutos de Autonomía de segunda generación que han sido reformados durante el período 2004-2011. De ese modo, las nuevas normas institucionales básicas de las Comunidades Autónomas han podido precisar mejor el contenido y alcance de las competencias a aquéllas atribuidas, haciendo cumplida referencia a las sub-materias sobre las que se proyectan las mismas, lo que, a la postre, posibilita una mayor capacidad de desarrollo normativo propio. A ello cabe añadir, como factor disuasorio a tener en cuenta, la toma de conciencia acerca del *considerable retraso en que suele incurrir el propio Tribunal Constitucional en la resolución de tales conflictos*. No en vano, en la actualidad, viene empleando seis años, habiendo llegado a requerir diez, circunstancia ésta que desalienta su planteamiento, al tiempo que incita al arreglo extra-contencioso de la disputa. En suma, todos estos elementos concatenados han venido a restar protagonismo a la vía de acceso a la jurisdicción constitucional que se comenta, la cual conoció durante el período 1981-1990 su época de máxima incidencia.

Sea como fuere, su utilización, aun significativa, al persistir los problemas estructurales o de fondo que se han señalado, en tanto en cuanto no se acometa la necesaria reforma constitucional durante demasiado tiempo reclamada, *ha permitido al Tribunal Constitucional determinar muy bien los perfiles o rasgos definitorios de este proceso*, en el que perdura, a pesar del tiempo transcurrido, el desequilibrio o la asimetría, no razonable, ni justificable, entre el Estado y las Comunidades Autónomas.

Así, conforme a los arts. 62 y 63 LOTC, el *conflicto positivo* puede plantearse *cuando el Gobierno de la Nación o el Gobierno de una Comunidad Autónoma consideren que una disposición, resolución o acto, emanado de alguno de los órganos, bien del Estado, bien de una Comunidad Autónoma, no respeta el orden de distribución competencial establecido en la Constitución, en los Estatutos de Autonomía o en las leyes orgánicas correspondientes, integradas en el bloque de la constitucionalidad.*

Tales conflictos positivos enfrentan al Estado con las Comunidades Autónomas; siendo raros los conflictos que han opuesto a las Comunidades Autónomas entre sí, a pesar de que no han faltado ni faltarán razones para promoverlos.

En cualquier caso, todo conflicto positivo de competencia persigue un *doble fin* (STC 11/1984, F.J. 2º). El primero, de carácter inmediato, no es otro que instar *la declaración de nulidad del acto, resolución o disposición impugnada*. Y, el segundo, de carácter mediato, pretende lograr *la declaración de titularidad de la competencia disputada* que habilitó el dictado de la resolución, disposición o acto impugnado. Se aspira así, por tanto, no sólo a restituir y salvaguardar el interés subjetivo del Estado o de la Comunidad Autónoma demandante; sino, también, a clarificar y consolidar el orden objetivo de reparto de competencias y la consiguiente distribución territorial del poder. Ambos fines, a pesar de su diferente alcance, no pueden separarse, al formar una *"síntesis inescindible"*, a juicio del propio Tribunal Constitucional (STC 166/1987, F.J. 2°).

Por tanto, en atención al *"objeto inmediato" del conflicto*, cabe la impugnación de una *"disposición, resolución o acto"* que no respeten *"el orden constitucional de competencias"* (arts. 62 y 63 LOTC), lo que hace atacable prácticamente cualquier actuación administrativa, estatal o autonómica. La jurisprudencia, con elogiable flexibilidad, ha admitido así demandas promovidas contra "actos resolutorios", meros "actos de trámite", "circulares e instrucciones", "comunicados de colaboración", "escritos" u "oficios" (STC 220/1992), ya que, para el Tribunal Constitucional, *lo importante no es la forma que reviste el acto, sino, sobre todo, la real existencia de una disputa competencial que traiga causa de una manifestación de una autoridad de una Comunidad Autónoma o del Estado* (STC 143/1985). En este mismo sentido, también se ha considerado que cabe impugnar "actuaciones materiales" (STC 101/1995), que evidencien un ejercicio inequívoco o significativo de una competencia. Pero no cabe apreciar como objeto del conflicto a las "omisiones", ni, lógicamente, a las normas con fuerza de ley, al ser éstas últimas objeto potencial de impugnación por otras vías[7].

No obstante, el *"objeto mediato" del conflicto* hace referencia a *la distribución de competencias*, que trasciende al acto o disposición impugnado, el cual actúa como ineludible presupuesto del conflicto. De ese modo, se quiere resaltar la llamada dimensión abstracta que posee el mismo. Así, pese a que en una temprana jurisprudencia constitucional se insistía en que, *sin reivindicación competencial no hay conflicto*, al ser éste un cauce reparador de transgresiones competenciales, lo cierto es que la *tesis de la "vindicatio potestatis"* (STC 32/1981) se revela insuficiente para explicar las complejidades que pueden suscitarse. *"No respetar el orden constitucional de competencias" no equivale, meramente, a reivindicar la usurpación de una competencia propia* (STC 11/1984), si no, también, a la constatación de un ejercicio desmedido o exorbitante de la competencia, por parte de quien es legítimo titular de la misma, redundando en un menoscabo de la que tiene atribuida la otra parte. Cabe así efectuar un entendimiento más amplio de lo que supone incurrir en un *"vicio de incompetencia territorial"*, en el que *"lo esencial es la diferencia de opinión sobre las respectivas competencias y la subsiguiente titularidad de una esfera material de actuación"* (STC 1/1986)[8].

---

7. J. García Roca, "Artículo 61", en J. L. Requejo Pagés (coord.),"Comentarios a la Ley Orgánica del Tribunal Constitucional", op. cit., págs.980-984.
8. L. López Guerra, "Algunas propuestas sobre los conflictos positivos de competencia", en VVAA, "La jurisdicción constitucional en España. La Ley Orgánica del Tribunal

Por otra parte, de la indicada naturaleza jurídica del conflicto se ha de deducir el criterio para conocer cuándo ha de intervenir en la resolución de los conflictos competenciales la jurisdicción constitucional y cuándo la jurisdicción contencioso-administrativa, evitando indeseables solapamientos. Así, aun no siendo pacífica la cuestión, suele entenderse, con carácter general, conforme a lo indicado en la STC 88/1989, que se habrá de acudir al Tribunal Constitucional cuando se hayan de interpretar las normas que se integran en el bloque de la constitucionalidad, en aras de determinar la titularidad y extensión de una competencia controvertida. Por tanto, "a sensu contrario", se considera que si existe acuerdo en este punto, no presentando la cuestión una dimensión o relevancia constitucional, le podrá corresponder a la justicia ordinaria el control de toda disposición, resolución o acto concreto, emanado en ejercicio de una competencia pacíficamente atribuida y definida[9].

En lo que a la *tramitación del conflicto* se refiere ha de señalarse que el mismo conoce dos fases diferenciadas: una primera, que se abre con el *requerimiento de incompetencia*; y otra segunda que da lugar a la propia *formalización o planteamiento del conflicto ante el Tribunal Constitucional*. En dicha tramitación, como se observará, *el Gobierno de la Nación recibe un trato de privilegio,* que no encuentra hoy, ya, justificación.

Así, el *requerimiento previo de incompetencia* tiene un *carácter potestativo para el Estado* que, por tanto, puede omitirlo, (ex art 62 LOTC); siendo, por el contrario, *obligatorio para las Comunidades Autónomas,* para las que actúa, por tanto, como presupuesto del conflicto (art. 63.1 LOTC), evidenciando la existencia de una asimetría no razonable, ni justificada, derivada, conviene subrayarlo, de la ley, que no de la Constitución, que nada dice a este respecto. No obstante, dada su conveniencia y utilidad, ha de señalarse que el Estado normalmente hace uso del mismo, aun no estando obligado a ello. No en vano, el requerimiento busca la *avenencia o conciliación de las partes, la resolución extra-contenciosa y amistosa de la controversia, evitando, en fin, el planteamiento del litigio ante el Tribunal Constitucional* (STC 104/1989).

Mediante dicho requerimiento *se insta a la otra parte a la derogación de la norma o acto que es objeto de la controversia, al considerarlo viciado de incompetencia.*

Constitucional: 1979-1994", Madrid, Centro de Estudios Políticos y Constitucionales, 1995, págs. 201 y ss.

9. Entre otros, vid., A. Arce Janáriz, "Jurisdicción constitucional y jurisdicción contencioso-administrativa en la jurisprudencia de conflictos de competencia", en Revista Española de Derecho Administrativo, n°. 70, 1991, págs. 225 y ss. También, A. J. Gómez Montoro, "Dimensión constitucional de los conflictos de competencia y jurisdicción constitucional", en VVAA, "Jurisdicción ordinaria y distribución competencial entre el Estado y las Comunidades Autónomas", Granada, Comares, 1998, págs. 17 y ss.

A tales efectos, se cuenta con un plazo de dos meses siguientes al día de la publicación o comunicación de la disposición, resolución o acto en cuestión. Tal requerimiento *se dirigirá directamente al correspondiente Gobierno* (art. 63.2 LOTC). *En el escrito se especificarán con claridad los preceptos de la disposición, resolución o acto que se consideran viciados de incompetencia, así como las disposiciones legales o constitucionales de las que traen causa* (art. 63.3 LOTC). El órgano requerido tiene el plazo de un mes desde su recepción para atender el requerimiento, estimándolo o rechazándolo (art. 63.4 LOTC).

La *formalización del conflicto* se expresa mediante *demanda o "escrito fundado en el que se fijará con precisión y claridad lo que se pida"* (art. 85 LOTC), que, aunque no se exprese en la Ley Orgánica del Tribunal Constitucional, cabe inadmitir, mediante auto, si adolece de defectos formales insubsanables (ausencia de requerimiento, si lo plantea una Comunidad Autónoma o extemporaneidad del mismo). También se contempla la declaración, mediante auto, de la caducidad del procedimiento si los defectos advertidos por el Tribunal que han sido notificados al recurrente (certificación del cumplimiento infructuoso del trámite de requerimiento exigido al ejecutivo autonómico correspondiente) no han sido subsanados en el plazo de diez días (art. 86 LOTC).

Dentro del mes siguiente a la notificación del rechazo (o agotado el plazo indicado), el órgano ejecutivo requirente, de no haber obtenido satisfacción suficiente a su solicitud, podrá plantear el conflicto ante el Tribunal Constitucional, certificando este hecho (art. 63.5 LOTC). En cualquier caso, como se ha indicado, el Gobierno de la Nación, para quien el requerimiento es potestativo, puede formalizar la demanda directamente ante el Tribunal Constitucional en el plazo de dos meses.

En el "petitum" de la *demanda* se expresarán los mismos preceptos o puntos concretos de la resolución o acto viciado de incompetencia especificados en el requerimiento (art. 63.3 LOTC), lo que equivale a decir que el contenido del requerimiento condicionará el de la demanda, y, por tanto, el alcance mismo del conflicto. Aun así, aunque se estima, de forma insubsanable, que "los motivos de incompetencia alegados en el escrito de planteamiento deben coincidir, en sustancia, con los formulados en el requerimiento"; "menos importancia podría darse a la divergencia respecto a los preceptos constitucionales y estatutarios invocados" (STC 116/1984). Por otra parte, también se recogerán en la demanda los antecedentes de hecho y la pretensión que se desea alcanzar.

La primera consecuencia que se deriva del planteamiento del conflicto no es otra que la *suspensión de la resolución, disposición o acto impugnado*, si el demandante es el Gobierno de la Nación y así lo solicita[10]. Dicha suspensión se extenderá

---

10. L. Tolívar Alas, "El control del Estado sobre las Comunidades Autónomas", Madrid, Instituto de Estudios de Administración Local, 1981, págs. 160 y ss.

por un plazo de cinco meses, tras los cuales el Tribunal Constitucional deberá ratificarla o levantarla. La misma, que se fundamenta en la pretensión genérica de *evitar "perjuicios de imposible o difícil reparación"*, tiene *carácter automático al invocarla el Gobierno de la Nación*, ex art. 161.2 CE[11] (art. 64.2 y 65.2 LOTC), lo que refleja su posición privilegiada. Sin embargo, la declaración de suspensión es potestativa del Tribunal Constitucional, en tanto que auténtica medida cautelar, cuando quien la solicita es el Gobierno de una Comunidad Autónoma (art. 64.3 LOTC), circunstancia ésta que sitúa a las partes en una posición de claro desequilibrio.

Se viene así a expresar y perpetuar la notable desconfianza inicial que suscitaban al constituyente, ex art. 161.2, las normas, disposiciones y actos de origen autonómico[12]. Ese recelo hacia eventuales comportamientos desleales de los órganos territoriales, guarda relación con otras medidas que la Constitución reserva al Estado en ese mismo sentido. Por tanto, la que se comenta se inscribe en el marco de un conjunto de expedientes, dispuestos en la propia Ley Orgánica del Tribunal Constitucional, que, si bien pudieron encontrar justificación en los inciertos comienzos del proceso autonómico, hoy, una vez consolidado éste, carecen de la misma, salvo en supuestos excepcionales. De ahí que su mantenimiento merezca un juicio desfavorable, dado el desequilibrio que introduce entre las partes en el curso del procedimiento constitucional y, más allá de eso, el debilitamiento que se genera de la posición de las Comunidades Autónomas en el marco de la forma compuesta de Estado constitucionalmente prevista[13].

No es, pues, ésta, inicialmente, una medida cautelar orientada al aseguramiento del objeto litigioso, que pretenda evitar la producción de daños o perjuicios irreparables o de difícil enmienda, lo que requeriría un previo examen jurisdiccional, sino un auténtico mecanismo de control político en manos del Gobierno[14]. No obstante, en todo caso, poder instar, inicialmente, la suspensión, que afecta a todo tipo de decisiones emanadas de cualquier órgano autonómico (afectando

---

11. G. Fernández Farreres, "La impugnación prevista en el artículo 161.2 de la Constitución y el problema de su sustantividad procesal", en Revista Española de Derecho Constitucional, nº 13, 1985, págs. 125 y ss.
12. A. E. Navarro Munuera, "La suspensión de las disposiciones y resoluciones autonómicas impugnadas por el Gobierno ante el Tribunal Constitucional, prevista en el artículo 161.2 de la Constitución", en Revista de Administración Pública, nº. 114, 1987, págs.201 y ss.
13. J. Mª Porras Ramírez, "Las reformas estatutarias y el nuevo sistema autonómico de fuentes del Derecho", op. cit. págs.81-82.
14. Son así aplicables, por extensión, los comentarios que acerca de este privilegio procesal se señalan en el marco del recurso de inconstitucionalidad. Cfr., J. Jiménez Campo, "Consideraciones sobre el control de constitucionalidad de la ley en el Derecho español", en VVAA, "La jurisdicción constitucional en España: 1979-1994", Madrid, centro de Estudios Constitucionales, 1995, págs.71 y ss; en especial, pág. 86.

al recurso de inconstitucionalidad, en relación a las normas con valor de ley; y al conflicto positivo de competencia y al peculiar procedimiento previsto en el Título V LOTC, en relación a las disposiciones, resoluciones y actos autonómicos)[15], sin que se precise *motivación o justificación* al respecto, queda delimitado por los objetos y razones de la impugnación que se hacen presentes en cada proceso[16].

De todos modos, posteriormente, la *fundamentación de la iniciativa de suspensión* sí se advierte necesaria cuando se sustancia el incidente acerca del levantamiento o ratificación de la suspensión de la norma autonómica objeto de control, ya que, si no estuviera motivada aquélla, los servicios jurídicos de la Comunidad Autónoma afectada sufrirían indefensión, al no conocer las razones que llevaron al Gobierno a instar la suspensión y así tener ocasión de rebatirlas. En todo caso, es de justicia subrayar que, desde la década de los años noventa del pasado siglo, suelen predominar las decisiones del propio Tribunal Constitucional que se inclinan por el levantamiento de la suspensión de la norma o resolución impugnada, aun antes de que se agote el plazo establecido, a instancias de la Comunidad Autónoma que es parte en el proceso (ATC 154/1994). Al pronunciarse así el Tribunal Constitucional acerca de su prórroga o alzamiento, transforma este privilegiado instrumento de control político en una auténtica medida cautelar en el marco del proceso. Aun así, conviene instaurar un modelo de relación, similar al alemán, en el que el Tribunal Constitucional asuma la resolución de los conflictos de competencia y de los recursos de inconstitucionalidad, sin introducir desequilibrios entre las partes procesales, que redunde, al cabo, en el favorecimiento o la postergación de la una respecto de la otra. El fin no es otro que conseguir su plena equiparación, dada su igual condición de elementos integrantes de la forma territorial de Estado[17].

En todo caso, en el término de diez días, el Tribunal Constitucional comunicará al Gobierno u órgano autonómico correspondiente la *iniciación del conflicto*, señalándose un plazo, no mayor de veinte días, para que aporte los documentos y alegaciones que considere convenientes (art. 64.1 LOTC). Asimismo, El Tribunal Constitucional podrá solicitar de las partes *informaciones, aclaraciones o precisiones* para su decisión, resolviendo dentro de los quince días siguientes al término

---

15. T. R. Fernández Rodríguez, "Reflexiones en torno al artículo 161.2 de la Constitución", en Revista de Derecho Político, nº 3, 1979, págs. 8 y ss.
16. J. García Roca, "Artículo 64", en J. L. Requejo Pagés (coord.), "Comentarios a la Ley Orgánica del Tribunal Constitucional", Madrid, Tribunal Constitucional/Boletín Oficial del Estado, 2001, pág. 1042.
17. A. Pascual Medrano, "La suspensión de actos y normas de las Comunidades Autónomas en la jurisdicción constitucional: el artículo 161.2 de la Constitución española", Pamplona, Aranzadi, 2001, págs. 32 y ss. También, J. Mª Porras Ramírez, "Las reformas estatutarias y el nuevo sistema autonómico de fuentes del Derecho", op. cit, págs. 81-82.

del plazo de alegaciones o del que se fijare, en su caso, para las informaciones complementarias indicadas (art. 65.1 LOTC).

La *sentencia* pondrá fin al proceso, a menos que éste termine, como en ocasiones se advierte, por *desistimiento del promotor*; *allanamiento del demandado*; *satisfacción extraprocesal de la pretensión*; o *desaparición del objeto*.

La sentencia, según el art. 66 LOTC, en primer lugar, *declarará la titularidad de la competencia controvertida*. En segundo lugar, *acordará, en su caso*, esto es, eventualmente, *la anulación de la disposición, resolución o acto que originaron el conflicto,* no sólo "en cuanto estuvieren viciados de incompetencia"; sino, también, cuando, aun teniendo la competencia el órgano autor de la disposición, resolución o acto impugnado, se demuestre que hizo un uso desmedido o exorbitante de aquella, con menoscabo de la de la otra parte. Y, en tercer lugar, *se dispondrá lo que fuere procedente respecto de las situaciones de hecho o de derecho creadas al amparo de la misma*, a fin de, si es necesario, corregir o restablecer el daño causado por la disposición anulada.

Aun así, *sólo el primer pronunciamiento indicado, esto es, el que afecta a la declaración de titularidad y extensión de la competencia controvertida, es indefectible.* El mismo trasciende al caso, disposición o acto concreto recurrido, ya que *pacifica el conflicto y genera una interpretación jurídica perdurable del precepto constitucional o estatutario que actúa como base o fundamento de aquél, resolviendo las diferencias de criterio existentes.* Así, el alcance del fallo se proyecta "pro futuro". A este respecto, no hay que olvidar que el valor declarativo que fundamentalmente alcanza la sentencia que resuelve un conflicto de competencia obedece, además, al hecho de que, en ocasiones, resulta imposible subsanar situaciones jurídicas causadas por disposiciones o actos que han agotado ya sus efectos en el tiempo[18].

Finalmente, hay que hacer referencia a la circunstancia particular contemplada en el art. 67 LOTC, conforme a la cual *"si la competencia controvertida hubiera sido atribuida por una ley o norma con rango de ley, el conflicto de competencias se tramitará desde su inicio o, en su caso, desde que en defensa de la competencia ejercida se invocare la existencia de la norma legal habilitante, en la forma prevista para el recurso de inconstitucionalidad".*

Así pues, el art. 67 LOTC contiene un *cauce o "vía incidental de control de constitucionalidad"* para expulsar las posibles leyes viciadas de incompetencia a través del control de sus normas de desarrollo o de sus actos de aplicación[19]. El mismo permite enlazar secuencialmente dos procesos constitucionales, tramitando incidentalmente como recurso lo que surgió como conflicto. De ese modo,

---

18. F. Rubio Llorente, "La jurisdicción constitucional en España", op. cit., pág. 20.
19. M. Terol Becerra, "El conflicto positivo de competencia", Valencia, Tirant lo Blanch, 1993, págs. 182 y ss.

el art. 67 LOTC acaba por ser un cauce de control concreto e indirecto de leyes inconstitucionales, que es previo al enjuiciamiento de la disposición que dio lugar inmediato al conflicto.

No obstante, ha de quedar claro que no estamos ante un recurso de inconstitucionalidad encubierto o solapado, sino ante un conflicto positivo de competencia que, en lo que se refiere a la determinación de la constitucionalidad de la ley impugnada, se tramita como un recurso de inconstitucionalidad. De ahí que no quepa plantear pretensiones autónomas o independientes del objeto del conflicto. Es, pues, una vía indirecta de impugnación de leyes: un conflicto competencial con especificidades procedimentales propias del recurso de inconstitucionalidad, sin que exista transformación del conflicto en recurso, como, a veces, se ha opinado[20]. Así, por medio de este incidente el Tribunal Constitucional resuelve las dudas sobre la constitucionalidad de la ley en el seno del conflicto en el que se plantean, sin la necesidad de abrir un nuevo procedimiento. El art. 67 LOTC contempla, por tanto, un incidente previo a la decisión sobre el fondo, que ha de resolverse en el mismo conflicto. De ahí que el fallo deba tener el contenido que señala el art. 66 LOTC.

b) El conflicto negativo

Esta modalidad, ciertamente muy infrecuente, de conflicto[21] se produce *cuando un órgano de la Administración del Estado o de una Comunidad Autónoma declina su competencia para resolver cualquier pretensión deducida ante el mismo, al considerar competente, en el caso del Estado, a una Comunidad Autónoma; y, en el caso de ésta, a otra o al Estado* (art. 68.1 LOTC).

En tales supuestos, se faculta, en primer lugar, a las personas físicas o jurídicas solicitantes, una vez agotada la vía administrativa, *a que reproduzcan su pretensión ante el órgano ejecutivo de la Comunidad Autónoma, o del Estado, declarado competente.*

Tras ello, la Administración solicitada deberá admitir o declinar su competencia en el plazo de un mes. Si se inhibe, se lo notificará al requirente, indicando los preceptos en que se funda su resolución (art. 68.2 LOTC).

Seguidamente, el interesado, al ver rechazada su pretensión, podrá acudir al Tribunal Constitucional, presentando una demanda dentro del mes siguiente a la notificación de la declinatoria o si transcurriese el plazo que se le dio a la Administración para resolver expresamente (art. 68.3 LOTC). El escrito de la

---

20. J. García Roca, "Artículo 67", en J. L. Requejo Pagés (coord.), "Comentarios a la Ley Orgánica del Tribunal Constitucional", op. cit., págs.. 1086 y ss.
21. G. Fernández Farreres, "Artículos 68-72", en J. L. Requejo Pagés (coord.), "Comentarios a la Ley Orgánica del Tribunal Constitucional", op. cit, págs. 1099-1127.

demanda se acompañará de los documentos acreditativos de haber agotado la vía administrativa (art. 69.1 LOTC).

En el plazo de diez días siguientes al de la presentación del escrito, *el Tribunal Constitucional admitirá a trámite, mediante auto, el conflicto si entiende que la negativa de las Administraciones implicadas se funda en una diferencia de interpretación de preceptos constitucionales o de los Estatutos de Autonomía o de las leyes orgánicas u ordinarias que delimitan los ámbitos respectivos de competencia del Estado y de las Comunidades Autónomas*. Sólo entonces, confirmada su jurisdicción, se declarará planteado el conflicto, cosa que no ha sucedido nunca hasta el presente, al no haber apreciado el Tribunal, en ocasión alguna, la concurrencia del requisito aludido, que exige constatar la relevancia o trascendencia constitucional del caso (STC 156/1990).

Una vez trasladado el auto de admisión a las partes implicadas, el Tribunal Constitucional fija el plazo de un mes para que formulen alegaciones (art. 69.2 LOTC). Agotado ese plazo, o el que el Tribunal Constitucional posteriormente conceda para formular aclaraciones, se dictará sentencia que declarará cuál es la Administración competente (art. 70.1 LOTC). Ello conllevará, a partir de la publicación de la sentencia, la reapertura de los plazos administrativos agotados para reclamar la resolución de la pretensión (art. 70.2 LOTC).

En segundo lugar, también se contempla la posibilidad, ciertamente excepcional (de ahí que hasta ahora no se conozca ningún caso), de que *el Gobierno de la Nación pueda plantear conflicto de competencia negativo cuando, habiendo requerido al órgano ejecutivo superior de una Comunidad Autónoma para que ejercite las atribuciones propias de la competencia que el bloque de la constitucionalidad le asigna, aquél desatienda su requerimiento por declararse incompetente el órgano requerido, expresa o tácitamente (por simple o mera inactividad), en el plazo fijado por el Gobierno, que nunca será inferior a un mes* (art. 71 LOTC). En tales supuestos, el Gobierno, más que en defensa de sus competencias propias, interviene en defensa del interés general ante la desatención de la obligación de actuar que asiste a una Comunidad Autónoma. Se trata, como cabe apreciar, de un procedimiento residual de control, previo al que pueda más gravemente suscitarse sobre los órganos autonómicos ex art. 155 CE.[22].

Conforme a la actual normativa, una vez rechazado el requerimiento, dentro del mes siguiente a conocerse dicho rechazo, el Gobierno podrá *plantear el conflicto negativo de competencia ante el Tribunal Constitucional*, mediante escrito. En el mismo *se indicarán los preceptos constitucionales, estatutarios o legales que, a su juicio, obligan a la Comunidad Autónoma a ejercer sus atribuciones* (art. 72.1

---

22. G. Fernández Farreres, "Artículo 71", en J. L. Requejo Pagés (coord.), "Comentarios a la Ley Orgánica del Tribunal Constitucional", op. cit. págs. 1120-1124.

LOTC). Seguidamente, el Tribunal Constitucional dará traslado del mismo a la parte demandada, que contará con un plazo de un mes para presentar *alegaciones* (art. 72.2 LOTC). Dentro del mes siguiente a la conclusión del plazo indicado, o del que hubiese fijado el Tribunal Constitucional para formular *aclaraciones*, se dictará *sentencia*, que contendrá algunos de los siguientes pronunciamientos: a) la *declaración de que el requerimiento es procedente, lo que conllevará el establecimiento de un plazo dentro del cual la Comunidad Autónoma deberá ejercer la competencia requerida*; b) la *declaración de que el requerimiento es improcedente*.

Dicho esto, en lo que no ha reparado el legislador es en colmar la injustificable laguna que supone la *inexistencia de regulación acerca de los conflictos negativos que pudieran plantearse a instancias de las Comunidades Autónomas, fundados en la inactividad del Estado*. No contemplar esta modalidad subraya, una vez más, la desigualdad de armas que, en los procesos constitucionales, el legislador proporciona al Estado y a las Comunidades Autónomas, lo que carece de justificación alguna. Ello redunda en una merma de garantías, que genera situaciones de indefensión. Así se ha observado cuando se han rechazado "a limine" conflictos promovidos por Comunidades Autónomas contra la omisión indebida de la aprobación por el Gobierno de varios decretos de traspasos, alegando el Tribunal Constitucional que tales controversias no tenían encaje en la regulación procesal vigente[23].

2. Los conflictos entre órganos constitucionales del Estado

A su vez, en ejercicio de la potestad que confiere al legislador el art. 161 d) CE, la Ley Orgánica del Tribunal Constitucional ha creado un proceso no previsto, en un principio, en la Constitución, cuya regulación se expresa en los arts. 73 y 74 LOTC. Tales preceptos contienen una *regulación insuficiente e imprecisa* de aquél, la cual ha debido ser, por tanto, completada por la propia jurisprudencia del Tribunal Constitucional, que, sin embargo, se reduce a la *STC 45/1986*, que puso fin a los tres únicos conflictos que se han resuelto hasta hoy y que el Tribunal Constitucional acumuló[24]. Los tres fueron planteados por el Consejo General del Poder Judicial contra los actos de aprobación de la Ley Orgánica del Poder Judicial de 1985 y, de manera particular, contra dos de sus arts., el 112, que atribuía a las Cortes Generales la designación de todos los miembros del Consejo General del Poder Judicial; y la Disposición Adicional 1ª.2, que habilita al Gobierno para que dicte reglamentos en desarrollo de la ley. En cualquier caso, en la Sentencia se insiste en el carácter excepcional de este proceso constitucional, lo que le lleva

---

23. J. García Roca, "Artículo 59", en J. L. Requejo Pagés (coord.), "Comentarios a la Ley Orgánica del Tribunal Constitucional", op. cit., pág. 941-942.
24. A. J. Gómez Montoro, "De los conflictos entre órganos constitucionales del Estado", en J. L. Requejo Pagés (coord.), "Comentarios a la Ley Orgánica del Tribunal Constitucional", op. cit., págs. 1129-1173.

a hacer una interpretación restrictiva de los sujetos legitimados y del objeto del conflicto.

Así, el art. 59.1 c) LOTC determina que pueden ser actores de este proceso, en "numerus clausus": *el Gobierno, Congreso de los Diputados, el Senado y el Consejo General del Poder Judicial* (habiéndose dejado fuera al Tribunal Constitucional, a la Corona y a las Cortes Generales, en su conjunto, además de a los llamados órganos de relevancia constitucional, esto es, al Defensor del Pueblo, al Consejo de Estado y al Tribunal de Cuentas)[25]. De ese modo, al establecer a tan reducido listado de sujetos legitimados se viene a restringir sustancialmente el número potencial de conflictos que puedan plantearse. A ello se suma la probable coincidencia de una misma mayoría política sustentando a tales órganos, los cuales, al compartir una misma orientación, no es probable que se vean tentados a interponer demandas contra sus afines.

En todo caso, el art. 73.1 LOTC determina que *cuando el pleno de alguno de los órganos constitucionales mencionados, "...estime que otro de dichos órganos adopta decisiones asumiendo atribuciones que la Constitución o las Leyes orgánicas confieren al primero, éste se lo hará saber así dentro del mes siguiente a la fecha en que llegue a su conocimiento la decisión de que se infiera la indebida asunción de atribuciones y solicitará de él que la revoque"*.

De la dicción literal de este precepto se deduce que el *objeto del conflicto* ha de consistir, por tanto, de una estricta *"vindicatio potestatis"*, tras constatarse una *usurpación de competencias*. A ello subyace la voluntad de *preservar la división de*

---

25. La definición de órganos constitucionales del Estado se deduce de la inmediata, directa y originaria regulación constitucional de sus atributos estructurales y funcionales básicos, y del hecho de discurrir necesariamente su actuación en tal esfera o plano del ordenamiento. De ahí su posición "superiorem non recognoscens". Así, al encontrarse en el vértice del aparato organizativo estatal, junto a los restantes de este modo calificados, con los que comparte, en lo que a su estatus respecta, una efectiva paridad de rango e independencia jurídica, dichos órganos se revelan componentes fundamentales e indefectibles de la organización institucional establecida en la Constitución, implicando su eventual supresión una transformación sustancial de la misma. Cfr., a modo de referencia ya clásica, que actualiza las originarias referencias de Santi Romano, cfr., E. Cheli, "Organi costituzionali e organi di relievo costituzionali. Appunti per una definizione", en Archivio Giuridico, Vol. CLXIX, 1965, págs.61-113. Indudablemente, estos rasgos apuntados no asisten al Consejo General del Poder Judicial, a pesar de la artificiosa inclusión legislativa del mismo en semejante categoría, ya que la función que el mismo desempeña en modo alguno cabe considerarla esencial, al no afectar al ejercicio de la potestad jurisdiccional. Como se sabe, la misma consiste en la mera garantía externa de la independencia judicial, ya asegurada, en su contenido esencial, por otros medios. Así, J. Mª Porras Ramírez, "Fundamento, naturaleza, extensión y límites de la potestad reglamentaria del Consejo General del Poder Judicial", en Revista de Estudios Políticos, nº. 87, 1995, págs.239-257; en especial, págs.242-244.

poderes constitucionales. De ahí que sólo quepa denunciar una invasión de atribuciones disconforme con el reparto horizontal de competencias establecido en la Norma Fundamental. No obstante, semejante *concepción restrictiva*, expresada por el Tribunal Constitucional en su Sentencia 45/1986, resulta *criticable, ya que, como ha indicado repetidamente, el orden competencial puede verse modificado, tanto si un órgano ejerce competencias ajenas, como cuando, ejerciendo competencias propias, menoscaba y lesiona las competencias ajenas.*

Además, cabe acusar a la Ley Orgánica del Tribunal Constitucional de imprecisión al establecer los *vicios que cabe alegar como objeto del conflicto*. Sólo se mencionan las *"decisiones"* y los *"actos"* que impliquen una lesión competencial. Serán, por tanto, disposiciones y normas sin fuerza de ley. Se excluyen las omisiones.

El procedimiento es análogo al que se sigue en los conflictos de competencia de carácter territorial. La fase previa la constituye el *requerimiento de incompetencia*. Así, el órgano que considera lesionadas sus competencias deberá, en el plazo de un mes, solicitar del órgano que aprobó la decisión presuntamente viciada que la revoque (art. 73.1 in fine LOTC). Si, en el plazo de un mes desde que recibió el requerimiento, el órgano al que se dirigió aquél se reafirma en que actuó en el ejercicio constitucional y legal de sus atribuciones, o no rectifica su decisión en el sentido que se le ha solicitado, se posibilitará al órgano requirente el planteamiento del conflicto ante el Tribunal Constitucional dentro del mes siguiente. A tal efecto, presentará un *escrito* de demanda en el que *se especificarán los preceptos que considera vulnerados y formulará las alegaciones que estime oportunas, acompañadas de una certificación de los antecedentes que repute necesarios y de la comunicación cursada en cumplimiento de su obligación de haber cursado el requerimiento previo de incompetencia* (art. 73.2 LOTC).

Una vez recibida la demanda, el Tribunal Constitucional, dentro de los diez días siguientes, dará traslado de la misma al órgano requerido y le otorgará el plazo de un mes para formular alegaciones. Igual se hará con todos los demás órganos legitimados para plantear este género de conflictos, los cuales podrán comparecer en el procedimiento, en apoyo del demandante o del demandado, si consideran que la solución del conflicto en cuestión puede afectar de algún modo a sus propias atribuciones (art. 74 LOTC).

El Tribunal Constitucional podrá, a su vez, solicitar de las partes cuantas *aclaraciones, informaciones o precisiones* juzgue necesarias para resolver el caso, lo que hará dentro del mes siguiente a la expiración del plazo de alegaciones o del que, en su caso, se fije para las aclaraciones complementarias, el cual no será superior a los treinta días (art. 75.1 LOTC).

De todos modos, *no se prevé que la interposición de la demanda entrañe la suspensión de la decisión impugnada*. De ahí que no quepa apreciarla (ATC 462/1985).

Finalmente, si el proceso concluye mediante *sentencia*, ésta determinará, en primer lugar, de manera indefectible, *"a que órgano corresponden las atribuciones constitucionales controvertidas"*. Y, eventualmente, también, *"declarará nulos los actos ejecutados por invasión de atribuciones"*; y, en tercer lugar, *"resolverá, en su caso, lo que procediere sobre las situaciones jurídicas producidas al amparo de los mismos"*. (art. 75.2 LOTC).

3. Las impugnaciones reguladas en el Título V LOTC

Aunque regulado en un Título de la Ley Orgánica del Tribunal Constitucional distinto al anterior, denominado *"De la impugnación de disposiciones sin fuerza de ley y resoluciones de las Comunidades Autónomas, previsto en el art. 161.2 de la Constitución"*, el cauce de impugnación dispuesto en los arts. 76 y 77 LOTC presenta similitudes muy apreciables con aquéllos que se contemplan en el Título IV, dedicado a los conflictos constitucionales. No en vano, el mismo "se formulará y sustanciará por el procedimiento previsto en los arts. 62 a 67 de esta Ley Orgánica…", referido a los conflictos positivos de competencia.

Mediante el proceso en cuestión se faculta al *Gobierno*, ex art. 76 LOTC, a *"impugnar ante el Tribunal Constitucional las disposiciones normativas sin fuerza de ley y resoluciones emanadas de cualquier órgano de las Comunidades Autónomas"*. Se establece así una suerte de *"cláusula de cierre"*, amparada en la extensa habilitación que se contiene en el art. 161.2 de la Constitución, la cual permite al Gobierno, que no a los Ejecutivos de las Comunidades Autónomas, instar el control por parte del Tribunal Constitucional de cualquier disposición normativa, resolución o acto autonómico sin fuerza de ley, apelando a razones fundadas en la garantía de la preservación de los intereses generales de la Nación. Tal previsión constitucional, que ha sido interpretada por el legislador de la forma más amplia posible[26], al entender que la misma implica, a su vez, la facultad de invocar la suspensión de la norma o resolución atacada, habilita al Gobierno para que "dentro de los dos meses siguientes a la fecha de la publicación o, en defecto de la misma, desde que llegare a su conocimiento", pueda impugnar ante el Tribunal Constitucional "las disposiciones normativas sin fuerza de ley y resoluciones de las Comunidades Autónomas" (art. 76 LOTC).

No obstante, a los efectos de circunscribir el objeto de la impugnación, y dado el carácter residual que pretende atribuírsele a este procedimiento, se entiende que

---

26. M. Aragón Reyes, "Artículo 161: competencias del Tribunal Constitucional", en O. Alzaga Villaamil (dir.), "Comentarios a la Constitución española de 1978", Tomo XII, Madrid, Edersa, 1999, págs. 189 y ss. También, G. Fernández Farreres, "La impugnación prevista en el art. 161.2 de la Constitución y el problema de su sustantividad procesal" en Revista Española de Derecho Constitucional, nº 13, 1985, págs. 125 y ss.

el Gobierno no podrá atacar tales disposiciones y normas alegando, ni su presunta ilegalidad, ya que no es el Tribunal Constitucional, sino la jurisdicción ordinaria quien tiene atribuida tal modalidad de control (SSTC 54/1982 y 16/1984); ni, tampoco, sus supuestos vicios de incompetencia territorial, de los que conocería el Tribunal Constitucional, si bien a través del conflicto positivo de competencia (SSTC 44/1986 y 66/1991). Es así que, por medio de este proceso, el supremo intérprete de la Norma Constitucional habrá de limitarse a practicar un examen de constitucionalidad material de la norma autonómica objetada (SSTC 54/1982, 64/1990 y 148/1992)[27], tramitándose la impugnación, según la remisión que, en este sentido, hace el art. 77 LOTC, conforme al procedimiento del conflicto positivo de competencia (arts. 62 a 67 LOTC). En consecuencia, si se admite que el Gobierno puede hacer uso del requerimiento previo (art. 62 LOTC), el plazo para la formalización de la impugnación quedará determinado de la forma prevista en el art. 63.5 LOTC, y no ya dentro de los dos meses siguientes a la fecha de publicación de la norma.

En todo caso, la suspensión de la norma infralegal atacada tiene efectos automáticos, a partir de la admisión a trámite de la impugnación, quedando, no obstante, condicionada a que el Gobierno invoque, al plantear su demanda, el art. 161.2 CE. Y todo ello sin perjuicio de que dicha suspensión quede referida temporalmente, en cuanto a sus efectos, al momento en que aquélla se interpuso. Así, inicialmente, el Tribunal Constitucional estimó que la duración de los efectos de tal medida extraordinaria debía ajustarse, íntegramente, al plazo de cinco meses que marca la ley, tras el cual procede determinar acerca de su levantamiento o ratificación (AATC 319/1983, 573/1984 y 350/1985, entre otros). Sin embargo, con el paso del tiempo, y ante las críticas suscitadas, se ha abandonado, casi completamente, esa interpretación extensiva, la cual ha sido sustituida por otra que admite la posibilidad de que pueda resolverse sobre la suspensión, antes de agotarse el plazo de cinco meses, siempre que así se solicite expresamente (AATC 355/1989, 154/1994 y 221/1995, entre otros).

A este respecto, el Tribunal Constitucional ha acudido, preferentemente, al criterio de la ponderación concreta de los perjuicios y lesiones de imposible o difícil reparación que, para los intereses públicos y privados concurrentes, puedan derivarse del alzamiento o mantenimiento de la suspensión (AATC 566/1983, 641/1983 y 239/1985). En cualquier caso, la continuidad de la misma se interpreta restrictivamente, trasladándose al postulante, esto es, al Gobierno, la carga de la prueba (ATC 947/1985), hecho éste que casa muy bien con el carácter de medida

---

27. G. Fernández Farreres, "Artículo 76" y "Artículo 77", en J. L. Requejo Pagés (coord.), "Comentarios a la Ley Orgánica del Tribunal Constitucional", op. cit., págs. 1219-1233; en especial, pág. 1235.

excepcional que se otorga a la suspensión automática prevista en el art. 77 LOTC, respecto del principio de efectividad y vigencia de las normas y resoluciones sobre las que recae aquélla (ATC 1202/1987)[28].

Estamos, pues, en presencia, de un procedimiento que, desde su instauración, ha merecido fuertes críticas doctrinales, ya que el mismo sitúa a las Comunidades Autónomas en una posición de inferioridad respecto del Estado, circunstancia ésta que, si algún día pudo encontrar alguna justificación, antes las incertidumbres que suscitaba, en sus inicios, el surgimiento y desarrollo del proceso autonómico, hoy apenas las posee, de acuerdo con criterios objetivos, como no sea, en todo caso, a efectos de impedir que una Comunidad Autónoma atente, extraordinaria y gravemente, contra el interés general del Estado[29].

De ahí el carácter marcadamente residual que muestra este proceso, lo que se corrobora una vez que se conoce la escasa utilización que se ha venido haciendo, hasta ahora, del mismo. No en vano, la mayoría de los vicios de inconstitucionalidad imputables a las disposiciones sin fuerza de ley y resoluciones autonómicas traen causa de la vulneración del orden constitucional de competencias; siendo, en las restantes ocasiones, la infracción generada de mera legalidad ordinaria, en cuyo caso hay que considerar preferente la depuración del vicio por la jurisdicción contencioso-administrativa[30]. Así, en este último supuesto, el control directo e inmediato de constitucionalidad, a instancias del Gobierno de la Nación, de las normas reglamentarias de las Comunidades Autónomas, se habrá de ceñir, en la práctica, al examen de los reglamentos independientes que se dicten, sin afectar al sistema de reparto competencial existente; hecho éste, de por sí, ciertamente extraordinario y, en todo caso, desde cualquier perspectiva, escasamente relevante.

4. El conflicto en defensa de la autonomía local

De entre todas las iniciativas llevadas a cabo en torno a la idea de "Pacto local", materializada en los años noventa del pasado siglo, a fin de articular un acuerdo político que colmara las carencias, de todo orden, competenciales, financieras, organizativas y funcionales que afectan al régimen legal de la autonomía local en España, la que revistió una mayor significación, a pesar de que las expectativas despertadas por la misma no se hayan satisfecho, dada su defectuosa regulación,

---

28. Ampliamente, sintetizando la doctrina del intérprete supremo de la Constitución sobre esta materia, cfr., G. Fernández Farreres, "Artículo 77", en J. L. Requejo Pagés (coord.), "Comentarios a la Ley Orgánica del Tribunal Constitucional", op. cit., págs. 1235-1243.
29. J. Mª Porras Ramírez, "Las reformas estatutarias y el nuevo sistema de fuentes autonómico", op. cit., págs. 181 y ss.
30. F. Caamaño Domínguez, "El control de constitucionalidad de las disposiciones reglamentarias", Madrid, Centro de Estudios Constitucionales, 1994, págs. 76 y ss.

fue la que llevó a modificar la Ley Orgánica del Tribunal Constitucional, a fin de crear un nuevo proceso constitucional "en defensa de la autonomía local"[31].

Se pretendía así la atribución a los gobiernos locales de un medio reaccional extraordinario que les permitiera el acceso directo al Tribunal Constitucional, en aras de lograr la tutela plena y efectiva de su autogobierno y autoadministración característicos. Se buscaba, pues, garantizar una mejor protección de su autonomía, dada la potencial vulnerabilidad a la que se ve sometida la misma por la acción del legislador, tanto estatal como autonómico, en ausencia de un instrumento eficaz e inmediato de impugnación de las normas por éste emanadas, puesto a disposición de sus legítimos representantes afectados[32]. La imprevisión de un proceso específico dispuesto al efecto condujeron así a introducirlo, ex art. 161 d) CE, emulando la práctica seguida en el ordenamiento alemán. Así, la LO 7/1999, de 21 de abril modificó la Ley Orgánica del Tribunal Constitucional a esos efectos, creando un nuevo procedimiento denominado *"conflicto en defensa de la autonomía local" (art. 59.2 LOTC)*, que pasa a constituir el nuevo Capítulo IV del Título IV, "De los conflictos constitucionales", de la indicada Ley Orgánica.

En lo que a *la peculiar naturaleza del nuevo procedimiento* se refiere hay que señalar que, mediante el mismo, se ha diseñado una nueva modalidad de conflicto constitucional, dotado de perfiles propios, que lo hacen sumamente atípico y singular, en relación a los ya existentes, al promoverse directamente frente a leyes y no contra actos o disposiciones infra-legales, ya provengan del Estado o de las Comunidades Autónomas, que afecten a la autonomía constitucionalmente garantizada de los gobiernos locales. Así, consciente de su peculiaridad el legislador lo ubica en un segundo y específico apartado del art. 59 LOTC. Se trata, por tanto, de un *"sui generis" "conflicto de competencia legislativa"*, mediante el cual y a instancias de los gobiernos locales legitimados, lo que se solicita, directamente, es un pronunciamiento del Tribunal Constitucional, acerca de si se ha producido, por la acción de una ley estatal o autonómica, lesión alguna de su autonomía tutelada por la Constitución y por las normas integrantes, a tal efecto, del llamado bloque de la constitucionalidad. De este modo, lo que se impugna, propiamente, es la manera concreta de configurar la competencia de que se trate, por quien tiene habilitación para ello. No en vano aquí la controversia fundada en

---

31. J. Mª Porras Ramírez, "La posición constitucional de los entes locales. La oportunidad del Pacto local", en VVAA, "Modificaciones y panorama actual del régimen local español", Granada, Centro de Estudios Municipales y de Cooperación Internacional, 2000, págs. 37 y ss.

32. J. García Roca, "Sobre la posibilidad de configurar una acción para la defensa de la autonomía local por sus propios titulares ante el Tribunal Constitucional: ¿es factible un conflicto local e indirecto contra leyes?", e VVAA, "Defensa de la autonomía local ante el Tribunal Constitucional", Madrid, Instituto Nacional de Administración Pública, 1998, págs. 15-53.

una diferencia de opiniones por motivos competenciales entre entes territoriales pretende dilucidar si se ha producido un menoscabo en el ámbito de la autonomía local protegido, causado por la inferencia de una norma con valor de ley, cuya validez resulta, al tiempo, cuestionada[33].

Por tanto, no se está verdaderamente reivindicando una competencia ilegítimamente usurpada por una ley; sino que lo que se pretende es instar, unidireccionalmente, al sólo poder ser los gobiernos locales sujetos activos, y nunca pasivos de la disputa, la salvaguardia y eventual restitución de la imagen socialmente reconocible de la autonomía local supuestamente afectada. Tras esa verificación esencial, que se verá seguida de la determinación de la titularidad y extensión de la competencia controvertida, y de lo que procediere sobre las situaciones de hecho o de derecho creadas, se inicia, si así lo considera oportuno el Pleno del propio Tribunal Constitucional, que conoció de la acción, un nuevo procedimiento, disociado artificialmente del anterior, para controlar la validez de la ley impugnada, a través del planteamiento de una auto-cuestión de inconstitucionalidad, como si se partiera de un recurso de amparo, que, finalmente, determinará, en su caso, la adecuación a la Constitución de la ley causante de la afectación en su momento apreciada. El resultado es una fórmula rebuscada, confusa y un tanto arbitraria, en la que se lleva a cabo una curiosa mezcolanza de procedimientos constitucionales ya existentes, a fin de obviar o vencer la imposibilidad legal de extender a los gobiernos locales la legitimación activa en el recurso de inconstitucionalidad[34].

En lo que se refiere a los *sujetos del conflicto* y a los *problemas de la legitimación* hay que indicar que la capacidad para plantear tales conflictos se confiere siguiendo un *doble criterio selectivo, ya sea a título individual*, al Municipio o Provincia que resulte destinatario único de la ley; *ya sea colectivamente*, dando así lugar a la constitución de un litisconsorcio activo necesario, esto es, atribuyéndosela a "un número de municipios que supongan, al menos, un séptimo de los existentes en el ámbito territorial de aplicación de la disposición con rango de ley, y representen, como mínimo, a un sexto de la población oficial del ámbito territorial correspondiente", y a "un número de provincias que supongan, al menos, la mitad de las existentes en el ámbito territorial de aplicación de la disposición con rango de ley, y representen, como mínimo, a la mitad de la población oficial" (art. 75-ter 1 LOTC).

Se combinan así criterios territoriales y poblacionales restrictivos para, salvo en el supuesto de las leyes singulares, en el que se habilita la legitimación individual, restringir la legitimación a colectivos, puede que muy numerosos, de

---

33. J. Mª Porras Ramírez, "El conflicto en defensa de la autonomía local ante el Tribunal Constitucional", Madrid, Civitas, 2001, págs.69-70.
34. J. Mª Porras Ramírez, "El conflicto en defensa de la autonomía local ante el Tribunal Constitucional", op. cit, pág. 71.

municipios, obligando a su actuación concertada en el breve espacio de tres meses, a contar desde la publicación de la norma legal impugnada, lo que dificulta apreciablemente el ejercicio de la acción. Mediante esta ponderación se pretende así evitar la excesiva proliferación de conflictos, dada la situación lacerante de multi- e infra-municipalismo existente en España y por la insoportable sobrecarga de trabajo que le supondría al Tribunal Constitucional el verse en la tesitura de admitir a trámite demandas provenientes de cuantos gobiernos locales gozan de la autonomía que la Constitución les reconoce, que creen lesionado su círculo de intereses. No obstante, se generan disfuncionalidades diversas, no advertidas supuestamente por el legislador[35]. Así, cabe reparar, en primer lugar, en que aquellas Comunidades Autónomas donde la distribución poblacional resulte desequilibrada, al concentrarse muchos de sus habitantes en una gran capital, se le concede a ésta una suerte de derecho de veto, ya que sin su concurso la impugnación no procederá. En segundo lugar, ha de advertirse que en territorios provinciales y autonómicos donde existe una gran dispersión poblacional, abundando el número de municipios, se obliga a reunir el voto favorable de un gran número de ellos, lo que dificulta la acción contra, sobre todo, leyes estatales, más que autonómicas[36] (ATC 418/2003).

En el supuesto de la legitimación de las *provincias* se requiere, como se ha indicado, contar con "un número de ellas que supongan, al menos, la mitad de las existentes en el ámbito territorial de aplicación de la disposición con rango de ley, y representen, como mínimo, la mitad de la población oficial". Esas condiciones, salvo en los supuestos en que la importancia en número de habitantes de una provincia concreta haga su concurso inexcusable, resultan significativamente de menos gravosos cumplimiento que las exigidas a los municipios, allanando así su acceso al Tribunal Constitucional.

A su vez, el art. 75-ter 2 LOTC exige, como requisito previo, la necesidad del acuerdo plenario, con el voto favorable de la mayoría absoluta del número legal de miembros del gobierno local interesado. De ello se deduce que sólo los partidos mayoritarios tienen a su alcance el planteamiento del conflicto. Que éstos dispongan ya del más simplificado medio para articular la impugnación que constituye el recurso de inconstitucionalidad, hace que el conflicto de referencia presente un marcado carácter subsidiario respecto de aquél. Además, conviene reparar en el posible desistimiento en el conflicto de los gobiernos locales que, por

---

35. J. Mª Castellá Andreu y L. Román Martín, "El conflicto en defensa de la autonomía local: la legitimación de los entes locales ante el Tribunal Constitucional español", en A. Anzon, P. Caretti, S. Grassi (eds.), "Prospettivi di acceso alla giustizia costituzionale", Torino, Giappichelli, 2000, págs.478-505; en especial, pág. 502.
36. M. Pulido Quecedo, "La reforma de la Ley Orgánica del Tribunal Constitucional: el conflicto en defensa de la autonomía local", Pamplona, Aranzadi, 1999, págs.62 y ss.

cambio de las mayorías de gobierno, dada la larga duración habitual de los procesos constitucionales, causen la pérdida sobrevenida de los porcentajes alcanzados.

Asimismo, se precisa, con carácter previo a la formalización del conflicto, la solicitud conjunta de un dictamen preceptivo, pero no vinculante, al Consejo de Estado o al Consejo consultivo de la correspondiente Comunidad Autónoma, según que el ámbito territorial al que pertenezcan los gobiernos locales corresponda a varias o a una Comunidad Autónoma[37]. Dicha solicitud se habrá de presentar, en todo caso, "dentro de los tres meses siguientes al día de la publicación de la ley que se entienda lesiona la autonomía local".

Tras ello, al mes siguiente de la recepción del dictamen, para el que no existe plazo de entrega, lo que favorece nuevamente tanto la solución extraprocesal como el desistimiento, podrá presentarse el conflicto ante el Tribunal Constitucional (art. 75-quater 1 y 2 LOTC). La indeterminación indicada en los plazos, unida a la diversidad de previsiones legales en la propia regulación aplicable del Consejo de Estados y de los órganos consultivos autonómicos, hace imposible conocer el tiempo cierto, en todo caso, siempre superior a cuatro meses, durante los que la norma legal será atacable a través de esta vía procesal[38].

Por su parte, ha de indicarse que las *islas* poseen un régimen extraordinario cuando deseen plantear conflictos contra leyes autonómicas en las que se integran. Así la legitimación corresponderá a tres cabildos en Canarias y a dos consejos insulares en Baleares, sin exigirse la concurrencia de porcentaje poblacional alguno. Sin embargo, de este requisito no se las dispensa si lo que desean es impugnar leyes estatales (DA 3ª).

En lo que al País Vasco se refiere, la DA 4ª LOTC reconoce la competencia del Tribunal Constitucional para conocer de las impugnaciones que las Diputaciones Forales realicen de las leyes autonómicas. Además, "cuando el ámbito de aplicación de la ley afecte directamente a dicha Comunidad Autónoma", a los sujetos legitimados se unen las Juntas Generales y las Diputaciones Forales de cada Territorio Histórico.

En lo que toca a Ceuta y Melilla, ciudades autónomas que poseen, tanto competencias derivadas de su condición de gobiernos locales, como de entes autonómicos, se las habilita para recurrir leyes estatales en los supuestos en que resulten destinatarias únicas de las mismas o se consideren afectadas directas, en su círculo de intereses locales, por la acción de leyes de ámbito de vigencia más

---

37. T. Font i Llovet, "La autonomía local en España a los veinte años de la Constitución: perspectivas de cambio: perspectivas de cambio", en Anuario del Gobierno Local 1998, Madrid, Marcial Pons, 1999, págs.15-54; en especial, págs.49-51.
38. J. Jiménez Campo, "Política de la constitucionalidad. (Una reflexión ante los nuevos modos de impugnar la ley", en Revista Española de Derecho Constitucional, 59, 2000, págs.11-27; en especial, págs.14-15.

extenso. Dado que no se les ha reconocido la legitimación activa en el recurso de inconstitucionalidad (STC 240/2006), equiparándolas a las Comunidades Autónomas, promover conflictos en defensa de la autonomía local es el único medio reaccional contra leyes que se les permite emplear[39].

En lo referido a las *normas objeto del conflicto* ha de señalarse que, en el marco del proceso de referencia cabe recurrir directamente, tanto las leyes estatales como las autonómicas, supuestamente lesivas de la autonomía local constitucionalmente garantizada, aun sin esperar a que se produzca su aplicación concreta.

Como *parámetros de enjuiciamiento* actuarán, en la resolución del conflicto, la Constitución y las normas integrantes del bloque de la constitucionalidad que, en cada caso, convenga apreciar. En todo caso, entre las mismas hay que incluir a la *Carta Europea de la Autonomía Local*, integrada en un tratado internacional, ya que la misma se erige en canon de interpretación y aplicación del ordenamiento local español, cuyos principios constitutivos refuerza y complementa, definiendo su alcance y significación. Pero, en todo caso, es con la Constitución con quien se contrastará, tanto la normativa legal básica, como la de desarrollo, además de la sectorial, emanada de las instancias de poder estatal y autonómico, que conforman el ordenamiento local[40]. Así, el canon que el Tribunal Constitucional debe aplicar para resolver los conflictos en defensa de la autonomía local, promovidos frente a leyes, vendrá representado por los preceptos constitucionales que establecen la garantía institucional de la autonomía local (arts. 137, 140, 141 y 142 CE), definiendo su contenido mínimo o esencial, el núcleo primario del autogobierno de los entes territoriales locales indisponible para el legislador, ya tenga éste, o no, la consideración de básico.

En este sentido, no está de más recordar que el propio Tribunal Constitucional ha deducido una serie de principios que contribuyen a perfeccionar el aseguramiento y tutela más eficaces de la autonomía local. De ahí que el mismo aluda, como su homólogo federal alemán, a la conveniencia de proyectar sobre el legislador, controles de subsidiariedad, proporcionalidad, necesidad, interdicción de la arbitrariedad, prevalencia de la voluntad local, eficacia en la gestión y naturaleza o condición de la actividad pública de referencia (SSTC 227/1988 y 11/1999), a fin de determinar la comisión de excesos por parte del mismo que puedan afectar

---

39. Cfr., J. Mª Porras Ramírez, "Las Ciudades Autónomas de Ceuta y Melilla y el conflicto en defensa de la autonomía local. A propósito de la STC 240/2006, de 20 de julio", en Revista de Derecho Político, nº 68, 2007, págs. 77-103. También, vid., ibídem, "Disposición Transitoria Quinta", en M. E. Casas Baamonde y M. Rodríguez-Piñero y Bravo-Ferrer (dirs.), "Comentarios a la Constitución española. XXX aniversario". Madrid, Fundación Wolters Kluwer, 2008, págs.2835-2840.
40. L. Ortega Álvarez, "La Carta Europea de la Autonomía Local y el ordenamiento local español", en Revista de Estudios de la Administración Local, nº 259, 1993, págs.475-497.

a la identidad o cualidad propias del ámbito de actuación autónoma reconocido a los gobiernos locales. Tales criterios revelan su utilidad a la hora de oponerse a eventuales desapoderamientos competenciales, al traducirse en una exigencia de actuación leal, proporcional, no arbitraria y justificada del legislador al respecto.

A su vez, junto con los preceptos constitucionales, es claro que el Tribunal Constitucional ha de tener bien presente, igualmente, en la resolución de los conflictos en defensa de la autonomía local que se susciten, lo dispuesto singularmente en los Estatutos de Autonomía. Así, las competencias que los mismos les reconocen actualizan el contenido de la autonomía local constitucionalmente garantizada, viniendo a constituir manifestaciones o exteriorizaciones de la misma. Por eso, se reputa a esas normas contenidas en dicho Estatuto susceptibles de emplearse como parámetro de control de la ley impugnada. Así, es bien conocido que algunos Estatutos, como los de Cataluña y Andalucía, teniendo bien presentes los límites que la Constitución impone, han reforzado considerablemente la posición de las entidades locales. Así, han incorporado un listado de competencias, asignadas a aquéllas, en relación con materias, siquiera sea parcialmente de titularidad autonómica, en las que se hacen presentes los intereses locales. Ello ha permitido acometer su definición más segura, prescindiendo del habitual e incierto recurso a cláusulas generales e indeterminadas. De ese modo se consigue introducir una cualificada garantía de sus estatus frente a la acción del legislador sectorial, tanto estatal como, sobre todo, autonómico, tentado habitualmente de eludir o menoscabar sus competencias. A ese fin, lo que se ha hecho en tales Estatutos, en el marco del sistema de distribución territorial del poder dispuesto en la Constitución, ha sido tomar como referencia la acotación realizada por el legislador estatal general de un núcleo mínimo y común de servicios obligatorios a desarrollar por los ayuntamientos y demás entidades locales consideradas básicas, de ámbito supramunicipal, determinando así los contenidos esenciales sobre los que han de recaer sus competencias. Desde esa perspectiva, dado el cometido habilitador y delimitador que llevan a cabo los Estatutos de Autonomía, tales normas se erigen en incuestionables parámetros de enjuiciamiento de las leyes sectoriales que inciden en el ámbito de autogobierno que se reconoce a los entes locales radicados en sus territorios[41].

Por otra parte, y de conformidad con lo atinadamente dispuesto en la importante STC 240/2006, la *Ley de Bases de Régimen Local*, dictada al amparo del art. 149.1.18º CE, la cual ha sido reiteradamente invocada como parámetro

---

41. T. Font i Llovet, "El gobierno local en la reforma del Estado de las autonomías", en Anuario del Gobierno Local 2004, Barcelona, Fundación Democracia y Gobierno Local, 2005, págs. 13-36; en especial, págs. 35-36; y J. Mª. Porras Ramírez, "El autogobierno local en el Estado autonómico. Premisas para una reforma necesaria", en Revista Española de Derecho Constitucional, nº 75, 2005, págs. 224 y ss.

de constitucionalidad de las leyes, tanto estatales como autonómicas, actuará como condición de validez de aquéllas, únicamente a los efectos de contribuir a dilucidar cuestiones de reparto competencial entre el Estado y las Comunidades Autónomas (art. 149.1.18º CE); más no a la hora de enjuiciar normas que desarrollen manifestaciones específicas de la autonomía local constitucionalmente garantizada. Por tanto, es falso entender que esta ley sigue siendo, en la práctica, la única capaz de definir y garantizar constitucionalmente la autonomía local, pues ello sólo contribuye a disminuir el alcance de ésta. Si así fuera se llegaría al absurdo que supondría creer, por una parte, que sólo el legislador autonómico puede generar una afectación o menoscabo del autogobierno local, como si al estatal esto no le fuera posible; y, por otra, se conduciría a pensar, erróneamente, llegado el caso, que para enjuiciar la validez de sus propias reformas, en el caso de que se impugnaran las mismas, habría que utilizar como parámetro a la propia Leyes de Bases señalada. Una interiorización real de los gobiernos locales en los ordenamientos autonómicos ha de ocasionar que sean los Estatutos de Autonomía quienes desarrollen esta función, ex art. 148.1.2º CE, determinando el marco o estatuto jurídico del autogobierno local, de acuerdo con las singularidades que éste presenta en las diferentes Comunidades Autónomas.

Pues bien, una vez señalado el canon de constitucionalidad a emplear, ha de señalarse, en referencia a la satisfacción de los gravosos requisitos exigidos para hacer posible la interposición de la demanda que, tras recibirse el dictamen del órgano consultivo, los sujetos legitimados cuentan con el plazo de un mes (art. 75-quater LOTC) para plantear o formalizar ante el Tribunal Constitucional el conflicto, ratificándose en la decisión que antes tomaron. Así, a tales efectos, se les exige adoptar un nuevo acuerdo a ese fin, el cual, guardando la debida proporción de las formas, sería coherente suponer, ante el silencio de la LOTC, que requerirá nuevamente el voto favorable de la mayoría absoluta de los miembros de los gobiernos locales interesados[42]. Sin embargo, la Ley Reguladora de las Bases de Régimen Local, como "lex specialis", determina en su art. 47.3, que basta con alcanzar la mayoría simple.

En el escrito de planteamiento del conflicto se deberá hacer constar el cumplimiento de los requisitos, como se ha observado, notablemente gravosos, y las alegaciones en que se funda la demanda. De no concurrir los mismos, dice la Ley Orgánica del Tribunal Constitucional, que, mediante "auto motivado" el Tribunal Constitucional podrá desestimarlo "in limine litis" (art. 75-quinquies 1: "por falta de legitimación u otros requisitos exigibles y no subsanables, o cuando no estuviere

---

42. A. J. Gómez Montoro, "La garantía constitucional de la autonomía loca. Algunas consideraciones sobre el Proyecto de Reforma de la Ley Orgánica del Tribunal Constitucional", en Repertorio Aranzadi del Tribunal Constitucional, 1999, Tomo I, enero-abril, págs.1741-1765; en especial, pág. 1744.

fundada la controversia suscitada"), lo que resulta sorprendente habida cuenta del carácter habitualmente concertado de la acción y de la preceptiva consulta al órgano consultivo correspondiente.

Como no se ha previsto expresamente la solicitud de suspensión de la ley objeto del conflicto, no cabe contemplar la utilización de una medida tan excepcional.

Si el control de admisión resulta favorable, lo que se resolverá mediante providencia, el Tribunal Constitucional dará traslado de la demanda a los órganos legislativo y ejecutivo del Estado o Comunidad Autónoma que dictó la ley, en el plazo de diez días. Éstos dispondrán de veinte días para personarse y formular alegaciones (art. 75-quinquies 2 LOTC). El Tribunal Constitucional notificará el planteamiento del conflicto y lo publicará (art. 75-quinquies 3 LOTC). Y podrá solicitar aclaraciones, informaciones o precisiones a las partes (art. 75-quinquies 4 LOTC). Finalmente, a menos que el proceso haya concluido a través de vías diferentes, el Tribunal Constitucional dictará *sentencia*, que declarará si se ha producido, o no, afectación lesiva de la autonomía local, originada por una ley estatal o autonómica. Adicionalmente, según proceda, el Tribunal Constitucional se pronunciará acerca de la titularidad o atribución de la competencia legislativa controvertida, y resolverá, "en su caso, lo que procediere sobre las situaciones de hecho o de derecho creadas en lesión de la autonomía local" (art. 75-quinquies 5 LOTC).

Seguidamente, tras la resolución propiamente dicha del conflicto, el Tribunal Constitucional determinará, si el Pleno decide plantearse una *auto-cuestión o cuestión interna de constitucionalidad*, que resolverá, mediante una nueva sentencia, la constitucionalidad o inconstitucionalidad de la ley que dio lugar a aquél (art. 75-quinquies 6). Se pretende así subrayar la diferenciación existente entre el conflicto como tal y la declaración de inconstitucionalidad de la ley generadora del mismo, por otro. El legislador no desea convertir al conflicto en un medio indirecto de ampliación de la legitimación en el recurso de inconstitucionalidad, al subrayarse que no cabe, sin reformar la Constitución, anular una ley, de resultas de la interposición de una acción directa, si no es a instancias de los sujetos expresa y tasadamente legitimados para ello en el art. 162.1 a) CE[43].

Así, en esta segunda fase se advierten paralelismos con las previsiones del art. 55.2 LOTC (auto-cuestión), aunque su traslación al proceso de referencia son inadecuadas[44]. No en vano, esta nueva fase procesal resulta completamente prescindible e innecesaria, al quedar en buena medida predeterminada por la

---

43. P. Pérez Tremps, "La defensa de la autonomía local ante el Tribunal Constitucional", Madrid, Marcial Pons, 1997, págs.80.

44. P. Urías Martínez, "La cuestión interna de inconstitucionalidad", Madrid, McGraw-Hill, 1996, pássim.

resolución del previo conflicto legislativo que, como tal, ya lo es, de por sí frente a la ley impugnada. Y es que no estamos ante un conflicto de competencia al uso, ni ante un recurso de amparo, planteados contra actos no legislativos, lo que sí podría justificar, en este último caso, acudir a la cuestión, en el caso de que se discutiera la validez de la ley originaria de los mismos; sino ante un mecanismo directo de reacción frente a leyes[45]. Además, tanto el conflicto, como la auto-cuestión competen al Pleno del Tribunal Constitucional (art. 10.1 f) y 55.2 LOTC), que empleará un similar parámetro de enjuiciamiento para su valoración. De ahí que poco o nada pueda aportar la nueva sentencia, sino la insistencia en lo ya determinado. Pues si en el fallo que dilucida el conflicto se dispuso que la ley impugnada lesiona la autonomía local, de suyo cabe poder declararla inconstitucional y, en consecuencia, nula, en la misma sentencia, como ocurre, por lo demás, ex art. 67 LOTC, sin que sea necesario dictar una nueva al respecto.

Finalmente, en atención a la valoración que merece este proceso ha de concluirse afirmando que estamos en presencia de un conflicto de competencia legislativa sujeto a evidentes defectos de regulación. Merece criticarse la legitimación, en particular, y los requisitos para la tramitación del conflicto, en general, sobre todo en lo que afecta a la cuestionable articulación, abiertamente disuasoria, de los criterios selectivos empleados. También debe cuestionarse la innecesaria disociación de procedimientos establecida, con la consiguiente duplicidad de sentencias a que da lugar. Parece así un procedimiento concebido para no ser empleado si no en muy contadas ocasiones, dadas sus trabas, y, en todo caso, frente a leyes autonómicas.

La pregunta, entonces, es: ¿se han verdaderamente satisfecho las demandas de protección extraordinaria directa de la autonomía local, ante el TC, o, habida cuenta de lo fallido del intento[46], habrá que seguir recurriendo, como hasta ahora, a la, quizá, más adecuada vía que sigue ofreciendo, a este respecto, la cuestión de inconstitucionalidad?

---

45. L. J. Mieres Mieres, "El incidente de constitucionalidad en los procesos constitucionales. (Especial referencia al incidente en el recurso de amparo)", Madrid, Civitas, 1998, págs.189-192.
46. Se muestra pesimista al respecto, E. Fossas Espadaler, "El conflicto en defensa de la autonomía local: un experimento constitucional fallido", en P. Pérez Tremps (coord.), "La reforma del Tribunal Constitucional", Valencia, Tirant lo Blanch, 2007, págs.903-924.

2

LA JUSTICIA CONSTITUCIONAL EN EUROPA ENTRE LAS DOS GUERRAS: EL ORIGEN DEL «MODELO EUROPEO» DE JUSTICIA CONSTITUCIONAL

MARCO OLIVETTI

Profesor catedrático de derecho constitucional en la LUMSA de Roma.

SUMARIO: 1. Introducción; 2. Tres observaciones sobre la jurisdicción constitucional en Suiza; 3. El Tribunal Constitucional de Checoslovaquia; 3.1. Composición, competencias, sentencias; 3.2. El Tribunal constitucional checoslovaco en la realidad constitucional de la República Checoslovaca entre 1920 y 1938; 4. El Tribunal Constitucional de Austria; 4.1. Los poderes del Tribunal Constitucional austríaco según el texto original de la Constitución de 1920; 4.2. La reforma constitucional de 1929; 4.3. ¿El Tribunal Constitucional austríaco como arquetipo del «modelo europeo» de justicia constitucional? 4.4. ¿Una corte «kelseniana»? 5. La justicia constitucional en la República de Weimar; 5.1. El *Staatsgerichtshof* (Tribunal de Estado); 5.2. El *Reichsgericht* (Tribunal del *Reich*); 5.3. El desarrollo «espontáneo» del control difuso de constitucionalidad de las leyes; 5.4. La República de Weimar como teatro del gran debate sobre la justicia constitucional; 6. La justicia constitucional en la Segunda República española: antecedentes; 6.1. El Tribunal de Garantías Constitucionales prevista por la Constitución de 1931; 6.2. Los efectos de las sentencias de inconstitucionalidad; 7. Algunas observaciones críticas sobre el origen del modelo europeo de justicia constitucional; 7.1. Justicia constitucional, democracia y Estado de derecho; 7.2. ¿La aparición espontánea del control difuso? 7.3. Justicia constitucional y autonomías territoriales; 7.4. Justicia constitucional, Estado de derecho y derechos fundamentales.

1. Introducción

Este ensayo intenta una comparación de carácter histórico entre los sistemas de justicia constitucional experimentados en Europa continental en el período entre las dos guerras mundiales (1919-1939): se expondrán brevemente aquí las características de los sistemas creados y implementados con grandes dificultades y con resultados parciales en el período ahora citado, teniendo en consideración los ordenamientos en los cuales emergieron los elementos de lo que después de la Segunda Guerra Mundial se convertirá en el «modelo europeo» de justicia constitucional[1]. Nos referiremos, por lo tanto, a la justicia constitucional establecida por la Constitución de la I República Checoslovaca (Constitución de 1920, vigente hasta 1939) y por la Constitución de la I República de Austria (Constitución de 1920, modificada de manera incisiva en 1925 y 1929 y derogada en 1934), así como a los desarrollos conocidos en el mismo período de la jurisdicción constitucional bajo la I República Alemana, llamada de Weimar (Constitución de 1919, vigente hasta 1933). Se analizará también el caso del Tribunal de las Garantías Constitucionales previsto por la Constitución de la II República Española de 1931, que vio la luz cuando los tribunales austríacos y checoslovacos y la experiencia weimariana estaban concluyéndose y que tuvo una «vida» aún más corta, siendo destruida rápidamente a causa de la guerra civil de 1936-39 y luego enterrada por el advenimiento del régimen franquista. Quedará, sin embargo en un segundo plano la experiencia de Suiza, en la cual, sobre la base de la Constitución de 1874 (en vigor en el período entre las dos guerras mundiales), era previsto y praticado un sistema consolidado de control sobre la legitimidad constitucional de las leyes, aunque parcial, porqué limitado, desde el punto de vista de su objeto, a las leyes cantonales, pero no extendido a las leyes federales.

No se consideraran otros casos, aunque interesantes, de control judicial sobre la constitucionalidad de las leyes[2], como los previstos por la Constitución portuguesa de 1911 (y mantenido por la Carta constitucional de Salazar de 1933)[3],

---

1. De un «modelo europeo» hablaba ya O. FLANDERKA, *Le contrôle de la constitutionnalité des lois en Tchécoslovaquie*, Jouve, Paris, 1926, p. 18 («un système proprement européen», contrapuesto al «système américain»). Al origen del «modelo europeo» está dedicado el estudio de P. CRUZ VILLALÓN, *La formación del sistema europeo de control de constitucionalidad (1918-1939)*, Centro de Estudios Constitucionales, Madrid, 1987, que sigue siendo aun hoy el trabajo de mayor interés sobre este tema. Sobre la evolución de este modelo v. T. GROPPI, *Introduzione: alla ricerca di un modello europeo di giustizia costituzionale*, en M. OLIVETTI, T. GROPPI (a cura di), *La giustizia costituzionale in Europa*, Giuffrè, Milán, 2003, p. 1 ss.
2. Para un estudio general se v. P.F. Grossi, *Alle origini del processo di legittimità costituzionale delle leggi*, en *Rassegna parlamentare*, 2002, n. 2, p 413 ss.
3. El art. 63 de la Constitución portuguesa de 1911 establecía: «O Poder Judicial, desde que, nos feitos submetidos a julgamento, qualquer das partes impugnar a validade da lei ou dos diplomas emanados do Poder Executivo ou das corporações com auto ridade pública, que tiverem sido invocados, apreciará a sua legitimidade e constitucional ou conformidade com a Constituição e princípios nela consagrados». Este fue un control generalizado, sobre la iniciativa partidaria, obviamente limitado a los actos normativos que deben aplicarse en los tribunales (en este modelo el estadounidense influyó, a través de la «mediación» de la Constitución brasileña de 1891); también la Constitución de 1933, ya en el período salazariano, disponía, en el art. 122, que «nos feitos submetidos a jugamento não podem os tribunais aplicar leis, decretos o quaisquer outros

por la Constitución de Rumania de 1923[4], por la Constitución de Grecia de 1927[5] y por la Constitución de la República de Irlanda de 1937[6] y el control de constitucionalidad que surgió en la experiencia constitucional noruega, bajo la

---

    diplomas que infrinjam o disposto nesta Constituição ou ofendam os principios nela consignados». Ambas disposiciones recibieron aplicaciones muy esporádicas: no solo la segunda, que operaba en un régimen autoritario, sino también la primera, incluida en la carta fundamental de una república democrática.

4. El art. 103 de la Constitución de Romania de 1923 estabecía que «solo el Tribunal de Casación, en salas reunidas, tiene el derecho de juzgar sobre la constitucionalidad de las leyes y dejar inaplicables las que fuesen contrarias al estatuto. La sentencia sobra la inconstitucionalidad de las leyes es limitada unicamente a los casos juzgados»: el sistema era una variante del *judicial review*, aún si centralizado en el Tribunal de Casación.

5. Los art. 5 y 127 de la Constitución griega de 1927 preveían la obligación para los Tribunales de no aplicar las leyes contrarias a la Constitución, normativizando una orientación jurisprudencial que el Tribunal de Casación griego había afirmado en 1847 y confirmado en 1871 y en 1897, en estos últimos dos casos reconociendo también a cada juez la facultad de inaplicar las leyes.

6. El art. 26 de la Constitución irlandesa (*Reference of Bills to the Supreme Court*) **establece**: «This Article applies to any Bill passed or deemed to have been passed by both Houses of the Oireachtas other than a Money Bill, or a Bill expressed to be a Bill containing a proposal to amend the Constitution, or a Bill the time for the consideration of which by Seanad Éireann shall have been abridged under Article 24 of this Constitution. 1° The President may, after consultation with the Council of State, refer any Bill to which this Article applies to the Supreme Court for a decision on the question as to whether such Bill or any specified provision or provisions of such Bill is or are repugnant to this Constitution or to any provision thereof. 2° Every such reference shall be made not later than the seventh day after the date on which such Bill shall have been presented by the Taoiseach to the President for his signature. 3° The President shall not sign any Bill the subject of a reference to the Supreme Court under this article pending the pronouncement of the decision of the Court.

2. 1° The Supreme Court consisting of not less than five judges shall consider every question referred to it by the President under this Article for a decision, and, having heard arguments by or on behalf of the Attorney General and by counsel assigned by the Court, shall pronounce its decision on such question in open court as soon as may be, and in any case not later than sixty days after the date of such reference. 2° The decision of the majority of the judges of the Supreme Court shall, for the purposes of this Article, be the decision of the Court and shall be pronounced by such one of those judges as the Court shall direct, and no other opinion, whether assenting or dissenting, shall be pronounced nor shall the existence of any such other opinion be disclosed.

3. 1° In every case in which the Supreme Court decides that any provision of a Bill the subject of a reference to the Supreme Court under this Article is repugnant to this Constitution or to any provision thereof, the President shall decline to sign such Bill. 2° If, in the case of a Bill to which Article 27 of this Constitution applies, a petition has been addressed to the President under that Article, that Article shall be complied with. 3° In every other case the President shall sign the Bill as soon as may be after the date on which the decision of the Supreme Court shall have been pronounced».

Constitución vigente en el país escandínavo desde 1814[7]. Estas experiencias, de hecho, han visto el surgimiento tímido del control difuso de constitucionalidad, que en la experiencia europea ha permanecido en general marginal[8].

No se tendrá en cuenta ni siquiera un tribunal constitucional de tipo europeo que vio la luz fuera de Europa durante el período considerado: el previsto por la Constitución de Iraq del 11 de marzo de 1925. Incluso si este Tribunal está conectado con la exportación del constitucionalismo europeo (debido al «mandato» de los británicos en Mesopotamia), este Tribunal constitucional no parece, de hecho, situable en la evolución constitucional del viejo continente[9] ni es parte de la evolución del modelo europeo.

Ni siquiera se analizará la jurisdicción constitucional creada en Liechtenstein por el art. 104.2 de la Constitución del 5 de octubre de 1921, en parte por la dificultad de comparar los eventos constitucionales de los microestados con los de los sistemas estatales basados en una extensión territorial más considerable.

2. Tres observaciones sobre la jurisdicción constitucional en Suiza

Sobre la justicia constitucional en Suiza nos limitaremos aquí a algunas breves observaciones, sin intentar describir de manera completa las características del sistema suizo de justicia constitucional, que es muy complejo. Pero no podemos evitar recordar que, después de la Primera Guerra Mundial, el control de constitucionalidad realizado por el Tribunal Federal de Lausana sobre las leyes de los cantones (pero no sobre las leyes federales) era la única alternativa europea concretamente existente y practicada de manera estable y efectiva respecto al *judicial review of legislation* americano[10].

La misma Constitución incluye además el art. 34, ap. 3, par 2, según el cual: «Save as otherwise provided by this Article, the jurisdiction of the High Court shall extend to the question of the validity of any law having regard to the provisions of this Constitution, and no such question shall be raised (whether by pleading, argument or otherwise) in any Court established under this or any other Article of this Constitution other than the High Court or the Supreme Court».

7. Acerca de este sistema se v. V. CARDINALE, *Alle origini del* judicial review of legislation *nei Paesi scandinavi*, en R. ORRÙ, F. BONINI, A. CIAMMARICONI (cur.), *La giustizia costituzionale in prospettiva storica: matrici, esperienze e modelli*, Edizioni Scientifiche Italiane, Nápoles, 2012, p. 71 ss.

8. P. CRUZ VILLALÓN, *La formación del sistema europeo*, cit., p. 32.

9. Unos de los primeros comentaristas (como H.G. DAVIDSON, *The Constitution of Iraq*, in *Journal of Comparative Legislation and International Law*, 7:1 (1925), p. 51) no pusieron en evidencia ningún parentazgo con las constituciones europeas adoptadas en el mismo período, y interpretaron este Tribunal como una imitación de instituciones previstas en la Turquía del período anterior al primer conflicto mundial.

10. Como afirma P. CRUZ VILLALÓN, *La formación del sistema europeo*, cit., p. 49.

En este caso, las raíces del control de las leyes se remontan a la revisión total de la Constitución de 1874, y por lo tanto, a una fase histórica en la que Suiza era la única república democrática en Europa (fue en aquellos años que se le añadió la IIIª República Francesa). En la experiencia helvética – como en el caso de las democracias de Europa central y meridional que se consideran en estas páginas – se puede quizá ver un vínculo entre la consolidación plena de un Estado democrático (que en el caso suizo se manifestó con la mayor centralización prevista por la Constitución de 1874 en comparación con la primera constitución federal, la de 1848) y la búsqueda de límites al poder político. Al mismo tiempo, es fácil, especialmente observando las cosas en nuestra perspectiva de personas que viven muchos años después, captar la ambigüedad de un control de constitucionalidad limitado de las leyes cantonales: los autores liberales radicales (los llamados *Freisinnige*) de la Constitución de 1874 traían consigo algo de la cultura jacobina que consideraba la ley (en este caso solo el federal) como expresión de la voluntad general, no sujeta a ningún control judicial, que se había difundido en Suiza[11] durante los años de la República Helvética (1798-1803) y en los de la llamada «Regeneración» (1830-48)[12].

Un trabajo monográfico publicado hace unos años[13] ha reconstruido analíticamente la historia del llamado *Massgeblichkeitsgebot der Bundesgesetze* contenido en el art. 113.3 de la Constitución de 1874, que lo recuperó de la ley de revisión total de la Constitución fallida en 1872. Las razones que explican la exclusión de las leyes federales del control de constitucionalidad, al mismo tiempo en el cual se regulaba el control constitucional sobre las cantonales, son sea de orden cultural (cultura jurídico-política), sea de tipo práctico-político.

Entre las primeras se encontra la concepción del juez como un órgano de implementación y no de creación del derecho[14] y una concepción de la separación de poderes que consideraba la legislación como manifestación de la soberanía popular y que veía al juez (sospechoso de ser el portador de instancias aristocráticas) como separado rígidamente del legislador y subordinado a él. Por otro lado, no hubo vínculo, si no mera contextualidad, con la ampliación del espacio de los institutos de democracia directa decidida con la misma Constitución de 1874[15].

---

11. Además hay que recordar que Jean-Jacques Rousseau era ciudadano de Ginebra.
12. Sobre las raíces del *Massgeblichkeitsgebot der Bundesgesetze* en los períodos ahora mencionados v. M.E. Looser, *Verfassungsrechtliche Rechtskontrolle gegenüber schweizerischen Bundesgesetzen. Eine Bestandaufnahme unter Berücksichtigung der amerikanischen und deutschen Verfassungsgerichtsbarkeit, der Geschichte der schweizerischen Verfassungsgerichtsbarkeit sowie der heutigen bundesgerichtlichen Praxis*, Dike Verlag, Zürich/St. Gallen, 2011, p. 230 y p. 238-239.
13. M.E. Looser, *Verfassungsrechtliche Rechtskontrolle*, cit., p. 223 ss.
14. M.E. Looser, *Verfassungsrechtliche Rechtskontrolle*, cit., p. 259.
15. M.E. Looser, *Verfassungsrechtliche Rechtskontrolle*, cit., p. 265-266.

Entre las segundas razones, cabe mencionar el interés de los liberales radicales que entonces estaban en el poder a nivel federal de utilizar el Tribunal Federal como una instancia para obtener la anulación de las leyes cantonales aprobadas en los cantones conservadores[16], mientras que era su intención evitar que este mismo Tribunal pudiese controlar las leyes aprobadas por la Parlamento federal, entonces dominado por los mismos liberales radicales.

Más antiguo respecto a los demás casos estudiados aquí (y, por lo tanto, no generado por el constitucionalismo del primero posguerra), el control de constitucionalidad de las leyes en el sistema constitucional suizo es también el único que sobrevivió a la crisis de los años treinta. Pero al mismo tiempo siguió siendo un modelo incompleto, ya que cualquier intento posterior de someter, incluso parcialmente, las leyes federales al control de la constitucionalidad, ha fracasado, como en la iniciativa popular de 1936 y en la revisión total de 1999. La ley suiza permite que el Tribunal Supremo Federal verifique la legitimidad constitucional de las leyes cantonales, pero no la de las leyes federales (art. 191 de la Constitución de 1999-2000, ahora art. 190, después de la reforma constitucional aprobada por el referéndum del 12 de mayo de 2000 y vigentes desde 2007), que se definen como «determinantes» para el Tribunal Federal[17]. La razón principal de esta limitación es hoy de naturaleza democrática: la soberanía popular, que en Suiza se ejerce en formas que reconocen un papel muy fuerte a las instituciones de decisión popular, no parece compatible con un control jurisdiccional de la validez de las leyes que son la máxima expresión de dicha soberanía.

Sin embargo, el impulso hacia la reforma continuó a manifestarse incluso después de la reforma constitucional total de 1999-2000. En 2011 el Parlamento Federal examinó un proyecto de revisión que habría introducido el control judicial de la constitucionalidad de las leyes federales y, el 30 de septiembre de 2011, el Consejo Federal (es decir: el gobierno suizo) expresó formalmente su apoyo para completar el modelo suizo de control sobres las leyes[18]. Sin embargo este proyecto no fue al final aprobado y no llegó a la fase de decisión final, representada por el referendum popular. Hay que recordar que tradicionalmente existe un amplio control de la constitucionalidad de las leyes cantonales por parte de los jueces,

---

16. M.E. LOOSER, *Verfassungsrechtliche Rechtskontrolle*, cit., p. 263.
17. El texto oficial italiano de la Constitución suiza utiliza la palabra «determinante», mientras que el texto alemán utiliza la expresión «massgebend» (c.d. *Massgeblichkeit der Bundesgesetze*). Es más claro el texto francés, según el cual «le Tribunal fédérale et les autres autorités sont tenus d'appliquer les lois fédérales et le droit International».
18. Cf. [http://www.news.admin.ch/dokumentation/00002/00015/index.html?lang=it&msg-id=41178]. Si v. además 05.445 / 07.476 - Parlamentarische Initiativen – Verfassungsgerichtsbarkeit - Bundesverfassung massgebend für rechtsanwendende Behörden - Bericht der Kommission für Rechtsfragen des Nationalrates vom 12. August 2011.

federales y cantonales, al cual en las últimas décadas se ha añadido en algunos cantones (como el de Jura) un control centralizado de la constitucionalidad de las leyes cantonales, encomendado a un tribunal constitucional cantonal específico, que tiene como parámetro la constitución cantonal[19].

3. El Tribunal Constitucional de Checoslovaquia

Inspirada por muchos aspectos en la tradición constitucional de la Tercera República Francesa, la Constitución de la República Checoslovaca del 29 de febrero de 1920 se distinguió respecto a dicha tradición principalmente por la previsión de un órgano de justicia constitucional, el primero cronológicamente en Europa, tomando como referencia la fecha del texto constitucional, ya que esto fue adoptado siete meses antes de la Constitución de Austria de la cual se hablará más adelante.

El Tribunal Constitucional checoslovaco (*Ustavni Soud*) no era reglamentado por el texto constitucional, sino por una Ley Preliminar a la Constitución de 1920, que tenía el mismo valor y era declarada parte integral de ella.

El art. 1 de la Ley Preliminar establecía que «las leyes que contradicen la Carta constitucional, sus partes o que contradicen las leyes constitucionales, modificándolas y completándolas, son inútiles» y especificaba, en su segundo párrafo, que «la Carta constitucional y sus partes pueden ser modificadas o completadas solo con leyes designadas como constitucionales». Así afirmada solemnemente la rigidez de la Constitución y la invalidez de las leyes que contrastasen con ella, la Ley Preliminar a la Constitución sacaba operativamente las consecuencias de esta proclamación en el art. 2, según el cual «un Tribunal Constitucional decidirá si las leyes de la República de Checoslovaquia y las de la Asamblea de Rutenia subcarpática cumplen las condiciones del artículo 1».

3.1. Composición, competencias, sentencias

El Tribunal constitucional checoslovaco era compuesto por siete jueces, dos de los cuales eran elegidos por el Tribunal Supremo de Justicia y dos por el Tribunal Administrativo, mientras que los otros tres (entre los cuales el Presidente del Tribunal constitucional) eran nombrados por el Presidente de la República, cada uno sobre la base de una terna preparada respectivamente por el Senado, por la Asamblea Nacional y por la Asamblea de la Rutenia subcarpática. El mandato de los jueces era de diez años. Por lo tanto, a diferencia del Tribunal Constitucional de Austria, el checoslovaco era configurado como derivación

---

19. Sobre este v. J. Moritz, *La juridiction constitutionnelle dans le Canton du Jura*, Editions Le Pays, Porrentruy, 1993.

predominantemente, aunque no exclusivamente, del poder judicial, y no del poder político[20].

Las competencias del Tribunal constitucional checoslovaco eran dos[21]:

a) el juicio sobre la legitimidad constitucional de los actos normativos aprobados por la Diputación Permanente de la Asamblea Nacional, que (según un modelo que se remonta a la Constitución Española de Cádiz) reemplazaba a la propia Asamblea cuando esta no estaba en sesión: era un control automático, que tenía lugar *ex oficio* y *a posteriori* sobre estos actos;

b) el juicio de legitimidad constitucional de las leyes checoslovacas y de las leyes de la Asamblea de Ruténia.

Este segundo tipo de juicio podía ser activado en dos maneras claramente diferentes. Por un lado, algunas autoridades políticas (la Asamblea Nacional, el Senado, la Asamblea de Ruthénia, por mayoría absoluta, y el Presidente de la República) podían interponer un recurso directo al Tribunal constitucional. Por otro lado, algunos tribunales (la Corte Suprema de Justicia, el Tribunal Administrativo Supremo, el Tribunal Electoral) eran autorizados a interponer una cuestión de constitucionalidad (mientras que el derecho de acudir al Tribunal constitucional no era reconocido a los demás jueces). En el recurso era necesario indicar con precisión la ley impugnada y la disposición constitucional violada. Si el recurso denunciaba la violación de las reglas sobre la división de competencias entre el Parlamento checoslovaco y la Asamblea de Rutenia Subcarpática, debía indicar cuales reglas sobre el ámbito de eficacia de las leyes de los dos entes territoriales se suponían violadas[22]. Se trataba entonces, como en el sistema austríaco contemporáneo al checoslovaco, de un recurso directo, lo que daba lugar a un control abstracto de la constitucionalidad de las leyes. El control de la constitucionalidad, como en Austria, era posterior a la entrada en vigor del acto impugnado.

La ley ordinaria sobre el Tribunal constitucional[23] precisó que el recurso de inconstitucionalidad presentado por los tres tribunales, los cuales – en excepción a la prohibición general impuesta a los jueces por el art. 102 de la Constitución

---

20. G. GIDEL, *Préface*, a O. FLANDERKA, *Le contrôle de constitutionnalité des lois en Tchécoslovaquie*, Jouve, Paris, 1926, p. VI, creía que esta fuese la diferencia principal con el Tribunal constitucional austríaco.
21. Art. 7 de la ley n. 162 de 1920.
22. Art. 11 de la l. n. 162 de 1920. De dicha disposición F. ADLER, *Das Tschechoslowakische Verfassungsrecht*, cit., p. 279 traía la conclusión que solo los vicios materiales de las leyes podían ser denunciados ante el Tribunal constitucional, con exclusión de los vicios formales.
23. Se trata de la ley n. 162 de 1920, cuyo texto se puede leer en alemán (con útiles comentarios) en L. EPSTEIN, *Studien-Ausgabe der Verfassungsgesetzen der Tschechoslowakischen Republik*, Stiepel, Reichenberg, 1932, p. 246 y ss.

misma de controlar en su contenido la constitucionalidad de las leyes debidamente promulgadas – tenían el poder de impugnar las leyes tenía que ser aprobado por la asamblea general de los jueces del Tribunal, por mayoría absoluta[24]. No se especificó si debía existir un vínculo entre el recurso al Tribunal y un caso presentado ante el tribunal remitente (Tribunal Supremo de Justicia, Tribunal Administrativo Supremo, Tribunal Electoral)[25]. Por lo tanto, no se sabe si existían las condiciones para constatar la existencia también del acceso incidental al Tribunal constitucional, y por lo tanto de un control concreto de constitucionalidad.

La ley ordinaria que estableció el Tribunal Constitucional (ley n. 162 de 1920) preveía algunas cautelas para circunscribir el impacto del control de constitucionalidad de las leyes, lo que indujo a una parte de la doctrina a dudar de la legitimidad constitucional de la ley que instituió el Tribunal[26]: los organismos legitimados podían solicitar el juicio de legitimidad constitucional solo mediante una resolución adoptada por mayoría absoluta[27]; el control de constitucionalidad solo podía tener lugar dentro de los tres años posteriores a la entrada en vigor de la ley[28]; el Tribunal podía declarar inconstitucional una ley solo por mayoría cualificada, con el voto favorable de al menos cinco jueces[29].

El arraigo y el desarrollo del Tribunal constitucional en la experiencia constitucional checoslovaca no fueron facilitados por las vías de acceso tan restrictas a la misma en el control de la constitucionalidad de las leyes y por la falta de asignación al Tribunal mismo de otras funciones, similares a las que fueron atribuidas al Tribunal constitucional austríaco. Si aparentemente, para el juicio

---

24. Art. 10 de la ley n. 162 de 1920.
25. A parecer de L. Adamovich, *Grundriss des Tschechoslowakischen Staatsrechts*, Österreichische Staatsdruckerei, Wien, 1929, p. 243, nt. 2 los tribunales podían plantear la cuestión de constitucionalidad también en forma abstracta, es decir independientemente de su prejudicialidad respecto a un fallo jurídico concreto.
26. Cfr. F. Bäcker, *Die Verfassungswidrigkeit des Gesetzes über das Verfassungsgericht*, en *Juristenzeitung für das Gebiet der tschechoslowakischen Republik*, 1920, p. 72 ss. O. Flanderka, *Le contrôle*, cit., 108, opinaba que la ley ordinaria hubiese violado el espíritu de la Constitución, pero quizá no su letra.
27. Art. 10 de la ley n. 162 de 1920 (el cual precisaba además que los tres tribunales podían plantear la cuestión con deliberación del *plenum*). F. Adler, *Das tschechoslowakische Verfassungsrecht*, cit., p. 279, nt. 4, recuerda que en algunas ocasiones surgieron dudas sobre la constitucionalidad de las leyes u otros actos legislativos, pero las formas restringidas de acceso al Tribunal impidieron que se activara la revisión constitucional y cita la solicitud de algunos senadores (Spiegel y otros: Acto del Senado N° 1483 de 1922) para referir el asunto de la legitimidad de los reglamentos parlamentarios, que no fue posible someter al juez las leyes precisamente porque el requisito de la mayoría absoluta privó a la oposición del poder de solicitar el juicio de constitucionalidad.
28. Art. 12 de la ley n. 162 de 1920.
29. Art. 8, 3 ap., de la ley n. 162 de 1920.

sobre las leyes, el Tribunal de Checoslovaquia podía ser incautado por un número de autoridades superiores a las que tenían acceso al Tribunal de Austria (en particular, podían solicitar el juicio de constitucionalidad el Tribunal Supremo y el Tribunal Administrativo Supremo[30], a los cuales en Austria esta facultad no era reconocida hasta 1929), al mismo tiempo el Tribunal checoslovaco carecía de dos elementos que caracterizaron al Tribunal austríaco en la fase inicial de su actividad: por un lado, una larga serie de funciones adicionales al juicio de constitucionalidad, que en el sistema checoslovaco fueron atribuidas a otros organos[31] y, por otro lado, la posibilidad de activarse *ex oficio* durante uno de los procedimientos abiertos ante él[32].

Las sentencias que declaraban la ilegitimidad constitucional de la ley impugnada determinaban la ineficacia de la ley, pero los márgenes de retroactividad de la sentencia no estaban claramente definidos en la legislación institucional[33]. Y también aquí había falta de claridad en las normas que reglamentaban la justicia constitucional: mientras que la Ley Preliminar a la Constitución había establecido que la sentencia del Tribunal constitucional que declarase un contraste entre una ley y la Constitución producía la nulidad de la ley, y tenía entonces solo efectos declaratorios, la ley n. 162 había atribuido eficacia constitutiva a la sentencia del Tribunal, subrayando que la ley declarada inconstitucional habría perdido su eficacia solo desde el dia de la publicación en la Recopilación de las leyes de la sentencia de inconstitucionalidad[34].

3.2. *El Tribunal constitucional checoslovaco en la realidad constitucional de la República Checoslovaca entre 1920 y 1938*

Aunque la vida constitucional del Estado checoslovaco del período de entreguerras fue el más prolongado entre los Estados examinados en este ensayo (duró de 1919 a 1939), y pese a que el régimen parlamentario practicado no fue sin vitalidad (a pesar de su dificultad en incluir a las minorías), el Tribunal Constitucional no logró consolidarse en el panorama constitucional. Establecido

---

30. Art. 9 de la ley n. 162 de 1920.
31. Por ej. el control sobre la regolaridad de las elecciones, que fue atribuido a la competencia del Tribunal electoral, y el control sobre la legitimidad de los regolamento, que fue atribuido a los jueces comunes.
32. F. ADLER, *Das tschechoslowakische Verfassungsrecht*, cit., p. 279.
33. El art. 18 de la ley n. 162 de 1920 afirmaba que la sentencia declaraba la ley contraria a constitución como «sin valor». Según O. FLANDERKA, *Le contrôle*, p. 83 esto significaba que la indostitucionalidad hacía que la disposición o toda la ley declaradas inconstitucionales fuesen «sans valeur dès sa naissance».
34. Sobre este tema v. L. ADAMOVICH, *Grundriss des Tschechoslowakischen Staatsrechts*, cit., p. 241-242.

en 1921, inmediatamente después de que la Constitución y la ley ordinaria de implementación entraron en vigor, el Tribunal funcionó solo durante el mandato de los jueces elegidos en el momento de su primera constitución.

En 1931, al final del mandato de estos primeros jueces, los nuevos jueces no fueron nombrados y el Tribunal solo existió en el papel hasta fines de 1938, cuando, a raíz de las mutilaciones sufridas por el Estado checoslovaco sobre la base de los acuerdos de Munich y de la reorganización constitucional que fue adoptada después de ellos (con reconocimiento de la autonomía de Eslovaquia y la activación efectiva del sistema de autonomía constitucionalmente previsto para Rutenia subcarpática), los jueces del Tribunal fueron nuevamente elegidos. Sin embargo el Tribunal constitucional desapareció unos meses después, junto con la disolución del Estado checoslovaco en la primavera de 1939, en consecuencia de la ocupación de Bohemia y Moravia por la Alemania nazi[35].

En general, el Tribunal Constitucional de Checoslovaquia adoptó solo dos decisiones, ambas el 7 de noviembre de 1922, en el ejercicio del control automático sobre los actos normativos de la Diputación Permanente de la Asamblea Nacional, de conformidad con el art. 54, párrafo 13, de la Const. Estas decisiones tuvieron una amplia resonancia política[36].

En el siguiente período, los órganos legitimados a recurrir al Tribunal no utilizaron su poder de activación del control de constitucionalidad; viceversa, en la fase en la cual el Tribunal no estuvo operativo (1931-38) se plantearon algunas cuestiones, sobre las cuales no fue posible juzgar, no siendo constituido el Tribunal. Por lo tanto, el Tribunal constitucional permaneció como poco más que una virtualidad no desarrollada del sistema constitucional checoslovaco entre las dos guerras. Su influencia en el desarrollo del «modelo europeo» de justicia constitucional fue entonces muy reducida.

4. El Tribunal Constitucional de Austria

Recuperando y desarrollando ideas ya presentes en la Constitución provisional de la República de Austria del 4 de marzo de 1919 y, incluso antes, en el sistema constitucional del Imperio austrohúngaro después de 1867[37], en particular en la jurisdicción del *Reichsgericht* y del *Staatsgerichtshof*, la Constitución austríaca del 1° de octubre de 1920 estableció un Tribunal constitucional y le confió, junto

---

35. Sobre estos hechos v. el análisis de P. Cruz Villalon, *La formacion del sistema europeo*, cit., p. 277-299.
36. Sobre estas dos cuestiones se v. O. Flanderka, *Le contrôle*, cit., p. 88 ss. e 104 ss.
37. Para una breve descripción de estas últimas, se v. M. Olivetti, *La giustizia costituzionale in Austria (e in Cecoslovacchia)*, en M. Olivetti, T. Groppi (cur.), *La giustizia costituzionale in Europa*, Giuffrè, Milán, 2003, p. 33-36.

con muchas otras funciones, el poder de juzgar de la legitimidad constitucional de las leyes de la federación y los *Länder*.

La Constitución de 1920 estableció que el Tribunal Constitucional (*Verfassungsgerichtshof*) estaba compuesto por un Presidente, un Vicepresidente y varios otros miembros efectivos y suplentes determinados por la ley. La ley de implementación del 13 de julio de 1921 estableció en doce el número de miembros efectivos y en cuatro el de los miembros suplentes. Su elección era dividida entre las dos Cámaras: mientras que el Consejo Nacional (la Cámara Baja, representante de todo el pueblo austríaco) tenía el poder de elegir al Presidente, al Vicepresidente y a la mitad de los miembros efectivos y suplentes (seis y dos respectivamente), el Consejo Federal era competente para elegir a la otra mitad de los miembros efectivos y suplentes. En esta derivación del Tribunal en parte de la representación política nacional y en parte de la representación de los *Länder* en el centro (el *Bundesrat* austríaco, como se sabe, era – y sigue siendo – elegido por los parlamentos de los *Länder*), Hans Kelsen habría visto la función de defensor del federalismo que la Constitución atribuye al Tribunal Constitucional[38].

4.1. Los poderes del Tribunal Constitucional austríaco según el texto original de la Constitución de 1920

La Constitución de Austria reconoció al Tribunal Constitucional una amplia serie de competencias, bastante heterogéneas entre ellas:

a) el juicio sobre la legitimidad constitucional de las leyes federales y de las leyes de los *Länder*[39];

b) el juicio sobre la legitimidad de los reglamentos federales y de los reglamentos de los *Länder*[40];

c) la decisión sobre el recurso individual para la protección de los derechos garantizados por la Constitución frente a las decisiones de la administración[41];

d) el juicio sobre los reclamos contra la federación, los *Länder*, los distritos, los municipios y las asociaciones de municipios, que no pueden ser decididos por los tribunales ordinarios o por una medida administrativa[42];

---

38. H. Kelsen, *Le giurisdizioni costituzionale e amministrativa al servizio dello Stato federale, secondo la nuova Costituzione austriaca del 1° ottobre 1920* (1923-24), ahora en H. Kelsen, *La giustizia costituzionale*, Giuffrè, Milán, 1981, p. 5 ss.
39. Art. 140 Const. Austria.
40. Art. 139 Const. Austria.
41. Art. 144 Const. Austria.
42. Art. 137 Const. Austria.

e) la resolución de conflictos de competencia entre los *Länder* o entre los *Länder* y la federación[43];

f) la resolución de conflictos de competencia entre los tribunales y las autoridades administrativas y entre el Tribunal Administrativo y los demás jueces[44];

g) el juicio sobre la responsabilidad penal de los titulares de los órganos de gobierno (federal y estatal) [45];

h) el control sobre las elecciones de los cuerpos representativos del *Bund* y de los *Länder*[46].

Desde el punto de vista que nos interesa en este ensayo, algunas de estas competencias resultaron importantes no solo en sí mismas, sino también porque a través de ellas fue posible activar el control de constitucionalidad sobre las leyes. De hecho, el control de constitucionalidad estaba sujeto a un régimen de acceso muy restrictivo, al menos en la versión original de la Constitución austríaca, que estipulaba que las leyes federales y estatales podían llegar a ser objeto del juicio del Tribunal constitucional a través de dos «canales»: el recurso directo, que podía ser presentado por el Gobierno federal contra las leyes de los *Länder*, o por los gobiernos de los *Länder* contra las leyes federales; la activación del Tribunal *ex oficio*[47] en el ejercicio de una de sus facultades (como el juicio sobre la legitimidad de los reglamentos o los recursos individuales).

En la versión de 1920, el control de la constitucionalidad de las leyes previsto en Austria contrastaba muy claramente con la revisión judicial estadounidense: a los jueces, a todos los jueces, incluidas hasta 1929 las jurisdicciones superiores, estaba expresamente *prohibido* no solo de juzgar sobre la legitimidad constitucional de las leyes, sino también de plantear incidentalmente la cuestión de constitucionalidad al Tribunal Constitucional[48]. Por lo tanto, era un sistema de control sobre las leyes completamente *separado* de la jurisdicción, a pesar de ser ejercido por un órgano con características jurisdiccionales y que tenía la obligación de operar en las formas del proceso. Este sistema era «completamente antinómico al sistema que surgió en los Estados Unidos, ya que no implementaba

---

43. Art. 138 let. c) Const. Austria.
44. Art. 138 let. a) e b) Const. Austria.
45. Art. 142-143 Const. Austria.
46. Art. 141 Const. Austria.
47. Sobre esta importante forma de accesso al Tribunal sigue siendo muy util B. Caravita, *Corte «giudice a quo» e introduzione del giudizio sulle leggi. – I - La Corte costituzionale austriaca*, Cedam, Padova, 1985.
48. Observaba H. Kelsen, *Österreichisches Staatsrecht. Ein Grundriss entwicklungsgeschichtlich dargestellt*, Mohr Siebeck, Tübingen, 1923, 214: «Durch den Antrag eines Gerichtes kann die Prüfung der Verfassungsmässigkeit eines Gesetzes nicht herbeigeführt werden».

ninguna garantía para los ciudadanos y para los derechos que la Constitución les reconocía, sino que estaba pensado principalmente como una herramienta para resolver conflictos relacionados con la competencia legislativo entre el *Bund* y los Estados miembros»[49].

En esta fase, las «otras competencias» de la Corte fueron una fuente importante de su trabajo; y ellas además proporcionaron indirectamente a la Corte «materiales» para activar *ex oficio*, en el ejercicio de estas competencias, el control de constitucionalidad sobre la legislación federal, que, por lo tanto, a diferencia de lo que sucedió en la experiencia checoslovaca, no se quedó como una mera posibilidad teórica prevista por la Constitución pero de importancia casi nula en la realidad constitucional, sino que fue efectivamente ejercido.

4.2. La reforma constitucional de 1929

La reforma constitucional de 1929 modificó significativamente el sistema de justicia constitucional creado en 1920, junto con otros aspectos fundamentales de la Constitución de Austria (fue introducida, por ej., la elección popular del Presidente de la República).

En primer lugar, la reforma introdujo un nuevo método de selección de los jueces constitucionales: el poder del nombramiento fue atribuido al Presidente de la República, en coherencia con el fortalecimiento de su papel que se esperaba derivase de la elección por sufragio universal y directo. Sin embargo, al Presidente no le fue reconocido un poder exclusivo de nombramiento: el jefe de estado tenía que nombrar a los jueces constitucionales bajo propuesta del gobierno federal para la mitad de los jueces y del parlamento federal para la otra mitad (a su vez, esta mitad era compartida entre las dos Cámaras). De esta manera, hubo un desplazamiento del poder de elección del poder legislativo (y, dentro de este, de la Cámara de representación territorial) al Ejecutivo Federal. Además, la reforma suprimió el mandato vitalicio de los jueces constitucionales y estableció que su mandato finalizaría el 31 de diciembre del año en que habrían cumplido 70 años de edad.

En segundo lugar, la reforma de 1929 diversificó los «canales» de acceso al Tribunal constitucional, añadiendo al recurso directo que se ha mencionado en el par. anterior la cuestión incidental de constitucionalidad. Sin embargo, solo el Tribunal Supremo de Justicia y el Tribunal de Justicia Administrativa se vieron reconocida la facultad de plantear la cuestión de la legitimidad constitucional de una ley. Los jueces inferiores, sin embargo, siguieron siendo privados de este poder.

La reforma de 1929, que entre otras cosas permitió de renovar los jueces de la Corte en su totalidad (y entre los que en esa ocasión fueron excluídos de la Corte

---

49. P.F. Grossi, *Alle origini*, cit., p. 464.

estaba el mismo Hans Kelsen), fue sin embargo aplicada por un período muy corto. El giro autoritario de la democracia austríaca ya había comenzado a manifestarse y culminaría, cuatro años más tarde, en el establecimiento de un régimen autoritario, en el cual se suprimió el Tribunal Constitucional. Este fue reconstituido solo en 1945, al mismo tiempo que se restauró la independencia del Estado austríaco, que en 1938 había subido la anexión a Alemania. Con restauración del Estado austríaco, la Constitución de 1920 fue repuesta en vigor «en la versión de 1929» y sigue rigiendo hoy a la República austríaca, aunque posteriormente enmendada varias veces, entre otras cosas con respecto al Tribunal Constitucional.

4.3. ¿El Tribunal Constitucional austríaco como arquetipo del «modelo europeo» de justicia constitucional?

Como es bien sabido, a partir de una conferencia impartida por Mario Cappelletti en la Ciudad de México en 1968[50], se ha hablado entre los especialistass de justicia constitucional comparada de un «modelo austríaco» de justicia constitucional, como una forma de control judicial sobre las leyes confiado a un órgano especial de jurisdicción, distinto de los órganos judiciales supremos sea ordinarios, sea administrativos, con acceso directo por parte de algunos órganos constitucionales (acción de inconstitucionalidad), control abstracto sobre la constitucionalidad de las leyes y decisiones de inconstitucionalidad con eficacia *ex nunc*. Cappelletti reconstruyó este modelo como estrictamente especular al modelo estadounidense y como la base sobre la cual se desarrollaría después de la segunda guerra mundial el «modelo europeo», el cual, aunque con diferentes variaciones en comparación con el modelo austríaco original, continuaría caracterizándose por la atribución del juicio de legitimidad constitucional de las leyes a un tribunal especial, distinto de el que normalmente se coloca en la cumbre de la jurisdicción ordinaria.

El análisis de Cappelletti es en buena medida aceptable aún hoy. Sin embargo, con respecto al sistema austríaco como base para el modelo europeo, algunas aclaraciones pueden revelarse útiles:

a) en primer lugar, el Tribunal Constitucional de Austria no fue el primer ejemplo de un Tribunal constitucional europeo: como hemos visto, el Tribunal Constitucional de Checoslovaquia había sido previsto por un texto constitucional anterior al austríaco, aunque solo fuera unos pocos meses, y también presentaba las características básicas indicadas por Cappelletti;

b) en segundo lugar, la idea de un tribunal constitucional no era completamente nueva: desde este punto de vista debemos recordar el importante ensayo

---

50. M. Cappelletti, *Il controllo giudiziario di costituzionalità delle leggi nel diritto comparato*, Giuffrè, Milán, 1968, p. 92 ss.

con el que, en 1885, Georg Jellinek había propuesto la introducción de un *Verfassungsgerichtshof* en Austria[51], basándose en la experiencia del *Reichsgerichthof* del Imperio austro-húngaro, de la cual no pocos rastros se encuentran en la Constitución de 1920;

c) en tercer lugar, la difusión del «modelo europeo» (centralizado) de justicia constitucional se verificará en una fase succesiva al período entre las dos guerras y tiene que ser colocada después de la Segunda Guerra Mundial. Además, este proceso de difusión habría tenido como principales protagonistas a los tribunales constitucionales italiano y, sobre todo, al alemán, mucho más que al austríaco restaurado en 1945.

Con estas aclaraciones, el modelo propuesto por Cappelletti sigue siendo muy útil para razonar sobre los diferentes sistemas de justicia.

4.4. ¿Una corte «kelseniana»?

Otra razón de la relevancia de la experiencia de la justicia constitucional austríaca entre las dos guerras mundiales reside en el vínculo entre el Tribunal Constitucional y uno de los principales teóricos del derecho del siglo XX: Hans Kelsen. Se trata de un vínculo que tiene varias dimensiones: es recurrente la simplificación que ve en Kelsen al «autor» de la Constitución de 1920, debido a su papel como asesor legal del Canciller socialdemócrata Karl Renner. Además, Kelsen fue efectivamente juez constitucional y «relator principal» de la Corte en los años entre 1920 y 1929, influyendo en la jurisprudencia y contribuyendo en algunas de sus decisiones más importantes (incluidas algunas muy disputadas). Finalmente, la Constitución de 1920, una Constitución «ligera», sin derechos fundamentales ni «valores»[52] (a pesar del rango constitucional reconocido al *Staatsgrundgesetz* de 1867) parece corresponder plenamente al modelo kelseniano de constitución.

Estos enlaces son ciertamente importantes; sin embargo merecen algunas aclaraciones. En primer lugar, se debe tener en cuenta que el papel de Kelsen en la introducción de un Tribunal Constitucional fue ciertamente significativo[53], pero no ciertamente exclusivo y quizá ni tampoco determinante. Debe recordarse que en la historia austríaca anterior, al menos después del *Ausgleich* de 1867, al

---

51. G. Jellinek, *Ein Verfassungsgerichshof für Österreich*, Holder, Wien, 1885. Sobre la justicia constitucional en el siglo XIX se v. J. Luther, *Idee e storie di giustizia costituzionale nell'ottocento*, Giappichelli, Turín, 1990.
52. Sobre este perfil de la Constitución austríaca, en su texto de 1920, se v. A. Spadaro, *Contributo per una teoria della Costituzione*, Giuffrè, Milán, 1994, p. 56.
53. P.F. Grossi, *Alle origini*, cit., p. 462 afirma que el control centralizado previsto por la Constitución austríaca de 1920 fue «proyectado por Hans Kelsen» y se trata de un parecer muy común.

Reichsgerichtshof y al *Staatsgerichtshof* se les habían otorgado poderes para decidir disputas de importancia constitucional que, incluso si no incluían el control sobre la constitucionalidad de las leyes, aparecen hoy en parte similares a las llamadas «otras funciones» de los tribunales constitucionales.

Además, algunos estudios han demostrado que la propuesta de Kelsen formulada en el curso de la elaboración de Constitución de 1920 era menos radical de la que fue al final acogida en texto de esta y consistía esencialmente en un sistema de tipo suizo, con un control de constitucionalidad de las leyes limitado a las leyes de los *Länder*: esta solución había sido acogida ya en el art. 15 de la Constitución Provisional de la República de Austria del 4 de marzo de 1919, en la cual se introdujo un Tribunal Constitucional distinto de los tribunales supremos, pero se le reconoció jurisdicción para juzgar solo de la legitimidad constitucional de las leyes de los *Länder* a solicitud del gobierno federal, mientras que no era previsto un control similar sobre las leyes federales[54]. En cambio, parece que se le debe al «jefe» político de Kelsen, más que al propio Kelsen, es decir, a Karl Renner[55] (después de todo un jurista refinado *in his own right*) la provisión del control de constitucionalidad no solo de las leyes de los Länder, sino también de las leyes federales, mientras que la contribución principal del padre de *Reine Rechtslehre* parece que haya sido la posibilidad de que el Tribunal acutase *ex oficio*[56], cuya importancia se ha visto anteriormente.

Un papel decisivo en el éxito y en la difusión del modelo austríaco de justicia constitucional Kelsen, sin embargo, lo tuvo desde otro punto de vista. Durante los años veinte del siglo pasado, Kelsen fue un formidable «popularizador» de la Corte austríaca en la literatura europea occidental de derecho público, ilustrando las razones y características de este modelo en las principales revistas europeas de derecho público[57]. Quizás la conexión entre el jurista vienés y el *Verfassungsgerichtshof* deriva más del Kelsen experto y teórico de la justicia constitucional austríaca, que del Kelsen *founding father* o del Kelsen juez constitucional. Esta conexión, sin embargo, sigue siendo un hecho cuya importancia merece ser subrayada, una vez que se haya abandonado la tentación de imaginar que el «modelo

---

54. Se v. el art. CXXVI de la llamada *Kelsen-Entwurf* (correspondiente a la actual art. 140 de la Constitución austríaca), publicada en F. ERMACORA, *Die österreichische Bundesverfassung und Hans Kelsen*, Braumüller, Wien, 1982, p. 458.
55. Acerca del papel de Renner v. W. BRAUDENER, *Karl Renners «Entwurf einer provisorischen Verfassung»: ein vorläufiger Bericht*, in *Festschrift Walter*, Manz, Wien, 1991, p. 63 ss.
56. En este sentido v. T. ÖHLINGER, *Die Entstehung und Entfaltung des Österreichischen Modells der Verfassungsgerichtshof*, in *Festschrift Adamovich*, Verlag Österreich, Wien, 2002, p. 592.
57. Muchos de estos ensayos fueron traducidos al italiano y publicados en H. KELSEN, *La giustizia costituzionale*, cit.

europeo» de justicia constitucional haya sido una creación kelseniana pura, casi como una Minerva salida de la cabeza de Júpiter.

5. La justicia constitucional en la República de Weimar

A diferencia de las Constituciones austríaca y checoslovaca, la Constitución de la República Alemana de 1919 no había previsto expresamente el control de la constitucionalidad de las leyes, ni había identificado un órgano específico, distinto del Tribunal Supremo, al cual atribuir dicha jurisdicción. La cuestión del llamado *richterliches Prüfungsrecht* había sido discutida en la Asamblea Constituyente reunida en el Teatro Nacional de Weimar (como ya lo había sido anteriormente en la época de la Constitución bismarckiana, entre 1871 y 1918) y se habían expresado diferentes opiniones a este respecto, pero seguía estando indefinida[58].

Sin embargo, dos mecanismos del sistema constitucional de Weimar podían ser leídos como institutos de justicia constitucional: por un lado, el sistema federal y la necesidad, inherente a él, de resolver cualquier conflicto de jurisdicción entre las leyes centrales y las de los Estados miembros, así como entre los actos no legislativos de los dos niveles de gobierno ahora citados; por otro lado, un sistema de regulación de conflictos de naturaleza política, que aspiraba a someter al derecho unas controversias que bajo la Constitución bismarckiana se canalizaban hacia procedimientos de solución predominantemente políticos[59]. La Constitución de Weimar distribuyó la jurisdicción para resolver los dos tipos de controversias ahora citadas entre dos organismos diferentes: el Tribunal del *Reich* (*Reichsgericht*), es decir, el órgano de cumbre de la jurisdicción ordinaria, y el llamado Tribunal de Estado (*Staatsgerichtshof*). Alrededor de este sistema de controles expresamente contemplado por la Constitución – y de los resultantes de los sistemas constitucionales de cadauno de los *Länder* – se desarrolló de manera «espontánea» un control generalizado sobre las leyes (*richterliches Prüfungsrecht*), dando lugar a un sistema mixto original, en el que coexistió una multiplicidad de sistemas de protección de la Constitución[60] y cuya consolidación definitiva solo fue impedida por la inestabilidad congénita de la experiencia constitucional weimariana.

5.1. El Staatsgerichtshof *(Tribunal de Estado)*

La Constitución de Weimar preveía un órgano jurisdiccional especial al que se atribuían algunos de las que hoy en día se denominan «otras funciones» de

---

58. G. Anschütz, *Die Verfassung des Deutschen Reichs – Kommentar*, IV ed., Stilke, Berlin, 1926, p. 218.
59. Se v. el art. 76.1 de la Constitución de 1871, que atribuía al *Reichsrat* la solución de los conflictos entre los *Länder*.
60. R. Grau, *Zum Gesetzesentwurf über die Prüfung der Verfassungsmässigkeit von Reichsgesetzen und Reichsverordnungen*, en *Archiv des öffentliches Rechts*, N.F., 11 (1926), 287-334.

los Tribunales Constitucionales[61]. Este órgano era el Tribunal de Estado (*Staatsgerichtshof*), compuesto por siete miembros (un Presidente, tres miembros del *Reichsgericht* y tres miembros de los tribunales administrativos de los *Länder*). A este órgano le fueron asignados dos poderes[62]:

a) el juicio sobre la responsabilidad penal de los ministros (*Ministeranklage*);

b) el juicio sobre los conflictos de atribución entre tres autoridades diferentes: 1) entre los *Länder*; 2) entre el *Reich* (es decir el Estado central) y los *Länder*; 3) entre los poderes de un *Land*. Esta última competencia del *Staatsgerichtshof*, sin embargo, operaba en forma subsidiaria con respecto a los posibles mecanismos que hubiesen sido previstos por las Constituciones de los *Länder*[63]. Sorprendentemente, entre estas competencias no había el poder de decidir conflictos entre órganos federales (y esto fue considerado por algunos como una laguna constitucional).

En el ejercicio de sus poderes, el *Staatsgerichtshof* era también habilitado a controlar, en forma incidental, la legitimidad constitucional de las leyes, incluidas las leyes federales (lo hizo, por ejemplo, en la sentencia de 1927 sobre el impuesto sobre la cerveza) y, por lo tanto, era parte del sistema de control difuso de la constitucionalidad de leyes que se estaba desarrollando (ver apartado 5.3).

En el período de Weimar hubo 38 casos de conflicto sometido a la decisión del *Staatsgerichtshof*, a los cuales hay que añadir algunos casos ante el *Finanzgerichtshof* y los ante los tribunales establecidos en algunos *Länder*. No hubo ningún caso de *Ministeranklage*.

Tuvo particular importancia constitucional y política, al final del período de Weimar, el conflicto entre el *Reich* – cuando el Ejecutivo Federal había caído en manos de los nacional-conservadores (Hindenburg, von Papen y von Schleicher) – y Prusia, el principal entre los *Länder*, que en aquel entonces era todavía gobernado por los socialdemócratas (1932). El *Staatsgerichtshof* tuvo que arbitrar

---

61. Sobre este tema se v. S. Baldin, *Le altre funzioni delle Corti costituzionali*, EUT, Trieste, 2000.
62. Art. 19: «L.as controversias constitucionales, dentro de un *Land* en que no exista ningún tribunal para resolverlas, así como las controversias que no sean de derecho privado rentre los diferentes *Länder* o entre el *Reieh* y un *Land*, son resueltas, a demanda de una de las partes en conflicto, por el Tribunal de Estado (*Staatsgericht*), mientras no sea competente otra corte de justicia del *Reich*. /El Presidente del *Reich* pone ·en ejecución las sentencias del Tribunal de Estado (*Staatsgericht*)».
63. En la práctica, el *Staatsgerichtshof* amplió la legitimación activa para plantear conflictos (W. Apelt, *Geschichte der Weimarer Verfassung*, Biederstein Verlag, München, 1946, p. 283), incluyendo entes como los municipios, las bancadas parlamentarias en los parlamentos regionales, las iglesias regionales (equiparadas a los órganos de los *Länder*), hasta el punto que en doctrina un autor habló de un recurso directo o *Verfassungsbeschwerde* (F.W. Jerusalem, *Die Staatsgerichtsbarkeit*, Mohr, Tübingen, 1930, p. 122-123).

un conflicto político de gran importancia, entre el Presidente federal y el *Land* de Prusia, después que el Presidente Hindenburg, bajo el art. 48 de la Constitución de Weimar, había reemplazado el gobierno del *Land* con un comisionado federal (en la persona del Canciller del *Reich* von Papen). El Tribunal de Estado afirmó su competencia también para controlar los actos presidenciales adoptados sobre la base de los poderes excepcionales mencionados en el art. 48 de la Constitución y para tomar medidas provisionales, pero en julio de 1932 evitó adoptar en efecto tales medidas y en la decisión del siguiente 25 de octubre decidió el caso justificando el poder presidencial, pero introduciendo una serie de advertencias, con una especie de sentencia interpretativa, que terminó dejando insatisfechas todas las partes involucradas[64].

A pesar de la importancia de sus poderes, el *Staatsgerichtshof* no puede considerarse un verdadero tribunal constitucional, porqué, por un lado, el control de las leyes era compartido con el *Reichsgericht* y de otro lado, también como juez de los conflictos de atribución, el *Staatsgerichtshof* no era competente a juzgar sobre los conflictos de atribución entre los órganos del *Reich*[65], y eso dejando de lado la cuestión de si una competencia de este tipo hubiera podido ser ejercida de manera eficaz en el contexto altamente conflictivo de la República de Weimar, especialmente después de 1930.

5.2. *El* Reichsgericht *(Tribunal del* Reich*)*

El art. 13 de la Constitución de Weimar establecía, en su primer párrafo, el principio clásico de la prevalencia de la ley federal sobre la ley de los Estados miembros, los llamados *Länder* («Reichsrecht bricht Landrecht»). Esta cláusula constituía la premisa del control judicial sobre el respeto de la ley federal por la ley de los *Länder*: el párrafo segundo del art. 13 señalaba que «cuando surjan dudas o disputas sobre la conciliabilidad de las disposiciones de un *Land* con el derecho del *Reich*, las autoridades competentes de uno u otro pueden causar, de acuerdo con las disposiciones establecidas por una ley del *Reich*, la decisión de un tribunal supremo del *Reich*». En este sistema eran implícitas, por un lado, la supremacía de la Constitución federal sobre todo el derecho de los *Länder*, incluida su constitución, y por el otro, la limitación por la cual solo el derecho federal constitucionalmente válido se consideraba idóneo para vincular el derecho de los *Länder*. Implícito en este segundo perfil era el control sobre la legitimidad constitucional no solo de las leyes de los *Länder*, sino también de las del *Reich*.

Las principales características de este control eran las siguientes:

---

64. W. Apelt, *Geschichte der Weimarer Verfassung*, cit., p. 285.
65. En esta sentido se v. P. Cruz Villalón, *La formación*, cit., p. 169.

a) era un control abstracto de las reglas de los *Länder*, que podía ser activado en principio por las «autoridades competentes del *Reich* o del *Land*», que de acuerdo con la ley de ejecución debían tener rango ministerial[66];

b) el control era posterior a la entrada en vigor de la ley;

c) las sentencias tenían efectos generales y producían la decadencia *ex tunc* de la ley declarada inconstitucional;

d) la competencia para juzgar sobre este recurso, de acuerdo con el art. 13.2, era de «un tribunal supremo del *Reich*», que la ley de ejecución del 8 de abril de 1920 había identificado en el Tribunal del *Reich* (*Reichsgericht*[67]).

Durante el período de Weimar, el Tribunal del *Reich* adoptó 24 sentencias sobre la base de la competencia establecida en el art. 13 de la Constitución, en la que se juzgó sobre la legitimidad constitucional de los actos legislativos, de los cuales 12 utilizaron como parámetro la «segunda parte» de la Constitución, es decir las normas en materia de derechos fundamentales y de sociedad civil.

5.3. El desarrollo «espontáneo» del control difuso de constitucionalidad de las leyes

Por otro lado, se desarrolló un control difuso sobre la constitucionalidad de las leyes, que culminaba, mediante el sistema de las impugnaciones, en la jurisdicción del *Reichsgericht*, es decir el máximo órgano jurisdiccional federal.

El problema del control de constitucionalidad de las leyes había surgido ya durante los trabajos de la Asamblea Constituyente, donde el 6 de junio de 1919 se había presentado la llamada «enmienda Ablass», que proponía de establecer una prohibición del control de las leyes por parte de los jueces y preveía un control de constitucionalidad centralizado en un Tribunal de Estado (*Staatsgerichts*) especial[68], según el modelo que un año después habría sido adoptado por la Constitución austríaca.

Además, el control difuso de constitucionalidad no era ajeno al constitucionalismo germánico de la primera posguerra, ya que estaba previsto en el art.

---

66. G. Anschütz, *Die Verfassung des Deutschen Reichs – Kommentar*, IV ed., Stilke, Berlin, 1926, p. 69.

67. El art. 66 de la ley del 30 de marzo de 1920 había atribuido al *Reichsfinanzhof* la competencia para juzgar sobre la compatibilidad de las normas tributarias de los *Länder* con el derecho del *Reich*.

68. «La conformidad de las leyes y de los reglamentos a la Constitución no es parte del control jurisdiccional. Si 100 miembros del *Reichstag* lo demandan, el Tribunal de Estado (*Staatsgerichtshof*) es competente para controlar la constitucionalidad de las leyes y de los reglamentos, así como la conformidad de las disposiciones administrativas generales a los principios constitucionales. La decisión del Tribunal es vinculante».

72 de la Constitución de Bavaria. Este tipo de control se convirtió pronto en uno de los temas más discutidos en doctrina[69] y en jurisprudencia: un verdadero «Modeproblem», pero sin embargo un problema real, en palabras de uno de los autores que lo estudiaron monográficamente[70].

Una sentencia del 28 de abril de 1921 que consideraba consolidado el juicio difuso sobre las leyes no solo en la Constitución de Weimar, sino ya bajo el imperio de la Constitución bismarckiana, fue criticada en la doctrina, donde se negó que realmente este principio hubiese sido aceptado por el *Reichsgericht* imperial antes de 1918. En cualquier caso, decisiva fue la decisión del *Reichsgericht* del 5 de noviembre de 1925 (el llamado *Marbury v. Madison* de Weimar[71]) que se pronunció en favor del juicio de constitucionalidad sobre las leyes sobre la base de un argumento articulado en tres puntos:

a) El *Reichsgericht* precisaba que si bajo el art. 102 de la Constitución de Weimar, los jueces estaban sometidos únicamente a la ley, esta sujeción podía operar solo con respecto a una ley constitucionalmente válida («pero solo a la ley válida»).

b) Retomando un argumento utilizado también por el juez Marshall en *Marbury v. Madison*, el *Reichsgericht* observó que el art. 76 de la Constitución de Weimar preveía un procedimiento específico para la revisión constitucional y que los jueces debían controlar que este procedimiento fuese respetado en caso de disposiciones legislativas en conflicto con la constitución.

c) Además, ningún precepto excluía explícitamente el control de constitucionalidad de las leyes (como al contario pasaba en el caso de los tribunales ordinarios de Austria) y, por lo tanto, este control debía considerarse implícito en la función judicial y en el poder de identificar la ley válida para aplicarla al caso concreto que el juez tenía que resolver[72].

---

69. Se v. las diferentes opiniones en F. Morstein Marx, *Variationen über richterliche Zuständigkeit des Gesetzes*, Rothschild, Berlin-Grünewald, 1927, p. 62 ss. Morstein Marx (p. 71) observaba que mientras que bajo la vigencia de la Constitución bismarckiana la «herrschende Meinung» era contraria al control de constitucionalidad de las leyes, en 1926 la situación era mucho mas compleja.
70. F. Morstein Marx, *Variationen*, cit., p. 5.
71. P. Cruz Villalón, *La formación del sistema europeo*, cit., p. 87.
72. «Como la Constitución no incluye ninguna disposición según la cual la decisión sobre la constitucionalidad de las leyes del *Reich* es extránea a los tribunales y es atribuida a otro órgano, es necesario reconocer el derecho y el deber del juez de controlar la constitucionalidad de las leyes del *Reich*». G. Anschütz, *Die Verfassung des Deutschen Reichs – Kommentar*, XIII ed., Stilke, Berlin, 1930, p. 326 citaba las decisiones del *Reichsfinanzhof* del 7 de diciembre de 1926, del Tribunal supremo de Bavaria del 20 de marzo de 1926 y del Tribunal administrativo de Hamburgo del 17 de enero de 1927 como confirmaciones de esta orientación jurisprudencial, que el mismo Anschütz criticava.

Después de la sentencia de 1925, los términos del debate doctrinal se modificaron: la discusión ya no tenía como objeto la existencia o no de un *judicial review of legislation*, sino las formas en que se debería haber ejercido el control y, en particular, la alternativa entre un control centralizado y un control difuso. El gran positivista liberal Gerhard Anschütz argumentó, por ejemplo, en la decimotercera edición de su Comentario, que el control de las leyes habría sido sostenible solo si se centralizara en un único tribunal para todo el *Reich*, mientras que un control difuso ejercido por cualquier juez hubiera vulnerado la unidad del derecho y la seguridad jurídica[73].

A pesar de la firmeza con la cual los tribunales reivindicaban el control sobre la constitucionalidad de las leyes, rara vez este control tuvo como resultado la inaplicación efectiva de las leyes, que se produjo solo en dos casos concretos.

En este contexto, el 11 de diciembre de 1926, se introdujo en el *Reichstag* una propuesta de ley que habría introducido el control centralizado en Alemania (*Entwurf eines Gesetzes über die Prüfung der Verfassungsmässigkeit von Vorschriften des Reichsrechts*), reconociendo la competencia del *Staatsgerichtshof*[74]: sin embargo dicha propuesta de ley nunca fue aprobada.

5.4. La República de Weimar como teatro del gran debate sobre la justicia constitucional

El período de Weimar fue también el escenario en el que tuvo lugar el primer gran debate europeo sobre la justicia constitucional, durante el cual se conceptualizaron y se discutieron las cuestiones fundamentales relacionadas con este fenómeno.

Esto es cierto tanto para el gran debate entre Kelsen y Schmitt sobre la legitimidad de la justicia constitucional y sobre la posibilidad misma de una protección de la Constitución confiada a formas jurisdiccionales[75], y para los debates sobre los diferentes sistemas de justicia constitucional (centralizada o difusa, etc.)[76].

---

73. G. Anschütz, *Die Verfassung des Deutschen Reichs – Kommentar*, XIII ed., Stilke, Berlin, 1930, p. 326-327.
74. A parecer de F.W. Jerusalem, *Die Staatsgerichtsbarkeit*, cit., p. 51 e 106 el control jurisdiccional de constitucionalidad de las leyes era un aspecto de la noción de *Staatsgerichtsbarkeit*, que según este autor (p. 53) consistía en el juicio sobre las controversias relativas a la regularidad del proceso de construcción de la voluntad estatal por parte de los órganos estatales al interior del ordenamiento del Estado.
75. Cf. la sintesis de G. Zagrebelsky, *La giustizia costituzionale*, II ed., Il Mulino, Bolonia, 1988, p. 28 ss.
76. Un debate de nivel elevado sobre los diferentes sistemas de justicia constitucional tuvo lugar también en las *Cortes* españolas al momento de la aprobación, en mayo-junio de 1933, de la ley orgánica sobre el Tribunal de Garantías Constitucionales (cf. M. Bassols

Los términos del primer debate son ampliamente conocidos y solo se pueden referir brevemente aquí.

Carl Schmitt[77] cuestionaba que un texto constitucional compuesto de disposiciones vagas e inexactas pudiese permitir a quien fuese encargado de defenderlo de llevar a cabo una actividad que pudiese ser calificada como «jurisdiccional». Según Schmitt, este último tipo de actividad requiere que el juez sea llamado a concretizar opciones ya adoptadas por una autoridad legislativa, mientras que una jurisdicción constitucional es llamada no tanto a interpretar un derecho preexistente, sino a crear nuevas reglas, y por lo tanto, para adoptar una «decisión». Esta función puede ser ejercida mejor por un poder político monocrático, como el Presidente de la República previsto en la Constitución de Weimar.

Por un lado, Kelsen criticaba la idea de Schmitt de que el Presidente, como parte del juego político, pudiese ser un poder neutral, configurable como defensor de la Constitución y denunció el carácter ideológico de la doctrina del *pouvoir neutre* que se remonta a Benjamin Constant (y que como es bien sabido ha obtenido su principal aplicación fuera de Francia en el poder moderador del Brasil imperial). Al mismo tiempo, Kelsen subrayaba que la necesidad de una garantía de la Constitución dependía del principio del Estado de derecho, que tiene la ambición de someter la acción del Estado al principio de legalidad. «La función política de la Constitución es poner límites legales al ejercicio del poder y la garantía de la constitución significa la certeza de que estos límites no serán violados». Si este es el objetivo, «ningún organismo es menos adecuado para esta tarea que el al cual la Constitución confía, en todo o en parte, el ejercicio del poder y que tiene oportunidades legales e incentivos políticos para violarlo» [78]. Por otro lado, según Kelsen, la jurisdicción es siempre, inevitablemente, también un acto de voluntad, no solo de conocimiento, y por lo tanto siempre es también una decisión.

Si la objeción de Kelsen a la concentración en un organismo como el Presidente de la República previsto por la Constitución de Weimar de las funciones de garantía aparece en muchos aspectos muy acertada y capaz de mirar con profundidad hacia el futuro, también se debe tener en cuenta que las objeciones de Schmitt a la jurisdicción constitucional plantearon problemas que aún no se pueden considerar como solucionados, a pesar de (o quizás debido a) la difusión casi

---

Coma, *El Tribunal de Garantías Constitucionales de la II República. La primera experiencia de justicia constitucional en España*, Centro de Estudios Políticos y Constitucionales – Boletín Oficial del Estado, Madrid, 2010, p. 63 ss.).

77. Si v. por ej. C. Schmitt, *Il custode della Costituzione* (1931), Giuffrè, Milán, 1981, p. 62 ss.

78. H. Kelsen, *Chi deve essere il custode della Costituzione?*, in H. Kelsen, *La giustizia costituzionale*, cit., p. 231-232.

general de la justicia constitucional en las democracias liberales contemporáneas, especialmente después de 1989. De hecho, la temporada más reciente de la justicia constitucional (y más en general el crecimiento del papel de las jurisdicciones en las democracias contemporáneas) ha vuelto a proponer, en un contexto marcado por la prevalencia del constitucionalismo liberal-democrático (que hasta tiempos muy recientes apreciaba casi sin alternativas), los dilemas indicados en los años treinta por Carl Schmitt, por ejemplo en el siguiente texto: «no hay un Estado de derecho burgués sin una jurisdicción independiente, ninguna jurisdicción independiente sin un vínculo sustancial con una ley, ninguna conexión sustancial con la ley sin una diferencia efectiva entre ley y sentencia. (...) La posición particular del juez en el Estado de derecho, su objetividad, su posición por encima de las partes, su independencia e inmovilidad, todo esto se basa únicamente en el hecho de que él decide precisamente sobre la base de una ley y su decisión "en su contenido" se deduce de otra decisión ya incluída de manera mensurable y calculable en la ley». La cuestión de la legitimidad de la justicia constitucional, y sobre todo el problema de sus fronteras, debe ser continuamente discutida, especialmente ante los llamados casos difíciles o *hard cases*.

Mientras que en la Europa posterior a la Segunda Guerra Mundial, la justicia constitucional parece haber ganado una legitimación indiscutible (en el sentido literal del término: que no se considera posible u oportuno discutirla) [79], a veces con apoyos argumentativos místico-fideísticos[80], los debates de mayor profundidad, en las últimas décadas, se han trasladado al otro lado del Océano, en el país de origen del *judicial review of legislation*, donde el problema de la legitimación de esta última y, sobre todo, el de sus límites, sigue siendo más discutido que nunca.

6. La justicia constitucional en la Segunda República española: antecedentes

«Cuando la gran mayoría de los ordenamientos constitucionales surgidos de la intensa actividad constituyente de la primera posguerra se encuentra ya en declive o próximos a su fin, España comienza la última experiencia constitucional importante del período que nos ocupa»[81]. La experiencia de la II República

---

79. Si v. recientemente el renacimiento del llamado «political constitutionalism», contrapuesto al llamado «legal constitutionalism» por R. BELLAMY, *Political Constitutionalism. A Republican Defense of the Constitutionality of Democracy*, Cambridge University Press, Cambridge, 2007.
80. Es decir a argumentos similares a los que se utilizan frecuentemente para legitimar algunas funciones de los Jefes de Estado, que C. ESPOSITO, *Capo dello Stato*, in *Enciclopedia del Diritto*, vol. VI, Giuffrè, Milán, 1960, p. 232 ss. definió en forma muy eficaz «misticos».
81. P. CRUZ VILLALÓN, *La formación del sistema europeo*, cit., 301.

española està situada en un período particularmente difícil de la historia de la justicia constitucional, considerando que a mediados de la década de los años treinta del siglo XX el mismo modelo estadounidense del *judicial review of legislation* era (no injustificadamente) criticado – y tal vez cuestionado en su misma legitimidad – por la oposición del Tribunal Supremo a la legislación del *New Deal* impulsada por el Presidente Franklin Delano Roosevelt.

En la historia constitucional española no faltaban elementos que podían considerarse como antecedentes del control de constitucionalidad de las leyes previsto por la Constitución de la Segunda República en 1931[82].

De hecho, ya el proyecto de Constitución de la efímera I República española de 1873 había previsto un control de constitucionalidad de las leyes, atribuido al Tribunal Supremo[83], al cual era atribuida también la competencia para resolver conflictos entre la federación y los estados miembros[84]. El control sobre las leyes habría tenido lugar después de su entrada en vigor debía tener carácter incidental respecto al examen del fondo de los asuntos. El mismo proyecto de Constitución había delineado un control preventivo de naturaleza política sobre las leyes, confiado al Senado, de manera coherente con la función de garantía reconocida a las segundas Cámaras en muchos textos constitucionales del siglo XIX, pero enfatizando en particular la función de control político respecto a la de participación en la función legislativa[85].

Desaparecida después de la restauración monárquica de 1876, la idea de un control sobre la legitimidad constitucional de las leyes reemergió en los últimos años de la dictadura de Primo de Rivera (1923-30). El 6 de julio de 1929, se presentó a la Asamblea Nacional una propuesta de reforma constitucional (*Anteproyecto de Constitución de la Monarquía española y otras leyes complementarias*), que habría introducido un recurso directo, que cada parte interesada podría presentar ante un Consejo del Reino (definido como «órgano de justicia constitucional»), con el cual habría sido posible cuestionar directamente la validez de una ley. La sentencia del Consejo habría tenido efectos limitados entre las partes del juicio, según el modelo del *amparo* mexicano (art. 103 del proyecto). Aunque similar en algunos aspectos al Tribunal de Garantías Constitucionales de la Segunda República, el Consejo del Reino tuvo poca influencia en su elaboración[86].

---

82. Acerca de este tema se v. S.A. ROURA GÓMEZ, *La defensa de la Constitución en la historia constitucional española*, Centro de Estudios Constitucionales, Madrid, 1998.
83. Art. 77 del Proyecto de Constitución de 1873. Por el texto de este proyecto se v. por ej. J. Montero (a cura di), *Constituciones y códigos políticos españoles, 1808-1978*, Ariel, Barcelona, 1998, p. 129 ss.
84. Art. 78 del Proyecto de Constitución de 1873.
85. Art. 70 del Proyecto de Constitución de 1873.
86. M. BASSOLS COMA, *El Tribunal*, cit., p. 26, nt.3.

A partir de la década de 1920, el ensayo de A. Alvarado sobre el recurso de inconstitucionalidad[87] y los escritos del jurista mexicano Rodolfo Reyes sobre la *defensa de la Constitución*[88], en el cual se presentaba para el público español el juicio de amparo de tipo mexicano, que tenía su origen a la mitad del siglo XIX y era consolidado (aunque con algunas limitaciones, en primer lugar, la eficacia de la declaración de inconstitucionalidad solo para las partes del proceso).

A pesar de estos precedentes, e aun considerándolo como la llena realización de la idea ya consolidada de la superioridad de la Constitución respecto a las leyes ordinarias, Adolfo Posada podía subrayar el carácter innovador del Tribunal de Garantías Constitucionales con respecto a la historia constitucional española anterior[89].

Formalmente constituido el 2 de septiembre de 1933, el Tribunal de Garantías Constitucionales adoptó su primera sentencia el 8 de junio de 1934 y llevó a cabo una actividad relativamente intensa hasta el comienzo de la guerra civil (18 de julio de 1936). Muchas de las decisiones adoptadas por el Tribunal de Garantías, algunas de las cuales tuvieron gran importancia (como la sentencia sobre la ley catalana de 11 de abril de 1934 en materia de contratos de cultivo y la suspensión de la autonomía de Cataluña), fueron criticadas enérgicamente por algunos partidos políticos y el Tribunal no logró moderar considerablemente el agudo conflicto político y social que caracterizó de forma dramática toda la vida constitucional de la República. Durante la guerra civil, el Tribunal de Garantías Constitucionales, con una composición modificada y más favorable al gobierno del Frente Popular, continuó su actividad, trasladándose a Barcelona y dejando de existir en 1939[90].

6.1. *El Tribunal de Garantías Constitucionales prevista por la Constitución de 1931*

Según el art. 122 de la Constitución de 1931, el Tribunal de Garantías Constitucionales tenía una composición muy compleja, sea en cuanto a los requisitos subjetivos para ser miembro del Tribunal, sea por las autoridades competentes la

---

87. A.J. Alvarado, *El recurso contra la inconstitucionalidad de las leyes*, Reus, Madrid, 1920.
88. Su trabajo más sistemático fue publicado después de la aprobación de la Constitución de 1931: R. Reyes, *La defensa constitucional*, Espasa-Calpe, Madrid, 1934 (en las p. 7 y ss. hay algunas interesantes observaciones sobre la influencia de este autor sobre el trabajo de las *Cortes constituyentes*).
89. A. Posada, *La nouvelle constitution espagnole*, Recueil Sirey, Paris, 1932, p. 212.
90. En la colección completa de la jurisprudencia del Tribunal editada por Bassols Coma (citada varias veces en las páginas anteriores), se publican: 7 sentencias sobre cuestiones o recursos de inconstitucionalidad, 2 sentencias de conflictos entre el Estado y las Regiones, 1 sentencia sobre la responsabilidad penal de los órganos del gobierno, 10 sentencias sobre apelaciones de amparo ordinario, 28 sentencias sobre apelaciones de amparo de orden público y 12 decisiones judiciales de otro tipo.

designación o a la elección. El Tribunal era compuesto por un Presidente, designado por el Parlamento; por dos miembros de derecho (el Presidente del Cuerpo Consultivo supremo de la República y el Presidente del Tribunal de Cuentas); por dos diputados elegidos libremente por el Parlamento; por un representante de cada una de las Regiones españolas, considerandose como tales las que hubiesen aprobado su estatuto con arreglo al art. 12 de la Constitución y las enumeradas en el art. 11 de la ley orgánica de la Corte (Andalucía, Aragón, Asturias, Baleares, Canarias, Castilla la Nueva, Castilla la Vieja, Extremadura, Galicia, León, Murcia, Navarra y Vascongadas, Valencia)[91]; por dos miembros designados por todos los Colegios de abogados de la República y por cuatro profesores de la Facultad de derecho. El resultado fue una composición más bien plethorica (26 componentes) y marcadamente politizada.

Las competencias del Tribunal, previstas por el art. 121 Const., era muy variada y incluía:

a) el juicio sobre el recurso de inconstitucionalidad de las leyes;

b) la decisión sobre el recurso de amparo de garantías individuales, cuando hubiere sido ineficaz reclamación ante otras autoridades;

c) el juicio sobre los conflictos de competencia legislativa y sobre otros conflictos entre el Estado y las regiones autónomas y entre las regiones;

d) el examen y la aprobación de los poderes de los compromissarios que junto con el Parlamento tenían el poder de elegir al Presidente de la República;

e) el juicio sobre la responsabilidad penal del del Presidente de la República, del Presidente del Consejo de ministros y de los Ministros;

f) el juicio sobre la responsabilidad penal del Presidente y de los jueces del Tribunal Supremo y del Fiscal de la República.

Eran muchos también los sujetos legitimados para interponer recurso de legitimidad constitucional de las leyes según el art. 123: el Ministerio fiscal; el Gobierno nacional; las Regiones; toda persona individual o colectiva, incluso si no hubiera sido directamente afectada en sus intereses (de esta manera se introdujo una especie de acción popular, que la ley orgánica del Tribunal se encargó de excluir del recurso de inconstitucionalidad y de limitar al *amparo de garantías*[92]).

---

91. En el caso de que una Región tuviese su estatutos y sus órganos, la elección de su representante en el Tribunal era de competencia de su órgano legislativo (art. 10.2 Ley orgánica); para las regiones no autónomas la designación de sus representantes era de competencia de los Ayuntamientos, «siendo electores los concejales» (art. 11. 4 Ley orgánica). En consecuencia de este sistema de elección, la designación de los representantes regionales tenía un carácter fuertemente politizado.

92. Art. 27 lett. i) della LOTGC. Sobre este problema v. J. ALMAGRO NOSETE, *La «acción popular» ante el Tribunal de Garantías Constitucionales. Valoración crítica*, en Revista de derecho político, 12 (inv. 1981-82), p. 65 ss.

Además, bajo el art. 100 de la Const., los jueces que debían aplicar una ley que consideraban contraria a la Constitución tenían que suspender el proceso y pedir al Tribunal de Garantías Constitucionales de juzgar sobre su legitimidad constitucional (las llamadas «consultas»).

6.2. *Los efectos de las sentencias de inconstitucionalidad*

El art. 124 establecía que una ley orgánica especial tenía que reglamentar las inmunidades y prerrogativas de los miembros del Tribunal y la extensión y los efectos de los recursos previstos en el art. 121. El art. 42 de Ley Orgánica relativa a ella (LOTGC del 14 de junio de 1933) definió los efectos de las decisiones del Tribunal de Garantías Constitucionales. En particular, las decisiones que declaraban la ilegitimidad constitucional de una ley producían efectos diferenciados según el tipo de inconstitucionalidad que era declarada en la sentencia.

Las sentencias que declaraban la inconstitucionalidad de una ley por vicios formales determinaban su anulación con efectos generales (*erga omnes*), pero producían efectos solo para el futuro, ya que en el art. 42.1 LOTGC se subrayaba que dichas decisiones no habrían afectado a las situaciones legales creadas durante la vigencia de la ley. Las sentencias que declaraban la inconstitucionalidad de una ley por vicios materiales, por el contrario, producían efectos limitados al caso concreto, determinando la simple inaplicación de la ley impugnada, pero con efectos retroactivos, en cuanto la ley inconstitucional no se aplicaba al caso del cual la cuestión había surgido (art. 42.2 LOTGC). Reglas parcialmente diferentes eran previstas para la declaración de inconstitucionalidad de una ley estatal o regional adoptada en el contexto de los conflictos de competencia legislativa (art. 59 LOTGC).

La eficacia solo para el caso concreto de la declaración de inconstitucionalidad de las leyes estatales era similar a los efectos del juicio de amparo mexicano, donde esta característica ha sobrevivido hasta la reciente reforma constitucional de 2011.

En el debate sobre la ley orgánica de 1933, prevalecieron las tesis de quienes consideraban peligroso atribuir a un tribunal constitucional el poder de anular las leyes del Parlamento nacional. Así, algunos elementos del *judicial review* «americano» se habían mezclado con el modelo austríaco original, del cual al final solo quedaba la opción a favor de un tribunal especializado[93].

A parecer de Nicolás Pérez Serrano, el Tribunal era «inspirado en modelos tan dispares como el Tribunal de conflictos francés, el Tribunal de Estado Alemán y el Tribunal Constitucional austríaco»[94]. Según Adolfo Posada, quien creía que

---

93. M. Bassols Coma, *El Tribunal*, cit., p. 71.
94. N. Pérez Serrano, *La Constitución Española (9 diciembre 1931)*, Editorial Revista de Derecho Privado, Madrid, 1932, p. 324.

el Tribunal Constitucional estaba inspirado, además de los modelos indicados por Pérez Serrano, también en el *recurso de amparo* mexicano (en particular, en el art. 107 de la Constitución de 1917[95]), la heterogeneidad de las competencias del Tribunal significaba que se trataba a la vez de un tribunal constitucional, de un tribunal de conflictos, de un Tribunal electoral y de un tribunal competente a juzgar sobre la responsabilidad de varios titulares de órganos constitucionales[96], con la consecuencia que era difícil definir su naturaleza, aunque, a su parcer, se trataba esencialmente de una jurisdicción constitucional que era puesta a protección de la jerarquía de las fuentes del derecho y de la Constitución como cumbre de estas. La definición de su naturaleza sigue siendo compleja aún hoy y sigue dividiendo a los académicos que la tratan desde un punto de vista histórico: así, mientras Bassols Coma opina que el sistema de justicia constitucional creado bajo la Segunda República era un sistema mixto, con elementos estadounidenses y europeos[97], Cruz Villalón lo considera un ejemplo heterodoxo de un sistema de justicia constitucional de estilo europeo[98].

El propio Cruz Villalón observó que «el modelo español de control autónomo de constitucionalidad, en cierto modo similar a como ocurre en Austria, no es el resultado de un proyecto claro, sino más bien el resultado final de un proceso acompañado de altibajos y bruscos cambios de rumbo que se extiende desde 1931 a 1933» [99].

7. Algunas observaciones críticas sobre el origen del modelo europeo de justicia constitucional

A conclusión de en este ensayo, es posible solo intentar de situar al origen de la justicia constitucional, y en particular del control de constitucionalidad de las leyes, en la perspectiva del constitucionalismo europeo, haciendo alusión a los vínculos entre esta y los demás grandes pilares del constitucionalismo.

7.1. *Justicia constitucional, democracia y Estado de derecho*

En primer lugar, debe recordarse la conexión con del control de constitucionalidad de las leyes con la adopción de las constituciones democráticas, en su mayoría de carácter republicano. Los cuatro casos mencionados en este texto, en los que vimos la aparición (a veces fugaz) de la justicia constitucional, se refieren a repúblicas democráticas cuyos orígenes se encuentran en una ruptura constitucional

---

95. A. Posada, *La nouvelle Constitution*, cit., 218.
96. A. Posada, *La nouvelle Constitution*, cit., 218-219.
97. M. Bassols Coma, *El Tribunal*, cit., p. 71.
98. P. Cruz Villalón, *La formación del sistema europeo*, cit., 335-336.
99. P. Cruz Villalón, *La formación del sistema europeo*, cit., 309.

con regímenes monárquicos anteriores (y también la la experiencia suiza se ubica en una república democrática, aunque sin antecedentes monárquicos). Por lo tanto, si bien es difícil proporcionar evidencia histórica, se puede suponer que el recurso a la justicia constitucional pueda ser conectado con la adopción de sistemas orgánicamente democráticos, diseñados desde cero, en ruptura con el pasado.

El control centralizado de la constitucionalidad de las leyes podría entenderse, desde esta perspectiva, como una manifestación de esa tendencia hacia la «racionalización» del régimen parlamentario que algunos de los observadores más agudos del constitucionalismo de la primera posguerra habían señalado[100]. Obviamente, se trataría de la racionalización «externa»[101] al régimen parlamentario en sentido estricto (la interna es representada por la disciplina de la relación fiduciaria entre Parlamento y Gobierno), que también se podría cualificar como un conjunto de «correcciones del parlamentarismo», para resumir una fórmula de Livio Paladin[102].

Entre los académicos que en el período de posguerra se ocuparon de las transformaciones del régimen parlamentario, la cuestión de los tribunales constitucionales en Austria y Checoslovaquia quedó en la sombra en los eccelentes trabajos de Robert Redslob (quien veía en el tribunal constitucional checoslovaco un mecanismo que podría haber frenado la omnipotencia del Parlamento y preservado algunos los márgenes de acción autónoma para el Presidente de la República[103]) y de Georges Burdeau (que al tiempo que analizaba de manera muy profunda los fenómenos de la crisis, de la racionalización y de la evolución del parlamentarismo, dedicaba solo una mención al tribunal austríaco[104] y al checoslovaco[105]).

---

100. Antes de todos B. MIRKINE GUETZEVICH, *Nouvelles tendences du droit constitutionnel*, en *Revue du Droit public*, 1928, p. 5 ss.
101. A parecer de P. CRUZ VILLALÓN, *La formación del sistema europeo*, cit., p. 33 el control centralizado de tipo europeo es una forma de «racionalización del control de constitucionalidad», entonces en un sentido diferente de lo que se afirma en el texto, donde se subraya la conexión entre el control centralizado y los demás procesos de racionalización del parlamentarismo.
102. Si v. L. PALADIN, *Diritto costituzionale*, III ed., Cedam, Padova, 1998, p. 481 ss. Esta es también la lectura del control de constitucionalidad de las leyes previsto en Checoslovaquia propuesta por G. GIDEL en su prólogo al volumen de Flanderka sobre el control de constitucionalidad de las leyes («la création de ce Tribunal fait partie d'un ensemble de précautions que la constitution tchécoslovaque a prises contre le législatif»: p. IV), mientras que el mismo Flanderka (*Le contrôle*, p. 106) lo definía como «un organe modérateur qui contrebalance la prédominance du Parlement. Il vient ainsi renforcer indirectement l'influence de l'Éxecutif».
103. R. REDSLOB, *Le régime parlementaire*, Giard, Paris, 1924, p. 173.
104. G. BURDEAU, *Il regime parlamentare nelle costituzioni del dopoguerra*, tr. it., Comunità, Milán, 1950, p. 144-145.
105. G. BURDEAU, *Il regime parlamentare*, cit., p. 193.

El nexo entre la racionalización del regimen parlamentario y la justicia constitucional fue percibido por el constitucionalista frances que acuñó el concepto de racionalización, Boris Mirkine-Guetzevich, que en la introducción de *Les Constitutions de l'Europe Nouvelle* [106], observaba: «le processus de rationalisation du pouvoir apparait encore si l'on examine une autre institution du nouveau droit constitutionnel, la juridiction constitutionnel» [107]. Mirkine observó que varias constituciones habían reconocido el control de constitucionalidad de las leyes y citó Irlanda, Rumania y Grecia, pero tomó nota de los dos casos particulares del Tribunal Constitucional de Austria y Checoslovaquia[108], señalando que: «cette institution du contrôle constitutionnel est un des phènomenes de la rationalisation du pouvoir». En su opinión, la esencia de esta racionalización estaba en la sujeción no sólo el ejecutivo, sino del mismo legislador, el estado de derecho, sacando todas las consecuencias de la «primauté du pouvoir constituante»[109], herencia de la Revolución Francesa. Mirkine concluía que «le processus de rationalisation du pouvoir, qui date de la Révolution française, atteint son achèvement logique dans les constitutions nouvelles, surtout dans celles de l'Autriche et de la Tchécoslovaquie»[110].

Pero el vínculo del control de constitucionalidad de las leyes con la democracia también puede ser puesto en evidencia desde un segundo punto de vista: las experiencias constitucionales mencionadas en estas páginas tuvieron todas una conclusión fatal, con la única excepción de la democracia suiza. En algunos casos – en especial el de Checoslovaquia, pero por algunos aspectos también el austríaco, al menos en la crisis que llevó a la reforma de 1929 – el contexto político-institucional muy difícil en el cual estas democracias funcionaron impidió el desarrollo concreto de la justicia constitucional previsto *on the paper*. En ninguno de los casos aquí citados los tribunales constitucionales consiguieron proteger la democracia de la quiebra, ni lograron moderar sustancialmente el conflicto político, entonces particularmente agudo. Los tribunales constitucionales fueron arrollados en el quiebre del constitucionalismo democrático de la primera posguerra europea: esto se aplica no sólo para Austria, Alemania y España, sino también para Checoslovaquia, cuyo sistema institucional nunca fue capaz de incluir realmente a las minorías, no sólo la rutena y la alemana, pero ni siquiera la de Eslovaquia, y terminó por convertirse en un pequeño imperio de los Habsburgo (hegemonizado por los checos) con las formas constitucionales derivadas de la Tercera República francesa.

---

106. B. Mirkine Guétzevich, *Les Constitutions de l'Europe nouvelle*, II ed., Librairie Delagrave, Paris, 1929.
107. B. Mirkine Guétzevich, *Les Constitutions*, cit., p. 31.
108. B. Mirkine Guétzevich, *Les Constitutions*, cit., p. 32.
109. B. Mirkine Guétzevich, *Les Constitutions*, cit., p. 32-33.
110. B. Mirkine Guétzevich, *Les Constitutions*, cit., p. 33.

7.2. ¿La aparición espontánea del control difuso?

Si el establecimiento de un control centralizado de constitucionalidad de las leyes, precisamente porque está confiado a un organismo específico, requiere un diseño constitucional específico, esto no siempre pasa para los casos de control difuso. Este último, como se sabe, se había establecido «espontáneamente» en la tradición de los Estados Unidos, a partir de la sentencia *Marbury v. Madison* de 1803, aunque el desarrollo completo del control sobre las leyes se haya verificado solo varias décadas después[111]. En Europa, de hecho, las dos únicas Repúblicas consolidadas en el último cuarto del siglo XIX (Francia y Suiza) vieron prevalecer el principio de la soberanía popular sobre el de la supremacía de la Constitución, aun si la Constitución era configurada en ambos casos como rígida. El el período succesivo a la Segunda Guerra Mundial, la noción de la ley como expresión de la voluntad general, sustraída como tal a los controles jurisdiccionales, se debilitó, como demuestran sobre todo los eventos del «laboratorio» de Weimar durante la década de 1920, y se verificó un crecimiento «espontáneo» [112] del *judicial review of legislation*, en la cual los jueces intentaron liberarse de lo que Leopoldo Elia llamaba «el *status subiectionis* con respecto a la aplicación de una ley» [113].

Desde este punto de vista, son interesantes las disposiciones constitucionales que prohíben expresamente que los jueces controlen la legitimidad constitucional de las leyes, subrayando que la promulgación es el acto de solemne certificación de la existencia de la voluntad del legislador, a la que el juez está sometido: se vea el art. 102 de la Constitución de Checoslovaquia de 1920[114] y el art. 89.1 de la Constitución de Austria del mismo año[115], ambos de alguna manera en continuidad con el art. 7 de la ley constitucional austríaca de 21 de diciembre de 1867, según la cual «los tribunales no pueden juzgar la validez de las leyes publicadas regularmente»[116] – en el art. 113.3 de la Constitución suiza de 1874 (para las leyes federales), art. 106 de la Constitución del Reino de Prusia de 1850[117], y

---

111. B. Barbisan, *Nascita di un mito. Washington, 24 febbraio 1803: Marbury v. Madison e le origini della giustizia costituzionale negli Stati Uniti*, Il Mulino, Bolonia, 2008.
112. Rileva P. Cruz Villalón, *La formación del sistema europeo*, cit., p. 81 che «la particularidad del control difuso es su capacidad de imponerse pos si solo, a partir del principio de primacía de la Constitución».
113. L. Elia, *Giustizia costituzionale e diritto comparato*, in *Quad. cost.*, 4:1 (1984), p. 15.
114. «Durante un proceso, los jueces tienen el poder de examinar la validez de los reglamentos; los jueces no pueden verificar si las leyes han sido regularmente promulgadas».
115. «Los jueces no tienen el poder de juzgar sobre la validez de las leyes promulgaras regularmente».
116. Se ne v. il testo in F. Dareste, *Les Constitutions modernes*, tomo I, Challamel, Paris, 1883, p. 377.
117. La prohibición, en este caso, no estaba formulada expresamente: «Leyes y reglamentos son vinculantes cuando son publicados (bekannt gemacht worden sind) en la forma

en las Constituciones de los Estados de Oldenburg del 17 de junio de 1919 y de Schaumburg-Lippe del 24 de febrero de 1922[118] (en el período de Weimar) y en las propuestas en esta dirección surgieron durante la Asamblea constituyente de Weimar (la ya mencionada «enmienda Ablass») así como en el art. 93 del Anteproyecto de Constitución de la Monarquía española del 6 de julio de 1929, que también prohibía a los tribunales ordinarios de pronunciarse sobre la constitucionalidad de las leyes (mientras que el art. 100 de la Constitución de 1931 obligaba el juez que tuviese que aplicar una ley que consideraba inconstitucional de remitir el asunto al Tribunal de garantías constitucionales).

Estas disposiciones parecen confirmar, *a contrario*, la hipótesis que el control judicial de la constitucionalidad de las leyes pueda desarrollarse de manera «natural» en los sistemas constitucionales en los cuales no sea prohibido por ninguna disposición o por el sistema constitucional en su conjunto. Al mismo tiempo, estas disposiciones permiten de interpretar la creación de los tribunales constitucionales como una solución de compromiso, finalizada a evitar no solo la omnipotencia del legislador, sometiéndolo a control jurisdiccional, sino también el temido «gobierno de los jueces»[119]: es importante recordar el título del conocido ensayo de Lambert sobre el control de la constitucionalidad de las leyes en los Estados Unidos, que se publicó en 1921[120], justo al inicio del período en que las constituciones estudiadas aquí vieron la luz.

7.3. *Justicia constitucional y autonomías territoriales*

Ciertamente en el período entre las dos guerras mundiales se puede ver también una conexión entre la justicia constitucional (y en particular entre el control centralizado), por una parte, y el federalismo y el regionalismo, por otra. No es casualidad que de los cinco sistemas constitucionales mencionados en este ensayo, tres consistieran en las repúblicas federales europeas (Alemania, Austria, Suiza) y dos en los Estados que intentaron, con diferentes niveles de entusiasmo, de hacer frente a su propia pluralidad interna desde un punto de vista

---

prevista por la ley/ El control de validez jurídica de reglamentos reales regularmente publicados no pertenece a las autoridades sino solo a las Cámaras».
118. Si v. el art. 36.3 de dicha Constitución, cuyo texto se puede leer en el *Jahrbuch des öffentliches Rechts*, vol. X (1921), p. 420 ss., con una introducción de O. Koellreutter.
119. Por ej. M. Bassols Coma, *El Tribunal*, cit., p. 40, cree que la propuesta de prever en la Constitución española de 1931 el juicio de legitimidad constitucional de las leyes ha superado las numerosas objeciones que se plantearon en la Asamblea Constituyente solo gracias a la atribución de este poder a un órgano específico, en lugar de a los jueces ordinarios.
120. E. Lambert, *Le gouvernement des juges et la lutte contre la législation sociale aux États-Unis*, Giard, Paris, 1921 (traducción italiana Giuffré, Milán, 1996).

étnico-cultural a través del reconocimiento de entidades regionales autónomas con poder legislativo (España, Checoslovaquia).

En cuanto a los estados federales, fue el propio Kelsen, en uno de sus ensayos más conocidos sobre la justicia constitucional, quien puso en evidencia esta conexión con respecto a la experiencia austríaca[121]. Otros observadores subrayaron que con las competencias atribuidas al Tribunal Constitucional, la concepción germánica del estado de derecho «se había seguido hasta sus últimas consecuencias también en las relaciones entre la federación y los *Länder*»[122], que ahora estaban obligadas a desarrollarse en los carriles diseñados por la ley[123].

En cuanto a los Estados con regiones autónomas, la conexión entre estas y la istitución de un Tribunal constitucional es muy fuerte en el caso de Checoslovaquia – donde el poder legislativo de la Asamblea de la Rutenia subcarpática es considerado por algunos la verdadera razón para la institución de la Corte Constitucional – y no fue por nada marginal en la Segunda República española, que, como se sabe, intentó sin éxito de poner en marcha un sistema de regionalismo diferenciado muy complejo y en el cual no sólo la naturaleza regional del Estado se reflejaba directamente en la composición del Tribunal de Garantías Constitucionales, sino también la jurisprudencia de dicho Tribunal tuvo que hacer frente a cuestiones espinosas planteadas por normas adoptadas por el parlamento catalán.

7.4. *Justicia constitucional, Estado de derecho y derechos fundamentales*

No podría faltar un nexo entre el Tribunal constitucional y la idea de Estado de derecho, entendiendo la justicia constitucional como la extensión a la supremacía de la Constitución sobre la ley de la lógica del Estado de derecho. Esta conexión es evidente tanto en el art. 1 de la Ley preliminar a la Constitución de Checoslovaquia, antes citada, y, sobre todo, en la herencia de la *Staatsgerichtbarkeit* del Imperio austríaco, que aspiraba a someter los conflictos políticos a la ley. Por otra parte Kelsen había subrayado desde 1923 que la jurisdicción constitucional (junto con la administrativa) era la culminación de la Constitución de 1920[124].

La conexión entre la justicia y la protección constitucional de los derechos fundamentales – tan fuerte en la experiencia estadounidense, y también en la de

---

121. H. Kelsen, *Le giurisdizioni costituzionale e amministrativa al servizio dello Stato federale*, cit., p. 5 ss.
122. K.G. Hugelmann, *Grundriss der österreichischen Verfassungsgeschichte*, en Comitato Internazionale di Scienze Storiche, *La Costituzione degli Stati nell'Età Moderna. Saggi storico-giuridici*, Fratelli Treves, Milán, 1933, p. 186.
123. H. Triepel, *Streitigkeiten zwischen Reich und Ländern. Beiträge zur Auslegung des Art. 19 der Weimarer Reichsverfassung*, in Mohr, Tübingen, 1923, p. 118.
124. H. Kelsen, *Österreichisches Staatsrecht*, cit., 208: «Die ganze Verfassung gipfelt in den Bestimmungen über die Verwaltungs- und Verfassungsgerichtsbarkeit».

Europa, especialmente en Alemania, después de la Segunda Guerra Mundial – se quedó sin embargo en la sombra en esta primera fase de desarrollo de la justicia constitucional europea, aunque no estaba totalmente ausente. Como ejemplos de esta conexión se pueden mencionar el uso de la protección de los derechos constitucionales en Austria (de ahí se desarrollará después de la Segunda Guerra Mundial, el recurso directo de constitucionalidad austríaco, el llamado *Verfassungsbeschwerde*), la acción popular y el *recurso de amparo* en España, algunos de los recurso al Tribunal Federal previstos por el derecho suizo y, en última instancia, el control (abstracto) en las leyes durante la República de Weimar, que no dejó de utilizar como parámetro la «segunda parte» de la Constitución, en la cual eran reglamentados los derechos fundamentales.

3
I DIFFERENTI LIVELLI DI PROTEZIONE DEI DIRITTI: UN INVITO A RIPENSARE I MODELLI

ROBERTO ROMBOLI

Ordinario di diritto costituzionale nell'Università di Pisa.

SOMMARIO: 1. Premessa. – 2. Protezione dei diritti e modello di giustizia costituzionale previsto in Italia. – 3. Protezione dei diritti e modello di ordinamento giudiziario previsto in Italia. – 4. La concreta realizzazione del modello di giustizia costituzionale con riguardo alla protezione dei diritti: l'obbligo di interpretazione conforme come avvicinamento del modello accentrato a quello diffuso. – 5. La concreta realizzazione del modello di ordinamento giudiziario con riguardo alla protezione dei diritti: le garanzie di autonomia, indipendenza e imparzialità della magistratura. – 6. Criticità nella protezione dei diritti: A) L'inerzia del legislatore ed i suoi riflessi sulla tutela dei diritti che trovano fondamento nella Costituzione e dei diritti che si fondano invece sulla legge. – 7. Segue: i limiti all'intervento "creativo" del Giudice costituzionale e dei giudici comuni (i c.d. nuovi diritti) e la diversa legittimazione del diritto giurisprudenziale rispetto al diritto politico. – 8. B) Le c.d. zone franche della giustizia costituzionale: le leggi per le quali è più difficile attivare il controllo della Corte costituzionale. – 9. *Segue*: il ricorso alla Corte Edu o alla Corte di giustizia come rimedio alle lacune derivanti dal modello di giustizia costituzionale nazionale. – 10. Il possibile disorientamento di fronte ad una pluralità di modelli: i giudizi davanti alla Corte costituzionale, alla Corte di Strasburgo ed alla Corte di Lussemburgo. – 11. L'esigenza di un ripensamento del modello: A) la previsione di un ricorso individuale diretto e le sue differenti "stagioni". – 12. *Segue*: la "stagione" attuale e le ragioni per riflettere nuovamente sul tema. Il recente caso della legge elettorale e la forzatura, da parte della Corte, del modello e dei suoi caratteri. – 13. *Segue*: un ricorso individuale diretto per coprire le c.d. zone franche oppure per sanzionare una violazione dei diritti ad opera dell'autorità giudiziaria. Rilievi critici. – 14. B) Una proposta provocatoria: la trasformazione del nostro modello "misto" in un modello "duale", con previsione di un modello diffuso accanto a quello accentrato. La riconduzione ad unità di modello dei giudizi davanti alla Corte costituzionale, alla Corte di Strasburgo ed alla Corte di Lussemburgo: l'alternativa fra disapplicazione e proponimento della questione di costituzionalità.

1. Premessa

Il grado ed il livello di protezione dei diritti determina la reale effettività dei diritti stessi in un determinato ordinamento e momento storico.

Gli strumenti a disposizione dell'interessato, a seconda del tipo di atto impugnato, saranno ovviamente diversi e differenti anche i procedimenti e gli organi competenti a decidere, ma appare palese come un diritto fondamentale in tanto può ritenersi effettivamente esistente e concretamente efficace in quanto lo stesso sia non solamente enunciato in qualche Carta più o meno solenne, ma garantito in maniera efficace nell'ipotesi di una sua supposta o reale violazione.

Esistenza di un diritto, nel senso della sua previsione normativa, e tutela del medesimo, rappresentano quindi momenti astrattamente separabili, ma strettamente connessi al pari di due facce della stessa medaglia.

La tematica viene affrontata suddividendo la medesima in tre differenti aspetti: quello della disciplina e della sua applicazione a livello nazionale, quello dell'analoga problematica a livello sovranazionale ed infine quello dei rapporti in materia tra l'intervento del legislatore e l'intervento del giudice, costituzionale o comune.

In realtà i tre aspetti sono tra loro strettamente connessi ed in certi casi assolutamente inestricabili. Con riferimento poi al rapporto tra l'intervento del legislatore e quello del giudice, esso parrebbe dover tranquillamente condurre ad una facile ed immediata soluzione, in applicazione del classico principio di separazione tra i poteri: la individuazione dei diritto spetta alla fonte politica, mentre la protezione dello stesso rappresenta la funzione caratterizzante del potere giudiziario, che ne giustifica addirittura l'esistenza.

In realtà la soluzione non è così semplice, ma le due diverse forme di produzione del diritto si trovano inevitabilmente tra loro strettamente intrecciate e ciò accade a diversi livelli.

Sul primo versante (individuazione) una dimostrazione la si può trovare già nella nota problematica che attiene all'esistenza ed alla delimitazione di quelli che sono comunemente definiti "i diritti nuovi", in parte frutto dell'elaborazione giurisprudenziale e sui quali tornerò fra un momento.

Sul secondo (garanzia) innanzi tutto le forme di tutela, le condizioni ed i limiti del potere giudiziario (intendendo per il momento in esso compresa anche la Corte costituzionale) sono ovviamente derivanti da scelte del legislatore, ordinario o costituzionale. Si pensi ad esempio alla scelta se riconoscere o meno ai singoli un ricorso diretto a garanzia dei propri diritti fondamentali.

L'intreccio tra il diritto politico ed il diritto giurisprudenziale viene, se possibile, ad essere reso ancora più complesso dall'esistenza, in materia di diritti fondamentali, di una pluralità di legislatori e quindi di Carte a differente livello

(Convenzione europea dei diritti dell'uomo – Cedu -, Carta di Nizza – poi Carta dei diritti dell'Unione europea –, Costituzione, Statuti regionali), cui corrispondono una pluralità di giudici, ognuno dei quali con il compito specifico di tutelare i diritti riconosciuti in una Carta (Corte europea dei diritti dell'uomo, Corte di giustizia Cee, Corte costituzionale e, con le loro particolarità, gli organi di garanzia statutaria).

La mia comunicazione avrà pertanto ad oggetto i tre differenti aspetti, ma senza procedere nella esposizione ad una puntuale differenziazione tra gli stessi.

2. Protezione dei diritti e modello di giustizia costituzionale previsto in Italia

La supposta lesione di un diritto può verificarsi sia ad opera di un atto di un privato oppure di un atto pubblico, il quale a sua volta può provenire da organi della pubblica amministrazione (atto amministrativo), dell'autorità giudiziaria (sentenza) oppure dal potere legislativo (legge o atto avente forza di legge). Per ognuna di queste ipotesi l'ordinamento prevede un sistema di tutela, un procedimento ed un giudice competente.

In ragione di ciò fondamentale importanza assume la scelta operata in ordine al modello di giustizia costituzionale, specie allorchè la violazione del diritto sia imputabile direttamente alla legge, nonché al modello di ordinamento giudiziario ed alle garanzie costituzionali riconosciute alla magistratura, cui spetta la protezione dei diritti.

Con riguardo al primo la tutela, nei riguardi della legge, dei diritti costituzionalmente garantiti rientra, nei modelli accentrati, tra le funzioni tradizionalmente assegnate al Giudice costituzionale, mentre viene realizzata dal giudice comune nei modelli diffusi di controllo di costituzionalità delle leggi, attraverso la possibilità a questo riconosciuta di disapplicare, con effetti limitati al caso deciso, la legge ritenuta incostituzionale.

In Europa, com'è noto, viene scelto di non assegnare questo compito ai giudici comuni, in particolare per tre ragioni: a) la natura programmatica di molti principi contenuti nella Costituzione, spesso in antitesi con quelli del periodo o regime precedente, la quale rendeva troppo politica l'interpretazione e l'applicazione di quei principi e suggeriva quindi di non attribuire tale funzione ai giudici comuni; b) una certa sfiducia dei Costituenti nei confronti della magistratura formatasi sotto il regime precedente e ritenuta poco sensibile ai nuovi principi costituzionale; c) la mancanza, nelle esperienze europee di *civil law*, del principio dello *stare decisis* e quindi il timore della formazione di linee giurisprudenziali differenti a danno del principio di certezza del diritto.

Tra i modelli di tipo accentrato rileva poi, ai nostri fini, la distinzione tra quelli fondati su un controllo astratto ed oggettivo della legge, avente come finalità principale l'eliminazione di leggi contrastanti con i principi costituzionali e quindi la depurazione dell'ordinamento da leggi incostituzionali e quelli tendenti invece anche o principalmente alla difesa dei diritti fondamentali.

Le "due anime" – quella oggettiva e quella soggettiva – si pongono ovviamente tra di loro in stretta connessione, dal momento che il perseguimento della prima determina sempre o quasi sempre, anche se in via indiretta, una tutela dei diritti fondamentali, mentre quest'ultima finalità ha pur sempre in ogni caso una valenza generale ed il suo perseguimento corrisponde ad un interesse pubblico generale.

Rilevante la scelta delle vie di accesso al Giudice costituzionale, risultando alcune più chiaramente dirette a realizzare la funzione "oggettiva", altre invece quella "soggettiva" e tra queste ultime rientrano in particolare la via incidentale e più ancora il ricorso diretto del singolo interessato.

Possiamo ritenere che un accesso fondato sul ricorso diretto infatti, specie se esercitabile contro le sentenze e contro gli atti amministrativi, costituisce una forma di protezione "immediata" dei diritti costituzionali assai efficace, ben più che il ricorso incidentale, proprio in quanto mediante esso è possibile "saltare" il raccordo Corte/giudici comuni tipico della via incidentale. Un accesso fondato sul ricorso incidentale garantisce invece, nel medio–lungo periodo, una proficua collaborazione tra corti costituzionali e giudici ordinari (e amministrativi, dove costituiscono una giurisdizione separata) e consente di permeare l'ordinamento della nuova legalità costituzionale in una forma meno conflittuale ed "invasiva" (per le altre giurisdizioni, per la stessa amministrazione) di quanto non avvenga negli ordinamenti che conoscono il ricorso diretto contro atti e sentenze.

In Italia il sistema individuato attraverso le norme costituzionali e quelle di legislazione ordinaria direttamente attuative delle prime, delinea, in maniera più o meno consapevole dato il percorso un po' accidentato che venne seguito, una forma di controllo che vede nell'autorità giudiziaria un elemento di estrema importanza per la realizzazione dello stesso.

A differenza infatti di altri modelli che in quegli anni, ed in quelli immediatamente successivi, vengono realizzati, il nostro si fonda quasi esclusivamente sulla via incidentale, non essendo previste forme di ricorso diretto né da parte dei singoli interessati, né da parte di soggetti pubblici, quali il Presidente della repubblica, le minoranze parlamentari o altri. L'unica via principale è infatti costituita dal ricorso dello Stato (cioè del governo) nei riguardi delle leggi regionali e delle regioni nei confronti di leggi statali (ma solamente allo scopo di far valere eventuali violazioni delle competenze legislative riconosciute dal titolo V della parte seconda della Costituzione).

Se a ciò aggiungiamo che le regioni ordinarie inizieranno a funzionare concretamente solo all'inizio degli anni Settanta del secolo scorso, se ne deriva che l'unica via di accesso, attraverso la quale investire la Corte costituzionale ed ottenere una garanzia dei diritti fondamentali, è appunto quella incidentale, la quale assume quindi il ruolo non di "una" delle vie di accesso, bensì dell'"unica" via di accesso.

Da qui l'importanza centrale che viene ad assumere la sensibilità della magistratura ai nuovi principi costituzionali ed il ruolo assolutamente decisivo del raccordo tra autorità giudiziaria e Giudice costituzionale.

Il modello italiano di giustizia costituzionale appartiene, come noto, ai c.d. modelli misti, in quanto in certo senso intermedio tra quelli puri (accentrato--astratto e diffuso-concreto), in considerazione principalmente della previsione di un giudizio in via incidentale, che più di ogni altro unisce l'anima "oggettiva" del controllo delle leggi e quella "soggettiva", per cui il concreto funzionamento del sistema avrebbe potuto indirizzare lo stesso maggiormente verso la prima oppure verso la seconda.

3. Protezione dei diritti e modello di ordinamento giudiziario previsto in Italia

Con riguardo invece al modello di ordinamento giudiziario, la principale esigenza che fu presente ai Costituenti italiani, al momento di dettare le nuove regole costituzionali fondanti il nuovo ordinamento da realizzare a seguito della caduta del regime fascista, fu senza dubbio quella di garantire, in chiara antitesi alla fase politica precedente, i valori della autonomia e della indipendenza del giudice, in applicazione del principio della separazione dei poteri, esplicitamente negato dall'ordinamento fascista.

Unitamente a ciò, era altresì presente e sentita l'esigenza di garantire l'unità dello Stato, nel senso del perseguimento e della realizzazione dell'interesse pubblico attraverso la cooperazione e l'attività congiunta di tutti gli organi ed i poteri pubblici, per questo la necessità di evitare che venisse a determinarsi, per la magistratura, una posizione di "isolamento" e di "separatezza" rispetto agli altri poteri dello Stato e quindi di creare organi di raccordo, i quali però fossero istituiti e disciplinati in modo tale da non compromettere il valore della autonomia-indipendenza del giudice.

Il modello di ordinamento giudiziario delineato dalla Costituzione italiana contiene caratteristiche che valgono a distinguerlo dagli altri modelli fin ad allora conosciuti e che, in considerazione del modo diverso di realizzare l'indipendenza, esterna ed interna, del giudice, hanno fatto parlare di un "modello italiano di ordinamento giudiziario", seguito anche in esperienze costituzionali successive alla nostra.

Gli elementi essenziali e caratterizzanti il modello italiano, a parte la già ricordata scelta a favore di un controllo accentrato ma ad iniziativa diffusa, sono individuabili in quattro elementi: a) la garanzia di indipendenza esterna della magistratura, tale da sottrarre la stessa da possibili interferenze o pressioni provenienti dal potere esecutivo. Essa viene realizzata soprattutto attraverso la previsione di un organo apposito, il Consiglio superiore della magistratura il quale, eletto per i due terzi dagli stessi magistrati, svolge il ruolo di raccordo del potere giudiziario con gli altri poteri dello Stato ed esercita le competenze, in materia di amministrazione della giurisdizione, prima spettanti al potere esecutivo ed al ministro della giustizia in particolare; b) la garanzia della indipendenza interna alla magistratura realizzata, attraverso l'eliminazione dell'organizzazione gerarchica degli organi giurisdizionali, distinguendo gli stessi solo in base alle funzioni esercitate e non in considerazione del grado ricoperto, cui ovviamente non porta eccezione il sistema delle impugnazioni delle decisioni; c) la garanzia di indipendenza degli organi del pubblico ministero, sottratti al controllo da parte del ministro della giustizia e quindi del governo; d) la garanzia rappresentata dal principio della obbligatorietà dell'azione penale.

4. **La concreta realizzazione del modello di giustizia costituzionale con riguardo alla protezione dei diritti: l'obbligo di interpretazione conforme come avvicinamento del modello accentrato a quello diffuso**

Nella realizzazione del modello di giustizia costituzionale in Italia, volendo procedere attraverso una necessariamente sommaria semplificazione, si possono distinguere due differenti fasi della giurisprudenza costituzionale, la prima delle quali maggiormente orientata in senso "oggettivo", in conseguenza di differenti ragioni, tra le quali: prima l'interesse preminente ad eliminare le leggi ereditate dal precedente regime, in evidente contrasto con i principi costituzionali e poi il dover giudicare su leggi repubblicane esaminate a notevole distanza di tempo dal momento della loro approvazione (anche a causa dei ritardi nel decidere le eccezioni proposte); l'esistenza di una magistratura, ancora organizzata in senso gerarchico e poco sensibile ai nuovi valori costituzionali; la necessità conseguentemente di un'opera di "educazione" della stessa, dato il ruolo essenziale che questa è chiamata a svolgere, sia nella fase "ascendente" che in quella "discendente" del giudizio costituzionale.

Un momento di decisiva importanza per il passaggio ad una seconda fase è rappresentato dall'opera di smaltimento dell'arretrato realizzata negli anni 1987-1989, la quale pose le condizioni per una più efficace tutela dei diritti costituzionali attraverso la drastica riduzione dei tempi di decisione, nonché, di conseguenza, per un aumento del tasso di concretezza del giudizio e della attenzione del Giudice costituzionale alle fattispecie concrete dei giudizi *a quibus*.

Se questo appare come l'effetto più immediato e più evidente, ciò che invece si paleserà con chiarezza solo alcuni anni dopo è la realizzazione di un diverso rapporto tra la Corte costituzionale ed i giudici comuni, reso possibile anche dal fatto che nel frattempo la magistratura in Italia appare profondamente cambiata e senz'altro maggiormente sensibilizzata ai principi costituzionali, ormai penetrati anche grazie all'esperienza del giudizio incidentale.

Per un bilancio dell'attività svolta dalla Corte costituzionale in tema di tutela dei diritti, non pare condivisibile quanto ebbe a sostenere nel 1988 Livio Paladin, secondo cui l'aver limitato l'accesso alla Corte alla via incidentale avrebbe fatto sì che questa si fosse presentata sempre più come giudice della ragionevolezza delle scelte legislative e non come garante dei diritti fondamentali, in quanto i profili attinenti alla garanzia delle libertà sarebbero, nel complesso della giurisprudenza costituzionale, piuttosto marginali, concludendone che solo l'introduzione di un ricorso diretto avrebbe consentito di poter parlare di giurisdizione costituzionale delle libertà e di porre la Corte in una posizione di sovraordinazione rispetto a tutte le altre autorità pubbliche.

Una valutazione su come concretamente si è realizzato il controllo incidentale sulle leggi in Italia e sulla natura che ha quindi assunto il modello "vivente" di giustizia costituzionale, mostra infatti inequivocabilmente come la Corte abbia tendenzialmente assunto, in stretta correlazione e cooperazione con il giudice comune, sempre più il ruolo di giudice dei diritti e sempre meno quello di giudice delle norme e come non si possa disconoscere che la effettiva consistenza e fisionomia dei diversi diritti fondamentali, ed in particolare l'individuazione dei limiti cui gli stessi possono ritenersi soggetti, è essenzialmente il frutto della giurisprudenza costituzionale, dal momento che il terreno su cui più proficuamente si è svolta l'opera della Corte di concretizzazione dei valori costituzionali è stata proprio quella dei diritti.

A tal fine la Corte ha "creato" tutta una serie di strumenti decisori tali da consentirle di raggiungere i risultati massimi possibili con riguardo allo specifico momento politico-istituzionale, pur restando sempre attenta a non spingersi troppo oltre nel sindacare le scelte politiche proprie del potere legislativo.

Si pensi per tutte alle c.d. sentenze manipolative, nella veste di additive o di sostitutive, attraverso le quali, a seguito dell'intervento del Giudice costituzionale, il testo della disposizione viene sostanzialmente modificato con effetto immediato a seguito della pubblicazione della decisione sulla Gazzetta ufficiale e senza la necessità di un intervento legislativo.

La giustificazione delle crisafulliane "rime obbligate", esistendo le quali la Corte costituzionale si limiterebbe ad inverare un significato già interamente presente nell'ordinamento e derivante tutto direttamente dal dettato costituzionale, appare in realtà molto ingegnosa, ma poco realistica. Moltissimi sono infatti i casi in cui gli interventi creativi della Corte difficilmente potrebbero davvero ritenersi derivare inequivocabilmente e senza alternative dal dettato costituzionale.

Un tipo di decisione, impiegato fin dall'inizio dalla Corte, che ha svolto un'importanza decisiva, seppure il relativo dispositivo non sia dotato di efficacia vincolante, è quello delle sentenze interpretative di rigetto. Attraverso queste sentenze, formalmente di infondatezza, la Corte fornisce un'interpretazione che viene indicata come l'unica tale da salvare la disposizione impugnata da una dichiarazione di incostituzionalità e tale sovente da attribuire alla stessa un significato diverso (a volte opposto) da quello cui il legislatore storico (in certi casi pre-repubblicano) aveva pensato.

L'azione della Corte costituzionale si rivelerà di decisiva importanza per la garanzia dei diritti fondamentali in quanto, da un lato, evita di creare vuoti normativi – come sarebbe accaduto a seguito di una sentenza di incostituzionalità – a fronte di un parlamento non particolarmente attento ed attivo nell'opera di defascistizzazione dell'ordinamento e dall'altro cerca di imporre le sue letture costituzionalmente orientate ad una magistratura che era ancora quella formatasi sotto il regime precedente e risultava anche per questo poco sensibile ai nuovi principi costituzionali (come aveva mostrato il periodo di controllo diffuso di costituzionalità degli anni 1948-1955).

Per molto tempo le letture costituzionalmente orientate delle disposizioni legislative sono risultate essere svolte dalla Corte in un situazione quasi monopolistica, mentre a partire dagli anni Novanta del secolo scorso questa funzione interpretativa è stata progressivamente delegata ai giudici comuni.

Un primo strumento utilizzato è stato quello delle c.d. sentenze additive di principio, quali sottospecie delle additive-autoapplicative e caratterizzate dal fatto che con la dichiarazione di incostituzionalità la Corte non provvede direttamente alla ricostruzione della norma, ma si limita a fissare un principio, cui dovrà ispirarsi *in primis* il legislatore, ma poi anche i giudici.

Questo tipo di pronuncia viene presentato come espressione di rispetto da parte della Corte dello spazio riservato alle scelte del legislatore, ma in realtà ottiene il risultato di "aprire" la possibilità di interventi diretti da parte del giudice comune, una volta liberato dall'ostacolo rappresentato dal dettato normativo dichiarato incostituzionale.

A fronte infatti dell'inerzia del legislatore a porre una disciplina generale della materia, sono stati i giudici che, in ciò sollecitati dalla stessa Corte, hanno fatto diretta applicazione del principio contenuto nella sentenza per risolvere i casi specifici a loro presentati, dal momento che il giudice è comunque obbligato a dare una risposta alla richiesta di giustizia.

Decisivo infine è poi risultato lo strumento della c.d. interpretazione conforme, rispetto al quale abbiamo assistito ad una chiara evoluzione della giurisprudenza costituzionale: alla ricordata situazione di monopolio è seguita quella in cui la Corte ha invitato e poi sollecitato fortemente il giudice a non rimettere ad essa le questioni di costituzionalità allorché risulti possibile dare della disposizione impugnata una lettura costituzionalmente conforme (le leggi si dichiarano incostituzionali non perché è possibile darne una lettura incostituzionale, ma solo quando non è possibile darne una lettura costituzionalmente conforme) ed infine quella attuale in cui il giudice deve dimostrare, pena l'inammissibilità della questione, di aver sperimentato ed escluso la possibilità di una interpretazione conforme della disposizione impugnata.

La progressiva "delega" di funzioni dalla Corte ai giudici comuni è avvenuta anche in considerazione dei notevoli mutamenti che dal 1956 agli anni Duemila si sono avuti all'interno della magistratura con riguardo alla realizzazione delle garanzie di autonomia, indipendenza ed imparzialità da un lato e della raggiunta sensibilizzazione ai valori costituzionali, dall'altro.

Una simile evoluzione ha fatto ritenere che i due modelli (accentrato e diffuso) si siano venuti in qualche misura ad avvicinare e proprio in ragione di ciò, specie con riferimento all'interpretazione conforme, è stato anche sostenuto che si sarebbe illegittimamente prodotta una modificazione del nostro sistema di giustizia costituzionale, la quale avrebbe richiesto un procedimento di revisione costituzionale.

Il fondamento della posizione assunta in proposito dalla Corte credo debba individuarsi nella convinzione per cui, in molti casi, una migliore soluzione è ottenibile dal giudice sulla base delle caratteristiche del caso concreto che non attraverso un intervento demolitorio della Corte avente efficacia generale.

Il rispetto del ruolo del legislatore deriva dal riconoscimento ad esso, e solo ad esso, di un (sollecitato) intervento contenente una normativa avente carattere generale, senza con ciò consentirgli altresì di impedire, con la propria inerzia, la tutela e la realizzazione dei valori costituzionali indicati nel "principio".

Significativa al proposito l'importante e recente vicenda relativa alla possibilità di riaprire un procedimento penale concluso con la condanna dell'imputato, allorché lo stesso sia stato giudicato dalla Corte di Strasburgo in violazione del principio del giusto processo (art. 6 Cedu).

La Corte costituzionale aveva lanciato un inascoltato "monito" al legislatore, invocando il suo intervento, per cui in considerazione della inerzia di quest'ultimo è stata "costretta" ad usare lo strumento più forte e demolitorio, ossia la pronuncia di incostituzionalità, dichiarando illegittimo l'art. 630 c.p.p., nella parte in cui non prevedeva un diverso caso di revisione della sentenza o del decreto penale di condanna al fine di conseguire la riapertura del processo, quando ciò fosse necessario per conformarsi ad una sentenza definitiva della Corte europea dei diritti dell'uomo (sent. 113/2011).

Nella motivazione della decisione, ed al fine della applicazione della medesima, la Corte si rivolge sia al legislatore che al giudice, seppure in termini diversi:

"spetterà (...) ai giudici comuni trarre dalla decisione i necessari corollari sul piano applicativo, avvalendosi degli strumenti ermeneutici a loro disposizione" e "al legislatore provvedere eventualmente a disciplinare nel modo più sollecito e opportuno, gli aspetti che apparissero bisognevoli di apposita regolamentazione".

Il compito del legislatore viene quindi espresso in termini di "eventualità", mentre quello del giudice di "doverosità", sottolineando la delicatezza e la particolarità dell'operazione interpretativa ("il giudice dovrà procedere a un vaglio di compatibilità delle singole disposizioni realtive al giudizio di revisione. Dovranno ritenersi, infatti, inapplicabili le disposizioni che appaiano inconciliabili, sul piano logico-giuridico con l'obiettivo perseguito (...) prime fra tutte (...) quelle che riflettono la tradizionale preordinazione del giudizio di revisione al solo proscioglimento del condannato").

5. La concreta realizzazione del modello di ordinamento giudiziario con riguardo alla protezione dei diritti: le garanzie di autonomia, indipendenza e imparzialità della magistratura

Per la realizzazione del modello di ordinamento giudiziario, il Costituente, nell'approvare i principi costituzionali sopra ricordati, si mostrò ben consapevole che sarebbe stata anche necessaria una nuova disciplina, unitaria, organica e generale, della materia dell'ordinamento giudiziario, per questo approvò la VII° disposizione transitoria della Costituzione, secondo cui "fino a quando non sia emanata la nuova legge sull'ordinamento giudiziario in conformità con la Costituzione, continuano ad osservarsi le norme dell'ordinamento vigente".

Attraverso tale disposizione l'Assemblea costituente prese atto del contrasto del vigente ordinamento giudiziario con i principi costituzionali (si dice infatti: "in conformità alla Costituzione" riferito alla nuova legge), ma ritenne quella sull'ordinamento giudiziario "una legge costituzionalmente necessaria", quindi da mantenere in vigore in attesa che il legislatore provvedesse all'approvazione del nuovo ordinamento in linea con i principi costituzionali, opera che, per la sua complessità, non poteva certo essere esercitata direttamente dalla Costituente.

Per molti anni in Italia non è stata approvata una legge generale sull'ordinamento giudiziario, ma si è proceduto con singole leggi specifiche, concernenti aspetti particolari seppure importanti, nonché attraverso decisivi interventi della Corte costituzionale, dei giudici amministrativi e del Consiglio superiore della magistratura.

La garanzia della indipendenza esterna viene realizzata in particolare grazie all'attività svolta dal Consiglio superiore della magistratura, il quale nasce proprio allo scopo di eliminare possibili ingerenze dall'esterno da parte del governo, con conseguente limitazione dell'indipendenza dell'autorità giudiziaria, su quella che Pizzorusso ha efficacemente definito l'"amministrazione della giurisdizione".

L'esperienza maturata sotto il regime fascista, ed in buona parte anche nello stato liberale, aveva infatti mostrato la possibilità di incidere, da parte dell'esecutivo attraverso il ministro della giustizia, sulle pronunce della magistratura, specie se organizzata gerarchicamente, utilizzando al riguardo la facoltà di decidere in ordine ai profili attinenti al rapporto di lavoro del magistrato (assegnazioni, promozioni, sanzioni disciplinari ecc.).

L'affermata autonomia della magistratura condusse alla soluzione secondo cui il Consiglio superiore della magistratura doveva essere composto da magistrati eletti dai magistrati, mentre la volontà di evitare un isolamento della stessa giustificò la presenza, in misura minoritaria, di una componente laica (esperti in diritto, nominati dal parlamento in seduta comune).

Quest'ultima non è la sola ragione della previsione di membri eletti dalle camere, dovendosi essa giustificare altresì per il carattere non meramente amministrativo delle competenze del Csm, ma contenente pure aspetti di necessaria "politicità", stante le finalità e le funzioni assegnate al Consiglio e la delicatezza della materia. Proprio tale considerazione giustifica la particolare composizione dell'organo di governo della magistratura e la particolarissima presidenza del medesimo affidata al Capo dello Stato.

La concreta realizzazione del modello italiano di ordinamento giudiziario deve moltissimo all'opera svolta dal Consiglio superiore della magistratura, anche grazie ad alcuni interventi della Corte costituzionale i quali hanno riconosciuto il fondamentale ruolo del Consiglio per la tutela dell'indipendenza della magistratura, nonché del legislatore a modifica della visione eccessivamente riduttiva derivante dalla legge istitutiva del 1958, i quali hanno permesso un'estensione delle funzioni del Csm (circolari, pareri, pratiche a tutela dei singoli magistrati ecc.) ben oltre quelle specificamente indicate nel testo costituzionale.

La garanzia della indipendenza interna ha trovato un momento significativo della interpretazione fornita al principio della precostituzione del giudice per legge, il quale dapprima è stato inteso come riserva di legge in materia di disposizioni regolanti la competenza del giudice, escludendo così interventi discrezionali da parte di soggetti diversi dal legislatore, poi interpretato come riferito non all'organo giudiziario oggettivamente inteso, bensì al magistrato-persona fisica componente l'organo.

L'impossibilità di realizzare per legge una previa previsione dei singoli giudici competenti ha quindi indotto a ritenere la riserva di legge integrata dal c.d. sistema tabellare, ossia una previsione, valida per l'intero anno, della composizione di tutti gli organi giudiziari approvata dal Csm, su indicazione dei consigli giudiziari.

Ciò ha escluso la possibilità di incidere, da parte dei "capi" degli uffici giudiziari, nella individuazione dei magistrati competenti attraverso lo svolgimento delle funzioni di assegnazione delle cause, composizione degli organi giudiziari, sostituzioni o supplenze.

Quanto alla figura ed al ruolo del pubblico ministero, esso è stato in tutto parificato agli organi giudicanti con riguardo alle garanzie di indipendenza esterna, pur subendo inevitabilmente una qualche riduzione quelle relative alla indipendenza interna.

La Corte costituzionale, in sintonia con la posizione che emerge dalle raccomandazioni europee, ha più volte affermato come il magistrato del pubblico ministero appartiene all'ordine giudiziario ed è collocato come tale in posizione di istituzionale indipendenza da ogni altro potere in quanto non fa valere interessi particolari, ma agisce esclusivamente a tutela dell'interesse generale all'osservanza della legge o che trattasi di organo di giustizia, preposto alla difesa dell'ordinamento nell'interesse generale.

Infine circa il principio della obbligatorietà dell'azione penale – nonostante la difficoltà, tutta pratica, di una sua completa realizzazione e dell'esistenza quindi di una discrezionalità di fatto, la quale ha aperto da tempo un'ampia discussione circa le possibili soluzioni da seguire per eliminare o ridurre le stesse – esso risulta finora, tranne, qualche limitata eccezione, unanimemente condiviso, in quanto trova fondamento e giustificazione nella realizzazione dei valori della legalità, della uguaglianza e della indipendenza del pubblico ministero.

6. Criticità nella protezione dei diritti: A) L'inerzia del legislatore ed i suoi riflessi sulla tutela dei diritti che trovano fondamento nella Costituzione e dei diritti che si fondano invece sulla legge

Il livello di protezione dei diritti trova due momenti di criticità, diversi nelle cause e riguardo ai soggetti ai quali specificamente si rivolgono, però accomunati dal riflettersi in una tutela debole o assente nei riguardi dei diritti vantati dagli interessati.

Il primo si verifica allorchè il legislatore non interviene a riconoscere e regolare un determinato diritto, il quale può anche trovare diretto fondamento nella Costituzione, mentre il secondo deriva da quelle che comunemente sono chiamate le "zone franche" o le "zone d'ombra" della giustizia costituzionale che, per differenti ragioni, impediscono una adeguata tutela.

Con riferimento alla prima, la necessità di un intervento del legislatore è in varie occasioni segnalato dalla giurisprudenza, sia costituzionale, attraverso lo strumento dei "moniti" più o meno espliciti, sia anche da quella comune e da specifiche decisioni sui casi concreti che portino ad evidenza la necessità di una disciplina della materia.

D'altra parte è anche chiaro come il legislatore non possa essere obbligato a farlo, non essendo espressamente sanzionabile l'ipotesi di omissione legislativa e come quella di non intervenire possa rappresentare una precisa scelta attraverso la quale i soggetti politici mostrino di accettare che la regolamentazione della materia sia rilasciata, almeno al momento, al diritto giurisprudenziale.

Allorché il legislatore ritenga di non operare una scelta e di non intervenire a dettare una qualsiasi disciplina, ai fini della tematica in esame, deve distinguersi a seconda che il diritto di cui si chiede la tutela si ritenga che trovi un fondamento nel testo costituzionale oppure in un testo avente forza di legge.

Nel primo caso, a meno di non vanificare il significato assunto in materia dalla Carta costituzionale, non pare possibile riconoscere al legislatore, ossia alla maggioranza parlamentare, la possibilità di vanificare nella sostanza, con la sua inerzia, l'esistenza di un diritto costituzionale. E' quanto sembra verificarsi nel caso dei c.d. diritti accertati, ma non tutelati, allorché a seguito del riconoscimento dell'esistenza di un diritto costituzionale, viene negata ad esso tutela invocando a giustificazione il mancato intervento del legislatore (ad esempio il noto caso di Giorgio Welby oppure quello del riconoscimento del cognome materno, per il quale molto recentemente l'Italia è stata sanzionata dalla Corte europea dei diritti dell'uomo).

La giurisprudenza costituzionale in diverse occasioni ha invitato in queste circostanze il giudice a ricercare lui stesso la soluzione ed a garantire la tutela dei diritti fondamentali rifacendosi direttamente ai principi costituzionali. Si legge infatti in queste pronunce che "spetta al giudice, attraverso l'esercizio pieno dei poteri di interpretazione della legge e del diritto, risolvere, conformemente alla Costituzione, il problema che la *rilevata lacuna normativa* in ipotesi determina" (sent. 11/1998) oppure che "nell'*attuale situazione di carenza legislativa*, spetta al giudice ricercare nel complessivo sistema normativo l'interpretazione idonea ad assicurare la protezione degli anzidetti beni costituzionali" (347/1998) (corsivi aggiunti).

Il secondo caso è costituito da quelle ipotesi in cui la Costituzione "*consente*" una certa soluzione e disciplina, ma non la "*impone*", lasciando quindi la realizzazione di un determinato diritto alla sfera della decisione politica ed alle regole della maggioranza parlamentare, alla quale spetterà di valutare l'evoluzione dei risultati della scienza medica, dei costumi, della coscienza sociale ecc.

Può pertanto verificarsi che venga correttamente giudicata, in tempi diversi ma anche tra loro abbastanza ravvicinati, non confliggente con i principi costituzionali sia una scelta limitativa o addirittura negativa con riguardo ad un determinato diritto, sia una scelta che, al contrario, riconosca e garantisca quello stesso diritto o un particolare aspetto del medesimo.

In tal caso risulta altresì evidente come necessariamente più prudente ed attento dovrà essere l'atteggiamento e l'intervento del Giudice costituzionale e dei giudici comuni nei confronti delle scelte (o non scelte) legislative, mentre nel caso in cui la Costituzione che "imponga" (e non solo "consenta") la realizzazione di un diritto, la posizione della Corte costituzionale e dei giudici comuni dovrà essere più decisa e condurre, di norma e quando possibile, alla dichiarazione di incostituzionalità della disciplina "nella parte in cui non prevede", nonchè alla applicazione diretta della Costituzione da parte dei secondi.

Per la distinzione tra l'ipotesi di un diritto che trova fondamento nella Costituzione e di un diritto la cui realizzazione dipende invece dalle scelte del legislatore, con le conseguenti ricadute già evidenziate in ordine ai limiti per il potere interpretativo del giudice, può essere infine ricordata, con riguardo alla posizione delle coppie omosessuali, la distinzione che emerge dalla recente giurisprudenza della nostra Corte costituzionale e della Corte europea dei diritti dell'uomo tra il diritto ad una vita familiare o di coppia ed il diritto al matrimonio.

La Corte europea ha sostenuto che l'art. 12 Cedu non esclude, né impone agli stati di introdurre una legislazione nazionale che riconosca il matrimonio omosessuale, lasciando questi liberi di decidere in base alla situazione sociale e culturale del paese, mentre ha affermato che le relazioni omosessuali rilevano non solo come "vita privata", ma pure come "vita familiare", allo stesso titolo della coppia eterosessuale e che pertanto le differenze di trattamento, basate sull'orientamento sessuale possono essere giustificate solo sulla base di ragioni particolarmente "*impérieuses*" (Corte europea dei diritti dell'uomo 24 giugno 2010, Schalk e Kopf c. Austria).

La Corte costituzionale, mentre ha negato che il diritto al matrimonio per le coppie omosessuali abbia un fondamento costituzionale, ha ricondotto tra le formazioni sociali di cui all'art. 2 Cost. l'unione omosessuale, "intesa come stabile convivenza tra due persone dello stesso sesso", riconoscendo alla stessa "il *diritto fondamentale di vivere liberamente una condizione di coppia*, ottenendone – nei tempi, nei modi e nei limiti stabiliti dalla legge – il riconoscimento giuridico con i connessi diritti e doveri".

7. Segue: i limiti all'intervento "creativo" del Giudice costituzionale e dei giudici comuni (i c.d. nuovi diritti) e la diversa legittimazione del diritto giurisprudenziale rispetto al diritto politico

L'intervento del Giudice costituzionale o dei giudici comuni realizza pertanto una protezione dei diritti, a fronte dell'inerzia del legislatore e, entro certi limiti, sostituendosi allo stesso.

Questo pone, con riguardo ai rapporti tra legislatore e giudici nella protezione dei diritti, il problema dei limiti entro cui può realizzarsi l'attività "creativa" dei secondi e del fondamento di tale attività.

Il tema dei limiti all'attività interpretativa-creativa del giudice si è posto particolarmente in relazione alla tutela dei c.d. "nuovi diritti".

La felice espressione "nuovi diritti" non deve comunque essere presa alla lettera e far pensare al fenomeno per cui gli stessi, non previsti dal testo costituzionale, vengono "creati" più o meno *ex novo* dalla giurisprudenza costituzionale o dei giudici comuni.

Il carattere rigido della Costituzione richiederebbe infatti per un'operazione del genere il procedimento della revisione costituzionale, per cui con la suddetta espressione si deve più propriamente intendere la possibilità che la nozione di "diritti inviolabili" o diritti fondamentali possa essere concretizzata, oltre che ovviamente attraverso l'intervento del legislatore ordinario, anche da parte della giurisprudenza, seppure con modalità e limiti diversi, essendo chiaramente diversa la loro legittimazione alla creazione del diritto.

Tra i limiti che si pongono sta quindi certamente la necessità del rispetto del testo, per cui si può concordare con Massimo Luciani nel ritenere l'art. 2 della Costituzione una sorta di principio-valvola che garantisce la dinamicità del patrimonio costituzionale dei diritti, ma sempre entro le coordinate fissate dal testo, nella giusta considerazione che l'individuazione di un "nuovo" diritto pone inevitabilmente la necessità che lo stesso venga bilanciato con gli altri "già esistenti", mentre non altrettanto condivisibile pare la conclusione sostenuta dallo stesso Luciani nella relazione presentata a questo Seminario, secondo cui in materia di diritti fondamentali sarebbe da escludere, per la stessa ragione, qualsiasi operazione di revisione costituzionale.

Retaggio del passato è da ritenere la tesi per cui le disposizioni costituzionali relative ai diritti fondamentali siano rivolte solamente al legislatore e non anche ai giudici, come sostenuto nei ricorsi che le camere hanno proposto davanti alla Corte costituzionale impugnando per supposta invasione della propria competenza legislativa le sentenze dei giudici comuni che avevano riconosciuto alla giovane Eluana Englaro, in stato di coma irreversibile da molti anni, il diritto al distacco dagli strumenti che artificialmente la mantenevano in vita.

Non ritengo accettabile in proposito neppure la tesi, più attenuata, sostenuta da Antonio Ruggeri, secondo il quale l'applicazione diretta della Costituzione da parte dei giudici è attività possibile, ma che non può rappresentare la regola, in quanto l'intervento del legislatore non può considerarsi un *optional* e ricordando come anche la Corte costituzionale è solita fermarsi di fronte alle scelte discrezionali del legislatore.

Non deve infatti sfuggire la differenza esistente tra un intervento demolitorio della Corte costituzionale, avente portata generale e tale quindi da porsi sullo stesso piano dell'intervento legislativo, rispetto all'intervento del giudice comune che opera sul piano del caso concreto e con efficacia *inter partes* e che non esclude pertanto che il legislatore approvi una legge dotata di effetti generali.

Per quanto concerne invece la legittimazione dell'attività di produzione del diritto da parte del giudice, essa è chiaramente diversa da quella cui si ricollega la produzione del diritto da parte del legislatore. Quest'ultima infatti si ricollega al rapporto di rappresentanza diretta del corpo elettorale, al quale esso risponderà delle proprie scelte e pertanto le modalità dell'intervento sono tali che spetterà solo ad esso stabilire se farlo, quando farlo e con quale specifico contenuto. Al legislatore è consentito anche, attraverso l'esercizio del proprio potere normativo, di contrastare eventuali interpretazioni, ritenute non corrette, date alle proprie leggi, attraverso l'approvazione di leggi di interpretazione autentica, le quali possono prevedere anche la loro applicazione per i procedimenti in corso (leggi in varie occasioni ritenute dalla Corte costituzionale non in contrasto con la Costituzione) ed a lui rimane altresì l'ultima parola anche nei riguardi di dichiarazioni di incostituzionalità delle proprie leggi, avendo il potere di revisione costituzionale, seppure è auspicabile che tale potere venga usato solo rarissimamente e per situazioni assolutamente eccezionali.

Diversa è invece da ritenere la fonte di legittimazione dell'attività normativa, nel senso detto, del giudice, il quale incontra innanzi tutto una serie di vincoli e di limiti, a partire ovviamente dalla lettera della legge e dalle regole dell'interpretazione comunemente accettate.

Elemento legittimamente di primaria importanza, in contrapposizione con quanto accade per l'attività politica, è poi costituito da quella che da Cappelletti è stata chiamata la "processualità" dell'agire del giudice e da Alfonso Di Giovine, più recentemente, l'"armatura ferrea" con cui lo stesso deve procedere, tale da porre un intervallo visibile tra la scelta politica generale e la decisione del caso concreto. Intendo riferirmi al principio della domanda, per cui il giudice deve agire solo dietro richiesta degli interessati (*ne procedat iudex ex officio*), al rispetto delle garanzie di imparzialità, alla tutela del contraddittorio, all'obbligo comunque di decidere, nonché a quello, fondamentale, di motivazione delle proprie decisioni.

In tutto questo può ritenersi che si sostanzi oggi il significato del principio di legalità costituzionale e di soggezione del giudice solo alla legge (*rectius* al diritto).

La produzione del diritto ad opera del legislatore e del giudice avviene poi certamente con forme e modalità diverse ed entrambi i soggetti operano nell'ordinamento secondo differenti forme di responsabilità. Come scrive Alessandro Pizzorusso, l'atto legislativo è rivolto direttamente a produrre diritto ed impone una regola per il futuro, mentre l'atto giurisdizionale è rivolto a risolvere una controversia sulla base di norme previgenti, con l'effetto solo indiretto di produzione normativa e, mentre il primo è fondato sulla volontà politica, il secondo trova il suo fondamento nella forza della ragione ed è qualificabile come fonte culturale.

8. B) Le c.d. zone franche della giustizia costituzionale: le leggi per le quali è più difficile attivare il controllo della Corte costituzionale

La seconda ragione di criticità è rappresentata, come detto, dalle c.d. zone franche della giustizia costituzionale.

Lo strumento incidentale, come rilevato da Valerio Onida, si è mostrato in generale perfettamente adeguato a realizzare in concreto la tutela, sul piano giuridico, dei diritti fondamentali. Se infatti per ogni diritto (sostanziale) c'è – e ci deve essere per Costituzione – un giudice ed un giudizio nel quale esso può essere azionato e fatto valere; se da qualunque giudice e in qualunque giudizio può essere provocato il controllo della Corte sulla eventuale indebita compressione o limitazione che ai diritti fondamentali possa derivare da norme di legge, di diritto sostanziale o processuale, ne deriva che, dal punto di vista logico, il sistema delle garanzie di tali diritti non ammette e non lascia lacune".

Nonostante ciò appare altrettanto innegabile che il meccanismo del giudizio incidentale ha mostrato, in questi anni di applicazione, che esistono leggi difficilmente "aggredibili" che danno luogo a "strettoie" o "zone franche", espressioni che vogliono appunto indicare situazioni e ipotesi in cui può risultare, per varie e differenti ragioni, più difficile portare una determinata legge all'esame della Corte costituzionale.

La difficoltà di sottoporre una certa legge al controllo di costituzionalità della Corte può derivare da diverse ragioni, raggruppabili, a fini espositivi, in quattro categorie, a seconda che la ragione discenda :

a) dalla natura e dal contenuto dell'atto (ad esempio i trattati, le fonti derivate dell'Ue, le leggi-provvedimento, le leggi di organizzazione e le leggi si spesa);

b) dalla particolare efficacia nel tempo della fonte (ad esempio le leggi a carattere temporaneo, la decretazione d'urgenza);

c) dalla mancanza di un giudice competente a conoscere della questione, causa il ritenuto prevalere di diversi e superiori valori costituzionali (ad esempio le leggi elettorali per camera e senato, i regolamenti parlamentari; le posizioni di immunità a favore di soggetti politici e istituzionali);

d) dalle condizioni e limiti previsti dalla legge o dalla giurisprudenza costituzionale per l'instaurazione del giudizio incidentale sulle leggi ossia dai presupposti del giudizio incidentale o dal modo come questi sono stati interpretati dalla giurisprudenza costituzionale (ad esempio il requisito della rilevanza, la nozione di "giudice", le scelte discrezionali del legislatore).

9. Segue: il ricorso alla Corte Edu o alla Corte di giustizia come rimedio alle lacune derivanti dal modello di giustizia costituzionale nazionale

Un possibile rimedio alle lacune appena evidenziate potrebbe essere individuato nei livelli sovranazionali di protezione dei diritti, quali strumenti quindi non tanto di appello contro le decisioni prese a livello nazionale, ma di copertura delle "zone franche" o delle "zone di ombra" che si sono manifestate.

Mi riferisco in particolare all'ordinamento convenzionale della Cedu e quindi agli interventi della Corte Edu ed all'ordinamento della UE e quindi agli interventi della Corte di giustizia.

Per il primo il giudizio della Corte Edu, rispetto a quanto accade nei giudizi davanti alla Corte costituzionale, ha sempre ad oggetto specifico un caso concreto ed assume quindi una coloritura maggiormente "soggettiva", anche quando la violazione della Cedu viene individuata in una legge nazionale.

In Italia, nonostante l'indiscutibile carattere "sostanzialmente" costituzionale della Convenzione, evidente ad una semplice anche superficiale lettura del suo contenuto, per molti anni la stessa è stata ritenuta formalmente avente valore di legge ordinaria, sul presupposto della sua approvazione da parte dell'Italia e quindi del suo inserimento nel nostro ordinamento attraverso una legge ordinaria. Ciò ha escluso, secondo la consolidata giurisprudenza costituzionale, che le norme convenzionali potessero essere invocate come parametro per i giudizi costituzionali, ammettendo solo che potessero valere come riferimento *ad abundantiam* al fine di orientare circa l'una o l'altra delle possibili interpretazioni di una disposizione formalmente costituzionale.

Solo a partire dal 2007 - anche ad evitare che i giudici comuni procedessero (come in alcuni casi era avvenuto) ad una diretta disapplicazione della legge ritenuta in contrasto con la Cedu, al pari di quanto accade per il diritto dell'UE - la Corte costituzionale con due pronunce, note come "sentenze gemelle" (nn. 348 e 349 del 2007), ha ritenuto che la nuova formulazione dell'art. 117, 1° comma, Cost., la quale impegna lo stato e le regioni al rispetto, nell'esercizio delle loro funzioni legislative, degli obblighi internazionali, deve portare a riconsiderare la collocazione nel nostro ordinamento delle norme della Cedu.

In particolare, pur non giungendo a riconoscere alle stesse il valore di disposizioni costituzionali e quindi di possibile parametro di costituzionalità, la Corte perviene allo stesso risultato applicando ad esse la c.d. teoria della norma interposta, in base alla quale la violazione della disposizione convenzionale ad opera della legge si porrebbe indirettamente in contrasto con la previsione dell'art. 117, 1° comma, Cost., fungendo la prima da norma interposta tra la legge e la Costituzione.

La mancata parificazione della Cedu ad una fonte costituzionale comporta, ad avviso della Corte, che qualora la norma convenzionale, così come interpretata dal suo giudice, si ponga in contrasto con i principi costituzionali, essa può essere espunta dall'ordinamento attraverso la dichiarazione di incostituzionalità della legge per la parte in cui ha introdotto quella norma nel nostro ordinamento.

Successivamente questa giurisprudenza è stata più volte specificata ed integrata, specialmente con riguardo al margine di apprezzamento che dovrebbe riconoscersi allo stato membro nell'interpretazione della Cedu, anche alla luce della giurisprudenza della Corte di Strasburgo.

La Corte costituzionale ha sostenuto ad esempio che la tutela dei diritti fondamentali deve avvenire in maniera sistemica e non frazionata in una serie di norme tra loro non coordinate o addirittura in potenziale contrasto tra loro, per cui mentre la Corte europea decide necessariamente in ordine al singolo caso e sullo specifico diritto fondamentale, spetta alle autorità nazionali il dovere di evitare che la tutela di un diritto si realizzi in maniera squilibrata e con effetti negativi rispetto agli altri diritti. In conseguenza di ciò la Corte costituzionale, mentre ritiene di non poter sindacare l'interpretazione della Cedu seguita dalla Corte europea, riconosce a se medesima la possibilità di valutare come il prodotto di quella interpretazione si inserisca nel nostro ordinamento.

Il margine di apprezzamento da riconoscersi agli stati membri deve determinarsi con riguardo al complesso dei diritti fondamentali e la visione ravvicinata ed integrata dei diritti fondamentali può essere opera non solamente del legislatore, ma anche della stessa Corte costituzionale e del giudice comune, ognuno nell'ambito delle proprie competenze.

Per quanto concerne invece l'ordinamento dell'Ue, la pregiudiziale comunitaria, al pari *mutatae mutandis* di quella costituzionale, segna come noto un momento di collaborazione tra i giudici nazionali, pur nella veste di giudici comunitari e la Corte di giustizia, con una teorica ripartizione di competenze che dovrebbe fondarsi sulla distinzione tra l'attività di interpretazione del diritto comunitario, spettante alla Corte e quella di applicazione del diritto comunitario o di quello nazionale, alla luce del primo, spettante invece ai giudici nazionali.

In realtà il sistema è finito per operare in maniera sostanzialmente diversa ed un punto privilegiato per notare la trasformazione ed il reale rapporto che si è venuto a porre tra interpretazione ed applicazione, è dato dall'affermarsi del principio della interpretazione conforme al diritto comunitario.

Il giudice comune pertanto, in caso di dubbio circa il significato da attribuire al diritto dell'Ue, deve chiedere l'intervento della Corte di giustizia, quindi procedere, ove possibile, ad un'interpretazione del diritto nazionale conforme al diritto Ue e altrimenti decidere il caso disapplicando il diritto nazionale in contrasto con quello dell'Ue.

Le risposte alle richieste dei giudici nazionali da parte della Corte di Lussemburgo sono spesso assai simili, nella forma e negli effetti, alle sentenze interpretative di rigetto o di accoglimento oppure in altri casi alle additive o alle sostitutive della nostra Corte costituzionale.

Il rinvio pregiudiziale sempre più è venuto trasformandosi da strumento di interpretazione a strumento di produzione del diritto ed appare convincente quando si parla in proposito di forme di "sindacato occulto" sulla legislazione nazionale da parte del Giudice eurounitario.

Un punto a favore del raccordo tra la giurisprudenza nazionale, anche costituzionale e quella della Corte di giustizia è senza dubbio segnato dalla scelta operata dalla Corte costituzionale la quale, al pari di altri Giudici costituzionali, ha finalmente sollevato una questione pregiudiziale alla Corte di giustizia, dopo che per molto tempo aveva ritenuto di non poter essere qualificata come "autorità giudiziaria" ai fini dell'obbligo di proporre questioni pregiudiziali.

Mentre nella prima occasione la nostra Corte aveva tenuto a precisare che ciò poteva accadere solamente nell'ambito di un controllo sulle leggi esercitato in via principale (ord. 103/2008), di recente ha nuovamente proposto la pregiudiziale, stavolta nell'ambito di un giudizio attivato in via incidentale (sent. 207/2013).

10. Il possibile disorientamento di fronte ad una pluralità di modelli: i giudizi davanti alla Corte costituzionale, alla Corte di Strasburgo ed alla Corte di Lussemburgo

Nel preparare la tradizionale griglia per il Colloquio che si sarebbe tenuto, purtroppo senza la sua presenza, ad Aix-en-Provence nel 2004 e dedicato al tema del dialogo tra le Corti, Louis Favoreu si chiedeva se l'intervento di nuovi giudici e di nuovi giudici dovesse essere salutato come la "festa dei diritti" o non piuttosto come la "festa degli avvocati", che vedevano così realizzarsi la possibilità di intraprendere nuovi ricorsi.

Non sempre infatti, per aumentare il livello di tutela e di protezione dei diritti, è sufficiente aumentare le possibilità di ricorso o ampliare le vie di accesso, potendo ciò in certi casi risultare addirittura dannoso proprio per quei diritti che si intendono garantire, causando entro alcuni limiti confusione e possibili contrasti fra giudicati, anche in considerazione della differenza dei modelli realizzati presso le diverse giurisdizioni.

Con riferimento alla tutela dei diritti nei confronti della legge, siamo infatti di fronte a modelli diversi a seconda che prendiamo a base il rapporto tra la legge e la Costituzione nazionale, la legge e la Cedu oppure la legge ed il diritto dell'Ue.

Nel primo caso si tratta di controllo accentrato, attivabile dal giudice nel corso di un giudizio secondo il criterio della pregiudizialità, a condizione che il dubbio di costituzionalità non possa essere risolto attraverso l'utilizzo degli strumenti interpretativi propri del giudice e seguendo la c.d. interpretazione conforme, che deve essere obbligatoriamente sperimentata dal giudice, pena la inammissibilità della questione di costituzionalità. L'interpretazione della Costituzione e della legge impugnata operata dal Giudice costituzionale non è vincolante per il giudice, come ampiamente dimostrato dalle vicende delle sentenze interpretative di rigetto.

Nel secondo caso siamo ancora di fronte ad un controllo di tipo accentrato, ma l'effetto della decisione della Corte Edu è quello della condanna ad un risarcimento ed è quindi privo di effetti diretti nell'ordinamento nazionale, in cui l'atto in questione continua pertanto ad essere valido ed applicabile. Come sostenuto dalla Corte costituzionale, una caratteristica della Cedu è quella di avere un proprio giudice, cui è assegnato il compito di interpretare la Convenzione, la quale quindi deve ritenersi "vivente" nella lettura fornita dalla Corte di Strasburgo, in quanto gli obblighi assunti dallo Stato italiano comprendono sia l'esistenza di quel giudice, sia il riconoscimento delle funzione interpretativa del medesimo. Più in specifico il giudice nazionale ha l'obbligo di seguire in via primaria l'interpretazione della legge conforme alla Cedu, mentre la garanzia di uniformità dell'interpretazione spetta alla Corte europea, cui è riservata pure l'ultima parola, la quale deve essere accettata dagli stati membri.

Nel terzo caso il sistema realizzatosi è quello di tipo diffuso, stante la possibilità del giudice nazionale di non applicare direttamente la legge nazionale allorchè ritenga la stessa in contrasto con il diritto dell'Ue e la giurisprudenza della Corte di giustizia fin dal 1984 ha affermato che, nell'applicare il diritto nazionale, il giudice deve interpretare lo stesso alla luce del diritto comunitario e sottolineato come l'esigenza di un'interpretazione conforme del diritto nazionale è inerente al sistema del Trattato in quanto l'obbligo di interpretazione conforme deve ritenersi un "effetto strutturale" della normativa comunitaria, concludendo pertanto che il giudice, quando è possibile seguire un'interpretazione conforme, non deve procedere alla non applicazione del diritto nazionale, che diviene quindi una *extrema ratio*.

Il giudice comune pertanto, in caso di dubbio circa il significato da attribuire al diritto comunitario, deve chiedere l'intervento della Corte di giustizia, quindi procedere, ove possibile, ad un'interpretazione del diritto nazionale conforme al diritto comunitario e altrimenti decidere il caso disapplicando il diritto nazionale in contrasto con quello comunitario.

Le sentenze interpretative della Corte di giustizia assumono efficacia vincolante per il giudice e natura quindi di fonte del diritto, come da tempo riconosciuto anche da parte della giurisprudenza costituzionale.

A fronte dei diversi momenti storici e delle differenti condizioni e disegni politici in base ai quali sono stati disciplinati i modelli di protezione dei diritti o di come gli stessi si sono venuti concretamente realizzando, ci potremmo chiedere se non fosse opportuno un ripensamento degli stessi a distanza ormai di molti anni di concreta applicazione.

Alcuni elementi potrebbero essere richiamati a supportare l'esigenza di un simile ripensamento, innanzi tutto il particolare momento in cui il modello di giustizia costituzionale è stato pensato, vale a dire dopo la caduta dei regimi autoritari fascisti e nazisti e come diretta conseguenza della previsione di una costituzione rigida che si opponesse alla violazione dei diritti umani inviolabili (si pensi alle leggi razziali) da parte di leggi, pur se approvate dalla maggioranza parlamentare.

La scelta fu fatta inoltre in un momento in cui certamente non poteva nutrirsi molta fiducia nei riguardi di una magistratura, organizzata gerarchicamente e formatasi sotto il regime precedente. Una magistratura che avrebbe mostrato grossa difficoltà a distinguere il livello della legalità rispetto a quello, superiore, della costituzionalità, espressione del costituzionalismo. Cosa in Italia apparsa poi di tutta evidenza nella breve esperienza di controllo diffuso di costituzionalità realizzatasi negli anni 1948-1955, prima dell'entrata in funzione della Corte costituzionale.

Si aggiunga che la giustizia costituzionale appariva come un'istituzione del tutto nuova ed ai più sconosciuta e vista quasi come una possibilità legale di opporsi alla legge (anche per questo non ebbe successo l'ipotesi di un ricorso diretto individuale, ma si preferì il filtro del giudice).

Fa quasi sorridere oggi leggere negli atti parlamentari relativi alle leggi che nel 1953 dettero attuazione al dettato costituzionale e consentirono alcuni anni dopo l'entrata in funzione della Corte costituzionale, l'intervento del parlamentare il quale sosteneva che effetto della eventuale dichiarazione di incostituzionalità sarebbe dovute essere lo scioglimento delle camere e le nuove elezioni, essendo impensabile la permanenza in carica di un parlamento che aveva approvato una legge contraria alla Costituzione.

Nel 2012 le dichiarazioni di incostituzionalità sono state novantotto e nel 2013 (!!).

11. L'esigenza di un ripensamento del modello: A) la previsione di un ricorso individuale diretto e le sue differenti "stagioni"

Le innovazioni al sistema di protezione dei diritti vigente in Italia possono essere ovviamente più o meno ampie e riguardare solo integrazioni o trasformazioni più radicali del medello vigente.

A proposito della tutela dei diritti fondamentali, nel primo senso può essere ricordata un'ipotesi che, pur rimanendo sempre minoritaria, è stata avanzata in Italia con molta frequenza e fin dai primi anni di funzionamento della giustizia costituzionale. Mi riferisco al ricorso individuale diretto a tutela di singoli diritti.

Le ragioni addotte a sostegno della introduzione di un ricorso diretto del singolo sono state di volta in volta diverse e appaiono, entro certi limiti, espressione del momento particolare in cui la proposta è stata avanzata.

Così in una prima fase la richiesta venne sostenuta con lo specifico fine di rafforzare e completare un sistema che era di per sé certamente valido ed efficace, come nel caso della proposta di azione popolare avanzata nel 1966 da Aldo Maria Sandulli ed espressa in un articolato approvato al termine di una tavola rotonda organizzata da Giuseppe Maranini, secondo cui "tutti i cittadini, entro il termine di un anno dall'entrata in vigore di una legge o di un atto avente forza di legge possono proporne direttamente l'impugnazione davanti alla Corte costituzionale".

In un secondo momento il ricorso diretto fu sostenuto come il rimedio per fare fronte a lacune o zone franche che il sistema nella sua applicazione pratica aveva mostrato.

Successivamente l'attenzione fu puntata nei riguardi di possibili erronee interpretazioni o applicazioni da parte dei giudici, ritenendo non accettabile l'impossibilità di far valere tali violazioni dei diritti in assenza di un giudice disponibile a sollevare la questione di costituzionalità. Ciò anche a seguito dell'obbligo di interpretazione conforme, la quale avrebbe condotto a sostituire una regola rigida con altra flessibile ed adattabile al caso concreto. La sostituzione di una regola generale con un diritto casistico, avrebbe reso allora preferibile che fosse la Corte costituzionale a decidere su singoli casi attraverso un ricorso diretto.

In questi stessi anni la commissione bicamerale D'Alema approvò un progetto di riforma costituzionale, il quale conteneva la previsione di "ricorsi per la tutela, nei confronti dei pubblici poteri, dei diritti fondamentali garantiti dalla Costituzione, secondo condizioni, forme e termini di proponibilità stabiliti con legge costituzionale".

La previsione appariva assolutamente generica, facendo riferimento a qualsiasi comportamento (anche omissivo) dei pubblici poteri ritenuto lesivo di un diritto fondamentale del cittadino e l'istituto appariva infatti come una scatola vuota, un istituto ancora senza volto, che avrebbe potuto assumere i contenuti o le sembianze più diverse a seconda di ciò che avrebbe stabilito il futuro legislatore.

A partire dagli anni 2000 la necessità di introdurre in Italia un ricorso diretto individuale viene legata allo sviluppo della tutela sovranazionale ed alla esigenza di realizzare un dialogo in particolare tra la nostra Corte costituzionale e le Corti europee.

In tal senso viene specificamente sottolineato il rischio di un possibile conflitto, o difficoltà di dialogo, derivante dalla diversità di accesso alla Corte costituzionale rispetto alla Corte Edu, con la conseguenza che mentre la prima si trova a giudicare su norme, la seconda giudica su casi concreti.

Dalla constatazione dei molti casi di condanna dell'Italia da parte della Corte europea se ne trae la conclusione che la giurisdizione costituzionale, nei termini attuali, evidentemente non funziona o non è un rimedio idoneo. Quindi viene invocato il ricorso diretto come strumento per diminuire le ipotesi di condanna dell'Italia e favorire il dialogo.

Curiosamente in Spagna proprio l'esistenza del ricorso diretto (amparo costituzionale) ed in specie il numero eccessivo degli stessi è stata spesso portata come causa delle difficoltà di dialogo con le Corti europee, la quale è valsa, unitamente ad altre diverse motivazioni, a giustificare una profonda modifica della disciplina dell'amparo realizzata con la legge organica 24 maggio 2007 n. 6.

Alla possibilità che il ricorso alle Corti europee possa servire a coprire alcune delle lacune mostrate dal nostro ordinamento di protezione dei diritti viene opposta la conseguenza che in tal modo la Corte costituzionale risulterebbe di fatto scavalcata o addirittura contraddetta dalla Corte Edu e paventato il rischio che la Corte italiana, per il fatto di dover giudicare su norme anziché su casi al pari delle Corti consorelle, diverrebbe uno degli ultimi giudici "nazionali", una "Corte regionale", come tale periferica rispetto agli sviluppi dei processi di internazionalizzazione del diritto costituzionale.

Più recentemente è stato individuato da Valerio Onida un preciso fondamento normativo che giustificherebbe e richiederebbe l'introduzione di un ricorso diretto individuale, indicandolo nell'art. 13 della Cedu, il quale prevede il diritto ad un ricorso effettivo davanti ad un giudice nazionale in caso di supposta violazione dei diritti riconosciuti dalla Carta anche quando la violazione sia stata commessa da persone agenti nell'esercizio delle loro funzioni ufficiali.

12. **Segue: la "stagione" attuale e le ragioni per riflettere nuovamente sul tema. Il recente caso della legge elettorale e la forzatura, da parte della Corte, del modello e dei suoi caratteri**

Una ulteriore riflessione circa l'opportunità della introduzione in Italia del ricorso diretto individuale viene suggerita da una serie di elementi, che si aggiungono a quelli appena ricordati circa la copertura delle lacune e del rapporto con la tutela sovranazionale e con l'attività delle corti europee.

Un primo elemento potrebbe essere l'ampio successo ottenuto dall'invito rivolto ai giudici a procedere alla interpretazione conforme, risolvendo quindi da soli i dubbi di costituzionalità, anche a costo di forzare alquanto (spesso su diretta sollecitazione della stessa Corte) il testo della legge e spingendo al massimo il carattere estensivo della interpretazione.

Ciò ha determinato quella che è stata definita la "crisi del giudizio incidentale" con una netta diminuzione delle questioni di costituzionalità sottoposte dai giudici al controllo della Corte. Si pensi che nell'arco di soli dieci anni la percentuale delle decisioni pronunciate nell'ambiti di giudizi attivati in via incidentale rispetto al totale delle decisioni della Corte è passata dall'85% registrato nell'anno 2002 al 44% dell'anno 2012, riducendo la stessa quindi quasi alla metà.

La cosa non può non far riflettere se è vero, come abbiamo detto, che nel modello di giustizia costituzionale realizzato in Italia la via incidentale era stata individuata come lo strumento per la tutela dei diritti costituzionali di fronte alla legge.

Recentemente l'opportunità di un ampliamento delle vie di accesso al giudice costituzionale attraverso il ricorso diretto individuale è stata giustificata da Tania Groppi dalla necessità di evitare che, diversamente, certe tensioni vengano a scaricarsi impropriamente su soggetti diversi dal Giudice costituzionale ed in particolare sui giudici comuni e sul Presidente della repubblica.

Un ulteriore elemento che esprime in qualche modo la "voglia di ricorso diretto" si è manifestata particolarmente in relazione a situazioni dove più evidente appare la difficile tutela di diritti fondamentali, come accade in materia elettorale o di fronte alla previsione di posizioni di immunità per certi organi dello Stato o per la mancata osservanza, da parte dei giudici comuni specie se di ultima istanza, dell'obbligo di pregiudiziale comunitaria.

Una simile esigenza pare essere, specie negli ultimi anni, dimostrata anche dall'uso improprio fatto dello strumento del conflitto di attribuzione tra poteri dello stato, utilizzato da soggetti privati o da associazioni con l'evidente scopo di impugnare atti legislativi o giurisdizionali ritenuti lesivi dei propri diritti (ad esempio Corte cost., ord. 69 e 296/2006, 99/2008, 189/2008, 284/2008, 367/2008, 434/2008, 85/2009).

Ciò è avvenuto con riguardo alla materia elettorale e specificamente alla disciplina del voto dei cittadini all'estero, del voto di preferenza nelle elezioni politiche, dei criteri di assegnazione del premio di maggioranza, dei rimedi giurisdizionali riguardo alla fase prodromica delle elezioni politiche, della soglia di sbarramento per le lezioni del parlamento europeo, del diritto costituzionale di petizione.

In tutti questi casi, richiamandosi al dettato normativo ed alla propria giurisprudenza consolidata, la Corte costituzionale ha agevolmente dichiarato inammissibili i ricorsi in quanto privi dei requisiti soggettivi (ed in alcuni casi pure oggettivi) del conflitto tra poteri dello Stato, non potendosi i ricorrenti essere qualificati come "potere dello Stato".

In questi giorni si è verificato invece un caso per alcuni versi rapportabile alla "voglia di ricorso diretto", ma realizzato in maniera e con forme assai diverse, ossia utilizzando il giudizio in via incidentale e forzando all'evidenza i limiti, finora ritenuti rigidi, per la sua instaurazione.

La vicenda, pur se nei suoi elementi essenziali, vale la pena di essere ricordata.

La legge elettorale per la camera dei deputati ed il senato della repubblica, approvata nel 2005 dalla maggioranza di centrodestra con l'opposizione delle forze politiche del centrosinistra, per differenti aspetti era quasi unanimemente ritenuta contraria ai principi costituzionali e definita una "porcata" anche da colui che l'aveva proposta e per questo denominata "porcellum".

La dottrina aveva studiato le possibilità che il sistema offriva per investire della questione la Corte e da Pizzorusso era stata avanzata l'ipotesi, non accolta, che la Corte costituzionale sollevasse davanti a sé la questione di costituzionalità di tale legge in occasione del giudizio di ammissibilità delle richieste di abrogazione referendaria della stessa.

Per due volte, in occasione del controllo sulla ammissibilità di richieste di referendum abrogativo, la Corte costituzionale aveva però segnalato al parlamento gli aspetti problematici, specie con riguardo ai criteri di attribuzione del premio di maggioranza, della legge, invitandolo ad intervenire (Corte cost. 15, 15/2008 e 13/2012) e lo stesso aveva fatto il presidente della Corte nella sua relazione annuale sull'attività della Corte costituzionale nel 2013 nella riunione del 12 aprile 2013.

Nell'ambito di un giudizio in cui un cittadino, che aveva partecipato alle elezioni politiche del 2006 e del 2008, denunciava di essere stato leso nel suo diritto di voto a causa della applicazione di una legge elettorale incostituzionale, la Corte di cassazione ha sollevato questione di costituzionalità della legge, nonostante che molti dubbi potessero nutrirsi circa la sussistenza dei requisiti di rilevanza e soprattutto di pregiudizialità, essendo la denuncia di incostituzionalità l'unico motivo del ricorso.

La cassazione ha rilevato in sostanza come il ricorrente facesse valere la lesione di un diritto fondamentale, quale il diritto di voto e come la valutazione della sussistenza o meno della stessa dipendesse dall'accertamento della costituzionalità della legge elettorale che avrebbe prodotto quella lesione. Non ammettere la possibilità di tutelare un diritto fondamentale si sarebbe posto in contrasto con il principio delle effettività e tempestività della tutela giurisdizionale.

La cassazione ha osservato altresì come certamente la condizione della rilevanza non può tradursi in un ostacolo che precluda l'accesso alla Corte costituzionale qualora si debba rimuovere un'effettiva e concreta lesione di valori costituzionali primari, concludendo che "una interpretazione in senso opposto indurrebbe a dubitare della compatibilità del medesimo art. 23 l. 87/53 con l'art. 134 Cost.".

La ricostruzione della cassazione sopra sommariamente riassunta è stata vista (Romboli) come una realizzazione, per via giurisprudenziale, di una specie di ricorso diretto, quando il cittadino lamenti la lesione di un suo diritto fondamentale ad opera di una legge dello stato.

La Corte costituzionale ha ritenuto ammissibile la questione sollevata dalla cassazione (accogliendola poi nel merito) ed è da sottolineare quella parte di motivazione con la quale la Corte apre ad un possibile accesso al giudizio costituzionale che non trova fondamento nella precedente giurisprudenza e con ogni probabilità neppure nel dettato normativo e nei caratteri finora affermati del giudizio in via incidentale.

L'ammissibilità della questione di costituzionalità, proposta in via incidentale, viene infatti desunta "dalla peculiarità e dal rilievo costituzionale del diritto oggetto di accertamento (...) che impone di assicurare la tutela del diritto inviolabile di voto, pregiudicato (...) da una normativa elettorale non conforme ai principi costituzionali, *indipendentemente da atti applicativi della stessa*, in quanto già l'incertezza sulla portata del diritto costituisce una lesione giuridicamente rilevante. L'esigenza di garantire il principio di costituzionalità rende quindi imprescindibile affermare il sindacato di questa corte" (corsivo aggiunto).

Appare di tutta evidenza come il consolidarsi di questa giurisprudenza produrrebbe un notevole ampliamento dell'accesso alla giustizia costituzionale, tema che viene a svolgere una rilevante influenza sul modello di giustizia costituzionale, la cui modificazione non pare rientrare nei poteri della Corte costituzionale, neppure in nome della necessità di superare le "zone franche" della giustizia costituzionale.

Nella sentenza in esame la legge elettorale impugnata viene esaminata secondo criteri e motivazioni che appaiono più propri di un giudizio in via astratta che non concreto, quale è quello attivato in via incidentale, nella misura in cui esso trova una indefettibile condizione nella rilevanza della eccezione di costituzionalità.

I ricorrenti infatti lamentavano la supposta violazione del loro fondamentale diritto di voto ad opera di una legge elettorale, tra l'altro, in ragione della presenza di un premio di maggioranza astrattamente riconosciuto senza la previsione del necessario raggiungimento di una soglia minima di voti e della mancanza di un voto di preferenza. Il ricorso faceva riferimento alle elezioni politiche del 2006 e del 2008, durante le quali essi avrebbero esercitato il diritto di voto secondo modalità previste dalla legge impugnata e contrarie ai principi costituzionali.

La Corte non fa alcun riferimento al caso denunciato nel giudizio *a quo*, nel quale il premio di maggioranza era stato assegnato in un caso (2006) ad una coalizione che aveva raggiunto il 49,81% dei voti e nell'altro (2008) ad una coalizione che era giunta al 46,81% dei voti. Il Giudice costituzionale, nell'esaminare in astratto la costituzionalità della legge, pare avere invece avuto maggiormente presente la situazione delle elezioni politiche del 2013, dove il premio di maggioranza è andato ad una coalizione che ha raggiunto il 29,55% dei voti.

13. Segue: un ricorso individuale diretto per coprire le c.d. zone franche oppure per sanzionare una violazione dei diritti ad opera dell'autorità giudiziaria. Rilievi critici

Una prima conclusione che credo possa trarsi relativamente alla opportunità di introdurre in Italia un ricorso individuale diretto è quella per cui la via da seguire non può essere quella giurisprudenziale, ad opera cioè del raccordo tra giudice comune e Corte costituzionale, bensì quella legislativa di modifica delle leggi costituzionali ed ordinarie che fissano le vie di accesso alla giustizia costituzionale.

La Corte costituzionale gode di notevoli margini di scelta, certamente superiori rispetto a quelli di un normale giudice, ma il metodo giurisdizionale attraverso il quale essa opera rappresenta la base fondamentale della sua legittimazione e della sua differenziazione dagli organi politici, che fondano la propria legittimazione sul voto popolare.

Per questo, come sostiene Pizzorusso, appare di estrema importanza il rispetto da parte della Corte delle regole processuali, anche nella convinzione che una disciplina del processo costituzionale la quale riduca per quanto possibile la discrezionalità del Giudice costituzionale costituisce il più solido connotato del carattere giurisdizionale delle sue funzioni, nel quale risiede il miglior presidio possibile della sua indipendenza e della sua funzionalità.

Come è stato osservato da Ugo De Siervo, l'attività della Corte costituzionale per rispondere al proprio ruolo di garante della Costituzione nei confronti degli organi politici, non può che essere quello di un organo di giustizia, seppure a livello costituzionale, con poteri delimitati e non deve ambire a far evolvere il paese verso principi e valori sostanzialmente nuovi, non possedendo per questo né le capacità professionali, né la forza politica, indispensabili per esercitare vere e proprie funzioni di indirizzo politico. Le finalità sottese alla sua istituzione possono in effetti essere perseguite soprattutto attraverso un sapiente uso delle tecniche processuali e decisorie, mentre il forzare i confini delle proprie competenze esporrebbe la corte a confronti politici dai quali non potrebbe che uscire sconfitta.

Per quanto concerne invece il merito, ritengo debba distinguersi a seconda che il ricorso diretto venga pensato allo scopo di coprire le zone franche che si sono manifestate nella esperienza di giustizia costituzionale oppure per sanzionare la violazione di diritti quando essa sia contenuta in una sentenza di un giudice, specie se di ultimo grado.

Nel primo caso in particolare la esperienza spagnola, che non posso che dare per nota in questa sede, dovrebbe ammonire circa il rapporto costi-benefici conseguenti alla introduzione di un ricorso diretto del tipo dell'amparo costituzionale, per cui continuo ad essere convinto di quanto avevo avuto modo di sostenere diversi anni orsono, nella convinzione che il sistema aveva dato in sostanza una buona prova di sé, per cui appariva preferibile operare al fine di migliorarlo, muovendosi nella stessa lunghezza d'onda, anziché pensare ad interventi tali da produrre la sua destrutturazione.

In quella occasione avevo proposto un procedimento speciale, sul tipo dell'*amparo* giudiziario spagnolo, per la tutela dei diritti costituzionali, vale a dire un procedimento più rapido ed agile con cui far valere la violazione degli stessi davanti al giudice comune, al quale potrebbe essere riconosciuto il potere di concedere una tutela cautelare immediata, ad evitare il verificarsi di danni irreparabili.

Nell'ambito dell'apposito giudizio il giudice, ricorrendone i presupposti, avrebbe la possibilità di investire la Corte costituzionale della questione di costituzionalità della legge o dell'atto avente forza di legge ritenuto in possibile contrasto con il diritto costituzionale invocato e potremmo anche pensare alla ulteriore possibilità, per colui che non ha trovato nei vari gradi del giudizio un giudice disposto a sollevare la questione, di ricorrere direttamente alla Corte costituzionale oppure, preferibilmente, potrebbe essere previsto un obbligo, per il giudice di ultima istanza, di rimettere la questione di costituzionalità propostagli alla Corte costituzionale, riconoscendo allo stesso solamente il filtro della rilevanza, ma non anche quello della non manifesta infondatezza.

Si tratterebbe in questi casi evidentemente di un ricorso avente ad oggetto non la sentenza del giudice o la denuncia di una violazione da parte di questi del diritto fondamentale (il che trasformerebbe la Corte in un giudice di grado ulteriore), ma sempre il contrasto tra una legge o atto avente forza di legge e la Costituzione.

Attraverso la rimessione della questione di costituzionalità alla Corte, questa verrebbe quindi posta in condizione di proseguire sulla linea intrapresa negli ultimi anni di valorizzazione dell'apporto del giudice e quindi dell'opera di collaborazione con lo stesso, rafforzando il ruolo della Corte costituzionale come quello di un soggetto che fissa i principi generali e quindi decide la "politica" dei diritti fondamentali e dei loro limiti, lasciando poi ai giudici comuni l'applicazione concreta di quei principi.

Riguardo ad un ricorso diretto alla Corte costituzionale avente ad oggetto specificamente le sentenze dei giudici per supposta violazione dei diritti fondamentali, appare evidente, anche sulla base delle esperienze di altri paesi, la quasi certa trasformazione del ricorso in un ulteriore grado di giudizio (con possibile prosecuzione davanti alla Corte Edu, per realizzare quella che Favoreu chiamava la "festa degli avvocati").

Al proposito potremmo chiederci, in una prospettiva futura, se davvero possa ritenersi una migliore garanzia e protezione dei diritti fondamentali la previsione di un ricorso diretto al Giudice costituzionale rispetto ad un ricorso interno all'apparato giudiziario, il quale certamente può ritenersi esposto ai rischi di frammentazione e disomogeneità della tutela dovuti al carattere "diffuso" del potere giudiziario, ma al tempo stesso appare meno controllabile da parte del potere politico. Più facile in altri termini, anche attraverso una modifica formale oppure solo sostanziale delle modalità di scelta dei giudici costituzionali, "politicizzare" in una determinata direzione l'attività della Corte costituzionale, che non fare altrettanto nei riguardi di una magistratura, proprio in quanto espressione di un "potere diffuso".

La protezione dei diritti trova il suo elemento centrale nei giudici comuni, vero perno di garanzia delle situazioni soggettive e dei diritti costituzionali nel nostro paese, per cui un miglioramento dello stesso non può non comportare, prima di ogni altra cosa, il rafforzamento dell'autonomia, della indipendenza e quindi della imparzialità del giudice e l'impegno a garantire una maggiore efficienza della macchina giudiziaria.

14. **B) Una proposta provocatoria: la trasformazione del nostro modello "misto" in un modello "duale", con previsione di un modello diffuso accanto a quello accentrato. La riconduzione ad unità di modello dei giudizi davanti alla Corte costituzionale, alla Corte di Strasburgo ed alla Corte di Lussemburgo: l'alternativa fra disapplicazione e proponimento della questione di costituzionalità**

Il molto tempo trascorso dal momento in cui alcune decisive scelte in materia di modelli di protezione dei diritti furono prese, il cambiare delle condizioni a quel momento presenti e quindi inevitabilmente poste alla base di quelle scelte, unitamente alla ormai lunga esperienza pratica maturata dal modello ed agli inevitabili aggiustamenti subiti sulla base della giurisprudenza dei Giudici costituzionali e del raccordo di questi con i giudici comuni, sono tutti elementi che potrebbero ragionevolmente indurre ad un ripensamento del modello allora scelto.

A quanto sopra si aggiunga la realizzazione, in forme e modi indipendenti dalle scelte di cui sopra e quindi anche in possibile contrasto o contraddizione con le stesse, di altre forme di protezione a livello sovranazionale, secondo criteri e procedure che spesso hanno determinato negli operatori giuridici e specialmente nei giudici un senso di disorientamento, se non proprio di confusione, che ha portato, anche in maniera del tutto involontaria, gli stessi a comportamenti ispirati ad un modello, quando invece stavano operando nell'ambito di un diverso modello (o livello di tutela).

Una ragione in più quindi per ripensare il modello anche, nei limiti del possibile, allo scopo di rendere più omogeneo il comportamento richiesto al giudice di fronte ai differenti livelli di protezione.

In un significato provocatorio, specie perché l'ipotesi dovrebbe certamente essere meglio approfondita e meditata nelle sue specifiche conseguenze, vorrei per concludere avanzare l'ipotesi di una trasformazione, per la tutela dei diritti, del nostro modello di giustizia costituzionale da "misto", quale è attualmente, a "duale", caratterizzato dalla convivenza di un controllo diffuso e di un controllo accentrato, diversamente tra loro coordinati.

E' l'esperienza presente, in forme diverse, in Portogallo, in Brasile ed in Perù, dove ad un modello originariamente diffuso è stato successivamente "aggiunto" quello accentrato, senza con ciò però eliminare il primo.

Nel nostro caso l'esperienza dovrebbe all'evidenza seguire il percorso inverso, vale a dire "aggiungere" il modello diffuso a quello accentrato adesso esistente.

Con riguardo all'Italia a ben vedere potremmo ritenere che, nell'ambito della famiglia dei sistemi "misti", il nostro è quello dall'origine più vicino al sistema diffuso, in quanto, limitando in sostanza l'accesso alla via incidentale, ha riconosciuto una posizione di assoluta centralità e di decisiva importanza all'autorità giudiziaria.

Allorchè alla fine degli anni Novanta del secolo scorso è stata richiesta, come necessaria, la già ricordata interpretazione conforme, la valorizzazione del giudice è divenuta ancora maggiore, attraverso la sollecitazione allo stesso a risolvere direttamente, quando possibile, i dubbi di costituzionalità. Ciò per molti ha realizzato un sicuro avvicinamento ad modello diffuso e proprio per questo autorevoli costituzionalisti (G.U. Rescigno) hanno parlato di una trasformazione del nostro modello di giustizia costituzionale.

Introdurre, accanto al modello accentrato, un modello diffuso significherebbe quindi procedere per quella stessa strada, facendo in pratica un passo ulteriore nella stessa direzione.

In questo caso si porrebbe la necessità di prevedere forme di raccordo tra l'ipotesi in cui il giudice decida di proporre una questione di costituzionalità in via incidentale e quella in cui invece decida di disapplicare la legge in quanto ritenuta incostituzionale.

In questo potremmo pensare di rifarci al sistema vigente con riguardo alla pregiudiziale davanti alla Corte di Lussemburgo, vale a dire distinguendo tra giudici di ultimo grado e tutti gli altri.

Ai giudici potrebbe essere riconosciuta la facoltà di scegliere se sollevare questione o disapplicare, ovviamente in questa seconda ipotesi con efficacia solo *inter partes* e per il processo in corso. Ciò potrebbe derivare, a giudizio del giudice, dalla novità o meno della eccezione, dall'esistenza di precedenti specifici della Corte costituzionale, dalla natura manifesta della violazione o da altro ancora.

I giudici di ultima istanza potrebbero ugualmente, se ritenuto necessario, procedere alla disapplicazione nel caso concreto, ma con l'obbligo di rimettere altresì la questione alla Corte costituzionale, con eliminazione quindi del requisito della rilevanza e sulla base della sola non manifesta infondatezza. Questo consentirebbe pertanto alla Corte di intervenire per pronunciarsi sulla questione, potendo procedere alla dichiarazione di incostituzionalità oppure comunque di fornire utili indicazioni ai fini dell'interpretazione ed applicazione della norma impugnata.

Il descritto modello "duale" dovrebbe ovviamente valere pure per l'ipotesi di supposto contrasto di una legge o atto avente forza di legge nazionale con disposizioni della Cedu, quale norma interposta rispetto all'art. 117, 1° comma, Cost.

Anche in questo caso pertanto varrebbe l'alternativa tra disapplicazione e questione di costituzionalità, negli stessi termini sopra descritti, la quale verrebbe quindi a superare le attuali differenze rispetto ad una supposta violazione del diritto dell'Ue, per le quali soltanto è adesso possibile la disapplicazione, venendo così a disinnescare la"bomba" cui fa riferimento Elisabetta Lamarque nella sua relazione a questo Seminario ed a superare anche molti dei timori sollevati in ordine agli effetti derivanti dalla prevista adesione dell'UE alla Cedu.

Anche per l'ipotesi di supposto contrasto di una legge nazionale con il diritto dell'Ue dovrebbe valere la stessa alternativa e negli stessi termini: disapplicazione o questione di costituzionalità, ai sensi dell'art. 117, 1° comma, Cost.

Nel caso in cui sussistano dubbi relativamente alla corretta interpretazione del diritto dell'UE e che questo si ponga pertanto come pregiudiziale alla valutazione circa la sussistenza dell'eventuale contrasto tra le due fonti, il giudice può chiedere l'intervento della Corte di Lussemburgo ponendo ad essa il relativo quesito, all'esito del quale procedere di conseguenza, se del caso, come sopra (disapplicazione o questione di costituzionalità). La scelta in quest'ultimo senso potrà anche tenere conto del fatto che la Corte costituzionale, di recente, si è ormai dichiarata legittimata a proporre la pregiudiziale davanti alla Corte di Lussemburgo pure nell'ambito di giudizi proposti attraverso la via incidentale.

Per quanto concerne i giudici di ultimo grado, nel caso in cui non nutrano dubbi circa il contrasto della legge nazionale con il diritto dell'UE potranno, se credono, procedere alla disapplicazione nel caso specifico, ma dovranno comunque anche proporre la questione di costituzionalità, sulla base di quanto già detto.

Qualora invece tali giudici abbiano dubbi in ordine alla corretta interpretazione del diritto dell'UE, questi, come noto, avranno l'obbligo (e non solo la facoltà) di chiedere l'intervento della Corte di giustizia. Successivamente, sulla base ed in applicazione della interpretazione da questa fornita, i giudici di ultimo grado possono, di nuovo, eventualmente disapplicare la legge nazionale, ma sono obbligati a sollevare la questione di costituzionalità.

Il modello così assai sommariamente indicato - e ripeto in forma chiaramente di provocazione e di stimolo al dibattito – avrebbe forse il pregio di determinare per gli operatori ed *in primis* per i giudici una situazione di maggiore chiarezza ed omogeneità.

A fronte di un supposto contrasto tra legge o atto avente forza di legge nazionale rispetto alla Costituzione, alla Cedu o al diritto dell'UE, la posizione del giudice sarebbe comunque sempre la stessa, ponendo cioè l'alternativa tra la disapplicazione e la proposizione della questione di costituzionalità davanti alla Corte costituzionale.

Quest'ultima verrebbe in tal modo ad assumere un ruolo fondamentale di raccordo a livello interno circa la interpretazione della Costituzione e della legge alla luce della stessa e soprattutto di interlocutore attivo e privilegiato nei riguardi delle Corti europee, rispetto alle quali potrebbe con maggiore efficacia far valere le esigenze e le posizioni emergenti a livello nazionale, quanto a tradizioni costituzionali ed al margine di apprezzamento statale.

Al proposito potrebbe anche essere prevista, a tutela del ruolo e della funzione unificatrice del Giudice costituzionale, una disposizione quale quella dell'art. 5 della legge organica sul potere giudiziario spagnola, secondo cui le interpretazioni fornite dalla Corte costituzionale, per quanto concerne la Costituzione e l'interpretazione delle leggi alla luce della stessa, debbono ritenersi giuridicamente vincolanti.

Questo servirebbe a porre la portata interpretativa delle sentenze della Corte, quanto ad efficacia, sullo stesso piano delle sentenze interpretative della Corte di giustizia – in teoria limitate al diritto dell'Ue, ma di fatto estese come noto alla interpretazione del diritto nazionale in conformità al primo – e della Corte europea dei diritti dell'uomo, quanto alla interpretazione delle disposizioni della Cedu, come affermato dalla nostra Corte costituzionale.

JURISDIÇÃO CONSTITUCIONAL: JUSTIFICAÇÃO, LIMITES, DIÁLOGOS INTERINSTITUCIONAIS E LEGITIMIDADE

4
VISIÓN SUSTANCIALISTA DEL PROCESO DE CONTROL CONSTITUCIONAL: ANÁLISIS ECONÓMICO

ÁLVARO PÉREZ RAGONE

Universidad Católica del Norte (Chile).

Sumario: 1. Introducción; 2. El problema de la inconstitucionalidad; 3. Política; diseño constitucional y economia; 4. Enfoque comparado constitucional y control de "lo constitucional: relecturas de Kelsen y Schmitt; 5. El problema de la revisión contramayoritaria de los tribunales constitucionales; 6. Conclusiones.

1. Introducción

En su papel como responsables de la toma de decisiones de justicia constitucional, los jueces se enfrentan al desafío de que la ley no proporcione respuestas claras a los casos concretos. Esto puede dar como resultado decisiones y resultados diferentes en casos similares. Para reducir las disparidades injustificadas, los jueces deberían participar en intercambios de conocimiento regularmente, la institucionalización del diálogo que normalmente se concretiza -com mayor o menor éxito- mediante la deliberación y acuerdos[1]. De esta forma, pueden beneficiarse de la experiencia, los conocimientos y las experiencias de cada uno y tomar decisiones mejor informadas. En este artículo, discutiremos algunas dimensiones (gerencial, social y motivacional) que pueden influir en el comportamiento de compartir el conocimiento de los jueces[2].

---

1. Siempre se recuerda en estos aportes sobre el resguardo de la Constitución y las instituciones obras como la de Kelsen, H. (2008) *Wer soll Der Hüter der Verfassung sein*, reimpresión Tübingen, Mohr Siebeck o la de Schmitt, C. 1931, *Der Hüter der Verfassung*, 1931,Tübingen, Mohr Sieneck, 1 y del mismo autor ya 1929. *Der Hüter der Verfassung*, AöR (XVI), 161.

2. Comp. Buchanan, J.M. 2008. Same players, different game: how better rules make better politics. Constitutional Political Economy 19, 171-172. Debido a que los participantes

Es importante aclarar la teoría de la aplicación constitucional, incluye el papel de la revisión jurisdiccional de las normas. Teniendo en cuenta esta teoría, incluida una explicación de las condiciones que dificultan la aplicación, las implicaciones del problema de aplicación para el diseño constitucional es que las limitaciones de procedimiento ofrecen ventajas significativas sobre las normas constitucionales que intentan garantizar valores sustantivos más amplios. En el corazón del enfoque de Buchanan se encuentra una distinción entre lo que Buchanan llama un nivel constitucional y un nivel subconstitucional de toma de decisiones colectiva (o, alternativamente, el "nivel de reglas" y el "nivel de acciones"). La política subconstitucional ocurre cuando los individuos persiguen sus objetivos separados dentro de un conjunto de reglas bien definidas. En contraste, la política constitucional se refiere a la elección entre las mismas reglas alternativas. El análisis en este nivel pregunta qué reglas, dadas sus implicaciones para la política subconstitucional, generarán resultados preferibles[3].

Los modelos podrían ofrecer[4] dos tipos de equilibrios, con niveles altos y bajos de institucionalización, respectivamente. Bajo ciertas condiciones, solo importan las instituciones formales. En tales casos, cabría esperar que las predicciones de los modelos teóricos que dan por hecho que todas las acciones relevantes están dentro de las instituciones formales deberían funcionar bien. En otros casos, las instituciones formales tienden a ser eludidas y el uso por parte de los actores de políticas alternativas será mayor. En tales escenarios, las predicciones de los modelos que suponen tal comportamiento alternativo de distancia podrían no ser demasiado pertinentes. Existen varios mecanismos posibles mediante los cuales los efectos de las normas constitucionales específicas sobre los resultados de las políticas pueden ser condicionantes y acá entre el juego de las reglas y las

---

(o espectadores) generalmente se preocupan por los resultados de las interacciones sociales, surge una pregunta natural: ¿qué reglas deberían elegir los participantes para mejorar la probabilidad de jugar un "buen juego"? Esta elección de reglas, particularmente en el contexto de la toma de decisiones colectivas (es decir, políticas), se encuentra en el núcleo de la constitución. En cualquier entorno de interacción humana, los resultados dependen de las reglas dentro de las cuales las personas interactúan, una con la otra, y, si estos resultados pueden evaluarse en algún nivel de posibilidad, también pueden hacerlo las reglas mismas. Del mismo modo que hay resultados "mejores" y "peores", existen conjuntos de reglas "mejores" y "peores" que generan patrones de estos resultados. La atención a las reglas, a la estructura de la política misma, parecería estar en orden

3. Comp. Michelman, F. 2017. Proportionality outside the Courts with Special Reference to Popular and Political Constitutionalism, in Proportionality: New Frontiers, New Challenges Vicki C. Jackson, Mark Tushnet (Ed.), Cambridge U. Press, Cambridge, 30-50.

4. Caruso, G., Scartascini, C., Tommasi, M. 2015. Are we all playing the same game? The economic effects of constitutions depend on the degree of institutionalization European Journal of Political Economy, vol. 38, issue C, 212-228.

acciones debidas entra en juego otro concepto como el de la institucionalidad. Por ejemplo, se podría argumentar que el canal que conecta las formas de gobierno con los resultados de las políticas es la participación política[5].

El análisis económico de cuestiones constitucionales no ocupa un lugar tan destacado en la literatura moderna de derecho y economía como lo hacen algunos otros asuntos, como los problemas de responsabilidad civil, el derecho de propiedad, la litigación y el derecho tributario[6]. Partiendo con que el análisis económico del derecho se concentra básicamente en tres esfuerzos analíticos, ello podría ser útil para el análisis del proceso constitucional y de los tribunales constitucionales. Acá en realidad se pretende analizar los tres puntos vinculados entre sí[7]. Los tres enfoques analíticos diferentes pueden tomarse por separado o combinarse. El primero es de carácter predictivo, intenta responder a la pregunta: ¿cuáles son las consecuencias probables de? La respuesta incluirá un conjunto de predicciones, que, en principio, deberían ser comprobables y refutables[8]. El segundo se concentra en la interpretación funcional, intenta responder a la pregunta: ¿por qué un sistema constitucional en particular ha adoptado la forma que contemplamos? Con este enfoque se explicitan los costos y beneficios, las externalidades que genera el sistema, análisis prioritario en el que se concentrará este artículo y que en el tema se relaciona con la teoría y dogmática constitucional. Finalmnete el tercer enfoque de análisis es el normativo, involucra las normas incorporadas en las reglas legales de jure y de facto[9]. Aquí, puede cotejarse el

---

5. Ver detalle y visiones en Machado, F., Scartascini, C., Tommasi, M., 2011. Political institutions and street protests in Latin America. J. Confl. Resolut. 55, 34–365; Comp. Blankenburg, E. *1976*. Der Anteil gerichtlicher Verfahren bei der Austragung sozialer Konflikte, in: JbRSozRTh 4, 84-97. Pero igualmente es sostenible que en los países con instituciones políticas débilmente institucionalizadas, los ciudadanos tienden a confiar más en los canales de participación, como las protestas callejeras y menos en los canales más institucionalizados, como el voto. Por lo tanto, es probable que el efecto de las reglas que regulan el comportamiento político formal sea menos importante en entornos débilmente institucionalizados
6. Fehling, M. 2011. Ökonomische Analyse in öffentlfichem Recht als Methode zur Reformulierung und Operationalizierung von Gerechtigkeitsfrragen Bucerius Law School, FS Karsten Schmidt, Tübingen, 39-67.
7. Staton, J., Vanberg, G., 2008. The value of vagueness: delegation, defiance, and judicial opinions. American Journal of Political Science 52, 504–519.
8. Augsberg, I., Augsberg, S. 2007. Prognostische Elemente in der Rechtsprechung des Bundesverfassungsgerichts, in: VerwArch 98, 290-316.
9. En general ver Buchanan, J.M., Tullock, G., 1962. The Calculus of Consent: Logical Foundations of Constitutional Democracy. University of Michigan Press, Ann Arbor, 20-50; Comp. Appel, I. 2013. Frühe Bürgebeteiligung und Vorhabenakzentanz, in: Heckmann, Dirk/Schenke Ralf, Sydow G. (Ed.) Verfassungsstaatlichkeit im Wandel Berlin, 341-356.

funcionamiento en la realidad de una norma, sus desfíos fácticos, el intercambio entre diferentes normas, en definitiva ventajas y desventajas entre la libertad y la igualdad, y cómo pueden resolverse mejor normativamente no en tanto juicio axiológico legal/constitucional, sino desde el mejor o peor funcionamiento de un sistema constitucional en concreto desde la visión costos-beneficios[10].

Problema particular adicional que genera el análisis económico constitucional surge en el análisis económico de asuntos constitucionales porque la constitución misma determina el alcance y la estructura de aquellos asuntos legales que normalmente están sujetos a un análisis económico autónomo. Aunque una constitución, en comparación con otros documentos legales, es más inmutable, las constituciones también están sujetas a cambios sustanciales[11]. Este detalle es muchas veces poco perceptible, pero no debe ignorarse. Ese documento básico en realidad distan en mayor o menor grado de su realidad práctica. Se concretiza mediante la institucionalidad (mejor o peor) que tenga un país y así puede una constitución desvirtuarse en la realidad por deficiencias institucionales. A peor calidad institucional, peor concreción o realidad y mayor utopía constitucional[12].

Este artículo se compone de las siguientes partes, en una primera se plantean las interrogantes sobre el rol de la institucionalidad en el proceso democráico-consitucional (II) ;luego (III) se realizan preguntas y se desarrollan los tópicos en torno a la política, economía y constitución. En la sección (IV) se analizan las miradas sobre el control de constitucionalidad relacionándola con la parte III y tomando apenas como enfoque aportes de Kelsen y de Schmitts. El problema denominado contramayoritario del poder judicial es superficialmente tratado a los efectos de concatenarlo con las partes previas del artículo. Sncluye con preguntas abiertas la sinfluencia de la políicia, control y economía constitucional (VI).

2. El problema de la institucionalidad

Más allá de un más detallado análisis de teoría constitucional, una constitución no es sino una declaraciones de creación múltiple (o muchas mentes y

---

10. Weingast, B., 1997. The political foundations of democracy and the rule of law. American Political Science Review 91 (2), 245–263; Comp. Babbusiaux, U. 1999. Richterliches Entscheidungsverhalten im Lichte von Rechtsdogmatik Rechtssoziologie und Ökonomischer Analyse des Rechts, in: Schmidtchen Dieter/Weth, Stephan (Hg.), Der Effizienz auf der Spur. Die Funktionsfähigkeit der Justiz im Lichte der ökonomischen Analyse des Rechts, Baden-Baden, 157-174.
11. Vanberg, G. 2011. Substance vs. procedure: Constitutional enforcement and constitutional choice. Journal of Economic Behavior & Organization, Elsevier, vol. 80(2), 309-318.
12. Backhaus, J. Handleiding voor een economische analyse van een juridisch probleem, Hfdt. 12. En: R.W. Holzhauer, R. Teijl et. Alabama. Inleiding Rechtseconomie, Arnhem: Gouda Quint, 1989.

valores) sobre las consecuencias y funciones de las normas o relaciones, no tanto una declaración normativa sobre cambios o interpretaciones deseables[13].

La constitución se analiza en los requisitos funcionales de las transacciones basadas en el mercado con respecto al desarrollo del derecho. Para decirlo en los términos más simples, la Constitución debe prever un marco de instituciones legales, como los tribunales, congreso y las profesiones que permite un espacio abierto en el que la ley puede ser mejorada en beneficio del progreso económico[14]. Estas condiciones, tomadas en conjunto, forman el marco económico-constitucional para el orden competitivo, es decir, la constitución del sistema económico; y el funcionamiento del sistema económico se ve facilitado en gran medida si las condiciones se pueden encontrar entre las garantías constitucionales contenidas en el documento básico por el que se rige la cultura jurídica de un país[15].

La fuerza de este enfoque radica en la integración sistemática de la política económica relacionándolas con teoría y dogmática constitucional. Por último, es importante mencionar los análisis constitucionales en la tradición de la llamada "public choice". Aquí la pregunta subyacente, como fue desarrollada por James Buchanan y Gordon Tullock: ¿Cuáles son los resultados probables de las reglas constitucionales básicas en el comportamiento del individuo? y, en consecuencia, si tuviera que elegir detrás de un velo de ignorancia sobre alguna opción de modelo constitucional ¿qué constitución elegiría?[16] Aunque el enfoque es hipotético, en el sentido de que nunca podemos abstraernos totalmente de la propia experiencia y expectativas, analíticamente es extremadamente fructífero para reducir a veces las reglas legales complejas a sus elementos esenciales. Corresponde así tratar en este contexto analítico el rol básico de las garantías y derechos fundamentales[17].

Las garantías constitucionales se refieren a derechos básicos ya sea naturales o legales. Entre ellos están los relacionados con los procedimientos de todo tipo,

---

13. Vanberg, op. cit. Las dos grandes partes de un constitución están íntimamente vinculadas, la de los derechos y garantías constitucionales que no solo están interrelacionadas, sino que dependen en su tutela de la parte orgánica y el mayor o menor grado de institucionalidad que sirva de puente para concretar la norma constitucional. Las constituciones impuestas no consideradas legítimas por el pueblo, la judicatura o una parte importante de la sociedad plantean problemas analíticos adicionales más allá del alcance de nuestra discusión.
14. Idem.
15. Williamson, O. 1981. The Modern Corporation: Origins, Evolution, Attributes. Journal of Economic Literature XIX.4, 1537-1568; Comp. Buchanan, J.M. 2008. Same players, different game: how better rules make better politics. Constitutional Political Economy 19, 171–179.
16. Buchanan, J., Tullock, G. 1962. The Calculus of Consent. Ann Arbor: University of Michigan Press, *passim*.
17. Hoffman, E.- Spitzer, M. (2011). The Enduring Power of Coase, *The Journal of Law and Economics*, 54, 53.

sean administrativos, legislativos o judiciales. Es importante observar el sistema de garantías que estipula al garantizar los derechos básicos y las relaciones con los procedimientos para implementarlos[18]. El cumplimiento privado o público de la constitución no recibirá acá mayor atención, ya que por regla los derechos y garantías constitucionales son respetados y cumplidos. La excepción pone en movimiento una serie de procedimientos para su resguardo y protección donde la institucionalidad de la que hablamos desempeña en los distintos modelos constitucionales un rol importante[19].

La institucionalización son estructuras de orden social y mecanismos que regulan el comportamiento de las personas. El término "institución" es aplicado a los hábitos y costumbres importantes dentro de una sociedad, así como a las formas particulares en que se organizan el gobierno y la burocracia[20]. La institucionalización es una característica de los sistemas de interacción que están asociados con un mayor reconocimiento y formalización de ciertas formas de tomar decisiones y la posibilidad de hacerlas cumplir[21]. La noción de institucionalización en el contexto de las instituciones políticas ha sido subrayada por destacados autores en la tradición de los estudios de democratización[22]. Más allá de esta discusión muy general, el tema de la institucionalización de las instituciones políticas también se ha abordado en la ciencia política con respecto a ciertos ámbitos o subsistemas específicos, como la institucionalización de los partidos políticos, de las legislaturas y de los poderes judiciales. La institucionalización judicial implica un un sistema regularizado de toma de decisiones, incluidas las capacidades de los cargos judiciales, así como las normas como la independencia judicial[23].

---

18. Véase James M. Buchanan, Gordon Tullock. 1962. The Calculus of Consent. Ann Arbor: University of Michigan Press, 120-150.
19. Backhaus, J. 1987. Mitbestimmung im Unternehmen. Göttingen: VandenHoeck & Ruprecht, *passim*.
20. Rhodes, R.A.W., Binder, S., Rockman, B., 2006. The Oxford Handbook of Political Institutions. Oxford University Press, New York, 10-25.
21. Buchanan, J.-Yoon, Y (2008). Public Choice and the Extent of the Market. *International Review for Social Science,* v. 61, 2, 177-188. En particular, el concepto de "instituciones políticas" se refiere tanto a la combinación de reglas de juego constitucionales y electorales que definen lo que varios actores políticos pueden y no pueden hacer, como a ciertas organizaciones gubernamentales o cuasigubernamentales formales, como la legislatura, el poder judicial, la administración pública, los partidos políticos, etc.
22. Huntington, S.P., 1968. Political Order in Changing Societies. Yale University Press, New Haven. Inter-American Development Bank (IDB), 2005. The Politics of Policies. Inter-American Development Bank and David Rockefeller Center for Latin American Studies. Harvard University, Washington, DC.
23. McGuire, K., 2004. The institutionalization of the U.S. Supreme Court. Polit. Anal. 12, 128–142.

3. Política, diseño constitucional y economía

La economía constitucional empírica tiene un amplio campo de estudio, y confirma que las reglas constitucionales tienen enormes efectos económicos. Combinando los efectos de dos dimensiones -la forma de gobierno y la regla electoral- encuentran que por ejemplo una forma parlamentaria de gobierno que depende de la representación proporcional está asociada con el gasto del gobierno central más alto que en países con forma presidencial del gobierno y el gobierno electoral mayoritario[24]. En términos generales, la economía constitucional empírica está interesada en hacer diferentes reglas constitucionales para tener efectos importantes en las variables de resultado de interés para el economista. Estos incluyen, más obviamente, los ingresos y el crecimiento, las políticas fiscales y la eficiencia del gobierno[25].

A las constituciones se les suele atribuir una amplia gama de funciones, como establecer el orden, crear una identidad común, pacificar facciones combatientes, etc. Por supuesto, se puede probar hasta qué punto las diferentes reglas constitucionales tienen éxito en el cumplimiento de estos objetivos.

a. Rol de las garantías y derechos fundamentales desde el análisis económico.

La forma más directa en que un economista puede ayudar a resolver un problema de derecho constitucional es evaluando las consecuencias de una garantía o derecho fundamental particular o su derogación. ¿Cuál es la consecuencia de garantizar la privacidad?, ¿Cuál es la utilidad de regular la propiedad privada?, ¿Cuál es la del debido proceso frente al actuar estatal contra un particular? Las dificultades surgen principalmente porque no se pueden invocar modelos simples de comportamiento económico. La función económica de una garantía constitucional depende crucialmente del estilo de una economía en particular y, por lo tanto, no es absoluta o universal y neutra en relación a culturas jurídicas y menos a marcos económicos[26]. Además de especificar el sistema económico en

---

24. Alesina, A., Persson, T., Tabelloni, G., 2006. Reply to Blankart and Koester's political economics versus public choice—two views of political economy in competition. Kyklos 59 (2), 201–208

25. Idem. Sin embargo, también pueden incluir los derechos humanos, la libertad individual y la justicia, entre otros. En pocas palabras, la pregunta dice: ¿importan las constituciones? Tiene sentido comenzar la investigación sobre los efectos económicos de las constituciones centrándose en variables únicas, pero al final del día, son las interacciones entre las instituciones las que pueden proporcionar una comprensión más completa de estos efectos. Por lo tanto, se discuten posibles efectos de interacción. Finalmente, el problema más acuciante es endogeneidad. Por supuesto, sabemos que las instituciones constitucionales no son verdaderamente exógenas. Podría ser, por ejemplo, que los intentos de trasplantar las normas constitucionales que han tenido éxito en un país a otro fracasen por completo

26. Bottke, W. 1991. Materielle und formelle Verfahrensgerechtigkeit im demokratischen Rechtsstaat, Berlin, 15-35.

el que una garantía constitucional concreta despliega sus efectos, es importante desde el punto de vista económico especificar precisamente las dimensiones de la garantía constitucional que son económicamente relevantes; al separarlos de otros que no lo son. Desde un punto de vista económico, el aspecto importante es que las definiciones de los diversos elementos de un derecho de propiedad pueden efectuarse con suficiente precisión y nitidez, para permitir unpartición óptima de los derechos[27]. O por ejemplo el análisis anual de *Doing Busisness* en relación al cumplimiento de los contratos, protección de la propiesdad, protección de las inversiones, marcos regulatorios entre otros[28]. Las constituciones de hoy enumeran una extensa lista de derechos que imponen limitaciones sustanciales a la política democrática. La aplicación de estos derechos se confía cada vez más al poder judicial. Un gran número de las constituciones del mundo exigen al poder judicial revocar decisiones democráticas que contradicen la constitución[29].

Para entender e interpretar correctamente los fenómenos económicos, uno puede querer ver las ideas y convicciones principales (espíritu) a las cuales las personas se suscriben y que guiarán sus acciones; en segundo lugar, en las técnicas a su disposición; y en tercer lugar, en las formas organizativas en las que los medios y los fines se combinan o, alternativamente, en los que el espíritu y la técnica encuentran su realización institucional[30]. Muchas constituciones requieren que los derechos básicos solo puedan reducirse si no se dispone de medidas menos onerosas[31]. En la medida en que el análisis económico puede producir el diseño de tales medidas menos onerosas, cambia la constitucionalidad de políticas particulares[32].

---

27. Posner, R. 1987. The Law and Economics Movement (Richard T. Ely Lecture). American Economic Review Papers and Proceedings, 47.2, 1987, pp. 1-11.
28. En [http://espanol.doingbusiness.org] (visitado 10/10/2018).
29. Ginsburg, T., Elkins, Z., Blount, J., 2009. Does the process of constitution-making matter? Annual Review of Law and Social Science 5, 201–223. Un desarrollo político importante desde la Segunda Guerra Mundial es el crecimiento número de gobiernos que han estado dispuestos a limitarse por medios constitucionales. En todo el mundo, las constituciones se han reformado en una ola de constitucionalismo. Los derechos constitucionales han estado a la vanguardia de estas reformas. Las constituciones han ampliado gradualmente su catálogo de derechos: los derechos de libertad negativos de primera generación se han complementado con derechos socioeconómicos positivos de segunda generación y derechos culturales y grupales de tercera generación.
30. Así ya un interesante antecedente en Spiethoff, A. 1933. "Die Allgemeine Volkswirtschaftslehre als Geschichtliche Theorie: Die Wirtschaftsstile". En: Arthur Spiethoff (ed.), Festgabe für Werner Sombart zur Siebenzigsten Wiederkehr Seines Geburtstages. Neunzehnter Jänner. München: Duncker & Humblot 1933, pp. 51-84.
31. Rawls, J. 1971. A Theory of Justice. Oxford: Oxford University Press, *passim*.
32. Voigt, S., Blume, L. 2012. The economic effects of federalism and decentralization: a cross-country assessment. Public Choice, 151, 229 y ss. Para los derechos de propiedad

b. *Análisis de las relaciones procedimentales: la institucionalidad óptima*

Las garantías procesales son garantías y derechos que son anexos y codependientes de las otras que podríamos denominar de sustantivas. Los derechos básicos y las garantías procesales son igualmente importantes, ya que los derechos básicos solo pueden ejercerse si se observan ciertas garantías procesales. Básicamente, existen dos tipos de garantías procesales: las garantías que regulan la relación entre los organismos públicos; y garantías que regulan la relación entre los organismos públicos y los ciudadanos[33].

Los principios de procedimiento que regulan las relaciones entre los organismos públicos consisten en al menos tres grupos: (i) Incluyen todas aquellas normas que regulan los dominios de competencia de los diversos organismos públicos entre sí, incluidas las áreas de cooperación, consentimiento mutuo o control jerárquico; (ii) Un segundo grupo consiste en principios de presupuestos y finanzas para su dinámica tales como los principios de puntualidad, integridad de los presupuestos, etc.; (iii) Un tercero implica principios de legislación. Una es que la legislación siempre tiene que ser de carácter general, y que los actos son inválidos si se abordan solo un caso. Otro principio económicamente relevante implica el requisito de que la legislación que ha resultado ser defectuosa, injusta

---

privada, sin embargo, la previsibilidad de la política económica es crucial porque afecta los costos de ajuste soportados necesariamente por el sector privado y que recaen en la propiedad, lo que posiblemente reduce su valor. Este requisito no afecta el alcance y el dominio de la política económica, sino solo el horizonte temporal dentro del cual puede llevarse a cabo. Cuanto más predecibles sean las políticas económicas, menores serán los costos de ajuste. El enunciado de corolario requiere que, cuanto más drástico sea un cambio de política, más se demore su implementación y más cuidadosamente se deban explicar los contornos precisos de la nueva política para permitir ajustes suaves en el sector privado. Una política puede ser inconstitucional simplemente porque el parlamento no tomó la precaución necesaria para deletrearla a tiempo y proporcionar períodos de ajuste razonables antes de la implementación. Para los derechos de propiedad privada, sin embargo, la previsibilidad de la política económica es crucial porque afecta los costos de ajuste soportados necesariamente por el sector privado y que recaen en la propiedad, lo que posiblemente reduce su valor. Este requisito no afecta el alcance y el dominio de la política económica, sino solo el horizonte temporal dentro del cual puede llevarse a cabo. Cuanto más predecibles sean las políticas económicas, menores serán los costos de ajuste. El enunciado de corolario requiere que, cuanto más drástico sea un cambio de política, más se demore su implementación y más cuidadosamente se deban explicar los contornos precisos de la nueva política para permitir ajustes suaves en el sector privado. Una política puede ser inconstitucional simplemente porque el parlamento no tomó la precaución necesaria para deletrearla a tiempo y proporcionar períodos de ajuste razonables antes de la implementación.

33. Voigt, S., 2004. The consequences of popular participation in constitutional choice—towards a comparative analysis. In: Aaken, List, Luetge (Eds.), Deliberation and Decision. Ashgate, Aldershot, 199–229.

o muy poco práctica y por lo tanto ha resultado ser una violación de los derechos básicos debe corregirse[34].

Las relaciones entre los organismos públicos y los ciudadanos imponen reglas de procedimiento que se encuentran típicamente en las constituciones e involucran la cuestión de cómo el ciudadano privado o la entidad legal se relacionan con los organismos públicos[35]. En esta categoría caen esencialmente dos conjuntos de reglas: (i) Un conjunto regula nuevamente la separación de los dominios de competencia. Un ejemplo típico es la separación de iglesia y estado. (ii) El segundo conjunto de reglas, generalmente descrito por el término extremadamente completo del debido proceso, establece las reglas del juego entre los organismos públicos y los ciudadanos privados o entidades legales.[36]

Desde el acceso al procedimiento administrativo hasta el proceso judicial como revisor final y vinculante de tribunales y órganos de apelación de manera significativa, esta garantía desempeña un rol fundamental en la institucionalidad, incluso para salvaguardarla incluso si funciona deficitariamente en relación a los derecho y garantías sustantivos mismos[37]. Y el máximo grado del procedimiento para evaluar y resguardar la institucionalidad es el proceso de control de constitucionalidad. El análisis económico puede mejorar sustancialmente la agudeza del análisis jurisprudencial al detallar las consecuencias de disposiciones constitucionales particulares (o la falta de ellas) y las interconexiones sistemáticas entre instituciones jurídicas básicas como la propiedad, el contrato y la responsabilidad; así como los diferentes procedimientos legales. En este sentido, el análisis económico puede integrarse en el análisis jurisprudencial y en la interpretación de las disposiciones constitucionales, puede así convertirse en una parte integral de la

---

34. Idem.
35. Vanberg, G. 2011. op. cit.
36. Gibson, J., 1991. Institutional legitimacy, procedural justice, and compliance with supreme court decisions: A question of causality. Law and Society Review (25), 631–636. Estos incluyen derechos de información y el derecho a tener acceso a tribunales y cuerpos de administración de justicia. Más adelante volveremos sobre el control que puede ejercer un tribunal (en su rol de tribunal constitucional) sobre las leyes justamente para jerquizar y dar primacía a las garantías y derechos fundamentales por sobre otros. De qué manera ello puede ser problemático si se parte que justamente la legitimidad democrática representativa por el voto la detenta el parlamento: ¿Entonces cómo puede justificarse que un órgano no electo como un tribunal de justicia deje sin efecto una ley?
37. Petersen, N. 2014. Verfassungsgerichte als Wettbewerbshüter des politischen Prozesses, in Blonski, Dominib ,Williner, Häcki (Edg.), Das letzte Wort, Baden -Baden , 59-78. El principio del debido proceso requiere en este contexto de derechos y garantías sustantivas personales, sociales y económicas que los poderes del estado funcionen adecuadamente entre sí y que que los ciudadanos y las personas jurídicas tengan acceso a vías de diálogo y de control del Estado.

investigación constitucional[38]. Muchas veces la fuente del cambio constitucional sin enmiendas radica en la interpretación selectiva de la garantía constitucional única que puede conducir a alteraciones significativas del resultado final si el sistema de garantías de derechos y procedimientos no se cierra o si, alternativamente, algunos de sus los elementos se descuidan en la interpretación[39]. Tomaré para el análisis un modelo constitucional donde el control de costitucionalidad difieren no obstante los dos guardan altos estándares de institucionalidad en su funcionamiento. El caso de la norma constitucional alemana es particularmente interesante, ya que el punto de vista (elaborado anteriormente) el Tribunal Constitucional ha abordado expresamente los principios constitucionales derivados del análisis económico que podrían formar parte de la doctrina constitucional[40]. Las instituciones que crea o modifica el legislador tienen que ser viables[41]. Esto implica que el tribunal constitucional alemán reconoce un papel importante del analista económico[42].

La tarea de la interpretación auténtica de la constitución en las democracias de estilo occidental se atribuye constitucionalmente a la judicatura, especialmente al Tribunal Constitucional; pero sería groseramente engañoso pensar en este tribunal como el socialmente desconocido intérprete independiente, no involucrado e independiente de textos antiguos en busca de respuestas a preguntas modernas, como podría creerse si uno tomara las filosofías populares al pie de la letra.[43] El

---

38. Idem. La aparente paradoja de que, por una parte, las constituciones están redactadas para proporcionar estándares inmutables de la ley y, por otra parte, han demostrado ser lo suficientemente flexibles como para conservarse durante un período de tal vez varios siglos bajo circunstancias legislativas, económicas y sociales muy diferentes pueden explicarse al observar el proceso subyacente de cambio constitucional sin enmiendas.
39. Philippi, K. 1971. Tatsachenfeststellungen des Bundesverfassungsgerichts. Ein Beitrag zur rational-empirischen Fundierung verfassungsgerichtlicher Entscheidungen, Köln 1971.
40. Webber, G. 2017, Proportionality and Absolute Rights, in Proportionality: New Frontiers, New Challenges Vicki C. Jackson, Mark Tushnet (Ed.), Cambridge U. Press, Cambridge, 75-102.
41. Ver por ejemplo BVerfGE 4,7; 7.377 (400); 12, 341 (347).
42. Posner, R. 1987. The Constitution as an Economic Document. George Washington Law Review, Vol. 56, 4; Comp. Bull, P. (2012) Die Krise der Verwaltungstheorie. Vom New Public Management zum Governance-Ansatz-und wie weiter?, in: VerwArch 103, 1-30.
43. Frau, R. 2014. Das erste Wort - Gesetzgeber und Verfassungsgericht zwischen Einschätzungsprärogative und Bindung an Verfassung, Völkerrecht und Bundesrecht, in: Eiser, Dominik/Eugster, Anja/Kind, Andreas/Baumgartner, Rahel/Williner, Kathrin/Schlegel, Stefan/Blonski, Dominika/Spring, Alexander/Grohsmann, Irene/Häcki, Rafael (Hg.), Das letzte Wort - Rechtsetzung und Rechtskontrolle in der Demokratie. 53. Assistententagung Öffentliches Recht. Tagung der Wissenschaftlichen Mitarbeiterinnen und Mitarbeiter, Wissenschaftlichen Assistentinnen und Assistenten,

comportamiento de los interesados se regirá por consideraciones estratégicas con respecto a las interpretaciones deseadas. Un gobierno extremo, recién llegado al poder, enfrentará un déficit de legitimidad y, por lo tanto, estará ansioso por evitar una derrota en el tribunal constitucional[44].

Un déficit de legitimidad se define como la diferencia entre el poder político formal y el potencial efectivo de la política. El déficit de legitimidad se relaciona positivamente con el grado de extremo del gobierno. Además, está negativamente relacionado con el período en que el gobierno ejerce el poder sin que se cuestione abiertamente su legitimidad. Los individuos, que carecen de más información, le espera una correspondencia entre sus deseos y las actividades de el partido o grupo al que se le atribuye la legitimidad[45]. Por lo general, la legitimidad de un gobierno dependerá principalmente de la forma en que llegó al poder. En este ensayo, sin embargo, se supone que la administración extrema llegó al poder de acuerdo con los procedimientos establecidos tanto por la constitución como por la tradición de esa sociedad en particular[46]. El pago de una compensación considerable contrarrestaría el efecto de la redistribución del poder y la riqueza y, por lo tanto, contradiría directamente el objetivo perseguido. El papel de la burocracia en este caso dista mucho de ser inequívoco[47].

Baden-Baden, 209-233; Achterberg, N. 1986. Rechtsprechung als Staatsfunktion, Rechtsprecuntslehre als Wissenschaftstsdisziplin in: Achterberg, Norbert (Hg.) Rechtsprechungslehre. Internationales Symposium, Munster 1984, Köln , 3-26. Por el lado de la demanda, esto consiste en partes interesadas en una interpretación auténtica como un medio para resolver su choque de intereses. Por el lado de la oferta, tenemos el poder judicial constitucional, que finalmente resuelve el conflicto pronunciando su veredicto, junto con los productores de interpretaciones alternativas.

44. Bitter, M. 2005. Spieltheorie und öffentliche Verwaltung. Behördliche Informationsbeschaffung durch spieltheoretischen Mechanismen. Eine Untersuchung unter besonderer Berücksichtigung verschiedenartiger Rationalitäten, Baden-Baden. 25-50. Así por ejemplo en el caso del derecho de propiedad. El resultado eventual de la lucha de poder entre el gobierno, tratando de seguir su política de redistribución a través de la expropiación, y los propietarios, tratando de defender sus intereses, depende del comportamiento de los diversos actores involucrados. El siguiente paso es, por lo tanto, describir el comportamiento de los diferentes actores. Se pone de manifiesto que las partes interesadas intentarán influir en el proceso no solo presentándose ante el tribunal y presentando sus argumentos sino también influyendo en la comunidad académica, generando interpretaciones alternativas de la constitución.

45. Kelsen, H. 1960. Gerechtigkeit. Anhang " Das Problem der Gerechtigkeit " in original Ausgabe de Reine Rechtslehre.

46. Cyrino, A. 2016. Análise econômica da constituição econômica e interpretação institucional, *Revista da Academia Brasileira de Direito Constitucional*, Vol.

47. Idem. El programa puede combinarse con una oposición mayoritaria a una parte del mismo. Una administración extrema, que difiere marcadamente de sus predecesoras, enfrentará este dilema: por un lado, todos esperan -y la mayoría lo autoriza- una política

c. Ideología, gobierno e impacto de las decisiones en lo económico

La similitud entre la ideología del gobierno y la de la burocracia está relacionada positivamente con la duración de la permanencia del gobierno en el poder. En el contexto de este modelo, la ideología no solo es relevante para las burocracias. Las ideologías también podrían gobernar el comportamiento de los intérpretes de las normas constitucionales y de los jueces al decidir sobre la interpretación "auténtica" de la constitución. Sin embargo, estos aspectos se han omitido del interés de los propietarios en proteger sus propiedades[48].

La interpretación constitucional, presente en todo proceso constitucional estabiliza los diversos impulsos que recibe. El desequilibrio se estabilizará como un nuevo equilibrio; los desequilibrios se estabilizan como tales, no atenuados ni compensados por el proceso en sí. Cualquier contrapeso debe venir como consecuencia de un nuevo impulso externo. Sin embargo, no es una barrera para el cambio político y social[49]. Las partes o grupos que no puedan obtener suficientes

---

estructural (por ejemplo, cambio institucional, mientras que por otra parte esta expectativa reduce la correspondencia entre el interés privado y la política pública anticipada en la medida en que la política entra en conflicto con intereses privados particulares). Por lo tanto, se define un déficit de legitimidad como la diferencia entre el poder político formal y la capacidad real de implementar una política particular. El gobierno en este modelo enfrenta una restricción presupuestaria que requiere el uso de la prerrogativa constitucional en cuestión. En vista de esta restricción, el gobierno no puede, en nuestro ejemplo, simplemente comprar a los propietarios de las industrias para socializar. En nuestro ejemplo, la restricción presupuestaria observada tiene una interpretación específica.

48. Michelman, F. 2017. Proportionality outside the Courts with Special Reference to Popular and Political Constitutionalism, in Proportionality: New Frontiers, New Challenges Vicki C. Jackson, Mark Tushnet (Ed.), Cambridge U. Press, Cambridge, 30-50; Bull, P. (2012) Die Krise der Verwaltungstheorie. Vom New Public Management zum Governance-Ansatz-und wie weiter?, in: VerwArch 103, 1-30. Para demostrar las consecuencias sociales de usar sistema de interpretación constitucional como un mecanismo para resolver problemas sociales y políticos y decidir entre políticas alternativas (en lugar de usar otros mecanismos, por ejemplo, procedimientos de votación o mercados), se debe poner énfasis en las propiedades de un funcionamiento correcto sistema de señalar fallas específicas e idiosincrasias judiciales. Para los tribunales, esto es evidente. Los tribunales pueden evitar problemas, pero pueden decidir problemas que no se les presentan explícitamente de manera extremadamente limitada.

49. Hayo, B., Voigt, S., 2011. Endogenous Constitutions: Politics and Politicians Matter, Economic Outcomes Don't. Available at: http://papers.ssrn.com/sol3/papers.cfm?abstract id=1695147 (Visitado 10/10/2018) Habrá dificultades derivadas con respecto a políticas de corto plazo lo suficientemente extremas como para inducir controversia constitucional. Puede, sin embargo, ser empleado como un dispositivo para la implementación a largo plazo de un cambio estructural de largo alcance. El sistema de interpretación constitucional es un instrumento político delicado; solo será útil como

votos en el proceso político deberían tratar de obtener acceso al sistema de interpretación constitucional para canalizar institucionalmente y perseguir sus fines políticos de manera eficiente[50]. Quien quiera redactar una constitución necesita saber cómo funcionan las garantías básicas, cómo las reglas de procedimiento interconectan las garantías básicas y toma de decisiones, y qué posibilidades hay de que el significado de una disposición constitucional pueda cambiarse. El análisis económico del derecho procesal constitucional habla de estos problemas[51].

Antes de comenzar, es necesario distinguir lo que llamaré capacidad judicial de otros dos atributos de la judicatura que a veces llevan ese nombre. Por capacidad judicial, quiero decir el volumen total de casos que el sistema judicial es capaz de manejar. No me refiero a la capacidad del poder judicial para producir decisiones confiables y buenas, que llamaré competencia judicial. Tampoco me refiero a la capacidad (o inclinación) de la judicatura para producir un cambio social contra la corriente de las fuerzas políticas dominantes, que llamaré independencia judicial[52]. Tanto la competencia judicial como la independencia judicial son materia de literaturas sustanciales. De hecho, de una forma u otra, han dominado la agenda de la teoría constitucional durante más de medio siglo. Durante décadas, los teóricos han debatido si los tribunales representan un "foro de principios" confiable o una aristocracia imperiosa; si los tribunales también poseen la verificación de hechos confiable para tomar decisiones confiables sobre cuestiones empíricamente difíciles de controversias constitucionales; si los tribunales son significativamente independientes del proceso; y si es así, si son capaces de producir un cambio medio en las fauses de la oposición política[53]. Los

---

dispositivo operativo para la implementación de la política como un partido político o grupo de interés específico si no existe una influencia opuesta ejercida por otra parte o grupo.
50. Voigt, S. 2011. Positive constitutional economics II—a survey of recent developments. Public Choice 146 (1–2), 205–256; Rodden, J., 2009. Back to the future: endogenous institutions and comparative politics. In: Lichbach, M., Zuckerman, A. (Eds.), Comparative Politics. Cambridge University Press, New York, pp. 333–357.
51. Blume, L., Müller, J., Voigt, S., Wolf, C., 2009. The economic effects of constitutions: replicating – and extending – Persson and Tabellini. Public Choice 139, 197–225.
52. Ginsburg, T., Elkins, Z., Blount, J., 2009. Does the process of constitution-making matter? Annual Review of Law and Social Science 5, 201–223.
53. Blankart, Ch., Koester, G., 2006. Political economics versus public choice—two views of political economy in competition. Kyklos 59 (2), 171–200; Conf. Carey, J., 2009. Does it matter how a constitution is created? In: Barany, Zoltan, Moser, Robert G. (Eds.), Is Democracy Exportable? Cambridge University Press, New York, pp. 155–177. El problema de los tribunales constitucionales es uno siempre vigente. En primer lugar, las limitaciones de la capacidad judicial son producto tanto de la organización estructural de la judicatura como de ciertos compromisos normativos ampliamente compartidos pero poco discutidos de los jueces estadounidenses. En segundo lugar, en

académicos constitucionalistas, por el contrario, sugieren que el constitucionalismo de derechos se ve estimulado por la experiencia traumática de la guerra y la represión, y la creencia de que la política no restringida puede ser peligrosa. Lo que todas estas explicaciones tienen en común es que se centran en los determinantes internos de la constitución de decisiones. Ya sea a través de la revolución, el mercado electoral o las creencias cambiantes, la constitución se percibe como un producto nacional[54].

4. Enfoque comparado constitucional y control de "lo constitucional": relecturas de Kelsen y Schmitt

El enfoque general de codificación se asemeja al del Proyecto de Constituciones Comparativas, aunque nuestro conjunto de datos incluye una gama más amplia de derechos constitucionales[55]. Kelsen en su teoría pura distingue claramente entre el papel de los eruditos y los profesionales del derecho. Mientras que los eruditos legales de acuerdo con Kelsen tienen que abstenerse de abrir la "ciencia legal" para ideologías políticas y declaraciones de valores, los jueces tienen derecho a inyectar política y valores en sus decisiones individuales a través de la interpretación de las normas legales[56]. Esta diferenciación bastante peculiar en la Teoría Pura de Kelsen es realmente notable y por algún tiempo ha atraído la atención, si no el desconcierto de sus comentaristas[57].

De acuerdo con la estructura jerárquica de la ley descrita anteriormente (*Stufenbau*), la aplicación de una norma de rango superior dentro de la jerarquía de normas fue simultáneamente la creación de una norma de rango inferior por parte del órgano legal autorizado[58]. De esta forma, siguiendo a Kelsen, la aplicación

---

ciertos ámbitos constitucionales importantes, estas restricciones crean una presión casi irresistible para que los tribunales adopten reglas categóricas duras en lugar de normas vagas y una presión muy fuerte para aplazar a otros actores del gobierno.

54. Möller, K. 2017. US Constitutional Law, Proportionality and Global Model, in Proportionality: New Frontiers, New Challenges Vicki C. Jackson, Mark Tushnet (Ed.), Cambridge U. Press, Cambridge, 130-135; Congleton, R., 2010. Perfecting Parliament: Constitutional Reform, Liberalism, and the Rise of Western Democracy. Cambridge University Press, Cambridge, 10-45.
55. Law, D., Versteeg, M. 2013. *Sham Constitutions*, 101 Calif. L. Rev. 863; ver igualmente [http://www.comparativeconstitutionsproject.org/] (Visitado 10/8/2018).
56. Kelsen, H. 1964. Die Funktion der Verfassung. RA, 1971.
57. Kelsen, H. 2011. Hauptprobleme der Staatsrechtslehre enwickelt aus der Lehre vom Rechtssatze, Tübingen, 247 y 248.
58. Ver en detalle Nogueira Dias, C. 2005. Rechtspositivismus und Rechtstherie, Siebeck, Tübingen, 129-158. Además, solo negando de algún modo que Kelsen funcionara sobre la base de un concepto radicalmente decisivo de la toma de decisiones judiciales, se podía mantener la supuesta y al mismo tiempo casi clásica diferencia entre la teoría de

podría verse como el proceso dinámico de concreción de normas. Para Kelsen no había ninguna garantía de que la decisión concreta de un tribunal estuviera todavía de acuerdo con la norma general que se estaba aplicando[59].

Si uno ve los tribunales como el órgano central del sistema legal, como lo hizo Kelsen, la cuestión de la naturaleza y el método del acto de decisión del juez adquiere especial relevancia. Por lo tanto, examinaré más de cerca la teoría de interpretación de Kelsen y lo que tiene que decir sobre los límites o principios rectores de la ley individual por parte de la persona que aplica la ley[60].

A primera vista, ambas teorías parecen sostener la distinción entre "cognición" y "decisionismo" al reducir la discreción judicial dentro del 'marco' o la

---

la ley decisoria de Carl Schmitt y el formalismo legal de Kelsen. Para Kelsen, la decisión de la corte sirvió para concretar normas generales abstractas. Por lo tanto, no tenía de ninguna manera solo un carácter declaratorio, en el sentido de simplemente pronunciar el derecho ya existente. Más bien, tenía una función constitutiva, creadora de leyes: "Que se considera que es un hecho material concreto en absoluto, que debe vincularse con una consecuencia jurídica específica, y que este hecho material concreto está de hecho vinculado con consecuencias jurídicas concretas - toda esta conexión es creada por la decisión judicial. La decisión del tribunal crea una norma jurídica individual al concretar una norma constitucional o reglamentaria más general.

59. Ver en detalle Nogueira Dias, C. 2005. Rechtspositivismus und Rechtstherie, Siebeck, Tübingen, pp. 153-155. Sin embargo, en tal caso, esta norma individual todavía tenía la fuerza de la ley. Esta era la institución de la res iudicata, que era central en todo sistema legal. La teoría de la estructura jerárquica adoptada por Adolf Julius Merkl permitió a Kelsen ver la aplicación de la ley por parte de los tribunales simultáneamente como legislación. Solo la aplicación de la ley al caso individual, que pretendía ser válida incluso si se apartaba de la regla abstracta, formó el corpus concreto de la ley. La ley es lo que el tribunal finalmente decide.

60. Abignente, A. 1990. La Dotrina del Diritto tra dinamincità e purezza. Studio sul Adolf Julius Merkl, Napoli, 35-65. De acuerdo con Kelsen, el proceso de elaboración de leyes a medida que se mueve de una norma superior a una norma inferior se guía por el procedimiento de interpretación legal. Además de este proceso, la norma superior, en cierta medida, también predetermina el contenido de la norma inferior. Pero esta norma superior forma solo el marco, dentro del cual tenía que establecerse la norma inferior. Debido a que el contenido de la norma inferior nunca estuvo completamente "determinado", la interpretación de la norma sirvió para elegir una posible concreción del marco más general provisto por la norma superior. Además, para Kelsen no existía un método según el cual solo una de las varias interpretaciones de una norma pudiera distinguirse como correcta. Ni el juez, como el que aplica la ley, ni el académico podrían afirmar que él o ella solo fue capaz de determinar la única forma correcta de aplicar la norma. Pero en el caso de la decisión subjetiva del juez, se trata de un acto de aplicación autorizado por el sistema legal, mientras que para Kelsen el investigador jurídico no estaba integrado en dicho contexto funcional. Tuvo que limitarse a demostrar las diversas opciones de decisión del que aplica la ley y colocarlas una al lado de la otra como iguales.

'penumbra' de la ley aplicable. Sin embargo, una mirada más cercana a las declaraciones un tanto ambiguas de Kelsen sobre la interpretación judicial revela que la determinación del significado del marco mismo para Kelsen tampoco puede ser objetivada por completo y es un acto voluntario y finalmente subjetivo del juez[61]. Mientras que Kelsen supone que el texto de la norma proporciona un marco, a partir del cual debe comenzar el proceso de interpretación, su escepticismo radical hacia la capacidad humana para inferir un significado objetivo de tal marco relativiza este punto de partida práctico para cualquier razonamiento judicial[62]. La determinación del significado del marco inevitablemente también va más allá de la "cognición" objetiva. Por lo tanto, el "marco" para Kelsen no es más que los elementos textuales de una norma, que sirven como un punto de referencia praxeológico para los jueces[63].

Los críticos ven en la posibilidad otorgada por Kelsen de una corte constitucional en gran parte libre con la capacidad de involucrarse en la legislación política como una contradicción a la limitación del Estado de Derecho en la política, que realmente deseaba[64]. En cambio, en la Teoría Pura del Derecho Kelsen buscó

---

61. Nogueira Dias, C. 2005. Rechtspositivismus und Rechtstherie, Siebeck, Tübingen, 155 y ss. Como él lo vio, todos los métodos de interpretación desarrollados por la doctrina tradicional conducen a un posible, pero nunca al único, correcto resultado. La posibilidad de interpretación surgió precisamente de la apertura semántica de cualquier norma a varios sentidos utilizables. Fue inútil tratar de establecer "legalmente" una única concretización correcta al excluir otras interpretaciones. En su teoría pura del derecho, Kelsen desmitificó así la "objetividad" de estos métodos de interpretación junto con otras técnicas clásicas de argumentación legal. Desde una perspectiva académica, el único propósito restante de la interpretación fue determinar un marco semántico externo; uno podría hablar aquí del "*Wortlautgrenze*" (marco semántico) que circunscribía el acto subjetivo de la decisión del juez. En la segunda edición de su teoría pura, Kelsen consideró la interpretación por órganos legalmente autorizados de la interpretación auténtica. Con esto, demarcó esta forma de interpretación bruscamente de la interpretación académica.
62. Comp. Kelsen, H. (2008) *Wer soll Der Hüter der Verfassung sein*, reimpresión Tübingen, Mohr Siebeck, 48-54.
63. Comp. Staton, J., Vanberg, G., 2008. The value of vagueness: delegation, defiance, and judicial opinions. American Journal of Political Science 52, 504–519. Story, J., 1833. Hart parece seguir a Kelsen al aceptar que las normas pueden ser indeterminadas o de "textura abierta" lo que lleva a una discreción judicial relativamente amplia cuando se aplican tales normas. En opinión de Hart, cuando se enfrentan a indeterminaciones y lagunas, los jueces deben realizar un acto de legislación "intersticial" que, sin embargo, en comparación con la legislación parlamentaria, opera bajo diversas restricciones institucionales (no especificadas).
64. Kelsen, H. (2008) *Wer soll Der Hüter der Verfassung sein*, reimpresión Tübingen, Mohr Siebeck 43-48; *Starek*, R (2001) Das Bundesverfassungsgericht in der Verfassungsordnung und im politischen Prozess, FS 50 Jahre Bundesverfassungsgericht, Band 1, 1 (26-28) Sin embargo, lo que Kelsen le pidió al jurista ilustrado que confrontara a través de

capturar de manera constructiva el carácter irracional, objetivamente incontrolable y, en último análisis, de la decisión judicial a través de la visión dinámica de la creación de la ley[65]. De hecho, para Kelsen, las consideraciones de equidad - en el sentido del ajuste de la norma abstracta a las circunstancias específicas del caso: un tribunal que dictaba las decisiones obligatorias eran inevitables: Un tribunal que realmente tiene jurisdicción obligatoria, es decir, que es competente para decidir finalmente todas las disputas sin excepción alguna, inevitablemente adaptará el derecho positivo en sus decisiones concretas de forma gradual e imperceptible a necesidades reales; en otras palabras, decidirá sobre la base de la equidad, incluso si no está expresamente facultada para aplicar principios distintos de los de la ley[66].

En *Gesetz und Urteil* Schmitt desarrolla una teoría completa de la toma de decisiones judiciales, que reaccionó al movimiento de la ley libre con una respuesta elaborada e idiosincrásica[67]. Al igual que Kelsen, Schmitt rechaza no solo el canon hermenéutico de los métodos de interpretación del siglo XIX, sino también teorías más nuevas, que buscaban explicar la toma de decisiones judiciales mediante el análisis de intereses o razonamientos "lógicos", como analogía, argumentum e contrario. Una teoría objetiva de la decisión judicial "correcta" para él no podía derivarse de estos enfoques. Todas estas teorías operaban bajo la suposición errónea de que el juez en un caso concreto podía, de manera metodológicamente controlada, determinar la voluntad de la ley y posteriormente ponerla en práctica en la decisión[68]. Todos estos métodos pueden tener para Schmitt una función

---

su opinión sobre la decisión judicial, no era tanto una contradicción en el enfoque teórico de la teoría pura, como una de las paradojas centrales de la ley. En sociología legal se era consciente del papel central que las decisiones vinculantes de los tribunales tienen para la capacidad del sistema legal para funcionar, pero era lo suficientemente realista como para no resolver la paradoja de la "indecidibilidad de la decisión" (Luhmann).

65. Nogueira Dias, C. 2005. Rechtspositivismus und Rechtstherie, Siebeck, Tüingen, 157-168. Esa fue también la razón por la que Kelsen no necesitó restringir la subjetividad de la decisión judicial a través de una teoría purificada de la interpretación. La intrusión de los juicios de valor subjetivos del juez en las decisiones del tribunal constitucional no debe ser minimizada por la aparente objetividad de las teorías de la interpretación. En cambio, Kelsen interpretó el factor científicamente incontrolable como un acto de legislación del juez que fue autorizado por el sistema legal.
66. Kelsen, H. 1964. Die Funktion der Verfassung. RA, 1971; Comp. Kelsen, H. 1962. Der Richter und die Verfassung, RA 57, 289 y ss.
67. Schmitt, C., H. 1912. Gesetz und Urteil, eine Untersuchung zum Problem des Rechtspraxis, Berlin, 1-34. Sin embargo, los escritos anteriores a la Primera Guerra Mundial sobre la toma de decisiones judiciales, que incluyen la monografía han recibido menos atención que los publicados con posterioridad a la Segunda Guerra Mundial. La literatura secundaria de la Segunda Guerra Mundial, a pesar de que constituyen una teoría completa y original del papel y la función del poder judicial.
68. Comp. Merkl, A. 1923. Die Lehre vom der Rechtskraft. Enwickelt aus dem Rechtsbegriff, Wien, 10-25.

legítima para el estudio jurídico de una interpretación académica abstracta de la ley, pero no pueden controlar o regular la aplicación concreta (judicial) de la norma a un caso particular (subsunción)[69]. Por lo tanto, es la decisión legislativa como tal, que refleja el deseo de tener una regulación legal vinculante de un tema social, y no cualquier supuesto motivo moral, político o económico prelegal, que constituye el objetivo principal de la legislación.[70]

Schmitt tiene dos argumentos centrales sobre por qué la aceptación profesional de una decisión es la mejor explicación académica para la decisión judicial "correcta". Los sistemas legales modernos operan muchos con órganos judiciales colegiados por la sola razón de que se supone que la presencia de tres o más jueces garantiza que se tomará una decisión que esté en línea con las expectativas generales de la práctica judicial. Estos cuerpos colegiales se utilizan para

---

69. La base de la teoría de Schmitt sobre la toma de decisiones judiciales es el «principio de determinación legal» («*Prinzip der Rechtsbestimmtheit*») que tiene el siguiente contenido teórico materialmente purificado: la práctica jurídica en todas sus dimensiones funciona sobre la base de una compulsión o fuerza para decidir o generar la decisión legislativa como tal. Su explicación de este principio de decisiones legales sustantivamente «indiferentes» comienza con las decisiones tomadas por el legislador. Los supuestos propósitos morales o políticos de una ley o norma abstracta para Schmitt no pueden determinar teóricamente su contenido ni su aplicación posterior. Schmitt proporciona ejemplos de la legislación nacional de que muchas normas no siguen un propósito moral o político específico, sino que se promulgan por la única razón de que una determinada pregunta debe ser regulada o decidida. La existencia de la mayoría de las leyes refleja la necesidad social «de que las decisiones se adopten finalmente. Comp. Schmitts, C. (1912) Gesetz und Urteil.

70. Bull, P. (2012) Die Krise der Verwaltungstheorie. Vom New Public Management zum Governance-Ansatz-und wie weiter?, in: VerwArch 103, 1-30. Para Schmitt, los jueces solo utilizan los jueces de forma estratégica e instrumental para demostrar que su decisión habría sido tomada por cualquier otro juez; no controlan ni predeterminan la decisión como tal. Igualmente, todos los demás métodos de interpretación reconocidos, tanto el canon clásico como el equilibrio de intereses y las referencias a los valores sociales y morales, están siendo empleados por los jueces para este propósito particular. Incluso el acto de una "subsunción suave" ("subsunción glatte") solo debe dar una justificación a la decisión. Esto aumenta la probabilidad de que otro juez normal llamado "el tipo empírico del jurista moderno con formación experta" haya llegado a la misma decisión, ya que la "subsunción" de Schmitt es, sin embargo, una opción particularmente segura para generar una decisión "correcta". Como consecuencia, las decisiones legales desde la perspectiva del 'principio de determinación legal' deben conceptualizarse como 'indiferentes' hacia cualquier propósito prelegal y en ese sentido las decisiones legales en todos los niveles deben conceptualizarse como intrínsecamente libres de restricciones normativas. Es un principio puramente formal, cuyo contenido se reduce a la compulsión de decidir y al producto fáctico formalizado de la decisión, la ley publicitada, el juicio, etc. Comp. Schmitts, C. 2012. *Gesetz und Urteil. Eine Untersuchung zum Problem der Rechtspraxis*, Berlin 2. Ed. München: Beck, 10-45.

evitar errores, lo que para Schmitt significa que intentan evitar decisiones poco ortodoxas, para evitar decisiones idiosincrásicas que no estén en línea con tales expectativas profesionales. El segundo argumento es la institucionalización de las estructuras recursivas en los sistemas legales "modernos"[71].

Al igual que Schmitt (y posiblemente Kelsen) y, a diferencia de Hart, Kennedy no ve limitaciones insuperables impuestas por la norma misma para la toma de decisiones judiciales subjetivas e ideológicas[72]. Pero en contraposición a la posición de Schmitt, esto deja al juez libre para inyectar subjetividad en la práctica judicial. Kennedy solo de manera limitada reconoce las limitaciones institucionales impuestas por la práctica judicial, que son la base misma de la perspectiva de Schmitt sobre la toma de decisiones judiciales[73].

5. El problema de la revisión contramayoritaria de los tribunales constitucionales

En el corazón del sistema de tribunales constitucionales está el examen y revisión de las leyes por constitucionalidad (y las siguientes consideraciones se limitan a este aspecto de la jurisdicción constitucional). De ningún modo es evidente que los jueces puedan examinar y, de ser necesario, derogar leyes. El parlamento elegido por el pueblo es un elemento esencial de la democracia. ¿Cómo se puede conciliar con aquello? ¿Puede anular una ley aprobada por un parlamento? Surge de inmediato la objeción contramayoritaria del poder judicial, independiente si estamos frente a una judicatura constitucional especializada (Tribunal Constitucional) o bien difusa[74].

Ahora bien esta objeción debiera ser morigerada con otra afirmación: la democracia no debe reducirse a una mera regla de la mayoría. En definitiva, la idea básica de la democracia es la libertad individual. Su resguardo, incluso contra una ley es parte del propósito constitucional y la relación de las garantías y derechos fundamentales con los procedimientos existentes: qué y cómo se conforma la formación de una voluntad mayoritaria a reglas vinculantes[75].

---

71. Jestaedt, M. 2000. Wie das Recht, so die Auslegung. Die Rolle der Rechtstheorie bei der Suche nach der juristischen Auslegugslehre, in ZöR 55, 133 y ss.
72. Comp. Kelsen, H. 2008 *Wer soll Der Hüter der Verfassung sein,* reimpresión Tübingen, Mohr Siebeck, 75-87; Comp. Van Ooyen, R. 2008, , prólogo y estudio introductorio a Kelsen, H. 2008 *Wer soll Der Hüter der Verfassung sein,* reimpresión Tübingen, Mohr Siebeck,X-XV.
73. Castrucci, E. 2017. Mechanik der Entscheidung Rechtsverwirklichung und Entscheidungsrichtigkeit durch die Rechtspraxis in Carl Schmitts *Gesetz und Urteil* (1912), Carl-Schmitt-Studien, 1. Jg. 2017, H. 1, 10-25.
74. Heringa, A., Kiver, P. 2009. Constitutions Compared, Intersentia, Antwerp, 2-7.
75. El razonamiento parece ser muy simple y hasta contener una verdad de perogrullo. Pero encierra la complejidad del alcance y consecuencias de prognosis del control de

Ahora el juez constitucional no puede por ello quedarse en el limbo del no liquet[76]. No obstante la vaguedad y la ambigüedad de la constitución pueden ser espacio de juego decisional má flexible, aunque proporcionalmnte más complejo en sus efectos[77]. En contraste con el modelo americano bien puede mencionarse el austríaco como diferentes sistemas de control judicial de constitucionalidad. Los tribunales constitucionales y la centralización del control contrasta con el sistema difuso y cada uno con sus virtudes y defectos[78].

La teoría democrática deliberativa hoy mas bien se corresponde ampliamente a la relación entre el poder legislativo parlamentario y de entender el derecho constitucional como un diálogo deliberativo. Se trata de la interacción de la legislación y la jurisdicción constitucional en el desarrollo de ordenamiento jurídico.

---

coonstitucionalidad, la interpretación del lenguaje de la norma a examinar y de la propia Constitución. Los fenómenos lingüísticos, y por lo tanto la ley entera, nunca se pueden entender completamente como un objeto independiente de la comprensión subjetiva.La determinación del significado de una declaración general-abstracta en un caso particular es, por estos motivos, un acto creativo regularmente; la aplicación de la justicia por un juez siempre e inevitablemente contiene un componente creativo. Por lo tanto, no puede haber un límite claro entre una interpretación de la ley y su desarrollo-creación (judicial). Comp. Schmitt, C. 1914. *Der Wert des Staates und die Bedeutung des Einzelnen*. Tübingen: J.C.B. Mohr Siebeck, *passim*.

76. En una democracia constitucional, por lo tanto, el legislador está sometido a la constitución. La justicia constitucional, en cuyo centro se encuentra la revisión judicial, no es más que un examen del cumplimiento de este vínculo legal con los métodos específicos de la ley (mediante procedimientos específicos), cuyo núcleo es la independencia judicial. Esto se aplica al nivel de aplicación de las leyes. A nivel constitucional, este problema se ve agravado por el hecho del lenguaje constitucional, necesariamente más general, abstracto e indefinido que debe limitarse, en muchos casos, no exclusivamente, a las reglas básicas. Su función es vincular la legislación a los principios, pero permanecen en gran medida indeterminados y necesitan interpretación. Por lo tanto, a nivel de la constitución, la anfibología fundamental del lenguaje es la regla. Comp. Castrucci, E. (2017). Mechanik der Entscheidung Rechtsverwirklichung und Entscheidungsrichtigkeit durch die Rechtspraxis in Carl Schmitts *Gesetz und Urteil* (1912), Carl-Schmitt-Studien, 1. Jg. 2017, H. 1, 10-25.
77. Ver Cappelletti, M. (1971). The Judicial Revision in a Contemporary World, (Indianapolis, Bobbs-Merrill) 69.
78. Así según lo sostenido por Öhlinger T. 2008. Verfassungsgerichtsbarkeit als Element einer deliberativen Demokratie — Überlegungen zur Legitimität der richterlichen Gesetzesprüfung. In: Arnold K., Bundschuh-Rieseneder F., Kahl A., Müller T., Wallnöfer K. (eds) Recht Politik Wirtschaft Dynamische Perspektiven. Springer, Vienna, 443-460. Solo como ejemplo histórico la historia del sistema judicial constitucional de Austria demuestra que hay diferencias graduales y cuán reacio fue el Tribunal Constitucional a actuar contra la legislación en el período de entreguerras. Entre 1920 y 1933, solo tres regulaciones federales y nueve estatales fueron abolidas por inconstitucionales. Ello en contraste con el activo Tribunal Constitucional Federal de Alemania (que fue evocada por décadas como brillante ejemplo y sigue siendo).

La función por tanto del tribunal constitucional es asegurar los aspectos de la voluntad general legitimando incluso donde existe un control de constirucionalidad preventivo, ya ex ante una ley. La relación entre la comprensión representado aquí de la ley (ley como un proceso comunicativo)[79].

El Tribunal Constitucional afecta con su declaración a una ley aprobada por el Parlamento elegido democráticamente y es esta la forma de mejorar esta regulación en un tiempo razonable[80]. Por lo tanto, la primacía del parlamento en la legislación no está fundamentalmente cuestionada. La jurisdicción constitucional abre la posibilidad en realidad de la coexistencia de fuerzas que se compensan, una política y otra jurisdiccional. En realidad La jurisdicción constitucional se integra como elemento de la democracia deliberativa[81].

---

79. Dreher, A., Lamia, M., Lein, S., Somogyi, F., (2008). The impact of political leaders' profession and education of reforms. Journal of Comparative Economics 37 (1), 169–193. Implica la unión a la metodología particular de conocimiento legal que un tribunal es significativamente diferente de un órgano político y específico para él - no se pronuncia en el texto constitucional, pero lo presupone - en base a los límites que fija. Así bien se ha calificado que los tribunales constitucionales actúan como una "tercera cámara legislativa". Sin embargo, el tribunal sigue siendo un tribunal y, por lo tanto, difiere muy claramente de una institución política. Tanto en el examen concreto como abstracto de constitucionalidad actúa y se desempeña como tribunal. La norma reconocida como inconstitucional por el tribunal no genera un vacío legal, ya que el tribunal se encarga de aclarar los alcances de la declaración. Esto vale para un control centralizado o disperso, particular o para el caso como para un obstracto. Incluso en los sistemas donde la declaración de inconstitucionalidad implica la derogación o desaparición del ordenamiento jurídico de la norma tachada como tal. Pero por ello no pueden confundirse la institución política con la jurisdiccional.

80. Rodden, J., 2009. Back to the future: endogenous institutions and comparative politics. In: Lichbach, M., Zuckerman, A. (Eds.), Comparative Politics. Cambridge University Press, New York, pp. 333–357.

81. Öhlinger T. 2008. Verfassungsgerichtsbarkeit als Element einer deliberativen Demokratie — Überlegungen zur Legitimität der richterlichen Gesetzesprüfung. In: Arnold K., Bundschuh-Rieseneder F., Kahl A., Müller T., Wallnöfer K. (eds) Recht Politik Wirtschaft Dynamische Perspektiven. Springer, Vienna, 443-460. Tal comprensión de la jurisdicción constitucional implica consecuencias, especialmente para el proceso interno de toma de decisiones del tribunal. Por lo tanto, diferencia la demanda llamativa y demasiado cruda, aunque correcta, de una cierta autocontención judicial contra el legislador parlamentario. Por supuesto, no puede proporcionar "reglas generales". A este respecto, se pronuncia a favor de una apertura de principio del proceso de toma de decisiones en el tribunal constitucional. Una consecuencia consiguiente es la obligación de dar una justificación detallada de una decisión que anula una ley. Tal "interferencia" de la justicia en la legislación es, después de todo - incluso en las condiciones y restricciones anteriormente descritas - bajo punto de la teoría democrática de una anomalía, que por lo tanto requiere una justificación exhaustiva en el caso particular. Requiere de una justificación detallada, en particular también una confrontación con los argumentos allí incluidos, permitido o no las opiniones especiales, votos en minoría o disidencias.

Sólo cuando se comprende la Corte Constitucional en el concepto de democracia deliberativa como socia del Parlamento, tiene que haber un diálogo bidireccional entre la Corte Constitucional, los políticos y la cosa pública. Ciertamente, tal diálogo está cargado con el problema del diferente estilo de argumentación de la jurisprudencia y la política. Esto requiere entendimiento mutuo, pero no debería ser imposible[82].

Los tribunales constitucionales al fallar la inconstitucionalidad no resuelve un asunto. La derogación de una ley generalmente no termina con el asunto, pero requiere un nuevo acto de legislación. Las ideas más recientes, que la legislatura gana y que lo inducen a tomar una decisión deliberada porque depende no solo de su posición institucional, sino especialmente de la fuerza convincente de sus argumentos que superen a los del tribunal constitucional[83]. En otras palabras, el legislador en las materias decididas por el tribunal constitucionale juega al acierto error a partir del diálogo con los argumentos de éste último y los propios. Por otro lado, en el concepto de democracia deliberativa, no hay necesidad de tener una legitimidad democrática formal del Tribunal Constitucional. Una y otra vez esa legitimidad por elección directa o parlamentario u otra participación de las personas o el Parlamento en el nombramiento como un correlato parecer necesario y creo es suficiente dentro de la pirámide jurídica del Estado para brindarle legitimidad[84]. El tribunal constitucional solo puede proporcionar estos servicios sobre la base de una calidad profesional y no política de los jueces. La legitimidad democrática diluida de los jueces constitucionales como tal es un pseudo problema, es deseable más bien un proceso que garantiza un orden jueces independientes, imparciales e idóneos. Este último justifica un procedimiento de nombramiento político, según lo previsto en la propia constitución[85].

---

82. Frau, R. 2014. Das erste Wort - Gesetzgeber und Verfassungsgericht zwischen Einschätzungsprärogative und Bindung an Verfassung, Völkerrecht und Bundesrecht, in: Eiser, Dominik/Eugster, Anja/Kind, Andreas/Baumgartner, Rahel/Williner, Kathrin/Schlegel, Stefan/Blonski, Dominika/Spring, Alexander/Grohsmann, Irene/Häcki, Rafael (Hg.), Das letzte Wort - Rechtsetzung und Rechtskontrolle in der Demokratie. 53. Assistententagung Öffentliches Recht. Tagung der Wissenschaftlichen Mitarbeiterinnen und Mitarbeiter, Wissenschaftlichen Assistentinnen und Assistenten, Baden-Baden, 209-233.
83. Achterberg, N. 1986. Rechtsprechung als Staatsfunktion, Rechtsprecuntslehre als Wissenschaftstsdisziplin in: Achterberg, Norbert (Hg.) Rechtsprechungslehre. Internationales Symposium, Munster 1984, Köln, 3-26.
84. Öhlinger T. 2008. Verfassungsgerichtsbarkeit als Element einer deliberativen Demokratie — Überlegungen zur Legitimität der richterlichen Gesetzesprüfung. In: Arnold K., Bundschuh-Rieseneder F., Kahl A., Müller T., Wallnöfer K. (eds) Recht Politik Wirtschaft Dynamische Perspektiven. Springer, Vienna, 443-460.
85. Idem. Esta teoría, en principio, justifica la revisión judicial de la ley sobre la base de la constitución, pero ellos no son la respuesta al problema de la concretización judicial inevitable del texto constitucional con el alcance de su legislación parlamentaria. En este

6. Conclusiones

¿Qué se puede deducir de todo esto para la toma de decisiones judiciales contemporáneas? Para empezar, la visión común de Kelsen, el formalista, y Schmitt, el decisor, debe revertirse cuando se trata de su concepto de toma de decisiones judiciales. Además, los dos enfoques "realistas" para la elaboración de leyes judiciales abordan aspectos muy importantes de cualquier práctica judicial que merezca un examen más detenido. Si se toman en serio, tanto la teoría de la adjudicación de Kelsen como la de Schmitt pueden proporcionar dos perspectivas principales sobre la función y la naturaleza de la toma de decisiones judiciales. La primera es que los tribunales tienen una función legislativa central para cualquier sistema legal. En segundo lugar, los jueces en su toma de decisiones están controlados de manera muy limitada por restricciones "legales" internas, como los métodos doctrinales de interpretación, el contenido de las normas aplicables o cualquier otro principio "objetivo"[86].

Para Kelsen esto deja un amplio margen para que los jueces individuales incorporen juicios de valor personales y máximas políticas en sus decisiones. Para Schmitt, este espacio de discreción está lleno de restricciones impuestas por una práctica judicial colectiva. Todas estas preguntas desde una perspectiva académica parecen infinitamente más valiosas de seguir que los numerosos argumentos académicos sobre dónde, por qué y cómo los tribunales supuestamente han aplicado la ley 'inadecuada' o incluso 'incorrectamente'; igualmente atractivo son las cosecuencias desde el análisis económico del derecho sobre las decisiones de los tribunales constitucionales que forma parte de una poca explorada área[87].

---

concepto, el examen judicial de la ley no se demuestra por un tribunal especial, técnicamente calificado constitucional como un cuerpo extraño, sino como un enriquecimiento de la democracia y vigorizante, esto es en última instancia lo que debe protegerse. Al mismo tiempo caen en este concepto, los requisitos para el funcionamiento de un tribunal constitucional y para identificar los límites del inevitable desarrollo judicial del derecho.

86. Rodden, J., 2009. Back to the future: endogenous institutions and comparative politics. In: Lichbach, M., Zuckerman, A. (Eds.), Comparative Politics. Cambridge University Press, New York, 333–357.

87. Ver Voigt, S. 2011. Empirical constitutional economics: Onward and upward? Journal of Economic Behavior & organization, vol 80, 2, 319-330. En resumen, los tribunales son instituciones poderosas controladas principalmente por restricciones u orientaciones no legales, ya sean creencias individuales y valores del juez (Kelsen) o una práctica profesional colectiva (Schmitt). Por lo tanto, preguntar quiénes son los jueces se convierte en una pregunta muy importante, sino la central. ¿Cómo se ha capacitado a los jueces, cuál es su origen cultural, económico y político y cómo se ha seleccionado y socializado a los jueces? ¿Quiénes fueron los primeros jueces que acuñaron la autocomprensión de la corte o el tribunal? ¿Y cómo funciona la configuración institucional en la cual los jueces funcionan?

5
A JUSTIÇA CONSTITUCIONAL E AS SUAS RELAÇÕES DE TENSÃO COM OS DEMAIS PODERES DO ESTADO

CARLOS BLANCO DE MORAIS

Professor catedrático da Faculdade de Direito de Lisboa.
Mestre e Doutor pela Universidade de Lisboa.

SUMÁRIO: Introdução; 1. Como enquadrar a Justiça constitucional entre os poderes do Estado? 1.1. Serão os chamados Tribunais Constitucionais jurisdições idênticas às demais? 1.1.1. Designação dos juízes; 1.1.2. Funções de custódia da ordem jurídica e política. Os tribunais constitucionais; 1.1.3. Metódica e tipos de decisão: a) Hermenêutica; b) Natureza manipulativa das sentenças e o seu caráter constitutivo no ordenamento; c) Eficácia *erga omnes;* 1.1.4. Um novo poder a par do legislativo, executivo e judicial? 2. O princípio da separação de poderes ainda é o que era? 3. Tipologia das tensões em sede de separação de poderes protagonizadas pela Justiça Constitucional; 3.1. Tensões de baixa intensidade; 3.1.1. No exercício comum da atividade de controlo; 3.1.2. Em decisões que arbitram conflitos entre poderes; 3.2. Tensões de intensidade moderada; 3.2.1. Decisões de mutação constitucional sem reação imediata dos poderes afetados; 3.2.2. Tensão ente órgãos do poder judicial com *overruling* de decisões manipulativas da Justiça Constitucional pelos tribunais ordinários; 3.3. Tensões de intensidade elevada; 3.3.1. Inviabilização de política pública com resposta do órgão político em sede de emenda constitucional (*overruling l*egislativo de decisão da JC); 3.3.2. Declaração de inconstitucionalidade de emendas constitucionais; 3.3.3. Tribunal em divergência com as políticas públicas do executivo em tempo de crise financeira e atuando como poder moderador; 3.3.4. Intromissão da Justiça Constitucional na organização interna dos outros poderes; 3.4. Tensões de alta intensidade; 3.4.1. A ameaça de *Court Packing* nos Estados Unidos; 3.4.2. Enfrentamento entre o Tribunal Constitucional espanhol e o Supremo Tribunal de Justiça; 3.4.3. As crises polaca e húngara; 4. Ativismo jurisdicional da Justiça constitucional e historial da ineficiência dos remédios dos órgãos políticos: a experiência norte-americana; 5. Do respeito do princípio da separação de poderes pelos Tribunais Constitucionais e o problema da sua controlabilidade.

Introdução

O presente escrito resulta de uma recomposição das intervenções que realizámos num curso de Verão da Faculdade de Direito da Universidade de São Paulo, em 2017 e de duas preleções realizadas em 2018, uma na Escola de Magistrados Judiciais de Curitiba e a outra na Faculdade de Ciência Política da Universidade de Bolonha.

Daí que a estrutura do texto se ajuste mais a um estilo de intervenção oral do que a um texto científico maturado e gizado no contexto de uma pesquisa. Esse ficará para mais tarde.

1. Como enquadrar a Justiça constitucional entre os poderes do Estado?

A expressão "justiça Constitucional" ou "jurisdição constitucional" pretende tornar claro que o custódio da Constituição não é um órgão político (o Parlamento, como na tradição francesa oitocentista, o Presidente da República como pretendia Schmitt ou um qualquer Comité Constitucional), mas sim uma instituição pautada pela passividade, independência, imparcialidade, inamovibilidade dos juízes e com a função de dirimir litígios, através da aplicação do Direito. Aplicação que, usualmente verte, não necessariamente sobre a conformidade de atos e contratos com uma lei, mas sim sobre a observância da Lei Constitucional por parte de leis ordinárias e de outras normas jurídicas. A par dos requisitos estatutários dos juízes e da função de julgar nos termos expostos, a natureza de sentença que revestem as decisões de mérito proferidas pelos tribunais constitucionais, a exigência da sua fundamentação e a aplicação subsidiária do Direito Processual confirmam a natureza jurisdicional deste tipo de órgãos de controlo da validade das normas.

Embora a natureza jurisdicional das Cortes e dos tribunais das leis e a sua recondução à função jurisdicional pareça uma evidência, a questão nunca foi inteiramente unívoca a partir da construção de Kelsen que conferia uma forte dose de politicidade ao órgão que investiu na estranha função de "legislador negativo", ou seja, no papel de responsável pela eliminação *ad futurum* de normas contrárias à Constituição[1]. A usual designação de "Corte" Constitucional" e o seu posicionamento sistemático em diversas constituições, fora das rubricas respeitantes à função judicial, procurava sublinhar que não se trataria, em sentido, próprio de um tribunal ou de um tribunal ordinário.

Este entendimento não prosperou por diversos tipos de razões a começar por razões dogmáticas. Como clarificou Garcia de Enterria[2], o ordenamento jurídico

---

1. Cfr, em geral, KELSEN, Hans. La Garantie Jursditionelle de la Constitution. La Justice Constitutionelle in *Révue de Droit Publique et de la Science Politique*, XXX,1928.
2. Cfr ENTERRIA, Eduardo Garcia de. *La Constitución como Norma y el Tribunal Constitucional*. Madrid: 1991. p. 48 e seg e 225 e seg.

está irrigado pela Constituição que irradia a sua força para todos os ramos de direito. Não é possível, como tal, traçar uma linha mágica abissal entre questões de constitucionalidade e de legalidade ordinária. Ambas se interpenetram, como bem evidencia o controlo concreto de constitucionalidade, onde questões prejudiciais de ordem constitucional emergem nos feitos que estão a ser julgados nos tribunais comuns. A declaração de nulidade (Alemanha, Espanha e Itália) ou a não aplicação de lei inconstitucional (Brasil e Portugal), com a consequente aplicação de outra lei ao caso concreto pode conferir uma solução alternativa ao litigio julgado no processo principal.

Nos sistemas difusos (como nos Estados Unidos) ou com componente difusa (como no Brasil e Portugal), essa natureza jurisdicional é mais clara porque todos os tribunais proferem juízos de inconstitucionalidade em concreto[3].

Já nos sistemas de Justiça Constitucional concentrada, a situação é menos nítida. Os juízes comuns conhecem mas não decidem sobre os incidentes de inconstitucionalidade e procedem a um reenvio prejudicial para o Tribunal Constitucional que, oficiosamente por iniciativa do tribunal *a quo* ou por exceção das partes, é o único Tribunal competente para julgar a questão de constitucionalidade da norma e decidir sobre a sua invalidade com força *erga omnes*[4]. Contudo, nos Estados de controlo concentrado com queixa constitucional ou recurso de amparo (Alemanha, Espanha e Áustria) os Tribunais Constitucionais são a máxima instancia de apreciação de recursos contra atos violadores de direitos de liberdade ínsitos na Constituição, podendo invalidar não apenas leis e regulamentos, mas também atos administrativos e sentenças dos supremos tribunais[5].

1.1. Serão os chamados Tribunais Constitucionais, jurisdições idênticas às demais?

Verificou-se que os Tribunais Constitucionais reúnem as características dominantes de uma jurisdição[6]. Mas serão assimiláveis aos demais tribunais? Trata-se de algo que depende da análise de diversos fatores, dos quais ressalta não só o processo de designação dos juízes, como o tipo de atribuições que lhes são cometidas e o modo como são exercidas.

---

3. MORAIS, Carlos Blanco de. *Justiça Constitucional*. Coimbra: 2006. v.I. p. 274 e seg. p. 282 e seg.
4. MORAIS, Carlos Blanco de. ult. loc cit, p. 297.
5. HÄBERLE, Peter. *La Verfassungsbeschwerde nel Sistema dela Giustizia Costituzionale Tedesca*. Milano: 2000, p. 41 e seg. e p. 79 e seg.
6. Assim CALLEJÓN, Francisco Balaguer. *Manual de Derecho constitucional*. Madrid: 2012. v. I. p. 265.

1.1.1. Designação dos juízes

Quanto ao processo de designação dos juízes, os Tribunais com funções constitucionais têm uma base de legitimação política. Nos EUA e no Brasil é o Presidente da República que os nomeia com ratificação do Senado. Na Europa temos, de entre outros, o processo português, espanhol e alemão (de nomeação Parlamentar) e o italiano (Presidente, Parlamento e Tribunais superiores designam, cada qual, um terço dos membros do órgão).

Por que esta designação de base política que os diferencia dos demais tribunais? Porque os Tribunais Constitucionais têm uma dimensão política, que deflui de vários fatores, de entre os quais os seguintes:

i) A Constituição é o estatuto jurídico do poder político.

ii) As leis são critérios políticos de decisão produzidas pelos órgãos democráticos.

iii) Nos sistemas concentrados, enquanto os tribunais se limitam a aplicar as leis, uma decisão de inconstitucionalidade cancela ou cassa as próprias leis que são aprovadas por assembleias eleitas democraticamente pelo povo

iv) Porque existem decisões que envolvem uma componente arbitral entre os poderes do Estado que exercem a função política

1.1.2. Funções de custódia da ordem jurídica e política

Os tribunais constitucionais têm uma função de controlo do cumprimento da Constituição. É essa função que é o alfa e ómega da sua existência. Todas as demais funções, pese a sua importância, são consequentes ou acessórias. A função de interpretação da Constituição, a força vinculante das decisões interpretativas no Brasil, Espanha e Alemanha, a sua normatividade informal como sub parâmetros interpretativos, a arbitragem de conflitos, tudo é uma consequência da atividade de controlo de constitucionalidade e a sua validade depende do seu enquadramento na moldura do controlo. Se deslizar para fora dessa moldura funcional que justifica a sua existência para a produção normatização material primária, o Tribunal invade a reserva de lei ou, mesmo, a reserva de Constituição. A impunidade que rodeia esse fenómeno constitui uma questão à parte que terá, contudo, relevo na temática das relações tensão entre a Justiça Constitucional e os demais poderes.

1.1.3. Metódica e tipos de decisão

No exercício das funções de controlo, os Tribunais Constitucionais acabam por convocar métodos interpretativos, seguem processos e prolatam certas decisões que não se enquadram, sem mais, na atividade jurisdicional comum. Vejamos alguns exemplos.

a) Hermenêutica. Um juízo que envolva uma relação de tensão entre duas normas e que uma delas é um princípio nem sempre alcançável por via da subsunção (que consiste numa operação lógica). Convoca-se no controlo de constitucionalidade que envolva colisões entre princípios paramétricos uma análise aos âmbitos de proteção dos direitos por eles declarados e, eventualmente, a realização de operações de ponderação entre princípios colidentes (como é o caso do direito à privacidade vs. liberdade de expressão). Todas essas operações envolvem uma discricionariedade do intérprete e uma maior imprevisibilidade da decisão. Não é, pois, estranho que as discussões sobre o método interpretativo sejam centrais em sede de Justiça Constitucional, em que despontam cânones interpretativos específicos (interpretação conforme, correção funcional, integração).

Quanto mais ambígua a norma e mais indeterminado um conceito maior a "delegação implícita" de poderes conformadores e criativos dados ao juiz constitucional e mais incerto o desfecho dos processos[7].

b) Natureza manipulativa das sentenças e o seu caráter constitutivo no ordenamento.

O modelo alemão reafirmou o postulado do caráter jurisdicional, e não *paralegislativo negativo*, do Tribunal Constitucional que fora defendido por Kelsen. A consequência dessa assunção foi a consagração expressa da nulidade *ipso jure* como sanção das normas inválidas, em vez de uma anulabilidade com efeitos *ex nunc* em controlo abstrato que mais se assemelhava a uma revogação.

Só que cedo se verificou que a rigidez subjacente à seca alternativa entre sentenças de acolhimento e sentenças de rejeição de inconstitucionalidade revelava expressivas lacunas no respeitante à salvaguarda da segurança jurídica, da proporcionalidade, da igualdade e da conservação dos atos normativos produzidos pelo decisor democrático[8].

Os Tribunais Constitucionais começam a preocupar-se com os "efeitos colaterais" das suas decisões e a proferir decisões intermédias ou manipulativas[9].

Assim, a retroatividade plena da eficácia sancionatória da declaração de nulidade no seu esquematismo poderia, em alguns casos, agredir o princípio da segurança jurídica, pilar fundamental do Estado de Direito. Passou, pois, a

---

7. MORAIS, Carlos Blanco de. *Curso de Direito Constitucional*-Teoria da Constituição. Coimbra: 2018, v. II. p. 618 e seg.
8. SANCHEZ, J Acosta. *Formación de la Constitución y Justicia Constitucional*. Madrid: 1988. p. 299; MORAIS, Carlos Blanco de. *Justiça Constitucional*. Coimbra: 2011. V. II. p. 267 e seg.
9. CRISAFULLI, V. *La Corte Costituzionale ha Vent`anni"* i Giurispr. Cost, 1976. p. 1703 e 1706 e seg; SILVESTRI, Gaetano. Le Sentenze Normative della Corte Costituzionale in *Scritti Crisafulli*. Padova: 1985. p. 52. AAVV *As Sentenças Intermédias da Justiça Constitucional*. Org Carlos Blanco de Morais. Lisboa, 2009.

colocarse o problema da modelação constitutiva dos *efeitos temporais* da declaração de inconstitucionalidade, salvaguardando efeitos constitucionais passados em caso de ser necessário preservar a segurança jurídica ou um interesse público ou social qualificado (vide o nº 4 do art. 282º da Constituição portuguesa e art. 27 da Lei 868/1999, no Brasil).

Por outro lado, contra uma lógica de uso seco de decisões ablativas do texto normativo onde se registem eventuais inconstitucionalidades, passou a primar um raciocínio favorável à redutibilidade do preceito afetado pela inconstitucionalidade. Assim, quer a interpretação conforme com a Constituição, quer a inconstitucionalidade sem redução de texto mitigaram a rigidez dicotómica das decisões puras de rejeição e de acolhimento, tendo em vista assegurar o respeito possível pela obra do decisor normativo.

Finalmente, o Tribunal Constitucional não se contentou em sancionar certo tipo de inconstitucionalidades sempre que estimou que as mesmas pudessem ser diretamente "reparáveis" sem necessidade de intervenção de um legislador lento e incerto. Imperativos de aproveitamento dos atos e, sobretudo, de tutela dos princípios da segurança jurídica, igualdade e proporcionalidade conduziram, em certos casos, à prolação de uma decisão como efeitos aditivos.

Neste ponto o Tribunal Constitucional ultrapassou o paradigma do legislador negativo e os próprios contrafortes da jurisdição puramente cassatória, para se afirmar, paralelamente, como titular de um poder "correctivo" ou "reparador" de deformidades ou insuficiências das normas jurídicas afetadas pela inconstitucionalidade. Esta situação ocorre, em regra, quando se pretende censurar silêncios inconstitucionais do decisor normativo, criadores de desigualdades intoleráveis. Tal como os antigos soberanos "taumaturgos", o Tribunal Constitucional "impõe as mãos" para curar as feridas geradas pela norma parcialmente inconstitucional ou para cicatrizar o tecido do ordenamento afetado pelas suas próprias decisões de inconstitucionalidade.

Finalmente, situações de inconstitucionalidade deslizante levaram os Tribunais Constitucionais, através de decisões de rejeição com caráter apelativo, a tentarem comunicar com o "decisor" normativo, procurando leválo a alterar leis com tendência para a inconstitucionalidade.

c) Eficácia erga omnes

Diversamente do que sucede na Europa com os tribunais comuns os Tribunais Constitucionais podem, em sede de controlo abstrato, proferir decisões de inconstitucionalidade com força obrigatória geral (eficácia *erga omnes*) e alguns conferem efeito normativo vinculante à *ratio decidendi* (Brasil Alemanha)[10].

---

10. HÄBERLE, Peter. ult. loc cit, p. 72; HESSE, Konrad. *Temas Fundamentais do Direito Constitucional*. São Paulo, 2009, p. 121; MENDES, Gilmar Ferreira; BRANCO. Paulo

Em síntese, a Justiça Constitucional usa métodos mais discricionários e específicos de interpretação, transforma os efeitos típicos das suas decisões que passam, em alguns casos, a ter efeitos constitutivos e as suas sentenças possuem uma força única que se impõe a todos os restantes poderes. Pode, inclusivamente, impor-se ao poder de emenda constitucional, julgando a violação de cláusulas pétreas.

Em conclusão, os Tribunais Constitucionais são tribunais, mas não exatamente como os outros.

1.1.4. Um novo poder a par do legislativo, executivo e judicial?

Certos autores falam na Justiça Constitucional como um quarto poder.

Alguns (Balaguer Callejón[11]) reconhecem que o Tribunal excede a mera aplicação das normas já que exerce função de controlo e de interpretação das mesmas e dos seus parâmetros constitucionais com a força de interpretação autêntica. Outros fazem sobrelevar as suas funções arbitrais[12]. Seria assim um "sexto poder" (Cezar Saldanha[13]) ou um "quarto poder" desgarrado dos poderes tradicionais (Favoreu[14]) dotado da última palavra na definição das funções do Estado, do tracejado das fronteiras entre os diversos poderes e da invalidação de atos que contradigam essa definição. Marshall já antecipava: o STF decide pelo Governo como um todo o que a Constituição quer dizer e censura os atos que excedam os poderes estabelecidos.

A supremacia da Constituição transmutar-se-ia, assim, para o seu intérprete último e autorizado que se autoinvestiria como senhor da Constituição deixando o *status* de servo desta, como sucede com os demais poderes. Estaríamos diante, em certos ordenamentos, de um meta-poder de controlo, associado a faculdades interpretativas, materialmente normativas, corretivas e arbitrais.

Sendo verdade tudo isso no plano fáctico, verifica-se que a Justiça Constitucional não foi concebida nas Constituições como um quarto poder. Não sendo um tribunal como os outros, integra a função jurisdicional sendo, como vimos, um Tribunal, pois decide litígios entre normas, aplicando o Direito segundo critérios de independência, passividade e imparcialidade. Nunca teria sido intencionalmente

---

Gonet. *Curso de Direito Constitucional*. 2015. p. 1340 e seg; LEAL, Roger Sitefelman. *O Efeito Vinculante na Jurisdição Constitucional*. São Paulo, 2006.

11. CALLEJÓN, Francisco Balaguer. ult. loc cit, p. 265 e seg.
12. Intervenção do Presidente da República de Portugal na sessão comemorativa do XX Aniversário do Tribunal Constitucional (27.11.2003).
13. SOUZA JÚNIOR, Cezar Saldanha. *O Tribunal Constitucional como Poder*. São Paulo: 2002. p. 122 e seg.
14. FAVOREAU. Louis. In: AAVV *La jurisdición Constituticional en Iberoamerica*. Madrid. p. 106 e seg.

criado como quarto poder acima dos restantes, pois o Legislativo, investido numa legitimidade popular, jamais admitiria essa possibilidade. No dia em que a Justiça Constitucional se arrogue a um *status* de poder que exerça parcelas relevantes das demais funções, numa posição ilimitada de supremacia, será extinto ou reformado pela vontade democrática.

Ainda assim, seja pela "força dos factos" que têm atribuído uma *vis expansiva* aos seus poderes, seja pela capacidade de determinar os contrafortes da sua competência (Komopetenz/Kompetenz), certos órgãos de Justiça Constitucional passaram a legislar materialmente e a moderar os restantes poderes com o pretexto de interpretar da Constituição.

A Justiça Constitucional emerge, neste contexto, como quarto poder de fato e não de Direito numa lógica crescentemente ativista, cujo longo alcance, como aquele a que chegou o STF brasileiro, toca todas as funções do Estado. Os Tribunais Constitucionais guardiões da separação de poderes, *the least dangerous branch*, passam a protagonizar o mais sério desafio contemporâneo a essa separação.

2. O princípio da separação de poderes ainda é o que era?

O princípio da separação de poderes nasceu com a "Glorious Revolution" no Século XVIII e foi teorizado por Locke e por Bolingbroke no quadro de uma monarquia mista, incorporando institucionalmente na lógica aristotélica e polibiana os elementos monárquico, aristocrático e democrático, a qual garantiria os valores primaciais da segurança, propriedade e da liberdade individual, constituindo um obstáculo contra a tirania[15].

Montesquieu na linha da sua interpretação sobre o funcionamento da monarquia constitucional inglesa, foi o seu grande estudioso e divulgador, tendo-o transformado até ao momento presente, em axioma e em critério estruturante do Estado de direito democrático[16].

Radicado numa teleologia de limitação de poder como fundamento de um modelo de Estado Constitucional construído em oposição ao Estado Absolutista, o princípio foi plasmado na arquitetura de poderes da Constituição norte-americana de 1787 e ulteriormente erigido pelo art. 16º da Declaração dos Direitos do Homem e do Cidadão de 1789, dos revolucionários franceses, a pressuposto existencial de uma Constituição: Estado que não consagrasse a separação de poderes nem reconhecesse os direitos fundamentais das pessoas não teria Constituição.

---

15. Em geral PIÇARRA. Nuno. *A Separação dos Poderes como Doutrina e como Princípio Constitucional*. Coimbra:1999; FERREIRA FILHO, Manoel Gonçalves. *Curso de Direito Constitucional*. São Paulo: 2008, p.134 e seg.
16. MONTESQUIEU. *De l'Esprit des Lois*. Paris: 1987; AMARAL JR, José Levi do. *Sobre a Organização de poderes em Montesquieu*. São Paulo: Revista dos Tribunais, 2008. p. 53 e seg.

O princípio ainda pontifica como critério estruturante, mas com evoluções significativas. Quatro razões afastam na atualidade, a leitura da divisão de poderes oitocentista (radicada na distribuição de uma função por cada órgão soberano) em relação ao paradigma da separação de poderes no Estado constitucional de direito do tempo presente.

2.1. Mutações na morfologia do princípio da separação de poderes derivadas de transformações nas funções e nos fins do Estado

1º. Acesso dos governos à atividade legislativa. O princípio da divisão de poderes, como estrita divisão orgânica de funções, deixou há muito de operar na base desse entendimento, pois registou-se, já no século XIX, mas sobretudo no Século XX, uma partilha da Função legislativa entre o Parlamento e o Executivo.

A própria prática constitucional norte-americana, acabou desde há muito por derrogar esse critério de separação estrita da função legiferante, na medida em que a sua interpretação feita pelos tribunais, consente autorizações legislativas do Congresso ao poder Executivo. Do mesmo modo, desde há quase um século que na Europa as constituições atribuíram aos Governos, competências legislativas, delegadas ou sob a forma de decretos-leis de eficácia transitória (medidas provisórias) para obviar a lentidão parlamentar e permitir a efetivação das tarefas do Estado Social[17].

2.º A liberdade conformadora do constituinte para configurar diversas modalidades ou formas de expressão da separação de poderes. A ordenação das funções do Estado afere-se, não em função de um arquétipo teórico fixo ou rígido, mas sim em razão da arquitetura orgânica estabelecida por cada Constituição em concreto, o que exclui a ideia de uma separação estrita de funções públicas por órgãos necessariamente distintos[18]. O constituinte tem liberdade para equacionar diferentes combinações de poderes, contanto que as mesmas não subvertam o princípio na sua componente nuclear.

3.º Teoria do núcleo essencial. A ideia de flexibilidade da incidência do princípio, de acordo com a configuração própria de cada Constituição, tem os seus limites, sob pena de subversão de um critério estruturante e inseparável do *ethos* do Estado de direito democrático. A arquitetura constitucional deve reconduzir a essência da função do Estado ao órgão de poder prototípico que, por natureza, deve ser titular do núcleo essencial dessa função. Não será admissível que os órgãos que exercem o primado de uma função, o viessem a perder em favor de outro órgão a quem coubesse, em tese, o primado de uma função distinta. O

---

17. MORAIS, Carlos Blanco de. *Curso de direito Constitucional.* Coimbra, 2015, v. I. p. 52 e seg.
18. PIÇARRA. Nuno. ult. loc cit, p. 262 e seg.

"centro de gravidade" do princípio radica em três dos seus pilares axiológicos fundacionais: a partilha do poder político por uma pluralidade de titulares como forma de o limitar; a preclusão de uma concentração omnicompetente do poder "numa só mão"; e a proibição ingerências de certos órgãos no objeto medular das competências de outros[19].

Uma Constituição que tolere que um órgão exerça materialmente funções alheias, sob o manto formal do exercício de funções próprias, não respeita a teleologia do princípio da separação de poderes.

A nenhum órgão soberano podem ser cometidas funções de que resulte quer o "esvaziamento" das funções materiais atribuídas a outro órgão, quer a intromissão no círculo indisponível das funções que, por razões de essencialidade material, devam pertencer àquele. A identificação do "núcleo essencial" do princípio, que na Constituição portuguesa se encontra protegido por um limite material de revisão constitucional (alínea j do art. 288.º) e no Brasil no art. 60, §4.

"Omnipotência ou tirania parlamentar maioritária", "cesarismo plebiscitário do Executivo" ou "governo de Juízes" constituem degradações ou manifestações patológicas do Estado democrático, sempre que se relativize, para além do admissível a nível da distribuição e exercício de competências soberanas, o núcleo essencial de cada uma funções estaduais à luz do princípio da separação de poderes. Trata-se de algo paralelo ao discurso aristotélico da corrupção da monarquia em tirania, da aristocracia em oligarquia e da democracia (*Politeia*) em demagogia.

4º *A complementaridade incindível entre separação e interdependência de Poderes.* O princípio da interdependência de poderes (n.º 1 do art. 111.º *da Constituição portuguesa),* é "dimensão negativa do princípio da separação de poderes" (Ac. n. 214/2011 do TC). Tendo em consideração que, só o "poder limita o poder", como sustentou Montesquieu, para sublinhar a inevitabilidade da comunicação entre poderes separados, regista-se que a limitação da autoridade ocorre por força dos controlos interorgânicos (freios e contrapesos), que os órgãos soberanos exercem entre si.

3. Tipologia das tensões em sede de separação de poderes protagonizadas pela Justiça Constitucional

Entre o chamado "diálogo" e o enfrentamento, vários são os tipos de tensões entre os Tribunais Constitucionais e os restantes órgãos de soberania, por efeito das quais se delimitam sempre, entre avanços e recuos, traçados fronteiriços móveis entre os poderes instituídos. A intensidade variável inerente a este tipo de tensões pode dar uma ideia do importante poder cassatório e interpretativo que foi sendo

---

19. Sobre a teoria do núcleo essencial, vide CANOTILHO, Gomes. *Direito Constitucional e teoria da Constituição.* Coimbra: 2003. p. 553 e ss.

acumulado pela Justiça Constitucional, as suas partidas de "parada e resposta" com o legislativo, as suas tentações de poder moderador e a vertigem jupiteriana de senhorio da Constituição que pode propiciar com uma dura contrarreação do poder político representativo e a captura ou neutralização o Tribunal Constitucional, como na Polônia e Hungria.

3.1. Tensões de baixa intensidade

Trata-se de decisões que envolvem insatisfação do legislador por fulminarem as suas políticas públicas de eleição ou por produzirem um efeito desfavorável num litígio que os opõe a outros poderes do Estado e de que resulta um acatamento das mesmas sentenças a contragosto ou a formulação pública de discordâncias, pese que respeitosas, em relação à Justiça Constitucional.

3.1.1. No exercício comum da atividade de controlo

É facto banal que diversas políticas públicas sustentadas pelos Governos ou por maiorias parlamentares sejam invalidadas pelo Tribunal Constitucional, muitas vezes em contextos divisivos entre os juízes e com discordâncias interpretativas por parte de órgãos políticos. Em Portugal e no Brasil, é comum a prolação deste tipo de decisões e o Executivo ou os deputados da maioria costumam exibir sangue frio, afirmando respeitar a decisão do Tribunal Constitucional mas exprimindo o seu diverso entendimento sobre a matéria. O facto de os fundamentos da decisão jurisdicional traçarem orientações para o futuro sobre o que será, ou não, constitucionalmente permitido, nem sempre é encarado pelo legislador como uma bússola auxiliar mas como uma intrusão na função legislativa, operando materialmente essas orientações como normas-quadro do Judiciário que o mesmo legislador deve respeitar sob pena de ver as suas futuras leis invalidadas.

3.1.2. Em decisões que arbitram conflitos entre poderes

Outras vezes a atividade do Tribunal Constitucional assume um papel arbitral entre poderes desavindos, nem sempre compreendido pela parte vencida quanto ao desfecho efetivo do processo.

Em junho de 2016, nos Estados Unidos da América (EUA), um STF dividido invalidou uma *executive order* de Obama que impedia a deportação de 4 milhões de imigrantes ilegais sem registo criminal e com filhos nos EUA. O Presidente manifestou em conferência de imprensa a sua frustração pelo fato de o STF não ter decidido sobre a questão de mérito substancial, mas por razões presas à inconstitucionalidade orgânica.

No Brasil, a reedição sucessiva de medidas provisórias levou à prolação da ADI MC 293 de 1990, na qual se decidiu que se a medida provisória não fosse convertida em lei pelo Congresso, a vontade deste devia preponderar e o Executivo não deveria insistir na reedição da norma, em nome da harmonia e independência dos poderes. Esta arbitragem levou à adoção da Emenda Constitucional nº 32/2001 que limitou a reedição.

Foi também, no Brasil, o caso da admissibilidade do regulamento delegado, não previsto na Constituição, arbitrada em favor do Executivo (ADI 2.387).

3.2. Tensões de intensidade moderada

Estamos diante de decisões que criam desconforto no legislador, pelo fato de a Justiça Constitucional entrar na sua seara de competência através de decisões ativistas, ou que propiciam mal-estar na Justiça Constitucional pelo fato desta ser desafiada por outros poderes na esfera do Judiciário (conflitualidade endógena) que não cumprem em parte as suas decisões e exibem uma orientação claramente contrária. Vejamos alguns exemplos.

3.2.1. Decisões de mutação constitucional sem reação imediata dos poderes afetados

As mutações constitucionais supõem alteração no sentido dos preceitos de uma Constituição sem modificação do texto, por via de práticas derrogatórias, costumeiras ou interpretativas, assumindo a nova materialidade normativa conteúdo inovador. Dado tratar-se de alterações informais da Constituição que contornam o processo de emenda, alguma doutrina considera-as inválidas se assumirem um conteúdo primário que afronte o texto da Lei Fundamental.

No Brasil, por força da ADI 4277 e a ADPF 132, o STF considerou constitucional a união entre pessoas do mesmo sexo, por força de uma interpretação conforme que, em tese, não teria aplicabilidade no caso em julgamento, derrogando-se a regra constitucional de que o instituto da união estável envolveria apenas pessoas de sexo diferente e criando, na opinião de Manuel Gonçalves Ferreira Filho, uma mutação constitucional[20].

Seria, também, o caso do HC 82.959 sobre os crimes hediondos, se tivesse vingado o entendimento de dois ministros do STF que sustentaram a ocorrência de uma mutação[21] que teria, em controle concreto da constitucionalidade, reduzido o papel do Senado a um órgão de comunicação (perdendo o poder de suspensão de

---

20. FERREIRA FILHO, Manoel Gonçalves. *Da Validade e Legitimidade das Mutações Constitucionais*. AAVV *Mutações Constitucionais*. Org. Gilmar Mendes; Carlos Blanco de Morais. São Paulo, 2016. p. 330.
21. Sobre este assunto, vide a posição de MENDES, Gilmar Ferreira. Limite entre Interpretação e Mutação: análise sob a ótica da jurisdição constitucional brasileira. In: *Mutações* (...). ult. loc cit, p. 203 e seg.

lei inconstitucional em favor de efeitos ampliados atribuídos a decisões do STF). Não houve reação do Senado, que não abdicou, todavia, do seu poder explicito de suspensão. Trata-se de um conflito adiado que pede uma emenda sobre desejáveis efeitos *erga omnes* das decisões do STF em controlo concreto incidental.

3.2.2. Tensão entre órgãos do poder judicial com overruling de decisões manipulativas da Justiça Constitucional pelos tribunais ordinários

É, em Itália, o caso das reações dos tribunais comuns (formuladas através da Corte Cassazione) à interpretação conforme à Constituição e às sentenças aditivas criativas, proferidas pelo Tribunal Constitucional italiano, formalizadas na recusa de aplicação da componente normativa dessas sentenças. O conflito foi solucionado com recuo do Tribunal Constitucional que passou a restringir a interpretação conforme (que cedeu em caso de existência de "direito vivente" não inconstitucional)[22] e que limitou as decisões aditivas ao universo daquelas que revelassem natureza constitucionalmente obrigatória[23].

3.3. Tensões de intensidade elevada

Estamos diante de conflitos que deixam cicatrizes na Constituição, no sistema político e na interdependência de poderes.

Trata-se de enfrentamentos entre a Justiça Constitucional e outros poderes estatais que se traduzem ou num "braço de ferro" sobre quem tem a última palavra, compreendendo o *overruling* de sentenças por emendas constitucionais em ambiente por vezes crispado; ou por atos de desobediência dos restantes poderes não jurisdicionais ante decisões do Tribunal que estimem como abusivas ou intrusivas; ou por ataques verbais duros do Executivo e Legislativo à Justiça Constitucional com impactos futuros na legitimação ou confiança institucional neste último órgão.

Vejamos, pois.

3.3.1. Inviabilização de política pública com resposta do órgão político em sede de emenda constitucional (overruling legislativo de decisão da Justiça Constitucional)

Cumpre mencionar em França, a Decisão do Conselho Constitucional (CC) 93-325 de 1993, em que uma Lei que endurecia medidas contra imigração ilegal,

---

22. Cfr ZAGREBELSKI. *La Dottrina dil Diritto Vivente I Strumenti e Tecniche di Giudizio della corte Costituzionale*. In: AAVV *Atti del Convegnio di Trieste di 1986*.Milani:1998.
23. Cfr em geral MAZZAROLLI; Ludovico *Il Giudice delle Leggi tra Predeterminazione Costituzionale e Creativitá*. Padova, 2000.

retirava prestações sociais a imigrantes ilegais, e determinava certas condições de expulsão (*Lei Pasqua*) foi julgada inconstitucional com base nos princípios em matéria de asilo. Registou-se uma reação irada do poder político contra o Presidente do CC e a aprovação de emenda constitucional condicionando os termos do direito de asilo e facilitando nova lei.

Nos Estados Unidos da América, quatro aditamentos à Constituição teriam ocorrido como efeito de controvérsias e desentendimentos com a jurisprudência do STF.

Um deles teria sido a 16.ª emenda relativa ao imposto sobre o rendimento, que quebrou a jurisprudência do caso *Pollock vs Farmers Loan and Trust*.

No Brasil, de entre vários casos, surge a inconstitucionalidade (STF RE 680.089) do imposto de circulação de mercadorias IMCS cujo protocolo foi julgado inconstitucional por violação ao art. 155 §, VII, b. O Congresso reagiu e com a emenda 97/2015 e alterou o referido artigo da Constituição.

Noutro caso, o STF declarou a inconstitucionalidade da Lei de coligações eleitorais erigindo a sua verticalização, entendendo que a coligação federal deveria ter réplica em estados e municípios. O Congresso reverteu através de emenda tendo o STF evitado o braço de ferro.

Finalmente, no caso da "vaquejada", a Lei 15.299/2013 do Ceará, sobre uma prática tradicional que envolve alguma violência sobre animais foi declarada inconstitucional na ADI 4983/CE, tendo o Congresso superado por *overruling* esta decisão, editando a Emenda Constitucional 96/2017. Posteriormente a própria emenda foi impugnada junto do STF pelo Procurador Geral da República, iniciando-se um braço de ferro sobre quem dispõe da última palavra.

3.3.2. Declaração de inconstitucionalidade de emendas constitucionais

No Universo Europeu e dos EUA não parece haver precedentes de declarações de inconstitucionalidade de emendas constitucionais. A ocorrer envolveria um conflito de expressiva intensidade. O princípio democrático impõe que num conflito entre um Tribunal Constitucional e o Parlamento este possa ter a última palavra através da aprovação de uma emenda por maioria qualificada e largo assentimento interno. Apenas situações extremas de violação ostensiva de cláusulas pétreas poderiam justificar a invalidade de atos do poder constituinte derivado.

Sucede que o Brasil é uma exceção. Existem emendas julgadas inconstitucionais e outras ameaçadas pelo STF com inconstitucionalidade. O primeiro foi o caso da reforma da previdência aprovada pela Emenda 41/2003, que foi julgada inconstitucional com fundamento em violação de direito adquirido. Ainda assim o grau de tensão fáctico foi baixo na época, atenta a debilidade do Congresso. Duvida-se que, presentemente, o desfecho fosse igual.

Voltando ao anterior caso da "Vaquejada", o possível derrube da Emenda Constitucional 96/2017 pelo STF com base numa cláusula pétrea que não é objetivável, poderia criar um foco sério de tensão institucional, pois seria lido como o *overruling* do *overruling* e uma luta ácida pela última palavra.

3.3.3. Tribunal em ostensiva divergência com as políticas públicas do Executivo em tempo de crise financeira e atuando como poder moderador

No ano de 2012, o Tribunal Constitucional português proferiu uma decisão referencial, o Ac. 353/2012, que recaiu sobre medidas centrais de austeridade do novo Governo de centro-direita. O aresto em causa personificou uma mudança de orientação estratégica do Tribunal relativamente ao escrutínio de medidas de rigor que afetassem direitos sociais[24].

Estava em causa, no Orçamento de Estado para 2012, a suspensão dos subsídios de férias de Natal aos trabalhadores da função pública, como meio extraordinário de redução da despesa, cumulada com a redução salarial do OE do ano anterior. O Tribunal proferiu uma decisão de inconstitucionalidade, *cuja importância relevou, não tanto pelos seus efeitos diretos, que não foram nenhuns, mas pela sinalização que lançou ao legislador sobre os critérios que adotaria futuramente no escrutínio de medidas idênticas em próximos exercícios orçamentais.*

Assim, o Tribunal traçou as seguintes linhas de orientação:

i) É reconhecida uma situação de "grave emergência financeira" à luz das obrigações internacionais do Estado Português constantes do PAEF (programa de resgate), que justificaria as restrições a direitos salariais, embora sujeitas a uma vigência transitória, coincidente com os três anos de duração do programa.

ii) Foi, igualmente, reconhecida, na linha do Ac. n.º 396/2011, alguma desigualdade legítima na repartição de sacrifícios entre os trabalhadores do setor público e do setor privado, relativamente ao esforço de equilíbrio das contas públicas, em detrimento dos primeiros por receberem verbas públicas, devendo, contudo, a lei evitar *"uma repartição de sacrifícios excessivamente diferenciada";*

iii) No caso vertente, essa repartição envolveria o equivalente a uma diferença no valor de dois vencimentos cumulada com os cortes salariais oriundos do OE do ano precedente, em detrimento dos trabalhadores públicos, o que seria inconstitucional por violar uma medida de valor que, futuramente, haveria de escrutinar as medidas restritivas dos direitos dos funcionários públicos: *a igualdade proporcional;*

---

24. MORAIS. Carlos Blanco de. *Curso* (…).1014- v. II. p. 709; AAVV *O Tribunal Constitucional e a Crise*, org. Gonçalo Almeida Ribeiro; L. Pereira Coutinho. Coimbra, 2014; NOVAIS, Reis. *Em Defesa do Tribunal Constitucional:* resposta aos Críticos. Coimbra:2014.

iv) Sendo declarada a inconstitucionalidade da medida, o Tribunal *restringiu os efeitos da decisão para o passado e futuro,* permitindo a vigência das medidas inválidas durante o ano económico, com fundamento em interesse público de excepcional relevo, atinente ao equilíbrio orçamental ditado pelas obrigações internacionais do Estado;

v) O Tribunal lançou as sementes da controvertida tese, segundo a qual, por força de uma situação de exceção e urgência, as restrições a direitos seriam transitórias e que, com o passar do tempo, as mesmas tornar-se-iam gradualmente menos admissíveis, cabendo ao legislador lançar mão de outras medidas alternativas para equilibrar as contas públicas.

A sentença operou como *um tiro de advertência que não terá sido entendido pelo legislador* e implicou um virar de página na relação deste com o Tribunal.

Num segundo momento (2013/2014), houve uma elevada alta tensão institucional no contexto do julgamento sistemático da inconstitucionalidade de políticas públicas, dado que a maioria parlamentar apresentou um novo OE de rigor para o ano de 2013, com um corte salarial de valor equivalente a pouco mais de um subsídio de férias incorporado na remuneração dos funcionários públicos.

Contudo, o Tribunal Constitucional, através do Ac. 187/2013, declarou a inconstitucionalidade dessa e de outras normas do mesmo ato, deixando ao Governo o ónus de encontrar 1.300 milhões de euros para equilibrar as contas públicas.

Neste aresto, uma vez mais, o critério da *igualdade proporcional* serviu de medida de valor para julgar a invalidade dos sacrifícios impostos aos trabalhadores em funções públicas para restrições a salários, o Tribunal redefiniu o caráter *temporário do critério da exceção financeira* como causa, para dar a entender que as medidas restringentes ou suspensivas de direitos fundamentais seriam políticas temporárias.

O Ac. 187/2013 provocou, nas suas sequelas, uma crise política. O Primeiro-Ministro terá ameaçado demitir-se e acusou o Tribunal Constitucional de impedi-lo de cumprir as suas obrigações externas para com os credores, conduzindo o país a um segundo resgate. Posteriormente a esta situação, verificou-se a demissão do Ministro das Finanças e, subsequentemente, do Ministro dos Negócios Estrangeiros gerando-se uma quase rutura na coligação.

O Ac. 474/2013 sobre despedimentos na função Pública levou o Primeiro-Ministro a reagir nestes termos: *"Já alguém perguntou aos 900 mil desempregados de que lhes valeu a Constituição até hoje?".* E, previamente à prolação do Ac. n.º 862/2013, sobre redução de pensões, setores afetos à maioria mobilizaram então entidades credoras, banca e grupos económicos. Multiplicaram-se, então, pressões internas e externas ao Tribunal Constitucional. *Christine Lagarde,* a diretora-geral do Fundo Monetário Internacional (FMI), afirmou, na conferência de imprensa anual conjunta do FMI e do Banco Mundial, em Washington, que Portugal tem "uma dificuldade particular", que é "a visão do Tribunal Constitucional sobre o que é ou não constitucional". Em outubro de 2013, foi divulgada na imprensa económica uma Carta do representante da União Europeia em Lisboa dirigida à Comissão Europeia sobre a conduta do Tribunal Constitucional: é um Tribunal Constitucional ativista comparado com qualquer outro Tribunal Constitucional que eu conheça". E continuou: Qualquer ativismo político do Tribunal Constitucional nesta fase, com o chumbo de algumas medidas do Orçamento do Estado para 2014, pode provocar um segundo pedido de resgate. Aproximando-se o escrutínio de mais dois diplomas, um dos quais a redução de 10% dos salários dos servidores públicos, o Presidente da Comissão europeia disse "temos o caldo entornado" em Portugal caso se verifique instabilidade e falta de responsabilidade de todos os órgãos de soberania" referindo-se indiretamente ao Tribunal Constitucional.

O Governo afirmou não ter plano B para compensar os 400 milhões oriundos dos cortes. Dias antes do Acórdão, a mesma imprensa relatou que o Tribunal Constitucional teria sido objeto de conversa entre o Primeiro-Ministro e a Chanceler alemã, com reproduções do diálogo.

Frente ao Ac. n. 413/2014 relativo ao OE para 2014, também julgado inconstitucional, o Primeiro-Ministro declarou que os juízes do Tribunal Constitucional deveriam ser mais bem escolhidos e uma Vice-Presidente do principal partido do Governo advertiu que o Tribunal Constitucional deveria confrontar a Constituição com o direito europeu. Pese as críticas e ameaças públicas de novo resgate, o fato é que o "Apocalipse" não sucedeu e o Governo viu-se forçado a compensar, sucessivamente, através da previsão de novas medidas de austeridade, as verbas que não logrou obter através das normas julgadas inconstitucionais. Um corte de relações políticas entre o Governo e a Justiça Constitucional, convertida em poder moderador, terá estado pendente.

Uma das consequências a termo deste ciclo ativista foi a distância do novo Presidente da República, Marcelo Rebelo de Sousa, em relação ao Tribunal Constitucional, que vislumbrou como um rival no exercício do poder moderador. Em dois anos do seu consulado o Presidente não enviou um único diploma para a Justiça Constitucional. Algumas reservas foram percepcionadas, igualmente, por parte do Governo socialista, sobretudo em 2018, a propósito de uma decisão de *non liquet* sobre as carreiras de professores. O Tribunal no ano de 2019 esmaeceu o seu protagonismo e é uma sombra do que foi em 2012/2015 quando se auto alcandorou, como se disse, a poder moderador.

3.3.4. *Intromissão da Justiça Constitucional na organização interna dos outros poderes*

A Jurisprudência do Supremo Tribunal Federal brasileiro criou materialmente um verdadeiro processo de controlo preventivo da constitucionalidade dos projetos de emenda constitucional (PEC) que violem as cláusulas pétreas, quando no Mandado de segurança 20.257/DF (Ministro Marco Aurélio) foi admitido que os parlamentares pudessem impetrar um mandado desta natureza que impedisse a tramitação no Congresso de proposta de Emenda que não observe os sobreditos limites materiais. No futuro, este precedente ativista de validade duvidosa poderá geral conflitos sérios entre STF e Congresso.

Por outro lado, noutro domínio, a Mesa do Senado desacatou em 2016 em tom de desafio, uma liminar (ordem judicial cautelar) que impunha que o Presidente do Senado, Renan Calheiros, levado a julgamento pelo STF sob a acusação de peculato, se afastasse da presidência deste órgão. O Plenário do STF acabou por revogar a decisão do ministro (o qual, no caso não poderia ter decidido a liminar individualmente), mas o desacatamento ostensivo da decisão representou uma incomum reação do legislativo contra um Supremo todo-poderoso.

Pode igualmente convocar-se o exemplo da ADPF sobre o impeachment do Presidente Temer, tendo um ministro do STF determinado à Câmara de Deputados, em 2016, que criasse comissão especial para a abertura do processo no Congresso. O Congresso declarou que decidiria em plenário, o qual não foi reunido sobre a matéria não sendo cumprida a decisão.

3.4. Tensões de alta intensidade

Estamos diante de enfrentamentos que evocam verdadeiras "guerras entre poderes" com impacto na sociedade civil e opinião pública, e que podem gerar roturas institucionais, seguidas de potenciais reformas que desvitalizem ou capturem politicamente a Justiça Constitucional. Usualmente, estas situações decorrem ou do abuso omnipotente do legislativo ou de manifesta falta de bom-senso por parte dos tribunais constitucionais, cegos pelo seu poder cassatório ou conformador.

3.4.1. A ameaça de Court Packing nos Estados Unidos

O *New Deal* e as suas medidas económicas e sociais foi resistido pelo STF norte-americano, mediante a ação de um núcleo de juízes conservadores, os "4 cavaleiros do Apocalipse", que invalidara diversas leis que concretizavam essa política intervencionista do Presidente Roosevelt. Este usou uma reeleição e renovação do Congresso para operar um "plebiscito" contra o STF. Vitorioso, o Presidente ameaçou reformar o órgão, aumentando o número dos atuais 9 juízes (*Court Packing*)[25], e alterando a composição num sentido politicamente favorável (detinha maioria parlamentar para designar novos juízes). Houve relutância do Congresso em aprovar essa emenda e gerou-se um compromisso, em que o STF

---

25. Cfr. ACKERMANN, Bruce. *We the People:* Transformations. Harvard U. Press, 1998. p. 24 e seg e 335 e seg.

decidiu autolimitar-se, deixando de escrutinar as políticas sociais e evitando um quadro de crise institucional.

3.4.2. Enfrentamento entre o Tribunal Constitucional espanhol e o Supremo Tribunal de Justiça

Em Espanha, o recurso de amparo nunca foi bem "digerido" pelo poder judicial ordinário perante um Tribunal Constitucional menos contido que o seu homólogo alemão em invalidar sentenças de tribunais superiores, violadoras de direitos de liberdade[26]. Em 1994, a propósito de um conflito interpretativo em que o Tribunal Constitucional teria sentenciado aos tribunais cíveis que impusessem uma prova de paternidade, a 1ª Sala do Supremo Tribunal de Justiça (STJ) apresentou uma inédita queixa ao Rei (a quem apelou, como se um poder moderador se tratasse) contra o Tribunal Constitucional, acusando-o de invadir competências dos tribunais comuns.

Diversas decisões do STJ recusaram, posteriormente, cumprir interpretações ousadas do Tribunal Constitucional quando este anulou decisões suas ao abrigo do amparo.

Em 2004, o conflito extremou-se, quando 3 ex-presidentes do Tribunal Constitucional publicaram um artigo com o título "Uma Crise constitucional", porque o STJ aplicou uma multa a três juízes do órgão de Justiça Constitucional por terem praticado um erro grosseiro no julgamento de um recurso de amparo. A crise foi bem mais séria do que a que foi reportada na tensão entre a Justiça Constitucional italiana e os tribunais ordinários.

3.4.3. As crises polaca e húngara

No ano de 2015 um Partido Liberal progressista na Polônia, pressentindo que iria perder eleições, fez eleger à "boca das urnas" cinco juízes, substituindo ilegalmente dois, cujos mandatos só terminariam depois das eleições. O Presidente Polaco (conservador) recusou juramentar esses juízes.

O novo Parlamento considerou a nomeação anterior inconstitucional, nomeou novos cinco juízes e aprovou uma lei que fixava um termo de mandato para o Presidente e Vice-Presidente do Tribunal Constitucional, da confiança da anterior coligação, fixando, ainda, um termo de mandato para dois juízes em exercício.

O Tribunal Constitucional respondeu, julgando a lei inconstitucional, recusando a nomeação dos cinco juízes eleitos pelo Parlamento e declarando válida a eleição feita na legislatura anterior. O Presidente da Polônia recusou juramentá-los

---

26. Cfr. FERNANDEZ, Itzar Gomez. *Una Nuova Legge Organica per il Tribunal Constitucional. Quaderni Costituzionali* -3-2007. p. 645 e seg.

(dizendo que o número de juízes excedia o constitucionalmente estipulado) e o Partido no poder (o conservador PIS) questionou a maioria da deliberação do Tribunal e avançou com uma reforma do mesmo: 13 em vez de 15 juízes e decisões de inconstitucionalidade tomadas por maioria de dois terços. O Tribunal Constitucional declarou a reforma inconstitucional e o poder governamental considerou a decisão não válida, recusando publicá-la.

Em consequência eclodiram manifestações de um lado e de outro, críticas internacionais da União Europeia seguidas de ameaças de sanções.

O mandato do Presidente do Tribunal Andrzej Rezplinski expirou entretanto, o Parlamento aprovou uma nova lei que permite à maioria nomear um novo Presidente e alterar o número de membros, a nova Presidente tomou posse e com o equilíbrio alterado entraram mais 3 juízes da confiança do Governo. A Justiça Constitucional saiu debilitada deste confronto, falando-se da sua neutralização e captura pela atual maioria.

Na Hungria, em 2010, depois de o Tribunal Constitucional invalidar uma lei consagradora de um tributo, o Parlamento dominado pelos conservadores aprovou uma emenda que restringia os poderes do Tribunal em matéria financeira. O Parlamento alterou a Constituição limitando os poderes do Tribunal em matéria financeira e fiscal e aprovou novamente o imposto. O Tribunal Constitucional invalidou a lei, de novo, em 2011, considerando que violava o princípio da retroatividade fiscal e dignidade da pessoa humana. O facto de o Parlamento, com a nova reforma, ter passado a ser o órgão competente para a nomeação dos juízes permitiu que o Tribunal visse restringido o seu poder de controlo, falando-se em captura do tribunal pelo partido no poder, o FIDEZ.

4. **Nota sobre o ativismo da Justiça constitucional e historial da ineficiência dos remédios dos órgãos políticos para o conter: a experiência norte-americana**

    Nos Estados Unidos, ciclos houve em que os juízes do STF sufragaram uma ideologia dinâmica de interpretação radicada no construtivismo, na "jurisprudência dos valores" e no próprio realismo, tendo o Supremo e outros tribunais inaugurado consulados ativistas que antecederam e até lideraram ulteriores processos de reformas legislativas.

    Assim, durante a Presidência de Earl Warren (1953-1969), o STF convocou a 14ª emenda (igualdade) para, no caso *Brown vs. Board of Education* julgar a inconstitucionalidade da segregação racial nas escolas (*separate but equal*). No caso *Levy vs. Louisiana, o STF* usou essa emenda *para* julgar inválida uma lei que discriminava filhos ilegítimos órfãos em relação a prestações sociais (*Caso Memmoirs vs Massachussets*). Tratou-se de um ativismo moderado que se moveu dentro da órbita da raiz de princípios dotados de um nexo de conexão com as controvérsias.

Já jurisprudência do Tribunal Earl Burger deu um salto em frente (1969-1986) para sufragar a controvertida validade das ações afirmativas raciais, com quotas universitárias para negros (*University of California vs. Bakke*). Transfigurou-se, por outro lado, o princípio do *devido processo* na sua dimensão material, através da decisão relativa ao caso *Roe vs. Wade*, de forma a admitir o direito ao aborto por vontade da mulher

Mais recentemente, com o Tribunal Roberts, destacou-se a decisão de não julgar a inconstitucionalidade do *Obamacare* e, sobretudo, o entendimento que leis proibitivas de casamentos entre homossexuais e leis que permitiam orações nas escolas eram inconstitucionais, decisões que geraram expressiva controvérsia.

John Hart Ely, na doutrina, foi um forte crítico do ativismo do STF na era Burger, e considerou, a propósito do caso *Roe vs. Wade* que o direito ao aborto não estava, implícita ou explicitamente, previsto na Constituição americana e que "valores" e princípios sem objeto definido como a dimensão material do *due process* corriam o risco de ser transformados em qualquer coisa que o STF pretendesse, almejando este órgão alterar inovadoramente a consciência coletiva através de uma forma inadmissível de paternalismo judicial [27]. Sendo, em tese, possível consagrar normativamente o direito considerado, semelhante requesta apenas poderia ser satisfeita pelo legislador.

Por seu turno, o Congresso reagiu ao ativismo do STF com tiros de pólvora seca.

Tal como descreveu Charles Gardner Geyh[28], os críticos do ativismo no Congresso propuseram remédios para contrariar a interferência do STF e dos tribunais nos poderes legislativos: redução orçamental ou retardamento de aprovações orçamentais; bloqueio de nomeações a juízes ativistas; alteração legal para suprimir a competência dos tribunais para se pronunciarem sobre questões eminentemente políticas; emendas constitucionais que desfizessem decisões ou alterassem o modo de designação dos juízes ou a competência dos tribunais; e ameaças de impeachment de juízes. Cumpre, contudo, recordar que uma boa parte destes remédios foi brandida sem ser utilizada e os que foram ativados tiveram resultados oscilantes.

Tirando as situações descritas em que a emenda ou ameaça de emenda se revelou a arma mais poderosa, o Congresso exibiu uma cultura de respeito pela jurisprudência do STF, mesmo com aquela com a qual maioritariamente discordava.

A reforma do STF (mormente o *Court Packing*) e sua ameaça é a última solução, nunca tendo sido levada a cabo.

---

27. HART ELY, John. *Democracy and Distrust*. Harvard U. press: 1980. p. 54 e ss., e p.87 e seg.
28. GEYH, Charles Gardner. *When Courts and Congress Colide - The Struggle for Control of America's Judicial System*. Michigan Press: 2006. p. 51 e s., 113 e ss. 171 e seg. 253 e ss.

A prática caminha antes no sentido da luta pela nomeação de juízes entre os blocos conservador e liberal-progressista. O caso do bloqueio da nomeação de juiz designado por Obama para substituir Scalia e a contestação rábica mas inútil, pela ala esquerda do Partido Democrata, contra a nomeação dois juízes conservadores pelo presidente Trump (Gorsush e, sobretudo Kavanough) demonstram que o STF se transformou num palco de luta ideológica e partidária. E o resultado não parece ser positivo no tocante à taxa de isenção, distância e independência que seria requerida à Justiça Constitucional norte-americana.

A tentativa de setores liberais e esquerdistas em potenciarem o ativismo judicial convertendo os tribunais constitucionais, desprovidos de legitimação democrática, em "quebra-gelos" de mudança ou em "veto-players" políticos, tem como efeito uma reação conservadora que utiliza a sua legitimação democrática para capturar, limitar ou neutralizar esses tribunais. A partidarização e governamentalização da Justiça constitucional é o efeito pernicioso gerado pelo ativismo e construtivismo.

5. Do respeito do princípio da separação de poderes pelos Tribunais Constitucionais e o problema da sua controlabilidade

É legítimo questionar o que se pretende dos Tribunais Constitucionais no século XXI, em face do balanço da experiência havida desde a sentença *Marbury vs. Madison* e a consolidação do modelo kelseniano na Europa, cem anos depois.

O que se pretende de um Tribunal Constitucional? Um Legislador negativo puramente cassatório? Um órgão cassatório, mas também corretivo? Um poder arbitral e moderador de conflitos políticos? Um poder supletivo do legislador escolhendo a melhor política pública e substituindo-o nas suas inações ou omissões?

A Constituição, e não a jurisprudência normativa dos próprios tribunais, deve conter resposta pois é a Constituição o estatuto fundamental da autoridade pública e a fonte da competências e dos limites a todos os poderes, neles incluído o Tribunal Constitucional.

Sendo um Tribunal, embora não como os outros e, por conseguinte, constituindo-se como poder autónomo na esfera da função jurisdicional, a Justiça Constitucional está, tal como os restantes órgãos soberanos, sujeita ao princípio da separação com interdependência de poderes. Como tal, a sua função não pode ultrapassar os limites próprios de uma autoridade de controlo de constitucionalidade, pois é esse controlo, e nada mais, que justifica a sua existência e fundamenta as suas atribuições.

Ora, dificilmente exercerá essa função de controlo, um Tribunal Constitucional que: decide inovar, afastando-se do programa político dos preceitos constitucionais e revelando normas "imanentes" e não decididas pelo legislador; quando adita novos e inesperados critérios de decisão a partir de princípios de objeto neutro; quando altera constante e abruptamente a sua jurisprudência em razão de casos concretos; quando retorce o sentido do direito decidido sem que haja amparo no texto; e quando atua como contrapoder na base de um viés ideológico ou partidário.

As Constituições não foram originariamente criadas para custodiar os Tribunais Constitucionais porque estes foram erigidos a defensores das mesmas Constituições. O constituinte entendeu que não seria suposto que órgãos jurisdicionais atuassem materialmente como um poder moderador, um legislador supletivo, um *"veto player"* político, um poder constituinte ou um poder de revisão. Muito menos como um poder vanguardista de transformação político-social.

Só que, a partir do momento que tal sucede, episodicamente ou com constância, emerge um problema crítico, não resolvido, no plano do respeito pelo princípio democrático e do princípio da separação de poderes, princípios que são limites materiais de revisão da Lei Fundamental.

Muitos afirmam que o ativismo de certos Tribunais Constitucionais, mesmo à margem e contra a Constituição, se faz in *culpa felix* porque desbloqueiam injustiças, suprem inércias, travam maiorias decisionistas, repõem a Justiça, renovam velhos textos constitucionais desfasados do presente, fazem cumprir as promessas sociais heroicas da Constituição e põem em marcha acelerada o Estado Social. Por isso merecem atenção e reserva as posições alguns que defendem um papel "contra majoritário, e iluminista" da Justiça Constitucional em conjunturas nas quais é preciso empurrar a história, porque, supostamente, em alguns momentos cruciais do processo civilizatório, a razão humanista precisa impor-se sobre o senso comum majoritário.

Sucede, porém, que nada nos garante que esse poder acumulado, incontrolado, vanguardista e autoconformador das suas prerrogativas não favoreça no futuro um "decisionismo" judicial passível de propiciar que casos idênticos sejam tratados de forma diferente; que em razão de uma paixão narcisista pelas suas próprias fórmulas se ative a insolvência do Estado à conta de um sistema "prestacional" financeiro desequilibrado; e que se gerira uma concentração anómala das funções do Estado "numa só mão". Uma concentração que lhe permita rever a Constituição, cancelar emendas, orientar o legislador, derrogar as leis com normas substitutivas travestidas em sentenças, superintender à Administração e revogar sentenças fora da esfera das questões de constitucionalidade.

Recordo a trilogia de Tolkien no "Senhor dos Anéis". Os anéis do poder foram dados aos Homens, aos Elfos e aos Anões, mas Sauron de Mordor, o Senhor das Sombras, forjou em segredo um anel ainda mais poderoso que dominaria os restantes. É esta ideia aristocrática de um poder que, ancorado na suposta vigília pelos direitos fundamentais, se arroga ao papel de motor da história em substituição do próprio povo e dos seus eleitos que causa apreensão e nos faz reler Tolkien.

São os representantes do povo que devem definir na Constituição e suas leis complementares que tipo de Justiça Constitucional pretendem e os Tribunais Constitucionais não podem, senão ajustar-se à vontade geral que determine essa definição, mediante reformas pertinentes. Uma reforma que conforme e recomponha os poderes dos tribunais constitucionais não pode ser, sem mais, percepcionada como um atentado ao estado de direito democrático, sobretudo se a recomposição de poderes operar na esfera de uma reforma global do Judiciário.

Em tempos marcados, em certos Estados, como o Brasil, por uma ascendência algo anómala da Justiça Constitucional, mandaria a prudência, em face de um novo ciclo político, que o mesmo custódio da Constituição se contenha nas suas funções e respeite a vontade do legislador, resistindo aos cantos de sereia dos que o querem converter em "veto-player" ou contrapoder.

A corda parte sempre pelo elo mais fraco e em tempos de necessidade, as recentes experiências norte-americana, polaca e húngara devem fazer os juízes meditar na virtude da autocontenção e nos efeitos inebriantes mas corrosivos do *vício narcotizante da soberba togada*, geradora de contrarreações do mundo político que têm como efeito indesejado, a partidarização, a domesticação, a desvirtuação ou a captura político-ideológica de uma Justiça Constitucional que se pretende independente, isenta e contida, na defesa da separação de poderes, da Democracia e dos direitos fundamentais.

6
ENTRE O DIREITO E A POLÍTICA: LIMITAÇÃO E LEGITIMIDADE DA ATUAÇÃO JURISDICIONAL

Carolina Fontes Vieira

Pós-Graduada pela Instituto Ius Conimbrigae da Universidade de Coimbra. Mestre em Ciências Jurídico-Políticas pela Universidade de Coimbra. Professora de Direito Constitucional das Faculdades do Brasil (Unibrasil) e da Escola da Magistratura do Estado do Paraná (EMAP). Juíza de Direito da Primeira Seção Judiciária da Região Metropolitana de Curitiba.

Sumário: 1. Introdução; 2. Ascensão do Poder Judiciário no Brasil; 3. Parâmetros de legitimação; 4. Considerações finais.

1. Introdução

É discurso comum – em especial no atual momento político[1] – que se deve manter uma nítida separação entre a esfera política e a jurídica[2]. Adota-se o posicionamento, em regra, de que a política é o espaço no qual vigora a soberania popular e o princípio majoritário[3]. No âmbito jurídico, ao contrário, vige a primazia da lei e do respeito aos direitos fundamentais.

---

1. Há duas notas temporais a serem realizadas. Este texto é redigido tendo como marco temporal o aniversário de 30 anos da promulgação do texto constitucional brasileiro. Aliado a isto, convive-se atualmente com um cenário de absoluta incerteza política, o que reflete não apenas no cenário econômico e social brasileiro, mas num acirrado debate político sobre ideologias (políticas e jurídicas) de todos os gêneros.
2. Há recente determinação do Conselho Nacional de Justiça recomendando que os Magistrados tenham cautela ao se manifestar sobre qualquer mensagem de cunho político. Para conferir na íntegra a referida recomendação acessar: [www.cnj.jus.br/busca-atos--adm?documento=3489].
3. Para uma compreensão específica sobre o brocardo política conferir: DIAS, Reinaldo. *Ciência Política*. São Paulo: Atlas, 2008. AMARAL, Diogo Freitas do. *História das ideias políticas*. Coimbra: Almedina, 2006, p. 19-28.

Trata-se de distinção usualmente indicada pelo formalismo jurídico[4], mas que não se sustenta no atual Estado Constitucional brasileiro. Não é mais possível conceber – se é que foi efetivamente possível em algum momento – a efetiva separação de esferas, em especial partindo-se da concepção de que o Direito nada mais é do que fruto de uma criação da política – seja do poder constituinte seja do processo legislativo regular -, ou seja, produto da criação da vontade das maiorias.

Aliado a este fato tem-se que a história brasileira é marcada – a despeito do tradicional sistema de freios e contrapesos[5] – pela preponderância de um poder sobre o outro[6]. Vale dizer, até o final da segunda guerra mundial vigorava, em grande parte dos países (assim como no Brasil) o chamado Estado legislativo de direito. Neste modelo estatal reinava a concepção de Constituição como um documento político, despido de normatividade e vinculatividade, o que se traduzia pela ausência de controle de constitucionalidade das leis pelo Judiciário e na supremacia da lei e do parlamento.

Esta preponderância do Poder Legislativo dá lugar, já nas décadas seguintes, as desmandos do Poder Executivo, como típico dos modelos antidemocratas[7],

---

4. Acerca da crítica ao formalismo jurídico neste ponto, conferir: "A atuação dos juízes e tribunais é preservada do contágio político por meio da independência do Judiciário em relação aos demais Poderes e por sua vinculação com o direito, que constitui um mundo autônomo, tanto do ponto de vista normativo quanto doutrinário. Essa visão, inspirada pelo formalismo jurídico, apresenta inúmeras insuficiências teóricas e enfrenta boa quantidade de objeções". BARROSO, Luís Roberto. Constituição, Democracia e supremacia judicial: direito e política no Brasil contemporâneo. *Revista da Faculdade de Direito da UFRJ*. Rio de Janeiro, v. 2, n. 21, jan.-jun. 2012.
5. O sistema de tripartição de poderes tem acompanhado a história brasileira desde a nossa segunda Constituição, com vinculação clara e direta no sistema de freios e contrapesos de Montesquieu, o qual teve inspiração nas obras de Aristóteles e John Locke. Visava assim, como em grande parte do Estados pós-absolutistas, na criação de mecanismos de controle do poder (pelo próprio poder), com vistas a evitar o retorno de governos absolutistas e na produção de normas tirânicas. Sobre o tema, ressalto que a teoria da separação dos poderes conhecida, também, como sistema de freios e contrapesos, foi consagrada pelo pensador francês *Charles-Louis de Secondat, Baron de La Brède et de Montesquieu*, na sua obra "O Espírito das leis", com base nas obras de Aristóteles (Política) e de John Locke (Segundo Tratado do Governo Civil), no período da Revolução Francesa.
6. "Apesar da Constituição de 1824 dispor sobre os Poderes Legislativo, Executivo e Judiciário, não existia nesse Texto Constitucional uma real independência e paridade entre os Poderes Públicos. O Poder Moderador exercido pelo Imperador tinha uma real supremacia sobre os demais. O Poder Moderador tinha a faculdade de alterar as sentenças prolatadas pelo Poder Judiciário". PRUDENTE, Wilson. *A verdadeira história do direito constitucional no Brasil*. Niterói: Impetus, 2009. v.1. p.75.
7. Interessante artigo sobre o tema: BEDÊ JUNIOR, Américo. Constitucionalismo sob a ditadura militar de 64 e 85. *Revista de Informação Legislativa*. ano 50, n. 197, jan.-mar.,

fazendo-se com que novamente, o texto constitucional não alcançasse o patamar de norma jurídica vinculante, bem como não houvesse o devido equilíbrio entre os poderes do Estado[8].

Hoje o cenário não é distinto, na medida em que se pode visualizar uma clara preponderância do Poder Judiciário sobre os dois outros poderes[9]. Esta ascendência do poder jurisdicional tem levado a doutrina a questionar se haveria mecanismos processuais aptos a garantir uma maior eficiência no sistema de tripartição de poderes – jamais deixando de lado a necessária interdependência entre os mesmos – e da própria legitimidade do poder jurisdicional.

Para tanto, procurar-se-á neste ensaio, em um primeiro momento, entender a razão e a forma de ascensão do Poder Judiciário na estrutura de tripartição de poderes, com as consequências advindas deste debate (judicialização, ativismo e autocontenção judicial[10]) para, então, em um segundo momento propor parâmetros possíveis de equalização entre o poder político e o jurisdicional, tendo como marco condutor os limites prudenciais do Estado Democrático de Direito.

2. Ascensão do Poder Judiciário no Brasil[11]

Com o advento da Constituição brasileira de 1988, inaugura-se uma Constituição Democrática e Republicana imbuída de caráter eminentemente dirigente[12]

2013. Sem prejuízo, conferir: BONAVIDES, Paulo. *Do país constitucional ao país neocolonial* (a derrubada da constituição e a recolonização pelo golpe de Estado institucional). São Paulo: Malheiros, 2009.

8. É bem verdade, no entanto, que a história brasileira é marcada por avanços e retrocessos no que diz respeito a este sistema, eis que durante o regime ditatorial, o qual se fez presente ao menos em dois períodos determinados, o referido sistema de freios e contrapesos ocorreu de forma um tanto exacerbada em prol do poder executivo, como típico dos regimes autoritários modernos.

9. Para reflexão, conferir: "como consecuencia, según Böckenförde, únicamente existe una alternativa: decidirse a favor de los derechos fundamentales como princípios y, con ello, a favor del Estado jurisdicional, o decidirse a favor de la redución de los derechos fundamentales a los clássicos derechos de defesa y, de este modo, a favor del Estado de legislación parlamentaria. La pregunta es si verdaderamente sólo existen esas dos possibilidades". ALEXY, Robert. *Epílogo a la teoria de los derechos fundamentales*. Madrid: Colegio de Registradores de la Propiedad, mercantiles y bienes muebles de España, 2004, p. 20.

10. Apenas por questão de recorte metodológico serão abordadas apenas algumas categorias que relacionam o Direito e a Ciência Política. Consigno, entretanto, que, obviamente, a relação entre Direito e Política não pode ser resumida a apenas estas categorias.

11. "O fenômeno está longe de ser singularidade brasileira. Pelo contrário, se assiste em praticamente todo o mundo processo semelhante. Prevalecia no cenário mundial, até poucas décadas atrás, visão que concebia a Constituição como uma proclamação política, que deveria inspirar o Poder Legislativo, mas não como uma autêntica norma

e de uma suposta unidade valorativa. Realçava-se, novamente, uma tripartição de poderes que fosse não apenas diferente em suas funções básicas (administrar, legislar e julgar), mas, essencialmente, uma separação cooperativa[13].

Unido a esta nova roupagem constitucional, emerge uma nova hermenêutica, centrada na Constituição como norma, na medida em que deixa de ser vista como um documento político, ou seja, uma carta de intenções[14], para ser compreendida como uma norma jurídica imperativa e vinculante[15].

Passa-se, então, a ter a expansão[16] da jurisdição constitucional[17], através da inclusão de novos legitimados no controle de constitucionalidade concentrado,

---

jurídica, geradora de direitos para o cidadão, que pudesse ser invocada pelo Judiciário na solução de casos concretos. A principal exceção a esta forma de conceber o constitucionalismo era representada pelos Estados Unidos. [...]" (SARMENTO, Daniel; SOUZA NETO, PEREIRA; Cláudio. Notas sobre jurisdição constitucional e democracia: a questão da "última palavra" e alguns parâmetros de autocontenção judicial. *Quaestio Iuris*. v. 6, n. 2, p. 2). No modelo americano, o marco da expansão do Poder Judiciário ocorreu com a afirmação da doutrina do judicial review of legislation no célere caso Marbury versus Madison, em 1803. Sobre o tema, conferir: ACKERMAN, Bruce. *The failure of the fathers:* Jefferson, Marshall and the rise of presidential democracy. Cambridge: The Belknap Press of Harvard University Press, 2005; e CLÈVE, Clemerson Merlin. A fiscalização abstrata da constitucionalidade no direito brasileiro. 2.ed. São Paulo: Revista dos Tribunais, 2000.

12. Cf. CANOTILHO, José Joaquim Gomes. *Constituição dirigente e vinculação do legislador.* Contributo para a compreensão das normas constitucionais programáticas. Coimbra: Coimbra, 2001. CANOTILHO, José Joaquim Gomes. *Brancosos e Interconstitucionalidade.* Itinerários dos Discursos sobre a Historicidade Constitucional. Coimbra: Almedina, 2009.
13. BONAVIDES, Paulo. *Curso de Direito Constitucional.* 10. ed. São Paulo: Malheiros, 2001.
14. Em verdade o período pós-segunda guerra mundial marca, em grande parte dos países ocidentais, a reconstitucionalização. Sendo assim, esclareço que o fenômeno não começa com a Constituição de 1988 no Brasil, mas tem, no sistema brasileiro, o seu reforço com a promulgação do seu texto. Neste sentido cf. SILVA, Tatiana Mareto. O Constitucionalismo pós segunda guerra mundial e o crescente ativismo judicial no Brasil: uma análise da evolução do papel do Poder Judiciário para a efetivação das Constituições substancialista. *Revista de Teorias do Direito e Realismo Jurídico.* Brasília. v. 2, n. 1, p. 270-288, jan.-jun., 2016.
15. Cf. SILVA, José Afonso da. *Aplicabilidade das normas constitucionais.* São Paulo: Revista dos Tribunais, 2002. SILVA, Virgílio Afonso. O conteúdo essencial dos direitos fundamentais e a eficácia das normas constitucionais. *Revista de Direito do Estado* 4. p. 23-51, 2006.
16. Através, por exemplo, da ampliação do rol de legitimados para a propositura da ADI, da introdução de mecanismos de controle da inconstitucionalidade por omissão e da regulação da arguição de descumprimento de preceito fundamental.
17. Adota-se um sistema misto de controle de constitucionalidade, na medida em que a jurisdição constitucional passa a ser exercida por todos os juízes através do controle

na inclusão da ação declaratória de constitucionalidade[18] e na regulação da arguição de descumprimento de preceito fundamental[19]. Adota-se, nesta linha, um sistema misto de controle de constitucionalidade, na medida em que a fiscalização de constitucionalidade difusa passa a ser realizada por todos os juízes e a jurisdição constitucional[20] absorve o sistema de controle abstrato de constitucionalidade.

Sob o mesmo prisma, lança-se um foco especial aos direitos fundamentais e na busca de elementos à sua efetividade[21], o que redundará numa argumentação jurídica atenta aos princípios constitucionais, na colisão de normas constitucionais[22] e na necessidade de ponderação de princípios[23].

Vislumbra-se, ainda, uma clara tendência de aproximação entre o Direito e a ética, na medida em que há a superação do positivismo jurídico como paradigma filosófico e a expressa inclusão no texto constitucional de temas que eram anteriormente relegados ao âmbito extrajurídico.

Dentro deste quadro de ideias, vislumbra-se uma clara ascensão do Poder Judiciário brasileiro, por três razões principais. A primeira delas, segundo esclarece Luís Roberto Barroso: "[...] é o reconhecimento da importância de um Judiciário forte e independente, como elemento essencial para as democracias modernas"[24].

---

de constitucionalidade difuso e pelo Supremo Tribunal Constitucional Federal, por intermédio do controle de constitucionalidade concentrado.

18. Introduzida no ordenamento jurídico pela emenda constitucional 03/1993 e regulamentada pela lei 9.868/1999.
19. Prevista no artigo 102, §1º, da Constituição Federal e regulamentada pela lei 9.882/99.
20. Importante esclarecer que o sistema eclético, híbrido ou misto existe no Brasil desde a emenda constitucional 16/1965, quando incluiu no texto constitucional o sistema concentrado ou por via principal àquele existente desde a segunda constituição brasileira (sistema difuso ou incidental). Na verdade, o que o texto constitucional fez foi apenas aprimorar este sistema.
21. Cf. CLEVE, Clèmerson Merlin. A eficácia dos direitos fundamentais sociais. *ESMPU*, Brasília, ano II, n. 8, p. 151-161, jul.-set. 2003.
22. SARMENTO, Daniel. Colisões entre direitos fundamentais e interesses públicos. In: SARMENTO, Daniel e GALDINO, Flávio (orgs.). *Direitos Fundamentais:* estudos em homenagem ao professor Ricardo Lobo Torres. Rio de Janeiro: Renovar, 2006. p. 294-95. MENDES, Gilmar Ferreira. *Direitos fundamentais e controle de constitucionalidade:* estudos de direito constitucional. 3. ed. rev. e ampl. São Paulo: Saraiva, 2004.
23. BARCELLOS, Ana Paula de. Alguns parâmetros normativos para a ponderação constitucional. In: BARROSO, Luís Roberto (org.). *A Nova Interpretação Constitucional:* ponderação, direitos fundamentais e relações privadas. Rio de Janeiro: Renovar, 2003. Também neste sentido, conferir: SARMENTO, Daniel. *A Ponderação de Interesses da Constituição Federal.* Rio de Janeiro: Lumen Juris, 2000.
24. BARROSO, Luís Roberto. Constituição, democracia e supremacia judicial: direito e política no Brasil contemporâneo. *Revista da Faculdade de Direito da UFRJ*. Rio de Janeiro, v. 2, n. 21, jan.-jun., 2012.

É dentro deste poder que se exerce a proteção das minorias e se resguarda as regras do jogo democrático (até mesmo contra a maioria do presente)[25].

A segunda razão envolve um "aparente descrédito das instituições políticas, diante da crise de representatividade e de funcionalidade dos parlamentos em geral". Vale dizer, vivencia-se há alguns anos – para não dizer décadas – uma crise de representação expressa pela perda maciça de confiabilidade do cidadão nos partidos políticos. Acresça-se a isto a ausência de confiança acerca da eficiência da administração pública, ou seja, na desconfiança do cidadão de que as instituições públicas poderão cumprir com a sua missão constitucional.

Enfim, a falta de credibilidade de que o eleitor – efetivo detentor do poder[26] – possui de que o seu representante democrático irá efetivamente honrar o seu desiderato ideológico no parlamento ou cumprir com a missão de administrar conforme as promessas propagadas durante a sua campanha.

Há uma terceira razão para a ascensão do Poder Judiciário que é, considerando a enorme facilidade de acesso das demandas judiciais à Corte Constitucional aliada ao alargamento das matérias erigidas ao status constitucional pelo legislador constituinte, os atores políticos passam a relegar ao Judiciário as matérias polêmicas e que poderiam causar certa discórdia com o seu curral eleitoral. Com isto, aproveita-se o fato de que o Poder Judiciário é imposto o *non liquet* [27] e blinda-se o parlamento de discussões que poderiam gerar eventual animosidade política[28].

Como decorrência desta ascensão do Poder Judiciário surge a discussão acerca da judicialização e do ativismo judicial. Neste ponto, ao contrário do que propõe alguns autores[29], deve-se diferenciar a judicialização do ativismo judicial[30].

---

25. NOVAIS, Jorge Reis. Os princípios constitucionais estruturantes da República Portuguesa. Coimbra: Coimbra, 2004.
26. Artigo 1°, parágrafo único, da Constituição de 1988 ("todo o poder emana do povo, que o exerce por meio de representantes eleitos ou diretamente, nos termos desta Constituição).
27. Cf. KOATZ, Rafael Lorenzo-Fernandez. A proibição do *non liquet* e o princípio da inafastabilidade do controle jurisdicional. *Revista de Direito Administrativo*. Rio de Janeiro, v. 220, p. 171-205., set-dez. 2005.
28. Entre tantos exemplos possíveis, cita-se: *A questão da fidelidade partidária*. Disponível em: [www.stf.jus.br/arquivo/cms/noticiaNoticiaStf/anexo/ADI5081.pdf] e *A vedação ao nepotismo*. Disponível em: [www.stf.jus.br/portal/jurisprudencia/menusumario.asp?sumula=1227].
29. VIANNA, Luiz Werneck. *Não há limites para a patológica judicialização da política*. Disponível em: [www.conjur.com.br/2016-jan-03/luiz-werneck-vianna-nao-limites-judicializacao-politica]. Acesso em: 16.09.2018.
30. "O ativismo judicial pode ser descrito como uma atitude, decisão de comportamento dos magistrados no sentido de revisar temas e questões – prima facie – de competência de outras instituições. Por sua vez, a judicialização da política, mais ampla e estrutural,

A judicialização constitui "um fato inelutável decorrendo do próprio desenho constitucional brasileiro". Em outras palavras, considerando o fato de que aos membros do Poder Judiciário não há alternativa possível senão "dizer o Direito" quando devidamente provocados, a judicialização nada mais é do que a constatação de que a Constituição – ao ampliar consideravelmente as matérias postas sob o seu manto e lhe conferir eficácia normativa – impôs ao magistrado que passasse a decidir sobre matérias anteriormente direcionadas aos outros dois poderes.

Segundo Lenio Streck, diante do modelo constitucional adotado, sempre existirá algum grau de judicialização da política, *in verbis*:

> Na verdade, sempre existirá algum grau de judicialização (da política) em regimes democráticos que estejam guarnecidos por uma Constituição normativa. Por isso, é possível observá-la em diversos países do mundo. Aliás, ainda recentemente, viu-se isso na Alemanha e nos Estados Unidos. Por vezes, para a preservação dos direitos fundamentais, faz-se necessário que o Judiciário (ou os Tribunais Constitucionais) seja chamado a se pronunciar toda a vez que existir uma violação por parte de um dos Poderes à Constituição. Portanto, a judicialização decorre de (in)competência – por motivo de inconstitucionalidades – de poderes ou instituições. A questão da judicialização (da política), portanto, está ligada ao funcionamento (in)adequado das instituições, dentro do esquadro institucional traçado pela Constituição. Quanto maior a possibilidade de se discutir, no âmbito judicial, a adequação ou não da ação governamental lato sensu em relação aos ditames constitucionais, maior será o grau de judicialização a ser observado.[31]

Verifica-se, portanto, que não há, *prima facie*, uma tomada de poder por parte da magistratura, mas uma decorrência natural próprio arranjo constitucional brasileiro. Em verdade, agregue-se a este desenho constitucional a falta de legitimidade do poder político e a crônica falta de efetividade das normas constitucionais[32] e tem-se uma visão ainda mais clara das razões atuais de fortalecimento do Poder Judiciário em detrimento dos outros dois poderes republicanos.

---

cuidaria de macro condições jurídicas, políticas e institucionais que favoreciam a transferência decisória do eixo do Poder Legislativo para o Poder Judiciário". NOBRE, Milton Augusto de Brito. *Da denominada "judicialização da saúde"*: pontos e contrapontos. In: NOBRE, Milton Augusto de Brito; SILVA et al. O CNJ e os desafios da efetivação do direito à saúde. Belo Horizonte: Fórum, 2011. p. 353-366.

31. STRECK, Lenio Luiz. *Entre o ativismo e a judicialização da política: a difícil concretização do direito fundamental a uma decisão judicial constitucionalmente adequada*. Joaçaba. v. 17, n. 3, p. 721-732, set.-dez., 2016.

32. Cf. BARROSO, Luís Roberto; BARCELOS. Ana Paula de. *O Começo da História. A nova interpretação constitucional e o papel dos princípios no direito brasileiro*. Revista da EMERJ, v.6, n. 23, 2003, p. 26.

Outrossim, não é possível desconhecer que o termo judicialização pode ser encarado nos diversos prismas semânticos a depender, muita mais das conclusões que se pretenda chegar, do que as causas em si do fenômeno posto em discussão.

Neste viés, exsurge o segundo debate ligado a tema do ativismo judicial[33-34], o qual, segundo Luís Roberto Barroso diz respeito a forma pela qual os juízes passam a decidir sobre determinada matéria. Em suas palavras: "o ativismo é uma atitude, a escolha de um modo específico e proativo de interpretar a Constituição, expandindo o seu sentido e alcance", o que não significa ser esta atitude boa ou ruim *prima facie*, mas algo a ser devidamente ponderado em cada uma das decisões proferidas.

Sobre o tema as críticas parecem se concentrar em alguns pontos específicos, segundo Luís Roberto Barroso. O primeiro deles refere-se ao fato dos membros

---

33. Cf. VERISSIMO, Marcos Paulo. A Constituição de 1988, vinte anos depois: Suprema Corte e Ativismo Judicial "à Brasileira". *Revista Direito FGV*. São Paulo, p. 407-440, jul.-dez., 2008.
34. O cunho negativo desta expressão advém de uma reação conservadora e depreciativa aquilo que ocorreu na Suprema Corte dos Estados Unidos, quando presidida por Earl Warren (1954-1969), em especial na jurisprudência que se formou (progressista) em matéria de direitos fundamentais. Interessante texto sobre ativismo judicial, conferir: "A expressão "ativismo judicial" aparece pela primeira vez nos Estados Unidos em matéria jornalística intitulada The Supreme Court: 1947, publicada na Revista Fortune, vol. XXXV, n. 1, no mês de janeiro de 1947, assinada pelo historiador Arthur Schlesinger Jr., que também era jornalista (SCHLESINGER Jr. 1947. p. 73). O artigo trazia três importantes ideias. A primeira a de que uma Corte Constitucional, pela importância das matérias que julga e da repercussão de suas decisões na sociedade, sempre estaria sujeita as críticas em face de suas motivações e de fatores endógenos ou exógenos que poderiam influenciar uma decisão. Os julgadores as deveriam assimilar e refletir para novamente decidir (KMIEC. 2004. pp. 1441-1477). A segunda, a de que analisar as questões que dividem os juízes em suas decisões seria importante para determinar a atuação de cada um deles, porque a nação seria moldada pelas suas decisões e pela repercussão no tempo (KMIEC. 2004. pp. 1441-1477). A terceira ideia se referia ao perfil dos juízes da Suprema Corte, atribuindo-lhes, segundo cada atuação, a característica de serem ativistas, porque preocupados com a promoção do bem comum (KMIEC. 2004. pp. 1441-1477). A partir das ideias acima, o referido historiador classificou os nove juízes da Suprema Corte Americana, todos nomeados pelo ex-presidente Roosevelt, em quatro categorias: (i) juízes ativistas com ênfase na defesa dos direitos das minorias e das classes mais pobres (Hugo Black; Willian O. Douglas); (ii) juízes ativistas com ênfase nos direitos de liberdade(Frank Murphy Wiley Rutlege; (iii) juízes campeões da autorrestrição (Felix Frankfurter, Robert H. Jackson e Harold Burton); (iv) juízes que representariam o equilíbrio de forças (balance of powers – Stanley Reed e Chief JusticeFred Vinson) (McWHINNEY. 1956. pp. 170-185; HORWITZ. 1998. p. 114; BURNS. 2009. p. 167)". TAQUARY, Eneida Orbage de Britto; TAQUARY, Catharina Orbage de Britto. O ativismo judicial: apropriação do termo no direito norte-americano. *Revista de Direitos Humanos em Perspectiva*. Brasília. v.3, n. 1, p. 18-38, jan.-jun.2017.

do Poder Judiciário não terem sido eleitos através do voto popular e, diante disto, faltar legitimidade democrática ao Poder Judiciário, em especial para decidir questões que deveriam ser relegadas à decisão da maioria[35].

Um segundo argumento diz respeito a crença de que o Poder Judiciário como uma instância de manutenção de poder das elites conservadoras, o que, ao abduzir para si temas relegados a discussão na seara majoritária, apenas acirraria a elitização do debate e neutralizaria as discussões sociais sobre um determinado tema.

Há, ainda, quem defenda que as decisões judiciais não poderiam ser vivenciadas num ambiente não racional – típico das instâncias políticas –, bem como que os juízes não estariam efetivamente preparados para as consequências fáticas das suas decisões. Cita-se, costumeiramente, a possibilidade de um magistrado impor a concessão de um medicamente de alto custo em prol de um cidadão sem efetivamente contrabalançar com as consequências orçamentário-financeira advindas desta decisão[36].

Há autores que reforçam que o ativismo judicial não poderia ser visto apenas sob o viés da crítica doutrinária ou sob o enfoque negativo, na medida em que a atuação, em especial do Supremo Tribunal Federal, viria, em grande medida, no sentido de garantir à sociedade a efetividade das normas constitucionais.

Neste ponto, aliás, é muitas vezes esquecido o real significado do princípio da representação, o qual, em sentido procedimental diz respeito a representação da vontade popular através de seus representantes eleitos pelo povo[37], mas, em sentido normativo-substancial – o qual também é consagrado no texto constitucional – diz respeito ao fato de que a representação significa também a "actuação no interesse do povo e disposição para responder em congruência com os desejos e necessidades dos representados (...)[38]".

---

35. Cf. BINENBOJM, Gustavo. *A nova jurisdição constitucional brasileira:* legitimidade democrática e instrumentos de realização. Rio de Janeiro: Renovar, 2010.
36. Sobre o tema cf. PEREIRA, Wilson Medeiros. Atuação do Poder Judiciário no tocante às políticas públicas de saúde. *AJURIS*. v. 40, n. 132, dez. 2013.
37. Não se pode esquecer que uma das principais funções designadas ao Poder Judiciário pela Carta Constitucional refere-se, justamente, a ideia de servir como força contra majoritária, de forma a impedir que as maiorias no momento possam atuar de forma contrária aos princípios instituídos no texto constitucional como essenciais ou fundamentais. Diante do recorte metodológico adotado não será possível aprofundar neste ponto. Entretanto, conferir: GARGARELLA, Roberto. *Los jueces frente ao "coto vedado"*. Disponível em: [www.cervantesvirtual.com/obra/los-jueces-frente-al-coto-vedado]. Acesso em 20.10.2018. MORESO, José Juan. Direitos e Justiça procedimental imperfeita. Disponível em: [www.ambito-juridico.com.br/site/index.php?n_link=revista_artigos_leitura&artigo_id=1657]. Acesso em: 18.10.2018. Ainda sobre o tema, conferir: NOVAIS, Jorge Reis. Direitos Fundamentais: trunfos contra a maioria. Coimbra: Coimbra, 2006.
38. CANOTILHO, J.J. Gomes; MOREIRA, Vital. *Fundamentos da Constituição*. Coimbra: Coimbra, 1991, p. 78/79.

Neste sentido, há uma imposição constitucional de atuação do legislador democrático, dos órgãos de direção política e de todos os órgãos encarregados da concretização político-constitucional – e aqui se inclui os órgãos jurisdicionais – de "adoptarem medidas necessárias para a evolução da ordem constitucional sob a óptica de uma <justiça constitucional> nas vestes de uma <justiça social>"[39].

Aliás, neste ponto, a atuação da Suprema Corte Estadunidense foi justamente no sentido de conferir maior efetividade as normas constitucionais, tendo realizado atuações extremamente importantes – e polêmicas – como é como caso *Brown* versus *Board of Education* (1954), no qual aboliu-se a doutrina "iguais, mas separados" (*equal, but separate*), no qual admitia-se a segregação racial nas escolas do sul, existindo, assim, escolas destinadas exclusivamente para brancos e escolas destinadas exclusivamente para negros. *Brown* foi o primeiro passo para o fim da segregação, sendo consideradas uma das decisões mais importantes da modernidade no que toca a proteção das minorias[40].

No caso brasileiro, foi em decisão relativamente recente – haja vista a reiterada omissão legislativa no caso de assuntos de acentuada disputa ideológica – que o Supremo Tribunal brasileiro decidiu acerca do reconhecimento da união homoafetiva como instituto jurídico. Por ocasião da arguição de descumprimento de preceito fundamental n°132 e da Ação direta de inconstitucionalidade n° 4277 ficou decidido que, salvo divergências laterais quanto à fundamentação do acórdão, que entidade familiar pode ser utilizada como sinônimo de família e de que "não há qualquer significado que impeça o reconhecimento da união contínua, pública e duradoura entre pessoas do mesmo sexo como família"[41].

O outro lado da moeda diz respeito a chamada autocontenção judicial[42]. Neste ponto, o discurso parece ser diametralmente oposto, isto é, no sentido de que os juízes devem reduzir a sua interferência sobre os dois poderes ao máximo,

---

39. Idem, p. 87.
40. Sobre o tema: "We conclude that, in the field of public education, the doctrine of "separate but equal" has no place. Separate educational facilities are inherently unequal. Therefore, we hold that the plaintiffs and others similarly situated for whom the actions have been brought are, by reason of the segregation complained of, deprived of the equal protection of the laws guaranteed by the Fourteenth Amendment. This disposition makes unnecessary any discussion whether such segregation also violates the Due Process Clause of the Fourteenth Amendment". Brown versus Board od Education os Topeka. Disponível em: [www.law.cornell.edu/supremecourt/text/347/483%26g]t. Acesso em: 15.09.2018.
41. Disponível em: [http://portal.stf.jus.br/processos/detalhe.asp?incidente=11872]. Acesso em 20.09.2018.
42. Consigno, novamente, o tema pode ser visto como oposição ao termo ativismo ou apenas a forma como o intérprete visualiza os dois termos.

abstendo-se de interferirem nas políticas pública e até mesmo respeitando o "silêncio eloquente"[43] do legislador.

Neste sentido, esclarece a Professora Cristina Consani acerca do pensamento de Jeremy Waldron, quando afirma que as questões políticas e morais nos quais haja um desacordo razoável deveriam ser estabelecidos na comunidade política e não resolvidas, a princípio, pelo Poder Judiciário[44], *in verbis*:

> Isso apenas reforça a concepção de democracia waldroniana segundo a qual os direitos em desacordo devem ser decididos pelo povo ou por seus representantes. Por essa razão o autor defende que há de fato uma perda para a democracia quando a legislatura eleita de uma sociedade é submetida ao poder judicial. Com relação à atuação do poder judiciário no controle de constitucionalidade das leis, o autor admite o que chama de revisão judicial em sentido fraco, opondo-se à revisão em sentido forte.[45]

Por fim, dentro deste espaço de autocontenção judicial, tem-se algo que ainda não tem levado a considerável debate doutrinário e jurisprudencial, o qual diz respeito a criação de espaços de "não direito"[46].

Vale dizer, a atuação do Poder Judiciário, pelas razões já exaustivamente declinadas acima, tem sido constantemente influenciada pelo número crescente de ações interpostas, algo denominado por Boaventura de Souza Santos como a "explosão de litigiosidade"[47]. Este aumento considerável de processos não se fez acompanhar de um maior acesso do cidadão à Justiça[48], eis que os litigantes

---

43. Sobre o tema, conferir a tese: FRANCA FILHO, Marcílio Toscano. *O silêncio eloquente* – omissão do legislador e responsabilidade do Estado na Comunidade Europeia e no Mercosul. Lisboa: Almedina, 2008. Ainda sobre o tema, conferir: COSTA, Aldo de Campos. O "silêncio eloquente" na jurisprudência do Supremo. Disponível em: [www.conjur.com.br/2013-nov-21/toda-prova-silencio-eloquente-jurispru-dencia.supremo]. Acesso em: 09.09.2018.
44. Cf. WALDRON, Jeremy. Judicial review and judicial supremacy. New York University. School of law. *Public Law*, nov. 2014, p. 14-57.
45. CONSANI, Cristina Foroni. A crítica de Jeremy Waldron ao constitucionalismo contemporâneo. *Revista da Faculdade de Direito – UFPR*, Curitiba, v. 59, n.2, p. 143-173, 2015, p. 167.
46. Aqui não se resume a discussão acerca da inflação do direito penal ou do que a doutrina alemã denomina de "rechtsfreieraum".
47. A expressão utilizada diz respeito ao texto desenvolvido pelo Professor Boaventura de Sousa Santos, Maria Manuel Leitão Marques e João Pedroso denominado de "Os tribunais das sociedades contemporâneas". SANTOS, Boaventura de Sousa; MARQUES, Maria Manuel Leitão; PEDROSO, João. Os tribunais nas sociedades contemporâneas. *Oficina do CES*: Centro de Estudos Sociais, Coimbra, n. 65, nov. 1995.
48. Apenas a título de reflexão, segue o comentário da Min. Carmem Lúcia, na sessão do Conselho Nacional de Justiça realizada no dia 12 de dezembro de 2014: "Será que o que

continuam os mesmos – na maior parte instituições bancárias e o poder público[49] – ou mesmo num espectro de proteção mais efetivo contra as violações ao ordenamento jurídico[50]. E, ainda, o que se visualiza hoje são demandas que determinam que a magistratura chancele um estado de constante insatisfação do homem, através da precificação de tudo e todos.

A título ilustrativo tem-se em recente demanda posta a análise[51], o Ministério Público pleiteou em sede de tutela de urgência a imposição – dentre uma série de medidas de assistência de cunho material – de que os três filhos se revezassem na atribuição de carinho e afeto ao seu genitor idoso[52]. Noutra demanda, um casal pretende autorização judicial para a alteração genética do embrião, diante do fato de que um dos pais possa transmitir determinadas anomalias ao filho, caso nenhuma intervenção técnica seja realizada[53]. Ou ainda, decisão deveras conhecida, o

---

o Brasil quer é juiz carimbador, que vai cumprir metas? Como magistrada e cidadã não aceito isso. Como vou ler o processo, o memorial, com a celeridade que se deseja? Fixar metas não é aprisionar o juiz, porque o juiz prisioneiro não prestará o serviço que a parte demanda nem que a sociedade merece. Temos que julgar para que o cidadão, a cidadã, a dona Maria, lá do morro, saiba que eu li o processo dela".

49. Disponível em: [www.cnj.jus.br/images/pesquisas-judiciarias/Publicacoes/100maioreslitigantes.pdf]. Acesso em 15.10.2018.
50. "As ações repetitivas têm sido um dos principais fatores de congestionamento processual. O Poder Judiciário ainda não possui instrumentos preventivos para atender a demanda decorrente de violações de direitos que atingem uma coletividade. Nos casos de violações de individuais-homogêneos, o litígio, geralmente envolvendo alguma forma de exploração econômica, acaba sendo institucionalizado e a resposta jurisdicional fica muito limitada aos que ingressam individualmente. Um alto percentual de vítimas não é atendido e as poucas que acessam o sistema judicial contribuem com o congestionamento processual (...) já não se identifica qualquer racionalidade no fato de um juiz julgar milhares de vezes o mesmo litígio quando dispomos de instrumentos processuais, como a ação coletiva, no qual, no caso de reconhecimento do direito postulado, se beneficia toda a comunidade vitimada, além de neutralizar o enriquecimento indevido da parte violadora do direito. Isso sem ocupar milhões de verbas orçamentárias e sem inviabilizar o sistema judicial". COSTA, João Ricardo dos Santos. Gestão de ações de massa. In: Revista da Escola Nacional da Magistratura. Ano VII. nov. 2012. Brasília: Escola Nacional da Magistratura, 2012, p. 78-79.
51. Um alerta: não se desconhece a imposição legal de uma série de deveres legais e inerentes ao poder familiar, tais como o dever de convívio, de cuidado, de criação e educação dos filhos. Não se desconhece, outrossim, os deveres inerentes aos alimentos e aos cuidados éticos e morais recíprocos existentes entre pais e filhos, o que se propõe neste momento é a reflexão – apenas e tão somente isto – se estes deveres podem ou devem – em caso de descumprimento – serem quantificados e impostos em qualquer hipótese.
52. Interessante texto sobre o cuidado como um valor jurídico, conferir: PEREIRA, Tânia da Silva; OLIVEIRA, Guilherme. *O cuidado como valor jurídico*. Rio de Janeiro: Forense, 2008.
53. Cf. HABERMAS, Jürgen. *O futuro da natureza humana* – a caminho de uma eugenia liberal? Coimbra: Almedina, 2008.

que foi proferida pelo Superior Tribunal de Justiça (RESP 1.159.242/SP), no qual o pai foi condenado ao pagamento de indenização no montante de duzentos mil reais à filha, em razão do abandono afetivo desde a sua infância[54].

Será este mesmo o papel do Poder Judiciário? Toda dor pode ser exatamente quantificada?[55] É através de uma resposta estatal, através de um quantum indenizatório, que se verá efetivamente tutelado todos os direitos? Este campo de atuação é efetivamente jurisdicional? Enfim, todas as matérias – sejam elas de que natureza for – devem ter uma resposta no Direito? Todas as matérias devem ser efetivamente disciplinadas?

Tais questionamento merecem efetiva reflexão da doutrina, na medida em que a atuação dos juízes deve ser compreendida dentro de certos parâmetros e não como meio de solução de todos os problemas existentes numa sociedade contemporânea. Neste sentido, as palavras de Rodotà, apresentadas por José Luis Piñar Mañas, aparecem com salutar perfeição[56]:

> ¿Acaso puede el derecho invadir todos los rincones de la vida? ¿Es que no hay nada que le sea ajeno? ¿Debemos resignarnos a quedar atrapados <<en la jaula

---

54. Disponível em: [https://ww2.stj.jus.br/processo/revista/documento/mediado/?componente=ATC&sequencial=14828610&num_registro=200901937019&data=20120510&tipo=51&formato=PDF]. Acesso em: 09.09.2018.
55. Outra questão a ser ponderada diz respeito a pulverização das ações indenizatórias no sistema brasileiro. A título de exemplo pode-se pensar nas ações indenizatórias ligadas a relação de consumo, tais como indenização por danos morais decorrentes de atraso de voo, perda de bagagem, atraso na entrega da obra, tempo de fila superior ao perdido pelas autoridades regulatórias e uma série incontável de ações desta natureza. Será que o caminho adequado não seria o Estado atuar eficazmente para que os fornecedores agissem dentro dos ditames da lei consumerista, eis que, em uma análise realmente detida de grande parte das ações desta natureza – e retirando aqui o caráter pedagógico das mesmas – a todos os casos há um abalo emocional, humilhação e dor a ser reparado? Ou há apenas uma coisificação da dor humana? O número crescente de ações não revela apenas a falta de atuação eficaz do Estado ou dos entes legitimados a atuar como forma de coerção para que os fornecedores atuam dentro dos limites da lei? A utilização de demandas coletivas, pelos verdadeiros legitimados, não seria o caminho correto? Fica a reflexão.
56. Para entender de forma adequada o contexto proposto na obra, conferir: "nesse sentido, entende que essa maneira de interpretar tais direitos pode também ser violenta, afinal a legislação nem sempre representa uma maior plenitude da vida, podendo também significar a sua completa anulação. Por outro lado, a ausência de não direito é condicionada por um unilateralismo religioso, ideológico ou econômico. Acontece que um espaço dominado pelo mercado e suas regras não é democrático, podendo levar a situações de injustiça e inequidade (...)" OLIVEIRA, Lucas Costa de. Seriam os direitos da personalidade mercadorias? Reflexões sobre a existência de um mercado de direito existenciais. *Revista Brasileira de Direito Civil em perspectiva*, Minas Gerais. v.1., n.2, p. 01-16, jul.-dez., 2015.

de hierro de una omnipresente e invasiva dimensión jurídica>>? (25). En una *law-saturated society*, ¿hasta dónde puede llegar el derecho en nuestras vidas? He aquí algunos de los interrogantes que Stefano Rodotà se plantea en *La vida y las reglas*.

[...]

¿Cuáles son las áreas en las que puede intervenir legítimamente la norma jurídica? ¿Cuáles son, en definitiva, los límites del derecho?

[...]

¿Cuáles son los casos en que no es posible imponer un límite a la conciencia?, ¿Cuáles las consecuencias de la incorporación al derecho de la dimensión de la identidad subjetiva?, ¿cuáles son y deben ser las relaciones entre la vida y el derecho?6 (RODOTÀ, 2010, p. 12)"[57].

Não se está negando a importância de determinadas áreas ao Direito, mas apenas refletindo se é na área do Direito, isto é, sob o crivo judicial, que determinadas matérias irão receber o melhor tratamento e/ou compreensão. Nem sempre a resposta estatal, neste caso a jurisdicional, será a mais adequada para conferir um sentimento de justiça aos litigantes, ou mesmo, nem sempre a regulamentação jurídica de determinadas matérias – tais como momento de surgimento da vida, possibilidade de mutações genéticas, de mercantilização corporal e de tantas outras – realmente devem ser disciplinadas normativamente[58].

Aliás, em alguns casos a resposta estatal, sobre determinados temas, pode, inclusive, ser uma resposta "radicalmente contraditória com a centralidade da liberdade e da dignidade"[59], ou seja, "se se legisla sobre os genes, o corpo, a dor,

---

57. RODOTÀ, Stefano. *La vida y las reglas*. Entre el derecho y el no derecho. Trad. Andrea Greppi. Madrid: Editorial Trotta, 2010.

58. A título de exemplo estão os projetos que regulamentam a questão da procriação medicamente assistida. Neste sentido, esclarece Tiago Duarte: "o número máximo de gestações admitidas. A nosso ver a limitação do número de gestações a partir do mesmo dador ganhará uma acuidade especial se for abolido o direito ao anonimato do doador. É que, tal como aconteceu na Suécia, nesse caso a tendência será para uma diminuição drástica do número de dadores e a tendência natural será para aproveitar ao máximo as (poucas) dádivas recebidas". DUARTE, Tiago. *In vitro veritas*? A procriação medicamente assistida na Constituição e na Lei. Coimbra: Almedina, 2003, p. 84.

59. "La primera analiza el derecho y su límite. En un mundo caóticamente "juridificado", donde hay cada vez más y peores normas, se cuestiona si el Derecho Puede regularlo todo, puesto que en ocasiones acaso no sea el instrumento más adecuado para solucionar problemas cuya raíz se cimenta en una decisión muy personal. Es más, el Derecho puede incluso agudizar el conflicto al intervenir autoritariamente enciertas esferas. Pero, sobre todo, se cuestiona si el Derecho debe regularlo todo, ya que hay un límite esencial a las normas jurídicas que es el respeto a la esfera de libertad y autonomía individual

a vida, o descanso ou o trabalho, aplicando a repressão, a arrogância e a técnica empresarial do deslocamento, as liberdades se convertem em mercadorias e somente aqueles que possam se permitir a pagar podem ter acesso a elas"[60].

Isto impõe duas reflexões necessárias. A primeira delas, se todas as matérias devem ser efetivamente regulamentadas no âmbito jurídico, bem como, em segundo lugar, se a judicialização da política é efetivamente um problema motivado pela atuação dos magistrados ou por uma falha no próprio sistema político-social, ao deixar de regulamentar em termos legislativos temas polêmicos e a falta de capacidade da sociedade de resolver problemas sem a necessidade de acionar o Poder Judiciário.

Enfim, a ponderação entre os limites do ativismo judicial, da autocontenção e dos espaços de "não-direito", deve ser analisada com uma boa dose de prudência e bom-senso. Propõe-se, adiante, alguns critérios de vinculação do magistrado na atuação de decisão jurisdicional, como forma de equacionar o debate democrático.

3. Parâmetros de legitimação

Como último aspecto a ser considerado dentro dos vetores acima enunciados é a forma pela qual se pode conferir uma maior legitimidade democrática às decisões judiciais, em especial quando se tem em jogo temas que originariamente pertenceriam ao campo da política.

O primeiro elemento certamente diz respeito a fundamentação das decisões judiciais[61], na medida em que a legitimidade democrática do Poder Judiciário decorre – diante da circunstância de seus membros não serem eleitos democraticamente pelo voto – do fato de que as suas decisões devem ser devidamente motivadas, como forma de garantir o debate e a participação no âmbito de um processo deliberativo.

---

y social. Se establece, así, una relación necesaria entre la vida, la libertad y la dignidad que no es sólo individual sino también social (conectada con la igualdad)" ATIENZA, Cristina Monereo. Stefano Rodotà, La vida y las reglas. Entre el derecho y el no derecho. Trad. Andrea Greppi, Madrid, 2010, 326.

60. Idem.
61. Sobre este ponto "1ª) a atuação das partes e a função jurisdicional devem ser estudadas a partir da compreensão de que o processo é um espaço em que devem se materializar os princípios inerentes a um Estado que se intitula "Democrático de Direito" (art.1º da CF); 2ª) O processo é método de resolução de conflitos que devem participar, ativa e racionalmente, as partes e o órgão jurisdicional. Para tanto, deve o processo oferecer instrumentos de proteção e realização dos direitos dos indivíduos, e ser, também, espaço em que se permita exercitar democraticamente tais direitos". O Cf. MEDINA, José Miguel Garcia. A dimensão procedimental dos direitos e o projeto do novo CPC. *Revista de Informação Legislativa*. Brasília, ano 48, n. 190, abr.-jun., 2011, p. 290.

Vale dizer, é através da ideia de representação argumentativa, ou seja, do fundamento de que todos aqueles que exercem o poder dentro de uma democracia possuem o dever constitucional de expor as suas razões ou justificativas para a tomada de decisão é que se garantiria um primeiro passo rumo a legitimidade da decisão judicial num contexto democrático.

Aliás, nesta linha, é justamente na sinalização dos fundamentos fáticos e jurídicos que deram base a opção do magistrado por esta ou aquela razão é que permite uma maior racionalidade da decisão judicial e, consequentemente, o efetivo controle técnico e social da referida decisão.

Note que, em um momento endoprocessual, a exposição de motivos de forma coerente com os elementos alhures enunciados, permite às partes o acesso aos recursos e aos meios de impugnação a eles inerentes. Porém (o que nos efetivamente importa neste ensaio), em uma análise externa do processo é somente com estas indicações que o cidadão poderá conhecer e, consequentemente, questionar a decisão judicial[62], ou seja, se quem "exerce poder político não o faz por direito próprio, mas por delegação do povo, devendo prestar contas de suas decisões. Uma das exigências básicas dessa prestação de contas é a justificação/motivação/apresentação de razões por parte do agente público.[63]"

Exatamente neste sentido dispõe J.J. Gomes Canotilho que a motivação das decisões encontra o seu fundamento em três razões principais: '(1) controle da administração da justiça; (2) exclusão do carácter voluntarístico e subjectivo do exercício da atividade jurisdicional e abertura do conhecimento da racionalidade e coerência argumentativa dos juízes; (3) melhor estruturação dos eventuais

---

62. "São estes e unicamente estes os poderes que numa democracia podem ser deferidos ao magistrado, na dimensão certificadora de sua atuação. Destarte, quando se lhe defere poderes sem que este poder seja submetido a controles de correção de seu exercício, o julgador se tornará um déspota intolerável, visto como livre e desembaraçado para fazer do direito positivo gato e sapato. Será um tirano que nem mesmo terá a grandeza dos tiranos políticos, vulneráveis em sua visibilidade, mas a pequenez de um tirano solerte que se esconde e quase anônima pelo reduzido de sua visibilidade, protegido em seus desvios funcionais pelo bonito discurso do imperativo da independência do julgador, como se numa democracia houvesse independência aceitável em face do verdadeiro soberano de todos – os cidadãos". CALMON DE PASSOS, J.J. O Magistrado, protagonista do processo jurisdicional? In: MEDINA, José Miguel Garcia; CRUZ, Luana Pedrosa de Figueiredo; CERQUEIRA, Luís Otavio Sequeira de; GOMES JUNIOR, Luiz Manoel (Coord.). *Os poderes do juiz e o controle das decisões judiciais.* Estudos em homenagem à Professora Teresa Arruda Alvim Wambier. São Paulo: Revista dos Tribunais, 2008, p. 222.
63. BARCELOS, Ana Paula de. STF como fomentador, no ambiente majoritário, do voto com razões. In: VIEIRA, Oscar Vilhena; GLEZER, Rubens (org.). A razão e o voto. Diálogos constitucionais com Luís Roberto Barroso. Rio de Janeiro: FGV, 2017, p. 266.

recursos, permitindo às partes em juízo um recorte mais preciso e rigoroso dos vícios das decisões judiciais recorridas"[64].

Um segundo argumento decorre do fato de que diuturnamente é realizado, através do controle de constitucionalidade difuso por omissão, a criação judicial de normas aos casos concretos postos à análise.

Sobre o tema alerta o eminente Professor Luis Guilherme Marinoni que:

> [...] a realidade forense mostra, cotidianamente, que os juízes de 1º grau, assim como os Tribunais de Justiça e Regionais Federais, realizam controle de constitucionalidade por omissão com grande frequência. A gravidade disso está na ausência de método para a feitura deste controle, para não dizer que, bem vistas as coisas, os juízes e tribunais ordinários sequer percebem que estão a suprir a "ausência de lei [65].

Diante disto, tem-se que os direitos (em especial os fundamentais) previstos no texto constitucional e que demandem, para a sua eficácia prática, a atuação do legislador não pode ficar desprotegidos ou erigidos a condição de mero convite ou recomendação política. Por outro lado, a atuação do magistrado, ao suprir a omissão de tutela de direito fundamental, também não pode ir além do que seja minimamente suficiente para garantir o dever de proteção, na medida em que "ir além é adentrar em espaço proibido a quem tem incumbência de apenas controlar a insuficiência de tutela ou, em outros termos, dar ao juiz poder igual ao do legislador"[66].

Situação ainda mais intrincada, diz respeito a realização deste controle de constitucionalidade por omissão[67] pelo Supremo Tribunal Federal (controle de constitucionalidade concentrado). Novamente aqui parte-se do mesmo pressuposto

---

64. CANOTILHO, José Joaquim Gomes. *Direito Constitucional e Teoria da Constituição*. 7. ed., Coimbra: Almedina, 2006, p. 667.
65. MARINONI, Luiz Guilherme. *Do controle da insuficiência de tutela normativa aos direitos fundamentais processuais*. Texto base da palestra pronunciada na Universidade de Lisboa, novembro de 2013. Disponível em: [www.lex.com.br/doutrina_26643022_DO_CONTROLE_DA_INSUFICIENCIA_DE_TUTE LA_NORMATIVA_AOS_DIREITOS_FUNDAMENTAIS_PROCESSUAIS_1.aspx.] Acesso em: 11.09. 2018.
66. Idem.
67. Importante ressaltar é a diferença entre o silêncio da lei e a lacuna propriamente dita. Vale dizer, lacuna e silêncio não são a mesma coisa. A lacuna diz respeito a algo incompleto, ou seja, a ausência de uma regulamentação que se pretendia completa a um dado assunto, já o silêncio pode ser interpretado como manifestação de vontade, tal como ocorre no disposto no artigo 66, §3º da Constituição Federal ("a casa na qual tenha sido concluída a votação enviará o projeto de lei ao Presidente da República, que, aquiescendo, o sancionará (...) §3º. Decorrido o prazo de quinze dias, o silêncio do Presidente da República importará sanção").

acima, na medida em que o controle judicial deve-se limitar aquele necessário a proteção do direito albergado na Constituição, apenas construindo a norma necessária a dar efetividade ao texto constitucional[68].

Trata-se, é bem da verdade, de um limite prudencial a ser respeitado, ou seja, não é possível ser conivente com uma ausência de eficácia das normas constitucionais (sob pena de retomarmos o conceito de Constituição como um mero documento político), mas, por outro lado, não é possível transformar a Suprema Corte brasileira em um "legislador às avessas", criando em todo e qualquer caso posto a análise um direito judicial. Deve-se ter, como bem ponderou o Ministro Luís Roberto Barroso, uma dose de "prudência e moderação"[69].

Atem-se, ainda, que a legitimação democrática das decisões judiciais também perpassa pela ideia de vinculação dos juízes aos direitos fundamentais. Sobre o tema, deve-se recordar que os juízes – assim como o Estado – encontra-se vinculado verticalmente aos direitos fundamentais, havendo, no entanto, importante discussão acerca da vinculação dos particulares a direitos fundamentais – por exemplo, os litigantes do processo – sob o viés mediato ou imediato[70]. Inclui-se no debate mais um ponto de discussão[71] que é a forma de vinculação processual do juiz aos direitos fundamentais.

---

68. Aqui importante parêntese deve ser realizado, eis que, sobre o tema, ao contrário dos alardes realizados pela doutrina acerca do suposto (acirrado) ativismo judicial praticado pelo Supremo Tribunal Federal, recentemente Thamy Pogrebinschi em interessante pesquisa sobre o tema concluiu (dentre diversas proposições) que a atuação da Suprema Corte brasileira vai no sentido de reforçar a atuação do Poder Legislativo, que são inexpressivas as decisões declarando a inconstitucionalidade de leis e atos normativos promulgados pelo Congresso Nacional (analisando em termos quantitativos) e que o comportamento do Supremo é, inclusive, no sentido de utilizar recursos hermenêuticos de preservação da palavra do Legislativo. Cf. POGREBINSCHI, Thamy. *Judicialização ou Representação? Política, direito e democracia no Brasil*. Rio de Janeiro: Elsevier, Konrad Adenauer e Ed. Campus, 2012. Acerca da crítica cf. STRECK, Lenio Luiz. *O que é isto, o ativismo judicial, em números?* Disponível em: [www.conjur.com.br/2013-out-26/observatorio-constitucional-isto-ativismo-judicial-numeros]. Acesso em: 11.09.2018.
69. BARROSO, Luís Roberto. Constituição, democracia e supremacia judicial: direito e política no Brasil contemporâneo. *Revista da Faculdade de Direito da UFRJ*. Rio de Janeiro, v. 2, n. 21, jan.-jun., 2012.
70. Sobre o tema, indicando uma possível vertente alternativa entre as duas correntes, conferir: VIEIRA, Carolina Fontes Vieira. *Vinculação dos Particulares a Direitos Fundamentais*, Coimbra, 2006.
71. Cf. ALEXY, Robert. *Teoria de los Derechos Fundamentales*. Madrid: Centro de Estudios Constitucionales, 1993. ANDRADE. José Carlos Vieira de. *Os direitos fundamentais na Constituição Portuguesa de 1976*. Coimbra: Almedina, 1987. ARCE, Joaquín e Flórez, Valdés. El Derecho civil constitucional. Cuadernos Civitas, 1991. BARROSO, Luís Roberto. *Interpretação e Aplicação da Constituição*. São Paulo: Saraiva, 1996. BARROSO, Luís Roberto. *O direito constitucional e a efetividade de suas normas*; Limites e possibilidades

Isto significa dizer que os juízes, enquanto agentes políticos que representam o poder estatal, estão naturalmente vinculados aos direitos fundamentais de forma vertical, eis que a eles incumbe três tarefas primordiais. A primeira delas a de não agredir os direitos fundamentais, a segunda a de promover a efetividade destes direitos e a terceira a de fazer com que todos, em especial os demais cidadãos, respeitem os direitos fundamentais. No campo processual, visualiza-se, conforme alhures mencionado, mais uma vinculação, que é justamente "a eficácia vertical com repercussão lateral".

Esta vinculação se deve ao fato de que a relação do juiz com os direitos fundamentais pode ser vista sob o prisma material e sob a ótica dos direitos fundamentais processuais, em especial o direito fundamental à tutela jurisdicional efetiva, eis que o direito fundamental à tutela jurisdicional efetiva incide apenas sobre a jurisdição. Visa, é bem da verdade, conformar a atuação do magistrado a um processo justo, ou seja, "assegurar a obtenção de uma decisão justa para as partes e a unidade do Direito para a sociedade civil. Ele é o meio pelo qual se

---

da constituição brasileira. Rio de Janeiro: Renovar, 2002. CANARIS, Claus-Wilhelm Canaris. *Direitos Fundamentais e Direito Privado*. Coimbra: Almedina, 2003. FREIRE, Alexandre Reis Siqueira. *Eficácia dos Direitos Fundamentais nas relações entre particulares*. Curitiba: UFPR, 2004. Monografia (Mestrado em Direito do Estado), Faculdade de Direito, Universidade Federal do Paraná, 2004. MELO, Sandro Nahias. A garantia do conteúdo essencial dos direitos fundamentais. *Revista de Direito Constitucional e Internacional*, São Paulo, v. 11, n. 43, p. 82-97, 2003. MENDES, Gilmar Ferreira. Direitos fundamentais: eficácia das garantias constitucionais nas relações privadas – análise da Corte Constitucional Alemã. *Revista Tributária e de Finanças Públicas*. São Paulo, v. 6, n. 24, p. 48-59, 1998. MIRANDA, Jorge. Direitos fundamentais e interpretação constitucional. *AJURIS*, Porto Alegre, v. 26, n. 76, p. 365-396, 1999. PIMENTA, Paulo Roberto Lyrio. *Eficácia e aplicabilidade das normas constitucionais programáticas*. São Paulo: Max Limonad, 1999. ROTHENBURG, Walter Claudius. Direitos fundamentais e suas características. *Revista de Direito Constitucional e Internacional*. São Paulo, v. 8, n. 30, p. 146-158, 2000. SARLET, Ingo Wolfgang. *A Eficácia dos Direitos Fundamentais*. Porto Alegre: Livraria do Advogado, 2004. SARLET, Ingo Wolfgang. (org). *Constituição, Direitos Fundamentais e Direito Privado*. Porto Alegre: Livraria do Advogado Editora, 2003. SARLET, Ingo Wolfgang. Direitos fundamentais e direito privado: algumas considerações em torno da vinculação dos particulares aos direitos fundamentais. *Revista de Direito do Consumidor*, São Paulo. v. 9, n. 36, p. 54-104, 2000. SARMENTO, Daniel. *Direitos Fundamentais e Relações Privadas*. Rio de Janeiro: Lúmen Júris, 2004. SCHELB, Guilherme Zanina. Os Direitos Fundamentais e sua Eficácia nas relações privadas. Curitiba: UFPR, 2001. Monografia. (Mestrado em Direito do Estado) – Faculdade de Direito, Universidade Federal do Paraná, Paraná, 2001. SILVA, José Afonso da. *Aplicabilidade das Normas Constitucionais*. 3. ed. São Paulo: Malheiros, 1998. STEINMETZ, Wilson Antônio. *Colisão de Direitos Fundamentais e Princípio da Proporcionalidade*. Porto Alegre: Livraria do Advogado, 2001. STEINMETZ, Wilson Antônio. *A vinculação dos particulares a direitos fundamentais*. São Paulo: Malheiros, 2004. TORRES, Jesús Garcia e Antonio Jiménez-Blanco. Derechos fundamentales y relaciones entre particulares, *Cuadernos Civitas*.

exerce pretensão à justiça (Justizanspruch) e pretensão à tutela jurídica (Rechtsschutzanspruch). Esse é o seu objetivo central dentro do Estado Constitucional"[72].

Ainda segundo Luiz Guilherme Marinoni, Sérgio Arenhart e Daniel Mitidiero:

> A jurisdição toma em conta o direito fundamental material para que ele incida sobre os particulares, mas considera o direito fundamental à tutela jurisdicional efetiva para que a sua atividade seja cumprida de modo a efetivamente tutelar os direitos, sejam eles fundamentais ou não. O direito fundamental material incide sobre o juiz para que possa se projetar sobre os particulares, *enquanto o direito fundamental à tutela jurisdicional incide sobre o juiz para regular a sua própria função. A decisão jurisdicional faz a ponte entre o direito fundamental material e os particulares, ao passo que os direitos fundamentais instrumentais ou processos são dirigidos a vincular o próprio procedimento estatal* (grifo meu)[73].

Em outros termos, o direito fundamental à tutela jurisdicional vincula o juiz, na medida em que este, enquanto agente estatal, está obrigado a dar efetividade a todos os direitos – e não apenas aos definidos como fundamentais – postos sob sua análise, ainda que não haja previsão expressa acerca da técnica a ser utilizada. Vale dizer, deverá o juiz – em respeito à eficácia vertical com efeito lateral – conferir efetiva à proteção jurisdicional aos direitos, "sem que com isso se retire da parte atingida pela atuação jurisdicional o direito de ter os seus direitos considerados diante do caso concreto"[74], garantindo, ainda, um teste de adequação e de menor lesividade.

Neste ponto, curial destacar que o novo Código de Processo Civil previu uma série de mecanismos para dar concretude a tal vinculação, tais como: a possibilidade de adaptação do procedimento, quando estes se revelarem inadequados às peculiaridades da causa (art. 153, §1º, do CPC), o direito das partes de participarem ativamente do processo, cooperando entre si e com o juiz (art. 6º, do CPC) entre tantos outros exemplos[75].

Há, ainda, um terceiro parâmetro a ser visualizado o qual está umbilicalmente ligado ao argumento acima indicado por ocasião do controle de constitucionalidade

---

72. MARINONI, Luiz Guilherme; ARENHART, Sérgio Cruz; MITIDIERO, Daniel. *Curso de Processo Civil. Teoria do Processo Civil.* São Paulo: Revista dos Tribunais, 2015, v. 1. p. 491.
73. Idem, p. 91.
74. Idem, p. 94.
75. A título de exemplo, no texto constitucional português, encontramos a seguinte referência: art.20, da Constituição Portuguesa: "4. Todos têm direito a que uma causa em que intervenham seja objeto de decisão em prazo razoável e mediante processo equitativo. 5. Para defesa dos direitos, liberdades e garantias pessoais, a lei assegura aos cidadãos procedimentos judiciais caracterizados pela celeridade e prioridade, de modo a obter tutela efetiva e em tempo útil contra ameaças ou violações desses direitos".

concentrado, que é o consequencialismo jurídico. Sobre este tema, diante da recente alteração legislativa[76], parte da noção de que as consequências práticas da decisão judicial devem ser devidamente ponderadas pelo magistrado a partir do âmbito social e econômico de incidência da referida decisão.

Neste ponto, reforça a ideia de que

> (...) juízes e tribunais devem acatar as escolhas legítimas feitas pelo legislador, assim como ser deferentes com o exercício razoável de discricionariedade pelo administrador, abstendo-se de sobrepor-lhes sua própria valoração política. Isso deve ser feito não só por razões ligadas à legitimidade democrática, como também em atenção às capacidades institucionais dos órgãos judiciários e sua impossibilidade de prever e administrar os efeitos sistêmicos das decisões proferidas em casos individuais[77].

A título ilustrativo, o Observatório de Análise Política em Saúde verificou que, segundo informação repassada pelo Tribunal de Contas da União os gastos, apenas pelo ente federativo federal, superaram a marca de R$ 1 bilhão em processos judiciais ligados à área da saúde. Nesta linha, segundo o secretário-executivo do Ministério da Saúde, Antônio Nardi, em reunião realizada no ano de 2017 perante o Conselho Nacional da Justiça, os municípios, estados e a união gastam cerca de sete bilhões para cumprir as determinadas judiciais[78].

Ora, não é possível fechar os olhos para o fato de que incumbe ao administrador público, a partir de uma dada opção orçamentário-financeira, os caminhos a serem trilhados pelo ente governamental. Não incumbe ao Poder Judiciário se sobrepor as referidas escolhas, na medida em que, observado o respeito aos direitos fundamentais e as regras dos procedimentos democráticos, não está atrelado a ele (a partir de um juízo de oportunidade e conveniência) a tomada de decisão sobre como gastar o dinheiro público[79]. O Poder Judiciário ao decidir

---

76. A Lei 13.655, de 25.04.2018, incluiu, entre diversos dispositivos, o artigo 20 a Lei de Introdução às Normas do Direito Brasileiro, segundo o qual todas as decisões judiciais e administrativas devem ponderar as consequências práticas da decisão. *In verbis*: "Art. 20. Nas esferas administrativa, controladora e judicial, não se decidirá com base em valores jurídicos abstratos sem que sejam consideradas as consequências práticas da decisão".
77. BARROSO, Luís Roberto. Constituição, democracia e supremacia judicial: direito e política no Brasil contemporâneo. *Revista da Faculdade de Direito da UFRJ*, v. 2, n. 21, jan.-jun.2012, p. 15.
78. Cf. Disponível em: [www.cnj.jus.br/noticias/cnj/85915-ministerio-da-saude-alerta--sobre-custos-da-judicializacao]. Acesso em: 15.10.2018.
79. Cf. PEGHINI, Aline Aparecida Santos Costa; MEYER-PFLUG, Samantha. A teoria do direito: uma análise da influência do *law and economics* na construção do pós-positivismo. *Revista Jurídica Luso-Brasileira*. ano 4, n. 3, p. 75-99, 2018.

sobre questões importantes – não regulamentadas pelos outros dois poderes ou declaradas inconstitucionais – deve ser responsável pelas consequências de suas decisões[80].

Deve-se ponderar, ainda, mais um parâmetro dentre os acima indicados, que é a possibilidade de ampliação dos mecanismos de participação da sociedade no processo decisório, em especial perante as Cortes de Justiça. Tal ampliação, como bem ponderou Peter Häberle[81], em 1975, refere-se a ideia de que a interpretação constitucional não deve ficar restrita a uma sociedade fechada de intérpretes, geralmente compostas por juízes, mas a todos aqueles cidadãos ou grupos da sociedade que possam contribuir, influir ou mesmo sofrer os impactos de uma dada decisão.

Tal ampliação visa garantir uma maior legitimidade democrática as decisões e tem sido frequentemente utilizada pelo Supremo Tribunal Federal, em especial nos casos mais polêmicos[82]. No entanto, a utilização de tal figura não está mais restrita ao Supremo Tribunal, eis que o atual Código de Processo Civil, no artigo 138, indica que o juiz e o relator, considerando a relevância da matéria, a especificidade do tema objeto da demanda ou a repercussão social da controvérsia poderá solicitar ou admitir a participação de pessoa física, jurídica ou mesmo ente especializado com representação adequada e pertinente ao tema.

Trata-se de mais um mecanismo de pulverização do poder, de forma a influenciar o juiz ou relator na tomada de decisão, fazendo com que as visões existentes

---

80. Não é possível desconhecer a crítica: "boa parte deste clamor para que os juízes sejam mais "esclarecidos" – em outras palavras, para que pensem corretamente nas consequências econômicas de suas decisões que desconfirmem as expectativas de determinadas categorias de agentes econômicos – é, pode-se dizer sem injustiça, fruto do desconhecimento quanto à realidade institucional e às restrições de natureza cognitiva que, estruturalmente, afetam o ofício do juiz. O ideal de atuação jurisdicional pressuposto por um subconjunto considerável de críticos ignora as complexidades que os agentes envolvidos em um processo de argumentação jurídica enfrentam para aplicar normas gerais a casos particulares".
81. Cf. HABERLE, Peter. Hermenêutica Constitucional. *A sociedade aberta dos intérpretes da Constituição*: contribuição para a interpretação pluralista e "procedimental" da Constituição. Porto Alegre: Fabris, 1997.
82. A título de exemplo, nas ações de controle de constitucionalidade concentrado, conferir: artigo 7º, da Lei 9.868/1999 (ADI) e art. 6º, § 1º, da Lei 9.882/1999 (ADPF). No mais, conferir, além do disposto no artigo 138, do atual do Código de Processo Civil: art. 32 da Lei 4.726/1965 (Junta Comercial); Lei 6.385/1976 (Comissão de Valores Mobiliários – CVM); art. 14, § 7º, da Lei 10.259/2001 (Juizados Especiais Federais); art. 3º, § 2º, da Lei 11.417/2006 (Súmula Vinculante); art. 118 da Lei 12.529/2011 (CADE); art. 896-C, § 8º, da CLT, acrescido pela Lei 13.015/2014 (recursos de revista repetitivos).

em determinados focos de poder da sociedade[83] sejam consideradas na emissão do pronunciamento judicial. Cuida-se, portanto, de um dos mecanismos mais importantes – além dos acima elencados – a conferir legitimidade a decisão jurisdicional, mesmo quando ela possa ir de encontro a vontade da maioria parlamentar.

4. Considerações finais

A relação entre o Poder Judiciário e os Poderes Políticos não pode ser compreendida sem a necessária compreensão acerca de qual ambiente econômico, social e político se encontram. Trata-se de pressuposto lógico e necessário para que se possa efetivamente apreender as limitações e ingerências essenciais de um poder sobre o outro.

Cuida-se, em verdade, de cenário a ser conhecido e desvelado por todo aquele que pretenda realmente compreender o fenômeno que se apresenta, ou seja, não se trata de qualquer Corte Constitucional, de qualquer poder legislativo ou executivo e, ainda, não se pode desconhecer as limitações históricas aos quais se encontram submetidos.

Tomando esse ponto como pressuposto, tem-se que a cooperação entre os poderes deve ser o caminho primordial a ser encontrado. O foco não deve ser o ativismo, a politização ou a busca de limites claros de atuação entre os poderes, mas a cooperação entre eles – até mesmo porque o poder do Estado é uno e indivisível.

No entanto, quando atuar em temas da seara política, o magistrado deve estar ciente de que possui parâmetros a serem respeitados. A ampliação dos legitimados a atuarem como "amigos da corte", a fundamentação das decisões judiciais, o respeito ao limite mínimo de proteção ao direito, a busca de uma tutela jurisdicional necessária e adequada ao caso concreto são apenas alguns, entre outros, possíveis limites a serem tomados a sério pelo magistrado. Aliás, se todos os direitos fossem realmente "levados a sérios" (R. Dworkin), não se alcançaria um consenso sobre a verdade – se é que ela existe –, mas se estaria mais próximo de uma tomada de decisão – em qual seara for, política ou jurídica – com bases mais democráticas.

---

83. Cf. ROBL FILHO, Ilton Noberto; SCHELEDER, Adriana Fasolo Pilati. Uma análise das camadas clássica (Schmitt) e pós-situação clássica (Loewensteins) no Direito Constitucional. In: *Jurisdição constitucional e democracia*. Itajaí: Ed. da Univale, 2016.

7
LA JURISDICCIÓN CONSTITUCIONAL EN AMÉRICA LATINA: LOS RETOS Y DESAFÍOS YA ENTRADO EL SIGLO XXI

César Landa

Ex Presidente del Tribunal Constitucional del Perú. Ex Decano de la Facultad de Derecho de la Pontificia Universidad Católica del Perú. Profesor de Derecho Constitucional y Derecho Procesal Constitucional en la Pontificia Universidad Católica del Perú y en la Universidad Nacional Mayor de San Marcos.

Sumário: I. Introducción; II. Sobre la jurisdicción constitucional; III. Génesis y evolución de la jurisdicción constitucional; IV. El caso del control constitucional de las leyes (control abstracto – dimensión objetiva); V. El caso de la tutela de los derechos fundamentales (dimensión subjetiva); VI. El diálogo jurisprudencial: ¿es suficiente y eficiente? VII. A modo de conclusión y un *excursus*: los retos y desafíos siguen siendo los mismos, pero hay nuevas tareas pendientes.

I. Introducción

La jurisdicción constitucional de cada país enfrente los retos y desafíos propios de su ordenamiento jurídico y de sus sociedades. La experiencia peruana, marcada por el autoritarismo y prolongados periodos en los que la democracia estuvo ausente, puede ser común para muchos de los casos latinoamericanos, como veremos a continuación.

Lo cierto es que, en las últimas décadas, el crecimiento económico de la región latinoamericana (debido en buena medida al largo período de la subida de los precios internacionales de los recursos naturales renovables y no renovables, fuente principal de la riqueza en la región), ha generado inestabilidad social y política dada la falta de redistribución de dicha riqueza. Este proceso ha sido conducido por el presidencialismo a través de la transferencia de la economía pública a los grupos privados y las cargas públicas a los ciudadanos[1]. En ese escenario desde finales del siglo XX han surgido: por un lado, los nuevos gobiernos de Venezuela, Bolivia y Ecuador que cuestionan el clásico modelo económico y político internacional, y; por otro lado, los gobiernos de Brasil, Argentina, Chile, Paraguay y Uruguay que buscan conciliar sus programas nacionales con los nuevos estándares de la economía internacional. Mientras que países como México, Colombia y Perú se han allanado al nuevo modelo económico, con la consecuencia de las convulsiones sociales producto del narcotráfico que ello ha traído consigo.

Desde entonces se han producido reformas constitucionales en Brasil, México, Argentina; así como, también, se han promulgado nuevas constituciones mediante procesos constituyentes en Chile, Colombia y Perú o; se han aprobado por referéndum popular constituciones con un nuevo modelo político y económico en Venezuela, Ecuador y Bolivia[2]. En todas estas constituciones presidencialistas se han incorporado o profundizado el rol de la justicia constitucional, mediante la creación de tribunales o cortes constitucionales, salas constitucionales o, concentrando las competencias constitucionales en las cortes supremas. La jurisdicción constitucional se ha afianzado.

La jurisdicción constitucional está referida a los mecanismos jurisdiccionales para hacer efectiva la vigencia de la Constitución y la protección de los derechos fundamentales de las personas. No solo hay procesos específicos para tutelarlos (comúnmente el amparo o el hábeas corpus, por ejemplo), sino que ahora también se cuenta con una magistratura constitucional (jueces) especializados e incluso órganos que asumen competencia para conocer de dichos procesos (juzgados constitucionales y Tribunales o Cortes Constitucionales, por ejemplo).

En efecto, desde finales del siglo XX y el presente siglo XXI, la jurisdicción constitucional en América Latina se ha instalado en la forma de tribunales o cortes constitucionales (Chile, Ecuador, Perú, Colombia, Bolivia, Guatemala y República Dominicana), así también como una nueva competencia de la Cortes Supremas (Brasil, México, Argentina) o de una sala especializada de éstas (Costa Rica, Venezuela). Ello pone en evidencia dos cosas: una jurídica, que el Estado de Derecho latinoamericano fundamenta su ordenamiento jurídico directamente

---

1. DE VEGA, Pedro. Neoliberalismo y Estado. En: Pensamiento Constitucional. Año IV. No. 4. Lima: Fondo Editorial de la Pontificia Universidad Católica del Perú, 1997; pp. 31-36.
2. NEGRETTO, Gabriel. Paradojas de la reforma constitucional en América Latina. Referencia en enero de 2011. Disponible en web: http://www.journalofdemocracyenespanol.cl/pdf/negretto.pdf. Asimismo: CAMERON, Maxwell. Reforma constitucional en América Latina en la actualidad. Referencia en enero de 2011. Disponible en web: https://www.arts.ubc.ca/fileadmin/template/main/images/departments/poli_sci/Faculty/cameron/maxwell_a._cameron.pdf.

en la supremacía de la Constitución y la defensa de los derechos fundamentales[3]; y, otra política, que dada la experiencia autoritaria, militar o civil, en la región, no puede haber justicia constitucional, sin Derecho ni democracia, como tampoco puede haber democracia sin Derecho ni justicia constitucional[4]. Son dos caras de la misma moneda y la jurisdicción constitucional reclama ambos.

Dicha jurisdicción constitucional se ha afianzado con el fenómeno de la constitucionalización del Derecho. Pero, hoy en día también se habla de la convencionalización o uniformización del Derecho: la construcción, por vía del diálogo jurisprudencial, por ejemplo, de un Derecho Común que pueda proteger de la mejor manera posible los derechos fundamentales de las personas, con independencia del ordenamiento jurídico respectivo. En el caso latinoamericano, sin duda, esta convencionalización del Derecho se irradia gracias a la Corte Interamericana de Derechos Humanos y a la interpretación que de la Convención Americana sobre Derechos Humanos realiza. Y aunque algunos gobiernos latinoamericanos pretenden desconocer sus decisiones en todo en parte, es claro que la Corte jugará cada vez más un papel preponderante en Latinoamérica.

Ahora bien, el afianzamiento y desarrollo de este modelo de Estado Constitucional (y podríamos hablar ya de un Estado Convencional) constituye un desafío común para la región latinoamericana, que ha estado caracterizada por históricos problemas de inestabilidad jurídica y política, y por la necesidad de llevar a cabo reformas estructurales que democraticen el poder y distribuyan equitativamente la riqueza entre todos los ciudadanos[5]. Lo cual se ha reforzado con la despolitización y desparlamentarización de los asuntos de interés público y, simultáneamente, por la economización del interés general.

En ese escenario, se puede señalar que la jurisdicción constitucional se encuentra inserta en el núcleo de las cuestiones del nuevo Estado Constitucional y/o Convencional, en la medida que su quehacer si bien es de naturaleza jurídico, dada la crisis de representatividad de las clásicas instituciones democráticas como el Congreso y el Poder Judicial, la jurisdicción constitucional se ha convertido en una nueva instancia de canalización y resolución jurídica de grandes cuestiones

---

3. DE VEGA, Pedro. Estudios político constitucionales. México: Universidad Nacional Autónoma de México, 1987; pp. 283- 309. Asimismo: LEIBHOLZ, Gerhard. Problemas fundamentales de la democracia moderna. Madrid: Instituto de Estudios Políticos, 1971; pp. 145-174.
4. BÖCKENFÖRDE, Ernst-Wolfgang. Estudios sobre el Estado de Derecho y la democracia. Madrid: Trotta, 2000; pp. 118-131. Asimismo: LANDA, César. Tribunal Constitucional y Estado Democrático. Lima: Palestra, 2007; pp. 41-46.
5. LANDA, César. La vigencia de la Constitución en América Latina. En: LANDA, César y Julio FAÚNDEZ. Desafíos constitucionales contemporáneos. Lima: Fondo Editorial de la Pontificia Universidad Católica del Perú, 1996; pp. 13-23.

políticas y socio-económicas. Con los peligros que la justicia tenga todo que perder y la política nada que ganar[6].

En ese escenario ha ido surgiendo el neoconstitucionalismo andino, inicialmente, en Colombia y posteriormente en Venezuela, Ecuador y Bolivia, como una forma distinta de concebir a la justicia constitucional; caracterizada porque busca superar el conflicto entre el principio democrático del cual emana la legitimidad de las nuevas asambleas o congresos con el principio de supremacía constitucional; por cuanto consideran que la legitimidad de los jueces constitucionales no es suficiente para convertirse en árbitros que decidan las cuestiones centrales en estos países que atraviesan procesos políticos de refundación del Estado[7].

No obstante se formulan críticas acerca que en estos últimos tres países se pueda estar construyendo jurídicamente un modelo de Estado y sociedad andino, pero a la vez medrando los valores y principios de la democracia, sin la cual el constitucionalismo quedaría reducido a una fórmula vacía y sometida al caudillismo populista latinoamericano de siempre.

Si el estado en que se encuentra la justicia constitucional es el "termómetro" de los avances o retrocesos en que se encuentra la democracia contemporánea en América Latina, se puede señalar que se observan distintas realidades y desafíos al constitucionalismo y a la justicia constitucional en la región, en función de la reformulación de las instituciones representativas, a través del radicalismo popular (Venezuela, Bolivia y Ecuador); así como en función de la mayor estabilidad institucional, pero con problemas de falta de transparencia y autonomía frente al poder (Brasil, Argentina, Chile) o los mismos problemas pero con menor institucionalidad y corrupción gubernamental (Perú y Colombia).

A la fecha de elaboración del presente artículo, es claro que muchos de estos regímenes están en crisis o perdiendo apoyo popular, cobrando nuevamente

---

6. SCHMITT, Carl. Der Hüter der Verfassung. Tübingen: J.C.B. Mohr (Paul Siebeck), 1931; p. 35.
7. Ver la entrevista a Rubén Martínez Dalmau realizada por MONGE MORALES, Gonzalo J. y Regina ODAR CHANG. "Análisis crítico del Derecho Constitucional desde la perspectiva del nuevo constitucionalismo latinoamericano. Entrevista a Rubén Martínez Dalmau". THEMIS-Revista de Derecho N° 67. 2015. pp. 49-62.

Asimismo: VICIANO, Roberto y Roberto MARTÍNEZ. ¿Se puede hablar de un nuevo constitucionalismo latinoamericano como corriente doctrinal sistematizada? También: UPRIMY, Rodrigo. Las transformaciones constitucionales recientes en América Latina: tendencias y desafíos. Ambas ponencias en: VIII Congreso Mundial de la Asociación Internacional de Derecho Constitucional. Constituciones y Principios. Mesa 13 Nuevas tendencias del derecho constitucional en América Latina. México: 6-10 Diciembre de 2010. Referencia el 14 de febrero de 2011. Disponible en web: http://www.juridicas.unam.mx/wccl/es/g13.htm.

vigencia los principios democráticos que no pueden ser dejados de lado nunca en ningún Estado Constitucional y/o Convencional. Sin embargo, la jurisdicción constitucional sigue teniendo algo que decir al respecto.

Estas experiencias están vinculadas con la implementación de un modelo político y económico neoliberal o uno alternativo, que impacta sobre la Constitución y llega a colocar a la justicia constitucional misma en el centro del debate político; lo cual ha llegado a repercutir negativamente en la independencia, autonomía y/o estabilidad en el cargo de los magistrados constitucionales. Pero, la justicia constitucional Latinoamericana ha respondido dichos desafíos, en "casos límite" para el poder, a través del proceso de inconstitucionalidad de las norma legales impugnadas y del procesos de amparo en la tutela de los derechos fundamentales afectados por el poder público o privado (o el proceso de "tutela" en Colombia). Procesos constitucionales que por su naturaleza en última instancia jurídica y política se constituyen en los indicadores de la afirmación o debilitamiento del Estado Constitucional y/o Convencional en América Latina.

II. Sobre la jurisdicción constitucional

Como ya hemos mencionado líneas arriba, a jurisdicción constitucional está referida a los mecanismos jurisdiccionales para hacer efectiva la vigencia de la Constitución y la protección de los derechos fundamentales de las personas. Con ello nos referimos tradicionalmente (pero no solo a ello) al Derecho Procesal Constitucional, el cual es el producto del proceso histórico político democrático y de la transformación jurídica de la justicia constitucional en una disciplina científica autónoma. Es así como el Estado de Derecho, en particular el Estado Constitucional, ha incorporado las lentas y progresivas transformaciones políticas, sociales y económicas de la comunidad en el quehacer de la jurisdicción constitucional.

Por ello, el Derecho Procesal Constitucional si no quiere quedar reducido a una pura especulación normativa tiene que ser analizado desde una perspectiva histórica institucional concreta, que es donde adquiere una dimensión objetiva y una eficacia real, lo cual plantea una noción de Constitución que demandan los procesos constitucionales, así como definir la naturaleza, límites y funciones del Derecho Procesal Constitucional.

Ahora bien, como quiera que la jurisdicción constitucional nace históricamente como un instrumento de defensa de la Constitución, cabe identificar la noción de Constitución que tiene sentido proteger actualmente a través del Derecho Procesal Constitucional. Por cuanto "la Constitución no es un puro nombre, sino la expresión jurídica de un sistema de valores a los que se pretende dar un contenido histórico y político. Y es, en última instancia, desde este prisma valorativo, desde donde hay que interpretar y entender la justicia constitucional"[8]. con los límites propios de la interpretación constitucional.

Ahora bien, es necesario que la sociedad cree, incorpore y otorgue vida a la norma constitucional en la forma de derechos fundamentales, los mismos que deben ocupar un rol central en la noción de Constitución. La gente debe "vivir" la Constitución, pues hacia los ciudadanos y hacia la vida en sociedad (permitiendo el desarrollo individual) que la Constitución se debe. Casi todas las Constituciones refieren que el poder emana del pueblo y ello es cierto. Como señaló Abraham Lincoln, las Constituciones buscan asegurar el gobierno del pueblo, por el pueblo y para el pueblo. Un pueblo o una sociedad que está en permanente cambio y actualización, por lo que requiere una jurisdicción constitucional que cambie y se actualice a la par para poder responder adecuadamente a las necesidades de la gente.

Ello, en la medida que la sociedad como cuerpo vital, abierto y plural en permanente desarrollo, siempre ofrece más posibilidades de enriquecimiento de la vida social, que los constituyentes hayan establecido en la Constitución[9]. Lo cual no debe llevar a prescindir de la norma constitucional, sino a otorgarle el sentido interpretativo posible, en función de una argumentación jurídica razonable y proporcional. Latinoamérica requiere Constituciones y una Convención Americana "vivientes", no cristalizadas o petrificadas y por tanto condenando a la inanición de la jurisdicción constitucional o convencional, respectivamente.

III. Génesis y evolución de la jurisdicción constitucional

En Latinoamérica, las Constituciones y la vida constitucional han dependido, directamente, de los acontecimientos políticos y militares de cada época y que los operadores constitucionales no han sido capaces de procesar dichos fenómenos en el marco de la Constitución. Esto se ha debido a la falta de estabilidad política en términos generales , que es expresión de la carencia de un consenso mínimo o pacto social, siquiera entre las élites dirigentes, para asegurar un Estado de Derecho duradero. Esta falta de acuerdo nacional, en cada país, ha creado una cultura cívica de incredulidad en la sociedad respecto tanto del Estado como de la Constitución, en la gran mayoría de países latinoamericanos.

Efectivamente, la historia constitucional en América Latina ha sido pródiga en la dación de textos constitucionales y en la incorporación nominal de derechos fundamentales y modernas instituciones democráticas, pero no en la creación de

---

8. DE VEGA GARCÍA, Pedro. Estudios político constitucional. México: UNAM, 1987, p. 285.
9. HÄBERLE, Peter. "Verfassungsinterpretation als öffentlicher Prozeß—ein Pluralismuskonzept". En su compendio: Verfassungs als öffentlicher Prozeß..., Op. cit., pp. 121 ss.

una conciencia constitucional en la ciudadanía, ni en el ejercicio del poder de sus gobernantes con plena lealtad constitucional. Podría señalarse que el desfase de la falta de vigencia de los textos constitucionales en la vida social se debe a que la expedición de las cartas políticas se fue dando al unísono de los cambios políticos y sociales de cada época, sin por ello crear el orden público y el progreso social que otorgue estabilidad y satisfaga los derechos ciudadanos.

Como la fuerza normativa constitucional de los derechos fundamentales se convierte en el motor que dinamiza a la sociedad y al Estado, también se crean tensiones democráticas y antidemocráticas acerca de su validez y vigencia. En este contexto histórico y conceptual adquiere pleno sentido que se identifique el carácter abierto —jurídico y político— de la Constitución, por cuanto de ello se podrán derivar las dimensiones y los límites de la fuerza normativa constitucional. Como quiera que la fuerza normativa constitucional históricamente aparece como un instrumento de defensa de la Constitución, cabe señalar que la noción de Constitución que tiene sentido proteger es aquella que garantiza los derechos fundamentales a través de la justicia constitucional.

Hoy en día, en un Estado Social y Democrático de Derecho –interpretado también a la luz de la convencionalización– no se puede partir de una concepción dogmática positivista del Derecho Procesal Constitucional, que subordine e inmovilice a la Constitución a través de ideas estáticas lógico-formales, mediante la burocratización y la formalización de la justicia constitucional. Por el contrario, del carácter abierto jurídico y política de las normas constitucionales se desprende la naturaleza y funciones del Derecho Procesal Constitucional.

Ello se debe a que el Estado Constitucional y/o Convencional de la postguerra se desarrolla en un proceso dinámico de integración nacional de una comunidad basada en valores democráticos que otorgan legitimidad al ordenamiento jurídico positivo. Es decir, condicionan el surgimiento y la existencia del Derecho Constitucional y posteriormente de la jurisdicción constitucional. En consecuencia, se busca evitar los formalismos procesales del positivismo jurídico, subordinando el texto literal de la norma procesal en favor del contenido material de la Constitución. En otras palabras, se busca la eficacia y no sólo la validez del sentido esencial del Derecho Constitucional. En tal entendido, no cabe menos que entender al moderno Derecho Procesal Constitucional como la concretización del Derecho Constitucional[10]. Donde el Derecho Procesal Constitucional asumiendo los contenidos axiológicos constitucionales, se manifiesta a través de los procesos y las sentencias constitucionales, respetando los límites y alcances de la jurisdicción constitucional.

---

10. HÄBERLE, Peter. "El Derecho procesal constitucional como Derecho constitucional concreto frente a la jurisdicción del Tribunal Constitucional". En Pensamiento Constitucional Año VIII N° 8. Lima: PUCP – Fondo Editorial, 2002, pp. 25-59.

IV. El caso del control constitucional de las leyes (control abstracto – dimensión objetiva)

Como en un Estado Constitucional, el principio democrático se encuentra en la base no sólo de la representación política del Estado, sino también del quehacer judicial; en América Latina se ha consagrado el principio según el cual, la potestad de administrar justicia emana del pueblo con arreglo a la Constitución y las leyes. Sin embargo, la justicia constitucional como entidad encargada del control judicial de las leyes ejerce un poder contra mayoritario de anular las normas legales inconstitucionales, tarea que no siempre es entendida por los poderes constituidos, en la medida que se asumen representantes exclusivos y excluyentes de la voluntad popular[11].

Es precisamente frente a esta concepción democrática corporeizada tanto en el Presidente de la República y/o el Congreso de la Nación, que surge la necesidad del control judicial de las leyes en base a la norma constitucional y a los principios no menos importantes de libertad e igualdad[12]. Se habilita a la justicia constitucional oponer a la soberanía popular, la soberanía de la supremacía jurídica de la Constitución y de los derechos fundamentales consagrados en ella.

En esa relación de tensión entre la soberanía popular y la supremacía constitucional, la jurisdicción constitucional debería operar como un árbitro que se encuentra por encima del conflicto político y jurídico. Sin embargo, en la región latinoamericana, las Cortes Supremas y los Tribunales Constitucionales no siempre pueden hacerse la ilusión de estar situados, ante la opinión pública, por encima de las partes de un proceso que ellos mismos han de juzgar. Pero, sí pueden generar consensos conjugando la *ratio* y la *emotio* que toda Constitución tiene, mediante las modernas técnicas de la interpretación y argumentación constitucional, las cuales deben asegurar tener textos "vivientes" y no petrificados, a efectos de responder adecuadamente a las necesidades latinoamericanas.

Ahora bien, éste no siempre ha sido el supuesto, sino que, por el contrario, muchas veces los tribunales y cortes forman parte del mismo conflicto en unos casos, dada su proximidad al gobierno que los nominó. Y cuando éste no ha sido el supuesto, el poder ha arremetido contra la justicia constitucional independiente, mediante los juicios políticos en Perú o Argentina y las renuncias forzadas a los jueces constitucionales, como en Venezuela y Bolivia o la clausura del Tribunal

---

11. BERGER, Raoul. Government by judiciary. The transformation of the Fourteenth Amendment. Indianapolis: Liberty Foundation, 1997; p. 555.
12. ELY, John Hart. Democracy and Distrust, a theory of judicial review. Harvard University Press, 1981; pp. 281 y subsiguientes. Asimismo: ÁLVAREZ ÁLVAREZ, Fernando. Legitimidad democrática y control judicial de constitucionalidad (Refutaciones de carácter contramayoritario del Poder Judicial). En: Revista DIKAION-LO JUSTO. Año 17. No. 12. Colombia: Universidad de la Sabana, 2003.

Constitucional del Ecuador en el año 2004 o el del Perú en 1992. Ello, a partir de determinados procesos políticos que pone en evidencia cómo el poder en América Latina se relaciona con la jurisdicción constitucional o puede acecharla en las causas límite para el gobierno, como lo demuestran los recientes pronunciamientos del Tribunal Supremo de Venezuela, defendiendo "a capa y espada" al régimen de Nicolás Maduro (país que forma – ¿seguirá formando parte? – del ya estudiado "neoconstitucionalismo latinoamericano").

Ello no ha sido óbice para que a partir del complejo proceso de la judicialización de la Constitución, los Tribunales Constitucionales y Cortes Supremas en América Latina participen aunque subsidiariamente en la creación de las normas mediante su labor de intérpretes de la Constitución y a través de las sentencias atípicas, ejerciendo amplios poderes para controlar no sólo la forma, sino también el contenido de las normas y actos demandados de inconstitucionales. Por ello, Cappelletti ha señalado lo siguiente: "la interpretación que reconoce a los jueces una función creadora de la elaboración de las leyes y en la evolución de los valores parece a la vez inevitable y legítima, siendo el verdadero problema concreto un problema del grado de la fuerza creadora o de las autolimitaciones"[13].

Este proceso de constitucionalización y judicialización del Estado de Derecho no ha dejado de lado el principio de legalidad y el de la ley, en la medida que constituyen las categorías básicas del ordenamiento jurídico, en función del cual se viene ejecutando la reorganización del Estado, la sociedad y la economía[14].

Sin embargo, la otrora noción de ley (general, abstracta e intemporal) ya no expresa las necesidades de los nuevos poderes públicos ni privados, sino más bien, se demanda cada vez más la expedición de leyes especiales o decretos de urgencia (particulares, concretos y transitorios), propios del presidencialismo latinoamericano. Frente a las normas cuestionadas de inconstitucionales ante la jurisdicción constitucional, los jueces han respondido desde la auto limitación, diluyendo su mandato como organismo encargado del control constitucional, hasta el activismo judicial que coloca al juez constitucional en una posición de cuasi legislador positivo.

Ahora bien, este proceso de constitucionalización del ordenamiento jurídico y la tendencia al uso de normas legales especiales, pone de manifiesto no

---

13. CAPPELLETTI, Mauro. Necesidad y legitimidad de la justicia constitucional. En: autores varios. Tribunales Constitucionales Europeos y Derechos Fundamentales. Madrid: CEC, 1984; p. 629.
14. PÉREZ ROYO, Javier. La distribución de la capacidad normativa entre el Parlamento y el Gobierno. En: BAR CENDON y otros. El Gobierno. Barcelona: Diputación de Barcelona, 1985; pp. 93–143. Asimismo, FERRAJOLI, Luigi. Diritto e ragione. Roma: Laterza, 1996; pp. 911 y subsiguientes.

sólo la crisis de la clásica noción de ley y legalidad, sino que lleva a replantear la manera de entender el control constitucional de las leyes, en cuanto al nuevo rol de la magistratura, los principios con que opera la jurisdicción constitucional, la vinculación de su jurisprudencia, las técnicas de la argumentación jurídica y los tipos de sentencias típicas y atípicas[15].

No es el momento para abordar la complejidad de todos estos temas, sino analizar la temática de la justicia constitucional en América Latina, a partir de las premisas jurídico-políticas del control constitucional al poder político parlamentario y sobretodo presidencial, en una región con una larga tradición autoritaria. Ello no es óbice para señalar, que en la región se hecho necesario el desarrollo de un Derecho Procesal Constitucional de raíces latinoamericanas, no exenta de la impronta europea de la justicia constitucional; donde la incorporación del uso de las sentencias atípicas constituye la punta del *iceberg* del debate, en la medida que resuelven sobre la constitucionalidad o no de una norma legal, ofreciendo una amplia gama de respuestas judiciales sobre el fondo y forma de la controversia.

En el clásico modelo de control constitucional de la ley, éste tiene como finalidad el examen de constitucionalidad del texto legal sometido a la jurisdicción constitucional en base a un canon valorativo constitucional (función de valoración). Sin embargo, el efecto más notorio de dicho proceso de control se expresa en la expedición de una sentencia que expulsa una norma legal del ordenamiento jurídico cuando es declarada inconstitucional (función pacificadora). Esta decisión de eliminación tiene efectos vinculantes para todos los aplicadores, públicos y privados, de las normas jurídicas (función ordenadora)[16].

Sin perjuicio de ello, la experiencia del control constitucional de las leyes en América Latina viene produciendo sentencias que se pronuncian más allá o fuera de lo demandado (*ultra petita y extra petita*); donde los efectos del fallo si bien en principio son a futuro (*ex nunc*) también pueden ser moduladas con efectos retroactivos (*ex tunc*) o incluso disponiendo dejar la aplicación de sus efectos a futuro, pero sujeta a una condición material o temporal (*vacatio sententiae*); donde no sólo el fallo es vinculante, sino también los fundamentos que expresan la razón jurídica (*ratio decidendi*).

---

15. FERRAJOLI, Luigi. Pasado y futuro del Estado de Derecho. En: CARBONELL, Miguel (editor). Neoconstitucionalismo(s). Barcelona: Trotta, 2003; pp. 13 y subsiguientes. Asimismo: ATIENZA, Manuel. Argumentación y Constitución. En: AGUILÓ, Joseph, Manuel ATIENZA y Juan RUIZ MANERO. Fragmentos para una teoría de la Constitución. Madrid: Iustel. 2007; pp. 113 y subsiguientes.

16. JIMENES CAMPO, Javier. "Qué hacer con la Ley Constitucional". Actas de las II Jornadas de la Asociación de Letrados del Tribunal Constitucional. Madrid: CEC, 1997; pp. 24 y subsiguientes.

Asimismo, el fallo no siempre será mandatorio, sino que puede ser de apelación o exhortación al legislador a fin de que corrija el potencial vicio de inconstitucionalidad; donde el fallo demanda la aprobación de políticas públicas al gobierno, las cuales deberán ser objeto de supervisión en su cumplimiento por la magistratura constitucional; o que la cosa juzgada constitucional permita la anulación de fallos de la justicia ordinaria, entre otras fórmulas. Lo cual apareja el debate en torno a la actuación de los tribunales constitucionales como entidades jurisdiccionales exorbitantes. Sin embargo, cabe señalar que la gran diferencia entre la justicia constitucional y la justicia ordinaria radica en el ejercicio del control abstracto de las normas legales. Por cuanto el control del poder al constituir una tarea jurídica y política, se requiere de una legitimidad no sólo por su origen, sino por los resultados, en base a una consistente argumentación constitucional. Por eso, en América Latina se viene incorporando y desarrollando jurisprudencialmente la doctrina comparada acerca de la naturaleza, tipos, alcances y límites de las sentencias constitucionales[17].

Así, por un lado, la sentencia constitucional como cualquier otra sentencia en principio está investida de la misma naturaleza de un fallo judicial ordinario; sin embargo, dada la finalidad material al cual está vinculado un proceso constitucional, se ha trasladado mecánicamente una falsa dicotomía propia de una sentencia ordinaria, al declarar fundada o infundada una demanda y, en consecuencia, expulsar una norma o mantenerla en el sistema jurídico. Ello es así, debido a que el juez constitucional, al identificar un vicio sobre la constitucionalidad de una norma legal, se le presenta un abanico de opciones entre la declaración de constitucionalidad e inconstitucionalidad de la norma impugnada, a partir de lo cual puede construir diferentes tipos de sentencias atípicas, con diversos alcances, límites y efectos jurídicos en su fallo.

Precisamente esa situación ha dado lugar, por un lado, que se ponga en cuestión a las sentencias constitucionales atípicas en la medida que no sólo declaran fundada o infundada una demanda; y, por otro lado, que se acuse a los jueces constitucionales de operar como legisladores positivos. Lo cual, se ha señalado, pone en entredicho el clásico principio de división de poderes, la legitimidad democrática del legislador y hasta la propia seguridad jurídica; en la medida que, como diría en su día Forsthoff: "una jurisdicción independizada es una jurisdicción en expansión"[18].

---

17. FIX-ZAMUDIO, Héctor y Eduardo FERRER-MAC-GREGOR. Las sentencias de los tribunales constitucionales. México: Porrúa, 2009; p. 7. Aplicabe, en su gran mayoría, para el caso latinoamericano sin excepción.
18. FORSTHOFF, Ernst. El Estado de la sociedad industrial. Madrid: Instituto de Estudios Políticos, 1975; p. 244. A modo de ejemplo revisar el Proyecto de Ley 14321/2205-CR que propuso que el Tribunal Constitucional del Perú no sea el intérprete supremo de la Constitución ni pudiera dictar sentencias interpretativas, el cual fue rechazado en su

Por ello, corresponde recuperar el viejo concepto de la jurisprudencia (*iuris prudentia*), frente a la ciencia jurídica (*scientia iuris*). En tanto la primera consagra una racionalidad material, orientada a fundamentar sus decisiones en los principios constitucionales y en la ponderación de valores, mientras la segunda encuentra en la racionalidad formal de la aplicación de las reglas, a través de la subsunción de los hechos en la norma, el único camino para la comprensión de la Constitución.

Sólo en un Estado Constitucional basado en la justicia se presenta la compleja tarea jurídica y política del control constitucional, ante las insuficiencias y los nuevos desafíos del actual proceso de democratización; para lo cual el análisis de la vinculación de las técnicas de la elaboración de las sentencias a la solución de las cuestiones políticas, económicas y sociales pendientes de solución, permitirá valorar las consecuencias y eficacia de la jurisdicción constitucional en el fortalecimiento de la democracia. Los países latinoamericanos requieren urgentemente de ello.

V. El caso de la tutela de los derechos fundamentales (dimensión subjetiva)

El amparo constitucional es una institución procesal producto del tránsito del Estado de Derecho basado en la ley hacia un Estado de Derecho basado en la Constitución. Esta innovación aparece modernamente cuando la vieja noción de los derechos públicos subjetivos de creación legislativa, que reconocía los derechos y libertades en los códigos y otorgaba al Poder Judicial su tutela, se transformó en el siglo XX en derechos fundamentales consagrados en la Constitución, los cuales requerirán defensa y protección a través de procesos constitucionales como el amparo, a ser resueltos por tribunales constitucionales (España 1931, Alemania 1949)[19]. Ello sin perjuicio que en sus antecedentes europeos existiera un recurso de queja, por ejemplo en la Constitución Suiza de 1848.

No obstante, es recién en las postrimerías de la Segunda Guerra Mundial que el Estado Constitucional de Derecho se afirma en un conjunto de valores y principios democráticos que otorgan a los derechos fundamentales una naturaleza no sólo subjetiva e individual, sino también un carácter objetivo como garante de la persona humana y de su dignidad. Desde entonces el proceso de

---

admisión. Véase: LANDA, César (editor). Tribunal Constitucional y control de poderes: documentos de debate. Lima: Tribunal Constitucional del Perú – Konrad Adenauer Stiftung, 2006; p. 135.

19. LEIBHOLZ, Gerhard. Problemas fundamentales de la democracia moderna. Madrid: Instituto de Estudios Políticos, 1971; pp. 145-174. Asimismo: DE VEGA, Pedro. Estudios político constitucionales. México: Universidad Nacional Autónoma de México, 1987; pp. 283-309.

amparo cumple tanto con tutelar el derecho individual, como también asegurar los valores institucionales en que se asienta dicho derecho constitucional; tareas que cumplen los tribunales constitucionales o queda reservada para los Cortes Supremas, en última instancia, como intérpretes supremos de la Constitución y guardianes de los derechos fundamentales.

En América Latina, el amparo entendido como proceso constitucional contemporáneo es de larga data. Se incardina en los procesos de modernización democráticos a través de las nuevas constituciones o reformas constitucionales del siglo XX (México 1917, Brasil 1934, Perú 1979, Colombia 1992, Argentina 1994)[20]. No obstante, es del caso precisar que desde la época de los Imperios Español y Portugués, existieron el amparo colonial y la seguridad real, respectivamente. Pero, una vez asentada la vida republicana, durante el siglo XIX bajo la influencia sajona se fue incorporando el interdicto del habeas corpus en nuestra región, desde donde luego se fue consagrando el juicio o recurso de amparo; sin perjuicio del amparo mexicano de la Constitución de 1857 o la de Yucatán de 1840.

Sin embargo, el desarrollo contemporáneo de la justicia constitucional en torno a los tribunales constitucionales o cortes supremas ha hecho del proceso de amparo el mejor indicador para caracterizar el estado de la tutela de los derechos fundamentales en la región latinoamericana. Si bien el amparo ha surgido como un instrumento procesal de fortalecimiento de dichos derechos, también es cierto que en la actual hora democrática existen, déficits de institucionalidad estatal y social que llevan a concebir al amparo como un "noble sueño" o como "una pesadilla"[21].

Es un "noble sueño" en la medida que los jueces deben aplicar el Derecho existente y no crear nuevas normas aun cuando la Constitución y las leyes no ofrezcan una regla determinada para resolver un amparo. Ello supone partir de una noción positivista y normativista del proceso de amparo, que se encuentra regulado por la norma constitucional y legal, delimitando la función interpretativa del juez constitucional y los alcances de sus sentencias; lo cual usualmente se corresponde con una concepción individualista de los derechos que protege el amparo y, en consecuencia, obliga al juez a pronunciarse exclusivamente sobre el petitorio de la demanda (principio de congruencia), convirtiendo al amparo en un proceso formalista y subjetivo[22].

---

20. LANDA, César. La vigencia de la Constitución en América Latina. En: LANDA, César y Julio FAÚNDEZ. Óp. cit.; pp. 13-23.
21. HART, Herbert. Una mirada inglesa a la teoría del derecho americana: la pesadilla y el noble sueño. En: AUTORES VARIOS. El ámbito de lo jurídico. Barcelona: Crítica, 1994; pp. 327-350.
22. DIEZ-PICAZO, Ignacio. Reflexiones sobre el contenido y efectos de las sentencias dictadas por el Tribunal Constitucional en recursos de amparo. En DIEZ-PICAZO, Ignacio

Pero, el amparo también se convierte en "una pesadilla" cuando los jueces y tribunales constitucionales, para declarar fundado el derecho demandado, crean una norma jurídica que permite resolver la pretensión planteada; aunque no se trate de inventar una norma incompatible con la Constitución, sino más bien identificar la que razonablemente se derive de una disposición constitucional de principio.

Eso supone que la norma constitucional sea concebida también como norma histórica y social, permitiendo así una labor interpretativa y argumentativa del juez en aras de la tutela del derecho violado, de acuerdo con la realidad de la que emana; reconociendo también derechos colectivos, ampliando la legitimidad de las partes y desarrollando diversos tipos de sentencias y mandatos incluso con efectos generales o normativos, con alcances no sólo para las partes, sino también para todos. Ello configura un estatus del juez que lo convierte en una suerte de juez-pretoriano y al amparo en un proceso garantista y objetivo[23].

Ello se debe a que "cada concepción de la Constitución lleva consigo una concepción del procedimiento, como toda concepción del procedimiento lleva consigo una concepción de Constitución. No existe un prius ni un posterius, sino una recíproca implicación (...)"[24]. Por ello, estas dos concepciones jurídicas del proceso constitucional nos recuerda que la Constitución y el Derecho Procesal se colocan en una línea de tensión en función de la tutela subjetiva de los derechos fundamentales y la tutela objetiva de la Constitución; tensión en la cual el juez constitucional adopta diversas posturas, a partir de la aplicación y/o interpretación normativa[25], que se pone en evidencia en la praxis jurisprudencial latinoamericana.

Dicha concepción ha puesto en evidencia en América latina que el proceso constitucional de amparo cumple un rol protagónico en la protección de los

---

    y OTROS. La sentencia de amparo constitucional. Actas de las I Jornadas de la Asociación de Letrados del Tribunal Constitucional. Madrid: Centro de Estudios Constitucionales, 1996; pp. 17-74. Asimismo: MONTERO AROCA, Juan (coordinador). Proceso e ideología: un prefacio, una sentencia, dos cartas y quince ensayos. Valencia Tirant lo Blanch, 2006; p. 438.

23. XÍOL-RÍOS, Juan Antonio. Algunas reflexiones al hilo de la ponencia de Ignacio Díez--Picazo "reflexiones sobre el contenido y efectos de las sentencias dictadas en procesos constitucionales de amparo". En: DIEZ-PICAZO, Ignacio y OTROS. Óp. cit.; pp. 75-107. Asimismo: LOPES SALDANHA, Jania Maria y Angela ARAÚJO ESPINDOLA. A Jurisdicão constitucional e o caso da ADI 3510. En: Anuario de Derecho Constitucional Latinoamericano. Uruguay: Konrad Adenauer Stiftung, 2009; pp. 311-328.
24. ZAGREBELSKY, Gustavo. ¿Derecho Procesal Constitucional? Y otros ensayos de justicia constitucional. México: FUNDAP, 2004; p. 18.
25. ZAGREBELSKY, Gustavo. La giustizia costituzionale. Milán: Il Mulino, 1977; pp. 39-69.

derechos de las personas, sobretodo en una región caracterizada por contar con regímenes democráticos de mayor intensidad que buscan consolidar los fundamentos del Estado constitucional; mientras que otros regímenes de menor intensidad que no aseguran una protección general de los derechos humanos como límite a los excesos del poder.

Sin embargo, cabe señalar que los desafíos del amparo en un proceso de diferentes velocidades de la transición democrática son de naturaleza distinta, al estar vinculado directamente con los problemas democráticos de origen de cada país. En efecto, la naturaleza procesal del amparo tiene en su configuración constitucional, legislativa o jurisprudencial una concepción de la Constitución y del proceso, no exenta de la tensión permanente entre la política y el Derecho, como sucede en todo tipo de procesos al afrontar casos difíciles, por cuanto detrás de un gran proceso de amparo, siempre existe una gran cuestión de poder[26].

Por ello, en América Latina encontramos modelos del proceso de amparo que van, por un lado, desde un "noble sueño" para quienes encuentran al proceso de amparo y a la justicia constitucional como mecanismos para obtener justicia, pero muchas veces con el peligro de su abuso o incluso fraude de los valores de la Constitución. Y, por otro lado, hasta "una pesadilla" para las élites sociales de siempre que no han necesitado de la justicia constitucional para proteger sus intereses y más bien se preocupan y critican el rol que cumplen los valores constitucionales e institutos procesales que desarrollan los jueces del amparo para tutelar los derechos fundamentales de los ciudadanos comunes.

En ese "arcoíris" o "abanico" de posibilidades, cada país ha diseñado normativamente su modelo de amparo y más aún lo viene judicializando de distintas formas, en función de la tensión que produce la demanda por más derechos civiles, políticos, económicos y sociales, y, la oferta muchas veces limitada de derechos por parte de los poderes públicos y privados, a pesar de no encontrarse la región en una época de dictaduras o de crisis económica, sino con normas constitucionales y legales amplias en derechos; lo cual deja en manos de los operadores jurídicos y políticos la eficacia de dichos mandatos.

Por ello, en línea de conclusión se puede señalar que en unos países el amparo puede ser concebido como un recurso procesal dependiente de los procesos ordinarios y en última ratio de los códigos procesales civiles, como en el caso mexicano, o, en otros países es entendido como un proceso judicial autónomo, con normatividad procesal especial en principio, como el caso peruano; asimismo, para unos países su naturaleza puede ser unilateral y de protección subjetiva e individual del derecho fundamental, en tanto su fin es el favor libertatis o el

---

26. TRIEPEL, Heinrich. Derecho público y política. Madrid: Civitas, 1986; pp. 33-78.

pro homine, como en el caso argentino, y, para otros su naturaleza puede ser la de un proceso bilateral y de carácter también objetivo, tanto en cuanto hay una relación de interdependencia entre los derechos de libertad y las competencias de la autoridad o de otros particulares, como orientada a la protección de valores constitucionales, como en el caso colombiano.

De un lado, en algunos países el amparo se agota en las normas constitucionales y legales, dejando al juez la labor formalista de la aplicación de las mismas, como en el Brasil, y; de otro lado, se tiene una concepción que hace del amparo un medio de realización de dichas normas mediante la interpretación y argumentación jurídica, no exenta de establecer reglas procesales, a través de la autonomía procesal que desarrolla el juez, como el caso peruano o colombiano. El amparo en algunos países tutela derechos pre constituidos cuando son violados, por ello se le reconoce al amparo un efecto meramente reparador, como en Argentina o Brasil; pero, en otros, además de ello, surge la tutela mediante el amparo de derechos colectivos e implícitos que emanan de la Constitución y los tratados internacionales de derechos humanos, tutelándolos innovativamente, como en Colombia y Perú.

Asimismo, en algunos países una relación jurídica se traslada rígidamente a la relación jurídica procesal, de donde emana la legitimación activa y pasiva para actuar, salvo la incorporación de terceros con legítimo interés, como en México; mientras que en otros países el modelo deja la relación procesal abierta a la legítima intervención de terceros (*amicus curiae*), como en Brasil e incluso instituciones garantes de los derechos fundamentales (defensorías del pueblo), como en Perú y Colombia. En unos casos, el amparo procede contra la autoridad en la medida que se concibe que la violación a los derechos fundamentales sólo puede provenir de los poderes públicos (eficacia vertical), como en Brasil y México, mientras que en otros países además de ello se faculta a interponer el amparo contra particulares (eficacia horizontal), como en Argentina, Colombia o Perú.

En consecuencia, mientras que en unos países el amparo cabe contra sentencias judiciales y actos de gobierno, como en México y Brasil, en otros, además de ellos se puede incoar contra normas legales de forma directa cuando son normas auto aplicativas, como en Argentina, Perú y Colombia. Finalmente, por todo ello, se puede señalar que "el noble sueño" del modelo del amparo clásico reposa en una concepción liberal y privatista del proceso vinculada al quehacer de la justicia ordinaria, llevada a cabo en principio por los tribunales o cortes supremas que remontan a duras penas los anclajes del proceso privado. Mientras que "la pesadilla" del amparo moderno es una concepción garantista del proceso, que desarrollan sobretodo los tribunales constitucionales; los cuales en general vienen cumpliendo un rol protagónico en la tutela efectiva de los derechos fundamentales y la defensa de la supremacía constitucional.

VI. El diálogo jurisprudencial: ¿es suficiente y eficiente?

El término diálogo ha sido acuñado para describir la interrelación entre tribunales nacionales y tribunales internacionales, cuestión que tiene lugar en un contexto de proliferación de tribunales. Por su parte, el uso del término se ha diseminado en la última década, también para hacer referencia ya sea a la mera cita por un tribunal de resoluciones de otro o para describir una situación de interacción e influencias recíprocas entre tribunales[27]. Es una muestra de ello que ya líneas arriba hemos denominado convencionalización del Derecho o uniformización del Derecho, pues éstos requieren (sin duda) del "diálogo jurisprudencial" (aunque no sólo dependen de ello, sin duda).

La aplicación de dicho término refleja una realidad a la que Häberle ya había hecho referencia al abordar y tratar el método comparativo como quinto método de interpretación jurídica[28]. En efecto, el modelo de Estado Constitucional contemporáneo se caracteriza por su apertura hacia el exterior y recepción de los estándares y principios del derecho internacional, debido a las obligaciones derivadas de un tratado o de la costumbre internacional. En ese sentido, se podría decir que las Constituciones son normas inacabadas o incompletas que se articulan necesariamente con la interpretación que realizan los jueces de conformidad con el Derecho Internacional, a fin que el ordenamiento nacional se dote de coherencia y plenitud[29].

En ese marco el concepto de diálogo se aplica para explicar la relación entre tribunales que tienen una vinculación que se sustenta en una obligación que asumen los Estados de cumplir con fallos internacionales. En concreto, el término en mención se aplica para referirse al vínculo existente entre un tribunal internacional y las altas cortes de los países que forman parte de sistemas internacionales que gozan de una garantía jurisdiccional.

En concreto, el concepto de diálogo se caracteriza por su carácter obligatorio y no meramente facultativo, que implica que las elaboraciones o estándares de un tribunal internacional sean imprescindibles para que un tribunal nacional elabore

---

27. LÓPEZ GUERRA, Luis. «El diálogo entre el Tribunal Europeo de Derechos Humanos y los tribunales españoles. coincidencias y divergencias». En: *Teoría y Realidad Constitucional*, N° 32, 2013, pp. 139-158.
28. HÄBERLE, Peter. *El Estado Constitucional*, México D.F.: UNAM, 2001, pp .162-165.
29. RUIZ MANERO, Juan. "Una tipología de las normas constitucionales". En: AGUILÓ, Joseph; ATIENZA, Manuel: RUIZ MANERO, Juan. *Fragmentos para una teoría de la Constitución*. Madrid: Iustel. 2007, pp. 69 ss.; asimismo, TORRES ZÚÑIGA, Natalia. *El control de convencionalidad: deber complementario del juez constitucional peruano y el juez interamericano (similitudes, diferencias y convergencias)*. Saarbrücken, 2013, pp. 50-51.

las propias.[30] Pero quizás el elemento más importante que expresa el término "diálogo" es el trasfondo común de la tutela de los derechos y principios comunes que vinculan al derecho constitucional y el derecho internacional.

No obstante, en el caso que un tribunal recurra al uso de jurisprudencia de una corte con la que no se encuentra vinculada en los términos antes explicados, no es posible hablar de interacción entre los mismos. Sin embargo, este sería un supuesto que calificaría como el de uso de derecho o estándares extranjeros no vinculantes.

Ahora bien, la referencia al concepto de diálogo, no significa que no haya conflictos entre los interlocutores que se comunican entre sí. De hecho, la doctrina reconoce que la relación entre los tribunales puede ser conflictiva, en algunos momentos. E incluso en determinados contextos se puede señalar que este diálogo es inexistente o más bien se trata de una simulación de diálogo. En relación con ello, Bustos hace referencia al diálogo de sordos, lo que coloca en entredicho el concepto de *cross fertilization* que se encuentra en la base o fundamento del diálogo[31]; pero de otro lado, el hecho que pueda haber discrepancias o críticas a la doctrina de un tribunal por parte de otro, no significa que no haya diálogo. En todo caso, la crítica o el desacuerdo puede ser expresión de la interrelación entre tribunales[32].

Por otros lado, conviene señalar que el concepto de diálogo encuentra detractores, ya que suele asimilarse a las categorías ya conocidas como las del método comparado[33]. Sin embargo, se puede afirmar que el recurso a los estándares del Derecho Internacional de los Derechos Humanos no necesariamente involucra una comparación. En la medida que el recurso a la comparación involucra un contraste y la construcción de un parámetro de comparación; solo cuando ocurra ello, es que es posible hablar de la aplicación del método comparado en la labor del juez constitucional[34]. En todo caso, lo que es innegable es el hecho que los jueces y tribunales constitucionales recurren al uso del

---

30. GARCÍA ROCA, Javier. «El diálogo entre el Tribunal Europeo de Derechos Humanos y los tribunales constitucionales en la construcción de un orden público europeo». En: *Teoría y Realidad Constitucional*, N° 30, p. 192.
31. BUSTOS GISBERT, Rafael. *Pluralismo Constitucional y diálogo jurisprudencial*. México, Porrúa, 2012, p.112.
32. LÓPEZ GUERRA, Luis. Op. Cit.
33. XIOL RÍOS, Juan Antonio. «El diálogo entre tribunales». En: ASOCIACIÓN DE LETRADOS DEL TRIBUNAL CONSTITUCIONAL. *Tribunal Constitucional y diálogo entre tribunales: XVIII Jornadas de la Asociación de Letrados del Tribunal Constitucional*, Madrid, Centro de Estudios Políticos y Constitucionales, 2013.
34. DE VERGOTTINI, Giuseppe. *Más allá del diálogo entre tribunales. Comparación y relación entre jurisdicciones*, Madrid, Civitas-Thomson Reuters, 2010, p. 235.

derecho extranjero para la construcción de sus argumentos, ya sea en la *ratio decidendi* o el *obiter dicta*[35].

El proceso de apertura constitucional al que se ha hecho referencia como una de los condicionantes del establecimiento de canales de interrelación entre las judicaturas, también es una característica que, al menos, en términos formales define el perfil del modelo de Estado Constitucional de las democracias latinoamericanas.[36] Así, puede que tanto la norma fundamental o la propia judicatura de los ordenamientos latinoamericanos hagan referencia al proceso de apertura constitucional y las obligaciones que se derivan de este, de manera explícita o implícita. De hecho, los tratados de derechos humanos en ordenamientos como el peruano o el colombiano son parte del llamado bloque de constitucionalidad.

Precisamente, en América Latina también se ha empezado a hablar del concepto de diálogo interjudicial no solo a partir del uso de la jurisprudencia extranjera, sino también para referirse a la aplicación de los estándares del SIDH en el ámbito de la justicia constitucional de los países de Latinoamérica. En efecto, von Bogdandy señala que dicho diálogo es manifestación o expresión de lo que se denomina *ius constitutionale comune* (una forma quizá temprana de referirnos al fenómeno de convencionalización del Derecho).

Para el autor antes mencionado, en América Latina existen tres principios fundamentales que forman parte de la noción de derecho público común: los derechos humanos, la democracia y el Estado de Derecho.[37] La protección de estos principios no solo se realiza en el ámbito estatal, ya que ello es insuficiente, sino también en el ámbito internacional, lo que en el ámbito americano, involucra a la Organización de Estados Americanos y más en específico a la Corte Interamericana de Derechos Humanos que a través de su labor protege los derechos humanos y de manea conexa a la democracia. Aunque, como hemos visto anteriormente, muchos regímenes son reacios a ello.

---

35. En los últimos años la doctrina ha ido desarrollando este tema, ya sea de manera genérica o focalizada. Por ejemplo, ver: GROPPI, Tania. «El papel de los tribunales en el control de las medidas contra el terrorismo internacional: ¿hacia un diálogo jurisprudencial?». En: *Revista de Derecho Político*, N.° 86, enero-abril, 2013, pp. 309-356.
36. MORALES ANTONIAZZI, Mariela. «El Estado abierto como objetivo del ius constitutionale commune. Aproximación desde el impacto de la Corte Interamericana de Derechos Humanos». En: BOGDANDY, Armin von, Héctor FIX-FIERRO y MORALES ANTONIAZZI, Mariela (coordinadores). *Ius constitutionale commune en América Latina. Rasgos, potencialidades y desafíos*, México D.F.: UNAM, 2014, pp. 265 y ss.
37. BOGDANDY, Armin von. «Ius constitutionale commune latinoamericanum. Una aclaración conceptual». En: BOGDANDY, Armin von, Héctor FIX-FIERRO y MORALES ANTONIAZZI, Mariela (coordinadores). Óp.Cit, pp. 3-23.

En relación con ello se vienen efectuando análisis focalizados sobre la materia respecto de la influencia mutua en los temas de reparaciones, o en los temas relativos a la protección de la seguridad social. De modo que se puede afirmar que en efecto hay una interacción real y actual entre la judicatura.[38] Ello sería reflejo y consecuencia de la configuración de un escenario de pluralismo constitucional en el que los ordenamientos nacionales coexisten y se articulan bajo la regla de la horizontalidad.

No obstante, habría que tener cuenta que esta descripción ideal de lo que se denomina diálogo en el SIDH, también puede generar conflictos, como ya se ha mencionado anteriormente-. En efecto, en la práctica se han generado constantes situaciones en las que en determinados ordenamientos, la judicatura ha optado por dejar de lado la jurisprudencia de la Corte IDH de manera explícita y contradictoria, como ha ocurrido en el caso Gelman vs. Uruguay, o; incluso apartarse de la competencia contenciosa de la Corte IDH como acaba de realizar el Tribunal Constitucional de la República Dominicana[39], o, incluso del Sistema Interamericano de Derechos Humanos como las formuladas por Trinidad y Tobago y Venezuela; así como, el transitorio retiro del Perú de la competencia contenciosa de la Corte IDH[40].

En el caso del Uruguay, su Suprema Corte de Justicia ha colocado en entredicho los alcances del fallo de la Corte IDH que declaró a las leyes de autoamnistía como contrarias a la Convención Americana sobre Derechos Humanos, aun cuando estas hubieran sido convalidadas a través de un plebiscito y un referéndum por la población en ejercicio de la soberanía popular. De hecho, la Suprema Corte señaló que la Ley 18831 (aprobada en el año 2011 con el objeto

---

38. GONGORA MERA, Manuel. «Diálogos jurisprudenciales entre la Corte Interamericana de Derechos Humanos y la Corte Constitucional de Colombia: una visión coevolutiva de la convergencia de estándares sobre derechos de las víctimas». En BOGDANDY, ARMIN VON & otros. *La justicia constitucional y su internacionalización. ¿Hacia un ius constitutionale commune en América Latina?*, tomo II. México D.F.: Universidad Nacional Autónoma de México, 2010, pp. 403-430.
39. República Dominicana. Tribunal Constitucional. Sentencia TC/0256/14 del 4 de noviembre de 2014; mediante la cual declaran inconstitucional la aceptación de la competencia de la Corte IDH suscrita en 1999. Esto a raíz de la sentencia condenatoria de la Corte IDH en el caso Personas Haitianas Expulsadas vs República Dominicana, del 28 de agosto de 2014.
40. Trinidad y Tobago denunció la Convención Americana sobre derechos Humanos, por comunicación dirigida al Secretario General de la OEA el 26 de mayo de 1998; la República Bolivariana de Venezuela manifestó su d3ecisión de denunciar la Convención Americana sobre Derechos Humanos el 10 de septiembre de 2012; el Perú retiro en julio de 1999 su reconocimiento a la competencia contenciosa de la Corte IDH, pero en enero de 2001, caído el gobierno de Fujimori, se volvió a reconocer dicha competencia.

de reestablecer los delitos cometidos en aplicación del terrorismo de Estado hasta el 1 de marzo de 1985) era contraria a la Constitución uruguaya, porque atentaba contra el principio constitucional de legalidad y el de irretroactividad de la ley penal más gravosa". En ese sentido, señaló estos de principios que no sólo tienen consagración en la Constitución de la República, sino que constituyen garantías impuestas en los sistemas universal e interamericano de derechos humanos, que no debían soslayarse a pesar del fallo de la Corte IDH.

Ahora bien, el ejemplo mencionado es manifestación de un caso en el que las acciones del Estado son contrarias al estándar mínimo del Sistema Interamericano de Derechos Humanos derivado del caso Barrios Altos vs. Perú, razón por la cual la Corte ha señalado que la decisión de la Suprema Corte del Uruguay es contraria al fallo condenatorio[41].

Pero no todos los supuestos en los que un tribunal nacional se aparta de lo dispuesto por un tribunal como la Corte IDH significa que hay una contradicción o una ausencia de diálogo entre los jueces nacionales y el tribunal interamericano. En la medida que la relación entre ordenamientos es de horizontalidad, el hecho es que los Estados cuentan con un margen de apreciación que les permite brindar tratamiento distinto al contenido de un derecho, siempre que no se atente contra el mínimo o el contenido esencial de un derecho.

El mayor o menor margen de apreciación con el que cuentan los Estados para limitar un derecho o dotarle de contenido, depende de la naturaleza del derecho, pero también de razones relativas a la legitimidad democrática de la decisión o acción que restringe el derecho; la práctica y/o consenso de los Estados en cuanto a determinados límites relativos a la restricción de un derecho[42]. Así, aunque la Corte IDH no haya abordado el concepto de "margen de apreciación" de manera expresa como en el caso del Tribunal europeo de Derechos Humanos, sí ha hecho uso del mismo en los casos contenciosos que resuelve[43].

También se puede hacer referencia a los supuestos en los que existe solo una apariencia de diálogo. En este último caso, la judicatura nacional apela al uso

---

41. Corte IDH. Caso Gelman vs. Uruguay, Supervisión de Cumplimiento de Sentencia, Resolución del 20 de marzo de 2013.
42. LEGG, Andrew. *The margin of appreaciation in international human rights law. Deference and proportionality,* Oxford, Oxford University Press, 2012, p. 37.
43. GARCÍA ROCA, Javier. *El margen de apreciación nacional en la interpretación del Convenio Europeo de Derechos Humanos: soberanía e integración.* Madrid: Civitas-Thomson Reuters, 2010, pp. 107 ss.; asimismo, para un análisis de la aplicación del margen de apreciación a partir del análisis de normas constitucionales contrarias a la Convención Americana sobre Derechos Humanos, revisar TORRES ZÚÑIGA, Natalia. *Legitimidad de la Corte Interamericana para controlar normas constitucionales.* Trabajo de fin de Máster, Madrid, Centro de Estudios Políticos y Constitucionales, 2014 s/p.

de los estándares del SIDH pero en un sentido distinto a los propios alcances y contenido que la Corte IDH ha brindado a determinado derecho. En todo caso, se trata de un supuesto que podría calificar como de fraude en la medida que tergiversa el sentido de un fallo internacional para llegar a una conclusión distinta y opuesta a la que originalmente ha previsto la Corte IDH en la decisión nacional.

La forma en que se aborde el tema relativo al diálogo entre tribunales en el SIDH debe involucrar o tomar en cuenta los supuestos antes mencionados, con el objeto de obtener una visión equilibrada y real sobre el proceso de apertura constitucional; ello es necesario si es que se pretende afianzar la relación entre órganos jurisdiccionales con miras al fortalecimiento del modelo de Estado Constitucional Cooperativo.

Como fuere, el hecho es que la adhesión a los estándares del SIDH y el planteamiento de un diálogo con tribunales como los internacionales no debieran estar ausentes en el ejercicio jurisdiccional del actual tribunal[44]. En efecto, no debe perderse de vista que no existen titulares de la "última palabra", razón por la que eventualmente las decisiones de la justicia constitucional podrían ser revisadas por la propia Corte IDH en el caso que no se siga la jurisprudencia o no haya un apartamiento justificado de la línea o los estándares interamericanos.

Pero sobre todo, se coincide con Saiz Arnaiz en el hecho que el diálogo es una condición existencial del modelo de Estado Constitucional contemporáneo, que no solo se sustenta en el mandato normativo que se deriva de las Constituciones, sino también en el hecho en que los jueces son agentes de primera línea en la construcción de una América de los derechos, y deben ocupar un lugar en la comunidad de intérpretes jurisdiccionales. Como fuere, tampoco debe perderse de vista que la incorporación de los estándares internacionales brinda legitimidad y fortalece el rol de la jurisdicción constitucional en espacios de debilidad institucional[45].

VII. A modo de conclusión y un *excursus*: los retos y desafíos siguen siendo los mismos, pero hay nuevas tareas pendientes

Los desafíos contemporáneos al constitucionalismo latinoamericano han pasado der ser políticos (democracia y derechos humanos) y económicos (garantías para las inversiones y comercio libre), para incorporarse temas específicos como las materias ambientales (energías renovables, recursos naturales, en especial el

---

44. FOLLESDAL, Andreas, The Legitimacy Deficits of the Human Rights Judiciary: Elements and Implications of a Normative Theory (2013). Theoretical Inquiries in Law, Volume 14, No 2, 2013. Available at SSRN:http://ssrn.com/abstract=2261060
45. SAIZ ARNAIZ, Alejandro. En: ASOCIACIÓN DE LETRADOS DEL TRIBUNAL CONSTITUCIONAL. Op. Cit., p.p. 140 y ss.

agua) y culturales (derechos de los pueblos indígenas), los mismos que vienen reformulando la agenda del Estado en América Latina, sin que se haya llegado a resolver todos los problemas previos o de origen, como la pobreza y extrema pobreza, corrupción, narcotráfico, enfermedades epidémicas y hasta analfabetismo, entre otros. Es más, surgen "nuevas" cuestiones como los derechos de la comunidad LGBTI, el derecho de acceso al internet o al internet mismo, problemas de intimidad fruto de las redes sociales, etc.

En ese entendido el constitucionalismo lentamente ha ido aprobando nuevas constituciones o reformas que permitan encausar los nuevos temas/problemas en cada país; donde la justicia constitucional a través de las acciones de inconstitucionalidad de las leyes y la protección de los derechos fundamentales a través del proceso de amparo, expresan lenta y algunos erráticamente la constitucionalización de la vida política, económica, social y jurídica. No obstante, hay evidencias que muestran que ellos pueden significar una regulación meramente semántica o nominal, cuando la Constitución y la justicia constitucional sólo son consideradas como un medio y no un fin en sí mismos, por los gobernantes latinoamericanos.

La jurisdicción constitucional sigue enfrentándose a los mismos retos y desafíos de antaño: el respeto a sus decisiones y la asunción por parte de los poderes públicos y privados del deber de cumplir con lo que se haya resuelto, en tanto y en cuanto sea conforme con la Constitución. Para ello, la magistratura constitucional (los jueces) deberá cuidar siempre de mantenerse independiente del poder político y de todo tipo de poder fáctico que pretenda sobrepasar los límites establecidos por la Constitución. Además, hoy en día se exige contar con magistrados con una sólida formación ética y académica, que tengan un compromiso militante con los valores y principios del Estado Constitucional, manteniendo la neutralidad, incorruptibilidad y sabiduría en el quehacer jurisdiccional para enfrentar los retos del presente y futuro, a través de sentencias que sean dignificantes por el fondo y por la forma para todos los ciudadanos.

Además, en la era de la globalización, "*todo se sabe*" y "*todo deja huella*", pues las decisiones de los jueces y juezas constitucionales son registradas y sometidas al escrutinio público no solo de las partes del proceso y de los especialistas del Derecho Constitucional, sino por todos los interesados de cualquier parte o país del mundo. Muestra de ello es, por ejemplo, la Sentencia TC/0168/13 del Tribunal Constitucional de la República Dominicana[46], que mereció rápidamente las críticas y el repudio internacional. El fenómeno de la convencionalización o uniformización del Derecho (la construcción de este Derecho Común) no se ve satisfecho con fallos de ese tipo, pues son rápidamente criticados y analizados

---

46. https://presidencia.gob.do/haitianossinpapeles/docs/Sentencia-TC-0168-13-C.pdf

por una ciudadanía cada vez más consciente de sus derechos y dispuestas a litigar constitucionalmente por la plena vigencia de sus derechos fundamentales.

Otro nuevo reto, sin embargo, es precisamente esa mayor conciencia ciudadana que se traduce en más demandas. En el Perú, por ejemplo, un serio problema está constituido por la sobrecarga procesal: numerosas demandas y poca capacidad de respuesta por parte de la justicia constitucional, cuyos expedientes se van acumulando sin ser resueltos. Si bien muchas de aquellas demandas son manifiestamente improcedentes, la demora o el retardo en la providencia deslegitima a la jurisdicción constitucional, la cual debería ser siempre ese mecanismo rápido y sencillo que prevé la Convención Americana sobre Derechos Humanos. Así por ejemplo, la Defensoría del Pueblo del Perú da cuenta que desde el 2009 hasta el 2014, la especialidad constitucional registró 89,278 nuevas demandas, lo que significó, aproximadamente, 9,000 demandas por juzgado, 1,500 por año, 135 por mes y 7 por día útil[47]. Similar situación debe presentarse, quizá, en el resto de países latinoamericanos.

Siguiendo con el caso peruano, pero perfectamente aplicable a otros países, vemos cómo se entiende la democracia como la tiranía de la mayoría. La mayoría se ejerce con respeto a las minorías y con respeto a los ciudadanos de quienes emanó dicha mayoría. Ningún grupo político recibe la mayoría para ejercerla irresponsablemente. Y si lo hace, que sepa que sus actos pueden ser controlados por la justicia constitucional si afectan el bloque de constitucionalidad, conformando ya no solo por la Constitución, sino por los tratados internacionales sobre derechos humanos y la interpretación que de ellos hayan realizado los órganos competentes.

En este caso, vemos con preocupación el cambio pendiente de 6 de un total de 7 magistrados del Tribunal Constitucional del Perú. Ya anteriormente (2008-2014) una nueva mayoría del Tribunal Constitucional dio un vuelco hacia atrás en la legitimidad del Tribunal Constitucional y en la protección de los derechos fundamentales. Pronto tendremos el mismo peligro: *"una alianza perversa entre las fuerzas políticamente conservadoras y las fuerzas autoritarias abanderadas de un discurso antiético"*[48]. ¿Los demás países latinoamericanos están libres de este problema? Ojalá que sí. Pero, en cualquier caso, es importante recordar que la jurisdicción constitucional se debe a la democracia y a la ciudadanía, por lo que serán ellos quienes den cuenta y exijan una verdadera defensa de los valores y principios constitucionales, así como de la propia democracia.

---

47. https://mafirma.pe/Informe-Defensorial-N-172-2015.pdf (p. 140).
48. LANDA ARROYO, César. "Organización y funcionamiento del Tribunal Constitucional. Entre el Derecho y la Política". Lima: Palestra Editores. 2011. P. 211.

8
CORTE CONSTITUCIONAL E DIÁLOGOS INSTITUCIONAIS

CLÈMERSON MERLIN CLÈVE

Professor Titular de Direito Constitucional da Universidade Federal do Paraná e do Centro Universitário Autônomo do Brasil – UniBrasil. Pós-graduado em Direito Público pela *Université Catholique de Louvain*, Bélgica.

BRUNO MENESES LORENZETTO

Coordenador do PPGD e Professor do Centro Universitário Autônomo do Brasil – UniBrasil. Professor de Direito da Pontifícia Universidade Católica do Paraná. Doutor e Mestre em Direito pela UFPR.

SUMÁRIO: Introdução; 1. Aprofundando um pouco mais a discussão; 2. A estrutura dos diálogos; 3. A promessa (normativa) do diálogo; 4. Diálogos institucionais no Brasil; Considerações finais; Referências.

Introdução

O STF assumiu relevantíssimo papel, particularmente, depois da Constituição de 1988. O consenso quanto à normatividade da Constituição, inclusive dos princípios, o texto analítico e compromissório com uma imensidão de dispositivos materiais redigidos de modo genérico, adotando conceitos indeterminados, os valores constitucionais às vezes contrastantes, reclamando concordância prática ou hierarquização via ponderação, o manejo do postulado da proporcionalidade, a ampla possibilidade de acesso à Corte, o aumento dos legitimados ativos à propositura dos mecanismos de controle concentrado, o número impressionante de ações constitucionais aforadas, tudo isso tem contribuído para o incremento da atuação da Corte, para certa judicialização da política, particularmente quando o Legislativo não consegue, não quer ou falha ao legislar, e a sociedade, plural e fragmentada, se divide a propósito de muitas questões envolvendo escolhas entre valores autorizando a emergência de conflitos sensíveis e capitais.

A Judicialização pode, eventualmente, conduzir ao ativismo, ao monopólio radical da última palavra e, com isso, do último erro, a uma certa arrogância, ao sobrepor a razão judicial sobre as escolhas do legislador, ou do administrador legitimados pelo voto popular, à arquitetura constitucional que prestigia os poderes divididos.

Daí a discussão, mesmo no sistema brasileiro que atribui ao Supremo o relevantíssimo papel de guarda da Lei Fundamental, a respeito do manejo das questões constitucionais levando em conta, não simplesmente, os métodos canônicos de interpretação, mas também o horizonte interinstitucional. Fala-se em supremacia judicial, propõe-se, eventualmente, uma supremacia legislativa, questiona-se o ativismo, pretendendo trocá-lo por uma política de deferência, ou por uma revisão judicial menos forte, mais consciente das capacidades institucionais e da dificuldade contramajoritária.

São todas questões relevantíssimas que não podem ser tratadas, vale lembrar, sem o adequado cuidado com o tempo, com a circunstância, com a situação experimentada. Não há soluções fáceis. E não há, igualmente, soluções definitivas. As teorias, no caso, não podem e não devem escapar da contingência, da história mutante, dos contextos desafiantes. Como sustentar sem mais, por exemplo, uma postura radical de deferência judicial num tempo de constitucionalismo abusivo[1] e de emergência de autoritarismos à direita e à esquerda?[2] Ora, este é o contexto atual da discussão sobre os diálogos institucionais.

1. Aprofundando um pouco mais a discussão

A tese que as teorias dos diálogos institucionais propõem, diante do questionamento a respeito da instituição que possui as melhores condições para decidir casos controvertidos, é a adoção de uma conversa produtiva entre os Poderes. A busca por soluções de casos complexos, os quais demandam respostas institucionais elaboradas, precisa ser estabelecida de modo dialógico, como uma conversa

---

1. LANDAU, David. Abusive Constitutionalism. *47 U.C. Davis L. Rev.* 189, 2013. Disponível em: https://ir.law.fsu.edu/articles/555. Acesso em 19 de set 2020.
2. STANLEY, Jason. *How fascism works*: The politics of us and them. Random House Trade Paperbacks: United States, 2018. ALBRIGHT, Madeleine. *Fascism*: A warning. William Collins: London, 2018. LEVITSKY, Steven; ZIBLATT, Daniel. *How democracies die*. Broadway Books: United States, 2018. ALBRIGHT, Madeleine. *Fascism*: A warning. William Collins: London, 2018. GRABER, Mark A.; LEVINSON, Sanfort; TUSHNET, Mark (ed.). *Constitutional Democracy in Crisis?* New York: Oxford University Press, 2018. PAIXÃO, Cristiano; BENVINDO, Juliano Zaiden. "Constitutional Dismemberment" and Strategic Deconstitutionalization in Times of Crisis: Beyond Emergency Powers. *ICONNECTBLOG*, 26 abr. 2020. Disponível em: <http://www.iconnectblog.com/2020/04/constitutional-dismemberment-and-strategicdeconstitutionalization-in-times-of-crisis-beyond-em>. Acesso em: 04 mar. 2021.

contínua entre as instituições envolvidas. Uma conversa entre iguais, como diz Roberto Gargarella.[3]

Tal solução está respaldada nas preocupações atinentes à legitimação das atividades realizadas pelos poderes. As decisões proferidas pelos órgãos constitucionais demandam algum tipo de respaldo democrático. Ademais, a edificação de um Estado Democrático de Direito realiza-se "tijolo por tijolo"[4], em uma contínua construção, numa orquestração social que não tem em seu horizonte um final predefinido.

A proposta dos diálogos tem seu início teórico na separação das atividades pertinentes a cada ramo do governo. Da cisão clássica entre direito e política decorreria que a esfera política seria determinada pela soberania popular e pelo princípio majoritário, enquanto a esfera jurídica estaria subordinada à ideia de *rule of law* (primado da lei) e à linguagem dos direitos fundamentais.[5]

Corrobora, também, a compreensão da proposta dos diálogos institucionais a definição do conceito de supremacia da Constituição. Sem referido predicado, a tensão entre constitucionalismo e democracia perderia sua tração. A supremacia da Constituição constitui um "traço distintivo" que a posiciona em hierarquia superior às demais normas do sistema.[6] Espera-se que ela seja o resultado da confluência de uma manifestação política superqualificada da vontade popular,[7] e se coloque para além da vontade majoritária estabelecida regularmente. Ora, a

---

3. GARGARELLA, Roberto. El nuevo constitucionalismo dialógico frente al sistema de los frenos y contrapesos. *Revista Argentina de Teoría Jurídica*. Vol. 14, n. 2 (dic. 2013). ISSN: 1851-684X, 2013.
4. Essa expressão é utilizada também no livro de Eneida.
5. BARROSO, Luís Roberto. *O novo direito constitucional brasileiro*: contribuições para a construção teórica e prática da jurisdição constitucional no Brasil. Belo Horizonte: Fórum, 2012. p. 252. Nos termos de Clèmerson Merlin Clève: "A tentativa de recuperar o político para o direito é a proposta epistêmica mais interessante, embora ambiciosa, do pensamento crítico voltado para o 'jus'. Não se trata de fazer nova teoria jurídica com pretensão de substituir as escolas jurídicas tradicionais. Do contrário, procura-se criar renovada dimensão para o discurso jurídico, de tal modo que, além das preocupações instrumentais, possa ele conhecer o seu objeto como algo inserido na história" (CLÈVE, Clèmerson Merlin. *O direito e os direitos*: elementos para uma crítica do direito contemporâneo. 3. ed. Belo Horizonte: Fórum, 2011. p. 139).
6. BARROSO, Luís Roberto. *Curso de direito constitucional contemporâneo*: os conceitos fundamentais e a construção do novo modelo. São Paulo: Saraiva, 2009. p. 299.
7. A afirmação é feita em sentido normativo, pois não se desconsidera que mudanças constitucionais possam ocorrer via golpe ou outras formas não democráticas: "As Constituições (...) são elaboradas em quatro grandes cenários: criação ou emancipação de um Estado, reestruturação do Estado após uma guerra, na sequência de movimento revolucionário ou culminando algum processo de transição política negociada" (BARROSO, Luís Roberto. *Curso de direito constitucional contemporâneo*. p. 161).

supremacia constitucional substancia, em geral, fator que autoriza ou justifica a fiscalização de constitucionalidade.

A Lei Fundamental demanda o reconhecimento da sua posição privilegiada no ordenamento jurídico, e, igualmente, a previsão de instrumentais jurídicos garantidores da manutenção de apontada qualidade.[8] Tais mecanismos prestam-se para (i) garantir a funcionalidade do Estado Democrático de Direito; (ii) a efetividade dos direitos fundamentais e; claro, (iii) a observância das estruturas procedimentais que estabelecem condições democráticas de deliberação.

Diferentes arranjos institucionais podem ser utilizados para preservar as características do constitucionalismo, barrando, eventualmente, determinadas escolhas majoritárias. Portanto, a guarda da Constituição e as decisões majoritárias que definem o autogoverno são os elementos binários da tensão entre constitucionalismo e democracia.

Vive-se no Brasil, mesmo em emergência de práticas constitucionais abusivas[9], uma crescente vaga crítica ao ativismo judicial.[10] Contudo, algumas dessas críticas reproduzem o erro da aposta em uma "última palavra" definitiva, não levam em conta o desafio da contingência política ou olvidam a estrutura institucional na qual os poderes estão dispostos.

De uma parte, afirma-se que o Executivo possui melhores condições para avaliar as necessidades concretas da população, mesmo quando traduzidas por meio de casos levados à Corte, e que o Judiciário deveria prestar deferência às decisões das agências do governo.[11] Do lado do constitucionalismo popular, o

---

8. CLÉVE, Clèmerson Merlin. *A Fiscalização Abstrata de Constitucionalidade no Direito Brasileiro*. p. 29.
9. PAIXÃO, Cristiano e BENVINDO, Juliano Zaiden. "Constitutional Dismemberment" and Strategic Deconstitutionalization in Times of Crisis: Beyond Emergency Powers. *Int'l J. Const. L. Blog*, Apr. 24, 2020, at: http://www.iconnectblog.com/2020/04/constitutional-dismemberment-and-strategic-deconstitutionalization-in-times-of-crisis-beyond-emergency-powers/; BENVINDO, Juliano Zaiden. The Paradoxical Nature of the "Ways of Moderation" in Brazilian Democracy. *Int'l J. Const L. Blog*, Nov. 13, 2020, at: http://www.iconnectblog.com/2020/11/the-paradoxical-nature-of-the-ways-of-moderation-in-brazilian-democracy/; SOUZA NETO, Cláudio Pereira de. *Democracia em Crise no Brasil*: Valores Constitucionais, Antagonismo Político e Dinâmica Institucional. São Paulo: Contracorrente, 2020; PONTES, João Gabriel Madeira. *Democracia Militante em Tempos de Crise*. Rio de Janeiro: Lumen Iures, 2020; LANDAU, David. Abusive Constitutionalism. 47 *U.C. Davis L. Rev.*, 189, 2013. Disponível em: https://ir.law.fsu.edu/articles/555. Acesso em 19 de set. 2020.
10. Ver sobre o ativismo judicial: CAMPOS, Carlos Alexandre de Azevedo. *Dimensões do ativismo judicial do Supremo Tribunal Federal*. Rio de Janeiro: Forense, 2014.
11. VERMEULE, Adrian. *Judging under Uncertainty*: an institutional theory of legal interpretation. Cambridge: Harvard University Press, 2006; ARGUELHES, Diego Werneck;

povo seria o agente ideal para a solução de conflitos.¹² Há ainda quem defenda que o controle de constitucionalidade deveria ser reduzido ao máximo em favor dos debates realizados nas casas do Parlamento, supondo uma espécie de supremacia parlamentar.¹³ Ou, ainda, que o Judiciário deve adotar uma postura minimalista, decidindo apenas quando e aquilo que é estritamente necessário, inclusive construindo fundamentação não tributária de discursos abrangentes, economizando tratar, em termos de fundamentos determinantes, daquilo que é dispensável, tudo para deixar a questão evoluir por intermédio da dinâmica da sociedade civil ou dos debates travados no parlamento¹⁴. Tais construções, decorrentes de distintos referenciais teóricos, potencializam arranjos institucionais singulares.

Ora, ao invés de romantizar ou pintar uma caricatura deste ou daquele poder, cumpre lembrar a lição da Justice Ruth Bader Ginsburg no sentido de que o juiz constitucional assume um papel interdependente na democracia; do ponto de vista democrático ou político no melhor sentido da expressão, ele sozinho nada decide, participando, antes, de um diálogo com outros órgãos

---

      LEAL, Fernando. O Argumento das "Capacidades institucionais" entre a banalidade, a redundância e o absurdo. In: ASENSI, Felipe Dutra; PAULA, Daniel Giotti de. *Tratado de direito constitucional*: constituição no século XXI: v. 2. Rio de Janeiro: Elsevier, 2014.

12. KRAMER, Larry D. *The People Themselves*: popular constitutionalism and judicial review. Oxford: Oxford University Press, 2004; WILLEMAN, Marianna Montebello. Revisão parlamentar no controle de constitucionalidade, constitucionalismo popular e humildade institucional. *Revista Brasileira de Direito Público*, Belo Horizonte, n. 43, 2013; CARDOSO, Rodrigo Mendes. As teorias do constitucionalismo popular e do diálogo na perspectiva da jurisdição constitucional brasileira. *RECHTD*, v. 6, n. 2, 2014. Para uma perspectiva crítica ver: LORENZETTO, Bruno Meneses. *Os Caminhos do Constitucionalismo para a Democracia*. Tese (Doutorado) – Universidade Federal do Paraná, Curitiba, 2014.

13. WALDRON, Jeremy. *Law and Disagreement*. Oxford: Oxford University Press, 1999; WALDRON, Jeremy. The Core of the Case Against Judicial Review. *The Yale Law Journal*, v. 115, 2006. "Para Waldron, contudo, justificar o controle judicial de constitucionalidade a partir de que direitos devem funcionar como trunfo contra decisões legislativas majoritárias ignoraria o desacordo moral existente em sociedades plurais, ou seja, ignoraria o fato de que as pessoas têm concepções diferentes acerca dos seus direitos mais básicos (da mesma forma que têm concepções diferentes sobre justiça social e políticas públicas). Em decorrência disso, isto é, em face da existência de um amplo desacordo acerca dos direitos fundamentais, a decisão sobre a questão 'quem deve decidir sobre esses direitos?' deve ser tomada em igualdade de condições pelos cidadãos em uma comunidade, algo que não ocorre quando se reserva essa decisão a uma elite judiciária" (SILVA, Virgílio Afonso da. O STF e o controle de constitucionalidade: deliberação, diálogo e razão pública. *Revista de Direito Administrativo*, v. 250, 2009. p. 204).

14. SUNSTEIN, Cass R. *One case at a time*: judicial minimalism on the Supreme Court. Harvard University Press, 2001.

do governo e ainda que, mentalmente, por meio da antecipação dos possíveis efeitos da decisão, com o povo.[15]

2. A estrutura dos diálogos

Embora a separação de poderes tenha sido, em geral, consagrada nas Cartas Constitucionais dos séculos XVIII e XIX, influenciadas pelo artigo 16 da Declaração dos Direitos do Homem e do Cidadão de 1789, obra da Revolução Francesa, a sua adoção contemplou significativas variações de modelagem. Enquanto na França prevaleceu uma arquitetônica institucional que privilegiava espécie de separação radical entre os poderes, incompatível com a fiscalização constitucional (admitida apenas com a criação do *Conseil Constitutionnel* e, recentemente, ampliada via QPC – *Question Prioritaire de Constitutionnalité*[16]), na Constituição norte-americana, que a precede, como entre nós no período republicano, a divisão de poderes incorporou a dinâmica dos freios e contrapesos (*checks and balances*), implicando controles recíprocos entre eles[17] e, mais do que isso, autorizando, pelo menos desde Marshall, embora sem previsão expressa, o controle judicial da constitucionalidade das leis.

Os processos de desenho das instituições convidam a reflexão a propósito da insuficiência da visão tradicional sobre a separação de poderes e indicam que a busca pela intransponibilidade das fronteiras entre eles não apenas é pouco prática, mas, também, impossível. As fronteiras são, afinal, dinâmicas e não estáticas. Não estão, portanto, congeladas, ossificadas, inteiramente imunizadas contra as águas da história.

Em substituição à leitura tradicional da separação dos poderes, a prática dos diálogos institucionais procura evidenciar que, (i) primeiro, as decisões, mesmo as do Judiciário, ostentam, do ponto de vista político, um caráter *parcialmente* definitivo, pois podem ser contestadas em outras instâncias públicas. Depois, (ii) segundo, cada espaço de poder incorpora características que lhe conferem maior ou menor capacidade para a tomada de determinadas decisões. Isso reafirma a virtude da previsão de canais de diálogo entre as instituições, pois uma pode estar mais bem aparelhada do que outra para iniciar as rodadas de deliberação a

---

15. GINSBURG, Ruth Bader. Speaking in a Judicial Voice. *New York University Law Review*, v. 67, 1992. p. 1198.
16. ROUSSEAU, Dominique; VEDEL, Georges. *Droit du contentieux constitutionnel*. Paris: Montchrestien, 2016; MATHIEU, Bertrand. Jurisprudence relative à la question prioritaire de constitutionnalité. *JCP G*, n. 37, p. 1645, 2013; DUHAMEL, Olivier; CARCASSONNE, Guy. *QPC. La question prioritaire de constitutionnalité*. Paris: Dalloz, 2015. FAVOREU, Louis et al. *Droit constitutionnel*. 12e Édition. Paris: Dalloz, 2009.
17. HAMILTON, Alexander; MADISON, James and JAY, John. *The Federalist Papers*. Washington, DC: Library of Congress, 1787.

respeito de certa questão sensível. Nesse particular, enquanto o Legislativo maneja um discurso político para a formação do consenso ou da vontade majoritária, o Judiciário traduz as demandas em termos jurídicos, operando, sob a Constituição, no território da normatividade, como fórum de razões públicas. Tais diferenças irão qualificar o conjunto de narrativas, complementares ou contrastantes, e autorizar, eventualmente, sucessivas rodadas deliberativas sobre a matéria.

A fiscalização de constitucionalidade substancia uma estrutura que se insere na tensão e no diálogo entre os poderes, podendo ser justificada desde uma perspectiva institucional que procura apontar os aspectos positivos (i) da sua incidência sobre a ordem da separação dos poderes como um "contrapoder",[18] uma expressão com sentido contramajoritário, ou (ii) em termos da proteção de direitos fundamentais compreendidos como verdadeiros "trunfos" contra práticas políticas majoritárias inadequadas, não proporcionais ou arbitrárias.[19]

Tome-se o emblemático caso canadense, sublinhado como importante marco no que tange à prática da conversa interinstitucional. Com a edição da "Carta de Direitos e Liberdades", em 1982, a resposta ao problema da dificuldade contramajoritária, nos termos definidos desde Bickel[20], foi a do *diálogo* entre juízes e legisladores.[21]

Em solo canadense, a decisão judicial pode ser revertida, modificada ou evitada por uma nova lei. Há, naquele país, um controle de constitucionalidade definido como fraco, para utilizar a expressão de Tushnet[22], em contraposição ao controle forte ocorrente nos EUA ou no Brasil.

A jurisdição constitucional no Canadá adota um conjunto de níveis de escrutínio (*standards of review*). Nesse sentido, a Carta de Direitos, em sua seção 1,

---

18. "Esse veto se justifica não pelo seu conteúdo, que será necessariamente controverso, mas pela razão prudencial de acautelar o sistema política contra sobressaltos majoritários. O que ele faz, portanto, não é assegurar o mínimo ético do regime democrático, mas retardar o processo decisório, esperando que o tempo possa contribuir para uma decisão de maior densidade deliberativa" (MENDES, Conrado Hübner. *Direitos fundamentais, separação de poderes e deliberação*. São Paulo: Saraiva, 2011. p. 27).
19. DWORKIN, Ronald. Rights as Trumps. In: WALDRON, Jeremy. *Theories of Rights*. Oxford: Oxford University Press, 1984.
20. BICKEL, Alexander. *The Last Dangerous Branch*. New Haven and London: Yale University Press, 1986.
21. HOGG, Peter W.; BUSHELL, Allison A. The Charter Dialogue Between Courts and Legislatures (Or Perhaps The *Charter of Rights* Isn´t Such A Bad Thing After All). *Osgoode Hall Law Journal*, v. 35, 1997. p. 79.
22. TUSHNET, Mark. *Weak courts, strong rights*: judicial review and social welfare rights in comparative constitutional law. Princeton University Press, 2009; TUSHNET, Mark. *Taking Back the Constitution*: Activist Judges and the Next Age of American Law. Yale University Press, 2020.

prescreve que os direitos garantidos devem observar limites razoáveis definidos pela lei que possam ser justificados em uma sociedade livre e democrática.

A solução buscada pelos canadenses não consiste em apostar na participação popular direta como corretora das decisões tomadas pelas Cortes, mas, antes, na própria estrutura institucional que confirma a contínua tradição dialógica estabelecida entre os Poderes.[23] As decisões advindas da jurisdição constitucional são observadas como provocações para o diálogo, levando para a arena pública temas controvertidos que poderiam, em certas circunstâncias, ficar adormecidos, forçando, ademais, a realização de renovada discussão a respeito da matéria.

No caso canadense, as decisões de controle de constitucionalidade não constituem um veto sobre as escolhas políticas, mas o *início da conversa* dirigida à obtenção da reconciliação entre os valores da Carta de Direitos e as políticas sociais e econômicas introduzidas pelo Parlamento.[24]

A tese do diálogo reclama, por isso, o repensar da legitimidade do controle de constitucionalidade e do papel das Cortes no exercício da jurisdição constitucional. Nos casos em que o Legislativo está em posição institucional mais vantajosa para decidir a questão controvertida, a Corte, uma vez provocada, pode abrir oportunidade para a deliberação parlamentar ou, mesmo, assumir posição deferente diante da lei regularmente votada de acordo com os cânones do devido processo legislativo.[25]

Postura amiga do diálogo, implicando oportunidade para a manifestação do Legislativo, com colorido próprio, tem sido, nos últimos tempos, encampada com naturalidade pelo Supremo Tribunal Federal. O Ministro Luís Roberto Barroso, entre outros, endossa explicitamente a mudança de racionalidade na postura do Tribunal.[26] Isso pode ser observado nas ocasiões em que o Ministro

---

23. Tanto que os casos em que não foi possível o diálogo entre a Corte e o Legislativo são excepcionais. HOGG, Peter W.; BUSHELL, Allison A. The Charter Dialogue Between Courts and Legislatures. p. 96.
24. HOGG, Peter W.; BUSHELL, Allison A. The Charter Dialogue Between Courts and Legislatures. p. 105. A tese foi mantida pelos autores em artigo posterior: HOGG, Peter; THORNTON, Alisson A. Bushell; WRIGHT, Wade K. *Charter* Dialogue Revisited – or 'much ado about metaphors'. *Osgoode Hall Law Journal.* v. 45, 2007.
25. HOGG, Peter; THORNTON, Alisson A. Bushell; WRIGHT, Wade K. *Charter* Dialogue Revisited. p. 15-16.
26. BARROSO, Luís Roberto. Retrospectiva 2014. *Consultor Jurídico,* 31 dez. 2014. Disponível em <http://www.conjur.com.br/2014-dez-31/roberto-barroso-ano-sinaliza-mudancas-supremo-tribunal-federal>. Acesso em 07.07.2015. No mesmo sentido: "Em alguns casos, tenho adotado uma posição doutrinária que se denomina de 'diálogos institucionais', que é uma interação entre o Judiciário e o Poder Legislativo, o chamado apelo ao legislador" (BARROSO, Luís Roberto. Óleo na engrenagem. *Consultor Jurídico,*

demandou a manifestação do Congresso, garantindo tempo adequado para o seu pronunciamento.

Com efeito, no julgamento de Questão de Ordem na Ação Penal 606/MG, Rel. Min. Roberto Barroso, j. 12.08.2014, *DJe* 18.09.2014, o Ministro asseverou que:

> Por todas essas razões, é boa hora para se renovar uma prática desejável de diálogo institucional entre o Supremo Tribunal Federal e o Poder Legislativo. Relembre-se que, recentemente, diante das dificuldades trazidas pelo texto constitucional com relação à perda de mandato pelo parlamentar condenado criminalmente, o Senado Federal, em boa hora, aprovou proposta de emenda constitucional superando o confuso tratamento que a Constituição dá à matéria.

No RE 661.256/SC, em 09 de outubro de 2014, o Ministro reiterou a linha de raciocínio afirmando que:

> Por fim, a decisão aqui lançada, sem abdicar do papel próprio dos tribunais, que é a tutela de direitos, fez questão de abrir um diálogo institucional e respeitar a separação de Poderes. A solução aqui alvitrada decorre da interpretação sistemática e teleológica da Constituição e da legislação, mas é certamente inovadora, na medida em que supre uma lacuna referente ao tratamento jurídico da desaposentação. Nessa linha, fixou-se um prazo de 180 (cento e oitenta) dias para o início de sua aplicação, facultando-se ao Legislativo e ao Executivo prover acerca da matéria, sanando a lacuna de maneira diversa, se assim entenderem.

No julgamento da ADI 4.357/DF, Rel. Min. Ayres Britto, j. 14.03.2013, *DJe* 26.09.2014, que trata do regime especial de pagamento de precatórios pelos estados, Distrito Federal e municípios, o Ministro Luiz Fux considerou o seguinte:

> (...) parece-me que esta Suprema Corte não pode se arvorar à condição de juiz da robustez do debate parlamentar para além das formas expressamente exigidas pela Constituição Federal. No que excede os limites constitucionais, há que se reconhecer uma espécie de deferência à atuação do Poder Legislativo no campo dos atos formais que se inserem no processo político, dotadas de um valor intrínseco pelo batismo democrático também no que concerne à interpretação da Constituição. É tênue, com efeito, o limite entre a defesa judicial dos valores da Constituição, missão irrenunciável deste Supremo Tribunal Federal por força da própria Carta de 1988 (CF, art. 102, *caput*) e uma espécie perigosa de supremacia judicial, por meio da qual essa Corte acabe por negar qualquer voz aos demais poderes políticos na construção do sentido e do alcance das normas constitucionais.

---

02 jul. 2015. Disponível em <http://www.conjur.com.br/2015-jul-02/entrevista-luis--roberto-barroso-ministro-stf-parte>. Acesso em 07.07.2015).

3. A promessa (normativa) do diálogo

Todavia, a simples provocação, pelas Cortes Constitucionais, de uma conversa com o legislativo não é suficiente para afastar a dificuldade contramajoritária.

Deveras, o diálogo é falho quando a palavra final sobre a interpretação constitucional constitui monopólio, verdadeira propriedade, do juiz constitucional. Para os críticos, o problema residiria no pressuposto do pertencimento judicial da interpretação correta.[27] Anotam que as decisões da Corte podem, eventualmente, distorcer políticas públicas adotadas pelos demais poderes e, em determinadas situações, erodir a bondade da agenda legislativa.[28] Mais do que isso, a experiência mostra, sugerem, que a teoria já foi utilizada tanto para sustentar posturas de deferência como para legitimar certo ativismo judicial.[29]

O questionamento a respeito do detentor da palavra final se conecta com o tópico da supremacia constitucional da qual não deve decorrer, sem mais, uma revisão judicial implicando supremacia judicial.

Acompanham o amadurecimento das democracias os desacordos profundos e irreconciliáveis a propósito do sentido das cláusulas constitucionais, sobretudo aquelas tributárias de conceitos jurídicos indeterminados ou ostentando natureza principiológica. A Lei Fundamental, ao contrário do que apontam alguns, não é transparente. Há mesmo, numa sociedade plural, desacordo razoável sobre o sentido dos direitos fundamentais[30]. Não se espera, com isso, que os diálogos conduzam necessariamente a um consenso ou que as melhores razões venham efetivamente a prevalecer. Aquilo que se combate, portanto, são os "monólogos majoritários",[31] os solipsismos monocráticos ou colegiados por agregação, considerando-se que em uma democracia os desacordos emergem, permanecem,

---

27. "The third, and most crucial, flaw in the normative argument is its assumption of a judicial monopoly on correct interpretation" (MANFREDI, Christopher; KELLY, James B. Six Degrees of Dialogue: a response to Hogg and Bushell. *Osgoode Hall Law Journal*, v. 37, 1999. p. 523).
28. MORTON, F. L.; KNOPFF, Rainer. *The Charter Revolution and the Court Party*. Peterborough: Broadview Press, 2000. p. 157.
29. "When dialogue is invoked to support activism in one case and its opposite in another, it is difficult to conclude that principles matter to the Court. Decisions appear instead to follow a political barometer which tells the judges either that the legislature has been progressive and that its law should be upheld, or that the legislature has acted regressively, in which case the *Charter* can be enforced. Though the institutions may be placated, the concept of *constitutional* rights is certain to be compromised" (CAMERON, Jamie. Dialogue and Hierarchy in Charter Interpretation: a comment on R. V. Mills. *Alberta Law Review*, v. 38, 2001. p. 1063).
30. WALDRON, Jeremy. *Law and Disagreement*. Oxford: Oxford University Press, 1999.
31. ROACH, Kent. Dialogic Judicial Review and its Critics. p. 75.

vão e voltam, mas as instituições que garantem a possibilidade da discordância haverão de permanecer, e tanto melhor quando elas promovem interação, seja ela cooperativa ou adversarial.

É oportuno lembrar que a preocupação das teorias dialógicas transcende o campo dos métodos convencionais de interpretação manejados pelo juiz para a fundamentação das decisões, focando, antes, nas repercussões institucionais do seu agir. Não se trata de compreender o significado dos valores morais plasmados na Constituição, mas já de assegurar que a deliberação não constitua o resultado de simples "monólogo", reconhecendo, ademais, que a atribuição de sentido à norma constitucional substancia tarefa que reclama a colaboração de lugares além do Judiciário.[32] A virtude da teoria reside, portanto, na soma de conhecimentos advindos de diferentes situações, significando isso meio de atenuação da dificuldade contramajoritária, pois as autoridades implicadas e o próprio povo poderiam figurar como partícipes da deliberação a propósito da questão constitucional.[33]

A última palavra se torna, do ponto de vista político, provisória (ainda que definitiva em termos processuais). Há, entre nós, decorrência do desenho institucional presente na Constituição, artifícios institucionais que podem autorizar a reforma de determinadas decisões judiciais pelo legislador.

A literatura apresenta, segundo Christine Bateup, três tipos de teorias sobre os diálogos institucionais. Primeiro, há aquelas que fazem uma avaliação positiva dos contextos institucionais nos quais os ramos do poder operam e desenvolvem propostas normativas a partir deste delineamento. Aparecem, depois, teorias sustentando que as Cortes não precisam ter a "última palavra", propondo um diálogo institucional com os demais poderes em decorrência deste fato. Há, por fim, as teorias que se afastam da dinâmica política positiva entre os poderes manifestada no mundo real para tratar das condições ideais de diálogo.[34]

---

32. Richard Fallon entende que as Cortes Constitucionais possuem uma vantagem institucional em relação a outros ramos do Poder para discutir questões de princípio. Porém, as Cortes não podem ser compreendidas como apenas um fórum de princípio, pois também possuem como dever a implementação da Constituição. Tal atividade é uma função coletiva que envolve outras instâncias do governo e, de fato, a responsabilidade inicial da implementação dos dispositivos constitucionais pertence aos ramos políticos do governo. FALLON, Richard. *Implementing the Constitution*. Cambridge: Harvard University Press, 2001.
33. "A *idéia fundamental da democracia* é a seguinte: determinação normativa do tipo de convívio de um povo pelo mesmo povo. Já que não se pode ter o autogoverno, na prática quase inexeqüível, pretende-se ter ao menos a auto-codificação das prescrições vigentes com base na livre competição entre opiniões e interesses, com alternativas manuseáveis e possibilidades eficazes de sancionamento público" (MÜLLER, Friedrich. *Quem é o Povo? A questão fundamental da democracia*. São Paulo: Max Limonad, 1998. p. 57).
34. BATEUP, Christine. The Dialogic Promise. p. 1121.

Bateup, procurando sintetizar os aportes das melhores teorias, propõe operar aquilo que chama de fusão dialógica.³⁵ Ora, a fusão dialógica, supõe, por um lado, a ampliação das possibilidades da conversa institucional, com o juiz atuando como promotor e facilitador da interação. De outro lado, procura resolver a dificuldade contramajoritária, reconhecendo que tanto juízes como legisladores possuem virtudes institucionais únicas. Logo, se os ramos do poder estiverem dispostos a aprender com as distintas perspectivas oferecidas pelas distintas autoridades, cumpre esperar a formulação de respostas melhores para a solução da disputa pelo sentido desta ou daquela cláusula constitucional.³⁶

4. Diálogos institucionais no Brasil

O desenho institucional brasileiro dispõe de mecanismos que podem contribuir para o aprimoramento dialógico das instituições, mesmo na circunstância do exercício de uma jurisdição constitucional do tipo forte. Forte porque, além da expressa previsão da guarda da Lei Fundamental pelo Supremo, o conjunto de reformas promovidas no Judiciário nas duas décadas passadas conferiu à jurisdição constitucional brasileira feição "concentradora" e "vinculante", características que foram somadas ao advento da súmula vinculante e à necessidade de demonstração da repercussão geral para a admissão do recurso extraordinário.³⁷ Manifesta-se, hoje, além disso, uma convergência entre os modelos difuso-incidental e concentrado-principal de controle de constitucionalidade.

O aperfeiçoamento da deliberação interna no Supremo Tribunal Federal demandaria uma maior atenção dos ministros, como a troca prévia dos votos, o registro da deliberação institucional que não se limite a um aglomerado de manifestações (decisão seriática), a transparência e previsibilidade da pauta hoje definida discricionariamente pelo presidente, uma maior colegialidade no pronunciamento decisório, uma utilização mais racional das liminares, sobretudo, nas ações de controle concentrado, com deliberação mais apurada e imediata do plenário, maior rigor no deferimento dos pedidos de vista e definição de tempo para devolução do feito à mesa etc. Tais modificações, em geral, não reclamam mudança legislativa ou a aprovação de emendas à Constituição. Isso tudo seria útil para aprofundar os mecanismos favorecedores de um mais robusto diálogo interno, intrainstitucional. O desafio maior, entretanto, é o aprimoramento da compreensão, pelos seus membros, do verdadeiro papel constitucional da Corte em um Estado Democrático de Direito, particularmente para superar a contraprodutividade dos monólogos institucionais.³⁸

---

35. BATEUP, Christine. The Dialogic Promise. p. 1112.
36. BATEUP, Christine. The Dialogic Promise. p. 1174-1175.
37. SILVA, Virgílio Afonso. O STF e o controle de constitucionalidade. p. 216.
38. "Se um tribunal, no exercício do controle de constitucionalidade, tem que ser um *locus* privilegiado da deliberação e da razão pública, e se sua legitimidade depende da

Fora do âmbito intrainstitucional, são encontráveis, no desenho institucional brasileiro, mecanismos de cooperação entre os poderes ou de superação normativa das decisões do Supremo. Conforme anota Rodrigo Brandão, o método típico que o Congresso Nacional utiliza para superar o entendimento construído em sede de controle de constitucionalidade concentrado é a edição de Emendas à Constituição.[39] Entretanto, também é possível observar a contribuição da Corte para o aprimoramento das interpretações constitucionais realizadas no âmbito legislativo:

> (...) deve-se reconhecer que a experiência brasileira, no essencial, confirma as credenciais consequencialistas e epistêmicas da teoria dos diálogos constitucionais. Com efeito, a possibilidade de aprovação de emendas constitucionais permitiu que fossem superadas decisões do STF que, embora fundadas em elementos técnicos e textuais, produziam efeitos práticos muito ruins. Já o STF contribuiu bastante para a solução de problemas constitucionais nos quais o Congresso Nacional simplesmente não conseguia cumprir o seu dever constitucional de legislar, ou em que a norma editada não lograva transcender a influência de grupos de interesses especialmente articulados em sede parlamentar.[40]

Ademais, no que tange à interação entre o Supremo Tribunal Federal e o povo, a audiência pública e o *amicus curiae* substanciam instrumentos valiosos para o aprimoramento substantivo da formação das razões públicas que devem ser apresentadas pelos ministros na fundamentação de suas decisões. Os juízes constitucionais não vivem fora do mundo, muito ao contrário, e, portanto, ao decidir, antecipam, numa conversa interna, as consequências que da decisão em estudo poderão advir.

Em sintonia com a preocupação acerca da legitimação democrática da fiscalização constitucional, tais mecanismos abrem o Supremo para aportes diretos do interessado ou dos amigos da Corte, permitindo que os casos ganhem, mesmo em sede de controle abstrato de normas, rostos e narrativas reais autorizando o enriquecer epistêmico da tomada de decisão.[41]

---

qualidade de sua decisão, é precisa repensar a forma de deliberação do STF. Além disso, parece-me claro que uma unidade institucional é pré-requisito para o diálogo, já que o diálogo constitucional não ocorre entre pessoas, mas entre instituições" (SILVA, Virgílio Afonso. O STF e o controle de constitucionalidade. p. 219).

39. BRANDÃO, Rodrigo. *Supremacia judicial versus diálogos constitucionais*: a quem cabe a última palavra sobre o sentido da Constituição? Rio de Janeiro: Lumen Juris, 2012. p. 289-290.
40. BRANDÃO, Rodrigo. *Supremacia judicial versus diálogos constitucionais*. p. 299.
41. Com precisão, Vanice Lírio do Valle e Cecília de Almeida Silva pontuam que: "O ponto nodal de tudo isso está em aprofundar a reflexão sobre qual seja o elemento definidor

Cumpre não esquecer, ainda, a variedade de casos nos quais o Supremo Tribunal Federal provoca o diálogo e, com isso, a participação do administrador e/ou do legislador, particularmente naquelas situações que envolvem a definição de políticas públicas, inclusive com demandas estruturais, e a satisfação da dimensão positiva dos direitos fundamentais a prestação ou de organização. As recentes ADPFs tratando das políticas de proteção, no contexto da Covid, (i) dos povos indígenas, ou (ii) dos quilombolas, ou (iii) da prevenção da violência policial contra a população marginalizada das favelas do Rio, constituem bons exemplos.[42]

A interação, claro, como já apontado, pode ser *cooperativa*, como ocorre em muitíssimas circunstâncias, ou *adversarial*, quando se manifesta na forma de *backlash*, como no caso da PEC da imunidade ora em tramitação[43]. Mas nas duas hipóteses há diálogo, nem sempre harmonioso, mas diálogo, interação admitida pela arquitetônica da divisão dinâmica de funções entre os poderes constitucionais. Com a nossa farinha, portanto, dá para fazer um bom pirão. Tudo depende da postura de nossos julgadores. Não há a necessidade de trocar o nosso modelo de controle de constitucionalidade por outro mais fraco, na linha do adotado no Canadá, por exemplo. Não há necessidade de mudança constitucional, mas antes de postura, de compreensão, de inteligência, de disposição para participar de uma conversa entre iguais. O papel de guarda da Constituição exercido pelo Supremo por expressa disposição da Lei Fundamental, com isso, não se perde, antes se aperfeiçoa.

Considerações finais

As fronteiras entre o direito e a política nem sempre se apresentam de forma nítida, clara, de modo a supor a existência de um muro entre as duas que pudesse impedir a circulação, em ambas as direções, dos vetores de comunicação. Exceto de um ponto de vista estritamente processual, a concepção de que o Judiciário deve ser o detentor da última e definitiva palavra ou que ostenta o monopólio da verdade ou que a supremacia constitucional implica, sem mais, supremacia judicial,

---

dessa abertura dialógica – ou da negação dela – no exercício da jurisdição constitucional no sistema brasileiro. Afinal, se os institutos do *amicus curiae* e da audiência pública se revelam legitimadores da decisão, posto que viabilizadores da abertura no debate sobre o sentido constitucional, o afastamento de qualquer um deles estaria a recomendar, quando menos, uma decisão mais substantiva no que toca às suas razões determinantes" (VALLE, Vanice Lírio do; SILVA, Cecília de Almeida. Abertura dialógica no controle abstrato de constitucionalidade: um olhar ainda preceitual. *A & C Revista de Direito Administrativo & Constitucional*, n. 43, 2010. p. 126-127).

42. ADPF 742/DF, Rel. Min. Marco Aurélio, 24.02.2021; ADPF 709/DF, Rel. Min. Roberto Barroso, 21.08.2020; ADPF 635/RJ, Rel. Min. Edson Fachin, 17.12.2020.
43. PEC n. 03/2021: Altera os arts. 14, 27, 53, 102 e 105 da Constituição Federal, para dispor sobre as prerrogativas parlamentares e dá outras providências.

precisa, pode e deve ser mitigada. Trata-se de um sinal de amadurecimento das instituições democráticas que passam a admitir desacordos e os traduzem em termos institucionais adequados para enfrentar (*address*) esta ou aquela questão sensível.

A alternativa que considera a importância da manutenção das instituições, sem que isso signifique um conservadorismo autorreferenciado, precisa ser complementada pela abertura dos órgãos constitucionais para os aportes epistêmicos provenientes dos outros poderes e das partes atingidas pelas decisões.

Em razão das perspectivas únicas que juízes, legisladores e autoridades do Executivo detêm para a solução dos casos e da expectativa da pretensão de justeza das respostas formuladas para as questões constitucionais, cumpre considerar, em termos mais amplos, a conveniência da continuidade da conversa entre os poderes e o povo, significando isso o aproveitamento dos espaços públicos de deliberação que estão à disposição no contexto do nosso desenho institucional. Como diz Conrado Hübner Mendes,

> Por meio dos conceitos de "última palavra provisória" e de "rodadas procedimentais", procuro dar a exata dimensão e limitação daquela pergunta. Teorias do diálogo, ao observarem o fato da continuidade (das "sequências legislativas", e assim por diante), põem a simples existência da revisão judicial sob uma nova luz. Última palavra e diálogo, nesse sentido, complementam-se. Assim como o direito e a política precisam de "últimas palavras provisórias", precisam também de continuidade.[44]

O Estado Democrático de Direito vem sendo desafiado quanto à sua capacidade de abertura para a mudança incremental e contínua, mesmo no contexto da arquitetura normativa inaugurada pela vigente Lei Fundamental, e, mais do que isso, quanto à sua capacidade de solução de forma satisfatória, embora provisória, da inevitável, mas permanente, tensão entre o direito e a política, entre a jurisdição constitucional e o governo de maioria.

Em síntese, o país não reclama a promoção de reforma constitucional, particularmente na linha daquela proposta e arquivada há alguns anos (conferindo ao Congresso o poder de afastar o juízo de inconstitucionalidade do Supremo)[45], para o reconhecimento da importância, mesmo no quadro de um controle da constitucionalidade forte, dos diálogos institucionais. Eles, adversariais ou cooperativos,

---

44. MENDES, Conrado Hübner. *Direitos fundamentais, separação de poderes e deliberação.* p. 238.
45. PEC 33/2011: Altera a quantidade mínima de votos de membros de tribunais para declaração de inconstitucionalidade de leis; condiciona o efeito vinculante de súmulas aprovadas pelo Supremo Tribunal Federal à aprovação pelo Poder Legislativo e submete ao Congresso Nacional a decisão sobre a inconstitucionalidade de Emendas à Constituição. Arquivada em 2018.

estão aí, começam a ser compreendidos adequadamente e são capazes de oferecer um renovado colorido ao indispensável exercício da jurisdição constitucional.

Referências

ALBRIGHT, Madeleine. *Fascism*: A warning. William Collins: London, 2018.

BARROSO, Luís Roberto. *O novo direito constitucional brasileiro*: contribuições para a construção teórica e prática da jurisdição constitucional no Brasil. Belo Horizonte: Fórum, 2012.

BARROSO, Luís Roberto. *Curso de direito constitucional contemporâneo*: os conceitos fundamentais e a construção do novo modelo. São Paulo: Saraiva, 2009.

BARROSO, Luís Roberto. Retrospectiva 2014. *Consultor Jurídico*, 31 dez. 2014. Disponível em <http://www.conjur.com.br/2014-dez-31/roberto-barroso-ano-sinaliza-mudancas-supremo-tribunal-federal>. Acesso em 07.07.2015.

BRANDÃO, Rodrigo. *Supremacia judicial versus diálogos constitucionais*: a quem cabe a última palavra sobre o sentido da Constituição? Rio de Janeiro: Lumen Juris, 2012.

CARDOSO, Rodrigo Mendes. As teorias do constitucionalismo popular e do diálogo na perspectiva da jurisdição constitucional brasileira. *RECHTD*, v. 6, n. 2, 2014.

CAMPOS, Carlos Alexandre de Azevedo. *Dimensões do ativismo judicial do Supremo Tribunal Federal*. Rio de Janeiro: Forense, 2014.

DWORKIN, Ronald. Rights as Trumps. In: WALDRON, Jeremy. *Theories of Rights*. Oxford: Oxford University Press, 1984.

BATEUP, Christine. The Dialogic Promise-Assessing the Normative Potential of Theories of Constitutional Dialogue. *Brook. L. Rev.*, v. 71, p. 1109, 2005.

BICKEL, Alexander. *The Last Dangerous Branch*. New Haven and London: Yale University Press, 1986.

BENVINDO, Juliano Zaiden, The Paradoxical Nature of the "Ways of Moderation" in Brazilian Democracy. *Int'l J. Const L. Blog*, Nov. 13, 2020, at: http://www.iconnectblog.com/2020/11/the-paradoxical-nature-of-the-ways-of-moderation-in-brazilian-democracy/.

CAMERON, Jamie. Dialogue and Hierarchy in Charter Interpretation: a comment on R. V. Mills. *Alberta Law Review*, v. 38, 2001.

CLÈVE, Clèmerson Merlin. *A Fiscalização Abstrata de Constitucionalidade no Direito Brasileiro*. 2. ed. São Paulo: Ed. RT, 2000.

CLÈVE, Clèmerson Merlin. *O direito e os direitos*: elementos para uma crítica do direito contemporâneo. 3. ed. Belo Horizonte: Fórum, 2011.

DUHAMEL, Olivier; CARCASSONNE, Guy. *QPC. La question prioritaire de constitutionnalité*. Paris: Dalloz, 2015.

FALLON, Richard. *Implementing the Constitution*. Cambridge: Harvard University Press, 2001.

FAVOREU, Louis et al. *Droit constitutionnel*. 12e Édition. Paris: Dalloz, 2009.

GARGARELLA, Roberto. El nuevo constitucionalismo dialógico frente al sistema de los frenos y contrapesos. *Revista Argentina de Teoría Jurídica*. Vol. 14, n. 2 (dic. 2013). ISSN: 1851-684X, 2013.

GINSBURG, Ruth Bader. Speaking in a Judicial Voice. *New York University Law Review*, v. 67, 1992. p. 1198.

GRABER, Mark A.; LEVINSON, Sanford; TUSHNET, Mark (ed.). *Constitutional Democracy in Crisis?* New York: Oxford University Press, 2018.

HAMILTON, Alexander; MADISON, James and JAY, John. *The Federalist Papers*. Washington, DC: Library of Congress, 1787.

HOGG, Peter W.; BUSHELL, Allison A. The Charter Dialogue Between Courts and Legislatures (Or Perhaps The *Charter of Rights* Isn´t Such A Bad Thing After All). *Osgoode Hall Law Journal*, v. 35, 1997.

HOGG, Peter; THORNTON, Alisson A. Bushell; WRIGHT, Wade K. *Charter* Dialogue Revisited – or 'much ado about metaphors'. *Osgoode Hall Law Journal*. v. 45, 2007.

KRAMER, Larry D. *The People Themselves*: popular constitutionalism and judicial review. Oxford: Oxford University Press, 2004.

LANDAU, David. Abusive Constitutionalism. *47 U.C. Davis L. Rev.*, 189, 2013. Disponível em: https://ir.law.fsu.edu/articles/555. Acesso em 19 de set 2020.

LEVITSKY, Steven; ZIBLATT, Daniel. *How democracies die*. Broadway Books: United States, 2018.

LORENZETTO, Bruno Meneses. *Os Caminhos do Constitucionalismo para a Democracia*. Tese (Doutorado) – Universidade Federal do Paraná, Curitiba, 2014.

MANFREDI, Christopher; KELLY, James B. Six Degrees of Dialogue: a response to Hogg and Bushell. *Osgoode Hall Law Journal*, v. 37, 1999.

MATHIEU, Bertrand. Jurisprudence relative à la question prioritaire de constitutionnalité. *JCP G*, n. 37, p. 1645, 2013.

MENDES, Conrado Hübner. *Direitos fundamentais, separação de poderes e deliberação*. São Paulo: Saraiva, 2011.

MÜLLER, Friedrich. *Quem é o Povo?* A questão fundamental da democracia. São Paulo: Max Limonad, 1998.

MORTON, F. L.; KNOPFF, Rainer. *The Charter Revolution and the Court Party*. Peterborough: Broadview Press, 2000.

PAIXÃO, Cristiano e BENVINDO, Juliano Zaiden. "Constitutional Dismemberment" and Strategic Deconstitutionalization in Times of Crisis: Beyond Emergency Powers. *Int'l J. Const. L. Blog*, Apr. 24, 2020, at: http://www.iconnectblog.com/2020/04/constitutional-dismemberment-and-strategic-deconstitutionalization-in-times-of-crisis-beyond-emergency-powers/.

PONTES, João Gabriel Madeira. *Democracia Militante em Tempos de Crise*. Rio de Janeiro: Lumen Iures, 2020.

ROACH, Kent. Dialogic Judicial Review and its Critics. *Supreme Court Law Review*, v. 23, 2004.

ROUSSEAU, Dominique; VEDEL, Georges. *Droit du contentieux constitutionnel*. Paris: Montchrestien, 2016.

SILVA, Virgílio Afonso da. O STF e o controle de constitucionalidade: deliberação, diálogo e razão pública. *Revista de Direito Administrativo*, v. 250, 2009.

SOUZA NETO, Cláudio Pereira de. *Democracia em Crise no Brasil*: Valores Constitucionais, Antagonismo Político e Dinâmica Institucional. São Paulo: Contracorrente, 2020.

SUNSTEIN, Cass R. *One case at a time*: judicial minimalism on the Supreme Court. Cambridge: Harvard University Press, 2001.

STANLEY, Jason. *How fascism works*: The politics of us and them. Random House Trade Paperbacks: United States, 2018.

TUSHNET, Mark. *Weak courts, strong rights*: judicial review and social welfare rights in comparative constitutional law. Princeton: Princeton University Press, 2009.

TUSHNET, Mark. *Taking Back the Constitution*: Activist Judges and the Next Age of American Law. Londres: Yale University Press, 2020.

VALLE, Vanice Lírio do; SILVA, Cecília de Almeida. Abertura dialógica no controle abstrato de constitucionalidade: um olhar ainda preceitual. *A & C Revista de Direito Administrativo & Constitucional*, n. 43, 2010.

VERMEULE, Adrian. *Judging under Uncertainty*: an institutional theory of legal interpretation. Cambridge: Harvard University Press, 2006.

WALDRON, Jeremy. *Law and Disagreement*. Oxford: Oxford University Press, 1999.

WALDRON, Jeremy. The Core of the Case Against Judicial Review. *The Yale Law Journal*, v. 115, 2006.

9
DESAFIOS AO CONSTITUCIONALISMO BRASILEIRO NOS 30 ANOS DA CONSTITUIÇÃO CIDADÃ: A CRISE E AS POSSIBILIDADES EM FACE DA JURISDIÇÃO CONSTITUCIONAL

DIOGO BACHA E SILVA

Doutorando em Direito pela UFRJ. Mestre em Direito pela FDSM.
Professor de Direito da Faculdade de São Lourenço.

ALEXANDRE GUSTAVO MELO FRANCO DE MORAES BAHIA

Doutor em Direito pela UFMG. Professor adjunto na UFOP e IBMEC–BH.
Coordenador do programa de mestrado Novos Direitos, Novos Sujeitos da UFOP.
Bolsista de Produtividade do CNPq.

SUMÁRIO: Introdução; 1. Contexto histórico da formação da Jurisdição Constitucional na América Latina; 2. A Jurisdição Constitucional na América Latina nas novas Constituições do fim do Século XX e Início do Século XXI; 3. Considerações Finais.

Introdução

As teorias críticas da sociedade e do direito levantam a questão da dominação ideológica pelas vias do direito.[1] Enquanto projeto colonizador, a modernidade não teria sido possível sem uma simbiose com o campo jurídico. Estado, Direito, colonialidade e eurocentrismo são facetas da mesma moeda e que levam à dominação material e ideológica de uma cultura sobre outra. Quando as críticas se voltam para o direito, a reflexão que se deve fazer é sobre o monismo jurídico e sua adoção pela figura do Estado. O Direito tem sido utilizado como instrumento (inclusive de legitimação) para o projeto colonizador da modernidade – colonização aqui entendida não só de territórios, mas também de culturas, religiões, línguas, mercados, etc.

---

1. Dedicamos este texto ao Prof. Dr. José Luiz Quadros de Magalhães.

Muito embora se tenha comemorado como uma conquista civilizatória e necessária para avanço da humanidade, a Constituição e mesmo seu instrumento de salvaguarda, a jurisdição constitucional, não estão a salvo das mesmas críticas, isto é, de que se tratam de ideais eurocêntricos e sua incorporação em culturas distintas não passa de um veículo de dominação ideológica travestida de conquista civilizatória necessária para toda a humanidade.

Assim, também a Constituição e a jurisdição constitucional sofrem atitudes de suspeita epistêmicas *desde o Sul* (Santos; Meneses, 2009). É que não existe produção de conhecimento que seja neutro. A própria institucionalização da jurisdição constitucional, por assim dizer, acaba por reproduzir uma dominação epistemológica do Norte sobre o Sul. Mesmo que a argumentação para a legitimação da jurisdição constitucional seja, em regra, de que se trata de um veículo contramajoritário de inclusão de minorias políticas e, ainda, que a própria Constituição determine o pluralismo, é necessário repensar o lugar da jurisdição constitucional enquanto instituição de produção do direito. Para tanto, a necessidade é de pensar se a jurisdição constitucional pode ser uma instituição decolonizadora. As discussões sobre a jurisdição constitucional, normalmente, se referem aos seus limites democráticos; ao ativismo judicial, ao papel contramajoritário de defesa de minorias, etc. A discussão que pretendemos no presente tem outro suposto: algo anterior à própria jurisdição constitucional e mesmo à Constituição, é dizer, qual a real capacidade transformadora de uma Constituição (que deve fazer "tábula rasa" do direito/regime anterior) aprovada em um país (pretensamente) pós-colonial quanto a criar um novo Direito que, justamente, rompa com os padrões epistemológicos e estruturais do colonizador? Daí, se uma Constituição tem tal pretensão, qual o papel da jurisdição constitucional em tal realidade?

A colonialidade do saber e do poder se vale da aplicação de um direito monopolizado pelo Estado e cujo campo é dominado por agentes que veiculam um saber jurídico visto como "universal" e que, na verdade, é de origem eurocêntrica (LANDER, 2005). Todas as categorias e conceitos trabalhados pelo campo jurídico são de origem do saber europeu. Assim, por exemplo, temas como nulidade das leis inconstitucionais, controle de constitucionalidade concentrado ou difuso, interpretação conforme a Constituição, precedentes, decisões *per curiam* ou *seriatim*, são todos temas do *saber do Norte*.

No momento em que o grande projeto da Constituição de 1988 completa 30 anos – e, justamente, no momento em que tal projeto se encontra em uma das situações de maior ataque desde sua origem – é preciso (re)pensar o papel de defesa da Constituição como projeto de inclusão constante de novos direitos e de novos sujeitos. Uma jurisdição constitucional inclusivista não pode se ater às prisões do conhecimento. Dois movimentos teóricos atuais, quando relacionados, permitem repensar o lugar da jurisdição constitucional.

Em primeiro lugar, estamos nos referindo ao Novo Constitucionalismo Latino-Americano como movimento de construção de um projeto teórico e prático próprio da região latino-americana que, com suas especificidades históricas, sociais, políticas e econômicas, exige um saber constitucional e instituições constitucionais também específicas para os problemas da região – não que as instituições constitucionais europeu-ocidentais precisem ser descartadas e se tenha de começar tudo do zero, o que não é, sequer, possível, justamente pelo fato de que tais saberes e instituições existem e dão, inclusive, os marcos para se (re)pensar novas formas. Assim é que, mesmo quando se fala em um "novo constitucionalismo", está-se valendo, para começar, da ideia de um "constitucionalismo", conceito criado e desenvolvido no eixo EUA-Europa. O que o movimento pretende é pensar tais instituições na realidade de pluralismo nacional/cultural e, logo, não homogêneo, com novas exigências epistemológicas e o reconhecimento de "novos" sujeitos e de "novos" direitos ("novos" para o direito formal, pois que sempre estiveram à margem)[2].

Depois, estamos também nos referindo a um movimento pouco debatido nas reflexões jurídicas que é a discussão da decolonialidade. Herdeiro do pensamento pós-colonial como movimento crítico-reflexivo de expor e pensar as figuras do colonial e do colonizado, colocando este como figura emergente no pensamento ocidental, a decolonialidade também se fia nestes estudos para realizar um verdadeiro giro decolonial. A decolonialidade é mecanismo de emancipação social, política e filosófica e contrária à modernidade/colonialidade. Dessa forma, o giro decolonial compreende uma série de debates que invocam ceticismo e críticas epistêmicas levantadas em espaços de estudos das minorias e daqueles que sofreram as nocivas influências da modernidade, tais como dominação, alienação e morte étnica. A decolonialidade é uma abertura e um desprendimento para se reintroduzir as genealogias perdidas e encobertas para que ofereçam alternativas epistêmicas na economia, no direito, nas subjetividades, na política, etc. – assim, produzindo alternativas ao poder e ao saber[3].

A promulgação da Constituição da Bolívia de 2009 pretendeu, de alguma forma, inserir dentro de um amplo espectro normativo alternativas ao constitucionalismo eurocêntrico. A reflexão no presente artigo, portanto, é buscar indagar em que medida as inovações do Novo Constitucionalismo ali inseridas, num contexto de decolonialidade, permitem realizar abertura na *sala de máquinas da Constituição* (Restrepo; Hincapie, 2012).

Repensar a jurisdição constitucional não é pensar o mesmo, repetir aquilo que já vem dito. Repensar significa pensar novamente e com sentido distinto.

---

2. Sobre o novo constitucionalismo latino-americano ver, *e.g.*: MAGALHÃES, 2012 e 2015.
3. Sobre o pensamento decolonial e o direito vale conferir a obra organizada por Eduardo Val e Enzo Bello (2014).

Aqui, portanto, não será discutida a legitimidade da jurisdição constitucional, os efeitos das decisões na jurisdição constitucional, a organização do Tribunal Constitucional Plurinacional boliviano ou os modos de deliberação constitucional, mas procurar pistas e opções ao nosso constitucionalismo, notadamente em tempos de baixa constitucional como o que estamos.

Vivemos dias sombrios no Brasil. Um processo de desinstitucionalização acompanha o viés de baixa na democracia e o ataque às conquistas da Constituição de 1988. Se avançamos algo nesses 30 anos, tal legado se encontra não só em perigo real/imediato mas também já vem sendo dilapidado. O projeto inclusivo e emancipador está em questão nos dias atuais e a jurisdição constitucional se constitui em uma das arenas da disputa. Pensar sobre novas teorias/ferramentas construídas para nossa realidade é trazer luz para buscar respostas aos desafios que enfrentamos e sobre os déficits democráticos e constitucionais que deixamos passar – por exemplo, invisibilizando nossa heterogeneidade para insistirmos no modelo europeu-ocidental.

O objetivo em determinada medida é mais amplo e mais restrito ao mesmo tempo. Mais amplo porque a discussão insere-se dentro de um contexto filosófico mais amplo e mais profundo: saber se a jurisdição constitucional pode ser um instrumento decolonizador e, portanto, cumprir as promessas de inserção de minorias. Ao mesmo tempo é mais restrito, visto que busca apenas demonstrar a normatividade constitucional e a inserção do pluralismo jurídico na Constituição, condição necessária para a decolonialidade e o diálogo entre culturas. Ainda, há limites a se apontar à proposta de Estado Plurinacional – e, logo, da jurisdição constitucional anexa –, uma vez que ele ainda parece presa à ideia de "nação", ou melhor, "nações", o que de alguma forma restringe seu horizonte face àquelas minorias que fogem a esse conceito.

1. Contexto histórico da formação da Jurisdição Constitucional na América Latina

A adoção da chamada jurisdição constitucional na América Latina foi feita de modo peculiar a cada realidade e história. Deve-se, por óbvio, à grande influência que teve o constitucionalismo norte-americano em nosso continente. Um dos maiores ganhos do constitucionalismo daquele em relação ao constitucionalismo inglês é a atribuição de um valor normativo à Constituição colocando-a superior às demais normas (ENTERRÍA, 1981. p. 50-55). A partir do *Marbury vs. Madison* de 1803[4] não demorou para que essa ideia tomasse corpo e chegasse até a América Latina, uma vez que com a emancipação do povo latino-americano, os jovens países da região tinham como modelo político os Estados Unidos (que também havia

---
4. Sobre o histórico julgamento ver, *e.g.*, BACHA E SILVA (2013).

se emancipado recentemente) e adotaram a república, a federação (BELAÚNDE, 2003. p. 128) e *judicial review* – que supõe que todos os juízes podem e estão obrigados a declarar a inconstitucionalidade das leis que, nos casos concretos, conflitem com a Constituição, porém só para as partes litigantes[5].

Outro modelo político que inspirou a região da América Latina foi a Constituição de Cádiz de 1812 que, apesar de seu pouco tempo de vigência, exerceu importante influência na adoção de mecanismos institucionais. Com efeito, a referida Constituição delegava a proteção da Constituição ao organismo legislativo (Zamúdio, 2002. p. 92), tal qual o modelo francês de constitucionalidade.

Assim, portanto, as fontes para a implantação da jurisdição constitucional nas nações latino-americanas seriam o *judicial review* e o modelo francês que outorga um controle preventivo de constitucionalidade exercido por um órgão legislativo[6]. Estes dois modelos, entretanto, nunca foram implantados de maneira pura nas nações latino-americanas, sendo sempre apropriados e reinterpretados pelos contextos políticos de cada nação.

O modelo estadunidense inspirou várias Constituições do final do século XIX. Assim, a Constituição da República Dominicana de 1847 previa no art. 125 que os tribunais deveriam deixar de aplicar uma lei inconstitucional[7]. De igual modo, a Constituição do México de 1847 também previa, de modo original, que a declaração de inconstitucionalidade dependeria de votação da Legislatura com a participação da Suprema Corte[8], assim como previu o "recurso de amparo"[9]. A

---

5. As características do modelo estadunidense de controle de constitucionalidade são bem conhecidas: 1) adota-se um sistema difuso onde qualquer juiz ou tribunal pode reconhecer a inconstitucionalidade das leis e atos normativos que conflitem com a Constituição; 2) o caso concreto em discussão não trata especificamente da questão da compatibilidade da lei com a Constituição, sendo a inconstitucionalidade questão prejudicial; 3) a decisão, portanto, não tem efeitos para todos mas apenas para as partes – ainda que, em razão do *common law*, não se possa desconsiderar que toda decisão forma um precedente e que precedentes de cortes superiores influenciam cortes inferiores; 4) uma lei que contraria a Constituição, como disse Marshall no *Marbury vs. Madison*, jamais adentrou ao ordenamento jurídico, sendo nula *ab initio*. Cf. BAHIA; NUNES; BACHA E SILVA (2017).
6. Sobre o modelo francês de constitucionalidade que, atualmente, sofreu profundas modificações com a adoção da QPC – *Question Prioritaire de Constitutionnalité* – através da reforma constitucional de 2008 que alterou o art. 61-1 da Constituição Francesa de 1958, ver: GOMES (2003) e ROUSSEAU (2012).
7. Texto constitucional disponível em: [http://www.jmarcano.com/mipais/historia/const44.html]. Acesso em 15.02.2018.
8. Arts. 22, 23 e 24. Disponível em: [www.ordenjuridico.gob.mx/Constitucion/1847.pdf]. Acesso em 15.02.2018.
9. Trata-se de mecanismo processual destinado a garantir os direitos constitucionalmente garantidos dos cidadãos que foram violados por autoridades administrativas e

Constituição de El Salvador de 1886 seguiu os mesmos passos ao prever o mecanismo do *juicio de amparo* para todo cidadão que sofresse ameaça em direito constitucional[10]. Na Constituição da Argentina de 1853 não houve nenhuma menção expressa ao *judicial review*. Com a instalação da Suprema Corte que se deu em 1863 e com o caso Ríos em que a Corte anulou Decreto do Poder Executivo por arrogar-se em funções legislativas, dizendo brevemente que o mesmo não teria valor legal, ficou claro que o controle de constitucionalidade era algo natural e que não precisaria de fundamentação (LAVIÉ, 2009. p. 596). A Constituição da Venezuela de 1858 inova substancialmente para os conhecidos modelos de então. Dispunha no art. 133, 8, que seria da competência da Corte Suprema: "Declarar la nulidad de los actos legislativos sancionados por las Legislaturas provinciales, a pedido de cualquier ciudadano, cuando sean contrarios a la Constitución". Muito embora o controle de constitucionalidade das leis ficasse adstrito às províncias, é de se destacar a importante inovação no que diz respeito à instituição de uma Ação Popular de Inconstitucionalidade (SAMPAIO, 2002. p. 35). A inovação antecede em quase 70 (setenta) anos a criação do controle concentrado de constitucionalidade pelo Tribunal Constitucional Austríaco por inspiração kelseniana (BERNAL, 2009). O texto constitucional Colombiano de 1886 também previu um mecanismo distinto: o controle preventivo de constitucionalidade por parte da Corte Suprema quando solicitado pelo Presidente. Nos termos do art. 90 daquele texto constitucional, o Presidente ao invés de sancionar a lei, quando fosse o caso de inconstitucionalidade e as Câmaras insistissem na aprovação, a questão era decidida pela Corte Suprema[11]. A reforma constitucional da Colômbia de 1910 modificou a competência da Corte Suprema para incluir o julgamento da ação de inconstitucionalidade das leis e dos decretos que fossem impugnadas pelos cidadãos, estabelecendo assim, nos moldes venezuelanos, uma ação pública de inconstitucionalidade (SARRIA, 2013). A Constituição de Cuba de 1940, durante o período Republicano, preconizou também um modelo que privilegiava o controle de constitucionalidade por qualquer órgão jurisdicional, tendo a sala do Tribunal de Garantias Constitucionais e Sociais dentro do Tribunal Supremo de Justiça como sendo o órgão revisor para tais assuntos, inclusive com competência consultiva sobre a constitucionalidade de leis e atos normativos[12].

---

judiciárias, permitindo a não aplicação da lei inconstitucional. Foi na Constituição de 1857 que teve seus contornos definidos com a amplitude que hoje se reconhece (FERNÁNDEZ, 2011. p. 181).

10. Cf.[www.jurisprudencia.gob.sv/DocumentosBoveda/D/2/1880-1889/1886/08/886EC.PDF]. Acesso em 15.02.2018).
11. Cf. [www.bdigital.unal.edu.co/224/36/constitucion_de_la_republica_1886.pdf]. Acesso em 18.02.2018.
12. Cf. [http://pdba.georgetown.edu/Constitutions/Cuba/cuba1940.html#mozTocId861186]. Acesso em 18.02.2018.

A instituição do controle de constitucionalidade judicial no Brasil advém da adoção do regime republicano em 1889[13]. O Decreto 848 de 1890 que organizou a Justiça Federal previu o controle de constitucionalidade pelo Supremo Tribunal Federal no art. 9º, parágrafo único, alínea *b*. Historicamente, atribui-se uma importante função de poder ao Poder Judiciário no republicanismo. Por exemplo, na própria exposição de motivos do Decreto, Campos Salles salienta que o Poder Judiciário tem uma missão de equilíbrio institucional, não sendo mero aplicador das leis (CAMPOS SALLES, 2010). Em todo caso, a Constituição de 1891, com inspiração política norte-americana, mantém as características do *judicial review*, mas, ao contrário do modelo norte-americano, tratou-se de uma imposição da Constituinte para proteger a própria República[14]. Também é relevante citar a releitura do *Habeas Corpus* feita originariamente no ordenamento brasileiro pelo Código de Processo Criminal de 1830 que será um importante instrumento para controlar a legalidade e a constitucionalidade de atos que atingem direitos individuais[15].

No plano teórico, quando lecionou na Universidade de Viena, Georg Jellinek (1885. p. 20) publica um pequeno trabalho recomendando a criação de um Tribunal Constitucional, já que a proteção da Constituição não poderia depender do próprio Parlamento, uma vez que, em se tratando de uma Constituição rígida, não se pode depender apenas de uma proteção moral, mas de uma proteção jurídica. Este é o modelo que será propagado pelas penas de Hans Kelsen – o que leva muitos a denominar tal modelo de kelseniano (PEGORARO, 2004. p. 37). O

---

13. É bem verdade que, ao contrário do que preza a doutrina tradicional, não é que inexistia um controle de constitucionalidade sob a Constituição do Império de 1824. O controle de constitucionalidade era deferido aos órgãos legislativos. Como, por exemplo, a Lei ("Ato Adicional") 16 de 1834, que modificava a Constituição do Império conferiu aos presidentes de Províncias e à Assembleia Geral competências para se oporem às leis que afrontassem a Constituição (CONTINENTINO, 2017. p. 2526).
14. CRUZ, Álvaro Ricardo de Souza. *Jurisdição constitucional democrática*. BH: Editora Del Rey, 2004. p. 275. Diz Ruy Barbosa (1893, p. 58): "A redação é claríssima. Nela se reconhece, não só a competência das justiças da União, como a das justiças dos Estados, para conhecer da legitimidade das leis perante a Constituição. Somente se estabelece, a favor das leis federais, a garantia de que, sendo contraria à subsistência delas a decisão do tribunal do Estado, o feito pode passar, por via de recurso, para o Supremo Tribunal Federal. Este ou revogará a sentença, por não procederem as razões de nulidade, ou a confirmará pelo motivo oposto. Mas, numa ou noutra hipótese, o princípio fundamental é a autoridade, reconhecida expressamente no texto constitucional, a todos os tribunais, federais, ou locais, de discutir a constitucionalidade das leis da União, e aplicá-las, ou desaplicá-las, segundo esse critério".
15. De instrumento de proteção da liberdade, o *Habeas Corpus* acabou se transformando em instrumento processual para controle da regularidade dos atos dos poderes públicos com a "doutrina brasileira do *Habeas Corpus*", contando com a redação do instituto, a interpretação de Rui Barbosa e a disposição política do Supremo Tribunal Federal. Ver RODRIGUES (1991. p. 17).

sistema europeu de controle de constitucionalidade começa a tomar forma sobretudo a partir da Constituição de Weimar de 1919 que reconhece no art. 13º que o direito do *Reich* prevalece sobre o dos *Länder*. Este é o ponto em que a primazia da legislação federal sobre a lei local dá contornos para o controle concentrado de constitucionalidade das leis dos *Länder* ante o Tribunal do Reich com eficácia *erga omnes* (SEGADO, 1997. p. 199). Antes mesmo da criação do Tribunal Constitucional Austríaco, a Constituição da Tchecoslováquia de 1920 promulgada em fevereiro daquele ano seria a primeira experiência normativa de um órgão encarregado do controle de constitucionalidade. No entanto, tal sistema ficará mundialmente famoso com a Constituição da Áustria que sofreria a influência de Kelsen, que também atuou como membro do Tribunal Constitucional através do desenho que lhe impôs a Constituição de 1920. É no seu artigo publicado na *Revue du Droit Public* denominado "Garantia Jurisdicional da Constituição" que Kelsen expõe seu pensamento acerca do desenho constitucional do controle de constitucionalidade realizado por um órgão que deveria ser o legislador negativo. Este órgão teria uma função técnica que não corresponderia às funções estatais. Portanto, tal órgão deveria ter um desenho autônomo em relação às atividades de produção e aplicação do direito, não pertencendo nem ao Poder Judiciário, nem ao Legislativo, nem ao Executivo, mas sim tendo apenas e tão somente o dever de garantir que nenhum ato inferior contrariasse a norma superior, anulando a norma contrária à Constituição. Essa anulação teria também um caráter geral, servindo como um legislador negativo. O controle teria, pois, duas funções: garantir a democracia e garantir o controle dos atos de governo pelo parlamento (KELSEN, 2007; BAHIA, 2004).

A aparição do *Verfassungsgerichtshof* está estreitamente ligada com a necessidade de proteção da própria estrutura federal de Estado. A criação de Tribunais Constitucionais nos moldes preconizados pelo labor intelectual de Kelsen como um órgão independente e autônomo dos demais poderes públicos, que contém apenas a função de fiscalizar a constitucionalidade das leis, atuando com a nomenclatura de Corte Constitucional ou Tribunal Constitucional configura uma "jurisdição constitucional" destacada da "jurisdição ordinária"[16] prolifera na Europa

---

16. Utilizamos jurisdição constitucional no sentido lato de atividade de guarda e defesa da Constituição e não apenas nos referindo apenas às atividades jurisdicionais de dirimir um conflito constitucional. Aliás, a tendência na América Latina é que tal a jurisdição constitucional em um sentido mais específico seja estudada e teorizada por uma disciplina específica denominada de Direito Processual Constitucional que congregaria elementos da Teoria Geral do Processo e do Direito Constitucional. Para tanto, tal disciplina teria se desenvolvido no seguinte esquema: 1) fase precursora no ano de 1928 com o trabalho de Kelsen, 2) fase da descoberta em 1944 pelo jurista espanhol radicado na Argentina Niceto Alcalá-Zamora y Castilho; 3) fase do desenvolvimento dogmático com a contribuição de Eduardo Couture, Piero Calamandrei e Mauro Cappelletti; 4)

continental a partir daí. Este modelo europeu tem uma primeira onda antes mesmo da segunda guerra já com a Áustria supramencionada, a Tchecoslováquia também em 1920 e a Espanha em 1931 com o Tribunal de Garantias Constitucionais. Com a escalada de regimes políticos autoritários, os países europeus arrefeceram a adoção de tais mecanismos em suas Constituições. Após a segunda guerra mundial, o modelo ganhou força novamente com a Corte Constitucional Italiana de 1948, o Tribunal Constitucional Alemão em 1949, as Cortes Constitucionais da Turquia (1961) e Iugoslávia (1963), continuando com o Tribunal Constitucional de Portugal (1976), Espanha (1978), além dos países do Leste Europeu como a Polônia (1985), Hungria (1989), Romênia e Bulgária (1991), Albânia (1992), Lituânia (1993) e Rússia (1995) (FAVOREU, 2004. p. 15-16). Perceba, pois, que há uma intrínseca relação entre regimes democráticos e a adoção da jurisdição constitucional na Europa (Ramos, 2010. p. 151).

O modelo europeu será difundido também para a América Latina. A Constituição da Guatemala de 1965 apostará na criação de uma Corte de Constitucionalidade com funções para julgar a inconstitucionalidade de lei de forma concentrada nos moldes kelsenianos[17]. A reforma constitucional do Chile de 1970 que alterou substancialmente a Constituição de 1925 também criou o Tribunal Constitucional para resolver questões acerca da constitucionalidade de dispositivos legais durante a tramitação de projetos de lei como órgão de arbitragem entre Legislativo e o Executivo, tendo sido fechado em 1973 pela ditadura militar. Na transição política, o Tribunal Constitucional volta a funcionar com as mesmas competências de controle preventivo de constitucionalidade, sendo o controle repressivo a cargo da Corte Suprema pela Constituição de 1980 (Beltrán, 2016). A Constituição do Peru de 1979 também instituiu o Tribunal de Garantias Constitucionais como órgão autônomo e independente com a função exclusiva de controle de constitucionalidade (Belaúnde, 2005. p. 548). Com a Constituição de 1993, o órgão passa a se denominar Tribunal Constitucional. De igual modo, o Equador, em sua Constituição de 1945, instalará um Tribunal de Garantias Constitucionais que poderia examinar a constitucionalidade dos projetos de lei e julgar as leis inconstitucionais, mas com posterior ratificação ou não do Poder Legislativo. A Constituição de 1979 é que modifica a nomenclatura para Tribunal Constitucional e prevê uma competência de controle concentrado aos moldes kelsenianos. Em 1989, a Lei 7.135 cria a 4ª sala ou sala constitucional no Tribunal

---

fase da definição conceitual e sistemática realizada por Hector Fix-Zamúdio (MAC-GREGOR, 2009. p. 171-172). Em países como o Brasil, nos quais há controle difuso (além do concentrado) de constitucionalidade a expressão perde um pouco o sentido, já que aqui toda jurisdição é constitucional (CATTONI, 2016).

17. Cf. [www.minex.gob.gt/adminportal/data/doc/20100930182101427consti1965.art.1transi.pag.65.pdf]. Acesso em 19.02.2018.

Constitucional da Costa Rica, regulamentando disposição já prevista na Constituição de 1949 e prever que lhe incumbiria o papel de intérprete e defensora da Lei Fundamental. Com um amplo espectro de competências em matéria de proteção da Constituição, a sala constitucional da Corte Suprema representou uma junção de amplos instrumentos capazes de fazer efetiva a jurisdição constitucional. Assim, por exemplo, julga *habeas corpus* e pedidos de amparo como mecanismos de jurisdição constitucional da liberdade e ações de constitucionalidade, sendo representadas por consultas dos órgãos legislativos e judiciários e ações de inconstitucionalidade, podendo ser acionada por qualquer pessoa gratuitamente (Pérez, 1996, p. 201-219.). A Colômbia adotou um modelo de Corte Constitucional em 1991 de intensa atividade. Com os antecedentes históricos de uma ação popular de inconstitucionalidade, a Corte Constitucional tem ampla competência em matéria de controle de constitucionalidade, cabendo-lhe decidir acerca até mesmo da constitucionalidade de referendos e plebiscitos convocados pelo Poder Legislativo com anterioridade da consulta popular, além da competência para exercer revisões em ações de tutela por parte dos cidadãos.

Deste breve inventário histórico da formação da jurisdição constitucional na América Latina percebe-se que a formação e a introdução de mecanismos de guarda da Constituição não foram realizadas de forma simples, como cópias fidedignas dos modelos europeus. A cada contexto e problemas sociais e políticos específicos, a América Latina supôs um modelo de controle de constitucionalidade específico.

Assim, por exemplo, não se pode falar, sem um reducionismo e uma simplificação, que esta/aquela Constituição adotou o modelo norte-americano ou europeu ou francês. Este parece ser o canto da sereia que encanta muitos teóricos, mas que, uma mera reflexão histórica, acabaria por expor que tais tentativas nada mais são do que teorizações sintéticas de fenômenos complexos. É a já conhecida tendência que têm teóricos do direito de tentar colocar diversos fenômenos e classificações dentro de *caixas conceituais*.

No Brasil, por exemplo, mesmo com a Constituição de 1988 podemos citar, de um lado, aqueles que defendem que a proeminência é do modelo norte-americano/controle difuso (Cruz, 2004; Cattoni de Oliveira, 2016. p. 148-149 e Bacha e Silva, 2013)[18], de outro, aqueles que são entusiastas do controle concentrado/modelo europeu (*e.g.*, Mendes, 2005), e também aqueles que estatuem que se adotou um modelo misto (Barroso, 2006. p. 64 e Carvalho, 2009). Inclusive, há quem caracterize o modelo de controle de constitucionalidade adotado pela

---

18. Notam que a difusão da competência é que caracteriza nosso sistema de controle de constitucionalidade e o método é do hibridismo: RAMOS (2010. p. 477). Embora se tenha um sistema misto, o controle difuso seria o mais adequado para a proteção da democracia e das liberdades através do acesso à jurisdição constitucional: STRECK (2013. p. 529).

Constituição de 1988 como plural, já que adota um complexo mecanismo contando com controle preventivo e repressivo, político e jurisdicional (Maués, 2010).

Embora se possa concordar que de fato houve difusão dos modelos norte-americano e europeu para os demais sistemas constitucionais, a adoção de tais modelos não foi feita sem uma necessária releitura por parte dos contextos sociais e políticos. A afirmação da adoção de tal ou qual modelo de jurisdição constitucional não pode ser realizada sem uma releitura histórica que leva em consideração, com profundidade, uma teoria metodológica da história tal qual como definida por John Pocock em que o historiador precisa reconstruir o contexto das linguagens políticas através da análise dos discursos dos atores políticos da época em análise (Pocock, 2011). Ademais, no campo histórico, não podemos nos esquecer que não há um só tempo, mas tempos sobrepostos aos outros. Ao contrário da metodologia histórica de corte hegeliano ou de Dilthey, os léxicos não são conceitos imutáveis, mas há uma relação complexa em que os conceitos estão imersos na temporalidade e na linguagem e são reapropriados ao longo tempo (Koselleck, 2006). Desta sorte, Koselleck afirma que o estudo histórico a partir dos conceitos formula um importante parâmetro para se entender não só os aspectos sociais e culturais originários daquele significado, mas também entender como houve a apropriação moderna daquele conceito e em qual contextual é o mesmo aplicado. Os modelos de matriz estadunidense, europeia ou francesa foram reapropriados ao longo do tempo, mantendo algumas aplicações contextuais.

Alguns autores discutem acerca da obsolescência dos modelos de controle de constitucionalidade, da convergência entre os mesmos ou mesmo da hibridação entre os modelos. Segundo Francisco Fernandez Segado, a jurisdição constitucional após a segunda guerra ganha contornos de um instituto mundial, no entanto, a bipolaridade tradicional acabou por sofrer substancial cisão com a Alemanha e a Itália que partiram da ideia de uma Constituição tipicamente norte-americana e a adoção de tribunais nos moldes kelsenianos, fazendo com que se reflita sobre novos modelos analíticos para se caracterizar a jurisdição constitucional[19]. Lucio Pegoraro, de outro lado, fala de uma circulação de modelos de tal modo que muitos ordenamentos extraíram seus modelos de outros para configurar seus próprios institutos. Cita, por exemplo, o modelo centralizado particular da Bélgica com a Corte de Arbitragem, o Tribunal Federal Suíço e o Tribunal Constitucional Português. No entanto, acredita este autor que esta é uma tendência situada com a incorporação do controle difuso na Alemanha, na Itália e posteriormente na Espanha (PEGORARO, 2005). Esta é uma visão eurocêntrica que desconsidera a riqueza da jurisdição na América Latina desde o século XIX, ao menos.

---

19. A tônica para o autor deveria ser a existência ou não de conflito concreto no caso em que se discute a constitucionalidade das leis: SEGADO (2003. p. 57-59).

A hibridização já ocorria na América Latina com a instituição da ação popular de inconstitucionalidade pela Constituição da Venezuela e o controle preventivo da Colômbia. Nem a ideia de convergência ou hibridação, nem a própria noção de controle concentrado de constitucionalidade é obra exclusivamente europeia. Mesmo autores latino-americanos compram, acriticamente, a ideia de que tudo partiu da Europa e dos Estados Unidos, sendo a difusão para os demais países *periféricos*, o que representa uma cultura teórica subserviente dos juristas da América Latina em relação aos teóricos europeus e norte-americanos.

A história nos mostra que a formação da jurisdição constitucional na América Latina foi rica e particularmente complexa, continuando assim até os dias atuais. A jurisdição constitucional, igual à Constituição, é um mecanismo que busca resposta para os problemas sociais e políticos em cada caso[20].

Nos mais de 200 (duzentos) anos do constitucionalismo latino-americano, contados a partir da Constituição de Haiti de 1804, podemos identificar três problemas sociais e políticos que marcam traços comuns da região e que a jurisdição constitucional ofereceu respostas distintas. Embora Gargarella apresente um quadro de soluções constitucionais para os projetos constitucionais da América Latina do século XIX, não adotaremos tal sistematização, eis que nosso propósito é fazer uma análise voltada para as respostas da jurisdição constitucional, ainda que em determinada medida tal classificação seja útil aqui para alguns propósitos[21]. O primeiro período de análise vai dos meados do séc. XIX até o fim da segunda guerra mundial. Por óbvio, cada região tem uma história particular e, portanto, nosso esforço de análise é apenas para que a configuração da jurisdição constitucional na região durante este período fique compreendida em suas particularidades. Portanto, logo após as conquistas pela independência, era necessário reafirmar as lutas políticas pelas quais a região se debruçou. No entanto, o perigo no início do

---

20. Entendendo que as Constituições devem ser vistas como respostas a problemas práticos da região e uma necessidade de resposta com o qual concordamos e acrescentamos que também a jurisdição constitucional é assim (GARGARELLA, 2014. p. 14).
21. A interessante classificação de Gargarella (2014. p. 20-46) diz que nasceram dois ideais na luta pela independência da região e três respostas possíveis plasmadas nas Constituições da região. Os ideais são da autonomia individual e do autogoverno coletivo. As respostas seriam: 1) conservadora: organizou um sistema constitucional que busca uma particular concepção de bem viver que corresponderia a vontade majoritária no controle da vida política da comunidade com os projetos de perfeccionismo moral e elitismo político. São exemplos dessa resposta a Constituição do Chile de 1823 que vinha com um código de conduta de mais de 600 (seiscentos) artigos, além da Constituição do México 1843 e do Peru 1839; 2) liberal: são projetos constitucionais que buscavam uma neutralidade moral do Estado e o equilíbrio do poder. Como exemplos, as Constituições de Cádiz de 1812, Argentina 1826; 3) republicana: são projetos que apostam no majoritarismo políticos e o populismo moral e que advinham nas lutas independentistas. Constituição do Chile de 1853.

século XIX era representado pela instabilidade política da região em que diversos projetos ideológicos disputavam os rumos das nascentes nações.

A experiência bem-sucedida do constitucionalismo norte-americano seria inspiração político-ideológica, mas com uma releitura prática para a própria região. Lá, o problema central seria chegar à solidariedade. Aqui, o problema central seria a emancipação. Daí que as soluções institucionais também seriam diferentes. Os legisladores e os imigrantes norte-americanos tinham horror ao poder central, tendo em vista que advinham de um regime monárquico que lhes estava retirando a isonomia frente aos súditos da metrópole. Em razão disso, os poderes do Executivo eram controlados. De outro lado, em nossa região, o poder constituinte via no Poder Executivo e no carisma dos líderes políticos da região a possibilidade de união da comunidade em torno de um projeto de criação da nação – ver RABASA (1999. p. 61 e ss.) e MORAES (2015).

A centralidade do Poder Executivo e a figura de uma legitimidade carismática, para dizermos com Max Weber (1999), levaram a uma tradição despótica na região. A pretexto de estabilidade política, houve centralização do poder nas mãos de um líder que representava os destinos da nação (Jane, 1942). O caudilhismo é uma constante na prática política da região, com o sumo de relações carismáticas de poder[22]. Não raro o caudilho recorre à violência e cria situações de crise para manter seu poder (Lambert, 1969). Portanto, seria necessário recorrer à prática de atos de violência para a manutenção do poder. Essa estrutura política toda estava a serviço do Poder Executivo. No entanto, um dos valores mais caros para a região seria a própria liberdade. Após séculos de dominação estrangeira e com as pressões externas nos jovens países, a liberdade se torna uma das pedras angulares dos projetos constitucionais.

Para proteger a liberdade criam-se mecanismos de controle dos atos dos poderes públicos. Está lançada a fase da jurisdição constitucional das liberdades (Cappelletti, 1984). São mecanismos processuais e jurisdicionais que buscam resguardar direitos como forma de legitimar o exercício jurisdicional através dos direitos fundamentais (Baracho, 2008, p. 348). São exemplos concretos o *Habeas Corpus* e o Mandado de Segurança no Brasil e o *juicio de amparo* pelo México (Buzaid, 1961). Ademais, também são exemplos da jurisdição constitucional das liberdades que se instituiu na América Latina a Ação Popular de Inconstitucionalidade da Venezuela como forma do cidadão se proteger dos poderes locais e a "doutrina brasileira do *Habeas Corpus*". Tais mecanismos processuais serviram para tentar evitar abuso de poder por parte do Poder Executivo e as práticas de violência da época.

---

22. Ligados a estruturas tradicionais de poder da região, como militares e fazendeiros, os caudilhos tornavam-se tiranos e se perpetuavam no poder. No Brasil, por exemplo, a figura do coronelismo que frustra a democracia representativa nos poderes locais (LEAL, 2012).

Após a segunda guerra mundial o constitucionalismo latino-americano enfrenta a questão social em sua pauta. A chegada da classe trabalhadora no plano político e as constantes crises econômicas na região fizeram com que se ampliasse o pacto liberal-conservador para incluir as reivindicações sociais plasmadas nos textos constitucionais. O fantasma a ser enfrentado agora é o problema da desigualdade (Gargarella, 2014. p. 199-241). Aliada a esta preocupação social as elites dominantes propugnavam um nacional-desenvolvimentismo na região com o intuito de incrementar a economia normalmente com a intervenção do Estado com fins de, muitas vezes, beneficiar as classes dominantes[23].

Neste âmbito, de um conflito entre os direitos sociais e as políticas econômicas, reverbera-se no âmbito dos poderes estatais em que Poderes Executivo e o Legislativo pretendem impor autoritariamente planos e programas que beneficiem a maioria. Há, inclusive, um confronto tanto entre os poderes constituídos com o poder constituinte, quanto entre os próprios poderes.

Assim, dentro de tal contexto é que surgem na jurisdição constitucional da América Latina mecanismos que seriam reconhecidos como *jurisdição constitucional orgânica*. Com efeito, segundo a definição pela teoria constitucional, a jurisdição orgânica tem por finalidade a proteção de disposições constitucionais que consagram as competências dos órgãos públicos, bem como o controle judicial das leis e atos normativos como corolário disso (BARACHO, 2008. p. 352). Exemplos são a instituição do Tribunal Constitucional pelo Chile com funções de controle preventivo com o intuito de se antecipar a tais conflitos e também do Tribunal de Garantias Constitucionais do Peru de 1979. Quiçá, o exemplo mais bem acabado e que talvez tenha conseguido em alguma medida servir de parâmetro não só para atuação dos demais órgãos jurisdicionais da região, mas também de instituição de combate da desigualdade seja a Corte Constitucional da Colômbia de 1991. Importantes conquistas tal como a ideia de que basta ser cidadão colombiano para promover a ação pública de inconstitucionalidade (Sentencia C – 802/2002), a noção de que a diferenciação em razão das orientações sexuais de um indivíduo são práticas discriminatórias (Sentencia C-481/98), a inconstitucionalidade de leis que estendiam o imposto sobre valor agregado a produtos de primeira necessidade (C-776/03), decisões em vários processos que determinaram que se promulgasse nova lei para proteger os devedores hipotecários em casos de crise imobiliária, além da clássica noção de *estado de coisas inconstitucionais* sobre o sistema penitenciário colombiano (T-025/04) e, mais recentemente, o direito à eutanásia (T-544/17), bem assim o direito do indivíduo ingressar em órgão público independentemente da vestimenta (T-595/17) são

---

23. Importante considerar que essa ideia veio com o colorido latino-americano da teoria econômica estruturalista criada no Chile no final dos anos 1940, no âmbito do CEPAL. Cf.: BRESSER-PEREIRA (2010).

realizadas cotidianamente pela Corte Constitucional Colombiana que tem um papel importante dentro da dinâmica política daquele país e vem influenciando diversas jurisdições constitucionais (Yepes, 2007).

O final do século XX e início do XXI trouxe outra problemática político-social para a América Latina. É o desafio da inclusão e da integração. Na verdade, dois aspectos precisam ser levados em conta. Primeiro, séculos de colonialismo mostraram ser um elemento de encobrimento de grupos étnicos, sexuais e religiosos que se manteria durante o processo de descolonização e mesmo no século XX. A questão, então, era como realizar o reconhecimento de diversas culturas nas sociedades plurais latino-americanas. Como visto, por mais que os mecanismos de jurisdição constitucional tenham sido reinventados na América Latina ainda partiam das mesmas bases epistemológicas europeu-ocidentais. O que as novas Constituições do fim do século passado e início deste vão buscar é romper com tais modelos.

2. A Jurisdição Constitucional na América Latina nas novas Constituições do fim do Século XX e Início do Século XXI

A tônica das Constituições do final do século XX na América Latina buscava, ao contrário das experiências constitucionais anteriores, não só reconhecer e integrar grupos culturalmente distintos, mas tentar romper com a lógica da manutenção do Estado-nação que se impunha como única forma de vida boa (Yrigoyen, 2012). De outro lado, as nações latino-americanas precisavam se integrar no plano internacional como decorrência da globalização com o intuito de, ao mesmo tempo, proteger-se mutuamente e criar um ambiente de competitividade econômica em relação aos EUA e países europeus e asiáticos. Para o desafio integracionista, logo após a 2ª Guerra a solução foi o estabelecimento de uma organização internacional com características próprias, a Organização dos Estados Americanos – OEA e, com ela, da Comissão Interamericana de Direitos Humanos e da Corte Interamericana de Direitos Humanos (ainda que no caso desta última um número bem menor de países se submeta à sua competência). A integração no plano internacional deu-se, pois, pelo discurso pela universalização dos direitos humanos que poderia, até mesmo, servir de esteio para que houvesse um apoio aos Estados no esforço de inclusão de minorias políticas (Clavero, 2017).

No campo da jurisdição constitucional a integração marcará de modo decisivo as Constituições e as práticas institucionais das jurisdições internas com a ampliação do bloco de constitucionalidade[24] e a instituição do controle de

---

24. A origem do bloco de constitucionalidade deve-se ao Conselho Constitucional da França que, em decisão de 1971, reconheceu que o arcabouço normativo da Constituição não ficaria restrito apenas ao texto dogmático, abrangendo também, no caso da

convencionalidade[25]. A jurisdição constitucional agora não é só um elemento que aplica o direito interno, mas também o direito internacional e, com isto, se torna muito mais complexo o cenário jurídico e as fontes sobre as quais deverá trabalhar a jurisdição constitucional.

O desafio da inclusão leva a que as Constituições devam reconhecer outras minorias culturais, étnicas, religiosas, sexuais, raciais, etc., e não só isso, mas instituir um conjunto de direitos pelos quais se devam combater a opressão e a discriminação. Esse conjunto de direitos deve não só permitir que tais minorias atuem na arena pública como iguais, mas também reconhecer que há um campo propício de um direito próprio que se imporá ao direito ocidental tradicional. Esses elementos fazem com que floresça uma jurisdição constitucional plural que deve ser um rico componente de inclusão de minorias.

Em países como Bolívia e Equador a inclusão de minorias étnico-culturais na Constituição e nos órgãos do Estado tem proporcionado grandes ganhos para o Direito em Geral e particularmente um grande enriquecimento para uma jurisdição constitucional realmente plural e que rompe com a epistemologia europeia-ocidental (Bolzan de Morais; Barros, 2014). Na Bolívia, por exemplo, a Corte Constitucional não só é eleita como também possui reserva de vagas para os "povos originários". Mais do que isso, reconhece, ao lado da "jurisdição estatal" jurisdições indígenas e campesinas dando-lhes a mesma força e validade que a tradicional:

> La nueva Constitución [da Bolívia], en efecto, establece cuotas de parlamentarios indígenas (por ejemplo, artículo 146, VII), la justicia indígena originaria campesina, a la que coloca en el mismo nivel que a la justicia ordinaria (artículo 192), un Tribunal Constitucional plurinacional, parte de cuyos miembros son escogidos conforme al sistema indígena (artículo 196 y ss.), un órgano electoral plurinacional con representación indígena, un modelo económico

---

França, o preâmbulo que adotou a Declaração Universal dos Direitos do Homem e do Cidadão de 1789 (*Décision n. 71-44 DC*, disponível em: [www.conseil-constitutionnel.fr/conseil-constitutionnel/francais/les-decisions/acces-par-date/decisions-depuis-1959/1971/71-44-dc/decision-n-71-44-dc-du-16-juillet-1971.7217.html]. Acesso em 20.02.2018). Muitas Constituições latino-americanas do final do séc. XX e começo do XXI adotam expressamente os Tratados Internacionais de Direitos Humanos como integrantes do bloco de constitucionalidade. É o caso da Constituição do Brasil de 1988, da Constituição da Argentina com a reforma de 1994, da Constituição do Equador de 2008, da Bolívia de 2009, além da Constituição do México de 1917 reformada em 2011.

25. A Corte Interamericana de Direitos Humanos teve papel decisivo para a instituição do controle de convencionalidade pelos países latino-americanos. No caso *Almonacid Arellano e outros vs. Chile*, sentença de 26 de setembro de 2006, a Corte Interamericana orienta os juízes nacionais a não aplicarem as normas locais opostas ao Pacto de San José (SAGUÉS, 2010).

social comunitario basado en la cosmovisión indígena (artículo 205 y ss.), derechos especiales de los indígenas sobre el agua y sobre los recursos forestales de su comunidad (artículo 304), derechos a la tierra comunitaria e indígena (artículo 293 y disposiciones transitorias), etcétera (GARGARELLA; COURTIS, 2009. p. 10-11).[26]

Na jurisdição comunitária uma característica é a informalidade a serviço da busca da solução consensual[27]. Ramiro Ávila Santamaría nos fala sobre como a justiça ordinária no Equador está tendo de (re)aprender com a existência de outra jurisdição: "El gran reto que tiene la justicia ordinaria es evitar ser racista, aprender a marcar la línea que separa al un sistema del otro, y aprender en cuestiones que son difíciles de abordar, tales como la oralidad, la confianza en la palabra, las sanciones que fortalecen el vínculo social" (Santamaría, 2009. p. 972).

O acordo havido na justiça comunitária não resulta de uma mera formalidade, mas é da essência mesma do procedimento. Em vez de se insistir na confrontação de posições, o procedimento aposta na convivialidade entre os envolvidos, de tal sorte que, em vez de um "vencedor" da disputa, surge com o processo um consenso que não se subsume na posição original de nenhuma das partes. A obtenção da decisão é algo comemorado por todos, desde os envolvidos na disputa até a comunidade à qual pertencem: todos celebram juntos o fim da disputa.

A forma como isso foi feito em comunidades rurais da Bolívia dificilmente poderia ser repetida em grandes cidades (seja do Brasil, seja daquele país). Contudo, como dissemos, há elementos que podemos apreender daquela experiência. Para além da informalidade e da igualdade de condições entre as partes – elementos que de *per se* já dariam boas discussões sobre como se dão os processos e as conciliações por aqui –, há a construção de um ambiente de não litígio, de não conflito; ao revés, o processo é pensado para obtenção (ou, quiçá, o desvelamento) do consenso – e não da prevalência do direito de um, ou da prevalência do melhor argumento do outro. Essa mudança epistemológica e propositiva sobre como se vê o conflito representa um ganho imenso em face das discussões que por aqui (e

---

26. Sobre os debates havidos para a construção dessa justiça "comunitária" na nova Constituição, ver: (SCHAVELZON, 2012, p. 481 e ss.).
27. Bem ao contrário do que ocorre com a jurisdição tradicional estatal. No Brasil, por exemplo, insistimos em moldar espaços de conciliação/mediação dentro das estruturas formais do processo. Mesmo nos Juizados Especiais a "Audiência de Conciliação" se dá no interior de um processo e, da forma como foi prevista, alcança índices baixos de resultado – isso para não falar da possibilidade muito presente de acordos feitos de forma desigual e "impostos" por aquele que possui maior poderio econômico (inclusive porque a parte mais fraca pode estar, e por vezes vai estar desacompanhada de advogado). Quando se volta, então, para a jurisdição ordinária o quadro é ainda pior: transformada a "audiência preliminar" numa audiência de conciliação com índices de "sucesso" ainda piores.

de resto, na maior parte do mundo) se faz a respeito da jurisdição em geral e, no caso, da jurisdição constitucional em particular.

3. Considerações finais

Se, de um lado, o modelo colonialista de jurisdição constitucional insiste em "homogeneizar" as pessoas/demandas passando por cima de particularidades (Bahia, 2014 e 2017) – ainda que países da América Latina neles se inspirassem para construir jurisdições constitucionais próprias –, de outro, a proposta do Novo Constitucionalismo Latino-americano, ao incluir várias minorias historicamente esquecidas dos processos de formação da vontade pública e de sua aplicação e ao propor uma nova forma de solução de conflitos baseada no diálogo e na solidariedade social – e não na decisão de um terceiro que põe fim ao processo, mas dificilmente ao litígio –, é uma forma inovadora de se pensar a Jurisdição como um todo e a Jurisdição Constitucional em particular.

No ano em que a Constituição do Brasil completa 30 anos o cenário não é dos melhores. Certamente já tivemos dias melhores sob a atual ordem jurídica. Mais do que nunca a jurisdição constitucional deve cumprir seu papel de defesa dos Direitos Fundamentais, seja impedindo retrocessos, seja também reconhecendo pretensões por ampliação daqueles – a partir da cláusula de abertura proporcionada pelo §2º do art. 5º – CR/88[28]. Os desafios são gigantescos e, em alguma medida, o Judiciário pode contribuir: (a) garantir eleições limpas e com o mínimo de igualdade de condições de competição – repelindo "Fichas Suja" e vetando formas de financiamento privado e/ou "Caixa 2" –, de forma que se possa começar a pensar na reestruturação do fracassado modelo de (super) presidencialismo de coalisão e de representação político-partidária; (b) impedir que maiorias religiosas e conservadoras consigam impor leis "contra ideologia de gênero", de "escola sem partido", de restrição de gastos com programas de prevenção de IST, de fragilização do sistema de proteção ambiental / do direito do consumidor / da proteção da relação de trabalho e da previdência social; (c) aprofundamento da república entre nós, com o rechaço de auxílios travestidos de "verbas indenizatórias" (como o "auxílio-moradia"); (d) de resistência à tentação

---

28. O que possibilitou, *e.g.*, o reconhecimento da constitucionalidade da política de cotas (ADPF n. 186), da atipicidade do aborto de anencéfalos (ADPF n. 54), da legitimidade das uniões homoafetivas (ADPF n. 132) e, mais recentemente, a possibilidade de mudança de nome e sexo de transexuais e travestis mesmo sem cirurgia (RE. n. 670.422 e ADI. n. 4275). Nem tudo, no entanto, são avanços – apenas para citar casos mais atuais no STF: a forma como foram tratadas questões relativas ao *impeachment* da Presidenta Dilma Rousseff ou o preocupante entendimento majoritário permitindo a "relativização" da presunção de inocência certamente não representam leituras "sob a melhor luz" da Constituição.

punitivista e de justiciamento em cruzadas contra "a corrupção", ao sacrifício de garantias constitucionais e do próprio Estado de Direito e do uso do Judiciário como instrumento de *lawfare*[29] (e) proteção e promoção de direitos de minorias: negros, quilombolas, indígenas, mulheres, LGBTI, ciganos, deficientes, crianças, idosos, etc.: há múltiplas demandas aqui, algumas já judicializadas (*v.g.*, ADO. n. 26), e que demandam do Judiciário o compromisso com os direitos fundamentais (§1º do art. 5º c/c III do art. 1º e IV do art. 3º da CR/88) e com os direitos humanos (controle de convencionalidade) (§ 2º do art. 5º c/c II do art. 4º da CR/88).

Sem cair em ativismo judicial – isto é, a substituição do Legislativo como arena primeira/privilegiada de debate sobre pretensões a direito[30] – é papel da Jurisdição Constitucional aprofundar os direitos fundamentais, principalmente de minorias de forma que as promessas e o projeto do documento jurídico mais importante da nossa história continue a servir de "trunfo" (DWORKIN, 2002) na promoção e proteção de direitos.

Nesse sentido e tomando-se o que vem sendo produzido pelo Novo Constitucionalismo e estudos decoloniais, diante de uma sociedade fraturada – que se descobriu cindida politicamente, apesar dos abismos econômicos, de classe, de cor, de gênero, etc., serem já muito antigos e formarem a base sobre a qual nos estruturamos (Moraes, 2016) – cabe à jurisdição constitucional ser lugar de reafirmação dos princípios constitucionais sob os quais nós nos construímos como comunidade de princípios (DWORKIN, 2002). Cada decisão, ao se focar no caso, deve dar primazia à Constituição e a Tratados e Convenções Internacionais de Direitos Humanos, ao mesmo tempo em que deve, na medida do possível, criar um ambiente de diálogo e não de disputa cega no qual diferentes posições possam discutir sem a pretensão de "vitória de um sobre o outro" mas buscando soluções consensuadas.

O tempo das disputas pelo "melhor argumento" cessou. Estamos à beira do abismo em que teremos de escolher os ganhos do constitucionalismo e do Estado (Democrático) de Direito ou a barbárie. Qualquer decisão que se mostre como a intervenção de um terceiro – não eleito e, logo, sem representatividade político-democrática – e não a solução provida pelos envolvidos no debate, qualquer

---

29. A justificativa (não fundamentação) do TRF4 para não anular decisões de juiz de 1º grau que violou a garantia da privacidade/intimidade ao divulgar áudios obtidos com quebra de sigilo telefônico e a própria sentença de mérito que adveio do processo, por exemplo. Cf. CATTONI; BAHIA; BACHA E SILVA (2016); PRONER, *et al.* (2017) e GONTIJO (2017).
30. O que, contudo, não significa que, instado aquele a se manifestar e se recusando sistematicamente (*e.g.*, Projeto de Lei de 1995 sobre parecería civil entre pessoas do mesmo sexo que nunca teve sua tramitação finalizada), não deva o Judiciário, no exercício de sua função contramajoritária, garantir o império da Constituição (*e.g.*, ADPF. n. 132).

que seja ela, insistimos, servirá apenas para acirrar mais os ânimos e fragilizar (ainda mais) nossas instituições. O tempo é da reconciliação, de um povo consigo mesmo e com o grande projeto civilizatório encampado pela Constituição Cidadã.

10
PROTAGONISMO INSTITUCIONAL DO PODER JUDICIÁRIO NO ESTADO CONTEMPORÂNEO: REFLEXÕES SOBRE A JUDICIALIZAÇÃO, O ATIVISMO JUDICIAL E A AUTONOMIA PROCESSUAL DA JUSTIÇA CONSTITUCIONAL

GUILHERME PEÑA DE MORAES

Membro do Ministério Público do Estado do Rio de Janeiro. Professor de Direito Constitucional da Universidade Federal Fluminense (UFF). Mestre em Direito Constitucional pela Pontifícia Universidade Católica do Rio de Janeiro (PUC/RJ). Doutor em Direito Constitucional pela Pontifícia Universidade Católica de São Paulo (PUC-SP). Pós-Doutor em Direito Constitucional pela Fordham School of Law – Jesuit University of New York (FU/NY).

SUMÁRIO: 1. Introdução; 2. Judicialização da Política; 3. Protagonismo Judicial; 4. Ativismo Judicial; 4.1. Definição; 4.2. Tipologia; 5. Ativismo Extrajudicial; 6. Ativismo Dialógico; 7. Ativismo Procedimental; 8. Limitação; 9. Discriminação ou Preconceito; 10. Deliberação Popular; 11. Funcionamento da Democracia; 12. Capacidade Técnica; 13. Proteção Deficiente dos Direitos das Gerações Futuras; 14. Conclusão.

1. Introdução

O artigo que ora vem a lume tem a pretensão de investigar o "movimento global em direção ao Judiciário",[1] que experimenta uma ascensão institucional na organização dos Poderes do Estado contemporâneo, por força do qual os juízes são trazidos para o primeiro plano da vida pública.

O ponto de convergência da judicialização e ativismo do Poder Judiciário, dessa forma, encontra-se no quadro de valorização das atividades dos juízes.[2] A nosso ver, no espaço dos diálogos constitucionais, é identificado o protagonismo,

---

1. MORAES, Guilherme Peña de. *Constitucionalismo multinacional*: uso persuasivo da jurisprudência estrangeira pelos tribunais constitucionais. São Paulo: Atlas, 2015. p. 19.
2. CROWE, Justin. *Building the Judiciary*: law, courts and the politics of institutional development. New Jersey: Princeton University Press, 2012. p. 270.

ou mesmo supremacia, do Poder Judiciário que, por causa da judicialização de relações de natureza social e política, opera o efeito do ativismo judicial.[3]

Debruçar-nos-emos, pois, sobre o trinômio judicialização da política – protagonismo institucional – ativismo do Judiciário ao longo do texto para, ao final, examinar o conceito de autonomia processual da justiça constitucional.

2. Judicialização da política

A elocução "judicialização da política" pode ser remontada a Neal Tate e Torbjörn Vallinder, segundo os quais "a judicialização consiste, de todo modo, na transformação de algo em forma de processo judicial".[4]

Nesse sentido, o papel invasivo da ciência jurídica é determinado pela invasão do direito tanto nas relações sociais – "judicialização da sociedade"[5] – quanto nos poderes republicanos – "judicialização da política".[6]

Com efeito, a judicialização da sociedade deriva da intervenção do direito na sociabilidade, com a regulação das práticas sociais.

O Poder Judiciário é exposto, sem nenhum tipo de mediação, dentro dessa lógica de raciocínio, às expectativas por cidadania de setores socialmente emergentes.

A Justiça, como "guardiã das promessas democráticas" ainda não realizadas durante a modernidade, é convertida em "lugar em que se exige a realização da democracia".[7]

Demais disso, a judicialização da política exsurge da intervenção do direito nas instituições, com o reconhecimento, antes, de um novo padrão de configuração do Poder Judiciário e, depois, de um novo padrão de relacionamento entre os Poderes do Estado.

---

3. HIRSCHL, Ran. *Towards Juristocracy*: the origins and consequences of the new constitutionalism. Cambridge: Harvard University Press, 2007. p. 7.
4. TATE, Neal; VALLINDER, Torbjörn. *The global expansion of judicial power*. New York: NYU Press, 1997. p. 13. V., também: The judicialization of politics: a world-wide phenomenon. *International Political Science Review*, n. 15, 1994. p. 91-100.
5. FRIEDMAN, Lawrence; PÉREZ-PERDOMO, Rogelio. *Legal culture in the age of globalization*. Redwood: Stanford University Press, 2003. p. 64.
6. SHAPIRO, Martin; SWEET, Alec. *On law, politics and judicialization*. Cary: Oxford University Press, 2002. p. 55.
7. Na visão de Antoine Garapon, "tornou-se o Poder Judiciário o último refúgio de um ideal democrático decantado ao longo do tempo" (GARAPON, Antoine. *Le gardien des promesses*. Justice et démocratie. Paris: Odile Jacob, 1996. p. 20, 22 e 45; *Les juges dans la mondialisation*. Paris: Seuil, 2005. p. 71. V., também, da mesma autoria: L'imaginaire pirate de la mondialisation. *Revue Esprit*, 01.07.2009. p. 154-167; La peur de l'impuissance démocratique. *Revue Esprit*, 01.02.2014. p. 19-30).

No novo padrão de configuração, ao Poder Judiciário é atribuído o poder de elaborar o direito, a partir do esvaziamento progressivo da supremacia legislativa e, por via de consequência, da transposição de poder do Legislativo para o Judiciário.[8]

O deslocamento do centro de gravidade revela a evolução de um sistema jurídico monocêntrico para outro policêntrico, no qual toda a produção normativa não está alocada na legislatura eleita.[9]

No novo padrão de relacionamento, o Poder Judiciário, instituição estratégica nas democracias de hoje, impondo-se, entre os dois Poderes do Estado, como ator político e parceiro no processo decisório, é convocado ao exercício de novos papéis constitucionais.[10]

A judicialização da política, não pode ser negado, é revestida de natureza dúplice ou ambivalente, eis que, de um lado, as minorias parlamentares demandam a intervenção do Poder Judiciário contra a vontade da maioria (defesa das minoria), ao mesmo tempo que, de outro lado, os agentes institucionais, como, por exemplo, o Poder Executivo e as Instituições de Provedoria de Justiça demandam a intervenção do Poder Judiciário contra a representação parlamentar, com vistas à racionalização do governo (defesa da sociedade).[11]

3. Protagonismo judicial

O Poder Judiciário, devido à judicialização das relações sociais e políticas, é colocado no epicentro jurídico-constitucional do Estado contemporâneo.[12]

---

8. DRESSEL, Björn. *Judicialization of politics*. New York: Routledge, 2012. p. 15.
9. TUSHNET, Mark. *Taking the Constitution away from the Courts*. New Jersey: Princeton University Press, 2000. p. 6.
10. POPOVA, Maria. *Politicized justice*. Cambridge: Cambridge University Press, 2014. p. 26.
11. Na visão de Luciano Da Ros, o Poder Judiciário pode atuar em relação à judicialização da política como "instrumento de oposição", pela defesa das minorias, ou "árbitro da partida", para defesa da sociedade e, por via de consequência, manutenção das regras do jogo. DA ROS, Luciano. Tribunais como árbitros ou como instrumentos de oposição: uma tipologia a partir dos estudos recentes sobre judicialização da política com aplicação ao caso brasileiro contemporâneo (*Direito, Estado e Sociedade*, n. 31, 2007. p. 86; e Ministério Público e sociedade civil no Brasil contemporâneo: em busca de um padrão de interação. *Política Hoje*, n. 18, 2009. p. 29. V., também, da mesma autoria: Fundamentos sócio-políticos do pioneirismo jurisprudencial e da diversificação do espaço jurídico: notas a partir de estudo de caso. *Revista da Ajuris*, n. 35, 2008. p. 217-230; Difícil hierarquia: a avaliação do Supremo Tribunal Federal pelos magistrados da base do Poder Judiciário no Brasil. *Revista da GV*, n. 9, 2013. p. 47-64).
12. O protagonismo institucional do Poder Judiciário é relacionado ao "quadro de valorização do papel do juiz", por José Ribas Vieira, "protagonismo judicial-processual", por Lenio Luiz Streck, ou "nova ideia de direito, com o juiz como figura principal", por

O protagonismo institucional do Poder Judiciário pode ser constatado em decisões de temas polêmicos, que envolvem questões de dissenso moral razoável da sociedade ou aspectos morais não socialmente estáveis.[13] O Poder Judiciário, nessas matérias, é evidenciado como uma arena – jurídica – para a qual são deslocados os conflitos de interesse de outra arena – política.[14]

Exemplos do protagonismo judicial são detectados ao redor do mundo, como as decisões da Suprema Corte do Canadá, no caso Operation Dismantle v. The Queen, acerca do teste de mísseis de cruzeiro americanos no território do país,[15] do Tribunal Constitucional da Coreia do Sul, no caso *Roh Moo-hyun*, sobre o julgamento do processo de *impeachment* do Presidente da República,[16] do Conselho Constitucional da França, na *Décision 2010-44 QPC*, acerca do imposto de solidariedade das riquezas,[17] da Suprema Corte de Israel, no caso Ornan Yekutieli v. The Minister of Religious Affairs, a respeito do bloqueio da Faixa de Gaza ao Hamas,[18] do Conselho Constitucional da Hungria, na *Döntés száma 8/2010*, sobre o imposto de redistribuição das fortunas,[19] do Tribunal Constitucional da Turquia, no caso *Pasinler Criminal Court of Peace*, acerca da preservação da laicidade do Estado contra o fundamentalismo islâmico,[20] e da Suprema Corte dos Estados Unidos da América, no caso Citizens United v. Federal Election Commission, sobre os limites à participação financeira de empresas, ou mesmo organizações sem fins lucrativos, em campanhas eleitorais de que trata o *Bipartisan Campaign Reform Act*.[21]

Da mesma forma, como ator do processo de interpretação da Constituição, o Supremo Tribunal Federal do Brasil enfrentou as questões da antecipação terapêutica de parto de fetos anencéfalos, na Arguição de Descumprimento de Pre-

---

Evandro Gueiros Leite (VIEIRA, José Ribas. Leituras e debates em torno da interpretação no direito constitucional nos anos 90. *Impulso* – Revista de Ciências Sociais e Humanas, n. 20, 1996. p. 16; STRECK, Lenio Luiz. Hermenêutica, Constituição e processo, ou de "como discricionariedade não combina com democracia": o contraponto da resposta correta. *Constituição e Processo*: a contribuição do processo ao constitucionalismo democrático brasileiro. Belo Horizonte: Del Rey, 2009. p. 8, 10, 17 e 24; e LEITE, Evandro Gueiros. Ativismo judicial. *BDJur – Biblioteca Digital Jurídica*, n. 5, 2008. p. 2).

13. VALLE, Vanice Regina Lírio do. *O ativismo jurisdicional e o Supremo Tribunal Federal*. Curitiba: Juruá, 2009. p. 33.
14. RAMOS, Elival da Silva. *Ativismo judicial*: parâmetros dogmáticos. São Paulo: Saraiva, 2010. p. 13.
15. Operation Dismantle v. The Queen [1985] 1 S.C.R. 441.
16. 2004Hun-Na1, 16-1 KCCR 609.
17. Décision 2010-44 QPC. *Journal Officiel* 29.9.2010, p. 671.
18. Ornan Yekutieli v. The Minister of Religious Affairs, HCJ 4124/00.
19. Döntés száma 8/2010. Magyar Közlöny 2010/10.
20. Esas no: 2014/36. Karar no: 2015/51.
21. Citizens United v. Federal Election Commission, 558 U.S. 310.

ceito Fundamental 54/DF,[22] da fidelidade partidária dos detentores de mandatos eletivos, no Mandado de Segurança 26.602/DF,[23] do cultivo, industrialização e comercialização de organismos geneticamente modificados, na Ação Direta de Inconstitucionalidade 3.035/PR,[24] da união estável entre pessoas do mesmo sexo, na Arguição de Descumprimento de Preceito Fundamental 132/RJ,[25] do uso de células-tronco embrionárias em pesquisas, na Ação Direta de Inconstitucionalidade 3.510/DF,[26] da progressão de regime prisional em crimes hediondos, no Habeas Corpus 82.959/SP,[27] e das ações afirmativas raciais no acesso às instituições de ensino superior públicas, na Arguição de Descumprimento de Preceito Fundamental nº 186/DF.[28]

4. Ativismo Judicial

A expressão "ativismo judicial" pode ser reputada a Arthur Schlesinger Junior que, ao analisar o perfil dos juízes da Suprema Corte norte-americana em 1947, identificou os "ativistas judiciais" – *Justices* Hugo Black, William O. Douglas, Frank Murphy e Wiley B. Rutledge, Jr. –, os "campeões do autocontrole" – *Justices* Robert H. Jackson, Felix Frankfurter e Harold H. Burton – e, por último, o "grupo intermediário" – *Justice* Stanley F. Reed, sob a liderança do *Chief Justice* Frederick M. Vinson.[29]

4.1. Definição

A definição de ativismo judicial não é unívoca.

A partir da constatação de cinco significados, o fenômeno sob investigação pode ser examinado como (i) "prática utilizada para atacar os atos emanados de outros Poderes do Estado, com constitucionalidade defensável", (ii) "estratégia de não aplicar os precedentes", (iii) "afastamento dos cânones de interpretação", (iv) "conduta de legislar a partir dos tribunais" ou (v) "julgamento predeterminado a um fim".[30]

---

22. ADPF 54/DF. *DJe*-080.
23. MS 26.602/DF. *DJe*-197.
24. ADI 3.035/PR. *DJe*-152.
25. ADPF 132/RJ. *DJe*-198.
26. ADI 3.510/DF. *DJe*-096.
27. HC 82.959/SP. *DJe*-022.
28. ADPF 186/DF. *DJe*-205.
29. SCHLESINGER JUNIOR, Arthur. The Supreme Court: 1947. *Fortune Magazine*, 01.01.1947. p. 202. V., também: *The cycles of American history*. Boston: Houghton Mifflin, 1986. p. 422-423.
30. KMIEC, Keenan D. The origin and current meanings of "judicial activism". *Califonia Law Review*, n. 92, 2004. p. 1463-1476.

Em que pese a multiplicidade de significados, permitimo-nos definir o ativismo judicial como método de criação judicial do Direito *extra legem*, porém *intra ius*.³¹

4.2. Tipologia

O debate norte-americano acerca do ativismo e da autocontenção judicial gira em torno de uma questão de calibragem da atividade dos juízes e tribunais, sendo exato que, na história da Suprema Corte, os conceitos desenvolveram uma trajetória pendular.³²

Entendido como participação mais intensa do Poder Judiciário na atividade intelectual de concretização dos valores constitucionais³³ ou, de outro modo, interferência em maior grau do Judiciário na esfera de atuação dos outros Poderes do Estado,³⁴ na definição que nos é fornecida pela dogmática tradicional, o ativismo judicial não pode ser confundido com a politização do Judiciário (ativismo extrajudicial), o estado de coisas inconstitucional (ativismo dialógico) e a autonomia processual da justiça constitucional (ativismo procedimental).³⁵

5. Ativismo extrajudicial

A politização do Judiciário, isto é, "articulação com representantes de outros Poderes do Estado", por meio da qual os juízes "se relacionam com o mundo da política",³⁶ não tem a ver com o desempenho da jurisdição.

Muito pelo contrário, o ativismo extrajudicial é relacionado à forma como os magistrados se apresentam perante os demais Poderes, a sociedade e a opinião pública, por seus modos de pronunciamento externo ao processo, tendo em vista as questões de interesse da judicatura.

---

31. MORAES, Guilherme Peña de. *Justiça Constitucional*: limites e possibilidades da atividade normativa dos tribunais constitucionais. São Paulo: Atlas, 2012. p. 96, 105 e 168.
32. AMAR, Akhil R. *America's unwritten Constitution*. New York: Basic Books, 2012. p. 95.
33. ROOSEVELT, Kermit. *The myth of judicial activism*. New Haven: Yale University Press, 2006. p. 37.
34. FORTE, David F. *The Supreme Court in American politics*: judicial activism vs. self-restraint. Lexington: Heath, 1972. p. 17.
35. O ativismo judicial é constituído por sete espécies ou modalidades, de acordo com William P. Marshall: o contramajoritário, o não originalista, o jurisdicional ou formal, o de precedentes, o material ou criativo, o remediador e o *partisan* (MARSHALL, William P. Conservatism and the seven sins of judicial activism. *University of Colorado Law Review*, n. 73, 2002, p. 1217).
36. TORQUATO, Francisco Gaudêncio. A politização do Judiciário. *O Estado de S.Paulo*, 13.03.2005. p. A2.

Dentro dessa perspectiva, "o ativismo extrajudicial torna mais explícita uma dimensão de politização do Judiciário, que o aproxima da forma de atuação dos outros Poderes do Estado legitimados democraticamente".[37]

6. Ativismo dialógico

O estado de coisas inconstitucional é demonstrado pelo fracasso generalizado de políticas públicas que, causado pelo bloqueio do processo político ou institucional, resulta em violações massivas de direitos humanos.[38]

A teoria foi desenvolvida pela Corte Constitucional da Colômbia na solução de casos estruturais,[39] como os relacionados aos estabelecimentos carcerários,[40] deslocamentos internos[41] e saúde pública,[42] na forma do art. 27, n. 3, do Decreto 2.591, de 19 de novembro de 1991.[43]

O estado de coisas inconstitucional é contemplado em ordens judiciais de execução complexa do tribunal constitucional que, no exercício da jurisdição supervisora que lhe é investida, deve proceder à realização de audiências públicas de prestação de informações e de autos de monitoramento das providências adotadas pelo Estado.[44]

---

37. VIEIRA, José Ribas; CAMARGO, Margarida Maria Lacombe; SILVA, Alexandre Garrido da. O Supremo Tribunal Federal como arquiteto institucional: a judicialização da política e o ativismo judicial. *Versus: Revista de Ciências Sociais Aplicadas do CCJE/UFRJ*, n. 2, 2009. p. 74.
38. GARAVITO, César Rodríguez. *Juicio a la exclusión*: el impacto de los tribunales sobre los derechos sociales en el Sur Global. Buenos Aires: Siglo Veintiuno, 2015. p. 33.
39. Resolución, abril 28 de 1998: "Este Tribunal tem utilizado a figura do estado de coisas inconstitucional a fim de buscar remédio para situações de violação dos direitos fundamentais que têm um caráter geral, que afeta tantas pessoas, e cujas causas são de natureza estrutural, isto é, como regra, não se originam exclusivamente da autoridade demandada e, portanto, sua solução exige esforços conjuntos de diferentes entidades. Nessas condições, a Corte Constitucional decide que, como milhares de pessoas estão na mesma situação, o mais indicado é emitir ordens às instituições públicas competentes, com vistas a colocar em ação o seu poder para eliminar este estado de coisas inconstitucional". Disponível em: [www.corteconstitucional.gov.co]. Acesso em: 24.09.2015.
40. Sentencia T-606/98. Octubre 27 de 1998.
41. Sentencia T-025/04. Abril 27 de 2004.
42. Sentencia T-760/08. Julio 31 de 2008.
43. Decreto 2.591/91, art. 27, n. 3: "Em todo caso, o juiz deve estabelecer os efeitos da sua decisão para o caso concreto, mantida a sua competência até que o direito seja totalmente reintegrado ou as causas da ameaça tenham cessado". Disponível em: [www.congreso.gov.co]. Acesso em: 24.09.2015.
44. LANGFORD, Malcolm. *Teoría y jurisprudencia de los derechos sociales*: tendencias emergentes en el derecho internacional e comparado. Bogota: Universidad de los Andes-Siglo del Hombre, 2013. p. 209.

Diferentemente do ativismo clássico, que tem a pretensão de resolver, com a sentença ou acórdão, todos os problemas discutidos no processo judicial, propõe o ativismo dialógico o emprego de procedimentos de mudança organizacional pela implementação gradual do julgado.

7. Ativismo procedimental

O maior grau de liberdade na configuração do processo constitucional é, em resumo, um atributo da justiça constitucional que, no desempenho da autonomia processual que lhe é inerente, pode fornecer ao processo constitucional uma natureza dúctil, flexível e, sobretudo, aberta às suas necessidades.[45]

O ativismo procedimental é informado pelo princípio da adaptabilidade, que investe os tribunais constitucionais no poder de suprir a incompletude ou inconsistência, ou, então, a inconveniência ou inoportunidade da aplicação do Direito Processual Constitucional. Em outras palavras, os tribunais constitucionais gozam de não pouca margem de discricionariedade judicial, que lhes permite "preencher uma lacuna jurídica" e, bem assim, "modificar o sistema conforme considerações de conveniência e oportunidade que são alheias ao próprio sistema (pelo menos na opinião de alguns)".[46]

A deformalização do processo constitucional é fomentada pela autonomia processual da justiça constitucional que, a nosso sentir, pode ser constatada, posto que evidente, na filtragem dos recursos excepcionais, pluralização do debate constitucional e redimensionamento da eficácia das decisões tomadas em controle de constitucionalidade.[47]

8. Limitação

"*Todo poder é limitado* por mais que se tenha ele."[48]

Poder e limitação constituem os parâmetros, aparentemente contraditórios, a partir dos quais são fundadas as estruturas de todas as democracias contemporâ-

---

45. MARTINS, Leonardo. A retórica do processo constitucional objetivo no Brasil. In: NOVELINO, Marcelo (Org.). *Leituras complementares de direito constitucional*. Salvador: JusPodivm, 2007. p. 30.
46. DIMOULIS, Dimitri; LUNARDI, Soraya Regina. Efeito transcendente, mutação constitucional e reconfiguração do controle de constitucionalidade no Brasil. *Revista Brasileira de Estudos Constitucionais*, n. 5, 2008, p. 220.
47. VAL, Eduardo. A "Corte" Gilmar Mendes revisitada (2008-2010): mais ativismo no controle de constitucionalidade brasileiro? In: BELLO, Enzo (Org.). *Ensaios críticos sobre direitos humanos e constitucionalismo*. Caxias do Sul: EDUCS, 2012. p. 121.
48. BOETHIUS, Anicius Manlius Torquatus Severinus. *De consolatione philosophiae, opuscula theologica*. Munich & Leipzig: K.G. Saur (Bibliotheca Teubneriana), 2000. p. 65.

neas. Forte nessa premissa, a conclusão há de ser pela afirmação das possibilidades do ativismo judicial, sem, entretanto, deixar de impor-lhe limites.

Temos que o ativismo e a autocontenção judicial são iluminados por cinco *standards* ou padrões de avaliação sobre a discriminação ou preconceito, a deliberação popular, o funcionamento da democracia, a capacidade técnica e a proteção deficiente dos direitos das gerações futuras.[49]

9. Discriminação ou preconceito

Ativismo ou autocontenção judicial conforme a questão envolva, ou não, minorias objeto de discriminação ou preconceito.

As discriminações, sob a forma de preconceitos de origem, raça, sexo, cor ou idade, devem ensejar a participação mais intensa do Poder Judiciário na concretização dos valores constitucionais em jogo.

A proteção judicial dos direitos das minorias e dos grupos vulneráveis nas sociedades pluralistas deve compor a agenda dos tribunais constitucionais, em ordem a fornecer efetividade ao direito a ser diferente.[50]

10. Deliberação popular

Ativismo ou autocontenção judicial consoante a maior ou menor deliberação popular sobre a matéria.

Nesse contexto, quanto maior for o grau de deliberação popular no processo de tomada de decisão dos agentes da política, menor deve ser o nível de interferência do Judiciário na esfera de atuação dos outros Poderes do Estado.

O tribunal constitucional, como guardião da formação da deliberação popular, deve conter-se perante organizações de mesma hierarquia. Evidenciar-se-ia, do contrário, uma supremacia inconstitucional daquele em relação a estas.[51-52]

---

49. MORAES, Guilherme Peña de. A redução da maioridade penal é constitucional? Não. *Carta Forense*, 04.05.2015. p. B23.
50. ATALIBA, Geraldo. Judiciário e minorias. *Revista de Informação Legislativa*, n. 96, 1987. p. 189-194.
51. SOUZA NETO, Cláudio Pereira de. Teoria da Constituição, democracia e igualdade. *Teoria da Constituição*: estudos sobre o lugar da política no Direito Constitucional. Rio de Janeiro: Lumen Juris, 2003. p. 24.
52. A partir da concepção de procedimento democrático (*demokratische Verfahren*), a teoria da deliberação foi engendrada por Jürgen Habermas. Defende o autor que a formação da vontade política deve ser submetida a um procedimento democrático na esfera pública, com a função de racionalizar as decisões do governo e da administração pública, eis que "os pressupostos comunicacionais da formação democrática da vontade funcionam como importantes escoadouros da racionalização discursiva das decisões de um governo e administração pública vinculados ao direito e à lei. Racionalização significa

11. Funcionamento da democracia

Ativismo ou autocontenção judicial conforme a questão envolva, ou não, pressupostos para o funcionamento da democracia.[53]

A democracia é resultado da convivência entre a preservação da vontade da maioria (*majority rule*) e, sobretudo, a proteção dos direitos fundamentais (*minority rights*).[54]

Em linha de princípio, o governo da maioria deve ser protegido, a não ser na hipótese em que a vontade de quem tenha a maioria dos votos imponha ameaça ou lesão à preservação dos direitos fundamentais, quando, então, a regra se inverte.[55]

12. Capacidade técnica

Ativismo ou autocontenção judicial consoante a maior ou menor capacidade técnica de resolução do litígio.

Nesse diapasão, quanto maior for o nível de capacidade técnica para deslinde da questão jurídica, menor deve ser o grau de interferência do Judiciário na esfera de atuação dos outros Poderes do Estado.

O tribunal constitucional, no entanto, dispõe da possibilidade de requisitar informações adicionais, designar perito para que emita parecer sobre a questão, ou fixar data para ouvir depoimentos de pessoas com experiência na matéria, para esclarecimento de circunstância de fato sobre a qual não possua *expertise*.[56-57]

---

mais que mera legitimação, mas menos que a ação de constituir o poder político" (HABERMAS, Jürgen. *Die Einbeziehung des Anderen*. Frankfurt am Main: Suhrkamp, 1996. p. 277-292. V., também, da mesma autoria: *Faktizität und Geltung*. Frankfurt am Main: Suhrkamp, 1998. p. 311).

53. COMMAGER, Henry. *Majority rule and minority rights*. New York: Peter Smith Pub. Inc., 1980. p. 38-41.
54. MORAES, Guilherme Peña de. (Des)ordem e violência. *O Dia*, 14.05.2014. p. 12.
55. HAHN, Harlan. *Minority rights and majority rule*. New York: John Wiley & Sons Inc., 1976. p. 19-22.
56. MENDES, Gilmar Ferreira. Controle de constitucionalidade: hermenêutica constitucional e revisão de fatos e prognoses legislativos pelo órgão judicial. *Direitos fundamentais e controle de constitucionalidade*. Estudos de direito constitucional. São Paulo: Saraiva, 2007. p. 471.
57. A teoria do controle das prognoses legislativas pode ser reconduzido à Klaus Jürgen Philippi, para quem o processo de conhecimento envolve a investigação integrada de elementos fáticos e jurídicos. Considerando a existência da "comunicação entre norma e fato" (*Kommunikation zwischen Norm und Sachverhalt*), desmistifica o autor a ideia de que a questão constitucional configura simples "questão jurídica" de aferição de legitimidade da lei em face da Constituição. Dessa forma, Klaus Jürgen Philippi constata a possibilidade jurídica de exame ou revisão dos fatos legislativos pressupostos

13. Proteção deficiente dos direitos das gerações futuras

Ativismo ou autocontenção judicial conforme a questão envolva, ou não, no presente os direitos das gerações do futuro.

A proteção deficiente dos direitos das gerações futuras de satisfazer as suas próprias necessidades pode ensejar a participação mais intensa do Poder Judiciário na concretização dos valores constitucionais em jogo.

A vinculação às cláusulas pétreas das gerações presentes, como entendemos, há de ser interpretada com moderação. Ela não pode expor os princípios básicos da ordem constitucional, que lhe conferem identidade. Todavia, ela não deve obstar a decisão majoritária dos órgãos de representação popular que tenham a legítima pretensão de ajustar a Constituição à realidade que lhe é subjacente. As cláusulas pétreas, que não resultam na intocabilidade dos enunciados linguísticos da Constituição, dessa forma, têm o condão de impedir a deliberação de proposta de reforma que possa importar em descaracterização do núcleo essencial do bem jurídico tutelado por ela.[58]

14. Conclusão

Pelo fio do exposto, as conclusões que obtivemos ao longo do desenvolvimento da pesquisa são três.

A um, as definições de protagonismo judicial, de judicialização da política e de ativismo judicial, embora sejam relacionadas ao Poder Judiciário, não se confundem.

O protagonismo judicial é delineado como uma posição de vértice, a judicialização da política, um fato, e o ativismo judicial, um comportamento.

---

ou adotados pelo legislador, entendendo-se como tal qualquer "fato real" (*realer Sachverhalt*) que tenha relevo para aplicação de uma norma. Em seguida, o autor procede à classificação dos fatos legislativos em "fatos históricos" (*historische Tatsache*), "fatos atuais" (*gegenwärtige Tatsachen*) e "eventos futuros" (*zukünftige Tatsachen*). No tocante aos "eventos futuros", segundo a concepção dos prognósticos legislativos, a decisão acerca da legitimidade ou ilegitimidade de uma dada lei ou ato normativo depende da confirmação de uma prognose fixada pelo legislador ou da provável verificação de um dado evento. De outro modo, havendo erro no prognóstico, ou a mera inocorrência do evento previsto, estaria viciada de inconstitucionalidade a lei editada sob este fundamento: a não-confirmação da prognose legislativa (PHILIPPI, Klaus Jürgen. *Tatsachenfeststellungen des Bundesverfassungsgerichts*: ein Beitrag zur rational-empirischen Fundierung verfassungsgerichtlicher Entscheidungen. Köln: Heymann, 1971. p. 14-15. V., também, da mesma autoria: *Reflexion und Wirklichkeit*. Tübingen: Max Niemeyer, 1966. p. 152).

58. ANDRADE, Fábio Martins. As cláusulas pétreas como instrumentos de proteção dos direitos fundamentais. *Revista de Informação Legislativa*, n. 181, 2009. p. 207-226.

Em consequência, no quadro da organização dos Poderes, o Judiciário ocupa uma posição, do alto da qual pode observar um fato e, se houver por bem, amoldar um comportamento que se lhe afigure suficiente e pertinente para resolução das questões de direito das quais deva conhecer.

A dois, em linha de princípio, a judicialização da política é investigada como causa do protagonismo judicial, que opera o efeito do ativismo judicial nos sistemas jurídicos contemporâneos.

A judicialização da política, todavia, não resulta, *ipso facto*, em ativismo judicial, e vice-versa.

O ativismo judicial é possível sem que, anteriormente, tenha havido a judicialização da política, na medida em que o Poder Judiciário pode adotar uma postura ativista em matérias que já eram submetidas à cognição judicial.

De outro giro, a judicialização da política é possível sem que, posteriormente, venha a haver o ativismo judicial, uma vez que o Poder Judiciário pode se autoconter em matérias que tenham sido trazidas da arena política.

Ao final, o aumento da margem de judicialização da política e, bem assim, a diminuição progressiva do espaço de ativismo judicial, em razão dos limites que lhe foram impostos, levam-nos a concluir que os níveis de ambos os institutos não são equivalentes.

Enquanto o grau de judicialização da política é alto, o nível de ativismo judicial, no Direito Constitucional brasileiro, pela interpretação do protagonista em cena, o Supremo Tribunal Federal, é baixo ou, pelo menos, moderado.

11
CONSTITUCIÓN REFORMADA EN 2005, TRATADOS INTERNACIONALES Y CONTROL DE CONSTITUCIONALIDAD

HUMBERTO NOGUEIRA ALCALÁ

Abogado. Doctor en Derecho por la Universidad Católica de Lovaina La Nueva, Bélgica. Profesor titular de Derecho Constitucional de la Universidad de Talca. Director del Centro de Estudios Constitucionales de Chile (CECOCH). Director del Doctorado en Derecho de la Universidad de Talca.

SUMÁRIO: 1. Introducción; 2. Los tratados internacionales después de la reforma constitucional de 2005; 3. El sistema de control de constitucionalidad desde la entrada en vigencia de la reforma de 2005; 4. Consideraciones finales.

1. Introducción

El objetivo de este artículo es el de determinar el sentido y alcance que tienen los tratados internacionales en el ordenamiento jurídico chileno, ya que en nuestra Constitución Política de la República no hay norma expresa que le de una categoría determinada entre las fuentes del derecho, por lo que ello debe determinarse por vía interpretativa.

Para ello debemos partir del hecho de que en el ordenamiento jurídico nacional es la Constitución Política la única norma jurídica habilitada para determinar la existencia de otras normas de derecho interno ya que determina el modo de producción de ellas, dotándolas de validez, vigencia y aplicabilidad. Además la Carta Fundamental, como norma fundamental del derecho estatal, puede remitirse a normas internacionales que le son indisponibles en su propia validez y vigencia, como son las normas de ius cogens, el derecho consuetudinario internacional y el derecho convencional internacional, siendo los tratados internacionales sólo una de las fuentes del derecho internacional y la única a la cual la Constitución se refiere, aunque en la práctica jurisdiccional, la judicatura ordinaria aplica tanto los principios de *ius cogens* como el derecho consuetudinario internacional[1], considerando que ambos se incorporan automáticamente al derecho interno y se aplican en forma directa, a su vez, el Tribunal Constitucional asume la misma perspectiva respecto de los principios de ius cogens [2].

Agreguemos que las obligaciones emanadas de un tratado vinculan al Estado y a todos sus órganos, incluso antes de que dicho tratado haya sido ratificado, en virtud del artículo 18 de la Convención de Viena sobre derecho de los tratados, el cual dispone:

> Un Estado deberá abstenerse de actos en virtud de los cuales se frustren el objeto y el fin de un tratado: a) si ha firmado el tratado o ha canjeado instrumentos que constituyen el tratado a reserva de ratificación, aceptación o aprobación, mientras no haya manifestado su intención de no llegar a ser parte en el tratado: o b) si ha manifestado su consentimiento en obligarse por el tratado, durante el periodo que preceda a la entrada en vigor del mismo y siempre que esta no se retarde indebidamente.

En Chile, hay sentencias de nuestros tribunales basadas en tal disposición, haciendo aplicación correcta de estos deberes de abstención del Estado de realizar actos que frustren el objeto y fin del tratado[3].

La soberanía estatal no es sólo el principio que fundamenta *la validez* de las normas que integran el ordenamiento jurídico interno sino que también es la norma que habilita la *aplicabilidad* de normas jurídicas provenientes del derecho internacional que le son indisponibles en su validez, vigencia y eficacia, que la

---

1. Sentencia de la Corte de Apelaciones de Santiago, Rol N° 146-2006, de fecha 31 de julio de 2006, considerandos 5° y 6°. Revista Gaceta Jurídica N° 313, Julio 2006, Ed. Lexis Nexis, Santiago, 2006, pp. 243 – 254. Corte de Apelaciones de Santiago, 2009, rol N° 7985-2007, considerando 14°; Corte de Apelaciones de Santiago, 2009, rol N° 2495-2008, considerando 10°; Corte de Apelaciones de Santiago, 2010, rol N° 7816-2009, considerando 15°. Sentencia de la Corte Suprema de Justicia, Sala Penal, Rol N° 559-04, Caso Molco, de fecha 13 de diciembre de 2006, considerandos 23° – 24. Sentencia de la Corte Suprema de Justicia, Sala Penal, Rol N° 3125 – 04, de fecha 13 de marzo de 2007, considerandos 31 – 33. Sentencia de la Sala Penal de la Corte Suprema, Rol N° 2.182-98, Caso Chihuio, de treinta de noviembre de dos mil siete, considerandos 11° -14°; 36° -37°, 40°- 41°, 43°-44, 48°. Corte Suprema, 2007, rol N° 3452-2006, considerando 59°; Corte Suprema, 2008, rol N° 1528-2006, considerando 31°; Corte Suprema: 2011, rol N° 8314-2009, considerando 17°; 2010, rol N° 9474-2009, considerando 13°; Corte Suprema, 2015, Rol N° 17.393-2015, de 18 de noviembre de 2015, considerando 3°.
2. Sentencia del Tribunal Constitucional, Rol ° 2615-14-INA, de 30 de octubre de 2014, considerando 10°.
3. Corte de Apelaciones de Santiago, 2004, rol N° 11821-2003, considerandos 35°, 36°, 96 y 97; Corte de Apelaciones de Santiago, 2006, rol N° 10279-2006. considerando 12°; Corte de Apelaciones de Santiago, 2006, rol N° 5937-2006, considerandos 12° y 13°.

Constitución solo determina la aplicabilidad de ellas cuando se incorporan como *derecho convencional internacional* al ordenamiento nacional de acuerdo a las reglas precisadas constitucionalmente.

A su vez, todo tratado internacional que se incorpora al derecho interno por decisión del propio Estado en el ejercicio de su soberanía representa un límite externo o heterónomo que el Estado ratificante asume y se autoimpone, con el efecto de impedir que en el futuro se dicten normas violatorias de dicho tratado, así sean "normas constitucionales, lo que para tal supuesto implica que un tratado (…) funciona como un límite al futuro poder constituyente que introduce enmiendas a dicha Constitución"[4].

El tratado actúa desde fuera del derecho interno con calidad de límite exterior y, por la teoría de los actos propios (*venire contra factum propium non valet*), el Estado que se limitó libre y voluntariamente con ese alcance "no está habilitado para incluir después en su Constitución normas que contradigan su conducta internacional anterior"[5], sin violentar el derecho internacional y generar responsabilidad internacional del Estado, además de violentar el texto constitucional en su artículo 54 N° 1, inciso 5°.

La *aplicabilidad* es la cualidad cuya consecuencia en una norma presupone como condición la validez y vigencia de ella, cuya consideración transcurre por dos cauces normativos. El primero, el que determina directamente la Constitución para el derecho interno; el segundo, el diseñado por la Constitución para que las normas producidas en el derecho internacional de acuerdo con sus propios modos de producción normativa resulten aplicables en el ámbito regido por el ordenamiento estatal, pero indisponibles para el Estado en su validez y en su vigencia. Sobre esta materia el Tribunal Constitucional erróneamente confunde la validez del tratado que es otorgada por el derecho internacional con la aplicabilidad del tratado en el derecho interno que deriva de la incorporación del tratado conforme al procedimiento determinado constitucionalmente[6], lo que es inducido por el error en que incurre Teodoro Rivera y parte de la doctrina constitucional chilena[7], no es sostenible que la *validez* de un tratado dependa de la Constitución.

---

4. Bidart Campos, Germán. 1995. pp. 259-260.
5. Bidart Campos, Germán.1995. p. 260
6. Tribunal Constitucional Rol N° 1.288-2008, considerando 41°: "(…). De este modo, tal como lo ha sostenido el profesor y doctor en derecho Teodoro Ribera, "la validez del tratado deriva de la legitimidad otorgada por la Constitución y es en ese marco y respetando a aquella que el tratado internacional puede tener vigencia interna" (Informe enviado a la Comisión de Constitución, Legislación, Justicia y Reglamento del Senado, de fecha 9 de diciembre de 2006, p. 7)".
7. Rivera Neumann, Teodoro (2007). Los tratados internacionales y su control a posteriori por el Tribunal constitucional", en *Revista Estudios Constitucionales*, Año 5 N°

Asimismo, consideramos incorrecto hablar de *jerarquía del tratado en relación a la ley*, como a menudo expresa el Tribunal Constitucional, desarrollando la afirmación de que el tratado tiene "rango" superior o igual a la ley. Las expresiones "rango de ley" y "fuerza de ley" sólo son predicables de normas que emanan del ordenamiento jurídico que tiene como fuente de validez la Constitución estatal, la que determina los modos de producción de enunciados normativos infra constitucionales de derecho interno. *El rango de ley* otorga a los preceptos legales, que son generados conforme a la Constitución por los órganos colegisladores, los que expresan la voluntad unilateral del Estado, constituyendo fuentes primarias del ordenamiento jurídico nacional, una determinada *fuerza de ley* tanto en su dimensión pasiva como activa, la que se manifiesta en relación a otras fuentes del derecho generadas unilateralmente por el Estado conforme a la Constitución, que son infra legales, vale decir, constituyen grados inferiores a la ley en la gradación de fuentes formales internas de dicho ordenamiento jurídico, determinando la fuerza normativa superior de la ley respecto de la potestad reglamentaria. El *rango de ley* es el presupuesto necesario para la atribución de la *fuerza de ley* como asimismo para la asignación de un *valor de ley* que el ordenamiento jurídico estatal le otorga a los enunciados legales teniendo presente su posición en el sistema constitucional de fuentes formales del ordenamiento jurídico del Estado.

A diferencia de la ley, la *fuerza normativa del tratado* viene dada por el derecho internacional que determina su existencia, validez, vigencia, la cual no es una fuerza normativa derivada de la Constitución Estatal. *El tratado no tiene rango ni fuerza de ley, sino fuerza normativa de tratado*, la cual puede oponerse a toda norma de generación unilateral del Estado, cuando dicho tratado ha sido incorporado válidamente al orden jurídico interno conforme a los procedimientos determinados por la respectiva Constitución, sin que por ello deje de ser tratado internacional ni perder su fuerza normativa de tal, la que vincula al Estado, a todos sus órganos y autoridades, mientras el tratado no sea eliminado del ordenamiento jurídico conforme a las reglas del mismo tratado o las reglas generales de derecho internacional, posición que asume la propia Carta Fundamental en el artículo 54 N° 1, inciso 5°, introducido por la reforma de 2005.

El artículo 54 N° 1, inciso 5°, impide la adopción de toda norma de derecho interno, incluida una reforma constitucional, que afecte la fuerza normativa del tratado internacional vigente e incorporado válidamente al derecho interno. El artículo 54 N° 1, inciso 5°, debe ser razonado e interpretado en perfecta armonía con los artículos

---

1. (Santiago, Centro de Estudios Constitucionales de Chile, Universidad de Talca), pp. 89 - 118. En el acápite sobre "validez normativa de los tratados en la Constitución luego de la reforma de 2005", confunde la validez de los tratados con la aplicabilidad de los mismos en el derecho chileno. La misma perspectiva sostiene en "Informe enviado a la Comisión de Constitución, Legislación, Justicia y Reglamento del Senado, de fecha 9 de diciembre de 2006, p. 7.

26 (pacta sunt servanda), 27 (no oponer obstáculos de derecho interno al cumplimiento de las obligaciones internacionales del Estado) y 31 (Bonna fide), de la Convención de Viena sobre Derechos de los Tratados, por lo que la generación de una norma unilateral del Estado de cualquier jerarquía y fuerza normativa conforme al derecho interno, contraria a las normas de un tratado válidamente incorporado al derecho interno, vulnera tanto la Constitución como el derecho internacional, generando en este último caso, la responsabilidad internacional del Estado. Con ello se cumple uno de los objetos y fines de la reforma constitucional de 2005, armonizar nuestro derecho interno con las obligaciones jurídicas internacionales del Estado.

Contrariamente a lo sostenido por Ribera, no es sostenible su análisis del 54 N° 1, inciso 5°, de nuestra Constitución el que relaciona con el artículo 96.1 de la Constitución española, ya que parte del supuesto que debemos interpretar un enunciado normativo de nuestra Carta Fundamental de la misma manera como lo entiende una corriente de la doctrina española[8], olvidando que el texto constitucional chileno debe interpretarse armónica y sistemáticamente con todas las disposiciones que lo integran y teniendo en cuenta el objeto y fin de la reforma constitucional de 2005, y no en el contexto del texto español, en el cual, en la práctica jurisdiccional el control reparador de tratados no ha sido ejercido en las últimas décadas, precisamente para evitar la responsabilidad internacional del Estado español por vulneración o eventual suspensión de disposiciones de tratados válidos, vigentes y obligatorios para España.

Asimismo, el artículo 54 N° 1, inciso 5°, tiene su fuente en la Convención de Viena sobre derecho de los tratados de 1969, en sus artículos 42 y 43, no en la Constitución española que la copio de primer texto.

En efecto, el artículo 42 de la Convención de Viena de 1969 referente a la *Validez y continuación en vigor de los tratados,* determina:

> 1. La validez de un tratado o del consentimiento de un Estado en obligarse por un tratado no podrá ser impugnada sino mediante la aplicación de la presente Convención.
>
> 2. La terminación de un tratado, su denuncia o el retiro de una parte no podrán tener lugar sino como resultado de la aplicación de las disposiciones del tratado o de la presente Convención. La misma norma se aplicará a la suspensión de la aplicación de un tratado.

A su vez, el artículo 43 de la Convención citada, precisa que

> La nulidad, terminación o denuncia de un tratado, el retiro de una de las partes o la suspensión de la aplicación del tratado, cuando resulten de la aplicación

---

8. Ribera, Teodoro. (2007), pp. 89-118. En sentido contrario, ver Jimena, Luis (2007), pp. 419-441.

de la presente Convención o de las disposiciones del tratado, no menoscabarán en nada el deber de un Estado de cumplir toda obligación enunciada en el tratado a la que esté sometido en virtud del derecho internacional independientemente de ese tratado.

En tal perspectiva, el artículo 54 N° 1, inciso 5°, de nuestra Carta Fundamental constitucionaliza el derecho convencional internacional, impidiendo el control reparador de constitucionalidad de tratados internacionales.

Asimismo constituye un error de Ribera considerar que la disposición del artículo 54 N° 1, inciso 5, de nuestra Constitución, solo vincularía a los órganos colegisladores[9] por estar en una disposición constitucional refiere al Congreso Nacional, ya que es sabido, pacíficamente, que las disposiciones de un tratado vinculan a todos los órganos y autoridades estatales, incluidos los órganos jurisdiccionales, cuyas sentencias pueden ser también causantes de responsabilidad internacional del Estado.

Un ejemplo práctico es la sentencia de la Corte IDH en el caso *Almonacid Arellano vs. Chile*.

En el caso chileno, conforme al texto constitucional no hay disposición constitucional alguna que se refiera al control reparador de tratados, más aún el legislador que redactó la reforma a la Ley Orgánica del Tribunal Constitucional dispuso con claridad en su texto que no había control reparador concreto de tratados, agreguemos que dicho legislador era el mismo que había aprobado la reforma constitucional al artículo 93 de la Constitución, y consideraba que la reforma de 2005, no había atribuido al Tribunal Constitucional tal competencia. Señalemos que el Tribunal Constitucional en una decisión altamente discutible y sin fundamento en el texto constitucional, del cual debe partir toda interpretación constitucional, eliminó lo dispuesto por el legislador, por medio de un acto pretoriano basado en una interpretación subjetiva, la que tiene menos sostenibilidad vía interpretativa que la del legislador que consideraba que la Constitución no autorizaba el control represivo al no haberlo establecido el texto constitucional, ya que el Tribunal Constitucional no tenía atribuida dicha competencia por la Carta Fundamental. Agreguemos adicionalmente que, conforme a nuestra Constitución, los órganos estatales sólo pueden ejercer las competencias expresamente atribuidas, conforme determinan los artículos 6° y 7° de la Constitución, el texto no admite competencias implícitas ni se puede argüir circunstancias extraordinarias. A ello debe agregarse el *self restreint* que debe ejercer el Tribunal Constitucional respecto de sí mismo, debiendo sólo determinar una inconstitucionalidad cuando en todas las interpretaciones legitimas de un precepto legal este es contrario a la Constitución, respetando en dicho plano la

---

9. Ribera 2007b, p. 112.

distribución de competencias determinadas por la Carta Fundamental. El Tribunal Constitucional no es legislador positivo, cuando actúa como tal erosiona su *autoritas* y se queda sólo como un acto de *potestas*. No es casualidad, que se plantee por amplios ámbitos políticos actualmente la restricción de competencias del Tribunal Constitucional a través de una reforma constitucional, siendo un termómetro de la escasa legitimidad con que cuentan algunos fallos altamente discutibles del Tribunal Constitucional en la sociedad chilena, por ser un tribunal que un usa prudentemente el *sef retreint* o la *deferencia hacia el legislador*.

Nuestra Constitución en materia de control de constitucionalidad no se acerca al texto constitucional español, sino a los textos constitucionales latinoamericanos de Colombia, Bolivia y Ecuador, que contemplan al igual que Chile, un control preventivo de tratados internacionales en el texto constitucional, desde el cual debe partir toda interpretación de la Constitución y no de pre conceptos sin base constitucional expresa. La Constitución se defiende desde el propio texto constitucional, no desde concepciones subjetivas, pre conceptos o pre juicios de los agentes de ejercicio temporales del Tribunal Constitucional.

2. Los tratados internacionales después de la reforma constitucional de 2005

La reforma de 2005, en materia de tratados internacionales, como ya hemos señalado buscó armonizar el texto constitucional con las obligaciones jurídicas internacionales del Estado de Chile, buscó llenar diversos vacíos en la tramitación de los tratados internacionales en el proceso de su incorporación al derecho interno y durante su mantención en el orden jurídico nacional, modificando el anterior artículo 50 N° 1 de la Constitución, actual artículo 54 N° 1. Asimismo introdujo la norma del actual artículo 54 N° 1, inciso 5°, buscando establecer una coherencia entre las reglas que rigieran los tratados incorporados al ordenamiento jurídico y las obligaciones internacionales del Estado contenidas en los artículos 42 y 43 de la Convención de Viena sobre derecho de los tratados, en concordancia con los artículos 26, 31.1 y 27 dela misma Convención, impidiendo así la afectación de la validez, vigencia y aplicabilidad del tratado mientras estos formen parte del ordenamiento jurídico, para no incurrir en responsabilidad internacional por actos unilaterales del Estado. Asimismo estableció expresamente la competencia del Tribunal Constitucional en el procedimiento de control de compatibilidad de la Constitución con los tratados, al momento de incorporarse estos al derecho interno, mediante el control preventivo de constitucionalidad que se concreta en los artículos 93 N° 1 y 3° de la Constitución. En una perspectiva complementaria reforzó el control de constitucionalidad reparador concreto y abstracto, inexistentes antes de la reforma de 2005, pero únicamente para *preceptos legales*, en el artículo 93 N° 6 y 93 N° 7 de la Carta Fundamental. De tales disposiciones consideradas en una interpretación sistemática no hay nada que permita sostener que haya una expresión inequívoca del deseo del constituyente de 2005, "en cuanto a que el Tribunal Constitucional goza de competencia para ejercer un control a posteriori de los tratados internacionales ratificados por Chile y que se encuentren vigentes" como con entusiasmo sostiene Ribera.[10]

El inciso 1° reformado del artículo 54 (ex artículo 50), introduce una precisión en su frase final, que es de gran trascendencia respecto de los tratados, ya que el texto de este inciso anterior a la reforma en análisis se prestaba a disímiles interpretaciones, entre ellas la que sostenía que los tratados internacionales eran preceptos legales y como tales podían ser objeto de control de constitucionalidad conforme al anterior artículo 80 de la Constitución como había sostenido la Corte Suprema.

La nueva redacción establece "que la aprobación de un tratado requerirá, en cada Cámara de los quórums que corresponda (...) y se someterá, *en lo pertinente*, a los trámites de una ley".

La expresión "aprobación de un tratado" y "se someterá, en lo pertinente", *afirma* sólo que en el proceso de incorporación del tratado, este requiere de la aprobación de las cámaras que integran el Congreso Nacional, para lo cual, *sólo en lo pertinente* a dicha aprobación se somete a los tramites de una ley, lo que explicita que un *tratado internacional* no es una norma creada unilateralmente por el Estado, como son los preceptos legales, no debe su validez, vigencia y eficacia al derecho interno, no pasa a ser tramitado como las leyes internas, las Cámaras sólo aprueban o rechazan el texto presentado por el Presidente de la República y es este el que determina el momento de su ratificación o canje de instrumentos perfeccionando la vinculación del Estado con las obligaciones jurídicas emanadas del tratado. Es evidente así que el proceso de incorporación al derecho interno del tratado no sigue el proceso legislativo de las leyes ni es asimilable a las mismas. Tal perspectiva era reconocida además expresamente por el propio Tribunal Constitucional, con anterioridad a la reforma de 2005[11], aunque en una perspectiva ambigua que, a menudo es modificada y acomodada para sostener que el tratado tiene jerarquía de ley o jerarquía superior a las leyes pero infraconstitucional, lo que nunca es razonado jurídicamente en forma satisfactoria, sino sólo constituyen afirmaciones sin apoyo en el texto constitucional, en otras palabras, afirmaciones pretorianas subjetivas, las cuales varían y se acomodan de una sentencia a otra, con el único objeto de asumir por decisión propia una competencia no otorgada por la Carta Fundamental[12].

---

10. Ribera (2007b). p. 109.
11. STC, Rol N° 288 de 24 de junio de 1999, considerando 6°.
12. Sentencia Rol N° 1.288-2008, de 2009, en su considerando 43°, el que precisa:
    "Que, respecto a la jerarquía de los tratados internacionales, luego de la reforma constitucional de 2005 a que ya se ha hecho referencia, y no obstante haberse precisado y

El procedimiento estatal de incorporación del tratado al derecho interno sólo determina la obligación jurídica de los órganos estatales de vincularse por los enunciados normativos contenidos en el mismo, una vez que el tratado se encuentre válidamente incorporado al derecho interno. Desde dicho momento, el Estado en su conjunto queda vinculado por las obligaciones contenidas en el tratado hasta el vencimiento del tratado si este tiene tal fecha; desde que el tratado se denuncia, si este admite tal procedimiento y se desarrolla conforme a la Convención de Viena II, lo que ocurrirá en el momento en que conforme al propio tratado o a las reglas del derecho internacional el Estado queda definitivamente desvinculado del tratado; o cuando conforme al derecho internacional el tratado pueda considerarse nulo.

Mientras el tratado forma parte del derecho interno, el Estado, ni ninguno de sus órganos, puede disponer unilateralmente acerca de su derogación, modificación o suspensión de su aplicación, como lo establece expresamente el artículo 54 Nº 1, inciso 5º de la Constitución, en plena armonía con los artículos 42, 43, 26, 31.1. y 27 de la Convención de Viena sobre Derecho de los Tratados. Tales son las disposiciones que el Tribunal Constitucional debe aplicar, ya que están protegidas por la supremacía constitucional. Tal obligación jurídica constitucional para todos los órganos y autoridades del Estado, impide determinar la conversión de los tratados a través de una varita mágica en *"leyes"*, normas de derecho interno creadas unilateralmente por el Estado, vale decir, alterar sustantivamente la naturaleza, forma y efectos jurídicos de un tratado, y también impide que, en otro pase mágico, se les dote de "fuerza de ley", desconociendo que el tratado constituye una norma creada por el derecho internacional y no por la Constitución, determinando el primero su validez, vigencia y fuerza normativa. La Constitución sólo puede dotar de calidad de leyes o preceptos legales a disposiciones de derecho interno nacidas de acuerdo a las normas de producción determinadas por la Constitución, pudiendo sólo a ellas dotarlas de *fuerza de ley*, que es un concepto sólo aplicable a normas nacidas dentro del ordenamiento jurídico estatal, teniendo además presente que la *fuerza de ley*, determina su gradación dentro de las fuentes formales internas, respecto de normas infralegales.

---

aclarado con la modificación de la frase final del inciso primero del Nº 1 del artículo 54 de la Constitución ("...se someterá, en lo pertinente, a los trámites de una ley") que aquéllos no son propiamente una ley, como ya lo había por cierto entendido esta Magistratura (Rol Nº 288), ello no es óbice a que, en cuanto a su rango, este Tribunal ha estimado que deben sujetarse a la Carta Fundamental". Agregando el fallo en análisis, en su considerando 47º, que "El reconocer que un tratado internacional no es lo mismo que una ley no impide que éstos puedan asimilarse y que ambos queden comprendidos en la categoría de "precepto legal". "El reconocer que un tratado internacional no es lo mismo que una ley no impide que éstos puedan asimilarse y que ambos queden comprendidos en la categoría de "precepto legal".

Por otra parte, la inmensa mayoría de la doctrina reconoce la diferencia entre tratados y leyes, como también asume que son reglas jurídicas nacidas en distintos ordenamientos jurídicos y que, incluso tienen grandes diferencias en su proceso de incorporación al ordenamiento estatal que no es necesario explicitar, ya que son de todos conocidas.

El Tribunal Constitucional en el considerando 49 de la sentencia Rol N° 1.288-2008, esboza como fundamento, para otorgar *fuerza de precepto legal a los tratados,* con el objeto de *posibilitar el control reparador concreto de constitucionalidad de los mismos,* que:

> (...) si se requirió reformar la Constitución para poder suscribir un tratado que podía pugnar con ella, es evidente que un tratado internacional tiene rango inferior a ella, rango de ley, y sus preceptos son preceptos legales perfectamente susceptibles de ser requeridos de inaplicabilidad, en la medida que se cumplan los demás requisitos que la Constitución establece para ello.

Dicha afirmación no es evidente sino una afirmación sin justificación ni inferencia lógica, ya que lo único que demuestra la afirmación del Tribunal Constitucional es que la Constitución tiene que hacerse compatible con el tratado para que este entre al ordenamiento jurídico, lo que se reforma así, en el caso de incompatibilidad, no es el tratado al que no se le mueve ni una coma, lo que se modifica es el texto de la Constitución para hacerla compatible con el primero, ya que es la Carta Constitucional la que no puede estar en discordancia con el tratado que se incorpora al ordenamiento jurídico, ya que ello generaría responsabilidad jurídica del Estado conforme al artículo 54 N° 1° inciso 5°, como con los artículos 42, 43, 26, 31.1 y 27 de la Convención De Viena sobre Derecho de los Tratados.

Tal perspectiva está expresamente reconocida por la jurisprudencia del Tribunal Constitucional en su sentencia Rol N° 804, considerandos 4° y 5°, los que determinan:

> En este sentido, la regla de oro en la interpretación internacional está dada por el artículo 31 N° 1 de la Convención de Viena, la que ordena que: "un tratado deberá interpretarse de buena fe conforme al sentido corriente que haya de atribuirse a los términos del tratado en el contexto de éstos y teniendo en cuenta su objeto y fin". Esta regla, a su vez, da aplicación a la norma contenida en el artículo 27 de la misma Convención, según la cual todo tratado en vigor obliga a las partes y debe ser cumplida por ellas de buena fe.
>
> Que, indudablemente, el intérprete en general y el juez en particular debe realizar los mayores esfuerzos, dentro del ámbito constitucional, para procurar cumplir de buena fe las disposiciones y los fines del tratado, conciliando sus disposiciones con otras normas del Derecho Interno, prefiriendo aquellas

interpretaciones que armonicen los derechos y obligaciones que del tratado internacional se derivan con el orden jurídico chileno.[13]

La perspectiva de la superioridad jerárquica de la Constitución sobre el derecho convencional internacional implica una concepción que no es sostenible desde el texto constitucional por no tener fundamento en el mismo, ni puede inferirse de los enunciados constitucionales, porque el control de compatibilidad entre Constitución y tratados no determina jerarquía superior de la Constitución sobre el tratado, como ya hemos explicitado, la jerarquía sólo es posible de determinar entre normas jurídicas que pertenecen a un mismo ordenamiento jurídico y dependen en su validez y modo de producción normativa de una norma superior común, lo que no es el caso de los tratados.

El tratado no tiene su modo de producción determinado por la Carta Fundamental sino por el derecho internacional y su modo de producción normativa, la que determina su validez, vigencia y eficacia. Tratado y Constitución son normas jurídicas de dos ordenamientos jurídicos diferentes. La Constitución sólo determina el procedimiento de incorporación del tratado al derecho chileno, pero ello nada dice sobre jerarquía normativa de uno sobre otro.

Algunos autores han intentado desarrollar un razonamiento para sostener que pueden homologarse los tratados a los preceptos legales solo si existe un fin lícito que debe explicitarse y someterse a la crítica científica[14], el razonamiento que se avanza es que no hay impedimento para que las materias de ley puedan ser tratadas por un tratado, lo que es obvio, un tratado no tiene límite material alguno para regular cualquier materia que en el derecho interno sea tratada por distintas fuentes formales de derecho interno, sea esta la Constitución, las leyes o los reglamentos, pero una vez que el tratado que contiene tales materias se encuentra incorporado válidamente al derecho interno ninguna reforma constitucional, ley u otra norma interna, pueden afectar su contenido material ni las obligaciones jurídicas derivadas del mismo para el Estado Parte, ya que el contenido del tratado queda protegido por los artículos 42, 43, 26, 31.1 y 27 de la Convención de Viena ya señalados, como asimismo por el artículo 54 N° 1, inciso 5° de la Constitución, por lo tanto dicho razonamiento no es plausible a un Estado que cumple sus obligaciones internacionales de buena fe y no opone obstáculos de derecho interno al cumplimiento de tales obligaciones internacionales, cualquier otra conducta genera responsabilidad internacional del Estado, lo que hace inadmisible la ac-

---

13. Sentencia del Tribunal Constitucional, caso Jeannye Meneses Cubides, Rol N° 804-2007, de fecha 28 de diciembre de 2007, considerando 4° y 5°
14. Nuñez, Manuel (2010). "Sobre la declaración de inaplicabilidad de los tratados internacionales. Un estudio en defensa de su fundamento y legitimidad". En Estudios Constitucionales, Volumen 8 N° 2, pp. 431-464.

ción de inaplicabilidad por inconstitucionalidad, como lo ha sostenido una Sala del propio Tribunal Constitucional en 2015[15].

En tal perspectiva, no es que el Tribunal Constitucional pueda extender el control de constitucionalidad reparador concreto a materias que en el derecho interno son de rango de ley y que han sido asumidas por un tratado ratificado, sino que, al quedar dichas materias incorporadas al tratado vigente, ellas no pueden ser afectadas unilateralmente por ningún órgano estatal mientras el tratado sea vinculante para el Estado Chileno, porque así lo ha querido el Estado chileno, en ejercicio de su soberanía, al incorporar el tratado respectivo al derecho interno, los enunciados normativos que antes tenían fuerza de ley adquieren ahora fuerza normativa de tratado.

Sin embargo, debemos explicitar que si el contenido material del tratado constituyen *atributos y garantías de derechos humanos*, en dicha materia, opera otro principio consagrado por el derecho internacional de los derechos humanos, que nada tiene que ver con el rango o jerarquía de las disposiciones normativas, el *principio favor persona*, debiendo primar *la interpretación que mejor asegure y garantice los atributos y garantías que integran el derecho considerado, vale decir, la interpretación que expanda y optimice en mejor forma los derechos, como asimismo, cuando se interprete una limitación o restricción de derechos, se debe optar por la interpretación que más restrinja dicha limitación*; por otra parte, este principio tiene *una vertiente normativa*, que dispone que cuando *existen diversas normas que regulan uno o más derechos, debe aplicarse la norma que mejor asegure y garantice los atributos de los derechos, con independencia de su nivel jerárquico*. Tal principio se encuentra asegurado por las reglas de interpretación contenidas en el artículo 29, literal b) de la Convención Americana sobre Derechos Humanos, y en diversos otros tratados[16] postulado desarrollado consistentemente en casos contenciosos

---

15. Primera Sala del Tribunal Constitucional, inadmisibilidad de inaplicabilidad, Rol N°2789-15 INA, de 25 de marzo de 2015, considerando 7°: "(...) respecto de la impugnación del artículo 14, párrafo 3°, de la Convención Internacional de los Derechos del Niño, se configura la causal de inadmisibilidad del número 4 del artículo 84 de la Ley Orgánica Constitucional de esta Magistratura, toda vez que una norma de un tratado ratificado por Chile no constituye "un precepto que tenga rango legal" en términos tales que pueda promoverse a su respecto una acción de inaplicabilidad".

   "Además, el ejercicio de un examen represivo de constitucionalidad de disposiciones de tratados internacionales por parte de este Tribunal Constitucional implicaría contrariar los compromisos internacionales suscritos por Chile sobre formación y extinción de los tratados, infringiendo de este modo el principio "pacta sunt servanda" consagrado en el artículo 27 de la Convención de Viena sobre Derecho de los Tratados, de 1969, en relación con lo preceptuado en el artículo 54 N°1 de la Carta Política de la República". (Resolución de Ministros: Marisol Peña T., Francisco Fernández F., Juan José Romero G., Nelson Pozo S., y disidencia de Ministro Domingo Hernández E.)

16. El mismo postulado se encuentra en el Pacto Internacional de Derechos Civiles y Políticos de Naciones Unidas, en su artículo 5°; Pacto Internacional de Derechos Económicos,

y Opiniones Consultivas por la Corte IDH[17], como asimismo, asumido por la jurisprudencia de nuestro Tribunal Constitucional[18].

La aplicación preferente, en su caso, de un tratado, no implica la nulificación o derogación de normas jurídicas de derecho interno que entren en conflicto con las normas del mismo, ello sólo determina la aplicación preferente de las normas del tratado, sin que se afecte la validez, vigencia o aplicabilidad de la norma interna para aquellas hipótesis en que no entran en conflicto con los deberes jurídicos de cumplir con los tratados de buena fe, sin oponer obstáculos de derecho interno a dicho cumplimiento.

Descartada la perspectiva anteriormente reseñada, se considera que igual debería cubrirse la necesidad de alguna forma de control (reparadora) de constitucionalidad de los tratados, lo que justificaría "la extensión del concepto de pre-

---

Sociales y Culturales de Naciones Unidas, artículo 5.2; la Convención sobre Derechos del Niño, artículo 41; la Convención sobre la Eliminación de Todas las Formas de Discriminación contra la Mujer, artículo 23; en la Convención contra la Tortura y Otros Tratos o Penas Crueles, Inhumanos o Degradantes; la Convención Interamericana para la Eliminación de Todas las Formas de Discriminación contra las Personas con Discapacidad, artículo VII; y en la Convención sobre Desaparición Forzada de Personas.

17. Véanse, por ejemplo, Corte IDH, *Caso Las Palmeras* vs. *Colombia (Fondo)*, Sentencia del 6 de diciembre de 2001, serie C, núm. 90; Corte IDH, *Caso Bámaca Velásquez* vs. *Guatemala (Fondo)*, Sentencia del 25 de noviembre de 2000, serie C, núm. 70 (alcance del derecho a la vida en situaciones de conflictos armados no internacionales); Corte IDH, *Caso de las Masacres de Ituango* vs. *Colombia (Excepción Preliminar, Fondo, Reparaciones y Costas)*, Sentencia del 1 de julio de 2006, serie C, núm. 148 (prohibición del trabajo forzado u obligatorio); Corte IDH, *Caso Herrera Ulloa* vs. *Costa Rica (Excepciones Preliminares, Fondo, Reparaciones y Costas)*, Sentencia del 2 de julio de 2004, serie C, N° 107 (relación entre la libertad de expresión y las sociedades democráticas); Corte IDH, *Caso de los "Niños de la Calle" (Villagrán Morales y otros)* vs. *Guatemala (Fondo)*, Sentencia del 19 de noviembre de 1999, serie C, N° 63 (derechos específicos de los niños y niñas, menores de 18 años); y Corte IDH, *Caso Comunidad Indígena Yakye Axa* vs. *Paraguay (Fondo, Reparaciones y Costas)*, Sentencia del 17 de junio de 2005, serie C, N° 125 (derecho a la propiedad comunal de los pueblos indígenas); Corte IDH, caso *Artavia Murillo y otros Vs. Costa Rica*, sentencia de 28 de noviembre de 2012, Serie C N° 257, párrafo 142; Corte IDH, caso *Atala Riffo y niñas vs. Chile*, Fondo, Reparaciones y Costas. Sentencia del 24 de febrero de 2012. Serie C N° 239, párrafo 84; para solo señalar algunas sentencias en la materia. Entre las Opiniones Consultivas ver: Opinión Consultiva OC-1/82 "otros tratados. Objeto de la Opinión Consultiva de la Corte", 1982, párrafo 48; Opinión Consultiva OC-5/85, *La Colegiación Obligatoria de Periodistas (Arts. 13 y 29 Convención Americana sobre Derechos Humanos)*, nota 232, párrafo 52.
18. Sentencia del Tribunal Constitucional, Rol 1361-09, de trece de mayo de dos mil nueve, considerando 73°. Sentencia del Tribunal Constitucional, Rol N° 1191, de 19 de mayo de dos mil nueve, Considerando 19°. Sentencia del Tribunal Constitucional, Rol N° 1484, de 5 de octubre de 2010, considerando 25°.

cepto legal hacia lo que técnicamente no corresponde a una ley"[19]. Tal afirmación constituye una afirmación de principio sin respaldo en el texto constitucional y constitutiva de un acto que afecta las obligaciones jurídicas de un tratado que debe cumplirse de buena fe, lo que genera responsabilidad internacional del Estado y un ilícito internacional que la reforma de 2005 buscó eliminar, ya que genera obstáculos de derecho interno al cumplimiento de obligaciones internacionales, como dispone el artículo 27 de la Convención de Viena sobre Derecho de los tratados y además constituye vulneración directa de la Constitución al artículo 54 N° 1, inciso 5°, materia a la cual ya nos hemos referido suficientemente.

Dicha perspectiva fue expresamente asumida por el gobierno y los diversos sectores representados en el Senado en el primer trámite constitucional de la reforma constitucional de 2005[20].

Frente a tan contundente evidencia, la sentencia Rol N° 1.288-2008, recurre a la opinión aislada del Senador Hernán Larraín, a la que se hace referencia como carta de triunfo de apoyo a sus consideraciones, lo que solo confirma *un vicio en que incurre el Tribunal Constitucional*, el cual es acudir a la de cita opiniones personales aisladas de miembros de un órgano colegiado, *que no constituyen acuerdos*, como ocurre en este caso. Las opiniones aisladas no tienen más valor que el fundamento que la sostiene, no siendo historia fidedigna del precepto constitucional respectivo por no constituir un acuerdo del órgano constituyente derivado, para quienes gustan del originalismo.

Además, cabe afirmar que la Constitución parte de la base que cada órgano estatal y autoridad cumple con las funciones y atribuciones conforme disponen las reglas generales del artículo 6° y 7° de la Constitución, en tal perspectiva, el texto constitucional determina la legitimación activa de los órganos que pueden concretar el control preventivo facultativo de tratados y los casos en que los tratados pasan por un control preventivo obligatorio de constitucionalidad, en ambos casos los órganos y autoridades respectivas deben realizar sus cometidos conforme a la Constitución, los que si se realizan correctamente no debería haber ningún conflicto entre la Constitución y los tratados incorporados al ordenamiento jurídico. Tanto el Presidente de la República como las ramas del Congreso Nacional tienen el apoyo jurídico necesario para tal objeto, como finalmente, queda abierto el acceso a las minorías parlamentarias para requerir el control del Tribunal Constitucional. No está demás señalar que, somos partidarios de incluir un control preventivo obligatorio todos los tratados que, conforme al texto cons-

---

19. Núñez, Manuel (2010). "Sobre la declaración de inaplicabilidad de los tratados internacionales. Un estudio en defensa de su fundamento y legitimidad". En Estudios Constitucionales, Volumen 8 N° 2, pp. 431-464.
20. Segundo Informe de la Comisión de Constitución, Legislación y Justicia del Senado, pp. 188 y ss.

titucional, deben pasar por la aprobación de ambas ramas del Congreso Nacional para incorporarse al derecho interno.

Finalmente, quedan todavía las facultades del gobierno como representante del Estado para negociar modificaciones a los tratados, plantear denuncias de tratados o la nulidad de ellos, ajustándose a las normas del respectivo tratado o las reglas generales del derecho internacional.

Tal perspectiva en materia de denuncia de tratados queda claramente reseñada en el artículo 54 N° 1, inciso sexto, de la Carta Fundamental reformada en 2005, el cual determina:

> Corresponde al Presidente de la República la facultad exclusiva para denunciar un tratado o retirarse de él, para lo cual pedirá la opinión de ambas Cámaras del Congreso, en el caso de tratados que hayan sido aprobados por éste. Una vez que la denuncia o el retiro produzca sus efectos en conformidad a lo establecido en el tratado internacional, éste dejará de tener efecto en el orden jurídico chileno.

A su vez, el inciso séptimo del artículo 54 N°1 de la Carta Fundamental:

> "En el caso de la denuncia o el retiro de un tratado que fue aprobado por el Congreso, el Presidente de la República deberá informar de ello a éste dentro de los quince días de efectuada la denuncia o el retiro".

La prevalencia del derecho interno sobre la normas del derecho internacional válidamente incorporado al derecho interno, por más que se haga efectiva (lo que no implica que se haga válidamente), constituye una violación de normas internacionales incorporadas al derecho interno, y por ello, una transgresión al derecho interno y a la Constitución, un debilitamiento del Estado de Derecho y una afectación de la seguridad nacional como del honor del Estado de Chile, como lo reconoce la Corte Suprema *chilena en fallo Rol 5.566 de 26 de octubre de 1995, considerando 14, el cual sostiene:*

> Lo anterior, es sin perjuicio además de reconocer que se comprometería la seguridad y el honor del Estado de Chile ante la comunidad internacional -como se destaca en la sentencia recurrida- si este Tribunal efectivamente prescindiera de aplicar las normas internacionales cuando ello fuera procedente. Pues, es un principio reconocido universalmente que las naciones civilizadas no pueden invocar su derecho interno para eludir las obligaciones y compromisos internacionales asumidos por dichos tratados, lo que, ciertamente de producirse sí debilitaría el estado de derecho.

En la misma perspectiva la Corte Suprema en sentencia rol N° 24.344 del 11 de enero de 1995, confirmó por unanimidad, la sentencia de la Segunda Sala de la Corte de Apelaciones, Rol N° 3396-94, de fecha 22 de diciembre de 1994, cuyo considerando cuarto señaló:

> Que una vez incorporado al derecho interno los tratados deben cumplirse de buena fe de acuerdo a la Convención de Viena sobre Derecho de los Tratados, vigente en el país..., debiendo aplicarse sus artículos 31 y 27. El primero de ellos establece que el tratado debe interpretarse de buena fe conforme al sentido corriente que haya de atribuirse a los términos del tratado, en el contexto de éstos y teniendo en cuenta su objeto y fin. A su vez, el artículo 27 establece que el Estado no puede invocar la ley interna para eludir el cumplimiento del tratado", a su vez, el considerando quinto agregaba: "Que la convención internacional se aplica preferentemente a la ley interna, mientras el tratado no sea denunciado por el Estado de Chile o pierda validez internacional.

Por tanto, cuando se desee quedar fuera de la obligación de cumplir las disposiciones de un tratado, no hay que recurrir a la vía legislativa ni a la vía constituyente interna, salvo para armonizar la norma interna con la del tratado, para otro objetivo son ineficaces, sólo cabe recurrir a la vía internacional del procedimiento de denuncia del tratado de acuerdo con las normas del derecho internacional, asumiendo el costo político, jurídico y, a veces económico y diplomático, de la respectiva decisión.

3. El sistema de control de constitucionalidad desde la entrada en vigencia de la reforma de 2005

La reforma constitucional de 2005 innovó en la regulación constitucional de los tratados, estableciendo expresamente y únicamente el control preventivo de ellos conforme determina el artículo 93 N° 1 y 3 de la Carta Fundamental, como asimismo desarrolló un nuevo sistema de control de constitucionalidad diferente al existente hasta esa fecha en Chile, fortaleciendo el control del Tribunal Constitucional sobre preceptos legales, determinando los nuevos artículos 93 N° 6, control reparador concreto de leyes y, 96 N° 7 de control abstracto de preceptos legales, como asimismo.

Cabe además señalar, la necesaria consideración y aplicación de los *principios de unidad, de interpretación sistemática y finalista de la Constitución y de efecto* útil de los enunciados constitucionales, si se interpretara que un tratado es equivalente a un "precepto legal", perdería todo sentido y *efecto útil* la diferenciación clara y tajante que realiza la Constitución en su artículo 93, en sus numerales 1° y 3° sobre las atribuciones del Tribunal Constitucional, entre leyes, proyectos de ley, proyectos de reforma constitucional y tratados.

La interpretación conforme a la Constitución que debe realizar el Tribunal Constitucional tiene su límite en la propia norma constitucional, su tarea es de un *poder constituido* no de un *poder constituyente*, ya que no le está permitido al operador judicial adulterar las palabras ni realizar una interpretación contra norma expresa; como asimismo tampoco le está permitido vulnerar el *principio de efecto útil* de las distinciones de vocablos y conceptos realizados por el texto constitucional, lo que lo hace además inconsistente con su propia jurisprudencia sobre este principio.

El Tribunal Constitucional reiteradamente ha manifestado que *"no es dable aceptar en la interpretación de la Constitución ni de la ley que sus autores incorporen* en sus textos normas superfluas, reiterativas o innecesarias que lejos de contribuir a *la clarificación de sus prescripciones, confundan o tornen oscuro o difícil de comprender lo que para el legislador es claro y preciso"*[21].

El mismo Tribunal Constitucional ya había señalado anteriormente que "cualquier interpretación que conduzca a anular o privar de eficacia algún precepto de ella"[22] no era aceptable.

La evidencia normativa del texto constitucional es concluyente. El artículo 93, inciso primero N° 1 de la Constitución, señala como atribución del Tribunal Constitucional:

> Ejercer el control de constitucionalidad de las *leyes que interpretan algún precepto de la Constitución*, de las *leyes orgánicas constitucionales* y de las normas de un *tratado* que versen sobre materias propias de éstas últimas, *antes de su promulgación*.

Asimismo, el artículo 93 en su numeral 3°, también distingue claramente la atribución del Tribunal Constitucional para:

> Resolver las cuestiones de constitucionalidad que se susciten durante la tramitación de los proyectos de ley o de reforma constitucional y de los tratados sometidos a la aprobación del Congreso.

Resultaría curioso y fuera de toda lógica jurídica que la Constitución distinga entre *tratados, reforma de la Constitución, leyes interpretativas de la Constitución* y *preceptos legales,* en los numerales 1° y 3° del artículo 93, inciso primero, y después, dando un salto lógico injustificado y sin fundamento constitucional, determine que la distinción hecha por la Carta Fundamental en los numerales 1 y 3, no tiene ninguna importancia, con el objeto de intentar justificar que, en el N° 6 del mismo inciso primero de artículo 93, *tratados* y *leyes* son igualmente *preceptos legales*, sin importar su diferente naturaleza, fuerza normativa y su dife-

---

21. Sentencia del Tribunal Constitucional chileno, Rol N° 325 de 26 de junio de 2001, considerando 47.
22. Sentencia del Tribunal Constitucional chileno, Rol N° 33, de veinte de agosto de mil novecientos ochenta y cinco, considerando 19: LOC Tribunal Calificador de Elecciones.

rente disponibilidad unilateral por parte del Estado, dicho forzamiento del texto constitucional carece de toda seriedad interpretativa. No podemos sino afirmar que las diferencias conceptuales y de instituciones en la Carta Fundamental tienen *un efecto útil* indesmentible, de lo contrario nadie se habría tomado el trabajo de introducir un enunciado normativo constitucional para que carezca de efectos, repugna a una lógica elemental realizar diferenciaciones conceptuales para que ellas no tengan ningún efecto jurídico.

Finalmente, sobre el punto afirmemos que el único enfoque posible de armonización de la Constitución con el derecho internacional es aquel que posibilita solo control de constitucionalidad preventivo, el control de inaplicabilidad ejercido sobre tratados internacionales genera hipótesis de ilícito internacional por incumplimiento de obligaciones jurídicas convencionales dando lugar a la correspondiente responsabilidad del Estado [23].

Cuando el Tribunal Constitucional, pretorianamente, se auto otorga la competencia de control de inaplicabilidad de tratados no establecida en el texto de la Carta Fundamental, rompe el principio de hacer el máximo esfuerzo interpretativo de armonización del derecho internacional y la Constitución y entra en contradicción con un principio sostenido por el mismo y en una conducta incoherente con su propio enfoque jurisprudencial[24].

Tal perspectiva, constituye una conducta pretoriana del Tribunal Constitucional destinada a acrecentar su propia potestad jurisdiccional, la que el texto constitucional no le otorga y que el respeto a las bases de la institucionalidad en los artículos 6° y 7° le prohíbe: *Los órganos estatales deben someter su acción a la Constitución* y a las normas dictadas conforme a ella, *y garantizar el orden institucional de la República.* Los órganos del Estado *solo pueden ejercer las competencias*

---

23. Fernández González, Miguel Ángel. (2003), p.498; Nogueira Alcalá, Humberto. (2005), p. 538; Aldunate Lizana, Eduardo. (2013), p. 175. Henríquez Viñas, Miriam. (2007), pp 121 y ss.; Jordán, Tomás (2013); Troncoso R., Claudio. (2010), p. 151; Riveros Marín, Edgardo; Llanos Mancilla, Hugo; Troncoso Repetto, Claudio; Rioseco Vásquez, Alberto; Vargas Carreño, Edmundo; Espaliat Larson, Astrid; Gamboa Serazzi, Fernando; Fernandez Illanes, Samuel; y Arévalo Cunich, Alvaro (2009).

24. Tribunal Constitucional, Sentencia del Tribunal Constitucional, caso Jeannye Meneses Cubides, Rol N° 804-2007, de fecha 28 de diciembre de 2007, considerando 5°: "en general y el juez en particular debe realizar los mayores esfuerzos, dentro del ámbito constitucional, para procurar cumplir de buena fe las disposiciones y los fines del tratado, conciliando sus disposiciones con otras normas del Derecho Interno, prefiriendo aquellas interpretaciones que armonicen los derechos y obligaciones que del tratado internacional se derivan con el orden jurídico chileno". En el mismo sentido, Tribunal Constitucional Rol N°309, de 4 de agosto de 2000, considerando 3° "(…) el intérprete debe hacer todos los esfuerzos, dentro de lo permitido por la Ley Suprema del respectivo Estado, por encontrar una interpretación conciliatoria entre las normas de un Tratado y los preceptos de la Constitución".

que la Constitución expresamente le otorga. Ninguna magistratura puede atribuirse, ni aún a pretexto de circunstancias extraordinarias, otra autoridad o derechos que los que expresamente se les haya conferido en virtud de la Constitución o las leyes.

En Chile el aforismo de que el Tribunal Constitucional es *un poder constituyente en sesión permanente*, no es sostenible, ya que viola flagrantemente el artículo 7° de la Carta Fundamental, base de la Institucionalidad como el propio Tribunal Constitucional ha señalado, la que *irradia todo el ordenamiento jurídico*. El Tribunal Constitucional es un órgano constituido con *competencias taxativamente determinadas en el artículo 93 de la Carta Fundamental*, que no puede extenderlas discrecionalmente según su voluntad, ya que ello vulnera el inciso 2° del señalado artículo 7° de la Constitución, que expresa textualmente:

> Ninguna magistratura, ninguna persona ni grupo de personas pueden atribuirse, ni aún a pretexto de circunstancias extraordinarias, otra autoridad o derechos que los que expresamente se les hayan conferido en virtud de la Constitución o las leyes.

Las afirmaciones hechas por el Tribunal Constitucional en su sentencia Rol 1288-2008, considerando 41°, carecen de fundamentación jurídica y contradice el texto constitucional, cuando afirma:

> Que respecto de los tratados internacionales, luego de la reforma constitucional aludida, (la del año 2005) esta Magistratura efectúa dos órdenes de controles. [...]
>
> Segundo, *un control ex post y concreto – facultativo – de constitucionalidad de una norma de un tratado que, en cuanto "precepto legal", pueda resultar contraria a la Constitución* en su aplicación en "cualquier gestión que se siga ante un tribunal ordinario o especial", esto es, el Tribunal Constitucional puede declarar inaplicable la disposición de un tratado a un caso concreto, conforme a la atribución que le otorga el N° 6° del inciso primero del artículo 93 de la Constitución, arriba transcrito.

> La misma perspectiva es sostenida en su sentencia Rol N° 2387-2012 y 2388-2012, considerando 12°, donde afirma que conforme a los artículos 5, inciso 2°, artículo 32 N°17 y 54 N° 1, de la Constitución, en que señala que la "sola lectura" de dichos artículos permite afirmar que la Constitución no fijó la jerarquía de los tratados y que "con todo, de su contexto se infiere que los tratados internacionales tienen rango inferior a la Constitución, porque pueden estar sometidos al control de constitucionalidad de las leyes orgánicas constitucionales (art. 93 N° 1).

Tales afirmaciones del fallo del Tribunal Constitucional no tienen apoyo en el texto de la Constitución, en el contexto y fin de la reforma de 2005, en las reglas de interpretación constitucional, ni se deducen del texto constitucional, sino que son creación del Tribunal Constitucional de un estatuto referente a los tratados sin razonamiento lógico argumentativo ni inferencia o deducción razonada a partir del texto constitucional que explique o demuestre los asertos realizados.

La Ministra de Relaciones Internacionales, Señora Soledad Alvear, ya en la tramitación del proyecto de reforma constitucional de 2005 en el Senado en su primer trámite constitucional, había señalado el objeto y fin de armonizar el texto constitucional con las obligaciones jurídicas internacionales del estado en materia de tratados, precisando al respecto:

> El texto de la Constitución regula el proceso de celebración de un tratado internacional, estableciendo las competencias de los distintos órganos del Estado en esta materia (fundamentalmente, del Presidente de la República y el Congreso Nacional), pero nada dice respecto de la derogación o modificación de un tratado, lo que ha suscitado algunos problemas de interpretación, especialmente respecto a la relación entre éstos y las leyes posteriores que se pudieren promulgar y que fueren incompatibles con dichos tratados.
>
> Parece necesario, dijo, regular estos aspectos puesto que se requiere resolver claramente el problema de la primacía de los tratados internacionales en relación con las normas legales del Estado, evitando que una ley posterior pueda derogar o modificar un tratado existente.
>
> Señaló que este tema debería resolverse haciendo consistente la solución de un conflicto entre normas internacionales e internas, dando primacía a las primeras, como lo establece el Derecho Internacional (artículo 27 de la Convención de Viena sobre Derecho de los Tratados), evitando, además, que el Estado incurra en permanentes e, incluso, a veces involuntarias situaciones generadoras de responsabilidad internacional. (Senado de la República. Informe de la Comisión de Constitución, Legislación, Justicia y Reglamento, 6 de noviembre de 2001, p. 332-333).

Más aún ellos son contrarios a lo sostenido por el Gobierno al presentar la reforma a la Ley Orgánica del Tribunal Constitucional a través de Ministerio Secretaria General de la Presidencia, en el debate sostenido a propósito del segundo Informe de la Comisión de Constitución, Legislación y Justicia del Senado, sobre el artículo 47 b) del proyecto de Ley Orgánica Constitucional del Tribunal Constitucional. En dicha oportunidad el gobierno señaló a través del señor Subsecretario de dicha Cartera, don Edgardo Riveros Marín:

> En esa oportunidad, la decisión política del constituyente fue instalar el control preventivo de constitucionalidad sobre determinados instrumentos internacionales que en adelante sometiera el Presidente de la República a la aprobación del Congreso Nacional. No se pretendió dar a la reforma un efecto

retroactivo ni general, porque los efectos de las sentencias dictadas por el Tribunal Constitucional en las cuestiones de inaplicabilidad e inconstitucionalidad podrían dejar sin aplicación las disposiciones de un tratado para uno o más casos determinados, en una primera etapa, y las derogarían, en la siguiente.

Es evidente que esos efectos son incompatibles con el Derecho de los Tratados, establecido en la Convención de Viena de 1969, puesta en vigor en nuestro país mediante el decreto N° 381, del Ministerio de Relaciones Exteriores, de 1981. Lo anterior cobra mayor relevancia si se tiene en consideración que nuestro país, al ratificar dicha Convención, hizo una reserva declarando su adhesión al principio general de inmutabilidad de los tratados.

Una sentencia del Tribunal Constitucional chileno que deje sin efecto un tratado internacional entraría en franca colisión con el artículo 42, 43 y 27 de la Convención de Viena, según el cual una parte no podrá invocar las disposiciones de su derecho interno como justificación del incumplimiento de un tratado.

A su vez, el Director Jurídico del Ministerio de Relaciones Exteriores, señor Claudio Troncoso, expresó:

> la modificación que hizo la ley N° 20.050 en el número 1) del artículo 50 de la Constitución Política de la República, que pasó a ser artículo 54, descarta absolutamente la interpretación según la cual, hasta entonces, se había asimilado la naturaleza jurídica de los tratados a la de la ley.
>
> Es así que esa conclusión exegética, acuñada por la Corte Suprema sobre la base de la frase que señalaba que la aprobación por el Congreso de los tratados internacionales se sometería a los trámites de una ley, tuvo cabida bajo el imperio de las Constituciones chilenas de 1833, de 1925 e incluso la de 1980, hasta la reforma de 2005. Ella no estaba expresada en un texto normativo explícito.
>
> El claro texto del número 26 del artículo 1° de la ley N° 20.050, que sustituyó el artículo 50 de la Constitución, hoy artículo 54, descarta manifiestamente semejante interpretación. El reemplazo que el número 42 del artículo 1° de la citada ley hizo del artículo 82 de la Carta, hoy artículo 93, apunta en la misma dirección.

En efecto, aseveró el abogado señor Troncoso, la reforma de 2005 estableció que, de allí en adelante, la aprobación de un tratado se someterá, "en lo pertinente", a los trámites de una ley, lo cual deja meridianamente claro que *la Constitución no opera un asimilación entre la naturaleza jurídica de ambos tipos de norma, sino que, reconociendo la especificad de cada una, hace aplicable a la tramitación legislativa de los proyectos de acuerdo sobre aprobación de tratados las disposiciones sobre formación de las leyes, en lo que sea pertinente, en otros términos, en lo que resulte apropiado.*

A mayor abundamiento, recalcó que el párrafo quinto del número 1) del artículo 54 de la Constitución que se incorpora con la reforma de 2005, establece que las disposiciones de un tratado sólo podrán ser derogadas, modificadas o suspendidas en la forma prevista en los propios tratados o de acuerdo a las normas generales de derecho internacional. *Esto excluye* la posibilidad de que esas disposiciones sean suspendidas, para determinados casos, o dejadas sin efecto, en otros, en mérito de una sentencia del Tribunal Constitucional.

El texto constitucional del artículo 93 N°6 de la Constitución reformada en 2005, sólo atribuye la competencia del Tribunal Constitucional el control reparador de constitucionalidad sólo para *preceptos legales, no para tratados,* vale decir, *únicamente para enunciados normativos que se producen por la voluntad unilateral del Estado conforme al modo de producción determinado por la Constitución en el capítulo V de ella y que tienen jerarquía, fuerza y valor de ley*, como fuentes primarias del ordenamiento de fuentes del derecho interno chileno, conforme hemos determinado previamente, lo que no es aplicable a los tratados internacionales, lo que constituye un forzamiento que desnaturaliza a estos últimos y genera responsabilidad internacional por el ilícito de incumplimiento de obligaciones jurídicas internacionales del Estado

Así, lo asumió la doctrina constitucional mayoritaria la que consideró que no procede el control reparador de tratados internacionales[25].

Klaus Stern nos dirá "cualquiera sea la teoría a la que se otorgue preferencia, en lo que hace a los efectos prácticos hay unanimidad acerca de que la regla de Derecho Internacional incorporada goza de primacía frente al Derecho Nacional"[26].

4. Consideraciones finales

Conforme con el artículo 54 N° 1 de la Constitución, en el proceso de incorporación del tratado al derecho interno, el Presidente de la República requiere la aprobación de las cámaras que integran el Congreso Nacional, para lo cual, el tratado, *sólo en lo pertinente a dicha aprobación* se somete a los tramites de una ley, lo que explicita que un *tratado internacional* no es una norma creada unilateralmente por el Estado, no siendo un precepto legal.

La reforma constitucional de 2005 constitucionaliza los artículos 42 y 43 de la Convención de Viena sobre Derecho de los Tratados de 1969, en el artículo 54 N° 1, inciso 5°. Tales disposiciones se encuentran en plena armonía con los artículos 26, 31.1. y 27 de la misma Convención de Viena que determina la obligación de cumplir de buena fe las obligaciones asumidas a través de tratados

---

25. Fernández González, Miguel Ángel. (2003), p.498; Nogueira Alcalá, Humberto. (2005), p. 538; Aldunate Lizana, Eduardo. (2013), p. 175. Henríquez Viñas, Miriam. (2009a). En contra de dicha posición, a favor del control reparador de tratados, Ribera Neumann, Teodoro (2007), pp. 89-118; Verdugo, Sergio (2011). pp. 449-477.

26. Stern, Klaus. 1987. p. 814.

internacionales y la de no poner obstáculos de derecho interno a tal cumplimiento, cuya acción contraria a dichas obligaciones genera responsabilidad internacional del Estado.

La reforma constitucional de 2005, con el objeto de armonizar la Constitución con las obligaciones internacionales emanadas de tratados válidamente incorporados al ordenamiento jurídico, determinó única y exclusivamente control preventivo de constitucionalidad de tratados en los artículos 93 N° 1 y 3 de la Constitución, lo que posibilita la armonización de la Constitución con los tratados, previamente a la entrada de estos últimos al ordenamiento jurídico nacional. La Constitución no establece control reparador de tratados en ninguna de las disposiciones de los numerales del artículo 93 de la Constitución, los artículos 93 N° 6 y 7 sólo se refieren a preceptos legales, vale decir, normas internas creadas unilateralmente por los poderes colegisladores del Estado como fuentes primarias del ordenamiento jurídico.

La validez, fuerza normativa y vigencia de los tratados está determinada por el derecho internacional, la incorporación del tratado al derecho nacional sólo determina su aplicabilidad interna.

El Tribunal Constitucional carece de competencia para realizar control reparador de constitucionalidad de tratados, ya que su competencia está determinada, a la luz de los artículos 6 y 7 de la Constitución, taxativamente por el texto constitucional en el artículo 93 del mismo. La práctica jurisdiccional contraria genera, en cuanto órgano constituido del Estado, responsabilidad internacional por violación de la Convención de Viena sobre Derecho de los tratados y un ilícito internacional, además de contrariar disposición constitucional expresa del artículo 54 N° 1, inciso 5° de la Constitución, que constitucionaliza los artículos 42 y 43 de la Convención de Viena sobre Derecho de los tratados, además de vulnerar los artículos 26, 31.1 y 27 de la misma Convención.

12
EL DEBATE SOBRE LA ÚLTIMA PALABRA: REFLEXIONES SOBRE EL DESARROLLO DEL CONTROL CONSTITUCIONAL

JORGE ALEJANDRO AMAYA

Doctor en Derecho Constitucional (UBA). Posdoctor en Derecho Constitucional (UBA) y UNIBO. Profesor de la Universidad de Buenos Aires, Argentina, y de la Universidad de Bolonia, Italia. Vicepresidente de la Asociación Argentina de Derecho Procesal Constitucional.

SUMARIO: I. Introducción. Los debates históricos sobre la última palabra constitucional; II. La constitucionalización del Derecho Internacional y la internacionalización del Derecho Constitucional. Las cláusulas "puente"; III. El principio de supremacía constitucional en la República Argentina y su evolución; IV. El nacimiento y desarrollo del control de convencionalidad en la jurisprudencia de la CorteIDH; V. La recepción del control de convencionalidad por parte de la Corte Suprema de Justicia de la Nación Argentina. Una jurisprudencia cambiante. Distintas etapas; VI. ¿Cómo resolvemos el debate sobre la última palabra?

I. Introducción. Los debates históricos sobre la última palabra constitucional

Como recordaba Marguerite Yourcenar en su obra el Alexis o el tratado del inútil combate[1], hay temas que flotan en el aire de los tiempos.

Y si hay un tema que siempre está presente en su reflexión y debate en los distintos tiempos por los que ha atravesado y atraviesa el movimiento constitucional desde sus orígenes: es el interrogante *¿A quién corresponde la última palabra constitucional?*

Cual debe ser el órgano de cierre en un sistema jurídico político completo y complejo como es una democracia constitucional, que se caracteriza por aunar un sistema de gobierno, el gobierno democrático que se rige, en principio, por la

---

1. Yourcenar Marguerite, Alexis o el tratado del inútil combate, Editorial Alfaguara, Madrid, 1992.

regla de la mayoría; y un sistema de estado, el estado constitucional de derecho que erige a la constitución como norma suprema que define la validez o invalidez del resto de las normas del sistema jurídico, y que establece los límites para el ejercicio del autogobierno a través de los derechos y de alguna forma de división en la organización del poder[2].

El tema es de enorme trascendencia, ya que el órgano de cierre constitucional tiene un enorme poder en el control y formación de la cultura constitucional de un país, habiendo la historia presenciado debates históricos alrededor del tema.

El primer antecedente jurídico del debate sobre la última palabra constitucional y más enfatizada por la doctrina[3] es ciertamente el caso Bonham de 1610 y proviene – curiosamente – de Inglaterra, un país con constitución consuetudinaria, no escrita y sin control de constitucionalidad.

El doctor Bonham, medico inglés, fue inhibido de ejercer la medicina y encarcelado por una decisión del Royal Collage of Physicians. Ante esta situación, recurrió ante la Court of Common Pleas, que presidía el Juez Coke.

Dos fueron los fundamentos de la sentencia de este célebre Juez: primero, sostuvo que la jurisdicción del Real Colegio de Médicos no se extendía al caso; y segundo, que si la ley había atribuido al Colegio tal potestad, la misma debía ser considerada nula. Afirmó: "Cuando una ley del Parlamento se oponga al derecho común o a la razón, el derecho común verificará dicho acto y lo sancionará con la nulidad"[4].

Este precedente judicial ha sido considerado por muchos, desde un punto de vista jurídico-formal, como la raíz del control de constitucionalidad, en razón del paralelismo que el Juez Coke formulada situando al *common law* por encima del Parlamento, atribuyendo a aquel un carácter de *fundamental law* del ordenamiento inglés a través del cual se permitiría a los jueces controlar los actos del Parlamento. Es decir, la defensa de la tradicional supremacía del *common law*[5] frente al Parlamento.

---

2. Amaya, Jorge Alejandro, Democracia y Minoría Política, Astrea, Buenos Aires, 2014.
3. Se puede profundizar sobre este caso en varios trabajos, entre ellos Ferrer Mac Gregor, Eduardo, "El control difuso de convencionalidad en el Estado Constitucional"; Rey Martínez Fernando, "Una relectura del Bonham Case y de la aportación de Sir Edward Coke a la creación de la judicial review", ambas en UNAMm Biblioteca Virtual, [www.juridicas.unam.mx]; Vázquez Rizo, Ana M., "El caso Bonham. Supremacía Constitucional", Universidad del Norte, Revista de Derecho N° 11, p. 137/140, Colombia, 1999.
4. Fernández Segado, Francisco, "Reflexiones en torno a la interpretación de la Constitución", en Derecho Procesal Constitucional, Eduardo Ferrer Mac-Gregor (coord.), Tomo IV, 4ª ed., Edit. Porrúa, México, 2003, p. 3343.
5. El common law está formado por un conjunto de normas que proceden de la jurisprudencia de los Tribunales y que versan sobre materias que no han sido objeto de

El significado de ésta decisión como verdadero germen del control jurisdiccional de constitucionalidad, sin embargo, no ha estado exento de refutación.

En efecto, conforme revela Acosta Sánchez, diversos problemas suscitados en aquél pasaje, incluso acerca de los precedentes que Coke utilizó, fueron investigados por constitucionalistas norteamericanos e ingleses, los cuales han concluido que "no hay base histórica sólida para hallar ningún tipo de precedente de la judicial review en la práctica británica", ya que los jueces reconocían el rango superior del statute aprobado por el Parlamento "y la universal obediencia debida al mismo"[6].

En definitiva, si Coke reconocía la soberanía del Parlamento, como él mismo declaró expresamente, su doctrina no puede situarse en las raíces del control judicial de la ley, puesto que la esencia de dicho control es la limitación del legislador[7].

Pese a que las ideas de Coke tuvieron innegable importancia, sus efectos fueron borrados por la "Gloriosa revolución" de 1688[8] y el constitucionalismo revolucionario termina por implantar, junto a la subordinación del legislador, la restricción del *common law* por ser considerada una base peligrosa. El *Bill of Right* de 1689 derribaría audazmente diversas partes del mismo, abriendo camino hacia otra teoría, la de la supremacía del legislativo, es decir la última palabra en manos del Parlamento[9].

---

regulación legal. El statute law lo formarían aquellas leyes que, sin ser dictadas como leyes constitucionales, la conciencia colectiva las ha venido considerando como tales por la importancia de su contenido. Entre leyes constitucionales y las que no lo son, es imposible distinguir técnicamente, pues proceden ambas de la misma fuente: el Parlamento y son elaboradas y modificadas de la misma forma. Admite la doctrina, con todo, que las más remotas, las que poseen rango constitucional, tuvieron su origen en un pacto entre la Corona y el Parlamento, Cfr. López Ulla, Juan Manuel, "Orígenes constitucionales del control judicial de las leyes", Tecnos, Madrid, 1999, p. 28.

6. Acosta Sánchez José, "Formación de la Constitución y jurisdicción constitucional: fundamentos de la democracia constitucional", Tecnos, Madrid, 1998, p.93.p. 36.
7. Coke había afirmado antes: "el Parlamento inglés es el depositario del poder supremo, al que ni las personas ni las cosas pueden poner límite", cfr. James Bryce, a fines del siglo XIX, Acosta Sánchez, José, ob. cit. pp. 36-37.
8. La Gloriosa Revolución, también llamada la Revolución de 1688, fue el derrocamiento de Jacobo II por una unión de Parlamentarios y Guillermo II de Holanda (Guillermo de Orange). Algunas veces también se llama la Revolución Incruenta, aunque hubo combates y pérdidas de vidas humanas en Irlanda y Escocia. La Revolución está fuertemente asociada con los sucesos de la guerra de los Nueve años de la Europa Continental y es vista como la última invasión con éxito de Inglaterra. Se sostiene que el derrocamiento de Jacobo, dio comienzo a la moderna democracia parlamentaria inglesa: el monarca nunca volvería a tener el poder absoluto y la Declaración de Derechos se convertiría en uno de los documentos más importantes de Gran Bretaña.
9. Puede verse una visión global de este tema en Amaya, Jorge Alejandro, "Marbury v. Madison...", Astrea, Buenos Aires, 2017.

Casi dos siglos después (1803) se dicta el célebre fallo de la Corte Suprema de los Estados Unidos "Marbury v. Madison"[10], que se conoce públicamente como el origen del control judicial difuso de constitucionalidad, el cual deposita su confianza en los jueces, y esparció su influencia por toda América, con especial fortaleza en el sistema constitucional argentino que replicó Marbury en Sojo[11] y Elortondo[12].

La importancia de la sentencia dictada por la Corte Suprema de los Estados Unidos en febrero de 1803, radica en que en ella declara que una disposición de una determinada ley era nula porque, en su opinión, era contraria al texto de la Constitución y que ese poder de interpretar la ley – y por consecuencia de declarar la invalidez de una ley cuando era contraria a la Constitución – es de la verdadera esencia del deber judicial, asignando a los jueces la última palabra constitucional.

Para Marshall hay sólo dos alternativas demasiado claras para ser discutidas: o la Constitución controla cualquier ley contraria a aquélla, o la Legislatura puede alterar la Constitución mediante una ley ordinaria. Entre tales alternativas no hay términos medios, o la Constitución es la ley suprema, inalterable por medios ordi-

---

10. Se han escrito gran cantidad de obras, trabajos y ensayos sobre este fallo. Entre otros pueden verse Clinton Robert L., "Marbury vs. Madison, and the Judicial Review, University Press of Kansas, 1989; William E. Nelson, "Marbury v. Madison: The Origins and Legacy of Judicial Review", University Press of Kansas, 2000; M Cueva Fernández Ricardo, "De los niveladores a Marbury vs. Madison. La génesis de la democracia constitucional", Centro de Estudios Políticos y Constitucionales, Madrid, 2011; Arguing, "Marbury V. Madison", Editor Tushnet, Mark V, Stanford University Press; Manili Pablo (coordinador), "Marbury vs. Madison. Reflexiones sobre una sentencia bicentenaria", Editorial Porrúa, México 2011; Miller Jonathan M.; Gelli María Angélica, Cayuso Susana, "Constitución y Poder Político", Tomo 1, Editorial Astrea, Buenos Aires, 1987, p. 5/12; Valdés S. Clemente, "Marbury vs. Madison. Un ensayo sobre el origen del poder de los jueces en EEUU", Revista del Instituto Iberoamericano de Derecho Procesal Constitucional N° 5, enero-junio de 2006; Trionfetti, Víctor, "Marbury a contraluz", Suplemento de Derecho Constitucional La Ley, 1/01/2009; Sanin Restrepo, Ricardo, "En nombre del pueblo. Destruyendo a Marbury", Revista Criterio Jurídico, Cali, Colombia, Volúmen 6, p. 61/92; Haro Ricardo, "Marbury v. Madison": El sentido constituyente y fundacional de su sentencia", Academia Nacional de Derecho y Ciencias Sociales de Córdoba, 2003; Aragón Navarro Carlos, "Marbury v. Madison. Los límites de la Corte", Regímenes Constitucionales contemporáneos (2008); Carbonell Miguel, "Marbury versus Madison: en los orígenes de la supremacía constitucional y el control de constitucionalidad", Revista Iberoamericana de Derecho Procesal Constitucional N° 5», Eduardo Ferrer Mac-Gregor (director), Editorial Porrúa, Instituto Iberoamericano de Derecho Procesal Constitucional, México, 2006, pp. 295; Eto Cruz Gerardo, ""John Marshall y la sentencia Marbury vs. Madison", en Ferrer Mac-Gregor, Eduardo (coordinador), Derecho Procesal constitucional, 4° edición, Porrúa, México-SCJN, tomo I, 2003.
11. Corte Suprema Argentina 22/09/1887.
12. Corte Suprema Argentina 14/04/1888.

narios; o se encuentra al mismo nivel que las leyes y de tal modo, como cualquiera de ellas, puede reformarse o dejarse sin efecto siempre que al Congreso le plazca. Si es cierta la primera alternativa, entonces una ley contraria a la Constitución no es ley; si en cambio es verdadera la segunda, entonces las constituciones escritas son absurdos intentos del pueblo para limitar un poder ilimitable por naturaleza.

El punto central de "Marbury v. Madison", a nuestro criterio[13], se centra en si los jueces -en el marco de la democracia constitucional- deben tener el poder de declarar la inconstitucionalidad de las normas dictadas por los poderes políticos del estado; si esta facultad debe ser exclusiva o no de los mismos; y lo que no es menos importante, si los jueces deben tener en forma exclusiva el poder de interpretar qué es lo que dice la Constitución y si su interpretación debe ser obligatoria para los otros órganos del gobierno.

En lo que respecta a la Constitución de los Estados Unidos no hay texto alguno que diga ni insinúe que la Corte Suprema o los demás órganos judiciales federales tengan el poder de interpretar las leyes federales; que tengan la facultad de revisar y anular dichas leyes; y, mucho menos, que tengan el poder de interpretar la Constitución en forma exclusiva y que su interpretación sea obligatoria para los otros órganos federales del gobierno.

"Difícilmente existe alguna señal en el texto (el texto de la Constitución) del enorme poder que ahora ejercita la Suprema Corte de los Estados Unidos. Ni una palabra que indique que la Corte pueda revisar la constitucionalidad de las leyes del Congreso o los actos del Presidente"[14].

El lo que hace a la Constitución originaria de la República Argentina, sancionada en 1853 y vaciada en el molde la Constitución de los Estados Unidos, conforme palabras de Benjamín Gorostiaga, su principal redactor, tampoco encontramos señales claras de tamañas atribuciones[15].

A principios del siglo XX recrudece nuevamente el debate en torno a la última palabra constitucional en el famoso enfrentamiento dialéctico entre Hans Kelsen y Carl Schmitt, que finalmente legó el diseño que Kelsen planteara en su propuesta de "Tribunal Constitucional" y que tuviera su primeras reflejos en las Constituciones de Checoslovaquia y Austria. Este modelo deposita la última

---

13. Puede ver en extensión nuestra posición en Amaya Jorge Alejandro, Marbury v. Madison, op. cit.
14. "There is scarcely a hint in the text of the enormous power now exercised by the Supreme Court of the United States. Not a word indicates that the Court may review the constitutionality of Acts of Congress or of the President." Cox, Archibald, op. cit. p. 38.
15. La reforma constitucional de 1994 en el nuevo artículo 43 que constitucionalizó la acción de amparo y el hábeas data, establección la facultad del juez de declarar la inconstitucionalidad de la norma en el marco de esta acción garantista.

palabra en un órgano especializado fuera del Poder Judicial, hoy vigente en la mayoría de los países europeos y en algunas naciones latinoamericanas.

Efectivamente, a principios del siglo veinte tuvo lugar el famoso enfrentamiento entre estos eminentes juristas respecto de la protección o garantía de la Constitución[16]. Schmitt arremete contra las ideas kelsenianas sobre el control constitucional de las leyes por tribunales constitucionales[17]. A su vez, el jurista austríaco argumenta en contra de la postura de aquél[18].

La crítica de Schmitt puede considerarse el antecedente de la objeción al legislador negativo en Europa. Sostiene que ningún tribunal de justicia puede ser el guardián de la constitución; en primer lugar, porque tal función en manos de la justicia terminaría por politizarla y, en segundo término, porque opinaba que con el control de constitucionalidad en manos de los jueces se desvirtuaría el esquema de división de poderes y se atentaría contra el principio democrático del Estado.

Como puede observarse, Schmitt resalta el problema de legitimidad democrática de los tribunales constitucionales y la conclusión a la que llega es que debe ser el jefe de Estado el que tenga la función de salvaguardar la constitución.

Para Schmitt, que el presidente del Reich sea el protector de la Constitución corresponde también empero, al principio democrático sobre el cual descansa la Constitución de Weimar. El presidente del Reich es elegido por el pueblo alemán entero, y sus facultades políticas frente a los organismos legislativos (particularmente la de disolver el Reichstag y la de promover un plebiscito) son, por naturaleza, una apelación al pueblo"[19].

Recordemos que, con anterioridad al enfrentamiento señalado, el propio Kelsen hizo esa crítica, al señalar que el tribunal constitucional debe actuar únicamente como legislador negativo, pero de ninguna manera convertirse, mediante una interpretación discrecional en una especie de legislador sustituto[20].

Por ello, propone que se evite la discrecionalidad de los jueces constitucionales eliminando las fórmulas vagas e imprecisas que dieran pauta a la libre interpretación del tribunal, puesto que de lo contrario la justicia constitucional tendría un poder totalmente inadmisible.

---

16. KELSEN, La garantía jurisdiccional de la Constitución (la justicia constitucional), "Revista Iberoamericana de Derecho Procesal Constitucional", n° 10, p. 3.
17. Ver, en general, SCHMITT, Carl La defensa de la Constitución, prólogo de Pedro de Vega, Editorial Tecnos, 1983.
18. Ver, en general, KELSEN, Hans ¿Quién debe ser el defensor de la Constitución?, Editorial Tecnos, 1995.
19. SCHMITT, Carla, op. cit. p. 194 y 195.
20. KELSEN, La garantía jurisdiccional de la Constitución (La justicia constitucional), "Revista Iberoamericana de Derecho Procesal Constitucional", n° 10, p. 3.

Una vez resuelto por Kelsen el problema de la arbitrariedad de los jueces al emitir sus decisiones, no sólo no considera antidemocrático al control constitucional por parte de la justicia, sino que por el contrario señala que dicha institución es una condición de existencia de la república democrática.

Pues bien, sin dejar de señalar el modelo político Francés con sus particularidades que centra la última palabra constitucional en un órgano de naturaleza esencialmente política (el Consejo Constitucional Francés) -hoy atemperadas por la reforma constitucional Francesa del año 2008- el modelo europeo y el judicial difuso o judicial review, son los han atrapado con mayor fuerza el interés del mundo occidental. Por supuesto que el tiempo y la evolución del control ha hecho que los modelos se hayan acercado, e incluso fusionado muchas de sus características originales, particularmente en los sistemas de control que cada país ha implementado a través de su constitución o incluso a través de la interpretación jurisprudencial.

La idea de Constitución como norma fundante, básica o referencial, es central en ambos modelos. Precisamente en esta característica radica su supremacía, ya que el resto de las normas que integran el ordenamiento derivan su validez de la constitución que es fundadora, básica o referencial.

Así los derechos; la limitación del poder y el órgano encargado de garantizar los mismos a través del ejercicio de adecuación de la norma inferior a la superior, declarando su invalidez en caso de oposición para preservar el principio de supremacía constitucional, fue el motor fundamental de las luchas del constitucionalismo por un orden más justo.

El derecho Constitucional, tanto el clásico como el social, más allá de sus diferencias, han estado motivados por la idea de que solo el Estado de Derecho, es decir solo un estado organizado con sujeción a la ley y fundado en la soberanía popular, puede garantizar la libertad y los derechos.

II. La constitucionalización del Derecho Internacional y la internacionalización del Derecho Constitucional. Las cláusulas "puente"

La catástrofe mundial que significó la Segunda Gran Guerra; el fracaso de los regímenes totalitarios que se fundaron en una idea de soberanía estatal absoluta; y los efectos de la llamada "globalización" legaron a la sociedad mundial un cambio de paradigma: un nuevo orden caracterizado por la internacionalización de los derechos en los ámbitos regionales y universal (en América la Organización de Estados Americanos – OEA y en el ámbito universal las Naciones Unidas (UN)). Esto provocó la apertura y universalización del derecho constitucional y su integración con el derecho internacional, para dar nacimiento, por un lado al llamado derecho de los derechos humanos; y por otro a un proceso evidente ascendente y descendente del derecho constitucional.

En su faz ascendente, el derecho constitucional proyectó sus reglas, principios, y valores forjados por el movimiento constitucional a lo largo de los siglos, que fueron receptados en los pactos, declaraciones y tratados internacionales, contribuyendo a la edificación del nuevo orden internacional que se caracteriza hoy por la confluencia de gran cantidad de sistemas jurídicos que conviven en simultáneo.

En su faz descendente, el espacio nacional debe amalgamarse con la participación del nuevo orden internacional y con la dinámica jurídica política que conlleva la participación de los nuevos actores externos.

Esta última situación se materializa en las constituciones a través de cláusulas "puente", es decir de normas que integran los sistemas jurídicos nacional y regional e internacional, a través de modificaciones en los principios de supremacía constitucional incorporando en sus sistemas formales de fuentes al derecho internacional, particularmente a las normas internacionales sobre derechos humanos.

Así lo han hecho en Latinoamérica Costa Rica en 1968, Chile en 1989, Colombia en 1991, Paraguay en 1992, Perú en 1993, Argentina en 1994 o México en 2011, buscando otorgar mayor efectividad a la protección de los derechos humanos.

III. El principio de supremacía constitucional en la República Argentina y su evolución

La Constitución argentina configuró originariamente su cláusula de supremacía a través, principalmente de los artículos 31 y 27. Por artículo 31 "La Constitución, las leyes de la Nación que en su consecuencia se dicten por el Congreso y los tratados con potencias extranjeras son ley suprema de la Nación...", y de acuerdo al 27 "El gobierno federal está obligado a afianzar las relaciones de paz y comercio con las potencias extranjeras por medio de tratados que estén de conformidad con los principios de derecho público establecidos en la constitución".

Pero el artículo 31 CN no aclara si la enumeración de las normas implica prelación entre ellas. Atento lo dispuesto por los arts. 27, 28 y 30 no existen dudas de que la CN estaba con anterioridad a la reforma constitucional de 1994 por encima de las leyes y los tratados internacionales, pero leyes y tratados aparecían en una misma relación jerárquica.

La jurisprudencia de la CSJN fue vacilante en el tema. En 1948 afirmó en el caso Quimica Merck[21], siguiendo una posición dualista, que en tiempos de

---

21. CSJN Fallos, 211:162 y 193.

guerra el derecho internacional se privilegiaba sobre el derecho interno, incluso estaba por encima de la Constitución. Posteriormente en 1963 en la causa Martín y Compañía Ltda[22] sostuvo que tratados y leyes estaban en igualdad jerárquica, posición que ratificó en la causa Esso S.A. en 1968[23].

Con el retorno de la democracia en 1983, Argentina ratificó por ley al año siguiente la Convención Americana de Derechos Humanos (CADH) y en 1992 la CSJN en el caso Ekmekdjian c/Sofovich[24], en el cual se discutió la operatividad del art. 14 de la CADH sobre derecho de rectificación o respuesta, el Alto Tribunal haciendo hincapié en el art. 27 de la Convención de Viena, ratificada por argentina en 1972, dijo que esta norma obligaba al país a dar preeminencia a los tratados internacionales. Esta doctrina fue ratificada en las causas Fibraca Constructora (1993)[25] y Cafés la Virginia (1994)[26].

Estos importantes fallos inspiraron uno de los puntos de ley declarativa de la reforma constitucional de 1994 (artículo 3º de la ley 24.309) que habilitó la "incorporación de institutos de integración regional y de jerarquía de los tratados internacionales".

Esta habilitación posibilitó la incorporación del actual inciso 22 del art. 75 CN que consagra en e primer párrafo "que los tratados y concordatos tienen jerarquía superior a las leyes" y en el segundo se enumeran diez tratados y declaraciones de derechos humanos, afirmando que "en las condiciones de su vigencia, tienen jerarquía constitucional, no derogan artículo alguno de la primera parte de esta Constitución y deben entenderse complementarios de los derechos y garantías por ella reconocidos".

Esta cláusula fue la generadora del concepto de "bloque de constitucionalidad federal" (siguiendo el derecho francés) como conjunto normativo integrado principalmente por la Constitución y tratados y declaraciones internacionales que están fuera de la constitución pero que poseen jerarquía constitucional. Este concepto fue tomado literalmente por la Corte Suprema en el caso Álvarez en el año 2010[27].

Doctrina y jurisprudencia han debatido sobre la interpretación de la cláusula en torno a distintos alcances de los conceptos de "jerarquía constitucional"; "en las condiciones de su vigencia" y que "no derogan artículo alguno de la primera parte de esta Constitución y deben entenderse complementarios de los derechos y garantías por ella reconocidos".

---

22. CSJN sentencia del 09/09/63.
23. CSJN Fallos 271-7 (*1968*).
24. CSJN sentencia del 07/07/1992.
25. CSJN sentencia del 07/07/1993.
26. CSJN sentencia del 13/10/1994.
27. CSJN sentencia del 07/12/2010.

Respecto de la primera afirmación: ¿forman parte los tratados de la Constitución? ¿hay que diferenciar jerarquía de supremacía?

La doctrina ha estado dividida al respecto. El querido y recordado Carlos Colautti, profesor de la Universidad de Buenos Aires, sostenía la posición afirmativa. Para Colautti, la jerarquía constitucional de estos instrumentos implica que "son, fuera de toda duda, normas constitucionales parte de la Constitución formal"[28]. Germán Bidart Campos, querido maestro también, sostenía lo contrario, al referir que una cosa es incorporar a esos instrumentos haciéndolos formar parte del texto supremo y otra distinta es depararles, desde fuera de dicho texto, idéntica jerarquía que la de la Constitución.

La cuestión no es meramente semántica o académica, sino que las consecuencias derivadas de la posición que se adopte al respecto implica dar diversas soluciones al planteo, ya que si tales instrumentos formasen parte de la constitución textual, ellos podrían ser modificados conforme el procedimiento de reforma constitucional establecido por el artículo 30 de la CN, lo que presentaría una definitiva colisión con reglas primarias derivadas del derecho internacional, ya que los Estados parte no pueden modificar unilateralmente las estipulaciones contenidas en un Tratado.

Desde nuestra perspectiva, la incorporación de los tratados de derechos humanos con jerarquía constitucional, no implica su incorporación a la Constitución textual y debemos diferencia entre los conceptos de jerarquía y supremacía.

Los Tratados sobre Derechos Humanos tienen la jerarquía de la Constitución, lo que en modo alguno significa que compartan su característica de "ley suprema" en delegación que el Constituyente no ha hecho. Ello así, pues es sabido que la norma contenida en el artículo 31 de la Constitución Nacional, debe -aún hoy- coordinarse con lo dispuesto en el artículo 27 de la propia norma fundamental, y así al igual que para el caso de la restante legislación nacional. Así, la validez constitucional de los Tratados y restantes instrumentos internacionales suscriptos por el Gobierno Nacional, deben adecuarse a la norma fundamental.

A partir de tales referencias, es dable interpretar que las garantías y derechos constitucionales contenidos en los Tratados Internacionales firmados y aprobados por el país, constituyen derecho interno directamente aplicable, superior en jerarquía a las leyes del Congreso, pero sometidas al principio de la Supremacía de la Constitución Textual, ya que su jerarquía constitucional es al importante fin de ofrecer pautas valorativas a los Poderes Públicos.

A nuestro criterio, el reformador de 1994 no se apartó de las reglas de supremacía constitucional dispuestas por los arts. 31 y 27 C.N. sino que indicó la unidad

---

28. Colautti Carlos, Tratados Internacionales y la Constitución Nacional, La Ley, Buenos Aires, 1999.

y supremacía de la Constitución textual sobre el contexto de tales instrumentos, y luego sí, una misma jerarquía entre ellos. De ello derivamos que en supuesto de colisión insalvable, cede -en todos los casos- la normativa internacional frente a la Constitución textual, sea cual fuere el párrafo de confronte[29].

Por su parte, el segundo interrogante planteado: ¿significa de acuerdo a las reservas hechas por el Estado Argentino al suscribir el tratado o de acuerdo al sentido que le otorgan a los derechos contenidos en la CADH los órganos del SIDH (jurisprudencia y Opiniones Consultivas de la CorteIDH y recomendaciones de la ComisiónIDH); y a su vez en torno a la tercera afirmación: ¿podemos distinguir planos intra-jerárquicos? o esta interpretación está descartada y siempre debe buscarse la complementariedad?

La tesis de los planos intra-jerárquicos fue sostenida por la disidencia del ex Juez de la CSJN Augusto Beluscio en el caso Petric[30] y sostenida por un sector importante de la doctrina constitucional (Badeni, Rosatti, entre otros). La tesis de la complementariedad fue adoptada como doctrina por la CSJN a partir de los fallos Monjes[31] y Chocobar[32] afirmando que no es viable en ninguna hipótesis la inaplicación de una norma contenida en uno o más instrumentos internacionales de jerarquía constitucional, porque lo que es "complementario" de algo nunca puede dejar de surtir sus efectos "complementarios"; y porque los constituyentes realizaron un juicio de comprobación entre los tratados y la constitución que no puede ser desconocido por los poderes constituidos. Esta tesis en doctrina fue sostenida por Germán Bidart Campos.

Por consiguiente los tribunales argentinos - a partir de la ratificación legislativa de la Convención Americana de Derechos Humanos (CADH) acaecida en 1984 y de la reforma de 1994 poseen doble fuente normativa para realizar las interpretaciones judiciales de los derechos, generándose además la necesidad de integrar la jurisprudencia nacional a la jurisprudencia internacional emanada de los órganos creados por la CADH: La Corte IDH, órgano jurisdiccional, que se expresa a través de su función judicial y consultiva; y la ComisiónIDH, órgano político, que se expresa a través de recomendaciones a los estados y como llave de apertura de la jurisdicción de la Corte.

La tarea jurisdiccional de la Corte consiste en juzgar en casos concretos si un acto o una normativa del derecho interno de alguno de los estados miembros de la CADH resultan incompatibles con la Convención y su sentencia podrá disponer

---

29. Hemos sostenido de inicio esta posición. Amaya, Jorge Alejandro, Marbury v. Madison, op. cit. Cap. V.
30. CSJN sentencia del 16/04/1998
31. CSJN sentencia del 26/12/1996
32. CSJN sentencia del 27/12/1996

-conforme establece el art. 63 punto 1 de la CADH- que se garantice al lesionado en el goce de su derecho o libertad conculcados; que se reparen las consecuencias de la medida o situación que ha configurado la vulneración de esos derechos; y el pago de una justa indemnización a la parte lesionada.

IV. El nacimiento y desarrollo del control de convencionalidad en la jurisprudencia de la CorteIDH

La CorteIDH ha ido perfilando en sus últimos años lo que ha dado en llamar control de convencionalidad que supone una adopción de la institución del control de constitucionalidad en sede del tribunal internacional. Cual y como ha sido su desarrollo.

Este instituto tiene su origen en un voto individual del Juez Sergio García Ramírez en el caso Myrna Mac Chang c/ Guatemala[33] y es adoptado por el Tribunal en pleno en el conocido caso Almonacid Arellano c/ Chile[34], sosteniendo en el parágrafo N° 124 de la sentencia que el Poder Judicial debe ejercer una especie de Control de convencionalidad entre las normas jurídicas internas que aplican en los casos concretos y la CADH, y que en esta tarea debe tenerse en cuenta no solo el tratado sino también la interpretación que del mismo ha hecho la CorteIDH, interprete última de la CADH.

Tres meses después en Trabajadores Cesados del Congreso c/ Perú[35], profundiza este aspecto sosteniendo que el Poder Judicial debe ejercer no solo control de constitucionalidad sino también de convencionalidad y que esto debe efectuarse de oficio en el marco de las respectivas competencias y las regulaciones procesales correspondientes.

En Radilla Pacheco c/Estados Unidos Mexicanos[36], se consigna por primera vez la obligación del Poder Judicial Mexicano de ejercer control de convencionalidad, interpretando el derecho nacional conforme el Pacto y la jurisprudencia de la Corte.

En Cabrera García y Montiel Flores c/México la CorteIDH[37] avanza aún más con la obligación del control de convencionalidad extendiéndolo a todos los órganos vinculados con la administración de justicia en todos los niveles; y posteriormente en Gelman c/ Uruguay[38] lo extiende a cualquier autoridad pú-

---

33. CorteIDH sentencia del 25/11/2003.
34. CorteIDH sentencia del 26/09/2006.
35. CorteIDH sentencia del 24/11/2006.
36. CorteIDH sentencia del 23/11/2009.
37. CorteIDH sentencia del 26/11/2010.
38. CorteIDH sentencia del 24/02/2011 (fondo y reparaciones) y sentencia del 20/03/2013 (supervisión de cumplimiento).

blica. Asimismo, en el año 2014 en el caso de personas dominicanas y haitianas expulsadas precisa que todas las autoridades y órganos de un estado parte de la CADH tienen la obligación de ejercer control de convencionalidad[39].

De la doctrina de la CorteIDH que hemos enunciado se infieren algunas pautas de interpretación del control de convencionalidad.

1. La Corte justifica el nacimiento del control de convencionalidad en la tesis del efecto útil de los tratados como método de interpretación de los órganos internacionales; en el principio de buena fe; y en el de pacta sun servanda, en concordancia con el art. 27 de la Convención de Viena.

2. Cuando la CorteIDH ejerce control de convencionalidad actúa ejerciendo un control concentrado, a modo de un Tribunal Constitucional. La función consultiva se aproxima a un control previo de constitucionalidad; la función jurisdiccional a un control a posteriori, pero subsidiario.

3. Existe un control difuso de oficio de convencionalidad que deben ejercer particularmente todos los jueces Interamericanos dentro de su competencia y las normas procesales en forma represiva, o sea declarando la inconvencionalidad de la norma opuesta a la CADH; o constructiva, es decir adecuando las interpretaciones en los conflictos a la que mejor se adecue a la CADH. En ese proceder, los jueces no solo deben tener en cuenta las disposiciones de la CADH sino también su jurisprudencia (judicial y consultiva) y las recomendaciones de la ComisiónIDH, para efectuar una interpretación conforme.

4. Sin perjuicio que el Poder Judicial es el destinatario principal del control de convencionalidad todas las autoridades y órganos de un estado parte de la CADH tiene la obligación de ejercer control de convencionalidad.

5. La ratio decidendi o el holding de sus fallos resultan, a criterio de la Corte, vinculantes para los jueces interamericanos a los efectos del control de convencionalidad en el marco de sus competencias y reglas procesales, lo que resulta asimilable al efecto de la jurisprudencia en los sistemas anglosajones (doctrina del *stare decisis*).

6. La CorteIDH ha dejando en claro que no constituye una cuarta instancia de apelación, sin embargo en el caso Acevedo Jaramillo y otros v. Perú[40] estableció que solo circunstancias excepcionales pueden conducir a que el cuerpo supranacional deba ocuparse de examinar los respectivos procesos interno.

7. El control de convencionalidad se ha perfilado como un control de supra--constitucionalidad en temas de derechos humanos, ya que en caso que alguna disposición constitucional fuera contraria a la Convención, según la interpretación

---

39. CorteIDH sentencia del 28/08/2014.
40. CorteIDH sentencia del 07/02/2006.

de la Corte, el Estado estaría obligado a modificar la Constitución como sucedió con Chile en el caso de la Ultima Tentación de Cristo[41].

8. La Corte se ha mantenido reticente a desarrollar un margen de apreciación de los Estados como sí ha hecho el TEDH, si bien en el ámbito del tema que estamos abordando sostuvo en el caso Liakat Ali Alibux c/ Surinam[42] que la CADH no impone a los países un sistema de control de constitucionalidad determinado.

9. La Corte IDH ha llegado a sostener que la sola existencia de un régimen democrático no garantiza *per se* el respeto del derecho internacional de los Derechos Humanos; y que la aprobación popular en una democracia de una ley incompatible con la CADH no le concede legitimidad ante el derecho internacional[43].

10. Claramente la CorteIDH reclama para sí la última palabra constitucional en el derecho interno de los países cuando el mismo confronta, a su criterio, con la CADH y con el corpus iuris interamericano.

V. La recepción del control de convencionalidad por parte de la Corte Suprema de Justicia de la Nación Argentina. Una jurisprudencia cambiante. Distintas etapas

¿Cómo ha aceptado la CSJN Argentina, último intérprete de la Constitución Nacional, el control de convencionalidad creado pretorianamente por la Corte IDH, en su carácter de último intérprete de la Convención?

Como se ha desarrollado la cohabitación jurídica en materia de derechos humanos entre dos tribunales que reclaman para sí la última palabra. La jurisprudencia interna ha sido zigzagueante.

En una primera etapa, la CSJN consideró en Ekmekdjian (1992) que la interpretación de la CADH debía guiarse por la jurisprudencia de la CorteIDH. En Giroldi[44] (1995) ratificó el concepto de guía de la jurisprudencia internacional para la interpretación del Pacto de San José de Costa Rica, reconociendo expresamente que el último intérprete de la CADH es la CorteIDH y sosteniendo que cuando el art. 75 inc. 22 afirma que los tratados de derechos humanos se incorporan en las condiciones de su vigencia, el significado correcto de esta frase implica como la CADH rige en el sistema internacional considerando sus efectiva aplicación jurisprudencial.

---

41. CorteIDH sentencia del 15/01/1999.
42. CorteIDH sentencia del 30/01/2014.
43. Caso Gelman c/Uruguay.
44. CSJN sentencia del 07/04/1995.

En Bramajo[45] (1996), caso que consideramos dentro de esta primera etapa, incluye dentro de la expresión jurisprudencia internacional a los informes de la Comisión, diciendo que los mismos también deben servir de guía para la interpretación de la CADH.

Una etapa diferente se inaugura en el año 1998, en oportunidad de pronunciarse en el caso Acosta Claudia[46], en este fallo la CSJN sostiene que la jurisprudencia internacional no puede afectar la cosa juzgada a nivel interno, estableciendo que las recomendaciones de la Comisión no resultan vinculantes en su seguimiento para el Poder Judicial.

Dos años después, en Felicetti[47] la CSJN mantiene la línea del caso Acosta asumiendo la última palabra en la interpretación de la doble instancia.

El alejamiento que se percibe en esta segunda etapa, se mantiene en el caso Cantos[48] donde Argentina fue condenada por primera vez por la Corte IDH en el año 2002. En dicho caso la CSJN no dio total acatamiento al decisorio referido invocando razones de derecho interno.

Una tercera etapa, caracterizada por un total acatamiento de la jurisprudencia internacional y su vinculatoriedad, se inaugura con el Caso Bulacio[49] en el año 2003. Aquí la Corte IDH condenó nuevamente a la Argentina, en esta oportunidad por la muerte de un joven por parte de la policía. Dispuso allí que se investigue y se sancione a los responsables y que sean indemnizados los familiares.

La CSJN (con una nueva integración) cambió de criterio y acató totalmente la sentencia, a tal punto que dejó sin efecto un fallo local que había decretado la prescripción de la acción penal a favor del imputado (Comisario Espósito), disponiendo que se juzgue nuevamente al mismo.

En Espósito[50] (Bulacio) la CSJN sostuvo por mayoría que "…la decisión de la Corte IDH resulta de cumplimiento obligatorio para el Estado Argentino (art. 68.1, CADH), por lo cual también esta Corte, en principio, debe subordinar el contenido de sus decisiones a las de dicho Tribunal internacional…". Sosteniendo que la jurisprudencia de la Corte IDH constituye una imprescindible pauta de interpretación de los deberes y obligaciones derivados de la Convención Americana sobre Derechos Humanos.

Nótese el cambio de lenguaje utilizado por la CSJN cuando en un primer momento se refería a una guía, ahora se refiere a una imprescindible pauta de interpretación.

---

45. CSJN sentencia del 12/09/1996.
46. CSJN sentencia del 22/12/1998.
47. CSJN sentencia del 21/12/2000.
48. CorteIDH sentencia del 28/11/2002.
49. CorteIDH sentencia del 18/09/2003.
50. CSJN sentencia del 23/12/2004.

Dicho criterio fue ampliamente confirmado y ampliado en el Caso Simón[51] en 2005, vinculado con delitos de lesa humanidad, donde el más alto Tribunal interno decidió la inconstitucionalidad de dos leyes de impunidad como las llamadas de obediencia de vida (Ley 23.521) y punto final (Ley 23.492), flexibilizando principios constitucionales como la irretroactividad de la ley penal (en este caso en perjuicio del reo) y la prescriptibilidad de las acciones.

La adopción plena de la doctrina del control de convencionalidad llega en Mazzeo[52] (2007) donde la CSJN consolida el reconocimiento expreso del control de convencionalidad en los términos expuestos por la CorteIDH en Almonacid Arellano: habla de insoslayable pauta de interpretación en referencia a la jurisprudencia y establece que el Poder Judicial debe ejercer una especie de control de convencionalidad considerando el tratado y la jurisprudencia de la CorteIDH y asume como propias las consideraciones de la Corte[53].

Consideraciones similares se hacen en el caso Videla[54] (2010), recordando que los jueces deben hacer control de constitucionalidad y de convencionalidad de oficio, aunque esto no implica que el control deba ejercerse siempre sin considerar otros presupuestos procesales y materiales de admisibilidad y procedencia de este tipo de acciones.

Esta posición lleva a la CSJN en el caso René Derecho[55] (2011) a rectificar su propia sentencia para dar cumplimiento a una sentencia de la CorteIDH (caso Bueno Alves)[56].

En esta etapa de aceptación plena de la jurisprudencia internacional, la CSJN en Rodriguez Pereyra[57] (2012) asumió como propia la obligación promovida por la CorteIDH para que los jueces nacionales hagan control de convencionalidad de oficio y lo extendió al control de constitucionalidad.

Esta línea jurisprudencial fue profundizada en el año 2013 en el fallo Carranza Latrubesse[58], donde la CSJN estableció el carácter obligatorio de un informe definitivo de la ComisiónIDH, y se posiciona claramente en la fuerza vinculante de la interpretación del corpus iuris convencional por los organismos internacionales,

---

51. CSJN sentencia del 14/06/2005.
52. CSJN sentencia del 13/07/2007.
53. Puede verse nuestro comentario en Amaya Jorge Alejandro "Luces y sombras de las ideologías mayoritarias (a propósito de un fallo esperado y previsible: "Mazzeo"), [www.microjuris.com]. cita MJD 3212, Buenos Aires, 9 de agosto de 2007.
54. CSJN sentencia del 31/08/2010.
55. CSJN sentencia del 29/11/2011.
56. CorteIDH sentencia del 11/05/2007.
57. CSJN sentencia del 27/11/2012.
58. CSJN sentencia del 06/08/2013.

afirmando que dejar de lado el efecto vinculante de dichos pronunciamientos implicaría dejar de lado el principio de buena fe de los estados y el efecto útil de los tratados.

Sosteniendo coherentemente esta línea en el año 2014 revoca una sentencia firme de la Suprema Corte de Mendoza (caso ADD)[59] reconociendo en base a este razonamiento que la CorteIDH es la última autoridad interpretativa en la materia.

Una posición diferente a la sostenida en esta etapa por el máximo Tribunal Argentino, la encontramos en el dictamen de la Procuración General en el caso Acosta Jorge[60] (2010) que se detiene en el valor de la jurisprudencia de la CIDH cuando Argentina no ha sido parte entendiendo que no es vinculante para nuestros tribunales.

Sostiene que el concepto de "decisión" que contiene el art. 68 de la CADH alude a la parte dispositiva y no al fundamento jurídico, y que el efecto erga omnes de la jurisprudencia de la CorteIDH sobre otros casos similares existentes en el mismo Estado o en otro Estado no puede inferirse de la afirmación de la Corte pues justamente dicho argumento es lo que debe demostrarse.

Que la jurisprudencia sirva de guía o pauta no implica – para el Procurador de aquel entonces - una aplicación automática e irreflexiva.

La CSJN resolvió el caso en 2012 sin compartir estos argumentos, aunque si examinó si el caso a resolver encuadraba en el alcance la doctrina regional o tenía alguna singularidad que lo diferenciaba del precedente y no se consideró obligada a aplicarlo.

Una nueva etapa parece haberse inaugurado en febrero de 2017 con el caso Ministerio de Relaciones Exteriores[61]. Con una nueva conformación parcial la CSJN abandona la adhesión plena al control de convencionalidad; reivindica su autoridad interpretativa; y la última palabra constitucional como cabeza del Poder Judicial Federal.

Invocando su carácter de intérprete final de la Constitución modula el cumplimiento de la parte dispositiva de la sentencia de la CorteIDH dictada contra Argentina en el caso Fontevecchia[62].

La reciente doctrina del Alto Tribunal podría resumirse de la siguiente forma:

1) Sostiene la CSJN que las sentencias de la CorteIDH son, en principio, obligatorias para el Estado Argentino siempre que hayan sido dictadas dentro de su competencia.

---

59. CSJN sentencia del 05/08/2014.
60. Dictamen del Procurador Esteban Righi del 10/03/2010. CSJN sentencia del 08/05/2012.
61. CSJN sentencia del 14/02/2017.
62. CorteIDH sentencia del 29/11/2011.

2) Que "dejar sin efecto" su propia sentencia pasada en autoridad de cosa juzgada resulta jurídicamente imposible a la luz de los principios fundamentales del derecho público argentino consagrados en el art. 27 CN. Estos principios ubican a la CSJN, vía interpretación constitucional, como el tribunal que posee el derecho a la última palabra, lo que implica el modo en que deben ser interpretadas las obligaciones del Estado Argentino.

3) El constituyente ha consagrado en el art. 27 una "esfera de reserva soberana" delimitada por los principios de derecho público establecidos en la Constitución, a los cuales los tratados internacionales deben ajustarse y con los cuales deben guardar conformidad.

4) Revocar una sentencia firme dictada por la CSJN implica privarlo de su carácter de órgano supremo del Poder Judicial y sustituirlo por un tribunal internacional en clara transgresión a los artes. 27 y 108 CN.

VI. ¿Cómo resolvemos el debate sobre la última palabra?

Tanto el control de constitucionalidad del modelo norteamericano de la judicial review que adoptó Argentina, como el control de convencionalidad interamericano han sido creaciones pretorianas. Muchos de sus aspectos coincidentes son producto del proceso ascendente y descendente que el constitucionalismo ha operado respecto del derecho internacional.

Pero existen dos diferencias que podríamos calificar como genealógicas.

Por un lado el control de constitucionalidad lleva más de doscientos años de desarrollo frente al control de convencionalidad que apenas sobrepaso los diez años. Es como confrontar la madurez frente a la niñez, la consolidación constitucional de una doctrina frente al nacimiento ambiciosamente positivo de crear un *ius comune* interamericano a través de un tribunal internacional que actúa como un tribunal de casación convencional con un apasionamiento tan intenso que ha provocado sensibilidades lógicas en los Estados y una justificada desorientación en los actores nacionales de los distintos países.

Por otro, se sustentan en ideologías parcialmente encontradas: el constitucionalismo y el neo-constitucionalismo. El neo-constitucionalismo como ideología tiende a distinguirse parcialmente de la ideología constitucional liberal, ya que pone en un segundo plano el objetivo de limitación del poder estatal que es central en el constitucionalismo, y en un primer plano el objetivo de garantizar los derechos fundamentales. Así, la concepción neo-constitucionalista concede un amplio margen subjetivo e interpretativo al Tribunal (nacional o internacional) y su debilidad se centra en la disminución del grado de certeza que otorga del derecho, derivada de la subjetividad en la aplicación de los principios constitucionales a través de las nuevas técnicas interpretativas y de la interpretación moral del derecho.

Se han propuesto diferentes modalidades de cohabitación y regulación de ambos controles:

1) El tan destacado y trabajado diálogo jurisdiccional entre tribunales internacionales e internos[63];

2) El desarrollo de una doctrina del "margen de apreciación" a la que hemos hecho referencia en este trabajo que distingue entre un núcleo duro o esencial común para todos, y otro más flexible y maleable, atendiendo las limitaciones y posibilidades de cada país; su idiosincrasia y experiencias;

3) Promover una reforma constitucional que delimite con claridad competencias y procedimientos;

4) O la elevación en consulta a un órgano superior en caso de duda sobre el conflicto normativo[64].

Pero mientras esto no suceda, el control de convencionalidad como creación pretoriana de la CorteIDH en el sistema argentino de control de constitucionalidad judicial difuso debería ejercerse –según nuestro parecer– bajo las siguientes pautas:

1) El control de convencionalidad es complemento del control de constitucionalidad y puede ser ejercido de oficio por parte de los jueces, respetando los recaudos procesales previstos por las leyes y la jurisprudencia de la CSJN.

2) Este ejercicio convierte a los jueces de los sistemas difusos en un primer custodio del sistema interamericano, ya que la actuación de los órganos internacionales, particularmente la CorteIDH es subsidiaria y complementaria.

3) La jurisprudencia de la CorteIDH y sus Opiniones constituyen una relevante pauta o guía de interpretación de las normas convencionales para compatibilizar y complementar el control de constitucionalidad, sin olvidar los presupuestos procesales y materiales de admisibilidad y procedencia que rigen el control de constitucionalidad.

4) Las recomendaciones de la ComisiónIDH constituyen una pauta de interpretación de las normas convencionales, sin carácter obligatorio.

5) El control de constitucionalidad-convencionalidad represivo solo puede ser ejercicio por el Poder Judicial.

---

63. Al respecto puede verse la obra "Diálogos desde la Diversidad. Tribunales supranacionales y tribunales nacionales" (Calogero Pizzolo y Luca Mezzetti – Coordinadores) I – América – Amaya Jorge Alejandro "Diálogos entre tribunales internacionales y tribunales internos. Tensiones e interrogantes en materia de derechos políticos que surgen de la jurisprudencia de la Corte Interamericana de Derechos Humanos (pp. 17/46), Astrea, Buenos Aires, septiembre de 2016.
64. Sobre estas temáticas puede verse una excelente obra de Calogero Pizzolo, Comunidad de Intérpretes finales, Astrea, 2017.

6) El control de constitucionalidad-convencionalidad constructivo constituye una pauta o guía para todos los órganos del poder público, ya que el principio de legalidad los obliga a encuadrar sus actos con la Constitución y con la jurisprudencia de la CSJN, la cual como su último intérprete, es quien tiene la última palabra sobre el sistema jurídico nacional.

7) La jurisprudencia de la CorteIDH no debe ser aplicada por los jueces en forma automática e irreflexiva, Para que surja doctrina en los términos de precedente la decisión debe haber configurado una regla general que encuadre en la particularidad del caso. Es el mismo ejercicio que deben hacer los jueces en la aplicación de los precedentes de la CSJN.

8) El desarrollo de un Margen de Apreciación Nacional (MAN) de los Estados por parte de la CorteIDH contribuiría a clarificar su jurisprudencia sobre el control de convencionalidad.

9) En un país Federal habría que diseñar vías de comunicación entre los niveles federales y locales para difundir las sentencias interamericanas y establecer los núcleos o holdings de las sentencias que pueden catalogarse con valor de precedentes.

10) Los fallos de la CorteIDH dictados contra el país son obligatorios para el Estado Argentino, en la medida que no colisionen con las declaraciones, derechos y garantías de la primera parte de la Constitución, ni con los principios de derecho público que consagra el artículo 27 CN.

11) El control de constitucionalidad-convencionalidad debe guiarse por el principio pro homine, ya que siempre debe elegirse la norma que mejor ampare los derechos humanos en el caso particular.

Hoy vivimos una realidad que ya no es lo que era en el pasado. La interconexión de los sistemas nacionales con los internacionales ha traído enormes avances a la humanidad y a la persona como centro y finalidad del derecho; y la expectativa de un ius comune regional y universal que debemos acrecentar y preservar mediante la cooperación prudente y responsable de todos los actores.

Pero más allá del perfeccionamiento en los diseños jurídicos interconectados; o de los mejores esfuerzos interpretativos que se formulen, el debate sobre la última palabra constitucional se mantiene presente.

13

PRÓ-MAJORITARIEDADE *VERSUS* CONTRAMAJORITARIEDADE: A CONSTRUÇÃO DO CAPITAL POLÍTICO DA JURISDIÇÃO CONSTITUCIONAL

PEDRO FELIPE DE OLIVEIRA SANTOS

Doutorando em Direito pela Universidade de Oxford. Mestre em Direito pela Universidade de Harvard (Diploma revalidado pela Universidade de Brasília). Graduado em Direito pela Universidade de Brasília. Juiz Federal do Tribunal Regional Federal da 1ª Região. Professor colaborador da Universidade de Brasília. Professor titular da Escola Superior do Ministério Público do Distrito Federal e Territórios. Professor titular da Escola da Magistratura Federal da 1ª Região.

SUMÁRIO: Prólogo; 1. Introdução; 2. Constituições e jurisdição constitucional como instituições políticas; 3. Para além da jurisdição constitucional contramajoritária: proteção de direitos fundamentais na pauta majoritária? 4. Uma nova tipologia de funções para a jurisdição constitucional: o Supremo Tribunal Federal sob a égide da Constituição de 1988; 5. Conclusão.

Prólogo

A luz vermelha acende no semáforo.[1] Os carros imediatamente param. Os pedestres atravessam a avenida principal do centro da metrópole, apressados para alcançar o outro lado da via, onde a massa dos trabalhadores do transporte público, em greve, realiza uma manifestação. Outros transeuntes tentam se desviar dos manifestantes, mas alguns acabam se misturando à multidão, que exige que os patrões efetivem o reajuste previsto na convenção coletiva. "Chega de prometer direitos, queremos concretizações", uma das faixas denuncia.

A alguns metros dali, vindo em direção contrária, estudantes protestam contra a lei que restringiu o direito à meia-passagem no transporte público para o período de aulas escolares. Policiais preveem um possível tumulto e tomam

---

1. Agradeço os comentários e as gentis colaborações de revisão de Andrea Magalhães, Sophia Guimarães, Yuri Sena, Gabriel Fonseca e Paulo Henrique Neto. Todos os erros são de minha responsabilidade.

posições. Transeuntes já apressam o passo, tentando sair do epicentro das manifestações. Um jornalista aguarda no canto da calçada para entrar ao vivo no jornal local, logo após encerrada a entrevista de um dos proprietários de empresa de ônibus, que se encontra em estúdio afirmando que a crise econômica impede a efetivação dos direitos dos trabalhadores.

Um dos manifestantes acessa o conteúdo da entrevista via aplicativo de celular e grita: "Greve ou morte!". A multidão infla. Os dois protestos se encontram. Os policiais tentam restabelecer a ordem, enquanto os manifestantes adentram a avenida e param o tráfego. Um motorista reclama: "eu tenho direito de passar". Ninguém lhe dá atenção.

As redes sociais repercutem os protestos. A polarização entre os internautas é evidente. Discursos inflamados tomam as *timelines*, que também veiculam vídeos da reação truculenta da polícia em relação aos manifestantes. O jornal das 23 horas noticia que a polícia finalmente controlou os manifestantes, não sem impedir que mais de 30 pessoas fiquem feridas. Manifestantes são presos.

Novamente nas redes sociais, pessoas convocam protestos para o dia seguinte, e assim sucessivamente: 10 mil pessoas no primeiro dia; 100 mil pessoas no segundo; 500 mil no terceiro. Outras cidades do País aderem ao movimento. As demandas são direitos: "direitos, direitos, direitos: justamente aqueles prometidos na constituição", gritam os líderes.

Uma senhora que a tudo assiste pela televisão pergunta: "Minha neta, que Constituição é essa que tanto falam?"; "É uma promessa, minha avó, uma promessa distante".

1. Introdução

Constituições regulam a alocação futura do poder político[2]. No exercício dessa tarefa, definem parâmetros de comportamento estatal, distribuem poderes entre as estruturas institucionais que elas mesmas criam (*power map*) e encartam direitos fundamentais assegurados aos cidadãos que elas mesmas reconhecem. Nesse sentido, colocam-se como pontos focais de emissão de incentivos de coordenação, de cooperação e de consideração recíproca entre os mais diversos agentes que estrategicamente interagem no curso do processo político[3].

---

2. Sobre a função das constituições como organizadoras do processo político e racionalizadoras do poder político absoluto, *vide* GINSBURG, Tom. Constitutional endurance. In: GIMSBURG, Tom; DIXON, Rosalind (Org.). *Comparative constitutional law*. Edward Elgar, 2011. p. 112.
3. AXELDROD, Robert; COHEN, Michael. *Harnessing complexity*: organizational implications of a scientific frontier. Basic Books, 2000; JERVIS, Robert. *System effects*: complexity in political and social life. Princeton University Press, 1997.

Historicamente, em momentos de transição democrática, *constituições* transferem poder de um grupo minoritário controlador (*stakeholders*) para a parcela restante dos cidadãos (grupos majoritários), equilibrando a participação política de ambos por meio de reformas estruturais que tornem ou criem instituições políticas mais inclusivas[4].

Nesse ponto, para que tenham chances mínimas de durabilidade, uma das principais estratégias adotadas pelas constituições democráticas consiste na construção de um capital político inicial, decorrente da veiculação de um compromisso *crível* de que políticas públicas majoritárias – em benefício da maioria dos cidadãos, e não apenas de grupos historicamente privilegiados – serão adotadas após a respectiva promulgação. Afinal, em regra, transições democráticas não consistem em momentos de tranquilidade institucional, em que uma elite iluminada espontaneamente manifesta interesse em adotar regimes redistributivos[5]. Ao contrário, consistem em situações de conflito, em que controladores se sentem ameaçados por grupos que transitoriamente detêm o poder político *de facto*, e, portanto, encontram-se em condições de barganha para a obtenção de alterações estruturais[6]. A melhor solução desse jogo estratégico aproxima-se do "dilema do prisioneiro"[7]. Controladores enxergam na postura cooperativa a resposta que *a)* evita/minora os custos imprevisíveis de revoluções e de golpes; *b)* mantém o *status quo* de seu controle sobre o Estado; e *c)* reduz as fricções do processo político. Nesse sentido, aceitam realizar transições democráticas, especialmente por meio do estabelecimento de instituições mais inclusivas. Igualmente, grupos majoritários também enxergam na postura cooperativa a resposta que minora os custos imprevisíveis de rupturas drásticas no processo político[8]. Consequentemente, elevam-se as chances de que aceitem as mudanças institucionais propostas, desde que efetivamente as enxerguem como capazes de gerar benefícios em prol da maioria da população. Uma vez celebrado o "acordo" entre os agentes conflitantes, devolve-se o poder *de facto* ao grupo minoritário controlador.

---

4. O conceito de transição democrática como a realocação de poderes entre *stakeholders* e grupos majoritários é desenvolvido pelos professores Daron Acemoglu e James Robinson na obra *Economic origins of dictatorship and democracy*. Cambridge University Press, 2006. *Vide* também exemplos de transições inclusivas com reformas estruturais narradas por Daron Acemoglu e James Robinson, em *Why nations fail*: the origins of power, prosperity, and poverty. Profile Books, 2012.
5. ACEMOGLU, Daron; ROBINSON, James. *Economic origins of dictatorship and democracy*. Cambridge University Press, 2006. p. 19.
6. Ibidem, p. 20.
7. *Vide* AXELROD, Robert. *The complexity of the cooperation*: agent-based models of competition and collaboration. Princeton University Press, 1997. p. 25.
8. ACEMOGLU, Daron; ROBINSON, James. *Economic origins of dictatorship and democracy*. Cambridge University Press, 2006. p. 27.

Na segunda metade do século XX, seguem essa tendência as transições democráticas percebidas na África pós-descolonização, na América do Sul pós-desmilitarização e na Europa Oriental pós-soviética. Nesses três casos, as mudanças de regime foram acompanhadas pela promulgação ou pela reforma de constituições escritas, as quais albergavam três circunstâncias interseccionadas: *a*) o estabelecimento de instituições políticas inclusivas; *b*) o enxerto de direitos fundamentais das mais variadas dimensões (civis, políticos, sociais, coletivos, transindividuais etc.); e *c*) a implantação ou o fortalecimento da jurisdição constitucional, especialmente com a criação de Cortes Constitucionais.

Uma vez justapostos, esses três pilares pretenderam funcionar como garantes de um ambiente de estabilidade, como que capazes de disciplinar e de racionalizar a distribuição dos recursos escassos ou limitados – materiais e imateriais –, e as eventuais disputas dela decorrentes. Esse complexo torna-se, assim, um conjunto de pontos focais de incentivos de coordenação política.

No entanto, como documentos que operam imersos no tempo e na cultura política – e deles também recebem influxos –, as *constituições* têm capital político fluido. Nesse ponto, a respectiva legitimidade varia consoante a crença difusa dos cidadãos de que os compromissos nelas elencados encontram-se em cumprimento, ou *em vias de* cumprimento[9] – isto é, as instituições nelas previstas entregam o resultado que prometem[10]. Em outras palavras, ao contrário, a percepção de que essas instituições não atuam pró-majoritariamente, mas indevidamente em benefício de grupos privilegiados (*stakeholders*), gera descrédito sobre a sua capacidade de organizar e de equilibrar a alocação de poderes, implicando déficit de legitimidade constitucional.

Perceba-se que essa descrição discrepa com o enfoque que, em geral, as teorias normativas introjetadas pela Filosofia Política fornecem ao *constitucionalismo*. Nas últimas décadas, construiu-se um discurso de relativa oposição entre *democracia* e *constitucionalismo*, de modo que este último deveria funcionar como instância de estabilização do primeiro. Como condição *sine qua non* para a proteção dos direitos fundamentais, o constitucionalismo *deveria* adotar enfoque contramajoritário, como forma de se contrapor ao caráter majoritário do regime democrático. Nesse ponto, os beneficiários prioritários dessa tarefa pertenceriam a grupos sociais minoritários invisibilizados e marginalizados, com nulo ou restrito acesso aos feixes protetivos de normatividade que a constituição irradia, especialmente as minorias identitárias.

---

9. *Vide* GINSBURG, Tom. Constitutional endurance. In: GINSBURG, Tom; DIXON, Rosalind (Org.). *Comparative constitutional law*. Edward Elgar, 2011. p. 116.
10. LEVINSON, Daryl. Parchments and politics: the constitutional puzzle of constitutional commitment. 124 *Harvard Law Review*, 658, 2011. p. 701.

Esse mesmo enfoque prescritivo foi direcionado à jurisdição, pilar essencial para a emergência da força normativa da ordem constitucional. A coercibilidade das decisões judiciais contribui sobremaneira para a obediência difusa às normas jurídicas, na medida em que aquelas emitem aos agentes os mais diversos incentivos procedimentais e materiais, seja para fazer valer as funções retributivas e preventivas do direito sancionador, seja para fixar interpretações específicas da legislação, orientando a conduta dos cidadãos. Nesse ponto, também sob a ótica prescritiva, caberia à jurisdição contrabalancear as pautas das instituições representativas – potencialmente majoritárias – com os interesses de grupos minoritários – in casu, não os *stakeholders*, mas as minorias estruturalmente desempoderadas.

É vasta a jurisprudência que se construiu no mundo inteiro em prol dos direitos fundamentais de minorias identitárias (negros, mulheres, comunidade LGBT etc.). No entanto, estudos empíricos frustram essa proposta, ao menos do ponto de vista quantitativo. Exemplificadamente, verificações na Colômbia[11], no Brasil[12] e nos Estados Unidos[13] comprovam que, ao contrário do que prescrevem as teorias normativas do Direito Constitucional, Supremas Cortes e Cortes Constitucionais desses países atuam precipuamente em viés majoritário – tanto

---

11. Vide MALDONADO, Daniel Bonilla (Ed.). *Constitutionalism of the global south: the activist tribunals of India, South Africa, and Colombia*. Cambridge University Press, 2014; LANDAU, David. Political institutions and judicial role in comparative constitutional law. 51 *Harvard International Law Journal*, 319, 2010; YOUNG, Katharine G. A typology of economic and social rights adjudication: exploring the catalytic function of judicial review. 8(3) Int'l J. Const. L. 385, 2010.
12. BENVINDO, Juliano Zaiden; COSTA, Alexandre Araújo. *A quem interessa o controle concentrado de constitucionalidade*: o descompasso entre teoria e prática na defesa dos direitos fundamentais. Working Paper, Universidade de Brasília, April 1, 2014. Disponível em: [https://ssrn.com/abstract=2509541. or http://dx.doi.org/10.2139/ssrn.2509541].
13. HALL, Matthew E. K.; URA, Joseph Daniel. Judicial majoritarianism. *The Journal of Politics* 77, n. 3, July 2015: 818-832. "For decades, constitutional theorists have confronted the normative problems associated with judicial review by an unelected judiciary; yet some political scientists contend that judicial review actually tends to promote majoritarian interests. We evaluate the majoritarian nature of judicial review and test the political foundations that shape this process. To do so, we construct a statute-centered data set of every important federal law enacted from 1949 through 2008 and estimate the probability of a law being challenged and subsequently invalidated by the Supreme Court. Our methodological approach overcomes problems of selection bias and facilitates a test of judicial majoritarianism and the mechanisms that drive that behavior. We find that the Court tends to invalidate laws with little support from elected officials and that this pattern is primarily driven by the justices' concern for congressional constraint during the certiorari stage". *Vide* também PILDES, Richard H. Is the Supreme Court a "majoritarian" institution?. *The Supreme Court Review* 2010, jan. 2011: 103-158.

para sustentar pautas de instituições representativas e corporativas como para balizar interesses de grupos políticos majoritários –, tendo perfil contramajoritário apenas em caráter excepcional.

À luz dessas reflexões, e partindo do estudo de caso da transição democrática que conduziu o Brasil à Constituição Federal de 1988, o presente trabalho revisita a relação entre constitucionalismo, direitos fundamentais e jurisdição constitucional, para apresentar a seguinte hipótese tripartida: (i) como instituição política ancilar às constituições democráticas, a jurisdição exerce papel fundamental na coordenação do processo político e no equilíbrio de forças entre os mais diversos grupos sociais, o que demanda às cortes o exercício de funções majoritárias e político-institucionais; (ii) essas duas pautas constituem condição *sine qua non* para que as cortes construam o capital político necessário para que possam atuar, pontualmente, em caráter contramajoritário; (iii) seja no exercício das funções majoritárias e político-institucionais, seja no exercício da função contramajoritária, as cortes podem proteger e concretizar direitos fundamentais, definindo os seus conteúdo e limites. Nesse ponto, para além dos episódios de populismo judicial – que devem ser evitados –, a ausência de contramajoritariedade no exercício da jurisdição não representa, em qualquer caso, déficit de proteção de direitos fundamentais. Afinal, conforme indicam os achados empíricos, a diversidade dos bens tutelados, das relações interinstitucionais conflitivas e dos grupos sociais que reclamam proteção demanda uma plasticidade do constitucionalismo, a qual não se esgota necessariamente na contramajoritariedade[14].

---

14. Não se desconhece que vários dos estudos empíricos aqui citados enfatizam que há causas estruturais e institucionais que obstaculizam o exercício da função contramajoritária da jurisdição constitucional, cujas decisões acabam por indevidamente beneficiar *stakeholders* ou grupos majoritários historicamente privilegiados. De um lado, barreiras formais de acesso à justiça, entre outras restrições procedimentais, uma vez combinadas com regras informais de relações de poder entre esses diversos grupos sociais, impedem a efetiva igualdade política no exercício da legitimidade ativa da jurisdição constitucional. De outro lado, o mosaico de posições ideológicas predominantes nos Tribunais acaba por influenciar na prolação de decisões pró-majoritárias que minoram os direitos fundamentais de minorias.

Embora essa questão seja mais bem explorada nas seções subsequentes, ressalta-se, desde logo, que o presente trabalho não infirma essa tese, muito menos desafia esses achados empíricos. O ponto que aqui se problematiza é que, populismos judiciais à parte, a ordem constitucional exerce funções que vão além da contramajoritariedade. Nesse sentido, como braço dessa ordem, a jurisdição constitucional inexoravelmente absorve e dinamiza essas mesmas funções, que, por sua vez, são muito pouco exploradas nas teorias normativas da Filosofia Política. Elas exsurgem nas pesquisas empíricas e fomentam uma dicotomia entre a abordagem normativa historicamente construída (Cortes constitucionais como instituições precipuamente contra majoritárias) e os achados descritivos (Cortes constitucionais como instituições dinâmicas

À luz dessa hipótese, oferece-se uma tipologia descritiva de funções institucionais exercidas pela jurisdição constitucional, cujas categorias se encontram intimamente interligadas: *a)* função pró-majoritária, em que o Poder Judiciário baliza pautas de instituições representativas integrantes do compromisso da transição democrática (exemplificadamente, políticas públicas), bem como temas de interesse de grupos majoritários; *b)* função político-institucional, em que o Poder Judiciário tenta desobstruir canais do processo político e prover os atores com incentivos de aderência institucional; e *c)* função contramajoritária, em que o Poder Judiciário resolve conflitos morais e sociais complexos de interesses de grupos minoritários. Nenhuma dessas categorias é exclusiva, uma vez que há frequente superposição de casos entre elas, embora cada qual disponha de um núcleo com características essenciais.

O restante do artigo se divide em três partes. Primeiro, problematizam-se as constituições e a jurisdição constitucional como instituições políticas – e não meramente jurídicas –, de modo a se analisarem os realinhamentos discursivos que essa perspectiva exige. Segundo, a partir dessas premissas teóricas, descrevem-se as funções que efetivamente a jurisdição constitucional realiza, e como cada uma delas se relaciona à aplicação dos direitos fundamentais. Terceiro, oferece-se uma taxonomia de casos julgados pelo Supremo Tribunal Federal, à luz das funções descritas na seção anterior.

2. Constituições e jurisdição constitucional como instituições políticas

O constitucionalismo moderno tem sido um dos projetos mais bem-sucedidos e duradouros de controle garantístico do poder político. Símbolo essencial desse empreendimento são as leis básicas de racionalização de poderes estatais e de garantia de direitos fundamentais, denominadas *constituições,* que, a partir desse modelo, assumem centralidade nos mais diversos regimes políticos. Especialmente a partir dos séculos XIX e XX, várias nações adotaram *constituições escritas* que seguiram a estrutura que Jeffrey Goldsworthy denominou de modelo democrático de constitucionalismo: *(i)* eleições democráticas para os Poderes Executivo e Legislativo; *(ii)* previsão de direitos fundamentais; *(iii)* Poder Judiciário independente, com competência para resolver conclusivamente conflitos; e *(iv)* previsão de procedimentos legislativos mais rigorosos para alterações constitu-

---

e multifuncionais). Assim, antes de se afirmar aprioristicamente que a jurisdição, em qualquer hipótese, não esteja cumprindo a missão indicada pelas teorias normativas, talvez seja prudente analisar *i)* se todos os conflitos constitucionais reclamam o mesmo tipo de atuação da Corte, considerada a própria complexidade das naturezas dos direitos e dos interesses envolvidos, e *ii)* o modo como os arranjos políticos que sustentam a Corte influenciam o modo como ela mesma define as suas agendas e constrói a sua própria legitimidade.

cionais[15]. Atualmente, 191 cartas escritas vigoram no mundo[16], o que consiste em evidência irrefutável de que esse *design* estrutural se tornou preponderante.

Simultaneamente à consolidação das *constituições*, a jurisdição constitucional ascendeu como *locus* estruturado para a resolução de controvérsias relativas à interpretação e à aplicação de suas normas. Não se trata de mera coincidência histórica, mas de fenômenos interligados por vigoroso vínculo de causalidade. Essa relação se intensificou a partir da segunda metade do século XX, com o recrudescimento do discurso dos direitos humanos na comunidade internacional, em reação às atrocidades cometidas durante a Segunda Guerra Mundial e à ressaca totalitarista.

Símbolo do movimento contrário ao trinômio fascismo-nazismo-imperialismo foi a reafirmação de que "todos os indivíduos nascem livres e iguais em dignidade e em direitos", que inaugura a Declaração Universal dos Direitos Humanos (DUDH) de 1948. Por meio do resgate das ideias iluministas e humanistas que remontam ao constitucionalismo moderno, esse documento reforçou a abstrata noção do ser humano como sujeito de direitos dotado de um plexo de relações jurídicas que lhe resguardam a liberdade de agir e a igualdade de oportunidades, ambos tematizados como elementos centrais de um *standard* mínimo de *dignidade*. Assim como no nascedouro do constitucionalismo moderno, essa dicção consistiu em nova tentativa de controle garantístico do poder político e, por isso mesmo, dirigiu-se primordialmente contra os Estados, enquanto executores, das maiores atrocidades contra indivíduos já realizadas, durante a Segunda Guerra.

A DUDH, embora formalmente sem eficácia normativa, consistiu em marco do Direito Internacional que repercutiu sensivelmente no conteúdo dos constitucionalismos domésticos, em um momento crucial em que vários países adotavam constituições escritas – tal como as nações africanas e asiáticas recém descolonializadas – ou renovavam constituições – tal como as nações europeias. Destacam-se dois pontos essenciais. Primeiro, esse documento introjetou a categoria *dignidade humana* no vocabulário jurídico e na agenda das democracias liberais, sob a forma de *sobreprincípio constitucional*. Segundo, esse documento apresentou um catálogo de direitos inerentes à identidade humana, os quais compõem o núcleo essencial de proteção dos sujeitos. A partir de então, esse catálogo foi paulatinamente incorporado pelos textos constitucionais, em maior ou menor escala, sob as mais diversas formas – direitos fundamentais, direitos programáticos, cartas de direitos etc.

---

15. GOLDWORTHY, Jeffrey. Questioning the migration of constitutional ideas: rights, constitutionalism and the limits of convergence. *The migration of constitutional ideas.* Cambridge: Cambridge University Press, 2006. p. 116.
16. Disponível em: [www.constituteproject.org/search?lang=em]. Acesso em: 13.06.2018.

Tais movimentos históricos decorreram do consenso de que a proteção da dignidade humana demandaria a inexorável articulação cooperativa entre instituições domésticas e internacionais. Ganha força o discurso de constitucionalismo como instância de estabilização da democracia, em que o primeiro deveria funcionar para o resguardo de um núcleo mínimo de direitos fundamentais.

Esse foco no discurso contramajoritário da jurisdição operou adaptações nos planos institucional e discursivo do constitucionalismo.

No plano institucional, o *design* de alocação de poderes e de funções entre os diversos atores políticos e instituições é formal e informalmente redefinido para reequilibrar os espaços de participação dos mais diversos grupos. Como sintoma dessa influência, as constituições escritas a partir da segunda metade do século XX expandiram o escopo da *judicial review*. A criação de cortes constitucionais na Alemanha (1951), na Bélgica (1980), na Hungria (1989), na África do Sul (1993) e em outros cinquenta países, durante a segunda metade do século XX, é reflexo direto desse fator. Por outro lado, mesmo países que já dispunham de jurisdição constitucional receberam incremento das funções de *judicial review*. Esse fato ocorreu no Brasil, com o advento da Constituição de 1988 e das emendas subsequentes, que ampliaram as competências do Supremo Tribunal Federal no âmbito do controle de constitucionalidade.

No plano discursivo, reformularam-se completamente a dinâmica e a linguagem da resolução dos conflitos envolvendo questões morais complexas. Adotou-se um estilo de argumentação conhecido como *rights-based approach*, por meio da qual os direitos – notadamente os direitos humanos – ultrapassaram a sua tradicional função ético-pragmática para adquirir maior relevância no plano normativo. A partir de então, a jurisdição chama para si a tarefa de implementar os direitos previstos nas constituições escritas em sua máxima efetividade, seja garantindo a respectiva concretização para grupos desfavorecidos, seja determinando a redistribuição do respectivo gozo entre eventuais titulares concorrentes[17].

---

17. Sobre o tema, disserta Lorraine Weinrib: "The rights-protecting instruments adopted in the aftermath of the Second World War share a constitutional conception that transcends the history, cultural heritage and social mores of any particular nation state. Viewed retrospectively after the tragedy of the Second World War, this conception has the remedial purpose of building the primacy of equal citizenship and inherent human dignity into the basic structure of liberal democracy. Viewed prospectively, it characterizes the postwar nation state as the state of its citizens, transcending their shared or diverse ancestry, ethnicity, and religion.

These instruments effectuate their remedial purposes through an institutional framework, including judicial review and possible invalidation of legislation, dedicated to rights-protection as well as other constitutional principles, such as the rule of law, the separation of powers and stable democratic governance. The value structure and

Nesse sentido, os *direitos* transformam-se no cerne vocabular da argumentação jurídica, perdendo o seu caráter absoluto e reinventando-se como categorias flexíveis e ponderáveis[18]. Nesse ínterim, o *trade off* entre os direitos de liberdade e de igualdade transforma-se na escala argumentativa de solução dos conflitos constitucionais.

De maneira geral, as recém-criadas Cortes Constitucionais arrogaram para si a função protetiva dos direitos fundamentais, na medida em que concebidas como instituições de guarda da própria Constituição. Para tanto, também passaram a propalar a retórica da função de intérpretes últimas das normas constitucionais, pela qual assumiriam o papel de árbitros da mediação entre constitucionalismo e democracia – contramajoritariedade e majoritariedade –, definindo os contornos concretos de exercício dos direitos fundamentais. Por esse modelo, caberia às Cortes extrair das abstrações normativas constitucionais os direitos concretos atribuíveis aos cidadãos.

No entanto, percebe-se profundo dissenso entre o discurso jurídico que se produz acerca das funções que a jurisdição constitucional *deve desempenhar* (discurso normativo) e os achados empíricos acerca das funções que a jurisdição constitucional *efetivamente desempenha* (discurso descritivo). Estudos recentes

---

corresponding institutional framework are taken to comprise 'an objective value order'. The state's responsibility is both negative and positive: to prevent or remedy breaches of this order and to forward its development.

To secure the constitutional principles as higher or supreme law, rights guarantees displace any presumption of the constitutional validity of legislation or state action. These guarantees impose duties, capacities and incapacities on government by disciplining every exercise of state power, whether by elected officials or under their auspices.

Accordingly, the specific rights guaranteed to individuals as legal subjects – the so-called 'subjective rights' – crystallize the more objective abstract constitutional principles of equal citizenship and inherent human dignity. Accordingly, the state must treat each person over whom it holds power as an end, not a means, by respecting his or her full and equal humanity and opportunity for self-fulfillment. The individual is understood as a self-determining social creature embedded in a complex mesh of private and public arrangements, not as an atomistic unit. No received wisdom justifies the state's failure to respect personhood, whether it derives from national or religious tradition, the accepted understanding of the common or public good, or the approval of elected bodies holding temporary power" (WEINRIB, Lorraine. Postwar paradigm and American exceptionalism. In: SHOUDHRY, Sujit. *The migration of constitutional ideas*. Cambridge: Cambridge University Press, 2006. p. 89-90).

18. Ainda segundo Weinrib, "To this end, the judiciary develops and applies appropriate doctrinal tests and onuses, assesses the strength of arguments in the light of the requirements of the objective legal order, and examines the specific and concrete effects of impugned state action by testing the evidentiary record, with recourse to expertise and data, for relevance and reliability" (Ibidem, p. 92).

realizados no Brasil[19], na Colômbia[20] e nos Estados Unidos[21], por exemplo, demonstram que decisões contramajoritárias do Poder Judiciário consistem em exceção – e não regra. Nesses países, há evidências de que a jurisdição constitucional mais atua quantitativamente para salvaguardar *direitos* de grupos majoritários do que de grupos marginalizados ou de minorias identitárias (mulheres, negros, LGBTQIA+ etc.). No caso brasileiro, de 1988 a 2012, o controle concentrado de constitucionalidade privilegiou pautas institucionais de órgãos governamentais e interesses corporativos de servidores públicos; no caso colombiano, as intervenções judiciais para a concretização de direitos sociais beneficiaram cidadãos de classe média, e não das classes menos favorecidas; no caso americano, cortes federais tendem a invalidar leis com pouco suporte legislativo e a manter leis com grande base de apoio entre os congressistas.

Para além de se afirmar que as Cortes Constitucionais não estão adimplindo as dicções normativas da Filosofia Política, no sentido de que a atuação da jurisdição constitucional apenas se justifica se e quando contramajoritária, este trabalho propõe uma problematização mais refinada: a jurisdição constitucional efetivamente comporta a contramajoritariedade como missão principal?

Responder essa indagação demanda revisitar a relação entre *constituições, jurisdição constitucional* e *direitos fundamentais*, mas não sob a perspectiva normativista do Direito Constitucional ou da Filosofia Política. Partir de descrições acuradas acerca de como efetivamente funcionam esses três pilares do constitucionalismo ajuda a entender as reais missões que a jurisdição constitucional tem operado no processo político.

Nesse ponto, faz-se necessário estabelecer duas premissas teóricas que norteiam essa análise.

Primeiro, constituições e jurisdição constitucional são instituições políticas e, portanto, devem ser problematizadas como tal[22]. Como um compromisso formal de coordenação do processo político, cada constituição transforma-se em uma complexidade metaestrutural que organiza e disciplina as demais instituições

---

19. BENVINDO, Juliano Zaiden; COSTA, Alexandre Araújo. *A quem interessa o controle concentrado de constitucionalidade: o descompasso entre teoria e prática na defesa dos direitos fundamentais*. Working Paper, Universidade de Brasília, April 1, 2014. Disponível em: [https://ssrn.com/abstract=2509541] ou [http://dx.doi.org/10.2139/ssrn.2509541].
20. LANDAU, David. Political institutions and judicial role in comparative constitutional law. 51 *Harvard International Law Journal* 319, 2010; LANDAU, David. The reality of social rights enforcement, 53 *Harvard International Law Journal*, 2012, 191.
21. HALL, Matthew E. K.; URA, Joseph Daniel. Judicial majoritarianism. *The Journal of Politics* 77, n. 3, July 2015: 818-832.
22. LEVINSON, Daryl. Parchments and politics: the constitutional puzzle of constitutional commitment. 124 *Harvard Law Review* 658, 2011. p. 701.

políticas, as quais, por sua vez, funcionam como um conjunto normativo estável dela dependente, assumindo tarefas e funções próprias e específicas.

Todavia, a título de exemplo, sob uma ótica externa ao sistema jurídico, não há diferença ontológica entre a natureza institucional dos órgãos do Poder Judiciário e do Poder Legislativo. Estudos jurídicos comumente negligenciam esse ponto, olvidando-se de que, apesar das distinções evidentes de suas funções constitucionais, ambos atuam sobre o processo político, contribuindo à sua maneira para a sua organização, mas igualmente servindo como pontos focais emissores de incentivos e de desincentivos dos mais diversos tipos aos diversos atores políticos.

Com efeito, e mais uma vez à revelia do que pressupõem os estudos jurídicos em geral, a normatividade constitucional emerge da interação entre i) os agentes sociais e as instituições políticas, e entre ii) as instituições políticas e a ordem constitucional como um todo[23]. No âmbito dessas relações, o pressuposto da normatividade consiste na própria aderência funcional – isto é, na obediência dos atores sociais às suas funções e aos seus deveres legais para com as instituições políticas –, o que depende diretamente da legitimidade e da autoridade alcançadas por elas e pela própria constituição perante eles mesmos.

Entretanto, no âmbito do discurso da dogmática constitucional, para as ditas instituições *jurídicas*, o compromisso dos cidadãos para com as normas constitucionais e para com as decisões judiciais consistiria em mera obrigação moral intrínseca, decorrente de valores éticos racionalmente justificados. Sob essa perspectiva, a normatividade da constituição é erroneamente presumida como uma característica emergente da interação entre normas jurídicas – e não entre normas jurídicas e agentes sociais –, tal como se delas derivasse por geração espontânea. Essa hipótese não se confirma na prática dos achados empíricos. Afinal, a premissa de que a normatividade constitucional emerge estritamente das normas jurídicas despreza por completo o fato de que são os agentes sociais que decidem, em último grau, atribuir valor de reconhecimento às normas alegadamente jurídicas, obedecendo-as como tais. Nessa cadeia, todos os cidadãos funcionam como agentes estratégicos, que atribuem valor de reconhecimento à Constituição – e, portanto, passam a obedecê-la – na medida em que assimilam, ainda que involuntariamente, a capacidade daquela de coordenar as interações entre eles mesmos, entre eles e as instituições, e entre as próprias instituições, gerando cooperação e considerações de ganhos recíprocos no curso do processo político[24].

Assim, a perspectiva puramente *jurídica* despreza que o compromisso dos cidadãos em obedecer às normas constitucionais e às decisões judiciais não decorre

---

23. Para uma compreensão geral da ordem constitucional como um sistema complexo, *vide* VERMEULE, Adrian. *The system of the Constitution*. Oxford University Press, 2011.
24. Ibidem, p. 706.

de uma obrigação *intrínseca*, mas exsurge de um complexo processo *externo* a essas instituições – mas a elas tangente. Por isso mesmo, não se avalia nenhuma *constituição* sob o aspecto funcional sem se verificar a sua capacidade de regulação efetiva do processo político-democrático. Para tanto, observam-se os incentivos e os desincentivos que ela provoca nos agentes, e consequentemente o modo como cada um desses personagens reage e se adapta aos estímulos recebidos, afastando-se ou se aproximando dos seus compromissos constitucionais. Quanto maior a habilidade daquela de provocar alterações nas estratégias pessoais dos agentes, fazendo que eles se alinhem aos seus compromissos constitucionais, maior normatividade a ordem constitucional adquire. Desse *feedback* interativo e adaptativo entre agentes sociais e instituições emerge a normatividade.

Segundo, e como decorrência da primeira premissa, constituições e jurisdição constitucional não se encontram necessariamente no centro de coordenação do processo político. Embora exerçam funções relevantes para a habilitação e para a disciplina do processo político, é necessário desvincular, desde logo, qualquer visão juricêntrica que conduza à hipótese de que essas instituições sejam centrais, necessárias e únicas para o alcance do resultado de racionalização do poder político[25]. A depender da cultura política em análise, podem ser percebidos outros mecanismos informais ou formais de controle social igualmente – ou mais – eficientes para esse mister (mídia, religião, capital econômico etc.). Ademais, processo político e poder político independem de *constituições* para operarem na vida social. Eles preexistem ao Estado e se adaptariam contingencialmente sem ele.

Em suma, guardadas as devidas especificidades funcionais, *constituições* e *jurisdição constitucional* consistem em instituições políticas tanto quanto o *processo legislativo* e o *sufrágio universal*. Nesse sentido, como qualquer outra instituição, constroem a sua legitimidade de acordo com a sua capacidade de prover o processo político com pontos focais de coordenação que tornem os agentes mais cooperativos e conscientes das possibilidades de considerações/ganhos recíprocos. Concretamente, faz-se com que eles aproximem/substituam as suas estratégias pessoais pelo compromisso de obediência constitucional, incrementando-se a própria normatividade do sistema.

3. **Para além da jurisdição constitucional contramajoritária: proteção de direitos fundamentais na pauta majoritária?**

No curso do processo político, agentes encontram-se continuamente em competição, disputando recursos escassos – materiais ou imateriais. Na ausência

---

25. Sobre a ideia de falsa necessidade, *vide* UNGER, Roberto Mangabeira. *False necessity*: anti-necessitarian social theory in the service of radical democracy. London: Verso, 2002.

de ordem constitucional – ou de qualquer complexidade que cumpra missão similar –, grupos de agentes se sobrepõem mais facilmente uns sobre os outros, na medida em que acumulam poder político *de facto*. Se há anomia, ao menos do ponto de vista formal, tende a prevalecer o critério da força física.

Se tomarmos o conceito proposto por Acemoglu de democracia como igualdade política[26], dificilmente serão encontrados ambientes democráticos nesse contexto. Como ensina Foucault, relações de poder decorrem de desequilíbrios, de diferenças, de desigualdades e de fragmentações; relações de poder são intencionais e, portanto, nenhum poder é exercido sem alvos e sem objetivos[27]. Esse quadro de anomia constitucional é propício não para o alcance de igualdade política, mas decerto para a acentuação de diferenças entre as diversas estratégias dos agentes em conflito, o que favorece o surgimento de relações de dominação de uns sobre os outros.

Por isso mesmo, eventual movimentação para um ambiente mais democrático demandaria muito mais do que um senso de obrigação moral dos atores sociais, especialmente aqueles controladores do poder político. Pelo contrário, nessa quadra, os *stakeholders* não dispõem de qualquer incentivo para empreender uma transição democrática, com vistas, por exemplo, ao estabelecimento de uma ordem constitucional.

Nesse sentido, torna-se inviável se cogitar de uma transição democrática empreendida sob plena estabilidade, ou resultado de comum acordo sem qualquer tensionamento político[28]. Em uma releitura realista de Leviatã, "diz-se que um Estado foi instituído quando uma multidão de homens concorda e pactua, cada um com cada um dos outros,", mas não sem antes de uma grave ameaça de grupos majoritários sobre os grupos controladores, "que a qualquer homem ou assembleia de homens a quem seja atribuído pela maioria o direito de representar a pessoa de todos eles (ou seja, de ser seu representante), todos sem exceção [...] deverão autorizar todos os atos e decisões desse homem ou assembleia de homens, [...]"[29].

Constituições consistem em instituições que pretendem habilitar e disciplinar o processo político, originariamente imbuído de conflito e de competitividade, sob a crença de que comportamentos mais cooperativos e reciprocamente considerados de todos os agentes gerariam estabilidade política capaz de proporcionar um ambiente seguro para o desenvolvimento econômico. Nesse sentido,

---

26. Daron Acemoglu e James Robinson na obra *Economic origins of dictatorship and democracy* (Cambridge University Press, 2006. p. 17).
27. FOUCAULT, Michel. *The history of sexuality*. New York: Pantheon Books, 1978. Print, p. 94.
28. Daron Acemoglu e James Robinson na obra *Economic origins of dictatorship and democracy* (Cambridge University Press, 2006. p. 25).
29. HOBBES, Thomas, *Leviatã*. São Paulo: Martin Claret, 2006.

as constituições instituem uma figura denominada poder político *de jure*, que ficticiamente reproduz todos os vetores de poder político *de facto*, e o distribui, precipuamente por meio de três tarefas.

A primeira tarefa consiste no estabelecimento de instituições políticas inclusivas. Exemplificadamente, o sufrágio secreto universal, a cidadania passiva, o processo eleitoral, o processo legislativo com participação popular, a jurisdição constitucional com procedimentos de participação popular – *amici curiae*, audiências públicas etc. – permitem um maior equilíbrio entre grupos controladores e *stakeholders*. Essa equalização se manifesta de duas formas: *a)* pela efetiva participação de cidadãos nesses eventos; e *b)* pela vinculação identitária, a partir do senso de pertencimento de um grupo majoritário em relação ao processo político como um todo.

A segunda tarefa consistiu na transformação de vários elementos da esfera axiológica em *direitos fundamentais*.

No princípio, não havia *direitos*; havia *valores*. Em cada sociedade, a adequada distribuição de recursos escassos – materiais e imateriais – necessários à vida humana informou a construção de normas comunitárias que disciplinavam a atuação dos círculos informais de controle social. O complexo emergente da interação contínua entre os agentes, e entre os agentes e essas normas e as demais instituições, conformou a cultura política de cada povo.

Na medida em que instituídos, os Estados capturaram vários dos elementos axiológicos de suas respectivas culturas políticas e os oficializaram como *direitos*. Para tanto, cristalizaram a solução de conflitos morais complexos sobre os quais havia relativo consenso – propriedade privada, liberdade de expressão, domicílio etc. A adoção estratégica desses pré-compromissos institucionais garantiu estabilidade e segurança aos agentes, permitindo que eles avançassem em seus empreendimentos políticos e econômicos a partir de um *standard* mínimo de proteção jurídica[30].

---

30. Sobre os pré-compromissos institucionais, ou pré-compromissos estratégicos, *vide* SUNSTEIN, Cass. Constitutionalism and secession. *The University of Chicago Law Review*, v. 58, n. 2, Approaching democracy: a new legal order for eastern europe, Spring, 1991. p. 638: "Some rights are entrenched because of a belief that they are in some sense pre –or extra-political, that is, because individuals ought to be allowed to exercise them regardless of what majorities might think. [...] But many of the rights that are constitutionally entrenched actually derive from the principle of democracy itself. Their protection from majoritarian processes follows from and creates no tension with the goal of self-determination through politics. The precommitment strategy permits the people to protect democratic processes against their own potential excesses or misjudgments. The right to freedom of speech and the right to vote are familiar illustrations. Constitutional protection of these rights is not at odds with the commitment to self-government but instead a logical part of it"; "The system of separation of powers, for example, does

Com o paradigma do Estado moderno, esse processo se intensificou por meio das *constituições*, que elevaram vários desses direitos a uma categoria especial, os *direitos fundamentais*. A criação de direitos fundamentais expandiu o conjunto de interesses e de demandas de grupos que passaram a ser tutelados pelo Estado, nos mais diversos graus (seja pela imposição de abstenção estatal – garantindo-se ao particular total liberdade na execução de suas atividades –, seja pela regulação, seja pela prestação de serviços públicos). Esse processo de transformação de interesses de grupos em *direitos fundamentais* atingiu ápice nos últimos 70 anos, quando o globo testemunhou uma verdadeira revolução de direitos, das mais diversas ordens e dimensões – do direito à intimidade ao direito à tecnologia, do direito à moradia ao direito à felicidade –, evidenciada nos níveis político e discursivo.

Politicamente, atores e movimentos sociais ocuparam todos os espaços e instâncias do processo político, na tentativa de expor e de emplacar os interesses e as demandas de grupo que defendiam. Das ruas às casas legislativas, da academia às cortes, nenhuma arena foi poupada; cada espaço consiste em ativo conveniente e importante para a criação de um *direito fundamental*. A academia produz discursos científicos sobre o tema; as casas legislativas criam o próprio direito; as cortes podem funcionar como atalho na hipótese em que as casas legislativas travam as discussões sobre determinados temas mais progressistas etc.

Discursivamente, atores e movimentos sociais estrategicamente racionalizaram e universalizaram demandas de grupos, reafirmando-as como interesse indistinto de toda a sociedade[31]. A reinvindicação dos estudantes negros em ter

---

not merely constrain government, but also helps to energize it, and to make it more effective, by creating a healthy division of labor. This was a prominent argument during the framing period in America. A system in which the executive does not bear the burden of adjudication may well strengthen the executive by removing from it a task that frequently produces public opprobrium. Indeed, the entire framework might enable rather than constrain democracy, not only by creating an energetic executive but, more fundamentally, by allowing the sovereign people to pursue a strategy, against their government, of divide and conquer. So long as it is understood that no branch of government is actually "the people," a system of separation of powers can allow the citizenry to monitor and constrain their inevitably imperfect agents. In general, the entrenchment of established institutional arrangements enables rather than merely constrains present and future generations by creating a settled framework under which people may make decisions". *Vide* também SANTOS, Pedro Felipe de Oliveira; FUX, Luiz. Constituições e Cultura Política: para além do constitucionalismo contramajoritário. In: LEITE, George Salomão; NOVELINO, Marcelo; ROCHA, Lilian Rose Lemos (Org.). *Liberdade e fraternidade*: a contribuição de Ayres Britto para o direito. Salvador: JusPodivm, 2017. p. 47-62.

31. KENNEDY, Duncan. The critique of rights in critical legal studies. In: HALLEY, Janet; BROWN, Wendy (Ed.). *Left legalism/Left critique*. Durham: Duke University Press, 2012. p. 194.

acesso às mesmas escolas dos estudantes brancos passa a ser apresentada como *direito à igualdade de acesso à educação*; o interesse de grupos feministas na descriminalização do aborto reafirma-se como *direito à autonomia reprodutiva*; a demanda de grupos transgêneros na alteração do registro de nascimento veicula-se como *direito ao nome*.[32] Por óbvio, essa tática facilitou o convencimento de pessoas externas aos grupos respectivamente interessados, relativamente à essencialidade do *interesse* que se tentava emplacar. Afinal, aumenta-se a probabilidade de se despertar a empatia de terceiros quando eles se percebem como titular do mesmo direito reclamado por outro agente.

Em suma, a *linguagem dos direitos* tornou-se veículo flexível para a formulação de interesses e demandas, assumindo carga argumentativo-retórica essencial para a formalização de necessidades que grupos específicos apresentam como pleitos[33]. No entanto, na prática, *direitos fundamentais* tornaram-se categoria demasiadamente ampla, a abarcar valores que tangenciam funções estatais não apenas ligadas a questões contramajoritárias ou a direitos de minorias marginalizadas, mas decerto políticas públicas de amplo atendimento estatal.

A terceira tarefa consistiu na expansão da jurisdição constitucional. Conforme enuncia Daryl Levinson, "a eficácia do compromisso constitucional depende largamente, senão inteiramente, da execução judicial das regras e dos direitos constitucionais"[34]. Ao mesmo tempo que as cortes constitucionais passam a ser garantes das *constituições democráticas*, elas assumem papel ancilar na função daquela de regular a alocação do poder político, de reduzir o tensionamento do processo político e de estabilizar compromissos democráticos. Ademais, a expansão do poder judicial nas transições democráticas desidratou relativamente o processo político, permitindo que os atores políticos retirassem determinados temas da arena de disputas políticas e os levassem às cortes.

No entanto, análises jurídicas sobre a expansão da jurisdição constitucional comumente superdimensionam o aspecto contramajoritário e negligenciam esse aspecto político-institucional. Na verdade, o poder das cortes de intervir diretamente na vida dos agentes, por meio de injunções e de ordens de execução, das mais fracas às mais fortes, contribui, direta e indiretamente, para a construção da normatividade constitucional (embora não seja um fator exclusivo). A atuação judicial entrega aos agentes incentivos e desincentivos que os levam a se aproximar ou a se afastar de suas estratégias pessoais para aderir às suas funções institucionais; fixa interpretação das normas constitucionais; define o conteúdo dos direitos fundamentais; define limites dos direitos e aplica sanções em razão

---

32. Ibidem, p. 195.
33. Ibidem, p. 195.
34. LEVINSON, Daryl. Parchments and politics: the constitutional puzzle of constitutional commitment. 124 *Harvard Law Review* 658, 2011. p. 733.

do respectivo descumprimento; cria direitos a partir de abstrações constantes da constituição etc.

Para oferecer esse suporte ao funcionamento das estruturas democráticas, constituições precisam veicular um compromisso *crível* de que políticas públicas majoritárias – em benefício da maioria dos cidadãos – serão adotadas. Todavia, as *constituições* têm capital político fluido, de modo que a respectiva legitimidade varia consoante a expectativa difusa dos cidadãos de que os compromissos nelas elencados encontram-se em cumprimento, ou *em vias de* cumprimento[35] –isto é, as instituições nelas previstas entregam o resultado que prometem[36]. No sentido oposto, a percepção de que essas instituições atuam indevidamente em benefício de grupos historicamente privilegiados (*stakeholders*) gera descrédito sobre a sua capacidade de organizar e de equilibrar a alocação de poderes, implicando déficit de legitimidade constitucional.

Em suma, justapondo os três mecanismos de alocação de poderes das normas constitucionais, tem-se que o constitucionalismo descritivamente opera duas perspectivas – majoritária e político-institucional – que parecem assumir relevo pouco problematizado, inclusive como pressuposto de atuação da perspectiva contramajoritária, tida como a principal. As conclusões alcançadas nesta e na seção anterior permitem apresentar uma tipologia descritiva da efetiva atuação da jurisdição constitucional, o que será feito a partir do estudo de caso brasileiro.

4. Uma nova tipologia de funções para a jurisdição constitucional: o Supremo Tribunal Federal sob a égide da Constituição de 1988

Nesta seção, oferece-se uma tipologia descritiva de casos julgados pelo Supremo Tribunal Federal sob a égide da Constituição de 1988, marco que simbolizou a última transição democrática ocorrida no Brasil.

Se a Constituição Federal e o Supremo Tribunal Federal consubstanciam-se instituições políticas, decerto é que, ao menos de maneira geral, eles constroem a sua legitimidade da mesma forma que as demais instituições políticas brasileira. Conforme Daryl Levinson, a lógica de coordenação que as instituições operam, elemento central do conceito de legitimidade, decorre em grande parte do resultado difuso que elas produzem em longo prazo, em benefício dos grupos majoritários[37].

---

35. *Vide* GINSBURG, Tom. Constitutional endurance. In: GIMSBURG, Tom; DIXON, Rosalind (Org.). *Comparative constitutional law*. Edward Elgar, 2011. p. 116.
36. LEVINSON, Daryl. Parchments and politics: the constitutional puzzle of constitutional commitment. 124 *Harvard Law Review*, 658, 2011. p. 701.
37. LEVINSON, Daryl. Parchments and politics: the constitutional puzzle of constitutional commitment. 124 *Harvard Law Review*, 658, 2011. p. 735.

Essa afirmação de Levinson, emprestada da ciência política, ajuda muito a embasar os achados empíricos que enunciam que as cortes constitucionais atuam mais em favor de grupos majoritários e de pautas governamentais, legitimando políticas públicas ou pautas corporativas, do que propriamente de grupos minoritários. Essa evidência desafia em absoluto todas as teorias normativas do constitucionalismo moderno, que pregam uma perspectiva eminentemente contramajoritária e, portanto, uma jurisdição constitucional igualmente contramajoritária.

Essas decisões formam o primeiro conjunto de casos de nossa taxonomia, a *pauta pró-majoritária*, que em muito contribui para a formação do capital político da corte e da sua estabilidade institucional. Por meio das decisões majoritárias, a corte angaria respeitabilidade, credibilidade e apoio das principais forças políticas. Perceba-se que não se adota aqui a presunção da normatividade da Constituição, bem como da obediência da população às decisões do Poder Judiciário. Ao contrário da maioria dos estudos jurídicos, parte-se da premissa de que esses elementos são construídos continuamente pelas instituições políticas.

Outrossim, uma distinção deve ser realizada: *pauta pró-majoritária* não é sinônimo de *populismo judicial*, embora possa haver relação contingente entre as duas situações. Em regra, o primeiro caso abarca duas situações: (i) pautas de instituições representativas integrantes do compromisso da transição democrática (exemplificadamente, pautas de governo e políticas públicas gerais, que afetam a maioria da população); e (ii) agendas de grupos majoritários. Por sua vez, o segundo caso consiste no desvio político, por parte da corte, para atingir determinada solução majoritária em um dado caso concreto, com o precípuo fim de angariar apoio popular ou capital político.

Nesse ponto, uma crítica injusta – a nosso sentir – é afirmar que a *pauta majoritária* do Supremo Tribunal Federal *sempre* gera déficit de proteção aos direitos fundamentais, ou sempre se enquadra em hipótese de populismo judicial. Afinal, decidir em caráter majoritário não necessariamente significa descuidar de direitos fundamentais ou julgar conforme a opinião pública. Na primeira hipótese, exemplificadamente, ao sustentar a constitucionalidade de uma política pública que beneficia grande parcela da população, está o STF a definir a forma e o conteúdo dos direitos fundamentais envolvidos, sem que isso possa implicar necessariamente violação direta ou indireta de direitos fundamentais de grupos minoritários. Há, inclusive, direitos fundamentais que decorrem diretamente do princípio democrático e, portanto, são majoritários, como enuncia Cass Sunstein[38].

---

38. SUNSTEIN, Cass. Constitutionalism and secession. *The University of Chicago Law Review*, v. 58, n. 2, Approaching democracy: a new legal order for Eastern Europe, Spring, 1991. p. 638: "Some rights are entrenched because of a belief that they are in some sense

Na segunda hipótese, nem todos os casos que são levados ao Supremo Tribunal Federal efetivamente referem-se à concretização de direitos de minorias (em clara dissonância, marginalização ou invisibilidade em relação ao direito das maiorias). Ademais, ao contrário de outros sistemas jurídicos, tal como o norte-americano, o nosso Supremo Tribunal Federal não detém controle rígido sobre as controvérsias por ele julgadas, de modo que não há filtro absoluto sobre as agendas – majoritárias ou contramajoritárias – que alcançarão a corte.

Pautas majoritárias recorrentemente recaem sobre o controle de constitucionalidade de políticas públicas, nas hipóteses em que o STF fornece suporte às agendas governamentais e a planos estatais estratégicos em geral. Exemplificadamente, cita-se a ADC 9, em que o STF declarou constitucional a fixação de metas de consumo de energia elétrica e o regime especial de tarifação estabelecido em medida provisória, considerada a crise de energia elétrica de 2001[39], ou o julgamento da ADI 3367, que considerou constitucional a criação do Conselho

---

pre – or extra-political, that is, because individuals ought to be allowed to exercise them regardless of what majorities might think. [...] But many of the rights that are constitutionally entrenched actually derive from the principle of democracy itself. Their protection from majoritarian processes follows from and creates no tension with the goal of self-determination through politics. The precommitment strategy permits the people to protect democratic processes against their own potential excesses or misjudgments. The right to freedom of speech and the right to vote are familiar illustrations. Constitutional protection of these rights is not at odds with the commitment to self-government but instead a logical part of it";

39. Ação declaratória de constitucionalidade. Medida provisória 2.152-2, de 1º de junho de 2001, e posteriores reedições. Artigos 14 a 18. Gestão da crise de energia elétrica. Fixação de metas de consumo e de um regime especial de tarifação. 1. O valor arrecadado como tarifa especial ou sobretarifa imposta ao consumo de energia elétrica acima das metas estabelecidas pela Medida Provisória em exame será utilizado para custear despesas adicionais, decorrentes da implementação do próprio plano de racionamento, além de beneficiar os consumidores mais poupadores, que serão merecedores de bônus. *Este acréscimo não descaracteriza a tarifa como tal, tratando-se de um mecanismo que permite a continuidade da prestação do serviço, com a captação de recursos que têm como destinatários os fornecedores/concessionários do serviço.* Implementação, em momento de escassez da oferta de serviço, de política tarifária, por meio de regras com força de lei, conforme previsto no artigo 175, III da Constituição Federal. 2. Atendimento aos princípios da proporcionalidade e da razoabilidade, tendo em vista a preocupação com os direitos dos consumidores em geral, na adoção de medidas que permitam que todos continuem a utilizar-se, moderadamente, de uma energia que se apresenta incontestavelmente escassa. 3. Reconhecimento da necessidade de imposição de medidas como a suspensão do fornecimento de energia elétrica aos consumidores que se mostrarem insensíveis à necessidade do exercício da solidariedade social mínima, assegurada a notificação prévia (art. 14, § 4º, II) e a apreciação de casos excepcionais (art. 15, § 5º). 4. Ação declaratória de constitucionalidade cujo pedido se julga procedente (ADC 9, rel. Min. Néri da Silveira, rel. p/ Acórdão: Min. Ellen Gracie, Tribunal Pleno, j. 13.12.2001, *DJ* 23.04.2004).

Nacional de Justiça[40]. Ainda pendente de julgamento, pode-se citar a ADI que questiona a constitucionalidade do programa *Mais Médicos*.

Em relação ao suporte de agendas de grupos majoritários, um exemplo significativo consiste na ADI e no recurso extraordinário em sede de repercussão geral que questionam a constitucionalidade das leis que regulamentam os serviços de transportes por aplicativo (Caso Uber). O caso envolve evidente discussão de direitos fundamentais, mas passa ao largo de se referir a direitos de minorias desempoderadas ou invisibilizadas. Ademais, caso a corte opte por privilegiar o valor *livre mercado*, acolhendo a inconstitucionalidade das leis restritivas desses serviços, adotaria decisão extremamente popular, em benefício da classe média e das classes mais privilegiadas (empreendedoras e usuárias do transporte).

Uma segunda categoria é a *pauta político-institucional*. Trata-se de um conjunto de casos em que o STF atua para desobstruir canais do processo político, bem como para prover os atores políticos com incentivos adequados para que aproximem as suas estratégias pessoais das funções institucionais que desempenham. Esses conflitos envolvem não apenas o que se passou a designar de *megapolítica* – aspectos nucleares do processo político –, mas também aqueles decorrentes do

---

40. "1. Ação. Condição. Interesse processual, ou de agir. Caracterização. Ação direta de inconstitucionalidade. Propositura antes da publicação oficial da Emenda Constitucional nº 45/2004. Publicação superveniente, antes do julgamento da causa. Suficiência. Carência da ação não configurada. Preliminar repelida. Inteligência do art. 267, VI, do CPC. Devendo as condições da ação coexistir à data da sentença, considera-se presente o interesse processual, ou de agir, em ação direta de inconstitucionalidade de Emenda Constitucional que só foi publicada, oficialmente, no curso do processo, mas antes da sentença. 2. Inconstitucionalidade. Ação direta. Emenda Constitucional nº 45/2004. Poder Judiciário. *Conselho Nacional de Justiça. Instituição e disciplina. Natureza meramente administrativa. Órgão interno de controle administrativo, financeiro e disciplinar da magistratura. Constitucionalidade reconhecida.* Separação e independência dos Poderes. História, significado e alcance concreto do princípio. Ofensa a cláusula constitucional imutável (cláusula pétrea). Inexistência. Subsistência do núcleo político do princípio, mediante preservação da função jurisdicional, típica do Judiciário, e das condições materiais do seu exercício imparcial e independente. Precedentes e súmula 649. Inaplicabilidade ao caso. Interpretação dos arts. 2º e 60, § 4º, III, da CF. Ação julgada improcedente. Votos vencidos. *São constitucionais as normas que, introduzidas pela Emenda Constitucional nº 45, de 8 de dezembro de 2004, instituem e disciplinam o Conselho Nacional de Justiça, como órgão administrativo do Poder Judiciário nacional.* 3. Poder Judiciário. Caráter nacional. Regime orgânico unitário. Controle administrativo, financeiro e disciplinar. Órgão interno ou externo. Conselho de Justiça. Criação por Estado membro. Inadmissibilidade. Falta de competência constitucional. Os Estados membros carecem de competência constitucional para instituir, como órgão interno ou externo do Judiciário, conselho destinado ao controle da atividade administrativa, financeira ou disciplinar da respectiva Justiça. [...] (ADI 3367, rel. Min. Cezar Peluso, Tribunal Pleno, j. 13.04.2005, *DJ* 17.03.2006; Republicação: *DJ* 22.09.2006).

mal funcionamento das instituições representativas e governamentais, em todos os seus níveis e funções. Nesses casos, busca-se uma intervenção judicial mais procedimental do que resolutiva do Poder Judiciário, em que ele atua de forma a catalisar a performance das instituições democráticas. Em um ambiente de alta fragmentação política como o Brasil – caracterizado por um Poder Executivo centralizador, por um Poder Legislativo fragmentado, pelo excesso de partidos políticos que não coincidem agendas e práticas –, atores levam controvérsias ao Poder Judiciário com mais frequência.

Hirschl apresenta a tese do *alcance estratégico*, segundo a qual os detentores de poder político deliberadamente se beneficiam da expansão do poder judicial e, por esse mesmo motivo, promovem-no. Delegar às cortes autoridade política é meio para *(i)* reduzir custos de decisão e de transação, *(ii)* alterar a responsabilidade pelo êxito da solução a ser construída para cada conflito constitucional, e *(iii)* reduzir riscos para as elites políticas e para o aparato institucional que elas operam. A transferência de poder às cortes é deliberada e consciente, mais do que um resultado natural e lógico do mal funcionamento orgânico dos arranjos institucionais[41].

Casos como a constitucionalidade da Lei da Ficha Limpa (ADI 3865)[42], da sucessão de suplentes à vaga de parlamentar (MS 30260)[43] e das controvérsias

---

41. HIRSCHL, Ran. The political origins of the new constitutionalism. 11 *Ind. J. Global Legal Stud.* 71, 2004. p. 82.
42. Ação direta de inconstitucionalidade. Art. 2º da EC 52, de 08.03.06. Aplicação imediata da nova regra sobre coligações partidárias eleitorais, introduzida no texto do art. 17, § 1º, da CF. Alegação de violação ao princípio da anterioridade da lei eleitoral (CF art. 16) e às garantias individuais da segurança jurídica e do devido processo legal (CF, Art. 5º, *caput*, e LIV). Limites materiais à atividade do legislador constituinte reformador. Arts. 60, § 4º, IV, e 5º, § 2º, da CF. 1. Preliminar quanto à deficiência na fundamentação do pedido formulado afastada, tendo em vista a sucinta porém suficiente demonstração da tese de violação constitucional na inicial deduzida em juízo. 2. A inovação trazida pela EC 52/06 conferiu status constitucional à matéria até então integralmente regulamentada por legislação ordinária federal, provocando, assim, a perda da validade de qualquer restrição à plena autonomia das coligações partidárias no plano federal, estadual, distrital e municipal. 3. *Todavia, a utilização da nova regra às eleições gerais que se realizarão a menos de sete meses colide com o princípio da anterioridade eleitoral, disposto no art. 16 da CF, que busca evitar a utilização abusiva ou casuística do processo legislativo como instrumento de manipulação e de deformação do processo eleitoral (ADI 354, rel. Min. Octavio Gallotti, DJ 12.02.93).* 4. Enquanto o art. 150, III, b, da CF encerra garantia individual do contribuinte (ADI 939, rel. Min. Sydney Sanches, DJ 18.03.94), o art. 16 representa garantia individual do cidadão-eleitor, detentor originário do poder exercido pelos representantes eleitos e "a quem assiste o direito de receber, do Estado, o necessário grau de segurança e de certeza jurídicas contra alterações abruptas das regras inerentes à disputa eleitoral" (ADI 3.345, rel. Min. Celso de Mello). 5. *Além de o referido princípio conter, em si mesmo, elementos que o caracterizam como uma garantia fundamental oponível até mesmo à atividade do legislador constituinte derivado, nos termos dos arts. 5º, § 2º, e 60, § 4º, IV, a burla ao que contido no art. 16 ainda afronta os direitos individuais*

relativas ao processo de *impeachment* da presidente Dilma Rousseff[44] constituem exemplos dessa categoria. Perceba-se, ainda, que, igualmente à categoria anterior, pode haver tratamento e proteção de direitos fundamentais em todos esses casos.

---

da segurança jurídica (CF, art. 5°, caput) e do devido processo legal (CF, art. 5°, LIV). 6. A modificação no texto do art. 16 pela EC 4/93 em nada alterou seu conteúdo principiológico fundamental. Tratou-se de mero aperfeiçoamento técnico levado a efeito para facilitar a regulamentação do processo eleitoral. 7. Pedido que se julga procedente para dar interpretação conforme no sentido de que a inovação trazida no art. 1° da EC 52/06 somente seja aplicada após decorrido um ano da data de sua vigência (ADI 3685, rel. Min. Ellen Gracie, Tribunal Pleno, j. 22.03.2006, *DJ* 10.08.2006).

43. Mandado de segurança preventivo. Constitucional. Suplentes de deputado federal. Ordem de substituição fixada segundo a ordem da coligação. Rejeição das preliminares de ilegitimidade ativa e de perda do objeto da ação. Ausência de direito líquido e certo. Segurança denegada. 1. A legitimidade ativa para a impetração do mandado de segurança é de quem, asseverando ter direito líquido e certo, titulariza-o, pedindo proteção judicial. A possibilidade de validação da tese segundo a qual o mandato pertence ao partido político e não à coligação legitima a ação do Impetrante. 2. Mandado de segurança preventivo. A circunstância de a ameaça de lesão ao direito pretensamente titularizado pelo Impetrante ter-se convolado em dano concreto não acarreta perda de objeto da ação. 3. *As coligações são conformações políticas decorrentes da aliança partidária formalizada entre dois ou mais partidos políticos para concorrerem, de forma unitária, às eleições proporcionais ou majoritárias. Distinguem-se dos partidos políticos que a compõem e a eles se sobrepõe, temporariamente, adquirindo capacidade jurídica para representá-los.* 4. *A figura jurídica derivada dessa coalizão transitória não se exaure no dia do pleito ou, menos ainda, apaga os vestígios de sua existência quando esgotada a finalidade que motivou a convergência de vetores políticos: eleger candidatos. Seus efeitos projetam-se na definição da ordem para ocupação dos cargos e para o exercício dos mandatos conquistados.* 5. A coligação assume perante os demais partidos e coligações, os órgãos da Justiça Eleitoral e, também, os eleitores, natureza de superpartido; ela formaliza sua composição, registra seus candidatos, apresenta-se nas peças publicitárias e nos horários eleitorais e, a partir dos votos, forma quociente próprio, que não pode ser assumido isoladamente pelos partidos que a compunham nem pode ser por eles apropriado. 6. O quociente partidário para o preenchimento de cargos vagos é definido em função da coligação, contemplando seus candidatos mais votados, independentemente dos partidos aos quais são filiados. Regra que deve ser mantida para a convocação dos suplentes, pois eles, como os eleitos, formam lista única de votações nominais que, em ordem decrescente, representa a vontade do eleitorado. 7. A sistemática estabelecida no ordenamento jurídico eleitoral para o preenchimento dos cargos disputados no sistema de eleições proporcionais é declarada no momento da diplomação, quando são ordenados os candidatos eleitos e a ordem de sucessão pelos candidatos suplentes. A mudança dessa ordem atenta contra o ato jurídico perfeito e desvirtua o sentido e a razão de ser das coligações. 8. *Ao se coligarem, os partidos políticos aquiescem com a possibilidade de distribuição e rodízio no exercício do poder buscado em conjunto no processo eleitoral.* 9. Segurança denegada (MS 30260, Relator(a): Min. Cármen Lúcia, Tribunal Pleno, j. 27.04.2011, *DJe*-166 30.08.2011).

44. Constitucional. Votação, pelo plenário da casa legislativa, de parecer da comissão especial sobre abertura de processo de impeachment contra Presidente da República.

No entanto, seguindo a premissa supracitada de Levinson acerca da construção da legitimidade das instituições, pode-se intuir essas duas primeiras categorias – pauta majoritária e pauta megapolítica – são especialmente responsáveis pela produção do capital político do Supremo Tribunal Federal, uma vez que geralmente consistem em decisões com amplo apoio popular. Ainda quando controversas, como em casos relativos à megapolítica, em que brios ideológicos são tangenciados, percebe-se que, por se tratar de demandas de grupos majoritários, pelo menos parcela considerável da população fornece suporte àquela decisão no processo de formação do capital político.

Por seu turno, esse capital político garante suporte à corte para que, como instituição, perceba-se respaldada para produzir importantes decisões contramajoritárias, ainda que pontuais, sem que sua autoridade seja desafiada pelos grupos majoritários ou pelos *stakeholders*. Em regra, decisões contramajoritárias são impopulares. No entanto, como afirmado anteriormente, a legitimidade outrora construída tem natureza *difusa*, e não específica. Assim, não se constrói caso a caso, mas decerto a partir de um todo macrossistêmico. Por isso mesmo, a autoridade do tribunal não decai quando ele produz decisões impopulares ou comete equívocos políticos-institucionais[45]. Por outro lado, por essa mesma lógica, dificilmente uma corte constitucional se sustentaria, em termos de legitimidade e de respeitabilidade de suas decisões, caso produzisse exclusivamente – ou quiçá precipuamente – decisões contramajoritárias.

A terceira categoria engloba a *pauta contramajoritária*, pela qual o STF protege os direitos fundamentais de minorias estruturalmente marginalizadas. No

---

Art. 187, § 4º, do regimento interno da Câmara dos Deputados. aplicação de modelo de votação alternada, do Norte para o Sul. pedido de interpretação conforme, para imposição de ordem alfabética ou, alternativamente, de votação simultânea, por meio de painel eletrônico. ausência de plausibilidade. medida cautelar indeferida. 1. Ação direta centrada na tese de que o processo de votação nominal por chamada, por gerar "efeito cascata" sobre o convencimento dos julgadores, comprometeria a imparcialidade do julgamento, violando os princípios do devido processo legal, da moralidade, da impessoalidade e da República. 2. *Interferências recíprocas nas manifestações dos julgadores são inevitáveis em qualquer ordem de votação nominal, seja qual for o critério de sequenciamento adotado, não sendo possível presumir a ilegitimidade da deliberação do colegiado parlamentar, por mera alegação de direcionamento, em um ou outro sentido.* 3. A Constituição Federal não estabelece ordem de votação nominal que possa ter sido afrontada pela norma regimental atacada. Ausência de demonstração das lesões constitucionais deduzidas. 4. Medida cautelar indeferida, por ausência de relevância dos argumentos deduzidos na inicial (ADI 5498 MC, rel. Min. Marco Aurélio, rel. p/ Acórdão: Min. Teori Zavascki, Tribunal Pleno, j. 14.04.2016, *DJe*-098 11.05.2017).

45. LEVINSON, Daryl. Parchments and politics: the constitutional puzzle of constitutional commitment. 124 *Harvard Law Review*, 658, 2011. p. 735.

caso específico do Global South, essa pauta se subdivide em duas subcategorias, os conflitos morais complexos e os conflitos sociais complexos.

Os *conflitos morais complexos* envolvem a competição entre interesses juridicamente protegidos de ordem exclusivamente moral em relação à qual a Constituição não apresenta critérios definitivos de balizamento. Nos últimos anos, o STF produziu importante jurisprudência contramajoritária, como no caso da constitucionalidade da lei de biossegurança (ADI 3510)[46] e da união homoafetiva (ADPF 132)[47].

---

46. Constitucional. Ação direta de inconstitucionalidade. Lei de biossegurança. Impugnação em bloco do art. 5º da Lei 11.105, de 24 de março de 2005 (Lei de Biossegurança). Pesquisas com células-tronco embrionárias. Inexistência de violação do direito à vida. Constitucionalidade do uso de células-tronco embrionárias em pesquisas científicas para fins terapêuticos. Descaracterização do aborto. Normas constitucionais conformadoras do direito fundamental a uma vida digna, que passa pelo direito à saúde e ao planejamento familiar. Descabimento de utilização da técnica de interpretação conforme para aditar à lei de biossegurança controles desnecessários que implicam restrições às pesquisas e terapias por ela visadas. Improcedência total da ação. I – O conhecimento científico, a conceituação jurídica de células-tronco embrionárias e seus reflexos no controle de constitucionalidade da lei de biossegurança. [...] III –A proteção constitucional do direito à vida e os direitos infraconstitucionais do embrião pré-implanto. [...]. V – Os direitos fundamentais à autonomia da vontade, ao planejamento familiar e à maternidade. [...] VI – Direito à saúde como corolário do direito fundamental à vida digna. O § 4º do art. 199 da Constituição, versante sobre pesquisas com substâncias humanas para fins terapêuticos, faz parte da seção normativa dedicada à "*saúde*" (Seção II do Capítulo II do Título VIII). Direito à saúde, positivado como um dos primeiros dos direitos sociais de natureza fundamental (art. 6º da CF) e também como o primeiro dos direitos constitutivos da seguridade social (cabeça do artigo constitucional de n. 194). Saúde que é "direito de todos e dever do Estado" (caput do art. 196 da Constituição), garantida mediante ações e serviços de pronto qualificados como "de relevância pública" (parte inicial do art. 197). A Lei de Biossegurança como instrumento de encontro do direito à saúde com a própria Ciência. No caso, ciências médicas, biológicas e correlatas, diretamente postas pela Constituição a serviço desse bem inestimável do indivíduo que é a sua própria higidez físico-mental. [...] [...]. Ação direta de inconstitucionalidade julgada totalmente improcedente (ADI 3510, rel. Min. Ayres Britto, Tribunal Pleno, j. 29.05.2008, *DJe*-096 28.05.2010).

47. 1. Arguição de Descumprimento de Preceito Fundamental (ADPF). Perda parcial de objeto. Recebimento, na parte remanescente, como ação direta de inconstitucionalidade. União homoafetiva e seu reconhecimento como instituto jurídico. Convergência de objetos entre ações de natureza abstrata. Julgamento conjunto. Encampação dos fundamentos da ADPF 132-RJ pela ADI 4.277-DF, com a finalidade de conferir "interpretação conforme à Constituição" ao art. 1.723 do Código Civil. Atendimento das condições da ação. 2. Proibição de discriminação das pessoas em razão do sexo, seja no plano da dicotomia homem/mulher (gênero), seja no plano da orientação sexual de cada qual deles. A proibição do preconceito como capítulo do constitucionalismo fraternal. Homenagem ao pluralismo como valor sócio-político-cultural. Liberdade para dispor da própria

Por sua vez, os *conflitos sociais complexos* consistem numa das principais marcas do constitucionalismo dos países em desenvolvimento[48]. Não há qualquer paralelo com os julgados de concretização de direitos sociais que se encontram, por exemplo, no Brasil, na Colômbia, na África do Sul e na Índia, tanto no que pertine aos conflitos principiológicos envolvidos, como também ao modo como questões socioeconômicas estruturais e questões relativas a escassez de recursos emergem e influenciam a jurisdição[49].

De maneira geral, ao contrário das cartas políticas dos países desenvolvidos, que em geral cristalizaram valores já consolidados na cultura política de seus povos, as constituições dos países em desenvolvimento assumiram caráter eminentemente *translativo*: incorporaram projetos do que a cultura política pretendia se transformar a partir da ordem que elas mesmas instauraram. Nesse ponto, tais constituições unanimemente acolheram os direitos sociais como prerrogativas fundamentais dos cidadãos, tornando o Estado partícipe da respectiva concretização, em maior ou menor grau.

No entanto, na dinâmica atual das relações de poder, constituições não são percebidas apenas como símbolos ou projetos, senão como um plexo de normas dotado de cogência. Os *valores* da educação, da saúde, da habitação e da assistência social, uma vez fossilizados como *direitos fundamentais*, transformam-se em categorias exigíveis do Estado, o qual se torna um devedor de políticas públicas em favor dos cidadãos.

Em muitos países, o *gap* que se forma entre a previsão normativa dos direitos sociais e a realidade de ausência de políticas públicas que os concretizem gera um déficit de normatividade constitucional que incentiva atores políticos a estrategicamente recorrerem ao Poder Judiciário[50]. Movimentos sociais, legitimados coletivos e outros atores políticos passam a perceber o Poder Judiciário como um poderoso atalho para a obtenção de direitos cujo *enforcement* é negado pelos demais ramos estatais. A partir dessa narrativa, nasce uma rica jurisprudência, que não se esgota na análise normativa de *quem tem o direito*, mas percorre minuciosa discussão acerca da limitação de recursos orçamentários que contemplem

---

sexualidade, inserida na categoria dos direitos fundamentais do indivíduo, expressão que é da autonomia de vontade. Direito à intimidade e à vida privada. Cláusula pétrea.
48. *Vide* ACKERMAN, Bruce. The rise of world constitutionalism" (1997). Faculty Scholarship Series. Paper 129; CHOUDHRY, Sujit. *The migration of constitutional ideas*. Cambridge: Cambridge University Press, 2006.
49. *Vide* LANDAU, David. The reality of social rights enforcement. 53 *Harvard International Law Journal*, 191, 202, 2012; YOUNG, Katharine G. *Constituting economic and social rights*, 143. Oxford University Press, 2012.
50. *Vide* HIRSCHL, Ran. *Towards juristocracy*: the origins and the consequences of the new constitutionalism. Cambridge, Harvard University Press, 2004.

as necessidades de todos os potenciais beneficiários. Afinal, o julgamento procedente do pedido de uma ação gera efeitos agregativos e distributivos que alteram a alocação de recursos originariamente destinados a outros beneficiários[51]. Por isso mesmo, para além do que a doutrina constitucional tradicional teoriza, esses casos não consistem apenas em conflitos *morais* complexos, cuja resolução se constrói a partir da interpretação da moralidade político-institucional, mas se traduzem em conflitos *sociais* complexos, em que há conflito que se descortina entre valores abstratos protegidos constitucionalmente e indicadores da realidade fática que impõem restrições à concretização do direito reclamado. Invariavelmente, a jurisdição social complexa demanda um olhar consequencialista dos tribunais acerca dos impactos de eventual decisão judicial nas estruturas socioeconômicas do país.

No STF, os casos mais emblemáticos dessa subcategoria se referem ao direito constitucional à saúde, em que a corte tem tentado fixar critérios para o fornecimento de medicamentos pelos entes federativos (STA 175 AgR e RE 5666471), ao direito à educação infantil (RE 1008166 – Repercussão Geral) e ao direito ao trabalho (Ação de controle concentrado envolvendo as leis que instituíram a reforma trabalhista de 2017). Todos esses casos citados encontram-se pendentes de julgamento.

5. Conclusão

A Constituição Federal de 1988, como marco de transição democrática, pretendeu redefinir a alocação de poderes entre os mais diversos atores e grupos, equilibrando a respectiva participação no processo político. No afã de igualdade política, e com o objetivo de reduzir o tensionamento de forças que competiam no ocaso do regime militar, a nossa Carta seguiu a tendência das demais transições democráticas que aconteciam naquele período: criou uma série de instituições mais inclusivas, enxertou direitos fundamentais das mais diversas dimensões e expandiu a jurisdição constitucional.

Para que se tornasse estável – e já se completam 30 anos –, a Constituição de 1988 precisou se conformar em uma promessa crível, renovável continuamente, de que não seria um mero símbolo inatingível em benefício de uma minoria privilegiada. Para tanto, transformou-se em ponto focal de coordenação do processo político, com capacidade interativa e adaptativa. Muitos abalos lhe desafiaram a credibilidade e o capital político fluido; ainda assim, os cidadãos permanecem comprometidos em lhe garantir normatividade, uma vez que ainda acreditam em

---

51. *Vide* SANTOS, Pedro Felipe de Oliveira. *Beyond Minimalism and usurpation: designing judicial review to control the mis-enforcement of socio-economic rights*. Harvard Law School, LL.M. Thesis, *in line with Harvard Law School Library*. Texto integral.

suas promessas, ao menos parcialmente; por isso mesmo, as instituições políticas ainda dispõem de relativa estabilidade e permanecem hígidas.

Nesse ínterim, instituição essencial do projeto constitucionalista de regulação do processo político tem sido a jurisdição constitucional, cada vez mais revelada como um braço precipuamente majoritário – e não contramajoritário – dessa complexidade. À luz desses achados, e sem qualquer pretensão normativa, o presente trabalho propôs uma nova tipologia para as funções do Supremo Tribunal Federal – pró-majoritária, político-institucional e contramajoritária. Por meio dessas três categorias, o Supremo Tribunal Federal, como instituição política, provê os agentes com incentivos de coordenação, de cooperação e de consideração recíproca, especialmente com vistas à obtenção de sua aderência ao compromisso de obediência constitucional. Assim, a corte assume função vital na construção da normatividade da constituição.

Por outro lado, a constatação empírica da majoritariedade inaugura uma agenda de pertinentes reflexões. No entanto, discorda-se da ideia de que a ausência de contramajoritariedade como função principal da jurisdição constitucional represente aprioristicamente um déficit de proteção de direitos fundamentais. Para além dos episódios de populismo judicial – que devem ser criticados e evitados – o presente trabalho apresentou evidências de que, considerada a variedade de temas e de agendas que alcança o Supremo, bem como a ausência de filtros rígidos com standards de majoritariedade e de contramajoritariedade, percebeu-se que a proteção dos direitos fundamentais se mostrou presente nas três categorias acima elencadas. Ademais, o Supremo jamais se sustentaria, como instituição política, caso adotasse uma postura totalmente contramajoritária em todos os seus julgamentos. Pelo contrário, é o capital político difuso construído por meio das funções majoritária e político-institucional que permite à corte o exercício da importante terceira função, a contramajoritária.

Cada vez mais, depreende-se a complexidade interna do constitucionalismo e da própria jurisdição constitucional: não há fórmula universal para a proteção dos direitos fundamentais, muito menos para a regulação *garantística* do processo político. Em termos de *design*, reclama-se um constitucionalismo mais plástico, flexível às especificidades estruturais e contextuais de cada conflito, bem como às emergências decorrentes das interações entre agentes estratégicos e instituições conscientes da fluidez de seu capital político; em termos de *agenda de pesquisa*, urge uma reconciliação entre achados empíricos e estudos normativos que efetivamente problematizem os reais papeis da jurisdição constitucional na concretização dos direitos fundamentais.

14
A FUNÇÃO ILUMINISTA DOS TRIBUNAIS CONSTITUCIONAIS E O "HEROÍSMO MORAL CLARIVIDENTE": UM CONTRAPONTO AO EMPREENDIMENTO TEÓRICO DE LUÍS ROBERTO BARROSO

Samuel Sales Fonteles

Promotor de Justiça no Ministério Público de Goiás.
Mestre em Direito pelo IDP.

Sumário: 1. Introdução: os pontos cegos dos tribunais e a rara capacidade de "heroísmo moral clarividente". 2. Confrontando a função iluminista das Cortes Constitucionais com os autênticos iluministas: uma acareação entre Luís Roberto Barroso, Immanuel Kant, Montesquieu, Rousseau e John Locke. 2.1 O primeiro degrau: o "enigma do se". 2.1.1 O oximoro do desacordo moral razoável que só admite uma única solução moral razoável. 2.1.2 A ausência de dons premonitórios e a perigosa bússola da dignidade humana. 2.1.3 A alucinação teórica da chamada Constituição Invisível (Laurence Tribe): o Rei está nu! 2.2 O segundo degrau: o "enigma do quando". 2.3 Desconstruindo a visão romantizada sobre a mais simbólica decisão iluminista: Brown v. Board of Education (1954).

1. Introdução: os pontos cegos dos tribunais e a rara capacidade de "heroísmo moral clarividente"

Na História do Brasil colonial, o vetusto Tribunal da Relação (1763-1808), antecessor remoto do Supremo Tribunal Federal, foi chamado a decidir se "Maria da Conceição, escrava na condição de crioula forra" tinha o direito ao reconhecimento jurídico da sua liberdade[1]. Alguns anos depois, o extinto Supremo Tribunal de Justiça (1829-1891) foi instado a decidir se "a parda Eva" tinha o direito

---
1. A expressão degradante, que repugna a quem vos escreve, foi gravada no próprio documento, qual seja, a Ação de Libelo 4, de 06 de abril de 1796.

de se ver livre do seu "senhor", Miguel Maria Ferreira Ornelas[2]. Lamentavelmente, muitos juízes brasileiros do século XVIII e XIX não se opuseram à escravidão de um ser humano. Cegos pelos costumes ou indispostos a destoar do rebanho, os magistrados não perceberam o valor intrínseco da dignidade humana.

No caso Dred Scott v. Sandford (1857)[3], um escravo buscou guarida na Suprema Corte Norte-Americana e suplicou pela sua liberdade. Sob a liderança do *Justice* Roger Taney, o tribunal simplesmente negou legitimidade ativa ao postulante, sonegando-lhe a cidadania, porque supostamente escravos não poderiam vindicar nada em juízo. A decisão foi considerada como a mais vil da história da Suprema Corte, inclusive, sendo apontada como a causa remota da Guerra Civil. Segundo os dados históricos coletados por Bernard Schwartz, os 25 anos de reputação do Juiz Taney, que o imortalizariam no panteão judicial ao lado de John Marshall, foram destruídos por Dred Scott v. Sandford, precedente este que acabou por lhe reservar um lugar à direita de Pôncio Pilatos[4]. Lamentavelmente, Taney não foi capaz de enxergar um palmo à sua frente.

A mesma crítica poderia ser endereçada aos *Founding Fathers* norte-americanos, isto é, aos responsáveis pela elaboração da Constituição dos Estados Unidos. Homens *iluminados* por ideias republicanas e democráticas, tão vanguardistas para a época, mas que mantinham escravos. Em boa verdade, o deplorável ato de escravizar seu semelhante não foi um demérito exclusivo dos pais fundadores dos Estados Unidos. Os *vikings* tinham escravos, assim como os gregos, os romanos, os europeus e os americanos[5]. A propósito, no Brasil, historiadores revelam que até mesmo ex-escravos possuíam escravos[6]. A percepção da escravidão como um ato nefando, como se vê, não era comum. Se perceptível, a perversidade parecia ofuscar qualquer iniciativa de contrariar essa prática abjeta.

Contudo, a literatura de Filosofia Política demonstra que, em casos excepcionalíssimos, alguns indivíduos viveram um pouco à frente da sua própria época. Quanto à percepção da escravidão como uma prática repugnante, é possível colher as palavras de Thoreau[7]:

> De que modo convém a um homem comportar-se em relação ao atual governo americano? Respondo que ele não poderá associar-se a tal governo sem

---

2. A expressão aviltante, que se repudia, foi extraída da Revista Cível 1064, de 1885.
3. 60. U.S. 393.
4. SCHWARTZ, Bernard. *A history of the Supreme Court*. New York: Oxford University Press, 1993.
5. DAHL, Robert A. *Sobre a democracia*. Brasília: Editora Universidade de Brasília, 2016. p. 29.
6. MESGRAVIS, Laima. *História do Brasil colônia*. São Paulo: Contexto, 2015. p. 90.
7. THOREAU, Henry David. *A desobediência civil*. Porto Alegre: L&PM Pocket, 2016. p. 14.

desonra. Não posso, por um instante sequer, reconhecer como meu governo uma organização política que é também governo de escravos.

Trata-se de um espécime raro, que desafia as estatísticas. Mesmo imerso em uma sociedade culturalmente escravocrata, Thoreau não hesitou em se posicionar contra os valores dominantes, para reconhecer a dignidade humana dos escravos. Entretanto, o mesmo Thoreau não conseguiu enxergar a humanidade de soldados, carcereiros e policiais. Referindo-se a essa categoria de pessoas, o abolicionista arremata: "Tais homens não merecem respeito maior que um espantalho ou um monte de lama. O valor que possuem é o mesmo dos cavalos e dos cães"[8]. Lamentavelmente, sua extraordinária virtude de reconhecer a dignidade dos escravos não era extensível a grupos não vulneráveis. Em suma: mais uma vez, percebe-se como é difícil desvencilhar-se das próprias circunstâncias.

Finalmente, em um estudo sobre a "função iluminista" das cortes constitucionais, talvez o melhor exemplo seja o próprio Immanuel Kant, um dos notáveis filósofos desse movimento político-cultural. Kant reconhecia a dignidade humana como um valor imanente a todos os indivíduos, que não poderiam ser vistos como um meio para a consecução de qualquer fim. Pelo contrário, o ser humano deveria ser um fim em si mesmo[9]. Aparentemente, um pensador iluminado e vanguardista. É em seus escritos que Luís Roberto Barroso se inspira quando sustenta que o pós-positivismo, marco filosófico do neoconstitucionalismo, reabilita o uso da razão prática[10]. Pois bem. Apesar de todo esse brilho inspirador, o iluminista Immanuel Kant não reconhecia a *dignidade da mulher*. Para se ter ideia, quando se referiu a mulheres que cultivavam a intelectualidade, Kant chegou a aconselhar, ironicamente, que elas usassem uma barba postiça[11]. Isso porque a sabedoria fe-

---

8. THOREAU, Henry David. *A desobediência civil*. Porto Alegre: L&PM Pocket, 2016. p. 12-13.
9. SARLET, Ingo Wolfgang. *Dignidade da pessoa humana e direitos fundamentais na Constituição federal de 1988*. Porto Alegre: Livraria do Advogado, 2012. *Kindle Edition*. Posição 547.
10. BARROSO, Luís Roberto. A razão sem voto: o Supremo Tribunal Federal e o governo da maioria. *Revista Brasileira de Políticas Públicas*, Brasília, v. 5, Número Especial, 2015. p. 29-30.
11. "Estudos laboriosos e reflexão penosa, mesmo que uma mulher aí contribua com algo elevado, anulam as vantagens próprias do seu sexo, e, ainda que possam ser objeto de uma fria admiração, pela raridade do acontecido, ainda assim ao mesmo tempo enfraquecem aquilo que há nela de atraente e com o qual exerce seu grande poder sobre o homem. Numa mulher com a cabeça cheia de grego, como a senhora Dacier, ou que entra em disputas radicais sobre mecânica, como a marquesa de Châtelet, só falta mesmo uma barba, pois esta talvez exprimisse mais claramente os ares de profundidade à qual aspiram." (BARBOZA, Jair. O discurso filosófico sobre as mulheres e o amor. Kant, Schopenhauer e Nietzsche. *Natureza humana*, São Paulo, v. 11, n. 1, jun. 2009. p. 62).

minina, segundo Kant, era oriunda do sentimento, e não do pensamento[12]. Para além disso, o filósofo prussiano também escreveu sobre um instinto de rivalidade que existiria entre muitas mulheres, aduzindo que algumas delas seriam, naturalmente, impulsionadas a menosprezar a beleza das outras[13]. Logo, se julgado pela lente dos valores atuais, Kant seria classificado como misógino e machista.

Seria fácil prosseguir com mais exemplos, mas também fastidioso. O importante é esclarecer os pontos cegos de quem supostamente estaria habilitado a enxergar além do seu tempo e, por conseguinte, guiar a sociedade de maneira messiânica. Como bem disse Martha Nussbaum, "a maioria das pessoas não é capaz de heroísmo moral clarividente". Segundo a filósofa judia, "nós nem sabemos quais pontos cegos temos agora que as futuras gerações irão condenar"[14]. A opinião de Nussbaum explicita uma obviedade, mas que convém ser reforçada: o desconhecimento da ignorância. Limitações sociológicas e antropológicas turvam a visão de quem, em alguma medida, é produto do tempo e do espaço. Não se sabe, ao certo, aquilo que, por ora, não é possível enxergar. Somente o tempo revelará quais são os pontos cegos, por meio das gerações vindouras. Se os netos aprendem com os avós, também é certo que estes podem ser alertados por aqueles quanto aos equívocos do passado.

Ora, como seres humanos que são, juízes também possuem seus pontos cegos. Por conseguinte, tribunais, instituições constituídas de juízes, não enxergam e não percebem todas as coisas. No Brasil, ao discorrer sobre o transconstitucionalismo, Marcelo Neves foi incisivo ao apontar o ponto cego dos tribunais. Exatamente

---

12. BARBOZA, Jair. O discurso filosófico sobre as mulheres e o amor. Kant, Schopenhauer e Nietzsche. *Natureza humana,* São Paulo, v. 11, n. 1, jun. 2009. p. 63.
13. "porque uma parece lançar na penumbra os atrativos da outra e, de fato, as mulheres que têm fortes pretensões à conquista raramente são amigas no sentido estrito do termo" (BARBOZA, Jair. O discurso filosófico sobre as mulheres e o amor. Kant, Schopenhauer e Nietzsche. *Natureza humana,* São Paulo, v. 11, n. 1, jun. 2009. p. 64). Impossível não lembrar da Música Popular Brasileira (*funk*), mais especificamente da musicista Anitta. Em um dos versos da canção "Show das Poderosas", a artista averba: "Prepara, que agora é a hora do show das poderosas, que descem e rebolam, afrontam as fogosas, só as que incomodam, expulsam as invejosas...". De maneira similar, a cantora de codinome Valesca Popozuda também glorifica a inimizade entre as mulheres. Na canção "Beijinho no Ombro", a artista sublinha: "Desejo a todas inimigas vida longa, pra que elas vejam a cada dia mais nossa vitória. Bateu de frente é só tiro, porrada e bomba [...] Não sou covarde, já tô pronta pro combate. [...] O meu sensor de piriguete explodiu. [...] Beijinho no ombro pro recalque passar longe. Beijinho no ombro só pras invejosas de plantão". Bem se vê, o sentimento de rivalidade entre as mulheres, aludido por Kant no século XVIII, parece ainda ser incentivado no Brasil do século XXI.
14. "[...] most people are not capable of farsighted moral heroism. [...] We don't even know what blind spots we have now that future generations will deplore". Disponível em: [www.momentmag.com/martha-nussbaum-the-philosopher-queen/].

por isso, o diálogo interjurisdicional seria capaz de demonstrar o que uma corte não foi capaz de vislumbrar[15]:

> [...] o transconstitucionalismo implica o reconhecimento de que as diversas ordens jurídicas entrelaçadas na solução de um problema-caso constitucional – a saber, de direitos fundamentais ou humanos e de organização legítima do poder –, que lhes seja concomitantemente relevante, devem buscar formas transversais de articulação para a solução do problema, cada uma delas observando a outra, para compreender os seus próprios limites e possibilidades de contribuir para solucioná-lo. Sua identidade é reconstruída, dessa maneira, enquanto leva a sério a alteridade, a observação do outro. Isso me parece frutífero e enriquecedor da própria identidade porque *todo observador tem um limite de visão no "ponto cego", aquele que o observador não pode ver em virtude da sua posição ou perspectiva de observação* (Von Foerster, 1981, pp. 288-89). Mas, se é verdade, considerando a diversidade de perspectivas de observação de alter e ego, que "eu vejo o que tu não vês" (Luhmann, 1990b), cabe acrescentar que *o "ponto cego" de um observador pode ser visto pelo outro*. Nesse sentido, pode-se afirmar que o transconstitucionalismo implica o reconhecimento dos limites de observação de uma determinada ordem, que admite a alternativa: *o ponto cego, o outro pode ver*.

Com apoio nas digressões de Martha Nussbaum e de Marcelo Neves, a pergunta que se nos afigura é: quais são os pontos cegos do Eminente Ministro Luís Roberto Barroso? Quais são os pontos cegos do Supremo Tribuna Federal do início do século XXI? Insofismavelmente, eles existem. E, muitas vezes, o portador dessa limitação a desconhece. Este o paradoxo que se põe: poderia uma Corte Constitucional com pontos cegos guiar uma nação para quadrantes históricos do porvir?

Antes de prosseguir, uma observação metodológica. A ênfase dada ao empreendimento teórico de Luís Roberto Barroso não deve ser compreendida como uma crítica pessoal. Suas ideias estão sendo contestadas, mas não a sua pessoa (*argumentum ad hominem*). Este trabalho tem uma proposta científica bastante franca: trata-se, preponderantemente, de uma resposta ao artigo "A razão sem voto: o Supremo Tribunal Federal e o governo da maioria"[16], cujo articulista foi o já mencionado jurista da UERJ. Em apreço à coesão teórica, outros trabalhos do

---

15. NEVES, Marcelo. Trasconstitucionalismo, con especial referencia a La experiencia Latino americana. In: BOGDANDY, A. V.; MAC-GREGOR, E. F; ANTONIAZZI, M. M. *La justicia constitucional y su internacionalización*: hacia um ius constitutionale commune en América Latina?. México: Instituto de Investigaciones Jurídicas, 2010. v. ii. p. 749-750.

16. BARROSO, Luís Roberto. A razão sem voto: o Supremo Tribunal Federal e o governo da maioria. *Revista Brasileira de Políticas Públicas*. Brasília, v. 5, Número Especial, 2015. p. 23-50.

referido constitucionalista foram revisitados, inclusive, para testar a coerência interna ou externa das suas argumentações. Afigura-se desnecessário, igualmente, explicitar que a tarefa hercúlea de examinar seus escritos, por si só, já revela uma mínima admiração pelo seu trabalho como professor. Por derradeiro, o recorte metodológico está circunscrito à atuação jurisdicional de Luís Roberto Barroso quanto aos costumes tradicionais da sociedade, não quanto ao seu elogiável empenho no combate à impunidade e à corrupção.

2. **Confrontando a função iluminista das Cortes Constitucionais com os autênticos iluministas: uma acareação entre Luís Roberto Barroso, Immanuel Kant, Montesquieu, Rousseau e John Locke**

Luís Roberto Barroso discorre, basicamente, sobre três funções desempenhadas pelas Corte Constitucionais: a) função contramajoritária; b) função representativa; e c) função iluminista. No Brasil, somente a primeira delas foi prevista pela Constituição Federal (art. 102, III, b). Em apertada síntese, a função contramajoritária caracteriza-se pelo *judicial review*, quando o tribunal declara a inconstitucionalidade das leis. Pode ou não se fazer acompanhar das duas examinadas a seguir. A função representativa, por sua vez, é cumprida quando a corte supostamente responde aos anseios políticos que ainda não teriam sido contemplados pelo Congresso Nacional, a exemplo do entendimento jurisprudencial sobre a vedação do nepotismo[17]. Por fim e para o que mais importa neste trabalho, a função iluminista seria desempenhada pelo tribunal para alcançar

---

17. Conquanto não seja o alvo crítico deste estudo, também há objeções teóricas à função representativa do STF. Quanto à interpretação do sentimento social, cuida-se de uma missão árida. Como dissemos em outra ocasião: "Juízes encastelados em suas torres de marfim não estão posicionados em um ambiente favorável para captar os valores de quem habita nos rincões mais longínquos deste país continental" (FONTELES, Samuel Sales. *Hermenêutica constitucional*. Salvador: JusPodivm, 2018. p. 46-47). Estudos empíricos revelam que o Supremo Tribunal Federal não se tem permitido influenciar pelos mecanismos processuais de abertura, como as audiências públicas e os *amici curiae*. Um primoroso trabalho que questiona a função representativa do STF foi escrito por Thiago Luís Santos Sombra (Supremo Tribunal Federal representativo?. O impacto das audiências públicas na deliberação. *Revista Direito GV*. São Paulo, v. 13, n. 1, p. 226-273, 2017). A intrigante pesquisa é reveladora: "Em números absolutos, os Ministros que mais convocaram audiências foram Gilmar Mendes (judicialização do direito à saúde, regime prisional e depósitos judiciais) e Marco Aurélio (programa "Mais Médicos", proibição do amianto e aborto de fetos anencéfalos), com três convocações cada um. No entanto, se promovida uma análise do tempo de criação da figura da audiência pública pela Lei n.º 9.868/1999 até os dias atuais, os números indicam que, ao longo dos últimos 25 anos à frente da Corte, Marco Aurélio manteve uma média pequena de convocações, 0,12 audiências por ano contra 0,23 do Ministro Gilmar Mendes, há 13 anos na Corte, nomeado em 2002. Por outro lado, nenhum dos casos em que o Ministro Gilmar

transformações sociais por meio de pretensos avanços históricos. O epicentro deste estudo, portanto, é a última das funções.

Nas sinceras palavras de Barroso, "[...] supremas cortes desempenham, ocasionalmente, o papel de vanguarda iluminista, encarregada de empurrar a história quando ela emperra"[18]. O julgamento avaliativo sobre "se" e "quando" ela emperra, por óbvio, cabe a Barroso, com todas as suas pré-compreensões e com todos os seus ídolos da caverna.

De início, já se percebe uma impropriedade no *nomen juris*, isto é, no nome de batismo da função desempenhada pelo tribunal. Estudando-se o movimento político-cultural iluminista com mais detença, infere-se que ele não se acomoda ao papel descrito por Barroso. Mas, afinal, o que é ou o que foi o iluminismo? Ora, o próprio Immanuel Kant[19] já se ocupou de responder à pergunta, em um opúsculo escrito no ano de 1784:

> lluminismo é a saída do homem da sua menoridade de que ele próprio é culpado. A menoridade é a incapacidade de se servir do entendimento sem a orientação de outrem. Tal menoridade é por culpa própria, se a sua causa não residir na carência de entendimento, mas na falta de decisão e de coragem em se servir de si mesmo, sem a guia de outrem. *Sapere aude!* Tem a coragem de te servires do teu próprio entendimento! Eis a palavra de ordem do Iluminismo.

Bem se vê, o pensamento iluminista traduz um *valor emancipatório*. A metáfora kantiana da saída da menoridade prestigia o autogoverno, não a intromissão paternalista de um terceiro. No Brasil, o terceiro pode ser um Judiciário que, diante de uma sociedade órfã, mimetiza a imagem psicanalítica do pai[20]. Em vez de permitir à sociedade escolher seus rumos políticos e valores compartilhados, como adulta que é, a jurisdição constitucional trata os concidadãos como crianças incapazes de fazer as próprias escolhas quanto ao que julgam admissível no seio social. Isso quando o tribunal não *invalida* as escolhas já efetuadas. A perspectiva de Barroso é *microscópica*: em desacordos morais razoáveis, o Ministro entende de reconhecer autonomia para que *os indivíduos* decidam por si mesmos (abortar, fazer uso de drogas, casar etc.). Contudo, em uma perspectiva *macroscópica*, se

---

Mendes convocou audiências públicas foi objeto de julgamento em Plenário, enquanto dois de Marco Aurélio já foram apreciados pelo Pleno" (p. 243).
18. BARROSO, Luís Roberto. A razão sem voto: o Supremo Tribunal Federal e o governo da maioria. *Revista Brasileira de Políticas Públicas*, Brasília, v. 5, Número Especial, 2015. p. 42. A expressão também foi usada por Barroso na ADI 4650.
19. KANT, Immanuel. *Resposta à pergunta*: "que é o iluminismo?". 1784. p. 482. Tradução de Artur Morão.
20. MAUS, Ingeborg. O Judiciário como superego da sociedade. O papel da atividade jurisprudencial na "sociedade órfã". *Novos Estudos*, CEBRAP, n. 58, nov. 2000. p. 183-202.

uma Corte Constitucional substitui uma sociedade na escolha dos valores morais admissíveis no seio social, ela *infantilizou* os concidadãos.

Nota-se que a expressão iluminista, a rigor, deveria justificar que *o povo governasse a si mesmo*. Essa é a lição de John Locke, quando sustenta que a lei é oponível ao povo quando a sua elaboração contou com a participação popular. Noutras palavras, inspirando-se nos ideais iluministas, tais como originalmente concebidos, convém permitir que a própria sociedade sufrague nas urnas os valores substantivos que pretende compartilhar. Mormente, quando o debate envolve as *raízes do contrato social*. Não há razão para subestimar o juízo popular, mesmo que efetuado por pessoas mais simples. Como foi dito por Péricles (431.a.C) "Nossos cidadãos comuns, embora ocupados com as atividades da indústria, ainda são bons juízes das questões públicas".

A terminologia também é incoerente porque as decisões ilustrativas da chamada função iluminista fariam tremer no túmulo Charles-Louis de Secondat, popularmente conhecido como Montesquieu, um corifeu do Iluminismo francês. Em sua obra *O espírito das leis* (1748), o filósofo abordou a importância da separação dos poderes, inclusive, a deferência que os juízes deveriam ter pela lei, chegando a dizer que "basta [ao Juiz] ter olhos"[21]. De maneira contraditória, essa proposição é radicalmente repudiada quando do exercício da função iluminista pelas cortes, na medida em que "[...] a decisão judicial não se sustentará mais na fórmula tradicional da separação de Poderes [...]"[22], desempenhando, em alguns casos, "uma atuação quase normativa"[23]. A esse respeito, a advertência de Montesquieu é severa: "tampouco há liberdade se o poder de julgar não for separado do poder legislativo [...]. Se estiver unido ao poder legislativo, será arbitrário o poder sobre a vida e a liberdade dos cidadãos; pois o juiz será legislador"[24]. Para o referido filósofo, quando um único homem encarna o poder de julgar e legislar, opera-se a *destruição da liberdade política*[25].

Como era de se esperar, o raciocínio de distanciamento da tradicional separação dos poderes também vai *de* encontro (e não *ao* encontro!) à *Declaração dos Direitos do Homem e do Cidadão* (1789), documento forjado nos ideais iluministas e que recebeu o influxo da *doutrina dos direitos naturais*, quando averba: "A sociedade

---

21. MONTESQUIEU, *Do espírito das leis*. São Paulo: Martin Claret, 2014. p. 135-136.
22. BARROSO, Luís Roberto. A razão sem voto: o Supremo Tribunal Federal e o governo da maioria. *Revista Brasileira de Políticas Públicas*, Brasília, v. 5, Número Especial, 2015. p. 32.
23. BARROSO, Luís Roberto. *Curso de direito constitucional contemporâneo*. Os conceitos fundamentais e a construção do novo modelo. 7. ed. São Paulo: Saraiva, 2018. p. 472.
24. MONTESQUIEU, *Do espírito das leis*. São Paulo: Martin Claret, 2014. p. 230.
25. BONAVIDES, Paulo. *Ciência política*. 25. ed. São Paulo: Malheiros Editores, 2018. p. 150-151.

em que não esteja assegurada a garantia dos direitos nem estabelecida a separação dos poderes não tem Constituição" (art. 16º). Por fim, a clássica separação dos poderes também foi enaltecida por Kant, para quem os poderes foram elevados ao patamar de *dignidades*, o que se percebe na *trias politica*: *potestas legislatoria*, *potestas rectoria* e *potestas iudiciaria*.

Analisando-se quatro trabalhos acadêmicos de Luís Roberto Barroso, constata-se que o jurista carrega consigo quatro convicções jurídicas que possuem uma interconexão sistemática:

> i) As decisões do STF em temas como união entre pessoas do mesmo sexo[26] e aborto seriam exemplos do exercício de uma função iluminista[27]; ii) por sua vez, o casamento gay e o aborto são assuntos situados nos domínios dos desacordos morais razoáveis[28]; iii) a seu turno, nos desacordos morais razoáveis, configura-se um *hard case*[29]; iv) logo, se casamento gay e aborto são *hard cases*[30], nestes casos, "[...] a decisão judicial não se sustentará mais na fórmula tradicional da separação de Poderes [...]"[31].

Por conseguinte, a função iluminista de uma corte constitucional seria desempenhada *repudiando-se os ideais iluministas de Montesquieu, Kant e da Declaração dos Direitos do Homem e do Cidadão* acerca da tradicional separação dos poderes, substituindo-lhes por um vago e incipiente neoconstitucionalismo[32].

---

26. BARROSO, Luís Roberto. A razão sem voto: o Supremo Tribunal Federal e o governo da maioria. *Revista Brasileira de Políticas Públicas*, Brasília, v. 5, Número Especial, 2015. p. 42.
27. BARROSO, Luís Roberto. *A judicialização da vida e o papel do Supremo Tribunal Federal*. Belo Horizonte: Fórum, 2018, p. 174.
28. BARROSO, Luís Roberto. *A judicialização da vida e o papel do Supremo Tribunal Federal*. Belo Horizonte: Fórum, 2018, p. 64.
29. BARROSO, Luís Roberto. *Um outro país*: transformações no direito, na ética e na agenda do Brasil. Belo Horizonte: Fórum, 2018, p. 35.
30. BARROSO, Luís Roberto. *A dignidade humana no direito constitucional contemporâneo*. A construção de um conceito jurídico à luz da jurisprudência mundial. Belo Horizonte: Fórum, 2014, especialmente o capítulo 3. Embora os considere como *hard cases*, na prática, o Ministro não demonstra muitas dificuldades metodológicas para justificar os resultados que lhe parecem humanistas e iluministas, inclusive, *ponderando* até mesmo *regras* do Código Penal (para alcançar a conclusão de descriminalização do aborto).
31. BARROSO, Luís Roberto. A razão sem voto: o Supremo Tribunal Federal e o governo da maioria. *Revista Brasileira de Políticas Públicas*, Brasília, v. 5, Número Especial, 2015. p. 32.
32. Manoel Gonçalves Ferreira Filho não poupa críticas a esta jusfilosofia: "O neoconstitucionalismo à brasileira [...] não é, essencialmente, senão uma ideologia, uma roupagem pretensamente científica, para coonestar um ativismo de operadores do direito. Ele serve de instrumento para implantar o politicamente correto, 'reformar' o mundo e, de

Assim o será, pelo menos, nas "grandes questões constitucionais"[33], ou seja, Charles-Louis de Secondat foi reservado para as questões pequenas, comuns e rotineiras. Por oportuno, apenas um adendo: o aludido neoconstitucionalismo, cujo marco filosófico é o pós-positivismo, repudia a ideia de direitos naturais[34]. Cuida-se de (mais) uma manifesta contradição, considerando que Jean-Jacques Rousseau, Montesquieu e John Locke reverenciavam os direitos naturais[35].

No ensejo, registre-se que as quatro convicções expostas anteriormente são dotadas de *coerência interna*, mas falece *coerência externa* a esse raciocínio. De fato, acolhendo-se dogmaticamente a veracidade das premissas, disso se segue a inferência da conclusão apontada (justificação interna). Contudo, há um problema de justificação externa, na medida em que a "premissa iii" é inverídica. Às vezes, o desacordo moral razoável versa sobre um ponto sobre o qual o constituinte se posicionou claramente. O casamento gay e o aborto são mesmo desacordos morais, mas há neles uma clara solução apontada pelo ordenamento. Por consectário lógico, não são casos de *hard case* no sentido empregado por Barroso ("Casos difíceis [...] são aqueles para os quais não existe uma solução pré-pronta no ordenamento jurídico"[36]).

Nesses casos, não há dificuldade em encontrar a resposta fornecida pelo ordenamento. O desafio parece ser de *obediência* no que se refere à decisão tomada pelos nossos antepassados, ou seja, abster-se de efetuar um *controle de moralidade* sobre a obra do constituinte originário, geralmente uma tarefa difícil para quem só é capaz de enxergar uma *constituição idílica* e despida de injustiças.

Absolutamente, os ideais iluministas de deferência à lei não oferecem apoio à jusfilosofia de Barroso e nunca faltarão exemplos probatórios. No RE 580.252, o Ministro sugeriu aos seus pares que, *mesmo sem alterações na Lei de Execução Penal,* presos em condições degradantes deveriam ter *descontados dias da pena,*

---

passagem, o país, num arremedo de socialismo utópico (para lembrar a lição de Marx)" (FERREIRA FILHO, Manoel Gonçalves. Notas sobre o direito constitucional pós-moderno, em particular sobre certo neoconstitucionalismo à brasileira. *Revista de Direito Administrativo,* v. 250, 2009. p. 164-165).

33. BARROSO, Luís Roberto. *Curso de direito constitucional contemporâneo.* Os conceitos fundamentais e a construção do novo modelo. 7. ed. São Paulo: Saraiva, 2018. p. 459.
34. Isso porque o jurista da UERJ considera que o jusnaturalismo foi "[...] empurrado para a margem da História [...]" (BARROSO, Luís Roberto. Neoconstitucionalismo e constitucionalização do direito. O triunfo tardio do direito constitucional no Brasil. Rio de Janeiro: *Revista de Direito Administrativo,* abr.-jun. 2005. p.04-05).
35. ROUSSEAU, Jean-Jacques. *Do contrato social.* São Paulo: Martin Claret, 2013. p. 45; MONTESQUIEU, *Do espírito das leis.* São Paulo: Martin Claret, 2014. p. 47-48. John Locke também enaltecia os direitos naturais em sua obra *Ensaio sobre o governo civil,* notadamente a propriedade, a liberdade e a felicidade.
36. O Ministro apresentou essa definição no MS 32326 MC/DF.

em vez de receber uma indenização[37]. No RE 635659, propôs que o porte de 25 gramas de maconha ou *o plantio de até seis plantas fêmeas* da espécie sejam as quantidades de referência para diferenciar o consumo (ou produção própria) do tráfico de drogas, que, no entender do ministro, um dia deve ser descriminalizado.

Os problemas da função iluminista, não obstante, vão muito além da terminologia inapropriada. É preciso realizar uma incursão meritória no acerto ou desacerto dessa tese. Como já foi dito, ilustrando a atuação iluminista do STF, o Ministro faz menção, por exemplo, à decisão que permitiu a união civil entre pessoas do mesmo sexo, "abrindo caminho" para o casamento gay[38], e ao julgado que "[...] declarou a inconstitucionalidade do crime de aborto até o terceiro mês de gestação [...]"[39]. Na sua visão, esses resultados correspondem ao futuro civilizatório da humanidade. Se a disciplina jurídica desses assuntos for desfavorável, a História emperrou. Logo, estas são "[...] situações em que elas [as cortes constitucionais] podem, legitimamente, *empurrar a história*".[40] Nesta pesquisa, demonstra-se que a "função iluminista" das cortes constitucionais enfrenta dois grandes desafios de premonição: o "enigma do se" e o "enigma do quando".

2.1. O primeiro degrau: o "enigma do se"

Primeiramente, o desafio da pretensa função iluminista desempenhada pelas Cortes Constitucionais consiste em decifrar *se* um dado resultado realmente

---

37. Perplexo, o Ministro Teori Albino Zavascki, que nos deixou tão precoce e misteriosamente, questionou: "Acho que a solução proposta por Sua Excelência é uma solução que, certamente, teria valia muito maior sob todos os aspectos. *Mas eu fico com essa perplexidade de como nós superaríamos isso, sem ofensa ao princípio da legalidade, como nós poderíamos criar pretorianamente essa solução?* Sua Excelência colocou que, na Europa, soluções semelhantes foram adotadas com sucesso, de modo que eu acho interessante. *Apenas eu ficaria em dúvida se nós poderíamos superar isso mediante uma decisão judicial* com todas essas transformações, *sem ofensa ao princípio da legalidade*. Talvez não fosse o caso de, vamos dizer, continuarmos com uma solução tradicional no campo civil e, *quem sabe, sugerir, a partir da decisão que o Tribunal tomar, uma proposta legislativa* para, enfim, enfrentar a questão". Gilmar Mendes foi mais objetivo: "[...] tenho a impressão de que *a matéria precisaria de lei*".
38. BARROSO, Luís Roberto. A razão sem voto: o Supremo Tribunal Federal e o governo da maioria. *Revista Brasileira de Políticas Públicas*, Brasília, v. 5, Número Especial, 2015. p. 42.
39. BARROSO, Luís Roberto. *A judicialização da vida e o papel do Supremo Tribunal Federal*. Belo Horizonte: Fórum, 2018, p. 174. Somente nessa obra, Barroso fornece 13 exemplos de decisões consideradas como oriundas de uma função iluminista, sendo dez delas proferidas por cortes internacionais (Ibidem, p. 118 e 168-175). Por óbvio, não há como analisar todas elas nesta ocasião.
40. BARROSO, Luís Roberto. A razão sem voto: o Supremo Tribunal Federal e o governo da maioria. *Revista Brasileira de Políticas Públicas*, Brasília, v. 5, Número Especial, 2015. p. 25.

corresponderia ao avanço civilizatório da humanidade. Em termos mais simples, *se* os tribunais devem ou não realizar "intervenções humanitárias"[41], de modo a (tentar) promover uma almejada (r)evolução histórico-social. Esse primeiro degrau atua como uma *prejudicial*, isto é, um antecedente lógico. Somente após cumprida essa etapa, passa-se à análise consecutiva: *quando* intervir.

No labirinto do raciocínio jurídico exigido pelo "enigma do se", há pontos cegos, tentações morais, impulsos inconscientes, limitações cognitivas, desconhecimento científico e toda sorte de enganos e desenganos. Não por acaso, o próprio Luís Roberto Barroso confessou ser a função iluminista "[...] *uma competência perigosa*", pontuando ainda que "não é uma missão fácil nem de sucesso garantido [...]"[42]. As principais ciladas psicológicas do "enigma do se" são expostas articuladamente a seguir.

2.1.1. O oximoro do desacordo moral razoável que só admite uma única solução moral razoável

A pretensa função iluminista das Cortes Constitucionais é um empreendimento, no mínimo, ambicioso, porque consiste em chamar a peito a tarefa de aventurar-se nos domínios dos desacordos morais razoáveis. *É de todo pertinente lembrar das palavras de Luís Roberto Barroso*[43] *quando assevera*:

> Pessoas bem-intencionadas e esclarecidas, em relação a múltiplas matérias, pensam de maneira radicalmente contrária, sem conciliação possível. [...] Esse fenômeno se revela em questões que são controvertidas em todo o mundo, inclusive no Brasil, como, por exemplo, interrupção de gestação, [...] uniões homoafetivas [...].

Aqui, há um detalhe importante: os exemplos fornecidos por Barroso para ilustrar desacordos morais razoáveis (aborto e casamento gay) são exatamente os mesmos que ele utilizou para demonstrar a função iluminista. Disso se conclui haver um *vínculo umbilical entre a função iluminista e desacordos morais*. Ora, se a função iluminista de uma Corte Constitucional é exercida em temas sobre os quais a sociedade francamente diverge, mesmo com um corpo social bem instruído e de boa-fé, o pretenso salto histórico afigura-se realmente temerário. Nem sempre, mas quase sempre. De fato, às vezes há uma *objetividade moral*, a exemplo do que

---

41. BARROSO, Luís Roberto. *A judicialização da vida e o papel do Supremo Tribunal Federal.* Belo Horizonte: Fórum, 2018. p. 167.
42. BARROSO, Luís Roberto. *A judicialização da vida e o papel do Supremo Tribunal Federal.* Belo Horizonte: Fórum, 2018. p. 165 e 167.
43. BARROSO, Luís Roberto. *A judicialização da vida e o papel do Supremo Tribunal Federal.* Belo Horizonte: Fórum, 2018. p. 64.

decidido em Brown v. Board of Education (1954), quando a Suprema Corte Norte-Americana proibiu a segregação racial nas escolas públicas. Aqui, o "enigma do se" é absolutamente simples. Exatamente por essa objetividade moral cartesiana, quando Barroso é confrontado em suas ideias, o refúgio é confortavelmente encontrado em Brown v. Board of Education, considerado o arquétipo perfeito da função iluminista dos tribunais. Não raro, o jurista se vale de um instrumento de retórica que pode ser denominado de *falsa analogia*. Quase todos os desacordos morais o remetem a *Brown*. Seria simples demonstrar o erro desta analogia, mas não há espaço neste trabalho.

Nesse momento, importa ressaltar que, por definição, um desacordo moral razoável não pode admitir uma única solução moral aceitável. Se há razoabilidade no desacordo, é porque as posições antagônicas são minimamente defensáveis. Do contrário, seria paradoxal falar em desacordo razoável quando só se reconhece razoabilidade a uma específica solução. Um oximoro, pois. Apesar de considerar o aborto e a união entre pessoas do mesmo sexo como exemplos de desacordos morais razoáveis, Luís Roberto Barroso se contradiz quando assume como pressuposto que essas matérias necessariamente devem ser aprovadas no Parlamento ou na arena judicial, afinal, assevera: "Sabe quando isso [união entre pessoas do mesmo sexo] vai passar no Congresso? Jamais [...] Aborto, a mesma coisa. Quem é que fala que tem que ser o Congresso? Quem não quer, porque o Congresso não vai passar jamais"[44]. Para Barroso, nessas temáticas, não existe o "enigma do se". Ao contrário do que diz, o dissenso em temas como aborto e união entre pessoas do mesmo sexo não lhe parece nada razoável. Em um tom coloquial, "ou vai ou racha". É pedagógico relembrar a admoestação da Eminente Ministra Ellen Gracie, quando aduziu: "não há o Supremo Tribunal Federal de servir como 'atalho fácil' para a obtenção de resultado"[45].

É possível perceber dois aspectos graves nas declarações do Professor da UERJ. De início, a pressuposição de *wishful thinking* na argumentação jurídica. Opiniões jurídicas nem sempre são governadas por interesses pessoais ou contaminadas por utopias de mundo. Ao emitir um juízo técnico, o querer pode não ser tão relevante. Estranho é o Juiz que sempre se agrada das decisões que profere ou o promotor que sempre se regozija dos pareceres que exara. Ademais, também há gravidade na ideia equivocada de que o Congresso Nacional se esquiva da função legiferante. Nas declarações transcritas anteriormente, isso não ficou exatamente claro, mas é possível colher de outros escritos de Barroso a opinião pela qual o Legislativo brasileiro *não teria normatizado* o tema da

---

44. É melhor que a situação de Lula seja definida 'o mais cedo possível', diz Barroso. 21 de dezembro de 2017. Disponível em: [www.bbc.com/portuguese/brasil-42436255]. Acesso em 21.10.2018.
45. Voto em questão de ordem na ADPF 54.

união entre pessoas do mesmo sexo. A esse respeito, é pertinente transcrever os seus dizeres[46]:

> Penso ser próprio aqui distinguir duas situações: a) quando tenha havido uma atuação do Legislativo ou do Executivo em relação ao tema; b) quando *não* tenha havido tal atuação.
> A primeira situação, portanto, se dá quando o Legislativo tenha efetivamente deliberado acerca de matéria. Por exemplo: [...] pesquisas com células-tronco embrionárias; ou [...] ação afirmativa em favor de negros. Nesses dois casos, embora exista controvérsia política, o Judiciário deve ser deferente para com as escolhas feitas pelo Legislativo. [...]
> *Situação diversa é a que ocorre quando o Legislativo não atuou, porque não pôde, não quis ou não conseguiu formar maioria. Aí haverá uma lacuna no ordenamento.* [...] *Por exemplo:* [...] *o caso das relações homoafetivas.* [...] *Não há lei a respeito. Pois bem: o Estado tem que tomar uma posição sobre a existência ou não de um direito desses casais a serem reconhecidos como uma entidade familiar, pela importância moral desse reconhecimento e* por uma séria de questões práticas (herança, pensão alimentícia, divisão do patrimônio comum).

Ora, quando a Constituição de 1988 foi elaborada, os constituintes debateram explicitamente a união entre pessoas do mesmo sexo. Para proibi-la, o Bispo Roberto Augusto apresentou uma emenda ao projeto que contou com o apoio dos constituintes Gastone Righi e Bernardo Cabral. Por outro lado, o constituinte Gerson Peres se opôs, lembrando da experiência da Inglaterra de admitir a referida união. Ao final, para afastar dúvidas a esse respeito, o texto foi aprovado com o acréscimo da cláusula explicitadora "entre homem e mulher"[47]. Mais de uma

---

46. BARROSO, Luís Roberto. *Um outro país*: transformações no direito, na ética e na agenda do Brasil. Belo Horizonte: Fórum, 2018. p. 40-41 (destacamos).
47. Diário da Assembleia Nacional Constituinte (Suplemento B, p. 209): "O Sr. Constituinte Gastone Righi: Finalmente a emenda do constituinte Roberto Augusto. É o art. 225 (sic), § 3º. Este parágrafo prevê: 'Para efeito da proteção do Estado, é reconhecida a união estável entre homem e mulher como entidade familiar, devendo a lei facilitar sua conversão em casamento' Tem-se prestado a amplos comentários jocosos, seja pela imprensa, seja pela televisão, com manifestação inclusive de grupos gays através do País, porque com a ausência do artigo poder-se-ia estar entendendo que a união poderia ser feita, inclusive, entre pessoas do mesmo sexo. Isto foi divulgado, por noticiário de televisão, no show do Fantástico, nas revistas e jornais. O bispo Roberto Augusto, autor deste parágrafo, teve a preocupação de deixar bem definido, e pede que se coloque no § 3º dois artigos: 'Para efeito de proteção do Estado, é reconhecida a união estável entre o homem e a mulher como entidade familiar, devendo a lei facilitar sua conversão em casamento'. Claro que nunca foi outro o desiderato desta Assembleia, mas, para se evitar toda e qualquer malévola interpretação deste austero texto constitucional, recomendo a V. Exa. que me permitam aprovar pelo menos uma emenda". Não por acaso, o Eminente

década após a promulgação da Constituição de 1988, a mesma fórmula foi seguida pelo Parlamento brasileiro, por ocasião do Código Civil de 2002, no artigo 1723[48]. Diante dessas manifestações do Congresso Nacional, tão explícitas, não seria contrafactual dizer que os parlamentares não decidiram a esse respeito? Não seria mais sincero exercer o *judicial review* de maneira contramajoritária, apontando fundamentadamente como inválida a decisão do Parlamento e assumindo todo o ônus argumentativo de fazê-lo? Dizer que os parlamentares se omitiram sobre o que expressamente dispuseram é ignorar deliberadamente a realidade. Por incrível que pareça, em outros trabalhos acadêmicos, o jurista da Escola Fluminense de Direito Constitucional chega a classificar a união entre pessoas do mesmo sexo como um tema acometido por uma "lacuna normativa"[49]. No MS 32326 MC/DF, o Ministro Barroso classifica as "uniões homoafetivas" como pertencentes às "situações nas quais exista uma omissão no ordenamento jurídico ou, ao menos, não exista norma expressa". Ao que parece, o artigo 1723 do Código Civil e o artigo 226, § 3º, da Constituição eram e continuam sendo invisíveis aos seus olhos.

A precipitação de Barroso, muitas vezes, repousa em uma visão cética ou pessimista acerca do Parlamento e dos parlamentares. Enquanto o filósofo iluminista Immanuel Kant considerava o Poder Legislativo como "irrepreensível"[50], o Ministro parece tomado por um profundo desencanto no que concerne à integridade do órgão legiferante brasileiro e quanto ao próprio sistema de representação[51]:

> Há muitas décadas, em todo o mundo democrático, é recorrente o discurso acerca da crise dos parlamentos [...] Disfuncionalidade, corrupção, captura por interesses privados são temas globalmente associados à atividade política.

Ministro Ricardo Lewandowski, em voto proferido na ADPF 132 e ADI 4277, aduziu que "Os constituintes, como se vê, depois de debaterem o assunto, optaram, inequivocamente, pela impossibilidade de se abrigar a relação entre pessoas do mesmo sexo no conceito jurídico de união estável".

48. Art. 1.723. É reconhecida como entidade familiar a união estável entre o homem e a mulher, configurada na convivência pública, contínua e duradoura e estabelecida com o objetivo de constituição de família.

49. BARROSO, Luís Roberto. *A dignidade humana no direito constitucional contemporâneo.* A construção de um conceito jurídico à luz da jurisprudência mundial. Belo Horizonte: Fórum, 2014. p. 115.

50. BONAVIDES, Paulo. *Ciência política.* 25. ed. São Paulo: Malheiros Editores, 2018. p. 151.

51. BARROSO, Luís Roberto. A razão sem voto: o Supremo Tribunal Federal e o governo da maioria. *Revista Brasileira de Políticas Públicas*, Brasília, v. 5, Número Especial, 2015. p. 38-39. O discurso de desqualificação também é realizado em outro trabalho de sua autoria: BARROSO, Luís Roberto. *Curso de direito constitucional contemporâneo.* Os conceitos fundamentais e a construção do novo modelo. 7. ed. São Paulo: Saraiva, 2018. p. 472.

[...] A consequência inevitável é a dificuldade de o sistema representativo expressar, efetivamente, a vontade majoritária da população. [...] No Brasil, [...] a atividade política desprendeu-se da sociedade civil, que passou a vê-la com indiferença, desconfiança ou desprezo. [...] *em muitas situações, juízes e tribunais se tornaram mais representativos dos anseios e demandas sociais do que as instâncias políticas tradicionais.* É estranho, mas *vivemos uma quadra em que a sociedade se identifica mais com seus juízes do que com seus parlamentares.*

Nada de muito novo[52]. O fenômeno de não reconhecer dignidade à legislação e ao legislador já havia sido denunciado por doutrinadores como Jeremy Waldron[53]. Mesmo que as palavras de Barroso se assemelhem a um desabafo sincero, em que, condoendo-se, descreveria uma crise de representatividade, o fato é que o Ministro não admite o que é evidente: parlamentares são mandatários do povo; juízes, não. Isso fica claro quando, em uma singela nota de rodapé, o Professor da UERJ sublinha: "O déficit democrático do Judiciário, decorrente da dificuldade contramajoritária, não é necessariamente maior que o do Legislativo [...]"[54]. É

---

52. Sobre isso já advertiu o Ex-Presidente da República, Sr. Fernando Henrique Cardoso (destacamos): *"Dizer que jamais se viu crise política tão grande como a atual é lugar-comum. Mas é verdade pelo menos desde a Constituição de 1988. [...] Não há Terra Prometida a nos esperar no final do túnel da crise atual. Nem será um Moisés providencial a nos guiar na travessia. Esta terá de ser feita pela política,* e a política é um empreendimento coletivo de pessoas, grupos e forças sociais que se juntam *em torno de uma visão comum a respeito do futuro desejável".* (CARDOSO, Fernando Henrique. *Crise e reinvenção da política no Brasil.* São Paulo: Companhia das Letras, 2018. p. 19 e 21). Por coincidências da vida, ao narrar sua trajetória biográfica e a sua relação com o Direito Constitucional, Luís Roberto Barroso se exprime de uma maneira bastante peculiar: "Vaguei algum tempo pelo deserto, até que um dia encontrei o meu caminho." (BARROSO, Luís Roberto. Boa Bússola - Trinta anos da Constituição Federal: a República que ainda não foi"). Disponível em: [www.conjur.com.br/2018-out-06/barroso-30-anos-constituicao-republica-ainda-nao-foi]. Promovendo-se mais um contraste de ideias com Fernando Henrique Cardoso, este arremata: "Há quem acredite que a política é suja por natureza. Preferem desaboná-la em nome da razão técnica ou, pior ainda, do niilismo ou da imposição dura e bruta do poder". (Ibidem, p. 22).
53. WALDRON, Jeremy. *A dignidade da legislação.* São Paulo: Martins Fontes, 2003. p. 2. A propósito, exatamente pela manifesta oposição de ideias, Barroso e Waldron têm realizado debates salutares no meio acadêmico, a exemplo de uma Conferência nos átrios do UNICEUB (Brasília/DF), no ano de 2017, testemunhada atentamente pelo articulista que vos escreve.
54. BARROSO, Luís Roberto. A razão sem voto: o Supremo Tribunal Federal e o governo da maioria. *Revista Brasileira de Políticas Públicas*, Brasília, v. 5, Número Especial, 2015. p. 38. Em sentido contrário, isto é, depositando um voto de confiança no Parlamento brasileiro e na sociedade, confira-se a opinião de Sérgio Antônio Ferreira Victor. Para ele. O Congresso Nacional está em "condições razoáveis de funcionamento" e, "ao que tudo indica", também existe um "respeito por direitos individuais e das minorias por parte tanto das autoridades quanto da maioria da sociedade" (VICTOR, Sérgio Antônio

claro que o é. Verdade seja dita, a desconfiança sobre a capacidade de altruísmo das maiorias, mais do que qualquer coisa, revela uma visão pessimista acerca da própria humanidade, além de uma visão romantizada, utópica e fetichista dos Tribunais.

2.1.2. A ausência de dons premonitórios e a perigosa bússola da dignidade humana

O empreendimento de decifrar o "enigma do se" é ainda ambicioso porque o objetivo só pode ser alcançado quando o Juiz Constitucional está munido de habilidades muito singulares, entre elas, a de "[...] interpretar [...] o espírito de seu tempo e o sentido da história"[55].

Antes de qualquer coisa, convém lembrar que Luís Roberto Barroso é muito mais uma testemunha da sua época que um profeta da posteridade. Como diria o escritor espanhol Ortega y Gasset, o Ministro do STF é ele e suas circunstâncias. De mais a mais, a história é uma *onda senoidal*. O movimento da humanidade é pendular. O erro de Barroso é considerar que a biografia da humanidade é linear, tendo-se como fim colimado um destino sempre menos conservador e cada vez mais "progressista" quando se trata de drogas, aborto, casamento gay e até suicídio assistido. Às vezes, o futuro é a volta para o passado. Por conseguinte, voltar ao passado pode traduzir até mesmo um avanço. Basta lembrar que, se construído um gráfico da democracia em função do tempo, ele nunca será uma curva ascendente[56]. Isso porque a humanidade experimenta momentos de recessão democrática e até de autoritarismo, razão pela qual, em casos como esses, é exatamente voltando-se ao passado (democrático) que se conquista uma evolução (que suplanta o autoritarismo). Logo, desconstruindo o senso comum, repita-se à exaustão: voltar ao passado não implica necessariamente um retrocesso, na medida em que um *progresso* pode ser alcançado justamente pela restituição de um *status quo ante bellum*.

Ferreira. *Diálogo institucional e controle de constitucionalidade*. Debate entre o STF e o Congresso Nacional. São Paulo: Saraiva, 2015. p. 163).

55. BARROSO, Luís Roberto. A razão sem voto: o Supremo Tribunal Federal e o governo da maioria. *Revista Brasileira de Políticas Públicas*. Brasília, v. 5, Número Especial, 2015. p. 47. Em apreço ao rigor metodológico, aqui é necessária uma observação. A citação transcrita foi empregada por Barroso ao referir-se à função *representativa* das Cortes Constitucionais. Porém, em uma análise sistêmica do seu empreendimento teórico, o Professor da UERJ é enfático em apontar o tribunal, no exercício da função iluminista, como um "agente da História" (Ibidem, p. 175).
56. Sobre esse ponto em particular, agradecemos ao cientista político suíço Daniel Bochsler, pelas profícuas reflexões na Universidade de Belgrado (Sérvia), por ocasião de uma Conferência de Direito Constitucional realizada em setembro de 2018. A ideia também pode ser colhida das pesquisas de Robert A. Dahl, cientista político da Universidade de Yale. (DAHL, Robert A. *Sobre a democracia*. Brasília: Universidade de Brasília, 2016. p. 35).

Nessa empreitada de futurologia, a principal bússola para decifrar o "enigma do se" é o princípio da dignidade humana. Pautando-se na ideia de dignidade, projeta-se um futuro histórico provável e civilizado. Imagina-se um avanço social. O risco é o de que o *Justice* brasileiro procure as respostas dentro de si, em uma relação especular, afinal, como o próprio Barroso[57] já advertiu, "[...] em termos práticos, a dignidade, como conceito jurídico, frequentemente funciona como um mero espelho, no qual cada um projeta seus próprios valores". É fácil constatar isso na prática. Basta lembrar que Gilmar Ferreira Mendes e Paulo Gonet, com apoio na mesma dignidade humana invocada por Barroso, alcançaram uma conclusão diametralmente oposta: "[...] o ainda não nascido tem direito à vida como os já nascidos, até por imposição do princípio da igual dignidade humana"[58].

O que parece humanista para Barroso não o é para muitos brasileiros, inclusive, mulheres, em nome de quem ele às vezes fala. Segundo uma pesquisa efetuada pelo Instituto Brasileiro de Opinião Pública e Estatística (IBOPE), vocacionada à coleta de dados que indiquem e mensurem a opinião pública conservadora no Brasil[59], 80% dos entrevistados consideram-se como contrários à "legalização do aborto". A propósito, esse número é mais significativo entre mulheres do que entre homens, ou seja, elas discordam dessa possibilidade ainda mais do que eles. O porquê é presumível. Maria José Miranda Pereira detalha cada etapa do procedimento abortivo:

> Os métodos empregados usualmente em um aborto não podem ser comentados durante uma refeição. O bebê é esquartejado (aborto por curetagem), aspirado em pedacinhos (aborto por sucção), envenenado por uma solução que lhe corrói a pele (aborto por envenenamento salino) ou simplesmente retirado vivo e deixado morrer à míngua (aborto por cesariana). Alguns demoram muito para morrer, fazendo-se necessário ação direta para acabar de matá-los, se não se quer colocá-los na lata de lixo ainda vivos[60].

---

57. BARROSO, Luís Roberto. *A dignidade humana no direito constitucional contemporâneo*. A construção de um conceito jurídico à luz da jurisprudência mundial. Belo Horizonte: Fórum, 2014. p. 9-10.
58. MENDES, Gilmar Ferreira; BRANCO, Paulo Gustavo Gonet. *Curso de direito constitucional*. 12. ed. São Paulo: Saraiva, 2017. p. 259.
59. IBOPE Inteligência, Pesquisa de Opinião Pública Sobre Favorabilidade a Assuntos Específicos, fev. 2018. JOB0104/2018. O mesmo diagnóstico social foi realizado pelo Datafolha: a maioria dos brasileiros segue favorável à proibição do porte de maconha para consumo pessoal, a maior parcela dos brasileiros adultos segue favorável à criminalização do aborto e a maior parte dos nacionais declarou ser favorável à pena de morte. Os dados foram coletados pela Gerência de Pesquisas de Opinião do Datafolha, por meio de 2.765 entrevistas presenciais, em 192 municípios, nos dias 29 e 30 de novembro de 2017 (Temas Polêmicos – PO 813942).
60. PEREIRA, Maria José Miranda. Aborto. *Consulex,* ano VIII, n. 176. p. 37.

Considerar que não há direito fundamental à prática dos fatos descritos linhas acima é uma posição absolutamente defensável e foi esta a escolhida pelo legislador brasileiro. De início, o artigo 2º do Código Civil é de clareza solar: "A personalidade civil da pessoa começa do nascimento com vida; mas a lei põe a salvo, *desde a concepção*, os *direitos do nascituro*" (destacamos). Seria absolutamente irracional, portanto, nada iluminista, compreender que o ordenamento colocou a salvo os direitos do nascituro, *exceto o direito à vida*. No mesmo sentido, o artigo 4.1 da Convenção Americana de Direitos Humanos estatuiu que "Toda pessoa tem o direito de que se respeite sua vida. Esse direito deve ser protegido pela lei e, em geral, *desde o momento da concepção*. Ninguém pode ser privado da vida arbitrariamente" (destacamos). Dessa vez, uma norma jurídica de envergadura supralegal e que compõe o acervo normativo dos Direitos Humanos[61]. A cláusula "[...] em geral [...]" foi inserida no Pacto de San José da Costa Rica porque, como se sabe, às vezes, os ordenamentos admitem abortamentos quando a gestante corre risco de morte ou foi estuprada. No entanto, *de uma maneira geral*, isto é, *como regra*, garante-se a vida "desde o momento da concepção". O Chefe do Executivo brasileiro, por meio do Decreto 678, de 06 de novembro de 1992, promulgou esse tratado internacional. Logo, atuando como um *longa manus* de milhões de brasileiros, anuiu ao seu teor.

Os pontos cegos, por sua vez, atuam subliminarmente durante o "enigma do se". Note-se, por exemplo, a diferença *abissal* de pontos de vista referentes ao controverso direito fundamental ao aborto. No Brasil, um dos estudiosos que mais se dedicaram à pesquisa dos direitos fundamentais foi Ingo Wolfgang Sarlet. Em obra publicada com Daniel Mitidiero e Luiz Guilherme Marinoni, os autores manifestam: "[...] entendemos ser difícil sustentar, no caso brasileiro, a existência de um direito fundamental ao aborto [...]"[62]. Reforçando essa linha de compreensão, Gilmar Mendes e Paulo Gonet asseveram: "Ante a superioridade do valor da vida humana, a proibição do aborto, com a tutela penal, deve subsistir, mesmo que confrontada com outros interesses, acaso acolhidos por outros direitos fundamentais"[63]. Em sentido radicalmente diverso da percepção

---

61. Diversos internacionalistas chegam a sustentar que tratados de direitos humanos integram o bloco de constitucionalidade, ou seja, seriam parte integrante da Constituição. Para esses juristas, a norma convencional que proclama o direito à vida, *desde a concepção*, tem *status* de norma constitucional.
62. SARLET, Ingo Wolfgang; MARINONI, Luiz Guilherme; MITIDIERO, Daniel. *Curso de direito constitucional*. 4. ed. São Paulo: Saraiva, 2015. p. 413.
63. Os referidos constitucionalistas averbam: "Embora a gravidez também diga respeito à esfera íntima da mulher, o embrião humano forma um ser humano distinto da mãe, com direito à vida, carente de proteção eficaz dos poderes públicos. [...] Daí a justificação da tutela penal, impeditiva de que o problema do aborto seja reconduzido a uma singela questão de autodeterminação da mãe, qualquer que seja o estádio de desenvolvimento

dos cinco eminentes professores, Luís Roberto Barroso sustenta a existência de um direito fundamental ao aborto[64]. Aqui, há um ponto cego, porque alguém está errado. As visões são tecnicamente inconciliáveis. Não podem coexistir e se repelem mutuamente. Seria bastante diplomático e apaziguador defender que todos estão certos, cada qual à sua maneira, mas o fato é que a correção de uma parte implica o equívoco da outra.

Barroso é pródigo ao reconhecer a dignidade de grupos vulneráveis, mas, como Thoreau, parece pouco generoso quando se trata do reconhecimento de determinadas dignidades. Olvida-se, por exemplo, da dignidade do legislador e da legislação, no sentido empregado por Waldron, bem como sonega a dignidade do nascituro.

Referindo-se a um passado de "obscurantismo" e "visões primitivas", o Ministro do STF descreve que "houve tempos, no processo de evolução social, em que [...] *deficientes eram sacrificados*"[65]. No século XXI, bebês com microcefalia correm risco de morte e isso parece despercebido pelo constitucionalista. Do mesmo modo, ao tecer comentários sobre a ADI 1856/RJ (briga de galos), o Professor da UERJ sustenta com muita facilidade a *dignidade dos animais*: "O que poderia ter sido suscitado, isso sim, seria o reconhecimento de dignidade aos animais. Uma dignidade [...] pelo fato de os animais, como seres vivos, terem uma dignidade intrínseca e própria"[66]. Lamentavelmente, quando se trata de analisar a dignidade e "o valor intrínseco do feto", Barroso é incisivo: "[...] premissa admitida apenas para fins de argumentação [...]"[67]. Uma tábua axiológica, no mínimo, peculiar.

---

    da gravidez" (MENDES, Gilmar Ferreira; BRANCO, Paulo Gustavo Gonet. *Curso de direito constitucional*. 12. ed. São Paulo: Saraiva, 2017. p. 262). De fato, os cientistas biólogos e geneticistas apontam que, geneticamente, o feto é uma pessoa distinta da mãe. Assim, é irracional que Barroso fundamente suas decisões em argumentos de autodeterminação, como se o aborto fosse uma amputação. A hipótese traduz muito mais uma atitude de heterodeterminação. Abortar não traduz um comportamento autorreferente, mas sim heterorreferente. Nunca é demais lembrar que o movimento iluminista prestigiava exatamente o cientificismo e o racionalismo.

64. As declarações sobre o tema foram proferidas durante o I Congresso Internacional de Direito e Gênero promovido pela Fundação Getulio Vargas no Rio de Janeiro.
65. BARROSO, Luís Roberto. *A judicialização da vida e o papel do Supremo Tribunal Federal*. Belo Horizonte: Fórum, 2018, p. 167.
66. BARROSO, Luís Roberto. *A dignidade humana no direito constitucional contemporâneo*. A construção de um conceito jurídico à luz da jurisprudência mundial. Belo Horizonte: Fórum, 2014. p. 118. Não há problema algum em perceber a dignidade dos animais, muito pelo contrário. São seres vivos dignos de ternura, respeito e cuidado.
67. BARROSO, Luís Roberto. *A dignidade humana no direito constitucional contemporâneo*. A construção de um conceito jurídico à luz da jurisprudência mundial. Belo Horizonte: Fórum, 2014. p. 100-101.

2.1.3. A alucinação teórica da chamada constituição invisível (Laurence Tribe): o Rei está nu!

No século XIX, o escritor dinamarquês Hans Christian Andersen escreveu um conto que continua bastante atual. Nele, um impostor consegue ludibriar o rei e seus súditos, oferecendo-se para confeccionar uma roupa *que somente pessoas inteligentes conseguiriam enxergar*. A manipulação psicológica acabou desencorajando o questionamento de pessoas intelectualmente vaidosas, dentre elas, o próprio Chefe de Estado que encomendou as vestes. Fingindo que seus olhos viam a suposta roupa, o monarca desfilou publicamente com ela, quando, na realidade, estava desnudado. Uma criança, na sua pureza, exclamou o óbvio: o rei está nu!

O Direito padece do mesmo mal. No constitucionalismo norte-americano, juristas como Laurence Tribe se ocuparam da chamada "constituição invisível"[68]. Ai daquele que não a veja. Com o passar dos anos, professores acadêmicos já realizavam seminários sobre *emendas à uma constituição não escrita*[69]. Nesse contexto, é de bom alvitre lembrar que a função contramajoritária do STF foi prevista na Constituição Federal (art. 102, III, *b*), mas a função iluminista carece de previsão constitucional. Como é previsível, o destino será o mesmo da alegoria do dinamarquês Hans Christian Andersen: alguém perceberá a obviedade de que o rei está nu.

Ironicamente, seria possível dizer que, no Brasil, alguns direitos fundamentais só podem ser vistos e percebidos por pessoas inteligentes. As portadoras de uma inteligência mediana não vislumbram essa gama tão sofisticada de direitos, como o direito fundamental ao suicídio e o direito fundamental ao aborto. Em um passado não tão remoto, as pessoas eram mais honestas e mais realistas: quando insatisfeitas com as leis, lutavam para que descriminalizassem seus desejos. Iam às ruas, procuravam parlamentares etc. Hoje, em vez de tentar a via da descriminalização, elas simplesmente afirmam que têm um direito fundamental de praticar certos crimes. Entretanto, com a mesma simplicidade de uma criança, é possível dizer que não há direito fundamental à prática de delitos. Pelo contrário, é direito fundamental da sociedade que crimes não sejam praticados (direito social e difuso à segurança pública). Por óbvio, o legislador não tem um cheque em branco para criminalizar condutas descurando-se dos bens jurídicos com *dignidade penal*, mas, em se tratando da *vida humana*, a dignidade é insofismável.

As considerações tecidas anteriormente não excluem o fenômeno da *fundamentalização material*. Segundo Luiz Guilherme Marinoni, apoiado nas lições de

---

68. TRIBE, Laurence H. *The invisible Constitution*. Oxford: Oxford University Press, 2008. Não se trata de uma abordagem pioneira. Ainda que possa haver distinções teóricas, Thomas Grey já havia enfrentado o tema da (in)existência de uma constituição não escrita, no ano de 1975.
69. Por exemplo, a *Boston College of Law*, no ano de 2019, idealizou eventos com essa temática.

Ingo Sarlet, "tais direitos seriam fundamentais porque repercutem sobre a estrutura básica do Estado e da sociedade, quando se diz que possuem uma fundamentalidade material"[70]. É induvidoso que muitas constituições reconhecem direitos fundamentais não escritos. A Nona Emenda à Constituição Norte-Americana estabelece que "A enumeração nesta Constituição de certos direitos não deve ser interpretada para denegar ou depreciar outros retidos pelo povo". Inspirando-se nesse dispositivo, a Constituição brasileira de 1988 também utilizou uma fórmula similar. Basta ler a norma de *fattispecie* aberta prevista no artigo 5º, § 2º, CF/88, que também alberga uma cláusula de abertura: "Os direitos e garantias expressos nesta Constituição não excluem outros decorrentes do regime e dos princípios por ela adotados, ou dos tratados internacionais em que a República Federativa do Brasil seja parte". Os Juízes, entretanto, não podem converter esse dispositivo em um *buraco negro* de onde seriam extraídos todos os desejos humanos.

Exatamente para evitar essa abertura infinita, a própria Constituição cuidou de apontar os parâmetros mínimos para o reconhecimento de outros direitos fundamentais: uma clara decorrência dos princípios adotados pela Constituição ou uma nítida derivação do regime democrático. Admite-se ainda aqueles claramente implícitos no texto constitucional. Por exemplo, os dizeres da Bandeira do Brasil ("ordem e progresso") e o patriotismo glorificado pelo Hino Nacional integram materialmente o texto constitucional (art. 5, § 2º c/c art. 13, § 1º, CF/88).

No constitucionalismo norte-americano, falar em uma constituição não escrita (ou invisível) soa menos exótico, dada a concisão da Carta Política estadunidense. Por uma questão de sobrevivência desse documento tão longevo, foi necessário desenvolver teorias que se preocupassem com as chamadas entrelinhas, como a doutrina dos poderes implícitos (*implied powers* – McCulloch v. Maryland, *1819*). Diferentemente, no Brasil, a Constituição é prolixa, além de predominantemente formal e escrita. Assim, há poucas razões para cogitar de direitos fundamentais invisíveis no Brasil. Quem olha para as nuvens à procura de unicórnios, certamente os encontrará. O intérprete disposto a manipular cláusulas gerais para satisfazer suas utopias, cedo ou tarde, encontrará *direitos fundamentais putativos*.

Barroso provavelmente sabe que a Constituição de 1988, originalmente, não previu o direito fundamental ao aborto. Uma boa maneira de compreendê-lo, atribuindo coerência aos seus argumentos, é efetuar uma simples operação mental de substituição: sempre que Barroso fala em "direitos fundamentais", entenda-se "direitos naturais". Um simples truque que empresta coesão a tudo o que diz.

---

70. MARINONI, Luiz Guilherme. *Teoria geral do processo*. 6. ed. São Paulo: Revista dos Tribunais, 2012. p. 66-67.

Esse é um dos segredos de Barroso[71]: ainda que de maneira inconsciente, quando o Ministro emprega a expressão *direitos fundamentais*, está se referindo aos *direitos naturais*. O pressuposto e hipotético direito ao aborto é, segundo seus olhos, atemporal, universal e não precisa estar escrito. E se alguma objeção legislativa houver, que se coloque como um obstáculo à fruição desse direito cósmico, o Congresso Nacional passa a ser tido como um Creonte de Sófocles[72].

Suponhamos que Luís Roberto Barroso fosse Juiz da *Corte Suprema de Justicia* de El Salvador. Sabendo-se que o Código Penal salvadorenho proibiu o abortamento em qualquer circunstância (art. 133), indaga-se: haveria, no ordenamento de El Salvador, um direito fundamental ao aborto? Ao que tudo indica, como a Constituição salvadorenha não foi explícita quanto *ao início* da vida, Barroso se valeria de uma interpretação sistêmica para concluir que o direito ao aborto estaria *implícito*. Agora, apenas por apego ao debate, figure-se que Barroso seja Juiz na Corte Constitucional da Hungria. Ao contrário da Carta salvadorenha, a Constituição húngara é expressa ao aduzir que "[...] a vida do feto deve ser protegida desde a concepção" (artigo II). Nesse caso, o constitucionalista estaria em um manifesto xeque-mate. A menos, claro, que o mandamento constitucional fosse compreendido como as ordens de Creonte. Isso comprovaria que, a rigor, o que afirma ser um "direito fundamental", parece-lhe um "direito natural".

Por tudo o que se disse, já se percebe que, na visão de Barroso, a História da Itália sofreu uma paralisia e, portanto, reclamaria um bem-intencionado empurrão judicial. Um golpe de vanguarda para romper a inércia obscurantista do povo italiano. Afinal, o ordenamento da Itália não permite o casamento gay[73]. A situação talvez lhe pareça ainda mais estranha porque a Itália foi um dos ícones do movimento iluminista (*Iluminismo*), ou seja, mesmo após iluminada, permaneceria medieva. O atraso moral, todavia, seria parcial, porque é possível abortar na Itália. Surge, então, a curiosa figura de um povo *iluminado pela metade*. Adotando-se o referencial observatório de Luís Roberto Barroso, o Estado italiano seria como a *fase lunar do quarto crescente*[74]. Na Argentina, ocorreu o inverso: o aborto foi

---

71. Como já foi mencionado, o pós-positivismo se propõe superador do jusnaturalismo (e do juspositivismo). Ironicamente, descobrindo-se como um jusnaturalista, Barroso *aproximar-se-ia* do verdadeiro Iluminismo.
72. Na tragédia grega de Sófocles, Creonte decretava ordens que contrariavam o pretenso Direito Natural de Antígona render as honras fúnebres ao seu irmão, sepultando-o dignamente.
73. Admite-se apenas a união civil (*Legge 20 maggio 2016*, n. 76). Aliás, esse diploma é resultante de uma ação exercida pelo globalismo oriundo da União Europeia.
74. Consoante o Instituto de Astronomia, Geofísica e Ciências Atmosféricas da USP, "Quando apenas metade do hemisfério iluminado é visível da Terra, ocorre uma quadratura: caso a quadratura ocorra entre a Lua Nova e a Lua Cheia dizemos que ocorreu o Quarto

repudiado pelo Parlamento, mas a união entre pessoas do mesmo sexo foi acolhida pelo órgão legiferante. Trata-se de uma nação *iluminada na outra metade*, vale dizer, vista ao modo como se vê a *fase lunar do quarto minguante*. Uma estranha contradição, se adotado esse ponto de vista observacional.

O Parlamento da Grécia, país considerado como o berço da civilização ocidental, só admite um *acordo de coabitação* entre pessoas do mesmo sexo[75], razão pela qual também precisaria ser iluminado. Toda a Ásia, com exceção da Ilha de Taiwan (cuja Corte Constitucional permitiu a união entre pessoas do mesmo sexo), estaria emperrada historicamente quanto ao casamento igualitário. Inclusive, o Japão, país notabilizado pela sua sabedoria milenar e pela tecnologia desenvolvida[76].

Embora a Europa seja tida como o *locus* do Iluminismo, a Corte Europeia de Direitos Humanos também estaria imersa em um obscurantismo. Em 09 de junho de 2016, a CEDH decidiu o caso Chapin and Charpentier v. France (n. 40183/07), que enfrentou a decisão da Corte Francesa de anular o casamento contraído por dois homens. De maneira unânime, a Corte de Estrasburgo relembrou que a Carta Europeia de Direitos Humanos não inclui o direito ao casamento por parte de homossexuais[77]. Portanto, é mais uma Instituição a ser iluminada.

Talvez, no futuro, o Professor da UERJ se dê conta de que o simples fato de *o Estado celebrar casamentos* (heterossexuais ou homossexuais) já soa *medieval e teocrático*. Casamentos comunitários promovidos pelo Poder Público, por meio de Juízes de Paz (que atuam com denodo e esmero, é de se reconhecer), são tão

---

Crescente; igualmente, se ocorre entre a Lua Cheia e a Nova dizemos ter ocorrido o Quarto Minguante". Disponível em: [www.iag.usp.br/siae98/fenomastro/fases.htm].

75. Lei 4356/2015.
76. Seria despiciendo mencionar o desenvolvimento do Japão, não fosse o fato de que Barroso usualmente valoriza este aspecto. Em suas obras, é comum que o autor associe países "desenvolvidos" às decisões que lhe parecem humanistas, correlacionando países subdesenvolvidos com decisões que julga atrasadas. (BARROSO, Luís Roberto. *A dignidade humana no direito constitucional contemporâneo*. A construção de um conceito jurídico à luz da jurisprudência mundial. Belo Horizonte: Fórum, 2014. p. 100). Trata-se de um raciocínio metropolitano-colonial (porque *colonizador*) e relativamente simples de ser refutado por meio de fartos exemplos. Contudo, neste trabalho, não há espaço para verticalizar esse ponto.
77. Segundo a Corte, o casamento gay está sujeito à legislação doméstica dos componentes da União Europeia e os estados continuam livres para restringir este acesso. Em parte, isso deve à Teoria da Margem da Apreciação. Sobre a temática do casamento gay, na Corte Europeia de Direitos Humanos, confiram-se os precedentes ao diante: Schalk and Kopf v. Austria judgement (n.30141/04); Gas and Dubois v. France, n. 25951/07; Hämäläinen v. Finlande [GC] (n. 37359/09) e Oliari and others v. Italy (n. 18766/11 et 36030/11).

apropriados quanto confiar à União, Estados e Municípios a tarefa de celebrar o natalício dos brasileiros aniversariantes. Não há nada de vanguardista em reconhecer ao Estado uma *autoridade alcoviteira* para casar as pessoas, transformando magistrados em arremedos de cupidos. Em uma perspectiva de Estado mínimo, bastaria ao Estado reconhecer juridicamente os *efeitos civis (patrimoniais e sucessórios)* advindos de uniões livremente constituídas, inclusive, *entre amigos que escolheram coabitar*. Assim o é na Bélgica[78] e na Eslováquia[79], onde até o vínculo de amizade pode originar uniões civis.

Em suma, para Barroso, de uma maneira geral, assuntos como aborto, drogas e casamento gay são sempre o ponto de chegada na história da humanidade. No futuro, esse seria o destino humanista, civilizatório e emancipatório. Nessa visão particular de mundo, a Holanda seria percebida tão iluminada como a *lua cheia*[80]. É uma aposta alta.

2.2. O segundo degrau: o "enigma do quando"

Mesmo que Barroso, que não tem dons premonitórios, acertasse o palpite histórico quanto ao futuro da civilização (decifrando o "enigma do se" e superando o primeiro degrau da escada iluminista), seria necessária extrema prudência quanto ao *momento* de fazê-lo (decifrar o "enigma do quando", no segundo grau). Ainda que um dado resultado realmente fosse o capítulo seguinte da História, há um momento *exato* para construir uma ponte de transição entre o presente e o futuro.

O risco já foi percebido, por exemplo, pelo Ministro Luiz Fux, quando alertou a comunidade jurídica sobre o perigo de o STF *arruinar* debates políticos ainda em fase de desenvolvimento: "[...] o desafio do Supremo Tribunal Federal

---

78. Arts. 1475 *usque* 1479 do Código Civil da Bélgica.
79. Civil Code 40/1964.
80. Inclusive, porque Barroso sustenta a existência de um direito fundamental ao suicídio assistido, prática também admitida na Holanda (BARROSO, Luís Roberto. *A dignidade humana no direito constitucional contemporâneo*. A construção de um conceito jurídico à luz da jurisprudência mundial. Belo Horizonte: Fórum, 2014. p. 109-110). O mesmo pode ser dito quanto ao porte de drogas para consumo pessoal. De fato, os Países Baixos são o arquétipo perfeito para o ponto de vista observacional de Luís Roberto Barroso. Consoante o já mencionado Instituto de Astronomia, Geofísica e Ciências Atmosféricas da USP, "Em sua órbita em torno da Terra, épocas há nas quais todo o hemisfério iluminado da Lua é visível da Terra: dizemos então que ela está em fase de Lua Cheia". Nunca é demais lembrar que, nas alamedas da *Red Light District*, em Amsterdã, mulheres são mercantilizadas em vitrines para satisfazer a lascívia de homens bêbados. Muitos deles zombam dessas mulheres, que são seres humanos tão valiosos quanto todos os demais. No mesmo bairro, também é possível encontrar um museu da maconha, edificação erguida para servir como um antro de romantização de uma simples herbácea. Tudo, portanto, é uma questão de perspectiva.

consiste em identificar qual é o *timing* correto para se posicionar, impedindo que se retirem prematuramente pautas ainda em discussão na esfera pública"[81].

A intervenção judicial precoce obstaculiza o agir coletivo, congelando no tempo debates políticos em fase de maturação. Isso perpetua uma *proteção prematura* de direitos fundamentais que provavelmente seriam, a tempo e a modo, protegidos de maneira completa. Ao valer-se da via anômala para a criação de direitos (tribunais), a assimilação social é menor e há uma maior probabilidade de reações sociais hostis[82]. O próprio Barroso reconhece que a função iluminista pode "[...] padecer do vício da desmedida ou do excesso [...]" e, nesse caso, "[...] o tribunal constitucional, em lugar de empurrar, atrasa a história"[83].

Mesmo William Eskridge, jurista que é favorável à judicialização do casamento gay, adverte que "um reconhecimento imediato de igualdade completa, quando a nação está intensa e histericamente dividida, poderia ser desastroso para o sistema político como um todo"[84]. Eskridge considera que as decisões dos tribunais podem dividir a sociedade porque, comparativamente, o tempo em que proferidas é diferente do tempo de maturação de uma medida gestada no Congresso Nacional: juízes reagirão muito rapidamente em resposta às querelas de grupos minoritários desprezados[85].

No mesmo ano de 2011, duas Cortes Constitucionais tiveram a oportunidade de decidir o tema da união entre pessoas do mesmo sexo. Cada uma escolheu o seu caminho e assumiu as consequências dessa escolha. O Supremo Tribunal Federal brasileiro, como é notório, optou por reconhecer, na arena judicial, a união entre pessoas do mesmo sexo (ADI 4227/DF e ADPF 132/RJ). A *improvisação* eximiu os congressistas brasileiros de revisitarem a questão, realizando uma transferência

---

81. FUX, Luiz. Cortes constitucionais e democracia: o Supremo Tribunal Federal sob a Constituição de 1988. In: TOFFOLI, José Antonio Dias (Org.). *30 anos da Constituição brasileira*: democracia, direitos fundamentais e instituições. Rio de Janeiro: Forense, 2018. p. 267.
82. A esse respeito: FONTELES, Samuel Sales. *Direito e Backlash*. Salvador: JusPodivm, 2019.
83. BARROSO, Luís Roberto. *A judicialização da vida e o papel do Supremo Tribunal Federal*. Belo Horizonte: Fórum, 2018, p. 175.
84. ESKRIDGE JR, William N. Backlash politics: how constitutional litigation has advanced marriage equality in The United States. *Boston University Law Review*, v. 93, 2013. p. 279. Tradução livre. No original: "An immediate recognition of complete equality when the nation is intensely and hysterically divided could be disastrous for the political system as a whole".
85. ESKRIDGE JR, William N. Op. cit., p. 280. "Although judicially recognized equality is not always more divisive than legislatively recognized equality, there is a particular danger that judges will move too fast in response to legitimate demands by the despised minority".

de responsabilidade. Por que absorver os custos políticos do que já foi feito pelo Judiciário? Nada foi conquistado além do improviso e, até os dias de hoje, ainda há membros do Ministério Público que simplesmente não acolhem o julgado. Invocando a Constituição, alguns promotores impugnam habilitações de casamento entre pessoas do mesmo sexo, dificultando sobremodo a convolação de núpcias. Interrompeu-se um processo político por com uma *proteção raquítica de direitos*. A França, ícone do movimento iluminista (*Lumières*), trilhou outros passos. O tema da união entre pessoas do mesmo sexo foi levado à Corte Constitucional francesa, suscitando-se uma eventual incompatibilidade do Código Civil francês com a Constituição desse país. Não obstante, a Corte pontuou que os artigos 75 e 144 da codificação civil estavam em conformidade com a Carta Política, aduzindo ainda que "descabe ao Conselho Constitucional substituir a sua avaliação pela do legislador", reconhecendo, portanto, como válida a opção adotada pelo Parlamento[86]. Nota-se que, a um só tempo, a decisão reverenciou a emancipação política descrita por Kant, a separação dos poderes de Montesquieu e a Declaração dos Direitos do Homem e do Cidadão, ou seja, fundou-se em bases filosóficas *verdadeiramente iluministas*. Isso permitiu que o Parlamento francês aprovasse o assunto, aproximadamente dois anos depois, perfectibilizando uma *proteção jurídica completa*. Os resultados falam por si mesmos.

2.3. Desconstruindo a visão romantizada sobre a mais simbólica decisão iluminista: Brown v. Board of Education (1954)

Decifrando-se os "enigmas do *se* e do *quando*", tem-se uma *possibilidade* de transformação social, mas não uma *probabilidade* de mudanças na sociedade. Será *possível* transformar, mas nada *provável*. Em geral, tribunais não possuem ferramentas para promover revoluções sociais, o que se percebe por estudos empíricos.

A Suprema Corte Norte-Americana, presidida por Warren, pronunciou a inconstitucionalidade da segregação racial nas escolas em Brown v. Board of Education (1954)[87]. Conquanto moralmente admirável, as consequências históricas de *Brown* foram bastante controversas. Segundo Michael Klarman[88], de 1940 a 1950 (portanto, antes do julgado), o número de eleitores negros registrados em 11 estados do sul cresceu de 151.000 para 900.000. Entre 1940 e 1946, o número de associados da *National Associantion for the Advancement of Colored People*

---

86. Décision 2010-92 QPC du 28 janvier 2011. Tradução livre. No original: "[...] qu›il n›appartient pas au Conseil constitutionnel de substituer son appréciation à celle du législateur [...]".
87. Como se vê, Warren agiu em *Brown* de maneira exatamente oposta à atitude de Taney em *Dred Scott*.
88. KLARMAN, Michael J. How Brown changed race relations: the Backlash thesis. *The Journal of American History*, v. 81, n. 1, jun. 1994. p. 89.

(importante associação cujo objeto era a luta em favor dos direitos das pessoas negras) aumentou nove vezes durante a II Guerra, migrando de 50.000 para 450.000 pessoas. No final dos anos 1940, negros já ocupavam cargos públicos e até mesmo venciam eleições. No início da década de 1950, já havia ocorrido a dessegregação da polícia de Montgomery, dos elevadores de Birmingham, dos júris de Little Rock, de algumas lojas de Greensboro, além de bibliotecas públicas, parques e piscinas de Louisville. Como se vê, mesmo que a passos lentos, os avanços sociais eram percebidos.

Alguns anos após o precedente, os registros de eleitores negros do Mississippi caíram de 22.000 para 8.000. O movimento contra a segregação racial no ensino superior tornou-se ainda mais controverso. No início de 1954, o Conselho da Cidade de Birminghan rescindiu o banimento de atletas negros nas competições desportivas. Duas semanas após *Brown*, um referendo restaurou essa discriminação. Por fim, políticos tidos como moderados foram alijados da política, enquanto os mais extremistas e demagogos raciais tiveram suas candidaturas alavancadas. *Brown* teria retardado o sul do país e alavancado a carreira de Bull Connor e George Wallace[89].

Em mais uma comparação entre o antes e o depois, Klarman[90] demonstra que a legislação federal sobre direitos civis atingiu o seu ápice em 1951-1952, dois a três anos antes de *Brown*, entrando em declínio durante a década de 1950. Como se vê, se o esperado era uma curva ascendente (ante a influência exercida por *Brown*), o resultado foi inusitado: uma queda legislativa em termos de direitos civis. Pior ainda, na descrição do Professor de Harvard, as leis de direitos civis da era Eisenhower (1956-1957), foram "castradas" no Congresso.

Talvez os custos descritos valessem a pena, se o objetivo principal da decisão realmente fosse alcançado, entretanto, também há controvérsias quanto a isso. No que se refere ao principal efeito esperado, baseando-se em dados quantitativos apresentados por Gerald Rosenberg, Klarman[91] aponta que estados como Kentucky e Oklahoma realmente vivenciaram avanços na dessegregação racial em escolas. Contudo, nos demais estados do sul, o resultado foi desanimador. Mesmo cerca de cinco anos após a decisão proferida em Brown v. Board of Education, o percentual de alunos negros comparecendo às aulas em escolas dessegregadas era de apenas 0,12% no Tenessee e 0,01% na Carolina do Norte. Nesse mesmo período, nos estados do sul como um todo, aproximadamente 0,16% dos negros

---

89. KLARMAN, Michael. Courts, social change and political Backlash. *Hart lecture at Georgetown Law Center,* March 31, 2011 – Speaker's Notes. p. 2. Disponível em: [http://tinyurl.com/bz4cwqk]. Acesso em: 01.07.2017. p. 2-3.
90. KLARMAN, Michael. Op. cit., p. 87.
91. KLARMAN, Michael J. How Brown changed race relations: the Backlash thesis. *The Journal of American History*, v. 81, n. 1, jun. 1994. p. 84.

em idade escolar estavam estudando com brancos. No início da década de 1960, não havia uma única criança negra sequer comparecendo às aulas em escolas dessegregadas na Carolina do Sul, Mississippi e Alabama. O que se percebe é um verdadeiro *delay* quantos aos efeitos que razoavelmente se esperavam dessa importante decisão.

Na verdade, arrimando-se na análise historicista de Klarman, a legislação de Direitos Civis da década de 1960 é que efetivamente promoveu a mudança esperada em *Brown*, sobretudo diante da concreta ameaça de corte no repasse de verbas federais para as unidades educacionais que não haviam promovido, efetivamente, a dessegregação. A análise de documentos jornalísticos da época evidencia que a imprensa deu mais atenção às lutas emancipatórias propriamente ditas, como o Boicote aos ônibus de Montgomery (1955-1956), que ao precedente da Suprema Corte em si mesmo. Na prática, é como se *Brown* tivesse sido eclipsada pelo movimento dos direitos civis, que brilharam com uma magnitude suficiente para ofuscar a ousada iniciativa da Corte de Warren[92].

Em uma análise fria e realista, Michael Klarman demonstra que o impacto direto de *Brown* sobre a dessegregação nas escolas foi modesto, assim como as contribuições indiretas para as mudanças raciais são mais presumidas do que efetivamente demonstradas. Segundo ele, os estudiosos têm exagerado quanto à medida da colaboração dada pela Corte, no que concerne à inspiração do movimento de luta pelos direitos civis da década de 1960. Uma respeitável fração de historiadores sustenta que a consciência indispensável para o movimento de luta pelos direitos civis, na verdade, originou-se de fatos bem mais remotos, radicando-se na II Guerra Mundial (1939-1945) ou até mesmo em momentos anteriores a este marco[93]. Em suma: em alguma medida, parece óbvio que *Brown* favoreceu o movimento negro na luta pelos direitos civis, mas a extensão dessa colaboração é realmente controversa e há muitas evidências de que a narrativa hegemônica tem superestimado os benefícios.

Como se vê, a analogia tão empregada por Luís Roberto Barroso, além de inexata, baseia-se em um sucesso ilusório, irreal ou onírico. No mundo fenomênico, isto é, na realidade, os dados empíricos apresentados evidenciam que Brown v. Board of Education, precedente havido como o filho primogênito da função

---

92. KLARMAN, Michael J. Op. cit., p. 84-86.
93. KLARMAN, Michael J. Op. cit., p. 81-85. Klarman reconhece que *Brown*, de várias maneiras, contribuiu indiretamente para a luta pelos direitos civis, seja pautando o debate na agenda nacional, seja conscientizando as pessoas, seja dando relevo ao movimento social nos estados do sul do país (Ibidem, p. 85-86). Não obstante, muitos historiadores superestimam a decisão da Suprema Corte, afirmando que seria uma *conditio sine qua non*, ou seja, um evento sem o qual não haveria movimento de luta pelos direitos civis. Trata-se de um erro palmar.

iluminista dos Tribunais, não iluminou a sociedade como se supunha. A explicação técnica é fornecida a seguir.

Segundo Gerald Rosenberg, estudos comprovaram que os tribunais conseguem *bloquear* com eficiência eventuais tentativas de transformação social, ainda que não consigam obstaculizar essas mudanças por um tempo indefinido[94]. A dúvida recai sobre o raciocínio inverso: os tribunais conseguiriam *promover* transformações sociais ou essa expectativa seria uma "esperança oca"? Para responder a essa importantíssima pergunta, sempre tão atual, Rosenberg apresenta os dois principais pontos de vista acerca do papel a ser desempenhado pelos Tribunais: a) uma Corte Constrita; b) uma Corte Dinâmica. Ambos disputam a narrativa teórica sobre como tribunais deveriam agir, bem como acerca da posição institucional desfrutada por uma corte no Estado Democrático de Direito.

O primeiro modelo, *Corte Dinâmica*, é sustentado por quem entende que tribunais estão em uma posição privilegiada para transformar a sociedade, devendo, pois, assumir o seu protagonismo e promover mudanças não realizadas pelo Legislativo e pelo Executivo. Adeptos da *Corte Constrita*, ao contrário, defendem uma postura mais deferente à separação dos poderes, razão pela qual compreendem que tribunais não estão credenciados à promoção de transformações sociais, inclusive, porque não conseguiriam fazê-lo.

Para aqueles que compartilham a visão da Corte Dinâmica, Brown v. Board of Education (1954) revolucionou as relações sociais nos Estados Unidos, assim como Roe v. Wade (1973) teria garantido o direito indiscriminado ao aborto[95]. Em suma, tais precedentes são *cultuados como histórias de sucesso*. Esse é exatamente o caso de Luís Roberto Barroso, que já classificou ambos os precedentes como exemplos iluministas. Para não deixar implícita essa importante inferência, convém explicitar com clareza meridiana: a função iluminista de Barroso corresponde à Corte Dinâmica de Rosenberg.

Gerald Rosenberg conclui que nenhuma das visões apresentadas (Corte Constrita ou Corte Dinâmica) está inteiramente correta, não obstante, uma delas é bem mais poderosa[96]. Em um breve apanhado dos principais argumentos tecidos pela corrente que propugna uma Corte Constrita, tem-se que tribunais não seriam eficientes na promoção de mudanças sociais significativas pelas razões a seguir:

– *Constrição I: a própria natureza limitada dos direitos*. Nem todos os direitos foram previstos em uma Constituição e, considerando que magistrados são

---

94. ROSENBERG, Gerald N. *The hollow hope. Can courts bring about social change?*. 2. ed. The University of Chicago Press, 2008. p. 5.
95. ROSENBERG, Gerald N. *The hollow hope. Can courts bring about social change?*. 2. ed. The University of Chicago Press. 2008. p. 6.
96. Idem.

guiados pelo direito posto, muitas mudanças sociais não encontrariam apoio em um direito reconhecido como tal pelo ordenamento (2008, p. 10). Por exemplo, nos EUA, não há o direito constitucional ao ar puro ou a um dado nível de bem-estar. No Brasil, esse obstáculo é mais modesto, ante a cláusula inserta no artigo 5º, § 2º, CF/88, bem assim o caráter prolixo da Constituição de 1988, que previu direitos sociais, econômicos e culturais. *Essa constrição seria superada com vitórias judiciais graduais, a menos que já exista um forte precedente judicial que possa ser invocado pelos postulantes.*

– *Constrição II: limites à independência judicial (fator institucional).* O Judiciário não é completamente independente dos demais Poderes. Na prática, suas iniciativas socialmente transformadoras podem ser revertidas por reações legislativas, atos de *court packing etc.* (2008, p. 13-15). *Essa constrição seria superada com a adesão do Legislativo e do Executivo aos posicionamentos do tribunal.*

– *Constrição III: tribunais não dispõem das ferramentas para implementar suas decisões de transformação social.* As decisões das cortes não são autoexecutáveis, dependendo de uma ação prática por parte de autoridades para serem concretizadas (2008, p. 15). Além do indispensável apoio popular, decisões pretensamente transformadoras encontram obstáculo na estrutura excessivamente burocrática do Estado, burocracia esta que gera atrasos no cumprimento da decisão. Isso porque servidores indispostos podem "sabotar" o empreendimento judicial, por meio do que poderia ser chamado de *areias nas engrenagens.* Por fim, a constrição também resulta da falta de conhecimento técnico por parte de juízes e tribunais, o que os torna reféns da boa vontade dos agentes públicos (2008, p. 15-21). *Essa constrição seria superada com um amplo apoio da população ou, pelo menos, uma baixa resistência social em cumprir a decisão.*

As *constrições* narradas anteriormente, segundo Rosenberg, usualmente operam efeitos. Em regra, elas dificultarão que tribunais logrem êxito na tentativa de transformação social. Ainda que superadas, isso não significaria uma garantia de automática transformação social. Além da superação das constrições, devem estar presentes pelo menos uma das *condições* políticas, econômicas e sociais favoráveis, quando, finalmente, restaria possível promover essa mudança na sociedade[97]. Portanto, pelo menos uma das condições a seguir devem se verificar[98]:

– Incentivos positivos para induzir o cumprimento das decisões (*v.g* dinheiro);

– Custos impostos para induzir o cumprimento das decisões (*v.g astreintes*);

---

97. ROSENBERG, Gerald N. *The hollow hope.* Can courts bring about social change?. 2. ed. The University of Chicago Press. 2008. p. 31.
98. ROSENBERG, Gerald N. *The hollow hope.* Can courts bring about social change?. 2. ed. The University of Chicago Press. 2008. p. 35-36.

– Apoio do mercado;

– Quando pessoas importantes para o cumprimento da decisão já estavam dispostas a cumpri-la, mas precisavam de um pretexto, álibi ou incentivo para fazê-lo.

Como se vê, *dificilmente* haverá um panorama tão específico para ser havido como favorável às decisões que pretendem transformar a sociedade[99]. Isso revela quão temerário é apostar tantas esperanças nos tribunais, sobretudo a expectativa de que empurrem a história.

3. Conclusão

As funções contramajoritária, representativa e iluminista são atípicas ou anômalas e podem ser escalonadas gradualmente quanto à ousadia. Na função contramajoritária, o tribunal invalida uma lei, mas pelo menos a pretexto de aplicar a vontade do povo expressa na Constituição. Na função representativa, o tribunal antecipa uma medida que, embora não contemplada por lei, supostamente seria reclamada pelo sentimento social. Por fim, na função iluminista, a mais radical de todas essas funções anômalas, sequer persegue a vontade popular. Nela, contraria-se o povo, suas leis e às vezes até mesmo a Constituição, em nome de um racionalismo humanista que tem como escopo evoluir uma civilização obscurantista.

Portanto, é bom que se diga: a função iluminista dos tribunais, por definição, rende ensejo a uma decisão *contra legem*. Exatamente por essa razão, a função iluminista depende diretamente do neoconstitucionalismo, *modus operandi* para a justificação discursiva de um resultado contrário à lei, dada a sua abertura metodológica e argumentativa. Há uma relação simbiótica ou de retroalimentação entre a função iluminista e o neoconstitucionalismo.

Por outro lado, há uma estreita relação entre *direitos naturais, separação dos poderes e iluminismo*. Sucede que o neoconstitucionalismo e seu marco filosófico, o pós-positivismo, propõem a superação do jusnaturalismo e da clássica separação dos poderes nos chamados *hard cases*. Logo, são valores que se repelem. Uma análise mais cuidadosa revela que a função iluminista dos tribunais não se arrima na base filosófica de Montesquieu, Rousseau e John Locke, também não encontrando guarida na Declaração dos Direitos do Homem e do Cidadão. Outrossim, não se coaduna com os valores emancipatórios de Kant em uma perspectiva *macroscópica*.

Ao contrário do sol, tribunais não são corpos emissores de luz, assim como juízes não são oráculos de desacordos morais razoáveis. O Ministro Luís Roberto Barroso, por sua vez, é muito mais uma testemunha de sua época que um profeta

---

99. ROSENBERG, Gerald N. *The hollow hope*. Can courts bring about social change?. 2. ed. The University of Chicago Press. 2008. p. 35.

do porvir. Assim como qualquer filósofo, possui seus pontos cegos, o que dificulta a empreitada do heroísmo moral clarividente. Sobretudo, pelos dois enigmas a serem decifrados: se convém agir e quando exatamente fazê-lo.

A função iluminista das Cortes Constitucionais, tal como apresentada por Barroso, não passa da já conhecida Corte Dinâmica descrita por Gerald Rosenberg. Não é por acaso que os exemplos coincidem (*Brown* e *Roe*). Assim, o êxito da função iluminista depende das *constrições* e das *condições* apontadas pelo Professor de Chicago. Todos os clássicos estudos empíricos de Rosenberg, que evidenciam a dificuldade de tribunais operarem como agentes de transformação social, são aplicáveis à função iluminista das cortes. Sem qualquer regozijo em ser portador de más notícias, Brown v. Board of Education, o mais simbólico trunfo iluminista, não iluminou a sociedade na extensão em que tanto se lê.

O grande risco é, diante de desacordos morais razoáveis, confundir *Dread Scott* com *Brown*. Sentir-se Warren, sendo Taney. Considerar-se Salomão, decidindo como Herodes. O erro é a falsa analogia: julgar-se sempre em uma situação histórica decisiva como a enfrentada por *Brown*, para induzir artificialmente uma evolução social, como se todas as querelas da humanidade (drogas, suicídio assistido, aborto, casamento gay, pena de morte) possuíssem a mesma objetividade moral que o repúdio ao racismo.

Análises estatísticas indicam que, no período compreendido entre 2012 e 2017, Luís Roberto Barroso foi o segundo Ministro com *menos* votos vencidos, ou seja, trata-se de um Juiz influente, que não costuma ser derrotado em seus posicionamentos[100]. Mais do que isso, o Professor da UERJ é um homem íntegro e parece acreditar em tudo o que diz. A despeito do talento, da criatividade e das boas-intenções, o jurista não reúne os predicados para resgatar os brasileiros de uma presumida caverna de Platão.

---

100. SILVA, Jeferson Mariano. Mapeando o Supremo. As posições dos ministros do STF na jurisdição constitucional (2012-2017). *Novos Estudos*, CEBRAP, 110, jan.-abr. 2018. p. 42.

METODOLOGIA DE JULGAMENTO E "ESTILO" DAS DECISÕES NAS CORTES SUPREMAS

15
TRANSPARÊNCIA E CONFIDENCIALIDADE NA DELIBERAÇÃO JUDICIAL: PONDERAÇÕES SOBRE O PROCESSO DECISÓRIO DO STF

BRUNO MARZULLO ZARONI

Doutor e Mestre em Direito pela UFPR. *Visiting Scholar* na Columbia University. Professor da Universidade Positivo. Membro do Instituto Brasileiro de Direito Processual. Advogado.

SUMÁRIO: 1. Transparência e confidencialidade na deliberação judicial – 2. A dinâmica decisória do STF – 3. O paradoxo da deliberação pública. – 4. Reflexões finais

1. Transparência e confidencialidade na deliberação judicial

Um aspecto crucial no âmbito do julgamento colegiado de muitas Cortes estrangeiras, e que aqui se pretende examinar à luz do procedimento decisório do STF, diz respeito ao regime de transparência da deliberação judicial. Embora, tal como aqui, os atos processuais sejam regidos pelo princípio da publicidade, tal postulado é excepcionado em muitas Cortes estrangerias quando o colegiado entra em reclusão para deliberar. Logo, o debate interno do colegiado é feito à margem do acompanhamento público.

Em certa medida, seja pela tradição, seja por razões institucionais, a existência de uma fase de deliberação sigilosa do colegiado não é vista com desconfiança em tais Cortes, já que não abrange todas as etapas do julgamento em si, mas apenas a fase de discussão para a concepção colegiada da decisão. Invariavelmente, na sequência, o resultado dessa deliberação será comunicado à sociedade por meio de uma decisão devidamente motivada.[1] Logo, ainda que não se dê ciência ao público

---

1. V., sobre as diferenças entre a transparência quanto ao procedimento e quanto aos fundamentos da decisão deliberativa: MANSBRIDGE, Jane. A "selection model" of political representation. *Journal of Political Philosophy*, v. 17, n. 4, 2009. p. 369-398.

da discussão havida intramuros, o produto da deliberação e seus fundamentos são oficialmente divulgados.[2]

Para além disso, outra justificativa para o sigilo da deliberação judicial decorre da dinâmica que esta assume no âmbito de cada arranjo institucional.

Ora, é importante registrar que muitas Cortes estrangeiras – destacando-se as europeias e a Suprema Corte dos Estados Unidos – reservam distintos momentos de seu procedimento decisório para a deliberação intrainstitucional.

A título de exemplo, no modelo continental europeu, em que pese a previsão de uma sessão de deliberação ao cabo do procedimento decisório, parte significativa da interação discursiva acontece, em verdade, de forma antecipada e fragmentada desde a designação do relator. Este, a partir daí, vai interagir com o colegiado e com determinados personagens presentes em cada arranjo institucional em particular, a fim de elaborar uma proposta de decisão que, ao final, seja apta a ser aceita pelo colegiado.[3]

Portanto, a deliberação nem sempre é reservada a um momento pontual do processo decisional, mas pode se manifestar, formal e informalmente, em distintas ocasiões, encontrando na sessão de deliberação apenas o seu arremate.

Em outros casos, como sucede no âmbito do processo decisório da Suprema Corte norte-americana, a dinâmica é inversa: a deliberação tem como ponto de partida o encontro formal do colegiado na *conference* – no qual se debate e se toma uma decisão ainda provisória sobre o caso –, mas se desenrola verdadeira e substancialmente por uma extensa fase de redação e intercâmbio de votos entre os *Justices*.

O exemplo norte-americano é bastante emblemático para a compreensão do sigilo da deliberação judicial. Mesmo com a confidencialidade da *conference*, a Suprema Corte é reputada um dos entes estatais mais transparentes dos Estados Unidos. Suas decisões originam-se de processos públicos, as partes têm a oportu-

---

2. Ao final desse procedimento, os julgadores "collegially produce the Court's final product: the majority opinion of the Court [...] a written document that explains and justifies the decision in the present case involving competing parties. Done well, the Court's opinion will be applicable to other cases as well binding on the federal district court and court of appeals judges" (COOPER, Phillip J.; BALL, Howard. *The United States Supreme Court*: from the inside out. Upper Saddle River: Prentice Hall, 1996. p. 227).
3. Nesse contexto, o protagonismo do relator é mitigado por interações deliberativas segmentadas ao longo do processo de tomada de decisão; algumas vezes, interações do relator com o colegiado (informalmente ou nas sessões preparatórias); outras, com determinado membro da Corte, tal como aquela que sucede pela intervenção do revisor (Conselho de Estado Francês), do jurisconsulto (Corte Europeia de Direitos Humanos) ou do "*advocate general*" (Corte Europeia de Justiça).

nidade de dirigir-se aos *Justices* formalmente por petições (*briefs*) e por ocasião da sessão de sustentação oral,[4] sendo vedadas quaisquer interações com a Corte destituídas de oficialidade e de publicidade. Ao cabo desse procedimento, as decisões, acompanhadas de sua fundamentação, são anunciadas oralmente pelos *Justices* e depois publicadas.[5]

Nesse contexto, prevalece a ideia de que pouco adiantaria dar publicidade aos debates havidos na *conference*, se a deliberação ali sucedida é abreviada e marcada pela provisoriedade. O desenvolvimento e conclusão da deliberação principiada neste encontro formal do colegiado dar-se-á, em verdade, na fase subsequente de deliberação por escrito,[6] que pode, inclusive, redundar na alteração do que fora preliminarmente decidido. É o que a doutrina norte-americana denomina de "fluidez da escolha judicial".[7]

Dando conta disso, relata o antigo presidente da Suprema Corte dos Estados Unidos, William Rehnquist, que a preparação e o compartilhamento da *opinion* entre o colegiado, seguida da circulação de memorandos contendo sugestões e críticas ao texto – que pode vir a ser modificado diversas vezes –, além dos eventuais dissensos que possam surgir, envolve um procedimento complexo, que pode consumir meses de trabalho.[8] Seria operacionalmente impossível e de questionável proveito outorgar publicidade a uma dinâmica deliberativa de tamanha fluidez e complexidade.[9]

---

4. REHNQUIST, William H. The Supreme Court's conference. In: O'BRIEN, David M. (Org.). *Judges on judging*: views from the bench, 4. ed. Thousand Oaks: CQ Press, 2013. p. 131.
5. SEGAL, Jeffrey A.; SPAETH, Harold J.; BENESH, Sara C. *The Supreme Court in the American legal system*. Cambridge: Cambridge University Press, 2005. p. 304.
6. "The written memos to the conference (MTTC's); the circulation of draft, or slip, opinions; and substantive comments written on these draft opinions by the justices are the basic communications through which the business of the Court is conducted" (COOPER, Phillip J.; BALL, Howard. Op. cit., p. 224).
7. HOWARD, J. Woodford. On the fluidity of judicial choice. *The American Political Science Review*, v. 62, n. 1, 1968. p. 43; MALTZMAN, Forrest; WAHLBECK, Paul J. Strategic policy considerations and voting fluidity on the burger court. *The American Political Science Review*, v. 90, n. 3, 1996. p. 581.
8. REHNQUIST, William H. *The Supreme Court*. New York: Vintage, 2001. p. 263-266.
9. "The process that I have described actually may take months after a case is argued. The preparation of an opinion often requires painstaking research, drafting, and revising, and additional efforts to resolve differences among Justices to the extent this is feasible. It is this unstructured and informal process – the making of decision itself, from the first conference until it is handed down in open Court – that simply cannot take place in public" (POWELL JR., Lewis F. What really goes on at the Supreme Court. In: O'BRIEN, David M. (Org.). *Judges on judging*: views from the bench, 4. ed. Thousand Oaks: CQ Press, 2013. p. 128).

Logo, tanto no modelo europeu quanto no norte-americano, a deliberação intrainstitucional não é instantânea, de sorte tal a ser captada prontamente por um observador externo. Ela flui por diferentes meios (oral e escrito) de forma continuada, até que, ao cabo deste processo, se condensa numa decisão deliberativa escrita apta a ser publicada.

Ademais, no que diz respeito especificamente ao modelo de deliberação das Cortes europeias, outra justificativa para o regime de confidencialidade da reunião do colegiado decorre do fato de que a maioria das Cortes adota o modelo de decisão *per curiam*.[10] Vale dizer, as decisões são proferidas em nome Corte, enquanto instituição, de forma unânime e anônima. Cabe registrar que o anonimato decorre do fato de que, conquanto haja um juiz responsável pela redação do texto, tal informação não é exposta ao público. Por força da colegialidade, a autoria da decisão é da Corte.[11]

Simultaneamente, a decisão é dita unânime, porque não se permite, como regra, a divulgação dos desacordos porventura existentes no interior da Corte. Se houve embates intramuros e, ao cabo disso, o julgamento resultou numa fragmentação do colegiado, tal circunstância não é divulgada.

Logo, a confidencialidade da deliberação tem por escopo justamente ocultar o dissenso no colegiado e exprimir certeza no que diz respeito à interpretação do direito.[12] Em grande medida, tal aspecto se explica pelo fato de que o juiz da *civil law* é tradicionalmente visto como um técnico isento, que deve aparentar exercitar despretensiosamente uma operação mecânica de subsunção da lei aos fatos, como se tratasse de uma questão de mera lógica dedutiva.[13]

Ao se negar ao público a possibilidade de conhecer aspectos da deliberação interna que, se expostos, revelariam o papel criativo da jurisdição e o caráter argumentativo do direito, procura-se, dentro de tal arranjo deliberativo, mediante a prolação de decisões – ainda que artificialmente – unânimes, aparentar uma sub-

---

10. V., a respeito: FEREJOHN, John; PASQUINO, Pasquale. Constitutional adjudication: lessons from Europe. *Texas Law Review*, v. 82, 2003. p. 1692-1693; SLAUGHTER, Anne-Marie; STONE SWEET, Alec; WEILER, Joseph. *The European Court and national courts* – Doctrine and jurisprudence: legal change in its social context, Oxford: Hart Publishing, 1998. p. 151.
11. GARAPON, Antoine. *Bem julgar*: ensaio sobre o ritual judiciário. Lisboa: Instituto Piaget, 1999. p. 161.
12. GARAPON, Antoine. *Bem julgar*: ensaio sobre o ritual judiciário. Lisboa: Instituto Piaget, 1999. p. 152.
13. Sobre o tema, v. WELLS, Michael. French and American judicial opinions. *Yale Journal of International Law*, v. 19. p. 81, 1994. p. 92-98; TARUFFO, Michele. Institutional factors influencing precedents. In: MACCORMICK, Neil; SUMMERS, Robert S. (Org.). *Interpreting precedents*. A comparative study. Farnham: Ashgate Publishing, 1997. p. 448-450.

missão da Corte ao texto supostamente unívoco da lei.[14] Nesse cenário, o segredo da deliberação é relevante, já que seria "incongruente proporcionar o espetáculo de uma justiça que hesita, pesa os prós e contras, tergiversa e se contradiz".[15]

Em que pese ser essa conjuntura predominante na maioria dos países continentais europeus, pouco a pouco algumas Cortes, influenciadas especialmente pelo estilo norte-americano, passaram a conceber que dissidências venham a ser publicadas.[16] O que se constata, porém, é que, mesmo nestas Cortes, por conta da arraigada cultura colegial de estímulo ao consenso, os votos dissidentes são usados de forma bastante moderada, sendo geralmente reservados aos casos de maior projeção político-constitucional, nos quais divergentes perspectivas são mais propensas a aflorar.[17]

Considerando que uma das justificativas para a confidencialidade da deliberação do colegiado é justamente a proibição de exposição do dissenso, alguém poderia indagar sobre o fato de que, mesmo em Cortes que tradicionalmente permitem a prolação de votos individuais, tem sido mantida a deliberação secreta.

De acordo com o que comprovam as experiências norte-americana[18] e inglesa,[19] ainda que os votos dissidentes e concorrentes sejam aspectos do modo colegiado de decidir na *common law*, a existência de uma etapa de deliberação secreta é considerada vital, já que permite o franco debate e a disposição para sopesar criteriosamente os argumentos ventilados pelas partes, num contínuo processo de reflexão e discussão colegiada. Consoante pondera Lewis Powell Jr., antigo *Justice* da Suprema Corte norte-americana, a confidencialidade da deliberação

---

14. É o que demonstra Lasser, ao examinar a bifurcação da deliberação francesa: LASSER, Mitchel de S.-O.-L'E. *Judicial deliberations*: a comparative analysis of transparency and legitimacy, Oxford: Oxford University Press, 2004. p. 299-302.
15. GARAPON, Antoine. *Bem julgar*: ensaio sobre o ritual judiciário. Lisboa: Instituto Piaget, 1999. p. 152.
16. Tal como acontece no Tribunal Constitucional Alemão e na Corte Constitucional da Espanha.
17. VANBERG, Georg. The politics of constitutional review in Germany. Cambridge: Cambridge University Press, 2005. p. 91; KOMMERS, Donald P.; MILLER, Russell A. The constitutional jurisprudence of the Federal Republic of Germany: revised and expanded. 3. ed. Durham: Duke University Press, 2012. p. 29.
18. "The internal deliberations of the U.S. Supreme Court were considered secret and sacrosanct for much of the nation's history. It was widely assumed and respected that the Justices required secrecy to preserve the quality and candor of their discussions of cases. Without this secrecy, the assumption went, the caliber of deliberations, and ultimately of decisionmaking, would be diminished." (WERMIEL, Stephen. Using the papers of US Supreme Court Justices: a reflection. *New York Law School Law Review*, v. 57, p. 499–515, 2012. p. 500).
19. PATERSON, Alan. *Final judgment*: the last law lords and the Supreme Court. Oxford: Hart Publishing, 2013. p. 84-91.

"assegura que iremos examinar cuidadosamente a solidez de nossos argumentos", bem como "aprimora a qualidade da deliberação".[20] William Rehnquist, ao seu turno, acrescenta que a existência deste momento específico e reservado "força cada membro da Corte a se preparar para a sessão de deliberação".[21]

Contrariamente ao que acontece nestas Cortes, tem-se no Brasil um quadro completamente diferente, especialmente porque os arts. 5º, LX, e 93, IX, da Constituição Federal impõem a publicidade dos atos processuais e dos julgamentos. No STF, em particular, além de públicas, as sessões de julgamento são televisionadas e disponibilizadas na internet. Além da TV Justiça, o STF dispõe da Rádio Justiça e possui páginas institucionais nas plataformas Youtube e Twitter.[22]

Parcela da doutrina brasileira reputa que os julgamentos do STF, abertos ao público e televisionados, representam um claro sinal de transparência e de *accountability* da Corte;[23] outros, porém, mais céticos, chamam a atenção para os efeitos nocivos da deliberação num contexto de ampla publicidade.[24] Cabe aqui avançar um pouco mais neste debate.

2. A dinâmica decisória do STF

Antes de mais nada, o primeiro questionamento a ser feito é se o que sucede no STF[25] pode ser efetivamente reputado um encontro deliberativo, nos moldes aspirados pelas teorias que endossam a deliberação como procedimento ideal para a tomada de decisão em grupo.[26]

---

20. POWELL JR. Op. cit., p. 128.
21. REHNQUIST, William H. Op. cit., p. 134.
22. Tais informações encontram-se disponíveis no *website* do Supremo: [www.stf.jus.br/portal/cms/verTexto.asp?servico=centralDoCidadaoAcessoInformacaoInstitucional]. Acesso em: 27.06.2014.
23. "Todo esse processo de construção institucional do Poder judiciário foi potencializado pela TV justiça e, em particular, pelo televisionamento das sessões do STF. A repercussão dos julgamentos desperta a cidadania e estabelece um diálogo profícuo com as demais autoridades políticas. Os ganhos em termos de transparência e legitimação das decisões têm compensado, plenamente, eventuais desgastes" (BINENBOJM, Gustavo. A justiça na TV. *Folha de S.Paulo*, 02.05.2009. p. 3). V., ainda: BARROSO, Luís Roberto. Judicialização, ativismo judicial e legitimidade democrática. *Anuario Iberoamericano de Justicia Constitucional*, n. 13, 2009. p. 17-32.
24. MENDES, Conrado Hübner; DA SILVA, Virgílio Afonso. Entre a transparência e o populismo judicial. *Folha de S.Paulo*, 2009. Disponível em: [www1.folha.uol.com.br/fsp/opiniao/fz1105200908.htmx]. Acesso em: 27.12.2013; SILVA, Virgílio Afonso da. Deciding without deliberating. *International Journal of Constitutional Law*, v. 11, n. 3, 2013. p. 557-584.
25. E que, em grande medida, representa um padrão seguido em outros tribunais brasileiros.
26. Conforme leciona Gastil, a deliberação consiste na discussão pautada na argumentação criteriosa, na consideração crítica e respeitosa das posições em jogo e, por fim, na

Tal observação tem relevância tendo em vista que uma das críticas atualmente dirigidas ao STF é no sentido de que o que transcorre em suas sessões de julgamento é, a rigor, a leitura sequencial de votos previamente concebidos pelos Ministros, seguindo um padrão *seriatim*. Melhor explicando: ao se tomar o conceito de deliberação, como sendo um debate reflexivo visando a tomada de decisão, que se inicia com a identificação do problema, passando para o levantamento de possíveis soluções e para a escolha ponderada da melhor alternativa –, não é difícil concluir que as sessões de julgamento do STF, via de regra, não refletem uma manifestação deliberativa propriamente dita.[27]

Ora, deliberar é um meio para se chegar a um fim: a tomada de decisão coletiva, tal como sucede no âmbito de uma Corte que decide de forma colegiada. Delibera-se para, daí então, decidir.

No STF, porém, a sessão de julgamento já é o ato final desse trajeto, paradoxalmente alcançado sem que se tenha deliberado de antemão, uma vez que, ao se chegar a sessão de julgamento, os votos dos Ministros geralmente já se encontram prontos.

Com isso, não se quer dizer que inexista qualquer interação entre os julgadores, tampouco se defende que a deliberação judicial seja conflitante com o ideal da publicidade. Apenas se enfatiza aqui a advertência de que pode haver um "mito da transparência" no STF a ser repensado. Como ponderam Virgílio Afonso da Silva e Conrado Hübner Mendes, pouco adianta a transmissão de seus julgamentos, se o STF lança mão de um procedimento que dificulta a compreensão de suas decisões, em grande medida pela tônica agregativa dos julgamentos – em detrimento da deliberativa – e pelo menosprezo por soluções que revelem um entendimento institucional. Desse modo, dizem os autores que:

> [...] se nos perguntarmos o que o STF pensa sobre várias das questões constitucionais relevantes, dificilmente alguém saberá responder com precisão, a despeito da quantidade de decisões disponíveis na internet e de julgamentos transmitidos pela televisão. Com maior frequência, o que se pode identificar nesse emaranhado de decisões, disponíveis às vezes quase em tempo real, é tão-somente a soma de 11 decisões individuais, que não têm a menor pretensão de construir uma posição institucional consistente. Ainda que a

---

seriedade quanto à tomada de decisão. Logo, uma deliberação efetiva abrange o exame cuidadoso de um dado problema, a identificação das imagináveis soluções, o estabelecimento de critérios de avaliação, bem como a utilização desses critérios para detectar o melhor resultado possível (GASTIL, John. *By popular demand*: revitalizing representative democracy through deliberative elections. Berkeley: University of California Press, 2000. p. 22).

27. SILVA, Virgílio Afonso da. Deciding without deliberating. *International Journal of Constitutional Law*, v. 11, n. 3, 2013. p. 557-584.

dissidência interna possa ser saudável, ela não pode implicar uma falta de compromisso com uma posição institucional.[28]

Dentro dessa reflexão, para se entender melhor o processo decisório do STF, é importante reiterar uma observação de caráter procedimental que tem expressivo impacto na deliberação da Corte. Nos modelos de deliberação judicial continental europeu e norte-americano, constata-se que o momento alocado para a congregação deliberativa do colegiado é procedimentalmente anterior e segmentado das demais etapas do julgamento. Veja-se o exemplo da Suprema Corte estadunidense, no qual a deliberação colegiada apenas sucede depois que todos os julgadores estudaram o caso e que se concluiu a fase de sustentação oral. Até então, não se inicia a redação da decisão colegiada, que pressupõe o encerramento da deliberação do colegiado.[29]

Assim, o rito deliberativo das Cortes europeias e anglo-americanas discrepa substancialmente da dinâmica decisória do STF (e dos demais tribunais nacionais, de um modo geral), que estabelece uma sessão única de julgamento, composta pela fusão da sustentação oral,[30] da exposição dos votos, do julgamento pela agregação do resultado de cada voto, seguido da imediata proclamação do resultado.[31]

Na dinâmica nacional, como os votos já foram preparados de antemão, o que é público no STF é a exposição da solução pré-concebida pelo relator e, eventualmente, pelos demais Ministros, seguida do somatório dos votos e, ao fim, da proclamação do julgamento. Do ponto de vista conceitual, não há genuinamente interação deliberativa em torno da melhor solução a ser outorgada a certo caso, mas uma fase de agregação das posições individuais que se passa a portas abertas e é televisionada.[32]

Por isso, o interesse em se pensar nos fatores institucionais e procedimentais que possam contribuir para o aprimoramento do processo decisório do STF. É

---

28. MENDES, Conrado Hübner; DA SILVA, Virgílio Afonso. Op. cit.
29. "In sum, the deliberation that began at conference continues in a variety of informal ways until the Court announces its decision in a case, often many months later" (HALL, Kermit L.; ELY, James W.; GROSSMAN, Joel B. *The Oxford companion to the Supreme Court of the United States*. Oxford: Oxford University Press, 2005. p. 203).
30. Nas hipóteses em que é cabível a sustentação, conforme art. 937 do CPC.
31. Excetuando-se obviamente as oportunidades em que o julgamento não é concluído por pedido de vista, por limitações temporais ou outro fator que conduza ao seu adiamento.
32. Como explica Simone Chambers, aprovar ou desaprovar a posição apresentada por outra pessoa reduz a democracia à votação, o que obviamente não se confunde com deliberação. Tomando essa ideia como referência, quando um juiz vota a favor ou contra a proposta do relator, o que se tem é mera votação e não deliberação (CHAMBERS, Simone. Behind closed doors: publicity, secrecy, and the quality of deliberation. *Journal of Political Philosophy*, v. 12, n. 4, 2004. p. 397).

de grande mérito, nessa toada, a reflexão tanto sobre o momento procedimental mais apropriado para a deliberação judicial, quanto sobre os efeitos que a ampla exposição pode ter sobre ela.

O presente artigo se importa especificamente com o segundo problema e, nessa ordem de reflexão, passa a ser oportuno sopesar as vantagens e desvantagens de que a deliberação judicial seja aberta ao público.

3. O paradoxo da deliberação pública

Para avançar nesse trajeto, algumas discussões havidas no âmbito da teoria deliberativa podem ser de grande utilidade no campo da deliberação judicial.[33] Em particular, alguns teóricos defensores da deliberação como instrumento para tomada de decisões de interesse público passaram a indagar se a publicidade é sempre benéfica para a deliberação e, para além disso, se a deliberação e o sigilo poderiam conviver em determinadas arenas decisórias.

Primeiramente, é preciso observar que, embora grande parte dos teóricos da democracia deliberativa sustente que a deliberação deva ser dotada de transparência e publicidade – já que isso proporcionaria a incorporação do público no processo decisório, permitiria o controle das justificativas da decisão e serviria a contenção do arbítrio,[34] gradativamente alguns passaram a reconhecer que, em certas searas, a deliberação é mais adequada quando sucede a portas fechadas.[35]

---

33. É importante ressaltar que a discussão que a seguir se apresenta não tem origem na análise do Poder Judiciário, mas, em termos muito mais amplos, na deliberação empregada para a tomada de decisões de interesse coletivo em diferentes áreas. Outra ressalva é relevante: não se pretende aqui adentrar na discussão sobre o papel democrático do Poder Judiciário, mas, sim, em compreender como a lógica deliberativa, compreendida como uma ferramenta para a tomada de decisões em grupo, pode ser aplicada ao julgamento colegiado. O ponto central é que o procedimento orientado pela lógica deliberativa se diferencia daquele que segue a racionalidade agregativa, segundo o qual cada membro do grupo expõe sua posição, por meio do voto, sem levar em conta a posição dos demais membros.
34. "Deliberation is reasoned in that the parties to it are required to state their reasons for advancing proposals, supporting them or criticizing them. They give reasons with the expectation that those reasons (and not, for example, their power) will settle the fate of their proposal. [...] Reasons are offered with the aim of bringing others to accept the proposal, given their disparate ends (D3) and their commitment (D2) to settling the conditions of their association through free deliberation among equals. Proposals may be rejected because they are not defended with acceptable reasons, even if they could be so defended. The deliberative conception emphasizes that collective choices should be made in a deliberative way, and nor only that those choices should have a desirable fit with the preferences of citizens" (COHEN, Joshua. Deliberation and democratic legitimacy. In: PETTIT, Philip; HAMLIN, Alan (Org.). *The good polity*: normative analysis of the State. Oxford: Basil Blackwell, 1989. p. 22).
35. Para uma apresentação do problema, v. CHAMBERS, Simone. Op. cit., p. 389.

Simone Chambers, por exemplo, questiona justamente os prós e contras de se isolar os deliberadores dos efeitos prejudiciais causados pela publicidade excessiva, em detrimento de se dar ampla abertura à deliberação (cujo objetivo é assegurar máxima transparência e amplo controle social).

Conquanto concorde com a visão predominante de que a transparência da deliberação carregue notórias vantagens, Chambers preocupa-se com as situações particulares em que o efeito poder ser inverso. Mais precisamente, a autora preocupa-se com surgimento, no debate público, do que denomina de "razões plebiscitárias" (*plebiscitory reasons*), isto é, argumentos pobremente arguidos, superficiais ou manipulativos, bem como aqueles artificialmente forjados para encobrir as verdadeiras razões de determinada decisão.[36]

O "debate plebiscitário" refere-se à demagogia, à desinformação, à retórica inflamada, à bajulação, ao uso manipulativo da palavra para agradar a audiência, ao invés de oferecer os melhores argumentos.

Embora a análise de Chambers seja voltada à deliberação na esfera pública em geral, o risco do aparecimento de "razões plebiscitárias" pode surgir também no âmbito da deliberação judicial. Ora, parece evidente a justaposição da noção de "razões plebiscitárias" com importante reflexão desenvolvida sobre o padrão de racionalidade decisória que marca a cultura jurídica brasileira. Afinal de contas, como bem expõe José Rodrigo Rodriguez, o modelo de racionalidade jurídica no Brasil muitas vezes origina "zonas de autarquia",[37] isto é, espaços institucionais onde as decisões, embora aparentemente fundamentadas, encobrem, na realidade, opções arbitrárias e personalistas do julgador, que, precisamente por isso, não podem ser reconstruídas racionalmente pelos jurisdicionados.

Demais disso, a "zona de autarquia" conecta-se com a jurisdição personalista e opinativa; vale dizer, com aquela cujas decisões refletem essencialmente as razões pelas quais o juiz formou sua opinião, e não uma linha de argumentação destinada a demonstrar a busca racional da melhor solução para o caso. Esse fator tem a capacidade de "retirar da esfera pública a possibilidade de debater as razões para decidir e a justificativa do desenho do Estado, tornando ambas completamente imunes ao debate racional e público".[38]

Por isso mesmo é que Rodriguez levanta a hipótese de que o modo de argumentar do STF – opinativo, fundado em argumentos de autoridade e de caráter agregativo – pode ter certa conexão com o fato de que os debates entre os membros do colegiado são abertos ao público e travados perante uma audiência:

---

36. CHAMBERS, Simone. Op. cit., p. 389.
37. Sobre o tema, v.: RODRIGUEZ, José Rodrigo. *Como decidem as Cortes?* Para uma crítica do direito (brasileiro). Rio de Janeiro: Editora FGV, 2013.
38. RODRIGUEZ, José Rodrigo. Op. cit., p. 21.

A função dos juízes no Brasil é dar uma opinião fundamentada diante dos casos, debatidos a portas abertas, às vezes diante de uma platéia, e não encontrar a melhor resposta para eles a partir de um raciocínio sistemático.[39]

Essa mesma problemática, a bem da verdade, fora há muito apontada por Barbosa Moreira, quando da análise dos "fatores extrajurídicos" no julgamento colegiado:

> Agrava-se o perigo em se tratando de processo concernente a assunto de grande relevância política (no sentido estrito da palavra), ou propício a suscitar emoções fortes, que se expressam em juízos apaixonados; ainda maior se torna quando o julgamento se realiza na presença de repórteres e – sobretudo! – de câmeras de televisão; atingirá o ápice, bem se compreende, se inundarem o recinto, ou de qualquer sorte estiverem em condições de acompanhar de perto os trabalhos, interessados diretos ou indiretos, dos quais haja motivos para temer manifestações de aprovação ou de desaprovação, quando não intervenções mais enérgicas. Em tais circunstâncias, não é remota a probabilidade de que algum juiz, ao votar, se deixe guiar menos por aquilo que realmente pensa, na intimidade de sua consciência, do que por aquilo que, segundo lhe parece, o resto do mundo gostaria que ele pensasse.[40]

Ainda nessa mesma linha, Marcelo Neves entende que "a transmissão ao vivo dessas sessões, na forma atual, serve menos à transparência do que à espetacularização":

> a prática institucional de votos longuíssimos lidos perante as câmeras televisivas sobrecarrega temporalmente um órgão já exposto a uma extrema pressão temporal. Não se trata de uma sessão de trabalho produtiva e eficiente, mas antes de uma boa diversão para o público.[41]

De fato, a publicidade extrema no STF, em vez de estimular a interação discursiva e a depuração dos melhores argumentos, pode fazer com que os julgadores passem "a aproveitar o 'momentum' televisivo para dirigir-se exclusivamente ao público externo, em vez de interagir entre si, no melhor espírito de uma deliberação colegiada." Fazendo dos julgadores celebridades, há o risco que se produza

---

39. RODRIGUEZ, José Rodrigo. Op. cit., p. 63.
40. BARBOSA MOREIRA, José Carlos. Notas sobre alguns fatores extrajurídicos no julgamento colegiado. *Temas de direito processual* (Sexta série). São Paulo: Saraiva, 1997. p. 158-159.
41. NEVES, Marcelo, A "desrazão" sem diálogo com a "razão": teses provocatórias sobre o STF, 2009. Disponível em: [www.osconstitucionalistas.com.br/a-desrazao-sem-dialogo-com-a-razao-teses-provocatorias-sobre-o-stf]. Acesso em: 11.10.2014.

"a título de uma sedutora transparência de superfície, um indesejável populismo judicial. O tribunal vende uma e entrega o outro."[42]

Portanto, sob esse enfoque teórico, a exacerbada publicidade da sessão de julgamento agravaria uma racionalidade argumentativa personalista e, por conseguinte, traria mais prejuízos do que benefícios à dinâmica decisória.[43]

Mas o aspecto contraproducente da deliberação a portas abertas pode não se limitar a esse risco.

Estudos demonstram que a publicidade, em certos contextos, pode, paradoxalmente, enfraquecer a qualidade da deliberação, já que, de um lado, pode reduzir a disposição dos participantes em aceitar argumentos contrários e, especialmente, porque, depois de exteriorizada publicamente determinada posição, o deliberador torna-se menos propenso a reconhecer a debilidade de seu ponto de vista quando confrontado com melhores argumentos.[44]

A hipótese parece ser confirmada pelo depoimento do ex-presidente do STF, Ministro Cezar Peluso, que se posiciona contrariamente à transmissão televisiva das sessões de julgamento:

> Provocado em certas circunstâncias reagem com a naturalidade da sua personalidade. É incontrolável. Isto cria atritos, respostas, provocações, manifestações que dão ao público a impressão de que os juízes do Supremo são um conjunto de pessoas que gostam de estar brigando toda hora. Isso não é bom. Se eu faço a mesma coisa num ambiente fechado, há outras vantagens. Eu sou capaz de ponderar o seu ponto de vista e chegar à conclusão que o senhor tem razão e dizer: "Não, o senhor tem razão, é isso mesmo. O que o senhor disse tem razão". Mas em público, se o senhor disser para mim que eu estou errado, eu vou inventar coisa, vou defender meu ponto de vista, eu não vou em público dizer para todo mundo: "Não, olha, eu reconheço que eu estou errado. Realmente me enganei. V. Exa. tem toda razão". Não faz isso, não faz. E se fizer é exceção. Por quê? Porque é natural, o ser humano é assim mesmo, ninguém pode modificar as pessoas. Não é o fato de ser ministro do Supremo que tira dos seus membros a condição de pessoa humana. Nós somos sujeitos a essas coisas, todos. Então não há exceção nenhuma. Porque existem essas

---

42. MENDES, Conrado Hübner; DA SILVA, Virgílio Afonso. Op. cit.
43. V. a respeito: MENDES, Conrado Hübner. *Constitutional courts and deliberative democracy*. Oxford: Oxford University Press, 2013. p. 165.
44. MacCoun, por exemplo, argumenta no seguinte sentido: "In collective decision making, transparency is often sought by requiring decision makers to state their views publicly (rather than privately). A basic finding in social psychology is that public commitment to a position makes people more resistant to moderating their views in light of subsequent argument" (MACCOUN, Robert J. Psychological constraints on transparency in legal and government decision making. *Swiss Political Review*, v. 12, n. 3, 2006. p. 116).

divergências que podiam ser aparadas, resolvidas, conciliadas numa reunião fechada.[45]

Acrescenta-se a isso que, num contexto de ampla publicidade, é reduzida a possibilidade de se testar argumentos ainda não plenamente amadurecidos ao submetê-los mais despreocupadamente ao debate colegiado. Conforme pondera Virgílio Afonso da Silva,[46] sem a publicidade, os juízes podem sentir-se mais à vontade para ventilar espontaneamente argumentos para a discussão colegiada, ainda que não estejam totalmente convencidos de sua solidez e adequação ao caso.[47]

Por sua vez, se o encontro deliberativo é transmitido para ampla audiência (seja por meio de canais de televisão ou pela internet), é muito mais provável que os juízes apenas manifestem argumentos em relações aos quais estejam plenamente convencidos e prontos para defender acaso venham a ser desafiados por seus pares.[48]

A reflexão de Virgílio Afonso da Silva a respeito do STF é mais do que oportuna, já que é realmente difícil supor que Ministros da mais alta Corte do País – cuja legitimidade está associada ao seu "notável saber jurídico" (art. 101 da Constituição Federal) e que se importam com a sua reputação pública – estejam dispostos a demonstrar incerteza e hesitação na apresentação de sua posição diante das câmeras. Como a deliberação verdadeira – que pode se beneficiar de um procedimento de livre experimentação de ideias e soluções (*brainstorm*) – implica a possibilidade de que argumentos sejam reputados menos adequados (e, assim, rejeitados), é presumível que os magistrados não queiram constranger-se publicamente em virtude da refutação de suas posições.[49]

Esse mesmo aspecto é defendido pelo antecedente *Chief Justice* da Suprema Corte, William Rehnquist, ao afirmar que a deliberação em sigilo possibilita o intercâmbio de perspectivas que seria inibido pela publicidade e pelo constante receio de ridicularização provocado pela exposição de opiniões em público.[50]

---

45. FONTAINHA, Fernando de Castro; SILVA, Angela Moreira Rodrigues; ALMEIDA, Fábio Ferraz de. História Oral do Supremo [1988-2013]: Cezar Peluso. Rio de Janeiro: Escola de Direito do Rio de Janeiro da FGV, 2015. p. 104.
46. SILVA, Virgílio Afonso da. Op. cit., p. 582.
47. Virgílio A. da Silva refere-se aos termos "trial and error", "tentative participation on deliberation" e "brainstorm" para significar procedimentos em que um grupo discute espontaneamente com a finalidade de produzir ideias e caminhos aptos a solver problemas. As ideias, dentro desse esquema, são submetidas de forma espontânea e sem rigorosa preocupação com sua precisão e adequação. (SILVA, Virgílio Afonso da. Op. cit., p. 582).
48. V. a respeito BARBOSA MOREIRA, José Carlos. Op. cit., p. 159.
49. SILVA, Virgílio Afonso da. Op. cit., p. 582.
50. "First, it permits a remarkably candid exchange of views among the members of the Conference. This candor undoubtedly advances the purpose of the Conference in resolving the cases before it. No one fells at all inhibited by the possibility that any of this

Em sentido semelhante vem a opinião do ex-Presidente do STF, Ministro Cezar Peluso:

> Como uma coisa que em relação às sessões, do meu ponto de vista, atrapalha muito, muito. Por uma razão muito simples ligada à condição humana. Uma coisa é nós estarmos conversando aqui, trocando ideias; outra coisa é o senhor dar uma entrevista para a Rede Globo. O senhor não é capaz de falar para a Rede Globo do mesmo modo aquilo que o senhor é capaz de falar numa conversa aqui. Por quê? Porque o ser humano é assim mesmo, ele tem as suas censuras, ele sente a pressão da exposição pública da sua figura – porque é disso que se trata no fundo – e se retrai inconscientemente; isso é normal. Então o que acontece com as sessões do Supremo?[51]
>
> No Brasil é isso que o senhor conhece. A discussão em público impede ajustes de ponto de vista, impede. O senhor é capaz de citar algum...Eu não me lembro de nenhum caso específico em que o ministro do Supremo, diante de uma argumentação feita em público, disse em relação ao outro, "V. Exa. tem toda razão, eu estou enganado". Não vi. Se houve, não registrei. Se o senhor sabe, pode me contar. Isso seria possível numa reunião privada, particular, onde se conversa entre si. "Ah, mas o povo precisa saber..." O povo precisa saber qual é a opinião da corte. E a opinião de quem diverge, ele escreve: "Não concordo com a opinião da maioria por isso, isso", escreve, está lá no voto dele, vencido, por escrito. Assim acontece nos Estados Unidos. Então eu acho que a exposição ao público inibe algumas posições que poderiam ser tomadas e que beneficiariam a imagem da corte e fortaleceriam a eficácia pública das suas decisões. Mas uma coisa eu preciso dizer para o senhor, é irreversível, não há quem mude a transmissão do Supremo. Não há no país quem mude a transmissão, não há.[52]

Com tais considerações, parece claro que a transparência da deliberação judicial não pode ser vista de forma absoluta. O âmbito judicial, e, particularmente, o campo de atuação das Cortes Supremas, traz à tona aspectos positivos e negativos da publicidade da deliberação, demonstrando a necessidade de submeter tal ideal a um exame mais crítico, de modo que se possam sopesar os ganhos e as perdas que esta proporciona à atividade judicante.

A rigor, na perspectiva da teoria deliberativa, a presença dos atributos da deliberação em todas as fases de um procedimento decisório é um ideal a ser

---

remarks will be quoted outside of the Conference Room, or that any of his remarks will or ill conceived ideas, which all of us have at times, will be later held up to public ridicule. I think this fact is generally recognized, and it is, I believe, a consideration of some importance" (REHNQUIST, William H. Op. cit., p. 134).

51. FONTAINHA, Fernando de Castro; SILVA, Angela Moreira Rodrigues; ALMEIDA, Fábio Ferraz de. Op. cit., p. 103.
52. FONTAINHA, Fernando de Castro; SILVA, Angela Moreira Rodrigues; ALMEIDA, Fábio Ferraz de. Op. cit., p. 105.

perseguido. Todavia, é utópico esperar que os participantes de um encontro deliberativo exibam continuamente todas as virtudes éticas da deliberação, quer ela ocorra em sigilo ou diante de uma audiência.[53] Embora, no plano ideal, todos os magistrados integrantes de uma Corte Suprema deveriam incorporar os fundamentos éticos da colegialidade, no mundo real, isso é pouco provável,[54] conforme certificam os testemunhos de juízes de Cortes Supremas, bem como pesquisas em outros âmbitos decisionais.[55]

O que se constata é que, em certos domínios, a publicidade, ao inibir que os deliberadores alterem seu ponto de vista quando confrontados com melhores argumentos, acaba por enfraquecer o ideal racional e reflexivo da deliberação e, por conseguinte, por menosprezar seus benefícios epistemológicos, comunitários e educativos.[56]

Com efeito, conforme explica Robert Goodin,[57] não se pode realisticamente ter a expectativa de que os variados atributos da deliberação estejam presentes em todas as etapas do processo decisório.[58]

---

53. É o que pondera Conrado Hübner Mendes: "A good deliberator is indifferent to personal recognition, incurious about how he will be publicly perceived. Publicity does not particularly favor that individual trait. In secret sessions, in fact, deliberative flaws would simply become invisible and protected against public scrutiny. However, in public sessions, authentic deliberation might not even happen in the first place. A measure of secrecy, as far as documented experience has shown, furnishes the proper institutional asepsis for deliberation to thrive. The institutional designer, therefore, must deal with the tension between publicity and secrecy. Some compromise between both might be profitably struck. Secrecy combined with future disclosure is, for Freund, the best way to do that" (MENDES, Conrado Hübner. *Constitutional courts and deliberative democracy*, cit., p. 165–166).
54. GOODIN, Robert E. Sequencing deliberative moments. *Acta Politica*, v. 40, n. 2, 2005. p. 193.
55. V., por exemplo, o estudo de Meade e Stasavage sobre a alteração no desempenho deliberativo dos membros de um dos comitês do *Federal Reserve,* antes e depois da alteração da política de divulgação das gravações de suas reuniões. O estudo comprova que comunicados de que as gravações passariam a ser futuramente divulgadas ao público, os integrantes do comitê passaram a conter-se consideravelmente na manifestação de opiniões divergentes de seu Presidente e, ademais, constatou-se redução na tendência de mudança de opinião ao longo da deliberação. Por isso, os autores concluem que a ampliação da transparência, no caso examinado, gerou um impacto prejudicial na qualidade da deliberação (STASAVAGE, David; MEADE, Ellen. Two effects of transparency on the quality of deliberation. *Swiss Political Science Review*, v. 12, n. 3, 2006. p. 123-133).
56. V., entre outros: DRYZEK, John S. *Deliberative democracy and beyond*: liberals, critics, contestations. New York: Oxford University Press, 2000. p. 1; MENDES, Conrado Hübner. *Constitutional courts and deliberative democracy*, cit., p. 22 et seq.
57. GOODIN, Robert E. Op. cit., p. 193.
58. "We often talk about the 'glare' of publicity or 'shielding' deliberators from the public. As these metaphors suggest, there is something about going public, opening up

Na deliberação judicial a portas abertas (ou transmitida por meio de canais de televisão e pela internet), ganha-se no que diz respeito à transparência, mas perde-se algo em relação à profundidade da argumentação (com o risco de que as "razões plebiscitárias" e os argumentos de autoridade ganhem espaço) e na disposição dos julgadores para deliberar efetivamente.

Por sua vez, com a deliberação reservada, pode-se estimular a qualidade na deliberação, mas perder-se algo no que diz respeito à plena transparência. Com efeito, depara-se aqui com o paradoxo da deliberação apontado por Dryzek e Chambers, já que, nas palavras desta última, "há algo em ir a público, em abrir a deliberação para uma ampla audiência e para os meios de comunicação em massa, que tem um efeito deletério sobre a deliberação".[59]

Se isso é verdade, a questão aqui envolve saber quando é interessante, para a boa qualidade deliberação, manter a discussão longe do público.

Mais uma vez, algumas contribuições da teoria deliberativa são de grande valia para o exame da deliberação judicial. Particularmente, Robert Goodin chama atenção para o fato de que, embora não seja possível realisticamente esperar que as virtudes deliberativas estejam constantemente presentes em todas as etapas do processo decisório, ao menos devemos esperar, numa democracia, que as diversas virtudes deliberativas se façam visíveis ao longo das diferentes fases do processo.

Na perspectiva de Robert Goodin, tal assunção seria ideal para preservar a virtude da publicidade concomitantemente com as demais virtudes. Assim, para a qualidade da deliberação não seria absolutamente necessário que todas as fases do processo de tomada de decisão fossem abertas ao púbico. Seu principal argumento é o de que um procedimento deliberativo organizado, com a presença das virtudes deliberativas em diferentes etapas, conduziria a uma deliberação satisfatória.[60]

Daí por que, mesmo numa perspectiva deliberativa, pode-se tolerar que, em nome da qualidade da deliberação, algumas etapas do processo de tomada de decisões venham a transcorrer à margem do público. John Dryzek, pensando em exemplos tal como o das Cortes Constitucionais, aponta para o difícil paradoxo que se constata ao se notar que a deliberação efetiva pode beneficiar-se de alguns momentos de confidencialidade (na medida em que permite que os deliberado-

---

deliberation to a broad audience and mass media, that has a deleterious effect on deliberation" (CHAMBERS, Simone. Op. cit., p. 392).

59. "This fact, although not startling or new, seems to pose a rather serious problem for theories of deliberative democracy. It appears as if the ideal of public reason pushes deliberation in two opposite directions: into the public sphere to promote the public nature of public reason but out of the public sphere to safeguard the rational component of public reason" (CHAMBERS, Simone. Op. cit.. p. 392).

60. GOODIN, Robert E. Op. cit., p. 193-194.

res possam interagir e debater a questão a ser resolvida, sem ser imediatamente alvo de críticas do público). Por isso, na perspectiva de Dryzek, é plausível que a publicidade possa ser ocasionalmente mitigada em dada fase do procedimento decisório, desde que protraída para outra.[61]

Portanto, à luz dessa reflexão teórica, é possível pensar nas diferentes fases do procedimento decisório perante as Cortes Superiores e avaliar em quais fases a deliberação pode se beneficiar de certa dose de confidencialidade.[62]

Adotando a classificação das tarefas deliberativas de uma Corte Suprema proposta por Conrado Hübner Mendes,[63] parece claro que as etapas pré-decisional e pós-decisional não podem ser furtadas da adequada publicidade, ao passo que a fase decisional pode permitir que a transparência quanto ao procedimento intramuros seja mitigada em nome da maior transparência quanto aos fundamentos da decisão.

No que diz respeito à primeira dessas tarefas (pré-decisional), trata-se justamente da fase em que a Corte interage com seus interlocutores, no intuito de coletar o máximo de argumentos possíveis, ao mesmo tempo que os desafia para que os argumentos sejam aprimorados e refinados. É ainda nessa fase que, não apenas as partes, mas também a sociedade, mediante as audiências públicas e a participação dos *amici curiae*, podem publicamente deliberar com a Corte.

Como a Corte depende de seus interlocutores, tanto no que diz respeito à formulação da demanda quanto em relação aos fatos e argumentos que embasarão o processo decisório, não haveria como conceber o sigilo desta fase. A extensa publicidade de tal etapa é que oportuniza a abertura da Corte para o mais amplo conjunto de ideias possíveis. Daí por que a formulação de Mendes no sentido de que a virtude ética que se espera da Corte nesta etapa é a "respeitosa curiosidade" em relação aos argumentos de seus interlocutores.[64]

Nesse contexto, merece especial atenção não só as audiências públicas, mas a fase de sustentação oral, na qual a Corte, demonstrando estar ciente daquilo que foi até então apresentado por escrito pelos seus interlocutores, tem a oportu-

---

61. DRYZEK, John S. Democratization as deliberative capacity building. *Comparative Political Studies*, v. 42, n. 11, 2009. p. 1385.
62. É o que sugere Conrado Hübner Mendes: "A measure of secrecy, as far as documented experience has shown, furnishes the proper institutional asepsis for deliberation to thrive. The institutional designer, therefore, must deal with the tension between publicity and secrecy. Some compromise between both might be profitably struck. Secrecy combined with future disclosure is, for Freund, the best way to do that" (MENDES, Conrado Hübner. *Constitutional courts and deliberative democracy*, cit., p. 165–166.
63. MENDES, Conrado Hübner. O projeto de uma corte deliberativa, cit., p. 63-64.
64. MENDES, Conrado Hübner. *Constitutional courts and deliberative democracy*, cit., p. 126–128.

nidade de colher novos argumentos e desafiar os já ventilados.⁶⁵ Tal ato integra a etapa pré-decisional e seguramente deve ser levada a efeito sob o regime de ampla publicidade. Por isso mesmo, é essencial pensar na restruturação e valorização da sustentação oral, de sorte a torná-la um momento de efetiva e transparente deliberação entre a Corte e seus interlocutores.⁶⁶ Para além disso, evita-se a sua disfuncionalidade e sua transmutação em audiências unilaterais de entrega de memorial.

De nada adianta, aliás, defender a ampla publicidade do procedimento decisório (com a transmissão dos julgamentos por diferentes plataformas) e, concomitantemente, ser complacente com a existência de audiências carentes de oficialidade, nas quais as partes unilateralmente discutem o caso com cada julgador privativamente.

Sem dúvida alguma, por meio de uma fase oral efetiva, a Corte outorga transparência ao procedimento de tomada de decisão e faz propagar os benefícios psicológicos e educativos da deliberação, notadamente no âmbito da interpretação constitucional.⁶⁷

Evidência maior da necessidade de transparência nesta fase reside no fato de que, mesmo em Cortes Supremas que operam segundo o regime do sigilo da deliberação, a fase de sustentação oral (*oral hearing*) transcorre a portas abertas.⁶⁸ Veja-se que, em Cortes Supremas nas quais há transmissão televisionada dos julgamentos, tal como acontece no Canadá, é a fase de sustentação oral que se expõe. Concluída tal etapa, o colegiado entra em reclusão para deliberar a portas fechadas. Nos Estados Unidos, embora as gravações e as transcrições dos *oral hearings* sejam disponibilizadas ao público,⁶⁹ setores da sociedade têm posto em discussão a necessidade da implantação de um sistema de televisionamento das arguições orais feitas perante a Suprema Corte, mas não a transmissão da deliberação intramuros (a *conference*).⁷⁰

---

65. LEFLAR, Robert A. The multi-judge decisional process. *Maryland Law Review*, v. 42, 1983. p. 724; BARBOSA MOREIRA, José Carlos. Op. cit., p. 167-168.
66. A respeito dos benefícios da deliberação mais proeminentes nesta fase, v.: MENDES, Conrado Hübner. *Constitutional courts and deliberative democracy*, cit., p. 114.
67. Sobre os benefícios da deliberação, v. MENDES, Conrado Hübner. *Constitutional courts and deliberative democracy*, cit., p. 136.
68. É o exemplo das Cortes europeias estudadas, assim como o da Suprema Corte norte-americana.
69. É o que sucede, por exemplo, na Suprema Corte dos Estados Unidos, onde a fase dos "oral arguments" transcorre a portas abertas e as gravações do áudio de todas as sessões ocorridas a partir de 1955, com as respectivas transcrições, são disponibilizadas ao público. Cf.: [www.supremecourt.gov/oral_arguments/argument_audio.aspx].
70. Informações disponíveis em: [www.openscotus.com]. Acesso em: 11.12.2014.

Referidos exemplos evidenciam a expectativa de transparência no processo decisório, sem, contudo, sugerir a interferência na deliberação interna do colegiado.

Daí por que, na imensa maioria das Cortes, a fase decisional – isto é, a etapa de interação colegiada – é procedimentalmente segmentada da fase pré-decisional e, mais precisamente, da sustentação oral. É na fase decisional que a Corte poderá, à luz de todas as informações e argumentos colhidos na etapa anterior, identificar o problema em jogo, isolar o conjunto de soluções aptas a tratar do problema, ponderar as vantagens e desvantagens de cada uma, para, daí então, tomar a decisão.

Se tal missão, por atribuição constitucional, compete exclusivamente ao colegiado, a interferência dos interlocutores e da sociedade nessa ocasião parece ser de menor importância. Ademais, em face das reconhecidas desvantagens que podem comprometer a qualidade da deliberação, é razoável que tal etapa possa se desdobrar à margem da exposição pública, quando puder comprometer a profundidade do debate.

Alguém poderia criticar tal postura, sob o argumento de que uma fase decisional confidencial significaria a supressão da publicidade do processo judicial.[71] No entanto, como expõe Jane Mansbridge, distintas categorias de transparência podem entrar em jogo em diferentes momentos. Algumas vezes, a transparência pode dizer respeito ao processo de tomada decisão (*transparency in process*), ao passo que, em outros, a transparência relaciona-se aos fundamentos da decisão (*transparency in rationale*).[72]

É curioso notar que não se questiona a transparência dos julgamentos monocráticos. Não se protesta, por exemplo, quando o juiz deixa de proferir a sentença imediata e oralmente ao fim da audiência (art. 366 do CPC), optando, ao invés disso, por elaborá-la isoladamente em gabinete. Tampouco se exige que a dinâmica interna do gabinete seja revelada passo a passo em nome da publicidade. Conclusos os autos para sentença, não se espera que a fase intrínseca de elaboração da decisão seja marcada pela transparência, uma vez que se trata de um ato processual em relação ao qual as partes não podem mais contribuir com o juízo.[73] A transparência judicial virá agora sob a forma de uma decisão satisfatoriamente fundamentada (*in rationale*), na forma do art. 489 do CPC.

---

71. No Brasil, em particular, além de se alegar ofensa aos arts. 5º, LX, e 93, IX, da Constituição Federal, poder-se-ia dizer a proibição de retrocesso de garantias constitucionais vedariam a mitigação da publicidade.
72. MANSBRIDGE, Jane. Op. cit., p. 385-386.
73. Pressupõe-se que as partes tenham tido adequadas oportunidades nas fases anteriores do procedimento para dialogar e para trazer o máximo de elementos fáticos e probatórios ao conhecimento da Corte.

No que diz respeito ao julgamento colegiado, quando a transparência do procedimento puder comprometer os propósitos maiores da deliberação, é admissível, em tese, que aquela ceda espaço temporariamente para que floresçam os benefícios da deliberação colegiada.

Porém, a transparência não será suprimida. Em muitas Cortes que adotam tal modelo, apenas há a sua mitigação momentânea, que será diferida para a fase posterior, na qual sobressairá a transparência em relação aos fundamentos da decisão colegiada. É o que explica Mansbridge, a partir do procedimento decisório da Suprema Corte dos Estados Unidos:

> Quando a transparência tem tais custos, nós devemos favorecer não a extrema *transparência no processo* (por exemplo, fazer todas as reuniões das comitês públicas), mas em vez disso a *transparência nos argumentos* – nos procedimentos, informações, razões e fatos em que se baseiam as razões. No Supremo Tribunal dos Estados Unidos, as deliberações e as negociações são sigilosas, mas os fatos e as razões em que se baseiam as decisões são públicas.[74]

Logo, na fase pós-decisional, a transparência é recobrada. O objetivo de tal fase é a elaboração da decisão escrita, entendida como aquela que "traduz os compromissos éticos da deliberação para o texto da decisão", que é bem fundamentada e compreensível para todos, já que carrega "o ônus de ser responsiva e inteligível para o público em geral".[75]

Embora a redação da decisão judicial seja levada a efeito por meio do trabalho interno da Corte – portanto, ainda num âmbito de confidencialidade –, seu produto será obviamente publicizado, já que visa precipuamente comunicar a sociedade a respeito do resultado da deliberação colegiada e da interpretação dada ao direito. Como explica Conrado Hübner Mendes, tal decisão vai demonstrar o que interação colegiada foi apta a produzir, bem como o conjunto de argumentos que foram devidamente ponderados. Afloram aqui os benefícios comunitário, psicológico e educativo da deliberação.[76]

---

74. "When transparency has such costs, we should favor not extreme transparency in process (for example making all committee meetings public), but instead transparency in rationale—in procedures, information, reasons, and the facts on which the reasons are based. In the Supreme Court of the United States the deliberations and the negotiations are secret, but the facts and reasons on which the decisions are based are public" (MANSBRIDGE, Jane. Op. cit., p. 386).
75. MENDES, Conrado Hübner. O projeto de uma corte deliberativa, cit., p. 63-64.
76. MENDES, Conrado Hübner. *Constitutional courts and deliberative democracy*, cit., p. 136.

4. Reflexões finais

Disso tudo, resta claro que publicidade é certamente um importante atributo da deliberação, mas, como a experiência estrangeira demonstra, nem sempre tem ela a mesma proeminência nas distintas etapas do julgamento colegiado. Qualquer reflexão sobre o custo-benefício da transparência da deliberação judicial deve ser criteriosamente contextualizada à luz dos seus demais atributos e potenciais benefícios.

Dentro dessa discussão, parece que o ponto fulcral da transparência no julgamento colegiado reside na sua abertura e na sua fase final; vale dizer, na etapa em que a sociedade encontra canais para alimentar o debate colegiado, bem como naquela em que se compreendem os argumentos do STF na atividade de interpretação constitucional. É crucial que os interlocutores da Corte possam perceber sua efetiva participação no processo de tomada de decisão (o que se dá na fase pré-decisional).

Isso não significa, necessariamente, que todas as etapas do processo decisório devam ser submetidas à publicidade extrema. Pode ser conveniente que, dentro das etapas que compõem o julgamento colegiado, uma ocasião seja alocada para a deliberação interna dos julgadores, de modo a permitir o debate de maior qualidade e profundidade.

Essa perspectiva, adotada em muitas Cortes estrangeiras, não sugere, vale registrar, que sejam suprimidos ou obstruídos espaços para que os interlocutores da Corte (as partes, os *amici curiae* e a sociedade, de um modo geral) possam subsidiar o colegiado com argumentos, perspectivas e informações enriquecedoras do debate. O que se põe em discussão é a conveniência de que o trabalho do colegiado – para compreensão, ponderação e discussão do material existente – possa ficar imune à pressão externa, à tentação de satisfazer a audiência a qualquer custo ou ao desejo individual de autopromoção.

Afinal de contas, como bem observam Virgílio Afonso da Silva e Conrado Hübner Mendes, a verdadeira transparência que se espera de uma Corte Constitucional não consiste na transmissão dos seus julgamentos, mas num procedimento decisório que toma em consideração os argumentos de seus interlocutores, que leva a efeito uma argumentação transparente, dotada de racionalidade, que possa ser desafiada pelo debate colegiado e que, em última análise, produz uma decisão institucional deliberativa (e não meramente agregativa) que revele real transparência nos fundamentos da Corte.[77]

Dito isso e à guisa de conclusão, uma indagação a ser respondida é a seguinte: caso inexistissem os óbices normativos dos arts. 5º, LX, e 93, IX, da Constituição

---

77. MENDES, Conrado Hübner; DA SILVA, Virgílio Afonso. Op. cit.

Federal – que asseveram a necessidade de que os julgamentos sejam públicos – e que se pudesse, por conseguinte, designar um momento procedimental de reclusão sigilosa da Corte para a deliberação dos julgadores, seria possível afirmar que os problemas concernentes ao julgamento colegiado no âmbito do STF estariam resolvidos? Mais precisamente, passaria a Corte, a partir de tal mudança, a invariavelmente apresentar um desempenho deliberativo substancialmente aprimorado, de modo a transmitir mais claramente o entendimento institucional (e não um agregado de posições individuais)?

Ousamos desconfiar de uma resposta positiva simplista e sem maiores ponderações. Entendemos ser difícil atribuir a responsabilidade pelo déficit deliberativo da Corte exclusivamente à extrema publicidade da sessão de julgamento.

Ao que tudo indica, a principal problemática hoje presente é a ausência de uma adequada deliberação antes da tomada de decisão colegiada e da redação do texto que reflita o entendimento institucional, que pode ser explicada por outros fatores, de ordem cultural, procedimental e institucional. Seguramente, a publicidade exacerbada do julgamento no STF pode revelar um agravante do problema – ou seja, um inibidor da franca deliberação –, mas certamente não é seu exclusivo fator explicativo. Logo, ainda que se possa especular sobre seu impacto na deliberação e na qualidade da decisão, a questão permanecerá inconclusa enquanto outras variáveis não puderem ser testadas, tal como a mudança que se daria com a criação de uma sessão específica de deliberação que seja prévia à tomada de decisão, bem como a segregação do debate colegiado, que será seguida de uma fase de redação dos votos (majoritário, dissidentes e concorrentes), à semelhança do que se vê na experiência estrangeira.

16
ESTILO DAS DECISÕES DO SUPREMO TRIBUNAL FEDERAL: COMO DECIDE O INTÉRPRETE SUPREMO DA CONSTITUIÇÃO?

NAIARA POSENATO

Professore aggregato em Direito Privado Comparado da *Università degli Studi di Milano.*

SUMÁRIO: 1. O que se entende por estilo das decisões no direito comparado e qual a sua importância; 2. Tendências atuais na matéria no Reino Unido, França e Itália; 3. O Supremo Tribunal Federal e o estilo das decisões: algumas considerações.

Estilo das sentenças, no âmbito do direito e, em especial, do direito comparado, é uma locução que significa conformação das decisões judiciais e do relativo processo de argumentação. Trata-se de um tema clássico, que compõe a ampla matéria das fontes do direito, e que geralmente é estudado por processualistas, filósofos e teóricos do direito, embora a expressão "estilo" venha a ser mais utilizada na comparação jurídica. A importância do estudo do estilo das decisões foi amplamente demonstrada pela doutrina no passado e vem sendo renovada sobretudo diante da relevância que adquiriu o direito judicial, inclusive em sistemas jurídicos de matriz continental (*civil law*). A atualidade do tema, que se deve a diversas razões, é confirmada por recentes iniciativas promovidas em vários ordenamentos jurídicos, como a Itália, a França e o Reino Unido. O presente escrito tem como objetivo refletir em geral sobre a matéria, a sua atualidade, a sua utilidade, e trazer alguns elementos para o estudo do estilo do órgão jurisdicional de mais alto rango no que concerne a interpretação e aplicação da Constituição brasileira, que comemora 30 anos de vigência.

1. O estudo do estilo das decisões judiciais não é, como o nome pode levar a crer, uma análise meramente formal dos elementos textuais dos acórdãos das cortes superiores de um ordenamento jurídico[1]. Os tópicos que interessam ao

---

1. "Negli studi comparatistici infatti si assume come modello uniforme dell'ordinamento giuridico la sentenza-tipo degli organi giudiziari di vertice (per gli ordinamenti

direito comparado são muitos e os aspectos diretamente conexos ao texto são somente um deles: por exemplo, para a análise textual, relevam o tipo de linguagem, mais ou menos técnica, a brevidade ou, ao contrário, a prolixidade da decisão, a argumentação exclusivamente dedutiva ou persuasiva-argumentativa, o modelo direto ou indireto do discurso etc. Outro campo de interesse é o relativo aos chamados elementos estruturais da decisão: a reconstrução dos fatos e do *iter* processual, e com que nível de detalhamento; a disciplina da fundamentação e a sua articulação, exclusivamente técnico-jurídica ou acompanhada por reflexões sociopolíticas ou econômicas; ou ainda a forma colegial ou não da decisão e a possibilidade de apresentar votos concorrentes e/ou dissidentes. Importa, ainda, a eventual menção a precedentes (autóctonos ou externos à jurisdição) ou a presença de citações doutrinárias.

Alguns elementos podem incidir de modo indireto no estilo da decisão judicial, como a disciplina e a forma da deliberação, a posição do órgão judicial no ordenamento e a sua competência, a presença e atuação de assistentes judiciais, e os sistemas de filtragem dos recursos (admissibilidade). Ainda podem ser mencionados, nesse sentido, a composição do órgão judicante e o ambiente profissional de origem da magistratura superior. O estilo das decisões interessa-se também às formas de circulação da decisão e reflete sobre os mecanismos para a sua eventual síntese e difusão.

Nos ordenamentos jurídicos pertencentes à tradição de direito continental, a forma e o conteúdo das decisões judiciais são frequentemente objeto de regulamentação em nível nacional, em geral no que concerne aos requisitos mínimos obrigatórios e/ou às consequências da sua inexistência. Porém, é pacífico que o estilo de tais decisões não depende completamente do direito positivo, e sim, ou talvez sobretudo, da tradição e da praxe dos órgãos competentes, da educação jurídica ou de outros elementos *externos* ao modelo normativo que constituem a expressão de comportamentos profundamente radicados no ordenamento jurídico ou, em outros termos, o "parajurídico"[2].

---

appartenenti alla tradizione romano-germanica, sono quelli della giustizia ordinaria in materia civile). Ciò è legato ad una fondamentale funzione che, di norma, rientra fra quelle svolte da tali organi, solitamente fra i più autorevoli a livello nazionale ed in grado di influire sulla prassi generale, quella nomofilattica. È per tale ragione che solitamente ci si riferisce a un modello nazionale, francese, statunitense, italiano, ecc." Cf. POSENATO, Naiara. *Lo stile delle sentenze*. Profili di attualità di diritto comparato. Cleup: Padova, 2017. p. 19.

2. A expressão é de GORLA, Gino, item Diritto comparato e straniero, para a Enciclopedia giuridica Treccani, v. IX, Roma, 1990, § 2.4 e Note a margine di un codice deontologico forense. *Giurisprudenza civile*, 1984, II. p. 506. O estudo do estilo das decisões (*stile delle sentenze*) na Itália foi um dos principais interesses científicos de Gino Gorla, renomado comparatista que trouxe o tema ao ambiente italiano a partir dos anos 1960,

Sabe-se que o estudo do estilo das decisões é fundamental para a análise do ponto de vista normativo-endoprocessual da sentença ou acórdão[3], ou seja, para identificar as determinações relativas a uma controvérsia e as normas à base das mesmas. Mas tal estudo também se revela crucial no que concerne o relevo do princípio jurídico ou da norma à base da decisão (*ratio decidendi* ou *holding*) em contextos diversos, externos ao processo em que ela foi pronunciada. Essa análise também é conhecida como *interpretazione normativa extraprocessuale della sentenza*[4] ou interpretação da sentença enquanto precedente ou, ainda, interpretação da sentença qual fonte de direito, e tem adquirido relevância em vista do crescente valor que vem sendo reconhecido a jurisprudência qual fonte de direito inclusive em experiências jurídicas pertencentes à tradição de *civil law*.

De fato, a autoridade do direito judicial, até pouco tempo considerada um discriminante absoluto no âmbito da macrocomparação sistêmica entre os ordenamentos anglo-americanos e romano-germânicos, hoje não reveste mais essa função. Porém, a aproximação das tradições de *common law* e de *civil law* em *subiecta materia* não significa homologação; muitos aspectos do tema continuam

---

    com a publicação de diversas contribuições sobre a matéria em periódicos italianos e internacionais (alguns deles reimpressos no volume *Diritto comparato e diritto comune europeo*. Milano, 1981). Entre eles, evidencia-se: GORLA, Gino. Lo studio interno e comparativo della giurisprudenza e i suoi presupposti: le raccolte e le tecniche per la interpretazione delle sentenze. *Foro italiano*, 1964. v. 87. p. 73 ss.; GORLA, Gino. "Ratio decidendi", principio di diritto (e "obiter dictum"). A proposito di alcune sentenze in tema di revoca dell'offerta contrattuale. *Foro italiano*, 1964, v. p. 89 ss.; GORLA, Gino. La struttura della decisione giudiziale in diritto italiano e nel "common law" riflessi di tale struttura sull'interpretazione delle sentenze sui "Reports" e sul "Dissenting". *Giurisprudenza italiana*, 1965, I, 1. p. 1239 ss.; GORLA, Gino. "Brevi temporis praescriptio" e "neglectio" della giurisprudenza in Italia comparazione con la Francia. *Quaderni "Il Foro italiano"*, 1967, v. 90. p. 277 ss.; GORLA, Gino. Dovere professionale di conoscere la giurisprudenza e mezzi di informazione. *Quaderni "Il Foro italiano"*, 1967, v. 90. p. 291 ss.; GORLA, Gino. Lo stile delle sentenze. Ricerca storico-comparativa. *Quaderni "Il Foro italiano"*, 1967, v. 90. p. 313 ss.; GORLA, Gino. Lo stile delle sentenze. Testi commentati. *Quaderni "Il Foro italiano"*, 1968, v. 91. p. 363 ss.; GORLA, Gino. Per una ricerca storico-comparativa delle note a sentenza. *Quaderni "Il Foro italiano"*, 1968, v. 91. p. 601 ss.; GORLA, Gino. I grandi tribunali italiani fra i secoli XVI e XIX: un capitolo incompiuto della storia politico-giuridica d'Italia. *Quaderni "Il Foro italiano"*, 1969, v. 92. p. 629 ss.; GORLA, Gino. *Civilian Judicial Decisions. An Historical Account of Italian Style*. Tulane Law Review, 1970, v. XLIV. p. 740 ss.; GORLA, Gino. La motivation des jugements. *Foro Italiano*, 1979, v, 1; GORLA, Gino. Sulla via dei motivi delle sentenze: lacune e trappole. *Foro italiano*, 1980, V. p. 201 ss.

3. A expressão foi cunhada por CHIASSONI, Pierluigi. *La Giurisprudenza civile*. Metodi d'interpretazione e tecniche argomentative. Milano, 1999; sobre o tema veja-se espec. p. 71 ss. e p. 146 ss.
4. Idem.

sendo diversos nas várias experiências jurídicas nacionais e ainda constituem – talvez nunca como agora – objeto de interesse comparatística⁵.

Através do estudo do estilo das decisões, também é possível entender mais sobre a importância das cortes e tribunais, das relações que mantêm entre si, com a doutrina e com os outros poderes do Estado, de acordo com as peculiaridades próprias de cada ordenamento. Isso porque o estilo sintetiza o complexo equilíbrio existente entre os formantes do sistema e "*l'ideologia giuridico-costituzionale che a tali equilibri fa da collante*"⁶. Em outras palavras, revela a postura das cortes como autoridades e as relações de poder que mantêm entre si, com a doutrina e com o legislador⁷. O estilo, ademais, incorpora e exprime uma específica ideologia da fundamentação, que, por sua vez, é conexa com determinada ideologia do processo e da própria Justiça⁸.

O estilo das decisões também é uma temática relacionada ao específico papel que desempenham as cortes de vértice no ordenamento. Há algum tempo a doutrina tem refletido profundamente sobre o tema, sobre o principal perfil funcional desses órgãos e sobre a eficácia da sua atuação⁹. Nesse âmbito, distingue-se entre cortes "superiores", em que prevalece a tutela da legalidade ou do *ius litigatoris*, nas quais a autoridade judiciária coloca-se com órgão de terceiro grau e possui função *reativa*, e cortes "supremas" que, ao contrário, são promotoras da unidade e da transformação do direito, da tutela do *ius constitutionis*, e desempenham uma

---

5. Por exemplo, é necessário compreender, e consequentemente distinguir, o precedente anglo-saxão e a jurisprudência continental (passando por outras variações quais a súmula, os esclarecimentos do *Plenum* da Corte Suprema e da Corte Superior de Arbitragem da Federação Russa, o sistema dos "casos-guia" da Corte Suprema do Povo chinês etc.), considerar o valor efetivo reconhecido ao direito judicial e os critérios que o determinam (posição hierárquica do órgão, continuidade da orientação judicial expressa, entre outros) etc. Sobre as principais diferenças entre jurisprudência e precedente veja-se TARUFFO, Michele. Precedente e giurisprudenza. *Rivista Trimestrale di Diritto e Procedura Civile*, f. 3, 2007. p. 709 ss.
6. GAMBARO, Antonio. Lo stile della sentenza francese. In: VACCA, Letizia (Cur.). *Lo stile delle sentenze e l'utilizzazione dei precedenti*. Profili storico-comparatistici. Torino, 2000. p. 136. No mesmo sentido, MAZZAMUTO, Salvatore. *Relazione introduttiva*. In: ibidem. p. 7; MONATERI, Pier Giuseppe. *Pensare il diritto civile*. 2. ed. Torino 2006. p. 96-102.
7. GORLA, Gino. Lo stile delle sentenze – Testi commentati, cit., p. 372-373.
8. TARUFFO, Michele. *La motivazione della sentenza civile*. Padova, 1975. p. 301.
9. No Brasil, importantes estudos foram dedicados a questão, entre eles MARINONI, Luiz Guilherme. *O STJ enquanto corte de precedentes*. Recompreensão do sistema processual da Corte Suprema. São Paulo, 2013; MITIDIERO, Daniel. *Cortes superiores e cortes supremas – Do controle à interpretação, da jurisprudência ao precedente*. São Paulo, 2013; ZANETI JR., Hermes. Cortes supremas e interpretação do direito. In: AA.VV. *O papel da jurisprudência no STJ*. São Paulo, 2014. p. 177 ss.

função *proativa*[10], orientada ao futuro. Para desempenhar cada um desses papéis, é evidente que os órgãos judiciais devem adotar uma lógica argumentativa e estilos de comunicação diversos, dirigidos a distintos interlocutores e com conteúdo diferente. Por exemplo, no caso de cortes supremas (em contraposição a cortes *meramente* superiores) prevalecerá a função extraprocessual da sentença, e os destinatários não serão somente as partes, mas o conjunto dos órgãos judiciais nacionais chamados a garantir a uniformização do direito com base no seu ditado, e a própria opinião pública, chamada a atuar um controle difuso do exercício do poder jurisdicional em uma ótica de transparência. Essa ampliação incide sobre o conteúdo da decisão, que deve externar o contexto fático e a motivação que conduziu a uma determinada interpretação do direito e a uma específica decisão, além de ser clara, racional (e, nesse sentido, generalizável) e compreensível por qualquer pessoa, mesmo *ex post* e externamente ao processo[11].

O tema do estilo das decisões adquiriu, ainda, maior relevância prática com a internacionalização das relações sociais e econômicas. Se, por um lado, a interpretação das decisões judiciais é uma atividade que tradicionalmente envolve atos nacionais, por outro, os produtos de jurisdições estrangeiras têm sempre maior relevância na vida jurídica dos ordenamentos: além do clássico reconhecimento e execução de sentenças estrangeiras, outro fenômeno recente e expressivo nesse sentido é o chamado diálogo entre cortes[12]. Para que esse diálogo reflita uma verdadeira comunicação entre órgãos judiciais e torne possível a utilização de precedentes de outros ordenamentos, é necessário que as decisões sejam racionais e compreensíveis aos magistrados, comunidade acadêmica e, em geral, aos operadores jurídicos de outras jurisdições[13]. De fato, foi observado justamente

---

10. O termo foi utilizado por TARUFFO, Michele. Le funzioni delle Corti supreme. Cenni generali. In: BARSOTTI, Vittoria; VARANO, Vincenzo (Cur.). Il nuovo ruolo delle corti supreme nell'ordine politico e istituzionale. Dialogo di Diritto Comparato. *Annuario di Diritto comparato e studi legislativi. Quaderni*, n. 1, 2012. p. 11 ss.
11. Com a ressalva, justamente formulada pela doutrina, de que a terminologia jurídica presente na motivação das decisões judiciais dificilmente possa ser decodificada por quem não possui noções jurídicas apropriadas. Cf. GAMBARO, Antonio. *Il linguaggio e lo stile delle Corti supreme*: la motivazione. Roma 16 giugno 2016. p. 4. Disponível em: [www.cortedicassazione.it/cassazione-resources/resources/cms/documents/Relazione_Prof_GAMBARO.pdf].
12. Nesse âmbito, a literatura também é muito ampla. Uma reconstrução breve, mas eficaz, do tema encontra-se em CAPONE, Renzo. Dialogo tra corti: alcune ragioni di un successo. In: BARSOTTI, Vittoria; VARANO, Vincenzo (Cur.). Il nuovo ruolo delle corti supreme nell'ordine politico e istituzionale. Dialogo di Diritto Comparato. *Annuario di Diritto comparato e studi legislativi, Quaderni*, n. 1, 2012. p. 121 ss.
13. Cf. ANDENAS, Mads T.; FAIRGRIEVE, Duncan. Intend on making mischief: seven ways of using comparative law. In: MONATERI, Pier Giuseppe (Ed.). *Methods of comparative law*. Edward Elgar, 2012. p. 28; ANDENAS, Mads T.; FAIRGRIEVE, Duncan.

que o estilo das sentenças constitui um dos fatores que podem limitar o diálogo entre cortes quando, por exemplo, a decisão adotar um estilo demasiado sucinto e declaratório, sem deixar espaço a referências de direito comparado[14].

Graças à crescente circulação das decisões judiciais, o estilo também está adquirindo importância no contexto da chamada "competição (ou concorrência) entre os modelos jurídicos", e aqui vale a mesma regra de que uma decisão escrita em uma linguagem jurídica compreensível está apta a exercer maior influência internacional e servir de referência para legisladores ou juízes estrangeiros[15].

O tema interessa ademais no âmbito do desenho eficientístico que caracteriza o movimento em prol da "qualidade das decisões judiciais" promovido, por exemplo, no Conselho da Europa, pela Comissão europeia pela eficiência da Justiça (CEPEJ – acrônimo em francês)[16], com a contribuição do Conselho consultivo dos

---

Simply a matter of style? Comparing judicial decisions. University of Oslo Faculty of Law Legal Studies. *Research Paper Series* N. 2013-13, 2013. p. 1. Em sentido análogo, BARSOTTI, Vittoria. Tra il dialogo e la cooperazione. Il nuovo ruolo delle corti nell'ordine globale. *Le nuove frontiere della comparazione*. Trento, 2012. p. 199 ss. espec. p. 211.

14. Cf. ANDENAS, Mads T.; FAIRGRIEVE, Duncan. Intend on making mischief, cit., p. 26. Em casos como esse, a interação entre as cortes não será direta, mas dar-se-á necessariamente através de instrumentos quais, por exemplo, os documentos preparatórios da decisão ou os comentários da doutrina. Cf. ALBARIAN, Alexis. The use of comparative law before the French Cour de Cassation. The View from Academia. In: ANDENAS, Mads; FAIRGRIEVE, Duncan (Ed.). *Courts and comparative law*, Oxford, 2015. p. 483 ss.

15. LADY JUSTICE ARDEN. Judgment writing: are shorter judgments achievable?. *The Law Quarterly Review*, 128, 2012. p. 516; LUNDMARK, Thomas. Soft Stare decisis: the common law doctrine retooled for Europe. In: SCHULZE, Rainer; SEIF, Ulrike (Ed.). *Richterrecht und Rechtsfortbildung in der Europäischen Rechtsgemeinschaft*. Baden-Württemberg, 2003. p. 168; PONTHOREAU, Mairie-Claire. L'énigme de la motivation. Encore et toujours l'éclairage comparatif. In: HOURQUEBIE, Fabrice; PONTHOREAU, Marie-Claire (Dir.). *La motivation des décisions de cours suprêmes et cours constitutionnelles*. Bruxelles, 2012. p. 16.

16. A Comissão europeia para a eficiência da Justiça (*Commission européenne pour l'efficacité de la Justice – CEPEJ / European Commission for the efficiency of Justice – CEPEJ*) foi constituída em 2002 mediante a Resolução 12(2002) do Conselho da Europa. A sua principal missão, segundo o art. 1 de tal Resolução, é melhorar o funcionamento dos sistemas judiciais dos Estados membros do Conselho da Europa, a fim de garantir que todos possam ter acesso à justiça e obtenham o reconhecimento efetivo dos próprios direitos, inclusive através da atuação de instrumentos jurídicos internacionais adotados pela citada organização regional para esse fim. A Organização publica regularmente um relatório de avaliação dos sistemas judiciais dos Estados membros, elaborada com base em um questionário de autoavaliação, adota recomendações que contêm propostas de soluções para a resolução de problemas concretos e, recentemente, também está realizando um projeto em que uma rede de tribunais-piloto atuam algumas *best practices* na matéria, que são sucessivamente difundidas aos demais Estados, inclusive para orientar

juízes europeus (CCJE – acrônimo em francês)[17]. A qualidade das decisões judiciais adquire importância enquanto parte da mais ampla "Qualidade da Justiça", porque facilita o acesso à tutela e oferece "la possibilité de connaître et de comprendre notamment la norme de droit créée par la jurisprudence", além de ser índice de legitimação do juiz e da confiança do cidadão na Justiça[18]. Segundo o Parecer 11 (2008) do Conselho consultivo dos juízes europeus ao Comitê dos Ministros do Conselho da Europa sobre o tema da qualidade das decisões judiciais, com relação aos elementos intrínsecos da decisão, a qualidade depende de que ela seja percebida pelos seus diretos destinatários e pela sociedade em geral como o resultado da aplicação das regras jurídicas, de um processo équo e de uma valoração crível dos fatos (§ 31). Para alcançar tais objetivos, a decisão deverá: ser inteligível, ser redigida em uma linguagem clara e acessível, sendo faculdade do juiz optar ou não por um modelo padrão (letra K); ser adequadamente fundamentada, mediante a ilustração dos elementos que justificam a decisão, de forma coerente e priva de ambiguidades e contradições: Enfim, em vista do nexo entre a jurisprudência e o princípio da certeza do direito e da sua uniforme aplicação, quando o tribunal decide atuar uma alteração da própria orientação jurisprudencial, isso deve ser claramente indicado (letra M)[19].

Nos últimos decênios, a jurisprudência de uma nova tipologia de cortes superiores, as cortes supremas internacionais e supranacionais, também se tornou objeto de interesse e estudo. Com relação às cortes supranacionais, as primeiras intuições sobre a relevância da sua jurisprudência levaram a doutrina a interessar-se pelo Tribunal de Justiça da União Europeia[20]. Em um segundo momento,

---

as políticas públicas na matéria. Para mais informações e acesso aos documentos, consulte-se o *website* [www.coe.int/t/dghl/cooperation/cepej/default_en.asp].

17. Trata-se de um órgão consultivo do Conselho da Europa, constituído em 2000 e formado por magistrados provenientes dos 47 países que formam a organização, cujo objetivo principal é contribuir a melhorar a qualidade da justiça mediante a elaboração de pareceres concernentes as questões da independência, imparcialidade e competência dos juízes. Para mais informações sobre o *Conseil Consultatif de Juges européens – CCJE / Consultative Council of European Judges – CCEJ)* e para os estudos e pareceres já elaborados veja-se a página *web* [www.coe.int/t/DGHL/cooperation/ccje/default_en.asp].
18. LEYENBERGER, Stéphane. Propos introductif. In: MBONGO, Pascal (Dir.). *La qualité des décisions de justice*. Estrasburgo: Éditions du Conseil de l'Europe, 2007. p. 9.
19. Parecer 11 (2008) do Conselho consultivo dos juízes europeus (CCJE) ao Comitê dos Ministros do Conselho da Europa sobre o tema da qualidade das decisões judiciais, Estrasburgo, 18 de dezembro de 2008 CCJE (2008) 5 (disponível em: [https//wcd.coe.int/ViewDoc.jsp?Ref=CCJE%282008%29OP11&Language=lanItalian&Ver=original&Site=COE&BackColorInternet=FEF2E0&BackColorIntranet=FEF2E0&BackColorLogged=c3c3c3#P34_5760]).
20. Um dos precursores foi Gino Gorla, em Lo stile delle sentenze. Ricerca storico-comparativa, cit.. p. 344 ss., seguido por diversos outros juristas, *inter alia*, CALZOLAIO,

principalmente após a introdução do mecanismo de acesso direto por parte dos indivíduos, a atividade e o *stylus curiae* de outra importante corte internacional, o Tribunal europeu sobre os direitos do homem, também passou a ser estudada[21]. Contrariamente, pouco de específico foi escrito com relação à Corte interamericana sobre os direitos humanos, não obstante a análise do estilo das decisões interamericanas seja de interesse sobretudo em vista do papel estratégico que esse órgão adquiriu na proteção e promoção dos direitos humanos na região[22].

2. Tradicionalmente, os estudos sobre o estilo das decisões judiciais concentravam-se sobretudo na contraposição entre a estilística ocidental, cujos protótipos extremos são, de um lado, os acórdãos da *Cour de cassation* e, de outro, as decisões dos órgãos de vértice da tradição anglo-americana, principalmente inglesa[23].

Ermanno. Il valore di precedente delle sentenze della Corte di giustizia. *Cardozo Electronic Law Bulletin*, v. 15, 2009. p. 1 ss.; CAPOTORTi, Francesco. Le sentenze della Corte di Giustizia delle Comunità Europee. In: AA.VV. *La sentenza in Europa*. Metodo, tecnica e stile. Padova, 1988. p. 230 ss.; DEMARET, Paul. Le juge et le jugement dans l'Europe d'aujourd'hui: la Cour de Justice des Communautés Européennes. In: JACOB, Robert (Dir.). *Le juge et le jugement dans les traditions juridiques européennes. Études d'histoire comparée*. Paris, 1996. p. 303 ss.; MAZZAMUTO, Salvatore. Op. cit., especial. p. 16 ss.; PERJU, Vlad F. Reason and authority in the European Court of Justice. *Virginia Journal of International Law*, v. 49, 2009. p. 307 ss.; PESCATORE, Pierre. Le recours dans la jurisprudence de la CJCE à des normes déduites de la comparaison des droits des États membres. *Revue Internationale de Droit Comparé*, v. 32, 1980. p. 337 ss.; CHRISTIANOS, Vassili. La diversité de la culture juridique européenne et la prise de décision au sein de la Cour de justice de l'Union européenne. In: AA.VV. *The Court of Justice and the Construction of Europe*: analyses and perspectives on sixty years of case-law. T.M.C. Asser Press. The Hague, 2013. p. 561 ss.

21. Para uma síntese e algumas indicações bibliográficas sobre os elementos que caracterizam tal estilo, *vide* POSENATO, Naiara. Op. cit., espec. p. 121 ss.
22. Alguns exemplos desse papel e do seu impacto nos ordenamentos da região encontram-se em SAAVEDRA ALESSANDRI, Pablo. Algunas reflexiones en cuanto al impacto estructural de las decisiones de la Corte Interamericana de Derechos Humanos. In: UGARTEMENDIA ECEIZABARRENA, Juan Ignacio; SAIZ ARNAIZ, Alejandro; MORALES ANTONIAZZI, Mariela (Coord.). *La garantía jurisdiccional de los Derechos Humanos*. Un estudio comparado de los sistemas regionales de tutela: europeo, interamericano y africano. Onati, 2015, espec. p. 236 ss.
23. A bibliografia sobre o tema é muito vasta. Uma síntese clara de tal diversidade, baseada em uma análise histórica, encontra-se em STEIN, Peter. Judgments in the European legal tradition. *La sentenza in Europa*. Metodo, tecnica e stile. Atti del Convegno internazionale per l'inaugurazione della nuova sede della Facoltà. Ferrara, 10-12 Ottobre 1985. Cedam, 1988. p. 27 ss. Veja-se também AMODIO, Claudia. *Au nom de la loi*. L'esperienza giuridica francese nel contesto europeo. Torino, 2012. p. 186 ss.; GAMBARO, Antonio. *Lo stile della sentenza francese*, cit.; MONATERI, Pier Giuseppe. Op. cit., p. 80 ss.; RUDDEN, Bernard. Court and Codes in England, France and Soviet Russia. *Tulane Law Review*, 1974. p. 1010 ss.; TOUFFAIT, Adolphe; TUNC, André. Pour une motivation

As decisões francesas, em especial as adotadas pela *Cour de cassation*, apresentam-se como uma deliberação coral elaborada sob a forma de uma longa frase, na qual entre o sujeito (a própria Corte) e o predicado (*rejette le pourvoir* ou então *casse* ou *casse et annulle l'arrêt*)[24], é colocada a inteira fundamentação, através de frases secundárias precedidas pela fórmula *atendu que* ou simplesmente *que*. O resultado deste *jugement à phrase unique* é um texto conciso, que se estende normalmente por uma ou poucas páginas, com uma linguagem técnica, precisa, impessoal e dificilmente superável do ponto de vista da clareza formal[25].

De acordo com a função preeminente de controle de legitimidade da Corte, a situação de fato concreta à origem da controvérsia é relatada de forma muito sintética e não constitui objeto de análise detalhada. O histórico dos atos processuais é presente somente se necessário para a compreensão da decisão. A fundamentação consiste na indicação da disposição normativa ou do princípio de direito aplicável ao caso e, através de um processo de interpretação linear e estritamente consequencial, conduz ao dispositivo. Raramente o *arrêt* contém as razões da escolha de uma determinada interpretação em vez de outra, ou considerações de natureza ética, política ou econômica que baseiam uma dada leitura da norma ou princípio[26]. Também não estão presentes referências explícitas à literatura jurídica ou aos precedentes, estes últimos indicados, no máximo, como uma

---

plus explicite des décisions de justice notamment de celles de la Cour de Cassation. *Revue Trimestrielle de Droit Civil*, LXXII, 1974, sobretudo p. 488 ss.; e WELLS, Michael. French and American judicial opinions. *Yale Journal of International Law*, v. 19, 1994. p. 81 ss.

24. O acórdão de improvimento inicia com uma breve menção ao *iter* processual e às alegações do recorrente, aos quais seguem os fundamentos da decisão e, enfim, o dispositivo. O acórdão de cassação, por outro lado, abre-se com a referência ao texto legislativo, à qual seguem breves indicações dos fatos da controvérsia e a sentença impugnada, que precedem o dispositivo de cassação e (normalmente) de reenvio. Para mais detalhes veja-se a *Fiche méthodologique en matière civile* da própria Corte de Cassação francesa "Interprétation et portées des arrêts de la Cour de Cassation en matière civile", publicada na *Bulletin d'information* n. 661, de 15 de maio de 2007. Disponível em: [www.courdecassation.fr/publications_cour_26/bulletin_information_cour_cassation_27/bulletins_information_2007_2256/n_661_2399/].

25. "Se è vero che Sthendal – come viene tramandato – al fine di affinare la propria sensibilità linguistica, *pour prendre le ton*, leggeva ogni mattina alcune pagine del Code civil, non vi è allora alcun dubbio che la lettura di alcune sentenze della Corte di Cassazione avrebbe potuto procurargli lo stesso buon servizio". Cf. KÖTZ, Hein. Sullo stile delle sentenze delle corti supreme. *Rivista di Diritto Civile*, 1978. p. 776.

26. "L'aspetto caratterizzante dello stile giurisprudenziale francese rimane l'omissione dell'itinerario ermeneutico seguente il quale il giudice ha interpretato il precetto normativo menzionato nel modo implicitamente asserito". Cf. GAMBARO, A. Op. cit., p. 125. No mesmo sentido, KÖTZ, Hein. Relazione introduttiva. In: AA.VV. *La sentenza in Europa*. Metodo tecnica e stile. Padova, 1988. p. 362-363.

doctrine da Corte[27]. Assim, o estilo francês de decisões ainda hoje é comparado a uma fórmula normativa detalhada[28].

As decisões judiciais inglesas – aqui identificadas como as do *Appellatte Committee* da *House of Lords* – que, como é sabido, era a corte suprema daquele ordenamento jurídico até 2009, quando a *Supreme Court of the United Kingdom* deu início às próprias atividades –, são adotadas por maioria[29] sob a forma de um breve dispositivo ao qual seguem as diversas opiniões individuais fundamentadas – os *speeches* ou, como são mais conhecidas recentemente, as *opinions* – identificadas com o nome do magistrado que as pronunciou. Originariamente, os *speeches* dos membros do A.C. eram proferidos oralmente e sucessivamente transcritos como *seriatim opinions*[30]. O texto da decisão individual não distingue a fundamentação ou a *ratio decidendi*, que deve ser extraída do conjunto das decisões (*report*). Como todas as *opinions* possuem o mesmo valor intrínseco, normalmente não há uma opinião majoritária claramente indicada, como diversamente acontece nas cortes estadunidenses[31] e em outras jurisdições de *common law*[32].

---

27. Cf. AMODIO, Claudia. Op. cit., p. 195; MAZEAUD, Denis. Régards sur l'influence de la doctrine sur la Cour de cassation en droit des obligations. *Giureconsulti e Giudici*. Influsso dei professori sulle sentenze. Torino, 2016. p. 188 ss.
28. GAMBARO, Antonio. Op. cit., p. 122; GORLA, Gino. Lo stile delle sentenze. – Testi commentati, cit., p. 452.
29. Os acórdãos geralmente são adotados por um colegiado de cinco, sete ou nove juízes, segundo a importância do caso. A Corte Suprema dos Estados Unidos, diversamente, decide sempre em Assembleia Plenária, sobretudo a fim de evitar que o êxito seja (ou pareça ser) condicionado pela forma de constituição do colegiado: "In the United States, appointments to the Supreme Court are more political, and therefore there is a stronger possibility that the composition of the court might affect the outcome. This is not the case in the United Kingdom". Cf. Constitutional Reform: A Supreme Court for the United Kingdom, A consultation paper produced by the Department for Constitutional Affairs, July 2003, § 52. p. 37 ([http://webarchive.nationalarchives.gov.uk/+/http:/www.dca.gov.uk/consult/supremecourt/supreme.pdf]). Sobre o estilo das decisões inglês em uma ótica comparativa, veja-se também JOLOWICZ, John Anthony. Les décisions de la Chambre des Lords. *Revue Internationale de Droit Comparé*, v. 31, 1979. p. 521-537.
30. Relatam algumas variações desta configuração que, porém, continua sendo prevalente na praxe do *Appellate Committee*, ANDENAS, Mads T.; FAIRGRIEVE, Duncan. *Simply a matter of style?*, cit., espec. p. 8 ss.
31. "Si noti come lo stile inglese da questo punto di vista sia più congruente con la tradizione non positivista del giudice di common law; i giudici separatamente collaboravano nell'intrapresa di scoprire i diritti, in quanto custodi di un patrimonio sapienzale, e non in quanto membri di una corte organo ufficiale dello Stato. Peraltro, questo lieve cedimento del modello americano alle tentazioni del positivismo è reso del tutto innocuo dalla duplice possibilità sempre aperta anche al membro di una corte americana di redigere un'opinion dissenziente (*dissenting opinion*), e di immortalare sui reports le sue specifiche divergenti motivazioni del medesimo risultato, qualora non condivida

A decisão inglesa distingue-se da francesa, em primeiro lugar, pela própria natureza "pessoal". Isso gera diversas consequências: em vez da adesão a um modelo uniforme, torna-se em parte uma extensão do estilo pessoal do magistrado que a ditou, por sua vez ligada, como é normal, à sua precedente experiência e às especificidades dos seus interesses[33]. E, no complexo, pode ser formada por *concurring* ou *dissenting opinions*, mediante as quais cada *Lord Appeal in Ordinary* expressará a própria solução da controvérsia e os motivos de acordo ou desacordo com os demais membros do colégio, contribuindo a formar um quadro completo dos argumentos avançados[34]. A atenção reservada aos fatos, descritos normalmente em modo detalhado, é uma característica fundamental do *stare decisis*: ela permite que o juiz da sucessiva controvérsia reconstrua, mediante a técnica do *reasoning from case to case*, a regra a ser aplicada no futuro a casos similares e, dessa forma, identifique o precedente vinculante para a matéria[35]. Também cabe lembrar que as referências aos precedentes judiciais pertinentes, geralmente analisados de forma

---

l'analisi di maggioranza *(concurring opinion)*". Cf. MATTEI, Ugo. Precedente giudiziario e stare decisis. *Digesto delle discipline privatistiche*. Sezione civile, XIV. Torino, 1996. p. 153.

32. "In other common law countries, a 'judgment of the court' from which dissents are allowed is the prevailing model, for instance in the United States, Canada and India. This is also so with some variations in Australia's High Court, Canada's Supreme Court and New Zealand's Supreme Court. [...] In the Supreme Court of India the judgment of the court is delivered by a judge who will make use of the plural 'we'". Cf. ANDENAS, Mads T.; FAIRGRIEVE, Duncan. Simply a matter of style?, cit.. p. 12.
33. "How fortunate we are however that, in our legal tradition, the character of our judges can live on through their opinions. Each volume of the law reports contains, in this way, a portrait of each of the judges whose work is reproduced in them. This is how the common law is made. It is our gift to posterity". Cf. LORD HOPE OF CRAIGHEAD. Writing judgments. *Judicial Studies Board Annual Lecture 2005*. p. 10.
34. Sobre o estilo das decisões inglesas veja-se JOLOWICZ, John Anthony. *Les décisions de la Chambre des Lords*, cit.. p. 521-537; MATTEI, Ugo. Op. cit., p. 153.
35. A doutrina também relaciona essas peculiaridades com algumas especificidades do processo inglês, como a tradicional presença do júri popular, a oralidade do processo e a praxe, atuada até pouco tempo atrás, de emitir a decisão *ex tempore*, imediatamente após a conclusão dos debates: "Les arrêts anglais ressemblent à une conversation au sein de la communauté des juristes, le but étant de transmettre par écrit une tradition orale: l'arrêt constitue le point culminant de la plaidoirie orale si riche et si longue. Remarquons, à cet égard, qu'une partie des décisions anglaises est rendue ex tempore et non après délibération. Ceci affecte directement le style des jugements et des arrêts". *Vide* SEFTON-GREEN, Ruth. Vices et vertus de la motivation judiciaire: comparaisons anglo-françaises. *Les Cahiers de la Justice*, 2011, 2. p. 91. Cf. também KAEHLER, Lorenz. First –person perspective in legal decision. In: FREEMAN, Michael; SMITH, Fiona (Ed.). *Law and language*. Current Legal Issues, v. 15, 2013. p. 535; LORD RODGER OF EARLSFERRY. The form and language of judicial opinions. *Law Quarterly Revue*, 2002. p. 230; STEIN, Peter. Op. cit., p. 29 ss.

detalhada, às vezes podem incluir jurisprudência não exclusivamente inglesa[36]. Enfim, nas decisões anglo-americanas, a conveniência das determinações judiciais também é frequentemente analisada com base em razões não exclusivamente técnicas, mas que consideram elementos da experiência comum e problemas políticos em geral.

A origem dessas diferenças é, como há tempo esclareceu a doutrina, em primeiro lugar histórica, e associada à função que as Cortes eram destinadas nos respectivos ordenamentos: sabe-se que o papel institucional originário do *Tribunal de Cassation*, criado em 1790, era exercer um controle de legalidade sobre as decisões das jurisdições inferiores, mas que tal controle era precipuamente político, e que o mesmo era atuado através de atos administrativos que assemelhavam mais a disposições legislativas do que a decisões judiciárias[37]. A atual concisão da fundamentação dever-se-ia a essa origem, assim como a ausência de um conhecimento pleno de todos os elementos de direito e de fato seria derivada da principal missão que a Corte é chamada a exercer. Já a *House of Lords* exerce há diversos séculos uma competência revisional plena sobre as decisões provenientes sobretudo dos órgãos de segundo grau e isso explica a maior atenção dedicada aos fatos com base em quanto adquirido nas jurisdições inferiores. Outro elemento histórico útil para explicar algumas características do modelo francês é a chamada burocratização da justiça, que considera magistrado como parte do corpo de funcionários da administração e concebe a decisão judicial como ato impessoal, referente a um departamento que desempenhou a própria função, e não como ato de um indivíduo que assume o papel de *problem-solver*, como no caso inglês[38].

Afirma-se, igualmente, que o diverso estilo desses modelos seja o resultado da composição das cortes e da precedente atividade laboral dos juízes de última instância: magistrados no caso francês e *Barristers*, no caso inglês[39].

---

36. Como demonstra a análise da jurisprudência do Tribunal de Justiça da União Europeia na decisão Brent London Borough Council v. Risk Management Partners Ltd., [2011] UKSC 7, § 13 ss.
37. « *Imbu de l'idée de séparation des pouvoirs, le législateur révolutionnaire a voulu réagir contre les pratiques du Grand Conseil, juridiction constitutionnelle qui cassait les décisions judiciaires des Parlements contraires aux édits et ordonnances royales, mais qui, section du Conseil du Roi, se permettait aussi d'évoquer le fond des affaires pour les juger à nouveau.* » Cf. TUNC, André, *Synthèse – La cour judiciaire suprême. Enquête comparative*. In: *Revue Internationale de Droit Comparé*, v. 30, n. 1, 1978. p. 9.
38. KÖTZ, Hein, *Sullo stile delle sentenze*, cit.. p. 779-780; TARUFFO, Michele, *La fisionomia della sentenza in Italia*. In: BESSONE, MARIO; GUASTINI, Riccardo (a cura di), *Materiali per un corso di analisi della giurisprudenza*, Padova, 1994. p. 257-258. Veja-se também AMODIO, Claudia, *Au nom de la loi*, cit.. p. 188.
39. Maiores detalhes em POSENATO, Naiara, *op. cit.*. p. 48 ss.

O novo milênio renovou o interesse da doutrina pela comparação entre o modelo inglês e francês de decisão judicial, que dedicou a ela importantes estudos[40]. Entre eles, certamente ocupa um lugar de destaque o volume do comparatista estadunidense (com fortes ligações culturais com a França) Mitchel Lasser, *Judicial deliberations. A comparative analysis of judicial transparency and legitimacy*[41], que de certa forma redimensionou a clássica contraposição entre os dois estilos de decisão e as críticas dirigidas ao modelo francês, sobretudo no que concerne a sua relação com a legitimação do Poder Judiciário[42]. Lasser reinterpretou as diferenças entre as decisões judiciais nas tradições de *common law* e de *civil law* concentrando-se não somente no texto final, mas no "discurso judicial" em seu complexo, formado pela contribuição de outros atores do processo, e declinado não exclusivamente no acórdão, mas também em outros atos processuais. Com base nessa premissa, pôde demonstrar que no ordenamento francês o discurso judicial é composto não somente do acórdão, mas de outros atos processuais e extraprocessuais que completam a fundamentação da decisão, e que, por isso, tal discurso não é menos transparente ou aberto à *public accountability* do que o norte-americano, mas simplesmente é praticado de forma diversa[43].

A renovada atenção pela temática da fisionomia das decisões judiciais estendeu-se aos ordenamentos nacionais: no Reino Unido, após o *Constitutional Reform Act* (CRA) de 2005 e, em especial, a substituição do *Appellate Committee* da *House of Lords* pela *Supreme Court of the United Kingdom* (UKSC) como órgão judicial apical para as controvérsias civis e penais (com exclusão da competência criminal da *High Court of Judiciary* para a Escócia), o debate sobre o estilo das decisões da corte suprema ganhou novo fôlego. Este diz respeito, em síntese, à oportunidade da adoção de um *single judgment of the Court* por parte da UKSC ao invés dos tradicionais *speeches* do *Appellate Committee* della *House of Lords*.

---

40. A título de exemplo podem ser mencionados HULS, Nick; ADAMS, Maurice; BOMHOFF, Jacco (Ed.). *The legitimacy of highest courts' rulings*. Judicial Deliberations and Beyond. The Hague, 2009; PASQUINO, Pasquale; RANDAZZO, Barbara (a cura di). *Come decidono le corti costituzionali (e altre corti)*. Atti del Convegno internazionale svoltosi a Milano, il 25-26 maggio 2007. Milano: Giuffrè, 2009; e HOURQUEBIE, Fabrice; PONTHOREAU, Mairie-Claire (Dir.). *La motivation des décisions de cours suprêmes et cours constitutionnelles*. Bruxelles, 2012.
41. LASSER, Mitchel DE S.-O.-L'E. *Judicial deliberations*. A comparative analysis of judicial transparency and legitimacy. Oxford/New York, 2004.
42. "La legittimazione della giustizia o del potere giudiziario corrisponde al fondamento politico-normativo della funzione giurisdizionale e della potestà esercitata dai magistrati e, al medesimo tempo, all'insieme dei fattori che stanno alla base della fiducia riposta dai cittadini nelle istituzioni o, in altre parole, della volontaria sottomissione al sistema giuridico e dell'osservanza delle decisioni giudiziali". Cf. POSENATO, Naiara. Op. cit., p. 58.
43. LASSER, Mitchel DE S.-O.-L'E. Op. cit., p. 27 ss. e p. 299 ss.

As críticas ao modelo *seriatim* não são uma novidade[44] e geralmente se referem à complexidade da decisão judicial, à elaboração de um quadro jurídico não sempre coerente e à dificuldade gerada para a busca da *ratio decidendi*[45]. Também há preocupação com a excessiva extensão das *opinions*[46], que teria aumentado nas últimas décadas[47], pois incrementa os custos já altos da Justiça no País e incide negativamente sobre a clareza e acessibilidade das decisões[48]. Desde quando a Corte Suprema do Reino Unido deu início às próprias atividades, em alguns casos os juízes manifestaram-se "delivering the judgment of the court"[49]. A análise da

---

44. LORD WILBERFORCE. La Chambre des Lords. In: TUNC, André; BELLET, Pierre (Dir.). *La cour judiciaire suprême*. Une enquête comparative, 1978. p. 96. Já em 1978, esse juiz inglês propunha a utilização de opiniões comuns quando, em decisão colegiada, a *opinion* individual fosse acolhida pelos outros pares.

45. Cf. RUEDA, Frédérique. La motivation des décisions de la juridiction suprême du Royaume-Uni: une évolutions dans la continuité. In: HOURQUEBIE, Fabrice; PONTHOREAU, Mairie-Claire (Dir.). *La motivation des décisions de cours suprêmes et cours constitutionnelles*. Bruxelles, 2012. p. 268; SCHIEMANN, Konrad. The movement towards transparency in decision taking. In: ANDENAS, Mads; FAIRGRIEVE, Duncan (Ed.). *Tom Bingham and the transformation of the law*: a liber amicorum. Oxford University Press, 2009. p. 481.

46. "[...] it is a public disservice for this major source of law to be contained in judgments which might take half a day to read and require close re-reading in order to discerns subtleties, especially differences of emphasis and formulation between different members of the same appeal panel". Cf. ANDREWS, Neil H. *The Supreme Court of the United Kingdom and English court judgments*, University of Cambridge Faculty of Law Research Paper No. 23/2014. p. 3 (disponível em: [http://papers.ssrn.com/sol3/papers.cfm?abstract_id=2399103]). p. 3. V. também LORD WILBERFORCE. Op. cit., p. 96.

47. Cf. LADY JUSTICE D. B. E. ARDEN. *Judgement writing*, cit., p. 515-516; EAD. *A matter of style? The form of judgments in common law jurisdicions: a comparison*. Conference in honour of Lord Bingham. Oxford, 2008. p. 3-5. V., igualmente, ANDREWS, Neil. *The Supreme Court of the United Kingdom and English court judgments*, cit., p. 8 ss.; ANDREWS, Neil. The United Kingdom Supreme Court: four hopes. *Annuario di Diritto Comparato e Studi Legislativi*, 2011. p. 143-144; e SEFTON-GREEN, Ruth. Op. cit., p. 91.

48. LADY JUSTICE D. B. E. ARDEN, *Judgement writing*, cit., p. 516; EAD. *A matter of style?*, cit., p. 4: "The problem of prolixity leads to a problem of accessibility: it becomes harder and harder for lawyers to keep up with the law and for the public, if ever minded to read a judgment, to understand it".

49. É o caso da *opinion* de Lord Neuberger no caso Manchester City Council v. Pinnock, de 2010, quando especifica que "This is the judgment of the Court, to which all members have contribuited", ou da decisão Principal Reporter v. K, do mesmo ano (UKSC 56), em que Lady Hale e Lord Wilson pronunciaram o *lead joint judgment* da Corte. Observa-se também uma praxe de elaboração de decisões compostas, elaboradas por dois ou mais *justices*, como no caso Jones v. Kernott, 2011, UKSC 53, em que Lord Collins se declarou de acordo com a posição de Lord Walker e de Lady Hale, acrescentando, porém, algumas considerações suplementares. Lord Kerr e Lord Wilson declararam-se de acordo com relação ao resultado, mas com base em uma diversa *ratio decidendi*.

jurisprudência dos primeiros três anos de atuação da *Supreme Court* feita pela doutrina[50] também revelou que houve mudanças na ordem de publicação das *opinions*: por exemplo, houve casos em que a *leading opinion* foi colocada diante das decisões dos outros juízes, ainda que *seniors*[51], casos em que as opiniões da maioria e as opiniões discordantes foram reagrupadas ou, ainda, maior frequência de *cross-referencing* entre as opiniões[52].

Um processo análogo de discussão e tentativa de reforma também está acontecendo no ordenamento francês, envolvendo dois órgãos judiciais de vértice, o *Conseil d'État* e a *Cour de cassation*. No que concerne a esta última, a *Commission de réflexion sur la réforme de la Cour de cassation*, um específico grupo de trabalho criado em setembro de 2014[53], elaborou estudos e propostas para uma atuação mais eficaz da Corte de cassação francesa, que incluíram, entre outros, modificações do estilo das suas decisões e a introdução de mecanismos de seleção das controvérsias. Um *Projet de textes* acompanhado pela relativa exposição de motivos foi submetido à apreciação do Ministério da Justiça francês em maio de 2018[54]. Com relação ao estilo, o aspecto considerado mais problemático parece ter sido a brevidade da fundamentação dos acórdãos e, para enfrentá-lo, a Comissão sugeriu identificar categorias de controvérsias cuja importância ou complexidade demandam maior atenção e elaborar, em tais casos, uma *motivation enrichie*. De acordo com as *Propositions* 33 e 34, essa fundamentação se justifica nos seguintes casos: nas hipóteses de *revirement* de jurisprudência; para as decisões relativas a questões jurídicas de princípio, quando houver alegação de violação de princípio

---

50. Cf. ANDENAS, Mads; FAIRGRIEVE, Duncan; *Simply a matter of style?*, cit.. p. 15-16. Os autores evidenciaram que no período compreendido entre 29 de outubro de 2009 e 11 de julho de 2012 isso ocorreu e aproximadamente 17% dos casos submetidos à nova Cortee. Também afirma a existência de uma praxe heterogênea no estilo da UKSC SORABJI, J., *Access to the Supreme Court* – The English Approach. Procedural Law Colloquium – The functions of the Supreme Court – issues of process and administration of justice – Warsaw, 12-14 June 2014, § 37 (disponível em: [http://colloquium2014.uw.edu.pl/wp-content/uploads/sites/21/2014/01/SORABJI_Access-to-the-Supreme--Court-English-Approach.pdf]).
51. Cf., entre outros, R v. The Governors (Respondent) of X School (Appellant), 2011, UKSC 30; Human Genome Sciences Inc (Appellant) v. Eli Lilly, 2011, UKSC 51.
52. "Is therefore more frequent to find agreement and disagreement between the Justices addressed explicity in the main judgment than it was previously in the House of Lords". Cf. ANDENAS, M., FAIRGRIEVE, D. *Simply a matter of style?*, cit., p. 17.
53. Mais detalhes sobre tal grupo encontram-se disponíveis em [www.courdecassation.fr/institution_1/reforme_cour_7109/reflexion_reforme_8630/commission_reflexion_8180/].
54. O amplo documento é consultável no endereço *web* [www.courdecassation.fr/IMG///Rapport%20sur%20la%20r%C3%A9forme%20de%20la%20Cour%20de%20cassation.pdf].

ou direito fundamental; quando for necessário atuar um *contrôle de proportionalité*; ou quando a sentença impugnada for relevante a fins de unificação da jurisprudência ou desenvolvimento do direito. Ademais, em tais casos, propõe-se citar os precedentes judiciais, sobretudo em casos de *revirement* ou de inobservância, pelos tribunais de apelação, da jurisprudência constante da própria *Cour de cassation*[55].

Enfim, há alguns anos o tema do estilo das decisões judiciais também adquiriu maior relevância no ordenamento italiano, especialmente no âmbito do debate relativo à excessiva duração do processo, à eficiência da Justiça e ao elevado acervo dos processos pendentes diante da *Corte Suprema di Cassazione*. A esse propósito se revelou necessário reconsiderar a tradição nacional de prolixidade na redação dos atos processuais (judiciais e das partes), assim como rever o sistema de acesso ao juízo de cassação que não seria funcional à atuação da Corte em veste nomofilática. Grande parte das diversificadas medidas adotadas nessa direção (reformas da legislação processual, protocolos entre as instituições judiciais, decretos da presidência dos órgãos judiciais, relatórios de grupos de trabalho etc.) baseia-se no princípio do sintetismo dos atos processuais[56].

Entre as reformas legislativas recentes de mais amplo espectro nesse sentido cita-se a Lei 69, de 18 de junho de 2009, que introduziu importantes mudanças ao c.p.c. em tema de redação das decisões judiciais a fim de reduzir a amplitude da fundamentação. O novo art. 132 c.p.c., relativo ao "Conteúdo da sentença", estabelece que a sentença deve conter "a concisa exposição das razões de fato e de direito da decisão", sem mencionar a descrição analítica do processo, presente na versão precedente da disposição normativa[57]. O novo art. 118 das *Disposizioni di*

---

55. Disponível em: [www.courdecassation.fr/institution_1/reforme_cour_7109/reflexion_reforme_8630/commission_reflexion_8182/liste_propositions_36786.html].
56. A bibliografia sobre tal princípio é muito ampla. Veja-se, *inter alia*, BIAVATI, Paolo. Il linguaggio degli atti giudiziari. *Rivista Trimestrale di Diritto e Procedura Civile*, 2, 2017. p. 467 ss.; CAPONI, Renzo. *Sulla "ragionevole brevità" degli atti processuali civili. Rivista Trimestrale di Diritto e Procedura Civile*, 2014. p. 1075 ss.; DE STEFANO, Franco. La sinteticità degli atti processuali civili di parte nel giudizio di legittimità. *Questione giustizia*, 2016; FINOCCHIARO, Giuseppe. Il principio di sinteticità nel processo civile. *Rivista di Diritto Processuale*, 2013. p. 853 ss.; GRASSO, Gianluca. Le parole dei giudici: chiarezza, sinteticità e giustizia. *Foro italiano*, 2016, V. p. 357 ss.; RASIA, Carlo. *La crisi della motivazione nel processo civile*. Bologna, 2016. p. 98 ss., p. 168 ss.; STORTO, Alfredo. Il principio di sinteticità degli atti processuali. *Il giusto processo civile*, 2015. p. 1191 ss.; PAGNI, Ilaria. Il ricorso per cassazione tra sinteticità e completezza – chiarezza e sinteticità negli atti giudiziali: il protocollo d'intesa tra Cassazione e CNF. *Giurisprudenza italiana*, 2016. p. 2782 ss.; TARUFFO, Michele. Note sintetiche sulla sinteticità. *Rivista Trimestrale di Diritto e Procedura Civile*, 2, 2017. p. 453 ss.
57. "Art. 132 Contenuto della sentenza La sentenza reca l'intestazione 'Repubblica italiana', ed è pronunciata 'In nome del popolo italiano'. Essa deve contenere: [...] 4) la concisa esposizione delle ragioni di fatto e di diritto della decisione [disp. att. 118]; [...]."

attuazione del codice di procedura civile define a fundamentação como a "sucinta exposição dos fatos relevantes da controvérsia e das razões jurídicas da decisão, inclusive com referência a precedentes conformes", introduzindo também uma referência ao sintetismo do ato[58].

As decisões adotadas especificamente em juízo de cassação também experimentaram diversas reformas nos últimos anos; dentre estas, cabe lembrar a introduzida pelo Decreto 136, de 08 de junho de 2016, "La motivazione dei provvedimenti civili: in particolare, la motivazione sintetica"[59]. Essa medida do *Primo Presidente* da Corte estabelece uma distinção entre decisões de prevalecente tutela do *ius litigatoris* e do *ius constitutionis* e convida todos os magistrados a predispor a própria decisão de forma mais ou menos sintética com base na mesma[60]. Enfim, o art. 375 do c.p.c., como reformado pela Lei 197, de 25 de outubro de 2016, orienta-se no mesmo sentido ao estabelecer como regra geral a decisão do juízo de cassação mediante decisão simplificada ("ordinanza"), salvo em casos de especial relevância ou provenientes da chamada *Sezione filtro*[61].

3. Segundo a doutrina clássica, na justiça ordinária os órgãos judiciais de vértice podem ser classificados em três grandes cepos: o primeiro, que compreende as cortes de cassação, conforme o modelo francês da *Cour de cassation* ou da *Corte Suprema di Cassazione*; o segundo, as chamadas cortes de revisão, conforme o modelo austro-germânico da *Bundesgerichtshof* alemã e da *Oberster Gerichtshof* austríaca; e o terceiro englobando as cortes superiores típicas dos ordenamentos de *common law* ou a estes inspirados, como a *United States Supreme Court*, a *Supreme Court of the United Kingdom* (até 2009 *Appellate Committee* della *House of Lords*), a Suprema Corte do Estado de Israel ou a Suprema Corte do Japão[62].

---

58. "Art. 118 disp.att.c.p.c. (Motivazione della sentenza) La motivazione della sentenza di cui all'articolo 132, secondo comma, numero 4), del codice consiste nella succinta esposizione dei fatti rilevanti della causa e delle ragioni giuridiche della decisione, anche con riferimento a precedenti conformi [...]."
59. Corte Suprema di Cassazione. *La motivazione dei provvedimenti civili: in particolare, la motivazione sintetica*. Decreto n. 136 del 14 settembre 2016 (disponível em: [www.cortedicassazione.it/cassazione-resources/resources/cms/documents/Provvedimento_motivazione_provvedimenti_civili_136.pdf]).
60. Para mais detalhes, veja-se POSENATO, Naiara. Sulle recenti riforme in tema di motivazione in Brasile e in Italia: una breve analisi. *Revista da EMARF*, Rio de Janeiro, v. 27, nov. 2017-abr. 2018. p. 225 ss.
61. "Art. 375 Pronuncia in camera di consiglio. [...] La Corte, a sezione semplice, pronuncia con ordinanza in camera di consiglio in ogni altro caso, salvo che la trattazione in pubblica udienza sia resa opportuna dalla particolare rilevanza della questione di diritto sulla quale deve pronunciare, ovvero che il ricorso sia stato rimesso dall'apposita sezione di cui all'articolo 376."
62. Porém, tal abordagem foi criticada pelo seu caráter estático e por não refletir a complexidade da realidade atual. Abalizada doutrina já evidenciou a superação dessa

Em âmbito constitucional, tentativas mais recentes de classificação – construídas baseadas sobretudo no sistema de controle de constitucionalidade do relativo ordenamento –, distinguem as cortes segundo: o objeto da impugnação (leis, atos do poder executivo ou decisões judiciais); os sujeitos legitimados a propô-la (exclusivamente atores políticos, juízes ordinários, partes em um processo de apelação, ou indivíduos em geral); ou, ainda, classificando as cortes *ratione materiae*, como puras ou mistas, segundo sejam especializadas no contencioso constitucional ou atuem também como cortes de apelação para outros tipos de controvérsias de natureza ordinária[63].

Quanto à própria jurisdição e tipo de decisão adotada, o Supremo Tribunal Federal – STF dificilmente pode ser encaixado na tradicional classificação das cortes superiores. É notório que, em origem, ele se inspirou no modelo da corte suprema estadunidense; todavia, após a criação do Superior Tribunal de Justiça em 1988 e com a progressiva ampliação da jurisdição constitucional concentrada, distanciou-se bastante do mesmo. No que concerne à própria função, o STF atualmente representa três *personae* diversas, dependendo da sua atuação como corte constitucional, quando decide em mérito do controle concentrado e abstrato de constitucionalidade; como corte recursal, no âmbito do controle difuso e concreto de constitucionalidade, e, portanto, quando decide em sede de recurso questões que já constituíram objeto de análise em instâncias inferiores; ou, ainda, no exercício da própria competência originária, que nos últimos anos tem adquirido crescente importância. Assim, apresentam-se traços de corte de revisão e de corte mista, não se encaixando completamente em nenhuma dessas taxonomias[64].

A natureza tripartida da competência do STF também torna mais complicada a definição de um estilo padrão dos seus próprios acórdãos, tomando por certo que

---

taxonomia (cf. JOLOWICZ, John Anthony. The role of the supreme court at the national and international level, General Report. *The role of the supreme court at the national and international level. Reports for the Thessaloniki International Colloquium 21-25 May 1997*, Thessaloniki, 1998. p. 53.

63. Assim e em conformidade com a citada bibliografia, PASQUINO, Pasquale; RANDAZZO, Barbara (a cura di). *Come decidono le corti costituzionali (e altre corti)*. Atti del Convegno internazionale svoltosi a Milano, il 25-26 maggio 2007. Milano: Giuffrè, 2009. p. 11-12.

64. Esse fato não constitui necessariamente um problema, como bem evidenciou Veríssimo: "os modelos de corte suprema e tribunal constitucional funcionam mais como tipos ideais do que como camisas de força institucionais, e que as experiências nacionais e estrangeiras são, normalmente, ligadas à construção de instituições específicas, com particularidades ligadas às necessidades e tradições especiais de cada país". Assim em VERÍSSIMO, Marcos Paulo. A Constituição de 1988, vinte anos depois: Suprema corte e ativismo judicial "à brasileira". *Revista Direito GV*, São Paulo, 4 (2), 2008. p. 426.

tais estilos variam, naturalmente, em conformidade com a natureza das decisões. Como é sabido, a maioria absoluta dos processos em tramitação no STF relaciona-se à sua competência recursal[65]. Ainda em termos quantitativos, outro dado importante sobre a tipologia das decisões adotadas revela que entre as mais de 126 mil decisões (terminativas e não terminativas) proferidas em 2017, somente cerca de 10% teve natureza colegiada e ainda, deste percentual, apenas 16% foi adotada em Plenário[66]. Entretanto, tais números não devem conduzir à conclusão de que a forma típica de decisão do Supremo seja monocrática. O grande número de decisões adotadas pelo relator, que levou algumas vozes a sustentar uma verdadeira (e nefasta) tendência à "monocratização da jurisdição constitucional"[67], revela, na realidade, que essas decisões funcionam prevalentemente como uma espécie de filtro, ou *"certiorary* à brasileira"[68] para gerir a impressionante carga de trabalho do órgão judicial. Trata-se, na substância, de mecanismos processuais e regimentais voltados sobretudo a determinar quais questões levar ou não ao conhecimento do colegiado, principalmente em vista da sua relevância e da necessidade de reconhecer um crescente valor vinculante às decisões do Supremo. De fato, o enorme volume de casos que ingressa a cada ano no STF não é um fator *normal* a ser tomado em consideração para a configuração de uma corte suprema, e sim uma *aberração do direito de acesso à justiça* que, contrariando as próprias premissas, pode impedir a sua concretização, quando produz como consequência o afogamento do próprio tribunal, a redução da qualidade dos seus julgados e/ ou o desvio da sua atenção de casos importantes. É razoável, portanto, concluir que no exercício da própria competência a decisão típica do Tribunal é aquela adotada pelas turmas ou, ainda, em Plenário, porque é a partir delas que se tem uma imagem regular da atuação do mesmo enquanto corte de vértice.

A importância dos mecanismos seletivos de acesso aos tribunais superiores é conhecida: sem eles, não se prejudica somente a celeridade e a eficiência desses órgãos, o que acaba sendo seriamente ameaçado é o direito à tutela judicial efetiva e também ao équo processo, entendido como aquele concluído em um lapso temporal razoável. O chamado *docket control* não é uma novidade para os ordenamentos de *common law*, assumindo, por exemplo, a forma de "Permission to appeal to the House of Lords/Supreme Court" ou, nos Estados Unidos, "Writ of certioriari" e

---

65. De um total de 102.227 processos novos em 2017, 66.696 foram Recursos Extraordinários com Agravo e 15.169 Recursos Extraordinários. Cf. *Supremo em ação 2018*: ano-base 2017/Conselho Nacional de Justiça – Brasília: CNJ, 2017.
66. Idem.
67. HARTMANN, Ivar Alberto Martins; FERREIRA, Lívia da Silva. Ao relator, tudo: o impacto do aumento do poder do ministro relator no Supremo. *Revista Opinião Jurídica*, Fortaleza, n. 17, 2015. passim.
68. VERÍSSIMO, Marcos Paulo. Op. cit., p. 416.

doctrines of justiciability, com abordagem fortemente discricionária (e talvez por isso também conhecidos como *cherry picking*). O exemplo das cortes superiores europeias, muitas delas comprometidas com a introdução de filtros de acesso de diversa natureza[69], ou em vistas da sua futura adoção[70] também pode ser tomada como exemplo, *mutatis mutandis* a sua natureza de cortes ordinárias (que, por isso, talvez estejam mais próximas da configuração do Superior Tribunal de Justiça).

---

69. No ordenamento italiano não é possível introduzir um verdadeiro filtro de acesso à *Corte Suprema di Cassazione*, sendo a impugnação diante de tal órgão um direito tutelado constitucionalmente: "Costituzione della Repubblica italiana, art. 111, comma 7. *Contro le sentenze e contro i provvedimenti sulla libertà personale, pronunciati dagli organi giurisdizionali ordinari o speciali, è sempre ammesso ricorso in Cassazione per violazione di legge*". Através da *Legge 18 giugno 2009, n. 69*, todavia, incidiu-se sobre a disciplina do recurso em cassação prevendo, no âmbito do art. 360 *bis*, n. 1 do *Codice di Procedura Civile*, que o relativo recurso será inadmissível "*1) quando il provvedimento impugnato ha deciso le questioni di diritto in modo conforme alla giurisprudenza della Corte e l'esame dei motivi non offre elementi per confermare o mutare l'orientamento della stessa; 2) quando è manifestamente infondata la censura relativa alla violazione dei princìpi regolatori del giusto processo*". Sobre o tema veja-se, entre outros, CARPI, Federico. L'accesso alla Corte di cassazione ed il nuovo sistema di filtri. *Rivista Trimestrale di Diritto e Procedura Civivle*, 2010. p. 769 ss.; CONSOLO, Claudio. Dal filtro di cassazione ad un temperato "stare decisis": la prima ordinanza sull'art. 360-bis. *Corriere Giuridico*, 2010, 11. p. 1405 ss.; DE CRISTOFARO, Marco. Commento all'art. 360-bis c.p.c. In: CONSOLO, Claudio (Dir.). *Codice di procedura civile commentato*. Milano, 2010. p. 826 ss.; VITTORIA, Paolo. Il filtro per l'accesso al giudizio di legittimità. In: IANNIRUBERTO, Giuseppe; MORCAVALLO, Ulpiano (a cura di). *Il nuovo giudizio di cassazione*. Milano, 2010. p. 137 ss.

    O modelo do *Bundesgerichtshof* alemão (Corte Federal de Justiça) prevê a dupla superação, pelo recurso, de um critério de valor (Euro 20.000, *ex* art. 26, § 8, do EGZPO – *Gesetz betreffend die Einführung der Zivilprozessordnung*) e de substância (importância de princípio, decisão necessária à evolução do direito ou para a preservação de uma jurisprudência unitária, ex. art. 543 ZPO - *Zivilprozessordnung*).

70. Atualmente, a admissibilidade dos recursos diante do órgão (*Procédure de admission du pourvoi*), disciplinada pelos arts. 1014 do *Code de Procédure Civil* e o art. L131-6 do *Code de l'Organisation Judiciaire* já é realizada através de *allègement de la formation juridictionnelle*, que prevê que o pedido seja julgado por um colegiado de três magistrados em vez de cinco, e um *allègement des formes procédurales*, que prevê que a decisão de inadmissibilidade possa ser fundamentada de forma muito simplificada. Cf. CADIET, Loïc. Le rôle institutionnel et politique de la Cour de cassation en France: tradition, transition, mutation? *Annuario di diritto comparato e di studi legislativi*, 2011. p. 183 ss.; e CANIVET, Guy. La procédure d'admission du pourvoi devant la Cour de cassation. *Recueil Le Dalloz*, 2002, n. 28. p. 2195 ss.

    A introdução de um sistema de *filtrage des pouvoirs* junto à *Cour de Cassation* é uma das propostas que constituem objeto de estudo e debate após a criação da *Commission de réflexion sur la réforme de la Cour de cassation*, em setembro de 2014.

A formação do corpo judicante é um tema que, nos últimos anos, tem sido objeto de maior atenção por parte da doutrina, tanto a nível nacional quanto com relação aos tribunais internacionais, sobretudo sob o prisma da sua incidência para a legitimação dos órgãos judiciais[71]. Como é sabido, o sistema de nomeação dos Ministros *ex* art. 101, § 1º, da CF, que prevê a sua indicação pelo Executivo e confirmação pelo Senado Federal, também é calcado no modelo norte-americano, mas ao mesmo tempo apresenta diferenças importantes com relação a este, sobretudo quanto à *law in the action*: o rol dos "nomeáveis" pelo Executivo brasileiro é, normalmente, mais heterogêneo e o Senado Federal brasileiro teria demonstrado, com base na sua atuação ao longo dos anos, uma posição bem mais deferente à escolha pelo Executivo do que o análogo órgão americano[72].

É evidente que o sistema de seleção, a origem, o gênero, a prévia experiência profissional etc. dos magistrados membros das cortes superiores são elementos que potencialmente incidem na conformação das decisões, sobretudo quando estas não são corais, coletivas do órgão, e sim, como no caso brasileiro, formadas pela soma das decisões individuais[73]. A composição da Corte tem sido bastante

---

71. Cf., entre outros, MALLESON, Kate. Introduction. In: MALLESON, Kate; RUSSELL, Peter H. (Ed.). *Appointing judges in an age of judicial power. Critical perspectives from around the world*. University of Toronto Press: Toronto, 2006. No âmbito internacional, fundamental a leitura de VON BOGDANDY, Armin; VENZKE, Ingo. Beyond dispute: international judicial institutions as lawmakers. In: VON BOGDANDY, Armin; VENZKE, Ingo (Ed.). *International judicial lawmaking. On public authority and democratic legitimation in global governance*. Spring, 2012, espec. p. 492 ss.
72. Nesse sentido, e elaborando um rol de possíveis razões para tal fenômeno, DE SANTA CRUZ OLIVEIRA, Maria Angela Jardim; GAROUPA, Nuno. Choosing judges in Brazil: Reassessing legal transplants from the United States. *The American Journal of Comparative Law*, 59, 2011, esp. p. 545 ss.
73. "Il grande avvocato che oggi indossa la toga di giudice si interroga istintivamente su cosa penseranno delle sue sentenze coloro che svolgono la sua vecchia professione. Chi viene da esperienze precedenti da quella di giudice pensa subito alle difficoltà che incontro talvolta i giudici di prima istanza a leggere le sentenze delle Corti superiori, e allora scriverà sforzandosi di avere la chiarezza che avrebbe voluto trovare quando era nelle Corti inferiori. Coloro che hanno un retroterra da politici sono, sotto questo profilo, i più strani, perché spesso, quando diventano giudici, smettono del tutto i panni di ciò che erano prima e, dunque, hanno una visione del diritto molto ristretta, di corto respiro, dall'orizzonte molto vicino, forse troppo vicino, senza un'apertura politica, che non significa partigianeria, ma prospettiva, proiezione culturale in senso lato". Cf. CALABRESI, Guido. *Il mestiere di giudice*. Pensieri di un accademico americano. Bologna, 2013. p. 39-40. "Ad esempio, esiste una differenza se i giudici della corte suprema sono reclutati dalle corti di grado inferiore, piuttosto che da fonti esterne. Nel primo caso, essi tendono a scrivere opinioni con lo stesso stile in cui scrivevano le sentenze della corte cui appartenevano in precedenza. Se, d'altro canto, essi sono selezionati dal mondo esterno, lo stile dell'opinione può essere diverso – forse la Corte suprema degli Stati

homogênea em termos de origem geográfica – Sul e Sudeste –, procedência profissional – os Ministros geralmente provêm da magistratura ou da advocacia, ou formação – a quase totalidade tem pós-graduação e experiência docente anterior[74]. Este último dado é claramente positivo sob diversos pontos de vista; por exemplo, o fato de que os membros do STF, inclusive os originários da magistratura, exerçam a docência, pode contribuir a evitar um estilo excessivamente burocratizado das decisões ou, em outros termos, a adoção de uma linguagem estereotipada, inutilmente complexa e, por isso, muitas vezes obscura.

Um aspecto às vezes trascurado na análise do elemento humano do Supremo Tribunal Federal é a sua estrutura de apoio operacional. O gabinete de cada Ministro, segundo o art. 357 do Regimento interno, deve contar com pelo menos oito pessoas, e segundo as estatísticas de 2017, o tribunal contava, ainda, com 19 juízes auxiliares, 115 assessores, 70 servidores cedidos ou requisitados para o Tribunal e 30 servidores comissionados[75]. Existe uma corrente doutrinária estadunidense que há tempos estuda a influência exercida pelos chamados *clerks* nas decisões judiciais, especialmente da Corte suprema[76]. A presença de juízes assistentes encarregados de minutar decisões pode limitar a ação deliberativa do magistrado, ao evitar que ele entre em contato com a pluralidade de enfoques de cada controvérsia, que é substituída por um único ponto de vista[77]. Com relação ao estilo, a presença de auxiliares à redação determinaria, ainda, decisões mais longas e excessivamente ricas em notas[78].

Uniti può essere d'esempio anche in questo rispetto." Così KERAMEUS, Konstantinos D. Corti supreme a confronto: stato delle cose e linee evolutive. *Rivista Trimestrale di Diritto e Procedura Civile*, 1999. p. 147.

74. HÜBNER MENDES, Conrado. The Supreme Federal Tribunal of Brazil. In: JAKAB, András; DYEVRE, Arthur; ITZCOVICH, Giulio (Ed). *Comparative constitutional reasoning*. Cambridge University Press, 2017. p. 129; RABELO QUEIROZ, R. M.; DOS SANTOS ACCA, T.; POMMÊ GAMA, B. De las aulas universitárias a la toga: la trayectoria académica de los ministros del Supremo Tribunal Federal brasileño (1988-2013). *Precedente*, v. 8, 2016. p. 97 ss.
75. Cf. *Supremo em ação 2018*, cit.
76. A bibliografia sobre esse tema se tornou demasiado extensa a fins de indicação no presente escrito. Uma referência pode ser a obra de PEPPERS, Todd C. *Courtiers of the Marble Palace*: the rise and influence of the Supreme Court law clerk. Stanford: Stanford University Press, 2006.
77. JAGTENBERG, Rob; DE ROO, Annie. From traditional judicial styles to veridt industries inc. In: HULS, Nick; ADAMS, Maurice; BOMHOFF, Jacco (Ed.). *The legitimacy of highest court's rulings*. Judicial deliberations and beyond. Asser Press: The Hague. p. 307.
78. Cf. KRONMAN, Anthony T. *The lost lawyer, failing ideals of the legal profession*. Cambridge, 1995. p. 347 in *Id., ib*.

Se tais elementos podem incidir *indiretamente* sob o estilo da decisão do STF, uma primeira *summa divisio* para a análise *direta* desse estilo é o fato de o acórdão ser formado pela soma dos votos individuais, confluídos em sequência em uma única decisão. Trata-se do sistema *seriatim*, ainda praticado por poucas jurisdições no mundo, entre elas a *Supreme Court of the United Kingdom*. Esse modelo contrapõe-se (radicalmente) à decisão coral do órgão julgador, em que a instituição se manifesta com uma única voz, como nos sistemas francês e italiano de vértice tanto ordinário quanto constitucional[79], à qual eventualmente são anexadas opiniões concorrentes e/ou dissidentes, estrutura típica do "termo de comparação" mais frequente do STF, a Suprema Corte americana.

Abandonar ou não o sistema *seriatim* é uma questão que o ordenamento inglês enfrenta ciclicamente e que, como visto, atualmente retornou ao centro do debate. Diversos subsídios sobre as vantagens e as desvantagens do sistema emergiram nessa diatribe: por exemplo, em sentido positivo à sua manutenção, os tradicionalistas ingleses afirmaram que a pluralidade de opiniões reflete a complexidade real dos problemas e as suas múltiplas facetas e favorece o desenvolvimento do direito; atribui maior *accountabillity* ao julgador; evitaria também a adoção de soluções de compromisso "pelo mínimo denominador comum" entre os magistrados, o que pode repercutir na tutela dos direitos fundamentais, por exemplo[80].

Mas o modelo *seriatim*, ao mesmo tempo, é certamente complexo e de difícil utilização. Complexo porque o acórdão é, ao mesmo tempo, cada decisão individual e o conjunto de todas elas, e isso significa que a clareza e a coerência devem estar presentes em ambos os "níveis"[81]. De difícil utilização porque não basta conhecer o dispositivo final do acórdão, gerado pela soma das decisões individuais; também é preciso reconstruir, a partir dos votos de todos os membros do colegiado, as suas razões. Somente com essa reconstrução é possível chegar à *ratio decidendi* do acórdão, que existirá se a maioria do *collegium* houver adotado

---

79. Uma reconstrução detalhada do estilo das decisões das cortes superiores europeias no que concerne à admissibilidade das opiniões separadas encontra-se no documento elaborado sob a égide do Parlamento europeu em 2012, *Dissenting Opinions in the Supreme Courts of the Member States* (disponível em: [www.europarl.europa.eu/document/activities/cont/201304/20130423ATT64963/20130423ATT64963EN.pdf]).
80. Cf. LE SUEUR, Andrew. *A Report on six seminars about the UK Supreme Court at the school of law Queen Mary*. University of London, 2008. p. 31; LADY JUSTICE ARDEN. *A matter of style?*, cit.. p. 7. Evidencia outros aspectos da questão KIRBY, Michael. Judicial dissent – Common law and civil law traditions. *Law Quarterly Review*, 2007, n. 123, espec. p. 394 e ss.
81. Assim ressaltaram ROSSILHO, ANDRÉ J. (et al.). Fundamentação e previsibilidade no STF: uma forma de análise da argumentação dos ministros em recursos extraordinários. In: MARTINS DE CARVALHO, Flávia; RIBAS VIEIRA, José (Coord.). *Desafios da Constituição*: democracia e estado no século XXI. Rio de Janeiro: UFRJ, 2011. p. 24.

uma idêntica base jurídica para a própria decisão final. Em casos de extrema incoerência entre as razões dos votos, haverá um acórdão de provimento ou de não provimento, mas a decisão final não será habilitada a orientar os órgãos judiciais inferiores e a sociedade em geral ou, ainda, a operar como precedente judicial[82]. Ademais, fracassará no teste da qualidade argumentativa, comprometendo a *accountability* e a própria legitimação do Poder Judicial[83].

A específica forma de deliberação adotada pelo STF no exercício da própria competência pode tornar essas dificuldades ainda maiores.

O relatório, predisposto pelo juiz relator sorteado ou prevenido, parece trazer geralmente mais detalhes sobre o desenvolvimento do *iter* processual relativo à controvérsia específica do que propriamente sobre os seus elementos fatuais. Atenta doutrina afirma também que a estrutura argumentativa das decisões individuais, ressalvadas as diferenças inevitáveis de estilo entre elas, geralmente são superabundantes (*parallel-conclusive arguments type*), e que tal característica é comum em uma cultura jurídica prolixa *with constant display of encyclopaedia-like erudition*[84].

Uma praxe comum atualmente, ao menos para as controvérsias com maior visibilidade, é que os Ministros tragam os próprios votos já redigidos à sessão[85]. Se, por um lado, pode ser considerada uma demonstração de interesse e de preparação prévia sobre o tema, essa prática é, ao mesmo tempo, alvo de fortes ataques pela doutrina, que a acusa de comprometer o processo de deliberação[86] e, consequentemente, a coerência da decisão final: os Ministros elaboram as próprias razões de forma independente, sem conhecer antes aquelas dos próprios pares ou mesmo do Relator do processo e sem eventualmente coordená-las[87]; sucessivamente,

---

82. Sobre o tema, veja-se, amplamente, MARINONI, Luiz Guilherme. *Julgamento nas Cortes Supremas*. Precedente e decisão do recurso diante do novo CPC. São Paulo: 2015. p. 33 ss.
83. Cf. LOSCHIAVO LEME DE BARROS, Marco Antonio; NASSAR, Paulo André; GLEZER, Rubens Eduardo. Pressupostos teóricos: fundamentação e previsibilidade. In: DIMOULIS, Dimitri; GROSS CUNHA, Luciana; DE OLIVEIRA RAMOS, Luciana (Org.). *O Supremo Tribunal Federal para além das ações diretas de inconstitucionalidade*. São Paulo: Direito GV, 2014. p. 21-22.
84. HÜBNER MENDES, Conrado. Op. cit., p. 135-136.
85. Cf. AFONSO DA SILVA, Virgílio, "Um voto qualquer"? O papel do ministro relator na deliberação do Supremo Tribunal Federal. *Revista Estudos Institucionais*, v. 1, 1, 2015. p. 191 ss.
86. Amplas referências em AFONSO DA SILVA, Virgílio. Deciding without deliberating. *International Journal of Constitutional Law*, v. 11, 3, 2013, espec. p. 569 e ss.
87. Os Ministros Dias Toffoli e Luiz Fux dão ato de uma mudança no diálogo entre os Ministros, que teria se tornado mais frequente nos últimos anos, inclusive com distribuição de votos antes das sessões. Cf. DE CASTRO FONTAINHA, Fernando (Org.) et

apresentam-nas tornando a sessão uma mera ocasião de "leitura"[88]. E, mesmo em caso de debate, afirma-se que não haveria um verdadeiro confronto entre as mesmas ou, pelo menos, que o mesmo não levaria, segundo algumas pesquisas, à alteração das decisões individuais já apresentadas[89].

Em sentido contrário, na hipótese em que a discussão em plenário se mostrar articulada e compreender a apresentação oral dos votos ou a sua antecipação, e todos esses elementos forem trazidos à decisão com a transcrição do áudio do julgamento (ex. art. 96 do Regimento Interno), também pode haver dificuldade em identificar o próprio conteúdo efetivo do voto individual, pois o fundamento indicado oralmente pode não coincidir exatamente com aquele constante no texto escrito.

O sistema de compêndio das decisões do STF, especificadamente de redação das ementas, também não contribui para a clareza da decisão; os critérios para a sua elaboração são deixados à discricionariedade do relator e, em geral, a mesma não reporta todos os argumentos da decisão, mas se limita aos contidos no voto do próprio relator ou do relator para o acórdão[90]. Em vista da importância que revestem as emendas como fonte primária de divulgação e primeira informação sobre os julgados, trata-se de uma grave deficiência do sistema.

A exposição dos Ministros com base na ampla estratégia de comunicação do STF, certamente não é sem consequências no estilo das decisões. As sessões não são somente públicas, são acompanhadas, analisadas e explicadas através de um canal específico radiotelevisivo: o canal TV Justiça e a emissora Rádio Justiça. O STF também está presente amplamente e ativamente nas redes sociais (Facebook, Twitter, Youtube) e, graças à chamada Lei de Acesso à Informação, Lei 12.527, de 18 de novembro de 2011, tem-se acesso inclusive às agendas diárias do Ministros. Em perspectiva comparada, desconhece-se a existência de outro ordenamento jurídico com um aparato tão articulado e compreensivo de divulgação. Se a transparência é um valor absoluto, por outro lado a excessiva exposição dos magistrados, se

---

al. *História oral do Supremo (1988-2013), v.21: Dias Toffoli*. Rio de Janeiro: Escola de Direito do Rio de Janeiro da Fundação Getulio Vargas, 2017. p. 128-129; DE CASTRO FONTAINHA, Fernando; Vannucchi, Marco Aurélio; LEME DE MATTOS, Izabel Saenger Nuñez (Org.). *História oral do Supremo (1988-2013), v.12: Luiz Fux*. Rio de Janeiro: Escola de Direito do Rio de Janeiro da Fundação Getulio Vargas, 2016. p. 112-113.

88. HÜBNER MENDES, Conrado. Op. cit., p. 149.
89. DE SOUZA ABREU, Isadora. *A deliberação no STF*: uma análise dos acórdãos com mudança de entendimento no decorrer do julgamento. São Paulo, 2011. p. 69 ss.
90. CUTRUPI FERREIRA, Carolina; JACOB LOPES, Marina; LANGENEGGER, Natalia. Ementas como reflexo do acórdão?. In: DIMOULIS, Dimitri; GROSS CUNHA, Luciana; DE OLIVEIRA RAMOS, Luciana (Org.). *O Supremo Tribunal Federal para além das ações diretas de inconstitucionalidade*. São Paulo: Direito GV, 2014. p. 65 ss.

associada à natureza pessoal do voto, pode chegar a inibir reconsiderações sobre entendimentos manifestados, por exemplo[91].

Outros dois elementos importantes na análise das decisões do STF são a presença de citações doutrinárias e a referência a precedentes judiciais. Posto e pressuposto que sobre tais elementos caberiam longas e articuladas reflexões não oportunas nessa sede, e lançando mão dos resultados de algumas pesquisas já elaborados nesse sentido[92], é possível afirmar, em primeiro lugar, que em sede de controle concreto a citação de textos acadêmicos, quase que exclusivamente jurídica, é especialmente frequente, com maior referência à doutrina nacional (não obstante a presença relevante de doutrina estrangeira, esporadicamente latino-americana). O papel das referências doutrinárias parece ser, em geral, de efetivo sustentamento do *reasoning* dos votos.

Igualmente foi verificada a massiva presença de citações de decisões judiciais na fundamentação dos votos, quase sempre do próprio STF[93], e também a sua eventual utilização como precedente (com base na presença de uma menção expressa ao termo "precedente" na decisão). Contudo, segundo uma leitura desses dados, o efetivo funcionamento como precedente das decisões citadas deve tomar em consideração algumas peculiaridades nacionais, quais: o alto número de decisões muitas vezes presentes na decisão indicados como precedentes e a ausência de uma justificação jurídica do papel de precedente da decisão citada (ou seja, a decisão é frequentemente citada como mera ilustração da *ratio decidendi* de um voto ou, até mesmo, de um *obiter dictum*)[94].

***

---

91. Cf. SILVA, Virgílio. *Deciding without deliberating*, cit., p. 580 ss.
92. Cf., sobre decisões adotadas no âmbito do controle concentrado de constitucionalidade, RAMOS TAVARES, André; GUGLIANO HERANI, Renato. A contribuição da doutrina na jurisdição constitucional brasileira (Apresentação dos dados). In: PEGORARO, Lucio; FIGUEROA MEJÍA, Giovani (Ed.). *Profesores y jueces*. Influjos de la doctrina en la jurisprudencia constitucional de Iberoamérica. Ciudad de México: Centro de Estudios Constitucionales de la Suprema Corte de Justicia de la Nación, 2016. p. 179 ss.; em sede de controle difuso de constitucionalidade, os resultados da pesquisa conduzida no âmbito do "Núcleo de Justiça e Constituição" da Escola de Direito de São Paulo da Fundação Getúlio Vargas/SP, e apresentada em DIMOULIS, Dimitri; GROSS CUNHA, Luciana; DE OLIVEIRA RAMOS, Luciana (Org.). *O Supremo Tribunal Federal para além das ações diretas de inconstitucionalidade*. São Paulo: Direito GV, 2014. p. 39 ss.
93. Cf. HÜBNER MENDES, Conrado. Op. cit., p. 139 ss. (pesquisa realizada sobre 40 decisões adotadas prevalentemente em sede de controle concentrado de constitucionalidade – v. p. 152-153, no âmbito do Projeto *Conreason* – The Comparative Constitutional Reasoning Project); e DIMOULIS, Dimitri; GROSS CUNHA, Luciana; DE OLIVEIRA RAMOS, Luciana (Org.). *O Supremo Tribunal Federal para além das ações diretas de inconstitucionalidade*. São Paulo: Direito GV, 2014. p. 44 ss.
94. HÜBNER MENDES, Conrado. Op. cit., p. 140.

A comemoração dos 30 anos de vigência da oitava Constituição brasileira é uma ocasião propícia para lançar um olhar à corte de vértice do Poder Judiciário brasileiro, sua última intérprete e órgão incumbido de dar significado ao texto constitucional. Não cabendo, nessa sede, o esgotamento do tema, foram propostas somente algumas reflexões em vista a provocar novos debates e/ou o aprofundamento de uma temática como o estilo das decisões judiciais, tema de grande interesse e atualidade que, salvo valorosas exceções, não parece ter despertado (ainda) maior interesse por parte da academia brasileira.

17
QUAL REGRA DE DECISÃO PARA A JURISDIÇÃO CONSTITUCIONAL: MAIORIAS OU SUPERMAIORIAS? UMA VELHA DISCUSSÃO NÃO TÃO CONHECIDA NA HISTÓRIA CONSTITUCIONAL

PAULA PESSOA PEREIRA

Doutora e Mestra em Direito pela Universidade Federal do Paraná. Pesquisadora visitante no Max Planck Institute for Comparative Public Law and International Law. Professora colaboradora na Universidade de Brasília. Professora no programa de mestrado e graduação da Universidade Católica de Brasília. Assessora de Ministro no Supremo Tribunal Federal.

SUMÁRIO: 1. Observações iniciais. 2. Constitucionalismo norte-americano e a regra supermajoritária como proposta para a Suprema Corte. 3. Constitucionalismo brasileiro e a regra supermajoritária como proposta para o Supremo Tribunal Federal. 3.1 Discussão no espaço legislativo. 3.2. Discussão no espaço doutrinário. 4. Considerações finais.

1. Observações iniciais

Os mecanismos de tomada de decisão coletiva, em particular a regra de votação majoritária, conquanto se apresente como uma questão essencial para se entender o funcionamento adequado e coerente da jurisdição do Brasil, no quadro do estado constitucional, recebeu pouca atenção da doutrina constitucional e processual brasileira, e, de uma forma geral, no direito comparado.[1]

A despeito do opaco debate doutrinário acerca da regra de decisão (protocolo de votação) para a jurisdição colegiada constitucional, em especial para os tribunais constitucionais, o mesmo não ocorreu no âmbito das deliberações le-

---

1. Este artigo versa sobre os argumentos jurídicos debatidos em capítulo específico da tese apresentada na Universidade Federal do Paraná, nominada *Supermaioria como regra de decisão na jurisdição constitucional do Supremo Tribunal Federal*. Pereira, Paula Pessoa. Doutorado, 2017.

gislativas e constituintes, a exemplo da norte-americana e da brasileira, sendo, na verdade, uma antiga conhecida. Nada obstante, esse mesmo debate não encontra correspondência em outras jurisdições comparadas, em razão, talvez, do modelo de deliberação e processo decisório interno adotado nos tribunais constitucionais.[2]

2. Constitucionalismo norte-americano e a regra supermajoritária como proposta para a Suprema Corte

Na história constitucional norte-americana, sempre que a Suprema Corte assumiu posturas decisórias consideradas "ativistas ou agressivas", em decorrên-

---

2. Sobre o argumento da ausência de uma agenda de pesquisa, voltada para os problemas e questões do processo decisório interno das cortes constitucionais, notadamente, a forma da deliberação intracorte e mecanismos de tomada de decisão coletiva, cf. PASQUINO, Pasquale. Constitutional adjudication and democracy. Comparative perspectives: USA, France and Italy. *Ratio juris*, v. 11, n. 1, march 1998. p. 38-50; FEREJOHN, John; PASQUINO, Pasquale. Constitutional adjudication: lessons from Europe. *Texas Law Review*, v. 82, 2004. p. 1671-1704; PASQUINO, Pasquale; RANDAZZO, Barbara. *Come decidono le Corti Costituzionale (e altri Corti)*. How Constitutional Courts make decisions. Atti del Convegno Internazionale svoltosi a Milano, il 25-26 maggio 2007. Milano: Giuffrè, 2009. Quanto ao ponto, importa registrar que na jurisdição constitucional italiana, cuja corte constitucional é marcada por um processo de deliberação fechado e *per curiam*, sem permissão de publicação de voto dissidente, na década de 1960, houve grandes debates doutrinários acerca da necessidade de se adotar a opinião divergente nas decisões tomadas pela corte, assim como de uma forma mais ampla na jurisdição ordinária, que igualmente não permite o voto divergente. Sobre tais argumentos e abordagens do problema, ver a coletânea de artigos produzidos, em decorrência de um congresso internacional, organizado para discutir essa temática: MORTATI, Costantino (a cura di). *Le opinioni dissenzienti dei giudici costituzionale ed internazionali*. Milano: Giuffrè, 1964. À época, tais discussões não geraram alteração no quadro normativo italiano. Mais recentemente, essa discussão acadêmica retomou fôlego como forma de colocar em pauta esse modelo de decisão e deliberação, ver ASPRELLA, Cristina. *L'opinione dissenziente del giudice*. Roma: Aracne, 2012; CASSESE, Sabino. *Dentro la corte*: diario de um giudice costituzionale. Bologna: Società Editrice il Mulino, 2015; DI MARTINO, Alessandra. *Le opinione dissenziente del giudice costituzionale:* uno studio comparativo. Napoli: Jovene Editore, 2016. Um expoente jurista contrário a essa ideia do voto divergente é Gustavo Zagrebelsky, por entender que a publicação de voto divergente poderá ter como efeito a transformação da corte, em um colégio político em que maiorias e minorias polarizariam o debate, cf., *Principi e voti*: la Corte constituzionale e la politica. Torino: Giulio Einaudi Editore, 2005. p. 41-80. Com efeito, a introdução no sistema italiano do voto divergente contribuirá para a revelação de problemas no processo decisório interno da corte, até então cobertos pelo véu da ignorância sobre as atividades desse tribunal. Entre esses problemas, o caráter majoritário da sua regra de decisão. A regra decisória por maioria é adotada tanto no âmbito da jurisdição ordinária (*Art. 276, Codice di Procedura Civile*) como da constitucional (*Art. 16, Legge 11 marzo 1953, Norme sulla costituzione e sul funzionamento della Corte costituzionale*).

cia do alto número de invalidação de legislações federais, e mesmo estaduais, no desempenho da jurisdição constitucional, os membros do Congresso colocaram em pauta propostas de mecanismos de votação para limitar as decisões tomadas por aquela Corte.

Com mais razão se justificavam essas propostas na conjuntura política e jurídica norte-americana, porquanto as decisões tomadas pela Suprema Corte, declarando a inconstitucionalidade das leis federais e, por conseguinte, dos projetos governamentais em curso, deram-se por uma maioria estreita. Ou seja, pela diferença de um voto. Trata-se das conhecidas decisões *five to four*, responsáveis por transmitir a sensação de precariedade, arbitrariedade e partidarização do tribunal.[3]

O crescente descontentamento com a atuação da Suprema Corte, nesses casos polêmicos que envolvem o juízo de validade de projetos governamentais e tutela de direitos fundamentais, seja do lado conservador, seja do lado progressista, configurava-se na percepção pelas autoridades políticas, e mesmo pelos grupos econômicos dominantes, de que a condução política da nação, refletida nos quesitos econômico e social, deveria ser resolvida, de forma definitiva e por último, por uma decisão popular. Decisão que encontrava tutela na resposta do congresso, órgão político representativo do povo e dos estados.

À vista da formatação da estrutura dos diálogos interinstitucionais que existiam com a constituição e com a função institucional atribuída à Suprema Corte, por jurisprudência criada por ela mesma, o único método processual que restava ao Congresso Nacional para reagir às respostas jurisdicionais da corte, tomadas por maiorias estreitas de diferença de um voto, era a emenda constitucional. Processo legislativo caracterizado por extrema dificuldade procedimental de votação e, por conseguinte, que impunha sérios obstáculos à atuação do Congresso.

Essa situação configurava um relevante paradoxo na realidade jurisdicional e política norte-americana. Isso porque, como a tomada de decisão por diferença de um voto pela Suprema Corte apresentava-se como um procedimento mais simples e fácil, o grupo político opositor adotava o caminho da via jurisdicional para anular os projetos governamentais da maioria política vigente. Por outro lado, essa maioria política ocasional teria um procedimento muito mais complexo e deliberativo, de chamamento das demais minorias no Congresso, para formar

---

3. Cf. WARREN, Charles. *Congress, the Constitution and the Supreme Court*. Boston: Little, Brown, and Company, 1925. O autor faz um inventário completo sobre os casos e decisões proferidos pela Suprema Corte no sentido da declaração de inconstitucionalidade dos atos legislativos questionados e, especificamente, das decisões proferidas por uma maioria estreita de cinco a quatro. Ainda, enumera os dezessete casos em que a constitucionalidade foi confirmada por decisões de cinco a quatro. Ver também: WARREN, Charles. Legislative and judicial attacks on the Supreme Court of the United States, *American Law Review*, 1913. p. 20-27.

uma maioria mais consensual (ampla) e aprovar uma emenda à constituição, como método de superação da decisão da Suprema Corte.[4]

Entre as inúmeras propostas de controle e limitação dos poderes e da atividade jurisdicional da Suprema Corte, a que mais encontrou espaço nos debates políticos do Congresso Nacional foi a referente ao protocolo de votação supermajoritária para as decisões desse tribunal.[5] Ou seja, desde a década de 1820, os reformadores políticos, periodicamente, têm defendido propostas de supermaioria para a Suprema Corte.[6] Ao lado de tais projetos de reforma, gravitaram, também, argumentos de alteração da competência do tribunal para exercer o controle de constitucionalidade de atos legislativos, propondo-se a inclusão dessa função dentre as competências do Congresso. Entretanto, tais projetos tiveram menor adesão nas deliberações legislativas.

A primeira leva de proposições legislativas no sentido de reforma e limitação dos poderes da Suprema Corte ocorreu no período compreendido entre 1823-1865. Identificam-se nove no total, as quais, não obstante tivessem o mesmo propósito e objeto de regulamentação, variavam quanto à forma. Isso porque as propostas englobaram a fixação de uma votação por unanimidade, por maioria qualificada de dois terços e maioria qualificada no sentido de dissidência de apenas um voto (quase unanimidade). Outro dado variável em tais fórmulas foi o limite da regra de decisão, sendo que, em algumas, estava restrito para a declaração de inconsti-

---

4. Sobre o ponto, por todos, ver MCGINNIS, John O.; RAPPAPORT, Michael B. Our supermajoritarian Constitution. *Texas Law Review*, v. 80, n. 2, march 2002. p. 703-806; MCGINNIS, John O.; RAPPAPORT, Michael B. Supermajority rules as a constitutional solution, *William and Mary Law Review*, v. 40, n. 2, 1999. p. 365-470.
5. Cf. WARREN, Charles. *Congress, the Constitution and the Supreme Court*..., p. 128-177; CULP, Maurice S. A survey of the proposals to limit or deny the power of judicial review by the Supreme Court of the United States, *Indiana Law Journal*, v. 4: iss. 6, article 2, 1929. p. 386-398; WARREN, Charles. Legislative and judicial attacks on the Supreme Court of the United States: a history of the twenty-fith section of the judiciary act. *American Law Review*, v. 47, 1913. p. 1-34.
6. Para uma discussão pormenorizada dos debates legislativos, ocorridos no cenário jurídico-político norte-americano, a partir das emendas propostas sobre a imposição de um mecanismo de tomada de decisão coletiva para a Suprema Corte, ver CULP, Maurice S. *A survey of the proposals to limit or deny the power of judicial review by the Supreme Court of the United States*..., p. 392-398. Para uma abordagem mais específica sobre o desenvolvimento dos argumentos circunscritos à proposta de emenda sugerida pelo senador William Borah, ver WARREN, Charles. *Congress, the Constitution and the Supreme Court*..., p. 178-211 e 273-301. Sobre um estudo detalhado dessas propostas legislativas durante a década de 1820, a Era Progressista e a década de 1920, o New Deal, a Warren Court e a Burger Court, ver SHUGERMAN, Jed Handelsman. A six-three rule: reviving consensus and deference on the Supreme Court. *Georgia Law Review*, v. 37, 2003. p. 997-1010.

tucionalidade de legislação federal, enquanto que, em outras, abrangia também as legislações estaduais.[7]

O segundo momento reformador do protocolo de votação para a Suprema Corte desenvolveu-se na década de 1920. Nesse momento, os grupos econômicos insatisfeitos com as decisões tomadas pelo tribunal, que invalidaram as legislações federais por um resultado de maioria estreita de cinco a quatro, cujos efeitos afetaram diretamente os seus interesses, articularam uma nova onda de proposições legislativas para se conferir alguma medida restritiva à atuação da corte. Consideravam-na como ativista, em virtude dos resultados e efeitos, acarretados nos projetos governamentais sancionados pelo legislativo e executivo.[8]

Justificaram a validade das proposições, com fundamento no argumento de que decisões por maiorias estreitas, como técnica suficiente para a invalidação de leis federais, minavam a confiança do país na Suprema Corte. Alegaram configurar absurdo um tribunal, dividido por uma votação de cinco a quatro, ter competência e autoridade para anular a vontade política de um país, expressão do resultado do processo legislativo, levado a cabo no Congresso Nacional e sancionado pelo chefe do Poder Executivo.

Registre-se aqui que, embora os congressistas da época tenham deliberado sobre técnicas processuais e/ou procedimentais, para limitar o exercício do controle jurisdicional de constitucionalidade da corte, a razão subjacente de tais técnicas residia na manipulação dos resultados alcançados, com uma possível reversão no futuro.

Quanto ao ponto, interessante assinalar que o Senador William E. Borah de Idaho, integrante da ala progressista no Congresso, foi o grande expoente da ideia de se exigir uma regra de votação supermajoritária para as decisões tomadas pela Suprema Corte americana, nesse segundo momento.[9]

William Borah acreditava que uma regra de decisão de maioria estreita, de cinco a quatro, para se declarar a invalidade de uma lei federal, implicava a desconsideração da premissa da presunção de constitucionalidade. Diante disso, a

---

7. Sobre as possibilidades de desenhos institucionais cf. WARREN, Charles. *Congress, the Constitution and the Supreme Court...*, p. 218-220.
8. WARREN, Charles. *Congress, the Constitution and the Supreme Court...*, p. 178-211; SHUGERMAN, Jed Handelsman. *A six-three rule...*, p. 997-1010.
9. Cf. CAMINKER, Evan. Thayerian deference to Congress and Supreme Court supermajority rules: lessons from the past. *Indiana Law Journal*, v. 78, n. 1, 2003. p. 87-94. A atuação do senador William Borah, no Congresso norte-americano, na defesa do projeto de reforma do judiciário, em particular do processo decisório, formatado para Suprema Corte, no exercício da função de controle de constitucionalidade (*judicial review*), influenciou, sobremaneira, os debates ocorridos no direito brasileiro, no processo da constituinte de 1933/1934, como se verá adiante.

imposição pelo Congresso, de regra decisória de supermaioria, seria suficiente para justificar a adequada superação da doutrina do erro claro e da presunção de constitucionalidade das decisões da Suprema Corte.[10] Ou seja, o principal argumento que fundamentava a proposta do requisito processual, de maioria qualificada de dois terços, era a tutela da presunção de constitucionalidade dos atos legislativos.

Ademais, o referido Senador afirmou que a jurisdição dos "cinco" não correspondia a uma resposta institucional da Suprema Corte, fato que enfraquecia sobremaneira a autoridade daquelas precárias decisões e revelava uma atuação partidária.

A posição argumentativa afirmada por William Borah foi refutada no plano teórico por Robert Eugene Cushman. Cushman sustentou e desconstituiu dois fundamentos principais, defendidos pelos críticos das decisões *five to four* da Suprema Corte americana. O primeiro, no sentido de que a decisão tomada por uma maioria estreita de um voto em questões de direito constitucional, notadamente em invalidação de ato legislativo, viola uma das doutrinas mais firmemente estabelecidas pela construção constitucional norte-americana, qual seja, a doutrina da dúvida razoável. Seu núcleo parte da premissa de que um ato legislativo deve ser presumido constitucional e válido pelos tribunais até que sua inconstitucionalidade seja demonstrada além de toda dúvida razoável, de modo que quaisquer dúvidas razoáveis quanto à constitucionalidade de uma lei serão resolvidas a seu favor.[11]

O segundo fundamento principal residiria em motivos amplos de conveniência e política. Ou seja, a exigência de uma decisão por maioria qualificada para as decisões da Suprema Corte serviria ao interesse público de uma forma geral. Dois fundamentos que, embora próximos, não têm relação de dependência.

Robert Cushman, depois de percorrer todo o argumento da doutrina da dúvida razoável e sua aplicabilidade no campo da constitucionalidade dos atos legislativos, por meio da análise da jurisprudência formada sobre a questão pelos tribunais,[12] refuta que esse argumento seja pertinente para justificar as críticas endereçadas à regra majoritária das decisões do tribunal. Argumenta que quem o sustenta não entendeu o significado da doutrina da dúvida razoável, a qual, enfatiza, não deve ser comparada com a lógica subjacente à decisão por unanimidade dos júris criminais e sua relação com a presunção de inocência.[13]

---

10. WARREN, Charles. *Congress, the Constitution and the Supreme Court*..., p. 178-211.
11. CUSHMAN, Robert Eugene. Constitutional decisions by a bare majority of the court. *Michigan Law Review*, v. 19, n. 8, jun., 1921. p. 771-803.
12. Ibid., p. 773-795.
13. Ibid., p. 784-792.

Para o referido autor, a doutrina da dúvida razoável significa que um ato legislativo não pode ser declarado inconstitucional e, portanto, ter sua presunção de validade afastada, enquanto existir qualquer dúvida quanto à sua validade na mente do julgador competente para analisar e decidir sobre a questão, considerado este em sua individualidade. Desse modo, quando uma maioria de um tribunal, ainda que estreita, decide sobre a constitucionalidade de um ato normativo, essa maioria está afirmando para além da dúvida razoável que a lei impugnada não é válida. E isso é verdade, ainda que os demais membros do colegiado entendam de forma contrária, pela constitucionalidade do mesmo ato. Teoria essa que é a adotada e praticada pelos tribunais.[14]

Ou seja, a maioria do tribunal, quando decide pela inconstitucionalidade de um ato, tem a certeza das suas convicções, não importando a opinião de quem sustenta interpretação divergente, a qual, inclusive, não faz mais errada aquela compartilhada pela maioria. Nessa abordagem, o argumento de uma maioria do tribunal não pode ser diminuído em sua validade e juízo de certeza, para além da dúvida razoável, porque a minoria discorda. Isso porque a doutrina da dúvida razoável trata de um teste interpretativo subjetivo e não objetivo.[15]

Da análise das razões arguidas por Robert Cushman, fica claro que o autor, ao desconstruir a pertinência do argumento da doutrina da dúvida razoável ou da presunção de constitucionalidade, em decisões tomadas por maioria estreita, de cinco a quatro, parte da premissa de que esse teste da dúvida razoável é de caráter subjetivo, e não objetivo. Cada decisor competente para o juízo de validade

---

14. CUSHMAN, Robert Eugene. *Constitutional decisions by a bare majority of the court...*, p. 792-793. Conforme argumenta o autor: "In appraising this theory it is important to keep in mind first place that a majority of the Supreme Court judges may believe that a law is invalid beyond all reasonable doubt in the fact that the other four judges believe with equal firmness the law is valid. While judicially minded men would naturally due cognizance of opinions contrary to their own it is, of ridiculous to assume that five men cannot feel perfectly sure they are right simply because four men whose opinions they disagree with them. Even the most naive observer of human realizes that there is hardly anything more futile than arguing a convinced person. Opposition only tends to strengthen one's that his opinions are correct. The opinions embodying views of a majority or minority of a divided court are couched in language far more crisp and uncompromising than which voice the views of a unanimous bench" (Ibid., p. 793).

15. Ibid., p. 782. Afirmação que demonstra o pensamento do autor: "It must be concluded that the only sensible construction to place upon the doctrine of reasonable doubt is the one stated above: namely, the majority of the court, being legally empowered to decide the question, should not hold a law unconstitutional if any reasonable doubt as to its invalidity remains in their own minds. The doubts or conflicting views of every one else including their dissenting associates they may ignore.
    There is plenty of evidence that this is exactly the interpretation which the courts themselves have placed upon the doctrine of reasonable doubt" (Ibid., p. 795).

constitucional do ato legislativo tem de superar e construir sua interpretação para além de qualquer dúvida, não sendo relevante para essa consideração a opinião dissidente dos demais decisores.

Com efeito, essa abordagem individualista poderia se justificar à época, todavia, parte-se da premissa nessa pesquisa de que o enfrentamento e a desconstrução da presunção de constitucionalidade, por um tribunal constitucional, deve ocorrer de forma objetiva e institucional, e não de forma individual atomística. Daí a divergência com a posição do autor nesse ponto.

Contestado o argumento de que a doutrina da dúvida razoável seria a justificativa adequada para o projeto de reforma do protocolo de votação por maioria estreita na Suprema Corte, Robert Cushman coloca em confronto os argumentos favoráveis e contrários ao protocolo de votação supermajoritária.

Na posição favorável à restrição, relaciona três motivos, quais sejam: a) retirar o poder de decisão das questões constitucionais de um único juiz, que é aquele que decide o placar sobre a inconstitucionalidade de leis em votação dividida; b) constranger a atuação ativista da corte, ao exigir maior deliberação e consenso; c) aumentar a confiança popular na atividade decisória da corte, estimulando o respeito e autoridade às suas decisões nas questões constitucionais, na medida em que uma maioria qualificada traz estabilidade e afasta extremismos.[16]

Na posição contrária à proposta, apresenta contra-argumentos. Em essência, aponta que o mecanismo majoritário de tomada de decisão não promoveu, em termos quantitativos, aumento das decisões de inconstitucionalidade, tampouco que nesse grupo a regra de maioria estreita tenha sido predominante. Ademais, da experiência dos estados americanos, que adotavam a regra de supermaioria para as decisões das Cortes estaduais, como Ohio e Dakota do Norte, não se tem como comprovar a superioridade de tal regra qualificada.[17] Em resumo: o autor não se convence sobre os benefícios que a regra de votação supermajoritária poderia trazer para o sistema jurisdicional da Suprema Corte.[18]

---

16. CUSHMAN, Robert Eugene. *Constitutional decisions by a bare majority of the court...*, p. 798-799.
17. Ibid., p. 800.
18. "The study which the writer has devoted to the however, has not convinced him that the adoption of rule would produce beneficial results of any substantial importance. The popular demand for such a requirement comes from or less widespread dissatisfaction with court decisions invalidating laws regarded by the layman as useful and desirable. These the main laws passed in the exercise of the police power to labor conditions, public health and morals. The constitutional issues involved have been mixed questions of law and fact courts have in some cases shown themselves unfamiliar with the social and economic data upon which their decisions must be predicated. It seems to the writer that the most rational remedy for this situation is to establish such changes in the methods of trying cases involving the validity of social and economic legislation as

Outro grande opositor, no plano doutrinário, ao senador William Borah e sua proposta de reforma do processo decisório da Suprema Corte, foi Charles Warren.[19] Warren, para sustentar seu argumento, partia da premissa fundamental concernente à função institucional da Suprema Corte, na configuração da ordem jurídico-constitucional. Nesse sentido, afirmava que a Suprema Corte era a instituição adequada para realizar a tarefa de cumprimento do projeto constitucional americano, por meio da atividade interpretativa, conferindo máxima eficácia ao texto constitucional, de modo que seu processo decisório deveria ser o reflexo dessa atribuição.

Assim, e na mesma linha do raciocínio teórico apresentado por Robert Cushman, Warren agregou, como argumento principal e forte obstáculo à proposta da regra de supermaioria decisória, o fato da inversão do poder decisório da Corte sobre as questões de constitucionalidade, ao atribuir à opinião minoritária do tribunal o julgamento.[20]

Mais especificamente, Warren entendia que a aludida sugestão de reforma dos poderes jurisdicionais da Suprema Corte implicava uma operação processual que submetia o julgamento do tribunal à minoria dos decisores, em detrimento da opinião majoritária da Corte. Operação que transferia o poder decisório da Corte para o Congresso, na medida em que este determinaria o conteúdo do julgamento ao lado da opinião minoritária judicial. A minoria, portanto, teria o poder de afirmar o conteúdo dos direitos constitucionais e a validade dos atos legislativos, em detrimento da maioria; conjuntura jurisdicional que fragilizaria a autoridade do tribunal.

A preocupação com a atuação mais ativa da Suprema Corte ensejou a retomada do debate sobre o protocolo de votação por supermaioria, como técnica necessária para a tutela da deferência ao Congresso, nas hipóteses de legislação federal que versassem sobre matéria de federalismo, não mais no âmbito legislativo, mas no doutrinário, com a tese defendida por Evan Caminker.[21]

---

would assure the court full access to all the data necessary for a reasonable and balanced judgment upon the merits of each case" (Ibid., p. 802).
19. WARREN, Charles. *Congress, the Constitution and the Supreme Court*..., p. 178-217.
20. Two of the seven Judges thought the law constitutional; their view became the decision of the case; and thus a minority of two Judges assumed the affirmative power of settling the law of the State. If either of these cases had involved laws of grave importance to individual liberty; if, for instance, it had involved a criminal statute affecting constitutional rights, or if it had involved a defendant's entire property, or the rights of a great community, how much authority would such a minority decision have? Would either the parties or the public regard it as definitely settling anything? How much confidence in the Court would the community retain after a series of such minority decisions?" (WARREN, Charles. *Congress, the Constitution and the Supreme Court*..., p. 187).
21. CAMINKER, Evan. *Thayerian deference to congress and Supreme court supermajority rule*..., p. 73-122.

Por fim, cumpre assinalar que o conceito de supermaioria, como regra de decisão jurisdicional, encontrou espaço em outro lugar na organização do poder judiciário norte-americano: na experiência das Supremas Cortes estaduais, como as do estado de Ohio[22], Carolina do Norte[23] e Nebraska[24]. Trata-se de exemplos concretos que demonstram a factibilidade da proposta de uma regra decisória supermajoritária para tribunais constitucionais. Além disso, são capazes de quebrar o nosso ideal imaginário constitucional jurisdicional majoritário.[25]

As propostas legislativas, apresentadas no Congresso norte-americano, embora não tenham tomado estatura legal e efetiva reforma judicial para a Suprema Corte, ensejaram boas e frutíferas discussões sobre o papel da Suprema Corte e a necessidade de imposição de válvulas de segurança para o exercício de sua função institucional. Argumentos pragmáticos que confirmam os elementos da necessidade de uma construção teórica sobre os mecanismos de votação no contexto jurisdicional.

O mesmo cenário desenvolveu-se na história constitucional brasileira, sob clara e direta influência do quadro político e jurisdicional norte-americano. Na primeira oportunidade de rediscussão do projeto constitucional brasileiro, cons-

22. Art. IV, § 12, Ohio Constitution, 1912: "No law shall be held unconstitutional and void by the supreme court without the concurrence of at least all but one of the judges, except in the affirmance of a judgment of the court of appeals declaring a law unconstitutional and void". Essa regra de votação foi reformada por meio de emenda à constituição do estado em 1968.
23. Art. IV, § 89, North Dakota Constitution, 1919: "In no case shall any legislative enactment or law of the state of North Dakota be declared unconstitutional unless at least four of the judges shall so decide". Regra que foi republicada em 1976, como o art. VI, § 4º da Constituição.
24. Art. V, § 2º, Nebraska Constitution, 1920: "No legislative act shall be held unconstitutional except by the concurrence of five judges". Quanto à cláusula da Constituição do Estado de Nebraska, o julgamento do caso Mehrens v. Greenleaf, demonstra sua aplicabilidade: "In further support of the conclusions here in before reached as to the constitutionality of the act in question, we might add that a legislative act is always presumed to be within constitutional limitations unless the contrary is clearly apparent-a rule consistently followed by this court. However, the people, ever alert, and jealous of their vested rights, in 1920 adopted as an amendment to the Constitution of our state, as an additional safeguard, the following provision: "No legislative act shall be held unconstitutional except by the concurrence of five judges"-five-sevenths of the membership of the court as then and now composed. The judgment of the trial court is reversed, and the action dismissed" (*Report of cases in the Supreme Court of Nebraska*, v. 119. Nebraska: Claflin Priting Company, 1931. p. 88).
25. Para uma breve discussão sobre a aplicabilidade e consequências dessas regras decisórias nas Cortes Supremas estaduais, ver CAMINKER, Evan. *Thayerian deference to Congress and Supreme Court*..., p. 89-94; SHUGERMAN, Jed Handelsman. *A six-three rule*..., p. 954-962.

truído em 1891, a questão da jurisdição constitucional e da função do Supremo Tribunal Federal, como intérprete final da constituição e garantidor da unidade do direito, foram postas em xeque. Isso porque o modelo constitucional, desenhado na Constituição da República de 1891, apresentava-se insuficiente e com sérios inconvenientes práticos. Daí por que esse foi um dos grandes temas na arena da organização do Poder Judiciário.

Assim, foi, que na constituinte de 1934, quando pela primeira vez se abordou, de forma direta e aberta, o problema do protocolo de votação para as decisões de declaração de inconstitucionalidade pelo Supremo Tribunal Federal (regra de maioria absoluta ou qualificada) a subcomissão, encarregada de elaborar o anteprojeto constitucional, considerou a experiência jurisdicional comparada norte-americana como parâmetro normativo. Sugeriu-se, portanto, a regra de supermaioria como regra de decisão, em detrimento da maioria absoluta. Essa proposta, porém, a exemplo do modelo comparado, ficou restrita ao âmbito das discussões legislativas.

3. Constitucionalismo brasileiro e a regra supermajoritária como proposta para o Supremo Tribunal Federal

3.1. Discussão no espaço legislativo

A Constituição de 1891, quando atribuiu, no art. 60,[26] aos juízes e tribunais federais competência para processar e julgar as causas em que alguma das partes funda o seu direito na Constituição Federal, ou propostas contra o governo da União, fundadas em dispositivo da constituição, nada mais fez do que atribuir implicitamente, pela primeira vez no nosso Estado de Direito republicano, aos tribunais, competência para apreciar a inconstitucionalidade das leis e dos atos

---

26. Art. 60, Constituição da República dos Estados Unidos do Brasil, 1981: "Aos juízes e Tribunaes Federaes: processar e julgar: [...] § 1º Das sentenças das justiças dos Estados em ultima instancia haverá um recurso para o Supremo Tribunal Federal: a) quando se questionar sobre a vigencia ou a validade das leis federaes em face da Constituição e a decisão do Tribunal do Estado lhes negar a applicação; b) quando se contestar a validade de leis ou actos dos governos dos Estados em face da Constituição, ou das leis federaes, e a decisão do tribunal do Estado considerar válidos esses actos, ou essas leis impugnadas; c) quando dous ou mais tribunaes locaes interpretarem de modo diferente a mesma lei federal, podendo o recurso ser também interposto por qualquer dos tribunaes referidos ou pelo procurador geral da Republica." Redação esta que foi dada pela Emenda Constitucional, de 3 de setembro de 1926, que modificou a redação original do art. 59, que disciplinava sobre essa matéria. A disciplina jurídica da organização da justiça federal foi complementada, na vigência da Constituição da República de 1891, com a Lei n. 221, de 20 de novembro de 1894, que tornou ainda mais explícito o desenho da jurisdição constitucional para o Supremo Tribunal Federal, conforme prescrição do art. 22.

do poder público. Desenho institucional que antecipou as linhas do que viria a ser, mais tarde, o recurso extraordinário e sua vocação para o perfil de "técnica processual" constitucional.[27]

A preocupação com o desenvolvimento de uma jurisdição constitucional, que garantisse a supremacia da constituição no ordenamento jurídico, por meio da afirmação de suas normas, quando contestada diante de outros atos do poder público; principalmente por parte do Poder Legislativo, que até então era considerado o ramo do poder do estado representativo da vontade popular, já circundava os propósitos do governo provisório da República.

Os republicanos históricos, perante a prática jurisdicional vivenciada nos estados brasileiros, bem como diante da notícia referente aos acontecimentos políticos e jurídicos, sucedidos nos Estados Unidos, país que norteou toda a estrutura e idealização do nosso imaginário constitucional republicano, perceberam a necessidade de se pensar a organização do Poder Judiciário de forma a conferir máxima aplicabilidade à constituição.

Tanto é assim que o governo provisório da República, ao dispor sobre a organização da justiça federal e a instituição do Supremo Tribunal Federal, publicou o Decreto 848, de 11 de outubro de 1890, documento legislativo que precedeu a promulgação da primeira Constituição da República do Brasil.

Na exposição de motivos do aludido Decreto, fica clara a justificativa da jurisdição constitucional, quando destacou o papel a ser desempenhado pelo Poder Judiciário, em particular pelo Supremo Tribunal Federal, consideradas as atribuições e competências institucionais, dando as primeiras linhas do controle jurisdicional de constitucionalidade brasileiro.[28]

---

27. Themistocles Cavalcanti afirma que, não obstante as limitações técnicas que esse recurso extraordinário traz para uma ampla investigação das questões de constitucionalidade, a atribuição que lhe foi conferida, por certo, tem o objetivo de garantir a unidade do direito e a supremacia da constituição, por meio da composição da jurisprudência (CAVALCANTI, Themistocles Brandão. O Supremo Tribunal Federal e a Constituição. *Sesquicentenário do Supremo Tribunal Federal*: conferências e estudos realizados na Universidade de Brasília de 11 a 14 de outubro de 1978. Brasília: Editora Universidade Brasília, 1982).

28. Nesse ponto, interessante o preâmbulo do Decreto 848, de 11 de outubro de 1890, que traz a exposição de motivos e real percepção que os republicanos históricos tinham sobre o papel a ser desempenhado por uma jurisdição constitucional, bem como a sua importância e limites dentro de uma estrutura de estado: "A magistratura que agora se instala no paiz, graças ao regime republicano, não é um instrumento cégo ou méro interprete na execução dos actos do poder legislativo. Antes de applicar a lei cabe-lhe o direito de exame, podendo dar-lhes ou recusar-lhe sancção, si ellas lhe parecer conforme ou contrária à lei orgânica. O poder de interpretar as leis, disse o honesto e sábio juiz americano, envolve necessariamente o direito de verificar si ellas são conformes ou não

Todavia, por se tratar o controle jurisdicional de constitucionalidade de uma experiência incipiente na estrutura do Poder Judiciário brasileiro, com mais razão a forma de julgamento em órgãos colegiados (como os tribunais), a Constituição de 1891 não disciplinou acerca da regra de decisão a ser tomada pelos tribunais ou sobre a obrigação de um quórum mínimo para o julgamento de matéria constitucional.

Tal previsão normativa foi inaugurada na ordem jurídica no plano infraconstitucional, com a publicação do Decreto 938, de 29 de dezembro de 1902,[29] cuja disciplina foi voltada, especificamente, para a fixação de um quórum mínimo para o julgamento das sentenças finais, decididas pelo Supremo Tribunal Federal, órgão colegiado que, à época, era formado por 15 membros. Nesse sentido, o texto legal do art. 1º:

> Sempre que o Supremo Tribunal Federal tiver de julgar, nos casos de sua competencia, comprehendida no art. 59, ns. 1 e 3 da Constituição, ou quando em

---

à Constituição, e neste ultimo caso cabe-lhe declarar que ellas são nullas e sem efeito. Por esse engenhoso mecanismo consegue-se evitar que o legislador, reservando-se a faculdade da interpretação venha a colocar-se na absurda situação de juiz em sua própria causa. [...] Essa missão histórica incumbe, sem duvida, ao poder judiciário, tal como architectam poucos povos comtemporaneos e se acha consagrado no presente decreto. Ahi está posta a profunda diversidade de índole que existe entre o poder judiciário tal como se achava instituido no regimen decahido, e aquelle que agora se inaugura, calcado sobre os modelos democráticos do systema federal. De poder subordinado, qual era, se transforma em poder soberano, apto na elevada esfera da sua autoridade para interpor a benéfica influencia do seu critério decisivo, a fim de manter o equilíbrio, a regularidade e a própria independência dos outros poderes; assegurando ao mesmo tempo o livre exercício dos direitos do cidadão. É por isso que na grande União Americana com razão se considera o poder judiciário como pedra angular do edifício federal e o unico capaz de defender com eficácia a liberdade, a autonomia individual. Ao influxo da sua real soberania desfazem-se os erros legislativos e são entregues à austeridade da lei os crimes dos depositários do poder executivo. [...] Isto basta para assignalar o papel importantíssimo que a Constituição reservou ao poder judiciário no governo da Republica. Nelle reside essencialmente o principio federal; e da sua boa organização, portanto, é que devem decorrer os fecundos resultados que se esperam do novo regime precisamente porque a Republica, segundo a máxima americana, deve ser o governo da lei" (CAVALCANTI, João Barbalho Uchoa. *Constituição Federal brasileira*: comentários. 2. ed. (publicação póstuma). Rio de Janeiro: F. Briguiet e Cia. Editores, 1924. p. 294).

29. Importante registrar que o Decreto 848, de 11 de outubro de 1890, que precedeu a Constituição de 1891, trazia uma regra sobre o funcionamento do Supremo Tribunal Federal que exigia a maioria de seus membros, como uma forma de organização geral, sem vinculação a qualquer tipo de matéria ou decisões. Nesse sentido, o art. 7º dispunha: "O Tribunal funcionará com a maioria dos seus membros. Na falta de numero legal serão chamados successivamente os juízes das secções mais próximas, aos quaes competirá jurisdicção plena, emquanto funcionarem como substitutos".

qualquer pleito se envolver questão de inconstitucionalidade das leis da União ou dos Estados e de tratados federaes, as decisões finaes serão proferidas com a presença de dez, pelo menos, dos seus membros desimpedidos.

O teor dessa regra jurídica foi replicado no Decreto 1.939, de 28 de agosto de 1908, no art. 8º.[30] Mais tarde, em 1931, foi reduzido o número de ministros do Supremo de quinze para onze, em decorrência de uma reforma na reorganização desse tribunal, de modo que o Decreto 20.106 diminuiu também o quórum para a sessão de julgamento para o número de seis, conforme o art. 8º, que assim prescrevia: "Para julgamento, pelo Supremo Tribunal Federal, dos feitos que envolvam questão constitucional, será necessária a presença de seis ministros, pelo menos, da turma julgadora, modificado nesse sentido, o art. 4º decreto n. 19.656. Esta última previsão para o quórum da sessão de julgamento, em que se exige a presença mínima de seis ministros, é o esboço da futura regra de decisão por maioria absoluta para as declarações de inconstitucionalidade no sistema constitucional.

Da leitura da legislação infraconstitucional, anteriormente reproduzida, infere-se que o objetivo da fixação de um quórum mínimo não estava atrelado ao problema da regra de julgamento majoritária, mas sim à questão da presença de um número mínimo de juízes integrantes do tribunal para se realizar o julgamento das matérias constitucionais. Em outras palavras: o estabelecimento desse quórum mínimo corresponde à chamada cláusula de reserva de plenário, inspirada na criação jurisprudencial norte-americana do *full bench*, e não ao mecanismo de tomada de decisão coletiva.

João Barbalho Cavalcanti, ao comentar a Constituição de 1891, em particular a organização e função do Poder Judiciário, destacou a importância em se fixar um quórum mínimo para a tomada de decisão no Supremo Tribunal Federal, em matéria constitucional, como técnica necessária para se conferir autoridade e estabilidade à jurisprudência desse tribunal, que tinha o papel principal de conferir a unidade do direito.[31] Esse argumento revelava a preocupação da doutrina com

---

30. Art. 8º, Decreto 1.939, de 28 de agosto de 1908: "Quando contra os actos ou decisões das autoridades administrativas fôr allegada a inconstitucionalidade de taes actos ou decisões, não obstante serem os mesmos conformes com as leis ou regulamentos em vigor, a decisão final do Supremo Tribunal Federal deverá ser proferida estando presentes, pelo menos, 10 de seus membros desimpedidos".

31. Em suas palavras: "No exercício de tao relevante poder cumpre aos tribunaes observar a maxima circumspecção; os comentadores na ausência de prescripções legaes, aconselham e os juízes observam certos preceitos de muito bom aviso a respeito. – A lei traz sempre a presumpção de validade [...]. E convém que questões desta natureza somente sejam submetidas á decisão nos tribunaes, quando todos os membros deles se acharem presentes, para que tenham mais autoridade suas resoluções e para mais seguramente manter-se a jurisprudencia" (CAVALCANTI, João Barbalho Uchoa. *Constituição*

o problema da legitimidade, autoridade e limites da atuação do STF, no exercício do controle de constitucionalidade dos atos do poder público.³²

A Constituição de 1934, não obstante as poucas inovações a respeito das competências do recurso extraordinário, cujos contornos principais haviam sido delineados na Lei 221/1894, teve o mérito de inaugurar uma disciplina jurídica sobre o protocolo de tomada de decisão coletiva pelos tribunais, nos pronunciamentos de declaração de inconstitucionalidade. Tal regulamentação abrangeu os seguintes pontos: obrigação de um quórum mínimo e exigência de maioria absoluta, enquanto regra de decisão para que os tribunais declarem a inconstitucionalidade dos atos do poder público.

Os grandes debates ocorridos acerca das justificações e propriedades do princípio majoritário, como regra de julgamento para as decisões no âmbito jurisdicional constitucional, com efeito, foram levados a cabo na constituinte de 1934. Primeiro, com as discussões na Subcomissão do Itamarati³³; depois nas deliberações da Assembleia Constituinte 1933/1934.

Federal brasileira: comentários..., p. 298-299). Cumpre assinalar que, embora as razões arguidas por João Barbalho Cavalcanti sejam coerentes com o problema da legitimidade do exercício da função jurisdicional constitucional pelo Supremo tribunal Federal, acreditava o autor que o quórum mínimo para a sessão de julgamento era técnica processual suficiente para garantir tal objetivo e imprimir a objetividade e estabilidade necessária às decisões. Não fazendo qualquer diferença entre regra de quórum (reserva de plenário) e regra de julgamento.

32. Preocupação que estava atenta à realidade jurisdicional desenvolvida pelo Supremo Tribunal Federal que, em alguns casos, por conta da ausência de um quórum mínimo para a tomada de decisão, chegou a resolver um caso com um placar de três a dois, fato que provocou sérios inconvenientes e objeções da doutrina e dos advogados. Sobre essa questão, ocorrida no julgamento da apelação cível n. 216, de 20 de janeiro de 1987, cuja reforma da sentença de primeiro grau se deu por um placar de três a dois, em um tribunal como o STF, que à época era composto por 15 membros. Ver RODRIGUES, Lêda Boechat. *História do Supremo Tribunal Federal*. 2. ed. Rio de Janeiro: Civilização Brasileira, , 1991. v. 1. Defesa das liberdades civis, 1891-1898. p. 71-72.

33. A Constituição Federal de 1934, resultado do nosso terceiro projeto constituinte, foi precedida de um anteprojeto, elaborado por uma comissão especial, constituída para tal fim, formada pelos maiores constitucionalistas e políticos da época. Falamos da chamada "Comissão do Itamaraty", criada a partir do Decreto 21.402, de 14 de maio de 1932, do Governo Provisório, que fixou o dia 03 de maio de 1933, para a realização das eleições à Assembleia Constituinte. A subcomissão foi formada por, Mello Franco (presidente), Assis Brasil, Antônio Carlos Prudente de Moraes Filho, João Mangabeira, Carlos Maximiliano, Arthur Ribeiro, Agenor de Roure, José Américo, Osvaldo Aranha, Oliveira Vianna, Góes Monteiro e Themístocles Cavalcanti (secretário da comissão geral). Antes do seu término, integraram, ainda, Castro Nunes Vianna e outros. Registre-se que para a elaboração do anteprojeto constituinte a comissão afastou como esboço

Interessante observar que na constituinte de 1933/1934, oportunidade na qual os desenhos institucionais da jurisdição constitucional foram analisados e debatidos extensivamente, bem como foram construídas as bases do controle difuso de constitucionalidade, como se conhece hoje, estavam postas na mesa de debate duas fórmulas de controle da atuação do Supremo Tribunal Federal: a regra decisória de maioria qualificada e a revisão das suas decisões, com caráter generalizante pelo Congresso Nacional.

Vários foram os pontos debatidos na comissão de elaboração do anteprojeto da constituinte de 1934, com relação à organização do Poder Judiciário e à administração da justiça. As questões referentes ao papel e ao desenho institucional adequado para o Supremo Tribunal Federal são as mais interessantes e conclusivas no sentido de demonstrar a percepção, que já se tinha à época, quanto à necessidade de se atribuir a esse tribunal a função de intérprete final da constituição, no exercício do controle de constitucionalidade, e de garantidor da unidade do direito, por meio de sua jurisprudência.[34] O problema estava em como atribuir essa função com legitimidade, de forma a não interferir na esfera dos demais poderes de estado.[35]

Esse argumento é ilustrado com o debate ocorrido na subcomissão sobre o conceito, definição, limites e competências do Supremo Tribunal Federal, que traz consequências e reflexos para o problema do mecanismo de tomada de decisão coletiva pelo tribunal, na medida em que o desenho e a estrutura de qualquer

---

a Constituição Federal de 1891, começando a tarefa de desenho institucional com uma carta em branco. É certo que muito do que foi formulado no anteprojeto da Comissão do Itamaraty, e aqui se fala da parte que interessa, a organização do Poder Judiciário e do Supremo Tribunal Federal, foi rejeitado na constituinte. Nesse sentido, e para maior aprofundamento do processo de elaboração da Constituição Federal de 1934, ver, POLETTI, Ronaldo. *Constituições Brasileiras*. 3. ed. Brasília: Senado Federal. Secretaria Especial de Editoração e Publicações Subsecretaria de Edições Técnicas, 2012. v. III, 1934. em especial p. 20-22. Ainda, sobre a constituinte de 1934, ver AZEVEDO, José A. M. *Elaborando a Constituição Nacional*: atas da Subcomissão elaboradora do anteprojeto 1932/1933. Ed. fac-similar. Brasília: Senado Federal, 2004.

34. Ibid., p. 429-442.
35. Nesse cenário, foi que João Mangabeira, Themistocles Cavalcanti e Carlos Maximiliano sustentaram no anteprojeto o fim do sistema dualista do poder judiciário, instituído com a Constituição Federal de 1891, e o estabelecimento da unidade da magistratura. Desenho institucional aprovado pela subcomissão, mas que foi rejeitado na constituinte, que restabeleceu o sistema dualista. Sobre essa disputa pela unidade da magistratura (e do sistema judicial) na estrutura da organização do poder judiciário em detrimento do sistema dualista entre a União e os Estados, ver CASTRO, Araújo. *A reforma constitucional*. Rio de Janeiro: Livraria Editora Leite Ribeiro, 1924. p. 91-102. Ainda, sobre os debates da Subcomissão do Itamarati, cf., AZEVEDO, José A. M. *Elaborando a Constituição Nacional...*, p. 400-430.

instituição (como?) sempre deve ser precedido das respostas às perguntas "para quê" e "por quê?"[36]

A proposta original, colocada em pauta pelo presidente da comissão, acerca do Supremo Tribunal Federal, dentro da organização do poder judiciário, era: "O Poder Judiciario da Republica será exercido: a) por um tribunal superior, com a denominação de Supremo Tribunal Federal".[37]

Contra essa fórmula, Carlos Maximiliano apresentou emenda sugerindo, quanto ao termo "Supremo Tribunal Federal", que fosse adotada a expressão "Côrte Suprema" ou "Supremo Tribunal". João Mangabeira, por seu turno, apontou outra emenda para que se deixassem definidas, desde logo, as funções desse tribunal: "O Poder Judiciario será exercido por tribunaes e juízes distribuídos pelo paiz; e o órgão supremo terá por missão principalmente manter a unidade do direito e ser o interprete máximo da Constituição".[38]

---

36. JOLOMICZ, John Anthony. The role of the supreme court at the national and international level, a general report. In: YESSIOU-FALTSI (Ed.). *The Role of the Supreme Courts at the National and International Level*. Thessaloniki: Sakkoulas, 1998. p. 47-63.
37. AZEVEDO, José A. M. *Elaborando a Constituição Nacional...*, p. 430.
38. Ibid., p. 431. João Mangabeira, um dos integrantes da Subcomissão Itamarati, encarregada de redigir o anteprojeto da Constituição de 1934, propôs e defendeu três desenhos institucionais para a configuração e funcionamento do Supremo Tribunal Federal, partindo da premissa de que esse no desempenho da jurisdição constitucional assumia função eminentemente política. Função política no sentido de que o objeto de trabalho do STF, a Constituição, é um projeto normativo em si político, porquanto versa sobre a estrutura de estado, o estabelecimento de competências dos entes federados, tutelando as fronteiras de atuação normativa dos Estados e da União, bem como o processo de formação das regras jurídicas. Ou seja, o caráter político do Supremo Tribunal Federal não se configura na sua feição partidária ou ideológica, mas nas suas funções, no exercício da matéria que é de sua competência precípua. Político pela repercussão de seus julgados e pela sua estrutura de instituição integrante do estado de direito que deve conferir a interpretação definitiva, do ponto de vista processual, do texto constitucional. Essa premissa adotada por João Mangabeira, com fundamento nos estudos da literatura constitucional e política da jurisdição constitucional norte-americana, como se verifica da leitura dos seus relatórios e textos, foi essencial para que se emprestasse a noção da realidade do que é e com que realmente trabalham os tribunais constitucionais. Por isso, seu interesse em mecanismos mais fortes de controle. Os desenhos institucionais propostos para a edificação de um "bom sistema" foram: criação de um tribunal de reclamação para as ações de valor econômico baixo contra a União; regra de maioria qualificada para a declaração de inconstitucionalidade e a fixação de um prazo de cinco anos para a arguição do vício de ilegitimidade constitucional. Nesse sentido, ver MANGABEIRA, João. *Em torno da Constituição*. Bibliotheca de Cultura Jurídica e Social. v. II. São Paulo: Companhia Editora Nacional, 1934. Esse livro é o resultado da junção de uma série de artigos publicados pelo autor no *Diário Carioca*, nos quais fez uma vigorosa defesa do anteprojeto, deliberado e votado pela Subcomissão do Itamarati.

De início, a emenda arguida por Carlos Maximiliano foi aprovada, sem maiores dissidências, por se tratar de questão conceitual. Por outro lado, a emenda proposta por João Mangabeira foi alvo de duras críticas dos demais membros da subcomissão.[39]

À proposta de João Mangabeira de atribuir ao Supremo Tribunal Federal a função de manter a unidade do direito, Arthur Ribeiro apontou que era desnecessária por ter natureza meramente doutrinária, nada acrescentando ao sistema já delineado. Oswaldo Aranha, o mais crítico quanto ao ponto, levantou a objeção de que tal competência desfigurava a constituição e a estrutura do sistema de separação e harmonia entre os poderes, porquanto enunciava uma atribuição que é da soberania do povo.[40]

Nesse sentido, alegou:

> A unidade do direito confiada ao Supremo Tribunal Federal será a morte da Republica. [...] Esse artigo é aberrante de tudo quanto é senso jurídico. Vota contra e lança um protesto, porque não pode haver um paiz onde o direito seja apenas a elaboração de um tribunal. Isso é contrario a tudo quanto se tem votado. Não é possível dar a um tribunal só a creação do direito brasileiro. Elle apenas mantem a unidade judicial, como parte realizadora e não como parte creadora do direito, que emana de fontes que nem se póde estabelecer.[41]

Arthur Ribeiro, então presidente da subcomissão, refutou as objeções de Oswaldo Aranha, explicando que a razão subjacente à proposta não era a de conferir ao Supremo Tribunal uma função criadora do direito, conquanto o regime federal, pelo jogo de suas instituições, atribua implicitamente esse papel ao tribunal, quando o coloca como órgão de cúpula do poder judiciário.[42] Em suas palavras:

> ainda que o dispositivo não diga, o Supremo tribunal terá uma grande função nesse aspecto da creação do direito. Pelo regimen federativo, não póde deixar de ser elle o interprete, final da Constituição, deante da multiplicidade dos tribunaes. Não há outro meio de manter essa unidade senão pela uniformidade dos seus arrestos.[43]

Quanto à divergência instalada por Oswaldo Aranha, João Mangabeira esclareceu que a expressão "manter a unidade do direito" não significava uma criação pura do direito pelo tribunal, mas, sim, uma criação a partir dos textos

---

39. AZEVEDO, José A. M. *Elaborando a Constituição Nacional...*, p. 430-432.
40. Ibid., p. 431.
41. Ibid., p. 431.
42. Ibid., p. 432.
43. Ibid., p. 432.

legais e constitucional, até porque o próprio verbo "manter" parte da premissa de que existe algo anterior, ou seja, uma premissa legal. Em outras palavras, no verbo "manter" não está implícita a faculdade de criação, mas de convergência das dissidências interpretativas, surgidas no âmbito da atuação dos distintos tribunais estaduais. Nesse contexto interpretativo é que se insere o sentido do verbo "manter" e da expressão "manter a unidade do direito".[44]

João Mangabeira, quanto ao ponto, explicitou:

> Umas das grandes missões, talvez a principal do Supremo Tribunal Federal, manter a unidade do direito, como a manteve em 1930, deante da emenda intercalada na reforma de 1926, decidindo entre duas sentenças contraditória – uma da Justiça Estadual e outra da Federal – e declarando: O direito é esse! É esse o caso máximo em que mantem a unidade do direito, para que um paiz dado quando um tribunal A declare que o direito é este e o tribunal B diga que é aquelle, ele intervenha entre as duas decisões contraditores sobre o mesmo principio jurídico e sobre a mesma regra geral, como uma espécie de tribunal de cassação, para declarar que o direito é este ou aquelle e assim manter a unidade do direito por via de recurso extraordinário.[45]

Ainda, trouxe maiores explicitações quanto à expressão "o interprete máximo da Constituição", conforme sua sugestão na emenda ao anteprojeto. Nessa linha de raciocínio, afirmou que a autoridade do Supremo Tribunal Federal, como intérprete máximo da constituição, deve estar consignada no texto constitucional como forma de se deixar definidos o espaço e os limites de atuação desse tribunal, para que sua competência não seja o resultado de ilações ou intepretações abstratas de juízes, mas, antes, do texto expresso da constituição. Entendia tal precaução pertinente para se evitar os fatos ocorridos na prática jurisdicional e política dos Estados Unidos, que à vista da atuação da Suprema Corte americana, em direção à invalidação de leis progressistas do congresso, foi alvo de intensas críticas de políticos, os quais retomaram o argumento de que o exercício de tal poder configurava hipótese de usurpação de função que a constituição em momento algum houvera definido.[46]

Defendia João Mangabeira que os poderes e funções do Supremo Tribunal Federal deveriam estar expressos no texto constitucional, como forma de se trabalhar a partir de uma premissa sincera da atividade jurisdicional constitucional. Apenas, partindo dessa realidade normativa da função atribuída ao tribunal, consistente em manter a unidade do direito e ser o interprete máximo da consti-

---

44. AZEVEDO, José A. M. *Elaborando a Constituição Nacional...*, p. 432.
45. Ibid., p. 432. No mesmo sentido, ver MANGABEIRA, João. *Em torno da Constituição...*, p. 102-107.
46. AZEVEDO, José A. M. *Elaborando a Constituição Nacional...*, p. 432-433.

tuição, que se poderia pensar em desenhos institucionais, voltados à repressão de potenciais abusos interpretativos e de poder.[47] À vista dessa perspectiva teórica e prática, justificou a técnica do protocolo de votação por maioria de dois terços para o Supremo Tribunal.

Oswaldo Aranha, ainda insatisfeito com a explicação, pediu que Carlos Maximiliano dissesse o que ele entendia por "manter a unidade do direito", uma vez que o STF tem as duas atribuições: a de ser o intérprete da constituição e a de manter a unidade do direito. Em resposta, Carlos Maximiliano asseverou que a expressão tinha o propósito de afastar as aplicações contraditórias das regras jurídicas nos distintos tribunais estaduais.[48] Nessa oportunidade, João Mangabeira acrescentou a expressão "manter, pela jurisprudência, a unidade da Justiça", a qual, desde logo, explicitaria a função do tribunal.[49]

A grande controvérsia, no final das contas, residia na fórmula a ser empregada no texto constitucional para a definição do Supremo Tribunal Federal, em razão da sua função precípua de intérprete máximo da constituição e garantidor da unidade do direito, e não quanto à ideia em sua essência. Arthur Ribeiro e Oswaldo Aranha compreendiam ser inútil a definição da atribuição de manter a unidade do direito, por meio da jurisprudência, porque se tratava de questão doutrinária, que já estava implícita na regra anterior.[50]

Ao final das discussões, foi aprovada a seguinte redação, quanto à função do STF:

> O Poder Judiciario será exercido por Tribunaes e juízes, distribuidos pelo paiz; e o seu órgão superior terá por missão principal manter, pela jurisprudência, a unidade do direito, interpretado conclusivamente a Constituição, em todo o território brasileiro.[51]

Na 26ª sessão da subcomissão, ocorrida em 02 de fevereiro de 1932, na qual a ordem do dia era a discussão e votação do projeto do Ministro Arthur Ribeiro sobre o Poder Judiciário, Carlos Maximiliano sugeriu emenda para alterar o número de membros integrantes da composição do Supremo Tribunal Federal, que a Constituição de 1981 houvera fixado em quinze.

Seu objetivo com a proposta era conciliar a necessidade de descongestionamento das atividades e trabalho da corte com sua autonomia e independência dos demais poderes quanto à nomeação judicial. Entendia, nessa linha de racio-

---

47. Ibid., p. 433.
48. Ibid., p. 434.
49. Ibid., p. 434.
50. Ibid., p. 434.
51. AZEVEDO, José A. M. *Elaborando a Constituição Nacional...*, p. 434.

cínio, que competia ao próprio tribunal a palavra a respeito da oportunidade e conveniência em se aumentar o número de integrantes do tribunal, como forma de afastar a ingerência política direta na composição da corte, tal como acontecido no exemplo comparado da suprema corte americana.[52]

Com relação à emenda proposta, João Mangabeira votou contra, ao argumento de que o aumento do número de magistrados na composição do Supremo Tribunal Federal viabilizaria a possibilidade de interferência e manipulação política na formação do tribunal. Defendia que o contrário, ou seja, o estabelecimento de um número e competências fixos, seria a garantia da independência da jurisdição constitucional, desempenhada pelo Supremo Tribunal Federal.[53]

A inquietação demonstrada por João Mangabeira era reflexo dos acontecimentos vividos pela jurisdição norte-americana, que ele tinha muito presente em seu contexto teórico e político. A propósito, relembrando o caso do papel-moeda resolvido na suprema corte americana, cuja decisão foi tomada por cinco a quatro, asseverou: "deu-se uma vaga no Supremo Tribunal e o numero de ministros foi augmentado de mais um. Então, o Governo nomeou dois homens, que estavam compromettidos para votarem pelo papel moeda. E seis mezes depois a jurisprudencia tinha mudado".[54]

Maximiliano replicou a preocupação externada por Mangabeira, afirmando que com sua emenda esse problema não ocorreria, na medida em que o aumento do número de ministros dependeria de aprovação do próprio tribunal, ao contrário do que ocorrera no contexto norte-americano.[55] Argumento, compartilhado por Oswaldo Aranha, segundo o qual o inconveniente de trocas e interferências entre a justiça e o poder político estava afastado com a fórmula encontrada na emenda para exigir a prévia aprovação por parte do Supremo Tribunal.[56] Tratando, esse assunto, da composição de mais uma matéria de organização do Poder Judiciário, caberia à lei orgânica definir esse ponto.

João Mangabeira, ainda, insistiu na manifestação de seu desconforto com a possibilidade de associação entre os dois poderes, Judiciário e Executivo, no que foi parcialmente acompanhado por Themistocles Cavalcanti, que também entendia devesse ser fixo o número de magistrados integrantes do tribunal, como forma de se evitar manipulações políticas. Todavia, votou pela redução do número de 15 para 11 membros, como sugerido por Oswaldo Aranha.[57]

---

52. Sobre a justificativa expressa e a proposta de emenda, cf. AZEVEDO, José A. M. *Elaborando a Constituição Nacional...*, p. 513.
53. Ibid., p. 517.
54. Ibid., p. 517.
55. Ibid., p. 517.
56. Ibid., p. 517-518.
57. Ibid., p. 519.

Afranio de Mello Franco, presidente da 26ª sessão, corroborou as preocupações externadas por João Mangabeira, no sentido de que a ausência de fixação de um número máximo poderia dar margem a incursões do poder político na composição da corte, tal como verificado na vida judiciária americana, em que, em determinada ocasião, o número de ministros foi reduzido para cinco, como técnica de manipulação política da corte para a obtenção de resultado pretendido pelo governo.[58]

Desse modo, entendeu que a fixação do número 15 para o máximo de membros do tribunal, sem possibilidade de sua redução, cumpriria o objetivo visado pela regra jurídica, consistente no afastamento das manipulações dos poderes e forças políticas. Ainda mais, considerando o fato de que a aprovação do aumento do número de ministros dependia da aquiescência de maioria absoluta do próprio Supremo Tribunal Federal. Caberia à própria instituição, portanto, definir sobre seu funcionamento e estrutura.

A redação final da emenda, tal como aprovada, ficou: "Mediante representação do Supremo Tribunal, aprovada por sessão plena, por maioria absoluta, póde o numero de seus membros ser augmentado gradativamente, por lei ordinária, até o máximo de 15, porém, não mais diminuído".[59]

Essa previsão constitucional, como observado nas discussões, tinha o propósito de garantir a necessária independência à atuação do Supremo Tribunal Federal, em torno do desempenho da sua atividade de máximo intérprete da Constituição Federal, no exercício do controle de constitucionalidade.

Função institucional e atribuição constitucional que, com a constituinte de 1934, ficaram expressas, a partir dos novos desenvolvimentos sobre essa questão e sobre a organização do Poder Judiciário dentro da estrutura do aparelho do estado, conforme observações externadas por Carlos Maximiliano, Themistocles Cavalcanti e João Mangabeira. Por isso, a mera possibilidade de qualquer intervenção do poder político, nas suas decisões, constituiria fator de degradação do próprio Poder Judiciário, fato que deveria ser repelido a todo custo.

Por outro lado, considerada a essencialidade da função da jurisdição constitucional, densificada no controle de validade dos atos normativos e na definição

---

58. Afranio de Mello Franco asseverou: "Como muito bem disse o sr. Mangabeira, o facto de não haver a Constituição americana fixado o numero de juízes da Suprema Côrte tem determinado a incursão dos poderes políticos na vida judiciaria daquele paiz, havendo ocasião em que esse numero foi reduzido a 5, depois gradativamente augmentado, ao sabor das necessidades politicas. Há muitos anos porém a Suprema Côrte é constituída por 9 juizes, e esse numero tem se mostrado suficiente para os trabalhos daquele Tribunal, que enfaixa, por assim dizer, o systema judiciário da grande nação" (AZEVEDO, José A. M. *Elaborando a Constituição Nacional*..., p. 417).
59. AZEVEDO, José A. M. *Elaborando a Constituição Nacional*..., p. 417.

da última interpretação da norma constitucional, restavam inquietações por parte de alguns membros da subcomissão do Itamarati, com relação à fórmula do controle de constitucionalidade, seus efeitos, alcance e limites internos, no processo de tomada de decisão.

Themistocles Cavalcanti demonstrava sua preocupação, quanto ao tema da inconstitucionalidade das leis, porque entendia que a fórmula da não aplicação da lei, julgada inconstitucional pelo juiz, em um caso concreto, trazia sérios inconvenientes para o sistema judiciário como um todo.

Inconvenientes que configuravam, na sua concepção, riscos para a organização do Poder Judiciário, na medida em que a limitação dos efeitos da declaração de inconstitucionalidade, ao caso concreto, possibilitava o ajuizamento de uma série de ações com a mesma finalidade e com o mesmo objeto. Ações que poderiam vir a ter soluções jurídicas distintas, a depender do tribunal ou juiz que analisasse ou decidisse sobre a questão. Mais grave era o fato de que essa fórmula institucional, tal como desenhada na Constituição de 1981, autorizava a convivência de uma declaração judicial de negativa de vigência de determinado ato e sua permanência e vigência no sistema jurídico, em decorrência da sua vinculação ao processo judicial individual.[60]

Nesse cenário, defendeu a ideia da ação declaratória em tese de inconstitucionalidade dos atos legislativos, que deveria encontrar a sua melhor fórmula de aplicação no sistema, em respeito e consideração à estrutura da separação de poderes. De início, Themistocles Cavalcanti consignou sua proposta de emenda, nos seguintes termos: "A primeira é quanto à competência do Supremo Tribunal Federal para declarar em theses a inconstitucionalidade das leis por meio de acção declaratoria, em virtude de provocação das camaras legislativas ou de qualquer interessado".[61]

Apoiando a emenda, João Mangabeira afirmou que sua virtude se encontrava na autorização dada a qualquer interessado para propor ação declaratória

---

60. Esses receios eram compartilhados por João Mangabeira, para quem: "A medida tem a vantagem de evitar que, à sombra de uma lei inconstitucional, se desenvolva e estabilize uma série de acções jurídicas para cinco ou seis annos depois vir perturbar todo um mundo de interesses que se concretizaram em contractos." Bem como por Góes Monteiro, como assinalado nos debates da 26ª sessão da comissão elaboradora do anteprojeto: "O sr. *Góes Monteiro* observa que, realmente, esta é umas coisas que sempre pareceram inconvenientes, no systema constitucional de 1891, pois não se póde compreender que, depois de ter o Supremo Tribunal julgado em espécie uma lei inconstitucional, ella continue em vigor. Entende que deve haver um meio de evitar esse inconveniente. Essa acção declaratória, em theses, tem os seus perigos, porque coloca o Supremo Tribunal Federal quase como poder supremo do Estado" (Cf. AZEVEDO, José A. M. *Elaborando a Constituição Nacional...*, p. 532 e p. 536).

61. Ibid., p. 532.

de natureza sumária perante o Supremo Tribunal, com o objetivo de obter um pronunciamento sobre determinada lei com efeitos gerais. Essa técnica evitaria o ajuizamento de inúmeras ações judiciais repetitivas sobre a mesma questão, mesmo depois de anos consolidada no sistema jurídico. Hipótese que perturbava as situações formalizadas no passado, como interesses concretizados em contratos.[62]

Não obstante seu apoio à emenda proposta por Cavalcanti, Mangabeira explicou que esse "poder tremendo", confiado ao Supremo Tribunal Federal, decorrente da ação declaratória em tese dos atos legislativos, deveria ser exercido com cautela e limites estruturais. Limite estrutural que encontrou resposta no protocolo de votação por maioria qualificada para a decisão, conforme propôs em emenda ao anteprojeto.[63]

Ressalte-se que as prudências e objeções levantadas por João Mangabeira eram apenas quanto à forma e limites do exercício do poder pelo Supremo Tri-

---

62. Ibid., p. 533. Essa objeção arguida por João Mangabeira foi inclusive o fato gerador de sua proposta constitucional de que passados cinco anos de vigência de determinado ato legislativo esse não mais poderia ter sua validade constitucional impugnada, na via jurisdicional. Proposta aprovada pela Comissão do Itamaraty e integrante do anteprojeto, mas que foi rejeitada na assembleia constituinte de 1934. Eis os termos da regra pretendida: "Não se poderá arguir de inconstitucional uma lei aplicada, sem reclamação, por mais de cinco anos." Na exposição de motivos para esse desenho institucional, argumentou: "Era a isso que o anteprojeto atendia, não permitindo que ninguém, á sombra de uma escolástica jurídica, atentasse contra os interesses estáveis e reaes criados sob a observância de uma lei geralmente respeitada. Evitar-se-ia, também, que, por uma alteração de jurisprudência, se modificassem situações longamente estabelecida, sob a garantia da lei" (MANGABEIRA, João. *Em torno da Constituição...*, p. 119).

63. Seus argumentos, quanto ao ponto, foram os seguintes: "Vota por esta emenda porque, mais adeante, procura, com outra que apresentará, restringindo também este poder do Supremo Tribunal Federal de declarar a inconstitucionalidade de uma lei, estabelecendo que um acto do Presidente da Republica ou da Assembléa Nacional só pode ser declarado inconstitucional quando, dentre 15 ministros, votarem 10. É preciso, portanto, reunir dois terços de votos. É contra a inconstitucionalidade votada por 8 contra 7, de uma lei aprovada pela Assembléa Nacional, sancionada pelo Presidente da Republica, e, depois, declarada inconstitucional pelo Supremo Tribunal Federal, numa votação em que 7 ministros são a favor e 8 contra. É o voto de um homem que prevalece contra sobe todas essas entidades, que votaram.

Essas decisões muitas vezes abalam o paiz, e, podem leva-lo até uma revolução. Cita o caso de uma dessas decisões que lançaram a América do Norte numa guerra civil. Deante de várias sentenças, declarando a inconstitucionalidade de leis, foi tão grande o clamor, tamanha a onda de indignação nos Estados Unidos, que se tomou a deliberação de que uma lei só poderia ser decretada inconstitucional por unanimidade do Tribunal. Não exige tanto, entende, porém, que a votação deve ser feita por dois terços" (cf. AZEVEDO, José A. M. *Elaborando a Constituição Nacional...*, p. 532-533.

bunal Federal, não quanto ao poder em si, por isso seu apoio à emenda sugerida por Themistocles Cavalcanti.[64]

As deliberações empreendidas na sequência, com relação à sugestão da ação declaratória de inconstitucionalidade em tese pelo poder judiciário, tiveram como núcleo dois pontos de objeções.

O primeiro, no sentido de que o sistema tal como previsto já dava conta da função institucional, atribuída ao Supremo Tribunal Federal, enquanto guardião da constituição e máximo intérprete, de modo que esse modelo de ação declaratória em tese era desnecessário. Antonio Carlos, apoiando essa abordagem, declarou: "inclusive o que diz respeito á decretação de inconstitucionalidade de uma lei, porque a inconstitucionalidade póde ser decretada por intermédio do *habeas corpus*, ou por intermédio do mandado, que foi creado na ultima sessão".[65] Para ele, a criação em tese da declaração, além dos limites previstos no sistema, violaria a estrutura da separação dos poderes, ao permitir revogação de ato da Assembleia Nacional pelo Judiciário.

O segundo ponto voltava-se à legitimidade para ação declaratória. Apoiando a emenda, acrescida da restrição sugerida por João Mangabeira, quanto ao protocolo de votação, Oliveira Vianna explicitou que era contrário à possibilidade de que qualquer interessado pudesse provocar o Supremo Tribunal Federal. Para ele, essa função deveria ser atribuída ao Instituto dos Advogados, medida suficiente para evitar a multiplicação de pronunciamentos.[66] É nesse sentido, também, a manifestação de Oswaldo Aranha, quando propõe "que o pronunciamento seja provocado por Camaras Legislativas, tribunaes e corporações scientificas".[67]

Carlos Maximiliano manifestou-se favorável à emenda da ação declaratória em tese da inconstitucionalidade dos atos legislativos, ressalvando, porém, ser muito generalizante a proposta tal como feita, cabendo mais discussões sobre esse ponto.

A abordagem da ação declaratória em tese suscitou muitas divergências, especialmente em relação aos efeitos que poderia acarretar na estrutura da separação de poderes.[68] Nesse sentido, Mello Franco declarou: "pede que a sub-comissão

---

64. MANGABEIRA, João. *Em torno da Constituição...*, p. 108-114.
65. Ibid., p. 533.
66. AZEVEDO, José A. M. *Elaborando a Constituição Nacional...*, p. 533.
67. Ibid., p. 533.
68. Ibid., p. 532-542. Cumpre assinalar, em específico, a seguinte observação de Oswaldo Aranha, que bem ilustra essa preocupação: "O sr. Oswaldo Aranha explica que seu voto a favor da emenda que acaba de ser aprovada é condicionado em relação aos demais. Tem o mesmo receio que S. Excia. o sr. Presidente de dar só ao Poder Judiciario, unicamente a ele, a faculdade de revogação de leis da Assembléa" (Ibid., p. 539).

reflicta um momento, antes de votar esse dispositivo que, a seu ver, vem subverter completamente a organização dos Poderes da Republica, tal qual está elaborada no projecto votado até este momento".[69]

Da análise das deliberações havidas na subcomissão de elaboração do anteprojeto constitucional de 1934, é possível inferir que a maior preocupação com a proposta de um sistema de controle de constitucionalidade "em tese" estava na atribuição de uma função institucional ao Supremo Tribunal Federal que pudesse pôr em risco a estabilidade e harmonia da estrutura dos poderes. Tanto que a linha comum, de convergência, entre os integrantes era a de que a última palavra não poderia ser do STF, nesse tipo de ação em tese, que revoga em definitivo um ato do legislativo. Competiria, na verdade, aos três poderes participar do processo de tomada de decisão.

Foi nessa ocasião que João Mangabeira retomou sua proposta de que a declaração de inconstitucionalidade não poderia ser tomada por uma maioria ocasional do tribunal. Ou seja, de que um juiz não poderia ser a diferença para a revogação de um ato do legislativo que foi sancionado pelo executivo, pois isso poderia levar o país a uma guerra, à semelhança do sucedido nos Estados Unidos. Ainda, como forma de controle desse "tremendo poder" do Supremo tribunal Federal, Mangabeira defendeu que a decisão fosse levada, posteriormente, para a Assembleia Nacional, que decidiria em definitivo sobre a revogação do ato legislativo.[70]

Por fim, a emenda proposta por Themistocles Cavalcanti, com os acréscimos oferecidos por João Mangabeira, quanto à regra da maioria de dois terços para a decisão de declaração de inconstitucionalidade de atos legislativos, foi aprovada pela subcomissão.[71]

---

69. Ibid., p. 538.
70. "O sr. *Themistocles Cavalcanti* declara que o seu intuito, ao apresentar a emenda, foi exclusivamente evitar as anomalias tão bem ventiladas pelo *dr. João Mangabeira*. Quis evitar exatamente que uma lei julgada inconstitucional, um dia, continuasse em vigor e amanhã fosse julgada constitucional, por uma maioria ocasional, como tem acontecido. Quis impedir que o mesmo direito violado tenha, hoje, o ampara do Poder Judiciario e amanhã não tenha mais esse mesmo amparo. Foi esse o meu intuito. Acceita a restricção feita pelo *dr. João Mangabeira* para que essas sentenças sejam mandadas á Assemblea Nacional, afim de que essa decidida em definitivo" (AZEVEDO, José A. M. *Elaborando a Constituição Nacional...*, p. 538).
71. Sobre os debates finais a respeito do protocolo de votação por supermaioria para as decisões tomadas pelo Supremo Tribunal, em matéria de declaração de inconstitucionalidade de leis, ver: "O sr. *Oswaldo Aranha* responde que actualmente o Supremo Tribunal declara inconstitucional uma lei por maioria de um só voto. Agora se exige que isso seja feito pelo menos por dois terços, deixando ainda ao Presidente da República o direito de aceitar ou não a inconstitucionalidade arguida. O *sr. Presidente* entende que essa parte da emenda exige que, toda a vez em que o Supremo Tribunal tiver de se manifestar

Da análise das discussões e votações levadas a cabo pela notável subcomissão do Itamarati, fica clara a percepção do problema, quanto à técnica decisória adequada e suficiente para as tomadas de decisão coletivas, no âmbito do Supremo Tribunal Federal, em matéria de declaração de inconstitucionalidade, que reflete fundamento principal para a legitimidade desse tribunal.

Esse problema amplamente demonstrado e reivindicado por João Mangabeira, que tinha ciência dos acontecimentos ocorridos na prática jurisdicional norte-americana, bem como dos debates travados na literatura jurídica e no congresso norte-americano, quanto às decisões tomadas pela Suprema Corte por maioria estreita de um voto (*five to four*), serviu de fundamento para sua proposta de protocolo de votação por maioria de dois terços para a jurisdição constitucional brasileira.[72]

Justificou esse mecanismo de tomada de decisão coletiva com base em quatro fundamentos principais. O primeiro, como elemento de autoridade e legitimidade da atuação jurisdicional do Supremo Tribunal, no desempenho da atividade de controle de constitucionalidade dos atos legislativos. O segundo fundamento reside na tutela da premissa da presunção de constitucionalidade dos atos legislativos, ou seja, no respeito à atividade desempenhada pelo poder legislativo no processo de produção de leis, as quais ainda passam pela sanção do Presidente da República. O terceiro, como mecanismo de proteção da independência do Supremo Tribunal contra as investidas do poder político de ocasião na manipulação das decisões. O quarto, como técnica estrutural de freio à jurisprudência oscilante do tribunal.[73]

---

    pela inconstitucionalidade de uma lei out tratado, votem nesse sentido pelo menos dez juízes. [...] O *sr. Presidente* esclarece que, de accordo como vencido, a inconstitucionalidade de uma lei só poderá ser declarada pelo Supremo Tribunal, composto de onze membros, como é actualmente, por um accórdão de oito juízes a favor da medida" (Cf., AZEVEDO, José A. M. *Elaborando a Constituição Nacional...*, p. 540-541).

72. Esse argumento fica claro na seguinte passagem de sua justificação e defesa do anteprojeto: "O Supremo Tribunal Federal não é uma Côrte comum [...]. A sua função precípua não é a de resolve casos de direito privado, como qualquer juiz singular. Mas a de velar pelas garantias constitucionais, não consentindo que os Poderes Legislativo e Executivo ultrapassem as raias que o Constituinte lhe traçou, e a de preservar a existência e a segurança do regime federal, não permitindo que a União e os Estados, reciprocamente, usurpem competência que a Carta soberana a cada um deles privativamente conferiu. E tal seja o modo por que exerça essa incomparável função politica, e poderá precipitar o paiz na guerra civil, como em 1856, a Côrte Suprema com a decisão do caso Dred Scott; ou abalar a nação, com uma grande agitação politica, ou ameaça de uma revolução social, como os arestos de uma pequena e precária maioria, que annullava, na America do Norte, quase todas as leis sociaes da União ou dos Estados [...]" (MANGABEIRA, João. *Em torno da Constituição...*, p. 108).

73. "Assim, sem querer dar á Assembléa as armas perigosas que a Constituição Americana concedeu ao Congresso dos Estados Unidos, e, por outro lado, desejando expressamente

A discussão sobre os mecanismos de tomada de decisão coletiva, de uma forma geral, para órgãos coletivos, e, em especial para o Supremo Tribunal Federal, foi realizada, pela primeira vez, na história constitucional pela subcomissão do Itamarati e defendida na assembleia constituinte de 1934.[74] A escolha por determinada regra de julgamento majoritária não se deu, como visto, de forma aleatória, mas de forma justificada.

Essa abordagem normativa acerca da maioria como regra de decisão coletiva é percebida com mais nitidez, quando se compara as duas propostas de regra de decisão, sugeridas para distintos contextos decisórios, envolvendo o Supremo Tribunal Federal. Com isso, pretende-se dizer que para a definição e escolha da regra de decisão adequada, se maioria absoluta, simples ou qualificada, a subcomissão levou em conta o tamanho do corpo coletivo e as premissas nas quais ele se assentava.

---

conferir ao Supremo Tribunal a função oracular de interprete máximo da Constituição, mas pretendendo resguardar os permanentes interesses da Nação e o futuro do Paiz contra o conservantismo e a rotina de uma maioria precária, o ante-projecto determinou que a inconstitucionalidade de uma lei só poderia ser decretada, quando, neste sentido, votassem pelo menos dois terços dos Ministros. Evitavam-se, assim, as famosas decisões de cinco contra quatro, que tanta revolta têm provocado nos Estados Unidos, e tanto têm abalado o prestígio da Suprema Côrte Americana. O substitutivo, porém, exige apenas a "maioria absoluta dos juízes do Tribunal". Incide, assim, no erro norte-americano das decisões *five to four*, ou entre nós das inconstitucionalidades por seis contra cinco votos. Não colhe afirmar que os tribunaes só declaram a inconstitucionalidade, quando esta fora de qualquer duvida razoável. Ab initio, não póde haver inconstitucionalidade mais duvidosa do que aquela repelida pela Assembléa, rejeitada pelo Presidente da Republica, na sancção, e, no Supremo Tribunal, impugnada por cinco votos dos seus onze ministros. Dentro da razoabilidade humana, nenhuma duvida se poderia originar de procedência menos discutivel ou se revestir de força mais formidável. E tudo isto há de ceder, inclusive a logica e o bom senso, porque um Ministro, juntando-se a uma das metades da Côrte, annullou a outra, e, com ella, os dois Poderes electivos do Estado, que haviam muita vez, feito e sanccionado a lei, para atender aos mais instantes clamores populares, servir aos supremos interesses do Paiz, ou preservar os destinos da Nação. Em caso taes, e ainda assim por ficção, a duvida só se poderia considerar inequívoca, se a inconstitucionalidade se pronunciasse por uma grande maioria" (MANGABEIRA, João. Em torno da Constituição..., p. 115-116).

74. Como afirmado no início desse tópico, a Constituição de 1891 não versou qualquer regulamento sobre a regra de julgamento para as decisões do Supremo Tribunal Federal. Coube à legislação infraconstitucional trazer a primeira disciplina sobre esse ponto, a qual ficou restrita à fixação de um quórum mínimo para o julgamento e não a uma regra de julgamento em si. As razões subjacentes à discussão da época dos Decretos 938/1902 e 1.939/1908 se concentravam no problema do quórum de instalação da sessão de julgamento, como técnica processual para se conferir uma resposta jurisdicional em que a voz do tribunal fosse representativa, e não de parcela mínima dos julgadores integrantes.

No primeiro contexto decisório, referente à necessidade de aprovação do Supremo Tribunal para o aumento do número de ministros (de 11 até 15), a comissão estabeleceu a regra de maioria absoluta. Isso porque a decisão a ser tomada tinha por objeto questão de organização interna do órgão, cujos efeitos vinculantes se restringiam aos membros decisores, sem vinculação a terceiros ou outro poder diretamente. Os efeitos da decisão atingiam de forma indireta outro poder ou terceiros.

Por outro lado, no segundo contexto, concernente à decisão de declaração de inconstitucionalidade de ato legislativo, a subcomissão fixou a regra de supermaioria de dois terços, considerando a função institucional atribuída ao Supremo Tribunal Federal, bem como os efeitos que a decisão acarretaria no sistema como um todo, que ultrapassam o corpo decisório do tribunal e das partes integrantes da relação jurídica em concreto. A decisão do STF no quadro normativo do anteprojeto seria definitiva quanto à declaração de inconstitucionalidade.

O quadro teórico subjacente à regra de decisão de supermaioria, acolhida pela subcomissão do Itamarati, pode ser incompleto e insuficiente, quanto à sua justificação em razão da estrutura normativa e decisória da constituição como um todo. Todavia, confirma a percepção por aquela subcomissão sobre o problema no qual gravitam os mecanismos de tomada de decisão coletiva e sua adequação às propriedades e justificações de cada contexto decisório.

A regra prescrita no anteprojeto referente à maioria de dois terços[75] foi, no entanto, modificada e substituída por uma regra de maioria absoluta para os pronunciamentos de inconstitucionalidade pelo Supremo Tribunal Federal,[76] nas deliberações da Assembleia Constituinte de 1933/1934, conforme emenda relatada por Levi Carneiro.[77]

---

75. Art. 57 do anteprojeto: "Não se poderá arguir de inconstitucional uma lei federal aplicada sem reclamação por mais de cinco anos. § 1º. O Supremo Tribunal não poderá declarar a inconstitucionalidade de uma lei federal, senão quando nesse sentido votarem pelo menos dois terços de seus Ministros. §2º. Só o Supremo Tribunal poderá declarar definitivamente a inconstitucionalidade de uma lei federal ou de um ato do Presidente da República. Sempre que qualquer tribunal ou juiz não aplicar uma lei federal, ou anular um ato do Presidente da República, por inconstitucionais, recorrerá *ex officio*, e com efeito suspensivo, para o Supremo Tribunal Federal. §3º. Julgados inconstitucionais qualquer lei ou ato do Poder Executivo, caberá a todas as pessoas, que se acharem nas mesmas condições do litigante vitorioso, o remédio judiciário instituído para garantia de todo direito certo e incontestável".

76. A versão final sobre a regra de decisão para todos os tribunais no exercício do controle jurisdicional de constitucionalidade, aprovada pela constituinte, ficou como o art. 179 da Constituição Federal de 1934. Eis o teor: "Art. 179. Só por maioria absoluta de votos da totalidade dos seus Juízes, poderão os Tribunais declarar a inconstitucionalidade de lei ou ato do Poder Público".

77. Confira-se as anotações registradas na Assembleia Constituinte: "Art. 12. – O pronunciamento da inconstitucionalidade de lei, ou áto do govêrno, terá lugar sómente pelo

O Ministro Arthur Ribeiro, responsável na subcomissão pelo projeto de organização constitucional do Poder Judiciário, apresentou resposta em defesa do anteprojeto. Entretanto, como eram muitas as alterações ocorridas com as emendas aditivas ao substitutivo, concentrou-se mais na questão da dualidade e unidade da justiça e organização do Poder Judiciário, bem como nas atribuições do Ministério Público. De modo que não refutou, especificamente, essa questão da maioria como regra de decisão para os pronunciamentos de inconstitucionalidade pelos tribunais, em particular pelo Supremo Tribunal Federal.[78]

Nas discussões da Assembleia Constituinte de 1933/1934, as ponderações particulares sobre as razões que motivaram referida alteração foram opacas, reduzidas ao campo da obviedade.[79] O fundamento principal baseou-se no argumento de que a conjugação do requisito do vício inequívoco de inconstitucionalidade, com o quórum de maioria qualificada de dois terços, dificultaria muito a declaração da inconstitucionalidade, de modo que uma maioria absoluta se apresentava razoável.[80]

---

vóto expresso da maioria absoluta dos juizes do tribunal. Correspondência: A. P. art. 57, parágrafo 1º; emenda: 467, Covello-L. Leme; 804, K. Cavalcanti; 924, banc. Paraíba; 1.044, banc. Baía" (Cf. *Annaes da Assembléa Constiutinte 1933/1934*, v. 10. Rio de Janeiro: Imprensa Nacional, 1936. Disponível em: [http://bd.camara.leg.br/bd/handle/bdcamara/8026]. p. 355 e p. 363-367.

78. *Annaes da Assembléa Constiutinte 1933/1934...*, cit., p. 367-381.
79. Uma observação interessante acerca da Assembleia Constituinte 1933/1934. Como afirmado no corpo do texto, a influência do direito constitucional norte-americano foi decisiva para a configuração estrutural da nossa Constituição de 1891, bem como no processo constituinte de 1933/1934. Nada obstante, nessa época, em decorrência do desenvolvimento verificado no direito constitucional continental europeu, muitas questões igualmente foram refletidas a partir desses novos desenhos institucionais, como fica claro das discussões na elaboração do anteprojeto pela Subcomissão do Itamarati, bem como das deliberações havidas na referida assembleia. A coincidência é que o teórico mais referido e destacado no processo constituinte foi Hans Kelsen, contratado, inclusive, para apresentar um parecer sobre diversos pontos do projeto em debate. Entretanto, com relação à questão da regra de decisão majoritária ou supermajoritária, e mesmo para a estrutura normativa da jurisdição constitucional, não trouxe contribuição. Nesse sentido, ver SIQUEIRA, Gustavo Silveira. O parecer de Hans Kelsen sobre a Constituinte brasileira de 1933-1934. *Direito & Práxis Revista*, v. 06, n. 11, 2015. p. 343-374; SIQUEIRA, Gustavo Silveira; FERREIRA, Bruna Mariz Bataglia; LIMA, Douglas de Lacerda. Kelsen na Constituinte brasileira de 1933-1934. *Revista da Faculdade de Direito-UERJ*, Rio de Janeiro, n. 30, dez/2016. p. 248-265.
80. Nesse sentido, restou consignado: "Art. 12. A questão da maioria de votos nas decisões sôbre a constitucionalidade das leis tem provocado largos e apaixonados debates nos Estados Unidos. Ali se tem discutido muito sôbre as '*four to five decisions*'. Entre nós, a lei vigente erige nos casos constitucionais, o voto de 8 ministros; assim, a maioria pode ser de cinco votos no total de 11. O anteprojeto exigia, para o pronunciamento da inconstitucionalidade o voto de dois terços dos ministros - ou sejam, em 11, nada menos

Cumpre assinalar que a reforma empreendida na Assembleia Constituinte, em relação ao anteprojeto apresentado pela Subcomissão do Itamarati, quanto à regra de julgamento majoritária foi ampla, porquanto ela se estendeu, também, para os tribunais que exercessem a declaração de inconstitucionalidade, e não apenas para o Supremo Tribunal Federal.

Isso decorreu do próprio modelo de jurisdição constitucional adotado na constituinte. Modelo que refutou a ideia da ação declaratória em tese e manteve o difuso de constitucionalidade. Nesse cenário, retirou o caráter de definitividade da decisão tomada pelo STF em matéria de inconstitucionalidade, e transferiu para o Senado Federal a competência de atribuir o efeito generalizante de suspensão da execução do ato julgado inconstitucional.[81]

Considerando o modelo de controle jurisdicional de constitucionalidade, escolhido para a Constituição de 1934, diferente daquele desenhado pela Subcomissão do Itamarati no anteprojeto, com as características acima identificadas, fica mais fácil entender a opção pela regra de julgamento de maioria absoluta para os tribunais, de forma geral, nas decisões de declaração de inconstitucionalidade.

A regra da maioria absoluta como mecanismo de tomada de decisão coletiva, tal como prevista no art. 179 da Constituição Federal de 1934, foi reproduzida nas Constituições posteriores de 1937 (art. 96), de 1946 (art. 200), de 1967 (art. 111), na Emenda Constitucional n. 1-69 (art. 116) e na atual Constituição de 1988 (art. 97).

A replicabilidade dessa regra de maioria absoluta para as constituições posteriores ocorreu sem maiores deliberações sobre suas justificações e propriedades; tampouco propostas de sua alteração para uma maioria qualificada.[82] A questão

---

de 8. Ora, é regra pacífica, seguida sempre pelos tribunais, que a inconstitucionalidade não se pronuncia senão quando inequívoca. Conjugada essa regra ao *quorum* exigido, fácil seria prever que a declaração da inconstitucionalidade se tornaria raríssima. Pareceu-me, portanto, preferível exigir, apenas, e o que é razoável, a maioria absoluta dos votos- isto é, seis em 11". *Annaes da Assembléa Constiutinte 1933/1934...*, cit., p. 365.

81. Art. 91, IV, Constituição Federal de 1934: suspender a execução, no todo ou em parte, de qualquer lei ou ato, deliberação ou regulamento, quando hajam sido declarados inconstitucionais pelo Poder Judiciário.

82. Exceção pode ser apontada no processo constituinte de 1946, oportunidade na qual o parlamentar Elói Rocha apresentou a proposta de maioria qualificada de dois terços para os tribunais declararem a inconstitucionalidade das leis ou de ato do Poder Público. Todavia, mais uma vez, a proposição foi rejeita, ao argumento mais fácil de que tal maioria inviabilizaria o exercício da atividade jurisdicional dos tribunais, que, na maioria das vezes, são integrados por três a cinco juízes, não podendo se exigir uma maioria de dois terços (Cf. DUARTE, José. *A Constituição brasileira de 1946* – Exegese dos textos à luz dos trabalhos da Assambléia Constituinte. Rio de Janeiro: Imprensa Nacional, 1947. p. 369-370). O problema é que, mais uma vez, a discussão sobre a regra de julgamento

dos mecanismos de tomada de decisão coletiva para o Supremo Tribunal Federal, em matéria de declaração de inconstitucionalidade, não mais voltou ao campo das deliberações legislativas.

Nada obstante, o constituinte derivado reformador após 1988 e o legislador infraconstitucional vêm adotando o protocolo de votação por supermaioria em outros contextos decisórios do STF, como: decisões de aprovação de súmula vinculante,[83] decisão de negativa de repercussão geral em recurso extraordinário[84] e decisões de modulação dos efeitos de declaração de inconstitucionalidade.[85]

3.2. Discussão no campo doutrinário

No âmbito doutrinário, a escolha pela regra de maioria absoluta como mecanismo de tomada de decisão coletiva para o Supremo Tribunal Federal, bem como para os tribunais ordinários declararem a inconstitucionalidade de lei ou ato normativo do Poder Público, também não suscitou grandes debates teóricos ou justificativas normativas.

Carlos Maximiliano, na discussão sobre o conteúdo da regra do art. 200 da Constituição Federal de 1946, traz, como argumento central, a questão da natureza jurídica da regra, se ela se refere à norma de competência ou de atribuição de quórum para julgamento em órgão coletivo, como o tribunal.[86] Para ele, a regra do

---

foi realizada de forma genérica para todos os tribunais, sem levar em consideração as propriedades e funções de cada tribunal na estrutura do poder judiciário, fator de necessária distinção para a escolha de um desenho institucional decisório adequado.

83. Art. 103-A, Constituição Federal de 1988: O Supremo Tribunal Federal poderá, de ofício ou por provocação, *mediante decisão de dois terços dos seus membros*, após reiteradas decisões sobre matéria constitucional, aprovar súmula que, a partir de sua publicação na imprensa oficial, terá efeito vinculante em relação aos demais órgãos do Poder Judiciário e à administração pública direta e indireta, nas esferas federal, estadual e municipal, bem como proceder à sua revisão ou cancelamento, na forma estabelecida em lei.

84. Art. 102, § 3º, Constituição Federal de 1988: No recurso extraordinário o recorrente deverá demonstrar a repercussão geral das questões constitucionais discutidas no caso, nos termos da lei, a fim de que o Tribunal examine a admissão do recurso, somente podendo recusá-lo *pela manifestação de dois terços de seus membros*.

85. Art. 27, Lei 9.868/99: Ao declarar a inconstitucionalidade de lei ou ato normativo, e tendo em vista razões de segurança jurídica ou de excepcional interesse social, poderá o Supremo Tribunal Federal, *por maioria de dois terços de seus membros*, restringir os efeitos daquela declaração ou decidir que ela só tenha eficácia a partir de seu trânsito em julgado ou de outro momento que venha a ser fixado.

86. Nesse ponto, Carlos Maximiliano traz a informação de que foi com essa regra que se ampliou essa exigência do protocolo de votação por maioria absoluta para todos os tribunais e não mais apenas para o Supremo tribunal Federal: "O projeto do estatuto fundamental apenas se referia ao pretório supremo; a Emenda 478 generalizou sabiamente a regra: em qualquer tribunal, só por maioria absoluta dos seus membros pode

art. 200 expressa um quórum especial para a declaração de inconstitucionalidade da lei, de modo que não se trata de norma de fixação de competência.[87] Caberia, assim, a todos os funcionários do executivo, do Legislativo ou do Judiciário, isto é, a todos os juízes singulares também o dever de controle da validade constitucional do ato normativo do poder público, uma vez que "lei inconstitucional não se cumpre, porque não é lei nenhuma".[88]

Alfredo Buzaid, nos comentários do art. 200, aborda a razão subjacente do protocolo de votação por maioria absoluta, entendendo que essa se justifica, na intenção do legislador, para a preservação da unidade do direito e o afastamento da hipótese de contradição de julgados no âmbito do mesmo tribunal. Ou seja, a maioria absoluta dos votos concordes para a declaração de inconstitucionalidade tem o propósito de evitar uma atuação temerária da corte suprema, que em casos de tal gravidade, como o da invalidação de leis, deve se expressar por maioria do número completo de juízes da corte e não por maioria simples ou ocasional. À semelhança da cláusula do *full bench* criado na jurisprudência da Suprema Corte americana.[89]

Aqui fica claro que a justificação da maioria absoluta tinha o propósito de evitar julgamentos por maiorias que não expressassem o quadro do tribunal. Daí a razão de que a maioria deveria ser compreendida como absoluta e não relativa. Para Buzaid, portanto, a regra de julgamento por maioria absoluta seria suficiente para a preservação da unidade do direito e da garantia da coerência decisória interna no tribunal.[90]

---

ser declarada inconstitucional uma lei ou um ato de poder público. O preceito impõe-se ao fôro estadual e abroquela as deliberações de Assembéias, Conselhos, Governadores e Prefeitos, locais. Vige, também nos tribunais militares, eleitorais e do trabalho" (MAXIMILIANO, Carlos. *Comentários à Constituição brasileira*. 4. ed. atual. Rio de Janeiro: Livraria Editora Freitas Bastos, 1948. v. III. p. 268).

87. "O preceito exarado no estatuto brasileiro não é novo: abrolhou na prática norte-americana, que impoz a exigência de maioria absoluta; foi além, reclamou o comparecimento de *todos* os membros do pretório julgador da inconstitucionalidade (*the full bench*). Por aí já resulta claro que trata de questão de *quorum*; não – de competência" (MAXIMILIANO, Carlos. *Comentários à Constituição brasileira*..., p. 265).

88. Ibid., p. 264. Na Constituição Federal de 1946, começou a se discutir e gerou controvérsia doutrinária quanto à natureza da norma jurídica prescrita no seu artigo 200, se seria norma de competência ou de procedimento, de atribuição do quórum. Levantou-se a abordagem de que se a constituição fala apenas em declaração de inconstitucionalidade pela maioria absoluta do Plenário do Tribunal seria porque juízes singulares não teriam competência para tanto. Mas esse entendimento foi minoritário, conforme afirma Carlos Maximiliano.

89. BUZAID, Alfredo. *Da ação direta de declaração de inconstitucionalidade no direito brasileiro*. São Paulo: Saraiva, 1958. p. 72 e 76.

90. BUZAID, Alfredo. *Da ação direta de declaração de inconstitucionalidade no direito brasileiro*..., p. 76.

Castro Nunes, ao comentar sobre a regra de maioria absoluta, qualificou-a como o quórum exigido apenas para a declaração de inconstitucionalidade das leis e do ato do Presidente da República. Isso porque, à época dos seus comentários, estava em vigência a Constituição de 1937, a qual não obstante tenha mantido a regra da maioria absoluta, como previsto na Constituição de 1934, modificou a parte final quanto à legitimidade do ato questionado, que não mais correspondia aos atos do poder público, mas ato do Presidente da República.[91] A observação ficou restrita à definição em si da maioria absoluta, enquanto quórum, que corresponde à maioria da totalidade dos membros integrantes do tribunal, nada arguindo sobre a justificação ou alcance dessa regra.[92]

Ao analisar o artigo 200 da Constituição Federal de 1946, Themistocles Cavalcanti, embora afirme a competência dos tribunais para declarar a inconstitucionalidade dos atos legislativos, entende que essa regra tem por objetivo a fixação de um quórum mínimo para a tomada dessas decisões.[93] Nesse sentido, traça uma análise histórica das constituições e legislações anteriores sobre a adoção de regra semelhante, e, na essência, argumenta sobre a definição do que seja a maioria absoluta, distinguindo-a da maioria relativa.[94]

---

91. Em suas palavras: "Êsse dispositivo reproduz o do art. 179 da Constituição de 34, com alteração somente, na parte final, onde se lia: 'ou de ato do Poder Público' e hoje se lê 'ou de ato do Presidente da República'" (NUNES, Castro. *Teoria e prática do Poder Judiciário*. Rio de Janeiro: Revista Forense, 1943. p. 599).
92. "A interpretação constitucional é como sabeis, eminentemente política. Política nas suas inspirações superiores e na sua repercussão. Cada decisão da Côrte nas grandes questões constitucionais disse o attorney-general Wickersham, veio a ser uma página da história. Cada juiz que nela tem assento, diz Warner, não é apenas um jurista, mas 'a *great statesman*'. [...] Se o texto constitucional é obscuro ou presta-se a mais de um entendimento, a exegese terá de sofrer, inevitavelmente, nesse domínio mais do que em qualquer outro, a influência das ideias gerais do intérprete, das tendências do seu temperamento e da sua educação jurídica. A Constituição quem a faz são os juízes, disse o atual *chief justice* – e é uma verdade" (NUNES, Castro. *Teoria e prática do Poder Judiciário*..., p. 597).
93. CAVALCANTI, Themistocles Brandão. *A Constituição Federal comentada*. 3. ed. rev. e atual. Rio de Janeiro: José Konfino Editor, 1959. v. IV. p. 212.
94. Essa análise histórica das constituições e legislações anteriores à Constituição de 1946 acerca da questão da inconstitucionalidade e o quórum para sua declaração é mais bem detalhada pelo autor no estudo feito sobre o Supremo Tribunal Federal e a constituição. Ver CAVALCANTI, Themistocles. *O Supremo Tribunal Federal e a Constituição...*, p. 115-118. Ao tratar da questão da inconstitucionalidade e sua regulamentação pela constituição, verifica-se que a preocupação maior de Themistocles Cavalcanti residia na questão da permanência em vigor na ordem jurídica de dispositivo de lei declarado inconstitucional, produzindo efeitos, conquanto o seu vício substancial. Compreensão essa que indicava sua inclinação para a adoção de mecanismos processuais para o julgamento em tese, pelo Supremo Tribunal Federal, da inconstitucionalidade das leis,

Argumenta que "o que se deve exigir, porém, é que os votos computados, exprimam a maioria absoluta dos votos do Tribunal, e não eles membros presentes".[95] Ainda, quanto aos comentários, Themistocles Cavalcanti pondera que a previsão de quórum para julgamento é de natureza regimental ou legal para hipóteses específicas, motivo pelo qual a ausência implica a incidência de regra geral de julgamento. Todavia, não esclarece qual seria o protocolo de votação e porque se justificaria como mecanismo de tomada de decisão coletiva dos tribunais.[96]

Pontes de Miranda entende que a maioria absoluta exigida para a declaração de inconstitucionalidade de atos do poder público é uma regra de julgamento para os tribunais coletivos. Tratar-se-ia do "chamado mínimo para julgamento de inconstitucionalidade da regra jurídica".[97] Ou seja, uma regra de julgamento que é restrita no âmbito dos tribunais para a hipótese de inconstitucionalidade, não sendo exigida para a ilegalidade de ato do poder público.[98]

Esse cenário decisório, de aparente contradição, conforme aduz Pontes de Miranda, justifica-se em decorrência da natureza da norma violada, que é a constituição, fundamento normativo de qualquer outro ato do poder público. Partindo dessa premissa, da natureza e supremacia da constituição, o autor desenvolve o argumento das razões subjacentes da maioria absoluta, enquanto regra de julgamento, que consiste em promover uma maior dificuldade na atuação jurisdicional. Dificuldade que pode ser entendida como imposição de parcimônia e cuidado na decretação de inconstitucionalidade.[99] Como argumenta: "A exigência da maioria absoluta tem fundamento em ser preciso que se haja discutido e mediado o as-

---

    conforme suas posições amplamente defendidas na comissão da constituinte de 1946. Ver *A Constituição Federal comentada*..., p. 199.
95. CAVALCANTI, Themistocles Brandão. *A Constituição Federal comentada*..., p. 212.
96. Ibid., p. 212.
97. PONTES DE MIRANDA, Francisco Cavalcanti. *Comentários à Constituição Federal de 1967*. São Paulo: Ed. RT. t. III (arts. 34-112). p. 563.
98. Ibid., p. 564. Aqui, cumpre assinalar que foi tomado como base para a discussão do argumento exposto por Pontes de Miranda, acerca da regra da maioria absoluta, os comentários ao art. 111 da Constituição Federal de 1967, porque entende-se ser a última obra na qual teve oportunidade de tecer observações revisadas sobre a questão. Nada obstante, a ideia do autor não mudou com relação aos comentários tecidos sobre a mesma regra, constante nas constituições anteriores, como se infere da análise das seguintes obras: PONTES DE MIRANDA, Francisco Cavalcanti. *Comentários à Constituição Federal de 1937*. Rio de Janeiro: Irmãos Pongetti Editores, 1938. t. III, artigos 90-123 (Poder Judiciário, Tribunal de Contas, Nacionalidade e cidadania. Direitos e garantias individuais). p. 45-60; PONTES DE MIRANDA, Francisco Cavalcanti. *Comentários à Constituição Federal de 1946*. 3. ed. rev. e atual. Rio de Janeiro: Borsoi, 1960. t. VI (Arts. 157-218). p. 389-424.
99. PONTES DE MIRANDA, Francisco Cavalcanti. *Comentários à Constituição Federal de 1967*..., p. 564 e 587.

sunto, a fim de não ser excessivamente fácil a desconstituição de leis ou de outro ato do poder público, por eiva de inconstitucionalidade".[100]

A questão da inconstitucionalidade é o fundamento necessário, no entendimento de Pontes de Miranda, para o uso da regra de maioria absoluta como protocolo de votação. O provimento ou não provimento de recurso extraordinário deve ter, portanto, como objeto a validade de lei local ou do ato de governo local, diante da Constituição, ou da Lei Federal, ainda que implicitamente, ou que o juiz tenha levantado qualquer questão de inconstitucionalidade não arguida.[101]

Da análise aqui empreendida da literatura jurídica constitucional e processual nacional, verifica-se que os autores que discutiram sobre o alcance da regra da maioria absoluta foram expressos em dizer que tal exigência de protocolo de votação ou de quórum para a declaração de inconstitucionalidade estava restrita a esse tipo de matéria, não se justificando em outros contextos decisórios, especificamente naqueles em que se discute questões de legalidade.[102]

A interpretação empreendida pela doutrina, anteriormente exposta, permite inferir que a regra de julgamento por maioria simples assume uma posição de mecanismo de tomada de decisão coletiva padrão para todos os tribunais brasileiros em matéria não constitucional. Em outras palavras, quando omissa regra de julgamento qualificada expressa para determinado órgão jurisdicional coletivo, aplica-se a regra de decisão por maioria simples.

É válida essa inferência do sistema, tal como ele se apresenta, mas a justificativa é insuficiente para se compreender e levar a sério os mecanismos de tomada de decisão coletiva, de uma forma geral, no contexto jurisdicional colegiado, haja vista que diversas são as propriedades e justificativas para cada órgão coletivo decisório. De modo que muito mais precisaria ser dito para se chegar a esta inferência interpretativa, não sendo bastante o argumento da lacuna e do convencionalismo pela regra majoritária, como único desenho institucional. Todavia, não é objetivo da análise empreendida nesse artigo a ampliativa do problema, uma vez que o objeto é restrito ao âmbito das decisões tomadas pelo Supremo Tribunal Federal, no exercício da jurisdição constitucional.

---

100. PONTES DE MIRANDA, Francisco Cavalcanti. *Comentários à Constituição Federal de 1967...*, p. 564. Nessa linha de argumentação, Luiz Guilherme Marinoni, ver, MARINONI, Luiz Guilherme; MITIDIERO, Daniel; SARLET, Ingo. *Curso de direito constitucional*. 6. ed. São Paulo: Saraiva, 2017.
101. PONTES DE MIRANDA, Francisco Cavalcanti. *Comentários à Constituição Federal de 1967...*, p. 580-581.
102. Nesse sentido, expressamente, BUZAID, *Da ação direta declaratória...*, p. 77; CAVALCANTI, Comentários à Constituição Federal..., p. 212; PONTES DE MIRANDA, Francisco Cavalcanti. *Comentários à Constituição Federal de 1967...*, p. 580-581.

No contexto doutrinário contemporâneo, em período posterior à Constituição Federal de 1988, a argumentação sobre a regra de julgamento majoritária absoluta, prevista no art. 97, é de pouco interesse e pouco refletida.

Antes de tudo, o art. 97 da Constituição Federal de 1988 determina que "Somente pelo voto da maioria absoluta de seus membros ou dos membros do respectivo órgão especial poderão os tribunais declarar a inconstitucionalidade de lei ou ato normativo do Poder Público". Da leitura desse texto constitucional, podem ser inferidas duas regras distintas, seja quanto a sua finalidade seja quanto ao seu objeto. A primeira, trata da chamada "cláusula de reserva de plenário", que elege esse órgão como única instância encarregada de deliberações constitucionais nos tribunais. A segunda, versa sobre a regra de julgamento por maioria absoluta.

A regra de julgamento por maioria absoluta para as decisões de declaração de inconstitucionalidade, seja no controle abstrato, seja no concreto, é vista como uma resposta procedimental óbvia, na medida em que nosso imaginário constitucional é dominado pelo majoritarismo.[103] De outro lado, a referida situação de opacidade argumentativa pode ser reflexo, também, das discussões envolvendo o problema da cláusula de reserva de plenário (ou de reserva de órgão especial), que acabou atraindo todas as atenções, tanto da literatura quanto da jurisprudência.[104]

Do estudo feito da doutrina nacional contemporânea à Constituição de 1988,[105] José Afonso da Silva, nos comentários sobre a regra de julgamento da

---

103. Ver, PASQUINO, Pasquale. Majority rules in constitutional democracies: some remarks about theory and practice. In: ELSTER, Jon; NOVAK, Stephanie (Ed.). *Majority decisions*: principles and practice. New York: Cambridge University Press, 2014. p. 219-235.

104. A jurisprudência do Supremo Tribunal Federal é forte ao prospectar que o desrespeito à cláusula de reserva de plenário acarreta a nulidade absoluta da decisão judicial colegiada que, partindo de órgão meramente fracionário, tenha declarado a inconstitucionalidade de determinado ato normativo, motivo que, inclusive, foi fato gerador para a provação da Súmula Vinculante 10, com o seguinte teor: viola a cláusula de reserva de plenário (CF, artigo 97) a decisão de órgão fracionário de tribunal que, embora não declare expressamente a inconstitucionalidade de lei ou ato normativo do Poder Público, afasta sua incidência, no todo ou em parte." Sobre o argumento de que a cláusula de reserva de plenário ou do órgão especial viola o princípio da presunção de constitucionalidade dos atos legislativos, motivo pelo qual o controle de constitucionalidade deve ser exercido pelos órgãos fracionários, ver, LEITE, Fabio Carvalho. Pelo fim da "cláusula de reversa de plenário". *Direito, Estado e Sociedade*, n. 40, jan.-jun. 2012. p. 91-131. O autor, ainda, no seu texto destaca o problema da opção do nosso sistema constitucional pela regra de julgamento por maioria absoluta e sua incompatibilidade com o princípio da presunção de constitucionalidade, questão que acarreta déficit para uma justificativa adequada sobre a legitimidade da jurisdição constitucional.

105. BASTOS, Celso Ribeiro. *Comentários à Constituição do Brasil* (promulgada em 5 de outubro de 1988). São Paulo: Saraiva, 1997. v. 4, t. III (arts. 92 a 126). p. 81-82; BARROSO, Luís Roberto. *Constituição da República Federativa do Brasil anotada*. 5. ed.

maioria absoluta para o Supremo Tribunal Federal, foi o autor que sobre o assunto mais se debruçou, para além das explicações da questão da cláusula de reserva de plenário. Quanto à questão, trouxe duas observações. A primeira, quanto ao alcance e significado dessa regra, no sentido da definição de maioria absoluta em um órgão coletivo, que se refere à totalidade dos membros do tribunal, caso não tenha um órgão especial para expressar essa "razão pública do tribunal", ou à totalidade dos membros desse órgão especial onde exista. Entende José Afonso da Silva que essa regra de julgamento empresta uma solenidade à declaração de inconstitucionalidade pelos tribunais.[106]

A segunda observação consiste na identificação do propósito dessa regra de votação majoritária. Para o autor, ela se fundamenta em dois motivos principais. O primeiro, na tutela do valor da supremacia constitucional, que exige deferência ao legislador, de modo que apenas a declaração de inconstitucionalidade formal pelo tribunal pode retirar qualquer carga de eficácia do ato legislativo. O segundo motivo é o da tutela do valor da estabilidade da ordem jurídica, que exige dos tribunais uma manifestação da sua expressão maior e representativa, e não de simples fração.[107]

Concorda-se com José Afonso da Silva sobre os motivos subjacentes à regra majoritária de votação para a declaração de inconstitucionalidade nos tribunais, entretanto há discordância de que a maioria absoluta seja a técnica decisória necessária e suficiente para a tutela de tais razões.

4. Considerações finais

As críticas sustentadas contra o protocolo de votação supermajoritário, durante o período da Assembleia Constituinte de 1933/1934, podem ser con-

---

reform. Saraiva, 206. p. 585-587; AMARAL, José Levi Mello. Artigo 93, inciso X ao 99. p. 1215-1220. In: BONAVIDES, Paulo; AGRA, Jorge Miranda Walber de Moura (Coord.). *Comentários à Constituição Federal de 1988*. Rio de Janeiro: Forense, 2009; BULOS, Uadi Lammêgo. *Constituição Federal Anotada*. 11. ed. rev. e atual. São Paulo: Saraiva, 2015. p. 1042-1046; CLÈVE, Clèmerson Merlin. *A fiscalização abstrata da constitucionalidade no direito brasileiro*. 2. ed. São Paulo: Revista dos Tribunais, 2000; BARROSO, Luís Roberto. *O controle de constitucionalidade no direito brasileiro*. 7. ed. São Paulo: Saraiva, 2016; SARMENTO, Daniel; SOUZA NETO, Cláudio Pereira de. *Direito Constitucional* – Teoria, história e métodos de trabalho. Belo Horizonte: Fórum, 2013; MENDES, Gilmar. *Jurisdição constitucional*. 6. ed. São Paulo: Saraiva, 2014; MARINONI, Luiz Guilherme; MITIDIERO, Daniel; SARLET, Ingo. *Curso de direito constitucional*. 6. ed. São Paulo: Saraiva, 2017; MENDES, Gilmar; BRANCO, Paulo, Gonet. *Curso de direito constitucional*. 12. ed. São Paulo: Saraiva, 2017.

106. SILVA, José Afonso. *Comentários contextual à Constituição*. 9. ed. São Paulo: Malheiros Editores, 2014. p. 524-525.
107. Ibid., p. 524.

tornadas em um novo cenário do quadro normativo constitucional, tal como o desenhado na Constituição de 1988, e nas suas versões constituintes derivadas sucessivas. Precisa-se, para tanto, do desenvolvimento de um novo aporte teórico sobre a regra de supermaioria, para o contexto decisório jurisdicional dos tribunais constitucionais.

O que importa, nesse momento e com a investigação apresentada acerca da história institucional do protocolo de votação para as decisões do Supremo Tribunal Federal, é fomentar o debate teórico, com reflexos no campo jurisdicional e constituinte, sobre outras formas de se pensar a resposta procedimental para a atividade da jurisdição constitucional pelo Supremo Tribunal Federal. Fomentar, a partir de uma realidade normativa já discutida, mas não tão conhecida.

EFICÁCIA DAS DECISÕES CONSTITUCIONAIS

18
EFEITO VINCULANTE E STF: É CORRETO NEGAR A TRANSCENDÊNCIA DOS MOTIVOS DETERMINANTES DAS DECISÕES?

ANA PAULA OLIVEIRA AVILA

Mestre e Doutora em Direito Público pela Universidade Federal do Rio Grande do Sul. Advogada em Porto Alegre.

SUMÁRIO: 1. Introdução; 2. A controvérsia jurisprudencial e suas consequências práticas; 3. A Função das Decisões da Jurisdição Constitucional; 4. Efeito Vinculante: origens, significado e função; 5. Um argumento possivelmente conclusivo: a interpretação do dispositivo de uma decisão; 6. Considerações Finais

1. Introdução

O mínimo que um Estado Constitucional deve assegurar ao cidadão, porque indispensável à sua existência digna, é a realização dos princípios da segurança jurídica e da igualdade. Segurança que "viabilize certeza a respeito de como as pessoas devem se comportar"[1], para que possam exercitar de modo previsível seu direito de liberdade, e igualdade para assegurar que o Estado dispense a todos e a cada um o mesmo respeito e consideração.

A maior preocupação da doutrina do processo civil é garantir que seus institutos operem em convergência com esses princípios fundamentais do Estado de Direito, provendo à sociedade decisões emanadas de um processo justo e idôneas para orientar o desenvolvimento das relações sociais com segurança e igualdade. Atentas a esse fim, legislação processual e a doutrina estão fazendo sua parte, seja por meio dos precedentes obrigatórios introduzidos pelo art. 927 do NCPC e do efeito vinculante previsto na Constituição e na Lei 9.868/99, seja

---

1. MITIDIERO, Daniel. *Precedentes* – Da persuasão à vinculação. 2. ed. São Paulo: Ed. RT, 2017. p. 24.

pelo esforço doutrinário em apontar complementações e correções necessárias ao bom funcionamento do sistema judicial em face dos precedentes.

A jurisprudência, no entanto, tem deixado a desejar. Juízes e tribunais seguem aplicando leis que ainda não foram objeto de exame particular pelo STF, mas que possuem teor idêntico ao de normas que já foram declaradas inconstitucionais pelo STF. A prática é bastante grave à medida que a adesão dos juízes às decisões do STF configura o meio capaz de satisfazer de modo imediato a promoção da segurança e da igualdade tão indispensáveis ao desenvolvimento da pessoa. A adesão aos precedentes possibilita que as decisões judiciais promovam a necessária *certeza do direito*, à medida que colaboram para a fixação do conteúdo normativo das disposições vigentes e, ao mesmo tempo, assegurando que os cidadãos que se encontrem em situação igual recebam um tratamento isonômico. Evitam-se, desse modo, a surpresa e os privilégios, elementos incompatíveis com o Estado de Direito e tão perniciosos ao desenvolvimento estável das relações sociais, políticas e econômicas.

Conquanto se conte com a vontade dos juízes e tribunais para aderir às decisões do STF, ainda há dúvidas sobre como essa adesão deve ser manifestada, ou, noutras palavras, quais são as partes da decisão do STF que vinculam os órgãos judiciais e demais autoridades públicas. Basicamente, discute-se se o efeito vinculante se projeta apenas a partir do dispositivo da decisão ou também de seus fundamentos e quais as consequências de uma ou outra opção. O STF já oscilou entre as duas tendências, ora admitindo a eficácia vinculante dos fundamentos ou *ratio decidendi* (a chamada transcendência dos motivos determinantes da decisão), ora a limitando ao dispositivo da decisão, sendo que esta última orientação é a que prevalece na Corte no presente momento.

É essa possibilidade de oscilação da Corte precisamente o objeto deste ensaio, o qual se divide em quatro pontos cujo enfrentamento é necessário para testar a correção da orientação vigente no Supremo. Primeiro, investiga-se o que significa a transcendência dos motivos determinantes da decisão e a controvérsia jurisprudencial acerca do alcance do efeito vinculante; segundo, analisa-se a função dos precedentes na jurisdição constitucional, recortada de um problema maior que é o próprio papel da jurisprudência para o desenvolvimento do Direito. Em terceiro, examina-se o efeito vinculante sob diversos aspectos: origem, destinatários, alcance e também sua função para afirmação da autoridade da Constituição e dos princípios da segurança jurídica e igualdade. Finalmente, após uma breve incursão sobre o significado geral da interpretação jurídica, estarão alinhados todos os elementos necessários para responder se a transcendência dos motivos determinantes das decisões do STF é uma questão de opção para os ministros do STF ou se configura uma imposição lógica do sistema jurídico, necessária para afirmar a segurança jurídica, a igualdade e a autoridade da Constituição.

2. A controvérsia jurisprudencial e suas consequências práticas

Antes de examinar as duas orientações presentes no STF sobre a questão, são pertinentes algumas observações preliminares. O controle de constitucionalidade concentrado pelo STF, realizado diante da lei em tese (abstrata), pode resultar numa decisão com a seguinte estrutura: o *relatório* descreve os fatos que justificaram o ajuizamento da ação, o pedido deduzido e os eventos processuais ocorridos até o momento do julgamento; os votos aduzem os fundamentos jurídicos que justificam a procedência (ou improcedência) do pedido, apresentando a *motivação*; e o *dispositivo*, extraído (geralmente) da parte final dos votos e presente na ata final do julgamento, consistirá na afirmação de que *a norma X é inconstitucional (ou constitucional)*, limitando-se à norma infraconstitucional que consistiu no objeto deduzido no pedido na ação.

A chamada "teoria da transcendência dos motivos determinantes da decisão" consiste na proposta de que o efeito vinculante não fique restrito ao dispositivo da decisão e se projete a partir dos seus fundamentos – da *ratio decidendi*[2]. Qual a consequência prática disso?

Se a vinculatividade abrange somente a parte dispositiva da decisão, outras normas (as normas Y e Z) de conteúdo idêntico àquele declarado inconstitucional (mas que não sejam formalmente a norma X) deverão ser examinadas em nova ação direta porque não estarão alcançadas pelo precedente anterior referente à X.[3]

---

2. A identificação da *ratio decidendi* é um problema à parte, à medida que na fundamentação dos seus votos, os ministros do STF costumam aduzir diversos argumentos, alguns consubstanciam as razões indispensáveis para que se chegue à decisão e que contam com a adesão da maioria dos julgadores (*ratio decidendi*) e outros ditos *en passant*, expressando comentários de menor relevância que não dizem respeito ao fundamento determinante do resultado (*obiter dictum*). Sustenta-se, inclusive, que só há precedente quando a mesma *ratio decidendi* contar com a adesão da maioria do Tribunal, o que nem sempre é possível identificar nos acórdãos do STF. Marinoni esclarece bem esse problema quando trata das decisões plurais, aquelas decisões de órgãos colegiados que chegam a um resultado a partir de fundamentos difusos e não coincidentes, se modo que não permita a formação da *ratio decidendi* do julgamento. Essas situações impedem que o tribunal exerça seu papel de interpretar as normas e colaborar com o desenvolvimento e a unidade do direito, pois "a ausência de definição de questão jurídica impede a edificação de uma base a partir da qual possam ser estabelecidas soluções para outros casos [...]. Os casos futuros, assim, sempre estarão abertos a uma *ratio decidendi* que venha a se firmar" (MARINONI, Luiz Guilherme. *Julgamento nas Cortes Supremas*. 2. ed. São Paulo: Ed. RT, 2017. p. 58). Nesses casos, há uma decisão sobre a questão que foi tomada por maioria, mas não propriamente um precedente. A lei, contudo, fala em efeito vinculante "das decisões" e não dos precedentes, de modo que persiste o problema de responder qual parte da decisão vincula e como extrair da decisão os seus motivos determinantes.

3. MELLO, Patrícia Perrone Campos. *Precedentes*. Rio de Janeiro: Renovar, 2008. p. 146.

De outro modo, se admitirmos a vinculatividade dos motivos determinantes da decisão, estarão resolvidos os problemas de recalcitrância legislativa – situação em que o Parlamento tenta superar a decisão de inconstitucionalidade do tribunal constitucional por meio da edição de outros atos normativos reproduzindo o conteúdo declarado inconstitucional em uma lei anterior[4]. Noutras palavras, se só o dispositivo vincula, a decisão que declara a lei X inconstitucional não servirá para obrigar os órgãos judiciais e executivos a afastarem a aplicação da lei Y, que foi reeditada com idêntico teor. Afinal, o dispositivo limita-se ao julgamento da lei X, e nenhuma outra. Porém, se as razões de decidir vinculam, as razões por que a lei X é inconstitucional serão suficientes para invalidar as leis Y e/ou Z que possuam idêntico teor de X. Por exemplo, se X é inconstitucional porque dispôs sobre matéria que competia à União e não ao Estado, a mesma razão servirá para justificar o afastamento das leis Y ou Z editadas por outros Estados da Federação disciplinando a mesma matéria que pertence à União.

O mesmo valeria para a recalcitrância judicial, situação em que órgãos judiciários se aproveitam da coexistência dos sistemas concentrado e difuso de controle para entender aplicável norma que o STF julgou inaplicável, ou vice-versa[5] – justamente o tipo de situação que o NCPC visa coibir com o art. 927. Por exemplo, o STF decidiu que é inconstitucional a inclusão do ICMS na base de cálculo do PIS/COFINS (*dispositivo*) porque o valor do tributo configura despesa, e não receita (*motivo determinante*). O mesmo raciocínio serve para amparar a inconstitucionalidade da inclusão do ISS na base de cálculo do PIS/COFINS, porque também configura despesa, e não receita. A tese, acatada pelos TRFs da 1ª e 3ª Regiões[6], é recusada no TRF da 4ª Região, por considerar que o valor do ISS compõe a base de cálculo do PIS/COFINS e o STF ainda não se pronunciou especificamente sobre o ISS[7], apenas sobre o ICMS. Trata-se de conduta injustificável à luz dos princípios da igualdade e da segurança jurídica e da sistemática que o CPC deseja implementar para conferir autoridade às decisões dos tribunais superiores.

Quando as decisões se repetem e geram súmulas, este problema raramente se coloca, pois o enunciado da súmula decorre de um comando geral extraído dos fundamentos de diversas decisões no mesmo sentido (*holdings – proposição*

---

4. LEAL, Roger Stiefelmann. *O efeito vinculante na jurisdição constitucional.* São Paulo: Saraiva, 2006. p. 104.
5. Para situações exemplificativas de recalcitrância judicial, cf. LEAL, Roger S. Op. cit., p. 109-110.
6. Conferir: AC 0005551-77.2007.4.01.4000, Rel. Des. Federal Ângela Catão, TRF1 – Sétima Turma, e-DJF1 24.08.2018; Apelação Cível – 2091295–0029549-26.2014.4.03.6182, Rel. Des. Federal Mônica Nobre. TRF 3ª Região, Quarta Turma, Ap, j. 15.08.2018.
7. TRF4 5062085-32.2017.4.04.7100, Primeira Turma, Rel. Des. Federal Roger Raupp Rios, juntado aos autos em 10.10.2018.

normativa), devendo ser aplicado aos casos futuros em que seja pertinente. Isso explica a observação de Mitidiero, de que súmula e precedente operam em níveis distintos, à medida que a primeira seria a expressão simples e direta do segundo. Daí sua conclusão: "rigorosamente, não são as súmulas que obrigam, mas os precedentes subjacentes"[8]. As súmulas dos tribunais superiores (vinculantes ou não) tiveram sua autoridade reconhecida no art. 927, II e IV, do NCPC e configuram a própria expressão de razões da decisão, atreladas às circunstâncias fáticas e jurídicas de que emanou o precedente. Se assim é, cabe questionar: diante das demais decisões do STF às quais a lei atribui efeito vinculante, porque também não conferir vinculatividade às razões de decidir?

O tema já foi objeto de avaliação pelo STF em diferentes ocasiões. O precedente considerado o *leading case* na matéria data do ano de 2003, por conta da Reclamação 1.987-0-DF[9], onde se lê:

> [...] Hipótese a justificar a transcendência sobre a parte dispositiva dos motivos que embasaram a decisão e dos princípios por ela consagrados, uma vez que os fundamentos resultantes da interpretação da Constituição devem ser observados por todos os tribunais e autoridades, contexto que contribui para o desenvolvimento da ordem constitucional. (STF, Pleno, Rel. Min. Maurício Correa, por maioria, DJ de 21-5-04, p. 33)

O Relator da Reclamação 1.987, Min. Maurício Correa, defendeu a necessidade de preservar a exegese constitucional fixada pela Corte, de seus motivos determinantes, e não "o teor formal da parte dispositiva do acórdão". A decisão, contudo, não foi unânime, porquanto reconhecer efeito transcendente aos fundamentos da decisão "implicaria transformar em súmula vinculante qualquer premissa de uma decisão" (Min. Sepúlveda Pertence), além da preocupação ma-

---

8. MITIDIERO, Daniel. *Precedentes* – Da persuasão à vinculação. 2. ed. São Paulo: Ed. RT,. p. 93-94.
9. O caso tratava da Instrução Normativa 11/97 do TST, a qual criou novas hipóteses autorizativas de sequestro de verbas públicas para pagamento de precatórios trabalhistas, ao passo que o art. 100 da CF/88 somente autorizava este sequestro em caso de preterição de direito de precedência. Essa Instrução já fora declarada inconstitucional na ADI 1.662/SP mesmo após a alteração do art. 100 pela EC 30, que em nada modificou a questão do sequestro de verbas públicas. Contudo, a pretexto da nova redação conferida pela EC 30, a Presidente do TRT da 10ª Região determinou o sequestro de verbas do Distrito Federal para pagamento de um precatório trabalhista, em hipótese diversa daquela autorizada pelo texto constitucional. Diante disso, o Governador do DF ajuizou reclamação arguindo que a decisão da Presidência do TRT violava a decisão proferia da ADI 1.662 (demanda que tratava de ato diverso Instrução Normativa 11/97; praticado por autoridade diversa – TST, contra outro ente da Federação – São Paulo) (MELLO, Patrícia Perrone Campos. *Precedentes*. Rio de Janeiro: Renovar, 2008. p. 150).

nifestada pelo Min. Marco Aurélio quanto à viabilidade de atuação do STF caso fossem consideravelmente ampliadas as hipóteses de cabimento da reclamação[10].

A tese segue defendida por alguns ministros, tais como Celso de Mello (voto proferido na Recl. 8.946/SE), admitindo inclusão dos fundamentos no âmbito do efeito vinculante pelo menos nas decisões em ações diretas:

> [...], *vale dizer, o de que é possível reconhecer,* em nosso sistema jurídico, *a existência* do fenômeno da *"transcendência dos motivos que embasam a decisão"* emanada desta Suprema Corte em processo de fiscalização abstrata, *para que se torne viável proclamar,* em decorrência dessa orientação, que o efeito vinculante refere-se, *igualmente,* à própria *"ratio decidendi", projetando-se, em consonância, para além da parte dispositiva* do julgamento que se proferiu em sede de controle abstrato. *STF.* Reclamação 8.946/SE. Min. Rel. Celso de Mello. 10-06-2014. (fragmento extraído do voto do relator, grifos no original).

O Ministro Gilmar Mendes, endossando sua orientação em sede doutrinária, proferiu voto na Reclamação 2.126 salientando a relevância da proposta segundo a qual

> a eficácia da decisão do Tribunal transcende o caso singular, de modo que os princípios dimanados da parte dispositiva e dos fundamentos determinantes sobre a interpretação da Constituição devem ser observados por todos os Tribunais e autoridades nos casos futuros[11].

No entanto, em outras ocasiões, a maioria dos ministros rejeitou a tese da transcendência dos motivos determinantes da decisão. É a conclusão da Reclamação 3.014, em que a maioria levou em conta, principalmente, alguns argumentos pragmáticos, tais como o temor de ampliar-se, de um modo não ortodoxo, os pressupostos de admissibilidade da reclamação (Min. Lewandowski, Min. Eros Grau, Min. Carmem Lúcia, Min. Carlos Britto), ou a ampliação indevida e não autorizada da competência do STF para o exame da constitucionalidade de leis municipais por meio de reclamação (Min. Ellen Gracie).

Porém, com razão os Ministros Gilmar Mendes e Cezar Peluso aduziram que, independentemente da teoria da transcendência dos motivos determinantes, persiste a competência da Corte para o exame incidental da inconstitucionalidade, e se uma norma já passou pelo controle abstrato e foi tida como constitucional ou inconstitucional, por força do efeito vinculante já não haveria de passar por novo controle abstrato – o mesmo valendo para as normas de conteúdo idêntico. Para Peluso, todas as normas de conteúdo idêntico podem ser objeto de reclamação

---

10. MELLO, Patrícia Perrone Campos. Op. cit., p. 151.
11. Recl. 2.126/SP, Rel. Min. Gilmar Mendes, *DJ* 19.08.2002.

imediatamente se a decisão anterior do STF não for respeitada (Pleno, Reclamação 3.014/SP, Rel. Min. Carlos Britto). Apesar disso, ambos foram vencidos pela maioria do Tribunal no julgamento.

Na atual quadra da jurisprudência a tese segue sendo rechaçada, conforme demonstram alguns julgados:

> Reclamação – alegação de desrespeito à autoridade do julgamento proferido, com efeito vinculante, no exame da ADPF 114-MC/DF – impossibilidade jurídica de invocar-se, para fins de reclamação, a tese da transcendência dos motivos que embasaram as decisões que esta Suprema Corte proferiu em sede de controle normativo abstrato – precedentes – *ressalva da posição pessoal do relator desta causa*, que entende cabível o emprego do instrumento reclamatório nesses casos – diretriz jurisprudencial firmada pelo plenário do Supremo Tribunal Federal – decisão que julga extinto o processo de reclamação – interposição de recurso de agravo – recurso de agravo improvido. STF. Reclamação 8.946/SE. Min. Rel. Celso de Mello. 10-06-2014 [grifei – ressalva do Min. Celso de Mello]

> Agravo regimental. Reclamação. Supressão pela Fiocruz de adicional de insalubridade sem observância do contraditório e da ampla defesa. Violação da Súmula Vinculante 3. Não ocorrência. Aplicabilidade da Teoria da Transcendência dos Motivos Determinantes rejeitada pelo Supremo. Agravo desprovido. STF. Reclamação. 9.778/RJ. Min. Rel. Ricardo Lewandowski. 26-10-2011

É interessante observar que a transcendência dos motivos determinantes é encarada pelos magistrados como algo à sua disposição para ser ou aceito não, conforme a menor ou maior preocupação com as consequências (pragmatismo) ligadas ao aumento no número de processos perante a Corte. Pouco se diz sobre o fato de que a rejeição da eficácia transcendente frustra a autoridade do Tribunal Constitucional e o desempenho de seu papel essencial à previsibilidade e certeza do Direito, frustra a eficiência do sistema de precedentes e cria obstáculos à realização da segurança jurídica e da igualdade, que também devem ser o escopo das decisões judiciais no Estado Constitucional, sobretudo das decisões que definem de modo preclusivo a validade de normas controvertidas à luz da Constituição.

3. A função das decisões da jurisdição constitucional

A ideia por trás das Cortes Supremas é a de uma autoridade competente para "*orientar a aplicação do Direito* mediante *precedentes* formados a partir do julgamento de casos concretos que revelem uma *fundamental importância* para a consecução da *unidade* do Direito"[12]. Em seus julgados, o STF reconhece essa

---

12. MITIDIERO, Daniel. *Cortes Superiores e Cortes Supremas*. Do controle à interpretação, da jurisprudência ao precedente. São Paulo: RT. 2013. p. 55 (grifos originais do autor).

vocação para a formação de precedentes, já manifestada pelo Ministro Gilmar Mendes:

> [...] a função do Supremo nos recursos extraordinários – ao menos de modo imediato – não é a de resolver litígios de fulano ou beltrano, nem a de revisar todos os pronunciamentos das Cortes inferiores. [...] O processo entre as partes, trazido à Corte via recurso extraordinário, deve ser visto apenas como pressuposto para uma atividade que transcende os interesses subjetivos.[13]

O fragmento situa o STF no modelo de Cortes Supremas proposto por Daniel Mitidiero, em que "a jurisdição é entendida como reconstrução e outorga de sentido a textos e a elementos não textuais da ordem jurídica", sendo o caso concreto apenas um *meio* para que o tribunal possa realizar o seu *fim*, que é atribuir à Constituição e ao ordenamento a adequada interpretação, por meio de precedentes que vincularão toda a sociedade civil e demais órgãos do Judiciário.[14]

Por tradição, a formação de precedentes é o *modus operandi* do sistema do *Common Law*, em que o Direito se constrói a partir das decisões judiciais que se tornam aplicáveis para a regulação dos casos futuros que apresentem a mesma situação anteriormente julgada. Assim, torna-se possível um silogismo que emprega a decisão judicial anterior como premissa maior, e o novo caso idêntico ao anteriormente julgado como premissa menor, sendo possível deduzir uma conclusão que obriga o caso seguinte a ser resolvido com foram os anteriores[15]. Não fosse essa construção que permite um encadeamento entre passado e presente,

---

13. STF, Pleno, Processo administrativo 318.715/STF, Brasília, DF, 17.12.2003.
14. MITIDIERO, Daniel. *Cortes Superiores e Cortes Supremas*. Do controle à interpretação, da jurisprudência ao precedente. São Paulo: RT. 2013. p. 34, 55 (grifos originais do autor).
15. A equiparação ao silogismo empregado na aplicação de normas positivadas não é fortuita. Uma vez formado o precedente, reconhecer-lhe normatividade implica atribuir-lhe o mesmo valor de lei, tornando aquela solução previamente construída generalizável para que possa definir também questões futuras que apresentem as mesmas características daquela anteriormente decidida. A vinculação do precedente implica um tipo de raciocínio mais próximo do silogismo que da analogia. Assim, Frederick Schauer: "[...]Rather, following precedent is a form of reasoning in which judges are expected to adhere to prior decisions addressing the same issue regardless of their own views about how the issue out to be decided. Judges are thus obliged to answer the same question in the same way as others have answered it earlier, even if they would prefer to answer it differently. Precedential constraint in law is precisely this obligation to follow previous decisions just because of their existence and not because of their perceived (by the current decision maker) correctness, and this counter-intuitive form of reasoning, ubiquitous in legal reasoning and widespread elsewhere, is importantly different from the typical form of analogical reasoning, whether in law or outside it" (SCHAUER, Frederick. Why precedent in law (and elsewhere) is not totally (or even substantially)

tornando logicamente previsível as consequências dos atos futuros, dificilmente seria possível perceber o que é devido (dever ser) no sistema do *Common Law*.

A implementação de uma teoria dos precedentes no sistema do *Civil Law*, assim considerado aquele em que a lei positivada atua como a premissa maior do raciocínio silogístico, com potencialidade de resolver ampla gama de questões devido à generalidade e abstração que lhe são características, parece supérflua ao primeiro olhar, à medida que a lei positiva, nesse sistema, suplantaria o papel que os precedentes desempenham no *Common Law*.

De fato, foi necessária a superação do método exegético que via no juiz a simples boca da lei, assim como discernir entre "norma" e "texto", para compreender-se que o Direito é forjado não só por quem o elabora (legislador) mas também por quem o realiza (julgador). Daí resulta que, por mais que se adotem leis gerais abstratas no sistema do direito positivo, o Direito, como aquilo que é devido por alguém em razão de outrem, somente estará completo com a *adscrição* da norma, algo obtido a partir da interpretação dos textos em cotejo com os fatos no âmbito da jurisdição. Essa premissa explica a conclusão de Mitidiero: "se a norma constitui o resultado da interpretação, então não se pode mais supor que para dar unidade à ordem jurídica basta olhar para a constituição e para a legislação – como se esses documentos dotados de autoridade não estivessem sujeitos à interpretação"[16]. Impõe-se, então, reconhecer autoridade também aos precedentes judiciais que, completando o sentido das disposições abstratas vigentes, passam a vincular o poder judiciário na solução dos casos subsequentes.

Embora a tradicional teoria da separação dos poderes seja invocada na discussão sobre o reconhecimento de eficácia normativa aos precedentes judiciais, já não há dúvidas de que, sem eles, os ideais de segurança jurídica – notadamente a certeza do direito, a previsibilidade e a confiança – e de igualdade restarão frustrados porque o texto da lei, abstratamente considerado, já não fornece *por si só* todos os elementos necessários para orientar as escolhas que competem ao cidadão no uso do seu direito de liberdade para agir e se relacionar. Muitos dos significados de expressões utilizadas nos textos somente são extraídos mediante a interpretação pelos tribunais, daí seu papel indispensável para decidir, reconstruir e criar significados por meio da interpretação do direito.

Alguns exemplos singelos podem ilustrar claramente a questão. Por obra da jurisprudência, a norma emergente do texto "a casa é asilo inviolável do cidadão" (CF, art. 5º, inc. XI) vai além de sua expressão literal, à medida que o Supremo

---

about analogy. 2007. p. 2-3. Disponível em: [http://ksgnotes1.harvard.edu/Research/wpaper.nsf/rwp/RWP07-036]. Acesso em: 25.10.2018).

16. MITIDIERO, Daniel. Precedentes. *Da persuasão à vinculação*. 2. ed. São Paulo: Ed. RT, 2017. p. 65.

Tribunal Federal já decidiu que também os apartamentos, os quartos de hotéis ocupados, a garagem da casa, e até automóveis são, assim como a casa, asilos invioláveis do cidadão. Também por obra da jurisprudência, reconhece-se que a liberdade de expressão do pensamento garantida no art. 5°, inc. IV, da Constituição, não compreende a expressão de opiniões racistas ou do discurso de ódio, diversamente do que poderia supor o cidadão desavisado. Isso demonstra que, por meio da interpretação, a norma resultante da decisão pode ser mais extensa ou restrita do que permitiria inferir a mera literalidade dos textos.

Se as decisões judiciais colaboram para conferir sentido ao Direito, é preciso saber em que condições elas poderão ostentar a normatividade originalmente conferida à lei positivada e passarão, por um lado, a vincular os demais operadores e, por outro, a orientar as escolhas e condutas dos cidadãos. De modo muito sucinto, o mínimo que se espera de um sistema de precedentes é que os tribunais supremos, encarregados de formar os precedentes, profiram decisões que vinculem o próprio tribunal e também todas as instâncias inferiores do Judiciário, assegurando uma uniformidade entre a decisão do caso presente e dos demais casos futuros. Assim, se o Pleno do Supremo Tribunal Federal decide uma questão fixando o modo pelo qual uma norma deve ser interpretada, ele próprio[17] e as demais instâncias assumem o compromisso de promover a coerência, unidade e a estabilidade do direito, decidindo de modo uniforme quando a mesma questão jurídica se ponha em novos casos que reclamem uma resposta judicial. Isso é básico e parece evidente que "a decisão tomada por maioria do Pleno do STF [...] seguramente constitui decisão que não pode deixar de se impor a ele próprio e aos demais juízes"[18].

Para dar conta desse desiderato, concebeu-se a eficácia vinculante das decisões do STF, com a expectativa de que os demais órgãos do poder judiciário, assim como os órgãos da administração pública, estejam vinculados às decisões proferidas nas ações diretas, às súmulas editadas com amparo no art. 103-A da Constituição e, por via transversa, a vinculação dos tribunais locais e instâncias

---

17. É claro que a vinculação do próprio tribunal aos seus precedentes somente se sustenta enquanto não se alterarem as condições fáticas ou normativas que ampararam aquela solução, sendo sempre possível que o próprio tribunal que criou o precedente proceda à sua superação ou revisão (*overruling/overriding*). A questão é controvertida e a própria lei que prevê o efeito vinculante das decisões do STF não considera o próprio tribunal como um dos destinatários do efeito vinculante, apenas os demais órgãos do Judiciário e a administração pública. Contudo, a segurança jurídica, a previsibilidade e a igualdade restariam comprometidas se, sem que se verificasse qualquer alteração nas condições fáticas ou normativas que ensejaram o precedente, o tribunal pudesse livremente afastar-se dele por questão de conveniência quando bem entendesse.
18. MARINONI, Luiz Guilherme; MITIDIERO, Daniel; SARLET, Ingo. *Curso de direito constitucional*. 3. ed. São Paulo: Ed. RT, 2014. p. 991-992.

inferiores às demais decisões do Pleno do Tribunal em razão do art. 949, parágrafo único do CPC. No entanto, somente um exame mais abrangente desse efeito permitirá identificar de que modo ele deve ser operado para que o STF cumpra seu papel de garantir a supremacia da Constituição e conferir certeza, unidade e previsibilidade ao Direito.

4. Efeito vinculante: origens, significado e função

A primeira previsão normativa atribuindo o efeito vinculante às decisões do STF nas representações interpretativas deu-se com a EC 7, de 1977, que em seu art. 9º estabelecia: "a partir da data da publicação da ementa do acórdão no DOU, a interpretação nele fixada terá efeito vinculante, implicando sua não observância negativa de vigência do texto interpretado". O texto da Constituição Federal de 1988 incorporou este efeito a partir da EC 3, de 1993, face à introdução da ação declaratória de constitucionalidade[19] (ADC) no sistema de controle concentrado. A receptividade do instituto foi imediata e de pronto estendida pela jurisprudência do STF às decisões em ações diretas de inconstitucionalidade (ADI), pois não haveria qualquer lógica em reconhecer o efeito vinculante para a ADC, e não para a ADI, à medida que são ações de sinal invertido, ou seja: a procedência de uma delas equivale à improcedência da outra[20]. Seguindo a cronologia, a Lei 9.868/99 regulamentou as ações diretas perante o STF e previu em seu artigo 28, parágrafo único, as eficácias *erga omnes* e vinculante para quaisquer das técnicas decisórias com exame de mérito empregadas no controle concentrado: as declarações de constitucionalidade, de inconstitucionalidade, a interpretação conforme a Constituição e a declaração parcial de nulidade sem redução de texto[21]. Atualmente a questão encontra-se regulada pela própria Constituição, no texto atribuído ao art. 102, 2º pela EC45/04:

---

19. A ideia dessa ação era promover o pronunciamento final do STF acerca de controvérsia judicial envolvendo a validade de determinado dispositivo legal à luz da Constituição, a qual, uma vez confirmada pela procedência da ADC, elidiria as interpretações que eventualmente afastassem a aplicação da norma em questão no controle difuso. Evidentemente, o propósito de barrar o afastamento da norma em situações individuais na via difusa somente poderia ser garantido pela obrigatoriedade do acatamento da orientação do STF, daí a lei prever explicitamente o efeito vinculante para essas decisões. Mesmo assim, nas declarações de constitucionalidade o efeito vinculante deve ser considerado com alguns temperamentos. No ponto, conferir: AVILA, Ana Paula Oliveira. Razoabilidade, proteção do direito fundamental à saúde e antecipação de tutela contra a fazenda pública. *Revista Ajuris*, v. 86, 2002. p. 361-374.
20. STF, Pleno, ADC 4/DF, Rel. Min. Celso de Mello, 01.10.2008.
21. Sobre cada uma dessas técnicas e os poderes exercidos pelo STF por meio delas, v. AVILA, Ana Paula O. Técnicas de decisão na jurisdição constitucional e garantia de direitos fundamentais das minorias pelo STF. *Revista Novos Estudos Jurídicos* (eletrônica), v. 20, n. 2, maio-ago. 2015. p. 595-627.

As decisões definitivas de mérito, proferidas pelo Supremo Tribunal Federal, nas ações diretas de inconstitucionalidade e nas ações declaratórias de constitucionalidade produzirão eficácia contra todos e efeito vinculante, relativamente aos demais órgãos do Poder Judiciário e à administração pública direta e indireta, nas esferas federal, estadual e municipal.

Dois aspectos sobressaem nessas disposições quanto ao efeito vinculante. Primeiro, a EC 7/77 confere-lhe *força normativa*, na medida em que não observar a decisão equivale a negar vigência ao próprio texto legal cujo sentido foi interpretado na decisão. Segundo, no texto da CF/88, o único aspecto regulado diz respeito aos destinatários do efeito vinculante – os demais órgãos judiciais e administração pública. No entanto, não há qualquer norma vigente que defina exatamente o que é o efeito vinculante e nem qual conteúdo decisório vincula os demais órgãos do Judiciário e do Executivo, daí a necessidade de se explorar o tema com mais profundidade.

Teori Zavascki observa que a positivação do efeito vinculante veio para confirmar uma tendência à obrigatoriedade dos precedentes judiciais, fenômeno que já se fazia notar em diversas alterações no antigo CPC e foi regulamentado – ainda que com incompletudes – no Código atual. A Lei 9.756/1998 introduziu o parágrafo único ao art. 481 do CPC/1973 (correspondente ao art. 949, parágrafo único do CPC/2015), pelo qual os órgãos fracionários dos tribunais ficaram dispensados de suscitar o incidente de inconstitucionalidade quando já houvesse pronunciamento sobre a matéria do órgão pleno ou especial do próprio tribunal ou do Pleno do STF. Conferiu-se, desse modo, a força de precedente às manifestações do Pleno do STF pela constitucionalidade ou inconstitucionalidade de determinado preceito normativo[22].

No CPC/2015, a força subordinante dos precedentes veio reafirmada em diversas disposições, vejamos: o art. 949, parágrafo único, reproduz o disposto no parágrafo único do art. 481 do CPC anterior; o art. 932, incs. IV e V, autoriza o relator a negar seguimento a recurso contra decisão alinhada a súmula ou jurisprudência dos tribunais superiores ou dar provimento na situação inversa; o art. 955 autoriza o relator a decidir de plano o conflito de competência quando houver jurisprudência dominante do tribunal sobre a questão; o art. 535, § 5º c/c § 12, atribui às decisões do STF sobre a inconstitucionalidade de normas, inclusive em controle difuso, a eficácia de inibir a execução de sentenças em sentido contrário (efeito rescisório)[23]; o art. 927 determina que os juízes e tribunais observarão as decisões do STF em controle concentrado e os enunciados de súmula vinculante, entre outras de-

---

22. ZAVASCKI, Teori Albino. *Eficácia das sentenças na jurisdição constitucional*. 4. ed. São Paulo: Ed. RT, 2017. p. 41.
23. ZAVASCKI, Teori Albino. Op. cit., p. 43.

cisões dos tribunais superiores; e o art. 1.039 determina que, uma vez decididos os recursos extraordinários afetados, os demais recursos sobre questão idêntica serão considerados prejudicados e decididos conforme a tese afirmada pelo STF.

Dessa lista não exaustiva de disposições que expressam a adoção de precedentes judiciais com força normativa, o que fica claro é a exigência de que as instâncias inferiores deem aplicabilidade, nos casos sob sua competência, àquilo que foi decidido pelos tribunais superiores no julgamento de questões sobre a mesma matéria. Por isso, apesar de a previsão normativa do art. 102, § 2°, da CF apenas definir quem são os destinatários da eficácia vinculante (limites subjetivos), *i.e.*, quem fica subordinado às decisões do STF (demais órgãos do judiciário e administração pública), parece correto extrair da noção de precedente a conclusão de que a eficácia vinculante é uma espécie de eficácia normativa expressa na obrigatoriedade, dirigida aos poderes judiciário e executivo, de acatar e dar aplicabilidade às decisões da jurisdição constitucional, nas questões de sua competência versando sobre a mesma matéria.

Embora se perceba algum avanço para a uniformização das decisões judiciais, observa-se que a legislação não definiu um aspecto central da eficácia vinculante, que é saber exatamente o que, na decisão, deve ser obrigatoriamente observado pelos juízos inferiores (limites objetivos). Por conta da falta de regulamentação explícita dos limites objetivos dessa eficácia é que até agora tem valido entre nós a interpretação jurisprudencial segundo a qual a vinculatividade abrange apenas o dispositivo da decisão, em contraposição ao que ocorre no sistema do *Common Law*, em que a *ratio decidendi*, ou os fundamentos da decisão, também vinculam os julgamentos subsequentes.

A solução adotada pela maioria do STF destoa, contudo, das propostas doutrinárias que, a partir das disposições do Novo Código de Processo Civil que sugerem a implementação de um sistema de precedentes no direito brasileiro, compreendem que a obrigatoriedade de um precedente traduz a vinculatividade dos motivos ou fundamentos da decisão, ou da *ratio decidendi*. Cumpre então responder quem está correto: a jurisprudência majoritária que limita a eficácia vinculante ao dispositivo da decisão, ou a doutrina (além de uma minoria entre os ministros do STF) que propõe a vinculatividade dos motivos determinantes da decisão?

Tendo analisado a orientação jurisprudencial vigente na seção anterior, passo agora ao exame dos argumentos lançados pela doutrina para elucidar a questão. Marinoni, com esteio nas lições de MacCormick e Duxbury, explica que no sistema anglo-saxão, onde a teoria dos precedentes desenvolveu-se originalmente, a *ratio* é a interpretação da lei necessária para se chegar à decisão[24]. Encontrar a *ratio* da

---

24. Com algumas advertências: "a primeira no sentido de que a *ratio* não deve ser vista como a lei, mas sim com o que se afirma ser a sua interpretação, e a segunda de que a *ratio*,

decisão é responder por que certa solução foi adotada, ou quais são os motivos que justificam a decisão. Isso não se confunde com a decisão em si, o comando na parte dispositiva da decisão[25]. O precedente consiste, então, em fornecer *as razões* para futuras soluções de casos análogos, daí que no sistema anglo-saxão se reconheça o efeito vinculante à *ratio* da decisão.

Interessa notar que Alemanha e Espanha representam o sistema do *Civil Law* de origem romano-germânica e *também* adotam solução no sentido de vincular os tribunais e a administração pública não só ao dispositivo da sentença, mas também aos motivos que fundamentaram a decisão. Dar eficácia vinculante à *ratio decidendi* que justifica a decisão (*Bindungswirkung*) "teria como efeito normativo necessário a proibição do uso do expediente da reiteração do comportamento julgado inconstitucional, bem como a obrigação de eliminar os demais atos que encerram o mesmo vício apontado"[26].

Argumenta-se também que, fosse o efeito vinculante circunscrito à parte dispositiva da decisão, não haveria razão para que a dicção da lei fosse "[...] produzirão eficácia contra todos *e* efeito vinculante [...]". Isso porque apenas a eficácia *erga omnes* já seria suficiente para estender para todos a parte dispositiva da decisão, inclusive aos demais órgãos judiciais e administrativos. Trata-se, aí, da coisa julgada *erga omnes*, e esta abrange somente o dispositivo da decisão por-

---

embora deva ser suficiente para o alcance do resultado, deve constituir uma interpretação ou uma solução em particular para justificar a decisão do caso. Se a *ratio* não fosse uma solução particular ao caso, mas uma solução geral, capaz de ser aplicada ao caso, não se estaria produzindo, no caso, uma *ratio*, mas sim aplicando-se um precedente ou uma *ratio* já definida em outro caso" (MARINONI, Luiz Guilherme. *Julgamento nas Cortes Supremas*. 2. ed. São Paulo: Ed. RT, 2017. p. 43).

25. Marinoni distingue a decisão que forma um precedente das decisões plurais. Precedente há quando for possível extrair da decisão uma *ratio decidendi* encampada pela maioria dos membros do tribunal, de modo a manifestar a opinião da Corte sobre a matéria que seja capaz de guiar as soluções para outros casos e permitir o desenvolvimento do Direito. Porém, há decisões proferidas por órgãos colegiados nas quais surge dificuldade em estabelecer qual seja a *ratio decidendi*, à medida que os magistrados adotam uma solução a partir de diferentes fundamentos. Para a formação de um precedente, observa Marinoni, as decisões devem assentar um fundamento que tenha sido invocado pela maioria do colegiado, ou seja: deve haver consenso em torno de um mesmo fundamento. Sem isso, a decisão não pode valer como um precedente e, como consequência, a *ratio* não seria abrangida pelo efeito vinculante. Sobre o ponto, Marinoni é taxativo: "uma decisão plural, exatamente por ser uma decisão majoritária que não contém *ratione* sustentada pela maioria do colegiado, em princípio, não constitui guia para os juízes e tribunais resolverem casos concretos. Essas decisões, em princípio, não obrigam os juízos inferiores". Cf. MARINONI, Luiz Guilherme. *Julgamento nas Cortes Supremas*. 2. ed. São Paulo: Ed. RT, 2017. p. 57 e 59.

26. LEAL, Roger Stiefelmann. *O efeito vinculante na jurisdição constitucional*. São Paulo: Saraiva, 2006. p. 113.

quanto o NCPC dela exclui expressamente os motivos da decisão (art. 504, inc. I). Roger Leal é claríssimo nesta questão:

> Descabe, assim, interpretar que o efeito vinculante implica a imposição contra todos da sentença final constante da parte dispositiva da decisão proferida. A vinculação da parte dispositiva, por ser efeito extraído da coisa julgada, não pode, logicamente, corresponder ao conteúdo do efeito vinculante. [...] Resta, portanto, compreender o efeito vinculante como instituto voltado a tornar obrigatória parte da decisão diversa da dispositiva aos órgãos e entidades relacionados no texto normativo. Assim, seu objeto transcende o *decisum* em sentido estrito, alcançando os seus fundamentos determinantes, a *ratio decidendi* subjacente ao julgado.[27]

A essa conclusão já chegara Gilmar Mendes, para quem, "é certo que a limitação do efeito vinculante à parte dispositiva da decisão tornaria de todo despiciendo esse instituto, uma vez que ele pouco acrescentaria aos institutos da *coisa julgada* e da *força de lei*"[28]. Já com certa autoridade na matéria[29], Mendes registrava que "a concepção de efeito vinculante consagrada pela EC 3/93 está estritamente vinculada ao modelo germânico", sistema em que o efeito vinculante não está limitado à parte dispositiva da decisão[30]. Com efeito, nesse modelo, o § 31 da Lei Orgânica do *Bundesverfassungsgericht* admite a eficácia transcendente dos fundamentos da decisão, traduzida por Klaus Vogel como a "norma decisória concreta", *i.e.*, a "ideia jurídica subjacente à formulação contida na parte dispositiva, que, *concebida de forma geral, permite não só a decisão do caso concreto, mas também a decisão de casos semelhantes*"[31] (grifei). Com isso, admite-se francamente que os efeitos da decisão serão sentidos por pessoas que não participaram do processo e, como consequência, "uma vez declarada a inconstitucionalidade de

---

27. LEAL, Roger Stiefelmann. *O efeito vinculante na jurisdição constitucional*. São Paulo: Saraiva, 2006. p. 149-150.
28. MENDES, Gilmar Ferreira. *Jurisdição constitucional*. 6. ed. São Paulo: Saraiva, 2014. p. 484.
29. Interessa notar que em 1993, quando foi editada a EC 3, Gilmar Mendes já havia defendido sua tese de doutoramento a respeito do controle abstrato de constitucionalidade no Direito alemão e brasileiro (1990) junto à Universidade de Münster, e à época atuava como Consultor Jurídico da República. Nessa qualidade, e em seguida como Advogado-Geral da União, Mendes foi ativo protagonista na conformação constitucional do efeito vinculante e na regulamentação legal das ações diretas.
30. MENDES, Gilmar Ferreira. *Jurisdição constitucional*. 6. ed. São Paulo: Saraiva, 2014. p. 482.
31. VOGEL, Klaus. Rechtskraft und Gesetzeskraft der Entscheidungen des Bundesverfassungsgericht. Apud MENDES, Gilmar Ferreira. *Jurisdição constitucional*. 6. ed. São Paulo: Saraiva, 2014. p. 484.

uma lei estadual, ficam os órgãos constitucionais de outros Estados, nos quais vigem leis de idêntico teor, obrigados a revogar ou a modificar os referidos textos legislativos"[32].

Se um dos cânones interpretativos mais caros ao direito constitucional é aquele pelo qual se deve conferir à Constituição a maior força normativa possível, implicando que os partícipes da vida constitucional atuem no sentido da sua realização prática (*Wille zur Verfassung*)[33], parece lógico que a eficácia vinculante da decisão do STF se refira também à *ratio decidendi*, ou aos seus motivos determinantes, pois não seria razoável que os mesmos fundamentos invocados para justificar uma questão possam ser desprezados em razão de outra questão idêntica ou semelhante. A mesma razão justifica a extensão da eficácia vinculante também às decisões do STF em controle difuso, conforme propõem Marinoni, Mitidiero e Sarlet, porque, de fato,

> a decisão proferida em recurso extraordinário, no que diz respeito à questão constitucional envolvida, possui efeitos com qualidades distintas. Além de atingir as partes em litígio, impedindo que voltem a discutir a questão constitucional para tentar modificar a tutela jurisdicional concedida, a decisão possui efeitos vinculantes, obrigando todos os juízes e tribunais a respeitá-la. Consideram-se, nesta dimensão, os fundamentos da decisão, ou, mais precisamente, os seus motivos determinantes ou a sua *ratio decidendi*, e não o seu dispositivo. Ou seja, os motivos determinantes – se tornam indiscutíveis às partes e obrigatórios aos demais órgãos judiciais. Declarada incidentalmente a inconstitucionalidade da norma, essa não produz efeitos ao caso sob julgamento, mas não é declarada nula. A norma se torna inaplicável nos demais casos porque os juízes e os tribunais ficam vinculados aos fundamentos da decisão que determinaram a inconstitucionalidade.[34]

Como dito antes, essa proposta já vem amparada no parágrafo único do art. 949 do NCPC, pois esse dispositivo dispensa os tribunais e juízos inferiores de suscitar o incidente de inconstitucionalidade quando já houver pronunciamento do STF sobre a questão. Em vez de suscitar o incidente para determinar se uma norma determinada norma vale ou não à luz da Constituição, compete aos órgãos judiciais adotar de plano a orientação firmada em pronunciamento do Pleno. É

---

32. MAUNZ, Theodor et al. Bundesverfassungsgerichtsgesetz: Kommentar, § 31. Apud MENDES, Gilmar Ferreira. *Jurisdição constitucional*. 6. ed. São Paulo: Saraiva, 2014. p. 485.
33. HESSE, Konrad. A força normativa da Constituição. Trad. Gilmar Ferreira Mendes. Porto Alegre: Sergio Antonio Fabris Editor, 1991. p. 21. CANOTILHO, J.J. Gomes. *Direito constitucional e teoria da Constituição*. 3. ed. Coimbra: Almedina, 1999. p.1151.
34. SARLET, Ingo Wolfgang. MARINONI, Luiz Guilherme. MITIDIERO, Daniel. *Curso de direito constitucional*. São Paulo: Saraiva, 2015. p. 987-1008.

lógico que essa disposição não se refere às decisões do Pleno em controle abstrato que já possuem naturalmente os efeitos *erga omnes* e vinculante [caso em que seria despicienda], e sim aos casos decididos em controle difuso. Pela mesma lógica, não faria sentido atribuir esse efeito transcendente se só o dispositivo da decisão estivesse em jogo, porquanto este só se referiria ao caso que foi julgado pelo Plenário, limitado ao "cumpra-se" que orientará as partes envolvidas. São as *razões de decidir, ou os motivos determinantes*, que passarão a ser adotados nas instâncias inferiores para justificar a solução de outros casos sobre a mesma matéria, envolvendo outras partes interessadas.

Tudo isso leva a crer que a melhor forma de operar o efeito vinculante é reconhecendo que ele se projeta a partir das razões fundamentais para a decisão. No entanto, há um último argumento concernente à própria essência da interpretação do Direito que parte da seguinte pergunta: o dispositivo de uma decisão pode ser dissociado de seus motivos determinantes ao servir de precedente para os casos futuros?

5. Um argumento possivelmente conclusivo: a interpretação do dispositivo de uma decisão

A segunda seção deste ensaio evidenciou a importância das decisões judiciais para o desenvolvimento do Direito e cumpre esclarecer o que significa a interpretação nesse quadro. Quem se dedica a estudar a metodologia do direito depara-se com um extenso debate acerca da superação do estrito positivismo que, para além de reconhecer a legitimidade de outras fontes do Direito ao lado das normas positivadas, busca desenvolver instrumentos aptos para lidar com a vagueza e falta de univocidade das normas que são positivadas. Esse debate revela que os textos legislativos abstratos possuem um papel limitado na ordenação da vida social porque o seu sentido somente estará completo à luz dos elementos contidos no caso a ser resolvido e de suas conexões com as demais normas escritas e não-escritas do ordenamento.

O texto da norma continua sendo o ponto de partida da interpretação jurídica, garantindo a sindicabilidade das justificativas apresentadas na decisão e mantendo a segurança nas relações jurídicas. Mas a fixação do seu sentido pelo intérprete "demanda, além de textos, o exame de outros elementos, dentre os quais estão fatos, atos, costumes, finalidades e efeitos"[35]. Não se trata, pois, de afastar o intérprete do texto, mas de aproximá-lo de outros elementos textuais e não textuais que orientam a especificação da norma individual e concreta a

---

35. ÁVILA, Humberto. Função da ciência do direito tributário: do formalismo epistemológico ao estruturalismo argumentativo. *Revista Direito Tributário Atual*, São Paulo, n. 29, 2013. p. 188.

ser deduzida da norma geral e abstrata, de modo que "o processo interpretativo implica sempre redefinições".[36]

O papel das Cortes Constitucionais assume maior relevo à medida que os textos constitucionais do pós-guerra favoreceram uma "abertura linguística" que enseja a maior participação desses órgãos no desenvolvimento do Direito, tornando a jurisdição um agente de produção do Direito que passa a atuar junto ao legislador. Ao tratar da função das decisões da jurisdição constitucional nas seções anteriores, observou-se que a tutela de direitos, princípios e fins constitucionais fundamentais se dá, muitas vezes, por decisões judiciais aditivas com novo conteúdo normativo, fenômeno exemplificado pela definição do sentido de "casa", pelo STF, como compreensivo de quartos de hotel e automóveis reconhecidos como asilos invioláveis do indivíduo. Isto é: as decisões judiciais têm o condão de instituir novas normas que decorrem da interpretação concretizada/atualizada da Constituição. Daí uma tensão inevitável no papel assumido por essas Cortes, pois assim como recebem suas competências a partir de um acordo constitucional, elas próprias assumem um protagonismo, ajudando a forjar a própria ordem constitucional[37]. Posto nesses termos, o problema da interpretação é tão complexo quanto antigo, conforme alertava o Bispo Hoadly, em sermão proferido em 1717 perante o Rei da Inglaterra: "Whoever hath an ultimate authority to interpret any written or spoken laws, it is he who is truly the Law-giver to all intents and purposes, and not the person who first wrote or spoke them".[38]

Na Alemanha da década de 1960, Konrad Hesse e Friedrich Müller propuseram uma metodologia que explicasse a superação de um modelo exclusivamente silogístico/subsuntivo para um modelo de concretização. Para eles, o *texto* da norma constitucional não pode ser compreendido fora do seu *contexto*, isto é, dos dados apreendidos a partir da observação empírica do contexto (social) no qual incide a norma, que se vai compondo a partir dos elementos presentes na realidade

---

36. STRECK, Lenio Luiz. *Jurisdição constitucional e hermenêutica* – Uma nova crítica do direito. 2. ed. Rio de Janeiro: Forense, 2004. p. 595. Segundo Streck, "a hermenêutica jurídica salta do paradigma reprodutivo para o paradigma produtivo" (p. 597) e "não restam dúvidas sobre o fato de que as decisões/sentenças interpretativas, aditivas ou redutivas são *criadoras de Direito*. Isto porque toda norma é sempre resultado da interpretação de um texto, com o que há sempre um processo de produção/adjudicação de sentido (*Sinngebubng*), e não de reprodução de sentido (*Auslegung*)" (p. 593, grifos do autor).

37. ISSACHAROFF, Samuel. The majoritarian threat do democracy – Constitutional Courts and the democratic pact. In: ELSTER, Jon (Org.) *In majority decisions*: principles and practices. New York: Cambridge University Press, 2014. Kindle Edition, pos. 7206, 7212.

38. Citado por Will Waluchow no verbete *Constitutionalism* – The Stanford Encyclopedia of Philosophy.

social.[39] Operou-se, assim, a distinção entre a *norma* e o *texto*, considerando-se o texto apenas o "primeiro elemento do processo de interpretação-concretização", não significando que o texto ou a letra da lei já contenha a decisão do problema a ser resolvido pela aplicação da norma. Interpretar o Direito implica (a) analisar o conteúdo semântico do texto; (b) reconhecer que a norma não se identifica com o texto ("o texto da norma é o 'sinal lingüístico'; a norma é o que se 'revela' ou 'designa'")[40]; e (c) delimitar o *âmbito normativo* (recorte fático), com atenção aos elementos relacionados com o problema a ser decidido e aos argumentos dedutíveis de tais circunstâncias.[41]

Mais recentemente, a visão analítica de Riccardo Guastini explicita as diversas questões envolvidas na interpretação, compreensivas da natural indeterminação do Direito, da variedade dos intérpretes, dos tipos de interpretação, das teorias interpretativas, e dos problemas de antinomias, lacunas e hierarquia normativa. Ele não reconhece qualquer especificidade à interpretação constitucional pelo fato de que venha a ser, muitas vezes, prescritiva (e não meramente descritiva), pois considera esse um problema geral da interpretação do Direito por conta de sua "dupla indeterminação" – a indeterminação do ordenamento e de cada uma de suas normas[42].

Nessa linha, Humberto Ávila registra que o objeto da interpretação jurídica envolve atividades distintas, de descrição, adscrição e (re)criação. A *interpretação cognitiva* envolve o reconhecimento e a indicação dos significados do texto – uma atividade *descritiva* de significados. A esse tipo de interpretação corresponde a *teoria cognitivista* da interpretação, pela qual "o intérprete apenas reconhece quais são os usos linguísticos ideais ou efetivos de determinada linguagem, sem decidir qual deles é o correto"[43]. A determinação de um significado entre vários

---

39. MÜLLER, Friedrich. *Discours de la méthode juridique*. Trad. Olivier Jouanjan. Paris: PUF, 1993. p. 106.
40. CANOTILHO, J. J. Gomes. *Direito constitucional e teoria da Constituição*. 3. ed. Coimbra: Almedina, 1998. p. 1.141-1.143.
41. MÜLLER, Friedrich. *Discours de la méthode juridique*. Trad. Olivier Jouanjan. Paris: PUF, 1993. p. 106. Atento à doutrina de Konrad Hesse e Friedrich Müller, Canotilho define "programa normativo" como o "resultado de um processo parcial (inserido, por conseguinte, num processo global de concretização) assente fundamentalmente na *interpretação do texto* normativo", sendo o âmbito normativo o "resultado de um segundo processo parcial de concretização assente sobretudo na análise dos elementos empíricos (dados reais, ou seja, dados da realidade recortados pela norma)" (Ibidem, p. 1141-1142).
42. GUASTINI, Riccardo. *Interpretar y argumentar*. Trad. Silvina Álvarez Medina. Madrid: Centro de Estudios Politicos y Constitucionales, 2014. p. 309 e p. 55-76.
43. ÁVILA, Humberto. Função da ciência do direito tributário: do formalismo epistemológico ao estruturalismo argumentativo. *Revista Direito Tributário Atual*, São Paulo, n. 29, 2013. p. 184-185.

possíveis decorre da *interpretação decisória*: "não envolve uma atividade simplesmente descritiva, mas *adscritiva* de significados". Ainda, a ambiguidade de certos textos autoriza que o intérprete, para além de identificar diferentes alternativas de significado em um dado dispositivo, crie uma alternativa nova e diferente das anteriores, realizando a *interpretação criativa*.[44]

Esse reconhecimento exigiu toda uma explicação dessa passagem do papel de *descrição* para *adscrição e criação* pelo intérprete, coincidindo com a superação do legalismo e do juiz "fonográfico", ou o "juiz boca da lei", e da crença de que a simples existência da lei, por conta de seu papel de resolver dilemas e coordenar a complexidade social, suplantaria qualquer necessidade de reflexão e deliberação por parte do aplicador. Com isso, a jurisdição (intérprete autêntico) eleva-se a um novo patamar, conferindo aos juízes um papel construtivo do Direito, seja para corrigi-lo, seja para suplementá-lo.[45]

Para explicar esse quadro, a *teoria cética* postula que a atividade do intérprete envolve o ato de conhecimento e/ou atos de vontade, "de modo que o Direito seria (re)criado pelo intérprete e não (apenas) pela autoridade que o instituiu"[46]. O trânsito entre as atividades de descrição/conhecimento e adscrição/voluntarismo permitiu que se formasse ainda uma *teoria eclética*, postulando que diante da simplicidade do caso (casos fáceis) e/ou da clareza do texto (textos unívocos, que só admitem um significado), a interpretação cognitiva seria suficiente para a decisão, ao passo que casos difíceis (de enquadramento legal duvidoso) e textos polissêmicos (que admitem mais de um significado) envolveriam atos de decisão do intérprete.[47]

O fato é que, para se chegar à *norma*, deve-se examinar muito mais do que o seu texto: exige-se o exame de fatos, de conjecturas que expliquem relações de causa e efeito, de atos e intenções de agentes, de costumes e práticas sociais, e também dos fins e efeitos visados pelas normas[48]. Isso serve para justificar a afirmação de que a parte dispositiva de uma decisão judicial vinculante, tal como um dispositivo legal qualquer, se expressa por meio de um texto que somente será aplicável na solução de casos futuros e idênticos mediante interpretação, *i.e.*, pela consideração de todos os elementos textuais e não-textuais que auxiliarão na determinação do sentido em que será aplicado.

---

44. ÁVILA, Humberto. Op. cit., p. 184, citando, no ponto, Riccardo Guastini (*Interpretare e argomentare*. Milano: Giuffré, 2011. p. 27 e ss.).
45. MENDES, Conrado Hübner. *Constitutional courts and deliberative democracy*. Oxford: Oxford University Press, 2013. p. 55.
46. ÁVILA, Humberto. Op. cit., p. 185.
47. ÁVILA, Humberto. Op. cit., p. 186.
48. Ibidem, p. 188-189.

Interessa notar que a parte dispositiva de uma decisão, aliás, nada diz sobre o caso que foi nela resolvido. Como servirá para orientar a solução de "novos casos" sem que se considere os dados do primeiro caso? Como, então, isolar o dispositivo em face do conjunto da decisão, se a eficácia vinculante serve justamente para que aquela solução seja reproduzida para outros casos idênticos, efetivando os princípios da igualdade e da segurança jurídica? Para os fins a que se presta a eficácia vinculante, destacar o dispositivo da decisão das suas razões fáticas e jurídicas faria dele um guia incompreensível: as autoridades vinculadas não teriam sequer como identificar as questões às quais devem aplicar o precedente vinculante e nem os fundamentos que justificam os deveres da nova decisão.

Isso induz à conclusão de que *estar vinculado ao dispositivo de uma decisão pressupõe a vinculação ao que está nele implicado*: ao próprio fato resolvido e aos fundamentos que amparam a decisão. Aplicar o dispositivo da decisão vinculante requer, pois, interpretação. Isolar a parte dispositiva de uma decisão dos elementos textuais e não-textuais indispensáveis à sua compreensão seria como retornar à interpretação literal de textos cuja compreensão não se exaure pela mera literalidade. Por isso, o STF está errado em negar a transcendência vinculativa dos motivos determinantes das suas decisões para as demais instâncias judiciais.

Tudo isso torna mais evidente o fato de que os tribunais constitucionais assumem, muitas vezes, a condição de "colegislador" ou, mais grave, de um "coconstituinte", pois as razões aduzidas em seus julgamentos produzirão em alguma medida a eficácia prescritiva (*statutory interpretation*). Isso, contudo, deve-se não a uma suposta discricionariedade do tribunal em conceder que o efeito vinculante abrange a *ratio decidendi*, e sim a um fenômeno maior, decorrente da natural equivocidade do objeto do Direito, que obriga reconhecer a necessidade de interpretação e de intérpretes capazes de lidar com essa condição para conferir-lhe sentido e unidade.

Ao assumir essa premissa, a teoria do direito muda seu foco para o problema da qualidade e correção da justificação das decisões judiciais, que será crucial para demonstrar que as Cortes Constitucionais não usurpam atribuições dos demais poderes quando interpretam o Direito com eficácia vinculativa. Nessa linha, o ordenamento é coerente ao legitimar uma autoridade competente para lidar com os problemas de complexidade, ambiguidade, incompletude, antinomias e lacunas, que deve oferecer, por meio das decisões judiciais, a orientação necessária à vida civil quando a própria lei não seja suficiente para cumprir esse papel. Essa autoridade é a Corte Suprema e a transcendência dos motivos determinantes das suas decisões viabiliza o desempenho do seu papel na promoção da segurança jurídica (certeza e previsibilidade) e da igualdade entre os cidadãos.

6. Considerações finais

Este ensaio discerniu as consequências práticas decorrentes das duas posições quanto ao efeito vinculante como (a) limitado ao dispositivo da decisão ou (b) abrangente dos motivos determinantes e em seguida registrou que a jurisprudência vigente no STF, no presente momento, considera vinculativo apenas o dispositivo da decisão. A Corte rechaça a transcendência dos motivos tendo em conta, especialmente, sua propensão para aumentar o número de reclamações dirigidas ao Tribunal ante o desacatamento de suas decisões.

Observou-se também que o Tribunal Constitucional desempenha um papel essencial para a previsibilidade e certeza do Direito e na realização da igualdade, pressupostos indispensáveis ao Estado de Direito. Como Corte Suprema, o STF deve orientar a aplicação do Direito por meio de suas decisões, garantindo a unidade do Direito. A função do Tribunal é atribuir à Constituição e ao ordenamento a adequada interpretação, por meio de precedentes que vincularão toda a sociedade civil e demais órgãos do Judiciário. Muitos dos significados de expressões utilizadas nos textos somente são extraídos mediante a interpretação pelos tribunais, daí seu papel indispensável para decidir, reconstruir e redefinir significados por meio da interpretação do direito.

A previsão do efeito vinculante das decisões do STF visa garantir que ele cumpra adequadamente seu papel. Contudo, isso só será possível se for operado de modo a projetar, para as instâncias inferiores, também os motivos determinantes da decisão. A mera literalidade do dispositivo de uma decisão é incompreensível se descartado o contexto em que ela se deu, incluindo o exame do caso decidido e também as razões que qualificam e justificam a decisão.

Com efeito, se não há mais dificuldade em reconhecer que (a) o Direito não é unívoco, (b) os textos positivados carecem de interpretação adscritiva e (re)criadora e (c) o intérprete deve considerar elementos textuais e não-textuais à luz do caso concreto, o mesmo pode ser dito em relação às decisões judiciais enquanto precedentes, porque também se manifestam por textos que implicarão a mesma medida de interpretação em face de novos casos. A compreensão do dispositivo de uma decisão implica a consideração do caso e dos fundamentos que o amparam, de modo que ele, se isolado, não servirá de orientação aos juízos inferiores e autoridades administrativas.

Por tudo isso, está errado o STF ao negar efeito vinculante aos motivos determinantes de suas decisões, pretendendo que apenas o dispositivo da decisão vincule os demais órgãos judiciais e a Administração Pública. O dispositivo, enquanto texto, não pode ser identificado fora do seu contexto. A compreensão do precedente levará o julgador a compreender suas razões, porque são essas mesmas razões que realmente importarão para orientar a decisão de casos futuros sobre a mesma questão.

19

PROCESSO CONSTITUCIONAL E INTEGRIDADE JURISPRUDENCIAL

ANDRÉ RAMOS TAVARES

Professor titular da Faculdade de Direito do Largo de São Francisco – USP. Professor da PUC-SP. Conselheiro da Comissão de Ética Pública da Presidência da República do Brasil. Ex-Presidente da Associação Brasileira de Direito Processual Constitucional.

SUMÁRIO: 1. Integridade jurisprudencial: elementos iniciais; 2. A proteção da confiança no processo constitucional; 3. Modulação *pro futuro* como política judicial.

1. A integridade jurisprudencial: elementos iniciais

O Estado Democrático de Direito representa uma específica realidade normativa – embora assuma outras dimensões funcionais. Essa específica normatividade impõe a toda atividade estatal certas condições, objetivos e limites, que independem do juízo individual subjetivo de quaisquer autoridades.

Quando o Estado pratica e assume um determinado ato como legítimo, gera confiança nos destinatários do ato e na sociedade em geral. Essa confiança não pode ser indiferente ao Direito, e efetivamente não o é.[1]

As ações parlamentares do Legislativo, inequivocamente, geram esse sentimento de confiança e previsibilidade protegida pelo Direito. Mas não devemos restringir essa realidade apenas aos atos normativos emanados do Parlamento ou mesmo do Poder Executivo. É preciso ampliar a percepção comum para compreender como inseridas diretamente nesse contexto também as *decisões e deliberações reiteradas das cortes*, enunciando, anunciando ou "esclarecendo" o Direito em vigor. Nesse sentido, uma das principais tarefas de qualquer Corte –

---

1. A esse respeito *cf.* André Ramos Tavares. *Curso de direito constitucional*. 16. ed. São Paulo: Saraiva, 2018, p. 625.

especialmente uma tarefa do STF, no Brasil – é exatamente trazer (ou prezar pela manutenção da) segurança jurídica[2].

Assim, o novo Código de Processo Civil foi enfático em seu art. 926, ao determinar que "Os tribunais devem uniformizar sua jurisprudência e mantê-la estável, íntegra e coerente". O Código não poderia ter sido mais atento, e esse é um ponto de maior importância para o chamado processo constitucional e suas decisões gerais.

É íntegra a jurisprudência que se mantém firme com a passagem do tempo e com a mudança das partes interessadas. Mas é preciso ter cuidado. É que a integridade está na permanência qualitativa, e não na mera permanência (estabilidade).

Segurança jurídica não equivale, pois, a imutabilidade do Direito, nem mesmo à imutabilidade da jurisprudência consolidada[3]. Ninguém deseja um direito fossilizado, desatento às novas realidades, às novas tecnologias e às novas demandas sociais. Mas a segurança jurídica, como cláusula constitucional, como um primado do campo específico do chamado processo constitucional[4], impõe que mudanças atendam, conforme cada hipótese, determinados padrões, que amenizem a transição radical de um estado inicial e consolidado de entendimento para a um novo entendimento ou interpretação, que gere uma nova sistemática, uma nova modelagem, novas regras ou comandos, novas obrigações ou deveres, novos ou majorados tributos.

Mas não é só isso. A mudança (quer dizer, a opção pela não-estabilidade) gera o dever básico da fundamentação específica, um ônus decisório. Já aqui não se trata apenas da motivação, como cláusula constitucional que, a partir de 1988, tornou-se explícita. Estamos, no campo do processo constitucional, diante de uma exigência específica, não apenas de fundamentar a decisão, mas de fundamentar a mudança que a decisão (fundamentada) promove em relação à sistemática anterior.

Já agora estamos diante de exigência decorrente da cláusula constitucional da segurança jurídica, que no processo constitucional há de ser tomada como

---

2. Nesse preciso sentido: MORELLO, Augusto M. *Admisibilidad del recurso extraordinario*: el "certiorari" según la Corte Suprema. Buenos Aires: Abeledo-Perrot, 1997, p. 4.
3. Aliás, são bem conhecidas da doutrina constitucional mundial as chamadas fases da Corte Suprema norte-americana, algumas caracterizadas sobretudo pela mudança, como a chamada Corte Warrren. Sobre o tema e a permanente solução minimalista, que considero inadequada, meu texto original na obra em Homenagem ao Ministro Dias Toffoli, cf. meu artigo "A jurisprudência sobre partidos políticos no STF: In: NORONHA, João Otávio de, KIM, Richard Pae. *Sistema Político e direito eleitoral brasileiros*. São Paulo: Atlas, Gen, 2016, especialmente pp. 49-52).
4. Sobre o tema, cf. o estudo que elaborei com um dos responsáveis pelo primeiro Código de Processo Constitucional, do Peru, o jurista peruano Domingo Garcia Belaunde: Por que um Código Processual Constitucional? *Revista Brasileira de Estudos Constitucionais*, n. 16, out.-dez., 2010. Belo Horizonte, Fórum.

primado decisório em qualquer contexto de efetivo e avançado Estado Constitucional de Direito.

2. A proteção da confiança no processo constitucional

Visando exatamente a garantir a proteção da confiança legítima do cidadão, em eventual caso de mudança de orientação jurisprudencial, o atual Código de Processo Civil, que já havia, como visto, assentado a integridade da jurisprudência, reconheceu, ainda, a modulação dos efeitos da decisão como necessidade decorrente da eventual mudança.

O Código referido traz uma norma que considero própria do processo constitucional, ao apontar para a necessidade da proteção temporal exatamente quando houver alteração da jurisprudência dominante do *STF*. Mas não deixa de incluir essa necessidade mesmo se a mudança ocorrer em relação à jurisprudência dos *tribunais superiores*:

> Art. 927. Os juízes e os tribunais observarão:
>
> [...]
>
> § 3º Na hipótese de *alteração* de *jurisprudência dominante do Supremo Tribunal Federal e dos tribunais superiores* ou daquela oriunda de julgamento de casos repetitivos, *pode haver modulação dos efeitos da alteração no interesse social e no da segurança jurídica.* (original sem destaques)

A modulação é, em realidade, prerrogativa dos tribunais; especificamente quanto à Corte Suprema ou Tribunal Constitucional em modelo derivado do kelseniano, modular é poder inerente ao *status* de defensor da Constituição[5]. Não poderia ser outra a conclusão. Esse poder independe seja de previsão em Lei seja de pedido expresso das partes envolvidas[6].

---

5. Em virtude da defesa da segurança jurídica, certamente a possibilidade de divergir do passado deve respeitar valores constitucionalmente consagrados e imanentes a cada área (o exemplo da área tributária é icônico). A esse respeito, tratando da modulação de efeitos no sistema italiano, o consagrado constitucionalista italiano Roberto Romboli adverte: "la Corte, nella considerazione che la dichiarazione di incostituzionalità di una legge, nel tutelare e garantire certi valori, produrrebbe contemporaneamente effetti negativi rispetto ad altri valori anch'essi meritevoli di tutela a livello costituzionale" (ROMBOLI, Roberto. "Il giudizio di costituzionalità delle leggi in via incidentale". In: Romboli, Roberto. *Aggiornamenti in tema di Processo Costituzionale*. Torino: G. Giappichelli Ed. 2002, p.112).

6. Como já tive oportunidade de esclarecer, ainda que a respeito especificamente dos processos objetivos de controle de constitucionalidade: "A graduação (dimensionamento) temporal das decisões proferidas pelo Supremo Tribunal [...] é poder que se insere, naturalmente, nas prerrogativas do Tribunal, sendo desnecessário previsão constitucional

O que temos de reconhecer é que houve "um coroamento dessa 'orientação judicial do Estado'"[7]. Assim, em caso de mudança de entendimento jurisprudencial[8], principalmente em matéria de liberdade, de propriedade e em âmbito tributário – o que pode gerar prejuízos ao contribuinte que, em sua boa-fé, dirigiu sua vida e seus negócios pelas decisões consolidadas do STF, ou mesmo ao Estado, a perder de imediato uma fonte consolidada e até então legítima de arrecadação – cabe avaliar a necessidade da modulação dos efeitos da decisão.

A jurisprudência do STF é rica em ilustrações reais de mudança significativa do Direito em vigor, tendo como parâmetro a própria jurisprudência anterior consolidada da Corte. Assim, por exemplo, no caso da (in)constitucionalidade da vedação de progressão de regime prisional nos crimes hediondos, no caso do início da execução da pena privativa da liberdade após a decisão condenatória em segunda instância mas antes do trânsito em julgado, e em muitos casos tributários, como no caso do ICMS-Comunicação. Não se trata, certamente, de realidade exclusivamente brasileira. Temos exemplos de máxima significação em tribunais que se tornaram grandes referências no pós II Guerra Mundial[9], como o Tribunal Constitucional Federal alemão, que oscilou entre proibir e permitir o aborto.

Nessa categoria de casos é de rigor considerar que a mudança de entendimento jurisprudencial das cortes equivale, em efeitos práticos, à criação de Direito novo, como indiquei no início deste estudo. Esse *Direito novo* é expressão de *um Direito judiciário, um Direito judicialiforme ou um Direito emanado da judicatura*.[10]

---

expressa" (cf. TAVARES, André Ramos. *Tratado da Argüição de Preceito Fundamental: Lei 9.868/99 e Lei 9882/99*. São Paulo: Saraiva, 2001, p. 389 e, no mesmo sentido: BATTISTACCI, Giorgio. *Indicazioni di alcune questioni di raccordo tra giustizia ordinaria e Processo Costituzionale*. In: Corte Costituzionale. *Giudizio "a quo" e Promovimento del Processo Costituzionale*. Milano: Giuffrè, Atti del Seminario Svoltosi in Roma, Palazzo della Consulta, nei Giorni 13 e 15 novembre 1989, p. 249).

7. TAVARES, André Ramos. *Teoria da Justiça Constitucional*. São Paulo: Saraiva, 2005, p. 115.
8. Nesse sentido sustento que um dos aspectos da segurança jurídica é proteção contra "redução ou supressão de posições jurídicas já implementadas" (cf. TAVARES, André Ramos. *Curso de Direito Constitucional*. 16 ed. São Paulo: Saraiva, 2018, p. 626). Ainda especificamente pela manutenção da jurisprudência como elemento da segurança jurídica: "La relativa estabilidad, certeza y previsibilidad del derecho [...] incluye [...] el mantenimiento de los precedentes jurisprudenciales" (ROGERS, Wilian D, WRIGHT-CARROZZA, Paolo. *La Corte Suprema de Justicia y la seguridad jurídica*. Buenos Aires: Editorial Ábaco Rodolfo Depalma, 1995).
9. Sobre o significado assumido por esse Tribunal como elemento concretizador da Democracia em países da América Latina, cf. DALY, Tom Gerald. *The alchemists*, pp. 31 e ss.
10. Sobre o tema, considerando existir essa vertente judicial criadora, formante de uma espécie de "legislação judicial": cf. BARATTA, Alessandro. Estado de derecho, derechos fundamentales y "derecho judicial". *Revista de Ciencia Jurídicas*, San Jose, n. 57, maio-ago. 1987, p. 127; ESSER, Josef. *Principio y norma en la elaboración jurisprudencial del*

E este há de sempre atentar para os limites constitucionais da inovação jurídica, quer dizer, da mudança da Ordem Jurídica em vigor. Esta mudança, se é inerente ao Direito – pois o engessamento equivale ao seu inevitável ocaso, hoje mais do que nunca – nem por isso pode operar de maneira absolutamente livres.

Lembro, a esse propósito, com lastro nas lições históricas do festejado constitucionalista da Escola da Universidade de Granada, F. Balaguer Callejón, que um alto grau de discricionariedade – ou, mais propriamente, de arbitrariedade – das decisões judiciais, na suposta (mera) aplicação do Direito, fez dos tribunais organismos impopulares desde o século XIV[11]. A lição tem se repetido inúmeras vezes na História recente do Brasil e, de maneira crescente, assistiu-se a uma progressiva agitação social sem precedentes.

Verticalizando o tema, tenho que referido artigo do Código de Processo Civil insere-se na linha de uma especificação ou densificação da cláusula constitucional da segurança jurídica, como assinalei rapidamente acima. E nela se inclui a proteção à confiança ou confiança legítima[12], na expressão utilizada pelo Supremo Tribunal Federal[13], comandos sem os quais não se pode alcançar a chancela de "Estado de Direito"[14].

---

derecho privado. Barcelona: Bosch, 1961, p. 23; VINOGRADOFF, Paul. *Il senso comune nel diritto*. Milano: Giuffrè, 1965, p. 125. A expressão legislação judicial é de Esser (*op. cit.*, p. 31), que também observa o significado mais profundo desse estado de coisas, que desloca o centro de gravidade de um sistema codificado para uma casuística judicial. Entendo que na raiz mais profunda do fenômeno está o surgimento do Estado Constitucional, decisivo ao alargamento do Estado-judicial para além da atividade judicial tradicionalmente considerada como aplicação do Direito.

11. CALLEJÓN, Francisco Balaguer. *Fuentes del derecho*: I. principios del ordenamiento Constitucional. Madrid: Tecnos, 1991, p. 37.
12. De acordo com o Supremo Tribunal Federal segurança jurídica e a confiança legítima decorrem da própria existência do Estado de Direito, conforme declarado em voto do Ministro Cezar Peluso na Ação Cível Ordinária 79 (Plenário, Rel. Min. Cezar Peluso, j. 15.03.2012, publicação em 28.05.2012) o "Estado de Direito é sobremodo Estado de confiança", no mesmo sentido o Ministro Gilmar Mendes entende que o Estado de Direito exige segurança jurídica (voto na ADI 4.578/AC, Tribunal Pleno, Rel. Min. Luiz Fux, j. 16.02.2012, publicação 29.06.2012).
13. *Cf.* RE 608.482/RN, Tribunal Pleno, Teori Zavascki, J. 07.08.2014, Publicação 30.10.2014; MS 31.271/DF, Primeira Turma, Rel. Min. Luiz Fux, j. 20.05.2014. Publicação 05.06.2014; Agr. em MS 28.469, 1ª Turma, Rel. Min. Luiz Fux, j. 19.02.2013, Publicação 10.05.2013; Agr. REG em RE 704.882/RJ, Primeira Turma. Relator Min. Luiz Fux, j. 18.12.2012, Publicação 19.02.2013; MS 24.781/DF, Tribunal Pleno, Relatora Min. Ellen Gracie, Relator para o acórdão Min. Gilmar Mendes, j. 02.03.2011, Publicação 09.06.2011.
14. Ainda em defesa da modulação como medida de segurança jurídica, em seu voto proferido no HC 82.959/SP o Min. Gilmar Mendes, analisando o posicionamento de Rui Medeiros, enaltece o "direito fundamental de acesso à justiça" do qual decorre

Com fulcro nesse poder que lhe é inerente, o STF já procedia, de há muito, à modulação de efeitos *em caso de mudança jurisprudencial*, visando sobretudo a garantir a segurança jurídica, dentro dos poderes inerentes a sua jurisdição constitucional. E o fazia, insisto no ponto, mesmo fora do quadro estrito das ações de controle concentrado de constitucionalidade dos atos normativos estatais.

Já no ano de 2001, no INQ 687[15], foi proferida decisão com limitação temporal de efeitos, justificada por considerar a alteração da jurisprudência do STF. Nesse julgamento, alterou-se o entendimento que constava na prévia Súmula 394, do próprio STF. Nesta, considerava-se que "cometido o crime durante o exercício funcional, prevalece a competência especial por prerrogativa de função, ainda que o inquérito ou a ação penal sejam iniciados após a cessação". Na decisão em que se superou a Súmula, o STF decidiu que ficavam ressalvados "todos os atos praticados e decisões proferidas pelo Supremo Tribunal Federal" com base na referida orientação anterior.

Nesse sentido, é possível verificar, ainda, trecho de voto vencedor do Ministro Gilmar Mendes, que trata com riqueza de detalhes[16] da possibilidade de modulação dos efeitos na hipótese de superação de jurisprudência anteriormente estabelecida, aportando, concretamente, uma *decisão manipulativa intermédia*[17] sobre os efeitos:

---

a proteção da "expectativa daqueles que obtiveram o reconhecimento jurisdicional do fundamento de sua pretensão" (STF, plenário, Relator Min. Marco Aurélio, j. 23.02.2006, DJ 01.09.2006). No mesmo sentido, o Min. Gilmar Mendes ao defender a modulação em seu voto na ADI 3.463/PA reforça que "*o estado de direito se alicerça na ideia de ilegalidade e ilegitimidade e na ideia de segurança jurídica* [...] De modo que [...] adotar a possibilidade de modulação não significa estar violando a Constituição [...]" (STF, Rel. Min. Carmem Lúcia, j. 15.09.2010, *DJe* 15.02.2011, original sem destaques).

15. Rel. Min. Sidney Sanches, j. 25.08.1999, *DJ* 09.11.2001.
16. A questão julgada foi bem descrita na seguinte ementa: "Recurso extraordinário. Direito do Trabalho. Fundo de Garantia por Tempo de Serviço (FGTS). Cobrança de valores não pagos. Prazo prescricional. Prescrição quinquenal. Art. 7º, XXIX, da Constituição. Superação de entendimento anterior sobre prescrição trintenária. Inconstitucionalidade dos arts. 23, § 5º, da Lei 8.036/1990 e 55 do Regulamento do FGTS aprovado pelo Decreto 99.684/1990. Segurança jurídica. Necessidade de modulação dos efeitos da decisão. Art. 27 da Lei 9.868/1999. Declaração de inconstitucionalidade com efeitos *ex nunc*. Recurso extraordinário a que se nega provimento".
17. Uso a expressão, aqui, adaptando-a ao sentido de decisão intercalar entre a decisão de retroação absoluta dos efeitos da nova decisão e a decisão de efeito total (para todos, sem exceção) a partir da nova decisão. No caso concreto que cito no texto, modularam-se os efeitos temporais e pessoais, revelando a complexidade das decisões de modulação. Sobre o tema das decisões intermédias, cf. MORAIS, Carlos Blanco et alii. As sentenças intermédias da Justiça Constitucional. Lisboa, AAFDL, 2009, p. 15 e ss.

Em casos como este, em que se altera jurisprudência longamente adotada pela Corte, a praxe tem sido no sentido de se modular os efeitos da decisão, com base em razões de segurança jurídica.

Com efeito, talvez um dos temas mais ricos da teoria do direito e da moderna teoria constitucional seja aquele relativo à evolução jurisprudencial e, especialmente, a possível mutação constitucional. Se a sua repercussão no plano material é inegável, são inúmeros os desafios no plano do processo em geral e, em especial, do processo constitucional.

[...]

Dessa forma, para aqueles cujo termo inicial da prescrição ocorra após a data do presente julgamento, aplica-se, desde logo, o prazo de cinco anos. Por outro lado, para os casos em que o prazo prescricional já esteja em curso, aplica-se o que ocorrer primeiro: 30 anos, contados do termo inicial, ou 5 anos, a partir desta decisão.

"Assim se, na presente data, já tenham transcorrido 27 anos do prazo prescricional, bastarão mais 3 anos para que se opere a prescrição, com base na jurisprudência desta Corte até então vigente. Por outro lado, se na data desta decisão tiverem decorrido 23 anos do prazo prescricional, ao caso se aplicará o novo prazo de 5 anos, a contar da data do presente julgamento."
(ARE 709.212/DF, Plenário, Rel. Min. Gilmar Mendes, j. 13.11.2014, DJe 19.02.2005 – o tribunal aplicou a modulação por maioria com voto vencido apenas do Ministro Marco Aurélio)

Em mais recente julgamento, também o Ministro Celso de Mello conclui pela modulação, caso e razões que, para mim, demonstram ser também essa a única política judiciária constitucionalmente adequada para determinadas situações reais.

[...] os postulados da segurança jurídica e da proteção da confiança, enquanto expressões do Estado Democrático de Direito, mostram-se impregnados de elevado conteúdo ético, social e jurídico, projetando-se sobre as relações jurídicas, inclusive as de direito público [...]

[...]

"Vê-se, portanto, que se registra, neste caso, clara ruptura de paradigma resultante de substancial revisão de padrão jurisprudencial consolidado, circunstância essa que *impõe*, em respeito à exigência de segurança jurídica e ao princípio da proteção da confiança dos cidadãos, notadamente dos contribuintes, que se defina o momento a partir do qual terá aplicabilidade a nova diretriz hermenêutica" (RE 723.651/PR, j. 07/05/2013, original não grifado).

A inequívoca ruptura de paradigmas jurídico-jurisdicionais – para usar a expressão acertada do Min. Celso de Mello – *impõe*, quer dizer, *determina* a modulação, que deve ser considerada como poder-dever da Corte, em termos de responsabilidade por decisões de alto e inexorável impacto social, que promovem Direito novo, surpreendem o cidadão, o Estado ou mesmo categorias econômicas determinadas da sociedade.

A alocação dos tribunais fora dos "Poderes" como fazem algumas constituições, das quais talvez seja mais emblemática a Constituição francesa, bem como as vetustas lições que pretendem aprisionar (em vão) os juízes no axioma "boca da lei", serviram (e continuam a servir) apenas para encobrir a extensão real e inevitável do poder judicial, impedindo que a Ciência jurídica avance para enfrentar reais problemas decorrentes de impactos profundos que certas decisões judiciais são capazes de promover.

3. Modulação *pro futuro* como política judicial

Considero como sendo três os fatores mais relevantes que levam à necessidade de modulação dos efeitos: a) mudança repentina de posicionamento jurisprudencial em prejuízo da confiança legítima em situação consolidada há anos; b) necessidade de respeito à irretroatividade (especialmente em termos penais e tributários) constitucionalmente prevista; e c) necessidade de respeito às regras constitucionais temporais específicas, como as regras tributário-constitucionais da anterioridade geral e nonagesimal e as regras previdenciárias.

Esses elementos devem ser considerados indicativos da presença e confirmação de hipótese de modulação temporal, a fim de que a decisão a ser proferida respeite, necessariamente, o passado. Porém, há, ainda, a necessidade permanente de se atentar para as circunstâncias específicas, históricas, contextuais de cada caso sob análise, que também podem ensejar uma decisão modulatória.

A ponderação dessas últimas circunstâncias, específicas e próprias, aproxima ainda mais o Tribunal, é certo, de uma atividade legislativa, já agora não tanto pela inovação, mas também e sobretudo no sentido de basear-se (o Tribunal) em critérios de conveniência e oportunidade[18]. Aqui a Corte experimenta o exercício de um ato de política judicial.

Assim, há, *prima facie* e v.g., razões para uma modulação de efeitos *pro futuro* (respeitando-se um prazo razoável para entrada em vigor) quando estivermos diante de uma inovação em Direito Penal contrária à liberdade, uma nova modelagem tributária decorrente de decisão constitucional do STF, com impactos na cidadania e na economia, especialmente se para cumprimento dos termos da nova decisão exige-se, na prática e no mundo real, grande adaptação na vida diária

---

18. Nesse sentido: ASCENÇÃO, José Oliveira. Os acórdãos com força obrigatória geral do tribunal constitucional como fontes do direito. *Revista do Curso de Direito da Universidade Federal de Uberlândia*, v. 16, n. 1/2, dez. 1987, p. 226; TAVARES, André Ramos. *Teoria da Justiça Constitucional*, p. 264.

dos cidadãos, nas políticas públicas, nas condições estruturais existentes ou na política econômica em vigor.

Nos termos de julgados do STF e da melhor doutrina, que tem abordado com mais atenção e detalhe, dentre outros, o tema tributário, a mudança de entendimento jurisprudencial que implique em nova incidência de tributos *equivale a uma nova norma*, que institui ou majora essa prestação pecuniária compulsória. Foi o que ocorreu, em meu entendimento, no caso paradigmático da decisão do RE 912.888/RS, pela alteração ousada que promoveu no sistema tributário nacional, contrariando frontalmente a farta jurisprudência anteriormente consolidada. Mas certamente essa não é a única área a merecer redobrada atenção dos tribunais.

Assim, qualquer guinada de entendimento jurisprudencial, principalmente quando é capitaneada pelo STF, exige o respeito às regras constitucionais temporais, gerais e específicas de cada área. Exige, ainda, uma avaliação ainda mais delicada, que é a análise de conveniência acerca do momento exato em que a nova regra há de ser aplicada integralmente, sendo possível, inclusive, a criação de momentos progressivos de implementação do *decisum*. Neste assunto o Tribunal não deve praticar a exiguidade de argumentos ou a brevidade textual do decisum. É preciso assertividade e objetividade máximas para evitar os transtornos de decisões inovadoras que tragam disputas interpretativas em torno de seu núcleo central.

Do ponto de vista de seu conteúdo, trata-se de adotar a melhor política judiciária, dadas as razões de conveniência social e consequências da decisão, para avaliar efeitos inovadores, mas apenas *pro futuro*, a fim de garantir um prazo razoável – a ser fixado com base na "ponderação" desses elementos que justificam a dilação – para o replanejamento daqueles que se vêm envolvidos com os efeitos diretos da decisão, especialmente quando são afetados o Estado e a sociedade, ou quando da decisão imediata emergem problemas econômicos nacionais ou mesmo infraestruturais (como nas questões relacionadas à infraestrutura das telecomunicações ou mesmo a infraestrutura básica, com a das vias públicas de circulação e estradas de rodagem).

20
ABSTRATIVIZAÇÃO DO *JUDICIAL REVIEW* NO BRASIL: ALCANCE EFICACIAL DO ART. 525, § 12, DO CÓDIGO DE PROCESSO CIVIL E MUTAÇÃO CONSTITUCIONAL

FABRÍCIO MURARO NOVAIS

Membro fundador da Academia Brasileira de Direito Processual Civil – ABDPC. Doutor e Mestre em Direito Constitucional pela PUC-SP. Bacharel em Direito pela USP – Largo São Francisco. Professor adjunto da Universidade Estadual de Mato Grosso do Sul.
fabricionovais@uems.br

SUMÁRIO: Considerações introdutórias; 1. Estado Democrático de direito, filtragem constitucional e controle de constitucionalidade das leis no Brasil; 2. Sistema de Justiça Constitucional e modelos de controle de constitucionalidade no Brasil; 3. Abstrativização do controle difuso, mutação constitucional e alcance eficacial do art. 525, § 12, do Código de Processo Civil; Considerações finais.

Considerações introdutórias

A implementação do paradigma do Estado Democrático de Direito produziu significativas alterações na forma de se conceber *uma* Constituição. O revigoramento de sua força normativa promoveu o denominado *processo de constitucionalização do direito*, de modo que o eixo do sistema jurídico se deslocou da lei para o Texto Supremo.

A Constituição, dessa forma, passa inexoravelmente a se expandir sobre todo o tecido social e a, efetivamente, ordenar o funcionamento do Estado. Com efeito, a Constituição, assim concebida, começa a receber a qualificação de "constituição *invasora* e *expansiva*" em razão, justamente, desse seu (novo) protagonismo. Concomitantemente às transformações na teoria da norma e da interpretação, verificou-se, ao menos na última década, o deslocamento do centro de atenções dos estudiosos e da mídia aos órgãos decisórios, tais como o Conselho Administrativo de Defesa Econômica (CADE) e, mais de perto, o Supremo Tribunal Federal (STF). Como leciona Tércio Sampaio Ferraz Jr. em suas conferências, o deslocamento referido deve-se à passagem da, por ele denominada, "cultura do código" (a lei como eixo do sistema aplicada por mera subsunção) para a "cultura da argumentação" (ponderação de princípios com a vitória do argumento mais forte). Ao ensejo, entende-se, aqui, "o direito processual constitucional como parte do direito constitucional que estuda a configuração dos processos constitucionais, realizados tanto por órgãos jurisdicionais como pelos demais poderes estatais"[1].

Como cediço, a consolidação do Estado Democrático de Direito se fez primordial que os comandos constitucionais recebessem ampla tutela do Poder Judiciário por meio do exercício da defesa jurisdicional. Desta feita, a irradiação dos valores constitucionalmente protegidos no "espaço inteiro da vida social e política" esteve sempre intimamente dependente do exercício da Jurisdição Constitucional.

De certo, o desenvolvimento do sistema de controle de constitucionalidade brasileiro impôs, forçosamente, aos juízes e aos tribunais compreensão hermenêutica especializada no enfrentamento das questões constitucionais suscitadas, mormente, em sede de controle difuso-concreto.

A consolidação do fenômeno da *filtragem constitucional* levou à compreensão de que toda a ordem jurídica deveria ser lida e apreendida sob a lente da Constituição, de modo a realizar os valores nela consagrados.

Não somente houve uma mudança no comportamento do intérprete da Constituição no processo de filtragem constitucional à efetivação da Lei Maior, mas também verificou-se que as novas codificações promulgadas no pós-Constituição de 1988, como o Código Civil de 2002 e o Código de Processo Civil de 2015, acabaram reproduzindo em seus textos princípios de envergadura constitucional ou, ainda, criaram *mecanismos de uniformização vertical de jurisprudência constitucional*, como se extrai, a título de análise, do art. 525, § 12, do Código de Processo Civil.

A celeuma em torno do alcance eficacial do dispositivo processual referido ganhou outros argumentos a partir do florescimento de nova interpretação levada a efeito pelo Supremo Tribunal Federal no sentido de que os modelos de controle concentrado e difuso de constitucionalidade – antes com características essencialmente diversas – passaram a guardar semelhança quanto à possibilidade, por exemplo, de modulação (inclusive, quanto aos sujeitos alcançados), num e noutro modelo, dos efeitos da decisão prolatada. A "tese" da mutação constitucional do art. 52, inciso X, da Carta da República de 1988, tem impacto direto na operabilidade dos efeitos do Código de Processo Civil, art. 525, § 12.

---

1. DIMOULIS, Dimitri; LUNARDI, Soraya. *Curso de processo constitucional*: controle de constitucionalidade e remédios constitucionais. São Paulo: Atlas, 2011. p. 12.

1. Estado democrático de direito, filtragem constitucional e controle de constitucionalidade das leis no Brasil

Ao implemento do Estado Democrático de Direito (ou constitucional contemporâneo) demandava-se a promoção de significativas alterações no modo de se conceber a Constituição e, principalmente, a transformação de função do sistema constitucional.

Nesse sentido, apoiando sua análise em arrazoado de Santiago Sastre Ariza, Antonio Cavalcanti Maia esclarece que:

> [...] A principal mudança refere-se ao papel desempenhado pelo texto constitucional em nações da tradição continental – Alemanha, Itália, Espanha e Portugal. Não mais um texto que sirva como um "esboço orientativo que deve ser simplesmente 'respeitado' pelo 'legislador', mas sim um 'programa positivo de valores que deve ser 'atuado' pelo legislador"[2].

Com efeito, a Constituição, assim concebida, passa a receber a qualificação de *invasora* e *expansiva* em razão desse seu novo papel: promover e coordenar o *processo de constitucionalização do direito*.

Quanto à questão, Ricardo Guastini elucida que "[...], em um ordenamento constitucionalizado, o Direito Constitucional tende a ocupar o espaço inteiro da vida social e política, condicionando a legislação, a jurisprudência, o estilo doutrinário, a ação dos atores políticos, as relações privadas etc."[3].

No contexto dos países latino-americanos de modernidade tardia, esse novo discurso jurídico produz importantes modificações no modo de se compreender o direito e, em especial, no desenvolvimento do fenômeno constitucional.

En passant, faz-se mister registrar um alerta de perigo à democracia. O direito constitucional do segundo pós-guerra reafirma a força normativa (e a expande) da Constituição com o fundamento-propósito de afastar a indiferença do direito às injustiças sociais. Para tanto, a partir de teorias críticas ao positivismo (teorias pós-positivistas, por assim dizer), introduzem-se, pela via dos princípios, os "valores ético-políticos" na operacionalidade do direito. Ocorre que essa inserção confirmadora da força normativa dos princípios é levada a efeito sob o manto metodológico da ponderação, de modo que se apresenta para as teorias pós-po-

---

2. MAIA, Antonio Cavalcanti. Posfácio. In: MOREIRA, Eduardo Ribeiro. *Neoconstitucionalismo*: a invasão da Constituição. São Paulo: Método, 2008. (Coleção Professor Gilmar Mendes, v. 7). p. 208.
3. GUASTINI, Riccardo. A "constitucionalização" do ordenamento jurídico e a experiência italiana. In: NETO, Cláudio Pereira de Souza; SARMENTO, Daniel (Coord.). *A constitucionalização do direito*: fundamentos teóricos e aplicações específicas. Rio de Janeiro: Lumen Juris, 2007. p. 272.

sitivistas o enfrentamento da difícil questão do controle da discricionariedade judicial (importante é definir como se julga).

Com efeito, diante do novo paradigma da "cultura da argumentação jurídica" já referida, Tércio Sampaio Ferraz Jr. esclarece que a identificação do próprio direito (questão da validade e eficácia) e de seus sentidos (questão das classificações dicotômicas), para aplicá-lo corretamente, tornam-se um dado entre outros, ou seja, tornam-se *argumentos* ao lado de outros empregados na atividade de (interpretação) aplicação do direito denominada de *ponderação de princípios*[4]. Nesse contexto, aplicar o direito ou descobrir o verdadeiro sentido da norma resvala sutilmente na ideia da prevalência do *argumento mais forte*, mas isso não pode significar, por razões de segurança jurídica, que a tomada de decisão não tenha observado critérios objetivos, abrindo espaço para a mera subjetividade do julgador.

Nessa quadra histórica do Brasil, colocada a questão do "fim dos bons magistrados" no contexto do debate do relativismo moral e da hermenêutica filosófica, Bruno Torrano esclarece:

> [...] não faz mínimo sentido atribuir ao positivismo jurídico, *in re ipsa*, a pecha de *possibilitar* ou, o que é pior, de *instigar* (apoiar) decisões abusivas por parte de magistrados. Com seu animus estritamente descritivo, a teoria pretende somente prestar serviço à clareza e à honestidade intelectual, destacando o truísmo de que, antes de *criticar*, é imprescindível *conhecer*. Atacar o positivismo jurídico pelo fato de ser uma teoria que não estabelece limitações morais-comunitárias à aplicação do julgador significa atacar uma teoria pelo fato de ela não abranger uma área de estudo que nunca foi objeto de suas genuínas preocupações teoréticas e, com o devido respeito, equivale a recriminar a teoria evolucionista de Charles Darwin por não ter se proposto a estudar especificamente a cópula dos animais invertebrados. Caso se queira combater com real eficácia o fenômeno do decisionismo, urge aos hermeneutas abandonar a tese de que o positivismo jurídico é o culpado teórico pela existência de maus magistrados, mudando a trajetória dos ataques para algum alvo (pessoa ou teoria) que, por *concordar* com o ativismo judicial, represente verdadeiro perigo à racionalidade das decisões[5].

De toda sorte, não há olvidar que à consolidação do Estado Democrático de Direito é imperioso que as normas jurídicas albergadas na Constituição da Re-

---

4. Conferência sobre *Hermenêutica e argumentação* proferida na Emagis do TRF4, em 2013 (acesso na *internet*).
5. TORRANO, Bruno. *Kelsen, positivismo e o fim dos bons magistrados*. Disponível em: [www.justificando.com/2014/11/28/kelsen-positivismo-e-o-fim-dos-bons-magistrados/]. Acesso em: 15.10.2018. Nesse debate, conferir ainda: SHAPIRO, Scott. *Legality*. Cambridge: Harvard University Press, 2011. p. 15; RAZ, Joseph. *Practical reason and norms*. Oxford: Oxford University Press, 1979. p. 11.

pública recebam abrigo do Poder Judiciário no exercício da defesa jurisdicional dos comandos constitucionais, sob pena de esmorecimento de seu "espírito", esvaziamento de seus valores e mitigação de sua força normativa.

Com efeito, a efetiva irradiação dos valores constitucionalmente protegidos no "espaço inteiro da vida social e política" está intimamente relacionada ao exercício da Jurisdição Constitucional. Nesse sentido, pondera Streck:

> É por demais evidente que se pode caracterizar a Constituição brasileira de 1988 como uma "Constituição social, dirigente e compromissária", alinhando-se com as Constituições europeias do pós-guerra. O problema é que, como adverte Guerra Filho, a simples elaboração de um texto constitucional, por melhor que seja, não é suficiente para que o ideário que o inspirou se introduza efetivamente nas estruturas sociais, passando a reger com predominância o relacionamento político de seus integrantes. Daí que a eficácia das normas constitucionais exige um redimensionamento do papel do jurista e do Poder Judiciário (em especial da Jurisdição Constitucional) nesse complexo jogo de forças, na medida em que se coloca o seguinte paradoxo: *uma Constituição rica em direitos (individuais, coletivos e sociais) e uma prática jurídico-judiciária que, reiteradamente, (só)nega a aplicação de tais direitos*[6].

De certo, como se verá adiante, o estágio atual do modelo de controle de constitucionalidade brasileiro impõe inexoravelmente aos juízes e aos tribunais compreensão hermenêutica especializada ao enfrentamento das questões constitucionais suscitadas, mormente, em sede de controle difuso-concreto.

Se no passado recente a crença que se mantinha era de que a "única e última palavra" em matéria constitucional competia ao Supremo Tribunal Federal (STF), ainda que nos casos mais simples de nenhuma repercussão coletiva ou esdrúxulos, isso não mais se sustenta.

Agora, em sede de recurso excepcional, o STF debruçar-se-á somente sobre as questões constitucionais que julgar relevantes e com repercussão geral, cabendo aos demais órgãos do Poder Judiciário efetivar a Constituição por meio de decisões proferidas em julgamento do caso concreto.

Nesse sentido, o irrefreável processo de constitucionalização do direito, fortalecido pela reforma do Poder Judiciário, sinalizou novos tempos que demandam uma modificação significativa no modo de compreender a nova ordem constitucional, em especial, as competências jurisdicionais atribuídas aos órgãos do Poder Judiciário brasileiro. Certo é que "qualquer juiz, no sistema brasileiro, tem a obrigação de controlar a constitucionalidade da lei.". Quanto a essa assertiva, Luiz Guilherme Marinoni esclarece:

---

6. STRECK, Lenio Luiz. *Jurisdição constitucional e hermenêutica*: uma nova crítica do direito. 2. ed. Rio de Janeiro: Forense, 2004. p. 15.

Diante da transformação da concepção de direito, não há mais como sustentar as antigas teorias da jurisdição, que reservavam ao juiz a função de declarar o direito ou de criar a norma individual, submetidas que eram ao princípio da supremacia da lei e ao positivismo acrítico. O Estado constitucional inverteu os papéis da lei e da Constituição, deixando claro que a legislação deve ser compreendida a partir dos princípios constitucionais de justiça e dos direitos fundamentais. Expressão concreta disso são os deveres de o juiz interpretar a lei de acordo com a Constituição, de controlar a constitucionalidade da lei, especialmente atribuindo-lhe novo sentido para evitar a declaração de inconstitucionalidade, e de suprir a omissão legal que impede a proteção de um direito fundamental. Isso para não falar do dever, também atribuído à jurisdição pelo constitucionalismo contemporâneo, de tutelar os direitos fundamentais que se chocam no caso concreto[7].

Lenio Streck destaca a importância da jurisdição constitucional também para a efetivação dos direitos fundamentais, dizendo que:

> É preciso compreender que o direito – neste momento histórico – não é mais ordenador, como na fase liberal; tampouco é (apenas) promovedor, como na fase conhecida por "direito do Estado Social" (*que nem sequer ocorreu na América Latina*); na verdade, o direito, na era do Estado Democrático de Direito, é um *plus* normativo/qualitativo em relação às fases anteriores, porque agora é um auxiliar no processo de transformação da realidade. E é exatamente por isso que aumenta sensivelmente – e essa questão permeou, de diversos modos, as realidades jurídico-políticas dos mais diversos países europeus e latino-americanos – o polo de tensão em direção da grande invenção contra majoritária: *a jurisdição constitucional*, que, no Estado Democrático de Direito, vai se transformar no garantidor dos direitos fundamentais-sociais e a própria democracia[8].

Ainda quanto à questão da defesa dos direitos fundamentais pelo processo constitucional, leciona Guerra Filho que:

> O processo constitucional, portanto, será aquela forma processual própria para a tutela de direitos fundamentais, sendo este o seu objeto, seja imediato, quando for a ordem jurídica subjetiva aquela ameaçada ou violada, seja mediato, quando a necessidade de proteção seja da ordem jurídica constitucional

---

7. MARIONI, Luiz Guilherme. *A jurisdição no estado constitucional*. Disponível em: [www.marinoni.adv.br/wp-content/uploads/2012/06/PROF-MARINONI-A-JURISDI%C3%87%C3%83O-NO-ESTADO-CONSTITUCIONA1.pdf]. Acesso em: 12.11.2018.
8. STRECK, Lenio Luiz. A resposta hermenêutica à discricionariedade positivista. In: DIMOULIS, Dimitri. DUARTE, Élcio Oto. *Teoria do direito neoconstitucional*. São Paulo: Método, 2008. p. 289.

objetiva, cuja violação ameaça igualmente o núcleo essencial desta mesma ordem, em sendo aquela de um Estado Democrático de Direito, por resultante dos direitos e garantias fundamentais por ela consagrado[9].

Então, é a partir do *fenômeno da constitucionalização do direito* que:

> [...] a Constituição passa a ser não apenas um sistema em si – com a sua ordem, unidade e harmonia – *mas também um modo de olhar e interpretar todos os demais ramos do Direito*. Este fenômeno, identificado por alguns autores como *filtragem constitucional*, consiste em que toda a ordem jurídica deve ser lida e apreendida sob a lente da Constituição, de modo a realizar os valores nela consagrados[10]. (grifos nossos)

Como se não bastasse o fenômeno da *filtragem constitucional* referida à efetivação da Lei Maior, depreende-se que as novas codificações promulgadas no pós-Constituição de 1988 – como o Código Civil de 2002 e o Código de Processo Civil de 2015 – acabaram reproduzindo em seus textos princípios de envergadura constitucional ou, ainda, criaram *mecanismos de uniformização vertical de jurisprudência constitucional*, como se vislumbra, a título de exemplo, do Código de Processo Civil, art. 525, § 12. Nos próximos tópicos, serão analisadas algumas relações entre o sistema de controle difuso – a partir do prisma da mutação constitucional da Constituição de 1988, art. 52, inciso X – e o dispositivo do *Codex* processual mencionado.

2. Sistema de justiça constitucional e modelos de controle de constitucionalidade no Brasil

É certo que no enfrentamento de qualquer aspecto do alcance eficacial do art. 525, § 12, do novo Código de Processo Civil faz-se mister: (i) compreender a *força normativa da Constituição* sobre o ordenamento jurídico infraconstitucional; (ii) revolver o contexto histórico da origem e perfilar as características imanentes do *sistema de controle difuso de constitucionalidade das leis*; (iii) investigar a evolução da jurisprudência do Supremo Tribunal Federal (STF) no que se refere à modulação dos efeitos jurídicos de decisão prolatada em sede de controle difuso; e (iv) tentar entender os contornos do "sistema de precedentes" proposto pelo Código de Processo Civil.

Sobre a força normativa da Constituição, adverte Dimitri Dimoulis: "Alguém poderia dizer que a afirmação do caráter jurídico e supremo da Constituição nos séculos XVIII e XIX não passava de um artifício retórico" e que haveria "na

---

9. GUERRA FILHO, Willis. *Processo Constitucional e Direitos Fundamentais*. 4. ed. São Paulo: RCS, 2005. p. 12.
10. BARROSO, Luís Roberto. Op. cit., p. 13.

realidade institucional, predominância absoluta do Poder Legislativo (e/ou 'dos monarcas') e sendo a submissão aos mandamentos do texto constitucional uma ficção despida de garantias efetivas"[11].

Definitivamente, nunca procedeu a assertiva de que os comandos da Constituição não passavam de meros conselhos ou orientações vagas na dinâmica dos Poderes constituídos.

Aqueles que se alinhavam a ideia de ser a Constituição desprovida de força normativa devem "[...] ignorar (ou silenciar) o fato histórico que o Poder Judiciário assumiu, desde o início do constitucionalismo, um papel particularmente ativo em defesa da supremacia constitucional e da tutela dos direitos fundamentais, fiscalizando, contrariando e mesmo anulando decisões dos demais poderes"[12]. Com efeito, o correto é que não se pode olvidar que as primeiras Constituições já eram dotadas de inegável imperatividade ou força normativa.

Em corroboração aos argumentos desenvolvidos, Oswaldo Luiz Palu, ao reportar-se à origem e evolução histórica do controle de constitucionalidade, esclarece que:

> Os precedentes do controle da constitucionalidade das leis existiam, mesmo na História da Inglaterra ou antes; entretanto, a afirmação dessa doutrina deveu-se, sem dúvida, ao direito norte-americano. A técnica de atribuir à Constituição um valor normativo superior, imune às leis ordinárias, foi a mais importante criação, juntamente com o sistema federal, do constitucionalismo norte-americano e sua grande inovação (*the higher law*) frente à tradição inglesa da soberania do Parlamento[13].

Como cediço, a consolidação[14] do sistema de controle *judicial* de constitucionalidade deu-se, em 1803, com a proclamação do *Chief Justice* John Marshall ao afirmar no paradigmático *case Marbury vs. Madison*[15] – oportunidade em que

---

11. DIMOULIS, Dimitri; LUNARDI, Soraya. Curso de processo constitucional..., p. 5.
12. Idem.
13. PALU, Oswaldo Luiz. *Controle de constitucionalidade*: conceitos, sistemas e efeitos. 2. ed. São Paulo: Revista dos Tribunais, 2001. p. 113-114.
14. Emprega-se o termo *consolidação* em razão do entendimento de Mauro Cappelletti no seguinte sentido: "O sistema 'difuso' foi também chamado, por alguns, sistema ou tipo 'americano' de controle, dado que não é de todo inexato – como mostrei no cap. II – julgar que este sistema tenha sido posto em prática, pela primeira vez, nos Estados Unidos da América, de cujo ordenamento jurídico ele ainda agora constitui, como escreveu um constitucionalista daquela País, '*the most unique and the most characteristic institution*'" (CAPPELLETTI, Mauro. *O controle judicial de constitucionalidade das leis no direito comparado*. 2. ed. Porto Alegre: Sergio Antonio Fabris, 1992. p. 67-68).
15. Em relação ao embrião do controle de constitucionalidade estadunidense tem-se: "Com efeito, quando em 1776 as Colônias inglesas da América proclamaram a sua

se firmou o entendimento pelo controle judicial de constitucionalidade de leis federais – que: "Thus, the particular phraseology of the constitution of the United States confirms and strengthens the principle, supposed to be essential to all written constitutions, that a Law repugnant to the Constitution is void; and that courts, as well as other departments, are bound by that instrument"[16].

Não obstante o reconhecimento dessa tradição estadunidense como marco histórico do florescimento do controle difuso de constitucionalidade, adverte-se que essa prática judicial não foi uma particularidade dos EUA, haja vista que:

> Uma simples pesquisa bibliográfica indica que o controle judicial de constitucionalidade foi realizado de maneira consolidada na Europa já no século XIX. A possibilidade de afastar leis inconstitucionais foi afirmada na Grécia e na Noruega pelo Judiciário, tendo ocorrido várias declarações de inconstitucionalidade, apesar da falta de explícita previsão constitucional nesse sentido. Na Suíça a Constituição Federal de 1874 previa explicitamente o controle de constitucionalidade das leis estaduais (cantonais) pelo Tribunal Federal, mas não autorizava o controle de leis federais, introduzindo um controle judicial de constitucionalidade de alcance limitado[17].

---

independência da Inglaterra, um de seus primeiros atos de independência foi o de substituir as velhas 'Cartas' pelas novas Constituições, entendidas como as *Leis Fundamentais* dos novos Estados independentes. E como, no passado, nulas e não aplicáveis tinham sido consideradas pelos juízes as leis contrárias às 'Cartas' coloniais e às 'leis do Reino', assim não é correto admirar-se de que a mesma nulidade e não aplicabilidade devesse, depois, ser afirmada, e com bem maior razão, para as leis contrárias às novas e vitoriosas Cartas constitucionais dos Estados independentes. Grant oportunamente recorda alguns dentre os primeiríssimos precedentes em tal sentido: o caso Holmes contra Walton, decidido em 1780 pela Corte Suprema de New Jersey, e o caso Commonwealth contra Caton, decidido em 1782 pela Corte da Virgínia.

Mais de um século de história americana e de imediatos, unívocos precedentes estavam, por conseguinte – e é bom sublinhá-lo – por detrás do Chief Justice John Marshall quando ele, em 1803, também sob a égide do bastante confuso art. VI, cláusula 2ª, da Constituição Federal de 1787, proclamou, em clara voz, no caso Marbury *versus* Madison, o '*principle...by that instrument*'.

Se esta corajosa, decidida afirmação de John Marshall efetivamente iniciou, na América e no mundo, algo de novo e de importante, ela foi, porém, ao mesmo tempo, como já me parece ter exaustivamente demonstrado, não um gesto de improvisação, mas, antes um ato amadurecido através de séculos de história: história não apenas americana, mas universal" (CAPPELLETTI, Mauro. *O controle judicial de constitucionalidade*..., cit., p. 62-63).

16. Tradução livre: "Assim, a fraseologia particular da constituição dos Estados Unidos confirma e fortalece o princípio, supostamente essencial para todas as constituições escritas, de que uma lei contrária à Constituição é nula; e que os tribunais, bem como outros órgãos, estão vinculados por esse instrumento" (CAPPELLETTI, Mauro. *O controle judicial de constitucionalidade*..., cit., p. 62-63).

17. DIMOULIS, Dimitri; LUNARDI, Soraya. Curso de processo constitucional..., cit., p. 5.

Pelos repertórios de fatos históricos ofertados, depreende-se, assim, que desde o século XIX, tanto nos EUA como em alguns países europeus, o Poder Judiciário – quando oportuna e devidamente provocado – resguardava, no exercício de sua função institucional, a *superioridade jurídica* da Constituição de toda e qualquer investida perpetrada pelo legislador ordinário[18].

Quanto ao modo de ser desse sistema de controle judicial de constitucionalidade, insta consignar que se trata de um modelo caracterizado pela legitimidade conferida a todo e qualquer juiz ou tribunal de verificar, no caso concreto e de forma incidental, a compatibilidade formal e/ou material da lei ou do ato normativo com a Constituição.

Oswaldo Luiz Palu, em síntese irretocável, indica as características particulares[19] do sistema estadunidense da *judicial review*:

> O sistema norte-americano é: a) difuso, eis que todos os juízes e tribunais podem apreciar a constitucionalidade das leis, por requerimento dos litigantes ou *ex officio*; b) um poder inerente a todos os juízes; c) a lei não é anulada, mas considerada nula. O Congresso norte-americano não se manifesta a respeito, entendendo-se que a lei (especialmente em virtude do *stare decisis*) nunca foi votada[20].

Ainda em relação ao "elemento modal" dessa espécie de sistema de controle de constitucionalidade, Mauro Cappelletti ressalta que "a) o 'sistema difuso', isto é, aquele em que o poder de controle pertence *a todos os órgãos judiciários* de um dado ordenamento jurídico, que o exercitam incidentalmente, na ocasião da decisão das causas de sua competência; [...]"[21].

Enrico Tullio Liebman, por sua vez, ao ressaltar que o problema da constitucionalidade da lei surge como uma consequência do caráter rígido da Constituição, reafirma que, em outros países como os Estados Unidos da América – diferen-

---

18. Ainda quanto à experiência estadunidense, pondera Palu: "Obviamente que somente em um país que fez sua revolução contra um órgão parlamentar, no caso o Parlamento inglês, poderia superar os entraves que na Europa turbaram tal tipo de controle de constitucionalidade das leis. Havia certamente outros motivos, mas o jacobinismo histórico que fez o mito da assembleia (a *convenção* como expressão absoluta da vontade geral) como um lugar onde o 'Espírito Santo repousa, ou em termos mais secularizados, o espírito coletivo infalível e certeiro, espécie de união mística lograda através de um debate incessante e da *catarse* que este procura' impedisse de adotar qualquer outro órgão que não a própria assembléia para representar a vontade popular e, conseguintemente, anular seus próprios atos" (PALU, Oswaldo Luiz. *Controle de constitucionalidade*..., cit., p. 118-119).
19. Registre-se que Mauro Cappelletti refere-se, por sua vez, a "elemento modal".
20. PALU, Oswaldo Luiz. *Controle de constitucionalidade*..., cit., p. 118.
21. CAPPELLETTI, Mauro. *O controle judicial de constitucionalidade*..., cit., p. 67.

temente de como sucede na Itália –, o controle de constitucionalidade das leis opera-se de forma *difusa*, isto é, por *qualquer juiz* ao qual apresenta-se incidentalmente a questão de constitucionalidade. *In verbis*:

> Il problema della constituzionalità delle leggi sorge come uma conseguenza (o, se si preferisce, come um aspetto) del carattere *rigido* della Constituzione (cfr. art. 138 Cost.). In altri paesi (Es. Stati Uniti d'America) tale controllo avviene in forma *diffusa*, è compiuto cioè di qualsiasi giudice quando davanti a lui è sollevata la questione della constituzionalità; nel nostro ordinamento invece esso è riservato alla Corte costituzionale, alla quale la questione è rimessa dal giudice davanti al quale è pendente la causa. Il controllo della costituzionalità è dunque compiuto dalla Corte in via *incidentale*, sostituendosi per la sola questione di costituzionalità al giudice *a quo*, al quale restituisce poi gli atti della causa dopo la decisione di sua competenza[22].

No caso brasileiro, o Supremo Tribunal Federal foi instituído para defender e garantir a supremacia da Constituição, tendo sido inspirada a sua criação na Suprema Corte dos Estados Unidos da América: "Segundo Carlos Sussekind de Mendonça, o Imperador Pedro II teria recomendado a Salvador Mendonça, em presença do Conselheiro Lafayette, no mês de maio de 1889, cuidadoso estudo sobre a organização da Corte Suprema dos EUA"[23]. Conforme a melhor doutrina, essa instituição magnífica – por meio de sua jurisdição constitucional – amoldou e adaptou o texto setecentista dos americanos às necessidades sempre novas de outras épocas[24].

De fato, o Supremo Tribunal Federal (STF) brasileiro não é, a rigor, um autêntico Tribunal Constitucional, apesar de ser expressa a previsão de sua competência/função como guardião da Constituição brasileira de 1988. Isso porque não se apresenta como órgão único competente para compor "litígios" consti-

---

22. Tradução livre: "O problema da constitucionalidade das leis surge como consequência (ou, se preferir, como aspecto) do caráter rígido da Constituição (ver artigo 138 da Constituição). Em outros países (por exemplo, Estados Unidos da América) tal controle ocorre de forma difusa, isto é, é realizado por qualquer juiz quando a questão da constitucionalidade é levantada perante ele; no nosso ordenamento, no entanto, o controle é reservado ao Tribunal Constitucional para o qual a questão é remetida pelo juiz diante do qual o caso está pendente. Consequentemente, o controle de constitucionalidade é realizado pelo Tribunal na via incidental, substituindo apenas o julgamento da questão da constitucionalidade do juiz *a quo*, para o qual, em seguida, retorna os autos do caso após a decisão de sua competência." (LIEBMAN, Enrico Tullio. *Manuale di diritto processuale civile*: principi. 5. ed. Milano: Dott. A. Giuffrè, 1992. p. 27.
23. BALEEIRO, Aliomar. *O Supremo Tribunal Federal, esse outro desconhecido*. Rio de Janeiro: Forense, 1968. p. 19.
24. BULOS, Uadi Lammêgo. *Constituição Federal anotada*: jurisprudência e legislação infraconstitucional em vigor. São Paulo: Saraiva, 2000. p. 865.

tucionais e, ainda, por concentrar competências ordinárias (art. 102 da CF/88) típicas de um órgão de cúpula do Poder Judiciário. No sistema brasileiro, como se viu, qualquer juiz ou tribunal poderá averiguar a alegação de inconstitucionalidade, diante de um caso concreto, por meio do denominado *controle difuso* ou por via de exceção-defesa.

Nesse breve arrazoado jurídico, importa lançar à reflexão do leitor a questão da extensão dos efeitos de decisão do STF prolatada em sede de controle difuso e sua relação com a nova sistemática de *"precedentes"* proposta pelo Código de Processo Civil. Não obstante o interesse aqui no modelo difuso, insta registrar que no Brasil vigora um modelo bifronte[25] de controle de constitucionalidade das leis e atos normativos do Poder Público.

Coexistindo com o *modelo de controle difuso* tem-se o *sistema de controle concentrado* de matriz europeia-continental (modelo austríaco concebido por Hans Kelsen na Constituição de 1920 da Áustria) em que a competência para a guarda da Constituição é de órgão especial, uma corte constitucional independente e dissociada dos demais poderes, a quem se atribui função institucional de verificar em abstrato a compatibilidade material ou formal das leis com a Constituição, invalidando com força *erga omnes* (força geral) as leis contrárias a Lei Maior.

Quanto ao ponto, Gilmar Ferreira Mendes e Paulo Gustavo Gonet Branco esclarecem que:

> O controle concentrado de constitucionalidade (austríaco ou europeu) defere a atribuição para o julgamento das questões constitucionais a um órgão jurisdicional superior ou a uma Corte Constitucional. O controle de constitucionalidade concentrado tem ampla variedade de organização, podendo a própria Corte Constitucional ser composta por membros vitalícios ou por membros detentores de mandato, em geral, com prazo bastante alargado[26].

No Brasil, o controle concentrado no plano federal, ao invés, é realizado por um só órgão de cúpula do Poder Judiciário, o Supremo Tribunal Federal. Não obstante, o Código de Processo Civil, art. 525, § 12, também fazer referência à sistemática do controle concentrado, o foco do presente capítulo é a forma como os efeitos do controle difuso-concreto desembarcam no dispositivo processual referido.

---

25. Quanto à salvaguarda da Constituição brasileira de 1988 afirma André Ramos Tavares que "[...] atualmente, no sistema jurídico brasileiro, todos os órgãos jurisdicionais integram a denominada justiça constitucional, já que se instituiu o controle difuso conjuntamente com o concentrado" (TAVARES, André Ramos. *Tribunal e jurisdição constitucional*. São Paulo: Celso Bastos, 1998. p. 129).
26. MENDES, Gilmar Ferreira; BRANCO, Paulo Gustavo Gonet. *Curso de direito constitucional*. 12. ed. ver. e atual. São Paulo: Saraiva, 2017. p. 1116.

3. Abstrativização do controle difuso, mutação constitucional e alcance eficacial do art. 525, § 12, do Código de Processo Civil

Segundo o entendimento clássico,[27] os efeitos de decisão do STF reconhecendo a inconstitucionalidade de uma lei ou ato normativo irão variar de acordo com o modelo de controle efetivamente exercido.

O controle realizado pelo STF será *concentrado* se a verificação da compatibilidade da lei ou ato normativo com a Constituição ocorrer de forma abstrata, ou seja, sem que haja enfrentamento e resolução direta/frontal de caso concreto. Nesse modelo, a decisão produzirá, como regra, os efeitos *ex tunc, erga omnes* e vinculante, consoante a dicção do § 2º do art. 102 da Constituição de 1988, *in verbis*:

> As decisões definitivas de mérito, proferidas pelo Supremo Tribunal Federal, nas ações diretas de inconstitucionalidade e nas ações declaratórias de constitucionalidade produzirão eficácia contra todos e efeito vinculante, relativamente aos demais órgãos do Poder Judiciário e à administração pública direta e indireta, nas esferas federal, estadual e municipal.

Como se depreende, a declaração de inconstitucionalidade proferida no controle concentrado-principal implica na pronúncia de *nulidade ab initio* da lei ou do ato normativo questionado. É possível, contudo, que esse efeito, consistente na nulidade retroativa, sofra modulação temporal, nos termos do art. 27 da Lei 9.868/99.

Assim, tendo em vista razões de segurança jurídica ou de excepcional interesse social, desde que se pronuncie por maioria de 2/3 de seus membros, o STF poderá modular os efeitos das decisões proferidas nos processos objetivos de controle de constitucionalidade, *para restringir os efeitos da declaração de inconstitucionalidade* ou *decidir que ela só tenha eficácia a partir de seu trânsito em julgado* (ex nunc) *ou de outro momento que venha a ser fixado* (pro futuro).

Realizada essa singela apresentação dos caracteres do controle concentrado – que não é o objeto central deste estudo, como frisado –, transcreve-se a redação do art. 525, § 12, do CPC, com a finalidade de estruturar a argumentação principal do capítulo. *In verbis*:

> § 12. Para efeito do disposto no inciso III do § 1º deste artigo, considera-se também inexigível a obrigação reconhecida em título executivo judicial fundado em lei ou ato normativo considerado inconstitucional pelo Supremo Tribunal Federal, ou fundado em aplicação ou interpretação da lei ou do ato normativo tido pelo Supremo Tribunal Federal como incompatível com a

---

27. *Mutatis mutandis*, advirta-se que as considerações apresentadas se aplicam também ao que dispõe o § 5º do art. 535 do Código de Processo Civil.

Constituição Federal, em *controle de constitucionalidade concentrado ou difuso*. (grifos nossos)

Quanto à redação final do dispositivo referido do novo Código de Processo Civil, Daniel Amorim esclarece os meandros do processo legislativo de formação dessa norma:

> Mas, após a aprovação do texto base votado no Senado, foi aprovado Destaque apresentado pelo Senador Eduardo Braga no sentido de manter o texto aprovado na Câmara, de forma a voltar a constar do texto final do Novo CPC o controle difuso, além do concentrado. Os arts. 525, § 12, e 535, § 5º, do Novo CPC, portanto, resolvem o impasse na caneta ao expressamente apontar que a declaração deve ser realizada em controle de constitucionalidade concentrado ou difuso. Ainda que a determinação por lei seja saudável sob a ótica da segurança jurídica, entendo que o tema mereça um debate mais amplo, até porque envolve a atual discussão sobre eficácia *intra partes* e *erga omnes* das diferentes formas de controle de constitucionalidade"[28].

Posicionando-se criticamente à redação mencionada, assevera ainda que:

> Já tive oportunidade de defender que somente o controle concentrado poderia ser utilizado na alegação de coisa julgada inconstitucional, justamente em razão dos efeitos da decisão, e, nesse sentido, não fiquei satisfeito com a aprovação do texto final do Novo Código de Processo Civil aprovado pelo Senado. No entanto, nunca deixei de compreender os argumentos dos que pensam diferente, defensores de uma objetivação do recurso extraordinário[29].

Assim, na hipótese de realização de *controle concentrado* de constitucionalidade pelo STF, – havendo ou não modulação dos efeitos da decisão –, não se vislumbra nenhuma dificuldade à aplicação do que dispõe o § 12 do art. 525 do Código de Processo Civil na parte a que se refere estritamente ao controle abstrato-objetivo.

Nesse sentido, para arremate, seguem as considerações de Daniel Amorim:

> A literalidade do dispositivo legal não permite espaço para o entendimento de que a inconstitucionalidade seja declarada pelo juízo da própria execução, no julgamento dos embargos ou impugnação, sendo indispensável uma manifestação expressa do Supremo Tribunal Federal. *Havendo a declaração concentrada da inconstitucionalidade em julgamento de ação declaratória de constitucionalidade ou inconstitucionalidade, não há dúvida na doutrina a respeito da aplicação dos dispositivos legais.* No silêncio a respeito do tema nas regras

---

28. NEVES, Daniel Amorim Assumpção Neves. *Manual de direito processual civil* – Volume único. 8. ed. Salvador: JusPodivm, 2016. p. 1145.
29. Idem.

constantes no CPC/1973 a divergência era significativa. Enquanto doutrinadores entendiam que a mera declaração incidental já era o suficiente, outros exigiam a declaração concentrada ou ainda a declaração incidental seguida de resolução do Senado Federal suspendendo a lei ou ato normativo, nos termos do art. 52, X, da CF[30]. (grifos nossos)

Diferentemente, contudo, do que ocorre quando se faz controle concentrado, a aplicação (o alcance eficacial) do § 12 do art. 525 do CPC encontra *condicionante-óbice* quando o STF declara inconstitucionalidade de lei ou ato normativo em sede de *controle difuso-concreto*. Como cediço, este controle é realizado por qualquer juiz ou Tribunal (inclusive o STF) em análise e julgamento de caso concreto, produzindo, como regra, efeitos *ex tunc* e *inter partes*. Assim, pela teoria clássica, a decisão do STF que declara incidentalmente uma lei inconstitucional produz efeitos *inter partes* e não vinculante para partes distintas.

Ainda considerando a teoria tradicional, importante registrar que o STF, após declarar a inconstitucionalidade de lei em controle difuso, deverá comunicar essa decisão ao Senado Federal que poderá (aqui há discricionariedade) suspender a execução, no todo ou em parte, da lei eivada do vício de inconstitucionalidade, nos termos do art. 52, inciso X, da Constituição Federal. Com efeito, nessa linha de entendimento, o alcance eficacial do § 12 do art. 525 do CPC, na parte que se refere ao controle difuso, fica condicionado à edição de Resolução do Senado Federal, conforme explicação já anteriormente escandida.

Quanto à questão, Nelson e Rosa Nery pontuam que:

> O reconhecimento da inconstitucionalidade de lei ou ato normativo pelo STF em *controle concreto* (difuso), o que ocorre v.g. por meio do julgamento do recurso extraordinário (CF 102 III), só tem eficácia *inter partes*, não prejudicando nem beneficiando terceiros. O texto normativo, quando se refere à declaração de inconstitucionalidade pelo STF em controle concreto da constitucionalidade de lei ou de ato normativo (CPC 525 § 12 *in fine*), só faz sentido se interpretado conforme a Constituição, vale dizer, se considerar-se a incidência da CF 52 X: julgado o RE afirmando a inconstitucionalidade – controle *difuso* –, e, remetido o acórdão ao Senado Federal, a Câmara Alta expediu resolução suspendendo a execução da lei ou do ato normativo em todo o território nacional. Somente nesse caso é que o texto normativo poderá ser aplicado. Vale lembrar que o STF, quando julga RE não é tribunal de teses, mas tribunal que julga o caso concreto, subjetivo, corrigindo a decisão que aplicou incorretamente a CF ou lei que o STF considera inconstitucional[31].

---

30. Idem.
31. NERY JUNIOR, Nelson; NERY, Rosa Maria de Andrade. *Comentários ao Código de Processo Civil*. 16. ed. São Paulo: Revista dos Tribunais, 2018. p. 1372. Ainda, na mesma

Ocorre que após, sobretudo, o advento da Lei 9.868/99, o Supremo Tribunal Federal, alegando razões de economia processual e racionalidade do sistema, passou a debater, inicialmente (em) *obter dictum*, a possibilidade de modulação dos efeitos de decisão proferida no controle difuso de constitucionalidade com a consequente relativização do papel do Senado Federal definido no art. 52, X, da Constituição de 1988. É dizer que o STF sempre pretendeu – não raro de forma inconfessável – a objetivação ou abstrativização do controle difuso-concreto de constitucionalidade como medida de contenção do seu acervo de demandas repetidas.

A melhor doutrina processual, por sua vez, sempre se manteve fiel à teoria clássica, entendendo que efeitos *erga omnes* em controle difuso só poderiam ser conferidos por Resolução da Câmara Alta. Nesse sentido:

> Sem autorização constitucional expressa não pode haver "objetivação" do recurso extraordinário, entendimento que só pode ser considerado *de lege ferenda*. Não se pode opor esse julgamento concreto do STF ao credor-exequente. Sem a resolução do Senado, na forma da CF 52 X, a decisão do STF em controle difuso vale apenas como precedente jurisprudencial, isto é, como entendimento do tribunal. A ela não pode ser dada eficácia de *lei geral*, que atinge a todos, como é o caso da declaração da inconstitucionalidade em sede de controle abstrato. Prevalece sobre ela (declaração em concreto) a coisa julgada decorrente do título judicial que aparelha o cumprimento da sentença[32].

A despeito da celeuma em torno da modulação dos efeitos em controle difuso, ocorre que em decisão do Plenário do STF de 29 de novembro de 2017, proferida no bojo das ADI 3406/RJ e ADI 3470/RJ[33], de relatoria da Ministra Rosa Weber, passou-se a entender que se uma lei ou ato normativo for declarado

---

página: "Em sentido contrário e com base no CPC/1973, entendendo que também a decisão do STF de inconstitucionalidade da norma, proferida em sede de controle concreto (v.g., recurso extraordinário), poderia fundamentar a impugnação ao cumprimento da sentença, na forma do CPC 535 § 5.º, equiparável à situação do CPC 525 § 12, sem fazer a ressalva da incidência *apenas se tiver havido emissão de resolução pelo Senado*, na forma da CF 52 X: Marcato-Lucon. *CPCI*, coment. 9 CPC/1973 741, pp. 2168/2169. V. coments. CPC 525 § 13, abaixo. Sobre a vigência da CF 52 X, rebatendo o incorreto argumento de que teria havido 'mutação constitucional' desse dispositivo (o Senado seria mero publicador da decisão do STF em controle concreto), v. Nery. *Anotações sobre mutação constitucional: alteração da Constituição sem modificação do texto, decisionismo e "Verfassungsstaat"* (*Est. Canotilho*, pp. 79/109); Nery-Nery. *CF Comentada*, coments. 8 a 17 CF 52 X, pp. 550-556)".

32. Idem.
33. O Tribunal, por maioria e nos termos do voto da relatora, julgou improcedente a ação e, incidentalmente, *declarou a inconstitucionalidade do art. 2º da Lei 9.055/95, com efeito vinculante e erga omnes.*

inconstitucional de forma incidental, ou seja, em sede de controle difuso, essa decisão – assim como acontece no controle abstrato – também produzirá efeitos *erga omnes* e vinculante.

Pelo que se depreende, o STF sinalizou o acolhimento da *teoria da abstrativização do controle difuso*. Com efeito, adotado esse novo paradigma, força é convir que se o Plenário do STF decidir a constitucionalidade ou inconstitucionalidade de uma lei ou ato normativo, ainda que seja no modelo de controle difuso-concreto, essa sua decisão produzirá efeitos idênticos aos produzidos no processo de controle concentrado, ou seja, terá eficácia *erga omnes* e efeito vinculante. O que se observa, então, em apertada síntese, é que houve a descaracterização da forma tradicional do modelo difuso de controle de constitucionalidade das leis.

Firmado esse entendimento, o que ocorreu com o art. 52, X, da CF/88? Houve mutação constitucional com o objetivo de expandir os poderes da Suprema Corte com relação à jurisdição constitucional, conforme afirmou o Ministro Celso de Mello, de modo que a nova interpretação da regra constitucional referida passou a ser esta: ao declarar uma lei inconstitucional, *mesmo em sede de controle difuso*, a decisão do STF já será dotada de efeito vinculante e eficácia *erga omnes*; o STF apenas comunica a decisão ao Senado com a finalidade de que a Casa Legislativa referida dê publicidade ao que foi decidido.

Registre-se que já no passado próximo, o Supremo Tribunal Federal, ao analisar a Reclamação 4.335/AC, aprofundou o debate acerca do papel desempenhado pelo Senado Federal em sede de controle difuso de constitucionalidade. Na oportunidade, o Ministro Gilmar Mendes mencionou

> [...] em seu voto que estar-se-ia face a um caso de mutação constitucional, uma vez que a jurisprudência do STF e muitas reformas constitucionais apontam no sentido de que estaríamos caminhando no sentido de uma concentração do controle de constitucionalidade no Brasil. Portanto, a remessa da decisão do STF para o Senado deveria ter o condão de, apenas, dar publicidade à decisão, não cabendo ao último decidir pela retirada ou não da lei declarada inconstitucional do ordenamento, ou seja, com efeito vinculante *erga omnes*[34].

Diante dessa nova construção Pretoriana, portanto, o alcance eficacial do § 12 do art. 525 do CPC, na parte que se refere ao controle difuso – que antes, pelo modelo clássico, estava condicionado à edição de Resolução do Senado Federal –, agora poderá ser diretamente aplicado desde que haja – "apenas" – decisão do STF prolatada em sede de controle concreto a qual se atribua *efeito geral*.

---

34. CARNIO, Henrique Garbellini; PEREIRA. Joaquim Eduardo. o avesso do caráter procedimental da constituição: ativismo judicial, "Novo" CPC e STF. *Revista Jurídica Cesumar* – Mestrado. Maringá/PR, v. 26, n. 3, p. 683-706, set.-dez. 2016.

De toda sorte, de acordo com as ponderações de Daniel Amorim, entende-se que, nessa hipótese, algumas condições deveriam ser (ter sido) estabelecidas para se atribuir efeitos *erga omnes* à decisão em controle difuso, *in verbis*:

> Entendo, entretanto, que, se partirmos efetivamente para a eficácia ultra partes do julgamento desse recurso, ao menos algumas condições deveriam ser impostas. Poder-se-ia exigir, por exemplo, que o julgamento tenha se dado sob o rito dos recursos repetitivos, de forma que se tenha uma participação mais ampla e uma maior discussão sobre o tema constitucional. De qualquer forma, como o tema está sendo enfrentado pelo Supremo Tribunal Federal, o mais prudente teria sido o Novo Código de Processo Civil silenciar a esse respeito. Não resistindo a resolver o impasse na caneta, o mais prudente teria sido adotar o entendimento mais tradicional a respeito dos efeitos do controle difuso de constitucionalidade[35]. (grifo nosso)

Com efeito, face a essa nova interpretação e possível consolidação desse entendimento do Supremo Tribunal Federal, os modelos de controle concentrado e difuso de constitucionalidade – antes com características essencialmente diversas – guardarão semelhança quanto à possibilidade de modulação, num e noutro modelo, dos efeitos da decisão prolatada. Seria mais um capítulo da história da construção do sistema de "precedentes à brasileira".

Considerações finais

No Brasil, a exemplo de outros países latino-americanos de modernidade tardia, a constitucionalização do direito produz importantes modificações no modo de se compreender o próprio direito e, em especial, no desenvolvimento do fenômeno constitucional.

À efetivação do Estado Democrático de Direito, os comandos constitucionais receberam ampla tutela do Poder Judiciário por meio do exercício da defesa jurisdicional. Desta feita, a irradiação dos valores constitucionalmente protegidos na integralidade da vida social esteve sempre intimamente dependente do exercício efetivo da justiça constitucional.

Como previamente perfilado, não houve somente uma mudança no comportamento do intérprete da Constituição no processo de filtragem constitucional como condição de efetivação da Lei Maior, mas também verificou-se que as novas codificações promulgadas no pós-Constituição de 1988 – como o Código Civil de 2002 e o Código de Processo Civil de 2015 – acabaram reproduzindo em seus textos princípios de envergadura constitucional ou, ainda, criaram *mecanismos de uniformização vertical de jurisprudência constitucional*, como se depreende, a título de análise, do art. 525, § 12, do Código de Processo Civil.

---

35. NEVES, Daniel Amorim Assumpção, *Manual de direito processual civil*..., cit., p. 1145.

Com efeito, o dispositivo processual referido propõe um diálogo entre a ordem processual ordinária e o sistema de controle de constitucionalidade das leis realizado pelo Supremo Tribunal Federal para combater a coisa julgada inconstitucional.

Com o intuito de desconstituir *coisa julgada inconstitucional*, o legislador admitiu hipótese procedimental que condiciona o futuro de cumprimento de sentença à eventual declaração de inconstitucionalidade de lei ou ato normativo que funda o título executivo judicial prolatada em sede de controle concentrado ou difuso.

O certo é que, na hipótese de realização de controle concentrado de constitucionalidade pelo STF, nunca se vislumbrou alguma dificuldade à aplicação do que dispõe o § 12 do art. 525 do Código de Processo Civil na parte que se refere estritamente ao controle abstrato-objetivo; isso porque a modulação dos efeitos é técnica inerente ao controle concentrado que, como regra, produz efeitos *erga omnes*, *ex tunc* e *vinculante*.

Por essa razão, ao processualista restaria a simples tarefa de verificar quais hipóteses de cumprimento de sentença seriam alcançadas nos termos da modulação dos efeitos da decisão do STF, *in abstrato*, pela inconstitucionalidade da lei de regência do título executivo judicial.

Havia, contudo, algum questionamento quanto à aplicação do dispositivo processual referido na hipótese de controle difuso. Ocorre que em decisão do Plenário do STF, de 29 de novembro de 2017, sinalizou-se o entendimento que se uma lei ou ato normativo for declarado inconstitucional de forma incidental, ou seja, em sede de controle difuso, essa decisão – assim como aconteceria no controle abstrato – também produzirá efeitos *erga omnes* e vinculante.

Com a adoção da *teoria da abstrativização do controle difuso*, o Plenário do STF entendeu que a declaração de constitucionalidade ou inconstitucionalidade de uma lei ou ato normativo, ainda que prolatada no âmbito de controle difuso-concreto, produzirá efeitos idênticos aos produzidos no processo de controle concentrado, ou seja, terá eficácia *erga omnes* e efeito vinculante.

Para sustentar esse entendimento, o Plenário do STF firmou a *tese* que houve mutação constitucional do art. 52, inciso X, da CF/88 com o objetivo de expandir os poderes da Suprema Corte com relação à jurisdição constitucional, conforme afirmou o Ministro Celso de Mello. Assim, a nova interpretação passou a ser esta: ao declarar uma lei inconstitucional, *mesmo em sede de controle difuso*, a decisão do STF já será dotada de efeito vinculante e eficácia "*erga omnes*"; o STF apenas comunica ao Senado com a finalidade de que a Casa Legislativa referida dê publicidade ao que foi decidido.

Diante dessa novidade, portanto, o alcance eficacial do § 12 do art. 525 do CPC, na parte que se refere ao controle difuso, que antes estava condicionado à edição de Resolução do Senado Federal, agora poderá ser diretamente aplicado desde que haja – apenas – decisão do STF prolatada em sede de controle concreto a qual se atribua *efeito geral*, cabendo ao processualista avaliar o cabimento da tese de coisa julgada inconstitucional para elidir o cumprimento da sentença no caso concreto sobre o qual se debruçar.

Contrariando a ideia de que *precedentes são* – considerando sua formação tradicional inglesa – *contingentes e não fórmulas criadas/idealizadas pelo julgador para alcançar casos futuros*, a problemática tratada neste tópico revela mais um capítulo da história (confusa) da construção do sistema de "precedentes à brasileira".

21
A EFICÁCIA TEMPORAL DAS DECISÕES DE DECLARAÇÃO DE INCONSTITUCIONALIDADE COM FORÇA OBRIGATÓRIA GERAL: UM OLHAR LUSO-BRASILEIRO

FERNANDO ALVES CORREIA

Professor catedrático da Faculdade de Direito da Universidade de Coimbra.
Antigo Juiz do Tribunal Constitucional.

SUMÁRIO: I. Introdução; II. As soluções do ordenamento jurídico-constitucional português; 1. O princípio da eficácia *ex tunc*; 2. A faculdade de delimitação de efeitos; 3. O efeito repristinatório; 4. Limitação dos efeitos *in futuro*; III – As soluções do ordenamento jurídico-constitucional brasileiro; IV. Breve nota conclusiva.

I. Introdução

Pretendemos neste pequeno texto fazer uma análise comparativa das soluções adotadas pelos ordenamentos jurídico-constitucionais de Portugal e do Brasil sobre a questão da *eficácia temporal* das decisões de declaração da inconstitucionalidade com eficácia cassatória das normas jurídicas, isto é, das decisões de inconstitucionalidade proferidas pelo Tribunal Constitucional Português e pelo Supremo Tribunal Federal do Brasil em controlo abstrato sucessivo. O que se pretende aqui saber é qual o *momento* a partir do qual a declaração de inconstitucionalidade opera a cessação da vigência da norma jurídica e quais os efeitos que acarreta relativamente às situações criadas e aos atos jurídicos (*maxime*, aos atos administrativos e decisões judiciais) praticados ao abrigo da norma declarada inconstitucional.

Estamos diante de uma problemática que tem respostas diferentes nos dois grandes modelos de justiça constitucional: o modelo *kelseniano* ou *austríaco* e o modelo da *judicial review* ou *norte-americano*. De acordo com o primeiro modelo, enquanto um Tribunal Constitucional não tiver declarado inconstitucional uma lei, ela é válida e vinculante para os juízes e os outros aplicadores do direito. Segundo as premissas teorético-jurídicas de H. Kelsen, as "leis inconstitucionais" devem ser consideradas como "leis constitucionais" até serem eliminadas do ordenamento jurídico por um órgão jurisdicional especial e através de um "processo de cassação de normas" específico[1]. Assim, a decisão de inconstitucionalidade, de harmonia com o modelo austríaco, seria constitutiva e reconheceria a *anulabilidade* do ato normativo, com efeitos *erga omnes, com início* apenas a partir da prolação da decisão, ou seja, teria eficácia *ex nunc*. No sistema austríaco tradicional, o Tribunal Constitucional não declara propriamente uma nulidade, mas anula, cassa uma lei, que, até a publicação da decisão de inconstitucionalidade, era válida ou eficaz. É a decisão judicial que desconstitui a validade da norma jurídica, preservando-se os efeitos decorrentes da aplicação da norma até então (eficácia *ex nunc*).

No modelo norte-americano (*judicial review*), a lógica apresenta-se diversa, e o efeito típico é a declaração de nulidade, e não apenas de anulabilidade do ato normativo. Isso porque a lei, "desde a sua entrada em vigor [,] é contrária à Constituição, motivo pelo qual a eficácia invalidante se deveria tornar extensiva a todos os actos praticados à sombra da lei constitucional – daí o seu efeito *ex tunc*"[2]. Nota-se, assim, a presença de um efeito declaratório, uma vez que a nulidade é preexistente, e as decisões judiciais limitam-se a declarar a nulidade absoluta da norma, que ocorre desde a sua origem. Noutros termos, a lei inconstitucional, porque contrária a uma norma superior, é considerada absolutamente nula (*null and void*), pelo que o juiz, que exerce o poder de controlo, não anula, mas, meramente, *declara uma (preexistente) nulidade* da lei inconstitucional.

As palavras antecedentes permitem-nos enquadrar melhor as soluções consagradas nos ordenamentos jurídico-constitucionais português e brasileiro sobre a eficácia temporal das decisões do Tribunal Constitucional que declaram a inconstitucionalidade, com força obrigatória geral, de normas jurídicas, bem como sobre a "modelação" ou, como outros preferem dizer, a "manipulação" dos seus efeitos temporais.

Nas linhas subsequentes, começaremos por apontar as soluções apresentadas pelo ordenamento jurídico-constitucional português, não deixando de referir, sempre que se revele útil, a jurisprudência do Tribunal Constitucional de Portugal. Em seguida, enunciaremos, em linhas breves, as soluções fornecidas pelo ordenamento jurídico-constitucional brasileiro. Terminaremos com uma breve nota conclusiva[3].

---

1. Cfr. CANOTILHO, J. J. Gomes. *Direito constitucional e teoria da Constituição*. 7. ed. Coimbra, Almedina, 2003. p. 905.
2. Cfr. CANOTILHO, J. J. Gomes. *Direito constitucional e teoria da Constituição*, cit., p. 904.
3. Seguiremos de perto a nossa obra *Justiça constitucional*. 2. ed. Coimbra, Almedina, 2019. p. 381-399.

II. As soluções do ordenamento jurídico-constitucional português

1. O princípio da eficácia ex tunc

A questão fundamental aqui a versar é a de saber se a declaração de inconstitucionalidade opera com eficácia *ex tunc* (reportando os seus efeitos à data da entrada em vigor da norma ou, tratando-se de norma pré-constitucional, à data da entrada em vigor da Constituição) ou mera eficácia ex *nunc* (operando somente a partir da data da decisão ou da data da publicação da mesma). No primeiro caso, a decisão de inconstitucionalidade produz um efeito de *invalidação* da norma; no segundo, um efeito puramente *revogatório*.

Ora, a Constituição da República Portuguesa (artigo 282º, n. 1 e 2) determina que as decisões de declaração de inconstitucionalidade, proferidas em fiscalização abstrata sucessiva, produzem efeitos desde o início da vigência da norma inconstitucionalizada, no caso de se estar perante uma inconstitucionalidade *originária*, ou, tratando-se de uma inconstitucionalidade *superveniente* (que abrange somente inconstitucionalidades materiais, e não inconstitucionais orgânicas ou formais[4]), a partir da entrada em vigor da norma constitucional infringida (eficácia *ex tunc)*[5].

---

4. De facto, tratando-se de normas anteriores à entrada em vigor da Constituição de 1976, o Tribunal Constitucional Português, de acordo com a sua jurisprudência reiterada e constante, só é competente para conhecer do vício da sua *inconstitucionalidade material*. A mesma limitação vale também para todos os casos de inconstitucionalidade superveniente, que só abrange as inconstitucionalidades materiais.
Como salientou o Tribunal Constitucional, no seu Acórdão 234/97, e reiterou no seu Acórdão 279/2004, "o sentido do artigo 290º, n. 2, da Constituição – que dispõe que *o direito ordinário anterior à entrada em vigor da Constituição mantémse, desde que não seja contrário à Constituição ou aos princípios nela consignados* (cf. artigo 293º, n. l, na redacção original) – é o de que todo o direito ordinário anterior, vigente à data da entrada em vigor da Constituição, mantém-se, desde que o seu *conteúdo* não seja *materialmente incompatível* com as normas ou princípios da nova Constituição. E isso, independentemente da sua conformidade ou desconformidade com a ordem constitucional anterior e independentemente também da sua conformidade ou desconformidade com as novas normas constitucionais relativas à forma e à competência dos actos normativos. Estas últimas normas (as normas da Constituição de 1976 relativas à forma e à competência dos actos normativos) apenas se aplicam para futuro (isto é, aos actos normativos produzidos no período de vigência da Constituição de 1976): cf., nesse sentido, o Acórdão 332/94 (*Diário da República*, II Série, de 30 de agosto de 1994); cf. também J. J. Gomes Canotilho e Vital Moreira (*Constituição da República Portuguesa Anotada*, 3ª ed., Coimbra, 1993, p. 1073)".
E, no seu Acórdão 446/91, sublinhou o mesmo Tribunal: "Tal significa que as normas de direito ordinário anterior só deixam de vigorar, por serem inconstitucionais, desde que ocorra *inconstitucionalidade material*. É sempre irrelevante a eventual desconformidade formal ou orgânica relativamente à Constituição vigente (neste sentido, vejam-se os Acórdãos 313/85, 201/86 e 261/86, in *Diário da República*, II Série, n. 85, de 12 de Abril de 1986, n. 195, de 26 de Agosto, e n. 274, de 27 de Novembro, ambos também de 1986):

O recebimento ou a rejeição desse direito infraconstitucional [pela Constituição de 1976, entenda-se] dependerá apenas de um juízo de conformidade ou compatibilidade material com a Constituição vigente, e não já de um juízo sobre a formação de tal direito à luz das novas normas de competência e forma e muito menos qualquer juízo sobre o seu conteúdo ou sobre a sua formação na perspectiva das antigas normas constitucionais [...].

As normas de direito ordinário anterior só não se mantêm desde que sejam *materialmente* contrárias às normas constitucionais e aos princípios gerais da CRP, sem atender, portanto, às normas constitucionais relativas à forma e competência dos actos normativos, pois estas normas devem entender-se aplicáveis apenas para o futuro; não tem, por isso, nenhum sentido averiguar-se se as normas do direito anterior satisfazem ou não os requisitos de forma e de competência que a CRP estabelece para normas daquela espécie (Acórdão 201/86, in *Diário da República*, cit., p. 7976).

Desde o Acórdão 40 da Comissão Constitucional (in *Apêndice* ao *Diário da República*, de 30 de Dezembro de 1977) firmou-se uma jurisprudência, confirmada pela do Tribunal Constitucional, de que o juízo sobre se o direito ordinário anterior se manteve em vigor, por ter sido ressalvado nos termos do artigo 290º, n. 2, da Constituição (ou do artigo 293º da versão resultante da primeira revisão constitucional ou n. 1 do mesmo artigo, na versão primitiva) ou se *caducou*, por ser supervenientemente inconstitucional, é, em última instância, da competência do órgão jurisdicional com funções específicas de administração da justiça em matérias de natureza jurídico-constitucional e não difere, do ponto de vista qualitativo, do juízo formulado quanto à constitucionalidade material do direito ordinário pós-constitucional:

A questão de saber se uma determinada norma de direito anterior caducou ou não pressupõe assim um juízo de constitucionalidade idêntico ao juízo de constitucionalidade material em relação a normas posteriores à CRP; só que, no caso de direito anterior, o juízo de inconstitucionalidade significa que a norma não pode ser aplicada por ter *deixado de vigorar* a partir de 25 de Abril de 1976, enquanto, no caso do direito posterior, a norma inconstitucional não pode ser aplicada por ser *inválida* desde a origem (cfr. Gomes Canotilho e Vital Moreira, *Constituição da República Portuguesa Anotada*, 2º vol., 2ª ed., p. 575) (mesmo Acórdão 201/86, *ibidem*)". Cfr., ainda, os Acórdãos do Tribunal Constitucional 29/83, 468/89, 330/90, 352/92, 597/99, 556/2000 e 110/2002.

5. É devido à eficácia *ex tunc* da declaração de inconstitucionalidade com força obrigatória geral que o Tribunal Constitucional Português entende que a *revogação de uma norma* (ou a *caducidade* da mesma) não obsta, só por si, à sua eventual declaração de inconstitucionalidade, com força obrigatória geral. Isso porque, enquanto a revogação tem, em princípio, uma eficácia *prospetiva* (*ex nunc*), a declaração de inconstitucionalidade de uma norma tem, via de regra, uma eficácia *retroativa* (*ex tunc*) [cfr. o artigo 282º, n. 1, da Constituição]. Daí que, neste último caso, possa haver interesse na eliminação dos efeitos produzidos *medio tempore*, isto é, no período da vigência da norma sindicada (cfr. o Acórdão 238/88).

A jurisprudência constante e uniforme do Tribunal Constitucional vai, de facto, no sentido de "que haverá interesse na emissão de tal declaração, justamente toda a vez que ela for indispensável para eliminar efeitos produzidos pelo normativo questionado, durante o tempo em que vigorou", e essa indispensabilidade for evidente, por se tratar da eliminação de efeitos produzidos constitucionalmente relevantes (cfr., entre muitos

De realçar que a primeira parte do artigo 282.º, n. 3, da Constituição da República Portuguesa estabelece, como limite a essa eficácia *ex tunc*, a ressalva dos "casos julgados". O fundamento dessa solução não se encontra apenas no respeito pela autoridade própria dos tribunais e pelo princípio da separação de poderes, liga-se também a uma exigência de segurança jurídica[6]. Como vem sublinhando o Tribunal Constitucional, em jurisprudência uniforme e contínua, não só "decorre da Constituição a exigência de que as decisões judiciais sejam, em princípio, aptas a constituir caso julgado", como "o caso julgado é um valor constitucionalmente tutelado", encontrando o mesmo fundamento "no princípio da segurança jurídica inerente ao Estado de Direito (artigo 2º da Constituição), na especial força vinculativa das decisões dos tribunais (actual n. 2 do artigo 205º) e no princípio da separação de poderes (artigos 2º e 111º, n. 1), bem como no n. 3 do artigo 282º da Constituição"[7].

Constata-se, assim, que a primeira parte do n. 3 do artigo 282º da Constituição da República Portuguesa exceciona desse efeito retroativo os *casos julgados*.

> Colocado entre dois campos de interesses opostos – de um lado a consideração do interesse da certeza e segurança jurídicas, a demandar o respeito pelo caso julgado, com a sua natureza definitiva, e do outro o interesse do respeito

---

outros, os Acórdãos 17/83, 103/87, 238/88, 73/90, 135/90, 465/91 e 187/2003). Todavia, ainda segundo orientação firme daquele Tribunal, não existe, porém, *interesse jurídico relevante* no conhecimento de um pedido de declaração de inconstitucionalidade, com força obrigatória geral, de uma norma entretanto revogada, naqueles casos em que não se vislumbre qualquer alcance prático em tal declaração, devido à circunstância de o Tribunal, no caso de eventualmente proferir uma declaração de inconstitucionalidade, não poder deixar de, com base em *razões de segurança jurídica, equidade ou de interesse público de excecional relevo*, limitar os efeitos da inconstitucionalidade, nos termos do n. 4 do artigo 282º da Constituição, de modo a deixar incólumes os efeitos produzidos pela norma antes da sua revogação. Em tais situações, "em que é visível *a priori* que o Tribunal Constitucional iria, ele próprio, esvaziar de qualquer sentido útil a declaração de inconstitucionalidade que viesse eventualmente a proferir, bem se justifica que conclua, desde logo, pela inutilidade superveniente de uma decisão de mérito", em sede de fiscalização abstrata da constitucionalidade, tendo em conta que o *recurso concreto de constitucionalidade* constituirá um meio suficiente e adequado para resolver eventuais litígios ainda pendentes (cfr., *inter alia*, os Acórdãos do Tribunal Constitucional 804/93, 1147/96, 413/2000 e 531/2000).

6. Cfr. MIRANDA, Jorge; MEDEIROS, Rui. *Constituição Portuguesa anotada*. Coimbra: Coimbra Editora, 2007. t. III. p. 834; Marcelo Rebelo de Sousa considera o *respeito do caso julgado* como "a primeira das características relevantes no plano da atipicidade da nulidade do ato inconstitucional, justificadas pelo interesse público da certeza e da segurança jurídicas" (cfr. *O Valor jurídico do Acto Inconstitucional, I*. Lisboa: Gráfica Portuguesa, 1988. p. 259 e 260).

7. Cfr., entre muitos outros, o Acórdão do Tribunal Constitucional n. 86/2004.

pela "legalidade" constitucional, a solicitar a reconstituição da ordem jurídica constitucional mediante o afastamento da norma que a violava e de todos os efeitos jurídicos produzidos à sua sombra –, o legislador constitucional sobrepôs o primeiro ao segundo, pondo como limite ao efeito *ex tunc* da inconstitucionalidade a existência de caso julgado formado relativamente a situação em que tenha ocorrido a aplicação da norma declarada inconstitucional[8].

Com essa solução, não está o legislador constitucional a optar "entre privilegiar a *plenitude da Constituição* ou, ao contrário, *a certeza do direito declarado judicialmente*, porquanto a *certeza do direito declarado judicialmente* (ainda que inconstitucional...) é, ela própria, uma das formas de que se reveste a certeza constitucional", pelo que se pode afirmar que, "num Estado de Direito, que protege a confiança e tutela a segurança jurídica, a ressalva dos casos julgados constitui ainda uma forma de assegurar a primazia da ordem constitucional"[9].

Mas o n. 3 do artigo 282º da Constituição não consagra uma regra de inderrogabilidade absoluta do caso julgado. Segundo o texto constitucional, são ressalvados os casos julgados, salvo decisão em contrário do Tribunal Constitucional, quando a norma respeitar a matéria penal, disciplinar ou de ilícito de mera ordenação social e for de conteúdo menos favorável ao arguido. Quer isso significar que, por decisão fundamentada do Tribunal Constitucional, podem não ser ressalvados os "casos julgados", quando a norma declarada inconstitucional respeitar a matéria penal ou a ilícitos disciplinares ou de mera ordenação social e for de conteúdo menos favorável ao arguido, ou seja, quando da declaração de inconstitucionalidade resultar uma redução da sanção ou exclusão, isenção ou limitação da responsabilidade penal, disciplinar ou contraordenacional, aplicando-se, nesse caso, a norma repristinada mais favorável.

Como sublinhou o Tribunal Constitucional, no seu Acórdão n. 232/2004, a

> opção do legislador constitucional, de respeito pelos casos julgados, não se acha feita de modo também absoluto ou excludente de qualquer outra solução. No segundo segmento do referido n. 3 do art. 282º da CRP, o legislador constitucional admite uma outra preferência: aqui a Constituição permite o afastamento do caso julgado formado sobre a aplicação da norma declarada inconstitucional, quando esta "respeitar a matéria penal, disciplinar ou de ilícito de mera ordenação social e for de conteúdo menos favorável ao arguido". Ou seja, estabelece uma excepção à excepção do respeito pelo caso julgado. Como, porém, se vê do preceito, essa quebra do respeito pelo caso julgado formado sobre a aplicação da lei declarada inconstitucional não opera *ope juris*: antes, o legislador constitucional cometeu-a à ponderação do Tribunal

---

8. Cfr. o Acórdão do Tribunal Constitucional n. 232/2004.
9. Cfr. MIRANDA, Jorge; MEDEIROS, Rui. *Constituição Portuguesa anotada*. Coimbra: Coimbra Editora, 2007. t. III. p. 834.

Constitucional [...]. O afastamento do princípio do respeito pelo caso julgado, aqui previsto, funda-se em razões de justiça, igualdade e equidade que são especialmente sensíveis nos domínios contemplados – o penal, disciplinar e contraordenacional. Por outro lado, a atribuição, pela Constituição, ao Tribunal Constitucional do poder de afastar o princípio do respeito pelos casos julgados explica-se pelo facto de tal solução envolver sempre a formulação de um concreto juízo de ponderação, com referência à concreta norma jurídica em causa, daquelas razões de justiça, ao qual não poderão ser alheios os princípios da adequação e proporcionalidade.

Pode, pois, concluir-se, destes preceitos, que a Constituição assumiu que, sempre que está em causa norma respeitante a matéria penal, disciplinar ou de ilícito de mera ordenação social, pode o princípio do respeito pelo caso julgado ser afastado por decisão do Tribunal Constitucional para obviar à consolidação de situações de aplicação da lei declarada inconstitucional que seja de conteúdo menos favorável relativamente à norma que passará a reger a mesma situação. Ora, esta norma tanto poderá ser uma norma que a declarada inconstitucional haja revogado como uma dimensão normativa do mesmo preceito, mas expurgado este da dimensão considerada inconstitucional[10].

---

10. Vale a pena referir mais alguns aspetos do Acórdão do Tribunal Constitucional n. 232/2004, por ser um exemplo marcante de uma decisão do Tribunal Constitucional que quebrou o respeito pelo caso julgado formado com base na aplicação da norma declarada inconstitucional.

Em primeiro lugar, nesse aresto, o Tribunal Constitucional reconheceu um interesse jurídico relevante, com conteúdo prático apreciável, sob o ponto de vista da adequação e da proporcionalidade, no conhecimento do pedido de declaração de inconstitucionalidade, com força obrigatória geral, de um conjunto de normas jurídicas já revogadas ou alteradas, desde logo, porque entendeu que se aplicava no caso a exceção contemplada na segunda parte do n. 3 do artigo 282º da Constituição.

Em segundo lugar, o Tribunal Constitucional enfatizou, ainda, o seguinte, a propósito do interesse no conhecimento do pedido: "Nesta perspectiva, torna-se possível tomar em consideração as normas por aplicação das quais os casos julgados se poderão ter formado, mesmo que revogadas: basta que esteja em causa uma dimensão normativa não inconstitucional, ou dito de outro modo, uma dimensão de certo preceito normativo expurgado já da inconstitucionalidade, que em si seja mais favorável do que esse mesmo preceito ainda não expurgado da inconstitucionalidade ou, então, lei revogada mais favorável ao arguido.

A ser assim, para que o Tribunal possa ajuizar do interesse no conhecimento do pedido, impõe-se-lhe que antecipe, embora a título hipotético, o juízo de inconstitucionalidade relativo às normas já revogadas. Ora, partindo do pressuposto de que as normas que se encontram revogadas cuja constitucionalidade se questiona são inconstitucionais na dimensão «em que permitem a expulsão de cidadãos estrangeiros que tenham a seu cargo filhos menores de nacionalidade portuguesa» residentes em território nacional, é de considerar haver interesse no conhecimento do pedido, porquanto, o Tribunal Constitucional pode permitir a «revisão» dos casos julgados, eventualmente com limitações, possibilitando a aplicação da dimensão normativa não julgada inconstitucional,

Em alguns casos, o Tribunal Constitucional equiparou aos "casos julgados judiciais" os "casos decididos" ou "resolvidos" de natureza administrativa, isto é, os atos administrativos definitivamente consolidados. Outras vezes, o Tribunal Constitucional foi mais cauteloso na referida equiparação, não deixando, no entanto, nesses casos, de resguardar da declaração de inconstitucionalidade os atos administrativos que constituem caso resolvido ou decidido, isto é, aqueles que têm os seus efeitos consolidados no ordenamento jurídico[11].

---

uma vez que, desse modo, ficará regulada a situação do arguido em novos termos pela aplicação da dimensão normativa mais favorável, ou seja, pela aplicação dessas normas com o sentido de não permitirem a expulsão de cidadãos estrangeiros que tenham a seu cargo filhos menores de nacionalidade portuguesa residentes em território nacional".

Em terceiro lugar, o Tribunal Constitucional decidiu, naquele aresto, entre o mais, declarar a inconstitucionalidade, com força obrigatória geral, por violação das disposições conjugadas dos artigos 33º, n. 1, e 36º, n. 6, da Constituição, das normas do artigo 101º, n. 1, alíneas *a)*, *b)* e *c)*, e n. 2, e do artigo 125º, n. 2, do Decreto-lei 244/98, de 08 de agosto, na sua versão originária, da norma do artigo 68º, n. 1, alíneas *a)*, *b)* e *c)*, do Decreto-lei 59/93, de 3 de março, e da norma do artigo 34º, n. 1, do Decreto-lei 15/93, de 22 de janeiro, "enquanto aplicáveis a cidadãos estrangeiros que tenham a seu cargo filhos menores de nacionalidade portuguesa residentes em território nacional", e fixar os efeitos da inconstitucionalidade das referidas normas de modo que não fiquem ressalvados os casos julgados relativamente a penas acessórias de expulsão ainda não executadas aquando da publicação da decisão.

Justificou o Tribunal Constitucional a "revisão" dos casos julgados, ainda que não em termos ilimitados, do seguinte modo: "Entende o Tribunal que se justifica o uso do poder conferido na segunda parte deste n. 3. É que, em boa verdade, existem razões de justiça, igualdade e equidade que militam no sentido de que os menores de nacionalidade portuguesa residentes em território nacional vivam num ambiente familiar consolidado pela presença dos progenitores ainda que estes sejam cidadãos estrangeiros. Tais razões justificam assim que a declaração de inconstitucionalidade não ressalve os casos julgados em que tenham sido aplicadas penas de expulsão ainda não executadas – desde que no momento da execução da pena acessória se mantenham as condições que determinaram o julgamento de inconstitucionalidade. Mas entende, também, o Tribunal que a possibilidade de «revisão» do caso julgado não pode ser concedida ilimitadamente, porquanto, uma vez consumada a expulsão, é o interesse público da certeza e da segurança jurídicas, justificativo da consagração do caso julgado, que se sobrepõe".

11. Exemplo dessa atuação prudente e cautelosa do Tribunal Constitucional é o Acórdão 1147/96, em que, a dado passo, afirmou-se que os atos administrativos que constituem *caso resolvido* ou *decidido* "poderiam mesmo ser equiparados aos *casos julgados*, sendo, assim, ressalvados da eventual declaração de inconstitucionalidade, com força obrigatória geral, por efeito do estatuído no artigo 282.º, n. 3, da Lei Fundamental. Suscitando-se, porém, dúvidas a propósito de uma tal equiparação, não poderia deixar o Tribunal de limitar, por razões de segurança jurídica, os efeitos da eventual declaração de inconstitucionalidade, de modo a deixar intocados os actos administrativos praticados ao abrigo das normas objecto do presente processo não impugnados contenciosamente ou que já não sejam susceptíveis de impugnação contenciosa (cfr., sobre este ponto, o citado Acórdão n. 804/93)". Sobre os contornos da problemática da aplicação

2. A faculdade de delimitação de efeitos

O Tribunal Constitucional tem a *faculdade de delimitar* a eficácia temporal das suas declarações de inconstitucionalidade. De facto, nos termos do n. 4 do artigo 282.º da Constituição, aquele Tribunal pode limitar os efeitos da declaração de inconstitucionalidade, com força obrigatória geral, "quando a segurança jurídica, razões de equidade ou interesse público de excepcional relevo, que deverá ser fundamentado, o exigirem". Essa limitação consiste, no comum dos casos, em conceder eficácia a partir da publicação do acórdão do Tribunal Constitucional no *Diário da República* ou, por vezes, a partir da data[12] do mesmo acórdão (eficácia ex *nunc*)[13].

---

da primeira parte do n. 3 do artigo 282º da Constituição às *situações consolidadas*, cfr., por todos, MIRANDA, Jorge; MEDEIROS, Rui. *Constituição Portuguesa anotada*. Coimbra: Coimbra Editora, 2007. t. III. p. 842-845.

12. Veja-se, por exemplo, o que sucedeu no Acórdão n. 413/2014, no qual o Tribunal Constitucional, entre o mais, declarou a inconstitucionalidade, com força obrigatória geral, por violação do princípio da igualdade, consagrado no artigo 13º da Constituição, das normas do artigo 33º da Lei 83-C/2013, de 31 de dezembro (Lei do Orçamento do Estado para 2014), mas determinou que a mesma declaração da inconstitucionalidade, o que motivou um pedido de aclaração, que veio a ser decidido pelo Acórdão 468/2014.

    Nesse aresto, o Tribunal Constitucional, depois de referir que o acórdão, na parte a que se refere o pedido, não contém qualquer obscuridade ou ambiguidade que deva ser suprida, não deixou de sublinhar, entre o mais, "que o efeito geral normal da declaração de inconstitucionalidade é o efeito *ex tunc*, implicando que a declaração de inconstitucionalidade produza efeitos desde a entrada em vigor da norma declarada inconstitucional (artigo 282º, n. 1)", que "a atribuição de efeitos *ex nunc* a partir da data da decisão é uma das possibilidades abertas pelo n. 4 do artigo 282º, que permite, no condicionalismo aí previsto, a fixação de efeitos com 'um alcance mais restrito'. O alcance mais restrito significa que a sentença declarativa de inconstitucionalidade não tem efeitos retroativos reportados à entrada em vigor da norma declarada inconstitucional, como resultaria do n. 1 do citado artigo 282º, mas produz efeitos a partir de um momento ulterior, que poderá ser a data da declaração da inconstitucionalidade ou da publicação do acórdão" e, bem assim, que, "no caso, o Tribunal optou por limitar efeitos por referência à data da decisão de inconstitucionalidade e, portanto, à própria data da prolação do acórdão. Datando o acórdão de 30 de maio de 2014, os efeitos da declaração de inconstitucionalidade produzem-se a partir do dia imediato, por aplicação de um princípio geral de direito – que se entendeu não ser necessário explicitar – segundo o qual no cômputo do termo não se conta o dia em que ocorre o evento a partir do qual ele deve iniciar-se (cfr. artigo 279º, alínea *b*), do Código Civil)". Cfr., sobre esse assunto, e, em geral, sobre a admissibilidade do incidente da *aclaração* em processos de fiscalização abstrata sucessiva da constitucionalidade, COSTA, José Manuel M. Cardoso da. Anotação ao Acórdão do TC n. 468/2014, de 18 de junho de 2014, Fiscalização Abstracta da Constitucionalidade e Aclaração de Decisões Judiciais. *Revista de Legislação e de Jurisprudência*, ano 144º, n. 3988. p. 59-65.

13. Como salienta Marcelo Rebelo de Sousa, o artigo 282º, n. 4, da Constituição permite ao Tribunal Constitucional determinar que "o acto nulo produz efeitos como se válido fosse durante esse período temporal que não é abrangido pela eficácia da declaração de

3. O efeito repristinatório

Uma questão específica, que interessa sublinhar, é a consagração na Constituição portuguesa, com o intuito de evitar um vazio jurídico, da regra de que a declaração de inconstitucionalidade com eficácia "erga omnes" acarreta a *repristinação* da norma ou regime revogados pela norma ou normas declaradas inconstitucionais (artigo 282º, n. 1, *in fine*, da Constituição). É esse um efeito direto da declaração da inconstitucionalidade (ou da ilegalidade), pois, sendo a norma inválida desde a sua origem, inválida é também a revogação de normas anteriores que ela tenha efetuado. Evidentemente, não se verifica qualquer repristinação de normas se a norma declarada inconstitucional não tiver revogado qualquer norma anterior ou quando a norma anterior tiver caducado. O mesmo sucede quando se trate de inconstitucionalidade (ou ilegalidade) superveniente, uma vez que, em tal caso, a norma ainda não era inconstitucional (ou ilegal) quando revogou as normas anteriores[14].

A Constituição Portuguesa apenas prevê expressamente a repristinação como consequência da declaração de inconstitucionalidade com força obrigatória geral, guardando silêncio sobre a questão de saber se o mesmo efeito se verifica no âmbito da fiscalização concreta de constitucionalidade. Pensamos, no entanto, que a solução da repristinação como consequência das decisões positivas de inconstitucionalidade na fiscalização concreta parece ser a mais lógica, uma vez que evita *vazios jurídicos* e implica recorrer a uma solução criada pelo legislador ou, sendo caso disso, pelo titular do poder regulamentar, e não pelo órgão judicial na sua tarefa de integração das lacunas jurídicas. Acresce que o Tribunal Constitucional afirmou, nos seus Acórdãos 490/89 e 175/90, que, "muito embora a Constituição apenas preveja expressamente a repristinação como consequência da declaração de inconstitucionalidade com força obrigatória geral, não se encontra qualquer razão para diferente resultado no domínio da fiscalização concreta de constitucionalidade". E, nos seus Acórdãos 137/2003 e 483/2007, consignou que, "tal como tem sido entendido por este Tribunal, o eventual juízo de inconstitucionalidade tem por consequência a repristinação das normas anteriores, nos termos do disposto no n. 1 do artigo 282.º da Constituição – o qual, embora referido aos efeitos da declaração de inconstitucionalidade, não deixa de ser aplicável aos processos de fiscalização concreta da constitucionalidade, como no caso presente".

Mas ao Tribunal Constitucional é reconhecida a faculdade de reduzir ou limitar, em certos casos, esse efeito repristinatório da declaração de inconsti-

---

inconstitucionalidade", acrescentando que a "segunda característica da atipicidade da nulidade do acto inconstitucioinal é a relativa (cfr. *O valor jurídico do Acto Inconstitucional*, cit., p. 261).

14. Cfr. CANOTILHO, J. J. Gomes, MOREIRA, Vital. *Constituição da República Portuguesa anotada*. 4. ed. Coimbra: Coimbra Editora, 2010. v. II. p. 975-976.

tucionalidade com força obrigatória geral. Na verdade, sendo a regra geral a da repristinação das normas revogadas pela norma ou normas declaradas inconstitucionais, pode o Tribunal Constitucional, ao abrigo do n. 4 do artigo 282º da Constituição, afastar, total ou parcialmente, essa repristinação. Assim, pode o Tribunal Constitucional, pura e simplesmente, recusar a repristinação de toda e qualquer norma revogada pela norma declarada inconstitucional, reduzir a repristinação, mediante a repristinação parcial da norma ou normas revogadas, e introduzir limites temporais na repristinação, quer diferindo o início da sua eficácia para depois da cessação dos efeitos ressalvados da inconstitucionalidade, quer fazendo cessar essa eficácia antes ou no momento da declaração de inconstitucionalidade. Questão é que essas restrições à repristinação das normas revogadas pela norma declarada inconstitucional se baseiem na verificação de ponderosas razões de segurança jurídica, de equidade ou interesse público de excecional relevo e constem da declaração de inconstitucionalidade[15].

O Tribunal Constitucional português vem também restringindo os efeitos da repristinação em matéria penal, para impedir a aplicação das normas repristinadas, se forem mais desfavoráveis para o arguido, durante o período de vigência das normas declaradas inconstitucionais. De facto, o Tribunal Constitucional vem entendendo que o artigo 29º, n. 4, da Constituição, que determina que "ninguém pode sofrer pena ou medida de segurança mais graves do que as previstas no momento da correspondente conduta ou da verificação dos respectivos pressupostos, aplicando-se retroactivamente as leis penais de conteúdo mais favorável ao arguido", estabelece "um limite inultrapassável à repristinação", em termos de "o tribunal que desaplicar uma norma de direito penal, por inconstitucionalidade, deve ter sempre em consideração aquele referido limite constitucional quando proceder à repristinação das normas anteriores, pois estas só podem ser chamadas à colação na medida em que não infringirem aquele limite".

Dizendo as coisas de outro modo, o Tribunal Constitucional considera que

> o princípio constitucional contido no artigo 29º, n. 4, da Constituição, por aplicação directa, não consente que, na sequência da inconstitucionalização da lei vigente no momento da prática do facto criminoso e consequente repristinação da norma anterior, possam ser impostas ao agente do facto pena ou medida de segurança mais graves do que as previstas aquando da correspondente conduta ou da verificação dos respectivos pressupostos

E, bem assim, que,

> na eventualidade de ser imposto ao réu um regime sancionatório mais gravoso do que o vigente no momento da comissão do facto delituoso, verificar-se-ia

---

15. Cfr. SOUSA, Marcelo Rebelo de. *O valor jurídico do Acto Inconstitucional*, cit., p. 263.

inconstitucionalidade na *aplicação* da norma menos favorável por violação do princípio contido no artigo 29º, n. 4, da Constituição[16-17].

---

16. Cfr., por exemplo, os Acórdãos do Tribunal Constitucional 56/84, 490/89, 175/90 e 12/91. Esse entendimento do Tribunal Constitucional pode ser confrontado com um outro, consistente na consideração de que, em nome do princípio da unidade da Constituição, deve fazer-se uma interpretação do artigo 282º da Constituição, quanto aos efeitos repristinatórios da declaração de inconstitucionalidade, da qual não resultem inutilizadas garantias fundamentais, como as do artigo 29º da Lei Fundamental (pois, de contrário, seriam os cidadãos a pagar os erros, as inadvertências ou os abusos da função legislativa), e, por isso, defender-se que a repristinação das leis penais nunca se poderá fazer por forma a tornar puníveis factos que deixaram, entretanto, de ser considerados delituosos – por ter sobrevindo legislação despenalizadora –, ou que, havendo sido praticados depois desta legislação, o não chegaram sequer a ser, ou por forma a conduzir à aplicação de um regime jurídico-penal menos favorável. E, nessa linha, para obviar a tais resultados, reputados indesejáveis, deverá entender-se que, em tais casos, a repristinação apenas opera *ex nunc*, já que "de facto — ao menos em matéria penal incriminadora — nada, no texto constitucional, impõe que a repristinação, que a declaração de inconstitucionalidade implica, se faça '*ex tunc*', não sendo essa "uma consequência necessária a extrair da circunstância de os efeitos da declaração se retrotraírem ao momento da entrada em vigor da norma assim eliminada do ordenamento jurídico" (cfr. as Declarações de Voto dos Conselheiro Messias Bento e José Manuel M. Cardoso da Costa no citado Acórdão 56/84, bem como a Declaração de Voto do Conselheiro Vítor Nunes de Almeida no mencionado Acórdão 175/90).

    O princípio da não retroatividade da lei penal *in pejus* e o princípio da retroatividade da lei penal *in melius* (no tocante a factos praticados na vigência da lei repristinada), quando compaginados com o disposto no artigo 282º, n. 1, da Constituição, impõem, assim, que o efeito repristinatório previsto nesse preceito só possa operar *ex nunc*. Tudo isso implica, de harmonia com esta tese, defender que, "embora inconstitucionalizada, *sendo mais favorável*, deve considerar-se aplicável a legislação em contacto com os factos puníveis, uma vez que a punição nunca poderá ser mais grave do que a prevista e em vigor no momento da prática do crime ou contra-ordenação" ou entender que a limitação dos efeitos de uma declaração de inconstitucionalidade "há-de conduzir à aplicação de regime punitivo declarado inconstitucional, quando tido por mais favorável pelo tribunal para tanto competente, e não à aplicação do regime repristinado por semelhante declaração, embora com «redução» do seu alcance punitivo" (cfr. a Declaração de Voto do Conselheiro Vítor Nunes de Almeida no mencionado Acórdão 175/90, bem como a Declaração de Voto do Conselheiro José Manuel M. Cardoso da Costa no citado Acórdão 12/91). Sobre essa problemática, cfr. CARVALHO, Américo A. Taipa de. *Sucessão de leis penais*. 3. ed. Coimbra: Coimbra Editora, 2008. p. 275-344; MIRANDA, Jorge. Os princípios constitucionais da legalidade e da aplicação da lei mais favorável em matéria criminal. *O Direito*, ano 121º, 1989, IV. p. 685-699; e *Manual de direito constitucional*. 4. ed. Coimbra: Coimbra Editora, 2013. t. VI. p. 345-351; e PEREIRA, Rui. A relevância da lei penal inconstitucional de conteúdo mais favorável ao arguido. *Revista Portuguesa de Ciência Criminal*, ano I, 1991. p. 55-76.

17. Questão conexa com a referida no texto é a de saber se o Tribunal Constitucional tem competência para conhecer *ex officio* da inconstitucionalidade de normas

4. Limitação dos efeitos in futuro

Vimos que, no ordenamento jurídico-constitucional português, apesar de vigorar a regra geral da eficácia *ex tunc* das declarações de inconstitucionalidade, pode o Tribunal Constitucional, no uso da faculdade de delimitação temporal dos efeitos das decisões declarativas de inconstitucionalidade, conferir-lhes apenas eficácia ex *nunc*, ou seja, efeitos a partir da data da decisão ou da data da sua publicação no *Diário da República*. Em tais situações, poderá dizer-se que as correspondentes decisões apenas surtem efeito *para o futuro*. Mas não se prevê, no nosso ordenamento jurídico, a possibilidade de o Tribunal Constitucional *fixar um prazo* para a cessação da vigência da norma declarada inconstitucional ou, por outras palavras, proferir *decisões de mera declaração de inconstitucionalidade*, cuja finalidade principal é dar uma oportunidade e tempo ao legislador para corrigir a inconstitucionalidade, evitando uma situação indesejável de vácuo jurídico.

Uma tal possibilidade – que não seria uma solução inédita em direito comparado, uma vez que está expressamente contemplada nos ordenamentos jurídicos da Áustria, da França e do Brasil (e, ainda, entre outros, da Bélgica, da Croácia e da Turquia), e é frequentemente utilizada na jurisprudência do Tribunal Constitucional Federal alemão e do Tribunal Constitucional italiano – poderia justificar-se, em determinadas situações, designadamente quando fossem declaradas inconstitucionais, com força obrigatória geral, normas fiscais, que definem a incidência e ou a taxa de um determinado imposto criado *ex novo*.

A *fixação de um prazo* para a cessação da vigência das normas declaradas inconstitucionais permitiria ao legislador aprovar novas normas, evitando qualquer hiato na arrecadação das receitas correspondentes ao imposto em causa, em consequência de um "vazio legislativo" – solução esta que não é atingível com a simples ressalva dos efeitos produzidos pelas normas declaradas inconstitucionais, desde a data da sua entrada em vigor até à data do acórdão ou até à data da publicação do mesmo no *Diário da República*, e que seria bem mais razoável do

---

repristinadas – questão essa que se coloca sobretudo no domínio da fiscalização abstrata sucessiva. A resposta, quanto a nós, deve ser, em princípio, negativa, em homenagem à vinculação do Tribunal Constitucional ao *princípio do pedido*. Diferente é a situação em que no pedido de fiscalização abstrata sucessiva da constitucionalidade de normas jurídicas é solicitada, a título subsidiário e cumulativo, a declaração da inconstitucionalidade, com força obrigatória geral, da norma ou normas revogadas por aquela cuja declaração de inconstitucionalidade é pedida, a título principal, com o objetivo de evitar a sua repristinação. Numa situação destas, o Tribunal Constitucional não poderá deixar de apreciar a constitucionalidade dessas normas. Uma abordagem desta problemática pode ver-se no Acórdão do Tribunal Constitucional n. 452/95. Cfr., sobre esse problema, por todos, CANOTILHO, J. J. Gomes, MOREIRA, Vital. *Constituição da República Portuguesa anotada*. 4. ed. Coimbra: Coimbra Editora, 2010. v. II. p. 976, e MEDEIROS, Rui. *A decisão de inconstitucionalidade*, cit., p. 667-673.

que a utilização, de modo pouco transparente, do instrumento de retardação da publicação do acórdão, a fim de dar tempo ao legislador para a criação de uma nova disciplina jurídica[18-19].

A doutrina portuguesa divide-se profundamente quanto à admissibilidade das *decisões de mera declaração de inconstitucionalidade* (também designadas "decisões de reconhecimento de inconstitucionalidade sem pronúncia de inconstitucionalidade", "decisões de declaração de incompatibilidade sem nulidade" e "decisões de simples verificação da inconstitucionalidade"), através da *fixação de um prazo* para a cessação da vigência das normas declaradas inconstitucionais[20].

---

18. Veja-se o que sucedeu com o Acórdão do Tribunal Constitucional 866/96, que, entre o mais, declarou a inconstitucionalidade, com força obrigatória geral, das normas dos artigos 71º a 76º do Decreto-lei 251/92, de 12 de novembro, 63º, n. 3 a 6, do Decreto-lei 311/87, de 10 de agosto, 65º, n. 3, 4, 6 e 7, do Decreto-lei 274-A/88, de 03 de agosto, e 56º, n. 3, 4, 6 e 7, do Decreto Regulamentar Regional 18/92/M, de 30 de julho, na parte em que, em processo especial, impunham a integração nas zonas de caça associativas e turísticas de terrenos relativamente aos quais os respetivos interessados não tivessem produzido uma efetiva declaração de vontade no sentido dessa integração.

    Apesar de, por razões de segurança jurídica, ter restringido os efeitos da inconstitucionalidade relativamente às zonas de caça associativa por forma a que os terrenos "apenas dela fiquem excluídos a partir da publicação do presente acórdão" e, no respeitante às zonas de caça turística, "tais terrenos se mantenham nelas integrados até ao termo do prazo da respectiva concessão", restrição que foi fixada "sem prejuízo das impugnações contenciosas pendentes ou ainda susceptíveis de ser apresentadas", um tal acórdão, prolatado em 4 de julho de 1996, só veio a ser publicado no *Diário da República*, I Série-A, de 18 de dezembro de 1996.

19. Cfr., sobre esse ponto, José Manuel M. Cardoso da Costa (*Rapport*. VII Conferência dos Tribunais Constitucionais Europeus – Justiça Constitucional e Espécies, Conteúdo e Efeitos das Decisões sobre a Constitucionalidade de Normas. 1ª parte. Lisboa: Tribunal Constitucional, 1987. p. 149.

20. Assim, J. J. Gomes Canotilho sublinha que "não há cobertura constitucional para as *sentenças de mera declaração de inconstitucionalidade*, se com este tipo de sentenças se quiser configurar a hipótese de efeitos ainda mais restritos do que os da anulabilidade com eficácia *ex nunc*" e, bem assim, que "a não atribuição dos efeitos da nulidade *ipso jure* não pode implicar a sobrevivência e aplicação da norma considerada inconstitucional, nem os «perigos» das lacunas legislativas se podem sobrepor aos perigos da erosão do princípio da constitucionalidade dos actos normativos" (cfr. *Direito constitucional*, cit., p. 1018).

    Por sua vez, Marcelo Rebelo de Sousa realça que "o horizonte temporal máximo admissível corresponde à repescagem de efeitos do acto nulo desde a sua prática até ao momento da publicação oficial da declaração de inconstitucionalidade e, no caso vertente, também de nulidade", que "não parece tolerável admitir que a atipicidade da nulidade possa levar a que o acto nulo produza efeitos mesmo depois da publicação oficial da correspondente declaração jurisdicional, o que quereria dizer que essa declaração nem sequer efeitos «ex nunc» produziria" e, bem assim, que "o horizonte temporal mínimo é o que resulta do regime típico da nulidade, ou seja a imediatividade pura e simples

Todavia, o Tribunal Constitucional já declarou a inconstitucionalidade com força obrigatória geral de normas jurídicas, consentindo que elas continuassem provisoriamente em vigor, através da delimitação de efeitos *in futuro*. Por outras palavras, o Tribunal já proferiu, embora sob diferente roupagem jurídica, *meras declarações de inconstitucionalidade* ou *declarações de inconstitucionalidade sem pronúncia de nulidade* de normas jurídicas, de modo a dar oportunidade e tempo ao legislador para corrigir a inconstitucionalidade.

---

da paralisia dos efeitos do acto nulo" (cfr. *O valor jurídico do Acto Inconstitucional*, cit., p. 261).

Na mesma linha, Jorge Miranda acentua que "não pode o Tribunal Constitucional diferir para o futuro a produção de efeitos – porque tal brigaria com o próprio princípio da constitucionalidade" (cfr. *Manual de direito constitucional*. 4. ed. t. VI, cit., p. 358).

Em idêntico sentido, José Manuel M. Cardoso da Costa, depois de referir que o Tribunal Constitucional tem feito uso da faculdade de delimitar os efeitos *ex tunc* da declaração de inconstitucionalidade com força obrigatória geral, salienta que não vai, "todavia ao ponto de consentir (e determinar) que continue provisoriamente em vigor (*v.g.*, até à sua alteração legislativa) a norma inconstitucional", acrescentando que "a doutrina dominante, de resto, entende que isto não seria constitucionalmente admissível, e que o Tribunal mais não pode do que atribuir à declaração de inconstitucionalidade mera eficácia *ex nunc*" (cfr. *A jurisdição constitucional em Portugal*. 3. ed. Coimbra: Almedina, 2007. p. 96 e 97).

E, de modo similar, Carlos Blanco de Morais defende que a possibilidade de procrastinação dos efeitos da declaração de inconstitucionalidade ou ilegalidade para o futuro não se encontra consagrada, expressa ou implicitamente, no nosso ordenamento constitucional, diversamente do que sucede na Áustria e no Brasil (cfr. *Justiça constitucional*. v. II, cit., p. 359-369).

Em sentido inverso, Rui Medeiros entende que, quando a única forma de assegurar as finalidades visadas pelo n. 4 do artigo 282º da Constituição passe pela limitação de efeitos *in futuro* da declaração de inconstitucionalidade de uma norma jurídica e pela consequente continuação da produção de efeitos pela norma inconstitucional após a publicação da correspondente declaração, pode o Tribunal Constitucional optar por uma tal solução, dando justamente como exemplos, entre outros, os casos de declaração de inconstitucionalidade de normas jurídicas que impliquem um acréscimo substancial de despesas ou uma grande redução de receitas (cfr. *A decisão de inconstitucionalidade (os autores, o conteúdo e os efeitos da decisão de inconstitucionalidade da lei)*. Lisboa: Universidade Católica, 1999. p. 724-731). Na mesma linha, Joaquim de Sousa Ribeiro considera que a possibilidade de limitação *in futuro* dos efeitos da declaração de inconstitucionalidade se baseia na *potestas* conferida ao juiz constitucional pelo n. 4 do artigo 282.º da Constituição e está submetida aos pressupostos condicionantes nele estabelecidos, traduzindo a mesma "uma ponderação inclusiva de todos os elementos de valoração relevantes, em que a própria modelação temporal de efeitos é instrumento de uma conformação adequada e equilibrada da solução dada à questão de constitucionalidade" (cfr. *O diferimento da eficácia no tempo da declaração de inconstitucionalidade. Revista de Legislação e de Jurisprudência*, ano 145º, n. 3998. p. 266-295, em especial p. 292 e 295).

Fê-lo, desde logo, no Acórdão 532/2000, no qual o Tribunal Constitucional declarou, entre o mais, a ilegalidade da norma do artigo 6º do Decreto Legislativo Regional 4-A/2000/M, de 09 de fevereiro, por violação do artigo 80º da Lei 87-B/98, de 31 de dezembro, em conjugação com o princípio que se extrai do artigo 15º, n. 1 e 2, da Lei 6/91, de 20 de fevereiro, mas, considerando a incerteza jurídica que terá existido no momento da aprovação do Orçamento da Região Autónoma da Madeira para 2000, ressalvou os efeitos da ilegalidade, nos termos do n. 4 do artigo 282º da Constituição, por razões de equidade e de segurança jurídica, "de forma a salvaguardar os empréstimos já contraídos, bem como os necessários para assegurar compromissos já assumidos". Permitiu, assim, o Tribunal Constitucional uma certa aplicabilidade da norma para além da publicação da decisão de declaração da ilegalidade com força obrigatória geral.

Mas o exemplo mais impressivo é o Acórdão do Tribunal Constitucional n. 353/2012. Nele, o nosso órgão supremo da justiça constitucional declarou a inconstitucionalidade, com força obrigatória geral, por violação do princípio da igualdade, consagrado no artigo 13º da Constituição da República Portuguesa, das normas constantes dos artigos 21º e 25º da Lei 64-B/2011, de 30 de dezembro (Lei do Orçamento do Estado para 2012), mas determinou, ao abrigo do disposto no artigo 282º, n. 4, da Constituição, que os efeitos dessa declaração de inconstitucionalidade não se aplicassem à suspensão do pagamento dos subsídios de férias e de Natal, ou quaisquer prestações correspondentes aos 13º e, ou, 14º meses, relativos ao ano de 2012. Ou seja, o Tribunal Constitucional declarou aquelas normas da Lei do Orçamento do Estado para o ano de 2012 inconstitucionais, mas não se limitou a ressalvar os efeitos por elas produzidos até a data da prolação da decisão ou até a data da publicação no *Diário da República* do aresto, antes permitiu que as normas continuassem em vigor para além da declaração de inconstitucionalidade, por intermédio da delimitação de efeitos *in futuro*.

Fê-lo, porque, encontrando-se a execução orçamental de 2012 já em curso avançado, reconheceu que as consequências da declaração de inconstitucionalidade, sem mais, poderiam determinar, inevitavelmente, o incumprimento do compromisso assumido pelo Estado Português nos Memorandos de Entendimento de redução do déficit público a curto prazo, "pondo em perigo a manutenção do financiamento acordado e a consequente solvabilidade do Estado" e, ainda, porque considerou que

> o montante da poupança líquida da despesa pública que se obtém com a medida de suspensão do pagamento dos subsídios de férias e de Natal ou prestações equivalentes a quem aufere por verbas públicas assume uma dimensão relevante nas contas públicas e no esforço financeiro para se atingir a meta traçada, pelo que dificilmente seria possível, no período que resta até ao final do ano, projetar e executar medidas alternativas que produzissem efeitos ainda em 2012, de modo a poder alcançar-se a meta orçamental fixada.

Pela nossa parte, entendemos que, não obstante a importância do instituto da limitação de efeitos *pro futuro* da declaração de inconstitucionalidade – na medida em que permite ao legislador corrigir a inconstitucionalidade, impedindo a criação de situações de vácuos jurídicos, altamente prejudiciais, sobretudo no caso de leis fiscais –, que a letra e o espírito das normas conjugadas dos n. 1 e 4 do artigo 282º da Constituição não autorizam o Tribunal Constitucional a fazer uma limitação dos efeitos da declaração de inconstitucionalidade *para além* da data da publicação do acórdão no *Diário da República*.

Aquela norma constitucional não parece, por isso, admitir a possibilidade de uma limitação *pro futuro*, mas apenas *pro praeterito*, dos efeitos da declaração de inconstitucionalidade, pelo que, sem uma alteração do texto constitucional, não vemos como seja possível ao Tribunal Constitucional lançar mão daquela faculdade. De qualquer modo, o nosso Tribunal Constitucional tem sido muitíssimo cauteloso e só utilizou a limitação de efeitos *in futuro* em situações de todo excepcionalíssimas.

III. As soluções do ordenamento jurídico-constitucional brasileiro

No tocante ao ordenamento jurídico-constitucional brasileiro e relativamente ao problema da *eficácia temporal* das decisões do Supremo Tribunal Federal, deixaremos apenas assinalados, *brevitatis causa*, alguns pontos.

Em primeiro lugar, a eficácia temporal *ex tunc* das decisões declarativas de inconstitucionalidade, prevista expressamente na Constituição Portuguesa como regra geral, também é adotada no direito brasileiro, com a diferença de que, no Brasil, "o princípio da nulidade está implícito no Texto Fundamental" e decorre do próprio sistema abstrato de controlo de constitucionalidade, disciplinado nas Leis 9.868, de 10 de novembro de 1999, e 9.882, de 3 de dezembro de 1999.

Em segundo lugar, a Constituição brasileira de 1988 não contém qualquer previsão sobre o *efeito repristinatório* das normas revogadas pelas leis declaradas inconstitucionais. Existe apenas, em plano infraconstitucional, a Lei 9 868, de 10 de novembro de 1999, cujo artigo 11, § 2.º, determina que a concessão da medida cautelar numa ação direta de inconstitucionalidade torna aplicável a legislação anterior acaso existente, salvo expressa manifestação em sentido contrário. Todavia, o Supremo Tribunal Federal vem entendendo que a decisão que declara, em sede de fiscalização abstrata, a inconstitucionalidade de determinado diploma normativo tem o condão de provocar a repristinação dos atos estatais anteriores que foram revogados pela lei proclamada inconstitucional[21].

Em terceiro lugar, inexiste no ordenamento jurídico-constitucional brasileiro a ressalva expressa do "caso julgado" ("coisa julgada"), em caso de ulterior

---

21. Cfr. as ADI 2 867-7 e 3 148-1, Relator Celso de Mello.

declaração de inconstitucionalidade pelo Supremo Tribunal Federal da norma em que se fundou a decisão judicial. Mas se discute, no direito brasileiro, o instituto processual da "coisa julgada inconstitucional", isto é, a possibilidade de flexibilização, relativização ou desconstituição do caso julgado, na hipótese de a decisão judicial transitada em julgado ofender normas superiores, incluindo princípios constitucionais, e após decorrido o prazo decadencial de dois anos contados do trânsito em julgado da última decisão proferida no processo para a propositura da ação rescisória (artigo 975º do Código de Processo Civil Brasileiro).

Em quarto lugar, apesar de a declaração de inconstitucionalidade ter eficácia *ex tunc*, uma vez que o vício declarado importa a nulidade da norma desde a sua origem, também está consagrada no ordenamento jurídico brasileiro a possibilidade de *modelação dos efeitos temporais,* nos termos do artigo 27 da Lei 9.868/99, tendo em vista *razões de segurança jurídica ou de excecional interesse social.* Com efeito, de harmonia com essa disposição legal,

> ao declarar a inconstitucionalidade de lei ou ato normativo, e tendo em vista razões de segurança jurídica ou de excepcional interesse social, poderá o Supremo Tribunal Federal, por maioria de dois terços de seus membros, restringir os efeitos daquela declaração ou decidir que ela só tenha eficácia a partir de seu trânsito em julgado ou de outro momento que venha a ser fixado.

Prima facie, poderá considerar-se que a Constituição da República Portuguesa é mais "tolerante" e flexível no tocante à possibilidade de restrição dos efeitos *ex tunc,* já que prevê um conceito aberto (*razões de equidade*) como elemento legitimador da referida restrição, o qual não se encontra na Constituição Federal do Brasil. Todavia, tal percepção não se revela de todo verdadeira, ao atentar-se na possibilidade, no direito brasileiro, de a decisão declaratória de inconstitucionalidade não só deixar de ter aplicação retroativa (efeitos *ex tunc*), como de ser definido um momento futuro, para além daquele em que foi declarada a inconstitucionalidade, a partir do qual a norma declarada inconstitucional passará a não mais ser aplicada.

Em quinto lugar, a "modelação dos efeitos temporais" pelo Supremo Tribunal Federal é exercida não apenas no domínio do controlo abstrato sucessivo de normas jurídicas, mas também em sede de controlo concreto de constitucionalidade, em decorrência do fenómeno denominado "abstratização" do controlo difuso de constitucionalidade[22].

---

22. Importa sublinhar que se assiste, atualmente, no Brasil, a um fenómeno de *abstratização* do controle concreto ou difuso da constitucionalidade, através da *súmula vinculante,* prevista no artigo 103-A da Constituição Federal, e da faculdade de *suspensão da execução,* no todo ou em parte, pelo Senado Federal de lei declarada inconstitucional por decisão definitiva do Supremo Tribunal Federal, condensada no artigo 52, X, da mesma Lei Fundamental.

Relativamente ao primeiro instituto, refira-se que aquele artigo da Constituição Federal – preceito aditado pela Emenda Constitucional 45, de 2004, e regulamentado pela Lei 11 417, de 19 de dezembro de 2006 – determina que "o Supremo Tribunal Federal poderá, de ofício ou por provocação, mediante decisão de dois terços dos seus membros, após reiteradas decisões sobre matéria constitucional, aprovar súmula que, a partir da sua publicação na imprensa oficial, terá efeito vinculante em relação aos demais órgãos do Poder Judiciário e à administração pública direta e indireta, nas esferas federal, estadual e municipal, bem como proceder à sua revisão ou cancelamento, na forma estabelecida em lei".

Adiante-se que, com base nessa disposição constitucional, aquela alta instância jurisdicional adquire a capacidade de, em sede de controlo incidental da constitucionalidade, após reiteradas decisões sobre a mesma matéria constitucional, uniformizar a jurisprudência, vinculando tanto a Administração Pública, como os tribunais, que deverão respeitar a jurisprudência fixada.

Dessarte, não obstante as decisões advenham de recursos provenientes de casos concretos – por se tratar de controlo difuso –, o Supremo cria um enunciado vinculante que *abstratiza* aquela decisão, para que ela saia do âmbito do processo subjetivo e possa produzir efeitos *erga omnes*. O objetivo desse instituto é, tratando-se de matérias cuja repercussão geral seja provada, garantir a segurança jurídica e, assim, reduzir os recursos dirigidos ao Supremo Tribunal Federal, relativamente ao mesmo objeto, já que todos os tribunais adotam a mesma decisão que adotaria aquele Supremo Tribunal em caso de recurso para ele da mesma questão de constitucionalidade. Segundo o artigo 3°, da Lei 11. 417, de 19 de dezembro de 2006, o Supremo Tribunal Federal poderá, com votos de dois terços dos seus membros, editar, rever ou cancelar o conteúdo de uma súmula vinculante, com base em pedido apresentado pelos mesmos legitimados ativos que previu o artigo 103 da Constituição Federal para propor a *Ação Direta de Inconstitucionalidade*, para além do Defensor Público-Geral da União, bem como dos Tribunais Superiores, dos Tribunais de Justiça de Estados ou do Distrito Federal e Territórios, dos Tribunais Regionais Federais, dos Tribunais Regionais do Trabalho, dos Tribunais Regionais Eleitorais e dos Tribunais Militares e do Município, neste último caso, nos processos em que seja parte. Cfr. REIS, Palhares Moreira. *Súmula Vinculante do Supremo Tribunal Federal*. Brasília: Consulex, 2009. p. 169 e 170.

No tocante à segunda figura jurídica, o artigo 52, X, da Constituição Federal brasileira estatui que compete privativamente ao Senado Federal "suspender a execução, no todo ou em parte, de lei declarada inconstitucional por decisão definitiva do Supremo Tribunal Federal". Esse preceito constitucional, cuja origem se encontra na Constituição de 1934, prevê a possibilidade de o Supremo Tribunal Federal, nos casos de decisões definitivas nas quais declara a inconstitucionalidade de uma norma de maneira incidental, remeter ao Senado Federal uma comunicação dessa decisão, para que, no exercício da sua *competência discricionária*, suspenda, se assim o entender, a execução da lei, total ou parcialmente. Por essa via, torna-se possível conferir eficácia geral às decisões adotadas em controlo difuso de constitucionalidade, transformando, portanto, os efeitos *inter partes* em *erga omnes*.

Constitui este um meio de evitar demandas repetidas em relação à constitucionalidade de uma mesma norma. Mas resulta claramente da letra e do espírito da mencionada

Em sexto lugar, tal como sucede na generalidade dos países, incluindo Portugal, uma das áreas do direito em que é bastante comum a discussão acerca da "modelação de efeitos" é o direito tributário. Isso porque estão em causa receitas públicas oriundas da arrecadação de tributos, por vezes durante um considerável espaço temporal, e os efeitos *ex tunc* da declaração de inconstitucionalidade da norma que os instituiu ou os majorou poderiam acarretar um irreparável "prejuízo" financeiro para o Estado, e, consequentemente, para a coletividade como um todo. Indiscutivelmente, no âmbito tributário, o impacto causado pela declaração de inconstitucionalidade de uma norma que institui ou majora o tributo é maior para o poder público, uma vez que atinge o mais importante instrumento de atuação econômico-financeira do Estado, que são os impostos e as taxas.

O ordenamento jurídico-constitucional brasileiro contempla também expressamente a possibilidade de o Supremo Tribunal Federal fixar uma data a partir da qual serão produzidos os efeitos sancionatórios da declaração de inconstitucionalidade. Essa possibilidade está plasmada no artigo 27 da Lei 9. 868/99,

---

norma constitucional que, caso o Senado opte por não suspender a lei, a mesma deverá continuar a produzir os seus efeitos, salvo relativamente às partes no processo difuso de constitucionalidade. Se o Senado Federal optar pela suspensão da execução da lei, ainda que parcialmente, deve fazê-lo por meio de resolução suspensiva irrevogável. É importante destacar que a Constituição não estipulou qualquer prazo para tal atuação do Senado Federal, que poderá agir quando achar conveniente, ou, como se referiu, poderá não agir, sem que haja qualquer tipo de sanção, uma vez que se trata de uma atividade discricionária (no sentido de que estamos perante uma competência discricionária, e não vinculada, do Senado Federal, cfr. MORAES, Alexandre de. *Jurisdição constitucional e tribunais constitucionais*. 3. ed. São Paulo: Atlas. p. 247-249).

Sucede, porém, que o Supremo Tribunal Federal vem extraindo, em algumas decisões, do artigo 52, X, da Constituição Federal um sentido totalmente novo, dando ao controlo difuso os mesmos contornos do controlo concentrado, e, por conta disso, atribuindo – ele mesmo – a eficácia *erga omnes* às suas decisões concretas. Esse sentido completamente inovatório consiste no seguinte: a partir do momento que comunica ao Senado a decisão de inconstitucionalidade, caberá a este apenas torná-la pública, por meio de publicação no Diário Oficial (exemplo típico desse entendimento é a decisão do Supremo Tribunal Federal relativa à Reclamação 4. 335/AC). Parece evidente que, com essa interpretação, o Supremo Tribunal Federal brasileiro está a realizar uma ilegítima *mutação constitucional*, a colocar-se no papel de reformador da Constituição e a usurpar a competência privativa do Senado Federal, clara e inequivocamente definida na Constituição. São, por isso, vários os autores que criticam vivamente esta postura ativista do Supremo Tribunal Federal, que desrespeita claramente o princípio da separação dos poderes, afronta ostensivamente as competências atribuídas pela Constituição ao Senado Federal e briga frontalmente com os contornos constitucionais do controlo difuso de constitucionalidade de normas jurídicas. Defendendo essa postura do Supremo Tribunal Federal, cfr. MENDES, Gilmar Ferreira. *Direitos fundamentais e controle de constitucionalidade*: estudos de direito constitucional. 4. ed. São Paulo: Saraiva, 2012. p. 761 e 762.

de 10 de novembro de 1999, relativa ao "processo e julgamento da ação direta de inconstitucionalidade e da ação declaratória de constitucionalidade perante o Supremo Tribunal", nos termos do qual,

> ao declarar a inconstitucionalidade de lei ou ato normativo, e tendo em vista razões de segurança jurídica ou de excepcional interesse social, poderá o Supremo Tribunal Federal, por maioria de dois terços de seus membros, restringir os efeitos daquela declaração ou decidir que ela só tenha eficácia a partir de seu trânsito em julgado ou de outro momento que venha a ser fixado.

Com base nesta faculdade, o Supremo Tribunal Federal já declarou a inconstitucionalidade de leis sem pronúncia de nulidade, através da modelação dos efeitos da inconstitucionalidade, com estipulação de data futura[23-24].

Em sétimo lugar, a limitação de efeitos *pro futuro* aparece-nos também na jurisprudência do Supremo Tribunal Federal. Um exemplo encontra-se no julgamento da Ação Direta de Inconstitucionalidade (ADI) 1842/RJ, em 06 de março de 2013, em que aquele Tribunal declarou a inconstitucionalidade de algumas normas da Lei Complementar 87/1997 e da Lei 2.869/1997, ambas do Estado do Rio de Janeiro, que instituíam a Região Metropolitana do Rio de Janeiro e a Microrregião dos Lagos e transferiam a titularidade do poder concedente para prestação de serviços públicos de interesse metropolitano para o Estado do Rio de Janeiro. O Supremo Tribunal Federal aplicou a modelação de efeitos, *com efeitos futuros*, determinando a vigência excepcional das normas impugnadas pelo prazo de 24 meses, a contar da data da conclusão do julgamento, período no qual o legislador estadual deveria reapreciar o tema, constituindo um modelo de prestação de saneamento básico nas áreas da região metropolitana, dirigido por órgão colegial com participação dos municípios envolvidos e do Estado do Rio de Janeiro, sem que houvesse concentração de poder decisório em favor de qualquer ente federativo. Reconheceu aquele Tribunal a presença de um excepcional

---

23. Cfr. as Ações Diretas de Inconstitucionalidade 2. 240, *DJ* 03.08.2007, 3. 316, *DJ* 29.06.2007, 3. 489, *DJ* 03.08.2007, 3. 689, *DJ* 29.06.2007, todas relatadas pelo Ministro Eros Grau, e a Ação Direta de Inconstitucionalidade 3. 430, *DJ* 23.10.2009, Relator Ricardo Lewandowski.

24. Há, no entanto, quem entenda, ao contrário, que o Supremo Tribunal Federal não poderá estipular como termo inicial para a produção dos efeitos da decisão uma data posterior à publicação da mesma no *Diário Oficial*, uma vez que a norma inconstitucional não mais pertence ao ordenamento jurídico, não podendo permanecer produzindo efeitos (proibição da limitação de efeitos *in futuro*). E quem considere, ainda, que, na manipulação dos efeitos temporais da declaração de inconstitucionalidade, não poderá o Supremo Tribunal Federal afastar ou limitar a sua aplicação *ex tunc* em relação às decisões penais condenatórias transitadas em julgado, com base em lei inconstitucional. Cfr., nesse sentido, MORAES, Alexandre de. Ob. cit., p. 274-277.

interesse social para a aplicação do artigo 27 da Lei 9.868/1999, consubstanciado na necessidade de continuidade da prestação do serviço de saneamento básico à população. Outro exemplo, que merece ser citado, em razão do extenso trabalho de modelação de efeitos realizado pelo Supremo Tribunal Federal, refere-se ao julgamento da ADI 4876, ocorrido em 26 de março de 2014, em que foi declarada a inconstitucionalidade da norma constante do artigo 7 da Lei Complementar 100/2007, do Estado de Minas Gerais, que tornava titulares de cargos efetivos servidores que ingressaram na Administração Pública sem concurso público, em flagrante ofensa ao artigo 37, II, da Constituição Federal, bem como ao artigo 19 do Ato das Disposições Constitucionais Transitórias (ADCT). A modelação de efeitos da declaração de inconstitucionalidade, com base no artigo 27 da Lei 9.868/99, foi realizada nos seguintes termos: *a)* em relação aos cargos para os quais inexistia concurso público em andamento ou com prazo de validade em curso, foram dados efeitos prospetivos à decisão, de modo a somente produzir efeitos a partir de 12 meses, contados da data da publicação da ata de julgamento, tempo hábil para a realização de concurso público, a nomeação e a posse de novos servidores, evitando-se, assim, prejuízos à prestação de serviços públicos essenciais à população; *b)* quanto aos cargos para os quais existia concurso em andamento ou dentro do prazo de validade, foi determinada a incidência imediata dos efeitos da declaração de inconstitucionalidade (*ex nunc*). Também foram ressalvados dos efeitos da decisão os servidores já aposentados e aqueles que, até a data de publicação da ata do julgamento, tivessem preenchido os requisitos para a aposentação (direito adquirido), bem como os servidores nomeados em virtude de aprovação em concurso público exclusivamente para o cargo para o qual foram aprovados[25].

IV. Breve nota conclusiva

Os sistemas português e brasileiro de fiscalização jurisdicional da constitucionalidade de normas jurídicas divergem em múltiplos aspetos. Assim sucede, por exemplo, com a composição, o modo de designação e a duração do mandato dos membros dos órgãos supremos da justiça constitucional dos dois países, com o acervo das suas competências nucleares e complementares, com o âmbito e o objeto de fiscalização da constitucionalidade, com a maior diversidade de instrumentos processuais de proteção jurisdicional de direitos fundamentais do ordenamento jurídico-constitucional brasileiro e com o conteúdo das decisões do Tribunal Constitucional português e do Supremo Tribunal Federal brasileiro. Quanto a este último ponto, enquanto no ordenamento jurídico-constitucional português o Tribunal Constitucional nunca faz uma declaração "positiva" da constitucionalidade da norma jurídica questionada, antes profere tão-só decisões positivas ou negativas de inconstitucionalidade, no ordenamento jurídico-constitucional

---

25. Cfr., sobre essa problemática, por todos MORAES, Alexandre de. Ob. cit., p. 265-277.

brasileiro, para além de existir uma ação declaratória de constitucionalidade de lei ou ato normativo federal, que, no caso de procedência, tem como efeito a declaração positiva da sua constitucionalidade, entende-se que a ação declaratória de inconstitucionalidade de lei ou de ato normativo federal ou estadual é dotada de um caráter *ambivalente* ou *dúplice*, pelo que, no caso de improcedência, tem um significado de uma declaração positiva de constitucionalidade.

Mas, no campo específico da *eficácia temporal* das decisões de declaração da inconstitucionalidade com eficácia cassatória das normas jurídicas, isto é, das decisões de inconstitucionalidade proferidas pelo Tribunal Constitucional Português e pelo Supremo Tribunal Federal do Brasil em controle abstrato sucessivo, são vários os pontos de convergência entre os ordenamentos jurídico-constitucionais dos nossos dois países. Nesse domínio particular, o ordenamento jurídico-constitucional brasileiro é mais dúctil do que o português, na medida em que a lei possibilita que o Supremo Tribunal Federal declare a inconstitucionalidade de leis sem pronúncia de nulidade, através da modelação dos efeitos da inconstitucionalidade, com estipulação de data futura. Solução esta que é de grande utilidade, na medida em que dá tempo ao legislador para corrigir a inconstitucionalidade, impedindo a criação de situações de vácuos jurídicos, altamente prejudiciais, sobretudo no caso de leis tributárias.

22
A FUNÇÃO NORMATIVA DAS SENTENÇAS CONSTITUCIONAIS

FRANCISCO BALAGUER CALLEJÓN

Catedrático de Direito Constitucional da Universidade de Granada.

SUMÁRIO: 1. Introdução; 2. A função normativa da jurisdição constitucional; 3. Características da função normativa das sentenças constitucionais; 3.1. Complexidade; 3.2. Complementaridade; 3.3. Caráter fragmentário; 4. Limites da função normativa das sentenças constitucionais; 4.1. O princípio democrático como limite e legitimação; 4.2. A divisão de poderes; 5. O valor normativo das sentenças constitucionais

1. Introdução

A existência de uma jurisdição constitucional capaz de adequar as leis ao parâmetro de constitucionalidade determina a transformação essencial do Estado legal em Estado constitucional de Direito na Europa. Implica também a transformação do Estado liberal em Estado social de Direito, porquanto o pacto social que dá lugar ao Estado social será também um impulso fundamental para a configuração da Constituição como corpo normativo que outorga unidade ao ordenamento jurídico. O pacto territorial e federativo não foi suficiente, no período entre guerras, para consolidar a normatividade constitucional, apesar das tentativas realizadas neste sentido em alguns Estados europeus.

O vínculo essencial entre a normatividade da Constituição e jurisdição constitucional será analisada aqui seguindo o modelo do Estado constitucional de Direito próprio de muitos Estados europeus (Alemanha, Itália ou Espanha, especificamente). Trata-se de sistemas de jurisdição concentrada (com uma evolução progressiva no sentido de faculdades judiciais de controle que lhe aproximam de técnicas próprias da jurisdição difusa), nos quais a formulação do alcance e o sentido das sentenças constitucionais nem sempre coincidem com as características das sentenças da jurisdição difusa. Não obstante, tenta-se dar a este trabalho[1] um alcance teórico e geral com a pretensão de que possa tornar-se útil também noutros contextos a fim de compreender os aspectos mais especificamente normativos das sentenças constitucionais.

Este estudo concentra-se na função normativa das sentenças constitucionais. Essa é uma característica comum a todas as formas de jurisdição constitucional já que, através das sentenças não só se atende à justiça do caso concreto, mas, para isso, interpreta-se a Constituição estabelecendo critérios que permitem definir as normas concretas que devam ser aplicadas a partir das disposições constitucionais. Determinar o sentido dos preceitos constitucionais implica, por exemplo, excluir possíveis normas que poderiam ser aplicadas pelos poderes públicos (incluindo juízes e tribunais), mas não deveriam uma vez exercida a jurisdição constitucional.

Além dessa função normativa básica, os diversos tipos de jurisdição constitucional também têm uma diferente capacidade de intervenção sobre as leis e sobre o conjunto do ordenamento jurídico. No entanto, adotando essa perspectiva, torna-se igualmente importante compreender as potencialidades da jurisdição constitucional em relação às normas legais (ou, o que é o mesmo, a relação entre jurisdição constitucional e legislador) porque exemplifica o modo como a jurisdição constitucional contribui para desenvolver o ordenamento jurídico (e os limites desta contribuição).

2. A função normativa da jurisdição constitucional

A própria existência da jurisdição constitucional e as condições estruturais de seu funcionamento, além de qual seja sua prática concreta, nos elucida já de antemão a dúvida relativa à sua capacidade de criação de Direito. Se esse debate se mantinha em termos clássicos em relação ao controle de constitucionalidade de atos, não se sustenta em relação ao controle de normas. No que tange ao primeiro, a capacidade de criação de Direito da jurisdição constitucional pode ser discutida nos termos tradicionalmente aplicáveis à atividade jurisdicional do Poder Judiciário (embora a resposta devesse ser claramente positiva).

Todavia, em relação ao controle de normas, esse debate nem sequer se configura: cada vez que a jurisdição constitucional decide em relação a normas impugnadas, afeta diretamente o ordenamento jurídico. Assim, pois, na medida em que a jurisdição constitucional tem como núcleo essencial de sua função o controle de normas, pode se afirmar que uma de suas características estruturais consiste na capacidade de inovação no ordenamento jurídico, na capacidade de criação do Direito.

Nas sentenças que declaram a procedência das ações, a própria concepção original da jurisdição constitucional, formulada por Kelsen, permite-nos dar

---

1. Traduzido do espanhol por Hugo César Araújo de Gusmão.

uma resposta a essa questão. Nas palavras de Kelsen: anular uma lei é também uma função legislativa. Quando a jurisdição anula uma lei está modificando o ordenamento jurídico, o que inegavelmente atesta sua capacidade de inovação.

Por outro lado, se levamos em consideração a eficácia vinculante da doutrina estabelecida nas sentenças constitucionais, podemos afirmar que sua capacidade de inovação não só se manifesta nas sentenças que acolhem as pretensões dos autores, mas também naquelas que não o fazem. Com efeito, uma vez que a jurisdição constitucional declara a congruência entre a Constituição e a lei impugnada, define também o alcance das possibilidades do legislador dentro dos parâmetros constitucionais. A sentença constitucional desenvolve também, de acordo com esta perspectiva, uma função normativa específica.

3. Características da função normativa das sentenças constitucionais

3.1. Complexidade

Partindo, portanto, da consideração da função normativa das sentenças constitucionais como uma característica estrutural inerente à jurisdição constitucional das constituições normativas e não como uma mera consequência de sua evolução prática, cabe questionar agora quais são as características desta capacidade de produção jurídica.

Uma primeira questão a ser abordada é a relativa às variáveis que condicionam essa produção. A primeira delas refere-se ao material jurídico trabalhado pela jurisdição constitucional. Falar de função normativa das sentenças constitucionais em sentido genérico não deve nos levar a uma valoração indiferenciada dos distintos tipos de normas necessárias para que a jurisdição constitucional possa desenvolver sua atividade.

Assim, quando na sentença constitucional realiza-se uma declaração em relação à constitucionalidade de uma lei, opera-se, como material normativo, tanto com a Constituição que serve de parâmetro como com a própria lei impugnada. A relação da jurisdição constitucional com ambos os tipos de normas é, obviamente, diferente.

O material jurídico primário que deve ser utilizado pela jurisdição constitucional encontra-se integrado aos preceitos constitucionais, enquanto o material secundário são os preceitos infraconstitucionais. Essa distinção não é disputada pela possibilidade de os preceitos infraconstitucionais integrarem também, em determinadas hipóteses, o parâmetro de constitucionalidade, como ocorre no controle indireto de constitucionalidade.

Pois bem, a sentença constitucional desenvolve sua função normativa inovando no ordenamento jurídico em todos os seus níveis, não só em relação ao legislativo, mas também ao nível constitucional. Essa diferenciação deve ser levada em consideração, necessariamente, à hora de analisar as características da produção jurídica da jurisdição constitucional. Por exemplo, os limites à capacidade de inovação jurídica que podem se opor à jurisdição constitucional no nível legislativo não tem porque coincidir com aqueles operacionais no plano constitucional.

O tipo de processo é também uma variável a ser levada em conta. Essa função normativa não tem, em relação aos processos de constitucionalidade das normas, o mesmo alcance que manifesta nos processos de amparo ou nos processos relativos a competências. Neste último, inclusive, em várias ocasiões foi negada capacidade de inovação à Jurisdição Constitucional. Certamente, essa criatividade pode ser questionada caso se parta da noção de que a Jurisdição Constitucional se limita a reconhecer competências já atribuídas pelo ordenamento constitucional.

No entanto, temos que considerar que a Jurisdição Constitucional inova aqui tanto sobre o material primário (a própria Constituição) como sobre o material secundário (as normas que são objeto de controle). No que concerne ao material secundário, não só porque a resolução dos conflitos de competência pode provocar anulação das normas (já incidindo normativamente sobre o ordenamento), mas, sobretudo, porque essa resolução exige uma atividade regulatória geral da jurisdição constitucional à hora de estabelecer os critérios nos quais se baseia a delimitação de competência por ela realizada. Essa atividade regulatória pode ter uma grande transcendência sobre o ordenamento jurídico.

Do ponto de vista da interpretação da Constituição, o tipo de processo pode influir na forma como a sentença constitucional contribui com regras complementares aos preceitos constitucionais. Por exemplo, no que tange às limitações que a jurisdição constitucional assume quando essas regras vinculam o legislador nos processos de controle de constitucionalidade das leis, em comparação com aquelas do processo de amparo.

É possível que a transcendência da decisão em relação ao material secundário influa também na interpretação do material primário. A declaração de inconstitucionalidade de uma lei pode manifestar uma grande incidência no ordenamento jurídico e a jurisdição constitucional não se encontra alheia a esta responsabilidade no momento de realizar o juízo de constitucionalidade.

A diversidade de processos nos quais a jurisdição constitucional deve emitir seus pronunciamentos incide também inevitavelmente sobre a função normativa das sentenças. O valor das sentenças da jurisdição constitucional anda de mãos dadas, necessariamente, com o tipo de processo no qual são prolatadas.

Nos processos nos quais se declara a inconstitucionalidade de uma lei, o ordenamento se transforma, na medida em que se elimina uma norma que antes estabelecia direitos e deveres. A partir da sentença – como ocorreria se tivesse sido promulgada uma nova lei que revogasse a anterior – tais direitos e deveres desaparecem. Isto não ocorre quando se resolve um amparo ou a sentença é pronunciada noutros processos constitucionais.

3.2. Complementaridade

Em relação ao legislador, a função normativa das sentenças constitucionais apresenta características específicas. Na verdade, pode-se dizer que há uma característica comum a qualquer criação jurisprudencial do direito. A produção jurisprudencial do direito carece da plenitude própria da produção legal. A lei continua sendo o instrumento de conformação do ordenamento jurídico, que representa o funcionamento normal dos mecanismos de produção jurídica. A jurisprudência tem um elemento corretivo potencial, que surge somente no momento da resolução de um conflito.

Dessa forma, a jurisprudência apresenta-se como uma fonte de produção complementar do ordenamento jurídico. No Código Civil espanhol assim se indica em relação a jurisprudência do Supremo Tribunal: (artigo 1.6 CC: "a jurisprudência complementará o ordenamento jurídico com a doutrina que, de modo reiterado estabeleça o Supremo Tribunal ao interpretar e aplicar a lei, o costume e os princípios gerais do Direito"). Uma fonte que somente intervêm quando se produz o exercício da função jurisdicional.

Do ponto de vista da tradicional consideração estática do ordenamento jurídico poder-se-ia dizer que a jurisprudência expressa a resposta à patologia do sistema. Do ponto de vista dos mecanismos ordinários de produção jurídica, a jurisprudência como fonte do Direito somente se manifesta ao se produzir, pelos motivos que sejam, alguma falha nestes mecanismos ordinários, ao se desenvolver um conflito jurídico que requeira uma solução judicial. O que acontece é que essa patologia é tão comum ao ordenamento como a enfermidade a qualquer sociedade. A reação que a jurisprudência suscita diante dela é um mecanismo vital de desenvolvimento do ordenamento jurídico.

Em todo caso, pese a maior ou menor extensão quantitativa da jurisprudência como fonte do Direito e especificamente da jurisprudência constitucional, essa característica de seu caráter complementar não pode ser considerada irrelevante. Tem uma grande incidência tanto no plano técnico do ajuste entre as diversas fontes do Direito, como no que se refere à modulação da própria atividade jurisprudencial.

No que tange a este último aspecto, o caráter complementar da jurisprudência nos faz considerar que a sentença nunca pode pretender substituir a lei. A jurisprudência constitucional tem uma função corretiva ou reparadora, nunca conformadora da legalidade, no âmbito de plenitude no qual essa função conformadora corresponde ao legislador. Essa limitação da atividade jurisprudencial da jurisdição constitucional tem uma clara conexão com o sentido do princípio democrático no qual se assenta a Constituição normativa.

Enquanto expressão da vontade democrática da sociedade, produzida seguindo os mecanismos formais de articulação do pluralismo estabelecidos na Constituição, a lei tem uma capacidade estrutural de conformação do ordenamento jurídico. Essa capacidade de conformação pode ser corrigida, no entanto, pela jurisdição constitucional, quando os mecanismos formais de expressão do pluralismo não servem à garantia do respeito à ordem constitucional.

Quando a democracia legislativa se choca com a democracia constitucional, quando o legislador vulnera os princípios constitucionais, então a jurisdição constitucional pode revisar a atuação legislativa. Essa revisão admite diversas formulações, conforme as exigências derivadas da necessária conciliação dos princípios constitucionais (entre os quais o pluralismo político ou inclusive o princípio de constitucionalidade é um a mais a conciliar). Em todo caso, a própria jurisdição constitucional deverá manter aberta a via do pluralismo, evitando interpretações tendentes a reduzi-lo.

A função normativa da sentença constitucional se produz em sede de controle, e essa limitação nunca pode ser esquecida. Ao legislador corresponde produzir as normas, à jurisdição constitucional controlá-las. A produção normativa da jurisdição constitucional somente pode ser a que seja pautada por essa função de controle. A jurisdição constitucional não é um órgão de criação de Direito, e sim um órgão de controle que cria Direito como resultado dessa atividade de controle.

De maneira distinta coloca-se a relação entre jurisdição constitucional e Constituição. Certamente, o desenvolvimento do potencial criativo da jurisdição constitucional produz-se também no exercício de sua função jurisdicional. No entanto, sua capacidade de ação é mais ampla. Por exemplo, no ordenamento espanhol, enquanto a jurisdição constitucional não pode estender a declaração de inconstitucionalidade e nulidade de preceitos legais para além do texto legal submetido à análise, pode sim basear a declaração de inconstitucionalidade na infração de qualquer preceito constitucional, invocado ou não no processo.

Por outro lado, sendo a função natural da jurisdição constitucional a de interpretação definitiva dos preceitos constitucionais, suas possibilidades de conformação da ordem constitucional são notáveis. Por esse motivo, a função normativa das sentenças constitucionais se desdobra de um modo mais intenso ao determinar as normas que devem ser extraídas dos preceitos constitucionais.

3.3. Caráter fragmentário

No plano técnico, o caráter complementar da jurisprudência, seja esta ordinária ou constitucional, tem sua manifestação na maneira como se conformam as cadeias normativas que finalmente serão aplicadas pelos agentes jurídicos. O legislador pode, partindo do arcabouço constitucional, estabelecer uma cadeia de enunciados completa que se torne aplicável por tais agentes. Essa potestade é inerente ao princípio democrático no qual se inspira o ordenamento constitucional.

Inversamente, a função normativa das sentenças constitucionais somente funciona na reparação ou na conformação de alguns enunciados da cadeia normativa, aqueles que foram questionados ou aqueles que requerem uma formulação própria (por não existirem e suscitarem o recurso aos mecanismos de integração do sistema) ou um ajuste aos princípios do sistema.

A intervenção fragmentária da jurisdição constitucional sobre as leis pode suscitar que determinadas disposições legais sejam expulsas do ordenamento pelo fato das normas passíveis de serem extraídas delas serem necessariamente contrárias à Constituição. Noutros casos, a jurisdição pode estabelecer normas que sejam congruentes com a Constituição partindo dos enunciados legais. Nessas hipóteses, pode acontecer que destes enunciados sejam extraídas normas congruentes com a Constituição distintas daquelas que foram impugnadas, excluindo assim determinadas formulações normativas, por resultarem contrárias ao texto constitucional ou obrigando determinadas formulações normativas, para que as disposições legais sejam consideradas compatíveis com a Constituição.

Quando a sentença estabelece, por exemplo, que um determinado preceito legal se conforma com a Constituição, sempre que se interprete do modo definido num fundamento jurídico por ela determinado (ou sempre que se exclua uma determinada interpretação definida num fundamento jurídico da sentença) compatibiliza-se essa disposição legal com a Constituição. Para tanto, formula-se a disposição como uma norma que é diferente daquela invocada pelos recorrentes a partir da mesma disposição legal. O resultado é que, desse momento em diante, a lei não poderá ser aplicada sem recorrer à sentença constitucional na qual se formula a norma válida a partir da disposição legal.

O normal, em todo caso, é que a sentença afete somente um ou vários preceitos legais. Salvo em determinadas condições (por exemplo, quando são declaradas inconstitucionais disposições revogatórias ou normas que atribuem competências), a intervenção da jurisprudência é limitada, operando sobre disposições concretas inseridas num conjunto sistemático muito mais amplo. Isto implica dizer que sua capacidade de incidir diretamente no ordenamento infraconstitucional é realmente muito reduzida, embora suas sentenças possam ter uma repercussão política muito ampla.

Essa repercussão é consequência do caráter arbitral da jurisprudência constitucional e da tensão política subjacente aos processos constitucionais. Porém, a função legislativa desenvolvida pela jurisdição constitucional através de suas sentenças não é uma autêntica função legislativa como aquela realizada pelo legislador, expressando uma vontade de conformação que integra todos os elementos normativos necessários para regular uma esfera social determinada.

É bem certo que nem sempre o legislador é unitário (por exemplo, nos Estados federais e politicamente descentralizados ou nas hipóteses de integração supranacional). No entanto, a função legislativa costuma basear-se, ou deveria basear-se, numa programação finalista em todas as suas fases que escapa à lógica da intervenção jurisdicional.

Em suma, poderíamos dizer que enquanto o legislador tende a formulações normativas completas, a jurisdição constitucional tende a verificar disposições ou normas que só seriam aplicáveis em contextos normativos previamente definidos pelo legislador.

Uma valoração distinta poderia ser feita no que tange a relação entre a jurisdição constitucional e a Constituição. A contribuição da jurisdição constitucional para a produção de direito constitucional funciona também sobre um contexto normativo prévio. No entanto, nesse caso, a capacidade de incidência das sentenças constitucionais é maior e sua intervenção menos fragmentária.

Com efeito, o labor constitucional produz-se aqui sobre um contexto demasiadamente reduzido e sobre enunciados que podem se configurar como normas diretamente aplicáveis para seus destinatários. Quando a sentença delimita tais enunciados está condicionando a função legislativa e a atuação dos tribunais. Uma mudança de sentido na interpretação realizada pela jurisdição constitucional (isto é, a produção de novas normas a partir dos mesmos enunciados constitucionais) pode dar lugar a consequências imprevisíveis.

Ao mesmo tempo, a capacidade de conformação da ordem infraconstitucional passível de ser desencadeada pela jurisdição constitucional (paraconstitucional) em suas sentenças, é muito superior à que pode ser articulada mediante a fragmentária produção infraconstitucional.

4. Limites da função normativa das sentenças constitucionais

4.1. O princípio democrático como limite e legitimação

O princípio democrático não opera somente como limite, mas também como legitimação da função normativa das sentenças constitucionais. Essa ambivalência é explicada pela própria ambivalência do princípio democrático. Por um lado, o princípio democrático respalda as normas legislativas e lhes outorga uma presunção de constitucionalidade. A jurisdição constitucional não pode ignorar o caráter democrático do poder legislativo. Por outro, no entanto, no âmbito da democracia constitucional, de democracia pluralista, o princípio democrático legitima a intervenção da jurisdição constitucional.

Caso o princípio democrático fosse entendido simplesmente sob o prisma da democracia concebida como a vontade da maioria e da correspondência desta vontade com a denominada "vontade popular", então a existência mesma de uma jurisdição constitucional deixaria de fazer sentido. Essa concepção da democracia foi típica do primeiro constitucionalismo, de um constitucionalismo oligárquico no qual a normatividade da Constituição não se fazia necessária.

É justamente o entendimento complexo da democracia como a preferência obrigada à maioria e o respeito das minorias, como democracia pluralista, em suma, aquilo que torna possível a diferenciação entre o nível constitucional e o legislativo na produção jurídica e o controle do nível legislativo com base em parâmetros constitucionais.

Desse ponto de vista, quando o constitucionalismo se articula como autêntico direito constitucional, sob a égide de uma constituição normativa, e a democracia é concebida como democracia pluralista ou democracia constitucional, torna-se possível o controle de constitucionalidade da legislação. Esse controle tem, portanto, uma clara legitimação democrática porque é justamente aquele que possibilita esta concepção de democracia, a única que se faz, hodiernamente, compatível com a consciência constitucional das sociedades democráticas pluralistas.

Não se propõe aqui, portanto, o problema de legitimação democrática da jurisdição ordinária submetida ao império da lei (em sistemas de jurisdição constitucional concentrada), pois atua num nível diferente. Enquanto a jurisdição constitucional intervém no nível constitucional de garantia da democracia pluralista, a jurisdição ordinária o faz no nível infraconstitucional, no nível legal de expressão da maioria. Daí que as limitações atribuídas à jurisdição ordinária não se estendam à jurisdição constitucional, pois quando esta cria direito no nível infraconstitucional, como consequência do controle realizado neste nível, está exercitando a função que lhe corresponde.

Questão distinta é a da produção normativa no nível constitucional. Com efeito, em relação à Constituição, caberia pensar que a jurisdição constitucional somente se encontra legitimada para "interpretá-la", não para desenvolver ou conformar normativamente os enunciados constitucionais. No entanto, a jurisdição constitucional desempenha claramente este último labor, já que as sentenças constitucionais podem incidir sobre o texto constitucional ao qual se encontram vinculadas.

Todavia, é inerente à função normativa desenvolvida pela jurisdição constitucional especificar as normas que podem ser extraídas das disposições constitucionais e aquelas que, ao contrário, não podem ser derivadas dos preceitos constitucionais. A submissão da própria jurisdição constitucional à Constituição não é incompatível com o exercício de uma função normativa própria. Essa função tem um caráter arbitral e permite estabelecer não a única solução possível aos problemas jurídicos (já que, conforme indicado por Kelsen, a pretensão de estabelecer um único sentido correto nas normas jurídicas não gera nada senão uma ficção destinada a manter o ideal de segurança jurídica), mas sim a solução debatida e argumentada suscetível de expressar o consenso de seus destinatários.

4.2. A divisão de poderes

A questão da divisão de poderes como limite da função normativa das sentenças constitucionais é delicada, caso se leve em consideração que a jurisdição constitucional tem justamente como função aquela de controlar outros poderes do Estado. Desse ponto de vista, faz-se difícil caracterizar a divisão de poderes como um limite autônomo que se sobreponha aos limites derivados das características estruturais da função jurisdicional e do respeito a outros princípios constitucionais.

Cabe levar em consideração, ademais, que à jurisdição constitucional corresponde estabelecer os limites específicos da divisão de poderes e que a jurisdição constitucional se situa, nessa outra perspectiva, num nível superior ao da divisão de poderes, ao menos se considerada como divisão interna do poder. Mais precisamente, corresponde a jurisdição constitucional a garantia externa da divisão de poderes, como órgão eu não se integra dentro de nenhum dos três poderes tradicionais do Estado e que controla os limites competenciais de cada um deles.

A questão é proposta, portanto, no âmbito concreto da função jurisdicional constitucional e de seus limites, aos quais anteriormente nos referimos: deve existir, ademais, uma autolimitação da jurisdição constitucional, no sentido de facilitar a intervenção do legislador nos processos de conformação jurídica das leis? Defende-se, nesse ponto de vista (J. Jimézez Campos) a possibilidade de que a jurisdição constitucional se dirija ao próprio legislador para que este corrija as possíveis acusações de inconstitucionalidade.

Essa possibilidade é, sem dúvida, respeitosa para com a capacidade de conformação jurídica correspondente ao legislador. Isso não significa que a solução oferecida pela própria sentença constitucional seja desconsiderada por ele, pois este sempre poderá modificar a lei para adaptá-la à decisão do Tribunal naquilo que seja necessário ou para optar por uma solução distinta sempre que esta seja respeitosa como os critérios estabelecidos pela jurisdição constitucional nesta sentença. Porém, em todo caso, a linha de colaboração entre Tribunal Constitucional e legislador no sentido do aperfeiçoamento do sistema jurídico (J. Jiménez Campo, E. Aja) parece muito recomendável.

5. O valor normativo das sentenças constitucionais

Quando as sentenças constitucionais definem os limites das potencialidades normativas das diversas fontes do Direito, realizam um labor inovador sobre o ordenamento jurídico. Essa atividade de inovação jurídica, que é sem dúvida o núcleo da função desempenhada pela jurisdição constitucional, manifesta-se, conforme indicamos, no âmbito dual no qual se produz o juízo de constitucionalidade: em relação à própria Constituição, consolidando sua função paramétrica, e em relação ao material secundário que é objeto de impugnação, configurando, a partir dele, o direcionamento normativo que pode ser válido dentro do ordenamento.

Em ambos os casos, a função normativa das sentenças constitucionais desenvolve-se mediante a configuração de normas jurídicas a partir das disposições contidas nos textos que estas devem utilizar como parâmetro ou como objeto de controle. No entanto, as regras formuladas, em cada caso, nas sentenças constitucionais, têm distinta potencialidade normativa, dando conta, assim, da complexidade do labor levado a cabo pela jurisdição constitucional.

A interpretação realizada pela jurisdição constitucional sobre o texto da Constituição pode dar lugar à configuração de normas paraconstitucionais, normas constitucionais de criação jurisprudencial. Essas normas passam a compor o parâmetro sobre cuja base a jurisdição constitucional exercita seu controle de constitucionalidade sobre os poderes públicos.

Não são essas, no entanto, as únicas regras que as sentenças constitucionais podem formular a partir das disposições que utilizam para o desenvolvimento de uma função. Isso determina que a posição destas normas, materialmente constitucionais, não seja equiparável em todos os casos ao valor normativo das sentenças da jurisdição constitucional.

Uma mesma sentença constitucional pode ter um regime distinto daquele dos atos normativos nela incluídos: a decisão das sentenças, na qual se manifeste inovação jurídica, ligará seu regime jurídico ao da norma ou ato impugnado. Inversamente, os fundamentos jurídicos ocuparão uma posição diversa correspondente à procedência das normas determinadas neles, se procedentes da interpretação do material primário ou do secundário. No primeiro caso, sua posição será aquela já indicada, materialmente constitucional. No segundo caso, vincular-se-á àquela própria do material secundário interpretado.

Por outro lado, a função normativa das sentenças constitucionais aporta um "plus" ao material jurídico que é objeto de impugnação: sempre se caracteriza como uma produção de normas vinculada à Constituição; sempre é, formalmente ao menos, a produção obrigatória do ponto de vista constitucional. Isto significa que o legislador ou os tribunais ordinários estão vinculados por esta produção jurídica como não estão pelas suas próprias decisões anteriores e, portanto, o valor das sentenças da jurisdição constitucional é, nesse sentido, superior ao do material jurídico sobre o qual inova.

Cabe levar em conta que todo processo jurisdicional implica um conflito jurídico a ser pacificado pela decisão jurisdicional. Como o conflito se coloca em relação a um Direito superior, o Direito Constitucional, a solução para o problema deve ser remetida também a esse Direito superior, estabelecendo-se, assim, um vínculo especial dos poderes público em relação à função normativa desenvolvida pelas sentenças constitucionais.

Daí a conclusão de que enquanto o legislador pode modificar livremente suas próprias normas, não pode, no entanto, modificar tais normas num sentido contrário ao da jurisprudência constitucional. Assim, pois, a função normativa ordinária fica condicionada pela função normativa desenvolvida pelas sentenças constitucionais, na medida em que estas definem a estrutura constitucional de atuação do poder legislativo.

Em termos gerais, a doutrina se refere a essa capacidade de vinculação utilizando a expressão, procedente da doutrina italiana, de "sentenças interpretativas", entendendo por tais aquelas que estabelecem uma interpretação obrigatória do material normativo impugnado pela jurisdição constitucional, especialmente da lei.

A sobrevivência de uma concepção formalista tem algo a ver, sem dúvida, com o uso de uma expressão que parece reduzir de novo a função do juiz à mera reprodução do direito existente. Embora todas as sentenças da jurisdição constitucional sejam interpretativas, porque todas interpretam necessariamente o material primário (a Constituição) e o material secundário (a norma ou ato impugnado), algumas delas são ademais sentenças normativas, que incorporam regras jurídicas de obrigatório cumprimento (Silvestri).

As sentenças constitucionais desenvolvem claramente uma função normativa, porque incorporam ao ordenamento algo mais que interpretações dos preceitos legais ou constitucionais. Tais sentenças extraem das disposições legais ou constitucionais normas que complementam o nível constitucional e legislativo do sistema jurídico. Contribuem assim, por um lado, com as limitações indicadas neste trabalho, e, por outro, para o desenvolvimento do ordenamento jurídico, pacificando os conflitos e estabelecendo regras que possam contribuir para evitar novas controvérsias. Desse modo, cumprem a função pacificadora correspondente a toda jurisdição.

23
A MODULAÇÃO DOS EFEITOS DA DECISÃO: ANÁLISE E CRÍTICA AO INSTITUTO

MARCO AURÉLIO MELLO

Ministro do Supremo Tribunal Federal. Presidente do Supremo Tribunal Federal (maio de 2001 a maio de 2003) e do Tribunal Superior Eleitoral (maio de 1996 a junho de 1997, maio de 2006 a maio de 2008, novembro de 2013 a maio de 2014).

SUMÁRIO: 1. Introdução; 2. A modulação de efeitos e a jurisprudência do Supremo; 3. Conclusão

1. Introdução

Os professores Luiz Guilherme Marinoni e Ingo Wolfgang Sarlet, da Associação Brasileira de Direito Processual Constitucional, honraram-me com o convite para participar de Coletânea em comemoração aos 30 anos da Constituição Federal. As recentes alterações legislativas e os entendimentos dos Tribunais Superiores demonstram a importância de novas e críticas reflexões em relação ao Direito Processual Constitucional.

Merece destaque o Código de Processo Civil – Lei 13.105/2015. O estatuto, vigente desde 16 de março de 2016, trouxe – e ainda gera – perplexidades, dúvidas e angústias a serem compartilhadas por todos aqueles que lidam com a legislação instrumental, a encerrar liberdade em sentido maior – saber o que pode ocorrer na tramitação de um processo. É evidente a necessidade de enfoques que sistematizem as regras processuais e esclareçam como devem ser implementadas. É chegada a hora de examinar o Diploma, sempre à luz dos ditames da Constituição Federal, a Lei das leis.

Entre as diversas inovações trazidas, destaco a normatizada a partir do disposto nos §§ 3º e 4º do artigo 927[1] do citado Código, a prever a possibilidade de

---
1. "Art. 927. [...]
   § 3º Na hipótese de alteração de jurisprudência dominante do Supremo Tribunal Federal e dos tribunais superiores ou daquela oriunda de julgamento de casos repetitivos,

o Supremo e os demais Tribunais Superiores conferirem aos pronunciamentos, ante superação de entendimento jurisprudencial, efeitos prospectivos.

A chamada modulação dos efeitos da decisão, medida acolhida na legislação e jurisprudência, suscita reflexões.

2. A modulação de efeitos e a jurisprudência do Supremo

O instituto da modulação temporal dos efeitos das decisões foi estabelecido, inicialmente, no artigo 27 da Lei 9.868/1999, a versar a ação direta de inconstitucionalidade e a ação declaratória de constitucionalidade, e repetido no artigo 11 da Lei 9.882/1999, considerada a arguição de descumprimento de preceito fundamental. Segundo a sistemática, uma vez assentada a inconstitucionalidade de lei ou ato normativo, o Pleno, por maioria de dois terços, poderá restringir os efeitos do pronunciamento, determinar a eficácia apenas depois do trânsito em julgado, ou fixar outro momento, quando as "razões de segurança jurídica ou de excepcional interesse social" assim exigirem.

Com a vigência do Código de Processo Civil, o instituto veio a ser regulamentado nos §§ 3º e 4º do artigo 927, nos quais estabelecida a possibilidade de modulação dos efeitos da decisão caso verificada alteração na óptica reiterada dos Tribunais Superiores ou superação de precedente formulado em demanda repetitiva.

Ainda sob o ângulo das Leis 9.868/1999 e 9.882/1999, ressaltei o risco do instituto. Ao manter a eficácia de lei inconstitucional por determinado período de tempo, o Supremo torna a Constituição Federal documento flexível. Ante o princípio da supremacia, a inconstitucionalidade mostra-se vício congênito, no nascimento da norma. Lei inconstitucional é natimorta. Surge uma contradição em termos. Se for inconstitucional, não pode ter eficácia, porque não é válida.

Por isso, tenho votado no sentido de não concluir pela modulação. Esperava enfrentar as ações diretas de inconstitucionalidade propostas, visando à declaração de inconstitucionalidade – em benefício da Constituição Federal – do artigo 27 da Lei 9.868/1999, mas não se chegou a esse julgamento. Refiro-me às ações diretas 2.154 e 2.258, atualmente sob a relatoria do Ministro Dias Toffoli.

A prática continuada pelo Supremo, de diferir no tempo a eficácia das decisões, estimula a edição de normas inconstitucionais, encorajando os que

---

pode haver modulação dos efeitos da alteração no interesse social e no da segurança jurídica.

§ 4º A modificação de enunciado de súmula, de jurisprudência pacificada ou de tese adotada em julgamento de casos repetitivos observará a necessidade de fundamentação adequada e específica, considerando os princípios da segurança jurídica, da proteção da confiança e da isonomia."

acreditam na morosidade da Justiça e no famoso "jeitinho" brasileiro. Gera algo que, do ponto de vista da "moralidade constitucional", é inaceitável: a figura da "inconstitucionalidade útil". Governantes e legisladores não receiam criar "leis inconstitucionais" porquanto, de algum modo, haverá efeitos.

Em especial quando se encontra em jogo imposição tributária declarada inconstitucional, o ente tributante apela para argumentos de natureza econômica, flertando com a quebra do Estado, gênero, como se não houvesse justiça no pedido realizado pelo contribuinte de reaver valor recolhido em contrariedade ao Diploma Maior. O resultado é pior, o enriquecimento sem causa por parte do Estado, em detrimento do contribuinte, que já arca com grande carga tributária. Ao modular os efeitos das decisões proferidas, em vez de controlar e afastar normas contrárias à Constituição, o Supremo incentiva a produção e contradiz a missão maior – o de guardião da legitimidade constitucional – recebida da Carta da República. Nesse sentido, apontando os riscos do uso abusivo da modulação, leciona o professor Humberto Ávila, na obra Teoria da segurança jurídica:

> Constata-se, igualmente, uma ausência de análise da aparência de legalidade da medida: quando o Tribunal deixa de examinar se havia aparência de constitucionalidade no momento da prática de ato posteriormente havido como inconstitucional, corre o risco de manter a eficácia de atos que foram praticados sabidamente contra a Constituição. Ao fazê-lo, o Tribunal está encorajando a prática futura de novas inconstitucionalidades. Preserva a segurança jurídica no passado, incentivando a insegurança jurídica em maior medida no futuro. É importante ter em conta, sempre, que, se é verdade que a decisão de manter efeitos de atos inválidos tem a finalidade de evitar efeitos negativos para a segurança jurídica, a própria decisão de manter tais efeitos também provoca os mesmos efeitos negativos. Como observa Tamanaha, a manutenção de efeitos para atos contrários ao Direito igualmente produz efeitos que se contrapõem aos princípios do Estado de Direito e da segurança jurídica, como estimular o descumprimento dos contratos e a falta de manutenção da palavra, aumentar a incerteza com relação ao cumprimento de leis e contratos, encorajar práticas econômicas inaceitáveis, aumentar a ineficiência econômica, entre outros fatores.

E continua o autor:

> [...] a mesma segurança jurídica que pode ser usada para manter leis contrárias à Constituição com a finalidade de proteger a confiança de alguns que confiaram na validade de leis cuja constitucionalidade era presumida também pode ser utilizada com o fim de proteger a confiança de outros que confiaram na aplicação da consequência prevista para o descumprimento das leis contrárias à Constituição; a mesma segurança jurídica que pode ser utilizada para manter contratos inválidos com o objetivo de preservar a boa-fé das partes que atuaram acreditando na sua validade também pode ser usada com o fim de proteger

a confiança das partes que confiaram na aplicação das consequências previstas para os casos de invalidade. Em suma, a manutenção de atos ou de efeitos de atos inválidos com base na segurança jurídica é ambígua.

O acionamento irrestrito do instituto pode acarretar verdadeira quebra na observância do Direito. Articula-se com a preservação da segurança jurídica, quando, na verdade, potencializa-se o conflito, conferindo ao Supremo papel que a ele institucionalmente não compete. Busca-se proteger situações tidas por consolidadas, a partir de norma contrária à Constituição Federal.

Ao menos, o Tribunal, ao promover a modulação de efeitos de pronunciamentos em matéria tributária, tem resguardado a observância de entendimento contrário aos interesses fazendários, firmado no âmbito da sistemática de repercussão geral, quanto aos processos já em curso, protegendo o contribuinte que se insurgiu em face de exação tida como indevida. A providência foi adotada, por exemplo, no exame dos recursos extraordinários 593.849, relator Ministro Edson Fachin, e 680.089, relator Ministro Gilmar Mendes.

Melhor seria se a inconstitucionalidade fosse a exceção, com governantes e legisladores buscando, na tarefa de edição de atos normativos, a guarda das balizas, dos ditames constitucionais. Nesse cenário, ao cidadão caberia a obediência às leis, tendo em vista a presunção – como não deveria deixar de ser – de constitucionalidade. Infelizmente, não é isso o que ocorre.

A quadra é estranha. Tem-se assistido a algo que foge à normalidade, à organicidade do próprio Direito, no qual a Constituição é o ápice da pirâmide normativa. O Tribunal, por vezes, implementa a modulação de forma alargada. No intuito de ser pragmática, a sempre ilustrada maioria olvida princípio caro à democracia: o do devido processo legal. O abuso da modulação tem transmudado, em certa medida, o Supremo em Congresso Nacional na tarefa de reescrever a Constituição Federal. Não é dado esquecer que, ao avançar e extravasar certos limites, lança-se um bumerangue.

Quando da análise do recurso extraordinário 556.664/PR, no qual o Supremo declarou a inconstitucionalidade dos artigos 45 e 46 da Lei 8.212/1991, ante a exigência de lei complementar para disciplinar prescrição e decadência tributárias, fixou-se a modulação dos efeitos do julgamento para assentar a legitimidade dos recolhimentos que houvessem sido efetuados dentro da sistemática glosada e que não constituíssem objeto de ação ajuizada até aquela data. Divergi da solução, justamente por não concordar com a pretensa surpresa do Estado tributante quanto ao resultado do crivo. O tema não era novo, contando com inúmeros precedentes nesse sentido. Surgiu impróprio articular-se com a segurança jurídica.

Na ação direta de inconstitucionalidade 4.481/PR, relator Ministro Luís Roberto Barroso, o Tribunal reconheceu a invalidade de norma estadual a conceder benefícios fiscais sem convênio interestadual prévio – em síntese, lei local a promover a chamada "guerra fiscal do ICMS" –, por afronta ao artigo 155, § 2º, inciso XII, alínea g, da Constituição Federal. Apesar de jurisprudência do Tribunal, há quase 25 anos, no sentido da inconstitucionalidade dessa prática legislativa, a maioria decidiu pela modulação, sob o argumento de a lei já ter vigorado por oito anos. Alertei estar

> ficando muito fácil editar diplomas legais à margem da Constituição Federal, porque depois, em passo seguinte, há o concerto do Supremo; concerto não com "s", concerto com "c". Dá-se, naquele período, o dito pelo não dito, salva--se a lei em detrimento da Carta da República, como se esta tivesse ficado em suspenso no período, não vigorasse no território nacional.

Nas ações diretas de inconstitucionalidade 4.357/DF e 4.425/DF, redator dos acórdãos o Ministro Luiz Fux, a maioria modulou os efeitos da declaração de inconstitucionalidade da Emenda Constitucional 62/2009, versado o regime de pagamento mediante precatório, inclusive quanto ao fator de correção do débito. Ressaltei que a modulação, ao arrepio da isonomia, criaria credores diferentes: os que teriam o crédito corrigido conforme cláusula proclamada inconstitucional, porque aquém da inflação, e os que teriam crédito corrigido, como deve ser para que não haja a perda do poder aquisitivo da moeda, por indexador diverso, correspondente à inflação.

No recurso extraordinário com agravo 709.212/DF, a versar a redução do prazo prescricional para cobrança de valor não pago a título de FGTS, a maioria assentou necessária a modulação para atribuir efeitos prospectivos à declaração de inconstitucionalidade dos artigos 23, § 5º, da Lei 8.036/1990 e 55 do Decreto 99.684/1990, tendo em vista a evolução jurisprudencial do Supremo relativamente à temática – verdadeira antecipação jurisprudencial ao que previsto nos §§ 3º e 4º do artigo 927 do Novo Código de Processo Civil.

O recurso, formalizado pelo empregador, foi desprovido, em verdadeira vitória de Pirro: ganhou, mas não levou. Criou-se um nada jurídico, como se tivesse prevalecido não a óptica no sentido da procedência do inconformismo da parte cuja pretensão foi atendida pelo Judiciário, mas a improcedência. Ocorreu a mitigação da decisão do Supremo, como se houvesse duas regências, uma anterior ao julgamento e outra posterior; como se existissem duas Constituições Federais, uma anterior ao exame e outra posterior; como se estivessem presentes disciplinas diversas. Compus a corrente minoritária, reforçando mais uma vez o entendimento: ou bem a lei editada pelo legislador mostra-se afinada com a Constituição Federal, ou não se mostra. Afirmei não poder, simplesmente, concluir que a eficácia da Lei Maior estivera, até então, latente.

Por um lado, a modulação dos efeitos da decisão que declara a inconstitucionalidade de norma joga a favor do mau legislador, por outro, coloca em risco a isonomia. Incentiva a desobediência a preceito legal, levando à insegurança jurídica. Cria a percepção de a norma, positivada no ordenamento, não valer, enquanto não referendada pelo Supremo.

A ausência de disciplina própria não impediu a leitura alargada, apanhando processos subjetivos, do estabelecido no artigo 27 da Lei 9.868/1999, lei especial, disciplinadora do controle concentrado de constitucionalidade[2]. Pressupõe o preceito atuação do Tribunal como legislador negativo. Reclama declaração de inconstitucionalidade de lei ou ato normativo. Dessa forma pronunciei-me quando do julgamento do recurso extraordinário 353.657/PR, por mim relatado, no qual se concluiu pela impossibilidade de creditamento do Imposto sobre Produtos Industrializados – IPI decorrente da aquisição de insumos submetidos à alíquota zero. Afastei a proposta de modulação, sendo acompanhado pela maioria do Pleno, ao argumento de que:

> Na espécie, em momento algum, declarou-se a inconstitucionalidade de lei ou ato normativo. Jamais figurou, no ordenamento jurídico pátrio, o creditamento, pela alíquota final, de valor que o contribuinte não recolheu a título de imposto sobre produtos industrializados em operação anterior isenta, não tributada ou sujeita à alíquota zero. Até aqui o que se tem é o pronunciamento do Plenário do Supremo sobre a inexistência do direito ao crédito, e isso se fez a partir de interpretação conferida, como já consignado, à Constituição Federal, mais precisamente ao artigo 153, § 3º, inciso II, nela contido, que a União sempre apontou como infringido.
>
> Em síntese, pressupondo a aplicação analógica moldura semelhante à que disciplinada pela norma em relação à qual se pretende a extensão, não há campo para chegar-se ao implemento respectivo. Conclusão diversa implica não o acionamento da analogia mas a atuação do Supremo como se legislador fosse e pudesse empreender, sem a atuação do Congresso Nacional, na ordem jurídica, dispositivo viabilizador da limitação de eficácia do julgado, pouco importando a existência pretérita de lei dispondo em certo sentido.
>
> Busquem a razão de ser do artigo 27 da Lei 9.868/99. Outra não é senão a presunção de legitimidade constitucional do ato normativo, a gerar a confiança dos cidadãos em geral no que nele previsto. Declarada a inconstitucionalidade de lei ou ato normativo e presentes, como pedagogicamente está no preceito, motivos de segurança jurídica ou de excepcional interesse social, aí sim pode o Supremo fixar a eficácia do que decidido, mantidas as situações jurídicas que teriam sido estabelecidas a partir da lei ou do ato normativo – na espécie,

---

2. "Art. 27. Ao declarar a inconstitucionalidade de lei ou ato normativo, e tendo em vista razões de segurança jurídica ou de excepcional interesse social, poderá o Supremo Tribunal Federal, por maioria de dois terços de seus membros, restringir os efeitos daquela declaração ou decidir que ela só tenha eficácia a partir de seu trânsito em julgado ou de outro momento que venha a ser fixado."

iniludivelmente, inexistente – proclamado inconstitucional. O preceito que se quer aplicar por analogia, mesmo ausente a lacuna quanto ao direito questionado e objeto de decisão, pressupõe, sempre e sempre, pronunciamento no sentido da inconstitucionalidade de lei ou ato normativo, reconhecimento do conflito do que disciplinado com a Constituição Federal, e, neste caso, tem-se, sem o questionamento sequer de lei específica – inimaginável, portanto, o envolvimento de declaração de inconstitucionalidade –, a incidência do Diploma Maior no que viabilizado o crédito apenas quando cobrado certo valor na operação anterior, quando o contribuinte desembolsa quantitativo a título de tributo.

Na questão de ordem a envolver a modulação quando do exame, pelo Tribunal, do recurso extraordinário 377.457/PR, paradigma da controvérsia alusiva à incidência da COFINS consideradas sociedades profissionais, esteve em jogo a existência de jurisprudência no âmbito do Superior Tribunal de Justiça. Assentei não conceder a relativização da lei, entendendo que o Supremo não tem esse poder por estar em posição na qual pode errar por último. Continuei:

> assim como não admito – por entender que se mostra até um incentivo à criação de tributo à margem da Constituição Federal – o empréstimo de eficácia futura à declaração de inconstitucionalidade, também não admito que, no caso de glosa, como a que ocorreu, à pretensão do contribuinte, venha-se a dizer que a lei ordinária placitada pelo Plenário, alterando a complementar, não vigorou no território nacional até aqui.

Na mesma linha, tem-se o julgamento do recurso extraordinário 723.651/PR, por mim relatado, no qual se discutia a constitucionalidade da incidência do Imposto sobre Produtos Industrializados, em relação a automóveis importados por pessoa natural para uso próprio. Assentada a legitimidade do pedido da União para cobrar o tributo, ventilou-se, inclusive com remissão à disciplina do novo diploma processual, a possibilidade de modulação dos efeitos da decisão. Sustentou-se a ocorrência de superação de jurisprudência. Deixei de acolher a proposta, sendo acompanhado pela maioria dos integrantes do Pleno. Frisei:

> se chegarmos à modulação, reconheceremos a constitucionalidade da incidência do tributo, o acerto do que decidido pelo Regional Federal da 4ª Região, mas reformaremos o acórdão para dar o dito pelo não dito, e assim se conta a história do País, não se avançando culturalmente. É o famoso "jeitinho brasileiro". Há precedentes do Supremo? Sim. Mas a Constituição Federal submete, inclusive, o Supremo.

A conclusão foi mantida pelo Plenário, a despeito da renovação do pedido de modulação mediante declaratórios interpostos pelo contribuinte.

O Tribunal parece caminhar em outra linha, colecionados casos em que se declara a constitucionalidade da norma, mas afasta-se a aplicação justamente para resguardar o interesse daquele que a ela se contrapõe.

Como exemplo da estranheza dos tempos, cabe rememorar o debate ocorrido na ocasião do julgamento do mandado de segurança 26.604/DF, relatora Ministra Cármen Lúcia. O tema de fundo, de importância maior para a funcionalidade da democracia representativa, envolvia a perda de mandato por parlamentar após a desfiliação do partido no qual eleito. Assentou-se, considerado o ordenamento jurídico, a necessidade de observância da chamada fidelidade partidária. A maioria do Pleno fixou efeitos prospectivos a pretexto da segurança jurídica, implementando a modulação – em mandado de segurança impetrado pelo partido político – ante a evolução jurisprudencial. Na oportunidade, fiquei vencido, mas não sem deixar de externar o inconformismo com a quadra vivida:

> Não vejo como chegar-se a essa fixação temporal. E digo mais: segurança jurídica existe quando esta Corte faz prevalecer a Constituição Federal, sem qualquer temperamento, diploma que deve sempre estar no ápice da pirâmide das normas jurídicas, mesmo porque resposta a consulta não consubstancia norma jurídica. Na resposta, o Tribunal Superior Eleitoral não criou, não extinguiu, não modificou qualquer direito; atuou examinando o arcabouço normativo, principalmente o constitucional, e, então, assentou o alcance quanto à vinculação, quanto ao que apontei como casamento indissolúvel de candidato e partido durante a legislatura.
>
> É certo que o fato consumado, no Brasil, às vezes ganha a apoteose. Somente deve ganhar ênfase se harmônico, afinado, com a ordem jurídica. É este o preço que se paga por viver em um Estado Democrático; o preço que se paga por viver em um Estado de Direito, estando ao alcance de todos: o respeito irrestrito às regras estabelecidas. A Lei n. 9.868/99 prevê – e até aqui, para mim, utilizando uma expressão do ministro Francisco Rezek, o preceito ainda não é palatável – a denominada modulação, e não se pode, principalmente em processo a revelar conflito de interesses subjetivos, a partir dela, implementar o que seria o direito alternativo. De qualquer modo, a norma exige o atendimento de requisitos para ter-se essa modulação, muito embora esteja convencido de que a lei que surja no cenário jurídico em conflito com a Constituição Federal é írrita, não produzindo efeitos. O primeiro requisito é a declaração de inconstitucionalidade de ato normativo, e não ouvi qualquer voto mencionando a inconstitucionalidade de certo preceito de lei – ao contrário, os votos foram no sentido de entender válidas as normas que estabelecem a vinculação e que versam a existência dos partidos políticos. O segundo é o *quorum* de dois terços, o pronunciamento de oito Ministros fixando vigência para a eficácia da declaração de inconstitucionalidade.
>
> Na semana passada, em situação concreta relativa a alimentos, relativa à fonte de sustento de cidadãos, declarada a inconstitucionalidade de um diploma do

Estado de Minas, não se chegou à modulação, mas se chegará a essa mesma modulação neste processo subjetivo!

Não podemos transformar o mandado de segurança em ação simplesmente declaratória. Daí sempre haver imaginado que ou bem se concede, ou se indefere a ordem.

Há mais. Creio que se ganha em avanço com este julgamento, tendo presente que é estabelecida a vinculação partido/eleitor – beneficiando toda a sociedade. Ocorre que os partidos que impetraram os mandados de segurança terão uma vitória de Pirro e, repito, considerada a mesma legislatura. Constatamos, tive o cuidado de contar, vinte e três parlamentares litisconsortes passivos e, ante o termo inicial fixado pela maioria para a vigência do que indiretamente é a vigência da Constituição Federal, ou seja, a data da resposta do Tribunal Superior Eleitoral à consulta, apenas um parlamentar ficará, não chegando a ser bode expiatório, na corda bamba – porque ainda haverá procedimento administrativo –, alcançado pela decisão.

Isso, para mim, resulta no surgimento de verdadeira casta. Ter-se-á na mesma legislatura, e em que pese à existência das mesmas normas constitucionais, das mesmas normas legais, deputados sujeitos a enfoques diversificados quanto à filiação. Aqueles que mudaram de partido, em demonstração de infidelidade, antes de 27 de março de 2007 contarão com verdadeiro *bill* de indenidade, ficando salvos da guilhotina. Esse único deputado – não sei quem é, penso que é jurisdicionado sob a relatoria da ministra Cármen Lúcia – estará sujeito à desqualificação - não falo em perda de mandato, porque não há essa perda, já que o mandato continuará a existir presente o partido político.

A conclusão adotada, na linha do que agora é preconizado pelo novo Código, no artigo 927, de constitucionalidade duvidosa, implicou a mitigação do pronunciamento do Supremo, revelando, uma vez mais, a necessidade de atenção e parcimônia na observância ao instituto, ante a probabilidade de criação de injustiças. Corre-se o risco de punir quem acreditou na validade da norma e portou-se de acordo com ela, recorrendo, até mesmo, ao Judiciário na busca da defesa dos respectivos direitos.

Por isso, em atos recentes, alcançada a conclusão no sentido da modulação dos efeitos das decisões do Supremo tomadas em processos subjetivos, assentei a necessidade de atentar para os requisitos estabelecidos na legislação processual, a saber: a proteção do interesse social e da segurança jurídica. A leitura atenta dos parágrafos do artigo 927 do Código de Processo Civil revela a salvaguarda da confiança e da isonomia como primado a ser levado em conta na concessão de efeitos prospectivos às decisões dos Tribunais Superiores que representem alteração de entendimentos dominantes. Quanto ao ponto, destaco: interesses e questões de índole meramente econômica e financeira não surgem como argumentos válidos para chegar-se à modulação. Deve-se ter em consideração os requisitos indicados pelo legislador.

Reporto-me às razões lançadas no julgamento dos embargos de declaração no recurso extraordinário 718.874, quando fiquei vencido na companhia do ministro Luiz Edson Fachin e da ministra Rosa Weber ante a indispensabilidade de modular os efeitos da decisão atinente à constitucionalidade da cobrança da contribuição ao Fundo de Assistência ao Trabalhador Rural – Funrural pelos empregadores rurais pessoas naturais, sob a égide da Lei 10.256/2001. Ao diferenciar de forma categórica o instituto da modulação versado no artigo 27 da Lei 9.868/1999 da previsão contida no artigo 927 do Código de Processo Civil, a respaldar a concessão de efeitos prospectivos às decisões representativas de alteração de jurisprudência, fiz ver:

> No caso concreto, em vez de o Supremo ter proclamado a inconstitucionalidade da Lei nova – que não é tão nova assim, porque, disse o ministro Gilmar Mendes, com fidelidade, ser de 2001 –, por uma maioria apertada, de 6 votos a 5, declarou a constitucionalidade. Ficaram vencidos, na assentada, o Relator, ministro Luiz Edson Fachin, a ministra Rosa Weber, o ministro Ricardo Lewandowski, o ministro Celso de Mello e eu próprio. Decidiu o Tribunal por 6 a 5. Indaga-se – e a solução da controvérsia está na resposta que se dê a essa pergunta: se, ao declarar – mediante esse escore super apertado – a constitucionalidade da Lei n. 10.256, de 9 de julho de 2001, o Supremo mudou ou não jurisprudência vetusta, a direcionar, quanto à impropriedade manifesta de cogitar-se de constitucionalidade superveniente, que seria, como que julgando, no Recurso Extraordinário 718.874, verdadeira rescisória, a do artigo 25, mais precisamente dos incisos I e II, que este Tribunal, a uma só voz – fui Relator do caso –, declarou conflitante com a Constituição Federal
>
> Não se cuida de observar o artigo 27 da Lei 9.868/1999 – por isso não estou sendo incoerente. Cuida-se de ter presentes os novos ares processuais que vieram com o Código de Processo Civil de 2015, afastando o Código de 1973, rotulado como Código Buzaid.
>
> O que dispõe o § 3º do artigo 927 desse novo diploma instrumental? Dispõe que, "na hipótese de alteração de jurisprudência dominante do Supremo Tribunal Federal e dos tribunais superiores ou daquela oriunda de julgamento de casos repetitivos, pode haver modulação dos efeitos da alteração no interesse social e no da segurança jurídica". O dispositivo consagra a boa-fé, a confiança no Estado-juiz. E não pode a sociedade viver aos sobressaltos, sendo surpreendida a cada momento.
>
> Mas é preciso responder se, nesse julgamento apertado por 6 a 5, o Tribunal deu, ou não, guinada absoluta, no que, sob a minha óptica, veio a placitar a constitucionalidade superveniente. Esse fenômeno ficou bem demonstrado no parecer do professor doutor, titular da Universidade de São Paulo, Humberto Ávila. O que houve com a edição da Lei 10.256/2001? Houve a repetição – no corpo dessa Lei nova, Lei Ordinária, não complementar, mas já então com base na Emenda Constitucional 20 de 1998 – mediante expressa referência – transcrição – do artigo 25, que o Supremo declarara, à unanimidade,

inconstitucional. Mas o que se verificou em relação aos incisos I e II? Procedeu-se, dentro da técnica legislativa maior, da mesma forma que se fez quanto à cabeça do artigo? Não. Lançou-se linha pontilhada. No jargão legislativo, linha pontilhada quer dizer, simplesmente, que a Lei nova não alterou os incisos I e II do artigo 25, que este Tribunal assentou inconstitucionais, e placitando essa declaração de inconstitucionalidade no julgamento de Recurso Extraordinário, sob a relatoria do ministro Lewandowski, e já então sob o ângulo – o que não ocorrera ante a data da interposição – da repercussão geral. Indaga-se, quando o Supremo – não foi o Tribunal Regional Federal da 1ª Região, não foi o Tribunal Regional Federal da 2ª, não foi o Tribunal Regional Federal da 3ª, não foi o Tribunal Regional Federal da 4ª, não foi o Tribunal Regional Federal da 5ª, mas o Supremo – veio a declarar constitucional o artigo, tal como contido no arcabouço normativo, segundo a Lei 10.256, de 9 de julho de 2001, modificou, ou não, o entendimento? A meu ver, sim, porque, desconhecendo a declaração de inconstitucionalidade dos incisos I e II do artigo 25, assentou a viabilidade de se ter, no cenário, a constitucionalidade superveniente. Repristinou preceitos que proclamara, anteriormente, inconstitucionais.

Repito, Presidente, teria somado meu voto à maioria, caso a nova Lei tivesse trazido elemento essencial, sob o ângulo tributário – a base de incidência –, mas não trouxe. Simplesmente, mediante a linha pontilhada, nela contida, assentou que os dois incisos glosados, ante a inconstitucionalidade reconhecida pelo Supremo, estavam em vigor.

O Supremo, ao placitar essa óptica, gerando, a mais não poder, insegurança jurídica, reviu jurisprudência, como disse, vetusta. Vou completar, no dia 13 de junho, 28 anos no Tribunal e jamais presenciei o endosso do que apontei como constitucionalidade superveniente. E o que é mais grave: após ele próprio, o Tribunal, ter declarado os dois incisos – que, repito, não foram mencionados na Lei nova, lançou-se apenas, para dizer que estariam em vigor, segundo a Lei pretérita, a linha pontilhada – inconstitucionais.

Presidente, mais uma vez primo pela coerência, dizendo que não estou sendo conflitante com votos anteriormente proferidos, porque estes se fizeram baseados não no Código de Processo Civil, mas no artigo 27 da Lei 9.868/1999. Se é que queremos guardar ainda a segurança jurídica, não se pode deixar de modular a decisão proferida pelo escore mencionado de 6 votos a 5. E essa óptica ficou pedagogicamente explicitada no parecer do professor Humberto Ávila, inclusive valendo-se de trechos do voto condutor do julgamento, mediante o qual se concluiu pela constitucionalidade da Lei, em que o ministro Alexandre de Moraes – que foi o primeiro voto divergente, já que Relator o ministro Luiz Edson Fachin –, desconhecendo os parâmetros do acórdão proferido no Recurso Extraordinário 363.852, de minha relatoria, apontou que os incisos I e II a que me referi, contidos na legislação pretérita, ou seja, na Lei n. 8.292/1991, com as redações decorrentes das Leis 8.540/1992 e 8.528/1992, ao contrário do que assentado pelo Tribunal, estavam em vigor e, portanto, não haveria defeito, sob o ângulo de elemento essencial tributário, na nova Lei.

As exigências contidas no Código de Processo Civil devem ser apreciadas em conjunto. Descabe potencializar um instituto em detrimento do outro para acolher pleito de postergação de efeitos do decidido pelo Supremo. Recentemente, ao examinar pedidos de modulação formalizados em recursos-piloto de temas de repercussão geral concernentes ao alcance da imunidade recíproca no tocante ao Imposto Predial Territorial Urbano – IPTU – Recursos Extraordinários 601.720 e 594.015 –, afirmei inviável alçar a segurança jurídica a patamar superior ao da própria lei:

> A Lei das leis surge como documento rígido. O instituto da modulação foi engendrado para atender a situações de relevo social, o que não se tem na espécie, uma vez debatido o alcance de incidência do IPTU a pessoa jurídica de direito privado que explora atividade econômica direcionada ao lucro próprio.
>
> Ora, se existe interesse social em jogo é o do Município, o qual, conforme ressaltei quando do voto proferido, vê as finanças públicas em risco ante a impossibilidade de tributar imóveis utilizados na exploração de atividades privadas. Tem-se, e nunca é demais repetir o enfoque, pessoa jurídica de direito privado atuando no campo econômico, demonstrando capacidade contributiva em sentido amplo, mas não contribuindo para a coletividade.
>
> Consoante proclamado pelo Supremo, a imunidade tributária recíproca não foi concebida a partir dessa óptica, para extensão alargada e em prejuízo do próprio pacto federativo.
>
> No mais, observem a organicidade do Direito. Se assentada a modulação, reconhece-se a constitucionalidade da incidência do tributo; este, historicamente exigido pelo Município, deixaria de ser recolhido a partir da concessão de efeitos prospectivos à decisão, como se, em momento anterior, a incidência fosse imprópria.
>
> Inverte-se a ordem de raciocínio para deixar de permitir a cobrança do imposto, previsto em lei vigente – e não se tem notícia da mudança do quadro – e declarado constitucional pelo Supremo. Seguindo pela modulação, o entendimento desaguaria na presunção da inconstitucionalidade da norma enquanto não houvesse o pronunciamento do Tribunal sob o ângulo da repercussão geral.
>
> Não se pode potencializar a segurança jurídica – gênero – em detrimento da própria lei, instrumento último de estabilização das expectativas num Estado Democrático de Direito. No caso, sequer foi conferida, por este Tribunal, a pecha à norma em jogo.
>
> Dessa forma, o ato de haver visão conflitante com o decidido quando do julgamento ora embargado não impressiona. Caso contrário, como assentar a existência de inúmeras controvérsias suscitadas nos Tribunais de origem? Incabível, a todos os títulos, é a modulação.

A análise dos recentes pronunciamentos do Supremo, trincheira maior da cidadania, revela a necessidade de debates e reflexões críticas e profundas acerca da modulação, inclusive à luz das novas disposições da legislação instrumental. Continuo convencido de que sempre e em qualquer medida, seja na implementação da modulação como também na construção de pensamentos sobre os institutos, a discussão deve ser pautada pela Lei das leis e pela salvaguarda de seus mandamentos. Afinal, "não há dúvidas: quanto maior for o grau de confiabilidade dos cidadãos no Judiciário, mais respeitadas serão as normas e princípios que asseguram a convivência social pacífica. Em síntese, sem leis, não há pacto social duradouro."

3. Conclusão

O objetivo deste texto é revelar o olhar crítico ao instituto da modulação temporal dos efeitos das decisões de constitucionalidade ou inconstitucionalidade das leis. As mesmas críticas feitas, historicamente, ao instituto no tocante à previsão contida nas Leis 9.868/1999 e 9.882/1999, devem servir de alerta ao alcance do Código de Processo Civil, nas situações de superação da jurisprudência consolidada, considerados processos subjetivos.

Não há como deixar de pagar um preço, módico, por viver-se num Estado Democrático de Direito, ou seja, o respeito irrestrito aos ditames constitucionais, a menos que se diga que a Constituição não é rígida, mas flexível, passível de ser colocada em segundo plano.

A modulação tem sido elasticida, e o Código de Processo Civil potencializa o quadro. Deve ser, se tanto, exceção, mas está alargada. Peca-se na observância da organicidade do Direito. Lanço este artigo para cobrar reflexão, ante os riscos do instituto da modulação, àqueles incumbidos de guardar a Constituição Federal. Não me canso de repetir: vivemos uma quadra muito estranha, de abandono de parâmetros, de colocação de princípios inerentes ao Estado Democrático de Direito em segundo plano, quadra em que o dito passa pelo não dito, o certo por errado e vice-versa. Onde vamos parar? É a pergunta que cabe fazer.

INTERPRETAÇÃO CONFORME A CONSTITUIÇÃO

24
A INTERPRETAÇÃO CONFORME DIANTE DO CONTROLE DIFUSO DE CONSTITUCIONALIDADE

Luiz Guilherme Marinoni

Presidente da Associação Brasileira de Direito Processual Constitucional. Professor titular da Universidade Federal do Paraná. Pós-Doutor pela Universidade de Milão. *Visiting Scholar* na Columbia University. Membro do Conselho da International Association of Procedural Law.

Sumário: 1. Introdução; 2. A interpretação conforme como método de interpretação; 3. A interpretação conforme no modelo do controle da constitucionalidade; 4. O problema da interpretação conforme no direito brasileiro; 5. A jurisprudência brasileira diante da questão constitucional perante os órgãos fracionários dos tribunais; 6. O dever de o juiz buscar a interpretação conforme, antes de suscitar a inconstitucionalidade à Corte Constitucional, no sistema italiano; 7. Interpretação conforme e decisão manipulativa na Corte Constitucional italiana; 8. Interpretação conforme e instituição de norma compatível com a Constituição a despeito do significado do dispositivo legal; 9. Limites da "reconstrução" da norma em sede de controle de constitucionalidade; 10. Justificativa da correção da norma inconstitucional; 11. Quando a interpretação conforme e a decisão manipulativa são confundidas: a jurisprudência do Supremo Tribunal Federal e a sua consequência; 12. A interpretação conforme *apenas colabora* diante do controle de constitucionalidade; 13. A importância de separar interpretação conforme e correção de norma inconstitucional no sistema brasileiro: 13.1. Porque o raciocínio de controle incidental de constitucionalidade pressupõe o exaurimento da tentativa de interpretação conforme; 13.2. Para eliminar a confusão entre as atribuições do órgão fracionário e as do plenário ou do órgão especial no controle incidental realizado perante os Tribunais, inclusive diante do Superior Tribunal de Justiça; 13.3. Para que se evite a mistura dos raciocínios aptos à interpretação conforme e à correção da norma inconstitucional; 13.4. Para colaborar para a definição da Corte Suprema incumbida de atribuir sentido à lei perante a Constituição e para que as funções do Superior Tribunal de Justiça e do Supremo Tribunal Federal possam ser racionalizadas.

1. Introdução

A tentativa de transposição da interpretação conforme, enquanto técnica de controle de constitucionalidade própria ao controle concentrado europeu, para o controle *incidental* brasileiro, traz graves problemas. Quando todos os juízes e tribunais têm poder para realizar o controle de inconstitucionalidade, os limites entre interpretar e controlar a constitucionalidade tornam-se fluídos. Essa falta de limites é claramente perceptível nos tribunais, em que o controle incidental só pode ser feito pelo plenário ou pelo órgão especial – seguindo-se a cláusula de reserva de plenário, instituída no art. 97 da Constituição da República –, restringindo-se o poder de decisão dos órgãos fracionários, que, assim, quando o controle de constitucionalidade se apresenta necessário, são obrigados a suspender o julgamento do recurso ou da ação, submetendo a questão constitucional ao órgão competente para tanto.

O problema é que não há critérios para identificar até onde os órgãos fracionários podem e devem ir antes da submissão da questão ao controle de constitucionalidade. Quando ninguém pode precisar os limites da interpretação conforme ou nos termos da Constituição, obviamente admissível ao órgão fracionário, surgem discussões relacionadas a saber se determinada Câmara de Tribunal de Justiça realmente poderia interpretar a lei e julgar o recurso, se uma decisão submeteu a questão ao órgão especial ou ao plenário prematuramente, ou ainda, se o órgão fracionário, sem falar em inconstitucionalidade, deixou de aplicar a lei ou até mesmo alterou o seu significado para evitar a suspensão do julgamento do recurso.

Tudo isto aponta para a necessidade de demonstrar os limites da função interpretativa deferida ao juiz, esclarecendo-se o lugar em que o órgão fracionário deve chegar para poder se sentir autorizado a se render ao controle de constitucionalidade e em que limites o juiz pode interpretar a lei sem precisar admiti-la inconstitucional. Daí advém, nas linhas da separação entre dispositivo e norma, a instituição do instante em que o juiz deixa de interpretar a lei e elabora norma compatível com a Constituição a despeito do significado do dispositivo, tornando-se clara a diferença entre interpretação conforme e poder de correção da norma inconstitucional, implícito no poder de controlar a constitucionalidade da lei.

A demonstração deste percurso liga-se à necessidade de esclarecer ponto fundamental para o direito brasileiro, o da definição da Corte incumbida de atribuir sentido à lei nos termos da Constituição. Afinal, uma vez demarcadas as fronteiras entre a interpretação conforme à Constituição e a alteração de norma inconstitucional, preserva-se a área própria ao debate sobre a interpretação da lei e a função interpretativa do Superior Tribunal de Justiça, atribuindo-se ao Supremo Tribunal Federal o poder de controlar a interpretação da lei federal tal como definida pelo Superior Tribunal de Justiça.

O presente trabalho, portanto, ao esclarecer que o raciocínio de controle de constitucionalidade pressupõe o exaurimento da tentativa de interpretação nos termos da Constituição, objetiva demonstrar que é importante delimitar a função interpretativa do juiz para separá-la da decisão que altera o significado do dispositivo para torná-lo compatível com a Constituição, bem como evidenciar que deve caber ao Supremo Tribunal Federal apenas o controle da constitucionalidade da interpretação conferida à lei – mediante precedente – pelo Superior Tribunal de Justiça, ainda que ao primeiro também seja possível, ao concluir pela inconstitucionalidade da interpretação definida pelo segundo, excepcionalmente instituir "interpretação conforme" para preservar o dispositivo legal.

2. A interpretação conforme como método de interpretação

Se por método de interpretação se entende a técnica que colabora para a atribuição de significado ao texto, não há dúvida de que a "interpretação conforme" pode ser vista nesta perspectiva. A interpretação conforme é modalidade de interpretação de que a interpretação conforme à Constituição é espécie[1]. Neste sentido o método confere ao intérprete a possibilidade de elaborar o significado do texto da lei a partir do significado da Constituição. Isso ocorre não só porque a validade da lei é condicionada pela Constituição, mas também porque a lei deve, com diferentes graus de intensidade, realizar a vontade das normas constitucionais[2].

Note-se que, nesta dimensão, não há motivo para distinguir interpretação conforme à Constituição de interpretação *orientada* pela Constituição. Fala-se aqui de um método para a atribuição de significado ao texto legal mediante a consideração da Constituição. Quando, por exemplo, se extrai o direito à tutela jurisdicional efetiva do art. 5º, XXXV, da Constituição, obviamente não se pode ler qualquer dispositivo do Código de Processo Civil sem se ter em conta que a legislação processual deve garantir ao cidadão os meios idôneos ao alcance da exata forma de tutela que lhe é conferida pelo direito substancial. Assim, dispositivo que prevê meio de execução só pode ser analisado como se tivesse sido redigido para garantir a tutela do direito e não algo que não corresponde àquilo que o direito material efetivamente outorga ao jurisdicionado.

É certo que que o método da interpretação conforme pode ser utilizado após o intérprete ter chegado em duas ou mais interpretações (resultados) possíveis, quando as interpretações desconformes seriam descartadas em benefício da

---

1. LUCIANI, Massimo. Interpretazione conforme a Costituzione. *Enciclopedia del Diritto* (bozze collazionate). p. 103 e ss.; PISTORIO, Giovanna. I "limiti" all'interpretazione conforme: cenni su un problema aperto. *Rivista della Associazione Italiana dei Costituzionalisti*, n. 2, p. 6 e ss., 2011.
2. SORRENTI, Giusi. *L'interpretazione conforme a Costituzione*. Milano: Giuffrè, 2006. p. 9 e ss., e 64 e ss.

conforme com a Constituição. Ao se restringir a interpretação conforme à fase final da atividade-interpretação, o intérprete não contaria com a interpretação conforme no processo interpretativo (na sua primeira fase), mas usaria apenas os critérios tradicionais de interpretação. A diferença estaria em que a interpretação conforme não faria parte do processo interno de atribuição de significado, mas atuaria depois de significados (provisórios) terem sido extraídos do texto. Mais claramente, a interpretação conforme seria utilizada apenas para o intérprete definir o resultado interpretativo.

Aliás, é, obviamente, também possível que o intérprete encontre duas ou mais interpretações conformes com a Constituição. Quando isto ocorre, afirma-se que o intérprete deve adotar a interpretação "melhor orientada" para a Constituição[3]. Vale a ideia de que a interpretação idônea (ou "mais conforme") é aquela que confere maior eficácia à Constituição.

Porém, o uso da interpretação conforme de uma ou outra forma, ou seja, tanto na primeira fase quanto ao final do processo interpretativo, em nada altera a sua substância de método a serviço da atribuição de significado ao texto. A interpretação conforme é método de interpretação quando utilizada ao lado dos critérios tradicionais – no curso do processo mental de formulação da interpretação – ou quando usado para permitir a eleição de um dos resultados a que a atividade-interpretação conduziu.

Portanto, é método de interpretação quando serve ao intérprete que está a produzir a interpretação, ao intérprete que produziu as interpretações e deve optar por uma delas e ao intérprete que se coloca diante de uma decisão interpretativa e tem que confrontá-la com outra interpretação possível do texto legal.

Como todo e qualquer juiz deve interpretar a lei conforme ou de acordo com a Constituição, a técnica da interpretação conforme é genuíno meio para a formulação do significado do dispositivo legal, o qual evidentemente não está à disposição apenas do Juiz Constitucional ou do Juiz que realiza o controle de constitucionalidade[4]. A força normativa da Constituição e a sua posição na ordem hierárquica conferem à interpretação conforme natureza de método geral e fundamental, indispensável para a consecução da interpretação jurídica[5].

---

3. CANOTILHO, José Joaquim Gomes. *Direito constitucional e teoria da Constituição.* Coimbra: Almedina, 2002. p. 1213.
4. FORTES, Luiz Henrique Krassuski. Interpretação conforme e interpretação de acordo com a Constituição: precedentes do STJ e controle difuso de constitucionalidade. *O funcionamento da Corte Constitucional: a interpretação constitucional, as práticas argumentativas, a teoria do direito e o comportamento judicial.* Belo Horizonte, 2014. v. 2, p. 156 e ss.
5. PERALTA, Ramon. *La interpretacion del ordenamiento juridico conforme a la norma fundamental del Estado.* Madrid: Universidad Complutense, 1994. p. 43.

Quando se reconhece a inconstitucionalidade de uma determinada interpretação legal, aquele que está a decidir deve, nos limites do possível, encontrar interpretação que esteja de acordo com a Constituição. É aí que a interpretação conforme se aproxima de uma técnica que colabora com a jurisdição constitucional. Entretanto, para que uma decisão possa realmente controlar a constitucionalidade, não é suficiente a negação da interpretação inconstitucional e a elaboração de interpretação conforme. Para que uma decisão que interpreta conforme represente *técnica* de controle de constitucionalidade é necessário que a decisão possa se projetar para além do caso concreto, obstaculizando o uso da interpretação inconstitucional por parte dos juízes de outros casos.

A distinção entre método de interpretação e técnica de controle de constitucionalidade já antecipa a problemática da interpretação conforme nos sistemas de controle difuso, especialmente no brasileiro, em que o controle de constitucionalidade, nos tribunais, é submetido à regra da reserva do plenário e, assim, não pode ser realizado perante o órgão fracionário quando do julgamento do recurso ou do caso.

3. A interpretação conforme no modelo do controle da constitucionalidade

O surgimento da interpretação conforme, enquanto técnica inserida no modelo de controle de constitucionalidade, é contemporâneo ao aparecimento dos tribunais constitucionais europeus. Quando estes iniciaram suas atividades, a interpretação conforme se instituiu como melhor alternativa diante da nulificação da lei[6]. Isso especialmente em razão dos princípios da presunção de constitucionalidade e da preservação dos atos do legislador. O último princípio chegou a ser visto como expressão de um meio para evitar choques entre a Corte Constitucional e o Legislativo[7].

A ideia que está por detrás da interpretação conforme, nesta perspectiva, é a de que só há razão para declarar a inconstitucionalidade da lei quando esta não abre oportunidade para interpretação constitucional[8]. Embora se tenha dito, no

---

6. LUCIO, José Miguel Cabrales. *El principio de interpretación conforme en la Justicia Constitucional*, México: Porrúa, 2015, item 3.2.
7. CHIASSONI, Pierluigi. Disposición y norma: una distinción revolucionaria. In: POZZOLO, Susanna; e ESCUDERO, Rafael. *Disposición vs. Norma*. Lima: Palestra, 2011. p. 8.
8. "Il tribunale costituzionale, in diverse decisione, ha colto l'occasione sia per precisare le ragioni generali che giustificano il ricorso ad un'interpretazione conforme a Costituzione, sia per indicare le finalità che tale tecnica interpretativa persegue. A suo avviso, essa consente di coniugare la supremazia della Costituzione con la conservazione delle disposizioni di legge; rafforza la sicurezza giuridica, in quanto, riconoscendo al

início das discussões a respeito da função da Corte constitucional italiana, que a circunstância de um dispositivo legal oferecer oportunidade para uma única interpretação inconstitucional deveria ser suficiente para a declaração da sua inconstitucionalidade[9], o entendimento que se firmou nesta Corte[10] e no senso comum da doutrina é o de que uma lei só pode ser considerada inconstitucional quando não abre oportunidade para interpretação constitucional[11].

---

sistema normativo una presunzione di legittimità, si evitano i vuoti normativi prodotti da una eventuale sentenza di incostituzionalità (STC 63/1982). Da ciò una naturale propensione ad evitare di dichiarare l'incostituzionalità di una disposizione se può essere interpretata in modo compatibile con la Costituzione". (ROLLA, Giancarlo. Corte Costituzionale, giudici comuni e interpretazioni adeguatrici. L'esperienza spagnola, *Corte Costituzionale, giudici comuni e interpretazioni adeguatrici*. Milano: Giuffrè, 2010. p. 276).

9. Este foi o entendimento de Luigi Montesano. Segundo Montesano, a Corte, quando nega a inconstitucionalidade, porém ao mesmo tempo revisa a fórmula legislativa em busca de aplicações contrárias à Constituição, não pode obrigar o legislador a melhorar a lei, nem tampouco obrigar os juízes a se absterem dessas aplicações, mas deve considerar-se impotente para defender a Constituição deste perigo ou eliminá-lo de vez, declarando inconstitucional a lei equivocadamente formulada (MONTESANO, Luigi. Norma e formula legislativa nel giudizio costituzionale. *Rivista di diritto processuale*, p. 539, 1958). A posição de Montesano nunca prevaleceu e a Corte Constitucional, no final dos anos 50, já trabalhava com as ditas sentenças interpretativas de acolhimento, declarando a inconstitucionalidade de determinadas interpretações do texto legal (CHIASSONI, Pierluigi. Disposición y norma: una distinción revolucionaria. *Disposición. vs norma*. p. 9). Lembre-se, aliás, que o célebre trabalho de Tullio Ascarelli (Giurisprudenza costituzionale e teoria dell'interpretazione. *Rivista de diritto processuale*, p. 351 e ss., 1957), que contribuiu para o desenvolvimento da questão teórica da dissociação entre disposição e norma a partir do mesmo problema prático então vivido pela Corte Constitucional – da interpretação conforme –, aponta para sentido diametralmente oposto: "Quando analisa a constitucionalidade de uma lei, o juiz constitucional se depara sempre com um texto que deve interpretar e que é equívoco. A univocidade pode ser apenas das aplicações concretizadas e não pode referir-se ao texto em função do qual se quer estabelecer a norma objeto da análise. Qualquer texto pode dar lugar a interpretações divergentes e, portanto, à formulação de normas distintas. Uma dessas poderá ser inconstitucional, diversamente de outras" (ASCARELLI, Tullio. Giurisprudenza costituzionale e teoria dell'interpretazione. *Rivista de diritto processuale*, p. 356-357, 1957).

10. Na *sentenza* n. 356/1996, a Corte Constitucional italiana declarou que as leis não são declaradas constitucionalmente ilegítimas porque é possível dar-lhes interpretações inconstitucionais, mas porque é impossível dar-lhes interpretações constitucionais.

11. SORRENTI, Giusi. La Costituzione "sottintesa". *Corte Costituzionale, giudici comuni e interpretazioni adeguatrici*. Milano: Giuffrè, 2010. p. 3 e ss.; SORRENTI, Giusi. *L'interpretazione conforme a Costituzione*. CRISAFULLI, Vezio. Questioni in tema di interpretazione della Corte costituzionale nei rapporti con l'interpretazione giudiziaria. *Giurisprudenza Costituzionale*. p. 929 e ss.; DEMMIG, Adele Anzon. La problematica convivenza della dottrina dell'interpretazione conforme a Costituzione con la dottrina

Quando a Corte não declara a lei inconstitucional, afirmando a interpretação conforme, é evidente que a decisão da Corte só tem eficácia quando tanto a interpretação reconhecida inconstitucional quanto a afirmada constitucional são obrigatórias para todos os juízes. Isso ocorre nos sistemas em que a lei confere eficácia *erga omnes* às decisões da Corte constitucional e naqueles pautados na lógica da obrigatoriedade dos precedentes. Em outras palavras, a real importância da interpretação conforme, no modelo de controle de constitucionalidade, está na sua capacidade de impedir a renovação do uso da interpretação inconstitucional.

Perceba-se, no entanto, que o uso da técnica da interpretação conforme não é particular ao controle concentrado. Ao decidir recurso extraordinário em sede de repercussão geral, o Supremo Tribunal Federal pode firmar precedente que, obrigando todos os juízes do País, impeça a adoção da interpretação declarada inconstitucional e imponha a aplicação da interpretação definida como constitucional. Situação similar ocorre quando os Tribunais, em sede de incidente de arguição de inconstitucionalidade, firmam determinada interpretação como constitucional. Lembre-se que o parágrafo único do art. 949 do Código de Processo Civil afirma textualmente que os órgãos fracionários "não submeterão" a arguição de inconstitucionalidade ao órgão competente para decidi-la (órgão especial ou plenário) "quando já houver pronunciamento" deste ou do Supremo Tribunal Federal – inclusive em recurso extraordinário – sobre a questão. A interpretação conforme ou mesmo a declaração de inconstitucionalidade, provindas de órgão especial ou plenário de Tribunal, embora também digam respeito ao caso, têm eficácia obrigatória para os juízes vinculados ao respectivo Tribunal.

No sistema em que o controle de constitucionalidade é difuso, permite-se ao juiz de primeiro grau deixar de aplicar o dispositivo legal que não oferece possibilidade de interpretação constitucional. Nesse caso, além de a interpretação conforme valer para o caso específico, ela não constitui o resultado de um raciocínio interpretativo realizado num procedimento cuja premissa é a impossibilidade de o dispositivo poder ser interpretado constitucionalmente. O juiz de primeiro grau, ainda que possa ser despertado pela alegação de inconstitucionalidade, raciocina para decidir o caso concreto. Assim, a interpretação conforme nada mais é do que um dos critérios de interpretação que o juiz deve utilizar para resolver os casos.

De qualquer forma, é indispensável pontuar que a popularização da ideia de "interpretação conforme" se deve à sua utilização no controle concentrado, por Tribunais Constitucionais conscientes de que só devem excluir o dispositivo da ordem jurídica quando impossível dele extrair uma interpretação nos termos

---

del diritto vivente. *Corte Costituzionale, giudici comuni e interpretazioni adeguatrici*. Milano: Giuffrè, 2010. p. 317 e ss.; MORELLI, Mario. Rapporti tra Corte di Cassazione e Corte Costituzionale nell'interpretazione della norma giuridica e nell'applicazione del precetto costituzionale. *Le Corti Supreme*. Milano: Giuffrè, 2001. p. 81 e ss.

da Constituição. Claramente, a técnica da "interpretação conforme" surgiu e se desenvolveu no direito constitucional dos países de Tribunal Constitucional para dogmaticamente, com base na separação entre texto e norma[12], responder aos reclamos contra a inconstitucionalidade das leis.

4. O problema da interpretação conforme no direito brasileiro

O sistema brasileiro de controle de constitucionalidade, em virtude das suas peculiaridades, estende o campo para cogitações teóricas diante do tema da interpretação conforme[13].

O sistema brasileiro não se confunde com o sistema concentrado europeu, de Tribunais Constitucionais, mas também é distinto do sistema estadunidense, de controle difuso. O sistema brasileiro não é de controle concentrado, pois admite que qualquer juiz de primeiro grau pode deixar de aplicar a lei que reputa inconstitucional diante de qualquer ação. O controle de constitucionalidade brasileiro é difuso, mas, além de poder ocorrer na forma incidental no caso concreto, pode ser realizado via ação direta proposta no Supremo Tribunal Federal.

De modo que a interpretação conforme pode ser utilizada, no direito brasileiro, pelo juiz singular que está diante do caso concreto – assim como pelos tribunais e pelo Superior Tribunal de Justiça – e pelo Supremo Tribunal Federal,

---

12. Como diz Guastini, "la norma non è cosa ontologicamente diversa dalla disposizione: è semplicemente la disposizione *interpretata* e pertanto riformulata, o, da un altro punto di vista, un enunciato (interpretante) di cui l'interprete assume la sinonímia con l'enunciato interpretato (la disposizione)" (GUASTINI, Riccardo. *Interpretare e argomentare*. p. 65).
13. Sobre a interpretação conforme no direito brasileiro, ver MENDES, Gilmar; e BRANCO, Paulo G. *Curso de direito constitucional*. São Paulo: Saraiva, 2011. p. 1363-1372; BARROSO, Luís Roberto. *Interpretação e aplicação da Constituição*. São Paulo: Saraiva, 2004. p. 190 e ss.; TAVARES, André Ramos. *Fronteiras da hermenêutica constitucional*. São Paulo: Método, 2006. p. 133 e ss.; BITTENCOURT, Carlos Alberto Lúcio. *O controle jurisdicional da constitucionalidade das leis*. Brasília: Ministério da Justiça, 1997. p. 143 e ss.; APPIO, Eduardo Fernando. *Interpretação conforme à Constituição. Instrumentos de tutela jurisdicional dos direitos fundamentais*. Curitiba: Juruá, 2002; ÁVILA, Ana Paula Oliveira. *A modulação de efeitos temporais pelo STF no controle de constitucionalidade*. Porto Alegre: Livraria do Advogado, 2009; MENDES, Gilmar. A declaração de nulidade da lei inconstitucional, a interpretação conforme à Constituição e a constitucionalidade da lei na jurisprudência da Corte Constitucional alemã. *Cadernos de Direito Tributário e Finanças Públicas*, n. 4, 1993; MACIEL, Silvio Luiz. Controle de constitucionalidade e a interpretação conforme à Constituição. *Revista de Direito Constitucional e Internacional*, v. 53; Gerson dos Santos Sicca. A interpretação conforme à Constituição – *Verfassungskonforme Auslegung* – no direito brasileiro, *Revista de Informação Legislativa*, n. 143. Para uma análise crítica da definição e do uso da interpretação conforme, ver SILVA, Virgílio Afonso da. Interpretação conforme à Constituição: entre a trivialidade e a centralização judicial. *Revista Direito GV*, v. 2, n. 1, 2006.

seja em virtude de recurso extraordinário ou de ação direta. Isso quer dizer que o problema da interpretação conforme no direito brasileiro se acentua, na medida em que o juiz singular, no Brasil, pode deixar de aplicar a lei inconstitucional, ao contrário, por exemplo, do juiz italiano, que, diante de um caso concreto, apenas pode invocar a questão constitucional, a ser decidida pela Corte Constitucional. Além do mais, a Suprema Corte que detém poder para controlar a constitucionalidade via ação direta – o Supremo Tribunal Federal –, no direito brasileiro também possui poder para controlar a constitucionalidade quando do julgamento do recurso extraordinário, ou seja, na forma incidental.

Entretanto, a maior dificuldade imposta pelo sistema brasileiro deriva da chamada regra da reserva do plenário, resultante do art. 97 da Constituição Federal, que afirma que os tribunais apenas podem declarar a inconstitucionalidade de lei ou ato normativo do Poder Público "pelo voto da maioria absoluta de seus membros ou dos membros do respectivo órgão especial". Por conta desta regra constitucional, o Código de Processo Civil (arts. 948 a 950) estabelece que, uma vez arguida e acolhida a arguição de inconstitucionalidade perante órgão fracionário de tribunal, a questão será submetida ao plenário ou ao órgão especial do respectivo tribunal, que só poderá decidir pela inconstitucionalidade pelo voto da maioria absoluta.

Note-se que, quando se exige a transferência de local – do órgão fracionário para o plenário ou para o órgão especial – para o exercício do controle de constitucionalidade na forma incidental, surge a necessidade de se saber até onde deve ir a interpretação do órgão fracionário para chegar à decisão de remessa da questão. Se o órgão fracionário não pode realizar controle de constitucionalidade, a que resultado deve ele chegar para concluir que a questão de constitucionalidade deve ser submetida ao plenário ou ao órgão especial? Qual o limite do poder interpretativo do órgão fracionário e quando deve iniciar o controle de constitucionalidade do plenário ou do órgão especial?

Se todo e qualquer juiz tem poder para interpretar a lei à luz da Constituição, o colegiado que deve julgar, por exemplo, um recurso de apelação, não pode estar proibido de decidir se a lei pode ser interpretada constitucionalmente. Sendo assim, antes de remeter a questão ao plenário ou ao órgão especial, incumbe ao colegiado tentar interpretar a lei conforme à Constituição. Portanto, só há racionalidade na remessa da questão quando o órgão fracionário se dá por vencido diante da possibilidade de interpretar o dispositivo nos termos da Constituição. Antes disso, ao menos de acordo com o sistema regrado pela Constituição e pelo Código de Processo Civil brasileiros, não há controle de constitucionalidade, mas interpretação conforme ou nos termos da Constituição.

O sistema brasileiro, particularmente o procedimento para o controle incidental nos tribunais, obriga à distinção entre interpretação conforme e controle de constitucionalidade. Do controle de constitucionalidade que inicia a partir do esgotamento da possibilidade de interpretação conforme ou de acordo com a Constituição só pode advir (i) a declaração de que o dispositivo é inválido; (ii) uma interpretação que reconfigura o dispositivo para permitir surgir um resultado constitucional; ou (iii) diante do erro cometido pelo colegiado originário ao remeter a questão, uma interpretação constitucional sem a alteração do texto – que, na verdade, deveria ter sido a interpretação firmada pelo próprio órgão fracionário.

Se o controle de constitucionalidade, em virtude das imposições do sistema brasileiro, difere da interpretação da lei nos termos da Constituição, essa diferença não pode ser apagada quando o juiz singular ou o próprio Supremo Tribunal Federal trata da lei em face da Constituição no curso de uma ação concreta. Só há controle incidental de constitucionalidade, seja diante do raciocínio do juiz ou do Supremo Tribunal Federal, quando se passa do limite da interpretação constitucionalmente possível, chegando-se à declaração de inconstitucionalidade ou à remodelação do texto para a explicitação de norma conforme à Constituição.

Esclareça-se que, quando se chega à conclusão de que o dispositivo permite interpretação constitucional depois de submetida a questão constitucional ao plenário ou ao órgão especial – no incidente de arguição de inconstitucionalidade perante os tribunais – ou proposta ação direta no Supremo Tribunal Federal, há uma resposta que, não obstante *em essência constitua uma interpretação constitucional*, é formulada num procedimento instituído para o controle de constitucionalidade. A interpretação, nesta situação, destina-se a evitar a declaração de inconstitucionalidade ou a manipulação do texto e, assim, representa resposta a uma pretensão de inconstitucionalidade.

5. A jurisprudência brasileira diante da questão constitucional perante os órgãos fracionários dos tribunais

A Súmula Vinculante 10 do Supremo Tribunal Federal diz que "viola a cláusula de reserva de plenário (CF, art. 97) a decisão de órgão fracionário de Tribunal que, embora não declare expressamente a inconstitucionalidade de lei ou ato normativo do poder público, afasta sua incidência, no todo ou em parte". Antes da edição desta súmula eram frequentes decisões que deixavam de aplicar a lei sem demonstrar a inconstitucionalidade, bem como decisões que justificavam a não aplicação da lei com base em critérios insuficientes, fugindo do problema da inconstitucionalidade. Tudo isso para não remeter a questão ao órgão competente para o controle de constitucionalidade.

O Supremo Tribunal Federal já declarou que "equivale à própria declaração de inconstitucionalidade a decisão de Tribunal que, sem proclamá-la, explícita e formalmente, deixa de aplicar, afastando-lhe a incidência, determinado ato estatal subjacente à controvérsia jurídica, para resolvê-la sob alegação de conflito com critérios resultantes do texto constitucional"[14]. Como está claro, o objetivo da súmula é evitar a não aplicação da lei sem a declaração e a devida justificativa da sua inconstitucionalidade, que, nos termos do art. 97 da Constituição Federal, dependem do voto da maioria absoluta dos membros do plenário ou do órgão especial do tribunal.

Como não é difícil perceber, o que está por detrás da Súmula Vinculante 10 é um problema de fundamentação ou, mais precisamente, de justificativa. Ora, nenhum juiz pode deixar de aplicar uma lei sem demonstrar a sua inconstitucionalidade, de modo que o órgão fracionário jamais poderá deixar de aplicar determinado dispositivo legal sem a prévia aprovação do plenário ou do órgão especial do seu tribunal.

Perceba-se, portanto, que a Súmula 10 tem o único objetivo de evitar a não aplicação da lei, o que equivale a uma declaração de inconstitucionalidade branca ou forjada. A súmula não nega, nem poderia, o poder do órgão fracionário de interpretar a lei, inclusive na forma da Constituição, para decidir o recurso ou o caso.

Contudo, alguém poderia imaginar que o órgão fracionário está proibido de interpretar a lei conforme à Constituição quando uma das partes alega que o dispositivo legal é inconstitucional. Ou seja, seria possível supor que, não obstante a Súmula 10 só vede a não aplicação da lei, o art. 97 da Constituição também proibiria a interpretação conforme. O equívoco adviria da aceitação, viciada, de que a interpretação conforme não pode ser outra coisa do que controle de constitucionalidade, o que levaria à falsa conclusão de que o juiz, ao tentar interpretar nos termos da Constituição, estaria realizando controle e, portanto, usurpando o poder do plenário ou do órgão especial e, desta forma, violando a regra da reserva do plenário, contida no art. 97 da Constituição.

A Câmara ou Turma obviamente não podem ser destituídas do uso de um cânone de interpretação que o juiz necessariamente deve poder usar para poder decidir. De outra maneira, sob o pretexto de excluir o controle de constitucionalidade, estaria sendo usurpado o poder de interpretar a lei e, assim, o próprio poder de decidir à luz do direito. Aliás, mesmo nos países em que o controle incidental de constitucionalidade é reservado à Corte Constitucional, os juízes, antes de remeter a questão para a Corte, tentam encontrar interpretação constitucional e, em alguns casos – como no direito italiano – são literalmente obrigados a esgotar as tentativas de interpretação conforme, justificando-as, sob pena de inadmissibilidade do processamento do controle de constitucionalidade perante a Corte Constitucional.

Ora, quando ainda se está no quadro da interpretação constitucional possível, ou seja, dentro dos limites em que a interpretação é realizada nos termos da

---

14. STF, AgRg no AgIn 472897, 2ª T., rel. Min. Celso de Mello, *DJe* de 26.10.2007.

Constituição sem a necessidade de alteração do sentido do dispositivo, não há que se pensar em controle de constitucionalidade. Para se admitir o controle de constitucionalidade, aí incluída a alteração do sentido do dispositivo legal para a sua preservação, o órgão fracionário deve desenvolver argumentação capaz de evidenciar a impossibilidade da interpretação do dispositivo na forma constitucional. Trata-se de condição imprescindível para a demonstração do cumprimento de ônus argumentativo indispensável para a passagem ao controle de constitucionalidade. Isso deveria ser óbvio, já que falar em controle de constitucionalidade e em salvaguardar o texto legal só tem razão de ser quando este não pode ser interpretado constitucionalmente.

Na verdade, entender que a instauração do controle de constitucionalidade depende do esgotamento da tentativa de se extrair do dispositivo interpretação conforme à Constituição é, além de conclusão lógica e teoricamente correta, uma forma de eliminar a zona de incerteza que caracteriza quase que a totalidade das decisões que submetem e não submetem a "questão constitucional" ao juízo do plenário ou do órgão especial. Como a jurisprudência e a doutrina não elaboram critérios para orientar quando uma questão de direito deixa de ser questão de interpretação (constitucional) para se tornar questão (de controle) de constitucionalidade, são frequentes as decisões que se valem do *slogan* "dúvida constitucional" para nada dizer, incidindo em vício similar ao daqueles que desconsideram a lei sem demonstrar a sua inconstitucionalidade.

Ora, se a "dúvida constitucional" é resultado imediato da alegação de inconstitucionalidade de uma das partes, desta forma se retira do órgão fracionário o poder de interpretar a lei conforme à Constituição. Porém, se a "dúvida" é a que diz respeito ao "sentimento" ou à "impressão" dos juízes acerca da possível inconstitucionalidade do dispositivo – já que esta "dúvida" não pode ser racionalizada –, abre-se oportunidade não apenas para a insegurança jurídica, mas também para decisões arbitrárias, seja daqueles que querem decidir em detrimento do plenário ou do órgão especial, seja daqueles que preferem abdicar da discussão da questão e do seu dever de interpretar.

Não há alternativa a não ser subordinar a remessa da questão à tentativa de interpretação constitucional do dispositivo, obviamente que mediante a devida justificativa. A remessa da questão, vista como o encerramento da fase interpretativa e o início do controle de constitucionalidade, exige que o órgão fracionário justifique a impossibilidade de extração de uma interpretação conforme à Constituição do dispositivo legal. Nessa perspectiva, enquanto a remessa da questão só é possível quando o órgão fracionário demonstra que não conseguiu interpretar a lei nos termos da Constituição, o julgamento do recurso, sem a remessa da questão, exige devida justificativa da interpretação constitucional conferida à lei.

A necessidade de uma justificativa racional à interpretação da lei nos termos da Constituição elimina a possibilidade de aplicação de lei inconstitucional ou mesmo a alteração ou a manipulação do texto legal para o encontro de um significado constitucional. Note-se que, deste modo, resolve-se a situação que pretendeu ser evitada pela Súmula Vinculante 10. Mediante a exigência de devida justificativa da interpretação constitucional, inibe-se a aplicação de um texto inconstitucional de modo forjado, com argumentos insuficientes. E também se impede que o texto seja manipulado mediante extrações ou adições que, claras na norma extraída do dispositivo, são suficientes para ver que o dispositivo originário não está sendo aplicado ao caso concreto.

Lembre-se, para ilustrar o problema, das *"variadas"* decisões que foram proferidas por Tribunais de Justiça diante do art. 1.790, III, do Código Civil, que estabeleceu regimes sucessórios distintos para cônjuges e companheiros. A diferenciação dos regimes sucessórios, expressamente estabelecida no art. 1.790, III, foi analisada em face do art. 226, § 3º, da Constituição Federal. Diz o art. 1.790: "A companheira ou o companheiro participará da sucessão do outro, quanto aos bens adquiridos onerosamente na vigência da união estável, nas condições seguintes: I – se concorrer com filhos comuns, terá direito a uma quota equivalente à que por lei for atribuída ao filho; II – se concorrer com descendentes só do autor da herança, tocar-lhe-á a metade do que couber a cada um daqueles; III – *se concorrer com outros parentes sucessíveis, terá direito a um terço da herança*; IV – não havendo parentes sucessíveis, terá direito à totalidade da herança". Por sua vez, estabelece o art. 226, § 3º, da Constituição Federal: "A família, base da sociedade, tem especial proteção do Estado. [...] § 3º Para efeito da proteção do Estado, é reconhecida a união estável entre o homem e a mulher como entidade familiar, devendo a lei facilitar sua conversão em casamento". Diante deste panorama, os tribunais passaram a ser indagados se, tendo a Constituição equiparado a união estável ao casamento, o art. 1.790, III, do Código Civil, poderia ter atribuído ao sobrevivente da união estável, em caso de *"outros parentes sucessíveis, um terço da herança"*, quando, no caso de casamento, o cônjuge, em idêntica situação, *tem direito à totalidade da herança*, conforme o art. 1.829 do Código Civil. Perguntou-se, por exemplo, se tendo o falecido deixado sobrinhos, a regra do art. 1.790, III, ao atribuir ao sobrevivente da união estável um terço da herança, seria compatível com o art. 226, § 3º, da Constituição.

O que aqui interessa é a forma como os tribunais responderam a tais indagações. Sem remeter a questão para o órgão especial, a 8ª Câmara de Direito Privado do Tribunal de Justiça de São Paulo, em 2009, deixou de aplicar o art. 1.790, III, do Código Civil, falando em *"afronta aos princípios da igualdade e da dignidade da pessoa humana* e leitura sistematizada do próprio Código Civil"[15]. Em junho de 2010, a 1ª Câmara de Direito Privado do Tribunal de Justiça de São Paulo decidiu que a regra do art. 1.790, III, do Código Civil, "deve ser interpretada

---

15. TJSP, AI 609.024-4/4, 8ª CDPriv, rel. Des. Caetano Lagrasta, j. 06.05.2009.

restritivamente, devendo-se estender ao companheiro a prevalência estabelecida nos artigos 1.829 e 1.838, à luz do art. 226, § 3º, da Constituição Federal"[16]. A mesma 1ª Câmara de Direito Privado do Tribunal de Justiça de São Paulo, em agosto de 2010, confessou não estar aplicando o art. 1.790, III, sob a seguinte ementa:

> Disputa entre o companheiro e os irmãos da falecida, pelos bens do espólio – Interpretação harmônica do sistema jurídico de proteção às entidades familiares e do direito à herança – Inexistência de hierarquia entre a união estável e o casamento – *Princípio constitucional da igualdade entre entidades familiares – Inaplicabilidade do art. 1.790 do CC* – Incidência dos artigos 1.829, III e 1.838, CC – Atribuição ao companheiro dos mesmos direitos do esposo viúvo, quanto à sucessão hereditária[17].

As três decisões do Tribunal de Justiça de São Paulo, embora tenham optado por não submeter a questão de constitucionalidade ao órgão especial, claramente deixaram de aplicar a regra do art. 1.790, III, do Código Civil, por incompatibilidade com a Constituição Federal. Aliás, não apenas confessaram não estar aplicando o art. 1.790, III, do Código Civil, como admitiram a incompatibilidade da regra legal com a Constituição, invocando o seu art. 226, § 3º, e os princípios constitucionais da igualdade entre entidades familiares e da dignidade da pessoa humana. As três decisões, portanto, não conseguiram esconder que, implicitamente, admitiram a inconstitucionalidade do art. 1.790, III, do Código Civil, violando o art. 97 da Constituição Federal.

É curioso, no entanto, que o acórdão que fala expressamente em inaplicabilidade do art. 1.790, III, do Código Civil, por "afronta aos princípios da igualdade e da dignidade da pessoa humana", assim adverte em sua fundamentação:

> É função do julgador, ao exercer a atividade hermenêutica, *procurar entre as interpretações possíveis de uma norma aquela que está em consonancia com a Constituição e seus princípios, afastando em qualquer processo a incidencia daquelas que afrontam os preceitos fundamentais.* A atuação do Judiciário deve ser no sentido de buscar a harmonia do sistema jurídico e a adequação da Justiça à realidade social. Inegável que o tratamento sucessório diferenciado dado ao companheiro sobrevivente em comparação com o cônjuge sobrevivente é discriminatório e não deve prevalecer diante da isonomia entre união estável e o casamento, assegurada pelo citado art. 226, § 3º, da CF, devendo a sucessão do companheiro observar a mesma disciplina da sucessão legítima do cônjuge[18].

---

16. TJSP, AI 990.10.033903-6, 1ª CDPriv, rel. Des. Rui Calcaldi, j. 22.06.2010.
17. TJSP, AI 990.10.133163-2, 1ª CDPriv, rel. Des. Paulo Eduardo Razuk, j. 17.08.2010.
18. TJSP, AI 609.024-4/4, 8ª CDPriv, rel. Des. Caetano Lagrasta, j. 06.05.2009.

Como se vê, embora o acórdão fale em inaplicabilidade do art. 1.790, III, argumentando a sua incompatibilidade com a Constituição, ele também afirma, em tom retórico, que o juiz deve procurar, "*entre as interpretacões possíveis de uma norma, aquela que está em consonancia com a Constituição e seus princípios*". Sucede que o acórdão não demonstra qualquer interpretação constitucional do art. 1.790, III, do Código Civil. Ao contrário, o acórdão invoca doutrina que propõe a revogação do art. 1.790 do Código Civil, ementas de Encontro de Juízes que afirmam a sua inconstitucionalidade e, pouco antes de concluir, alude a projetos de lei, advertindo que o mais recente deles "é no sentido de *suprimir o referido artigo*, equiparando o direito sucessório do companheiro sobrevivente ao do cônjuge supérstite". Ora, esta decisão do Tribunal de Justiça de São Paulo se vale claramente de argumentação incapaz de justificar interpretação constitucional do art. 1.790, III. Portanto, constitui genuíno exemplo de manipulação da argumentação para a não declaração de inconstitucionalidade de uma lei, em clara violação à Sumula Vinculante 10 do Supremo Tribunal Federal[19].

Para se evitar situações deste tipo, em que se deixa de aplicar a lei sem a demonstração da sua inconstitucionalidade, bem como a submissão da questão ao órgão especial quando a lei pode ser interpretada constitucionalmente, há que se ter claro que o órgão fracionário, ao se deparar com questão de constitucionalidade, *deve* submetê-la ao controle de constitucionalidade quando *não consegue* demonstrar que a lei pode ser interpretada nos termos da Constituição – como ocorreu nas três decisões antes invocadas. Como a impossibilidade de interpretação constitucional tem como consequência o controle de constitucionalidade, o órgão fracionário tem o dever de demonstrar a impossibilidade de interpretação para remeter a questão e, inversamente, uma adequada e real interpretação constitucional para decidir o recurso ou o caso[20].

---

19. Lembre-se que, em setembro de 2011, o órgão especial do Tribunal de Justiça de São Paulo rejeitou, por dezessete votos a sete, arguição de inconstitucionalidade do art. 1.790, III, do Código Civil, sob o fundamento de que a Constituição Federal não equiparou a união estável ao casamento – mas apenas facilitou sua conversão – e o legislador, no art. 1.790, III, do Código Civil, optou por "tratar de forma diferente entidades diferentes". (TJSP, Arguição de Inconstitucionalidade 0434423-72.2010.8.26.0000, Órgão Especial, rel. Des. Cauduro Padin, j. 14.09.2011).

20. Afirma-se, no direito alemão, que a tentativa de interpretar a lei em conformidade com a Constituição é um dever do juiz do caso, que se fundamenta na proibição de aplicar uma lei inconstitucional e na regra que impõe a remessa da questão constitucional à Corte. Cf. LUTHER, Jörg. Le interpretazioni adeguatrici nel diritto tedesco vivente. *Corte Costituzionale, giudici comuni e interpretazioni adeguatrici*. Milano: Giuffrè, 2010. p. 219-220. Ver ZIERLEIN, Karl-Georg. Zur Prozeßverantwortung der Fachgerichte im Lichte der verwerfungskompetenz des Bundesverfassungsgerichts nach Art. 100 Abs. 1 GG. *Festschrift für Ernst Benda*. Heidelberg: C. F. Müller, 1995. p. 472 e ss.

6. O dever de o juiz buscar a interpretação conforme, antes de suscitar a inconstitucionalidade à Corte Constitucional, no sistema italiano

No sistema italiano, o controle incidental de constitucionalidade é reservado à Corte Constitucional, que depende, assim, de manifestação do juiz do caso concreto. Com o passar do tempo, a Corte Constitucional passou a exigir que o juiz, antes de suscitar a dúvida de constitucionalidade, tente realizar a interpretação da lei conforme à Constituição. Assim, além de a questão ter que ser relevante (*rilevanza della questione*) e fundada (*non manifesta infondatezza*), estabeleceu-se como requisito para a sua admissibilidade a demonstração, por parte do juiz suscitante, de que o texto legal não lhe permitiu chegar a uma interpretação nos termos da Constituição[21]. Embora se tenha tentado encartar a necessidade do exaurimento da interpretação conforme em um dos requisitos de admissibilidade antes referidos – *rilevanza* e *non manifesta infondatezza* –, prevaleceu a tese de que o dever de interpretação conforme constitui uma espécie de precondição da questão de legitimidade constitucional, ou seja, do exercício do controle de constitucionalidade por parte da Corte[22].

Frise-se que, na Alemanha, o *Bundesverfassungsgericht* também entende que o juiz do caso não pode deixar de tentar discutir a possibilidade de interpretação conforme antes de submeter a lei ao seu controle[23]. No direito espanhol, o n. 3 do art. 5º da *Ley Orgánica del Poder Judicial* (LOPJ) expressamente afirma que o juiz só pode submeter a questão ao Tribunal Constitucional quando não for possível acomodar o dispositivo legal à Constituição[24]. Quando se afirma que a Corte

---

21. "Accanto alla verifica sulla rilevanza e la non manifesta infondatezza della questione di costituzionalità, la più recente giurisprudenza ha aggiunto, come detto, un terzo obbligo per il giudice, *consistente nella necessaria dimostrazione di aver ricercato e privilegiato le possibili ipotesi interpretative che consentano di adeguare la disposizione di legge alla Costituzione*. La Corte ha infatti affermato che il giudice deve far uso dei propri poteri interpretativi tutte le volte che una questione di costituzionalità può essere risolta attraverso un'interpretazione conforme alla Costituzione, dal momento che una legge si dichiara incostituzionale non perché è possibile darne interpretazioni incostituzionali, ma perché è impossibile darne interpretazioni costituzionali". (MALFATTI, Elena; PANIZZA, Saulle; e ROMBOLI, Roberto. *Giustizia Costituzionale*. Torino: Giappichelli, 2011. p. 110).
22. SORRENTI, Giusi. La Costituzione "sottintesa". *Corte Costituzionale, giudici comuni e interpretazioni adeguatrici*. p. 29.
23. BVerfGe, 68, 377 (344); 85, 329 (333). Ver LUTHER, Jörg. Le interpretazioni adeguatrici nel diritto tedesco vivente. *Corte Costituzionale, giudici comuni e interpretazioni adeguatrici*. p. 222 e ss.
24. *Ley Orgánica del Poder Judicial* (LOPJ), art. 5º, n. 3: "Procederá el planteamiento de la cuestión de inconstitucionalidad cuando por vía interpretativa no sea posible la acomodación de la norma al ordenamiento constitucional".

Constitucional não pode atuar sem com que o juiz suscitante tenha se desincumbido do dever de verificar se a lei pode ser interpretada conforme à Constituição, tempera-se com grande vigor a submissão do juiz à lei, eliminando-se o fosso que separava a jurisdição constitucional – privativa da Corte Constitucional – e a jurisdição comum[25]. Além de não mais haver dúvida de que todos os juízes devem interpretar a lei nos termos da Constituição, vai-se além, admitindo-se que o juiz e os tribunais não têm motivo para solicitar a análise da constitucionalidade quando a lei pode ser interpretada conforme à Constituição.

Se a *Corte Costituzionale* não pode analisar a constitucionalidade da lei quando o juiz não se desincumbiu do dever de interpretá-la nos termos da Constituição, a Corte acaba por também abrir mão da sua função interpretativa, embora por uma razão distinta daquela que lhe levou a renunciar a sua função interpretativa em face do *diritto vivente*[26]. Nesse último caso, a Corte Constitucional optou por não rivalizar com a Corte de Cassação a respeito de a quem incumbe definir a interpretação da lei[27], mas, ao preferir não atuar quando o juiz não se desincumbiu de tentar outorgar ao texto legal um sentido conforme à Constituição, a Corte quis evitar dúvidas de constitucionalidade descabidas, priorizando a sua função de Corte constitucional, e ao mesmo tempo condicionar a tarefa do juiz à Constituição.

Ao exigir, como condição para a análise da dúvida de constitucionalidade, a tentativa de se dar interpretação constitucional à lei, a Corte admite que, quando o juiz não demonstrou que a lei não pode ser interpretada nos termos da Constituição, a dúvida deve ser inadmitida. Entretanto, daí não se deve retirar a consequência de que a Corte fica sem a possibilidade de dissociar a admissibilidade do mérito, tendo que, necessariamente, declarar a inconstitucionalidade da lei quando o juiz demonstrou ser inviável a interpretação conforme. Fosse assim,

---

25. SORRENTI, Giusi. *L'interpretazione conforme a Costituzione*. p. 57 e ss.
26. Sobre o tema do *"diritto vivente"* e o problema da relação entre a Corte de Cassação e a Corte Constitucional italianas, ver CRISAFULLI, Vezio. Questioni in tema di interpretazione della Corte costituzionale nei rapporti con l'interpretazione giudiziaria. *Giurisprudenza Costituzionale*. p. 929 e ss.; DEMMIG, Adele Anzon. La problematica convivenza della dottrina dell'interpretazione conforme a Costituzione con la dottrina del diritto vivente. *Corte Costituzionale, giudici comuni e interpretazioni adeguatrici*. Milano: Giuffrè, 2010. p. 317 e ss.; MORELLI, Mario. Rapporti tra Corte di Cassazione e Corte Costituzionale nell'interpretazione della norma giuridica e nell'applicazione del precetto costituzionale. *Le Corti Supreme*. Milano: Giuffrè, 2001. p. 81 e ss.; D'ATENA, Antonio. Interpretazioni adeguatrici, diritto vivente e sentenze interpretative delle Corte Costituzionale. *Corte Costituzionale, giudici comuni e interpretazioni adeguatrici*. Milano: Giuffrè, 2010. p. 347.
27. CONSO, Giovanni. Ruolo e funzioni della Corte di Cassazione nell'ottica dei rapporti di costituzionalità. *La Corte di Cassazione nell'ordinamento democratico*. Milano: Giuffrè, 1996. p. 13 e ss.

a função da Corte teria passado a ser a de declarar a inconstitucionalidade da lei que não pôde ser interpretada conforme à Constituição pela magistratura.

Isso seria absurdo especialmente quando se considera que a Corte constitucional italiana, logo nos primeiros anos da sua existência, elegeu a interpretação conforme como técnica de controle da constitucionalidade, ou seja, como técnica para a acomodação do texto legal ao sentido da Constituição, evitando a declaração da sua inconstitucionalidade. De qualquer forma, diante apenas do critério da exigibilidade de tentativa de interpretação conforme, seria possível perguntar se a Corte Constitucional italiana teria outorgado à magistratura, ainda que indiretamente, poder para controlar a constitucionalidade?[28]

Esta pergunta interessa menos do que saber se a interpretação conforme, realizada pela magistratura italiana, constitui efetivo controle de constitucionalidade. Realmente, se a interpretação conforme, atribuível a todo juiz italiano como pressuposto para a admissibilidade da dúvida constitucional, acaba por negar a possibilidade de a Corte exercer o controle de constitucionalidade, de duas uma: ou a magistratura tem poder para exercer controle difuso da constitucionalidade ou, preservado o sistema exclusivo de controle de concentrado, a interpretação conforme constitui o resultado esperado de todo e qualquer juiz que tem a função de resolver casos conflitivos concretos.

Para quem olha para o sistema brasileiro, em que o juiz tem poder para controlar a constitucionalidade, importa desmistificar, ou melhor, esclarecer o argumento de que o juiz faz controle de constitucionalidade sempre que busca uma interpretação constitucional à lei. Note-se que, se realizar interpretação conforme nada mais é do que descartar uma ou algumas interpretações e frisar outra que esteja de acordo ou conforme à Constituição, não há qualquer diferença entre dizer que o juiz italiano faz interpretação conforme e o juiz brasileiro realiza controle de constitucionalidade.

Como se vê, a questão, a princípio de caráter formal, relativa a saber se o juiz deve tentar interpretar a lei conforme à Constituição antes de submetê-la ao controle de constitucionalidade, traz outra, muito mais complexa e sofisticada, a exigir uma tentativa de diferenciação entre a interpretação que atribui significado à

---

28. A doutrina italiana reconhece que, quando se admitiu o dever de interpretação conforme do juiz, o controle concentrado ficou muito próximo do controle difuso. Assim, ONIDA, Valerio. L'attuazione della Costituzione fra magistratura e Corte costituzionale. *Scritti in onore di Costantino Mortati*. Milano: Giuffrè, 1978. v. 1.; LUCIANI, Massimo. *Le decisioni processuali e la logica* del giudizio costituzionale incidentale. Padova: Cedam, 1984. p. 262; RUOTOLO, Marco. L'interpretazione conforme a Costituzione nella più recente giurisprudenza costituzionale. Una lettura alla luce di alcuni risalenti contributi apparsi nella Rivista "*Giurisprudenza Costituzionale*", *Corte Costituzionale e Processo Costituzionale*. Milano: Giuffrè, s/d. p. 993.

lei nos termos da Constituição e a interpretação que, considerando um dispositivo legal a princípio inconstitucional, é própria ao controle de constitucionalidade[29].

Esta tarefa, além de desembocar no problema dos limites da função interpretativa e da função do controle de constitucionalidade, requer a compreensão de que os limites da interpretação, no controle de constitucionalidade, estão além dos limites da interpretação própria à atribuição de significado a um texto legal.

7. Interpretação conforme e decisão manipulativa na Corte Constitucional italiana

A consideração das decisões manipulativas da Corte Constitucional italiana é extremamente útil ao propósito de tentar estabelecer uma diferença entre interpretação conforme – ou nos termos da Constituição – e controle de constitucionalidade mediante a preservação da lei, e, por consequência, situar os limites da interpretação da lei e do controle de constitucionalidade, com repercussão sobre a delimitação das funções do Superior Tribunal de Justiça e do Supremo Tribunal Federal.

Lembre-se que a teoria que separa texto e norma[30] tem íntima relação com o momento em que a Corte Constitucional italiana admitiu, para preservar a lei, a declaração de inconstitucionalidade de uma interpretação com a consequente afirmação de outra interpretação conforme à Constituição. Este modo de conceber o controle de constitucionalidade faz eco à teoria que vê a norma no resultado da interpretação que recai sobre o texto da lei[31]. Nessa linha, a lei só é inconstitucio-

---

29. Lembre-se que a doutrina alemã também se preocupou em distinguir a interpretação conforme que se realiza no controle de constitucionalidade da interpretação da lei nos termos da Constituição. Ver BETTERMANN, Karl A. *Die verfassungskonforme Auslegung: Grenzen und Gefahren*. Heidelberg: Müller Verlag, 1986. p. 112 e ss.; SKOURIS, Wassilios. *Teilnichtigkeit von Gesetzen*. Berlin: Duncker & Humblot, 1973. p. 90-94; STERN, Klaus. *Das Staatrecht der Bundesrepublik*, Band III/1. München: Verlag C. H. Beck, 1977. p. 110 e ss.
30. ASCARELLI, Tullio. Giurisprudenza costituzionale e teoria dell'interpretazione. *Rivista di diritto processuale*, p. 351 e ss., 1957; CRISAFULLI, Vezio. Disposizione (e norma). *Enciclopedia del diritto*, 1964. p. 207. Mais recentemente, TARELLO, Giovanni. *L'interpretazione della legge*. Milano: Giuffrè, 1980. p. 61 e ss.; GUASTINI, Riccardo. *Interpretare e argomentare*. Milano: Giuffrè, 2011. p. 63-64; CHIASSONI, Pierluigi. *Tecnica dell'interpretazione giuridica*. Bologna: Il Mulino, 2007. p. 142 e ss.
31. Esse sentido de norma nada tem a ver com aquele que lhe foi atribuído pela doutrina que via a sentença como *norma individual* que particulariza a norma geral (KELSEN, Hans. *Jurisdição constitucional*. São Paulo: Martins Fontes, 2003. p. 151). A norma, vista como resultado da atividade interpretativa, obviamente não almeja ser a parte dispositiva (que define o litígio) da sentença. Esta "norma" se destina a fundamentar a parte dispositiva e, assim, não pretende ser pensada como uma norma individual que regula o caso concreto. A diferença entre essas duas situações pode ser bem captada mediante os

nal quando não abre oportunidade a uma norma conforme à Constituição. Se o texto legal permite surgir interpretações inconstitucional e constitucional, não há razão para admitir a invalidade da lei, mas, ao contrário, há motivo para frisar que apenas uma das interpretações – ou das normas – é possível.

Mas a separação entre dispositivo e norma acabou também servindo para a Corte Constitucional declarar a inconstitucionalidade de uma parte da norma – vista como significado do dispositivo –, preservando-se a outra. Nessa situação, fala-se em acolhimento parcial de inconstitucionalidade, mas a decisão, ainda que se referira ao dispositivo, elimina uma parte *do seu significado*. Como exemplo, alude-se à *sentenza* n. 63 de 1966, em que se declarou inconstitucional os artigos 2.948, n. 4, 2.955, n. 2 e 2.956, n. 1, do Código Civil, na parte em que admitem que a prescrição das verbas trabalhistas corra no período da relação de emprego. Ao tratar da inconstitucionalidade destas normas, a Corte afirmou que a Constituição, ainda que admita a prescrição do direito ao salário, não permite o seu curso durante a relação de emprego. No entanto, tais dispositivos ainda hoje têm plena aplicação[32], admitindo-se a prescrição das verbas trabalhistas, mas com a impossibilidade da instauração do prazo prescricional durante a relação de emprego.

---

conceitos de justificação interna e justificação externa, desenvolvidos pelo jusfilósofo polonês Jerzy Wróblewski (Legal syllogism and rationality of judicial decision. *Rechtstheorie*. v. 5, parte 1, p. 33-46). A justificação interna de uma decisão judicial ocorre quando uma decisão é inferida de suas premissas em conformidade com uma regra de inferência aceita. É o que ocorre na particularização da norma geral através de uma subsunção. Já na justificação externa, o que está em jogo não é a validade da inferência, mas a validade das premissas. A justificação externa de uma decisão exige demonstração de que suas premissas são consistentes. A cristalização da interpretação lida exatamente com isso. Essa distinção mostra que o resultado de uma justificação externa nunca é suficiente para produzir a norma individual do caso. Ela é bastante apenas para formular a premissa que servirá para a inferência dessa norma.

32. Codice Civile
Art. 2.948.
(Prescrizione di cinque anni).
Si prescrivono in cinque anni:
[...]
4) gli interessi e, in generale, tutto cio' che deve pagarsi periodicamente ad anno o in termini piu' brevi;
[...].
Art. 2.955.
(Prescrizione di un anno).
Si prescrive in un anno il diritto:
[...]
2) dei prestatori di lavoro, per le retribuzioni corrisposte a periodi non superiori al mese;

A doutrina italiana reconhece a natureza manipulativa e, em certo sentido, criativa e inovadora das decisões como a proferida na *sentenza* n. 63 de 1966. Zagrebelsky, por exemplo, diz que tais decisões devem ser classificadas entre as manipulativas[33], consignando que a eliminação de uma cláusula negativa ou restritiva pode significar a criação de norma originariamente não desejada pelo legislador[34].

São igualmente manipulativas as chamadas decisões *aggiuntive* ou *additive*, que tomam em conta uma omissão inconstitucional do legislador[35]. As decisões aditivas atuam diante de situações opostas às das decisões que acolhem a inconstitucionalidade parcial da norma. No caso das decisões aditivas, falta algo para que a norma, a princípio extraível do dispositivo legal, guarde total compatibilidade com a Constituição[36]. Nessa situação, a Corte intervém para declarar inconstitucional a falta de um significado que o dispositivo legal não oferta. Há declaração de inconstitucionalidade da omissão e adição da norma que falta para que, então, a normatividade oferecida pelo dispositivo tenha plena aderência à Constituição[37].

[...].
Art. 2.956.
(Prescrizione di tre anni).
Si prescrive in tre anni il diritto:
1) dei prestatori di lavoro, per le retribuzioni corrisposte a periodi superiori al mese;
[...].

33. Sobre as sentenças manipulativas, ver BRANCA, G. L'illegittimità parziale nelle sentenze della Corte costituzionale. *La giustizia costituzionale*. Firenze: Vallecchi, 1966. p. 57 e ss.; SILVESTRI, G. Le sentenze normative della Corte costituzionale. *Giurisprudenza costituzionale*. 1981. p. 1684 e ss.; GUARINO, A. Le sentenze costituzionali "manipolative". *Studi in onore di Giocchino Scaduto*. Padova: Cedam, 1979. p. 353 e ss.
34. ZAGREBELSKY, Gustavo. Processo costituzionale. *Enciclopedia del Diritto*. v. 36, p. 655.
35. ANGELONE, M. Sentenze additive della Corte costituzionale e interpretazione adeguatrice. *Interpretazione a fini applicativi e legittimità costituzionale*. Napoli: Esi, 2006; DELFINO, F. Omissioni legislative e Corte costituzionale. *Studi in onore di Giuseppe Chiarelli*. Milano: Giuffrè, 1974. v. 2, p. 911 e ss.; D'AMICO, M. Un nuovo modello di sentenza costituzionale? *Giurisprudenza costituzionale*. 1993, II, p. 1803 e ss.; BIGNAMI, M. Brevi osservazioni sulla nozione di additività nelle decisioni della Corte costituzionale. *Giurisprudenza costituzionale*. 1996, I, p. 1243 e ss.; PICARDI, N. Le sentenze "integrative" della Corte costituzionale. *Scritti in onore di Costantino Mortati*. Milano: Giuffrè, 1977. v. 4.
36. ZAGREBELSKY, Gustavo. Processo costituzionale. *Enciclopedia del Diritto*. v. 36, p. 655.
37. "Con le prime si fa riferimento a quel tipo di pronuncia con la quale la Corte dichiara incostituzionale una certa disposizione, in quanto omette di dire qualcosa ('nella parte in cui non prevede che'). Così ad esempio può dichiarare l'incostituzionalità di una

São exemplares as sentenças n. 190/70, 63/72 e 64/72 da *Corte Costituzionale*, proferidas em face do art. 304 *bis* do Código de Processo Penal. O art. 304 *bis* previu o direito do defensor do imputado de assistir determinados atos instrutórios, mas deixou de reconhecer igual direito diante de outros atos pré-instrutórios e instrutórios, como o interrogatório do imputado, perícia, inspeção judicial, investigação pessoal etc. Considerando o art. 24 da Constituição italiana, que institui o direito à tutela jurisdicional e o direito de defesa, a Corte Constitucional entendeu que o art. 304 *bis* não poderia ter deixado de prever a possibilidade de o defensor assistir aos demais atos instrutórios, declarando a inconstitucionalidade do art. 304 *bis* na parte em que não prevê tal direito.

A *sentenza* n. 190/70, considerando o direito ao contraditório, ou seja, o direito de o defensor participar do interrogatório diante do Ministério Público, declarou a inconstitucionalidade do art. 304, bis, n. 1, limitadamente à parte em que exclui o direito do defensor do imputado de assistir ao interrogatório[38]. A *sentenza* n. 63/72 foi além, declarando a inconstitucionalidade do art. 304 *bis* na parte in *cui non prevede* o direito de o defensor participar da inspeção judicial e dos atos de investigação pessoal[39]. Por fim, a *sentenza* n. 64/72 declarou a inconstitucionalidade do art. 304 *bis* no tocante à exclusão do direito de o defensor do imputado assistir aos depoimentos testemunhais "*a futura memoria*" e ao confronto entre o imputado e tais testemunhas[40].

---

disposizione del codice di procedura penale, per la parte in cui non prevede determinatti atti siano svolti alla presenza del difensore dell'imputato, con il risultato che, a seguito di tale pronuncia, sarà obbligatoria la presenza del difensore anche per l'espletamento di attività per le quali, nella formulazione originaria della legge, essa non era prevista" (MALFATTI, Elena; PANIZZA, Saulle; e ROMBOLI, Roberto. *Giustizia Costituzionale*. p. 136-137).

38. "dichiara l'illegittimità costituzionale dell'art. 304 bis, primo comma, del codice di procedura penale, *limitatamente alla parte* in cui esclude il diritto del defensore dell'imputato di assistere all'interrogatorio" (Corte Costituzionale, sentenza n. 190, 1970).

39. "B) Dichiara l'illegittimità costituzionale:

1) dell'art. 304 bis del codice di procedura penale, nella parte *in cui non prevede* il diritto di assistenza del difensore alla ispezione giudiziale di cui all'art. 309 del codice di procedura penale;

2) dell'art. 304 ter del codice di procedura penale, nella parte *in cui non prevede* che il difensore, senza che debba essere preavvisato, possa tuttavia presenziare alla ispezione di cui sopra;

3) dell'art. 304 bis del codice di procedura penale, nella parte *in cui non prevede* il diritto di assistenza del difensore agli atti di perquisizione personale;

4) dell'art. 304 ter del codice di procedura penale, nella parte *in cui non prevede* che il difensore, senza che debba essere preavvisato, possa tuttavia presenziare alla detta perquisizione" (Corte Costituzionale, sentenza n. 63, 1972).

40. "dichiara l'illegittimità costituzionale dell'art. 304 bis del codice di procedura penale, *limitatamente alla parte* in cui esclude il diritto del difensore dell'imputato di assistere alla

Mediante tais decisões, a Corte Constitucional, estabelecendo adições que, a princípio, não poderiam ser extraídas do texto do art. 304 bis, criou uma nova norma ou uma norma mais abrangente daquela que originariamente derivava do dispositivo legal.

A *Corte Costituzionale* ainda trabalha com sentenças chamadas de substitutivas[41]. Estas sentenças são utilizadas quando o dispositivo, ao prever algo, deveria ter previsto outra coisa para estar em conformidade com a Constituição. Para solucionar o problema da inconstitucionalidade, a Corte declara a inconstitucionalidade do que foi dito e, ao mesmo tempo, acresce o que deveria ter sido dito, adequando o dispositivo à Constituição[42]. Nessa última hipótese, portanto, não basta a adição – já que não há mera omissão –, mas é necessário excluir o significado inconstitucional para incluir o constitucional[43].

Como exemplo, cabe invocar a *sentenza* n. 86 de 1977, que declarou a inconstitucionalidade de dois artigos do Código de Processo Penal na parte em que estabelecem que o Procurador-Geral, junto à Corte de Apelação, informe ao Ministro para a *grazia e giustizia*, e não ao Presidente do Conselho, no procedimento de oposição de segredo de Estado à autoridade judiciária. A Corte declarou, no dispositivo da decisão, a inconstitucionalidade dos artigos 342 e 352 do Código de Processo Penal na parte em que preveem que o Procurador-Geral, junto à Corte de Apelação, informe o Ministro para a *grazia e a giustizia* e não o Presidente do Conselho dos Ministros e na parte em que não preveem que o Presidente do Conselho dos Ministros deva fornecer, dentro de um prazo razoável, uma resposta fundada sobre as razões essenciais da eventual confirmação do segredo.

Estas decisões, especialmente as aditivas e substitutivas, alteram o significado que, a princípio, deriva da lei, ou melhor, fazem surgir uma norma que, considerado o dispositivo legal na sua origem, não existiria[44]. Não há dúvida de que estas

---

testimonianza a futura memoria (art. 357 cpv.) ed al con fronto fra imputato e testimone esaminato a futura memoria (art. 364)". (Corte Costituzionale, sentenza n. 64, 1972).

41. MODUGNO, F. Corollari del principio di legittimità costituzionale e sentenze sostitutive della Corte. *Giurisprudenza costituzionale*. 1969, I, p. 91 e ss.; PISANA, S. M. Le pronunce additive e sostitutive della Corte costituzionale. *Rivista della Corte dei Conti*, p. 309 e ss., 2006; BRUNELLI, G. Dispositivo con clausola generale, natura del tertium e tecnica argomentativa in una recente decisione sostitutiva. *Giurisprudenza costituzionale*. 1994, III, p. 4113 e ss.
42. ZAGREBELSKY, Gustavo. Processo costituzionale. *Enciclopedia del Diritto*. v. 36, p. 656.
43. SPADARO, Antonino. Le motivazioni delle sentenze della Corte come "tecniche" di creazione di norme costituzionali. *La motivazione delle decisioni della Corte costituzionale*. Torino: Giappichelli, 1994. p. 357 e ss.
44. "Attraverso un diverso tipo di decisione (pure questo originariamente non presente nello 'strumento' a dispozione e non ricavabile dal dettato legislative), la Corte ha invece proceduto direttamente ad una modificazione ed integrazione delle disposizioni

decisões, ao darem origem a normas completamente diferentes daquelas que são originárias da lei, a modificam, conferindo-lhe outro significado[45]. As decisões manipulativas alteram o significado da lei, não podendo se confundir com aquelas que interpretam a lei conforme à Constituição[46].

8. Interpretação conforme e instituição de norma compatível com a Constituição a despeito do significado do dispositivo legal

Diante das chamadas decisões manipulativas, próprias ao controle de constitucionalidade italiano, as críticas se situaram em duas direções: afirmou-se que a Corte Constitucional, especialmente ao agregar conteúdos à norma resultante do texto legal, seja mediante mera adição – diante de omissão inconstitucional –, seja em substituição, estaria realizando opções exclusivas do legislador, isto é, estaria exercendo uma atividade paralegislativa[47]. Além disso, verificou-se, em algumas ocasiões, uma espécie de "rebelião" por parte dos juízes, os quais, embora reconhecendo eficácia *erga omnes* à parte da *sentenza* que declara a inconstitucionalidade, negavam-se a seguir a parte "reconstrutiva" da decisão[48], nela vendo uma exorbitância em relação à função que a própria Constituição confere à Corte Constitucional[49].

O debate próprio ao direito italiano aponta para a pergunta de se o controle de constitucionalidade permite a elaboração de norma (interpretação-resultado) que não corresponde ao dispositivo, revelando uma vontade que, a princípio, deveria ser expressa pelo legislador[50]. Nessa dimensão aparece a velha questão de

---

sottoposte al suo esame, in modo che queste *escano dal giudizio costituzionale con una portata normative ed un contenuto diverso da quello originario*". (ROMBOLI, Roberto; e ROSSI, Emanuele. Giudizio di legittimità costituzionale delle leggi. *Enciclopedia del Diritto*. v. 18, p. 531).

45. MEZZETTI, Luca. Legittimazione democratica e tecniche interpretative della Corte Costituzionale italiana. *Pensamiento Constitutional*, ano XIV, n. 14, p. 121 e ss.
46. "Se ha qui a che fare con un insieme di tecniche di decisione che si sonno dette manipolative, per sottolineare che il loro scopo è la trasformazione del significato della legge, piuttosto che la sua eliminazione *o la sua mera interpretazione conforme alla Costituzione*" (ZAGREBELSKY, Gustavo. Processo costituzionale. *Enciclopedia del Diritto*. v. 36, p. 654).
47. SILVESTRI, Gaetano. Le sentenze normative della Corte costituzionale. *Scritti su la giustizia costituzionale in onore di Vezio Crisafulli*. Padova: Cedam, 1985. v. 1.
48. OCCHIOCUPO, Nicola. *Costituzione e Corte Costituzionale*. Milano: Giuffrè, 2010. p. 119 e ss.
49. ROMBOLI, Roberto; e ROSSI, Emanuele. Giudizio di legittimità costituzionale delle leggi. *Enciclopedia del Diritto*. v. 18, p. 531.
50. RUGGERI, Antonio; e SPADARO, Antonino. *Lineamenti di giustizia costituzionale*. Torino: Giappichelli, 2009. p. 210 e ss.

se o juiz cria o direito e, desse modo, o problema do significado de interpretação judicial. E é exatamente mediante a eliminação das dúvidas em torno da função interpretativa que se torna possível ver os limites da interpretação conforme ou nos termos da Constituição – atribuída, inclusive, aos órgãos fracionários dos Tribunais de Justiça e Regionais Federais – e, assim, separá-la da função que conduz à elaboração da norma que, a despeito do teor dispositivo, responde à Constituição.

Não há dúvida de que a teoria que separa dispositivo e norma pode causar confusão, permitindo a conclusão de que o juiz cria o direito. Ora, se o dispositivo pode abrir – e em regra abre – oportunidade a mais de uma interpretação-resultado, ou seja, a mais de uma norma possível, a lógica permite supor que o juiz, ao optar pela interpretação do dispositivo, é quem institui ou cria a norma. Desta forma, o poder de optar pela norma resultante do dispositivo acaba sendo visto como um poder de criação da norma ou do direito. Na verdade, há vários doutrinadores que pensam assim. Wróblewski, por exemplo, afirma que uma decisão interpretativa é criativa se a sua formulação não está determinada pelo direito, mas exige opções valorativas do intérprete[51].

Sucede que estabelecer a norma a partir do dispositivo obviamente nada tem a ver com estabelecer ou criar o direito, ainda que se perceba e diga que o resultado-interpretação ou a norma constitui um enunciado distinto ao dispositivo ou ao enunciado interpretando. O fato de a interpretação conduzir a outro enunciado, que pode ser visto como um algo mais em relação ao dispositivo, não quer dizer que este *plus*, mesmo que possa ser compreendido como uma novidade, constitua um direito novo, ou melhor, um direito criado pelo juiz.

A interpretação-resultado ou a norma, ainda que instituída a partir de valorações que agregam sentido ao dispositivo, é – se de criação se deseja falar – "criação" de um enunciado interpretativo, que, na verdade, depende do próprio enunciado legislativo, no sentido de que nele deve necessariamente encontrar justificativa.

Na verdade, nunca houve clareza sobre o significado de criação judicial do direito[52]. Não é porque a norma (interpretação-resultado) não preexistia ao início

---

51. WRÓBLEWSKI, Jerzy. *Constitución y teoría general de la interpretación jurídica*. Madrid: Civitas, 2001. p. 83; WRÓBLEWSKI, Jerzy. Transparency and doubt. Understanding and interpretation in pragmatics and in Law. *Law and Philosophy*. 1988.
52. Carrió, há algum tempo, disse que o tema da criação judicial do direito poderia ser reduzido a um problema terminológico e, sobretudo, de natureza política. Ver CARRIÒ, Genaro. *Notas sobre derecho y lenguaje*. Buenos Aires: Ed. Abeledo-Perrot, 1979. p. 24-51. A doutrina do jurista argentino teve grande repercussão. Veja-se, por exemplo: "Sin adoptar posturas extremas, reconocemos con Carrió, que afirmar que los jueces crean derecho es una expressíon ambigua; quizá sea esa ambigüedad la que possibilite el amplio consenso existente hoy en día al respecto. Pensamos, sin embargo, que se trata sólo de un consenso aparente, pues el significante 'los jueces crean derecho' encierra múltiples significados que dan lugar a las más diversas concepciones de la actividad

da atividade interpretativa que esta pode representar criação de um direito novo. Ainda que o novo sempre tenha alguma relação com o passado, não há novidade apenas porque há algo distinto. A interpretação não pode ser novidade em relação ao direito legislado pelo simples fato de que nele se apoia para existir.

É certo que Kelsen advertiu que a tarefa de elaborar a lei a partir da Constituição e a de proferir a sentença com base na lei têm uma diferença apenas quantitativa, e não qualitativa, consistente na circunstância de que o legislador é menos vinculado do que o juiz[53]. Entretanto, o legislador, ao editar a lei, não tem qualquer obrigação de revelar o significado da Constituição, bastando-lhe não a confrontar. Já o juiz, ao decidir, deve atribuir significado ao texto legal, o que constitui atividade, em essência, completamente distinta da do legislador. Como é sabido, o legislador tem discricionariedade para optar pela melhor regulação da vida social, respeitados os limites das proibições de excesso e de insuficiência dos direitos fundamentais[54], ao passo que o juiz, para decidir, deve aplicar a lei, estando neste sentido a ela vinculado. Se o juiz pode optar por uma ou outra interpretação, isso não quer dizer que possa fugir do texto legal, já que a sua vontade não se sobrepõe à do legislador, a menos que o produto legislativo esteja em desconformidade com a Constituição – quando o caso não mais será de interpretação, nem mesmo de interpretação nos termos da Constituição, mas de controle de constitucionalidade.

Portanto, se a interpretação-resultado pode significar que o juiz produz uma norma, é pouco mais do que evidente que a atividade e a produção judiciais

---

judicial. Desde quienes pretenden asimilar la actividad de los jueces a la de los legisladores hasta aquellos que hablan de creatividad judicial en su sentido más débil como una dimensíon necesaria en la tarea de decidir. Como ni uno ni otro extremo nos ofrecen un modelo de actividad judicial que resista su comparacíon con la realidad, creemos por el contrario que cierto grado de creacíon del derecho es inevitable y que en instancias tales como el Tribunal Constitucional y el Tribunal Supremo la creatividad judicial se asimilia a la función del legislador en lo que se ha venido llamando legislación negativa" (GIL, Ernesto J. Vidal; e PASCUAL, Cristina García. *Creacion Judicial del Derecho. Sentido y razón del derecho – enfoques socio-juridicos para la sociedad democrática*. Madrid: Hacer Editorial, 1992. p. 145-146). Ver também BULYGIN, Eugenio. ¿Los jueces crean derecho?, *XII Seminario Eduardo García Maynez sobre teoria e filosofia do direito*. Instituto de Investigaciones jurídicas y Instituto de Investigaciones Filosóficas. México: UNAM. p. 12; GUASTINI, Ricardo. Se i giudici creino diritto, *Istituzioni e dinamiche del diritto*. Milano: Giuffrè, 2009. p. 389 e ss.

53. KELSEN, Hans. *Teoria pura do direito*. 4. ed. São Paulo: Martins Fontes, 1994. p. 423 e ss. Ver Luciani, Massimo. Interpretazione conforme a Costituzione. *Enciclopedia del Diritto* (bozze collazionate). p. 56.
54. CANARIS, Claus-Wilhelm. *Direitos fundamentais e direito privado*. Coimbra: Almedina, 2003. p. 138 e ss.; SILVA, Virgílio Afonso da. *A constitucionalização do direito: os direitos fundamentais nas relações entre os particulares*. São Paulo: Malheiros, 2005. p. 88 e ss.

nada têm a ver com a atividade e o produto do legislador. Ora, o legislador é livre para criar a lei, sequer precisando dar explicação ou justificá-la, ao passo que o juiz, ao raciocinar para elaborar a norma, mantém-se adstrito à fórmula legislativa em virtude de uma razão que esta à base das democracias liberais contemporâneas. Assim, quando se diz que a distinção entre as funções legislativa e judicial é marcada por uma discricionariedade que se diferencia em intensidade, certamente não se pretende revelar a essência do fenômeno[55], já que a lei vincula o juiz, constituindo a matéria-prima mediante a qual este cumpre a sua função, enquanto a Constituição é o parâmetro do legislador, que é livre para produzir o direito desde que não a agrida. A simples verdade, portanto, é a de que o direito é produzido pelo legislador, nos limites da Constituição, para a atuação do juiz.

A questão é tão óbvia que a polêmica por ela causada realmente deve estar ancorada na ideia de que o respeito à vontade do legislador não é algo tão bom assim. Ainda que isso não seja declarado de forma expressa, a ideia está por detrás da inexplicável antipatia pelo respeito ao texto da lei, presente em alguns setores da academia e da magistratura[56].

É preciso ter claro, no entanto, que a lei é dirigida diretamente aos cidadãos, que nela devem se pautar para poderem se sentir livres. A obscuridade dos dispositivos legais, em outras palavras, caminha na razão proporcional direta da dificuldade de as pessoas usufruírem da liberdade para, prevendo as consequências jurídicas das suas condutas, delinearem suas pautas de vida. Note-se, assim, que a circunstância de a lei oferecer oportunidade a várias interpretações, e assim dever contar com a solução interpretativa do juiz, não pode deixar de ser vista como algo que dificulta a promoção da liberdade e da igualdade. Aliás, o problema da segurança jurídica, diante da indeterminabilidade do sentido dos dispositivos legais, é resolvido pela força obrigatória dos precedentes (do Superior Tribunal de Justiça e do Supremo Tribunal Federal), cuja função é justamente a de garantir a unidade do sentido do direito em nome da liberdade e da igualdade[57].

Porém, ainda que os dispositivos legais frequentemente tenham significados ambíguos, o certo é que o juiz não tem como ignorar o texto da lei para resolver

---

55. LUCIANI, Massimo. *Interpretazione conforme a Costituzione*. *Enciclopedia del Diritto* (bozze collazionate). p. 56.
56. Curiosamente, como advertiu Calamandrei em uma das suas frases mais célebres, "fra le tante distruzioni di cui il passaggio della pestilenza fascista è responsabile, *si dovrà annoverare anche quella, non riparabile in pochi anni, del senso della legalità* [...] Per vent'anni il fascismo ha educato i cittadini proprio *a disprezzare le leggi, a far di tutto per frodarle e per irriderle nell'ombra*" (le-citazioni.it/frasi/198388-piero-calamandrei-fra--le-tante-distruzioni-di-cui-il-passaggio-della).
57. MARINONI, Luiz Guilherme. *Precedentes obrigatórios*. 5. ed. São Paulo: Ed. RT, 2016, II, item 2.

os conflitos. Isso para que não sejam negados paradigmas fundamentais das democracias liberais contemporâneas. Ora, o juiz que não considera o dispositivo legal deixa de ser intérprete para, consideradas as formas de governo, investir-se na condição de "representante", restando os direitos, nesta dimensão, na dependência de uma "aristocracia" que usurpou o poder dos eleitos pelo povo[58].

Exatamente porque os textos sofrem do mal da indeterminabilidade, o juiz deve traduzir, com a maior fidelidade possível, o desejo do legislador, explicitando, com as melhores razões, o significado da lei. Não há dúvida que o juiz, para atribuir sentido à lei, deve considerar o sistema e os fatos e os valores sociais, mas isso está muito longe de poder significar que o direito é constituído no momento da instituição da interpretação, como se a lei não existisse para tutelar as pessoas e regular a vida em sociedade. O fato de o juiz ter que imprimir significado ao dispositivo, considerando o contexto e mesmo atualizá-lo diante da evolução da sociedade, quer dizer que a interpretação deve partir do teor do dispositivo para uma valoração que considere outros aspectos, relevantes para a atribuição de significado, mas jamais que o juiz possa desprezar ou ignorar o dispositivo legal para fazer valer as suas valorações.

Pois bem, se a interpretação não pode negar o dispositivo legal, torna-se claro que a interpretação conforme nada mais é do que a atribuição de significado ao dispositivo à luz da Constituição, o que obviamente não pode consentir a elaboração de uma norma ou resultado-interpretação que exprima sentidos que *não estão presentes no dispositivo, ou que com o texto legal se chocam*. Mais claramente, *a interpretação nos termos da Constituição não permite chegar num resultado que confere à lei um sentido que ela não tem, mas a Constituição queria que tivesse*. E não pode *não apenas porque o juiz não tem poder para instituir o direito, mas também porque o poder para controlar a constitucionalidade*, deferido também ao juiz singular e aos tribunais no sistema brasileiro, *não pode ser confundido com o poder que o juiz tem para interpretar a lei*.

Num sistema em que o controle de constitucionalidade é difuso, em que a função interpretativa e o controle de constitucionalidade se aproximam a ponto de serem constantemente confundidos pelos tribunais, é importante deixar claro quando o juiz (i) interpreta nos termos ou conforme à Constituição; (ii) interpreta nos termos da Constituição, *mesmo que em sede de controle de constitucionalidade*; e (iii) ainda em controle de constitucionalidade, *institui norma compatível com a Constituição a despeito do dispositivo legal*.

A lei, mesmo que já interpretada constitucionalmente, obviamente pode abrir oportunidade para outra interpretação conforme. Dessa forma, ainda que

---

58. LUCIANI, Massimo. Interpretazione conforme a Costituzione. *Enciclopedia del Diritto* (bozze collazionate). p. 73.

o tribunal tenha feito uma interpretação constitucional, o Superior Tribunal de Justiça pode prover o recurso especial, estabelecendo interpretação conforme alternativa, que deve ser uma interpretação que, melhor ou mais adequadamente, permite a aplicação da lei nos termos da Constituição.

A interpretação conforme, no entanto, enquanto interpretação nos termos da Constituição, *também pode resultar do procedimento ou do raciocínio judicial para o controle de constitucionalidade, embora controle de constitucionalidade não seja.* Assim, por exemplo, quando, submetida a questão de constitucionalidade ao órgão especial de Tribunal de Justiça, chega-se à conclusão de que é possível extrair do dispositivo uma (real) interpretação conforme à Constituição, *não obstante o órgão fracionário tenha concluído que o dispositivo não oferecia possibilidade de interpretação constitucional.*

O ponto que ainda reclama atenção é o da situação em que, no controle de constitucionalidade, pretende-se salvaguardar o dispositivo legal sem que ele permita, em virtude da sua dicção, interpretação compatível com a Constituição. Esclareça-se que não é só a letra da lei que conta para se chegar à conclusão de que um dispositivo não pode ser interpretado constitucionalmente, já que uma lei pode, apesar de sua literalidade, assumir sentido constitucional quando visualizada, por exemplo, mediante critério sistemático. Aliás, as diretivas ou critérios de interpretação não dizem respeito apenas à linguagem em que o dispositivo é formulado ou ao sistema jurídico a que pertence, mas também ao contexto funcional em que opera, aí incluídos diversos elementos econômicos, culturais, políticos e outros fatores sociais.[59]

Quando se alude à "interpretação" no momento em que se pretende preservar o texto cujo sentido é desconforme à Constituição, emprega-se a terminologia

---

59. Wróblewski fala em diretivas interpretativas de primeiro e segundo graus. As de primeiro grau são regras que indicam como se determina o sentido da lei pelo uso de seus elementos de contexto fundamentais. As três classes de contexto relevantes para o significado de um dispositivo legal são (i) a linguagem em que está formulado, (ii) o sistema jurídico a que pertence, e (iii) o contexto funcional em que opera, e que inclui vários elementos econômicos, políticos, culturais e outros fatores sociais da gênese e operação da norma em questão. As diretivas que se situam nesses três grupos, correspondentes aos contextos fundamentais, Wróblewski chama de diretivas de interpretação jurídica linguísticas, sistêmicas e funcionais. As diretivas interpretativas de segundo grau, por sua vez, determinam a utilização das de primeiro grau, dividindo-se em dois grupos: diretivas que regulam o uso das diretivas interpretativas de primeiro grau, estabelecendo a sequência e as condições da sua aplicação (diretivas de procedimento), e diretivas que determinam uma seleção preferencial entre sentidos distintos atribuídos ao dispositivo como consequência do uso das várias diretivas interpretativas de primeiro grau (diretivas de preferência) (WRÓBLEWSKI, Jerzy. Legal syllogism and rationality of judicial decision. *Rechtstheorie*. v. 5, parte 1, p. 40 e ss.).

"interpretação" para expressar algo que não é possível diante da interpretação judicial propriamente dita[60]. É que, quando ainda se está nos limites da interpretação constitucional possível, o raciocínio judicial está adstrito ao texto legal, ao contrário do que ocorre no controle de constitucionalidade, em que a lei está em xeque. De qualquer forma, feita esta advertência, não há porque não falar, também neste caso, em "interpretação" e em "norma", distanciando-a do dispositivo *objeto de "reconstrução"*[61].

A interpretação conforme ou nos termos da Constituição se situa dentro do círculo das interpretações possíveis, vale dizer, das interpretações que podem ser extraídas do dispositivo legal sem que a norma decorrente do texto *tenha que ser limitada, estendida ou em parte substituída*. Quando, para a preservação da lei, raciocina-se para elaborar norma que pressupõe a integração ou a modificação do texto legal, *há controle de constitucionalidade*, ou seja, *negação da compatibilidade do dispositivo, em sua interpretação possível, com a Constituição*. O controle de constitucionalidade permite que o raciocínio judicial viabilize a alteração do sentido ou da norma proveniente da interpretação da lei, corrigindo-o conforme à Constituição. Nessa situação há sempre exclusão ou inclusão de significado que o dispositivo, a princípio, não oferece.

Uma importante consequência da distinção entre interpretação nos termos da Constituição e instituição de norma para salvaguardar o texto legal está em ver que o raciocínio judicial e a sua consequente justificativa diferem nas duas situações, já que o controle de constitucionalidade requer raciocínio e justificativa mais complexos e sofisticados. Nenhum juiz ou tribunal pode alterar o sentido da lei, tornando-o compatível com a Constituição, sem realizar raciocínio e justificativa adequados. Trata-se de raciocínio e justificativa particulares ao controle de constitucionalidade, capazes de superar a presunção de constitucionalidade e demonstrar devida contenção em face do legislador.

A distinção entre interpretar e instituir norma em sede de controle de constitucionalidade elimina confusão que paira na doutrina e na jurisprudência constitucional de muitos países há bastante tempo, mas é ainda necessário explicar os limites da instituição de norma, evitando-se que se diga que, sob a desculpa de controle de constitucionalidade, há exercício de função paralegislativa.

---

60. Afinal, se a norma realmente é apenas o dispositivo interpretado, aquela que contém significados alheios aos que derivam da lei está muito além da interpretação.
61. É também possível afirmar que a interpretação, ao atribuir sentido ao dispositivo, opera uma reconstrução. Porém, nessa linha se quer apenas anunciar que a interpretação é um *plus* em relação ao dispositivo, o que é evidentemente correto. Não se pretende dizer que a norma (interpretação) que deriva do dispositivo, por não ser compatível com a Constituição, exige reconfiguração para se tornar adequada à Constituição.

9. Limites da "reconstrução" da norma em sede de controle de constitucionalidade

Quando se pensa na instituição de norma a despeito da inconstitucionalidade do dispositivo, é necessário definir os limites em que isto pode ocorrer, ou seja, até que limite é possível alterar ou integrar o dispositivo para evitar a declaração da sua inconstitucionalidade[62]. Antes de tudo, porém, convém ver alguns exemplos em que há apenas interpretação conforme ou nos termos da Constituição.

Se, hipoteticamente, artigo do Código de Processo Civil estabelecesse que, para a tutela específica dos direitos, podem ser utilizados os meios executivos X, Y e Z, e houvesse dúvida interpretativa acerca de se tais meios executivos podem ser utilizados para a efetivação da tutela inibitória, o que dizer da interpretação que tomasse em consideração o art. 5º, XXXV, da Constituição Federal, que consagra o direito fundamental à tutela jurisdicional efetiva, visto como o direito fundamental à preordenação das técnicas processuais idôneas ao alcance das tutelas prometidas pelo direito substancial? Uma vez que a tutela inibitória é espécie de tutela específica, a interpretação conforme à Constituição do artigo que prevê o uso dos meios executivos X, Y e Z para a efetivação da tutela específica obriga a entender que tais meios de execução também podem ser utilizados para viabilizar a execução da tutela inibitória. A interpretação do artigo estaria sendo facilmente feita nos termos da Constituição, sem qualquer necessidade de controle de constitucionalidade.

Em outro exemplo, se o dispositivo legal que prevê a tutela antecipada não diz em que momentos do processo esta forma de tutela pode ser concedida, seria possível dizer que a não previsão do momento da sua possível concessão leva à conclusão de que a tutela antecipada apenas pode ser concedida depois de

---

62. Para se deixar claro que a Corte Constitucional italiana não interfere sobre a função do Legislativo, afirma-se que as decisões manipulativas estão atreladas à regra das *"rime obbligate"*. Assim, por exemplo, declarou a Corte na *ordinanza* 380/2006: "questa Corte ha ripetutamente affermato (sentenze n. 308 e 258 del 1994, n. 298 del 1993, tra le altre) che le pronunce additive (come quella richiesta dall'odierno rimettente) sono consentite solamente quando la questione si presenti a rime obbligate, cioè quando la soluzione sia logicamente necessitata ed implicita nello stesso contesto normativo" (Corte Costituzionale, ordinanza n. 380/2006). A ideia de "rime obbligate" está à base de conhecido ensaio de CRISAFULLI, Vezio. Questioni in tema di interpretazione della Corte costituzionale nei rapporti con l'interpretazione giudiziaria. *Giurisprudenza Costituzionale.* p. 929 e ss., originariamente publicado na "Giurisprudenza Costituzionale", 1978. Ver ainda ZAGREBELSKY, Gustavo. Processo costituzionale, *Enciclopedia del Diritto.* v. 36, p. 657; SPIGNO, Irene. "Additive judgments": a way to make the invisible content of the italian constitution visible. *The invisible constitution in comparative perspective* (Rosalind Dixon e Adrienne Stone). Cambridge: Cambridge University Press, 2018. p. 457 e ss.

apresentada defesa. Acontece que admitir a tutela antecipada, sem dizer o momento em que esta pode ser concedida, não constitui omissão, nem muito menos omissão inconstitucional. A previsão da possibilidade da obtenção desta forma de tutela permite ao intérprete, diante dos direitos fundamentais à efetividade da tutela jurisdicional e de defesa, extrair da regra processual a interpretação de que a tutela pode ser concedida antes da ouvida do réu quando a demora para tanto puder frustrar a tutela do direito material. A circunstância de o réu ter direito de defesa e, assim, não poder ser submetido à decisão acobertada pela coisa julgada antes de ter tido a possibilidade de alegar e provar devidamente, obviamente não significa que, em vista de uma situação de perigo, o direito de defesa não possa ser postecipado. A compreensão dos direitos de defesa e à tutela jurisdicional efetiva permite concluir com facilidade que a tutela antecipada pode ser concedida, mesmo antes da ouvida do réu, quando imprescindível para a efetividade da tutela do direito. Mais uma vez a interpretação permite que dispositivo legal – no caso o que prevê a tutela antecipada – ganhe sentido conforme à Constituição[63].

Suponha-se, porém, que por não haver previsão de meio executivo na regra que prevê a possibilidade da prestação da tutela antecipada, alguém alegasse que a tutela antecipada só pode ser executada mediante os meios de execução previstos para a generalidade das sentenças. Se o artigo em interpretação, regulando a tutela antecipada, deixa de prever meio de execução específico à situação de urgência, e não se vê meios idôneos disponibilizados a tanto em qualquer outro lugar do Código de Processo Civil, há inconstitucionalidade por omissão. Há insuficiência de tutela normativa ao art. 5º, XXXV, da Constituição Federal. Afinal, a não previsão de meio executivo, neste caso, significa deixar de elaborar regra necessária para viabilizar o exercício do direito fundamental à tutela jurisdicional efetiva[64].

Quando o juiz não encontra uma técnica processual adequada à tutela do direito, e assim se pode falar em omissão de regra processual, ele deverá suprir a insuficiência com os olhos nas exigências do direito material que reclama proteção. Como esclarece Canotilho, o direito de acesso aos tribunais – também reconhecido pelo autor como direito a uma proteção jurisdicional adequada – "é um direito fundamental formal que carece de densificação através de outros direitos fundamentais materiais"[65]. Não se trata de um direito a uma ação ou omissão

---

63. MARINONI, Luiz Guilherme. Il diritto alla tutela giurisdizionale effettiva nella prospettiva della teoria dei diritti fondamentali. *Studi in onore di Giuseppe Tarzia*. Milano: Giuffrè, 2005. v. 1, p. 93-162.
64. MARINONI, Luiz Guilherme. *Il diritto di azione come diritto fondamentale*. Torino: Giappichelli, 2016. p. 119 e ss.; MARINONI, Luiz Guilherme. *El derecho de acción como derecho fundamental*. Bogotá: Temis, 2015. p. 125 e ss.
65. CANOTILHO, José Joaquim Gomes. *Direito constitucional e teoria da Constituição*. Coimbra: Almedina, 2002. p. 46.

determinada por parte do Estado ou a um bem específico, mas a um exercício de uma prestação do Estado *cujos contornos só serão definidos à luz do direito material do particular que reivindica proteção*. Rigorosamente, trata-se do direito de uma pessoa de provocar um órgão público para que este ponha em marcha o poder estatal de intervir coercitivamente na esfera jurídica de um terceiro de maneira adequada a assegurar o direito daquela pessoa.

Se já está predeterminado o direito (ainda que em termos de *fumus boni iuris*) a ser tutelado, condição que é pressuposta pelo direito à efetividade da tutela jurisdicional, e a discussão gira em torno apenas de qual o meio adequado para conferir efetividade a esse direito, não há controvérsia ou dúvida sobre quem tem direito a quê. Não há necessidade de se justificar a intervenção coercitiva do Estado na esfera jurídica do particular. Isso já está feito. A questão que persiste diz respeito unicamente ao *modo* dessa intervenção, ao meio pelo qual o Estado deve agir para preservar o direito reclamado. Nesse contexto, a dúvida apenas pode se colocar quando existe mais de um meio apto a satisfazer o direito tutelado. Não há aqui debate sobre meios mais e menos eficazes, simplesmente porque um meio é plenamente eficaz e satisfaz o direito protegido ou não é plenamente eficaz e, então, não satisfaz o direito protegido. Porém, sendo necessário escolher *entre diferentes meios aptos*, tendo-se em conta que nenhuma ação estatal pode ser arbitrária, ainda mais quando acarreta um prejuízo, ônus ou encargo a um particular, é preciso haver critérios para tanto. O critério, aqui, só pode ser o da *menor lesividade* ou da *menor restrição possível*. Se existem duas formas possíveis pelas quais o Estado pode onerar um particular, alcançando mediante todas elas o mesmo benefício, obviamente a única forma não arbitrária de oneração, dentre essas igualmente idôneas, é aquela que impõe o menor dano à esfera jurídica do particular. Não é necessário sopesar o direito à efetividade da tutela jurisdicional e o direito de defesa. Esses direitos não entram em colisão. Cada um deles incide num plano distinto, sem que se produza qualquer espécie de antinomia concreta. O primeiro exige a seleção de um meio idôneo para a proteção do direito reivindicado; o segundo a escolha, na hipótese de existirem diversos meios idôneos, daquele que se mostre como o menos lesivo à esfera jurídica do particular afetado[66].

---

66. Esse tipo de omissão pode ser seguramente suprido quando se tem consciência de que a técnica processual depende apenas da individualização das necessidades do caso concreto. Quer dizer que, se o juiz identifica a necessidade de antecipação de soma em dinheiro, e por isso mesmo concede a tutela antecipada, acaba lhe sendo fácil identificar a necessidade de um meio executivo capaz de dar efetivo atendimento à antecipação da tutela. Esse meio executivo, quando a técnica antecipatória é fundada na urgência, obviamente não pode ser aquele que foi pensado para dar atuação à sentença que condena ao pagamento de dinheiro. Como as necessidades de direito material que têm relação com a tutela antecipada e a sentença condenatória são aberrantemente distintas, é pouco mais do que evidente que os meios executivos devem ser com estas compatíveis.

Esse exemplo, ao contrário dos dois primeiros, evidencia que a omissão do legislador pode ser suprida com base na Constituição. O juiz, ao deparar-se com ausência de previsão de técnica processual, supre a omissão considerando as circunstâncias do caso concreto e a regra da menor restrição possível, precisamente em nome do controle da insuficiência de tutela normativa ao direito fundamental à tutela jurisdicional efetiva. Como é óbvio, aí não há apenas interpretação conforme ou nos termos da Constituição. Há, claramente, admissão de omissão inconstitucional seguida do preenchimento da lacuna mediante a aplicação da regra da menor lesividade ou da menor restrição possível[67].

Considerando-se a declaração judicial que afirma a omissão e, em seguida, preenche a lacuna, há uma norma que, a despeito da inconstitucionalidade do dispositivo legal, é compatível com a Constituição. Pouco importa que esta norma surja no curso do procedimento comum, em primeiro grau de jurisdição, pois o juiz singular tem poder para exercer o controle de constitucionalidade. A única dificuldade está em compreender que o raciocínio do juiz, nesta situação, passa diretamente da interpretação para o controle de constitucionalidade. Ao realizar a análise da específica regra processual e do Código de Processo Civil, considerando a Constituição – o direito fundamental à tutela jurisdicional efetiva – o juiz imediatamente adentra no controle de constitucionalidade.

A alteração da norma que deriva do dispositivo deve conservar o seu objetivo primário, não podendo gerar norma que expresse algo que não esteja na razão de ser e na finalidade da norma originária. O acréscimo ou a exclusão de significado não pode resultar em norma com significado autônomo em relação àquela oriunda do texto cuja primeira interpretação é inconstitucional. A modificação de significado constitui correção destinada a adequar o sentido da lei à Constituição, de modo que a nova norma obviamente não pode excluir o objetivo primário do legislador.

Nas situações em que basta alargar ou limitar a abrangência da norma para que a constitucionalidade seja alcançada, a invocação do princípio da igualdade pode ser suficiente para o controle de constitucionalidade. Porém, nem sempre a alteração da norma é dirigida a beneficiar quem não foi abrangido pela norma originária ou mesmo a permitir igual tratamento a situações simétricas, prestando

---

Note-se que se o objetivo da multa é dar maior tempestividade e efetividade à realização das decisões judiciais, não há racionalidade em admiti-la apenas em relação às decisões que determinam fazer, não fazer ou entrega de coisa. No caso de soma em dinheiro, a multa, além de "livrar" a administração da justiça de um procedimento oneroso e lento e beneficiar as partes com a eliminação dos custos e dos entraves da execução por expropriação, confere à tutela antecipada a tempestividade necessária para que ela possa dar efetiva proteção ao direito material e, assim, realizar o direito fundamental à tutela jurisdicional, com a menor restrição possível ao réu.

67. MARINONI, Luiz Guilherme. L'insufficienza di tutela normativa al diritto fondamentale di azione. *Rivista Trimestrale di Diritto e Procedura Civile*, n. 3, p. 915-924, 2015.

a proteção a que o Estado está obrigado (eficácia vertical do direito fundamental). Há casos em que a adição de conteúdo à norma inconstitucional se destina a tutelar o direito fundamental de um particular em face de outro sujeito privado, ocasionando interferência sobre a sua esfera jurídica[68].

A teoria de que os direitos fundamentais têm função de mandamento de tutela, obrigando o juiz a suprir a omissão ou a insuficiência da tutela outorgada pelo legislador, facilita de forma extraordinária a compreensão da possibilidade de a jurisdição poder cristalizar a norma capaz de dar efetividade aos direitos fundamentais[69]. Quando o legislador nega a devida proteção normativa a direito fundamental e, assim, o juiz tem que determinar aquela que implica efetiva tutela a esse direito, o cumprimento do dever judicial de proteção muitas vezes tornará necessárias intervenções em posições protegidas jusfundamentalmente. Assim, formam-se situações jurídicas de várias faces, nas quais a proteção de um pode significar ônus ao outro. Nesse ponto, torna-se imprescindível uma compensação proporcional dos direitos fundamentais em conflito. Quando a jurisdição assim atua, faz a intermediação entre os direitos fundamentais e a relação entre os particulares e, nesse sentido, a eficácia do direito fundamental é mediata ou indireta[70], lembrando-se que a eficácia do direito fundamental sobre os particulares, a princípio, deve ser mediada pela lei.

---

68. Como diz Canaris em "Grundrechtswirkungen und Verhältnismässigkeitsprinzip in der richterlichen Anwendung und Fortbildung des Privatsrechts", frequentemente, no direito privado, defrontam-se interesses que podem ser garantidos como direitos fundamentais. Caso o legislador proteja um titular de um direito fundamental, ele, por conseguinte, intervém, muitas vezes ao mesmo tempo, na posição de outro titular de direito fundamental. *O exame constitucional, por consequência, orienta-se tipicamente em duas direções: por um lado a proteção não deve se reter atrás do mínimo constitucional exigido; por outro lado, não deve ser "excessiva", ou seja, excedente ao proporcional e ao necessário, intervindo nos direitos fundamentais de outros sujeitos privados.* (CANARIS, Claus-Wilhelm. Grundrechtswirkungen und Verhältnismässigkeitsprinzip in der richterlichen Anwendung und Fortbildung des Privatsrechts. *JuS.* 1989).
69. CANARIS, Claus-Wilhelm. Grundrechtswirkungen und Verhältnismässigkeitsprinzip in der richterlichen Anwendung und Fortbildung des Privatsrechts. *JuS.* 1989; CANARIS, Claus-Wilhelm. *Direitos fundamentais e direito privado.*
70. Adota-se aqui a distinção entre eficácia direta e indireta em termos próximos aos de Claus-Wilhelm Canaris, entendendo-se que a simples intermediação por parte de um órgão estatal é suficiente para transformar a eficácia em mediata. Não são esses, porém, os parâmetros que tradicionalmente envolvem o debate. Veja-se, por exemplo, Virgílio Afonso da Silva: "a grande diferença entre o modelo da aplicabilidade direta e o modelo de efeitos indiretos (...) consiste na desnecessidade de mediação legislativa para que os direitos fundamentais produzam efeitos nas relações entre particulares. (...) Essa diferença fica ainda mais clara com a segunda tese que compõe o modelo [da aplicabilidade direta], que é a que sustenta a desnecessidade de artimanhas interpretativas para que os direitos fundamentais produzam efeitos nas relações interprivados" (*A*

Os dispositivos que afirmam direitos fundamentais não definem a forma, o modo e a intensidade com que um particular deve ser protegido em relação ao outro. Como base em tais deveres de proteção, os direitos fundamentais regulam, sem dúvida, o "se", e, com isso, também o requisito de salvaguarda eficaz. Eles, entretanto, nada dizem sobre o "como". Sobre isso, ou quais providências devem ser tomadas para atender o dever de proteção, a Constituição não contém regulações, possuindo, no máximo, disposições fragmentárias. A decisão sobre como um dever de proteção deve ser cumprido é, por isso, assunto dos órgãos competentes, em primeiro lugar do legislador[71].

Portanto, se o problema é saber os limites da jurisdição para assegurar o grau adequado de tutela de um direito fundamental, importa ter claro que a ação do juiz, no suprimento de uma omissão legislativa, não pode ter a mesma amplitude da ação do legislador – aquela é mais restrita do que essa. Claus-Wilhelm Canaris, após acentuar que a função dos direitos fundamentais de imperativo de tutela carece, em princípio, para a sua realização, da transposição pelo direito infraconstitucional, esclarece que "ao legislador ordinário fica aqui aberta, em princípio, uma ampla margem de manobra entre as proibições da insuficiência e do excesso"[72]. Essa margem, contudo, *não é a mesma que está liberada à intervenção judicial*. Sobre isso é fundamental compreender que

> a *proibição da insuficiência* não coincide com o *dever de proteção*, mas tem, antes, uma função autônoma relativamente a este. Pois se trata de dois percursos argumentativos distintos, pelos quais, em primeiro lugar, se controla se existe, de todo, um dever de proteção, e, depois, em que termos deve este ser realizado pelo direito ordinário sem descer *abaixo do mínimo de proteção jurídico-constitucionalmente exigido*. No controle de insuficiência trata-se, por conseguinte, de garantir que *a proteção satisfaça as exigências mínimas na sua eficiência*[73].

A compreensão de que ao juiz cumpre *apenas o controle de insuficiência* é muito importante quando se tem em conta a supressão judicial da omissão in-

---

constitucionalização do direito: os direitos fundamentais nas relações entre os particulares. p. 89). De acordo com Juan María Bilbao Ubillos, "a teoria da eficácia imediata implica que, com normativa legal de desenvolvimento ou sem ela, é a norma constitucional a que se aplica como 'razão primária e justificadora' (não necessariamente a única) de uma determinada decisão" (¿En qué medida vinculan a los particulares los derechos fundamentales? p. 316). Logo, é preciso advertir que, nas formas tradicionais da discussão, a passagem do texto acima retrata uma hipótese de aplicabilidade direta dos direitos fundamentais.

71. HESSE, Konrad. *Elementos de direito constitucional da República Federal da Alemanha.* Porto Alegre: Fabris, 1998. p. 279.
72. CANARIS, Claus-Wilhelm. *Direitos fundamentais e direito privado*, p. 138.
73. CANARIS, Claus-Wilhelm. *Direitos fundamentais e direito privado.* p. 138-139.

constitucional, revelando-se como importante ferramenta para a autocontenção judicial na correção da norma inconstitucional.

10. Justificativa da possibilidade da correção da norma inconstitucional

Entretanto, se a jurisdição deve atuar dentro dos limites estabelecidos pelo legislador, como explicar a possibilidade de o juiz alterar a norma (inconstitucional) derivada da lei? Lembre-se que Kelsen, ao tratar da anulação judicial da lei em sede de controle abstrato de constitucionalidade, diz que o tribunal constitucional atua como "legislador negativo"[74]. Após reconhecer que "anular uma lei é estabelecer uma norma geral, porque a anulação de uma lei tem o mesmo caráter de generalidade que sua elaboração, nada mais sendo, por assim dizer, que a elaboração com sinal negativo e, portanto, ela própria uma função legislativa", Kelsen volta-se à distinção entre a elaboração e a simples anulação da lei para dizer que o tribunal constitucional efetivamente realiza função jurisdicional:

> a anulação de uma lei se produz essencialmente como aplicação das normas da Constituição. A livre criação que caracteriza a legislação está aqui quase completamente ausente. Enquanto o legislador só está preso pela Constituição no que concerne a seu procedimento – e, de forma totalmente excepcional, no que concerne ao conteúdo das leis que deve editar, e, mesmo assim, apenas por princípios ou diretivas gerais –, a atividade do legislador negativo, da jurisdição constitucional, é absolutamente determinada pela Constituição. E é precisamente nisso que a sua função se parece com a de qualquer outro tribunal em geral: ela é principalmente aplicação e somente em pequena medida criação do direito. É, por conseguinte, efetivamente jurisdicional[75].

Lembre-se que, de acordo com Kelsen, a diferença entre função jurisdicional e função legislativa consiste em que esta cria normas gerais enquanto aquela cria unicamente normas individuais. A expressão "legislador negativo", utilizada por Kelsen para sustentar, de forma um tanto ambígua, que o controle judicial de constitucionalidade não atenta contra a separação de poderes, costuma ser utilizada para negar a possibilidade de o juiz reconhecer a inconstitucionalidade por omissão, editando a norma faltante.

Porém, se o tribunal constitucional, ao anular a lei, cria uma norma geral e, ainda assim, exerce função jurisdicional, há maior razão para dizer que o Supremo Tribunal Federal não rivaliza com o legislador ao controlar a inconstitucionalidade por omissão. Na verdade, se a declaração de inconstitucionalidade opera para afastar do sistema a lei não compatível com a Constituição, a afirmação da

---

74. KELSEN, Hans. *Jurisdição constitucional*. p. 151-152.
75. KELSEN, Hans. *Jurisdição constitucional*. p. 153.

omissão inconstitucional, seguida da edição da norma, tem o mesmo efeito de dar eficácia à Constituição. A única e irrelevante distinção é a de que num caso há ação e, no outro, omissão.

Por outro lado, a circunstância de o significado faltante constituir norma geral nada tem a ver com a legitimidade do controle de constitucionalidade da omissão e, por conseguinte, da edição da norma ou da reconstrução da norma originária. Em primeiro lugar, assim como a nova norma pode advir de ação declaratória de inconstitucionalidade por omissão, ela pode ser fixada em mandado de injunção ou mesmo em sede de recurso extraordinário pelo Supremo Tribunal Federal. Ora, o acórdão do Supremo Tribunal Federal que, firmado em recurso extraordinário, constitui precedente constitucional, pode ser visto como uma norma geral assim como qualquer precedente que, em recurso extraordinário, simplesmente interpreta a lei nos termos da Constituição. A ideia de "norma geral", neste sentido, não só está a quilômetros de distância da norma do legislador, mas ainda não se confunde com a própria eficácia *erga omnes* da decisão proferida em ação de inconstitucionalidade. Além do mais, a supressão da omissão constitucional pode ser feita pelo juiz de primeiro grau de jurisdição e pelos tribunais, o que significa que a legitimidade do controle de constitucionalidade não pressupõe sequer a edição de norma com eficácia obrigatória ou vinculante.

A legitimidade do controle de constitucionalidade por omissão e da edição da norma faltante ou da reconstrução da norma originária é exatamente a mesma do controle de constitucionalidade da lei. Como as normas constitucionais têm força vinculante, não há razão para o juiz se curvar ao defeito, à insuficiência ou mesmo à falta da lei, permitindo que a Constituição se torne letra morta. Sabe-se, aliás, que um direito cujo reconhecimento ou existência depende do legislador deixa de ser um direito fundamental para se tornar simplesmente um direito de força legal, uma vez que "o direito fundamental se define justamente pela indisponibilidade de seu conteúdo pelo legislador"[76]. Portanto, se não há dúvida que o juiz pode desconsiderar a solução legal que está em desacordo com a Constituição, não há motivo para entender que ele não possa corrigir a norma inconstitucional.

Quando a "nova" norma conserva o objetivo primário contido no dispositivo, ou melhor, quando a adição, subtração ou alteração se destina a tornar a norma originária compatível com a Constituição, excluindo o ponto que a torna inconstitucional, é certo que a possibilidade de delineamento de norma que destoa daquela que a princípio deriva do dispositivo legal está implícita no poder de controlar a constitucionalidade, já que é um evidente *minus* em relação ao poder

---

76. UBILLOS, Juan María Bilbao. ¿En qué medida vinculan a los particulares los derechos fundamentales? *Constituição, direitos fundamentais e direito privado* (coordenação de Ingo Sarlet). Porto Alegre: Livraria do Advogado, 2003. p. 313.

de declarar o dispositivo, ou mesmo a interpretação, destituídos de validade ou de operabilidade.

11. Quando a interpretação conforme e a decisão manipulativa são confundidas: a jurisprudência do Supremo Tribunal Federal e a sua consequência

Um dos grandes problemas da jurisprudência do Supremo Tribunal Federal, com efeitos prejudiciais sobre a doutrina e a jurisprudência dos tribunais, está na confusão entre interpretação conforme e decisão manipulativa.

Basta analisar alguns julgados do Supremo Tribunal Federal para perceber que a Corte, em alguns casos, declara que a interpretação conforme tem como limite o respeito ao texto legal[77] e, em outros, expressa normas que dependeriam da alteração da lei ou da supressão ou da inserção de conteúdo do texto ou no texto[78].

Na ADI 1344, por exemplo, afirmou-se que, *por ser*

> *inequívoca a 'mens legis' no sentido de que [o] preceito visa a alcançar indistintamente todas as vantagens e gratificações de qualquer natureza que excedam ao teto nele referido, não é possível dar-se-lhe outra interpretação para reduzir o seu alcance e, assim, torná-lo conforme à Constituição Federal, porque a técnica da interpretação conforme só é utilizável quando a norma impugnada admite, dentre as várias interpretações possíveis, uma que a compatibilize com a Carta Magna, e não quando o sentido da norma é unívoco, como sucede no presente caso*[79].

Em outra ocasião, o Supremo Tribunal Federal, ao decidir a ADI 3046, assim fez constar na ementa do acórdão: "Interpretação conforme à Constituição: técnica de controle de constitucionalidade que encontra *o limite da sua utilização no raio de possibilidades hermenêuticas de extrair do texto* uma significação normativa harmônica com a Constituição"[80].

Entretanto, na ADI 1127 o Supremo Tribunal Federal alterou vários dispositivos do Estatuto da Advocacia (Lei 8.906/94). Não só excluiu, por inconstitucionalidade, partes dos próprios dispositivos, mas, sob a desculpa de estar fazendo interpretação conforme, pronunciou norma – sem declarar a inconstitucionalidade

---

77. ADI 3046-SP, STF, Tribunal Pleno, rel. Min. Sepúlveda Pertence, *DJ* 28.05.2004; ADI 1344-ES, STF, Tribunal Pleno, rel. Min. Moreira Alves, *DJ* 19.04.2006; ADI 2405-RS, STF, Tribunal Pleno, rel. Min. Carlos Britto, *DJ* 17.02.2006; RP 1417-DF, STF, Tribunal Pleno, rel. Min. Moreira Alves, *DJ* 15.04.1988.
78. Assim, por exemplo, ADI 1127-DF, STF, Tribunal Pleno, rel. Min. Marco Aurélio, *DJe* 10.06.2010.
79. ADI 1344-ES, STF, Tribunal Pleno, rel. Min. Moreira Alves, *DJ* 19.04.1996.
80. ADI 3046-SP, STF, Tribunal Pleno, rel. Min. Sepúlveda Pertence, *DJ* 28.05.2004.

do texto – que nitidamente exigiria acréscimo de conteúdo ao dispositivo legal ou a sua alteração.

Ao julgar a ADI 1127, o Supremo Tribunal Federal declarou a inconstitucionalidade de partes de vários dispositivos da Lei 8.906/94 (Estatuto da Advocacia). Assim, por exemplo, ao tratar das inúmeras regras impugnadas, diz o dispositivo do acórdão, ao abordar o inciso I do art. 1º da Lei 8.906/94, que, "quanto à expressão 'qualquer', julgou procedente a ação direta"[81]. O inciso I do art. 1º da Lei 8.906/94 dizia que são atividades privativas de advocacia "I – a postulação a *qualquer* órgão do Poder Judiciário e aos juizados especiais". Com a procedência da ADI, o inciso I passou a ter a seguinte redação: "I – a postulação a órgão do Poder Judiciário e aos juizados especiais".

É certo que, nos casos em que se limita a inconstitucionalidade a uma ou algumas palavras do texto, a inconstitucionalidade incide sobre a lei e não sobre a norma (interpretação), de modo que nesta situação não há como pensar em correção da norma inconstitucional sem a alteração do texto nem, muito menos, em interpretação conforme. Não obstante, do reconhecimento da inconstitucionalidade surge um dispositivo legal alterado e, por consequência, uma modificação da norma que derivava do dispositivo. Assim, decisões de inconstitucionalidade de parte do dispositivo podem também ser vistas como decisões manipulativas, ou melhor, como decisões que estabelecem normas diferentes das originariamente desejadas pelo legislador[82].

Embora esta espécie de decisão nada tenha a ver com a interpretação conforme, há similitude entre ela e as decisões aditivas e substitutivas, ou seja, com as decisões que alteram a norma preservando o dispositivo[83]. As sentenças aditivas estabelecem normas que dependem de algo que deveria estar presente no texto, já que que a norma que dele decorre é inconstitucional em razão de uma falta ou omissão do legislador[84]. Já as sentenças substitutivas modificam o significado

---

81. ADI 1127-DF, STF, Tribunal Pleno, rel. Min. Marco Aurélio, *DJe* 10.06.2010.
82. ZAGREBELSKY, Gustavo. Processo costituzionale. *Enciclopedia del Diritto*. v. 36, p. 655.
83. SILVESTRI, G. Le sentenze normative della Corte costituzionale. *Giurisprudenza costituzionale*. 1981, p. 1684 e ss.; BRANCA, G. L'illegittimità parziale nelle sentenze della Corte costituzionale. *La giustizia costituzionale*. Firenze: Vallecchi, 1966. p. 57 e ss.; GUARINO, A. Le sentenze costituzionali "manipolative". *Studi in onore di Giocchino Scaduto*. Padova: Cedam, 1979. p. 353 e ss.
84. DELFINO, F. Omissioni legislative e Corte costituzionale. *Studi in onore di Giuseppe Chiarelli*. Milano: Giuffrè, 1974. v. 2, p. 911 e ss.; D'AMICO, M. Un nuovo modello di sentenza costituzionale? *Giurisprudenza costituzionale*. 1993, II, p. 1803 e ss.; ANGELONE, M. Sentenze additive della Corte costituzionale e interpretazione adeguatrice. *Interpretazione a fini applicativi e legittimità costituzionale*. Napoli: Esi, 2006; BIGNAMI, M. Brevi osservazioni sulla nozione di additività nelle decisioni della Corte

de parte ou de uma palavra do dispositivo, realizando uma espécie de tradução corretiva do enunciado legislativo[85].

Torna-se interessante retomar, então, a decisão proferida na ADI 1127, particularmente a decisão que foi proferida em face da impugnação do art. 50 do Estatuto da Advocacia, assim redigido: "para os fins desta lei, os Presidentes dos Conselhos da OAB e das Subseções *podem requisitar* cópias de peças de autos e documentos a qualquer tribunal, magistrado, cartório e órgão da Administração Pública direta, indireta e fundacional".

Durante os debates, houve grande discussão sobre a expressão "requisitar". Disse o Ministro Ricardo Lewandowski: " [...] entendo que a expressão 'requisitar' é ato próprio da autoridade pública. Penso, aqui, que os Presidentes da OAB poderão se valer do direito de obter certidões, informações e peticionar, o que lhes é amplamente garantido na Constituição, *mas não requisitar*"[86]. O Ministro Cezar Peluso argumentou no mesmo sentido:

> A norma constitucional prevê uma hipótese em que há alternativa de indeferimento. Esta norma aqui [o art. 50 do Estatuto da Advocacia] não prevê nenhuma alternativa para os respectivos Poderes. Há uma restrição à autonomia dos Poderes. *Requisitar é uma coisa; requerer certidão é outra*. Requerimento de certidão pode ter uma resposta negativa, que pode, ou não, ensejar uso de mandado de segurança, isso é outro problema. *Mas a autoridade destinatária do requerimento de certidão pode dizer que não é caso de expedir certidão. No caso de requisição, o destinatário não tem alternativa, ele tem de ceder*[87].

Como se vê, entendeu-se que o dispositivo legal poderia admitir que os Presidentes dos Conselhos da OAB e das Subseções *requeressem*, mas não *requisitassem* cópias de peças de autos e documentos. Por essa razão declarou o Ministro Joaquim Barbosa: "[...] dou interpretação conforme ao dispositivo para julgá-lo constitucional desde que o *requerimento* de cópia seja *devidamente motivado*". Após ter sido advertido pelos Ministros Cezar Peluso e Ellen Gracie de que "*não é requerimento; é requisição*", respondeu o Ministro Joaquim Barbosa: "Nesse

---

costituzionale. *Giurisprudenza costituzionale*. 1996, I, p. 1243 e ss.; PICARDI, N. Le sentenze "integrative" della Corte costituzionale. *Scritti in onore di Costantino Mortati*. Milano: Giuffrè, 1977. v. 4

85. PISANA, S. M. Le pronunce additive e sostitutive della Corte costituzionale. *Rivista della Corte dei Conti*, p. 309 e ss., 2006; BRUNELLI, G. Dispositivo con clausola generale, natura del tertium e tecnica argomentativa in una recente decisione sostitutiva. *Giurisprudenza costituzionale*. 1994, III, p. 4113 e ss.; MODUGNO, F. Corollari del principio di legittimità costituzionale e sentenze sostitutive della Corte. *Giurisprudenza costituzionale*. 1969, I, p. 91 e ss.
86. ADI 1127-DF, STF, Tribunal Pleno, rel. Min. Marco Aurélio, *DJe* 10.06.2010.
87. ADI 1127-DF, STF, Tribunal Pleno, rel. Min. Marco Aurélio, *DJe* 10.06.2010.

caso, *julgo inconstitucional o termo 'requisição', mas mantenho o dispositivo neste sentido*, ou seja, *há necessidade de devida motivação [do requerimento-requisição] e, eventualmente, de que o advogado ou a Ordem arque com os custos*"[88].

Depois de mais ponderações dos Ministros, finalmente concluiu a Ministra Ellen Gracie, Presidente da Corte: "Então, a proposta do Ministro Joaquim Barbosa é dar interpretação conforme, traduzindo a expressão 'requisitar' para a expressão 'requerer', observada a motivação, a compatibilidade com as finalidades da lei, o atendimento dos custos e ressalvados os documentos cobertos por sigilo. Estão todos de acordo?". Por maioria, decidiu-se – conforme está no dispositivo do acórdão –, quanto ao artigo 50, julgar

> parcialmente procedente a ação para, *sem redução de texto, dar interpretação conforme ao dispositivo*, de modo a fazer *compreender a palavra 'requisitar' como dependente de motivação, compatibilização com as finalidades da lei e atendimento de custos desta requisição*. Ficam ressalvados, desde já, os documentos cobertos por sigilo[89].

Trata-se de decisão certamente equivocada. Lembre-se que o Ministro Joaquim Barbosa julgou inconstitucional o termo 'requisição', manteve "o dispositivo neste sentido" e, ainda, propôs o acréscimo da necessidade de devida motivação e de atendimento dos custos do requerimento. Obviamente existe contradição entre manter o dispositivo legal e julgar inconstitucional expressão nele contida. Porém, também não se pode concluir, de modo racional, que o Ministro manteve o dispositivo que restou após a exclusão da expressão 'requisição". É que a ação – de requisitar ou de requerer – é parte indispensável e indissociável do dispositivo, de modo que o Ministro apenas poderia propor a *substituição do significado* de requisição pelo de requerimento. Mas o Ministro foi além, pois *acrescentou significado* à norma que derivava do dispositivo, *adicionando* a ela a necessidade de devida motivação e de atendimento dos custos do requerimento. A decisão do Ministro, assim, é ao mesmo tempo *substitutiva e aditiva*, constituindo uma *decisão manipulativa bifronte*.

A Corte disse estar fazendo a interpretação conforme do dispositivo, "de modo a fazer *compreender a palavra 'requisitar' como dependente de motivação, compatibilização com as finalidades da lei e atendimento de custos desta requisição*". Ou seja, a decisão proclamada pela Corte tem pequena diferença em relação à proposta pelo Ministro Joaquim. Ela não *substitui* requisição por requerimento, mas, qualificando a expressão 'requisição' contida no dispositivo, *acresce* que

---
88. ADI 1127-DF, STF, Tribunal Pleno, rel. Min. Marco Aurélio, *DJe* 10.06.2010.
89. ADI 1127-DF, STF, Tribunal Pleno, rel. Min. Marco Aurélio, *DJe* 10.06.2010.

a requisição deve ser motivada, compatível com as finalidades da lei e, ainda, custeada. A decisão proclamada, portanto, é nitidamente *manipulativa aditiva*.

O grande equívoco em tudo isto está em que uma decisão substitutiva ou aditiva está muito longe de uma interpretação conforme. Ora, como já havia dito o Ministro Sepúlveda Pertence – *que também esteve presente no julgamento que deu origem à decisão ora criticada* – na ADI 3046, a interpretação conforme "encontra *o limite da sua utilização no raio de possibilidades hermenêuticas de extrair do texto* uma significação normativa harmônica com a Constituição"[90]. Ora, quando se *substitui* ou se *acresce* significado da ou à norma ocorre a sua *correção* para adequá-la à Constituição, resultado que *jamais pode advir da mera atividade interpretativa ou constituir interpretação conforme*. Como deixa claro Zagrebelsky, as decisões manipulativas operam além do caso de pluralidade de interpretações possíveis – que justificam o recurso às decisões interpretativas –, já que objetivam a *"transformazione del significato della legge"*, e não apenas "la sua eliminazione o *la sua mera interpretazione conforme alla Costituzione"*[91].

O Ministro Gilmar Mendes, no julgamento da ADPF 132, reconheceu que o Supremo Tribunal Federal, em muitos casos, *"a pretexto de dar interpretação conforme à Constituição a determinados dispositivos"*, vem *"proferindo o que a doutrina constitucional, amparada na experiência da Corte Constitucional italiana, tem denominado de decisões manipulativas de efeitos aditivos"*[92]. A correção da norma inconstitucional não apenas está muito além da interpretação da lei conforme à Constituição, como se sustenta em princípio completamente diferente (ver item 8, supra). A correção da norma inconstitucional é admissível apenas quando a interpretação constitucional não é possível. Enquanto a interpretação conforme está inserida em espaço inerente à função judicial, de interpretar os dispositivos legais, a correção da norma inconstitucional é justificável quando a jurisdição exerce poder de controle de constitucionalidade que supera a tese de que a jurisdição constitucional está limitada à negação da lei inconstitucional, não podendo suprir a omissão do legislador ou corrigir a lei.

Embora o dogma do legislador negativo já tenha sido abandonado, sendo hoje imprescindível, para o adequado exercício da jurisdição constitucional, proferir decisões corretivas ou manipulativas, é imperioso separá-las da interpretação conforme à Constituição.

Quando está nos limites da interpretação conforme, a Corte tem um ônus argumentativo diferente e menos pesado daquele que lhe é imposto quando se

---

90. ADI 3046-SP, STF, Tribunal Pleno, rel. Min. Sepúlveda Pertence, *DJ* 28.05.2004.
91. ZAGREBELSKY, Gustavo. Processo costituzionale. *Enciclopedia del Diritto*. v. 36, p. 654.
92. ADPF 132-RJ, STF, Tribunal Pleno, rel. Min. Ayres Britto, *DJe* 14.10.2011.

propõe a corrigir a norma que deriva do texto para adaptá-la à Constituição. Na interpretação conforme, a Corte deve justificar a atribuição de determinado sentido a um dispositivo constitucional e, então, demonstrar que o dispositivo legal pode ser compreendido – e, assim, ter um sentido – conforme à Constituição.

Algo completamente diferente ocorre quando a Corte verifica que, diante do sentido que atribui à Constituição, não pode interpretar o dispositivo legal conforme, seja por este conter algo que não poderia ter, não conter algo que deveria ter, ou afirmar algo que tem um significado diverso daquele que o dispositivo deveria encampar. Nestas três hipóteses, que correspondem às decisões que (i) declaram inconstitucional uma expressão da lei, modificando a norma mediante a alteração do texto; (ii) adicionam algo à norma, como se a lei tivesse maior extensão; e (iii) substituem o significado da norma, como se a lei dissesse outra coisa, a Corte tem que, a partir da demonstração de que a norma que deriva da lei é incompatível com a Constituição, justificar o que deve ser eliminado, acrescido ou substituído no dispositivo para torná-lo compatível com a Constituição, consciente de que não tem a mesma discricionariedade do legislador para escolher o que faltou ou o que deveria estar presente no dispositivo. A Corte tem como limite, nestas situações, o "mínimo constitucionalmente exigido", não podendo ir além disto (ver item 9, acima).

Além de a justificativa, no caso de correção da norma, ser muito mais complexa e sofisticada, ela é própria a quem está exercendo poder muito mais intenso do que o de atribuir sentido à lei, o qual, por conta disso, atribui outro nível de responsabilidade ao julgador. Frise-se que no direito brasileiro o controle de constitucionalidade é difuso e, assim, o juiz e o tribunal – mediante o plenário ou órgão especial – igualmente podem corrigir a norma inconstitucional. Portanto, é preciso deixar clara a diferença entre interpretar conforme à Constituição e corrigir norma inconstitucional, inclusive para que os juízes e tribunais não deixem escapar a gravidade inerente às decisões manipulativas. Assim, o juiz singular deixará de pronunciar normas que reclamam a correção do texto sem se explicar, como frequentemente ocorre. Do mesmo modo, as Turmas e Câmaras dos tribunais não mais poderão proferir decisões com base em normas que espelham a alteração do texto, negando a cláusula de reserva de plenário e violando o art. 97 da Constituição Federal.

É interessante perceber, aliás, que o fenômeno da desconsideração ou da desvalorização da lei, em que estão inseridas as decisões que, sem a devida justificativa, aplicam normas que revelam a alteração do texto legislativo, alimenta-se da falta de distinção entre interpretar e controlar a constitucionalidade e, ao mesmo tempo, a estimula. Daí a importância de o Supremo Tribunal Federal colocá-las em seus devidos lugares, firmando posição imprescindível para a tutela da legalidade e para que o controle de constitucionalidade possa cumprir a sua função.

12. A interpretação conforme *apenas colabora* diante do controle de constitucionalidade

Como demonstrado, a interpretação conforme não produz norma compatível com a Constituição quando o significado do dispositivo é inconstitucional. A interpretação conforme extrai do texto resultado compatível com a Constituição. Assim, a interpretação conforme é útil quando, a despeito de o dispositivo poder ser interpretado como inconstitucional, o seu texto oferece oportunidade para uma interpretação constitucional.

A interpretação conforme é inserida no modelo de controle de constitucionalidade das Cortes Constitucionais exatamente porque constitui uma resposta que pode ser dada pela Corte quando, impugnada a constitucionalidade da lei, dela é possível extrair uma interpretação constitucional. Entretanto, a circunstância de a interpretação constituir resposta apta quando se está diante do controle de constitucionalidade não permite concluir que a interpretação conforme é uma decisão que nega a lei ou o produto do legislativo.

Uma vez que a inserção da interpretação conforme no modelo de controle de constitucionalidade permite chamá-la de decisão de constitucionalidade, é preciso ter claro que a interpretação conforme, mesmo nesta situação, interpretação é, ou, para ser ainda mais claro, representa interpretação que não nega o significado (incontroverso) do dispositivo para atribuir-lhe outro, compatível à Constituição.

A interpretação conforme nunca reconhece a inconstitucionalidade da lei, mas apenas a preserva, e, se no controle incidental pode eventualmente reprovar uma interpretação inconstitucional, assim o faz nos termos da lei, interpretando-a.

13. A importância de separar interpretação conforme e correção de norma inconstitucional no sistema brasileiro

13.1. *Porque o raciocínio de controle incidental de constitucionalidade pressupõe o exaurimento da tentativa de interpretação conforme*

Não há dúvida que o controle incidental assume grande importância nos tribunais, especialmente quando do julgamento da apelação e do agravo. Porém, a Constituição de 1988, ao afirmar que a declaração de inconstitucionalidade nos tribunais depende da maioria absoluta dos votos dos membros do tribunal ou de seu órgão especial (art. 97, CF) criou uma situação contraditória e difícil. Entendendo-se que a lei não pode deixar de ser aplicada, sob o fundamento de inconstitucionalidade, pelas Câmaras e Turmas incumbidas do julgamento dos recursos, os tribunais ficaram obstaculizados de *imediatamente* (sem a suspensão do julgamento) deixar de aplicar ou corrigir a lei inconstitucional para decidir (pela segunda vez) *o que já foi decidido pelo juiz singular*. É realmente contraditório que um juiz possa fazer algo que todo o colegiado competente para redecidir a questão ou o mérito não pode.

O problema que daí surgiu foi o de que os colegiados encarregados de julgar os recursos passaram a desaplicar e a corrigir a lei, sem afirmá-la inconstitucional, para fugir da necessidade da sua submissão ao controle de constitucionalidade. Realmente não são poucas as decisões em apelação ou agravo – e, bem vistas as coisas, também em primeiro grau de jurisdição – que fingem que a lei não existe ou, ainda, que a lei existe ou tem a dicção que o magistrado gostaria que ela tivesse.

A razão disto, claramente está no esquecimento que o juiz está adstrito à lei e, por conta disso, tem o dever de adequadamente interpretá-la para julgar os litígios. Ora, a falta de percepção de que o controle de constitucionalidade pressupõe o exaurimento da possibilidade de interpretação nos termos da Constituição nada mais é do que a ausência de consciência de que o juiz tem *dever* de interpretar e aplicar a lei. Lembre-se que a ideia de que o juiz do caso deve exaurir a tentativa de interpretação conforme está consolidada nos direitos italiano[93], espanhol[94] e alemão[95]. Na Alemanha, a tentativa de interpretar a lei em conformidade com a Constituição não é vista como uma faculdade, nem mesmo como um ônus de argumentação do juiz que submete a questão à Corte Constitucional, mas como um simples *dever* que deriva da proibição de o juiz aplicar uma lei inconstitucional e, ao mesmo tempo, não poder controlar a sua constitucionalidade[96].

O juiz não afastaria a lei ou a corrigiria sem a devida fundamentação ou o necessário controle de constitucionalidade se tivesse plena ciência do significado do seu dever de aplicar a lei e, portanto, de interpretá-la, apresentando a devida justificativa. Como é óbvio, a suposição da desnecessidade de justificativa da interpretação da lei permite o seu abandono e a sua correção às escuras, sem a demonstração do que está sendo feito.

A consciência de que a lei deve ser aplicada e interpretada – levada em conta para decidir – tem como consequência a impossibilidade e a desnecessidade de a Câmara ou a Turma submeterem a questão de constitucionalidade ao órgão

---

93. SORRENTI, Giusi. La Costituzione "sottintesa". *Corte Costituzionale, giudici comuni e interpretazioni adeguatrici*. p. 29.
94. *Ley Orgánica del Poder Judicial* (LOPJ), art. 5º, n. 3: "Procederá el planteamiento de la cuestión de inconstitucionalidad cuando por vía interpretativa no sea posible la acomodación de la norma al ordenamiento constitucional".
95. BVerfGe, 68, 377 (344); 85, 329 (333).
96. LUTHER, Jörg. Le interpretazioni adeguatrici nel diritto tedesco vivente. *Corte Costituzionale, giudici comuni e interpretazioni adeguatrici*. Milano: Giuffrè, 2010. p. 219-220; ZIERLEIN, Karl-Georg. Zur Prozeßverantwortung der Fachgerichte im Lichte der verwerfungskompetenz des Bundesverfassungsgerichts nach Art. 100 Abs. 1 GG. *Festschrift für Ernst Benda*. Heidelberg: C. F. Müller, 1995. p. 472 e ss.

especial enquanto não chegarem à conclusão – devidamente justificada – de que o dispositivo não oferece oportunidade para interpretação nos termos da Constituição. *Isso não apenas evita que o órgão fracionário abra mão do seu poder interpretativo como também dificulta o encobrimento da necessidade de controle de constitucionalidade.*

13.2. Para eliminar a confusão entre as atribuições do órgão fracionário e as do plenário ou do órgão especial no controle incidental realizado perante os Tribunais, inclusive diante do Superior Tribunal de Justiça

Estabelecido o critério de que a submissão da questão ao órgão especial pressupõe a justificativa de que a lei não pode ser interpretada na forma da Constituição, eliminam-se as dúvidas quanto à oportunidade de submissão da questão ao controle de constitucionalidade.

Note-se que o Superior Tribunal de Justiça já foi obrigado a assim argumentar:

> com relação à declaração de nulidade do julgamento, por inobservância da cláusula de reserva de plenário, a tese não tem amparo na Constituição Federal, a qual, no art. 97, dispõe: 'Somente pelo voto da maioria absoluta de seus membros ou dos membros do respectivo órgão especial poderão os tribunais declarar a inconstitucionalidade de lei ou ato normativo do Poder Público'. Como se verifica, *na ocasião em que se entende pela constitucionalidade de um ato normativo, o qual nasce com a presunção de constitucionalidade e/ou legalidade, não há necessidade de consulta ao órgão especial do Tribunal de Justiça.* Esse, inclusive, o entendimento do Supremo Tribunal Federal: 'A cláusula constitucional da reserva de Plenário (CRFB, art. 97) somente exige manifestação da maioria absoluta dos membros do tribunal em caso de declaração de inconstitucionalidade da lei ou ato normativo do Poder Público. *Caso o órgão fracionário entenda pela constitucionalidade da lei impugnada, não há que se cogitar de remessa ao plenário ou ao órgão especial do respectivo tribunal*, como dispõe o próprio art. 481 do Código de Processo Civil [1973]' (trecho do voto condutor do MS 33046, rel. Min. Luiz Fux, 1ª T., j. 10.03.2015, *DJe*-091)[97].

Se tanto o Superior Tribunal de Justiça quanto o Supremo Tribunal Federal são obrigados a repelir expressamente argumentos no sentido da obrigatoriedade da submissão da questão ao plenário ou ao órgão especial quando a lei é admitida constitucional pelo órgão fracionário, isto ocorre não apenas porque não se tem claro que o controle da constitucionalidade pressupõe a impossibilidade da interpretação nos termos da Constituição, mas também porque não se tem precisamente delineadas as fronteiras entre a interpretação da lei e a instituição de norma compatível com a Constituição para a preservação do dispositivo que,

---

97. STJ, RMS 37240, 1ª T., rel. Min. Gurgel de Faria, j. 15.12.2016.

a princípio, não oportuniza interpretação constitucional. Ninguém dirá que há uma questão constitucional que deve ser decidida pelo órgão especial ou pelo plenário quando a lei comporta incontroversa interpretação constitucional. Porém, mesmo quando há dúvida sobre a constitucionalidade, esta não é bastante para a submissão da questão ao controle de constitucionalidade. O órgão fracionário só deve remeter a questão quando pode argumentar que a interpretação nos termos da Constituição não é possível.

De modo que o inconformismo daquele que entende ter sido surpreendido pela ausência de respeito à regra da reserva do plenário só tem razão de ser quando o órgão fracionário, sob a desculpa de interpretar, institui norma compatível com a Constituição mediante a alteração da norma que deriva do dispositivo legal[98]. Quando isto ocorre, cabe reclamação com fundamento em negativa da Súmula Vinculante 10. Afinal, a súmula é expressa no sentido de que, quando a decisão não declara a inconstitucionalidade da lei, mas "afasta sua incidência, no todo ou em parte", há violação da cláusula de reserva do plenário, tendo o art. 988, IV, do Código de Processo Civil de 2015 estabelecido que cabe reclamação para "garantir a observância de súmula vinculante".

13.3. Para que se evite a mistura dos raciocínios aptos à interpretação conforme e à correção da norma inconstitucional

Quando está claro que o órgão fracionário, tanto nos tribunais quanto no Superior Tribunal de Justiça, tem o dever de interpretar a lei conforme à Constituição, torna-se fácil saber o limite em que este pode chegar para julgar o recurso ou, eventualmente, a própria ação originária, evitando-se as discussões, bastante frequentes e quase sempre "racionalmente" insolúveis, de se a Câmara ou Turma usurpou a função que cabe ao órgão especial ou ao plenário em incidente de arguição de inconstitucionalidade.

---

98. Veja-se a seguinte decisão do Superior Tribunal de Justiça: "[...] 2. Segundo a jurisprudência desta Corte de Justiça, o art. 148, § 3º, do Código de Trânsito Brasileiro, deve ser interpretado *sob o prisma da razoabilidade e proporcionalidade*, entendendo que as infrações administrativas, *ainda que de natureza grave*, praticadas na qualidade de proprietário do veículo, e não de condutor, *não têm o condão de impedir a concessão da habilitação definitiva*. 3. Não há que se cogitar de inobservância da cláusula de reserva de plenário (art. 97 da CRFB) e do enunciado 10 da Súmula Vinculante do STF, pois, ao contrário do afirmado pelo agravante, na decisão recorrida não houve declaração de inconstitucionalidade dos dispositivos legais suscitados, tampouco o seu afastamento, apenas se aplicou a leitura considerada como a melhor interpretação da norma infraconstitucional" (STJ, AgInt no Agravo em Recurso Especial 641.185, 2ª T., rel. Min. Og Fernandes, *DJe* 13.08.2018). Lembre-se que o art. 148, § 3º, do Código de Trânsito, afirma que a carteira nacional de habilitação definitiva será conferida ao condutor de veículo no término de um ano, *desde que não tenha cometido infração de natureza grave ou gravíssima nem seja reincidente no cometimento de infração média*.

A soluçăo do problema está em considerar o conteúdo da decisăo, ou melhor, o conteúdo que a decisăo pode ter, estando a pedra de toque exatamente na diferenciaçăo entre interpretaçăo possível do dispositivo e instituiçăo de norma constitucional a despeito da interpretaçăo do dispositivo.

Um só exemplo coloca às claras tudo isto. Imagine-se, diante de legislaçăo processual que prevê o uso da multa apenas para forçar o cumprimento das decisőes que impőe năo fazer, fazer e entrega de coisa (Código de Processo Civil de 1973), decisăo de Câmara de Tribunal de Justiça que, julgando recurso, admita a execuçăo de tutela antecipada de soma em dinheiro sob pena de multa diária. Decisőes como esta eram comuns, mesmo que o Código de Processo Civil de 1973 năo permitisse a interpretaçăo de que a tutela antecipada de pagamento de soma pode ser executada sob pena de multa. Mas, muito pior do que isso, eram indisfarçavelmente baseadas numa espécie de "sentimento pessoal" de que a tutela antecipada de soma, por servir a aliviar uma necessidade urgente, deve ser executada mediante um meio que possa levar ao cumprimento imediato da decisăo. Ou seja, tais decisőes năo eram fundamentadas nem mesmo analisavam se havia ou năo omissăo legislativa e, muito menos, se a omissăo podia ser suprida a partir da Constituiçăo. Na verdade, decisőes desta espécie jamais consideram a necessidade de se saber se a hipótese é de interpretaçăo ou de controle de constitucionalidade, na medida em que năo constituem o fruto de uma justificativa racional ancorada na lei e na Constituiçăo, mas o resultado de um sentimento pessoal – escamoteado e obviamente năo racionalizado na fundamentaçăo – de que "algo deve ser feito" em nome da tutela dos direitos.

Porém, quando está esclarecido que o órgăo fracionário deve interpretar a lei conforme à Constituiçăo e năo pode delinear norma que, a despeito do significado da lei, seja capaz de realizar direito fundamental (como o direito fundamental à tutela jurisdicional efetiva), eliminam-se as dúvidas quanto aos limites da sua atividade: ela vai até a possível interpretaçăo da lei nos termos da Constituiçăo; a partir daí o problema é do órgăo especial ou do plenário. Mais claramente: *quando há necessidade de raciocínio que considere a Constituiçăo para agregar, excluir ou alterar algo em face do significado da lei, e năo apenas raciocínio que invoque a Constituiçăo para atribuir ao dispositivo legal interpretaçăo conforme, impőe-se a suspensăo do julgamento com a submissăo da questăo ao órgăo especial.*

13.4. *Para colaborar para a definiçăo da Corte Suprema incumbida de atribuir sentido à lei perante a Constituiçăo e para que as funçőes do Superior Tribunal de Justiça e do Supremo Tribunal Federal possam ser racionalizadas*

Problema ainda maior diz respeito a saber como o Superior Tribunal de Justiça e o Supremo Tribunal Federal devem se comportar diante da interpretaçăo conforme ou nos termos da Constituição. Embora a função de definir o sentido da lei seja indiscutivelmente do Superior Tribunal de Justiça, há frequentes e injustificadas dúvidas quando se pensa na Corte que tem a incumbência de definir a interpretação da lei conforme à Constituição.

Retome-se o exemplo do art. 1.790, III, do Código Civil, que, ao estabelecer regimes sucessórios distintos para cônjuges e companheiros, foi analisado à luz do art. 226, § 3º, da Constituição Federal – diante da eventual equiparação entre casamento e união estável. O problema da compatibilidade do art. 1.970, III, com o art. 226, § 3º, da Constituição exige, além da interpretação da Constituição, a interpretação de se o art. 1.790, III, nega a equiparação entre casamento e união estável.

O fato de ser imprescindível, para o caso, interpretar a lei e a Constituição não é suficiente para concluir que a tarefa de definição da compatibilidade do Código Civil com a Constituição é do Supremo Tribunal Federal. Afinal, cabe ao Superior Tribunal de Justiça definir a interpretação da lei federal, obviamente que também nos termos da Constituição.

Para admitir que cabe ao Supremo Tribunal Federal definir o sentido da lei nos termos da Constituição, seria preciso ignorar que a função de interpretação da lei é do Superior Tribunal de Justiça e que interpretá-la também significa dimensioná-la à luz da Constituição. Certamente, quando se define a interpretação da lei nos termos da Constituição, realiza-se a função de estabelecer o sentido da lei, já que a Constituição, ainda que também seja compreendida e vista com determinado significado, no processo interpretativo se coloca como parâmetro e não como o objeto a que a atividade de interpretação busca atribuir sentido.

De qualquer forma, identificar a Corte incumbida da tarefa de interpretar a lei conforme à Constituição é indispensável para outorgar racionalidade à distribuição da justiça no Brasil, já que ao advogado, atualmente, falta critério para escolher o recurso destinado a impugnar as decisões dos tribunais e as duas Cortes Supremas estão perdidas em meio de decisões que nada dizem quando não admitem ou admitem recursos. Sublinhe-se que o Supremo Tribunal Federal, frequentemente, deixa de admitir recursos extraordinários em que se alega que o tribunal interpretou a lei em desconformidade com a Constituição sob o fundamento de que existiria "ofensa reflexa à Constituição" e, de repente, admite recurso extraordinário, nos exatos termos daqueles antes rejeitados, para decidir se a lei está de acordo com a Constituição. Foi o que ocorreu, por exemplo, no caso do art. 1.790, III, do Código Civil.

Lembre-se que, diante da discussão a respeito do art. 1.790, III, do Código Civil, a Corte Especial do Superior Tribunal de Justiça, na AI no REsp 1135354, recusou-se a julgar arguição de inconstitucionalidade sob o argumento de que não poderia analisar recurso especial em que se alega que interpretação de dispositivo do Código Civil é desconforme com a Constituição[99]. O Superior Tribunal de Justiça só veio a tratar do significado do art. 1.790, III, um mês depois de o Supremo Tribunal Federal ter reconhecido a sua inconstitucionalidade[100], admitindo, assim, que não deve decidir sobre o significado da lei quando esta tem a sua constitucionalidade posta em dúvida[101].

É exatamente aí que reside o equívoco, a refletir na sobreposição das funções das duas Cortes. Se o Superior Tribunal de Justiça tem a incumbência de definir a interpretação da lei, inclusive à luz da Constituição, ao Supremo Tribunal Federal só pode caber a função de controlar a constitucionalidade do sentido atribuído à lei pelo Superior Tribunal de Justiça.

Nessas condições, as decisões dos tribunais que interpretam a lei, impugnadas como inconstitucionais, não abrem espaço a recurso extraordinário, mas a recurso especial. Não há sentido em levar ao Supremo Tribunal Federal recurso em que se alega que o tribunal interpretou a lei em desconformidade com a Constituição quando incumbe ao Superior Tribunal de Justiça definir a interpretação da lei, inclusive à luz da Constituição.

Aliás, ao contrário do que decidiu a Corte Especial do Superior Tribunal de Justiça no AI no REsp 1135354 – referido acima –, não está escrito em nenhum lugar do art. 102, III, da Constituição Federal que cabe recurso extraordinário quando se pretende demonstrar que a interpretação do tribunal está em desacordo com a Constituição. O que afirma o art. 102, III, letras *a* e *b*, é que cabe recurso extraordinário quando a decisão recorrida "contrariar dispositivo desta Constituição" e "declarar a inconstitucionalidade de tratado ou lei federal".

Ao não se dar o devido significado à instituição do Superior Tribunal de Justiça e à limitação das funções do Supremo Tribunal Federal na Constituição Federal de 1988, interpretou-se apressadamente o art. 102, III, *a*, como se ele fosse mera reprodução da primeira parte do art. 119, III, *a*, da Constituição de 1967/69. Esse dispositivo previa o cabimento do recurso extraordinário quando a decisão "*a) contrariar dispositivo desta Constituição* ou negar vigência de tratado ou lei federal". Portanto, o recurso extraordinário era cabível no caso em que

---

99. "1. O manifesto descabimento do recurso especial – que busca afastar a aplicação de lei federal sob o argumento de sua incompatibilidade com a Constituição – contamina também o correspondente incidente de inconstitucionalidade, que não pode ser conhecido. 2. Incidente de inconstitucionalidade não conhecido" (STJ, AI no REsp 1135354/PB, Corte Especial, rel. p/ acórdão Min. Teori Albino Zavascki, *DJe* 28.02.2013).
100. "Não é legítimo desequiparar, para fins sucessórios, os cônjuges e os companheiros, isto é, a família formada pelo casamento e a formada por união estável. Tal hierarquização entre entidades familiares é incompatível com a Constituição de 1988" (STF, RE 878.694/MG, Plenário, rel. Min. Roberto Barroso, *DJe* 06.02.2018).
101. STJ, REsp 1.357.117, 3ª T., rel. Min. Ricardo Cueva, *DJe* 26.3.2018.

se podia argumentar que a decisão contrariou a Constituição ou a lei federal e, por consequência natural, quando a interpretação da lei houvesse contrariado a Constituição. Na afirmação de contrariedade a dispositivo da Constituição estava obviamente implícita a de interpretar a lei contrariando dispositivo da Constituição, até porque se não fosse assim, não caberia recurso algum em caso de interpretação incompatível com a Constituição.

Ocorre que, depois da instituição das duas Cortes Supremas, as hipóteses que oportunizam recursos ao Superior Tribunal de Justiça e ao Supremo Tribunal Federal não podem ser pensadas como se não existisse uma Corte voltada à atribuição de sentido à lei federal e outra destinada à tutela da Constituição. Se o Supremo Tribunal Federal tem função completamente distinta daquela que é do Superior Tribunal de Justiça, só cabe recurso extraordinário quando a decisão *do tribunal* viola diretamente a Constituição ou, melhor explicando, quando o tribunal, para decidir, limita-se a interpretar a Constituição, aplicando-a e violando-a diretamente, sem a intermediação da interpretação da lei federal.

Assim, torna-se possível entender o sentido de "ofensa reflexa à Constituição". Não cabe recurso extraordinário quando se alega que o tribunal interpretou a lei em desconformidade com a Constituição. E mais do que isso: não se deixa os advogados em desespero quando, pretendendo argumentar que a interpretação do tribunal está em desacordo com a Constituição, não sabem em que critério se apoiar, se nas decisões do Superior Tribunal de Justiça – como a proferida pela Corte Especial do Superior Tribunal de Justiça na AI no REsp 1135354 (antes mencionada)[102] – ou se nas decisões do Supremo Tribunal Federal que, argumentando que há "ofensa reflexa" ou "violação indireta", negam-se a julgar a questão[103].

Se cabe recurso especial quando a decisão recorrida, ao interpretar a lei, desatende a Constituição, concentra-se a atividade interpretativa no local adequa-

---

102. "*O manifesto descabimento do recurso especial – que busca afastar a aplicação de lei federal sob o argumento de sua incompatibilidade com a Constituição –* , [...]" (STJ, AI no REsp 1135354/PB, Corte Especial, rel. p/ acórdão Min. Teori Albino Zavascki, *DJe* 28.02.2013).

103. "[...] 1. As instâncias de origem decidiram a lide amparadas na legislação infraconstitucional pertinente (art. 174, CTN; Lei no 9.703/98; Lei no 8.541/92; DL no 1.598/77 e Decreto no 3000/99 RIR/99) e na jurisprudência do Superior Tribunal de Justiça, notadamente no REsp no 1.138.695/SC, julgado sob o rito do art. 543-C do CPC. 2. *A afronta aos dispositivos constitucionais suscitados no recurso extraordinário seria, se ocorresse, indireta ou reflexa, o que é insuficiente para amparar o apelo extremo* (...)". (STF, Ag.Reg. no Recurso Extraordinário 881.876-RS, 2ª T., rel. Min. Dias Toffoli, j. 24.11.2015); "[...] 1. *Obstada a análise da suposta afronta aos preceitos Constitucionais invocados, porquanto dependeria de prévia análise da legislação infraconstitucional aplicada à espécie, procedimento que refoge à competência jurisdicional extraordinária desta Corte Suprema, a teor do art. 102 da Magna Carta* [...]" (STF, ARe 1.083.193 AgR, 1ª T., rel. Min. Rosa Weber, *DJe* 17.09.2018).

do, na Corte de interpretação da lei federal[104], evitando-se perda de tempo com recursos direcionados à Corte cuja função é guardar a Constituição. O recurso extraordinário só se torna possível quando o Superior Tribunal de Justiça institui precedente, definindo a interpretação da lei em conformidade com a Constituição. *Antes da instituição de precedente, como a questão ainda está afeta ao Superior Tribunal de Justiça, não há razão para admitir recurso ao Supremo Tribunal Federal.*

Enquanto a interpretação da lei está sendo debatida perante os tribunais e no próprio Superior Tribunal de Justiça, há processo de interpretação da lei em curso. Entretanto, quando se define a interpretação da lei mediante precedente, encerra-se o debate interpretativo, tornando-se, então, possível falar em contrariedade da norma – inserta no precedente – diante da Constituição.

Não obstante esta norma também constitua interpretação, a norma-precedente goza de uma condição diferenciada. Se é certo que a norma-precedente constitui igualmente interpretação, com a particularidade de representar a *definição* da interpretação, é exatamente nesta característica que reside o fator que lhe outorga distinta estatura. A norma-precedente, ao orientar a sociedade e regular a solução dos casos vindouros, constitui um dado da realidade do direito, integrando a ordem jurídica[105]. Assim, se a partir de determinado instante não é mais possível discutir a interpretação da lei, surge espaço para analisar se a norma-precedente contraria diretamente a Constituição, abrindo-se oportunidade para recurso extraordinário com base no art. 102, III, *a*, da Constituição da República.

Esta conclusão é influenciada pela célebre distinção entre norma-dispositivo e norma-vivente, muito conhecida no direito italiano[106]. Tal distinção é baseada no fenômeno da mutação do significado das normas extraíveis dos dispositivos legais, considerado particularmente o aperfeiçoamento da interpretação e a evolução da jurisprudência e, portanto, a importância do debate interpretativo.

Quando o objeto do controle de constitucionalidade é a norma que deflui do texto, *a margem de extensão do campo de debate acerca da interpretação é diretamente proporcional à adequada atuação da Corte Constitucional*. Fala-se em "direito vivente" para demonstrar que a análise da interpretação minoritária de uma disposição legislativa *restringe indevidamente o campo de atuação da Corte Constitucional*, que deixa de considerar a norma extraída da lei pela maioria dos intérpretes. Por esse

---

104. Sobre a função da Corte de Cassação italiana, de atribuir sentido à lei mediante critérios interpretativos adequados e as "melhores razões", ver EVANGELISTA, Stefano. La funzione di monofilachia come limiti al sindacato di legittimità. *La Corte di Cassazione nell'ordinamento democratico*. Milano: Giuffrè, 1996. p. 280.
105. Ver MACCORMICK, Neil. *Rethoric and the rule of law – a theory of legal reasoning*. New York: Oxford University Press, 2005. p. 176 e ss.; MALTZ, Earl. The nature of precedent. *North Carolina Law Review*, v. 66, p. 370 e ss., 1988.
106. CRISAFULLI, Vezio. Disposizione (e norma). *Enciclopedia del diritto*, 1964. p. 207.

motivo, afirma-se que há de se analisar, no controle de constitucionalidade, o "*diritto vivente*", que, na grande maioria dos casos, constitui o resultado da função da Corte de Cassação, especialmente das suas Seções Unidas[107].

Nesta perspectiva, a "norma vivente" pode ser vista como a norma inserta nos precedentes do Superior Tribunal de Justiça, a definir a interpretação da lei, depois desta ter sido discutida perante os juízes e tribunais do país. Ora, se a função da Corte Constitucional é impedir a difusão da interpretação inconstitucional – e não corrigir as decisões dos tribunais –, *não é racional atribuir-lhe o controle de constitucionalidade de todas as possíveis interpretações da lei, originárias de qualquer um dos tribunais brasileiros*. Aliás, quando várias interpretações constitucionais ainda são possíveis, falta ao Superior Tribunal de Justiça cumprir a sua função, elegendo a interpretação adequada. Se o Supremo Tribunal Federal pudesse atuar antes da definição da interpretação da lei, conhecendo de recurso contra decisão interpretativa de tribunal, a interpretação da lei estaria sendo feita prematuramente, *antes de o debate interpretativo ter frutificado e de a Corte constitucionalmente incumbida de atribuir sentido à lei ter tido oportunidade de se pronunciar*.

A tese de que o Supremo Tribunal Federal deve apenas controlar a constitucionalidade do sentido atribuído à lei pelo Superior Tribunal de Justiça *elimina a confusão sobre a participação das Cortes Supremas no processo de desenvolvimento do direito* e, por consequência, as dúvidas reinantes na prática acerca da interposição de recurso especial ou recurso extraordinário, *com grande perspectiva de eficiência e de racionalização do trabalho do Judiciário*.

Ora bem, quando se pontua a distinção entre interpretar a lei nos termos da Constituição e controlar a constitucionalidade da lei, inclusive mediante a correção da norma incompatível com a Constituição, deixa-se claro que só cabe recurso extraordinário quando o órgão fracionário, ao completar o julgamento após proferida decisão no incidente de arguição de inconstitucionalidade, declara a inconstitucionalidade da lei ou altera o seu significado para fazer valer a Constituição. Ou seja, *a precisa demarcação das fronteiras do controle de constitucionalidade – restando a interpretação conforme uma excepcionalidade em tal contexto –, além de preservar a área do debate sobre a interpretação da lei e a função interpretativa do Superior Tribunal de Justiça, permite que o Supremo Tribunal Federal assuma o seu real papel de guardião da Constituição da República*.

---

107. SILVESTRI, Gaetano. Le Corti Supreme negli ordinamenti costituzionali contemporanei. *Le Corti Supreme*. p. 41-42.

25
SULL'INTERPRETAZIONE CONFORME A COSTITUZIONE DELLE LEGGI

Marco Ruotolo

Professore ordinario di Diritto costituzionale - Università Roma Tre.

Sommario: 1. Premessa. Sull'ampliamento dei poteri interpretativi dei giudici comuni; 2. Sui limiti dell'interpretazione "meramente" letterale; 3. La tecnica dell'interpretazione conforme a Costituzione nella giurisprudenza costituzionale; 3.1. a) la questione dell'omessa ricerca di una soluzione conforme a Costituzione quale ragione di inammissibilità; 3.2. b) l'evoluzione che porta a ritenere che lo sforzo del giudice nella predetta ricerca può dirsi soddisfatto da una idonea motivazione circa le ragioni che lo inducono a ritenere improbabile l'esito ermeneutico conforme a Costituzione; 3.3. c) i limiti dell'interpretazione conforme e la questione della disapplicazione.

1. Premessa. Sull'ampliamento dei poteri interpretativi dei giudici comuni

Il[1] tema dell'interpretazione conforme a Costituzione ha interessato da sempre la dottrina italiana che si è occupata dei temi della giustizia costituzionale[2],

---

1. Il presente contributo riproduce, con alcune modifiche, il saggio *Quando il giudice "deve fare da sé"*, pubblicato in *Questione giustizia*, [www.questionegiustizia.it], 22 ottobre 2018.
2. Tra gli studi sull'interpretazione conforme a Costituzione, nella dottrina più recente: G. Sorrenti, *L'interpretazione conforme a Costituzione*, Milano, 2006; R. Romboli, *Qualcosa di nuovo... anzi d'antico: la contesa sull'interpretazione conforme della legge*, in P. Carnevale e C. Colapietro (a cura di), *La giustizia costituzionale tra memoria e prospettive*, Torino, 2008, pp. 89 ss.; M. D'Amico e B. Randazzo (a cura di), *Interpretazione conforme e tecniche argomentative*, Atti del Convegno di Milano, 6-7 giugno 2008, Torino, 2009; Aa. Vv., *Corte costituzionale, giudici comuni e interpretazioni adeguatrici*, Atti del seminario svoltosi a Roma presso Palazzo della Consulta il 6 novembre 2009, Milano, 2010; A. Ciervo, *Saggio sull'interpretazione adeguatrice*, Roma, 2011; M. Ruotolo, *Interpretare*.

specie nell'analisi dei confini entro i quali il giudice comune può spingersi nella ricerca di un significato (di una norma) che non contrasti con la Costituzione a partire da un testo (la disposizione).

È un tema che dunque rimanda alla classica distinzione tra disposizione e norma, all'insegnamento crisafulliano per cui da uno stesso testo è quasi sempre possibile ricavare più significati, più norme appunto[3].

La distinzione tra disposizione e norma[4] non è altro che la traduzione, in termini giuridici, della relazione tra enunciato, inteso come formula grammaticale e linguistica, e proposizione, intesa come significato dell'enunciato[5]. Tra i due termini della relazione non v'è necessaria corrispondenza, nel senso che la stessa proposizione può essere espressa da enunciati diversi e, viceversa, lo stesso enunciato può esprimere proposizioni diverse.

Come si usa dire nel linguaggio giuridico, una disposizione può esprimere una o più norme o anche un «frammento di norma», nell'ipotesi in cui quest'ultima sia ricavabile da più disposizioni. Peraltro, la norma ricavabile dalla disposizione può essere diversa in ragione del tempo (del mutato contesto) in cui viene interpretata.

Alla proposizione si perviene, dunque, attraverso l'interpretazione dell'enunciato. E tale attività mediana o mediatrice (*inter-praestatio*)[6] si rivela sempre ne-

---

Nel segno della Costituzione, Napoli, 2014; F. Modugno, *In difesa dell'interpretazione conforme a Costituzione*, in *Rivista AIC*, www.rivistaaic.it, 18 aprile 2014; M. A. Gliatta, *L'interpretazione conforme a Costituzione. Per una teoria garantista della funzione giurisdizionale*, Napoli, 2014; M. Luciani, *Interpretazione conforme a Costituzione*, in *Enc. Dir.*, Annali IX, Milano, 2016, pp. 391 ss.

3. V. Crisafulli, *Disposizione (e norma)*, in *Enc. Dir.*, XIII, Milano, 1964, 195.
4. In argomento, oltre al citato contributo di V. Crisafulli, *Disposizione (e norma)*, cit., 195, cfr., almeno, F. Carnelutti, *Teoria generale del diritto*, Roma, 1951, 292; T. Ascarelli, *Giurisprudenza costituzionale e teoria dell'interpretazione*, in *Riv. dir. processuale*, XII, 1957, 352; N. Bobbio, *Teoria della norma giuridica*, Torino, 1958, 75 ss.; G. Carcaterra, *Le norme costitutive*, Milano, 1974, 5 ss.; G. Tarello, *Diritto, enunciati, usi. Studi di teoria e metateoria del diritto*, Bologna, 1974, 167 ss.; Id., *L'interpretazione della legge*, Milano, 1980, 9 s.; F. Modugno, *Norma (teoria generale)*, in *Enc. dir.*, XXVIII, Milano, 1978, 374 ss.; G. Zagrebelsky, *Il sistema costituzionale delle fonti del diritto*, Torino, 1984, 69; C. Lavagna, *Istituzioni di diritto pubblico*, Torino, 1985 (6a ed.), 22 ss.; R. Guastini, *Disposizione vs. norma*, in *Studi in memoria di G. Tarello*, Milano, 1990, 235 ss.
5. I. M. Copi, *Introduction to logic*, New York, 1961, tr. it. *Introduzione alla logica*, a cura di Stringa M., Bologna, 1981, 17.
6. Si veda la voce «Interpretare» in S. Battaglia, *Grande dizionario della lingua italiana*, vol. VIII, Torino, 1973, 257. Anche ove si intenda il termine *interprete*, come derivante dalla parola latina *inter* (in mezzo, fra) e la parola sanscrita *pret* (parlare) si fa riferimento ad un'attività mediana, idonea a mettere in connessione due entità diverse (confermata dalla derivazione etimologica del termine *ermeneutica*, dal nome del Dio Hermes,

cessaria anche a fronte di comunicazioni che si presumano «chiare». Se, infatti, è vero che «il diritto è anche e soprattutto comunicazione», che «l'interpretazione è una *parte* della comunicazione» e che «la comunicazione chiede comprensione», non può invece condividersi la conclusione per cui, in riferimento ad un determinato problema, se il testo viene compreso non necessita di essere interpretato[7]. Non si è lontani dal brocardo *in claris non fit interpretatio* se, sulla base dell'assunto per cui l'interpretazione è una manipolazione ricavata dal testo, si afferma che dove non c'è manipolazione, ma semplicemente comprensione, non c'è interpretazione

La distinzione tra disposizione e norma è stata particolarmente valorizzata dalla giurisprudenza costituzionale sia nell'arricchimento graduale delle proprie tecniche decisorie (le cd. sentenze interpretative e manipolative) sia nella stessa concreta determinazione delle condizioni di accesso al proprio giudizio in via incidentale (è il caso dell'omesso o inadeguato tentativo di interpretazione conforme a Costituzione quale causa di inammissibilità della questione).

Si tratta di un'evoluzione non sempre lineare, che proverò di seguito a sintetizzare[8], per comprendere la quale occorre particolarmente e preliminarmente considerare la progressiva maturazione di una vera e propria "cultura costituzionale" da parte della nostra magistratura, impensabile all'indomani dell'entrata in vigore della Costituzione. Un'apertura che trovò traduzione in un ordine del giorno approvato dall'Associazione Nazionale Magistrati nel congresso di Gardone del 1965, nel quale si affermava che il giudice deve interpretare le leggi in conformità ai principi costituzionali, applicando direttamente la Costituzione, quando ciò sia tecnicamente possibile, e rimettendo la decisione alla Corte costituzionale ove non sia possibile un'interpretazione "adeguatrice".

Attraverso l'interpretazione il testo può essere dunque "adeguato" al contesto, specie costituzionale, nel senso che per giungere a una soluzione ermeneutica conforme a Costituzione dall'enunciato si può ricavare un significato meno prossimo di altri alla lettera. Ciò non significa, però, come ribadirò in seguito, che la cd. "lettera" possa essere travalicata attraverso l'interpretazione, al punto di pervenire ad una vera e propria "disapplicazione" del testo normativo.

---

mediatore tra gli uomini e gli dei): si veda V. Frosini, *La lettera e lo spirito della legge*, Milano, 1994, 65 ss.

7. G. U. Rescigno, *Interpretazione costituzionale e positivismo giuridico*, in G. Azzariti (a cura di), *Interpretazione costituzionale*, Torino, 2007, 26 ss.
8. Riprendo in parte riflessioni che ho già proposto altrove, molte delle quali ora condensate in M. Ruotolo, *Interpretare. Nel segno della Costituzione*, Napoli, 2014 e poi in M. Ruotolo, *Quando il giudice "deve fare da sé"*, in *Questione giustizia*, [www.questionegiustizia.it], 22 ottobre 2018.

Ma la questione della disapplicazione viene in rilievo anche in un altro senso in queste mie preliminari annotazioni, consentendo di iscrivere la presunta pretesa del giudice a "fare da sé" nel contesto di una dilatazione dei suoi poteri interpretativi che non è più solo – e da molto tempo – "questione nazionale". Mi riferisco al radicale mutamento del modo di concepire la stessa funzione giurisdizionale nel sistema italiano conseguente alla sentenza *Simmenthal* della Corte di giustizia del 1978. Il riconoscimento al giudice comune del potere di disapplicare le norme interne in contrasto con il diritto comunitario (ora euro-unitario) direttamente applicabile non poteva non avere conseguenze ulteriori, che non si sono infatti limitate al pure rilevante ambito della "diffusione" del controllo in questo ambito, contenuto soltanto per l'ipotesi in cui venisse in gioco una potenziale antinomia della norma europea rispetto ai principi fondamentali dell'assetto costituzionale dello Stato o ai diritti inalienabili della persona (cd. controlimiti), dovendo in tal caso, come affermato nella sent. n 170 del 1984, necessariamente intervenire la Corte costituzionale[9]. Ad ampliarsi, infatti, sono stati più in generale i poteri interpretativi in vista della conformazione del diritto interno al diritto europeo. Il che non poteva non avere riflessi anche sul rafforzamento degli stessi poteri

---

9. La Corte costituzionale ha recentemente affermato la necessità di non procedere alla disapplicazione della norma interna, bensì di sollevare la questione di legittimità costituzionale, quando vi sia sospetto di contrasto con una norma della Carta dei diritti fondamentali dell'Unione europea. Nella sent. n. 269 del 2017, la Corte costituzionale ha infatti specificato che «laddove una legge sia oggetto di dubbi di illegittimità tanto in riferimento ai diritti protetti dalla Costituzione italiana, quanto in relazione a quelli garantiti dalla Carta dei diritti fondamentali dell'Unione europea in ambito di rilevanza comunitaria, debba essere sollevata la questione di legittimità costituzionale, fatto salvo il ricorso al rinvio pregiudiziale per le questioni di interpretazione o di invalidità del diritto dell'Unione, ai sensi dell'art. 267 del TFUE». Per poter affermare che questo orientamento determini effettivamente un'ulteriore limitazione (oltre a quella rappresentata dai cd. controlimiti) alla "filosofia" della sentenza *Simmenthal*, nei termini di una contrazione dei poteri di disapplicazione del giudice comune, bisognerà vedere quale seguito avrà nella giurisprudenza anche in considerazione del fatto che la "novità", pur riguardata con attenzione e molto commentata in dottrina, è contenuta in un *obiter dictum*. Secondo una certa lettura, gli spazi di intervento "diretto" del giudice comune sarebbero ormai irrimediabilmente ridotti quando venire in gioco siano le violazioni dei diritti della persona, che, come si legge nella sent. n. 269 del 2017, «postulano la necessità di un intervento *erga omnes* di questa Corte, anche in virtù del principio che situa il sindacato accentrato di costituzionalità delle leggi a fondamento dell'architettura costituzionale (art. 134 Cost.)»: così G. Zagrebelsky e V. Marcenò, *Giustizia costituzionale*, vol. II, *Oggetti, procedimenti, decisioni*, Bologna, 2018, p. 220; in senso analogo, tra gli altri, R. G. Conti, *La Cassazione dopo Corte cost. n. 269/2017. Qualche riflessione, a seconda lettura*, in Forum dei quaderni costituzionali, 28 dicembre 2017, nonché L. S. Rossi, *La sent. 269/2017 della Corte costituzionale italiana: obiter "creativi" (o distruttivi?) sul ruolo dei giudici italiani di fronte al diritto dell'Unione europea*, in *federalismi.it*, 31 gennaio 2018.

per rispondere all'esigenza di conformazione dei testi normativi a Costituzione. Più prosaicamente: se il giudice può allontanarsi dal significato che sembrerebbe più immediatamente riconducibile al testo per prevenire l'antinomia con il diritto comunitario e dunque evitare la formale disapplicazione, per quale ragione non potrebbe fare altrettanto per assicurare un'immediata conformità a Costituzione di una disposizione evitando di sollevare questione di costituzionalità? Si potrebbe rispondere perché a tale fine c'è sempre la possibilità di adire la Corte costituzionale. Il che è senz'altro vero e infatti non è questo che si vuole negare. Ma è indiscutibile che a partire dalla sentenza n. 170 del 1984, una volta riconosciuto al giudice il potere di addirittura disapplicare la legge (sia pure solo per l'ipotesi di contrasto con il diritto comunitario), la percezione del suo ruolo sia radicalmente mutata, anche rispetto all'esercizio degli ordinari poteri di interpretazione sistematica (e conforme a Costituzione). Come a dire – sotto il profilo anche psicologico – che il giudice ben può essersi da allora sentito autorizzato a "spingersi in avanti" nel suo già riconosciuto compito di tentare in ogni modo di ricavare dai testi soluzioni conformi a Costituzione. Dico di più: negare questo – come avviene da parte dei difensori a oltranza della cd. interpretazione letterale – sarebbe antistorico. È come se ormai si fosse affermato un nuovo modo di sentirsi «soggetti soltanto alla legge» (art. 101 Cost.): nei confini dell'orizzonte di senso dell'enunciato, i giudici possono (o meglio devono) trovare un significato meno prossimo alla "lettera" della legge ove questo assicuri maggiore conformità alla "lettera" e allo "spirito" della Costituzione.

2. Sui limiti dell'interpretazione "meramente" letterale

Coloro che "difendono" l'interpretazione conforme a Costituzione sono spesso tacciati di svalutare la portata del testo normativo. Sento sempre più spesso affermare, tra gli altri da Massimo Luciani, che non si può «leggere nella disposizione quello che non c'è, anche quando la Costituzione vorrebbe che vi fosse»[10]. Mi chiedo: chi lo nega? Chi contesta che in casi simili vi sarebbe "violazione di legge" da parte del giudice? Piuttosto l'insistenza sul primato del testo può essere letta come un invito per i giudici comuni a tenere un atteggiamento supino rispetto al dato letterale della legge, particolarmente gradito peraltro a

---

10. M. Luciani, *Le funzioni sistemiche della Corte costituzionale, oggi, e l'«interpretazione conforme a»*, in *federalismi.it*, 8 agosto 2007, p. 7. La posizione di Luciani è ora più compiutamente esposta nella sua ricca voce *Interpretazione conforme a Costituzione*, cit., pp- 391 ss. In questa più recente opera le preoccupazioni dell'Autore sono espresse in modo molto chiaro, in termini di contrarietà alle «derive pangiurisdizionaliste che oggi dominano il dibattito scientifico e cominciano a percorrere il concreto funzionamento delle istituzioni» (422), le quali mirerebbero a sostituire a un processo nomopoietico democratico un processo aristocratico (si veda p. 393).

molti operatori in quanto senz'altro deresponsabilizzante. Quanti arretramenti potremmo registrare specie sul piano della tutela dei diritti fondamentali se questo atteggiamento dovesse riprendere piede! Non credo sia da auspicare il ritorno a un'amministrazione ottusa, né a una giurisdizione chiusa rispetto alle possibilità date dall'interpretazione sistematica (e conforme a Costituzione).

Al fondo, orientamenti come questi si fondano su una diffidenza nei confronti della magistratura (e anche della amministrazione), mettendo in dubbio la cultura costituzionale dei magistrati. Il che, se fosse vero, dovrebbe indurci a spingere per una maggiore diffusione della cultura costituzionale, da promuovere anche attraverso la formazione continua, non potendosi certo ormai negare che i giudici, attraverso gli strumenti dell'interpretazione, siano attori di un processo che, per dirla con Silvestri, vede la Costituzione pervadere l'ordinamento «in modo molecolare», entrare in tutte le norme dello stesso e quindi caratterizzarle, conformarle[11]. È un processo inarrestabile e a mio giudizio positivo, che non può trovare ostacolo nella «interpretazione meramente letterale delle disposizioni normative», definita dalla Corte costituzionale in una nota sentenza (n. 1 del 2013) come «metodo primitivo». I "difensori" della "lettera" gridarono allo scandalo in quell'occasione, accusando la Corte, in modo più o meno incisivo, di aver contribuito alla svalutazione del testo nel processo ermeneutico. Una polemica dal mio punto di vista inutile, che costituisce la migliore dimostrazione di quanto la "lettera" sia in sé sempre suscettibile di ambiguità, sempre aperta a diverse interpretazioni. Qual era infatti il significato più immediatamente riconducibile al citato passo della pronuncia della Corte? Aveva forse la Corte affermato che la cd. interpretazione letterale è in ogni caso recessiva? L'uso dell'avverbio «meramente» dovrebbe indurre a rispondere di no[12]. La Corte non mi sembra aver detto che la "lettera" non rileva, ma che la «interpretazione meramente letterale» è ormai antistorica, addirittura «metodo primitivo». Cosa ben diversa, dunque, dall'affermare che sia possibile "leggere nella disposizione quello che non c'è, anche quando la Costituzione vorrebbe che vi fosse". D'altra parte la Corte stessa ha più volte affermato che «l'univoco tenore della norma segna il confine in presenza del quale il tentativo interpretativo deve cedere il

---

11. G. Silvestri, *Intervento*, in Aa. Vv., *Corte costituzionale, giudici comuni e interpretazioni adeguatrici*, Atti del seminario svoltosi in Roma, Palazzo della Consulta, il 6 novembre 2009, Milano, 2010, p. 323.
12. Lo stesso M. Luciani, *Interpretazione conforme a Costituzione*, cit., p. 434, nota 350, scrive con riferimento al passo della sent. n. 1 del 2013: «per la verità in quella sentenza si parlava del metodo "meramente letterale", sicché il riferimento non era all'interpretazione lettera in genere, ma a quella "solo" letterale». Poi aggiunge, nella stessa nota: «tuttavia, poiché [...] tutti i metodi, da soli, sono "primitivi", la formula impiegata dalla Corte, in un momento spirituale di tendenziale svalutazione del testo qual è l'attuale, deve ritenersi assai inopportuna».

passo al sindacato di legittimità costituzionale» (vds., ad esempio, la sentenza n. 78 del 2012). Piuttosto il passo prima richiamato rende giustizia, come si legge poco più avanti nella motivazione della sent. n. 1 del 2013, della centralità dell'interpretazione sistematica, «che consente una ricostruzione coerente dell'ordinamento costituzionale».

È forse questa una novità? A me pare di no.

È ben noto che il dualismo tra *lettera* («significato proprio delle parole secondo la connessione di esse») e *spirito* o *ratio* («intenzione del legislatore») presente (e irrisolto) nell'art. 12 delle preleggi (rubricato «Interpretazione della legge») sia stato in prevalenza sciolto, da dottrina e giurisprudenza, attraverso la parziale «svalutazione» del criterio letterale, rilevandosi l'inadeguatezza e l'ingenuità della stessa idea di interpretazione puramente (o «meramente») letterale, legata ad un qualche «significato proprio delle parole»[13]. Il che non vuol dire che l'interprete possa dare alle parole un significato quale che sia, quanto piuttosto prendere consapevolezza del fatto che è proprio il significato delle parole che costituisce un problema[14] (questione assai nota negli studi di teoria dell'interpretazione, che non merita di essere ulteriormente approfondita). A tale fine, particolare rilievo è stato attribuito al termine «connessione» per ricavare già dal primo comma dell'art. 12 delle preleggi un'indicazione a favore dell'interpretazione *sistematica*, facendo riferimento al *contesto* in cui le locuzioni si trovano e non limitandolo esclusivamente alla legge nella quale sono inserite ma estendendolo addirittura all'intero ordinamento giuridico in vigore. Peraltro, la stessa «intenzione del legislatore», cui il predetto art. 12 attribuisce rilievo ai fini dell'interpretazione, è stata prevalentemente intesa in senso oggettivo, imponendo la ricerca di un significato conforme alla *ratio legis* o meglio alla *ratio iuris*. A venire in rilievo è il canone della «*coerenza* con l'intero sistema normativo»[15], che trova implicita conferma nel comma 2 dell'art. 12 (per la via dell'evocazione dell'*analogia legis* e dell'*analogia iuris* come strumenti per colmare le lacune) e che dovrebbe già guidare l'interprete nella ricerca del significato «conforme allo spirito del tempo e della società per cui la norma è destinata a valere»[16].

---

13. Così L. Paladin, *Le fonti del diritto italiano*, Bologna, 1996, 105, che richiama G. Tarello, *L'interpretazione della legge*, in A. Cicu e F. Messineo (a cura di), *Trattato di diritto civile e commerciale*, vol. I, 1.2, Milano, 1980, 25 e 111, nonché G. Silvestri, *Linguaggio della Costituzione e linguaggio giuridico: un rapporto complesso*, in Quad. Cost., 1989, pp. 231 ss.
14. G. Zagrebelsky, *La legge e la sua giustizia*, Bologna, 2008, p. 240.
15. E. Betti, *Interpretazione della legge e degli atti giuridici*, Milano, 1971, p. 266.
16. Ancora E. Betti, *Teoria generale dell'interpretazione*, ed. corretta e ampliata da Crifò, Milano, 1990, vol. II, p. 826.

Questi argomenti, già sviluppati in epoca prerepubblicana con riferimento ai canoni della totalità e della coerenza, hanno tratto nuova linfa con l'entrata in vigore della Costituzione, i cui precetti hanno rilanciato «in termini definitivi il momento sistematico»[17]. Come mirabilmente spiegato da Livio Paladin, nella scia dell'insegnamento crisafulliano, la coerenza dell'ordinamento «deve essere ormai cercata sul piano costituzionale», ove peraltro l'argomento della *ratio* trova nuova linfa nell'art. 3, comma 1, Cost., per come letto dalla Corte costituzionale (che ne ha ricavato, come è noto, il principio di ragionevolezza). Che le leggi debbano interpretarsi in modo conforme a Costituzione appare dunque scontato, esprimendosi la *prevalenza* della norma costituzionale sulla norma infracostituzionale non solo in termini negativi (la Costituzione come limite alla legge) ma anche in termini positivi, reagendo appunto sull'interpretazione degli enunciati infracostituzionali[18]. La reazione appena evocata può tradursi in una «rilettura radicalmente innovativa della portata della norma»[19], che ben può significare «razionalizzazione» del testo, non solo avuto riguardo alla *ratio legis* ma anche alla complessiva *ratio iuris*. Ecco che l'argomento della conformità a Costituzione finisce quasi per essere una variante di quello logico-sistematico, per il semplice fatto che «la legislazione ordinaria non fa sistema in sé medesima, bensì con la normativa costituzionale»[20].

Sulla base degli insegnamenti qui riassunti – e in ragione di altri argomenti che altrove ho cercato di illustrare – sono portato a guardare con molto favore all'uso del canone dell'interpretazione conforme a Costituzione, avendone rinvenuto la preferenza nel principio della *presunzione di legittimità costituzionale delle leggi*, e proprio di quelle leggi che consentono di essere interpretate in senso costituzionalmente conforme, anche superando il significato che sembra immediatamente ricavabile dalla «lettera» che, in sé, in quanto tale, è sempre suscettibile di ambiguità, sempre aperta a diverse interpretazioni, anche perché le singole disposizioni di legge vanno interpretate sistematicamente e mai isolatamente nella loro portata testuale o letterale[21].

Ma, nonostante questa apertura, ho sempre ritenuto che il predetto argomento consenta di ricavare dall'enunciato un significato meno prossimo di altri

---

17. L. Paladin, *Le fonti*, cit., p. 109.
18. Cfr. G. Tarello, *L'interpretazione della legge*, cit., p. 336.
19. V. Onida, *L'attuazione della Costituzione fra magistratura e Corte costituzionale*, in Scritti Mortati, IV, Milano, 1977, p. 537.
20. F. Modugno, *Metodi ermeneutici e diritto costituzionale*, in Id., *Scritti sull'interpretazione costituzionale*, Napoli, 2008, pp. 68 e 79.
21. M. Ruotolo, *Alcuni eccessi nell'uso dell'"interpretazione conforme a..."*, in Giur. Cost., 2007, 1222, nonché Id., *Interpretare*, cit., p. 32.

alla lettera, non di travalicarla, dovendosi comunque situare nell'orizzonte di senso di quest'ultima.

Sul punto desidero insistere, sulla considerazione della non esclusività dell'argomento sistematico, ancorché quest'ultimo abbia senz'altro rilievo primario sia come limite alla fantasia interpretativa sia come elemento propulsivo della soluzione ermeneutica. Il criterio sistematico come limite all'attività interpretativa porta a dire, infatti, che il significato di una disposizione non può essere ampliato senza riscontri nel contesto normativo e che, ove sia incompatibile con quest'ultimo (specie con i disposti costituzionali), anche la soluzione ermeneutica più prossima alla «lettera» debba essere accantonata. In positivo, il medesimo criterio contribuisce a selezionare il significato da attribuire in preferenza alla disposizione, anche determinando una «torsione» di quello che si presumeva essere il senso più immediato o meglio il suo «significato iniziale»[22]. Ma quel «nuovo» significato, quella soluzione ermeneutica, deve pur reggere alla prova della «lettera», alla quale si deve tornare per verificare che l'allontanamento dalla stessa (dal «significato iniziale») non si sia tradotto in un suo travalicamento (come accadrebbe ove il «nuovo significato» non trovi fondamento alcuno nell'enunciato oggetto di interpretazione). Ove ricorra quest'ultima condizione non resta, a mio giudizio, che sollevare questione di costituzionalità, altrimenti si cade in un abuso, inteso come uso distorto dei pur penetranti poteri interpretativi spettanti ai giudici (specie alla Cassazione, nell'esercizio della funzione di nomofilachia).

3. La tecnica dell'interpretazione conforme a Costituzione nella giurisprudenza costituzionale

Traducendo queste riflessioni all'interno delle logiche e delle dinamiche del giudizio di costituzionalità, dovremmo chiederci: perché mai un giudice dovrebbe sollevare questione di costituzionalità se attraverso l'interpretazione è possibile ricavare un significato del testo conforme a Costituzione? E, sul versante del giudizio di costituzionalità: perché mai la Corte dovrebbe dichiarare illegittimo un testo normativo se da esso può ricavarsi un significato conforme a Costituzione? L'unico argomento potrebbe essere quello, senz'altro forte, della certezza del diritto: se c'è anche una sola possibilità di ricavare dall'enunciato una norma incostituzionale, la Corte avrebbe il dovere di espungere quella norma dall'ordinamento. La dichiarazione di incostituzionalità, in tale prospettiva, non sarebbe più *extrema ratio*, non equivarrebbe più, come invece è oggi, al fallimento, nel caso specifico, dell'interpretazione. E, anche quando l'interpretazione adeguatrice si presenta come possibile, si perderebbe il "vantaggio" di una tutela immediata del diritto

---

22. V. Crisafulli, *Disposizione (e norma)*, cit., p. 207.

controverso[23], dovendo il giudice adito rimettere alla Corte la questione sulla possibile norma incostituzionale rinunciando a rendere subito giustizia nel caso concreto mercé l'applicazione dell'altra norma ritenuta conforme a Costituzione, pure ricavabile dal medesimo testo Entro queste coordinate ritengo possano essere inquadrate le evoluzioni e le implicazioni dell'interpretazione conforme, dapprima riguardata in una prospettiva sia pur sommariamente teorica, poi riferita alle concrete declinazioni giurisprudenziali[24].

Solitamente si ritiene che la tecnica dell'interpretazione conforme abbia snaturato il giudizio di costituzionalità, restringendo eccessivamente gli spazi di intervento della Corte quale giudice dei diritti. Dimenticando che il cd. inaridimento di questo canale di accesso alla Corte era in un certo senso inevitabile, acquisendo sempre più i giudici comuni consapevolezza dei loro poteri interpretativi, della possibilità di conformare i testi legislativi alla Costituzione. Addirittura questo era l'auspicio espresso dal presidente Azzariti nella seduta inaugurale del secondo anno di attività della nostra Corte costituzionale, rilevando, tra l'altro, «che non può essere dichiarata l'illegittimità costituzionale di una disposizione legislativa, solo perché possa prestarsi ad una interpretazione difforme dai precetti costituzionali». «Forse poche disposizioni riuscirebbero a sottrarsi, in tal caso, ad una dichiarazione simile, ed è del resto sempre grave eliminare una norma di legge vigente senza avere i poteri per sostituirla o adattare le norme residue che con quella erano connesse»[25]. In senso non dissimile possono leggersi i lungimiranti contributi sul tema di Esposito e Crisafulli, che in diverso modo riconoscevano al giudice il potere-dovere di dare, *fin dove è possibile*, alle disposizioni di legge interpretazione e ricostruzione rispondente a Costituzione. In una nota del 1958 Carlo Esposito scriveva perentoriamente: «non è vero che alla Corte spetta *in modo esclusivo di risolvere le questioni relative alla compatibilità* di una disposizione legislativa con le norme costituzionali, ma bensì ad essa *spetta in modo esclusivo solo lo stabilire la incompatibilità* di una diposizione di legge con tali norme»[26]. Crisafulli si spingeva anche oltre: nel 1956 scriveva che la Corte può ben ricorrere ad una pronuncia di rigetto quando dalla disposizione impugnata può ricavarsi una norma conforme a Costituzione,

---

23. Come rileva G. Silvestri, *L'effettività e la tutela dei diritti fondamentali nella giustizia costituzionale*, Napoli, 2009, p. 20.
24. Rinvio, per approfondimenti, al mio *Interpretare*, specie pp. 57 ss. Le considerazioni ivi espresse hanno trovato conferma nella giurisprudenza successiva al 2014, che qui sarà puntualmente richiamata.
25. La relazione di G. Azzariti può essere letta in *Giur. Cost.*, 1957, pp. 878 ss.
26. C. Esposito, *Nota senza titolo* [ma nell'indice dell'annata 1958 è riportato il titolo "*Compatibilità delle disposizioni di legge con la Costituzione e interpretazione della legge*"] in *Giur. Cost.*, 1958, p. 571.

diversa da quella individuata dal giudice *a quo*[27]; poi nel 1961 precisava che la sentenza non avrebbe potuto essere che di incostituzionalità ove la *formulazione* della disposizione offrisse una *resistenza insuperabile* ad essere interpretata in modo conforme a Costituzione ovvero allorché si fossero *consolidati indirizzi giurisprudenziali incostituzionali*, dovendosi in tale ultimo caso dichiarare l'illegittimità della norma "vivente"[28]!

I due illustri Maestri avevano già *individuato*, a mio giudizio, quelle che dovrebbero essere le specifiche conseguenze nel giudizio di costituzionalità dell'uso o del mancato uso dell'interpretazione conforme da parte dei giudici. In estrema sintesi: se il giudice non fa alcuno sforzo nella ricerca di una soluzione ermeneutica conforme a Costituzione che si riveli *non improbabile* (improbabilità che va misurata alla luce sia della "lettera" sia dell'eventuale diritto vivente), la questione dovrà essere dichiarata inammissibile; se il giudice, ancorché abbia profuso tale sforzo, ritiene che l'interpretazione conforme sia quanto meno *difficile* (difficoltà che va misurata, di nuovo, alla luce della "lettera" e dell'eventuale diritto vivente), la questione dovrà essere decisa nel merito e, nello specifico, rigettata, ove la Corte ritenga possibile un'interpretazione alternativa, che non sia implausibile, rispetto a quella indicata dal giudice *a quo*, o accolta ove invece riscontri resistenze insuperabili alla proposta di una soluzione ermeneutica conforme a Costituzione. In tal modo l'incostituzionalità tende a configurarsi come *extrema ratio*, come esito del «fallimento dell'interpretazione»[29]. Certo, la preferenza che finisce per essere accordata alla decisione interpretativa di rigetto è destinata al successo soltanto se si realizza la condizione della *collaborazione* con i giudici[30], se cioè questi accettano il *suggerimento* interpretativo della Corte che, in quanto reso in decisione di infondatezza, non ha formalmente efficacia vincolante *erga omnes*. Vi è però una via di uscita per l'ipotesi in cui, occasionalmente, i giudici si "ribellino" all'indicazione ermeneutica della Corte, insistendo nel ritenere che alla disposizione non possa darsi significato diverso da quello che la Corte ha scartato. È la via della successiva decisione di accoglimento, magari

---

27. V. Crisafulli, *Questioni in tema di interpretazione della Corte costituzionale nei rapporti con l'interpretazione giudiziaria*, in *Giur. Cost.*, 1956, p. 939.
28. V. Crisafulli, *Il "ritorno" dell'art. 2 della legge di pubblica sicurezza dinanzi alla Corte costituzionale*, 1961, p. 895.
29. G. Zagrebelsky, *La legge e la sua giustizia*, cit., p. 257.
30. Sul "seguito" delle decisioni interpretative vds. G. Amoroso, *I seguiti delle decisioni di interpretazione adeguatrice della Corte costituzionale nella giurisprudenza di legittimità della Corte di Cassazione*, in *Riv. trim. dir. pubbl.*, 2008, pp. 769 ss., nonché la ricerca del Servizio studi della Corte costituzionale dal titolo *Il seguito delle decisioni interpretative e additive di principio della Corte costituzionale presso l'autorità giudiziaria – anni 2000-2005*, pubblicata nella sezione "Studi e ricerche" del sito della Corte costituzionale (www.cortecostituzionale.it).

interpretativa o manipolativa (es. additiva), con la quale la Corte, preso atto del maturare di un consolidato orientamento giurisprudenziale di segno contrario, lo "rimuove" pronunciando l'incostituzionalità o della disposizione o della norma incostituzionale da essa ricavata (così è accaduto, tra l'altro, nella lunga vicenda sul calcolo della durata massima dei termini di fase della custodia cautelare in carcere che ha visto succedersi pronunce della Corte costituzionale contenenti un chiaro suggerimento interpretativo, rifiutato dai giudici, e conclusa con una decisione di accoglimento di tipo additivo proprio per stroncare il formarsi di un diritto vivente incostituzionale: dalla sent. n. 292 del 1998 alla decisione n. 299 del 2005)[31].

V'è da chiedersi, anche alla luce della vicenda prima richiamata in parentesi, se la presenza di un diritto vivente che si assuma essere incostituzionale non debba indurre la Corte, quasi in prevenzione, a privilegiare il ricorso alla decisione di accoglimento, magari interpretativa, piuttosto che la decisione di rigetto fondata su un'interpretazione alternativa. Vero è che la qualificazione come diritto vivente di una certa interpretazione può risultare opinabile (anche se lo diviene assai meno ove questo sia promosso o avallato dalla Cassazione, tanto più se a Sezione unite) e che il "consolidamento" della giurisprudenza non è mai tale da vincolare il giudice di legittimità «atteso che proprio alla Corte di cassazione l'ordinamento attribuisce la funzione di nomofilachia, cui si ricollega la stessa formazione, e perciò anche l'evoluzione nel tempo, del diritto vivente»[32]. Vero è anche che la Corte costituzionale ha più volte affermato che «al giudice non è precluso, nell'esercizio dei poteri interpretativi che gli sono propri e che non richiedono alcun avallo costituzionale, pervenire ad una lettura della norma *secundum constitutionem* anche in presenza di un orientamento giurisprudenziale univoco»[33]. Ma non si può negare, dal lato del giudice comune, che "costringerlo" a percorrere una soluzione ermeneutica diversa da quella "dominante", specie se espressa dal giudice di legittimità, significherebbe indurlo a un'interpretazione probabilmente «suicida» («in quanto quasi certamente destinata ad essere annullata dalla pronuncia dei giudici dei gradi superiori»)[34] e che, dal lato della Corte costituzionale, optare per una decisione di rigetto o addirittura di inammissibilità per indicare una soluzione conforme a Costituzione diversa da quella espressa dalla Cassazione potrebbe «porre in discussione» o persino «delegittimare» la funzione nomofilattica di quest'ultima[35]. La decisione interpretativa di rigetto

---

31. Per l'analisi della vicenda giurisprudenziale rinvio al mio *Interpretare*, cit., pp. 117 ss., specie pp. 134 ss.
32. Corte cost., sent. n. 332 del 2001.
33. Così, ad es. ord. n. 3 del 2002, nonché ord. 252 del 2005.
34. R. Romboli, *Qualcosa di nuovo*, cit., p. 111.
35. Così, ancora, R. Romboli, *op. cit.*, p. 112.

dovrebbe in tali casi essere privilegiata quando la Corte costituzionale intenda confermare il (o conformarsi al) diritto vivente[36], non già quando ritenga che sia da preferire una soluzione ermeneutica diversa da quella scaturita dalla giurisprudenza consolidata, in ragione del fatto che quest'ultima è contraria a Costituzione. Insomma, com'è stato acutamente osservato, la Corte non può dire che il diritto vivente «non è incostituzionale se reinterpretato», perché tale affermazione se può valere con riguardo a un testo (sempre nei limiti del suo orizzonte di senso), «ove riferita ad un'interpretazione lascia disorientati»[37].

Al netto della "questione" ancora aperta sul diritto vivente, quello sopra descritto è l'approdo lento e non sempre lineare al quale sembra essere ormai pervenuta la Corte.

Proverò a ripercorrerlo per sommi capi, affrontando partitamente:

a) la questione dell'omessa ricerca di una soluzione conforme a Costituzione quale ragione di inammissibilità;

b) l'evoluzione che porta a ritenere che lo sforzo del giudice nella predetta ricerca può dirsi soddisfatto da una idonea motivazione circa le ragioni che lo inducono a ritenere improbabile l'esito ermeneutico conforme a Costituzione;

c) i limiti dell'interpretazione conforme e la questione della disapplicazione.

3.1. *a) la questione dell'omessa ricerca di una soluzione conforme a Costituzione quale ragione di inammissibilità*

Se si ragiona sul fatto che l'interpretazione è momento che logicamente precede quello dell'applicazione, pur essendo in funzione di essa, non credo debba

---

36. Come sostenuto da tempo in dottrina. Cfr., almeno: G. Zagrebeslky, *La dottrina del diritto vivente*, in *Giur. Cost.*, 1986, I, p. 101; A. Pugiotto, *Sindacato di costituzionalità e diritto vivente*, Milano, Giuffré, 1994, pp. 339 ss.; L. Mengoni, *Ermeneutica e dogmatica giuridica*, Milano, Giuffré, 1996, p. 154.

37. Così, con riferimento alla sent. n. 3 del 2015, M. Caredda, *Quando "reinterpretare" dovrebbe equivalere ad accogliere*, in *Giur. Cost.*, 2015, p. 35, la quale aggiunge: «reinterpretare una 'norma' significa, infatti, sostituire un'interpretazione a un'altra, perché la seconda e non la prima è conforme a Costituzione. Ma se la prima è "diritto vivente" non si può rinunciare a dichiararla incostituzionale, salvo a voler sacrificare del tutto le esigenze della certezza del diritto in nome della ricerca a tutti i costi della soluzione conforme a Costituzione». Mi pare un buon modo di sviluppare l'intuizione crisafulliana per cui anche il diritto vivente può costituire "resistenza insuperabile" per addivenire a una soluzione conforme a Costituzione. Proprio V. Crisafulli, *Il "ritorno" dell'art. 2*, cit., p. 897, richiamato puntualmente nelle conclusioni della nota di Marta Caredda, affermava, infatti, che «il solo mezzo di cui disponga la Corte per stroncare indirizzi giurisprudenziali incostituzionali consiste nel dichiarare formalmente, in dispositivo, l'invalidità della "norma vivente", anche se, a suo giudizio, fondata sopra una erronea interpretazione».

sorprendere più di tanto che il giudice prima di esprimere il dubbio di costituzionalità debba esperire il tentativo di interpretazione conforme. Si potrà dire che oggi la valutazione sulla non manifesta infondatezza non si traduce più nell'espressione di un mero dubbio di costituzionalità, ma questo, sia pure più consistente, resta comunque tale. Non mi baloccherei troppo, insomma, sulla questione se l'interpretazione conforme sia o meno un terzo requisito per la sollevazione della questione, accanto a quelli della rilevanza e della non manifesta infondatezza.

Piuttosto sembrava eccessivo l'atteggiamento seguito sino a poco tempo fa dalla Corte allorché ha sostenuto che le leggi non si dichiarano costituzionalmente illegittime perché è possibile darne interpretazioni incostituzionali, ma perché *non è possibile* darne interpretazioni costituzionali (sent. n. 356 del 1996). Come ha scritto Franco Modugno, nella seconda parte della ricorrente frase sarebbe stato meglio dire «perché *è difficile, è improbabile darne interpretazioni* costituzionali»[38]. In questo modo «al giudice comune non si chiede propriamente un convincimento intorno all'incostituzionalità della legge, bensì un convincimento tanto sulla *difficoltà* di esperire con successo l'interpretazione conforme della disposizione, quanto sulla *probabilità* che la Corte abbia a sancire l'incostituzionalità della norma»[39].

Sono pienamente d'accordo, altrimenti lo sforzo richiesto al giudice diventa eccessivo, come dimostra il discutibile proliferare di ordinanze di inammissibilità anche a fronte di questioni "serie", sollevate dopo aver tenuto conto di alcune delle possibili interpretazioni alternative, ritenute non praticabili in base ad argomentazioni non implausibili[40]. Peraltro un tale atteggiamento ben difficilmente era in grado di alimentare un proficuo dialogo tra Corte e giudici, poiché la decisione di inammissibilità spesso resa nella forma dell'ordinanza, oltre a poter essere percepita come "rimprovero" dai giudici *a quibus*, non si rivelava strutturalmente idonea a tradursi in argomentata proposta/suggerimento del significato conforme a Costituzione. Un atteggiamento dunque da stigmatizzare anche per ragioni di "segnaletica giurisprudenziale"[41], a mio modo di vedere non secondarie, e per fortuna ora superato o almeno in via di superamento.

3.2. *b) l'evoluzione che porta a ritenere che lo sforzo del giudice nella predetta ricerca può dirsi soddisfatto da una idonea motivazione*

---

38. F. Modugno, *Sulla specificità dell'interpretazione costituzionale*, in Id., *Scritti sull'interpretazione costituzionale*, cit., p. 260.
39. Ancora F. Modugno, *In difesa dell'interpretazione conforme a Costituzione*, cit., p. 23.
40. Tra i tanti esempi che si potrebbero fare, mi limito a richiamare due pronunce nelle quali la Corte costituzionale ha attribuito rilievo decisivo a soluzioni ermeneutiche elaborate dalla giurisprudenza di legittimità a ridosso (ord. n. 133 del 2007) o addirittura a seguito (ord. 128 del 2007) dell'ordinanza di rimessione, chiedendo al giudice uno "sforzo" eccessivo o addirittura impossibile.
41. L. Elia, *Modeste proposte di segnaletica giurisprudenziale*, in *Giur. Cost.*, 2002, pp. 3689 ss.

circa le ragioni che lo inducono a ritenere improbabile l'esito ermeneutico conforme a Costituzione

Di ciò la Corte sembra infatti essersi resa conto nella sua più recente giurisprudenza, a partire dalla sent. n. 221 del 2015[42] (se non dalla sent. n. 235 del 2014) fino alla più recente e chiara decisione n. 42 del 2017, ove si legge che «se "le leggi non si dichiarano costituzionalmente illegittime perché è possibile darne interpretazioni incostituzionali (e qualche giudice ritenga di darne)" (sentenza n. 356 del 1996), ciò non significa che, ove sia *improbabile* o *difficile* prospettarne un'interpretazione costituzionalmente orientata, la questione non debba essere scrutinata nel merito. Anzi, tale scrutinio, ricorrendo le predette condizioni, si rivela (…) necessario, pure solo al fine di stabilire se la soluzione conforme a Costituzione rifiutata dal giudice rimettente sia invece possibile».

Alcune significative affermazioni lasciavano intravvedere l'esito al quale si è pervenuti. Mi riferisco alla sent. n. 235 del 2014, ove la Corte sottolinea che la non condivisione della possibile soluzione ermeneutica conforme a Costituzione, in quanto sufficientemente argomentata, «non rileva più in termini di inammissibilità – ma solo, in tesi, di eventuale non fondatezza – della questione in esame». Ancora, con la sent. n. 51 del 2015, la Corte afferma che «per aversi una questione di legittimità validamente posta, è sufficiente che il giudice *a quo* fornisca un'interpretazione non implausibile della disposizione contestata» e poi, nella sent. n. 221 del 2015, che «la possibilità di un'ulteriore interpretazione alternativa, che il giudice *a quo* non ha ritenuto di fare propria, non riveste alcun significativo rilievo ai fini del rispetto delle regole del processo costituzionale, in quanto la verifica dell'esistenza e della legittimità di tale ulteriore interpretazione è questione che attiene al merito della controversia, e non alla sua ammissibilità». È il preludio alle pronunce successive (sentt. n. 262 del 2015, 36, 45, 95, 111, 173, 204, 219 del 2016) che culminerà nell'affermazione contenuta nella sent. n. 42 del 2017, seguita, in senso conforme, dalle sentt. n. 53, 69, 180, 194, 208, 213, 218, 254 del 2017, nn. 15 e 40 del 2018, e peraltro preceduta dalla sent. n. 262 del 2015 ove si legge che «ai fini dell'ammissibilità della questione, è sufficiente che il giudice *a quo* esplori la possibilità di un'interpretazione conforme alla Carta fondamentale e, come avviene nel caso di specie, la escluda consapevolmente».

Resta fermo che ove il giudice non illustri le ragioni per le quali non ritiene di praticare un'interpretazione conforme a Costituzione ciò è ragione sufficiente per dichiarare l'inammissibilità (talora manifesta) della questione (ad es. ordd. n. 177

---

42. A commento della quale si è propriamente rilevato il «depotenziamento» dell'obbligo di interpretazione conforme a Costituzione: C. Tomba, *Il "depotenziamento" dell'obbligo di interpretazione conforme a Costituzione. Un "nuovo" riflesso sulle tecniche decisorie? (a margine della sent. n. 221 del 2015)*, in *Giur. Cost.*, 2015, 2063 ss. Cfr. anche G. Repetto, *Il canone dell'incidentalità costituzionale*, Napoli, 2017, pp. 131 ss.

del 2016, 97 del 2017). Lo si ribadisce in una recente sentenza di inammissibilità (n. 253 del 2017), ove si precisa che affinché sia adempiuto «il dovere del rimettente di interpretare la normativa in senso conforme alla Costituzione (ogni volta che ciò sia permesso dalla lettera della legge e dal contesto logico-normativo entro cui essa si colloca: sentenza n. 36 del 2016)» è richiesto «accurato ed esaustivo esame delle alternative poste a disposizione dal dibattito giurisprudenziale, se del caso per discostarsene motivatamente. Solo se avviene ciò infatti si può dire che l'interpretazione adeguatrice è stata davvero "consapevolmente esclusa" dal rimettente (sentenza n. 221 del 2015)».

Si può dire, in sintesi, che oggi appare nettamente prevalente l'indirizzo per cui la questione può ritenersi ammissibile ove la «possibilità di una interpretazione costituzionalmente orientata della disposizione oggetto del giudizio» sia stata «tentata e consapevolmente scartata dal rimettente». E che «ciò non esclude che, nell'esaminare il merito della questione sottoposta al suo esame, questa Corte sia a sua volta tenuta a verificare l'esistenza di alternative ermeneutiche, che consentano di interpretare la disposizione impugnata in modo conforme alla Costituzione» (sent. n. 69 del 2017). Anzi, questa è la via privilegiata: rigettare la questione ove la Corte ritenga non implausibile l'interpretazione conforme a Costituzione, riservando appunto la dichiarazione di incostituzionalità alle ipotesi in cui il testo (o la sua prevalente interpretazione ad opera della giurisprudenza: diritto vivente) opponga una resistenza insuperabile ad un esito ermeneutico conforme a Costituzione. Il che dovrebbe tradursi, in termini di tecnica decisoria impiegata, nel ricorso prevalente alle sentenze interpretative di rigetto, le quali, di nuovo anche per una ragione di "segnaletica giurisprudenziale" dovrebbero essere effettivamente e formalmente tali, con l'uso nel dispositivo della formula "nei sensi di cui in motivazione" o altra similare, che avverta subito il lettore che la decisione di non fondatezza si basa su un possibile percorso ermeneutico indicato, appunto, in motivazione.

Se il dispositivo non fornisce indicazioni sulla natura interpretativa della decisione, potrà infatti accadere che la legge sia applicata, almeno dai giudici diversi dal rimettente, nel significato magari più prossimo alla lettera che era proprio quello che aveva fatto sorgere il dubbio di costituzionalità! Anche per questo ritengo sia preferibile abbandonare la discutibile distinzione tra "sentenza di rigetto con interpretazione" e "sentenza di rigetto interpretativa", la quale, nel descrivere una differenza senz'altro desunta dalla lettura delle pronunce della Corte, finisce per legittimarla. Dal mio punto di vista, se la pronuncia di infondatezza si basa su un'interpretazione alternativa rispetto a quella fornita dal giudice *a quo* allora è (deve essere) una "sentenza interpretativa di rigetto" (con le conseguenze suddette quanto a redazione del dispositivo); se, invece, la infondatezza non si basa su una diversa ricostruzione del significato della disposizione, la pronuncia non potrà che essere di "mero" rigetto. *Tertium non datur*, se davvero si tiene al dialogo con i giudici comuni, se realmente si intendono rispettare le autorevoli proposte di segnaletica giurisprudenziale di Leopoldo Elia.

3.3. c) i limiti dell'interpretazione conforme e la questione della disapplicazione

Vengo ora alla delicata questione dei limiti dell'interpretazione conforme.

Come altrove ho già sostenuto, non sono d'accordo con Modugno in ordine alla dilatazione dei poteri interpretativi del giudice – fino al punto da "stravolgere" il testo normativo di partenza – allorché questi sia guidato da un principio in precedenza fissato dalla giurisprudenza costituzionale[43]. Quando la Corte individua con chiarezza un principio costituzionale in nome del quale dichiara incostituzionale una certa norma, fino a che punto il giudice può, senza di nuovo investire la Corte, utilizzare quel principio con riferimento a discipline simili? Si tratta di un problema affrontato anche da Ferreres Comella e da Elisabetta Lamarque, che riconoscono una maggiore possibilità di intervento ai giudici quando questi siano "guidati" dalla pregressa giurisprudenza costituzionale[44]. A me pare che l'evenienza che il principio da attuare sia stato enucleato dalla giurisprudenza costituzionale sia pure con riferimento a diversa fattispecie valga senz'altro a rendere meno "difficile" una soluzione ermeneutica che in base all'enunciato sembrerebbe "improbabile", non già a rendere "possibile" l'enucleazione di un significato del tutto incompatibile con il testo oggetto di interpretazione, al quale pur sempre si deve ritornare.

C'è o no un limite, una differenza, tra *intendere* e *fraintendere*? C'è o no un limite, una differenza, tra *interpretare* e *disapplicare*? Da fautore della tecnica dell'interpretazione conforme a Costituzione ritengo che l'individuazione di un confine al suo uso sia decisiva. Perché trovare un confine non vuol dire solo porre un limite, ma anche creare un argine di difesa, in questo caso contro la riemersione di quell'atteggiamento supino rispetto al dato letterale della legge da molti operatori preferito anche in quanto deresponsabilizzante.

Il limite – come ho già scritto altrove – è proprio quello della disapplicazione: in nome del suo coinvolgimento nell'applicazione della Costituzione, il giudice non può spingersi al punto di disapplicare la legge[45]!

---

43. Cfr. F. Modugno, *In difesa dell'interpretazione conforme a Costituzione*, cit., § 3.
44. Cfr. V. Ferreres Comella, *Constitutional Courts and Democratic Values. A European Perspective*, New Haven-London, 2009, pp. 112 ss.; E. Lamarque *Corte costituzionale e giudici nell'Italia repubblicana*, Roma-Bari, 2012, p. 129.
45. In tal senso si veda G. Zagrebelsky e V. Marcenò, *Giustizia costituzionale*, vol. II, *Oggetti, procedimenti, decisioni*, Bologna, 2018, p. 219.

A mio giudizio si travalica questo punto quando la soluzione ermeneutica cui si addiviene si rivela del tutto incompatibile con il testo oggetto di interpretazione, al quale pur sempre si deve tornare. Neppure l'esigenza di rendere il testo legislativo compatibile con i principi costituzionali potrebbe giustificare una "torsione" dell'enunciato oltre il suo possibile orizzonte di senso (l'albero non può diventare cavallo!). Come ha scritto Glauco Giostra, a commento di una nota e controversa vicenda giurisprudenziale riguardante le presunzioni assolute di adeguatezza della custodia cautelare in carcere per taluni delitti di particolare allarme sociale (art. 275, comma 3, cpp), ogni disposizione ha un «*range* semantico», all'interno del quale «la giurisprudenza legittimamente ed anzi doverosamente esercita una discrezionalità tecnica, orientata dalle coordinate costituzionali, convenzionali o di sistema»; «ma qualsiasi disposizione, anche la più genericamente formulata, ha un "carapace semantico" da cui non può evadere senza diventare altro da sé»[46]. Nel caso degli automatismi riguardanti la custodia cautelare in carcere la Corte costituzionale aveva già rilevato con riferimento a diverse fattispecie di reato l'illegittimità costituzionale della presunzione poiché l'art. 275, comma 3, cpp di volta in volta non faceva salva «l'ipotesi in cui siano acquisiti elementi specifici, in relazione al caso concreto, dai quali risulti che le esigenze cautelari possano essere soddisfatte con altre misure» (trasformando così la presunzione da "assoluta" a "relativa"). Ancorché il principio fosse chiaramente indicato dalla Corte, il testo del 275, comma 3, cpp nel prevedere l'automatismo con riferimento a fattispecie indicate specificamente, offriva una "resistenza insuperabile" a essere interpretato in senso conforme a Costituzione, imponendo di volta in volta l'intervento del giudice costituzionale. Com'è noto la Cassazione nel 2012 ritenne di poter "far da sola", escludendo l'automatismo per il reato di violenza sessuale di gruppo, operando una presunta interpretazione conforme sulla base del principio ricavabile da precedente sentenza della Corte costituzionale (sent. n. 265 del 2010). Ma la Corte costituzionale, investita della questione da altro giudice e con riguardo ad altra fattispecie di reato, ha potuto implicitamente sconfessare il percorso seguito dalla Cassazione, ritenendo «corretta la tesi del rimettente, secondo cui le parziali declaratorie di illegittimità costituzionale della norma impugnata, aventi per esclusivo riferimento i reati oggetto delle precedenti pronunce di questa Corte, non si possono estendere alle altre fattispecie criminose ivi disciplinate (...)»; «*la lettera della norma impugnata, il cui significato non può essere valicato neppure per mezzo dell'interpretazione costituzionalmente conforme, non consente in via interpretativa di conseguire l'effetto che solo una pronuncia di illegittimità costituzionale può produrre*» (sent. n. 110 del 2012). E poi, finalmente investita della questione sull'automatismo riguardante la violenza

---

46. G. Giostra, *Carcere cautelare "obbligatorio": la campana della Corte costituzionale, le "stecche" della Cassazione, la sordità del legislatore*, in *Giur. Cost.*, 2012, 4900.

sessuale di gruppo, ha dichiarato l'illegittimità costituzionale della presunzione assoluta, trasformandola anche in questo caso in presunzione relativa (sent. n. 232 del 2013). Nella specie era stata dunque la Cassazione a superare i confini della interpretazione conforme, operando un'estensione analogica di una regola ricavata da precedente sentenza della Corte costituzionale, evidentemente non consentita per assenza di una specifica lacuna. Si potrebbe dire, sinteticamente, che la Cassazione non poteva compiere questa operazione perché, propriamente, non ha colmato una lacuna, implicante la mancata regolazione del caso da decidere, ma ha finito per sostituire, disapplicandolo, un disposto presente nell'ordinamento atto a qualificarlo direttamente[47].

È in questo punto che il giudice si deve fermare ed è qui – come hanno scritto Zagrebelsky e Marcenò – che «deve entrare in campo la Corte costituzionale per mezzo della questione di costituzionalità. Questo è il punto di equilibrio che deve essere salvaguardato e, se in quanto lo sia, non si può parlare di "sindacato diffuso" e di travalicamento dei poteri riservati alla Corte costituzionale»[48].

Questo mi pare l'atteggiamento più ragionevole e produttivo, la sintesi migliore tra l'esigenza di non "irrigidire" eccessivamente il diritto e di evitare che esso si riduca a mero esito dell'"arbitrio" dell'interprete. Con la consapevolezza, però, che i poteri di quest'ultimo – sia esso giudice comune o costituzionale – si dilatano in termini di creatività tanto più è carente il legislatore nell'esercizio della sua funzione di attuazione della Costituzione.

In estrema sintesi: «il giudice, per evitare che la questione da lui prospettata sia destinata ad essere dichiara "manifestamente inammissibile" per omesso tentativo di interpretazione conforme deve: *a)* vagliare (e dare conto di) eventuali indirizzi giurisprudenziali, di merito e di legittimità, che propongano soluzioni ermeneutiche diverse da quella da lui prospettata, dimostrando che la "lettera" della (o il "diritto vivente" formatosi sulla) disposizione interessata sia tale da precluderne una lettura conforme a Costituzione; *b)* evitare di proporre nel medesimo contesto motivazionale due opzioni ermeneutiche alternative; *c)* fornire "una esauriente e non implausibile motivazione circa le ragioni che lo hanno indotto a reputare l'opzione ermeneutica prescelta come l'unica praticabile" (sent. n. 231 del 2008). In sostanza, il giudice deve chiaramente indicare la (sola) opzione ermeneutica che si pone a fondamento del dubbio di costituzionalità, dimostrando di aver adeguatamente esplorato le eventuali diverse soluzioni of-

---

47. Per l'analisi della vicenda giurisprudenziale rinvio al mio *Interpretare*, cit., pp. 142 ss. Avevo previsto questa conclusione della vicenda in M. Ruotolo, *Oltre i confini dell'interpretazione costituzionalmente conforme? A proposito della pronuncia della Cassazione sulla presunzione di adeguatezza della custodia cautelare in carcere per il delitto di violenza sessuale di gruppo*, in Rivista AIC, www.rivistaaic.it, 29 maggio 2012, p. 19.
48. G. Zagrebelsky e V. Marcenò, *Giustizia costituzionale*, vol. II, cit., p.219.

ferte dalla giurisprudenza. Se tale "sforzo" è stato compiuto, la Corte, ove ritenga possibile una diversa interpretazione conforme a Costituzione della disposizione censurata potrà certamente rilevarla, ma entrando nel merito della questione e quindi presumibilmente adottando una sentenza interpretativa di rigetto»[49].

Entro i limiti sin qui considerati, l'interpretazione conforme del giudice non determina alcun travalicamento dei poteri spettanti alla Corte costituzionale. *Interpretare, nel segno della Costituzione*, non è, infatti, compito esclusivo della Corte costituzionale, ma obbligo che s'impone a diversi livelli, specialmente nei confronti del giudice (ma anche dell'amministrazione e, prima ancora, del legislatore nella sua opera di svolgimento e attuazione della Costituzione)[50].

L'importante è che non si sconfini nella disapplicazione, sempre permettendo al giudice di coinvolgere la Corte costituzionale e di ottenere una risposta nel merito, ove abbia sufficientemente argomentato le ragioni per cui ritenga che l'interpretazione costituzionalmente orientata della disposizione che si trova a dover applicare sia *improbabile o difficile*. È questo il limite entro il quale, secondo me, il giudice può o addirittura "deve fare da sé".

---

49. M. Ruotolo, *Interpretare*, cit., pp. 60 ss.
50. M. Ruotolo, *Interpretare*, cit., pp. 157 ss.

26
BREVI CENNI SULLA STORIA DELLA COSTITUZIONALIZZAZIONE ITALIANA: CONFLITTI INTERPRETATIVI E CONFLITTI FRA CORTI

Susanna Pozzolo

Professore associato di Filosofia del diritto – Università degli Studi di Brescia.

Sommario: 1. Conflitti fra le corti; 2. Decisioni ed evoluzioni interpretative. Conflitti di uguaglianza; 3. Verso l'uguaglianza (?) 4. A mo' di conclusione provvisoria.

1. Conflitti fra le corti

Nel modello italiano la Corte Costituzionale è stata pensata come un interprete (forse non unico, ma certo) privilegiato, dando vita alla possibilità di creare due piani di legalità: quello della legislazione e quello della costituzionalità.

La scelta del modello accentrato e il doppio livello che ne deriva trova una motivazione soprattutto politica che si rintraccia nel cambio repentino determinatosi alla fine del secondo conflitto mondiale. Mutamento che si riassume anche simbolicamente nell'introduzione del nuovo testo costituzionale nel sistema giuridico italiano. Il passaggio al nuovo ordinamento non poteva azzerare d'un colpo il diritto prodotto in epoca fascista, occorreva allora, da un lato, spingere perché i diversi settori della giustizia agissero nella nuova direzione e, al tempo stesso, d'altro lato, evitare una sovraesposizione della "nuova" magistratura e un conflitto con il Parlamento[1].

La scelta del sistema accentrato si accompagna però all'iniziativa diffusa. Una formula dunque che valorizza il ruolo del giudice *a quo*, facendone il principale innesco dell'azione del tribunale superiore. Questo poteva essere un rischio, nella misura in cui il giudice comune non si fosse dimostrato sensibile ai nuovi valori

---
1. E. Malfatti, S. Panizza, R. Romboli, *Giustizia costituzionale*, 5°, Giappichelli, Torino, 2016, p. 339.

costituzionali, ma fortunatamente (soprattutto la parte generazionalmente più giovane) si è dimostrato in linea con il cambiamento costituzionale. Spesso viene ricordato il congresso dell'Associazione Nazionale Magistrati di Gardone, nel 1965[2], dove, anche simbolicamente, si fissa un punto di svolta. «[V]enne infatti approvato un ordine in cui si respingeva la pretesa di ridurre l'interpretazione "ad una attività puramente formalistica indifferente al contenuto ed all'incidenza concreta della norma nella vita del paese" e si affermava la spettanza al giudice: a) della applicazione diretta della Costituzione, quando ciò fosse tecnicamente possibile; b) del rinvio all'esame della Corte costituzionale delle leggi per le quali non fosse possibile un'interpretazione "conforme"; c) dell'interpretazione di tutte le leggi in conformità ai principi costituzionali»[3].

La Corte di Cassazione, tuttavia, si rivelava restia al cambiamento. Ciò diede presto luogo a un "conflitto" con la Corte Costituzionale, che veniva in seguito superato con la dottrina del *diritto vivente*; sebbene la possibilità di nuovi disaccordi si sia in seguito ripresentata, per esempio in relazione alle sentenze interpretative di rigetto della Corte Costituzionale che non risultavano "convincenti" per la Cassazione, tanto da spingere poi la Corte a dichiarare l'incostituzionalità delle norme in questione[4]. La possibilità di nuovi conflitti interni non è mai del tutto scongiurata, tuttavia negli anni del secondo dopoguerra sarà poi anche l'evoluzione del diritto europeo, comunitario, a costituire motivo per nuovi attriti politici e giurisdizionali. Risolto il conflitto interno, insomma, il processo di costituzionalizzazione si arricchisce e occorre volgere lo sguardo alla giurisdizione europea e al rapporto fra corti nazionali e comunitarie[5].

Il conflitto fra le corti qui si delinea nell'ambito del pluralismo normativo generato dal tentativo di armonizzare due diversi ordinamenti. In particolare, le nuove norme di fonte comunitaria, parificate al rango legislativo e direttamente applicabili nell'ordinamento nazionale, rischiavano di soccombere ogniqualvolta si fosse determinato un conflitto con norme nazionali successive. Infatti, essendo tali norme *autorizzate* all'ingresso nell'ordinamento nazionale sulla base delle norme dei trattati, che erano risalenti, applicando i criteri tradizionalmente predisposti per la soluzione delle antinomie, nello specifico il principio della successione delle leggi nel tempo, avrebbero dovuto soccombere dinanzi alle *nuove* leggi nazionali. Ma «[i]l giudice comunitario sottolineò con chiarezza che

---

2. E. Bruti Liberati e L. Palamara (a cura di), *Cento anni di Associazione magistrati 1909-2009*, Ipsoa, consultabile: http://www.associazionemagistrati.it/allegati/cento-anni-di-associazione-magistrati.pdf
3. E. Malfatti, S. Panizza, R. Romboli, *Giustizia costituzionale*, cit., pp. 338-339.
4. Ivi, p. 341.
5. Sullo sviluppo del diritto e il "dialogo" fra le corti, G. Itzcovich, *Teorie e ideologie del diritto comunitario*, Giappichelli, Torino, 2006.

gli Stati membri non potevano opporre al Trattato una legge interna successiva, senza con questo far venir meno la necessaria uniformità ed efficacia del diritto comunitario, in sostanza attribuendo l'obiettivo di organizzare una cooperazione efficace ed utile alla decisione consapevole e democraticamente adottata dagli Stati fondatori»[6].

La via d'uscita venne trovata nella ripartizione di competenze, grazie all'interpretazione dell'art. 11 della Costituzione: le *consentite limitazioni di sovranità* permettevano infatti un'interpretazione della gerarchia tale per cui un intervento legislativo, anche successivo, entro lo spazio normativo attribuito alla competenza del diritto comunitario, cui era riconosciuta efficacia diretta, sarebbe stato ritenuto antinomico e soccombente. Il diritto nazionale, infatti, in base all'art. 11 e con l'adesione alla comunità, si riteneva avesse fatto un passo indietro, consentendo dunque la disapplicazione della norma interna in favore di quella comunitaria. A questa costruzione si fa eccezione quando il conflitto della norma comunitaria non è con la legge ma con la Costituzione; in tal caso entra in azione la dottrina c.d. dei *controlimiti*. Nei casi in cui il problema dell'uniformità del diritto comunitario non era un problema perché non si prevedeva una efficacia diretta della normativa sul piano interno, la Corte si riserva l'intervento[7].

La nuova formulazione dell'art.117 ha poi favorito, senza rimpiazzare l'ancoraggio all'art.11, il riconoscimento di norma di fonte interposta alla Carta Europea dei diritti dell'uomo (e in certo senso anche alle sentenze CEDU[8]). Con riguardo a quest'ultima, come nota Sciarrabba commentando le decisioni 348 e 349 del 2007, la Corte si impegna, e mostra consapevolezza del lavoro interattivo degli operatori del diritto nella tutela dei diritti, affermando che «le norme giuridiche vivono nell'interpretazione che ne danno gli operatori del diritto, i giudici in primo luogo [...] in particolare, le norme della CEDU vivono nell'interpretazione che delle stesse viene data dalla Corte europea»[9]. Mi pare interessante sottolineare come sia stata una corte a legittimarne un'altra, evidenziando uno di quei tratti del nuovo costituzionalismo dei quali da alcuni anni si discute. Il riconoscimento fatto dalla Corte Costituzionale potrebbe forse aprire anche, in qualche misura, a possibilità di nuovi bilanciamenti fra valori raccolti su un piano

---

6. G. Tesauro, *Il dialogo tra giudice italiano e corti europee*, Atti del Convegno Nazionale, *Nuovi assetti delle fonti del diritto del lavoro*, CASPUR-CIBER Publishing, 2012 (caspur-ciberpublishing.it/article/download/9843/9164), p. 13.
7. Corte cost., 284/2007, ma anche 170/1984. Cfr G. Tesauro, cit.
8. C. Pinelli, *Sul trattamento giurisdizionale della CEDU e delle leggi con essa confliggenti*, in Forum costituzionale, 2008, (http://archivio.rivistaaic.it/giurisprudenza/decisioni2/autori/pinelli.html).
9. V. Sciarabba, *Nuovi punti fermi (e questioni aperte) nei rapporti tra fonti e corti nazionali ed internazionali*, in Forum costituzionale, 2008, (http://archivio.rivistaaic.it/giurisprudenza/decisioni2/autori/sciarabba.html#_ftn36)

di dialogo, e non strettamente gerarchico, dalla Costituzione e dalla CEDU. Al momento resta, tuttavia, una chiara gerarchia fra Costituzione e CEDU sul piano interno, tale per cui, applicando la dottrina dell'interpretazione adeguatrice[10], in caso di contrasto fra norma nazionale e pattizia, il giudice non si trova a dover sollevare una questione di "convenzionalità"[11], ma piuttosto ad applicare la norma nazionale ogniqualvolta appaia l'unica conforme al testo costituzionale. Come segnala Tesauro, l'armonizzazione della normativa, fra legge nazionale e comunitaria, è stata una preoccupazione assunta e condivisa sul piano interno sia dal giudice costituzionale sia da quello comune, ma sul piano dell'effettività del diritto comunitario, in particolare, è stato certo quest'ultimo, attraverso il rinvio pregiudiziale, l'attore centrale per il processo di integrazione europea.

2. Decisioni ed evoluzioni interpretative. Conflitti di uguaglianza

Nel processo di costituzionalizzazione italiano ed europeo diversi sono gli snodi interpretativi interessanti. Fra le questioni fondamentali nella storia costituzionale italiana credo mi piace ricordare l'evoluzione della dottrina della Corte. Fra i molti esempi possibili, ricordo come nel 1961 il giudice Costituzionale veniva investito della questione di costituzionalità dell'articolo 559 del codice penale, relativo all'adulterio, in relazione agli articolo 3 (uguaglianza) e 29 (famiglia) della Costituzione. Il giudice *a quo* osservava che la legge penale prevedeva una punibilità diversa in caso di adulterio femminile e maschile, riconoscendo la seconda solo nel caso in cui la relazione adulterina del marito «avvenga nella casa coniugale o notoriamente altrove»[12].

Questa diversa regolazione evidenziava chiaramente l'obiettivo della legislazione dell'epoca fascista, volta a tutelare soprattutto l'apparenza, sia della buona unità familiare, sia del c.d. buon costume: questo infatti, a ben guardare, è ciò che risultava leso dal comportamento maritale sussumibile nella lettera dell'art. 559 c.p., e non certo l'offesa alla moglie tradita, giacché l'identificazione di quest'ultima non dipendeva dalla lesione della dignità della vittima (che ovviamente era in sé ovunque si fosse perpetrato il tradimento) ma dipendeva dall'essere avvenuto nella casa coniugale (o essere talmente palese da dettare scandalo). La dignità della moglie cioè dipendeva dalle apparenze, non era una questione di sostanza.

Nella riflessione del giudice remittente il diritto prevedeva una disparità che era lesiva dell'art. 29 della Costituzione, che stabilendo l'uguaglianza morale e giuridica dei coniugi come base del matrimonio non poteva supportare tale differenza di trattamento. È da ricordare, tuttavia, altresì come allo stabilire

---

10. R. Guastini, *L'interpretazione dei documenti normativi*, Giuffré, Milano, 2004.
11. V. Sciarrabba, cit.
12. Sentenza Corte Costituzionale 64/1961.

questa uguaglianza, il costituente abbia fatto seguire immediatamente l'eccezione: si tratta infatti di *uguaglianza nei limiti stabiliti dalla legge a tutela della unità familiare*, dicitura che lascia aperta la possibilità della disparità così giustificata, tradizionalmente a discapito dell'eguagliamento del trattamento della donna.

E infatti ha gioco facile l'Avvocatura, che difende la legittimità costituzionale della diversa punizione dell'adulterio femminile, nel sostenere che la giustificazione della disparità prevista dalla norma «è da ricercarsi in ciò che non è uguale». Il rapporto fra uguaglianza e differenza è stato e resta uno degli snodi centrali nei processi interpretativi, per tale ragione è importante e interessante notare come fosse coerentemente e radicalmente patriarcale l'impianto legislativo dell'epoca, l'uguaglianza è negata *in nuce*, i parametri sono al maschile[13]: la ragione della differenza, infatti, viene rintracciata dall'Avvocatura nei diversi effetti che sarebbero potuti derivare dall'adulterio quando originato dal comportamento maschile e femminile. In particolare, l'Avvocatura sottolineava "la gravità" che poteva derivare anche da *una sola* relazione femminile: ossia una gravidanza. Ma è necessario sottolineare come non fosse tanto l'evento in sé, l'aspettativa del nascituro, a rappresentare la gravità, quanto piuttosto il fatto che, in ragione dell'art 231 del codice civile, che presume la paternità del marito, questi sarebbe risultato *padre* pur non essendolo. Cioè la gravità non si radicava, a ben guardare, nella gravidanza citata, quanto piuttosto nel rischio di una possibilità che un discendente non avesse i geni del presunto genitore, il padre ovviamente. Da questi esempi è facile notare il diverso valore riconosciuto alla donna e all'uomo nel codice Rocco e la sua direi certa incostituzionalità, ma nel 1961 non fu così.

L'Avvocatura apertamente insisteva sul *diritto* del marito alla fedeltà della moglie, ovviamente senza argomentare il punto, che veniva semplicemente assunto in ragione di una subordinazione del femminile raccolta e rincarata dalla tutela giuridica. Veniva sottolineato invece, nelle ragioni addotte, come il *preminente interesse della famiglia* fosse leso specificamente dalla condotta adulterina della moglie, mentre non ciò non poteva dirsi per l'infedeltà del marito. La moglie, in sostanza, in quanto e solo perché donna, doveva accettare l'infedeltà come parte del suo ruolo di genere. È quasi divertente leggere l'assenza di argomentazione e notare come la motivazione addotta venga basata solo sul *fatto* che la subordinazione femminile stava alla base dell'intera normativa e così resisteva alla novità introdotta dalla costituzione.

La Corte, com'è noto, giudicò infatti infondata la questione, seppur segnalando come forse non fosse più appropriato punire come *reato* l'infedeltà coniugale. E, tuttavia, riaffermando che l'art. 3, pur stabilendo l'uguaglianza, imponeva

---

13. Sulla *sameness* e il problema dell'uguaglianza al maschile mi piace rinviare a L. Gianformaggio, *Eguaglianza, donne e diritto*, Il Mulino, Bologna, 2005.

al legislatore certo di produrre leggi che non «dispon[essero] discriminazioni, [ma ciò] non [poteva] significare che il legislatore [fosse] obbligato a disporre per tutti una identica disciplina»[14]. Anzi, al fine di non discriminare, il legislatore doveva produrre norme diseguali, per cui, concludeva la Corte, il giudizio sulla norma penale dev'essere condotto sia in relazione all'uguaglianza stabilita dall'art. 3 sia in relazione agli obiettivi raccolti dall'art 29, riconoscendo dunque che «il principio di eguaglianza tra i coniugi prevede che la legge ordinaria possa disporre limiti a garanzia della unità familiare»[15]. Sfortunatamente la Corte non si sofferma affatto sul significato di 'unità familiare' lo assume come dato e difeso dal "buon nome della moglie"[16].

Non è solo un problema di uguaglianza, infatti, adduce la Corte – ancora senza argomentare –, perché rintraccia una «diversa natura del bene leso [...e] la diversa quantità e gravità della offesa a carico dello stesso bene» nel caso di adulterio maschile e femminile. Afferma, senza dirlo esplicitamente, che l'atto sessuale femminile, immagino per la modalità "recettiva" del suo sesso, sia "più pregnante", "più forte" o "più importante", di quello attivato dal sesso maschile, giacché si limita a dichiarare che la differenza fra essi «già basterebbe ad escludere la illegittimità del diverso trattamento», in ragion della «maggiore gravità della offesa [...] nella infedeltà della moglie».

L'unico argomento avanzato dalla Corte per riaffermare la maggior gravità dell'adulterio femminile alla fine è la mera affermazione che si tratta «della constatazione di un fatto della vita sociale, di un dato della esperienza comune, cui il legislatore ha ritenuto di non poter derogare» e, dunque, dev'essere ritenuto di per sé idoneo a «costituire quella diversità di situazione che esclude ogni carattere arbitrario e illegittimo nella diversità di trattamento»[17]. È bene sottolineare come questa Corte non consideri la lettura fascista e discriminante del ruolo della donna, diversamente da quanto fatto per altri settori del codice civile. In breve, per la Corte il *fatto* che i mariti tradizionalmente tradivano le mogli *giustificava* (in barba a Hume) sia la maggior gravità dell'adulterio femminile, sia l'impossibilità che la moglie chiedesse la separazione per infedeltà del marito, giacché ciò non poteva costituire ingiuria grave a suo danno perché *di fatto i mariti tradizionalmente tradivano le mogli*. Il tradimento era lesivo solo quando si dava nella casa coniugale o in modo plateale, costituendo dunque motivo di chiacchiera per i vicini. *Fatti* insomma, questi ultimi, che a ben guardare, come già segnalato, non comportano alcun cambiamento quanto all'offesa della dignità della donna, ma

---

14. Sentenza Corte Costituzionale 64/1961.
15. Ivi.
16. Su questa linea, ancora in anni recenti, la stessa filosofia si rintraccia in Cassazione (V sez. penale) 37686/2013.
17. Tutte citazioni dalla sentenza.

hanno un ruolo sul mero piano dell'apparenza, del poter o meno continuare a *far finta* che ci fosse un'unità familiare da tutelare, cioè, in definitiva, di quanto potevano vedere i vicini. È il vociare intorno al caso, insomma, che crea lo scandalo per l'attivazione del diritto, non certo la dignità della moglie[18]. In ciò in fin dei conti si configurava l'unità familiare[19] anche per la Corte Costituzionale del nuovo ordinamento postfascista, che considerando ancora il tradimento della moglie contenente in sé e per sé una capacità distruttiva irrimediabile evidenziava come la donna restasse in una posizione di minorità e di profonda disuguaglianza nel diritto italiano.

Dopo alcuni anni finalmente la Corte ritorna sulla questione con la sentenza 126 del 1968 rigettando la sua precedente interpretazione. Non un decennio interno ma certo anni molto importanti che vedono soprattutto il massiccio ingresso delle donne nel mercato del lavoro ufficiale e hanno quindi anche un potere contrattuale autonomo dentro e fuori della famiglia.

Non diversamente dal caso precedente, il giudice remittente sostiene che la disparità di trattamento prevista dall'art 559 c.p. rappresenta una discriminazione perché non trova giustificazione né in differenze fisiologiche né in altri pericoli derivanti da una applicazione dell'uguaglianza fra i coniugi, come potevano essere «i rischi della *commistio sanguinis*, [o] della usurpazione di stato del figlio»[20].

La Corte Costituzionale, soprattutto, rilegge finalmente l'art. 3 della Costituzione e afferma che le differenze recepite nell'art. 559 c.p. ne risultavano vietate. A ciò, aggiunge la Corte, si deve sommare come il cambiamento sociale abbia

---

18. È quasi divertente leggere le parole della sentenza oggi. Così si esprime il giudice: «maggiore entità della illecita condotta della moglie, rappresentandosi la più grave influenza che tale condotta può esercitare sulle più delicate strutture e sui più vitali interessi di una famiglia: in primo luogo, l'azione disgregatrice che sulla intera famiglia e sulla sua coesione morale cagiona la sminuita reputazione nell'ambito sociale; indi, il turbamento psichico, con tutte le sue conseguenze sulla educazione e sulla disciplina morale che, in ispecie nelle famiglie (e sono la maggior parte) tuttora governate da sani principi morali, il pensiero della madre fra le braccia di un estraneo determina nei giovani figli, particolarmente nell'età in cui appena si annunciano gli stimoli e le immagini della vita sessuale; non ultimo il pericolo della introduzione nella famiglia di prole non appartenente al marito, e che a lui viene, tuttavia, attribuita per presunzione di legge, a parte la eventuale - rigorosamente condizionata - azione di disconoscimento».
19. Interessante è anche il passo dove la Corte, ricordando l'art. 587 c.p., che prevedeva una minima pena per l'omicidio verificatosi a seguito della scoperta del «coniuge», sottolinea come la disposizione riporti *il coniuge* e non *la moglie* cercando così di argomentare l'uguale trattamento dei sessi: per entrambi il riconoscimento dello stato d'ira giustifica la reazione violenta. Sull'uso della forza e della legittima difesa cfr. S. Pozzolo, *(Una) Teoria del diritto femminista*, in Th. Casadei (a cura di), *Donne, diritto, diritti. Prospettive del giusfemminismo*, Giappichelli, Torino, 2015, pp. 17-39.
20. Sentenza Corte Costituzionale 126/1968.

evidenziato l'innegabile illegittimità di un diritto che pone in una posizione di soggezione la donna rispetto all'uomo. Da questa consapevolezza derivava poi l'ulteriore evidenza: l'adulterio, anche quello maschile, rappresentava una dimostrazione inequivocabile dell'avvenuta rottura dell'unità familiare, che ancorché protetta in modo preminente dall'art. 29 della Costituzione, era qui venuta meno, sicché «qualunque limitazione del principio di eguaglianza incide[va] sull'unità stessa, spostando l'equilibrio a favore di uno ed a danno dell'altro coniuge»[21].

Dunque, i due comportamenti dovevano essere intesi come identici nell'offesa della dignità personale: nessuno dei due coniugi doveva sopportare le infedeltà dell'altro. La Corte finalmente reinterpreta i valori costituzionali, riconoscendo che la Costituzione assegnava al legislatore un compito di *rimozione* delle disuguaglianze e, dunque, degli ostacoli che, «fondandosi su apparenti concezioni diffuse nella collettività, veng[a]no frapposti alla eguale considerazione giuridica dell'uomo e della donna rispetto a fatti di identica natura, quale il rapporto sessuale extraconiugale [...se] l'adulterio offende l'unità della famiglia, le eventuali differenziazioni, che si possono riscontrare in relazione alla posizione del marito e della moglie, riguardano soltanto un aspetto quantitativo di cui non si può tenere conto perché anche l'adulterio del marito lede, in una certa misura, l'unità della famiglia»[22].

La Corte, in definitiva e in Camera di Consiglio, non essendovi opposizione alla riconsiderazione della normativa, argomenta l'illegittimità costituzionale dell'art. 559 c.p., scrivendo che l'impunità del marito a fronte della punizione della moglie rimontava a tempi in cui la donna era privata dei diritti, ritenendo la piena parità oramai un dato giuridicamente acquisito. Invero si può notare come la Corte smorzi la forza dell'argomento egualitario scrivendo, tuttavia, che l'unità è solo *in certa misura* lesa anche dalla infedeltà del marito, suggerendo dunque comunque un diverso peso riconosciuto ai due comportamenti. Ricordo che la riforma del diritto di famiglia arriverà solo nel 1975.

Con l'art. 3 la Costituzione riconosceva pari dignità sociale escludendo privilegi e discriminazioni legittime tra i cittadini, poneva dunque l'uomo e la donna in condizione di perfetta uguaglianza sul piano civile. Con l'art 29, a sua volta, la Carta affermava l'uguaglianza morale e giuridica dei coniugi, predisponendo un'eccezione solo *a garanzia dell'unità familiare*. La prevalenza del valore in grado di attivare l'eccezione si basava, però, strettamente sull'identificazione del trattamento uguale quale pericolo dell'unità familiare, e non oltre questo caso. Pur riconoscendo al marito ancora una posizione preminente rispetto alla moglie – nuovamente basandosi meramente sul dato di tradizione –, dunque, ciò

---

21. Ivi.
22. Ivi, in particolare il pretore di Torino.

non giustificava di per sé la discriminazione sanzionata dalla norma impugnata. Il diverso trattamento penale dell'adulterio non pareva alla Corte essenziale al mantenimento dell'unità familiare, che altrimenti avrebbe giustificato il sacrificio del principio di uguaglianza. Tutt'al contrario, anzi, sottolinea la Corte, la «legge, non attribuendo rilevanza all'adulterio del marito e punendo invece quello della moglie, pone in stato di inferiorità quest'ultima, la quale viene lesa nella sua dignità, è costretta a sopportare l'infedeltà e l'ingiuria, e non ha alcuna tutela in sede penale»[23]: dunque è proprio il diverso trattamento a rappresentare un pericolo ed esso è ancora più grave sia «per i riflessi sul comportamento di entrambi i coniugi, sia per le conseguenze psicologiche sui soggetti». L'art 559 c.p. rappresentava allora solo un privilegio assicurato al marito.

Potrebbe essere interessante provare a rileggere in tandem con le sentenze appena ricordate in tema di parità fra i sessi, la sentenza del 2010 (numero 138[24]) relativa al mancato riconoscimento del matrimonio fra coppie dello stesso sesso[25].

3. Verso l'uguaglianza (?)

Nonostante si faccia comunemente risalire alla dichiarazione dei diritti settecentesca la nascita dei diritti umani, affermando con ciò l'universalità del principio di uguaglianza, non è necessario volgere lo sguardo in posti lontani per osservare come sia ancora un obiettivo da conquistare[26]. Il principio di parità fra uomo e donna, per diventare diritto fondamentale europeo, è stato oggetto di una costruzione durata anni, e non ancora terminata.

Inizialmente la normativa europea limitava, infatti, l'uguaglianza fra uomo e donna al tema della parità di salario; un diritto invero a tutt'oggi insoddisfatto. Ma il principio acquisterà una portata più generale proprio grazie allo sviluppo del diritto comunitario e al lavoro della Corte di giustizia[27]. Da un lato, infatti, in Europa si avvia un processo di integrazione che va al di là del solo aspetto economico iniziale. Un percorso normativo che favorirà misure più incisive anche sul piano culturale: sebbene esse restino in larga misura ancorate al mercato, si tratta comunque di interventi volti a combattere la discriminazione verso le donne che,

---

23. Ivi.
24. Cfr anche Cassazione 2012, n. 4184 (http://www.giurcost.org/casi_scelti/Cassazione/Cass.sent.4184-2012.htm).
25. G. Viggiani, *Il liberalismo politico e il matrimonio tra persone dello stesso sesso*, Ledizioni, Milano, 2018.
26. S. Pozzolo, *Avvistamenti dall'isola che non c'è*, in M. Maldonado, P. Luque (a cura di), *Problemi attuali di Filosofia del Diritto. Discutendo con Bruno Celano*, in corso di stampa.
27. C. Novi, *Il principio di parità tra donne e uomini nella giurisprudenza della Corte di giustizia dell'Unione europea e nella giurisprudenza della Corte Costituzionale italiana*, Academia.edu, p. 2

come già ricordato sopra, durante la seconda metà del secolo entrano sempre più massicciamente nel mercato del lavoro ufficiale determinando mutamenti sociali a vari livelli, non ultimo nelle relazioni intrafamiliari[28].

La rimozione degli ostacoli per la parità diviene poi una delle linee fondamentali dell'intervento legislativo europeo, dimodoché viene a sollecitarsi un'attenzione e una tutela di portata trasversale per la vita delle donne, dalla tutela della gravidanza e della maternità[29], fino alla direttiva 80 del 1997 che inverte l'onere della prova per le discriminazioni basate sul sesso[30].

Ma certo si rivela fondamentale la promozione del *gender mainstreaming* europeo che stabilisce l'obiettivo paritario per tutte le politiche dell'Unione. In questo modo, passo dopo passo, tutto il diritto europeo veniva investito del dovere di introdurre la normativa più opportuna per combattere attivamente le discriminazioni esistenti, dunque un compito proattivo di rimozione non ultimo incrementato anche dalla Carta dei diritti fondamentali, che espressamente dedica l'art. 23 alla parità fra uomini e donne. È tuttavia da sottolineare anche come il principio venga più volte dichiarato e richiamato nelle norme europee proprio, credo, in ragione della sua difficoltà a dirsi soddisfatto[31], pur restando fondamentale nel costruire l'idea di giustizia sociale europea. La ricostruzione di questo percorso mostra bene come l'universalità presunta dei diritti sia ancora un obiettivo e come la conquista dei diritti per le donne sia ancora in corso.

L'evoluzione della parità ha ruotato in Europa intorno ai criteri della discriminazione diretta e poi indiretta. Mentre la prima si rileva «quando una persona, a causa del suo sesso, riceve un trattamento meno favorevole di quello che ha ricevuto, riceve o potrebbe ricevere una persona di sesso opposto in una situazione analoga»[32]; la seconda si verifica quando l'applicazione di una norma (sia essa anche una prassi), apparentemente neutra rispetto al sesso, produca effetti

---

28. Le donne hanno sempre lavorato, ma con la seconda metà del secolo scorso entrano in massa nel mercato del lavoro "ufficiale" ottenendo un reddito indipendente dal marito.
29. S. Pozzolo *(Una) Teoria femminista del diritto*, cit.; S. Pozzolo e I. Fanlo Cortés (a cura di), We want Sex (equality). *Riforme del mercato del lavoro, crisi economica e condizione delle donne in Europa*, in *About Gender. Rivista internazionale di studi di genere*, sezione monografica, Università degli Studi di Genova, 2013.
30. Come nota Novi, l'inversione dell'onere della prova era già stata ampiamente ammessa dalla Corte di giustizia qualora essa risultasse "…necessaria per non privare i lavoratori presumibilmente vittima di una discriminazione di qualsiasi mezzo efficace per far rispettare il principio della parità…".
31. S pozzolo, *59 giorni a salario zero. Appunti per uno studio sulla condizione delle donne in Europa, fra riforma del lavoro e crisi economica*, in Th. Casadei (a cura di), *Donne, diritto, diritti. Prospettive del giusfemminismo*, cit, pp. 215-226.
32. C. Novi, cit., p. 4.

pregiudizievoli per un gruppo dove uno dei sessi è preponderante, così discriminandolo rispetto all'altro. Mentre la discriminazione diretta colpisce il singolo, quella indiretta si identifica nei suoi effetti discriminanti collettivi.

Se lo sviluppo del diritto antidiscriminatorio[33] si muove nell'ottica della rimozione degli ostacoli, come si è già notato, un'azione incisiva comporta anche l'iniziativa positiva, volta cioè a cercare una uguaglianza sostanziale, giacché il mero affermarsi di quella formale, senza ricalibrare le condizioni di partenza, può radicare e approfondire le disuguaglianze pregresse[34]. In questo contesto europeo sono state allora prodotte le politiche per le c.d. *azioni positive*. Queste consistono in misure normative che accordano dei vantaggi, in questo caso alle donne, al fine di controbilanciare situazioni sfavorevoli, ad esempio in ambito lavorativo, dovuti a strutture sociali che attribuiscono ruoli subordinati alle donne rispetto agli uomini. Queste azioni sono pensate come misure temporanee che artificialmente colmano uno svantaggio preesistente, cioè mirano a parificare le condizioni di partenza e restano giustificate nel "violare" l'uguaglianza formale fin quando la situazione non si è riequilibrata.

La normativa europea ha fortemente inciso sui settori di sua competenza come appunto l'accesso e le condizioni di lavoro. Sul piano nazionale l'attività normativa purtroppo si è concentrata soprattutto sul tema dell'elettorato passivo, senza sviluppare misure di intervento più incisive contro le forme di subordinazione culturale delle donne. Sfortunatamente le politiche e le argomentazioni che animano il dibattito di solito non mettono in discussione i ruoli tradizionali o la socializzazione primaria che subiscono bambine e bambini[35] che restano "addestrati" fondamentalmente a ruoli largamente tradizionali non consentendo per esempio una riflessione sul diritto fondamentale relativo alla divisione dei compiti di cura che resta a tutto carico riversato sulle donne[36].

La struttura fortemente patriarcale rimane infatti a tutti i livelli[37] e ancora stenta ad affermarsi una prospettiva che tenga davvero in conto le differenze di partenza riconoscendo l'uguale valore fra uomini e donne. Ancora il lavoro femminile è sottopagato, ancora si parla di conciliazione casa lavoro assumendolo

---

33. M. Barbera, *Il nuovo diritto antidiscriminatorio: il quadro comunitario e nazionale*, Giuffré, Milano, 2007.
34. S. Pozzolo, *Lo sguardo neutrale (del diritto) e le inspiegabili scelte delle donne. Riflessioni intorno a una recente sentenza della Cassazione*, in Ragion pratica, 2/2017, pp. 573-600.
35. E. Abbatecola, L. Stagi, Pink is the new black. *Stereotipi di genere nella scuola dell'infanzia*, Rosenberg & Sellier, Torino, 2017.
36. S. Pozzolo, *Mujeres constitucionalismo y acceso a la justicia* – relazione tenuta presso l'Università PUCP, Lima 10/15 settembre 2018.
37. Ad esempio S. Pozzolo, ¿Quiénes son los "iguales"? *Derechos y perspectiva de género. El caso de la vulnerabilidad*, inédito.

come un problema di donne, cui si aggiungono le sfide veicolate anche dalle nuove tecnologie[38].

4. A mo'di conclusione provvisoria

Il percorso di costituzionalizzazione è ancora lungo, soprattutto se con ciò intendiamo il processo di implementazione dei valori veicolati dall'ideologia del costituzionalismo garantista e dell'uguaglianza, sviluppatosi via via dal secondo dopoguerra. Come dimostra quanto ricordato e la storia costituzionale tutta, il testo fondamentale non veicola un solo significato né dunque indica una direzione determinata e univoca[39]. I diritti consacrati nel testo fondamentale svolgono una funzione ideale che il lavoro legislativo deve interpretare sviluppando e adottando una dottrina costituzionale, escludendo le molti possibili[40].

---

38. Dal telelavoro alle biotecnologie. Cfr. S. Pozzolo, *Delocalizzare la (ri)produzione? Riflessioni sul diritto, la maternità surrogata e il superiore interesse del minore*, in Notizie di Politeia, 124-XXXII, 2016, pp. 19-31; Id., *Nuove tecnologie riproduttive: fra liberazione e nuove forme di patriarcato*, in Diritto e questioni pubbliche, 2/2016, pp. 53-65; Id., *Locatio ventris*, in T. Vicente Giménez, V. Marzocco, S. Pozzolo, A. Farano (a cura di),*La subjetividad político-jurídica de las mujeres y la biotecnología como política de reproducción*, in Bioderecho.es/Revista internacional de investigación en Bioderecho, 3, Università di Murcia, 2016, pp. 1-78, spec. pp. 37-64 (https://dialnet.unirioja.es/ejemplar/436380); *Gestazione per altri (ed altre). Spunti per un dibattito in (una) prospettiva femminista*, in Rivista di Biodiritto/Biolaw Journal, 2, Università di Trento, 2016, pp. 93-110 (http://www.biodiritto.org/ojs/index.php?journal=biolaw&page=issue&op=view&path%5B%5D=2%2F2016&path%5B%5D=showToc).

39. Mi sia consentito rinviare a S. Pozzolo, *Constitucionalismo(s) y mecanismos de garantía*, in L. Pena, T. Ausin (a cura di), *Conceptos y valores constitucionales*, Plaza y Valdés, Madrid, 2016, pp. 233-260; Id. *Costituzioni, interpretazioni, disaccordi. Appunti per un diritto che cambia*, Aracne, Roma, 2012.

40. Sottolinea l'importanza di una dottrina costituzionale B. Celano, *I diritti dello stato costituzionale*, Il Mulino, Bologna, 2013.

POSSIBILIDADES INSTITUCIONAIS E PROCEDIMENTAIS DO CONTROLE INCIDENTAL: RECURSO EXTRAORDINÁRIO E REPERCUSSÃO GERAL

27

O INCIDENTE DE RESOLUÇÃO DE RECURSOS EXTRAORDINÁRIOS REPETITIVOS E AS AUDIÊNCIAS PÚBLICAS NO SUPREMO TRIBUNAL FEDERAL

ALEXANDRE FREIRE

Doutor em Direito pela PUC-SP. Mestre em Direito pela UFPR. Assessor processual da Presidência do Supremo Tribunal Federal. Professor da especialização em Direito Processual Civil da PUC-Rio. Secretário para Assuntos Legislativos da Presidência do IBDP. Exerceu as funções de Subchefe adjunto para assuntos jurídicos da Casa Civil da Presidência da República. Foi Coordenador-Geral de Políticas Sociais da Casa Civil da Presidência da República. Ex-Assessor da Presidência da Comissão Mista de Planos, Orçamentos Públicos e Fiscalização do Congresso Nacional. Ex-Assessor de ministro do Supremo Tribunal Federal. Foi finalista do 57º Prêmio Jabuti da Câmara Brasileira do Livro – CBL (categoria Direito).

SUMÁRIO: 1. Considerações gerais; 2. Natureza jurídica e estrutura do incidente de resolução dos recursos extraordinários repetitivos; 2.1 Incidente processual: conceito, características e outras categorias relacionadas; 2.2. Questão incidental; 2.2.1 Conceitos características; 2.2.1.1 Acessoriedade; 2.2.1.2 Acidentalidade; 2.3. Procedimento incidental.; 2.3.1 Conceito e características; 2.3.1.1 Autonomia estrutural; 2.3.1.2 Vinculação funcional; 3. Julgamento de recursos extraordinários repetitivos: um incidente processual; 4. A audiência pública como espaço democrático de legitimidade das decisões formalizadas no incidente de recursos extraordinários repetitivos; 4.1. Procedimento para realização de audiências públicas no Supremo Tribunal Federal; 4.2. A audiência pública no Supremo Tribunal Federal: da legitimidade técnica à legitimidade democrática; 4.3. Lições decorrentes das audiências públicas realizadas no Supremo Tribunal Federal para sua devida convocação no julgamento dos incidentes de recursos extraordinários repetitivos; 5. Conclusão; 6. Bibliografia.

1. Considerações gerais

O Supremo Tribunal Federal, instituído com o objetivo de definir e assegurar a unidade de sentido da norma constitucional, desde o início revelou que enfrentaria sérios problemas com o crescimento exponencial de processos, haja vista a intensa e crescente litigiosidade, em regra versando sobre teses idênticas, principalmente nos últimos 30 anos, em razão da previsão de direitos e garantias insertos na Lei Fundamental.

Essas controvérsias idênticas são levadas ao Supremo Tribunal Federal mediante recursos extraordinários e agravos, que se avolumam nos gabinetes dos ministros e lhes tomam o tempo para análise de questões de alta indagação que de fato tocam o interesse da sociedade.

Depreende-se a partir de dados estatísticos relativos ao período de 2006/2009 a quantidade expressiva de recursos extraordinários que foram interpostos, distribuídos pelo Supremo Tribunal de Federal, correspondendo à maioria de todos os feitos examinados pela Corte nesse intervalo[1]. Esse fenômeno decorre do fato de que o Código de Processo Civil de 1973 foi pensado a partir do paradigma liberal de litigiosidade, disciplinando técnicas formais voltadas apenas para a resolução de demandas individuais, sem, contudo, contemplar institutos adequados para as causas repetitivas, decorrentes de uma sociedade de massas.

Não se pode ignorar que desde sua publicação, o Código de Processo Civil de 1973 passou por sucessivas alterações decorrentes de leis reformadoras que se ocuparam em atualizar a legislação codificada naquilo que ela não mais atendia aos anseios de uma sociedade complexa. Pode-se destacar, entre os principais diplomas reformadores, as Leis 8.952/1994, 11.232/2005, 11.418/2006, e 11.672/2008, que, sucessivamente, regulamentaram a antecipação dos efeitos da tutela, o cumprimento de sentença judicial, a repercussão geral e o incidente de resolução dos recursos especiais repetitivos, culminando, essa onda reformista, após 42 anos de vigência, na sua revogação pela Lei 13.105, de 16 de março de 2015.

Essas, entre outras tantas alterações, inclusive operadas em âmbito constitucional, certamente tornaram o processo mais célere e efetivo. Porém, não foram suficientes para desafogar o Poder Judiciário dos litígios de massa, principalmente quando essas demandas se avolumaram no Supremo Tribunal Federal, comprometendo-lhe o exercício adequado de função constitucional de guarda da higidez, uniformização da interpretação e formação de precedentes constitucionais.

Preocupado com essa crescente elevação do número de feitos naquela corte, no ano de 2004, a Presidência do Supremo Tribunal Federal, o Palácio do Planalto e o Congresso Nacional somaram esforços com o propósito de aperfeiçoar

---

1. Em 2006, foram distribuídos 116.216 processos, sendo 54.575 recursos extraordinários. Em 2007, foram distribuídos 112.938 processos, sendo 49.708 recursos extraordinários. Em 2008, foram distribuídos 66.873 processos, sendo 21.530 recursos extraordinários. Por fim, levando em consideração o quadriênio examinado, em 2009, foram distribuídos 42.729 processos, sendo 8.348 recursos extraordinários. Nota-se, nesse quadro, considerável, decesso no numerário de recursos extraordinários distribuídos na Suprema Corte brasileira.

o sistema de justiça, instituindo, entre outras medidas, a repercussão geral da questão constitucional como requisito especial de admissibilidade para o recurso extraordinário, com o claro intuito de tornar mais racional o exercício da jurisdição constitucional.

Em decorrência da continuidade de aperfeiçoamento do sistema de justiça, os esforços empreendidos pelos três Poderes resultaram em técnicas que imprimiram maior organicidade e agilidade à prestação jurisdicional, em especial com regulamentação da repercussão geral mediante a edição da Lei 11.418/2006, concretizando, assim, o princípio da razoável duração do processo, inserto na Constituição Federal, no art. 5º, inc. LXXVIII (redação conferida pela Emenda Constitucional 45/2004).

Percebe-se que esse dispositivo foi criado com o objetivo mediato de alterar o sistema processual brasileiro, imprimindo maior racionalidade e efetividade ao serviço de prestação jurisdicional, sem, contudo, afastar garantias constitucionais, entre as quais a isonomia processual, contraditório substancial, ampla defesa, segurança jurídica, dever de boa-fé objetiva, dever de motivação dos pronunciamentos judiciais, consubstanciando, assim, mais uma técnica do regime processual de causas repetitivas que está se formando para aperfeiçoar o sistema judicial brasileiro.

Depois de seguidas reuniões e ajustes, a então Presidente do Supremo Tribunal Federal, Ministra Ellen Gracie, editou, no dia 30 de abril de 2007, a Emenda 21, aprovada em sessão administrativa ocorrida no dia 26 de março daquele ano, alterando a redação dos artigos 13, inciso V, alínea *c*; 21, § 1º; 322; 323; 324; 325; 326; 327; 328 e 329, com revogação do disposto no § 5º do artigo 321, todos do RISTF, regulamentando a repercussão geral no âmbito do tribunal.

O procedimento de exame da repercussão geral não ocorreu tão somente em relação aos recursos extraordinários individuais e agravos em recursos extraordinários, mas também nas situações de recursos extraordinários repetitivos e agravos em recursos extraordinários seriais, versando sobre a mesma controvérsia jurídica. Nessas situações, a Lei 11.418/2016, que acrescentou o art. 543-B ao Código de Processo Civil de 1973, previa que quando houvesse multiplicidade de recursos com fundamento em idêntica controvérsia, a análise da repercussão geral seria processada nos termos do Regimento Interno do Supremo Tribunal Federal (art. 328 do RISTF).

Esse procedimento diferenciado de exame da repercussão foi disciplinado no âmbito do Supremo Tribunal Federal, sucessivamente, mediante as Emendas 21, 22, 23, 24, 27, 31, 41 e 42, que alteraram o RISTF.

Essa técnica processual estava relacionada, no Código de Processo Civil revogado, à aferição da existência da repercussão geral e suas consequências no que diz respeito aos recursos extraordinários múltiplos que tramitavam nos tribunais recorridos (aguardando juízo de admissibilidade) ou no Supremo Tribunal Federal, não necessariamente com a resolução da questão objeto de recursos extraordinários seriais. Porém, inegavelmente, a Suprema Corte passou, a despeito da inexistência de expressa previsão legislativa, a suscitar o incidente de resolução de recursos extraordinários repetitivos (e seus respectivos agravos) para lidar com o número expressivo dessa classe processual que diariamente aporta no tribunal.[2] Essa estratégia da Suprema Corte é perceptível pelo desenho do procedimento engendrado pela Emenda Regimental 21, de 30 de abril de 2007, que, entre outras providências, conferiu nova redação ao art. 328 do RISTF, estabelecendo que, protocolado ou distribuído recurso cuja questão for suscetível de reproduzir-se em múltiplos feitos, a Presidência do Tribunal ou o(a) relator(a), de ofício ou a requerimento da parte interessada, comunicará o fato aos tribunais ou turmas de juizado especial, a fim de que observem o disposto no art. 543-B do Código de Processo Civil, podendo pedir-lhes informações, que deverão ser prestadas em cinco dias, e sobrestar todas as demais causas com questão idêntica.

Quando se verificar subida ou distribuição de múltiplos feitos, a Presidência do Tribunal ou o(a) relator(a) selecionará um ou mais representativos da questão e determinará a devolução dos demais aos tribunais ou turmas de juizado especial de origem, para aplicação dos parágrafos do art. 543-B do Código de Processo Civil.

Por fim, a Presidência do Supremo Tribunal Federal passou a promover ampla e específica divulgação do teor das decisões sobre repercussão geral, bem como formação e atualização de banco eletrônico de dados a respeito. Nota-se, incontestavelmente, que a técnica processual forjada no regimento interno não se limita às providências de exame da existência da questão constitucional qualificada. Trata-se, em verdade, de incidente de resolução de recursos extraordinários repetitivos instaurado no âmbito do tribunal.

O Código de Processo Civil de 2015 consagra, de modo inequívoco, o instituto como um incidente de resolução de recursos extraordinários múltiplos, regulando-o conjuntamente com o incidente de resolução de recursos especiais repetitivos, dispondo, ao longo do seu minudente regramento, ao lado de positivas inovações, orientações consagradas na jurisprudência do Supremo Tribunal Federal a respeito da matéria. Observa-se, assim, que, indisfarçavelmente, o incidente de resolução de recursos extraordinários repetitivos revela-se como um dos institutos processuais concebidos para dimensionar a litigiosidade repetitiva, conter a dispersão jurisprudencial e, sobretudo, ao viabilizar a formação de precedentes, assegurar as garantias fundamentais de isonomia processual e segurança jurídica, sendo seu julgamento obrigatoriamente antecedido de audiência pública, conforme se justificará neste capítulo.

---

2. Conferir, entre outros, WAMBIER, Luiz Rodrigues; TALAMINI, Eduardo. *Curso avançado de processo civil*. 15. ed. São Paulo: Ed. RT, 2015. p. 860.

2. Natureza jurídica e estrutura do incidente de resolução dos recursos extraordinários repetitivos

O vocábulo "incidente" é utilizado várias vezes pela doutrina e pela jurisprudência, assim como se faz presente em diversos dispositivos das normas processuais. Seu emprego, em amplo espectro, ocorre relacionado à ideia de *questão* ou *procedimento*, sendo que sua visualização como um *momento processual* demonstra a escolha mais adequada para a análise de aspectos como conceito, características e outras categorias relacionadas.

No Código de Processo Civil de 2015 é perceptível a utilização constante do vocábulo "incidente", seja para designar uma questão específica que mereça atenção em sua resolução, seja para apontar uma situação particularizada no processo, que implique a adoção de um procedimento diferenciado.

Importa ressaltar, ainda, que outras técnicas processuais, por mais que o legislador não utilize o vocábulo "incidente" ao discipliná-las, associam-se essencialmente com aspectos atinentes às questões incidentais, aos procedimentos incidentais e com o resultado decorrente de algo que foi julgado acidentalmente no processo.

A identificação desses aspectos no Código de Processo Civil de 2015, assim como a estruturação do processo presente na legislação, impõem à conclusão de que a *simplificação*[3] e o *enxugamento* do rito processual foi algo que o legislador almejou, com o propósito de simplificar a utilização de um método de resolução de conflitos. Assim, a atenção dos sujeitos do processo se voltaria para o direito objeto da tutela jurisdicional, deixando ao processo o seu papel – fundamental – de instrumento de concretização do direito material.

Nesse entendimento, observando-se a instauração, o desenvolvimento e a extinção do *processo*, tal como pensado no Código de Processo Civil de 2015, percebe-se que a nova lei processual, além de impor – indiscutivelmente – a sua finalidade como método de resolução de conflitos, disciplinou um *tráfego processual* sem *paradas desnecessárias, acessos congestionadores* ou *caminhos que levassem a lugar diverso do resultado final almejado*: a concretização da tutela jurisdicional de direitos.

Tendo um *fluxo principal*, só se faz necessário obter acesso ao *tráfego processual* aquilo que não se resolveria através de um *fluxo incidental*.

Como em uma via expressa, com diversas faixas para tráfego de veículos, em que é mais efetivo possibilitar que um veículo abasteça em um posto de combustível

---

3. Conferir a respeito das matrizes ideológicas do novo CPC, em especial as ideias de *simplicidade* e *máximo rendimento ao processo*: WAMBIER, Luiz Rodrigues. Diretrizes fundamentais do novo CPC. In: WAMBIER, Luiz Rodrigues; ARRUDA ALVIM WAMBIER, Teresa (Coord.). *Temas essenciais do novo CPC*. São Paulo: Ed. RT, 2016. p. 41-46.

situado na margem da via – fluxo incidental – e posteriormente siga novamente seu caminho – fluxo principal –, do que o veículo parar em uma das faixas da via e aguardar ajuda externa – congestionando o fluxo com a parada do veículo e com a inserção de outro veículo no tráfego já engarrafado. Afinal, o problema não é apenas um veículo parado, pois se estiver parado e abastecendo no posto de combustível na margem da via, depois de abastecido, segue. Contudo, se para solucionar o problema, outro veículo obtiver acesso ao tráfego, indubitavelmente será mais um, desnecessariamente, congestionando o fluxo de veículos.

Com o cuidado de utilizar comparativamente tal referência figurada com o que ocorre no processo, o "incidente processual" tem como objetivo apresentar uma *resolução* a uma *questão incidental*, adotando um *procedimento incidental*, sem ocasionar o congestionamento do *fluxo principal,* mas possibilitando um *fluxo incidental* paralelo e temporário. Ademais, se a solução adotada fosse outra que não considerasse tais aspectos, não apenas o *fluxo* de um processo seria atingido, mas consequentemente outros processos seriam atingidos, o que consequentemente acarretaria efeitos ao *fluxo da atividade do Poder Judiciário.*

Adotando uma identificação expressa ou não, o Código de Processo Civil de 2015 apresenta diversos incidentes processuais. Utilizando expressamente essa expressão, arrolam-se o incidente de desconsideração da personalidade jurídica, o incidente de assunção de competência, o incidente de arguição de inconstitucionalidade e o incidente de resolução de demandas repetitivas. Entretanto, mesmo sem disposição expressa do legislador como *incidente processual*, destaca-se, entre essas espécies de instituto, o *julgamento dos recursos extraordinários repetitivos.*

2.1. Incidente processual: conceito, características e outras categorias relacionadas

O *incidente processual* se estrutura como um momento diferenciado que rompe o ritmo normal do processo, para que se apresente a *resolução* de determinada *questão*, adotando-se um *procedimento* específico.

Em razão disso, nas considerações iniciais deste capítulo, afirmou-se que o *incidente* pode ser analisado tanto sob a óptica de *questão* como sob a óptica de *procedimento*.

Antonio Scarance Fernandes, examinando a aplicação do vocábulo *incidente*, afirma existirem três vertentes principais de utilização, a saber: "o incidente é apreciado como questão, o incidente se manifesta como um momento processual e o incidente é encarado como procedimento colateral, destacado do procedimento principal".[4]

---

4. FERNANDES, Antonio Scarance. *Incidente processual*: questão incidental, procedimento incidental. São Paulo: Ed. RT, 1991. p. 27-28.

Seja qual for a abordagem adotada, o *incidente* acarretará um *momento diferenciado* no processo, considerando-se que existam *momentos normais* que são determinados a um rito processual.

Logo, para fins deste estudo, considera-se o *incidente* como um momento. No entanto, com o intuito de identificar outras categorias inerentes ao *incidente processual*, examinar-se-ão algumas conceituações e características relacionadas com o instituto em análise.

Afirma Pontes de Miranda que "os incidentes são questões que exsurgem durante o procedimento, entre o pedido e a sentença final, de tal jeito que tem o juiz de examiná-los e julgá-los antes e proferir a sentença final".[5]

Entende-se, assim, que a *questão*, ao se consubstanciar *incidente* durante o processo, impõe a seu exame e julgamento, para apenas assim se adentrar no momento de julgamento final do objeto daquele processo.

Por imposição lógica, se incidentalmente surge uma questão no curso do processo, solucioná-la assegura a integridade da decisão final. Ao contrário, se algo deveria ser resolvido e não o foi durante o processo, proferida a decisão final, além de não observados princípios processuais inerentes ao adequado desenvolvimento formal e lógico do processo, tal decisão torna-se alvo futuro de meios de impugnação.

Dessarte, se algo surge incidentalmente no processo e detém relevância lógica, sua resolução possibilita não apenas o aperfeiçoamento da atividade jurisdicional, mas a integridade do ato decisório.

Considerando as diversas fases do processo, essas podem se desenvolver normalmente ou, noutros casos, ocorrem *incidentes* ou *acontecimentos anormais* que acarretam a alteração do *modus operandi*.[6]

Nessa linha de raciocínio, José Frederico Marques leciona que os incidentes processuais *alteram o ritmo normal do processo*, definindo-os como "episódios que ou alteram o conteúdo e extensão da *res judicanda*, ou interrompem o curso da relação processual, ou extinguem a instância sem que tenha sido entregue a prestação jurisdicional".[7]

Enrico Tullio Liebman, analisando o desenvolvimento do processo, identifica a fase da interposição, a fase de instrução e a fase de decisão. No entanto, ao completar seu raciocínio, ressalta que "essas três fases distintas não se seguem

---

5. PONTES DE MIRANDA, Francisco Cavalcanti. *Comentários ao Código de Processo Civil*: arts. 282 a 443. Rio de Janeiro: Editora Forense1996. t. IV. p. 213.
6. MARQUES, José Frederico. *Instituições de direito processual*. 4. ed. Rio de Janeiro: Editora Forense, 1972. v. III. p. 31.
7. Ibidem, p. 33.

sempre rigorosamente em sua ordem lógica natural"[8]. Explica, o aludido autor, que isso decorre ou a partir da propositura de uma demanda pela primeira vez em um processo já em curso, ou mesmo por surgirem questões que são decididas no curso do processo, sendo que, após essa interrupção, o mesmo processo retoma seu curso normal de desenvolvimento[9].

Mesmo versando sobre fenômenos semelhantes que incidentalmente alteram o fluxo normal de desenvolvimento do processo, tratam-se de categorias distintas. Naquele caso em que uma demanda é proposta pela primeira vez no curso de um processo, trata-se comumente de uma ação incidental. Já na situação em que questões surgem incidentalmente no curso do processo, mas no âmbito do mesmo processo são resolvidas, usualmente se solucionará por meio de *incidente processual*.

Francesco Carnelutti, ao enfrentar o assunto, afirma que as questões incidentais se ocupam de um problema que deve, desde logo, ser resolvido, viabilizando a resolução das questões relacionadas ao mérito do processo. Por isso é que não se deve confundir a resolução de questões relacionadas ao mérito do processo e a resolução da questão incidental, ou como alguns identificam, o mérito do incidente processual.[10]

Identificando essas três designações – *questão, procedimento* e *momento* – considera-se mais adequado enquadrar a expressão "incidente processual" como um *momento* no processo. Isso porque, considerando-se que o processo é um método e tem uma finalidade determinada, existem fases e respectivos procedimentos a serem desenvolvidos para a obtenção do resultado.

Portanto, existem vários momentos no processo, alguns inerentes ao seu curso normal, outros que se relacionam com um episódio incidental que é relevante para o adequado desenvolvimento do método e que exigem um momento diferenciado para a sua resolução.

Esse momento incidental deve possuir *vinculatividade* com o processo, pois somente existe para auxiliar o método a obter, adequadamente, o seu objetivo. Por isso, reputa-se importante a análise da expressão "incidente processual", como um *momento processual diferenciado* em que se objetiva *resolver determinada questão*, *auxiliando* o método processual a *obter o aprimoramento do seu resultado*, por meio desse *instrumento* incidental, que ocorre seja no curso do *mesmo procedimento* em que incidiu, seja em *outro procedimento* paralelo.

---

8. LIEBMAN, Enrico Tullio. *Manual de direito processual civil*. Tocantins: Editora Intelectos, 2003. v. 2. p. 19.
9. Idem.
10. CARNELUTTI, Francesco. *Sistema del diritto processuale civile*. Padova: Casa Editrice Dott. Antonio Milani, 1939. v. 3. p. 138.

Nesse raciocínio, as expressões "questão incidental" e "procedimento incidental" não devem ser adotadas como equivalentes à expressão "incidente processual", mas apenas como categorias relacionadas.

Tais considerações ensejam a conclusão sobre a importância dos incidentes processuais e a sua aplicação em diversos momentos do processo, inclusive no âmbito das Cortes Supremas, desde que a sua utilização seja relevante ao desenvolvimento da atividade jurisdicional e à realização de princípios constitucionais do processo, como a isonomia, a segurança jurídica, a economia processual e a efetividade.

2.2. Questão incidental

2.2.1. Conceitos e características

Sustentou-se que a *questão incidental* é o ponto de projeção de determinado incidente, o que torna possível a existência de um momento, no processo, que se ocupará em resolver aquela questão, apresentando uma *pauta de conduta*.

Examinando-se algumas categorias fundamentais do processo, pode-se afirmar que o *ponto* é o fundamento de uma afirmação, e para que haja *questão* é necessário a incidência de uma dúvida sobre o fundamento daquela afirmação. Desse modo, "a questão é o ponto duvidoso", ou seja, para tornar-se questão basta que exista dúvida acerca daquele ponto, não sendo obrigatória a existência de dissenso ou controvérsia entre as partes acerca do ponto.[11]

Com essas definições se considera que a *questão incidental* é o ponto (fundamento de uma afirmação) que projeta a possibilidade da existência de um incidente processual, capaz de "resolver" a dúvida surgida, por meio de um momento processual diferenciado. Nas palavras de Antonio Scarance Fernandes:

> A questão incidental é aquela que surge no processo, cai sobre ele, ocasionando alterações no caminho procedimental. Assim, é acessória em relação ao processo principal e à questão principal. Constitui ela ademais um 'acidente' no percurso processual, produzindo mudanças no seu trajeto, exigindo que sejam realizados novos atos, além dos que eram previstos numa tramitação normal. [...] Portanto, para que uma questão seja incidental é preciso que ela ocasione uma alteração no desenvolvimento do processo, resulte esta no alongamento do procedimento principal ou na instauração de um procedimento colateral.[12]

Remetendo-se ao incidente de julgamento dos recursos extraordinários repetitivos, a questão incidental decorreria da *identificação de uma multiplicidade*

---

11. Conferir sobre o tema: FERNANDES, Antonio Scarance. *Incidente processual*: questão incidental, procedimento incidental. São Paulo: Ed. RT, 1991. p. 44.
12. Ibidem, p. 51-52.

de recursos veiculando a mesma questão de direito constitucionalmente qualificada, o que possibilitaria a incidência de um momento diferenciado.

Nesse momento, se verificaria a identidade dos recursos aplicando-se, se fosse o caso, o devido procedimento de resolução referente aos recursos repetitivos que veiculassem questão constitucionalmente qualificada.

Portanto, a *resolução* consistiria, nos casos em que é verificada a existência de idêntica controvérsia que fundamente aqueles recursos, na *apresentação de uma pauta de conduta para o julgamento recursos extraordinário repetitivos*.

Analisando diversas noções e definições acerca da *questão incidental*, identificam-se dois elementos essenciais para a conceituação dessa figura jurídica: *acessoriedade* e *acidentalidade*.[13]

2.2.1.1. Acessoriedade

A *acessoriedade* da questão incidental consiste na dependência de um processo principal já existente. Por isso, a questão incidental "se encontra mais ou menos diretamente ligada à questão fundamental do processo já formado. Dela é dependente, pois só quando ela exista poderá também ter vida."[14] Portanto, para que a questão incidental exista é indispensável que exista a questão fundamental do processo, constituindo-se um vínculo de dependência.

O caráter acessório da questão incidental, contudo, deve ser interpretado com cautela. Não é possível sustentar que a acessoriedade da questão expanda seus efeitos irrestritamente a ponto de afetar diretamente o incidente processual. Isso ocasionaria afirmar que "extinto por qualquer motivo o processo, não tem sentido dar seguimento a um procedimento incidental".[15]

A questão incidental depende da questão fundamental, presente no processo principal, para que se delineie o incidente processual. Projetado o incidente, esse se processará e obterá um resultado determinado, sendo esse resultado aplicável ao processo principal. A extinção daquilo que deu origem a um acessório nem sempre acarretará o termo do acessório. Antonio Scarance Fernandes ressalta que:

> Tudo depende da forma como for examinada e conceituada a questão incidental. Se apreciada em si mesma, sendo identificada unicamente por característica próprias, que independem dos efeitos ocasionados por sua existência no movimento processual, seria possível falar em questão incidental prévia, concomitante ou posterior ao processo; a questão a ser solucionada será a

---

13. FERNANDES, Antonio Scarance. *Incidente processual*: questão incidental, procedimento incidental. São Paulo: Ed. RT, 1991. p. 45.
14. Idem.
15. Ibidem, p. 47.

mesma em qualquer um dos momentos. [...] Mas, como para a caracterização da questão incidental é vital a sua vinculação com o processo, no qual produz alterações, ela só pode ocorrer casos exista feito já instaurado.[16]

Os argumentos apresentados coadunam com o que se sustentou anteriormente, que a questão incidental depende da existência de um feito principal para que possibilite a formação do incidente. Pode até se defender que, extinto o feito (ou o processo) que possibilitou o surgimento da questão incidental, a questão, em si, também seja extinta. Mas é inadmissível a interpretação de que, sempre que ocorra a extinção do feito principal, isso acarretará a extinção do incidente processual.

Isso se torna claro quando se analisa o *incidente de resolução de recursos extraordinários repetitivos*. Nesse caso, a questão incidental surge exatamente no momento em que se identifica uma multiplicidade de recursos, fundamentados em idêntica controvérsia. Desse ponto, projeta-se o incidente processual que tem por objetivo apresentar uma pauta de conduta para o julgamento desses recursos repetitivos, fixando-se uma tese a partir do julgamento da questão afetada nos recursos paradigmas.

Portanto, o incidente processual não se torna acessório do feito principal (nesse caso, o recurso extraordinário), e a desistência em sede recursal não afeta o incidente processual. Os efeitos da *acessoriedade* da questão incidental não têm eficácia suficiente para extinguir o incidente processual referente aos recursos repetitivos. Note-se que o resultado desse incidente não afeta tão somente o recurso escolhido como paradigma, mas todos os demais recursos fundamentados em idêntica controvérsia que estão sobrestados aguardando a apresentação da *pauta de conduta*.

A *acessoriedade* da questão incidental pode até ocasionar efeitos absolutos sobre o incidente processual, mas isso ocorreria se o resultado deste somente atingisse aquele feito. Tratando-se de multiplicidade de recursos que dependam do resultado do incidente, e mesmo alguns recursos tendo maior relevância na aplicação da técnica – como é o caso dos recursos paradigmas –, essa suposta *acessoriedade* não revela amplo alcance. Como já se escreveu, essa é característica da questão incidental, e não do incidente processual.

Cogita-se, ainda, se o termo *acessoriedade* é o mais adequado, haja vista as dúvidas que pode ocasionar, pois carrega a ideia de que o acessório sempre segue a sorte do principal, pois a este deve servir. Sendo assim, outro termo pode ser utilizado, como *conexidade*, para evitar entendimentos inadequados. Imaginando-se a conexão entre o feito principal e o incidente processual, nada impediria que esse

---

16. FERNANDES, Antonio Scarance. *Incidente processual*: questão incidental, procedimento incidental. São Paulo: Ed. RT, 1991. p. 47.

vínculo fosse desfeito sem acarretar efeitos colaterais ao incidente. Esse continuaria existindo, pois os efeitos dele resultantes aprimorariam o julgamento de outros feitos, inclusive aperfeiçoando o sistema e sua estrutura interpretativa dos direitos.

Importa ressaltar que a finalidade na apresentação de uma *pauta de conduta*, decorrente do julgamento de recursos repetitivos, é possibilitar um tratamento isonômico aos jurisdicionados e assegurar maior segurança jurídica.

2.2.1.2. Acidentabilidade

A *questão incidental* também tem como elemento essencial a *acidentabilidade*. Essa característica é a mais perceptível, pois a noção de incidente se fundamenta em algo que não pertence a uma via normal de acontecimentos, e acomete o curso processual ocasionando uma anormalidade ou alteração.

Considerando esse elemento sob o óptica do incidente de julgamento dos recursos extraordinários repetitivos, pode-se perceber que a questão incidental surge no momento em que se verifica a existência de múltiplos recursos que versam idêntica questão de direito (questão constitucional qualificada). Percebida essa ocorrência, e projetando-se o incidente, o curso normal do seguimento recursal é alterado, noutras palavras, acometido por um incidente processual com procedimento separado. Veja-se:

> há um caminho a ser percorrido até que o processo chegue a seu final. Estão previstos atos e fases necessários para que ele se desenvolva no itinerário já previsto e planejado. Há questões que devem ser resolvidas naturalmente através dos atos inseridos na cadeia procedimental. Podem, entretanto, surgir questões que exigirão a prática de outros atos processuais fora da sequência procedimental. São questões que se caracterizam justamente pelo fato de necessitarem desses novos atos processuais para serem resolvidas, ocasionando desvios no procedimento principal, ou levando a instauração de procedimentos laterais ou até mesmo a formação de novos processos paralelos. [...] Estas questões são as questões incidentais. Com elas há, portanto, algo de diferente, estranho, que foge do essencial do processo e produz alterações procedimentais.[17]

O curso normal de análise do recurso extraordinário compreende o juízo de admissibilidade (quantos forem previstos em lei, exercido por diversos órgãos jurisdicionais) e, superado esse, o juízo de mérito (com possível exame de questões prejudiciais).

Ocorrendo o incidente, esse curso normal será alterado, pois identificam-se alguns recursos representativos da controvérsia que serão julgados pelo Supremo

---

17. FERNANDES, Antonio Scarance. *Incidente processual*: questão incidental, procedimento incidental. São Paulo: Ed. RT, 1991. p. 51.

Tribunal Federal, permanecendo os demais recursos seriais sobrestados aguardando a *pauta de conduta que será aplicada como precedente*.

Apresentada essa *pauta de conduta*, deverá se observar o entendimento estabelecido e aplicar aos demais recursos sobrestados, observando-se, necessariamente, as situações de possíveis distinções.

Assim, afeta-se o curso normal do recurso extraordinário sobrestado, sendo caracterizada a *acidentabilidade* da *questão incidental*. Ainda, não apenas os recursos extraordinários sobrestados, outros processos – noutras fases processuais – serão afetados, a exemplo da aplicação da tutela de evidência, julgamento liminar de improcedência, julgamento parcial antecipado do mérito, julgamentos unipessoais do relator, fundados no resultado final do julgamento de incidentes de recursos extraordinários repetitivos.

2.3. Procedimento incidental

2.3.1. Conceito e características

Afirma-se que o *procedimento* é a forma adotada pelo método de resolução de conflitos, como destacam Teresa Arruda Alvim e José Miguel Garcia Medina, com o escopo de *realizar atos que exteriorizem os efeitos do fenômeno processual*.[18]

Na lição de Sérgio Shimura, Anselmo Prieto Alvarez e Nelson Finotti Silva, "o *procedimento* indica a forma física e estrutural lógica de concretização do ato ou providência pelo interveniente na relação jurídica processual"[19], ocorrendo, assim, o encadeamento de atos com o intuito de direcionar o processo ao seu fim.[20]

Sabe-se que o curso normal do processo é dividido por fases processuais, sendo que essas comportam determinados procedimentos. Concomitante a esses procedimentos, podem surgir *procedimentos incidentais*, dada a existência de um *incidente processual* que exija uma via *autônoma estruturalmente*, mas com *vinculação funcional*.

Sobre o assunto, José Frederico Marques afirma que "se a questão *incidental* é simples e se resolve *de plano*, não chega a formar-se um verdadeiro procedimento

---

18. Destaca-se a diferença entre processo e procedimento, afirma-se que "enquanto para o *processo* importa a finalidade, bem como a relação existente entre os sujeitos do processo (partes e órgão jurisdicional), ao *procedimento* liga-se a ideia de realização sucessiva de atos, que manifestam como aspecto exterior ao fenômeno". MEDINA, José Miguel Garcia; ARRUDA ALVIM WAMBIER, Teresa. *Parte geral do processo do conhecimento*. São Paulo: Ed. RT, 2009 (Coleção Processo Civil Moderno, v. 1). p. 52.
19. SHIMURA, Sérgio; ALVAREZ, Anselmo Prieto; SILVA, Nelson Finotti. *Curso de direito processual civil*. 3. ed. Rio de Janeiro: Editora Forense/São Paulo: Editora Método, 2013. p. 93.
20. Ibidem, p. 94.

dentro da relação processual", sendo que, noutra perspectiva, existem situações "em que vários são os atos para a solução do incidente, conjugando-se todos êles em razão dessa finalidade e dando origem, assim, a verdadeiro *procedimento assessório*"[21], denominado como *procedimento incidental*.

Se a *questão incidental* – como aquela relacionada à *multiplicidade de recursos extraordinários que discutam idêntica questão de direito* – fosse algo simples de resolver, ou mesmo resolúvel de plano, não seria indicado um momento diferenciado para isso.

Identificando esse complexo problema no âmbito do Poder Judiciário, que especificamente afeta os jurisdicionados e o Supremo Tribunal Federal, o legislador apresenta uma disciplina diferenciada para a resolução dessa questão.

2.3.1.1. Autonomia estrutural

A *autonomia estrutural* é a razão de existir do procedimento incidental. Como anteriormente exposto, alguns incidentes processuais podem ser delineados dentro do mesmo procedimento em que se detectou a questão incidental. Outros, contudo, exigem um procedimento autônomo, com estrutura própria, seja por sua *complexidade*, seja por *mero interesse do legislador*. De tal modo compreende Antonio Scarance Fernandes sobre a exigibilidade dessa característica, reputando-se:

> Fundamental para a existência do procedimento incidental é que ele seja autônomo em relação ao procedimento principal, caracterizando-se também ele como uma *fattispecie* complexa, formada de uma série de atos, ligados em face do efeito a ser obtido com o último ato da sequência. [...] É o legislador que, em face do interesse na existência da decisão separada a respeito de determinadas questões, determinará ou possibilitará que haja instauração de procedimento separado.[22]

Além desses aspectos, é nítida a diferença entre a *fase processual* e o *incidente processual*, assim como os respectivos procedimentos a serem adotados em cada um deles. O vocábulo *fase* diz respeito a uma parte integrante de determinado procedimento, relacionando-se com o todo e, por isso, sempre existindo, pois é momento obrigatório para o desenvolvimento do procedimento. A *fase processual* é o momento obrigatório existente no método institucional de solução de conflitos, sempre compondo o desenvolvimento do processo, até que se obtenha o resultado final. O procedimento é o meio adotado pelo método para exterio-

---

21. MARQUES, José Frederico. *Instituições de direito processual*. 4. ed. Rio de Janeiro: Editora Forense, 1972. v. III. p. 31.
22. FERNANDES, Antonio Scarance. *Incidente processual*: questão incidental, procedimento incidental. São Paulo: Ed. RT, 1991. p. 88.

rizar os efeitos decorrentes dos fenômenos processuais. Por isso se afirma que o procedimento incidental detém autonomia estrutural, pois a forma com que o incidente processual exterioriza seus efeitos é diferente e separada daquela adotada pelo procedimento principal.

Para visualizar essa perspectiva, observa-se o *incidente de resolução de recursos extraordinários repetitivos*. Esse, dada a complexidade, por envolver multiplicidade de recursos que, mesmo detendo fundamento em idêntica questão de direito, possuem suas peculiaridades (diferentes órgãos jurisdicionais, diferentes momentos processuais, diferentes situações de fato delineadas no pronunciamento jurisdicional etc.), exige uma estrutura diferenciada e separada do procedimento principal. Acertada foi a escolha do legislador em instrumentalizar esse incidente com um procedimento autônomo.

2.3.1.2. Vinculação funcional

A autonomia do procedimento incidental restringe-se à sua estrutura, vez que a sua funcionalidade (resultado obtido ao final) vincula-se ao efeito existente no processo principal. Como sugere Antonio Scarance Fernandes, "a vinculação funcional do procedimento incidental ao procedimento principal decorre da própria circunstância de ele surgir no desenvolvimento do processo e dele depender".[23] Resgatando a tentativa de alguns estudiosos em especificar como se apresenta essa vinculação, Antonio Scarance Fernandes expõe seus respectivos posicionamentos. Veja-se:

> Sabatini ressalta a ligação do procedimento incidental ao processo, especificando os seguintes itens que identificariam essa ligação: no seu pressuposto, que é constituído por situação jurídica própria de uma relação processual em ato ou exaurida; b) na causa, enquanto o interesse que desenvolve é um interesses que dá relevo à atuação da relação processual; c) no seu escopo, porque o desenvolvimento autônomo de situações jurídicas próprias da relação processual principal concorre à consolidação dessa última; d) na destinação, porque exaurido no seu desenvolvimento, o procedimento incidental é absorvido no processo principal, como uma fase dele. [...] De forma mais sintética, Gianzi mostra que há uma dúplice ligação entre o procedimento incidental e o principal: a) a questão que é objeto do procedimento incidental nasce no âmbito do procedimento principal; b) o resultado final do procedimento incidental, podendo ter em si autônomo significado jurídico, se põe como momento do processo pois representa a consolidação de uma determinada situação que no processo estende seus efeitos".[24]

---

23. FERNANDES, Antonio Scarance. *Incidente processual*: questão incidental, procedimento incidental. São Paulo: Ed. RT, 1991. p. 90.
24. Ibidem, p. 90-91.

Apreende-se que os itens que identificam a vinculação funcional apontada por Sabati e Gianzi estão corretos, guardadas as peculiaridades de cada posicionamento. Contrariamente, reputa-se equivocado o entendimento exposto por Antonio Scarance Fernandes quanto a esse suposto vínculo funcional do procedimento incidental, pois o mencionado autor afirma que a ligação existente é decorrente tanto da circunstância de surgimento a partir do procedimento principal, quanto da dependência a esse. Entende-se, com o devido acatamento, porém, que o autor supracitado se equivoca nesse aspecto, assim como ao sustentar a dependência da questão incidental como *acessoriedade*.

Existem procedimentos incidentais cuja dependência frente ao procedimento principal resume-se à necessidade de um para o surgimento do outro, tornando-se, em seguida, absolutamente autônomo. O *incidente de resolução de recursos extraordinários repetitivos* retrata adequadamente essa circunstância, pois o que se pretende finalisticamente é a apresentação de uma *pauta de conduta* para o julgamento dos demais recursos repetitivos. Sua função é, portanto, julgar a *questão afetada* nesses recursos. Se a compreensão fosse diversa, no sentido da indissolúvel vinculação funcional, sempre que o recorrente que teve seu recurso selecionado como *paradigma* desistisse do direito de recorrer, a técnica incidental estaria prejudicada. Ao contrário, sabe-se que havendo a desistência do recurso *paradigma* pelo recorrente, sobrevive a tese, que será examinada para a formulação da *pauta de conduta* que deverá ser observada no julgamento dos demais recursos repetitivos sobrestados. Assim, a vinculação funcional, como compreende Antonio Scarance Fernandes não pode ser adotada como característica do procedimento incidental.

Apresentadas essas considerações sobre "incidente processual", pode-se refletir sobre o *incidente de resolução de recursos extraordinários repetitivos* com uma abordagem técnica mais exata.

3. Julgamento de recursos extraordinários repetitivos: um incidente processual

O *incidente de resolução de recursos extraordinários repetitivos* confere tratamento adequado a uma *multiplicidade de recursos que sejam fundamentados em idêntica questão de direito*.

A via recursal normal exige o julgamento individualizado de cada um desses recursos, sendo que no *incidente de resolução de recursos extraordinários repetitivos* também ocorrerá o julgamento de cada um dos recursos, mas a partir de uma mesma *pauta de conduta apresentada como resultado final*.

Trata-se, de acordo com Bruno Dantas, de *tutela plurindividual*, por apresentar-se "como a atividade estatal voltada à justa composição das lides concernentes a direitos individuais homogêneos", sendo que essas se *multiplicam em diversos processos judiciais nos quais exista controvérsia sobre idênticas questões de direito*, "de modo a, por um lado, racionalizar e atribuir eficiência ao funcionamento do Poder Judiciário e, por outro, assegurar a igualdade e a razoável duração do processo".[25]

Com o *incidente de resolução de recursos extraordinários repetitivos*, autoriza-se a existência de outra via no âmbito recursal, sendo um *momento processual* no qual essa *multiplicidade de recursos repetitivos* se constitui o objeto sobre o qual se almeja uma decisão de caráter paradigmático.

Portanto, o *incidente de resolução de recursos extraordinários repetitivos* tem como objetivo apresentar uma *pauta de conduta* para julgamento daqueles *recursos seriais*, pois esses são fundamentados em idêntica questão de direito.

Destaca-se não se limitar a aplicação da *pauta de conduta* estabelecida aos recursos sobrestados, mas ainda será utilizada para a *solução de outros casos* que também se ocupem daquela questão de direito resolvida.

Assim ressalta Bruno Dantas, ao identificar a existência de *consequências práticas que potencializam o resultado dos julgamentos dos "casos repetitivos"*, destacando:

> A possibilidade de concessão da tutela da evidência quando a tese jurídica invocada pelo autor já tiver sido decidida em sede de casos repetitivos[26];
>
> a possibilidade de rejeição liminar do pedido quando este for contrário ao que já tiver sido decidido em sede de casos repetitivos[27];
>
> o não cabimento da remessa *ex officio* quando a sentença estiver em consonância com o julgamento adotado em casos repetitivos[28];

---

25. DANTAS, Bruno. Jurisdição coletiva, ideologia coletivizante e direitos fundamentais. *Revista de Processo*, v. 251, jan. 2016. p. 353.
26. "Art. 311. A tutela da evidência será concedida, independentemente da demonstração de perigo de dano ou de risco ao resultado útil do processo, quando: [...]

    II – as alegações de fato puderem ser comprovadas apenas documentalmente e houver tese firmada em julgamento de casos repetitivos ou em súmula vinculante".
27. "Art. 332. Nas causas que dispensem a fase instrutória, o juiz, independentemente da citação do réu, julgará liminarmente improcedente o pedido que contrariar: [...]

    II – acórdão proferido pelo Supremo Tribunal Federal ou pelo Superior Tribunal de Justiça em julgamento de recursos repetitivos;

    III – entendimento firmado em incidente de resolução de demandas repetitivas ou de assunção de competência".
28. "Art. 496. Está sujeita ao duplo grau de jurisdição, não produzindo efeito senão depois de confirmada pelo tribunal, a sentença: [...]

    § 4º Também não se aplica o disposto neste artigo quando a sentença estiver fundada em: [...]

    II – acórdão proferido pelo Supremo Tribunal Federal ou pelo Superior Tribunal de Justiça em julgamento de recursos repetitivos;

a dispensa da caução na execução provisória quando a sentença exequenda estiver em consonância com tese jurídica fixada em sede de casos repetitivos[29];

a realização de audiências públicas, a possibilidade de modulação dos efeitos e necessidade de fundamentação adequada e específica, na hipótese de alteração de entendimento jurisprudencial fixado em casos repetitivos[30];

concessão de poderes ao Relator para negar monocraticamente seguimento a recursos fundados em tese jurídica contrária ao que foi decidido pelo STF ou STJ em sede de casos repetitivos[31] ou para dar monocraticamente provimento, na hipótese contrária.[32] [33]

III – entendimento firmado em incidente de resolução de demandas repetitivas ou de assunção de competência".

29. "Art. 521. A caução prevista no inciso IV do art. 520 poderá ser dispensada nos casos em que: [...]

IV – a sentença a ser provisoriamente cumprida estiver em consonância com súmula da jurisprudência do Supremo Tribunal Federal ou do Superior Tribunal de Justiça ou em conformidade com acórdão proferido no julgamento de casos repetitivos".

30. "Art. 927. Os juízes e os tribunais observarão: [...]

§ 2º A alteração de tese jurídica adotada em enunciado de súmula ou em julgamento de casos repetitivos poderá ser precedida de audiências públicas e da participação de pessoas, órgãos ou entidades que possam contribuir para a rediscussão da tese.

§ 3º Na hipótese de alteração de jurisprudência dominante do Supremo Tribunal Federal e dos tribunais superiores ou daquela oriunda de julgamento de casos repetitivos, pode haver modulação dos efeitos da alteração no interesse social e no da segurança jurídica.

§ 4º A modificação de enunciado de súmula, de jurisprudência pacificada ou de tese adotada em julgamento de casos repetitivos observará a necessidade de fundamentação adequada e específica, considerando os princípios da segurança jurídica, da proteção da confiança e da isonomia".

31. "Art. 932. Incumbe ao relator: [...]

IV – negar provimento a recurso que for contrário a: [...]

b) acórdão proferido pelo Supremo Tribunal Federal ou pelo Superior Tribunal de Justiça em julgamento de recursos repetitivos;

c) entendimento firmado em incidente de resolução de demandas repetitivas ou de assunção de competência".

32. "V – depois de facultada a apresentação de contrarrazões, dar provimento ao recurso se a decisão recorrida for contrária a: [...]

b) acórdão proferido pelo Supremo Tribunal Federal ou pelo Superior Tribunal de Justiça em julgamento de recursos repetitivos;

c) entendimento firmado em incidente de resolução de demandas repetitivas ou de assunção de competência".

33. DANTAS, Bruno. Jurisdição coletiva, ideologia coletivizante e direitos fundamentais. *Revista de Processo*, v. 251, jan. 2016. p. 356-357.

Analisando o incidente de resolução de demandas repetitivas, Aluísio Gonçalves de Castro Mendes e Sofia Temer apresentam aspectos relevantes e que devem ser adotados[34], analogicamente, para o *incidente de resolução de recursos extraordinários repetitivos*, afinal, o Código de Processo Civil de 2015 identifica tanto um, como o outro, como "julgamento de casos repetitivos".

Inicialmente, como explicado, a não adoção do vocábulo "incidente" não descaracteriza aquilo que o é.

A razão para a segmentação do procedimento normal dos recursos extraordinários é ensejar um *ambiente diferenciado de discussão, afetação e resolução da questão jurídica*, de natureza objetiva (ou mesmo abstrata), para que, em seguida, se empregue a *pauta de conduta* resultante do pronunciamento jurisdicional formalizado no incidente a outros recursos (ou processos) nos quais seja suscitada idêntica questão de direito.

Tal *momento processual* é decorrente do surgimento de uma *questão incidental*, caracterizada pela *acidentabilidade* e pela *acessoriedade*, pois a *multiplicidade de recursos extraordinários fundamentados em idêntica questão de direito* exige atenção e tratamento processual diferenciado.

Existe uma limitação das questões jurídicas controvertidas que serão objeto do *incidente de resolução de recursos extraordinários repetitivos*, o que confirma o caráter de objetivação do incidente processual e se potencializa a partir de uma relação direta com a objetivação inerente ao recurso extraordinário.

A *vinculatividade* e a *autonomia estrutural* do procedimento incidental são identificadas na diferenciação entre o julgamento dos recursos extraordinários e

---

34. "Essa natureza do incidente – que por nós é adotada – pode ser extraída a partir de alguns elementos, alguns literais e outros contextuais, que serão adiante pontuados: a) A própria nomenclatura adotada, "incidente", permite concluir que não se trata de julgamento da demanda (ou pretensão) propriamente dita, porque razão não haveria para a segmentação em um procedimento incidental neste caso. Cria-se, como dito, um espaço coletivo de resolução da questão controvertida, de natureza abstrata ou objetiva, para que haja, em seguida, a aplicação da tese ao julgamento do caso; b) A possibilidade limitada de definição das questões jurídicas homogêneas controvertidas confirma este caráter, já que a análise dos fatos e das questões jurídicas heterogêneas, e por consequência, da completa pretensão do(s) autor(es) do(s) processo(s) de onde se originar o incidente, não é possível no âmbito do incidente; c) A cisão cognitiva e o julgamento abstrato evidenciam-se, ademais, pela autonomia do procedimento incidental em caso de desistência ou abandono da causa." MENDES, Aluisio Gonçalves de Castro; TEMER, Sofia. O incidente de resolução de demandas repetitivas do novo Código de Processo Civil. In: DIDIER JR., Fredie; MACÊDO, Lucas Buril de; PEIXOTO, Ravi; FREIRE, Alexandre (Coord.). *Processos nos tribunais e meios de impugnação às decisões judiciais*. Salvador: Editora JusPodivm, 2015 (Novo CPC doutrina selecionada, v. 6). p. 231.

o julgamento do incidente, o que se evidencia pela disposição expressa sobre a desistência, afetação da questão a ser decidida ou o abandono do recurso paradigma.

Ainda, o *ambiente de debate* no âmbito do *incidente de resolução de recursos extraordinários repetitivos* diferencia ainda mais os aspectos procedimentais existentes entre o recurso extraordinário e o incidente processual em questão.

O aperfeiçoamento do resultado final do processo ocorre com a apresentação de uma mesma pauta de conduta a recursos que discutam idêntica questão de direito, em contraditório substancial, mediante convocação de audiência pública, que conferirá à decisão formalizada aprimoramento qualitativo e maior grau de legitimidade e aceitabilidade social e institucional.

4. A audiência pública como espaço democrático de legitimidade das decisões formalizadas no incidente de recursos extraordinários repetitivos

A Constituição Federal de 1988 manteve o modelo misto de controle judicial de constitucionalidade, previsto desde a Constituição de 1934. Trata-se de um modelo mais complexo e sofisticado, no qual a fiscalização da constitucionalidade dos atos emanados dos poderes públicos pode ensejar efeitos de natureza individual ou contra todos.[35]

Em consonância com a Constituição Federal de 1988, o controle judicial abstrato de normas incide sobre lei ou ato normativo federal, estadual ou municipal, a depender da ação utilizada – se ADI, ADC, ADO ou ADPF. O processo de fiscalização abstrata de constitucionalidade é marcadamente objetivo, não comportando partes, litisconsórcio ou assistência, em atenção ao princípio da acessibilidade limitada, embora tal afirmação não seja isenta de críticas. Diferentemente do controle incidental, no qual a discussão sobre a inconstitucionalidade figura como questão prejudicial[36], no controle por via de ação direta ou principal, o juízo de inconstitucionalidade é o próprio objeto da ação, portanto, a questão principal a ser enfrentada. Nesse caso, o tribunal deve manifestar-se diretamente sobre a (in)constitucionalidade da lei. Sua função, diz a doutrina majoritária, é atuar enquanto legislador negativo, retirando do ordenamento a norma que contraria a Constituição. Com efeito, o controle por via de ação direta e abstrata não admite fase probatória, tendo em vista que a discussão envolve questões estritamente de Direito.

---

35. Sobre o tema conferir, entre outros: ABBOUD, Georges. *Processo constitucional brasileiro*. São Paulo: Ed. RT, 2016; MENDES, Gilmar Ferreira. *Direitos fundamentais e controle de constitucionalidade*. 4. ed. São Paulo: Saraiva, 2014; MENDES, Gilmar Ferreira. *Jurisdição constitucional*. 6. ed. São Paulo: Saraiva, 2014.
36. FERNANDES, Antonio Scarance. *Prejudicialidade*. São Paulo: Ed. RT, 1988.

Com as edições das Leis 9.868/1999[37] e 9.882/99[38], foram inseridos alguns institutos antes estranhos à jurisdição constitucional brasileira. Entre esses institutos, têm inegável destaque o *amicus curiae* e a audiência pública para a manifestação de *experts* sobre temas técnicos que envolvem distintas áreas do conhecimento. Ambos os institutos têm o objetivo de conferir maior legitimidade democrática e técnica às decisões proferidas pela Suprema Corte nos controles abstrato e concreto de constitucionalidade.

Extraído da experiência inglesa, o *amicus curiae* permite que entidades representativas e pessoas naturais possam levar novos argumentos para o debate a ser travado na corte[39]. Mesmo não consistindo sua participação, em princípio, em assunção de posição a favor ou contra a tese levantada pelo legitimado que provoca a jurisdição constitucional (concreta ou abstrata), é inegável que o instituto pode exercer a importante função de auxiliar a corte, seja evitando uma decisão equivocada, seja aprimorando e qualificando substancialmente uma posição sustentada por ela.

Por sua vez, a audiência pública consiste na convocação de pessoas com experiência e notória autoridade na matéria levada a conhecimento da corte. O objetivo de sua utilização é tanto esclarecer questões técnicas[40], administrativas, políticas, econômicas e jurídicas, como promover uma jurisdição constitucional mais democrática.[41]

---

37. Conferir: MENDES, Gilmar Ferreira. *Controle abstrato de constitucionalidade*: ADI, ADC e ADO. São Paulo: Saraiva, 2014; BARROSO, Luís Roberto. *O controle de constitucionalidade no direito brasileiro*. 7. ed. São Paulo: Saraiva, 2016.
38. Conferir: MENDES, Gilmar Ferreira. *Arguição de descumprimento de preceito fundamental*. 2. ed. São Paulo: Saraiva, 2011.
39. Conferir, entre outros, a respeito da performance do *amicus curiae* no Supremo Tribunal Federal: MEDINA, Damares. Amicus curiae: amigo da Corte ou amigo da parte? São Paulo: Saraiva, 2010; Para um exame panorâmico da atuação do *amicus curiae* no processo civil brasileiro, conferir: BUENO, Cassio Scarpinella. *Amicus curiae* e a evolução do direito processual civil brasileiro. In: MENDES, Aluisio Gonçalves de Castro; ARRUDA ALVIM WAMBIER, Teresa (Org.). *O processo em perspectiva*. São Paulo: Ed. RT, 2013. p. 105-129; MOREIRA, Felipe Augusto de Toledo. Amicus curiae. In: WAMBIER, Luiz Rodrigues; ARRUDA ALVIM WAMBIER, Teresa (Coord.) *Temas essenciais do novo CPC*. São Paulo: Ed. RT, 2016. p. 135-138.
40. Cassio Scarpinella Bueno afirma que as audiências públicas consistem em verdadeiros ambientes de produção e colheita de provas técnicas, testemunhais e depoimentos no controle de constitucionalidade. Conferir a respeito em: BUENO, Cassio Scarpinella. *Amicus curiae* e audiências públicas na jurisdição constitucional: reflexões de um processualista civil. *Revista Brasileira de Estudos Constitucionais – RBEC*, Belo Horizonte, ano 16, n. 24, out.-dez. 2012 (versão digital).
41. Consultar o conceito geral de audiência pública no Direito Administrativo, entre outros: BIM, Eduardo Fortunato. *Audiências públicas*. São Paulo: Ed. RT, 2014.

A audiência pública visa, entre outros propósitos, ampliar a legitimidade democrática das decisões do Supremo Tribunal Federal, em ações, recursos e incidentes, bem como dirimir questões técnicas e colher colaborações de especialistas a respeito de temáticas multidisciplinares que estão fora do campo de compreensão dos ministros e que, uma vez não esclarecidas por especialistas, podem comprometer a qualidade das razões de decidir que constarão do precedente a ser formado pela Suprema Corte.

Em razão do alcance das decisões formalizadas, sustenta-se que a audiência pública é requisito indispensável, obrigatório, no procedimento do incidente de resolução dos recursos extraordinários repetitivos em razão das limitadas capacidades institucionais do Supremo Tribunal Federal para, como aludido, o enfrentamento de questões multidisciplinares de alta indagação, que costumam emergir em processo seriais que desaguam na Suprema Corte, bem como pela imprescindibilidade de se conferir maior legitimidade democrática aos pronunciamento jurisdicionais lançados nessa espécie de incidente, em razão do impactos dos seus efeitos em relação aos processos análogos e do caráter paradigmáticos que passam a representar para os demais tribunais e juízes.

Dessa forma, o art. 1.038, inciso II, do novo Código de Processo Civil, observando a filosofia do modelo constitucional de processo democrático[42], deverá ser interpretado como um dever-poder do relator[43], nas hipóteses de julgamento do incidente de resolução do recurso extraordinário repetitivo, a propiciar o fomento de uma prática de construção da decisão judicial orientada pelo verdadeiro diálogo social. *Essa dinâmica democrática do processo decisório do incidente de*

---

42. Sobre a ideia de modelo constitucional de processo democrático, conferir: BUENO, Cassio Scarpinella. *Manual de direito processual civil*. São Paulo: Saraiva, 2015. p. 37 e ss.; BUENO, Cassio Scarpinella. O modelo constitucional do direito processual civil: um paradigma necessário de estudo do direito processual civil e algumas de suas aplicações. *Revista de Processo*, São Paulo, v. 161, jul. 2008; MARINONI, Luiz Guilherme; ARENHART, Sérgio Cruz; MITIDIERO, Daniel. *O novo processo civil*. São Paulo: Ed. RT, 2015, p. 80 e ss.; WAMBIER, Luiz Rodrigues; TALAMINI, Eduardo. *Curso avançado de processo civil*. 15. ed. São Paulo: Ed. RT, 2015. p. 57 e ss.; THEODORO JÚNIOR, Humberto. O processo civil brasileiro contemporâneo iluminado pelos princípios constitucionais. In: MENDES, Aluisio Gonçalves de Castro; ARRUDA ALVIM WAMBIER, Teresa (Orgs.). *O processo em perspectiva*. São Paulo: Ed. RT, 2013. p. 173-200.
43. Sobre o tema *dever-poder do relator*, sob a égide do Código de Processo Civil de 2015, conferir, entre outros: BUENO, Cassio Scarpinella. *Novo Código de Processo Civil*. 2. ed. São Paulo: Saraiva, 2016. p. 749-750; OLIANI, José Alexandre Manzano. Atribuições e poderes do relator no NCPC. In: WAMBIER, Luiz Rodrigues; ARRUDA ALVIM WAMBIER, Teresa (Coord.) *Temas essenciais do novo CPC*. São Paulo: Ed. RT, 2016. p. 579-585. Em relação ao tema, a partir de enfoque do Código de Processo Civil de 1973, examinar, com muito proveito, CARVALHO, Fabiano. *Poderes do relator*: art. 557 do CPC. São Paulo, Saraiva, 2008.

resolução de recurso extraordinários repetitivos promoverá a participação de pessoas que possam contribuir com a Corte para o aprimoramento da tese a ser fixada para ulterior formação de precedente.[44]

Definitivamente, ao permitir que outros atores[45] que não os sujeitos processuais possam aportar informações, tendências, ao processo e influenciar de forma comparticipativa[46] o ato de interpretação constitucional a respeito da questão afetada – ou prejudicial ao seu exame – a ser resolvida mediante o incidente de resolução de recursos extraordinários repetitivos, o Supremo Tribunal Federal ampliará o substrato de legitimação da decisão, implicando maior aceitabilidades social dos argumentos que assentarão as razões de decidir e servirão de horizontes interpretativos para casos futuros. No mais, a audiência pública garante aos sujeitos dos processos, *amicus curiae* e demais terceiros intervenientes, proteção contra pronunciamentos jurisdicionais desprovidos de qualidade informativa, colhidas de forma açodada ou examinadas sem o olhar de técnicos, que podem oferecer, por exemplo, uma *independent expert opinion*[47] sobre questões de alta

---

44. Conferir, nesse sentido, FREIRE, Alexandre. Art. 1.038. In: CABRAL, Antonio do Passo; CRAMER, Ronaldo (Orgs.). *Comentários ao novo Código de Processo Civil*. Rio de Janeiro: Forense, 2015. p. 1.533.; MARINONI, Luiz Guilherme; ARENHART, Sérgio Cruz; MITIDIERO, Daniel. *Novo Código de Processo Civil comentado*. São Paulo: Ed. RT, 2015. p. 983; ARRUDA ALVIM WAMBIER, Teresa. Recursos extraordinário e especial repetitivos. In: WAMBIER, Luiz Rodrigues; ARRUDA ALVIM WAMBIER, Teresa (Coord.). *Temas essenciais do novo CPC*. São Paulo: Ed. RT, 2016. p. 612.

45. Para Nelson Nery Jr. e Rosa Maria de Andrade Nery "[...] pessoas, órgãos e entidades que tenham alguma vinculação com a controvérsia podem se manifestar em circunstâncias envolvendo a questão discutida nos recursos. E, qual ocorre naquela situação, a participação de tais e órgãos não se confunde com a participação de *amicus curiae*: neste caso, a pessoa, órgão ou entidade deve auxiliar o juízo no esclarecimento da matéria que é posta em discussão. [...]". NERY JR, Nelson; NERY, Rosa Maria de Andrade. *Comentários ao Código de Processo Civil*. São Paulo: Ed. RT, 2015. p. 2215.

46. Sobre o modelo de comparticipação ou cooperativo processual, com ampla e especializada referência, consultar: THEODORO JÚNIOR, Humberto; NUNES, Dierle; BAHIA, Alexandre Melo Franco; PEDRON, Flávio Quinaud. *Novo CPC*: fundamentos e sistematização. 2. ed. Rio de Janeiro: Editora Forense, 2015. p. 69-162; ARRUDA ALVIM. *Novo contencioso cível no CPC/2015*. São Paulo: Ed. RT, 2016. p. 61-64; MARINONI, Luiz Guilherme; ARENHART, Sergio Cruz; MITIDIERO, Daniel. *O novo processo civil*. São Paulo: Ed. RT, 2015. p. 174-177; ARRUDA ALVIM WAMBIER, Teresa; CONCEIÇÃO, Maria Lúcia Lins; RIBEIRO, Leonardo Ferres da Silva; MELLO, Rogério Licastro Torres de. *Primeiros comentários ao Novo Código de Processo Civil*. São Paulo: Ed. RT, 2015. p. 62.

47. Sobre o tema, consultar, entre outros: MAURER, Virginia G. Compelling the expert witness: fairness and utility under the Federal rules of civil procedural. *Georgia Law Review*, v. 19, p. 71-122, 1984; DURNEY, Peter M.; FITZPATRIC, Julianne C. Retaining and disclosing expert witnesses: a global perspective. *Defense Counsel Journal*, v. 83,

complexidade técnica (sobre matéria de direito ou circunstâncias de fato). Por outro lado, é inegável o caráter *informativo ambivalente*, pois as audiência públicas exercem uma duplicidade de papéis, possibilitam ampla divulgação de questão constitucional qualificada submetida à Suprema Corte, bem como municiam os ministros com novos argumentos e pareceres técnicos sobre o tema do objeto litigioso da ação, recurso ou incidente.[48]

4.1. Procedimento para realização de audiências públicas no Supremo Tribunal Federal

Embora a previsão da audiência pública tenha ocorrido em 1999 em razão das edições da Leis 9.868/1999 e 9.882/1999 e, mais recentemente, com o advento da Lei 12.562/2011, o Supremo Tribunal Federal designou a primeira audiência somente em 19 de dezembro de 2006. Diante da inexistência de regulamentação pormenorizada da audiência pública, utilizou-se, naquela ocasião, o Regimento Interno da Câmara dos Deputados (artigos 255 a 258[49]). No entanto, o relator

---

p. 17-31, 2016; PHAN, Trang; CARUSO, David. The basis of the rule: the role of the basic rule in the admissibility of expert opinion. *Federal Law Review*, v. 43, p. 313-337, 2015; PHILIPS, Edward. The admissibility of expert Forensic Evidence under English Law. *Studia Iuridica auctoritate universitatis pecs publicata*, v. 148, p. 241-258, 2011; KUMAR, Miiko. Admissibility of expert evidence: proving the basis for an expert's opinion. *Sydney Law Review*, v. 33, p. 427-458, 2011; DAHDAL, Andrew. The admissibility of expert opinion economic evidence in judicial review. *Macquarie Journal of Business Law*, v. 3, p. 63-78, 2006.

48. Sobre o tema, sob a óptica do processo administrativo, consultar: OLIVEIRA, Gustavo Henrique Justino de. As audiências públicas e o processo administrativo brasileiro. *Revista Trimestral de Direito Público*, São Paulo, n. 21, 1998. p. 168.

49. "Art. 255. Cada Comissão poderá realizar reunião de audiência pública com entidade da sociedade civil para instruir matéria legislativa em trâmite, bem como para tratar de assuntos de interesse público relevante, atinentes à sua área de atuação, mediante proposta de qualquer membro ou a pedido de entidade interessada.

Art. 256. Aprovada a reunião de audiência pública, a Comissão selecionará, para serem ouvidas, as autoridades, as pessoas interessadas e os especialistas ligados às entidades participantes, cabendo ao Presidente da Comissão expedir os convites.

§ 1º Na hipótese de haver defensores e opositores relativamente à matéria objeto de exame, a Comissão procederá de forma que possibilite a audiência das diversas correntes de opinião. § 2º O convidado deverá limitar-se ao tema ou questão em debate e disporá, para tanto, de vinte minutos, prorrogáveis a juízo da Comissão, não podendo ser aparteado.

[...]

§ 3º Caso o expositor se desvie do assunto, ou perturbe a ordem dos trabalhos, o Presidente da Comissão poderá adverti-lo, cassar-lhe a palavra ou determinar a sua retirada do recinto.

§ 4º A parte convidada poderá valer-se de assessores credenciados, se para tal fim tiver obtido o consentimento do Presidente da Comissão.

não aplicou o regramento da Câmara dos Deputados em sua completude, pois realizou, aqui e ali, ajustes para adequá-lo às especificidades de uma audiência de caráter jurisdicional.

O disciplinamento das audiências públicas no âmbito do Supremo Tribunal Federal deu-se tempos depois. Em 20 fevereiro de 2009, publicou-se no Diário de Justiça Eletrônico do Supremo Tribunal Federal a Emenda Regimental 29, editada no dia 18 de fevereiro, em sessão administrativa, presidida pelo então presidente da Corte, Ministro Gilmar Mendes, que autoriza ao presidente da Suprema Corte convocar audiência pública com o objetivo de auscultar pessoas com notória experiência e conhecimentos específicos a respeito de determinada matéria submetida a apreciação do Supremo. De acordo com a referida emenda regimental, a audiência pública será realizada sempre que o presidente entender necessário o esclarecimento de questões ou circunstâncias de fato, com repercussão geral e de interesse público relevante, questionadas perante o Tribunal. Perceba-se que a designação não se dará apenas quando questões de alta complexidade forem veiculadas em ações do controle abstrato de constitucionalidade, mas também em ações civis originárias e incidentes surgidos no seguimento de recursal.

Examinando-se o Regimento Interno do Supremo Tribunal Federal, verifica-se que a emenda alterou o artigo 13, que se refere às atribuições do presidente da Suprema Corte; artigo 21, que disciplina as atribuições do relator; e o artigo 363, que dispõe que a convocação de audiência pública se dará mediante despacho exarado pelo Presidente do Tribunal. No mais, o artigo 154 passou a dispor de forma minudente a respeito da amplitude da divulgação; prazo para indicação das pessoas a serem ouvidas; asseguração de equilíbrio de opiniões plurais; veiculação da audiência pública através da TV Justiça e pela Rádio Justiça; registro dos trabalhos e consequente juntada dos documentos no processo ou arquivamento do material coletado no âmbito da Presidência da Corte.

Nota-se que a emenda regimental não inova demasiadamente sobre o tema, pois limita-se a reproduzir, com algumas particularidades, categorias versadas nas Leis 9.868/99 e 9.882/99 ou regras contidas no Regimento Interno da Câmara

> § 5º Os Deputados inscritos para interpelar o expositor poderão fazê-lo estritamente sobre o assunto da exposição, pelo prazo de três minutos, tendo o interpelado igual tempo para responder, facultadas a réplica e a tréplica, pelo mesmo prazo, vedado ao orador interpelar qualquer dos presentes.
>
> Art. 257. Não poderão ser convidados a depor em reunião de audiência pública os membros de representação diplomática estrangeira.
>
> Art. 258. Da reunião de audiência pública lavrar-se-á ata, arquivando-se, no âmbito da Comissão, os pronunciamentos escritos e documentos que os acompanharem.
>
> Parágrafo único. Será admitido, a qualquer tempo, o traslado de peças ou fornecimento de cópias aos interessados."

dos Deputados. Porém, um ponto merece destaque: de acordo com a emenda, o tempo de exposição de cada participante é fixado pelo ministro que presidir a audiência, cabendo-lhe administrar a sustentação do expositor de acordo com o número de inscritos, de modo a assegurar adequada dinâmica ao longo da audiência e não comprometer a simetria de informações entre os sujeitos do processo constitucional.

É importante ressaltar, ademais, que o regimento interno do Supremo Tribunal Federal não se limitou a atribuir o ato de designação ao relator de ação do controle abstrato de constitucionalidade. Passou-se a admitir que o ato de designação de audiência pudesse emanar do Presidente da Corte, independentemente de o tema objeto da audiência vincular-se a determinado processo que esteja sob sua relatoria. Por exemplo, o Ministro Gilmar Mendes, então presidente do Tribunal, convocou, no dia 5 de março de 2009, audiência pública com o propósito de "esclarecer questões técnicas, científicas, administrativas, políticas, econômicas e jurídicas relativas às ações de prestação de saúde", em razão da existência de *incidentes de suspensão de segurança*, de *suspensão de liminar* e de *suspensão de antecipação de tutela* e *agravos regimentais* interpostos de decisões unipessoais proferidas nesses incidentes da competência da Presidência do Supremo Tribunal Federal.

Depreende-se, portanto, ser perfeitamente possível o aproveitamento dessas experiências na realização de audiências com o propósito de permitir que os sujeitos processuais envolvidos no incidente de resolução de recursos extraordinários repetitivos e outros atores sociais possam influenciar no processo de deliberação de tese veiculada em demanda serial, conferindo-se, assim, abertura democrática ao debate constitucional proporcionado pela afetação da questão a ser resolvida no incidente.

4.2. A audiência pública no Supremo Tribunal Federal: da legitimidade técnica à legitimidade democrática

Em 05 de março de 2005, foi sancionada a Lei 11.105 – Lei Nacional de Biossegurança. Esse diploma normativo liberou as pesquisas com células-tronco embrionárias. Todavia, o uso de embriões foi condicionado à atenção a certos limites, tais como: permissão tão somente para o uso de células-tronco de embriões excedentes dos processos de fertilização *in vitro*, limitando-se, apenas, àqueles casos que se mostrem inviáveis para reprodução ou se estiverem congelados há pelo menos três anos. O texto legal impede, ainda, a clonagem de embriões que, na teoria, possam gerar células e tecidos feitos sob medida para tratar um indivíduo.

Em maio de 2005, o então Procurador-Geral da República, Cláudio Lemos Fonteles, ajuizou uma Ação Direta de Inconstitucionalidade (ADIn 3.510-0), questionando a constitucionalidade do artigo 5º da Lei 11.105/05, ao argumento de que o referido artigo violaria a dignidade da pessoa humana e o direito fundamental à vida.

Em decisão proferida em 19 de dezembro de 2006, o Ministro Ayres Britto, relator da ação, determinou, diante da complexidade da matéria, a convocação da primeira audiência pública na história do Supremo Tribunal Federal. Dela, participaram 22 cientistas, para debater, entre outros pontos polêmicos, a importante questão sobre quando se daria, de fato, o início da vida humana.[50]

De acordo como a decisão do ministro relator, a adequação da convocação amparou-se na possibilidade de maior participação da sociedade civil, assim como no fortalecimento da legitimidade da decisão proferida pelo Supremo Tribunal Federal. O Min. Ayres Britto fundamentou sua decisão no § 1º do artigo 9º da Lei 9.868/99, que possibilita ao relator, em casos de necessidade de esclarecimento de matéria ou circunstância de fato ou de notória insuficiência das informações existentes nos autos, requisitar informações adicionais, designar perito ou comissão de peritos para que emita parecer sobre a questão, ou fixar data para, em audiência pública, ouvir depoimentos de pessoas com experiência e autoridade na matéria.

Depreende-se, a partir do teor da decisão do ministro relator Ayres Britto, que a audiência pública, concebida como instrumento técnico, nos termos do artigo 9º, § 1º, da Lei 9.868/99, para esclarecimento de matéria controvertida que se encontre além dos conhecimentos jurídicos dos ministros, tornou-se um instrumento de ampliação da legitimidade popular das decisões proferidas pela Suprema Corte. Por ocasião da manifestação dos *experts*, o ministro relator, deixando transparecer essa conotação, enfatizou que a audiência pública deslocou "quem está na plateia, habitualmente, para o palco das decisões coletivas".

Percebe-se que as razões que embasaram a realização da audiência pública pelo Supremo Tribunal Federal são estranhas àquelas exigidas pelo § 1º do artigo 9º da Lei 9.868/99. Da análise dos votos disponibilizados no sitio do Supremo Tribunal Federal, extrai-se que nem todos os ministros levaram em consideração as manifestações técnicas dos cientistas convocados. É bem verdade que a maioria dos julgadores embasou seus votos direta ou indiretamente nas discussões travadas durante a audiência pública. Porém, não se pode ignorar que muitos argumentos importantes não foram levados em consideração. Quanto a isso, entende-se que

---

50. Para um exame minucioso a respeito dessa audiência pública conferir: LIMA, Rafael Bellem. Audiências Públicas no Controle de Constitucionalidade. – a representação técnica das partes no caso das pesquisas com células-tronco. In: VOJVODIC, Adriana; PINTO, Henrique Motta; GORZONI, Paula; SOUZA, Rodrigo Pagani de. *Jurisdição Constitucional no Brasil*. São Paulo: Malheiros, 2012. p. 245-260; MEDEIROS, Fabrício Juliano Mendes de. O STF e a primeira audiência pública de sua história. *Revista Jurídica da Presidência da República*, Brasília, v. 9, n. 84, abril/maio 2007, p. 41-48.

a desatenção ou mesmo o intencional descarte possam ser as suas principais razões. No primeiro caso (desatenção), pode-se atribuir como causa natural ter sido esta a primeira experiência do tribunal com audiências públicas. E isso é compreensível. Porém, no segundo caso (intencional descarte), a omissão nos votos dos argumentos levantados durante a audiência pública parece envolver algo mais grave, pois tal opção – o descarte – impõe a cada ministro um ônus argumentativo adicional.

Consideramos a decisão proferida na ADI 3.510-0 um excelente material de estudo, tanto pelo ineditismo da audiência, como pelo seu próprio desfecho. Nas palavras do Ministro Celso de Mello, "esse julgamento foi o mais importante da história do Supremo Tribunal Federal", ante a importância do tema e inovação da jurisdição constitucional.

Em que pese a riqueza dos votos proferidos e a erudição dos argumentos levantados ao longo das sustentações orais dos *amici curiae*, e das manifestações dos peritos, o que se chama a atenção aqui é a consideração por parte do Tribunal de que o expediente da audiência pública teria apenas o propósito de conferir uma legitimidade a sua decisão.

Algo semelhante ocorreu no Supremo Tribunal Federal, em relação a outra ação direta de inconstitucionalidade. Em pronunciamento proferido em 26 de março de 2013, o ministro relator Luiz Fux convocou audiência pública a ser realizada na ADI 4.650, relativa ao financiamento de campanhas. Segundo afirmou o Ministro relator Luiz Fux (cf. notícia veiculada no *site* do STF), a audiência pública confere "legitimidade democrática" à decisão a ser proferida pelo STF. Afirmou ainda o ministro, segundo a mesma nota, que "para que o povo tenha confiança na decisão que vamos proferir é preciso que nós também ouçamos as vozes sociais, quando essas decisões não perpassam apenas por um critério meramente jurídico", e que é importante que o STF "preste contas à sociedade e que a decisão seja o quanto possível representativa da expectativa popular".

Veja-se que a prática iniciada por ocasião do julgamento da ADI 3.510 se sedimentou no Supremo Tribunal Federal. As audiências públicas, embora destinadas a esclarecer questões técnicas, administrativas, políticas, econômicas e jurídicas, tornaram-se, de acordo com orientação hoje preponderante no Tribunal, instrumento de legitimidade, menos por força dos argumentos colhidos em tais audiências (muitas vezes desprezados, quando do julgamento da ação pelo Tribunal), e mais por propiciar a participação de pessoas e entidades que, de algum modo, representariam a sociedade (ou os destinatários da decisão a ser proferida pelo STF) na criação da solução jurídica no processo de controle de constitucionalidade.

Considera-se, todavia, que as audiências públicas têm funções ainda mais importantes. Primeiramente, elas reduzem o isolamento do Tribunal, promovendo sua aproximação com a sociedade civil e com a comunidade científica. Segundo, e tendo em vista inegáveis limitações no que tange às capacidades institucionais[51] da corte, as audiências reduzem as chances de decisões equivocadas e mitigam o *déficit* de expertise dos ministros em questões de profundo conhecimento técnico, já que, como agentes humanos, possuem eles limitações de conhecimento e também de tempo, com prazos e questões formais envolvidas em suas atividades.

O reconhecimento da importância dessas funções se acentua muito em especial quando as questões discutidas envolvem temas extremamente técnicos e moralmente complexos, cujas soluções exigem o emprego de conhecimentos específicos e estranhos ao Direito.

O Supremo Tribunal Federal, no entanto, precisa ajustar as audiências públicas para que funcionem como canais institucionais de assimilação dessas contribuições de outros atores interpretativos para além da expertise notadamente jurídica, de modo que tais canais sejam aprimorados e permitam um real incremento do debate institucional que se tem na Corte[52], sob pena dessas audiências ficarem condenadas a um espaço de testes de argumentos que serão apresentados nas sustentações orais deduzidas por ocasião do julgamento das ações, recursos e incidentes de resolução de recursos extraordinários repetitivos.

4.3. Lições decorrentes das audiências públicas realizadas no Supremo Tribunal Federal para sua devida convocação no julgamento dos incidentes de recursos extraordinários repetitivos

Depreende-se do exame das audiências públicas[53] até então realizadas, que o Supremo Tribunal Federal deve conferir-lhes as funções de ambiente dialógico

---

51. Para uma compreensão adequada da categoria *capacidade institucional*, consultar, por todos: SUNSTEIN, Cass R., VERMEULE, Adrian. Interpretation and institutions. *Michigan Law Review*, v. 101, p. 885-951, 2003.
52. Consultar sobre o tema: FERRAZ, Anna Candida da Cunha. A projeção da democracia participativa na jurisdição constitucional no Brasil: as audiências públicas e sua adoção no modelo concentrado de constitucionalidade. In: HORBACH, Carlos Bastide et al. (Coord.). *Direito constitucional, estado de direito e democracia*: homenagem ao Prof. Manoel Gonçalves Ferreira Filho. São Paulo: Quartier Latin, 2011. p. 101.
53. O Supremo Tribunal Federal realizou 17 audiências públicas, em sua maioria, no exercício de jurisdição constitucional concentrada, situação que tende a se alterar em razão da crescente potencialização da objetivação do recurso extraordinário, notadamente mediante a instauração ou suscitação do incidente de resolução de recursos extraordinários repetitivos. Em ordem, ocorreram as seguintes audiências públicas: Uso de células-tronco, em 20.04.2007 (ADIn 3.510); importação de pneus usados em 27.06.2008 (ADPF 101); aborto de feto anencefálico em 26 e 28.08.2008 e 04 e 16.09.2008 (ADPF 54); direito à saúde em 27, 28, 29.04.2009 e 04, 06 e 07.05.2009 (Agravos Regimentais nas SL 47 e 64, nas STA 185, 211 e 278, e nas SS 2.361, 2.944, 3.345, 3.355); ações

de legitimação democrática de suas decisões e espaço privilegiado de consulta e debate a respeito do material técnico-científico oferecido pelos *experts* convocados, diante de suas reduzidas capacidades institucionais e das limitações de tempo e conhecimento naturalmente impostas os Ministros enquanto agentes humanos. É assim que se deve considerá-las. Por isso, acredita-se, na audiência pública que obrigatoriamente antecederá o julgamento do incidente de resolução dos recursos extraordinários repetitivos, que todos argumentos, opiniões eminentemente técnicas, levantados durante as exposições e debates oportunizados devem ser observados e enfrentados, a partir da observância à *norma fundamental de dever de motivação estrutural dos pronunciamentos judiciais*[54], sob pena de esvaziamento das suas funções essenciais, a saber, revestir as pautas de conduta de maior legitimidade democrática e qualificá-las tecnicamente.

5. Conclusão

O Supremo Tribunal Federal a passou aplicar o incidente de resolução de recursos extraordinários repetitivos (e seus respectivos agravos) para lidar com o número expressivo dessa classe processual que diariamente aporta no tribunal (vide nova redação do art. 328 do RISTF, a partir da emenda regimental 21/2007).

---

afirmativas para acesso ao ensino superior em 03, 04 e 05.03.2010 (ADPF 186 e RE 597.285/RS); Lei seca, em 07 e 14.05.2012 (ADIn 4103), lei estadual que impede o uso de amianto, em 24 e 31.08.2012 (ADIn 39370; nova regência da TV por assinatura em razão da Lei 12.485/2011 (ADIN 4.679, 4.747 e 4.756), em 18 e 25.02.2013; sobre o campo eletromagnético de linhas de transmissão de energia (RE 627.189), em 06, 07 e 08.03.2013; sobre a queimada da palha da cana de açúcar (RE 586.224), em 22.04.2013; sobre a possibilidade de fixar a prisão domiciliar aos condenados em regime semiaberto quando não existir estabelecimento que atenda aos requisitos da Lei de Execução Penal (RE 641.320), em 27 e 28.05.2013; sobre o arranjo normativo vigente para financiamento de campanhas eleitorais (ADIn 4.650), em 17 e 24.07.2013; sobre biografias não autorizadas (ADIn 5.035 e 5.037), em 25 e 26.11.2013; sobre o marco regulatório da gestão coletiva de direitos autorais no Brasil (ADin 5.062 e 5.065), em 17.03.2014; diferenças de classes em internações do SU (RE 581.488), em 26.05.2014; a respeito do ensino de confissão religiosa em escolas públicas (ADIn 4439), em 15.60.2015; e, por fim, até o presente momento, sobre o uso de depósitos judiciais (ADIn 5.072), em 21.09.2015.

54. Sobre o dever de fundamentação estruturada, consultar: ARRUDA ALVIM WAMBIER, Teresa. Sentença. In. WAMBIER, Luiz Rodrigues; ARRUDA ALVIM WAMBIER, Teresa (Coord.) *Temas essenciais do novo CPC*. São Paulo: Ed. RT, 2016. p. 386-388; THEODORO JÚNIOR, Humberto; NUNES, Dierle; BAHIA, Alexandre Melo Franco; PEDRON, Flávio Quinaud. *Novo CPC*: fundamentos e sistematização. 2. ed. Rio de Janeiro: Editora Forense, 2015. p. 301-322; MARINONI, Luiz Guilherme; ARENHART, Sérgio Cruz; MITIDIERO, Daniel. *Novo Código de Processo Civil comentado*. São Paulo: Ed. RT, 2015. p. 491- 495.

Nota-se que a técnica processual forjada no regimento interno do Supremo Tribunal Federal não se limita às providências de exame da existência da questão constitucional qualificada. Trata-se, em verdade, de incidente de resolução de recursos extraordinários repetitivos instaurado no âmbito da Corte.

O Código de Processo Civil de 2015 consagrou, de modo inequívoco, o instituto como um incidente de resolução de recursos extraordinários múltiplos, regulando-o conjuntamente com o incidente de resolução de recursos especiais repetitivos, dispondo, ao longo do seu regramento, orientações consagradas na jurisprudência do Supremo Tribunal Federal a respeito da matéria.

Observa-se que, indisfarçavelmente, o incidente de resolução de recursos extraordinários repetitivos revela-se como um dos institutos processuais concebidos para dimensionar a litigiosidade repetitiva, conter a dispersão jurisprudencial e, sobretudo, ao viabilizar a formação de precedentes, assegurar as garantias fundamentais de isonomia processual e segurança jurídica, devendo, por isso, ser o seu julgamento obrigatoriamente antecedido de audiência pública.

A audiência pública objetiva, entre outros propósitos, ampliar a legitimidade democrática das decisões do Supremo Tribunal Federal, em ações, recursos e incidentes, bem como dirimir questões técnicas e colher colaborações de especialistas a respeito de temáticas multidisciplinares que estão fora do campo de compreensão dos ministros e que, uma vez não esclarecidas por especialistas, podem comprometer a qualidade das razões de decidir que constarão do precedente a ser formado pela Suprema Corte.

Em razão do alcance das decisões formalizadas, sustentou-se neste ensaio que a audiência pública é requisito indispensável, obrigatório, no procedimento do incidente de resolução dos recursos extraordinários repetitivos em razão das limitadas capacidades institucionais do Supremo Tribunal Federal para, como aludido, o enfrentamento de questões multidisciplinares de alta indagação, que costumam emergir em processo seriais que deságuam na Suprema Corte, bem como pela necessidade de se conferir maior legitimidade democrática aos pronunciamentos jurisdicionais lançados nessa espécie de incidente, em razão do impactos dos seus efeitos nos processos análogos e do caráter paradigmático que passam a representar para os demais tribunais e juízes.

Dessa forma, o art. 1.038, inciso II, do novo Código de Processo Civil, observando a filosofia do modelo constitucional de processo democrático, deverá ser interpretado como um dever-poder do relator, nas hipóteses de julgamento do incidente de resolução do recurso extraordinário repetitivo, a propiciar o fomento de uma prática de construção da decisão judicial orientada pelo verdadeiro diálogo social.

Do exame das audiências públicas já realizadas, infere-se que Supremo Tribunal Federal deve conferir-lhes as funções de ambiente dialógico de legitimação democrática de suas decisões e espaço privilegiado de consulta e debate a respeito do material técnico-científico oferecido pelos *experts* convocados, diante de suas reduzidas capacidades institucionais e das limitações de tempo e conhecimento naturalmente impostas aos ministros, enquanto agentes humanos. Por essas razões, acredita-se que as audiências públicas obrigatoriamente deverão anteceder o julgamento do incidente de resolução dos recursos extraordinários repetitivos, e todos os argumentos e opiniões eminentemente técnicas levantados durante as exposições e debates oportunizados devem ser observados e enfrentados, sob pena de esvaziamento das suas funções essenciais, a saber, revestir as pautas de conduta de maior legitimidade democrática e qualificá-las tecnicamente.

Conclui-se, assim, que o incidente de resolução dos recursos extraordinários repetitivos é um instituto integrante do microrregime processual de demandas repetitivas que tem por propósito a realização da isonomia e a concretização da segurança jurídica mediante a formação qualificada de pautas de condutas antecedidas, obrigatoriamente, de audiências públicas que lhe conferem maior representatividade democrática, mitigando as dificuldades contramajoritárias comuns à fiscalização da constitucionalidade.

6. Bibliografia

ABBOUD, Georges. *Processo constitucional brasileiro*. São Paulo: Ed. RT, 2016.

ARRUDA ALVIM. *Novo contencioso cível no CPC/2015*. São Paulo: Ed. RT, 2016.

ARRUDA ALVIM WAMBIER, Teresa. Recursos extraordinário e especial repetitivos. In: WAMBIER, Luiz Rodrigues; ARRUDA ALVIM WAMBIER, Teresa (Coord.). *Temas essenciais do novo CPC*. São Paulo: Ed. RT, 2016.

ARRUDA ALVIM WAMBIER, Teresa. Sentença. In: WAMBIER, Luiz Rodrigues; ARRUDA ALVIM WAMBIER, Teresa (Coord.) *Temas essenciais do novo CPC*. São Paulo: Ed. RT, 2016.

ARRUDA ALVIM WAMBIER, Teresa; CONCEIÇÃO, Maria Lúcia Lins; RIBEIRO, Leonardo Ferres da Silva; MELLO, Rogério Licastro Torres de. *Primeiros comentários ao Novo Código de Processo Civil*. São Paulo: Ed. RT, 2015.

BARROSO, Luís Roberto. *O controle de constitucionalidade no direito brasileiro*. 7. ed. São Paulo: Saraiva, 2016.

BIM, Eduardo Fortunato. *Audiências públicas*. São Paulo: Ed. RT, 2014.

BUENO, Cassio Scarpinella. *Amicus curiae* e a evolução do direito processual civil brasileiro. In. MENDES, Aluisio Gonçalves de Castro; WAMBIER, Teresa Arruda Alvim. *O processo em perspectiva* (Org.). São Paulo: Ed. RT, 2013.

BUENO, Cassio Scarpinella. *Novo Código de Processo Civil*. 2. ed. São Paulo: Saraiva, 2016.

BUENO, Cassio Scarpinella. *Manual de Direito Processual Civil*. São Paulo: Saraiva, 2015.

BUENO, Cassio Scarpinella. *Amicus curiae* e audiências públicas na jurisdição constitucional: reflexões de um processualista civil. *Revista Brasileira de Estudos Constitucionais – RBEC*, Belo Horizonte, ano 16, n. 24, out.-dez. 2012 (versão digital).

BUENO, Cassio Scarpinella. O modelo constitucional do direito processual civil: um paradigma necessário de estudo do direito processual civil e algumas de suas aplicações. *Revista de Processo*, São Paulo, v. 161, jul. 2008.

CARNELUTTI, Francesco. *Sistema del diritto processuale civile*. Padova: Casa Editrice Dott. Antonio Milani, 1939. v. 3.

CARVALHO, Fabiano. *Poderes do relator*: art. 557 do CPC. São Paulo, Saraiva, 2008.

DAHDAL, Andrew. The admissibility of expert opinion economic evidence in judicial review. *Macquarie Journal of Business Law*, v. 3, p. 63-78, 2006.

DANTAS, Bruno. Jurisdição coletiva, ideologia coletivizante e direitos fundamentais. *Revista de Processo*, São Paulo, v. 251, jan. 2016.

DURNEY, Peter M, FITZPATRIC, Julianne C. Retaining and disclosing expert witnesses: a global perspective. *Defense Counsel Journal*, v. 83, p. 17-31, 2016.

FERNANDES, Antonio Scarance. *Incidente processual*: questão incidental, procedimento incidental. São Paulo: Ed. RT, 1991.

FERNANDES, Antonio Scarance. *Prejudicialidade*. São Paulo: ED. RT, 1988.

FERRAZ, Anna Candida da Cunha. A projeção da democracia participativa na jurisdição constitucional no Brasil: as audiências públicas e sua adoção no modelo concentrado de constitucionalidade. In: HORBACH, Carlos Bastide et al. (Coord.) *Direito constitucional, estado de direito e democracia: homenagem ao Prof. Manoel Gonçalves Ferreira Filho*. São Paulo: Quartier Latin, 2011.

FREIRE, Alexandre. Art. 1.038. In: CABRAL, Antonio do Passo; CRAMER, Ronaldo. (orgs.) *Comentários ao novo Código de Processo Civil*. Rio de Janeiro: Forense, 2015.

KUMAR, Miiko. Admissibility of expert evidence: proving the basis for an expert's opinion. *Sydney Law Review*, v. 33, p. 427-458, 2011.

LIEBMAN, Enrico Tullio. *Manual de direito processual civil*. Tocantins: Editora Intelectos, 2003. v. 2.

LIMA, Rafael Bellem. Audiências públicas no controle de constitucionalidade: a representação técnica das partes no caso das pesquisas com células-tronco. In: VOJVODIC, Adriana; PINTO, Henrique Motta; GORZONI, Paula; SOUZA, Rodrigo Pagani de. *Jurisdição Constitucional no Brasil*. São Paulo: Malheiros, 2012. p. 245-260.

MARINONI, Luiz Guilherme; ARENHART, Sergio Cruz; MITIDIERO, Daniel. *O novo processo civil*. São Paulo: Ed. RT, 2015.

MARINONI, Luiz Guilherme; ARENHART, Sergio Cruz; MITIDIERO, Daniel. *Novo Código de Processo Civil comentado*. São Paulo: Ed. RT, 2015.

MARQUES, José Frederico. *Instituições de direito processual*. 4. ed. Rio de Janeiro: Editora Forense, 1972. v. III.

MAURER, Virginia G. Compelling the expert witness: fairness and utility under the Federal rules of civil procedural. *Georgia Law Review*. Vol. 19, 1984, 71-122.

MEDEIROS, Fabrício Juliano Mendes de. O STF e a primeira audiência pública de sua história. *Revista Jurídica da Presidência da República*, Brasília, v. 9, n. 84, p. 41-48, abril/maio 2007.

MEDINA, Damares. Amicus curiae: amigo da Corte ou amigo da parte? São Paulo: Saraiva, 2010.

MEDINA, José Miguel Garcia; ARRUDA ALVIM WAMBIER, Teresa. *Parte geral do processo do conhecimento*. Processo Civil Moderno. São Paulo: Ed. RT, 2009 (Coleção Processo Civil Moderno, v. 1).

MENDES, Aluisio Gonçalves de Castro; TEMER, Sofia. O incidente de resolução de demandas repetitivas do novo Código de Processo Civil. In: DIDIER JR., Fredie; MACÊDO, Lucas Buril de; PEIXOTO, Ravi; FREIRE, Alexandre (Coord.). *Processos nos tribunais e meios de impugnação às decisões judiciais*. Salvador: Editora Juspodivm, 2015 (Coleção Novo CPC doutrina selecionada, v. 6).

MENDES, Gilmar Ferreira. *Controle abstrato de constitucionalidade*: ADI, ADC e ADO. São Paulo: Saraiva, 2014.

MENDES, Gilmar Ferreira. *Direitos fundamentais e controle de constitucionalidade*. 4. ed. São Paulo, 2014.

MENDES, Gilmar Ferreira. *Jurisdição constitucional*. 6. ed. São Paulo: Saraiva, 2014.

MENDES, Gilmar Ferreira. *Arguição de descumprimento de preceito fundamental*. 2. ed. São Paulo: Saraiva, 2011.

MOREIRA, Felipe Augusto de Toledo. *Amicus curiae*. In: WAMBIER, Luiz Rodrigues; ARRUDA ALVIM WAMBIER, Teresa (Coord.). *Temas essenciais do novo CPC*. São Paulo: Ed. RT, 2016.

NERY JR., Nelson; NERY, Rosa Maria de Andrade. *Comentários ao Código de Processo Civil*. São Paulo: Ed. RT, 2015.

OLIANI, José Alexandre Manzano. Atribuições e poderes do relator no NCPC. In:. WAMBIER, Luiz Rodrigues; ARRUDA ALVIM WAMBIER, Teresa. (coord.) *Temas essenciais do novo CPC*. São Paulo: Ed. RT, 2016.

OLIVEIRA, Gustavo Henrique Justino de. As audiências públicas e o processo administrativo brasileiro. *Revista Trimestral de Direito Público*, São Paulo, n. 21, p. 161-172, 1998.

PHAN, Trang, CARUSO, David. The basis of the rule: the role of the basis rule in the admissibility of expert opinion. *Federal Law Review*, v. 43, p. 313-337, 2015.

PHILIPS, Edward. The admissibility of expert Forensic Evidence under English Law. *Studia Iuridica auctoritate universitatis pecs publicata*, v. 148, p. 241-258, 2011.

PONTES DE MIRANDA, Francisco Cavalcanti. *Comentários ao Código de Processo Civil*: arts. 282 a 443. Rio de Janeiro: Editora Forense, 1996. t. IV.

SHIMURA, Sérgio; ALVAREZ, Anselmo Prieto; SILVA, Nelson Finotti. *Curso de direito processual civil*. 3. ed. Rio de Janeiro: Editora Forense; São Paulo: Editora Método, 2013.

SUNSTEIN, Cass R.; VERMEULE, Adrian. Interpretation and institutions. *Michigan Law Review*, v. 101, p. 885-951, 2003.

THEODORO JÚNIOR, Humberto. O processo civil brasileiro contemporâneo iluminado pelos princípios constitucionais. In: MENDES, Aluisio Gonçalves de Castro; ARRUDA ALVIM WAMBIER, Teresa (Orgs.). *O processo em perspectiva.* São Paulo: Ed. RT, 2013.

THEODORO JÚNIOR, Humberto; NUNES, Dierle; BAHIA, Alexandre Melo Franco; PEDRON, Flávio Quinaud. *Novo CPC*: fundamentos e sistematização. 2. ed. Rio de Janeiro: Editora Forense, 2015.

WAMBIER, Luiz Rodrigues. Diretrizes fundamentais do novo CPC. In: WAMBIER, Luiz Rodrigues; ARRUDA ALVIM WAMBIER, Teresa (Coord.). *Temas essenciais do novo CPC.* São Paulo: Ed. RT, 2016.

WAMBIER, Luiz Rodrigues; TALAMINI, Eduardo. *Curso avançado de processo civil.* 15. ed. São Paulo: Ed. RT, 2015.

28
A RESSIGNIFICAÇÃO DA RECLAMAÇÃO E O CONCEITO DE "ESGOTAMENTO DE INSTÂNCIA" PREVISTO NO ART. 988, § 5º, II, DO CPC/2015: UM NOVO REQUISITO DE PROCEDIBILIDADE INSTITUÍDO PELA MINIRREFORMA DO CPC 2015

BRUNO DANTAS

Ministro do Tribunal de Contas da União. Pós-Doutor (UERJ).
Doutor (PUC/SP) e Mestre (PUC/SP) em Direito.

HUGO LEMES

Mestrando em Direito Processual Civil (PUC/SP). Advogado.

SUMÁRIO: 1. Introdução; 2. Evolução da reclamação nos trinta anos da Constituição Federal; 3. Alteração legislativa promovida pela Lei 13.256/16; 4. Nova hipótese de inadmissibilidade da reclamação (rep. geral e recursos repetitivos. Art. 988, § 5º, II); 4.1. O requisito do "esgotamento de instância" e a jurisprudência do STF e do STJ; 4.2. Agravo interno e Agravo em REsp e RE; 5. Tentativa de sistematização do conceito; 6. Conclusão;

1. Introdução

A Constituição Federal de 1988, diploma que reinstaurou a democracia no Brasil, chega ao seu trigésimo aniversário sendo festejada não apenas por constituir o ponto alto do constitucionalismo brasileiro ou por ser a baliza estruturante de todo o ordenamento jurídico nacional, mas em igual medida por ostentar, com a marca dos seus trinta anos, o título de ser a mais longeva das constituições democráticas que já teve o nosso país.

Nos últimos trinta anos, porém, os sistemas jurídicos têm sido campos férteis aos influxos das transformações culturais que, em um ritmo exponencial, ganham espaço no mundo e, nesse contexto, não há diploma normativo que fique absolutamente ileso.

Com a Constituição Federal não foi diferente. Prova disso foram os diversos casos ao longo desse período que fizeram o Supremo Tribunal Federal se manifestar sobre mutações constitucionais, atualizando conceitos considerados obsoletos para essa época, a quantidade de emendas desde então promulgadas, bem como a remodelação de institutos do texto original para o desempenho de funções para as quais não foram previstos.

Exemplo marcante é a reclamação constitucional, prevista nos artigos 102, I, l, 103-A, §3º, 105, I, *f* e 111-A, §3º, todos da Constituição Federal. Poucos institutos da Constituição passaram por uma transformação tão significativa como a reclamação, e isso, como será visto e analisado no decorrer do trabalho, em grande medida por conta da recente valorização das funções uniformizadora e paradigmática dos tribunais superiores.

Estabelecendo um novo marco para a ordem jurídica brasileira, o Código de Processo Civil de 2015 criou os famosos – e polêmicos – precedentes à brasileira: um rol de hipóteses previsto no art. 927 que, para serem efetivamente observadas na prática pelos juízes, contam não com a força do *stare decisis*, mas com a ferramenta da reclamação.

Nesse contexto, importantes modificações foram realizadas em nível infraconstitucional antes mesmo da entrada em vigor do CPC 2015. Durante a sua *vacatio legis*, foi publicada a Lei 13.256/16, alterando o regime da reclamação para agora permitir a sua propositura, entre outras hipóteses, "para garantir a observância de acórdão de recurso extraordinário com repercussão geral reconhecida ou de acórdão proferido em julgamento de recursos extraordinário ou especial repetitivos, quando não esgotadas as instâncias ordinárias".

A análise dessa nova previsão tem gerado celeuma em sede doutrinária e jurisprudencial, mormente quanto à significação da expressão "esgotamento de instância". No âmbito do STF e do STJ, por exemplo, subsistem decisões divergentes sobre a matéria, o que demonstra a importância da reflexão ora iniciada.

O objetivo deste trabalho é tentar fornecer elementos que permitam a conceituação do "esgotamento de instância", passando por premissas históricas e jurídicas acerca do instituto da reclamação e da nova função exercida pelos tribunais superiores.

2. O caminho trilhado pela reclamação nos últimos 30 anos da Constituição Federal

De acordo com Pontes de Miranda, a reclamação teria surgido de uma "criação espúria" da justiça do Distrito Federal, sendo, posteriormente, incorporada pelo Supremo Tribunal Federal em seu regimento interno com a emenda de 2 de outubro de 1957.[1]

Na ausência de regulamentação legal, os primeiros contornos da reclamação tiveram como inspiração a decisão da Suprema Corte norte-americana no julgamento do caso *MacCulloch v. Maryland*, que reconhecera poderes implícitos (*implied powers*) àquele tribunal, tese essa que amparou juridicamente o STF para a adoção do instituto.[2]

Passados dez anos da previsão formal do instituto pela emenda de 2 de outubro 1957, a Constituição Federal de 1967, deu um novo passo. O art. 115, parágrafo único, alínea *c*, estabeleceu que ao STF competia "o processo e o julgamento dos feitos de sua competência originária", conferindo força de lei federal ao do regimento do tribunal, e assim, reconhecendo-se ali, pela primeira vez, fundamento constitucional à reclamação.

Foi apenas em 1988, entretanto, que a reclamação assumiu *status* constitucional. Consagrada pela Constituição Federal nos arts. 102, inc. I, alínea *l*, e 105, inc. I, alínea *f*, a reclamação foi por ela destinada à preservação das competências e garantia da autoridade das decisões do Supremo Tribunal Federal e do Superior Tribunal de Justiça.

Apesar de concebida desde o início da metade do século passado, não há até hoje na doutrina consenso quanto à natureza da reclamação: há quem a qualifique como ação, recurso ou sucedâneo recursal, remédio incomum, incidente processual, medida de Direito Processual Constitucional, inclusive como medida processual de caráter excepcional.[3] A posição dominante, entretanto, parece seguir a posição há muito defendida por Pontes de Miranda, que atribui à reclamação natureza de ação propriamente dita.[4]

---

1. PONTES MIRANDA, F. C. *Comentários ao Código de Processo Civil*. Rio de Janeiro: Forense, 1997, tomo V: arts. 444 a 475. p. 287.
2. Em julgado de 1952, anotava o Min. Rocha Lagoa: A competência não expressa dos Tribunais Federais pode ser ampliada por construção constitucional. Vão seria o poder outorgado ao STF de julgar recurso extraordinário as causas decididas por outros tribunais se lhe não fora possível fazer prevalecer os seus próprios pronunciamentos, acaso desatendidos pelas Justiças locais. A criação de um remédio de direito para vindicar o cumprimento fiel das suas sentenças está na vocação do STF e na amplitude constitucional e natural de seus poderes. Necessária e legítima é assim a admissão do processo de reclamação, como o Supremo tem feito. É de ser julgada procedente a reclamação quando a justiça local deixa de atender a decisão do STF. (STF, Recl. 141/52, rel. Min. Rocha Lagoa, Tribunal Pleno, *DJ* 25.01.1952).
3. STF, Recl. 336-1/190, rel. Min. Celso de Mello, Tribunal Pleno, *DJ* 19.12.1990, p. 5-6.
4. CANOTILHO, J.J. Gomes; MENDES, Gilmar F.; SARLET, Ingo W.; STRECK, Lenio. (Coords.). *Comentários à Constituição do Brasil*. São Paulo: Saraiva/Almedina, 2013., p. 1376. É o caso de Leonardo Lis Morato (A reclamação prevista na Constituição

Assim tem andado a opinião dominante porque, apesar da incomum configuração da reclamação em relação à ação tradicional, por meio dela é possível a provocação da jurisdição e a formulação de pedido de tutela jurisdicional, além de conter em seu bojo uma lide a ser solvida, decorrente do conflito entre aqueles que persistem na invasão de competência ou no desrespeito das decisões do Tribunal e, por outro lado, aqueles que pretendem ver preservada a competência e eficácia das decisões exaradas pela Corte.[5]

Com efeito, a reclamação está entre as ferramentas do texto constitucional que mais passaram por transformações no decorrer dos últimos trinta anos. Isso porque seu objeto de atuação foi sendo ampliado conforme as necessidades de cada período, passando da configuração inicial de garantia contra a violação da autoridade das decisões do STF e STJ e usurpação de suas competências, para ferramenta de manutenção do regime de precedentes que vem se consolidando no ordenamento jurídico brasileiro nos últimos anos.

O primeiro momento dessa transformação teve lugar já na década de 1990. Inicialmente, o STF considerava inadmissível o cabimento de reclamação na hipótese de descumprimento de decisão tomada em sede de controle abstrato de constitucionalidade. Aos poucos, porém, a posição da corte mudou, inclinando-se pela admissão da reclamação em sede de ação direta de inconstitucionalidade (ADI), desde que fosse proposta por legitimado para a propositura da ADI e que tivesse o mesmo objeto.

Com propriedade, Gilmar Mendes aponta julgado de 1992 (RCL-QO 397), por meio do qual o Min. Celso de Mello expressava a necessidade de que o entendimento jurisprudencial no sentido do não cabimento da reclamação em sede de ADI fosse revisto, momento este que teria aberto as portas para a possibilidade de se admitir a reclamação para atacar desobediência às decisões do Supremo Tribunal Federal em sede de controle concentrado.[6]

Pouco tempo depois, sobreveio a Emenda Constitucional 3/93, introduzindo a ação declaratória de inconstitucionalidade (ADC) ao art. 102 da Constituição Federal. A emenda foi responsável por admitir cabimento de reclamação para

---

Federal. In: NERY JR., Nelson e Arruda Alvim Wambier, Teresa (Coords.). *Aspectos polêmicos e atuais dos recursos*. São Paulo: Ed. RT, 2000. 3ª série. p. 441-452; DIDIER JR., Fredie; CUNHA, Leonardo Carneiro da. *Curso de direito processual civil*. 13. ed. Salvador: JusPodivm, 2016. v. 3, p. 533); MARINONI, Luiz Guilherme; ARENHART, Sérgio Cruz; MITIDIERO, Daniel (*Código de Processo Civil comentado*. 2. ed. São Paulo: Ed. RT, 2016, p. 1.045); MEDINA, José Miguel Garcia. *Novo Código de Processo Civil comentado*. 4. ed. São Paulo: Ed. RT, 2016, p. 1425).

5. CANOTILHO, J. J. Gomes; MENDES, Gilmar F.; SARLET, Ingo W.; STRECK, Lenio. (Coords.). Op. cit., p. 1377.

6. Idem.

preservar a autoridade das decisões do STF em sede de ADC; no entanto, não houve previsão expressa acerca de seu cabimento em sede ADI, deixando aberta dúvida que só viria a ser sanada quase uma década depois.

Com o julgamento da questão de ordem em agravo regimental na Rcl. 1880 de São Paulo, em 2002, o STF deu um passo definitivo no que diz respeito ao cabimento de reclamação de suas decisões no controle concentrado. Após verificar que a eficácia vinculante da ação declaratória de constitucionalidade em nada se distingue, em essência, dos efeitos das decisões de mérito proferidas nas ações diretas de inconstitucionalidade, reconheceu legitimidade ativa *ad causam* para a propositura de reclamação a "todos que comprovem prejuízo oriundo de decisões dos órgãos do Poder Judiciário, bem como da Administração Pública de todos os níveis, contrárias ao julgado do Tribunal [STF]".

> O entendimento foi consagrado definitivamente pela EC 45/2004, que adicionou o §2º ao art. 102 da Constituição Federal, determinando: As decisões definitivas de mérito, proferidas pelo Supremo Tribunal Federal, nas ações diretas de inconstitucionalidade e nas ações declaratórias de constitucionalidade produzirão eficácia contra todos e efeito vinculante, relativamente aos demais órgãos do Poder Judiciário e à administração pública direta e indireta, nas esferas federal, estadual e municipal.

O segundo momento dessa transformação sobreveio com a aprovação da EC 45/2004, com a criação da súmula vinculante, instituto cuja eficácia obrigatória surgiu com a finalidade de reforçar o respeito à estrutura hierárquica do Judiciário, na direção do que há algum tempo já vinha apontando a jurisprudência do Supremo Tribunal Federal.

Para fazê-lo, o legislador houve por bem lançar mão da reclamação, nas hipóteses de ato administrativo ou decisão judicial que descumpra ou aplique indevidamente o enunciado da súmula, nos termos do art. 103-A, §3º, incluído ao texto da Constituição Federal.

A Lei 11.417/2006, responsável por reger a edição, revisão e o cancelamento de súmulas vinculantes seguiu essa mesma diretriz, prevendo a reclamação em seu art. 7º.

As vicissitudes pelas quais passou a reclamação nesses últimos trinta anos foram expressamente sentidas pelo Código de Processo Civil de 2015. Basta cotejar o texto do CPC com o da Constituição Federal, para verificar que às funções clássicas da reclamação – a preservação da competência do tribunal e garantia da autoridade de suas decisões, previstas originariamente no art. 102, inciso I, alínea *l*, da CF/88 – foram acrescentadas a garantia da observância das decisões do Supremo Tribunal Federal em controle concentrado de constitucionalidade (art. 988, inciso III) e a observância de enunciado de súmula vinculante (inciso III), além dos precedentes formados na hipótese de julgamento de casos repetitivos ou em incidente de assunção de competência (fim do inciso IV).

2.1. O CPC 2015 e os precedentes: uma remodelação da reclamação

O Código de Processo Civil de 2015 representa o marco mais importante, na história da legislação brasileira, da mitigação da ideia clássica segundo a qual nos ordenamentos jurídicos de *civil law* os precedentes possuem apenas eficácia persuasiva.

No decorrer dos últimos anos, destaca Michelle Taruffo, diversas "pesquisas realizadas em vários sistemas jurídicos têm mostrado que a referência ao precedente já não é mais, há algum tempo, uma característica peculiar aos ordenamentos de *common law*, estando agora presente em quase todos os sistemas, mesmo nos de *civil law*".[7]

Na esteira desse movimento, e premido pela necessidade de enfrentar o problema da fragmentação e instabilidade da jurisprudência de que há muito padece o cenário judicial brasileiro, o CPC de 2015 demarcou o início de uma nova – e polêmica – fase para as antigas "regras do jogo": estabeleceu no seu art. 926 o dever dos tribunais de velar pela uniformidade, estabilidade e coerência de sua jurisprudência, e fixou no art. 927 um rol de hipóteses que atribui eficácia vinculante a todos os precedentes nele listados.

Com o art. 927, para além das decisões tomadas em sede de controle concentrado de constitucionalidade e os enunciados de súmulas vinculantes, ambos de competência apenas do STF, também passaram a ser objeto de observância obrigatória os acórdãos de *quaisquer tribunais* proferidos em incidente de assunção de competência (IAC) ou de resolução de demandas repetitivas (IRDR) e em julgamento de recursos extraordinário e especial repetitivos (art. 927, inciso III); os enunciados de súmulas do STF em matéria constitucional e do STJ em matéria infraconstitucional (inciso IV); e a orientação do plenário ou do órgão especial a que estiverem vinculados os tribunais (inciso V).

Autorizada doutrina nacional tem sustentado a inconstitucionalidade da vinculação obrigatória dos juízes e tribunais aos preceitos adotados pelo Código de Processo Civil (art. 927). Argumenta-se que seria necessária previsão constitucional para que tais decisões pudessem adquirir eficácia vinculante, sob pena

---

7. No original: "Ricerche svolte in vari sistemi giuridici hanno dimostrato che il riferimento al precedente non è più da tempo una caratteristica peculiare degli ordinamenti di common law, essendo ormai presente in quasi tutti i sistemi, anche di civil law". Cf. TARUFFO, Michele. *Precedente e giuriprudenza*. Rivista Trimestrale di Diritto e Procedura Civile, Milão, ano 61, n. 3, 2007, p. 709.

de violação à tripartição de poderes.[8] Por outro lado, um dos autores deste ensaio, em coautoria com Teresa Arruda Alvim, defende não haver inconstitucionalidade na circunstância de o legislador ordinário exigir respeito a determinadas espécies de provimentos jurisprudenciais, sob pena de reclamação; pelo contrário, a inconstitucionalidade parece recair sobre a situação de profundo desrespeito à isonomia e frustração integral do direito à razoável duração do processo que vige atualmente.[9]

A disciplina do art. 927 corresponde à aplicação brasileira da teoria de Dworkin, do direito como integridade (*law as integrity*) e da ideia de romance em cadeia[10], na medida em que busca corrigir as distorções da inconsistência jurisprudencial, enquanto resgata a premência de um modelo normativo pensado para evitar a insegurança que decorre do conflito entre o livre convencimento do juiz e a hierarquia do poder judiciário.

Para dar efetividade prática à eficácia vinculante dos preceitos listados no art. 927, e assim, ao longo do tempo, forjar o rompimento com a mentalidade obsoleta que atribuía senão eficácia persuasiva às decisões dos tribunais, o legislador, mais uma vez, lançou mão da reclamação, destinando um capítulo inteiro do CPC 2015 à sua disciplina.

No diploma processual, a reclamação foi prevista pelo art. 988 e possui uma disciplina de cabimento sintonizada com as hipóteses de decisões objeto de observância obrigatória do art. 927. No *caput* deste artigo, o legislador admitiu o

---

8. CF. NERY JR., Nelson; NERY, Rosa Maria de Andrade. *Comentários ao Código de Processo Civil*. São Paulo: Ed. RT, 2018., p. 2052. Afirmam os autores: "O texto normativo impõe, imperativamente, aos juízes e tribunais que cumpram e apliquem os preceitos nele arrolados. Trata-se de comando que considera esses preceitos como abstratos e de caráter geral, vale dizer, com as mesmas características da lei. Resta analisar se o Poder Judiciário tem autorização constitucional para legislar, fora do caso da *Súmula Vinculante do STF*, para o qual autorização está presente na CF 103-A. Somente no caso da súmula vinculante, o STF tem competência constitucional para estabelecer preceitos de caráter geral, Como se trata de situação excepcional – Poder Judiciário a exercer *função típica* do Poder Legislativo – a autorização deve estar expressa no texto constitucional e, ademais, se interpreta restritivamente, como todo preceito de exceção".
9. ARRUDA ALVIM, Teresa; DANTAS, Bruno. *Recurso especial, recurso extraordinário e a nova função dos tribunais superiores: precedentes no direito brasileiro*. – 5. ed. rev., atual. e ampl. – São Paulo: Ed. RT, 2018., p. 588.
10. Nesse sentido, afirma o autor "cada romancista da cadeia interpreta os capítulos que recebeu para escrever um novo capítulo, que é então acrescentado ao que recebe o romancista seguinte, e assim por diante." Mais adiante, adverte: "Em nosso exemplo, contudo, espera-se que os romancistas levem mais a sério suas responsabilidades de continuidade; devem criar em conjunto, até onde for possível, *um só romance unificado que seja da melhor qualidade possível*" (grifos nossos). Cf. DWORKIN, Ronald. *O império do direito*. Trad. Jefferson Luiz Camargo. – São Paulo: Martins Fontes, 1999., p. 276.

manejo da ferramenta pelo Ministério Público e qualquer parte interessada, norma que extinguiu de vez a antiga celeuma jurisprudencial acerca da legitimidade *ad causam* da reclamação.

Ademais, com a previsão da reclamação no CPC 2015, outros tribunais que não o STF e o STJ poderão ser destinatários da ação. Isso porque o código não adota nenhum tipo de especificidade, falando de "forma genérica em "tribunal", não discriminando um ou outro órgão, mas dando a entender que em todos os tribunais, dentro das condições delineadas por este artigo, é possível a reclamação".[11]

Sobretudo desde a promulgação do CPC 2015, tem sido possível dividir em três graus a força da eficácia vinculante que têm os precedentes do art. 927, como já teve a oportunidade de sustentar um dos autores deste trabalho, em conjunto com a professora Teresa Arruda Alvim: obrigatoriedade fraca, média e forte.[12]

A obrigatoriedade fraca se caracteriza pela força meramente cultural na obediência às decisões judiciais, por observância à lógica e às justas expectativas do jurisdicionado pautadas em decisões anteriores do mesmo juiz. A obrigatoriedade média, consiste naquela que ostenta um precedente "quando o seu desrespeito pode gerar a correção por meios não concebidos necessariamente para esse fim, como, por exemplo, os recursos". A obrigatoriedade forte, por sua vez, caracteriza-se pelo respeito a um precedente quando sua inobservância é penalizada com o manejo de medida ou ação concebida especialmente para atingir esse fim, função que se atribuiu à reclamação.

Nesse sentido, todas as decisões contra as quais cabe reclamação constituem precedentes de *obrigatoriedade no sentido forte*, isto é, todas as constantes do rol do art. 988 do CPC.

Para fins de delimitação do presente trabalho, será abordada apenas uma hipótese de cabimento da reclamação, inserida ao rol sobredito pela reforma por que passou o CPC 2015 ainda em seu período de *vacatio legis*. Antes, porém, mister traçar linhas gerais acerca da Lei 13.256/2016.

3. Modificações introduzidas pela Lei 13.256/16 ao regime da reclamação instituído pelo CPC 2015

Muito embora tenha o CPC 2015, na linha do que foi apresentado no tópico anterior, modificado em grande medida a arquitetura legal da reclamação, encampando os avanços incorporados ao instituto – principalmente para conferir efetividade ao sistema de precedentes vinculantes adotado pela legislação processual –, outras alterações ainda vieram a ser realizadas posteriormente, com o advento da Lei 13.256/16.

---

11. NERY JR., Nelson; NERY, Rosa Maria de Andrade. Op. cit., p. 2222.
12. ARRUDA ALVIM, Teresa; DANTAS, Bruno. Op. cit., p. 277.

O principal intuito da referida lei foi o de reestabelecer a forma pela qual se dava o juízo de admissibilidade dos recursos para os tribunais superiores (recurso especial e recurso extraordinário) antes da aprovação do CPC 2015. Este, como é cediço, na versão sancionada pela então Presidente da República, havia transferido apenas para os próprios tribunais *ad quem* a competência para averiguar a presença dos requisitos de admissibilidade dos recursos a eles dirigidos.

Ademais, outras alterações foram realizadas a fim de evitar que os tribunais superiores ficassem superlotados, inviabilizando de vez a já frágil duração razoável do processo. No que diz respeito aos objetivos deste ensaio, cumpre mencionar as modificações introduzidas pela Lei 13.256/16 ao regime da reclamação.

Na redação original do CPC 2015, caberia reclamação para garantir a observância de enunciado de súmula vinculante e de precedente proferido em julgamento de casos repetitivos ou em incidente de assunção de competência (art. 988, IV). A expressão "casos repetitivos" deveria ser lida de acordo com o disposto no art. 928, referindo-se ao incidente de resolução de demandas repetitivas e aos recursos especial e extraordinário repetitivos.

Contudo, com a aprovação da minirreforma, buscou o legislador separar a hipótese do IRDR e a dos recursos repetitivos para fins de cabimento da reclamação. Com isso, passou-se a admitir a reclamação apenas nos casos de descumprimento de acórdão proferido em IRDR e IAC. No que diz respeito aos recursos repetitivos, tornou-se inadmissível a reclamação, salvo quando atendido requisito legal específico (art. 988, §5º, II).

A reclamação foi limitada, portanto, no que concerne aos casos repetitivos, apenas aos Tribunais de segundo grau, competentes para o julgamento do IRDR, em exclusão dos tribunais superiores (que julgam os recursos repetitivos).[13]

O mesmo requisito acima apontado foi previsto pela nova lei como indispensável à propositura de reclamação com base em desrespeito à tese fixada pelo STF sob a técnica da repercussão geral.

Vale mencionar que a Lei 13.256/16 parece ter equiparado, em termos de nível de vinculação, os acórdãos de recurso extraordinário e especial repetitivos (art. 927, III) e aqueles prolatados em sede de repercussão geral. Isso porque o art. 1.030, I, que também entrou no rol das modificações introduzidas ao CPC, passou a contar com hipótese de não seguimento do recurso extraordinário quando o acórdão recorrido estiver em conformidade com o entendimento do Supremo Tribunal Federal exarado no regime de repercussão geral.

---

13. CORTES, Osmar Mendes Paixão. A reclamação para os tribunais superiores no novo CPC, com as alterações da Lei 13.256/2016. *Doutrinas Essenciais* – novo processo civil, São Paulo, v. 7, 2018.

Ou seja, mesmo que a decisão tenha sido tomada em recurso individual (isto é, em sede de controle difuso), estarão os tribunais vinculados à tese firmada. Não é objeto deste trabalho investigar se andou bem o legislador ao ampliar, dessa maneira, o rol dos precedentes vinculantes. No entanto, pode-se afirmar que a nova modalidade pode ser enquadrada na categoria de precedente em sentido forte, já que a alteração do art. 1.030, I e II, veio acompanhada da possibilidade de ajuizamento de reclamação, ainda que de maneira limitada (art. 988, §5º, II).

Em síntese, pode-se afirmar que a Lei 13.256/16 não extinguiu nenhuma hipótese de cabimento da reclamação originalmente prevista no CPC 2015. Promoveu apenas um remodelamento dos incisos II e III, com o remanejamento da reclamação contra os "precedentes vinculantes" para o inciso IV.

A maior novidade trazida pela lei em comento, no entanto, foi a previsão de um novo requisito para a propositura da reclamação em caso de desrespeito a precedente firmado em sede de repercussão geral e de recursos extraordinário ou especial repetitivos (art. 988, §5º, II).

Este requisito, conforme será mais bem explicitado no tópico seguinte, criou uma limitação ao manejo da reclamação com base no desrespeito aos precedentes supramencionados.

4. Nova hipótese de admissibilidade condicionada da reclamação (repercussão geral e recursos repetitivos. Art. 988, § 5º, II)

A limitação referida diz respeito ao prévio "esgotamento de instância", verdadeira condição de procedibilidade da reclamação inserida pela Lei 13.256/16, para os casos de garantia da observância de acórdão de recurso extraordinário com repercussão geral reconhecida ou de acórdão proferido em julgamento de recursos extraordinário e especial repetitivos.

A nova redação do texto legal, ao exigir o prévio exaurimento dos recursos cabíveis nas instâncias ordinárias, acaba por tornar mais frágil a proteção das espécies de precedentes previstas no art. 988, § 5º, II, em comparação com as demais nele listadas[14], revelando a perda de força dissuasiva que ocorre com relação à perspectiva do cabimento tardio da reclamação[15]. Isso porque, contra decisão do juiz de primeiro grau que contrarie acórdão proferido em IAC no âmbito do STJ, por exemplo, caberá reclamação diretamente ao tribunal superior.

Torna-se ainda mais delicada a questão quando se verifica, pelo teor do art. 928 do CPC 2015, que o acórdão firmado em julgamento de IRDR pode ser res-

---

14. MEDINA, José Miguel Garcia. *Prequestionamento, repercussão geral da questão constitucional, relevância da questão federal*. 7. ed. São Paulo: Ed. RT, 2017, p. 365.
15. ARRUDA ALVIM, Teresa; DANTAS, Bruno. Op. cit., p. 590.

guardado a partir de reclamação ajuizada diretamente no tribunal, enquanto o prolatado em sede de recursos repetitivos exige o prévio exaurimento de instâncias. Já que ambos são espécies do gênero "casos repetitivos", não deveria haver razão para que se efetue tal distinção.

Ao que tudo indica, o requisito do exaurimento de instâncias sobreveio com o intuito de valorizar a jurisprudência dominante do STF quanto ao cabimento da reclamação. De acordo com o Pretório Excelso, não é possível o manejo de reclamação *per saltum*, sob pena de privilegiar o uso "promíscuo" do referido instrumento processual.[16]

Portanto, a Lei 13.256/16 limitou o cabimento de reclamação contra as decisões proferidas em primeiro grau, na linha do entendimento prevalecente no âmbito do STF. A intenção da restrição é a de transferir aos tribunais locais a tarefa de "consertar" a decisão exarada pelo juiz em desconformidade com o acórdão de recurso extraordinário com repercussão geral reconhecida ou de julgamento proferido em julgamento de recursos extraordinário e especial repetitivos.

Nesse diapasão, segundo Araken de Assis, "se é necessário esgotar as instâncias ordinárias, mediante a interposição dos recursos próprios – por óbvio, exceção parcial à independência da reclamação, relativamente ao sistema recursal, proclamada no art. 988, §6º - espera-se que o tribunal de segundo grau corrija o desacato, aplicando a tese jurídica à espécie"[17].

Conforme será tratado a seguir, além de debilitar a proteção dos precedentes firmados por meio de acórdão de recurso extraordinário com repercussão geral reconhecida e de acórdão exarado pelo STF ou STJ em sede de recurso extraordinário e especial repetitivos, criou o legislador um problema referente à interpretação do que seria o correto "esgotamento de instância".

Isso porque o referido requisito se amolda, por disposição constitucional, às hipóteses de cabimento dos recursos excepcionais (recurso extraordinário e recurso especial), não podendo as cortes superiores atuar em grau recursal, senão contra decisões proferidas em única ou última instância (CF, art. 102, III e art. 105, III).

---

16. Neste particular, a jurisprudência desta Suprema Corte estabeleceu diversas condicionantes para a utilização da via reclamatória, de sorte a evitar o uso promíscuo do referido instrumento processual. Disso resulta i) a impossibilidade de utilizar *per saltum* a reclamação, suprimindo graus de jurisdição, ii) a impossibilidade de se proceder a um elastério hermenêutico da competência desta Corte, por estar definida em rol numerus clausus, e iii) a observância da estrita aderência da controvérsia contida no ato reclamado e o conteúdo dos acórdãos desta Suprema Corte apontados como paradigma (Rcl 28178 AgR, rel. Min. Luiz Fux, 1ª Turma, j. 25.05.2018, processo eletrônico *DJe*-115 divulg 11.06.2018, public 12.06.2018).
17. ASSIS, Araken de. *Manual dos recursos*. 9. ed. São Paulo: Ed. RT, 2018, p. 1.076.

Parcela da doutrina chega a afirmar que em se tratando de modalidades impugnativas que não se enquadram na categoria de recursos (ação rescisória, embargos de terceiro, mandado de segurança, reclamação ou conflito de competência), não há necessidade de haver o prévio "esgotamento de instâncias" ordinárias[18].

Ainda que se concorde com esse entendimento, certo é que a Lei 13.256/16 criou requisito de procedibilidade para a reclamação ajuizada no caso específico de que ora se trata, encampando a jurisprudência pacífica do STF sobre a matéria, razão pela qual se deve ao menos tentar estabelecer balizas interpretativas para a imposição legal.

4.1. O requisito do esgotamento de instâncias e a jurisprudência do STF e do STJ

O conceito de "esgotamento de instância", para fins de cumprimento do requisito inserido na nova hipótese de admissibilidade condicionada da reclamação, tem gerado problemas no âmbito do STF e do STJ. A celeuma reside em se saber em qual momento a instância terá sido efetivamente exaurida.

A Corte Suprema, em julgados recentes, vem apontando a necessidade de interposição de agravo interno contra a decisão que nega seguimento ao recurso extraordinário com base no art. 1.030, I, *a* e *b* (art. 1.030, § 2º, do CPC 2015) a fim de que possa ser considerada exaurida a instância ordinária.

Ainda segundo o STF, deve haver o julgamento do agravo interno pelo respectivo órgão colegiado da instância *a quo*. Após a publicação do acórdão, caberá reclamação, pela dicção do art. 988, §5º, II, do diploma processual.[19]

Importante ressaltar que, nessa situação, não poderá ocorrer o trânsito em julgado da decisão, sob pena de inadmissibilidade da reclamação posteriormente ajuizada, nos termos do art. 988, §5º, I, do CPC 2015[20]. Portanto, do acórdão

---

18. NERY JR, Nelson; NERY, Rosa Maria de Andrade. *Constituição Federal comentada*. 3. ed. São Paulo: Ed. RT, 2012, p. 599; MANCUSO, Rodolfo de Camargo. *Recurso extraordinário e recurso especial*. 14. ed. São Paulo: Ed. RT, 2018, p. 141-142.
19. Agravo regimental na reclamação. Administrativo. Concurso público. Anulação de questões. Pretensão de observância de precedente firmado em sede de repercussão geral. RE 632.853 (tema 485). Inadmissibilidade da via eleita. Ausência de esgotamento das vias ordinárias. Utilização da reclamação como sucedâneo de recurso ou outras ações cabíveis. Impossibilidade. Agravo regimental desprovido. (...) 6. O Supremo Tribunal Federal deixa claro que o prévio exaurimento das instâncias ordinárias apenas se concretiza após o julgamento do agravo interno interposto contra decisão da Corte de origem que nega seguimento a recurso extraordinário. (Rcl 27843 AgR, rel. Min. Luiz Fux, 1ª Turma, j. 17.09.2018, processo eletrônico DJe-205 divulg 26.09.2018 public 27.09.2018).
20. O CPC 2015, nesse aspecto, adotou o entendimento do STF cristalizado pela Súmula 734 daquele tribunal: "Não cabe reclamação quando já houver transitado em julgado o ato judicial que se alega tenha desrespeitado decisão do Supremo Tribunal Federal".

proferido no julgamento do agravo interno, deverá a parte aviar novo recurso especial ou extraordinário, ao mesmo tempo em que maneja reclamação para o tribunal superior competente[21].

Malgrado a previsão do §6° do art. 988 do CPC 2015, que estabelece claramente que o recurso interposto não afeta a reclamação, ou seja, que ambos podem conviver independentemente, no caso sob exame, além de "esgotar as instâncias" ordinárias, o reclamante deverá evitar o trânsito em julgado[22], através da interposição dos recursos cabíveis.

Se no decorrer do trâmite desses recursos, contudo, o relator dotar a reclamação de efeito suspensivo – *ex officio* ou a requerimento da parte –, por força do art. 989, II, do CPC 2015, ela mesma terá o condão de evitar que a coisa julgada seja formada, assumindo a característica obstativa típica dos recursos.

O STJ, de seu turno, nos casos previstos nos incisos I e III do art. 1.030 do CPC 2015, tem adotado a posição firmada pelo STF – a que se fez referência anteriormente – de que basta o julgamento definitivo do agravo interno perante o tribunal de origem, a fim de que possa ser proposta a reclamação. Tudo isso antes do trânsito em julgado da decisão reclamada.[23]

Na hipótese, todavia, de o presidente ou o vice-presidente do tribunal de origem verificarem que, de fato, o acórdão recorrido diverge do entendimento

---

21. No mesmo sentido: MEDINA, José Miguel Garcia. *Prequestionamento, repercussão geral da questão constitucional, relevância da questão federal*. 7. ed. São Paulo: Ed. RT, 2017, p. 323. Georges Abboud, em sentido contrário, afirma que o cabimento de novos recursos extraordinário ou especial do acórdão que julga o agravo interno poderia gerar um eterno *loop* de recursos e que, portanto, o único recurso cabível desse acórdão seria o agravo do art. 1.042, já que aos tribunais *a quo* não seria dado aferir, em última instância, a admissibilidade dos recursos excepcionais, sob pena de usurpação de competência das cortes superiores, estas sim capazes de aferir, em última análise, a admissibilidade dos recursos a elas dirigidos (ABBOUD, Georges. *Processo constitucional brasileiro*, 2. ed. São Paulo: Ed. RT, 2018, p. 798).
22. Em ocorrendo o trânsito em julgado, poderia se cogitar do ajuizamento de ação rescisória, com base no art. 966, §5°, do CPC 2015.
23. Na linha de precedentes do STF, esta Corte Superior tem afirmado que, "Após a vigência do art. 988, do CPC/2015, passou a ser admitida a reclamação para garantir a observância de acórdão proferido em julgamento de recurso especial repetitivo após o esgotamento das instâncias ordinárias com o julgamento pelo Órgão Especial da Corte de Origem do agravo interno previsto no art. 1.030, §2°, do CPC/2015, interposto da decisão que inadmitiu o recurso especial por considerar o acórdão recorrido em conformidade com o entendimento do Superior Tribunal de Justiça exarado no regime de julgamento de recursos repetitivos (Rcl 32.391/SP, Relator Ministro Mauro Campbell Marques, Primeira Seção, julgado em 13.12.2017, *DJe* 18.12.2017).5. Agravo interno desprovido (AgInt na Rcl 35.051/SP, rel. Ministro Antonio Carlos Ferreira, 2ª Seção, j. 08.08./2018, *DJe* 14.08.2018). Conferir também: AgInt nos EDcl na Rcl 35.338/SP, rel. Ministro Ricardo Villas Boas Cueva, 2ª Seção, j. 16.10.2018, *DJe* 23.10.2018).

do STF ou do STJ exarado, conforme o caso, nos regimes de repercussão geral ou de recursos repetitivos (art. 1.030,II), a jurisprudência do STJ tem prezado pela necessidade de realização do juízo de retratação e, posteriormente, do juízo de admissibilidade do recurso especial interposto no feito pelo reclamante. Somente após esta última manifestação seria considerado satisfeito o requisito[24].

Deve-se ter em mente que o acórdão proferido pelo tribunal local no julgamento da apelação não é atacável imediatamente por reclamação, na medida em que esse instituto não pode ser utilizado como sucedâneo recursal. Isto é, deve a parte interpor o recurso extraordinário ou especial, conforme o caso, passando a incidir a hipótese de cabimento da reclamação do art. 988, §5º, II, quando o relator negar seguimento aos aludidos recursos com fulcro no art. 1.030, I e III.[25]

Com base no exposto acima, pode-se afirmar que o STJ vem adotando posição defensiva no que concerne ao manejo da reclamação com base no art. 1.030, II, do CPC 2015. Isso porque, conforme será mais bem analisado a seguir, o § 6º do art. 988 dispõe expressamente que a inadmissibilidade ou o próprio julgamento desfavorável de mérito do recurso interposto contra a decisão reclamada não prejudica a reclamação.

Devido às variantes interpretativas acerca do correto entendimento do que seria o "esgotamento de instância", pretende-se, a seguir, fornecer subsídios que permitam ao intérprete traçar caminho mais seguro para a análise do cabimento da reclamação, tendo em vista o conteúdo do art. 988, §5º, II, do CPC 2015 e a jurisprudência vigente dos tribunais superiores.

Antes, porém, mister analisar a disciplina do agravo interno e do agravo em recurso especial e extraordinário, alterada pelas modificações introduzidas ao CPC 2015 pela multicitada Lei 13.256/16.

4.2. Agravo interno e agravo em recurso especial e extraordinário no CPC 2015

Na redação original do CPC 2015, os recursos extraordinário e especial seriam interpostos perante o tribunal *a quo* e remetidos ao STF ou ao STJ, respectivamente, sem realização de juízo de admissibilidade. Com a reforma da Lei 13.256/16, o rito dos recursos dirigidos aos tribunais de cúpula voltou a ser o previsto no CPC 73.

---

24. AgRg na Rcl 32.945/RS, rel. Ministro Reynaldo Soares da Fonseca, 3ª Seção, julgado em 22/02/2017, *DJe* 02/03/2017; AgRg na Rcl 33.054/RS, rel. Ministro Jorge Mussi, 3ª Seção, julgado em 14/6/2017, *DJe* 22.06.2017; AgInt na Rcl 34.019/SP, rel. Min. Ricardo Villas Bôas Cueva, 2ª Seção, *DJe* 14.08.2017; AgRg na Rcl 32.266/RS, rel. Min. Felix Fischer, 3ª Seção, *DJe* 16.08.2017.

25. AgInt nos EDcl na Rcl 35.329/RS, rel. Ministro Benedito Gonçalves, 1ª Seção, julgado em 26.09.2018, *DJe* 03.10.2018.

Nesse sentido, também o agravo em recurso extraordinário e especial, previsto no art. 1.042 do CPC 2015, foi equiparado ao agravo do art. 544 do CPC 73, voltando a ter a função precípua de destrancamento recursal.

Entretanto, foi excluída do âmbito de abrangência daquele recurso a decisão do presidente ou do vice-presidente do tribunal recorrido que nega seguimento a recurso especial ou extraordinário, fundada na aplicação de entendimento firmado em regime de repercussão geral ou em julgamento de recursos repetitivos (art. 1.030, I e III, do CPC 2015). Desse *decisum* cabe, de acordo com o novo regramento, agravo interno (art. 1.021 do CPC 2015).

Questão interessante surge quando o presidente ou o vice-presidente do tribunal de origem inadmite o recurso excepcional com base em dupla fundamentação: contrariedade à tese fixada em sede de repercussão geral ou recurso repetitivo e ausência de pressuposto de admissibilidade.

A jurisprudência do STF, apelidando essas decisões de "mistas ou complexas", vem se posicionando no sentido de que ao recorrente cumpre a interposição tanto do agravo interno como do ARE ou AREsp, para cada capítulo da decisão.[26] Na doutrina, existem entendimentos contrários, afirmando que seria cabível apenas o agravo do art. 1.042 do CPC 2015.[27]

Nos casos em que a lei prevê o cabimento somente do agravo interno (art. 1.030, § 2º), pode-se dizer que a prolação do acórdão, no julgamento desse recurso, será o último pronunciamento do tribunal *a quo* com relação àquela matéria (excetuada, certamente, a possibilidade de oposição de embargos declaratórios).

Isso quer dizer que se a parte não interpuser qualquer outro recurso, ocorrerá a coisa julgada. Para os fins deste trabalho, importa considerar que, muito embora a instância originária possa ser considerada esgotada pelo julgamento do agravo interno, o cenário descrito acima impediria o ajuizamento de reclamação, fazendo com que somente a ação rescisória pudesse ser cabível.

Como, portanto, poderão as partes interessadas fazer uso da reclamação se o atendimento ao requisito do "esgotamento de instância" (art. 988, §5º, II) poderá gerar situação de inadmissibilidade, por conta do trânsito em julgado da decisão reclamada (art. 988, §5º, I)? Esta pergunta, cuja resposta teve início no tópico anterior, leva à conclusão de que as partes deverão interpor recurso apenas para evitar a formação da coisa julgada.

Nelson Nery Jr. e Georges Abboud defendem que deve ser dada interpretação conforme à Constituição ao art. 1.030, § 1º, de modo que caberia o agravo do art.

---

26. ARE 1115707 AgR rel. Min. Alexandre de Moraes, 1ª Turma, julgado em 10.08.2018, *DJe* 23/08/2018.
27. MEDINA, José Miguel Garcia. *Direito processual civil moderno*. 2. ed. São Paulo: Ed. RT, 2016, p. 1401.

1.042 do acórdão que julga improcedente o agravo interno. Segundo os autores, a tese justifica-se pelo fato de que o STF e o STJ, que detêm competência para analisar o mérito dos recursos extraordinário e especial, são também competentes para dar a última palavra sobre sua admissibilidade, em decorrência dos artigos 102, III e 105, III, da Constituição Federal.[28]

Nada obstante a clareza e a robustez do raciocínio dos autores, não se pode vislumbrar, no texto do CPC 2015, a saída por eles pretendida. Inquestionável, porém, é o cabimento de novo recurso extraordinário ou especial e, se for o caso, o emprego da própria reclamação, o que encontra eco seguro no inciso II do § 5º do art. 988 do CPC 2015.[29]

Evitado o trânsito em julgado por meio da interposição de novo recurso excepcional, tem-se que a última manifestação do tribunal *a quo* é a do julgamento do agravo interno, situação que comprova o esgotamento de instâncias.

As circunstâncias variam, no entanto, quando o presidente ou o vice-presidente do tribunal reconhecer que o acórdão recorrido encontra-se dissonante do entendimento fixado pelo STF e pelo STJ em sede de repercussão geral e de recursos repetitivos. Nesse caso, nos termos do art. 1.030, II e §2º, a lei não prevê nenhum recurso cabível. Com efeito, o esgotamento de instâncias deve se dar em momento anterior, qual seja, o do próprio juízo de retratação.

Deve-se ressaltar, conforme exposto acima, que não é dessa maneira que o STJ vem se posicionando. Para aquela Corte Superior, além da realização do juízo de retratação, deve o tribunal proceder à análise da admissibilidade do recurso especial interposto.

Tendo em vista as disposições legais concernentes à reclamação, assim como o entendimento firmado pelos tribunais superiores acerca do requisito do "esgotamento de instância", passa-se à tentativa de sistematização do conceito.

5. Tentativa de sistematização do conceito de esgotamento de instância

A partir do que foi até agora apresentado, é possível extrair algumas conclusões no que diz respeito à interpretação do requisito do prévio exaurimento de instâncias, constante do art. 988, § 5º, II, do CPC 2015:

a) A reclamação, quando a intenção é garantir a observância de acórdão de recurso extraordinário com repercussão geral reconhecida ou de acórdão profe-

---

28. NERY JR., Nelson; ABBOUD, Georges. Recursos para os tribunais superiores e a Lei 13.256/16. *Revista de Processo*, São Paulo, v. 257, p. 217-235, jul. 2016.
29. SCARPINELLA BUENO, Cássio. *Manual de direito processual civil*. 3. ed. São Paulo: Saraiva, 2017.

rido em julgamento de recursos extraordinário ou especial repetitivos, não pode ser manejada desde logo, cabendo ao reclamante interpor o respectivo recurso excepcional. Isso porque, de acordo com a jurisprudência pacífica do STF e do STF, não cabe reclamação *per saltum*. [30]

b) Após a interposição do recurso cabível, as circunstâncias podem variar de acordo com a posição adotada pelo presidente ou vice-presidente do tribunal *a quo*. Assim, pode o órgão de segunda instância negar seguimento: (i) a recurso extraordinário que discuta questão constitucional à qual o Supremo Tribunal Federal não tenha reconhecido a existência de repercussão geral ou a recurso extraordinário interposto contra acórdão que esteja em conformidade com entendimento do Supremo Tribunal Federal exarado no regime de repercussão geral (art. 1.030, I, *a*); (ii) a recurso extraordinário ou a recurso especial interposto contra acórdão que esteja em conformidade com entendimento do Supremo Tribunal Federal ou do Superior Tribunal de Justiça, respectivamente, exarado no regime de julgamento de recursos repetitivos (art. 1.030, I, *b*).

c) Além disso, outras opções possíveis ao órgão de segundo grau são: (i) encaminhar o processo ao órgão julgador para realização do juízo de retratação, se o acórdão recorrido divergir do entendimento do Supremo Tribunal Federal ou do Superior Tribunal de Justiça exarado, conforme o caso, nos regimes de repercussão geral ou de recursos repetitivos (art. 1.303, II); (ii) sobrestar o recurso que versar sobre controvérsia de caráter repetitivo ainda não decidida pelo Supremo Tribunal Federal ou pelo Superior Tribunal de Justiça, conforme se trate de matéria constitucional ou infraconstitucional (art. 1.030, III); (iii) selecionar o recurso como representativo de controvérsia constitucional ou infraconstitucional.

d) Com relação à decisão que nega seguimento ao recurso excepcional com fundamento no art. 1.030, I e III, a jurisprudência do STJ e do STF tem sido pacífica no sentido de que, após o julgamento do agravo interno – recurso cabível por força do art. 1.030, § 2º – abre-se a possibilidade de propositura da reclamação, desde que a decisão não tenha transitado em julgado.

Não merece reparos este último posicionamento, na medida em que não há no sistema recursal do CPC 2015 nenhum outro recurso cabível, no tribunal *a quo*, contra o acórdão que julga o agravo interno. Destarte, concluída a análise do agravo, considera-se exaurida a instância de origem para fins de cumprimento do requisito do art. 988, § 5º, II[31].

---

30. Ou seja, do acórdão do tribunal de origem prolatado em julgamento de apelação ou agravo de instrumento não cabe reclamação diretamente ao tribunal superior, devendo o interessado interpor os recursos excepcionais cabíveis.

31. O legislador encampou a preocupação. Apesar de alterar a redação originária do Código, antes mesmo de sua entrada em vigor, mediante a Lei 13.256, no que suprimindo o

e) No tribunal *ad quem*, por outro lado, cabíveis serão novos recursos extraordinário ou especial, conforme o caso, a fim de que o acórdão do agravo interno não seja acobertado pelo manto da coisa julgada, o que inviabilizaria a reclamação por força do art.988, § 5º, I.

Em se tratando da hipótese do art. 1.030, II, do CPC 2015, maiores considerações devem ser feitas. Segundo o STJ, nesse caso, para que haja o exaurimento das instâncias ordinárias, deve o tribunal se pronunciar em sede de retratação e, logo em seguida, realizar o juízo de admissibilidade do recurso especial interposto (art. 1.030, V, *c*).

De acordo com a Corte Superior, a medida seria adequada pelo fato de a atribuição para a realização do primeiro juízo de admissibilidade dos recursos excepcionais ainda ser do tribunal *a quo*, por conta das modificações introduzidas pela Lei 13.256/16. Contudo, a interpretação do §6º do art. 988 parece levar a conclusão diversa.

Segundo o dispositivo, "a inadmissibilidade ou o julgamento do recurso interposto contra a decisão proferida pelo órgão reclamado não prejudica a reclamação". Quer isso dizer que há uma independência entre a reclamação e o recurso interposto contra a decisão reclamada.[32]

f) Portanto, não subsiste razão para que, após o juízo de retratação, deva o tribunal de origem realizar juízo de admissibilidade, a fim de que o requisito do exaurimento de instância passe a estar presente, nos termos do art. 988, §5º, II, do CPC 2015. Pela dicção do código, pouco importa, para fins de conhecimento da reclamação, que destino levou o recurso interposto contra a decisão reclamada.

6. Conclusão

A reclamação constitucional passou por transformação após a entrada em vigor do CPC 2015. Se antes o instituto era utilizado somente para impedir a usurpação de competência dos tribunais, assim como para garantir as decisões

---

cabimento indistinto da reclamação contra ato de qualquer órgão judiciário em conflito com entendimento adotado sob a sistemática da repercussão geral, passou a admiti-la para controlar a observância de teses firmadas pelo Supremo nos casos idênticos represados nas instâncias inferiores, uma vez comprovado o esgotamento da via ordinária (art. 988, §5º, inciso II). O exaurimento ocorre com a interposição e o julgamento do agravo interno no âmbito do tribunal de origem (artigos. 1.021, 1.030, inciso I, §2º, e 1.042, parte final) (MELLO, Marco Aurélio. A reclamação do Código de Processo Civil de 2015 e a jurisprudência do Supremo. In: DANTAS, Bruno; BUENO, Cassio Scarpinella; NOLASCO, Rita Dias; CAHALI, Cláudia Elisabete Schwerz. *Questões relevantes sobre recursos, ações de impugnação e mecanismos de uniformização de jurisprudência*. Estudos em homenagem à professora Teresa Arruda Alvim. São Paulo: Ed. RT, 2017).

32. ARRUDA ALVIM, Teresa; DANTAS, Bruno. op. cit., p. 598.

por estes proferidas, com a nova legislação processual, passou a reclamação a fazer parte do sistema de precedentes vinculantes, conferindo-lhe efetividade.

Dentro desse contexto, a Lei 13.256/16, que alterou o CPC ainda em seu período de *vacatio legis*, inseriu a decisão de recurso extraordinário com repercussão geral reconhecida no rol dos precedentes vinculantes – a despeito do silêncio do art. 927 do CPC 2015 – e modificou a forma pela qual se dava a vinculação das teses firmadas em sede de recursos repetitivos.

Para essas duas modalidades, foi previsto o cabimento condicionado de reclamação para o tribunal competente. A condição imposta pela nova lei, contida no art. 988, §5º, II, do CPC 2015, consistente no prévio "esgotamento das instâncias ordinárias", vem gerando dificuldades interpretativas por parte do judiciário e da doutrina.

Em modesta tentativa de sistematização, buscou-se através do presente estudo demonstrar que, para fins de exaurimento de instância, deve haver o julgamento do agravo interno, nas hipóteses de inadmissibilidade recursal previstas no art. 1.030, I, *a* e *b*. Por outro lado, no caso do art. 1.030, II, o "esgotamento de instância" se daria após a realização do juízo de retratação pelo tribunal de origem, sem necessidade de posterior juízo de admissibilidade.

29
REPERCUSSÃO GERAL COMO INSTRUMENTO DE CONCRETIZAÇÃO DO SUPREMO TRIBUNAL DOS DIREITOS FUNDAMENTAIS

CHRISTINE OLIVEIRA PETER DA SILVA

Doutora e Mestre em Direito, Estado e Constituição pela UnB. Professora associada do mestrado e doutorado em Direito das Relações Internacionais do Centro Universitário de Brasília (UniCeub). Pesquisadora do Centro Brasileiro de Estudos Constitucionais ICPD/UniCeub. Assessora de ministro do Supremo Tribunal Federal.

SUMÁRIO: 1. A crise do Supremo Tribunal Federal; 1.1 Introito; 1.2 Repercussão Geral e Arguição de Relevância; 2. A solução: Supremo Tribunal dos Direitos Fundamentais; 3. Sistemática da Repercussão Geral: primeira fase; 4. Gestão por temas e a mudança de paradigma gerencial no STF: segunda fase; 4.1. Tema como categoria processual autônoma; 4.2. Metodologia de identificação de temas; 4.3. Criação do tema como um objeto na base de dados jurisdicional do Supremo Tribunal Federal; 4.4. Legados da gestão por temas; 5. Um outro Recurso Extraordinário para um outro Supremo Tribunal: terceira fase da sistemática da repercussão geral; 6. Considerações Finais.

1. A crise do Supremo Tribunal Federal

1.1. Introito

A proposta do presente estudo é apresentar e problematizar a instrumentalidade do instituto da repercussão geral como meio catalizador da missão do Supremo Tribunal Federal como uma Corte Suprema vocacionada à concretização de direitos fundamentais. Com o olhar fixado no processo constitucional e suas vicissitudes na história constitucional brasileira, o trabalho propõe deslocamento das qualidades do instituto da repercussão geral como mero instrumento de escolha dos processos a serem julgados pelo Supremo Tribunal para elemento central de gestão institucional estratégica desse importante órgão da República.

O direito processual constitucional tem densificado seus pressupostos a passos largos nestes 30 anos de vigência da Constituição Federal de 1988. É possível afirmar a existência autônoma de um direito processual constitucional, que instrumentaliza a jurisdição constitucional brasileira, muito embora ainda sejam muitas as divergências dogmáticas nesse sentido. Não obstante seja inegável que a Emenda Constitucional 45/2004 tenha sinalizado inequivocamente para a autonomia do processo constitucional em relação ao processo civil ordinário, nem doutrinadores, nem legisladores, nem os próprios magistrados brasileiros caminharam seguramente nessa direção.

Parece incontestável que a repercussão geral, como instituto típico do processo constitucional, sob a essência de requisito de admissibilidade do recurso extraordinário, foi forjada em um ambiente de crise institucional, não apenas a crise da pletora de processos do Supremo Tribunal Federal, mas, principalmente, a crise do próprio Poder Judiciário brasileiro, que, apesar de todos os esforços em sentido contrário (lembre-se, por exemplo, a introdução do inciso LXXVIII do art. 5º da Constituição Federal de 1988), ainda está muito longe de atingir o grau de eficiência desejado, especialmente quanto aos anseios dos cidadãos brasileiros por uma prestação jurisdicional justa e célere.[1]

Além disso, o instituto da repercussão geral também surge associado a um instituto de má reputação democrática, qual seja, a arguição de relevância. Assim, embora sejam notórias as distinções entre o novo instituto da repercussão geral e o antigo instituto da arguição de relevância, não se pode construir o conceito do instituto da repercussão geral sem o esforço de diferenciá-lo da arguição de relevância, isso porque negar-lhes semelhanças teleológicas talvez não seja tão simples.

As diferenças históricas e ontológicas entre o instituto da repercussão geral e da arguição de relevância são notórias, especialmente diante do fato de que a Suprema Corte brasileira construiu lugar institucional incontesto como protagonista da República Federativa do Brasil, especialmente nas duas últimas décadas.

---

1. Importante aqui registrar que algumas (muitas) ideias deste trabalho já foram apresentadas em outros textos cuja reflexão coincide com esta que faço aqui. Sobre essa temática da repercussão geral cfr: SILVA, Christine Oliveira Peter da. Repercussão geral em evolução: narrativa histórica, teórica e metodológica. *Revista Síntese de Direito Civil e Processo Civil*, v. 19, n. 110, p. 9-31, nov.-dez. 2017. SILVA, Christine Oliveira Peter da. Gestão por temas propõe novo olhar sobre a sistemática da repercussão geral. *Revista Eletrônica Consultor Jurídico*, 20, jun. 2015. Disponível em: [www.conjur.com.br/2015-jun-20/observatorio-constitucional-gestao-temas-propoe-olhar-sistematica-repercussao-geral]. Acesso em: 03.12.2018; SILVA, Christine Peter da; Aguiar, Lucas Albuquerque. Gestão por temas como metódica adequada para implantação da cultura brasileira de precedentes constitucionais. *Revista Jurídica da Presidência*, v. 19, n. 118, p. 402-426, jun.-set. 2017. Disponível em: [https://revistajuridica.presidencia.gov.br/index.php/saj/article/view/1288/1217]. Acesso em: 03.12.2018.

A questão posta à reflexão e debate acadêmico com o presente estudo é a caracterização do instituto da repercussão geral como um instrumento disponibilizado pelo direito processual constitucional apto para transformar o Supremo Tribunal Federal de um Tribunal da Federação para o Supremo Tribunal dos Direitos Fundamentais.[2]

O objetivo principal é apresentar as linhas mestras daquilo que efetivamente se pode considerar como repercussão geral, destacando-se como objetivos específicos ressaltar as contribuições que esse típico instituto do direito processual constitucional pode dar à missão institucional constitucionalmente posta ao Supremo Tribunal Federal, bem como dividir a evolução desse instituto em pelo menos três fases distintas, buscando, com as descrições e narrativas apresentadas, expor informações históricas, caminhos conceituais e metodológicos para a viragem ontológica aqui proposta.

1.2. Repercussão Geral e Arguição de Relevância[3]

A doutrina especializada, tão logo houve a mudança constitucional que introduziu o requisito da repercussão geral para a admissibilidade do recurso extraordinário, tratou de conceituar e sistematizar as características desse novo instituto. Os professores Luiz Rodrigues Wambier, Teresa Arruda Alvim Wambier e José Miguel Garcia Medina registraram que:

> [...] precisará o recorrente demonstrar que o tema discutido no recurso tem uma relevância que transcende aquela do caso concreto, revestindo-se de interesse geral, institucional, semelhantemente ao que já ocorria, no passado, quando vigorava no sistema processual brasileiro o instituto da argüição de relevância.[4]

---

2. Essa ideia está presente em minhas pesquisas há alguns anos. Vide: SILVA, Christine O. Peter da. Supremo Tribunal Federal e a concretização dos direitos fundamentais. SILVA, Christine O. Peter da; CARNEIRO, G. F. S. (Org.). *Controle de constitucionalidade & direitos fundamentais*. Rio de Janeiro: Lumen Juris, 2010. p. 55-72; SILVA, Christine O. Peter da. Nos últimos 20 anos, direitos fundamentais alavancaram no Supremo. *Revista Consultor Jurídico*, 19.12.2015. Disponível em: [www.conjur.com.br/2015-dez-19/observatorio-constitucional-20-anos-direitos-fundamentais-alavancaram-stf]. Acesso em: 05.12.2018.

3. Registro, por honestidade acadêmica, que esse tópico também foi publicado em: SILVA, Christine Oliveira Peter da. Repercussão geral em evolução: narrativa histórica, teórica e metodológica. *Revista Síntese de Direito Civil e Processo Civil*, v. 19, n. 110, p. 9-31, nov.-dez. 2017.

4. WAMBIER, Luiz Rodrigues; ARRUDA ALVIM WAMBIER, Teresa; MEDINA, José Miguel Garcia. *Reforma do judiciário*: primeiros ensaios críticos sobre a EC n. 45/2004. ARRUDA ALVIM WAMBIER, Teresa et al (Coord.). São Paulo: Ed. RT, 2005. p. 373.

E acrescentaram:

> No sistema anterior, havia como que uma relevância pressuposta nas causas em que se verificava ofensa ao direito objetivo – ou seja, só pelo fato de ter havido ofensa ao direito em tese, a questão seria relevante. Hoje, no que diz respeito à ofensa à Constituição Federal, é necessário um plus: não é qualquer questão que se considera tendo repercussão geral, só pela circunstância de ter sido ofendido o texto da Constituição Federal – ou algum princípio de índole constitucional-, mas a questão deve gerar repercussão geral em si mesma.[5]

Os referidos professores concluíram que:

> Esta figura impede que o STF se transforme numa 4ª Instância e deve diminuir, no momento em que efetivamente entrar em vigor, [...], consideravelmente a carga de trabalho daquele tribunal, resultado este que também acaba por, de forma indireta, beneficiar os jurisdicionados, que terão talvez uma jurisdição prestada com mais vagar e mais cuidado, pois haverá acórdãos, já que em menor número, que serão fruto de reflexões mais demoradas e aprofundadas por parte dos julgadores. Enfim, espera-se que, com essa possibilidade de seleção de matérias realmente importantes, não só para o âmbito de interesse das partes, se tenha jurisdição de melhor qualidade.[6]

Hugo Evo Corrêa Urbano, em artigo sobre o tema, explicitou a necessidade de se utilizar da doutrina produzida acerca da arguição de relevância para obter-se direcionamento para uma definição do instituto da repercussão geral:

> No passado muito se discutiu o que seria a relevância de uma questão. A lei não trazia qualquer orientação a esse respeito. Também não existia jurisprudência nesse sentido, pois os julgamentos das arguições eram feitos de forma secreta, sem publicação dos fundamentos das decisões, apenas do resultado.
> [...]
> Com o intuito de diminuir essa flexibilidade e encontrar critérios objetivos que pudessem orientar os recorrentes na hora de argüir a relevância da questão federal, a doutrina passou a tentar conceituar o que seria relevante. E as lições do passado podem hoje servir de orientação na definição e aplicação da repercussão geral das questões constitucionais.[7]

---

5. WAMBIER, Luiz Rodrigues; ARRUDA ALVIM WAMBIER, Teresa; MEDINA, José Miguel Garcia. *Reforma do judiciário:* primeiros ensaios críticos sobre a EC n. 45/2004. ARRUDA ALVIM WAMBIER, Teresa et al (Coord.). São Paulo: Ed. RT, 2005. p. 374.
6. WAMBIER, Luiz Rodrigues; ARRUDA ALVIM WAMBIER, Teresa; MEDINA, José Miguel Garcia. *Reforma do judiciário:* primeiros ensaios críticos sobre a EC n. 45/2004. ARRUDA ALVIM WAMBIER, Teresa et al (Coord.). São Paulo: Ed. RT, 2005. p. 376.
7. URBANO, Hugo Evo Magro Correa. Da argüição de relevância à repercussão geral das questões constitucionais no recurso extraordinário. *Revista Dialética de Direito Processual*, n. 47, p. 67-68, fev. 2007.

É verdade que o legislador constituinte derivado, ao não utilizar o termo "relevância", como previsto no texto constitucional anterior, preferindo o termo "repercussão geral", deixou evidente que não basta ao recurso extraordinário versar sobre tema relevante, sendo imprescindível que o assunto transcenda o interesse imediato das partes nele envolvidas.

Não obstante, também não se pode negar que o termo "repercussão geral", tal qual o termo "relevância", constitui conceito aberto carente de significado unívoco, de forma que, com o intuito de mitigar os efeitos eventualmente nocivos da ausência de definição precisa sobre o que venha a ser repercussão geral, revela-se importante registrar o que pensam os doutrinadores sobre esses termos.

O Ministro Vitor Nunes Leal afirmava que a relevância deveria ser apurada especialmente do ponto de vista do interesse público, afirmando: "Sem dúvida o conceito de importância está relacionado com a importância das questões para o público, em contraste com a sua importância para as partes interessadas."[8]

Para o Ministro Moreira Alves, relevantes seriam as questões que, no âmbito federal, tivessem importância jurídica, social, econômica e política. Mas era o próprio Moreira Alves que, fazendo coro com outros doutrinadores, como José Frederico Marques, por exemplo, sustentava a impossibilidade de serem estabelecidos critérios objetivos apriorísticos para determinar o que seria a questão federal relevante. Suas palavras:

> Pode-se dizer, genericamente, que relevantes são as questões que, no âmbito federal, têm importância jurídica, social, econômica, política. Mas esse enunciado não satisfaz à aspiração de uma perfeita delimitação do que venha a ser relevante. E isso se explica porque a aferição da relevância é julgamento de valor, havendo, pela natureza mesma de tais julgamentos, larga margem de subjetivismo daqueles a quem incumbe decidir sobre se ela ocorre, ou não. Definir é traçar limites objetivos, o que não se compadece com as idéias de conteúdo impreciso porque dependente de análise subjetiva. Por isso mesmo não se exige sequer a concordância da maioria; basta que se alcance o quorum de quatro vozes acordes em que a questão em causa é relevante.[9]

Já o Ministro Evandro Lins e Silva afirmava que a relevância estava associada a uma garantia fundamental do cidadão, colocando sob o manto da questão

---

8. LEAL, Vitor Nunes. Aspectos da reforma judiciária. *Revista de Informação Legislativa*, Brasília, n. 7, set. 1965. p. 38.
9. ALVES, José Carlos Moreira. A missão constitucional do Supremo Tribunal Federal e a argüição de relevância de questão federal. *Revista do Instituto dos Advogados Brasileiros*, ano XVI, n. 58 e 59, 1982. p. 49.

federal relevante, além do interesse público, também os direitos fundamentais do indivíduo e as questões pertinentes ao estado civil das pessoas.[10]

O Ministro Oscar Dias Corrêa era da opinião de que o Supremo Tribunal Federal deveria "editar – como lhe parecesse conveniente – esclarecimentos sobre o que entende por argüição de relevância, quando deve ser oposta, e alguns dos critérios que o levam a considerar relevante uma questão federal."[11]

Destaca-se ainda a opinião de José Carlos Barbosa Moreira para quem a questão federal seria relevante quando se revestisse de interesse público, ou seja, quando o seu desate se destinasse a repercutir necessariamente fora do âmbito restrito das relações entre as partes.[12]

Em primeiro lugar, não se pode perder de vista que a relevância da questão federal era apenas para estabelecer um juízo de escolha acerca do que eventualmente deveria ser objeto de deliberação do tribunal em matéria infraconstitucional. Àquela época, todas as questões constitucionais submetidas à Corte deveriam ser analisadas.

A disciplina constitucional da repercussão geral, ampla e indefinida, permite que a construção do instituto venha a ser realizada pela prática do Tribunal, de forma que, se a intenção efetivamente é resguardar a qualidade das decisões judiciais que tratem de temas constitucionais de amplo interesse para a sociedade brasileira (interesse público não estatal), então parece certo que será possível que o Tribunal recuse-se a decidir sobre temas constitucionais que podem ser resolvidos pela competência de outras Cortes, como o Tribunal Superior do Trabalho, por exemplo.

Sobre a abertura oferecida pelo próprio conceito de repercussão geral, destaca-se a opinião atualizada e abalizada de Arruda Alvim, para quem:

> A utilização da expressão repercussão geral, está em si mesma, carregada intencionalmente de vaguidade. A regulamentação pela lei ordinária deverá disciplinar o instituto, mas não deverá acabar, propriamente, por definir inteiramente, ou não, o que é repercussão geral, dado que, se o fizesse, sem deixar espaço para o STF, certamente acabaria por engessar o sentido do texto constitucional. Devem-se ter presentes as seguintes ponderações.
>
> Há idéias que, em si mesmas, dificilmente, comportam uma definição. Mais ainda, se definidas forem, seguramente – agora no campo da operatividade do

---

10. SILVA, Evandro Lins e. O recurso extraordinário e a relevância da questão federal. *Revista dos Tribunais*, São Paulo, v. 485, mar. 1976. p. 14.
11. CORRÊA, Oscar Dias. A missão atual do Supremo Tribunal Federal e a Constituinte. *Revista de Direito Administrativo*, Rio de Janeiro, v. 160, abr.-jun. 1985. p. 19.
12. MOREIRA, José Carlos Barbosa. *Comentários ao Código de Processo Civil*. 5. ed. Rio de Janeiro: Forense, 1985. v. 5. p. 168.

> Direito – passam a deixar de ensejar, só por isso, o rendimento esperado de um determinado instituto jurídico que tenha sido traduzido através de conceito vago. [...]; não são, nem devem ser propriamente conceituados, mas devem ser apenas referidos, pois é intensa a interação entre eles e a realidade paralela, a que se reportam. [...]
>
> É o que se passa com a definição do que repercute geralmente, realidade esta que, aprioristicamente se tem por indefinível (ou ao menos, utilmente definível), de uma só vez, em termos propriamente completos, o que equivaleria a uma série infindável e incisos, exageradamente casuísticos e minuciosos, e, por fim, o que é mais grave, inevitavelmente incompletos, e, portanto, indesejavelmente limitadores do próprio objeto definido. O que se passa, com tal noção é que ela deve ser objeto de decantação permanente, de que resultará, com o tempo, mosaico rico e variegado de matizes.[13]

Verifica-se, portanto, que a sistemática inaugurada pela Emenda Constitucional 45/04, regulamentada pela Lei 11.418/06 e pela Emenda Regimental 21/07 do Supremo Tribunal Federal, vem sendo conformada na medida em que os casos estão sendo submetidos à apreciação da Corte. Não há, como, *a priori*, estabelecer parâmetros para as decisões sobre a repercussão geral, pois, conforme registra Hugo Evo Urbano:

> Diante das tentativas doutrinárias de traçar limites objetivos para um conceito que a princípio se mostra extremamente elástico, tal como o conceito de repercussão, vê-se que os autores sempre buscaram diretrizes na forma com que o desate da questão poderia atingir o interesse público. Por isso, afirma-se que a relevância reside exatamente na repercussão que a decisão da causa poderá ter sobre casos presentes e futuros.
>
> Ora, seja usado o termo "relevância", seja "repercussão", o objetivo do legislador constituinte foi o mesmo: que o STF ficasse adstrito a conhecer apenas de casos em que o desate da questão transcendesse em muito o interesse público. Esse artifício foi montado diante do crescimento das bases do Poder Judiciário, com o aumento do acesso da população a essa função do Estado, sem se mexer na estrutura de seu órgão de cúpula.[14]

Entretanto, para que a incerteza não prejudique o próprio e natural desenvolvimento do instituto da repercussão geral entre nós, vale transcrever, ainda que em trecho longo, as lições do Ministro Victor Nunes Leal, cuja experiência,

---

13. ALVIM, Arruda. A emenda constitucional 45 e a repercussão geral. *Revista de Direito Renovar*, Rio de Janeiro, v. 31, p. 91-92, jan.-abr. 2005.
14. URBANO, Hugo Evo Magro Correa. Da argüição de relevância à repercussão geral das questões constitucionais no recurso extraordinário. *Revista Dialética de Direito Processual*, n. 47, p. 67-68, fev. 2007.

em relação à arguição de relevância, pela genialidade de seu preceptor, pode servir de luzeiro a guiar a solução de problemas que certamente serão postos quanto ao instituto da repercussão geral:

> [...], o requisito suplementar da alta relevância, para flexibilizar as atribuições do Tribunal, de uma parte, não tem sido bem compreendido, e, de outra, tem sido considerado, por alguns, demasiadamente impreciso e, portanto, subjetivo.
>
> Em que consiste a alta relevância da questão de direito federal? Uma definição rigorosa seria impossível, mas alguns exemplos ajudarão a compreender o problema.
>
> Antes de tudo, a relevância, para esse efeito, será apurada especialmente do ponto de vista do interesse público. Em princípio, qualquer problema de aplicação da lei é de interesse público. Mas, na prática, muitas questões têm repercussão limitada às partes, ou a pequeno número de casos, e há problemas legais cujas conseqüências são muito reduzidas, mesmo para as partes, servindo antes como pretexto para manobras protelatórias ou que visam a subtrair o mérito do litígio ao direito aplicável. Muitas controvérsias sobre o direito processual estão compreendidas nesta última hipótese.
>
> Já temos, portanto, um primeiro balizamento: o interesse público da decisão a ser tomada, ou melhor, o seu reflexo além do exclusivo interesse das partes litigantes. Seria impraticável dizer, a priori quais sejam essas questões, mas alguns novos esclarecimentos tornarão a idéia mais acessível.
>
> As questões constitucionais, por exemplo, são de alta relevância, porque está em discussão o direito fundamental do País. Mas podem apresentar-se sem relevo, se a causa puder ser decidida por outras razões jurídicas, sem que seja necessário enfrentar a controvérsia constitucional. De outro lado, questões de natureza puramente legal, versando, por exemplo, sobre as atribuições de autoridades de nível elevado, ou que lidam com interesses de amplas coletividades, são de alta relevância, porque delas resultam a regularidade dos atos que praticarem. Isso explica, em parte, por que, nos Estados Unidos, a porcentagem de admissão dos recursos do Estado (pelo Solicitador General) tem sido bem maior que a dos recursos entre particulares. Esses recursos, além de interpostos com mais cautela e propriedade, têm como pressuposto problemas de ordem pública.
>
> Vejamos outros exemplos. A definição de um instituto tributário - que interesse a centenas de milhares de pessoas – atende ao requisito da relevância. Tem o mesmo caráter a interpretação de uma lei que abranja extensa categoria de funcionários públicos. De igual modo, uma norma legal que, aplicada de uma forma e não de outra, possa afetar fundamente todo um ramo da produção ou do comércio. O mesmo se dirá do dissídio jurisprudencial em torno de uma lei de aplicação freqüente (como a de locação). Deixará, porém, essa questão de ter relevo, se a interpretação razoável da lei for contrariada apenas por uma ou outra decisão isolada, que não chegue a configurar uma corrente jurisprudencial.

> Nos precedentes que o Tribunal fosse formando, as partes encontrariam numerosos exemplos para bem discernir o pressuposto da relevância e, dentro de algum tempo, as incertezas estariam reduzidas ao mínimo.
>
> O interesse público da controvérsia é, assim, o índice mais seguro para se determinar a relevância da questão de direito federal suscitada: "Sem dúvida, o conceito de importância está relacionado com a importância das questões para o público, em contraste com a sua importância para as partes interessadas"
>
> Se a questão, segundo tais critérios, não for considerada relevante, nem por isso haverá denegação de justiça, porque já terá sido julgada por outro Tribunal, prevalecendo sua decisão, sem comprometer a opinião do Supremo Tribunal. Daí resulta, evidentemente, maior prestígio para os outros tribunais.[15]

Vê-se, portanto, que a adoção de um mecanismo de filtragem recursal, como a repercussão geral, sintoniza-se, precipuamente, com o direito à tutela jurisdicional efetiva e com a garantia da duração razoável do processo. Há tempos o ordenamento jurídico brasileiro vem utilizando-se de instrumentos que possibilitam uma compatibilização vertical das decisões judiciais, como a possibilidade de o relator, nos juízo colegiados, negar seguimento a recurso "em confronto com súmula ou jurisprudência dominante do respectivo Tribunal, ou de Tribunal Superior"[16]; bem como dar provimento aos recursos cuja decisão recorrida esteja em confronto com "súmula ou jurisprudência dominante do Supremo Tribunal Federal, ou de Tribunal Superior"[17]

Nesse contexto, a Emenda Constitucional 45/2004 inaugurou uma nova era para a atuação jurisdicional da Suprema Corte brasileira. A regulamentação não veio rapidamente, pois somente dois anos após a edição da Emenda Constitucional 45/2004, ou seja, no final de 2006, é que a Lei 11.418 trouxe a disciplina legal e processual para o instituto. É desse processo histórico, o qual aqui será dividido em três fases, que cuidarão os próximos tópicos.

2. A solução: Supremo Tribunal dos Direitos Fundamentais

A troca da expressão "Federal" para "dos Direitos Fundamentais" propõe deslocamento do paradigma de uma Corte essencialmente compromissada com o pacto federativo para o paradigma de uma Corte intrinsecamente responsável pela concretização dos direitos fundamentais. É sobre esse fenômeno, e suas possibilidades, que a proposta do presente trabalho ganha sua razão de ser.

---

15. LEAL, Vitor Nunes. Aspectos da reforma judiciária. *Revista de Informação Legislativa*, Brasília, n. 07, p. 38-39, set. 1965.
16. Aqui a referência é ao art. 577, *caput*, do Código de Processo Civil de 1973.
17. Também se está a lembrar do art. 577, § 1º, do Código de Processo Civil de 1973.

Algumas premissas são importantes de compartilhar diante da proposta reflexiva que fazemos aqui. A primeira delas é que a hipótese não é descritiva, mas propositiva, ou seja, não se lastreia na realidade indubitável que o Supremo Tribunal de hoje já seja uma Corte informada pela dogmática jusfundamental, mas tenho convicção de que é este um caminho possível, desejável e já iniciado, o qual pode encontrar indícios relevantes na jurisprudência de casos notórios dessa Corte.

A segunda premissa é a de que o modelo político do Estado de Direito, inicialmente de influência puramente liberal, é a consequência lógica do reconhecimento da força irradiante, dirigente e horizontal dos direitos fundamentais e da consolidação do constitucionalismo, ou seja, daquele que surgiu com as revoluções liberais, quando a principal aspiração social era pela liberdade, mas que não se esgotou nela, por também lutar, inclusive até nossos dias, pela igualdade, pela fraternidade e pela busca da felicidade, além de outros tantos valores que a própria humanidade tratou de entender próprios para si.

Por causa dessa expansão de valores que fundamentam os Estados de Direito, especialmente após a Segunda Guerra Mundial, a doutrina constitucional vem, aos poucos, reconhecendo que se está a vivenciar experiências de um verdadeiro Estado Constitucional, cujo código fonte encontra-se no reconhecimento e proteção dos Direitos Fundamentais, como alternativa ao modelo clássico de Estado de Direito.[18]

Por fim, a terceira premissa é a de que o Supremo Tribunal dos Direitos Fundamentais, por sua vez, seria aquele que decide as questões que lhe são submetidas filtrando-as pela dogmática dos direitos fundamentais, o que implica comprometimento inescusável por parte da Corte com: i) uma postura hermenêutica jusfundamental; ii) os efeitos irradiantes, dirigentes e horizontais de tais direitos; ii) os diálogos interinstitucionais permanentes com o objetivo de elucidar, de forma colegiada, cooperativa e democrática, os âmbitos de proteção de tais direitos.

A hermenêutica jusfundamental impõe que o intérprete constitucional considere a Constituição como norma de eficácia imediata em todos os seus termos, o

---

18. Sobre esse deslocamento e a utilização da expressão Estado de Direitos Fundamentais vide: SILVA, Christine O. Peter da. Supremo Tribunal Federal e a concretização de direitos fundamentais. In: SILVA, Christine O. Peter da; CARNEIRO, G. F. S. (Org.). *Controle de constitucionalidade & direitos fundamentais*. Rio de Janeiro: Lumen Juris, 2010; OTERO, Paulo. A crise do "Estado de direitos fundamentais". *Lições de direito constitucional: em homenagem ao jurista Celso Bastos*, São Paulo, p. 179-197, 2005. No Brasil, a expressão "Estado de Direitos Fundamentais" está presente nos trabalhos do Professor Willis Santiago Guerra Filho, tais como: *Estado Democrático de Direito como Estado de direitos fundamentais com múltiplas dimensões*. Disponível em: [http://sisnet.aduaneiras.com.br/lex/doutrinas/arquivos/300807.pdf]. Acesso em: 05.12.2018.

que implica reconhecer que não há normas constitucionais figurativas e, também, que não se pode distinguir, por quaisquer critérios, as normas constitucionais de primeira e segunda categoria. Segundo essa compreensão, há uma ampliação significativa da força normativa da Constituição e da diretriz que indica a máxima efetividade de suas normas, especialmente daquelas que involucram os direitos fundamentais.

Tal olhar hermenêutico, que reconhece a todas as normas constitucionais força normativa jusfundamental, significa, na prática, uma potencialização máxima da própria força normativa Constituição, expressão cunhada por Konrad Hesse[19] a quem reputo o marco doutrinário essencial da proposta aqui formulada. Toda concretização normativa, a partir desse modo de interpretar o ordenamento jurídico-constitucional, é também uma filtragem jusfundamental, pois o resultado em concreto da interpretação impõe a verificação da constitucionalidade da solução proposta.

Prestigiam-se, assim, os efeitos irradiantes, dirigentes e horizontais das normas constitucionais jusfundamentais, reconhecendo-as tanto como direitos subjetivos de dimensões individual, coletiva e transindividual como também Direito Objetivo, na qualidade de institutos, instituições e garantias institucionais. E, assim, os efeitos que a doutrina constitucional garante, há bastante tempo, à concretização dos direitos fundamentais típicos também passam a ser extensíveis a todas as demais normas constitucionais, as quais, nessa visão, espelham, em alguma medida, dimensões jusfundamentais.

Todas as questões jurídicas, a partir do paradigma do Estado de Direitos Fundamentais, passam também a ser questões jusfundamentais, pois decorrem – seja em abstrato, seja em concreto –, da incidência irradiadora da concretização constitucional pelos diversos órgãos de Poder de nossa República Democrática. Todos os agentes políticos passam a ser igualmente responsáveis pela concretização diuturna, expansiva e irremediável da Constituição, o que certamente conduz a diálogos sobre direitos fundamentais, muitas vezes tensos e conflitivos, na dinâmica sociopolítico e jurisdicional.

No Estado de Direitos Fundamentais, a Corte Suprema é em si mesma uma garantia institucional da Constituição e, consequentemente, dos Direitos Fundamentais. Se foi concebida, no século XIX, ainda na incipiente República brasileira, por influência do modelo norte-americano, como um Tribunal da Federação, certamente hoje, no século XXI, é percebido, pela sua importante e intensa atuação em temas sociais sensíveis, como um Tribunal dos Direitos Fundamentais.

---

19. HESSE, Konrad. *A força normativa da Constituição*. Trad. de Gilmar Ferreira Mendes. Porto Alegre: Fabris Editor, 1997.

Esse deslocamento não desmerece a importância jurídica e política do pacto federativo entre nós, mas, ao contrário, eleva o princípio federativo à importante categoria de garantia institucional das liberdades fundamentais, ou seja, de verdadeiro direito fundamental que pode ser invocado tanto sob a dimensão subjetiva (individual, coletiva e transindividual) quanto sob a dimensão objetiva (institutos e instituições garantes da opção federativa e seus consectários).

Entretanto, não há dúvidas de que a Corte Suprema brasileira deve estar ontologicamente informada prioritariamente pela dogmática dos direitos fundamentais, ao invés da dogmática federativa, muito mais pela concretização ontológica dos direitos fundamentais do que pela concretização dos procedimentos constitucionais de repartição de competências, no ambiente normativo do princípio da separação de poderes republicanos.

Partindo, portanto, da premissa de que o Estado de Direito, naquilo que o sustenta como modelo político, desde as suas origens no século XVIII, está intrinsecamente associado aos direitos fundamentais, também é natural que a atuação da Suprema Corte, nesse contexto, seja igualmente vinculada aos direitos fundamentais, o que assegura a conveniência de se trocar a expressão Estado de Direito para Estado de Direitos Fundamentais, e de Supremo Tribunal Federal para Supremo Tribunal dos Direitos Fundamentais.

E, nesse contexto de exigível ativismo constitucional[20], todas as funções de poder, incluindo a magistratura, especialmente os magistrados do Supremo Tribunal Federal, estão, como autoridades republicanas, convidadas a adotar metodologia que prestigie a concretização dos direitos fundamentais como prioridade em relação àquelas metodologias que se fixam nos procedimentos de regulação das forças no processo de repartição de competências constitucionais, implícitas ou expressas, típicas da dogmática federativa.

Isso quer significar que as questões discutidas e decididas pela Suprema Corte devem seguir a metódica jusfundamentadora composta de quatro passos essenciais: i) identificação dos direitos fundamentais presentes no debate, bem como sua classificação de acordo com as diversas posições que ocupam; ii) explicitação dos conflitos entre direitos fundamentais que estão evidenciados no caso; iii) apresentação de soluções para cada um dos conflitos, deixando claros os limites das restrições impostas aos respectivos âmbitos de proteção dos direitos fundamentais envolvidos; iv) verificação e justificação discursiva, pela métrica da proporcionalidade, fazendo o juízo de adequação, necessidade e razoabilidade das soluções propostas.

---

20. A reflexão aqui encapsulada na expressão "ativismo constitucional" pode ser encontrada expandida em: SILVA, Christine Oliveira Peter da. Do ativismo judicial ao ativismo constitucional no Estado de direitos fundamentais. *Revista Brasileira de Políticas Públicas*, v. 5, p. 62-87, número especial, 2015.

É verdade que filtrar todas as controvérsias jurídicas sob o paradigma dos direitos fundamentais é uma opção filosófica, teórica e metodológica que exige formação específica para que o intérprete da Constituição consiga manejar os instrumentos disponíveis na dogmática constitucional satisfatoriamente. Não tenho dúvidas de que os juristas com formação tradicional, especialmente aquela focada no paradigma do Estado de Direito Clássico[21], terão muitas dificuldades de perceber, compreender e transitar no universo jusfundamental.

Mas o caminho não é difícil em si mesmo! Para identificar os direitos fundamentais que estão no caso, é imprescindível conhecer as tipologias classificatórias e construir narrativa que seja compartilhada pela comunidade institucional a que o discurso se destina. Toda tipologia classificatória é também uma escolha do jurista e precisa ser justificada pelo compartilhar de horizontes entre quem fala e quem ouve, mas já há um avanço significativo na formação básica em direito constitucional no Brasil quanto a esse ponto específico.

Já no que diz respeito ao esforço descritivo e argumentativo da explicitação dos conflitos entre direitos fundamentais presentes no caso, as deficiências na formação básica em direito constitucional já são mais sensíveis. O olhar do intérprete, nesse particular, deve estar voltado para a dinâmica de restrições recíprocas que os direitos fundamentais naturalmente se impõem, e talvez esse olhar não seja natural para aqueles que são formados no paradigma das contradições estáticas (resolvidas sob a doutrina clássica das antinomias jurídicas).

O terceiro passo – apresentação de soluções para cada um dos conflitos – exige esforço decisório mais vertical no que diz respeito à hermenêutica de direitos fundamentais. Aqui é necessária formação sobre as opções teóricas (teoria liberal, teoria socialista, teoria democrática, teoria institucional, teoria social e teoria da ordem de valores) que informam a hermenêutica jurídica clássica para que ela seja adequada também à concretização de princípios jusfundamentais. A partir de um marco teórico definido é possível estabelecer o discurso e os argumentos mais convincentes para esclarecer os limites das restrições impostas em um ou outro direito fundamental.

Por fim, é imprescindível que se faça a verificação da compatibilidade das soluções propostas com o princípio do devido processo legal substantivo, ou seja, a submissão das propostas decisórias ao princípio da proporcionalidade. Nesse particular, é necessário o esforço discursivo para demonstrar que as soluções encontradas são adequadas, necessárias e razoáveis para aquela situação concreta.

Assim, já se faz possível afirmar que estão disponíveis os caminhos teóricos, dogmáticos e metodológicos para que as decisões do Supremo Tribunal Federal

---

21. Por todos vide: GALVÃO, Jorge Octávio Lavocat. *O neoconstitucionalismo e o fim do Estado de direito*. São Paulo: Saraiva, 2014.

sejam majoritariamente informadas pelos direitos fundamentais, especialmente neste século XXI, deslocando a missão da Corte, na toada das provocações da sociedade brasileira, para os temas jusfundamentais mais candentes.

Para isso, faz-se imprescindível que o instituto da repercussão geral esteja sintonizado com a missão constitucional do Supremo Tribunal, envolvendo-se, na seara do processo constitucional típico, com a jurisdição constitucional comprometida com a cidadania democrática e com a concretização dos direitos fundamentais republicanos.

3. Sistemática da Repercussão Geral[22]: primeira fase

Para fazer valer, na prática administrativa do Supremo Tribunal Federal, o regime inaugurado com a exigência de repercussão geral dos temas veiculados nos recursos extraordinários foi necessária à regulamentação regimental, que somente se materializou com a Emenda Regimental 21/2007. Essa é a primeira fase de vigência do instituto entre nós.

Assim é que, somente a partir de 3 de maio de 2007, o Supremo Tribunal Federal passou a exigir a expressa demonstração, nas razões dos recursos extraordinários, do requisito da repercussão geral. Desde então a atuação institucional do Supremo Tribunal Federal foi intensa, tendo sido aprovadas pelo Plenário Administrativo da Corte oito Emendas Regimentais[23] e diversos atos administrativos da Presidência do Supremo Tribunal Federal, com destaque para as Portarias 138/2009 e 173/201.

Também foram levadas a julgamento algumas Questões de Ordem,[24] as quais foram imprescindíveis para a conformação e consolidação do instituto na prática administrativa e jurisdicional da Corte Suprema.

Assim, a repercussão geral apresenta-se não apenas como um instituto processual, cujas consequências jurídicas são evidenciadas no direito processual, mas também como mudança paradigmática para a gestão dos recursos extraordinários e respectivos agravos no âmbito administrativo do Supremo Tribunal Federal.

Do ponto de vista da repercussão geral como paradigma gerencial e de administração judiciária, tem-se que, a partir da regulamentação do instituto, tanto

---

22. Gostaria de deixar aqui registrado que alguns dados aqui apresentados foram retirados do Relatório da Presidência do Supremo Tribunal Federal – núcleo da repercussão geral – que foi entregue à Secretária-Geral do Supremo Tribunal em março de 2012, documento não publicado.
23. São elas as Emendas Regimentais 21/2007, 22/2007, 23/2008, 24/2008, 27/2008, 31/2009, 41/2010 e 42/2010.
24. As mais importantes são: AI-QO 664567; AI-QO 715423; AI-QO 760358; RE-QO 540410; RE-QO 576155; RE-QO 579431.

no Código de Processo Civil quanto no Regimento Interno do Supremo Tribunal Federal, criou-se uma nova sistemática de gerenciamento das atividades judiciárias perante a Suprema Corte brasileira e os tribunais que com ela se relacionam.

Outro não poderia ser o resultado: a repercussão geral, para além de suas inegáveis consequências jurídicas, também teve importante impacto nas rotinas administrativas e institucionais de todos os órgãos do Poder Judiciário brasileiro. E, nesse contexto, não há como deixar de fazer referência à gestão por temas[25], que consiste em um olhar completamente novo como forma de gerir e entender a sistemática dos recursos extraordinários e respectivos agravos perante o Supremo Tribunal Federal.

4. Gestão por temas e a mudança de paradigma gerencial no STF: segunda fase

Desde meados da década de 90 do século passado, foi instituído o procedimento de identificação de assuntos dos processos recebidos pelo STF, realizado pela Secretaria Judiciária. Assim, todas as causas de competência do Tribunal, incluídos os recursos, recebem, há pelo menos uma década, etiqueta com a identificação de assunto(s) do processo no momento de sua autuação.

A classificação de assunto é feita a partir de uma tabela formada por termos fechados, com estrutura de palavras-chave, que são indexadas de forma associativa por área, categoria e assunto propriamente dito.

A fim de uniformizar o tratamento dos assuntos em todo o Poder Judiciário, essa tabela de assuntos ganhou foro nacional e passou a ser gerida pelo Conselho Nacional de Justiça – CNJ, como uma "Tabela Única de Assuntos". As principais desvantagens de sua adoção são a generalidade da classificação proposta, que deve servir a todos os tribunais, e a dificuldade para a criação de novos assuntos.

A classificação de assuntos é uma ferramenta bastante útil para o conhecimento dos temas dos processos em tramitação no Tribunal, mas não é capaz de atender a todas as necessidades de gerenciamento da repercussão geral.

Outro elemento existente no Tribunal para a identificação da questão versada no processo é o "espelho". Esse pequeno texto é elaborado pela Secretaria

---

25. Sobre a gestão por temas é de ser consultado o trabalho de ex-assessor da Presidência do Supremo Tribunal Federal, por mim orientado, AGUIAR. Lucas Albuquerque. *A gestão por temas da repercussão geral à luz da teoria da Path Dependence*, Monografia de conclusão de graduação em Direito, 2011. Disponível em: [www.repositorio.uniceub.br/handle/123456789/1446]. Acesso em: 30.09.2012. Vide também artigo por nós publicado: SILVA, Christine Oliveira Peter da; AGUIAR, Lucas Albuquerque. Gestão por temas como metódica adequada para implantação da cultura brasileira de vinculação a precedentes constitucionais. *Revista Jurídica da Presidência*, v. 20, n. 118, p. 402-426, 2017.

das Sessões, a partir de uma leitura das peças processuais, no momento em que um processo é liberado para julgamento no Plenário. Seu objetivo é resumir o objeto da demanda que será levada a julgamento em um breve relatório da decisão impugnada, se for o caso, do pedido da ação ou recurso e a questão jurídica a ser debatida.

Esse documento, porém, é disponibilizado apenas a alguns setores do Tribunal, e, mesmo que ganhasse publicidade, não solucionaria todos os problemas, pois também nele há o vício da generalização da questão do recurso para fugir das dificuldades técnicas e da complexidade dos temas.

Essa sistemática traz dificuldades de gerenciamento para todas as classes processuais do STF. Para as classes submetidas ao regime da repercussão geral, no entanto, as dificuldades são ainda maiores por conta da necessidade de se gerenciar o acervo de processos a partir de seu tema e da exigência, intrínseca ao instituto, de distinguir os limites da questão jurídica dos limites da lide.

Desde o início da vigência da repercussão geral, a única medida adotada quanto à identificação das questões versadas nos recursos havia sido o aprimoramento da atividade de classificação de assuntos. As equipes da Secretaria Judiciária que realizam essa tarefa foram treinadas e foram feitas diversas adaptações nos processos de trabalho afins.

Nesse contexto é que foi concebida a gestão por temas como um projeto abrangente destinado a, paulatinamente, retirar o recurso da posição de objeto central da análise de repercussão geral e dar projeção ao tema.

Com isso, o recurso passou a ser visto como veículo de temas constitucionais que, para serem apreciados e decididos pelo STF, devem apresentar relevância política, econômica, social ou jurídica. Deixam de importar as peculiaridades de cada caso, sobrelevando-se a questão constitucional, e o Supremo Tribunal Federal passou, então, a ser um Tribunal de questões jurídicas e, não, de números e estatísticas megalomaníacas.

Para realizar essa diretiva, foram necessárias diversas adaptações nos sistemas da Corte, o incremento da equipe da Presidência responsável pela repercussão geral e a elaboração de novas metodologias e procedimentos, que implicaram o envolvimento de diferentes áreas do Tribunal. As principais consequências desse novo modelo foram: a) considerar o tema como uma categoria processual autônoma; b) desenvolvimento de uma metodologia específica para a elaboração do tema.

4.1. Tema como categoria processual autônoma

O propósito da gestão por temas é transformar o tema em categoria processual autônoma, transcendente à lide e objeto central da repercussão geral. Essa medida, por si só, já produz impacto simbólico relevante, pois dá materialidade à distinção vislumbrada pelo legislador.

Do ponto de vista prático, produz também impactos positivos consideráveis para o gerenciamento da repercussão geral como um todo, solucionando dificuldades relativas ao controle da situação do julgamento (substituição de paradigma etc.); à comunicação, já que o tema não tinha uma identidade própria; ao julgamento de processos que tivessem mais de um tema e ao gerenciamento dos "iguais" pela falta de delimitação da questão jurídica em abstrato.

4.2. Metodologia de identificação de temas

Não existia, no Supremo Tribunal, metodologia estruturada para identificação de temas. A identificação era feita de forma subjetiva e poderia passar pela análise de elementos acessórios ao processo, como a classificação de assunto e o espelho, e, até mesmo, das próprias peças processuais.

A ausência de qualquer metodologia dificultava sobremaneira o conhecimento qualitativo dos temas apresentados perante a Corte. A existência de diversas maneiras de registro de questões jurídicas originava menos esclarecimento que confusão, pois, muitas vezes, os três elementos, em um mesmo processo, não chegavam a sequer guardar correspondência entre si, já que elaborados em momentos distintos da vida do processo, com finalidades distintas e a partir de metodologias distintas.

No que se refere aos temas de repercussão geral, os problemas decorrentes da utilização desses elementos são agravados, porque estes são muito intimamente relacionados à causa, ou seja, não possuem o grau de abstração e objetividade exigidos para a delimitação do tema.

No contexto da gestão por temas, entendeu-se que a delimitação do tema deveria ser baseada nos princípios de precisão identitária, clareza da linguagem e padronização sistêmica.

A precisão norteia sua individualização, ou seja, a identificação e o registro do tema do processo devem estabelecer parâmetros de equiparação ou distinção em relação a outros processos semelhantes. É necessário conhecer o contexto processual e material do feito para conseguir precisar a identidade do tema trazido a debate na Corte Suprema.

A clareza da linguagem exige que a titulação do tema, bem como a sua descrição, estejam postas de forma a deixar evidente, pela simples leitura, mesmo por um leigo ou neófito no Direito, qual o problema que ali está posto, ou seja, a questão que será resolvida por meio do julgamento daquele recurso extraordinário ou respectivo agravo.

À luz desses princípios, foi desenvolvida metodologia para identificação e delimitação do tema orientada pelas seguintes diretrizes: a) o tema constitucional deve referir-se a questão constitucional material debatida no recurso extraordinário; b) não se deve descrever como tema o(s) argumento(s) do recorrente; c) a questão constitucional material pode ser diferenciada/delimitada/identificada pelos fundamentos constitucionais e/ou legais invocados, mas, não pelos argumentos do recorrente; e d) as decisões colegiadas proferidas (tanto sobre questões preliminares quanto sobre o mérito do recurso) devem ser levadas em consideração na definição do tema (mesmo que seja *a posteriori*).

Em termos práticos, o título deve ser sintético e substantivo (em geral uma oração de uma ou duas linhas), enquanto a descrição deve ser analítica (discursiva e explicativa) e carregada de informações, tais como: o fundamento constitucional positivado do recurso, a questão recursal em si mesma e a questão concreta de direito (que pode ser legal, administrativa ou judicial) debatida.

A primeira dificuldade para a definição objetiva do tema constitucional está em separar o título do tema (que é tema propriamente dito) de sua descrição, a qual, obviamente, será discursivamente mais detalhada e mais específica, uma vez que seu objetivo principal é retratar melhor a situação concreta, cujo pretexto a demanda subjetiva inicial foi ajuizada.

Mas é também uma segunda e importante dificuldade avaliar até que ponto as peculiaridades daquele caso concreto não influenciam sobremaneira o tema, de modo a ser impossível a sua definição objetiva sem a indicação daquelas particularidades.

Por fim, registre-se como última dificuldade dessa tarefa de definir e descrever os temas constitucionais dos recursos extraordinários, a separação das, geralmente complexas, questões constitucionais debatidas em: tema, fundamento constitucional do tema, questão (e pedido) recursal quanto ao tema; questão de direito a ser resolvida a partir daquele tema.

São categorias bem distintas, mas que muitas vezes não são fáceis de serem visualizadas na argumentação recursal e ou mesmo nas decisões proferidas, confundindo o profissional que está a definir o tema.

Assim, é importante notar que, para que a metodologia seja observada com rigor, é necessário que os profissionais envolvidos na identificação de temas conheçam fundamentos básicos de teoria da Constituição, os principais conceitos da dogmática constitucional (princípios estruturantes da Constituição, direitos fundamentais, competências legislativas e não legislativas de organização do Estado no plano territorial e funcional; institutos do processo constitucional; regimes constitucionais especiais – administrativo/tributário/previdenciário/social etc.) e a sistemática constitucional positivada. Isso porque, sendo a Constituição brasileira de 1988 uma Constituição extremamente analítica, as controvérsias constitucionais se multiplicam em relação a um mesmo tema constitucional.

As finalidades da identificação são de: a) registrar o tema de processos já julgados a fim de garantir uniformidade, no tratamento da repercussão geral, julgamentos anteriores e posteriores à implantação da gestão por temas; e b) validar, na prática a metodologia proposta.

4.3. Criação do tema como um objeto na base de dados jurisdicional do Supremo Tribunal Federal[26]

Para que os temas se materializassem, revelava-se necessária a criação de um objeto, na base de dados processual, correspondente ao tema, a definição de seus atributos e a criação de novos andamentos.

Foi, então, criada uma estrutura de dados para comportar o tema, que tem como atributos número, o título e a descrição. Criou-se, ainda, a possibilidade de vinculação de processos. A Presidência, de ofício, ou por indicação do ministro relator, nas hipóteses de terem sido apresentados para julgamento em conjunto ou tratarem do mesmo tema e estarem com o relator, ou processos em que foi proferida a decisão que elucida algo sobre o tema.

Do ponto de vista da "vida" do tema, foi necessário também criar andamentos específicos. Criou-se o subgrupo de andamentos "Decisão de rep. geral" e andamentos específicos para o instituto. Esses andamentos, no entanto, somente contemplavam as hipóteses de devolução e julgamento de repercussão geral.

Dessa forma, existiam diversos problemas de acompanhamento e pesquisa por conta da falta de uniformização nos andamentos utilizados nos julgamentos de mérito de repercussão geral e por conta da utilização de andamentos "genéricos", que servem também a outras hipóteses (por exemplo, a indicação de "provido" referindo-se ao julgamento dos agravos e não ao mérito do recurso).

Cabe, quanto a esse ponto, uma observação importante. É que além das dificuldades de gerenciamento, a utilização de andamentos "comuns" (provido, não provido) para os julgamentos de mérito não era coerente com a essência da repercussão geral. Esse problema só foi evidenciado com a implantação da gestão por temas, pois ficou claro que, na vida do tema, era irrelevante o provimento, mas necessária a informação de que se havia decidido o mérito.

É que a informação sobre o provimento ou não está intimamente relacionada ao recurso, já que se dá provimento ao pedido do recorrente. E, sob a ótica do tema, o pedido do recorrente é irrelevante: o que importa é que o STF proferiu

---

26. Esse tópico contou com as informações e preciosa colaboração de pesquisa e redação de Lucas Albuquerque Aguiar, ex-assessor da Presidência do Supremo Tribunal Federal responsável pela interface entre a Presidência e a Secretaria de Tecnologia da informação. A ele, meu querido aluno e colega de trabalho, minha admiração e profundos agradecimentos. A contribuição pode ser encontrada no Relatório entregue à Secretária-Geral do Supremo Tribunal Federal, em fevereiro de 2012, documento não publicado.

decisão de mérito. Dessa forma, tem-se que a substituição dos andamentos para julgamentos de mérito atende a necessidades de ordem prática e também contribui para a consolidação do tema como categoria processual autônoma na medida em que reforça sua dissociação do recurso.

Após a criação do tema como categoria processual autônoma, foram necessárias a sua identificação em processos já julgados no STF e a criação de uma estrutura de dados específica, para que a criação de temas se incorporasse à rotina do Tribunal, estabelecendo-se novos processos de trabalho e adaptação sistêmica para contemplá-los.

Quando um Ministro submete um recurso, no Plenário Virtual, à análise de existência de repercussão geral, automaticamente é criado um número sequencial de tema e, imediatamente, deflagra-se um procedimento (ainda com intervenção humana) de virtualização desse processo, a fim de que, disponibilizadas as peças eletrônicas do feito, a equipe da Coordenadoria do Informativo da Secretaria de Documentação possa preparar a primeira versão do título e da descrição do tema daquele recurso.

Quando o julgamento ocorre no Plenário, a Secretaria das Sessões, imediatamente após o julgamento, insere o processo no eSTF-Repercussão Geral para que seja gerado o número sequencial do tema e a Coordenadoria do Informativo procede à elaboração do texto.

Elaborada a primeira versão pela Coordenadoria do Informativo, há uma validação do título e descrição do tema pela Assessoria Processual da Presidência, e, após essa validação, o novo tema é incluído no sistema, passando a ser público e todos, inclusive os usuários externos, podem ter acesso a seu título e descrição, pois ele fica disponível para pesquisa e consulta na internet.

4.4. *Legados da gestão por temas*

Do ponto de vista da gestão por temas, o ideal é que não só o gerenciamento, mas que toda a sistemática recursal, obedeça à lógica dos temas, independentemente de sua fase de julgamento – antes do julgamento de repercussão geral, antes do julgamento de mérito ou antes da revisão de tese (quando for regulamentada).

Assim, uma vez identificada a questão jurídica da causa, ela deve ser delimitada e nominada e somente devem ser enviados ao Supremo Tribunal Federal aqueles recursos que tratam de temas representativos de controvérsia inédita perante a Corte. No âmbito do Supremo Tribunal Federal, os recursos chegam na seção de recebimento de recursos da Secretaria Judiciária, onde todos os processos aportam.

Em 2009, foi implantada a primeira sistemática para devolução de processos em razão da existência de representativos da controvérsia. Para se evitar a remessa de novos processos, a Presidência do STF iniciou a divulgação da tabela de representativos, que tinha como referência processos paradigmas. A delimitação da controvérsia era feita pela própria seção de classificação de assuntos, sem qualquer padronização e por uma metodologia que misturava a indexação por palavras-chave e a descrição analítica das questões discutidas. Em maio de 2010, esse procedimento foi suspenso e, quando de sua retomada, em junho de 2011, foi inteiramente revisto e adaptado à lógica da gestão por temas.

Os tribunais de origem não conhecem ou muito raramente fazem a indicação de que um recurso é representativo de alguma controvérsia e, quando o fazem, se limitam à indicação e não delimitam a controvérsia. O ideal – e é o que está previsto na lei – é que os tribunais de origem façam esse trabalho.

Para viabilizar o trabalho de gestão por temas, foi reestruturada a tabela de representativos da controvérsia do STF, com a finalidade de haver indicação precisa, por numeração sequencial, do título e da descrição dos temas referentes a processos múltiplos já distribuídos em quantidades suficientes ao atendimento da exigência legal (art. 543-B, § 1º, do CPC) no âmbito do Supremo Tribunal Federal.

A substituição da tabela antiga deu-se durante os meses de julho e agosto de 2011, com a conferência individual dos andamentos de cada um dos recursos representativos ali vinculados aos assuntos processuais. A análise permitiu verificar quais controvérsias já tinham sido incluídas no Plenário Virtual e quais já não tinham representativos para serem mantidas na internet. Foram feitas pesquisas e novas alimentações nas listas dos processos representativos e nova tabela foi disponibilizada com formato já alinhado às tabelas oficiais da sistemática da repercussão geral, a partir da sistemática de gestão por temas.

Todos os processos referenciados na tabela são objeto de acompanhamento diário, por meio do sistema *push*, o qual permite a verificação de seu *status* processual e decisão acerca da necessidade de ser mantido ou retirado da tabela. Esse acompanhamento diário também permite que, quando uma controvérsia chegue ao número crítico de três representativos apenas, nova remessa de distribuição seja feita para aumentar o número de representativos da controvérsia na Corte.

Também com o intuito de viabilizar o trabalho e a comunicação da seção de recebimento de recursos da Secretaria Judiciária com a Presidência da Corte, foi criada uma outra Tabela de (Pré) temas, a qual é alimentada pelos servidores da Secretaria Judiciária e pelos servidores da assessoria processual da Presidência, que cuidam da sistemática da repercussão geral.

É uma tabela que conta com mais de 1.500 (pré) temas, entre os quais muitos já foram inseridos como Temas do Plenário Virtual e outros como Controvérsias de processos múltiplos. Trata-se de uma tabela de controle da entrada dos processos e seus respectivos títulos e temas no Supremo Tribunal Federal, bem como organização de listas de representativos aptos a barrarem a distribuição de processos, quando atendidas as exigências legais, principalmente, as previstas no art. 543-B, § 1º, do CPC.

Os temas são construídos pelos analistas judiciários, que trabalham na seção de recebimento de recursos da Secretaria Judiciária e validados, após revisão das petições dos respectivos recursos extraordinários, pela assessoria da Presidência do STF, sendo, só então, marcados como temas que podem ser disponibilizados em etiquetas de indicação de títulos dos temas aos gabinetes.

Além da indicação dos títulos e descrição dos temas dos respectivos recursos paradigmas registrados na Tabela de (pré) temas da Secretaria Judiciária, a partir dela também é feito acompanhamento, pela Assessoria da Presidência, sobre o andamento dos processos que são distribuídos em número maior que cinco, com a finalidade de preparar as potenciais controvérsias para incluir na tabela de controvérsias disponível no Portal da Repercussão geral/Pesquisa.

O gerenciamento do volume no caso de temas que apresentem multiplicidade de recursos é medida de suporte à repercussão geral e está regulamentada no art. 543-B do Código de Processo Civil. Sua finalidade é garantir que o STF somente receba e tenha em tramitação recursos que tratem de questões jurídicas delimitadas e inéditas.

Até que seja regulamentada a revisão de tese, o STF não deve receber ou ter em tramitação temas já julgados. Quanto à delimitação da questão, é necessária a observância estrita do art. 543-B do CPC, a fim de que os tribunais de origem efetivamente selecionem um número reduzido de recursos que entendam capazes de subsidiar o julgamento do STF. Devem, ainda, indicar qual é a controvérsia que esses processos representam.

Historicamente, o trabalho de gerenciamento do volume se iniciou pelo controle de *ineditismo* dos processos. Somente a partir de 2008 é que se iniciou algum trabalho com relação ao recebimento de processos relativos a temas não julgados, mas sem observar o aspecto da delimitação. Esse trabalho foi realizado como uma derivação do gerenciamento do *ineditismo* para que fosse evitada a distribuição de um número excessivo de processos relativos a uma mesma questão, ainda que esta não tivesse sido objeto de julgamento de repercussão geral.

O ideal é que o Supremo Tribunal Federal não receba mais processos que não sejam inéditos, mas, historicamente, as medidas de gerenciamento de recursos múltiplos priorizaram o acervo distribuído e a redução da distribuição.

Quanto à primeira finalidade, as medidas adotadas nas gestões anteriores se concentraram na mera divulgação, em página no *site* do Tribunal, de listagem dos julgamentos de repercussão geral. A gestão por temas, por si só, foi medida salutar, pois, ao dar corpo e identidade ao tema, proporcionou um referencial único para a delimitação da questão jurídica, sem prejuízo, é evidente, da análise das outras fontes já mencionadas.

Foi solucionado, também, um problema de comunicação, anteriormente baseada na referência ao paradigma – que, em diversos casos, era um para o julgamento de repercussão geral e outro para o julgamento de mérito – e à descrição da questão na ótica do interlocutor. O tema estabeleceu um denominador comum linguístico, tão necessário à fluidez da comunicação entre os tribunais.

A segunda medida relevante foi a criação da página de pesquisa em substituição a uma página bastante precária que consistia em uma listagem de julgamentos ordenados por data. Em um momento em que já havia 330 julgamentos de repercussão geral, a criação de uma página de pesquisa estruturada era inadiável.

A gestão por temas, portanto, ao proporcionar a uniformização e a simplificação da linguagem, facilitou a compreensão, pelos Tribunais, do escopo de cada tema e contribuiu para que a remessa de recursos repetidos fosse evitada.

5. Um outro Recurso Extraordinário para um outro Supremo Tribunal: terceira fase da sistemática da repercussão geral

Parece até clichê falar-se em mudança de paradigma em um tempo em que as mudanças são tão presentes quanto assustadoras. Mas não há outro caminho, senão o encontro com nosso próprio tempo!

É inegável, desde os primórdios de nossa já centenária República, que o Supremo Tribunal Federal tem a missão precípua de guardião da Constituição. Por causa disso, tradicionalmente sempre foi considerado órgão indispensável para o equilíbrio do Estado Federal e garante primordial dos direitos fundamentais, sendo aceito sem muita divergência teórica o fato de que a Suprema Corte não pode ser tratada como Corte de Justiça comum.

E não se pode confundir os papéis de Corte Suprema e Cortes de Justiça, porque as Cortes de Justiça comum têm um relevantíssimo papel no Estado Constitucional brasileiro, o qual a Suprema Corte não deve e não pode assumir. A sistemática da repercussão geral também serviu para evidenciar que a opção brasileira, desde os primeiros tempos da República, foi de um controle de constitucionalidade difuso, em que todos os juízes e tribunais do país também pudessem ser magistrados com competências de jurisdição constitucional.

Assim é que o Supremo Tribunal Federal, em um esforço cooperativo com as demais instituições de cúpula de poder do Estado Constitucional brasileiro, mormente o Poder Legislativo, encontra-se em processo de franca renovação de suas práticas administrativas e jurisdicionais, desembocando em uma crescente racionalidade do amplo, complexo e interessantíssimo sistema de jurisdição constitucional brasileiro.

Se o Estado Constitucional e Democrático de Direito precisa de instituições fortes, é preciso reconhecer que a Suprema Corte brasileira não poderia seguir o caminho que lhe estava destinado nos primeiros anos do milênio. A distribuição de quase 120 mil processos aos Ministros do Supremo Tribunal Federal nos anos de 2006 e 2007 alertava para um iminente colapso institucional.

Partindo das premissas, evidenciadas na obra de Pérez Luño, de que o Estado Constitucional deve ser reconhecido pela sua íntima relação com a teoria geral dos direitos humanos[27], revela-se imprescindível estudar com mais profundidade o papel do Supremo Tribunal Federal, na ordem constitucional vigente, principalmente evidenciando a sua missão de Tribunal garantidor dos direitos fundamentais.

Não é possível ao Supremo Tribunal das grandes e importantes causas, lidar com o gerenciamento de dezenas de milhares de processos a aportarem na sua Secretaria Judiciária todos os anos, para não dizer todos os meses, como foi a tendência revelada nos primeiros anos do século XXI!!!

Todos concordam que não é tarefa fácil interpretar e concretizar as normas constitucionais, especialmente aquelas consagradoras de direitos fundamentais. Trata-se de tarefa que exige mais do que conhecimentos jurídico-dogmáticos, exige tratamento interdisciplinar dos contextos que permitirão ao colegiado de magistrados dar concretude ao texto constitucional, devolvendo-o para o *lócus* em que suas consequências são sentidas: a realidade social.

Assim, a conclusão mais banal diante dos dados que estão disponíveis sobre distribuição e julgamento de processos perante o Supremo Tribunal Federal nos primeiros anos do milênio é a de que a missão precípua da Corte estava corrompida. Não estava o Supremo Tribunal Federal, como instituição, em condições de responder à missão institucional que lhe fora destinada pelas sucessivas constituições brasileiras.

É verdade que existe ampla divergência doutrinária e muita discussão acerca do tema quando se coloca a antítese entre a missão de ser intérprete judiciário e concretizador da Constituição. O reconhecimento de que na interpretação judiciária do Direito existe certo grau de criatividade tem gerado muitas opiniões em todos os campos das ciências sociais aplicadas.

Parece certo, e nisso acompanho a doutrina de Mauro Capelletti[28], que mesmo o uso mais simples e preciso da linguagem legislativa, sempre deixam, de qualquer modo, lacunas que devem ser preenchidas pelo juiz e sempre permitem ambiguidades e incertezas que, em última análise, devem ser resolvidas na via judiciária. Segundo Capelletti,

---

27. PÉREZ LUÑO, Antonio-Enrique. La universalidad de los derechos humanos y el Estado constitucional. *Série de Teoria Jurídica y Filosofia del derecho*, n. 23, Bogotá/Colombia, 2002. p. 57.
28. Cf. CAPPELLETI, Mauro. *Juízes legisladores?* Trad. de Carlos Alberto Álvaro de Oliveira. Porto Alegre: Sergio Fabris Editor, 1993. p. 20.

a interpretação significa penetrar os pensamentos, inspirações e linguagem de outras pessoas com vistas a compreendê-los e reproduzi-los, aplicá-los e realizá-los em novo e diverso contexto de tempo e lugar[29].

É uma realidade que o intérprete da norma jurídica seja levado a resolver questões de imprecisão e incertezas das normas, pois ele deve preencher lacunas, precisar as nuances e esclarecer as ambiguidades.[30] E quando se está diante de normas constitucionais, essa tarefa ganha dimensão de construção de sentidos constitucionais, o que, no caso dos direitos fundamentais, é a própria definição do âmbito de proteção desses direitos.

A sistemática da repercussão geral, na minha opinião, não deve negar esse contexto, e, sim, muito pelo contrário, deve trabalhar e estabelecer-se a partir dele. A racionalidade imposta pelo novo requisito de admissibilidade do recurso extraordinário trouxe à luz muitos detalhes da jurisdição constitucional brasileira que estavam escondidos: entre eles, o que mais me chama a atenção é a força do controle de constitucionalidade difuso no nosso modelo de jurisdição constitucional e o relevantíssimo papel dos magistrados brasileiros de todas as instâncias do Poder Judiciário para a missão de juízes constitucionais concretizadores de direitos fundamentais.

Há muitos desdobramentos que podem ser explorados diante dessa premissa, ficando a constatação de que de todos os ângulos que a repercussão geral possa ser examinada, de todas as mudanças jurisdicionais, administrativas e tecnológicas inauguradas pela implantação de sua sistemática, a mais relevante consequência desse modelo está na redescoberta de que o único caminho para que o Supremo Tribunal Federal possa exercer, de forma plena e legítima, a sua competência constitucional precípua é compartilhando a guarda da Constituição com os demais magistrados brasileiros.

O reconhecimento de que a Constituição é norma jurídica, a qual deve ser concretizada por todos os interlocutores jurídicos, em todas as suas múltiplas funções e tarefas, no todo que é o ordenamento jurídico brasileiro parece simples do ponto de vista da teoria democrática, mas é bastante complexa do ponto de vista institucional.

Naquilo que percebo como uma terceira fase da repercussão geral, necessariamente, tem que haver um aprimoramento da comunicação e do diálogo tanto interno, ou seja, entre os próprios ministros do Supremo Tribunal Federal, quanto

---

29. CAPPELLETI, Mauro. *Juízes legisladores?* Trad. de Carlos Alberto Álvaro de Oliveira. Porto Alegre: Sergio Fabris Editor, 1993. p. 21.
30. CAPPELLETI, Mauro. *Juízes legisladores?* Trad. de Carlos Alberto Álvaro de Oliveira. Porto Alegre: Sergio Fabris Editor, 1993. p. 22-23.

externo, entre os diversos órgãos responsáveis pelo envio de recursos extraordinários e respectivos agravos ao Supremo Tribunal Federal.

Algumas iniciativas, já consolidadas na prática institucional da Suprema Corte, como os dados estatísticos disponíveis no sítio eletrônico, bem como os boletins da repercussão geral, produzidos mensalmente pela Presidência do STF, são práticas que demonstram que a terceira fase já está em curso. Há uma tentativa de coordenação e aproximação entre os interlocutores.

Porém, ainda há um longo caminho para que sejam consolidados os objetivos desse novo paradigma: tanto os ministros quanto suas assessorias, bem como os magistrados dos tribunais de origem responsáveis pelo juízo de admissibilidade de recursos extraordinários, devem procurar melhorar os canais de comunicação sobre a gestão compartilhada de temas.

O esforço para que essa terceira fase possa efetivamente entregar resultados mais promissores da concretização do instituto entre nós tem que ser coletivo e focado na maximização das capacidades institucionais de cada um dos tribunais envolvidos na tarefa de dar máxima efetividade aos preceitos constitucionais.

6. Considerações Finais

A repercussão geral, na sua prática institucional efetiva, com mais de uma década de vigência, é instituto típico do direito processual constitucional que tem o potencial de redirecionar a jurisdição do Supremo Tribunal, transformando-o de uma Corte dos conflitos federativos para uma Corte de concretização dos direitos fundamentais.

Ao traçar as semelhanças e as diferenças entre a repercussão geral e a arguição de relevância, é preciso reafirmar que os institutos surgiram de uma necessidade comum, qual seja, resolver a crise numérica de processos que aportavam ao Supremo Tribunal Federal, porém em contextos históricos completamente diversos: a repercussão geral é um instituto de um Brasil que se constitui em Estado Democrático de Direito. E isso faz toda a diferença!

A par de constituir-se filtro de admissibilidade recursal, a repercussão geral, na sua essência, reveste-se de todos os atributos de um requisito de admissibilidade recursal direcionado a racionalizar as atividades do STF sem contrariar sua vocação de Corte Constitucional democrática. Se o Supremo Tribunal é a mais alta Corte de Justiça da República brasileira, faz-se necessário recompor a sua missão, o que é possível com a utilização consciente do instituto da repercussão geral como meio de concretização dos direitos fundamentais.

As fases pelas quais vem sendo consolidada historicamente a sistemática da repercussão geral podem ser consideradas como ondas de implantação de sua ontologia na prática processual e procedimental da Suprema Corte brasileira. A legislação infraconstitucional e as emendas regimentais editadas com a finalidade de maximizar o potencial desse instituto entre nós são parte da primeira fase de implantação da sistemática da repercussão geral no ordenamento jurídico-constitucional brasileiro.

A segunda fase, inaugurada em 2011, funciona como um aprimoramento da lógica institucional dos julgamentos qualificados de temas relevantes pela Suprema Corte de um país. Se o Supremo Tribunal Federal é o tribunal constitucional destinado a ser um dos principais guardiões da Constituição, precisa se instrumentalizar da melhor forma para cumprir esse mister. A gestão por temas é uma das fórmulas adequadas para isso.

Como principais legados da gestão por temas tem-se, em primeiro lugar, um esforço institucional, coletivo, portanto, pelo conhecimento dos temas que chegam ao Supremo Tribunal Federal para análise e julgamento; e, em segundo lugar, a busca de melhores práticas de comunicação e diálogo, interno e externo, para identificar, conhecer e decidir sobre temas constitucionais, temas infraconstitucionais, temas inéditos e temas repetitivos.

A partir disso, ingressa-se em uma terceira fase, ainda em curso, na qual se busca, por meio de práticas institucionais direcionadas estrategicamente para a eficiência da prestação jurisdicional, usar todo o aparato processual constitucional fornecido pela sistemática da repercussão geral para direcionar o Supremo Tribunal Federal para sua essencial missão de Supremo Tribunal dos direitos fundamentais.

Não se trata de mera conjectura ideológica despida dos elementos necessários à sua implementação na dogmática constitucional, de forma que os aportes dogmáticos e, principalmente, metodológicos aqui apresentados esperam ser instrumentos úteis para que as ideias aqui postas possam transmudarem-se em práticas institucionais efetivas.

30
O RECURSO EXTRAORDINÁRIO COMO FUNÇÃO DE CONTROLE DIFUSO DE CONSTITUCIONALIDADE

Daniel Moura Nogueira

Mestre em Direito pela Instituição Toledo de Ensino de Bauru/SP – ITE. Especialista em Jurisdição e Tutela dos Direitos Constitucionais pela Facoltà di Giurisprudenza da Università di Pisa, Itália. Especialista em Direito Processual Civil pela Escola Superior do Ministério Público de Mato Grosso e do Rio Grande do Sul. Ex-Professor da graduação e pós-graduação *lato sensu* na Universidade de Cuiabá – UNIC. Advogado.

SUMÁRIO: Introdução. 1. Breve noção de controle de constitucionalidade. 1.1. Os dois planos de controle de constitucionalidade. 2. Teoria do sistema excepcional de recursos. 3. Efeitos genéricos dos recursos cíveis. 4. Recurso extraordinário. 4.1. Origem, tribunal e poder. 4.2. Decisões que admitem recurso extraordinário. 4.3. Efeitos do recurso extraordinário. 5. Recurso extraordinário e o controle de constitucionalidade concreto e difuso. 5.1. Hipóteses do controle – Cognição, devolução e translação no recurso extraordinário. 5.2. Admissibilidade *versus* mérito no recurso extraordinário. 5.3. Juízo de mérito no recurso extraordinário. 6. Controle difuso de constitucionalidade e repercussão geral. 7. Consequência do resultado do controle difuso de (in)constitucionalidade no recurso extraordinário – Seria um controle com resultado *misto*? 7.1. Consequências comuns *(regra)*; 7.2. Efeitos possíveis: força de precedente e coisa julgada *erga omnes*. 7.3. O Senado Federal na declaração de inconstitucionalidade pelo STF – Mitigação. Conclusão.

Introdução

Não se pode negar que problemas com julgamentos judiciais, que possam influir politicamente acerca da aplicabilidade das normas infraconstitucionais, sempre haverá e, a partir daí, provocará desequilíbrio na estabilidade jurídica a ensejar a correção para uma unidade jurisdicional no Estado-nação.

Disso nascem discussões a respeito de ser ou não constitucional um ato normativo ou um ato administrativo, impondo ao Supremo Tribunal Federal a palavra final, agora a título de ação ou exceção concretas, difusas e subjetivas.

A ideia principal do presente ensaio é o recurso extraordinário como função de controle constitucional. Linha que se pretende analisar o recurso extremo não como um instrumento de controle direto de constitucionalidade, como fazem as ações específicas e diretas, nas quais a natureza é objetiva; mas, sim, um meio indireto e subjetivo de controlar a constitucionalidade de atos normativos, diante de sua aplicabilidade ao caso concreto em uma decisão injusta, pelo menos em tese.

Um controle que se realiza pela própria parte prejudicada diante de decisões judiciais que possam contrariar frontalmente a Constituição Federal; que declaram tratado ou lei federal por inconstitucional; ou, ainda, que conferem validade a ato administrativo que contrarie a Lei Maior.

Não se pretendeu esgotar o tema do controle de constitucionalidade, até em razão da necessidade de extensa e profunda análise, mas tão somente provocar pensamentos a que, além dos legitimados ao controle (concentrado e abstrato) de uma norma que contrarie a Lei Maior, o cidadão diante da injustiça do caso, revestido de uma decisão inconstitucional, possa provocar o controle via do *recurso extraordinário (concreto e difuso)*, com ou sem declaração expressa de inconstitucionalidade de uma norma, o que, nesse último caso, com a exigência da reserva de plenário[1].

Salienta que aqui se tem em vista o controle ao qual se faz mediante qualquer ação judicial, ou seja, qualquer cidadão por meio da ação ou exceção provoca o controle, já que depois do julgamento definitivo poderá interpor o RE.

Por essa razão, não se pode questionar a constitucionalidade de forma abstrata, pois, se se trata de exercício afeto a todo cidadão, por consequência lógica, tão somente casos concretos podem ser discutidos, ainda que as consequências sejam as mesmas do contrato abstrato, como se verá.

Para que se possa tecer alguns comentários ao poder de controle constitucional do recurso extraordinário, imprescindível a análise dos meandros dos recursos genéricos e dos recursos extraordinários como seus efeitos, os juízos de admissibilidade e de mérito, o objeto e a análise cognitiva no efeito devolutivo.

Importa também analisar as esferas dos recursos e suas bases de existência e utilização, como a diferença entre recursos comuns/ordinários e extraordinários.

Serão estudadas, ainda que *en passant*, as formas e os porquês dos controles de constitucionalidade, como os dois grandes planos de possibilidade de se controlar a base fundante de uma norma.

---

1. Súmula Vinculante 10: "Viola a cláusula de reserva de plenário (CF, artigo 97) a decisão de órgão fracionário de Tribunal que, embora não declare expressamente a inconstitucionalidade de lei ou ato normativo do poder público, afasta sua incidência, no todo ou em parte."

É sabido que o rol das hipóteses de utilização do RE é taxativo pela Constituição Federal, mas há hipóteses em que o efeito devolutivo pode ir além desse rol, como pretende a doutrina, mesmo que sob o enfoque do efeito translativo dos recursos.

Por fim, não se nega existência das críticas que se faz a qualquer sistema, já que é endereçado e analisado por cabeças pensantes, implacáveis são elas também quanto à Constituição da República. O que não se pode olvidar é o foco no cidadão praticado pela atual Carta de 1988, diferentemente das anteriores e, entre inúmeras vantagens e espírito humanista democrático, destaca-se, por meio deste ensaio, o poder verificador da *constitucionalidade* de uma decisão judicial ou de uma norma pela qual a decisão se embasou, reputada por injusta pela parte interessada.

Não que as anteriores constituições não tenham previsto do recurso extraordinário como controle difuso, como bem pontificou Teori Albino Zavascki que esse controle "tem a idade da República", relembrando o Decreto 848/1890 e o art. 59, § 1º, *a*, da CF/1891[2]. Todavia, o Superior Tribunal de Justiça foi criado somente em 1988. Antes disso, além das questões constitucionais, incumbia ao Supremo a verificação da inteligência e da aplicabilidade da lei federal. Disso é possível concluir que, a partir da atual Carta, o STF pode debruçar com mais afinco e finura sobre o controle difuso.

Com a atual Constituição é que a abertura para se investigar a constitucionalidade de um ato jurídico ou decisão judicial definitiva foi ampliada, atingindo por exemplo decisões dos juizados especiais, já que o artigo 102, inciso III, da CF, fala apenas em *"...decisão recorrida..."*.

Por inúmeros e incontáveis benefícios, regulações, controles, privilégios e beneplácitos ao cidadão brasileiro e ao Estado e entre este e aqueles é que se enaltece a Carta Magna de 1988, pelo seu trigésimo ano de existência.

1. Breve noção de controle de constitucionalidade

Por que controle de constitucionalidade? Para que e por que controlar uma norma? Seria necessário verificar se uma norma (ou qualquer ato jurídico) emanada dos Poderes Legislativo, Executivo e Judiciário está contrariando ou está de acordo com os fundamentos da Carta do Estado? Não seria capaz o legislador ordinário proceder o controle de *lege ferenda*?

Existem alguns questionamentos que, *a priori*, são despiciendos se olhar objetivamente àquilo que sói ocorrer no mundo depois da criação dos institutos, ou se ler pura e simplesmente que determinado elemento existe e pronto. Por

---

2. *Eficácia das Sentença na Jurisdição Constitucional*. 2. ed. rev., atual. e ampl. São Paulo: Ed. RT, 2010. p. 20.

exemplo, teríamos a resposta de que se deve controlar a constitucionalidade de uma norma diante de que ela está subordinada a uma lei maior e isto está programado na Constituição, basta.

Se o olhar for mais profundo ou verticalmente (e não somente horizontal) e, daí voltar à filosofia da existência da vida em sociedade, perguntaríamos novamente, a entidade responsável pelo poder legiferante e o aplicador do direito não poderiam, ordinariamente, seguir a Lei Maior?

É estranho, porém, a partir do momento pelo qual há interferência de cabeças pensantes e, indo mais longe, com interesses próprios dominando sobre a missão para qual foi designada, a resposta não somente é, mas tem de ser, positiva. O humano peca; age segundo o melhor desígnio.

Algo deve ser feito a fim de equilibrar os atos de poder impostos sobre toda sociedade; atos estes de impreterível observância; e tal equilíbrio somente se faz no paralelo da simetria com a Carta de nascimento do Estado, até por que o Estado organizado tem a missão de formatar o direito que já existe antes mesmo da própria norma formal, como bem pontuou Couto Gonçalves, que "se o direito preexiste ao Estado, meios e modos de fazê-lo valer, dizê-lo ou afirmá-lo – *jurisdição* e *processo* – sempre foram, de igual modo, preexistentes ao Estado, mesmo como meras atividades desprovidas de qualquer aparato lógico, conceitual e institucional no sentido que hoje se conhece"[3].

Surge o imperativo da ordem e da coesão entre os institutos de organização e direção social e a Carta fundante do Estado. Da mesma forma, Jean-Jacques Rousseau visualizou um contrato social no qual o simples ajuntamento de pessoas impôs regras de respeito ao semelhante, afirmando que "a ordem social é, porém, um direito sagrado, que serve de supedâneo a todos os demais", [todavia], isso "não provém da natureza; está fundamentado nas convenções"[4].

Saindo do mundo meditativo, impõe dizer que o sistema jurídico, propriamente dito, deve seguir essa mesma coesão e ordem, pois vivemos em um sistema que podemos afirmar tratar-se de um magro condomínio, no qual seus membros devem seguir padrões para uma convivência plena e pacífica. Mas não somente os membros administrados senão, também, o administrador deve buscar essa harmonia e, desarmonizando como ponderou Barroso, será obrigado a "deflagrar mecanismos de correção destinados a restabelecê-la", exemplificando "o controle de constitucionalidade" como um desses organismos[5].

---

3. GONÇALVES, William Couto. *Gênese dos Direitos Humanos na antiga filosofia Grega*. Rio de Janeiro: Lumen Juris, 2007. p. 11.
4. *Do Contrato Social*. Trad. Vicente Sabino Jr. São Paulo: Editora CD, 2001. p. 13.
5. BARROSO, Luís Roberto. *O controle de constitucionalidade no direito brasileiro*. 6. ed. rev. e atual. São Paulo: Saraiva, 2012. p. 23.

Alexandre Hamilton, *The Federalist Papers*, observou que "nenhum ato legislativo contrário à Constituição pode ser válido. [...] A presunção natural, à falta de norma expressa, não pode ser a de que o próprio órgão legislativo seja o juiz de seus poderes e que sua interpretação sobre eles vincula os outros Poderes. [...] É muito mais racional supor que os tribunais é que têm a missão de figurar como corpo intermediário entre o povo e o Legislativo, dentre (sic) outras razões, para assegurar que este último se contenha dentro dos poderes que lhe foram deferidos. A interpretação das leis é o campo próprio e peculiar dos tribunais. Aos juízes cabe determinar o sentido da Constituição e das leis emanadas do órgão legislativo. [...] Onde a vontade do Legislativo, declarada nas leis que edita, situar-se em oposição à vontade do povo, declarada na Constituição, os juízes devem curvar-se à última, e não à primeira"[6].

Da mesma forma já dizia Ruy Barbosa, ainda na primeira Constituição republicana, que enquanto a lei é criação do legislador, a Constituição é ato do povo[7].

O controle de constitucionalidade é acima de tudo um controle das instituições entre si, um controle dentro do próprio Estado entre institutos normativos e estes com a regra magna, a fim de evitar aplicabilidade injusta de ordens e regramentos ao cidadão administrado.

Deve-se ter em mente que não somente leis são objeto do controle, como também todo e qualquer ato jurídico emanado dos três poderes, são passíveis de verificação, como já asseverava Pontes de Miranda, "é indiferente se a regra jurídica é constitucional, legal ou regulamentar, ou instrucional, ou outra qualquer. A regra jurídica infringente pode ser de decreto, de regulamento autorizado por decreto, de regimento interno, de aviso, de portaria. Também pode ser de emenda constitucional, a que se argua ofender a Constituição"[8].

E o ponto de partida, é óbvio, desde o momento em que o ato se destina ao jurisdicionado, seja qual for, está sujeito à averiguação.

Atos dos três poderes são verificados: do *Poder Legislativo,* todas as leis; do *Poder Executivo,* as medidas provisórias, leis delegadas, os decretos e até mesmo os motivos de vetos de leis; e do *Poder Judiciário,* todos os atos administrativos quanto judiciais, aqueles por ação direta e estes por via incidental e concreta.

Como será visto, entre outras classificações, o controle de constitucionalidade é formatado por dois grandes grupos ou duas formas de se efetivar, via incidental e ação autônoma: controle concentrado e difuso.

---

6. Hamilton, Madison e Jay. *The Federalist Papers* apud BARROSO, Luís Roberto. Op. cit., p. 28.
7. BARBOSA, Ruy. *Comentários à Constituição Federal Brasileira*. São Paulo: Saraiva & Cia., 1932. v. 1º, p. 20.
8. PONTES DE MIRANDA, Francisco Cavalcanti. *Comentários à Constituição de 1946*. 3. ed. rev. e aum. Rio de Janeiro: Borsoi, 1960. t. III, p. 274.

Via de regra, impõe a certos entes o dever de propositura da ação específica a fim de se verificar a constitucionalidade ou não de uma norma. Isso se dá no âmbito abstrato, mas não é vedado, também, o controle diante de casos concretos por difusão a toda sociedade, respeitados pressupostos, entre outros, a repercussão geral e, havendo expressa declaração da inconstitucionalidade, a reserva de plenário (Súmula Vinculante 10)[9].

Não é o primeiro, porém, o que ficou mais famoso nos anais da história do direito constitucional e do controle de constitucionalidade de normas pela Corte Suprema foi o fabuloso caso norte-americano entre o Secretário de Estado do presidente Thomas Jefferson, James Madison, e o juiz de paz designado, mas sem a permissão para tomar posse, William Marbury. O caso foi justamente o desrespeito, por parte do Poder Executivo norte-americano, a uma lei de 1789, que conferia certos direitos ao cidadão. Diante da não aplicação da lei, a Suprema Corte entendeu necessário fosse a verificação pelo Judiciário se constitucional ou não esse ato[10].

O caso histórico do controle de constitucionalidade, ao que parece, restringir-se-ia apenas a analisar atos do Legislativo e Executivo, por via direta, não incidental, ou seja, no primeiro momento, poder-se-ia entender que o controle se daria apenas por ação direta, específica para analisar uma norma abstratamente. É o que afirmou, em parte de seu voto, o Juiz Marshall, editado nos seguintes termos: "(do contrário), se o legislativo vier a fazer o que é expressamente proibido, tal ato, a despeito da proibição expressa, tornar-se-ia, em realidade, efetivo. Isso daria ao legislativo uma onipotência prática e real."[11]

Mauro Cappelletti aponta que a tese da contribuição americana para ciência política do controle não é "historicamente de todo correta", já houve "em outros e mais antigos sistemas jurídicos", como na velha cultura de Atenas na qual distinguia a lei (*nómos*) do decreto (*pséfisma*), uma vez que, naquela época e para aquele contesto jurídico, a lei equiparava a uma norma constitucional, diante de que aparelhavam o Estado e tinha regras específicas para suas alterações, como se fosse, hodiernamente, uma *"revisão constitucional"*. É que para os gregos a lei era de respeito maior que a maioria das culturas, como se norma constitucional e fundante do Estado fosse.[12]

---

9. Súmula Vinculante 10: "Viola a cláusula de reserva de plenário (CF, artigo 97) a decisão de órgão fracionário de Tribunal que, embora não declare expressamente a inconstitucionalidade de lei ou ato normativo do poder público, afasta sua incidência, no todo ou em parte."
10. Cfr. BARROSO, Luís Roberto. *O controle de constitucionalidade no direito brasileiro*. 6. ed. rev. e atual. São Paulo: Saraiva, 2012. p. 25 a 32.
11. In: BARROSO, Luís Roberto. Op. cit., p. 30.
12. *O controle judicial de constitucionalidade das leis no direito comparado*. 2. ed. reimpr. Trad. Aroldo Plínio Gonçalves. Revisão de José Carlos Barbosa Moreira. Porto Alegre: Safe, 1992/1999. p. 48/49.

Na cultura muito antiga da Grécia, como escreveu Cappelletti, a "mudança da lei era considerada, em suma, uma providência de extraordinária gravidade, cercada das garantias mais prudentes e até mais estranhas, com responsabilidades gravíssimas para quem propunha uma alteração que não fosse, no final, aprovada ou que, ainda que aprovada, se mostrasse, depois, inoportuna"[13].

O decreto era de conteúdo genérico tratando de diversos temas, por isso de competência comum da Eclésia, tornando algo influente na vida dos atenienses a ponto de ser necessário que esse decreto (*pséfisma*) fosse "legal, seja na forma, seja na substância" para ter validade, configurando um verdadeiro controle de seu conteúdo com a norma fundamental do Estado (*nómos*). Afinal, o juiz ateniense não estava obrigado a julgar com base no decreto se este fosse contrário a uma lei[14].

Esse precedente da idade média, segundo aponta Cappelletti, serviu como base para os demais sistemas de controle de constitucionalidade, inclusive, mediatamente, ao sistema norte-americano, por isso concluiu *nihil sub sole novi*[15].

Aliás, o controle de constitucionalidade norte-americano de 1803, apontado pela doutrina como espelho, foi exercido depois de alguns séculos de experiência da preeminência da lei inglesa, depois da revolução de 1688, quando os juízes julgavam por nulas as leis que contrariassem as "Cartas" e as "leis do Reino". Cappelletti traz que aquele exemplo (James Madison *versus* William Marbury) não foi "um gesto de improvisação, mas, antes um ato amadurecido através de séculos de história: história não apenas americana, mas universal"[16].

A história deixa uma conclusão importantíssima: a de que desde séculos é de se afirmar que não pode o jurisdicionado ficar aguardando os legitimados à propositura de uma ação direta para investigar a constitucionalidade de uma norma que arrimou uma decisão contrária a seus interesses, tendo, igualmente, contrariado frontalmente texto da Constituição Federal.

Daí é que se defende a possibilidade, e mais que isso, a necessidade (ainda que restrita e presente os pressupostos) do controle de constitucionalidade via do recurso extraordinário.

1.1. Os dois planos de controle de constitucionalidade

A investigação da legitimidade ou originalidade constitucional de uma norma infraconstitucional é algo que não poderia ficar apenas com *numerus clausus* de

---

13. Idem, p. 49.
14. Idem, p. 50/51.
15. Ibidem, p. 51 e 59 ("nada de novo para o Velho Mundo!").
16. Op. cit., p. 63.

legitimados[17], sob pena de o cidadão, diante de casos concretos, ficar privado da correção segundo a Constituição, o que feriria a própria Lei Maior.

Ao lado do controle exclusivo ao elenco do art. 103 da Constituição Federal, permitiu-se, em casos reais, ao prejudicado investigar se determinada norma, aplicada ao caso concreto, encontra-se circundada da constitucionalidade ou não, criando então uma forma de controle ao lado do controle *master*, formando, assim, dois grupos de controle.

Quando se fala das formas de controle constitucional de uma norma, em um primeiro momento e de um olhar *en passant*, tem-se uma visão de forma *espelhada* do instituto quanto a quem realiza e quanto ao que é realizado.

Por que se diz isso? Dos controles concentrado/abstrato e difuso/concreto, *prima facie*, vem a ideia de que o próprio ato de controlar é que seria concentrado e abstrato ou difuso e concreto. Como se controlasse a constitucionalidade dessas formas.

Aqui tem-se que ter em mente que os dois grupos de controle partem tanto de quem pode pleitear a investigação da constitucionalidade quanto de quem pode realizá-la[18], ou seja, o controle direto, aquele originário no STF, é proposto por um legitimado taxativo; somente os entes constantes do art. 103 da CF podem propor ADI. E, a partir disso, se tem um conteúdo abstrato, já que se trata de um objeto neutro, uma norma não em operação a um caso específico, mas aplicável a quem necessitar.

Quando a Constituição Federal, por outro viés, concedeu ao jurisdicionado o poder de investigar se uma norma é ou não constitucional, conforme art. 102, III, da Constituição Federal, e dita norma na posição de embasar decisão contrária aos interesses daquele, concedeu legitimidade para o controle a todos os cidadãos. Por isso, dizer-se que o controle é difuso, no sentido da propagação dos legitimados (não olvidando que difuso no sentido, também, de quem julga o controle).

E daí decorre igualmente que o objeto do controle, não obstante tratar de uma norma, deve ser a aplicação a um caso específico, ligado a um litígio que, entre outros, tenha comprovadamente repercussão geral. O conteúdo ou o objeto do controle, nesse aspecto, deve ser concreto.

Resumindo os dois grupos de controle de inconstitucionalidade se opera, então: a) concentrado com conteúdo abstrato; e b) difuso com conteúdo concreto.

---

17. É óbvio que o rol de legitimados à propositura das ações diretas é taxativo em razão de que busca o controle de forma abstrata da norma.
18. Advertindo de que nesse ensaio frisar-se-á apenas do lado quem pode pleitear. A maioria da doutrina tem ensinado apenas da parte de quem pode julgar o controle (cfr. BARROSO, Luís Roberto. Op. cit., p. 69-70).

Leonardo Martins, escrevendo sobre o controle de constitucionalidade no sistema alemão (que é idêntico ao nosso), ponderou que "tanto no controle abstrato quanto no concreto, está-se diante do controle da consonância de normas com a Constituição. A dicotomia não se justifica pela substância ou conteúdo das categorias, mas pela *motivação do controle*. Com efeito, no controle concreto a motivação deriva da relevância do esclarecimento sobre a validade da norma – colocada em dúvida pelo juiz ou tribunal do feito em face de uma suposta inconstitucionalidade – para a decisão sobre o caso particular, de tal maneira que a solução do caso dependa da resposta vinculante do TCF quanto à validade da norma que está sendo aplicada. No controle abstrato, por sua vez, não está presente, ao contrário, uma tal motivação, mas somente a dúvida sobre a inconstitucionalidade da norma, suscitada por um dos órgãos estatais para tanto legitimados"[19].

A importância dessa classificação consiste especificamente em dar força à legitimação do jurisdicionado quando se sentir prejudicado, e assim fazer justiça perante casos concretos cuja decisão é inconstitucional por consequência lógica de uma norma, também, inconstitucional.

O controle concentrado e abstrato, apesar de um controle de responsabilidade do Estado propriamente dito, já que não está vinculado a nenhum caso específico; era em tempos passados, mais concentrado ainda, do ponto de vista de quem pleiteia. A legitimação estava muito mais concentrada em poucos personagens, podendo até dizer do monopólio da ADI, pelo Procurador-Geral da República.

Exigiam alguns a ampliação dessa legitimação, ou diminuição da concentração, o que cumpriu ao art. 103 da Constituição Federal alargar a legitimidade para ADI[20], como lembrado pelo Min. Gilmar Mendes que o constituinte satisfez "apenas parcialmente a exigência daqueles que solicitavam fosse assegurado o direito de propositura da ação a um grupo de, v. g., dez mil cidadãos ou que defendiam até mesmo na introdução de uma ação popular de inconstitucionalidade"[21].

E concluiu o Ministro acerca dessa amplitude e o crescente número de processos ajuizados a partir da vigência da CF e, tomando por base os anos de 1988 a 2004, com um acréscimo de 202 casos para 3.572[22], confirma que "esse fato fortalece a impressão de que, com a introdução desse sistema de controle abstrato de normas, com ampla legitimação e, particularmente, a outorga do direito de propositura a diferentes órgãos da sociedade, pretendeu o constituinte reforçar

---

19. MARTINS, Leonardo. *Direito Processual Constitucional Alemão*. São Paulo: Atlas, 2011. p. 18.
20. Lembrando que antes da atual redação do art. 103 da CF, a Lei 9.868/99 houve por alargar o rol dos legitimados para ações diretas.
21. MENDES, Gilmar Ferreira. *Jurisdição Constitucional*. 5. ed. 3. tir. São Paulo: Saraiva, 2007. p. 86-87.
22. Quadro comparativo fornecido pelo Min. Gilmar Mendes, in *Jurisdição*..., cit., p. 88.

o controle abstrato de normas no ordenamento jurídico brasileiro como peculiar instrumento *de correção* do sistema geral incidente"[23].

Ao passo que no controle difuso e concreto teve o legislador que restringir o uso do mecanismo, que se dá mediante o recurso extraordinário, com a criação da repercussão geral, a fim de não servir apenas a defender interesses aparentemente protegidos pela Constituição, mas que a correção de uma ofensa direta a texto constitucional pudesse refletir além das partes, com olhos ao interesse social e geral.

A ampliação da legitimidade da concentração para o controle abstrato, por sua vez, pela Constituição de 1988, lembrou Gilmar Mendes, que o sentido do controle incidental ou difuso fora diminuído, já que aumentando um controle, diminui a possibilidade do outro[24].

Chegou a dizer, o Ministro, que a ampliação do controle abstrato encurtou radicalmente a intensidade do controle a ser proposto pelo cidadão no caso concreto, retirando a ênfase do sistema difuso para o modelo *concentrado*[25].

Ainda que ampliado o número de legitimados ao controle abstrato, esses entes não são capazes de atender e resolver a contento as diversas situações de injustiça que, no caso concreto, a decisão final está amparada por uma norma inconstitucional, a justificar, por razões de justiça, o controle por meio do recurso extraordinário, cujo manejo exige a comprovação da reflexão universal, possível de alcançar tanto minorias quanto maiorias.

2. Teoria do sistema excepcional de recursos

A distribuição de justiça e sua ministração aos cidadãos, por sua própria natureza, impõem uma definitividade estável, sob pena de desarmonia e inexistência da paz social[26].

Tudo deve ter um limite na existência da vida. As discussões, os debates e as celeumas na defesa de um interesse devem ter um fim, por óbvio. Disso decorre que os sistemas de justiça têm previsto que as *reclamações* devam percorrer apenas por duas análises, uma em revisão da outra.

Não se tem escrito em texto algum, de forma taxativa, a limitação de duas instâncias. Todavia, da interpretação do texto Constitucional e da norma procedimental, a conclusão é pacífica da obrigatoriedade do Estado em receber o jurisdicionado, diante de uma questão, apenas em dois momentos para o mesmo litígio. A jurisdição deve ser concluída, acabada em duas instâncias.

---

23. Idem, p. 87. Itálico do original.
24. Idem, p. 89.
25. Ibidem, p. 89.
26. Paz social indicativo do primordial objetivo da jurisdição.

Do sistema judiciário previsto na Constituição, vê-se que foram instituídos Juízes e Tribunais para revisão das decisões daqueles. Logo, duas instâncias, apenas. Depois disso, a Constituição não previu outra instância para rever, agora pela terceira vez, as decisões dos Tribunais. Somente houve (e há) previsão para última reanálise ou última palavra em casos taxativos e excepcionais de proteção e inteligência da norma federal ou algo ligado direta e frontalmente à Carta Magna. Mas essa permissão constitucional da busca pelos Tribunais extraordinários não é absoluta. Por isso, concluir-se que o Estado dispôs apenas duas instâncias aos reclamos dos cidadãos.

Por outro viés, o sistema de justiça brasileiro, como em outros países, é distribuído em regiões dentro do universo de habitantes. A justiça é realizada por centenas de julgadores *de per se* dentro da Federação (que, em nosso caso, é equiparado a um *continente*). A jurisdição brasileira se ramifica entre vários órgãos regionais no território nacional, como justiça Estadual, Distrital, Federal e Especiais.

Ocorre que essa definitividade e estabilidade podem ter por pressuposto uma injustiça, ou por destoar da norma federal ou por ferir a Constituição Federal, sendo este último o tema do presente ensaio, impondo, assim, quer em nível infra quer em nível constitucional, seja analisada a questão jurídica de direito a fim de extirpar uma decisão, até então, definitiva e estável provocadora de injustiça.

Foi necessária a presença de um ente superior e último a fim de dar estabilidade uniforme a nível nacional, no que tange aos ditames de lei federal e da própria Constituição Federal, a fim de duas consequências fáticas: dar um norte aos tribunais e corrigir ilegalidades e inconstitucionalidades de seus atos[27].

O objetivo primordial e a missão dos remédios excepcionais não é servir de correção a injustiças ou erros de julgamento, mas, sim, corrigir e erradicar a injustiça em nível de preservação da própria Constituição Federal e das normas infraconstitucionais.

Dessa circunstância é que passou a se entender as duas esferas de recursos, as quais o código revogado explicava melhor que o atual, no artigo 467 do CPC/1973 revogado[28], quando afirmava que coisa julgada seria a imutabilidade e indiscutibilidade da sentença "não mais sujeita a recurso ordinário ou extraordinário". O

---

27. Cria-se, então, os dois polos extraordinários com o desiderato dessa missão, difundida em Tribunais Superiores em nível de lei federal e Supremo Tribunal Federal para questões da guarda da própria Constituição.
28. O atual artigo 502 (CPC/2015) simplificou e foi mais direto ao se referir aos recursos para efeito da coisa julgada, dizendo que esta é o comando da imutabilidade e indiscutibilidade da "decisão de mérito não mais sujeita a recurso".

artigo revogado não falava em dois recursos especificamente, mas, sim, de duas órbitas de recursos, ou seja, recursos comuns e os incomuns[29].

Recursos ordinários têm-se como aqueles de comum utilização onde basta tão só a sucumbência para seu uso, ou estão embasados somente na insatisfação pela perda da demanda, sendo os recursos à segunda instância. Já recursos extraordinários não são de comum utilização. Não basta a simples sucumbência; aliás, esta fica em segundo plano. Contudo, enseja-se algo muito além que possa ferir a norma federal ou para o caso em estudo, contrariar frontalmente Constituição Federal.

Daí se entender por algo excepcional aquilo que incomum de ocorrer, servindo para uniformizar o entendimento, o modo de aplicação em todo nosso sistema federativo, como se deveria entender as letras da Lei e da Constituição Federal.

3. Efeitos genéricos dos recursos cíveis

Por que e para que *efeitos* dos recursos? O que são efeitos (dos recursos)? Efeitos sobre o que ou quem? São indagações imprescindíveis para se entender o instituto, já que não se deve simplesmente comentar um organismo sem a busca pelas últimas causas, como se fosse lugar comum.

Toda decisão judicial porta um comando quer positivo quer negativo, quer com atividade quer sem. Tratam esses comandos do próprio dispositivo da decisão, ou condenando ou absolvendo, constituindo ou somente declarando algo às partes com referência à pretensão deduzida inicialmente ou na defesa.

Uma vez sucumbida, em nome do duplo grau de jurisdição, a parte interpõe o remédio recursal para revisão da decisão. Ocorre que (como já exposto) a jurisdição deve operar, em prol das partes, em dois turnos ordinariamente, ou seja (sem olvidar dos requisitos e pressupostos), basta a sucumbência para nascer o poder de revisar por uma vez a causa.

Se os recursos ordinários são de utilização e fundamentação livres, a decisão objeto do recurso somente terá força de cumprimento depois de esgotada essa fase revisional.

Como lógica, essa decisão é afetada por um poder causador de diversas circunstâncias que vai da devolução da matéria até substituição da decisão, passando pela obstrução do cumprimento e análise de outras matérias. Isso justifica os porquês dos efeitos dos recursos. Isso opera sobre a decisão de forma inexorável, ou seja, querendo ou não as partes. Ao contrário, os recursos extraordinários, por serem de utilização e fundamentação vinculadas, não portam todos esses efeitos.

---

29. Aqui, apenas *en passant*, retrata essas duas esferas para se identificar que o controle constitucional concreto pelo STF enseja tão somente na esfera excepcional do recurso.

Os recursos provocam reflexos sobre a parte dispositiva da decisão, podendo devolver a análise do caso; suspender a exigência desse comando; provocar a concessão de medida urgente negada pela decisão (efeito *suspensivo-ativo*); ensejar a expansão dos efeitos desse comando; por fim, a translação de matérias não solucionadas na decisão, que tenha sido objeto da discussão ou que devam ser apreciadas *ex officio*. Efeitos dos recursos, então, são reflexos sobre o comando da decisão que retira a sequência natural da ordem do *decisum*.

Pela lógica do contido na norma de procedimentos, a doutrina tem nominado os efeitos dos recursos em: efeito devolutivo (art. 1.013/CPC), efeito suspensivo (art. 1.012 do CPC); efeito suspensivo-ativo (art. 1.019, I. do CPC); efeito expansivo *(subjetivo e objetivo)* (art. 1.005 do CPC); efeito translativo (art. 1.013, §§ 1º e 2º, do CPC); efeito interruptivo (art. 1.026 do CPC); efeito regressivo (arts. 1.018, § 1º, 331 e 332, § 3º, do CPC); efeito obstativo[30] (art. 502 do CPC); e efeito substitutivo (art. 1.008 do CPC).

Roberto Dórea Pessoa expõe que os efeitos dos recursos devem ser interpretados de duas formas, ou seja, os efeitos decorrentes da interposição, sendo obstativo, devolutivo e suspensivo; e os decorrentes do julgamento, como o efeito substitutivo, o integrativo, o rescindente e o expansivo[31].

Cumpre esclarecer que nesse ensaio será exposto tão somente acerca do efeito devolutivo e translativo, pois o primeiro está intimamente ligado à cognição do recurso extraordinário, já o segundo como causas pelas quais houve debate, mas não foi objeto de análise da sentença ou esta deveria analisar de ofício, onde a doutrina entende por extrapolar o rol taxativo da Constituição Federal, como se verá no decorrer do trabalho, itens 4.3 e 5.1.

4. Recurso extraordinário

4.1. Origem, tribunal e poder

Não nos parece necessário detalhar acerca do recurso extraordinário, sua prática e conceitos nesse ensaio já que o leitor/operador do direito o conhece a partir da academia, impondo tão somente as consequências desse recurso excepcional no âmbito do seu poder de fiscalizar a (in)constitucionalidade de uma norma que embasou uma decisão e, por conseguinte, uma decisão inconstitucional e injusta.

É lugar-comum o entendimento do recurso extraordinário, sendo espécie de recurso excepcional, dirigido ao Supremo Tribunal Federal contra quaisquer

---

30. Esse efeito é trazido por PESSOA, Roberto Dórea. *Recurso Extraordinário* – Grau de cognição no juízo de mérito. 1. ed. São Paulo: Saraiva, 2010. p. 100.
31. Idem, p. 100.

decisões judiciais de única ou última instância, com o fim de impedir contrariedades à Constituição Federal, bem como impedir conflitos entre lei local e lei federal. Tem por hipóteses de cabimento o rol taxativo do art. 102, inciso III, e alíneas da Constituição Federal, por isso, faz parte dos recursos excepcionais de direito processual constitucional, como já se viu supra.

No sistema brasileiro, o recurso extraordinário, por excelência em nível difuso, tem o poder de analisar a questão da constitucionalidade e, *a fortiori*, o mérito da causa concreta, com função mista cassando e revisando a decisão, ou seja, resolve o mérito como papel do juiz de piso, diferentemente de outras culturas europeias, como França, Portugal e Espanha[32].

A missão do RE não é a justiça da decisão em face do caso concreto (como será falado), algo que, com certeza, no âmbito difuso, o que mais almeja a parte recorrente é tal verificação, mesmo que indiretamente a pretexto de verificação da constitucionalidade. Mas o certo é que esse recurso não retarda a análise do mérito do litígio, resolvendo-o conjuntamente com a verificação da constitucionalidade o que, reflexamente, atingirá a questão fática, mesmo que pareça absurdo para os mais críticos quanto ao critério justo e apertado da admissibilidade do extraordinário.

Contrariamente ao alvo do recorrente que usa de pretexto a questão apenas de direito constitucional, a resolução da questão de fato serve (também) de pretexto para que o STF atue no controle de constitucionalidade[33], ou seja, não se pode pôr como absoluta e inexorável a regra de que o RE só admite a análise da questão de direito, como assegura a professora Teresa Alvim na indagação de "qual utilidade do direito objetivo se não a de garantir direitos subjetivos?"[34], não obstante a análise da questão de fato ficar remota.

Acerca da origem do recurso, a doutrina tem se dividido, embora a origem das coisas nem sempre é importante para o fim, mas o certo é que uns dizem ter sua origem na Suplicação do Direito Português arcaico, assemelhando ao "agravo ordinário" do Supremo Tribunal de Justiça daquele País, como afirmou João

---

32. Cfr. STRECK, Lenio Luiz. *Jurisdição Constitucional e Decisão Jurídica*. 3. ed. reformulada da obra *Jurisdição constitucional e hermenêutica*. São Paulo: Ed. RT, 2013. p. 585.
33. MARINONI, Luiz Guilherme. *Julgamento nas Cortes Supremas*. Precedente e Decisão do Recurso diante do Novo CPC. São Paulo: Ed. RT, 2015. p. 20. E continua o professor: "Quando se pensa na definição do sentido do direito importam os fundamentos determinantes da solução do caso concreto. São as razões de decidir ou, mais precisamente, as razões determinantes da solução do caso que assumem relevo quando se tem em conta uma decisão que, além de dizer de respeito aos litigantes, projeta-se sobre todos e passa a servir de critério para a solução dos casos futuros".
34. *Controle das Decisões Judiciais por meio de recursos de Estrito Direito e da Ação Rescisória*. São Paulo: Ed. RT, 2002. p. 168.

Mendes³⁵. Outros, como Osmar Paixão Côrtes, José Afonso da Silva, Vasco de Lacerda Gama *et al.*, afirmam a ideia inicial esboçada na Constituição de 1891, com a ideia do federalismo norte-americano, ligou-se o Recurso Extraordinário ao *Writ of Error*, utilizado para correção de injustiças por desacerto de direito em face da recorrente³⁶.

Antes mesmo da CF de 1891, começou com os Decretos 510 e 848, ambos de 1890, e do Governo Provisório, os quais previam a competência do STF, como bem expôs Alcides Mendonça de Lima, que, por implicação do modelo federalista, "tornou-se necessário criar um remédio com o fim de preservar a legislação federal em sua *inteireza* e uniformidade na aplicabilidade em todo território nacional. Não importa o *nomen iuris* de cada remédio nos vários ordenamentos jurídicos, mas, seja qual for, a finalidade é a mesma"³⁷⁻³⁸.

O que importa, no momento, é a real e atual ordem constitucional a que as decisões de última ou única instância que afetem o texto da Carta Magna devam ser objeto de chegada à Corte Suprema pelo caminho do recurso extraordinário a o fim precípuo de manter o Estado e sua consolidação como nação, alicerçada em um mesmo entendimento jurídico para todos, respeitando o federalismo como seu fundamento base.

O art. 102, inciso III, da Constituição Federal, afirma o altivo poder do recurso extraordinário ao disciplinar sua missão controladora do princípio fundante do Estado. É incumbência, logo dever, do STF apreciar, pela via do RE, as pretensões *definitivamente decididas*, quando essa definitividade (que deverá ser estável): a) contestar a letra expressa do texto da Constituição; b) afirmar um tratado ou lei federal como inconstitucional; c) dar valia à lei ou a ato de administração local que contrariem a Constituição; e, por fim, d) dar validade à lei regional que contrapõe lei federal.

Marinoni, Arenhart e Mitidiero, em exposição dos dois recursos excepcionais, explicam que o recurso extraordinário *stricto sensu*, diferentemente dos recursos comuns, não está preocupado "diretamente à tutela do direito da parte", mas tem escopo primordial "a unidade do direito brasileiro mediante a compreensão da

---

35. ALMEIDA JÚNIOR, João Mendes de. *Direito Judiciário Brasileiro*. 5. ed. São Paulo: Freitas Bastos, 1960. p. 388.
36. Cfr. CÔRTES, Osmar Mendes Paixão. *Recurso Extraordinário* – Origem e Desenvolvimento no Direito Brasileiro. Rio de Janeiro: Forense, 2005. p. 187 a 189.
37. Recurso Extraordinário e Recurso Especial. In: TEIXEIRA, Sálvio de Figueiredo (Coord.). *Recurso no Superior Tribunal de Justiça*. São Paulo: Saraiva, 1991. p. 135.
38. Não obstante, Pontes de Miranda pensava não ser próprio do "regime federativo", em nome de que é intrínseco e óbvio dessa forma de governo a unidade de justiça, sendo descabido um "estado unitário e justiça múltipla". In: *Comentários ao Código de Processo Civil*. Rio de Janeiro: Forense, 1975. t. VIII, p. 15.

Constituição" [...]. "as Cortes Supremas estão preocupadas em canalizar seus esforços para a formação de precedentes, fomentando um discurso jurídico ligado à tutela do direito em uma perspectiva geral". E, concluem, que o Supremo Tribunal Federal [...] aproveita do tema real esboçado no RE e, assim, usa desse remédio "para viabilização de uma adequada interpretação da Constituição"[39].

Em outro momento, o professor Marinoni esboça entendimento da necessidade do julgamento pela Corte Suprema para efeito da uma acertada aplicação da norma infraconstitucional consubstanciada na colisão com a norma maior, para sua harmonia, e assim pronuncia: "se a lei é suficiente para regular a vida social e os juízes se submetem apenas a ela, basta que a Corte Suprema corrija as decisões que mal a aplica. Quando, porém, especialmente em virtude do impacto do constitucionalismo, percebe-se que a compreensão judicial outorga sentido ao texto legal, passa a ser necessário pensar na definição da interpretação adequada e na sua estabilidade"[40].

O certo é que, se não permitir o controle de constitucionalidade difuso, tendo como base o caso concreto, via recurso extraordinário e, assim, não permitir a correção de injustiças, com certeza, ferirá o acesso à justiça, ainda que depois da conclusão das instâncias ordinárias e obrigatórios (1º e 2º graus), contrariando o art. 5º, incisos XXXV e LV, da CF, a gerar uma inconstitucionalidade.

4.2. Decisões que admitem recurso extraordinário

Quando se fala em quais decisões admitem RE, não se confunde com quais elementos de fundo permite a subida do recurso ao STF, mas sim quais atos judiciais podem ser objeto de apreciação.

Existem pressupostos e requisitos para o exercício do RE, sendo o primeiro os elementos fundantes como as situações elencadas taxativamente no art. 102, inciso III e alíneas, da Constituição Federal. O segundo trata das formalidades das formalidades intrínsecas e extrínsecas para a interposição do recurso, como tempestividade, preparo, legitimidade, interesse recursal, regularidade, forma, dialeticidade, questão de direito, prequestionamento e repercussão geral. Mas isso não tem referência com quais decisões estão sujeitas ao recurso em estudo.

Se o recurso extraordinário visa ao controle de constitucionalidade, nada complicado em saber o que pode ser analisado por esse remédio, senão todas e quaisquer decisões, tendo como única exigência o exaurimento de todas as vias ordinárias.

---

39. MARINONI, Luiz Guilherme et al. *Novo Código de Processo Civil Comentado*. São Paulo: Ed. RT, 2015. p. 963.
40. MARINONI, Luiz Guilherme. *Julgamento nas Cortes Supremas*. Precedente e decisão do recurso diante do novo CPC. São Paulo: Ed. RT, 2015. p. 17.

Todas decisões de quaisquer Tribunais ou Colégios de 2ª instância (Turmas Recursais dos Juizados Especiais), do Superior Tribunal de Justiça, de todos os Tribunais Superiores, das Turmas Recursais, inclusive das decisões em embargos previstos no art. 34, da Lei 6.830/80.

A força e a necessidade de colocar a salvo a Carta fundante do Estado fizeram com que o art. 102, inciso III, da Constituição, fizesse referência apenas "[...] quando a decisão recorrida [...]". Não especificou de qual órgão jurisdicional, mas generalizou. Ao passo que se observar (apenas para exemplo) o art. 105, inciso III, da CF, veem-se especificadas as decisões dos Tribunais Regionais Federais ou dos tribunais dos Estados, do Distrito Federal e Territórios.

Corrobora a necessidade cogente de se manter intocável a Constituição Federal, a ponto de não esquivar qualquer ato jurisdicional, legislativo ou executivo do seu crivo de eixo de sustentação do Estado Democrático de Direito.

É claro que a decisão, ainda que de Tribunal, com cunho administrativo, não deve ser objeto de RE diante de que foge da análise de um litígio cujos argumentos pudessem ter interferência da norma Constitucional, como é o caso da tramitação de precatório, no qual o Tribunal administra a organização de pagamentos pelo poder público, como entendeu a Súmula STF 733[41], da qual um dos recursos foi o AgRg no Recurso Extraordinário 281.208-1, São Paulo, relatora Min. Ellen Gracie, em 26.03.2002, assim ementado: "o julgamento de pedido de sequestro do montante correspondente para satisfação do precatório, formulado perante Presidente do Tribunal de Justiça, possui natureza administrativa, pois se refere a processamento de precatórios, do qual não cabe eventual recurso extraordinário, conforme assinalado pelo Plenário desta Corte no julgamento da ADI 1.098/SP. Agravo regimental desprovido."

4.3. Efeitos do recurso extraordinário

O tema deste ensaio cinge-se ao *recurso extraordinário* com função de controle de constitucionalidade na forma oblíqua da concretude e difusão, razão que enseja imprescindível a análise do que provoca este recurso sobre a decisão recorrida e, por consequência, o que será objeto e alcance da busca no mérito da causa pelo Supremo Tribunal Federal.

Por se tratar de algo onde já se exauriu, aliás, como regra, todos os recursos ordinários, ou, ainda, já superado o segundo grau ou o único grau de jurisdição, os recursos excepcionais (e, *in casu* o RE) devem sofrer, via de regra, apenas a *devolução* do tema tratado, não impedindo ou não obstando (em tese) a execução do comando originário da decisão.

---

41. Súmula STF 733: Não cabe recurso extraordinário contra decisão proferida no processamento de precatórios.

O Código de Processo Civil prevê no § 5º do art. 1.030 a possibilidade de o recorrente pedir a concessão de efeito suspensivo tanto ao recurso extraordinário quanto ao especial. Isso deixa claro, por via oblíqua, que ambos recursos não comportam, *ope legis*, efeito suspensivo. Igual confirmação é o art. 995 e parágrafo único do CPC[42].

O CPC de 1973 era mais taxativo e incisivo em conceder apenas efeito devolutivo aos recursos excepcionais, quando o 542, § 2º, dizia de forma imperativa que *"os recursos extraordinário e especial serão recebidos no efeito devolutivo"*.

Quando o § 2º do art. 542 revogado falava em *"serão"*, não havia outra conotação senão de algo impositivo, obrigatório. Igualmente era o art. 497 do CPC de 1973 ordenando que a interposição do RE não impedisse a execução da sentença.

A regra é essa: não se deve provocar, na extrapolação da segunda e/ou última instância, o retardo no cumprimento da jurisdição, não se pode aplicar, então, o efeito suspensivo, impondo automaticamente o efeito devolutivo. No entanto, excepcionalmente, é possível aplicar o efeito suspensivo a partir da comprovação das exigências do art. 995 e parágrafo único do CPC.

Não fora da regra, mas como algo clássico e ordinário, o RE atua com outros poderes sobre a decisão, de forma lógica e taxativa[43] os seguintes efeitos: expansivo (subjetivo e objetivo) (art. 1.005 do CPC); obstativo[44] (art. 502 do CPC); regressivo (inciso II, art. 1.030, do CPC); sobrestativo (inciso III, art. 1.030, do CPC); representativo (inciso IV, art. 1.030, do CPC); substitutivo (art. 1.008 do CPC).

Uma peculiaridade do recurso extraordinário é aplicação dos seguintes efeitos: a) *prejudicial*, imposto pelo art. 1.031, § 2º, do CPC, cominando, em decisão irrecorrível, na remessa do RE ao STF quando contemporâneo com REsp e o consequente sobrestamento deste, caso o relator verificar prejudicialidade do primeiro sobre o segundo; b) *suspensivo extensivo de processo*[45], na previsão dos §§ 4º e 5º, do art. 1.029, do CPC.

Além desses efeitos, a doutrina tem pensado em algo maior e que vai além da devolutividade taxativa do art. 102, III, da Constituição Federal, denominado

---

42. Art. 995, parágrafo único, CPC: *"Os recursos não impedem a eficácia da decisão, salvo disposição legal ou decisão judicial em sentido diverso. Parágrafo único. A eficácia da decisão recorrida poderá ser suspensa por decisão do relator, se da imediata produção de seus efeitos houver risco de dano grave, de difícil ou impossível reparação, e ficar demonstrada a probabilidade de provimento do recurso."*
43. Taxativo, pois, não se permite um rol exemplificado de efeitos para os recursos extraordinários; por exemplo: não se pode aplicar o efeito *interruptivo* do art. 1.026 do CPC.
44. Cfr. PESSOA, Roberto Dórea. Op. cit., p. 100.
45. Esse *efeito suspensivo extensivo de processo* na nação não se trata do efeito suspensivo da decisão recorrida, mas sim de um efeito *erga omnes* no qual se estende a todos os demais recursos em tramitação, diante da tramitação do IRDR.

de objeto diverso do recurso e causa de pedir aberta, aplicando o então chamado *efeito translativo* (arts. 1.013, §§ 1º e 2º, e art. 1.034, parágrafo único, do CPC), o qual para alguns tem-se por efeito devolutivo em profundidade e extensão[46], como já visto tópico 4.3 e será analisado adiante no tópico 5.1.

5. Recurso extraordinário e o controle de constitucionalidade concreto e difuso

5.1. Hipóteses do controle – Cognição, devolução e translação no recurso extraordinário

O que se entende ou em que pode ser útil para o tema a questão do alcance da cognição e o efeito devolutivo? Como alcance ou abrangência tem-se a *quantidade* daquilo que se conhece, a extensão e a profundidade. Já por devolutividade, como visto, é aquilo que, ao discordar do resultado, se devolve para ser refeito, para ser reanalisado. Nessa esteira, necessário se faz "estabelecer os limites do 'rejulgamento'" da causa por meio do RE, como explicou Roberto Dórea Pessoa[47].

Logo, uma coisa está subentendida noutra, ou seja, o RE devolve à cognição do STF a matéria restrita no art. 102, III, da CF. Assim, tem-se que se trata de cognição restrita, pois o recurso extraordinário (pelo menos em regra) é de fundamentação vinculada (art. 102 da CF); devolve-se ao Estado tão somente questão de ordem constitucional de forma direta (não reflexa).

As hipóteses de controle estão, por óbvio, elencadas nos incisos do art. 102 da CF, ou na própria decisão que diretamente contraria texto da Constituição, ou na norma jurídica que serviu de base para essa decisão.

Como se verá nos itens 5.2 e 5.3, a cognição do RE pode ser questão do próprio mérito do litígio ou não. Daí é que surgiu a ideia de que a declaração de inconstitucionalidade por meio do extraordinário seria objeto de cognição apenas para se chegar a uma decisão que afetaria o mérito do litígio, ou seja, a inconstitucionalidade seria tão somente um *iter* para se chegar à decisão.

É que aí há uma certa confusão com o incidente de inconstitucionalidade do art. 948 do CPC[48], como será mais bem exposto no item 7. O RE não pode ser tratado como um incidente de resolução de questão constitucional, mas, sim, como um remédio recursal de cognição da constitucionalidade a fim de corrigir ofensas à Constituição de uma norma especificamente ou uma decisão cuja parte dispositiva afrontar diretamente texto da Carta. Remédio esse com o efeito gerador *erga omnes*, por meio da força do precedente como relatado no item 7.

---

46. Cfr. PESSOA, Roberto Dórea. Op. cit., p. 173 a 184.
47. Op. cit., p. 173.
48. Isso retira o poder do recurso extraordinário como controle difuso de constitucionalidade na missão precípua de guardar o fundamento constitucional.

A cognição será sempre a investigação da ofensa ou não à Constituição pelo efeito devolutivo ou por força de translação de matérias. No RE, a questão constitucional nunca será *incidenter tantum* do litígio de fundo, antes, será o objeto do próprio recurso extremo.

Se a resposta a um litígio, por meio da decisão final, ofender a Constituição (ou pelo conteúdo do julgado ou por alicerçar em norma tida por constitucional), o RE devolverá ao STF a questão analisada e decidida.

Se o tema analisado pelo RE não foi objeto de resposta às partes na decisão final, não se tem efeito devolutivo, mas efeito translativo, uma vez que o recurso tem o poder de transferir matéria discutida pelas partes, mas não decidida, desde que ofenda a Constituição.

De regra, não poderia o RE analisar questões não analisadas, por força do prequestionamento como requisito de admissibilidade[49]. Nesse teor, são as Súmulas 283[50] e 356[51] do STF. Ambas referências têm por precedentes formativos julgados dos anos 1961 a 1964. Não que se pretenda mudar o precedente, mas, se se trata de regra procedimental e não substancial, nada obsta dar novo significado às regras de acesso à justiça.

Cremos que essa problemática inicialmente foi amenizada com a edição da Súmula STF 528[52], quando não limita a apreciação de todas as matérias pela Corte Suprema, se o Tribunal *a quo* tiver admitido parcialmente o RE. Já com o novo CPC pode-se dizer que solucionou de vez o assunto no parágrafo único do art. 1.034, no qual, uma vez superado o juízo de admissibilidade, o Tribunal deve conhecer de fundamentos diversos daquele inicialmente admitido, aplicando expressamente o efeito translativo aos recursos excepcionais.

Evidentemente, a questão de se guardar a Constituição Federal é algo além do interesse subjetivo, daí, não sendo questões fáticas nem valoração de provas, quaisquer outros temas sejam de ordem pública, sejam de ordem privada, constante ou não da decisão final (última ou única instância) que afetem a norma Magna, deve o STF analisar.

---

49. PESSOA, Roberto Dórea. Op. cit., p. 174.
50. Súmula STF 283: É inadmissível o recurso extraordinário, quando a decisão recorrida assenta em mais de um fundamento suficiente e o recurso não abrange todos eles.
51. Súmula STF 356: O ponto omisso da decisão, sobre o qual não foram opostos embargos declaratórios, não pode ser objeto de recurso extraordinário, por faltar o requisito do prequestionamento.
52. Súmula STF 528: Se a decisão contiver partes autônomas, a admissão parcial, pelo Presidente do Tribunal *a quo*, de recurso extraordinário que, sobre qualquer delas se manifestar, não limitará a apreciação de todas pelo Supremo Tribunal Federal, independentemente de interposição de agravo de instrumento.

O recurso extraordinário como meio de o particular promover o controle de constitucionalidade não pode perder de vista que, mais que atender ao jurisdicionado, o STF atende à nação protegendo seu alicerce fundamental, o que quer dizer que mesmo que a decisão final não tenha analisado ou que tenha feito parcialmente, se o tema é imediatamente constitucional, tem o dever de analisá-lo e, se presente a inconstitucionalidade, deve colocar as coisas em seus devidos lugares, a exemplo da declaração proferida no RE 199.293/SP, como será melhor visto no item 7.

5.2. *Admissibilidade* versus *mérito no recurso extraordinário*

Cumpre aqui fazer uma breve distinção entre *requisitos* e *pressupostos*, como já observado retro no item 4.2. Requisitos para os recursos são elementos intrínsecos e extrínsecos para o *caminhar* dos recursos, para o recebimento propriamente dito. São exemplos a tempestividade, o preparo, a legitimidade, o interesse recursal, a regularidade, a forma, a dialeticidade, a questão de direito, o prequestionamento e a repercussão geral.

Pressupostos são os elementos fundantes para o nascimento do poder/direito de se recorrer, como as situações elencadas taxativamente no art. 102, inciso III e alíneas, da Constituição Federal.

Frequentemente, há confusão pela doutrina e por Tribunais entre requisitos e pressupostos, dando o mesmo tratamento. Aqueles são formalidades para tramitação ou continuação da caminhada do processo, sem os quais o recurso não será conhecido. Já os últimos (pressupostos) devem existir antes mesmo dos recursos; antes de recorrer, em tese, a decisão já ofendeu a Constituição Federal, por exemplo.

A partir disso, neste ensaio, deve-se ater aos *pressupostos* para o nascimento do poder/direito do uso do recurso extraordinário.

De regra, o juízo de mérito nos recursos é o próprio litígio, ou a causa já julgada no juízo inferior *(a quo)*, podendo, em algumas situações, ocorrer que o mérito do recurso não seja o mesmo da causa ou do pano de fundo da demanda. São os casos de *error in judicando* e *error in procedendo*. Diferentemente nos recursos excepcionais.

O diferencial é que entre os Tribunais de última ou única instância e os Tribunais excepcionais a distinção entre mérito do recurso e mérito da causa não se dá da mesma forma que nos recursos ordinários. Exemplificado, quando nesses últimos o recurso visar apenas correção de erro formal, o mérito do recurso será totalmente diverso do litígio, *v. g.*, apelação contra decisão de indeferimento da inicial (art. 331 do CPC). Nos recursos extraordinários, de motivação vinculada, o mérito do recurso ou é a Norma Federal ou a Constituição Federal. Se o Tribunal de segunda instância, *v. g.*, deu interpretação a uma prova dos autos ou a uma cláusula de contrato, diversa da que pretendia a parte, não pode ser mérito do recurso (o que nem mesmo caberá recursos excepcionais).

Os pressupostos de cabimento dos recursos extraordinários, em nosso entender, confunde com o próprio mérito do recurso. Se o recurso vai ser provido ou não é outra situação. Por exemplo, em recurso extraordinário por ofensa direta a texto da Constituição Federal, para ser admitido e analisado (o recurso), deve ser comprovada, preliminarmente, a ofensa à CF, depois disso, se vai vingar o provimento do recurso pela inconstitucionalidade da decisão ou de uma norma infraconstitucional questionada na demanda, já é outra situação.

No entanto, isso deixa dúvidas. Admitido o recurso extraordinário, em tese, teríamos o provimento do recurso? Pois, se para sua admissão, a fim de ser analisado, deve estar, preliminarmente, comprovada a ofensa à Constituição! Logo, *imporia* a declaração de inconstitucionalidade do ato e a cassação da decisão.

É que o juízo de admissibilidade é realizado perfunctoriamente pelo presidente ou vice-presidente do Tribunal *a quo* e pelo Relator *ad quem* (arts. 1.030 e 1.034 do CPC).

Existe certa discrepância entre a doutrina majoritária, havendo os que admitem dissociação entre admissibilidade e mérito[53], e os que não admitem. Para estes, juízo de admissibilidade e mérito se confundem[54].

Duas situações devem ser pensadas: i) a CF impõe como pressuposto fundante para análise do RE a ofensa a texto da Constituição; e ii) o juízo de admissibilidade é função obrigatória como filtro para ser ou não analisado o recurso. E esse juízo de admissibilidade, (fora da análise dos requisitos) é realizado sobre a questão constitucional.

O que fazer? A solução não é das demais dificultosas, pois as coisas são claras, e prefiro aproximar ao entendimento da professora Teresa Alvim[55], para concluir que se se trata de juízo axiológico de admitir um remédio jurídico, isso deve ser entendido admissão para *entrada* na seara da discussão do âmago dos porquês do recurso = mérito. Logo, a verificação se o RE deve ou não ser analisado pelo STF, é juízo a ser visto nos dois planos de cognição, a que se socorre ao proposto por Kazuo Watanabe[56], impondo distinguir, inexoravelmente, se admitido ou não o RE: a) admitido o recurso, a decisão realizou-se de forma cabal, plena, ilimitada no plano horizontal[57], mas incompleta, sumária e superficial no sentido vertical,

---

53. MOREIRA, José Carlos Barbosa. *Comentários ao CPC*. 4. ed. São Paulo: Forense, 1981. v. V, p. 646.
54. PESSOA, Roberto Dórea. *Recurso Extraordinário*, cit., p. 140. ARRUDA ALVIM WAMBIER, Teresa. *Recurso Especial, Recurso Extraordinário e Ação Rescisória*. 2. ed. ref. e atual. São Paulo: Ed. RT, 2008. p. 248 a 256.
55. *Controle das Decisões Judiciais*, cit., p. 173 e 174. V. tb. *Recurso Especial, Recurso Extraordinário e Ação Rescisória*, cit., p. 248 a 256.
56. *Cognição no Processo Civil*. 4. ed. rev. e atual. São Paulo: Saraiva, 2012.
57. Pois, "tem-se a distância em linha reta na qual conhecerá da lide. É, enfim, a amplitude – a mais, ou a menos – do conhecimento. Ou o juiz conhece todas questões, ou parte

verificou-se tão somente nesse particular que o RE tem elementos impositivos da análise do mérito; b) inversamente, se inadmitido o recurso, a decisão além de cabal é conclusiva e exauriente.

Conveniente e apropriada a lição de Marinoni e Mitidiero, onde se adapta ao entendimento da superficialidade da decisão que admite o RE, contendo elementos de sua viabilidade, na qual "afere-se a possibilidade de conhecer [o] descontentamento", apontado no "motivo da irresignação da parte" a ser examinada no mérito[58].

5.3. Juízo de mérito no recurso extraordinário

Superada a celeuma do juízo de admissibilidade específico do RE e depois de observados os pressupostos para sua interposição, necessário se faz a análise do tema especificado na Constituição Federal, sabendo que a fundamentação vinculada, como já exposto no item supra, dará ensejo entre o juízo de admissibilidade e o de mérito. Sendo aquele positivo, o órgão *ad quem* adentrará no exame de mérito acerca do provimento ou não.

Ao se tratar do juízo de mérito, é de se lembrar que o STF, diversamente de alguns países europeus que atuam com juízo de cassação, como na Itália e na França[59], age também com juízo de revisão, como no sistema do Tribunal Alemão e Português[60], que alguns entendem como misto[61], e, mesmo remotamente, procederá nova decisão de mérito que afetará a causa.[62]

É bem verdade que a parte recorrente pretende ver acolhido o pedido inicial que é o próprio mérito do litígio, e daí arrazoa que o julgado de última ou única

---

das questões ou algumas questões (extensa ou não extensa)". Cfr. nosso: *A Antecipação da tutela em face da incontrovérsia do parágrafo 6º do artigo 273, do CPC*. Porto Alegre: Fabris, 2007. p. 62 e ss.
58. MARINONI, Luiz Guilherme; MITIDIERO, Daniel. *Repercussão Geral no Recurso Extraordinário*. São Paulo: Ed. RT, 2007. p. 32.
59. MITIDIERO, Daniel. *Cortes Superiores e Cortes Supremas* – Do controle à interpretação, da jurisprudência ao precedente. São Paulo: Ed. RT, 2013. p. 36. V. tb. FAVOREU, Louis. *As Cortes Constitucionais*. Trad. Dunia Marinho Silva. São Paulo: Landy Editora, 2004.
60. BUZAID, Alfredo. O Supremo Tribunal Federal e a função do recurso extraordinário. In: TUCCI, José Rogério Cruz e; BEDAQUE, José Roberto dos Santos (Org.). *Estudos de direito*, apud CAZETTA JÚNIOR, José Jesus. *Causa de pedir e pedido no processo civil*. São Paulo: Ed. RT, 2002. p. 255.
61. Apesar de que Luís Roberto Barroso expõe que, na Alemanha, "o tribunal não funciona como corte de cassação ou revisão das decisões dos tribunais inferiores. Sua atuação se restringe à jurisdição constitucional" (*Curso de Direito Constitucional Contemporâneo* – Os conceitos fundamentais e a construção do novo modelo. 3. ed. São Paulo: Saraiva, 2011. p. 61).
62. Por exemplo, RE 1.151.652/SC, rel. Min. Edson Fachin.

instância fere a Constituição Federal a fim de que o STF *rejulgue* a demanda. Mas o mérito do recurso extraordinário será sempre a questão constitucional; será a análise do confronto entre a decisão *a quo* e as alíneas do inciso III, do art. 102, da CF. Basta ler com mais atenção o *caput* desse artigo ao frisar que a missão do STF, mesmo diante do RE, é "precipuamente a guarda da Constituição", depois vêm as hipóteses dessa conservação constitucional, por meio daquele recurso.

É de vital importância, e a *fortiori* de respeito ao recurso extraordinário, que se tenha em mente que sua função basilar é a constitucionalidade ou não da decisão ou de uma norma legal (infraconstitucional), ainda que o pretexto para essa verificação seja o litígio propriamente dito, mas, se se chegou até a Corte Suprema, a questão deixa (ou deveria deixar) de ser o litígio inicial entre as partes e passa ser a afronta à Constituição.

É para esse fim que foi criado o recurso extraordinário. Em momento algum, se pensou em fazer justiça com o RE para a causa originária criada entre e pelas partes. A justiça da causa originária, do litígio de fundo se consumou, se encerrou nos Tribunais de Segunda Instância. Então, o mérito no extraordinário jamais será uma questão incidental, mas, sim, a análise profunda pelo Plenário se a decisão final ou a norma por ela utilizada, se encontra de acordo com a Constituição.

É pacífico o entendimento da preponderância do RE na proteção da Constituição e não do interesse do litigante almejado no processo[63], mas isso não retira, também, a interferência na causa do litígio, inclusive e possivelmente, a outros recursos extraordinários do País, pelo efeito da suspensão de processo previsto no § 5º do art. 1.035 e no art. 1.036 do CPC.

É fundamental o papel do RE como controle de constitucionalidade de uma lei na qual alicerçou o julgamento final da causa e não produzir outro julgamento da ação desde seu nascedouro. Aliás somente se admite o extraordinário se a causa tiver sido plenamente julgada[64].

Já se discutiu se o RE comporta questões de fato e de direito, onde numa perspectiva *a priori*, a resposta seria no sentido de que somente questão de direito. O que não estaria de tudo errado já que o tema é a verificação da ofensa ou não à Constituição. Todavia, não existe questão de direito sem o *pano* de fundo fático. Logicamente se o STF decide a questão de direito constitucional, estará, mediatamente (remotamente), atingindo a questão fática.

O que não se permite, nem mesmo há lógica para tanto, é o revolvimento das questões fáticas, *v. g.*, reanálise de provas ou cláusulas contratuais, Súmulas 279 e 454 do STF, mas, como bem pontuou Mitidiero, a "atividade lógico-interpretativa"

---

63. Igualmente leciona MATOS PEIXOTO *apud* CAZETTA JÚNIOR, José Jesus. Op. cit., p. 250.
64. Cfr. CAZETTA JÚNIOR, José Jesus. Op. cit., p. 253-254.

da Corte Suprema "é fruto de uma recíproca implicação", deixando claro que não atua tão somente no direito como se fosse uma "separação entre fato e norma", mas a apreciação "envolve o *caso em toda a sua inteireza*, examinando a *causa* apresentada em juízo necessariamente como um todo incindível"[65] (grifos do original).

Comentários e preocupações do STF e da doutrina acerca da exclusiva questão de direito não devem ter muita ênfase, diante da obviedade das circunstâncias das coisas no mundo jurídico e de justiça. Ora, a justiça – não como órgão do Estado, mas essência do ser, ontologicamente falando –, existe por que existem os fatos, os relacionamentos regulados pela norma. A lei somente existe porque antes dela um fato existiu. Como lembrado por Cazetta Júnior, advertiu Satta que não existe juízo de direito que não seja, também de fato, e vice-versa, não havendo nenhuma racionalidade nessa bifurcação, pois, "contraddice alla essenziale unità del giudizio"[66].

Abstrai-se do pano de fundo da demanda a análise da constitucionalidade no RE, mas isso jamais pode ser tão absoluto a fim de excluir por completo a questão pela qual o processo chegou ao STF. Não se pode deixar de lado que a decisão de mérito no RE é uma nova decisão que indiretamente afetará o caso concreto, como prevê o art. 1.034 do CPC, aplicando o efeito substitutivo do art. 1.008 do CPC ao recurso extraordinário, como prevê a Súmula 456 do STF[67].

É relativo o entrelaçamento entre mérito da causa e mérito do RE, podendo situações confundir ou não. É o caso, por exemplo, de defesa de imunidade tributária contra lei local que desrespeita o art. 150, inciso VI, da CF, e a decisão mantida pela instância final. Na causa, se buscou a exclusão do lançamento do tributo. Declarada a inconstitucionalidade da lei local pelo STF, em tese, implicará na mesma exclusão. Diferentemente de outro exemplo, no RE 199.293-0/SP (j. 19.05.2004), de relatoria do Ministro Marco Aurélio no qual a demanda versava pedido de inconstitucionalidade de lei municipal sendo acolhido pelo Tribunal estadual como única instância, mas a pretensão, entre outras[68], do Município no extraordinário foi a inconstitucionalidade daquela decisão pela incompetência do Tribunal (TJSP) para julgar a demanda. Se acolhido fosse o recurso, nesse particular, a causa seria revertida em favor do Município, todavia, não era o mérito da causa.

---

65. MITIDIERO, Daniel. Op. cit., p. 64.
66. SATTA, Salvatore Satta. In: CAZETTA JÚNIOR, José Jesus. Op. cit., p. 250.
67. Súmula STF 456: "O Supremo Tribunal Federal, conhecendo do recurso extraordinário, julgará a causa, aplicando o direito à espécie." Os precedentes dessa Súmula são do século passado, mas em pleno vigor.
68. Por fidelidade ao julgado, esse RE analisou outros temas e declarou por inconstitucional artigo da Constituição Estado de São Paulo, porém, no particular do presente tópico, não proveu o pleito de inconstitucionalidade da competência do TJSP.

O mérito a ser verificado no RE, como controle difuso, está intimamente ligado ao novo papel do STF, enaltecido por Guilherme Marinoni et al., não mais como corte superior, mas corte suprema, cuja missão é (entre outras) de controladora da constitucionalidade da norma jurídica, a qual "constitui *resultado* e não *objeto* da intepretação". Conclui, a partir daí, que a missão do STF não deve ser a de amparar a lei de possível descontrole do julgador, mas um "dever de colaboração com o legislador a fim de que se logre unidade do direito", para um vivo e eficaz respeito e concretude "dos princípios da *segurança jurídica*, da *liberdade* e da *igualdade* de todos perante o direito"[69] (grifos do original).

6. Controle difuso de constitucionalidade e repercussão geral

Que vínculo tem controle difuso de constitucionalidade e repercussão geral? Aparentemente, são temas distintos e talvez não se confundam. Mas não se pode pensar o controle difuso tão somente do lado de quem pode julgar ou quem pode pleitear, ainda que a parte interessada use a inconstitucionalidade como pretexto para ver *rejulgada* uma causa de fundo.

O certo é que a concordância com a Carta Magna é algo indistintamente em favor da nação, não pode cingir apenas às partes. Daí constituir o recurso extraordinário um meio de controle misto, ou seja, difuso abstrato.

A partir desse entendimento, tem-se que a matéria tema da alegada inconstitucionalidade deve ser tão expressiva que vá além da causa objeto do litígio e possa servir de proteção generalizada, ainda que regionalmente, como na hipótese de se declarar inconstitucional uma lei local.

Somente será analisado em recurso extraordinário a influência ou relevância de cunho econômico, político, social ou jurídico, cujo fim ultrapasse os interesses das partes[70], pois, ausente essa *pulverização* nacional e o tema circunscrever tão somente ou servir apenas às partes litigantes, desvirtuará o cerne do recurso excepcional. Se ausente interesse genérico, não haverá sentido perscrutar sobre a constitucionalidade de um julgado ou de uma norma. *A fortiori* se o tema questionado não repercutir interesses *ultra parte*, algo está a indicar que a suspeita de inconstitucionalidade não se sustenta.

Esse filtro de admissibilidade recursal extraordinária, como alvo de evitar crise volumétrica, já em outras épocas, se impôs. Tratava-se do instituto da *arguição de relevância* a fim de verificar a importância do tema tratado. Criado pela Carta Constitucional de 1969, mais precisamente Emendas à Carta de 1967, que

---

69. MARINONI, Luiz Guilherme; ARENHART, Sérgio Cruz; MITIDIERO, Daniel. *Novo Curso de Processo Civil* – Tutela dos direitos mediante procedimento comum. São Paulo: Ed. RT, 2015. v. 2, p. 544.
70. MARINONI, Luiz Guilherme; MITIDIERO, Daniel. *Repercussão Geral...*, cit., p. 33.

acrescentou parágrafo único ao art. 119, atribuindo ao Regimento Interno do STF a função de indicar quais recursos atenderiam a magnitude da questão.

Daniel Amorim Assumpção Neves diz não confundir o antigo com o novo instituto, sendo a arguição de relevância voltada ao "conhecimento do recurso" com visão "inclusiva"; já a repercussão geral visa o contrário, "o não conhecimento de recurso". A repercussão geral tem maior amplitude que a arguição de relevância que, além do relevo, almeja a "transcendência". Por fim, diferencia quanto ao pronunciamento sobre os institutos, sendo a arguição de relevância "em sessão secreta" em "decisão sem fundamentação", ao passo que a "repercussão geral é realizada em sessão pública e com decisão motivada"[71].

O instituto em comento não foi muito bem visto por Streck, cujo escólio é de importante transcrição como crítica ao sistema. Para o professor, "foi uma construção com claros objetivos de desafogar o sistema, por intermédio de efetividades quantitativas. Foi uma opção que sacrificou, inexoravelmente, a qualidade, especialmente aquilo que é mais caro para o direito: a individualização de um direito concreto, enfim, o 'caso concreto'. E adverte a que decisões judiciais (mesmo as que enfrentam a questão sobre o reconhecimento, ou não, da repercussão geral) *devem ser geradas por princípio, e não por políticas.* [...], por argumentos jurídicos, voltados à defesa de direito, e não por argumentos *econômicos, políticos, sociais ou morais* (teleológicos)[72].

Em verdade, não deixa de ser um filtro a fim de não cumular o STF com recursos extraordinários meramente emulativos, já que o STF não poderia deixar de julgar sob pena de desobediência ao princípio da jurisdição e do acesso à justiça. Mas o certo é que a sociedade brasileira é litigante por natureza, é lugar-comum enxurradas de ações, v. g., de danos morais etc., como são os recursos excepcionais aos Tribunais Superiores. Algo havia de ser feito a fim de não provocar outra crise do Supremo, já que a última instância, mesmo com o juízo prévio de admissibilidade, não consegue barrar a subida de recursos excepcionais em nome do agravo em REsp ou em RE, que acaba por levar o mesmo tema sob outro nome (AREsp/ARE).

Não se nega o efeito inibente, porém, não se pode contestar, também, que as partes devem se contentar com a estabilidade produzida pela última instância ordinária do sistema judiciário, deixando ao extremo apenas fundamentos de relevância além das meras quimeras.

A *repercussão geral* eleva os efeitos do controle difuso pelo RE à categoria e consequências dos efeitos do controle *concentrado* e *abstrato*, diante da ingerência em todas

---

71. NEVES, Daniel Amorim Assumpção. *Novo Código de Processo Civil Comentado*. 3. ed. rev. e atual. Salvador: JusPodivm, 2018. p. 1.827.
72. STRECK, Lenio Luiz. *Jurisdição constitucional e decisão judicial*. 3. ed. São Paulo: Ed. RT, 2013. p. 601.

as causas na nação com os mesmos fundamentos relevantes no cenário *econômico*, *político*, *social* ou *jurídico* que suplantem os empenhos particulares do processo.

É mola propulsora para o controle difuso e concreto tornar híbrido com o controle concentrado e abstrato. Essa exigência (para análise pelo STF) é que dá força de precedente e *erga omnes* ao julgado no RE, ainda que a doutrina seja dissente nesse particular, como se verá no item 7.2.

Por isso, não deve ser visto apenas como filtro a resolver a crise de contingente do STF, mas, e muito além disso, a verificar a importância do julgamento da constitucionalidade a serviço da unidade e estabilidade do direito constitucional para nação brasileira a fim de trilhar um único caminho interpretativo do fundamento que é a Constitucional Federal, como bem observou o Ministro Celso de Mello na Questão de Ordem na AC 2.177-4/PE[73]. Esse poderoso meio refletivo com seu novo espectro, concebe "um importante instrumento de objetivação[74] dos julgamentos que o Supremo profere em sede recursal extraordinária", acentuando a força *erga omnes* da decisão plenária naquele recurso, o que se verá no próximo item.

7. Consequência do resultado do controle difuso de (in)constitucionalidade no recurso extraordinário – Seria um controle com resultado *misto*?

Não obstante o recurso extraordinário servir como controle difuso de constitucionalidade, não se pode confundi-lo como mero *incidente de arguição de inconstitucionalidade* previsto no art. 948 do CPC, por razão de estar ali expresso "controle difuso", sugerindo aplicar a dicotomia proposta por Marinoni *et al.* entre declaração e reconhecimento de inconstitucionalidade[75].

O reconhecimento da inconstitucionalidade é menos que a declaração. Aquele sim é aplicado no incidente de arguição de inconstitucionalidade (art. 948 do CPC). Mas esta (declaração) é de maior força aplicando tanto no controle abstrato e concentrado quanto no controle concreto e difuso realizado por meio do recurso extraordinário, ainda que pareça um absurdo essa tese.

O objeto de julgamento no *incidente de arguição de inconstitucionalidade*, apesar de difuso e tendo como veículo uma demanda, é a norma *in abstracto tout*

---

73. STF, TP, Questão de Ordem na Ação Cautelar 2.177-4/PE, rel. Min. Ellen Gracie, j. 12.11.2018, *DJe* 35 de 19.02.2009. Disponível em: [http://redir.stf.jus.br/paginadorpub/paginador.jsp?docTP=AC&docID=576839].
74. Objetivação, no sentido de fugir do subjetivismo, particularismo das partes e a servir como regra a toda nação.
75. Cfr. MARINONI, Luiz Guilherme; ARENHART, Sérgio Cruz; MITIDIERO, Daniel. *Novo Curso de Processo Civil* – Tutela dos direitos mediante procedimento comum. São Paulo: Ed. RT, 2015. v. 2, p. 571.

court[76] e não se analisam nesse momento, no plenário (ou órgão especial), as razões da demanda[77].

O recurso extraordinário por ser um remédio de processo constitucional é tão relevante que se a decisão de mérito for de provimento, aplicando o direito ao caso concreto (art. 1.034/CPC), deverá ser reconhecido como *declaração de inconstitucionalidade* de um ato normativo ou de uma decisão que contrarie texto expresso da Constituição.

Com as devidas *vênias* dos contrários, o texto do art. 1.034 do NCPC pecou ao se referir que "admitido o recurso extraordinário [...], o Supremo Tribunal Federal [...] julgará o processo". Não, não se julga o processo, este é o complexo de circunstâncias, de atividades e cooperações para o julgamento da causa, *in casu*, o julgamento da questão constitucional abordada.

Ultrapassado o introito a fim de não confundir os institutos, curial bifurcar as *consequências* do controle de constitucionalidade pelo recurso extraordinário, em circunstâncias como *regra* e como *possíveis ou exceção*, no sentido de que algo ocorre comumente no resultado do recurso. Mas situações poderão ocorrer, nas quais o sistema não é muito claro, ou não expressou absolutamente, ou, ainda, doutrina e Tribunal não são assentes em permitir, como se verá.

7.1. Consequências comuns (regra)

De ordinário, uma vez provido o recurso extraordinário pelos temas constitucionais do inciso III, do art. 102, da CF, ocorrerão efeitos naturais que seriam despiciendos maiores comentários, já que se tornou lugar-comum.

Uma vez transitado em julgada a decisão no RE, no controle de constitucionalidade, pode se verificar o seguinte: i) exclui da relação jurídica uma decisão injusta por inconstitucional; ii) coisa julgada apenas entre as partes envolvidas *(inter partes)*, por força de que as razões e o pedido da causa não é a inconstitucionalidade de norma, mas de uma decisão final. A inconstitucionalidade aqui das razões da decisão é circunstância incidente depois do julgamento. Assim, a parte dispositiva da sentença não abrangerá terceiros[78], apenas vinculação de outros

---

76. Inclusive a decisão a que se chega no julgamento desse incidente não é objeto de recurso extraordinário, como se vê da Sumula STF 513: "A decisão que enseja a interposição de recurso ordinário ou extraordinário não é a do plenário, que resolve o incidente de inconstitucionalidade, mas a do órgão (Câmaras, Grupos ou Turmas) que completa o julgamento do feito."
77. Cfr. AMARAL JÚNIOR, José Levi Mello do. *Incidente de argüição de inconstitucionalidade*. São Paulo: Ed. RT, 2002. p. 45 e ss.
78. Apenas para recordar, o novo CPC concede força de coisa julgada ao julgamento de questão incidente, como prevê o art. 503, § 1º, podendo beneficiar terceiros – art. 506, do CPC.

julgamentos; iii) efeito *ex tunc*, se confirmada que a decisão final foi nula por inconstitucional, nunca poderia ter projetado efeitos a qualquer relação jurídica, os efeitos da decisão do RE retroagem impedindo gerar "direitos ou obrigações legitimamente exigíveis"[79] desde seu nascedouro; iv) vinculação como precedente, impondo ao Estado como um todo a observância dos julgados da Corte Suprema, como dispõe o art. 927, III e IV, 987 e § 2º, todos do CPC.

Esses os principais efeitos da decisão no RE em controle difuso de inconstitucionalidade, quando se busca declarar a nulidade de uma decisão final cujos fundamentos contrariam texto da Constituição.

7.2. Efeitos possíveis: força de precedente e coisa julgada erga omnes

O *thema decidendum* no RE ou se trata de uma decisão que contraria texto da Constituição Federal ou decisão alicerçada em norma jurídica inconstitucional. Se se tratar de uma decisão final que contrarie texto da Carta Federal, e assim provendo o recurso extremo, basta o STF decidir pela confirmação da inconstitucionalidade conferindo novo julgamento. Disso exsurgem os efeitos ordinários ou comuns da regra vistos no tópico 7.1.

Por outro lado, se o provimento do RE, julgado pelo plenário do STF, foi pela inconstitucionalidade de uma norma na qual alicerçou a decisão final, como no exemplo já citado do RE 199.293-0/SP[80], impõe outros efeitos e outras consequências distintas e um *plus* àqueles que soem ocorrer.

Impõe aqui uma reflexão da harmonia entre as normas, especialmente do novo CPC e a Constituição Federal[81], aquele como sistema de conclusão constitucional de direitos, não mais como mero complexo de procedimentos, ou seja, como complemento de um sistema de justiça ágil, seguro, estável, equilibrado e igualitário.

Na moderna plataforma que foi criado, o NCPC trouxe inúmeras previsões complementando a CF, de extensão do controle difuso de constitucionalidade, por meio do recurso extraordinário a um resultado misto, no qual uma vez declarada inconstitucional uma norma que fundamentou uma decisão final, essa deva ser aplicada a todos os demais processos em trâmite e aos futuros (sobre o mesmo tema) pelo país, em razão da vertente tradição dos precedentes, a impor que os órgãos julgadores observem a decisão colegiada em julgamento de recursos

---

79. BARROSO, Luís Roberto. Op. cit., p. 151.
80. No RE 199.293-SP, rel. Min. Marco Aurélio, o pleno do STF, por unanimidade, declarou inconstitucional determinado artigo da Constituição do Estado de São Paulo, em 19.05.2004, *DJ* 06.08.2004.
81. Não uma harmonia formal de ser constitucional a norma do CPC, mas harmonia técnica, no sentido de dar seguimento pragmático ao espírito do comando da Constituição.

extraordinários repetitivos e, se a matéria objeto do julgamento da inconstitucionalidade for sumulada, a observância dos "enunciados das súmulas do Supremo Tribunal Federal em matéria constitucional...", art. 927, III e IV, do CPC.

No incidente de resolução de demandas repetitivas, do art. 987 e § 2º do CPC, havendo recurso extraordinário, depois de apreciar o mérito "a tese jurídica adotada pelo Supremo Tribunal Federal ..." terá atenção de todas as causas "individuais ou coletivas que versem sobre idêntica questão de direito", por todo país.

Pelo sistema dos recursos extraordinário ou especial repetitivos, na previsão do art. 1.039 do CPC, julgados os recursos que foram escolhidos como paradigmas, os tribunais inferiores deverão declarar por prejudicados os demais recursos de idêntica controvérsia, "aplicando a tese firmada" a cada um deles, como julgados fossem.

A força do precedente do recurso extraordinário como controle de constitucionalidade provoca a suspensão, em todo país, das demandas nas quais há discussão de questão constitucional, como se observa no processamento do IRDR, na dicção do § 4º, do art. 1.029, do CPC.

A pulverização da decisão em controle de constitucionalidade via RE, a sustentar a defesa do efeito *erga omnes* e abstrato pela força vinculante, encontra-se em diversas passagens do CPC, nos exemplos a seguir:

i) julgamento liminar de improcedência do pedido que contrariar decisão colegiada do STF em recursos repetitivos (art. 332, II, do CPC);

ii) exclusão do reexame necessário se a sentença se fundar em acórdão proferido pelo STF em recursos repetitivos (§ 4º, do art. 496, do CPC);

iii) dispensa de caução exigida no inciso IV, art. 520, do CPC, se a decisão provisória harmonizar com "súmula da jurisprudência do Supremo Tribunal Federal [...] ou em conformidade com acórdão proferido no julgamento de casos repetitivos" (art. 521, IV, do CPC);

iv) inexigibilidade de obrigação de título executivo judicial alicerçado em norma considerada por inconstitucional ou interpretada incompatível com a CF pelo STF, tanto no controle concentrado quanto no difuso (art. 525, § 12, do CPC)[82];

v) improvimento de recurso que contrariar, ou prover o recurso quando a decisão invectivada contrariar "súmula do Supremo Tribunal Federal ...", "acórdão proferido pelo Supremo Tribunal Federal [...] em julgamento de recursos repetitivos" (art. 932, IV, *a* e *b*, e V, *a* e *b*, do CPC);

vi) negar seguimento a RE ou a REsp se o acórdão combatido estiver "em conformidade com entendimento do Supremo Tribunal Federal ou do Superior

---

82. O mesmo teor é a previsão em face da Fazenda Pública, encontrado no art. 535, III e § 5º, do CPC.

Tribunal de Justiça, respectivamente, exarado no regime de julgamento de recursos repetitivos" (art. 1.030, I, *b*, do CPC); e

vii) negar seguimento a RE cuja questão constitucional não haja reconhecida repercussão geral ou se o acórdão questionado esteja conforme o "entendimento do STF em repercussão geral" (art. 1.030, I, *a*, do CPC).

Se a tendência do sistema brasileiro é pela aplicação de precedentes, ainda com possibilidade de modulação dos efeitos (art. 927, § 3º, do CPC), não se pode pretender um instituto ousado com utilização temerosa da reação social ou de interpretação assaz cautelosa dos tribunais.

Não tem sido absoluta a ideia do resultado abstrato vinculativo *erga omnes* da decisão do STF em RE com ou sem a manifestação do Senado na forma do art. 52, X, da CF, e, ao que parece, por temor do descontrole na aplicabilidade ao caso concreto, quiçá para evitar complicações diante de outras demandas pelo território nacional pelo ânimo de seus respectivos interessados, acrescido, é óbvio, da ausência de participação no litígio. Por essa razão, via de regra, não se tem conferido poder de coisa julgada à questão de inconstitucionalidade de norma com força geral, a qual ocorre "como premissa lógica necessária" para decisão no extraordinário, como enfatizou Barroso[83] e, em igual tese, Luiz Guilherme Marinoni não entende pela outorga da "autoridade de coisa julgada *erga omnes* à parte dispositiva da decisão" em controle difuso[84].

Cautelosa a doutrina em não entender como força *erga omnes* a parte dispositiva do acórdão do STF em controle difuso. Mesmo assim, não se descarta o poder de vinculação dos demais juízes de forma obrigatória ao precedente da Corte, garantindo, como pretende Marinoni, que "não se trata de mera opção técnica, ainda que ótima à eficiência da distribuição da justiça, mas de algo que, quando ausente, impede o próprio funcionamento do controle difuso. De modo que admitir, no atual estágio do direito brasileiro, controle difuso sem vinculação dos órgãos judiciários aos precedentes constitucionais constitui equívoco imperdoável"[85].

É que esse pensamento doutrinário está focado unicamente nas circunstâncias nas quais o STF julga por inconstitucional uma decisão (de última ou única instância) por contrariar texto da Constituição e não uma norma especificamente inconstitucional que tenha sido a base de uma decisão final. Nesse último caso, no exemplo já citado do RE 199.293-0/SP, a decisão final do TJSP encontrava-se alicerçada em artigo da Constituição estadual, julgada por inconstitucional pelo Pleno do STF. Por isso é que preferimos bifurcar as consequências em *efeitos comuns* (regra) e *efeitos possíveis*.

---

83. Op. cit., p. 151.
84. *Precedentes Obrigatórios*. 4. ed. rev., atual. e ampl. São Paulo: Ed. RT, 2016. p. 297.
85. Idem, p. 298.

Com certeza, o dispositivo do acórdão em RE não pode se valer *erga omnes* de forma absoluta e irracional. Uma coisa é o poder de *coisa julgada* sobre todas as demandas como se tratasse de um julgamento em ação coletiva, outra é a força do precedente que deve ser seguido como orientação para novas decisões a influenciar na resolução de litígios envolvendo o direito constitucional.

O que se defende aqui como *consequências possíveis* é a força *erga omnes* da parte dispositiva do acórdão em RE quando esta declarar, em Plenário, a inconstitucionalidade de uma norma, a qual foi alicerce de uma decisão final objeto do extraordinário, como no exemplo do RE 566.624/RS, de relatoria da Ministra Ellen Grace, em que o pleno do STF manteve a inconstitucionalidade (reconhecida pelo TRF/4ªR.) de parte do art. 4º da Lei Complementar 118/05. Todavia, não houve declarada a inconstitucionalidade de referido disposto com força de coisa julgada *erga omnes*, vindo outros REs sobre o mesmo tema *ipsis litteris*, a exemplo do RE 913.222/GO[86], no qual o Ministro Alexandre de Moraes decidiu monocraticamente já que o pleno houve por bem pacificar a matéria.

A partir do momento que o STF declara (na decisão de RE pelo Plenário) inconstitucional uma norma jurídica, o mérito do recurso deixa de vincular a causa do litígio originário e passa ser interesse do Estado em unificar o direito constitucional, como concluiu o professor Marinoni: o sentido da invocação por terceiros é algo a fim de evitar o "tratamento desigual perante o direito"[87]. Observe-se bem que o professor paranaense frisa em um comportamento perante o direito, não a causa originária e o interesse individual do recorrente.

Contrariando doutrina e jurisprudência, pergunta: por que não conceder poder de coisa julgada *erga omnes* à parte dispositiva do acórdão do STF quando declarar uma norma inconstitucional via RE, se indiretamente o CPC já impõe tal comportamento, como visto nos exemplos supra? Relembrando apenas um dos exemplos citados, questiona: se diante de um caso concreto, que não careça de instrução, o juiz deve julgar liminarmente improcedente o pedido que contrariar decisão colegiada do STF em recursos repetitivos (art. 332, II, do CPC), não seria um exemplo de força de coisa julgada *erga omnes*? Ao que parece, sim.

Se provido o recurso extraordinário, por óbvio, ocorreu com o antecedente lógico da *repercussão geral* e, se essa abrangência nacional de forma objetiva está presente no julgamento do RE, impõe-se a aplicação não apenas como precedente obrigatório a servir de exemplo e vinculação a outros julgados, mas, sim, de coisa julgada *erga omnes*, nos casos de inconstitucionalidade de uma norma, a exemplo

---

86. O tema de ambos REs foi a mudança introduzida pela LC 118/2005 do prazo prescricional para ações de repetição ou compensação de tributos sujeitos a lançamento por homologação.
87. *Precedentes...*, cit. p. 160.

do sistema norte-americano, apesar de que aquele sistema é voltado mais para o *common law*, no qual mesmo diante do evento real, a inconstitucionalidade declarada "produz efeitos gerais"[88].

A declaração de inconstitucionalidade de uma norma, seja de qualquer esfera da Federação, é algo de poder a irradiar a todos os membros submetidos a tal regra (seja federal, estadual ou municipal), a ponto de, confirmado que determinada lei contraria texto da Constituição, é dever do juiz de primeiro grau aplicar a decisão do STF já no nascedouro da demanda, cabendo aqui exatamente o que dizia Ruy Barbosa, "entre um ato legislativo ilegítimo de nascença e a Constituição, cuja legitimidade nenhuma lei pode contestar, entre o ato nulo da legislatura e o ato supremo da soberania nacional, o juiz, para executar o segundo, nega execução ao primeiro", porquanto "nenhum poder tem poderes, senão os que lhe atribui a Constituição", e se o julgador tiver que "optar entre a Constituição e uma lei contraveniente a ela, não lhe resta liberdade nenhuma, senão de praticar formal denegação de justiça, abstendo-se de julgar"[89].

7.3. O Senado Federal na declaração de inconstitucionalidade pelo STF – Mitigação

Superada a questão da aplicabilidade como precedente de força geral, da decisão do Plenário em inconstitucionalidade pelo STF, surge aqui a tese da obrigatoriedade ou não do inciso X, do art. 52, da Constituição Federal[90], como condição *sine qua non* para a validade *erga omnes* da parte dispositiva do julgamento do RE[91].

A doutrina relata a ideia inicial dessa obrigação apenas para o controle difuso e concreto; já para ação direta no controle concentrado e abstrato independe da participação daquela casa[92].

A problemática de outorgar poder ao Senado foi do próprio STF. Em épocas anteriores à CF de 1934, aquela Corte não comungava em desdobrar a força de seus julgados, em controle difuso, além das partes do processo, não era adepto da extensão subjetiva da coisa julgada *erga omnes*, algo resolvido com a CF de

---

88. BARROSO, Luís Roberto. Op. cit., p. 155.
89. Op. cit., p. 20 e 21.
90. Art. 52, X, da CF: "suspender a execução, no todo ou em parte, de lei declarada inconstitucional por decisão definitiva do Supremo Tribunal Federal."
91. Apenas para argumentar, aqui não se aplica o preceito do Decreto 2.346, de 10.10.1997, o qual prevê, no art. 2º, a suspensão da execução, pelo Senado Federal, da norma declarada incidentalmente inconstitucional pelo STF. É que referido Decreto tem aplicação exclusiva à Administração Pública Federal direta e indireta.
92. Cfr. MARINONI, Luiz Guilherme. *Precedentes...*, cit., p. 299 a 301. BARROSO, Luís Roberto. *O Controle...*, cit. p. 155 a 158. Ambos autores são contrários a esse pensamento tanto no controle difuso quanto no concentrado.

1934 com marco inicial do tema *atribuição do Senado para suspender a execução da norma declarada inconstitucional*. Em 1965, pelo projeto de EC 16, houve a tentativa de igualar à competência da Corte Constitucional Italiana, a qual tem o poder de cessação de uma norma inconstitucional com força *erga omnes*, todavia, não vingou por recusa do próprio Senado[93], permanecendo, então, a regra da suspensão por aquele órgão legislativo.

A incoerência é que se se submeter ao Senado Federal o poder de força vinculante *erga omnes* da decisão de inconstitucionalidade em controle difuso (já que no concentrado não se aplica, via de regra) aquela casa legislativa poderá atuar discricionariamente[94], o que quer dizer que, declarada inconstitucional uma norma pelo STF em RE, sua eficácia geral na nação dependerá se o Senado entender conveniente e oportuno. Não é isso o que se espera de um sistema de resolução estável, seguro e econômico.

É que, como dizia Ruy Barbosa, "contravindo à Constituição, o ato legislativo não é lei; porque, transpondo a Constituição, o legislador exorbita do seu mandato, destrói a origem do seu poder, falseia a delegação da sua autoridade"[95]. Tudo isso leva ao poder supremo da decisão no RE de forma geral, independentemente da chancela do Senado.

Tanto o professor Marinoni quanto o Ministro Barroso são contrários à submissão da decisão do STF em RE declarando inconstitucional uma norma, atribuindo o "mesmo alcance [a] produzir os mesmos efeitos" de controle concentrado ou difuso[96], e se o Senado não agir daquela forma, não significa que a decisão do STF "não produziu – ou deixou de produzir – eficácia vinculante"[97]. Por outro lado, com genuflexo respeito, ao que parece (s.m.j.) ambos doutrinadores não atribuem o poder *erga omnes* quando o STF declara inconstitucional uma norma em controle difuso, aquele poder de coisa julgada a impedir uma nova demanda sobre o mesmo caso (art. 337, VII e § 1º, do CPC).

Ao que dá a entender a única diferença a justificar que, no controle de constitucionalidade abstrato por ação direta, não enseja a chancela do Senado, ao passo que, no controle difuso, tem-se entendido pela obrigação, é que no primeiro a ação tem como pedido a própria inconstitucionalidade de forma abstrata. No segundo, a inconstitucionalidade é meio de alcançar o julgamento final pretendido pela parte.

---

93. Cfr. FERRAZ, Anna Cândida da Cunha. *Comentários à Constituição do Brasil*. J. J. Canotilho et al. (Coord.) São Paulo: Saraiva/Almedina, 2014. p. 1.061.
94. BARROSO, Luís Roberto. Op. cit., p. 156.
95. Op. cit., p. 20.
96. BARROSO, Luís Roberto. *O Controle...*, cit., p. 155 a 157.
97. MARINONI, Luiz Guilherme. *Precedentes...*, cit., p. 300 a 301.

O que não se pode perder de vista é o que já foi exposto; para se pretender o controle por meio do recurso extraordinário, ou se questiona a decisão que contraria texto da Constituição ou se questiona a norma inconstitucional arrimo da decisão. No segundo caso, é que se defende a aplicação *erga omnes* já que, não obstante o interesse subjetivo em questão ser a causa das partes, o papel do STF é objetivo em guardar a Constituição.

A participação do Senado Federal com competência privativa, ainda que uma previsão constitucional, o certo é que privativo não é exclusivo. Se o poder fosse exclusivo jamais poderia outro órgão fazer o papel como substituto, o que é exclusividade é peculiar e próprio de alguém, indelegável. O poder privativo pode ser exercido por outrem desde que não usurpe a tarefa do outro de forma a invalidar o ato. Diferentemente da disposição da Constituição Imperial de 1824, no art. 47, que atribuía poder *exclusivo* ao Senado[98].

O STF, como órgão de cúpula do controle difuso, não há razão para submeter sua decisão plenária à chancela de outro órgão que está no mesmo nível de independência e harmonia (art. 2º da CF), impondo aqui se socorrer do entendimento do Ministro Gilmar Mendes na Reclamação Constitucional 4.335-5/AC na qual sugeriu uma "releitura do papel do Senado no processo de controle de constitucionalidade", invocando outras Constituições como de Weimar de 1919, Áustria de 1920. Ali, entendeu o Relator que a literalidade do texto do inciso X, do art. 52, da CF, "perdeu grande parte do seu significado com a introdução do controle abstrato de normas", podendo, inclusive, "falar-se [...] de uma autêntica mutação constitucional em razão da completa reformulação do sistema jurídico", a permitir inovação interpretativa à regra em comento. Por fim conjecturou o Ministro "uma autêntica reforma da Constituição sem expressa modificação do texto".

Lúcio Bittencourt, na égide de Constituições passadas, já mitigava a participação do Senado sobre o tema; lição que entendemos importante aqui transcrever:

> A Constituição não prescreveu o processo para que o Senado tenha conhecimento da inconstitucionalidade, nem a forma que há de revestir o ato previsto. O ato do Senado, porém, não é *optativo,* mas *deve ser baixado sempre que se verificar a hipótese prevista na Constituição*: decisão definitiva do Supremo Tribunal Federal.
>
> Se o Senado não agir, nem por isso ficará afetada a eficácia da decisão, a qual continuará a produzir todos os seus efeitos regulares que, de fato, independem de qualquer dos poderes", concluiu o jurista que o espírito da regra constitucional em comento "é apenas tornar pública a decisão do tribunal, levando-a

---

98. Apesar de que nessa atribuição exclusiva não constava a missão de suspender lei declarada inconstitucional.

ao conhecimento de todos os cidadãos. Dizer que o Senado 'suspende a execução' da lei inconstitucional é, positivamente, impropriedade técnica, uma vez que o ato, sendo 'inexistente' ou 'ineficaz', não pode ter suspensa a sua execução.[99] (grifos do original)

O certo é que, se estamos na busca de uma justiça equilibrada como uma tábula rasa e econômica do ponto de vista da desnecessidade de tantos recursos, não se pode temer a imposição ousada dos institutos, a ponto desses se sobrepor à nação de forma que todos obedeçam a um comando que guarda o respeito da Lei Maior, a fim de que decisões de última ou única instância, ou quiçá apenas na primeira instância, sejam o suficiente para palavra final nos litígios, ou seja, se adjudicamos tanto força aos precedentes oriundos da Corte Suprema, mas permitimos que o mesmo tema volte a ser objeto de funcionamento da máquina, não estaremos coerentes com a natureza dos julgados fundantes.

É impositiva a conclusão segundo a qual uma vez declarada inconstitucional uma norma jurídica seja de que grau for, por meio do controle difuso no STF, essa declaração deve ter o poder de abrangência comum e geral, com efeito *ex tunc* sem a obrigatória chancela do Senado Federal, com observância imperiosa a fim de que a demanda nem mesmo se inicie, ou se se iniciar que se conclua no primeiro grau, aplicando o mesmo conteúdo de direito da decisão, já que a norma alicerçada pela parte já houve julgada por inconstitucional.

Conclusão

Como se viu, desse ensaio, a imprescindível pulverização dos efeitos do RE para sua admissibilidade como a repercussão geral gera uma dúvida: quiçá o recurso extraordinário não se transformou em um controle de constitucionalidade abstrato?

Da necessidade da relevância nacional do tema e da razão da aplicabilidade *erga omnes* do comando da decisão que declarou constitucional ou não, poder-se-ia afirmar positivamente tratar-se de um controle abstrato, já que abrange circunstâncias além das partes e extra demanda.

No entanto, o certo é que a inefável abertura do RE aos cidadãos perante o caso concreto a que promovam a verificação da constitucionalidade de uma norma ou ato jurídico faz a distinção e a demarcação entre os controles, colocando por excelência o RE como ferramenta de um controle a favor de todo o jurisdicionado a independer da vontade de pessoas ou órgãos específicos e taxativos.

---

99. BITTENCOURT, C. A. Lúcio. *O controle jurisdicional de constitucionalidade das leis*. Rio de Janeiro: Forense, 1949. p. 145/146.

Tanto se fala e se falou em controlar a constitucionalidade uma decisão final ou de uma norma e tanto se esqueceu de que a própria Constituição tem por fim precípuo dar direção para nação juridicamente organizada e, assim, respeitar princípios, não interesses e formalismos escusos, especialmente os princípios da segurança jurídica e da economia processual. Disso impõe que se a decisão de última ou única instância ou uma norma jurídica são inconstitucionais, é dever do STF quanto do próprio cidadão fazer respeitar e acatar uma decisão de confirmação da inconstitucionalidade a servir para todas as pessoas em casos análogos.

Se o recurso extraordinário tiver por fundamento decisão de última ou única instância, cuja parte dispositiva ofendeu a Constituição, como nos exemplos citados, tem-se um controle difuso de tema concreto. Mas, por outro lado, se o RE foi consubstanciado em norma jurídica reputada por inconstitucional e que essa norma tenha alicerçado o julgamento final, tem-se que entender como *controle difuso de conteúdo abstrato*, pois, do contrário, não teria força vinculante como exposto durante este ensaio.

De se concluir, com a consciência do pensamento dos contrários, que é a grande maioria (quiçá absoluta), que, uma vez julgada como inconstitucional uma norma pelo plenário no RE, acrescido do precedente imperativo, obedecendo às regras de aplicabilidade a todos os casos idênticos na nação, talvez não estaria o sistema na contramão, mas sim acertando diante de aplainar a interpretação constitucional, se conferisse poder de coisa julgada *erga omnes* sem a sujeição da chancela do Senado Federal.

O controle de constitucionalidade via recurso extraordinário, diante de uma norma que alicerçou uma decisão de última ou única instância, deve ter o mesmo tratamento teleológico que o controle concentrado e abstrato, a não distinguir o respeito à Constituição Federal pelo formalismo procedimental.

31
A NOVA PERSPECTIVA DO STF SOBRE O CONTROLE DIFUSO: A RECLAMAÇÃO 4.335

LENIO LUIZ STRECK

Mestre e Doutor em Direito pela Universidade Federal de Santa Catarina. Pós-Doutor pela Universidade de Lisboa. Professor titular do programa de pós-graduação em Direito (mestrado e doutorado) da UNISINOS e da UNESA-RJ. Professor visitante da Universidade Javeriana, Bogotá. Membro catedrático da Academia Brasileira de Direito Constitucional – ABDConst. Coordenador do DASEIN Núcleo de Estudos Hermenêuticos. Ex-Procurador de Justiça do Estado do Rio Grande do Sul. Advogado.

SUMÁRIO: 1. Resumo do caso. 2. A decisão. 3. Análise.

1. Resumo do caso

Por vezes, casos sem maior repercussão acabam gerando profundas alterações na jurisprudência. Foi o que ocorreu com a Reclamação 4.335, originária do Estado do Acre, que teve como objeto de discussão questões relevantes para o estado da arte da dogmática constitucional brasileira e sua operacionalidade, com destaque para a mutação constitucional e a (im)possível equiparação dos efeitos da jurisdição constitucional no controle difuso de constitucionalidade com os do controle concentrado.

Nesta reclamação, a Defensoria Pública do Estado do Acre alegou o desrespeito à autoridade de decisão do STF, pela aplicação, por parte de autoridade judicante da Vara de Execuções Penais da Comarca de Rio Branco, do artigo 2º, § 1º, da Lei 8.072/90 (Lei dos Crimes Hediondos), que determinava a impossibilidade de progressão do regime de cumprimento da pena. A controvérsia surgiu exatamente porque o artigo supra fora declarado inconstitucional em sede de controle difuso pelo STF no HC 82.959/SP, de relatoria do Ministro Marco Aurélio.

Em sua defesa, a autoridade judiciária argumentou que não haveria decisão a ter sua autoridade protegida, requisito este essencial à reclamação, uma vez que: 1) seria da competência estrita da vara de execuções penais a determinação da progressão de regime; 2) a decisão do STF foi proferida mediante mecanismo de jurisdição constitucional com efeitos imediatos apenas com caráter *inter partes*, ocasião em que o efeito *erga omnes* somente poderia ser atribuído por remessa da decisão ao Senado Federal, que determinaria a suspensão do dispositivo legal; 3) não havia decisão do STF em favor da determinação da progressão do regime prisional dos interessados.

Como se pode observar, a questão impacta profundamente nosso direito processual constitucional, tocando em aspectos estruturais do controle de constitucionalidade no Brasil – caracterizado, em tese, pela coexistência dos modelos concentrado (objetivo) e difuso (concreto).

2. A decisão

O relator, Ministro Gilmar Mendes, afirmou que a suspensão da execução da lei pelo Senado Federal foi o modo que o constituinte adotou para conferir eficácia *erga omnes* às decisões incidentais da Suprema Corte. Segundo o relator, a única razão plausível da existência do instituto da suspensão de lei pelo Senado seria de índole histórica. Assim, defendeu que a exigência de que a eficácia da declaração de inconstitucionalidade proferida pelo Supremo Tribunal Federal dependa de uma decisão do Senado Federal havia perdido grande parte do seu significado com a consolidação do controle objetivo (se preferível, podemos chamá-lo também de abstrato) de regras e princípios (textos jurídicos) na Constituição Federal de 1988. O que pode ser visto com a ampliação do rol de legitimados a provocar o Supremo Tribunal Federal pelo controle concentrado de constitucionalidade e também com o aumento dos tipos de ações, o que aparentou um certo ofuscamento do controle concreto.

Para o relator, diante da natureza idêntica do controle de constitucionalidade, seja quanto às suas finalidades ou em relação aos procedimentos comuns dominantes para ambos os modelos, não mais seria legítima a distinção quanto aos efeitos das decisões proferidas no controle direto e no controle incidental.

O cerne da questão, então, tornou-se o modo jurídico de legitimar essa mudança de perspectiva. O Ministro entendeu que seria o caso de uma mutação constitucional em razão da completa reformulação do sistema jurídico (*sic*) e, consequentemente, de uma nova compreensão (não apenas compreensão em um sentido interpretativo – indaga o Relator – mas uma real reformulação da fórmula legal) que se conferiu à regra do art. 52, X, da Constituição de 1988, isto é, se o Supremo Tribunal Federal, em sede de controle incidental, chegar à conclusão, de modo definitivo, de que a lei é inconstitucional, essa decisão já teria efeitos gerais, fazendo-se a comunicação ao Senado Federal para que esse cumpra papel puramente declaratório. Deste modo, não seria a decisão do Senado que conferiria eficácia geral ao julgamento do Supremo, por não se tratar de uma decisão substantiva, apenas de um dever de publicação. A própria decisão da Corte já conteria essa força normativa.

O Ministro Eros Grau pronunciou-se em apoio à tese de que teria ocorrido uma mutação do texto constitucional, em virtude de uma reviravolta da tradição jurídica institucional do país. Mencionou a conexão entre a natureza do Direito – e do processo de decidir o Direito – com o mito – e o processo de se transmitir a história do mito –, no sentido de que decidir o Direito, como contar um conto mitológico, é um processo não de pura reprodução de sentido, como seria o processo de leitura de um discurso já preparado, por exemplo, mas de uma construção de sentido, de constante adequação interpretativa entre o texto (evento mitológico) com a realidade do contexto.

Por isso, entendeu o Ministro que haveria sim de se considerar a possibilidade de uma readaptação interpretativa do próprio texto constitucional em sua substância, desde que respeitados os limites do antigo texto e da própria coerência do ordenamento.

Foi suscitada divergência pelos votos dos ministros Joaquim Barbosa, Sepúlveda Pertence e Ricardo Lewandowski – que realizou um pedido de vista cujos efeitos de suspensão do processo duraram até o ano de 2013. Em síntese, os ministros discordantes argumentavam que a tese da mutação constitucional era uma afronta à autoridade do poder do Congresso Nacional e do próprio poder constituinte originário[1].

Relevante destacar que houve um acontecimento importante para o enredo desse julgamento. Posteriormente ao pedido de vista do Ministro Ricardo Lewandowski, sobreveio a edição da Súmula Vinculante 26, determinando que os juízes das varas de execução penal deveriam observar a inconstitucionalidade do artigo 2º da Lei de Crimes Hediondos, que proibia a progressão de regime. A edição dessa súmula acabou sendo determinante para o resultado do julgamento.

O voto do Ministro Teori Zavascki foi fundamento da decisão final do plenário. Partindo da premissa de que, embora o Senado Federal ainda possua a prerrogativa de dar eficácia *erga omnes* aos julgamentos do STF em sede de controle difuso de constitucionalidade, o Ministro identificou que tanto a jurisprudência quanto a própria legislação desenvolveram outros tipos de mecanismos para tornar vinculante a decisão proferida pela corte constitucional no exercício de suas competências. Como exemplo, tratando-se de decisão em sede de controle difuso de constitucionalidade, citou a atribuição de efeitos expansivos às decisões que acabariam repercutindo, de uma forma ou de outra, em futuras decisões. Além

---

1. Sobre essa questão escrevi artigo, em coautoria com Marcelo Cattoni e Martonio Lima, buscando elucidar os problemas constantes nessa linha de raciocínio. Ver STRECK, Lenio Luiz; CATTONI, Marcelo; LIMA, Martonio M. B. A nova perspectiva do Supremo Tribunal Federal sobre o controle difuso: mutação constitucional e limites da legitimidade da jurisdição constitucional. *Revista da Faculdade Mineira de Direito*, v. 10, p. 37-57, 2007.

disso, também houve referência às ações coletivas, como o mandado de segurança coletivo, as ações civis públicas e os mandados de injunção, nas quais os autores atuam em nome próprio pela defesa de direitos difusos e transindividuais, no sentido de que a eficácia da decisão, nesses casos, transcenderiam às partes da relação processual. As sentenças, aqui, teriam a função de preencher a omissão do legislador. Seria, portanto, de sua essência, um caráter expansivo.

Ademais, o voto menciona a guinada do nosso modelo de *civil law* para um modelo misto com elementos da *common law*. Notadamente, nesse sentido, o surgimento de mecanismos como as súmulas vinculantes, mudanças legislativas internas, tanto em caráter processual quanto em sede de leis complementares, demonstram a tentativa do sistema de conferir especial força expansiva às decisões do STF e do STJ, tornando concreta e objetiva a sua aplicação aos casos pendentes de julgamento.

O Ministro entendeu que, se fosse considerada apenas a situação jurídica a partir da data de sua propositura, a Reclamação não seria cabível, por causa da ilegitimidade da parte. Ocorre que, no curso do seu julgamento, foi editada a Súmula Vinculante 26, que entendeu o artigo 2º da Lei de Crimes Hediondos como sendo inconstitucional (motivo pelo qual foi proposta a Reclamação). Assim, não haveria por que se fazer demais discussões, senão apenas deferir o pedido. Acompanharam o Ministro Teori os ministros Celso de Mello, Roberto Barroso e Rosa Weber. Os ministros Sepúlveda Pertence, Joaquim Barbosa, Ricardo Lewandowski e Marco Aurélio não conheceram a Reclamação, porém, de ofício, concederam *habeas corpus* para que os dez condenados tivessem seus pedidos de progressão do regime individualmente analisados pelo juízo competente. Os votos dos ministros relatores Gilmar Mendes e Eros Grau foram no sentido da procedência da Reclamação. Para ambos, conforme exposto anteriormente, a regra constitucional do art. 52, inciso X, tem efeito de publicidade, uma vez que as decisões da Corte sobre a inconstitucionalidade de leis têm eficácia normativa *per si*, mesmo que tomadas em ações de controle difuso. A Ministra Cármen Lúcia esteve ausente deste julgamento, pois estava em viagem oficial. Os ministros Luiz Fux e Dias Toffoli que sucederam os ministros Eros Grau e Sepúlveda da Pertence não participaram da votação.

3. Análise

Conforme explicitado durante o relato da decisão e seus elementos, é possível identificar três posicionamentos gerais. O primeiro, posto em um polo extremo da discussão, introduzido pelo Ministro Gilmar Mendes, defendia a tese da Mutação Constitucional do inciso X do artigo 52 da CF/88. No polo oposto, negando de forma absoluta a tese da mutação, tem-se a compreensão de que os efeitos *erga omnes* da decisão definitiva do STF tomada em sede de controle difuso, em razão da total eficácia do referido artigo – sem a alteração substancial do seu conteúdo –, está condicionada à comunicação ao Senado, bem como da sua decisão política no sentido da suspensão dos efeitos do dispositivo maculado como inconstitucional de forma incidental pelo tribunal. Entre essa polarização tem-se uma terceira via, posta à mesa pelo Ministro Teori Zavascki, que realiza o mesmo raciocínio do Ministro Relator, quanto às transformações sofridas ao longo do tempo pelo nosso sistema de controle de constitucionalidade, porém, aceitando a eficácia normativa do texto do inciso X do artigo 52, deferindo a reclamação pela edição superveniente da Súmula Vinculante 26.

O Ministro Gilmar Mendes utilizou-se de um argumento acerca de uma reformulação no sistema jurídico como forma de sustentar um atrelamento entre controle difuso e controle abstrato de constitucionalidade, o que só poderia ser realizado a partir de uma "mutação constitucional".

Esse entendimento consistiu, em verdade, não na atribuição de uma nova norma a um texto – como tradicionalmente a doutrina entende a mutação constitucional –, mas, sim, na substituição de um texto por outro texto (construído pelo Supremo Tribunal Federal), pois tratava-se de uma alteração do próprio texto constitucional, uma vez que teríamos passado de um texto pelo qual compete privativamente ao Senado Federal suspender a execução, no todo ou em parte, de lei declarada inconstitucional por decisão definitiva do Supremo Tribunal Federal, a outro texto, que passaria a ser ditado do seguinte modo: "Compete privativamente ao Senado Federal dar publicidade à suspensão da execução, operada pelo STF, de lei declarada inconstitucional, no todo ou em parte, por decisão definitiva do Supremo." Assim, o que se pretendia era uma alteração "formal" do texto constitucional, o que não se coaduna com aquilo que tradicionalmente a doutrina entende por mutação constitucional, como veremos mais adiante.

Ainda, não se pode olvidar que a mutação constitucional tem origem alemã, e que um dos pressupostos da teoria germânica apenas permite que se considere uma mutação constitucional quando, por exemplo, determinada competência deixa de ser utilizada, por muito tempo, pelo órgão ao qual ela se atribui. O Senado Federal, contudo, jamais deixou de se utilizar de sua prerrogativa de editar tais Resoluções: em 2005, um ano antes da Rcl 4335/AC, o Senado editou 44 resoluções suspendendo a eficácia de normas por inconstitucionalidade; no ano de 2006, foram sete resoluções; e, em 2008, foram 16 resoluções. Portanto, não houve uma alteração fática que pudesse sustentar o entendimento de uma mutação constitucional, em relação à competência do Senado Federal de transformação dos efeitos *inter partes* para *erga omnes*. Por mais que o debate acerca da prerrogativa do Senado Federal estivesse em constante movimentação, inexiste qualquer mudança de práticas sociais a justificar as *supostas* mudanças.

Ademais, deve-se sempre ter em mente que o pronunciamento do Senado é condição de validade final da decisão do STF, exatamente em face do princípio federativo e da divisão de Poderes. O controle difuso, nesses casos de remessa ao Senado, diz respeito à vigência da lei, uma vez que retira do órgão de cúpula do Poder Judiciário o monopólio do controle de constitucionalidade, servindo de importante mecanismo de acesso à justiça e, consequentemente, à jurisdição constitucional, pois permite que juízes de primeiro grau e tribunais em suas composições plenárias, mediante incidente de inconstitucionalidade devidamente suscitado, realizem a filtragem constitucional, e possam sanar eventuais defeitos, ou seja, se o Supremo Tribunal Federal tivesse aceitado, em definitivo, a tese constante nos votos dos Ministros Gilmar Mendes e Eros Grau, de fato, o controle difuso deixaria de ter a sua especificidade própria, pois estaria, na prática, equiparado ao controle concentrado. Ademais, a suspensão da execução da lei pelo Senado Federal é o modo pelo qual se dá o modelo de participação democrática, só que de forma indireta.

Explico: excluir a competência do Senado Federal – ou conferir-lhe apenas a função decorativa de tornar público o entendimento do Supremo Tribunal Federal – significa reduzir as suas atribuições a de uma secretaria de divulgação intralegislativa das decisões do Supremo Tribunal Federal; significa retirar do processo de controle difuso qualquer possibilidade de chancela dos representantes do povo. Assim, entendo que atribuir eficácia *erga omnes* e efeito vinculante às decisões do STF em sede de controle difuso de constitucionalidade é ferir os princípios constitucionais do devido processo legal, da ampla defesa e do contraditório, pois desse modo se pretende atingir aqueles que não tiveram garantido o seu Direito constitucional de participação nos processos de tomada da decisão que os afetará. Eis, portanto, um problema central: a lesão aos direitos fundamentais. Em verdade, essa argumentação elevaria o Supremo a um superpoder, de forma que se poderia transformar os atos legislativos sem uma devida prestação de contas.

Além disso, ressalta-se o fato de que o controle concentrado, via de regra, possui efeitos *ex tunc* (a exceção está prevista na Lei 9.868/1999), e o controle difuso tem na sua *ratio* o efeito *ex tunc* entre as partes. Nesse diapasão, qual é a função do Senado (art. 52, X)? Parece evidente que esse dispositivo constitucional não pode ser inútil. Veja-se: em sede de recurso extraordinário, o efeito da decisão é *inter partes* e *ex tunc*. Os efeitos da suspensão da execução não retroagem, como ocorreria caso a inconstitucionalidade fosse declarada em sede de declaração de inconstitucionalidade, por exemplo. No entanto, caso o recurso extraordinário consequencialize a inconstitucionalidade de uma lei e o Senado da República suspenda a sua execução, ele agregará aos efeitos anteriores a eficácia *erga omnes* e *ex nunc*.

Nesse sentido, há que se fazer uma diferença entre o que é retirada da validade da lei, em sede de controle concentrado, e o que significa a suspensão que o Senado faz de uma lei declarada inconstitucional em sede de controle difuso.

Suspender a execução da lei não pode significar a retirada de sua validade. Caso contrário, não haveria diferença, em nosso sistema, entre o controle concentrado e o controle difuso. Suspender a vigência ou a execução da lei é como revogá-la. A suspensão da lei somente pode gerar efeitos *ex nunc*, pela simples razão de que a lei está suspensa (revogada), à espera da retirada de sua eficácia. Daí a diferença entre suspensão/revogação e retirada da validade. Sem validade, a lei fica nula. Sendo nula, é como se nunca tivesse existido.

Por fim, além de os Ministros Eros Grau e Gilmar Mendes deixarem de considerar todas essas questões aqui arguidas, também não se aos contornos teóricos do que venha a ser a mutação constitucional. Este instituto foi formulado pela primeira vez no final do século XIX e início do século XX por autores como Laband e Jellinek (*Verfassungsänderung und Verfassungswandlung*, Berlim, 1906), e mereceu mais tarde conhecidos desenvolvimentos por Hsu Dau-lin (*Die Verfassungswandlung*, Leipzig, 1932). Nesse sentido, como bem afirmam os professores Artur J. Jacobson (New York) e Bernhard Schlink (Berlim) em sua obra *Weimar: a jurisprudence of crisis*[2], o dualismo metodológico – positivismo legalista-positivismo sociológico – que perpassa toda a obra de Jellinek[3] e que serve de base para a tese da mutação constitucional (*Verfassungswandlung*) impediu o jurista alemão de lidar normativamente com o reconhecimento daquelas que seriam "as influências das realidades sociais no Direito".

A mutação constitucional é assim tida como fenômeno empírico, que não é resolvido normativamente: "Jellinek não apresenta um substituto para o positivismo legalista, mas apenas tenta suplementá-lo com uma análise empírica ou descritiva dos processos político-sociais."[4] Em verdade, o conceito de mutação constitucional mostra apenas a incapacidade do positivismo legalista da velha *Staatsrechtslehre do Reich* alemão de 1870 em lidar construtivamente com a profundidade de sua própria crise paradigmática. E não nos parece que esse fenômeno possui similaridade no Brasil. Mesmo em Hsü-Dau-Lin (quem inclusive, foi referido pelo Ministro Eros Grau) e sua classificação "quadripartite" do fenômeno da mutação constitucional[5], não leva em conta aquilo que é central para o pós-segunda guerra e em especial para a construção do Estado Democrático

---

2. JACOBSON, Artur J.; SCHLINK, Bernhard. *A jurisprudence of crisis*. Berkeley: University of California, 2000. p. 45-46.
3. JELLINEK, Georg. *Verfassungsänderung und Verfassungswandlung*. Berlim: Häring, 1906.
4. JACOBSON, Artur J.; SCHLINK, Bernhard. *A jurisprudence of crisis*. Berkeley: University of California, 2000. p. 46 e 54-57.
5. *De todo modo, lembremos que Hsü Dau Lin escreveu o seu texto no contexto da República de Weimar, havendo todo um debate sob a Lei Fundamental, por exemplo, com Konrad Hesse e Böckenförde.*

de Direito na atualidade: o caráter principiológico do Direito e a exigência de integridade que este Direito democrático expõe, muito embora, registre-se, Lin tenha sido discípulo de Rudolf Smend, um dos primeiros a falar em princípios e espécie de fundador da doutrina constitucional alemã pós-segunda guerra. Desse modo, percebe o uso inadequado da mutação constitucional neste caso, seja por inexistir as mudanças fáticas nesse sentido, seja porque não se teria uma nova norma dentro dos limites do mesmo texto, mas, sim, um novo texto ao dispositivo constitucional em análise. A todo as luzes, se percebe que poder constituinte reformador exorbita e muito as atribuições do STF.

Em síntese, a tese da mutação constitucional advoga, em última análise, uma concepção decisionista da jurisdição e contribui para a compreensão das cortes constitucionais como poderes constituintes permanentes[6]. Ela foi desenvolvida, nesse caso, como solução para um suposto hiato entre texto constitucional e a realidade social, que estaria a exigir uma "jurisprudência corretiva". Ora, um tribunal não pode mudar a Constituição; não pode "inventar" o Direito: este não é seu legítimo papel como poder jurisdicional numa democracia. Se admitirmos que o Supremo Tribunal esteja acima da Constituição, estaremos admitindo que a Suprema Corte não tem limites. E, assim, pode(re)mos dar razão à máxima de que "a Constituição é aquilo que o Supremo Tribunal Federal diz que é".

O texto do art. 52, X, da Constituição do Brasil, somente tem sentido se analisado – portanto, a norma que dele provém – a partir de uma interpretação do sistema constitucional brasileiro. Tendo em vista que temos um sistema misto, parece incoerente admitir a tese de que o art. 52, X, tenha sido objeto de mutação constitucional, de modo a, na prática, igualar os efeitos dos distintos modelos.

Disso pode-se depreender que o debate acerca da eficácia dos controles difuso e concentrado é de extrema relevância, portanto, deve-se despoluir a ideia de que, efetivamente, exista uma mutação constitucional que possa embasar uma suposta confusão entre os dois. Desse modo, a teoria se torna esvaziada de sentido técnico e transformada em uma *falácia*, pois estaria encobrindo o decisionismo do Supremo Tribunal Federal, pois é a Corte que manterá a última palavra acerca da existência ou não de uma suposta mutação. Com isso, o STF parece esconder uma decisão discricionária sob o véu da mutação constitucional. Para não afirmar que se está "legislando" sobre a Constituição, encobre-se o ativismo sob o argumento de uma suposta neutralidade da mutação.

Na votação da Reclamação 4.335/AC, o Ministro Teori Zavascki levantou a tese da modulação temporal, por entendê-la como um meio de atribuir eficácia expansiva às decisões do STF, tese esta que pode ser encontrada no controle de

---

6. HORTA, Raul Machado. *Direito constitucional*. Belo Horizonte: Del Rey, 2002. p. 104-105; VERDÚ, Pablo Lucas. *Curso de derecho político*. Madrid: Tecnos, 1984. v. 4, p. 179-180.

constitucionalidade dos Estados Unidos, de Portugal e, inclusive, da Espanha, pois todos esses países entenderam a necessidade de se estabelecerem limites aos efeitos da declaração de inconstitucionalidade. É verdade que seu voto não teve como base principal esse entendimento, portanto, conforme a oportunidade, explicitarei alguns apontamentos a serem esclarecidos diante dessa ideia.

Para que seja analisada a repercussão da modulação dos efeitos no âmbito do controle de constitucionalidade brasileiro, é preciso fazer uma rigorosa análise de como compreender esta noção de "sentença constitucional delimitadora de efeitos". É evidente que toda decisão que entenda por modular efeitos de uma declaração de inconstitucionalidade deve indicar de forma expressa quais os fundamentos para tanto, caso contrário, dá-se uma abertura à discricionariedade.

É nesse sentido que, assim como Georges Abboud, afirmo que a modulação não pode ser uma janela (a mais) para a discricionariedade, exatamente porque foi criada com o intuito de promover o Estado Democrático de Direito e tornar possível a garantia aos direitos fundamentais, o que se apresenta em contradição com uma decisão discricionária de definição dos efeitos da inconstitucionalidade[7]. A modulação de efeitos não pode representar uma abertura interpretativa dada ao Judiciário, para que este delimite de forma arbitrária (discricionária) os efeitos da decisão de inconstitucionalidade. As críticas aqui, portanto, se direcionam aos critérios verificadores da possibilidade da modulação e ao modo como essa será "realizada", que não deve ficar ao alvedrio do julgador, que deve restar atrelado a "pesadas correntes" hermenêuticas, sempre tendo em vista as garantias dos direitos fundamentais[8].

Assim, feita de modo devidamente fundada na proteção e na promoção dos direitos fundamentais, não há sentido em restringir a aplicação da modulação temporal apenas ao controle concentrado. Isso é evidente. Contudo, na Reclamação 4.335, as fundamentações dos referidos ministros estavam, justamente, no

---

7. ABBOUD, Georges. *Jurisdição constitucional e direitos fundamentais*. São Paulo: Ed. RT, 2011. p. 280-283.
8. Para Emílio P. Meyer, "o efeito temporal direto de uma declaração de inconstitucionalidade é *ex tunc*. Uma lei inconstitucional não pode ser considerada uma norma como qualquer outra e produzir seus efeitos sem qualquer sanção para essa lesão à supremacia constitucional. Faz parte do próprio controle de constitucionalidade das leis que a declaração de inconstitucionalidade tenha o condão de desfazer atos praticados com base na lei inconstitucional; o que não significa desproteger totalmente o cidadão que aja de boa-fé, uma vez que ainda resta a ele a via jurisdicional para se socorrer de eventuais problemas. Mesmo assim, pode haver casos em que atribuição de efeitos *ex nunc* seja uma necessidade, até mesmo para afirmação da própria supremacia constitucional: os já citados princípios constitucionais da coisa julgada, do direito adquirido e do ato jurídico perfeito estão a demonstrar essa conclusão" (MEYER, Emílio. *A decisão no controle de constitucionalidade*. São Paulo: Método, 2008).

sentido de violar um direito fundamental de participação do povo nos processos legislativos, por não estarem deixando o Senado Federal cumprir seu papel, conforme está expressamente determinado no texto constitucional. Assim, nem sob a égide da teoria da modulação temporal se poderia entender de forma diversa. Não seria correto determinar uma modulação temporal como forma de violar um direito fundamental, por óbvio.

Teori Zavascki, em verdade, apenas decidiu pelo deferimento do pedido graças à superveniência da Súmula Vinculante 26, caso contrário, teria indeferido, por entender que não havia legitimidade ativa da parte autora para o ajuizamento da Reclamação. Seu argumento levantou a tese de mutação constitucional para mostrar um dos meios pelo qual se é possível conferir eficácia expansiva às decisões ocorridas em sede de controle difuso de constitucionalidade, não sendo o caso de eficácia *erga omnes*. Bem, eficácia *erga omnes* e efeito expansivo são coisas diferentes. A eficácia *erga omnes* inclui efeitos gerais, é dizer, todos são obrigados a cumprir. O efeito expansivo trata-se de um parâmetro a ser seguido, não podendo outras partes, que não as do processo no qual houve a decisão, acionarem o instituto da Reclamação. Continua-se, portanto, descumprindo o texto constitucional.

Assim, a Súmula Vinculante 26, nesse caso, seria um instrumento desnecessário, uma vez que a decisão deveria ter sido encaminhada ao Senado Federal, que lhe conferiria eficácia *erga omnes*. Aqui, tem-se um problema de tamanha profundidade, pois, ao invés da Corte Suprema ter cumprido com o artigo 52, X, da Constituição Federal, o que, por consequência, ampararia a reserva do parlamento, a separação de poderes e o respeito aos direitos fundamentais, preferiu criar uma Súmula Vinculante. Nem sob a justificativa de uma mutação constitucional, como vimos, nem sob o argumento de uma modulação temporal, a Suprema Corte estaria cumprindo seu papel de guardiã da Constituição.

A remessa ao Senado Federal da decisão que foi tomada em sede de controle difuso é o marco que regula a sua diferença do controle concentrado de constitucionalidade. Contudo, a prática de cumprir o artigo 52, X, da Constituição Federal, acabou, com o passar do tempo, tornando-se secundária, pois o Supremo Tribunal Federal, de forma discricionária, remetia apenas os casos de maior relevância, e os demais permaneciam com os efeitos do controle difuso. Ocorre que a Reclamação 4.335/AC sobreveio, em 2006, colocando essa discussão em pauta. Sabe-se que o julgamento da Reclamação restou prejudicado, uma vez que ocorreu a edição da Súmula Vinculante 26, transformando, por fim, em efeito *erga omnes* o entendimento de que o artigo 2º da Lei de Crimes Hediondos é inconstitucional, não havendo que se julgar o mérito da questão.

Todavia, a questão é muito mais profunda do que parece. A Reclamação em apreço é apenas parte da discussão acerca da mutação constitucional feita pelo STF. Em novembro de 2017, foi julgada a ADI 3.470, cujo objeto era o pedido de inconstitucionalidade da Lei estadual 3.579/2001 do Rio de Janeiro, que proíbe a extração do amianto em todo território daquele ente da Federação e prevê a substituição progressiva da produção e da comercialização de produtos que o contenham. A Corte declarou improcedente o pedido, entendendo que a referida lei é constitucional. Ocorre que, em sentido contrário à lei declarada Constitucional pelo pleno do STF, a Lei federal 9.055/1995, em seu artigo 2º, permitia a extração e produção de amianto. Assim, ao julgar a ADI 3.470, o tribunal, de forma incidental, declarou a inconstitucionalidade da lei federal, partindo do pressuposto de que as declarações de inconstitucionalidade com caráter incidental encontram-se em sede de controle difuso, o que, por sua vez, determinaria efeitos apenas *inter partes* à declaração de inconstitucionalidade da lei federal.

Assim, o Supremo Tribunal Federal acabou por atribuir ao resultado da decisão efeitos *erga omnes*, mesmo acreditando estar em sede de controle difuso, em virtude do caráter incidental da declaração. Para tanto, utilizou-se, entre outros argumentos, da tese da mutação constitucional do artigo 52, X, para que não se fizesse necessária o apagar da eficácia do dispositivo maculado como inconstitucional por parte do Senado Federal.

Por mais complexo que possa parecer o quadro geral da situação – uma declaração incidental em sede de controle concentrado – ainda assim, posiciono-me no sentido de não ver a necessidade de apelo à Mutação Constitucional, pelo simples motivo de que, muito embora tenha sido declarada por via incidental, a inconstitucionalidade foi enunciada dentro de um processo objetivo. O foco da discussão no plenário era a constitucionalidade ou não de determinado dispositivo legal e não uma situação concreta, postos em jogo interesses de agentes subjetivos envolvidos diretamente ao processo. Nesse sentido, acredito que a discussão – se caberia uma alteração interpretativa da própria substância semântica do texto constitucional – não deveria sequer ter entrado no mérito da necessidade de uma mutação constitucional, uma vez que a questão restaria prejudicada em se tratando de controle objetivo, com efeitos *erga omnes* e *ex tunc*.

O caso do Asbesto/Amianto insere-se dentro de um contexto institucional amplo, que envolve tanto a Reclamação 4.335, que fora abordada com maior profundidade dentro da análise em questão, quanto casos recentes como o do *Habeas Corpus* do ex-Presidente Luiz Inácio Lula da Silva. O contexto a que me refiro é o de assimilação – com caráter quase esquizofrênico – dos efeitos da jurisdição constitucional em sede do controle difuso com o controle concentrado.

Não são raras as vezes em que acabamos por buscar respostas para os problemas de nossa práxis jurídica fora do Direito, inclusive respostas por vezes contrárias aos próprios alicerces institucionais do nosso sistema jurídico e político – como é o caso do princípio de separação dos poderes, ameaçado com a vitória jurisdicional da tese da mutação constitucional, como foi defendida neste julgamento –, que, em verdade, poderiam (deveriam) ser dadas de maneira simples, clara e, o mais importante, dentro do conteúdo dogmático e legal que permeia a nossa tradição jurídica.

32
PODER DO RELATOR PARA DECIDIR SOBRE O SOBRESTAMENTO DOS PROCESSOS PENDENTES (ART. 1.035, § 5º, CPC). QUESTÃO DE ORDEM NA REPERCUSSÃO GERAL NO RECURSO EXTRAORDINÁRIO 966.177

LUIZ FUX

Ministro do Supremo Tribunal Federal. Professor Titular da UERJ.

QUESTÃO DE ORDEM NA REPERCUSSÃO GERAL NO RECURSO EXTRAORDINÁRIO 966.177 RIO GRANDE DO SUL

RELATOR	: MIN. LUIZ FUX
RECTE.(S)	: MINISTÉRIO PÚBLICO DO ESTADO DO RIO GRANDE DO SUL
PROC.(A/S)(ES)	: PROCURADOR-GERAL DE JUSTIÇA DO ESTADO DO RIO GRANDE DO SUL
RECDO.(A/S)	: GUILHERME TARIGO HEINZ
ADV.(A/S)	: MARIA CAROLINA PERES SOARES GSCHWENTER

EMENTA: QUESTÃO DE ORDEM NA REPERCUSSÃO GERAL NO RECURSO EXTRAORDINÁRIO. DIREITO PENAL E PROCESSUAL PENAL. CONTRAVENÇÕES PENAIS DE ESTABELECER OU EXPLORAR JOGOS DE AZAR. ART. 50 DA LEI DE CONTRAVENÇÕES PENAIS. REPERCUSSÃO GERAL RECONHECIDA. POSSIBILIDADE DE SUSPENSÃO, CONFORME A DISCRICIONARIEDADE DO RELATOR, DO ANDAMENTO DOS FEITOS EM TODO TERRITÓRIO NACIONAL, POR FORÇA DO ART. 1.035, § 5º, DO CPC/2015. APLICABILIDADE AOS PROCESSOS PENAIS. SUSPENSÃO DA PRESCRIÇÃO DA PRETENSÃO PUNITIVA RELATIVA AOS CRIMES PROCESSADOS NAS AÇÕES

PENAIS SOBRESTADAS. INTERPRETAÇÃO CONFORME A CONSTITUIÇÃO DO ART. 116, I, DO CP. POSTULADOS DA UNIDADE E CONCORDÂNCIA PRÁTICA DAS NORMAS CONSTITUCIONAIS. FORÇA NORMATIVA E APLICABILIDADE IMEDIATA AOS FUNDAMENTOS CONSTITUCIONAIS DO EXERCÍCIO DA PRETENSÃO PUNITIVA, DO PRINCÍPIO DO CONTRADITÓRIO E DA VEDAÇÃO À PROTEÇÃO PENAL INSUFICIENTE.

1. A repercussão geral que implica o sobrestamento de ações penais, quando determinado este pelo relator com fundamento no art. 1.035, §5º, do CPC, susta o curso da prescrição da pretensão punitiva dos crimes objeto dos processos suspensos, o que perdura até o julgamento definitivo do recurso extraordinário paradigma pelo Supremo Tribunal Federal.

2. A suspensão de processamento prevista no §5º do art. 1.035 do CPC não é consequência automática e necessária do reconhecimento da repercussão geral realizada com fulcro no caput do mesmo dispositivo, sendo da discricionariedade do relator do recurso extraordinário paradigma determiná-la ou modulá-la.

3. Aplica-se o §5º do art. 1.035 do CPC aos processos penais, uma vez que o recurso extraordinário, independentemente da natureza do processo originário, possui índole essencialmente constitucional, sendo esta, em consequência, a natureza do instituto da repercussão geral àquele aplicável.

4. A suspensão do prazo prescricional para resolução de questão externa prejudicial ao reconhecimento do crime abrange a hipótese de suspensão do prazo prescricional nos processos criminais com repercussão geral reconhecida.

5. A interpretação conforme a Constituição do art. 116, I, do CP funda-se nos postulados da unidade e concordância prática das normas constitucionais, isso porque o legislador, ao impor a suspensão dos processos sem instituir, simultaneamente, a suspensão dos prazos prescricionais, cria o risco de erigir sistema processual que vulnera a eficácia normativa e aplicabilidade imediata de princípios constitucionais.

6. O sobrestamento de processo criminal, sem previsão legal de suspensão do prazo prescricional, impede o exercício da pretensão punitiva pelo Ministério Público e gera desequilíbrio entre as partes, ferindo prerrogativa institucional do *Parquet* e o postulado da paridade de armas, violando os princípios do contraditório e do *due process of law*.

7. O princípio da proporcionalidade opera tanto na esfera de proteção contra excessos estatais quanto na proibição de proteção deficiente; *in casu*, flagrantemente violado pelo obstáculo intransponível à proteção de direitos fundamentais da sociedade de impor a sua ordem penal.

8. A interpretação conforme à Constituição, segundo os limites reconhecidos pela jurisprudência do Supremo Tribunal Federal, encontra-se preservada, uma vez que a exegese proposta não implica violação à expressão literal do texto infraconstitucional, tampouco, à vontade do legislador, considerando a opção legislativa que previu todas as hipóteses de suspensão da prescrição da pretensão punitiva previstas no ordenamento jurídico nacional, qual seja, a superveniência de fato impeditivo da atuação do Estado-acusador.

9. O sobrestamento de processos penais determinado em razão da adoção da sistemática da repercussão geral não abrange: a) inquéritos policiais ou procedimentos investigatórios conduzidos pelo Ministério Público; b) ações penais em que haja réu preso provisoriamente.

10. Em qualquer caso de sobrestamento de ação penal determinado com fundamento no art. 1.035, §5º, do CPC, poderá o juízo de piso, a partir de aplicação analógica do disposto no art. 92, *caput*, do CPP, autorizar, no curso da suspensão, a produção de provas e atos de natureza urgente.

11. Questão de ordem acolhida ante a necessidade de manutenção da harmonia e sistematicidade do ordenamento jurídico penal.

Questão de Ordem na Repercussão Geral no Recurso Extraordinário 966.177 Rio Grande do Sul

Relator	: Min. Luiz Fux
Recte.(s)	: Ministério Público do Estado do Rio Grande do Sul
Proc.(a/s)(es)	: Procurador-geral de Justiça do Estado do Rio Grande do Sul
Recdo.(a/s)	: Guilherme Tarigo Heinz
Adv.(a/s)	: Maria Carolina Peres Soares Gschwenter

RELATÓRIO

O SENHOR MINISTRO LUIZ FUX (RELATOR): Trata-se de recurso extraordinário interposto pelo Ministério Público do Estado do Rio Grande do Sul, com fundamento no art. 102, III, "a", da Constituição Federal, em face de acórdão proferido pela Turma Recursal dos Juizados Especiais Criminais do Estado do Rio Grande do Sul, cuja ementa segue abaixo:

> *"APELAÇÃO CRIME. JOGOS DE AZAR. ART. 50 DO DL 3.688/41. ATIPICIDADE. Conduta inserida no âmbito das liberdades individuais, enquanto direito constitucional intocável. Os fundamentos da proibição que embasaram o Decreto-Lei 9.215/46 não se coadunam com a principiologia constitucional vigente, que autoriza o controle da constitucionalidade em seus três aspectos: evidência, justificabilidade e intensidade. Ofensa, ainda, ao princípio da proporcionalidade e da lesividade, que veda tanto a proteção insuficiente como a criminalização sem ofensividade. Por outro lado, é legítima a opção estatal, no plano administrativo, de não tornar legal a atividade, sem que tal opção alcance a esfera penal. RECURSO PROVIDO."*

Nas razões do apelo extremo, o recorrente sustentou a preliminar de repercussão geral e, no mérito, alegou violação ao disposto nos artigos 1º, IV, 5º, *caput*, II, VI, VIII, XXXIX, XLI, LIV, 19, I, 170 da Constituição Federal. Em síntese, aduziu que o Tribunal *a quo*, ao jugar atípica a conduta contravencional do jogo de azar, atribuíra, à luz dos preceitos constitucionais invocados, equivocada interpretação do tema. Neste contexto, requereu fosse dado provimento ao recurso para o fim de que restasse reconhecida a tipicidade da conduta prevista no art. 50 da Lei das Contravenções Penais.

O Tribunal, por maioria, em julgamento realizado na data de 04/11/2016, reconheceu a existência de repercussão geral da questão constitucional suscitada (Tema 924), consoante retrata a ementa abaixo transcrita:

> "RECURSO EXTRAORDINÁRIO. CONTRAVENÇÃO PENAL. ARTIGO 50 DO DECRETO-LEI 3.688/1941. JOGO DE AZAR. RECEPÇÃO PELA CONSTITUIÇÃO FEDERAL. TIPICIDADE DA CONDUTA AFASTADA PELO TRIBUNAL A QUO FUNDADO NOS PRECEITOS CONSTITUCIONAIS DA LIVRE INICIATIVA E DAS LIBERDADES FUNDAMENTAIS. ARTIGOS 1º, IV, 5º, XLI, E 170 DA CONSTITUIÇÃO FEDERAL. QUESTÃO RELEVANTE DO PONTO DE VISTA ECONÔMICO, POLÍTICO, SOCIAL E JURÍDICO. TRANSCENDÊNCIA DE INTERESSES. RECONHECIDA A EXISTÊNCIA DE REPERCUSSÃO GERAL.
> (RE 966177 RG, Relator(a): Min. LUIZ FUX, julgado em 03/11/2016, PROCESSO ELETRÔNICO DJe-246 DIVULG 18-11-2016 PUBLIC 21-11-2016)."

Na data de 29/11/2016, sobreveio aos autos ofício remetido pelo Juízo da 2ª Vara Criminal de Itajaí/SC, narrando que o Núcleo de Repercussão Geral e Recursos Repetitivos do Tribunal de Justiça do Estado de Santa Catarina encaminhara orientação aos Juízos Criminais daquele Estado para que houvesse o sobrestamento dos procedimentos criminais que tratam da infração penal prevista no art. 50, *caput*, do Decreto-lei nº 3.688/41, o que fora acatado por aquele Juízo. Neste contexto, alegando que o Ministério Público do Estado de Santa Catarina, posteriormente a tal decisão, formulara pedido de reconsideração da determinação de sobrestamento, sob a justificativa de que haveria risco concreto de prescrição com relação às infrações penais apuradas nos processos sobrestados; e argumentando, por outro lado, que o *"prosseguimento das demandas pode causar irreparáveis prejuízos aos jurisdicionados, mormente se declarada a não-recepção do art. 50, caput, da Lei das Contravenções Penais pela Constituição Federal de 1988"*, requereu o sobredito Juízo Criminal houvesse pronunciamento desta Corte Constitucional *"no tocante à suspensão dos procedimentos criminais relacionados ao Tema 924"*.

Diante de tal quadro, considerando a relevância e urgência de que se reveste o pronunciamento requerido, **mormente diante do risco concreto noticiado de prescrição da pretensão punitiva, suscitei a presente questão de ordem previamente à apreciação do mérito da questão constitucional cuja repercussão geral foi reconhecida, para o fim de submeter à análise do Plenário deste Tribunal o alcance da suspensão processual preconizada no art. 1.035, § 5º, da novel norma processual civil e os seus efeitos sobre os processos de natureza penal cuja matéria tenha sido objeto de repercussão geral reconhecida por esta Corte, em especial no que condiz à possibilidade de suspensão, enquanto não ocorre o julgamento do recurso extraordinário oriundo do processo paradigma, do prazo prescricional da pretensão punitiva relativa aos crimes e/ou contravenções penais que são objeto das ações penais sobrestadas**

É o relatório.

Questão de Ordem na Repercussão Geral no Recurso Extraordinário 966.177 Rio Grande do Sul

VOTO

O Senhor Ministro Luiz Fux (Relator): Trata-se de provocação deduzida pelo Juiz de Direito da 2ª Vara Criminal da Comarca de Itajaí/SC no tocante à suspensão dos processos criminais atinentes à matéria em exame, corolário do reconhecimento, por esta Suprema Corte, da repercussão geral acerca da constitucionalidade ou não do crime de estabelecer ou explorar jogos de azar (Tema 924).

A *vexata quaestio* diz respeito ao alcance da suspensão processual preconizada no art. 1.035, § 5º, da novel norma processual civil e os seus efeitos sobre os processos de natureza penal cuja matéria tenha sido objeto de repercussão geral reconhecida por esta Corte, em especial no que condiz à possibilidade de suspensão do prazo prescricional da pretensão punitiva relativa aos crimes processados no âmbito de ações penais sobrestadas enquanto não ocorre o julgamento do recurso extraordinário oriundo do processo paradigma.

Analisando o instituto jurídico em questão, anoto que o requisito da repercussão geral foi introduzido no ordenamento jurídico nacional a fim de priorizar o papel do Supremo Tribunal Federal como corte constitucional, além de garantir a celeridade do sistema processual (artigo 5º, LXXVIII, da CRFB) e a organicidade do direito.

Uma vez conferida à Corte Constitucional, por meio da Emenda Constitucional nº 45/2004, a prerrogativa de não admitir recurso extraordinário cuja repercussão geral constitucional não tivesse sido demonstrada pelo recorrente, estabeleceu-se com o Código de Processo Civil de 2015, em avanço à regulamentação daquela norma constitucional, não apenas que o Supremo Tribunal Federal não conhecerá dos recursos extraordinários cuja questão constitucional não tenha tido sua repercussão geral reconhecida (artigo 1.035, *caput*, do CPC), como também que, em contrapartida, quando houver o reconhecimento de dita repercussão, caberá ao Relator do processo paradigma na Corte Constitucional determinar a suspensão do processamento de todos os processos pendentes, individuais ou coletivos, que versem sobre a questão e tramitem no território nacional (artigo 1.035, §5º, do CPC):

> "Art. 1035. O Supremo Tribunal Federal, em decisão irrecorrível, não conhecerá do recurso extraordinário quando a questão constitucional nele versada não tiver repercussão geral, nos termos deste artigo.
> (...)
> §5º. Reconhecida a repercussão geral, o relator no Supremo Tribunal Federal determinará a suspensão do processamento de todos os processos pendentes, individuais ou coletivos, que versem sobre a questão e tramitem no território nacional."

Ocorre que, da análise da redação do sobredito dispositivo legal, exsurgem questões cuja resolução se afigura como prejudicial à análise da questão de ordem suscitada.

Inicialmente, impende aferir se, apesar da literalidade da redação trazida pelo supratranscrito §5º evidenciar sua cogência, o sobrestamento previsto pelo dispositivo seria, efetivamente, consequência automática do reconhecimento da repercussão ou se exigiria, para produzir efeitos, a prolação de despacho pelo relator do recurso extraordinário paradigma, bem como se, neste último caso, poderiam os efeitos do sobrestamento ser objeto de modulação pelo relator.

No que pertine a tal questão, de plano, cabe estabelecer a seguinte premissa: embora a sistemática da repercussão geral vise a preservar a organicidade do direito, impende que se faculte ao relator dispor, discricionariamente, acerca da possibilidade de sobrestamento, sob pena de se sobrepor a aplicação do instituto a valores outros que também possuem fundamento constitucional, tais como a segurança jurídica e a própria efetividade da persecução penal, atrelada ao princípio da proporcionalidade e a consequente vedação à proteção penal insuficiente.

Para alicerçar tal constatação, cabe mencionar, exemplificativamente, os temas já reconhecidos como de repercussão geral pelo Supremo Tribunal Federal que, embora versem sobre matéria penal, não tratam, diretamente, da constitucionalidade de uma determinada figura típica, mas, dispondo sobre questões concernentes aos critérios para aplicação da pena ou sobre institutos de natureza processual, aplicam-se, indistintamente, a todos ou a uma considerável parcela dos delitos previstos pelo legislador pátrio. Neste contexto, caso se considerasse que o sobrestamento dos processos correlatos fosse uma consequência necessária da repercussão geral, todos os processos penais em tramitação no território nacional que, por exemplo, envolvessem réus potencialmente reincidentes seriam suspensos se esta Corte Constitucional afetasse à sobredita sistemática a discussão concernente à constitucionalidade do instituto da reincidência enquanto circunstância qualificadora. Não se trata, evidentemente, da intenção preconizada pelo legislador, uma vez que uma consequência de tal natureza comprometeria, de modo irreversível, a efetividade da persecução penal.

Da mesma forma, mostra-se perfeitamente possível cogitar da existência de questões concernentes a outros ramos do direito que, tendo tido sua percussão geral constitucional reconhecida, não justificariam, por sua natureza, para fins de preservação da segurança jurídica, o sobrestamento irrestrito de todas as relações processuais que delas tratassem. Não por acaso, aliás, analogicamente, existe, no âmbito do controle concentrado de constitucionalidade, mecanismo processual que possibilita a este Tribunal, mesmo diante do reconhecimento da inconstitucionalidade de ato normativo, modular, visando à preservação da segurança das relações jurídicas consolidadas, os efeitos, no tempo, da declaração de nulidade realizada.

Cumpre, portanto, em suma, quanto a esta primeira questão prejudicial, que se faculte ao relator do recurso extraordinário paradigma não apenas dispor se, conforme as circunstâncias peculiares de cada tema de repercussão geral reconhecida, irá ou não determinar o sobrestamento dos processos correlatos, como também, se for o caso, modular os efeitos de tal sobrestamento. Consectariamente, em se entendendo que a sobredita determinação de sobrestamento consiste em questão afeta à discricionariedade do relator, mostra-se imperativo apontar que não consistirá ela em consequência automática do reconhecimento da repercussão geral, dependendo, assim, da necessária prolação de despacho do relator para produzir efeitos.

Outra questão cuja resolução prévia se afigura como necessária versa sobre a própria aplicabilidade da hipótese de suspensão processual prevista no §5º supra transcrito ao âmbito dos processos de natureza penal.

Sobre o ponto, impende referir que, em havendo, como é sabido, diferentes processos de natureza penal cuja matéria já foi reconhecida como de repercussão geral constitucional por este Supremo Tribunal Federal, não se visualiza qualquer óbice à aplicação do dispositivo aos processos de natureza penal. Ocorre, simplesmente, que o recurso extraordinário, independentemente de, a título exemplificativo, versar sobre matéria cível, penal, trabalhista, previdenciária ou tributária, possui índole essencialmente constitucional, sendo esta, em consequência, a natureza do instituto da repercussão geral constitucional àquele aplicável e, consectariamente, de todas as regras previstas para regular a adoção da aludida sistemática. Desse modo, não se visualiza qualquer óbice à incidência da regra prevista no §5º do art. 1035 do CPC, independentemente de qual seja a natureza da relação processual originária em cujos autos se visualizou a existência de questão constitucional de repercussão geral, da onde advém a aplicabilidade do instituto, igualmente, ao âmbito penal e processual penal.

Por fim, neste plano preliminar de análise, uma ressalva merece ser efetuada: o §5º do art. 1.035 aponta, expressamente, que apenas os <u>processos</u> que versem sobre a mesma questão do paradigma podem ser sobrestados. Isto significa, ao se transpor o instituto para a seara processual penal, que os <u>inquéritos policiais e demais procedimentos investigatórios correlatos, independentemente de serem conduzidos pela Autoridade Policial ou Ministério Público,</u> não serão alcançados pela ordem de sobrestamento exarada do relator do processo paradigma, porquanto aqueles, em virtude da ausência de angularização que lhes é inerente, inclusive a não justificar a exigência de observância do princípio do contraditório, não podem, tecnicamente, ser qualificados como processo, mas sim como <u>procedimento</u>.

Estabelecidas estas premissas normativas, impende ressalvar que o julgamento do mérito do recurso com repercussão geral reconhecida, na maioria das vezes, protrai-se no tempo, especialmente em razão da extensa lista de paradigmas a serem julgados pelo Pretório Excelso.

Tal situação tem reflexos peculiares nos recursos que tratam de matéria criminal, uma vez que, salvo as exceções constitucionalmente estipuladas, nesses casos, a pretensão manifestada no processo (pretensão punitiva) está sujeita a prazos prescricionais. É imperioso, por conseguinte, que se encontre uma solução que a um só tempo permita o julgamento dos *leading cases* por este tribunal após a reflexão e amadurecimento da sua compreensão sobre as questões que lhe são apresentadas, sem que a decisão em seguida proferida se esvazie de efetividade pela prescrição da pretensão punitiva. Diante de tal contexto de interesses conflitantes, o instituto da repercussão geral, por mais ínclitos propósitos que apresente (celeridade processual e unidade do direito), pode incorrer em afronta a outros valores constitucionalmente tutelados, sobretudo nos processos criminais.

Isso se dá em razão de o instituto em questão causar a paralisação da ação penal, sem, contudo, haver previsão legal expressa de sustação do prazo prescricional do delito *sub examine*. Vejamos.

Atualmente, são hipóteses de suspensão da prescrição expressamente previstas no ordenamento jurídico nacional: *i)* os incisos I e II do artigo 116 do Código Penal tratam, respectivamente, da questão a ser resolvida, em outro processo, da qual dependa o reconhecimento da existência do crime e da suspensão enquanto o agente cumpre pena no estrangeiro; *ii)* o artigo 366 do Código de Processo Penal estabelece a suspensão do processo e do prazo prescricional quando o réu citado por edital não comparecer nem constituir defensor; *iii)* o artigo 368 do Código de Processo Penal fixa a suspensão nos casos de acusado citado em Estado estrangeiro mediante carta rogatória; *iv)* o parágrafo 5º do artigo 53 da Constituição Federal determina a suspensão do prazo prescricional, em razão da sustação do andamento da ação, enquanto durar o mandado do parlamentar contra o qual foi recebida a denúncia, conforme parágrafo 3º do mesmo dispositivo; *v)* o parágrafo 6º do artigo 89 da Lei nº 9.099/95 prevê a suspensão da prescrição em casos de aplicação do instituto da suspensão condicional do processo; *vi)* o artigo 9º da Lei nº 10.684/2003 (objeto da ADI 3002, distribuída ao Min. Celso de Mello) determina a suspensão da prescrição de determinados delitos que elenca, quando há inclusão do agente em regime de parcelamento tributário.

Como se depreende de todas essas situações indicadas acima, a suspensão do prazo prescricional tem sempre como pressuposto um fato que impeça a atuação do Estado-acusador, o que decorre de aplicação do princípio interpretativo *ubi eadem ratio ibi eadem dispositio*.

É de se reconhecer, contudo, por exclusão, que não há, no ordenamento jurídico nacional, previsão expressa para a suspensão do prazo prescricional incidente nas ações penais que, por decisão do relator do recurso extraordinário paradigma, tiverem sido sobrestadas em virtude da sistemática da repercussão geral constitucional.

Neste contexto, é preciso que esta Corte explicite os limites aos quais esse mecanismo, criado para a propagação da celeridade processual e uniformização das decisões judiciais, será submetido, sob pena de violação de outros princípios de igual estatura constitucional, o que afrontaria os postulados da **unidade e da concordância prática das normas constitucionais (CANOTILHO, José Joaquim Gomes.** *Direito constitucional e teoria da Constituição.* Coimbra: Almedina, 7ª Edição, 2003, p. 1.183-1.186).

O que se propõe, para tanto, diante da sobredita ausência de previsão expressa quanto à suspensão do prazo prescricional no âmbito dos processos criminais sobrestados, é que se aplique a técnica hermenêutica da *interpretação conforme a Constituição* para que se proceda a uma interpretação da hipótese fático-processual trazida pelo art. 116, I, do CP – justamente uma das causas de suspensão da prescrição já reconhecidas pelo legislador pátrio – que se afigure como compatível com as demais normas consagradas na Constituição Federal no que pertine ao exercício do poder punitivo estatal, viabilizando a compreensão de que a hipótese cogitada já se encontra compreendida no âmbito de incidência da regra já expressa.

Ou seja, em suma, não se trata de criar nova hipótese de suspensão de prazo prescricional até então não prevista em lei, mas sim de compreender, a partir de um legítimo exercício de hermenêutica constitucional, que a hipótese de suspensão de prazo prescricional ora cogitada já se encontra prevista no ordenamento.

Neste plano de análise, cabe destacar, inicialmente, que são, justamente, os supracitados postulados da **unidade e da concordância prática das normas constitucionais** que fundamentam a *interpretação conforme à Constituição* tanto como técnica de interpretação geral de normas infraconstitucionais quanto como modalidade decisória aplicável no âmbito do controle de constitucionalidade.

É próprio, com efeito, da *interpretação conforme à Constituição* que, diante de duas ou mais interpretações possíveis de um ato normativo infraconstitucional, ou, em se tratando de controle difuso, se confira prevalência àquela que melhor se compatibilize com o sistema constitucional onde se encontra inserido (técnica de interpretação) ou, em se tratando de controle concentrado, se preserve a validade da lei com base na exclusão das interpretações possíveis que forem incompatíveis com a Constituição (modalidade de decisão), o que, em última análise, em ambos os casos, visa a preservar a supremacia do texto constitucional, impondo que as normas jurídicas ordinárias sejam interpretadas em consonância com aquele (**MENDES, Gilmar Ferreira; COELHO, Inocêncio Mártires e BRANCO, Paulo Gustavo Gonet**. *Curso de Direito Constitucional*. São Paulo: Saraiva, 2ª Edição, rev. e atualiz., 2008, p. 1.255).

É evidente, com efeito, a correlação entre o aludido princípio e a finalidade de preservação da unidade dos valores constitucionais, consoante exemplifica a lição doutrinária do ilustre Ministro **LUÍS ROBERTO BARROSO**, voltada, no caso, à interpretação conforme a Constituição enquanto técnica hermenêutica (*Curso de Direito Constitucional Contemporâneo – Os Conceitos Fundamentais e a Construção do Novo Modelo*. São Paulo: Saraiva, 5ª edição, 2015, p. 336):

> *Como técnica de interpretação, o princípio impõe a juízes e tribunais que interpretem a legislação ordinária de modo a realizar, da maneira mais adequada, os valores e fins constitucionais. Vale dizer: entre interpretações possíveis, deve-se escolher a que tem mais afinidade com a Constituição. Um exemplo: depois de alguma*

> *hesitação, a jurisprudência vem reconhecendo direitos previdenciários a parceiros que vivem em união estável homoafetiva (i.e., entre pessoas do mesmo sexo). Mesmo na ausência de norma expressa nesse sentido, essa é a inteligência que melhor realiza a vontade constitucional, por impedir a desequiparação de pessoas em razão de sua orientação sexual.*

Da mesma forma, reportando-se, por analogia, à técnica decisória da *declaração de inconstitucionalidade de caráter limitativo ou restritivo*, consagrada, no ordenamento jurídico nacional, no art. 27 da Lei Federal nº 9.689/99, impende destacar que são os mesmos postulados da **unidade e da concordância prática das normas constitucionais** acima referidos que, diante das hipóteses de incidência trazidas em lei, fundamentam a possibilidade de relativização do princípio da nulidade e viabilizam a modulação temporal dos efeitos da declaração de inconstitucionalidade. Trata-se, efetivamente, do que afirmam, novamente em sede doutrinária, **GILMAR FERREIRA MENDES, INOCÊNCIO MÁRTIRES COELHO e PAULO GUSTAVO GONET BRANCO** (*Curso de Direito Constitucional*. São Paulo: Saraiva, 2ª Edição, rev. e atualiz., 2008, p. 1.268):

> *O princípio da nulidade somente há de ser afastado se se puder demonstrar, com base numa ponderação concreta, que a declaração de inconstitucionalidade ortodoxa envolveria o sacrifício da segurança jurídica ou de outro valor constitucional materializável sob a forma de interesse social.*

Delimitado o substrato principiológico que justifica a adoção do princípio da *interpretação conforme à Constituição* – **afronta aos postulados da unidade e da concordância prática das normas constitucionais** -, vejamos quais são, no presente caso, as normas de assento constitucional que restam violadas ao não se interpretar a legislação infraconstitucional aplicável de modo a compreender o sobrestamento decorrente do mecanismo processual da repercussão geral constitucional como hipótese de suspensão do prazo prescricional da pretensão punitiva.

Constato, *ab initio*, inequívoca privação do *Parquet* do exercício de sua função institucional insculpida no inciso I do artigo 129 da Constituição Federal.

Ora, reconhecida a repercussão geral de questão constitucional de viés criminal, fica o Ministério Público cerceado da sua prerrogativa de promover a ação penal, visto que os processos criminais que tratem do mesmo tema ficam sobrestados, aguardando o julgamento do *leading case*. E é bom notar que não pode o órgão ministerial sequer se insurgir contra esse sobrestamento, uma vez que a decisão que o determina não admite impugnação por recurso, nem por mandado de segurança, consoante entendimento pacífico do Supremo Tribunal Federal:

> Agravo regimental em mandado de segurança. 2. Não cabe mandado de segurança contra ato jurisdicional de Ministro do STF. 3. Irrecorribilidade da decisão que aplica a sistemática da repercussão geral. Precedentes. 4. Agravo regimental a que se nega provimento. (MS 28.982 AgR, Rel. Min. Gilmar Mendes, Pleno, DJe de 15/10/2010)
>
> EMBARGOS DE DECLARAÇÃO RECEBIDOS COMO AGRAVO REGIMENTAL. SOBRESTAMENTO. REPERCUSSÃO GERAL. IRRECORRIBILIDADE. É irrecorrível a decisão que determina o sobrestamento dos autos em que se discute controvérsia análoga a tema com repercussão geral reconhecida. Agravo regimental a que se nega provimento. (RE 589.519 AgR-ED, Rel. Min. Roberto Barroso, Primeira Turma, DJe de 14/04/2014)
>
> AGRAVO REGIMENTAL EM MANDADO DE SEGURANÇA. APLICAÇÃO DA SISTEMÁTICA DA REPERCUSSÃO GERAL A RECURSO EXTRAORDINÁRIO. AUSÊNCIA DE LESIVIDADE. A jurisprudência do Supremo Tribunal Federal é pacífica no sentido de que a decisão que determina o sobrestamento do recurso extraordinário, nos moldes da sistemática da repercussão geral, não tem potencial lesivo a ser combatido pela via do

mandado de segurança. Precedentes. Agravo regimental conhecido e não provido. (MS 30.930 AgR, Rel. Min. Rosa Weber, Pleno, DJe de 10/10/2014)

Note-se que, enquanto o Ministério Público fica totalmente impedido de exercitar a pretensão punitiva estatal, continua correndo o prazo prescricional que levará à sua extinção, paradoxalmente, pela demora no seu exercício.

Percebe-se nitidamente aqui, destarte, não só o cerceamento da prerrogativa acusatória do *Parquet*, mas também da paridade de armas que é consectário do princípio do contraditório. Com efeito: de um lado, o acusado se beneficia da prescrição em andamento, enquanto de outro, o órgão acusador nada pode fazer senão aguardar o julgamento do mérito da controvérsia com repercussão geral reconhecida, enfrentando impassivelmente, muitas vezes, a causa extintiva de punibilidade pela mora que não lhe é atribuível, tudo resultando na impunidade do réu. O desequilíbrio entre as posições jurídicas da acusação e da defesa se torna evidente, evocando a lição do mestre **LUIGI FERRAJOLI**, quando afirma que *o contraditório, de fato, consiste no confronto público e antagonista entre as partes em condições de paridade* (*Direito e razão: teoria do garantismo penal.* São Paulo: Editora Revista dos Tribunais, 3ª Edição, 2010, p. 690).

Retomando a temática das prerrogativas institucionais do *Parquet*, é importante destacar, ademais, que a prerrogativa de exercício exclusivo da ação penal pública, atribuída ao Ministério Público, configura forma de manifestação da própria soberania do Estado. De fato, a Constituição Federal de 1988 alçou essa instituição a um patamar que nunca havia atingido no Brasil, erigindo-a à condição de primaz protetora dos preceitos democráticos e dos direitos fundamentais mais caros à sociedade, como se pode extrair com clareza solar do seu art. 127, *caput* , *verbis*:

O Ministério Público é instituição permanente, essencial à função jurisdicional do Estado, incumbindo-lhe a defesa da ordem jurídica, do regime democrático e dos interesses sociais e individuais indisponíveis .

Tendo o artigo 127 da Constituição Federal incumbido o Ministério Público da defesa da ordem jurídica, do regime democrático e dos interesses sociais e individuais indisponíveis, não pode a legislação infraconstitucional contrariar tais mandamentos, não se admitindo, portanto, que seja tal órgão manietado em uma das suas funções mais fundamentais, que é a de buscar a satisfação da pretensão estatal soberana de punir (**MAZZILLI, Hugo Nigro** . *Introdução ao Ministério Público* . São Paulo: Saraiva, 7ª Edição, 2008, p. 65). Enfim, sendo essa a destinação institucional traçada pela Constituição Federal para o *Parquet* , toda a legislação infraconstitucional, assim como os mecanismos e instrumentos por ela criados, devem-lhe irrestrita submissão.

E não é só. O princípio da proporcionalidade, implicitamente consagrado pelo texto constitucional, propugna pela proteção dos direitos fundamentais não apenas contra os excessos estatais, mas igualmente contra a proteção jurídica insuficiente. A proteção insuficiente pode exsurgir nas ocasiões em que o Estado demonstra desinteresse ou omissão na efetiva aplicação das sanções penais, declinando do seu dever de proteger os bens jurídicos mais relevantes para sociedade, que o Direito Penal tutela. Nesse sentido, trago à colação precedente deste Supremo Tribunal Federal:

1. CONTROLE DE CONSTITUCIONALIDADE DAS LEIS PENAIS. 1.1. Mandatos Constitucionais de Criminalização: A Constituição de 1988 contém um significativo elenco de normas que, em princípio, não outorgam direitos, mas que, antes, determinam a criminalização de condutas (CF, art. 5º, XLI, XLII, XLIII, XLIV; art. 7º, X; art. 227, § 4º). Em todas essas normas é possível identificar um mandato de criminalização expresso, tendo em vista os bens e valores envolvidos. Os direitos fundamentais não podem ser considerados apenas como proibições de intervenção (Eingriffsverbote), expressando também um postulado de proteção (Schutzgebote). Pode-se dizer que os direitos fundamentais expressam não apenas uma proibição do excesso (Übermassverbote), como também podem ser traduzidos como proibições de proteção insuficiente ou imperativos de tutela (Untermassverbote). Os mandatos constitucionais de criminalização, portanto, impõem ao legislador, para o seu devido cumprimento, o dever de observância do princípio da proporcionalidade como proibição de excesso e como proibição de proteção insuficiente. 1.2. Modelo exigente de controle de constitucionalidade das leis em matéria penal, baseado em níveis de intensidade: Podem ser distinguidos 3 (três) níveis ou graus de intensidade do controle de constitucionalidade de leis penais, consoante as diretrizes elaboradas pela doutrina e jurisprudência constitucional alemã: a) controle de evidência (Evidenzkontrolle); b) controle de sustentabilidade ou justificabilidade (Vertretbarkeitskontrolle); c) controle material de intensidade (intensivierten inhaltlichen Kontrolle). O Tribunal deve sempre levar em conta que a Constituição confere ao legislador amplas margens de ação para eleger os bens jurídicos penais e avaliar as medidas adequadas e necessárias para a efetiva proteção desses bens. Porém, uma vez que se ateste que as medidas legislativas adotadas transbordam os limites impostos pela Constituição o que poderá ser verificado com base no princípio da proporcionalidade como proibição de excesso (Übermassverbot) e como proibição de proteção deficiente (Untermassverbot) , deverá o Tribunal exercer um rígido controle sobre a atividade legislativa, declarando a inconstitucionalidade de leis penais transgressoras de princípios constitucionais (...) (HC 104.410, Rel. Min. Gilmar Mendes, 2ª Turma, DJe de 27/03/2012).

Em sede doutrinária, na mesma linha, cito os ensinamentos de **JOSÉ CARLOS VIEIRA DE ANDRADE** (*Os direitos fundamentais na Constituição Portuguesa de 1976*. Coimbra: Almedina, 3ª Edição, 2006, p. 147):

> *Nesta outra perspectiva, passou a dar-se relevo à existência de deveres de proteção dos direitos fundamentais por parte do Estado,*

> *designadamente perante terceiros: a vinculação dos poderes estaduais aos direitos fundamentais não se limitaria ao cumprimento do dever principal respectivo (de abstenção, ou ainda de prestação ou de garantia da participação, conforme o tipo de direito do particular), antes implicaria o dever de promoção e de proteção dos direitos perante quaisquer ameaças, a fim de assegurar a sua efectividade.*

Sobressai, por conseguinte, do sistema jurídico-constitucional que a tarefa do legislador deve plena atenção aos direitos fundamentais, em especial quando legisla na esfera do direito penal, seja no plano material ou no processual. Isso significa que o legislador está vinculado a deveres de proteção perante a sociedade, concernentes à tutela de direitos, bens e valores encartados no próprio texto constitucional, sendo-lhe defesa a elaboração de normas que proporcionem proteção insuficiente. Nas lições do ilustre do Min. **LUÍS ROBERTO BARROSO** :

> *No direito brasileiro, a tipificação de condutas penais e a fixação de penas aplicáveis são matérias reservadas à lei e, mais que isso, são privativas de lei formal. Doutrina e jurisprudência reconhecem ampla liberdade de conformação ao legislador na definição dos crimes e das sanções, de acordo com as demandas sociais e com as circunstâncias políticas e econômicas de cada época. Respeitadas as proibições e as imposições de atuação, a matéria é largamente relegada à deliberação das maiorias parlamentares. Nada obstante, o respeito aos direitos fundamentais impõe à atividade legislativa limites máximos e limites mínimos de tutela. A Constituição funciona como fonte de legitimação e de limitação do legislador.*
>
> *(...) o direito penal atua como expressão do dever de proteção do Estado aos bens jurídicos constitucionalmente relevantes, como a vida, a dignidade, a integridade das pessoas e a propriedade. A tipificação e delitos e a atribuição de penas também são mecanismos de proteção a direitos fundamentais. Sob essa perspectiva, o Estado pode violar a Constituição por não resguardar adequadamente determinados bens, valores ou direitos, conferindo a eles proteção deficiente, seja pela não-tipificação de determinada conduta, seja pela pouca severidade da pena prevista. Nesse caso, a violação do princípio*

da razoabilidade-proporcionalidade ocorrerá na modalidade da vedação da insuficiência. (Curso de direito constitucional contemporâneo: os conceitos fundamentais e a construção do novo modelo. São Paulo: Saraiva, 2009, p. 379)

In casu, insta reconhecer a ofensa ao princípio constitucional da proporcionalidade, na sua vertente da vedação de proteção deficiente, na medida em que a fragilização da tutela penal do Estado, mediante o impedimento do exercício regular da ação penal, deixa a descoberto direitos fundamentais como a vida, o patrimônio, a dignidade sexual, entre outros que o Estado deveria salvaguardar por meio da norma penal. Vejamos a preleção de **ROBERT ALEXY** quanto aos direitos de proteção do indivíduo perante o Estado:

> *Por direitos de proteção devem ser aqui entendidos os direitos do titular de direitos fundamentais em face do Estado a que este o proteja contra intervenções de terceiros. Direitos a proteção podem ter os mais diferentes objetos. Desde a proteção contra homicídios na forma mais tradicional, até a proteção contra os perigos do uso pacífico da energia nuclear. Não são apenas a vida e a saúde os bens passíveis de serem protegidos, mas tudo aquilo que seja digno de proteção a partir do ponto de vista dos direitos fundamentais: por exemplo, a dignidade, a liberdade, a família e a propriedade. Não menos diversificadas são as possíveis formas de proteção. Elas abarcam, por exemplo, a proteção por meio de normas de direito penal, por meio de normas de responsabilidade civil, **por meio de normas de direito processual**, por meio de atos administrativos e por meio de ações fáticas.* (Teoria dos direitos fundamentais. São Paulo: Malheiros, 2ª Edição, 2015, p. 450 - grifei)

Como destacado na lição doutrinária reproduzida acima, a necessária e suficiente proteção a direitos fundamentais pode ser efetivada por meio de normas processuais, daí decorrendo, logicamente, que a deficiência de proteção também pode advir de uma ordem jurídica processual que não tutele adequadamente esses direitos. Na hipótese em exame, é justamente isso o que se observa: a não suspensão do prazo prescricional em razão de uma causa suspensiva do trâmite processual, ditada pelo próprio ordenamento jurídico, implica renúncia tácita do Estado ao exercício regular da sua pretensão punitiva e, por via de consequência, ofensa a direitos fundamentais, que não estão sendo suficientemente protegidos.

A despeito do Direito Penal ser regido pelo cânone da intervenção mínima, atuando como *ultima ratio*, é imprescindível que todos os instrumentos jurídicos que lhe são inerentes preencham as condições mínimas para alcançarem o fim último de resguardarem os bens jurídicos que se propõem a proteger. Sendo assim, se o legislador atua de forma a criar situações de proteção deficiente de direitos fundamentais, o intérprete pode intervir para formular regime jurídico de melhor proteção, extraindo-o diretamente de tais direitos, uma vez que a eficácia dos direitos fundamentais é direta e a sua aplicabilidade é imediata (artigo 5º, § 1º, da Constituição Federal).

Demais disso, em face do princípio " *contra non valentem agere non currit praescriptio* ", temos que a prescrição não pode correr contra quem não pode agir. A lei não pode criar situações de incompatibilidade lógica, ou seja, não é aceitável impossibilitar a parte de agir e, ao mesmo tempo, puni-la pela sua inércia.

Consectariamente, na presença de obstáculo intransponível ao *ius persequendi*, imperiosa é a dilação do prazo prescricional, não se admitindo que a lei discipline mecanismo de paralisação da ação e, simultaneamente, permita a continuidade do lapso temporal.

Depreende-se, em suma, a partir da análise dos argumentos acima elencados, que diversas são as normas constitucionais que, direta ou indiretamente, são violadas a partir da não-suspensão do prazo prescricional da pretensão punitiva no que condiz aos delitos que são objeto das ações penais que forem sobrestadas em decorrência da aplicação da sistemática processual da repercussão geral constitucional.

Diante de tal quadro, o que se propõe é, a partir da invocação dos postulados da unidade e concordância prática das normas constitucionais, afastar o sobredito espectro de violação a normas de assento constitucional, interpretando a legislação infraconstitucional que regula a suspensão dos prazos prescricionais da pretensão punitiva de modo a abranger, no que pertine à regra prevista no art. 116, I, do CP, a hipótese fática processual concernente ao sobrestamento de ações penais em decorrência do disposto no art. 1.035, §5º, do CPC.

Em síntese: dentre as diversas interpretações possíveis para o inciso I do art. 116 do CP, adotar aquela que se afigure como conforme a Constituição, ou seja, que melhor resguarde os demais fundamentos constitucionais potencialmente afetados (proteção da prerrogativa acusatória do Ministério Público para o exercício da pretensão punitiva estatal, proteção ao princípio da paridade de armas e vedação à proteção penal insuficiente), qual seja, a interpretação que compreenda a suspensão para aferição de repercussão geral enquanto fator externo condicionante ao prosseguimento da persecução penal.

Não se desconhece que a *interpretação conforme a Constituição*, tanto como técnica hermenêutica quanto como modalidade decisória, conhece limites, decorrendo eles da expressão literal da lei e, ainda, da chamada "vontade do legislador". Neste contexto, a aplicação do sobredito princípio só é admissível *"se não configurar violência contra a expressão literal do texto e não alterar o significado do texto normativo, com mudança radical da própria concepção original do legislador"* (**MENDES, Gilmar Ferreira; COELHO, Inocêncio Mártires e BRANCO, Paulo Gustavo Gonet.** *Curso de Direito Constitucional*. São Paulo: Saraiva, 2ª Edição, rev. e atualiz., 2008, p. 1.255).

No presente caso, pode-se afirmar, com absoluta convicção, que o prevalecimento da interpretação sugerida nem descaracterizaria o texto normativo e nem contrariaria o fundamento principiológico que embasou a opção realizada pelo legislador.

O inciso I do art. 116 do CP prevê como hipótese de suspensão do prazo de prescrição da pretensão punitiva a ausência de resolução, *"em outro processo, de questão de que dependa a existência do crime"*.

Neste contexto, em se tratando a questão de repercussão geral cogitada de discussão concernente à constitucionalidade de disposição passível de repercutir na tipicidade formal e material, antijuridicidade ou reprovabilidade de uma determinada conduta, mostra-se perfeitamente razoável afirmar, inclusive em atenção a parâmetros literais de hermenêutica, que, com a seleção de um processo paradigma para julgamento da questão e sobrestamento dos demais que versarem sobre o mesmo objeto, estará pendente de resolução, *"em outro processo"* (no processo paradigma), *"questão de que dependa a existência do crime"* que é cogitado nos processos sobrestados.

Ademais, conforme acima se destacou, não apenas a regra expressa no art. 116, I, do CP como também todas as demais hipóteses de suspensão do prazo prescricional da pretensão punitiva previstas no ordenamento jurídico nacional possuem como pressuposto um fato que impeça a atuação do Estado-acusador. Ou seja, a mesma "vontade do legislador" que fundamentou a opção expressa da prejudicialidade externa quanto ao reconhecimento do crime como causa suspensiva da prescrição - aplicação do princípio interpretativo *ubi eadem ratio ibi eadem dispositio* – encontra-se presente na hipótese em comento, na qual se verifica a imposição de óbice legal (art. 1.1035, §5º, do CPC) ao exercício da pretensão punitiva.

O reconhecimento da repercussão geral da controvérsia constitui verdadeiro embaraço à resolução do processo. Tal óbice deve ser compatibilizado com a suspensão do prazo prescricional, justamente por ter se formado uma barreira ao andamento regular do feito. Logo, se a ação penal foi ajuizada a tempo e não abarcada por nenhuma hipótese caracterizadora de inércia, questões estranhas ao processo e que impeçam o seu fluxo regular devem acarretar também a paralisação do prazo prescricional, sob pena de quebra da organicidade do sistema jurídico.

Trata-se, aqui, de empecilho à fluência da prescrição de todo aconselhável, para se evitar a contradição que exsurgiria da própria lei, ao obstar o exercício da pretensão e permitir a sua extinção por não ter sido exercida. Não está se admitindo, é bom que se diga, uma causa de suspensão por obstáculo de fato, a exemplo de situações como calamidade pública, invasão estrangeira ou incêndio de grande dimensão, entre outros, mas por imperativo de natureza jurídica, visto que é a própria lei que obstaculiza o exercício da pretensão punitiva.

À guisa de conclusão, faz-se necessário que se interprete o art. 116, I, do CP conforme a Constituição, para o fim de se entender que a suspensão do prazo prescricional para resolução de questão externa prejudicial ao reconhecimento do crime abrange a hipótese de suspensão do prazo prescricional nos processos criminais com repercussão geral reconhecida, considerando que a resolução da questão concernente à repercussão geral é, também, prejudicial ao reconhecimento do crime cogitado na ação penal sobrestada.

No caso, dita interpretação do art. 116, I, do CP conforme a Constituição se mostra possível porque o legislador, ao impor a suspensão dos processos sem instituir simultaneamente a suspensão dos prazos prescricionais, criou sistema processual que vulnera o exercício da pretensão punitiva que é manifestação da própria soberania do Estado, bem como o princípio do contraditório, além tornar deficiente a proteção jurídica ofertada aos direitos fundamentais pela norma penal. É imperioso, por conseguinte, que este tribunal dê força normativa e aplicabilidade imediata aos referidos fundamentos de assento constitucional, mantendo-se, com a suspensão do prazo prescricional nos processos criminais com repercussão geral reconhecida, a harmonia, unidade e sistematicidade do ordenamento jurídico.

Ex positis, proponho como solução para esta questão de ordem que, a partir de interpretação do art. 116, I, do CP conforme a Constituição, até o julgamento definitivo, pelo Supremo Tribunal Federal, do recurso extraordinário adotado como paradigma, se reconheça a suspensão do prazo de prescrição da pretensão punitiva relativa a todos os crimes objeto ações penais que, em território nacional, tiverem sido sobrestadas por força de vinculação ao Tema 924 da repercussão geral reconhecida por esta Corte.

Uma vez prevalecendo a tese defendida na presente questão de ordem, questão sensível passível de advir da sobredita sistemática decorre da possibilidade de haver, nas ações penais sobrestadas, réus em regime de prisão processual provisória, bem como se afigurar como imperiosa, sob risco de perecimento, a necessidade de se empreender medidas probatórias urgentes.

No que condiz a esta última possibilidade, a solução para o problema é singela, porquanto prevista expressa e claramente tanto no Código de Processo Civil quanto no Código de Processo Penal. De fato, o art. 314 do CPC, ao ressalvar ao Juízo a possibilidade de determinar a realização de atos urgentes a fim de evitar dano irreparável, previu hipótese geral de modulação passível de aplicação a todo e qualquer caso de suspensão da relação processual previsto pela legislação processual civil, *in verbis*:

> *"Art. 314. Durante a suspensão é vedado praticar qualquer ato processual, podendo o juiz, todavia, determinar a realização de atos urgentes a fim de evitar dano irreparável, salvo no caso de arguição de*

impedimento e de suspeição."

A mesma lógica foi empregada pelo legislador no art. 92, *caput*, do CPP, quando, prevendo a possibilidade de suspensão do curso da ação penal até a resolução definitiva de questão civil prejudicial concernente ao estado civil das pessoas, ressalvou que tal suspensão não obsta a inquirição de testemunhas, bem como a produção de outras provas de natureza urgente, *in verbis*:

> *"Art. 92. Se a decisão sobre a existência da infração depender da solução de controvérsia, que o juiz repute séria e fundada, sobre o estado civil das pessoas, o curso da ação penal ficará suspenso até que no juízo cível seja a controvérsia dirimida por sentença passada em julgado, sem prejuízo, entretanto, da inquirição das testemunhas e de outras provas de natureza urgente."*

Trata-se, aliás, da mesma lógica adotada pelo art. 366 do CPP quando, ao prever a suspensão da ação e do curso do prazo prescricional nos casos de ausência do réu citado por edital, ressalva a possibilidade do juiz determinar a produção antecipada de provas consideradas urgentes:

> *"Art. 366. Se o acusado, citado por edital, não comparecer, nem constituir advogado, ficarão suspensos o processo e o curso do prazo prescricional, podendo o juiz determinar a produção antecipada das provas consideradas urgentes e, se for o caso, decretar prisão preventiva, nos termos do disposto no art. 312."*

Neste contexto, mostra-se perfeitamente possível compreender que o sobrestamento de ações penais, quando determinado pelo relator do processo extraordinário paradigma com fundamento no art. 1.035, §5º, do CPC, não inviabiliza a produção de provas de natureza urgente, medida que poderá ser adotada, em todo o território nacional, conforme deliberação de conveniência e oportunidade a ser realizada pelo juízo competente, respectivamente, por cada expediente sobrestado.

Estabelecidas estas premissas, não se visualiza qualquer óbice para que, com algum temperamento, seja adotada a mesma lógica de raciocínio para o âmbito das prisões cautelares.

Sobre o ponto, aliás, antes de tudo, cabe assentar como inafastável o apontamento de que não cabe cogitar da possibilidade de manter um réu preso provisoriamente enquanto estiver completamente paralisado o curso da relação processual a que a prisão estiver atrelada, bem como a fluência do prazo prescricional concernente às infrações penais cogitadas. Mostra-se, com efeito, imperiosa a necessidade de que, em sendo decretada a prisão preventiva, o Estado-julgador, sob pena de revogação da segregação processual, adote as medidas que estiverem ao seu alcance para garantir que o juízo de formação da culpa se efetive, se for o caso, no prazo mais exíguo possível, o que, por óbvio, se mostra incompatível com eventual sobrestamento da persecução por força da sistemática da repercussão geral constitucional.

Neste contexto, o que se visualiza como possível – invocando, repita-se, a sobredita lógica aplicável às medidas probatórias urgentes – é conferir ao juízo de origem a mesma discricionariedade para, em entendendo como necessária a manutenção da prisão preventiva, afastar aquela ação penal específica do alcance da determinação de sobrestamento exarada pelo relator do recurso extraordinário paradigma, a ela conferindo regular prosseguimento. Ocorre que, no prisma de exame da prisão provisória, não são apenas determinados atos processuais que devem ser considerados urgentes; mas sim todo e qualquer ato concernente àquela relação processual, o que justifica, em última análise, que tais expedientes sejam, em sua integralidade, excluídos do regime de sobrestamento resultante da repercussão geral.

Ou seja, em suma, tais processos, enquanto neles houver réu em regime de segregação cautelar, escaparão à ordem de sobrestamento, devendo prosseguir até o limite, se for o caso, da formação da culpa pelas instâncias ordinárias. No caso, impende apenas que tal limite processual seja observado, uma vez que, na hipótese de ser interposto recurso extraordinário, este, em virtude de sua correlação com o recurso extraordinário paradigma, ficará necessariamente sobrestado até a resolução da questão constitucional concernente àquele último.

Todavia, de qualquer modo, esta última circunstância, ao obstar o processamento imediato do recurso extraordinário, apenas retardará o trânsito em julgado da decisão exarada pelas instâncias ordinárias, mas não impedirá a execução provisória do eventual decreto condenatório. Ocorre que o Plenário do STF, como é sabido, em julgamento realizado em 05/10/2016, ao indeferir, por maioria, as liminares pleiteadas nas Ações Declaratórias de Constitucionalidade nº 43 e 44, entendeu que o artigo 283 do Código de Processo Penal não impede o início da execução da pena após condenação em segunda instância e antes do efetivo trânsito em julgado do processo.

Em suma, tanto se mostra possível que o sobrestamento decorrente da adoção da sistemática da repercussão geral não obste a realização de medidas urgentes de produção de prova no âmbito dos expedientes sobrestados; quanto que, em havendo prisão cautelar, o processo, em sua integralidade, enquanto perdurar a segregação provisória, escape ao alcance da determinação geral de suspensão.

De todo o exposto, mostra-se possível sintetizar a partir das seguintes proposições as teses objeto do presente voto, sejam as relativas às questões prejudiciais, seja a concernente à própria questão de fundo pertinente à questão de ordem suscitada:

a) a suspensão de processamento prevista no §5º do art. 1.035 do CPC não consiste em consequência automática e necessária do reconhecimento da repercussão geral realizada com fulcro no caput do mesmo dispositivo, sendo da discricionariedade do relator do recurso extraordinário paradigma determiná-la ou modulá-la;

b) de qualquer modo, consoante o sobredito juízo discricionário do relator, a possibilidade de sobrestamento se aplica aos processos de natureza penal;

c) neste contexto, em sendo determinado o sobrestamento de processos de natureza penal, opera-se, automaticamente, a suspensão da prescrição da pretensão punitiva relativa aos crimes que forem objeto das ações penais sobrestadas, a partir de interpretação conforme a Constituição do art. 116, I, do CP;

d) em nenhuma hipótese, o sobrestamento de processos penais determinado com fundamento no art. 1.035, §5º, do CPC abrangerá inquéritos policiais ou procedimentos investigatórios conduzidos pelo Ministério Público;

e) em nenhuma hipótese, o sobrestamento de processos penais determinado com fundamento no art. 1.035, §5º, do CPC abrangerá ações penais em que haja réu preso provisoriamente;

f) em qualquer caso de sobrestamento de ação penal determinado com fundamento no art. 1.035, §5º, do CPC, poderá o juízo de piso, no curso da suspensão, proceder, conforme à necessidade, à produção de provas de natureza urgente.

É como voto.

33
COMO APRIMORAR O FUNCIONAMENTO DA REPERCUSSÃO GERAL? UM DIÁLOGO COM LUÍS ROBERTO BARROSO E FREDERICO MONTEDONIO REGO

Luiz Henrique Krassuski Fortes

Mestre e Doutorando pela UFPR. Professor de Direito Constitucional e Processual Civil. Advogado em Brasília, com atuação predominante nas Cortes Supremas.

Sumário: 1. Introdução; 2. Considerações gerais sobre o funcionamento da repercussão geral; 3. O diagnóstico de Luís Roberto Barroso e Frederico Montedonio Rego sobre o "fracasso" da repercussão geral; 4. O processo na Suprema Corte dos Estados Unidos; 5. Diálogo com a proposta de Barroso e Montedonio Rego para salvar a repercussão geral; 6. Participação efetiva de *amicus curiae* no reconhecimento da repercussão geral (uma proposta de *lege lata*).

1. Introdução

No aniversário de 30 anos da Constituição, o Supremo Tribunal Federal tem se caracterizado como um tribunal fraturado. Ao invés da unidade, onze ilhas[1], quer se pense em termos qualitativos (sua capacidade deliberativa, interna e externa[2]) ou mesmo quantitativos, dado o grande número de decisões individuais.

1. A escandalosa quantidade de julgamentos, que em 2017 atingiu a marca de 126.484, apenas não é mais preocupante do que o fato de que dentre essas

---

1. MENDES, Conrado Hübner. Onze Ilhas. *Folha de São Paulo*, São Paulo, 01.02.2010. Disponível em: [http://www1.folha.uol.com.br/fsp/opiniao/fz0102201008.htm]. Acesso em: 15.10.2018. A metáfora, cunhada há quase uma década, é hoje amplamente acolhida pela mídia especializada que cobre o trabalho de nossa Suprema Corte, *e.g.* FALCÃO, Joaquim; ARGUELLES, Diego Werneck; RECONDO, Felipe (Orgs.). *Onze supremos:* o Supremo em 2016. Belo Horizonte: Letramento, Casa do Direito, Supra, Jota, FGV-Rio, 2017.
2. Sobre o tema, v. MARINONI, Luiz Guilherme. *Julgamento nas cortes supremas:* precedente e decisão do recurso diante do novo CPC. São Paulo: Revista dos Tribunais, 2015; MENDES, Conrado Hübner. *Constitutional courts and deliberative democracy*. Oxford: Oxford University Press, 2013; SILVA, Virgílio Afonso da, Deciding without deliberating, *International Journal of Constitutional Law*, [S.I.], v. 11, n. 3, 557-584, 2013.

decisões, 89,8% foram proferidas monocraticamente pelos ministros[3], sendo 105.329 em caráter terminativo[4].

2. Ademais, os dados permitem concluir que tais julgados correspondem predominantemente a decisões de inadmissibilidade de recursos extraordinários ou de agravos em recurso extraordinário[5]. Tal fato revelaria, ao menos em uma primeira leitura, a insuficiência da repercussão geral para permitir que a Corte se dedique efetivamente à guarda da Constituição, enfrentando apenas às questões mais relevantes para o desenvolvimento do direito nacional.

3. De outro lado, além da realidade decorrente do sistema recursal, não são novas as críticas e a constatação da necessidade de aprimoramento das ações do controle abstrato de constitucionalidade, em que a hipertrofia da "monocratização" das liminares é um dos sintomas mais evidentes[6].

4. O diagnóstico, portanto, é bastante simples quando visto em uma perspectiva mais ampla, independentemente de como as questões chegam à Corte: há claramente algo de errado na prática processual e deliberativa do STF[7].

---

3. BRASIL. Supremo Tribunal Federal. *Relatório de atividades de 2017*. Brasília: Supremo Tribunal Federal, 2018. Disponível em: [www.stf.jus.br/relatorio2017]. Acesso em: 15.10.2018, p. 43.
4. BRASIL. Conselho Nacional de Justiça. Supremo em ação 2018: ano-base 2017. Brasília: Conselho Nacional de Justiça, 2018. Disponível em: [http://www.cnj.jus.br/pesquisas-judiciarias/supremo-em-acao]. Acesso em: 30.12.2018, p. 34.
5. As duas classes processuais somadas correspondem a mais de 82% dos processos baixados pelo STF no ano de 2017, c.f. BRASIL. Conselho Nacional de Justiça. *Supremo em ação 2018*: ano-base 2017. Brasília: Conselho Nacional de Justiça, 2018. Disponível em: [http://www.cnj.jus.br/pesquisas-judiciarias/supremo-em-acao]. Acesso em: 30.12.2018, p. 38.
6. *E.g.*, MENDES, Gilmar Ferreira; VALE, André Rufino do. Questões atuais sobre as medidas cautelares no controle abstrato de constitucionalidade. *Observatório da Jurisdição Constitucional*, Brasília, Ano 5, [S.l.], 2012.
7. A questão tem chamado a atenção da sociedade como um todo e da Academia em particular. Trata-se, porém, de um fenômeno multifatorial e com diversas possíveis explicações. Comum a elas é possível traçar a inequívoca constatação de um uso vacilante das regras processuais, revelando, no mínimo, um desapreço ao Direito Processual Constitucional. Nesse sentido, v., exemplificativamente: ALMEIDA, Guilherme F.; NUNES, José L.; CHAVES, Luciano O. Explicando o dissenso: uma análise empírica do comportamento judicial do Supremo Tribunal Federal e da Suprema Corte dos Estados Unidos, *Revista Estudos Institucionais*, [S.l.], v. 2, n. 2, p. 899-931, fev. 2017; ARGUELHES, Diego Werneck; RIBEIRO, Leandro M., Preferências, estratégias e motivações: pressupostos institucionais de teorias sobre comportamento judicial e sua transposição para o caso brasileiro, *Revista Direito e Práxis*, Rio de Janeiro, v. 4, n. 7, p. 85-121, 2013; ARGUELHES, Diego Werneck; RIBEIRO, Leandro M. "Ministrocracia"? O Supremo Tribunal Individual e o processo democrático brasileiro, *Novos Estudos Cebrap*, Online, v. 37, p. 13-32, 2018.

5. É preciso, portanto, um retorno ao Direito Processual Constitucional[8] e às reflexões sobre uma boa estruturação do funcionamento da Corte[9], tendo como norte a compreensão das regras processuais como efetiva garantia do direito à participação. Isso é: assegurar a participação da cidadania, que tem, em uma perspectiva democrática, a expectativa legítima de ver a sua visão sobre o direito ao menos considerada pelo órgão responsável por editar precedentes que impactam diariamente na vida nacional.

6. Vale dizer, é papel da doutrina e do Direito Processual pensar o funcionamento da Corte de forma a garantir o estabelecimento de procedimentos mediante os quais, a um só tempo, o Tribunal possa se dedicar àquilo que realmente é adjetivado como de maior relevância, e a sociedade possa, de forma legítima, ter influência e participação ativa na atuação e deliberação do STF[10].

7. Nessa dimensão, é preciso não apenas buscar reduzir o grande número de processos que chegam à Corte, mas também reler as regras processuais de modo

---

8. Parte-se do pressuposto aqui de que o Direito Processo Constitucional não deve se ocupar apenas e tão somente de pensar apenas a partir dos principais "tipos ideais" de controle de constitucionalidade no direito comparado e suas combinações (abstrato v. concreto, concentrado v. difuso), mas sim considerar outros elementos, como os meios de acesso às Cortes, o processo decisório, a deliberação efetiva, os diálogos instaurados com os demais Poderes, com os demais órgãos do próprio Poder Judiciário e com a sociedade em geral. Nesse sentido, v.: FORTES, Luiz Henrique Krassuski. Poder Judiciário e o fundamento democrático para os precedentes: ferramenta necessária para a operação dialógica na democracia constitucional. In: ARENHART, Sérgio C.; MITIDIERO, Daniel; DOTTI, Rogéria. *O Processo Civil entre a técnica processual e a tutela dos direitos:* estudos em homenagem a Luiz Guilherme Marinoni. São Paulo: Revista dos Tribunais, 2017. p. 1.117-1.132; SILVA, Virgílio A. Beyond Europe and the United States: the wide world of judicial review. In: DELANEY, Erin; DIXON, Rosalind (Eds). *Comparative judicial review.* Cheltenham: Edward Elgar Publishing, 2018. p. 318-337.
9. Posturas vacilantes quanto às regras processuais podem até mesmo ser lidas como resultado de uma politização indevida de um tribunal constitucional, com impacto relevante na sua reputação e, consequentemente, na deferência que os demais ramos do Poder Judiciário e a sociedade em geral prestam aos seus precedentes. Nesse sentido, v. GAROUPA, Nuno; GINSBURG, Tom. Building reputation in constitutional courts: political and judicial audiences, *Arizona Journal of International & Comparative Law*, [S.l], v. 28, n. 3, p. 539-568, 2011.
10. Nesse sentido, confira-se WALDRON, Jeremy. *The rule of law and the importance of procedure* (October 6, 2010). NYU School of Law, Public Law Research Paper n. 10-73. Disponível em: [https://ssrn.com/abstract=1688491]. Acesso em: 15.10.2018: "Moreover procedural values go beyond elementary principles like the guarantee of an unbiased tribunal or the opportunity to present and confront evidence. They include the right to argue in a court about what the law is and what its bearing should be on one's situation. The provision that law makes for argument is necessarily unsettling, and so this emphasis on the procedural aspect highlights the point predictability should not be regarded as the be-all and end-all of the rule of law".

que: (i) não apenas as decisões de mérito sejam precedidas de um debate robusto, em perspectiva externa e interna; mas também (ii) seja franqueado um processo transparente sobre a escolha daquilo que a Corte reputou como as questões mais importantes a ser pinçadas do caldo de recursos que chegam diariamente ao tribunal. Responder a essa necessidade de *pedigree democrático* é relevante inclusive sob pena de não se bem delimitar as fronteiras que separam atuações próprias e impróprias do Poder Judiciário[11].

Nesse contexto, o presente artigo busca: (i) dialogar com o balanço e com as propostas feitas sobre a repercussão geral por aniversário de 10 (dez) anos da efetiva vigência do instituto[12], tal como formuladas por Luís Roberto Barroso e Frederico Montedonio Rego; bem como (ii) investigar se a forma como funciona o reconhecimento da existência da repercussão geral pelo Plenário Virtual do STF permite de fato que um número relevante de interlocutores participe[13] do poder de agenda do Tribunal[14].

---

11. LANDAU, David. A dynamic theory of judicial role, *Boston College Law Review*, Boston, v. 55, [S.I.], p. 1501-1562, 2014.
12. BARROSO, Luís Roberto; REGO, Frederico Montedonio. Como salvar o sistema de repercussão geral: transparência, eficiência e realismo na escolha do que o Supremo Tribunal Federal vai julgar, *Revista Brasileira de Políticas Públicas*, Brasília, v. 7, n. 3, p. 695-713, dez. 2017. Mais recentemente os autores desenvolveram suas ideias em artigo veiculado em mídia especializada na cobertura do poder Judiciário nacional, v.: BARROSO, Luís Roberto; REGO, Frederico Montedonio. Balanço de dez anos da repercussão geral. *JOTA*, São Paulo, 18.07.2018, Disponível em: [https://www.jota.info/especiais/balanco-de-dez-anos-da-repercussao-geral-07022018]. Acesso em: 15.10.2018.
13. MENDES, Conrado Hübner. *Constitutional courts and deliberative democracy*. Oxford: Oxford University Press, 2013, p. 161-162: "The degree of diversity of potential interlocutors is also pivotal in determining the overall deliberative performance and, especially, of public contestation. (...) Openness to a various range of interlocutors may not only contribute to further increase the range of perspectives that will be addressed by the court, enhancing its epistemic capacity, but also has na importante effect in terms of psychological and educative effects of deliberation. (...) The crucial point of this choice, therefore, is to set a list of actors that can be initiators of or contributors to a constitucional complaint. In other words, it circumscribes who the court will be able to hear by way of its formal mechanisms. Although the court can always be sensitive to what informal interlocutors argue in the public sphere, or even empathetically imagine points of view that were not voiced, empowering various actors to do so and increasing its formal porosity may facilitate such purpose. Design, therefore, should devise a procedure that is versatile enough for channeling arguments from a heterogeneous set of interlocutors. Interlocutors may be of various sorts, the parties themselves, the advocates that speak on behalf of the parties and other sorts of interested actores and evidence-producers (like experts and *amici curiae*)".
14. Vale dizer, é possível atualmente à sociedade influenciar "o que a Corte decidiu decidir" em sede de repercussão geral, ampliando a performance deliberativa da Corte e a diversidade de seus interlocutores? Se não, como aprimorar essa participação, diante das regras processuais atualmente vigentes?

Para tanto, o presente artigo: (i) explora o funcionamento concreto da sistemática da repercussão geral; (ii) expõe o diagnóstico realizado pelos autores, adicionando reflexão sobre a insuficiência dos instrumentos de participação no momento preliminar de *reconhecimento* da repercussão geral; (iii) faz uso do direito comparado[15], mediante breve exposição comparativa do funcionamento da sistemática do *writ of certiorari* pela Suprema Corte dos Estados Unidos; e (iv) dialoga com as propostas formuladas por Barroso e Montedonio Rego. Ao fim, propõe-se, *de lege lata*, solução para efetivamente permitir a participação efetiva de *amici curiae* no debate sobre a repercussão geral das questões submetidas à corte.

2. Considerações sobre o funcionamento da repercussão geral

O recurso extraordinário busca, a um só tempo, tutelar o interesse subjetivo do recorrente (o *jus litigatoris*) e a higidez objetiva da ordem jurídico-constitucional em sua dimensão mais relevante (o *jus constitutionis*).

É natural que seja assim tendo em vista a divisão hierárquico-funcional da jurisdição civil estabelecida pela própria Constituição[16] nas últimas décadas. Não

---

15. A utilização do Direito Comparado aqui não parte da ideia de se proceder a um *constitutional borrowing* acrítico de categorias ou técnicas ligadas ao Direito Constitucional material ou processual de outro país, mas sim de auxiliar a identificar como a prática concreta do *certiorari* nos Estados Unidos e da participação de *amici curie* na fase preliminar, pode ser transformada ao atravessar a fronteira em diretação ao Brasil. Especialmente diante das especificidades do nosso sistema constitucional em geral e do recurso extraordinário em particular, iluminando uma proposta de aprimoramento do funcionamento do STF e da repercussão geral no Brasil. Sobre a metodologia do Direito Constitucional comparado, v.: TUSHNET, Mark. Some reflections on method in Comparative Constitutional Law. In: CHOUDHRY, Sujit (Ed.). *The migration of constitutional ideas*. Cambridge: Cambridge University Press, 2006, p. 67-83, p. 82-3.
16. V. FORTES, Luiz Henrique Krassuski. *Justificação dos precedentes*: direito como planejamento, poder judiciário e motivação a partir do precedente. 2015, 187 f. Dissertação (Mestrado em Direito) – Programa de Pós-Graduação em Direito, Universidade Federal do Paraná, 2015, p. 129-143. Nesse sentido, v. MITIDIERO, Daniel. *Cortes superiores e cortes supremas:* do controle à interpretação, da jurisprudência ao Precedente. São Paulo: Revista dos Tribunais, 2013, p. 16: "(...) o processo civil passou a responder não só pela necessidade de resolver casos concretos mediante a prolação de uma decisão justa para as partes, mas também pela promoção da unidade do direito mediante a formação de precedentes. Daí que o processo civil no Estado Constitucional tem por função dar tutela aos direitos mediante a prolação de decisão justa para o caso concreto e a formação de precedente para promoção da unidade do direito para a sociedade em geral. Essa finalidade responde a dois fundamentos bem evidentes do Estado Constitucional – a dignidade da pessoa humana e a segurança jurídica. E é justamente levando em consideração esses dois elementos que é possível visualizar esses dois importantes discursos que o processo civil deve ser capaz de empreender na nossa ordem jurídica a fim de que essa se consubstancie em uma ordem realmente idônea para tutela dos

é por outro motivo que das hipóteses de cabimento do recurso extraordinário delineadas pela Constituição (art. 102, III), facilmente se constata a insuficiência da alegação do recorrente da mera existência de sucumbência, *i.e*, de uma decisão que lhe tenha sido desfavorável.

Com efeito, o dispositivo revela ser imprescindível que, concomitantemente à demonstração de interesse recursal, a parte interessada evidencie que daquela específica decisão recorrida brotou discussão que revele contrariedade à Constituição em sua dimensão material (alíneas *a*, *b* e c) ou formal (alíneas *a*, *b*, *c* e *d*).

Ademais, a Constituição exige que o recorrente demonstre que questão constitucional surgida no caso é dotada de repercussão geral nos termos da lei (art. 102, § 3º, CF), que, por sua vez, estabelece os critérios da relevância e transcendência[17] (art. 1.035, CPC) a ser comprovados de forma analítica pelo recorrente[18].

Isso é: para que o STF rejulgue a causa, aplicando o direito ao caso concreto (art. 102, III, CF, e art. 1.034, CPC), o recorrente deve densificar em suas razões recursais os conceitos jurídicos indeterminados que caracterizaram a repercussão geral, evidenciando como e por que o julgamento do extraordinário impactará de forma transcendente em uma questão constitucional relevante a justificar a atuação da Corte e a formação de um precedente.

---

direitos. Somente a partir dessa dupla perspectiva é que se mostra possível distribuir as competências entre as cortes judiciárias no Estado Constitucional".

17. MARINONI, Luiz Guilherme; MITIDIERO, Daniel. *Repercussão geral no recurso extraordinário*. 3. ed. São Paulo: Revista dos Tribunais, 2013. p. 40.
18. Como defendemos em artigo anterior, trata-se de um reflexo democrático do dever de fundamentação analítica das decisões judiciais, impondo ao recorrente extraordinário o dever de "(...) evidenciar analiticamente o significado que pretende adscrever à relevância da questão constitucional sob o ponto de vista econômico, político social ou jurídico, que seja apta a transcender os interesses das partes no litígio que integra (art. 1.035, § 1º, CPC), sem descurar da moldura fático-jurídica posta no acórdão recorrido do qual deflui a questão constitucional, como se extrai analogicamente do art. 489, § 1º, II, do CPC". FORTES, Luiz Henrique; FACHIN, Luiz Edson. Repercussão geral do recurso extraordinário: dever de demonstração da transcendência e relevância da questão constitucional, *Revista de Processo Comparado*, São Paulo, v. 7, n. 1, p. 227-252, jan.-jun. 2018. Trata-se, portanto, de uma antessala formal à efetiva discussão sobre a existência ou não da repercussão geral da questão posta no extraordinário. E de defeito que não pode ser saneado sob pena de se violar a inércia da jurisdição e a separação de Poderes, conduzindo ao não conhecimento do recurso. Afinal, por mais que o STF seja o destinatário exclusivo da demonstração de existência de repercussão geral (Art. 102, § 3º, CFRB e Art. 1.035, § 2º, CPC), sendo ele, portanto, o destinatário da demonstração, trata-se de dever que foi atribuído expressamente pela Constituição e pela lei à parte recorrente (art. 102, § 3º, CF e art. 1.035, § 1º, CPC). Nesse sentido, v. FORTES, Luiz Henrique Krassuski; FACHIN, Luiz Edson, Fundamentação da repercussão geral do recurso extraordinário. In: DANTAS, Bruno (et. al). *Questões relevantes sobre recursos, ações de impugnação e mecanismos de uniformização da jurisprudência*. São Paulo: Revista dos Tribunais, 2017, p. 161-166.

A ausência de demonstração constitui vício grave e insanável[19] que obsta a atuação do tribunal naquele recurso. Afinal, da mesma forma como se passa no controle abstrato de constitucionalidade, por mais que os fundamentos invocados pelo requerente não vinculem a análise a ser feita pelo STF, a atuação da Corte exige a prévia e adequada fundamentação elaborada pelo recorrente[20].

O caso concreto e o recurso extraordinário, portanto, são um instrumento para que a Corte Suprema possa desempenhar a sua principal função[21], revelando a passagem de uma compreensão voltada apenas para a solução do *"caso em si"* para o *"caso além de si mesmo"*[22], mediante a potencial universalização[23] da *ratio decidendi* constitucional vinculada à solução do caso,

---

19. Nesse sentido, tratando especificamente da repercussão geral no recurso extraordinário, v. FORTES, Luiz Henrique Krassuski; FACHIN, Luiz Edson, Fundamentação da repercussão geral do recurso extraordinário. In: DANTAS, Bruno (et. al). *Questões relevantes sobre recursos, ações de impugnação e mecanismos de uniformização da jurisprudência*. São Paulo: Revista dos Tribunais, 2017, p. 161-166.
20. Como já decidiu o STF, por mais que a chamada causa de pedir aberta no controle abstrato permita a maior proteção da Constituição, é preciso que os legitimados para dar início às ações do controle concentrado (art. 103, CF), demonstrem de forma suficiente as razões pelas quais os dispositivos impugnados são inconstitucionais, de modo a evitar que "o Tribunal [seja] constrangido a conhecer de ações que não preencham requisitos mínimos de admissibilidade, pronunciando-se genericamente a respeito da fidelidade de atos normativos deficientemente impugnados à luz de todas as cláusulas constitucionais possíveis". ADI 3789 AgR, Tribunal Pleno, Rel. Min. Teori Zavascki, *DJe* 24.02.2015.
21. Nesse sentido, v. MARINONI, Luiz Guilherme; ARENHART, Sérgio Cruz; MITIDIERO, Daniel. *Novo curso de processo civil v. 2*: tutela dos direitos mediante procedimento comum. 2. ed. São Paulo: Revista dos Tribunais, 2016, p. 610: "O Supremo Tribunal Federal tem a função de elaborar precedentes que outorguem unidade ao direito mediante a afirmação do sentido da Constituição ou que desenvolvam o sentido da Constituição, tornando a legislação infraconstitucional com ela conforme. O recurso extraordinário e o litígio constituem apenas meios que dão ao Supremo Tribunal Federal oportunidade de colaborar para o desenvolvimento e a frutificação do direito. O que realmente tem relevância para o Supremo é o conteúdo da sua decisão, que não pode deixar de espelhar questão relevante para a sociedade e para o Estado (...)".
22. É o que esclarecem MARINONI, Luiz Guilherme; ARENHART, Sérgio Cruz; MITIDIERO, Daniel. *Novo curso de Processo Civil v. 2*: tutela dos direitos mediante o procedimento comum. 2. ed. São Paulo: Revista dos Tribunais, 2016, p. 555: "Com o redimensionamento do papel dessas cortes [corte supremas], o controle das decisões tomadas no caso concreto (a aplicação do direito à espécie, como menciona o art. 1.034) é apenas um meio a fim de que a real finalidade dessas cortes possa ser desempenhada: o oferecimento de razões capazes de diminuir a indeterminação do direito mediante adequada interpretação. Se antes a interpretação era o meio e o controle do caso era o fim, agora o controle do caso é o meio que proporciona o atingimento do fim interpretação".
23. Sobre o tema v. PEREIRA, Paula Pessoa. *Legitimidade dos precedentes*: universabilidade das decisões do STJ. São Paulo: Revista dos Tribunais, 2014.

Não é por outra razão que o CPC (art. 1.035, § 4º) e o Regimento Interno do STF (art. 323, § 3º) estabelecem a possibilidade de o relator admitir, na análise da repercussão geral, de ofício ou a requerimento, a manifestação de terceiros – *amici curiae* –, que podem tanto apresentar razões, dados e fundamentos favoráveis quanto desfavoráveis[24] à configuração da relevância e transcendência da questão[25].

Superada a fase "postulatória", após apresentação de respostas pelas demais partes – e não sendo hipótese de inadmissibilidade do recurso extraordinário por outros motivos –, o relator submete a sua manifestação sobre a repercussão aos demais ministros no Plenário Virtual, os quais tem o prazo comum de 20 (vinte) dias (art. 323, RISTF) para se manifestarem. O prazo é contado em dias corridos, incluindo a data da inserção da manifestação no sistema.

De acordo com as regras do RISTF, se o prazo decorrer sem manifestações suficientes para afirmar a inexistência de repercussão, essa será presumida existente (art. 324, § 3º), salvo se a manifestação do relator for pela declaração de que a matéria discutida é infraconstitucional. Nesta hipótese a ausência de pronunciamentos será considerada voto pela inexistência de repercussão geral (art. 324, 23, RISTF). É possível, ainda, a realização de julgamentos de virtuais do próprio mérito do recurso extraordinário desde que se trate de reafirmação da jurisprudência da Corte (art. 323-A, RISTF).

Como se pode intuir, o julgamento virtual exige ampla publicidade para que a sociedade possa efetivamente tomar conhecimento e participar do julgamento da preliminar de repercussão geral[26].

---

24. Em sentido diverso, existem posicionamentos doutrinários no sentido de que seria vedada – e até mesmo ilógica -, a manifestação de *amici curiae* para demonstrar a ausência de repercussão geral. Nesse sentido, defende-se que a própria intervenção, "por si só, já seria suficiente para demonstrar a transcendência da causa ou, pelo menos, que a matéria debatida interessa a outras pessoas". OLIVEIRA, Pedro Miranda de. Art. 1.035. In: ARRUDA ALVIM WAMBIER, Teresa; DIDIER JR., Fredie; TALAMINI, Eduardo; DANTAS, Bruno (Coord). *Breves comentários ao novo Código de Processo Civil*. 2. ed. São Paulo: Revista dos Tribunais, 2016. p. 2424.
25. Por exemplo, diante de uma alegação de relevância econômica, a apresentação de estudos que demonstrem o impacto financeiro de determinada interpretação para um setor produtivo específico ou mesmo para a arrecadação fazendária.
26. O ponto não passou de todo despercebido pela doutrina, que registrou a necessidade de conferir ampla publicidade ao julgamento eletrônico estabelecido pelo RISTF. Nesse sentido, DIDIER JR., Fredie; CARNEIRO DA CUNHA, Leonardo. *Curso de Direito Processo Civil v. 3*: meios de impugnação às decisões judiciais e processo nos tribunais. 13. ed. Salvador: Editora JusPodivm, 2016, p. 370: "O julgamento sobre a repercussão geral não se dará em sessão pública, com debates, discussões, e até mesmo, sustentação oral. Isso poderia ofender o princípio do contraditório, afastando o dever de debate entre juiz e partes. Para que não haja inconstitucionalidade no procedimento, impõe que se lhe confira ampla publicidade. (...) Emitido pronunciamento do relator, será preciso

Vale o registro, desde logo, que a formatação atuação das regras regimentais parece inviabilizar essa modalidade de participação preliminar e espontânea. Especialmente porque: (i) os potenciais interessados que possuem capacidade de aportar razões à Corte só tomam conhecimento do debate quando já iniciado o seu julgamento no colegiado virtual; (ii) ainda que o prazo de 20 (vinte) dias corridos possa, no melhor cenário, corresponder aos mesmos 15 (quinze) dias úteis estabelecidos pelo CPC para participações de *amici curiae* que sejam provocadas pelo relator (art. 138), não existe garantia de que todos os ministros não se manifestarão eletronicamente antes de encerrado o período de votação.

Após a votação no plenário virtual, o recurso extraordinário segue dois caminhos possíveis, como regra geral: (i) ou é publicado acórdão indicando a inexistência de repercussão geral, mantendo-se a decisão recorrida; (ii) ou é afirmada a repercussão geral e, posteriormente, tem-se o julgamento do mérito da questão constitucional[27] e do próprio caso concreto. Nessa hipótese é possível que a decisão de mérito seja precedida de audiências públicas ou manifestações de *amici curiae*.

De outro lado, para dar concretude à razão de ser da repercussão geral em um sistema que conjuga *jus litigatoris* e *constitutionis*, o CPC atribuiu um importante conjunto de funções aos tribunais locais, concentradas em seus presidentes ou órgãos especiais/plenário[28].

---

proceder à divulgação desta sua manifestação, colocando à disposição dos interessados seu inteiro teor, e, igualmente, de cada manifestação que se lhe chegue, da lavra de cada um dos ministros que resolva exprimir seu entendimento. Tal publicidade é indispensável para viabilizar a apresentação de memoriais ou de petições com opiniões favoráveis à existência de repercussão geral e, até mesmo, para viabilizar a manifestação de terceiros, prevista em lei (art. 1.035, § 4º, CPC)".

27. Em alguns casos excepcionais em julgamento presencial já se admitiu a revisão e rediscussão da repercussão geral, quer porque tal reconhecimento ocorreu por ausência de manifestações suficientes (*e.g.*: RE 584247 QO, Tribunal Pleno, Rel. Min. Luís Roberto Barroso, *DJe* 28.04.2017), quer, ainda, pela compreensão de que o julgamento em plenário virtual não obstaria posterior compreensão de não conhecimento do recurso por se fazer necessária interpretação da legislação infraconstitucional (*e.g.*: RE 607607 ED, Tribunal Pleno, Rel. Min. Luiz Fux, *DJe* 09.05.2014). Alertando para os impactos desse tipo de decisão, v.: OLIVEIRA, Pedro Miranda de; MATTA, Darilê Marques da. Os impactos da suspensão de processos com tema de repercussão geral reconhecida e o procedimento de distinção dos casos. In: DANTAS, Bruno (et. al). *Questões relevantes sobre recursos, ações de impugnação e mecanismos de uniformização da jurisprudência*. São Paulo: Revista dos Tribunais, 2017. p. 231-232.

28. Vale o registro que tais atribuições militam em favor da otimização do trabalho do próprio STF e da jurisdição como um todo, de modo que, se bem aplicada a sistemática, se evite uma sobrecarga desnecessária de trabalho no Supremo diante da interposição de recursos indevidos.

Nesse sentido, os presidentes devem, nos termos do art. 1.030, I, CPC, negar seguimento: (i) a recurso extraordinário que veicule questão a que o STF afirmou inexistir repercussão geral; ou (ii) a recurso extraordinário interposto contra acórdão em conformidade com o precedente firmado pelo STF ao julgar questão dotada de repercussão geral.

Em ambas as hipóteses, e de acordo com a literalidade do CPC, não caberá recurso de agravo em recurso extraordinário diretamente ao STF (art. 1.030, § 2º, e 1.042, CPC), mas sim agravo interno a fim de que o órgão julgador a que está vinculado o presidente do tribunal.

Nesse desenho, o órgão especial ou plenário do tribunal, a depender do tamanho da corte local, poderá avaliar a eventual ocorrência de distinção entre os casos e que tenha sido ignorada pelo presidente, reformando a decisão para realizar juízo de admissibilidade e eventual remessa do autos ao STF (art. 1.030, V, CPC).

Caso, porém, seja mantida a decisão de negativa de seguimento - apesar de efetivamente haver distinção com o precedente em repercussão geral -, é possível divisar duas possíveis soluções à disposição da parte interessada.

A primeira, a oposição simultânea de embargos de declaração, somada ao ajuizamento de reclamação para o próprio STF (art. 489, § 1º, V, art. 988, § 5º, I, e art. 1.022, parágrafo único, II, CPC). O propósito aqui é, a um só tempo, tentar sanar o vício da decisão local, evitando o trânsito em julgado do acórdão recorrido, e simultaneamente assegurar a competência do STF, protegendo indiretamente a autoridade de seus precedentes (art. 988, I, II, e § 5º, II, a *contrario sensu*).

A segunda alternativa, por sua vez, envolveria a proposta de se conferir interpretação conforme à Constituição ao art. 1.042, CPC. Para tanto, defende-se corretamente em sede doutrinária, que esse tipo de decisão local usurparia a competência do STF, uma vez que apenas este teria a atribuição constitucional de decidir se existe, ou não, efetiva violação à Constituição pela decisão recorrida. Assim, o art. 1.042, CPC, deveria ser entendido apenas como hipótese de postergação do cabimento do agravo em recurso extraordinário para após o julgamento do agravo interno[29].

---

29. Nesse sentido, v. MARINONI, Luiz Guilherme; ARENHART, Sérgio Cruz; MITIDIERO, Daniel. *Novo Código de Processo Civil comentado*. 2. dd. São Paulo: Revista dos Tribunais, 2016, p. 1120-1121: "É preciso perceber, porém, que a ressalva final do art. 1.042, CPC, merece interpretação conforme à Constituição (arts. 102, III, e 105, III, CF/1988). Isso quer dizer que essa ressalva serve apenas para *postergar o cabimento* do agravo em recurso extraordinário ou do agravo em recurso especial para depois do julgamento do agravo interno pelo tribunal local. Interpretar de modo diverso significa suprimir do STF e do STJ o poder de afirmar os seus próprios precedentes mediante as devidas distinções e, ao fim e ao cabo, não permitir o próprio desenvolvimento do direito mediante adições de paulatinas ampliações e restrições. Em outras palavras: a Constituição defere ao STF e ao STJ o poder de afirmar a existência de efetiva violação à Constituição (art. 102, III)

A primeira opção, já acolhida ao menos em uma oportunidade recente pelo STF[30], porém, nos parece a mais adequada, por duas razões complementares.

Em primeiro lugar, porque a violação que surge com a negativa de seguimento pela afirmação indevida de ausência de distinção é autônoma em relação à própria matéria objeto do recurso extraordinário já interposto.

Com efeito, essa questão não se confunde com a má aplicação de um óbice formal ligado ao recurso extraordinário[31], matéria que pode – e deve – ser objeto de agravo em recurso extraordinário. Em realidade, a afirmação indevida de ausência de distinção configura um novo vício, caracterizado por uma violação à Constituição completamente independente (no caso, a violação à competência constitucional do STF), e que, portanto, é autônoma em relação à "causa decidida", na dicção do art. 102, III, CF. E contra esse tipo de violação, tanto a Constituição quanto o CPC previram a reclamação como meio autônomo e específico de impugnação (art. 102, I, e art. 998, I e II, respectivamente)[32].

Em segundo lugar, a interpretação do art. 1.042, CPC, poderia fazer com que o STF não desempenhasse adequadamente o papel de corte de precedentes, ligada à previsão normativa da necessidade de repercussão geral (art. 102, § 3º, CF).

Isso porque ao se admitir o cabimento de agravo na hipótese, a Corte seria transformada em uma instância de mero controle da aplicação, pelas cortes ordinárias, dos precedentes que edita.

---

e à lei federal (art. 105, III). Portanto, o que o legislador infraconstitucional pode fazer é deferir o juízo de admissibilidade aos tribunais locais, isto é, permitir a aferição da existência ou não de *alegação de violação* à Constituição ou à lei federal. Quando, porém, o legislador procura encerar a discussão a respeito de distinções entre casos nas instâncias ordinárias, ele suprime do STF e do STJ competência constitucional, porque permite que as instâncias ordinárias afirmem a existência ou inexistência de efetiva violação à Constituição ou à lei federal. Perceba-se o ponto: "se é o caso de distinção e a presidência ou vice-presidência do tribunal local entende que não é, o que ocorre é a violação da norma por ausência de subsunção. Daí a imprescindibilidade de cabimento de agravo em recurso extraordinário ou agravo em recurso especial".

30. Trata-se do procedimento que foi seguido pela Corte e levou à afirmação da repercussão geral do Tema 1002 da RG, decidido no RE 1140005 RG, Tribunal Pleno (Virtual), Rel. Min. Luís Roberto Barroso, *DJe* 09.08.2018. A subida do recurso extraordinário à Corte ocorreu em razão da cassação da decisão local de negativa de seguimento no âmbito da RCL 25.236, sendo que o reconhecimento da repercussão geral decorreu da necessidade de se rediscutir a tese fixada no Tema 134 da RG diante de modificação relevante do quadro normativo-constitucional em decorrência das ECs 74/2013 e 80/2014.
31. Por exemplo, demandar a revaloração da prova e a reconstrução da narrativa fática feita pelo acórdão recorrido.
32. Adicione-se que por se tratar de uma "nova demanda", seria possível repreender, com maior veemência, eventuais abusos em sua utilização, coibindo alegações frívolas, indo além da simples possibilidade de majoração de honorários recursais (art. 85, § 11, CPC) decorrente da expansão do cabimento do agravo em recurso extraordinário.

A rigor, isso configuraria a "represtinação" de um "direito subjetivo da parte ao conhecimento de recurso extraordinário", excluído do sistema constitucional pela repercussão geral. Afinal, bastaria a simples alegação de que a tese de repercussão geral (a ausência de repercussão geral ou mesmo a decisão de mérito proferida pelo STF) foi equivocadamente aplicada, que o caso deveria ser remetido ao Supremo, sem haver qualquer juízo prévio sobre a idoneidade das alegações ou razões recursais. Com isso, o agravo em recurso extraordinário se transformaria em veículo capaz de esvaziar a razão de ser da repercussão geral.

Como se vê, portanto, no desenho constitucional e legal da repercussão geral, não sendo hipótese de distinção (inclusive para eventual *overulling*) ou de questão ainda não submetida ao regime da repercussão geral, o STF não deverá ser chamado novamente a discutir a questão veiculada em recursos extraordinários subsequentes, que terão seu seguimento negado nos tribunais de origem.

Essa sistemática, porém, não tem sido suficiente para impedir que todo ano aportem ao STF um número de recursos (extraordinários e agravos em recurso extraordinário) que ultrapassa a barreira dos 80 (oitenta) mil[33]. Algumas das causas para tanto, identificadas por Luís Roberto Barroso e Frederico Montedonio Rego, serão expostas sucintamente a seguir.

3. O diagnóstico de Luís Roberto Barroso e Frederico Montedonio Rego sobre o "fracasso" da repercussão geral

Em razão do grande número de recursos que aportam ao STF, seria possível concluir que a repercussão geral não foi suficiente para desobrigar a Corte de proferir um número igualmente expressivo – ou até mesmo maior – de decisões, em sua grande maioria ligada a óbices formais dos recursos

A repercussão geral, portanto, não teria conseguido atingir o seu objeto de constituir um filtro eficaz apto a permitir que a Corte dedique seus recursos materiais e humanos ao julgamento dos casos mais relevantes para o desenvolvimento do direito e a guarda da Constituição.

Nesse sentido, Barroso e Montedonio Rego buscaram identificar três causas para a insuficiência e disfuncionalidade do atual modelo de funcionamento da repercussão geral, sintetizados a seguir.

---

33. Como indicam Luís Roberto Barroso e Frederico Montedonio Rego, "o alívio de processos verificado até 2011 foi temporário e ilusório: a diminuição dos feitos remetidos ao STF não significa que eles tenham deixado de existir, mas apenas que continuam aguardando julgamento em algum escaninho, ainda que virtual, longe da Praça dos Três Poderes. É inegável, portanto, que a sistemática, tal como praticada até hoje, fracassou". BARROSO, Luís Roberto; REGO, Frederico Montedonio, Como salvar o sistema de repercussão geral: transparência, eficiência e realismo na escolha do que o Supremo Tribunal Federal vai julgar, *Revista Brasileira de Políticas Públicas*, Brasília, v. 7, n. 3, p. 695-713, dez. 2017, p. 701.

Em primeiro lugar, a repercussão geral somente seria analisada após a verificação de outras causas para a inadmissibilidade do recurso (art. 343, RISTF)[34].

Assim, ao invés de aproveitar efetivamente toda a potencialidade do instituto, os julgadores se veriam obrigados a fazer uso das autorizações legais e regimentais para, monocraticamente, inadmitir os recursos. (arts. 932, CPC, e 21, RISTF). Nesse contexto, as decisões principalmente: (i) afirmariam a necessidade de reconstruir a moldura fática delineada pelas instâncias ordinárias para decidir a questão constitucional (Súmula/STF 279[35]); (ii) qualificariam a matéria controvertida como eminentemente infraconstitucional, de modo que a ofensa à Constituição seria, no máximo, indireta ou reflexa (Súmulas/STF 280[36] e 636[37]); e (iii) reconheceriam que a decisão recorrida não teria efetivamente enfrentado a questão constitucional invocada para a sua reforma, faltando-lhe prequestionamento (Súmula/STF 282[38] e 356[39]).

Dessa forma, além de gerar uma inflação desordenada de julgamentos, com riscos manifestos à segurança jurídica, a prática exigiria um tempo de análise processual muito maior, configurando, na prática, um *filtro oculto* ou um *certiorari* à brasileira, com efeitos limitados apenas ao caso concreto.

Em segundo lugar, a prática de se recursar "teses" e não "casos"[40] confinaria a repercussão geral à solução de demandas repetitivas, obrigando a Corte a muitas vezes firmar precedentes sobre "a pouca relevância de questões em tese", o que, em sua visão, seria um uso anômalo de um sistema de precedentes.

Os autores pontuam, ainda, que ao extrair as teses para julgamento dos recursos, o STF abre mão não somente de decidir aquele caso concreto específico

---

34. BARROSO, Luís Roberto; REGO, Frederico Montedonio. Como salvar o sistema de repercussão geral: transparência, eficiência e realismo na escolha do que o Supremo Tribunal Federal vai julgar, *Revista Brasileira de Políticas Públicas*, Brasília, v. 7, n. 3, p. 695-713, dez. 2017, p. 701-703.
35. Súmula/STF 279: "Para simples reexame de prova não cabe recurso extraordinário".
36. Súmula/STF 280: "Por ofensa a direito local não cabe recurso extraordinário".
37. Súmula/STF 636: "Não cabe recurso extraordinário por contrariedade ao princípio constitucional da legalidade, quando a sua verificação pressuponha rever a interpretação dada a normas infraconstitucionais pela decisão recorrida".
38. Súmula/STF 282: "É inadmissível o recurso extraordinário, quando não ventilada, na decisão recorrida, a questão federal suscitada".
39. Súmula/STF 356: "O ponto omisso da decisão, sobre o qual não foram opostos embargos declaratórios, não pode ser objeto de recurso extraordinário, por faltar o requisito do prequestionamento".
40. BARROSO, Luís Roberto; REGO, Frederico Montedonio. Como salvar o sistema de repercussão geral: transparência, eficiência e realismo na escolha do que o Supremo Tribunal Federal vai julgar, *Revista Brasileira de Políticas Públicas*, Brasília, v. 7, n. 3, p. 695-713, dez. 2017, p. 703-704.

submetido à sua apreciação, mas sim de discutir todos os futuros casos de forma definitiva. Isso porque, de acordo com o CPC, não cabe agravo da decisão local que negar seguimento ao recurso extraordinário que veicule discussão de questão que já tenha sido reconhecida como desprovida de repercussão geral (arts. 1.030, I e § 2º, e 1.042). O mecanismo, portanto, impediria futuramente o envio de novos casos sobre os quais a Corte poderia eventualmente se debruçar para fazer o *overruling* de seu entendimento anterior (arts. 927, CPC, e 103 e 328, RISTF)[41].

Ademais, Barroso e Montedonio Rego registram que em razão do caráter analítico da Constituição, julgar teses – e não casos – criaria um trabalho de Sísifo, uma vez que filtrada uma tese, surgiriam "outras dez, cem, mil, todas potencialmente reconduzíveis à Constituição". E mesmo quanto à tese "filtrada" seria possível alegar o *distinguishing*, "implicando a necessidade de um novo exame particular"[42].

Por fim, e em terceiro lugar, defendem que a ineficiência da repercussão geral decorre da compreensão insuficiente e equivocada de que o quórum de 2/3 para negá-la (art. 102, § 3º, CF) significaria a presunção de sua existência. Esse entendimento, segundo os autores, estaria fundado apenas na necessidade de não se acumular poder na figura do relator, ou então seria prevista para compensar o caráter indeterminado do que configuraria, ou não, repercussão geral.

O que se sustenta, porém, é que o quórum mais elevado não corresponde a uma presunção de repercussão geral, mas sim a um "contrapeso destinado a compensar a impraticabilidade de uma motivação analítica das decisões negativas de repercussão geral"[43]. Isso é: o quórum mais elevado apenas seria um instrumento

---

41. Como exposto anteriormente, o ponto configura um falso problema se reconhecida a possibilidade de ajuizamento de reclamação na hipótese, como já adotado pelo STF para fazer subir à Corte o caso que veicula o Tema 1002 da RG (RE 1140005 RG).
42. BARROSO, Luís Roberto; REGO, Frederico Montedonio. Como salvar o sistema de repercussão geral: transparência, eficiência e realismo na escolha do que o Supremo Tribunal Federal vai julgar, *Revista Brasileira de Políticas Públicas*, Brasília, v. 7, n. 3, p. 695-713, dez. 2017, p. 705.
43. Assim, para os autores, a motivação analítica seria inviável porque a Corte teria que demonstrar as razões pelas quais entende que a controvérsia é despida de relevância e transcendência, sendo mais fácil resolver o mérito de todos os casos do que empreender esse tipo de discussão preliminar, pois "o tempo da Corte seria consumido por análises econômicas, políticas, sociais e jurídicas, quase todas para afirmar o pouco impacto das controvérsias que lhe são submetidas para além das partes do processo. (...) Motivar, analiticamente, uma conclusão pela baixa relevância de uma controvérsia *constitucional* – algo argumentativamente trabalhoso por definição – é muitas vezes uma tarefa tão onerosa quanto a de decidir o mérito da mesma controvérsia, o que faria o filtro perder sua razão de ser". BARROSO, Luís Roberto; REGO, Frederico Montedonio, Como salvar o sistema de repercussão geral: transparência, eficiência e realismo na escolha do que o Supremo Tribunal Federal vai julgar, *Revista Brasileira de Políticas Públicas*, Brasília, v. 7, n. 3, p. 695-713, dez. 2017, p. 705-706.

para permitir que as decisões negativas de repercussão geral fossem genéricas e, ao mesmo tempo, evitassem arbitrariedades monocráticas dos relatores, em um modelo em tudo similar ao praticado pela Suprema Corte dos Estados Unidos ao julgar as petições de *certiorari*.

Além dessas três possíveis fontes para a ineficiência da repercussão geral, a análise concreta da íntegra dos autos de todos os recursos extraordinários ou agravos em recurso extraordinário cuja repercussão geral foi submetida ao plenário virtual no ano judiciário de 2018, revela o acerto da intuição, já exposta no artigo, de que o desenho atual da dinâmica de julgamento virtual da repercussão geral não favorece a participação espontânea de *amici curiae* para a discussão da conveniência e oportunidade de a Corte discutir a questão constitucional posta no extraordinário.

Nesse sentido, registre-se que não houve participação de *amici curiae* em nenhum dos 4 (quatro) casos em que se reconheceu a repercussão geral para reafirmar a jurisprudência da Corte[44], nem tampouco nos 11 (onze) casos em que se afirmou a inexistência de repercussão geral porque a questão foi reputada de natureza infraconstitucional[45].

O mesmo aconteceu em 26 (vinte e seis) dos demais 28 (vinte e oito) casos em que foi afirmada a repercussão geral[46]. E ainda assim, pode-se concluir com

---

44. Tema 983 da RG, decidido no ARE 1052570 RG, Tribunal Pleno (Virtual), Rel. Min. Alexandre de Moraes, *DJe* 05.03.2018; Tema 984 da RG, decidido no RE 976610 RG, Tribunal Pleno (Virtual), Rel. Min. Dias Toffoli, *DJe* 23.02.2018; Tema 1009 da RG, decidido no RE 1133146 RG, Tribunal Pleno (Virtual), Rel. Min. Luiz Fux, *DJe* 26.09.2018; Tema 1010 da RG, decidido no RE 1041210, Tribunal Pleno (Virtual) Rel. Min. Cármen Lúcia, acórdão pendente de publicação.

45. Tema 981 da RG, decidido no ARE 1074291 RG, Tribunal Pleno (Virtual), Rel. Min. Alexandre de Moraes, *DJe* 19.02.2018; Tema 993 da RG, decidido no ARE 1122122 RG, Tribunal Pleno (Virtual), Rel. Min. Dias Toffoli, *DJe* 23.05.2018; Tema 997 da RG, decidido no RE 1093605 RG, Tribunal Pleno (Virtual), Rel. Min. Luiz Fux, *DJe* 30.05.2018; Tema 1005 da RG, decidido no RE 1123068 RG, Tribunal Pleno (Virtual), Rel. Min. Luiz Fux, acórdão pendente de publicação; Tema 1006 da RG, decidido no ARE 1070334 RG, Tribunal Pleno (Virtual), Rel. Min. Dias Toffoli, *DJe* 14.09.2018; Tema 1007 da RG, decidido no RE 862668 RG, Tribunal Pleno (Virtual), Rel. Originário Min. Marco Aurélio, acórdão pendente de publicação; Tema 1008 da RG, decidido no RE 1132478 RG, Tribunal Pleno (Virtual), Rel. Min. Alexandre de Moraes, *DJe* 04.10.2018; Tema 1014 da RG, decidido no ARE 1162883 RG, Tribunal Pleno (Virtual), Rel. Min. Dias Toffoli, *DJe* 08.11.2018; Tema 1017 da RG, decidido no ARE 1163485 RG, Tribunal Pleno (Virtual), Rel. Min. Dias Toffoli, *DJe* 30.11.2018; Tema 1018 da RG, decidido no RE 1159714 RG, Tribunal Pleno (Virtual), Rel. Min. Dias Toffoli, *DJe* 29.11.2018. Vale o registro, porém, de que no RE 1123068 RG, em que se discutia o Tema 1005 da RG, o Conselho Federal da OAB requereu seu ingresso no feito como assistente simples do recorrente, defendendo a repercussão geral da questão constitucional debatida nos autos.

46. Tema 982 da RG, decidido no RE 860631 RG, Tribunal Pleno (Virtual), Rel. Min. Luiz Fux, *DJe* 06.02.2018; Tema 985 da RG, decidido no RE 1072485 RG, Tribunal Pleno

elevado grau de precisão que a participação de *amicus* em ambas as exceções foi muito mais ligada a particularidades procedimentais dos casos concretos, e, portanto, meramente acidental, do que resultado de um desenho processual favorável.

Com efeito, no primeiro caso a participação do *amicus* somente se tornou viável uma vez que antes da submissão ao Plenário Virtual o ministro relator havia monocraticamente negado seguimento ao recurso[47]. No segundo caso, por sua vez, a participação em defesa da ausência de repercussão geral ocorreu em sede de contrarrazões ao extraordinário apresentadas pelo *amicus*, uma vez que já havia sido admitido nos autos por ocasião do julgamento de recurso repetitivo no Superior Tribunal de Justiça[48].

(Virtual), Rel. Min. Marco Aurélio, *DJe* 07.12.2018; Tema 986 da RG, decidido no RE 1096029 RG, Tribunal Pleno (Virtual), Rel. Min. Dias Toffoli, *DJe* 03.04.2018; Tema 987 da RG, decidido no RE 1037396 RG, Tribunal Pleno (Virtual), Rel. Min. Dias Toffoli, *DJe* 03.04.2018; Tema 988 da RG, decidido no RE 1018911 RG, Tribunal Pleno (Virtual), Rel. Min. Luiz Fux, *DJe* 26.03.2018; Tema 989 da RG, decidido no RE 1093553 RG, Tribunal Pleno (Virtual), Rel. Min. Luiz Fux, *DJe* 05.04.2018; Tema 990 da RG, decidido no RE 1055941 RG, Tribunal Pleno (Virtual), Rel. Min. Dias Toffoli, *DJe* 30.04.2018; Tema 991 da RG, decidido no RE 1059819 RG, Tribunal Pleno (Virtual), Rel. Min. Marco Aurélio, *DJe* 22.06.2018; Tema 992 da RG, decidido no RE 960429 RG, Tribunal Pleno (Virtual), Rel. Min. Gilmar Mendes, *DJe* 13.06.2018; Tema 994 da RG, decidido no RE 1089282 RG, Tribunal Pleno (Virtual), Rel. Min. Gilmar Mendes, *DJe* 12.06.2018; Tema 996 da RG, decidido no RE 968414 RG, Tribunal Pleno (Virtual), Rel. Min. Marco Aurélio, *DJe* 27.06.2018; Tema 998 da RG, decidido no ARE 959620 RG, Tribunal Pleno (Virtual), Rel. Min. Edson Fachin, *DJe* 14.06.2018; Tema 999 da RG, decidido no RE 654833 RG, Tribunal Pleno (Virtual), Rel. Min. Alexandre de Moraes, *DJe* 25.06.2018; Tema 1000 da RG, decidido no RE 1133118 RG, Tribunal Pleno (Virtual), Rel. Min. Luiz Fux, *DJe* 20.06.2018; Tema 1001 da RG, decidido no RE 910552 RG, Tribunal Pleno (Virtual), Rel. Min. Dias Toffoli, *DJe* 17.08.2018; Tema 1002 da RG, decidido no RE 1140005 RG, Tribunal Pleno (Virtual), Rel. Min. Luís Roberto Barroso, *DJe* 09.08.2018; Tema 1003 da RG, decidido no RE 979962 RG, Tribunal Pleno (Virtual), Rel. Min. Luís Roberto Barroso, *DJe* 09.08.2018; Tema 1004 da RG, decidido no RE 629647 RG, Tribunal Pleno (Virtual), Rel. Min. Marco Aurélio, *DJe* 23.08.2018; Tema 1011 da RG, decidido no RE 827996 RG, Tribunal Pleno (Virtual), Rel. Min. Gilmar Mendes, acórdão pendente de publicação; Tema 1012 da RG, decidido no RE 1025986 RG, Tribunal Pleno (Virtual), Rel. Min. Marco Aurélio, *DJe* 06.11.2018; Tema 1013 da RG, decidido no RE 1070522 RG, Tribunal Pleno (Virtual), Rel. Min. Luiz Fux, *DJe* 18.10.2018; Tema 1019 da RG, decidido no RE 1162672 RG, Tribunal Pleno (Virtual), Rel. Min. Dias Toffoli, *DJe* 30.11.2018; Tema 1020 da RG, decidido no RE 1167509 RG, Tribunal Pleno (Virtual), Rel. Min. Marco Aurélio, acórdão pendente de publicação; Tema 1021 da RG, decidido no ARE 1099099 RG, Tribunal Pleno (Virtual), Rel. Min. Edson Fachin, acórdão pendente de publicação; Tema 1022 da RG, decidido no RE 688267 RG, Tribunal Pleno (Virtual), Rel. Min. Alexandre de Moraes, acórdão pendente de publicação.

47. Tema 995 da RG, decidido no RE 1075412 RG, Tribunal Pleno (Virtual), Rel. Min. Marco Aurélio, *DJe* 21.06.2018.

48. Tema 1016 da RG, decidido no RE 1141156 RG, Tribunal Pleno (Virtual), Rel. Min. Edson Fachin, acórdão pendente de publicação.

Antes de dialogar efetivamente com as propostas de solução formuladas pelos autores, revela-se interessante investigar sucintamente como se dá o funcionamento da Suprema Corte dos Estados Unidos quanto à concessão do *writ of certiorari*, quer pela proximidade com as soluções preconizadas, quer pelas semelhanças e diferenças com a repercussão geral.

4. O processo na Suprema Corte dos Estados Unidos

O Direito Processual[49] que rege as regras de funcionamento da Suprema Corte dos Estados Unidos revela um modelo interessante em uma perspectiva comparativa quando cotejado com o sistema brasileiro delineado pela repercussão geral.

Isso se dá não apenas por ser comumente considerado um dos "tipos ideais" de exercício do *judicial review*, mas especialmente por possuir um conjunto substancial de regras que se desdobram nitidamente em duas fases distintas, envolvendo, de um lado, um debate preliminar sobre a conveniência e de a Corte enfrentar a questão posta à sua apreciação[50], e, de outro, regulamentar a discussão sobre o mérito propriamente dito.

Para fins do presente artigo, serão esmiuçadas as regras que regem a "admissibilidade" de um caso perante o tribunal, mais diretamente ligada ao poder de agenda da Corte e, portanto, com o instituto da repercussão geral. Antes disso, porém, vale pontuar que o *agenda-setting* exercido pela Corte por meio do *writ certiorari* possui várias consequências. Entre elas, a doutrina destaca três em especial.

---

49. As regras processuais perante a Suprema Corte dos Estados Unidos são majoritariamente delineadas pelos seguintes diplomas normativos específicos: o *Title 28* (*Judiciary and Judicial Procedure*) do *United States Code* (Disponível em: [https://www.govinfo.gov/content/pkg/USCODE-2017-title28/pdf/USCODE-2017-title28.pdf]. Acesso em: 30.12.2018) e pelas Regras da Suprema Corte (Disponível em: [https://www.supremecourt.gov/filingandrules/2017RulesoftheCourt.pdf]. Acesso em: 30.12.2018). O SCOTUSblog (Supreme Court of the United States blog). Disponível em: [http://www.scotusblog.com/reference/educational-resources/supreme-court--procedure/]. Acesso em: 30.12.2018) o passo a passo de um caso hipotético, evidenciando todas as fases procedimentais, desde as cortes inferiores, a *petition for a writ of certiorari* e o julgamento de mérito. A síntese feita no presente artigo baseia-se nesses materiais. Para uma visão mais aprofundada sobre o processo perante a Suprema Corte, c.f. SHAPIRO, Stephen M. (*et al*). *Supreme Court Practice*. 10. Ed. Arlington: Bloomberg BNA, 2013.

50. A pergunta que se pretende responder nesse momento é a seguinte: "Deve a Suprema Corte exercer o seu poder discricionário e conceder o *writ of certiorari* para julgar ou rejulgar um caso já decidido ou pendente de decisão em outro juízo ou tribunal"? A atuação da Corte geralmente ocorre após o esgotamento de recursos ou outros meios de impugnação locais da decisão proferida por um tribunal de apelações estadual ou federal, ou mesmo após uma decisão final de uma Suprema Corte de um dos estados da federação.

Em primeiro lugar, ao decidir que casos irá julgar, a Suprema Corte estabelece os papeis que irá desempenhar dentro da estrutura do poder Judiciário, no sistema político como um todo e na sociedade em geral. Nesse sentido, a decisão sobre julgar ou não um caso pode refletir a sua inclinação, ou relutância[51]: (i) em funcionar como um árbitro na separação de Poderes; (ii) em se engajar em *policy making* de direitos fundamentais, ao invés de adotar uma postura de deferência em relação ao Congresso; (iii) em rever a interpretação e aplicação das leis e da Constituição pelos tribunais locais; e (iv) em se envolver no processo eleitoral.

Em segundo lugar, a definição de agenda é determina que indivíduos, empresas, entes governamentais, grupos econômicos, políticos, religiosos, étnicos, etc., terão acesso ao *policy making process*[52] da própria Corte.

Por fim, e em terceiro lugar, ao definir que casos irá julgar, o tribunal pode definir, ao fim e ao cabo, quem terá acesso ao *policy making* governamental em uma perspectiva mais ampla. Afinal, se as questões de direito subjacentes às demandas nos pedidos de *certiorari* já não tiverem reverberado no Executivo ou Legislativo, uma negativa pela Suprema Corte pode significar a total falta de acesso de uma parcela relevante da população aos *decision-makers* em âmbito nacional[53].

Da conjugação desses três conjuntos de elementos, é fácil concluir que a possibilidade de ampla participação da sociedade nessa fase preliminar é bastante relevante para conferir legitimidade democrática à atuação do tribunal.

Feito esse registro – e sem adentrar no complexo tema das especificidades da federação nos Estados Unidos e a divisão das competências jurisdicionais entre as cortes estaduais e federais[54] –, para compreender o funcionamento da Corte é necessário entender que nos Estados Unidos os casos são comumente instruídos e julgados perante um juízo de primeiro grau (singular ou com júri popular), podendo eventualmente haver um recurso de apelação para um tribunal estadual ou federal. É somente após o esgotamento da jurisdição das cortes locais que a parte interessada pode ajuizar perante a Suprema Corte, no prazo de 90 (noventa) dias[55], uma petição de *writ of certiorari* (*cert. petition*). É imprescindível que no

---

51. SMITH, Kevin H. Certiorari and the Supreme Court agenda: an empirical analysis. *Oklahoma Law Review,* [S.I], v. 54, [S.I.], p. 727-773, 2001, p. 730.
52. SMITH, Kevin H. Certiorari and the Supreme Court agenda: an empirical analysis. *Oklahoma Law Review,* [S.I], v. 54, [S.I.], p. 727-773, 2001, p. 730.
53. SMITH, Kevin H. Certiorari and the Supreme Court agenda: an empirical analysis. *Oklahoma Law Review,* [S.I], v. 54, [S.I.], p. 727-773, 2001, p. 731.
54. Sobre o tema, v.: FINE, Toni M. *Introdução ao sistema jurídico anglo-americano.* São Paulo: Martins Fontes, 2011.
55. Trata-se de prazo que pode eventualmente ser estendido a critério do *Justice* responsável pelo circuito judicial onde está situado o órgão judicial que proferiu a última decisão do caso em que se pretende julgamento ou novo julgamento.

caso em que se busca o novo julgamento tenha havido uma discussão relevante de direito federal, seja ela legal ou constitucional. A exigência é similar à necessidade de prequestionamento no recurso extraordinário.

É preciso pontuar, ainda, que o acesso à Corte se dá predominantemente por um *writ* e não por um recurso (*appeal*), como ocorre no Brasil. Isso porque desde os *Judiciary Acts* de 1891 e 1925 e, posteriormente, do *Supreme Court Case Selections Act* de 1988, modificou-se o parágrafo 1257 do *Title 28* do *United States Code* de modo a conferir maior discricionariedade à atuação do tribunal, reduzindo drasticamente as categorias de casos em que existe efetivamente direito subjetivo da parte a um recurso para a Corte[56].

Em sua petição de *certiorari* o requerente deve expor os fatos, o retrospecto do caso e as razões pelas quais a Suprema Corte deve conceder o *writ*. Aqui, a questão se passa de forma muito similar ao que exige o art. 1.029, CPC, para o recurso extraordinário. Bem como o dever de demonstração da relevância da discussão posta no caso (paralelo com a exigência do art. 1.035, *caput*, CPC).

Visto isso, sobressai um importante ponto de contato relevante entre a *cert. petition* e a repercussão geral no recurso extraordinário: o momento em que surge a necessidade de demonstração da "relevância" da controvérsia.

Com efeito, até a decisão final da Corte local, ou a decisão recorrida proferida na "causa decidida em única ou última instância", no caso do extraordinário, não era exigido das partes envolvidas no litígio que se preocupassem em evidenciar que a discussão posta no caso transcenderia seus interesses subjetivos, ou mesmo que a questão projetaria uma especial oportunidade para o desenvolvimento do direito, indo além do caso concreto.

É inegável, portanto, que a demonstração da conveniência e oportunidade de a Suprema Corte conceder o *writ*, do mesmo modo que a demonstração da existência transcendência e relevância da questão constitucional a ser discutida no recurso extraordinário no STF, constitui um "fato novo", cuja necessidade de

---

56. Entre as exceções incluem-se alguns casos envolvendo Direito Eleitoral, *c.f.* GARNER, Bryan A. (*et al*). *The law of judicial precedent*. Saint Paul: Thomson Reuters, 2016, p. 517-518: "Although the writ of certiorari is the primary mechanism for Supreme Court review today, that wasn't always the case. For its first 135 years, the Supreme Court had little discretion over its case load. In fact, from 1789 to 1891, The Supreme Court had *no* discretion to decline to review cases appealed to it under statute; it heard appeals as a matter of the appellant's right. In 1891, Congress first instituted the writ of certiorari – which have the Court discretion to deny review of certain cases – because the Court's caseload had grown 'beyond its capacity'. In 1925, Congress made more cases subject to discretionary review rather than appeal as of right. At that point, certiorari became the dominant course by which cases reach the Supreme Court. In 1988, Congress further tightened the categories of cases that receive appeal as of right (surviving examples including certain voting-rights and campaign-finance cases)".

demonstração brota a partir do momento em que à parte é possível a apresentação da *cert. petition* ou a interposição de seu recurso extraordinário[57].

Aliado a isso, e apesar de a distinção entre fato e direito ser epistemológica e ontologicamente questionável[58], a Suprema Corte e o STF ao julgar recursos extraordinários tem entendimento consolidado de que sua função não envolve, necessariamente, apreciação da prova[59], muito menos sua produção.

Daí porque a participação de *amici curiae* se revela importante tanto para o *certiorari*, quanto para a repercussão geral. Afinal, a discussão travada até então – e as provas produzidas e analisadas pelos tribunais locais – provavelmente serão insuficientes para a discussão específica sobre a relevância da questão posta, bem como para dimensionar a sua transcendência subjetiva e os possíveis impactos de uma decisão sobre a matéria.

Feito o registro, tem-se que para a demonstração da relevância da discussão, nas *cert. petition* geralmente se invoca a existência de desacordos interpretativos relevantes entre os tribunais locais, indicando a necessidade de que a Suprema Corte atue para dirimi-las mediante a edição de um precedente.

A prevalência dessa "razão de ser" para a atuação do tribunal pode ser extraída das próprias *Rules of the Supreme Court*, que além de consignarem expressamente que o rejulgamento do caso não configura um direito da parte (é matéria de *judi-*

---

57. É possível concluir, portanto, que, a repercussão geral é uma nova questão que deve ser submetida ao contraditório, e cuja discussão somente tem lugar quando a pretensão da parte sucumbente (a sua "causa") foi efetivamente julgada em "única ou última instância" por decisão que, na hipótese mais comum de cabimento do recurso extraordinário, "contrariou" dispositivo da Constituição Federal, nos termos de seu art. 102, III, *a*, CF. Dessa forma, não apenas é possível, mas necessário que a discussão sobre a existência ou não da repercussão geral seja procedida do maior debate possível, inclusive mediante eventual produção de provas, como corolário do poder instrutório reconhecido aos Tribunais (art. 932, I, CPC). Nesse sentido, Fredie Didier Jr. e Leonardo Carneiro da Cunha afirmam que "se é possível alegar fato novo, é possível produzir prova dessa alegação fática", *c.f.* DIDIER JR., Fredie; CARNEIRO DA CUNHA, Leonardo. *Curso de Direito Processo Civil v. 3*: meios de impugnação às decisões judiciais e processo nos tribunais. 13. ed. Salvador: Editora JusPodivm, 2016. p. 47.
58. Sobre o assunto, v. ALLEN, Ronald J.; PARDO, Michael S. The myth of the law-fact distinction, *Northwestern University Law Review*, [S.l.], v. 97, n. 4, p. 1.769-1.808, 2003.
59. Questão distinta daquela vertida em um recurso extraordinário eventualmente voltado a discutir a aplicação das regras de direito probatório (e a violação à Constituição que dela poderia brotar). Nessa hipótese tem-se questão que mais facilmente poderia ser qualificada como dissociada da "revaloração de fatos e provas", sem demandar, portanto, a completa reconstrução da narrativa fática considerada pela decisão recorrida. Sobre o tema, v. MARINONI, Luiz Guilherme; ARENHART, Sérgio Cruz. *Prova e convicção*: de acordo com o CPC de 2015. 3. ed. São Paulo: Revista dos Tribunais, 2015. p. 395-420; TRENTO, Simone. *As cortes supremas diante da prova*. São Paulo: Revista dos Tribunais, 2018.

cial discretion), indicam que a divergência interpretativa pode ser uma das razões eventualmente reputadas como relevantes para concessão do *writ*[60].

Apresentada a petição e devidamente intimados os interessados que se sagraram vencedores no julgamento local (os requeridos da *cert. petition*), estes podem adotar três diferentes posturas: (i) concordar que o *writ* deve ser concedido e que o caso deve ser apreciado pela Suprema Corte; (ii) não apresentar nenhuma resposta, existindo a possibilidade de que os *Justices*, ao analisar a petição de *certiorari*, exijam a apresentação de uma resposta; ou (iii) apresentar um *brief in opposition*, trazendo à Corte os fundamentos pelos quais entendem que o caso não deve ser conhecido. A proximidade aqui é com a apresentação de contrarrazões no direito brasileiro.

Como se percebe, nesse momento do processo do *certiorari* discute-se apenas a possibilidade do rejulgamento da causa, e não o seu mérito. De todo modo, o prazo para apresentação do *brief in opposition* é de 30 (trinta) dias a partir do momento em que a petição do *certiorari* é apresentada (ou, de forma mais precisa, incluída) no *docket* da Corte[61].

A ideia por trás da apresentação de um *brief in opposition* no desenho processual da Suprema Corte, não é discutir a questão constitucional em si, mas sim convencer o Tribunal de que essa específica questão jurídica federal subjacente ao caso concreto não exige a sua atuação extraordinária e discricionária[62].

---

60. Regra 10 da Suprema Corte dos Estados Unidos (Disponível em: [https://www.supremecourt.gov/filingandrules/2017RulesoftheCourt.pdf]. Acesso em: 30.12.2018): "Rule 10. Considerations Governing Review on Certiorari: Review on a writ of certiorari is not a matter of right, but of judicial discretion. A petition for a writ of certiorari will be granted only for compelling reasons. The following, although neither controlling nor fully measuring the Court's discretion, indicate the character of the reasons the Court considers: (a) a United States court of appeals has entered a decision in conflict with the decision of another United States court of appeals on the same important matter; has decided an important federal question in a way that conflicts with a decision by a state court of last resort; or has so far departed from the accepted and usual course of judicial proceedings, or sanctioned such a departure by a lower court, as to call for an exercise of this Court's supervisory power; (b) a state court of last resort has decided an important federal question in a way that conflicts with the decision of another state court of last resort or of a United States court of appeals; (c) a state court or a United States court of appeals has decided an important question of federal law that has not been, but should be, settled by this Court, or has decided an important federal question in a way that conflicts with relevant decisions of this Court. A petition for a writ of certiorari is rarely granted when the asserted error consists of erroneous factual findings or the misapplication of a properly stated rule of law".
61. Trata-se de prazo que também pode ser eventualmente estendido a critério do *Clerk of the Court* de modo a preservar o contraditório efetivo.
62. PRETTYMAN JR., Elijah Barret. Opposing certiorari in the United States Supreme Court. *Virginia Law Review*, [S.l], v. 61, [S.l], p. 197-209, 1975, p. 199.

Isso é: o *brief in opposition* faz parte de uma discussão prévia, em que se debate de forma ampla a conveniência e a oportunidade de a específica questão de direito constante da *cert. petition*[63] seja enfrentada pela Suprema Corte.

O que se debate, portanto, é a conveniência da potencialidade de que a futura decisão de mérito projete seus efeitos nacionalmente mediante a edição de um precedente (seja ele um novo precedente em uma matéria em que inexistia precedente da Suprema Corte, seja mantendo-se o grau de constrangimento argumentativo dos demais órgãos judiciais mediante a manutenção de um precedente já existente).

A rigor, a discussão, assim como no recurso extraordinário, busca responder a dois questionamentos, ligados, respectivamente, ao *jus litigatoris* e ao *jus constitutionis*: (i) será mantida a solução, definitiva e pontual, daquele caso concreto?; e (ii) o tipo de discussão subjacente ao caso continuará a ser apreciada pelos demais órgãos judiciários, sem a edição de um novo precedente da Suprema Corte?

Entre os possíveis argumentos reputados eficazes pela doutrina para evitar o exercício da jurisdição *discricionária* pela Suprema Corte, e, portanto, cuja utilização é comumente recomendada em um *brief in opposition*, inclui-se a demonstração de que: (i) os fatos subjacentes à solução jurídica são mais complexos do que demonstrados pelo interessado no pedido de novo julgamento pela Corte[64]; (ii) é necessário rever fatos essenciais para a solução da questão de direito, o que não raro leva um *certiorari* originalmente concedido a ser posteriormente denegado como *improvidently granted*[65]; (iii) defeitos formais graves, tais como a ausência de prequestionamento da questão na origem[66], se fazem presentes; (iv) não há efetivamente um conflito interpretativo atual entre os tribunais locais[67]; (v) não é oportuno ou conveniente (*timeliness*) enfrentar a questão jurídica discutida no caso[68], mesmo que já tenha se instaurado um efetivo conflito interpretativo entre os tribunais locais[69].

---

63. Seja ela legal, constitucional, ou uma mistura das duas, *i.e.* a interpretação da lei à luz da Constituição federal.
64. PRETTYMAN JR., Elijah Barret. Opposing certiorari in the United States Supreme Court. *Virginia Law Review*, [S.I], v. 61, [S.I], p. 197-209, 1975, p. 201-202.
65. PRETTYMAN JR., Elijah Barret. Opposing certiorari in the United States Supreme Court. *Virginia Law Review*, [S.I], v. 61, [S.I], p. 197-209, 1975, p. 201.
66. PRETTYMAN JR., Elijah Barret. Opposing certiorari in the United States Supreme Court. *Virginia Law Review*, [S.I], v. 61, [S.I], p. 197-209, 1975, p. 200.
67. PRETTYMAN JR., Elijah Barret. Opposing certiorari in the United States Supreme Court. *Virginia Law Review*, [S.I], v. 61, [S.I], p. 197-209, 1975, p. 202.
68. PRETTYMAN JR., Elijah Barret. Opposing certiorari in the United States Supreme Court. *Virginia Law Review*, [S.I], v. 61, [S.I], p. 197-209, 1975, p. 202.
69. V. GARNER, Bryan A. (*et al*). *The law of judicial precedent*. Saint Paul: Thomson Reuters, 2016, p. 531: "(...) the timing of a petition for a writ of certiorari maters. Petitions are

Quanto à necessidade de não haver defeitos formais graves (iii), apesar de as decisões de denegação de *certiorari* não exigirem fundamentação específica pela Suprema Corte, pesquisas sobre o funcionamento concreto da do tribunal, incluindo entrevistas com *Justices* e seus assessores, já revelaram o papel importante do atendimento dos requisitos formais das petições para o *agenda-setting* da Suprema Corte.

Ao contrário do que se poderia imaginar, portanto, existe um componente formal – e burocrático – relevante no trabalho do tribunal, para além de um modelo de escolha de casos apenas estratégico e conectado com as preferências dos *Justices* com relação ao mérito dos casos[70]. Vale dizer, o não atendimento a um *checklist* formal prévio constitui causa relevante para a não apreciação de um caso pela Corte[71].

Por sua vez, o juízo quanto ao *timeliness* da atuação da Corte (v), pode ainda ser desdobrado em três diferentes conjuntos de razões[72] a serem consideradas

---

sometimes denied 'because even though serious constitutional questions were raised, it seemed to at least six members of the Court that the issue was either not ripe enough or too moribund for adjudication; that the question had better await the perspective of time or that time would soon bury the question or, for one reason or another, it was desirable to wait and see'. In other words, the Court may allow certain otherwise certworthy issues to work their way through the lower courts in order to benefit from those courts' expertise. The Court has recognized that 'when frontier legal problems are presented, periods of 'percolation' in, and diverse opinions from, state and federal appellate courts may yield a better informed and more enduring final pronouncement'."

70. V. PERRY JR., Hersel Watson. *Deciding to decide:* agenda-setting in the United States Supreme Court. Cambridge: Harvard University Press, 2009. Nesse mesmo sentido, confira-se o seguinte trecho de *Maryland v. Baltimore Radio Show*, 338 U.S. 912 (1950). Disponível em: [https://www.law.cornell.edu/supremecourt/text/338/912]. Acesso em: 30.12.2018: "Narrowly technical reasons may lead to denials. Review may be sought too late; the judgment of the lower court may not be final; it may not be the judgment of a State court of last resort; the decision may be supportable as a matter of State law, not subject to review by this Court, even though the State court also passed on issues of federal law". Para um estudo mais recente sobre os fatores que influenciam a concessão do *certiorari*, analisando os dados de mais de 93.000 petições ajuizadas entre 2001 e 2015, v. FELDMAN, Adam; KAPPNER, Alexander. Finding certainty in cert: an empirical analysis of the factors involved in Supreme Court certiorari decisions from 2001-2015, *Villanova Law Review*, [S.I], v. 61, [S.I.], p. 795 e ss., 2016.

71. A diferença para a prática no Brasil, portanto, é que as decisões de inadmissibilidade por razões meramente formais em recursos extraordinários ou agravos em recurso extraordinário são escancaradas pelo conjunto expressivo de decisões monocráticas (e suas confirmações colegiadas), ao passo que nos Estados Unidos acabam ocultadas pela desnecessidade de fundamentação de concessão ou denegação do *certiorari*.

72. PRETTYMAN JR., Elijah Barret. Opposing certiorari in the United States Supreme Court. *Virginia Law Review*, [S.I], v. 61, [S.I], p. 197-209, 1975, p. 202.

pelo tribunal: (a) a existência de outros casos pendentes de julgamento nas instâncias ordinárias que resultarão em um melhor delineamento do problema posto; (b) a atual situação social, econômica ou política torna inapropriada a solução desse conflito naquele específico momento histórico[73]; ou, por fim, (c) a defesa de que a questão é de menor importância[74] a ponto de poder ser bem equacionada pelas demais instâncias do Judiciário, sem necessariamente passar pela atuação da Corte.

O peticionante do *certiorari* pode, então, apresentar um *reply brief* para buscar afastar os argumentos do requerido, geralmente no prazo de 10 (dez) dias.

O ponto mais interessante no procedimento preliminar perante a Suprema Corte, é que antes de se decidir efetivamente sobre a concessão ou denegação do *certiorari*, não apenas pode haver a participação de diversos *amici curiae* – favoráveis ou contrários à pretensão de rejulgamento do caso formulada pelo requerente –, mas o procedimento é desenhado de modo a viabilizá-la. E como as partes comumente concedem "autorizações em branco" (*blanket consents*) para a apresentação de *briefs* de potenciais *amici*, houve um crescimento exponencial nos últimos 50 (cinquenta) anos no número de memoriais apresentados por *amicus*, tanto na fase preliminar quanto no mérito. Igualmente, houve um aumento da incidência de citações de tais *briefs* nos acórdãos elaborados pela Corte[75].

Quanto à sua participação, *é importante pontuar, ademais, que a Regra 37 da Suprema Corte estabelece que o potencial amicus* deve levar ao conhecimento do tribunal alguma matéria relevante ainda não trazida pelas partes aos autos[76].

---

73. Sanford Levinson defende que a articulação entre decisões formais e "não-decisões" (negativas de *certiorari*) sem maior fundamentação, foram ponto central da análise de Alexandre Bickel sobre as "virtudes passivas" da Corte, pois: "(...) Bickel unequivocally endorsed the Court's exercise of self conscious political judgment in dodging certain issues when it perceived that the political costs of a visible decision might be too high. Thus, Bickel defended what many would deem a shameless refusal by the Court to consider the legitimacy of Virginia's antimiscegenation law on the grounds that plenary review, in 1956, would simply have been too costly for a Court attempting to enforce Brown v. Board of Education". LEVINSON, Sanford. Strategy, jurisprudence, and certiorari. *Virgirina Law Review*, [S.I.], v. 79, [S.I.], p. 717-739, 1993, p. 720-721.
74. PRETTYMAN JR., Elijah Barret. Opposing certiorari in the United States Supreme Court. *Virginia Law Review*, [S.I], v. 61, [S.I], p. 197-209, 1975, p. 202.
75. LARSEN, Allison O. The trouble with amicus facts. *Virginia Law Review*, [S.I], v. 100, [S.I], p. 1757-1818, 2014, p. 1768.
76. Nesse mesmo sentido, v. MUNFORD, Luther T. When does the curiae need an amicus? *The Journal of Appellate Practice and Process*, [S.I], v. 1, n. 2, p. 279-284, 1999. De pesquisa empírica realizada com assessores (*law clerks*) que atuaram na Suprema Corte, conclui-se como os memoriais considerados mais relevantes e úteis geralmente envolvem o desenvolvimento de um aspecto específico da controvérsia. Bem como buscam evitar a repetição de argumentos apresentados nas manifestações das partes e de outros *amici*.

O prazo para apresentação dos *briefs* pelos *amici* é de 30 (trinta) dias a partir do ingresso da *petição de certiorari* no *docket* da Corte – se for apresentado em suporte à pretensão de revisão do requerente –, ou no mesmo prazo para apresentação do *brief in opposition*, se "favoráveis" ao requerido (e, portanto, contrários à análise da questão pela Suprema Corte).

É preciso registrar, ainda, que a apresentação de *briefs* de *amicus* nos Estados Unidos não é desprovida de necessidades de aprimoramento e críticas[77]. Nesse sentido, já se verificou que muitas vezes as informações trazidas pelos *amici* não são submetidas ao escrutínio forte decorrente do sistema adversarial[78], podendo, por exemplo, apresentar inconsistências teóricas ou científicas relevantes.

Uma vez apresentados todos os *briefs*, os documentos são distribuídos aos gabinetes dos *Justices*. Após, é preciso que no mínimo um *Justice* decida incluir o caso à lista de discussão para a próxima sessão fechada entre os julgadores (*conference*), caso contrário a *cert. petition* automaticamente não será concedida. Por costume judicial, vale dizer, sem qualquer comando que decorra diretamente da Constituição, do *Title 28* ou mesmo das *Rules of the Supreme Court*, é necessário o voto de 4 (quatro) *Justices* pela concessão do *certiorari* na *conference*, para que o caso seja incluído na lista de julgamentos (*order list*) da Corte. Com essa decisão encerra-se a fase de admissibilidade. Para a denegação do *certiorari*, portanto, são necessários 6 (seis) votos dos *Justices*.

É importante registrar que a decisão de concessão ou denegação do *writ* geralmente não possui qualquer fundamentação ou indício claro sobre quais os fatores foram considerados no julgamento preliminar.

Nesse sentido, em *Maryland v. Baltimore Radio Show* a Suprema Corte reafirmou o entendimento de que a denegação de uma petição de *certiorari* somente pode ser interpretada como a sinalização de que menos de quatro *Justices* reputaram desejável rejulgar o caso, nada além.

Na ocasião o *Justice* Felix Frankfurter, redator do acórdão unânime, consignou não apenas que considerações de ordem prática impediriam a Corte de indicar as razões para a denegação do *writ* – o tempo necessário para uma funda-

---

Nesse sentido, v. LYINCH, Kelly J. Best friends? Supreme Court law clerks on effective amicus curiae briefs. *Journal of Law & Politics*, [S.l], v. 20, [S.l], p. 33-75, 2004.

77. Afinal, não adequado adotar uma visão naïve de que a mera possibilidade de participação de *amici curiae* implicará automaticamente efeitos positivos, como o enriquecimento dialogal da atividade da Corte. Para tanto basta o exemplo, nem um pouco hipotético, de que uma admissão sem critérios pode, em realidade, dificultar o acesso e manejo de argumentos relevantes, ANDERSON, Helen A. Frenemies of the court: the many faces of amicus curiae. *University of Richmond Law Review*, [S.l.], v. 49, [S.l], p. 361-416, 2015.

78. LARSEN, Allison O. The trouble with amicus facts. *Virginia Law Review*, [S.l], v. 100, [S.l], p. 1757-1818, 2014, p. 1768.

mentação analítica seria proibitivo –, mas que até mesmo a presença de apenas um voto dissidente não significaria que um só membro da Corte entendeu que o pedido deveria ser concedido[79].

É importante pontuar, porém, que apesar de a ausência de fundamentação (analítica ou mesmo concisa) ser a regra geral de funcionamento da concessão ou denegação do *certiorari*, mesmo nos Estados Unidos – especialmente em casos relevantes em que o *writ* foi denegado pela ausência de apenas um voto –, é possível aos membros vencidos do colegiado consignarem votos dissidentes escritos, de modo a evidenciar as razões pelas quais entendem que a Suprema Corte deveria ter conhecido do caso para enfrentar a questão de fundo.

Essa solução – possibilidade de dissidência na fase preliminar – dá uma resposta à sociedade civil (e às demais instâncias do poder Judiciário federal e estadual) sobre aquilo que foi reputado como relevante ou irrelevante pela Corte, de modo a permitir que no futuro a questão seja eventualmente recolocada tomando em consideração os fundamentos que já foram anteriormente considerados – e reputados insuficientes – pela maioria que compôs o julgamento preliminar.

A título ilustrativo, foi exatamente o que aconteceu na *petition for writ of certiorari* recentemente denegada em dezembro de 2018 em *Gee v. Planned Parenthood of Gulf Coast Inc*. Na ocasião o *Justice* Clarence Thomas, acompanhado pelos *Justices* Samuel Alito e Neil Gorsuch, redigiu voto dissidente quanto à não concessão do *certiorari* defendendo a relevância de um julgamento da Suprema Corte sobre a matéria debatida no caso.

---

79. Confira-se a decisão da Suprema Corte em *Maryland v. Baltimore Radio Show*, 338 U.S. 912 (1950). Disponível em: [https://www.law.cornell.edu/supremecourt/text/338/912]. Acesso em: 30.12.2018: "This Court now declines to review the decision of the Maryland Court of Appeals. The sole significance of such denial of a petition for writ of certiorari need not be elucidated to those versed in the Court's procedures. It simply means that fewer than four members of the Court deemed it desirable to review a decision of the lower court as a matter 'of sound judicial discretion'. Rule 38, paragraph 5, Rules of the Supreme Court, 28 U.S.C.A. A variety of considerations underlie denials of the writ, and as to the same petition different reasons may lead different Justices to the same result. (...) If the Court is to do its work it would not be feasible to give reasons, however brief, for refusing to take these cases. The time that would be required is prohibitive, apart from the fact as already indicated that different reasons not infrequently move different members of the Court in concluding that a particular case at a particular time makes review undersirable. It becomes relevant here to note that failure to record a dissent from a denial of a petition for writ of certiorari in nowise implies that only the member of the Court who notes his dissent thought the petition should be granted. Inasmuch, therefore, as all that a denial of a petition for a writ of certiorari means is that fewer than four members of the Court thought it should be granted, this Court has rigorously insisted that such a denial carries with it no implication whatever regarding the Court's views on the merits of a case which it has declined to review".

Para tanto, o voto apresentado apresentou as seguintes razões para a concessão do *writ*: (i) haveria relevante divergência interpretativa entre diversos tribunais de apelação sobre a questão jurídica discutida; (ii) a decisão poderia potencialmente afetar 70 milhões de beneficiários do *Medicaid* (programa federal e estadual de securitização que busca prestar auxílio com despesas médicas de pessoas de baixa renda); e (iii) a depender da interpretação prevalecente, seria possível o ajuizamento de ações contra os estados no judiciário federal para impugnar as decisões que os entes federativos locais venham a tomar sobre os prestadores de serviço no âmbito do *Medicaid*, com relevantes aumentos de custos de litigação para os estados.

O *dissenting*, ademais, foi redigido de forma bastante contundente, afirmando que a própria Suprema Corte foi responsável pela "confusão instaurada" perante as cortes inferiores. E que, portanto, seria seu trabalho desfazê-la[80].

Em síntese, é possível dizer que: (i) apesar de não se exigir a fundamentação analítica das decisões de concessão e denegação do *writ of certiorari*, especialmente diante de denegações sensíveis do *review*, a minoria vencida pode apresentar fundamentação que ilustre as razões de sua divergência; (ii) entre as razões para a denegação do *certiorari* também se encontram – e predominam – os diversos vícios formais, do mesmo modo que abundam no julgamento dos recursos extraordinários e agravos em recurso extraordinário no Brasil; e (iii) as regras processuais perante a Suprema Corte permitem que haja um debate enriquecido, mediante a apresentação de memoriais de *amici curiae* especificamente direcionados à discussão da conveniência e oportunidade de a Corte enfrentar, naquele caso concreto, a questão posta no *certiorari*.

5. Diálogo com a proposta de Barroso e Montedonio Rego para salvar a repercussão geral

A partir dos três gargalos que identificaram, Barroso e Montedonio Rego propuseram três modificações interpretativas e normativas para solucionar a ineficiência do sistema de repercussão geral, transformando-a em um filtro forte de seleção de casos, mais próximo do modelo do *certiorari*.

Em primeiro lugar, defendem que a repercussão geral deveria passar a ser o primeiro requisito a ser examinado ao se julgar um recurso extraordinário, sem que o tribunal sequer classificasse previamente a controvérsia como legal ou constitucional[81]. Defendem essa possibilidade especialmente à luz do art. 1.029, § 3º, CPC, que permite que o STF desconsidere vícios formais não graves.

---

80. *Gee v. Planned Parenthood of Gulf Coast Inc.*, 586 U.S. (2018), *dissent*. Disponível em: [https://www.supremecourt.gov/opinions/18pdf/17-1492_g3bi.pdf]. Acesso em: 30.12.2018.
81. BARROSO, Luís Roberto; REGO, Frederico Montedonio. Como salvar o sistema de repercussão geral: transparência, eficiência e realismo na escolha do que o Supremo

Em segundo lugar, sustentam que a expansão automática de eficácia da decisão negativa de repercussão geral não foi prevista pela própria Constituição, mas somente pela legislação infraconstitucional no CPC (arts. 1.035, § 8º, e 1.039).

Dessa forma, como a decisão de ausência de repercussão geral se referiria a discussões que não ultrapassassem os interesses subjetivos do processo (art. 1.035, § 1º, CPC), seria possível concluir que a negativa de repercussão geral se limitasse ao caso dos autos em que proferida, sem gerar qualquer precedente, tampouco exigir fundamentação analítica[82]. Vale dizer, a eficácia expansiva da decisão negativa de repercussão geral seria uma discricionariedade do STF.

O fundamento para tal compreensão decorreria: (i) do quórum qualificado de 2/3 previsto no art. 102, § 3º, CF; (ii) da exclusividade da apreciação da preliminar pelo STF (art. 102, § 3º, CF, e art. 1.035, § 5º, CPC); e (iii) do *pedigree* político da indicação dos Ministros do Supremo (art. 101, parágrafo único, CF).

Por fim, e em terceiro lugar, os autores defendem a modificação dos dispositivos do Regimento Interno do STF (art. 324, §§ 1º e 2º) que versam sobre o funcionamento do Plenário Virtual, uma vez que ao se considerar o quórum de 2/3 como instrumento "para compensar a impraticabilidade de motivação analítica de todas as decisões negativas de repercussão geral, e não de um mecanismo de presunção de repercussão geral", o silêncio dos vogais deveria corresponder à sua concordância com o relator[83].

As soluções propostas, porém, não parecem suficientes para criação de um mecanismo que efetivamente reduza a carga de trabalho do STF, podendo, em contrapartida, incentivar a interposição de novos recursos, bem como ampliar o déficit de participação democrática na decisão da Corte sobre o que decidir. É o que se passa a demonstrar por cinco razões autônomas.

Em primeiro lugar, é preciso reconhecer que a abertura da possibilidade de desconsideração de vícios formais não graves[84] pelo CPC está ligada a um juízo preliminar de relevância – e não de irrelevância – da questão veiculada no recurso.

Tribunal Federal vai julgar, *Revista Brasileira de Políticas Públicas*, Brasília, v. 7, n. 3, p. 695-713, dez. 2017, p. 707.

82. BARROSO, Luís Roberto; REGO, Frederico Montedonio. Como salvar o sistema de repercussão geral: transparência, eficiência e realismo na escolha do que o Supremo Tribunal Federal vai julgar, *Revista Brasileira de Políticas Públicas*, Brasília, v. 7, n. 3, p. 695-713, dez. 2017, p. 708-710.

83. BARROSO, Luís Roberto; REGO, Frederico Montedonio. Como salvar o sistema de repercussão geral: transparência, eficiência e realismo na escolha do que o Supremo Tribunal Federal vai julgar, *Revista Brasileira de Políticas Públicas*, Brasília, v. 7, n. 3, p. 695-713, dez. 2017, p. 708-710.

84. Parte da doutrina chega a defender, inclusive, que a principal diferença entre o parágrafo único do art. 932, e o art. 1.029, § 3º, CPC seria o de que este último permitiria aos

Assim, a autorização legal do art. 1.029, § 3º, CPC, não é suficiente para sustentar uma "presunção de indiferença a defeitos formais", que seja hábil a permitir a análise antecipada da repercussão geral. Em especial quando tal presunção se presta para adiantar juízo de negativa de repercussão geral, implicando, portanto, a conclusão de sua irrelevância ou intranscendência.

Proceder dessa forma, na realidade, transformaria a repercussão geral em uma autorização para "esconder" a fundamentação quanto a vícios formais[85] dos recursos que chegam a Corte, ao invés de desincentivar a interposição de tais recursos, ou mesmo evitar a sua chegada ao tribunal. O risco aqui é que se passem a proferir decisões genéricas e que não atentem para as peculiaridades do caso, conduta absolutamente proscrita pela Constituição e pelo CPC[86].

Em segundo lugar, é igualmente preciso superar a ideia de que a afirmação, pelo STF, de que a questão ventilada no recurso extraordinário é ofensa constitucional reflexa ou indireta à Constituição não poderia constituir falta de repercussão geral[87].

Tribunais Superiores ignorar defeitos insanáveis, inclusive a ausência de prequestionamento, a ilegitimidade recursal ou a falta de interesse recursal. Nesse sentido v. CARNEIRO DA CUNHA, Leonardo; DIDIER JR., Fredie. *Curso de Direito Processo Civil v. 3: meios de impugnação às decisões judiciais e processo nos tribunais.* 13. ed. Salvador: Editora JusPodivm, 2016. p. 319.

85. Questão que, como já e viu, também ocorre de forma reiterada no contexto da denegação de *certiorari* nos Estados Unidos, apesar de não poder ser quantificada de forma precisa justamente pela ausência de fundamentação

86. Nesse sentido, v. MARINONI, Luiz G.; ARENHART, Sérgio C.; MITIDIERO, Daniel. *Novo curso de Processo Civil v. 2: tutela dos direitos mediante procedimento comum.* 2. ed. São Paulo: Revista dos Tribunais, 2016. p. 564: "Seja na admissibilidade do recurso extraordinário, seja na admissibilidade do recurso especial, é vedado o não conhecimento do recurso com base em fundamento genérico. Embora o art. 1.029, § 2º, tenha sido revogado, permanece semelhante vedação. Trata-se de solução decorrente do direito ao contraditório como direito de influência e do dever de fundamentação como dever de debate (arts. 93, IX, CF, e 7º, 9º, 10, 11 e 489, §§ 1º e 2º, CPC). (...) Em todo e qualquer caso de interposição de recurso extraordinário ou de recurso especial a admissibilidade deve ser examinada levando em consideração as peculiaridades do caso. Se, porém, o recorrente alegar violação à Constituição ou à legislação federal apoiando-se em precedentes constitucionais ou precedentes federais, a vedação à inadmissibilidade genérica ganha contornos ainda mais precisos: nessa hipótese, a proibição de não conhecimento genérico significa que o órgão jurisdicional tem o dever de examinar as circunstâncias fático-jurídicas do caso para demonstrar a existência de distinção que impede o conhecimento do recurso".

87. A doutrina afirma que nesses casos seria hipótese de não cabimento do recurso extraordinário, e não propriamente de ausência de repercussão geral. Exemplificativamente, v.: CARNEIRO DA CUNHA, Leonardo. *Curso de Direito Processo Civil V. 3: meios de impugnação às decisões judiciais e processo nos tribunais.* 13. ed. Salvador: Editora JusPodivm, 2016. p. 372: "A hipótese, na verdade, não é de falta de repercussão geral,

Em realidade, a decisão negativa de repercussão geral, não significa propriamente a ausência completa de dignidade constitucional da questão levantada, mas sim configura instrumento para permitir a não sobreposição de competências entre os órgãos jurisdicionais, bem como evitar uma concentração indevida de trabalho – e poder – nas mãos do STF[88].

Afinal, ao afirmar que a questão exige majoritariamente a interpretação da lei, esse tipo de decisão permite que se harmonizem duas categorias que geralmente não tem as suas fronteiras bem delimitadas pela doutrina e pela jurisprudência: de um lado, a interpretação da legislação infraconstitucional à luz dos comandos constitucionais (interpretação de acordo com a Constituição, imposição do Estado Constitucional a todos os órgãos investidos de jurisdição); de outro, a técnica de decisão em sede de controle de constitucionalidade (a "interpretação conforme à Constituição"), a que aduz, por exemplo, o art. 28 da Lei 9.868/1999[89].

Assim, a decisão negativa de repercussão geral serve também como definição acerca de qual órgão jurisdicional será competente naquele momento para dirimir aquela específica controvérsia dotada de colorido constitucional, ainda que mediato.

Vale frisar, ainda, que se, por um lado, a questão sobre permitir que os demais órgãos judiciais cristalizem sua própria interpretação antes de a questão ser decidida pela Corte Suprema constitui um dos principais motivos identificados pela doutrina para a não concessão de *certiorari*, de outro ela se torna ainda mais relevante em sistemas jurídicos que possuem outras cortes supremas[90] responsá-

---

pois a matéria não é constitucional, segundo o próprio STF. O caso é de descabimento do recurso extraordinário, pura e simplesmente. Essa análise é, inclusive, anterior à que se faz sobre a repercussão geral. Se a questão discutida no recurso extraordinário não é constitucional, nem há que se indagar sobre se ela tem ou não repercussão geral. Não faz qualquer sentido dogmático a frase: 'a ofensa à legislação infraconstitucional não tem repercussão geral'. Repita-se: a repercussão geral é qualidade de uma questão *constitucional*."

88. Sobre esse risco, especialmente à luz da técnica da interpretação conforme à Constituição, v. SILVA, Virgílio A. Interpretação conforme a Constituição: entre a trivialidade e a centralização judicial, *Revista Direito GV*, [S.I.], v. 2, n. 1, p. 191-210, 2006.

89. Sobre o tema, v. FORTES, Luiz Henrique Krassuski. Interpretação conforme e interpretação de acordo com a Constituição: precedentes do STJ e controle difuso de constitucionalidade. In: I Congresso Internacional de Direito Constitucional e Filosofia Política. *O funcionamento da corte constitucional*: a interpretação constitucional, as práticas argumentativas, a Teoria do Direito e o comportamento judicial. Belo Horizonte: Initia Via, 2014. v. 2. p. 156-170.

90. O exemplo por excelência no Brasil é o Superior Tribunal de Justiça, mas também podem ser elencados como exemplos o Tribunal Superior do Trabalho e Tribunal Superior Eleitoral, ainda que a prática concreta dessas cortes revele ainda a existência de uma jurisprudência vacilante.

veis pela fixação de precedentes para assegurar a igualdade e segurança jurídica[91]. No Brasil, em que o reconhecimento da repercussão geral abre oportunidade inclusive para a suspensão da jurisdição em todo o território nacional[92], a questão torna-se ainda mais premente.

Em terceiro lugar, a negativa de repercussão geral sem fundamentação, incentivaria as partes que litigam controvérsias similares a já submetida à análise pelo STF a continuar a interpor recursos extraordinários sobre a matéria.

Além disso, sem existência de fundamentação e limitada ao caso concreto, não seria possível a aplicação do art. 1.030, I, do CPC, impondo aos tribunais locais a realização de juízos de admissibilidade com base no art. 1.030, V, do CPC, que, ainda que sejam negativos, garantiriam o acesso à Corte por meio do agravo em recurso extraordinário.

Ao fim e ao cabo, a Corte continuaria a ter que proferir milhares de decisões anualmente, substituindo as decisões monocráticas de indeferimento, por milhares de decisões de ausência de repercussão geral.

Em quarto lugar, a submissão ao plenário virtual de uma decisão sucinta de negativa de repercussão geral necessariamente implicaria que todos os membros do colegiado teriam que proceder a uma análise minudente do recurso interposto. Dessa forma, a proposta não necessariamente pouparia os recursos materiais e humanos da Corte, conduzindo, eventualmente, a um maior retrabalho do que no modelo atual em que são proferidas decisões de inadmissibilidade monocráticas, passíveis de agravo interno para as Turmas julgadoras.

Por fim, e em quinto lugar, a ausência de fundamentação da negativa da repercussão geral dificultaria sobremaneira a identificação das razões que podem conduzir à superação do precedente e, eventualmente, levem ao enfrentamento da questão de mérito pelo Tribunal[93]. Assim, incentiva-se a uma prática de tentativa e erro, ao invés de uma solução mais clara e dialogada com a sociedade, dificultando ainda mais a participação na escolha dos casos que serão julgados.

---

91. Sobre a relação entre Cortes Constitucionais e as Cortes Supremas, v.: LEE, Yi-Li; CHANG, Wen-Chen. Competition or collaboration: constitutional review by multiple final courts In: DELANEY, Erin; DIXON, Rosalind (Eds). *Comparative judicial review*. Cheltenham: Edward Elgar Publishing, 2018. p. 164-183; FERRARESE, Maria Rosaria. Dal "verbo" legislativo a chi dice "l'ultima parola": le corti costituzionali e la rete giudiziaria. In: *Annuario di Diritto Comparato e di studi legislativi*. Nápolis: Edizione Scientifiche Italiane, 2011, p. 63-90.
92. *C.f.* art. 1.035, § 5º, CPC, e RE 966.177 QO, Rel. Min. Luiz Fux, j.07.06.2017.
93. É possível cogitar do seguinte exemplo: caso o tribunal afirme que a questão constitucional é reflexa por demandar interpretação da lei federal, exigindo, portanto, um maior amadurecimento pelas demais instâncias do judiciário, a superveniência de um precedente firmado pelo STJ poderia configurar fato novo a justificar a reabertura da discussão.

Em conclusão, para que a repercussão geral seja efetiva – e reduza o número de recursos extraordinários e agravos em recurso extraordinário que nela aportam à Corte diariamente –, é preciso que sejam proferidas decisões claras e precisas indicando a ausência da repercussão geral.

Para aprimorar tais decisões, porém, é preciso superar os óbices que impedem a efetiva participação de *amici curiae* nesse momento preliminar ao mérito. Para tanto formula-se, no próximo tópico, uma proposta, *de lege lata*.

6. Participação efetiva de *amicus curiae* no reconhecimento da repercussão geral (uma proposta de *lege lata*)

Para permitir a efetiva participação e debate de modo a aprimorar as decisões negativas de repercussão geral, sequer é necessária uma modificação normativa, sendo suficientes as regras atualmente existentes do CPC e do RISTF. Para tanto, propõe-se o seguinte procedimento, em três etapas.

Em primeiro lugar, o ministro relator deve analisar a regularidade formal do recurso extraordinário, inclusive a fundamentação analítica quanto a existência de repercussão geral (art. 323, RISTF). Deve, também, verificar, superficialmente, se o caso veicula questão que eventualmente justificaria a aplicação do art. 1.029, § 3º, CPC.

Em segundo lugar, não sendo o caso de inadmitir monocraticamente o recurso, considerando que (i) caso reconhecida a repercussão geral a jurisdição ordinária poderá eventualmente ser suspensa, firmando-se, na sequência, um precedente vinculante sobre o mérito, e que (ii) a discussão sobre a repercussão geral surgiu somente com a interposição do recurso extraordinário[94], o relator pode proferir decisão solicitando, no prazo que estabelecer[95], sejam apresentadas manifestações de *amici curiae* trazendo à Corte razões e fatos específicos aptos a demonstrar o porquê seria, ou não, conveniente e oportuna a afirmação da repercussão geral da questão constitucional discutida nos autos.

A fim de evitar a instauração de uma confusão procedimental, é preciso que o relator limite o número de participantes que serão admitidos. Igualmente, é recomendável que a decisão estabeleça de forma clara os critérios que serão considerados para admissão dos potenciais *amici curiae*, incluindo a representatividade em sua dimensão subjetiva (a capacidade e idoneidade do sujeito que pretende intervir) e objetiva (o aporte de elementos ainda não constantes dos

---

94. O que revela provável insuficiência das provas produzidas e analisadas pelos tribunais locais para a discussão sobre a relevância e transcendência da questão constitucional.
95. Como fundamento normativo, mencionem-se os arts. 21, I, XVIII, 110, I, 115, III, 323, § 3º, RISTF, e os arts. 138, *caput* e § 2º, 932, I, e 357, II e IV, por analogia, CPC.

autos[96]). Ademais, de modo a permitir o contraditório mais robusto, é relevante fixar que o prazo para apresentação das manifestações favoráveis e contrárias seja fixado de forma sucessiva.

Por fim, em terceiro lugar, o relator proferir despacho esclarecendo quais as manifestações foram admitidas, para somente então submeter aos demais ministros, no plenário virtual, sua manifestação sobre a preliminar de repercussão geral, levando em consideração o *pool* mais robusto de razões para admissão e, especialmente, eventual inadmissão do recurso extraordinário.

---

96. Nesse sentido, v. TEMER, Sofia. *Incidente de resolução de demandas repetitivas.* 3. ed. Salvador: JusPodivm, 2018. p. 203 e 205; e KOZIKOSKI, Sandro. A institucionalização do *amicus curiae*: representatividade, contributividade e suas prerrogativas. In: ARENHART, Sérgio C.; MITIDIERO, Daniel; DOTTI, Rogéria. *O Processo Civil entre a técnica processual e a tutela dos direitos:* estudos em homenagem a Luiz Guilherme Marinoni. São Paulo: Revista dos Tribunais, 2017. p. 727-738, p. 732.

34
CONTROLE DIFUSO DE CONSTITUCIONALIDADE DAS LEIS: RUMO CADA VEZ MAIS AO SISTEMA ABSTRATO?

Marco Félix Jobim

Advogado. Professor Adjunto da Pontifícia Universidade Católica do Rio Grande do Sul na graduação e pós-graduação *lato* e *stricto sensu*. Especialista, Mestre, Doutor e Pós-Doutor em Direito pela UFPR. Coordenador da especialização em Processo Civil da PUCRS.

Sumário: 1. Introdução. 2. Ainda há modelo híbrido de constitucionalidade de leis no Brasil? 3. Um único cidadão e o "perdido" caminho da objetivação. 4. Considerações finais.

1. Introdução

Alguns dias são marcantes para a vida jurídica, social, econômica e política de um País, e, no Brasil, o dia 5 de outubro de 1988 foi um deles. Depois de anos de ditadura militar instituída desde os sessenta (1964), o Brasil passou por um processo de redemocratização, culminando em 1985 com a eleição, indireta, de Tancredo Neves à sua presidência. Alguns anos mais tarde, em 1988, foi promulgado o texto[1] da Constituição da República Federativa do Brasil que acabou por se tornar um símbolo por dias melhores pelos brasileiros e brasileiras. Em 5 de outubro de 2018, essa Constituição completou seu trigésimo aniversário, o que é, para um País que está em seu sétimo texto constitucional e uma EC de 1969, algo a ser aplaudido e motivo de comemoração.

A CRFB, nesses 30 anos, criou um modelo para se pensar o direito infraconstitucional, como se pode ver com a constitucionalização do direito privado, do trabalhista, do penal e de outras áreas, mas, aqui, o que se revela constitucionalizado é o próprio Processo Civil brasileiro que, à luz dos valores constitucionais, deve ser lido, interpretado e aplicado conforme artigo 1º do seu Código, que foi instituído pela Lei 13.105/15, em vigor desde 18 de março de 2016. Como expõe

---
1. Texto na íntegra e atualizado pode ser consultado no site: [www.planalto.gov.br/ccivil_03/Constituicao/Constituicao.htm].

José Rogério Cruz e Tucci[2], estando a Constituição no ponto culminante da hierarquia das fontes do Direito, parece inegável que a legislação infraconstitucional deverá se amoldar aos seus postulados.

A nova base legal sob a qual se formou a legislação processual brasileira anunciou uma série de rupturas (ou tentativas) com o sistema passado, como o enfraquecimento da cultura do litígio para a da pacificação[3], da unidade do ordenamento jurídico[4] pelas técnicas que lhe conferem uniformidade, da primazia do julgamento de mérito[5] sobre a forma, assim como outras tantas que se fizeram presentes na exposição de motivos do anteprojeto de lei e se consolidaram no texto da legislação. Depois de anos de debate, iniciado em 2009, com a nomeação da comissão para estruturação do anteprojeto, o texto aprovado em março de 2015 alimenta novas esperanças de um Poder Judiciário mais coeso, tempestivo e eficiente[6].

---

2. TUCCI, José Rogério Cruz e. As garantias constitucionais do processo civil no aniversário dos 30 anos da Constituição Federal. In: LUCON, Paulo Henrique dos Santos; FARIA, Juliana Cordeiro de; MARX NETO, Edgard Audomar; REZENDE, Ester Camila Gomes Norato (Orgs.). *Processo Civil contemporâneo*: homenagem aos 80 anos do Prof. Humberto Theodoro Júnior. Rio de Janeiro: Forense, 2018. p. 193. Escreve: "E isso, simplesmente porque os atos processuais devem ser regidos, realizados e interpretados em estrita simetria com os postulados que asseguram aos litigantes o devido processo legal, contemplados na Constituição Federal de 1988, especialmente em seu art. 5º. Assinale-se que a Carta Republicana em vigor, lei suprema que é, situa-se no ponto culminante da hierarquia das fontes do Direito, contendo os fundamentos institucionais e políticos de toda a legislação ordinária. Em seus textos repousam numerosas regras e institutos atinentes ao processo, qualquer que seja sua natureza. Ademais, ao lado de seu perfil técnico, deslocado para a vertente constitucional, o Direito Processual vem moldado por duas diferentes exigências: precisão formal e justiça substancial. E esse conflito dialético entre exigências contrapostas, não obstante dignas de proteção, são inseridas as garantias constitucionais do processo."
3. Art. 3º Não se excluirá da apreciação jurisdicional ameaça ou lesão a direito. § 1º É permitida a arbitragem, na forma da lei. § 2º O Estado promoverá, sempre que possível, a solução consensual dos conflitos. § 3º A conciliação, a mediação e outros métodos de solução consensual de conflitos deverão ser estimulados por juízes, advogados, defensores públicos e membros do Ministério Público, inclusive no curso do processo judicial.
4. Art. 927. Os juízes e os tribunais observarão: I – as decisões do Supremo Tribunal Federal em controle concentrado de constitucionalidade; II – os enunciados de súmula vinculante; III – os acórdãos em incidente de assunção de competência ou de resolução de demandas repetitivas e em julgamento de recursos extraordinário e especial repetitivos; IV – os enunciados das súmulas do Supremo Tribunal Federal em matéria constitucional e do Superior Tribunal de Justiça em matéria infraconstitucional; V – a orientação do plenário ou do órgão especial aos quais estiverem vinculados.
5. Art. 4º As partes têm o direito de obter em prazo razoável a solução integral do mérito, incluída a atividade satisfativa.
6. Sobre o tema da eficiência, ver: JOBIM, Marco Félix. *As funções da eficiência no Processo Civil brasileiro*. São Paulo: Ed. RT, 2018.

Uma das mais importantes técnicas processuais para conferir certa estabilidade ao direito é aquela que confere aos recursos para os Tribunais Superiores a possibilidade de julgar seus casos repetitivos[7], assim como, no caso do Supremo Tribunal Federal[8], de ir além, avaliando a repercussão geral – que está se projetando futuramente ao STJ[9] –, no caso concreto, mas abstratamente, como é a hipótese da repercussão geral[10] no recurso extraordinário. Isso, em muito, deveu-se ao afogamento do próprio Poder Judiciário, em especial nas suas cortes de vértice[11], que tomaram para si incumbências em demasia, tornando-as Tribunais de revisão quando, claramente, não foram pensados e nem projetados para tamanha disfunção, não podendo mais um Tribunal desta ordem ser visto como mais uma instância no Poder Judiciário[12], como refere Horival Marques de Freitas Júnior[13].

Para corrigir eventuais deslizes históricos sobre a atuação do Supremo Tribunal Federal, a Emenda Constitucional 45/2004 redefiniu o conceito do recurso extraordinário ao admitir um filtro denominado de repercussão geral[14], o qual foi inserido

---

7. Art. 1.036. Sempre que houver multiplicidade de recursos extraordinários ou especiais com fundamento em idêntica questão de direito, haverá afetação para julgamento de acordo com as disposições desta Subseção, observado o disposto no Regimento Interno do Supremo Tribunal Federal e no do Superior Tribunal de Justiça.
8. Para uma análise mais aprofundada sobre a história dos julgamentos por épocas, recomenda-se: OLIVEIRA, Fabiana Luci de. *STF*: do autoritarismo à democracia. Rio de Janeiro: Elsevier: FGV, 2012.
9. Embora com duras críticas: Disponível em: [www.conjur.com.br/2018-jun-03/opiniao-repercussao-geral-resp-aposta-mecanismo-fracassado]. Acesso em: 10.12.2018.
10. MEDINA, Damares. *A repercussão geral no Supremo Tribunal Federal*. São Paulo: Saraiva, 2016. p. 15. Conceitua a autora: "A repercussão geral é um filtro colegiado de admissão recursal, por intermédio da qual o Supremo Tribunal Federal (STF) seleciona os recursos extraordinários relevantes para julgamento, no exercício de sua política defensora da Constituição."
11. Nomenclatura que apontam as Cortes que estão no vértice de uma organização judiciária. ver: MITIDIERO, Daniel. *Cortes superiores e cortes supremas*: do controle à interpretação, da jurisprudência ao precedente. 2. ed. São Paulo: Ed. RT, 2014.
12. Para um diagnóstico mais preciso do Poder Judiciário, recomenda-se: CONTI, José Maurício (Org.). *Poder Judiciário*: orçamento, gestão e políticas públicas. São Paulo: Almedina, 2017.
13. FREITAS JÚNIOR, Horival Marques. *Repercussão geral das questões constitucionais*: sua aplicação pelo Supremo Tribunal Federal. São Paulo: Malheiros, 2015. p. 39. Escreve o autor: "Contudo, como se nota, apesar de se tratar de um tribunal de revisão, o Supremo Tribunal Federal brasileiro não deve ser entendido como mais uma instância de revisão, como se destinado a julgar apelações, isto é, recursos com devolução integral das questões debatidas."
14. PINHO, Humberto Dalla Bernardina de. *Direito processual civil contemporâneo*: teoria geral do processo. 4. ed. São Paulo: Saraiva, 2012. v. 2, p. 1211. Nas palavras do autor, trata-se de mais um requisito de admissibilidade do recurso extraordinário, assim

no artigo 102, § 3º[15], da Constituição Federal, o que fez com que a interposição deste meio de impugnação de uma decisão judicial transcendesse a subjetividade do recorrente e, com isto, trouxesse novos contornos ao controle difuso de constitucionalidade. Hoje sua previsão está retratada no art. 1.035 do CPC de 2015.

A ideia tem rendido frutos na readequação das funções da Corte, e, ao longo desses anos, já se nota uma diminuição no número de recursos extraordinários que merecem julgamento no Supremo Tribunal Federal, diminuindo o trânsito de processos julgados e aumentando o número de processos devolvidos à origem[16]. Ao lado disso, comemora-se um nova legislação processual civil que enumera alguns artigos relacionados ao tema, razão pela qual o estudo mostra sua atualidade, em especial ao expor se o novo texto legislativo está coadunado com o fenômeno da objetivação do controle difuso de constitucionalidade.

2. Ainda há modelo híbrido de constitucionalidade de leis no Brasil?[17]

Como é de conhecimento, o modelo difuso de constitucionalidade está intimamente ligado à tradição estadunidense, enquanto que o modelo abstrato, ao modelo mais europeu. Ives Gandra da Silva Martins e Gilmar Ferreira Mendes[18]

---

expondo: "O recorrente, na fase de admissibilidade, além de demonstrar a presença dos requisitos objetivos e subjetivos comuns a qualquer recurso e, ainda, o prequestionamento, deverá demonstrar, através da abertura de um capítulo preliminar em seu recurso, a existência de uma questão relevante do ponto de vista econômico, político, social ou jurídico que ultrapasse os interesses subjetivos da causa."

15. O § 3º restou com a seguinte redação: "No recurso extraordinário o recorrente deverá demonstrar a repercussão geral das questões constitucionais discutidas no caso, nos termos da lei, a fim de que o Tribunal examine a admissão do recurso, somente podendo recusá-lo pela manifestação de dois terços de seus membros."
16. As informações estão disponibilizadas em: [www.stf.jus.br/portal/cms/verTexto.asp?servico=jurisprudenciaRepercussaoGeral&pagina=numeroRepercussao]. Acesso: 09.05.2016.
17. O artigo é, praticamente, um novo olhar sobre o texto anteriormente publicado sobre "A objetivação do controle difuso". Novas bibliografias e ideias foram incorporadas ao estudo, renovando-o para a coletânea, sendo o título e capítulos reestruturados, assim como a introdução e conclusão. O artigo original foi publicado em: FAYET, Paulo; JOBIM, Geraldo; JOBIM, Marco Félix (Orgs.). *Controvérsias constitucionais atuais*. Porto Alegre: Livraria do Advogado, 2014.
18. MARTINS, Ives Gandra da Silva; MENDES, Gilmar Ferreira. *Controle concentrado de constitucionalidade*: comentários à Lei n. 9.868, de 10-11-1999. 3. ed. São Paulo: Saraiva, 2009. p. 2. Expõem: "O modelo europeu adota as ações individuais para a defesa de posições subjetivas e cria mecanismos específicos para a defesa dessas posições como a atribuição de eficácia *ex tunc* da decisão para o caso concreto que ensejou a declaração de inconstitucionalidade do sistema austríaco. Especialmente a Emenda Constitucional de 7 de dezembro de 1929 introduziu mudanças substanciais no modelo de controle de constitucionalidade formulado na Constituição austríaca de 1920. Passou-se a

escrevem sobre a aproximação dos sistemas difuso e abstrato, ao entenderem que este, no modelo europeu, tem aberto as portas para que as Cortes Constitucionais não detenham o monopólio do controle de leis, admitindo que tribunais inferiores[19] o façam. De outro lado, referem que, no modelo difuso estadunidense, a adoção do *amicus curiae*[20], a possibilidade do *writ of certiorari*[21] e a força vinculante pelo *stare decisis*[22-23,] tudo isso faz com que prepondere uma força mais objetiva no processo que evidencia o controle concreto como matriz em sua tradição.

---

admitir que o Supremo Tribunal de Justiça (*Oberster Gerichtshof*) e o Tribunal de Justiça Administrativa (*Verwaltungsgerichtshof*) elevem a controvérsia constitucional concreta perante a Corte Constitucional. Rompe-se com o monopólio de controle da Corte Constitucional, passando aqueles órgãos judiciais a ter um juízo provisório e negativo sobre a matéria. Essa tendência seria reforçada posteriormente com adoção de modelo semelhante na Alemanha, Itália e Espanha." E concluem com o modelo difuso: "O sistema americano, por seu turno, perde em parte a característica de um modelo voltado para a defesa de posições exclusivamente subjetivas e adota uma modelagem processual que valora o interesse público em sentido amplo. A abertura processual largamente adotada pela via do *amicus curiae* amplia e democratiza a discussão em torno da questão constitucional. A adoção do *writ of certioriari* como mecanismo básico de acesso à Corte Suprema e o reconhecimento do efeito vinculante das decisões por força do *stare decisis* conferem ao processo natureza fortemente objetiva."

19. Sobre a questão dos tribunais superiores, inferiores e juízes, recomenda-se: TESHEINER, José Maria Rosa; JOBIM, Marco Felix. Tribunais superiores e juízes inferiores: reflexões sobre o Judiciário, precedentes vinculantes e fundamentação das decisões judicial. *Revista Brasileira de Direito Processual*, Belo Horizonte, v. 25, n. 98, p. 143-154, abr.-jun. 2017.
20. Para uma melhor compreensão do tema do *amicus curiae*, importante a leitura da obra: BUENO, Cassio Scarpinella. Amicus curiae *no processo civil brasileiro*: um terceiro enigmático. 3. Ed. São Paulo: Saraiva, 2012.
21. ZACLIS, Lionel. Direito processual civil estadunidense. In: CRUZ E TUCCI, José Rogério (Coord.). *Direito processual civil americano contemporâneo*. São Paulo: LEX, 2010. p. 196. É um tipo de filtro para que os recursos sejam admitidos, conforme expõe o autor: "Em 1925, o então Presidente da Suprema Corte (*Chief Justice*), Willian Howard Taft, que, aliás, já havia sido Presidente dos Estados Unidos, conseguiu a aprovação de uma lei por força da qual se erigiu como requisito para a cognição dos recursos que o tribunal concedesse prévia licença para tanto, mediante *writ of certiorari*, semelhante ao instituto da arguição de relevância, considerado necessário para proteger o tribunal de um volume de trabalho impossível de enfrentar. Esse mecanismo discricionário logo foi adotado por vários tribunais estaduais. Seu efeito é o de liberar a alta corte de apreciar qualquer causa que seus membros deliberem não ter necessidade de decidir."
22. BRENNER, Saul; SPAETH, Harold J. *Stare indecisis*: the alternation of precedent on the Supreme Court, 1946 – 1992. Cambridge: Cambridge University Press, 1995. "Before we explore stare decisis, it is necessary to define it. 'Stare decisis' is a shortened form of the Latin phrase 'stare decisis et non quieta movere', which Black's Law Dictionary defines as 'To adhere to precedents, and not to unsettle things which are established'. It takes two forms: vertical stare decisis and horizontal stare decisis. The former refers to the obligation of lower court judges to adhere to the precedents of higher courts within the same jurisdiction. Horizontal stare decisis concerns the duty of a court to conform to its own precedents or that of a sister court, if any."

O que se pretende defender neste momento é a possibilidade de encontro dos sistemas difuso e abstrato no direito brasileiro pelo alargamento do conceito de recurso extraordinário, com o ingresso da repercussão geral no ordenamento jurídico, o que é explicado por Luiz Guilherme Marinoni[24] ao discorrer sobre o tema, afirmando ser o efeito vinculante das decisões em sede de repercussão geral em recurso extraordinário algo inerente hoje ao controle incidental de constitucionalidade. Ainda relata o processualista paranaense[25] para outro norte ao trabalhar a questão. Em seu entendimento, tanto as decisões emanadas do controle difuso como do abstrato, o efeito vinculante não está diretamente ligado a se tratar os casos como controle objetivo, mas, sim, pelo fato de que se aperceba que, em qualquer que seja o controle que se está trabalhando, o importante é saber que os motivos determinantes das decisões oriundas do Supremo Tribunal Federal devem ser observados pelos outros órgãos jurisdicionais, sob pena de comprometer o próprio Tribunal. Daí seu pensamento[26] de que não é o recurso extraordinário que tem contorno objetivo, mas, sim, o inverso.

23. No Brasil, especificadamente sobre o modelo de *Stare Decisis*, recomenda-se: NOGUEIRA, Gustavo Santana. *Stare Decisis et Non Quieta Movere*: a Vinculação aos Precedentes no Direito Comparado Brasileiro. Rio de Janeiro: Lumen Juris, 2011.
24. MARINONI, Luiz Guilherme. *Teoria geral do processo*. 4. ed. São Paulo: Ed. RT, 2010. p. 58-59. Relata o processualista: "Mas, quando a causa chega ao Supremo Tribunal Federal em razão de recuso extraordinário, o controle da constitucionalidade continua sendo incidental ao julgamento da causa. Porém, a ideia de que a decisão proferida em razão de recurso extraordinário atinge apenas as partes tem sido mitigada na prática jurisprudencial do Supremo Tribunal Federal. Isso ocorreu, inicialmente, após a fixação do entendimento de que, após o Supremo ter declarado, na via incidental, a inconstitucionalidade de uma lei, os demais tribunais estão dispensados de observar o art. 97 da Constituição Federal (reserva de plenário), podendo a inconstitucionalidade da lei, nesse caso, ser reconhecida pelos órgãos fracionários de qualquer tribunal. E, recentemente, surgiu no Supremo Tribunal Federal orientação que nega expressamente a equivalência entre controle incidental e eficácia da decisão restrita às partes do processo. Essa tese sustenta que mesmo decisões tomadas em sede de recurso extraordinário – ou seja, em controle incidental –, quando objeto de manifestação do Plenário do Supremo Tribunal Federal, gozam de efeito vinculante em relação aos órgãos da Administração e aos demais órgãos do Poder Judiciário."
25. MARINONI, Luiz Guilherme. *Precedentes obrigatórios*. São Paulo: Ed. RT, 2010. p. 459. Refere: "Assim, chega-se ao momento em que é possível definir o significado de se atribuir efeito vinculante às decisões tomadas em recurso extraordinário. Não se atribui eficácia vinculante a essas decisões em razão de supor que, como ocorre na ação direta, se está tratando do controle objetivo de normas, mas da percepção de que os motivos determinantes das decisões tomadas pelo Supremo Tribunal Federal, em controle concentrado ou em controle difuso, devem ser observados pelos demais órgãos judiciários, sob pena de a função do Supremo Tribunal Federal restar comprometida."
26. MARINONI, Luiz Guilherme. *Precedentes obrigatórios*. São Paulo: Ed. RT, 2010. p. 459. Nessa linha, escreve: "É necessário perceber que a identidade de efeitos entre estas

Fredie Didier Jr.[27], em artigo específico sobre o tema, alerta para o fato de que existe a objetivação do recurso extraordinário ao trazer a possibilidade de, por meio de seu julgamento, existir a vinculação dos outros órgãos do Poder Judiciário pelo entendimento esposado na decisão. Depois de uma série de reflexões, refere que passar por todo o procedimento[28] exposto pelo Código de Processo Civil brasileiro de 1973[29] e atualmente no de 2015[30] no que concerne à repercussão

---

decisões não decorre do fato de o recurso extraordinário ter assumido os contornos do controle objetivo. Bem vistas as coisas, ocorreu o inverso."

27. DIDIER JR., Fredie. O recurso extraordinário e a transformação do controle difuso de constitucionalidade no direito brasileiro. In: CAMARGO, Marcelo Novelino (Org.). *Leituras complementares de direito constitucional*: controle de constitucionalidade. Salvador: JusPodivm, 2007. p. 99. Refere o processualista baiano: "O objetivo deste ensaio é o de demonstrar a transformação do controle difuso de constitucionalidade no direito brasileiro, notadamente quando realizado por meio do recurso extraordinário." E finaliza: "A idéia é a seguinte: o controle, embora difuso, quando feito pelo STF (Pleno) tem força para vincar os demais órgãos do Poder Judiciário, assemelhando-se, nesta eficácia, ao controle concentrado de constitucionalidade."

28. Não se pode deixar de mencionar que o recurso extraordinário ainda encontra dispositivos que referem a repercussão geral no regimento interno do Supremo Tribunal Federal, entre os artigos 321 a 329. BRASIL. Supremo Tribunal Federal. *Regimento Interno*. Disponível em: [www.stf.jus.br/arquivo/cms/legislacaoRegimentoInterno/anexo/RISTF_Julho_2012.pdf]. Acesso em: 25.08.2012.

29. "Art. 543-A. O Supremo Tribunal Federal, em decisão irrecorrível, não conhecerá do recurso extraordinário, quando a questão constitucional nele versada não oferecer repercussão geral, nos termos deste artigo. § 1º Para efeito da repercussão geral, será considerada a existência, ou não, de questões relevantes do ponto de vista econômico, político, social ou jurídico, que ultrapassem os interesses subjetivos da causa. § 2º O recorrente deverá demonstrar, em preliminar do recurso, para apreciação exclusiva do Supremo Tribunal Federal, a existência da repercussão geral. § 3º Haverá repercussão geral sempre que o recurso impugnar decisão contrária a súmula ou jurisprudência dominante do Tribunal. § 4º Se a Turma decidir pela existência da repercussão geral por, no mínimo, 4 (quatro) votos, ficará dispensada a remessa do recurso ao Plenário. § 5º Negada a existência da repercussão geral, a decisão valerá para todos os recursos sobre matéria idêntica, que serão indeferidos liminarmente, salvo revisão da tese, tudo nos termos do Regimento Interno do Supremo Tribunal Federal. § 6º O Relator poderá admitir, na análise da repercussão geral, a manifestação de terceiros, subscrita por procurador habilitado, nos termos do Regimento Interno do Supremo Tribunal Federal. § 7º A Súmula da decisão sobre a repercussão geral constará de ata, que será publicada no Diário Oficial e valerá como acórdão." E: "Art. 543-B. Quando houver multiplicidade de recursos com fundamento em idêntica controvérsia, a análise da repercussão geral será processada nos termos do Regimento Interno do Supremo Tribunal Federal, observado o disposto neste artigo. § 1º Caberá ao Tribunal de origem selecionar um ou mais recursos representativos da controvérsia e encaminhá-los ao Supremo Tribunal Federal, sobrestando os demais até o pronunciamento definitivo da Corte. § 2º Negada a existência de repercussão geral, os recursos sobrestados considerar-se-ão automaticamente

geral no recurso extraordinário, concluiu ser este um típico processo de caráter objetivo, semelhante às ações do controle abstrato de constitucionalidade de leis, havendo, pois, a objetivação do controle difuso[31], o que também é defendido por

---

não admitidos. § 3º Julgado o mérito do recurso extraordinário, os recursos sobrestados serão apreciados pelos Tribunais, Turmas de Uniformização ou Turmas Recursais, que poderão declará-los prejudicados ou retratar-se. § 4º Mantida a decisão e admitido o recurso, poderá o Supremo Tribunal Federal, nos termos do Regimento Interno, cassar ou reformar, liminarmente, o acórdão contrário à orientação firmada. § 5º O Regimento Interno do Supremo Tribunal Federal disporá sobre as atribuições dos Ministros, das Turmas e de outros órgãos, na análise da repercussão geral."

30. Na Lei 13.105/2015 o tema toma forma no artigo 1.035: "O Supremo Tribunal Federal, em decisão irrecorrível, não conhecerá do recurso extraordinário quando a questão constitucional nele versada não tiver repercussão geral, nos termos deste artigo. § 1º Para efeito de repercussão geral, será considerada a existência ou não de questões relevantes do ponto de vista econômico, político, social ou jurídico que ultrapassem os interesses subjetivos do processo. § 2º O recorrente deverá demonstrar a existência de repercussão geral para apreciação exclusiva pelo Supremo Tribunal Federal. § 3º Haverá repercussão geral sempre que o recurso impugnar acórdão que: I – contrarie súmula ou jurisprudência dominante do Supremo Tribunal Federal; II – (*Revogado*); III – tenha reconhecido a inconstitucionalidade de tratado ou de lei federal, nos termos do *art. 97 da Constituição Federal*. § 4º O relator poderá admitir, na análise da repercussão geral, a manifestação de terceiros, subscrita por procurador habilitado, nos termos do Regimento Interno do Supremo Tribunal Federal. § 5º Reconhecida a repercussão geral, o relator no Supremo Tribunal Federal determinará a suspensão do processamento de todos os processos pendentes, individuais ou coletivos, que versem sobre a questão e tramitem no território nacional. § 6º O interessado pode requerer, ao presidente ou ao vice-presidente do tribunal de origem, que exclua da decisão de sobrestamento e inadmita o recurso extraordinário que tenha sido interposto intempestivamente, tendo o recorrente o prazo de 5 (cinco) dias para manifestar-se sobre esse requerimento. § 7º Da decisão que indeferir o requerimento referido no § 6º ou que aplicar entendimento firmado em regime de repercussão geral ou em julgamento de recursos repetitivos caberá agravo interno..§ 8º Negada a repercussão geral, o presidente ou o vice-presidente do tribunal de origem negará seguimento aos recursos extraordinários sobrestados na origem que versem sobre matéria idêntica. § 9º O recurso que tiver a repercussão geral reconhecida deverá ser julgado no prazo de 1 (um) ano e terá preferência sobre os demais feitos, ressalvados os que envolvam réu preso e os pedidos de *habeas corpus*. § 10. (*Revogado*). § 11. A súmula da decisão sobre a repercussão geral constará de ata, que será publicada no diário oficial e valerá como acórdão.

31. DIDIER JR., Fredie. O recurso extraordinário e a transformação do controle difuso de constitucionalidade no direito brasileiro. In: CAMARGO, Marcelo Novelino (Org.). *Leituras complementares de direito constitucional*: controle de constitucionalidade. Salvador: JusPodivm, 2007. p. 112. Ressalta: "É possível concluir, sem receio, de que o incidente para a apuração da repercussão geral por amostragem é um procedimento de caráter objetivo, semelhante ao procedimento da ADIN, ADC e ADPF, e de profundo interesse público, pois se trata de exame de uma questão que diz respeito a um

Gláucia Mara Coelho[32] e André Ramos Tavares[33], ou seja, a de existir uma similitude dos controles posteriormente à reforma do Judiciário.

Em lição um pouco diferente sobre a aproximação dos sistemas, Leonardo Carneiro da Cunha[34] entende que o recurso extraordinário continua realizando, por meio do julgamento pelo Supremo Tribunal Federal, o controle difuso de constitucionalidade, embora com conotações abstratas, ou seja, não admite que exista a vinculação com o controle concentrado, pois difere este do abstrato. Assim,

---

sem-número de pessoas, resultando na criação de uma norma jurídica de caráter geral pelo STF. É mais uma demonstração do fenômeno de 'objetivação' do controle difuso de constitucionalidade das leis, que será examinado no item seguinte."

32. COELHO, Gláucia Mara. *Repercussão geral*: da questão constitucional no processo civil brasileiro. São Paulo: Atlas, 2009. p. 136. Expõe a autora: "Por fim, pode-se afirmar que a adoção da repercussão geral nesses moldes (permitindo-se que uma única decisão do pleno possa ser utilizada como precedente para as ciências ordinárias), assim como da súmula com efeitos vinculantes, caracteriza um inequívoco movimento de aproximação entre os modelos de controle de constitucionalidade 'difuso-concreto' e 'abstrato-concentrado', já que as características de um e de outro modelo acabam se tornando, ao final, muito semelhantes, com o fortalecimento deste último."
33. TAVARES, André Ramos. *Manual do Poder Judiciário brasileiro*. São Paulo: Saraiva, 2012. p. 145. Refere: "A partir da Reforma do Judiciário, contudo, mudanças significativas passaram a ser incorporadas ao controle de constitucionalidade. A combinação da súmula vinculante com o instituto da repercussão geral cria uma nítida conexão entre o modelo difuso-concentrado [...]."
34. CUNHA, Leonardo Carneiro. A função do Supremo Tribunal Federal e a força de seus precedentes: enfoque nas causas repetitivas. In: PAULSEN, Leandro (Coord.). *Repercussão geral no recurso extraordinário*: estudos em homenagem à Ministra Ellen Gracie. Porto Alegre: Livraria do Advogado, 2011. p. 64. Inicia afirmando: "Um dos aspectos dessa mudança é a transformação do recurso extraordinário, que, embora instrumento de *controle difuso* de constitucionalidade das leis, tem servido, também, ao *controle abstrato*. Normalmente, relaciona-se o *controle difuso* ao *controle concreto* da constitucionalidade. São, no entanto, coisas diversas. O controle é difuso porque pode ser feito por qualquer órgão jurisdicional; ao controle difuso contrapõe-se o controle concentrado. Chama-se de controle concreto, porque feito *a posteriori*, à luz das peculiaridades do caso; e a ele se contrapõe o controle abstrato, em que a inconstitucionalidade é examinada em tese, *a priori*. Normalmente, o *controle abstrato* é feito de forma concentrada, no STF, por intermédio da ADIN, ADC ou ADPF, e o *controle concreto*, de forma difusa. O *controle difuso* é sempre *incidenter tantum*, pois a constitucionalidade é questão incidente, que será resolvida na fundamentação da decisão judicial; assim, a decisão a respeito da questão somente tem eficácia *inter partes*. O controle concentrado, no Brasil, é feito *principaliter tantum*, ou seja, a questão sobre a constitucionalidade da lei comõe o objeto litigioso do processo e a decisão a seu respeito ficará imune pela coisa julgada material, com eficácia *erga omnes*." E finaliza: "Nada impede, porém, que o controle de constitucionalidade seja difuso, mas abstrato: a análise da constitucionalidade é feita em tese, embora por qualquer órgão judicial."

acaba por afirmar que o controle pode ser difuso, mas ao mesmo tempo abstrato. Noutra concepção de interessante conteúdo, Maurício Martins Reis[35] aborda a questão aludindo ao fato de que se pode pensar na objetivação ou, como define, abstrativização, do controle difuso pela via do recurso extraordinário quando houver a compreensão de que o objeto do recurso é a declaração de inconstitucionalidade do texto que incide no caso concreto.

O novo Código de Processo Civil brasileiro dedicou o artigo 1.035 a tratar sobre o tema da repercussão geral[36], diminuindo as previsões textuais sobre o CPC de 1973, que versava sobre o tema nos artigos 543-A e 543-B. Uma das diferenças mais significativas, em que pese poder aparentar procedimental, mas assim não era tratada vez em quando, é que na legislação passada o recorrente deveria demonstrar a repercussão geral em preliminar fundamentada, a teor do artigo 543-A, § 2º, do CPC de 1973, e no CPC/2015 não existe tal previsão, uma vez que se descobriu, infelizmente tardiamente para muitos jurisdicionados, que o direito discutido deve se sobrepor à forma, ainda mais em casos que julgam a vida em sociedade. Segundo o Enunciado 224 da FPPC, *a existência de repercussão geral terá de ser demonstrada de forma fundamentada, sendo dispensável sua alegação em preliminar ou em tópico específico*. Ora, nada mais salutar para o sistema jurídico de que possa o Supremo Tribunal Federal conhecer de caso com repercussão

---

35. REIS, Maurício Martins. *A legitimação do Estado Democrático de Direito para além da decretação abstrata de constitucionalidade*: o valor prospectivo da interpretação conforme à Constituição como desdobramento concreto entre a lei e o direito. Passo Fundo: IMED, 2012. p. 377. No prelo. Defende o autor em sua tese de doutorado: "Noutros moldes, a tese acerca da abstrativização do controle difuso é devida, se compreendermos que o seu objeto é a declaração de inconstitucionalidade do texto ora vertente ao caso, de cunho incidental, prévio, prejudicial, para proceder ao exame do mérito, de sorte a não ser aplicado o dispositivo posto em debate. Ou seja, quando uma norma resulta inaplicada por mácula de inconstitucionalidade, em reconhecendo esta desconformidade, o STF estará adjudicando procedência ao recurso extraordinário pela alínea *b* do artigo 102, inciso III."

36. STRECK, Lenio Luiz; NUNES, Dierle; CUNHA, Leonardo Carneiro da (Orgs.). FREIRE, Alexandre (Coord. executivo). *Comentários ao Código de Processo Civil*: de acordo com a Lei n. 13.256/2016. São Paulo: Saraiva, 2016. p. 1378. Tratando um pouco do trâmite, apontam os autores (os comentários ao artigo são de Dierle Nunes, Alexandre Bahia e Flávio Quinaud Pedron): "A repercussão geral tem como pressuposto a técnica do julgamento de 'causa-piloto', notadamente para lidar com causas repetitivas (ou 'seriais') e técnicas de limitação: se a matéria é nova, o STF irá apreciar se ela possui ou não repercussão geral: havendo repercussão geral, a solução servirá de fundamento para todos os processos sobrestados, bem como para casos futuros sobre a mesma matéria; não havendo repercussão geral, o STF irá inadmitir o RE; então, todos os demais RE sobre a mesma matéria sobrestada serão igualmente inadmitidos, assim como futuros Recursos sobre o mesmo tema."

geral se estiver, minimamente, fundamentada, tendo em vista que é necessário ao Tribunal que compreenda a discussão.

Aqui não se está nem entrando na matéria que se apresenta nos artigos 1.036 a 1.041 do novo Código de Processo Civil brasileiro que trabalha na questão relacionada aos julgamentos dos recursos extraordinário e especial repetitivos, porque é aquele que nos interessa, pois alvo deste estudo. Num primeiro momento, poderia o intérprete acreditar que poderiam ser tratados, tanto a repercussão geral como a repetição de recursos extraordinários como institutos que poderiam dar ensejo à objetivação do controle difuso, mas merece atenção especial a referência à previsão talhada no artigo 1.039 ao referir que *decididos os recursos afetados, os órgãos colegiados declararão prejudicados os demais recursos versando sobre idêntica controvérsia ou os decidirão aplicando a tese firmada*, mas mais precisamente nos interessa o parágrafo único que expõe que, *negada a existência de repercussão geral no recurso extraordinário afetado, serão considerados automaticamente inadmitidos os recursos extraordinários cujo processamento tenha sido sobrestado*, mantendo uma lógica no sistema, qual seja, a de afirmar que a repetição da matéria não quer dizer que há repercussão geral, sendo, pois, institutos diferentes.

3. Um único cidadão e o "perdido" caminho da objetivação

Ainda, do julgamento reiterado sobre determinada matéria constitucional, o Supremo Tribunal Federal pode, de ofício ou por provocação, por dois terços de seus membros, aprovar uma súmula vinculante, conforme estatui o artigo 103-A[37] da Constituição Federal, tendo sido introduzida esta modalidade sumular pela mesma EC 45/2004, posteriormente regulamentada pela Lei 11.417, de 19

---

37. A redação integral do artigo 103-A e parágrafos é: "O Supremo Tribunal Federal poderá, de ofício ou por provocação, mediante decisão de dois terços dos seus membros, após reiteradas decisões sobre matéria constitucional, aprovar súmula que, a partir de sua publicação na imprensa oficial, terá efeito vinculante em relação aos demais órgãos do Poder Judiciário e à administração pública direta e indireta, nas esferas federal, estadual e municipal, bem como proceder à sua revisão ou cancelamento, na forma estabelecida em lei. § 1º A súmula terá por objetivo a validade, a interpretação e a eficácia de normas determinadas, acerca das quais haja controvérsia atual entre órgãos judiciários ou entre esses e a administração pública que acarrete grave insegurança jurídica e relevante multiplicação de processos sobre questão idêntica. § 2º Sem prejuízo do que vier a ser estabelecido em lei, a aprovação, revisão ou cancelamento de súmula poderá ser provocada por aqueles que podem propor a ação direta de inconstitucionalidade. § 3º Do ato administrativo ou decisão judicial que contrariar a súmula aplicável ou que indevidamente a aplicar, caberá reclamação ao Supremo Tribunal Federal que, julgando-a procedente, anulará o ato administrativo ou cassará a decisão judicial reclamada, e determinará que outra seja proferida com ou sem a aplicação da súmula, conforme o caso."

de dezembro de 2006[38], que dispõe sobre a edição, revisão e cancelamento da súmula. É por essa razão que entende Gilberto Schäfer[39] existir a aproximação do direito brasileiro ao direito estadunidense.

Soma-se às lições sobre o encontro dos modelos de controle de constitucionalidade de leis outro fato que faria com que, de alguma forma, fosse aceito o controle difuso nesta tese: o de que se defende que este modelo é o mais democrático entre eles, o que é lembrado por Daniel Mitidiero[40] ao expor que este controle está legitimado pela democracia participativa, própria do Estado Contemporâneo, e, sem que houvesse o controle difuso, o próprio Estado Constitucional brasileiro estaria ameaçado. A democracia representativa no controle difuso ganha contornos interessantes a partir da nova legislação processual civil brasileira, com técnicas como a de *amicus curiae*[41] não mais restritas às ações do controle concentrado.

---

38. Lei na íntegra. *Brasil*. Lei 11.417, de 19 de dezembro de 2006. Disponível em: [www.planalto.gov.br/ccivil_03/_Ato2004-2006/2006/Lei/L11417.htm]. Acesso em: 24.10.2012.
39. SCHÄFER, Gilberto. *Súmulas vinculantes*: análise crítica da experiência do Supremo Tribunal Federal. Porto Alegre: Livraria do Advogado, 2012. p. 108-109. Refere: "É importante ressaltar também que a Jurisdição Constitucional brasileira aproximou-se do modelo das Cortes Constitucionais, como o alemão. A introdução das Súmulas Vinculantes, a sua eficácia *erga omnes* e o seu Efeito Vinculante, com precedente reforçado, por outro lado, aproximam-se da *Common* Law, especialmente o modelo norte-americano, que possui uma Constituição escrita e uma Suprema *Corte* influente. De certa forma, volta-se ao início com a atuação do nosso Supremo, inspirado no modelo norte-americano, e com uma restrição mais significativa da atuação do Senado Federal no controle incidental e difuso, ao possibilitar que seja possível a eficácia geral, independentemente da atuação deste último, embora se exija uma reiteração de decisões e não apenas uma declaração, que pode ser o caso de atuação do Senado e que pode não atuar devido ao seu poder discricionário."
40. MITIDIERO, Daniel. *Processo civil e Estado constitucional*. Porto Alegre: Livraria do Advogado, 2005. p. 26-27. Inicia: "Cumpre argumentar, de postremeiro, que o controle difuso de constitucionalidade é o mais democrático, sendo, dessarte, o mais impregnado de legitimidade. Deveras, ao lado da democracia representativa, ideal próprio do Estado Moderno, ganha força a democracia participativa, própria do Estado Contemporâneo, verdadeiro direito de quarta dimensão, que incentiva os cidadãos a participarem diretamente no manejo de poder do Estado, dando legitimidade à normatividade contruída pela via hermenêutica." E finaliza: "Com efeito, sem o controle difuso de constitucionalidade dos atos estatais, o Estado Constitucional brasileiro estaria fortemente ameaçado, o que impõe o seu reconhecimento como algo inerente à nossa tradição cultural, sem embargo das respeitáveis opiniões em contrário."
41. Art. 138. O juiz ou o relator, considerando a relevância da matéria, a especificidade do tema objeto da demanda ou a repercussão social da controvérsia, poderá, por decisão irrecorrível, de ofício ou a requerimento das partes ou de quem pretenda manifestar-se, solicitar ou admitir a participação de pessoa natural ou jurídica, órgão ou entidade especializada, com representatividade adequada, no prazo de 15 (quinze) dias de sua intimação. § 1º A intervenção de que trata o *caput* não implica alteração de competência

Um fato é importante relembrar sobre o encontro dos sistemas difuso e abstrato do controle de constitucionalidade das leis: o veto do Presidente da República ao inciso II, do artigo 2º[42], do então Projeto de Lei 17, de 1999, tombado na Câmara dos Deputados pelo número 2.872/97, que, posteriormente, foi transformado na Lei 9.882/99, a qual trata da arguição de descumprimento de preceito fundamental. O referido artigo era cristalino ao conceder a qualquer pessoa a legitimidade de ingresso com uma ação diretamente no Supremo Tribunal Federal caso fosse lesada pelo Poder Público.

Entre as principais razões do veto[43] do Presidente da República, estava a de que era incompatível com o sistema abstrato de constitucionalidade o acesso in-

---

nem autoriza a interposição de recursos, ressalvadas a oposição de embargos de declaração e a hipótese do § 3º. § 2º Caberá ao juiz ou ao relator, na decisão que solicitar ou admitir a intervenção, definir os poderes do *amicus curiae*. § 3º O *amicus curiae* pode recorrer da decisão que julgar o incidente de resolução de demandas repetitivas.

42. A redação do artigo na Lei 9.882/99 teria esta formatação caso não fosse vetado o inciso II: "Art. 2º Podem propor arguição de descumprimento de preceito fundamental: [...] II – qualquer pessoa lesada ou ameaçada por ato do Poder Público."

43. Esta a íntegra da razão de veto presidencial do inciso II do artigo 2º do projeto de lei da arguição de descumprimento de preceito fundamental, consubstanciada na Mensagem 1.807, de 3 de dezembro de 1999, da subchefia dos assuntos jurídicos da Presidência da República encaminhada ao Presidente do Senado Federal: "A disposição insere um mecanismo de acesso direto, irrestrito e individual ao Supremo Tribunal Federal sob a alegação de descumprimento de preceito fundamental por 'qualquer pessoa lesada ou ameaçada por ato do Poder Público'. A admissão de um acesso individual e irrestrito é incompatível com o controle concentrado de legitimidade dos atos estatais – modalidade em que se insere o instituto regulado pelo projeto de lei sob exame. A inexistência de qualquer requisito específico a ser ostentado pelo proponente da arguição e a generalidade do objeto da impugnação fazem presumir a elevação excessiva do número de feitos a reclamar apreciação pelo Supremo Tribunal Federal, sem a correlata exigência de relevância social e consistência jurídica das arguições propostas. Dúvida não há de que a viabilidade funcional do Supremo Tribunal Federal consubstancia um objetivo ou princípio implícito da ordem constitucional, para cuja máxima eficácia devem zelar os demais poderes e as normas infraconstitucionais. De resto, o amplo rol de entes legitimados para a promoção do controle abstrato de normas inscrito no art. 103 da Constituição Federal assegura a veiculação e a seleção qualificada das questões constitucionais de maior relevância e consistência, atuando como verdadeiros agentes de representação social e de assistência à cidadania. Cabe igualmente ao Procurador-Geral da República, em sua função precípua de Advogado da Constituição, a formalização das questões constitucionais carentes de decisão e socialmente relevantes. Afigura-se correto supor, portanto, que a existência de uma pluralidade de entes social e juridicamente legitimados para a promoção de controle de constitucionalidade – sem prejuízo do acesso individual ao controle difuso – torna desnecessário e pouco eficiente admitir-se o excesso de feitos a processar e julgar certamente decorrentes de um acesso irrestrito e individual ao Supremo Tribunal Federal. Na medida em que se multiplicam os feitos a examinar sem

dividual, direto e irrestrito ao Supremo Tribunal Federal de qualquer pessoa que se sentisse lesada pelo Poder Público, motivo que encontra até hoje críticas na doutrina, como as realizadas por Frederico Barbosa Gomes[44], Lenio Luiz Streck[45] e André Del Negri[46]. Em que pese naquela época haver dúvidas quanto ao encontro dos sistemas difuso e abstrato, hoje o veto, por esta razão, seria insustentável, tendo em vista que a repercussão geral trouxe a objetivação do sistema difuso, fazendo com que qualquer pessoa possa ir ao Supremo Tribunal Federal, via interposição de recurso extraordinário, caso apresente repercussão geral, com uma decisão que pode ser vinculativa, fazendo com que possa ser defendido, via processo legislativo, o retorno dessa possibilidade.

Luis Afonso Heck[47], no prefácio à obra *O Controle de Constitucionalidade*: Direito Americano, Alemão e Brasileiro, de Eduardo Schenato Piñero, aponta

---

que se assegure sua relevância e transcendência social, o comprometimento adicional da capacidade funcional do Supremo Tribunal Federal constitui inequívoca ofensa ao interesse público. Impõe-se, portanto, seja vetada a disposição em comento." BRASIL. Mensagem n. 1.807, de 3 de dezembro de 1999. Disponível em: [www.planalto.gov.br/ccivil_03/leis/Mensagem_Veto/1999/Mv1807-99.htm]. Acesso em: 10.05.2016.

44. GOMES, Frederico Barbosa. *Argüição de descumprimento de preceito fundamental*: uma visão crítica. Belo Horizonte: Fórum, 2008. p. 376. Refere: "Essa opção, por óbvio, acaba por trazer sérios prejuízos à legitimidade democrática da ordem jurídica nacional, na medida em que, passo a passo, exclui-se o indivíduo da sua (re)construção, transformando-o em mero expectador. Por isso, ante essa tendência centralizadora adotada pela ordem constitucional vigente, seria de extrema utilidade que a ADPF se mostrasse como um instrumento de acesso do cidadão à mais alta Corte (como, aliás, era o anseio da doutrina nacional), funcionando como um mecanismo de defesa de seus direitos constitucionalmente assegurados, independentemente de representantes, pois assim não se correria o risco de deixar este alheio a tudo isso, nem se comprometeria, da mesma forma, a efetivação desse novo paradigma."

45. STRECK, Lenio Luiz. *Jurisdição constitucional e hermenêutica*: uma nova crítica ao direito. 2. ed. Rio de Janeiro: Forense, 2004. p. 813. "De qualquer modo que se argumente, é absolutamente relevante que se consiga chegar a um resultado que coloque o cidadão de volta ao cenário da legitimidade ativa para propor a argüição de descumprimento de preceito fundamental. Afinal, parace que era esse o desejo do constituinte, ao colocar a ADPF como mecanismo para a preservação dos direitos fundamentais, não como algo que distanciasse o cidadão do acesso à justiça, *mas que o pusesse diretamente em contato com a justiça constitucional*, encarregada de mediar os conflitos no Estado Democrático de Direito."

46. NEGRI, André Del. *Processo constitucional e decisão interna corporis*. Belo Horizonte: Fórum, 2011. p. 111. Refere: "Ao imaginar que seria possível *qualquer* pessoa *ameaçada de lesão* exercitar análise de afronta a preceito fundamental por intermédio do art. 2º, inciso II, da Lei n. 9.882/99, tratou-se a administração-governativa de vedar o exercício pleno do direito-de-ação já assegurado na Constituição brasileira (art. 5º, XXXV, CB/88)."

47. PIÑERO, Eduardo Schenato. *O controle de constitucionalidade*: direito americano, alemão e brasileiro. Porto Alegre: Sérgio Fabris, 2012. Refere Luis Afonso Heck no

que, para que a proteção da Constituição seja feita de uma maneira mais efetiva, deve existir um modelo difuso dotado de *stare decisis*, ou um modelo abstrato com competência para a rejeição[48] da norma antijurídica a ser realizado por um tribunal constitucional. A ideia refere uma só forma de controle, o que não é de se concordar[49], mas aponta, para dar maior sustentação à tese, o modelo difuso com efeito vinculante, o que fecha com o posicionamento de o recurso extraordinário com repercussão geral ter uma faceta de processo objetivo, e que pode ser exemplificado com o caso recentemente julgado pelo Supremo Tribunal Federal da obrigatoriedade do Exame da Ordem dos Advogados do Brasil[50] o qual, em

---

prefácio: "Uma olhada para a proteção da constituição indica uma alternativa: ou um modelo difuso dotado com *stare decisis* ou um modelo concentrado, ou conjugado, com competência centralizada para a rejeição. Rejeição do ato antijurídico com seus efeitos pelo tribunal constitucional, jurídica, portanto."

48. HECK, Luís Afonso. *Jurisdição constitucional*: teoria da nulidade *versus* teoria da nulificabilidade das leis. Porto Alegre: Livraria do Advogado, 2008. Para entender melhor o que entende o autor, recomenda-se a leitura da obra, em especial o que vem a ser a teoria da nulificabilidade das leis, entre as páginas 44 a 70. Também recomenda-se para compreender mais satisfatoriamente o que expõe Luís Afonso Heck, o autor no qual se baseia: KELSEN, Hans. *Teoria pura do direito*. Trad. João Baptista Machado. São Paulo: Martins Fontes, 2006. p. 306-308.

49. FABRÍCIO, Adroaldo Furtado. O princípio federativo e os recursos extraordinários: uma reflexão. In: MITIDIERO, Daniel; AMARAL, Guilherme Rizzo (Coord.); FEIJÓ, Maria Angélica Echer (Org.). *Processo Civil*: estudos em homenagem ao professor doutor Carlos Alberto Alvaro de Oliveira. São Paulo: Atlas, 2012. p. 28. Defende o autor, em sentido contrário, pela permanência dos dois controles, por se complementarem: "Postas tais premissas, já não caberia objetar ao recurso extraordinário, instrumento por excelência do controle difuso, a eventual disparidade de tratamento jurídico entre destinatários da mesma norma. A atribuição de eficácia *erga omnes* ao julgado proferido em controle indireto soluciona a possível dúvida. Restaria, quiçá, uma outra ordem de cogitação: certo que qualquer medida no rumo dessas ponderações implicaria alteração de nosmas constitucionais, indagar-se-ia se, em tal contexto, caberia afastar o recurso extraordinário do sistema. O peso da tradição depõe em contrário, e a particular relevância do controle de constitucionalidade (insuficiente, por si só, a forma concentrada) também aponta a necessidade de manter-se o instituto. De outro modo, seria imprescindível alargar-se consideravelmente a legitimação para a ação direta, o que poderia originar problemas talvez mais sérios do que os tratados aqui. Tudo indica, pois, a conveniência de preservar o recurso em foco, assim como evidente se faz a necessidade inadiável de ampliar o número de julgadores no Pretório Excelso, de modo a superar a inviabilidade material em que se acha a Corte de responder à demanda."

50. Em recente julgamento sobre a constitucionalidade do exame da Ordem dos Advogados do Brasil, no dia 27 de outubro de 2011, o Supremo Tribunal Federal manifestou-se pela sua constitucionalidade, em notícia assim veiculada: "A exigência de aprovação prévia em exame da Ordem dos Advogados do Brasil (OAB) para que bacharéis em direito possam exercer a advocacia foi considerada constitucional pelo Plenário do Supremo Tribunal Federal (STF). Por unanimidade, os ministros negaram provimento ao Recurso

sede de recurso extraordinário, sedimentou o posicionamento que vale para todos aqueles bacharéis em direito.

4. Considerações finais

Não precisamos ir longe demais em nosso pensamento para ter a certeza de que o Supremo Tribunal Federal brasileiro julga em demasia[51] e, assim o fazendo, está colocando em xeque suas próprias decisões, pois quem tem muito a julgar pode, eventualmente, ter de decidir pior. Para se ter uma ideia, enquanto o Supremo Tribunal Federal julgou perto de 85 mil casos em 2013, a Suprema Corte dos Estados Unidos julgou perto de 80 casos[52]. Como uma sociedade vai, eventualmente, respeitar, senão pelo aspecto do esforço dos 11 ministros, um Tribunal que julga dezenas de milhares de casos por ano?

Para dar uma reviravolta nos números, então, foram criados alguns institutos para oferecer aos Tribunais de vértice a missão de sedimentar o Direito constitucional e infraconstitucional que devem orientar a sociedade, tornando-os Cortes viáveis para tanto. No âmbito do Supremo Tribunal Federal, o instituto que está em vigor desde a Emenda Constitucional 45, de 2004, é o da repercussão geral no recurso extraordinário, anteriormente regulamentado pelo Código de Processo Civil de 1973, pelo Regimento Interno do Supremo Tribunal Federal e mais recentemente pela nova legislação processual civil brasileira, em vigor desde o dia 18 de março de 2016. Também é de ser referido que tal recurso ganha os contornos da repetitividade, o que já alcançava os recursos especiais para o Superior Tribunal de Justiça. Não é demais ressaltar que o Tribunal Superior do Trabalho também tem uma ferramenta para esse fim que é o da transcendência da matéria na interposição do Recurso de Revista.

O que pode ocorrer, e de fato ocorre, é que há uma antipatia com o instituto da repercussão geral, uma vez que, mal compreendida, é ela a vilã que encerra com o direito de milhões de jurisdicionados com uma decisão só. Este é um problema que realmente pode acontecer, razão pela qual há instrumentos constitucionais e infraconstitucionais que alicerçam as bases para que, de fato, não ocorra um julgamento político em matéria de repercussão geral, assim prejudicando quem

---

Extraordinário (RE 603583) que questionava a obrigatoriedade do exame. Como o recurso teve repercussão geral reconhecida, a decisão nesse processo será aplicada a todos os demais que tenham pedido idêntico." (BRASIL. Supremo Tribunal Federal. *STF considera constitucional o exame da OAB*. Disponível em: [www.stf.jus.br/portal/cms/vernoticiadetalhe.asp?idconteudo=192411]. Acesso em: 28.10.2011.

51. Para conhecer um pouco dos números do Supremo Tribunal Federal, ver: [www.fgv.br/supremoemnumeros/].
52. Disponível em: [http://oglobo.globo.com/brasil/judiciario-nos-eua-julgamos-temas--relevantes-secretario-geral-da-suprema-corte-13677862]. Acesso: 09.05.2016.

eventualmente deveria ter seu direito resguardado. Quanto menos processos ou recursos estiverem sendo julgados pelo Supremo Tribunal Federal, na teoria, melhor serão seus julgamentos, melhor será sua fundamentação, melhor será o controle da sociedade perante o órgão do Poder Judiciário.

35
AGRAVO INTERNO, COLEGIALIDADE E PRECEDENTES NO SUPREMO TRIBUNAL FEDERAL

WILLIAM SOARES PUGLIESE

Pós-Doutor pela UFRGS. Doutor e Mestre pelo PPGD-UFPR. Professor do Programa de Pós-graduação em Direito da Unibrasil. *Gastforscher* no *Max-Planck-Institut für ausländisches öffentliches Recht und Völkerrecht*. Coordenador da Especialização de Direito Processual Civil da Academia Brasileira de Direito Constitucional (ABDConst). Advogado.

SUMÁRIO: 1. Introdução; 2. Decisões monocráticas no STF; 3. Agravos internos providos no STF; 4. Agravo interno e colegialidade; 5. Agravo interno e precedentes; 6. Conclusão; Referências.

1. Introdução

Em estudo recentemente publicado na *Revista de Processo*[1], em março de 2021, enfrentou-se um dos principais problemas relacionados ao agravo interno, qual seja, a reprodução de questões a serem decididas por uma corte em diferentes recursos. Naquela oportunidade, defendeu-se que o recurso de agravo interno é cabível apenas nos casos em que o relator profere decisão monocrática terminativa, ou seja, em que há resolutividade recursal. Nos casos em que a decisão proferida pelo relator ainda deverá ser levada ao colegiado, a razão de ser do agravo interno se perde porque o recurso não inova em relação ao assunto principal a ser decidido pela corte. Não se trata, portanto, de um recurso que impõe um respeito cego ao princípio da colegialidade. Ao contrário, a razão de ser do agravo interno está intrinsecamente ligada a uma compreensão adequada de sua função e de sua estrutura.

---

1. KOZIKOSKI, Sandro; PUGLIESE, William Soares. Sobre o cabimento de agravo interno em face das decisões monocráticas não terminativas. *Revista de Processo*, São Paulo, v. 313, p. 201-216, mar. 2021.

Coincidentemente, no mesmo mês de março de 2021, por decisão monocrática, o Min. Edson Fachin julgou o HC 193.726, no qual declarou a incompetência e, consequentemente, declarou nulos os atos decisórios praticados em ações penais das quais o paciente em questão era acusado. Mais do que isso, extinguiu o referido *habeas corpus* e declarou a perda de objeto de outros 14 (quatorze) feitos. A interposição de recurso contra a referida decisão não tardou e encontra-se em julgamento. Trata-se, na linha do estudo anteriormente publicado, de uma das hipóteses típicas de cabimento do agravo interno[2], pois sem o recurso a discussão seria encerrada sem apreciação pelo colegiado.

O julgamento ainda se encontra em andamento, de modo que não se pretende oferecer, aqui, uma análise do acórdão. A razão pela qual essa breve recordação de fatos é apresentada é para justificar o tema deste artigo. As coincidências narradas despertaram, no autor, o interesse de realizar uma pesquisa jurisprudencial a respeito do tratamento do agravo interno pelo Supremo Tribunal Federal e compreender, sob o prisma do processo constitucional, a importância que a Corte confere a este recurso. Evidentemente, o ponto que foi investigado não se limita a uma compreensão dogmática do instituto. Em verdade, procurou-se avaliar se o agravo interno entrega, efetivamente, aquilo que dele se espera.

Como será apresentado adiante, há dois elementos que se destacam na pesquisa de acórdãos do STF em agravos internos: a importância da colegialidade e o respeito aos precedentes da Corte. Estes pontos têm vital relação com o perfil funcional do agravo interno e com o processo constitucional e serão os dois itens de principal desenvolvimento do presente artigo. Preliminarmente, porém, serão consideradas as hipóteses legais que autorizam o relator a proferir decisão monocrática, como premissa para a compreensão dos itens seguintes. A conclusão é a de que o agravo interno reforça a relevância do processo constitucional e sua dupla função.

Registra-se, por fim, especial agradecimento aos professores Ingo Sarlet e Luiz Guilherme Marinoni, pelo convite para participação na presente obra. É, em verdade, convite que impõe dever com duas faces: a entrega do texto no prazo estipulado e, o mais importante, a oferta de uma reflexão relevante que faça frente à contribuição desses professores no direito nacional e internacional. Foi com essa intenção que se redigiram as linhas que seguem.

2. Decisões monocráticas no STF

O presente item tem como objetivo apresentar o problema de fundo. Como bem observam Marinoni, Arenhart e Mitidiero, o recurso de agravo interno tem

---

2. É comum, no direito processual penal, que o recurso seja identificado como agravo regimental. Em nada, porém, essa nomenclatura prejudica a proposta deste texto.

evidente correlação com os poderes do relator que, por sua vez, estão ligados à economia processual, pela fidelidade à jurisprudência vinculante e aos precedentes.[3] Só há razão para se conceber o recurso de agravo interno, portanto, se há autorização legal para que o relator profira decisões monocráticas. Assim, apresentam-se as principais hipóteses previstas no Código de Processo Civil, no Código de Processo Penal, na lei de *Habeas Corpus* e no Regimento Interno do STF.[4]

No Código de Processo Civil, o art. 932 pretende sistematizar os poderes do relator e concebe um conjunto de decisões monocráticas a serem proferidas. Tais hipóteses encontram-se nos incisos I, II, III, IV, V e VI. O inc. I permite que o relator determine a produção de prova. O inc. II confere ao relator a incumbência de apreciar o pedido de tutela provisória nos recursos e nos processos de competência originária do tribunal. No inc. III, confere-se ao relator a competência para não conhecer de recurso inadmissível, prejudicado ou que não tenha impugnado especificamente os fundamentos da decisão recorrida. Em seguida, nos incisos IV e V, o CPC permite ao relator que negue ou dê provimento a recurso quando há precedente firmado pelas Cortes Superiores.[5] Por fim, o inc. VI atribui ao relator a competência para decidir o incidente de desconsideração da personalidade

---

3. MARINONI, Luiz Guilherme; ARENHART, Sérgio Cruz; MITIDIERO, Daniel. *Código de Processo Civil comentado*. 3. ed. São Paulo: Revista dos Tribunais, 2017. p. 1097.
4. Não há a pretensão de se afirmar que a exposição apresenta todas as hipóteses previstas em lei e no regimento interno. A intenção é estabelecer a premissa para as reflexões seguintes. Há, na doutrina, propostas de sistematização desse tema: HARTMANN, Ivar Alberto Martins; FERREIRA, Lívia da Silva. Ao Relator, tudo: o impacto do aumento do poder do Ministro relator no Supremo. *Opinião Jurídica*, Fortaleza, n. 17, p. 268-283, jan./dez. 2015; MACEDO, Elaine Harzheim; VIAFORE, Daniele. *A decisão monocrática e a numerosidade no processo civil brasileiro*. Porto Alegre: Livraria do Advogado, 2015.
5. Art. 932, CPC. [...] IV – negar provimento a recurso que for contrário a:

    a) súmula do Supremo Tribunal Federal, do Superior Tribunal de Justiça ou do próprio tribunal;

    b) acórdão proferido pelo Supremo Tribunal Federal ou pelo Superior Tribunal de Justiça em julgamento de recursos repetitivos;

    c) entendimento firmado em incidente de resolução de demandas repetitivas ou de assunção de competência;

    V – depois de facultada a apresentação de contrarrazões, dar provimento ao recurso se a decisão recorrida for contrária a:

    a) súmula do Supremo Tribunal Federal, do Superior Tribunal de Justiça ou do próprio tribunal;

    b) acórdão proferido pelo Supremo Tribunal Federal ou pelo Superior Tribunal de Justiça em julgamento de recursos repetitivos;

    c) entendimento firmado em incidente de resolução de demandas repetitivas ou de assunção de competência.

jurídica, quando este for instaurado originariamente perante o tribunal.[6] Para além do art. 932, o relator pode admitir e delimitar os poderes do *amicus curiae* (art. 138, § 2º)[7]; instaurar incidente de assunção de competência (art. 947)[8]; submeter questão ao incidente de arguição de inconstitucionalidade (art. 948) e, nela, admitir a participação de interessados (art. 950, § 3º); decidir de plano o conflito de competência quando houver precedente sobre o tema (art. 955); decidir pedido de tutela provisória em reclamação (art. 989, II).[9]

No Código de Processo Penal, os poderes do relator encontram-se dispersos. Pode o relator rejeitar liminarmente a alegação de suspeição manifestamente improcedente (art. 100, § 2º); conferir efeito suspensivo ao conflito de competência (art. 116, § 2º); no desaforamento, determinar a suspensão do julgamento pelo júri (art. 427, § 2º); conceder efeito suspensivo à sentença (art. 492, § 6º); não conhecer dos embargos de declaração (art. 620, § 2º); indeferir *in limine* o pedido de revisão criminal (art. 625, § 3º). Na Lei de *Habeas Corpus*, o relator pode determinar o arquivamento do inquérito, quando o requerer o Ministério Público (art. 3º, I), decretar a extinção da punibilidade, nos casos previstos em lei (art. 3º, II); determinar a realização de provas (art. 11, § 3º). Ainda, em sede de *habeas corpus*, há entendimento do Supremo Tribunal Federal que permite ao relator decidir monocraticamente o *writ*, em favor do paciente, sem prejuízo da colegialidade (RHC 108.877/SP, 1.ª Turma, Rel. Min. Cármen Lúcia, DJe de 18/10/2011, por exemplo).

No Regimento Interno do STF, a maior parte das atribuições do relator encontram-se no art. 21. Dentre elas, destacam-se uma série de decisões monocráticas que podem ser proferidas: em caso de urgência, determinar medidas cautelares necessárias à proteção de direito suscetível de grave dano de incerta reparação, ou ainda destinadas a garantir a eficácia da ulterior decisão da causa (inc. V); decidir questões urgentes no plantão judicial (inc. V-A); determinar, em agravo de instrumento, a subida, com as razões das partes, de recurso denegado

---

6. XAVIER, Luciana Pedroso; PUGLIESE, William Soares. O incidente de desconsideração da personalidade jurídica no novo Código de Processo Civil. In: EHRHARDT JR., Marcos; MAZZEI, Rodrigo (Org.). *Coleção Repercussões do Novo CPC*: direito civil. Salvador: JusPodivm, 2017, v. 14. p. 337-357.
7. PUGLIESE, William Soares. *Amicus Curiae*: procedimento, poderes e vinculação à decisão. *Revista de Processo*, São Paulo, v. 305, p. 83-97, jul. 2020.
8. MARINONI, Luiz Guilherme. Sobre o incidente de assunção de competência. *Revista de Processo*, São Paulo, v. 260, p. 233-256, out. 2016; MENDES, Aluisio Gonçalves de Castro; PORTO, José Roberto Mello. *Incidente de assunção de competência*. Rio de Janeiro: GZ, 2020.
9. MITIDIERO, Daniel. *Reclamação nas Cortes Supremas*. São Paulo: Revista dos Tribunais, 2020.

ou procrastinado, para melhor exame (inc. VI); julgar prejudicado pedido ou recurso que haja perdido o objeto (inc. IX); decidir, de forma irrecorrível, sobre a manifestação de terceiros, subscrita por procurador habilitado, em audiências públicas ou nos processos de sua relatoria (inc. XVIII); negar seguimento a pedido ou recurso manifestamente inadmissível, improcedente ou contrário à jurisprudência dominante ou à súmula do Tribunal, deles não conhecer em caso de incompetência manifesta, encaminhando os autos ao órgão que repute competente, bem como cassar ou reformar, liminarmente, acórdão contrário à orientação firmada nos termos do art. 543-B do Código de Processo Civil [de 1973] (art. 21, § 1º); em caso de manifesta divergência com súmula, prover, desde logo, o recurso extraordinário (art. 21, § 2º). Há, por fim, previsão no art. 161, p. único, que permite ao relator julgar monocraticamente reclamações se a matéria for objeto de jurisprudência consolidada do tribunal.

Nota-se que há um grande número de oportunidades para que os relatores atuem monocraticamente, no STF. Embora o princípio da colegialidade norteie a atuação dos tribunais, pode-se afirmar que, como regra geral, após uma decisão do colegiado, as decisões que aplicam o precedente podem ser proferidas pelo relator. Quando essas decisões são terminativas – por produzirem a resolução do recurso ou da ação originária – a única via para buscar a reforma é o agravo interno.[10]

Em outras palavras, o recurso de agravo interno é a única via adequada para que a parte questione, perante o tribunal, se os fundamentos da decisão monocrática são efetivamente seguidos pelo colegiado ou se são os termos corretos em que um determinado precedente foi firmado. Por isso é que se afirmou, anteriormente, que o agravo interno tem, no Supremo Tribunal Federal, relação direta com a colegialidade e com os precedentes. O próximo item expõe pesquisa acerca das decisões da Corte em agravos internos como modo de reafirmar essa afirmação.

3. Agravos internos providos no STF

O sistema de busca de jurisprudência, no sítio do STF, é uma ferramenta essencial para o pesquisador. Por um lado, apresenta o posicionamento da Corte a respeito de inúmeros temas, ao mesmo tempo em que revela alguns pontos de divergência. Por outro lado, esse sistema, quando interpretado, permite reflexão sobre a função do tribunal e sobre seus desafios. Nessa linha, a pesquisa se utilizou

---

10. "No tocante ao seu desfecho, o agravo interno, nessa ordem, (I) será objeto de retratação pelo relator ou (II), assim não se dando, e mesmo ausente pressuposto de admissibilidade, será encaminhado para julgamento pelo órgão colegiado, com inclusão em pauta (§ 2º)". (KUKINA, Sérgio Luiz. Do agravo interno. In: FAGUNDES CUNHA, José Sebastião. *Código de Processo Civil comentado*. São Paulo: Revista dos Tribunais, 2015. p. 1395).

de algumas expressões no sistema de busca. A primeira, mais simples, indicou "agravo interno". O resultado foi de 21.292 acórdãos e 219.469 decisões monocráticas. É um indicativo de que o STF utiliza, sim, as decisões monocráticas. No entanto, um conjunto de mais de 21.000 acórdãos não auxilia a pesquisa proposta.

Outras palavras-chave de pesquisa foram utilizadas, sem grandes revelações. Utilizou-se, por exemplo, de "agravo interno colegialidade", "agravo interno precedente", "agravo interno 1021", dentre outros. O número de resultados permanecia muito alto para que se pudesse desenvolver um estudo adequado. Porém, pela leitura amostral das decisões encontradas, notou-se um padrão: os agravos internos, em geral, são desprovidos.[11] Esta constatação levou, enfim, a uma expressão de pesquisa que se mostrou relevante: "agravo interno provido". Esta busca retornou surpreendentes 48[12] (quarenta e oito) acórdãos.[13] Formou-se, aqui, um espaço amostral razoável para a realização de uma análise qualitativa.

Dois pontos despertam a atenção, quando da análise dos 48 acórdãos. O primeiro é o de que, na grande maioria, os acórdãos que deram provimento aos agravos internos têm como fundamento o desvio do que já fora decidido pela Corte em seus precedentes. Na verdade, 42 (quarenta e dois) dos acórdãos analisados foram providos com esse fundamento. Ou seja, essa constatação confirma a importância da colegialidade, uma vez que o agravo interno impede que o relator aplique entendimento próprio em detrimento dos precedentes da Corte; e ao mesmo tempo reforça o papel do *stare decisis* horizontal, na medida em que os precedentes do STF devem ser seguidos pelo STF. O segundo ponto é o de que o agravo interno foi empregado, excepcionalmente, como via para permitir a discussão sobre questão nova perante a Corte em 3 (três) acórdãos, reforçando a colegialidade e a função de criação de precedentes. Os três últimos acórdãos de provimento do agravo interno contêm reconsideração do relator: um deles, em adaptação a precente da Corte e outro para corrigir erro material. Desse modo, 44 (quarenta e quatro) acórdãos, no total, corrigiram a aplicação de precedente a um caso cuja decisão monocrática desviou-se do entendimento da corte; e outros 3 (três) permitiram ao STF decidir questão nova e, portanto, formar precedente.

---

11. Para além do desprovimento, dois outros temas são recorrentes: a majoração, ou não, de honorários advocatícios pela interposição de agravo interno e a aplicação da multa do art. 1.021, § 4º, CPC.
12. Última busca realizada no dia 19 de abril de 2021.
13. Embora não se possa afirmar que somente 48 acórdãos do STF foram efetivamente providos, uma vez que a expressão utilizada para identificar este resultado é variável, ainda assim o baixo número é relevante para que se prossiga com a pesquisa. Apenas para fins de completude, também foi realizada busca com a expressão "agravo regimental provido", que resultou em 452 acórdãos, sendo boa parte deles anteriores a 2016 (entrada em vigor do CPC/15, com consequente definição do nome do instituto).

Pode-se argumentar que, em um cenário de mais de vinte mil agravos internos, os quarenta e oito provimentos representam um número muito baixo e, portanto, irrelevante. Não parece ser este o caso. Na verdade, o índice reduzido de provimentos dos agravos internos aponta que o emprego das decisões monocráticas não parece se desviar, com tanta frequência, do entendimento consolidado do próprio STF. Este, porém, seria objeto para outra reflexão e demandaria outra metodologia de análise para se chegar a alguma conclusão. O que se pretende investigar, aqui, é a relação entre a proposta do sistema recursal brasileiro e a realidade da Corte constitucional. Em outras palavras, questiona-se se há relação entre o agravo interno e a colegialidade e com os precedentes.

4. Agravo interno e colegialidade

Como exposto anteriormente, a ideia central do agravo interno é conferir ao recorrente a garantia a um julgamento colegiado.[14] Há, em sua gênese, um desafio aos poderes do relator e às decisões monocráticas cujos fundamentos, em geral, são a urgência e os precedentes. Assim, o agravo interno força o relator a levar a questão a um órgão colegiado. Não por outra razão, com maior ênfase no que tange aos permissivos dos incisos IV e V do art. 932 do CPC, Dierle Nunes adverte que

> "a colegialidade ganha especial destaque no sistema brasileiro em decorrência da busca de efetiva formação de precedentes, que precisam ser extraídos da fundamentação das decisões, e que somente podem ser encontrados se cada julgador analisar os mesmos argumentos de modo colegiado."[15]

Como mencionado anteriormente, realizou-se pesquisa qualitativa a respeito dos agravos internos providos pelo STF. Três, dos quarenta e oito acórdãos identificados, levaram a corte a afastar uma decisão colegiada e formar precedente a respeito de questão considerada nova. Assim, no Rcl. 24464 AgR[16], a Segunda Turma

---

14. Reitera-se, aqui, a pesquisa publicada em KOZIKOSKI, Sandro; PUGLIESE, William Soares. Sobre o cabimento de agravo interno em face das decisões monocráticas não terminativas. *Revista de Processo*, São Paulo, v. 313, p. 201-216, mar. 2021.
15. NUNES, Dierle. Colegialidade corretiva, precedentes e vieses cognitivos: algumas questões do CPC-2015. *Revista Brasileira Direito Processual – RBDPro*, Belo Horizonte, v. 23, n. 92, p. 64, out./dez. 2015.
16. EMENTA Agravo interno em reclamação. Direito Processual Civil. Instauração do contraditório. Honorários de sucumbência. Cabimento. Agravo interno provido. 1. A Lei nº 8.038/93 foi derrogada pela Lei nº 13.105/2015 (art. 1.072, IV), alcançando a expressa revogação, dentre outros, dos arts. 13 a 18 do diploma legislativo de 1990, passando o instituto da reclamatória a estar abalizado pelos arts. 988 a 993 do novel diploma processual, com previsão da instauração do contraditório (CPC, art. 989, III). 2. Embora ambos os institutos possuam sedes materiae na Lei nº 13.105/2015, a litigância de má-fé e os honorários sucumbenciais distinguem-se tanto na ratio de sua instituição

reformou decisão monocrática do Min. Gilmar Mendes que negou seguimento a reclamação e deixou de fixar os ônus sucumbenciais e honorários advocatícios. O Min. Dias Toffoli, que abriu a divergência e foi designado redator do acórdão, reiterou o posicionamento da corte de que a reclamação é ação constitucional e que, por isso, enseja a fixação de honorários. É importante destacar que, no período em que esse acórdão foi firmado, a questão estava em discussão no STF, havendo apenas posicionamento firmado pela Primeira Turma. Ao julgar o referido agravo interno, a Segunda Turma consolidou o entendimento do tribunal.

No ACO 2892 AgR[17], impugnou-se decisão monocrática do Min. Edson Fachin em que se negou procedência à ação cível originária do Estado do Mato Grosso ajuizada contra a União para se afastar inscrição do estado-membro no cadastro federal de inadimplência, sob o fundamento de inaplicabilidade da intranscendência das penas financeiras. Com o agravo interno, a questão foi levada ao Plenário e o Min. Relator manteve o posicionamento da decisão monocrática. O Min. Alexandre de Moraes divergiu, destacando, em primeiro lugar, que considerava importante que a questão fosse definida pelo Plenário, tendo em vista a quantidade de ações que tratavam do tema. Sem examinar o mérito, o que se pode afirmar é que abriu-se interessante debate a respeito da questão, vencidos o relator, o Min. Gilmar Mendes e o Min. Marco Aurélio. Uma vez mais, em agravo interno, o STF firmou importante precedente, neste caso para a regulamentação das relações entre a União e os estados.

O terceiro caso é igualmente interessante. No Pet 4770 AgR[18], o Min. Roberto Barroso havia proferido decisão monocrática declinando da competência do STF

---

quanto no beneficiário do provimento. 3. Cabimento da condenação em honorários advocatícios quando verificada a angularização da relação processual na ação reclamatória. 4. Agravo interno provido para fixar os honorários de sucumbência em 10% (dez por cento) sobre o valor do benefício econômico perseguido nos autos em referência (art. 85, § 2º, do CPC), cuja execução deverá ser realizada no juízo de origem. (BRASIL. Supremo Tribunal Federal. Rcl 24464 AgR. Relator(a): Gilmar Mendes, Relator(a) p/ Acórdão: Dias Toffoli. Julgamento: 27/10/2017. Órgão Julgador: Segunda Turma. Publicação: Processo Eletrônico DJe-023 Divulg 07/02/2018 Public 08/02/2018).

17. Agravo interno em ação civil originária. Inscrição de estado-membro em cadastro federal de inadimplência. SIAFI/CAUC/CADIN. Inscrição sem prévia tomada de contas especial. Violação ao princípio do devido processo legal. Irregularidade da gestão anterior. Princípio da intranscendência. Inaplicabilidade. Agravo interno provido para julgar procedente a ação cível originária. Ônus sucumbenciais invertidos. (BRASIL. Supremo Tribunal Federal. ACO 2892 AgR. Relator(a): Edson Fachin, Relator(a) p/ Acórdão: Alexandre de Moraes. Órgão Julgador: Tribunal Pleno. Julgamento: 11/09/2019. Órgão Julgador: Tribunal Pleno. Publicação: Processo Eletrônico DJe-259 Divulg 26/11/2019 Public 27/11/2019).

18. Ementa. Direito Constitucional e Administrativo. Agravo Interno em Petição. Art. 102, I, r, CF. Competência do STF para o julgamento de ações de rito comum contra ato do

para julgar ações propostas contra o CNJ. Interposto agravo interno, a questão foi levada a julgamento para a Primeira Turma, no qual o Min. Alexandre de Moraes

> CNJ. Precedentes. 1. Agravo interno interposto contra decisão em que reconhecida a incompetência do STF, ao argumento de que esta Corte não teria atribuição para julgar ações de rito comum que impugnam atos do CNJ. 2. No caso dos autos, trata-se de ação ordinária, autuada como petição, contra decisão proferida pelo Conselho Nacional de Justiça, por meio da qual declarada a vacância de serventia extrajudicial – o Ofício de Registro de Imóveis da Comarca de Jaguapitã, no Estado do Paraná. 3. A jurisprudência do Supremo Tribunal Federal se consolidou no sentido de que a sua competência para processar e julgar demandas que impugnam atos do CNJ e do CNMP (art. 102, I, r, CF) estaria limitada às ações tipicamente constitucionais: mandados de segurança, mandados de injunção, habeas corpus e habeas data (AO 1.706 AgR, Rel. Min. Celso de Mello, DJe 18.02.2014; AO 1.814-QO/MG, Rel. Min. Marco Aurélio, DJe de 03.12.2014; AO 1.894 AgR, de minha relatoria, DJe 17.08.2018; AO 1.672 AgR, Rel. Min. Gilmar Mendes, DJe 15.10.2015). 4. No entanto, essa interpretação restritiva da regra de competência tem sido reiteradamente mitigada em decisões da Segunda Turma e do Plenário desta Corte. Em tais precedentes, o Tribunal excepcionou o entendimento anterior, para reconhecer ser de sua alçada processar e julgar ações ordinárias nas quais questionados atos praticados pelo CNJ e pelo CNMP (No Plenário: Pet 4.656-AgR, Rel. Min. Cármen Lúcia, Tribunal Pleno, DJe 04.12.2017. Na Segunda Turma: RCL 16.575 AgR, Rel. Min. Dias Toffoli, DJe 21.8.2015 e RCL 24.563 AgR, Rel. Min. Dias Toffoli, Segunda Turma, DJe 21.2.2017). Em momento recente, também a Primeira Turma modificou a sua posição na matéria, ao examinar a Reclamação 15.564 AgR, sob a relatoria da Min. Rosa Weber, designado como redator do acórdão o Min. Luiz Fux. A solução proposta neste julgamento está correta e deve ser endossada. 5. O art. 102, I, r, CF estabelece a competência do STF para julgar originariamente "as ações contra o Conselho Nacional de Justiça e contra o Conselho Nacional do Ministério Público". A Constituição não discriminou as espécies de ação que seriam da alçada desta Corte, do que se extrai que procurou fixar uma atribuição mais ampla para a análise de tais demandas. Essa leitura é corroborada pelo fato de que, quando pretendeu restringir a competência do Tribunal apenas às ações mandamentais, o constituinte o fez de forma expressa (art. 102, I, d, i e q, CF). 6. Isso não significa, porém, que a Corte deva afirmar a sua competência para conhecer de toda e qualquer ação ordinária contra atos do CNJ. A regra de competência em questão deve ser interpretada de acordo com os fins que justificaram a sua edição. A outorga de atribuição ao STF para processar e julgar ações contra o Conselho é um mecanismo institucional delineado pelo legislador constituinte para proteger e mesmo viabilizar a atuação desses órgãos de controle. A percepção é a de que a realização de sua missão constitucional restaria impossibilitada ou seriamente comprometida se os atos por eles praticados estivessem sujeitos ao crivo de juízes de primeira instância. Em primeiro lugar, porque a atuação do CNJ não raramente recai sobre questões locais delicadas e que mobilizam diversos interesses, sendo o distanciamento das instâncias de controle jurisdicional um elemento essencial para o desempenho apropriado das suas funções. Em segundo lugar, porque o órgão de controle também atua em questões de abrangência nacional, que demandam um tratamento uniforme e uma ação coordenada e, por essa razão, não poderiam ser adequadamente enfrentadas por juízes difusos. Em terceiro lugar, porque a submissão de atos do CNJ à análise de órgãos jurisdicionais diferentes da Suprema Corte representaria a subordinação da atividade da instância

destacou a necessidade de se uniformizar o entendimento do STF a respeito do tema. O agravo interno, assim, foi afetado para apreciação no Plenário. Embora vencido na discussão principal, tomada em outro processo, o Min. Barroso aplicou o precedente firmado pelo STF e deu provimento ao agravo interno, reconhecendo a prevalência do colegiado e dos precedentes da Corte.

Estas três decisões demonstram a importância de uma das faces do agravo interno: a primazia do colegiado. Quer dizer: a decisão monocrática não se sustenta quando não encontra respaldo na maioria de um tribunal. A partir dessas observações, é possível concluir que a função primordial do agravo interno é garantir o julgamento colegiado. A garantia da colegialidade decorre da visão democrática que o Código de Processo Civil adotou, especialmente no sistema recursal.[19] Ronaldo Vasconcelos bem demonstra esta afirmação, à medida que

---

fiscalizadora aos órgãos e agentes públicos por ela fiscalizados, em subversão do sistema de controle proposto na Constituição Federal. 7. Assim sendo, como pontuado na Reclamação nº 15.564 AgR, a competência desta Corte para o exame de ações ordinárias se justifica sempre que questionados atos do CNJ "de cunho finalístico, concernentes aos objetivos precípuos de sua criação, a fim de que a posição e proteção institucionais conferidas ao Conselho não sejam indevidamente desfiguradas". A título meramente exemplificativo, seriam da alçada deste Supremo Tribunal Federal ações de rito comum em que impugnados atos do CNJ "(i) de caráter normativo ou regulamentar que traçam modelos de políticas nacionais no âmbito do Judiciário; (ii) que desconstituam ato normativo de tribunal local, (iii) que envolvam interesse direto e exclusivo de todos os membros do Poder Judiciário, consubstanciado em seus direitos, garantias e deveres, (iv) que versam sobre serventias judiciais e extrajudiciais, notadamente em matéria de obrigatoriedade de realização de concurso público, regime jurídico e conformação dessas serventias com os preceitos constitucionais insculpidos no art. 37, caput, da Constituição Federal". 8. Na espécie, o autor propôs ação ordinária contra decisão do CNJ que declarou a vacância da serventia por ele titularizada, por ter considerado irregular o ato de investidura, realizada sem prévia aprovação em concurso público. O ato impugnado foi inequivocamente praticado pelo Conselho Nacional de Justiça no exercício de sua atividade-fim, uma vez que consubstancia o controle de juridicidade de ato de provimento de serventia extrajudicial. Daí a competência do Supremo Tribunal Federal para processar e julgar a demanda. 9. Agravo interno provido para reformar a decisão que declarou a incompetência desta Corte e determinar o regular processamento da ação, com a fixação da seguinte tese: "Nos termos do artigo 102, inciso I, r, da Constituição Federal, é competência exclusiva do Supremo Tribunal Federal processar e julgar, originariamente, todas as ações ajuizadas contra decisões do Conselho Nacional de Justiça e do Conselho Nacional do Ministério Público proferidas no exercício de suas competências constitucionais, respectivamente, previstas nos artigos 103-B, § 4º, e 130-A, § 2º, da Constituição Federal". (BRASIL. Supremo Tribunal Federal. Pet 4770 AgR. Relator(a): Roberto Barroso. Julgamento: 18/11/2020. Órgão Julgador: Tribunal Pleno. Publicação: Processo Eletrônico DJe-049 Divulg 12/03/2021 Public 15/03/2021.

19. KOZIKOSKI, Sandro Marcelo; PUGLIESE, William S. Considerações sobre a ampliação do quórum no julgamento da apelação. *Revista de Processo*, São Paulo, v. 276, p. 237-261, fev. 2018.

afirma que a decisão monocrática é "mais pobre que a colegiada" por lhe faltar diálogo e deliberação.[20] Assim, o cabimento do agravo interno nos casos em que o relator profere decisão terminativa é essencial e a decisão a ser tomada pela Corte é, sem dúvida alguma, relevante.

Não se ignora que existem críticas à colegialidade. Jordão Violin sistematiza algumas delas ao afirmar, inicialmente, que as tradições podem e devem ser superadas quando deixam de corresponder à finalidade para a qual foram concebidas.[21] O autor destaca que o julgamento colegiado impõe ao recorrente o ônus da demora, não garante maior probabilidade de acerto por conta da polarização de grupo e carrega consigo o problema da aversão ao dissenso (que silencia um julgador diante da preferência por uma decisão unânime). No entanto, o autor não descarta a importância das decisões colegiadas, sugerindo que estas sejam destinadas à construção de decisões complexas[22], nas quais não há precedente ou tendência a se seguir. Ou seja, mesmo diante das críticas à colegialidade, os casos aqui destacados seriam hipóteses em que o julgamento pelo colegiado se faz relevante.

Por ora, é o caso de se destacar o pensamento de Miguel Gualano de Godoy:

> "[e]xistem razões democráticas e funcionais para que o STF seja um órgão colegiado. Existem razões democráticas e institucionais para que a atuação dos ministros deva ser majoritariamente colegiada, e apenas excepcionalmente monocrática. Há ainda imperativos legais de quando tais atuações individuais estão autorizadas."[23]

O agravo interno tutela a colegialidade. Resta saber se ele também protege os precedentes.

---

20. VASCONCELOS, Ronaldo. Agravo interno e a decisão monocrática fundada em precedente vinculante: entre a farra, o arbítrio e a prudência. *Revista de Processo*, São Paulo, v. 293, p. 219-248, jul. 2019.
21. VIOLIN, Jordão. Onde está a segurança jurídica? Colegialidade, polarização de grupo e integridade nos tribunais. *Revista de Processo*, São Paulo, v. 268, p. 407-433, jun. 2017.
22. "[...] aquelas que exigem a construção de uma nova tese jurídica, a contraposição de vários argumentos principiológicos, a reconsideração de material fático-probatório complexo e a consideração dos efeitos da decisão". (VIOLIN, Jordão. Onde está a segurança jurídica? Colegialidade, polarização de grupo e integridade nos tribunais. *Revista de Processo*, São Paulo, v. 268, p. 407-433, jun. 2017).
23. GODOY, Miguel Gualano de. O Supremo contra o processo constitucional: decisões monocráticas, transação da constitucionalidade e o silêncio do Plenário. *Direito e Práxis*, Ahead of print. Rio de Janeiro, 2020. Disponível em: <https://www.e-publicacoes.uerj.br/index.php/revistaceaju/article/view/44292>. Acesso em: 20 abr. 2021.

5. Agravo interno e precedentes

Para Marinoni, Arenhart e Mitidiero, o agravo interno "serve para levar determinada questão decidida pelo relator ao colegiado de que faz parte".[24] Acrescentam ponto especialmente relevante para a presente exposição quando afirmam que a concentração dos poderes no relator é opção legislativa que possui dois escopos: de um lado, a adequação da tutela jurisdicional, à medida que permite a apreciação de requerimentos de tutela provisória; de outro lado, visa estimular a economia processual e a fidelidade à jurisprudência e aos precedentes, ao tratar de recursos cuja questão já tenha sido examinada em momento anterior, especialmente pelos tribunais superiores. Bem compreendida a afirmação, os autores destacam que o agravo interno visa o controle da aplicação de precedentes por um tribunal. Esta é, quantitativamente, a maior função do agravo interno no STF.

Quarenta e três, dos quarenta e oito acórdãos identificados, deram provimento aos agravos internos para que os precedentes da Corte sejam seguidos. São vários os exemplos nesse sentido. Em agravo interno com objeto bastante restrito, na Rcl. 27188 AgR[25], o Min. Luiz Fux deu provimento a agravo interno, reformando decisão por ele mesmo proferida que negou seguimento à ação, para realizar exame mais aprofundado do mérito da reclamação. O fundamento do acórdão foi o de possível desrespeito ao precedente firmado no HC 123.873/MG. Nota-se, com esse exemplo, que o STF optou por apreciar o mérito da Reclamação, no colegiado, tendo em vista o possível desvio de um precedente.

No Rcl 36503 AgR-AgR[26], o Min. Marco Aurélio afirmou a ilegitimidade da Procuradoria-Geral do Estado de São Paulo para impugnar decisões proferidas

---

24. MARINONI, Luiz Guilherme; ARENHART, Sérgio Cruz; MITIDIERO, Daniel. *Curso de processo civil*. São Paulo: Revista dos Tribunais, 2015. v. 2. p. 536.
25. Agravo interno na reclamação. Alegação de desrespeito à decisão do STF proferida no HC 123.873/MG. Necessidade de melhor apreciação da ação. Provimento do agravo apenas para possibilitar O reexame do mérito da Reclamação. Agravo interno provido. 1. In casu, a relevância da controvérsia posta em exame justifica o provimento do agravo interno para possibilitar o melhor exame do mérito da reclamação. 2. Agravo interno provido, para, tão somente, desconstituir a decisão monocrática recorrida, possibilitando o exame do mérito reclamação pelo órgão colegiado. (BRASIL. Supremo Tribunal Federal. Rcl 27188 AgR. Relator(a): Luiz Fux. Julgamento: 27/06/2017. Órgão Julgador: Primeira Turma. Publicação: Processo Eletrônico DJe-221 Divulg 27/09/2017 Public 28/09/2017).
26. Direito processual civil. Agravo interno em agravo interno em reclamação. Representação de inconstitucionalidade estadual. Impugnação. Legitimidade. 1. O Procurador-Geral do Estado é parte legítima para impugnar decisão proferida em sede de representação de inconstitucionalidade estadual. Precedentes. 2 Agravo interno provido. (BRASIL. Supremo Tribunal Federal. Rcl 36503 AgR-AgR. Relator(a): Marco Aurélio. Relator(a) p/ Acórdão: Roberto Barroso. Julgamento: 04/11/2020.

nos autos de representação de inconstitucionalidade julgada pelo Tribunal de Justiça local e, com esse argumento havia negado seguimento à reclamação em decisão monocrática. O agravo interno levou o caso à Primeira Turma e, nessa oportunidade, o Min. Roberto Barroso apresentou divergência com fundamento em precedente já assentado pelo Plenário, no sentido de que o Procurador-Geral do Estado é parte legítima para impugnar decisão proferida em sede de representação de inconstitucionalidade estadual. Os demais ministros acompanharam para aplicar o precedente.

Em outro caso relatado pelo Min. Marco Aurélio, a Primeira Turma realizou, em agravo interno, uma distinção. No Rcl 19387 AgR[27], a decisão monocrática foi proferida em favor da autora com fundamento na Súmula Vinculante 33. Quando o Min. Marco Aurélio levou a questão ao colegiado, coube ao Min. Alexandre de Moraes inaugurar a divergência, afirmando que o paradigma tido por violado não alcança a discussão sobre averbação de tempo de serviço prestado em condições especiais. Concluiu que não havia estrita aderência entre o ato impugnado e o paradigma de confronto invocado, condição essencial para a interposição da via reclamatória, negando seguimento à Reclamação. Aqui, portanto, o STF realizou *distinguishing* entre o caso examinado e seu precedente.

Outro caso que merece destaque, por tratar especificamente da realidade do STF, é o RE 589212 AgR.[28] Em Recurso Extraordinário, o Min. Marco Aurélio

---

Órgão Julgador: Primeira Turma. Publicação: Processo Eletrônico DJe-279 Divulg 24/11/2020 Public 25/11/2020).

27. Constitucional e administrativo. Agravo interno na reclamação. Alegada violação ao enunciado da súmula vinculante 33. Inocorrência. Ausência de estrita aderência entre o ato impugnado e o paradigma invocado. Agravo interno provido. 1. O paradigma tido por violado não alcança a discussão sobre averbação de tempo de serviço prestado em condições especiais, o que enseja a improcedência da presente reclamação, conforme já reconhecido pelo Plenário desta SUPREMA CORTE no RE 1.014.286, Rel. Min. Luiz Fux, em que destacou-se a ausência de aderência entre o tema em debate e a Súmula Vinculante 33. 2. Desse modo, não há estrita aderência entre o ato impugnado e o paradigma de confronto invocado, condição essencial para a interposição da via reclamatória. 3. Agravo Interno provido. (BRASIL. Supremo Tribunal Federal. Rcl 19387 AgR. Relator(a): Marco Aurélio. Relator(a) p/ Acórdão: Alexandre de Moraes. Julgamento: 03/09/2019. Órgão Julgador: Primeira Turma. Publicação: Processo Eletrônico DJe-264 Divulg 03/12/2019 Public 04/12/2019).

28. Direito administrativo. Agravo interno em recurso extraordinário. Servidor público. Desvio de função. Discussão acerca do direito à diferença de remuneração. Ausência de Repercussão Geral. Tema 73. 1. O Supremo Tribunal Federal assentou a ausência de repercussão geral da controvérsia acerca do direito de servidor público à diferença de remuneração em virtude de desvio de função (RE 578.567-RG). 2. Agravo interno provido para negar seguimento ao recurso extraordinário. (BRASIL. Supremo Tribunal Federal. RE 589212 AgR. Relator(a): Marco Aurélio, Relator(a) p/ Acórdão: Roberto

proferiu decisão monocrática para reformar acórdão do TJSP que tratava de suposto desvio de função de servidor e conceder ao recorrente as diferenças salariais. Interposto agravo interno, a Primeira Turma reformou a decisão sob o fundamento de que é ausente a repercussão geral na matéria de diferença de remuneração em virtude de desvio de função. Assim, deram provimento ao agravo interno para não conhecer do recurso extraordinário.[29]

Como se vê, o STF se utiliza do agravo interno para diversas espécies de controle de seus precedentes. Nos exemplos citados, deram provimento a agravos internos para melhor analisar se um caso tinha relação com precedente; para aplicar um precedente da Corte diante de uma decisão que seguia outro posicionamento; para distinguir um caso de um precedente não aplicável; e para aplicar precedente a respeito de repercussão geral. Nota-se, nos casos mencionados, que os julgamentos foram muito mais objetivos do que os identificados e apresentados no item sobre a colegialidade – e assim deve ser. A existência de precedente, nessa linha, reduz a complexidade de fundamentação da decisão.

Não se tem, aqui, o objetivo de apresentar conceitos específicos da teoria dos precedentes. A doutrina já se ocupou dessa empreitada.[30] É relevante compreender, porém, o papel que o sistema recursal atribuiu ao agravo interno diante desse instituto. Na prática, esse recurso permite a aplicação das principais técnicas ligadas aos precedentes e, por isso, desempenha importante papel no STF.

6. Conclusão

Como indicado na introdução, há dois elementos que se destacam na pesquisa de acórdãos do STF em agravos internos: a importância da colegialidade e o respeito aos precedentes da Corte. O artigo tinha como proposta demonstrar a relação desses pontos com o perfil funcional do agravo interno e com o processo constitucional. A pesquisa qualitativa de decisões aqui apresentada confirma a hipótese lançada. Pode-se, enfim, chegar à conclusão proposta: o agravo interno reforça a relevância do processo constitucional e sua dupla função.

Barroso. Julgamento: 17/10/2017. Órgão Julgador: Primeira Turma. Publicação: Acórdão Eletrônico DJe-283 Divulg 07/12/2017 Public 11/12/2017).

29. Neste caso, curiosamente, o próprio Min. Marco Aurélio, após os debates, reconheceu a necessidade de que a Turma desse provimento ao agravo interno em razão da ausência de repercussão geral. Seu voto, porém, persistiu em sentido contrário.

30. Ver MARINONI, Luiz Guilherme. *Precedentes obrigatórios*. 6. ed. São Paulo: Revista dos Tribunais, 2019; MITIDIERO, Daniel. *Precedentes*: da persuasão à vinculação. 3. ed. São Paulo: Revista dos Tribunais, 2018. Deste autor, PUGLIESE, William Soares. *Precedentes e a* Civil Law *Brasileira*. São Paulo: Revista dos Tribunais, 2016; PUGLIESE, William Soares. *Princípios da jurisprudência*. Belo Horizonte: Arraes, 2017.

Quando se fala em dupla função, a referência que se faz é à proposta de Daniel Mitidiero.[31] O autor sustenta que o processo, ao captar as alegações das partes, processá-las e produzir decisões, gera duas espécies diferentes de resultados. De um lado, soluciona o caso; de outro, confere unidade ao direito. A proposta teórica de Mitidiero é que o STF se torne uma Corte de Precedentes. Enquanto suas competências não são reduzidas, o STF segue realizando as duas funções. O que se percebe, pelo estudo realizado, é que o agravo interno desempenha relevante papel nesses dois aspectos: ao controlar a aplicação dos precedentes, por meio do *stare decisis* e do *distinguishing*, resolve casos e confere estabilidade a relações jurídicas. Ao privilegiar a colegialidade, permite que o STF desempenhe seu papel de efetiva corte constitucional, firmando novos precedentes ou revendo os existentes.

Referências

BRASIL. Decreto-lei nº 3.689, de 3 de outubro de 1941. Código de Processo Penal. Disponível em: <http://www.planalto.gov.br/ccivil_03/decreto-lei/del3689.htm>. Acesso em: 20 abr. 2021.

BRASIL. Lei nº 13.105, de 16 de março de 2015. Código de Processo Civil. Disponível em: <http://www.planalto.gov.br/ccivil_03/_ato2015-2018/2015/lei/l13105.htm>. Acesso em: 20 abr. 2021.

BRASIL. Supremo Tribunal Federal. ACO 2892 AgR. Relator(a): Edson Fachin, Relator(a) p/ Acórdão: Alexandre de Moraes. Órgão Julgador: Tribunal Pleno. Julgamento: 11/09/2019. Órgão Julgador: Tribunal Pleno. Publicação: Processo Eletrônico DJe-259 Divulg 26/11/2019 Public 27/11/2019.

BRASIL. Supremo Tribunal Federal. Pet 4770 AgR. Relator(a): Roberto Barroso. Julgamento: 18/11/2020. Órgão Julgador: Tribunal Pleno. Publicação: Processo Eletrônico DJe-049 Divulg 12/03/2021 Public 15/03/2021.

BRASIL. Supremo Tribunal Federal. Rcl 27188 AgR. Relator(a): Luiz Fux. Julgamento: 27/06/2017. Órgão Julgador: Primeira Turma. Publicação: Processo Eletrônico DJe-221 Divulg 27/09/2017 Public 28/09/2017.

BRASIL. Supremo Tribunal Federal. Rcl 24464 AgR. Relator(a): Gilmar Mendes, Relator(a) p/ Acórdão: Dias Toffoli. Julgamento: 27/10/2017. Órgão Julgador: Segunda Turma. Publicação: Processo Eletrônico DJe-023 Divulg 07/02/2018 Public 08/02/2018.

BRASIL. Supremo Tribunal Federal. Rcl 19387 AgR. Relator(a): Marco Aurélio. Relator(a) p/ Acórdão: Alexandre de Moraes. Julgamento: 03/09/2019. Órgão Julgador: Primeira Turma. Publicação: Processo Eletrônico DJe-264 DIVULG 03/12/2019 Public 04/12/2019.

---

31. MITIDIERO, Daniel. *Processo civil*. São Paulo: Revista dos Tribunais, 2021.

BRASIL. Supremo Tribunal Federal. Rcl 36503 AgR-AgR. Relator(a): Marco Aurélio. Relator(a) p/ Acórdão: Roberto Barroso. Julgamento: 04/11/2020. Órgão Julgador: Primeira Turma. Publicação: Processo Eletrônico DJe-279 Divulg 24/11/2020 Public 25/11/2020.

BRASIL. Supremo Tribunal Federal. RE 589212 AgR. Relator(a): Marco Aurélio, Relator(a) p/ Acórdão: Roberto Barroso. Julgamento: 17/10/2017. Órgão Julgador: Primeira Turma. Publicação: Acórdão Eletrônico DJe-283 Divulg 07/12/2017 Public 11/12/2017.

BRASIL. Supremo Tribunal Federal. RHC 108.877/SP. Relator(a): Min. Cármen Lúcia. Órgão Julgador: Primeira Turma. Publicação: DJe de 18/10/2011.

GODOY, Miguel Gualano de. O Supremo contra o processo constitucional: decisões monocráticas, transação da constitucionalidade e o silêncio do Plenário. *Direito e Práxis*, Ahead of print. Rio de Janeiro, 2020. Disponível em: <https://www.e-publicacoes.uerj.br/index.php/revistaceaju/article/view/44292>. Acesso em: 20 abr. 2021.

HARTMANN, Ivar Alberto Martins; FERREIRA, Lívia da Silva. Ao Relator, tudo: o impacto do aumento do poder do Ministro relator no Supremo. *Opinião Jurídica*, Fortaleza, n. 17, p.268-283, jan./dez. 2015.

KOZIKOSKI, Sandro Marcelo; PUGLIESE, William S. Considerações sobre a ampliação do quórum no julgamento da apelação. *Revista de Processo*, São Paulo, v. 276, p. 237-261, fev. 2018.

KOZIKOSKI, Sandro; PUGLIESE, William Soares. Sobre o cabimento de agravo interno em face das decisões monocráticas não terminativas. *Revista de Processo*, São Paulo, v. 313, p. 201-216, mar. 2021.

KUKINA, Sérgio Luiz. Do agravo interno. In: FAGUNDES CUNHA, José Sebastião. *Código de Processo Civil comentado*. São Paulo: Revista dos Tribunais, 2015.

MACEDO, Elaine Harzheim; VIAFORE, Daniele. *A decisão monocrática e a numerosidade no processo civil brasileiro*. Porto Alegre: Livraria do Advogado, 2015.

MARINONI, Luiz Guilherme; ARENHART, Sérgio Cruz; MITIDIERO, Daniel. *Curso de processo civil*. São Paulo: Revista dos Tribunais, 2015. v. 2.

MARINONI, Luiz Guilherme. Sobre o incidente de assunção de competência. *Revista de Processo*, São Paulo, v. 260, p. 233-256, out. 2016.

MARINONI, Luiz Guilherme; ARENHART, Sérgio Cruz; MITIDIERO, Daniel. *Código de Processo Civil comentado*. 3. ed. São Paulo: Revista dos Tribunais, 2017.

MARINONI, Luiz Guilherme. *Precedentes obrigatórios*. 6. ed. São Paulo: Revista dos Tribunais, 2019.

MENDES, Aluisio Gonçalves de Castro; PORTO, José Roberto Mello. *Incidente de assunção de competência*. Rio de Janeiro: GZ, 2020.

MITIDIERO, Daniel. *Precedentes*: da persuasão à vinculação. 3. ed. São Paulo: Revista dos Tribunais, 2018.

MITIDIERO, Daniel. *Reclamação nas Cortes Supremas*. São Paulo: Revista dos Tribunais, 2020.

MITIDIERO, Daniel. *Processo civil*. São Paulo: Revista dos Tribunais, 2021.

NUNES, Dierle. Colegialidade corretiva, precedentes e vieses cognitivos: algumas questões do CPC-2015. *Revista Brasileira Direito Processual – RBDPro*, Belo Horizonte, v. 23, n. 92, p. 61-81, out./dez. 2015.

PUGLIESE, William Soares. *Precedentes e a Civil Law Brasileira*. São Paulo: Revista dos Tribunais, 2016.

PUGLIESE, William Soares. *Princípios da jurisprudência*. Belo Horizonte: Arraes, 2017.

PUGLIESE, William Soares. *Amicus Curiae*: procedimento, poderes e vinculação à decisão. *Revista de Processo*, São Paulo, v. 305, p. 83-97, jul. 2020.

VASCONCELOS, Ronaldo. Agravo interno e a decisão monocrática fundada em precedente vinculante: entre a farra, o arbítrio e a prudência. *Revista de Processo*, São Paulo, v. 293, p. 219-248, jul. 2019.

VIOLIN, Jordão. Onde está a segurança jurídica? Colegialidade, polarização de grupo e integridade nos tribunais. *Revista de Processo*, São Paulo, v. 268, p. 407-433, jun. 2017.

XAVIER, Luciana Pedroso; PUGLIESE, William Soares. O incidente de desconsideração da personalidade jurídica no novo Código de Processo Civil. In: EHRHARDT JR., Marcos; MAZZEI, Rodrigo (Org.). *Coleção Repercussões do Novo CPC*: direito civil. Salvador: JusPodivm, 2017, v. 14. p. 337-357.

DIREITOS
FUNDAMENTAIS
PROCESSUAIS

36
PROCESSO CONSTITUCIONAL E DIREITO AO DIÁLOGO NO PROCESSO: ENTRE O DIREITO AO CONTRADITÓRIO E O DEVER DE FUNDAMENTAÇÃO

DANIEL MITIDIERO

Professor associado de Direito Processual Civil dos cursos de graduação, mestrado e doutorado da Faculdade de Direito da UFRGS.

SUMÁRIO: Introdução; 1. O Direito ao Justo Processo Constitucional: sua Perfectibilidade; 2. O Valor do Diálogo entre as Partes e o Juiz no Processo Constitucional; Considerações Finais.

Introdução

Procurar-se-á, com o presente ensaio, apontar a necessidade de se compreender o direito ao contraditório e o dever de fundamentação, tal como previstos na Constituição e perfectibilizados no Código de Processo Civil, como ferramentas essenciais para a promoção do diálogo no processo constitucional. Com isso, estar-se-á velando não só pela necessidade de reconstrução democrática das suas decisões, mas também pela necessidade de aferição da vinculação ao Direito em seu bojo.

1. O direito ao justo Processo Constitucional: sua perfectibilidade

A Constituição refere que todos têm direito ao contraditório (art. 5º, inciso LV), ao mesmo tempo em que afirma a necessidade de todas as decisões judiciais serem fundamentadas (art. 93, inciso IX)[1]. Essas duas características do direito ao processo justo entre nós – que conjuntamente com o direito à publicidade do processo e das suas decisões asseguram o perfil democrático da nossa adminis-

---

1. Sobre o tema, com ampla indicação bibliográfica, MARINONI; Luiz Guilherme e MITIDIERO, Daniel. *Curso de Direito Constitucional* (2012). 7. ed. São Paulo: Saraiva, 2018. p. 828-832 e 846-852, em coautoria com Ingo Sarlet.

tração da Justiça² – referem-se a todo e qualquer processo. Visando à "perfectibilização"³ do conteúdo do direito ao contraditório e do dever de fundamentação, o legislador processual civil procurou desenhá-los com maior nitidez em seus arts. 9º, 10, 489, § 1º, e 1.022, inciso II, CPC.

A partir daí, basicamente duas questões surgem. Em primeiro lugar, uma concernente ao significado do direito ao contraditório e do dever de fundamentação entre nós. Em segundo lugar, uma atinente ao alcance desses dispositivos, notadamente em relação ao processo constitucional: embora seja inequívoca a sua aplicação aos recursos extraordinários que recaem diretamente no âmbito do CPC, importa saber se igualmente os recursos extraordinários que recaem apenas indiretamente no âmbito do CPC são igualmente alcançados, assim como os processos de controle abstrato de constitucionalidade.

Como facilmente se percebe, a primeira questão diz respeito à perfectibilização do direito ao contraditório e do dever de fundamentação pelo legislador infraconstitucional a partir do dever de proteção desses direitos fundamentais. Vale dizer: ao significado que essas posições jurídicas apresentam entre nós.

Nossa Constituição refere que "todos os julgamentos dos órgãos do Poder Judiciário serão públicos, e fundamentadas todas as decisões, sob pena de nulidade" (art. 93, inciso IX)[4]. O dever de motivação das decisões judiciais é *inerente*

---

2. DENTI, Vittorio. *La Giustizia Civile* (1989). 2. ed. Bologna: Il Mulino, 2004. p. 104; TARUFFO, Michele. *La Motivazione della Sentenza Civile*. Padova: Cedam, 1975. p. 407 (há tradução disponível para o português, *A Motivação da Sentença Civil*. Trad. Daniel Mitidiero, Rafael Abreu e Vitor de Paula Ramos. São Paulo: Marcial Pons, 2015).
3. Entre as três características básicas do direito ao processo justo como modelo mínimo de processo (expansibilidade, variabilidade e perfectibilidade), interessa no presente momento justamente sublinhar essa última: o direito ao processo justo é passível de perfectibilização pela atuação do legislador infraconstitucional (ANDOLINA, Italo e VIGNERA, Giuseppe. *Il Modello Costituzionale del Processo Civile Italiano*. Torino: Giappichelli, 1997. p. 14-15). Daí a relação existente entre as normas constitucionais e as normas infraconstitucionais sobre o tema: de *aperfeiçoamento* da disciplina do processo.
4. Sobre a fundamentação em geral, TARUFFO, Michele. *La Motivazione della Sentenza Civile*. Padova: Cedam, 1975; BRÜGGEMANN, Jürgen. *Die richterliche Begründungspflicht*. Berlin: Duncker & Humblot, 1971; SANTOS, Tomás-Javier Aliste. *La Motivación de las Resoluciones Judiciales*. Madrid: Marcial Pons, 2011; TUCCI, José Rogério Cruz e. *A Motivação da Sentença no Processo Civil*. São Paulo: Saraiva, 1987; NOJIRI, Sérgio. *O Dever de Fundamentar as Decisões Judiciais*. 2. ed. São Paulo: Ed. RT, 2000; SILVA, Beclaute Oliveira. *A Garantia Fundamental à Motivação da Decisão Judicial*. Salvador: JusPodivm, 2010; SILVA, Ana de Lourdes Coutinho. *Motivação das Decisões Judiciais*. São Paulo: Atlas, 2012; MOTTA, Cristina. *A Motivação das Decisões Cíveis*. Porto Alegre: Livraria do Advogado, 2012; LUCCA, Rodrigo Ramina de. *O Dever de Motivação das Decisões Judiciais*. Salvador: JusPodivm, 2015; SCHMITZ, Leonard Ziesemer.

ao Estado Constitucional[5] e constitui verdadeiro *banco de prova do direito ao contraditório* das partes[6]. O seu conteúdo do direito ao contraditório e do dever de fundamentação deve ser extraído dos arts. 9º, 10, 11, 489, §§ 1º e 2º, e 1.022, CPC.

Não por acaso a doutrina liga de forma muito especial contraditório, fundamentação e direito ao processo justo. Sem motivação a decisão judicial perde *duas características centrais*: a *justificação* da norma jurisdicional para o caso concreto e a *capacidade de orientação* de condutas sociais[7]. Perde, em uma palavra, o seu próprio caráter jurisdicional[8].

A decisão judicial é o momento em que ocorre a *interpretação* e a *aplicação* do direito no processo judicial. O juiz, a partir do *diálogo* com as partes, interpreta e aplica o direito a fim de resolver a controvérsia apresentada em juízo.

Como nem os fatos[9] e nem o direito[10] independem de *interpretação*, o material com que trabalha o juiz no processo é o *resultado* de uma operação interpretativa. Dada a *dupla indeterminação* do direito (oriunda da *equivocidade*

    Fundamentação das Decisões Judiciais. São Paulo: Ed. RT, 2015; MOTTA, Otávio. *Justificação da Decisão Judicial* – A Elaboração da Motivação e a Formação de Precedente. São Paulo: Ed. RT, 2015.

5. MOREIRA, José Carlos Barbosa. "A Motivação das Decisões Judiciais como Garantia Inerente ao Estado de Direito". *Temas de Direito Processual.* 2. ed. São Paulo: Saraiva, 1988. p. 83-95. Segunda Série.
6. Daí a razão pela qual a doutrina especializada enfatiza a ligação entre o *richterliche Begründungspflicht* e a *Anspruch auf rechtliches Gehör* (BRÜGGEMANN, Jürgen. *Die richterliche Begründungspflicht* – Verfassungsrechtliche Mindestanforderungen an die Begründung gerichtlicher Etnscheidungen. Berlin: Duncker & Humblot, 1971. p. 152-161), entre o *diritto di difesa* e a *motivazione della sentenza* (TARUFFO, Michele. *La Motivazione della Sentenza Civile.* Padova: Cedam, 1975. p. 401-405), entre o *derecho a la tutela judicial efectiva, derecho a la defensa* e *motivación judicial* (SANOS, Tomás-Javier Aliste. *La Motivación de las Resoluciones Judiciales.* Madrid: Marcial Pons, 2011. p. 145-148).
7. Sobre a ligação entre a justificação da decisão e a formação de precedente, MARINONI, Luiz Guilherme. *Precedentes Obrigatórios.* São Paulo: Ed. RT, 2010; TUCCI, José Rogério Cruz e. *Precedente Judicial como Fonte do Direito.* São Paulo: Ed. RT, 2004. p. 295-304; MITIDIERO, Daniel. *Precedentes* – da Persuasão à Vinculação. São Paulo: Ed. RT, 2016; MOTTA, Otávio. *Justificação da Decisão Judicial* – A Elaboração da Motivação e a Formação de Precedente. São Paulo: Ed. RT, 2015.
8. Sobre a ligação entre o conceito de jurisdição e a necessidade de motivação das decisões judiciais, MARINONI, Luiz Guilherme; MITIDIERO, Daniel; ARENHART, Sérgio Cruz. *Curso de Processo Civil* (2015). 3. ed. São Paulo: Ed. RT, 2019. v. I.
9. TARUFFO, Michele. *La Semplice Verità.* Roma: Laterza, 2009. p. 196 e seguintes (há tradução para o português, *Uma Simples Verdade.* Trad. Vitor de Paula Ramos. São Paulo: Marcial Pons, 2012).
10. TARELLO, Giovanni. *L'Interpretazione della Legge.* Milano: Giuffrè, 1980. p. 9-10.

dos textos e da *vagueza das normas*)[11], o juiz para decidir uma controvérsia tem que *primeiro se decidir* a respeito de como dissipará a indeterminação inerente ao problema jurídico[12]. Daí que a decisão como um todo depende de várias decisões interpretativas, sem as quais não há ainda norma a ser aplicada para a solução do caso concreto.

Isso quer dizer que as decisões, as sentenças e os acórdãos contêm *decisões interpretativas*. Saber, por exemplo, se a inviolabilidade domiciliar ("a *casa* é o asilo inviolável do indivíduo", artigo 5º, inciso XI, CRFB) protege igualmente o escritório profissional privativo de determinada pessoa é uma questão que *depende da outorga de sentido* a um termo equívoco: casa. Apenas *depois* de sabermos qual o significado constitucional apropriado do termo casa para efeitos de proteção da pessoa é que poderemos pensar em resolver o problema ligado à extensão da inviolabilidade domiciliar no direito brasileiro.

Em termos jurídicos, porém, pouco importa saber quais foram os *motivos reais* que determinaram a decisão judicial nesse ou naquele sentido[13]. Em outras palavras, não interessam as *razões psicológicas* que levaram o juiz a decidir. O que interessa é saber se existem ou não *razões jurídicas* que suportam validamente dentro da ordem jurídica a tomada de decisão[14]. Em outras palavras, interessa a *justificativa* da decisão judicial – importam as *razões oriundas do sistema jurídico* capazes de justificar a decisão[15].

Assim, as decisões, as sentenças e os acórdãos resultam de *decisões* que devem ser apoiadas em *razões* que as *justifiquem*. Aliás, bem pode ocorrer – e amiúde ocorre – de a sentença, por exemplo, ser composta de várias decisões interpretativas, sendo que cada uma das quais deve encontrar a respectiva justificativa no ordenamento jurídico. Pouco importa, porém, o contexto da decisão (os motivos reais que levaram o juiz a decidir nesse ou naquele sentido – o *context of discovery*): o que interessa para aferição da sua validade e para permitir o seu controle do ponto de vista da ordem jurídica é o contexto da justificativa (as razões que

---

11. MARINONI, Luiz Guilherme; MITIDIERO, Daniel; ARENHART, Sérgio Cruz. *Curso de Processo Civil* (2015). 3. ed. São Paulo: Ed. RT, 2019. v. I, mais extensamente, GUASTINI, Riccardo. *Interpretare e Argomentare*. Milano: Giuffrè, 2011. p. 39 e seguintes; MITIDIERO, Daniel. *Cortes Superiores e Cortes Supremas* – do Controle à Interpretação, da Jurisprudência ao Precedente (2013). 3. ed. São Paulo: Ed. RT, 2017.
12. SILVA, Ovídio Baptista da. *Processo e Ideologia*. Rio de Janeiro: Forense, 2004. p. 274; WRÓBLEWSKI, Jerzy. *The Judicial Application of Law*. Dordrecht: Kluwer, 1992. p. 33.
13. TARUFFO, Michele. *La Motivazione della Sentenza Civile*. Padova: Cedam, 1975. p. 123 e ss.
14. Idem.
15. AARNIO, Aulis. *The Rational as Reasonable*. Dordrecht: Kluwer, 1987. p. 120 e seguintes.

foram invocadas para sua justificação – o *context of justification*)[16]. É a partir das *razões justificadoras* da decisão que é possível controlá-la intersubjetivamente[17].

As decisões judiciais requerem decisões interpretativas sobre os fatos (o que normalmente implica decisões interpretativas sobre a prova) e decisões interpretativas sobre o direito. Em outras palavras, o juiz, para decidir, deve formar a sua convicção a respeito dos fatos, das provas e do direito. Porém, como estamos trabalhando no campo do processo constitucional, notadamente do recurso extraordinário e do controle abstrato de constitucionalidade, interessa-nos, neste momento, apenas os aspectos concernentes à fundamentação em relação ao direito.

O Código de 2015 dedicou especial atenção à fundamentação da sentença no que tange à interpretação do direito. Tanto é assim que, além de ligá-la diretamente ao direito ao contraditório, referiu expressamente o que entende por uma *decisão não fundamentada*.

Diz o art. 489, § 1º, CPC, que

> [...] não se considera fundamentada qualquer decisão judicial, seja ela interlocutória, sentença ou acórdão, que: I – se limitar à indicação, à reprodução ou à paráfrase de ato normativo, sem explicar sua relação com a causa ou a questão decidida; II – empregar conceitos jurídicos indeterminados, sem explicar o motivo concreto de sua incidência; III – invocar motivos que se prestariam a justificar qualquer outra decisão; IV – não enfrentar todos os argumentos deduzidos no processo capazes de, em tese, infirmar a conclusão adotada pelo juiz; V – se limitar a invocar precedente ou enunciado de súmula, sem identificar seus fundamentos determinantes nem demonstrar que o caso sob julgamento se ajusta àqueles fundamentos; VI – deixar de seguir enunciado de súmula, jurisprudência ou precedente invocado pela parte, sem demonstrar a existência de distinção no caso em julgamento ou a superação do entendimento". Na sequência, o § 2º desse mesmo artigo refere que "no caso de colisão entre normas, o juiz deve justificar o objeto e os critérios gerais da ponderação efetuada, enunciando as razões que autorizam a interferência na norma afastada e as premissas fáticas que fundamentam a conclusão.

Em outras palavras, para que uma decisão possa ser considerada *como fundamentada*, à luz dos arts. 93, inciso IX, CRFB, e 7º, 9º, 10, 11 e 489, §§ 1º e 2º, CPC, exige-se: i) a enunciação das escolhas desenvolvidas pelo órgão judicial para; i.i) individualização das normas aplicáveis; i.ii) verificação das alegações de fato; i.iii) qualificação jurídica do suporte fático; i.iv) consequências jurídicas

---

16. WASSERSTROM, Richard. *The Judicial Decision. Toward a Theory of Legal Justification*. Stanford: Stanford University Press, 1961; TARUFFO, Michele. *La Motivazione della Sentenza Civile*. Padova: Cedam, 1975. p. 214.
17. ÁVILA, Humberto. *Teoria dos Princípios* (2003). 15. ed. São Paulo: Malheiros, 2014.

decorrentes da qualificação jurídica do fato; ii) o contexto dos nexos de implicação e coerência entre tais enunciados e iii) a justificação dos enunciados com base em critérios que evidenciam ter a escolha do juiz ter sido racionalmente apropriada[18].

A *necessidade de individualização das normas aplicáveis* repele a possibilidade de o juiz se limitar à indicação, à reprodução ou à paráfrase (aqui entendida como simples reelaboração do texto legal com outras palavras) de ato normativo (art. 489, § 1°, inciso I, CPC). Isso porque para a individualização das normas aplicáveis é preciso, em primeiro lugar, explicar as razões pelas quais as normas aplicadas servem para solução do caso concreto: isto é, é preciso mostrar por quais motivos as normas devem ser aplicadas. Se isso é verdade, é claro que a simples *transcrição* do texto legal – sem qualquer menção ao caso concreto – não serve para individualização do direito que deve ser aplicado.

A mesma observação vale para os casos em que o debate do caso concreto envolve a concretização de *termos vagos* (art. 489, § 1°, inciso II, CPC, presentes, por exemplo, nos conceitos jurídicos indeterminados e nas cláusulas gerais)[19]. Se não se outorga sentido ao termo vago e não se mostra a razão pela qual esse pertine ao caso concreto, a indeterminação normativa do texto impede que se tenha por individualizada a norma que será aplicada para solução da questão debatida entre as partes.

Do mesmo modo, também são problemas ligados à ausência de identificação das normas aplicáveis ao caso concreto aqueles oriundos da *invocação de precedente sem a devida justificação* da identidade ou semelhança entre os casos (art. 489, § 1°, inciso V, CPC) e da *omissão de justificativa capaz de levar à distinção* entre o caso sentenciado e o caso invocado como precedente ou *capaz de mostrar a superação* do precedente invocado pela parte, mas não aplicado (art. 489, § 1°, inciso VI, CPC).

Ainda, o processo de individualização das normas aplicáveis, dado que os arts. 9° e 10, CPC, referem que "não se proferirá decisão contra uma das partes sem que esta seja previamente ouvida" e que "o juiz não pode decidir, em grau algum de jurisdição, com base em fundamento a respeito do qual não se tenha

---

18. TARUFFO, Michele. *La Motivazione della Sentenza Civile*. Padova: Cedam, 1975. p. 467.
19. Os termos vagos estão presentes tanto nos chamados conceitos jurídicos indeterminados como nas cláusulas gerais. De acordo com a doutrina, os primeiros são espécies normativas em que, no suporte fático, há previsão de termo indeterminado e há consequências jurídicas legalmente previstas; as segundas são espécies normativas em que há previsão de termo indeterminado no suporte fático e não há previsão de consequências jurídicas na própria proposição legal (Martins-Costa, Judith. *A Boa-Fé no Direito Privado*. São Paulo: Ed. RT, 2000. p. 273-348). Exemplo de conceito jurídico indeterminado: o conceito de "justa causa" para efeito de restituição de prazo processual (art. 223, CPC). Exemplo de cláusula geral: "aquele que de qualquer forma participa do processo deve comportar-se de acordo com a boa-fé" (art. 5°, CPC).

dado às partes oportunidade de se manifestar, ainda que se trate de matéria sobre a qual deva decidir de ofício", está condicionado a um *prévio diálogo* entre o juiz e as partes a respeito da *seleção do material* que servirá à interpretação e à aplicação do direito. Essa seleção, dimensionada a partir das manifestações das partes e eventualmente por indicações do juiz (*Hinweispflicht*), cria a *expectativa legítima* para as partes de que a decisão será fundamentada dentro da moldura delineada pelo debate processual.

Como já observamos, essa expectativa legítima constitui manifestação do direito à segurança jurídica no processo e veda a prolação de *decisões surpresas* no processo (art. 10, CPC)[20]. Daí que a necessidade de efetivo diálogo entre o juiz e as partes, tendo em conta o caráter lógico-argumentativo da interpretação do direito, repele que se possa considerar como fundamentada uma decisão que invoca "motivos que se prestariam a justificar qualquer decisão" (art. 489, § 1º, inciso III, CPC) e que não enfrenta "todos os argumentos deduzidos no processo capazes de, em tese, infirmar a conclusão adotada pelo julgador" (art. 489, § 1º, inciso V, CPC).

Se determinada decisão apresenta fundamentação que serve para justificar qualquer decisão, é porque essa decisão *não particulariza o caso concreto*. A existência de *respostas padronizadas* que servem indistintamente para qualquer caso, *justamente pela ausência de referências às particularidades do caso*, demonstra a inexistência de consideração judicial pela *demanda* proposta pela parte. Com fundamentação padrão, desligada de qualquer aspecto da causa, a parte não é ouvida, porque o seu caso não é considerado.

A decisão judicial deve conter o enfrentamento de "todos os argumentos deduzidos no processo capazes de, em tese, infirmar a conclusão adotada pelo julgador" (art. 489, § 1º, inciso IV, CPC). Esse dispositivo, como já observamos, só pode ser compreendido adequadamente a partir dos novos contornos do direito ao contraditório – que, de seu turno, só encontram apropriada justificação a partir da adoção de uma perspectiva *não cognitivista da interpretação* judicial do direito[21].

Ao tempo em que se entendia o contraditório como algo tão somente atinente às partes e, portanto, em sentido fraco (contraditório como bilateralidade da instância), afirmava-se que o dever de motivação das decisões judiciais *não poderia ter como parâmetro para aferição de correção a atividade desenvolvida pelas partes*

---

20. MARINONI, Luiz Guilherme; MITIDIERO, Daniel. *Comentários ao Código de Processo Civil* (2016). 2. ed. São Paulo: Ed. RT, 2018. v. I (notadamente comentário ao art. 10, CPC).
21. Para uma evolução do tema, inclusive com indicação da evolução da doutrina brasileira a respeito, MITIDIERO, Daniel. *Precedentes* – da Persuasão à Vinculação (2016). 3. ed. São Paulo: Ed. RT, 2018.

em juízo. Bastava ao órgão jurisdicional, para ter considerada como motivada sua decisão, *demonstrar quais as razões que fundavam o dispositivo*. Bastava a *não contradição* entre as proposições constantes da sentença. Partia-se de um *critério intrínseco* para aferição da completude do dever de motivação[22].

Ocorre que entendimento dessa ordem *se encontra em total descompasso com a nova visão a respeito do direito ao contraditório*. Se contraditório significa direito de influir (arts. 7º, 9º e 10, CPC), é pouco mais do que evidente que tem de ter como contrapartida *dever de debate* – *dever de consulta*, de *diálogo*, de *consideração*. Como é de facílima intuição, *não é possível aferir se a influência foi efetiva se não há dever judicial de rebate aos fundamentos levantados pelas partes*. Daí a razão pela qual não basta o critério da não contradição: além de não ser contraditória, a fundamentação tem a sua completude pautada também por um *critério extrínseco* – a consideração pelos argumentos desenvolvidos pelas partes em suas manifestações processuais[23].

É importante perceber, porém, que o art. 489, § 1º, inciso IV, CPC, *não visa a fazer com que o juiz rebata todo e qualquer argumento invocado pelas partes no processo*. O Poder Judiciário tem o dever de dialogar com a parte a respeito dos *argumentos capazes de determinar por si só* a procedência ou improcedência de um pedido – ou de determinar por si só o conhecimento, não conhecimento, provimento ou desprovimento de um recurso. Isso quer dizer que todos os *demais argumentos* só precisam ser considerados pelo juiz com o fim de *demonstração de que não são capazes de determinar conclusão diversa* daquela adotada pelo julgador.

Dentro de uma perspectiva não cognitivista da interpretação do direito, reconhece-se com tranquilidade que as decisões judiciais são formadas a partir de *escolhas interpretativas* que devem ser devidamente *justificadas* pelo órgão judicial. É certo que houve um tempo em que se imaginava que seria possível estabelecer uma univocidade de sentido textual da legislação, com o que não seria reconhecido qualquer espaço de discricionariedade ao juiz na interpretação do direito. Esse foi o tempo do cognitivismo interpretativo dos Oitocentos, influenciado pela cultura racionalista herdada dos filósofos iluministas dos Setecentos[24].

---

22. Por debaixo dessa visão do direito ao contraditório encontra-se a concepção cognitivista da interpretação judicial do direito, sobre o assunto: MARINONI, Luiz Guilherme; MITIDIERO, Daniel; ARENHART, Sérgio Cruz. *Curso de Processo Civil* (2015). 3. ed. São Paulo: Ed. RT, 2019. v. I.
23. Por debaixo dessa visão do direito ao contraditório encontra-se a concepção não cognitivista da interpretação judicial do direito, sobre o assunto: MARINONI, Luiz Guilherme; MITIDIERO, Daniel; ARENHART, Sérgio Cruz. *Curso de Processo Civil* (2015). 3. ed. São Paulo: Ed. RT, 2019. v. I.
24. ENGISCH, Karl. *Einführung in das juristische Denken*. 11. ed. Stuttgart: Kohlhammer, 2010. p. 189.

É certo igualmente que determinadas concepções ainda hoje em voga a respeito do direito – como aquela que vê o direito a partir do conceito de integridade (*integrity*)[25] – também pressupõem a inexistência de um espaço de escolha judicial no processo interpretativo. Essas concepções, porém, fecham os olhos para a dupla indeterminação do direito e apostam – como no caso de Ronald Dworkin – em uma insustentável possibilidade de demonstração de valores morais objetivos no processo da interpretação judicial do direito[26]. Ao negar a existência de escolhas no processo interpretativo, essas concepções negam igualmente a possibilidade de se estabelecer um controle intersubjetivo das razões a partir de pautas lógico-argumentativas.

A nossa perspectiva teórica, porém, não ignora a trivial constatação de que julgar significa decidir entre alternativas racionalmente aceitáveis[27]. Daí a razão pela qual uma decisão fundamentada deve conter a *justificação* dos enunciados com base em critérios que evidenciem ter sido a *escolha* do juiz racionalmente apropriada.

O art. 489, § 2º, CPC, exemplifica como a fundamentação deve se dar em semelhantes hipóteses valendo-se do *postulado da ponderação* – uma *norma sobre como aplicar outras normas* (normas de segundo grau ou metanormas)[28]. O legislador poderia ter exemplificado essa necessidade de justificação racional das escolhas interpretativas aludindo a outros postulados direcionados à aplicação de outras normas, como os postulados da *proporcionalidade*, da *razoabilidade* (mencionados no art. 8º, CPC), da *concordância prática* ou da *proibição do excesso*. Poderia ter exemplificado inclusive com textos que dão lugar à *normas de primeiro grau*, que também dependem de escolhas racionais para adequada adscrição de sentido normativo[29]. Optou por fazê-lo em relação à ponderação.

Para que se possa compreender o significado do art. 489, § 2º, CPC, é preciso, em primeiro lugar, entender a razão pela qual existem *normas que são dirigidas*

---

25. DWORKIN, Ronald. *Law´s Empire*. Cambridge (Mass.): Harvard University Press, 1986. p. 225 e seguintes.
26. MELLO, Cláudio. *"Verdade Moral e Método Jurídico na Teoria Constitucional de Ronald Dworkin"*, Normatividade e Argumentação. Porto Alegre: Linus Editores, 2013. p. 285 e seguintes. Para uma crítica a Dworkin, ainda, MARANHÃO, Juliano. *Positivismo Jurídico Lógico-Inclusivo*. São Paulo: Marcial Pons, 2012. p. 79 e seguintes.
27. MARINONI, Luiz Guilherme; MITIDIERO, Daniel; ARENHART, Sérgio Cruz. *Curso de Processo Civil* (2015). 3. ed. São Paulo: Ed. RT, 2019. v. I. Ainda, ÁVILA, Humberto. *Teoria dos Princípios* (2003). 15. ed. São Paulo: Malheiros, 2014.
28. Sobre o conceito de postulado, também conhecido como norma de segundo grau e como metanorma, ÁVILA, Humberto. *Teoria dos Princípios* (2003). 15. ed. São Paulo: Malheiros, 2014. p. 163 e seguintes.
29. Sobre o conceito de normas de primeiro grau, igualmente, ÁVILA, Humberto. *Teoria dos Princípios* (2003). 15. ed. São Paulo: Malheiros, 2014. p. 163 e seguintes.

à *estruturação da aplicação de outras normas*. Em segundo lugar, é preciso fazer um *acordo semântico* a respeito dos conceitos de *ponderação, proporcionalidade* e *razoabilidade* – para ficarmos com os exemplos lembrados pelo próprio Código. Somente depois de assentadas essas premissas é que será possível esboçar uma adequada interpretação desse dispositivo.

Existem normas que são destinadas a reger o caso concreto, ao passo que existem normas que visam a viabilizar a interpretação e a aplicação de outras normas. No primeiro grupo entram as normas de primeiro grau – destinadas à aplicação ao caso concreto: sobreprincípios, princípios e regras. No segundo, as normas de segundo grau – destinadas à interpretação e aplicação de outras normas: os postulados hermenêuticos e os postulados aplicativos. Como as normas de primeiro grau relacionam-se entre si de diferentes maneiras, pode ocorrer de ser necessário guiar o processo de interpretação e aplicação a partir de um *determinado método*. Esse é justamente o papel dos postulados: servir como meio de *estruturação metódica* para interpretação e aplicação do direito[30].

---

30. Consoante ÁVILA, Humberto. *Teoria dos Princípios* (2003). 15. ed. São Paulo: Malheiros, 2014. p. 163-164: "a interpretação de qualquer objeto cultural submete-se a algumas condições essenciais, sem as quais o objeto não pode ser sequer apreendido. A essas condições essenciais dá-se o nome de postulados. Há os postulados meramente hermenêuticos, destinados à compreensão geral do Direito, e os postulados aplicativos, cuja função é estruturar a sua aplicação concreta. Os postulados normativos aplicativos são normas imediatamente metódicas que instituem os critérios de aplicação de outras normas situadas no plano do objeto da aplicação. Assim, qualificam-se como normas sobre a aplicação de outras normas, isto é, como metanormas. Daí se dizer que se qualificam como normas de segundo grau. Nesse sentido, sempre que se está diante de um postulado normativo, há uma diretriz metódica que se dirige ao intérprete relativamente à interpretação de outras normas. Por trás dos postulados, há sempre outras normas que estão sendo aplicadas. Não se identificam, porém, com as outras normas que também influenciam outras, como é o caso dos sobreprincípios do Estado de Direito ou da segurança jurídica. Os sobreprincípios situam-se no nível das normas objeto da aplicação. Atuam sobre outras, mas no âmbito semântico e axiológico e não no âmbito metódico, como ocorre com os postulados. Isso explica a diferença entre sobrenormas (normas semântica e axiologicamente sobrejacentes, situadas no nível do objeto de aplicação) e metanormas (normas metodicamente sobrejacentes, situadas no metanível aplicativo). Os postulados funcionam diferentemente dos princípios e das regras. A uma, porque não se situam no mesmo nível: os princípios e as regras são normas objeto da aplicação; os postulados são normas que orientam a aplicação de outras. A duas, porque não possuem os mesmos destinatários: os princípios e as regras são primariamente dirigidos ao Poder Público e aos contribuintes; os postulados são frontalmente dirigidos ao intérprete e aplicador do Direito. A três, porque não se relacionam da mesma forma com outras normas: os princípios e as regras, até porque se situam no mesmo nível do objeto, implicam-se reciprocamente, quer de modo preliminarmente complementar (princípios), quer de modo preliminarmente decisivo (regras); os postulados, justamente

O Código de 2015 menciona expressamente três postulados normativos: proporcionalidade, razoabilidade e ponderação. A *proporcionalidade* é um postulado que visa a estruturar a aplicação de duas normas que se encontram em uma *relação de meio e fim*. O objetivo é preservar o máximo possível do *princípio da liberdade*, restringindo-se a esfera jurídica de determinada pessoa apenas naquilo que for necessário para consecução do fim que deve preponderar. A proporcionalidade exige o exame de três diferentes elementos: adequação, necessidade e proporcionalidade em sentido estrito[31]. A razoabilidade é um postulado que visa a estruturar a aplicação de outras normas visando à harmonização e à vinculação à realidade. O objetivo é preservar o máximo possível o *princípio da igualdade*. A razoabilidade pode ser trabalhada em três acepções básicas: razoabilidade como *equidade* (em que a razoabilidade visa a resolver um problema envolvendo uma *relação entre o geral e o particular*), como *congruência* e como *equivalência*.[32] A ponderação, por fim, é um postulado que visa *atribuir pesos* a elementos que se entrelaçam[33]. Como se pode perceber facilmente, cada um desses postulados

---

porque se situam num metanível, orientam a aplicação dos princípios e das regras sem conflituosidade necessária com outras normas".
31. Como observa ÁVILA, Humberto. *Teoria dos Princípios* (2003). 15. ed. São Paulo: Malheiros, 2014. p. 204-205, o postulado da proporcionalidade aplica-se "apenas à situações em que há uma relação de causalidade entre dois elementos empiricamente discerníveis, um meio e um fim, de tal sorte que se possa proceder aos três exames fundamentais: o da adequação (o meio promove o fim?), o da necessidade (entre os meios disponíveis e igualmente adequados para promover o fim, não há outro meio menos restritivo do(s) direito(s) fundamentais afetados?) e o da proporcionalidade em sentido estrito (as vantagens trazidas pela promoção do fim correspondem às desvantagens provocadas pela adoção do meio?). Nesse sentido, a proporcionalidade, como postulado estruturador da aplicação de princípios que concretamente se imbricam em torno de uma relação de causalidade entre um meio e um fim, não possui aplicabilidade irrestrita. Sua aplicação depende de elementos sem os quais não pode ser aplicada. Sem um meio, um fim concreto e uma relação de causalidade entre eles não há aplicabilidade do postulado da proporcionalidade em seu caráter trifásico".
32. ÁVILA, Humberto. *Teoria dos Princípios* (2003). 15. ed. São Paulo: Malheiros, 2014. p. 194: "relativamente à razoabilidade, entre tantas acepções, três se destacam. Primeiro, a razoabilidade é utilizada como diretriz que exige a relação das normas gerais com as individualidades do caso concreto, quer mostrando sob qual perspectiva a norma deve ser aplicada, quer indicando em quais hipóteses o caso individual, em virtude de suas especificidades, deixa de se enquadrar na norma geral. Segundo, a razoabilidade é empregada como diretriz que exige uma vinculação das normas jurídicas com o mundo ao qual elas fazem referência, seja reclamando a existência de um suporte empírico e adequado a qualquer ato jurídico, seja demandando uma relação congruente entre a medida adotada e o fim que ela pretende atingir. Terceiro, a razoabilidade é utilizada como diretriz que exige a relação de equivalência entre duas grandezas".
33. ÁVILA, Humberto. *Teoria dos Princípios* (2003). 15. ed. São Paulo: Malheiros, 2014. p. 185: "a ponderação de bens consiste num método destinado a atribuir pesos a

serve para resolver um problema normativo específico e cada qual apresenta uma estrutura própria de aplicação. Esses diferentes objetivos, que refletem diferentes exigências aplicativas, devem estar projetados na fundamentação da decisão.

Entre as diferentes maneiras com que as normas podem se relacionar encontra-se aquela exemplificada pelo art. 489, § 2º, CPC: *diferentes finalidades normativas* podem apontar *soluções diversas* e até mesmo *opostas* para resolução de determinados casos (é o que o Código chama de "colisão entre normas"). O Código fala em *ponderação*, mas pode ser o caso de o conflito normativo ser resolvido com o emprego da *proporcionalidade*. No primeiro caso, deve o juiz "justificar o objeto e os critérios gerais da ponderação, enunciando as razões que autorizam a interferência na norma afastada e as premissas fáticas que fundamentam a conclusão". No segundo, deve o juiz retratar a relação entre meio e fim e justificar argumentativamente a adequação, necessidade e proporcionalidade em sentido estrito da decisão. O emprego genérico de postulados normativos, sem qualquer referência às suas funções e àquilo que no caso concreto autoriza o respectivo emprego, constitui violação ao *dever judicial de fundamentação analítica*.

2. O valor do diálogo entre as partes e o juiz no Processo Constitucional

Desenhado o processo civil – a partir do contraditório e da fundamentação – como uma comunidade argumentativa de trabalho, cumpre saber se essa mesma baliza deve ser observada para pautar a iteração entre o juiz e as partes no processo constitucional. A resposta só pode ser afirmativa.

A uma, porque assim determina o art. 15, CPC: na ausência de norma específica, a disciplina do processo civil tem caráter geral – isto é, transsetorial[34]. Isso significa que, de acordo com o art. 15, CPC, o processo civil brasileiro assume positivamente o papel que a doutrina amiúde sempre procurou lhe assinalar de "direito processual comum"[35]. Inexistindo incompatibilidade, as soluções dadas pelo processo civil são aproveitáveis nos demais setores processuais.

A duas, porque a intensificação do diálogo e o foco sobre as razões em que se consubstancia o diálogo processual fomentam a democracia e a vinculação ao direito, além de viabilizar uma tutela aos direitos tanto em uma perspectiva particular como em uma perspectiva geral. Fomenta a democracia, porque per-

---

elementos que se entrelaçam, sem referência a pontos de vista materiais que orientem esse sopesamento".

34. GUASTINI, Riccardo. *Teoria del Diritto* – Approccio Metodologico. Modena: Mucchi Editore, 2012. p. 29.
35. MOREIRA, José Carlos Barbosa. "As Bases do Direito Processual Civil". *Temas de Direito Processual*. São Paulo: Saraiva, 1977. p. 4.

mite a conformação do exercício da jurisdição a partir das razões invocadas pelas partes – ou, pelo menos, sobre as quais teve a oportunidade de se pronunciar. Fomenta a vinculação ao direito, porquanto procura guiar a tomada de decisão em estreita vinculação com o caso debatido em juízo e com o direito aplicável à espécie. Fomenta a tutela dos direitos, por fim, na medida em que permite uma delimitação mais bem-acabada daquilo que é efetivamente debatido, enfrentado e decidido, viabilizando assim a adoção de comportamentos futuros a partir de uma melhor identificação do precedente formado.

Vale dizer: o valor do binômio contraditório – fundamentação –, tal como perfectibilizado pelo legislador infraconstitucional, é inquestionavelmente favorável ao ambiente decisório do processo constitucional. Daí a necessidade de sua observação para promoção de uma tutela dos direitos realmente capaz de responder à necessidade de promoção dos princípios da segurança jurídica, da liberdade e da igualdade de todos diante do direito.

Considerações finais

Alinhadas nossas razões, parece-nos importante perceber a necessidade de transportarmos – e quiçá mesmo positivarmos – no âmbito do processo constitucional o direito ao contraditório e o dever de fundamentação com as dimensões aqui examinadas. O Estado Constitucional, como Estado Democrático e como Estado de Direito, agradece.

37
O DEVIDO PROCESSO LEGAL COLETIVO: DELIMITAÇÃO DE SEUS ELEMENTOS À LUZ DA CONSTITUIÇÃO DE 1988 E DA TEORIA DOS LITÍGIOS COLETIVOS

EDILSON VITORELLI

Pós-Doutor em Direito pela Universidade Federal da Bahia, com pesquisas no Max Planck Institute for Procedural Law, Luxemburgo. Doutor pela Universidade Federal do Paraná. Mestre pela Universidade Federal de Minas Gerais. Pesquisador visitante na Harvard Law School. Professor visitante na Stanford Law School. Professor na Universidade Presbiteriana Mackenzie. Procurador da República.

SUMÁRIO: 1. Introdução; 2. Histórico da cláusula do devido processo legal até o início do século XX; 3. Definindo os elementos do devido processo legal: o século XX na jurisprudência norte-americana; 4. O devido processo legal coletivo e a tipologia dos litígios coletivos; 4.1. Litígios coletivos globais; 4.2. Litígios coletivos locais; 4.3 Litígios coletivos irradiados; 5. Elementos específicos do devido processo legal coletivo, de acordo com os tipos de litígios coletivos; 5.1. O princípio da titularidade definida dos interesses representados; 5.2 O princípio da atuação orbital do representante; 5.3 O princípio da complementaridade entre representação e participação; 5.4. O princípio da variância representativa; 6. Conclusão.

1. Introdução

O devido processo legal (originalmente, *due process of law*) é a garantia processual de maior *pedigree* histórico e dogmático de todo o processo. Ele representa a ideia de que as pessoas potencialmente afetadas por uma decisão devem ter a possibilidade de participar da sua formação.

Originalmente, o devido processo legal foi concebido como o direito de o cidadão participar individual e pessoalmente de um processo, antes que o Estado o privasse de um direito. Essa noção é estrutural da concepção liberal ocidental da relação entre o Estado soberano e o cidadão súdito. De um lado, o Estado não pode quebrar suas promessas e, de surpresa, suprimir direitos cujas normas por ele mesmo editadas prometiam ao súdito. De outro, o cidadão pode investir na defesa da posição que lhe interessa, tantos esforços quanto julgue serem necessários para sua adequada defesa.

Conquanto o devido processo legal seja a garantia matriz do processo, seu elevado grau de generalidade torna dúbios os elementos que o compõem. Em realidade, cada ordenamento jurídico, em cada momento histórico, desenvolveu conteúdos próprios para definir o que seria um processo devido e o que ele concretamente exigiria do Estado e garantiria ao indivíduo.

Mais modernamente, o debate acerca do devido processo se ampliou para as atividades administrativa e legislativa, bem como para as atividades privadas. Nos Estados Unidos, a Suprema Corte passou a extrair da cláusula do devido processo legal garantias de índole substancial, também variáveis ao longo do tempo, para suprir as deficiências de uma constituição lacônica, antiga e quase imodificável.

O advento das relações jurídicas difusas e coletivas, em uma sociedade que produz e consome de modo massificado, originou a necessidade do desenvolvimento de um processo coletivo e, com ele, a discussão acerca dos elementos que comporiam a garantia do devido processo legal coletivo. A dificuldade desse raciocínio é que o processo coletivo rompe com a ideia de que a parte no processo defende seu próprio direito. Nele, a sociedade é representada por um terceiro, que litiga não em nome próprio, mas em nome alheio.

Por essa razão, o devido processo legal coletivo não se ocupa apenas das relações entre autor, juiz e réu, mas das relações entre o sujeito processual e os verdadeiros titulares do direito material, que estão ausentes[1].

Assim, o devido processo legal coletivo é a garantia processual que estrutura a operação do processo coletivo, tanto no âmbito intraprocessual, quanto, especialmente, na esfera extraprocessual, para garantir que a sociedade titular do direito material não seja dele indevidamente privada.

2. Histórico da cláusula do devido processo legal até o início do século XX

A expressão *due process of law*, da qual deriva o termo "devido processo legal", é, conforme recorrentemente se observa, oriunda da Magna Carta, embora não em sua versão original, de 1215, mas em uma reedição abreviada, de 1354.[2] Há,

---

1. Analisamos a questão aqui abordada, com maior profundidade, em VITORELLI, Edilson. *O devido processo legal coletivo:* dos direitos aos litígios coletivos. São Paulo: Ed. RT, 2016.
2. Em 1215, a Cláusula 39 da Magna Carta continha a seguinte redação, na tradução inglesa usualmente referida, a partir do original em latim: "No freemen shall be taken or imprisoned or disseised or exiled or in any way destroyed, nor will we go upon him nor send

é certo, antecedentes da fórmula adotada na Magna Carta, como aponta Rodney Mott,[3] que encontra em um decreto de Conrado II, Imperador do Sacro Império Romano, datado de 28 de maio de 1037, a vedação de que alguém seja privado de sua vida sem um julgamento de seus pares (*iudicium parium*). Mais ainda, se se estiver disposto a abandonar a questão da fórmula propriamente dita, para considerar o seu conteúdo, é perceptível que, desde a antiguidade existia uma noção de que um processo era considerado necessário, ou seja, devido, para que determinado ato jurídico fosse praticado. É possível extrair, por exemplo, da Apologia de Sócrates, princípios de organização do procedimento judicial que eram considerados devidos pelos gregos. Na obra, o processo contra Sócrates é iniciado por um cidadão, Meleto; existem regras para a composição do tribunal julgador, Sócrates tem ciência do que e por quem está sendo acusado e oportunidade de apresentar sua defesa antes da decisão.[4] Mesmo sem a formulação explícita de uma garantia, a noção de que a condenação deveria ser antecedida por um processo e que esse processo não se organizava *ad hoc*, mas a partir de *standards* previamente definidos, não era original quando foi inserida na Magna Carta.

Adicionalmente, a Magna Carta não era mais que um dos muitos acordos realizados, durante a Idade Média, entre o soberano inglês e a nobreza que lhe

---

upon him, except by the lawful judgment of his peers or by the law of the land". Em 1354, essa cláusula foi transposta para o n. 29 e passou a ostentar a seguinte redação: "No man of what state or condition he be, shall be put out of his lands or tenements nor taken, nor disinherited, nor put to death, without he be brought to answer by due process of law". Há uma dúvida histórica considerável sobre a possibilidade de se reputar a expressão *law od the land*, contida na redação original da Carta, como sinônimo de *due process of law*. A Suprema Corte dos Estados Unidos, ainda em 1877, ao julgar Davidson v. New Orleans, chegou a fazer essa referência, mas Keith Jurow afirma categoricamente que se trata de um erro: "despite the attempt by Coke to define 'per legem terrae' in chapter twenty-nine of Magna Carta as 'due process of law,' the two clauses never meant the same thing in English law. Unlike the term 'by the law of the land,' an ambiguous phrase over whose meaning Englishmen argued for centuries and spilled a considerable amount of blood, the term 'due process of law' and the word 'process' were always used in the most precise and consistent way". JUROW, Keith. Untimely thoughts: a reconsideration of the origins of due process of law. *The American Journal of Legal History*, v. XIX, p. 265-279, 1975.

3. MOTT, Rodney L. *Due process of law*: a historical and analytical treatise of the principles and methods followed by the courts in the application of the concept of the "law of the land". Indianapolis: The Bobbs-Merril Company Publishers, 1926. p. 1.
4. PLATÃO. *Apologia de Sócrates*. Trad. Maria Lacerda de Souza. Disponível em: [www.dominiopublico.gov.br/download/texto/cv000065.pdf]. Acesso em: 03.10.2014. Para uma descrição detalhada das instituições jurídicas gregas, inclusive a composição do júri, o papel dos advogados, o direito à celeridade das decisões, entre outros, no contexto do processo ateniense, ver ZIMET, Barbara T. R. Ancient Athenian procedural due process: a reflection of societal values. *The American University Law Review*, v. 23, p. 485-511, 1973.

era vinculada.[5] Naquele momento, seria impossível imaginar que o documento e, com ele, o *due process of law* adquiriria a importância histórica que veio a ostentar, ainda mais quando se considera que, até o incidente com a dinastia Stuart, que levou à redação da *Petition of Rights,* em 1628, as referências conhecidas à aplicação da Magna Carta no direito inglês são esporádicas.[6] A importância da cláusula do *due process* deriva, em grande medida, da expressa introdução de seus termos nas Constituições dos Estados Unidos, tanto as estaduais[7] quanto a nacional,[8] esta por intermédio da 5ª e da 14ª Emendas.[9] A dificuldade, todavia,

---

5. CASTRO, Carlos Roberto Siqueira. *O devido processo legal e os princípios da razoabilidade e da proporcionalidade.* 5. ed. Rio de Janeiro: Forense, 2010. p. 6. No mesmo sentido, Robert Mott afirma que a Magna Carta foi apenas um acordo pessoal entre o rei e as classes altas enfurecidas. MOTT, Rodney L. *Due process of law*: a historical and analytical treatise of the principles and methods followed by the courts in the application of the concept of the "law of the land". Indianapolis: The Bobbs-Merrill Company Publishers, 1926. p. 4. Ver também, sobre o assunto, CARNEIRO, Maria Francisca. *Devido processo legal.* Porto Alegre: Sérgio Antonio Fabris, 1999; PEREIRA, Ruitemberg Nunes. *O princípio do devido processo legal substantivo.* Rio de Janeiro: Editora Renovar, 2005; YOSHIKAWA, Eduardo Henrique de Oliveira. *Origem e evolução do devido processo legal substantivo*: o controle da razoabilidade das leis do século XVII ao XXI. São Paulo: Letras Jurídicas, 2007.
6. MOTT, Rodney L. Op. cit., p. 6.
7. As Constituições dos estados de Maryland, Pensilvânia e Massachusetts, que viriam a compor os Estados Unidos, já citavam a garantia. Ainda no período colonial, Robert Mott faz referência a documento elaborado pelos colonos de Massachusetts, em 1641, que parafrasearam a Magna Carta em uma versão mais popular. Esse documento foi copiado pela colônia de Connecticut, em 1650, ao passo que New Haven substituiu *due process of law* por *the scriptures* (MOTT, Rodney L. *Due process of law*: a historical and analytical treatise of the principles and methods followed by the courts in the application of the concept of the "law of the land". Indianapolis: The Bobbs-Merrill Company Publishers, 1926. p. 10-14).
8. Para uma exposição histórica do devido processo legal no direito inglês e nos Estados Unidos, ver também MARTEL, Letícia de Campos Velho. *Devido processo legal substantivo*: razão abstrata, função e características de aplicabilidade. Rio de Janeiro: Editora Lumen Juris, 2005. p. 1-39. Ver também NERY JR., Nelson. *Princípios do processo civil na Constituição Federal.* 8. ed. São Paulo: Ed. RT, 2006. p. 62.
9. O trecho relativo à clausula do devido processo, na 5ª Emenda, é o seguinte: "nor shall [any person] be compelled in any criminal case to be a witness against himself, nor be deprived of life, liberty, or property, without due process of law". Já na 14ª Emenda, o teor da cláusula é: "No State shall make or enforce any law which shall abridge the privileges or immunities of citizens of the United States; nor shall any State deprive any person of life, liberty, or property, without due process of law". A Suprema Corte dos Estados Unidos entendeu, ainda em 1945, que as duas referências constituem sinônimos. Cf. *Malinski v. New York,* 324 U.S. 401. Há, entretanto, controvérsias quanto a essa sinonímia. Ryan Williams realiza um detalhado estudo histórico da edição das duas emendas para concluir que apenas a 14ª tem um significado original amplo o bastante para acomodar uma forma reconhecível de devido processo legal substantivo. Essa

tanto na Inglaterra quanto nos Estados Unidos, é que a cláusula não tem qualquer conteúdo normativo autoevidente, já que não esclarece qual processo seria devido. O sentido de um processo devido só pode ser estabelecido em relação a um contexto jurídico, não abstratamente.

No período colonial norte-americano, há registros de aplicação do devido processo legal tanto na esfera penal quanto em litígios privados de natureza civil, usualmente relacionados à propriedade da terra. De acordo com Rodney Mott, no caso *Lessee v. Beale*, julgado em Maryland em 1726, ficou estabelecido que o devido processo legal exigia notificação e oitiva dos interessados antes que o litígio fosse resolvido.[10] Há, ainda, inúmeras referências à Magna Carta e, de modo específico, ao devido processo legal, nos escritos do período revolucionário, que levaria à independência dos Estados Unidos.[11]

Apesar da existência, nos Estados Unidos, de pensadores defendendo a visão de que os direitos consagrados na Magna Carta deveriam constar do texto originário da Constituição, essa ideia estava longe de ser unânime e foi levada à assembleia tardiamente. A possibilidade de que o dissenso atrasasse a promulgação do texto fez com que a ideia não frutificasse.[12] Com a aprovação da Constituição, os antifederalistas passaram a criticar o documento, com o fundamento de que dava excessivos poderes ao Congresso Nacional, tanto sobre os estados quanto sobre os cidadãos, motivo pelo qual defendiam a aprovação de normas que limitassem esse poder. Tal debate foi exacerbado durante a ratificação da Constituição pelos estados e, quando ela foi aprovada e o primeiro Congresso iniciou sua sessão, havia 103 propostas de Emendas Constitucionais para que se estabelecesse um *Bill of Rights*.[13]

Rodney Mott ressalta que os registros das sessões legislativas naquele momento não eram completos, de maneira que há lacunas na definição de qual era o entendimento da cláusula do devido processo para os legisladores que aprovavam a 5ª Emenda. Entretanto, é sabido que o texto praticamente não encontrou oposição no Congresso, nos estados ou do povo, sendo possível deduzir que havia um certo acordo sobre o seu escopo geral, enquanto cláusula limitadora do abuso do poder do governo, ainda que não houvesse certeza quanto a um significado exato. O autor considera uma hipótese aceitável, naquele contexto, que a norma fosse

---

      questão será retomada do item subsequente. WILLIAMS, Ryan C. The one and only substantive due process clause. *The Yale Law Journal*, v. 120, n. 3, p. 408-512, 2010.

10. MOTT, Rodney L. *Due process of law*: a historical and analytical treatise of the principles and methods followed by the courts in the application of the concept of the "law of the land". Indianapolis: The Bobbs-Merril Company Publishers, 1926. p. 107-111.
11. Ibidem, p. 140.
12. Ibidem, p. 145.
13. Ibidem, p. 154.

lida como uma vedação geral à tirania e ao abuso de poder, em todos os níveis. Todavia, em *Barron v. Baltimore*,[14] a Suprema Corte entendeu que as oito primeiras emendas não se aplicavam aos estados, mas apenas ao governo federal, o que motivou, após a Guerra de Secessão, a inclusão da cláusula do devido processo legal, com texto idêntico ao que constava na 5ª Emenda, também na 14ª Emenda.

Curiosamente, mais uma vez, o devido processo foi o item menos discutido nos debates para aprovação da 14ª Emenda. Para Mott, isso decorre da indefinição do conceito para os membros do Congresso, já naquele momento, em 1866. Esses membros teriam uma noção superficial do significado dessa norma e considerariam que as minúcias de seu alcance eram um problema de interpretação jurídica e, portanto, deveria ser deixado para os tribunais.[15] Em sentido similar, Edward Eberle afirma que já havia uma compreensão, a partir da 5ª Emenda, para indicar ao legislador constituinte de reforma, ainda que minimamente, qual era o sentido da expressão que ele viria a adotar na nova alteração constitucional.[16] Laurence Rosenthal afirma que o devido processo legal foi propositadamente inserido na Constituição dos Estados Unidos nesses termos genéricos, para que pudesse evoluir ao longo do tempo. O legislador não teria a intenção de consagrar como devido o processo existente naquele momento histórico.[17] Assim, a extrema abertura da cláusula, ainda que hoje pareça incômoda, não deixa de ser responsável pelo seu sucesso e permanência ao longo da história.

Mott encontra situação de similar obscuridade quando analisa os tratados jurídicos do século XIX. Alguns sequer explicam o significado do devido processo legal, por o considerarem absolutamente evidente. Aqueles que buscavam fornecer um significado para a expressão se dividiam em duas correntes. A primeira, dos que lhe atribuíam sentido eminentemente penal[18] que, segundo Rodney Mott,

---

14. 32 U.S. (7 Pet.) 243 (1833).
15. MOTT, Rodney L. Op. cit., p. 165. Em sentido similar, reconhecendo que o entendimento original do devido processo era nebuloso e incompleto (ROSENTHAL, Lawrence. Does due process have an original meaning? On originalism, due process, procedural innovation...and parking tickets. *Oklahoma Law Review*, v. 60, n. 1, p. 1-52, 2007).
16. EBERLE, Edward J. Procedural due process: the original understanding. *Constitutional Commentary*, v. 4, p. 339-362, 1987. Ver também CORWIN, Edward S. The doctrine of due process of law before the civil war. *Harvard Law Review*, v. 24, p. 366-385, 1911.
17. ROSENTHAL, Lawrence. Does due process have an original meaning? On originalism, due process, procedural innovation... and parking tickets. *Oklahoma Law Review*, v. 60, n. 1, p. 1-52, 2007: "Moreover, in light of the primitive state of due process jurisprudence in 1868, surely the Framers could not have doubted that due process jurisprudence would continue to evolve by common-law methods" (Op. cit., p. 42-43).
18. SILVEIRA, Paulo Fernando. *Devido processo legal*. 3. ed. Belo Horizonte: Del Rey, 2001. p. 235 considera que o âmbito penal era o objetivo da cláusula, o que, conforme se verifica no texto, não é historicamente incontroverso. Em *Noble v. Union River Logging*, de 1893 (147 U.S. 165), a Suprema Corte aplicou o devido processo a uma pessoa jurídica.

eram, com a exceção do juiz Story,[19] menos respeitados e citados pela jurisprudência. A segunda, que partia do pensamento de John Adams, era capitaneada por Thomas Cooley, que publicou, em 1868, uma obra específica sobre as limitações constitucionais ao poder legislativo,[20] a qual, por sua influência, é reeditada ainda na atualidade. Cooley se baseia em uma decisão da Suprema Corte para definir o devido processo legal como a garantia de que os direitos dos cidadãos, estabelecidos na "lei da terra" (*law of the land*),[21] serão respeitados por todos os poderes do Estado. Por essa razão, o devido processo exige que o interessado seja ouvido antes de ser julgado e que seja condenado antes de ser desapossado de seus bens.

O trabalho de Cooley teve o efeito colateral de influenciar os juristas posteriores a ele a uma análise da cláusula do devido processo muito voltada para a proteção da propriedade. Cooley era um cuidadoso sistematizador de casos, característica valiosa no sistema da *common law*, e isso fez com que ele percebesse que a propriedade era muito mais dada a causar conflitos jurídicos do que os direitos pessoais, direcionando para ela o enfoque de seu trabalho.[22] A influência da conotação econômica do devido processo legal levaria, futuramente, à decisão de *Lochner v. New York*[23] e à era do devido processo legal econômico. Enquanto isso, em relação às garantias propriamente processuais, a Suprema Corte, nesse período, se mostrou bastante leniente com as normas processuais dos estados, outorgando-lhes considerável autonomia para que estabelecessem regras de processo como melhor lhes conviesse.[24]

---

19. É preciso dizer que essa é uma exceção significativa. Joseph Story foi um dos maiores juristas norte-americanos do século XIX, autor de mais de uma dezena de livros extremamente influentes em sua época. Foi juiz da Suprema Corte entre 1811 e 1845, permanecendo, até hoje, o juiz mais jovem a ser indicado para tal magistratura, aos 32 anos de idade. Uma estátua sua, de corpo inteiro, se encontra no hall de entrada da biblioteca da Harvard Law School, que é a maior biblioteca de direito do mundo.
20. COOLEY, Thomas McIntyre. *A treatise on the constitutional limitations which rest upon the legislative power of the states of the American union*. 7. ed. Boston: Little, Brown and Company, 1903. p. 506.
21. Sobre esse conceito, ver BERGER, Raoul. Law of the Land Reconsidered. *Northwestern University Law Review*, v. 74, n. 1, p. 1-30, 1979.
22. MOOT, Rodney L. Op. cit., p. 188.
23. 198 U.S. 45 (1905).
24. MYKKELTVEDT, Roald Y. Procedural due process: the fair trial rule revisited. *Mercer Law Review*, v. 24, 1973. p. 621-649: "[...] the Court indicated that it was not inclined to use the due process clause to impose a rigid set of procedural norms on state courts. In sharp contrast to its use of the due process clause to conduct a vigorous assault on 'unreasonable' state laws regulating the use of private property, the Court assumed and maintained for a prolonged period a tolerant, deferential attitude toward the actions of state courts, only rarely finding that state criminal proceedings denied due process".

3. Definindo os elementos do devido processo legal: o século XX na jurisprudência norte-americana

Ao longo do século XX, a jurisprudência norte-americana dividirá suas considerações sobre o devido processo legal em duas profícuas vertentes: a procedimental e a substancial.[25] A primeira é a que interessa mais diretamente ao presente estudo, uma vez que o devido processo legal substancial não é uma regra de processo, mas um postulado a partir do qual a Suprema Corte extrai direitos materiais não expressamente previstos na lacônica Constituição norte-americana.

A Suprema Corte dos Estados Unidos chega ao século XX com uma noção vaga do conteúdo do devido processo legal procedimental, ora identificando-o a partir da tradição da *Common Law*, ora a partir de "princípios fundamentais de liberdade e justiça"[26] ou regras gerais de equidade no procedimento e, eventualmente, pela combinação de ambos. Observe-se que são parâmetros muito diferentes. A referência à tradição significa que o processo deverá ser considerado devido se decorre de uma prática histórica, estabelecida nas decisões judiciais pretéritas, enquanto o recurso a princípios abstratos permite que o Judiciário crie requisitos novos, não cogitados pelas decisões que constituem precedentes. Esse debate perpassa toda a polêmica da interpretação das normas constitucionais norte-americanas, não apenas no âmbito do processo civil. Mesmo com o texto antigo e lacônico, ainda há uma respeitável linha de juízes e autores que defendem que, em nome dos limites e restrições da atividade jurisdicional, o juiz deve interpretar a Constituição de acordo com a vontade do legislador constituinte, seja ele originário ou de reforma, esforçando-se em uma pesquisa histórica para descobrir esse significado à época da aprovação da norma.[27]

---

25. Os limites entre normas procedimentais e substanciais nos Estados Unidos são particularmente tormentosos para a jurisprudência, porque a Suprema Corte entendeu, em *Erie Railroad Co. v. Tompkins*, 304 U.S. 64, (1938), que um juízo federal, julgando questão estadual em virtude da aplicação de normas de falência ou de litígio interestadual, deve aplicar as regras processuais federais e as regras materiais estaduais. Em relação ao devido processo, Frank Easterbrook objeta que não fez sentido permitir que o legislador defina o que é um direito – propriedade, por exemplo – e não permitir que ele defina o modo como alguém pode ser privado desse direito (EASTERBROOK, Frank. Substance and due process. *The Supreme Court Review*, 1982. p. 85-125).
26. *Hurtado v. California*, 110 U.S. 516 (1884), expressão do juiz Matthews.
27. Essa é a discussão entre autores originalistas e não originalistas. Sobre o tema, ver ELY, John Hart. *Democracy and distrust*: a theory of judicial review. Cambridge: Harvard University Press, 1981. Ver também TRIBE, Laurence; MATZ, Joshua. *Uncertain justice*: the Roberts Court and the Constitution. New York: Henry Holt and Company, 2014. Talvez o originalista mais notório na atualidade seja o juiz da Suprema Corte Antonin Scalia, falecido em 2017.

Na primeira metade do século XX, continua predominando o laconismo nas aproximações conceituais ao devido processo legal, como se havia verificado no século XIX. O juiz Cardozo, em *Palko v. Connecticut*,[28] afirmou que, para se qualificar como elemento do devido processo, um direito deve ser parte do esquema de liberdade ordenada adotado pelo país e, portanto, os homens sensatos reconhecerão que negá-lo seria repugnante à consciência da humanidade. O juiz Roberts, em *Betts v. Brady*,[29] se refere ao entendimento comum daqueles que vivem sob o sistema anglo-americano de leis e a um senso universal de justiça. A imprecisão dessas noções foi apontada pelos próprios juízes da Corte. Ainda no início do século, o juiz Moody já observava que é preciso ter cuidado para "não importar para a interpretação constitucional nossas visões pessoais do que seriam regras de governo sábias, justas ou adequadas, confundindo-as com limitações constitucionais".[30] De forma geral, os estudiosos apontam que a Corte buscou ser cuidadosa com esse subjetivismo, adotando como fontes para a definição do conteúdo do devido processo principalmente a análise histórica, tanto do entendimento da cláusula do devido processo, quando foi redigida, quanto o modo como os procedimentos eram conduzidos na Inglaterra e nas colônias americanas. A Corte ainda se valeu, em diversas ocasiões, do sentido que os tribunais inferiores, estaduais e federais, atribuíam a um determinado elemento processual, bem como das práticas adotadas nos estados.[31]

Todos esses eram indícios de que uma prática estaria abrangida pelo devido processo legal. Se um elemento ou conduta processual é tradicionalmente considerado devido, então é provável que ele de fato o seja. Todavia, a porta do subjetivismo permanecia aberta. A Constituição garante o devido processo legal, mas não o conceitua, do mesmo modo que assegura, por exemplo, a propriedade, mas deixa para o legislador definir o que pode ser apropriado. Se a Corte não estabelece qualquer conteúdo para esses direitos, é como se a Constituição não existisse. Tudo ficaria ao alvedrio do legislador. Por outro lado, a falta de parâmetros para estabelecer esse conteúdo enseja o risco de que ele seja definido a partir de puro voluntarismo de nove juízes não eleitos. É essa a "dificuldade contramajoritária" que tanto incomodou Alexander Bickel.[32]

Um crítico dessa tendência foi o juiz Frankfurter, para o qual "esta Corte não traduz visões pessoais em limitações constitucionais".[33] Para ele, o objetivo do

---

28. 302 U.S. 319 (1937).
29. 316 U.S. 455 (1942).
30. *Twining v. New Jersey*, 211 U.S. 78, 106-07 (1908).
31. MYKKELTVEDT, Roald Y. Procedural due process: the fair trial rule revisited. *Mercer Law Review*, v. 24, p. 621-649, 1973.
32. BICKEL, Alexander. *The least dangerous bench*. 2. ed. Binghamton: Bobbs-Merrill Company Inc., 1986.
33. *Solisbee v. Balkcom*, 339 U.S. 9, 16 (1950).

devido processo seria proteger apenas os sentimentos mais permanentes e universais da sociedade. A afirmação mostra que a crítica é mais fácil que a construção da solução: Frankfurter não apresenta um critério para que se possa diferenciar o que são sentimentos universais da sociedade, meramente articulados pela Corte, das preferências subjetivas da maioria de seus juízes.[34] Com o tempo, o próprio Frankfurter, embora tivesse consciência de que a análise judicial de casos tende a gerar uma sucessão *ad hoc* de ordens muitas vezes incompatíveis entre si ou com a justificação que as apoia,[35] passou a adotar posicionamentos embasados em análise "racional", com forte carga subjetiva, sempre negada por ele. Devido processo significa a equidade essencial e ele a define recorrendo à razão, a qual considerava "impessoal e comunicável".[36]

A crítica formulada por Frankfurter foi direcionada a ele próprio pelo juiz Black, que o acusava de estar reintroduzindo o direito natural na jurisprudência da Corte, por trás de análises supostamente racionais. Frankfurter o negava, assentando que sua noção de justiça,[37] composta pela história, pela razão, pelas decisões pretéritas e pela fé na democracia permitiria a apreensão do sentido cons-

---

34. O mais próximo disso está no seu voto divergente em *West Virginia State Bd. of Educ. v. Barnette*, 319 U.S. 624 (1943): "As a member of this Court, I am not justified in writing my private notions of policy into the Constitution, no matter how deeply I may cherish them or how mischievous I may deem their disregard. The duty of a judge who must decide which of two claims before the Court shall prevail, that of a State to enact and enforce laws within its general competence or that of an individual to refuse obedience because of the demands of his conscience, is not that of the ordinary person. It can never be emphasized too much that one's own opinion about the wisdom or evil of a law should be excluded altogether when one is doing one's duty on the bench. The only opinion of our own even looking in that direction that is material is our opinion whether legislators could, in reason, have enacted such a law".
35. *Larson v. Domestic & Foreign Commerce Corp.*, 337 U.S. 682 (1949).
36. Em voto concorrente em *AFL v. American Sash & Door Co.*, 335 U.S. 538 (1949) Frankfurter afirmou: "A court which yields to the popular will thereby licenses itself to practice despotism, for there can be no assurance that it will not, on another occasion, indulge its own will. Courts can fulfill their responsibility in a democratic society only to the extent that they succeed in shaping their judgments by rational standards, and rational standards are both impersonal and communicable. Matters of policy, however, are, by definition, matters which demand the resolution of conflicts of value, and the elements of conflicting values are largely imponderable. Assessment of their competing worth involves differences of feeling; it is also an exercise in prophecy. Obviously the proper forum for mediating a clash of feelings and rendering a prophetic judgment is the body chosen for those purposes by the people. Its functions can be assumed by this Court only in disregard of the historic limits of the Constitution".
37. *Fairness*, no original. A tradução dessa expressão como equidade é problemática, já que, em inglês, existem as expressões *justice* e *fairness*, as quais não têm correspondência precisa em outros idiomas.

titucional, bem como que o *due process* não seria um instrumento rígido, mas um processo delicado de ajuste, a ser feito por aqueles a quem a Constituição confiou tal missão,[38] ou seja, pela Corte. Para o juiz, a contenção da subjetividade não era incompatível com o apelo iluminista de existência de uma razão alcançável por intermédio da sabedoria e do conhecimento.[39] Afirmava a confiança na diferença entre uma decisão que decorra de revelação transcendental e outra que se funde na "consciência da sociedade verificada, tão bem quanto possível, por um tribunal disciplinado para a tarefa".[40]

Frankfurter foi um dos responsáveis pela nova força que ganharia a cláusula do devido processo legal na jurisprudência norte-americana, em meados do século XX, chegando a afirmar que "a história da liberdade é, em grande medida, a história da observância de salvaguardas processuais".[41] O principal valor, todavia, da jurisprudência capitaneada por Frankfurter não foi seu sucesso em estabelecer um conceito definitivo de devido processo, mas sua crítica ao viés de análise quase puramente histórico até então estabelecido. É esse o cerne de sua divergência com o juiz Black. A Corte tradicionalmente se amparava em elementos históricos, seja por intermédio dos precedentes, da história constitucional, ou mesmo da história colonial ou inglesa pré-colonial. Frankfurter e a Corte Warren fundamentarão suas decisões progressistas rompendo com a história e buscando uma fundamentação racional que, insistirão eles, tem caráter objetivo. O devido processo poderá deixar de ser, assim, uma simples salvaguarda de noções pré-estabelecidas, para se adaptar às inevitáveis mudanças da sociedade.[42]

Um caso marcante do período é *Joint Anti-Fascist Refugee Committee v. Mc-Grath*,[43] no qual se questionava a constitucionalidade da classificação, feita pelo governo federal, de pessoas e entidades como subversivas, privando-as, por essa

---

38. STEVENS, Richard G. *Frankfurter and due process*. Lanham: United Press of America, 1987. p. 168.
39. Ibidem, p. 170.
40. *Bartkus v. Illinois*, 359 U.S. 121 (1959), voto concorrente: "Decisions under the Due Process Clause require close and perceptive inquiry into fundamental principles of our society. The Anglo-American system of law is based not upon transcendental revelation, but upon the conscience of society ascertained as best it may be by a tribunal disciplined for the task and environed by the best safeguards for disinterestedness and detachment".
41. *McNabb v. United States*, 318 U.S. 332 (1943).
42. "Stability is an essential element of the law, and change there will be, and courts, as well as legislatures, are concerned with striking a balance. But life, liberty or property may not be taken without due process of law, and what is due process of law, and what is due is not immanent in what has been nor in what is coming to be" (STEVENS, Richard G. Book review of W. Mendelson, Justices Black and Frankfurter: conflict in the court. *William and Mary Law Review*, v. 3, 1961. p. 216).
43. 341 U.S. 123 (1951).

razão, de variados direitos. Tanto Black quanto Frankfurter, assim como a maioria da Corte, entenderam que a colocação de pessoas nessas listas, sem prévia notificação e audiência, violava o devido processo legal. Os argumentos de ambos, entretanto, foram distintos e representativos de seus respectivos estilos. Black se fundou na história da *Common Law*, encontrando uma referência do reinado de James II, em 1688, para sustentar sua opinião.[44] Frankfurter considerou o devido processo como valor profundamente enraizado na tradição da sociedade americana e designado para mantê-la. O vício do ato impugnado era o fato de ter sido executado sem prévia notificação, sem dar aos interessados ciência das razões que o embasavam, acesso às provas e oportunidade de contraditá-las. A equidade do procedimento, afirma Frankfurter, é a essência do devido processo legal e ela deve ser assegurada mesmo nos tempos mais difíceis da nação. O conteúdo do devido processo não é fixo e apreensível por uma fórmula, mas representa uma atitude de justiça entre os homens e entre eles e o governo, sendo composto pela história, pelas decisões passadas e pela confiança na força da democracia.[45] Também nesse período, o juiz Jackson afirmou que "a justiça e regularidade do processo constituem a essência indispensável da liberdade. Muitas leis severas podem ser suportadas se forem aplicadas de modo justo e imparcial".[46]

A dificuldade abordada pela Corte, um século antes, sobre saber se o processo devido é aquele previsto em lei, ou se a palavra "devido" condiciona a atividade do legislador, recebia uma resposta eloquente no sentido da restrição

---

44. Em um caso bastante anterior, *Adamson v. California*, 332 U.S. 46 (1947), o juiz Black já havia deixado clara sua indignação com o uso exagerado da cláusula do devido processo, em virtude de seu caráter genérico: "This decision reasserts a constitutional theory spelled out in Twining v. New Jersey, 211 U. S. 78, that this Court is endowed by the Constitution with boundless power under 'natural law' periodically to expand and contract constitutional standards to conform to the Court's conception of what, at a particular time, constitutes 'civilized decency' and 'fundamental liberty and justice'".

45. "The requirement of 'due process' is not a fair-weather or timid assurance. It must be respected in periods of calm and in times of trouble; it protects aliens as well as citizens. But 'due process,' unlike some legal rules, is not a technical conception with a fixed content unrelated to time, place and circumstances. Expressing, as it does in its ultimate analysis, respect enforced by law for that feeling of just treatment which has been evolved through centuries of Anglo-American constitutional history and civilization, 'due process' cannot be imprisoned within the treacherous limits of any formula. Representing a profound attitude of fairness between man and man, and more particularly between the individual and government, 'due process' is compounded of history, reason, the past course of decisions, and stout confidence in the strength of the democratic faith which we profess. Due process is not a mechanical instrument. It is not a yardstick. It is a process. It is a delicate process of adjustment inescapably involving the exercise of judgment by those whom the Constitution entrusted with the unfolding of the process" (*Joint Anti-Fascist Refugee Committee v. McGrath* 341 U.S. 123 (1951)).

46. *Shaughnessy v. United States*, 345 U.S. 206 (1953).

da atuação legislativa, embora ainda sem conteúdo muito bem determinado.⁴⁷ Isso não se fez sem resistências. O juiz Black, em vários casos, ressaltou que o devido processo legal, desde a Magna Carta, se referia a garantir que as pessoas fossem processadas de acordo com a *law of the land* e que, nos Estados Unidos, a lei da terra é a Constituição escrita e as leis aprovadas pelos órgão competentes.⁴⁸ Logo, não faria sentido pretender dar conteúdo autônomo à palavra "devido", para além do que a própria Constituição ou a lei especifica como devido. Mas as críticas não prevaleceram e a Corte adotaria, na década de 1970, as decisões que Henry Friendly⁴⁹ qualificou como "explosão do devido processo".⁵⁰ Em *Goldberg*

---

47. Discutindo esse problema, HYMAN, Andrew T. The little word "due". *Akron Law Review*, v. 38, 2005, p. 1-51. Hyman é crítico da posição da Corte e sustenta que o devido processo não deveria ser utilizado para converter direito natural em direito positivo, fora do processo democrático.

48. *In re Winship*, 397 U.S. 358 (1970), voto divergente do juiz Black: "Our Constitution provides that no person shall be 'deprived of life, liberty, or property, without due process of law.' The four words – due process of law – have been the center of substantial legal debate over the years. [...] While it is thus unmistakably clear that 'due process of law' means according to 'the law of the land,' this Court has not consistently defined what 'the law of the land' means, and, in my view, members of this Court frequently continue to misconceive the correct interpretation of that phrase. [...] In those words is found the kernel of the 'natural law due process' notion by which this Court frees itself from the limits of a written Constitution and sets itself loose to declare any law unconstitutional that 'shocks its conscience,' deprives a person of 'fundamental fairness,' or violates the principles 'implicit in the concept of ordered liberty.' [...] I have set forth at length in prior opinions my own views that this concept is completely at odds with the basic principle that our Government is one of limited powers, and that such an arrogation of unlimited authority by the judiciary cannot be supported by the language or the history of any provision of the Constitution. [...] In my view, both Mr. Justice Curtis and Mr. Justice Moody gave 'due process of law' an unjustifiably broad interpretation. For me, the only correct meaning of that phrase is that our Government must proceed according to the 'law of the land' – that is, according to written constitutional and statutory provisions as interpreted by court decisions. The Due Process Clause, in both the Fifth and Fourteenth Amendments, in and of itself, does not add to those provisions, but, in effect, states that our governments are governments of law, and constitutionally bound to act only according to law".

49. FRIENDLY, Henry. Some kind of hearing. *University of Pennsylvania Law Review*, n. 123, p. 1267, 1975. Friendly, que faleceu em 1986, foi juiz do 2º Circuito de Apelações por quase 20 anos e detém em sua biografia o marco histórico de ter sido o primeiro aluno a receber o seu grau *summa cum laude* na Harvard Law School, em 1927. A referência é do *Jornal Harvard Crimson*, de 23.06.1927.

50. De fato, é impressionante a produção jurisprudencial e doutrinária desse período, acerca do devido processo legal. Um dos campos em que o debate foi mais acentuado foi o da sua intervenção no regime jurídico dos servidores públicos. Ver, na Suprema Corte, *Board of Regents of State Colleges v. Roth*, 408 U.S. 564 (1972) e Perry v. Sindermann, 408 U.S. 593 (1972). Ver também MIXON, Donn. Procedural due process and the teacher. *Arkansas Law Review*, v. 29, p. 87-103, 1975.

v. *Kelly*,[51] a Suprema Corte entendeu que aquele que está ameaçado de perder um benefício de seguridade social tem direito a ser notificado e ouvido antes da cessação. Não seria propriamente um julgamento, mas uma oitiva oral, perante uma autoridade imparcial, com direito de apresentar e questionar testemunhas, bem como de receber uma decisão escrita fundamentada, embasada apenas em normas jurídicas e nos fatos apurados na audiência. Assim, uma audiência informal não satisfaria essa necessidade.

Outra decisão relevante nesse período é *Wolff v. McDonnell*,[52] de 1974, caso em que a Suprema Corte afirmou o direito de os presos serem ouvidos antes da adoção de medidas disciplinares em seu desfavor. O julgado está no contexto de um conjunto de outros casos relacionados ao devido processo legal em benefício de presos e condenados[53] e ainda cita outras situações, entre votos majoritários e vencidos, nas quais a Suprema Corte já havia afirmado o direito de alguém ser ouvido antes de decisões que o afetem,[54] sendo tal elemento essencial ao devido

---

51. 397 U.S. 254 (1970).
52. 418 U.S. 539 (1974).
53. Em *Morrissey v. Brewer*, 408 U.S. 471 (1972), a Suprema Corte impôs os seguintes requisitos para a revogação de liberdade condicional (parole): "(a) written notice of the claimed violations of parole; (b) disclosure to the parolee of evidence against him; (c) opportunity to be heard in person and to present witnesses and documentary evidence; (d) the right to confront and cross-examine adverse witnesses (unless the hearing officer specifically finds good cause for not allowing confrontation); (e) a 'neutral and detached' hearing body such as a traditional parole board, members of which need not be judicial officers or lawyers; and (f) a written statement by the factfinders as to the evidence relied on and reasons for revoking parole". Em *Gagnon v. Scarpelli*, 411 U. S. 778 (1973), os mesmos requisitos foram estendidos para a constatação de descumprimento de condições de penas alternativas (*probation*). Discutindo esse problema, ver REA, John C. Procedural due process in parole release decisions. *Arizona Law Review*, v. 18, 1976. p. 1023-1060. No Brasil, o STJ já analisou diversos casos semelhantes, também no âmbito da execução penal, afirmando, assim como nos Estados Unidos, o direito do condenado ser ouvido antes que a falta cometida durante a execução penal surta efeito. V. HC 196.126/SC, 5.ª T., rel. Min. Marco Aurélio Bellizze, j. 22.05.2012.
54. "This analysis as to liberty parallels the accepted due process analysis as to property. The Court has consistently held that some kind of hearing is required at some time before a person is finally deprived of his property interests. *Anti-Fascist Committee v. McGrath*, 341 U. S. 123, 341 U. S. 168 (1951) (Frankfurter, J., concurring). The requirement for some kind of a hearing applies to the taking of private property, *Grannis v. Ordean*, 234 U. S. 385 (1914), the revocation of licenses, In re Ruffalo, 390 U. S. 544 (1968), the operation of state dispute settlement mechanisms, when one person seeks to take property from another, or to government-created jobs held, absent 'cause' for termination, Board of *Regents v. Roth*, 408 U. S. 564 (1972); *Arnett v. Kennedy*,416 U. S. 134, 416 U. S. 164 (1974) (POWELL, J., concurring); id. at 416 U. S. 171 (WHITE, J., concurring in part and dissenting in part); id. at 416 U. S. 206 (MARSHALL, J., dissenting). Cf. *Stanley v. Illinois*, 405 U. S. 645, 405 U. S. 652-654 (1972); *Bell v. Burson*, 402 U. S. 535 (1971)".

processo.⁵⁵ Enfim, a cláusula do *due process* seria estendida, nesse período, aos mais variados contextos, como os relativos a direitos de motoristas de veículos, empregados, estudantes e outros tantos referidos nas 798 notas de rodapé do detalhado trabalho de Doug Rendleman.⁵⁶

A partir de *Wolff v. McDonnell*, Henry Friendly tenta estabelecer os elementos essenciais a um *fair hearing*.⁵⁷ Embora o autor enfoque a atuação administrativa do Estado,⁵⁸ os elementos propostos são perfeitamente aplicáveis ao contexto judicial, de modo que permitem a definição de um núcleo de elementos do devido processo legal:

1) um julgador imparcial;

2) ciência da ação proposta e de seus fundamentos;

3) oportunidade de apresentar argumentos de defesa;

4) oportunidade de produzir provas, inclusive de apresentar testemunhas;⁵⁹

5) direito de conhecer as provas da parte contrária;

---

55. Por exemplo: *Joint Anti-Fascist Refugee Committee v. McGrath* 341 U.S. 123 (1951): "One of these principles is that no person shall be deprived of his liberty without opportunity, at some time to be heard".

    The Japanese Immigrant Case, 189 U. S. 86 (1903): "By 'due process' is meant one which, following the forms of law, is appropriate to the case, and just to the parties to be affected. It must be pursued in the ordinary mode prescribed by the law; it must be adapted to the end to be attained; and wherever it is necessary for the protection of the parties, it must give them an opportunity to be heard respecting the justice of the judgment sought".

    Hagar v. Reclamation District, 111 U. S. 701 (1884): "Before its property can be taken under the edict of an administrative officer, the appellant is entitled to a fair hearing upon the fundamental facts".

    Southern Railway Co. v. Virginia, 290 U.S. 190 (1933): "Whether acting through its judiciary or through its Legislature, a state may not deprive a person of all existing remedies for the enforcement of a right, which the state has no power to destroy, unless there is, or was, afforded to him some real opportunity to protect it".

    Brinkerhoff-Faris Trust & Savings Co. v. Hill, 281 U.S. 673 (1930): "the judgment violates due process of law, in its primary sense of an opportunity to be heard and to defend one's substantive right".

56. RENDLEMAN, Doug. The new due process: rights and remedies. *Kentucky Law Journal*, v. 63, p. 531-674, 1975.

57. FRIENDLY, Henry. Some kind of hearing. *University of Pennsylvania Law Review*, n. 123. 1975. p. 1267.

58. O autor se perguntava: "Should the executive be placed in a position where it can take no action affecting a citizen without a hearing? When a hearing is required, what kind of hearing must it be? Specifically, how closely must it conform to the judicial model?".

59. Sobre o devido processo legal na fase probatória, ver WOODSIDE, Frank C; SCHAEFER, Jeffrey R. The future of due process during discovery and what would Wigmore

6) direito de inquirir as testemunhas da parte contrária;

7) direito a uma decisão fundada exclusivamente nas provas dos autos;

8) oportunidade de ser representado por advogado;

9) necessidade de registro das provas apresentadas e

10) fundamentação da decisão.[60]

Morris Forkosch, escrevendo na mesma época, chega a afirmar que o devido processo legal procedimental é a causa suficiente da democracia americana, sendo um componente do *American way of life*.[61] Mas a própria Suprema Corte não demorou a perceber o custo que o devido processo imporia, sobretudo à administração pública. Em *Mathews v. Eldridge*,[62] apenas seis anos depois de *Goldberg*, os juízes temperaram o entendimento anterior, por intermédio de uma distinção do precedente, ponderando que as exigências lá fixadas não devem ser consideradas como regra geral. A Corte, asseverando que o devido processo legal não é uma norma rígida, estabeleceu um teste de balanceamento de três partes para a conduta estatal, considerando: (a) os interesses privados que serão afetados pela decisão, (b) o risco decorrente da privação indevida desses interesses e o potencial que os procedimentos adotados têm de evitar esse risco, bem como, de outro lado, (c) os interesses do Estado envolvidos no exercício daquela função e o custo da introdução das garantias procedimentais.[63] O resultado desse teste apontaria que tipo de garantia processual o caso demandaria, sendo, portanto,

---

have to made of Daubert? *Due process be damned*: 1995 annual meeting, The Fairmont, San Francisco, California. Manuscrito.

60. O *Black`s Law Dictionary* assim define o devido processo: "The conduct of legal proceedings according to established rules and principles for the protection and enforcement of private rights, including notice and the right to a fair hearing before a tribunal with the power to decide the case" (GARNER, Bryan A. (Ed.) *Black`s law dictionary*. 9. ed. St. Paul: Thomson Reuters, 2009. p. 575). Para mais detalhes sobre cada um desses requisitos, no contexto do sistema norte-americano, ver BAYLES, Michael D. *Procedural justice*: allocating to individual. Boston: Kluwer Academic Publishers, 1990. especialmente p. 39-60.

61. "We may thus conclude that procedural due process does greatly influence and condition our lives, albeit the exact scope and degree are open questions" (FORKOSCH, Morris D. American democracy and procedural due process. *Brooklyn Law Review*, v. 24, 1978, especialmente p. 253).

62. 424 U.S. 319 (1976).

63. "Due process is flexible and calls for such procedural protections as the particular situation demands [...] Resolution of the issue here involving the constitutional sufficiency of administrative procedures prior to the initial termination of benefits and pending review, requires consideration of three factors: (1) the private interest that will be affected by the official action; (2) the risk of an erroneous deprivation of such interest through the procedures used, and probable value, if any, of additional procedural safeguards;

incabível pretender que a decisão de *Goldberg* fosse aplicada em todos os âmbitos da atividade administrativa.

Ainda que a construção tenha buscado, de modo minudente, distinguir as situações e evitar simplesmente afastar *Goldberg*, até por ser uma decisão adotada poucos anos antes, o que ocorreu, em verdade, foi um arrependimento dos juízes em relação à extensão do julgado anterior e, por essa razão, um retrocesso. A Corte passa a ver o devido processo como uma garantia cujos elementos não têm valor em si, mas condicionados à avaliação de sua finalidade em um determinado contexto.[64] Os juízes percebem que a generalização de *Goldberg* exigiria que a administração investisse recursos para a implementação de processos que, em grande medida, teriam pouca utilidade prática, reduzindo, por essa razão, os investimentos disponíveis para a realização dos direitos materiais subjacentes aos conflitos. O devido processo legal assumiria, a partir de então, caráter instrumental, o qual ostenta até a atualidade, uma vez que *Mathews* permanece como precedente válido.[65]

4. O devido processo legal coletivo e a tipologia dos litígios coletivos

O devido processo legal coletivo envolve, além de todas as questões discutidas anteriormente, o estabelecimento de uma série de salvaguardas, a partir das quais se possa garantir que o titular do direito material não seja indevidamente privado de direitos no curso do processo. A tese que sustentamos, em outro trabalho[66], é

---

and (3) the Government's interest, including the fiscal and administrative burdens that the additional or substitute procedures would entail".

64. O artigo de Friendly, supra mencionado, foi citado diversas vezes na decisão e, ao que parece, influencia consideravelmente a sua conclusão. É preciso considerar que *Mathews* trata de benefícios por incapacidade devidos a trabalhadores, enquanto *Goldberg* versava sobre um benefício de natureza assistencial. Assim, foi expressamente considerado que as consequências da cessação indevida neste caso seriam mais graves que naquele.

65. No sentido do texto, WASSERMAN, Rhonda. *Procedural due process*: a reference guide to the United States Constitution. Westport: Praeger Publishers, 2004. p. 66. Há inúmeros debates acerca do alcance das garantias processuais no âmbito administrativo, que não interessam propriamente a este trabalho. Por exemplo, Paul Edmondson discute a necessidade de se assegurar a alguém o devido processo legal antes que ele seja impedido de realizar uma obra em decorrência de tombamento. Essa aplicação do devido processo não foi aceita pela Suprema Corte em *Penn Central Transportation Co. v. New York City*, 38 U.S. 104 (1978). Há uma evidente impressão, nos Estados Unidos, de que a aplicação de Goldberg em todos os seus termos, teria ido muito além do que a Corte pretendia restringir a conduta da administração. Ver EDMONDSON, Paul W. Historic preservation regulation and procedural due process. *Ecology Law Quarterly*, v. 9, p. 743-775, 1978.

66. VITORELLI, Edilson. *O devido processo legal coletivo*: dos direitos aos litígios coletivos. São Paulo: Ed. RT, 2016.

a de que essas garantias não são estáticas nem uniformes. Elas dependem do tipo de litígio coletivo que está sendo tratado no processo[67].

4.1. Litígios coletivos globais

A primeira categoria de litígios coletivos é dada pelas situações nas quais a lesão não atinge diretamente os interesses de qualquer pessoa, ainda que, coletivamente, seja relevante para a sociedade. É o caso, por exemplo, de lesões ambientais que não atingem pessoas, bem como de outras lesões que as atingem, mas em medida tão reduzida que elas não buscariam a tutela das individualmente sofridas. Essa é a categoria que se aproxima das formulações atuais do processo coletivo, que veem a sociedade como um ente supracoletivo, despersonificado, que defende seus interesses pela aplicação do ordenamento jurídico, interpretado por pessoas autorizadas a tanto. Aqui não se trata de proteger o bem jurídico porque sua lesão interessa especificamente a alguém, mas porque interessa, genericamente, a todos.

Assim, a sociedade como estrutura é a que titulariza os direitos lesados de modo pouco significativo do ponto de vista de cada um dos indivíduos que a compõem, ainda que, do ponto de vista global, a lesão seja juridicamente relevante. Em regra, pode ser difícil identificar com precisão quem são os membros do grupo e, mesmo que não seja, essa identificação é, geralmente, pouco relevante, já que seu interesse individual em jogo é baixo. Como eles são pouco afetados, não estão suficientemente interessados em intervir nos rumos de um eventual processo, se diz que tal litígio tem baixa conflituosidade entre os membros do grupo. Já a complexidade pode variar, pois ainda que os indivíduos não tenham interesse no litígio, pode haver desacordo científico razoável acerca do modo como ele deve ser tutelado.

Dessa maneira, litígios globais podem ser simples, como é o caso de lesões diminutas à sociedade consumidora, mas também podem ser complexos, como em lesões ambientais cuja solução é de difícil delimitação. O que se busca é produzir bem-estar coletivo, mesmo que à custa de direitos individuais. Isso significa que a reparação individual, nesses litígios, não deve ter precedência sobre a reparação coletiva, dado que seria cara, trabalhosa e pouco relevante. Se for possível reparar o dano com benefícios coletivos fruíveis por todos, o processo terá chegado a um resultado socialmente desejável.

4.2. Litígios coletivos locais

A segunda categoria de litígios coletivos se opõe à primeira. São os litígios que, apesar de coletivos, afetam, de modo específico e grave, os integrantes de uma

---

67. Ver também, nesta enciclopédia, o verbete "litígio coletivo", de nossa autoria.

sociedade que têm, entre si, um laço de solidariedade e, por isso, pode-se dizer que formam uma comunidade, no sentido que essa expressão tem para Ferdinand Tönnies,[68] ou seja, grupos de reduzidas dimensões e fortes laços de afinidade social, emocional e territorial, traduzidos em um alto grau de consenso interno.

Essa solidariedade pode decorrer de fatores inerentes a uma identidade social ou cultural do grupo, que precede o litígio. É o caso das comunidades indígenas, quilombolas e demais povos tradicionais, referidos pela Convenção 169 da Organização Internacional do Trabalho. Esses grupos constituem, na expressão de Elliott e Turner, *sticky societies*,[69] sociedades com grande consciência de identidade própria e cuja lealdade do membro para com o grupo é essencial.

A solidariedade também pode decorrer de laços mais tênues, como o compartilhamento de uma perspectiva social[70], como é o caso de minorias sociais (mulheres, homossexuais, negros), ou de uma posição que decorre do próprio litígio. É o caso das vítimas de um mesmo acidente de consumo ou dos portadores da mesma doença. Essas pessoas podem ser diferentes entre si, em vários aspectos, mas, no que tange ao litígio, são solidárias e buscam finalidades comuns.

Nesses casos, e em oposição aos litígios globais, mesmo que a lesão atinja, perifericamente, pessoas que não pertencem ao grupo, deve-se entender que apenas essa comunidade titulariza o direito. O vínculo cultural existente entre o índio e o território, que vai além de um simples vínculo de propriedade[71], faz a relação do grupo indígena com o dano tão mais acentuada que torna insignificante, por comparação, sua relevância para os indivíduos que lhe são exteriores, ainda que o direito possa, perifericamente, lhes interessar.

Em outras palavras, não se nega que a lesão ambiental ocorrida no interior de uma terra indígena pode interessar a todas as pessoas que não pertencem ao grupo, mas interessa à comunidade de maneira tão predominante que, por comparação, as demais pessoas ficam excluídas da titularidade do bem ambiental, para os efeitos desse litígio.

---

68. TÖNNIES, Ferdinand. *Comunidad y sociedad*. Buenos Aires: Losada, 1947. p. 19.
69. ELLIOTT, Anthony; TURNER, Bryan S. On society. Cambridge: Polity Press, 2012. p. 74.
70. Perspectiva social é utilizada aqui no sentido que lhe atribui YOUNG, Iris Marion. *Inclusion and democracy*. New York: Oxford University Press, 2000. Perspectivas sociais são visões de mundo que derivam da posição que a pessoa ocupa na sociedade, independentemente de suas opiniões ou de seus interesses. A perspectiva social, ao contrário dos interesses e das opiniões, pode ser inconsciente e condiciona a compreensão que os indivíduos têm de determinados eventos sociais e suas consequências.
71. Sobre essa questão, ver VITORELLI, Edilson. *Estatuto do Índio*. 4. ed. Salvador: JusPodivm, 2017; e também VITORELLI, Edilson. *Estatuto da Igualdade Racial e comunidades quilombolas*. Salvador: 4. ed. JusPodivm, 2018.

Como se percebe, não existe indivisibilidade dos até aqui chamados direitos difusos ou coletivos. Ainda que se classifique a saúde pública como direito coletivo, em um litígio sobre as prestações devidas aos portadores de nefropatias, a tutela adequada deve ser definida em relação aos atuais portadores da doença, ainda que, no futuro, qualquer outra pessoa possa vir a sofrê-la. Não se pode, em nome do periférico – o interesse eventual de uma pessoa saudável – pretender reduzir a influência, sobre o processo, de um interesse principal – a busca de tratamento adequado para a doença.

A conflituosidade, nos litígios locais, é média. Por um lado, a comunidade envolvida é altamente coesa, o que lhe atribui a mesma perspectiva em relação ao litígio,[72] e certo fator de homogeneidade em relação ao resultado do processo. Por outro lado, o litígio é tão importante para os integrantes do grupo que é natural que surjam, entre eles, desacordos razoáveis sobre o melhor caminho a seguir. Grupos indígenas frequentemente discordam sobre a melhor maneira de buscar a reparação dos danos que sofrem, integrantes de grupos minoritários discordam sobre o melhor modo de buscar a igualdade, vítimas de uma doença causada por um acidente de consumo podem discordar sobre o modo como as indenizações devem ser divididas. Porém, como o objetivo final é comum, a conflituosidade não sofre escalada tão significativa.

A complexidade, por sua vez, também é variável, mas tende a ser mais alta que nos litígios globais, por razões similares. O grupo não é indivisível, não é composto de uma única consciência e, como todos sofrem muito com o litígio, todos se preocupam em emitir suas opiniões e, consequentemente, tentar buscar interpretações que favoreçam pontos de vista sobre o conteúdo da tutela adequada que não serão, necessariamente, unânimes.

A condução do processo coletivo de solução de um litígio local deve ser a oposta de um litígio global. O que se busca, aqui, é produzir bem-estar para os integrantes daquela sociedade especificamente considerada, não das pessoas em geral, que não a integram. É importante identificar quem são os membros do grupo e procurar conhecer suas opiniões, em um diálogo aberto e construtivo, fomentado no seio do processo e fora dele. Devem-se evitar perspectivas autoritárias que, com base na suposta titularidade coletiva e indivisível do bem jurídico, alijem essas pessoas da posição central do debate, em nome de ideais externos ao grupo.

O processo, nos litígios locais, busca produzir bem-estar para a comunidade titular do direito, não para todos e, menos ainda, para algum tipo de realização

---

72. A expressão perspectiva é aqui utilizada no sentido atribuído por Iris Marion Young. YOUNG, Iris Marion. *Inclusion and democracy*. New York: Oxford University Press, 2000. Sinteticamente, a perspectiva social deriva da posição de um indivíduo na sociedade, que influencia o seu modo de ver o mundo, embora, não necessariamente, seus interesses ou suas opiniões.

de uma suposta vontade abstrata da lei. O referencial de adequação da tutela será a própria comunidade.

4.3. Litígios coletivos irradiados

Os litígios coletivos irradiados compõem a categoria mais complexa e mais conflituosa das três. Refletem as situações em que o litígio afeta uma variedade de subgrupos sociais, de formas e com intensidades distintas, sem que haja entre eles qualquer vínculo de solidariedade ou perspectiva social comum. Isso faz com que suas visões acerca da solução desejável sejam divergentes e, não raramente, antagônicas.[73] Esses eventos dão ensejo a litígios mutáveis[74] e multipolares,[75] opondo o grupo titular do direito não apenas ao réu, mas a si próprio.

Por essa razão, os litígios irradiados sempre são complexos, uma vez que as características não uniformes da lesão implicam elevadas dificuldades para apreender o modo como a sua reparação pode ser realizada. E são sempre conflituosos, uma vez que as pessoas são suficientemente afetadas para se importar com o litígio e querer dar a ele o desenvolvimento que lhes pareça mais adequado, mas o são de maneiras distintas, o que as impede de gerar vínculos de solidariedade.

O litígio decorrente do desastre ambiental de Mariana, o rompimento de uma barragem de rejeitos de mineração que despejou em um rio e, posteriormente, no mar, milhões de toneladas de poluentes, ocorrido em 5 de novembro de 2015, é o exemplo prototípico de um litígio coletivo irradiado. Ele envolve as famílias das vítimas que morreram, pessoas que perderam todo o seu patrimônio, suas casas e seu modo de vida, pessoas que perderam ativos produtivos menos relevantes, pescadores que retiravam seu sustento do rio atingido, cidades inteiras que ficaram sem água potável por duas semanas, um grupo indígena que foi privado de seus rituais religiosos, que dependiam desse mesmo rio e pessoas que não puderam ir à praia, quando o rio desaguou no mar. Todos esses subgrupos são significativamente afetados pelo litígio, mas com intensidades e de maneiras muito diferentes, sendo improvável que haja solidariedade entre as famílias das vítimas fatais e os banhistas das praias contaminadas. A análise empírica do desastre demonstra, de fato, que os subgrupos sociais atingidos pela tragédia divergiram frontalmente acerca do

---

73. Conforme notou MAZZILLI, Hugo Nigro. *A defesa dos interesses difusos em juízo*. 20. ed. São Paulo: Saraiva, 2007. p. 49.
74. A mutabilidade desses conflitos é ressaltada por MANCUSO, Rodolfo de Camargo. *Direitos difusos*: conceito e legitimação para agir. 8. ed. São Paulo: Ed. RT, 2013. p. 110-114.
75. A multipolaridade é utilizada aqui para referir à existência, pelo menos potencial, de um grande número de opiniões concorrentes quanto ao conflito. Cabe observar que há importante vertente do estudo dos conflitos que nega a existência de conflitos multipolares, afirmando que eles sempre redundarão em bipolaridade. Cf. ENTELMAN. Remo F. *Teoría de conflictos*: hacia un nuevo paradigma. Barcelona: Gedisa, 2005. p. 86.

modo como a tutela jurisdicional para o caso deveria ser buscada, rompendo com a ideia, tradicionalmente defendida, de que os direitos coletivos são indivisíveis e de que a satisfação de um significa, automaticamente, a satisfação de todos[76].

Nos litígios irradiados, tanto a conflituosidade quanto a complexidade são elevadas. Será difícil antever os contornos mais adequados para a tutela do direito material, uma vez que a realidade é alterada de diversas maneiras. O litígio é policêntrico e suas características se alteram com o passar do tempo e com o próprio desenvolvimento do processo[77]. As características não uniformes da lesão implicam elevadas dificuldades para apreender o modo como a sua reparação pode ser realizada. Além disso, o fato de as pessoas serem afetadas com gravidade, de modos diferentes e sem vínculo de solidariedade entre si enseja elevado potencial de desacordo entre elas quanto à condução e ao resultado desejável do processo.

O conceito mais adequado de sociedade para identificar as pessoas que titularizam esses direitos é o da sociedade como criação. Nessa linha de pensamento, a sociedade é elástica, descentralizada e fluida. Utilizando a terminologia de Simmel, o que importa é a sociação, o fazer sociedade, e não a concepção estática da sociedade, como algo dado e acabado. A teia de interações sociais entre os indivíduos é a própria sociedade. Suas estruturas são apenas a cristalização dessas interações sociais.[78]

Se os diversos subgrupos são impactados de modos e intensidades distintas, o desafio é hierarquizar essas situações, para definir aquelas que devem merecer mais ou menos atenção no processo. Em um cenário de elevada complexidade, em que, dificilmente o ordenamento jurídico será capaz de dar uma resposta adequada a todos os aspectos do litígio, é importante evitar que elementos periféricos sejam priorizados sobre outros, mais importantes.

---

76. Uma análise detalhada desse litígio foi feita em VITORELLI, Edilson. Litígios estruturais: decisão e implementação de mudanças socialmente relevantes pela via processual. In: ARENHART, Sérgio Cruz; JOBIM, Marco Félix. *Processos estruturais*. Salvador: Editora JusPodivm, 2017. p. 369-422.
77. FLETCHER, William. The discretionary Constitution: institutional remedies and judicial legitimacy. The *Yale Law Journal*, v. 91, n. 4, 1982. p. 635-697. Na p. 649, o autor aponta que um dos defeitos da atuação do Judiciário em problemas policêntricos é que "courts have no institutional authority to assess normatively the ends of possible solutions to non-legal polycentric problems. The formulation of the remedial decree thus depends to an extraordinary extent on the moral and political intuitions of one person acting not only without effective external control over his or her actions, but also without even the internal control of legal norms". Ver também VITORELLI, Edilson. O devido processo legal coletivo: dos direitos aos litígios coletivos. São Paulo: Ed. RT, 2016. capítulo 6.
78. SIMMEL, Georg. *Sociologia*. Organização de Evaristo de Moraes Filho. São Paulo: Ática, 1983. p. 83.

Nesse contexto, os integrantes da sociedade não titularizam o direito coletivo em idêntica medida, mas em proporção à gravidade da lesão que experimentam. Graficamente, a lesão é como uma pedra atirada em um lago, causando ondas de intensidade decrescente, que se irradiam a partir de um centro. Quanto mais afetado alguém é por aquela violação, mais próximo está desse ponto central e, por essa razão, integra, com maior intensidade, a sociedade elástica das pessoas atingidas pelo prejuízo, titulares do direito violado.[79]

As pessoas que sofrem os efeitos da lesão ao direito em menor intensidade se posicionam em pontos mais afastados desse centro, mas, nem por isso, deixam de integrar a sociedade. Fora dela estarão aqueles que, mesmo tendo algum interesse abstrato ou ideológico na questão litigiosa, não são por ela afetados. Suas vidas seguirão da mesma maneira, independentemente da ocorrência da violação ou da forma como ela for tutelada. Com essa proposição, não interessa de quem é "o" meio ambiente, ou "o" mercado consumidor, mas sim a quem atinge, e em que grau, a lesão àquele meio ambiente ou àquela relação de consumo, especificamente considerados a partir dos efeitos concretos do litígio.

5. Elementos específicos do devido processo legal coletivo, de acordo com os tipos de litígios coletivos

A premissa da delimitação de elementos de um devido processo legal coletivo é a necessidade de se superar a ideia de que a representação, no processo coletivo brasileiro, se relaciona com a substituição processual, pensada para o contexto do processo individual. Neste, o indivíduo decide livremente demandar seus próprios direitos e, para tanto, contrata um advogado ou se vale dos mecanismos postulatórios autorizados em lei. Durante todo o processo, esse indivíduo retém

---

79. A imagem mental proposta também pode ser representada pela explosão de uma bomba, sempre lembrando a advertência de Ovídio Baptista da Silva, quanto ao caráter desaconselhável das "tentativas de representações gráficas de fenômenos jurídicos" (SILVA, Ovídio A. Baptista da. *Sentença e coisa julgada*: ensaios e pareceres. 4. ed. Rio de Janeiro: Forense, 2006. p. 90). Ada Pellegrini Grinover se vale de uma imagem similar, embora não atribua a ela as consequências tratadas no texto: "Ao contrário, os interesses sociais são comuns a um conjunto de pessoas, e somente a estas. Interesses espalhados e informais à tutela de necessidades coletivas, sinteticamente referíveis à qualidade de vida. Interesses de massa, que comportam ofensas de massa e que colocam em contraste grupos, categorias, classes de pessoas. Não mais se trata de um feixe de linhas paralelas, mas de um leque de linhas que convergem para um objeto comum e indivisível. Aqui se inserem os interesses dos consumidores, ao ambiente, dos usuários de serviços públicos, dos investidores, dos beneficiários da previdência social e de todos aqueles que integram uma comunidade compartilhando de suas necessidades e seus anseios" (GRINOVER, Ada Pellegrini. Significado social, político e jurídico da tutela dos interesses difusos. *Revista de Processo*, v. 97, 2000. p. 9 e ss.).

o controle do litígio, podendo, pelo menos teoricamente, dar a ele o rumo que desejar. Nas raras situações em que se admite que um indivíduo demande direito individual alheio, o representante está em uma posição marcadamente próxima à do representado, o que o torna, sem muita dificuldade, portador de seus interesses. Basta citar os exemplos do condômino que reivindica a coisa comum,[80] do denunciado à lide que defende os interesses do denunciante,[81] ou do capitão do navio que exige o pagamento do frete.[82] A doutrina do processo não percebe, ao citar esses exemplos, em conjunto com a representação existente no processo coletivo,[83] que as situações são marcadamente distintas. Os exemplos em que o ordenamento jurídico admite representação de um indivíduo pelo outro são facilmente justificáveis, à luz da evidente proximidade de interesses entre o representante e o representado. A representação processual coletiva é diferente dessas situações, porque não há qualquer interesse coincidente entre o representante e os representados. O processo coletivo brasileiro optou por atribuir a condição de representante coletivo a pessoas que não têm interesse direto na solução do conflito.

A representação processual carece de uma série de elementos reputados essenciais pela teoria política. O representante não é escolhido pelo grupo, nem a ele presta contas, não compartilha de suas perspectivas sociais, não é obrigado a verificar seus interesses e suas opiniões, nem a se orientar em relação a eles. O que o processo civil usualmente conhece como representação de grupos é apenas a expressão eufemística da escolha pragmática do legislador para que alguém aja, de acordo com sua própria convicção, em nome de outros, que são excluídos da participação. Não existe uma teoria representativa que possa ser aplicada para se chegar a esse resultado.

A única solução que parece viável para a construção de uma teoria do processo representativo é embasá-la não na oposição, mas na complementaridade entre participação e representação. Isso exige a reelaboração tanto da ideia de participação, quanto de representação. A representação sempre incorre no dilema de "um para muitos", sendo impossível que se exija qualquer tipo de identidade, entendida como similitude de características, entre representantes e representados.

---

80. Código Civil, art. 1.314.
81. Arts. 70 a 76 do CPC.
82. Art. 527 do Código Comercial.
83. No sentido criticado, DIDIER JR., Fredie. *Fonte normativa da legitimação extraordinária no novo Código de Processo Civil*: a legitimação extraordinária de origem negocial. Disponível em: [www.academia.edu/8541198/Fonte_normativa_da_legitimação_extraordinária_a_legitimação_extraordinária_negocial]. Acesso em: 16.12.2014. Os exemplos citados no texto, cujos dispositivos legais de referência são mencionados nas três notas anteriores, são deste texto.

A lógica identitária inviabiliza a representação.[84] Existe, necessariamente, separação entre representante e representados, de modo que, mesmo que o representante fale pelos representados, não pode falar como eles falariam. "O representante irá se afastar dos eleitores, mas também deve estar, de alguma forma, conectado a eles, assim como os eleitores devem estar conectados entre si".[85] O defeito da representação, portanto, não se dá se o representante deixa de agir exatamente como os representados agiriam, mas se perde a conexão com estes. Quanto maior e mais heterogêneo é o grupo, mais fácil é o rompimento dessa relação. A manutenção do vínculo exige que tanto o representante quanto os representados adotem atitudes, ao longo do tempo, para que as opiniões do grupo se façam conhecer e a atuação do representante seja avaliada, no que Young chama de ciclo de antecipação de ações futuras (autorização ou avaliação antecipatória) e retomada de ações pretéritas (prestação de contas).[86]

Quando se concebe a representação como um vínculo, uma relação, e não uma separação, entre representante e representados, sua qualidade deixa de ser uma questão de existência ou inexistência de determinadas características, mas de grau de excelência desses momentos que se sucedem no tempo. A representação envolve, necessariamente, a separação entre o representante e os ausentes, mas não uma desconexão. Quanto mais a relação entre representante e representados se renova, por intermédio de ciclos de autorização e prestação de contas, melhor ela se torna. Quanto mais ela tende ao rompimento, pior. Isso significa, como aponta Pitkin, que a representação eficaz está em um ponto intermediário, e talvez desconfortável, entre a atuação de acordo com a vontade dos representados, sustentada pelas teorias do mandato, e a ação a partir daquilo que o representante julga ser melhor para o grupo, conforme afirmam as teorias da independência.[87] O bom representante não é uma mera interposta pessoa dos representados, sendo desejável sua atuação de acordo com o que considera melhor para os seus constituintes. Estes, todavia, são concebidos como pessoas capazes de ação e julgamento, por isso, a ação do representante deve ser responsiva à vontade dos representados, ou, como diz Young, "o representante está autorizado a agir, mas suas avaliações estão sempre em questão".[88] Ele não deve obediência cega aos representados, mas a vontade destes é relevante para a definição da conduta re-

---

84. YOUNG, Iris Marion. Representação política, identidade e minorias. Trad. Alexandre Morales. *Revista Lua Nova*, v. 67, 2006. p. 147.
85. Ibidem, p. 149.
86. Ibidem, p. 152.
87. PITKIN, Hanna Fenichel. *The concept of representation*. Berkeley: University of California Press, 1984. p. 155.
88. YOUNG, Iris Marion. Representação política, identidade e minorias. Trad. Alexandre Morales. *Revista Lua Nova*, v. 67, 2006. p. 154.

presentativa. O conflito é possível, mas não é desejável. Assim, pragmaticamente, o dissenso entre o representante e os representados não pode ser habitual, sob pena de restar comprometida a representação.

O fato de que a avaliação que o representante deve necessariamente realizar, para definir sua própria conduta, está sempre sujeita ao escrutínio dos representados implica a necessidade de que o processo representativo incorpore momentos de autorização, nos quais o representante possa consultar os representados sobre sua conduta, bem como momentos de prestação de contas, em que esta seja avaliada por eles *a posteriori*. Esses momentos constituem instâncias participativas dentro do processo representativo. Os representados estão, portanto, presentes enquanto pressuposição para a conduta do representante, que deve agir de acordo com aquilo que supõe seja sua vontade e interesse e, ao mesmo tempo, presentes efetivamente nos momentos de autorização e avaliação. Nessas ocasiões, o representante deve retomar, com os representados, a discussão de suas ações e dos motivos que as conduziram, fomentando os debates, com a participação dos diferentes segmentos do grupo.

O conflito entre o representante e os representados corre às expensas do primeiro: a ele cabe refletir sobre sua atuação e os motivos que o levam a dissentir do grupo e, se insistir em sua própria opinião, é dele o ônus de justificá-la perante seus constituintes. Um representante que age em desacordo com a vontade ou os interesses, implícitos ou manifestos, do grupo representado, não está necessariamente errado, mas deve ter a consciência de que essa situação é anormal. Por essa razão, dependendo do grau de conflituosidade dos interesses envolvidos, o representante poderá não ter condições de atuar adequadamente em relação a todos eles, simultaneamente.[89] Verificada tal situação, é recomendável a cisão da representação, nomeando-se outros representantes para agir em favor das posições divergentes. Se isso ocorrer, os momentos de autorização e avaliação serão também a ocasião propícia para que os representantes debatam entre si acerca das demandas de cada subgrupo.

Pitkin sintetiza vários dos elementos anteriores elencados, que podem perfeitamente ser transpostos para a conduta do representante processual: representar significa agir no interesse dos representados, de maneira responsiva a eles. O representante tem independência para discernir e julgar a conduta a ser adotada. Ele não é apenas um veículo para a expressão mediada da vontade dos representados. Estes também são capazes de discernimento e julgamento,

---

89. Essa situação já é mais clara na política, mesmo para o cidadão comum. Nenhum índio acreditaria que um parlamentar da bancada ruralista é representante adequado, simultaneamente, de seus interesses e dos produtores rurais. Alguns interesses são tão contrapostos que não podem ser adequadamente representados pela mesma pessoa, por mais que ela se esforce para tanto.

implicando que a relação carrega em si potencial de conflito, o qual, entretanto, não deve acontecer regularmente. Cabe ao representante atuar para que não haja conflito e, se houver, cabe a ele explicar as razões pelas quais os desejos dos representados não estão de acordo com seus interesses.[90]

5.1. O princípio da titularidade definida dos interesses representados

A partir das considerações anteriores, é possível extrair formulações para compor uma teoria geral do processo representativo. Seu primeiro postulado é que o processo representativo é um veículo para a tutela de direitos que têm titularidade definida, identificada, a partir da lesão, com o conjunto de indivíduos que compõem determinada acepção de sociedade. Assim, a atividade do representante não é desvinculada dos representados pelos quais atua. Não se trata de um exercício feito em nome ou com autoridade própria, mas na condição instrumental de depositário das expectativas de terceiros. Esse postulado pode ser denominado princípio da titularidade definida dos direitos representados.

O princípio da titularidade definida é fundamental para a estruturação de um processo representativo porque é a partir da identificação dos titulares do direito que se pode determinar quem é o grupo que será considerado representado e, com ele, quais são as vontades, interesses e perspectivas relevantes para a atuação do legitimado coletivo. Ao mesmo tempo em que se constitui em referencial da atividade representativa, o grupo também é o parâmetro de análise da adequação da tutela pretendida. Não existe representação nem tutela jurisdicional abstratamente adequadas. Ambos os conceitos exigem avaliação a partir de uma posição dada. No processo coletivo, essa posição é a dos titulares do direito, verificados a partir do litígio e de suas características, tal como explanado anteriormente.

O impacto desse princípio é maior que a singeleza de sua formulação deixa entrever. A União, o Estado de Minas Gerais e o Estado do Espírito Santo violaram a titularidade definida dos interesses representados ao firmarem, em março de 2016, acordo envolvendo o desastre ambiental ocorrido no município de Mariana/MG, decorrente da ruptura de uma barragem de rejeitos de mineração, sob responsabilidade da mineradora Samarco. Trata-se do maior desastre socioambiental da história do Brasil, que se caracteriza como litígio irradiado, já que subgrupos distintos foram atingidos de modos diferentes pelo desastre. Vinte e duas pessoas morreram, centenas foram desalojadas, milhares ficaram sem abastecimento de água por período prolongado, houve lesão a tradições de grupos indígenas, sobretudo dos índios Krenak, e lesões econômicas a profissionais cujas atividades dependiam do Rio Doce.

---

90. PITKIN, Hanna Fenichel. *The concept of representation*. Berkeley: University of California Press, 1984. p. 209-210.

Apesar da possibilidade de se identificar os subgrupos lesados, alguns com expressiva gravidade, pelo desastre, o que é característica dos litígios irradiados, os entes públicos agiram como se os direitos decorrentes do evento não tivessem titular: firmaram o acordo sem realizar uma única audiência pública ou consulta aos interessados. Não por outra razão, o compromisso foi recebido com fortes críticas por parte do Ministério Público Federal e dos atingidos, que só tiveram conhecimento de seu teor depois que a avença já havia sido assinada[91]. Os direitos violados não pertenciam aos entes públicos, para que fossem negociados com tamanha liberdade, mas à sociedade formada pelos subgrupos impactados. Ao contrariar o princípio da titularidade definida, o ajuste fere o devido processo legal coletivo a que fazem jus os indivíduos que integram a sociedade titular dos direitos materiais coletivos[92].

5.2. O princípio da atuação orbital do representante

Em segundo lugar, o conteúdo da atividade representativa é a atuação em favor da promoção dos interesses dos representados, definidos como os bens necessários a permitir que suas aspirações se realizem. Ao representante caberá, em certa medida, a percepção de quais são as aspirações do grupo e, a partir delas, alguma liberdade na definição dos métodos para promover os interesses que as viabilizam. Contudo, a formulação dos interesses e objetivos do grupo não parte, em termos lógicos, da opinião do representante, mas da vontade do próprio grupo, que demanda especial consideração para ser afastada. Pressupõe-se um exercício

---

91. A íntegra do acordo está disponível em: [www.age.mg.gov.br/images/stories/downloads/Acordo/acordo-final-consolidado.pdf]. Acesso em: 22.04.2016. Sobre as críticas ao modo como o acordo foi negociado e também ao seu teor, ver, por exemplo, reportagem do jornal *O Globo*, intitulada "MPF quer impugnar acordo firmado entre poder público e Samarco", disponível em: [http://g1.globo.com/minas-gerais/desastre-ambiental-em-mariana/noticia/2016/03/mpf-vai-impugnar-acordo-firmado-entre-poder-publico-e-samarco.html]. Acesso em: 22.04.2016.

    Reportagem do portal R7 registrou a seguinte situação:

    "O acordo entre Samarco e os governos Federal, de Minas e Espírito Santo com planos para recuperação da Bacia do Rio Doce deve ser assinado nesta semana. Os atingidos pelo rompimento da barragem do Fundão em Mariana, no entanto, não participaram da redação do documento.

    Nesta segunda-feira (29), agora que os termos estão quase prontos, moradores de Barra Longa e do Movimento dos Atingidos por Barragens foram convidados pelo governo para discutir como será a reparação das áreas atingidas. Um grupo protestou na semana passada por não ter sido ouvido para a costura do documento". Disponível em: [http://noticias.r7.com/minas-gerais/atingidos-por-barragem-sao-ouvidos-pelo-governo-depois-de-acordo-com-samarco-29022016]. Acesso em: 22.04.2016.

92. Até a data da conclusão desta obra, o acordo ainda não havia sido homologado judicialmente.

mental, segundo o qual o representante deve antecipar os momentos de prestação de contas e, caso tenha necessidade de agir contrariamente ao que o grupo deseja, conclua que será capaz de justificar essa atuação, apresentando aos titulares dos direitos razões aceitáveis para tanto.[93] "A responsabilidade do representante não consiste apenas em relatar aos cidadãos como cumpriu o mandato por eles autorizado ou como serviu aos seus interesses, mas também em persuadi-los da adequação de suas avaliações".[94]

A qualidade da representação não pode ser avaliada abstrata ou universalmente. Ninguém é um representante igualmente adequado de todos os possíveis grupos representados. Tal qualidade depende de cada representante e de cada grupo representado. Ainda que não exista formulação uniforme sobre a adequação da representação, aplicável a todos os casos, importantes indicadores de sua qualidade são a existência e funcionamento dos processos de avaliação antecipatória e retrospectiva, o modo como promovem o debate entre os membros da classe e destes com o representante e as consequências desse evento na conduta do representante.

Além disso, a recorrência de conflitos entre o representante e o grupo representado constitui indício de que a relação representativa deve ser posta em questão, oportunizando-se o diálogo intraclasse e de seus membros com o representante, do qual decorram providências concretas, seja para esclarecer o grupo ou melhorar a atuação do representante. É possível que o grupo não esteja devidamente ciente de todas as peculiaridades da situação, as quais condicionam seus interesses, competindo ao representante esclarecê-lo. Também pode ser que a insatisfação se restrinja a apenas parte de seus integrantes, indicando a necessidade de divisão do grupo, com a atribuição de parte de seus interesses a outro representante. Mas é preciso considerar a possibilidade de que haja um conflito irreconciliável entre o representante e os representados, demandando sua substituição. Os momentos de avaliação antecipada e retrospectiva não devem ser reduzidos a eventos meramente proforma. O fato de não se poder definir regras

---

93. O problema da justificação não é estranho à doutrina brasileira, que usualmente o aborda em relação à atividade jurisdicional: "A justificação, por sua vez, está associada à necessidade de explicitar as razões pelas quais uma decisão foi tomada dentre outras que seriam possíveis. Na verdade, cuida-se de transformar os diferentes processos lógicos internos do aplicador, que o conduziram a uma determinada conclusão, em linguagem compreensível para a audiência. Há aqui um ponto importante que muitas vezes é negligenciado. Em um Estado republicano, no qual – repita-se – todos são iguais, ninguém tem o direito de exercer poder político por seus méritos pessoais, excepcional capacidade ou sabedoria. Todo aquele que exerce poder político o faz na qualidade de agente delegado da coletividade e deve a ela satisfações por seus atos" (BARCELLOS, Ana Paula de. *Ponderação, racionalidade e atividade jurisdicional*. Rio de Janeiro: Renovar, 2005. p. 45-46).
94. YOUNG, Iris Marion. Representação política, identidade e minorias. Trad. Alexandre Morales. *Revista Lua Nova*, v. 67, 2006. p. 155.

abstratas de qualidade da representação não deve inibir que, concretamente, grupos e representantes estabeleçam, em conjunto, regras claras para reger sua relação ao longo do tempo.[95] A esse postulado se denomina princípio da atuação orbital do representante, para demonstrar que sua atuação, embora não esteja amalgamada à vontade dos representados, não pode deles se afastar indefinidamente. Demonstra também que os conflitos entre representante e representados, em um processo coletivo, são admissíveis, mas não são naturais e demandam a adoção de providências tendentes a sua superação.

5.3. O princípio da complementaridade entre representação e participação

O terceiro postulado de uma teoria geral da representação exige que o processo representativo contemple momentos participativos, anteriores, simultâneos e posteriores à atuação do representante, nos quais os representados tenham efetiva oportunidade de questionar a atuação do representante, ouvir suas explicações e, em situações extremas, demandar sua substituição ou a divisão do grupo, pluralizando a representação. Nenhum esquema processual representativo que inadmita, de modo geral e absoluto, a participação dos indivíduos representados, nem imponha sobre o representante o questionamento contínuo de sua conduta, sob ameaça de substituição, pode ser compatível com um regime jurídico que demanda a adequada tutela de direitos materiais. Isso porque, ausentes essas condições, não há garantias institucionais de que o representante tem estímulos para agir adequadamente em defesa dos direitos do grupo, arriscando-se o rompimento da relação representativa, o que faria do representante um mero agente de seus próprios interesses ou das posições sociais dominantes, cuja atuação perderia o vínculo com aqueles que ele diz representar. Representação é uma atividade que pressupõe juízo de valores por parte do representante, perdendo qualquer sentido caso se considere que ele tem a prerrogativa de afirmar verdades em nome de terceiros, ou, em outro extremo, fazer, em seu nome, escolhas completamente voluntaristas.[96] Por excluir verdades absolutas e voluntarismos injustificados, a representação deve ser construída como relação, que pressupõe diálogo entre os envolvidos para a construção de uma verdade possível.[97]

---

95. Sobre a importância da clareza das regras do processo representativo, ver DAHL, Robert. *A democracia e seus críticos*. Trad. Patrícia de Freitas Ribeiro. São Paulo: WMF Martins Fontes, 2012.
96. PITKIN, Hanna Fenichel. *The concept of representation*. Berkeley: University of California Press, 1984. p. 212.
97. Sobre o problema do conceito de verdade no processo, ver TARUFFO, Michele. *Simplemente la verdad*: el juez y la construcción de los hechos. Trad. Daniela Accatino Scagliotti. Barcelona: Editora Marcial Pons, 2010.

A relação entre participação e representação, no processo civil, se impõe também por razões pragmáticas. Ausentes os momentos de autorização e de prestação de contas, a qualidade da representação somente será apreciável *ex post facto*, o que tem pouca utilidade, em razão dos limites de revisão da decisão impostos pelas regras de coisa julgada. Diferentemente da representação política, no âmbito processual, os representados não têm oportunidade de corrigir os erros do passado elegendo um representante diferente no futuro. Além disso, um representante que não ouve os representados dispõe de menos informação para agir e, portanto, está mais sujeito a orientar de modo equivocado sua atuação. Logo, para além da finalidade legitimadora, a participação é instrumentalmente complementar da atividade representativa.

Nesses termos, o processo representativo importa restrição das possibilidades participativas dos titulares dos direitos litigiosos, mas tal restrição é justificável e pode ser considerada compatível com as garantias constitucionais processuais se, (a) decorre da natureza da relação jurídica litigiosa, a qual impede ou dificulta a efetiva tutela dos direitos violados de modo participativo, (b) a participação é restrita na proporção necessária para garantir a efetividade da tutela e, (c) os representados têm efetivas oportunidades de participação, em momentos de avaliação antecipatória e retrospectiva, estruturados com o objetivo de propiciar o diálogo entre os representados e destes para com o representante. A esse terceiro postulado se denomina princípio da complementaridade entre representação e participação.

5.4. O princípio da variância representativa

O quarto postulado de uma teoria geral dos processos representativos expressa que nem todos os casos demandam o mesmo grau de participação dos representados. Esse postulado funciona como limite dos anteriores. A obrigação do representante de promover a participação dos representados é uma função do grau de envolvimento pessoal destes com a questão em litígio, combinado com o potencial do mesmo para impactar suas realidades. Quanto ao primeiro critério, litígios de baixa complexidade e conflituosidade demandam menos participação, porque as possibilidades de tutela do direito material são menos variadas e os indivíduos são atingidos por suas consequências de modo relativamente uniforme, o que faz com que pouco tenham a contribuir, pessoalmente, para a obtenção de um resultado processual melhor e pouco interesse em fazê-lo.

À medida que a complexidade e/ou a conflituosidade aumentam, é possível visualizar a necessidade de maior participação, para que os indivíduos possam ampliar o espectro de informações disponíveis para a solução adequada do caso. Todavia, esse aumento da participação dos interessados é calibrado pelo impacto potencial da lide sobre a realidade individual. Assim, um especialista em biologia marinha pode ter muito a contribuir para enriquecer o debate de um processo relacionado a um dano ambiental, mas ele não tem direito de reivindicar essa participação, para além de um juízo de conveniência processual. Um grupo de pescadores, impossibilitado de desempenhar sua atividade profissional em razão do mesmo acidente, pode reivindicar que sua situação seja considerada para fins de tutela, ou que a reparação priorize lesões como a sua, em vez do meio ambiente natural. Caso o representante discorde dos pescadores, será seu o ônus de justificar a atuação em sentido diverso e, eventualmente, providenciar para que tenham representação distinta. Caso discorde do biólogo, poderá apenas não se valer dos seus serviços, substituindo-o por outro. Os pescadores fazem parte do grupo representado nesse litígio. O biólogo, não. De forma similar, o valor que o indivíduo tem em jogo na lide coletiva também condiciona seu direito de participação. Quem perdeu centavos em uma lesão individual homogênea têm menos direito de participar de uma demanda representativa do que aqueles que desenvolveram doenças graves em decorrência do uso de um medicamento.

Em termos das categorias de direitos transindividuais, as demandas relacionadas a direitos de difusão global exigirão, em regra, menor grau de participação dos representados, porque estes são apenas remotamente atingidos pelo resultado do processo, sendo baixo o grau de conflituosidade da sociedade titular do direito. Em sentido oposto, nos litígios relativos a direitos de difusão local, o alto impacto da causa sobre a sociedade representada determina que ela tenha maiores oportunidades de participação processual, em momentos avaliativos que serão retomados ao longo do tempo, restringindo, com maior rigor, a liberdade de atuação do representante. Finalmente, em litígios relativos a direitos de difusão irradiada, as oportunidades participativas e a relevância da intervenção dos indivíduos serão tanto maiores quanto mais significativa for a lesão experimentada, ou, na analogia gráfica, quanto mais próximos estiverem do núcleo do litígio. O representante, nessas situações, tem mais liberdade para contrariar a opinião dos representados que ocupam posições periféricas na titularidade do direito, do que aqueles que ocupam posições centrais.

Em sentido análogo, Laurence Tribe aponta que, independentemente de como se conceitue o devido processo legal, a necessidade de sua proteção – e, assim, de participação – é tanto maior quanto mais clara for a identidade das pessoas afetadas pela decisão e quanto mais determinados forem os seus efeitos sobre cada uma delas.[98] A teoria desenvolvida também é compatível com a formulação de Hanna Pitkin, com base em Edmund Burke, segundo a qual a importância da consulta aos desejos e opiniões dos representados é tanto maior quanto mais for possível identificar pessoas determinadas, com as quais a questão em debate é

---

98. TRIBE, Laurence. *American Constitutional Law*. 2. ed. Mineola: The Foundation Press Inc, 1988. p. 667.

especialmente relacionada, de maneira que elas podem se afirmar privilegiadas para definir o conteúdo dos interesses a serem perseguidos pelo representante.[99] Ausente essa vinculação, aumenta a margem de liberdade do representante. Esse quarto e último postulado pode ser denominado princípio da variância[100] representativa.

6. Conclusão

Em síntese conclusiva, é possível perceber que a definição dos elementos que integram a garantia do devido processo legal coletivo exigem que se enfoque não apenas as garantias necessárias ao adequado desenvolvimento da relação endoprocessual, mas também as garantias necessárias à estruturação da relação extraprocessual, existente entre legitimado coletivo e a sociedade que titulariza o direito material, mas não participa do processo.

Nesse contexto, uma teoria geral dos processos representativos considera compatível com a Constituição um processo em que a representação não seja um mecanismo de exclusão dos representados, mas proporcione a obtenção de tutela efetiva dos direitos materiais violados, restringindo a participação apenas na medida necessária para tanto. Cabe ao representante promover momentos de participação no decorrer da atividade representativa, nos quais os representados são chamados a avaliar prospectiva e retrospectivamente as ações do representante em relação ao processo, bem como debater entre si e com ele os resultados e objetivos desejáveis. Nesses momentos, o representante deve buscar apreender os interesses e opiniões dos representados, confrontando-os com suas próprias ações e formulando justificativas, para si e para o público, relativamente às situações em que sua conduta diverge das expectativas de seus constituintes.

Como em toda representação de grupos, pode ser difícil para o representante perceber quais são os interesses dos representados ou, eventualmente, até mesmo suas opiniões.[101] Também pode ser que, mesmo conhecidos, esses interesses não

---

99. Essa distinção é denominada pela autora de *attached interest*, quando a vinculação descrita existe, ou *unattached interests*, quando não existe. Ver PITKIN, Hanna Fenichel. *The concept of representation*. Berkeley: University of California Press, 1984. p. 210.

100. Em estatística, a variância é a medida que representa a dispersão estatística de um indicador ou o conjunto de observações de uma população. A aplicação do termo ao postulado exposto é significativa para a descrição do conceito que se pretende enfatizar. Ver, de modo geral, TRIOLA, Mario F. *Introdução à estatística*. Trad. Vera Regina Lima de Farias. 11. ed. Rio de Janeiro: LTC, 2013.

101. Opiniões são usualmente mais fácil de serem apuradas do que interesses, já que podem ser objeto de pesquisas, por variadas técnicas. Os interesses não têm um critério unívoco de apuração empírica e não é impossível que o próprio indivíduo envolvido na situação esteja equivocado sobre seus interesses, por falta de informação ou apreensão incorreta da realidade. Ainda assim, conforme será discutido posteriormente, mesmo

sejam uniformes entre todos os membros do grupo ou entre todos os subgrupos que o compõem,[102] bem como que os conflitos sejam provocados ou potencializados pelo adversário do grupo, como forma de prejudicá-lo.[103] Todo grupo, em razão da multiplicidade de relações que protagoniza, tem em si uma "certa quantidade de discordância interna e controvérsia externa",[104] sem que isso o faça menos digno de representação. É possível que esses conflitos sejam até mesmo necessários para enriquecer a visão do grupo em relação ao problema no qual está envolvido.[105] Também é natural que tendências contraditórias e cooperativas existam em um grupo, ambas contribuindo para a formação de sua identidade, mesmo que externamente pareçam inconciliáveis. O antagonismo também é um elemento de sociação.[106]

---

a percepção da opinião de um grupo pode ser virtualmente impossível, dependendo de sua complexidade.

102. Entelman, analisando os conflitos internos dos grupos, afirma: "cuando se trata de actores colectivos, además de las relaciones de conflicto y cooperación que teóricamente pueden involucrar a los campos enfrentados, existen entre algunos miembros de cada uno de los grupos enfrentados diversos tipos de relaciones aisladas y plenas de alta proporción de compatibilidad de objetivos y aún de cooperación más o menos intensa. Estas relaciones parciales inter-grupos generan a su vez vínculos y sentimientos destinados a influenciar en el grado de participación que esos subgrupos o sus integrantes están dispuestos a tomar en la relación de conflicto entre los grupos más amplios a que ellos pertenecen (ENTELMAN. Remo F. *Teoría de conflictos:* hacia un nuevo paradigma. Barcelona: Gedisa, 2005. p. 79-80).

103. "El conflicto interno dentro del seno de un actor colectivo [...] puede provocar la fragmentación de ese actor. Es posible que ese sector no pueda tomar decisiones por el actor que integra ni cambiar de inmediato los integrantes del o los órganos de gobierno implicados. Pero puede influir en el proceso de toma de decisiones [...] Ello explica por qué, en los conflictos en que participan actores plurales, organizados o no, como Estados o grupos sociales menores, raciales o religiosos, sus adversarios traten de influenciar, con estrategias psicosociales sobre le opinión interna de los miembros de su oponente" (ENTELMAN. Remo F. *Teoría de conflictos:* hacia un nuevo paradigma. Barcelona: Gedisa, 2005. p. 79-80).

104. SIMMEL, Georg. *Sociologia*. Organização de Evaristo de Moraes Filho. São Paulo: Ática, 1983. p. 126.

105. "O desaparecimento das energias de repulsão (e, isoladamente consideradas, de destruição) não resulta, sempre, em absoluto, numa vida social mais rica e plena [...] mas num fenômeno tão diferente e irrealizável quanto se um grupo fosse privado das forças de cooperação, afeição, ajuda mútua e convergência de interesses" (SIMMEL, Georg. *Sociologia*. Organização de Evaristo de Moraes Filho. São Paulo: Ática, 1983. p. 127).

106. Ibidem, p. 131. O autor exemplifica com a convivência entre a nobreza e o príncipe, nas cortes medievais da Europa central. Ao mesmo tempo em que os fidalgos serviam de conselheiros e viviam como hóspedes do príncipe, também defendiam seus próprios interesses contra ele.

Os momentos participativos auxiliam o representante a procurar uma solução que dê o peso correto a todas as posições contrapostas esposadas pelos indivíduos, estabelecendo o que Pitkin chama de "interesse-objetivo-final" do grupo. Mais uma vez, ao representante caberá a explicação de como chegou a esse compromisso, esclarecendo de que modo os interesses sacrificados são menos importantes do que aqueles que serão perseguidos.[107] Isso evita que a fórmula sirva para ocultar os conflitos existentes, ou para favorecer indevidamente posições de menor relevância. Em última análise, caso a atuação do representante se afaste recorrentemente ou conflite irreconciliavelmente com as opiniões de um grupo substancialmente determinado e fortemente impactado pelo conflito, é dever do representante considerar sua própria inadequação para o papel, total ou parcialmente. Percebe-se, desse modo, que quanto mais complexa e conflituosa for a situação, mais provável será que a boa representação demande uma pluralidade de representantes, aos quais se aplicarão, evidentemente, todos os requisitos elencados.

---

107. PITKIN, Hanna Fenichel. *The concept of representation*. Berkeley: University of California Press, 1984. p. 218.

38
DISCRIMINACIÓN POLÍTICA POR DESPIDO ARBITRARIO, DESVIACIÓN DE PODER E INDEPENDENCIA JUDICIAL
(a propósito del *Caso San Miguel Sosa y Otras Vs. Venezuela*)[1]

EDUARDO FERRER MAC-GREGOR

Presidente de la Corte Interamericana de Derechos Humanos. Investigador en el Instituto de Investigaciones Jurídicas y profesor de la Facultad de Derecho, ambos de la Universidad Nacional Autónoma de México (UNAM).

SUMARIO: 1. Introducción; 2. El derecho al trabajo como derecho protegido por la convención americana mediante el artículo 26 y sus particularidades en el presente caso; 2.1. El derecho al trabajo como derecho autónomo; 2.2. El derecho al trabajo en el presente caso y el principio iura novit curia; 2.3. Línea jurisprudencial en materia laboral como derecho autónomo; 3. La independencia judicial como parte de las garantías judiciales y del acceso a la justicia, a la luz del contexto del presente caso y la "desviación de poder" declarada en la sentencia.

1. Introducción

1. El caso *San Miguel Sosa y otras Vs. Venezuela* (en adelante "la Sentencia") constituye un aporte fundamental en la jurisprudencia interamericana en relación con los derechos económicos, sociales, culturales y ambientales (en adelante "los derechos sociales" o "los DESCA"). En efecto, con este caso se va consolidando una línea jurisprudencial sobre la protección de las personas en contextos laborales. Así, junto con las sentencias en los casos *Lagos del Campo*[2] y *Trabajadores Cesados del Petroperú y otros*[3], se erige una triada de fallos que han permitido explorar los

---
1. El presente texto reproduce el Voto Concurrente y parcialmente Disidente que emití en el *Caso Miguel Sosa y Otras Vs. Venezuela (Fondo, Reparaciones y Costas)*. Sentencia de 8 de febrero de 2018.
2. *Caso Lagos del Campo Vs. Perú. Excepciones Preliminares, Fondo, Reparaciones y Costas*. Sentencia de 31 de agosto de 2017. Serie C No. 340.
3. *Caso Trabajadores Cesados de Petroperú y otros Vs. Perú. Excepciones Preliminares, Fondo, Reparaciones y Costas*. Sentencia de 23 de noviembre 2017. Serie C No. 344.

alcances del artículo 26 de la Convención Americana sobre Derechos Humanos (en adelante "la Convención Americana" o "el Pacto de San José").

2. En el presente caso, la Corte Interamericana de Derechos Humanos (en adelante "la Corte Interamericana", "el Tribunal Interamericano" o " la Corte IDH") determinó que *"la terminación arbitraria de la relación laboral de las presuntas víctimas con el Consejo Nacional de Fronteras constituyó una forma de desviación de poder, pues se utilizó una cláusula establecida en su contrato como velo de legalidad para encubrir la verdadera finalidad de tal medida, a saber: una represalia en su contra por haber ejercido legítimamente sus derechos de participación política y libertad de expresión. Es decir, ellas fueron objeto de discriminación política mediante un despido arbitrario, el cual ocurrió en un contexto de denuncias de despidos semejantes y de otras formas de represalia para quienes habían decidido ejercer sus libertades al firmar por la solicitud de referendo. Así, su despido tenía la intención encubierta de acallar y desincentivar la disidencia política, pues fue instrumentalizado para que otras personas se vieran amedrentadas de participar políticamente y de expresar sus ideas y opiniones. Además de lo anterior, este Tribunal ha considerado que el derecho al trabajo incluye la obligación del Estado de garantizar los derechos de acceso a la justicia y a la tutela judicial efectiva, tanto en el ámbito público como en el ámbito privado de las relaciones laborales"*[4] (subrayado añadido).

3. Teniendo en cuenta lo anterior, emito el presente Voto individual por dos razones. En primer lugar, para fundamentar los motivos por las cuales considero evidente la violación al derecho al trabajo en el presente caso, teniendo en consideración que todas las violaciones declaradas en la Sentencia provienen de un mismo hecho generador: "la terminación arbitraria de la relación laboral" de las víctimas. Asimismo, para explicitar algunas particularidades del presente caso, que han hecho de la protección del derecho al trabajo un derecho en expansión en diferentes supuestos y contextos de la relación laboral.

4. En segundo lugar, formulo el presente Voto para expresar, respetuosamente, mi disidencia en relación al criterio mayoritario, relativo a la no violación del derecho a las garantías judiciales, específicamente del derecho a ser oído por un juez independiente, previsto en el artículo 8.1 de la Convención Americana -Resolutivo 7 de la Sentencia[5]. Lo anterior, teniendo en consideración la "desviación

---

[4]. *Caso San Miguel Sosa y otras Vs. Venezuela. Fondo, Reparaciones y Costas.* Sentencia de 8 de febrero de 2018. Serie C No. 348, párr. 221.

[5]. Al respecto, el punto resolutivo 7 establece: "El Estado no es responsable por la alegada violación del derecho a las garantías judiciales, específicamente a ser oído por un juez independiente y en un plazo razonable, reconocido en el artículo 8.1 de la Convención Americana sobre Derechos Humanos, por las razones señaladas en los párrafos 197 y 201 a 210 de esta Sentencia".

de poder" declarada en la Sentencia, a la luz del contexto y hechos probados del caso y frente a los argumentos vertidos por los representantes de las víctimas[6].

5. Para una mayor claridad, abordaré por separado ambos aspectos: I. El derecho al trabajo como derecho protegido por la Convención Americana mediante el artículo 26 y sus particularidades en el presente caso (*párr. 6 a 42*); y II. La independencia judicial como parte de las garantías judiciales y del acceso a la justicia, a la luz del contexto del presente caso y la "desviación de poder" declarada en la Sentencia (*párrs. 43 a 58*).

2. El derecho al trabajo como derecho protegido por la Convención Americana mediante el artículo 26 y sus particularidades en el presente caso

2.1. El derecho al trabajo como derecho autónomo

6. El Comité de Derechos Económicos, Sociales y Culturales (en adelante el "Comité DESC") en su Observación General No. 18, ha considerado que "[e]l derecho al trabajo es un derecho fundamental, reconocido en diversos instrumentos de derecho internacional"[7]; de esta manera "[e]l derecho al trabajo es un derecho individual que pertenece a cada persona, y es a la vez un derecho colectivo[.] El derecho al trabajo no debe entenderse como un derecho absoluto e incondicional a obtener el empleo"[8].

7. En este sentido, la Observación No. 18 también estipula -en cuanto a las obligaciones- que si bien "[l]a principal obligación de los Estados Partes es velar por la realización progresiva [,] también impone a los Estados Parte diversas obligaciones de *efecto inmediato* [como] la obligación de garantizar que ese derecho sea ejercido sin discriminación alguna (párrafo 2 del artículo 2 [del Pacto Internacional de Derechos Económicos, Sociales y Culturales])"[9].

8. Hay que destacar, como lo ha expresado el Comité DESC en su Observación General No. 20, que "[l]a no discriminación [es un componente fundamental]

---

6. *Caso San Miguel Sosa y otras Vs. Venezuela. Fondo, Reparaciones y Costas.* Sentencia de 8 de febrero de 2018. Serie C No. 348, párr. 210.
7. ONU, Comité DESC, Observación General No. 18, *El Derecho al Trabajo, Artículo 6 del Pacto Internacional de Derecho Económicos, Sociales y Culturales*, E/C.12/GC/18, 6 de febrero de 2006, párr. 1.
8. ONU, Comité DESC, Observación General No. 18, *El Derecho al Trabajo, Artículo 6 del Pacto Internacional de Derecho Económicos, Sociales y Culturales*, E/C.12/GC/18, 6 de febrero de 2006, párr. 6.
9. ONU, Comité DESC, Observación General No. 18, *El Derecho al Trabajo, Artículo 6 del Pacto Internacional de Derecho Económicos, Sociales y Culturales*, E/C.12/GC/18, 6 de febrero de 2006, párr. 19.

de las normas internacionales de derechos humanos y son esenciales a los efectos del goce y el ejercicio de los derechos económicos, sociales y culturales. Según el artículo 2.2 del Pacto Internacional de Derechos Económicos, Sociales y Culturales […] los Estados partes deben garantizar el ejercicio de los derechos [que en él se enuncian] sin discriminación alguna por motivos de […] opinión política o de otra índole […]"[10]. Así, en cuanto a esta categoría sospechosa, el Comité DESC ha expresado que "la discriminación por opiniones políticas y de otra índole "[…] incluye […] el hecho de tener y manifestar opiniones […]"[11].

9. Complementado lo anterior, en la Observación General No. 18, el Comité DESC estimó que "[l]a prohibición de no discriminación que establece el párrafo 2 del artículo 2 del Pacto es de aplicación inmediata y no está sujeta a una aplicación progresiva ni se supedita a los recursos disponibles. *Se aplica directamente a todos los aspectos del derecho al trabajo*"[12] (resaltado fuera de texto).

10. Aunado a lo anterior, el Comité DESC también estimó que "[t]oda persona […] que sea víctima de una vulneración del derecho al trabajo debe tener acceso a adecuados recursos judiciales o de otra naturaleza en el plano nacional [.] Todas las víctimas de esas violaciones tienen derecho a una reparación adecuada, que puede adoptar la forma de una restitución, una indemnización, una compensación o garantías de no repetición"[13]. De igual manera, el Comité DESC ha instado "a los jueces y a otros miembros de las autoridades encargadas de hacer cumplir la ley a que presten mayor atención a las violaciones del derecho al trabajo en el ejercicio de sus funciones"[14].

11. Las consideraciones que han sido desarrolladas por el Comité DESC en sus Observaciones Generales, ahora son también recogidas en alguna medida en la jurisprudencia interamericana en relación al derecho al trabajo (y sus vertientes) como derecho autónomo; así, el Sistema Interamericano permea obligaciones

---

10. ONU, Comité DESC, Observación General No. 18, *El Derecho al Trabajo, Artículo 6 del Pacto Internacional de Derecho Económicos, Sociales y Culturales*, E/C.12/GC/18, 6 de febrero de 2006, párr. 2.
11. *Cfr.* ONU, Comité DESC, Observación General No. 20, *La no discriminación y los derechos económicos, sociales y culturales (artículo 2, párrafo 2 del Pacto Internacional de los Derechos Económicos, Sociales y Culturales)*, 2 de julio de 2009, E/C.12/GC/20, párr. 23.
12. ONU, Comité DESC, Observación General No. 18, *El Derecho al Trabajo, Artículo 6 del Pacto Internacional de Derecho Económicos, Sociales y Culturales*, E/C.12/GC/18, 6 de febrero de 2006, párr. 33.
13. ONU, Comité DESC, Observación General No. 18, *El Derecho al Trabajo, Artículo 6 del Pacto Internacional de Derecho Económicos, Sociales y Culturales*, E/C.12/GC/18, 6 de febrero de 2006, párr. 48.
14. ONU, Comité DESC, Observación General No. 18, *El Derecho al Trabajo, Artículo 6 del Pacto Internacional de Derecho Económicos, Sociales y Culturales*, E/C.12/GC/18, 6 de febrero de 2006, párr. 50.

concretas en lo relativo a derechos de naturaleza económica, social, cultural o ambiental.

12. A diferencia de la jurisprudencia tradicional de la Corte Interamericana en donde los derechos sociales se subsumían en los derechos civiles y políticos, las decisiones que en fechas recientes se han incorporado al acervo jurisprudencial del Tribunal Interamericano muestran una nueva etapa en relación a cómo son entendidos todos los derechos[15] -sin jerarquía entre sí, indivisibles e interdependientes-; bajo este panorama el derecho al trabajo se ha erigido como un derecho autónomo que ahora puede ser justiciable (como otros derechos sociales interamericanos)[16] de manera directa ante los órganos del Sistema Interamericano.

13. Este Tribunal Interamericano, desde el caso *Lagos del Campo Vs. Perú* (y reiterado en el caso de los *Trabajadores Cesados del Petroperú*[17]) consideró que el derecho al trabajo -y las diferentes manifestaciones de este derecho-[18] son justiciables mediante el artículo 26 del Pacto de San José. Así, tal como se pone de manifiesto también en este caso[19], el derecho al trabajo deriva de las normas contenidas en la Carta de la Organización de Estados Americanos (en adelante "la Carta de la OEA"[20]) y puede ser delimitado mediante la Declaración Americana sobre los

---

15. Me refiero a lo decidido en los casos *Lagos del Campo Vs. Perú* y *Trabajadores Cesados del Petroperú* en lo relativo al derecho al trabajo; por otra parte también hay que tener en consideración lo considerado por la Corte IDH en la Opinión Consultiva No. 23 sobre la justiciabilidad del derecho al medio ambiente sano protegido por el artículo 26 de la Convención Americana. *Cfr. Medio ambiente y derechos humanos (obligaciones estatales en relación con el medio ambiente en el marco de la protección y garantía de los derechos a la vida y a la integridad personal - interpretación y alcance de los artículos 4.1 y 5.1, en relación con los artículos 1.1 y 2 de la Convención Americana sobre Derechos Humanos)*. Opinión Consultiva OC-23/17 de 15 de noviembre de 2017. Serie A No. 23.
16. Por ejemplo, los derechos a la salud, alimentación, cultura, vivienda, medio ambiente, educación, seguridad social, sindicalización.
17. Véase: *Caso Lagos del Campo Vs. Perú. Excepciones Preliminares, Fondo, Reparaciones y Costas*. Sentencia de 31 de agosto de 2017. Serie C No. 340, párr. 166 y *Caso Trabajadores Cesados de Petroperú y otros Vs. Perú. Excepciones Preliminares, Fondo, Reparaciones y Costas*. Sentencia de 23 de noviembre 2017. Serie C No. 344, párr. 193.
18. La Corte IDH ha tenido la oportunidad de analizar el despido injustificado o arbitrario, estabilidad laboral y el derecho de asociación laboral para la defensa y promoción de los intereses de los trabajadores.
19. *Caso San Miguel Sosa y otras Vs. Venezuela. Fondo, Reparaciones y Costas*. Sentencia de 8 de febrero de 2018. Serie C No. 348, párr. 220.
20. "143. Respecto a los derechos laborales específicos protegidos por el artículo 26 de la Convención Americana, la Corte observa que los términos del mismo indican que son aquellos derechos que se derivan de las normas económicas, sociales y sobre educación, ciencia y cultura contenidas en la Carta de la OEA. Ahora bien, los artículos 45.b y c, 46 y 34.g de la Carta establecen que "[e]l trabajo es un derecho y un deber social" y que ese debe prestarse con "salarios justos, oportunidades de empleo y condiciones de trabajo

Derechos y Deberes del Hombre (en adelante "la Declaración Americana")[21]. A lo anterior hay que sumarle un amplio *corpus iuris nacional e internacional* que reconoce este derecho como un derecho autónomo[22].

2.2. El derecho al trabajo en el presente caso y el principio iura novit curia

14. En el presente caso, ni la Comisión en el Informe de Fondo, ni los representantes de las víctimas en su escrito de solicitudes y argumentos, hicieron alusión expresa a la violación del artículo 26 de la Convención Americana. Sin embargo, ha sido práctica reiterada del Tribunal Interamericano la aplicación

---

aceptables para todos". Asimismo, señalan que el derecho de los trabajadores y trabajadoras a "asociarse libremente para la defensa y promoción de sus intereses". Además, indican que los Estados deben "armonizar la legislación social" para la protección de tales derechos. Desde su Opinión Consultiva OC-10/89, la Corte señaló que: [...] Los Estados Miembros han entendido que la Declaración contiene y define aquellos derechos humanos esenciales a los que la Carta se refiere, de manera que no se puede interpretar y aplicar la Carta de la Organización en materia de derechos humanos, sin integrar las normas pertinentes de ella con las correspondientes disposiciones de la Declaración, como resulta de la práctica seguida por los órganos de la OEA". *Cfr. Caso Lagos del Campo Vs. Perú. Excepciones Preliminares, Fondo, Reparaciones y Costas.* Sentencia de 31 de agosto de 2017. Serie C No. 340.

21. "144. En este sentido, el artículo XIV de la Declaración Americana dispone que "[t]oda persona tiene derecho al trabajo en condiciones dignas y a seguir libremente su vocación [...]". Tal disposición resulta relevante para definir el alcance del artículo 26, dado que "la Declaración Americana, constituye, en lo pertinente y en relación con la Carta de la Organización, una fuente de obligaciones internacionales". Asimismo, el artículo 29.d de la Convención Americana dispone expresamente que "[n]inguna disposición de la presente Convención puede ser interpretada en el sentido de: [...] d) excluir o limitar el efecto que puedan producir la Declaración Americana de Derechos y Deberes del Hombre y otros actos internacionales de la misma naturaleza". *Cfr. Caso Lagos del Campo Vs. Perú. Excepciones Preliminares, Fondo, Reparaciones y Costas.* Sentencia de 31 de agosto de 2017. Serie C No. 340.

22. "145. Además de la derivación del derecho al trabajo a partir de una interpretación del artículo 26 en relación con la Carta de la OEA, junto con la Declaración Americana, el derecho al trabajo está reconocido explícitamente en diversas leyes internas de los Estados de la región, así como en un vasto *corpus iuris* internacional; *inter alia*: el artículo 6 del Pacto Internacional de Derechos Económicos, Sociales y Culturales, el artículo 23 de la Declaración Universal de Derechos Humanos, los artículos 7 y 8 de la Carta Social de las Américas, los artículos 6 y 7 del Protocolo Adicional a la Convención Americana sobre Derechos Económicos, Sociales y Culturales, el artículo 11 de la Convención sobre la Eliminación de Todas las Formas de Discriminación contra la Mujer, el artículo 32.1 de la Convención sobre los Derechos del Niño, así como el artículo 1 de la Carta Social Europea y el artículo 15 de la Carta Africana sobre los Derechos Humanos y de los Pueblos". *Cfr. Caso Lagos del Campo Vs. Perú. Excepciones Preliminares, Fondo, Reparaciones y Costas.* Sentencia de 31 de agosto de 2017. Serie C No. 340.

del principio *iura novit curia*[23], lo cual puede ser válidamente invocado en casos como el presente, especialmente si se tiene en consideración que sí existen alegatos sobre la vulneración del derecho al trabajo y existe una base fáctica clara y suficiente para analizar la violación a ese derecho.

15. En el caso, la Corte IDH "constató que las presuntas víctimas en todas las instancias, tanto internas como ante la Comisión, alegaron reiteradamente la violación a sus derechos laborales"[24]; y en el escrito de solicitudes y argumentos ante el Tribunal Interamericano, se desprende que sí hubo alegación a violación de derechos laborales a pesar de no invocarse de manera directa el artículo 26 del Pacto de San José[25], además de desprenderse claramente del marco fáctico del Informe de Fondo presentado por la Comisión a la Corte IDH[26].

---

23. *Cfr.*, inter alia, *Caso Velásquez Rodríguez Vs. Honduras. Fondo.* Sentencia de 29 de julio de 1988. Serie C No.4, párr. 163; *Caso Acosta y otros Vs. Nicaragua. Excepciones Preliminares, Fondo, Reparaciones y Costas.* Sentencia de 25 de marzo de 2017. Serie C No. 334, párr. 189; y *Caso Lagos del Campo vs. Perú, supra*, párr. 139. Ver también TPJI, *Caso del Vapor "Lotus" (Francia Vs. Turquía).* Sentencia No. 9, 7 de septiembre de 1927. Serie A; TPJI, *Caso relativo a la competencia territorial de la Comisión internacional del río Oder (Gran Bretaña, Checoeslovaquia, Dinamarca, Francia, Alemania, Suecia; Polonia).* Sentencia No. 23, 10 de septiembre de 1929. Serie A; TPJI, *Caso relativo a las Zonas francas de la Alta Saboya y del País de Gex (Francia Vs. Suiza).* Sentencia No. 46, 7 de junio de 1932. Serie A/B; TEDH, *Caso de Guerra y otros Vs. Italia.* No. 14967/89. Sentencia de 19 de febrero de 1998, párr. 45; *Caso de Handyside Vs. Reino Unido.* No. 5493/72. Sentencia de 7 de diciembre de 1976, párr. 41, y *Caso de Philis Vs. Grecia.* Nos. 12750/87, 13780/88 y 14003/88. Sentencia de 27 de agosto de 1991, párr. 56.
24. *Caso San Miguel Sosa y otras Vs. Venezuela. Fondo, Reparaciones y Costas.* Sentencia de 8 de febrero de 2018. Serie C No. 348, párrs. 211 a 215.
25. Hay que destacar que el representante no alegó la violación del artículo 26 de la Convención o del derecho al trabajo en su escrito de solicitudes y argumentos. Sin embargo, alegó que "la causa de los despidos" fue el ejercicio de sus derechos políticos, incluido el "derecho de todos los ciudadanos a tener acceso, en condiciones de igualdad, a las funciones públicas de su país", el cual, según alegó, estaría reconocido en el art. 23.1.c) de la Convención y comprende la garantía de permanecer en su puesto mientras no cambien las circunstancias que justificaron el ingreso de ese ciudadano a la administración pública. Por ello, alegó que si se acepta el alegato del Estado, en cuanto a que la terminación del contrato de trabajo era una facultad discrecional suya cuando lo considerara conveniente sin tener que expresar motivo alguno, implicaría la anulación de ese derecho. *Caso San Miguel Sosa y otras Vs. Venezuela. Fondo, Reparaciones y Costas.* Sentencia de 8 de febrero de 2018. Serie C No. 348, párr. 215.
26. En efecto, del marco fáctico contenido en el Informe de Fondo No. 75/15 de la Comisión Interamericana se advierte lo siguiente: según información de público conocimiento, con posterioridad a la publicación de la Lista Tascón los medios de comunicación se refirieron a denuncias sobre despidos de trabajadores públicos como represalia a su firma en el referendo revocatorio presidencial; algunos de los despidos fueron precedidos de declaraciones de funcionarios públicos acusando a los firmantes de traición;

16. Resulta especialmente significativo, tal como se remarca en la Sentencia, que las peticionarias, en su primer escrito ante la Comisión Interamericana de 7 de marzo de 2006, de manera expresa solicitaron que se declarara la violación del "derecho al trabajo de las víctimas, el cual se encuentra amparado por la Convención, en los términos previstos en el art. 26 de la misma, en relación con el art. 45 de la Carta de la OEA, así como en los términos del art. 29, letras b y d, de la Convención". Al respecto, en dicho escrito de manera amplia se desarrolla el alegato de la violación del derecho al trabajo, en los siguientes términos:

> [...]
>
> 5. *Violación de los derechos económicos y sociales (art. 26 de la Convención Americana – en relación con el artículo 45 de la Carta de la OEA- y art. 29, letras b y d, de la Convención)*
>
> Refiriéndose a la manifestación explícita hecha por la Corte de que "los derechos económicos, sociales y culturales tienen una dimensión tanto individual como colectiva", el juez Sergio García Ramírez entiende que esa dimensión individual se traduce en una titularidad asimismo individual, de un derecho correspondiente, que pudiera ser compartido, por supuesto, con otros miembros de una población de un sector de ésta; según el juez García Ramírez, este asunto no se reduce a la mera existencia de un deber a cargo del Estado, que deberá orientar sus tareas en el sentido que esta obligación establece, teniendo a los individuos como simples testigos a la expectativa de que el Estado cumpla el deber que le atribuye la Convención. García Ramírez recuerda que la Convención constituye, precisamente, una normativa sobre derechos humanos, y no un mero catálogo de obligaciones generales de los Estados; *en consecuencia, la existencia de una dimensión individual de los derechos humanos sustenta la denominada "justiciabilidad" de aquellos que ha avanzado en el plano nacional, y que tiene un amplio horizonte en el internacional. En ese entendido es que denunciamos la violación del art. 26 de la Convención.*

---

organizaciones no gubernamentales internacionales y venezolana documentaron una serie de casos de supuestos despidos motivados en la participación de funcionarios en la solicitud de referendo revocatorio; en abril de 2005 el Fiscal General de la República ordenó abrir una investigación tomando en cuenta las denuncias consignadas en diversos medios de comunicación respecto de discriminación política y despidos de funcionarios públicos como alegada represalia a su aparición en las listas de firmantes; las víctimas laboraron en el Consejo Nacional de Fronteras, mediante la suscripción continuada de contratos temporales de servicios, entre 1996, 1997 o 2000 y abril de 2004, cuando su relación laboral fue terminada por medio de comunicación fechada 12 de marzo de 2004 suscrita por el Presidente del Consejo Nacional de Fronteras. *Cfr.* CIDH, Informe No. 75/15, Caso 12.923. Fondo. Rocío San Miguel Sosa y otras. Venezuela. 28 de octubre de 2015, párrs. 77, 81 y 86.

DISCRIMINACIÓN POLÍTICA POR DESPIDO ARBITRARIO | 971

El derecho al trabajo es un derecho económico y social, de aquellos a los que se refiere el art. 26 de la Convención. La decisión de las autoridades de Venezuela, de despedir de sus empleos a las víctimas en este caso, se tradujo en una violación de su derecho al trabajo, y en la violación del artículo 26 de la Convención. Si bien la Convención no desarrolla explícitamente el catálogo de derechos económicos y sociales protegidos, para ello se remite a las normas económicas y sociales contenidas en la Carta de Organización de Estados Americanos, cuyo art. 45, letra a, dispone que "todos los seres humanos, sin distinción de raza, sexo, nacionalidad, credo o condición social, tienen derecho al bienestar material y a su desarrollo espiritual, en condiciones de libertad, dignidad, igualdad de oportunidades y seguridad económica". Además, el art. 45, letra, de la Carta de la OEA señala que el trabajo es un derecho, que otorga dignidad a quien lo realiza. Ese derecho y esa dignidad, reconocida por la Carta de la OEA y reiterada por el art. 26 de la Convención, ha sido [violada] por el Estado venezolano [...].

La violación del derecho al trabajo [en este caso] también implica una violación del art. 29 de la Convención, cuyo literal b) prohíbe interpretar la Convención en el sentido de limitar el goce y ejercicio de cualquier derecho que pueda estar reconocido de acuerdo con otra convención en que sea parte el Estado involucrado. En particular Venezuela es parte en el Pacto Internacional de Derechos Económicos, Sociales y Culturales, cuyo artículo 6, párrafo 1, consagra el derecho al trabajo, y es pate en el Protocolo Adicional a la Convención Americana sobre Derechos Humanos en materia de Derechos Económicos, Sociales y Culturales, cuyo art. 6, párrafo 1, dispone que toda persona tiene derecho al trabajo. Por consiguiente, el art. 26 de la Convención, relativo a los derechos económicos, sociales y culturales, debe interpretarse en armonía con estos instrumentos internacionales, que en todo caso deben de ser cumplidos de buena fe por el Estado parte. Esta misma ilustre Comisión Interamericana ha sostenido, si bien no puede pronunciarse sobre la violación de otros tratados, como el Protocolo de San Salvador, si puede utilizar dicho Protocolo en la interpretación de otras disposiciones aplicables, a la luz de los previsto en los artículos 26 y 29 de la Convención Americana. Asimismo, en el caso de una petición en que se denunciaba la violación del derecho al trabajo, a una justa retribución, previsto en el art. XIV de la Declaración pero no expresamente en la Convención, la Comisión consideró que esta circunstancia no excluía su competencia en razón de la materia pues, en virtud del artículo 29(d) dela Convención "ninguna disposición de la Convención puede ser interpretada en el sentido de excluir o limitar el efecto que pueda producir la Declaración Americana de Derechos y Deberes del Hombre y otros actos internacionales de la misma naturaleza."

Esta articulación de las disposiciones de la Convención Americana con las normas de otros tratados de derechos humanos ha sido ampliamente utilizada en la jurisprudencia de la Corte. En este sentido, en el caso del Instituto de Reeducación del Menor , la Corte señaló que una correcta interpretación de los artículos 4 y 19 de la Convención debía hacerse a la luz de las disposiciones pertinentes de la Convención sobre los Derechos de los Niños y del Protocolo Adicional a la Convención Americana en Materia de Derechos Económicos, Sociales y Culturales, ya que estos instrumentos y la Convención Americana forman parte de un muy comprensivo *corpus juris* internacional de protección de los derechos de los niños que la Corte debe respetar. Asimismo, en el caso Cinco Pensionistas, la Corte señaló que, si bien los Estados pueden poner limitaciones al goce del derecho de propiedad por razones de utilidad pública o interés social, en el caso del monto de las pensiones, los Estados pueden reducirlos únicamente por la vía legal adecuada y por los motivos ya indicados. No obstante, la Corte observó que el artículo 5 del Protocolo Adicional a la Convención Americana en materia de Derechos Económicos, Sociales y Culturales sólo permite establecer limitaciones y restricciones al goce y ejercicio de los derechos económicos, sociales y culturales, "mediante leyes promulgadas con el objeto de preservar el bienes general dentro de una sociedad democrática, en la medida que no contradigan el propósito y razón de los mismos. En lo que se refiere específicamente al Protocolo [de San Salvador], éste se invocó en el caso Baena Ricardo y otros, no obstante que al momento de los hechos aún no había entrado en vigor, alegando que al firmar el Protocolo el Estado se comprometió a abstenerse de realizar actos que contrariasen el objeto y el fin del tratado; la Corte recordó que conforme a los principios generales del derecho internacional, y que en este caso Panamá era responsable de la violación cometida por sus agentes con posterioridad a la firma del Protocolo de San Salvador, ya que las acciones del Estado contravinieron el objeto y fin del mencionado instrumento, en lo que respecta a los derechos sindicales de los trabajadores destituidos. La Corte reafirmó el principio del derecho internacional general según el cual los Estados tienen el deber de cumplir de buena fe (*pacta sunt servanda*) los instrumentos internacionales por ellos ratificados, consagrado en el artículo 26 de la Convención de Viena sobre el Derecho de los Tratados (1969), así como de abstenerse de realizar actos contrarios al objeto y fin de dichos instrumentos, incluso desde el momento de la firma del tratado. En el presente caso, no se trata de tratados suscritos y no ratificados, sino de tratados que están en vigor respecto de Venezuela, y de disposiciones de la Convención que deben ser interpretadas en armonía con esos oros compromisos internacionales.

Adicionalmente, el art. 29, literal d, de la Convención prohíbe interpretar la Convención en el sentido de excluir o limitar el efecto que pueda producir, *inter alia*, la [D]eclaración Americana de Derechos y Deberes del Hombre, cuyo artículo XIV reconoce explícitamente el derecho al trabajo y a una justa retribución. En este sentido, es importante subrayar que, con la ratificación de la Convención Americana sobre Derechos Humano, los Estados [P]artes adquieren nuevas obligaciones en materia de derechos humanos, pero no se liberan de los compromisos ya asumidos como miembros de la Organización de Estados Americanos, de la cual esta ilustre Comisión es un órgano principal, con el mandato de promover la observancia y la defensa de los derechos humanos, entendiendo por tales los derechos consagrados en la Convención y en la citada Declaración Americana. Sería absurdo asumir que la Comisión tiene competencia para ocuparse del derecho al trabajo sólo respecto de Estados que no han ratificados la Convención, o sugerir que, con la ratificación de esta última, los Estado miembros de la OEA (y ahora partes en la Convención) tendrían menos obligaciones que antes, y que, con ese acto, la competencia de la Comisión se vería reducida.

La Corte Interamericana ha sostenido que los Estados deben velar por el estricto cumplimiento dela normativa de carácter laboral que mejor proteja a los trabajadores, independientemente de su nacionalidad, origen social, étnico o racial, y de su condición migratoria y, por lo tanto, tienen la obligación de tomar cuantas medidas de orden administrativo, legislativo o judicial sean necesarias, para enmendar situaciones discriminatorias de *jure* y para erradicar las prácticas discriminatorias realizadas por determinado empleador o grupo de empleadores, a nivel, local, regional, nacional o internacional, en perjuicio de trabajadores migrantes. Estas consideraciones son igualmente válidas respecto de los trabajadores nacionales, independientemente de que el empleador sea un particular o el propio Estado.

E[s]ta ilustre Comisión se ha referido al derecho al trabajo en su informe especial sobre Cuba, observando que el Estado persiste en utilizar diversas formas de discriminación en el otorgamiento de trabajo por motivos ideológicos u otras razones conexas; según la Comisión, las personas que demuestran discrepancias políticas con el régimen son las que en mayor proporción se encuentran desempleadas, y que la discriminación en el empleo por razones ideológicas resulta un mecanismo fácil de aplicar en una economía en la cual el Estado es el único empleador.[…] En el presente caso, Rocío San Miguel, Magally Chang, y Thais Peña han sido despedidas de su empleo precisamente por manifestar opiniones discrepantes de las del gobierno, con el ingrediente adicional de que Venezuela es un Estado [P]arte en la Convención Americana […].

[…] *En el presente caso, los actos del Estado se han traducido en una violación del derecho al trabajo de las víctimas, el cual se encuentra amparado por la Convención, en los términos previstos en el art. 26 de la misma,* en relación con el art. 45 de la Carta de la OEA, así como en los términos del art. 29, letras b y d, de la Convención en relación con el art. 6, párr. 1 del Pacto Internacional de Derechos Económicos, Sociales y Culturales, el [a]rt. 6, párrafo 1, del Protocolo de San Salvador, y el art. XIV de la [D]eclaración Americana […] y así se pide se declare[27]. [Énfasis añadido].

---

27. *Cfr.* Denuncia por violación de derechos humanos en la persona de Rocío San Miguel Sosa y otras. Venezuela. 7 de marzo de 2006. Expediente del caso ante la Comisión IDH, Folios 1198 a 1203.

17. Adicionalmente, durante la audiencia pública ante la Corte IDH, el representante de las víctimas manifestó que:

> [...] En presencia de un acto de discriminación y de una violación de derechos fundamentales que, entre otras cosas, *se tradujo en el despido de las víctimas de sus cargos de la administración pública* nosotros introdujimos ante las instancias nacionales un recurso de amparo constitucional ante la jurisdicción laboral, amparo constitucional [...] porque los derechos afectados eran derechos fundamentales y porque la única forma que teníamos de objetar el derecho lesionado, la discriminación política, era precisamente por esa vía.
> [...]
> [...] Los derechos humanos son los derechos de todos sin distinción de ninguna especie, ni la libertad de expresión, ni los derechos políticos, ni el derecho de acceso a los cargos públicos, *ni el derecho al trabajo* en los términos [en] que está consagrado en el Protocolo de San Salvador *o en los términos que se deducen del artículo 26 de la misma Convención Americana, excluyen su aplicación a quienes sostengan determinadas ideas* [...]
> [...]
> [...] Hemos escuchado de las víctimas *la acreditación de una destitución, de un despido, de la eliminación de un contrato laboral, como consecuencia de una sanción, de una pena impuesta sin proceso previo, sin ser oídas en forma anterior, sin escuchar las pruebas de cargos, sin tener la posibilidad de presentar las pruebas de descargo.* [...][28].

18. En el Escrito de Argumentos Finales, el representante también externó que:

> [...] se concluye que el Estado, incurrió en desviación de poder al echar mano a la formalidad de un contrato, para retirar a las víctimas por su participación como firmantes de la solicitud del proceso de revocatoria del Presidente [...], siendo los contratados funcionarios públicos, que no podían ser retirados discrecionalmente sin motivación alguna y, en todo caso, sin debido proceso [...].[29]

19. De esta manera es claro que desde un inicio -en el escrito de la petición inicial ante la Comisión Interamericana- y en diferentes oportunidades posteriores en la Comisión y ante esta Corte IDH, fue la pretensión de las víctimas que este

---

28. Ver Audiencia Pública, Alegatos Finales Orales de los Representantes de las Víctimas, Video disponible en: [https://vimeopro.com/corteidh/caso-san-miguel-sosa-y-otros--vs-venezuela].

29. *Cfr.* Escrito de Argumentos Finales de la Representación de las Víctimas, Caso San Miguel Sosa y otras Vs. Venezuela. Expediente, Folio 1065.

derecho encontrara protección. Esto también es concordante con los reclamos a nivel interno[30]. Es por ello que invocar el principio *iura novit curia* en relación con el derecho al trabajo fue fundamental para poder dotar de una mejor compresión a la situación en concreto en la que las víctimas del presente caso vieron transgredidos sus derechos. Lo anterior, teniendo en consideración que "las partes han tenido la oportunidad de expresar sus respectivas posiciones en relación con los hechos que las sustentan"[31]. Por lo que la Corte IDH decidió, "a la luz del artículo 29 de la Convención Americana", proceder al examen del derecho al trabajo de conformidad con el artículo 26 del Pacto de San José.

20. En el caso de las señoras San Miguel Sosa, Chang Girón y Coromoto Peña, la Corte IDH concluyó que existió una violación al derecho al trabajo *vinculado con todos los derechos* que con anterioridad se habían analizado y declarado violados[32]. En el caso el Tribunal Interamericano estableció que:

> 222. En consecuencia, la Corte declara que *el Estado es responsable por la violación del derecho al trabajo, reconocido en el artículo 26 de la Convención, en relación con los derechos a la participación política, a la libertad de expresión y de acceso a la justicia, así como con el principio de no discriminación, reconocidos en los artículos 23.1, 13.1, 8.1, 25.1 y 1.1* de aquel instrumento, en perjuicio

---

30. En la acción de amparo alegaron la violación de los derechos al trabajo y a la estabilidad laboral. En cuanto a los hechos, las demandantes señalaron que fueron despedidas sin causa justificada, a pesar de cumplir con las labores encomendadas, no contar con amonestación o sanción alguna en sus expedientes laborales por incumplir labores y horarios, y no existir un proceso de reorganización en el órgano que ameritara reducción de personal. Alegaron que, antes del despido, se hicieron frecuentes anuncios informales o bromas, por sujetos con influencia política, de que quien participare en procesos contra el Presidente sería despedido. Señalaron una serie de hechos de contexto e indicios que consideraron relevantes. Alegaron la violación del "derecho constitucional a la igualdad ante la ley, [...] la garantía a no ser discriminadas así como los derechos al trabajo y a la estabilidad laboral [... por una] actuación contraria a los artículos 21, 87, 89 y 93 de la Constitución Política de la República Bolivariana de Venezuela y los artículos 24 de la Convención Americana, [...] 2.2 y 6.1 del Pacto Internacional de Derechos Económicos, Sociales y Culturales y el artículo 26 del Pacto Internacional de Derechos Civiles y Políticos [...], así como del artículo 26 de la Ley Orgánica del Trabajo y el literal E del artículo 8 del Reglamento de la Ley Orgánica del Trabajo [y que e]l acto de discriminación condujo igualmente a la violación del derecho de participación política normado en el artículo 70 de la Constitución". *Cfr.* Demanda de amparo constitucional, 22 de julio de 2004. *Caso San Miguel Sosa y otras Vs. Venezuela. Fondo, Reparaciones y Costas.* Sentencia de 8 de febrero de 2018. Serie C No. 348, nota al pie 142.
31. *Caso San Miguel Sosa y otras Vs. Venezuela. Fondo, Reparaciones y Costas.* Sentencia de 8 de febrero de 2018. Serie C No. 348, párr. 219.
32. *Caso San Miguel Sosa y otras Vs. Venezuela. Fondo, Reparaciones y Costas.* Sentencia de 8 de febrero de 2018. Serie C No. 348, párrs 151, 160 y 200.

de Rocío San Miguel Sosa, Magally Chang Girón y Thais Coromoto Peña[33]. [Énfasis añadido]

21. Todas y cada una de las violaciones que se suscitaron en el caso de las tres víctimas tenían en común un *mismo hecho generador*, tal como queda plasmado en la Sentencia[34]: *la terminación de los contratos de las víctimas*. Con base en este hecho generador el Tribunal Interamericano en realidad lo que hace en el desarrollo de la Sentencia, es analizar el impacto de derechos civiles y políticos dentro de contextos laborales y cómo estos repercutieron en el respeto y garantía del derecho al trabajo bajo los artículos 1.1, 23, 13, 8 y 25 del Pacto de San José.

22. Así, en primer lugar, sobre la violación del derecho a la participación política contemplado en el artículo 23 del Pacto de San José, el Tribunal Interamericano consideró que "[m]ás allá de la naturaleza del vínculo de las presuntas víctimas con la administración pública, o de la necesidad de determinar si – en virtud de una clausula en su contrato – la autoridad respectiva tenía o no una facultad discrecional para darlos por terminado en cualquier momento, incluso sin motivación, en el caso *el Estado no ha dado una explicación circunstanciada y precisa acerca de los motivos de su decisión* [...]".

23. Por esta razón la Corte IDH concluyó que "*la terminación de los contratos constituyó una forma de desviación de poder, utilizando dicha cláusula como velo de legalidad para encubrir la verdadera motivación o finalidad real, a saber: una represalia en su contra por haber ejercido legítimamente un derecho de carácter político constitucionalmente previsto,* [...]. *Ello fue percibido por los funcionarios superiores [del Consejo Nacional de Fronteras] como un acto de deslealtad política y cómo la manifestación de una opinión u orientación política opositora o disidente, que motivó un trato diferenciado hacia ellas, como en efecto fue el hecho de dar por terminada arbitrariamente la relación laboral*"[35] (énfasis añadido).

---

33. *Caso San Miguel Sosa y otras Vs. Venezuela. Fondo, Reparaciones y Costas*. Sentencia de 8 de febrero de 2018. Serie C No. 348, párr. 222.
34. Al respecto, en la Sentencia se considera que: "108. La Corte hace notar que la Comisión y el representante sustentan las alegadas violaciones de derechos en un mismo hecho generador: la terminación de los contratos de las presuntas víctimas por haber firmado la solicitud de convocatoria a referendo revocatorio. Es decir, consideraron que tal acto de firma constituyó tanto el ejercicio de un derecho político como "un acto motivado por la opinión política expresada a través de la firma" y, a la vez, que tal acto estaría protegido por un principio de no discriminación (como una categoría prohibida o "sospechosa") y por el derecho a igualdad ante la ley, pues el despido habría constituido un acto de discriminación con base en la opinión política". *Caso San Miguel Sosa y otras Vs. Venezuela. Fondo, Reparaciones y Costas*. Sentencia de 8 de febrero de 2018. Serie C No. 348, párr. 108.
35. *Caso San Miguel Sosa y otras Vs. Venezuela. Fondo, Reparaciones y Costas*. Sentencia de 8 de febrero de 2018. Serie C No. 348, párrs. 149 y 150.

24. En cuanto a la libertad de expresión, el Tribunal Interamericano consideró que "[…] el acto de firma de una solicitud de referendo fue, en un sentido amplio, una forma de opinión política, en cuanto implicaba la manifestación de que se consideraba necesario activar una consulta popular sobre un tema de interés público que es susceptible de deliberación en una sociedad democrática, aún si ello no equivale propiamente a la expresión de una específica o determinada opinión"[36]. Adicionalmente expresó que "[el] despido arbitrario al que fueron sometidas, luego de la publicación de la lista Tascón y en un contexto de denuncias de despidos arbitrarios y de otra formas de represalia para quienes habían firmado por el referendo, tenía la intención encubierta de acallar y desincentivar la disidencia política, pues fue instrumentalizado como factor ejemplarizante para que otras personas que ejercieron esa misma libertad se vieran amedrentadas de participar políticamente […]"[37].

25. En lo relativo a las violaciones de los artículos 8 y 25, el Tribunal Interamericano expresó que "la acción de amparo era un recurso idóneo para considerar su caso"[38], por ello era fundamental que las autoridades consideraran las graba-

---

36. *Caso San Miguel Sosa y otras Vs. Venezuela. Fondo, Reparaciones y Costas.* Sentencia de 8 de febrero de 2018. Serie C No. 348, párr. 156.
37. *Caso San Miguel Sosa y otras Vs. Venezuela. Fondo, Reparaciones y Costas.* Sentencia de 8 de febrero de 2018. Serie C No. 348, párr. 158.
38. *Caso San Miguel Sosa y otras Vs. Venezuela. Fondo, Reparaciones y Costas.* Sentencia de 8 de febrero de 2018. Serie C No. 348, párr. 186. Al respecto en la Sentencia también se consideró que "184. De hecho, lo relevante es que el Juzgado que conoció del amparo, antes de expresar sus dudas sobre la competencia para resolverlo en razón del cargo del funcionario contra quien se presentaba, señaló que "como el derecho infringido o amenazado de infracción es un derecho constitucional, cualquier juez, en su condición de garante de la supremacía constitucional […], podría en principio conocer las violaciones de dichos derechos o garantías constitucionales". Luego, al resolver la cuestión de la competencia, la Sala Constitucional de la Corte Suprema de Justicia señaló que "para dilucidar la afinidad de la naturaleza del derecho violado o amenazado de violación, […] el juzgador ha de revisar la particular esfera en la cual se generó o pudiera producirse la violación o amenaza; revisar, pues, la situación jurídica que ostenta el presunto agraviado frente al agente lesivo". Así, al observar que las accionantes propusieron la acción de amparo "en razón de supuestas violaciones constitucionales", entre otras razones, dicha Sala declaró que el Juzgado era competente para resolver la acción, la cual, en efecto, fue admitida a trámite. Posteriormente, el referido Juzgado observó que "la pretensión principal no es que se califique el despido, para luego obtener el reenganche y el pago de los salarios caídos, [que] en todo caso, es la pretensión accesoria, [sino] que se determine que en efecto, las accionantes sufrieron o fueron víctimas de un trato discriminatorio por parte del Estado". Es decir, hizo notar que la acción se había "instaurado para determinar la relación o nexo causal entre una conducta no solo antijurídica o inconstitucional, sino vejatoria de derechos humanos fundamentales como lo es la igualdad ante la ley y la prohibición de discriminación fundadas en razones políticas, como hecho generador de la ruptura de las relaciones de trabajo que mantenían

ciones como pruebas en la acción de amparo[39]. Lejos de esto, "[…] los juzgados que conocieron el amparo consideraron tales pruebas como ilícitas, sin tomar en cuenta el interés público de la cuestión y que en el caso se trataba del único medio de prueba directa. Tampoco admitieron ciertas noticias periodísticas y, en definitiva, no indagaron acerca de las motivaciones del despido […]"[40]. Así, "la motivación y fundamentación expuesta por los juzgados internos fueron insuficientes al decidir sobre la situación jurídica que se alegaba infringida, afectando así el derecho de acceso a la justicia […] y a un recurso judicial efectivo"[41].

---

las accionantes con el organismo accionado en amparo. Si esto es así, no puede hablarse en ningún momento de la inadmisibilidad de la presente acción […] sino que se hace necesario entrar al fondo de la controversia para resolver sobre la procedencia o improcedencia de la acción". *Caso San Miguel Sosa y otras Vs. Venezuela. Fondo, Reparaciones y Costas.* Sentencia de 8 de febrero de 2018. Serie C No. 348, párr. 184.

39. En la Sentencia la Corte IDH constató que: "190. Las presuntas víctimas tuvieron acceso a la acción de amparo, la cual fue decidida por el fondo luego haber sido evacuadas determinadas pruebas en audiencia. Sin embargo, las autoridades que decidieron la acción por el fondo o en apelación dejaron de valorar las grabaciones de las conversaciones telefónicas aportadas, por considerarlas pruebas ilícitas, y centraron su análisis en que las pruebas aportadas por la parte quejosa no permitían "establecer fehacientemente el nexo causal entre el pretendido trato discriminatorio por haber firmado y la decisión de poner fin a la relación de trabajo". Además, tomaron como cierta la explicación de la autoridad administrativa recurrida, a saber, la aplicación de la cláusula séptima del contrato como una facultad discrecional del empleador" y "194. Los juzgados nacionales rechazaron como pruebas las grabaciones y transcripciones de grabaciones de conversaciones telefónicas entre la señora San Miguel y dos funcionarios relacionados con los hechos (*supra* párr. 32), por considerarlas pruebas "ilícitas e ilegítimas" que no podían ser admitidas en juicio, con base en que habrían sido "obtenidas sin el consentimiento de los presuntos interlocutores" y que no tenía certeza sobre las voces de éstos. Contra el propio concepto de prueba prohibida sobre el que decide, el juzgado no refirió o explicó la específica norma legal o principio de derecho que la grabación registrada por la señora San Miguel habría contrariado, ni señaló cual fue correspondientemente la prohibición de naturaleza material y procesal que tales pruebas habrían infringido. La resolución del juzgado no precisa sobre la base de qué norma jurídica o principio entendía que el consentimiento de uno de los interlocutores de una conversación era, en las circunstancias de ese caso, un elemento imprescindible para considerar que el registro o grabación de la comunicación realizada por el otro interlocutor, que alegaba una vulneración de sus derechos, era ilícito y por ello afectaba su carácter de prueba. El tribunal que conoció la apelación no dio argumentación adicional al respecto". *Caso San Miguel Sosa y otras Vs. Venezuela. Fondo, Reparaciones y Costas.* Sentencia de 8 de febrero de 2018. Serie C No. 348, párrs. 190 y 194.
40. *Caso San Miguel Sosa y otras Vs. Venezuela. Fondo, Reparaciones y Costas.* Sentencia de 8 de febrero de 2018. Serie C No. 348, párr. 195.
41. *Caso San Miguel Sosa y otras Vs. Venezuela. Fondo, Reparaciones y Costas.* Sentencia de 8 de febrero de 2018. Serie C No. 348, párrs. 196.

26. Como podemos observar, todos y cada uno de los derechos que se fueron analizando en el presente caso tuvieron en común – como lo expresa la Sentencia – el mismo hecho que originó las violaciones de derechos humanos en perjuicio de las tres víctimas del caso. Es por ello que la vinculación de forma *integral o conglobada* es fundamental para entender los alcances del presente fallo, es decir, *el ejercicio de los derechos políticos y la libertad de expresión garantizando el acceso a la justicia ante un juez independiente cuando se alegue la discriminación en los contextos laborales.*

2.3. Línea jurisprudencial en materia laboral como derecho autónomo

27. El caso *San Miguel Sosa y otras Vs. Venezuela,* complementa la visión que de manera rápida ha tenido el Tribunal Interamericano sobre los derechos sociales y su exigibilidad directa ante esta instancia judicial. En este sentido, la triada de casos laborales *Lagos del Campo, Trabajadores Cesados del Petroperú y otros* y ahora el caso *San Miguel Sosa y otras,* permiten delinear una serie de estándares que se deben tener en consideración en los ejercicios de control de convencionalidad en sede interna[42] y abundar al diálogo jurisprudencial existente entre el ámbito internacional interamericano y la sede nacional de los Estados Parte de la Convención Americana.

28. Es de destacar que un aspecto fundamental de estos tres casos, es que permite desmitificar una de las cuestiones que giraban en torno a los derechos sociales y es que eran considerados como derechos de carácter *progresivo.* En este sentido, estos tres casos nos han permitido palpar que la justiciabilidad de los DESCA puede realizarse en un plano de obligaciones que han estado presentes desde el inicio del ejercicio de la función contenciosa de la Corte Interamericana, es decir, las obligaciones de respeto y garantía[43] ; sin requerir, necesariamente, la

---

42. Al respecto en la Opinion Consultiva No. 23 relativa al medio ambiente, la Corte IDH expresó que también es pertinente realizar el control de convencionalidad en materia de derechos sociales. Sobre este punto señaló que "[...] Es por tal razón que estima necesario que los diversos órganos del Estado *realicen el correspondiente control de convencionalidad para la protección de todos los derechos humanos*_[...]" (enfasis añadido). Cfr. *Medio ambiente y derechos humanos (obligaciones estatales en relación con el medio ambiente en el marco de la protección y garantía de los derechos a la vida y a la integridad personal - interpretación y alcance de los artículos 4.1 y 5.1, en relación con los artículos 1.1 y 2 de la Convención Americana sobre Derechos Humanos).* Opinión Consultiva OC-23/17 de 15 de noviembre de 2017. Serie A No. 23, párr. 28.
43. Sobre este punto, es pertinente recordar el criterio establecido en el caso *Acevedo Buendía y otros:* "100. Asimismo, resulta pertinente observar que si bien el artículo 26 se encuentra en el capítulo III de la Convención, titulado "Derechos Económicos, Sociales y Culturales", se ubica, también, en la Parte I de dicho instrumento, titulado "Deberes de los Estados y Derechos Protegidos" y, por ende, está sujeto a las obligaciones generales

evaluación de medidas de carácter progresivo o regresivo[44]. Es decir, dependiendo del caso, se podría analizar uno de los dos supuesto o incluso ambos (obligaciones de respeto y garantía y/o medidas progresivas o regresivas).

29. Otro aporte que ha hecho el Tribunal Interamericano lo desarrolló en los casos *Lagos del Campo*[45] y *Trabajadores Cesados del Petroperú*[46] al considerar que los recursos o acciones instaurados a nivel interno -por ejemplo, el recurso o juicio de amparo- no deben desasociar el derecho sustancial del derecho procesal impidiendo así analizar el objeto principal de la controversia[47], en estos casos el derecho al trabajo.

30. Así, si bien el recurso de amparo está diseñado para tutelar los derechos constitucionales, la falta de consideración de los derechos laborales, o en general de los derechos sociales, puede impedir que el recurso de amparo produzca el resultado para el cual fue concebido, es decir, la tutela efectiva de los derechos humanos. La Corte ha sostenido que el análisis por la autoridad competente de

---

contenidas en los artículos 1.1 y 2 señalados en el capítulo I (titulado "Enumeración de Deberes"), así como lo están los artículos 3 al 25 señalados en el capítulo II (titulado "Derechos Civiles y Políticos")". *Caso Acevedo Buendía y otros ("Cesantes y Jubilados de la Contraloría") Vs. Perú. Excepción Preliminar, Fondo, Reparaciones y Costas.* Sentencia de 1 de julio de 2009. Serie C No. 198, párr. 100.

44. En similar sentido, la Corte IDH externó que: "102. [...] Así, la implementación progresiva de dichas medidas podrá ser objeto de rendición de cuentas y, de ser el caso, el cumplimiento del respectivo compromiso adquirido por el Estado podrá ser exigido ante las instancias llamadas a resolver eventuales violaciones a los derechos humanos. *Caso Acevedo Buendía y otros ("Cesantes y Jubilados de la Contraloría") Vs. Perú. Excepción Preliminar, Fondo, Reparaciones y Costas.* Sentencia de 1 de julio de 2009. Serie C No. 198, párr. 102.

45. En el caso la Corte IDH consideró que: "184. Así, el Tribunal estima, que si bien el recurso de amparo estaba diseñado para tutelar los derechos constitucionales, en el presente caso, la falta de consideración de los *derechos a la estabilidad laboral y debido proceso*, impidieron que el recurso de amparo pudiera producir el resultado para el cual fue concebido [...]". *Cfr. Caso Lagos del Campo Vs. Perú. Excepciones Preliminares, Fondo, Reparaciones y Costas.* Sentencia de 31 de agosto de 2017. Serie C No. 340, párr. 184.

46. En la Sentencia se consideró que: "178. La Corte considera que el Tribunal Constitucional se encontraba obligado a realizar una adecuada revisión judicial del acto reclamado como violatorio por las presuntas víctimas, lo cual implicaba examinar los alegatos y argumentos sometidos a su conocimiento sobre la decisión del MEF respecto al cese por causal de excedencia, sin declinar su competencia para conocer de ellos o al determinar los hechos [...]". *Cfr. Caso Trabajadores Cesados de Petroperú y otros Vs. Perú. Excepciones Preliminares, Fondo, Reparaciones y Costas.* Sentencia de 23 de noviembre 2017. Serie C No. 344, párr. 178.

47. *Cfr. Caso Trabajadores Cesados de Petroperú y otros Vs. Perú. Excepciones Preliminares, Fondo, Reparaciones y Costas.* Sentencia de 23 de noviembre 2017. Serie C No. 344, párr. 178.

un recurso judicial -que controvierte derechos constitucionales como derechos laborales-, no puede reducirse a una mera formalidad y omitir argumentos de las partes, ya que debe examinar sus razones y manifestarse sobre ellas conforme a los parámetros establecidos por la Convención Americana[48].

31. Lo que sienta este precedente es que los recursos a nivel interno, que tradicionalmente han sido pensados para tutelar derechos humanos de naturaleza civil o política[49] (y en algunos extremos los han llegado a considerar derechos individuales), también pueden tutelar derechos de naturaleza económica, social, cultural o ambiental, ya sea en supuestos de violaciones individuales o de naturaleza colectiva[50].

32. También cabe precisar las diferencias y contextos que ha protegido la Corte Interamericana en los tres casos. En primer lugar, en el caso *Lagos del Campo Vs. Perú*, el caso estaba relacionado con el despido injustificado del señor Lagos del Campo en un contexto laboral entre particulares. En este primer caso, la Corte IDH permeó obligaciones de los Estados para la garantía de los derechos laborales en esta relación contractual en la cual no intervenían directamente los agentes estatales. Al respecto, sobre estas obligaciones mínimas el Tribunal Interamericano externó que:

> 149. Como correlato de lo anterior, se deprende que las obligaciones del Estado en cuanto a la protección del derecho a la estabilidad laboral, en el ámbito privado, se traduce en principio en los siguientes deberes: a) adoptar las

---

48. *Caso Lagos del Campo Vs. Perú. Excepciones Preliminares, Fondo, Reparaciones y Costas*. Sentencia de 31 de agosto de 2017. Serie C No. 340, párr. 184.
49. Sin embargo existen ciertos derechos de esta naturaleza que también son de incidencia colectiva y tienen su máxima expresión cuando son ejercidos por una colectividad, como pueden ser los derechos de asociación o reunión.
50. Por ejemplo en la Opinión Consultiva No. 23 la Corte IDH consideró que el derecho al medio ambiente tiene connotaciones individuales y colectivas. Sobre este punto señaló que: "59. El derecho humano a un medio ambiente sano se ha entendido como un derecho con connotaciones tanto individuales como colectivas. En su dimensión colectiva, el derecho a un medio ambiente sano constituye un interés universal, que se debe tanto a las generaciones presentes y futuras. Ahora bien, el derecho al medio ambiente sano también tiene una dimensión individual, en la medida en que su vulneración puede tener repercusiones directas o indirectas sobre las personas debido a su conexidad con otros derechos, tales como el derecho a la salud, la integridad personal o la vida, entre otros. La degradación del medio ambiente puede causar daños irreparables en los seres humanos, por lo cual un medio ambiente sano es un derecho fundamental para la existencia de la humanidad. *Cfr. Medio ambiente y derechos humanos (obligaciones estatales en relación con el medio ambiente en el marco de la protección y garantía de los derechos a la vida y a la integridad personal - interpretación y alcance de los artículos 4.1 y 5.1, en relación con los artículos 1.1 y 2 de la Convención Americana sobre Derechos Humanos)*. Opinión Consultiva OC-23/17 de 15 de noviembre de 2017. Serie A No. 23, párr. 59.

medidas adecuadas para la debida regulación y fiscalización [del derecho al trabajo]; b) proteger al trabajador y trabajadora, a través de sus órganos competentes, contra el despido injustificado, c) en caso de despido injustificado, remediar la situación (ya sea, a través de la reinstalación o, en su caso, mediante la indemnización y otras prestaciones previstas en la legislación nacional). Por ende, d) el Estado debe disponer de mecanismos efectivos de reclamo frente a una situación de despido injustificado, a fin de garantizar el acceso a la justicia y la tutela judicial efectiva de tales derechos[51].

33. En el caso de los *Trabajadores Cesados del Petroperú y otros*, la Corte IDH protegió el despido injustificado de trabajadores que tenían una relación directa con el Estado peruano (los trabajadores ejercían su profesión dentro de dependencias del gobierno). En este caso la Corte precisó que la protección del derecho al trabajo y estabilidad laboral no sólo se extiende a los supuestos de relaciones entre particulares, tal como había sucedido en el caso *Lagos del Campo*, sino que las obligaciones de respeto y garantía del derecho al trabajo también se aplican en las relaciones en las que existe esta relación directa entre los trabajadores y el Estado[52].

34. Finalmente, en el caso *San Miguel Sosa y otras*, se dan tres pasos fundamentales para seguir desarrollando el respeto y garantía del derecho al trabajo como un derecho convencionalmente protegido. En primer lugar se protege la relación contractual de un régimen diferente al de los *casos Lagos del Campo* y *Trabajadores Cesados del Petroperú* (es decir, contratos que se renuevan en periodos de tiempo variado, como tres, seis o doce meses sin hablar propiamente de la posibilidad de estabilidad laboral); b) la discriminación en los contextos laborales; y c) las violaciones se enmarcan en el derecho al trabajo en general, y no en el de estabilidad laboral.

35. En cuanto al primer punto, a diferencia de los dos casos anteriores que había abordado la Corte IDH respecto de los contextos laborales, las señoras San Miguel, Chang y Coromoto estaban sujetas a una relación contractual temporal con renovaciones periódicas. En este sentido, si bien las víctimas tenían una relación laboral directa con el Estado, el régimen contractual era distinto a los dos casos anteriores (que permitían tener estabilidad laboral); sin embargo, la Corte

---

51. *Caso Lagos del Campo Vs. Perú. Excepciones Preliminares, Fondo, Reparaciones y Costas.* Sentencia de 31 de agosto de 2017. Serie C No. 340, párr. 149.
52. "193. En el presente caso, en relación con los alegatos relacionados con la violación al derecho al trabajo, este Tribunal considera que, tal y como fue establecido en el precedente de *Lagos del Campo Vs. Perú*, el derecho al trabajo incluye el derecho a garantizar el derecho de acceso a la justicia y a la tutela judicial efectiva, tanto en el ámbito público como en el ámbito privado de las relaciones laborales [...]". *Cfr. Caso Trabajadores Cesados de Petroperú y otros Vs. Perú. Excepciones Preliminares, Fondo, Reparaciones y Costas.* Sentencia de 23 de noviembre 2017. Serie C No. 344, párr. 193.

IDH considera que con independencia de la naturaleza de la relación laboral, el Estado tenía la obligación de justificar la no renovación del contrato y no sólo argumentar la existencia de una facultad discrecional mediante una cláusula y la reorganización, de lo contrario sería considerada tal acción como arbitraria[53]. En otras palabras, lo que la Corte IDH hace es proteger el derecho al trabajo con independencia de que exista o no la posibilidad de tener estabilidad laboral; por lo que inclusive en aquellos supuestos de despidos de contratos temporales renovables tienen que mediar obligaciones mínimas, como lo son una adecuada motivación o bien la posibilidad de contar con recursos judiciales que tutelen el acceso a la justicia de derechos constitucionales y convencionales.

36. En segundo lugar, el caso *San Miguel Sosa y otras*, permite poner de manifiesto que los Estados no pueden discriminar a sus trabajadores por manifestar o expresar sus opiniones políticas. Esto es de fundamental importancia, pues tradicionalmente la discriminación ha sido abordada por este Tribunal Interamericano a la luz de derechos convencionales civiles y políticos; sin embargo, el caso permite advertir que la discriminación también afecta a los DESCA en el goce y ejercicio, en tanto derechos.

37. En tercer lugar, la Corte IDH lo que hace en la Sentencia es enmarcar la violación en el respeto al derecho al trabajo y no a la estabilidad laboral como había abordado en los dos casos anteriores. Esta cuestión es de particular importancia, ya que la Corte IDH extiende la protección a este derecho sin que necesariamente medie esta "condición de estabilidad". Así, en general, la Corte IDH protege aquellas relaciones de supra subordinación existente entre el patrón y el trabajador, sin importar la naturaleza contractual. En el caso, las víctimas no disponían de esta "condición de estabilidad" por el régimen laboral en el que se encontraban; sin embargo, bajo la óptica del derecho al trabajo, inclusive en estos supuestos se deben garantizar condiciones mínimas de respeto y garantía.

38. Así, todo despido o terminación de contratos de manera arbitraria – sin mediar justificación o motivación – importa una sanción de máxima gravedad, y que en algunos casos se presenta con particulares características sancionatorias de mayor o especial gravedad, que requieren ampliamente una protección judicial. Así, al privársele a una persona de un derecho fundamental y en ocasiones indispensable para la supervivencia y realización de otros derechos, la lesión arbitraria al derecho al trabajo es susceptible de afectar incluso la propia identidad subjetiva de la persona e incluso trascender, afectando a terceros vinculados[54].

---

53. Cfr. *Caso San Miguel Sosa y otras Vs. Venezuela. Fondo, Reparaciones y Costas.* Sentencia de 8 de febrero de 2018. Serie C No. 348, párr. 149.
54. Cfr. *Caso Lagos del Campo Vs. Perú. Excepciones Preliminares, Fondo, Reparaciones y Costas.* Sentencia de 31 de agosto de 2017. Serie C No. 340, párrs. 188 y 189.

39. En cuanto a las reparaciones, es fundamental también tener en consideración cómo en cada uno de estos casos se ha considerado como eje central el derecho al trabajo/estabilidad laboral, en especial dentro del concepto de daño material[55]. En este sentido, la Corte IDH en el caso *Lagos del Campo* consideró que con motivo del despido y la desprotección judicial, la víctima se había visto en una situación de desamparo acerca de su situación laboral, lo cual había afectado sus condiciones de vida, por lo que se otorgaba un monto en concepto de daño material; en el mismo caso, sobre la pensión que el señor Lagos del Campo hubiera recibido de no ser despedido, la Corte IDH estimó que, en efecto, la víctima había perdido la posibilidad de acceder a una pensión y beneficios sociales, por lo que también fijó un monto por este concepto[56].

40. En el caso *Trabajadores Cesados del Petroperú*, frente al alegato de reincorporación a un puesto similar, la Corte IDH estimó que "transcurridos aproximadamente 25 años de los ceses laborales ocurridos [...], la reincorporación o reposición de los trabajadores en sus antiguos cargos o en otros análogos enfrenta diversos niveles de complejidad y operatividad, en particular, por las modificaciones estructurales que han ocurrido en Petroperú, Enapu, MEF y Minedu". En consecuencia, el Tribunal Interamericano consideró que no dispondría la reincorporación de las víctimas y, por tal motivo, tomó en cuenta este aspecto al momento de calcular la indemnización compensatoria (daño material)[57].

---

55. Este Tribunal ha establecido que el daño material supone "la pérdida o detrimento de los ingresos de las víctimas, los gastos efectuados con motivo de los hechos y las consecuencias de carácter pecuniario que tengan un nexo causal con los hechos del caso". *Caso Bámaca Velásquez Vs. Guatemala. Reparaciones y Costas.* Sentencia de 22 de febrero de 2002. Serie C No. 91, párr. 43, y *Caso Trabajadores Cesados de Petroperú y otros Vs. Perú. Excepciones Preliminares, Fondo, Reparaciones y Costas.* Sentencia de 23 de noviembre 2017. Serie C No. 344.párr. 198.

56. Cfr. *Caso Lagos del Campo Vs. Perú. Excepciones Preliminares, Fondo, Reparaciones y Costas.* Sentencia de 31 de agosto de 2017. Serie C No. 340, párrs. 215 y 216.

57. "222. Sin perjuicio de lo anterior, tomando en cuenta que el Estado es responsable por la violación a los artículos 8, 25 y 26 de la Convención Americana en relación con el artículo 1.1 del mismo instrumento, y que las 164 víctimas del presente caso dejaron de percibir sus salarios con motivo de sus ceses, situación que se mantiene vigente hasta la fecha de la emisión de esta sentencia, la Corte estima pertinente fijar, en equidad, la cantidad de US$ 43.792 (cuarenta y tres mil setecientos noventa y dos dólares de los Estados Unidos de América), por concepto de lucro cesante, para cada una de las víctimas del presente caso, los cuales deberán ser entregados directamente a las mismas. Asimismo, la Corte considera que la compensación económica que haya sido recibida por las víctimas, como parte de los beneficios previstos por el Decreto Ley 27803, deberá ser descontada del monto establecido por esta Corte por concepto de lucro cesante en el presente caso". *Caso Trabajadores Cesados de Petroperú y otros Vs. Perú. Excepciones Preliminares, Fondo, Reparaciones y Costas.* Sentencia de 23 de noviembre 2017. Serie C No. 344, párr. 222.

41. Finalmente, en el caso de las tres víctimas del presente caso, la Corte IDH consideró que no era viable ordenar la reincorporación de las víctimas a cargos en la administración pública, estimando pertinente incluir este aspecto en la indemnización (por daños materiales)[58].

42. Cabe destacar que el derecho al trabajo no consiste en una permanencia irrestricta en el puesto del trabajo, sino de respetar este derecho, entre otras medidas, otorgando debidas garantías de protección al trabajador a fin de que, en caso de despido, se realice bajo causas justificadas o debidamente motivas; lo cual implica que el empleador acredite las razones suficientes para proceder con dicha acción con las debidas garantías, y frente a ello el trabajador pueda recurrir tal decisión ante las autoridades internas, quienes verifiquen que las causales imputadas no sean arbitrarias o contrarias a derecho[59].

3. La independencia judicial como parte de las garantías judiciales y del acceso a la justicia, a la luz del contexto del presente caso y la "desviación de poder" declarada en la sentencia

43. La Corte IDH ha sido de la opinión de que la tutela judicial efectiva requiere que los procedimientos judiciales sean accesibles para las partes, sin obstáculos o demoras indebidas, a fin de que alcancen su objetivo de manera rápida, sencilla e integral[60]. Para que un Estado cumpla con lo dispuesto en el artículo 25 de la Convención Americana, no basta con que los recursos existan formalmente, sino que es preciso que tengan efectividad en los términos del mismo[61]; es decir, que den resultados o respuestas a las violaciones de derechos reconocidos, ya sea en la Convención, en la Constitución o en la ley[62] y que el análisis por la autoridad

---

58. Cfr. *Caso San Miguel Sosa y otras Vs. Venezuela. Fondo, Reparaciones y Costas.* Sentencia de 8 de febrero de 2018. Serie C No. 348, párrs. 237.
59. Cfr. *Caso Lagos del Campo Vs. Perú. Excepciones Preliminares, Fondo, Reparaciones y Costas.* Sentencia de 31 de agosto de 2017. Serie C No. 340, párr. 150.
60. Cfr., mutatis mutandi, *Caso Mejía Idrovo Vs. Ecuador. Excepciones preliminares, Fondo, Reparaciones y Costas.* Sentencia de 5 de julio de 2011. Serie C No. 228, párr. 106, y *Caso Furlan y familiares Vs. Argentina. Excepciones Preliminares, Fondo, Reparaciones y Costas.* Sentencia de 31 de agosto de 2012. Serie C No. 246, párr. 211.
61. Cfr. *Garantías judiciales en estados de emergencia (Arts. 27.2, 25 y 8 Convención Americana sobre Derechos Humanos).* Opinión Consultiva OC-9/87 de 6 de octubre de 1987. Serie A No. 9, párr. 24, y *Caso Lagos del Campo Vs. Perú. Excepciones Preliminares, Fondo, Reparaciones y Costas.* Sentencia de 31 de agosto de 2017. Serie C No. 340, párr. 188.
62. Cfr. *Caso Maldonado Vargas y otros Vs. Chile. Fondo, Reparaciones y Costas.* Sentencia de 2 de septiembre de 2015. Serie C No. 300, párr. 123, y *Caso Trabajadores Cesados de Petroperú y otros Vs. Perú. Excepciones Preliminares, Fondo, Reparaciones y Costas.* Sentencia de 23 de noviembre 2017. Serie C No. 344, párr. 155.

competente no se reduzca a una mera formalidad, sino que examine las razones invocadas por el demandante y se manifieste expresamente sobre ellas[63].

44. Por otro lado, la Corte IDH en reiteradas ocasiones, en lo relativo al artículo 8.1 de la Convención Americana, se ha pronunciado sobre el derecho a ser juzgado por un juez o tribunal independiente e imparcial, considerando que son garantías fundamentales del debido proceso; debiéndose garantizar que el juez o tribunal, en el ejercicio de su función como juzgador, cuente con la mayor objetividad para enfrentar el juicio[64]. El Tribunal Interamericano ha establecido que la imparcialidad exige que el juez que interviene en una contienda particular se aproxime a los hechos de la causa careciendo, de manera subjetiva, de todo prejuicio y, asimismo, ofreciendo garantías suficientes de índole objetiva que inspiren confianza necesaria a las partes en el caso, así como a los ciudadanos en una sociedad democrática[65]. La imparcialidad del tribunal implica que sus integrantes no tengan un interés directo, una posición tomada, una preferencia por alguna de las partes y que no se encuentren involucrados en la controversia[66].

45. Asimismo, la Corte IDH ha considerado reiteradamente que el objetivo de la garantía de independencia de los jueces radica en evitar que el sistema judicial y sus integrantes se vean sometidos a restricciones indebidas en el ejercicio de su función por parte de órganos ajenos al Poder Judicial o incluso por parte de aquellos magistrados que ejercen funciones de revisión o apelación[67]. Además, la garantía de la independencia judicial abarca la garantía contra presiones externas[68], de tal forma que el Estado debe abstenerse de realizar injerencias indebidas

---

63. Cfr. *Caso López Álvarez Vs. Honduras. Fondo, Reparaciones y Costas*. Sentencia de 1 de febrero de 2006. Serie C No. 141, párr. 96, y *Caso Maldonado Vargas y otros Vs. Chile. Fondo, Reparaciones y Costas*. Sentencia de 2 de septiembre de 2015. Serie C No. 300 párr. 123.

64. Cfr. *Caso Herrera Ulloa Vs. Costa Rica. Excepciones Preliminares, Fondo, Reparaciones y Costas*. Sentencia de 2 de julio de 2004. Serie C No. 107, párr. 171 y *Caso Palamara Iribarne Vs. Chile. Fondo, Reparaciones y Costas*. Sentencia de 22 de noviembre de 2005. Serie C No. 135, párr. 145.

65. Cfr. *Caso Herrera Ulloa Vs. Costa Rica. Excepciones Preliminares, Fondo, Reparaciones y Costas*. Sentencia de 2 de julio de 2004. Serie C No. 107, párr. 171.

66. Cfr. *Caso Palamara Iribarne Vs. Chile. Fondo, Reparaciones y Costas*. Sentencia de 22 de noviembre de 2005. Serie C No. 135, párr. 146; *Caso Usón Ramírez Vs. Venezuela. Excepción Preliminar, Fondo, Reparaciones y Costas*. Sentencia de 20 de noviembre de 2009. Serie C No. 207, párr. 117.

67. Cfr. *Caso Apitz Barbera y otros ("Corte Primera de lo Contencioso Administrativo") Vs. Venezuela. Excepción Preliminar, Fondo, Reparaciones y Costas*. Sentencia de 5 de agosto de 2008. Serie C No. 182, párr. 55, y *Caso Acosta y otros Vs. Nicaragua. Excepciones Preliminares, Fondo, Reparaciones y Costas*. Sentencia de 25 de marzo de 2017. Serie C No. 334, párr. 171.

68. Cfr. *Caso del Tribunal Constitucional Vs. Perú. Fondo, Reparaciones y Costas*. Sentencia de 31 de enero de 2001. Serie C No. 71, párr. 75, y *Caso Acosta y otros Vs. Nicaragua.*

en el Poder Judicial o en sus integrantes, es decir, en relación con la persona del juez específico, debe prevenir dichas injerencias y debe investigar y sancionar a quienes las cometan[69].

46. Adicionalmente, también ha señalado que no pueden considerarse efectivos aquellos recursos que, por las condiciones generales del país o incluso por las circunstancias particulares de un caso dado, resulten ilusorios. Ello puede ocurrir, por ejemplo, cuando su inutilidad haya quedado demostrada por la práctica, porque el Poder Judicial carezca de la independencia necesaria para decidir con imparcialidad o por cualquier otra situación que configure un cuadro de denegación de justicia[70].

47. En el presente caso se alegó expresamente la violación a las garantías de independencia del Poder Judicial, previstas en el artículo 8.1 de la Convención Americana. Sin embargo, el criterio mayoritario consideró que no existían elementos para declarar la violación a dicha disposición convencional en los siguientes términos:

> 210. Con todo, este Tribunal hace notar que no han sido aportados elementos específicos para el presente caso que permitan analizar si, en los hechos relacionados con la acción de amparo o la denuncia penal intentados por las presuntas víctimas, las autoridades judiciales faltaron a su obligación de actuar y decidir con independencia, en los términos del 8 de la Convención, por lo cual la alegada responsabilidad del Estado en este sentido no ha sido demostrada[71].

Excepciones Preliminares, Fondo, Reparaciones y Costas. Sentencia de 25 de marzo de 2017. Serie C No. 334, párr. 171. Ver también: TEDH, *Campbell y Fell Vs. Reino Unido*, (No. 7819/77; 7878/77), Sentencia de 28 de junio de 1984, párr. 78, y TEDH, *Langborger Vs. Suecia*, (No. 11179/84), Sentencia de 22 de junio de 1989, párr. 32. Asimismo, ver: Principios Básicos de las Naciones Unidas relativos a la Independencia de la Judicatura, adoptados por el Séptimo Congreso de las Naciones Unidas sobre Prevención del Delito y Tratamiento del Delincuente, celebrado en Milán del 26 de agosto al 6 de septiembre de 1985, y confirmados por la Asamblea General en sus resoluciones 40/32 de 29 de noviembre de 1985 y 40/146 de 13 de diciembre de 1985, principios 2, y 4, disponible en: [http://www.ohchr.org/SP/ProfessionalInterest/Pages/IndependenceJudiciary.aspx].

69. Cfr. *Caso Reverón Trujillo Vs. Venezuela. Excepción Preliminar, Fondo, Reparaciones y Costas.* Sentencia de 30 de junio de 2009. Serie C No. 197, párr. 146, y *Caso Atala Riffo y Niñas Vs. Chile. Fondo, Reparaciones y Costas.* Sentencia de 24 de febrero de 2012. Serie C No. 239, párr. 186.

70. Cfr. *Garantías judiciales en estados de emergencia (Arts. 27.2, 25 y 8 Convención Americana sobre Derechos Humanos).* Opinión Consultiva OC-9/87 de 6 de octubre de 1987. Serie A No. 9, párr. párr. 24; *Caso Trabajadores Cesados de Petroperú y otros Vs. Perú. Excepciones Preliminares, Fondo, Reparaciones y Costas.* Sentencia de 23 de noviembre 2017. Serie C No. 344, párr. 154.

71. Cfr. *Caso San Miguel Sosa y otras Vs. Venezuela. Fondo, Reparaciones y Costas.* Sentencia de 8 de febrero de 2018. Serie C No. 348, párr. 210.

48. Contrariamente a lo decidido por la mayoría en la Sentencia, considero que al haber quedado demostrado plenamente que, en el caso, se configuró una desviación de poder (decidido por unanimidad de votos en la Sentencia)[72], debido a que se hizo uso de una facultad discrecional en una cláusula contractual para dar por terminada una relación laboral como medida ejemplarizante y amedrentadora para otras personas que hubieran manifestado su disidencia política mediante la firma de la solicitud de revocatoria del mandato presidencial[73]; la consecuencia lógica, atendiendo al contexto del caso, debió haber sido declarar también la violación del artículo 8.1 del Pacto de San José, específicamente en lo que corresponde al derecho de las víctimas a ser oídas por jueces independientes. Lo anterior debido a las injerencias indebidas ejercidas a los jueces por altos servidores públicos y por la falta de independencia del Poder Judicial venezolano existente en la época, que explícitamente se expresó en la Sentencia.

49. En efecto, atendiendo a la existencia de la desviación de poder, la Corte IDH debió considerar que existían elementos suficientes para sostener que la actuación de los funcionarios de la administración de justicia que intervinieron en el caso se vieron sometidos a restricciones indebidas en el ejercicio de su función por parte de personas u órganos ajenos al Poder Judicial. Así lo esbozó el Tribunal Interamericano en la Sentencia, en el párrafo 209 de la misma, al señalar que ha sido acreditado un contexto en el cual:

> 209. [...] *durante los períodos relevantes a los hechos de este caso, en Venezuela fueron detectadas diversas situaciones que obstaculizaban o afectaban la independencia judicial, relacionadas con normas y prácticas asociadas al proceso de reestructuración del Poder Judicial iniciado en 1999 (y que se extendió por más de 10 años)*; la provisionalidad de los jueces; la falta de garantías en procedimientos disciplinarios contra jueces; *conductas amedrentadoras de altos funcionarios del Poder Ejecutivo hacia determinados jueces por adoptar decisiones en el ejercicio*

---

72. Cfr. *Caso San Miguel Sosa y otras Vs. Venezuela. Fondo, Reparaciones y Costas*. Sentencia de 8 de febrero de 2018. Serie C No. 348, párr. 150 y punto resolutivo 1 de la Sentencia.

73. En este sentido, en la Sentencia se constató lo siguiente: "145. La Corte considera que, en ese contexto y por la alta investidura de quienes los pronunciaron y su reiteración, dichos pronunciamientos de altos funcionarios públicos dirigidos a desincentivar la participación política no contribuyeron a impedir, e incluso pudieron propiciar o exacerbar, situaciones de hostilidad e intolerancia hacia la disidencia política, lo cual es incompatible con la obligación estatal de garantizar el derecho de participación política. *En este sentido, otras declaraciones de funcionarios que indicaban que "nadie puede ser perseguido" o una retractación del Ministro de Salud [...], no contribuyeron a impedir los efectos intimidatorios, de incertidumbre y de polarización que pudieron generar las demás manifestaciones en ese contexto"*. [Énfasis añadido] Cfr. *Caso San Miguel Sosa y otras Vs. Venezuela. Fondo, Reparaciones y Costas.* Sentencia de 8 de febrero de 2018. Serie C No. 348, párr. 145 y 64.

de sus funciones; la falta de un código de ética judicial que garantizara la imparcialidad e independencia del órgano disciplinario[74] (énfasis añadido).

50. En este sentido, cabe destacar lo expresado durante la audiencia pública por los representantes de las víctimas, al señalar que:

> [...] ningún recurso judicial podía prosperar con jueces parcializados, con toda seguridad [...]
>
> [...] Lo que nosotros objetamos es que un juez comprometido con un proyecto político, no puede decidir imparcialmente una controversia en la que ya tiene una opinión formada y una decisión tomada, "Chávez no se va" [...] objetamos que ese tipo de jueces sea el juez idóneo, sea el juez independiente e imparcial, que está en capacidad de decidir la petición de unos ciudadanos que, en ejercicio de sus derechos constitucionales, han recurrido a las instancias del Estado para los efectos de solicitar precisamente la salida o la revocatoria de mandato presidencial de Hugo Chávez [...]
>
> [...] la presidenta del entonces [T]ribunal Supremo de Justicia, sostenía que la independencia de los poderes públicos era un principio obsoleto [...] que había que sustituir por la cooperación y la coordinación de los poderes públicos [...][75].

51. Este contexto, al cual se refiere de manera explícita la Sentencia, debe ser leído con los diferentes hechos del presente caso que derivaron en la terminación de los contratos de forma arbitraria de las víctimas. Es decir, debió atenderse a los hechos probados y al contexto particular del caso. En este sentido, la Corte IDH hizo alusión a que:

> 143. Además, *constan seis declaraciones del propio Presidente de la República y de otros altos funcionarios públicos realizadas en ese período [entre la publicación de la lista Tascón, la terminación de los contratos de las víctimas y la celebración del referendo], en que se llama a la ciudadanía a revisar la lista Tascón para que "salgan los rostros", acusando a los firmantes de traición e incluso de terrorismo y amenazando con "botar" (despedir) o trasladar a los funcionarios que hubiesen firmado (supra párrs. 59 a 64). Los contenidos de tales declaraciones reflejan formas de presión para no firmar y amenazas de represalias para quienes lo hicieron.*
>
> [...]

---

74. Cfr. *Caso San Miguel Sosa y otras Vs. Venezuela. Fondo, Reparaciones y Costas*. Sentencia de 8 de febrero de 2018. Serie C No. 348, párr. 209.
75. Audiencia Pública, Alegatos Finales Orales de los Representantes de las Víctimas. Video disponible en: [https://vimeopro.com/corteidh/caso-san-miguel-sosa-y-otros-vs-venezuela].

> 146. [...] *Se refirió que jueces e inspectores de trabajo no modificaban las decisiones de despidos o terminaciones de contratos y que la Fiscalía General de la República o la Defensoría del Pueblo tampoco habrían intervenido en ese sentido*. De hecho, posteriormente el propio Fiscal General de la República reconocería la posible existencia de múltiples denuncias al ordenar, en abril de 2005, la apertura de una investigación por casos de discriminación política [...][76]. [Énfasis añadido]

52. Como puede apreciarse, hubo presiones e injerencias indebidas al poder judicial, y los "jueces e inspectores de trabajo no modificaban las decisiones de despidos o terminaciones de contratos". Además, en los hechos del caso se expuso que:

> 64. Con posterioridad a la publicación de la "Lista Tascón", se conocieron denuncias sobre despidos de trabajadores o funcionarios públicos como represalia a su firma en la solicitud de referendo revocatorio presidencial. Tales denuncias fueron precedidas de una serie de declaraciones de funcionarios públicos, por ejemplo:
>
> El 20 de marzo de 2004, Roger Capella, entonces *Ministro de Salud y Desarrollo Social declaró que "un traidor no puede estar en un cargo de confianza y este Estado tiene una política y una correspondencia con el Gobierno que tiene, donde no hay espacio para los traidores. Los que hayan firmado están botados*". El mismo funcionario declaró que "quienes hayan firmado contra el presidente Chávez" serían despedidos "porque se trata de un acto de terrorismo". Según señaló el Estado, en una declaración posterior dicho Ministro se habría retractado de lo anterior, señalando que "fue un error decir que se despedirá a médicos por firmar[; n]i en el Ministerio ni en los entes que dependen del Estado se han tomado ni se tomarán retaliaciones políticas para quienes tengan una visión diferente a la del Gobierno nacional", o que "el Estado es absolutamente respetuoso de las posiciones de todos y cada uno de sus trabajadores. De manera que no se puede confundir mi posición particular con la posición del Estado".
>
> [...]
>
> El 29 de marzo de 2004 el *Ministro de Relaciones Exteriores* declaró ante los medios de comunicación lo siguiente: "considero lógico que un funcionario con cargo de confianza que haya firmado contra Hugo Chávez, ponga su cargo a la orden; en caso contrario será transferido a otras funciones dentro de la cancillería. *No será despedido, pero ya no podrá ser un cercano colaborador, porque no cree en la política definida por el Presidente*".
>
> El entonces presidente de Petróleos de Venezuela (PDVSA) advirtió que "*no causaría extrañeza si los trabajadores que firmaron la petición de convocatoria fueran despedidos de sus empleos*".

---

[76]. Cfr. *Caso San Miguel Sosa y otras Vs. Venezuela. Fondo, Reparaciones y Costas.* Sentencia de 8 de febrero de 2018. Serie C No. 348, párrs. 143 y 146.

65. En informes de organizaciones no gubernamentales internacionales y venezolanas, así como en declaraciones o reportajes publicados en medios de comunicación y en testimonios rendidos ante la Corte fueron referidos o documentados casos de supuestos despidos de trabajadores o funcionarios públicos motivados en su participación en las solicitudes de referendos:

En marzo de 2004 Froilán Barrios, miembro del comité ejecutivo de la Confederación de Trabajadores de Venezuela, denunció que la industria petrolera "tiene una lista de 1909 trabajadores entre activos y jubilados sobre quienes recae la amenaza de una eventual remoción o traslado de cargo por haber participado en el reafirmazo".

Habrían sido despedidos 80 empleados públicos del Fondo de Garantías de Depósitos y Protección Bancaria, supuestamente por estar incluidos en "una lista, con base en parte en la lista Tascón, que circuló dentro de la institución". Algunos empleados habrían declarado que en el listado que se distribuyó dentro de la organización aparecía el nombre de cada empleado, su perfil político (desde "1" para chavistas militantes hasta "6" para oposición política radical) y una inicial indicando si el empleado había firmado la solicitud de referendo consultivo o revocatorios, según los datos de la lista Tascón. Según empleados cesados de sus cargos, todos ellos se encontraban clasificados como opositores al gobierno en la lista que circuló. Según información publicada en la prensa, el Director de dicha institución declaró, al referirse a los despidos, que "se trataba de funcionarios de libre remoción y que venían arrastrando una cultura no cónsona con el proyecto que está contemplado para el desarrollo socioeconómico".

Se reportaron otras denuncias de represalias similares contra funcionarios en otras instituciones estatales, tales como el Centro Nacional de Tecnologías de Información, Gobernación del Estado Miranda, Ministerio para la Economía Popular, el Instituto de Previsión y Asistencia Social para el Personal del Ministerio de Educación, Dirección de Educación de Miranda, y el Consejo Nacional Electoral; así como en la Defensoría del Puebl, Ministerio de Salud, "SENIAT", gobernaciones, alcaldías y Ministerio de Relaciones Exteriores; la Fuerza Armada Nacional y la entidad llamada Protección Civil y Administración de Desastres[77]. [Énfasis añadido]

53. Todo lo anterior debió ser considerado en el caso para declarar la violación al derecho a ser oído por un tribunal independiente. En el caso quedó demostrado que las autoridades judiciales "estaban en posición y obligación, por control de convencionalidad, de garantizar una protección judicial con las debidas garantías a las [...] víctimas, [...] *analizando la motivación o la finalidad real del acto impugnado más allá de las razones formales invocadas por la autoridad*

---

77. Cfr. *Caso San Miguel Sosa y otras Vs. Venezuela. Fondo, Reparaciones y Costas.* Sentencia de 8 de febrero de 2018. Serie C No. 348, párrs. 64 y 65.

recurrida, así como los elementos contextuales e indiciarios [...]"[78]. De hecho, en el caso la Corte IDH constató que en el recurso de amparo las autoridades no indagaron *acerca de las motivaciones del despido, conformándose con las generalidades sin sustento particularizado*[79].

54. Cabe destacar que uno de los aspectos de mayor incidencia en el ejercicio efectivo de la democracia es el de la separación de poderes y, más específicamente, el de la independencia del Poder Judicial; lo cual, como lo hizo notar la Corte IDH en la Sentencia, está recogido también en la Carta Democrática Interamericana. Puesto que tales cualidades, en tanto elementos esenciales de la democracia, deben ser reales y efectivas, y no solo formales, su ausencia en un determinado Estado hace que éste no sea plenamente democrático, en violación de la Carta Democrática Interamericana y de los tratados que ésta interpreta.

55. En este sentido, la Corte IDH expresó:

> 115. Pues bien, según la referida Carta, son "*elementos esenciales de la democracia representativa*", entre otros: "el respeto a los derechos humanos y las libertades fundamentales; el acceso al poder y su ejercicio con sujeción al estado de derecho; [...] *la separación e independencia de los poderes públicos*" y, en definitiva, "la participación de la ciudadanía en las decisiones relativas a su propio desarrollo es un derecho y una responsabilidad" y "es también una condición necesaria para el pleno y efectivo ejercicio de la democracia", por lo cual "la eliminación de toda forma de discriminación [...] y de las diversas formas de intolerancia [...] contribuyen al fortalecimiento de la democracia y la participación ciudadana"[80]. [Énfasis añadido]

56. La falta de independencia del Poder Judicial era un hecho público y notorio en la época de los hechos[81] y la Corte IDH lo deja ver en la Sentencia[82] (véase

---

78. *Caso San Miguel Sosa y otras Vs. Venezuela. Fondo, Reparaciones y Costas*. Sentencia de 8 de febrero de 2018. Serie C No. 348, párr. 192.
79. *Caso San Miguel Sosa y otras Vs. Venezuela. Fondo, Reparaciones y Costas*. Sentencia de 8 de febrero de 2018. Serie C No. 348, párr. 193.
80. *Cfr. Caso San Miguel Sosa y otras Vs. Venezuela. Fondo, Reparaciones y Costas*. Sentencia de 8 de febrero de 2018. Serie C No. 348, párr. 115.
81. Esto ha sido ampliamente documento por la Comisión Interamericana de Derechos Humanos en tres informes (2003, 2009 y 2017) respecto de Venezuela y la situación de derechos humanos. *Cfr.* Situación de los derechos humanos en Venezuela, OEA/Ser.L/V/II.118, Doc. 4 rev. 1, 24 octubre 2003, párrs. 153 a 220; Democracia y Derechos Humanos en Venezuela, OEA/Ser.L/V/IIDoc.54, 30 diciembre 2009, párrs. 180 a 339; y Situación de derechos humanos en Venezuela-Institucionalidad democrática, Estado de derecho y derechos humanos en Venezuela", OEA/Ser.L/V/II. Doc. 20, 931 diciembre 2017, pp. 45 a 84.
82. *Cfr. Caso San Miguel Sosa y otras Vs. Venezuela. Fondo, Reparaciones y Costas*. Sentencia de 8 de febrero de 2018. Serie C No. 348, párr. 209.

supra, párr. 49 del presente Voto). Además, cabe destacar que si bien el amparo constitucional fue admitido, lo cierto es que al exigir la prueba diabólica – es decir, que lograra comprobar que la verdadera razón de la terminación de los contratos laborales fue la firma de la solicitud de revocatoria del mandato presidencial –; al excluir la única prueba directa (las grabaciones telefónicas)[83]; y al faltar en su deber de adecuada fundamentación, las autoridades judiciales no garantizaron, de manera independiente, un efectivo acceso a la justicia. Ello implicó, desde un principio, que la acción de amparo fuera un recurso ilusorio frente a los derechos que se alegaban como vulnerados, contribuyendo a la desviación de poder probada en la Sentencia.

57. En este contexto, no resultaría extraño que todo recurso que interpusieran las víctimas a nivel interno estuviera destinado al fracaso. Es fundamental señalar que la lista Tascón era de carácter público y que las altas autoridades del Poder Ejecutivo -inclusive el propio Presidente de la República- emitían declaraciones amedrentadoras con el propósito de desincentivar la participación política. Esto influyó de manera negativa en las decisiones que se tomaban en el Poder Judicial. En la Sentencia se comprobó y declaró una "desviación de poder", en la cual existía una finalidad declarada (que se encubre con un velo de legalidad) pero que es muy distinta de la finalidad real que perseguían los actos de las autoridades. Es bajo este contexto, que el Poder Judicial no era plenamente independiente para decidir sobre las violaciones de derechos constitucionales y convencionales, máxime si quienes lo solicitaban eran percibidos como disidentes u opositores al régimen político en turno.

58. En conclusión, las víctimas fueron objeto de discriminación política mediante un despido arbitrario y el Poder Judicial no fue independiente frente a actos del régimen de turno. En el caso se comprobó una "desviación de poder", debido a que los despidos de las víctimas tenía "la intención encubierta de acallar y desincentivar la disidencia política, pues fue instrumentalizado para que otras personas se vieran amedrentadas de participar políticamente y de expresar sus ideas y opiniones"[84]. Las autoridades judiciales no indagaron acerca de las motivaciones del despido ante la alegada desviación de poder y discriminación política, coadyuvando a la intención real y finalidad no declarada, debido a que se hizo uso de una facultad discrecional en una cláusula contractual para dar por terminada una relación laboral como medida ejemplarizante y amedrentadora para otras personas que hubieran manifestado su disidencia política mediante la

---

83. *Cfr. Caso San Miguel Sosa y otras Vs. Venezuela. Fondo, Reparaciones y Costas*. Sentencia de 8 de febrero de 2018. Serie C No. 348, párr. 192.
84. *Caso San Miguel Sosa y otras Vs. Venezuela. Fondo, Reparaciones y Costas*. Sentencia de 8 de febrero de 2018. Serie C No. 348, párr. 221.

firma de la solicitud de revocatoria del mandato presidencial[85]. Bajo ese contexto probado en la Sentencia, considero que la consecuencia lógica hubiese sido que la Corte IDH, además de declarar la violación del artículo 25 del Pacto de San José (protección judicial), declarara también la violación del derecho de las víctimas a ser oídas por jueces independientes, contenido en el artículo 8.1 de la Convención Americana.

---

85. En este sentido, en la Sentencia se constató lo siguiente: "145. La Corte considera que, en ese contexto y por la alta investidura de quienes los pronunciaron y su reiteración, dichos pronunciamientos de altos funcionarios públicos dirigidas a desincentivar la participación política no contribuyeron a impedir, e incluso pudieron propiciar o exacerbar, situaciones de hostilidad e intolerancia hacia la disidencia política, lo cual es incompatible con la obligación estatal de garantizar el derecho de participación política. En este sentido, otras declaraciones de funcionarios que indicaban que "nadie puede ser perseguido" o una retractación del Ministro de Salud [...], no contribuyeron a impedir los efectos intimidatorios, de incertidumbre y de polarización que pudieron generar las demás manifestaciones en ese contexto". [Énfasis añadido] Cfr. Caso San Miguel Sosa y otras Vs. Venezuela. Fondo, Reparaciones y Costas. Sentencia de 8 de febrero de 2018. Serie C No. 348, párr. 145 y 64.

39
GARANTISMO, DERECHOS Y PROTECCIÓN PROCESAL

Domingo García Belaunde

Doctor en Derecho por la Universidad de San Marcos y profesor de diversas universidades. Miembro de asociaciones científicas como el Colegio de Abogados de Lima, del Comité Peruano de la Academia Internacional de Derecho Comparado, la Sociedad Peruana de Derecho Internacional entre otras. Ha sido nombrado profesor emérito, honorario y distinguido en diversas universidades. Autor de numerosas obras.

Sumario: 1. ¿Un problema reciente? 2. Una mirada retrospectiva; 3. ¿Garantías constitucionales? 4. ¿Qué garantiza una garantía? 5. Repaso bibliográfico; 6. Cambio de rumbo; 7. El proceso como sucedáneo de la "garantía"; 8. Garantismo en sentido débil; 9. El garantismo como "filosofía jurídica"; 10. ¿Presencia del garantismo? 11. Las travesuras del legislador; 12. Palabras finales.

1. ¿Un problema reciente?

El concepto "garantía" y sus derivados "garantizar", "garantista" así como el sufijo "garantismo" y similares, están en contínuo uso en los últimos años.[1] El responsable de esta práctica, en veces excesiva y no siempre afortunada, es la egregia figura del jurista italiano Luigi Ferrajoli, que la puso en circulación hace algunas décadas y la ha hecho extensiva a otros ámbitos distintos en el que originalmente lo planteó. Es decir, el concepto se encuentra básicamente en su libro "Derecho y razón. Teoría del garantismo penal" publicado originalmente en italiano en 1989 y prontamente traducido al castellano por la Editorial Trotta de Madrid en 1995 y con sucesivas reimpresiones. Sin embargo, la preocupación inicial de su autor fue el mundo penal, en el cual avalado con su experiencia como juez en el ámbito del delito, quiso introducir ciertas coordenadas para proteger a la persona humana de los excesos a los cuales es proclive el Estado, tesis hoy más valida que nunca,

---

1. El presente texto fue presentado como ponencia al XIII Congreso Iberoamericano de Derecho Constitucional celebrado en la UNAM en Ciudad de México del 2-4 de febrero de 2017. La presente versión ha sido revisada, corregida y ampliada (Nota de julio de 2018).

pues los delitos y las medidas coercitivas se han multiplicado en los últimos años de tal manera, que cualquiera sin proponérselo, puede estar incurso en algunas de esas nuevas figuras delictivas que se han creado con velocidad de vértigo, a veces para afrontar realidades que antes no existían, y en otras por la simple manía clasificatoria y legisferante que ha crecido mucho por inercia inexcusable de nuestros parlamentos. Y por otro, el endurecimiento de las penas y la obsesión de hacer más largos los castigos que nos hacen retroceder al mundo anterior al de Beccaria. Tal tesis primigenia, muy sugestiva y rápidamente recepcionada, fue con el tiempo extendida a otros ámbitos, en especial el relacionado con la democracia, la Constitución, el Estado constitucional y los derechos fundamentales, sobre los cuales el autor se ha explayado largamente y en donde las reiteraciones no faltan en sus cada vez más numerosos escritos. Todo ello ha culminado, por así decirlo, en un libro monumental – sobre todo por sus dimensiones editoriales – titulado "Principia Iuris", presentado en tres gruesos tomos, de los que importan en realidad solo los dos primeros, pues el tercero es un entrevero formal que pretende axiomatizar con rituales lógicos lo expuesto en los dos anteriores y que, como era de preverse, ha tenido poca demanda en su país de origen y son pocos los que se atreven a internarse en esos laberintos que generalmente repiten lo que ya todos han leído en los anteriores. Pero mérito suyo es haberse dedicado a este ejercicio, anclado en el ámbito penal y posteriormente y con más detenimiento en el aspecto filosófico-jurídico, lo cual demuestra por un lado sus grandes alcances y por otro, sus inevitables limitaciones. Que por lo demás es lo que, por lo general, caracteriza a las grandes creaciones como es el caso de un jurista de la talla de Ferrajoli.

La palabra clave es, pues, "garantía" y en consecuencia "garantizar", o si se quiere, que un ordenamiento sea "garantista". Cabe aquí varias preguntas, pero la principal es si este planteo expuesto en el ámbito penal, puede fácilmente trasladarse a otras aéreas del Derecho. La respuesta no es simple y es difícil dar una que sea afirmativa total o parcialmente. Aun más, habría que precisar de que tipo de garantismo hablamos, pues un grueso sector del ordenamiento jurídico no afecta valores ni procedimientos básicos, sino que son opciones que ha tomado, por ejemplo, el legislador constituyente(si adopta un sistema de gobierno parlamentario o presidencial, si es bueno o no que existan ministros con poderes propios o ministros sin cartera, si los extranjeros tienen siempre los mismos derechos que los nacionales en materia de inversiones, si los servicios públicos los brinda el Estado o los particulares o ambos y en qué medida, si debe existir una cámara o dos, si es conveniente o no un tribunal constitucional o dejar todo el mundo jurisdiccional a la Corte Suprema y así sucesivamente y limitándonos únicamente a los grandes temas). Es decir, no existe una respuesta tajante y todo depende del área en el cual se ubique (así en el área mercantil, saber cuántos tipos de sociedades deben ser reguladas por ley, si existen acciones al portador o nominativas, cual es el quórum para asambleas de accionistas o directorios, cómo se modifican los estatutos, etc.) que son opciones que no siempre tienen relación directa con una eventual garantía. De ahí la importancia de ver qué entendemos con el concepto de "garantía". Para este recorrido, nos será de utilidad el propio Ferrajoli, pero también lo usaremos como pretexto para incursionar en otros temas que sus escritos nos sugieren y que no necesariamente coinciden con sus importantes aportaciones (vid. un gran panorama en Luigi Ferrajoli "Democracia y garantismo", Edit. Trotta, Madrid 2008 y AA. VV. "Garantismo. Estudios sobre el pensamiento jurídico de Luigi Ferrajoli" edic. de Miguel Carbonell y Pedro Salazar, Edic. Trotta-UNAM, Madrid 2005).

2. Una mirada retrospectiva

El concepto de "garantía" no es nuevo. Diríamos más bien que es antiquísimo. Para solo referirnos al Derecho romano, tengamos presente que ahí encontramos, por ejemplo, la idea de las garantías, que pueden ser reales (como la hipoteca) o personales (como la fianza), pudiendo dentro de esta clasificación efectuar otras subdivisiones menores.

En el mundo constitucional, el concepto aparece claramente delineado en Francia en el artículo 16 de la Declaración de los Derechos del Hombre y del Ciudadano de 1789, que señala que "toda sociedad en la que no se asegure la garantía de los derechos ni se determine la separación de los poderes, carece de Constitución".

Aquí, como en el caso del Derecho romano, la garantía está entendida como una norma declarativa que no tiene nada que ver con la ejecución o su puesta en práctica. Esto, sin embargo, no fue absoluto en otras ramas del Derecho, sino como modelo a seguir. Así, por ejemplo, si bien es cierto que la hipoteca o la prenda se consideran garantías reales dentro del Derecho Civil, es obvio que, si una persona no cumple con su obligación, se expone a que el acreedor ejecute esa garantía por medio de un proceso que se lleva ante un juez. Y eso ha existido desde siempre. Con lo cual caemos en la paradoja de que una "garantía" necesita adicionalmente de otra "garantía" para hacerse efectiva, si bien de orden instrumental. En el caso, por ejemplo, de la hipoteca, esta pasa necesariamente por su constitución con las formalidades legales del caso, seguida de la inscripción registral de la propiedad y finalmente formalizada en instrumento público. Solo a partir de entonces, de existir algún incumplimiento, podrá el acreedor proceder frente a ella para cobrarse el monto que se le adeudare, lo que deberá hacer a través de un procedimiento determinado.

Esto que aquí señalamos existe desde hace siglos, pero con el nacimiento de la Teoría procesal a mediados del siglo XIX, se hizo más patente, primero con el proceso civil y luego con el proceso penal. Y avanzado el siglo XX, con la aparición de otro tipo de procesos, vinculados con las demás ramas del Derecho.

Ahora bien, lo que viene de Roma y de su Derecho tiene el inconveniente de que generalmente es difícil de reemplazar, aún cuando reconozcamos su insuficiencia. Así, por ejemplo, seguimos hablando de Derecho Público y Derecho Privado, no obstante, su impropiedad o su incapacidad para abarcar todas las áreas actualmente existentes, pero no tenemos nada convincente con que reemplazarlo. Es decir, lo usamos por costumbre y convencionalmente, o sea, como una manera de poder entendernos y sobre todo porque mantiene una indudable utilidad.

3. ¿Garantías constitucionales?

Fruto de esta herencia de la Revolución francesa, ocurrió una curiosa metamorfosis que se dio en España y se extendió luego a la América Hispana. Y es usar el concepto de "garantías constitucionales" para designar a los derechos de las personas, en forma amplia. Así, en numerosas constituciones latinoamericanas del siglo XIX se empieza a usar el concepto de "garantía" unido a lo constitucional de manera tal que en un primer momento se emplea el de garantías invidiuales, más adelante el de garantías nacionales – que es lo opuesto a lo anterior, pues está referido a las prerrogativas del Estado y a sus fines – y finalmente, como consecuencia de la primera posguerra, a las garantías sociales, o sea, lo que hoy se denomina derechos económicos, sociales y culturales.

Y ocurre entonces que el concepto de "garantía" y "garantía constitucional", en ambos casos vinculados a la Constitución, se extiende en toda nuestra América. Como simple muestra de lo afirmado, revisemos la obra de Estevan Ovalle, "Código de Constituciones vigentes de todas las naciones civilizadas", Imp. y Lit.de C. Salas, Sevilla 1897, tomo I en donde apreciamos este uso en los textos siguientes:

– Guatemala, Const. de 1879, art. 16 ss.

– El Salvador, Const. de 1883, art. 5 ss.

– Honduras, Const. de 1894, art. 26 ss.

– Nicaragua, Const. de 1893, art. 26 ss.

– Costa Rica, Const. de 1857, art. 13 ss.

– Colombia, Const. de 1886, art. 19 ss.

– Ecuador, Const. de 1884, art. 14 ss.

– Venezuela, Const. de 1881, art.tit. III, art. 14 ss.

– Brasil, Const. de 1891, art. 78.

– Paraguay, Const. de 1870, art. 18 ss.

– Argentina, Const. de 1853-60, art. 1 s.

– Perú, Const. de 1860, art. 5 ss.

– Bolivia, Const. de 1880, art. 3 ss.

– Chile, Const. de 1833, art. 132 ss.
– República Dominicana, Const. de 1887, art. 11 ss.

A esto agreguemos a Panamá que nace como país independiente en 1903 al separarse de Colombia, con la misma orientación (si bien no muy marcada, como se observa, por ejemplo, en su primera Constitución de 1904, art. 47 y en la segunda de 1941, arts. 21, 188, 189). Y sin olvidar que México en la Constitución de Querétaro de 1917 se alinea expresamente en esa tendencia y más adelante España crea en la Constitución de 1931 el Tribunal de Garantías Constitucionales, pero vinculándolo con la protección que a través de determinadas acciones protegen instituciones o derechos y en donde el concepto de "garantía" se presenta algo diluido (vid. por ejemplo Adolfo Posada, "La nouvelle Constitution espagnole", R. Sirey, París 1932, págs. 143-147).

En el mismo sentido, lo podemos apreciar en el minucioso texto compilativo de Manuel A. Fuentes, "Derecho Constitucional Universal e Historia del Derecho Político Peruano", Imprenta del Estado, Lima 1874, tomo I, en donde la selección de textos constitucionales relativos a los derechos del hombre, los agrupa bajo el título de "garantías individuales" apreciándose en ciertos textos la sinonimia entre ambos, estos es, entre "derechos" y "garantías" (tomo I, pág. 57 ss.). El autor agrupa la parte pertinente de textos constitucionales de la época en función de determinados países o regiones que son: Francia, Bélgica, Cantón de Ginebra, Imperio de Alemania, Prusia, Wurtemberg, Baviera, Países Bajos, Suecia, Noruega, Dinamarca, Gran Bretaña, España, Portugal, Principados Unidos de Rumania, Estados Unidos, Nueva York, Brasil, Chile, República Argentina, Uruguay, Paraguay, Bolivia, Estados Unidos de Colombia, Estado de Santander, Venezuela, Ecuador, Honduras, Salvador).

4. ¿Qué garantiza una garantía?

En realidad, nada. Entendida clásicamente, tanto en el ámbito privado, así como de manera especial en el público, la garantía no pasaba de ser un enunciado que crea una seguridad jurídica de protección de orden normativo, pero ella sola no basta. Es decir, vale en tanto y en cuanto es un enunciado que precisa, crea, acuerda o fija un derecho o dice defenderlo, pero por sí sola no decide nada. En el mundo jurídico las normas, lo que ellas dicen o lo que deciden las partes son importantes y cuentan con el cumplimiento que de ellas hagan los interesados, pero si no cumplen lo que está dispuesto de esa manera, solo quedan dos medios: uno tradicional y descartado por la evolución de la humanidad que es la justicia por mano propia. Y otra, el proceso, que es lo civilizado por excelencia. En este caso, lo realmente garantizador es el proceso, pues a través de él hago realidad, concreto y efectivizo, lo que señala la norma o lo que acordaron las partes.

De esta manera, la palabra "garantía" debe, en mi opinión, replantearse, pues ella sola es insuficiente para elaborar una concepción teórica y filosófica. Y mantenerla dentro de un ámbito distinto. Es decir, no existe inconveniente de que en ciertos ámbitos se emplee el concepto de "garantía", que está muy arraigado, como es el caso, por ejemplo, del ámbito civil. El uso del concepto de garantía hipotecaria está muy extendido en el ámbito de las relaciones personales, comerciales y por cierto bancarias, por lo que es sumamente difícil proscribirlo. Pero debe ceñirse su uso y no ampliarlo desmedidamente, como han pretendido algunos. O mejor aún, replantearlo bajo otros parámetros y con otros alcances.

5. Repaso bibliográfico

Veamos ahora alguna literatura representativa que puede confirmar lo dicho. Asi, en el caso de México, tenemos dos libros emblemáticos. El primero es el de José María Lozano, autor de un libro de gran trascendencia titulado "Tratado de los derechos del hombre" (México 1876). En esta obra, reeditada facsimilarmente por el Senado de la República en 2007, leemos en el prólogo debido a José Luis Soberanes Fernández que garantizar significa afianzar, proteger, tutelar, asegurar y las garantías individuales son el instrumento jurídico que implican la tutela o aseguramiento de los derechos del hombre (pp. 33-34) agregando en nota a pié de página que modernamente – en decir en nuestros días – las garantías jurisdiccionales son un conjunto de instrumentos procesales de defensa.

Otro texto de gran predicamento es el "Estudio sobre Garantías Individuales" de Isidro Montiel y Duarte (Imprenta del Gobierno, México 1873) el cual se refiere a los derechos del hombre, pero cuando se les menciona y precisa sus límites y formas de usarla, eso constituye una garantía del derecho.

Esta tendencia que viene del siglo XIX, culmina por así decirlo en la magna obra de Ignacio Burgoa "Las garantías individuales", Edit. Porrúa, México 1989, con sucesivas ediciones, que ha constituido durante más de cuatro décadas el manual obligado de dicha materia en los programas de estudio, y que en rigor trata de los derechos fundamentales del hombre. Burgoa se esmera en buscar un fundamento filosófico a las "garantías constitucionales" pero no se explaya mayormente en el concepto y además las asume como sinónimas. Al igual que sus predecesores, considera aparte el juicio de Amparo como protector de ellas, al cual también ha dedicado un manual que ha sido igualmente un referente durante décadas. Finalmente, Burgoa publicó un "Diccionario de Derecho Constitucional, Garantías y Amparo", Edit. Porrúa, México 2011 en donde ordena sus ideas al respecto para un más fácil acceso (la letra "G" está dedicada extensamente a las "garantías" en todas sus modalidades).

De utilidad es igualmente el "Diccionario de Derecho Constitucional" de Elisur Arteaga Nava (Oxford University Press, México 2011) más breve y sumario (incluye como voz la de "suspensión de garantías" con el significado tradicional).

En el caso del Brasil, tenemos la importante contribución de Rui Barbosa en relación con la primera constitución republicana de 1891, pues postuló la separación entre el "derecho" y la "garantía" en forma pionera, refiriéndose a las "garantías constitucionales" (véase la referencia que hace Paulo Bonavides en su "Curso de Direito Constitucional", Malheiros Editores, Sao Paulo 2008,pág. 525 ss. y en el mismo sentido José Afonso da Silva, "Curso de Direito Constitucional Positivo", Malhieros Editores, Sao Paulo 2014). Afonso da Silva expone además su propio planteo: existe la "garantía de derechos fundamentales" que se divide en dos: i) garantías generales concebidas como condicionamiento social para el desarrollo de una sociedad y ii) garantías constitucionales, que son los procedimientos para hacer efectivos los derechos fundamentales que a su vez son de dos tipos: las generales de carácter normativo y las específicas de índole procedimental (pág. 188 ss.).

Pinto Ferreira ("Curso de Direito Constitucional", Editora Saraiva, Sao Paulo 1999) dedica un apartado a las "garantías constitucionales" (pp. 131 ss.) y sigue el planteo de Rui Barbosa, pero les da, en cuanto instrumentos de defensa, un sentido muy amplio. Por su parte, Ingo Wolfgang Sarlet, Luiz Guilherme Marinoni y Daniel Mitidiero ("Curso de Direito Constitucional", Edit. Revista dos Tribunais, Sao Paulo 2012) distinguen entre "derechos fundamentales procesales" (pág. 615 ss.) como son el derecho al proceso justo, a la tutela efectiva, a la igualdad de armas, al juez natural, al derecho de defensa, al contradictorio, a la prueba, a la motivación de las sentencias, etc. y por otro, las "acciones constitucionales" (pág. 683 ss.) como son el habeas corpus, el mandato de seguridad, el mandato de injuncion, etc. Gilmer Ferreira Mendes y Paulo Gustavo Gonet Branco ("Curso de Direito Constitucional", Edit. Saraiva, Sao Paulo 2017, pág. 398 ss,) se refieren a las "garantías constitucionales del proceso".

Uadi Lammego Bulos ("Curso de Direito Constitucional", Saraiva, Sao Paulo, 2015, pág. 732 ss.) señala que los instrumentos de tutela de las libertades son los medios constitucionales colocados a disposición de las personas para demandar a las autoridades la defensa de un derecho lesionado o amenazado por ilegalidad o por abuso de poder. Agrega que se utilizan otras denominaciones para lo mismo, que clasifica de la siguiente manera para señalar los usos de la academia brasileña:

i) remedios constitucionales.

ii) garantías constitucionales.

iii) acciones constitucionales.

iv) *writs* constitucionales.

En el caso de la Argentina sucede algo similar. Así, en el clásico libro de Joaquín V. González "Manual de la Constitución Argentina" (varias ediciones, la primera de ellas en 1897) este autor distingue por un lado los "derechos" como los que corresponden a todo hombre en su calidad de tal, entre otras concepciones más amplias, y por "garantías" aquellas seguridades y promesas que ofrece la Constitución a la población argentina y que deben ser defendidas por las autoridades y la población misma. Estas parecen ser elementos, siempre en el plano conceptual, que ayudan a entender a los primeros.

Una concepción más acotada la tiene Carlos Sánchez Viamonte ("El habeas corpus: la libertad y su garantía", Ed. Abeledo, Buenos Aires 1927) que va más allá y precisa que una cosa es el "derecho" y muy otra es la "garantía", entendiéndose que la primera es un enunciado conceptual y la segunda es un medio más bien práctico para hacer efectivo el derecho. Este aspecto, que precisará posteriormente, fue un gran avance pues el autor hace un deslinde importante, pero sin llegar a las concepciones actuales.

Posteriormente, Juan Francisco Linares en su conocida obra "Razonabilidad de las leyes. El debido proceso como garantía innominada en la Constitución argentina" (Edit. Astrea, Buenos Aires 1970; primera edición en 1944) hará una distinción que tuvo mucho predicamento, al precisar que existe una concepción cuádruple del concepto de "garantía":

i) acepción estrictísima, que comprende solamente los procedimientos judiciales sumarios y reglas procesales específicas como son los writs sajones, el habeas corpus, el amparo, etc.

ii) acepción estricta, que incluye además todos los procedimientos judiciales protectores de la libertad jurídica, como la demanda y la excepción de inconstitucionalidad, etc.

iii) acepción amplia, que abarcaría las llamadas garantías políticas, la división de poderes, etc.

iv) acepción amplísima, comprensiva de todas las instituciones liberales como es la existencia de una constitución escrita, la inclusión de un Bill of rights, etc.

Esta postura de Linares, por la época en que la formula, tiene una gran importancia, ya que circunscribe en el primer círculo lo que en rigor serían las "garantías constitucionales" entendidas como instrumentales.

La literatura en otros países es similar, como lo acredita el conocido "Tratado de Derecho Constitucional" (Edit. Jurídica de Chile, Santiago de Chile 1963) de Alejandro Silva Bascuñán, quien señala que "es en consecuencia lógico que designen como garantías constitucionales los derechos, libertades y igualdades que se afirman" (tomo II, pág. 205).

Altamente representativo por su influencia en nuestra América, es la obra de Segundo V. Linares Quintana (cf. "Tratado de la Ciencia del Derecho Constitucional. Argentino y Comparado", Edit. Plus Ultra, 2da edición, Buenos Aires 1980, tomo VI, pp. 168 ss.) que afirma que en sentido específico el concepto de "garantías constitucionales" debe circunscribirse a los remedios procesales que se hacen valer ante el Poder Judicial encaminadas a la protección y amparo de todos los aspectos de la libertad constitucional, especialmente a través de un procedimiento rápido que haga posible el pleno y real goce de los derechos constitucionales. Este enfoque, por lo demás, es al que había arribado el autor tiempo atrás. Y que guarda consonancia con otros textos de la época. Aserto que incluso puede verse en la obra de Ferrajoli, quien en forma tangencial hace mención a las "garantías jurisdiccionales", manera tradicional de referirse a los instrumentos procesales de protección.

En la misma línea encontramos a otros autores como Gregorio Badeni ("Manual de Derecho Constitucional", Edit. La Ley, Buenos Aires 2011, pág. 664 ss.) que los entiende en forma amplia, pero que distingue dentro de las garantías a las "garantías jurisdiccionales". Germán J. Bidart Campos no toca el tema en específico y desarrolla extensamente los derechos fundamentales y por otro los instrumentos de defensa como el amparo, habeas corpus, etc. (cf. "Manual de la Constitución reformada", Ediar, Buenos Aires 1997, tomo II).

Finalmente cabe destacar algunos interesantes esfuerzos sistematizadores de todo lo anterior, que lo vemos, por ejemplo, en Javier Tajadura Tejada (cf. "Los derechos fundamentales y sus garantías", Tirant Lo Blanch, Valencia 2015, pág. 96 ss.) quien hace la siguiente distinción:

a) garantías normativas, o sea, a nivel de declaraciones,

b) garantías jurisdiccionales, que serían de orden procesal, y

c) garantías institucionales, en el sentido planteado por Carl Schmitt en la década de 1920.

Por no estar dentro de los fines de este trabajo, no desarrollamos aquí el interesante concepto de "garantía institucional" creado por Carl Schmitt y desarrollado extensamente en su "Teoría de la Constitución" de 1928. Y que está referido a aquellas instituciones claves dentro del ordenamiento constitucional que dan soporte a un régimen político y que tienen un alcance y una proyección totalmente distinta.

***

Lo anterior nos lleva a la siguiente conclusión: en un primer momento existe a nivel de significado una confusión o sinonimia entre "derecho" y "garantía" y hasta se usan en forma indistinta(por ejemplo, la llamada "suspensión de garantías" tan común en los textos constitucionales del siglo XIX y gran parte del XX). Por otro lado, en cierto sector doctrinario se hace un desglose entre los derechos, que serían los que proclamaron los revolucionarios franceses – libertad, igualdad y fraternidad – y las garantías que serían los desarrollos normativos que estos permiten. Asi, de la "libertad" se desprenden la libertad de movimiento, la libertad de opinión, la libertad de reunión, la libertad de expresión y así sucesivamente. Estas últimas serían, pues, las garantías, pues hacen realidad los tres principios clásicos. Pero, por cierto, siempre en el plano normativo de la dogmática como afirmaciones a favor del hombre y del ciudadano. No se toca el problema de su ejecución y defensa en el mundo de la praxis.

Luego, como hemos visto en el caso de Linares Quintana, hay la tendencia a separar ambos conceptos y en donde la "garantía constitucional" es en rigor un instrumento práctico, operativo para hacer efectivos los derechos. Algo así como los procesos judiciales de ejecución que garantizan el cumplimiento de una obligación. Y esta distinción, interesante y sugestiva, ha tenido mucho predicamento y en cierto sentido aun la tiene, pero con tendencia a disminuir para ser reemplazada por conceptos más modernos que vienen de la Teoría procesal, como lo veremos luego.

6. Cambio de rumbo

El panorama empieza a cambiar al inicio del siglo XX y más en concreto con la famosa Declaración Universal de Derechos Humanos que aprueba las Naciones Unidas en París en diciembre de 1948 (precedida, como se sabe, por similar declaración americana sancionada en Bogotá en mayo del mismo año). Hoy las constituciones – la última de las cuales es la mexicana en su reforma de 2011 – han abandonado el concepto de "garantía" y en lugar de ello ponen "derechos fundamentales", "derechos humanos" o "derechos constitucionales" (por referirse a los que están o recoge expresamente la Constitución). Curiosamente, la derogada Constitución peruana de 1979, al consagrar, siguiendo la tradición española, un "Tribunal de Garantías Constitucionales", específicó con el título de "garantías constitucionales" a los instrumentos protectores de los derechos fundamentales como eran, en ese texto, el Habeas Corpus y el Amparo. Lamentablemente, el posterior texto de 1993 en vigor, no ha mejorado esta situación, si bien sí lo ha hecho el Código Procesal Constitucional peruano de 2004, que ha generado numerosa jurisprudencia.

Pero en términos generales, el concepto de "garantías constitucionales" ha ido cediendo el paso a otras concepciones en el léxico constitucional latinoamericano, y ya no cuenta con el predicamento de antaño, si bien por utilidad o por su fuerza evocadora, su uso se mantenga en ciertos círculos.

Es importante señalar que este cambio de mira se realiza a partir de la vasta e influyente obra de Niceto Alcalá-Zamora y Castillo, que recogen y divulgan, entre otros, Héctor Fix-Zamudio en México y Germán J. Bidart Campos y Néstor P. Sagüés en la Argentina.

7. El proceso como sucedáneo de la "garantía"

Como señalamos anteriormente, en el ámbito constitucional el concepto de garantía se convirtió o vino a significar lo mismo que "derecho" y por tanto en derecho fundamental, teniendo una evolución algo lenta que condujo a la separación de ambos conceptos en forma diferenciada, como ya lo adelantamos.

Lo que sucede con el tiempo es un fenómeno curioso. Los dos instrumentos más importantes y a la vez los más emblemáticos de defensa de los derechos fundamentales, son en realidad el Habeas Corpus y el Amparo, a los cuales sin embargo no se les daba autonomía. Esto fue advertido por Niceto Alcalá-Zamora y Castillo en 1944, que desde su exilio en Buenos Aires señaló que el Habeas Corpus no podía estar alojado en un código de procedimientos penales ni el Amparo en un código de procedimientos civiles, como por aquella época sucedía en algunas provincias argentinas y en otros países. Y fue así como empezó a difundir su teoría de la existencia del "derecho procesal constitucional" que empezará a desarrollarse recién en los años 70 y 80 del siglo pasado, precedido por el texto pionero de Héctor Fix-Zamudio de 1955, que es su tesis de licenciatura publicada como libro en 1956 y que por su propia naturaleza tuvo un tiraje muy limitado, se divulgó lentamente en revistas jurídicas especializadas y apareció en forma y con gran divulgación solo en 1964 (acaba de hacerse una reimpresión facsimilar: "La garantía jurisdiccional de la Constitución mexicana. Ensayo de una estructuración procesal del Amparo", con nuevo prólogo de Fix-Zamudio y estudio preliminar de Eduardo Ferrer Mac-Gregor y dentro de la Biblioteca Porrúa de Derecho Procesal Constitucional, México 2016).

Hoy por hoy, el concepto de "garantía" aplicado para designar a los derechos fundamentales o a los instrumentos procesales o judiciales en defensa de aquellos, tiende a desaparecer en la comunidad académica, por lo menos en la latinoamericana. Es decir, se le puede seguir usando, pero ha perdido el predicamento de que gozaba hace años. Y de esto lamentablemente no se han dado cuenta Ferrajoli ni sus entusiastas y a veces desbordados seguidores.

La terminología está pues fijada. Por un lado, los derechos humanos, sea como fuera que los denominemos: derechos fundamentales, derechos públicos subjetivos, derechos constitucionales o libertades públicas. Por otro, el problema de cómo defenderlos y eso se canaliza a través del proceso y en uno de carácter especial, que es el proceso constitucional. Respaldados ambos por dos disciplinas independientes, pero en interrelación: Derecho Constitucional y Derecho Procesal Constitucional. Evidentemente, este último como rama procesal recentísima, aun no ha terminado de consolidarse y presenta diversos problemas, que no han sido aún resueltos en definitiva por sus cultivadores. Y que se extienden a su aplicación, en especial lo relacionado con los derechos económicos, sociales y culturales.

La pregunta que ahora nos hacemos es pues otra: ¿Qué hacemos con el concepto de "garantía"? Técnicamente hablando y desde el punto de la problemática constitucional, es eliminable. Pero no puede negarse que como tal existe dentro del diccionario y tiene aceptación coloquial que hay que tener presente, si bien en sentido literario más que práctico. Y en todo caso, ser replanteado.

8. Garantismo en sentido débil

En sentido débil o sea coloquial, la palabra "garantía" o "garantismo" suena bien. Da a entender que algo queda consolidado, hecho, guardado, libre de asechanzas, sólido, firme, etc. En tal sentido podemos decir que una hipoteca garantiza el pago de una deuda o que un Código penal garantiza que los supuestos delincuentes sean sancionados. O que los contribuyentes sean vigilados para el cumplimiento de sus obligaciones tributarias. Igual podemos decir cuando la constitución de un Estado consagra la libertad de expresión: estamos ante una garantía que protege a los medios y a los periodistas para expresar sus ideas. Pero esto en un sentido literario.

En sentido estricto, la única manera como – desde un punto de vista jurídico – puede algo estar garantizado, es cuando existe un proceso y además un aparato jurisdiccional independiente para hacerlo efectivo.

Y aun más, en sentido estrictísimo, la verdadera garantía residirá en todo caso en que, en los supuestos anteriormente mencionados, se venza una obligación, se inicie un procedimiento de cobranza, se obtenga una sentencia favorable y pueda, por fin decirse que hemos cumplido el ciclo básico para que la garantía sea realizada. Pero podríamos estar ante esta hipótesis: i) ¿Qué sucede si el bien hipotecado se vende a un precio mucho menor del que era el monto de la deuda...? Si, por ejemplo, se valoriza el inmueble en US$ 500,000 para cubrir una deuda de US$ 250,000 y resulta que se vende en US$ 100,000 por esos avatares que suceden en los remates... ¿Cómo queda el faltante existente? ii) O que puesta a cobro una letra de cambio, no llega a ejecutarse al deudor, porque ha desaparecido o porque ocultó sus bienes o nunca los tuvo y el eventual fiador es inhallable... ¿qué se puede hacer en tales casos?

Lo que demuestra, al fin y al cabo, que una verdadera garantía no existe en el mundo normativo – aun en el instrumental – y que ésta solo opera en la realidad dentro de determinadas coordenadas sociales, culturales y económicas de un conjunto humano determinado.

Lo anterior nos confirma, con la fuerza incontrastable de los hechos, que el concepto rígido de garantía es muy ceñido, pero el contexto en el que se mueve puede relativizarlo en sus alcances.

9. El garantismo como "filosofía jurídica"

En algunos textos de Ferrajoli y su entorno, se habla del garantismo o de la garantía como una "filosofía política", aspecto que vemos con más interés. Sin embargo, hay que tener presente que por filosofía política se entiende generalmente otra cosa. Así, sin ánimo de extendernos demasiado, diremos que por tal se conceptúa el mundo filosófico en cuanto y en tanto trata la materia política, que es básicamente el análisis del poder y de su ejercicio en la comunidad humana, lo que incluye los fines que persigue, los valores que se pretenden y la manera como se organizan los grupos humanos. Es algo así como el segundo piso de la Ciencia Política, que es una disciplina que se ocupa de estudiar y analizar la convivencia de grupos humanos en las diferentes sociedades, tal como son regulados institucionalmente y desde un punto de vista empírico y del ejercicio del poder (vid. el "Diccionario de Ciencia Política" dirigido por Dieter Nohlen y editado por Porrúa y el Colegio de Veracruz, 2 tomos, México 2006).

Más bien, como quiera que lo que está por encima del Derecho es la Teoría del Derecho o como otros quieren llamarla, la Filosofía del Derecho, podríamos en principio admitir que el garantismo sería un aspecto, elemento o parte de una Filosofía del Derecho que es la que directamente tiene que ver con el Derecho como ciencia o como conjunto de disciplinas jurídicas y ver en qué medida las distintas disciplinas, en lo que corresponda, tienden a defender los derechos fundamentales, que tendrá que ser necesariamente a través de las distintas vías procesales existentes y con la base de un poder jurisdiccional autónomo y confiable. Y que adicionalmente se extiendan a otras instituciones del ordenamiento jurídico.

En todo caso, la temática que encierra una Filosofía del Derecho – llamémoslo así por comodidad – es básicamente de fundamentación, y tiene variedad de temas, acorde por lo demás con la filosofía general que le sirve de sustento. Es decir, toda Filosofía del Derecho tiene un trasfondo filosófico que da cuenta y razón de lo que ella es. Así, han servido para ello el aristotelismo, el estoicismo, el tomismo, el kantismo, el existencialismo, la fenomenología, el vitalismo, la filosofía analítica, etc. Según los diversos puntos de partida, varían los temas que ella trata y los fines que persigue todo ordenamiento jurídico, toda vez que es evidente que el orden jurídico positivo responde a una determinada concepción filosófica. Y en ella cabe perfectamente un valor o concepción garantista.

En cuanto a los fines del Derecho, se acostumbra decir, desde los romanos, que el fin del Derecho es la Justicia y que esta no es otra cosa que dar a cada uno lo suyo. Y así ha sido durante mucho tiempo. Pero ya desde el siglo XIX un panorama tan pacífico desapareció y aparecieron en escena otros tópicos como la seguridad, la paz, la tranquilidad, etc. En términos generales, podría decirse que justicia, paz y seguridad son los que más han atraído a los autores cuando tratan o pretenden identificar a los fines del Derecho, o los valores, según otro tipo de enfoque (cf. Le Fur, Delos, Radbruch, Carlyle, "Los fines del Derecho. Bien común, Justicia, Seguridad", UNAM, México 1960).

Ahora bien ¿qué lugar puede o podría tener la garantía en este ámbito? Si la consideramos en sentido amplísimo, esta podría ser considerada como uno de los fines del Derecho al lado de otros. Pero si lo vemos más de cerca, es algo más complicado. Pues surge inmediatamente la pregunta: ¿se aplica el concepto de garantía a todas las aéreas del Derecho, público y privado, interno y externo?

10. ¿Presencia del "garantismo"?

Si queremos incorporar el "garantismo" como uno de los fines o ideas básicas del Derecho, tenemos que hacer un esfuerzo, pues en principio no todas las aéreas del Derecho tienen como objeto "garantizar" algo. En el plano penal, esto ya fue explorado, sobre todo en el aspecto procesal penal, pero no creo que lo sea en todos los sectores. Hay partes de la Constitución que no tienen nada que ver con el garantismo, como es el funcionamiento del Congreso o la conformación del Ejecutivo, el apartado económico, que responde a una política económica que persigue determinados fines (economía de mercado abierta o cerrada, economía controlada o dirigida, exoneraciones tributarias) políticas educativas, símbolos patrios, la descentralización,etc.En el ámbito administrativo, la legislación está dirigida básicamente a ordenar el funcionamiento de la Administración: igual diríamos del Derecho minero, mercantil, laboral, etc. En el mundo exterior, o sea, lo que puede llamarse Derecho Internacional, la cosa es parecida. Las organizaciones más acreditadas, como es las Naciones Unidas, buscan sobre todo la paz, al margen de los medios que utilicen.

Hay gruesos sectores en el Derecho Civil (personas, acto jurídico, obligaciones, etc.) que no tienen nada que ver con el garantismo, por lo menos en su sentido técnico (por ejemplo, las cuotas hereditarias, las formalidades del testamento, las facultades del albacea, las formalidades del matrimonio, la clasificación de los contratos, etc.). Si bien en forma colateral podrían invocarse argumentos garantistas – por lo menos en su sentido amplio.

Esto hay que verlo con cierta calma y no dejar seducirse por el uso de las palabras. Por cierto, es útil, conveniente y de buen gusto usar la palabra "garantismo", entendiendo que, por ejemplo, tiene un gran efecto suasorio y sugestivo, además de evocador. Su uso se presta sobre todo en el lenguaje diario, periodístico y familiar creando un estado anímico favorable. Pero no hay que dejar de lado que, de hecho, es un concepto polisémico.

Podemos decir sin problema alguno, que un Tribunal Constitucional es garante de la Constitución, pero en sentido metafórico. O sea, conceptualmente hablando usamos el concepto en sentido figurado, para querer hacer un énfasis. Y siempre y cuando deba ser así.

Ahora bien, si entramos a analizar la tesis del "garantismo" entendida como "filosofía del derecho" (al igual que el neokantismo de R. Stammler, el iusnaturalismo de G. del Vecchio, el pragmatismo de R. Pound o el empirismo de A. Ross) entramos en otro terreno, cual sería analizar si como filosofía jurídica se sostiene o no. En lo personal, no me atrae mucho este planteo, pero habría quizá que interpretarlo como uno de los fines o valores del ordenamiento jurídico, que si bien es supra-positivo, se encuentra incardinado en los textos constitucionales modernos y en los tratados internacionales de derechos humanos, aprobados por la mayoría de los Estados y en todo caso vigentes por el "ius cogens". Igual podríamos decir de la tesis que considera que el "garantismo" debe ser considerado como "filosofía política", si bien en este punto su base conceptual es endeble, si la confrontamos con las tendencias existentes en las últimas décadas (cf. "Historia de la Filosofía Política", L. Strauss y J. Cropsey, edits, FCE, México 2014 y Jonathan Wolff, "Filosofía Política. Una introducción", Edit. Planeta, Barcelona 2012).

11. Las travesuras del legislador

Al margen de todo lo anterior y como quiera que el concepto de "garantía" ha sido muy trajinado, no está demás observar que este, muchas veces, se cuela entre las rendijas de la legislación para ofrecer o aparentar un respaldo, una seguridad o un hecho fijo y consolidado, que a la larga solo resulta ser, en la mayoría de los caos, mera ilusión.

Como simple referencia escojo al azar una normativa aprobada en fecha reciente por el Congreso peruano que aprobó lo que denomina "Ley de la persona adulta mayor (núm. 30490 de 30 de junio de 2016) en donde hace una larga enumeración de los derechos que tiene el adulto mayor, incluyendo algo tan pintoresco como el derecho que tienen de exigir a sus hijos que los visiten, como si una relación filial podría fijarse de tal manera. Y como para no quedarse corto en este inmenso catálogo de bellas promesas, añade en su artículo 5.5 una cláusula general que es digna de todo encomio y que a la letra dice:

> El Estado dispone las medidas necesarias para *garantizar* (énfasis añadido) el ejercicio de los derechos de la persona adulta mayor en situaciones de riesgo, incluidas las situaciones de emergencia humanitaria y desastres, para lo cual adopta las acciones necesarias para la atención específica de sus necesidades, de manera prioritaria, en la preparación, prevención, reconstrucción y recuperación de situaciones de emergencia o desastres naturales.

Como es fácil advertir, es este un rosario de buenas intenciones, en donde la palabra "garantiza" no significa nada, sino en todo caso una orden – teórica, por cierto – dirigida al Estado para que haga realidad tales enunciados, pero sin poner nada más, con lo cual queda todo como en un mundo de fantasías. Estamos seguros de que ejemplos como el mencionado se dan en todos nuestros países, en medio del escepticismo general y como muestra de la ingenuidad de nuestros legisladores – o quizá de su mala fe.

12. Palabras finales

De lo dicho queda demostrado, si bien en forma por demás apretada, que el concepto de "garantía" es realmente venerable por su antigüedad que remonta a la época romanista y válida dentro de ese contexto, con las precisiones aludidas.

También fue de uso extendido durante siglos en el mundo privatista y desde hace más de doscientos años en el mundo juspublicista, en especial el constitucional. Es aquí, precisamente, en donde el tan usado concepto de "garantía constitucional" ha ido desapareciendo o perdiendo su uso y ha dado cabida a otros más adecuados y modernos. Por un lado, derechos humanos o derechos fundamentales, y por otro, procesos constitucionales. El concepto de "garantía" que es por demás impreciso y ambivalente, puede quizá reservarse a aéreas restringidas del Derecho, como es la penal – en la línea de Ferrajoli – mas no en el ámbito constitucional. En todo caso, podemos pensar que el "garantismo" sea una idea-fuerza que anime al mundo de los derechos fundamentales o que ella sea parte de una filosofía política que justifique una praxis determinada e incluso de uso común para expresar deseos, tendencias o aspiraciones. Aún más, es dable su postulación como "filosofía del derecho", que como adelanté, lo veo incipiente. Así, por ejemplo, se puede decir que tal código o tal tribunal son garantistas, en un sentido amplio y dando a entender que cumple bien los fines que lo reglamentan o para los cuales fueron creados. Es decir, un uso coloquial, literario, pero no técnico. Ir más allá siempre es válido como recurso académico, pero sabiendo de antemano las trampas que nos tiende un uso tan generoso y sobre todo tan impreciso de un vocablo venerable. Y esto al margen de que sea considerada como filosofía política, que habría que analizar con precauciones. O quizá como uno de los valores o fines del Derecho.

Entendemos que el "garantismo" por sí solo es insuficiente y quizá redundante, ya que los derechos humanos y el Estado constitucional bien entendidos tienen un fin "garantista" que va de suyo. Y lo son aun cuando no se les dé ese calificativo, que puede ser innecesariamente reiterativo y eventualmente un pleonasmo.

En materia de derechos fundamentales, la verdadera garantía – a nivel jurídico – es el proceso. Y "mutatis mutandi" lo vemos en las demás ramas del Derecho. De esta suerte, tenemos por un lado los "derechos fundamentales" y por otro los "procesos" para su defensa, en especial, los "procesos constitucionales". La garantía y el garantismo son fines o valores del Derecho y en todo caso, una idea-fuerza que existe en el entramado normativo, en especial en sus zonas más sensibles.

40
SUPREMO E CONTRADITÓRIO: A NECESSÁRIA REVISÃO DO TEMA 424 DA REPERCUSSÃO GERAL E O PRECEDENTE ARE 639.228

MARÇAL JUSTEN FILHO

Doutor e Mestre em Direito Público pela PUC-SP. Foi Professor Titular da UFPR entre 1986 e 2006. Foi *Visiting Fellow* no Instituto Universitário Europeu (Itália) e *Research Scholar* na Yale Law School. Advogado sócio do Justen, Pereira, Oliveira e Talamini Advogados Associados.

MIGUEL GUALANO DE GODOY

Doutor e Mestre em Direito Constitucional pela UFPR com períodos como pesquisador visitante na Harvard Law School e na Universidade de Buenos Aires. Pós-Doutorando pela Faculdade de Direito da USP. Ex-Assessor de ministro do STF. Advogado.

SUMÁRIO: 1. A Constituição de 1988; 2. A centralidade do Supremo Tribunal Federal; 3. A Constituição de 1988, o direito fundamental ao contraditório e o Supremo Tribunal Federal; 4. O precedente ARE 639.228 – Tema 424 da Repercussão Geral (Rel. Min. Cezar Peluso); 5. A necessária revisão do Tema 424 da Repercussão Geral – precedente ARE 639.228; 6. A consequência prática da orientação do STF no Tema 424 da Repercussão Geral – precedente ARE 639.228; 7. Como mudar, mas ao mesmo tempo evitar a proliferação de recursos e a ordinarização da jurisdição constitucional do STF? 8. Considerações finais.

1. A Constituição de 1988[1]

No Brasil, até 1988, o Poder Judiciário não tinha um papel preponderante na interpretação e aplicação da Constituição. Antes de 1988, as constituições brasileiras eram tomadas por seus intérpretes e aplicadores apenas e tão somente

---

1. Parte das reflexões apresentadas no início deste trabalho sobre a Constituição de 1988 foi previamente desenvolvida e apresentada em outra obra (*Devolver a Constituição ao Povo*: crítica à supremacia judicial e diálogos institucionais", Ed. Fórum, 2017) e uma versão preliminar de alguns argumentos aqui apresentados sobre o Tema 424 da

como organização do Estado e repartição de competências, e não como norma a ser seguida, obedecida e cumprida. Cada uma das constituições anteriores (1824, 1891, 1934, 1937, 1946, 1967 e 1969 – as duas últimas estabelecidas pela Ditadura Militar instalada no País a partir de 1964) tinham características particulares que influenciavam a organização do Estado e o funcionamento das instituições. No entanto, todas elas tinham como ponto comum a atuação preponderante do Poder Executivo e do Poder Legislativo, e não do Poder Judiciário, para se fazerem concretas. Vale dizer, até a promulgação da Constituição de 1988, o Poder Judiciário não exercia um papel protagonista na aplicação da Constituição[2].

O processo de redemocratização do Brasil e a promulgação da Constituição da República de 1988 inauguraram uma nova ordem político-jurídica no Brasil, na qual a Constituição passou a ser compreendida não mais como documento meramente definidor da organização do Estado e da repartição de competências, mas principalmente como um projeto de construção nacional, definindo os princípios e objetivos da República, estabelecendo os direitos e as garantias fundamentais, a organização do Estados e dos Poderes, da ordem econômica, social e tributária. A questão central, a partir de 1988, deixou de ser "o que é uma constituição", e passou a ser "o que uma constituição constitui". A resposta a essa nova questão central é que a Constituição de 1988 inaugura uma ordem política e normativa nova porque ela deixa de ser entendida como mero documento organizador do poder do Estado e passa a ser compreendida como o compromisso fundamental de uma comunidade de pessoas que se reconhecem reciprocamente como livres e iguais[3]. É a partir desse giro que a teoria e a dogmática constitucionais brasileiras também se transformaram.

No processo de transição do governo da Ditadura de 1964 para a democracia, com a Constituição de 1988, desenvolveu-se a então chamada doutrina da efetividade, com juristas como Luís Roberto Barroso[4] e Clèmerson Merlin

---

Repercussão Geral foi publicada no portal JOTA [www.jota.info/opiniao-e-analise/artigos/stf-contraditorio-e-ampla-defesa-27112017].

2. BONAVIDES, Paulo; ANDRADE, Paes de. *História Constitucional do Brasil*. Brasília: OAB Editora, 2008; PILATTI, Adriano. *A Constituinte de 1987-1988*: progressistas, conservadores, ordem econômica e regras do jogo. Rio de Janeiro: Lumen Juris, 2008; BARBOSA, Leonardo Augusto de Andrade. *História Constitucional Brasileira*: mudança constitucional, autoritarismo e democracia no Brasil pós-1964. Brasília: Câmara dos Deputados, 2012; SILVA, José Afonso da. *Aplicabilidade das Normas Constitucionais*. 3. ed. São Paulo: Malheiros, 1998.
3. NETO, Menelick de Carvalho; SCOTTI, Guilherme. *Os Direitos Fundamentais e a (In) Certeza do Direito* – A produtividade das Tensões Principiológicas e a Superação do Sistema de Regras. Belo Horizonte: Fórum, 2011. p. 19-20.
4. BARROSO, Luís Roberto. *O Direito constitucional e a efetividade de suas normas*. 6. ed. Rio de Janeiro: Renovar, 2002; BARROSO, Luís Roberto. *O Novo Direito Constitucional*

Clève[5]. Segundo Barroso, essa doutrina tinha por objetivo (i) atribuir normatividade plena à Constituição, dando-lhe aplicabilidade direta e imediata; (ii) reconhecer objeto próprio e autônomo ao direito constitucional; e (iii) contribuir para a ascensão do Poder Judiciário no Brasil, dando a ele um papel destacado na concretização dos valores e direitos constitucionais[6]. É daí que surge o chamado constitucionalismo brasileiro da efetividade[7].

É nesse contexto e movimento que se estabeleceram as condições políticas, institucionais e interpretativas para o Poder Judiciário expandir sua atuação na concretização da Constituição[8]. Essa nova forma de encarar a Constituição de 1988 e todo o direito constitucional no Brasil possibilitou a afirmação normativa da Constituição, reconhecida como norma e, portanto, passível de concretização pelo juiz mediante o processo de interpretação e aplicação.

Brasileiro: contribuições para a construção teórica e prática da jurisdição constitucional no Brasil. Belo Horizonte: Fórum, 2012. p. 26-29; BARROSO, Luís Roberto. *Curso de Direito Constitucional Contemporâneo*: os conceitos fundamentais e a construção do novo modelo. São Paulo: Saraiva, 2009. p. 224; BRANDÃO, Rodrigo. *Supremacia Judicial versus Diálogos Constitucionais*: a quem cabe a última palavra sobre o sentido da Constituição? Rio de Janeiro: Lumen Juris, 2012. p. 134.

5. CLÈVE, Clèmerson Merlin. *O Direito e os direitos*: elementos para uma crítica do direito contemporâneo. Belo Horizonte: Fórum, 2011; CLÈVE, Clèmerson Merlin. *Para uma dogmática constitucional emancipatória*. Belo Horizonte: Fórum, 2012. p. 53-70/85-105; CLÈVE, Clèmerson Merlin. A teoria constitucional e o direito alternativo. In: *Uma vida dedicada ao Direito*: homenagem a Carlos Henrique de Carvalho – o editor dos juristas. São Paulo: Ed. RT, 1995. p. 34-53.

6. BARROSO, Luís Roberto. *O Novo Direito Constitucional Brasileiro*: contribuições para a construção teórica e prática da jurisdição constitucional no Brasil. Belo Horizonte: Fórum, 2012. p. 28-29; BARROSO, Luís Roberto. *Curso de Direito Constitucional Contemporâneo*: os conceitos fundamentais e a construção do novo modelo. São Paulo: Saraiva, 2009. p. 224.

7. NETO, Cláudio Pereira de Souza. Fundamentação e normatividade dos direitos fundamentais: uma reconstrução teórica à luz do princípio democrático. In: BARROSO, Luís Roberto (Org.). *A nova interpretação constitucional*: ponderação, direitos fundamentais e relações privadas. Rio de Janeiro: Renovar, 2003. Vide também: BARROSO, Luís Roberto. *O Novo Direito Constitucional Brasileiro*: contribuições para a construção teórica e prática da jurisdição constitucional no Brasil. Belo Horizonte: Fórum, 2012. p. 28; BARROSO, Luís Roberto. *Curso de Direito Constitucional Contemporâneo*: os conceitos fundamentais e a construção do novo modelo. São Paulo: Saraiva, 2009. p. 225; BRANDÃO, Rodrigo. *Supremacia Judicial versus Diálogos Constitucionais*: a quem cabe a última palavra sobre o sentido da Constituição? Rio de Janeiro: Lumen Juris, 2012. p. 133.

8. BRANDÃO, Rodrigo. *Supremacia Judicial versus Diálogos Constitucionais*: a quem cabe a última palavra sobre o sentido da Constituição? Rio de Janeiro: Lumen Juris, 2012. p. 72-88. Vide também: SILVA, Cecília de Almeida; MOURA, Francisco; BERMAN, José Guilherme; VIEIRA, José Ribas; TAVARES, Rodrigo de Souza; VALLE, Vanice Regina Lírio do. *Diálogos Institucionais e Ativismo*. Curitiba: Juruá, 2012. p. 29-33.

A Constituição de 1988 estabeleceu, assim, uma nova forma de vivenciar o direito constitucional, a interpretação e aplicação das normas constitucionais, especialmente a partir do seu caráter programático, de sua caracterização normativa e da centralidade dos direitos fundamentais. A partir dessa nova perspectiva sobre a Constituição e o direito constitucional, o papel do juiz e do Supremo Tribunal Federal também ganhou destaque. Para aplicar os princípios e as regras estabelecidos pela Constituição, o Poder Judiciário não necessita da intermediação do legislador. Assim, toda discussão sobre interpretação e concretização da constituição passou a ser, ao mesmo tempo, uma discussão sobre o conceito e a teoria da constituição, bem como suas formas de aplicação[9].

2. A centralidade do Supremo Tribunal Federal

Essa tendência crescente da normativização da Constituição, associada aos déficits e deficiências do sistema representativo político-partidário, fez com que o papel preponderante da política e dos partidos políticos fosse assumido pela Corte constitucional e pela discussão sobre o controle de constitucionalidade.

Esse fenômeno de transferência de poder das instituições representativas do povo para os juízes e às cortes a partir da segunda metade do século XX foi chamado por Ran Hirschl de "juristocracia" (*juristocracy*)[10] e, no Brasil, denominado por Oscar Vilhena Vieira de "supremocracia"[11]. Ambos concordam no diagnóstico, mas não compartilham um entendimento uniforme quanto às suas causas.

Para Hirschl, um dos fundamentos desse processo é o interesse das elites em isolar certas questões da política democrática a fim de garantir a preservação de certos interesses hegemônicos que não teriam sustentação popular[12]. Sem

---

9. GODOY, Miguel Gualano de. *Devolver a Constituição ao Povo*: crítica à supremacia judicial e diálogos institucionais. Belo Horizonte: Fórum, 2017.
10. HIRSCHL, Ran. *Towards Juristocracy*: the origins and consequences of the new constitutionalism. Cambridge: Harvard University Press, 2004. Vide também: BERCOVICI, Gilberto. *Soberania e Constituição*: para uma crítica do constitucionalismo. São Paulo: Quartier Latin, 2008. p. 326. Vide também: GODOY, Miguel Gualano de. *Devolver a Constituição ao Povo*: crítica à supremacia judicial e diálogos institucionais. Belo Horizonte: Fórum, 2017.
11. VIEIRA, Oscar Vilhena. Supremocracia. *Revista Direito FGV*, São Paulo, Fundação Getulio Vargas, v. 04, n. 2, p. 444-445, 2008.
12. HIRSCHL, Ran. *Towards Juristocracy*: the origins and consequences of the new constitutionalism. Cambridge: Harvard University Press, 2004. p. 1-5/11-12/38-49/149-168/211-223. "The expansion of the province of courts in determining political outcomes at the expense of politicians, civil servants, and/or the populace has not only become globally widespread than ever before; it has also expanded to become a manifold, multifaceted phenomenon, extending well beyond the now-standard concept of judge-made police-making through constitutional rights jurisprudence and judicial

prejuízo dos argumentos apresentados por Hirschl, os quais podem, em alguma medida, mostrarem-se válidos para o Brasil, Oscar Vilhena Vieira aponta que o termo empregado por ele – supremocracia – tem por objetivo traduzir a recente autoridade adquirida pelo Supremo Tribunal Federal com a Constituição de 1988 de governar jurisdicionalmente o Poder Judiciário no Brasil – especialmente após as Emendas 03/1993 e 45/2005, bem como as Leis 9.868/1999 e 9.882/1999 – e também a sua expansão em detrimento dos demais Poderes[13]. Isso se deve à inserção de diversos temas e relações na Constituição de 1988. Constitucionalizando-se diversos temas, diminui-se a liberdade do legislador e do gestor público. Como resultado, qualquer medida controversa tomada por esses outros atores comporta disputa judicial e o resultado é a judicialização da política[14]. Somem-se a isso as amplas competências cumuladas pelo Supremo Tribunal Federal, quais sejam, a de corte constitucional destinada a julgar a constitucionalidade das leis e dos atos normativos, a de foro judicial especializado e ainda a de último grau recursal[15].

Como corte constitucional, o Supremo Tribunal Federal tem a competência de julgar as leis e atos normativos federais e estaduais por via de ação direta. A Constituição de 1988 ampliou largamente, em seu art. 103, o rol de legitimados à propositura das ações do controle abstrato e concentrado de constitucionalidade. O STF também realiza o controle judicial de constitucionalidade de emendas à

---

redrawaing of legislative boundaries. The judicialization of politics now includes the wholesale transfer to the courts of same the most pertinent and polemical political controversies a democratic polity can contemplate. What has been loosely termed "judicial activism" has evolved beyond the existing conventions found in normative constitutional theory literature. A new political order – juristocracy – has been rapidly establishing throughout world" (p. 222); BERCOVICI, Gilberto. *Soberania e Constituição*: para uma crítica do constitucionalismo. São Paulo: Quartier Latin, 2008. p. 326.

13. VIEIRA, Oscar Vilhena. Supremocracia. *Revista Direito FGV*, São Paulo, Fundação Getulio Vargas, v. 04, n. 2, 2008. p. 445.
14. BARROSO, Luís Roberto. *O Novo Direito Constitucional Brasileiro*: contribuições para a construção teórica e prática da jurisdição constitucional no Brasil. Belo Horizonte: Fórum, 2012. p. 39-40/241-246; BARROSO, Luís Roberto. Constituição, Democracia e Supremacia Judicial: Direito e Política no Brasil Contemporâneo. *Revista da Faculdade de Direito da Universidade do Estado do Rio de Janeiro*, Rio de Janeiro, Revista da Faculdade de Direito da Universidade do Estado do Rio de Janeiro, v. 2, n. 21, p. 04-08, 2012; BRANDÃO, Rodrigo. *Supremacia Judicial versus Diálogos Constitucionais*: a quem cabe a última palavra sobre o sentido da Constituição? Rio de Janeiro: Lumen Juris, 2012. p. 17; SOUZA NETO, Cláudio Pereira de; SARMENTO, Daniel. *Direito Constitucional – Teoria, história e métodos de trabalho*. Belo Horizonte: Fórum, 2013. p. 30-31; SWEET, Alec Stone. *Governing with judges*: constitutional politics in Europe. Nova York: Oxford University Press, 2000. p. 35-36/130; VIEIRA, Oscar Vilhena. Supremocracia. *Revista Direito FGV*. v. 04, n. 2. São Paulo: Fundação Getúlio Vargas, 2008. p. 447.
15. VIEIRA, Oscar Vilhena. Supremocracia. *Revista Direito FGV*, São Paulo, Fundação Getúlio Vargas, v. 04, n. 2, p. 448-450, 2008.

Constituição que firam as cláusulas pétreas estabelecidas pelo art. 60, § 4º, da Constituição. Também foi atribuído ao Supremo Tribunal Federal o julgamento das omissões inconstitucionais do Congresso Nacional e do Poder Executivo por meio do Mandado de Injunção e a efetivação imediata dos direitos fundamentais violados.

Como foro judicial especializado, ao Supremo Tribunal Federal compete processar e julgar diversas autoridades da república, além de apreciar originariamente diversos atos do Congresso Nacional ou do Poder Executivo.

E como última instância recursal, o Supremo Tribunal Federal ainda julga em grau de recurso diversos casos resolvidos pelos tribunais inferiores. A criação de filtros processuais como a repercussão geral, a súmula vinculante e o efeito *erga omnes* de suas decisões têm ajudado a reduzir o número de processos submetidos à apreciação do Supremo. No entanto, essas soluções concentram ainda mais poderes no Supremo Tribunal Federal e dão origem a novos problemas.

É sobre um desses novos problemas, incidente no processo constitucional e na repercussão geral, que iremos tratar adiante.

3. A Constituição de 1988, o direito fundamental ao contraditório e o Supremo Tribunal Federal

O Estado democrático de direito (art. 1º, *caput*, CRFB) pressupõe e se constitui no respeito e igualdade de todos perante a lei.

O devido processo legal, compreendido como processo justo, encontra previsão expressa no art. 5º, LIV e LV, da Constituição da República e se constitui, assim, em elemento identitário e corolário do próprio Estado democrático de direito.

O devido processo legal, um processo justo, é o modelo mínimo de atuação processual do Estado e dos particulares para a resolução de controvérsias. Esse modelo exige a prestação de tutela jurisdicional adequada (art. 5º, XXXV, CRFB), igualdade entre as partes e paridade de armas (art. 5º, I, CRFB), contraditório e ampla defesa (art. 5º, LV, CRFB), com direito à prova (art. 5º, LVI, CRFB).

Um processo devido, justo, pressupõe e exige a observância desses seus elementos estruturantes sob pena de desnaturação do próprio Estado democrático de direito erigido pela Constituição de 1988.

4. O precedente ARE 639.228 – Tema 424 da Repercussão Geral (Rel. Min. Cezar Peluso)

Em 16.06.2011, o Plenário Virtual do Supremo Tribunal Federal analisou, sob a sistemática da repercussão geral, o ARE 639.228 (Tema 424 – indeferimento de prova no âmbito de processo judicial), de relatoria do Ministro Cezar Peluso.

Nessa ocasião, o STF entendeu não haver repercussão geral na temática trazida à lume, conforme se verifica da Ementa:

> Recurso. Agravo convertido em Extraordinário. Inadmissibilidade deste. *Produção de provas. Processo judicial. Indeferimento. Contraditório e ampla defesa. Tema infraconstitucional*. Precedentes. *Ausência de repercussão geral. Recurso extraordinário não conhecido*. Não apresenta repercussão geral recurso extraordinário que, tendo por objeto a obrigatoriedade de observância dos princípios do contraditório e da ampla defesa, nos casos de indeferimento de pedido de produção de provas em processo judicial, versa sobre tema infraconstitucional. (ARE 639.228 RG, Rel. Min. Ministro Presidente, j. 16.06.2011, DJe-167 divulg. 30.08.2011, public. 31.08.2011 ement. Vol.-02577-02 PP-00222, g.n.).

Esse caso conduziu o STF a consolidar o entendimento de que recurso extraordinário, fundado no direito ao contraditório e à ampla defesa, que impugna indeferimento de produção de prova em processo judicial, não possui repercussão geral quando a matéria que lhe é subjacente é infraconstitucional.

Isso porque, nesses casos, conforme voto do Ministro Relator Cezar Peluso, a ofensa à Constituição seria reflexa ou indireta. Observe-se que a fundamentação adotada pelo Relator no ARE 639.228 insistia na diferenciação de temas constitucionais e infraconstitucionais, segundo a clássica orientação do descabimento do exame via reflexa. Mas, em momento algum, a decisão afirmava que toda e qualquer controvérsia relacionada com o contraditório e a ampla defesa seria destituída de relevo constitucional. No entanto, e a partir desse precedente, passou a ser adotado o entendimento de que nunca as controvérsias sobre contraditório e ampla defesa apresentariam dimensão constitucional.

Confira-se: ARE 1.017.291 AgR, Rel. Min. Dias Toffoli, Segunda Turma, julgado em 06.10.2017, *DJe* 26-10-2017; AI 667.177 AgR, Rel. Min. Roberto Barroso, Primeira Turma, julgado em 27.05.2014, *DJe* 20.06.2014; ARE 748.371 RG, Rel. Min. Gilmar Mendes, julgado em 06.06.2013, *DJe* 31.07.2013; RE 718.332 AgR, Rel. Min. Cármen Lúcia, Segunda Turma, julgado em 19.03.2013, *DJe* 10.04.2013; ARE 731.219 AgR, Rel. Min. Rosa Weber, Primeira Turma, julgado em 19.03.2013, *DJe* 10.04.2013.

Ocorre que essa interpretação retira a dimensão constitucional de direitos fundamentais que dão identidade ao próprio Estado Democrático de Direito brasileiro. É, assim, interpretação que exige revisão.

5. A necessária revisão do Tema 424 da Repercussão Geral – precedente ARE 639.228

Os direitos fundamentais ao contraditório e à ampla defesa são expressamente previstos no art. 5º, LV, da Constituição da República.

Sendo direitos fundamentais, eles formam a base da ordem constitucional objetiva e ao mesmo tempo conferem aos seus titulares a possibilidade jurídica de exigir o cumprimento de obrigações a cargo do Estado (e de particulares).

No âmbito do processo judicial, há um dever do Estado-juiz de oportunizar a defesa da parte acusada (contraditório) e possibilitar a ela a utilização de todos os meios de defesa em lei admitidos (ampla defesa). Essa defesa e disposição de meios de defesa, em processo judicial, se dão principalmente por meio da produção de prova. No âmbito cível, as formas de defesa e os meios de defesa possíveis são previstos e regrados pelo Código de Processo Civil.

No entanto, pouco importa qual é o tema subjacente ao processo – se de índole constitucional ou não. O direito ao contraditório e à ampla defesa são direitos fundamentais e hão sempre de ser respeitados, seja sob a ótica da aplicação direta e imediata do art. 5º, LV, da Constituição, seja sob a ótica regrada das formas e possibilidades de prova previstas no Código de Processo Civil, pois esse é desdobramento daquela previsão constitucional.

Ou seja, a impossibilidade de uma parte produzir prova capaz de lhe inocentar ou de evidenciar o seu direito sempre ofenderá diretamente à Constituição (art. 5º, LV).

Em qualquer caso, independentemente da natureza da controvérsia, caso não seja facultada à parte a produção de provas capazes de infirmar a alegação e provas contrárias, haverá ofensa direta e imediata ao disposto no art. 5º, LV, da Constituição da República.

Destaque-se, isso não significa que o juízo não possa restringir ou mesmo negar a produção probatória. Evidentemente, a produção de prova em processo judicial pode ser restringida. O seu indeferimento não configura automática e necessária ofensa ao direito fundamental ao contraditório e à ampla defesa. Pense-se, por exemplo, no indeferimento pelo juízo de provas inúteis ou meramente protelatórias. Nesses casos, não haverá qualquer violação ao contraditório e à ampla defesa. Porém, o ônus argumentativo do indeferimento nesses casos, todavia, é do órgão julgador.

O critério de julgamento deve ser sempre a garantia de contraditório e ampla defesa capazes de infirmar a alegação e prova em contrários. Ou seja, ter a parte a possibilidade de responder e desconstituir a argumentação e provas contrárias.

O entendimento de que o tema do recurso extraordinário nunca apresenta dimensão constitucional equivale a negar um conteúdo mínimo para os direitos fundamentais expressamente previstos e protegidos constitucionalmente.

Aliás, o enfoque contemplado no Tema 424 é potencialmente aplicável a todos os demais direitos fundamentais que tivessem sido disciplinados por lei ordinária. A existência de regulamentação infraconstitucional conduziria à eliminação da dimensão constitucional do direito fundamental. Poder-se-ia argumentar que nem mesmo a negativa da existência do direito fundamental comportaria revisão pelo STF, sendo aplicável o entendimento de que a discussão envolveria a disciplina da lei ordinária.

Assim, por exemplo, a denegação ao proprietário do pagamento de indenização em virtude de desapropriação não comportaria recurso extraordinário, sob o fundamento de que a lei ordinária dispõe sobre a referida indenização. Como os critérios para apuração e fixação da justa indenização constam de lei ordinária, deixaria de existir pertinência constitucional e não caberia mais ao STF apreciar a matéria.

Sob o enfoque do Tema 424, somente existiria competência do Supremo para controlar decisão judicial que aplicasse de modo exclusivo e direto a Constituição. Se uma norma infraconstitucional tivesse disciplinado a matéria, somente poderia existir uma "ofensa indireta" à Constituição.

Ora, há situações processuais diversas e inconfundíveis. Uma disputa sobre os critérios de indenização ao expropriado pode não apresentar dimensão constitucional, por se tratar apenas de disputa sobre a lei ordinária. Não está em jogo, nesses casos, o direito fundamental à propriedade. É necessário verificar, então, se incide no caso concreto uma garantia constitucional ou não. Trata-se de determinar se a disputa envolve apenas o sentido e a extensão da norma infraconstitucional ou se há uma controvérsia sobre o próprio direito fundamental, transcendendo a dimensão infraconstitucional do tema.

Observe-se que o próprio STF reconhece a necessidade de diferenciar hipóteses distintas no âmbito, por exemplo, da desapropriação. Por isso, o STF tem conhecido e decidido recursos extraordinários relativamente a juros em desapropriação, sob o fundamento de que o conceito de justa indenização não apresenta uma dimensão infraconstitucional. Embora caiba à lei disciplinar a temática dos juros na desapropriação, existe um núcleo do direito fundamental à propriedade que se sobrepõe à dimensão infraconstitucional.

Considere-se outro exemplo, envolvendo o direito fundamental à saúde. Admita-se que uma lei ordinária disponha sobre o acesso ao atendimento médico. Imagine-se uma decisão judicial que, a propósito do tema, adote interpretação incompatível com a dignidade humana. A prevalecer o enfoque consagrado no Tema 424, ter-se-ia de convir com a ausência de dimensão constitucional na controvérsia, eis que o juiz estaria aplicando a lei ordinária. Então, o STF não disporia de competência para intervir mesmo que a decisão adotada correspondesse a uma negativa quanto ao núcleo essencial do direito fundamental à vida.

Todos os direitos fundamentais, quando disciplinados por lei ordinária, envolvem uma problemática idêntica. O núcleo essencial de um direito fundamental é um tema constitucional e a decisão que conhece esse aspecto nuclear somente pode ser proferida, em última palavra, pelo Supremo Tribunal Federal.

Não pode ser diferente em relação à questão do devido processo legal. O prevalecimento da tese de que nunca o tema apresentará dimensão constitucional possibilita a corrosão do direito fundamental ao contraditório e à ampla defesa, como casos concretos de decisões judiciais injustas por completa violação ao direito fundamental consagrado constitucionalmente.

Assim, o precedente estabelecido no ARE 639.228 – Tema 424 da Repercussão Geral, possibilitou cenários de corrosão do direito fundamental ao contraditório e à ampla defesa, como também abriu espaço para casos concretos de decisões injustas por completa ausência de defesa.

Diante desse exame lógico-argumentativo, o precedente estabelecido no ARE 639.228 – Tema 424 da Repercussão Geral, merece ser revisto.

6. A consequência prática da orientação do STF no Tema 424 da Repercussão Geral – precedente ARE 639.228

O entendimento de que o direito fundamental ao devido processo legal não apresenta dimensão constitucional tem produzido efeitos muito negativos, no âmbito das instâncias inferiores.

A vedação ao acesso ao STF se constitui em incentivo à simplificação da atividade jurisdicional. Começam a proliferar decisões que ignoram o modelo constitucional e invocam a autonomia ilimitada do magistrado para controlar a produção das provas. Em muitos casos, a decisão sobre a produção das provas é predeterminada pela formação de convencimento subjetivo (e arbitrário) do julgador sobre a procedência da pretensão. Então, o juiz nega a prova porque já decidiu que a parte requerente não tem razão. Aqueles que são prejudicados por esse tipo de prejulgamento e decisão violadora do contraditório não dispõem de acesso à instância titular da competência para apreciar as questões constitucionais. Essas práticas destroem o conceito nuclear de devido processo legal, que pressupõe decisões resultantes da atividade das partes, especialmente da produção de provas em contraditório e segundo a ampla defesa.

7. Como mudar, mas ao mesmo tempo evitar a proliferação de recursos e a ordinarização da jurisdição constitucional do STF?

A revisão do Tema 424 da Repercussão Geral e a mudança de paradigma que aqui se propõem não acarretariam a ascensão de milhares de REs e a ordinarização da jurisdição constitucional do Supremo Tribunal Federal.

Para evitar que todo RE versando sobre esses temas devesse ser obrigatoriamente admitido, a solução de contenção seria a exigência rigorosa de demonstração da repercussão geral do caso (art. 102, § 3º, CRFB; art. 1.035, CPC).

Assim, o STF estabeleceria novo entendimento, dando concretude ao direito fundamental ao contraditório e à ampla defesa, e evitaria ter de conhecer todo

RE sob o fundamento de inexistência de repercussão geral. Tal como ocorre hoje, aliás. Mas não mais para dizer que a denegação de produção de prova não ofende a Constituição, e sim para afirmar, por exemplo, que é vedado o julgamento antecipado da lide baseado em prova unilateral produzida fora do processo quando houver pedido expresso da parte contrária para produzir prova apta a desconstituir a única prova existente. Ou seja, para examinar a dimensão constitucional do conceito de "devido processo legal", de "contraditório" e de "ampla defesa".

Hoje o atual entendimento faz com que o STF negue seguimento aos REs, por meio de decisões monocráticas de seus Ministros, sob o fundamento de que a invocação de ofensa ao contraditório e à ampla defesa por impossibilidade de produção de prova é tema que já foi decidido em repercussão geral em 2011 e não merece análise do STF por haver mera ofensa reflexa.

Com a mudança de compreensão aqui apresentada, o STJ e o STF passariam a cassar as decisões em sentido contrário por ofensa a entendimento definido em repercussão geral (art. 1.030, II, CPC; art. 21, § 1º, RISTF). Os Ministros passariam então a também proferir decisões monocráticas (como já ocorre hoje), mas para cassar as decisões que não estivessem de acordo com sua nova orientação.

As decisões continuariam sendo monocráticas, mas agora para prover direta e imediatamente os eventuais REs fundados nessa repercussão geral e que buscassem a garantia de produção de prova quando absolutamente necessária para assegurar o direito fundamental.

O resultado de médio e longo prazo, inclusive, seria até mais efetivo e satisfatório, em vista da tendência a reconduzir as decisões da jurisdição ordinária aos limites da própria legislação ordinária.

Aliás, anote-se que a parte impedida de produzir prova para comprovar sua razão ou atestar sua inocência experimenta um sentimento de injustiça que a motiva a manter o processo até a última instância. Ou seja, até que o STF negue seguimento ao seu RE ou ao seu ARE.

Apesar da compreensão estabelecida em 2011 no ARE 639.228 (Tema 424), os recursos e os REs versando sobre violação ao direito fundamental ao devido processo não tendem a diminuir ou desaparecer, pois quem precisa produzir prova para provar seu direito, sua inocência, irá recorrer até que isso não lhe seja mais permitido. O volume e acúmulo de trabalho do STF, portanto, permanecem apesar de seu atual entendimento. As recentes decisões monocráticas colacionadas supra, desde 2011 até hoje, comprovam tal afirmação.

Por outro lado, a alteração do atual entendimento professado pelo STF produzirá um desincentivo à decisões negando a produção de prova em hipóteses em que tal seja inerente à garantia do devido processo legal.

Diante disso, estabelecer tese mais explícita e aprofundada daquela ora vigente seria definir como parâmetro mínimo o respeito e a garantia do contraditório e da ampla defesa, sob pena de violação direta ao art. 5º, LIV e LV, CRFB.

Essa nova compreensão aqui proposta (i) não derroga a anterior em todas as suas dimensões, mas preserva a competência do STF para analisar a questão constitucional envolvida; (ii) evolui na defesa e garantia do direito fundamental ao contraditório e da ampla defesa; e (iii) também estabelece parâmetro mínimo de proteção: o de que a produção de prova em processo judicial deve ser ao menos garantida quando a prova requerida puder infirmar a prova contrária trazida aos autos. Isso impediria, por exemplo e como já se ilustrou aqui, o julgamento antecipado da lide baseado em prova unilateral produzida fora do processo.

8. Considerações finais

É indispensável modificar a orientação até aqui existente no Supremo Tribunal Federal para que o devido processo legal, o direito ao contraditório e à ampla defesa (art. 5º, LIV e LV, CRFB), especialmente no que diz respeito à produção de prova em processo judicial, sejam respeitados e garantidos.

É possível e desejável que haja outro precedente paradigma do STF apto a garantir, em qualquer caso, independentemente da sua natureza, o direito ao contraditório e à ampla defesa no que diz respeito à produção de provas em processo judicial.

É possível porque compete ao Supremo Tribunal Federal a guarda precípua da Constituição (art. 102, *caput*, CRFB). É competência constitucional do STF garantir que qualquer pessoa possa se defender (contraditório) e possa lançar mão de meios de defesa, incluídos aí a produção de prova (ampla defesa). Ademais, a via do Recurso Extraordinário com repercussão geral possibilita ao STF a revisão de seus próprios entendimentos, a evolução na interpretação da Constituição e a fixação de parâmetros para os demais casos.

É desejável porque é necessário que os processos judiciais possibilitem às partes a produção de prova em juízo, especialmente quando elas forem imprescindíveis à comprovação de suas alegações. Se assim não for, será possível haver o caso teratológico em que um sujeito é condenado com base em prova unilateral produzida fora do processo e sem que lhe tenha sido ofertada a possibilidade de contraditar a referida prova.

Daí a necessidade de revisão e evolução do atual entendimento prevalecente.

O paradigma precisa ser outro – um que garanta o direito ao contraditório e à ampla defesa (art. 5º, LV, CRFB) e, assim, à produção de provas, especialmente em processo judicial –, mas sem que tal mudança de entendimento transforme o STF em corte meramente recursal ou revisional.

Os argumentos pela evolução de entendimento do STF estão postos e os instrumentos à sua disposição.

41
O DEVIDO PROCESSO LEGAL, A PARTICIPAÇÃO E A REPRESENTAÇÃO DE INTERESSES EM PROCESSOS COMPLEXOS

Sérgio Cruz Arenhart

Mestre e Doutor em Direito pela UFPR. Pós-Doutor em Direito pela Università degli Studi di Firenze. Professor associado da UFPR. Procurador Regional da República.

> Sumário: 1. Considerações iniciais; 2. Participação e representação no processo coletivo; 3. A (des)pessoalização dos interesses no processo estrutural. Participação e representação; 4. Representação adequada de interesses; 5. A participação e a representação de interesses nos processos estruturais; 6. Otimizando a participação e a representação. Em busca do equilíbrio.

1. Considerações iniciais

Provavelmente, uma das características mais marcantes do litígio estrutural é a multiplicidade de interesses que se inter-relacionam sobre o objeto do litígio.[1]

---

1. Sobre litígios e processos estruturais, v., entre outros, no direito estrangeiro, CHAYES, Abram. "The role of the judge in public law litigation". *Harvard law review*, v. 89, n. 7, mai-1976; FISS, Owen. *The civil rights injunction*. Indiana University Press, 1978, passim; FISS, Owen. "The forms of justice". *Harvard law review*, v. 93, n. 1, nov-1979, passim; RENDLEMAN, Doug. *Complex litigation: injunctions, structural remedies, and contempt*. Nova Iorque: Thompson Reuters Foundation Press, 2010. p. 498 e ss.; EISENBERG, Theodore; YEAZELL, Stephen C. "The ordinary and the extraordinary in institutional litigation". *Harvard law review*, v. 93, n. 3, Jan-80; LORENZETTI, Ricardo Luis. *Justicia colectiva*. Buenos Aires: Rubinzal-Culzoni Editores, 2010. esp. p. 182 e ss. No direito brasileiro, v. ARENHART, Sérgio Cruz. "Decisões estruturais no direito processual civil brasileiro". *Revista de processo*, São Paulo, Ed. RT, n. 225, nov.-2013, passim; ARENHART, Sérgio Cruz. *A tutela coletiva de interesses individuais*. 2. ed. São Paulo: Ed. RT, 2014. p. 371 e ss.; ARENHART, Sérgio Cruz. "Processos estruturais no direito brasileiro: reflexões a partir do caso da ACP do carvão". *Revista de processo comparado*, São Paulo, Ed. RT, n. 2, jul.-dez./2015, passim; JOBIM, Marco Félix. *Medidas estruturantes* – Da Suprema Corte Estadunidense ao Supremo Tribunal Federal. Porto

Ao contrário do litígio tradicional, de estrutural bipolar[2] – ou seja, com dois polos bem definidos, um buscando algo e outro resistindo a essa pretensão – o conflito estrutural trabalha com a lógica da formação de diversos núcleos de posições e opiniões (muitas delas antagônicas) a respeito do tema a ser tratado.

Pensar, por exemplo, na discussão a respeito de uma política pública[3] ou na intervenção judicial no domínio econômico certamente revela essa característica. O conflito, nesses casos, não pode resumir-se a uma pretensão de A, que se sujeita à resistência de B. Nesses conflitos, concorrerão diversos interesses, de uma multiplicidade de sujeitos, com pontos de vista concorrentes ou divergentes, e que, sem dúvida, merecem ser ouvidos e ponderados para a adequada solução do litígio.[4]

Alegre: Livraria do Advogado, 2013, passim; VIOLIN, Jordão. Protagonismo judiciário e processo coletivo estrutural. Salvador: JusPodivm, 2013, passim; FERRARO, Marcella Pereira. *Do processo bipolar a um processo coletivo-estrutural*. Dissertação apresentada para a obtenção do título de Mestre em Direito no programa de pós-graduação em direito da Universidade Federal do Paraná, 2015, passim.

2. A expressão "bipolarização", operada pelo processo tradicional para lidar com os litígios clássicos, é atribuída a Abram Chayes, em um dos mais clássicos estudos sobre processo estrutural (v. CHAYES, Abram. "The role of the judge in public law litigation". Ob. cit., p. 1281-1282).

3. Sobre o controle de políticas públicas pelo Judiciário brasileiro, v., entre tantos outros, DIAS, Jean Carlos. *O controle judicial de políticas públicas*. São Paulo: Método, 2007, passim; CANELA JR., Osvaldo. *Controle judicial de políticas públicas*. São Paulo: Saraiva, 2011, passim; COURTIS, Christian. "Critérios de justiciabilidade dos direitos econômicos, sociais e culturais: uma breve exploração". In: SOUZA NETO, Cláudio Pereira; SARMENTO, Daniel (Coord.). *Direitos sociais*: fundamentos, judicialização e direitos sociais em espécie. Rio de Janeiro: Lumen Iuris, 2010, passim; GRINOVER, Ada Pellegrini. "Controle de políticas públicas pelo Poder Judiciário". *Revista magister de direito civil e processual civil*, São Paulo, Magister, v. 30, 2009, passim; MARANHÃO, Clayton. "O controle jurisdicional de políticas públicas". *Em defesa de um novo sistema de processos coletivos*. São Paulo: Saraiva, 2010, passim; MANCUSO, Rodolfo de Camargo. "A ação civil pública como instrumento de controle judicial das chamadas políticas públicas". *Ação civil pública* – Lei 7.347/1985 – 15 anos. São Paulo: Saraiva, 2001, passim.

4. Embora o texto aluda, constantemente, à expressões classicamente ligadas à finalidade da prestação jurisdicional – "conflito", "litígio" etc. – é até mesmo de se duvidar da adequação do emprego desses vocábulos em relação aos litígios estruturais. A rigor, essas expressões ligam-se aos conflitos bipolarizados, em que há um polo demandante, a que se opõe outro, demandado. No caso dos "conflitos" estruturais, porém, o que há é um problema que demanda solução, e que envolve diversos interesses e pontos de vista diferentes. Nem sempre haverá conflito, no seu sentido próprio, já que, muitas vezes, os sujeitos envolvidos convergem na conclusão sobre a necessidade de dar solução ao problema; divergem, porém, quanto à forma de solução, ao tempo ou a aspectos dessa resposta. Ainda assim, empregar-se-á esses termos, tradicionalmente usados no campo processual, a fim de facilitar a apresentação do tema, embora o leitor deva sempre estar atento às particularidades anteriormente apontadas do "conflito" estrutural.

E isso, evidentemente, deve refletir-se em eventual processo judicial no qual se discuta esse tipo de problema.[5]

Vários exemplos podem ser apontados dessas situações. Porém, o caso do Albergue Estadual de Uruguaiana oferece ricas experiências para o desenvolvimento do tema. O caso começou com uma ação civil pública, ajuizada pelo Ministério Público do Rio Grande do Sul, postulando a realização de obras para a reforma do mencionado estabelecimento penitenciário, haja vista a sua completa inadequação para receber e manter presos. Em sua tramitação regular, o caso envolvia apenas o Ministério Público estadual e o Estado do Rio Grande do Sul, ou seja, tramitava como uma ação comum, em que havia a pretensão de um e a resistência de outro. A demanda foi julgada procedente em primeiro grau, impondo-se ao réu a realização de várias obras para a preservação dos direitos fundamentais dos presos. Em apelação, porém, entendeu o Tribunal de Justiça do Rio Grande do Sul que seria inviável que o Poder Judiciário impusesse esse tipo de obra ao Estado, pois isso constituiria indevida intromissão na atividade administrativa. Não se conformando com essa conclusão, o Ministério Público do Rio Grande do Sul ofereceu recurso extraordinário, que teve sua repercussão geral admitida em novembro de 2009. Na tramitação do recurso extraordinário, quinze Estados (aí incluído o Distrito Federal) e também a União se habilitaram no processo na condição de *amici curiae*, já que a todos esses entes interessava a discussão a respeito da extensão da prerrogativa do Judiciário em determinar a realização de obras públicas (sobretudo quando essa discussão se faz com repercussão geral). Formou-se, assim, um processo com, no mínimo, *dezoito* distintos polos de interesses. E esses polos poderiam multiplicar-se ainda mais; sem dúvida, entidades de proteção a direitos humanos, especialistas em orçamento público, pessoas com experiência em gestão penitenciária e outros sujeitos (especialistas nas matérias envolvidas e interessados na solução dada ao problema) poderiam habilitar-se no processo para trazer seu ponto de vista e seus interesses no caso. O caso foi concluído com o acolhimento do recurso pelo Supremo Tribunal Federal, que concluiu pela possibilidade de o Judiciário impor ao Estado a realização de obras es-

---

5. Como assinala Teresita Inés Bello, a judicialização de conflitos sociais conduz sem dúvida a um aumento de causas e também ao incremento de sua complexidade. Para atender a essas situações, não basta a criação de novos órgãos jurisdicionais ou novas instituições de tutela de tais interesses. É indispensável criar ferramentas processuais que possam dar conta desses litígios, "desde una perspectiva en la cual el Derecho esté comprometido en encontrar la paz social" (BELLO, Teresita Inés. "Las tutelas procesales diferenciadas desde una perspectiva sociológica. Los actores sociales, sus percepciones y contribuciones". In: BERIZONCE, Roberto; FUCITO, Felipe (Coord.). *Tutelas procesales diferenciadas de los derechos económicos, sociales y culturales*. Buenos Aires: Bibliográfika, 2014. p. 347-348).

senciais para a manutenção dos postulados mínimos atrelados à dignidade da pessoa humana.[6]

Como se vê, nesse tipo de processo, é natural a participação de vários sujeitos, já que o problema a ser enfrentado é multifacetado e envolve interesses múltiplos.

Todavia, essa participação envolve, ao menos, duas ordens de problemas. De um lado, a limitação dos instrumentos previstos na legislação processual brasileira para essa "intervenção". De outro, a total inadequação da estrutura processual normalmente prevista para lidar com grandes quantidades de sujeitos participantes.[7]

2. Participação e representação no processo coletivo

É curioso notar como o processo coletivo – e, particularmente, o processo coletivo brasileiro – "abstrai" as pessoas envolvidas em um litígio metaindividual ou individual de massa. Mais do que isso, o modelo brasileiro adotado para a tutela coletiva culmina por "pessoalizar" os direitos individuais de massa e os direitos metaindividuais, de certa forma atribuindo-os aos legitimados para a tutela coletiva e tratando esses interesses, a partir de então, como se fossem direitos individuais.[8]

---

6. O acórdão, proferido no Recurso Extraordinário 592.581/RS (STF, Pleno. Rel. Min. Ricardo Lewandowski, DJe 29.10.2016) contém a seguinte ementa: "REPERCUSSÃO GERAL. RECURSO DO MPE CONTRA ACÓRDÃO DO TJRS. REFORMA DE SENTENÇA QUE DETERMINAVA A EXECUÇÃO DE OBRAS NA CASA DO ALBERGADO DE URUGUAIANA. ALEGADA OFENSA AO PRINCÍPIO DA SEPARAÇÃO DOS PODERES E DESBORDAMENTO DOS LIMITES DA RESERVA DO POSSÍVEL. INOCORRÊNCIA. DECISÃO QUE CONSIDEROU DIREITOS CONSTITUCIONAIS DE PRESOS. MERAS NORMAS PROGRAMÁTICAS. INADMISSIBILIDADE. PRECEITOS QUE TÊM EFICÁCIA PLENA E APLICABIILIDADE IMEDIATA. INTERVENÇÃO JUDICIAL QUE SE MOSTRA NECESSÁRIA E ADEQUADA PARA PRESERVAR O VALOR FUNDAMENTAL DA PESSOA HUMANA. OBSERVÂNCIA, ADEMAIS, DO POSTULADO DA INAFASTABILIDADE DA JURISDIÇÃO. RECURSO CONHECIDO E PROVIDO PARA MANTER A SENTENÇA CASSADA PELO TRIBUNAL. I – É lícito ao Judiciário impor à Administração Pública obrigação de fazer, consistente na promoção de medidas ou na execução de obras emergenciais em estabelecimentos prisionais. II – Supremacia da dignidade da pessoa humana que legitima a intervenção judicial. III – Sentença reformada que, de forma correta, buscava assegurar o respeito à integridade física e moral dos detentos, em observância ao art. 5º, XLIX, da Constituição Federal. IV – Impossibilidade de opor-se à sentença de primeiro grau o argumento da reserva do possível ou princípio da separação dos poderes. V – Recurso conhecido e provido".
7. O tema foi abordado, ainda que sob outro enfoque, anteriormente. V. ARENHART, Sérgio Cruz. "Os terceiros e as decisões vinculantes no novo CPC". *Revista do tribunal superior do trabalho*, São Paulo, Magister, n. 2, abr.-jun.-2016. p. 296 e ss.
8. Compartilhando dessa mesma percepção, v., ORESTANO, Andrea. "Interessi seriali, diffusi e collettivi: profili civilistici di tutela". In: MENCHINI, Sergio (Coord.). *Le azioni seriali*. Napoli: Edizioni Scientifiche Italiane, 2008. p. 22-23.

A opção do direito nacional pela legitimação *ex lege*, atribuída à instituições normalmente afastadas da realidade da controvérsia (*v.g.*, o Ministério Público, a Defensoria Pública, a União, os Estados e os Municípios) acaba por conceber um processo muitas vezes "descolado" da realidade. É comum que a pretensão deduzida no processo não represente exatamente a tutela que a sociedade deseja ou aquela de que necessita.

Ao que parece, a legislação supõe que esses agentes públicos, pela simples razão de estarem vinculados a uma instituição pública, acabam por adquirir uma imaginada "onisciência", de modo a conseguir representar com seu pedido de tutela jurisdicional – e, posteriormente, com seu agir processual – todo o anseio da sociedade. Obviamente, essa impressão não é real e o processo coletivo acaba por transformar-se no desejo de uma pessoa – "ungida" de um cargo público ou, eventualmente, da representação de certa associação – que se proclama arauto da sociedade e que formula os pedidos que deseja e conduz o processo da forma como quer.

Seria desnecessário dizer que essa realidade é altamente perniciosa. Mas é fato que essa constatação acaba por informar todo o processo coletivo e, ao fim e ao cabo, por transformá-lo em um processo individual, apenas com uma pequena variação no tema da legitimidade.

Bem vistas as coisas, pode-se dizer que o processo coletivo brasileiro nada mais é do que um processo individual – com todas as suas características e, em especial, a força do princípio dispositivo – com uma legitimidade "extraordinária" atribuída a sujeitos específicos, de forma concorrente.

Incide, com efeito, em toda a sua inteireza, o princípio da demanda, de modo que o magistrado só pode decidir sobre o pedido expressamente consignado pelo autor da demanda (ainda que outra fosse a vontade da coletividade ou o interesse do grupo representado).

Ademais, no processo coletivo brasileiro, também se concede o mesmo tratamento ao princípio dispositivo daquele oferecido no processo individual. O autor tem a ampla iniciativa dos atos do processo; consequentemente, se o autor não requer certa prova, dificilmente essa deficiência será suprida pelo magistrado. Se o autor coletivo não recorre, reputa-se a concordância com os termos da decisão (não apenas pela parte, mas por toda coletividade). Se a imperícia ou a negligência do autor coletivo conduz a uma solução inadequada do caso, é talvez em razão dessa ser o "desejo da coletividade".

Diante de tudo isso, o que se observa nos processos coletivos é que a "representação" – pelo legitimado coletivo – dos interesses metaindividuais e individuais de massa postos em discussão é (ou pode ser), em grande medida, fictícia. Prevalece, em suma, a vontade do autor coletivo, tanto na determinação da lide, como na condução do processo. E essa vontade, obviamente, pode ser bastante diversa daquela que de fato é manifestada pela sociedade ou pelo grupo em favor de quem se atua.

Veja-se, aliás, que o grupo, a classe, a categoria ou, mais amplamente, a sociedade, no processo coletivo brasileiro, *sequer são autorizados a participar do processo*. Não há instrumentos que autorizem – ao menos na legislação positivada – a intervenção direta dos titulares do direito objeto da demanda, senão por meio dos legitimados coletivos, os quais, no entanto, como visto, não têm necessariamente nenhum compromisso em traduzir esses interesses no processo.

Esse modelo processual faz com que haja verdadeiro desalinhamento entre aquilo que se busca no processo coletivo – e a forma como isso é buscado no processo – e aquilo que, possivelmente, seria o real interesse da coletividade. Em verdade, o processo coletivo ocasiona abstração dos interesses "representados", que passam a ser considerados, apenas, como aqueles vertidos no processo pela parte legitimada, assumindo pouca ou nenhuma relevância a eventual disparidade entre essa vontade e aquela da sociedade, do grupo ou do interesse objeto do processo. Como falta ao direito brasileiro um sistema de controle da representatividade adequada,[9] não há ferramentas de aferição que garantam alguma aderência entre a conduta do legitimado e os interesses da coletividade.

Se isso é grave nos processos coletivos de forma geral, isso é ainda mais grave quando se pensa em processos estruturais, porque esses processos estão vocacionados a lidar com grandes conflitos, em que convergem *vários interesses distintos* e, porque nesses tipos de controvérsias, impõe-se dar ao magistrado a dimensão de *todo o problema*, é absolutamente imprescindível que todas as posições possam participar do processo.[10] Se, porém, essa participação é feita de maneira "virtual", sem que haja efetiva ligação entre a conduta do legitimado coletivo e a vontade da

---

9. Excepciona-se, aí, a questão remotamente ligada a um primitivo controle de representação adequada, correspondente à ideia de pertinência temática, que informa a legitimidade de associações para o processo coletivo e as restrições – no mais das vezes usada sem maiores critérios ou preocupações com o caso concretamente examinado – à ações movidas por alguns dos legitimados, normalmente atreladas a uma "vocação constitucional" dessas entidades (a exemplo das restrições à ações coletivas ajuizadas pelo Ministério Público em matéria de direitos individuais homogêneos ou pela Defensoria Pública, em relação a direitos não ligados de forma direta a interesses de hipossuficientes). Voltar-se-á ao tema adiante.

10. Como aponta Marcella Ferraro, nessa ordem de processos, deve-se pensar em permitir a participação, ao menos, de quatro grupos diferentes de agentes: "aqueles indivíduos, grupos ou organizações (i) afetados; (ii) responsáveis pela adoção das medidas para realizar a mudança necessária; (iii) possuidores de conhecimento relevante; ou (iv) em uma posição que lhes permite bloquear a realização do remédio, sendo que esses participantes no mínimo poderiam apresentar fatos, falar sobre fatos apresentados e propor soluções ou manifestar-se sobre as propostas" (FERRARO, Marcella. Ob. cit., p. 158).

coletividade ou do grupo representado, então a discussão passa a ser travada entre eventuais sujeitos que têm permissão para estar no processo, ainda que outros tantos sejam os desejos e os interesses dos grupos envolvidos.

Diante disso, passa a ser fundamental examinar de que forma os interesses desses corpos sociais chegam ao processo coletivo.

Parece óbvio que há duas formas de trazer esses interesses para o processo. Pode-se pensar em permitir que esses corpos tragam, "pessoalmente", seus desejos e anseios para o processo estrutural. Pode-se ainda defender que esses interesses sejam "representados" por um ente que, concretamente, possa traduzir essa vontade no processo.

Ambas as opções trazem vantagens e desvantagens, de modo que a escolha por um ou outro modelo não é tão simples como parece.

Permitir que os grupos se apresentem "pessoalmente" no processo estrutural sem dúvida leva a que seus interesses realmente apareçam da forma mais exata possível. Não há filtro que depure ou mascare esses interesses, o que implica maior participação direta da sociedade, oferecendo maior grau de legitimidade à atuação jurisdicional. Todavia, essa participação direta não é fácil. Como saber se o interesse de *todo o grupo* está posto no processo? E, em relação a interesses despersonalizados (a exemplo dos difusos e coletivos), será mesmo possível dizer que a vontade *das pessoas que compõem o grupo*, ou das *pessoas que são ouvidas em nome da sociedade*, traduz de fato a vontade metaindividual?

Ademais, é certo que em um processo estrutural, caracterizado por um conflito multifacetado, há inúmeros interesses divergentes. A permissão de que *todos esses interesses* venham para o processo pode gerar – e muitas vezes vai gerar – um processo impossível, dada a multiplicidade de partícipes da relação processual, que terão o direito de intervir a todo momento.

Já a opção pela representação dos interesses por algum "sujeito especial" tem a nítida vantagem de racionalizar a participação no processo, levando a um número aceitável de intervenientes.

No entanto, essa opção também pode ocasionar diversos problemas. Em primeiro lugar, há a dificuldade em determinar se realmente há identidade entre a conduta processual do "representante" e o anseio do grupo ou da coletividade.[11] Essa dificuldade é amplificada quando se observa que será necessário avaliar essa identidade ao longo de todo o processo, o que exigirá constante vigilância do juiz,

---

11. O direito norte-americano preocupa-se sobremodo com esse tema, havendo até quem critique, sob o viés da democracia atual, a viabilidade de um sujeito representante possuir legitimidade para vincular, com seu agir, todos os outros membros do grupo. V., sobre isso, REDISH, Martin H. *Wholesale justice – constitutional democracy and the problem of the class action lawsuit*. Stanford: Stanford University Press, 2009, esp. p. 135 e ss.

dos outros participantes do processo e da própria sociedade. Há uma tensão natural entre a vontade individual e a vontade coletiva, que pode comprometer o grau de "representação" do autor coletivo. A escolha desse sujeito e a depuração de critérios que possam traduzir essa "representação adequada" constituem, sem dúvida, desafio imenso. Ligado a esse problema, há o risco – tantas vezes denunciado na doutrina norte-americana[12] – de o "representante" ser levado a trair a vontade dos representados, colidindo com outros sujeitos. Enfim, há ainda a dificuldade em se estabelecer a relação entre esse "representante" e os interesses despersonalizados. Afinal, se não é sequer possível saber quais são essas vontades – já que tais interesses não se manifestam por ninguém – será ainda mais difícil determinar se alguém tem condições de representar essa vontade no processo.

3. A (des)pessoalização dos interesses no processo estrutural. Participação e representação

Estabelecidas as premissas supra, vê-se que a escolha abstrata de um modelo ou de outro não é isento à dificuldades. Por isso, parece mais do que necessário abandonar essas escolhas abstratas, permitindo a construção de procedimentos que possam ser *adequados para a solução de cada específica controvérsia*. E isso passa, necessariamente, pelo abandono de escolhas apriorísticas e abstratas, admitindo a imprescindibilidade de soluções que levem em conta o desenho de cada litígio.

Sabe-se que as leis brasileiras que ultimamente trataram de processos coletivos optaram por conferir a legitimidade processual (ao menos para a representação do grupo ou da coletividade) à pessoas e a órgãos públicos que tivessem capacidade de bem defenderem os interesses da sociedade, e à associações que preenchessem certos requisitos.[13] Optou-se por essa alternativa porque a entrega do poder de representar a sociedade ao cidadão (feita anteriormente pela Lei de Ação Popular)

---

[12] A doutrina norte-americana há muito tempo enxerga o risco – naquele sistema em que se trabalha com uma lógica de "representação adequada" – de o réu da ação coletiva buscar a colusão do autor coletivo, de forma a prejudicar o grupo representado. Com efeito, a oferta de uma proposta tentadora ao autor da ação coletiva – ou, às vezes, ao seu advogado – pode levar a uma solução que seja boa para este (e, logicamente, para o réu) mas péssima para os outros membros do grupo. Situações como essas efetivamente ocorrem na prática norte-americana, em que pesem os esforços da doutrina e do Judiciário em controlar a ligação entre a atividade do representante coletivo e a vontade do grupo representado. V., por todos, HENSLER, Deborah R. et al. *Class action dilemmas* – pursuing public goals for private gains. Santa Monica: RAND, 2000. esp. p. 79 e ss.

[13] Nesse sentido, art. 5º da Lei 7.347/85; art. 82 do Código de Defesa do Consumidor; art. 210 da Lei 8.069/90; art. 81 da Lei 10.741/03; art. 21 da Lei 12.016/09; e art. 12 da Lei 13.300/16, entre outros.

mostrou-se fracassada, diante de várias razões.[14] Porém, mesmo essa opção mais recente não é garantia de "representatividade adequada" dos interesses postos em jogo. Afinal, a legitimidade *ex lege* concebida pelo direito brasileiro, dada a essas entidades, não realiza qualquer controle de ligação próxima entre a conduta processual da parte e os interesses cuja tutela se afirma representar, caindo nas críticas anteriormente feitas.

Assim, impõe-se pensar melhor sobre como trazer maior aderência entre aquilo que se faz no processo coletivo estrutural e o desejo do corpo social.

Desde logo, parece clara a constatação de que a participação direta dos grupos – ou mesmo dos interesses despersonalizados – é muito difícil e provavelmente oferece mais aspectos negativos do que positivos. Embora ela possa ser, em princípio, desejável, ela é, *de regra*, inviabilizada, seja por problemas práticos (o tumulto processual que ocasionaria), seja por questões teóricas (já que sequer se conseguiria fazer com que a vontade de interesses metaindividuais despersonalizados, a exemplo do meio ambiente, possam aparecer "pessoalmente" no processo).

É verdade que, sempre que essa intervenção pessoal for viável, ela deve ser preferida. A *participação direta* da comunidade envolvida – e que será atingida pela decisão coletiva, sobretudo de caráter estrutural – oferece vantagens que são desejáveis para a legitimidade da atividade jurisdicional. Permite a construção de soluções consensuais coletivas com eficácia social ampla, e sempre mais desejáveis no âmbito de processos estruturais, a par de oferecer amparo para o exercício democrático do poder estatal, representado aqui pela função jurisdicional.

Desse modo, caso seja possível antever que são poucas as pessoas atingidas ou que serão poucos os grupos que têm interesse direto no problema, é sempre

---

14. Não se nega a utilidade e a importância da ação popular, que deve ser mantida porque pode, ao menos em tese, ser um canal de democracia participativa legítimo. Todavia, a opção por não manter, nas leis mais recentes, a legitimidade coletiva nas mãos do cidadão se deu porque em muitas ocasiões se via ações populares ajuizadas não com o intuito de proteger o interesse público, mas sim o de proteger interesses privados, sob a falsa imagem do exercício da cidadania. Não raras vezes, uma ação popular para a proteção ambiental continha, na verdade, a intenção de apenas prejudicar um concorrente; ações populares propostas nas vésperas de eleições eram, frequentemente, meros instrumentos para prejudicar ou para beneficiar candidatos etc. E tudo isso era feito com o emprego de cidadãos "testa-de-ferro", que não tinham nenhum compromisso com a proteção da coisa pública. Ao lado desse problema, a hipossuficiência (econômica e técnica) do cidadão frente a um réu de demanda coletiva trazia, com frequência, desequilíbrio processual que se refletia na qualidade da condução do processo e da solução da controvérsia. Há ainda o problema dos custos da ação popular – embora a lei isente o cidadão das custas do processo, sem dúvida há custos externos (a exemplo da contratação de um advogado), dificilmente absorvidos pela parte – que, à míngua de um regime de bônus, torna pouco atrativa a tutela do interesse público por um particular.

preferível que se criem mecanismos para a participação direta desses sujeitos na condução do processo estrutural. Suponha-se um problema de consumo, em que três grupos (pequenos e limitados, por hipótese) de interesses são formados: um que pretende a indenização por certa prática ilícita, outro que defenda a licitude dessa prática ou da venda de certo produto e um terceiro, representado pelos trabalhadores da empresa envolvida, que defendem a necessidade de manutenção das atividades daquela empresa. Parece que, em um palco assim considerado, a participação direta dos grupos – ou, se possível, dos seus membros – é mais desejada do que a sua representação por legitimados extraordinários, que não guardem direta relação com o problema.[15]

Mecanismos clássicos, a exemplo do litisconsórcio, podem dar conta dessas situações, e com nítidas vantagens sobre instrumentos de "representação" de interesses. Sem dúvida, se todos os envolvidos podem participar do processo, apresentando seus argumentos e trazendo seus pontos de vista, essa é a solução ideal.

Ferramentas mais modernas, de gestão processual de casos, também podem ser aqui úteis, por conseguirem aglutinar interesses diversos perante um único órgão jurisdicional, para solução conjunta. É o caso, por exemplo, dos "atos concertados entre juízes cooperantes" (art. 69, § 2º, do CPC) por meio do qual podem juízes criarem procedimentos e mecanismos para centralizar casos repetitivos, que podem ser considerados também como aqueles que debatem, sob diversos ângulos, um mesmo problema. Nesse caso, é evidente a vocação individual de cada demanda, mas que será tratada de forma coletiva e concentrada pelo Poder Judiciário.

Também se pode imaginar, *desde que a única discussão envolvida seja questão de direito*, o emprego do incidente de resolução de demandas repetitivas (art. 976 e ss. do CPC) ou o incidente de assunção de competência (art. 947 do CPC) como técnicas capazes de veicular diversas pretensões e interesses sobre um único objeto. *Desde que todos os possíveis interessados possam ser convocados para participar da deliberação* a ser tomada nesses institutos, parece que eles, por sua vocação ao tratamento coletivizado de vários interesses, pode também servir para viabilizar a participação de todos os sujeitos na tomada de decisões que lhes interessam, de forma aglutinada.

É evidente que esse tipo de técnica tem maior ligação com processos estruturais que envolvam, apenas, interesses *individuais de massa* (ou individuais homogêneos, como denomina o direito brasileiro). Porém, não se exclui a possibilidade de, em certas situações, interesses metaindividuais submeterem-se também às ferramentas desse porte. Para tanto, porém, será necessário respeitar os mesmos critérios adiante indicados, que autorizariam que "representantes

---

15. Sobre essa prioridade, v., ARENHART, Sérgio Cruz. *A tutela coletiva de interesses individuais*. 2. ed. São Paulo: Ed. RT, 2014. p. 153-154.

adequados" pudessem agir em favor de interesses alheios, nos canais capazes de veicular pretensões coletivas.

Também não se pode esquecer do papel fundamental desempenhado pelas *audiências públicas*. Embora o instituto não esteja regulado nem pelo atual CPC, nem pelas leis processuais nacionais que tratam de processos coletivos – o que chega a ser curioso – não há dúvida de sua importância e de sua utilidade.[16] Com certeza, o emprego dessas audiências pode constituir importante meio de diálogo entre a sociedade e o Poder Judiciário, em oportunidade multifacetada de debate e de apresentação de distintas posições e de diversos interesses. Trata-se de meio que precisa ser estimulado, particularmente em processos de caráter estrutural.

Não sendo possível – ou não sendo recomendada – a participação "pessoal" de cada interessado, então se impõe o regime de representação, por meio dos legitimados coletivos.[17]

Em verdade, essa representação, como já demonstrou Marinoni, se torna necessária sempre que se estiver diante de procedimento que seja capaz de fazer incidir coisa julgada sobre interesses de terceiros, a exemplo do que sucede com o incidente de resolução de demandas repetitivas, com o incidente de assunção de competência ou com os recursos especial e extraordinário repetitivos.[18]

---

16. A Lei 8.625/93 (que regula a atuação do Ministério Público no Brasil) contempla, em seu art. 27, parágrafo único, inc. VI, o emprego de audiências públicas, havendo ainda várias resoluções administrativas que tratam do tema (também em regra ligadas à atividade do Ministério Público). É o caso, por exemplo, do art. 11, da Resolução 87/06, do Conselho Superior do Ministério Público Federal. No campo do controle de constitucionalidade, também a Lei 9.882/99 alude ao emprego de audiências públicas. Não há, porém, nos diplomas que regulam as ações coletivas, previsão de seu emprego, o que reforça a conclusão de que aqueles atingidos pelos efeitos desses processos acabam sendo alijados da discussão.

17. Martin Redish discute longamente a questão da relação entre o direito à proteção pessoal e própria dos direitos e o modelo de representação, apontando a necessidade de preservação, à luz do modelo democrático atual (particularmente norte-americano), da autonomia individual do direito à tutela jurisdicional, que só deve ser excepcionada diante de razões muito específicas (REDISH, Martin H. *Wholesale justice* – constitutional democracy and the problem of the class action lawsuit. Stanford: Stanford University Press, 2009. p. 135 e ss.). Para o sistema brasileiro, suas críticas merecem temperamento, diante da necessidade "paternalista" (na sua linguagem) de atuação jurisdicional à vista das particulares circunstâncias da sociedade nacional. Porém, a sua preocupação com a necessidade de não sufocar a atuação individual na apresentação judicial de seus próprios interesses constitui interessante abordagem, que efetivamente merece atenção. Daí a razão pela qual o direito a participação pessoalizada no processo (especialmente de caráter estrutural) não pode ser menosprezada.

18. MARINONI, Luiz Guilherme. "O 'problema' do incidente de resolução de demandas repetitivas e dos recursos extraordinário e especial repetitivos". *Revista de processo*, São Paulo, Ed. RT, v. 249, nov.-2015, passim.

4. Representação adequada de interesses

Todavia, parece ser insuficiente permitir que os legitimados extraordinários participem para que se possa dar legitimidade aos processos coletivos, sobretudo de cunho estrutural. Como já se disse, a mera previsão em abstrato, na lei, da autorização para que certos entes possam tutelar direitos individuais de massa ou metaindividuais é muito pouco para assegurar uma proteção adequada desses interesses. Nessa singela previsão abstrata não há nenhuma garantia de que o legitimado possua qualquer compromisso com o direito a ser protegido ou mesmo conhecimento técnico suficiente para a correta defesa desse interesse. Não se pretende dizer que os legitimados para a tutela coletiva sejam incompetentes ou descompromissados; porém, é certo que, no extenso rol previsto na legislação brasileira, haverá aqueles que tem maior afinidade com certas áreas do que outros. E isso, sem dúvida, pode ser muito grave para o interesse protegido ou para o grupo "representado".

Por isso, em especial para demandas de conteúdo estrutural, à vista das suas consequências e da necessidade da mais ampla participação possível, é desejável que se conceba algum mecanismo de controle de "representatividade adequada". Esse elemento de "representatividade adequada" oferece elo fundamental para tornar legítima e razoável a intenção de vincular terceiros, não participantes do processo, aos efeitos e, sobretudo, à coisa julgada formada em processo coletivo, bem como para preservar, em relação a esses, a garantia do devido processo legal.[19]

É bem verdade que o direito positivo brasileiro não possui regra expressa que exige ou admita o controle de representação adequada em relação a todos os legitimados coletivos.

Todavia, parece seguro dizer que, de um lado, alguns legitimados sujeitam-se à exigências desse porte, e de outro, que esse controle é feito na prática pela jurisprudência consolidada.

De fato, é visível que, ao menos em relação a alguns dos legitimados coletivos, foi intenção da lei brasileira condicionar sua atuação ao preenchimento de certos requisitos que se ligam a um mínimo de ligação entre a atividade do ente e o interesse objeto de proteção. Trata-se, sem dúvida, de exigência tímida e ainda

---

19. Como explica Benini, "existe una conexión directa y elemental entre el instituto de la cosa juzgada y el de la representación adecuada, que indica que la eficacia de la primera se extenderá a todos los miembros de la clase, aun ausentes en el proceso colectivo, siempre que sus derechos hayan sido defendidos en una forma tal que ellos no pudieran haberlo hecho mejor de haberse presentado". (BENINI, Giorgio A. "La representatividad adecuada en los procesos colectivos. Aspectos procesales y constitucionales". In: SALGADO, José M. (Coord.). *Procesos colectivos y acciones de clase*. Buenos Aires: Cathedra Jurídica, 2014. p. 232).

muito distante do que se faz em outros países. Mas não se pode negar a *essência* dessas exigências, que buscam controlar um mínimo de pertinência entre a autorização para que esses legitimados ajam em processos coletivos e os interesses cuja tutela se pretende.

É o que acontece, por exemplo, com a legitimação das associações para a tutela coletiva. As várias leis que disciplinam essa atuação exigem, de regra, que esse tipo de entidade

> [...] inclua, entre suas finalidades institucionais, a proteção ao patrimônio público e social, ao meio ambiente, ao consumidor, à ordem econômica, à livre concorrência, aos direitos de grupos raciais, étnicos ou religiosos ou ao patrimônio artístico, estético, histórico, turístico e paisagístico" (art. 5º, inc. V, alínea *b*, da Lei 7.347/85).[20]

Exigência semelhante é feita pelo art. 82, inc. III, do Código de Defesa do Consumidor, em relação à entidades e órgãos da Administração Pública direta e indireta, na medida em que se exige delas a específica destinação à proteção dos interesses de que trata aquela lei.

Embora nessas regras se veja exigência ainda muito tênue, não há dúvida de que elas têm sua raiz na noção de representatividade adequada, desenvolvida no modelo norte-americano. Sem dúvida, essas imposições visam a exigir um mínimo de ligação entre a entidade legitimada e o direito objeto de proteção, de modo a garantir certa "empatia" na atuação processual da parte quanto à pretensão exercida.

Por outro lado, embora sem expressa previsão legal, sabe-se que a jurisprudência costumeiramente põe limites à atuação dos legitimados coletivos, só autorizando demandas que guardem alguma pertinência com o seu desenho ou a sua finalidade institucional. Assim é, por exemplo, que a jurisprudência entende que o Ministério Público não tem permissão – embora legitimado abstratamente para a ação civil pública – para a tutela de direitos individuais homogêneos de caráter patrimonial e disponível, quando desprovidos de relevância social.[21] Do

---

20. Idêntica é a exigência posta no art. 82, IV, do CDC, no art. 81, IV, da Lei 10.741/03 ou no art. 21 da Lei 12.016/09. Recorde-se, porém, que o art. 2º-A da Lei 9.494/97 (acrescido pela Medida Provisória 2.180-35/01) acrescentou vários outros requisitos à legitimação das associações em geral para ações coletivas (sobretudo para a tutela de direitos individuais homogêneos), praticamente desvirtuando a ideia da "pertinência temática" ou do controle de "representatividade adequada".
21. V.g., STJ, 6ª Turma, REsp 1.178.660/MG, Rel. Min. Nefi Cordeiro, *DJe* 02.05.2015; STJ, 3ª Turma, AgRg no REsp 1.134.518/GO, Rel. Min. Nancy Andrighi, *DJe* 25.09.2012; STJ, 2ª Seção, AgRg nos EREsp 855.165/GO, Rel. Min. João Otávio de Noronha, *DJe* 04.06.2010.

mesmo modo, a jurisprudência tem atrelado a atuação das Defensorias Públicas à defesa dos necessitados, mesmo que permita que a sua atividade favoreça também os interesses de outras pessoas.²²

A intuição demonstrada pela jurisprudência certamente se alinha a uma tentativa – embora, ao que parece, absolutamente irreal e frustrada – de oferecer certa ligação entre a atividade do legitimado coletivo e o interesse objeto de proteção. Supõem os tribunais que exigências como essas trazem maior aderência da atividade do legitimado ao direito discutido, contribuindo para uma melhor solução da controvérsia.²³ Independentemente da discussão sobre a pertinência dos critérios hoje usados pela jurisprudência, é fato que a percepção da necessidade de maior cautela na outorga de legitimidade para ações coletivas traduz a preocupação com a adequação da representação dos direitos individuais de massa e metaindividuais em juízo.²⁴

---

22. Assim, STJ, Corte Especial, EREsp 1.192.577/RS, Rel. Min. Laurita Vaz, *DJe* 13.11.2015; STJ, 3ª Turma, REsp 1.449.416/SC, Rel. Min. Ricardo Villas Bôas Cueva, *DJe* 29.03.2016.
23. Essa suposição, evidentemente, não se concretiza na prática. De um lado, porque a simples avaliação do perfil institucional de certo legitimado não oferece garantia de uma atuação mais diligente ou adequada às necessidades do direito a ser protegido. Por outro lado, é também certo que essas limitações postas pela jurisprudência, muitas vezes, tornam excessivamente subjetiva a autorização para o ingresso com demanda coletiva. Assim, por exemplo, a definição do que seja "relevância social do interesse" – exigida para a atuação do Ministério Público na tutela de direitos individuais homogêneos de conteúdo disponível – é totalmente arbitrária, dependendo da avaliação de cada julgador. Isso faz com que, por vezes, não se veja relevância social em demandas sobre o direito a reforma de militares que adquiriram doença mental durante o serviço militar (STJ, 2ª Turma, Edcl no REsp 1.447.705/RS, Rel. Min. Campbell Marques, *DJe* 04.12.2015), embora se veja essa relevância em demanda que discute a exigência de submissão dos graduados em medicina veterinária a prévio exame para sua inscrição junto ao conselho respectivo (STJ, 2ª Turma, AgRg no REsp 938.951/DF, Rel. Min. Humberto Martins, *DJe* 10.03.2010) ou sobre descontos abusivos referentes a empréstimos consignados em folha de pagamento (STJ, 4ª Turma, AgRg no REsp 932.994/RS, Rel. Min. Antonio Carlos Ferreira, *DJe* 22.09.2016).
24. Algumas decisões de tribunais superiores, aliás, ainda que tratando dos requisitos legais tradicionais (exigidos para a legitimidade das ações coletivas), expressamente fazem referência à ideia de "representatividade adequada" (nesse sentido, v., STJ, 3ª Turma, REsp 1.405.697/MG, Rel. Min. Marco Aurélio Bellizze, *DJe* 08.10.2015; STJ, 1ª Turma, AgRg nos EDcl nos EDcl no REsp 1.150.424/SP, Rel. Desembargador convocado Olindo Menezes, *DJe* 24.11.2015; STJ, 1ª Turma, REsp 876.936/RJ, Rel. Min. Luiz Fux, *DJe* 13.11.2008). Ada Pellegrini Grinover, porém, sugere uma tendência nos países de *civil law* em retirar do Judiciário a possibilidade do controle da representatividade adequada, situando na legislação a apresentação dos requisitos para essa qualificação (GRINOVER, Ada Pellegrini. "Relatório geral – *civil law* – Os processos coletivos nos países de *civil law*. *Os processos coletivos nos países de* civil law *e* common law. São Paulo: Ed. RT, 2007. p. 239).

A reforçar essa conclusão, pode-se sublinhar que, atualmente, o requisito da representatividade adequada consta expressamente no art. 138, do CPC,[25] que trata da admissão do *amicus curiae* no processo brasileiro. É verdade que o dispositivo trata especificamente de um instituto qualificado, pela legislação nacional, como modalidade de intervenção de terceiro. Ainda assim, a previsão expressa no modelo nacional desse controle demonstra a tendência à abertura do sistema para esse importante mecanismo de filtro.

Parece, de toda sorte, que há sim base para que se conclua que, mesmo diante da falta de regra expressa que imponha o controle de representatividade adequada do legitimado coletivo, essa exigência é inerente às garantias processuais constitucionais que norteiam o processo civil brasileiro.[26]

Como demonstra Gidi, a necessidade de controle da representatividade adequada é imposição que decorre da garantia do devido processo legal.[27] Afinal, não é possível que se admita a vinculação de interesses de terceiros ao resultado de certo processo se, de um lado, não lhes foi autorizada a participação e, de outro, não houve a adequada apresentação de seus interesses ou de suas posições no processo. Sem dúvida, deixar de atentar que a necessidade de um controle de representatividade adequada implica autorizar a *representação inadequada* dos

---

25. Art. 138. O juiz ou o relator, considerando a relevância da matéria, a especificidade do tema objeto da demanda ou a repercussão social da controvérsia, poderá, por decisão irrecorrível, de ofício ou a requerimento das partes ou de quem pretenda manifestar-se, solicitar ou admitir a participação de pessoa natural ou jurídica, órgão ou entidade especializada, com *representatividade adequada*, no prazo de 15 (quinze) dias de sua intimação (grifo nosso).
26. Assim tb., COSTA, Susana Henriques da. "A representatividade adequada e litisconsórcio – o projeto de lei n. 5.139/2009". In: GOZZOLI, Maria Clara (Coord.). *Em defesa de um novo sistema de processos coletivos*. São Paulo: Saraiva, 2010. p. 630-631.
27. GIDI, Antonio. *Las acciones colectivas y la tutela de los derechos difusos, colectivos e individuales en Brasil* – un modelo para países de derecho civil. Trad. Lucio Cabrera Acevedo. México: UNAM, 2004. p. 79-80. Como afirma o autor, "esto significa en la práctica que el representante puede litigar pobremente, o aun peor, perder el caso intencionalmente. Los intereses de los miembros ausentes del grupo pueden ser mal representados o ser víctimas de fraude. Sin embargo, los miembros ausentes no deben estar obligados por los actos de una representación inadecuada. La mesma noción de una 'representación inadecuada' debe ser vista como una contradicción en sus términos: una inadecuada representación es una no-representación. En consecuencia, aunque la legislación de la acción colectiva brasileña no aborda este tema, y aun no sea la opinión general entre los juristas brasileños, yo sugiero que una representación incompetente de los derechos del grupo por un representante debe ser considerada como una violación al debido proceso legal garantizado por la Constitución brasileña. En tales circunstancias, el tribunal debe desechar el caso. Si el tribunal no lo hace e inadvertidamente decide sobre el fondo del caso, la sentencia no debe tener efectos de cosa juzgada" (p. 80).

interesses, o que equivale a dizer, como pondera Gidi na passagem mencionada, que se permite que esses interesses simplesmente *não estejam representados*.

Essa situação ofende, indubitavelmente, a garantia do devido processo legal e, por isso, não pode ser aceita. Por isso, não pode haver dúvida de que os processos coletivos só podem ser imaginados se houver condições de controlar a participação daquele que age em nome do grupo ou em nome do interesse metaindividual. Em consequência, jamais pode bastar a legitimidade legal abstrata, prevista pela legislação brasileira. Embora esse dado possa ser um *ponto de partida* para a análise da representação adequada, ele não é o bastante em si e exige outros dados para que efetivamente se demonstre que o "representante" porta a voz do interesse tutelado e não apenas a sua própria vontade.

Alguns sistemas estrangeiros vêm sugerindo o emprego de eleições para a escolha do representante adequado do grupo. Na Argentina, por exemplo, vários projetos de lei vêm propondo essa solução como mecanismo capaz de assegurar alto grau de vinculação entre o representante e os interesses do grupo.[28]

Essas propostas, porém, foram veementemente criticadas pela doutrina estrangeira. Isso porque a maior "popularidade" de alguém não implica, necessariamente, a melhor qualidade da representação. A análise da representatividade adequada de alguém não guarda nenhuma relação com a possibilidade que tenha de angariar votos dentro do grupo.[29]

Outros sistemas, a exemplo do japonês, optaram por impor um cadastro prévio de entidades que gozariam de suficiente grau de representação para ajuizar

---

28. Nesse sentido, foi a opção abertamente escolhida pelos projetos S-18-11, S-204-11 e S-1045-11. Em todos eles, não aprovados, previa-se que os representantes deveriam realizar votação (em audiência ou fora dela), escolhendo a pessoa a quem se outorgaria o poder de representar a classe.
29. Nesse sentido, vários projetos de lei na Argentina pretendiam instituir esse modelo. V., sobre a questão, as críticas desenvolvidas pela doutrina daquele país (v.g., VERBIC, Francisco. "Apuntes sobre los proyectos en trámite ante el congreso de la nación para regular la tutela colectiva de derechos en la república argentina". *Procesos colectivos y acciones de clase*. Buenos Aires: Cathedra Jurídica, 2014. p. 168 e ss.; SEDLACEK, Federico. "Análisis de los proyectos legislativos a nivel nacional. Breve panorama en la provincia de santa fé". *Procesos colectivos y acciones de clase*. Buenos Aires: Cathedra Jurídica, 2014. p. 194 e ss.). Desse último, colhe-se a seguinte passagem: "Como vemos, establecer este tipo de mecanismo por voto de mayorías o elección y designación en base al mayor número o cantidad de miembros de la clase sobre una persona determinada, absolutamente nada tiene que ver con las reglas y requerimientos establecidos para establecer la representatividad adecuada. Quizás los legisladores, queriendo enarbolar la bandera de los principios democráticos en todos los supuestos, no tuvieron en cuenta que en los procesos colectivos y las acciones de clase, dicho sistema por mayoría, es uno de los menos indicados para la representatividad adecuada" (SEDLACEK, Federico. Ob. cit., p. 197).

ações coletivas. As entidades interessadas devem buscar sua certificação junto ao Poder Público, mais especificamente junto ao Primeiro Ministro do Japão, obtendo o título de organização de consumo qualificada certificada (*certified qualified consumer organization*), demonstrando a satisfação dos requisitos estabelecidos no art. 65 (4) do Estatuto sobre Medidas Especiais de Processo Civil para a Proteção Coletiva de Danos Materiais sofridos por Consumidores.[30]

Parece claro que esse tipo de modelo é demasiadamente burocratizado e põe em risco o acesso à proteção coletiva. Os requisitos são de satisfação tão difícil que é raro que se consiga a dita certificação. Por isso, atualmente, são poucas as entidades japonesas que obtiveram esse documento, o que inibe o ajuizamento de ações coletivas.

Impõe-se, por isso, a concepção de critérios que sejam capazes de indicar se alguém tem efetiva capacidade – tanto no plano da afinidade com os interesses defendidos, como na avaliação da idoneidade técnica do sujeito – para estar em juízo em nome de algum determinado interesse.

Nesse sentido, o Código Modelo de Processos Coletivos para Ibero-América[31] pode oferecer algum parâmetro eficiente. Segundo ele prevê, em seu art. 2º, § 2º:

> Na análise da representatividade adequada o juiz deverá analisar dados como: a – a credibilidade, capacidade, prestígio e experiência do legitimado; b – seu histórico na proteção judicial e extrajudicial dos interesses ou direitos dos membros do grupo, categoria ou classe; c – sua conduta em outros processos coletivos; d – a coincidência entre os interesses dos membros do grupo, categoria ou classe e o objeto da demanda; e – o tempo de instituição da associação e a representatividade desta ou da pessoa física perante o grupo, categoria ou classe.

Ademais, seu § 3º complementa esse comando, afirmando que o controle da representatividade adequada deve ocorrer "a qualquer tempo e em qualquer

---

30. Com poucas exceções, o direito japonês admite a proteção coletiva, como regra, para a proteção do consumidor, sem que haja a admissão generalizada de ações coletivas.

31. Esse código modelo é uma proposta do Instituto Ibero-Americano de Direito Processual, desenvolvida com o intuito de criar um documento que pudesse servir de base para as legislações dos diversos países em tema de ações coletivas. A ideia surgiu no VII Seminário Internacional de Roma, realizado em 2002, por meio de intervenção de Antonio Gidi. A partir de então, formou-se uma comissão com os professores Ada Pellegrini Grinover, Kazuo Watanabe e Antonio Gidi, que apresentou um esboço inicial. Posteriormente, o projeto foi aperfeiçoado, tendo finalmente sido aprovado na Assembleia Geral do Instituto Ibero-Americano de Direito Processual em 2004. Como se vê, não é uma lei, mas uma proposta, que pode balizar os países na elaboração de suas leis sobre processos coletivos.

procedimento", cabendo sempre a alteração do legitimado coletivo, assim que verificada a falta do requisito.[32]

O preceito, de certo modo, reproduz a ideia original, concebida no direito norte-americano, a respeito do controle de representação adequada para ações coletivas.[33] Como se sabe, naquele sistema, há muito se exige que aquele que se apresenta em nome de certo interesse deve possuir capacidade suficiente para representar esse valor em juízo. A discussão é antiga e remonta, ao menos, ao debate instaurado a respeito da regra 38, das *Federal Rules of Equity*, tal qual construída em 1912. A regra permitia que questões de interesse comum ou geral, pertencentes a certo grupo, pudessem ser levadas a juízo por alguém, desde que esse grupo fosse tão numeroso que seria impraticável que todos estivessem em juízo. A imposição, portanto, exigia que essa "representação" do interesse estivesse condicionada à existência de um tema de *common or general interest* e à numerosidade do grupo (a inviabilizar que todos pudessem estar em juízo). Ainda que a exigência não constasse expressamente no texto legal, também se tinha como razoável a imposição de que aquele que figurava em juízo tivesse oferecesse compatibilidade entre o interesse coletivo apresentado e o seu próprio.[34] Com base nessa compreensão, e por iniciativa de J. W. Moore, que tinha por insuficiente a exigência das "questões comuns ou gerais", a reforma processual de 1937 estabeleceu, na conhecida regra 23, a exigência de que as demandas coletivas deveriam contar com a presença de alguém que oferecesse *adequada representação de todos* (regra 23(a)). Ao examinar essa exigência, a Suprema Corte norte-americana concluiu que essa representação adequada deveria implicar: a) a necessidade de que o representante ostentasse posição ou propósito semelhante ao da classe e; b) a exigência de que o representante efetivamente buscasse atender

---

32. A respeito desse preceito, v. os comentários de VENTURI, Elton e CABIEDES, Paulo de. In: GIDI, Antonio; MAC-GREGOR, Eduardo Ferrer (Coord.). *Comentários ao código modelo de processos coletivos*. Salvador: JusPodivm, 2009. p. 48-52 e 56-62), ainda que ambos sejam resistentes à adoção do critério da representação adequada, entendendo que esse requisito prejudica a admissão das ações coletivas dificultando a tutela de interesses de massa e metaindividuais.
33. Sobre a representação adequada nos Estados Unidos, v. STRICKLER Jr., George M. "Protecting the class: the search for the adequate representative in class action litigation". *DePaul law review*. v. 34, n. 1, 1984; MILLER, Arthur. "Of Frankenstein monsters and shining knights: myth, reality and the 'class action problem'". *Harvard law review*, v. 92, 1979, passim; DOWNS, Howard M. "Federal class actions: due process by adequacy of representation (identity of claims) and the impacto of general telephone v. falcon". *Ohio State Law Journal*, v. 54, n. 3, 1993, passim; TIDMARSH, Jay. "Rethinking adequacy of representation". *Texas law review*, v. 87, 2009, passim; GIDI, Antonio. *A class action como instrumento de tutela coletiva dos direitos*. São Paulo: Ed. RT, 2007. p. 99 e ss.
34. STRICKLER JR., George M. Ob. cit., p. 83.

ao objetivo da classe no litígio.³⁵ Na revisão de 1966, o texto passou a ser ainda mais explícito, passando a exigir a proteção adequada e justa dos interesses da classe por um representante.³⁶

Com base nessa exigência, a jurisprudência norte-americana sedimentou basicamente quatro grandes critérios para a determinação dessa representação adequada dos interesses: a) a ausência de conflito de interesses entre o representante e a classe; b) a natureza representativa da pretensão individualmente formulada pela parte que representa a classe; c) a habilidade e a vontade do representante em levar adiante a pretensão da classe; e d) a competência do advogado da parte representante.³⁷ Particularmente, no que se refere à capacidade do advogado da parte em agir de forma diligente e efetiva para a representação do interesse do grupo, tem-se salientado, no modelo norte-americano, a necessidade de avaliar a motivação desse profissional em atuar na demanda coletiva. Por vezes, a análise dessa motivação pode revelar o grau de comprometimento dele com o interesse representado ou até mesmo o grau de efetividade que dedicará à defesa da posição sustentada em juízo. Além disso, a análise dos recursos financeiros e estruturais postos à disposição desse advogado (ou grupo de advogados) permite antever as condições que terá de levar adiante – e de forma diligente e adequada – à demanda coletiva. Também entram em cogitação, frequentemente, nesse quesito, o histórico de sucesso do advogado em causas semelhantes (individuais ou coletivas).³⁸

Ademais, no direito norte-americano, é sabido que o controle da representação adequada não pode fazer-se apenas no início do processo. É imprescindível que o representante guarde a condição de adequação até a solução final da controvérsia, o que implica dizer que alguém que se apresenta como representante adequado no início do processo não necessariamente manterá essa condição até a sua conclusão. É o que prescreve a regra 23(c), ao autorizar a revisão da decisão que "certifica" uma ação de classe até o final julgamento.

---

35. *Hansberry v. Lee*. 311 U.S. 32 (1940). V., a respeito, DOWNS, Howard M. Ob. cit., p. 609 e 627 e ss.; TIDMARSH, Jay. Ob. cit., p. 1152 e ss.; STRICKLER Jr., George M. Ob. cit., p. 87-88.
36. Como afirma o texto legal, exige-se "the fair and adequate protection of the interests of the class by the representative party" (regra 23(a)(4)).
37. *Eisen v. Carlisle & Jacquelin*. 391 F. 2d 555 (2d Cir. 1968). V., STRICKLER Jr., George M. Ob. cit., p. 102. Posteriormente, a exigência do caráter representativo da pretensão individual acabou sendo atenuada pela jurisprudência dos Estados Unidos da América, sobretudo em razão do incremento das ações que buscavam a afirmação de direitos sociais, em que comumente aquele que se apresentava em defesa do interesse não tinha pretensão idêntica àquela do grupo defendido (STRICKLER Jr., George M. Ob. cit., p. 118 e ss.). V., tb., DOWNS, Howard M. Ob. cit., p. 645 e ss.; GIDI, Antonio. A class action..., ob. cit., p. 105 e ss.
38. STRICKLER Jr., George M. Ob. cit., p. 145 e ss.

De toda sorte, a grande lição que aquele modelo oferece é no sentido da inviabilidade de traçar esquemas rígidos e abstratos que possam demonstrar a existência da representação adequada. Só a avaliação do caso concreto – a ocorrer no início e ao longo de todo o processo – é que pode demonstrar se aquele que se apresenta em favor de certo interesse (e seu advogado) efetivamente tem condições, empenho e vontade de patrocinar a defesa daquela posição no processo. Demais disso, também é certo que a análise da representação adequada deve trazer em seu bojo a avaliação de um princípio de "não prejuízo" (*do no harm principle*)[39] na atuação do legitimado coletivo. A atividade desempenhada pela parte processual que atua em favor de um grupo ou de um interesse não pode frustrar as legítimas expectativas guardadas por aquele grupo ou que se supõe seja atribuída ao mencionado interesse. Nesse sentido, reconstrói-se uma ponte entre a atividade da parte processual e o direito material ou o interesse que é levado para a análise judicial.

O direito brasileiro, por outro lado, está longe de apresentar tamanho grau de discussão da matéria. Porém, é fato que o controle de representação adequada – nos casos já admitidos há certo tempo, como é a situação das ações de controle de constitucionalidade e no julgamento de recursos representativos da controvérsia[40] – tem-se pautado por critérios bastante semelhantes àqueles acima apontados pelo direito norte-americano. O Superior Tribunal de Justiça, por exemplo, já concluiu que a simples "afirmação da Defensoria Pública da União – DPU, de atuar em vários processos que tratam do mesmo tema versado no recurso representativo da controvérsia a ser julgado não é suficiente para caracterizar-lhe a condição de *amicus curiae*".[41] Em outro caso, o Superior Tribunal de Justiça conferiu legitimidade à Comissão de Defesa do Consumidor da Assem-

---

39. TIDMARSH, Jay. Ob. cit., p. 1175 e ss.
40. O direito brasileiro admite, pontualmente, a intervenção de sujeitos que gozem de representatividade adequada em certos casos. Assim, por exemplo, afirma o art. 6º, § 1º, da Lei 9.882/99, que, no processo de arguição de descumprimento de preceito fundamental, o relator poderá "às partes nos processos que ensejaram a arguição, requisitar informações adicionais, designar perito ou comissão de peritos para que emita parecer sobre a questão, ou ainda, fixar data para declarações, em audiência pública, de pessoas com experiência e autoridade na matéria". De modo semelhante, afirma o art. 7º, § 2º, da Lei 9.868/99, que, nos processos de controle de constitucionalidade, pode o relator, "considerando a relevância da matéria e a representatividade dos postulantes, poderá, por despacho irrecorrível, admitir, observado o prazo fixado no parágrafo anterior, a manifestação de outros órgãos ou entidades", prevendo, ainda, o seu art. 9º, § 1º, que "Em caso de necessidade de esclarecimento de matéria ou circunstância de fato ou de notória insuficiência das informações existentes nos autos, poderá o relator requisitar informações adicionais, designar perito ou comissão de peritos para que emita parecer sobre a questão, ou fixar data para, em audiência pública, ouvir depoimentos de pessoas com experiência e autoridade na matéria".
41. STJ, 1ª Seção, REsp 1.371.128/RS, Rel. Min. Campbell Marques, *DJe* 17.09.2014.

bleia Legislativa do Rio de Janeiro para ajuizar ação civil pública que almejava a proteção de consumidores. Para tanto, ponderou que se deveria permitir a esse ente, ainda que sem personalidade jurídica própria, ajuizar tal ação coletiva, por dois fundamentos. Em primeiro lugar, porque isso contribuiria para evitar a multiplicação de demandas individuais, o que impactaria para o surgimento de decisões conflitantes e para o acúmulo de demandas diante do Poder Judiciário do Rio de Janeiro. De outro lado, entendeu que

> [...] não se pode recusar legitimidade a uma comissão da Assembleia Legislativa do Estado do Rio de Janeiro, que se propõe a defender os interesses do consumidor e é, ainda que indiretamente, composta por pessoas que exercem mandatos eletivos.[42]

A seu turno, o Supremo Tribunal Federal, tratando da representação adequada de *amicus curiae* em processos de controle de constitucionalidade, acentuou a necessidade de verificar "razões que tornem desejável e útil a sua atuação processual na causa, em ordem a proporcionar meios que viabilizem uma adequada resolução do litígio constitucional". E, para essa análise, é fundamental entender a intenção da admissão desse amigo da Corte, cujo papel é

> [...] pluralizar o debate constitucional, permitindo que o Supremo Tribunal Federal venha a dispor de todos os elementos informativos possíveis e necessários à resolução da controvérsia, visando-se a, ainda, com tal abertura procedimental, superar a grave questão pertinente à legitimidade democrática das decisões emanadas desta Corte [...] quando no desempenho de seu extraordinário poder de efetuar, em abstrato, o controle concentrado de constitucionalidade.[43]

Recentemente, tratando especificamente do regime do *amicus curiae*, tal como disciplinado pelo CPC, ponderou o Supremo Tribunal Federal a necessidade de avaliar a "contribuição específica" a ser prestada, bem como o grau de representação – isto é, a especificidade dos interesses – a ser trazido pelo interveniente, não se devendo permitir esse ingresso se houver outros integrantes do processo com "maior representatividade" e com "interesses jurídicos similares".[44]

5. A participação e a representação de interesses nos processos estruturais

De tudo o que se vê, é possível concluir que o Judiciário brasileiro já possui maturidade para a avaliação concreta da presença dos elementos que indicam

---

42. STJ, 3ª Turma, REsp 1.002.813/RJ. Rel. Min. Nancy Andrighi, *DJe* 17.06.2011.
43. STF, Pleno, ADI 2.321/DF-MC. Rel. Min. Celso de Mello. DJU 10.06.2005. p. 4.
44. STF, Pleno, ADin 4.858/DF-AgR. Rel. Min. Edson Fachin. *DJe* 03.04.2017.

a representatividade adequada de um sujeito para apresentar em juízo certo interesse. Isso é feito constantemente em demandas pontuais, sendo certo que o novo Código de Processo Civil convida a magistratura a exercer com mais vigor essa tarefa.

Para tanto, parece fundamental que se estabeleçam alguns balizamentos de forma a conferir certa previsibilidade e segurança no controle desse requisito.

Em primeiro lugar, é de se frisar a necessidade de que esse controle seja constante. A vigilância sobre o papel do representante adequado deve ser exercida ao longo de todo o processo, avaliando-se a cada momento se a conduta adotada pela parte efetivamente está alinhada àquilo que seria de se esperar do grupo ou do interesse protegido. Como é evidente, é possível que alguém reúna as condições de representação adequada no início de sua participação, mas venha a perder essa "legitimidade" em razão de sua conduta no processo ou em razão de alguma outra circunstância. Assim que verificada essa falta de representatividade, deve o sujeito ser substituído, já que não se pode tolerar que algum interesse ou algum grupo fique sem proteção no processo.

Os critérios antes vistos – tanto no direito norte-americano, como no código modelo – parecem ser razoáveis para demonstrar o contato entre o representante e o interesse representado. Porém, parece fundamental prestar atenção na *motivação* que enseja a participação do representante. Perquirir as razões que levam o sujeito a apresentar-se em juízo na proteção de certo interesse pode revelar se há, de fato, a relação necessária com aquele valor. Como observa Remo Caponi, nos processos de índole coletiva (e, em particular, nos processos estruturais), a finalidade da atividade jurisdicional não é propriamente a proteção de direitos subjetivos ou a solução de algum conflito pontual; é a atuação da norma jurídica adequada.[45] Por isso, na investigação das razões que levam alguém a se apresentar em juízo em nome de certo interesse, é indispensável avaliar se não há motivos subjacentes (muitas vezes individuais ou até espúrios) não declarados, mas que, sem dúvida, desvirtuam a capacidade de representação adequada do interesse que se afirma pretender tutelar.

Eventualmente, essa motivação pode também estender-se à avaliação do próprio procurador da parte. Sobretudo em se tratando de partes institucionais – tal como prevê o direito brasileiro, a exemplo do Ministério Público, da Defensoria Pública ou dos órgãos públicos em geral – é possível que determinado *agente* reúna melhores chances de defender adequadamente certo interesse do que outro integrante da mesma instituição. Embora essa análise seja de difícil considera-

---

45. CAPONI, Remo. "Modeli europei di tutela collettiva nel processo civile: esperienze tedesca e italiana a confronto". In: MENCHINI, Sergio (Coord.). *Le azioni seriali*. Napoli: Edizioni Scientifiche Italiane, 2008. p. 131.

ção, sobretudo por conta da indisponibilidade de certas atividades, outorgadas a agentes de alguns órgãos (a exemplo do Ministério Público), é certamente desejável que a atuação se dê, sempre, por aquele sujeito que proteja da melhor forma possível o interesse ou o grupo.[46]

Por outro lado, é também evidente que o exercício desse controle não deve servir como simples instrumento para inviabilizar ações coletivas ou processos com finalidades estruturais. O papel da representação adequada é assegurar que os interesses envolvidos nesses processos – e, eventualmente, os grupos que os ostentam – estejam suficiente e adequadamente apresentados no processo. O excesso, porém, no grau dessa exigência pode simplesmente inviabilizar que aquele interesse possa fazer-se ouvir ou, o que é pior, fazer com que o processo estrutural seja, todo ele, inviabilizado.

Impõe-se, portanto, prudência no controle da representação adequada, sobretudo para preservar a intenção – hoje sedimentada na legislação processual – de privilegiar a análise do mérito sobre as questões estritamente processuais. Desde que se possa ter como suficientemente apresentado certo interesse ou certa posição sobre o problema discutido, é de se ter por satisfeito o requisito em questão.

Ademais, considerando que os interesses envolvidos em litígios estruturais são, muitas vezes, interesses qualificados como difusos ou coletivos – e, portanto, despersonalizados já que metaindividuais –, há clara dificuldade em saber qual seria a "real vontade" a ser representada no processo. Sem dúvida, se os interesses são metaindividuais, dificilmente será possível determinar qual a posição processual que melhor tutela a "vontade" do bem ou valor a ser protegido.

Para esses casos, uma abordagem que considere a representatividade adequada deve levar em conta vários aspectos. Em primeiro lugar, o legitimado coletivo que ajuíza a demanda. Considerando que a lei brasileira trabalha com a lógica da pertinência temática para certos legitimados, parece razoável supor que aqueles que não satisfaçam esse requisito certamente devem ser considerados "representantes inadequados" para o processo. Ultrapassado, porém, esse elemento, será importante considerar o histórico de proteção do ente – e de seu procurador – a fim de avaliar concretamente a adequação de seu comportamento àquilo que seria de se esperar para a melhor proteção possível do interesse. Nesse sentido, mais uma vez, poderá ser necessário avaliar a motivação da demanda, perquirindo qual é o verdadeiro objetivo do processo formado. Finalmente, será imprescindível

---

46. Nesse sentido, aliás, a Portaria 183, de 18 de março de 2016, da Procuradoria-Geral da República, em seu art. 3º, prevê a possibilidade da designação de membros do Ministério Público Federal, com conhecimento na área a que se refere o tema debatido, para colaborar com a elaboração de manifestações, escritas ou orais, na atuação de casos repetitivos. Prevê também a possibilidade de criação de grupos de trabalho, encarregados de acompanhar a discussão de questões relevantes

analisar a conduta da parte ao longo do processo, de forma a ponderar se aquela situação inicial se mantém e se durante todo o *iter* processual a parte mantém-se ajustada à proteção do bem jurídico que afirma tutelar. Com tudo isso, é possível se chegar à conclusão de que um legitimado coletivo (abstratamente previsto) não tem condições de proteger adequadamente o interesse metaindividual e, portanto, deve ser substituído.

Em relação aos direitos individuais homogêneos eventualmente envolvidos em processos estruturais, a representação de seus interesses pode ser amplificada por meio do emprego da comunicação constante entre o representante e o grupo.[47] A notificação dos membros do grupo a respeito das medidas adotadas e dos caminhos a serem empregados, sempre que possível, pode ser instrumento fundamental para garantir a aderência entre aquilo que é feito pela parte e o que é desejado pelo grupo. Essa comunicação pode, ademais, servir para detectar diferenças entre os interesses de membros do grupo, recomendando a formação de subclasses ou a constituição de novos representantes para parcelas do grupo original.

Logicamente, por outro lado, há que se ponderar sobre os custos e a utilidade dessa notificação, já que também não se pode negar que, em certos casos, essa exigência pode inviabilizar a tramitação da ação coletiva ou torná-la a tal ponto onerosa que não compense os resultados almejados.[48] Desse modo, embora constitua um elemento útil para amplificar a representação adequada, também não pode ser utilizado para simplesmente inutilizar o resultado do processo estrutural ou inviabilizar seu prosseguimento.

6. Otimizando a participação e a representação. Em busca do equilíbrio

Enfim, sempre que viável, é de se pensar sobre a possibilidade de combinar os dois elementos. A participação direta de grupos reduzidos – ou de especia-

---

47. O sistema norte-americano, sobretudo em se tratando de processos estruturais, considera fundamental para a manutenção da justiça (*fairness*) do procedimento, a notificação dos interessados, já nos primeiros momentos do processo (v., STRICKLER Jr., George M. Ob. cit., p. 156).
48. No direito norte-americano, a necessidade de notificação adequada dos membros do grupo em ações coletivas é comumente um dos grandes problemas para o sucesso desse tipo de demanda. A par de seu elevado custo, há ainda a incerteza de que todos os membros do grupo receberão a comunicação e estarão, portanto, cientes da conduta da parte. Parece, no entanto, que esses defeitos podem hoje ser minimizados com o emprego dos novos recursos de comunicação disponíveis. O uso da *internet*, das redes sociais, a inserção da notificação em instrumentos usuais de comunicação com grupos (holerites, boletos bancários, contas de luz, de água etc.) ou até mesmo o emprego de meios de comunicação de massa como a TV e o rádio podem servir de veículo eficaz nessa comunicação, ampliando certamente o diálogo entre o representante e os representados.

listas no tema objeto da demanda – aliada à representação adequada dos outros grupos e interesses é, sem dúvida, fórmula que pode equilibrar as vantagens e as desvantagens da presença direta de todos os sujeitos interessados em um litígio estrutural. Essa conclusão implica dizer que processos de caráter estrutural normalmente serão compostos de vários polos – integrados, às vezes, por sujeitos que apresentam seus próprios interesses, e outras vezes, por partes que representam interesses de grupos ou metaindividuais. Essa multipolaridade, porém, não deve ser estranhada, já que é algo inerente nesse tipo de conflito.[49]

Sem dúvida, ainda assim haverá processo complexo e de tramitação difícil. Porém, para essa complexidade há ferramentas de gestão processual que podem atenuar o problema e lograr resultados úteis. O que não se pode tolerar, porém, é que grupos de pessoas possam ser atingidos sem que possam ter tido a chance de influir adequadamente na atividade jurisdicional, ou que interesses recebam resposta judicial claramente divorciada daquilo que seria de se esperar.

O processo estrutural deve assemelhar-se a uma ampla arena de debate, em que as várias posições e os vários interesses possam fazer-se ouvir e possam interferir na formação da solução jurisdicional. Se o Judiciário deve chamar para si a difícil tarefa de interferir em políticas públicas ou em questões complexas no plano econômico, social ou cultural, então é certo que o processo empregado para tanto deve servir como ambiente democrático de participação. Simulando o verdadeiro papel de um parlamento, constrói-se uma ferramenta adequada ao debate esperado, que legitima a atividade judicial.

Se os processos estruturais são uma realidade irrenunciável, é essencial que eles sejam tratados da forma adequada, garantindo-se um mínimo de aderência entre os resultados obtidos e os anseios dos interesses e dos grupos envolvidos. É também indispensável que as pessoas e os interesses possam ter voz, a ponto de não serem negligenciados pela atividade jurisdicional. E, assim, ferramentas adequadas de participação e de representação têm papel inafastável na elaboração do procedimento correto para o exercício dessa forma de atuação do Estado-juiz.

---

49. FISS, Owen. *The forms of justice*. Ob. cit., p. 21; FERRARO, Marcella P. Ob. cit., p. 85.

AÇÕES CONSTITUCIONAIS

42
O *HABEAS CORPUS* COMO PEDRA FUNDAMENTAL DO PROCESSO CONSTITUCIONAL BRASILEIRO

GILMAR FERREIRA MENDES

Doutor em Direito pela Universidade de Münster, Alemanha. Professor de Direito Constitucional nos cursos de graduação e pós-graduação da Faculdade de Direito da Universidade de Brasília (UnB) e do Instituto Brasiliense de Direito Público (IDP). Ministro do Supremo Tribunal Federal.

SUMÁRIO: 1. Considerações iniciais; 2. A Constituição de 1891 e o desenvolvimento da doutrina brasileira do *habeas corpus*; 3. A alteração constitucional de 1926 e a restrição do *habeas corpus*; 4. A criação do mandado de segurança em resposta à restrição do *habeas corpus*; 5. A influência do mandado de segurança no rito da representação interventiva; 6. Os remédios constitucionais da Constituição de 1988; 7. O mandado de segurança na Constituição de 1988; 8. O mandado de segurança coletivo; 9. O *habeas corpus* na Constituição de 1988; 10. *Habeas corpus*, ilegalidade que não afeta direito de locomoção e fungibilidade; 11. *Habeas corpus* contra decisão denegatória de liminar em *habeas corpus* e HC substitutivo de recurso ordinário; 12. Possibilidade de impetração de *habeas corpus* coletivo; 13. O caso do *habeas corpus* coletivo em favor das mulheres grávidas e mães presas; 14. Conclusão.

1. Considerações iniciais

Em 20 de fevereiro de 2018, a Segunda Turma do Supremo Tribunal Federal admitiu *habeas corpus* coletivo em favor de mães de crianças e grávidas que estivessem preventivamente presas no país. A ordem foi concedida para determinar a substituição da prisão preventiva de tais mulheres por prisão domiciliar[1].

A decisão merece destaque não apenas pela importante atuação do Supremo Tribunal Federal no sentido de reafirmar seu papel de salvaguarda de direitos fundamentais, no caso, de grupo em estado de manifesta violação massiva de

---
1. HC 143.641, rel. Min. Ricardo Lewandowski, j. 20.02.2018.

direitos, mas por evidenciar a magnitude do *habeas corpus* à conformação do processo constitucional brasileiro.

A concessão de *habeas corpus* coletivo, ao mesmo tempo em que resgata a essência da chamada doutrina brasileira do *habeas corpus* – desenvolvida sob a égide da Constituição de 1891 –, revela sua ascendência na atual configuração dos instrumentos de garantia das liberdades constitucionais, bem como no próprio controle de constitucionalidade.

Do ponto de vista histórico, processual e jurisprudencial, é possível observar verdadeiro movimento cíclico, que tem início na percepção conferida por Rui Barbosa ao *habeas corpus,* seguido pelo retorno ao conceito clássico e restritivo do *writ* – mediante alteração constitucional em 1926 – e a consequente criação do mandado de segurança.

O rito do mandado de segurança, baseado no *habeas corpus,* teve influência direta na conformação da representação interventiva, antecessora da representação de inconstitucionalidade, que veio a dar origem à ação direta de inconstitucionalidade e às demais ações diretas.

Essa mesma evolução serviu de matriz para os novos remédios previstos pelo Texto constitucional de 1988 – mandado de injunção e *habeas datas* – além da atual formatação do *habeas corpus* e do mandado de segurança, que passou a incluir a modalidade coletiva. Essa, por sua vez, serviu de referência à possibilidade de concessão de *habeas corpus* coletivo, em verdadeiro resgate das origens de ambos os institutos e retorno ao espírito de ampla proteção cunhado nos primeiros anos da República.

Nesse contexto, o presente artigo retratará a função essencial desempenhada pelo *habeas corpus* como pedra fundamental do processo constitucional brasileiro. Indicará origens e desenvolvimento histórico constitucional desse instituto e destacará como sua essência acabou por ser transposta a outras ações, como o mandado de segurança e a representação interventiva. Concluirá que a jurisdição constitucional brasileira é permeada pela doutrina brasileira do *habeas corpus* e a ela se volta, por meio do Supremo Tribunal Federal, ao utilizar-se de meios disponíveis a responder de forma eficaz a direitos violados.

2. A Constituição de 1891 e o desenvolvimento da doutrina brasileira do *habeas corpus*

O *habeas corpus* configura proteção especial tradicionalmente oferecida no sistema constitucional brasileiro. Não constava da Constituição de 1824, tendo sido contemplado, inicialmente, no Código de Processo Criminal, de 1832, e posteriormente ampliado com a Lei 2.033, de 1871.

O primeiro texto constitucional a dispor sobre o tema foi a Constituição de 1891, que estabeleceu, no art. 72, § 22: "dar-se-á *habeas corpus* sempre que o indivíduo sofrer violência, ou coação, por ilegalidade, ou abuso de poder". Vê-se, pois, que o dispositivo não fazia referência ao direito de ir e vir, historicamente protegido pelo instituto do *habeas corpus* desde suas tradicionais origens.

Tendo em vista a ausência de meios processuais aptos a proteger direitos e garantias fundamentais, o *habeas corpus*, previsto constitucionalmente de forma bastante ampla, passou a ser utilizado como remédio constitucional para a garantia dos mais diversos direitos que não o de locomoção.

Esse entendimento, que encontrava em Rui Barbosa um de seus maiores expoentes, acabou por ser cognominado de doutrina brasileira do *habeas corpus*. Foi ele, inclusive, que redigiu o texto do art. 72, § 22, de próprio punho. O projeto original de Constituição elaborado pelos juristas nomeados pelo Decreto 29, de 3 de dezembro de 1889, não continha o instituto no capítulo da Declaração de Direitos[2].

Sobre a configuração do *habeas corpus* na Constituição de 1891, em comparação ao modelo tradicional previsto pelo antigo ordenamento, Rui Barbosa assim explicou anos mais tarde, em discurso ao Senado:

> O constrangimento corporal era portanto, sob o Império, a condição *sine qua non* da concessão do *habeas-corpus*. Ora, se o pensamento constituinte republicano fosse o de conservar o *habeas-corpus* na sua proposição primitiva, análoga às das legislações inglesa e americana, não tinha a Constituição republicana mais do que dizer do mesmo modo que disse em relação ao júri: Fica mantida a instituição do *habeas-corpus*. Nesse caso não haveria questão, estaria o *habeas--corpus* definido pelas leis imperiais. Que fez, porém, o legislador constituinte neste regime? Rompeu abertamente, pela fórmula que adotou na Carta republicana, com a estreiteza da concepção do *habeas-corpus* sob o regime antigo.
>
> [...]
>
> Não se fala em prisão, não se fala em constrangimentos corporais. Fala-se amplamente, determinadamente, absolutamente em coação e violência; de modo que, onde quer que surja, onde quer que se manifeste a violência ou a coação, por um desses meios, aí está estabelecido o caso constitucional do *habeas-corpus*. Quais são os meios indicados? Quais são as origens da coação e da violência, que devem concorrer para que se estabeleça o caso legítimo de *habeas-corpus*? Ilegalidade ou abuso do poder. Se de um lado existe a coação ou a violência e de outro lado a ilegalidade ou o abuso de poder; se a coação ou violência resulta de ilegalidade ou abuso do poder, qualquer que seja a violência, qualquer que seja a coação, desde que resulte de abuso de poder, seja qual ele for, ou de ilegalidade, qualquer que ela seja, é inegável o recurso do *habeas-corpus*[3].

---

2. NOGUEIRA, Rubem. *Revista de Informação Legislativa*, n. 84, out/dez, 1984.
3. BARBOSA, Rui. *Discursos parlamentares*. Obras completas de Rui Barbosa. Rio de Janeiro: Fundação Casa de Rui Barbosa, 1981. v. XVIII. p. 94.

Rui Barbosa defendeu que o *habeas corpus*, nos termos do que disciplinado pela Constituição de 1891, não estaria limitado aos casos de constrangimento corporal, mas seria cabível para defesa de qualquer direito ameaçado ou impossibilitado de ser exercido. Esclareceu, para tanto, o sentido da redação do Texto constitucional, escrito justamente por ele:

> O *habeas-corpus* hoje não está circunscrito aos casos de constrangimento corporal; o *habeas-corpus* hoje se estende a todos os casos em que um direito nosso, qualquer direito, estiver ameaçado, manietado, impossibilitado no seu exercício pela intervenção de um abuso de poder ou de uma ilegalidade.
>
> Desde que a Constituição, Srs. Senadores, não particularizou os direitos que, com o *habeas-corpus*, queria proteger contra a coação ou contra a violência, claro está que o seu propósito era escudar contra a violência e a coação todo e qualquer direito que elas podiam tolher e lesar nas suas manifestações. Limitar a disposição aos direitos de caráter privado é ir de encontro à boa hermenêutica nas suas regras fundamentais. [...].
>
> Eis, Srs. Senadores, o que me parece decorrente com a maior evidência do texto constitucional, em que o *habeas-corpus* recebeu a consagração, que antigamente não tinha, de uma das instituições fundamentais do País, porque até então essa medida tutelar, esse recurso liberal não passava de uma concessão das leis ordinárias, outorgada um dia pela disposição passageira das maiorias de momento, e no dia seguinte recusada, eliminada ou transformada, sob a influência da índole menos liberal de outra maioria.
>
> Agora, não. Agora entre as instituições nas quais nenhum dos poderes do Estado pode tocar sem sacrilégio, está a de *habeas corpus*, definida, ampliada, garantida pelos termos de um grande texto, de um texto claro, de um texto iniludível, de um texto que, pela sua amplitude, não podia ser apoucado senão intervindo o arbítrio individual, o arbítrio injurídico na interpretação de uma lei evidente, para lhe alterar o espírito, a natureza e o limite[4].

Aliomar Baleeiro ressalta que o contexto histórico do país, com "tempos inevitavelmente ásperos que acompanham uma transição de regime", explicaria o motivo de medida processual originariamente simples e restrita vir a assumir o caráter de instituto com "espantosas dimensões na vida política brasileira da chamada Primeira República, a da Constituição de 1891"[5].

De fato, a configuração de momento histórico conturbado com a ausência de efetivo remédio que resguardasse o rol de direitos previstos na Constituição

---

4. BARBOSA, Rui. *Discursos parlamentares*. Obras completas de Rui Barbosa. Rio de Janeiro: Fundação Casa de Rui Barbosa, 1981. v. XVIII. p. 97.
5. BALEEIRO, Aliomar. *O Supremo Tribunal Federal, esse outro desconhecido*. Rio de Janeiro: Forense, 1968. p. 70.

foi cenário fértil para a doutrina brasileira do *habeas corpus*. A isso somou-se a crescente atuação do STF, a firmar-se como crucial instituição republicana.

Assim, segue Baleeiro:

> [...] o Supremo Tribunal Federal, por meio de construção, supriu a falta de leis que amparassem todos os direitos e liberdades. Lentamente, pelo velho processo do erro e correção do erro, o antigo Supremo estabeleceu o sentido da Constituição e cortou asas às várias tentativas de o Executivo tripudiar sobre ela e sobre as franquias dos cidadãos[6].

Não é de se estranhar, portanto, que decisões proferidas pelo Supremo Tribunal Federal em sede de *habeas corpus* tenham gerado polêmica nos primeiros anos da República, a ponto de o então Presidente Floriano Peixoto declarar que "se os ministros do Tribunal concederem ordens de *habeas corpus* contra os meus atos, eu não sei quem amanhã dará aos ministros os *habeas corpus* que eles, por sua vez, necessitarão".

A leva inicial de ações referia-se à questões relacionadas à Revolta da Armada e à Revolução Federalista. O longo estado de sítio então decretado por Floriano Peixoto permitia que adversários fossem presos com facilidade, sem o devido processo legal. Rui Barbosa impetrou nesse período uma série de pedidos que se tornaram célebres e são considerados o embrião de sua doutrina.

O primeiro caso – HC 300 – foi impetrado por Rui Barbosa em favor do senador Almirante Eduardo Wandenkolk e de diversos outros políticos e figuras, como José do Patrocínio e Olavo Bilac[7], que haviam sido atingidos por medidas do estado de sítio. Pretendia-se ver declarada inconstitucional a restrição de direitos pela atuação do Poder Executivo.

Apreciado em 27 de abril de 1892, o pedido foi negado. Em síntese, consignou-se no acórdão que "não é da índole do Supremo Tribunal Federal envolver-se nas funções políticas do Poder Executivo ou Legislativo", além de que

> [...] ainda quando na situação criada pelo estado de sítio, estejam ou possam estar envolvidos alguns direitos individuais, esta circunstância não habilita o Poder Judicial a intervir para nulificar as medidas de segurança decretadas pelo Presidente da República, visto ser impossível isolar esses direitos da questão política, que os envolve e compreende, salvo se unicamente tratar-se de punir os abusos dos agentes subalternos na execução das mesmas medidas, porque a esses agentes não se estende a necessidade do voto político do Congresso[8].

---

6. Idem.
7. HC 300, Rel. Min. Costa Barrada, j. 27.04.1892.
8. HC 300, Rel. Min. Costa Barrada, j. 27.04.1892.

Meses mais tarde, Rui Barbosa voltou a recorrer ao Supremo Tribunal Federal, dessa vez advogando em favor de militares e de civis presos a bordo do navio Júpiter, capturado no litoral de Santa Catarina por ordem de Floriano Peixoto. Na petição, esclareceu a situação e conclamou que a Corte passasse a enfim atuar, assumindo seu papel de instituição apta a combater arbitrariedades do Poder Executivo[9]. Anotou, para tanto, fazendo referência ao HC 300, que:

> Pouco mais de um ano faz que comparecia ante vós o impetrante, exorando a majestade constitucional das vossas funções em defesa de quarenta e seis cidadãos brasileiros, presos, subtraídos a seus lares, dispersos no exílio, ou sequestrados no cativeiro das fortalezas por um decreto do poder executivo. O raio descera sobre suas cabeças em nome de uma alta prerrogativa, excepcionalmente conferida ao governo em salvaguarda extrema da ordem e da conservação social. O abuso envolvera-se no manto do estado de sítio, para atravessar impune, irresponsável, as barreiras legais. Em vossa alta sabedoria, a qual se curvam os peticionários, entendestes que a evocação solene da razão de estado pelo chefe eletivo da nação desarmava a missão tutelar dos tribunais.
>
> Vede quinze meses depois o nosso progresso na consolidação das garantias constitucionais. Em abril de 1892 o presidente da república se julgava obrigado a revestir de formulas legais, declarando o estado de sítio, a faculdade, que reivindicava, de prender, julgar e condenar sem processo. Em julho de 1892, sem a menor solenidade, não havendo nem suspensão de garantias constitucionais, nem declaração competente de guerra, um número de indivíduos, de homens livres, ainda maior que o do ano transato, arrecada-se a bordo de um navio capturado corno peso morto, como parte material da presa, de envolta com o casco, os móveis, as munições, as armas, e baldeiam-se para os porões das fortalezas, sem transitarem pela presença de um juiz, sem trocarem uma palavra com um advogado, sem receberem sequer a notificação da sua culpa. O governo, que pudesse autorizadamente insular, encerrar, segregar da vida social cidadãos por dois dias consecutivos, sem os inteirar da acusação que lhes irroga, sem os entregar a magistratura, que há de processá-los, poderia, com o mesmo fundamento, dispor-lhes da liberdade por dois meses, por dois anos, por toda aquela parte da vida, que conviesse aos interesses da prepotência fadar à mortificação, à esterilidade, à miséria e ao desespero[10].

E continuou sobre a importância do Supremo Tribunal Federal:

> Só a intervenção da vossa augusta autoridade poderá projetar sobre essas trevas a luz, que as instituições livres, decretadas na constituição republicana, deviam derramar sobre uma esfera de relações, que tocam aos mais invioláveis

---

9. HC 406, Rel. Min. Barros Pimentel, j. 09.08.1893.
10. HC 406, Rel. Min. Barros Pimentel, j. 09.08.1893.

direitos humanos, trazendo a público os infelizes, cuja inocência um acidente fatal, explorado pelas paixões políticas, sepultou nas casamatas dos presídios de guerra, abrindo a essas criaturas, iniquamente perseguidas, uma válvula de defesa no seu desamparo imerecido[11].

A ordem de soltura acabou por ser concedida, por maioria da Corte.

Já no HC 1.073, Rui Barbosa advogou em favor de implicados no atentado a Floriano Peixoto desterrados para a Ilha de Fernando de Noronha[12]. O Tribunal, em sessão de 16 de abril de 1898, deferiu a ordem, e o Presidente da República, Prudente de Morais, cogitou de renunciar ao mandato, por considerar que o cumprimento do *habeas corpus* instalaria quadro de desordem institucional.

O Tribunal acolheu a tese segundo a qual "cessam, com o estado de sítio, todas medidas de repressão durante ele tomadas pelo Executivo". E consignou, sobre a importância do *habeas corpus*:

> Considerando que, se a garantia do *habeas corpus* houvesse de ficar suspensa enquanto o estado de sítio não passasse pelo julgamento político do Congresso, e de tal julgamento ficasse dependendo o restabelecimento do direito individual ofendido pelas medidas de repressão empregadas pelo Governo no decurso daquele período de suspensão de garantias, indefesa ficaria por indeterminado tempo a própria liberdade individual e mutilada a mais nobre função tutelar do Poder Judiciário, além de que se abriria abundante fonte de conflitos entre ele e o Congresso Nacional, vindo a ser este, em última análise, quem julgaria os indivíduos atingidos pela repressão política do sítio, e os julgaria sem forma de processo e em foro privilegiado não conhecido pela Constituição e pelas leis;
>
> [...]
>
> O estado de sítio não significa a suspensão de todas as garantias, mas tão somente daquelas que se acham mencionadas no art. 80, n. 2; da Constituição, e de cujo emprego o Presidente da República "logo que se reúna o Congresso, motivando-as lhe relatará".
>
> Por conseguinte, tudo que for além de tais medidas dará então lugar a intervenção do Poder Judiciário, antes ou depois do juízo político do Congresso, por não se tratar mais de atos praticados dentro da órbita constitucional, porém de violência à liberdade individual, que tem no *habeas corpus*, o meio legítimo de fazer cessar esse constrangimento[13].

O Ministro Celso de Mello ressalta que a origem da formação doutrinária do *habeas corpus* reside, em verdade, no histórico "Caso do Conselho Municipal

---

11. HC 406, rel. Min. Barros Pimentel, j. 09.08.1893.
12. HC 1.073, rel. Min. Ribeiro de Almeida, j. 16.04.1898.
13. HC 1.073, rel. Min. Ribeiro de Almeida, j. 16.04.1898.

do Distrito Federal", no qual o âmbito de incidência protetiva do instituto restou ampliado de forma significativa[14]. De fato, foi na série de julgamentos plenários da Corte de processos relacionados a esse imbróglio que a doutrina foi melhor conformada pelo Supremo Tribunal Federal.

O Conselho Municipal do Distrito Federal, composto por 16 intendentes eleitos, era o equivalente ao Poder Legislativo da então capital do país. Durante as eleições de 1909, após divisão de dois grandes grupos rivais que se julgavam competentes a exercer os poderes de direção do Conselho, Nilo Peçanha editou decreto que transferia sua administração ao Prefeito do Distrito Federal. Em síntese, esse fato gerou uma série de impetrações de *habeas corpus* pelas partes que se sentiram prejudicadas.

Em 1911, o Presidente Hermes da Fonseca editou o Decreto 8.527, que determinava a realização de novas eleições para o Legislativo da Capital, dissolvendo-se, portanto, a configuração então existente por meio de decisões do STF.

Contra esse decreto impetrou-se novo *habeas corpus*, e durante seu julgamento, em especial, a doutrina foi realmente exposta, como consignado por Pedro Lessa, relator da ação[15]. No caso, os pacientes buscavam manter-se em seus cargos. O Supremo reconheceu a violação a liberdades individuais e permitiu que os intendentes adentrassem o recinto do Conselho para cumprimento de seus mandatos eletivos[16].

No acórdão do *habeas corpus*, consignou-se:

> O fato de se tratar de cidadãos que pretendem exercer uma função pública, e para isso pedem esta ordem de *habeas corpus*, não é motivo jurídico para se julgar incabível o *habeas corpus*: "The constitutional garanties of personal liberty are a shield, for the protection of all classes, at all times, and under all circunstances" (Dig. Amer., v. 3, verb. *habeas corpus*, p. 3.229, n. 6);
>
> Considerando, em suma, que os pacientes são membros do Conselho Municipal do Distrito Federal, legalmente investidos de suas funções, e com razão receiam que lhes seja tolhido o ingresso no edifício do Conselho em consequência do Decreto de 4 de janeiro corrente, o qual, do mesmo modo por que

---

14. HC 111.074, rel. Min. Celso de Mello, 2ª Turma, j. 13.12.2011. Nesse sentido, RHC 2.793, rel. Min. Canuto Saraiva, j. 08.12.1909; HC 2.794, rel. Min. Godofredo Cunha, j. 11.12.1909; HC 2.797, rel. Min. Oliveira Ribeiro, j. 15.12.1909; e RHC 2.799, rel. Min. Amaro Cavalcanti, j. 15.12.1909.
15. Habeas Corpus 2.990, rel. Min. Pedro Lessa, j. 25.01.1911.
16. Cf. RODRIGUES, Lêda Boechat. *História do Supremo Tribunal Federal*. Rio de Janeiro: Civilização Brasileira, 1979. v. 3. p. 55; HORBACH, Carlos Bastide. *Memória jurisprudencial*. Ministro Pedro Lessa. Brasília: Supremo Tribunal Federal: 2007. Sobre as consequências do julgamento, cf. VICTOR, Sérgio Antônio Ferreira. *Diálogo institucional e controle de constitucionalidade*. Saraiva: São Paulo, 2015.

o de 26 de novembro de 1909, é manifestamente infringente da Constituição Federal (na parte em que garante esta a autonomia municipal e especialmente a deste Distrito) e das leis ordinárias aplicáveis à hipótese:

> O Supremo Tribunal Federal concede a ordem de *habeas corpus* impetrada, a fim de que os pacientes, assegurada a sua liberdade individual, possam entrar no edifício do Conselho Municipal, e exercer suas funções até à expiração do prazo do mandato, proibido qualquer constrangimento que possa resultar do decreto do Poder Executivo federal, contra o qual foi pedida esta ordem de *habeas corpus*.
>
> Considerando que, dada a posição legal dos impetrantes, e portanto a ilegalidade do constrangimento à liberdade individual dos mesmos, criada pelo decreto inconstitucional do Poder Executivo federal, o remédio próprio para o caso é o *habeas corpus*[17].

Nesse período, outro exemplo de uso do *habeas corpus* em defesa da liberdade de profissão foi o pedido apresentado por motorista profissional que tivera sua carteira de habilitação apreendida por autoridade policial e, por isso, estaria impedido de exercer seu ofício[18]. O Ministro Pedro Lessa, relator, considerou que a apreensão fora feita por autoridade incompetente, e o pedido restou deferido pela Corte.

O *habeas corpus* também foi usado para assegurar a liberdade de manifestação. Em 1914, Rui Barbosa – à época, senador, e, no caso, paciente – impetrou *habeas corpus* pelo qual se insurgia contra decisão do jornal *Imparcial*, da Bahia, que se recusara a publicar discurso por ele proferido em contrariedade a ato do governo federal. Na oportunidade, a ordem foi concedida, por maioria, privilegiando-se a liberdade de representante da nação exercida pelo paciente e a necessidade de que se desse publicidade aos atos políticos em acórdão assim ementado: "As imunidades parlamentares estabelecidas no art. 19 da Constituição da República asseguram ao senador da República publicar os seus discursos proferidos no Parlamento pela imprensa, onde, quando e como lhe convier"[19].

Já em 1919, o *habeas corpus* foi utilizado em seu formato preventivo para garantia do direito de reunião e da livre manifestação de pensamento. Trata-se de pedido em favor de Rui Barbosa, então candidato à Presidência da República, e de seus correligionários, que estariam sofrendo abuso de autoridades estaduais da Bahia. Pedia-se a concessão para que pudessem reunirem-se todos,

> [...] em comícios, nas praças públicas, ruas, teatros e quaisquer outros recintos, onde manifestem, livremente, seus pensamentos e opiniões, ameaçados

---

17. HC 2.990, rel. Min. Pedro Lessa, j. 25.01.1911.
18. HORBACH, Carlos Bastide. *Memória jurisprudencial*. Ministro Pedro Lessa. Brasília: Supremo Tribunal Federal: 2007.
19. HC 3.536, rel. Min. Oliveira Ribeiro, j. 05.06.1914.

como se acham todos, de sofrer violências e impedidos e coagidos como estão, por abusos de autoridade dos poderes públicos do Estado, representados por sua polícia[20].

O HC 4.781 acabou deferido em 5 de abril de 1919, nos seguintes termos:

> O Supremo Tribunal Federal é competente para conceder, originariamente, a ordem de "habeas corpus", no caso de iminente perigo de consumar-se a violência antes de outro Tribunal ou juiz poder tomar conhecimento da espécie em primeira instância. O "habeas-corpus" é competente para proteger o direito de livre reunião. A polícia não pode, de modo algum, desde que se não trate do ajuntamento ilícito, proibir "meetings" ou comícios e nem tão pouco localizá-los, isto é, determinar que só se possam efetuar em lugares por ela designados[21].

Registre-se, por fim, que a ampliação conferida ao *habeas* não era, contudo, questão pacífica no cenário jurídico brasileiro. Juristas de alto gabarito, a exemplo do Ministro Godofredo Cunha, do Supremo Tribunal Federal, interpretavam o *habeas corpus* a partir de sua faceta clássica e restritiva. Em outras palavras, o remédio constitucional apenas seria cabível em ocasiões de constrição da liberdade de locomoção ou constrangimento ilegal da pessoa.

Tomado pela controvérsia em torno do *writ* constitucional, o Supremo Tribunal Federal adotou posicionamento que não privilegiou qualquer das duas correntes – a de Rui Barbosa e a que negava a ampliação do uso do *habeas corpus*. O Tribunal optou, em verdade, por interpretação intermediária em torno do remédio constitucional. A propósito, observam Ada Pellegrini, Gomes Filho e Scarance Fernandes:

> Na verdade, três posições firmaram-se com o advento da Constituição republicana: alguns, como Rui Barbosa, sustentavam que a garantia deveria ser aplicada em todos os casos em que um direito estivesse ameaçado, manietado, impossibilitado no seu exercício por abuso de poder ou ilegalidade; em sentido oposto, afirmava-se que o *habeas corpus*, por sua natureza e origem histórica, era remédio destinado exclusivamente à proteção da liberdade de locomoção; e finalmente, uma terceira corrente, vencedora no seio do Supremo Tribunal Federal, propugnava incluir na proteção do *habeas corpus* não só os casos de restrição da liberdade de locomoção, como também as situações em que a ofensa a essa liberdade fosse meio de ofender outro direito[22].

---

20. HC 4.781, rel. Evandro Lins, j. 05.04.1919.
21. HC 4.781, rel. Evandro Lins, j. 05.04.1919.
22. GRINOVER, Ada Pellegrini, GOMES FILHOS, Antonio Magalhães; FERNANDES, Antonio Scarance. Recursos no processo penal. *Revista dos Tribunais*, Brasília, cit., p. 347348, 2011.

A posição que prevaleceu na jurisprudência do Supremo Tribunal Federal foi a de Pedro Lessa – apesar de haver quem entenda o contrário[23]. Em obra doutrinária, o Ministro indicou sua concepção sobre o tema da seguinte forma:

> Frequentemente, todos os dias, se requerem ordens de *habeas-corpus*, alegando os pacientes que estão presos, ou ameaçados de prisão, e pedindo que lhes seja restituída, ou garantida, a liberdade individual. Nessas condições, não declaram, nem precisam declarar, quais os direitos cujo exercício lhes foi tolhido, ou está ameaçado; porquanto, a prisão obsta ao exercício de quase todos os direitos do indivíduo. A liberdade individual é um direito fundamental, condição do exercício de um sem número de direitos: para trabalhar, para cuidar de seus negócios, para tratar de sua saúde, para praticar os atos de seu culto religioso, para cultivar seu espírito, aprendendo qualquer ciência, para se distrair, para desenvolver seu sentimento, para tudo, em suma, precisa o homem de liberdade de locomoção, do direito *de ir vir*. Além de inútil, fora difícil, se não impossível, enumerar todos os direitos que o indivíduo fica impossibilitado de exercer pela privação da liberdade individual: pela prisão, pela detenção, ou pelo exílio. A impetração do *habeas corpus* para fazer cessar a prisão, ou para a prevenir, é o que se vê diariamente[24] (g.n.).

E seguiu, explicando as hipóteses de cabimento do *habeas corpus*:

> Algumas vezes, entretanto, a ilegalidade de que se queixa o paciente não importa a completa privação da liberdade individual. Limita-se à coação ilegal a ser vedada unicamente a liberdade individual, *quando essa tem por fim próximo o exercício de um determinado direito*. Não está o paciente preso, nem detido, nem exilado, nem ameaçado de imediatamente o ser. Apenas o impedem de ir, por exemplo, a uma praça pública, onde se deve realizar uma reunião com intuitos políticos; a uma casa comercial, ou a uma fábrica, na qual é empregado; a uma repartição pública, onde tem de desempenhar uma função, ou promover um interesse; à casa em que reside, ao seu domicílio.
>
> Na primeira hipótese figurada, a que se realiza constantemente, cifra-se a tarefa processual do juiz em averiguar se o paciente está preso, ou ameaçado de prisão; se está condenado, ou pronunciado; se é competente o juiz que decretou a prisão, ou a pronúncia.
>
> Na segunda, expressamente consagrada no artigo 72, § 22, da Constituição Federal, que manda conceder o *habeas-corpus*, sempre que o indivíduo sofrer qualquer coação a sua liberdade individual (pois, o preceito constitucional não qualifica, nem restringe, nem distingue a coação que é destinado a impedir),

---

23. RODRIGUES, Lêda Boechat. *História do Supremo Tribunal Federal*. Rio de Janeiro: Civilização Brasileira, 1979. v. 3. p. 33.
24. LESSA, Pedro. *Do Poder Judiciário*. Livraria Francisco Alves: Rio de Janeiro, 1915. p. 284.

assume diversa modalidade a indagação a que é obrigado o juiz: o que a esse cumpre, é verificar se o direito que o paciente quer exercer, e do qual a liberdade física é uma condição necessária; um meio indispensável para se atingir o fim; um caminho cuja impraticabilidade inibe que se chegue ao termo almejado; o que cumpre verificar é se esse direito é incontestável, líquido, se o seu titular não está de qualquer modo privado de exercê-lo, embora temporariamente.

[...]

Pouco importa a espécie de direitos que o paciente precisa ou deseja exercer. Seja-lhe necessária a liberdade de locomoção para pôr em prática um direito de ordem civil, ou de ordem comercial, ou de ordem constitucional, ou de ordem administrativa, deve ser-lhe concedido o *habeas-corpus*, sob a cláusula exclusiva de ser juridicamente indiscutível esse último direito, o direito escopo[25].

Leda Boechat, por sua vez, destaca que o auge da doutrina pertenceu, em verdade, ao Ministro Enéas Galvão, e não a Pedro Lessa, como usualmente apontado. Segundo seu entendimento:

Para Pedro Lessa, o "habeas corpus" somente protegia o direito de locomoção, ou o direito de ir e vir. Numa interpretação muito forçada, por meio do que chamou a liberdade-fim, atrelou ao direito de locomoção vários outros direitos. Sua longa judicatura, de 1907 a 1921, ajudou a dar-lhe enorme influência e sua perda foi considerada irreparável.

O Ministro Enéas Galvão, nomeado em 1912 e morto em 1916, serviu ao Supremo Tribunal apenas quatro anos. Mas esse tempo exíguo permitiu que deixasse marcados na jurisprudência do *habeas corpus* sua coragem, sua altivez e seu espírito criador. Ninguém mais do que ele deixou seu rastro luminoso no *habeas corpus* brasileiro e na sua ampliação, justificando a chamada Doutrina Brasileira do *Habeas Corpus*[26].

A autora transcreve debates dos ministros para ressaltar a importância de Enéas Galvão ao desenvolvimento da doutrina, entendimento minoritário entre os pesquisadores[27]. Ministro Celso de Mello, quando trata do tema, consigna sua importância ao lado da de Pedro Lessa na conformação jurisprudencial da doutrina brasileira do *habeas corpus*[28].

---

25. LESSA, Pedro. *Do Poder Judiciário*. Livraria Francisco Alves: Rio de Janeiro, 1915. p. 286.
26. RODRIGUES, Lêda Boechat. *História do Supremo Tribunal Federal*. Rio de Janeiro: Civilização Brasileira, 1979. v. 3. p. 33.
27. SILVA, Evandro Lins e. História do Supremo Tribunal Federal em: RODRIGUES, Lêda Boechat. *História do Supremo Tribunal Federal*. Rio de Janeiro: Civilização Brasileira, 1979. v. 3. p. 13.
28. HC 111.074, rel. Min. Celso de Mello, 2ª Turma, j. 13.12.2011.

De qualquer forma, apesar de eventuais controvérsias, acabou sendo o entendimento de Pedro Lessa o principal norte da Corte para apreciação de *habeas corpus* nesse período. Para ele, em síntese, "a liberdade de locomoção constitui uma condição, um meio, um caminho, para o exercício, não só de outros direitos individuais, como de direitos secundários, direitos meramente civis, políticos ou administrativos"[29]. Com base nessa compreensão, o Supremo Tribunal Federal concedeu maior abrangência ao *writ*, prática que foi interrompida com a reforma constitucional de 1926.

3. A alteração constitucional de 1926 e a restrição do *habeas corpus*

Após anos de ampla utilização, em 1926, o *habeas corpus* teve seu âmbito de proteção reduzido, ficando vedada sua aplicação para proteção de outros direitos que não a liberdade de ir e vir ("Dar-se-á *habeas corpus* sempre que alguém sofra violência por meio de prisão ou constrangimento ilegal em sua liberdade de locomoção"). A alteração promovida pelo Poder Constituinte Reformador culminou em severo enfraquecimento da doutrina brasileira do *habeas corpus*, de modo que alguns direitos restaram, dessa forma, desamparados[30].

A contenção do *habeas corpus* ao seu papel clássico era objetivo de Arthur Bernardes desde a campanha presidencial. Já eleito, em mensagem apresentada ao Congresso Nacional, em 3 de maio de 1924, ressaltou a importância das alterações constitucionais que estavam por vir, indicando que

> [...] a extensão dada ao instituto do *habeas corpus*, desviado do seu conceito clássico, por interpretações que acatamos, é outro motivo de excesso de trabalho no primeiro tribunal da República. É tempo de fixar os limites do instituto, criando-se ações rápidas e seguras, que o substituam nos casos que não sejam de ilegal constrangimento ao direito de locomoção e à liberdade física do indivíduo[31].

Durante os debates na reforma constitucional, dois temas em especial foram objeto de calorosas discussões no Congresso Nacional: a emenda que pretendia

---

29. LESSA, Pedro. *Do Poder Judiciário*. Livraria Francisco Alves: Rio de Janeiro, 1915. p. 287.
30. Sobre a evolução da doutrina, conferir também: SOUZA, Luiz Henrique Boselli de. A doutrina brasileira do *habeas corpus* e a origem do mandado de segurança: Análise doutrinária de anais do Senado e da jurisprudência histórica do Supremo Tribunal Federal. In: *Revista de Informação Legislativa*, n. 177, jan./mar. 2008.
31. Mensagem apresentada ao Congresso Nacional na abertura da Primeira Sessão da Décima Segunda Legislatura pelo Presidente da República Arthur Bernardes. Rio de Janeiro, 1924. Disponível em: [www.biblioteca.presidencia.gov.br/presidencia/ex-presidentes/arthur-bernardes/mensagens-ao-congresso/mensagem-ao-congresso-nacional-na-abertura-da-primeira-sessao-da-decima-segunda-legislatura-1924]. Acesso em: 05.12.2018.

retirar do Poder Judiciário, federal e local, qualquer tipo de inferência no que se denominou de "causas eminentemente políticas", e, em segundo lugar, o item que dispunha sobre o *habeas corpus*.

A alteração de 1926 teve o claro objetivo de restringir o controle que, de certa forma, o Judiciário poderia exercer em relação aos demais Poderes. Nesse ponto, a inovação do art. 60, § 5º, segundo o qual

> [...] nenhum recurso judiciário é permitido, para a justiça Federal ou local, contra a intervenção nos Estados, a declaração de estado de sítio e a verificação de poderes, o reconhecimento, a posse, a legitimidade e perda de mandato aos membros do Poder Legislativo ou Executivo, federal ou estadual; assim como, na vigência do estado de sítio, não poderão os tribunais conhecer dos atos praticados em virtude dele pelo Poder Legislativo ou Executivo.

A restrição do *habeas corpus* à sua concepção histórica original foi justificada pelos congressistas em função dos supostos abusos cometidos pelo Supremo Tribunal Federal, que teria passado a utilizar-se desse remédio para afastar lesões a diversos tipos de direitos. Entendia-se que essa ampliação da finalidade do *writ* traria prejuízos ao próprio Tribunal, que teria passado a focar sua atuação nos pedidos de *habeas corpus*, acumulando outras espécies de ações. Criticava-se, igualmente, o fato de a Corte resolver, por meio de procedimento sumário, temas que poderiam ser processados por meio regular[32].

Seja qual fosse o argumento utilizado para justificar a reforma constitucional de 1926, fato é que houve forte restrição ao exercício da tutela jurisdicional. Foi nesse contexto que passou a ser discutida a necessidade de criação de novos instrumentos constitucionais, próprios para a preservação de outras liberdades e direitos, que não necessariamente de locomoção[33].

4. A criação do mandado de segurança em resposta à restrição do *habeas corpus*

A retirada do caráter abrangente do *habeas corpus* formou verdadeiro hiato de proteções constitucionais, apenas solucionado oito anos depois, com a previsão do mandado de segurança na nova Constituição, de 1934.

---

32. RIBEIRO, Marly Martinez. Revisão Constitucional de 1926. *Revista de Ciência Política*, dez. 1967.
33. Ressalte-se que a reforma constitucional de 1926 consagrou expressamente os princípios constitucionais da União (art. 6º, II), outorgando ao Congresso Nacional a competência privativa para decretar a intervenção (art. 6º, § 1º). Reconheceu-se, assim, ao Parlamento a faculdade de caracterizar, preliminarmente, a ofensa aos princípios constitucionais sensíveis, atribuindo-se-lhe, ainda que de forma limitada e *ad hoc*, uma função de controle de constitucionalidade.

A crise produzida pela revisão da doutrina brasileira do *habeas corpus* tornara evidente a necessidade de adoção de algum instrumento processual constitucional adequado para proteção judicial contra lesões a direitos subjetivos públicos não protegidos pelo *habeas corpus*[34].

Em resposta, a Constituição de 1934 consagrou, ao lado do *habeas corpus* e com o mesmo processo deste, o mandado de segurança para a proteção de "direito certo e incontestável, ameaçado ou violado por ato manifestamente inconstitucional ou ilegal de qualquer autoridade" (art. 113, 33).

Ressalte-se que, desde a sedimentação da doutrina brasileira do *habeas corpus*, já se fazia presente o conceito de um dos pressupostos do moderno mandado de segurança, isto é, a existência de direito líquido e certo[35]. Em seus votos, o Ministro Pedro Lessa consignava expressamente a necessidade de comprovação da liquidez do direito para a concessão do *writ*.

Nesse sentido:

> [...] sempre que o indivíduo sofrer qualquer coação à sua liberdade individual (pois, o preceito constitucional não qualifica, nem restringe, nem distingue a coação, que é destinado a impedir), assume diversa modalidade a indagação a que é obrigado o juiz: o que a esse cumpre é verificar se o direito que o paciente quer exercer, e do qual a liberdade física é uma condição necessária; um meio indispensável para se atingir o fim; um caminho cuja impraticabilidade inibe que se chegue ao termo almejado; o que cumpre verificar é se esse direito é incontestável, líquido, se o seu titular não está de qualquer modo privado de exercê-lo, embora temporariamente [...].
>
> Se se requer *habeas-corpus*, para prevenir, ou remover a coação, que se traduz, não em prisão ou detenção, mas na impossibilidade de exercer um direito qualquer, de praticar um ato legal, ao juiz, que não pode envolver no processo do *habeas corpus* qualquer questão que deva ser processada e julgada em ação própria, incumbe verificar se o direito que o paciente quer exercer, é incontestável, liquido, não é objeto de controvérsia, não está sujeito a um litigio. Somente no caso de concluir que manifestamente legal é a posição do paciente, que a esse foi vedada a prática de um ato que tinha inquestionavelmente O direito de praticar, deve o juiz conceder a ordem impetrada[36].

---

34. Nesse período, chegou-se a tentar obter proteção semelhante por meio de interditos possessórios, com a utilização da então muito debatida tese da posse dos direitos pessoais. Defendida por Rui Barbosa, a ideia de utilização dessa via para proteger direitos individuais chegou a ser acolhida em parte pelo Poder Judiciário. Cf. Arnold Wald. *O mandado de segurança na prática judiciária*. Editora Nacional de Direito: Rio de Janeiro, 1958. p. 62.
35. HORBACH, Carlos Bastide. *Memória jurisprudencial*. Ministro Pedro Lessa. Brasília: Supremo Tribunal Federal, 2007.
36. LESSA, Pedro. *Do Poder Judiciário*. Livraria Francisco Alves: Rio de Janeiro, 1915. p. 285.

O procedimento do mandado de segurança foi regulamentado pela Lei 191, de 16 de janeiro de 1936, e passou a integrar a redação original do Código de Processo Civil de 1939. Foi ainda disciplinado pela Lei 1.533, de 31 de dezembro de 1951, que alterou dispositivos do CPC/39, pela Lei 4.348, de 26 de junho de 1964, e pela Lei 5.021, de 9 de junho de 1966. Em 7 de agosto de 2009, foi promulgada a Lei 12.016/2009, que disciplina e conforma completamente o instituto nos moldes como hoje o utilizamos.

Contemplado por todos os textos constitucionais posteriores, com exceção da Carta de 1937, o mandado de segurança é assegurado pela atual Constituição em seu art. 5º, LXIX, que dispõe:

> Conceder-se-á mandado de segurança para proteger direito líquido e certo, não amparado por *habeas corpus* ou *habeas data*, quando o responsável pela ilegalidade ou abuso de poder for autoridade pública ou agente de pessoa jurídica no exercício de atribuições do poder público.

O Texto constitucional também prevê o mandado de segurança coletivo, que poderá ser impetrado por partido político com representação no Congresso Nacional, organização sindical, entidade de classe ou associação legalmente constituída e em funcionamento há pelo menos um ano, em defesa de seus membros ou associados, como será posteriormente retomado (art. 5º, LXX, *a* e *b*).

5. A influência do mandado de segurança no rito da representação interventiva

Além do mandado de segurança, outra inovação do Texto constitucional de 1934 foi a "declaração de inconstitucionalidade para evitar a intervenção federal", tal como a denominou Bandeira de Mello[37], isto é, a intervenção federal, antecessora da representação interventiva, confiada ao Procurador Geral da República, nas hipóteses de ofensa aos princípios consagrados no art. 7º, I, *a* a *h*, da Constituição.

Cuidava-se de fórmula peculiar de composição judicial dos conflitos federativos, que condicionava a eficácia da lei interventiva, de iniciativa do Senado (art. 41, § 3º), à declaração de sua constitucionalidade pelo Supremo Tribunal (art. 12, § 2º). Assinale-se, por oportuno, que, na Assembleia Constituinte, o Deputado Pereira Lyra apresentou emenda destinada a substituir, no art. 12, § 2º, a expressão *tomar conhecimento da lei que a decretar e lhe declarar a constitucionalidade* por "tomar conhecimento da lei local arguida de infringente desta Constituição e lhe declarar a inconstitucionalidade"[38].

---

37. MELLO, Oswaldo Aranha Bandeira de. *Princípios gerais de direito administrativo*. 2. ed. Rio de Janeiro: Forense, 1979. v. 1. p. 170.
38. CASTRO, Araújo. *A Constituição de 1937*. Edição fac-similar. Brasília: Senado Federal, 2003. p. 107-108.

Esse controle judicial configurava, segundo Pedro Calmon, um sucedâneo do direito de veto, atribuindose à Suprema Corte o poder de declarar a constitucionalidade da lei de intervenção e afirmar, *ipso facto,* a inconstitucionalidade da lei ou ato estadual[39]. Advirtase, porém, que não se tratava de formulação de juízo político, exclusivo do Poder Legislativo, mas de exame puramente jurídico[40].

Não obstante a breve vigência do Texto magno, ceifado pelas vicissitudes políticas que marcaram aquele momento histórico, não se pode olvidar o transcendental significado desse sistema para todo o desenvolvimento do controle de constitucionalidade mediante ação direta no direito brasileiro[41].

O Diploma de 1934 teve, de fato, curta duração. Em 1937, o país já estava sob a regência de Constituição outorgada pelo Presidente Getúlio Vargas, acompanhando o golpe de Estado do mesmo ano.

O texto constitucional seguinte, de 1946, previu a representação interventiva em seu art. 8º, parágrafo único. Esse instituto foi regulamentado pela Lei 2.271, de 1954, que tratou em quatro breves artigos da *arguição de inconstitucionalidade* ao STF. Restou fixada, no art. 4º, a seguinte regra: "Aplica-se ao Supremo Tribunal Federal o rito do processo do mandado de segurança, de cuja decisão caberão embargos caso não haja unanimidade".

A aplicação do rito do mandado de segurança à representação interventiva permitiu ao Supremo Tribunal Federal conceder maior abrangência ao instituto, podendo conformá-lo da feição que entendesse mais eficaz para sua atuação.

Nesse aspecto, ressalte-se que a lei da representação interventiva não previa a hipótese de concessão de medida cautelar para suspensão de ato impugnado. Ao mesmo tempo, também não havia proibição dessa prática.

A questão foi posta pela primeira vez à Corte no julgamento da Rp. 94, em 17 de julho de 1947, atinente às disposições parlamentaristas constantes da Cons-

---

39. CALMON, Pedro. *Intervenção federal*: o art. 12 da Constituição de 1934. Rio de Janeiro: Freitas Bastos, 1936. p. 109.
40. Como já mencionado, a Constituição de 1934 continha expressa ressalva à judicialização das questões políticas, dispondo o art. 68 que "é vedado ao Poder Judiciário conhecer das questões exclusivamente políticas". Nesse contexto, manifestase digna de menção a competência atribuída ao Senado Federal para "examinar, em confronto com as respectivas leis, os regulamentos expedidos pelo Poder Executivo e suspender a execução dos dispositivos ilegais" (art. 91, II). Em escólio ao art. 91, II, da Constituição de 1934, Pontes de Miranda destacava que "tal atribuição outorgava ao Senado Federal um pouco da função de Alta Corte Constitucional [...]" (PONTES DE MIRANDA. *Comentários à Constituição da República dos Estados Unidos do Brasil*. Rio de Janeiro: Ed. Guanabara, 1938. v. 1. p. 364). A disposição não foi incorporada, todavia, pelas Constituições posteriores.
41. PONTES DE MIRANDA. *Comentários à Constituição da República dos Estados Unidos do Brasil*. Rio de Janeiro: Ed. Guanabara, 1938. v. 1. p. 770.

tituição do Estado do Rio Grande do Sul. Naquela oportunidade, deixou assente o relator, Ministro Castro Nunes, *verbis*:

> Devo informar ao Tribunal que o Exmo. Sr. Procurador encaminhou-me [...] o pedido formulado pelo Governador do Estado para que fosse suspensa provisoriamente a Constituição, até o pronunciamento provocado. Mandei juntar aos autos a petição, sem despachar. O pedido de suspensão provisória não poderia ser deferido por analogia com o que se prescreve no processamento do mandado de segurança. A atribuição ora conferida ao Supremo Tribunal é *sui generis*, não tem por objeto ato governamental ou administrativo, senão ato constituinte ou legislativo; não está regulada em lei, que, aliás, não poderia dispor para estabelecer uma tramitação que entorpecesse a solução, de seu natural expedita, da crise institucional prefigurada. Acresce por sobre tudo isso que o poder de suspender o ato arguido de inconstitucional pertence ao Congresso, nos termos expressos do art. 13, como sanção articulada com a declaração da inconstitucionalidade[42].

Entendeu-se, então, que não seria admissível a cautelar em sede de representação interventiva, dadas as singularidades do processo político em que se encontrava inserida aquela ação.

A controvérsia voltou a ser discutida no julgamento da Rp. 466, pela qual o Procurador-Geral da República submeteu a exame do Supremo Tribunal Federal a apreciação da constitucionalidade de ato promulgado pela Assembleia Legislativa e Constituinte do Estado da Guanabara[43]. No caso, houve pedido de suspensão, até o final do julgamento, do ato impugnado, uma vez que esse poderia gerar grave lesão aos cofres do Estado e à "boa ordem constitucional" – tratava-se de medida que transferia à Assembleia Legislativa e Constituinte as funções do Poder Legislativo estadual.

O requerimento de suspensão cautelar foi deferido monocraticamente às vésperas do início do recesso do Poder Judiciário. A ação restou apreciada pelo Plenário da Corte em 22 de janeiro de 1962 e, durante os debates, o relator do processo, Ministro Ary Franco, fundamentou a utilização de medida liminar em representação interventiva em razão do caráter complementar exercido pelo rito do mandado de segurança. Indicou, para tanto, que, entre as peculiaridades do processo do mandado de segurança que a lei determina sejam observadas na representação de inconstitucionalidade, inclui-se suspensão liminar do ato impugnado, previsto no art. 7º da Lei 1.533/51.

---

42. Rp. 96, rel. Min. Castro Nunes, *AJ*, 85/31 (32).
43. Rp. 466, rel. Min. Ary Franco, j. 22.01.1962. *RTJ*, 23 (1)/8; Rp. 467, rel. Min. Victor Nunes, *RTJ*, 19 (1)/5.

Anotou, assim, ao apreciar agravo contra sua decisão monocrática, que:

> Dispõe, a respeito, o art. 7º, n. II, da Lei 1.533: "Ao despachar a inicial, o juiz ordenará [...] que se suspenda o ato que deu motivo ao pedido, quando for relevante o fundamento e do ato impugnado puder resultar a ineficácia da medida, caso seja deferida".
>
> Em face dessa norma, são bastantes dois requisitos para a suspensão: a relevância do fundamento do pedido e o risco da ineficácia da sua eventual concessão ulterior. O § 29 do art. 324 do Código de Processo Civil, revogado pela legislação especial, exigia para a suspensão liminar que do ato impugnado pudesse resultar lesão grave ou irreparável ao direito do requerente. O texto atualmente em vigor que se contenta com o risco de ineficácia, da medida, não tem, portanto, a menor incompatibilidade com os objetivos da representação prevista no art. 8º, parágrafo único, da Constituição[44].

Indicou que, de acordo com o art. 14 da lei do mandado de segurança, a suspensão liminar competiria ao relator do processo, quando impetrado a algum tribunal. E argumentou:

> Argui-se que a concessão da medida liminar é inadmissível em processo de representação. Eis aí, realmente, um problema constitucional de magna relevância. A arguição se desdobra em dois aspectos, um formal. Outro substancial.
>
> Alega-se que a concessão de liminar não é da índole do processo de representação. Colocada neste ângulo puramente formal, a arguição não tem qualquer relevo. Seja ou não seja da índole desse procedimento especial, desde que a lei foi expressa em mandar aplicar à representação o rito do mandado de segurança, as particularidades desse último passaram a complementar o primeiro.
>
> Não caberia, pois, indagar se a providência questionada é, ou não, da índole deste ou daquele processo, porque é a lei que define a natureza dos processos; ainda que neste ou naquele caso, o legislador proceda menos corretamente do ponto de vista doutrinário, não seria essa razão relevante para se negar aplicação à lei[45].

O Ministro reagiu igualmente contrário à inconsistência da alegação de que o Tribunal não poderia, por meio de um de seus juízes, conceder liminar já que "a decisão final, no caso, seria puramente declaratória, declaratória de inconstitucionalidade da lei ou ato impugnado", assim como que "qualquer providência executória, seja a suspensão do ato ou da lei, seja a intervenção federal, no Estado,

---

44. Rp. 466, rel. Min. Ary Franco, j. 22.01.1962. *RTJ*, 23 (1)/8.
45. Idem.

para revogação do ato ou da lei, pertenceria, pela Constituição, ao Congresso⁴⁶". Contra esses argumentos, indicou que:

> A representação do art. 8°, parágrafo único, da Constituição, não é um processo judiciário, em que o Tribunal funcione como juiz de controvérsia entre partes, característica essencial dos processos judiciais, ainda que as partes tenham posição tão conspícua como a União Federal, os Estados, ou Estado estrangeiro.
>
> A representação de que trata o citado dispositivo da Constituição Federal, é o mecanismo por meio do qual esta Corte exerce uma prerrogativa constitucional sua e das mais relevantes, já que a Constituição passou a exigir o nosso prévio pronunciamento em todos os casos de intervenção federal por motivo de violação dos princípios fundamentais da Constituição inscritos no art. 7°, n. VII.
>
> O Supremo Tribunal não tem a iniciativa do uso dessa prerrogativa; mas, uma vez provocado pelo Procurador Geral da República, é da sua competência exclusiva apreciar a questão, em toda a sua amplitude, sem que qualquer dos outros dois poderes, ou ambos, agindo em conjunto, possam cercear, de qualquer forma, o exercício dessa prerrogativa, cujo caráter de exclusividade resulta, transparentemente, da simples leitura do Texto constitucional.

Assentou que duas consequências poderiam advir da declaração de inconstitucionalidade pelo Supremo Tribunal Federal. O Congresso poderia decretar a intervenção, nos termos do art. 8°, parágrafo único, ou "se limitará a suspender a execução do ato arguido de inconstitucionalidade, se essa medida bastar para o restabelecimento da normalidade no Estado" (artigo 13). Não haveria uma alternativa, uma ou outra situação deveria ocorrer. Assim:

> Esta suspensão é, portanto, o mínimo que o Congresso haverá de fazer. Tem o Congresso opção entre fazer o mínimo, que é suspender a execução do ato declarado inconstitucional ou decretar a intervenção, para restabelecer a normalidade perturbada. O que o Congresso não pode, sem faltar ao dever que lhe impõe a Constituição, é não fazer uma coisa, nem outra. Em face do texto claro da Constituição, embora a decisão do Tribunal seja declaratória da inconstitucionalidade, a ela terá de seguir-se, fatal, necessária, imprescindivelmente, pelo menos, a suspensão do ato declarado inconstitucional.
>
> Se, pelo menos, esta suspensão não pode deixar de resultar da declaração de inconstitucionalidade do Tribunal, em virtude do texto expresso da Constituição, que fez o legislador na Lei 2.271? Antecipou-se ao exame dos casos concretos futuros, e, em virtude de um preceito de ordem geral, inscrito nessa lei, considerou a suspensão do ato como efeito automático, necessário, imprescindível, da própria declaração de inconstitucionalidade. Por isso é que

---

46. Rp. 466, rel. Min. Ary Franco, j. 22.01.1962. *RTJ,* 23 (1)/8.

mandou aplicar, no Supremo Tribunal, quando age no uso de prerrogativa que lhe confere o artigo 8º, parágrafo único, da Constituição, o processo do mandado de segurança. É que, aplicando este processo, a suspensão do ato declarado inconstitucional se produz desde logo, como efeito direto e imediato da decisão judicial, porque essa suspensão é o mínimo que o Congresso poderá fazer em tais casos; e é o mínimo que a Constituição em caráter compulsivo, exige que ele faça.

Este é o sentido, o alto sentido construtivo do art. 4º, da Lei 2.271, que se integra, em plena harmonia, no sistema instituído pela Constituição para a intervenção federal, motivada por violação dos princípios fundamentais, do regime. É, pois, de todo gratuito dizer-se que em tal caso, esteja o Tribunal usurpando atribuição do Congresso, porque foi precisamente o Congresso, ao votar a Lei 2.271, que permitiu extrair-se, desde logo, da declaração de inconstitucionalidade, aquele efeito mínimo, imposto pela Constituição, de maneira imperativa, que é a suspensão do ato declarado inconstitucional.

Fica, assim, demonstrado Sr. Presidente, que a suspensão do ato é efeito compulsório da declaração de inconstitucionalidade do art. 8º, parágrafo único, da Constituição; por essa razão, a Lei 2.271, erigiu aquela suspensão – que a ninguém seria lícito evitar – em efeito imediato da decisão judiciária.

Assim, quando o Relator, para acautelar interesses de vulto, aplicando a expressa disposição do art. 4º da Lei 2.271, concede medida liminar em processo de representação, está, de fato, antecipando, não uma decisão do Congresso, mas, provisoriamente os efeitos de uma decisão do próprio Supremo Tribunal, efeitos que essa mesma lei reconhece derivarem necessariamente da declaração de inconstitucionalidade. E tal antecipação é própria das atribuições do relator, no processo de mandado de segurança, aplicável ao de representação[47].

Nesse sentido, ainda que com alguma resistência[48], a Corte passou a admitir concessão de medida liminar em representação interventiva para suspensão da eficácia do ato normativo impugnado, em consonância com a orientação consagrada na lei do mandado de segurança. Nesse caso do Estado da Guanabara, todavia, a maioria entendeu que a ação era improcedente e a cautelar foi derrubada.

A lei da representação interventiva, de 1954, foi revogada pela Lei 4.337/64, que regulou a declaração de inconstitucionalidade para os efeitos do art. 7º, VII, da Constituição. A nova lei acabou por não fazer remissão à aplicação complementar do rito da lei do mandado de segurança, e esse silêncio foi propositalmente articulado no Congresso Nacional.

---

47. Rp. 466, rel. Min. Ary Franco, j. 22.01.1962. *RTJ*, 23 (1)/8.
48. Nos autos da Rp. 466, o Ministro Luiz Gallotti manifestou-se contrariamente à utilização do rito do mandado de segurança (Rp. 466, rel. Min. Ary Franco, j. 22.01.1962. *RTJ*, 23 (1)/8).

Nos termos do Parecer 761, de 1962, da Comissão de Constituição e Justiça do Senado, sobre o projeto de lei que aprovou a nova regulamentação, a equiparação dos procedimentos do mandado de segurança à representação de inconstitucionalidade teria revelado graves inconvenientes. Assim:

> Tal dispositivo (o que remete ao rito do mandado de segurança) deu em consequência, não há muito, em caso de repercussão nacional, a suspensão, por inconstitucionalidade, de um ato constitucional, baixado pela Assembleia Constituinte do Estado da Guanabara, por mero despacho liminar do Ministro Relator.
>
> Quer dizer: aquilo que a Constituição [...] admite por meio da maioria absoluta dos membros do Tribunal (declaração de inconstitucionalidade de lei ou de ato do poder público) foi feito por despacho de um só juiz.
>
> Ora, isso já prova, à farta, a inconveniência da assemelhação dos dois processos, diferentes em sua natureza e em sua finalidade[49].

Concluiu, nesse ponto, que admitir-se medida cautelar seria pressupor a existência de inconstitucionalidades provisória e definitiva, diferenciação não feita pelo texto constitucional. Necessário, portanto, disciplinar-se com maior cuidado o processo e os efeitos da representação, motivo pelo qual o projeto seria bastante relevante[50].

Por consequência, a Lei 4.337/64 não previu expressamente a concessão de cautelar, estabelecendo, porém, no art. 5°, que,

> [...] se, ao receber os autos, ou no curso do Processo, o Ministro Relator entender que a decisão da espécie é urgente em face de relevante interesse de ordem pública, poderá requerer, com prévia ciência das partes, a imediata convocação do Tribunal, e este, sentindo-se esclarecido, poderá suprimir os prazos do art. 3° desta Lei [*30 dias para informações e 30 dias para apresentação de relatório*] e proferir seu pronunciamento, com as cautelas do art. 200 da Constituição Federal [*maioria absoluta*] (g.n.).

Por meio da Emenda 16/65 à Constituição de 1946, a representação de inconstitucionalidade passou a integrar o sistema de controle abstrato de normas. Consagrava-se o controle direto de constitucionalidade de lei ou ato estadual em face da Constituição em evolução natural da experiência adquirida com a representação interventiva.

A Constituição de 1967 não trouxe grandes inovações ao sistema de controle de constitucionalidade. Manteve-se incólume o controle difuso e a ação direta

---

49. Parecer 761, de 1962, da Comissão de Constituição e Justiça do Senado.
50. No mesmo sentido, a Comissão de Constituição e Justiça da Câmara dos Deputados.

de inconstitucionalidade, tal como previstos na Constituição de 1946, com a Emenda 16/65.

O Supremo Tribunal Federal disciplinou a matéria pelo seu Regimento Interno (RISTF), por força do disposto no art. 119, § 3°, da Constituição de 1967/1969, fixando procedimento único para a representação interventiva e para a representação de inconstitucionalidade *in abstracto* – arts. 174 a 182, RISTF/1970.

Nos termos do art. 175, o relator, recebida a ação, deveria pedir "informações à autoridade, da qual tiver emanado o ato, bem como ao Congresso Nacional ou à Assembleia Legislativa, se for o caso" (art. 175, *caput*). As informações deveriam ser prestadas no prazo de 30 dias e poderiam ser dispensadas, em caso de urgência, pelo Relator, mas *ad referendum* do Tribunal (art. 175, § 1°). Previu-se, ademais, que

> [...] se, ao receber os autos, ou no curso do processo, o relator entender que a decisão é urgente, em face do relevante interesse de ordem pública que envolve, poderá, com prévia ciência das partes, submetê-lo ao conhecimento do Tribunal, que terá a faculdade de julgá-lo, com os elementos de que dispuser (art. 175, § 2°).

Vê-se, com isso, que a base para a concessão de medidas cautelares estava posta pelo regimento da Corte, seguindo-se entendimento firmado anos antes, com remissão ao rito do mandado de segurança.

Na Rp 933-RJ, de 5 de junho de 1975, essa orientação foi reafirmada pelo Supremo Tribunal, desta feita, em controle abstrato de normas, ao deferir pedido de medida cautelar, nos termos do art. 175 combinado com o art. 22, inciso IV, do Regimento Interno[51]. Cuidava-se de pedido de suspensão de execução formulado pelo então Procurador-Geral da República, Moreira Alves, assim fundamentado:

> Tendo em vista a faculdade contida no art. 175 combinado com o art. 22, inciso IV, do Regimento Interno, e por se cuidar de acesso aos Tribunais e promoções, remoções e permutas na Magistratura, o representante requer, para garantir a eficácia da ulterior decisão da causa, que seja suspensa a execução dos artigos que são objeto da presente representação[52].

O relator, Thompson Flores, manifestou-se expressamente em favor da admissibilidade da medida cautelar nos seguintes termos:

---

51. Art. 22 – São atribuições do Relator: IV – submeter ao Plenário ou à Turma, nos processos da sua competência, medidas preventivas necessárias à proteção de qualquer direito suscetível de grave dano de incerta reparação, ou ainda destinadas a garantir a eficácia da ulterior decisão da causa.
52. RTJ 76: 343.

Embora reconheça que a concessão de medida preventiva, em processo de representação possa suscitar discussão, estou convencido do acerto de nosso Regimento Interno ao admiti-la, em seu art. 175 c/c o art. 22, IV.

2. Em princípio, atribuo-lhe plena eficácia, face a expressa prerrogativa atribuída pela Constituição, em seu art. 120, parágrafo único, "c", *verbis*:

"Art. 120........................

Par. único - O regimento interno estabelecerá:

o processo e o julgamento dos feitos de sua competência originária ou de recurso;"

E entre tais processos, inclui-se a representação, por expressa determinação daquela Carta, artigo 119, I, l.

3. Forte, pois, no próprio Texto constitucional, proporcionando ele que regulasse o Supremo Tribunal o respectivo processo, permitiu-lhe, como sua natural decorrência jurídica, a adoção de medidas cautelares adequadas à garantia de plena eficácia de sua decisão.

4. Dir-se-á que, dada a índole do procedimento meramente declaratório, sem qualquer força executória, descaberia a antecipação da providência, a qual o próprio julgamento final não teria força. Penso, todavia, que assim não é.

5. De fato. Atribui a Magna Carta, privativamente, ao Supremo Tribunal Federal a declaração de inconstitucionalidade de lei estadual, por meio da representação. Caso venha julgá-la procedente, a declaração de inconstitucionalidade é terminante, inalterável e irreversível. Tanto a Lei 4.337/64, que disciplinava o processo, como o Regimento Interno, art. 180, declaram que do julgamento se faça comunicação às autoridades interessadas, e que, transitado ele em julgado, se transmita o seu teor ao Senado Federal. Certo são duas providências distintas e para fins diversos. Essa tem efeito *erga omnes*; aquela entre os que figuraram na lide[53].

Contra esse entendimento manifestou-se Xavier Albuquerque, articulando as seguintes objeções:

> [...] Reconheço que o Regimento, induvidosamente, permite ao relator submeter ao Plenário ou à Turma, nos processos da sua competência, medidas preventivas necessárias à proteção de quaisquer direitos suscetíveis de grave dano de incerta reparação ou, ainda, medidas destinadas a garantir a eficácia da ulterior decisão da causa. Ao pedir a suspensão liminar da execução das disposições impugnadas, o eminente Procurador-Geral, ao que ouvi, invocou o segundo fundamento do preceito regimental. Destinar-se-ia essa providência a garantir a eficácia da ulterior decisão da causa. A meu ver, ainda que o Regimento possa ser entendido no sentido de permitir que o Tribunal suspenda

---

53. Rp. 933 (liminar), rel. Min. Thompson Flores, RTJ 76:342 (343).

liminarmente a execução de ato normativo ou de lei, quando objeto de representação de inconstitucionalidade, ainda que assim possa ser, não se desenha, no caso, a hipótese figurada no Regimento. Se o Tribunal houver de declarar inconstitucionais esses preceitos, ao julgar a Representação em definitivo, a suspensão liminar ou a falta de suspensão liminar de sua execução não alterará em nada, a meu ver, a eficácia do julgado. As normas serão tidas por inconstitucionais, com o que não se haverão constituído direitos de nenhuma espécie com base nelas. Se atos administrativos houverem sido praticados, poderão ser desfeitos, porque fundados em lei declarada inconstitucional. O que me parece, ao fim e ao cabo, é que a decisão do STF limitar-se-á, eventualmente, a declarar a inconstitucionalidade da lei, mas o fará num processo de cognição abstrata, com inteiro desconhecimento de eventuais direitos subjetivos envolvidos. A suspensão da execução de lei declarada inconstitucional é, pela Constituição, prerrogativa do Senado. A meu ver, portanto, o Supremo não pode antecipar prestação jurisdicional que não lhe compete dar em definitivo"[54].

A controvérsia sobre a admissibilidade de medidas cautelares em representação de inconstitucionalidade ficou superada com o advento da Emenda 7, de 1977, que acrescentou ao elenco das competências originárias do Supremo Tribunal o julgamento do "pedido de medida cautelar nas representações oferecidas pelo Procurador-Geral da República" (CF 1967/69, art. 119, I, "p").

Evidencia-se, destarte, que a essência do rito célere do mandado de segurança, que o Congresso Nacional havia tentado afastar do processo de controle concentrado, restou mantida pela prática da Corte. Com sua consagração posterior pelo Texto constitucional, resta expressa a influência desse *writ* no processo constitucional, e, por via de consequência, da própria doutrina brasileira do *habeas corpus*.

6. Os remédios constitucionais da Constituição de 1988

A ordem constitucional brasileira assegura, de forma expressa, desde a Constituição de 1946 (art. 141, § 4º), que a lei não excluirá da apreciação do Poder Judiciário lesão ou ameaça a direito (CF/88, art. 5º, XXXV). Tem-se aqui, pois, de forma clara e inequívoca, a consagração da tutela judicial efetiva, que garante a proteção judicial contra lesão ou ameaça a direito.

---

54. Rp. 933 (liminar), rel. Min. Thompson Flores, RTJ 76:342 (345-6)). [Deve-se notar que somente a partir de resolução – Parecer do Min. Moreira Alves, *DJ* 16.05.1977. p. 3123-3124 – passou a Excelsa Corte, efetivamente, a emprestar tratamento diferenciado às decisões proferidas nas diferentes formas de arguição de inconstitucionalidade, reconhecendo a eficácia *erga omnes* da pronúncia de inconstitucionalidade proferida no controle abstrato de normas].

Ao lado dessa expressa garantia geral, o Texto constitucional de 1988 consagra as garantias especiais do *habeas corpus*, do mandado de segurança, do *habeas data* e do mandado de injunção, como instrumentos destinados à defesa da liberdade de ir e vir (*habeas corpus*), das liberdades públicas em geral em face do Poder Público (mandado de segurança), dos direitos de caráter positivo diante de eventual lesão decorrente de omissão legislativa (mandado de injunção) e dos direitos de autodeterminação sobre dados (*habeas data*).

Mencione-se, ademais, que a ordem constitucional de 1988 contempla outras garantias judiciais significativas que podem ter reflexos sobre posições subjetivas, como a ação direta de inconstitucionalidade, a ação declaratória de constitucionalidade, a ação direta de inconstitucionalidade por omissão, a arguição de descumprimento de preceito fundamental, a ação popular e a ação civil pública.

O texto de 1988 introduziu, ainda, a previsão expressa para que o constituinte estadual pudesse adotar o controle abstrato de normas destinado à aferição da constitucionalidade de leis estaduais ou municipais em face da Constituição estadual, desde que assegurada a legitimidade de propositura a mais de um órgão (art. 125, § 2º). A Constituição faz referência, nesse ponto, à possibilidade de instituição de *representação de inconstitucionalidade,* evidenciando, pela terminologia adotada, um resquício da evolução histórica do instituto.

Embora destinados à defesa da ordem constitucional objetiva ou de determinados preceitos constitucionais, ou, ainda, da legalidade e da moralidade, do patrimônio público, esses instrumentos podem levar à decisões judiciais com repercussão sobre situações subjetivas. A declaração de inconstitucionalidade em um processo objetivo refletirá, inevitavelmente, em todos que tenham sido afetados pela norma.

No presente item será dado especial destaque ao formato conferido pelo texto constitucional e pela jurisprudência do Supremo Tribunal Federal ao mandado de segurança e ao *habeas corpus*, inclusive no aspecto de atribuir a esses institutos verdadeiro caráter objetivo, utilizando-se do espírito da doutrina brasileira do *habeas corpus* para que suas decisões sejam efetivas e atinjam, se necessário, amplo número de pessoas.

7. O mandado de segurança na Constituição de 1988

Como especialização do direito de proteção judicial efetiva, o mandado de segurança destina-se a proteger direito individual ou coletivo líquido e certo contra ato ou omissão de autoridade pública não amparado por *habeas corpus* ou *habeas data* (CF, art. 5º, LXIX e LXX). Pela própria definição constitucional, o mandado de segurança tem utilização ampla, abrangente de todo e qualquer direito subjetivo público sem proteção específica, desde que se logre caracterizar a liquidez e a certeza do direito, materializada na inquestionabilidade de sua existência, na precisa definição de sua extensão e na aptidão para ser exercido no momento da impetração[55].

O mandado de segurança pode ser impetrado por pessoas naturais ou jurídicas, privadas ou públicas, em defesa de direitos individuais. Nesse caso, a jurisprudência é bastante estrita, recusando a possibilidade de impetração do mandado de segurança para defesa de interesses outros não caracterizáveis como direito subjetivo[56].

Embora destinado à defesa de direitos contra atos de autoridade, a doutrina e a jurisprudência consideram legítima a utilização do mandado de segurança contra ato praticado por particular no exercício de atividade delegada pelo Poder Público[57].

De outro lado, são pela lei equiparados à autoridade pública os representantes ou órgãos de partidos políticos e os administradores de entidades autárquicas, bem como os dirigentes de pessoas jurídicas ou as pessoas naturais no exercício de atribuições do poder político. Entretanto, devem ser diferenciados os atos de natureza pública dos atos de gestão, praticados pelos administradores de empresas públicas, sociedades de economia mista e concessionárias de serviço público, para fins de interposição do mandado de segurança.

É pacífica a orientação de que não é possível a impetração de mandado de segurança contra ato administrativo de que caiba recurso administrativo com efeito suspensivo, independente de caução (Lei 12.016/2009, art. 5º, I). É que nesse caso dispõe o interessado de meio próprio e efetivo de impugnação do ato. Na mesma linha, entende-se não admissível o mandado de segurança contra decisão judicial de que caiba recurso com efeito suspensivo (Lei 12.016/2009, art. 5º, II). E, ainda, não cabe mandado de segurança contra decisão judicial transitada em julgado (Lei 12.016/2009, art. 5º, III).

Tal como apontado na doutrina e na jurisprudência, a complexidade jurídica da questão não descaracteriza a liquidez e a certeza do direito, não obstando, por isso, o uso do mandado de segurança.

---

55. MEIRELLES, Hely Lopes. *Mandado de segurança e ações constitucionais*. Malheiros: São Paulo, 2010. Apesar da intensa discussão que se levantou em torno desse conceito, atualmente, doutrina e jurisprudência já possuem posicionamento pacificado segundo o qual o direito líquido e certo deve ser entendido como o direito cuja existência pode ser demonstrada de forma documental.
56. MS 20.936/DF, redator do acórdão Min. Sepúlveda Pertence, *DJ* 11.09.1992; MSAgRg-QO 21.291, rel. Min. Celso de Mello, *DJ* 27.10.1995; RMS 22.530/DF, rel. Min. Sydney Sanches, *DJ* 08.11.1996.
57. MEIRELLES, Hely Lopes. *Mandado de segurança*. Op. cit., p. 5354.

Suscita-se questão sobre o cabimento do mandado contra ato normativo. O Supremo Tribunal Federal tem orientação pacífica no sentido do não cabimento de mandado de segurança contra lei ou ato normativo em tese (Súmula 266), uma vez que ineptos para provocar lesão a direito líquido e certo. A concretização de ato administrativo com base na lei poderá viabilizar a impugnação, com pedido de declaração de inconstitucionalidade da norma questionada.

Contudo, há casos em que a mera vigência do ato normativo abstrato pode, por si só, comprometer a fruição de direitos individuais. Nessas hipóteses, a aplicação literal da Súmula 266/STF poderia ensejar a convalidação de ilegalidades. Por isso, em tais situações, faz-se necessário adotar uma interpretação do entendimento sumular mais condizente com o sistema de proteção jurídica do Texto constitucional.

A esse respeito, destaca-se julgado do Supremo Tribunal Federal em que o Plenário, por maioria, declarou a inconstitucionalidade de acórdão do Tribunal de Contas da União que determinava a incorporação de parcelas de quintos/décimos aos vencimentos de servidores federais, com base no art. 3º da MP 2.225-48/2001. O voto vencido do Ministro Eros Grau havia reconhecido que a decisão da Corte de Contas dizia respeito à situações gerais e abstratas e, por isso, não seria possível impugná-la pela via do mandado de segurança, por força da Súmula 266/STF.

A maioria do Tribunal, no entanto, seguiu voto de minha lavra, em que registrei que, em casos de patente ilegalidade da norma,

> [...] afigura-se razoável que se cogite da superação da Súmula referida, ou pelo menos, que se adote um *distinguishing* para afirmar que as leis que afetam posições jurídicas de forma imediata poderão ser impugnadas em mandado de segurança.

Ressaltei ainda que, "nesse contexto, parece já não mais haver razão para a preservação da Súmula 266/STF, pelo menos na sua expressão literal"[58].

De todo modo, admite-se mandado de segurança contra lei ou decreto de efeitos concretos, assim entendidos aqueles que

> [...] trazem em si mesmos o resultado específico pretendido, tais como as leis que aprovam planos de urbanização, as que fixam limites territoriais, as que criam municípios ou desmembram distritos, as que concedem isenções fiscais, as que proíbem atividades ou condutas individuais, os decretos que desapropriam bens, os que fixam tarifas, os que fazem nomeações e outros dessa espécie[59].

---

58. MS 25.763, em que fui designado redator do acórdão, *DJe* 03.08.2015.
59. MEIRELLES, Hely Lopes. *Mandado de segurança*. Op. cit., p. 41.

8. O mandado de segurança coletivo

O Texto constitucional prevê expressamente o uso de mandado de segurança por partido político com representação no Congresso Nacional, organização sindical, entidade de classe ou por associação legalmente constituída e em funcionamento há pelo menos um ano, em defesa dos direitos da totalidade ou parte de seus membros ou associados, (CF, art. 5º, LXX, *a* e *b*, e Lei 12.016/2009, arts. 21 e ss.). A ação constitucional de mandado de segurança, portanto, está destinada tanto à proteção de direitos individuais como à tutela de direitos coletivos.

O mandado de segurança coletivo deverá ser impetrado na defesa de interesse de uma categoria, classe ou grupo, independentemente da autorização dos associados (art. 21, Lei 12.016/2009). Assim, dispõe a Súmula 629 do Supremo Tribunal Federal que "a impetração de mandado de segurança coletivo por entidade de classe em favor dos associados independe da autorização destes". Diferentemente da hipótese contemplada pelo art. 5º, XXI[60], que trata de representação processual, a legitimidade das organizações sindicais, entidades de classe e associações, para impetração do mandado de segurança coletivo, é extraordinária, consistindo em típico caso de *substituição processual*[61].

Não se trata, dessa forma, de nova modalidade de ação constitucional, ao lado do mandado de segurança tradicional, mas de forma diversa de legitimação processual *ad causam*. Segundo jurisprudência do Supremo Tribunal Federal, "os princípios básicos que regem o mandado de segurança individual informam e condicionam, no plano jurídico-processual, a utilização do *writ* mandamental coletivo"[62], que, do mesmo modo, apenas será cabível na hipótese de direito líquido e certo violado por ato ilegal ou abuso de poder emanados de autoridade pública ou agente de pessoa jurídica no exercício de atribuições do Poder Público. Assim, também entende o Tribunal que "simples interesses, que não configuram direitos, não legitimam a válida utilização do mandado de segurança coletivo"[63].

Por outro lado, é preciso reconhecer que o regime de substituição processual conferido ao mandado de segurança para a tutela coletiva de direito líquido e certo deu novas dimensões ao *writ*, transformando-o em verdadeira ação coletiva.

---

60. Art. 5º, XXI, da CF/88: "As entidades associativas, quando expressamente autorizadas, têm legitimidade para representar seus filiados judicial ou extrajudicialmente".
61. RE 141.733, rel. Min. Ilmar Galvão, *DJ* 01.09.1995; RE 192.382/SP, rel. Min. Carlos Velloso, *DJ* 20.09.1996; RE 182.543/SP, rel. Min. Carlos Velloso, *DJ* 07.04.1995; RMS 21.514/DF, rel. Min. Marco Aurélio, *DJ* 18.06.1993.
62. MS 21.615/RJ, rel. Min. Néri da Silveira, *DJ* 13.03.1998.
63. MS 20.936/DF, redator do acórdão Min. Sepúlveda Pertence, *DJ* 11.09.1992; MSAgRg-QO 21.291, rel. Min. Celso de Mello, *DJ* 27.10.1995; RMS 22.530/DF, rel. Min. Sydney Sanches, *DJ* 08.11.1996.

Por isso, ao mandado de segurança coletivo serão aplicadas também as normas relativas às ações coletivas.

Quanto à legitimação dos partidos políticos, o Supremo Tribunal Federal tem entendido que o mandado de segurança coletivo poderá ser utilizado apenas para a defesa de direitos de seus filiados, observada a correlação com as finalidades institucionais e objetivos programáticos da agremiação[64].

Atualmente, a jurisprudência do STF está pacificada no sentido de que

> [...] o parlamentar tem legitimidade ativa para impetrar mandado de segurança com a finalidade de coibir atos praticados no processo de aprovação de leis e emendas constitucionais que não se compatibilizam com o processo legislativo constitucional[65].

Também aqui se afigura evidente que se cuida de uma utilização especial do mandado de segurança, não exatamente para assegurar direito líquido e certo de parlamentar, mas para resolver peculiar conflito de atribuições ou "conflito entre órgãos".

Esse tipo de ação é um mecanismo de defesa institucional, uma salvaguarda das prerrogativas das minorias parlamentares contra abusos cometidos pela maioria. Aqui pode ser construída solução paralela. A oposição tem claro interesse em levar ao Judiciário atos administrativos de efeitos concretos lesivos a direitos difusos. E nosso sistema consagra a tutela de violações a direitos difusos como um valor a ser buscado, na perspectiva do acesso à jurisdição.

Logo, tem-se por cabível a utilização do mandado de segurança coletivo pelos partidos políticos, para a defesa de interesses difusos, ligados a suas finalidades institucionais, ou a desvios no poder exercido pela situação. O contrário ocorre em relação às organizações sindicais, entidades de classe e associações, que só poderão pleitear em juízo direito líquido e certo de seus próprios associados, porque o

> [...] objeto do mandado de segurança coletivo será um direito dos associados, independentemente de guardar vínculo com os fins próprios da entidade impetrante do *writ*, exigindo-se, entretanto, que o direito esteja compreendido

---

64. RE 196.184/AM, rel. Min. Ellen Gracie, DJ 18.02.2005. Em sentido contrário, vide: BUENO, Cássio Scarpinella. *Mandado de segurança*. Op. cit., p. 33; ZAVASCKI, Teori Albino. *Processo coletivo*. Op. cit., p. 209.
65. MS 24.642, rel. Min. Carlos Velloso, DJ 18.06.2004; MS 20.452/DF, rel. Min. Aldir Passarinho, RTJ, 116 (1)/47; MS 21.642/DF, rel. Min. Celso de Mello, RDA, 191/200; MS 24.645/DF, rel. Min. Celso de Mello, DJ 15.09.2003; MS 24.593/DF, rel. Min. Maurício Corrêa, DJ 08.08.2003; MS 24.576/DF, rel. Min. Ellen Gracie, DJ 12.09.2003; MS 24.356/DF, rel. Min. Carlos Velloso, DJ 12.09.2003.

nas atividades exercidas pelos associados, mas não se exigindo que o direito seja peculiar, próprio, da classe[66].

Em relação ao objeto do mandado de segurança coletivo, pode-se afirmar que tal instrumento processual, na qualidade de ação coletiva, não visa a apenas à tutela de direitos individuais (simples ou homogêneos), mas também de direitos coletivos[67]. No caso dos partidos políticos, afigura-se viável a tutela de interesses difusos, como afirmado.

Finalmente, tem-se considerado possível também a impetração do mandado de segurança pelo Ministério Público, que atuará, nesse caso, como substituto processual na defesa de direitos coletivos e individuais homogêneos[68].

9. O *habeas corpus* na Constituição de 1988

Nos termos do Texto constitucional de 1988, será concedido *habeas corpus* "sempre que alguém sofrer ou se achar ameaçado de sofrer violência ou coação em sua liberdade de locomoção, por ilegalidade ou abuso de poder" (art. 5º, LXVIII).

Ainda que a atual previsão do *habeas corpus* afaste-se da concepção de Rui Barbosa, a liberdade de locomoção há de ser entendida de forma ampla, não se limitando a sua proteção à liberdade de ir e vir diretamente ameaçada, como também a toda e qualquer medida de autoridade que possa afetá-la, mesmo que indiretamente – o que se aproxima, ainda que em menor medida, da doutrina brasileira do *habeas corpus*. Daí serem comuns as impetrações desse *writ* contra instauração de inquérito criminal para tomada de depoimento, contra o indiciamento de determinada pessoa no inquérito policial, contra o recebimento de denúncia, contra decisão de pronúncia no âmbito do processo do Júri, contra a sentença condenatória.

Algo que não se alterou entre a interpretação empregada pela doutrina brasileira do *habeas corpus* e o atual tratamento do instrumento é a relevância conferida à prova pré-constituída. Entende-se que, por sua natureza, cuida-se de ação sumaríssima, o que impede sua utilização para superar situação de fato controvertida ou que demande dilação probatória.

A jurisprudência já está pacificada no sentido de não ser possível, por meio da via processual estreita do *habeas corpus*, o revolvimento do conjunto fático-probatório do

---

66. MS 22.132/RJ, rel. Min. Carlos Velloso, j. 21.08.1996, *DJ* de 18.11.1996. p. 39848; RE 193.382/SP, rel. Min. Carlos Velloso, *DJ* de 28.06.1996.
67. ZAVASCKI, Teori Albino. *Processo coletivo*: tutela de direitos coletivos e tutela coletiva de direitos. São Paulo: Ed. RT, 2006. p. 207; BUENO, Cassio Scarpinella. *Mandado de segurança*: comentários às Leis n. 1.533/51, 4.348/64 e 5.021/66. 2. ed. rev. e atual. São Paulo: Saraiva, 2006. p. 34.
68. BUENO, Cássio Scarpinella. *Mandado de segurança*. Op. cit., p. 32.

feito. Assim, não se tem aceitado a viabilidade do *writ*, por exemplo, para examinar questão relativa à incidência de causa excludente de culpabilidade[69], para a análise de comprovação de indícios de autoria e materialidade do crime[70], para se aferir a importância ou não da prova para o caso concreto[71], para examinar a tipicidade da conduta do paciente[72] (excetuados os casos de atipicidade manifesta, em especial nas hipóteses de aplicação do princípio da insignificância)[73] ou para verificar-se se a decisão dos jurados é ou não manifestamente contrária à prova dos autos[74].

A jurisprudência dominante sustenta ser inadmissível *habeas corpus* contra pena de multa, se ela não pode ser convertida em pena de prisão. Atualmente, a redação conferida pela Lei 9.268, de 1996, ao art. 51 do Código Penal veda expressamente a conversão da pena de multa em pena privativa de liberdade. Daí estar consagrado, na Súmula 693 do Supremo Tribunal Federal, que "não cabe *habeas corpus* contra decisão condenatória a pena de multa, ou relativo a processo em curso por infração penal a que a pena pecuniária seja a única cominada". Nessa situação, o mandado de segurança seria o instrumento constitucional mais adequado para a preservação dos direitos do cidadão.

Da mesma forma, considera-se que as penas acessórias relativas à perda da função pública impostas em sentença condenatória não podem ser impugnadas em sede de *habeas corpus*. Entende-se, ainda, ser inadmissível o *habeas corpus* quando, por qualquer razão, já estiver extinta a pena privativa de liberdade (Súmula 695 do STF). Assim, segundo essa orientação, não cabe *o writ* para obter reconhecimento de nulidade de processo em que a pena imposta já foi cumprida ou declarada extinta[75].

Ressalte-se, por último, que, tendo em vista sua característica de ação constitucional voltada para a defesa da liberdade, os juízes e tribunais têm competência

---

69. RHC 88.542/RJ, rel. Min. Sepúlveda Pertence, *DJ* 30.06.2006.
70. HC-AgRg 88.806/RJ, de minha relatoria, *DJ* 04.08.2006.
71. RHC 88.320/PI, rel. Min. Eros Grau, *DJ* 26.05.2006.
72. HC 87.674/MT, rel. Min. Sepúlveda Pertence, *DJ* 07.04.2006.
73. HCMC 92.531, de minha relatoria, decisão monocrática, *DJ* 24.09.2007; HC 84.412, rel. Min. Celso de Mello, *DJ* 19.11.2004; HC 77.003, rel. Min. Marco Aurélio, *DJ* 11.09.1998; HC 84.424, Tel. Min. Carlos Britto, *DJ* 07.10.2005; HC 83.526, rel. Min. Joaquim Barbosa, *DJ* 07.05.2004; AIQO 559.904/RS, rel. Min. Sepúlveda Pertence, 1ª Turma, unânime, *DJ* 26.08.2005.
74. HC 86.735/SP, rel. Min. Carlos Britto, *DJ* 26.05.2006.
75. Essa orientação restritiva, embora compreensível em razão das características processuais do instituto, suscita dúvidas legítimas, uma vez que a condenação criminal tem consequências para a vida futura do paciente (questão de reincidência, maus antecedentes). Cf., a propósito, TACrimSP, *RT*, 502/301; *JTACrimSP*, 36/108, 42/79; veja também GRINOVER, Ada Pellegrini; GOMES FILHO, Antonio Magalhães Gomes e FERNANDES, Antonio Scarance. *Recursos no processo penal*. Op. cit., p. 355.

para expedir, de ofício, ordem de *habeas corpus*, quando, no curso do processo, verificarem que alguém sofre ou está na iminência de sofrer coação ilegal (art. 654, § 2°, do CPP). Trata-se, portanto, de uma possibilidade de automático desempenho da proteção efetiva pelo Judiciário que extrapola, por definição, os rigores formais da noção processual da inércia da jurisdição.

10. *Habeas corpus*, ilegalidade que não afeta direito de locomoção e fungibilidade

Pela forma como o *habeas corpus* é atualmente previsto em nosso Texto constitucional, questão delicada refere-se ao problema de sua adequação para superar restrições que não afetam diretamente a liberdade de locomoção.

Assim, tem-se afirmado, por exemplo, que

> [...] o afastamento do cargo, decretado por unanimidade pelo Órgão Especial do Superior Tribunal de Justiça, quando do recebimento da denúncia, por não afetar e nem acarretar restrição ou privação da liberdade de locomoção, não pode ser questionado na via do *habeas corpus*[76].

Porém, no HC 90.617/PE, a Segunda Turma do STF deferiu a ordem para suspender os efeitos da decisão do STJ no que concerne à imposição do afastamento do cargo (LC 35/79, art. 29), determinando o retorno do paciente à função de desembargador estadual, tendo em vista o excesso de prazo na instrução criminal[77].

No caso, de minha relatoria, assim me manifestei:

> [...] considerada essa configuração fática excepcional, entendo ser o caso de se estabelecer um *distinguishing* com relação à referida jurisprudência tradicional deste Tribunal quanto à matéria do cabimento do *habeas corpus*. Entendo que o *writ* é cabível porque, na espécie, discute-se efetivamente aquilo que a dogmática constitucional e penal alemã – a exemplo da ilustre obra *Freiheitliches Strafrecht* ("Direito Penal Libertário"), de Winfried Hassemer – tem denominado *Justizgrundrechte*.
>
> Essa expressão tem sido utilizada para se referir a um elenco de normas constantes da Constituição que tem por escopo proteger o indivíduo no contexto do processo judicial. Não tenho dúvidas que o termo seja imperfeito, uma vez que, amiúde, esses direitos transcendem a esfera propriamente judicial.
>
> Assim, à falta de outra denominação genérica, também nós optamos por adotar designação assemelhada – direitos fundamentais de caráter judicial e garantias constitucionais do processo –, embora conscientes de que se cuida

---

76. HCAgRg 84.326/PE, rel. Min. Ellen Gracie, *DJ* 01.10.2004; HC 84.816/PI, rel. Min. Carlos Velloso, *DJ* 06.05.2005.
77. HC 90.617/PE, de minha relatoria, *DJ* 07.03.2008.

de denominações que pecam por imprecisão. De toda forma, independentemente dessa questão terminológica, um elemento decisivo é o de que, no caso concreto ora em apreço, invoca-se garantia processual de natureza judicial e administrativa, que tem repercussão direta quanto ao devido processo legal penal e à dignidade pessoal e profissional do paciente.

Desse modo, o tema da razoável duração do processo (CF, art. 5º, LXXVIII), por expressa disposição constitucional, envolve não somente a invocação de pretensão a "direito subjetivo" de célere tramitação dos processos judiciais e administrativos, mas também, o reconhecimento judicial de "meios que garantam a celeridade de sua tramitação". Em outras palavras, a interpretação desse dispositivo também está relacionada à efetivação de legítimas garantias constitucionais como mecanismos de defesa e proteção em face de atrocidades e desrespeitos aos postulados do Estado democrático de Direito (CF, art. 1º)[78].

Essa linha de entendimento foi ampliada no julgamento do HC 121.089, que tratava do afastamento cautelar de conselheiro do Tribunal de Contas. No caso, analisou-se que o juiz pode, conforme o caso, aplicar "medidas cautelares diversas da prisão", em substituição à prisão preventiva (art. 319, CPP), se elas forem suficientes para acautelar as finalidades do art. 312 do CPP. O STF avaliou, então, que as "medidas cautelares criminais diversas da prisão são onerosas ao atingido e podem ser convertidas em prisão se descumpridas". Por isso, julgou "cabível a ação de *habeas corpus* contra coação ilegal decorrente da aplicação ou da execução de tais medidas"[79].

O STF já considerou também que os processos por crimes de responsabilidade não são passíveis de controle por *habeas corpus*[80]. De fato, mesmo que procedente o *impeachment*, a condenação impõe as penas de perda do cargo e de inabilitação temporária para o exercício da função pública (art. 52, parágrafo único, da CF). Não há risco, ainda que remoto, à liberdade de locomoção.

Na mesma linha, asseverou que,

> [...] objetivando as razões de a impetração salvaguardar o direito à intimidade, sem demonstração de que a quebra do sigilo telefônico determinada por ato da CPI instituída para apurar irregularidades na emissão de títulos públicos constitua efetiva ameaça à liberdade de ir e vir do paciente, não é o *habeas corpus* a via adequada à cessação do imputado ato ilegal[81].

---

78. HC 90.617/PE, de minha relatoria, *DJ* 07.03.2008.
79. HC 121.089, de minha relatoria, j. 16.12.2014.
80. HC-AgR 134.315, rel. Min. Teori Zavascki, Pleno, j. 16.06.2016. A ordem de *habeas corpus* fora impetrada por popular buscando o trancamento do processo de *impeachment* contra a Presidente da República Dilma Rousseff.
81. HC 75.232/RJ, rel. Min. Carlos Velloso, redator do acórdão Min. Maurício Corrêa, j. 07.05.1997, Pleno, *DJ* 24.08.2001. p. 43.

Nesse caso, referente à preservação da intimidade, discutiu-se a possibilidade, ou não, de se admitir *habeas corpus* impetrado como mandado de segurança, tendo o Tribunal, por maioria de votos, recusado a conversão, vencidos os Ministros Sepúlveda Pertence, Carlos Velloso, Nelson Jobim e Néri da Silveira, que propugnavam pela conversão.

Embora a ampla fungibilidade entre mandado de segurança e *habeas corpus* não tenha sido acolhida pelo Tribunal, nada impede que, de ofício, o caminho inverso seja percorrido. Isto é, até mesmo pela cláusula de abertura proporcionada pelo art. 5º, XXXV, da CF/88 e pelo art. 654, § 2º, do CPP, nas hipóteses de impetração de mandado de segurança, o Poder Judiciário possui considerável autonomia para, em situações de patente constrangimento ilegal ou de flagrante abuso de poder, converter o *mandamus*, de ofício, em uma ordem de *habeas corpus*.

Ainda, as decisões mais recentes do STF afirmam que o direito de visita do preso não pode ser tutelado por *habeas corpus*. Assim, a pessoa que tem negado o acesso ao estabelecimento prisional para visitação ao preso não pode manejar essa ação[82].

No que se refere à admissibilidade do *habeas corpus* nos casos de quebra de sigilos fiscal e bancário, o Supremo Tribunal Federal o admite quando seu objetivo é o de fazer prova em procedimento penal. O Tribunal tem admitido seu cabimento para impugnar decisão que autoriza as referidas quebras de sigilo em procedimento criminal, tendo em vista a possibilidade de estes resultarem em constrangimento à liberdade do investigado[83].

Em linhas gerais, a jurisprudência atual do Tribunal estabelece consideráveis ressalvas ao cabimento do *habeas corpus* para essas situações que fogem à sistemática de constrangimento ilegal ou abuso de poder que violem de modo mais direto a liberdade de locomoção dos cidadãos (art. 5º, XV, da CF/88). Tal premissa, contudo, não inviabiliza por completo um processo de ampliação gradual que essa garantia judicial do processo possa vir a desempenhar em nosso sistema constitucional, não somente em momentos de crise institucional, mas, sobretudo, para conferir maior força normativa ao Texto constitucional.

Essa possibilidade visa a privilegiar a característica humanitária do *habeas corpus*, preservando a liberdade do indivíduo de se locomover, em detrimento de meros formalismos processuais. Preserva-se, portanto, o espírito da doutrina brasileira do *habeas corpus*.

---

82. RHC 121.046, 2ª Turma, rel. Min. Dias Toffoli, j. 21.08.2015. Em precedente mais antigo, HC 107.701, 2ª Turma, de minha relatoria, a ação foi admitida.
83. Cf. HC 79.191, rel. Min. Sepúlveda Pertence, *DJ* 08.10.1999; HC 81.294, rel. Min. Ellen Gracie, *DJ* 01.02.2002; HC 84.869, rel. Min. Sepúlveda Pertence, *DJ* 19.08.2005; AI 573.623, de mina relatoria, *DJ* 10.11.2006.

11. Habeas corpus contra decisão denegatória de liminar em habeas corpus e HC substitutivo de recurso ordinário

Nos dias de hoje, os trâmites da jurisdição constitucional, no âmbito do Supremo Tribunal Federal, são deveras mais complexos que outrora. Nesse diapasão, dificulta-se o estabelecimento de qualquer parâmetro comparativo entre os critérios processuais estabelecidos pela Constituição de 1891 e aqueles estabelecidos sob a égide do atual Texto constitucional.

Nesse contexto, mencione-se que, após reiteradas decisões[84], o Tribunal consagrou, na Súmula 691, a orientação segundo a qual "não compete ao Supremo Tribunal Federal conhecer de *habeas corpus* impetrado contra decisão de relator que, em *habeas corpus* requerido a tribunal superior, indefere a liminar".

Os precedentes que ensejaram a edição dessa súmula partiram da premissa de que, em princípio, a concessão, pelo Supremo Tribunal Federal, de medida liminar em *habeas corpus* impetrado contra decisão de relator proferida em outro *habeas corpus*, ainda em curso em Tribunal Superior, geraria consequências que violariam princípios processuais fundamentais, como o da hierarquia dos graus de jurisdição e o da competência deles[85].

Entre essas consequências, algumas podem parecer óbvias, como o risco de prejudicialidade do *habeas corpus* perante o Tribunal *a quo*, diante da possibilidade de que a instância *a quo*, ao analisar o mérito do *writ*, conclua pela denegação da ordem, pelos mesmos fundamentos anteriormente expendidos ao momento do indeferimento monocrático de medida liminar requerida. A análise da prejudicialidade, contudo, carece de maiores temperamentos.

Nesse particular, é pertinente pontuar, inclusive, que algumas decisões monocráticas[86] têm condicionado a eficácia do provimento cautelar com superação da Súmula 691/STF somente até a decisão de mérito do Tribunal Superior

---

84. HC 70.648/RJ, 1ª Turma, unânime, rel. Min. Moreira Alves, DJ 04.03.1994; HC 76.347/MS, rel. Min. Moreira Alves, *DJ* 08.05.1998; HC 79.238/AM, Pleno, unânime, rel. Min. Moreira Alves, *DJ* 19.03.1999; HC 79.350/RS, 1ª Turma, unânime, rel. Min. Moreira Alves, *DJ* 24.03.2000; HC 79.748/RJ, 2ª Turma, maioria, rel. Min. Celso de Mello, *DJ* 23.06.2000; HC 80.287/RS, 1ª Turma, unânime, rel. Min. Moreira Alves, *DJ* 06.10.2000; HC 80.316/RS, 1ª Turma, unânime, rel. Min. Sydney Sanches, *DJ* 24.11.2000; HC 80.631/RS, 1ª Turma, unânime, rel. Min. Moreira Alves, *DJ* 06.04.2001; HC 80.550/SP, 1ª Turma, unânime, rel. Min. Sepúlveda Pertence, *DJ* 18.05.2001; HC 80.081/PE, 2ª Turma, maioria, rel. Min. Marco Aurélio, *DJ* 19.10.2001.
85. HC 76.347/MS, rel. Min. Moreira Alves, *DJ* 08.05.1998; HC 79.350/RS, rel. Min. Moreira Alves, *DJ* 24.03.2000; HC 79.748/RJ, rel. Min. Celso de Mello, *DJ* 23.06.2000.
86. HC 91.229, de minha relatoria, decisão monocrática, *DJ* 28.05.2007; HC 84.014/MG, Primeira Turma, unânime, rel. Min. Marco Aurélio, *DJ* 25.06.2004; HC 85.185/SP, Pleno, rel. Min. Cezar Peluso, *DJ* 01.09.2006; HC 88.229/SE, rel. Min. Ricardo Lewandowski, 1ª Turma, *DJ* 23.02.2007; HCMC 85.826/SP, de minha relatoria, decisão monocrática,

apontado como coator. A razão de ser desse condicionamento corresponde ao fato de que, a rigor, é possível que a Corte *a quo* não apenas defira a ordem, mas também possa vir a indeferir o pedido de *habeas corpus* por outros fundamentos jurídicos que não foram submetidos à apreciação do Supremo Tribunal Federal.

Exatamente para o resguardo dessas duas situações mencionadas – a do deferimento da ordem ou a do indeferimento por novos fundamentos –, é que não faz sentido a afirmação da prejudicialidade absoluta do *habeas corpus* nesses casos em que o ministro relator perante o Supremo Tribunal Federal defere a ordem com superação da Súmula 691/STF.

A Corte tem abrandado o rigor da Súmula 691 nos casos em que (i) seja premente a necessidade de concessão do provimento cautelar; e (ii) a negativa de liminar pelo tribunal superior importe na caracterização ou manutenção de situações manifestamente contrárias ao entendimento do Supremo Tribunal Federal. Conforme indicado anteriormente, justifica-se a ampliação gradual da garantia judicial do processo pela necessidade de fortalecimento do texto constitucional e preservação de suas garantias fundamentais, como defendiam os teóricos da doutrina brasileira do *habeas corpus*.

Ademais, ainda que o Tribunal Superior persista, na decisão de mérito, nos mesmos fundamentos da medida liminar que foi cassada por decisão monocrática de ministro do Supremo Tribunal Federal, abre-se, novamente, o caminho do deferimento, de ofício, da ordem de *habeas corpus* (art. 5º, XXXV, da CF/88 e art. 654, § 2º, do CPP)[87].

Tais mitigações não impedem, todavia, hipóteses em que existem *habeas corpus* sucessivamente impetrados contra decisões liminares em todas as instâncias jurisdicionais. Nesses casos, as possibilidades de transgressão da hierarquia e competência dos graus de jurisdição são ainda mais patentes, porque, muitas vezes, o objeto do *writ* levado à apreciação do Supremo Tribunal Federal será a própria decisão do juiz de primeira instância, abrindo-se a possibilidade de que a decisão monocrática do relator no STF revogue diretamente a decisão do juiz singular. E, também nessas hipóteses, os Tribunais Superiores poderiam ficar impedidos de julgar definitivamente os *habeas corpus*, diante da pendência de decisão concessiva de liminar pelo Supremo Tribunal Federal.

Assim, além dos casos de indeferimento da liminar, não são admitidos pedidos de liminares contra decisões de Tribunais superiores que não conhecem e negam

---

DJ 03.05.2005; HCMC 86.213/ES, rel. Min. Marco Aurélio, decisão monocrática, DJ 01.08.2005).
87. HC 87.736, de minha relatoria, DJ 10.08.2007; HC 84.014/MG, 1ª Turma, unânime, rel. Min. Marco Aurélio, DJ 25.06.2004; HC 85.185/SP, Pleno, rel. Min. Cezar Peluso, DJ 10.09.2006; HC 88.229/SE, rel. Min. Ricardo Lewandowski, 1ª Turma, DJ 23.02.2007.

seguimento a *habeas corpus*. O Supremo Tribunal Federal tem jurisprudência consolidada no sentido de que o conhecimento, pelo Superior Tribunal de Justiça, ou ainda, pelo próprio Supremo Tribunal Federal, de questão que não foi posta ou não foi conhecida perante Tribunal *a quo* configura supressão de instância[88].

É bem verdade, por outro lado, que, muitas vezes, o indeferimento, ou mesmo o não conhecimento, dos pedidos de liminar nas instâncias inferiores pode conformar um estado de flagrante constrangimento ilegal, gerando premente necessidade do provimento cautelar, mormente nos casos em que há confronto com a jurisprudência do Supremo Tribunal Federal.

Nesses casos, o valor fundamental da liberdade, que constitui o lastro principiológico do sistema normativo penal, sobrepõe-se a qualquer regra processual cujos efeitos práticos e específicos venham a anular o pleno exercício de direitos fundamentais pelo indivíduo. Ao Supremo Tribunal Federal, como guardião das liberdades fundamentais asseguradas pela Constituição, cabe adotar soluções que, traduzindo as especificidades de cada caso concreto, visem a reparar as ilegalidades perpetradas por decisões que, em estrito respeito a normas processuais, acabem criando estados de desvalor constitucional. E, por mais esse motivo, resta evidente a importância conferida às ponderações de Rui Barbosa, ao se referir à evolução da jurisdição constitucional e aplicação do *habeas corpus*.

Nas ocasiões em que tem sido instado a se manifestar, o Supremo Tribunal Federal tem buscado resolver esse conflito aparente entre correção material e segurança formal.

No julgamento do HC 115.348/PA, por exemplo, impetrado contra decisão do Superior Tribunal de Justiça que indeferiu medida liminar em outro HC, o STF não conheceu do pedido, mas acabou concedendo a ordem, de ofício, para determinar ao magistrado da execução penal a fixação, motivadamente, do regime inicial de cumprimento da pena, afastando a regra do § 1º do art. 2º da Lei 8.072/1990, declarado inconstitucional pelo Plenário da Corte, bem como a análise do preenchimento dos requisitos previstos no art. 44 do Código Penal e, em caso positivo, a substituição da parte remanescente da pena privativa de liberdade por sanção restritiva de direitos.

Observou-se na decisão que a superação da Súmula 691 do STF constitui medida excepcional, que somente se legitima quando a decisão atacada se mostra teratológica, flagrantemente ilegal ou abusiva, e que, no caso concreto, tratava-se de situação excepcional, apta a superar, portanto, o entendimento enunciado na referida Súmula 691, diante do evidente constrangimento ilegal ao qual se

---

88. HC 84.349, rel. Min. Sepúlveda Pertence, *DJ* 24.09.2004; HC 83.922, rel. Min. Nelson Jobim, *DJ* 02.04.2004; HC 83.489, rel. Min. Ellen Gracie, *DJ* 19.12.2003; HC 81.617, rel. Min. Carlos Velloso, *DJ* 28.06.2002.

submetia o paciente[89]. Restou bem claro o entendimento do Tribunal quanto à superação da Súmula 691 diante de situações cuja arbitrariedade justifica a imediata concessão da ordem[90].

Ainda no mesmo sentido, merece citação o HC 113.119/SP, que versa sobre decreto de prisão preventiva sem amparo em fatos que a justificasse, situação que não raras vezes é motivo de concessão de *habeas corpus* pelo STF, com a superação da Súmula 691. Conforme destacado na decisão,

> [...] em princípio, se o caso não é de flagrante constrangimento ilegal, não compete ao Supremo Tribunal Federal conhecer de *habeas corpus* contra decisão de relator que, em *habeas corpus* requerido a Tribunal Superior, indefere liminar. 2. Para decretar a prisão preventiva, deverá o magistrado fazê-lo com base em elementos concretos e individualizados aptos a demonstrar a necessidade da prisão do indivíduo, nos termos do art. 312 do Código de Processo Penal. 3. Na hipótese em análise, contudo, ao determinar a prisão imediata do paciente, o Tribunal estadual não indicou elementos concretos e individualizados que comprovassem a necessidade da sua prisão cautelar, nos termos do art. 312 do Código de Processo Penal, fazendo-o exclusivamente em razão do não provimento do recurso, independentemente do trânsito em julgado da decisão. Inadmissibilidade. Precedentes. 4. Ordem concedida[91].

Assim, embora não tenha havido a revogação da Súmula 691, o Tribunal tem procedido ao devido *distinguishing* em casos específicos com vistas a elidir a sua aplicação nas hipóteses em que a negativa da liminar pelas instâncias inferiores configura patente afronta ao direito fundamental de liberdade (art. 5º, *caput* e inciso XV, da CF/88).

Ao fim de toda a discussão colocada, é fácil perceber a influência exercida pela doutrina brasileira do *habeas corpus* na modelagem do que hoje se entende como jurisdição constitucional. Muito embora os pensamentos instituídos pela corrente tenham reverberado de formas diferentes, é inegável que, ainda no presente, a atuação de Rui Barbosa acerca da promoção das garantias fundamentais é matéria que rege a tônica de inúmeras discussões ocorridas na seara constitucional.

12. Possibilidade de impetração de *habeas corpus* coletivo

Embora o *habeas corpus* seja, via de regra, uma ação individual – conforme já abordado anteriormente –, não parece haver impedimento para sua impetração na defesa de direitos coletivos, de forma semelhante ao que ocorre com o mandado de segurança. A própria aproximação entre o *writ* constitucional e o mandado de

---

89. STF, HC 115.348/PA, 2ª Turma, rel. Min. Ricardo Lewandowski, *DJe* 03.05.2013.
90. STF, HC 112.907/SP, 1ª Turma, rel. Min. Rosa Weber, *DJe* 13.03.2013.
91. STF, HC 113.119/SP, 1ª Turma, rel. Min. Dias Toffoli, *DJe* 04.12.2012.

segurança já é algo que remonta à doutrina brasileira do *habeas corpus*, eis que (em linha com o entendimento exposto nos tópicos anteriores) o MS é corolário lógico da extinção da multicitada doutrina e da evidente necessidade de instrumentos próprios para tutela das garantias fundamentais.

Há de ser mencionado que há, todavia, precedentes em sentido contrário.

O Superior Tribunal de Justiça registra julgados afastando o cabimento do *writ* em caráter coletivo[92]. Seguindo essa linha, a justiça do Distrito Federal negou-se a conhecer de *habeas corpus* impetrado em favor da coletividade indeterminada de motoristas particulares que usavam aplicativo de telefonia móvel para aceitar corridas (Uber), enquadrados pela administração local na contravenção de exercício irregular de atividade econômica – art. 47 da Lei de Contravenções Penais. Supostamente, os motoristas estariam exercendo irregularmente a profissão de taxista[93].

O cabimento do *habeas corpus* em caráter coletivo foi objeto do Recurso Extraordinário 855.810, Rel. Min. Dias Toffoli, impetrado pelo Ministério Público do Estado do Rio de Janeiro contra decisão local que concedeu salvo conduto a guardadores autônomos de veículos para impedir a Polícia Civil, a Polícia Militar e a Guarda Municipal de deter ou autuar os flanelinhas sob a alegação de prática de contravenção ou exercício irregular da profissão.

Contudo, antes do julgamento do recurso, a Segunda Turma conheceu e julgou o *Habeas Corpus* coletivo 143.641, Rel. Min. Ricardo Lewandowski, em favor de todas as mulheres presas preventivamente que ostentem a condição de gestantes, puérperas ou mães de criança sob sua responsabilidade, tendo resolvido a questão quanto ao cabimento dessa espécie de ação coletiva[94] – como será apresentado em seguida.

Com base nesse precedente, o relator do Recurso Extraordinário 855.810, Min. Dias Toffoli, negou seguimento ao recurso interposto pelo Ministério Público do Estado do Rio de Janeiro, reforçando a jurisprudência firmada, sendo a decisão confirmada pela Turma em sede de agravo regimental[95].

13. O caso do *habeas corpus* coletivo em favor das mulheres grávidas e mães presas

A Segunda Turma do STF decidiu importante questão relativa ao cabimento de *habeas corpus* coletivo. Em julgamento realizado em 20 de fevereiro de 2018,

---

92. RHC 46.988, rel. Min. Felix Fischer, 5ª Turma, j. 24.03.2015; HC 91.462, rel. Min. Nefi Cordeiro, 6ª Turma, j. 06.11.2014.
93. Acórdão 901510, 20150110887593APJ, rel. Aiston Henrique de Sousa, 2ª Turma Recursal dos Juizados Especiais do Distrito Federal, j. 13.10.2015.
94. HC 143.641, rel. Min. Ricardo Lewandowski, j. 20.02.2018.
95. RE 855.810/RJ, rel. Min. Dias Toffoli, *DJ* 27.04.2018. AgRg no RE 855.810, rel. Min. Dias Toffoli, *DJ* 05.09.2018.

admitiu-se o conhecimento do *Habeas Corpus* coletivo 143.641, impetrado em favor das mães de crianças e das mulheres grávidas presas preventivamente no país, concedendo-se-lhes a ordem para determinar a substituição da prisão preventiva por prisão domiciliar. Esse precedente possui diversos aspectos relevantes que merecem ser explorados.

Primeiramente, deve-se destacar que o conhecimento da ação constituiu importante marco jurisprudencial, tendo em vista a divergência sobre a possibilidade de impetração da ação coletiva, com decisões denegatórias[96].

Não obstante, levou-se em consideração a importância do bem jurídico tutelado e o cabimento de demandas coletivas em ações constitucionais como o mandado de segurança e o mandado de injunção, esse último a partir de criação jurisprudencial posteriormente incorporado à legislação[97]. Partindo dessa premissa, a utilização do remédio constitucional com vistas a solucionar uma situação de evidente calamidade social é hipótese que encontra fundamento na lógica estabelecida pela antiga doutrina do *habeas corpus*.

No tocante, especificamente, à legitimidade do *habeas corpus* coletivo, o relator, Ministro Ricardo Lewandowski, destacou que

> [...] o Supremo Tribunal Federal tem admitido, com crescente generosidade, os mais diversos institutos que logram lidar mais adequadamente com situações em que os direitos e interesses de determinadas coletividades estão sob risco de sofrer lesões graves.

E, justificando tal posicionamento, assentou:

> Com maior razão, penso eu, deve-se autorizar o emprego do presente *writ* coletivo, dado o fato de que se trata de um instrumento que se presta a salvaguardar um dos bens mais preciosos do homem, que é a liberdade. Com isso, ademais, estar-se-á honrando a venerável tradição jurídica pátria, consubstanciada na doutrina brasileira do *habeas corpus*, a qual confere a maior amplitude possível ao remédio heroico, e que encontrou em Ruy Barbosa quiçá o seu maior defensor. Segundo essa doutrina, se existe um direito fundamental violado, há de existir no ordenamento jurídico um remédio processual à altura da lesão.
>
> À toda a evidência, quando o bem jurídico ofendido é o direto de ir e vir, quer pessoal, quer de um grupo de pessoas determinado, o instrumento processual para resgatá-lo é o *habeas corpus* individual ou coletivo.
>
> É que, na sociedade contemporânea, burocratizada e massificada, as lesões a direitos, cada vez mais, assumem um caráter coletivo, sendo conveniente, inclusive por razões de política judiciária, disponibilizar-se um remédio expedito

---

96. HC 148.459, rel. Min. Alexandre de Moraes, j. 19.02.2018 (decisão monocrática).
97. MI 712/PA, rel. Min. Eros Grau, j. 25.10.2007; Lei 13.300/2016, disciplina o processo e o julgamento de mandados de injunção individual e coletivo e dá providências.

e efetivo para a proteção dos segmentos por elas atingidos, usualmente desprovidos de mecanismos de defesa céleres e adequados[98].

Trata-se, por certo, de situação em que a Corte deve atuar, assumindo, assim, como ressaltou o relator:

> [...] a responsabilidade que tem com relação aos mais de 100 milhões de processos em tramitação no Poder Judiciário, a cargo de pouco mais de 16 mil juízes, e às dificuldades estruturais de acesso à Justiça, passando a adotar e fortalecer remédios de natureza abrangente, sempre que os direitos em perigo disserem respeito às coletividades socialmente mais vulneráveis. Assim, contribuirá não apenas para atribuir maior isonomia às partes envolvidas nos litígios, mas também para permitir que lesões a direitos potenciais ou atuais sejam sanadas mais celeremente. Ademais, contribuirá decisivamente para descongestionar o enorme acervo de processos sob responsabilidade dos juízes brasileiros[99].

Em verdade, os debates sobre a natureza do *habeas corpus* parecem confirmar que estamos diante, na realidade, de uma *actio popularis*. O constante aprimoramento da doutrina do *habeas corpus* deve ser feito levando-se em consideração que foi essa garantia básica que deu a origem a todo o manancial do processo constitucional brasileiro. Na forma como posta nessa ação, tem-se a admissão do *writ* como autêntica ação penal popular.

Quanto ao mérito, a ordem foi concedida para determinar a substituição da prisão preventiva pela domiciliar, com a possibilidade de imposição de outras medidas cautelares, para todas as mulheres presas, gestantes, puérperas, ou mães de crianças e deficientes sob sua guarda, nos termos do art. 2º do ECA e da Convenção sobre Direitos das Pessoas com Deficiências (Decreto Legislativo 186/2008 e Lei 13.146/2015), enquanto perdurar tal condição, excetuados os casos de crimes praticados mediante violência ou grave ameaça contra seus descendentes ou, ainda, em situações excepcionalíssimas, as quais deverão ser devidamente fundamentadas pelos juízes que denegarem o benefício[100].

É importante registrar que os efeitos dessa decisão em controle incidental se assemelham àqueles produzidos em ação de controle concentrado, possuindo eficácia *erga omnes*, circunstância reforçada por meio da extensão da ordem de ofício para todas as mulheres presas nas condições supra descritas[101].

---

98. Voto do Min. Ricardo Lewandowski, HC 143.641, rel. Min. Ricardo Lewandowski, j. 20.02.2018.
99. Voto Min. Ricardo Lewandowski, HC 143.641, rel. Min. Ricardo Lewandowski, j. 20.02.2018.
100. HC 143.641, rel. Min. Ricardo Lewandowski, j. 20.02.2018.
101. Idem.

Embora ainda não existam dados consolidados sobre o número de beneficiárias do *habeas corpus* coletivo, a decisão certamente terá impactos positivos sobre a complexa questão da superlotação carcerária e da violação dos direitos dos presos discutida na ADPF 347, tendo em vista a conexão entre os objetos das ações.

Por outro lado, considerando que os pedidos de extensão para casos individuais não foram aceitos no Habeas Corpus 143.461, entendeu-se que seria relevante atribuir a algum órgão ou núcleo a responsabilidade pelo monitoramento do cumprimento da decisão, o que poderia ser feito no âmbito do Conselho Nacional de Justiça, por exemplo, que atuaria coordenando e fiscalizando o cumprimento do acórdão por parte dos juízes e tribunais.

Trata-se de medida essencial para a implementação da ordem o mais rápido possível, inclusive em virtude das exceções estabelecidas (crimes praticados mediante violência, contra descendentes ou outros motivos excepcionais devidamente justificados), que podem ser eventualmente desvirtuadas pelas instâncias inferiores.

14. Conclusão

Por meio da análise do desenvolvimento histórico, constitucional e processual do *habeas corpus*, resta evidente que o *writ* é a matriz dos atuais remédios constitucionais, bem como do controle de constitucionalidade brasileiro.

Isso porque a restrição imposta pela reforma constitucional de 1926 à doutrina brasileira do *habeas corpus* inaugurou período de completo desamparo de medidas protetivas, que só teve fim com a previsão do mandado de segurança na Constituição de 1934.

Inspirado pelo modelo do *habeas corpus*, o mandado de segurança acabou por influenciar o rito da representação interventiva, que é a gênese da representação de inconstitucionalidade e, posteriormente, da ação direta de inconstitucionalidade no regime constitucional de 1988. A estrutura processual do *habeas corpus* também teve reflexo nos demais remédios versados pela Constituição de 1988, como no mandado de injunção e no *habeas data*.

Embora a complexidade com que se desenvolveu a jurisprudência constitucional tenha afastado o *habeas corpus* de sua doutrina brasileira, é fato que seu espírito ainda habita o Supremo Tribunal Federal. Em inúmeras ocasiões, a Corte flexibiliza os critérios de cabimento do *writ*, em prol da efetiva proteção dos direitos previstos na Constituição.

Em precedente histórico, julgado nos autos do HC 143.641, e imbuído pela necessidade conceder resposta efetiva a quadro de profunda lesão de direitos, a Corte acolheu a impetração de *habeas corpus* coletivo em favor de mulheres grávidas e de mães presas, privativamente.

O STF segue, nesse sentido, a ideia de conformação do processo constitucional com objetivo de fortalecimento dos direitos fundamentais. A própria essência dos atuais *writs*, que têm origem na ampla concepção protetiva conferida pelo *habeas corpus* no texto de 1891, é fundamento para interpretarem-se os institutos de maneira mais ampla, afastando-se o caráter fragmentado dos remédios constitucionais nos termos em que definidos pela Constituição de 1988.

Diante de todo o exposto, verifica-se que o processo constitucional brasileiro é permeado pela doutrina brasileira do *habeas corpus*, de onde provém e à qual se volta quando necessário para fortalecimento da tutela dos direitos fundamentais. Nesse momento em que se comemoram os 30 anos da Constituição de 1988, é sempre importante rememorar e homenagear as iniciativas que moldaram nosso modelo de jurisdição constitucional, e o papel desse *writ* não poderia ser olvidado.

43
ACCIÓN DE PROTECCIÓN COLECTIVA DE DERECHOS FUNDAMENTALES Y PROTECCIÓN CONSTITUCIONAL

Luis Andrés Cucarella Galiana

Profesor Titular de Derecho Procesal en la Universidad de Valencia, acreditado para Catedrático de Universidad. Doctor Derecho por la Università degli Studi di Bologna (Italia) y por la Universidad de Valencia (España).

Sumario: 1. Introducción; 2. Modelo concentrado de control de constitucionalidad: decisiones que deben adoptarse en un código procesal constitucional; 2.1. Cauces para el control de constitucionalidad; 2.1.1. Control en abstracto; 2.1.2. La aportación de Kelsen; 2.1.3. Algunos ejemplos del continente europeo; 2.1.4. Control en concreto; 2.1.4.1. Decisiones normativas; 2.1.4.2. Análisis comparado; 2.2. Momento para el control de constitucionalidad; 2.2.1. Control a priori; 2.2.2. Control a posteriori; 2.3. Composición y designación de magistrados; 2.3.1. Consideraciones generales; 2.3.2. Número de magistrados; 2.3.3. Designación de magistrados; 2.3.3.1. Aportaciones de Kelsen; 2.3.3.2. Modelos existentes; 2.3.3.2.1. Designación exclusiva por el Parlamento; 2.3.3.2.2 Designación por altas instancias del Estado; 2.3.3.2.3. Modelo mixto; 2.3.3.2.3.1. Predominio de la designación parlamentaria; 2.3.3.2.3.2. Predominio del criterio de autoridad; 2.3.3.2.4. Designación popular; 2.3.3.3. Problemas de aplicación práctica; 2.4. Derechos humanos y tribunales constitucionales; 2.4.1. Planteamiento general; 2.4.2. Derecho comparado; 2.4.3. Acción de grupo en la protección jurisdiccional de los derechos fundamentales.

1. Introducción

Conforme se consolida el Derecho Procesal Constitucional como ciencia y rama diferenciada del Derecho, van surgiendo las voces que reclaman la creación de Códigos de Derecho Procesal Constitucional que sistematicen y ofrezcan los cauces normativos adecuados en las materias propias de esta disciplina. Son muchos los aspectos respecto de los cuales el legislador debería tomar posición a la hora de articular este Código. Es decir, es constante la toma de decisiones y posicionamiento sobre cómo articular el sistema procesal constitucional de una nación.

Obviamente, en este trabajo no vamos a agotar todos los desafíos a los que debería atenderse en el proceso de codificación. Sería demasiado pretencioso poder incluir en un trabajo de estas características, todos los aspectos respecto de los cuales el legislador debe posicionarse para poder articular el sistema procesal constitucional de un país. Es por ello por lo que vamos a acotar el campo de investigación. En concreto, queremos centraremos en los aspectos relativos al control de constitucionalidad y las decisiones que sobre ese ámbito deben tomarse en el proceso de codificación.

En concreto, en relación con este control, en la elaboración de dicho código, debe tomarse una primera decisión: establecer un sistema concentrado, difuso o mixto de control de constitucionalidad. La toma de postura por cada uno de esos sistemas, implica, obviamente, adoptar una serie de decisiones que deben llevarse a un texto codificación. En la medida en que en Colombia y España existe un sistema concentrado de control de constitucionalidad, siendo además, el modelo que responde mayoritariamente al sistema europeo[1], nuestra ponencia va a tomar como punto de partida, el hecho de que se tome la decisión de codificar un modelo concentrado de control de constitucionalidad[2]. En ese caso, vamos a referirnos a los principales ítems o aspectos que consideramos dignos de ser llevados a un código procesal constitucional. Es decir, nos vamos a enfrentar a la concreción de los aspectos más relevantes relativos al sistema concretado de control de constitucionalidad a los que debe atenderse en un proceso de codificación.

Son cuatro los principales retos o desafíos a los que debe atenderse y todos ellos los vamos a exponer de manera sistemática en los siguientes apartados. Así, el referente a los cauces a través de los cuales se puede controlar la constitucionalidad de una norma; el momento para efectuar dicho control; composición de dichos órganos, y competencia que se les atribuye.

---

1. Si bien es cierto que la mayoría de los países europeos tienen un sistema concentrado de control de constitucionalidad, no debe pasarse por alto que existen otros países europeos que tienen un sistema difuso o mixto. Véase al respecto, Fernández Rodríguez, José Julio, *La Justicia constitucional europea ante el siglo XXI*. Tecnos, Madrid, 2ª ed., 2007, p. 17, en la que recoge algunos de los países europeos que tienen un sistema difuso de control de constitucionalidad: Dinamarca, Finlandia, Grecia, Irlanda, Noruega, Suecia y Suiza. Por su parte, tiene un sistema mixto de control concentrado y difuso, Portugal, Chipre y Malta, por ejemplo.
2. Obviamente, somos conscientes de que el sistema difuso de control de constitucionalidad también presente implicaciones muy interesantes, así como el mixto. El que optemos por prestar atención al modelo concentrado no prejuzga la idoneidad de uno u otro modelo. Simplemente pretendemos ofrecer al lector de la obra los criterios que codificación del modelo que conocemos bien porque es el que rige en España y en la mayoría de los países de Europa. De igual modo, creemos que puede ser interesante para el lector americano, conocer aspectos de Derecho comparado referentes al continente europeo.

En relación con esta última cuestión, resulta muy interesante tomar postura sobre si los Tribunales constitucionales deben conocer o no de demandas para la protección, tutela o amparo de los derechos fundamentales. En la medida en que en Colombia y España se contempla esta posibilidad, consideramos interesante hacer referencia a esta realidad. Y en ese sentido, nos detendremos en cómo puede concretarse el concepto de víctima a efectos de legitimación, sobre todo, para poder articular un sistema de legitimación para la tutela de los derechos de grupo. Éste es un claro ejemplo de que cómo la jurisprudencia ha ido evolucionando ampliando el concepto de víctima. Creemos que un código procesal que quiera concretar los sujetos que pueden ejercitar acciones ante los Tribunales constitucionales, es interesante que incorporare los aspectos relativos a la legitimación activa para las *class actions* en materia de tutela o amparo.

2. Modelo concentrado de control de constitucionalidad: decisiones que deben adoptarse en un código procesal constitucional

2.1. Cauces para el control de constitucionalidad

En la construcción del sistema de Justicia constitucional concentrado (una vez que se ha tomado la opción por este modelo), una de las primeras cuestiones a las que se debe atender es la relativa a fijar los cauces a través de los que se controla la adecuación de las normas al texto constitucional. Luego tendremos ocasión de analizar las aportaciones de Hans Kelsen al respecto, pero evidentemente, la elección de estos cauces y la concreción de sus aspectos, resulta esencial. Aquí, puede hablarse de la existencia de dos grandes modelos[3]: el control en abstracto y el control en concreto.

2.1.1. Control en abstracto

En el caso del control en abstracto, las dudas de inconstitucionalidad de una norma surgen sin que haya sido necesaria su aplicación en un caso concreto[4].

---

3. En general, sobre estos dos modelos, Huerta Ochoa, Carla, "La acción de inconstitucionalidad como control abstracto de conflictos normativos". *Boletín mexicano de Derecho Comparado*, año XXXVI, núm. 108, septiembre-diciembre 2003, pp. 927-950; Pulido Ortiz, Fabio Enrique, "Control constitucional abstracto, concreto, maximalista y minimalista". *Revista Prolegómenos-Derechos y valores*, volumen XIV, núm. 27, julio-diciembre 2011, pp. 165-180.
4. En el caso español, el control en abstracto se hace a través del mal llamado *recurso de inconstitucionalidad*. Decimos que es un mal llamado recurso porque en sentido estricto, es un proceso autónomo que se sigue ante el Tribunal Constitucional español (a partir de ahora TCE) para el enjuiciamiento de si una norma se adecua o no a la Constitución. A dicho "recurso" se refiere el art. 161.1 *a*) de la Constitución vigente de 6 de diciembre de 1978 (a partir de ahora CE). En concreto, el artículo citado establece cuál es la

Pues bien, cuando se articula este cauce, inmediatamente a continuación, surge la necesidad de que se incorpore al Código procesal constitucional, quién tiene legitimación activa para ejercitar esta acción[5], así como si debe sujetarse a plazo el ejercicio de la misma[6].

Como puede apreciarse, estamos subrayando dos capítulos que necesariamente deberían tenerse en cuenta en la codificación procesal constitucional: plazo y legitimación para el ejercicio de la acción para el control en abstracto de inconstitucionalidad[7].

2.1.2. La aportación de Kelsen

Como regla general, Kelsen mantuvo una posición claramente contraria a legitimación popular para el ejercicio de la acción de inconstitucionalidad[8]. En concreto, afirmó:

---

competencia del TCE. En lo que al proceso de inconstitucionalidad, se indica que el TCE tiene competencia para conocer "del recurso de inconstitucionalidad contra leyes y disposiciones normativas con fuerza de ley. La declaración de inconstitucionalidad de una norma jurídica con rango de ley, interpretada por la jurisprudencia, afectará a ésta, si bien la sentencia o sentencias recaídas no perderán el valor de cosa juzgada".

5. Sobre la legitimación para el ejercicio de esta acción, el art. 162.1 a) CE dispone que están legitimados "para interponer el recurso de inconstitucionalidad, el Presidente del Gobierno, el Defensor del Pueblo, 50 Diputados, 50 Senadores, los órganos colegiados ejecutivos de las Comunidades Autónomas y, en su caso, las Asambleas de las mismas".
6. La CE no establece plazo para el ejercicio de la acción de inconstitucionalidad, sin embargo, dicho plazo está previsto en la Ley Orgánica 2/1979, de 3 de octubre, del Tribunal Constitucional (a partir de ahora LOTC). El art. 33.1 LOTC dispone que "el recurso de inconstitucionalidad se formulará dentro del plazo de tres meses a partir de la publicación de la Ley, disposición o acto con fuerza de Ley impugnado mediante demanda presentada ante el Tribunal Constitucional (…)".
7. En este punto, sin lugar a dudas, existen claras diferencias entre las regulaciones europeas y americanas, sobre todo en lo referente al aspecto de la legitimación.

    En el caso Europeo, por influencia kelseniana no se contemplan con carácter general, sistemas de acción popular en el ejercicio de las acciones de inconstitucionalidad, situación que contrasta claramente con la existente en otros ordenamientos de América latina.

    Sin embargo, hay ordenamientos jurídicos en los que se produce una situación de contraste que queremos subrayar. Nos referimos al ordenamiento jurídico español. En España, la CE, así como la LOTC no contemplan la posibilidad de ejercicio de una acción popular de inconstitucionalidad. Sin embargo, si nos dirigimos al art. 125 CE vemos que se admite constitucionalmente la acción penal popular. Es decir, el ciudadano no tiene legitimación activa para solicitar al TCE la tutela de la Constitución, pero sin embargo, sí la tiene para solicitar la tutela del Derecho Penal, aun cuando no sea víctima, perjudicado o agraviado por el delito que se haya cometido.
8. Kelsen, Hans, *La garantía jurisdiccional de la Constitución (la justicia constitucional)*. Universidad Nacional Autónoma de México (Tamayo y Salmorán, traductor), México 2001, pp. 87-88.

La más fuerte garantía consistiría, ciertamente, en autorizar un *actio popularis*: así, el tribunal constitucional estaría obligado a proceder al examen de la regularidad de los actos sometidos a su jurisdicción, en especial las leyes y reglamentos, a solicitud de cualquier particular. Es de esta manera como el interés político que existe en la eliminación de los actos irregulares recibiría, indiscutiblemente la más radical satisfacción. No puede, sin embargo, recomendarse esta solución porque entrañaría un peligro muy grande de acciones temerarias y el riesgo de insoportable congestionamiento de procesos.

2.1.3. Algunos ejemplos del continente europeo

Si tomamos como referencia algunos ordenamientos jurídicos europeos, podremos ratificar lo que estamos afirmando. En este sentido, podemos encontrar tres grandes categorías. En primer lugar, hay Estados en los que la legitimación activa se entiende en un sentido muy restringido. En segundo lugar, hay otros países en los que se amplía el abanico de sujetos legitimados, pero sin llegar a reconocer una legitimación popular. Y en tercer lugar, están los supuestos, muy excepcionales, en los que la legitimación se concibe en un sentido muy amplio.

A la primera categoría descrita, podemos adscribir el caso alemán. En concreto, la legitimación activa para la presentación de una demanda de inconstitucionalidad la tienen el Gobierno federal, los gobiernos de los *Land*, y un tercio de los miembros del *Bundestag*[9], que es una de las cámaras legislativas de ese país[10]. Así se desprende del artículo 93.1 2) de la Ley Fundamental de Bonn de 1949.

En el caso austriaco también se concibe de manera restringida la legitimación activa. Dicha legitimación la tienen los gobiernos regionales, y una tercera parte de los miembros de del Consejo nacional[11].

En el supuesto intermedio en lo que se refiere a la concreción de la legitimación activa, podemos ubicar el caso español o portugués, por ejemplo.

Así, en el caso español, el artículo 162 CE, dispone que estén legitimados para interponer una demanda de inconstitucionalidad, "el Presidente del Gobierno, el Defensor del Pueblo, 50 Diputados, 50 Senadores, los órganos colegiados ejecutivos de las Comunidad Autónomas y, en su caso, las Asambleas de las mismas".

---

9. Steinberger, Helmutt, "Algunos rasgos fundamentales de la Justicia constitucional en la República federal de Alemania". *Revista de Estudios Políticos*, 1986, núm. 51, p. 13.
10. Véase, Fernández Rodríguez, José Julio, *op. cit.* nota 1, pp. 102-103; Martínez Estay, José Ignacio, "El sistema europeo-continental de Justicia constitucional". *Estudios constitucionales. Revista del Centro de Estudios constitucionales*. Universidad de Talca, núm. 1, 2005, p. 159.
11. Véase en este sentido, Favoreu, Louis, *Los tribunales constitucionales*. Ariel. Barcelona 1994, pp. 52-53; Fernández Rodríguez, José Julio, *op. cit.* nota 1, pp.102-103.

En el caso portugués[12], por citar un segundo ejemplo, la legitimación activa la tienen el Presidente de la República, el Presidente de la Asamblea legislativa, el primer ministro, el Procurador de Justicia, el Fiscal General de la República, y las asambleas de las regiones autónomas para los casos previstos en el artículo 229 constitución portuguesa[13] (art. 281.1 Constitución de Portugal).

A la tercera categoría, pertenecen muy pocos ordenamientos jurídicos europeos, ubicados, principalmente, en países del este europeo. Así ocurre en

---

12. Sobre el sistema de Justicia constitucional en Portugal, Doncel Luengo, Juan Antonio, "Una primera aproximación al Tribunal Constitucional de Portugal: el ejemplo del primer semestre de 2001". *UNED. Teoría y realidad constitucional*, núms. 10-11, pp. 585-605; Rodrigues Canotilho., Mariana, "El sistema constitucional de Portugal". *Revista de Derecho Constitucional Europeo*, año 7, núm. 14, pp. 123-124; Martínez Estay, José Ignacio, *op. cit.* nota 10, pp. 166-170.

13. El art. 229 de la Constitución es el que establece las competencias de las regiones. En concreto, dispone que "1. Las regiones autónomas son personas colectivas de derecho público y tendrán las siguientes atribuciones, que se definirán en los estatutos respectivos:

    a) legislar, dentro del respeto a la Constitución y a las leyes generales de la República, en materias de interés específico para la región que no estén reservadas a la competencia propia de los órganos de soberanía;

    b) reglamentar la legislación regional y las leyes generales emanadas de los órganos de soberanía que no reserven a éstos el respectivo poder reglamentario;

    c) ejercitar la iniciativa legislativa, mediante la presentación de propuestas de ley a la Asamblea de la República;

    d) ejercer el poder ejecutivo propio;

    e) administrar su patrimonio y disponer de él y celebrar los actos y contratos en que estén interesadas;

    f) disponer de los ingresos fiscales percibidos por ellas y de otros que les estén atribuidos y afectarlos a sus gastos;

    g) ejercer poder de orientación y de tutela sobre los entes locales autónomos;

    h) supervisar los servicios, instituciones públicas y empresas nacionalizadas que ejerzan su actividad exclusivamente en la región y en otros casos en que el interés regional lo justifique;

    i) elaborar el plan económico regional y participar en la elaboración del Plan;

    j) participar en la definición y ejecución de las políticas fiscal, monetaria, financiera y cambiaria, de tal modo que se garantice el control regional de los medios de pago en circulación y la financiación de las inversiones necesarias para su desarrollo económico-social;

    l) (sic) participar en las negociaciones de los tratados y acuerdos internacionales que les afecten directamente, así como en los beneficios derivados de las mismas.

    2. Las asambleas regionales podrán solicitar al Consejo de la Revolución la declaración de inconstitucionalidad de normas jurídicas emanadas de los órganos de soberanía, por violación de los derechos de las regiones consagradas en la Constitución".

Eslovenia, en donde se señala que dicha demanda la puede interponer quien tenga interés legítimo en la obtención de la declaración de inconstitucionalidad[14]. La legitimación también se concibe en sentido amplio en el caso de Serbia y Montenegro[15].

2.1.4. Control en concreto

2.1.4.1. Decisiones normativas

El otro modelo de control de constitucionalidad, que también puede incluirse en un código procesal constitucional, y lo normal es que haga conjuntamente con el anterior, es el del control en concreto[16]. En este supuesto, las dudas de inconstitucionalidad surgen porque esa norma debe surtir efecto en un caso particular y el operador jurídico que la tiene que aplicar, tiene sospechas de inconstitucionalidad. En el modelo concentrado de control de constitucionalidad, solamente el Tribunal Constitucional[17] puede declarar inconstitucional una norma. Sin embargo, ello no impide que haya otros órganos que puedan colaborar con el TC en el control de constitucionalidad. En este sentido, en el proceso de codificación debe optarse por fijar qué operador jurídico es el que puede plantear la duda de inconstitucionalidad al TC. Es decir, el código procesal constitucional debe concretar si cualquier funcionario o autoridad, incluida la judicial, puede plantear una duda de inconstitucionalidad. O si por el contrario, son solamente los jueces y magistrados los que pueden hacerlo. En un caso u otro, de igual modo, debería regularse cómo y cuándo dialogan dichas autoridades con el TC.

2.1.4.2. Análisis comparado

Si echamos un vistazo a la situación existente en el modelo concretado en Europa, suele ser frecuente que se atribuya a los jueces de la jurisdicción ordinaria una función de colaboración con el TC en el control de constitucionalidad del

---

14. Fernández Rodríguez, José Julio, op. cit. nota 1, p. 104.
    También puede verse, Vecchio, Fausto, "Los ordenamientos constitucionales de Hungría, Polonia y Eslovenia". *Revista de Derecho Constitucional Europeo*, núm. 14, 2010, pp. 207-222.
15. Fernández Rodríguez, José Julio, op. cit. nota 1, p. 104. En dicha página afirma que "esta apertura a los particulares choca con la característica indicada de la restricción de legitimación, además de acentuar el peligro de que el órgano se vea saturado (saturación que, incluso, está presente en Tribunales Constitucionales que carecen de tan amplia legitimación)".
16. En general, sobre este modelo, Vélez, "El control concreto de constitucionalidad". *Revista Jurídica de Derecho Público*, tomo 5, Universidad Católica de Santiago de Guayaquil, pp. 19-75.
17. A partir de ahora TC.

ordenamiento jurídico. En este supuesto, inmediatamente a continuación, debe fijarse si ese juez al que surge la duda de inconstitucionalidad, puede declarar en el caso concreto, la inconstitucionalidad de la norma. En el caso en que no pueda, también debe regularse si la duda de inconstitucionalidad solamente la pueden plantear determinados órganos jurisdiccionales, o todos, o si se puede promover a instancia de parte o de oficio, o si se suspende o no la resolución del asunto respecto del cual ha surgido la duda[18].

Como se puede apreciar, las distintas opciones que se van tomando, van abriendo nuevos horizontes y cuestiones a las que necesariamente debe darse respuesta en un código procesal constitucional.

Si prestamos atención a la situación existente en España, por ejemplo, el artículo 163 CE dispone que "cuando un órgano judicial considere, en algún proceso, que una norma con rango de ley, aplicable al caso, de cuya validez dependa el fallo, pueda ser contraria a la Constitución, planteará la cuestión ante el Tribunal Constitucional en los supuestos, en la forma y con los efectos que establezca la ley, que en ningún caso serán suspensivos".

Es la LOTC la que en el capítulo III, artículos 38-40, regula la cuestión de inconstitucionalidad. En este sentido, el artículo 35.1 LOTC dispone que "cuando un Juez o Tribunal, de oficio o a instancia de parte, considere que una norma con rango de ley aplicable al caso y de cuya validez dependa el fallo pueda ser contraria a la Constitución, planteará la cuestión al Tribunal Constitucional con sujeción a lo dispuesto en esta Ley".

Como puede apreciarse, solamente jueces y magistrados, pueden promover una cuestión de inconstitucionalidad. En la línea de lo que contempla la CE, la duda debe afectar a una norma con rango de ley que sea aplicable al caso y que condicione el fallo que vaya a dictarse. Es decir, debe ser determinante de la decisión que pueda tomarse en el caso. Y en este sentido, ya sea de oficio o a instancia de parte, dicho tribunal puede plantear la duda al TC.

Por su parte, el apartado segundo añade que "el órgano judicial sólo podrá plantear la cuestión una vez concluso el procedimiento y dentro del plazo para dictar sentencia, o la resolución jurisdiccional que procediese, y deberá concretar

---

18. En el caso español, el art. 29.1 LOTC dispone que "la declaración de inconstitucionalidad podrá promoverse mediante:
    a) El recurso de inconstitucionalidad.
    b) La cuestión de inconstitucionalidad promovida por Jueces o Tribunales".
    El art. 35.1 LOTC dispone que "cuando un Juez o Tribunal, de oficio o a instancia de parte, considere que una norma con rango de Ley aplicable al caso y de cuya validez dependa el fallo pueda ser contraria a la Constitución, planteará la cuestión al Tribunal Constitucional con sujeción a lo dispuesto en esta Ley".

la ley o norma con fuerza de ley cuya constitucionalidad se cuestiona, el precepto constitucional que se supone infringido y especificar o justificar en qué medida la decisión del proceso depende de la validez de la norma en cuestión. Antes de adoptar mediante auto su decisión definitiva, el órgano judicial oirá a las partes y al Ministerio Fiscal para que en el plazo común e improrrogable de 10 días puedan alegar lo que deseen sobre la pertinencia de plantear la cuestión de inconstitucionalidad, o sobre el fondo de ésta; seguidamente y sin más trámite, el juez resolverá en el plazo de tres días. Dicho auto no será susceptible de recurso de ninguna clase. No obstante, la cuestión de inconstitucionalidad podrá ser intentada de nuevo en las sucesivas instancias o grados en tanto no se llegue a sentencia firme".

De este párrafo creemos que pueden destacarse tres aspectos. El primero, el momento para promover la cuestión de inconstitucionalidad, es cuando se haya concluido el proceso y se abra el plazo para dictar sentencia. En ese momento, queda suspendido el proceso.

En segundo lugar, en todo caso, debe prestarse audiencia a las partes y al Ministerio Fiscal, aun cuando en dicho proceso no intervenga el fiscal. La razón es evidente, está en juego un interés público: que se aplique al caso concreto o no, una norma sospechosa de inconstitucionalidad.

En tercer lugar, la duda de inconstitucionalidad puede plantearse en sucesivas instancias o grados. Es decir, si las partes solicitaran una suspensión del proceso para que el TC resuelva si la norma aplicable al fondo del asunto es constitucional, en el caso en que el órgano decida no plantear la duda, las partes pueden volverlo a intentar en instancias sucesivas.

Por su parte, el apartado 3 establece que al promoverse la cuestión, quedará suspendido el proceso en el que ha surgido la duda, hasta que el TC resuelva. En concreto, dispone que "el planteamiento de la cuestión de constitucionalidad originará la suspensión provisional de las actuaciones en el proceso judicial hasta que el Tribunal Constitucional se pronuncie sobre su admisión. Producida ésta el proceso judicial permanecerá suspendido hasta que el Tribunal Constitucional resuelva definitivamente sobre la cuestión".

El artículo 36 LOTC dispone que "el órgano judicial elevará al Tribunal Constitucional la cuestión de inconstitucionalidad junto con testimonio de los autos principales y de las alegaciones previstas en el artículo anterior, si las hubiere".

Por su parte, el artículo 37 LOTC codifica el proceso que debe seguirse ante el TCE para la resolución de la cuestión de inconstitucionalidad.

Al respecto, el apartado 1 dispone que "recibidas en el Tribunal Constitucional las actuaciones, el procedimiento se sustanciará por los trámites del apartado segundo de este artículo. No obstante, podrá el Tribunal rechazar, en trámite de admisión, mediante auto y sin otra audiencia que la del Fiscal General del Estado, la cuestión de inconstitucionalidad cuando faltaren las condiciones procesales o fuere notoriamente infundada la cuestión suscitada. Esta decisión será motivada".

Como puede apreciarse, se contempla la posibilidad de que el TCE rechace *a limine* la cuestión que se le suscita, si considera que es notoriamente infundada o cuando falten las condiciones procesales necesarias. En todo caso, obviamente, esta decisión debe ser motivada.

Por su parte, el apartado 2 regula el procedimiento propiamente dicho para la resolución de la cuestión. Así, "publicada en el «Boletín Oficial del Estado» la admisión a trámite de la cuestión de inconstitucionalidad, quienes sean parte en el procedimiento judicial podrán personarse ante el Tribunal Constitucional dentro de los 15 días siguientes a su publicación, para formular alegaciones, en el plazo de otros 15 días".

El apartado 3 añade que "el Tribunal Constitucional dará traslado de la cuestión al Congreso de los Diputados y al Senado por conducto de sus Presidentes, al Fiscal General del Estado, al Gobierno, por conducto del Ministerio de Justicia, y, en caso de afectar a una Ley o a otra disposición normativa con fuerza de ley dictadas por una Comunidad Autónoma, a los órganos legislativo y ejecutivo de la misma, todos los cuales podrán personarse y formular alegaciones sobre la cuestión planteada en plazo común improrrogable de quince días. Concluido éste, el Tribunal dictará sentencia en el plazo de quince días, salvo que estime necesario, mediante resolución motivada, un plazo más amplio, que no podrá exceder de treinta días".

2.2. Momento para el control de constitucionalidad

2.2.1. Control a priori

Un segundo aspecto en el que merece la pena detenerse en el análisis que estamos realizando, es el relativo a la concreción del momento en que una norma puede ser controlada por inconstitucionalidad. En este caso, podemos hablar tanto de un sistema de control a priori, como de control a posteriori. El primero de ellos, permite la intervención del correspondiente TC antes de la publicación y entrada en vigor de la norma. En este caso, las opciones creemos que pueden ser dos: la primera, permitir el control de constitucionalidad de proyectos de ley; la segunda, que se sometan a control de constitucionalidad las leyes elaboradas por el Parlamento, pero antes de su entrada en vigor.

Desde nuestro punto de vista, consideramos que si se quiere optar por permitir el control a priori, lo más oportuno es implicar al TC una vez que el Parlamento ha terminado su labor. Es decir, no creemos conveniente que se sometan a control los proyectos de ley. Es más oportuno que el poder legislativo haga su trabajo y legisle sin la interferencia del TC. Además, el proyecto de ley no es más que un proyecto de ley. En el avatar parlamentario puede que no llegue a ver la luz, o que obviamente, acabe siendo aprobado con modificaciones sobre la redacción inicial. Con el objeto de no sobrecargar al TC, creemos que si se quiere un control a priori, lo mejor es que se tenga elaborada y aprobada la ley y antes de que entre en vigor, someterla a control de constitucionalidad.

2.2.2. *Control a posteriori*

Por su parte, si se optara por un modelo de control a posteriori, ello implicaría que la norma solamente podría ser controlada una vez que la misma hubiera sido promulgada y hubiera entrado en vigor.

Si nos acercamos a la realidad existente en la codificación procesal constitucional española, podremos ver que se opta por un modelo de control a posterior[19], si bien, excepcionalmente, hay dos tipos de normas para las cuales se admite un control a priori. Una de esas excepciones es la relativa a tratados internacionales.

Sobre la posibilidad de control previo de los tratados internacionales, debe tenerse presente que ésta es una exigencia que se contempla expresamente en el texto constitucional. En este sentido, el artículo 95.1 CE dispone que "la celebración de un tratado internacional que contenga estipulaciones contrarias a la Constitución exigirá la previa revisión constitucional". El apartado 2 añade que "el Gobierno o cualquiera de las Cámaras puede requerir al Tribunal Constitucional para que declare si existe o no esa contradicción[20]".

La segunda excepción, es la referente al control preventivo de los Estatutos de Autonomía de las Comunidades Autónomas. En concreto, el artículo 79 LOTC, introducido por la Ley Orgánica 12/2015, de 22 de septiembre, permite el control previo de los proyectos de ley orgánica de los Estatutos de Autonomía de las Comunidades Autónomas, o sus proyectos de reforma[21].

---

19. En este sentido, el artículo 31 LOTC dispone que "el recurso de inconstitucionalidad contra las leyes, disposiciones normativas o actos con fuerza de ley podrá promoverse a partir de su publicación oficial".
20. La ratificación del Tratado de Maastricht, implicó que se consultara al TCE si dicho tratado contenía disposiciones contrarias a la CE en lo relativo a la regulación del derecho de sufragio pasivo. En concreto, el art. 8.B.1 de dicho Tratado reconoce el derecho de sufragio pasivo en las elecciones municipales a todos los ciudadanos de la Unión Europea. Sin embargo, el art. 13.2 CE solamente lo reconoce a ciudadanos españoles. El TCE en su Declaración 1 de julio de 1992, consideró que el Tratado y la CE eran incompatibles. Ello implicó la reforma del artículo señalado. A día de hoy, la disposición citada dispone que "solamente los españoles serán titulares de los derechos reconocidos en el artículo 23, salvo lo que, atendiendo a criterios de reciprocidad, pueda establecerse por tratado o ley para el derecho de sufragio activo y pasivo en las elecciones municipales".
21. En concreto, el art. dispone que "uno. Son susceptibles de recurso de inconstitucionalidad, con carácter previo, los Proyectos de Estatutos de Autonomía y las propuestas de reforma de los mismos.

2.3. Composición y designación de magistrados

2.3.1. Consideraciones generales

El tercer punto al que debe darse respuesta en la codificación procesal del modelo concentrado, es el relativo a concretar qué número de magistrados deben formar parte del órgano de control de constitucionalidad, y sobre todo, cómo o quién designa los magistrados de los diferentes tribunales constitucionales. En este ámbito, está en juego el prestigio y el buen nombre de los mismos. Muchas veces se habla de la necesidad de garantizar un colegio de magistrados realmente independiente, o que no esté politizado, siendo ésta una de las discusiones más relevantes cuando se estudia cualquier modelo de control concentrado de control

---

Dos. El recurso tendrá por objeto la impugnación del texto definitivo del Proyecto de Estatuto o de la Propuesta de Reforma de un Estatuto, una vez aprobado por las Cortes Generales.

Tres. Están legitimados para interponer el recurso previo de inconstitucionalidad quienes, de acuerdo con la Constitución y con esta Ley Orgánica, están legitimados para interponer recursos de inconstitucionalidad contra Estatutos de Autonomía.

Cuatro. El plazo para la interposición del recurso será de tres días desde la publicación del texto aprobado en el «Boletín Oficial de las Cortes Generales». La interposición del recurso suspenderá automáticamente todos los trámites subsiguientes.

Cinco. Cuando la aprobación del Proyecto de Estatuto o de la Propuesta de reforma haya de ser sometida a referéndum en el territorio de la respectiva Comunidad Autónoma, el mismo no podrá convocarse hasta que haya resuelto el Tribunal Constitucional y, en su caso, se hayan suprimido o modificado por las Cortes Generales los preceptos declarados inconstitucionales.

Seis. El recurso previo de inconstitucionalidad se sustanciará en la forma prevista en el capítulo II del título II de esta Ley y deberá ser resuelto por el Tribunal Constitucional en el plazo improrrogable de seis meses desde su interposición. El Tribunal dispondrá lo necesario para dar cumplimiento efectivo a esta previsión, reduciendo los plazos ordinarios y dando en todo caso preferencia a la resolución de estos recursos sobre el resto de asuntos en tramitación.

Siete. Cuando el pronunciamiento del Tribunal declare la inexistencia de la inconstitucionalidad alegada, seguirán su curso los trámites conducentes a su entrada en vigor, incluido, en su caso, el correspondiente procedimiento de convocatoria y celebración de referéndum.

Ocho. Si, por el contrario, declara la inconstitucionalidad del texto impugnado, deberá concretar los preceptos a los que alcanza, aquellos que por conexión o consecuencia quedan afectados por tal declaración y el precepto o preceptos constitucionales infringidos. En este supuesto, la tramitación no podrá proseguir sin que tales preceptos hayan sido suprimidos o modificados por las Cortes Generales.

Nueve. El pronunciamiento en el recurso previo no prejuzga la decisión del Tribunal en los recursos o cuestiones de inconstitucionalidad que pudieren interponerse tras la entrada en vigor con fuerza de ley del texto impugnado en la vía previa".

de constitucionalidad. En definitiva, la concreción del estatuto de los magistrados de los tribunales constitucionales, en temas tales como número de miembros, o sistema de selección, son cuestiones especialmente sensibles y sobre las que todavía a día de hoy sigue estando abierto el debate sobre la mejor solución. Este desafío histórico, sigue abriendo nuevas perspectivas de futuro a las que hay que atender.

Vamos a referirnos en primer lugar, a las cuestiones relativas al número de magistrados. A continuación estudiaremos los aspectos referentes a la designación de los mismos.

2.3.2. Número de magistrados

Si atendemos a las aportaciones de Kelsen, en relación con la composición del TC, sostuvo que no debería tener un número muy elevado de miembros. No obstante, no aportó una fundamentación de esta propuesta. En concreto, afirma[22]:

> El número de miembros no debería ser muy elevado, considerando que es sobre cuestiones de derecho a lo que está llamado a pronunciarse, la jurisdicción constitucional cumple una misión puramente jurídica de interpretación de la Constitución.

En su aplicación práctica, en el ámbito europeo podemos encontrar diferentes soluciones. En este sentido, podemos decir que el número de magistrados se mueve en un mínimo de cuatro, y un máximo de diecinueve[23]. Así, cuatro magistrados tiene el Tribunal constitucional de Andorra[24]; cinco tiene el de Liechtenstein[25]; seis tiene el Tribunal constitucional de Moldavia[26]; siete tiene el tribunal de Letonia[27]; nueve tiene el Consejo Constitucional francés[28]. El tribunal constitucional

---

22. Kelsen, Hans, *op. cit.* nota 8, p. 57.
23. Para un estudio comparativo de estos aspectos, Fernández Rodríguez, José Julio, *op. cit.* nota 1, pp. 39-40.
24. Fernández Rodríguez, José Julio, *op. cit.* nota 1, p. 39. También puede verse la información recogida en el sitio web: www.tribunalconstitucional.ad.
25. Fernández Rodríguez, José Julio, *op. cit.* nota 1, p. 40.
26. Flores Juberías, Carlos; Torres Pérez, Mercedes, "Los Tribunales constitucionales en la protección de los derechos fundamentales en las nuevas democracias de la Europa central y oriental". *Cuestiones constitucionales. Revista mexicana de Derecho Constitucional* 2001, núm. 5, p. 100.
27. Flores Juberías, Carlos; Torres Pérez, Mercedes, *op. cit.*, nota 26, p. 100.
28. En relación con este órgano debemos precisar que ese número de nueve hace referencia al número de magistrados electos. No hay que perder de vista que también hay otros miembros natos de este Consejo, que son los expresidentes de la República. No obstante, debe tenerse presente que estos expresidentes "en la práctica sólo han acudido a dicho órgano de 1959 a 1962" (Fernández Rodríguez, José Julio, *op. cit.* nota 1, p. 40).

de Eslovaquia tiene diez magistrados[29]. Doce miembros tiene, por ejemplo, el tribunal constitucional español o el belga[30]; trece tiene el tribunal constitucional portugués[31], catorce, el austriaco[32], quince, el italiano[33], dieciséis, el alemán[34], dieciocho el de Ucrania[35], o diecinueve, la Federación de Rusia[36].

En todo caso, en la codificación procesal constitucional, la decisión más relevante en este punto es la de elegir entre un TC con pocos magistrados o con un número mayor. Nosotros creemos que el número puede venir condicionado, en gran medida, por las competencias que finalmente se le atribuyan a este órgano jurisdiccional. Es decir, a mayor número de procesos de los que pueda conocer, mayor deberá ser la composición. Es verdad que la tendencia mayoritaria es que los Tribunales constitucionales tengan un número reducido de magistrados. Sin embargo, creemos que esa tendencia debe someterse a revisión cuando la competencia de los tribunales es amplia. Si no se hace así, se corre el riesgo de que el TC sea objetivamente incapaz de absorber todos los asuntos que le llegan y puede conducir a la saturación o paralización de dicho órgano jurisdiccional.

2.3.3. Designación de magistrados

2.3.3.1. Aportaciones de Kelsen

Si nos acercamos a la obra de Kelsen, podremos ver que de manera muy clara afronta el análisis de quién debe proceder a la designación de los magistrados de los tribunales constitucionales. En concreto, no es partidario de una designación exclusiva por el parlamento, ni tampoco por altas instancias del Estado. Su postura es claramente favorable a que se combinen ambos criterios. En este sentido, por ejemplo, ve razonable que sea el parlamento el que designe a los magistrados del tribunal constitucional, entre los candidatos propuestos por el gobierno o por el jefe del Estado, o a la inversa. Si atendemos a sus palabras, merece la pena destacar las que siguen[37]:

> Entre los modos de designación particularmente típicos, no podría pregonarse sin reservar ni la simple elección por el Parlamento ni el nombramiento

---

29. Flores Juberías, Carlos; Torres Pérez, Mercedes, *op. cit.*, nota 26, p. 100.
30. Fernández Rodríguez, José Julio, *op. cit.* nota 1, p. 40.
31. Fernández Rodríguez, José Julio, *op. cit.* nota 1, p. 40.
32. Fernández Rodríguez, José Julio, *op. cit.* nota 1, p. 40.
33. Fernández Rodríguez, José Julio, *op. cit.* nota 1, p. 40.
34. Fernández Rodríguez, José Julio, *op. cit.* nota 1, p. 40.
35. Flores Juberías, Carlos; Torres Pérez, Mercedes, *op. cit.*, nota 26, p. 100.
36. Flores Juberías, Carlos; Torres Pérez, Mercedes, *op. cit.*, nota 26, p. 100.
37. Kelsen, Hans, *op. cit.* nota 8, p. 57.

exclusivo por el jefe del Estado o por el gobierno. Posiblemente, se les podría combinar, así, por ejemplo, elegir los jueces a propuesta del gobierno, quien podría designar varios candidatos para cada puesto o inversamente.

Una de las preocupaciones de Kelsen es la de evitar la politización del tribunal constitucional. No obstante, reconoce que si el parlamento interviene, los partidos políticos van a participar en el proceso de selección, y esta circunstancias, obviamente, puede conducir a la politización que no ve deseable. Ésta es la razón por la que considera que no todos los miembros del tribunal deban ser designados por intervención de las fuerzas políticas. Destacamos las siguientes palabras de Kelsen[38]:

> Es muy difícil pero sería deseable, alejar de la jurisprudencia del tribunal constitucional toda influencia política. No puede negarse que las determinaciones de los especialistas podrían estar influenciadas –consciente o inconscientemente- por consideraciones políticas. Si este peligro es particularmente grande es preferible aceptar, más que una influencia oculta y por tanto incontrolable de los partidos políticos, su participación legítima en la formación del tribunal, por ejemplo, proveer una parte de los puestos por el Parlamento mediante la vía de elección, sin dejar de tener en cuenta la fuerza relativa de los partidos. Si los otros puestos son atribuidos a especialistas, éstos pueden tener mucho más en cuenta las consideraciones puramente técnicas puesto que su conciencia política se encuentra descargada por la colaboración de los miembros llamados a la defensa de los intereses propiamente políticos.

Por otro lado, en la medida en que el TC es un órgano que ejerce jurisdicción, Kelsen entiende que lo razonable es que la mayoría de sus miembros sean juristas. Por este motivo, en cuanto a la designación de los miembros del tribunal, sostiene que podría ser razonable que las Facultades de Derecho pudieran intervenir en el proceso de fijación de los candidatos a ser miembros del tribunal. Nótese que esta propuesta se suma a la anterior. Es decir, que las Facultades podrían proponer candidatos, si bien, el gobierno, el jefe del Estado o el parlamento, serían los que, en su caso, podrían asumirlos como candidatos propios. En este sentido, afirma[39]:

> Es de gran importancia otorgar, en la composición de la jurisdicción constitucional, un lugar adecuado a los juristas de profesión. Podría llegarse a esto concediendo, por ejemplo, a las facultades de derecho de un país o a una comisión de todas ellas el derecho a proponer candidatos, al menos para una parte de los puestos.

---

38. Kelsen, Hans, *op. cit.* nota 8, pp. 58-59.
39. Kelsen, Hans, *op. cit.* nota 8, pp. 57-58.

Expuestos estos criterios para la designación de los magistrados del tribunal constitucional, Kelsen todavía propone un último. En concreto, se refiere a la posibilidad de que el mismo tribunal proceda a la cooptación de sus miembros. Así, afirma[40]:

> Podría, asimismo, atribuírsele al propio tribunal el derecho a proponer aspirantes para cada puesto vacante o de proveerlo por elección, es decir, por cooptación. El tribunal tiene, en efecto, el más grande interés en reforzar su autoridad llamando a su seno a especialistas eminentes.

2.3.3.2. Modelos existentes

Desde nuestro punto de vista, y en un intento de sistematizar los sistemas existentes, podemos clasificarlos distinguiendo cuatro modelos.

2.3.3.2.1. Designación exclusiva por el Parlamento

El primer modelo por el que puede optarse en la codificación procesal constitucional, es aquel en el que todos los magistrados del TC sean designados por el parlamento.

Si echamos un vistazo a la situación existente en Europa, podremos ver que el caso más significativo, sin lugar a dudas, es el alemán. Como ya hemos señalado anteriormente, el tribunal constitucional alemán está integrado por dieciséis magistrados. Pues bien, ocho de ellos son designados por una de las cámaras legislativas existentes en Alemania, y los otros ocho, por la otra cámara legislativa[41]. Nos referimos al *Bundestag* y al *Bundesrat*, que eligen a los magistrados por una mayoría de dos tercios[42].

Este modelo también existe en países como Liechtenstein o Hungría[43].

---

40. Kelsen, Hans, *op. cit.* nota 8, pp. 58.
41. Véase en este sentido, Fernández Rodríguez, José Julio, *op. cit.* nota 1, pp. 42-43.
42. Resultan interesantes las palabras de Schlaich, K., "El Tribunal constitucional federal alemán", en *Tribunales constitucionales europeos y derechos fundamentales*. Centro de Estudios Constitucionales. Madrid 1984, p. 146 en la que afirma que "el propio sistema de designación en cuanto tal es criticado cada cierto tiempo, con argumentos plenos de razón desde un punto de vista teórico. En efecto, hay pocos lugares en los que un poder sea ejercitado de modos tan incontrolado y anónimo como en el de la elección de los jueces del T.C.F. Una elección de los controladores por aquellos que son controlados resulta evidentemente sorprendente".
43. En este caso, como señala Fernández Rodríguez, José Julio, *op. cit.* nota 1, p. 42, todos los magistrados son nombrados por el parlamento "a propuesta de una comisión de designación integrada por un diputado de cada partido con representación parlamentaria".

2.3.3.2.2. Designación por altas instancias del Estado

Otro modelo al que podemos hacer referencia es aquél en que son altas instancias del Estado las que proceden a la designación de los magistrados del tribunal constitucional. Es decir, frente al anterior modelo en que el parlamento el que tiene el protagonismo, en éste son altas instancias de la nación, con exclusión de la intervención directa del parlamento.

Desde nuestro punto de vista, en el ámbito europeo, el caso paradigmático es el del Consejo constitucional francés. Como ya hemos señalado anteriormente, este órgano está integrado por un total de nueve miembros (a los que hay que sumar los miembros natos). Pues bien, los nueve miembros a los que nos referimos, tres son designados por el Presidente de la República, otros tres, por el presidente del Senado y los otros tres, por el presidente de la Asamblea Nacional[44].

2.3.3.2.3. Modelo mixto

En el punto intermedio entre los dos modelos que hemos descrito, se encuentra el mixto. Es decir, un modelo en el que se combinan la designación parlamentaria con la designación por altas instancias del Estado. En este modelo mixto, a su vez, podemos distinguir dos submodelos.

El primero, aquél en el que predomina el criterio de designación parlamentaria sobre el de autoridad; el segundo, aquél en el que ocurre a la inversa, es decir, predomina la designación por altas instancias del Estado, frente a la designación parlamentaria. A continuación, vamos a analizar algunos ejemplos en la clasificación realizada.

2.3.3.2.3.1. Predominio de la designación parlamentaria

A esta categoría pertenece, sin lugar a dudas, el modelo español. Hemos señalado que el TCE está integrado por doce magistrados, tal y como se desprende del artículo 159 CE en el que se dispone que "el Tribunal constitucional se compone de 12 miembros nombrados por el Rey; de ellos, cuatro propuesta del Congreso por mayoría de tres quintos de sus miembros; cuatro a propuesta del Senado, con idéntica mayoría; dos a propuesta del Gobierno, y dos a propuesta del Consejo General del Poder Judicial".

Como puede apreciarse, de un total de doce magistrados, la mayoría, en concreto ocho, son designados por el parlamento; los cuatro restantes, son designados por el Gobierno y por el Consejo General del Poder Judicial.

Dentro de esta categoría creemos que debemos incluir también el sistema de selección de los magistrados previsto en Portugal. En concreto, su TC está integrado por un total de trece magistrados. Pues bien, el Parlamento designa a

---

44. Véase, Fernández Rodríguez, José Julio, *op. cit.* nota 1, pp. 42-43.

la mayoría de eso trece, en concreto, a diez[45]. Posteriormente, esos diez son los que cooptan a los tres que faltan para completar el número total de trece[46]. Como puede verse, el Parlamento designa a la mayoría, y la autoridad a la que se recurre para completar el Tribunal, es la de los mismos magistrados de dicho tribunal.

Dentro de esta misma categoría debemos incluir también el caso belga. En este país, las dos cámaras legislativas existentes elaboran una lista de veinticuatro personas, sobre la base de las cuales el Rey procede a seleccionar a doce[47]. Hay una intervención de la autoridad del monarca, pero en todo caso, dentro de los márgenes que le ha fijado el parlamento[48].

Creemos que es también muy interesante el sistema de selección de los magistrados del TC en Bosnia-Herzegovina. Dicho tribunal está integrado por un total de nueve magistrados. Pues bien, seis de esos nueve, la mayoría, son designados por el Parlamento[49]. Los tres restantes, son nombrados por el Presidente del Tribunal Europeo de Derechos Humanos[50].

2.3.3.2.3.2. Predominio del criterio de autoridad

El segundo gran modelo dentro del sistema mixto, es aquél en el que predomina la designación por altas instancias del Estado, frente a la intervención del Parlamento. Así ocurre, por ejemplo, en el caso italiano. La *Corte constitucionale* italiana está integrada por un total de quince magistrados. Pues bien, cinco de ellos, son designados por parte de las magistraturas supremas del Estado italiano. En concreto, tres por el Tribunal de Casación; uno por el Consejo de estado y otro más, por el Tribunal de Cuentas[51].

El presidente de la República italiana tiene la competencia para designar a otros cinco de los quince magistrados[52]. Y los cinco restantes, son designados por las dos cámaras legislativas existentes en dicho país, que deben reunirse en sesión conjunta[53].

---

45. Fernández Rodríguez, José Julio, *op. cit.* nota 1, p. 43.
46. Fernández Rodríguez, José Julio, *op. cit.* nota 1, p. 44.
47. Fernández Rodríguez, José Julio, *op. cit.* nota 1, p. 43.
48. Como señala, Fernández Rodríguez, José Julio, *op. cit.* nota 1, p. 43 de esos doce "seis de expresión francesa y seis de expresión flamenca".
49. En concreto, como indica Fernández Rodríguez, José Julio, *op. cit.* nota 1, p. 42 "cuatro por el Parlamento federal y dos por la Asamblea de la República Serbia de Bosnia".
50. Como indica Fernández Rodríguez, José Julio, *op. cit.* nota 1, p. 44 esto "no sucede en ningún otro ordenamiento y se explica por los acontecimientos bélicos que asolaron el país (...)".
51. Véase en este sentido, Fernández Rodríguez, José Julio, *op. cit.* nota 1, p. 43.
52. Fernández Rodríguez, José Julio, *op. cit.* nota 1, p. 43.
53. Fernández Rodríguez, José Julio, *op. cit.* nota 1, p. 42.

2.3.3.2.4. *Designación popular*

El cuarto modelo por el puede optarse, es el de que sean los ciudadanos los que procedan a elegir, mediante sufragio, a los magistrados del TC.

Este sistema no se encuentra muy extendido. De hecho, en Europa no es una realidad. Sin embargo, no podemos pasar por alto que éste ha sido el sistema acogido, por ejemplo, en la Constitución política del Estado de Bolivia, de octubre de 2008. En concreto, el artículo 198 de la Constitución dispone que "las Magistradas y los Magistrados del Tribunal Constitucional Plurinacional se elegirán mediante sufragio universal, según el procedimiento, mecanismo y formalidades de los miembros del Tribunal Supremo de Justicia".

El apartado II del artículo 199 añade que "las candidatas y los candidatos al Tribunal Constitucional Plurinacional podrán ser propuestas y propuestos por organizaciones de la sociedad civil y de las naciones y pueblos indígena originario campesinos".

2.3.3.3. *Problemas de aplicación práctica*

En los casos en que hablamos de designación de todos o algunos magistrados de los tribunales constitucionales por el parlamento, surge inmediatamente a continuación la crítica relativa a que dicho sistema puede contribuir a la politización de los tribunales constitucionales. Sin embargo, dicho problema también puede apreciarse si hablamos de la designación por altas instancias del Estado que sean cargos de representación, como el presidente de una República, o cargos en un parlamento, como el presidente del mismo. Obviamente, estas personas ocupan dicho cargo en la medida en que han concurrido en las listas de un partido político[54].

Ahora bien, la presencia de sensibilidades políticas en los tribunales constitucionales no es algo que en principio nos deba preocupar, ya que el TC, además de ser un órgano jurisdiccional, es un órgano llamado a defender la principal

---

54. En este sentido, Pino, Stephan, "El sistema constitucional de Francia". *Revista de Derecho constitucional europeo*, año 7, número 14, julio-diciembre 2010, p. 53 en la que afirma que "se plantea, por otra parte, el problema de la «politicidad» de los nombramientos, de la competencia de las personalidades designadas, y de la presencia de los miembros de derecho. Como Georges Vedel destacó, el Consejo es «un ser raro: debería estar por encima de la batalla y sus miembros son designados por los grandes actores del combate político». En efecto, el Presidente de la República nombra tres, otros tres son nombrados por el Presidente de la Asamblea Nacional y los últimos tres por el Presidente del Senado. Dado que estos tres cargos suelen estar vinculados al partido mayoritario, y dado que la V República conoció su primera alternancia política en 1981, se comprende por qué la corriente socialista tuviera que esperar hasta 1983 para estar representada...".

norma política de un Estado: su Constitución. Lo que debe garantizarse, desde nuestro punto de vista, son varias cosas.

Por un lado, que a los tribunales constitucionales lleguen personas que reúnan los méritos necesarios. De esta manera, creemos conveniente que se fijen requisitos objetivos para poder postular a una persona como candidato a magistrado del TC. Al respecto, puede ser interesante incorporar al código procesal constitucional, unos años mínimos de ejercicio de actividad vinculada al ámbito judicial, o que el candidato deba someterse a control de sus méritos ante las Cámaras legislativas, por ejemplo.

Por otro lado, cuando haya intervención parlamentaria, debe evitarse que un sólo partido político pueda configurar con su decisión, la composición del Tribunal. Esto se logra estableciendo un sistema de mayorías cualificadas. Así, países como Alemania, España. Italia, Portugal o Bélgica, cuentan con este sistema de mayorías cualificadas o reforzadas[55].

Si bien este sistema tiene la virtud que acabamos de subrayar, genera inmediatamente a continuación un problema que no podemos desdeñar. Nos referimos al hecho de que en ocasiones, los partidos políticos utilizan esa necesidad del consenso como arma electoral, poniendo en el eje de su campaña política una de las instituciones esenciales en el correcto funcionamiento de un Estado de Derecho: el TC.

Así ocurrió, por ejemplo, en Italia. La constitución de 1947 preveía la creación de la *Corte costituzionale*, pero hasta ocho años después, las fuerzas políticas no se pusieron de acuerdo para nombrar a los cinco magistrados de designación parlamentaria[56].

O lo mismo podemos decir de la situación existente en España. Por exigencia constitucional, la renovación de los miembros del TC debe hacerse por terceras partes cada tres años (art. 159.3 CE). Obviamente, para que la renovación de los magistrados del TC tenga lugar en el caso de los ocho magistrados que son designados por las Cámaras legislativas, es necesario que las fuerzas políticas logren el correspondiente acuerdo para alcanzar la mayoría de tres quintos requerida constitucionalmente[57]. Sin embargo, la realidad pone de manifiesto que los par-

---

55. En este sentido, Fernández Rodríguez, José Julio, *op. cit.* nota 1, p. 45.
56. Véase en este sentido, Fernández Rodríguez, José Julio, *op. cit.* nota 1, p. 46.
57. La LOTC contempla que los magistrados del TCE continúen en el ejercicio de sus funciones hasta que hayan tomado posesión quienes hubieren de sucederles (art. 17.1 LOTC). Para estos casos, se ha añadido un nuevo párrafo 5 al artículo 16 LOTC, fruto de la reforma llevada a cabo en virtud de la Ley Orgánica 8/2010, 4 noviembre. En concreto, ese párrafo dispone que "las vacantes producidas por causas distintas a la de la expiración del período para el que se hicieron los nombramientos serán cubiertas con arreglo al mismo procedimiento utilizado para la designación del Magistrado que

tidos políticos anteponen sus intereses electorales a los generales, bloqueando y paralizando la renovación de la composición del TC[58].

En el caso de designación popular regulado en Bolivia, también encontramos dificultades. Debemos subrayar que no se trata de una designación popular pura. Nos explicamos. Hemos señalado que los candidatos a magistrados del TC pueden ser propuestos por organizaciones de la sociedad civil y de las naciones y pueblos indígena originario campesinos. Sin embargo, es posteriormente la Asamblea Legislativa Plurinacional la que selecciona a los candidatos que finalmente pueden optar a la elección. Así se desprende del artículo 182 de la Constitución para la designación de los candidatos para ocupar el Tribunal Supremo de Justicia, sistema que se aplica también a los candidatos a ocupar el TC.

Las primeras elecciones tuvieron lugar el 16 de octubre de 2011[59]. En concreto, la Asamblea Legislativa Plurinacional preseleccionó a 28 candidatos para ocupar 7 cargos de titular y otros 7 de suplentes.

En Bolivia ha sido muy criticado el sistema en la medida en que a los candidatos se les prohíbe hacer campaña o aparecer en los medios de comunicación

---

hubiese causado vacante y por el tiempo que a éste restase. Si hubiese retraso en la renovación por tercios de los Magistrados, a los nuevos que fuesen designados se les restará del mandato el tiempo de retraso en la renovación".

58. Para que el lector constate la situación existente y los problemas que hemos descrito, queremos poner de manifiesto los aspectos que han afectado a renovaciones de los magistrados del TCE. El 17 de mayo de 2008 falleció el magistrado, D. Roberto García Calvo que ostentaba la condición de magistrado del alto tribunal, desde octubre de 2001. Pues bien, hasta el 29 de junio de 2012, las dos fuerzas políticas mayoritarias no alcanzaron un acuerdo para nombrar al sustituto. Es decir, durante cincuenta y dos meses, el TCE a pesar de que por exigencias constitucionales debe tener una composición de 12 magistrados, estuvo funcionando con un total de 11.

Por otro lado, también puede tenerse presente que había tres magistrados cuyo mandato expiró en noviembre de 2010, y que hasta el 29 de junio de 2012 tampoco se logró el acuerdo para su renovación. En el ínterin, para forzar esta renovación, los tres magistrados presentaron su dimisión al presidente del TC en el mes de junio de 2011. Sin embargo, el presidente no la aceptó, apelando a la responsabilidad institucional.

Esta situación descrita es la que llevó al TCE a emitir el 22 de mayo de 2012, una dura nota informativa, la 22/2012, en la que instaba a los partidos políticos a cumplir con sus obligaciones y proceder a designar a los cuatro magistrados.

Si bien la situación que hemos descrito se refiere a los magistrados nombrados a propuesta del Congreso de los diputados, una situación parecida se dio en relación con los magistrados nombrados a propuesta del Senado. En este caso, la renovación tuvo lugar en enero de 2011, con el nombramiento de cuatro nuevos magistrados, si bien la renovación tuvo lugar tras un notable retraso.

59. Véase, [http://www.que.es/ultimas-noticias/sucesos/201101070108-morales-inaugura-judicial-tendra-eleccion-efe.html].

tres meses antes de la votación[60]. Pero sobre todo, se ha puesto de manifiesto que esta opción no ha servido para solucionar los problemas de la Justicia ni las injerencias del poder político[61]. Ello ha conducido a que en la práctica, se esté cuestionando este sistema de selección.

2.4. Derechos humanos y tribunales constitucionales

2.4.1. Planteamiento general

Un cuarto ámbito que también es digno de atención en el proceso de codificación, es el relativo a la concreción de la competencia de los Tribunales constitucionales. Es decir, qué asuntos o procesos les encomienda el ordenamiento jurídico. En este punto, una cuestión sobre la que hay que tomar postura es la de si además de los procesos de constitucionalidad, es conveniente atribuir a los Tribunales constitucionales, otros asuntos diferentes. Así por ejemplo, puede decidirse que conozcan de procesos penales para el enjuiciamiento criminal de altas instancias de la Nación, o configurar este órgano jurisdiccional también como tribunal electoral, por ejemplo. Sin embargo, donde es preciso tomar postura de manera clara es la relativa a si se le atribuye o no al TC, el conocimiento de las demandas de amparo o tutela por violación de derechos fundamentales[62].

Uno de los grandes retos que presentan los ordenamientos jurídicos en los que su TC conoce también de demandas de amparo, es el gran número de asuntos que ingresan. Es por ello, que en el proceso de codificación debe tomarse la opción de si se restringe o no el acceso de amparos o tutelas al TC. En el caso en que se opte por establecer algún tipo de restricción, es preciso que se concrete de qué tipo, o si por ejemplo, la restricción implica que sea el TC el que pueda seleccionar los amparos sobre los que quiera pronunciarse[63].

---

60. En este sentido, [http://www.nuevatribuna.es/articulo/mundo/en-marcha-la-eleccin--popular-de-magistrados-en-bolivia/20110613111201056242.html].
61. Véase en este sentido, [http://www.economiabolivia.net/2014/03/06/anular-la-eleccion-popular-de-magistrados/].
62. Si bien ésta no es una práctica generalizada en Europa, existen bastantes ordenamientos jurídicos en cuya regulación presenta gran interés. Nos referimos, principalmente, a los casos de los ordenamientos jurídicos alemán, austriaco y español, por citar algunos ejemplos.
63. Así se ha hecho, por ejemplo, en el caso español. Con la reforma operada de la LOTC llevada a cabo por la LO 6/2007, la demanda de amparo debe justificar la especial trascendencia constitucional del mismo, pudiendo el TCE seleccionar los asuntos sobre los que quiere pronunciarse.
   Esta reforma fue respuesta a un grave problema de saturación y casi colapso del TCE.
   Sobre esta reforma, Aragón Reyes, Manuel, "La reforma de la ley orgánica del Tribunal Constitucional". *Revista de Derecho del Estado*, núm. 21, 2008, pp. 7-35; Díaz Revorio,

De igual modo, debe tomarse la opción de si es posible plantear acciones de tutela o amparo constitucional contra leyes, o solamente cuando se haya producido una violación efectiva. y en ese caso, frente a qué tipo de actos se puede presentar una demanda de amparo.

Si acudimos a las aportaciones realizadas por Kelsen, podremos apreciar que este autor era partidario de la atribución de alguna competencia adicional. En concreto, sostenía esa conveniencia cuando se tratara del enjuiciamiento de altas instancias del Estado, o para la resolución de conflictos, o en general, cuando se tratara de asuntos cuya atribución al tribunal constitucional evitara la creación de nuevas jurisdicciones especiales. En este sentido, afirma[64]:

> Podría, naturalmente, darse a la jurisdicción constitucional, por razones de prestigio o por otras razones, el control de ciertos actos individuales del jefe del Estado o de gobierno -suponiendo que se desea de manera general- someterlas a un control jurídico. En fin, señalamos que puede ser oportuno, llegado el caso, hacer del tribunal constitucional una Alta Corte de Justicia encargada de juzgar a los ministros sometidos a responsabilidad, un tribunal central de conflictos, o un tribunal investido de otras facultades con el objeto de evitarse las jurisdicciones especiales. En efecto, es preferible, de una manera general, reducir lo más posible el número de autoridades supremas encargadas de decir el derecho.

2.4.2. Derecho comparado

Si echamos un vistazo a la situación existente en el ámbito europeo, suele ser bastante frecuente que a los tribunales constitucionales se les atribuya la función de resolución de conflictos. Así ocurre, por ejemplo, en el caso español. El artículo 161.1 CE dispone que el TCE conozca "de los conflictos de competencia entre el Estado y las Comunidades Autónomas o de los de éstas entre sí[65]".

Lo mismo ocurre en el caso de la *Corte costituzionale* italiana[66]. El artículo 134 del texto constitucional atribuye a este órgano, la competencia para resolver

---

Francisco Javier, "Tribunal Constitucional y procesos constitucionales en España: Algunas reflexiones tras la reforma de la Ley Orgánica del Tribunal Constitucional de 2007". *Estudios constitucionales: Revista del Centro de Estudios Constitucionales*, núm. 2, 2009, pp. 81-108.

64. Kelsen, Hans, *op. cit.* nota 8, pp. 96-70.
65. Si acudimos a la LOTC, podremos apreciar que el ámbito de la resolución de los conflictos se amplía. Así, los arts. 73-75 regulan los aspectos relativos a la resolución de conflictos entre órganos constitucionales del Estado.
66. En general, sobre este tribunal, Presno Linera, Miguel Ángel; Campione Riccardo, "Las sentencias básicas del Tribunal Constitucional italiano. Estudio de una jurisdicción de la libertad". Centro de Estudios Políticos y Constitucionales, Madrid 2010.

"los conflictos de competencia entre los poderes del Estado y sobre los que surjan entre el Estado y las Regiones y los de las Regiones entre sí"[67].

De igual modo, podemos hacer referencia a la situación existente en Alemania, en donde el TC resuelve los conflictos entre el *Bund* y los *Länder*, así como entre órganos del Estado[68].

En ocasiones, también se les atribuye a estos tribunales constitucionales el conocimiento de cuestiones de índole electoral. Así ocurre, por ejemplo, en Austria[69] o Alemania[70].

No suele ser frecuente que los ordenamientos jurídicos europeos atribuyan a sus tribunales constitucionales el conocimiento de las demandas de amparo por violación de derechos fundamentales[71]. Esta previsión se contiene, sin embargo, en los ordenamientos jurídicos como el austriaco, alemán y español, principalmente[72].

En el supuesto de Austria, es posible solicitar la intervención del tribunal constitucional en los casos de violación de derechos que estén "instituidos por una disposición del derecho objetivo de rango constitucional[73]". Esta demanda de amparo procede contra las leyes y actos administrativos en los que se haya violado algunos de esos derechos[74].

En el caso alemán también puede interponerse recurso de amparo contra una ley que viole derechos fundamentales[75], así como contra actos administrativos o judiciales en los que se haya producido dicha violación[76]. En el primer caso, el plazo del que se dispone es de un año; en el segundo, de un mes[77].

---

67. Sobre el régimen de justicia constitucional en Italia, Favoreu, Louis, *op. cit.* nota 11, pp. 85-101; Martínez Estay, José Ignacio, *op. cit.* nota 10, pp. 163-166.
68. Véase en este sentido, Martínez Estay, José Ignacio, *op. cit.* nota 10, p. 158.
69. Favoreu, Louis, *op. cit.* nota 11, p. 49.
70. Favoreu, Louis, *op. cit.* nota 11, pp. 67-68.
71. Sobre esta cuestión, AAVV, *Tribunales constitucionales europeos y derechos fundamentales*. Centro de Estudios Constitucionales. Madrid 1984.
72. No obstante, hay otros ordenamientos jurídicos, sobre todo, en la Europa del este, que recogen la posibilidad de este amparo constitucional. Véase en general sobre esta cuestión, Fernández Rodríguez, José Julio, *op. cit.* nota 1, p. 81.
73. Favoreu, Louis, *op. cit.* nota 11, p. 59.
74. Favoreu, Louis, *op. cit.* nota 11, pp. 58-59, en las que afirma que "no hay protección, como sucede en Alemania o en España, contra los actos jurisdiccionales".
    Sobre la demanda contra una ley que viole derechos de reconocidos en norma constitucional, Favoreu, Louis, *op. cit.* nota 11, pp. 53-54.
75. En general, González Pascual, María Isabel, "El tribunal constitucional alemán en la construcción del espacio europeo de los derechos". Civitas. Thomson Reuters. Madrid 2010.
76. Favoreu, Louis, *op. cit.* nota 11, p. 75.
77. Favoreu, Louis, *op. cit.* nota 11, p. 75.

En el caso español, el amparo puede interponerse contra actos de lesión efectiva de un derecho fundamental (art. 161.1 b) CE). No puede interponerse contra leyes, sino contra actos del poder legislativo, ejecutivo o judicial, con los que se haya violado un derecho fundamental[78]. En cada uno de esos casos, el plazo para la interposición de la demanda de amparo, es diferente[79].

El riesgo de saturación que implica que el TC conozca de tantos asuntos, ha conducido en la práctica, se hayan introducido mecanismos de selección de las demandas de amparo. En este sentido, como requisito introducido por una reforma legal llevada a cabo por la LO 6/2007, la demanda de amparo debe justificar la especial trascendencia constitucional del mismo.

2.4.3. *Acción de grupo en la protección jurisdiccional de los derechos fundamentales*

En este último apartado, queremos hacer referencia a otro aspecto que creemos que también es interesante incorporar al código procesal constitucional. En este sentido, en el caso en que se permita que un TC pueda conocer de las acciones de amparo o tutela por violación de derechos fundamentales, resulta interesante que también quede concretado quién tiene legitimación activa para presentar la demanda amparo.

---

78. El art. 41.2 LOTC dispone que "el recurso de amparo constitucional protege, en los términos que esta ley establece, frente a las violaciones de los derechos y libertades a que se refiere el apartado anterior, originadas por las disposiciones, actos jurídicos, omisiones o simple vía de hecho de los poderes públicos del Estado, las Comunidades Autónomas y demás entes públicos de carácter territorial, corporativo o institucional, así como de sus funcionarios o agentes".

79. El art. 42 LOTC dispone que "las decisiones o actos sin valor de Ley, emanados de las Cortes o de cualquiera de sus órganos, o de las Asambleas legislativas de las Comunidades Autónomas, o de sus órganos, que violen los derechos y libertades susceptibles de amparo constitucional, podrán ser recurridos dentro del plazo de tres meses desde que, con arreglo a las normas internas de las Cámaras o Asambleas, sean firmes".

Si se trata de violación en un acto administrativo, el art. 43.1 LOTC dispone que "las violaciones de los derechos y libertades antes referidos originadas por disposiciones, actos jurídicos, omisiones o simple vía de hecho del Gobierno o de sus autoridades o funcionarios, o de los órganos ejecutivos colegiados de las comunidades autónomas o de sus autoridades o funcionarios o agentes, podrán dar lugar al recurso de amparo una vez que se haya agotado la vía judicial procedente". En lo referente al plazo, el art. 43.2 LOTC añade que "el plazo para interponer el recurso de amparo constitucional será el de los veinte días siguientes a la notificación de la resolución recaída en el previo proceso judicial".

Si se trata de violación cometida por un acto del juez, el art. 44.2 LOTC dispone que "El plazo para interponer el recurso de amparo será de 30 días, a partir de la notificación de la resolución recaída en el proceso judicial".

En este supuesto, es evidente que la víctima de la violación debe tener legitimación activa. Sin embargo, en la codificación procesal constitucional, debe tenerse presente que también es interesante y necesario legitimar a organismos públicos o al Ministerio Fiscal para el ejercicio de la acción de tutela o amparo. La legitimación del Ministerio Fiscal estaría más que justificada en los casos en que fuera posible presentar una demanda de amparo contra una ley y lo que se pretendiera fuera la tutela de intereses generales o difusos. No obstante, también creemos que puede ostentar legitimación activa cuando haya una violación individual.

En el caso español, Según dispone el artículo 162.1 b) CE están legitimados "para interponer el recurso de amparo, toda persona natural o jurídica que invoque un interés legítimo, así como el Defensor del Pueblo y el Ministerio Fiscal[80]".

La LOTC, al reglar los sujetos legitimados, distingue según el acto contra el que se interponga la demanda de amparo.

Si la violación se ha producido en un acto sin valor de ley procedente órganos parlamentarios del Estado o de las CCAA, la legitimación la tiene la persona directamente afectada, el Defensor del Pueblo y el Ministerio Fiscal (art. 46.1 a) LOTC).

Si la violación se ha producido en un acto del Gobierno, un órgano ejecutivo de las CCAA o de las distintas Administraciones públicas, sus agentes o funcionarios, así como cuando se produce en acto u omisión de órganos judiciales, tienen legitimación activa quien ahí sido parte en el proceso judicial correspondiente, el Defensor del Pueblo y el Ministerio Fiscal (art. 46.1 b) LOTC).

En los casos en que la demanda de amparo la presente un particular o el Defensor del Pueblo, se prevé la intervención necesaria del MF "en defensa de la legalidad, de los derechos de los ciudadanos y del interés público tutelado por la ley" (art. 47.2 LOTC).

---

80. Sobre el papel del Defensor del Pueblo en la Justicia constitucional, Bassols Coma, Martín, "El Defensor del Pueblo en el sistema constitucional: sus relaciones con las Cortes Generales; Administración Pública y Administración de Justicia". *Anuario de la Facultad de Derecho de Alcalá de Henares*, núm. 8, 1998-1999 (ejemplar Homenaje al profesor Dr. Don Luis García de San Miguel), pp. 21-46; Díaz Crego, María, "Defensor del Pueblo y Justicia Constitucional: entre la declaración de intenciones y el exceso competencial". *Teoría y realidad constitucional*, núm. 26, 2010, pp. 307-352.

Sobre la legitimación activa del Ministerio Fiscal para la demanda de amparo, Domínguez García, Fernando, "La legitimación del Ministerio Fiscal para interponer recurso de amparo: Pronunciamientos del Tribunal Constitucional". *Revista Jurídica de Cataluña*, vol. 100, núm. 3, 2001, pp. 741-776.

Sobre el interés legítimo para presentar la demanda de amparo, Gómez Montoro, Ángel José, "El interés legítimo para recurrir en amparo: La experiencia del Tribunal Constitucional español". *Cuestiones constitucionales: revista mexicana de derecho constitucional*, núm. 9, 2003.

ACCIÓN DE PROTECCIÓN COLECTIVA DE DERECHOS FUNDAMENTALES | 1121

Pero por otro lado, también es interesante que el código procesal constitucional concrete la legitimación para la tutela de los intereses de grupo o clase. En este sentido, con independencia de la legitimación activa que pueda atribuirse al Ministerio Fiscal u otros organismos públicos, creemos que es muy interesante hacer referencia al concepto de víctima que se ha ido abriendo paso en la jurisprudencia del Tribunal Europeo de Derechos Humanos[81]. Esa concepción a la que vamos a referirnos creemos que debe tenerse presente en una eventual codificación procesal constitucional.

Los aspectos relativos a la legitimación activa para el proceso ante el TEDH se concretan en los artículos 33 y 34 del Convenio Europeo para la protección de Derechos humanos y Libertades Fundamentales, 4 noviembre 1950[82], para concretarla[83].

En las demandas individuales, la legitimación activa la tiene la persona física, organización no gubernamental o grupo de particulares "que se considere víctima de una violación, por una de las Altas Partes Contratantes, de los derechos reconocidos en el Convenio o sus Protocolos". Por lo tanto, las Administraciones públicas no tienen reconocida legitimación activa al amparo de este artículo[84]. Tampoco la tendrían, por ejemplo, otros organismos creados en el marco del CE, como el Comité para la prevención de la tortura o las penas inhumanas o degradantes. Hacemos esta consideración porque a pesar de que se trata de un proceso dirigido a la protección de derechos o libertades fundamentales, no está

---

81. A partir de ahora TEDH.
82. A partir de ahora CEDH.
83. En el caso de las pretensiones interestatales, la legitimación activa y la pasiva la tienen exclusivamente los Estados parte. Ello no podía ser de otra manera, en la medida en que estamos hablando de demandas que un Estado dirige frente a otro por violar alguno de los derechos del CEDH o sus protocolos, o por incumplir alguna de las obligaciones derivadas del Convenio. En el primero de los casos mencionados, el Estado demandante no requiere la condición de víctima, tal y como se da en el caso de las demandas individuales a las que luego nos referimos. Basta con que constate con otro Estado parte no respeta los derechos contenidos en el CEDH.

    En este sentido, Morenilla Allard, Pablo, et. al, Los derechos fundamentales y su protección jurisdiccional. Colex, Madrid, 2007, p. 860, afirma que "el mencionado art. 33 legitima activamente a uno o varios Estados para acudir al Tribunal (…) para denunciar el incumplimiento del compromiso adquirido de reconocer en su Jurisdicción el respeto del derecho o libertad reconocido a los individuos dentro de la jurisdicción de ese Estado. No necesita, a diferencia de los particulares, ser una víctima de la violación, sino que la constancia de que por otro Estado parte se incumple su obligación internacional de respetar los derechos fundamentales que el CEDH garantiza objetivamente, le confiere legitimación para denunciar este incumplimiento del Tratado ante el TEDH".
84. Morenilla Allard, Pablo, et. al., op. cit., nota 83, p. 859.

previsto un supuesto de legitimación activa por titularidad de un interés general o público[85].

Sin embargo, resulta interesante cómo se ha ido abriendo paso en la jurisprudencia del TEDH el concepto de víctima indirecta o potencial, que sí ostenta legitimación para poder presentar una demanda de amparo contra una norma, a pesar de que no es víctima directa. Por esta vía, y ahora haremos referencia a un caso paradigmático, se ha permitido que una persona pueda accionar para la tutela de los intereses de un grupo o clase.

El caso paradigmático al que queremos referirnos es el recogido en la sentencia S.A.S. contra Francia, de 1 de julio de 2014[86], que resuelve la demanda de amparo presentada por una mujer musulmana contra la prohibición del velo integral introducido en la legislación francesa.

No vamos a entrar en el análisis del contenido de la sentencia y del fallo del TEDH. Sin embargo, creemos interesante subrayar que el Gobierno francés, entre otros argumentos de defensa, arguyó que la demandante carecería de legitimación activa para dirigirse al TEDH. Sostenía el Gobierno que en realidad, dicha persona no había sufrido ninguna sanción por el uso del velo integral, por lo que no podía considerase como víctima a los efectos del CEDH[87].

---

85. En relación con la legitimación activa, debemos subrayar que es preciso que el sujeto que presente la demanda sea víctima de la violación, potencial o real, pero es necesario que sufra o pueda sufrir un menoscabo en el ámbito de algún derecho o libertad reconocido en el CEDH o en sus Protocolos. Morenilla Allard, Pablo, et. al., op. cit., nota 83, p. 859 afirma que "en efecto, <víctima>, en el sentido del art. 34 CEDH, es primordialmente quien se siente lesionado, de modo efectivo y real, en el goce de su derecho fundamental por el acto u omisión invocada, ya sea de manera directa o indirectamente (…)".
86. Base de datos Aranzadi Westlaw TEDH 2014\36.
87. En el párr. 53 se recoge la argumentación del Gobierno demandado. En concreto: "el Gobierno cuestiona la condición de víctima de la demandante. En este sentido señala que no aporta ningún elemento que demuestre que ella es musulmana y que desea llevar el velo integral por razones religiosas, no pretende haber sido, sólo sería apercibida, por usar el velo en un lugar público y no proporciona ningún indicio de que lo llevara antes de la entrada en vigor de la ley. Se declara asimismo perplejo en cuanto a la gravedad para ella de las consecuencias de la prohibición, dado que ella indica que se abstiene de usar el velo integral en público, en caso de obstáculos prácticos, como parte de su vida profesional, o cuando desea conocer gente en público y que lo usa solo cuando su estado de ánimo introspectivo, sentimientos espirituales o un deseo de centrarse en las cuestiones religiosas se lo demandan. Según él, la demanda es parte del actio popularis socava el requisito de agotar los recursos internos y que una aplicación extensiva de ello podría tener efectos altamente desestabilizadores para el sistema del Convenio: Esto sería contrario a los redactores de éste y aumentaría considerablemente el número de demandantes potenciales. En su opinión, si circunstancias muy excepcionales pueden, en ciertos casos muy específicos, ser tenidas en cuenta por el Tribunal para ampliar la

ACCIÓN DE PROTECCIÓN COLECTIVA DE DERECHOS FUNDAMENTALES | 1123

Sobre la cuestión, el TEDH, en el párrafo 54, el TEDH afirma:

> Se recuerda en particular a este respecto que en las sentencias Dudgeon contra el Reino Unido (22 de octubre de 1981 [TEDH 1981, 4] , serie A núm. 45), Norris contra Irlanda (26 de octubre de 1988 [TEDH 1988, 22] , serie A núm. 142) y Modinos contra Chipre (22 de abril de 1993 [TEDH 1993, 20] , serie A núm. 259), el Tribunal reconoció la condición de víctimas a los homosexuales debido a la existencia de leyes que prevén sanciones penales por actos sexuales consentidos entre personas del mismo sexo debido a que la opción que se les ofrecía era, bien abstenerse de la conducta prohibida, bien exponerse a ser procesados, a pesar de que rara vez se aplicaban estas leyes. Señala que en el asunto S.L. contra Austria (JUR 2003, 14875) (núm.45330/99, TEDH 2003 I(extractos)) el Tribunal asimismo reconoció la condición de víctima a un menor de 17 años que denunció una legislación que prohibía relaciones homosexuales entre adultos y menores cuando sólo los adultos se exponían a ser procesados y que en realidad no existía dichas acusaciones.
>
> Señala que su fe es una parte esencial de su ser, que es una practicante asidua y que para ella es fundamental el uso del velo y juzga inoportuno que el Gobierno le exija que demuestre que ella es musulmana y que desea llevar el velo por razones religiosas. Declara no saber qué pruebas puede aportar y observa que sería extraño que se esperara que los demandantes mencionados en los anteriores casos probaran su homosexualidad. Agrega que no puede haber ninguna duda sobre el hecho de que el Islam comprende una escuela de pensamiento que requiere que una mujer oculte su rostro en público, y que se deduce de la jurisprudencia del Tribunal que no corresponde al gobierno evaluar la legitimidad de la forma en la que ella manifiesta su religión. En su opinión, incluso suponiendo que puedan existir dudas sobre el hecho de si ella usaba el velo integral antes de la entrada en vigor de la ley, ella es víctima de la ley desde el momento que le impide, so pena de sanciones, usarlo en público cuando lo desee: lo sufre directamente por el hecho de ser una mujer musulmana creyente que se cubre el rostro en público.

---

noción de víctima, esto no debe llevar a anular el principio según el cual sólo aquellos cuyos derechos han sido real y concretamente violados pueden pretender reclamar esta condición".

44
LITÍGIOS ESTRUTURAIS NO PROCESSO CONSTITUCIONAL: POTENCIALIDADES E LIMITAÇÕES DE REFORMAS ESTRUTURAIS VIA *HABEAS CORPUS*

MARCELLA PEREIRA FERRARO

Mestre e Doutoranda em Direito Processual na UFPR.

SUMÁRIO: 1. Considerações iniciais – 2. O HC 143.641/SP – 3. *Habeas corpus* coletivo: coletivo até que ponto? 3.1 Oscilações e coletivizações – 3.2 A exigência de identificação dos beneficiários – 3.3 Decisão coletiva e repetição da lei – 4. *Habeas corpus* genérico, corretivo ou impróprio: abertura à abordagem estrutural? 5. *Habeas corpus* coletivo-estrutural: do cabimento às técnicas processuais adequadas – 5.1 Diálogos, construções contínuas e microinstitucionalidades – 5.2 Coletivização e coletivizações: por uma perspectiva abrangente e adequada – 5.3 Do grupo homogêneo à imbricação de interesses – 6. Considerações finais.

1. Considerações iniciais

Em outro lugar, já se defendeu o uso dos mais diferenciados procedimentos para os litígios estruturais e, mais do que isso, a construção do caso e do procedimento, com emprego das técnicas processuais adequadas, independentemente da via inicialmente perseguida.[1] Já este artigo tem como objetivo trazer algumas

---

1. FERRARO, Marcella Pereira. *Do processo bipolar a um processo coletivo-estrutural*. Dissertação de mestrado – Programa de Pós-Graduação em Direito da Universidade Federal do Paraná, Curitiba, 2015 (defesa em 27.03.2015). Já se trazia o questionamento: "Considerando o que foi dito até aqui a respeito da flexibilização processual, já se nota a necessidade de dinamização também do procedimento, deixando as diferentes técnicas à disposição dos participantes do processo, para que seja viável a construção procedimental condizente com as necessidades concretas. Antes, porém, alguém poderia questionar qual seria, no mínimo, a 'ação de partida' para a flexibilização procedimental operada por meio de um gerenciamento. Em poucas palavras: isso seria possível em que tipo de 'ação coletiva'? Na ação civil pública? Na ação popular? No

reflexões sobre os litígios estruturais no processo constitucional, mais especificamente à luz da garantia do *habeas corpus*.

O *habeas corpus* coletivo relativo à substituição da prisão preventiva por domiciliar de mulheres gestantes e mães de crianças e de pessoas com deficiência (HC 143.641/SP), em trâmite no Supremo Tribunal Federal (STF), é tomado como caso ilustrativo para as considerações sobre as possibilidades e insuficiências dessa via para a atuação jurisdicional estrutural. Nessa linha é que não se trata de um comentário, crítica ou análise das decisões lá proferidas em si mesmas, e sim uma reflexão mais ampla, tendo-o como ponto de partida, e inclusive mais geral, considerando as diferentes competências para apreciação de *habeas corpus*.

Inicialmente, a título de notas preliminares, trazem-se breves relatos do HC 143.641/SP, sem considerações substantivas sobre o mérito, item que poderá ser pulado por pessoas mais familiarizadas com o caso.

2. O HC 143.641/SP

Como se sabe, o HC 143.641/SP foi impetrado por membros do Coletivo de Advogados em Direitos Humanos, em favor de "todas as mulheres submetidas à pressão cautelar no sistema penitenciário nacional, que ostentem a condição de gestantes, de puérperas ou de mãe de crianças com até 12 anos de idade sob sua responsabilidade, e das próprias crianças", tendo como pedido a revogação da prisão preventiva dessas mulheres, ou sua conversão em prisão domiciliar.[2]

---

mandado de segurança coletivo? Nas ações de controle principal de constitucionalidade? No *habeas corpus* coletivo?" (p. 165). E concluía-se: "O veículo básico da atuação jurisdicional estrutural é a ação civil pública, que é um rótulo genérico, podendo apresentar-se mediante diferentes procedimentos e mesmo de forma flexibilizada. (...). Não obstante na generalidade dos casos estruturais o veículo seja a ação civil pública, adequada procedimentalmente às circunstâncias concretas, parece não ser aceitável excluir outras possibilidades, ao menos não nesta primeira aproximação aqui feita", cogitando-se inclusive de mandado de segurança e *habeas corpus* coletivos (p. 165-166), ou mesmo em um processo de execução de um termo de ajustamento de conduta (p. 165, n. 643).

2. São os pedidos: "c) Conhecendo do *habeas corpus* coletivo, conceda a ordem e determine definitivamente a revogação da prisão preventiva decretada contra todas as gestantes, como medida de extrema urgência, pela preservação da vida e da integridade física das mulheres e crianças, e a expedição dos alvarás de soltura correspondentes, oficiando as autoridades coatoras judiciárias MM. Juízes e Juízas das varas criminais estaduais e dos Tribunais dos Estados e do Distrito Federal e Territórios; dos MM. Juízes e Juízas Federais com competência criminal e dos Tribunais Regionais Federais; e do Superior Tribunal de Justiça para seu imediato cumprimento; d) Alternativamente, conhecendo do *habeas corpus* coletivo, conceda a ordem e determine definitivamente a substituição da prisão preventiva decretada contra todas as gestantes pela domiciliar, nos termos do art. 318, VI, do Código de Processo Penal, oficiando as autoridades coatoras judiciárias

Desembocou no acolhimento do pedido na segunda linha, para conversão em prisão domiciliar. Na sessão de 20.02.2018 (*DJe* 08.10.2018), a 2ª Turma do STF entendeu, de forma unânime, que seria cabível o *habeas corpus* coletivo, acordando, por maioria, o seguinte:

> a) Determinar a substituição da prisão preventiva pela domiciliar – sem prejuízo da aplicação concomitante das medidas alternativas previstas no art. 319 do CPP – de todas as mulheres presas, gestantes, puérperas, ou mães de crianças e deficientes sob sua guarda, nos termos do art. 2º do ECA e da Convenção sobre Direitos das Pessoas com Deficiências (Decreto Legislativo 186/2008 e Lei 13.146/2015), relacionadas nesse processo pelo DEPEN e outras autoridades estaduais, enquanto perdurar tal condição, excetuados os casos de crimes praticados por elas mediante violência ou grave ameaça, contra seus descendentes ou, ainda, em situações excepcionalíssimas, as quais deverão ser devidamente fundamentadas pelos juízes que denegarem o benefício;
>
> b) Estender a ordem, de ofício, às demais mulheres presas, gestantes, puérperas ou mães de crianças e de pessoas com deficiência, bem assim às adolescentes sujeitas a medidas socioeducativas em idêntica situação no território nacional, observadas as restrições previstas acima;
>
> c) Quando a detida for tecnicamente reincidente, o juiz deverá proceder em atenção às circunstâncias do caso concreto, mas sempre tendo por norte os princípios e as regras acima enunciadas, observando, ademais, a diretriz de excepcionalidade da prisão. Se o juiz entender que a prisão domiciliar se mostra

MM. Juízes e Juízas das varas criminais estaduais e dos Tribunais dos Estados e do Distrito Federal e Territórios; dos MM. Juízes e Juízas Federais com competência criminal e dos Tribunais Regionais Federais; e do Superior Tribunal de Justiça para seu imediato cumprimento; e) Conhecendo do *habeas corpus* coletivo, conceda a ordem e determine definitivamente a revogação da prisão preventiva decretada contra todas as mulheres com filhos de até 12 (doze) anos de idade incompletos, como medida de extrema urgência e a expedição de alvará de soltura correspondente, oficiando as autoridades coatoras judiciárias MM. Juízes e Juízas das varas criminais estaduais e dos Tribunais dos Estados e do Distrito Federal e Territórios; dos MM. Juízes e Juízas Federais com competência criminal e dos Tribunais Regionais Federais; e do Superior Tribunal de Justiça para seu imediato cumprimento; f) Alternativamente, conhecendo do *habeas corpus* coletivo, conceda a ordem e determine definitivamente a substituição da prisão preventiva decretada contra todas as mulheres com filhos de até 12 (doze) anos de idade incompletos pela prisão domiciliar, conforme art. 318, V, do Código de Processo Penal, oficiando as autoridades coatoras judiciárias MM. Juízes e Juízas das varas criminais estaduais e dos Tribunais dos Estados e do Distrito Federal e Territórios; dos MM. Juízes e Juízas Federais com competência criminal e dos Tribunais Regionais Federais; e do Superior Tribunal de Justiça para seu imediato cumprimento". Petição de *habeas corpus* disponível em: [https://www.migalhas.com.br/arquivos/2018/2/art20180215-10.pdf]. Último acesso em: 27.12.2018. Todas as decisões e andamentos podem ser consultadas em: [http://portal.stf.jus.br/processos/detalhe.asp?incidente=5183497].

inviável ou inadequada em determinadas situações, poderá substituí-la por medidas alternativas arroladas no já mencionado art. 319 do CPP;

d) Para apurar a situação de guardiã dos filhos da mulher presa, dever-se-á dar credibilidade à palavra da mãe. Faculta-se ao juiz, sem prejuízo de cumprir, desde logo, a presente determinação, requisitar a elaboração de laudo social para eventual reanálise do benefício. Caso se constate a suspensão ou destituição do poder familiar por outros motivos que não a prisão, a presente ordem não se aplicará;

e) A fim de se dar cumprimento imediato a esta decisão, deverão ser comunicados os Presidentes dos Tribunais Estaduais e Federais, inclusive da Justiça Militar Estadual e Federal, para que prestem informações e, no prazo máximo de 60 dias a contar de sua publicação, implementem de modo integral as determinações estabelecidas no presente julgamento, à luz dos parâmetros ora enunciados;

f) Com vistas a conferir maior agilidade, e sem prejuízo da medida determinada acima, também deverá ser oficiado ao DEPEN para que comunique aos estabelecimentos prisionais a decisão, cabendo a estes, independentemente de outra provocação, informar aos respectivos juízos a condição de gestante ou mãe das presas preventivas sob sua custódia;

g) Deverá ser oficiado, igualmente, ao Conselho Nacional de Justiça – CNJ, para que, no âmbito de atuação do Departamento de Monitoramento e Fiscalização do Sistema Carcerário e do Sistema de Execução de Medidas Socioeducativas, avalie o cabimento de intervenção nos termos preconizados no art. 1º, § 1º, II, da Lei 12.106/2009, sem prejuízo de outras medidas de reinserção social para as beneficiárias desta decisão. O CNJ poderá ainda, no contexto do Projeto Saúde Prisional, atuar junto às esferas competentes para que o protocolo de entrada no ambiente prisional seja precedido de exame apto a verificar a situação de gestante da mulher. Tal diretriz está de acordo com o Eixo 2 do referido programa, que prioriza a saúde das mulheres privadas de liberdade;

h) Os juízes responsáveis pela realização das audiências de custódia, bem como aqueles perante os quais se processam ações penais em que há mulheres presas preventivamente, deverão proceder à análise do cabimento da prisão, à luz das diretrizes ora firmadas, de ofício. Embora a provocação por meio de advogado não seja vedada para o cumprimento desta decisão, ela é dispensável, pois o que se almeja é, justamente, suprir falhas estruturais de acesso à Justiça da população presa. Cabe ao Judiciário adotar postura ativa ao dar pleno cumprimento a esta ordem judicial;

i) Nas hipóteses de descumprimento da presente decisão, a ferramenta a ser utilizada é o recurso, e não a reclamação, como já explicitado na ADPF 347.[3]

---

3. Ficou vencido no mérito o Min. Edson Fachin, que, "para deixar essa porta aberta num juízo evolutivo deste Supremo Tribunal Federal, que também, ao mesmo tempo que acolhe esse reclamo que vem do Brasil real para o Brasil formal das salas dos tribunais,

Um dos fundamentos relevantes para tanto foi, expressamente, as violações estruturais de direitos que estariam presentes no sistema carcerário brasileiro, e aí, mais especificamente e de maneira acentuada, afetando as mulheres gestantes e mães, além das próprias crianças. Assim é que não se deveria deixar aos juízos competentes a análise do cabimento ou não da concessão de prisão domiciliar, em cada caso concreto, e sim fixar, de maneira geral, a concessão de tal medida como regra, em substituição da prisão preventiva, observados os parâmetros estabelecidos na decisão colegiada (e posteriormente integrados por decisões monocráticas, conforme é visto abaixo).[4]

Relatado pelo Min. Ricardo Lewandowski, o processo iniciou-se em 08.05.2017 e contou com a inclusão da Defensoria Pública da União (DPU), tida

---

encontre eco e, ao mesmo tempo, encontre o equilíbrio entre, conforme disse, uma cegueira omissiva ou um protagonismo hipertrofiado", votou pela concessão da "ordem de *habeas corpus* coletivo exclusivamente para dar interpretação conforme aos incisos IV, V e VI do art. 318 do Código de Processo Penal, a fim de reconhecer, como única interpretação constitucionalmente adequada, a que condicione a substituição da prisão preventiva pela domiciliar à análise concreta, justificada e individualizada, do melhor interesse da criança, sem revogação ou revisão automática das prisões preventivas já decretadas".

4. Vale o destaque do seguinte trecho do voto do relator, quanto ao significado do termo "poderá" no *caput* do art. 318 do Código de Processo Penal – CPP ("*poderá* o juiz substituir a prisão preventiva pela domiciliar quando o agente for [...]"): "Diante desse teor normativo, pergunta-se: quais devem ser os parâmetros para a substituição de que trata a lei? A resposta, segundo as autoras e as *amici curiae*, está em que o 'poderá', constante do *caput* do artigo deve ser lido como 'deverá', para evitar que a discricionariedade do magistrado seja, na prática, usada de forma a reforçar a cultura do encarceramento. Já para a Procuradoria-Geral da República, a resposta deve ser formulada caso a caso, sempre à luz da particularidade do feito em análise. Essa abordagem, contudo, parece ignorar as falhas estruturais de acesso à Justiça que existem no País. Diante dessas soluções díspares, e para evitar tanto a arbitrariedade judicial quanto a sistemática supressão de direitos, típica de sistemas jurídicos que não dispõem de soluções coletivas para problemas estruturais, a melhor saída, a meu ver, no feito sob exame, consiste em conceder a ordem, estabelecendo parâmetros a serem observados, sem maiores dificuldades, pelos juízes, quando se depararem com a possibilidade de substituir a prisão preventiva pela domiciliar." Veja-se, de todo modo, que recentemente foi editada a Lei 13.769, de 19.12.2018, incluindo, entre outras disposições, os arts. 318-A e 318-B no CPP: "Art. 318-A. A prisão preventiva imposta à mulher gestante ou que for mãe ou responsável por crianças ou pessoas com deficiência *será substituída* por prisão domiciliar, desde que: I – não tenha cometido crime com violência ou grave ameaça a pessoa; II – não tenha cometido o crime contra seu filho ou dependente. Art. 318-B. A substituição de que tratam os arts. 318 e 318-A poderá ser efetuada sem prejuízo da aplicação concomitante das medidas alternativas previstas no art. 319 deste Código." A lei tem origem no Projeto de Lei do Senado 64/2018, apresentado em 28.02.2018, ou seja, logo após o julgamento do HC, ao qual se faz expressa referência.

como legitimada coletiva para atuar no caso, "por se tratar de ação de caráter nacional", passando os impetrantes originários a figurar como assistentes.[5] Ainda, tem a participação, na condição de *amici curiae*, entre outras entidades, das defensorias públicas estaduais e distrital.[6]

Previamente ao julgamento pelo colegiado, em decisão de 27.06.2017 (*DJe* 31.07.2017), o relator havia determinado a expedição de ofício ao Departamento Penitenciário Nacional (DEPEN), para que informasse, "dentre a população de mulheres presas preventivamente, quais estão gestantes ou são mães de crianças" e, nos respectivos estabelecimentos, "quais dispõem de escolta para garantia de cuidados pré-natais, assistência médica adequada, inclusive pré-natal e pós-parto, berçários e creches, e quais delas estão funcionando com número de presas superior à sua capacidade". O cumprimento da decisão, assim, deveria incluir,

---

5. O Defensor Público-Geral Federal havia sido intimado para dizer sobre seu interesse em atuar no feito, respondendo afirmativamente, e a questão de a DPU ser legitimada foi definida pelo relator em decisão de 15.08.2017 (*DJe* 18.08.2017): "A despeito do cabimento do *habeas corpus* coletivo, penso, com a devida *venia*, que são necessários certos parâmetros em termos de legitimidade ativa, como, aliás, é a regra em se tratando de ações de natureza coletiva. Parece, nesse sentido, que por analogia ao que dispõe a legislação referente ao mandado de injunção coletivo (art. 12, IV, da Lei 13.300/2016), o ideal é reconhecer a legitimidade ativa à Defensoria Pública da União, por se tratar de ação de caráter nacional, e admitir as impetrantes como assistentes." A alteração foi também acolhida pelo colegiado no julgamento em 20.02.2018 (2ª Turma, *DJe* 08.10.2018).

6. As defensorias públicas estaduais e distrital foram admitidas inicialmente como assistentes e depois passaram a *amici curiae* (ver decisão do relator de 26.10.2017, *DJe* 27.10.2017, e de 19.12.2017, *DJe* 31.01.2018). Além delas, as seguintes entidades também foram admitidas nesta última condição (última consulta em 27.12.2018): Instituto Brasileiro de Ciências Criminais (IBCCRIM), Instituto Terra Trabalho e Cidadania (ITTC), Pastoral Carcerária Nacional, Instituto Alana, Associação Brasileira de Saúde Coletiva (Abrasco) e Instituto de Defesa do Direito de Defesa – Márcio Thomaz Bastos (IDDD). Ainda, vale menção à participação, ainda que de forma indireta via manifestação escrita em favor da prisão domiciliar, do Conselho Nacional dos Direitos da Criança e do Adolescente (CONANDA). A manifestação, na qualidade de nota pública expressamente relacionada ao *habeas corpus* coletivo, foi apresentada nos autos pela DPU, segundo a referida decisão do relator de 19.12.2017. Por fim, conforme indicado nos relatos e pela conclusão do julgamento, também de alguma forma figuram no processo o DEPEN, prestando informações e tomando providências, além dos presidentes dos tribunais, comunicados para implementação da decisão. Ainda, comunicações foram remetidas ao CNJ (para eventualmente adotar as medidas adequadas e colaborar com o cumprimento da decisão) e, conforme decisão de 24.10.2018, ao Congresso Nacional (para que avaliasse a necessidade de estender previsões do art. 318 do CPP às presas com condenação transitada em julgado). Sobre essa última extensão, ver a Lei 13.769, de 19.12.2018, que, como se indicou na n. 4 acima, originou-se em projeto de lei apresentado logo após o julgamento do *habeas corpus* coletivo.

individual e especificamente, os nomes das mulheres presas em tais condições e unidades onde se encontravam.

Além disso, em decisão de 17.10.2017 (*DJe* 27.10.2017), o relator determinou o desmembramento do *habeas corpus* coletivo em relação a alguns Estados, por falta, até então, das informações solicitadas a respeito das presas grávidas ou mães de crianças. Dessa forma, Amapá, Ceará, Espírito Santo, Goiás, Maranhão, Pará, Paraíba, Pernambuco, Piauí, Rio Grande do Norte, Rondônia, Roraima, Rio Grande do Sul, Sergipe, São Paulo e Tocantins ficaram abrangidos pelo HC 149.521/SP.[7]

Vale nota, ainda, de que, especialmente em razão das informações prestadas pelo DEPEN após provocação, os autos passaram a contemplar lista nominal de mulheres que se enquadrariam no grupo afetado, ainda que parcial, em favor de quem foi proferida a determinação primeira (item "a" acima). Em relação às demais, houve extensão (item "b"). Porém, como indicado em decisões posteriores do relator, na mesma linha da determinação "i" acima (cabimento de recurso, e não de reclamação), tal extensão não implicaria a viabilidade do peticionamento individual diretamente ao STF, e sim ao respectivo juízo.[8] Ou seja: "No bojo

---

7. Com o desmembramento, nos respectivos autos, foram solicitadas as informações ao DEPEN especificamente quanto aos Estados faltantes, com posterior reiteração. Até a última consulta, 26.12.2018, aguardava-se a manifestação da Procuradoria-Geral da República.
8. Assim sinalizou já na decisão de 15.03.2018 (*DJe* 16.03.2018): "pedidos de extensão não são a via adequada para análise da situação concreta de cada mulher presa preventivamente que se enquadre, ao menos em tese, no espectro traçado no acórdão de deferimento da ordem, haja vista ter sido determinado que as circunstâncias fáticas a serem atentamente observadas pelos juízos responsáveis pela análise de cada caso concreto. Tratando-se de decisão coletiva, e dado o número elevado de mulheres presas preventivamente que poderão ser, em princípio, beneficiadas pela referida decisão, é natural que não seja possível concentrar, em um único julgador, a análise de todos os casos em que a prisão domiciliar poderia ser aplicável, sobretudo porque há determinadas condicionantes fáticas que deverão ser analisadas para a substituição da prisão preventiva pela domiciliar. Com efeito, a decisão não determinou a substituição da prisão preventiva pela domiciliar de todas as mulheres presas preventivamente que estejam gestantes ou sejam mães de crianças. A referida substituição é a regra, não a exceção, e deverá ser observada na generalidade dos casos. Não é, porém, uma regra inquebrantável, pois comporta exceções que foram explicitadas ao longo do acórdão, e portanto não é a simples denegação da substituição que ofende a autoridade da decisão do Supremo Tribunal Federal. (...). Isso posto, não conheço dos pedidos de extensão. Determino, entretanto, o desentranhamento das petições e o encaminhamento aos respectivos juízos de origem para análise da situação fática da mulher presa à luz das determinações do acórdão proferido neste *habeas corpus* coletivo. Fica autorizada a Secretaria Judiciária a proceder da mesma maneira na eventualidade de novos pedidos de extensão". A posição foi reiterada em decisões posteriores do relator, como na proferida em 24.10.2018 (*DJe* 25.10.2018).

deste processo coletivo, será dada prioridade às deliberações que possam afetar a coletividade de presas sob custódia estatal, visando-se à efetividade da ordem concedida pela Segunda Turma do Supremo Tribunal Federal."[9]

Não obstante, abertura foi feita a petições individuais trazendo "interessantes questões com alcance coletivo", a serem excepcionalmente apreciadas, "pelo potencial que elas têm de dar maior concretude ao teor do julgado".[10] Uma dessas questões seria, por exemplo, o marco do fim da "prisão preventiva" e respectivo início do "cumprimento definitivo da pena", bem como saber se o flagrante de tráfico de entorpecentes, inclusive na residência, seria impedimento à prisão domiciliar.

Ao que parece, busca-se, assim, monocraticamente, integrar a decisão colegiada, indicando situações que não se amoldariam como exceções à regra da conversão em prisão domiciliar. Conforme explicitado em decisão subsequente,[11] "a relativa dificuldade de mudança cultural tem me levado a concluir pela necessidade episódica de análise de casos concretos, como forma de enriquecer a decisão com as variáveis que se apresentam na realidade forense. Assim, optei por flexibilizar a diretriz inicial de que nenhum caso concreto seria analisado individualmente, sem, contudo, pretender converter o presente procedimento no veículo processual para análise da situação específica de cada uma das presas provisórias de nosso País."

Por fim, cumpre notar que também foi oportunizada a manifestação da DPU e dos *amici curiae* "sobre medidas apropriadas para efetivação da ordem concedida neste *habeas corpus* coletivo", bem como determinado às corregedorias dos tribunais para "tomar as medidas cabíveis, dentro de sua esfera de atuação, caso constatem descumprimento de ordem judicial vinculante" e informar "quais constituíram núcleos de monitoramento da execução do julgado e quais as providências adotadas para garantir sua efetividade".[12]

---

9. Decisão monocrática de 24.10.2018 (*DJe* 25.10.2018).
10. Decisão monocrática de 24.10.2018 (*DJe* 25.10.2018).
11. Decisão monocrática de 14.11.2018 (*DJe* 20.11.2018).
12. Decisão monocrática de 24.10.2018 (*DJe* 25.10.2018). Ainda, nesta e em outras decisões posteriores ao julgamento houve determinações mais específicas, relativas a determinado Estado ou certos casos individuais. Assim, por exemplo, nos termos da primeira, relativamente "ao Estado do Rio de Janeiro, onde a implementação está, estatisticamente, muito aquém do que em outros Estados, deverá a Corregedoria esclarecer quais as políticas adotadas para o cumprimento da decisão e se foi determinada a dispensa da exigência de apresentação de certidão de nascimento para apreciação, facultando-se aos juízes a solicitação direta por via eletrônica. Em sentido semelhante, na decisão de 14.11.2018, determinou-se que as Corregedorias dos Tribunais de Justiça de Minas Gerais e de Pernambuco esclarecessem "se certidões de nascimento têm sido exigidas das detentas e, em caso positivo, para que tomem as medidas necessárias de

3. *Habeas corpus* coletivo: coletivo até que ponto?

A decisão do HC 143.641/SP é tida como paradigmática, não apenas por isso mas, com especial ênfase, por significar uma abertura, pelo próprio STF, ao uso do *habeas corpus* na via coletiva, e diante de violações estruturais de direitos, ainda que não estejam aí definidas todas as questões que podem surgir em relação ao seu uso no campo coletivo. Porém, como destacado ao longo das diversas manifestações e decisões no processo, a resposta à questão do cabimento não foi sempre a mesma.

3.1. *Oscilações e coletivizações*

De fato, tanto o STJ como o STF já foram refratários à utilização do *habeas corpus* para proteção coletiva, a tutelar o direito de pessoas não identificadas, circunstância usual quando se pensa em remédios coletivos. Associando-se a noção de *habeas corpus* à proteção do direito de locomoção concretamente delineado, consequência necessária seria não apenas a identificação daquilo que, em concreto, viola ou ameaça tal direito, mas também do titular desse direito – quem seria a pessoa que tem sua locomoção impedida ou ameaçada; enfim, qual seria o "constrangimento concreto"?

Nesse primeiro sentido, as três manifestações da Procuradoria-Geral da República anteriores ao julgamento colegiado do *habeas corpus* paradigma invocam, para assim se posicionar, decisões pelo não cabimento da medida na via coletiva, já que não poderia ser utilizada em benefício de pessoas indeterminadas, porque aí impossíveis a apreciação do constrangimento e a expedição de salvo-conduto.[13] Citam-se, nessa linha, por exemplo, os HCs 81.348/RJ e 122.921/DF, também impetrados perante o STF.

O primeiro, apresentado em, pretendia beneficiar "os favelados do Município do Rio de Janeiro", visava a que uma ação contínua fosse

> determinada ao Ministério da Justiça da República Federativa do Brasil, na qual os direitos fundamentais e constitucionais dos brasileiros e brasileiras sejam rigorosamente preservados, doa a quem doer; e, sem aplicação de clientelismo político, sejam todos os integrantes dessas comunidades carentes e escravizadas protegidas pela Polícia Federal ou pelas Forças Armadas da Rep. Federativa do Brasil; para assim serem cumpridos os ditames da Lei Magna.

E teve seu seguimento negado monocraticamente.[14]

---

modo a que os magistrados, diante da ausência de tais documentos, os solicitem diretamente pelo sistema CRC-Jud."
13. Manifestações datadas de 19.05.2017, 23.08.2017 e 06.11.2017.
14. STF, HC 81.348/RJ, rel. Min. Ellen Gracie, decisão em 26.09.2001, *DJ* 10.10.2001.

De todo modo, vale notar que a suposta necessidade de se individualizar a pessoa que estaria tendo a sua liberdade de locomoção violada ou ameaçada não foi o único, e talvez nem mesmo o principal, fundamento da negativa de seguimento. Mais do que isso, destacou-se que não se trataria de caso de ameaça à liberdade de locomoção, e sim uma alegada omissão das autoridades que não teria o *habeas corpus* a sede adequada para sua resolução Ou seja, ao que parece, diz-se aí que o problema estrutural que se busca resolver não seria cabível em *habeas corpus*, e não somente ou simplesmente que esse remédio não poderia ser coletivizado.

Já o segundo, também decidido monocraticamente, foi impetrado em favor da então Presidente da República Dilma Rousseff e das pessoas beneficiadas pela anistia prevista no art. 4º, § 1º, da Emenda Constitucional 26/1985, e o ato coator seria a decisão da Corte Interamericana de Direitos Humanos no caso *Gomes Lund*, sobre a Lei da Anistia.[15] A decisão monocrática de negativa de seguimento invoca a decisão anterior no que se refere ao fundamento das pessoas indeterminadas, de modo que não poderia o *habeas corpus* ser conhecido nos termos pretendidos pelo impetrante, além de que o próprio STF teria decidido, em controle de constitucionalidade, sobre a matéria.[16]

Seguindo caminho semelhante, pode-se mencionar, ainda, o HC 119.753/SP, apresentado pela Defensoria do Estado de São Paulo, pedindo ao STF ordem para que os "sentenciados formalmente em regime semiaberto, mas que permanecem no CDP [Centro de Detenção Provisória] II de Osasco, cumpram sua pena em prisão albergue domiciliar até o surgimento de vagas em estabelecimento prisional adequado ao regime semiaberto". Já na apreciação da liminar, o relator havia sinalizado possível não cabimento da tutela coletiva na via pretendida,[17] resultando em decisão final de negativa de seguimento, também monocrática, que por entender que a medida não poderia ser substituta de recurso extraordinário, não haveria teratologia a implicar *habeas corpus* de ofício e este também não poderia ser impetrado para proteger direito de pessoas indeterminadas. Em

---

15. Tinha como pedidos: "*Revogue parcialmente* os efeitos da referida decisão em solo pátrio determinando: *a vigência* da lei da Anistia, notadamente do disposto no § 1º do artigo 4º da emenda constitucional 26/1985, dado seu caráter constitucional e a impossibilidade de revogação por ato judicial de decisão do Poder Constituinte Originário, máxime por retroação de disposição normativa superveniente; *a prescrição* de todo e qualquer crime cometido antes da vigência da Constituição de 1988 cujo processo penal não tenha-se iniciado até 2008 dado que a figura do crime imprescritível não existia antes da Constituição atual, a imprescritibilidade de que trata a Convenção para a Imprescritibilidade dos crimes de Guerra e contra a Humanidade, ainda que pudesse ser considerada como exigível em solo brasileiro, somente pode ser evocada para crimes relacionados com uma guerra externa declarada e o Brasil não participa de uma guerra externa declarada desde 1945".
16. STF, HC 122.921/DF, rel. Min. Dias Toffoli, decisão em 01.07.2014, *DJe* 31.07.2014.
17. STF, HC 119.753-MC/SP, rel. Min. Luiz Fux, decisão em 24.10.2013, *DJe* 25.10.2013.

relação ao último ponto, igual referência é feita ao HC 81.348/RJ, bem como aos HCs 135.169/DF e 133.267/SP.[18]

O HC 135.169/DF foi impetrado pela Defensoria Pública do Estado da Bahia em favor de aproximadamente 500 presos custodiados em delegacias de Salvador, visando à sua soltura diante do desrespeito ao limite temporal da custódia e da falta de estrutura adequada, ou imposição de medidas alternativas. Foi monocraticamente inadmitido, em razão da não identificação das pessoas beneficiárias.[19]

O HC 133.267/SP, por sua vez, havia sido ajuizado em favor de "todas as pessoas que se encontrem respondendo processo criminal sem condenação transitada em julgado", pela Federação das Associações dos Advogados do Estado de São Paulo, apontando-se como autoridade coatora o próprio Plenário do STF, ao rejeitar o HC 126.292/SP (cumprimento da pena antes do trânsito em julgado). A medida não foi admitida, tanto porque não seria cabível em face de decisão do próprio tribunal como por conta da indeterminação dos beneficiários.[20]

Já em relação a decisões posteriores ao HC 143.641/SP, menção especial parece merecer o RE 855.810/RJ, no contexto do qual se reafirmou o cabimento de *habeas corpus* coletivo, conforme o paradigma. A decisão se insere em caso de *habeas corpus* coletivo preventivo que havia sido impetrado pela Defensoria Pública do Rio de Janeiro, em favor das pessoas que atuam como guardadoras de veículos em Volta Redonda/RJ ("flanelinhas"), para que não tivessem sua liberdade violada em razão de suposta tipicidade penal do exercício de tal atividade sem registro junto aos órgãos competentes.[21]

Por sua vez, o Superior Tribunal de Justiça (STJ) também já havia se posicionado pelo não cabimento na falta de pessoas determinadas como beneficiárias da medida, inclusive em casos que originaram posteriormente *habeas corpus* perante o STF.[22] Ainda, a título de exemplo, já entendeu ser o *habeas corpus* a via inadequada

---

18. STF, HC 119.753-MC/SP, rel. Min. Luiz Fux, decisão em 24.02.2017, *DJe* 02.03.2017.
19. STF, HC 135.169/DF, rel. Min. Gilmar Mendes, d. 22.08.2016, *DJe* 23.08.2016. Mais especificamente, tratava-se das seguintes delegacias: 4ª Delegacia Territorial, Delegacia de Tóxicos e Entorpecentes, 5ª Delegacia Territorial, 1ª Delegacia Territorial, Delegacia Especializada de Furtos e Roubos, 13ª Delegacia Territorial, 10ª Delegacia Territorial, 28ª Delegacia Territorial, Delegacia de Polícia Interestadual, Delegacia de Proteção ao Turista e Delegacia de Repressão a Furtos e Roubos de Veículos.
20. STF, Pleno, HC 133.267/SP, rel. Min. Dias Toffoli, j. 17.03.2016, *DJe* 31.03.2016.
21. STF, 2ª Turma, RE 855.810-AgR/RJ, rel. Min. Dias Toffoli, j. 28.08.2018, *DJe* 16.10.2018.
22. O que ocorreu, por exemplo, em relação ao HC 119.753/SP acima citado. Teve origem em negativa de *habeas corpus* coletivo pelo STJ, que entendeu que "não se pode admitir *habeas corpus* coletivo, em favor de pessoas indeterminadas, visto que se inviabiliza não só a apreciação do constrangimento, mas também a expedição de salvo-conduto em favor dos supostos coagidos" (AgRg no RHC 40.334/SP, 6ª Turma, rel. Min. Og Fernandes, j. 03.09.2013, *DJe* 16.09.2013). Em outra ponta, é possível encontrar decisão

para a "soltura de todos os encarcerados, indistintamente, em razão das condições degradantes do prédio em que estão [cadeia pública no interior do Paraná], cuja recomendação de laudo técnico é a demolição", além de já ter sido determinada a transferência dos presos. Enfim, como se destacou, ainda que inegáveis as graves condições das candeias nas mais diferentes localidades brasileiras, "o fato é que o *habeas corpus* não se revela o meio apropriado pra resolver o grave problema que cerca o sistema carcerário brasileiro".[23]

Por outro lado, o STJ, inclusive de ofício, já concedeu *habeas corpus* coletivo em benefício dos presos em cumprimento de pena em regime aberto na Casa de Albergado Padre Pio Buck, em Porto Alegre, sem condições adequadas. O caso teve origem em incidente de excesso de execução coletivo, em que a prisão domiciliar teria, nos termos do TJRS, sido "deferida em massa e genericamente, aos presos em regime aberto, que não respondam por crimes hediondos e equiparados, e que não ostentem mais de uma condenação por crime cometido com violência ou grave ameaça à pessoa", providência revertida pelo tribunal local, o que levou à impetração de *habeas corpus* coletivo perante o STJ. Inicialmente, já em 2009, foi deferida a liminar no HC, para suspender o acórdão local,[24] com subsequente extensão a outras pessoas que ali passaram a cumprir pena.[25] Na decisão final, foi concedida ordem de ofício para afastar a decisão do tribunal local, de modo a restar hígida a determinação de concessão da prisão domiciliar aos presos em regime aberto da referida casa do albergado.[26]

Ainda, como lembrado no HC 142.641/SP em referência, o STJ havia concedido ordem coletiva para presos em contêineres, "substituindo-se a prisão em

---

do STF em HC também originado de *habeas corpus* coletivo que o STJ havia entendido incabível, mas aí determinando-se o retorno ao STJ, para que, justamente, analisasse a questão de fundo, já que, conforme nova compreensão, seria viável a sua impetração (assim, por exemplo, o HC 118.536/SP, que é mencionado abaixo).

23. STJ, 6ª Turma, RHC 31.124/PA, rel. Min. Maria Thereza de Assis Moura, j. 18.02.2012, *DJe* 29.06.2012. No caso, são identificados 19 pacientes, mas se indica que a argumentação seria "coletiva", visando às más condições generalizadas do estabelecimento.
24. STJ, HC 154.947/RS, rel. Min. Napoleão Nunes Maia Filho, decisão em 03.12.2009, *DJe* 11.12.2009.
25. "*Defere-se* o pedido de extensão requerido tão somente àqueles sentenciados mencionados na petição de fls. 500/509, desde que preencham os mesmos requisitos dos apenados contemplados pela primeira decisão proferida pelo Juízo da VEC da Comarca de Porto Alegre (...). Deixa-se consignado que compete ao MM. Juiz da Vara de Execuções Criminais a análise individualizada da situação de novos albergados, por meio de decisão fundamentada, após ouvida do douto Ministério Público Estadual, sob pena de prejuízo ao célere julgamento do presente *mandamus*" (STJ, PExt no HC 154.947/RS, rel. Min. Napoleão Nunes Maia Filho, decisão em 07.06.2010, *DJe* 15.06.2010).
26. STJ, 5ª Turma, HC 154.947/RS, rel. Min. Marco Aurélio Bellizze, j. 11.12.2012, *DJe* 19.12.2012.

contêiner por prisão domiciliar, com extensão a tantos quantos – homens e mulheres – estejam presos nas mesmas condições".[27] Fora do ambiente carcerário, tem-se o também lá mencionado *habeas corpus* coletivo deferido "em favor das crianças e adolescentes domiciliados ou que se encontrem em caráter transitório dentro dos limites da Comarca de Cajuru-SP", para declarar a ilegalidade da portaria editada por juízo da infância e da juventude criando "toque de recolher" de crianças e adolescentes em certas circunstâncias.[28]

Também se pode trazer à baila *habeas corpus* coletivo admitido, ainda que provisória e implicitamente, para resultar em indeferimento da liminar. O HC 279.813/RN, em contexto grevista, havia sido impetrado em benefício de pessoas específicas

> e demais integrantes da Polícia Civil e Servidores da Segurança Pública do Estado do Rio Grande do Norte, em oposição a ato do Presidente do respectivo Tribunal de Justiça, que determinou medidas para que os dirigentes e sindicalizados do SINPOL não se aproximassem a menos de 200 metros de órgãos da segurança pública, sob pena de multa.

Entendeu o STJ, no momento da apreciação da liminar, sem se deparar com a questão do cabimento do *habeas corpus* coletivo, não haver "manifesta ilegalidade a ensejar o deferimento da medida de urgência".[29]

Tentando estabelecer um critério para o cabimento, em outra ponta, vale menção de decisão mais recente, no HC 359.374/SP, apreciado também pelo STJ. Para além dos pacientes individualizados, procurava-se, no âmbito coletivo, beneficiar "todos os adolescentes que sejam futuramente internados provisoriamente pela Vara da Infância e da Juventude da Comarca de Santo André/SP". Invocou-se, no julgado, não simplesmente a necessidade de identificar todos os pacientes (art. 654, § 1º, do Código de Processo Penal), e sim a de que, ao menos, as pessoas sejam "identificáveis".

Aí, mais precisamente, em referência ao HC 143.641/SP do STF, o STJ entendeu que "não se admite a impetração de *habeas corpus* para a tutela de direitos coletivos sem que sejam individualizados, ou ao menos identificáveis, as pessoas que efetivamente sofrem a suposta coação ilegal ao tempo da impetração". Como no HC das mulheres grávidas e mães teria sido juntada lista pelo DEPEN (e, complemento, determinada a extensão para outras pessoas ali não constantes), não se estaria em face de uma "ordem genérica e abstrata". Assim, não estaria

---

27. STJ, 6ª Turma, HC 142.513/ES, rel. Min. Nilson Naves, j. 23.03.2010, *DJe* 10.05.2010.
28. STJ, 2ª Turma, HC 207.720/SP, rel. Min. Herman Benjamin, j. 01.12.2011, *DJe* 23.02.2012.
29. STJ, 2ª Turma, AgRg no HC 279.813/RN, rel. Min. Og Fernandes, j. 05.11.2013, *DJe* 22.11.2013. O *habeas corpus* foi depois declarado prejudicado, em razão do fim da greve.

afastada a possibilidade de *habeas corpus* coletivo, mas os indivíduos teriam de ser "identificados ou identificáveis ao tempo da impetração". E complementa:

> Nessa linha de raciocínio, qualquer determinação, de forma abstrata e prospectiva, no sentido de determinar que as instâncias ordinárias observem o prazo previsto no § 2º do art. 185 do ECA, traduziria mera repetição da Lei, cuja coercitividade decorre de sua vigência, tornando inócuo o comando jurisdicional, em desprestígio desse relevante e constitucional instrumento de proteção da liberdade de locomoção.[30]

Esse caso, e em especial a última consideração, permite lançar atenção sobre dois pontos relevantes. O primeiro, na perspectiva subjetiva, é a exigência de que as pessoas beneficiárias sejam "identificáveis" para ser cabível a medida na modalidade coletiva (e, mais ainda, "ao tempo da impetração"). Por outro, na objetiva, a questão de, na concessão da ordem (então "abstrata e prospectiva"), haver mera repetição do texto legal, o que seria inviável, e, ligado a isso, de proferir-se uma ordem em tal linha, coletivamente, justamente por se estar "dando cumprimento à lei".[31]

Os dois aspectos se entrelaçam, pois exigir a identificação ou lista pode se dar com a intenção de diferenciar a decisão judicial de uma lei, como também já ocorreu em países vizinhos,[32] mas cabe considerar, ao menos aqui, os depois separadamente.

---

30. STJ, 5ª Turma, HC, rel. Min. Reynaldo Soares da Fonseca, j. 26.06.2018, *DJe* 01.08.2018. Vale acrescentar, de todo modo, outro ponto considerado: "Ademais, o exame dos documentos acostados aos autos revela que a Corte local não praticou nenhum ato ou se omitiu de forma a contribuir para que o prazo previsto no § 2º do art. 185 do ECA não fosse observado. Ao contrário, extrai-se que diversas insurgências contra a inobservância do referido prazo, em prol de inúmeras pessoas, foram direcionadas ao Juízo processante e, apenas pontualmente, ao Tribunal *a quo* em sede de *habeas corpus*, sempre prejudicados em virtude da efetiva transferência dos adolescentes para unidades da Fundação Casa, de forma a inviabilizar que o tema de fundo fosse objeto de exame. Portanto, na espécie, inexiste constrangimento ilegal a ser reparado em *habeas corpus*, seja a título individual ou coletivo, posto que as decisões que julgaram os pedidos prejudicados sempre o foram em hipóteses de efetiva perda do objeto do pedido ou da impetração. Em consequência, não há falar em ilegalidade ou negativa de prestação jurisdicional, impondo-se o efetivo desprovimento do agravo regimental."
31. De certa forma, a ideia de se estar apenas "dando cumprimento à lei", aparece no HC 143.641/SP, para confirmar a possibilidade das medidas determinadas. Assim, por exemplo, o Min. Dias Toffoli salientou que a "essa extensão que Vossa Excelência está a propor nada mais é do que dizer à Magistratura que cumpra a lei."
32. Como será visto adiante, no Paraguai, por exemplo, inclusive em relação a problema que depois foi levado ao Sistema Interamericano de Direitos Humanos, já se contou com *habeas corpus* coletivo (denominado, mais especificamente, de *habeas corpus*

3.2. A exigência de identificação dos beneficiários

Quanto ao primeiro ponto, parece necessário ressaltar que, ainda que se vá além da disposição do Código de Processo Penal, que exigiria nome da pessoa em favor de quem se impetra o *habeas corpus* (previsão que, lembre-se, é anterior aos diplomas centrais de tutela coletiva e à própria Constituição),[33] entendendo suficiente a "identificabilidade" das pessoas, pode isso, no que aqui interessa, não ser um passo suficiente para se dizer superada a lógica processual individual (ou mesmo individualista).

Como apontado, o raciocínio figurou, ao menos até certo ponto, na própria decisão do STF, tanto que, em primeiro lugar, a ordem foi concedida em favor daquelas mulheres "relacionadas neste processo pelo DEPEN e outras autoridades estaduais", com subsequente extensão a outras que se enquadrem na mesma situação.[34] E o STJ foi ainda além, indicando que "ao tempo da impetração" é que

---

genérico, e aí coletivamente conformado). E enfrentou-se dificuldade semelhante, entendendo-se exigível a lista das pessoas privadas de liberdade, para que fosse possível diferenciar a decisão de uma lei ("Como la garantía no había sido promovida a favor de ciertos y determinados menores, identificados con nombres y apellidos, sino a favor de todos los menores recluidos en la institución, en forma genérica, global e impersonal, el juez no podía acoger la garantía favorablemente, pues tendría que otorgarse el beneficio también en forma impersonal, genérica con lo cual se desnaturalizaría la resolución judicial, perdería por completo su naturaleza de norma jurídica particularizada y se convertiría en una norma jurídica general que en nada se diferenciaría de la ley de la Nación que estableciera criterios y parámetros acerca de cómo deben construirse las prisiones para menores delincuentes y cuáles deben ser los cuidados que deben tenerse en materia de seguridad, higiene, vigilancia, educación, recreación, a fin de garantizar los derechos humanos de las personas, por lo que tuvo que agregarse la nómina remitida por el Ministerio de Justicia y Trabajo de todos los internos del Correccional de Menores" (MONTANÍA, Carmen. *La protección jurídica en el ámbito paraguayo*: Garantías, derechos y procedimientos según la ley y su aplicación en la práctica. Ministerio de Justicia y Trabajo de la República del Paraguay, Cooperación Técnica Alemana GTZ, 2003. p. 152-153. Disponível em: [https://www.pj.gov.py/ebook//libros_files/coleccion_de_derecho_penitenciario_2.pdf]. Acesso em 26.16.2018.

33. "Art. 654. O *habeas corpus* poderá ser impetrado por qualquer pessoa, em seu favor ou de outrem, bem como pelo Ministério Público. § 1º A petição de *habeas corpus* conterá: *a*) o nome da pessoa que sofre ou está ameaçada de sofrer violência ou coação e o de quem exercer a violência, coação ou ameaça; [...]."

34. E no voto do relator tem-se: "Não vinga, *data venia*, a alegação da Procuradoria-Geral da República no sentido de que as pacientes são indeterminadas e indetermináveis. Tal assertiva ficou superada com a apresentação, pelo DEPEN e por outras autoridades estaduais, de listas contendo nomes e dados das mulheres presas preventivamente, que estão em gestação ou são mães de crianças sob sua guarda. O fato de que a ordem, acaso concedida, venha a ser estendida a todas aquelas que se encontram em idêntica situação, não traz nenhum acento de excepcionalidade ao desfecho do julgamento do presente *habeas corpus*, eis que tal providência constitui uma das consequências normais

teriam de ser identificáveis, ou seja, abrangeria, em princípio, apenas quem já se encontra na situação questionada.

Porém, veja-se que a não identificação dos sujeitos é circunstância mais do que comum na seara coletiva, e, ao menos em um sistema realmente abrangente, não se sustenta a exigência de lista de pessoas, sob pena de aproximar a figura ao litisconsórcio, e não à ação coletiva. Ao exigir-se uma identificação total ou parcial das pessoas interessadas, tolhem-se os potenciais, a viabilidade ou mesmo a utilidade das ações coletivas, podendo até transformá-las, a rigor, em ação individual com litisconsórcio multitudinário.[35]

A "identificabilidade" ou "determinabilidade" se relaciona, como expressamente indicado no próprio HC, com a ideia de que a medida coletiva estaria sendo empregada para a tutela de "direitos individuais homogêneos". Não se nega que isso possa acontecer, e parece que, realmente, o *habeas corpus* pode ser a medida adequada a tanto (como em casos em que seja devida uma determinação mais específica, materializando tutela inibitória, e não propriamente uma reforma estrutural), inclusive desembocando em uma "ordem genérica", o que também é próprio de muitos processos coletivos, em especial no caso das técnicas de tutela coletiva de direitos individuais. Afinal, se não for "genérica" (ou melhor: geral, a abranger todos que pertençam ao grupo cujos interesses se pretende tutelar), volta-se à lógica do litisconsórcio.

Mais ainda, pense-se justamente em caso em que se pretenda alguma forma de tutela preventiva, sobretudo inibitória, de modo coletivo. A regra será aí a impossibilidade de identificação dos sujeitos, ou da maior parte deles, a não ser *a posteriori*. Aliás, compete notar que o próprio STF já foi além, sem condicionar a identificação parcial ou total, ao acolher o cabimento de *habeas corpus* coletivo na modalidade preventiva, no já referido RE 855.810/RJ, relativo aos "flanelinhas" de Volta Redonda/RJ.

---

do instrumento. Em face dessa listagem, ainda que provisória, de mulheres presas, submetidas a um sistemático descaso pelo Estado responsável por sua custódia, não se está mais diante de um grupo de pessoas indeterminadas e indetermináveis como assentou a PGR, mas em face de uma situação em que é possível discernir *direitos individuais homogêneos* – para empregar um conceito hoje positivado no art. 81, parágrafo único, III, do Código de Defesa do Consumidor [...]."

35. Para ilustrar a diferenciação, podem ser trazidos os REs 573.232/SC e 612.043/PR, que se relacionam com a problemática da atuação de associação em ações coletivas. Porém, ainda que de alguma forma se comuniquem com ações coletivas, na verdade não dizem respeito a ações propriamente coletivas, reguladas pelo dito microssistema processual coletivo (com "substituição processual" e que abrangem todos os interessados, independentemente de filiação ou autorização individual), mas a uma atuação das associações como representantes de determinados associados, individualmente considerados ("representação processual").

Na sentença de primeiro grau de tal caso, haviam sido concedidos

> salvos-condutos a todas as pessoas que se encontrem trabalhando como guardadores de veículos automotores nas ruas da cidade de Volta Redonda – "flanelinhas" – garantindo-lhes o direito de ir, vir e permanecer a qualquer hora do dia, não podendo ser removidos contra sua vontade, nem ser conduzidos a Delegacia de Polícia ou ser autuados por exercício irregular da profissão, salvo em hipótese de flagrância por crime ou por ordem judicial.

Aí, na lógica coletiva, a abrangência é tanto em relação a quem já exerça tal atividade como a quem venha a exercê-la, independentemente de qualquer identificação apriorística.

Mas isso não é só. Além de tal critério, dependendo de como ou quando empregado, poder diminuir a potencialidade das ações coletivas (ou mesmo transformá-las em pretensas ações coletivas, sobretudo se a respectiva exigência for além do determinável para significar uma lista parcial ou completa, ou um marco temporal até o ajuizamento), exigência semelhante pode frustrar uma abordagem adequada do problema estrutural.[36]

Não se quer dizer com isso que não se possa, nesse campo, falar em tutela coletiva de direito individual, até porque, ao que parece, as duas dimensões se interligam.[37] O que acontece é que o foco na categoria dos "direitos individuais

---

36. "El modelo de tutela individual falla, por ejemplo, cuando los bienes a tutelar no son individuales, sino colectivos; también cuando el titular del derecho afectado o su ejercicio involucre necesariamente aspectos colectivos; de igual modo, la exigencia de que el perjuicio o el interés tutelado sea individual limita las posibilidades de tutela frente a actos u omisiones lesivos que tengan alcance colectivo, o que requieran necesariamente un remedio colectivo. En todos estos casos, la tutela efectiva requiere el diseño de acciones judiciales acordes con el titular, el carácter de la afectación o el alcance apropiado del remedio" (COURTIS, Christian. *El caso "Verbitsky":* ¿nuevos rumbos en el control judicial de la actividad de los poderes políticos? Disponível em: [http://cels.org.ar/common/documentos/courtis_christian.pdf]. Acesso: 26.12.2018.

37. "As scholars have recognized elsewhere in public law, there is no hermetic separation between individual rights and structural or systemic processes of governance. To be sure, it is often helpful to focus on a question as primarily implicating one or the other of those categories. But a full appreciation of a structural rule includes an understanding of its relationship to individuals, and individual rights can both derive from and help shape larger systemic practices. The separation of powers principle, for example, is clearly a matter of structure, but much of its virtue rests on its promise to help protect the rights and welfare of individuals" (PRIMUS, Eve Brensike. A Structural Vision of *Habeas Corpus. California Law Review*, v. 98, n. 1, p. 1-57, fev. 2010, p. 3, notas de rodapé omitidas). Ou seja, e em continuação à nota anterior: "Una de las hipótesis que plantean la necesidad de tutela judicial colectiva son los casos de afectaciones colectivas a derechos individuales que requieren un remedio colectivo. Este supuesto se caracteriza por

homogêneos", embora possa ser relevante e adequada em diversas situações, não se mostra tão consentâneo com os litígios estruturais, sobretudo na medida em que pode passar a falsa ideia de que a solução se dá de maneira binária, em uma lógica de direitos subjetivos, que serviriam como trunfos e deveriam ser maximizados.[38] Em outros termos, em casos estruturais, "ainda que se fale em violação de direitos, acaba configurando-se como uma imbricação de interesses, (...) mais bem resolvida na linha do balanceamento de interesses do que da maximização de direitos".[39]

Ainda, ou até por isso, a coletivização do debate e da solução não se dá simplesmente, ou sobretudo, para conferir resposta uniforme nem somente, ou principalmente, por uma questão de eficiência. Não há dúvida de que a dispersão de um elevado número de ações individuais tratando do mesmo problema estrutural (ou melhor, *tangenciando* o mesmo problema) acaba por gerar problemas de consistência na resposta judicial que é dada, bem assim de sobrecarga dos órgãos judiciários. Porém, não é qualquer mecanismo agregativo ou forma de coletivização que será satisfatória ou adequada para a hipótese de problemas estruturais, especialmente porque o que importa não é uma abordagem coletiva somente em termos quantitativos, e sim qualitativos, com foco em causas e soluções.[40]

---

    dos rasgos: primero, un mismo hecho, acto u omisión ilícitos afecta a una pluralidad de individuos; segundo, los remedios individuales resultarían insuficientes y, por ende, la afectación requiere un remedio necesariamente colectivo –o, en términos empleados por la doctrina procesal contemporánea, la intercomunicabilidad de resultados de la decisión judicial adoptada. Es decir, los miembros del grupo o clase de los afectados ven menoscabado un derecho individual, pero el remedio para evitar, hacer cesar o reparar esa afectación supone una medida de alcance colectivo y no individual –de modo que nadie puede exigir un remedio individual sin que trascienda o afecte a otros en la misma situación" (COURTIS, El caso "Verbitsky"... cit.).

38. V. FERRARO, *Do processo bipolar a um processo coletivo estrutural* cit., p. 23-30. Na linha maximizadora, "the only question a court asks once it finds a violation is which remedy will be the most effective for the victims, where 'effectiveness' means success in eliminating the adverse consequences of violations suffered by victims. The costs of alternative remedies are therefore irrelevant except when such costs actually interfere with a remedy's effectiveness, or when the alternatives are equally effective and a criterion other than maximum effectiveness must be the basis for selection" (GEWIRTZ, Paul. Remedies and Resistance. *The Yale Law Journal*, v. 92, n. 4, mar. 1983, p. 585-681, p. 590). Ainda, pensando mais nos tipos de "litígio" dos que nas categorias de "direitos coletivos", ver VITORELLI, Edilson. *O devido processo legal coletivo*: dos direitos aos litígios coletivos. São Paulo: Ed. RT, 2016. p. 445 e ss.

39. FERRARO, *Do processo bipolar a um processo coletivo estrutural* cit., p. 29.

40. "Courts need not use aggregation just to achieve judicial economy or uniform results. The five case studies suggest that aggregation instead serves a broader constitutional and remedial purpose. Courts adopted aggregation in criminal law because it provided the means to ameliorate systemic violations of defendants' criminal procedure rights

Isso, além de ser necessário para a efetividade da solução, parece evitar que, por meio de medidas individuais, acabe-se fugindo do problema, com adoção de medidas paliativas em relação ao tema de fundo (ainda que possam ser relevantes do ponto de vista individual),[41] ou que seja gerado um problema maior ainda.[42]

Assim, a lógica ultrapassa binômios aos quais o processo tradicional está habituado. Não se está dentro da contraposição entre dois interesses contrastantes, na busca de um vencedor, nem na limitação da atuação judicial em favor de um dos polos, para decidir pela procedência ou improcedência. Tampouco a coletivização significará, aí, apenas uma procedência em maior número, a diferenciar-se apenas em termos de quantas pessoas serão ou não beneficiadas pela decisão.

Além da matéria mais diretamente ligada à problemática de um *habeas corpus* (como imaginar que aí seja possível apenas soltar ou deixar preso; ou, então,

---

that would otherwise 'be without any effective redress.' Aggregation empowers not just courts but also victims of constitutional violations by creating opportunities to enjoin systemic criminal procedure violations and craft structural reforms for institutions; pool information about the existence and causes of recurring violations; secure legal representation and expert assistance; and achieve greater equality than in the adjudication of individual cases" (GARRETT, Brandon L. Aggregation in Criminal Law. *California Law Review*, v. 95, 2007, p. 385-450, p. 388).

41. Assim, por exemplo, justificou a Defensoria Pública do Estado de São Paulo em um dos *habeas corpus* por ela impetrados: "Essa, aliás, é a razão pela qual se impetrou um *habeas corpus* coletivo, uma vez que o *Habeas Corpus* individual não é medida idônea para a solução do problema, pois basta à Administração Penitenciária transferir os pacientes que constam da impetração individual para que se julgue prejudicada a impetração, possibilitando à Administração, com autorização expressa ou tácita do juízo das execuções, manter as listas de espera ilegais para a transferência dos presos ao regime adequado" (STF, HC 119.753/SP, rel. Min. Luiz Fux, decisão em 24.02.2017, *DJe* 02.03.2017).

42. Continuando-se, hipoteticamente, em caso como o da nota acima, em que um estabelecimento é inadequado e se pretende a transferência para outro que seja então adequado, a simples determinação de, sem maiores considerações, que todos sejam transferidos em dado prazo ou, não existindo outro local, sejam todos soltos não resolve o problema das condições, podendo gerar outros. A lógica também opera no caso argentino *Verbitsky*, em tanto se pode ver a insuficiência de remédios individuais como a de remédios coletivos apenas como soma de determinações individual: "La justificación de la elección de una acción colectiva se fundó en la naturaliza general y sistémica del problema – esto es, en la necesidad de un remedio colectivo integral, que tomara en consideración la situación de la clase o grupo entero17. La preferencia de una acción colectiva por sobre las acciones individuales se sustenta en la insuficiencia de los remedios individuales: al interponer habeas corpus individuales, las personas detenidas eran trasladadas de una comisaría a otra, sin solucionarse el problema de superpoblación" (COURTIS, *El caso "Verbitsky"*... cit.). Ainda, cabe o exemplo de hospital público que não observa contratação de pessoal a regra do concurso público, uma solução binária tampouco resolve (v. ARENHART, Sérgio Cruz. Decisões estruturais no direito processual civil brasileiro. *Revista de Processo*, v. 225, versão eletrônica, nov. 2013, p. 7-8).

que seria para soltar uma ou muitas pessoas), é pertinente trazer o exemplo do campo do direito à educação, para deixar mais claro o que se quer dizer. Mais especificamente, cogita-se da conhecida existência de ações individuais, inclusive na via do mandado de segurança, para obtenção de vagas em creches e escolas.

Aí, uma mera coletivização quantitativa, determinando-se que se matriculem as crianças que não conseguiram vaga, não resolve, pois se estará lidando com os efeitos (conseguir vagas para as crianças que não têm), e não com as causas (por que é que não há vagas) ou com as possíveis soluções (como obter vagas suficientes e em estabelecimentos adequados). Ademais, além de não se lidar com as causas e não se caminhar para uma solução efetiva do ponto de vista estrutural, pode-se agravar o problema do não atendimento do direito à educação, inclusive prejudicando a qualidade do ensino, ao simplesmente se matricularem as crianças faltantes para cumprimento das ordens judiciais, sem maiores considerações sobre as repercussões dessa matrícula em massa em uma estrutura não preparada para tanto.[43]

Ainda, note-se que, nessa linha, não se resolvem outras questões, ligadas à própria provável impossibilidade fática de que seja simplesmente cumprida uma ordem quantitativa. E questões que não seriam meramente acessórias ou colaterais, mas que acabam por significar a própria definição de quem tem ou não tem determinado direito, da medida ou tempo em que é exigível esse direito, de quem deve ter prioridade, entre outros aspectos. Seguindo nos exemplos: se não se pode soltar, transferir ou matricular todo mundo imediatamente, quem vai primeiro? Quanto tempo devem esperar? Deve-se tomar alguma providência adicional em relação a determinado subgrupo? Qual será aí o regime de transição e quem deve conformá-lo?

---

43. Assim, por exemplo: "Outra possibilidade para transformar a vitória em derrota é o cumprimento da obrigação de fazer mediante redução da qualidade do serviço. No caso das vagas em escolas, o gestor público pode cumprir a decisão superlotando salas de aula e piorando as condições de aprendizado, tanto dos alunos beneficiados pela decisão, quanto pelos que já tinham sido contemplados. Por exemplo, apenas em 2014, o Município de Campinas matriculou em creches 3.068 crianças em cumprimento de determinações judiciais proferidas em ações individuais. Esses milhares de ordens são apenas a continuidade de um fenômeno que já dura anos, sendo registradas 1.692 liminares em 2013, 1.547 em 2012 e 1.742 em 2011. Em quatro anos, portanto, o Poder Judiciário do Estado de São Paulo foi sobrecarregado com mais de 8 mil processos idênticos e proferiu decisões para que crianças fossem matriculadas em estabelecimentos educacionais, independentemente de avaliação das estruturas disponíveis. O resultado, ao final do período, é a superlotação das salas de aula e a redução da qualidade do serviço prestado" (VITORELLI, Edilson. Técnicas adequadas à litigiosidade coletiva e repetitiva. *Revista de Processo*, v. 275, jan. 2018, p. 8-9 da versão eletrônica, nota de rodapé omitida).

Enfim, as dificuldades na seara estrutural não são poucas, independentemente do procedimento adotado. Porém, talvez o uso do *habeas corpus* potencialize algumas dificuldades, especialmente porque o corrente é que tal mecanismo desemboque em ordens pontuais e específicas – que solte, que não prenda, ou que não viole a liberdade de locomoção de algum outro modo certo, e tudo isso, principalmente, na perspectiva individual. E continuará sendo individual e binária ainda que se empregue a lógica da extensão da decisão a outras pessoas em situação similar.

Tal extensão implica, ao menos em princípio, um incremento quantitativo – vai-se adicionando o número de sujeitos a serem beneficiados, individualmente identificados –, e não necessariamente um incremento qualitativo, o que é necessário no processo coletivo (processo coletivo não é mera soma),[44] ainda mais em se tratando de violações estruturais de direitos. Assim, uma abertura para a tutela coletiva por essa via sem considerar outros aspectos pode ser insuficiente.

3.3. Decisão coletiva e repetição da lei

O segundo ponto de interesse na passagem do julgado do STJ, como dito, diz respeito à afirmação de que uma ordem "abstrata e prospectiva", como mera repetição da lei, seria imprestável – ou que, olhando-se o outro lado da moeda, uma ordem coletiva em tal sentido seria devida por se estar, justamente e nada mais, "dando-se cumprimento à lei".

O argumento, num outro noutro lado da moeda, merece atenção ao trazer a questão da efetividade da tutela jurisdicional. Se, por um lado, a medida coletiva pode ser cabível e desembocar em uma "ordem abstrata" que "dá cumprimento à lei", por outro, como sinalizou o STJ, "a mera repetição da Lei, cuja coercitividade decorre de sua vigência", também pode implicar ser "inócuo o comando jurisdicional".[45] A preocupação aqui está centrada nos litígios estruturais, e neles,

---

44. Evidências disso são as questões que podem surgir em torno das repercussões substantivas de mecanismos de coletivização (v., p. ex., YEAZELL, Stephan C. *Civil Procedure*. 7. ed. New York: Aspen Publishers, 2008. p. 799; COOPER, Edward H. Mass and repetitive litigation in Federal Courts. *South Caroline Law Review*, v. 38, 1987, p. 489-533, p. 491-493).

45. Apenas a título ilustrativo – sem se pretender juízo sobre a efetividade especificamente acerca da decisão, e ainda considerando que no caso abriu-se uma válvula de escape da excepcionalidade, o que pode acabar, na prática, abrangendo muita coisa –, cabe mencionar a decisão monocrática de 24.10.2018 no HC 143.641/SP, ao relatar que "o Departamento Penitenciário Nacional – DEPEN informa que, pela planilha 6203774, havia 10.693 mulheres que seriam, em princípio, elegíveis para a concessão da prisão domiciliar, nos termos do que foi decidido no *habeas corpus* coletivo. Entretanto, relata que "apenas 426 mulheres tiveram a prisão domiciliar concedida", e enfatiza: "Assim, pode-se verificar o baixo quantitativo de concessões referentes ao *habeas corpus* coletivo

de fato, a mera repetição de previsões legais, ou mesmo constitucionais, pouco ajuda. Não bastará a abertura à tutela coletiva ainda numa lógica individual, como visto no item anterior, em um viés exclusiva ou preponderantemente quantitativo; tampouco que se pare no campo da decisão que repita a lei, sem acoplamento de mecanismos que permitam a construção e a implementação de possíveis soluções de modo compartilhado e supervisionado.

Seja porque são vários os interesses imbricados, exigindo uma articulação maior em busca de soluções potencialmente adequadas e efetivas, seja porque haverá limitações materiais que, justamente (e de forma conectada com a primeira razão), fazem impraticável a pretensão de, simples e imediatamente, "dar cumprimento à lei". Isso exige não somente uma outra abordagem do próprio direito material, afastando-se a perspectiva maximizadora, como já referido, como também uma outra compreensão do processo e das técnicas processuais para se operar em tal cenário. Assim, por exemplo, apenas uma decisão diferenciada inserida dentro de um processo em sua conformação tradicional não resolverá o problema.

Em contraste, caso interessante para ilustrar uma outra abordagem pode ser colhido junto à Corte Constitucional da África do Sul. No caso *Sibiya & Others vs. Director of Public Prosecution, Johannesburg & Others*, uma década depois de se reconhecer a inconstitucionalidade da pena de morte, tomou-se decisão de caráter estrutural, determinando-se que as condenações fossem objeto de revisão, para substituição da pena de morte pela pena adequada, exigindo-se a adoção de medidas concretas, com proferimento de uma decisão estrutural para que o processo de substituição das penas fosse feito de maneira supervisionada, com prazos e exigências de prestação de informações ao tribunal.[46]

É certo que, além de a decisão estrutural ser apenas uma das técnicas possíveis,[47] ela mesma pode ser tomada de diferentes formas, desde detalhada, di-

---

em comento: cerca de 4% do total de mulheres que constam da planilha 6203774 – citada no parágrafo 3º deste documento, de 1% do total de mulheres encarceradas no Brasil, que é de 42.355, e cerca de 2,2% do total de presas provisórias no Brasil, que são 19.223." Posteriormente, "o DEPEN informa que realizou 'busca ativa das informações sobre mulheres privadas de liberdade que ostentem os requisitos dispostos no processo do HC', tendo identificado 14.750 mulheres."

46. V. EBADOLAHI, Mitra. Using structural interdicts and the South African Human Rights Commission to Achieve Judicial Enforcement of Economic and Social Rights in South Africa. *New York University Law Review*, v. 83, 2008, p. 1565-1606, p. 1594-1595; FERRARO, *Do processo bipolar a um processo coletivo estrutural* cit., p. 123.

47. Há técnicas a serem adotadas mesmo antes da tomada de qualquer decisão, bem como posteriormente. Ainda, cabe notar que nem sempre que se está lidando com instituições ou mesmo problemas estruturais se estará configurando um litígio estrutural ou, mais ainda, prestando uma tutela de caráter estrutural. Ou seja, não inclui "all litigation

zendo-se exatamente o que deve ser feito, até consideravelmente aberta. Ainda, a tendência é a de que não haja apenas uma, mas várias decisões,⁴⁸ além de ser possível a existência de pontos de consensos, aliados ou não a decisões estruturais. Porém, já se percebe, aí, o contraste com os cenários usuais em *habeas corpus*. Sendo admitido nesse campo, poderá ser necessário ir além de ordens tópicas, e deve o processo ser equiparado com as técnicas processuais efetivas. Deve permitir a prestação de uma tutela estrutural de maneira adequada.⁴⁹

---

involving institutions. For example, cases that do no more than address the constitutionality of a statutory scheme governing institutions should not be characterized as institutional" (EISENBERG, Theodore; YEAZELL, Stephen C. The Ordinary and Extraordinary in Institutional Litigation. *Harvard Law Review*, v. 93, n. 3, jan. 1980, p. 465-517, p. 468), ainda que o impacto do caso na instituição seja considerável, além da possibilidade de posteriormente vir a ser um litígio institucional, demandando-se modificações concretas com a participação do Judiciário (idem, n. 7). "Portanto, não é sempre que, quando o Judiciário está lidando com um problema estrutural, será proferida uma decisão para que ele seja resolvido, de determinada maneira ou não, ou que as partes e outros atores utilizem o litígio como ambiente para negociações. Pode haver hipóteses em que basta uma decisão autossuficiente, porque o que se quer é mesmo, por exemplo, a declaração de inconstitucionalidade de determinada norma. Mesmo quando se vise, ao menos indiretamente, a uma alteração concreta, pode também acontecer de ser proferida apenas uma declaração ou mesmo uma ordem não monitorada, por diferentes razões. Por exemplo, porque se compreende que é até onde é possível ir em determinado momento ou se imagina que daquela decisão vão decorrer as medidas concretas a seu tempo, sem necessidade de uma ordem direta ou supervisionada" (FERRARO, *Do processo bipolar a um processo coletivo estrutural* cit., p. 124).

48. "From the very beginning – and when I mean the beginning I am going back to 1950's – from the very beginning, it was understood that when the court intervene by using the structural remedy that there will be a need and an almost constant need for revision and re-examination. When a judge entered the segregation order in 1960 against the New Orleans school system, it was understood that the judge would have to return time and time again to see how that decree was working. And, that in many instances, new orders would have to be entered called orders in supplemental relief, not contempt orders, but supplemental relief that would revise the original reorganization plan so that it would more fully approximate the ideals of the constitution. And what resulted, in almost every structural case that I know, is not a single order from High that lasted 20 or 30 years, but rather a series of orders, some more specific than others, some tougher than others, all of them being revised in the light of the experience and knowledge that we acquired over time" (FISS, Owen M. Modelos de Adjudicação/Models of Adjudication. *Caderno Direito GV*, v. 1, n. 8, nov. 2005, p. 11). O que se terá, em regra, são ciclos de decisões ou provimentos em cascata. Mencionando provimentos em cascata, v. ARENHART, Decisões estruturais no direito processual civil brasileiro cit., p. 5. Ligada a isso, ainda, outra compreensão da relação entre conhecimento e execução se tem (v. FERRARO, *Do processo bipolar a um processo coletivo-estrutural* cit.; VITORELLI, *Devido processo legal coletivo*, cit.).

49. A questão é deixada para ser trabalhado no item 5, mas cabe adiantar que se fala em "tutela estrutural" justamente no sentido de que o que se parece ter nesses casos é uma

4. *Habeas corpus* genérico, corretivo ou impróprio: abertura à abordagem estrutural?

Os contrastes traçados no item anterior permitem verificar diferenças nos escopos das medidas coletivas pretendidas. A própria comparação do caso da prisão domiciliar das mulheres gestantes e mães com os demais casos exemplificativos possibilita ver que são possíveis diferentes extensões de coletivização e formas de tutela coletiva.

De um lado, uma ordem tópica, ainda que direcionada a beneficiar um grupo grande de pessoas e não identificadas *a priori*, como a ordem para que não se criem obstáculos para adolescentes frequentarem determinado estabelecimento, para que crianças não sejam recolhidas das ruas depois de determinado horário, ou que não se prenda em flagrante ou se realize outras formas de constrangimento à liberdade de locomoção de pessoas exercendo atividade lícita ainda que irregularmente. Em outra ponta, porém, está uma pretensão de reforma institucional bastante ampla, como a do *habeas corpus* relativo à segurança pública nas favelas do Rio de Janeiro, ou, de maneira menos abrangente, questionar e alterar as condições de privação de liberdade de determinadas pessoas.

Se abertura já houve no *habeas corpus* coletivo da prisão domiciliar feminina, parece que passo adicional no caminho estrutural também já se teve em outro *habeas corpus*, ainda que resolvido monocraticamente e relativo a um estabelecimento específico.[50] Trata-se do HC 118.536/SP, com origem em *habeas corpus* impetrado perante o STJ, que teria esta corte não admitido por ser incabível na modalidade coletiva, sem identificação dos beneficiários.

---

outra forma de tutela, que por exemplo, não visará simplesmente a cessão ou a inibição de um ilícito, mas uma proteção mais geral e abrangente, modificando-se a própria política ou prática que, em seu atual estado, viola direitos. Ver FERRARO, Marcella Pereira. Litígios estruturais: entre técnica processual e tutela dos direitos. In: ARENHART, Sérgio Cruz; MITIDIERO, Daniel (Coord.). *O processo civil entre a técnica processual e a tutela dos direitos* – estudos em homenagem a Luiz Guilherme Marinoni. São Paulo: Ed. RT, 2017. Ainda, de maneira ampla, sobre as formas de tutela e o direito fundamental à tutela jurisdicional efetiva, v. MARINONI, Luiz Guilherme. *Técnica processual e tutela dos direitos*. 4. ed. rev. e atual. São Paulo: Ed. RT, 2013.

50. Como será visto adiante (item 5), um passo ainda adicional é evitar fragmentações que distorçam a compreensão do problema e de suas possíveis soluções, inclusive em situações em que a policentria e a imbricação de interesses também se dão em uma dimensão ainda anterior, da política pública como um todo, daquela em cujo contexto (ou no contexto de sua falta) determinado estabelecimento é visado. Isso acentua o problema dos diferentes interesses em jogo, já que se está numa dimensão ainda mais ampla, podendo se fazer ainda mais necessária a criação de grupos e subgrupos, a terem representantes adequados de seus interesses. Nada impede, muito pelo contrário, que, iniciando-se a discussão em relação a parcela do problema, amplie-se para abranger o sistema ou a(s) política(s) como um todo, a ensejar um outro nível de coletivização.

A medida foi impetrada pela Defensoria Pública do Estado de São Paulo, procurando beneficiar as "pessoas presas nos pavilhões de medida preventiva de segurança pessoal e disciplinar da Penitenciária Tacyan Menezes de Lucena em Martinópolis/SP", e tem como constrangimento a "proibição do banho de sol de um grupo de pessoas presas" no estabelecimento, destacando a Defensoria que

> O direito ao banho de sol, que afeta diretamente a liberdade de locomoção a vida para além do disposto na lei e na sentença, é um direito coletivo que só pode obter tutela através do *habeas corpus* coletivo, pois, do contrário, o efeito de sua tutela individual seria apenas transferir a violação de uma pessoa para a outra que, virá a ocupar a vaga no isolamento celular do estabelecimento prisional.

O Min. Dias Toffoli, considerando aquele primeiro *habeas corpus* da 2ª Turma do STF, concedeu a ordem para que, superada a admissibilidade da via, o *habeas corpus* coletivo fosse apreciado no mérito.[51]

Ainda, a experiência de países vizinhos pode contribuir para a compreensão de um *habeas corpus* que, para além de tutelar estrita ou diretamente o direito de locomoção, permite a construção de casos estruturais.

---

51. STF, HC 118.536/SP, rel. Min. Dias Toffoli, decisão em 15.06.2018, *DJe* 20.06.2018. Vale mencionar, ainda, outro caso em que o STJ já entendeu ser outra a "via adequada" para questionamento das condições da privação da liberdade, especialmente sob o rótulo da "ação civil pública": "1. No caso, a Defensoria Pública do Estado do Espírito Santo pretende deflagrar demanda coletiva em favor de todos os adolescentes que se encontram privados de suas liberdades na Unidade de Internação Regional Norte, em Linhares/ES, noticiando a existência de condições que violam a dignidade da pessoa humana. 2. Embora seja certo que as alegações formuladas pela Defensoria Pública têm reflexo na liberdade de locomoção dos internos, as pretensões recursais são voltadas contra o Poder Executivo do Estado do Espírito Santo, de cunho eminentemente administrativo, recomendando a adoção de 9 (nove) providências por parte da administração pública que, supostamente, teriam o condão de superar a alegada violação aos direitos humanos dos adolescentes. 3. A pretensão, de nítida natureza de tutela coletiva, transborda os limites cognitivos próprios da via eleita, já que se revela imprescindível não só o estabelecimento do contraditório com a administração pública que poderá suportar os efeitos de eventual decisão de mérito, mas ampla dilação probatória para que haja suporte suficiente à escorreita análise da pretensão recursal, tudo em respeito à garantia processual prevista no artigo 5º, inciso LV, da Constituição Federal. 4. Havendo no ordenamento jurídico via adequada ao tratamento da matéria, para a qual, inclusive, a Defensoria Pública é legitimada, nos termos do artigo 5º, inciso II, da Lei n. 7.347/1985, não se vislumbra ilegalidade no acórdão proferido pelo Tribunal de Justiça do Estado do Espírito Santo, que não conheceu da tutela coletiva pretendida, afastando-se eventual alegação de violação ao artigo 5º, inciso XXXV, da Constituição Federal" (STJ, 5ª Turma, AgRg no RHC 69.773/ES, rel. Min. Jorge Mussi, j. 16.03.2017, *DJe* 22.03.2017).

Uma, já citada no próprio HC 143.641/SP, é argentina, especialmente a partir do emblemático caso *Verbitsky*, *habeas corpus* coletivo apresentado pelo *Centro de Estudios Legales y Sociales* (CELS) em 2001 e julgado, em sede recursal, pela Suprema Corte argentina em 2005, a abranger aproximadamente, àquela época, 6.000 presos ainda sem julgamento penal privados de liberdade em delegacias na Província de Buenos Aires.[52] Um dos argumentos para emprego da via era, justamente, a inviabilidade do tratamento individual, sobretudo porque resolver um caso individual repercute necessariamente na situação das demais pessoas que se encontravam em semelhantes condições.[53] É clara a policentria e imbricação de interesses, tendo a medida sido pleiteada, justamente, como "*habeas corpus* corretivo de alcance coletivo".[54]

Ademais, conquanto a decisão tenha tardado e não tenha sido cumprida, inclusive sendo o problema depois levado ao Sistema Interamericano de Direitos Humanos (*Instituto de Reeducación del Menor* vs. *Paraguay*), vale a menção ao uso do mecanismo no Paraguai. Em 1993, foi impetrado um *habeas corpus* coletivo em benefício de 239 jovens privados de liberdade (aí então denominado "*habeas corpus* genérico"), pedido acolhido em 1998, para determinar medidas administrativas e orçamentárias apropriadas a superar as condições precárias existentes no estabelecimento.[55]

---

52. COURTIS, *El caso "Verbitsky"*...cit. ("El 15 de noviembre de 2001, una organización no gubernamental (el Centro de Estudios Legales y Sociales, CELS) interpuso ante el Tribunal de Casación Penal de la Provincia de Buenos Aires acción de *habeas corpus*, en defensa de todas las personas privadas de su libertad en jurisdicción de la provincia de Buenos Aires, detenidas en establecimientos policiales superpoblados, y de todas aquellas detenidas en tales lugares, pese a que legal y constitucionalmente su alojamiento debería desarrollarse en centros de detención especializados"). Há outros casos de *habeas corpus* coletivos na Argentina. Ver outros casos e materiais, por exemplo, em [https://classactionsargentina.com], em busca com a entrada "habeas corpus".
53. Assim, a impetrante em um de seus recursos: "Reiteró que el intento de resolución individual se veía frustrado porque la resolución individual de un caso afectaba necesariamente la situación de las demás personas que padecían la misma situación, generando además evidentes problemas de igualdad. Y agregó que también militaban a favor de una acción colectiva razones de economía procesal que la hacían preferible por sobre una multiplicidad de acciones individuales" (COURTIS, *El caso "Verbitsky"*... cit.).
54. Idem.
55. GONZÁLEZ, Isaac de Paz. *The social rights jurisprudence in the Inter-American Court of Human Rights:* Shadow and Light in International Human Rights. Cheltenham e Northhamptom: Elgar, p. 108. Ainda, conforme decisão da Corte Interamericana de Direitos Humanos no caso, sentença de 02.09.2004: "134.27 El 12 de noviembre de 1993 la Fundación Tekojojá interpuso un recurso de hábeas corpus genérico con el propósito de reclamar las condiciones de reclusión del Instituto y de ubicar a los internos en lugares adecuados. Dicho recurso no fue interpuesto respecto de los procesos de privación de libertad que se les instruía a los internos. 134.28 En la Sentencia Definitiva No. 652,

Outro é o caso paraguaio de "*habeas corpus* genérico" que diz respeito ao impetrado pela Defensoria Pública, em 2001, em benefício a princípio de 23 adolescentes privados de liberdade em estabelecimentos penitenciários. Aí, o que se pretendia não era a soltura ou impedir que fossem presos, e sim que houvesse transferência para um local adequado de privação de liberdade, já que o lugar onde se encontravam não teria condições mínimas, inclusive em termos de higiene, salubridade, atenção à saúde, contato com familiares e advogados, resultando na determinação de adoção das medidas cabíveis para superação dessa situação.[56]

A propósito, o *habeas corpus* seria, aí, "el instrumento más importante para peticionar, sobretodo colectivamente, modificaciones en la difícil situación carcelaria, especialmente de los internos menores y adolescentes".[57] Nessa linha, a

---

dictada el 31 de julio de 1998, el Juez de Primera Instancia en lo Civil y Comercial de Noveno Turno dio lugar al recurso de hábeas corpus genérico interpuesto por la Fundación Tekojojá a favor de los internos del Instituto, y ordenó al Estado que tomara las medidas necesarias para que los internos fueran ubicados en locales adecuados. Pese a ello, los internos favorecidos por dicho hábeas corpus permanecieron en el Instituto." Conforme reproduzido no parágrafo 49 da referida sentença, a decisão do *habeas corpus* coletivo contou com as seguintes determinações: "[...] hacer lugar la demanda de *habeas corpus generico* promovida [...] en beneficio de los menores identificados en [...] esta resolución, recluidos en el Instituto de Reeducación "Cnel. Panchito López". [...] que el Director del Correccional, Instituto de Reeducación "Cnel. Panchito López", el Director de Institutos Penales, y el Ministerio de Justicia y Trabajo, por el conducto correspondiente, adopt[ara]n de inmediato las medidas administrativas y presupuestarias, eficaces e idóneas, destinadas a lograr la rectificación de las circunstancias ilegítimas que ha[bía]n sido explicitadas [...] y que afecta[ba]n a los menores identificados también en el exordio quienes deber[ía]n continuar su reclusión en locales adecuados conforme lo dispuesto en el artículo 21 de la Constitución Nacional, bajo apercibimiento de responsabilidad. [...] que las autoridades e instituciones mencionadas en el apartado precedente, inform[ara]n a este Juzgado las gestiones realizadas para el cumplimiento de lo establecido [...] en un plazo no mayor a treinta días, y periódicamente cada tres meses, hasta su cumplimiento total, bajo apercibimiento de ley". Decisão disponível em: [http://www.corteidh.or.cr/docs/casos/articulos/seriec_112_esp.pdf].

56. MONTANÍA, *La protección jurídica en el ámbito paraguayo* cit., p. 103-104 ("Finalmente ordena al Ministerio de Justicia y Trabajo para que a través de sus órganos especializados adopten de inmediato las medidas idóneas destinadas a lograr la rectificación de las circunstancias ilegítimas que afectan a los adolescentes, quienes deberán continuar en reclusión en locales adecuados conforme los dispone el art. 21 de la Constitución, bajo apercibimiento de responsabilidad, debiendo comunicar al juzgado las gestiones realizadas para el cumplimiento en el plazo de 15 días. Además remite copia de los antecedentes del caso al Agente Fiscal del Crimen para que proceda a una investigación del caso. Con posterioridad la Defensoría envía una nota al juzgado comunicando que no se procedió al traslado de los menores y la autoridad administrativa contestó que no fue posible porque no contaban con otro lugar para el efecto").

57. Idem, p. 135.

Constituição do Paraguai, em seu art. 133, prevê expressamente o mecanismo na modalidade dita genérica,

> en virtud del cual se podrán demandar rectificación de circunstancias que, no estando contempladas en los dos casos anteriores, restrinjan la libertad o amenacen la seguridad personal. Asimismo, esta garantía podrá interponerse en casos de violencia física, psíquica o moral que agraven las condiciones de personas legalmente privadas de su libertad.[58]

Nesse contexto, constatando-se que as condições prisionais não são adequadas, caberá a determinação judicial de adoção das medidas apropriadas.[59]

---

58. "*Artículo 133 – Del Habeas Corpus*. Esta garantía podrá ser interpuesto por el afectado, por sí o por interpósita persona, sin necesidad de poder por cualquier medio fehaciente, y ante cualquier Juez de Primera Instancia de la circunscripción judicial respectiva.

    El Hábeas Corpus podrá ser:

    1. *Preventivo:* en virtud del cual toda persona, en trance inminente de ser privada ilegalmente de su libertad física, podrá recabar el examen de la legitimidad de las circunstancias que, a criterio del afectado, amenacen su libertad, así como una orden de cesación de dichas restricciones.

    2. *Reparador:* en virtud del cual toda persona que se hallase ilegalmente privada de su libertad puede recabar la rectificación de las circunstancias del caso. El magistrado ordenará la comparecencia del detenido, con un informe del agente público o privado que lo detuvo, dentro de las veinticuatro horas de radicada la petición. Si el requerido no lo hiciese así, el Juez se constituirá en el sitio en el que se halle recluida la persona, y en dicho lugar hará juicio de méritos y dispondrá su inmediata libertad, igual que si se hubiere cumplido con la presentación del detenido y se haya radicado el informe. Si no existiesen motivos legales que autoricen la privación de su libertad, la dispondrá de inmediato; si hubiese orden escrita de autoridad judicial, remitirá los antecedentes a quien dispuso la detención.

    3. *Genérico:* en virtud del cual se podrán demandar rectificación de circunstancias que, no estando contempladas en los dos casos anteriores, restrinjan la libertad o amenacen la seguridad personal. Asimismo, esta garantía podrá interponerse en casos de violencia física, psíquica o moral que agraven las condiciones de personas legalmente privadas de su libertad.

    La ley reglamentará las diversas modalidades del hábeas corpus, las cuales procederán incluso, durante el Estado de excepción. El procedimiento será breve, sumario y gratuito, pudiendo ser iniciado de oficio."

    A regulamentação é feita pela Lei 1.500/1999 (MONTANÍA, *La protección jurídica en el ámbito paraguayo* cit., p. 136-142).

59. Idem, p. 139-140 ("Las cárceles deben ser adecuadas al objeto de su institución y los reclusos no pueden ser objeto de aflicciones, caso contrario el Juzgado debe establecer las medidas que considere apropiadas compulsando las realidades del establecimiento afectado, la situación de los reclusos y los medios que deberán allegarse a tal fin por los poderes públicos, cuidando el sistema de separación de poderes establecido en la

Em um sentido, assim, o *habeas corpus* genérico ganha a feição de corretivo, a ser empregado quando, embora seja em princípio legal a privação de liberdade em si, há agravamento nas condições em que é feita essa privação, ou alguma espécie de violência.[60]

Também se pode pegar exemplos do Peru. Aliás, o Código de Processo Constitucional já é bastante amplo em relação aos direitos que podem ser protegidos na via do *habeas corpus* (art. 25), incluindo "direitos conexos" à liberdade individual,[61] e o Tribunal Constitucional já caminhou na mesma linha.[62]

Constitución", com referência à decisão Acuerdo y Sentencia 562/96, da Corte Suprema de Justicia).

60. "(...) contempla la situación de personas privadas legalmente de su libertad, es decir por orden de autoridad competente (juez, decreto del poder ejecutivo en el estado de excepción, policía en los casos de aprehensión), que sin embargo experimentan la agravación de las condiciones de su detención; violencias físicas (malos tratos, actividades físicas extenuantes o peligrosas, falta de alimentos); psíquica (amenazas, perturbaciones de la tranquilidad, del descanso, apremios ilegales); o moral (exigencia de conductas deshonestas, obligaciones de practicas religiosas a las convicciones propias, impedimentos a las visitas de familiares)" (ISMAEL, Noyme Yore. El *habeas corpus* como garantía constitucional en la legislación paraguaya. *Revista das Defensorias Públicas do Mercosul*, n. 1, 2010, p. 186-209, p. 204-205).

61. Destacam-se, entre outros direitos expressamente protegidos: "1) La integridad personal, y el derecho a no ser sometido a tortura o tratos inhumanos o humillantes, ni violentado para obtener declaraciones. (...) 17) El derecho del detenido o recluso a no ser objeto de un tratamiento carente de razonabilidad y proporcionalidad, respecto de la forma y condiciones en que cumple el mandato de detención o la pena. También procede el hábeas corpus en defensa de los derechos constitucionales conexos con la libertad individual, especialmente cuando se trata del debido proceso y la inviolabilidad del domicilio."

62. Assim, por exemplo, em *habeas corpus* em favor de "internados en la sala de hospitalización de adicciones del instituto nacional de salud mental 'Honorio Delgado-Hideyo Noguchi'", já reforçou que "considera como una de las pretensiones la mejora en las condiciones en que se encuentran los pacientes dentro de un tratamiento intramural como el que tienen, sobre todo si la tutela de la dignidad de las personas internadas se materializa en las condiciones en que éstas se encuentran hospitalizadas [Primer Informe de la DP como *amicus curiae* (f. 363 del Cuadernillo del TC)]. Es decir, es válido que a través del PHC se busque revertir determinadas formas de tratamiento carentes de razonabilidad y proporcionalidad [sobre un análisis de este tipo, fundamento 4 de la STC 05954-2007-PHCfTC], respecto de la forma y condiciones en que se lleva a cabo el internamiento, siempre tomando en cuenta que debe contarse con locales en los cuales no se pueda realizar ningún tipo de actividad que altere la tranquilidad o interfiera con la atención del paciente [artículo 30° del RESSMA]" (para. 122), chegando ao final a determinar: "2. Se requiere a las autoridades de los establecimientos de salud, no solo a los de salud mental sino también a los que tratan adicciones a que, si bien es necesaria una actuación lo más expeditiva posible en el caso de pacientes que requieran

Retornando ao primeiro caso paraguaio mencionado, a propósito, a Corte Interamericana de Direitos Humanos entendeu ter havido violação da garantia da proteção judicial, seja porque tardou a decisão do *habeas corpus* genérico, seja porque, além de tardia, a decisão nem sequer foi implementada.[63]

Além disso, veja-se que, já na Opinião Consultiva 8/87, a Corte Interamericana havia entendido que uns dos escopos da garantia do *habeas corpus* seria, justamente, a proteção contra a tortura ou outros tratamentos ou penas cruéis, desumanas ou degradantes (para. 35). Estar-se-ia aí, no ambiente interamericano, diante da figura do *habeas corpus* corretivo, às vezes referido como "impróprio", justamente por não visar exatamente à colocação em liberdade, mas a um tratamento adequado.[64]

---

tratamiento, no omitan someter tal actuación a un consentimiento plenamente informado, y si es que la situación amerita una actuación de emergencia, recién podrá aceptarse la intervención sin consentimiento, siempre y cuando la búsqueda de protección de los derechos de los paciente sea la guía de su intervención y este absolutamente justificada y sustentada, de conformidad con lo expuesto en el Fundamento 115, supra. 3. Se hace necesario establecer mecanismos de revisión periódica de las órdenes de interdicción para aquellas personas con declaración de incapacidad, siempre y cuando se compruebe que el fin constitucional de tal declaración, cual es la rehabilitación de la persona que padece una enfermedad mental, ha sido verificado según los lineamientos previstos en la legislación. 4. e ordena que, dentro de las previsiones presupuestarias, la Sala de Hospitalización e Adicciones del Instituto Nacional de Salud Mental 'Honorio Delgado – Hideyo oguchi' ejecute las correcciones adecuadas en el espacio destinado a sus pacientes (hábeas corpus correctivo) en el sentido de una mejor separación entre los pacientes hombres y mujeres, y crear un espacio destinado al tratamiento diferenciado de los pacientes adolescentes, sobre la base de Ja tutela prevista en el artículo 4º de la Constitución. (...) 6. Se demanda que se continúe desarrollando programas de formación y capacitación para el personal vinculado a la atención de salud mental, con particular incidencia en los principios que deben regir el trato de las personas que padecen problemas de salud mental, en consonancia con el inicio de una campaña de concientización social para evitar la estigmatización de las personas con problemas de salud mental. 7. Se exhorta a las autoridades legislativas a que contemplen la promulgación de una ley de salud mental, la que representaría un importante progreso en la tutela de los derechos fundamentales de las personas que sufren problemas de dicha índole, sobre todo en el caso de adicciones" (Disponível em: [https://tc.gob.pe/jurisprudencia/2009/05842-2006-HC.pdf]. Acesso: 27.12.2018).

63. Em suma, "el incumplimiento de la decisión del mencionado recurso, ya violatoriamente tardía, no condujo al cambio de las condiciones de detención degradantes e infrahumanas en que se encontraban los internos. El propio Estado ha reconocido esa situación y ha señalado que no se trasladó a los internos del Instituto por "la falta de un lugar adecuado" (Idem, v. para. 238-251).

64. SAGÜÉS, Néstor Pedro. *La Constitución bajo tensión*. Querétaro: Instituto de Estudio Constitucionales, 2016, p. 297.

Ou seja, *habeas corpus* ditos corretivos, assim, "superan la mera revisión judicial de detenciones ilegales y arbitraries",⁶⁵ indicando ser possível ir além da lógica binária, representada pela escolha limitada a "soltar todo mundo imediatamente" *vs.* "deixar todo mundo preso sem mais nada fazer", ao que parece inadequada para resolver problemas estruturais. E isso, possivelmente, ao lado de coletivizações em relação a outras violações estruturais do sistema penal, procurando também resolver o problema estrutural de fundo, e não simplesmente tratar dos efeitos que se traduzem em casos individuais.⁶⁶

5. *Habeas corpus* coletivo-estrutural: do cabimento às técnicas processuais adequadas

Parece ser possível, até aqui, identificar ao menos três dimensões em que se poderiam discutir as possibilidades e limitações de *habeas corpus* coletivos.

Em um primeiro momento, tem-se uma discussão ampla sobre seu cabimento, como mais uma forma de ação coletiva, o que, em termos gerais, mostra-se de fato viável, ainda mais ao se perceber que, a propósito, a "ação civil pública" nada mais é do que um "rótulo genérico", podendo a tutela coletiva ser buscada por meio dos mais variados procedimentos.⁶⁷ Aliás, até no sentido dessa combinação é que já se teve, no contexto estadunidense, especialmente nas décadas de 1970, 1980 e 1990, *habeas corpus class actions*. Até tempos mais recentes, inclusive, diplomas regulando a figura do *habeas corpus* faziam referência tanto à figura na

---

65. Ibidem, p. 301.
66. Nesse último sentido, para utilização de habeas corpus para lidar com violações a direitos e garantias no processo penal a partir de uma abordagem estrutural, v., p. ex., PRIMUS, A Structural Vision of *Habeas Corpus* cit.; GARRETT, Aggregation in Criminal Law cit.
67. Como "rótulo genérico", pode inclusive ser o caso de utilizar procedimentos possessórios e, a rigor, até executivos, de modo que, em essência, no que aqui interessa, estará sendo empregada na via do *habeas corpus* coletivo, ainda que acabe por levar, aí, essa nomenclatura específica. Enfim, "não pode ser vista como um fenômeno unitário e, portanto, sujeito a um único procedimento. Como esclarece o texto legal (art. 83 do CDC) para proteção dos interesses coletivos *e individuais de massa* são cabíveis quaisquer ações. Se é assim, é evidente que não há modo de, nem mesmo para a ação classicamente conhecida, reduzir seu esquema a um único tipo de procedimento. A 'ação civil pública', então, poderá ter feição de um processo de conhecimento, de um processo de execução (quando já houver [título executivo hábil) ou de uma medida cautelar. Poderá ainda, por óbvio, valer-se do rito dos procedimentos especiais, tanto daqueles previstos no Código de Processo Civil (v.g., de uma ação de reintegração de posse, ou do rito de usucapião, para o caso da usucapião coletiva), como daqueles descritos em legislação especial (a exemplo do mandado de segurança coletivo)" (ARENHART, Sérgio Cruz. *A tutela coletiva de direitos individuais:* para além da proteção dos direitos individuais homogêneos. São Paulo: Ed. RT, 2014. p. 248-249).

forma individual como coletiva, passando a contar com referência no singular em consolidação no final do século XIX.[68]

Ao menos na perspectiva dos litígios estruturais, uma discussão que pare aí, porém, será insuficiente.

Em um segundo momento, e de forma conjugada com o primeiro, tem-se a possibilidade de ir além da lógica binária ou de uma proteção focada estritamente na liberdade de locomoção, para compreender, especialmente no contexto de violações estruturais em detrimento do direito de pessoas de alguma forma privadas de liberdade, que também uma abordagem estrutural poderia ter espaço na via do *habeas corpus*.

Todavia, igualmente insuficiente será aceitar que problemas estruturais possam figurar em *habeas corpus*, sem saber como é que o processo deve aí ser compreendido e como deve funcionar. Aliás, pode aí haver o problema de, a rigor, o *habeas corpus* (ou outra ação coletiva, se fosse o caso) nem sequer tratar de fato do problema estrutural, mas apenas tangenciá-lo ou lidar com os seus efeitos, caso a coletivização se dê em uma perspectiva exclusiva ou preponderantemente qualitativa.

Aceitando-se essa combinação, chega-se, então, a um terceiro momento, inclusive por imposição do próprio direito à tutela jurisdicional efetiva. Se esses problemas estruturais, compreendidos sob as lentes de violações estruturais de direitos, podem ter como veículo a própria garantia do *habeas corpus*, o processo há de tomar uma conformação igualmente estrutural, com o uso das técnicas processuais adequadas.

É este o foco aqui, mas sem qualquer pretensão de esgotar as técnicas processuais possíveis, até porque isso seria de todo inviável, pois elas "devem ser ou continuar sendo *experimentadas* (testadas), a fim de verificar sua idoneidade para lidar com os diversos litígios estruturais. A regra, se houver alguma, aqui, não é a rigidez, mas a flexibilidade, aliada à criatividade."[69]

O que se pretende é destacar três aspectos a serem levados em consideração na conformação do caso e do procedimento, quais sejam, a necessidade de diálogo, construção contínua e criação de microinstitucionalidades (subitem 5.1), a

---

68. PRIMUS, A Structural Vision of *Habeas Corpus* cit., p. 14-15. Especificamente quanto às *habeas corpus class actions*: "The Supreme Court effectively eliminated these class actions in 1998 when it prohibited any advance ruling on common issues in habeas class action petitions unless all of the class members had properly presented their individual claims to the state courts" (P. 14-15, com referência à decisão Calderon vs. Ashmus, 523 U.S. 740 (1998)). Sobre *habeas corpus class actions*, ver, ainda, GARRETT, Aggregation in Criminal Law cit., p. 404-410.

69. FERRARO, *Do processo bipolar a um processo coletivo estrutural* cit., p. 200.

necessidade de a coletivização ir além de eventual coletivização como inicialmente posta, buscando-se uma perspectiva abrangente e compatível com as dimensões do problema estrutural (subitem 5.2), e a necessidade de que sejam percebidos os diferentes interesses imbricados e suas tensões ou repercussões recíprocas, sem homogeneizações indevidas (subitem 5.3).

5.1. Diálogos, construções contínuas e microinstitucionalidades

Como se disse, a problemática do *habeas corpus* coletivo não se esgota no seu cabimento em termos gerais, se o nosso sistema processual, ou especialmente do ponto de vista do processo constitucional, permitiria a figura coletiva dessa garantia. A experiência argentina no caso *Verbitsky*, ou mesmo em outros, pode trazer contribuições que vão além da possibilidade de utilização do *habeas corpus* na forma coletiva. Aliás, considera-se que a Suprema Corte, em tal caso, não simplesmente permitiu a utilização da ação coletiva; o caso não representaria uma inovação apenas no sentido de autorizar a proteção coletiva, mas por permitir reformas estruturais com a participação do Judiciário e a partir de outra forma de interação entre os atores envolvidos.[70] Ainda, em conexão a isso, em termos de técnica processual, mesmo antes da tomada de decisão, pode-se mencionar o fato de a corte ter realizado audiências públicas e recebido relatórios com informações atualizadas.[71]

Um primeiro ponto será a compreensão de que as técnicas processuais devem ser idôneas a permitir um contínuo diálogo na construção do caso e do procedimento, o que engloba o próprio dimensionamento do problema e averiguação de suas causas, bem assim o teste de várias possíveis soluções para o problema. A abordagem é mais experimental do que na perspectiva do "comando-e-controle".

---

70. "This approach indicates the beggining of a new relationship among the Court, political power and bureaucratic agencies, and civil society. It also entails a new way of protecting and enforcing rights in Argentina" (RUIBAL, Alba. Innovative Judicial Procedures And Redefinition Of The Institutional Role Of The Argentine Supreme Court. *Latin American Research Review*, v. 47, n. 3, 2012, p. 22-40, p. 31). A autora faz referência especial, no trecho, ao caso Verbitsky e ao do Rio Matanza-Riachuelo (*Mendoza, Beatriz Silvia y otros c/ Estado Nacional y otros s/ daños y perjuicios*. CSJN, M.1569. XL. Informações disponíveis em: [http://www.cij.gov.ar/riachuelo.html]). Assim, em relação aos casos estruturais perante a Suprema Corte: "In effect, in several of these cases, it did not establish the policies that other powers should implement but opened a process of dialogue among different types of actors. It set standards, parameters, and time limits that other powers should comply with, and it mandated the adaptation of legislation or the formulation of programs. Instead of closing the cases with a conclusive decision, the Court initiated a long-term process for the implementation of policies that should be defined by the diverse of actors involved" (Ibidem, p. 33).

71. COURTIS, El caso "Verbitsky", cit., p. 4.

Um caminhar de "erros-e-acertos", focado nos resultados a serem alcançados, e não nos meios que devem ser empregados para tanto.[72]

Outros mecanismos de provocação e monitoramento das reformas estruturais com participação judicial devem ser utilizados, ao longo de todo o processo de solucionamento do problema estrutural e superação da violação estrutural de direitos, indo muito além de medidas paliativas que lidam apenas com os efeitos do problema – e criam outros. Além da realização de audiências de diferentes configurações,[73] destaque parece ser devido à criação de microinstitucionalidades ou microinstituições, integradas por diferentes atores (estatais ou não) e ficando

---

72. FERRARO, *Do processo bipolar a um processo coletivo-estrutural* cit., cap. 4; ARENHART, Decisões estruturais no direito processual civil brasileiro cit., p. 5 ("a complexidade da causa implicará, comumente, a necessidade de se tentar várias soluções para o problema. Essa técnica de tentativa-erro-acerto é que permitirá a seleção da melhor técnica e do resultado ótimo para o caso"). E também nesse sentido é possível compreender que "[t]he remedial phase in structural litigation is far from episodic. It has a beginning, maybe a middle, but no end – well, almost no end. [...] it is concerned not with the enforcement of a remedy already given, but with the giving or shaping of the remedy itself" (FISS, Owen M. The Forms of Justice. *Harvard Law Review*, v. 93, n. 1, nov. 1979, p. 1-58, p. 27). Em relação ao "fim" do processo, a Corte Constitucional da Colômbia, por sua vez, já indicou, por exemplo, que "la superación de la problemática estructural en esa materia cuando se demuestren '(i) unas transformaciones en el funcionamiento del sector salud; (ii) que esos cambios impliquen con alto grado de certeza la consecución de las condiciones para lograr el goce efectivo y avanzar sosteniblemente; y por último (iii) que esas soluciones tengan la virtud de ser coherentes y duraderas, como lo ha exigido la jurisprudencia de la Corte'" (Auto 121/18, de – seguimiento unificado a las sentencias T-388 de 2013 y T-762 de 2015, para. 4.1). E nada impede que depois seja reconhecida novamente uma violação no sistema carcerário (assim relata na mesma decisão: "En el año 1998, la Sentencia T-153 declaró por primera vez el estado de cosas inconstitucional (en adelante ECI) ante la crisis penitenciaria que ya para entonces estaba ligada a los elevados índices de hacinamiento. La creación de cupos carcelarios se presentó como la opción para asegurar condiciones dignas de habitabilidad carcelaria para la población privada de la libertad. Los esfuerzos de superación del ECI se concentraron en la construcción de nuevos cupos y establecimientos penitenciarios. Tiempo después, la Corte constató el acatamiento de las medidas previstas para superar la situación por parte del Gobierno Nacional, de modo que en 2013 declaró superado el ECI mediante la Sentencia T-388 de 2013. Sin embargo, y ante la persistencia de la violación masiva y generalizada de los derechos de las personas privadas de la libertad, la Sala Primera de Revisión, a través de esa misma providencia, declaró un nuevo ECI en materia penitenciaria y carcelaria, que fue reiterado por la Sala Quinta de Revisión en la Sentencia T-762 de 2015, bajo la premisa de que la política criminal colombiana ha sido reactiva, populista, poco reflexiva, volátil, incoherente y subordinada a la política de seguridade" (Ibidem, para. 1).
73. LORENZETTI, Ricardo Luis. *Justicia colectiva*. Santa Fé: Rubinzal-Culzoni, 2010. p. 168-169. FERARRO, *Do processo bipolar a um processo coletivo-estrutural* cit., p. 170-174.

como especiais responsáveis pelo contínuo monitoramento da, monitoramento que significará, não simplesmente a fiscalização de uma decisão acabada, mas o próprio desenho concomitante de possíveis soluções.[74]

5.2. Coletivização e coletivizações: por uma perspectiva abrangente e adequada

Se o tratamento individual dos problemas estruturais é problemático e se tampouco será, qualquer abordagem coletiva, satisfatória, a questão que se apresenta é, especialmente considerando a policentria e a imbricação de interesses, sobre qual será a abrangência dessa perspectiva estrutural.

Alguns dos exemplos trazidos acima de *habeas corpus* coletivos, admitidos ou não, ilustram a diferença entre um caso mais abrangente e um que tem como referência uma localidade específica ou um estabelecimento determinado, indicando que eventual fragmentação pode acontecer também nessa dimensão, e inclusive não ser o caso tão estrutural como se imaginava, gerando problemas novos ou maiores do que o que se pretendia resolver.

O adequado parece ser, assim, evitar fragmentações que distorçam a compreensão do problema e de suas possíveis soluções, inclusive quando, ao menos aparentemente, já se esteja pretendendo uma abordagem estrutural do problema, mas sem alcançar a prática ou política como um todo,[75] o que traz diferentes pos-

---

74. "[...] se crea una institución dedicada al cumplimiento del objetivo que actúa de modo autónomo, aunque bajo la supervisión lejana del tribunal. Este mecanismo permite que los diversos centros de interés interactúen de modo rápido, flexible, dinámico" (LORENZETTI, *Justicia colectiva* cit., p. 187). ARENHART, Decisões estruturais no direito processual civil brasileiro cit., p. 5). Assim, no caso da Corte Constitucional da Colômbia citado na nota 72, por exemplo, uma das instituições criadas foi o "Grupo Líder, conformado por la Defensoría del Pueblo, la Procuraduría General de la Nación y el Ministerio de la Presidencia de la República (hoy Departamento Administrativo de la Presidencia –DAPRE–)" (Auto 121/18, cit., para. 2). Inclusive, não seria um órgão acessório ou que devesse se limitar a receber e organizar informações; diferentemente, "la delegación del seguimiento a un Grupo Líder, se hizo con el objetivo de garantizar y promover 'un sistema de gestión orientado a la obtención de resultados y al impacto en los derechos de las personas privadas de la libertad, a mediano plazo, mediante la adopción de medidas generales y particulares en el país que, gracias a su carácter concreto y específico, impacten la vida carcelaria, cuyas condiciones actuales son causa directa de los reclamos constitucionales analizados'. Por tanto, se espera de este más que la recepción y el envío de información a esta Corporación. Su labor no de intermediación, sino de seguimiento, promoción y orientación, en cumplimiento de sus funciones constitucionales y legales" (para. 40).

75. Isso se relaciona com a "indivisibilidade do remédio" nesses casos. No exemplo argentino, conforme já referido, o problema pode estar não somente em tratar da questão em processos individuais, mas também em processos coletivos que digam respeito apenas a um setor ou estabelecimento.

sibilidades ligadas à necessidade de coletivização(ões) no processo estrutural, inclusive se na via do *habeas corpus*.

Primeiro, a coletivização há de ir além daquela já traçada pelo legitimado coletivo, buscando-se uma perspectiva abrangente, compatível com e proporcional às dimensões do problema estrutural,[76] sem excluir eventual consolidação de casos que tratem parcialmente do mesmo problema. Mas também se pode pensar em uma coletivização a partir de casos individuais, evitando que o problema permaneça (e dê origem a diferentes demanda individuais) ou, mais ainda, agrave-se (justamente em razão da inadequada abordagem individual). Até mesmo, eventual coletivização pode ser combinada com a criação, na linha do subitem anterior, de microinstitucionalidades, como já ocorreu nos Estados Unidos em relação à pena de morte em um dos sistemas penais estaduais.[77]

Isso integra a construção do caso no processo estrutural, com o qual é incompatível o princípio da demanda.[78] Mesmo quando a ação já é coletiva, é de se perceber que um legitimado coletivo que provoca a atuação jurisdicional não é dono do direito nem do processo, tampouco se trata de uma competição, de modo que o simples fato de ter chegado primeiro não pode implicar monopólio ou preferência.[79] Ademais, se possíveis em outras vias, ambas as possibilidades de coletivização parecem ainda mais aceitáveis no âmbito do *habeas corpus*, em que já reconhecida a desvinculação do juízo em relação ao princípio da demanda, podendo ser concedido de ofício.[80]

---

76. É claro que, considerando a própria relação (e afetação recíproca) que, por exemplo, diversas políticas da mesma área ou elas mesmas com as de outras áreas podem ter, a busca pela dimensão adequada pode levar a uma regressão infinita, mas não é isso que se tem em mente aqui; isso poderia levar a uma abrangência tão ampla que seria inviável de ser operacionalizada, ou mesmo chegar à conclusão de que esse campo deveria ser excluído da apreciação judicial. Não se exclui, de todo modo, que o caso procure tratar de várias políticas públicas da área, holisticamente, como pode acontecer em relação ao sistema carcerário.
77. GARRETT, Aggregation in Criminal Law cit., p. 420-242 ("The New Jersey court used a method similar to civil law consolidation to resolve common issues in a group of capital cases and review aggregate data. Further, the court not only sought to provide a remedy to all pending cases, but set up an institution designed to pursue ongoing structural reform of its capital sentencing system").
78. FERRARO, *Do processo bipolar a um processo coletivo-estrutural* cit., p. 143-156.
79. Outra não é a lógica subjacente, por exemplo, à continuidade do processo mesmo que haja desistência ou abandono por parte do legitimado que originariamente ajuizou a ação coletiva (art. 5º, § 3º, da LACP).
80. Lembrando do *habeas corpus* como exceção ao princípio da demanda, v. ARENHART, Sérgio Cruz. *Reflexões sobre o princípio da demanda*. Disponível em: [www.academia.edu]. Acesso: 20.05.2011.

5.3. Do grupo homogêneo à imbricação de interesses

A percepção de que não se está simplesmente a tutelar "direitos individuais homogêneos" em litígios estruturais, e sim diante de um cenário complexo de imbricação de diferente interesse, traz outro aspecto relevante a ser considerado na abordagem estrutural do problema. A discussão de quem pode ou deve atuar no caso não se resume a averiguar quem teria legitimidade, conforme as disposições legais. Diferentemente, faz-se necessário ter em mente quais interesses estão sendo afetados e como fazer com que eles sejam adequadamente representados.[81]

Para além da abrangência territorial do caso, é difícil imaginar que todas as pessoas impactadas tenham os mesmos interesses ou pontos de vista. A realidade dos problemas estruturais é muito mais extensa e complexa, a ensejar outros mecanismos de participação, não somente na lógica binária da legitimidade vs. falta de legitimidade.[82] A participação não se resume à legitimidade em abstrato, nem a representação adequada se limita a um grupo homogêneo – ou melhor, a um interesse apenas. Haverá de ser representação adequada dos mais variados interesses, inclusive interesses e visões que podem se referir a um mesmo grupo que se pretende tutelar por meio da ação coletiva (inicialmente tratado em uma perspectiva pretensamente homogênea). O que se tem, tendencialmente, são diferentes grupos e subgrupos, e o atendimento de um pode afetar ou prejudicar o de outro, de modo que haverá problema de representatividade e representação se a mesma pessoa falar por todos eles.[83]

---

81. Sobre o tema da representação adequada nos processos estruturais, v. ARENHART, Sérgio Cruz. Processo multipolar, participação e representação de interesses concorrentes. In: ARENHART, Sérgio Cruz; JOBIM, Marco Félix (Ed.). *Processo estrutural*. Salvador: Ed. JusPodivm, 2017.

82. Ainda, retomando a hipótese em que se pretenda vaga em creches, já mencionada ao longo deste artigo, é possível também perceber a diversidade de interesses que podem ser afetados pelo problema: "Primeiro, há os alunos que obtiveram a decisão, cujo interesse é a disponibilização da vaga. Segundo, há os alunos já matriculados, que foram prejudicados pelo aumento do número de crianças por sala, assim como os professores, que tiveram suas condições de trabalho depauperadas. Terceiro, há os munícipes que contribuem para o custeio das creches, que serão impactados pela necessidade de ampliação dos serviços. No início de 2015, o Município estimava um *déficit* de 7.000 (sete mil) vagas no sistema de educação pré-escolar. Os recursos para a criação dessas vagas serão necessariamente retirados de outras fontes orçamentárias. No serviço público de saúde, o problema relativo ao fornecimento de medicamentos ou realização de cirurgias é em tudo similar. As ordens judiciais, em processos individuais, determinam a adoção de comportamentos, por parte do Estado, sem levar em conta as estruturas disponíveis e os efeitos colaterais da prestação" (VITORELLI, Técnicas adequadas à litigiosidade coletiva e repetitiva cit., p. 9).

83. Nessas situações tem-se "um litígio que atinge subgrupos sociais variados, de formas e graus de intensidade igualmente variados, com interesses conflitantes entre si, o que

Nesse cenário, importante será a utilização e o desenho de técnicas processuais que permitam trazer ao processo os diferentes interesses afetados, que estes sejam adequadamente representados e que a complexidade gerada por esse incremento possa ser manejada. Relevante, aí, é que haja o reconhecimento, no processo, dos vários interesses que se imbricam, para que a abordagem do problema estrutural não acabe gerando distorções também nesse sentido, inclusive, se for apropriado, com expressa criação de subgrupos (à semelhança da diferenciação entre classes e subclasses[84]), bem como chamamento de novos representantes adequados.

6. Considerações finais

Em termos gerais, como se procurou destacar, parece possível falar em *habeas corpus* coletivo em nosso sistema processual, até porque a "ação civil pública", que seria a via comum para a tutela coletiva, não implica nem exige um procedimento específico. Trata-se, isso sim, de um rótulo genérico, podendo resultar na utilização dos mais variados procedimentos existentes, ou mesmo na construção

---

acarreta um alto grau de conflituosidade intraclasse, bem como elevado grau de complexidade na formulação da pretensão coletiva, uma vez que nem todos os membros do grupo esperam o mesmo resultado do processo" (VITORELLI, Técnicas adequadas à litigiosidade coletiva e repetitiva cit., p. 9).

84. Conforme a previsão nas *Federal Rules of Civil Procedures* dos EUA, Rule 23(c)(5), "when appropriate, a class may be divided into subclasses that are each treated as a class under this rule." Apenas para exemplificar, considerando que não raro as ações coletivas em território nacional tratem de "afetados" como um grupo pretensamente homogêneo, vale mencionar, no sentido de separação entre diferentes subclasses, a *class action* relativa a jogadores aposentados de futebol americano, resultante em acordo coletivo. Assim se estipulou: "The Settlement recognizes two separate groups ('Subclasses') of Settlement Class Members based on the Retired NFL Football Player's injury status prior to July 7, 2014: Subclass 1 includes: Retired NFL Football Players who were not diagnosed with ALS, Parkinson's Disease, Alzheimer's Disease, Level 2 Neurocognitive Impairment (i.e., moderate Dementia), Level 1.5 Neurocognitive Impairment (i.e., early Dementia) or Death with CTE prior to July 7, 2014, and their Representative Claimants and Derivative Claimants. Subclass 2 includes: Retired NFL Football Players who were diagnosed with ALS, Parkinson's Disease, Alzheimer's Disease, Level 2 Neurocognitive Impairment (i.e., moderate Dementia) or Level 1.5 Neurocognitive Impairment (i.e., early Dementia) prior to July 7, 2014, and their Representative Claimants and Derivative Claimants; and o Representative Claimants of deceased Retired NFL Football Players who were diagnosed with ALS, Parkinson's Disease, Alzheimer's Disease, Level 2 Neurocognitive Impairment (i.e., moderate Dementia) or Level 1.5 Neurocognitive Impairment (i.e., early Dementia) prior to death or who died prior to July 7, 2014 and received a diagnosis of Death with CTE" (a notificação do acordo, com os detalhes, pode ser consultada em: [https://www.nflconcussionsettlement.com/Docs/Long-Form%20Notice.pdf]).

de um específico, conforme as particularidades do caso concreto. Nessa linha, não haveria grandes obstáculos para o cabimento de um *habeas corpus* coletivo. A questão principal que se coloca é a partir do momento em que o *habeas corpus* se relaciona com problemas estruturais, a saber, se poderá ou não significar um tratamento adequado desses problemas. Se a premissa adotada for uma resposta positiva para essa relação, permitindo que o *habeas corpus* seja utilizado no campo estrutural, ainda que não para violações estruturais de qualquer tipo de direito, o que se faz necessário perceber é a necessidade de que, com isso, seja uma outra lógica empregada, com a construção de um "*habeas corpus* coletivo-estrutural", desenhado e equipado com as técnicas processuais adequadas aos litígios estruturais.

45

MANDADO DE SEGURANÇA: O INCESSANTE APERFEIÇOAMENTO DO INSTITUTO

Paulo Roberto de Gouvêa Medina

Professor Emérito da Universidade Federal de Juiz de Fora. Antigo decano do Conselho Federal da OAB, onde, hoje, tem assento na condição de titular da Medalha Rui Barbosa.

Sumário: 1. O tema; 2. O mandado de segurança como ação civil; 3. Direito líquido e certo: evolução da doutrina acerca desse pressuposto; 4. A liminar no mandado de segurança: medida inerente ao instituto; 5. Mandado de segurança coletivo: outra dimensão do *mandamus*; 6. Uma nova perspectiva para o mandado de segurança, *de lege ferenda*; 7. Considerações finais.

1. O tema

O mandado de segurança, fruto de uma construção doutrinária – a chamada teoria brasileira do *habeas corpus* –, desde a sua instituição pela Constituição de 1934, vem passando por um processo evolutivo tendente a aperfeiçoá-lo, em pontos essenciais de sua configuração. O escopo desse trabalho é o de tornar o *writ* brasileiro um instrumento cada vez mais ajustado ao que preconizam a Declaração Universal dos Direitos Humanos, no art. 8º e o Pacto de San José da Costa Rica, no art. 25 – ou seja, uma ação capaz de amparar *toda pessoa contra atos que violem seus direitos fundamentais reconhecidos pela Constituição e pela lei* e que corresponda a *um recurso simples, rápido e efetivo*, apto a proporcionar-lhe imediata e plena proteção em face de tais atos ou da iminente ameaça de que estes se concretizem.

Isso tem feito com que se revejam conceitos peculiares ao instituto, tanto no que concerne à sua natureza processual, quanto no que diz respeito aos pressupostos da impetração, além de propiciar-lhe a desejável expansão, mediante uma nova versão do *writ*, criada pela Constituição de 1988, o mandado de segurança coletivo. Com uma certa hesitação inicial quanto aos seus exatos contornos, seguiu-se a construção de uma doutrina específica em torno do tema, que a jurisprudência dos nossos tribunais, paulatinamente, vem consolidando.

O mesmo aconteceu, segundo se observa, com relação à medida processual mais próxima do mandado de segurança, o *amparo* dos países hispano-americanos. É significativo observar que tanto o mandado de segurança brasileiro quanto o amparo argentino, por exemplo, resultaram de criação pretoriana, vindo a institucionalizar-se posteriormente, aquele no rol dos direitos e garantias individuais da nossa segunda Constituição republicana (Constituição de 1934, art. 113, § 33), este por meio da Lei 16.896, de 18 de outubro de 1966. Como sucede com o *amparo* de outros países (Espanha, México, Costa Rica, Bolívia, Equador, Paraguai, Peru e Venezuela) e medidas análogas adotadas no Chile (*recurso de protección*) e na Colômbia (*acción de tutela*), a Constituição da Argentina, hoje, contempla a referida ação no seu art. 43 (cf. texto da Constituição de 1853, com as reformas posteriores, publicado na conformidade da Lei 24.430, de 03.01.1995). Aliás, a Constituição argentina confere alcance mais amplo ao amparo, não só fazendo-o cabível em hipótese correspondente à do nosso *habeas data* e legitimando-o como instrumento de proteção ao meio ambiente e aos direitos do consumidor, mas tornando-o também admissível em relação a atos emanados de particulares. Diferentemente do mandado de segurança, o amparo argentino é medida subsidiária, cujo cabimento se dá *siempre que no exista otro medio judicial más idôneo*, mas a circunstância assinalada de ser admitido *contra todo acto u omisión de autoridades públicas o de particulares, que en forma actual o inminente lesione, restrinja, altere o amenace, con arbitrariedad o ilegalidad manifesta, derechos e garantias*, sugere considerar se, da mesma forma, não poderia caminhar o nosso mandado de segurança, buscando amparar também determinadas lesões a direitos dessa natureza que podem partir da ação ou omissão de particulares. Seria essa, com efeito, uma nova perspectiva que se abriria em relação ao mandado de segurança, ampliando a proteção que, por meio dele, se concede.

Já se vê, assim, que o mandado de segurança, a despeito dos seus oitenta e quatro anos de aplicação, ainda revela ao estudioso, novas facetas a desafiá-lo e a motivar-lhe as lucubrações. Não foi por outra razão que escrevemos alhures, parodiando Machado de Assis, tratar-se de um tema novo como o sol, que também é velho, mas que sempre novo se nos apresenta ao raiar, a cada manhã...

É o que procuraremos mostrar neste breve estudo.

2. O mandado de segurança como ação civil

Quando se cogita do aperfeiçoamento do mandado de segurança como instrumento de amparo aos direitos fundamentais, cumpre ter em vista, antes de tudo, o seu caráter processual. Embora se cuide de uma forma de garantia desses direitos, de natureza constitucional, revestida, portanto, de sentido político-institucional, o mandado de segurança é, essencialmente, uma *ação*. Trata-se de uma ação constitucional como tantas outras – a ação popular, o mandado de injunção, o *habeas data*, o *habeas corpus*, a ação de impugnação de mandato eletivo, a ação direta de inconstitucionalidade e suas congêneres – e que, assim como as demais, instituída pela Constituição, deve ser exercida na conformidade da lei processual e harmonizar-se com os institutos do direito respectivo.

José Carlos Barbosa Moreira chamou a atenção para esse aspecto, preocupado com o fato de que existia "no Brasil certa tendência a ver no mandado de segurança uma entidade exótica, estranha, insuscetível de enquadramento nas categorias tradicionais do Direito Processual". Por isso, advertia o saudoso processualista: "Trata-se de um processo, no qual se exercita uma ação", desculpando-se pela assertiva que poderia representar uma obviedade acaciana[1].

Dessa observação derivam duas consequências que devem ser salientadas.

A primeira é a de que o mandado de segurança não constitui remédio excepcional ou instrumento que deva ser tratado fora dos parâmetros comuns das ações. O jargão forense adotou certas sinonímias em relação ao mandado de segurança que contribuem para atribuir-lhe tratamento excessivamente cauteloso, limitando-lhe o alcance. Chamado de *remédio heroico* ou de *remédio extremo*, sendo o seu processo tido como a *via peregrina do mandado de segurança*, passou este a ser visto como medida processual de cabimento excepcional, o que influiu sobre a concepção de seus pressupostos de cabimento.

A segunda consequência dessa visão do mandado de segurança foi a de pretender-se excluir do respectivo processo a aplicação subsidiária de normas do Código de Processo Civil, as quais, em geral, não podem deixar de alcançá-lo.

A lei de regência do mandado de segurança (Lei 12.016, de 07 de agosto de 2009), além de dispor que a *petição inicial deverá preencher os requisitos estabelecidos pela lei processual* (art. 6º), preceitua que se lhe aplicam *os arts. 46 a 49 do Código de Processo Civil* (art. 24), referindo-se ao estatuto processual de 1973. E nada mais diz, dando, pois, a impressão de que o mandado de segurança, quanto ao mais, não se submeteria à disciplina das normas fundamentais do processo civil. Repete, na verdade, o que já dispunha a lei anterior (Lei 1.533, de 31 de dezembro de 1951), com a diferença de que esta, em todo caso, não mencionava os dispositivos pertinentes do CPC, aludindo, sim, ao instituto de que aqueles tratavam, isto é, o instituto do litisconsórcio, o que atendia melhor à técnica legislativa. A preocupação do legislador era, como continuou sendo, anos depois, a dos que elaboraram a nova lei de regência, simplesmente, explicitar que o mandado de segurança poderia ser impetrado por mais de um autor, em conjunto, ou em face

---

1. BARBOSA MOREIRA, José Carlos. Mandado de segurança – Uma Apresentação. In: GONÇALVES, Aroldo Plínio (Coord.). *Mandado de segurança*. Belo Horizonte: Del Rey, 1996. p. 83. MOREIRA, José Carlos Barbosa. *Temas de direito processual, Sexta Série*. São Paulo: Saraiva, 1997. p. 204.

de mais de mais de uma autoridade responsável pela prática do ato, bem como em relação a essa autoridade e a eventual pessoa que viesse a ser atingida pela sentença.

Como bem notou o eminente Min. Eduardo Ribeiro de Oliveira, em trabalho de doutrina, ao criticar a "discriminação exaustiva dos dispositivos do Código de Processo Civil aplicáveis" ao mandado de segurança, tal especificação "não resiste, data vênia, à menor análise." "Sem invocação daquele Código – observou, com propriedade o antigo Ministro do STJ – não será sequer possível processar um mandado de segurança"[2].

Para a mesma situação alertava, no ensaio já citado, o pranteado José Carlos Barbosa Moreira, salientando que é "impossível, absolutamente impossível processar um mandado de segurança utilizando exclusivamente as normas constantes da legislação especial", razão por que haverá de entender-se que a legislação processual comum aplicar-se-á, em regra, ao processo do *mandamus*, salvo "num ponto ou noutro", em que as suas "características [...] nos autorizem a concluir a incompatibilidade entre a norma comum, isto é, a norma contida no Código de Processo Civil, e alguma nota essencial ao instituto do mandado de segurança"[3].

Deve-se considerar que a interpretação do citado art. 24 da lei de regência do mandado de segurança não pode fazer-se à luz do brocardo *inclusio unius, exclusio alterius,* na sua versão clássica, senão tendo em vista o temperamento que, não raro, se lhe deve dar, fazendo prevalecer a parêmia oposta *positio unius, non est exclusio alterius*[4].

O mandado de segurança precisa ser visto, pois, como uma ação, a que corresponde um processo subordinado às regras do processo civil comum, não podendo ser tratado, por conseguinte, como medida de cabimento excepcional, a despeito dos pressupostos a que deve atender, como ocorre, aliás, com referência a tantas outras ações.

3. Direito líquido e certo: evolução da doutrina acerca desse pressuposto

O pressuposto fundamental do mandado de segurança é o de que o direito público subjetivo que, por meio dele, pretende-se tutelar seja um *direito líquido*

---

2. OLIVEIRA, Eduardo Ribeiro de. Recursos em mandado de segurança (algumas questões controvertidas). *Mandados de segurança e de injunção*, obra coletiva sob a coordenação do Ministro Sálvio de Figueiredo Teixeira – Estudos em memória de Ronaldo Cunha Campos. São Paulo: Saraiva, 1990. p. 277-290, especificamente p. 280, n. 3.1.
3. BARBOSA MOREIRA, José Carlos. Mandado de segurança... cit., p. 84; *Temas de direito processual*... cit., p. 205.
4. MAXIMILIANO, Carlos. *Hermenêutica e aplicação do direito*. 7. ed. Rio de Janeiro: Livraria Freitas Bastos S. A., 1961. p. 302, n. 296.

e certo. A expressão não prima por rigor técnico, mas já se acha consagrada e a doutrina que a seu respeito foi construída deu-lhe, afinal, contornos precisos.

A esse tipo de direito já se referia o Min. Pedro Lessa ao admitir o uso do *habeas corpus* para amparo de direitos que, hoje, comportam a impetração de mandado de segurança, contribuindo, assim, com os seus votos no Supremo Tribunal Federal, para a formulação da chamada *teoria brasileira do "habeas corpus"*. A versão final desta, com os adminículos que lhe deu aquele eminente Ministro, ficou conhecida como *teoria do direito escopo*, porque, consoante o seu entendimento, somente quando a liberdade de ir e vir estivesse sendo reclamada para o exercício do direito violado (o *direito escopo*), seria de admitir-se a tese sustentada por Rui Barbosa, quanto ao cabimento do *habeas corpus* em casos de violação de direitos subjetivos não atinentes, estritamente, à liberdade de locomoção. Seria a hipótese do funcionário que, por ordem judicial, fosse reintegrado no cargo do qual houvesse sido exonerado, ilegalmente ou com abuso de autoridade, porque, em tal situação, cuidar-se-ia de restabelecer-lhe o direito de dirigir-se à repartição pública a que pertencesse (a liberdade de locomoção) a fim de, ali, exercer suas funções (*direito escopo*). Pedro Lessa falava, a esse respeito, no pressuposto da existência, em favor de quem invocasse o *habeas corpus* para tal fim, de um direito "incontestável, líquido" ou "que não é objeto de controvérsia, não está sujeito a um litígio"[5]. A fórmula "direito certo e incontestável" foi a usada, para definir o pressuposto fundamental do mandado de segurança, pela Constituição de 1934 (art. 113, § 33). Já na Constituição de 1946, adotou-se a dicção "direito líquido e certo" (art. 141, § 24), que subsiste, ainda hoje (Constituição de 1988, art. 5º, LXIX).

É fácil perceber que o mandado de segurança nasceu com o fim de proteger o cidadão em face da violação de direitos públicos subjetivos não amparados por *habeas corpus*, o que se fazia mister desde a Emenda Constitucional de 1926, que, definindo aquele antigo remédio do processo penal segundo os padrões clássicos, adstringiu-o, expressamente, à tutela da liberdade de locomoção (Constituição de 1891, com o texto resultante da Emenda citada, art. 72, § 22), como não fazia o texto originário de 1891 (v. art. 72, § 22). Mas, ao criar o mandado de segurança, a Constituição de 1934 não fugiu à linha traçada pelo Min. Pedro Lessa, isto é, continuou a exigir, como pressuposto da proteção judicial, por via do novo instrumento, a existência de um *direito certo e incontestável*. A Constituição de 1946 substituiu essa expressão pela fórmula já referida – a do *direito líquido e certo* –, a qual trazia, ainda, um resquício da terminologia original, cunhada pelo grande Ministro. De qualquer forma, a nova Carta deu, assim, um passo adiante,

---

5. LESSA, Pedro Lessa. *Do Poder Judiciário*. Rio de Janeiro: Livraria Francisco Alves, 1915. p. 277 e ss., especificamente p. 289.

suscetível de ampliar o campo de proteção oferecido pelo mandado de segurança[6]. A desejável ampliação não ocorreu, porém, desde logo. É que, embora já se esboçasse, na vigência da Constituição de 1934, uma tendência no sentido de tornar o cabimento do mandado de segurança menos apegado à concepção de pressuposto tão rígido, a verdade é que a fórmula *direito líquido e certo* foi, de início, interpretada na mesma linha da anterior ou com abrandamento ainda pouco suficiente para atribuir ao nosso *writ* seu verdadeiro alcance.

Pode-se dizer que, hoje, o pressuposto fundamental do mandado de segurança já é concebido adequadamente ou sem que se o vincule à maior ou menor certeza da existência do direito subjetivo invocado, mas tendo em vista, apenas, a natureza com que se apresenta no plano processual, isto é, como um direito que deve ser considerado à luz de provas pré-constituídas, desde logo apresentadas com a petição inicial da ação.

Subsistem, contudo, na doutrina, concepções mais ou menos restritivas do pressuposto de impetração do *mandamus*, o que sugere que se faça uma classificação das correntes de pensamento em torno do tema, agrupando-as segundo as exigências que estabelecem para o reconhecimento da existência do *direito líquido e certo*.

Há uma concepção *restritiva*, hoje praticamente abandonada, que foi defendida nos primeiros tempos do instituto, merecendo referência, contudo, tanto pelo seu valor histórico, quanto pela autoridade dos que, na época, sustentaram-na.

O arauto dessa corrente foi Carlos Maximiliano, para quem o *direito líquido e certo* seria o "direito translúcido, evidente, acima de toda dúvida razoável, apurável de plano sem detido exame, nem laboriosas cogitações". Seguiram essa linha de entendimento, entre outros, Plácido e Silva, Jorge Americano e Temístocles Brandão Cavalcanti[7].

A segunda corrente, não sendo tão rigorosa na identificação do pressuposto, ainda lhe impunha certa condição. Com algumas variações, filiam-se a esta corrente, que chamaríamos de *condicionante*, os autores a seguir mencionados.

Castro Nunes, manifestando-se acerca da concepção já então exposta pelo Min. Costa Manso – e que viria a ser consagrada, mais tarde, como a mais precisa, no entender de muitos autores –, concordava em que o essencial para a impetração do mandado de segurança seria a ocorrência de um *fato certo*, suscetível de imediata comprovação, por meio de prova documental. Mas, isso não lhe parecia

---

6. Para mais ampla exposição desse ponto, v. nosso *Direito processual constitucional*. 5. ed. Rio de Janeiro: Forense, 2012. p. 171-204.
7. Cf. WALD, Arnoldo. *Do mandado de segurança na prática judiciária*. 4. ed. Rio de Janeiro: Forense, 2003. p. 122-124. A edição citada teve como colaboradora Ana Maria Goffi Flaquer Scartezzini.

bastante. Seria, ademais, necessário uma ponderação que o monografista clássico do tema assim resumia: "Se a lei é obscura ou presta-se razoavelmente a mais de um entendimento, não vejo como se possa compelir a autoridade a praticar ou abster-se de praticar ato da sua função"[8]. Para o antigo Ministro do Supremo Tribunal Federal, portanto, a apuração da natureza do direito como líquido e certo implicava o exame de uma questão de mérito, qual seja a de saber até que ponto a lei violada se mostrava, a toda evidência, imperativa, de forma que sua violação pudesse comportar o amparo do mandado de segurança.

Escrevendo tempos depois, Alfredo Buzaid parecia seguir o mesmo raciocínio, ao dizer que "a norma constitucional ou legal há de ser certa em atribuir à pessoa o direito subjetivo, tornando-o insuscetível de dúvida. Se surgir a seu respeito qualquer controvérsia, quer de interpretação, quer de aplicação, já não pode constituir fundamento para a impetração de mandado de segurança".[9]

Avançando um pouco mais, Hely Lopes Meirelles estabeleceu condição menos rigorosa quanto à concepção de *direito líquido e certo*, sem exigir, como Buzaid e Castro Nunes, que o direito objetivo invocado (a norma legal) se mostre isento de qualquer dúvida quanto à sua interpretação, mas, ainda assim, pretendendo que o direito subjetivo a ser amparado se apresentasse "manifesto na sua existência" – expressão que não é muito clara[10]. Dir-se-ia que o consagrado administrativista se situava, dessa forma, numa zona limítrofe entre a corrente *condicionante* e a que será, a seguir, mencionada. Com o seu entendimento, acham-se afinados, entre outros autores, Carlos Alberto Menezes Direito[11] e Cassio Scarpinella Bueno[12]. Este último adota posição mais incisiva, ao vincular o requisito do *direito líquido e certo* às condições da ação, subsumindo-o ao *interesse de agir*. O primeiro – eminente e saudoso Ministro do Supremo Tribunal Federal – passa em revista as diversas concepções em torno desse pressuposto, a partir da que fora defendida por Alfredo Buzaid, sem indicar, precisamente, a qual delas se filiaria, mas deixando no ar uma dúvida quando afirma que a "expressão original 'direito certo e incontestável' é bem mais feliz que a atual 'direito líquido e certo'"[13].

---

8. NUNES, Castro. *Do mandado de segurança*. 9. ed. Rio de Janeiro: Forense, 1987. p. 60, n. 39. Edição atualizada por José de Aguiar Dias.
9. BUZAID, Alfredo. *Do mandado de segurança*. São Paulo: Saraiva, 1989. v. I, p. 88, n. 45.
10. MEIRELLES, Hely Lopes. *Mandado de segurança e ações constitucionais*. 37. ed., com adaptações de Arnoldo Wald e Gilmar Ferreira Mendes e a colaboração de Marina Gaensly e Rodrigo de Oliveira Kaufmann. São Paulo: Malheiros Editores, 2016. p. 38.
11. DIREITO, Carlos Alberto Menezes. *Manual do mandado de segurança*. 4. ed. Rio de Janeiro: Renovar, 2003. p. 65 e ss., Capítulo 6º.
12. BUENO, Cássio Scarpinella. *Mandado de segurança – Comentários às Leis n. 1.533/51, 4.348/64 e 5.021/66*. São Paulo: Saraiva, 2008. p. 15-18.
13. Carlos Alberto Menezes Direito, *Manual do mandado de segurança* cit., p. 65.

A concepção hoje prevalecente, compondo uma terceira corrente, que dá *interpretação estrita* à expressão *direito líquido e certo,* é a do Min. Costa Manso, já referida. Seabra Fagundes assim a expõe, citando voto daquele Ministro em que o seu pensamento se consubstancia:

> Quem requer o mandado defende o seu direito, isto é, o direito subjetivo, reconhecido ou protegido pela lei. O direito subjetivo, o direito da parte, é constituído por uma relação entre a lei e o fato. A lei, porém, é sempre certo e incontestável.
>
> O fato é que o peticionário deve tornar certo e incontestável para obter o mandado de segurança. O direito será declarado e aplicado pelo juiz, que lançará mão dos processos de interpretação estabelecidos pela ciência, para esclarecer os textos obscuros ou harmonizar os contraditórios. Seria absurdo admitir se declare o juiz incapaz de resolver de plano no litígio, sob pretexto de haver preceitos legais esparsos, complexos, ou de inteligência difícil ou duvidosa. Desde, pois, que o fato seja certo e incontestável, resolverá o juiz a questão de direito, por mais intricada e difícil que se apresente para conceder ou denegar o mandado de segurança (Mandado de Segurança 33, *Arquivo Judiciário,* v. 41, p. 10)[14].

Filiam-se a esta concepção, além do citado Seabra Fagundes[15], Victor Nunes Leal[16], Arnoldo Wald[17], Celso Agrícola Barbi[18], Sérgio Ferraz[19], Lúcia Valle Figuei-

---

14. SEABRA FAGUNDES, M. *O controle dos atos administrativos pelo Poder Judiciário.* 5. ed. Rio de Janeiro: Forense, 1979. p. 274, nota de rodapé n. 6, item 107. Veja-se, no mesmo sentido da lição de Costa Manso, o parecer de Francisco Campos, in Direito administrativo. Rio de Janeiro: Livraria Freitas Bastos S. A., 1958. v. II, p. 16.
15. SEABRA FAGUNDES, M. *O controle dos atos administrativos pelo Poder Judiciário* cit., p. 271-277, com destaque para o que está dito à p. 272: "Assim, ter-se-á como líquido e certo o direito cujos aspectos de fato se possam provar, documentalmente, fora de toda a dúvida, o direito cujos pressupostos materiais se possam constatar pelo exame da prova oferecida com o pedido, ou de palavras ou omissões da informação da autoridade impetrada".
16. LEAL, Victor Nunes. Questões pertinentes ao mandado de segurança. *Problemas de direito público.* Rio de Janeiro: Forense, 1960. p. 440-476, Capítulo XVII. O autor alude ao voto do Ministro Costa Manso como sendo aquele *que a nosso ver oferece distinção doutrinariamente mais fértil* sobre o tema (cf. p. 466).
17. WALD, Arnoldo. Do mandado de segurança na prática judiciária cit., p. 133, n. 45.
18. BARBI, Celso Agrícola. *Do mandado de segurança.* 7. ed. Rio de Janeiro: Forense, 1993. p. 61, n. 75. O professor mineiro chama a atenção para o fato de que "o conceito de direito líquido e certo é tipicamente processual", correspondendo à "primeira condição da ação" (ob. cit., p. 55 e 61).
19. FERRAZ, Sérgio. *Mandado de segurança.* São Paulo: Malheiros Editores, 2006. p. 24 e 35. Este eminente advogado e professor destaca a circunstância de que "no mandado

redo[20], Milton Flaks[21], Luiz Fux[22], Eduardo Arruda Alvim[23], Alexandre Freitas Câmara[24], Vicente Greco Filho[25] e Fernando Gonzaga Jayme[26].

Sem aludirem à doutrina formada a partir da lição de Costa Manso, Lopes da Costa e Pontes de Miranda caminhavam na mesma direção. O primeiro considerava, aliás, as expressões *direito líquido e certo* uma superfetação, lamentando que não houvesse sido acolhida, na Assembleia Constituinte de 1934, a proposta de Levi Carneiro pela sua eliminação. Lopes da Costa, bem ao seu estilo, era incisivo, a esse respeito: "Falar em 'direito líquido e certo' ou em direito 'certo e incontestável' é apor a um substantivo de sentido claro adjetivos que apesar de sua aparência são mais indefinidos que qualificativos"[27].

Pontes de Miranda observava que, em se tratando de *quaestio iuris*, considerar-se-á cabível o mandado de segurança, advertindo que a "certeza e a liquidez de um direito não podem depender de não haver dúvida quanto à lei que rege esse direito, porque tal dúvida é subjetiva"[28].

A jurisprudência do Supremo Tribunal Federal consagra, hoje, a concepção de Costa Manso em torno do *direito líquido e certo*. Uma das manifestações mais

---

de segurança o direito líquido e certo é, a um só tempo, condição da ação e seu fim último", tendo, assim, num primeiro momento, "significado marcantemente processual", e constituindo, num segundo compasso, questão de mérito, de tal forma que "a sentença que nega a existência do direito líquido e certo é verdadeira decisão de mérito" (ob. cit., p. 35, n. 4.5).

20. FIGUEIREDO, Lúcia Valle. *Mandado de segurança*. 4. ed. São Paulo: Malheiros Editores, 2002. p. 31.
21. FLAKS, Milton. *Mandado de segurança* – Pressupostos da impetração. Rio de Janeiro: Forense, 1980. p. 115.
22. FUX, Luiz. *Mandado de segurança*. Rio de Janeiro: Forense, 2010. p. 46.
23. ARRUDA ALVIM, Eduardo. *Mandado de segurança*. 2. ed. Rio de Janeiro: G/Z Editora, 2010. p. 102-103.
24. CÂMARA, Alexandre Freitas. *Manual do mandado de segurança*. São Paulo: Atlas, 2013. De notar, quanto ao entendimento do ilustre processualista e Desembargador do Tribunal de Justiça do Rio de Janeiro, que este considera o pressuposto em análise como "matéria atinente ao mérito da causa no processo de mandado de segurança", não o situando entre as condições da ação (ob. cit., p. 105).
25. GRECO FILHO, Vicente. *O novo mandado de segurança* – Comentários à Lei n. 12.816, de 07 de agosto de 2009. São Paulo: Saraiva, 2010. p. 19.
26. JAYME, Fernando Gonzaga. *Mandado de segurança* – De acordo com a Lei n. 12.016/2009. Belo Horizonte: Del Rey, 2011. p. 17.
27. COSTA, Alfredo de Araújo Lopes da. Mandado de segurança. *Direito processual civil brasileiro*. 2. ed. Rio de Janeiro: Forense, 1959. v. IV, Capítulo VII, p. 415 e 417, n. 572.
28. PONTES DE MIRANDA, Francisco Cavalcanti. Mandado de segurança. *Tratado das ações*. São Paulo: Ed. RT, 1976. t. VI, p. 56, n. 3, Capítulo II.

expressivas da orientação da nossa Suprema Corte a esse respeito traduz-se no seguinte voto proferido pelo eminente Min. Carlos Mário Veloso:

> Direito líquido e certo é o direito subjetivo que se baseia numa relação fático-jurídica na qual os fatos sobre os quais incide a norma objetiva devem ser apresentados de forma incontroversa. Se os fatos não são induvidosos, não há que se falar em direito líquido e certo[29].

Na linha dessa orientação, cumpre lembrar a Súmula 625 do STF: "Controvérsia sobre matéria de direito não impede a concessão do mandado de segurança."

Daí deriva que a identificação do *direito* como *líquido e certo* não está vinculada à previsão expressa de norma legal nem muito menos à maior ou menor clareza do texto respectivo. É de admitir-se a impetração de mandado de segurança até mesmo quando o ato de ilegalidade decorre da violação de princípio constitucional. Aliás, há muito se considera que o ato jurídico tem-se como inconstitucional não só quando contraria expressamente a Constituição, como também quando atenta contra princípio por ela agasalhado – o que seria bastante para admitir o mandado de segurança em face do ato de autoridade que desatende a princípio constitucional. Recorde-se, a esse respeito, a lição de Alfredo Buzaid: "A ofensa [à lei fundamental] resulta da simples inconciliabilidade com a Constituição; ela e direta, quando viola o direito expresso; e indireta, quando a lei é incompatível com o espírito ou sistema da Constituição."[30].

O princípio da legalidade permite aferir a licitude da prática dos atos administrativos, tornando nulos aqueles que caracterizem desvio de poder, inobservância dos motivos determinantes, ofensa ao critério de razoabilidade – que, hoje, aliás, caracteriza princípio específico, o princípio da razoabilidade, quase sempre associado ao princípio da proporcionalidade. Não se acha o *princípio da razoabilidade* expressamente previsto na Constituição Federal, mas algumas Constituições estaduais já o inscrevem entre aqueles que devem reger a atuação da administração pública, como faz a Constituição do Estado de Minas Gerais (art. 13, *caput* e § 1º). Trata-se de princípio inerente ao princípio da legalidade e ao princípio do devido processo legal e que, portanto, compõe o sistema jurídico nacional.

Princípios constitucionais como os do contraditório e da ampla defesa, quando violados em processos administrativos, desafiam, do mesmo modo, a impetração de mandado de segurança com o fim de restabelecer o respeito à legalidade.

---

29. MAS 83.548, *DJU* 13.12.1984, Seção 2, p. 21.483 apud por Sérgio Ferraz, *Mandado de segurança* cit., p. 41.
30. BUZAID, Alfredo. Da ação direta de declaração de inconstitucionalidade no direito brasileiro. São Paulo: Saraiva, 1958. p. 46, n. 13.

Não é, pois, apenas a violação de norma expressa de lei que rende ensejo à postulação do mandado de segurança. Nem esta há de exsurgir de forma supostamente clara ou manifesta, na prática do ato impugnado, para que o *writ* seja cabível.

O *direito líquido e certo* emana do sistema jurídico considerado na sua plenitude, ensejando, assim, o amparo do mandado de segurança.

Diz, por isso, com toda razão o Prof. Arnoldo Wald, defendendo a "ampliação constitucional do conceito de direito certo e líquido": "Existe ele desde que evidentemente emana do sistema jurídico vigente, devendo ser concedido o mandado sempre que houver violação de direito certo e líquido, evitando-se assim que a lei seja violada, ou que seja utilizada em sentido contrário à sua própria finalidade."[31].

Vê-se, assim, que, tanto na forma de interpretar o pressuposto da cláusula *direito líquido e certo*, quanto no espírito da doutrina construída em torno do mandado de segurança, tem havido sensível evolução, no sentido de tornar o instituto apto a proteger o cidadão contra violações decorrentes de atos de autoridade pública ou que exerça funções delegadas do poder público ou, ainda, de dirigente ou órgão de partido político.

4. A liminar no mandado de segurança: medida inerente ao instituto

A efetividade da decisão judicial que se busca obter por via do mandado de segurança exige, não raro, que essa decisão produza efeitos imediatos. Por isso, é necessário dotá-la de mecanismo capaz de antecipar a proteção colimada. Esse mecanismo é a liminar, a que uns atribuem o caráter de tutela antecipada, enquanto outros consideram tratar-se de uma forma de tutela cautelar. Aliás, a lei de regência do mandado de segurança estabelece um procedimento de suspensão da liminar, com vistas a prevenir lesão à ordem, à saúde, à segurança e à economia públicas (Lei 12.016/2009, art. 15), que usualmente se qualifica de *contracautela*, o que estaria a indicar que a concessão da medida teria, realmente, o sentido de uma cautelar.

José Miguel Garcia Medina e Fábio Caldas de Araújo consideram que a liminar no mandado de segurança pode ter distinta natureza, conforme o objeto do pedido. Em função deste, a medida será cautelar, antecipatória ou, até, satisfativa. Apontam como exemplo dessa última categoria a que tem em vista "fornecimento de medicamento", sendo o pedido nesse sentido, naturalmente, estribado no preceito da Constituição segundo o qual *A saúde é direito de todos e dever do Estado* (Constituição, art. 196)[32].

---

31. WALD, Arnoldo. Do mandado de segurança na prática judiciária cit., p. 137, n. 47.
32. MEDINA, José Miguel Garcia; ARAÚJO, Fábio Caldas de. *Mandado de segurança individual e coletivo* – Comentários à Lei 12.016, de 07 de agosto de 2009. São Paulo: Ed. RT, 2009. p. 119.

A natureza satisfativa da liminar há de atender, segundo pensamos, aos mesmos requisitos da *tutela antecipada* instituída pelo Código de Processo Civil, tornando-se plenamente satisfativa se não houver recurso da decisão que a concede (CPC, art. 304, *caput*).

Releva notar que a terceira categoria em que pode ser enquadrada a liminar do mandado de segurança contribui para tornar mais efetiva a proteção que se busca por meio dessa ação, realçando sua importância como garantia de direitos fundamentais.

A concessão de medida liminar no mandado de segurança pressupõe, como nas ouras formas de tutela provisória, a presença concorrente de dois pressupostos: o *fumus boni iuris* e o *periculum in mora*. A lei de regência autoriza a suspensão do ato impugnado *quando houver fundamento relevante e do ato impugnado puder resultar a ineficácia da medida, caso seja finalmente deferida* (Lei 12.016/2009, art. 7º, III). A qualificação do fundamento da pretensão do impetrante como *relevante* tem dado azo a que parte considerável da doutrina entenda que, para o deferimento da liminar, exige-se "mais do que a simples fumaça do bom direito"[33], sendo necessário que se demonstre a "evidência do direito"[34] ou "a plausibilidade imediatamente aparente de que, em tese, os fatos descritos possam confluir para as consequências pleiteadas na impetração"[35].

Mas, autores de prol contentam-se, para tanto, com a verificação dos requisitos básicos, quais sejam a *aparência do bom direito* e o *perigo da demora*[36].

Alinhamo-nos entre os últimos monografistas do tema, por nos parecer que a exigência de um *plus* em relação ao requisito do *fumus boni iuris* não condiz com a natureza do mandado de segurança e pode ensejar a adoção de critérios restritivos à concessão da liminar, o que em nada contribuiria para o desejável aperfeiçoamento do instituto.

Impende ter em vista, no presente ensaio, se a disciplina da liminar pela vigente lei do mandado de segurança corresponde ao anseio de aperfeiçoamento do instituto.

A indagação tem pertinência em face da faculdade que a Lei 12.016/2009 confere ao juiz de condicionar o deferimento da liminar à prestação, pelo impe-

---

33. ALVIM, Eduardo Arruda, *Mandado de segurança* cit., p. 166, n. 8.2.
34. FUX, Luiz, *Mandado de segurança* cit., p. 72, n. 6.8.
35. FERRAZ, Sérgio, *Mandado de segurança* cit., p. 253, n. 23.2.
36. MEIRELLES, Hely Lopes, *Mandado de segurança e ações constitucionais* cit., p. 101, n. 12; CÂMARA, Alexandre Freitas, *Manual do mandado de segurança* cit., p. 162, item III. Alfredo Buzaid identifica "a relevância do fundamento" com o requisito tradicional do *fumus boni iuris*, sem fazer da relevância um *plus* em relação a este (*Da ação direta de declaração de inconstitucionalidade no direito brasileiro* cit., p. 213, n. 131).

trante, de *caução, fiança ou depósito, com o objetivo de assegurar o ressarcimento à pessoa jurídica* (art. 7º, III).

A condição referida não nos parece consentânea com a natureza da proteção que se pretende conceder por meio da liminar. Trata-se de uma restrição incompatível com o escopo dessa medida, que é inerente à garantia constitucional veiculada por meio do mandado de segurança. E tanto mais insólita se mostra tal condição no contexto de um ordenamento constitucional que timbra em declarar que *a lei não excluirá da apreciação do Poder Judiciário lesão ou ameaça a direito*. Tal é, com efeito, a norma insculpida no art. 5º, XXXV, da Constituição de 1988, a qual veio ampliar, significativamente, o *princípio da inafastabilidade da tutela jurisdicional*.

Como escrevemos alhures e recordamos acima, a possibilidade de o juiz condicionar o deferimento da liminar à prestação de caução, fiança ou depósito é, antes de tudo, desnecessária, uma vez que a pessoa jurídica de direito público (sujeito passivo no processo), assim como o Ministério Público, já dispõem do instrumento da contracautela, que lhes permite requerer ao presidente do tribunal competente a suspensão da liminar suscetível de causar grave lesão à ordem, à saúde, à segurança e à economia públicas[37]. Por outro lado, nas hipóteses em que se pode vislumbrar maior risco ao erário, em decorrência da concessão de liminar desprovida de sólido fundamento, o deferimento da medida já é vedado por disposição expressa da lei. São as hipóteses em que a liminar *tenha por objeto a compensação de créditos tributários, a entrega de mercadorias e bens provenientes do exterior, a reclassificação ou equiparação de servidores públicos e a concessão de aumento ou a extensão de vantagens ou pagamento de qualquer natureza* (Lei 12.016/2009, art. 7º, § 2º). Nessas hipóteses, aliás, nem mesmo a sentença de mérito concessiva da segurança pode ser executada provisoriamente, o que faz depender o atendimento do pedido à confirmação desta, em grau de apelação (Lei 12.016/2009, art. 14, *caput*, §§ 1º e 3º) ou por força do duplo grau de jurisdição obrigatório.

A condição prevista no citado art. 7º, III, *in fine*, é, pois, uma demasia, suscetível de estimular atuação restritiva da parte de juízes menos liberais.

Por isso, Humberto Theodoro Júnior recomenda "cautela e moderação" no estabelecimento dessa condição pelos juízes, advertindo que a sua "banalização [...] contraria a índole do remédio constitucional e provoca o risco, mesmo, de anular um direito fundamental", razão por que só deve ser exigida "em casos extremos"[38].

Considerando esses aspectos, o Conselho Federal da Ordem dos Advogados do Brasil ajuizou, perante o Supremo Tribunal Federal, a ADI 4.296/DF, que,

---

37. V. nosso Estudos de direito processual constitucional. São Paulo: Malheiros, 2009. p. 190.
38. THEODORO JÚNIOR, Humberto. O mandado de segurança segundo a Lei n. 12.016, de 07 de agosto de 2009. Rio de Janeiro: Forense, 2009. p. 25.

entre outros pontos, argui a inconstitucionalidade do dispositivo legal referido[39]. Referida ação, porém, até hoje não foi julgada e a liminar requerida, quando de sua propositura, foi negada. A Procuradoria-Geral da República emitiu parecer contrário ao acolhimento de todas as arguições, inclusive a de que, aqui, se trata. De modo que a questão pode ser tida como superada, restando confiar em que a diretriz traçada pela doutrina a esse respeito evite a aplicação desarrazoada do dispositivo legal referido.

Como quer que seja, vemos no preceito da nova lei aqui analisado algo que vem na contramão do processo evolutivo experimentado pelo nosso mandado de segurança.

5. Mandado de segurança coletivo: outra dimensão do *mandamus*

A Constituição de 1988 conferiu uma nova dimensão ao mandado de segurança, ao instituir o *mandado de segurança coletivo* (Constituição, art. 5º, LXX).

A nova modalidade não é nova apenas do ponto de vista da legitimação ativa, como aparentemente faz crer. A primeira característica do mandado de segurança coletivo é a de poder ser impetrado por determinadas entidades em favor de seus membros ou associados, na defesa de direitos que lhes são comuns. Mas, é preciso atentar para o seu objetivo ou para a sua "excepcional virtualidade", que é a "de ensejar proteção coletiva a um conjunto de direitos líquidos e certos, violados ou ameaçados por ato de autoridade" – o que dele faz um "instrumento para tutela coletiva de direitos" ou, numa palavra, uma ação coletiva[40].

Alfredo Buzaid, após tecer considerações sobre a natureza do direito protegido por essa nova versão do *mandamus*, assim o define: "O mandado de segurança coletivo é, pois, uma ação judicial preordenada a tutelar uma categoria especial de direitos líquidos e certos ameaçados ou violados por autoridade pública ou por quem lhe exerça as funções delegadas"[41].

Já se vê que, relativamente aos pressupostos e ao objeto, o mandado de segurança coletivo não foge ao padrão do mandado de segurança individual. A diferença está no âmbito de proteção, que justifica a legitimação ativa ampliada e traz consequências no que concerne ao alcance da coisa julgada produzida pela sentença proferida no mandado de segurança coletivo.

---

39. Pela inconstitucionalidade da exigência, manifesta-se Fernando Gonzaga Jayme, *Mandado de segurança...* cit., p. 93-97, n. 11.3.1.
40. ZAVASCKI, Teori Albino. *Processo coletivo* – tutela de direitos coletivos e tutela coletiva de direitos. 3. ed. São Paulo: Ed. RT, 2008. p. 222.
41. BUZAID, Alfredo. *Considerações sobre o mandado de segurança coletivo*. São Paulo: Saraiva, 1992. p. 20-21, n. 12.

A nova lei de regência do mandado de segurança, que sucedeu à Constituição de 1988 (Lei 12.016/2009), ocupou-se das particularidades que o mandado de segurança coletivo apresenta, disciplinando-as nos arts. 21 e 22.

O primeiro ponto diz respeito à legitimação ativa. Na linha do que prescreve a Constituição, é definido, como tal, em primeiro lugar, o *partido político* – pessoa jurídica de direito privado (Código Civil, art. 44, V) destinada a assegurar a *autenticidade do sistema representativo*, mediante a reunião de cidadãos aptos a votar e a indicar seus representantes por meio de processos eletivos (Lei 9.096, de 19.09.1995, art. 1º). O partido político pode impetrar mandado de segurança coletivo, desde que tenha representação no Congresso Nacional, *na defesa de seus interesses legítimos relativos a seus integrantes ou à finalidade partidária* (Lei 12.016/2009, art. 21).

A dicção legal deve ser interpretada à luz da Constituição. Antes do advento da Lei 12.016/2009, o saudoso Min. Teori Zavascki já observava: "podem ser tutelados pelo partido político, por mandado de segurança, os direitos ameaçados ou violados por ato de autoridade, ainda que pertencentes a terceiros não filiados, quando a sua defesa se compreenda na finalidade institucional ou constitua objetivo programático da agremiação"[42].

Em escólio ao dispositivo pertinente da citada Lei 12.016/2009, Cássio Scarpinella Bueno escreve: "o partido político tem legitimidade para a impetração do mandado de segurança coletivo tanto que o direito (interesse) a ser tutelado coincida com suas finalidades programáticas, amplamente consideradas, independentemente de a impetração buscar a tutela jurisdicional de seus próprios membros."[43].

O art. 21 da lei de regência do mandado de segurança, na esteira do dispositivo constitucional pertinente, define, ainda, como legitimados para a impetração de mandado de segurança coletivo: *organização sindical, entidade de classe ou associação legalmente constituída e em funcionamento há, pelo menos, 1 (um) ano, em defesa de direitos líquidos e certos da totalidade ou de parte dos seus membros ou associados, na forma dos seus estatutos e desde que pertinentes às suas finalidades, dispensada, para tanto, autorização especial.*

A legitimação de tais entidades não é tão ampla quanto a dos partidos políticos porque a finalidade institucional destes alcança um espectro maior de interesses. Mas, de qualquer modo, deve a legitimação das referidas entidades ser interpretada de forma que as habilite a postular, amplamente, a proteção dos

---

42. ZAVASCKI, Teori Albino, *Processo coletivo...* cit., p. 229, n. 8.3.
43. BUENO, Cássio Scarpinella. *A nova lei do mandado de segurança* – Comentários sistemáticos à Lei n. 12.016, de 7-8-2009. São Paulo: Saraiva, 2009. p. 124, n. 54.

interesses de seus membros, na medida das finalidades institucionais definidas nos respectivos estatutos.

Questiona-se quanto a estar, ou não, o Ministério Público legitimado a impetrar mandado de segurança coletivo. Na doutrina, manifesta-se afirmativamente Cássio Scarpinella Bueno[44], enquanto Alexandre Freitas Câmara é de parecer contrário[45], assim como Fernando Gonzaga Jayme[46]. O Superior Tribunal de Justiça, em acórdão de 21.03.2006, do qual foi relator o eminente Min. Luiz Fux, deu respaldo ao primeiro entendimento, no REsp 736.524/SP. Mas, o ilustre Ministro, em passagem não muito clara de sua monografia sobre o mandado de segurança, deixa dúvida quanto ao seu posicionamento atual sobre esse ponto, ao assinalar "a diversidade de *causa petendi* da ação civil pública e do Mandado de Segurança coletivo", acrescentando a ponderação de que "o *writ* coletivo reclama direito líquido e certo contra abuso de autoridade, ao passo que a ação civil pública tem outro espectro."[47]

Realmente, da atribuição de legitimação ativa ao *parquet* para aquela ação coletiva não se segue que se lhe deva reconhecer a mesma legitimidade para o mandado de segurança coletivo. Não é fora de propósito recordar antiga súmula do Supremo Tribunal Federal no sentido de que *O mandado de segurança não substitui a ação popular*, tão diverso é o objeto daquele em relação a esta, como também o é em relação à ação civil pública. Ademais, o mandado de segurança coletivo, tal como a ação popular, é instituído pela Constituição, que lhe define a legitimação ativa. Se em matéria de legitimidade para a prática de um ato ou propositura de uma ação a interpretação há de ser estrita[48], com mais rigor ainda se haverá de interpretar essa condição quando é a lei fundamental que a estipula.

Disposição importante sobre o tema é a que se contém no art. 22 da Lei 12.016/2009, quanto à extensão dos efeitos da coisa julgada em relação ao beneficiário da sentença concessiva que já houvera impetrado mandado de segurança,

---

44. Ibidem, p. 127, n. 56.
45. CÂMARA, Alexandre Freitas, *Manual do mandado de segurança* cit., p. 381-384, § 49.
46. JAYME, Fernando Gonzaga, *Mandado de segurança*... cit., p. 165-166, n. 19.2.3.
47. FUX, Luiz, *Mandado de segurança* cit., p. 143-144, n. 11.2.5.
48. Ensina Carlos Maximiliano: "Interpretam-se, estritamente as frases que estabelecem formalidades, bem como as fixadoras de condições para um ato jurídico ou recurso judiciário" (*Hermenêutica e aplicação do direito* cit., p. 256, n. 233). Aferir a legitimação processual implica examinar o atendimento de uma condição. Couture define a *legitimação* como a "Condición jurídica en que se halla una persona con relación al derecho que invoca en juicio, ya sea en razón de seu titularidad o de otras circunstancias que justifican su pretensión (*legitimatio ad causam*)" (COUTURE, Eduardo. *Vocabulário jurídico*. 4. ed. atual. e ampl. por Angel Landoni Sosa. Montevidéu/Buenos Aires: B de f – Julio César Faira Editor, 2013, verbete *legitimatión (procesal)*, p. 468-469).

individualmente. Segundo o que preceitua o § 1º do citado artigo, o interessado, nesse caso, deverá desistir da postulação individual *no prazo de 30 (trinta) dias a contar da ciência comprovada da impetração da segurança coletiva.*

Cássio Scarpinella Bueno critica, com razão, o dispositivo, observando que o legislador deveria ter adotado a solução atribuída pelo art. 104 do Código do Consumidor à ação coletiva nele disciplinada, solução essa que dá ao autor individual a faculdade de requerer a *suspensão* do processo respectivo, pondo-se, então, na posição de virtual beneficiário da decisão que venha a ser proferida na demanda coletiva[49]. Fernando Gonzaga Jayme, compartilhando desse entendimento, preconiza que se dê ao disposto no § 1º, *in fine*, do citado art. 22, *interpretação conforme*, "no sentido de reconhecer que a expressão 'requerer a desistência' deve ser compreendida como 'requerer a suspensão'"[50].

A verdade é que, ainda aqui, a nova lei de regência do mandado de segurança não se direciona no sentido do aperfeiçoamento do instituto.

Cabe, por fim, destacar que a liminar, no mandado de segurança coletivo, não pode ser deferida inaudita altera parte, mas somente após a audiência do representante judicial da pessoa jurídica de direito público, que deverá se pronunciar no prazo de 72 (setenta e duas) horas. É o que estabelece o § 2º do citado art. 22.

6. Uma nova perspectiva para o mandado de segurança, de *lege ferenda*

Em estudo publicado, originariamente, no México, na coletânea que homenageou Hector Fix-Zamudio, ao ensejo dos seus cinquenta anos de magistério jurídico[51], tivemos oportunidade de mostrar que o mandado de segurança, instrumento singular de proteção aos direitos fundamentais, que, sob tantos aspectos, mostra-se superior ao amparo e aos remédios análogos da América Latina, apresenta, no entanto, em relação àquelas ações, uma lacuna: é a de que o nosso *writ*, ao contrário do que, em geral, acontece com as ações congêneres, não serve de garantia a tais direitos quando a lesão ou ameaça emana de particulares. Assinalávamos, a esse propósito, naquele estudo:

---

49. BUENO, Cássio Scarpinella. *A nova lei do mandado de segurança* cit., p. 137-138, n. 59.
50. JAYME, Fernando Gonzaga, *Mandado de segurança...* cit., p. 173, n. 20.4.
51. MEDINA, Paulo Roberto de Gouvêa. O amparo e o mandado de segurança no contexto latino-americano. In: MAC-GREGOR, Eduardo Ferrer; LARREA, Arturo Zaldívar Lelo de (Coord.). *La Ciência del Derecho Procesal Constitucional* – Estudios en homenaje a Hector Fix-Zamudio en sus cincuenta años como investigador del derecho. México: Marcial Pons, 2008. v. VII, Procesos Constitucionales de la Libertad, p. 337-359. Texto reproduzido em *Estudos de direito processual constitucional*, obra que reuniu os trabalhos dos juristas brasileiros que participaram da publicação mexicana, com apresentação de José Afonso da Silva. São Paulo: Malheiros, 2009, p. 139-169.

[...] destina-se o mandado de segurança à proteção, apenas, de direitos públicos subjetivos, ou seja, de direitos que devam ser invocados em face do Estado ou de quem exerça funções delegadas do Poder Público. O particular, quer se trate de pessoa física, quer se trate de pessoa jurídica, salvo quando estiver na condição referida, não poderá ser sujeito passivo na ação de mandado de segurança. Podem ser impugnados, por meio do mandado de segurança, os atos do diretor de uma instituição de ensino superior privada, porque o ensino é facultado, em regime de delegação, a particulares, pelo Estado, ao qual incumbe, em primeiro plano, prestá-lo. Mas é incabível a impetração de mandado de segurança contra empresa particular, que atue no campo da iniciativa estritamente privada, qualquer que seja o seu fundamento[52].

Anteriormente, já havíamos abordado o tema em prestigiosa revista jurídica[53]. Voltamos ao assunto nesta obra dedicada aos trinta anos da Constituição de 1988, por nos parecer que ele pode descortinar uma nova perspectiva ao mandado de segurança, retomando, assim, a linha de aperfeiçoamento das medidas de proteção aos direitos fundamentais, que é, sem dúvida, uma das características daquela Carta Política.

Como notamos, de início, a Constituição da Argentina expressamente estende a proteção do amparo a ato ou omissão de particulares (art. 43, primeira parte). Na Costa Rica, a Lei de Jurisdição Constitucional (Lei 7.135, de 11.10.1989, art. 57), igualmente, contempla a pertinência desse instrumento em face de ações ou omissões de sujeitos de direito privado, não só quando atuem no exercício de funções públicas, mas também quando "se encuentren, de derecho o de hecho, en una posición de poder frente a la cual los remedios jurisdiccionales comunes resulten claramente insuficientes o tardios para garantizar los derechos fundamentales". Com uma ou outra variação, da mesma forma procedem as Constituições da Bolívia (art. 19) e do Peru (art. 20), bem como a Lei 16.011, de 07.12.1988, do Uruguai (art. 1º).

No Chile, o *recurso de protección* tem amplo espectro de cabimento, alcançando, inclusive os atos de particulares, notadamente, em relação àqueles que atentem contra a garantia de proteção do meio ambiente (Constituição, art. 20).

Na Colômbia, a Constituição prevê que a lei estabelecerá os casos em que a "ação de tutela procede contra particulares encargados de la prestación de un servicio público o cuya conducta afecte grave y directamente el interes colectivo" (art. 86, quinta parte).

---

52. Ibidem, p. 353-354.
53. MEDINA, Paulo Roberto de Gouvêa. Ação especial para tutela de direitos fundamentais em face de particulares. *Revista Trimestral de Direito Público,* São Paulo: Malheiros, n. 20, 1997, p. 125-132.

Tratando do assunto, à luz do ordenamento jurídico da Costa Rica, Rubén Hernández Valle adverte: "Hoy dia es un imperativo jurídico y social que se le reconozca eficácia a los derechos fundamentales frente a los particulares, de manera que deben existir remédios procesales idôneos, como el recurso de amparo, para tutelar y reparar esas eventuales violaciones"[54].

A extensão do mandado de segurança a atos ou omissões de particulares, em algumas hipóteses admitidas em países que adotam como instrumentos de tutela dos direitos fundamentais o amparo ou medidas assemelhadas, encontra, certamente, uma dificuldade, qual seja a de o cabimento do nosso *writ* achar-se adstrito à proteção de *direitos líquidos e certos*, cuja caracterização, como aqui recordamos, resulta da circunstância de a relação jurídica correspondente basear-se na ocorrência de fatos certos e incontestáveis, comprováveis de plano, mediante prova meramente documental, não se abrindo espaço, assim, no respectivo processo, a dilação probatória. Foi por essa razão, aliás, que se vetou a introdução, no nosso direito, de medida cujo escopo alcançaria, em parte, o aludido objetivo. Referimo-nos à *ação mandamental* que o projeto de Código do Consumidor previa em seu art. 85 e que não se manteve, em razão do veto que lhe foi oposto, na Lei 8.078, de 11.09.1990. Teria a mencionada ação por objeto atos ilegais ou abusivos de pessoas físicas ou jurídicas que lesassem *direito líquido e certo, individual, coletivo ou difuso*, como previsto naquela lei.

A despeito das limitações que o mandado de segurança impõe, tanto do ponto de vista dos pressupostos de cabimento, quanto no que concerne ao respectivo procedimento, haverá hipóteses de violações ou ameaças a direitos fundamentais, emanadas de pessoas físicas ou jurídicas de direito privado, suscetíveis de ser alcançadas pela proteção especial do *mandamus*. No âmbito das relações de trabalho, no que diz respeito à liberdade de associação ou aos direitos de sócios, na salvaguarda da igualdade racial ou na proteção contra discriminações de toda ordem, no amparo ao direito autoral ou dos direitos de imagem, para fazer valer, em geral, o direito que resulta do princípio da legalidade, segundo o qual *ninguém será obrigado a fazer ou deixar de fazer alguma coisa senão em virtude de lei* (Constituição, art. 5º, II), numa gama considerável de situações, enfim, seria admissível que a lei facultasse o uso do mandado de segurança, mesmo quando o coator for um particular.

Aponta no sentido da necessidade de uma especial proteção de determinados direitos, por meio de instrumento ágil e eficaz como o mandado de segurança, uma nova versão da *teoria brasileira do "habeas corpus"* que se esboça no âmbito do Tribunal Superior do Trabalho, presentemente.

---

54. VALLE, Rubén Hernández. *Derecho procesal constitucional*. San José, Costa Rica: Editorial Juricentro, 2001. p. 276.

Em reiteradas decisões monocráticas, o TST vem admitindo o uso do *habeas corpus* para, em última análise, liberar atletas de vínculo empregatício com os respectivos clubes, fazendo prevalecer o direito que lhes é atribuído pela chamada Lei Pelé – Lei 9.615/1998 –, no seu art. 31. Seria esse, para retomar a terminologia adotada pelo Min. Pedro Lessa, o *direito escopo*, fundado na verificação de inadimplemento salarial dos clubes, que, incorrendo em *mora contumaz*, prendem, não obstante, os referidos atletas aos seus quadros, impedindo-os de transferir-se para outras agremiações esportivas. Invocando a necessidade de uma proteção judicial urgente e eficaz, que lhes permita exercer o direito constitucional ao trabalho (Constituição, art. 5º, XIII), atletas que se veem nessa situação, não obtendo êxito imediato em pedidos de tutela antecipada nas instâncias de origem, têm impetrado *habeas corpus* em que a autoridade apontada como coatora é, em geral, o relator de medida com o mesmo objetivo, não deferida pelo respectivo Tribunal Regional do Trabalho. Em cerca de meia dúzia de decisões monocráticas, eminentes Ministros do TST já admitiram como cabível, na hipótese, o *habeas corpus*, a despeito de a Constituição vincular esse *writ* à liberdade de locomoção (Constituição, art. 5º, LXVIII) ou por entenderem que esta se acha cerceada, na medida em que os pacientes encontram-se presos ao vínculo contratual, em virtude de ato de violência ou coação ao direito de livre exercício do seu trabalho.

Podem ser referidos, a esse respeito, os seguintes *habeas corpus*:

a) HC 1000326-25.2017, relator o Min. Breno Medeiros, com decisão monocrática proferida em 1º.12.2017;

b) HC 1000332-32.2017, relator o Min. Breno Medeiros, decisão de 05.12.2017;

c) HC 1000332-32.2017, relator o Min. Romão Júnior, decisão de 05.12.2017;

d) HC 1000462-85.2018, relator o Min. Alexandre de Souza Agra Belmont, decisão de 25.06.2018;

e) HC 1000199-53.2018, relator o Min. Luiz Ramos, decisão de 02.10.2018.

Além desses, dois outros *habeas corpus* (numeração não obtida) foram objeto de decisões proferidas pela Senhora Min. Delaíde Miranda Arantes, na mesma linha das anteriores, a primeira, de 07.04.2017 e a segunda, de 11.09.2018, esta última, embora reportando-se à admissibilidade do HC, no sentido da extinção do processo, por motivo de ordem processual.[55]

Colhe-se num dos HCs citados, o HC 1000462-85.2018, relator o Senhor Min. Alexandre de Souza Agra Belmonte, o seguinte fundamento, que cumpre destacar:

---

55. O inteiro teor das referidas decisões monocráticas foi obtido pelo autor deste texto junto à Secretaria do Tribunal Superior do Trabalho.

Independentemente de providência judicial já tomada, a espera pela tramitação regular pode inviabilizar a concretização do direito fundamental ao exercício da liberdade de trabalho –

[uma vez que]

O direito de se transferir para outra entidade é líquido e certo e está indevidamente obstado por ato de autoridade.

Em razão da urgência da tutela jurisdicional e da consideração de que o direito invocado era líquido e certo, o TST, nos casos referidos, admitiu, pois, o uso do *habeas corpus* à falta de outro meio processual idôneo.

É de notar que, em nenhuma das decisões monocráticas referidas foi mencionada a antiga teoria brasileira do *habeas corpus*, mas a retomada desta, com o espírito que a animou originariamente, evidenciando-se nos fundamentos adotados pelos Ministros relatores.

Vê-se, claramente, que, se cabível fosse, no caso, o mandado de segurança seria o caminho escolhido, na medida em que poderia ser diretamente impetrado contra os clubes cerceadores do direito líquido e certo identificado, sem necessidade de recorrer ao artifício processual adotado, ao insurgirem-se os interessados, por via transversa, contra atos dos Tribunais Regionais do Trabalho, apontados (estranhamente) como responsáveis pela violência contra a liberdade de locomoção.

Cremos que tais casos põem em evidência mais um argumento em favor da extensão do mandado de segurança no sentido de conferir a proteção necessária contra atos emanados de pessoas físicas ou jurídicas de direito privado.

7. Considerações finais

A perspectiva que se abre, *de lege ferenda*, ao mandado de segurança pode representar um marco significativo na sua evolução.

Ainda que isso tão cedo não aconteça (e seria ilusório alimentar qualquer pretensão nesse sentido, a breve prazo), o certo é que o instituto, tal como concebido pela segunda Constituição republicana, vem, desde então, sendo aperfeiçoado, na doutrina e na jurisprudência.

O mais relevante avanço ocorreu em relação ao pressuposto fundamental de cabimento, o *direito líquido e certo*, cujo conceito está, hoje, delineado em termos consentâneos com a natureza dessa garantia constitucional.

Na medida em que se passou a ver o mandado de segurança como uma ação civil destinada à tutela de direitos públicos subjetivos, ganhou o instituto sua exata configuração, desapegando-se do caráter excepcional que a qualificação de remédio heroico pretendia infundir-lhe.

A ideia de que a liminar é medida ínsita no mandado de segurança, e a maior extensão que a Constituição de 1988 atribuiu ao *princípio da inafastabilidade da tutela jurisdicional*, tornando expresso que esse mandamento compreende também a *ameaça a direito*, possibilitaram ao nosso writ o oferecimento de uma proteção mais eficaz e imediata. No sentido inverso desse avanço, surgiu, no entanto, com a nova lei de regência do instituto, a possibilidade de exigir-se caução, fiança ou depósito, para o deferimento da liminar, o que contraria a índole do mandado de segurança.

A instituição, no texto da mesma Carta Política, do *mandado de segurança coletivo*, ampliou a dimensão do instituto, embora a nova lei de regência do writ contenha disposição suscetível de crítica, no que diz respeito aos efeitos da coisa julgada em relação a beneficiários que já demandem individualmente.

Outro ponto em que, na vigência dos Códigos de Processo Civil de 1939 e de 1973, o mandado de segurança alcançou progresso, num movimento de avanço (admissibilidade plena, como instrumento de impugnação direta, ante a ocorrência de lesão grave ao direito da parte impetrante) e recuo (admissibilidade restrita, no sentido apenas de atribuir efeito suspensivo ao recurso cabível para tanto), foi o do seu cabimento como meio de impugnação de decisões judiciais. Todavia, desde a alteração introduzida no CPC/1973 (art. 527, III) pela Lei 10.352/2001, possibilitando a atribuição de efeito suspensivo ao agravo de instrumento ou o deferimento, em sede recursal, de antecipação de tutela, pelo relator – faculdade mantida pelo CPC/2015, art. 1.019, I –, o interesse no uso do mandado de segurança para esse fim reduziu-se bastante.

O que, de qualquer sorte, impõe-se é uma interpretação do instituto, com relação aos seus vários aspectos, fiel à regra básica da hermenêutica constitucional, qual seja a que decorre do *princípio da máxima efetividade*, suficiente, por si só, para indicar a amplitude que se deve conferir ao mandado de segurança. Isso implica, da parte do jurista e do juiz, uma atitude digna do sentido histórico do mandado de segurança, tão bem traduzido por Niceto Alcalá-Zamora y Castillo, ao lembrar que se trata "de un tema ciento por ciento brasileño, acaso, entre los de índole jurídica, el más brasileño de todos"[56].

---

56. CASTILLO, Niceto Alcalá-Zamora y. El Mandado de Seguridad brasileño visto por un extranjero. *Estúdios de Teoria General e Historia del Proceso*. México: Universidad Nacional Autônoma de México, 1974. t. II, p. 637-638.

TUTELA DOS DIREITOS FUNDAMENTAIS

46
DIREITOS FUNDAMENTAIS SOCIAIS, MÍNIMO EXISTENCIAL E DECISÕES ESTRUTURANTES NA JURISDIÇÃO CONSTITUCIONAL

INGO WOLFGANG SARLET

Doutor e Pós-Doutor em Direito pela Universidade de Munique (Ludwig-Maximilians-Universität-München). Professor Titular da Faculdade de Direito e dos Programas de Mestrado e Doutorado em Direito e em Ciências Criminais da PUC-RS. Professor da Escola Superior da Magistratura do Rio Grande do Sul (AJURIS). Desembargador do TJRS.

SUMÁRIO: 1 – Introdução; 2 – O assim chamado mínimo existencial como direito fundamental – origens e conteúdo; 3 – O direito ao mínimo existencial e sua concretização no âmbito da jurisdição constitucional mediante o recurso a decisões do tipo estruturante; 4 – Considerações finais.

1. Introdução

O assim chamado direito a um mínimo existencial para uma vida digna tem sido presença constante no debate acadêmico e jurisdicional brasileiro, especialmente na sua articulação com os direitos fundamentais sociais. Todavia, é precisamente na esfera dos direitos fundamentais sociais (doravante chamados de direitos sociais) que se percebe, à vista dos desenvolvimentos na esfera doutrinária e jurisprudencial, o quanto o recurso à noção de um mínimo existencial, designadamente de um direito fundamental à sua proteção e promoção, tem sido realmente produtiva, mas também apresenta aspectos dignos de maior reflexão quanto à sua correta compreensão e manejo.

Isso assume particular relevância quando se cuida de invocar o mínimo existencial como critério para balizar uma ponderação no contexto das decisões que envolvem o reconhecimento – ou não! – de um direito subjetivo a prestações sociais, dadas as colisões e tensões com outros direitos fundamentais ou outros princípios e regras de matriz constitucional e legal, mas também – e em especial – em face dos limites fáticos postos pelo problema da escassez de recursos.

Assim, muito embora se esteja a revisitar o tema, aproveitando parte de escritos anteriores, o presente texto carrega consigo uma dimensão nova e que vai além do que já escrevemos. Com efeito, além de uma atualização bibliográfica e jurisprudencial, o que se pretende aqui é situar o tema no contexto do debate que há algum tempo se trava na doutrina brasileira em torno das assim chamadas decisões estruturantes (ou medidas estruturantes),[1] com atenção particular para a atuação do Supremo Tribunal Federal (STF), sem prejuízo de uma ótica comparativa, recorrendo a exemplos extraídos da prática decisória do Tribunal Constitucional Federal da Alemanha (TCF), bem como do Tribunal Constitucional da Colômbia (TCC).

Para tanto, não se intenta inventariar de modo exaustivo a jurisprudência dos Tribunais referidos, mas sim, à luz de alguns exemplos representativos, extraídos do respectivo repertório decisório, examinar se e em que medida também o modo pelo qual o direito ao mínimo existencial é compreendido e aplicado, especialmente no que diz com sua relação com o princípio da dignidade da pessoa humana e os direitos fundamentais sociais, é compatível com a técnica das decisões do tipo estruturante e até que ponto tal técnica decisória pode efetivamente contribuir para aperfeiçoar o papel do Poder Judiciário na realização dos direitos sociais e ao mesmo tempo contornar algumas das principais objeções esgrimidas nesse domínio.

De todo modo, não se pretende aqui discorrer sobre a noção de decisões estruturantes em si (explorando seus aspectos conceituais, origens etc.[2]), mas sim, verificar se – mediante a análise de decisões dos Tribunais referidos e de modo articulado com a doutrina sobre o tema – existem distorções relevantes no modo de compreensão e aplicação da noção de mínimo existencial e que possam, ou não, implicar críticas de ordem metodológica ou mesmo substancial, eventualmente ensejando até mesmo a objeção de uma intervenção inadequada ou mesmo excessiva (desproporcional) do Poder Judiciário na esfera legislativa ou administrativa. Além disso, como já enunciado, é o caso de averiguar e avaliar o possível papel (e seus limites) das decisões estruturantes da Justiça Constitucional no domínio dos direitos sociais e do mínimo existencial, sem renunciar a algumas notas de caráter crítico.

2. O assim chamado mínimo existencial como direito fundamental – origens e conteúdo

A atual noção de um direito fundamental ao mínimo existencial, ou seja, de um direito a um conjunto de prestações estatais que assegure a cada um (a cada

---

1. Sobre o tema, na literatura brasileira, imprescindível a leitura da obra de JOBIM, Marco Félix. *Medidas estruturantes*. Da Suprema Corte Estadunidense ao Supremo Tribunal Federal. Porto Alegre: Livraria Editora do Advogado, 2013. No que diz com a terminologia, contudo, em se tratando de atos do Poder Judiciário, preferimos adotar a expressão decisões estruturantes.
2. Para tanto remetemos ao texto de Marco Jobim referido na nota de rodapé anterior.

pessoa) uma vida condigna, arranca da ideia de que qualquer pessoa necessitada que não tenha condições de, por si só ou com o auxílio de sua família prover o seu sustento, tem direito ao auxílio por parte do Estado e da sociedade, de modo que o mínimo existencial, nessa perspectiva, guarda alguma relação (mas não se confunde integralmente) com a noção de caridade e do combate à pobreza, central para a doutrina social (ou questão social) que passou a se afirmar já ao longo do Século XIX,[3] muito embora a assistência aos desamparados tenha constado na agenda da Igreja e de algumas políticas oficiais já há bem mais tempo.[4] Convém recordar, ainda, que já na fase inaugural do constitucionalismo moderno, com destaque para a experiência francesa revolucionária, assumiu certa relevância a discussão em torno do reconhecimento de um direito à subsistência, chegando mesmo a se falar em "direitos do homem pobre", na busca do rompimento com uma tradição marcada pela ideia de caridade, que ainda caracterizava os modos dominantes de intervenção social em matéria de pobreza, debate que acabou resultando na inserção, no texto da Constituição Francesa de 1793, de um direito dos necessitados aos socorros públicos, ainda que tal previsão tenha tido um caráter eminentemente simbólico.[5]

De qualquer sorte, independentemente de como a noção de um direito à subsistência e/ou de um correspondente dever do Estado (já que nem sempre se reconheceu um direito subjetivo (exigível pela via judicial) do cidadão em face do Estado) evoluiu ao longo do tempo, tendo sido diversas as experiências em diferentes lugares, o fato é que cada vez mais se firmou o entendimento – inclusive em Estados constitucionais de forte coloração liberal – de que a pobreza e a exclusão social são assuntos de algum modo afetos ao Estado, ainda que por razões nem sempre compartilhadas por todos e em todos os lugares, visto que mesmo no plano da fundamentação filosófica, ou seja, da sua sinergia com alguma teoria de Justiça, são diversas as alternativas que se apresentam.[6] Mesmo na esfera terminológica

---

3. Cf., por todos, ARNAULD, Andreas von. "Das Existenzminimum". In: ARNAULD, Andreas von; MUSIL, Andreas (Ed.). *Strukturfragen des Sozialverfassungsrechts*. Tübingen: Mohr Siebeck, 2009. p. 253 e ss., apontando para o fato de que na Legislação da Prússia, em 1794, já havia a previsão da obrigação do Estado em cuidar da alimentação e atenção daqueles cidadãos que não conseguiam prover o seu próprio sustento ou mesmo por meio de outros particulares, com base em disposições legais especiais.
4. V. também TORRES, Ricardo Lobo. *O direito ao mínimo existencial*. Rio de Janeiro: Renovar, 2008. p. 3 e ss., e, por último, no âmbito da literatura brasileira dedicada especialmente ao tema, BITENCOURT NETO, Eurico. *O direito ao mínimo para uma existência condigna*. Porto Alegre: Livraria do Advogado, 2010. p. 23 e ss.
5. Sobre este debate, v., por todos, HERRERA, Carlos Miguel. *Les Droits Sociaux*. Paris: PUF, 2009. p. 39 e ss.
6. Cf., por exemplo, as teorizações de John Rawls e Michael Walzer colacionadas e comentadas por BARCELLOS, Ana Paula de. *A eficácia jurídica dos princípios constitucionais*.

nem sempre se verifica coincidência, pois ao passo que alguns (como também prevalece no Brasil) preferem utilizar a expressão mínimo existencial, outros falam em mínimos sociais, ou mesmo em um mínimo de subsistência ou um mínimo vital, embora nem sempre tais expressões sejam utilizadas como sinônimas, visto que podem estar associadas a conteúdos mais ou menos distintos, a despeito de alguns elementos em comum, como é o caso, em especial, o reconhecimento de um direito a prestações materiais por parte do Estado.

Sem prejuízo de sua previsão (ainda que com outro rótulo) no plano do direito internacional dos direitos humanos, como é o caso do artigo XXV da Declaração da ONU, de 1948, que atribui a todas as pessoas um direito a um nível de vida suficiente para assegurar a sua saúde, o seu bem-estar e o de sua família, a associação direta e explícita do assim chamado mínimo existencial com a dignidade da pessoa humana encontrou sua primeira afirmação textual, no plano, constitucional, na Constituição da República de Weimar, Alemanha, em 1919, cujo art. 151 dispunha que a vida econômica deve corresponder aos ditames da Justiça e tem como objetivo assegurar a todos uma existência com dignidade, noção que foi incorporada à tradição constitucional brasileira desde 1934, igualmente no âmbito da ordem econômica e/ou social, de tal sorte que o art. 170 da CF dispõe que "a ordem econômica, fundada na valorização do trabalho humano e na livre iniciativa, tem por fim assegurar a todos existência digna, conforme os ditames da justiça social [...]". É preciso lembrar, contudo, que na condição de finalidade ou tarefa cometida ao Estado no âmbito dos princípios objetivos da ordem social e econômica, o mínimo existencial, ou seja, o dever de assegurar a todos uma vida com dignidade, não implicava necessariamente (aliás, como não implica ainda hoje a depender do caso), salvo na medida da legislação infraconstitucional (especialmente no campo da assistência social e da garantia de um salário mínimo, entre outras formas de manifestação), uma posição subjetiva imediatamente exigível pelo indivíduo. A elevação do mínimo existencial à condição de direito fundamental e sua articulação mais forte com a própria dignidade da pessoa humana e outros direitos fundamentais, teve sua primeira importante elaboração dogmática na Alemanha, onde, de resto, obteve também um relativamente precoce reconhecimento jurisprudencial, do qual se dará notícia na sequência.

Rio de Janeiro: Renovar, 2002. p. 123 e ss. A respeito das diversas fundamentações de um direito ao mínimo existencial, v., por último, na doutrina brasileira, TORRES, Ricardo Lobo. *O direito ao mínimo existencial* cit., p. 13-34 e 54-81. Por último, explorando o tema nessa perspectiva, v. WEBER, Thadeu. Ética e filosofia do direito. Autonomia e dignidade da pessoa humana. Petrópolis: Vozes, 2013. especialmente p. 205, a partir do pensamento de John Rawls.

Com efeito, a despeito de não existirem, em regra, direitos sociais típicos, notadamente de cunho prestacional, expressamente positivados na Lei Fundamental da Alemanha (1949) – excepcionando-se a previsão da proteção da maternidade e dos filhos, bem como a imposição de uma atuação positiva do Estado no campo da compensação de desigualdades fáticas no que diz com a discriminação das mulheres e dos portadores de necessidades especiais (direitos e deveres que para muitos não são considerados propriamente direitos sociais) – a discussão em torno da garantia do mínimo indispensável para uma existência digna ocupou posição destacada não apenas nos trabalhos preparatórios no âmbito do processo constituinte, mas também após a entrada em vigor da Lei Fundamental de 1949, onde foi desenvolvida pela doutrina, mas também no âmbito da práxis legislativa, administrativa e jurisprudencial.

Na doutrina do Segundo Pós-Guerra, um dos primeiros a sustentar a possibilidade do reconhecimento de um direito subjetivo à garantia positiva dos recursos mínimos para uma existência digna foi o publicista Otto Bachof, que, já no início da década de 1950, considerou que o princípio da dignidade da pessoa humana (art. 1º, inc. I, da Lei Fundamental da Alemanha, na sequência referida como LF) não reclama apenas a garantia da liberdade, mas também um mínimo de segurança social, já que, sem os recursos materiais para uma existência digna, a própria dignidade da pessoa humana ficaria sacrificada. Por esta razão, o direito à vida e integridade corporal (art. 2º, inc. II, da LF) não pode ser concebido meramente como proibição de destruição da existência, isto é, como direito de defesa, impondo, ao revés, também uma postura ativa no sentido de garantir a vida.[7] Cerca de um ano depois da paradigmática formulação de Bachof, o Tribunal Federal Administrativo da Alemanha (*Bundesverwaltungsgericht*), já no primeiro ano de sua existência, reconheceu um direito subjetivo do indivíduo carente a auxílio material por parte do Estado, argumentando, igualmente com base no postulado da dignidade da pessoa humana, direito geral de liberdade e direito à vida, que o indivíduo, na qualidade de pessoa autônoma e responsável, deve ser reconhecido como titular de direitos e obrigações, o que implica principalmente a manutenção de suas condições de existência.[8] Ressalte-se que apenas alguns anos depois o legislador acabou regulamentando – em nível infraconstitucional – um direito a prestações no âmbito da assistência social (art. 4º, inc. I, da Lei Federal sobre Assistência Social [*Bundessozialhilfegesetz*]).

Por fim, transcorridas cerca de duas décadas da referida decisão do Tribunal Administrativo Federal, também o Tribunal Constitucional Federal acabou por

---

7. Cf. BACHOF, Otto. "Begriff und Wesen des sozialen Rechtsstaates". *Veröffentlichungen der Vereinigung der deutschen Staatsrechtslehrer*, n. 12, 1954, p. 42-43.
8. Cf. BVerwGE (Coletânea oficial das decisões do Tribunal Administrativo Federal) n. 1, p. 159 (161 e ss.), decisão proferida em 24.06.1954.

consagrar o reconhecimento de um direito fundamental à garantia das condições mínimas para uma existência digna. Da argumentação desenvolvida nesta primeira decisão, extrai-se o seguinte trecho:

> certamente a assistência aos necessitados integra as obrigações essenciais de um Estado Social. [...] Isto inclui, necessariamente, a assistência social aos concidadãos, que, em virtude de sua precária condição física e mental, encontram-se limitados na sua vida social, não apresentando condições de prover a sua própria subsistência. A comunidade estatal deve assegurar-lhes pelo menos as condições mínimas para uma existência digna e envidar os esforços necessários para integrar estas pessoas na comunidade, fomentando seu acompanhamento e apoio na família ou por terceiros, bem como criando as indispensáveis instituições assistenciais.[9]

Em que pesem algumas modificações no que tange à fundamentação, bem quanto ao objeto da demanda, tal decisão veio a ser chancelada, em sua essência, em outros arestos da Corte Constitucional alemã, resultando no reconhecimento definitivo do *status* constitucional da garantia estatal do mínimo existencial.[10] Além disso, a doutrina alemã entende que a garantia das condições mínimas para uma existência digna integra o conteúdo essencial do princípio do Estado Social de Direito, constituindo uma de suas principais tarefas e obrigações.[11] Nessa

---

9. Cf. tradução livre de trecho extraído da decisão publicada em *BVerfGE* (Coletânea oficial das decisões do Tribunal Constitucional Federal) n. 40, p. 121 (133).
10. Para tanto, v. *BVerfGE* n. 78, p. 104, reiterada em *BVerfGE* n. 82, p. 60 e n. 87, p. 53. Ressalte-se que nas duas últimas decisões, tratou-se da problemática da justiça tributária, reconhecendo-se para o indivíduo e sua família a garantia de que a tributação não poderia incidir sobre os valores mínimos indispensáveis a uma existência digna. Cuidou-se, contudo, não propriamente de um direito a prestações, mas, sim, de limitar a ingerência estatal na esfera existencial, ressaltando-se aqui também uma dimensão defensiva do direito fundamental ao mínimo para uma existência digna. Note-se que o princípio da dignidade humana passa, sob este aspecto, a constituir limite material ao poder de tributar do Estado (sobre tal perspectiva, v., por todos, ÁVILA, Humberto. *Sistema constitucional tributário*. 3. ed. São Paulo: Saraiva, 2008. p. 498 e ss.). No âmbito da jurisprudência mais recente do Tribunal Constitucional da Alemanha destaca-se especialmente a decisão proferida em 09.02.2010, que teve por objeto o exame da constitucionalidade de alentada reforma da legislação social, a polêmica Reforma Hartz-IV, com destaque para os valores pagos a título de seguro-desemprego, igualmente afirmando o dever do Estado com a garantia do mínimo existencial e reconhecendo um direito subjetivo individual e indisponível correspondente. Para maiores detalhes, v. entre outros, as anotações ao julgamento de RIXEN, Stephan. Grundsicherung für Arbeitsuchende: Grundrecht auf Existenzminimum. *Sozialgerichtsbarkeit*, n. 04, 2010, p. 240 e ss.
11. Nesse sentido, v. por todos, ZACHER, Hans-Friedrich. "Das soziale Staatsziel". In: ISENSEE-KIRCHHOF (Org.). *Handbuch des Staatsrechts der Bundesrepublik Deutschland (HBStR)*. Heidelberg, CF Muller, 1987. v. I, p. 1062 e ss.

perspectiva, o que se afirma é que o indivíduo deve poder levar uma vida que corresponda às exigências do princípio da dignidade da pessoa humana, razão pela qual o direito à assistência social – considerado, pelo menos na Alemanha, a principal manifestação da garantia do mínimo existencial – alcança o caráter de uma ajuda para a autoajuda (*Hilfe zur Selbsthilfe*), não tendo por objeto o estabelecimento da dignidade em si mesma, mas a sua proteção e promoção.[12]

Desenvolvendo os aspectos já referidos, a doutrina (mas também a jurisprudência) constitucional da Alemanha passou a sustentar que – e, em princípio, as opiniões convergem neste sentido – a dignidade propriamente dita não é passível de quantificação, mas sim as necessidades individuais que lhe são correlatas e que devem ser satisfeitas mediante prestações que são quantificáveis.[13] Por outro lado, a necessária fixação, portanto, do valor da prestação assistencial destinada à garantia das condições existenciais mínimas, em que pese sua viabilidade, é, além de condicionada espacial e temporalmente, dependente também do padrão socioeconômico vigente.[14] Não se pode, outrossim, negligenciar a circunstância de que o valor necessário para a garantia das condições mínimas de existência evidentemente estará sujeito a câmbios, não apenas no que diz com a esfera econômica e financeira, mas também no concernente às expectativas e necessidades do momento.[15]

De qualquer modo, tem-se como certo que da vinculação com a dignidade da pessoa humana resulta que a garantia efetiva de uma existência digna (vida com dignidade) abrange mais do que a garantia da mera sobrevivência física (que cobre o assim chamado mínimo vital e guarda relação direta com o direito à vida), situando-se, de resto, além do limite da pobreza absoluta. Sustenta-se, nesse senti-

---

12. Esta a oportuna formulação de NEUMANN, Volker, "Menschenwürde und Existenzminimum". *Neue Zeitschrift für Verwaltungsrecht*, 1995, p. 425. Entre nós, trilhando perspectiva similar, excluindo a ideia de caridade e destacando que "o direito a um mínimo existencial corresponde ao direito à subsistência de que nos fala Pontes de Miranda", v. LEDUR, José Felipe. *Direitos fundamentais sociais, efetivação no âmbito da democracia participativa*. Porto Alegre: Livraria do Advogado, 2009. p. 109 e ss.
13. Cf. novamente e por todos, NEUMANN, Volker. "Menschenwürde und Existenzminimum" cit., p. 428-429.
14. Cf. STARCK, Christian. "Staatliche Organisation und Staatliche Finanzierung als Hilfen zur Grundrechtsverwirklichungen?". In: STARCK, Christian (Org). *Bundesverfassungsgericht und Grundgesetz, Festgabe aus Anla des 25 jëhrigen Bestehens des Bundesverfassungsrerichts, (BVerfG und GG II)*, Tübingen: J. C. Mohr (Paul Siebeck), 1976. v. II, p. 522, bem como, dentre tantos, NEUMANN, Volker. "Menschenwürde und Existenzminimum" cit., p. 428.
15. Nesse sentido, BREUER, Rüdiger. "Grundrechte als Anspruchsnormen". *Verwaltungsrecht zwischen Freiheit, Teilhabe und Bindung, Festgabe aus Anlass des 25 jährigen Bestehens des Bundesverwaltungsgerichts (FS für das BVerwG)*. München: CH Beck, 1978. p. 97.

do, que se uma vida sem alternativas não corresponde às exigências da dignidade humana, a vida humana não pode ser reduzida à mera existência.[16] Registre-se, neste contexto, a lição de Heinrich Scholler, para quem a dignidade da pessoa humana apenas estará assegurada "quando for possível uma existência que permita a plena fruição dos direitos fundamentais, de modo especial, quando seja possível o pleno desenvolvimento da personalidade".[17] Tal linha de fundamentação, em termos gerais, tem sido privilegiada também no direito constitucional brasileiro, ressalvada especialmente alguma controvérsia em termos de uma fundamentação liberal ou social do mínimo existencial e em relação a problemas que envolvem a determinação do seu conteúdo, já que, não se há de olvidar, da fundamentação diversa do mínimo existencial podem resultar consequências jurídicas distintas, em que pese uma possível convergência no que diz com uma série de aspectos.[18]

Ainda no contexto do debate jurídico-constitucional alemão, é possível constatar a existência (embora não uníssona na esfera doutrinária) de uma distinção importante no concernente ao conteúdo e alcance do próprio mínimo existencial, que tem sido desdobrado num assim designado mínimo fisiológico, que busca assegurar as necessidades de caráter existencial básico e que, de certo modo, representa o conteúdo essencial da garantia do mínimo existencial, e um assim

---

16. Cf., por todos, NEUMANN, Volker. "Menschenwürde und Existenzminimum" cit., p. 428 e ss.
17. Cf. SCHOLLER, Heinrich. "Die Störung des Urlaubsgenusses eines 'empfindsamen Menschen' durch einen Behinderten". *Juristenzeitung*, 1980, p. 676 ("wo ein Dasein möglich ist, welches sich grundrechtlich entfalten kann, insbesondere wo die Möglichkeit der Persönlichkeitsentfaltung besteht").
18. Para além das referidas contribuições de Ricardo Lobo Torres, Ana Paula de Barcellos e Eurico Bitencourt Neto (v. notas de rodapé n. 3 e 5, *supra*), v. SCAFF, Fernando F. Reserva do possível, mínimo existencial e direitos humanos, *Revista Interesse Público*, v. 32, 2005, p. 213 e ss., (aderindo ao conceito e fundamento proposto por Ricardo Lobo Torres), bem como, LEAL, Rogério Gesta. *Condições e possibilidades eficaciais dos direitos fundamentais sociais*. Porto Alegre: Livraria do Advogado, 2009. p. 72 e ss., e CORDEIRO, Karine da Silva. *Direitos fundamentais sociais*. Dignidade da pessoa humana e mínimo existencial – O papel do Poder Judiciário. Porto Alegre: Livraria do Advogado, 2012. p. 97 e ss. Associando o conceito e o conteúdo do direito ao mínimo existencial a uma teoria das necessidades básicas, mas afinada – em adesão à tradição alemã referida – com uma noção mais alargada e compatível com um mínimo existencial que, além da existência física, abarca uma dimensão sociocultural, v., no direito brasileiro, LEIVAS, Paulo Gilberto Cogo. *Teoria dos direitos fundamentais sociais*. Porto Alegre: Livraria do Advogado, 2006. especialmente p. 123 e ss. Em sentido similar, v., por último, LEAL, Mônia Clarissa Hennig; BOLESINA, Iuri. Mínimo existencial versus mínimo vital: uma análise dos limites e possibilidades de atuação do Poder Judiciário na sua garantia e no controle jurisdicional das políticas públicas. In: ALEXY, Robert; BAEZ, Narciso Leandro Xavier; SANDKÜHLER, Hans Jörg; HAHN, Paulo (Org.). *Níveis de efetivação dos direitos fundamentais sociais*: um dilema Brasil e Alemanha. Joaçaba: Editora UNOESC, 2013. p. 543 e ss.

designado mínimo existencial sociocultural, que, para além da proteção básica já referida, objetiva assegurar ao indivíduo um mínimo de inserção – em termos de tendencial igualdade – na vida social, política e cultural.[19] É nessa perspectiva que, no âmbito de sua justificação jurídico-constitucional – há quem diga que enquanto o conteúdo essencial do mínimo existencial encontra-se diretamente fundado no direito à vida e na dignidade da pessoa humana (abrangendo, por exemplo, prestações básicas em termos de alimentação, vestuário, abrigo, saúde ou os meios indispensáveis para a sua satisfação), o assim designado mínimo sociocultural encontra-se fundado no princípio do Estado Social e no princípio da igualdade no que diz com o seu conteúdo material.[20]

Do exposto, em especial com base na síntese da experiência alemã, que, à evidência, em ternos de repercussão sobre o direito comparado, certamente é a mais relevante na perspectiva da dogmática jurídico-constitucional de um direito ao mínimo existencial, resultam já pelo menos duas constatações de relevo e que acabaram por influenciar significativamente os desenvolvimentos subsequentes.

A primeira, diz com o próprio conteúdo do assim designado mínimo existencial, que não pode ser confundido com o que se tem chamado de mínimo vital ou um mínimo de sobrevivência, de vez que este último diz com a garantia da vida humana, sem necessariamente abranger as condições para uma sobrevivência física em condições dignas, portanto, de uma vida com certa qualidade.[21] Não deixar alguém sucumbir por falta de alimentação, abrigo ou prestações básicas de saúde certamente é o primeiro passo em termos da garantia de um mínimo existencial, mas não é – e muitas vezes não o é sequer de longe – o suficiente. Tal interpretação do conteúdo do mínimo existencial (conjunto de garantias materiais para uma vida condigna) é a que tem prevalecido não apenas na Alemanha, mas também na doutrina brasileira, assim como na jurisprudência constitucional comparada, notadamente no plano europeu, como dá, conta, em caráter ilustrativo, a recente contribuição do Tribunal Constitucional de Portugal na matéria, ao reconhecer tanto um direito negativo quanto um direito positivo a um mínimo de sobrevivência condigna, como algo que o Estado não apenas não pode subtrair ao indivíduo, mas também como algo que o Estado deve positivamente assegurar, mediante prestações de natureza material.[22]

---

19. Nesse sentido, v., em caráter ilustrativo, SORIA, José Martínez. "Das Recht auf Sicherung des Existenzminimums". *Juristenzeitung*, n. 13, 2005, especialmente p. 647-648.
20. Cf., também, SORIA, José Martínez. "Das Recht auf Sicherung des Existenzminimums" cit., p. 647-48.
21. Esta a posição que sempre temos sustentado e que corresponde à concepção amplamente dominante na doutrina brasileira, reportando-me aqui, entre outros, aos autores e contribuições citados na nota 17, supra.
22. Cf. a decisão proferida no Acórdão 509 de 2002 (versando sobre o rendimento social de inserção), bem como os comentários tecidos por VIEIRA DE ANDRADE, José Carlos.

Em que pese certa convergência no que diz com uma fundamentação jurídico-constitucional a partir do direito à vida e do princípio da dignidade da pessoa humana, e tomando como exemplo o problema do conteúdo das prestações vinculadas ao mínimo existencial, verifica-se que a doutrina e a jurisprudência alemã partem – de um modo mais cauteloso – da premissa de que existem diversas maneiras de realizar esta obrigação, incumbindo ao legislador a função de dispor sobre a forma da prestação, seu montante, as condições para sua fruição etc., podendo os tribunais decidir sobre este padrão existencial mínimo, nos casos de omissão ou desvio de finalidade por parte dos órgãos legiferantes.[23] Relevante, todavia, é a constatação de que a liberdade de conformação do legislador encontra seu limite no momento em que o padrão mínimo para assegurar as condições materiais indispensáveis a uma existência digna não for respeitado, isto é, quando o legislador se mantiver aquém desta fronteira.[24] Tal orientação, de resto, é que aparentemente tem prevalecido na doutrina e jurisprudência supranacional e nacional (constitucional) Europeia,[25] e, de algum modo, parece ter sido assumida como substancialmente correta também por expressiva doutrina e jurisprudência sul-americana, como dão conta importantes contribuições oriundas da Argentina[26]

Os direitos fundamentais na Constituição Portuguesa de 1976. 3. ed. Coimbra: Almedina, 2004. p. 403 e ss., MEDEIROS, Rui. Anotações ao art. 63 da Constituição da República Portuguesa. In: MIRANDA, Jorge; MEDEIROS, Rui. Constituição Portuguesa anotada. Coimbra: Coimbra Editora, 2005. t. I, p. 639-640.

23. Esta a posição de BREUER, Rüdiger. Op. cit., p. 97, assim como, mais recentemente, MOREIRA, Isabel. A solução dos direitos, liberdades e garantias e dos direitos econômicos, sociais e culturais. Coimbra: Almedina, 2007. p. 143 e ss. Também o Tribunal Federal Constitucional atribui ao legislador a competência precípua de dispor sobre o conteúdo da prestação. Neste sentido, v. BVerfGE 40, 121 (133) e 87, 153 (170-1). Por último, v., no mesmo sentido, a decisão de 09.02.2010.
24. Cf. o já referido leading case do Tribunal Constitucional Federal (BVerfGE 40, 121 [133]).
25. Ainda que não se trate do reconhecimento de um direito a prestações propriamente dito, o Tribunal Constitucional Espanhol, na Sentença 113/1989, entendeu que "Es incompatible con la dignidad de la persona el que la efectividad de los derechos patrimoniales se leve al extremo de sacrificar el mínimo vital del deudor, privándole de los medios indispensables para la realización de sus fines personales. Se justifica así, junto a otras consideraciones, la inembargabilidad de bienes y derechos como límite del derecho a la ejecución de las sentencias firmes" (LLORENTE, Francisco Rubio (Org.). Derechos fundamentales y principios constitucionales (doctrina jurisprudencial). Barcelona: Ed. Ariel, 1995. p. 73). Já admitindo um direito às prestações vinculadas ao mínimo existencial, v. a já citada decisão do Tribunal Constitucional de Portugal, na esteira de jurisprudência anterior, ainda que em princípio tímida e partindo da primazia da concretização pelos órgãos legiferantes.
26. V. especialmente COURTIS, Christian; ABRAMOVICH, Victor. Los derechos sociales como derechos exigibles. Madrid: Trotta, 2003, apresentando e comentando um expressivo

e da Colômbia.²⁷ Para o caso brasileiro, basta, por ora, lembrar o crescente número de publicações e de decisões jurisdicionais sobre o tema. No plano judicial, o destaque, dado o enfoque do presente texto, fica com o STF, que tem produzido muitas decisões aplicando a noção de um mínimo existencial a vários tipos de situações envolvendo diversos direitos fundamentais.²⁸

É preciso frisar, por outro lado, que, também no que diz com o conteúdo do assim designado mínimo existencial existe uma gama variada de posicionamentos no que diz respeito com as possibilidades e limites da atuação do Poder Judiciário nesta seara, de tal sorte que tal temática aqui não será especificamente examinada. De outra parte, mesmo que não se possa adentrar em detalhes, firma-se posição no sentido de que o objeto e conteúdo do mínimo existencial, compreendido também como direito e garantia fundamental, haverá de guardar sintonia com uma compreensão constitucionalmente adequada do direito à vida e da dignidade da pessoa humana como princípio constitucional fundamental. Nesse sentido, remete-se à noção de que a dignidade da pessoa humana somente estará assegurada – em termos de condições básicas a serem garantidas pelo Estado e pela sociedade – onde a todos e a qualquer um estiver assegurada nem mais nem menos do que uma vida saudável.²⁹ Assim, a despeito de se endossar uma fundamentação do mínimo existencial no direito à vida e na dignidade da pessoa humana, há que encarar com certa reserva (pelo menos nos termos em que foi formulada) a

---

elenco de casos envolvendo os direitos sociais e o mínimo existencial não limitado à experiência da Argentina.

27. Inventariando e comentando a jurisprudência constitucional da Colômbia, v. ARANGO, Rodolfo; LEMAITRE, Julieta (Dir.). *Jurisprudência constitucional sobre el derecho al mínimo vital*. Bogotá: Ediciones Uniandes, 2002. Estudos Ocasionales CIJUS.

28. V. aqui, entre outras (portanto, em caráter meramente ilustrativo) a decisão relatada pelo Ministro Celso de Mello (Agravo Regimental no RE 271.286-8/RS, publicada no *DJU* em 24.11.2000), onde restou consignado – igualmente em hipótese que versava sobre o fornecimento de medicamentos pelo Estado (no caso, paciente portador de HIV) que a saúde é direito público subjetivo não podendo ser reduzido à "promessa constitucional inconsequente". Entre muitos outros julgados que poderiam ser colacionados, v. a paradigmática decisão monocrática do STF proferida na ADPF 45, igualmente da lavra do Min. Celso de Mello, afirmando – embora não tenha havido julgamento do mérito – a dimensão política da jurisdição constitucional e a possibilidade de controle judicial de políticas públicas quando se cuidar especialmente da implementação da garantia do mínimo existencial. Mais recentemente, v. a STA 241/RJ, rel. Min. Gilmar Mendes, julgada em 10.10.2008 (direito à educação, sufragada por decisões posteriores) e STA 175/CE, rel. Min. Gilmar Mendes, julgada em 17.03.2010 (direito à saúde), bem como, por último, pela sua relevância, as decisões sobre o benefício de assistência social (LOAS), julgadas em 18.04.2013 (RE 567.985/MT, rel. Min. Marco Aurélio, rel. p/ acórdão Min. Gilmar Mendes) e em 18.04.2013 (Reclamação 4.374/PE, rel. Min. Gilmar Mendes).

29. Cfr. SARLET, Ingo Wolfgang, *Dignidade da pessoa humana*... cit., p. 59-60.

distinção acima referida entre um mínimo existencial fisiológico e um mínimo sociocultural, notadamente pelo fato de que uma eventual limitação do núcleo essencial do direito ao mínimo existencial a um mínimo fisiológico, no sentido de uma garantia apenas das condições materiais mínimas que impedem seja colocada em risco a própria sobrevivência do indivíduo, poderá servir de pretexto para a redução do mínimo existencial precisamente a um mínimo meramente "vital" (de garantia da mera sobrevivência física), embora não se possa negar a possível relevância da distinção quando se trata de assegurar – com alguma racionalidade e capacidade de universalização – esferas de proteção do mínimo existencial, tal qual ocorre com outros direitos fundamentais.

De outra parte, até mesmo a diferença entre o conteúdo do direito à vida e da dignidade da pessoa humana, que, a despeito dos importantes pontos de contato, não se confundem,[30] poderá vir a ser negligenciada. Convém destacar, ainda nesta quadra, que a dignidade implica uma dimensão sociocultural e que é igualmente considerada como carente de respeito e promoção pelos órgãos estatais,[31] razão pela qual, prestações básicas em matéria de direitos e deveres culturais (notadamente no caso da educação fundamental e destinada a assegurar uma efetiva possibilidade de integração social, econômica, cultural e política ao indivíduo), mas também o acesso a alguma forma de lazer, estariam sempre incluídas no mínimo existencial, o que também corresponde, em termos gerais, ao entendimento consolidado na esfera da doutrina brasileira sobre o tema, tal como já sinalizado.

Dito isso, o que importa, nesta quadra, é a percepção – consagrada na evolução jurídico-constitucional alemã e em diversos outros lugares – de que o direito a um mínimo existencial independe de expressa previsão no texto constitucional para poder ser reconhecido, visto que decorrente já da proteção da vida e da dignidade da pessoa humana. No caso do Brasil, onde também não houve uma previsão constitucional expressa consagrando um direito geral à garantia do mínimo existencial, os próprios direitos sociais específicos (como a assistência social, a saúde, a moradia, a previdência social, o salário mínimo dos trabalhadores, entre outros) acabaram por abarcar algumas das dimensões do mínimo existencial, muito embora não possam e não devam ser (os direitos sociais) reduzidos pura e simplesmente a concretizações e garantias do mínimo existencial, como, de resto, já anunciado. Mas é precisamente o caso de países como o Brasil (o mesmo

---

30. Sobre esta temática, remetemos igualmente ao nosso Dignidade... cit., p. 88-89, assim como, de modo especial, ao ensaio de KLOEPFER, Michael. Vida e dignidade da pessoa humana. In: SARLET, Ingo Wolfgang (Org.). *Dimensões da dignidade. ensaios de filosofia do direito e direito constitucional*. Porto Alegre: Livraria do Advogado, 2005. p. 153 e ss.
31. V. por todos HÄBERLE, Peter. A dignidade humana como fundamento da comunidade estatal. In: SARLET, Ingo Wolfgang (Org.). *Dimensões da dignidade*. Ensaios de filosofia do direito e direito constitucional cit., especialmente p. 116 e ss.

se verifica em outros Estados Constitucionais que asseguram um conjunto de direitos fundamentais sociais no plano constitucional) que revelam o quanto a relação entre o mínimo existencial e os direitos fundamentais nem sempre é clara e o quanto tal relação apresenta aspectos carentes de maior reflexão, a começar pela própria necessidade de se recorrer à noção de mínimo existencial quando o leque de direitos sociais cobre todas as suas possíveis manifestações.[32]

A exemplo do que ocorre com a dignidade da pessoa humana, que não pode ser pura e simplesmente manejada como categoria substitutiva dos direitos fundamentais em espécie, também o mínimo existencial, mesmo quando se cuida de uma ordem constitucional que consagra um conjunto de direitos sociais, não pode (ou, pelo menos, não deve) ser considerado como inteiramente fungível no que diz com sua relação com os direitos sociais, de modo a guardar uma parcial e sempre relativa autonomia, que lhe é assegurada precisamente pela sua conexão com a dignidade da pessoa humana. Qual o grau possível de autonomia (no sentido de um objeto e âmbito de proteção próprio) de um direito ao mínimo existencial na CF de 1988, que contempla todos os direitos sociais que usualmente são de algum modo relacionados ao mínimo existencial (há que considerar que nem todas as constituições que consagram direitos sociais o fazem com tanta amplitude como a nossa) é ponto que poderia merecer maior atenção, embora não seja aqui o momento próprio.

Tanto do ponto de vista teórico, quanto de uma perspectiva prática, a relação entre o mínimo existencial e os diversos direitos sociais tem sido marcada por uma doutrina e jurisprudência que em boa medida dão suporte à tese de que o mínimo existencial – compreendido como todo o conjunto de prestações materiais indispensáveis para assegurar a cada pessoa uma vida condigna representa o núcleo essencial dos direitos fundamentais sociais, núcleo este blindado contra toda e qualquer intervenção por parte do Estado e da sociedade.[33] Tal entendimento, conquanto possa ter a (aparente) virtude de auxiliar na definição do conteúdo essencial dos direitos sociais, notadamente quanto ao recorte dos aspectos sub-

---

32. Ao versar sobre da relação entre direitos sociais e econômicos e o conteúdo do mínimo existencial, ver HACHEM, Daniel Wunder. Mínimo existencial e direitos fundamentais econômicos e sociais: distinções e pontos de contato à luz da doutrina e jurisprudência brasileiras. In: BACELLAR FILHO, Romeu Felipe; HACHEM, Daniel Wunder (Coord.). *Direito público no Mercosul*: intervenção estatal, direitos fundamentais e sustentabilidade. Belo Horizonte: Fórum, 2013. p. 205-240.

33. Cf., por exemplo, seguindo esta linha argumentativa, MARTINS, Patrícia do Couto V. A. A proibição do retrocesso social como fenômeno jurídico. In: GARCIA, Emerson. (Coord.). *A efetividade dos direitos sociais*. Rio de Janeiro: Lumen Juris, 2004. p. 412 e ss., referindo-se, todavia, à noção de necessidades básicas como núcleo essencial dos direitos sociais (noção esta similar à de um mínimo existencial), núcleo este blindado contra medidas de cunho retrocessivo.

traídos a intervenções restritivas dos órgãos estatais e mesmo vinculativas dos particulares, não evita a perda de autonomia dos direitos fundamentais sociais, pois se o núcleo essencial dos direitos e o mínimo existencial se confundem em toda a sua extensão, então a própria fundamentalidade dos direitos sociais estaria reduzida ao seu conteúdo em mínimo existencial, o que, aliás, encontra adesão por parte de importante doutrina, que, inclusive, chega, em alguns casos, a adotar tal critério como fator de distinção entre os direitos fundamentais e os demais direitos sociais, que, naquilo que vão além do mínimo existencial,[34] não seriam sequer direitos fundamentais, posição esta que seguimos refutando, sem que, contudo, aqui se possa avançar na questão. Apenas para registrar o nosso ponto de vista, direitos fundamentais (o que se aplica também aos direitos sociais) são todos aqueles como tais consagrados na CF, dotados regime-jurídico especial e reforçado que lhes foi também atribuído pela ordem constitucional.

É nessa perspectiva que (o que se registra para espancar qualquer dúvida a respeito) comungamos do entendimento de que todos os direitos fundamentais possuem um núcleo essencial, núcleo este que, por outro lado, não se confunde com seu conteúdo em dignidade da pessoa humana (ou, no caso dos direitos sociais, com o mínimo existencial), embora em maior ou menor medida, a depender do direito em causa, um conteúdo em dignidade humana e/ou uma conexão com o mínimo existencial se faça presente, do que não apenas podem, como devem, ser extraídas consequências para a proteção e promoção dos direitos fundamentais.[35]

No caso da CF, diferentemente da Alemanha, onde inexistem direitos sociais típicos no catálogo constitucional, os direitos sociais não apenas foram consagrados como direitos fundamentais, como o foram de forma generosa em termos quantitativos (basta uma mirada sobre o amplo de direitos sociais, tais como os direitos à saúde, educação, moradia, alimentação, previdência, assistência social, trabalho, proteção da criança e do adolescente, do idoso, da maternidade), o caráter subsidiário da garantia do mínimo existencial (na condição de direito autônomo) é de ser sublinhado. Por outro lado, desde que não se incorra na tentação (já que os argumentos nesse sentido são sedutores) de chancelar a identificação total entre o núcleo essencial dos direitos sociais e o mínimo existencial, a noção de um mínimo existencial, tal como já demonstra também a evolução doutrinária e jurisprudencial brasileira, opera como relevante critério material (embora não exclusivo) para a interpretação do conteúdo dos

---

34. Esta, por exemplo, a posição advogada por TORRES, Ricardo Lobo. *O direito ao mínimo existencial.* Rio de Janeiro: Renovar, 2009. p. 40-43; 53-54.
35. Trilhando o mesmo caminho, ou seja, adotando a tese da distinção entre o mínimo existencial e o núcleo essencial dos direitos fundamentais (inclusive sociais), v., por último, LEAL, Mônia Clarissa Hennig; BOLESINA, Iuri. Mínimo existencial versus mínimo vital... cit., p. 547 e ss.

direitos sociais, bem como para a decisão (que em muitos casos envolve um juízo de ponderação) a respeito do quanto em prestações sociais deve ser assegurado mesmo contra as opções do legislador e do administrador, mas também no âmbito da revisão de decisões judiciais nessa seara. Por outro lado, precisamente no âmbito de tal processo decisório (que envolve o controle das opções legislativas e administrativas) não se deve perder de vista a circunstância de que, *quando for o caso*, o que se poderia designar de um "conteúdo existencial" não é o mesmo em cada direito social (educação, moradia, assistência social, lazer, etc.) não dispensando, portanto, a necessária contextualização em cada oportunidade que se pretender extrair alguma consequência jurídica concreta em termos de proteção negativa ou positiva dos direitos sociais e do seu conteúdo essencial, seja ele, ou não, diretamente vinculado a alguma exigência concreta da dignidade da pessoa humana.

Essa linha de entendimento, como se depreende de uma série de julgados, parece estar sendo privilegiada pelo STF, muito embora nem sempre este se tenha posicionado com clareza sobre a relação entre o núcleo essencial dos direitos sociais e o mínimo existencial, especialmente quanto ao fato de se tratar, ou não, de categorias fungíveis. De qualquer modo, impende sublinhar que no que diz com a orientação adotada pelo STF, os direitos sociais e o mínimo existencial exigem que sejam consideradas as peculiaridades do caso de cada pessoa, visto que se cuida de direitos que assumem uma dimensão individual e coletiva, que não se exclui reciprocamente, cabendo ao poder público assegurar, sob pena de violação da proibição de proteção insuficiente, pelo menos as prestações sociais que dizem respeito ao mínimo existencial.[36]

Ainda sobre a relação entre o mínimo existencial e os direitos sociais, convém lembrar que, mesmo tendo sido expressamente previstos no texto constitucional, os direitos sociais, a despeito de sua direta aplicabilidade na condição de normas de direitos fundamentais (no sentido de que os órgãos judiciais podem aplicar tais normas ainda que não tenham sido objeto de regulamentação legislativa), dependem em grande medida de uma concretização pelo legislador e pela administração pública, portanto, de uma teia complexa e dinâmica de atos legislativos, atos normativos do Poder Executivo, de políticas públicas etc. A determinação do núcleo essencial dos direitos sociais implica a consideração de tal normativa que, na esfera infraconstitucional, dá conteúdo e vida aos direitos sociais, mas também aos demais direitos fundamentais, ainda mais quando o texto constitucional nada ou pouco diz sobre o conteúdo do direito, como se verifica no caso dos direitos a moradia, alimentação e lazer, pois no caso dos direitos à saúde, educação, previdência e assistência social, assim como no caso da proteção do

---

36. Cf., paradigmaticamente, na decisão proferida na STA 175, rel. Min. Gilmar Mendes, julgada em 17.03.2010.

trabalhador, a própria CF apresenta algumas diretrizes que vinculam positiva e negativamente os atores estatais. No âmbito de uma proibição de retrocesso, por exemplo, o que, em geral, está em causa não é a supressão do direito do texto constitucional, mas a redução ou supressão (de alguma maneira) de prestações sociais já disponibilizadas na esfera das políticas públicas, que, portanto, não podem ser artificialmente excluídas do processo de decisão judicial e das considerações sobre o quanto integram, ou não, o conteúdo essencial do direito. Não é à toa que autores do porte de Gomes Canotilho de há muito sustentam que o núcleo essencial legislativamente concretizado de um direito social constitucionalmente consagrado opera como verdadeiro direito de defesa contra a sua supressão ou restrição arbitrária e desproporcional, ainda mais quando inexistem outros meios para assegurar tal conteúdo essencial.[37]

Por derradeiro, situando-nos, ainda, na esfera da compreensão da fundamentação jurídico-constitucional e do conteúdo de um direito (garantia) ao mínimo existencial, importa sublinhar a impossibilidade de se estabelecer, de forma apriorística e acima de tudo de modo taxativo, um elenco dos elementos nucleares do mínimo existencial, no sentido de um rol fechado de posições subjetivas (direitos subjetivos) negativos e positivos correspondentes ao mínimo existencial,[38] o que evidentemente não afasta a possibilidade de se inventariar todo um conjunto de conquistas já sedimentadas e que, em princípio e sem excluírem outras possibilidades, servem como uma espécie de roteiro a guiar o intérprete e de modo geral os órgãos vinculados à concretização dessa garantia do mínimo existencial,[39] lembrando que no caso brasileiro os direitos sociais, ainda mais considerando a inserção dos direitos à moradia e à alimentação, em termos gerais cobrem os as-

---

37. Cf. CANOTILHO, José Joaquim Gomes. *Direito constitucional e teoria da Constituição.* 7. ed. Coimbra: Almedina, 2003. p. 339-340.
38. É preciso destacar posição doutrinária que não concorda com a abertura do conceito de mínimo existencial, pois entende que, ao permitir ao interprete da norma o preenchimento, de acordo com o caso concreto, do conteúdo desse direito fundamental, ocasiona prejuízo a sua operacionalidade funcional. Conforme essa visão, um conteúdo delimitado de mínimo existencial impede que toda e qualquer prestação estatal voltada à satisfação de um direito social possa nele se vincular e, por conseguinte, crie obstáculos para potencializar a exigibilidade imediata da parcela dos direitos econômicos e sociais essencial à garantia de uma vida minimamente digna (rol constitucional preferencial) na medida em que se aproxima da sua função principal de erradicar a pobreza e a marginalização. Sobre o tema, HACHEM, Daniel Wunder. Op. cit.
39. É precisamente neste sentido que compreendemos a proposta de BARCELLOS, Ana Paula, op. cit., p. 247 e ss., ao incluir no mínimo existencial a garantia da educação fundamental, da saúde básica, da assistência aos desamparados e do acesso à justiça, pena de fecharmos de modo constitucionalmente ilegítimo (ou, pelo menos, problemático) o acesso à satisfação de necessidades essenciais, mas que não estejam propriamente vinculadas (pelo menos, não de forma direta) às demandas colacionadas pela autora.

pectos usualmente reconduzidos a um mínimo existencial, o que, mais uma vez, comprova que a noção de mínimo existencial exige um tratamento diferenciado de lugar para lugar, especialmente quando se trata de ordens constitucionais com ou sem direitos fundamentais sociais.

3. O direito ao mínimo existencial e sua concretização no âmbito da jurisdição constitucional mediante o recurso a decisões do tipo estruturante

À vista do exposto e buscando identificar algumas conexões entre os diversos segmentos da presente contribuição, notadamente para o efeito de enfatizar o vínculo entre direitos fundamentais, mínimo existencial e justiça constitucional, resulta evidente que o reconhecimento de um direito (garantia) ao mínimo existencial, seja numa perspectiva mais restrita (mais próxima ou equivalente a um mínimo vital ou mínimo fisiológico), seja na dimensão mais ampla, de um mínimo existencial que também cobre a inserção social e a participação na vida política e cultura (o que em termos gerais corresponde à concepção dominante na Alemanha, Brasil e mesmo na Colômbia), constitui ao mesmo tempo condição para a democracia (ainda mais na esfera de um Estado Social de Direito) e limite desta mesma democracia.

Ao operar, especialmente no âmbito de atuação da assim chamada jurisdição constitucional, como limite ao legislador, implicando inclusive a possibilidade de declaração da inconstitucionalidade material de ato legislativo (como, de resto, de qualquer ato do poder público), o direito a um mínimo existencial se integra, no contexto do Estado Constitucional, ao conjunto do que já se designou de "trunfos" contra a maioria,[40] pois se trata de algo subtraído – em alguma medida – à livre disposição dos poderes constituídos, inclusive ao legislador democraticamente legitimado.

Por outro lado, também no que diz respeito ao mínimo existencial, é perceptível que procedimentalismo e substantivismo não são necessariamente inconciliáveis,[41] muito antes pelo contrário, podem operar de modo a se reforçarem

---

40. Nesse sentido, na esteira das já consideradas clássicas observações de DWORKIN, Ronald (v. na obra *Tomando a sério os direitos*, Taking Rights Seriously), v., no âmbito da doutrina alemã, ALEXY, Robert. *Teoria dos direitos fundamentais*. 5. ed. Trad. Virgílio Afonso da Silva. São Paulo: Malheiros Editores, 2008, quando aborda a formação da vontade estatal e, em síntese, aponta conexão e tensão entre direitos fundamentais e princípio democrático (p. 498-499), e, na literatura em língua portuguesa, inclusive com particular referência aos direitos sociais, NOVAIS, Jorge Reis. *Direitos sociais*. Teoria jurídica dos direitos sociais enquanto direitos fundamentais. Coimbra: Wolters Kluwer e Coimbra Editora, 2010, em especial p. 319 e ss.
41. Na literatura nacional, explorando as diversas facetas da problemática, inclusive da legitimidade da jurisdição constitucional, v. dentre tantos, os excelentes estudos de

reciprocamente, assegurando assim uma espécie de concordância prática (Hesse) entre as exigências do princípio democrático e a garantia e promoção dos direitos fundamentais sociais, especialmente quando em causa as condições materiais mínimas para uma vida condigna.

Um exemplo digno de atenção, extraído da experiência dinâmica da jurisdição constitucional, é o da já referida decisão do Tribunal Constitucional Federal da Alemanha (09.02.2010), onde, a despeito de retomada a noção de que toda e qualquer pessoa é titular de um direito (subjetivo) às condições materiais mínimas para que possa fruir de uma vida com dignidade, merece ser sublinhada a manifestação do Tribunal no sentido de que ao legislador é deferida uma margem considerável de ação na definição da natureza das prestações estatais que servem ao mínimo existencial, mas também dos critérios para tal definição. Por outro lado, tal liberdade de conformação encontra seus limites precisamente na própria garantia do mínimo existencial, de tal sorte que nesta mesma decisão o Tribunal Constitucional veio a declarar a inconstitucionalidade parcial da legislação submetida ao seu crivo. Entre as diretrizes estabelecidas pelo Tribunal, está a de que para a definição do conteúdo das prestações exigíveis por parte do cidadão, o legislador está obrigado a avaliar de modo responsável e transparente, mediante um procedimento controlável e baseado em dados confiáveis e critérios de cálculo claros, a extensão concreta das prestações vinculadas ao mínimo existencial.

A deferência para com o legislador (e, portanto, para com o órgão legitimado pela via da representação popular), todavia não acaba por aí. Com efeito, reiterando decisões anteriores, o Tribunal – mediante exercício do assim chamado *judicial self restraint*,[42] acabou não pronunciando a nulidade dos dispositivos legais tidos por ofensivos ao mínimo existencial constitucionalmente garantido e exigido, mas

---

SAMPAIO, José Adércio Leite. *A Constituição reinventada pela jurisdição constitucional*. Belo Horizonte: Del Rey, 2002; CRUZ, Álvaro Ricardo de Souza. *Jurisdição constitucional democrática*. Belo Horizonte: Del Rey, 2004 (do mesmo autor, v., ainda *Hermenêutica jurídica e(m) debate*. O constitucionalismo brasileiro entre a teoria do discurso e a ontologia existencial. Belo Horizonte: Editora Fórum, 2007), STRECK, Lenio Luiz. *Jurisdição constitucional e hermenêutica*. 2. ed. Rio de Janeiro: Forense, 2006 (do mesmo autor v. *Verdade e consenso*. 4. ed. São Paulo: Saraiva, bem como *Jurisdição constitucional e decisão jurídica*. 3. ed. São Paulo: Ed. RT, 2013; CATTONI, Marcelo (Coord.). *Jurisdição e hermenêutica constitucional*. Belo Horizonte: Mandamentos Editora, 2004, com destaque para as contribuições do próprio Marcelo Cattoni e de Menelick de Carvalho Neto; SAAVEDRA, Giovani Agostini. *Jurisdição e democracia*. Uma análise a partir das teorias de Jürgen Habermas, Ronald Dworkin e Robert Alexy, Porto Alegre: Livraria do Advogado, 2006; MENDES, Conrado Hübner. *Controle de constitucionalidade e democracia*. Rio de Janeiro: Elsevier Editora, 2008; TAVARES, André Ramos (Coord.). *Justiça constitucional e democracia na América Latina*. Belo Horizonte: Editora Fórum, 2008.

42. Sobre o tema, v., entre nós, especialmente MELLO, Cláudio Ari. *Democracia constitucional e direitos fundamentais*. Porto Alegre: Livraria do Advogado, 2004.

assinou prazo ao legislador para que ele próprio, no âmbito do processo político e democrático, venha a providenciar nos ajustes necessários, corrigindo sua própria obra e adequando-a aos parâmetros constitucionais. É claro que também a tradição alemã, ainda que sejam poucos os casos concretos onde se utilizou do expediente do apelo ao legislador, igualmente demonstra a seriedade com a qual a decisão do Tribunal Constitucional é recebida pelos órgãos legislativos (sem prejuízo de fortes críticas), de tal sorte que em todos os casos o legislador – embora lançando mão da sua liberdade de conformação – correspondeu aos apelos e revisou suas opções anteriores, ou mesmo, nos casos de omissão, editou a regulamentação exigida pelo Tribunal Constitucional.

Aliás, também aqui a trajetória inicial (acima descrita, inclusive com menção às decisões judiciais superiores) do reconhecimento da garantia do mínimo existencial já se manifestara fecunda, visto que foi precisamente a falta de previsão legislativa de uma prestação estatal destinada a assegurar uma vida condigna a quem não dispõe de recursos próprios, que motivou fosse acessada a jurisdição constitucional, designadamente para impulsionar o legislador a inserir tais prestações na codificação social alemã.

Tal linha de ação, mediante a qual a Corte Constitucional não fulmina (pelo menos num primeiro momento) de nulidade o regramento legislativo, não é desconhecida no Brasil e já foi utilizada em algumas ocasiões. Destaca-se, nesse contexto, especialmente pelo fato de se tratar de decisão que envolveu a noção de mínimo existencial (razão de sua referência e do paralelo com a decisão alemã), a recente decisão do STF sobre o benefício de assistência social e a forma de sua regulamentação pela Lei Orgânica da Assistência Social (LOAS). Sem que se vá adentrar o mérito propriamente dito da questão, que já vem ocupando doutrina e jurisprudência há muito tempo (lembre-se que o STF havia declarado a constitucionalidade do dispositivo legal impugnado[43]), o que aqui se pretende sublinhar é que também nesse caso o STF, reconhecendo a inadequação constitucional dos critérios legais – por violação também e especialmente da garantia de um mínimo existencial – acabou não aplicando a sanção da nulidade.

Com efeito – fazendo inclusive referência expressa ao julgado do Tribunal Constitucional Federal Alemão de 09.02.2010 (Hartz IV) – o STF, por maioria, reconheceu a existência de um processo gradual inconstitucionalização do § 3º do art. 20 da Lei 8.742/1993 (LOAS), desembocando, na decisão ora referida, na declaração de inconstitucionalidade do dispositivo legal, sem, contudo, pronunciar de imediato a sua nulidade, porém mantendo-o em vigor até 31.12.2014, de modo a permitir – num prazo razoável – ao Poder Legislativo (e também ao

---

43. V. julgamento da ADI 1.232, rel. Min. Ilmar Galvão, rel. p/ o acórdão Min. Nelson Jobim, *DJ* 01.06.2001.

Poder Executivo, no âmbito de seu poder regulamentar e das respectivas políticas públicas de assistência social) a adoção das medidas necessárias ao ajuste da situação tida como contrária à Constituição Federal.[44]

A despeito da manutenção, em caráter substancial e como regra praticada pelo Tribunal alemão e pelo STF, das premissas acima colacionadas, merece referência, pela sua estreita vinculação com o tema e levando em conta a diversa postura adotada pela Corte, a mais recente decisão do Tribunal Constitucional Federal da Alemanha envolvendo o mínimo existencial. Nesse caso, julgado em 18.07.2012, o Tribunal, para além de reafirmar em termos gerais o que já foi objeto de referência logo acima, designadamente quanto ao conceito e conteúdo do mínimo existencial, também declarou a incompatibilidade com a Lei Fundamental (no caso, com o direito e garantia ao mínimo existencial e com a dignidade da pessoa humana), da legislação que, desde 1993, não atualizou o valor do benefício assistencial em espécie alcançado a estrangeiros que estão solicitando asilo na Alemanha, ordenando ao Legislador que, em caráter praticamente imediato, corrigisse tal estado de coisas.

Mas o Tribunal – e aqui reside a novidade da decisão – foi além, elaborando regra de transição e determinando que, enquanto não efetivada a alteração legal, fosse pago, a título de prestação social, valor previsto e calculado de acordo com critérios legais já existentes no código de proteção social, aplicáveis à hipótese em caráter precário. Tal decisão, embora no caso alemão se trate de uma prestação social e no brasileiro do exercício de um direito de liberdade, guarda forte relação com a técnica decisória utilizada pelo STF quando da alteração de sua posição sobre o direito de greve dos servidores públicos, proferida em sede de Mandado de Injunção, ocasião na qual a Suprema Corte brasileira, à míngua de legislação específica, tal como previsto na CF, determinou fosse aplicada (sem prejuízo de ajustes promovidos caso a caso pelo Poder Judiciário, de modo a proteger interesses e direitos conflitantes) a legislação em vigor para a greve na esfera da iniciativa privada.

Se ambas as decisões (do Tribunal Constitucional Federal e do STF) podem ser enquadradas como representando um elevado grau de intervenção judicial na esfera de atuação do Poder Legislativo, reconduzidas, portanto, ao que se designa de uma "postura ativista", o mesmo não ocorre – como já sumariamente demonstrado, nos outros dois casos, julgados pelos mesmos Tribunais (Hartz IV e LOAS), os quais já demonstram a existência de um caminho alternativo menos "invasivo", se é que é legítimo considerar as decisões referidas como efetivamente invasivas (em termos de relação entre os órgãos estatais), pois a Jurisdição Constitucional operou em face de um quadro – respeitadas as diferenças entre os casos

---

44. Cf. Reclamação 4.374/PE, rel. Min. Gilmar Mendes, julgada em 18.04.2013.

e suas respectivas circunstâncias! – de manifesta e prolongada omissão legislativa e à vista dos graves problemas daí decorrentes. Em todas as situações, ademais, os respectivos Tribunais não deixaram de frisar que a tarefa de estabelecer em caráter definitivo o valor da prestação (caso alemão) ou a regulação do exercício da greve dos servidores públicos (caso brasileiro) – e mesmo os ajustes dos critérios estabelecidos pela LOAS – é do Poder Legislativo, cabendo à Jurisdição Constitucional um papel eminentemente corretivo e indutivo.

O quanto tal caminho se revela produtivo para o caso brasileiro, seja no que diz com a definição do mínimo existencial (abarcando a definição de seu conteúdo e das respectivas consequências jurídicas) seja quanto ao modo de atuação da Jurisdição Constitucional nessa seara, ainda está longe de ser satisfatoriamente equacionado.[45] A prática decisória dos tribunais brasileiros, especialmente, para o que nos interessa de perto neste texto, no âmbito do STF, revela que se trata de tema em fase de expansão qualitativa e quantitativa, mas que exige uma especial consideração do modelo constitucional brasileiro e do respectivo contexto social, econômico e político, além da construção de uma dogmática constitucionalmente adequada e que esteja em harmonia com os demais direitos fundamentais. Aliás, é precisamente nessa seara que os desafios são particularmente prementes, pois, consoante já referido, sem prejuízo de seu relevante papel para a compreensão e efetivação dos direitos fundamentais sociais, o mínimo existencial não deveria pura e simplesmente assumir lugar de tais direitos.

Por outro lado, um rápido olhar sobre o direito comparado – com destaque para o caso da Alemanha – revela que nem sempre (o que por si só não é necessariamente negativo ou mesmo positivo) os órgãos da jurisdição constitucional brasileira são sensíveis aos limites da própria noção de mínimo existencial na nossa própria ordem constitucional. Igualmente não muito bem digerida e manejada entre nós, pelo menos em diversos casos, é a ideia de que o mínimo existencial encontra-se sempre subtraído à disposição dos poderes constituídos e que a definição de seu conteúdo em definitivo é tarefa cometida à Jurisdição Constitucional.

Ainda que a situação no Brasil seja diferente, nunca é demais relembrar que, na Alemanha, a própria definição do conteúdo do mínimo existencial é deferida em regra e em primeiríssima linha ao legislador, que, além do mais, deve estabelecer critérios claros, universais e isonômicos, embora simultaneamente

---

45. Sobre esse ponto, cf. HACHEM, Daniel Wunder. Op. cit., ao destacar que, embora existam avanços no âmbito da jurisprudência do Supremo Tribunal Federal brasileiro no sentido de estabelecer um consenso quanto à estrutura normativa do mínimo existencial como *direito definitivo*, não se pode aduzir a mesma conclusão em relação ao seu conteúdo e sua função como critério de justiciabilidade de direitos econômicos e sociais em face da, ainda, existente indefinição sobre a postura doutrinária a ser adotada de forma majoritária por aquela Corte.

deva (como ficou bem assentado na relativamente recente decisão do Tribunal Constitucional Federal da Alemanha, acima referida) a legislação preservar as circunstâncias pessoas de cada indivíduo titular do direito, pois diferentes as necessidades de cada um. Salvo em casos excepcionais, também é verdade que o Tribunal Constitucional da Alemanha não substituiu as opções do legislador pela sua própria, o que se verifica mesmo no caso da atualização do valor do benefício pago aos requerentes de asilo, onde foi aplicado critério previsto na legislação, em caráter provisório, tendo sido apelado ao legislador para a edição de nova lei para o efeito de fixar o valor corrigido do benefício.

Tudo isso somado, já nos aproxima do tema das assim chamadas decisões ou medidas de caráter estruturante, na esfera das quais os Tribunais – em se tratando de direitos sociais a prestações – geralmente não deferem pedidos na condição de direitos subjetivos individuais (ou mesmo coletivamente) de modo direto, mas de modo mais ou menos enfático e detalhado apontam determinados caminhos e medidas que devem ser levadas a efeito pelos atores estatais, seja na esfera legislativa, seja nas esferas de atuação do Poder Executivo e do Poder Judiciário.

É preciso lembrar, ademais disso, que inexiste um modelo fechado de formatação de decisões do tipo estruturante (as decisões é que impõe determinadas medidas, essa uma das razões de preferirmos o termo decisões!), que podem assumir dimensão mais ou menos complexa conciliando um ou mais provimentos jurisdicionais de natureza distinta.

Isso já é possível identificar a partir dos exemplos colacionados. Com efeito, no caso das decisões alemãs, além de se utilizar a técnica da declaração de inconstitucionalidade sem a pronúncia de nulidade (Caso Hartz IV), o TC apelou ao Poder Legislativo assinando prazo para a correção dos aspectos tidos como inconstitucionais, sem prejuízo das outras medidas estabelecidas pelo Tribunal. Mais invasiva – e mesmo assim deferindo prazo ao Poder Legislativo para a correção de acordo com critérios deliberados democraticamente pelo Parlamento, tendo o Tribunal determinado uma solução de caráter provisório.

Se no caso da Alemanha nesses casos (e já houve outros anteriores envolvendo o mínimo existencial) a tradição é de um respeito recíproco entre as Instituições, o Parlamento tem levado a sério os apelos do TC, atendendo-os em geral até mesmo no prazo assinado. Isso, contudo, não é o caso brasileiro, onde em geral nem o Legislativo e nem o Poder Executivo tem dado cumprimento às decisões dessa natureza e mesmo os órgãos da jurisdição ordinária opõe, a depender do caso, resistência.

Nesse mesmo contexto assume relevo o papel do Tribunal Constitucional da Colômbia, que já emitiu algumas decisões que podem ser enquadradas como sendo estruturantes. Dentre tais decisões, calha invocar o acórdão 760, de 31 de julho de 2008, na qual o TCC reuniu diversos casos a partir de situações e problemas distintos e proferiu uma sentença objetivando uma resposta única, mas individualizada, a respeito dos graves problemas enfrentados pelo sistema de saúde colombiano.[46] O que chama a atenção, no caso, é o fato de que a sentença

---

46. Sentencia T-760/2008 proferida em 31 de julho de 2008. Corte Constitucional Colombiana. Disponível em: [http://www.corteconstitucional.gov.co/relatoria/2008/T-760-08.htm]. Acesso em: 02.05.2017. Essa decisão no ordenamento jurídico colombiano na Lei 100/1993 e na Lei 1.122/2007, assim como em decisões anteriores do próprio tribunal relacionadas à área do direito à saúde. Nessa decisão, a referida Corte reuniu 22 (vinte e duas) ações individuais que versavam sobre violações recorrentes do direito à saúde relativas a problemas estruturais existentes nos diferentes níveis do sistema de saúde público colombiano causados por falhas na sua regulação, o que, por conseguinte, gerou a necessidade de a Corte promover medidas estruturantes, além das individuais. A Corte, então, proferiu 32 (trinta e duas) ordens, compreendendo da 01 a 16 aquelas que resolviam os casos individuais de negativa de acesso ou restrições indevidas aos serviços de saúde coberto pelo Plano de Saúde Obrigatório – POS (ações ou omissões violadoras do direito à saúde pelo Poder Público); e da 17 a 32 aquelas com natureza estruturante, pois buscavam solucionar problemas regulatórios no sistema de saúde colombiano a fim de reduzir as demandas judiciais que tratavam de direito à saúde. Nessa linha, a Corte considerou que existia uma questão jurídica geral relativa à violação pelo Poder Público dos deveres jurídicos constitucionais de respeitar, proteger e concretizar o direito fundamental à saúde. Por conseguinte, a Corte ordenou ao Poder Público a alteração das regras sobre o POS – Plano de Saúde Obrigatório, de modo a atualizá-las e aprimorá-las, bem como para promover a unificação dos planos de cobertura de saúde. Um dos pontos relevantes refere-se à mencionada decisão ter tutelado os serviços incluídos, como os não incluídos nos planos de saúde, desde que a pessoa não tenha condições econômicas de acessá-los, estabelecendo, nesse sentido, alguns critérios, tais como: se há ameaça ao direito à vida de quem o requer, se não pode ser substituído por outro do plano obrigatório, impossibilidade do requerente custeá-lo e se fora prescrito por médico vinculado à entidade que prestará o serviço. Assim, a referida decisão ocasionou os seguintes efeitos à esfera individual e estruturantes: a) determinou que as 22 pessoas recebessem uma indenização pelas violações específicas do direito à saúde e b) determinou a alocação de recursos financeiros para melhorar a prestação de serviços de saúde ofertado pelo citado POS, de tal sorte que 1000 novos procedimentos na área de saúde imprescindíveis à conservação da vida e da dignidade humana fossem incorporados gradativamente, bem como para melhorar a supervisão e avaliação dos serviços de saúde prestados por empresas privadas. Ademais, a Corte determinou ao Ministério de Proteção Social que assegurasse a cobertura universal do Sistema de Seguridade em Saúde antes da data estabelecida na Lei 1122/2007, cabendo a prestação de informações periódicas àquele tribunal e à Defensoria Pública sobre os avanços no cumprimento dessa meta. A Corte, além de reafirmar a saúde como um direito fundamental naquele Estado, ao considerar que o acesso aos serviços de saúde deve ocorrer de forma oportuna, universal e efetiva, corrigiu os erros estruturais que ocasionavam uma limitação no acesso aos serviços de saúde e afastou o argumento de inviabilidade financeira para os gastos nessa aérea social. Nesse sentido, ver FUHRMANN, Italo. Direito fundamental à saúde na Colômbia: perspectivas constitucionais a partir da jurisprudência da Corte Constitucional da República da Colômbia. *Revista*

do TCC abarca tanto a imposição de medidas estruturantes quanto a solução de casos individuais, dando conta que uma forma de demandar e decidir não exclui a outra, pelo contrário, a complementa e reforça.

Note-se que decisões do tipo estruturante pressupõe respeito pelas decisões e vontade política de atender as medidas exercendo as competências constitucionais para tal efeito. Sem isso as medidas estruturantes perdem sua possível eficácia e perdem sua relevância e legitimidade, cuidando-se de meros apelos que na melhor das hipóteses podem gerar um constrangimento e a necessidade de alguma justificação pelos demais atores estatais. Basta que se examine o mais recente caso das decisões do STF a respeito do lamentável estado do sistema penitenciário, decisão na qual foram determinadas diversas medidas, para que se perceba o quanto isso é realidade.[47]

Além disso, medidas estruturantes não podem substituir a litigância individual assim como as respectivas decisões, cuidando-se de um processo de recíproca complementação e reforço. Em especial onde a omissão legislativa e administrativa é aguda e prolongada – o que no Brasil tem sido frequente –, decisões estruturantes servem para assegurar uma solução unitária e mais sistêmica, mais precisamente em virtude da resistência em relação ao seu cumprimento espontâneo não podem afastar demandas pontuais para correção dos problemas mais emergenciais existentes.

Por outro lado, em termos comparativos o recurso às decisões estruturantes parece mais viável (consideradas as ressalvas já formuladas) no caso brasileiro, inclusive em virtude do caráter analítico da CF e do fato de contemplar direitos sociais, do que nos Estados Unidos da América. Aliás, no ambiente estadunidense são raras as decisões da Suprema Corte que podem realmente serem chamadas de estruturantes, em particular os casos mais frequentemente citados Brown vs. Board of Education e o caso Roe vs. Wade.

Decisão tipicamente estruturante foi, contudo, a decisão proferida pela Suprema Corte no caso dos presídios superlotados da Califórnia,[48] que guarda

---

Eletrônica Direito e Sociedade, Canoas: Ed. UnilaSalle, v. 04, n. 02, nov. 2016.. Disponível em: [http://revistas.unilasalle.edu.br/index.php/redes]. Acesso em: 02.05.2017.

47. Cf. BRASIL. Supremo Tribunal Federal. *ADPF 347 MC*. Rel. Min. Marco Aurélio. Julgado em 09.09.2015. Publicado em 19.02.2016. No caso da Colômbia, ressalte-se a decisão da Corte Constitucional colombiana: Sentencia T-153/1998, em que esse tribunal reconheceu a existência do "estado de coisas inconstitucional" e, por conseguinte, determinou medidas estruturantes para combatê-lo. Cf. Sentencia T-153, proferida em 28 de abril de 1998. Corte Constitucional Colombiana. Disponível em: [http://www.corteconstitucional.gov.co/relatoria/1998/t-153-98.htm]. Acesso em: 02.05.2017.

48. Cf. Supreme Court USA. *Brown, Governor of California, et al X Plata et al*. N. 09-1233. Julgado em maio de 2011. Disponível em: [https://www.supremecourt.gov/opinions/10pdf/09-1233.pdf]. Acesso em: 02.05.2017.

relação mais próxima com os casos submetidos ao STF e onde foram proferidas decisões do tipo estruturante, quais sejam, entre outros, os casos da demarcação das terras indígenas no Estado de Roraima (caso "Raposa terra do sol") e, mais recentemente, o caso já referido do sistema penitenciário brasileiro, muito embora em ambos até o presente momento falte muito para a realização das medidas.

Além disso, é questionável a afirmação de que as decisões estruturantes devem ser privilegiadas pelo fato de evitaram dispersão, de inibirem a litigância individual, de assegurarem uma decisão politicamente legitimada etc. O caso brasileiro bem o demonstra, bastando aqui invocar o caso da greve dos servidores públicos assim como o caso do sistema prisional desumano e degradante que predomina no Brasil.

Acrescente-se a isso que a depender do conteúdo da decisão estruturante (e das respectivas medidas) o "tiro pode sair pela culatra", em particular quando as medidas não forem atendidas de modo razoável, mas de modo mais especial ainda quando as medidas intervêm de modo muito mais incisivo na esfera de atribuição dos demais órgãos estatais, inclusive ditando o que o Legislativo e o Executivo devem fazer (e retirando-lhes a convencional autonomia e independência funcional quanto a tal ponto), ademais de em alguns casos pretenderem inclusive impor o quê e mesmo o como fazer. De qualquer modo, há como apoiar o entendimento de que tais decisões podem ser de grande utilidade para uma série de situações, em especial onde a constituição contempla um conjunto expressivo de direitos sociais e de direitos a prestações em geral. Mas, ao contrário de ações e decisões individualizadas, que até podem gerar disfunções sistêmicas, ações do tipo estruturante podem carecer de efetiva implantação e podem colidir de modo muito mais significativo com os princípios democrático, da separação de poderes e com o princípio do Estado Social, designadamente quando as medidas estruturantes determinadas pelo Poder Judiciário envolverem o como a medida dever ser levada a efeito pelos atores estatais, em especial o Executivo e o Legislativo. Nesse caso, a Jurisdição Constitucional não estaria apenas a corrigir, anular e exigir políticas públicas, mas de fato elaborando, ao menos em parte, a própria política.

Por isso, reitere-se, que ações do tipo estruturante demandam um mínimo grau de respeito pelos demais órgãos estatais e viabilidade de sua execução. Além disso, ações individuais e decisões convencionais seguem operativas em muitos casos, razão pela qual se propõe uma cultura de complementação e reforço recíproco.

Nessa perspectiva – a despeito das críticas já tecidas em relação às reais possibilidades de decisões estruturantes –, é possível concordar com Marco Jobim quando propõe "as medidas coercitivas, como o pagamento de multa, prisão civil por descumprimento de ordem judicial e a questão dos interventores, poderão ser admitidas no bojo da sentença normativa se menos conservador for o Supremo

Tribunal Federal, ou, não o sendo, por delegação, para os demais órgãos judiciários, o que trará, consequentemente, um novo modelo de Juiz ao Poder Judiciário".[49]

Conquanto se possa concordar com essa ideia em termos gerais, que poderá assegurar um papel possível e importante (ainda que limitado e não exclusivo) às decisões estruturantes no Brasil, há que verificar e avaliar quais as medidas coercitivas que de fato são legítimas do ponto de vista jurídico ou, mesmo o sendo nessa perspectiva, adequadas do ponto de vista prático a ensejar seja alcançado o seu objetivo.

Muito embora também concordemos com as críticas endereçadas por Marco Jobim à decisão sobre a proscrição da prisão civil, tema sobre o qual já escrevi há muito tempo, considerando equivocada a exclusão de qualquer possibilidade de prisão civil quando não se trata de típica prisão por dívida ou com base em disposição contratual (essas sim vedadas pelo direito internacional dos direitos humanos), há que ocorrer uma mudança de orientação por parte do STF para viabilizar a utilização desse meio coercitivo.

O pagamento de multa aplicada aos órgãos estatais tem sido medida em geral ineficaz ou ao menos de adequação duvidosa, pois além de esbarrar em resistência ao seu cumprimento (eventualmente superável por bloqueio de recursos públicos), implica em mais uma esfera de oneração do mesmo contribuinte-cidadão que carece de proteção pelo Estado, ainda mais na esfera de prestações indispensáveis à salvaguarda do mínimo existencial, restando saber de onde serão retirados tais recursos e quais as rubricas que serão impactadas com isso. Aplicar a multa diretamente aos gestores, legisladores e mesmo magistrados que descumprirem as medidas determinadas pelos órgãos judiciários superiores, com destaque para o STF, igualmente se revela como problemático do ponto do princípio (constitucional e fundamental!) da legalidade, ademais das dificuldades (jurídicas e práticas) de se identificar quem pode ser responsabilizado, ainda mais no plano do Poder Legislativo, onde há regras constitucionais e legais próprias sobre o processo legislativo, sua iniciativa, deliberação e aprovação.

A figura mais apropriada, bem referida por Marco Jobim, seria a de um monitoramento constante, mediante um plano de ação, muito embora – e aqui novamente uma sugestão – a figura de interventores como tal não se revela adequada, ainda que se trate apenas de uma terminologia, pois de intervenção não se trata, mas sim – e aqui uma proposta complementar – de agentes designados pelos Tribunais responsáveis pela decisão, mediante acompanhamento de representantes do Ministério Público e de experts da sociedade civil (com competência técnica específica) para verificar o cumprimento das medidas, mediante um sistema de

---

49. Cf. JOBIM, Marco Félix. *Medidas estruturantes*. Da Suprema Corte Estadunidense ao Supremo Tribunal Federal cit., p. 203.

pareceres e relatórios periódicos (a exemplo do que ocorre com o monitoramento pelos órgãos internacionais – e respectivos comitês – do cumprimento dos padrões mínimos estabelecidos).

Além disso, para evitar um efeito efetivamente interventivo de elaboração judicial da própria política, quem deveria apresentar um plano de ação factível e devidamente estruturado e justificado (por exemplo, para a ampliação da rede de atendimento no acesso a creches públicas, como ocorreu em caso emblemático julgado pelo Tribunal de Justiça de São Paulo[50]) são os demais órgãos estatais, em especial a administração pública e se for o caso em articulação com os órgãos legislativos, plano este que, de modo dialógico – no sentido aqui de um autêntico diálogo institucional e não um discurso de via única – seria homologado pelo órgão judiciário que emitiu a decisão.

4. Considerações finais

À vista de todo o exposto, é possível afirmar que para o efeito de uma efetivação do assim chamado direito a um mínimo existencial, na articulação com os diversos direitos sociais, necessário desde logo atentar para uma adequada compreensão do sentido e alcance de tal direito e dos seus efetivos pontos de contato com os direitos sociais, preservando sua (relativa) autonomia e concretizando de modo fundamentado e a partir de critérios vinculados a cada domínio específico

---

50. BRASIL. Tribunal de Justiça do Estado de São Paulo. *Apelação Cível 0150735-64.2008.8.26.0002*. Câmara Especial do Tribunal de Justiça do Estado de São Paulo. Rel. Valter de Almeida Guilherme. Julgado em 16.12.2013. Disponível em: [www.tjsp.jus.br]. Acesso em: maio de 2017. No referido acórdão, após tentativas conciliatórias frustradas e realização de audiência pública com participação de entidades da sociedade civil e representantes do Poder Público, o Tribunal de Justiça de São Paulo determinou ao Município de São Paulo que criasse, entre os anos de 2014 e 2016, 150 mil novas vagas em creches e pré-escolas para crianças de zero a cinco anos de idade. Para tanto, a Corte determinou que o Município criasse um plano para expansão dessa rede educacional voltado a realizar os parâmetros de qualidade previstos na legislação nacional e pelos Conselhos Nacional e Municipal de Educação, bem como determinou que a Coordenadoria de Infância do referido tribunal monitorasse a implementação desse plano juntamente com representantes do Ministério Público, Defensoria Pública, entes da sociedade civil envolvidos com a questão, dentre outras entidades. Nesse sentido, Vieira destaca que essa decisão, ao se preocupar em ofertar caminhos para sua realização prática e, portanto, ao possuir natureza gerencial e experimental, representou uma inovadora solução para tornar efetivas decisões relativas à concretização de direitos sociais que envolvem determinação de executar de políticas públicas no Brasil. Assim, o mencionado acórdão, na visão do autor, compreende um exemplo de como afastar os complexos desafios inerentes ao controle de políticas públicas realizado pelo Judiciário brasileiro sob uma forma do que optou por denominar *experimentalismo judicial*. Cf. VIEIRA, Oscar Vilhena. Experimentalismo judicial. *Jornal Folha de S. Paulo*. Artigo publicado em 03.05.2014. São Paulo.

(saúde, educação, moradia, etc.) o seu âmbito de proteção e respectivo núcleo essencial.

Já no campo processual, no que diz com a atuação dos órgãos do Poder Judiciário, há que ter presente que o direito a um mínimo existencial, assim como os direitos sociais, são – em primeira linha – direitos de titularidade individual, ainda que simultaneamente tenham uma forte dimensão transindividual, em especial no que diz com a perspectiva objetiva dos direitos fundamentais.[51]

Isso não quer dizer que a litigância em juízo tenha de ocorrer por meio de ações individuais, embora tal possibilidade não possa e nem deva ser afastada, mas sim que preferencialmente o caminho escolhido seja o de demandas coletivas ou, no campo da jurisdição constitucional (no controle difuso e incidental e controle concentrado) por meio de decisões vinculativas com efeitos gerais pelo STF, bem como, quando se revelar adequado ao propósito, de decisões do tipo estruturante.

No caso da utilização de decisões que imponham medidas de caráter estruturante, por sua vez, imperiosa – pena de esvaziar tais decisões e mesmo deslegitimar o órgão judiciário – que tais decisões indiquem os problemas a corrigir, mas transfiram a decisão de como proceder a correção aos demais órgãos constitucional e legalmente competentes para tanto, mediante a apresentação devidamente coordenada e deliberada, de um plano factível e justificado de ação.

Além disso, em vez de medidas coercitivas – que apenas deveriam ser utilizadas em caso excepcional de não cumprimento e ainda assim de forma compatível com a constituição e dotadas viabilidade prática – criar um sistema funcionalmente operativo (e tecnicamente qualificado) de monitoramento de perfil dialógico e representativo dos interesses e interessados envolvidos no processo.

Por outro lado, convém ressaltar que aqui se privilegiou a discussão em torno de um possível papel das decisões do tipo estruturante na esfera do exercício da Jurisdição Constitucional, no caso, pelo STF. Com isso não se está a afastar, muito pelo contrário, a possibilidade (a exemplo do que ocorreu no caso das creches julgado pelo TJSP) de manejar de modo produtivo – e com mais alternativas quantitativas e qualitativas – tais decisões em sede de ações coletivas, o que, contudo, aqui não poderá ser desenvolvido.[52]

De todo modo, longe de esgotar aqui as possibilidades e manifestando a nossa simpatia por um recurso cauteloso e complementar às decisões de caráter

---

51. Sobre o tema, sugere-se a leitura do nosso A eficácia dos direitos fundamentais. Porto Alegre: Livraria do Advogado, 2015. p. 319 e s.
52. Sobre o tópico v. ARENHART, Sérgio Cruz. Processos estruturais no direito brasileiro: reflexões a partir do caso da ACP do carvão. Disponível em: [http://revistadeprocessocomparado.com.br/wp-content/uploads/2016/01/ARENHART-Sergio-Artigo-Decisoes-estruturais.pdf]. Acesso em: 10.05.2017.

estruturante, o que se buscou aqui foi manter um diálogo crítico e propor mais algumas questões para a reflexão e discussão sobre tão delicado e mesmo complexo tema. Cientes de que ainda (e isso não é de longe "privilégio" do Brasil) se está distante de construir um modelo sólido e operativo de efetivação dos direitos fundamentais, aqui com foco no direito ao mínimo existencial, o que se busca – ao invés de apostar em modelos de intervenção – é privilegiar fórmulas dialógicas (até mesmo recorrendo à conciliação e mediação) e que impliquem menor resistência por parte dos atores envolvidos, ao mesmo tempo assegurando inclusive maior legitimidade aos órgãos judiciários quando ao modo de decidir.

Além disso, o manejo adequado das decisões judiciais do tipo estruturante poderá então colaborar efetivamente para inibir uma litigância errática e individualizada, ademais de contribuir para uma cultura de diálogo e – o que segue sendo uma das principais carências – de respeito institucional, ademais dos efeitos de racionalização, organização do processo e da sua efetividade.

47
NOTAS A RESPEITO DAS LEIS INTERPRETATIVAS E IMPOSTOS RETROACTIVOS

JOSÉ CASALTA NABAIS

Professor catedrático da Faculdade de Direito da Universidade de Coimbra.

SUMÁRIO: I. Leis interpretativas e leis inovadoras nas leis do Orçamento do Estado: 1. As leis interpretativas; 2. As leis inovadoras; 3. As leis interpretativas no direito fiscal; II. Impostos retroactivos: 1. O âmbito da proibição da retroactividade dos impostos; 2. O conceito relevante de retroactividade dos impostos; 3. A redução do princípio da não retroactividade dos impostos ao princípio da protecção da confiança legítima.

O texto que se segue tem por base a circunstância de, nos tempos mais recentes, o legislador fiscal, não só aproveitar as leis do Orçamento do Estado para proceder a significativas alterações na legislação fiscal, mormente nos códigos operacionais dos diversos impostos, como vem sendo prática, mais ou menos generalizada – uma má prática diga-se –, dos mais de quarenta anos da vigência da actual constituição[1], como também, para além disso, com a intenção de recuperar receitas, de pretender aplicar essas alterações a factos tributários de todo esgo-

---

1. Uma prática que se é discutível em relação às matérias fiscais, ela choca sobretudo relativamente a matérias não fiscais que nada têm a ver com o orçamento do Estado. Trata-se, todavia, dos bem conhecidos *cavaliers budgétaires* que, desde há muito tempo, o Tribunal Constitucional considerou não estarem em geral constitucionalmente interditos – v., por todos, os acórdãos 461/87, 358/92, 141/2002 e 246/2002. Uma solução que não deixa de estar ligada à natureza da Lei do Orçamento do Estado – v., a tal respeito, J. J. GOMES CANOTILHO, «A lei do orçamento na teoria da lei», *Estudos em Homenagem ao Prof. Doutor J. J. Teixeira Ribeiro*, II, 1979, p. 543 e ss.; J. M. CARDOSO DA COSTA, «Sobre as autorizações legislativas da lei do orçamento», *Estudos em Homenagem ao Prof. Doutor J. J. Teixeira Ribeiro*, III, 1983, p. 407 e ss; ANTÓNIO LOBO XAVIER, *O Orçamento como Lei. Contributo para a Compreensão de Algumas Especificidades do Direito Orçamental Português*, separata do BCE, XXXIII (1990) – XXXVI (1993); ANTONIO BRAZ TEIXEIRA, «Conceito e natureza jurídica do orçamento», *XXX Aniversário do Centro de Estudos Fiscais*, 1993; MATILDE LAVOURAS, «Natureza jurídica

tados no passado. Com esse desiderato vem atribuindo expressamente natureza interpretativa a muitas das normas legais que contêm essas alterações, procurando, assim, através de uma pretensa interpretação autêntica, fintar a proibição dos impostos retroactivos constante da Constituição, a qual, como é sabido, foi introduzida na revisão de que esta foi objecto no ano de 1997.

Um comportamento do legislador fiscal que, diga-se de passagem, não sendo inteiramente novo, porquanto infelizmente já tem alguma tradição na nossa democracia, alcançou verdadeiro paroxismo na Lei do Orçamento do Estado/2016, onde nos deparamos com dezenas de alterações fiscais a que o legislador orçamental, actuando exclusivamente *ex vi potestatis*, atribuiu expressamente natureza interpretativa[2]. O que, não sendo nada lisonjeiro para a realização da ideia do Estado de Direito, nos suscita as observações que vamos fazer, as quais têm a ver com a seguinte pergunta: não estará o legislador orçamental, na prática, a tentar tornear a aplicação do princípio da não retroactividade dos impostos, anulando assim totalmente a inovação da mencionada revisão constitucional?

Uma pergunta, em que verdadeiramente nos deparamos com duas manifestações: uma, a traduzida na atribuição expressa pelo legislador de natureza interpretativa a alterações legais que agravam retroactivamente a situação fiscal dos contribuintes; outra, a que se vem sendo concretizada pelo Tribunal Constitucional através da construção de um conceito tão restrito de retroactividade dos impostos, que nos leva a questionar a utilidade da introdução desse princípio na Constituição[3]. São, pois, estes dois os núcleos problemáticos de que vamos cuidar

---

do orçamento – breves reflexões», *BCE*, XLV, 2002, p. 419 e ss.; e TIAGO DUARTE, *A Lei por detrás do Orçamento. A Questão Constitucional da Lei do Orçamento*, Almedina, 2006.
2. Natureza interpretativa conferida nos arts. 131º, alínea *k*), 135º. 140º, alínea *d*), 154º e 163ºda Lei do Orçamanto do Estado/2016. Sobre o problema v. RICARDO SEABRA MOURA / HUGO PINHEIRO FERREIRA, «(Ir)retroatividade fiscal e leis interpretativas – problemática e reflexões», *Cadernos de Justiça Tributária*, 15, Janeiro – Março 2017, p. 22 e ss.
3. Uma actuação que, deve ser sublinhado, se inscreve num quadro de obtenção de receitas fiscais a todo o custo quase sem olhar a meios, em que não só se pretende tributar o passado através das ditas leis interpretativas, como também tributar o futuro de que é exemplo a tributação autónoma especial de 14 % sobre o valor da reserva de reavaliação prevista no Decreto-Lei nº 6/2016, de 3 de Novembro, embora esta última seja um regime optativo, pois trata-se de uma tributação a pagar em partes iguais nos anos de 2016, 2017 e 2018 que será mais do que restituída em 2018 e anos seguintes através do especial regime fiscal das depreciações e amortizações. O que, além do mais, não passa de uma forma de "compor" as contas públicas contabilizando receitas de exercícios anteriores e de exercícios seguintes, se bem que estas constituam maiores despesas futuras, a juntar assim à conhecida "composição" contabilística traduzida na sobreavaliação das tabelas de retenção na fonte do Imposto sobre o Rendimento das Pessoas Singulares, que originam os milhares de milhões de euros de reembolsos no exercício seguinte.

nas linhas que se seguem, começando por dilucidar o que são verdadeiras leis interpretativas, a implicar a sua distinção e confronto com as leis inovadoras, para, a seguir, tratarmos do sentido e alcance do conceito de retroactividade subjacente à proibição constitucional de impostos retroactivos e como a aplicação deste princípio, em nossa opinião, tem sido, em larga medida, driblada pelo Tribunal Constitucional. Vejamos então.

I. Leis interpretativas e leis inovadoras nas leis do Orçamento do Estado

Pois bem, para a resposta à questão do primeiro núcleo problemático mencionado, importa começar por saber o que são leis interpretativas, para, depois, as distinguirmos das leis que não têm qualquer carácter interpretativo, sendo, por conseguinte, leis inteiramente inovadoras, e, finalmente, proceder ao confronto das primeiras com as segunda, a fim de, por esta via, revelarmos quão anómalo se nos afigura a prática das assim chamadas leis interpretativas que encontramos nas leis do orçamento, sobretudo na Lei do Orçamento do Estado/2016. Ou seja, por outras palavras, proceder a distinção entre a interpretação legislativa, legal ou autêntica e a inovação legislativa, uma vez que as alterações legislativas a que nos estamos a referir têm sido expressamente assumidas pelo legislador nas leis do Orçamento do Estado como meras interpretações legais. Comecemos então pelas leis interpretativas.

1. As leis interpretativas

Como ensina a generalidade dos autores que se debruçam sobre estas matérias, as leis interpretativas não são leis materiais, porquanto não contêm uma disciplina jurídica própria, seja esta uma disciplina inteiramente nova ou recuperada total ou parcialmente do passado, pois limitam-se a estabelecer ou fixar o sentido e alcance de leis anteriores, estas, sim, as leis materiais. O que explica, de resto, que muitos autores, e dos mais notáveis, que tratam da interpretação jurídica se não refiram sequer a essa interpretação, ao que supomos por não se tratar de uma verdadeira interpretação jurídica[4]. E os que a tratam ou a ela se referem, fazem-no fundamentalmente para sublinhar a diferença radical que essa interpretação comporta face à interpretação jurídica de que efectivamente cuidam.

Uma prática que vai contra a exigência da União Europeia de elaborar e apresentar contas na perspectiva da contabilidade nacional e não na perspectiva da contabilidade pública.

4. V., por exemplo, os nossos mestres A. CASTANHEIRA NEVES, *Metodologia Jurídica. Problemas Fundamentais* vol. 1 da série STVDIA IVRIDICA do Boletim da FDC, Coimbra Editora, 1993, p. 83 e ss., e FERNANDO JOSÉ BRONZE, *Lições de Introdução ao Direito*, 2ª ed. Coimbra Editora, Coimbra, 2006, p. 875 e ss.

Todavia aqui, porque é este justamente o tema, não podemos passar ao lado, impondo-se, pois, dar conta do sentido e alcance da chamada interpretação autêntica, interpretação legislativa ou interpretação legal. E neste quadro, podemos dizer que estamos perante um tipo ou uma forma de interpretação jurídica, que se encontra ao lado e se contrapõe à interpretação científica (doutrinal ou jurisprudencial). Trata-se assim de uma distinção que tem por base o critério do autor que leva a cabo a interpretação, do intérprete portanto. Enquanto a interpretação científica é a levada a cabo pelos juristas ou pelos juízes, a interpretação autêntica pode ser entendida em sentido mais amplo ou em sentido mais estrito. Assim, em sentido amplo, é a que é realizada pelo próprio autor do acto objecto de interpretação constitua este uma norma, um acto administrativo ou um negócio jurídico. Já em sentido estrito ou por antonomásia, a interpretação autêntica é a interpretação da lei desenvolvida pelo próprio legislador, sendo justamente esta a que temos aqui em vista[5]. Uma distinção que, com bem se compreende, implica que façamos aqui algumas considerações com mais desenvolvimento.

Pois bem, a interpretação autêntica, como interpretação muito peculiar que é tem características ou peculiaridades que importa referenciar. Desde logo, trata-se de uma *interpretação normativa*, sendo assim uma norma cujo objectivo expresso ou implícito é a interpretação de uma outra norma que lhe seja anterior, sendo, por conseguinte, uma norma posterior e hierarquicamente não inferior à norma que é objecto de interpretação. Decorrente destas suas características, está um dos aspectos mais salientes da interpretação autêntica, o qual se traduz no facto de esta interpretação ter necessariamente uma *eficácia retroactiva* quanto ao sentido que, correspondendo a um dos sentidos que cientificamente a norma interpretada já comportava, é agora imposto para valer como o único sentido dessa norma para toda a sua vigência, isto é, não só para o futuro como também para o período já decorrido desde a sua entrada em vigor[6].

---

5. V. sobre esta temática em geral e por todos, a monografia de GIORGIO RONCAGLI, *L'Interpretazione Autentica*, Giuffrè, Milano, 1954, bem como ENRICO PARESCE, «Interpretazione (filosofia)», *Enciclopedia del Diritto*, XXI, 1972, p. 152 e ss. (232 e s.); AFONSO RODRIGUES QUEIRÓ, *Lições de Direito Administrativo*, vol. I, polic., Coimbra, 1976/77, p. 523 e s., e 551 e ss.; J. BAPTISTA MACHADO, *Introdução ao Direito e ao Discurso Legitimador*, Almedina, Coimbra, 1983, p. 176 e s., e 245 e ss.; JOSÉ DE OLIVEIRA ASCENSÃO, *O Direito. Introdução e Teoria Geral*, 2ª ed., Fundação Calouste Gulbenkian, 1980, p. 197 e s, 347 e s., e 439 e ss. Para o seu tratamento específico no direito fiscal v. a importante obra de GIUSEPPE MELIS, *L'Interpretazione nel Diritto Tributrio*, CEDAM, Padova, 2003, esp. p. 455 a 515.
6. Como consta, aliás, do preâmbulo da Novela 143: «[q]uam interpretationem non in futuris tantummodo casibus verum praeteritis etiam valere sancimus, tamquam si nostra lex ab initio cum interpretatione tali a nobis promulgata fuisset», que colhemos em FRANCESCO FERRARA, Interpretação e Aplicação das Leis, 3ª ed., Arménio Amado - Editor Sucessor, Coimbra, 1978, p. 132.

Podemos dizer que, em certo sentido, a interpretação autêntica acaba por não ser uma verdadeira interpretação. E isto num duplo sentido. De um lado, na medida em que seja uma verdadeira interpretação autêntica, porque esta não tem por função descobrir um sentido para a lei interpretanda, mas antes escolher um dos sentidos descobertos pelos actores científicos da interpretação para essa lei. De outro lado, na medida em que extravase essa função, então porque não é mais uma norma interpretativa, mas antes uma norma inovadora, que terá sido adoptada por essa via sub-reptícia, designadamente pelas implicações de natureza política que a sua adopção como norma inovadora poderia envolver[7].

Daí que também a retroactividade implicada na lei que procede a uma interpretação autêntica, não se apresente como uma verdadeira retroactividade ou uma retroactividade substantiva, configurando-se antes como uma retroactividade imprópria ou formal, como decorre, de resto, da letra do disposto no art. 13º do Código Civil, ao prescrever que as normas legais interpretativas se integram nas leis interpretadas[8]. De facto, trata-se de uma lei que não tem qualquer autonomia face à lei que interpreta. Por conseguinte, se e na medida em que estejamos perante uma verdadeira lei interpretativa, esta não produz *efeitos sobre o passado*, não impondo por conseguinte uma solução que a lei interpretada não comportava, antes desencadeia *efeitos no passado*, impondo uma interpretação que a lei interpretada já compreendia, fixando um sentido que nela estava pelo menos latente. Daí que a propósito da chamada "retroactividade" das leis interpretativas, que materializam a interpretação autêntica, com toda a propriedade se possa falar de "falsa retroactividade" ou de mera "retrotracção"[9].

Uma retroactividade que, não obstante ser imprópria ou formal, tem como consequência que a interpretação autêntica não possa ser definida, como por vezes acontece, como correspondendo sempre à interpretação levada a cabo pelo autor da norma que é objecto de interpretação. É que um entendimento tão amplo desse conceito acaba por integrar nele interpretações que, por serem emanadas por órgãos com poder normativo que não se encontram habilitados a editar normas com a referida eficácia, como acontece, por exemplo, com os regulamentos.

---

7. V. neste sentido, FRANCESCO FERRARA, *Interpretação e Aplicação das Leis*, cit., p. 131 e ss., e, sobretudo, GIUSEPPE MELIS, *L'Interpretazione nel Diritto Tributario*, cit., p. 472 e s.
8. Ficando salvos, porém, os efeitos já produzidos pelo cumprimento da obrigação, por sentença passada em julgado, por transacção, ainda que não homologada, ou por actos de análoga natureza.
9. V. a este respeito, J. BAPTISTA MACHADO, *Introdução ao Direito e ao Discurso Legitimador*, cit., p. 247, e, embora reportando-se à eficácia do acto administrativo, ROGÉRIO EHRHARDT SOARES, *Direito Administrativo*, Lições ao Curso Complementar de Ciências Jurídico-Políticas da Faculdade de Direito de Coimbra, 1977/78, polic., p. 180.

É que os titulares do poder administrativo não podem proceder à interpretação autêntica dos regulamentos, na medida em que, a admitir-se, estar-se-ia a permitir aos órgãos administrativos vincular os tribunais a uma eventual interpretação divergente da decorrente dos cânones metodologicamente correctos que devem ter-se por critérios legais da interpretação jurisdicional. É que as entidades ou órgãos administrativos encontram-se subordinados à lei como a esta se encontram subordinados os tribunais[10], não podendo as normas jurídicas editadas por tais entidades ou órgãos vincular os tribunais. Daí que a interpretação autêntica caiba apenas à soberania do Estado-legislador e não ao Estado-administrador nem às autarquias locais, dado a normação destas, como é sabido, não poder deixar de assumir outra a forma que não seja a de regulamentos[11].

O que não quer dizer que os órgãos administrativos não possam interpretar os seus próprios regulamentos, fixando entre os sentidos comportáveis, segundo a teoria da interpretação jurídica, um deles. Significa, isso sim, que não pode ser atribuída eficácia retroactiva a essa interpretação, aplicando-se a mesma apenas para o futuro. Por isso mesmo, compreende-se que a interpretação legislativa ou interpretação legal constitua a verdadeira interpretação autêntica[12].

2. As leis inovadoras

Diversamente se passam as coisas com as normas legais inovadoras, com as normas que não se destinam a fixar o sentido de uma norma anterior, mas a adoptar uma solução diferente da constante de uma norma anterior. Pois, enquanto as normas legais interpretativas se integram nas leis interpretadas, continuando estas a valer na ordem jurídica[13], as normas legais inovadoras são normas que se sucedem integralmente no tempo, valendo apenas para o futuro, a menos que se lhe atribuam verdadeiros efeitos retroactivos se e na medida em que tais efeitos lhes possam ser conferidos sem afrontamento de normas ou princípios constitucionais.

---

10. Na medida em que operem como tribunais ordinários e não como tribunais constitucionais que, num sistema de *judicial review of legislation* como o nosso, todos acabam por ser.
11. Muito embora, quando se trate de regulamentos cujo objecto se situe na zona da autonomia autárquica, ou seja, diga respeito aos "interesses próprios das respectivas populações", estejamos perante verdadeiras leis na forma de regulamentos – v. o nosso estudo «A autonomia local (alguns aspectos gerais)», agora em *Estudos sobre Autonomias Territoriais, Institucionais e Cívicas*, Almedina, Coimbra, 2010, p. 88 e ss.
12. V. neste sentido e por todos, AFONSO RODRIGUES QUEIRÓ, *Lições de Direito Administrativo*, vol. I, cit., p. 551 e ss.
13. Embora com uma alteração no seu título, pois enquanto o primeiro título era apenas a lei interpretada, depois passou a ser lei interpretada mais a lei interpretativa – v. JOSÉ DE OLIVEIRA ASCENSÃO, *O Direito. Introdução e Teoria Geral*, cit., p. 440.

Uma situação em que temos verdadeiramente duas realidades a que é de todo o interesse fazer alusão: a das normas que são efectivamente inovadoras, assumidas ou não como tal pelo seu autor, face aos sentidos comportáveis em normas anteriores que eventualmente modifiquem; e a das normas interpretativas de normas anteriores, mas cujos efeitos apenas podem produzir-se relativamente ao futuro, seja porque nelas não há qualquer intenção de se aplicarem a factos ou situações passados, seja porque as mesmas não podem ter eficácia retroactiva como vimos acontecer com as normas regulamentares.

De facto em ambas estas situações temos uma norma, a anterior, que se aplica ao período temporal que vai da sua edição à sua revogação por uma norma nova ou por uma norma que fixe *urbi et orbi* um dos sentidos que tal norma comportava; e outra norma, a posterior, que rege os factos ou situações em causa a partir da sua edição como norma revogatória ou como norma interpretativa aplicável apenas para o futuro. Se bem que no caso da norma interpretativa a norma que continua a vigorar é a norma interpretada, pois é sempre um sentido desta o aplicável, o sentido eleito pela norma interpretativa, revogando esta apenas os demais sentidos comportados naquela. Na verdade, excepcionando o afastamento destes sentidos, que é um afastamento que tem efeitos rectroactivos e com os limites que referimos, fica tudo rigorosamente na mesma.

Importante nesta sede é sublinhar que tanto as leis inovadoras como as leis interpretativas têm em comum o facto de serem leis, isto é, constituírem manifestações do poder legislativo traduzido no exercício da função legislativa. A diferença está apenas no facto de num caso estarmos perante um poder legislativo pleno e no outro face a um poder legislativo limitado e, a seu modo, anómalo, porquanto nas leis interpretativas não se cria ou estabelece uma disciplina jurídica nova, antes se esclarece, não pela via normal do intérprete e aplicador do direito, possuidor portanto da técnica proporcionada pelas *leges artis* inerentes à realização concreta do direito, mas pela via da autoridade do poder legislativo. Na expressão leis interpretativas o que parece estar a mais é a palavra interpretativas, já que não é de interpretação que verdadeiramente se trata, mas da imposição legislativa de um sentido que, todavia, foi detectado e suportado por quem tecnicamente se encontra habilitado a proceder à interpretação das normas jurídicas[14].

Por outras palavras, o que o legislador efectivamente faz nas leis interpretativas é resolver um conflito interpretativo que tenha surgido e se mantenha relativo ao sentido e alcance de normas jurídicas entre os membros da comunidade aberta dos intérpretes – a doutrina, a jurisprudência, a administração e até o próprio legislador. Este naturalmente apenas se e na medida em que proceda como qual-

---

14. V. J. J. GOMES CANOTILHO, *Direito Constitucional e Teria da Constituição*, 7ª ed. Almedina, Coimbra, 2003, p. 1230 e s.

quer intérprete, e não como legislador, procurando apurar o sentido de normas de que careça para exercer o seu próprio poder legislativo, aprovando e editando novas normas cujas soluções de algum modo dependam da determinação do referido sentido. Verdadeiramente nas leis interpretativas o legislador acaba por substituir, ampliando correspondentemente o âmbito dos seus poderes, os tribunais, sobretudo os tribunais supremos que têm a última palavra em cada ordem jurisdicional, pois são estes os órgãos competentes para resolver os eventuais conflitos que se verifiquem em sede da interpretação jurídica.

O que, em rigor, nos revela uma estrita solução política para uma eminente questão jurídica que, por isso mesmo, deve ser admitida em termos bastante excepcionais, porquanto, como será fácil de ver, pode resvalar para um intolerável abuso do poder do Estado prepetrado pelo legislador, o qual pode, de resto, apresentar diversas configurações. Pois, para além do abuso do Estado concretizado na pretensão em resolver pela via político-legislativa problemas reservados a quem domina e é senhor das *leges artis* da interpretação e aplicação das normas jurídicas, o legislador abusa do seu poder, de um lado, face ao poder judicial, afectando o princípio da separação de poderes, ou na terminologia do art. 111º da Constituição o princípio da separação e interdependência de poderes, neste caso entre o poder legislativo e o poder judicial, e, de outro lado, face ao próprio poder legislativo num quadro de verdadeiro abuso contra si próprio, ao desrespeitar as exigências pelas quais se deve pautar a actuação do legislador decorrente de um *due process of law* legislativo reportado quer a cada lei quer à sequência e ligação das leis entre si, no caso entre a lei interpretanda e a lei interpretativa.

Tendo presente quanto vimos de dizer, atrever-me-ia a afirmar que as leis interpretativas apenas poderão considerar-se constitucionalmente legítimas quando a existência e manutenção das controvérsias interpretativas que constituem a razão invocada para a sua aprovação, de algum modo, sejam resultado da própria acção do legislador. Pelo que as leis interpretativas poderiam ser consideradas como uma forma de o legislador, de algum modo, emendar a mão não só para o futuro, como acontece com as normas revogatórias, mas igualmente para o passado. Tudo se passaria como se o legislador não tivesse exercido o seu poder legislativo de uma forma completa ou em termos inteiramente regulares, constituindo a lei interpretativa como que uma continuação do exercício desse poder e uma forma de complementar a manifestação da vontade legislativa expressa na lei interpretanda.

3. As leis interpretativas no direito fiscal

Tendo em conta o que vimos de dizer e passando ao domínio do direito fiscal, podemos afirmar que o legislador fiscal não está impedido de proceder à interpretação legislativa ou autêntica das leis fiscais, conquanto que se trate de uma verdadeira interpretação autêntica no sentido que precisámos. O que implica que estejamos perante uma situação em que se apresentem preenchidos os dois seguintes requisitos: que a solução da lei anterior se revele controvertida ou pelo menos incerta de modo a que comporte mais de um sentido; e que a solução definida pela lei nova se situe dentro dos quadros da controvérsia ou das incertezas referidas e se apresente como uma das interpretações a que o intérprete ou o julgador pudessem chegar dentro dos limites normalmente impostos à interpretação e aplicação das normas jurídicas. Pois se o intérprete ou o julgador, em face da lei antiga, não podiam considerar-se autorizados a adoptar a solução que a lei nova veio consagrar, então esta não pode deixar de ter-se por inovadora[15].

Todavia, já não se encontra o legislador fiscal habilitado a editar normas legais inovadoras em domínios em que esteja constitucionalmente vedada a possibilidade de editar normas com eficácia retroactiva, sendo de todo irrelevante que o faça com base no argumento ou a pretexto de que se limita a fazer uma interpretação autêntica de leis anteriores, atribuindo-lhe expressamente natureza interpretativa. É o que acontece com as normas legais que tenham por objecto a instituição ou o agravamento da posição fiscal dos contribuintes, na medida em que se encontrem ao abrigo do princípio constitucional da não retroactividade dos impostos, nos termos em que este princípio consta do nº 3 do art. 103º da Constituição, em que se encontra prescrito que «[n]inguém pode ser obrigado a pagar impostos que… tenham natureza retroactiva…»[16].

Sendo de acrescentar que, mesmo quando estejamos perante uma lei verdadeiramente interpretativa, em que efectivamente nos deparamos, como vimos, com uma falsa retroactividade ou uma retroactividade meramente formal, ainda assim essa lei não se encontra inteiramente a salvo de inconstitucionalidade. Seguramente que ela não será inconstitucional por violação do princípio constitucional da não retroactividade que vigore no pertinente domínio jurídico, mas pode vir a ser considerada inconstitucional por violação do princípio da segurança jurídica no seu segmento de protecção da confiança legítima, desde que a solução plasmada na lei interpretativa não passe com total êxito os diversos testes em que se desdobra a actual metódica da aplicação desse princípio constitucional[17].

---

15. Nestes termos v. J. BAPTISTA MACHADO, *Introdução ao Direito e ao Discurso Legitimador*, cit., p. 247.
16. Um preceito que, sendo tradicionalmente uma expressão do direito de resistência passiva, configura efectivamente o dever fundamental de pagar impostos, que é o suporte do Estado Fiscal, muito embora formulado pela negativa, porquanto o que estabelece é o "direito de não pagar impostos", prescrevendo assim o que o legislador fiscal não pode fazer face aos potenciais contribuintes.
17. Que consistem em: 1) que o Estado, mormente o legislador tenha encetado comportamentos capazes de gerar nos privados expectativas de continuidade; 2) que tais

Testes esses que, à partida, não é inteiramente seguro que pudessem ter-se por ultrapassados com incondicional êxito em tais situações.

De resto porque as coisas são assim, é que a admissão da interpretação autêntica em domínios como o dos impostos, em se encontra constitucionalmente interdita a emissão de normas retroactivas (como acontece entre nós depois da revisão constitucional de 1997)[18], ou em que a retroactividade se encontra especialmente limitada por força da particular incidência do princípio da segurança jurídica no segmento da protecção da confiança legítima (caso dos EUA e da a generalidade dos países da Europa Ocidental), esteja sujeita a um conjunto muito exigente de requisitos.

Requisitos que podem ser mesmo objecto de formulação legal especialmente vinculante, como acontece em Itália, em que segundo o disposto no nº 2 do art. 1º do Estatuto do Contribuinte Italiano[19], o recurso a normas interpretativas em matéria tributária apenas é admitido em casos excepcionais, mediante lei ordinária (excluindo assim a utilização de decretos-lei e decretos legislativos) e qualificando expressamente de interpretação autêntica tais disposições[20]. Requisitos estes que, tendo em conta a natureza não só de meta-norma, mas sobretudo a especial força normativa vinculante, baseada de resto em diversas disposições constitucionais, conferida ao referido Estatuto, se impõem ao próprio legislador italiano em termos que se aproximam muito dos termos constitucionais[21],

O que significa que o legislador pode proceder à interpretação autêntica, mas mais nada. Designadamente não poder fazer interpretação jurídica *tout court*, nem editar normação inovadora servindo-se formalmente da interpretação autêntica. Pois, admitir que o legislador possa interpretar as normas que ele cria, no sentido de estabelecer um sentido para as mesmas que não se reconduza a um

---

expectativas sejam legítimas, justificadas e fundadas em boas razões; 3) que os privados tenham feito planos de vida tendo em conta a perspectiva de continuidade da actuação estadual; 4) que não haja razões de interesse público que justifiquem, em ponderação, a não continuidade do comportamento que gerou a situação de expectativa.

18. V. a tal respeito para a situação anterior a 1997, o nosso livro *O Dever Fundamental de Pagar Impostos. Contributo para a Compreensão Constitucional do Estado Fiscal Contemporâneo*, Almedina, Coimbra, 1998, p. 396 e ss. e 466 e ss.
19. Aprovado pela Lei nº 212/2000, de 27 de Julho.
20. Em italiano: «L'adozione di norme interpretative in materia tributaria puo' essere disposta soltanto in casi eccezionali e con legge ordinaria, qualificando come tali le disposizioni di interpretazione autentica».
21. Pelo disposto no nº 1 do art. 1º, em que se prescreve: «Le disposizioni della presente legge, in attuazione degli articoli 3, 23, 53 e 97 della Costituzione, costituiscono principi generali dell'ordinamento tributario e possono essere derogate o modificate solo espressamente e mai da leggi speciali». V. desenvolvidamente GIUSEPPE MELIS, *L'Interpretazione nel Diritto Tributario*, cit., p. 507 e ss.

daqueles que possa ser obtido pelos actores a quem *ratione artis* cabe interpretar e aplicar as normas jurídicas, para além de quanto se possa dizer a tal respeito, tem o significado de um abuso do poder do Estado e do legislador nas configurações a que já aludimos.

Na verdade, para além de um verdadeiro abuso do poder do Estado, levado a cabo pelo legislador e traduzido na intromissão estadual na esfera eminentemente técnica dos mencionados actores, temos, de um lado, um específico abuso do poder legislativo face ao poder judicial, na medida em que este vê o domínio em que lhe cabe ditar a última palavra – o relativo à fixação do sentido e alcance das leis – ser em parte usurpado pelo legislador, e, de outro lado, uma efectiva subversão da função legislativa ao ditar uma solução constitucionalmente inadmissível através de uma lei que aparente e formalmente não pretende ser uma verdadeira lei, ou seja, uma manifestação do poder legislativo, antes uma solução para um inexistente conflito de interpretações de uma lei anterior[22]. Pois, em relação a estes abusos do legislador, aquilo com que nos deparmos é a total subversão do *due processo of law* legislativo, em que o legislador acaba por adoptar uma medida de oneração fiscal através de uma actuação em dois passos (*two-step scheme*), em que, embora cada um dos passos de per si se apresente relativamente inócuo, a sua sequência e articulação conduzem a a um resultado final alheio à ideia de Estado de Direito[23].

Na verdade, a um primeiro passo, em que é aprovada uma norma de incidência fiscal sem equivocidade efectiva quanto ao seu real alcance no respeitante ao não agravamento de uma dada situação dos contribuintes (a lei interpretada), se segue relativamente programado um segundo passo, em que, a pretexto de esclarecer a referida equivocidade inexistente da primeira lei, dispõe a segunda que, afinal de contas, nada se inova, limitando-se esta a fixar o sentido e alcance que já constava da lei anterior (lei interpretativa). Em suma, o agravamento da situação dos contribuintes acaba sendo como que uma espécie de obra do Espírito Santo, porquanto nem a primeira lei nem a segunda lei assumem essa paternidade: a primeira, porque efectivamente não teve essa intenção; e a segunda, justamente porque nada vem dizer de novo, porquanto se limita a fixar um dos sentidos pretensamente já contido na primeira.

Por conseguinte, como é fácil de verificar, não é, de todo, com verdadeiras interpretações autênticas que nos deparamos nas situações em referêrncia, nas situações a que se reportam os arts. 131º, alínea *k*), 135º, 140º, alínea *d*), 154º e 163ºda Lei do Orçamento do Estado/2016, sendo certo que de todos estes preceitos

---

22. Cf. GIUSEPPE MELIS, *L'Interpretazione nel Diritto Tributario*, cit., p. 507 e ss.
23. Um comportamento do legislador fiscal que, bem vistas as coisas, não anda assim tão longe do esquema conhecido pela expressão *step by step tax avoidance* de que as empresas se socorrem para abusivamente fugirem aos impostos a que se encontram sujeitas.

aquele que mais interpretações autênticas procurou estabelecer foi o referido art. 135º, em que se dispõe: «[a] redacção dada pela presente lei ao n.º 6 do artigo 51.º, ao n.º 15 do artigo 83.º, ao n.º 1 do artigo 84.º, aos n.ºs 20 e 21 do artigo 88.º e ao n.º 8 do artigo 117.º do Código do Imposto sobre o Rendimento das Pessoas Colectivas tem natureza interpretativa». O que de resto, já foi reconhecido pelo próprio Tribunal Constitucional, no seu acórdão 267/2017, que julgou inconstitucional o artigo 135.º da Lei do Orçamanto do Estado/2016, na medida em que, por efeito do caráter meramente interpretativo que atribui à 2ª parte do nº 21 do art. 88º do Código do Imposto sobre o Rendimento das Pessoas Colectivas, determina que ao montante global resultante das tributações autónomas liquidadas num dado ano em sede deste imposto, não podem ser deduzidos os valores pagos a título de pagamento especial por conta nos anos fiscais anteriores a 2016.

Justamente porque essas normas fiscais se apresentam inequivocamente como normas inovadoras, consubstanciando as mesmas o exercício em pleno da função legislativa, na medida em que estabeleçam um agravamento da situação dos contribuintes relativamente ao montante dos impostos a ser-lhes exigido, não podem aplicar-se, sob pena de violação do princípio da não retroactividade dos impostos, senão a factos futuros. Consequência esta que não se verificará apenas relativamente às normas em causa que se reportem a elementos dos impostos que não caiem sob a alçada da proibição da retroactividade dos impostos[24], ou digam respeito a alterações que melhorem a situação dos contribuintes ou de outros sujeitos passivos. O que, olhando analiticamente para o universo das interpretações autênticas contidas da Lei do Orçamento do Estado/2016, não acontece, pois a maioria destas normas interpretativas reporta-se a alterações de matérias fiscais que caiem na alçada da proibição constitucional de impostos retroactivos. De facto constituem verdadeiras excepções as que não integram essas matérias, como é o caso do art. 140º que atribui natureza interpretativa às alterações ao art. 106º do Código do Imposto sobre o Rendimento das Pessoas Colectivas relativas ao pagamento especial por conta que não só não tem a ver com tais elementos, como as alterações vão no sentido de tornar menos oneroso esse pagamento especial[25].

---

24. A menos que caiam sobre a alçada de outra proibição constitucional de retroactividade, como será o caso de configurarem restrições aos direitos, liberdades e garantias fundamentais, que estão sob a proibição de retroactividade do nº 3 do art. 18º da Constituição. O que, todavia, será muito difícil de se verificar, dada circunstância de o contacto dos direitos, liberdades e garantias fundamentais com os impostos assentar em o dever fundamental de pagar estes, conquanto que legalmente configurado no respeito da constituição, operar como limite imanente daqueles. V., a este respeito, o nosso livro *O Dever Fundamental de Pagar Impostos*, cit., p. 25 e ss., 77 e s., e 551 e ss.
25. O mesmo, de algum modo, se verifica também no caso norma interpretativa contida na alínea k) do art. 131º, embora porque este preceito contenha uma autorização legislativa para alterar diversos artigos do Código do Imposto sobre o Rendimento das

II. Impostos retroactivos

Segundo o disposto no nº 3 do art. 103º da Constituição, «[n]inguém pode ser obrigado a pagar impostos que não hajam sido criados nos termos da Constituição, que tenham natureza retroactiva ou cuja liquidação e cobrança se não façam nos termos da lei». Um preceito cuja redacção actual, é de sublinhar, resulta da Revisão Constitucional de 1997, que acrescentou a expressão «tenham natureza retroactiva».

1. O âmbito da proibição da retroactividade dos impostos

Desde logo, é de assinalar que este preceito constitucional, que contém, desde a referida Revisão Constitucional, a proibição da retroactividade dos impostos, ao dispor como o faz, enquadra uma tal proibição no recorte do dever fundamental de pagar impostos, que apresenta uma configuração assente numa formulação negativa. Pois encontra-se efectivamente moldado como a outra face desse dever fundamental, ou seja, como se de um direito fundamental a não pagar impostos, que não sejam os criados com a observância dos requisitos constitucionais aí mencionados, se tratasse[26].

O que significa que o poder do legislador relativamente a quaisquer concretizações legais que venha a fazer desse dever fundamental, criando e disciplinando os impostos ao mais alto nível, começa e começa apenas onde termina o círculo de protecção jusfundamental que esse preceito constitucional inequivocamente delimita e concretiza. Ou seja, o poder tributário do Estado ou de quaisquer outros entes territoriais que para tal se encontrem constitucionalmente habilitados inexiste no que respeita a tributos unilaterais ou impostos que sejam verdadeiramente retroactivos.

Pelo que não se aplica relativamente a tributos que tenham estrutura bilateral, como são os que integram a figura das taxas, que são tributos bilaterais de natureza individual, e as contribuições financeiras a favor de entidades públicas, que integram os tributos bilaterais de natureza grupal[27]. O que revela quão importante é para a delimitação do âmbito de aplicação do princípio constitucional da não retroactividade em causa saber se estamos ou não perante verdadeiros impostos,

---

Pessoas Singulares, limitando-se autorizar o Governo a atribuir natureza interpretativa às alterações a efectuar ao n.º 2 do art. 31º e ao n.º 6 do art. 78º e à alínea *a*) do n.º 1 do art. 101º. Sendo que, nesta última situação, apenas os decretos-lei editados ao abrigo desta autorização legislativa se arriscam a ser considerados inconstitucionais.

26. Uma formulação que, deve-se acrescentar, com outras palavras e sem a referência obviamente aos impostos retroactivos, constava já do nº 3 do art. 27º da Constituição de 1911 e do nº 16 do art. 8º da Constituição de 1933.
27. V. o nosso *Direito Fiscal*, 10ª ed., Almedina, Coimbra, 2017, p. 42 e ss.

ainda que estes eventualmente se escondam atrás de designações próprias de tributos bilaterais - de taxas ou de contribuições financeiras, portanto. É que estes tributos, atenta a estrutura bilateral da relação jurídica em que assentam, constituem tributos de natureza inequivocamente comutativa, podendo afirmar-se que têm por suporte uma legitimidade substantiva, material ou económica que se encontra intrinsecamente ligada à referida estrutura[28].

O que é totalmente diferente do que acontece nos impostos que têm por suporte uma legitimidade de natureza política e processual patente no tradicional significado e alcance do princípio da legalidade fiscal concretizado numa *reserva material de lei*, geralmente referido com base na dogmática alemã por princípio da tipicidade (*Tatbestandsmässigkeit*), a exigir que a lei contenha a disciplina tão completa quanto possível da matéria reservada, a qual, nos termos do nº 2 do art. 103º da Constituição, integra, relativamente a cada imposto, a incidência, a taxa, os benefícios fiscais e as garantias dos contribuintes. Um princípio que, muito embora presentemente enfrente as exigências do princípio da praticabilidade das soluções legais decorrentes do crescente quadro de complexidade dos factos tributários, a implicar uma atenuação da ideia de tipicidade no sentido da sua abertura[29], continua, em certo sentido, a reconduzir-se à conhecida expressão *no taxation without representation*[30].

Por outras palavras as taxas e contribuições financeiras têm por base uma verdadeira causa constituída pela prestação que suporta a exigência dos tributos bilaterais, assentando assim estes num efectivo fenómeno de troca de utilidades económicas que constitui a real base da sua legitimidade. Causa essa que tem a sua concretização bem patente na exigência da sua fundamentação económico--financeira, como expressão específica no Regime Geral das Taxas das Autarquias Locais[31]. Pois, muito embora essa fundamentação seja expressamente exigida apenas para às taxas das autarquias locais, obviamente que a mesma não pode

---

28. No quadro de uma estrita lógica de "dá cá toma lá" (*do ut des*).
29. Pois o princípio da legalidade fiscal tende a ser objecto de alguma moderação, no sentido de uma síntese entre uma legalidade estrita ancorada numa ideia de tipicidade fechada, como foi o seu entendimento na segunda metade do século passado (Alberto Xavier), e a actual antítese àquela compreensão no sentido de uma legalidade bem mais aberta e flexível (Ana Paula Dourado). Para a referida síntese, v. FÁBIO PALLARETTI CALCINI, *Princípio da Legalidade. Reserva de Lei e Densidade Normativa*, Lumen Juris, Rio de Janeiro, 2016, e o nosso *Direito Fiscal*, cit., p. 146 e ss.
30. V. o nosso livro *O Dever Fundamental de Pagar Impostos*, cit., p. 321 e ss.
31. Em cujo nº 2 do seu art. 8º se dispõe: "O regulamento que crie taxas municipais ou taxas das freguesias contém obrigatoriamente, sob pena de nulidade: ...c) A fundamentação económico-financeira relativa ao valor das taxas, designadamente os custos directos e indirectos, os encargos financeiros, amortizações e futuros investimentos realizados ou a realizar pela autarquia local».

deixar de valer igualmente para a generalidade dos tributos de estrutura bilateral – para todas as taxas, sejam estas ou não das autarquias locais, e para todas as contribuições financeiras a favor de entidades públicas[32].

Um princípio constitucional que também não se aplicará, estamos em crer, aos próprios impostos, quando estes constituam verdadeiros impostos extrafiscais, os quais, porque procuram moldar o comportamento económico ou social dos seus destinatários, obstando ou limitando a verificação dos correspondentes factos tributários ou factos geradores, não podem ter por base nem critério de medida a correspondente capacidade contributiva. Por conseguinte, a eventual retroactividade, de que possam enfermar tais impostos, poderá convocar alguma das outras específicas proibições constitucionais de retroactividade, seja a relativa ao direito penal, seja a respeitante às restrições aos direitos liberdades e garantias fundamentais, que constam, respectivamente, dos n°s 1, 3 e 4 do art. 29°, e do n° 3 do art. 18° da Constituição. Ou, se isso não se verificar, permitir invocar a aplicação do princípio da segurança jurídica na sua concretização de princípio da protecção da confiança legítima, caso em que, ao contrário do que ocorre quando seja aplicável o princípio da não retroactividade que dá prevalência *urbi et orbi* ao interesse do contribuinte, haverá lugar a uma real ponderação dos interesses em confronto – o interesse do contribuinte em não ver aplicada a norma "retroactiva", e o interesse do Estado e de outras entidades públicas com poder tributário em obter (mais) receitas e ver, assim, aplicada essa norma.

Enfim, o princípio da não retroactividade dos impostos não é aplicável senão relativamente às normas que afectem negativamente a posição dos contribuintes quanto à obrigação de imposto, ou seja, que criem impostos novos ou, de algum modo, aumentem o montante dos impostos a pagar, designadamente através da ampliação da base de incidência, em qualquer das suas componentes subjectivas ou objectivas, do aumento das taxas ou da diminuição das deduções à matéria tributável ou das deduções à colecta. Não se aplica, por conseguinte, às normas que visem favorecer os contribuintes, como, por exemplo, as que aumentem ou ampliem com efeitos retroactivos benefícios fiscais, ou seja, não se aplica à chamada retroactividade *in mitius*, sendo a correcção jurídico-constitucional desta a testar através do princípio da segurança jurídica na sua concretização de princípio da protecção da confiança legítima, ponderando os interesses em disputa: o interesse do contribuinte em não ver aplicada essa norma retroactiva, e o interesse do Estado e de outras entidades públicas com poder tributário em obter receitas relativas a factos tributários passados.

---

32. V. o nosso estudo «Recursos financeiros e poderes tributários das autarquias locais: que melhorias?», *Revista de Legislação e de Jurisprudência*, ano 146, 2016/17, p. 386 e ss.

2. O conceito relevante de retroactividade dos impostos

Mas, se antes nos preocupámos com a delimitação negativa do âmbito de aplicação do princípio da não retroactividade dos impostos, importa agora delimitar o seu âmbito positivo. O que implica indagar do conceito de retroactividade que está subjacente a um tal princípio constitucional. Um conceito que foi objecto de grande lavor jurisprudencial do Tribunal Constitucional que, todavia, não colhe a nossa adesão.

De facto, o Tribunal Constitucional na sua jurisprudência, que tem já alguns anos, com assento sobretudo nos Acs. 128/2009, 399/2010, 523/2010, 524/2010 e 310/2012, revelando ao menos aparentemente um claro intuito de limitar o sentido e alcance de uma tal proibição e argumentando para esse efeito com a análise dos trabalhos preparatórios que suportaram a Revisão Constitucional de 1997, vem restringir a proibição constitucional de impostos retroactivos ao que designa por retroactividade autêntica ou de 1º grau, para o que, com base numa especial analítica, vem procedendo a uma distinção tripartida da retroactividade dos impostos, reconduzindo esta a três situações ou a três graus de gravidade, a saber:

a) a retroactividade autêntica ou de 1º grau, que se verifica nos casos em que o facto tributário que uma lei nova pretende regular já produziu todos os seus efeitos ao abrigo da lei antiga;

b) a retroactividade inautêntica ou de 2º grau, que tem lugar nas situações em que o facto tributário ocorreu ao abrigo da lei antiga, mas os seus efeitos, designadamente os respeitantes à liquidação e pagamento, ainda não se encontram totalmente esgotados;

c) a retrospectividade ou retroactividade de 3º grau, que acontece nos casos em que o facto tributário que a lei nova pretende regular na sua totalidade não ocorreu completamente ao abrigo da lei antiga, continuando-se a formar durante a vigência da lei nova.

Uma visão do princípio da retroactividade dos impostos que temos por descabida, porquanto parece assentar numa ideia de verdadeira reserva mental quanto à introdução de um tal princípio na Constituição. Pois, como dissemos noutro local, o que releva para efeitos de estarmos perante um imposto retroactivo ou não é apenas o facto tributário ou facto gerador em todas as suas vertentes ou dimensões subjectiva e objectiva (em que temos, ainda, os elementos quantitativos, espaciais e temporais)[33].

---

33. Segundo uma analítica que encontramos desenvolvida nos textos pioneiros e verdadeiramente clássicos de SAINZ DE BUJANDA, «Concepto del hecho imponible», e «Naturaleza del hecho imponible», em *Hacienda y Derecho*, vol. IV, 1966, p. 259 e ss. e 567 e ss., respectivamente.

Na verdade, é o facto tributário que consubstancia o momento constitucional do imposto integrante da relação de direito constitucional entre o poder de tributar do Estado e o dever fundamental de pagar impostos dos contribuintes, e não a liquidação e cobrança do imposto, pois estas operações, enquanto momento administrativo do imposto integrante da relação de direito administrativo entre a administração tributária e os contribuintes enquanto administrados, relevam apenas da administração ou gestão dos impostos, que presentemente é, em geral, da incumbência dos próprios particulares, mais especificamente das empresas[34].

Se a manifestação da capacidade contributiva, em que o facto tributário se suporta, que é sempre uma manifestação inequívoca do contribuinte, se encontra esgotada aquando da entrada em vigor da lei nova, a pretensão desta actuar sobre essa manifestação é retroactiva, porque inelutavelmente vai remexer no passado dos contribuintes que estes já não têm qualquer hipótese de alterar ou levar em linha de conta. De resto, considerar a liquidação e cobrança do imposto, que são inequivocamente actos da responsabilidade da Administração Tributária, como elementos cuja consolidação se tem por imprescindível para a construção do conceito de retroactividade autêntica relevante para desencadear a aplicação do princípio da não retroactividade dos impostos, conduz, na prática, à quase irrelevância da alteração constitucional concretizada na consagração de um tal princípio.

Desde logo, cabe perguntar, como já o fizemos, se perante um conceito tão restrito de retroactividade própria ou autêntica, se não se está, de algum modo, a tentar repor a situação anterior à consagração constitucional da proibição de impostos retroactivos, pois parece-nos que, por essa via, se chegará tendencialmente a resultados em tudo idênticos ao que o Tribunal Constitucional alcançava através da ponderação baseada no princípio da protecção da confiança legítima[35]. Na verdade, com um tal conceito de retroactividade, tenderão a ser considerados inconstitucionais, por específica violação do princípio da não retroactividade dos

---

34. No quadro do que vimos designando por "privatização da administração ou gestão dos impostos". Quanto ao que dizemos no texto, v. o nosso *Direito Fiscal*, cit., p. 229 e ss. e 327 e ss.
35. Uma solução que, para quem, como nós, se opôs àquela proibição constitucional, era a que devia ser. Mas, uma vez estabelecida na Constituição, então há que a respeitar e não proceder como se ela, afinal, não existisse – v. os nossos livros *Direito Fiscal*, cit., p 148 e s., e *O Dever Fundamental de Pagar Impostos*, cit., p. 394 e ss. Sobre a solução constitucional, v. também as interrogações de J. M. CARDOSO DA COSTA, «O enquadramento constitucional do direito dos impostos em Portugal: a jurisprudência do Tribunal Constitucional», *Perspectivas Constitucionais. Nos 20 Anos da Constituição de 1976*, vol. II, Coimbra, 1997, p. 397 e ss. Sobre a segurança jurídica, v. ANTÓNIO MARCOS, *O Direito dos Contribuintes à Segurança Jurídica*, Universidade Fernando Pessoa, Porto, 1997, esp. p. 421 e ss.; HELENO TAVEIRA TORRES, *Direito Constitucional e Segurança Jurídica*, São Paulo, 2011; UMBERTO ÁVILA, *Segurança Jurídica*, São Paulo, 2011; e MARIA DE FÁTIMA RIBEIRO/JONATHAN BARROS VITA (Org.), *Segurança Jurídica. Novos Paradigmas das Relações Empresariais e Económicas*, A&C, 2014.

impostos, apenas os impostos, sejam instantâneos ou de obrigação única, sejam duradouros ou de obrigação periódica, em não só o facto tributário mas também o acto tributário se tenham exaurido.

Um resultado a que não vemos como não chegaria o Tribunal Constitucional através da ponderação baseada no princípio da protecção da confiança legítima. O que legitima a pergunta: qual o verdadeiro alcance da tão celebrada alteração da Constituição em 1997 traduzida na consagração do princípio da não retroactividade dos impostos? Na verdade, tem-se a sensação de que o que se pretendeu dar com uma mão, com a consagração do princípio constitucional, acabou sendo retirado com a outra, com a construção de um conceito de retroactividade tão restritivo que, em rigor, quase não tem utilidade prática autónoma.

Depois, um tal conceito de retroactividade autêntica, ao integrar a prática do próprio acto tributário, leva a que a verificação ou não da retroactividade acabe, de algum modo, por ficar dependente da actuação da própria Administração Tributária na medida em que esta actue ou não, designadamente tomando ou não iniciativas que venham suportar a suspensão do prazo da caducidade, nos termos em que esta se encontra prevista no art. 45º da Lei Geral Tributária, ampliando assim artificialmente o arco temporal em que a exigência do imposto de algum modo permaneceria temporalmente aberta.

Ora, não nos parece minimamente aceitável que a construção de um conceito de retroactividade dos impostos, para efeitos de aplicação do segmento normativo constitucional em referência, não tenha por suporte um conceito constitucionalmente adequado. Designadamente um conceito que obviamente não pode fazer tábua rasa do apertado quadro constitucional de concretização pelo legislador do dever fundamental de pagar impostos, nos termos em que este dever se encontra negativamente recortado, como referimos, no nº 3 do art. 103º da Constituição.

Efectivamente, para nós, o princípio constitucional da não retroactividade dos impostos, não pode deixar de se apresentar como um princípio iminentemente dirigido à tutela dos contribuintes, à semelhança, de resto, do que acontece com as outras duas específicas proibições constitucionais de retroactividade, em que, tanto no domínio penal (nºs 1, 3 e 4 do art. 29º) como no das restrições aos direitos liberdades e garantias fundamentais (nº 3 do art. 18º), se trata da protecção dos destinatários das normas penais e das normas restritivas de direitos fundamentais, respectivamente. Uma feição eminentemente subjectiva do princípio constitucional em análise que tem a sua base bem patente, de resto, na delimitação negativa do seu âmbito que abordámos mais acima.

É que a autonomização do princípio da não retroactividade dos impostos na Revisão Constitucional de 1997, face ao princípio da segurança jurídica na sua concretização de princípio da protecção da confiança legítima, mais não pretendeu do que retirar da esfera de decisão dos juízes constitucionais a ponderação em que a aplicação deste princípio se materializa, sendo assim automaticamente inconstitucionais, independentemente de qualquer ponderação dos interesses em presença, as leis que estabeleçam impostos verdadeiramente retroactivos. Por conseguinte, a nosso ver, o conceito de retroactividade só faz sentido e tem verdadeira utilidade se for interpretado como reportando-se inteira e exclusivamente ao facto tributário, facto gerador ou pressuposto de facto do imposto, que é justamente da responsabilidade dos contribuintes e a cuja tutela aquele conceito efectivamente se reporta.

Naturalmente que não está em causa que o princípio da não retroactividade também sirva a certeza a e segurança da ordem jurídica e das relações que esta disciplina, em que se incluem os próprios sujeitos activos das relações tributárias, no caso o poder tributário do Estado para criar e disciplinar os impostos. Mas é óbvio que não é este o aspecto decisivo.

3. A redução do princípio da não retroactividade dos impostos ao princípio da protecção da confiança legítima

Por quanto vimos de dizer, um conceito de retroactividade dos impostos tão restrito quanto o defendido e aplicado pelo Tribunal Constitucional se, por um lado, limita o sentido e alcance desse princípio constitucional, por outro, amplia o próprio poder desta alta instância judicial em termos de, em certo sentido, continuar a fazer o que vinha fazendo antes da revisão constitucional de 1997 relativamente à validade constitucional das leis que consagrem, ampliem ou agravem retroactivamente impostos. O que, por conseguinte, mais não é do que a recuperação de um poder que a Constituição, afinal de contas, apenas aparentemente lhe havia tirado.

É certo que se poderia argumentar a este propósito com o facto de o Tribunal Constitucional, enquanto órgão jurisdicional supremo em matéria constitucional face aos demais tribunais, incluindo inclusive os próprios supremos tribunais, ser titular, em larga medida, da competência da sua competência (*Kompetenz--Kompetenz*). Muito embora, deva ser devidamente assinalado, utilizando esta expressão com um sentido amplo e inusual de modo a abarcar, não apenas a relação do Tribunal Constitucional com os outros órgãos jurisdicionais, com os restantes tribunais, como vai pressuposto e por via de regra acontece[36], mas também na sua relação com os demais órgãos de soberania, designadamente, com o legislador, como é o caso da problemática aqui em consideração[37].

---

36. V. sobre a competência da competência, MIGUEL GALVÃO TELES, «A competência da competência do Tribunal Constitucional», em *Legitimidade e Legitimação da Justiça Constitucional*, 10º Aniversário do Tribunal Constitucional, Coimbra Editora, 1995, p. 105 e ss.; e ANTÓNIO SAMPAIO CARAMELO, «A competência da competência e a autonomia do tribunal arbitral», *Revista da Ordem dos Advogados*, ano 73, 1- Jan.- Mar. 2013, p. 291 e ss.
37. Como, de resto, pode ser reportada às relações de natureza vertical dos Estados federais. Pois como nos informa MIGUEL GALVÃO TELES, no texto citado «A competência

Todavia, mesmo supondo que ainda é minimamente compreensível falar de competência da competência para uma situação como esta, não sendo assim alheia ao Tribunal Constitucional a possibilidade de ampliar ou de restringir o seu campo de acção face ao dos demais órgãos de soberania ou órgãos do Estado, ainda assim uma tal argumentação apenas seria admissível se a mesma ocorresse naqueles domínios em que essa actuação não se revele *contra constitutionem*, isto é, seja quando muito *prater legem* ou, eventualmente mesmo, *praeter constitutionem*.

Ora, aquilo a que temos vindo a assistir é, na verdade, a uma actuação do Tribunal Constitucional que passa ao lado da alteração constitucional operada pela revisão constitucional de 1997, traduzida na proibição de impostos retroactivos. Ou seja, a uma actuação que faz tábua rasa do respeito pela constituição a que também o Tribunal Constitucional deve obediência. Ora, onde temos um inequívoco *dikat* da Constituição, como acontece com a proibição de impostos retroactivos, não há espaço para os tribunais procederem a quaisquer ponderações, com aquelas em que assenta a aplicação do princípio da protecção da confiança legítima. De facto as ponderações que haveria a fazer foram efectivamente realizadas *una tantum* pelo poder constituinte derivado em 1997.

Muito embora, sendo certo que não há qualquer instância superior ao Tribunal Constitucional, jurisdicional ou de outra natureza, a que se possa recorrer para dirimir o conflito entre o que a Constituição estabelece e o que Tribunal Constitucional julga ou declara inconstitucional ou não inconstitucional, naturalmente que a solução adoptada pelo Tribunal Constitucional acabará inelutavelmente por prevalecer. Uma realidade que obviamente conduz a que a Constituição, ao fim e ao resto, acabe por ser o que os juízes constitucionais dizem que ela é[38]. Uma ideia que, mesmo passando por cima das reservas que obviamente suscita, apenas se compreenderá para matérias relativamente às quais o poder constituinte, originário ou derivado, não tenha assumido uma posição clara e relativamente fechada, mormente de rejeição, como ocorre no domínio em análise relativamente ao princípio da não retroactividade dos impostos. Pois é indiscutível que a revisão constitucional de 1997 teve por objectivo afastar a solução anteriormente vigente entre nós e na generalidade dos países que constitucionalmente nos são

---

da competência do Tribunal Constitucional», p. 105 e ss., a expressão competência da competência surgiu, no terceiro quartel do século XIX, para referir o poder dos estados federados e do Estado Federal com base num preceito constante da Constituição de 1867 da Confederação Germânica do Norte (*Norddeutshe Bund*), o qual haveria de transitar para a Constituição Imperial de 1871.

38. Na bem conhecida frase do *Chief of Justice* CHARLES EVANS HUGHES: «We are under a Constitution, but the Constitution is what the judges say it is, and the judiciary is the safeguard of our liberty and of our property under the Constitution». Isto numa visão da constituição que a reconduz basicamente à tutela dos direitos fundamentais liofilizados na *liberty and property clause*.

mais próximos[39], em que o problema da retroactividade dos impostos não estava contemplada com uma solução específica traduzida na proibição directa de tais impostos, antes comportava uma solução no quadro mais amplo do respeito pelo princípio da segurança jurídica no segmento ou subprincípio da protecção da confiança legítima.

É certo que o Tribunal Constitucional não proclama nem afirma a manutenção ou o regresso a uma tal solução. Todavia, como facilmente se intui, não interessa o que o Tribunal Constitucional diz ou afirma a tal respeito, mas sim o que efectivamente julga ou declara inconstitucional ou não inconstitucional. E, deste ponto de vista, os resultados práticos a que o desenvolvimento da sua jurisprudência vem chegando não nos deixam margem para dúvidas quanto à manutenção ou reposição na prática da situação anterior à alteração constitucional da 4ª Revisão Constitucional.

O que nos leva a concluir no sentido de a actuação do Tribunal Constitucional remete para uma de duas explicações: ou comporta uma mutação constitucional de todo inaceitável ou reduz a norma constitucional em causa a uma realidade normativa puramente nominal. Explicações que, todavia, não quadram minimamente com um Estado de Direito. Pois se vamos pela mutação constitucional, trata-se de uma mutação implícita, em que os órgãos encarregados de aplicar e assegurar o respeito pelas normas constitucionais, em vez de as cumprirem e fazerem cumprir, a pretexto de as estarem interpretar e aplicar, alteram inteiramente o seu efectivo conteúdo[40]. Uma actuação que, de um lado, não tem nada a ver com a natural e permanente necessidade de adequação da constituição à realidade constitucional que encaixa ainda na realização do correspondente programa normativo e, de outro, porque se desenvolve totalmente à margem das normas constitucionais pelas quais se regem as revisões constitucionais, as quais, obviamente, não podem ser revisões tácitas[41].

Por seu turno, também não é minimamente aceitável num Estado de Direito, como é indiscutivelmente o actual Estado Português, a redução da norma em causa a uma norma constitucional puramente nominal, a uma norma que não passou nem passa do papel[42], acabando por ter o mesmo destino que foi reservado

---

39. Para uma alusão às soluções em causa, v. o nosso livro, *O Dever Fundamental de Pagar Impostos*, cit., p. 397 e s.
40. V. CARLOS BLANCO DE MORAIS, «As mutações constitucionais implícitas e os seus limites jurídicos: autópsia de um acórdão controverso», *JURISMAT*, nº 3, 2013, p. 55 e ss.; e J. J. GOMES CANOTILHO, *Direito Constitucional e Teria da Constituição*, cit. p. 1228 e s.
41. J. J. GOMES CANOTILHO, Direito Constitucional e Teria da Constituição, cit., p. 169 e s.
42. Lembrando a célebre concepção sociológica de constituição perfilhada por FERDINAND LASSALLE, revelada na conferência que proferiu na Associação dos Contribuintes de

a grande parte das normas da Constituição de 1933. O que conduziu, como é sabido, a que a generalidade da doutrina tivesse considerado a Constituição da II República como uma constituição em termos normativos puramente nominal[43].

Pois é da maior importância sublinhar que, para além de tudo quanto se possa dizer contra a mencionada actuação do Tribunal Constitucional, este, não obstante ser o indiscutível guardião supremo da Constituição, não é, de modo algum, o seu *senhor* mas antes o seu mais competente e qualificado *servo*. Postura esta que, a nosso ver, não está reflectida na maneira como o Tribunal Constitucional vem interpretando e aplicando o princípio constitucional da não retroactividade dos impostos, inutilizando na prática o sentido e alcance da introdução deste princípio na Constituição.

Em conclusão, o princípio da não retroactividade dos impostos, introduzido na Constituição em 1997, vem sendo praticamente sabotado pelo legislador com falsas leis interpretativas e verdadeiras leis retroactivas e, em larga medida, também pelo Tribunal Constitucional. De facto este, perante a mencionada actuação do legislador, mais não tem feito do que passar ao lado das efectivas exigências do princípio, interpretando-o e aplicando-o com base num conceito tão restrito de retroactividade que conduz, na prática, a resultados que não andarão longe dos que seriam alcançados sem a sua específica consagração constitucional. O que, para além de tornar quase inútil a introdução do princípio na Constituição, constitui um entendimento que, evidentemente, não constitui um bom serviço ao Estado de Direito.

E aqui estão as razões pelas quais discordamos da linha jurisprudencial que o Tribunal Constitucional, com raras excepções[44], tem vindo a seguir e, bem assim, a linha da jurisprudência arbitral adoptada em diversos acórdãos do Centro de Arbitragem Administrativa, entre os quais podemos mencionar o recente Acórdão de 28 de Março de 2017, tirado no Processo nº 302/2016-T, se bem que com um voto de vencido cujo sentido naturalmente acompanhamos[45].

Berlim em 16 de Abril de 1862, subordinada ao título «Über Verfassungswesen», em que se exprimiu em termos de considerar a constituição uma "folha de papel".

43. V., a este respeito, o nosso livro *A Autonomia Financeira das Autarquias Locais*, Almedina, Coimbra, 2007, p. 10 e s.
44. Como a que configura o Acórdão nº 172/2000.
45. Acórdão assinado pelos Juízes-Árbitros José Manuel Cardoso da Costa, João Taborda da Gama e João Menezes Leitão, sendo o voto de vencido subscrito por João Taborda da Gama.

48
CONSIDERAZIONI SULLA GIURISPRUDENZA COSTITUZIONALE IN MATERIA DI DIRITTI FONDAMENTALI A SESSANTADUE ANNI DALLA PRIMA SENTENZA DELLA CORTE COSTITUZIONALE ITALIANA

GIANCARLO ROLLA

Ordinario Diritto Pubblico Comparato.

SOMMARIO: 1. Le principali finalità della Corte costituzionale. 2. I lineamenti generali del sistema italiano di giustizia costituzionale: dal dibattito in Assemblea costituente al "modello" realizzato dal legislatore e dalla giurisprudenza della Corte. 3. Il consolidamento del ruolo della Corte: a) un'interpretazione estensiva delle sue competenze in tema di sindacato sulla costituzionalità delle leggi. 4. Il consolidamento del ruolo della Corte: b) la nascita di nuovi tipi di sentenze. 5. L'anima "politica" e quella "giurisdizionale" della Corte costituzionale. 6. Alcuni *trend* della giurisprudenza costituzionale: a) la fase di attuazione della Costituzione. 7. Alcuni *trend* della giurisprudenza costituzionale: la fase della "mediazione". 8. Alcuni aspetti della giurisprudenza costituzionale recente: i rapporti tra scelte legislative e "questioni scientifiche controverse ", 9. Alcuni aspetti della giurisprudenza costituzionale recente: b) il difficile equilibrio tra diritti e crisi economiche e politiche.

1. Le principali finalità della Corte costituzionale

La Costituzione italiana compie nel 2018 settant'anni, la Corte costituzionale ha celebrato nel 2016 i suoi primi sessanta anni di attività (ha iniziato a operare solo a partire dal 1956): questo ritardo testimonia come il primo Parlamento della Repubblica abbia esercitato una sorta di "ostruzionismo" nei confronti di tutti i nuovi organi ed enti che i costituenti hanno introdotto per affermare il principio organizzativo della separazione dei poteri.[1] Il Consiglio superiore della magistratura (che sottrae al Ministro della giustizia importanti poteri al fine di garantire

---

1. Parlano esplicitamente di "ostruzionismo: P. CALAMANDREI, *Scritti e discorsi politici*, I, La Nuova Italia, Firenze, 1956, 559 ss.; C.MORTATI, *Considerazioni sui mancati adempimenti costituzionali,* in *Studi ventennale della Costituzione,* IV, pp.465 ss.

l'autonomia e l'indipendenza dell'ordine giudiziario) fu attivato nel 1958, le Regioni (che danno vita a un *cheek and balance* di tipo verticale) vennero istituite nel 1970. Da ultimo, la Corte costituzionale (che estende l'efficacia del principio di legalità anche alle fonti primarie) adotta la sua prima sentenza nel 1956. [2]

La dottrina, sin dai suoi primi commenti alla Costituzione, ha compreso la rilevanza e le potenzialità costituzionali di questo organo, che poteva favorire la legalità sostanziale del sistema normativo (sia depurandolo dalle possibili antinomie, sia assolvendo a una funzione di interpretazione autentica del significato delle disposizioni costituzionali), assicurare la tutela dei diritti fondamentali, garantire l'equilibrio istituzionale tra i poteri dello Stato e tra questo e gli enti politici decentrati.[3] Inoltre, i giudici costituzionali potevano assolvere al ruolo di garanti attivi del carattere pattizio della Costituzione: in quanto interpreti privilegiati della Costituzione, potevano con la loro giurisprudenza rendere le disposizioni costituzionali un corpo vitale (un *living tree*) in sintonia con le trasformazioni sociali e del costume.

Inoltre, non va dimenticato che le moderne società pluralistiche sono percorse da interessi non omogenei, da aspettative contrastanti, da tensioni non sempre componibili in una sintesi unitaria; mentre la legge – che difficilmente si può considerare espressione della volontà generale secondo la solenne affermazione della Dichiarazione francese dei diritti dell'uomo e del cittadino – tende a realizzare una selezione degli interessi sulla base dell'indirizzo politico perseguito dalla maggioranza parlamentare e di governo. In questo contesto, al giudice costituzionale non compete sostituirsi agli organi di indirizzo politico, ma deve esercitare un'opera delicata di ponderazione, ricercare un equilibrio tra i diversi diritti in gioco (in modo che la tutela di una posizione soggettiva non si traduca nella sostanziale compressione delle altre) ovvero tra questi e i principi supremi dell'ordinamento.

2. **I lineamenti generali del sistema italiano di giustizia costituzionale: dal dibattito in Assemblea costituente al "modello" realizzato dal legislatore e dalla giurisprudenza della Corte**

In Assemblea costituente – se si escludono alcune posizioni di principio, contrarie a prevedere forme di controllo delle leggi da parte dei giudici – si coagulò,

---

2. Gli atti celebrativi il sessantennale di attività della Corte costituzionale sono stati pubblicati nel volume: AA.VV., *Per i sessanta anni della Corte costituzionale*, Giuffrè, Milano, 2017.
3. Tra i primi commentatori vedi: G.AMBROSINI, *La Corte costituzionale*, Palermo, 1953; M. CAPPELLETTI, *La giurisdizione costituzionale delle libertà*, Giuffrè, Milano, 1955; M.BATTAGLINI, *Contributi alla storia del controllo di costituzionalità delle leggi*, Giuffrè, Milano,1957; G.BASCHIERI,L.BIANCHI D'ESPINOSA, C.GIANATTASIO, *La Costituzione italiana. Commento analitico*, Noccioli, Firenze, 1949; P.CALAMANDREI, A.LEVI, *Commentario sistematico alla Costituzione italiana*, Barbera, Firenze, 1950

innanzitutto, un consenso attorno a tre criteri di carattere generale: la rigidità costituzionale, l'introduzione di un procedimento *ad hoc* finalizzato verificare il rispetto delle norme costituzionali, l'affidamento di tale compito a un apposito organo di rilievo costituzionale.[4] Successivamente, durante i lavori della seconda Sottocommissione, prevalse l'idea di dar vita a un controllo non politico, ma di natura giurisdizionale. [5]

In merito, poi, a come organizzare siffatto tipo di controllo si sono confrontate differenti opzioni. La prima – sostenuta in particolare da Calamandrei – proponeva un ibrido tra l'esperienza nordamericana di *judicial review* e il controllo astratto di derivazione austriaca: la funzione di giudice costituzionale avrebbe dovuto essere ripartita tra i giudici comuni (che risolvevano il contrasto tra norme ordinarie e costituzione nel corso di un processo, con effetti *inter partes*) e la Corte costituzionale (che decideva sulla base di un ricorso presentato, entro tre anni dall'entrata in vigore della legge, da un Procuratore generale su richiesta di parlamentari o dei cittadini al determinarsi di particolare presupposti), le cui decisioni vincolavano il Parlamento a modificare gli eventuali vizi di incostituzionalità.

La seconda proposta – caldeggiata in particolare da Leone – prevedeva un ricorso accentrato e successivo nei confronti non solo delle leggi, ma anche dei regolamenti e degli atti amministrativi, che poteva essere presentato da un ampio ventaglio di organi (Presidente della Repubblica, Governo, Presidente della Regione e del Consiglio regionale, un organo del potere giudiziario, cittadini che ne abbiano interesse); inoltre, la dichiarazione di incostituzionalità produceva effetti retroattivi, salva la possibilità per la Corte costituzionale di dettare norme transitorie valide nei sei mesi successivi alla pubblicazione della sentenza. A sua volta il costituente Einaudi ipotizzava di distinguere il controllo di legittimità delle norme dai conflitti di competenza: il primo avrebbe dovuto essere di competenza dei giudici comuni, i secondi erano riservati alla Corte di cassazione.

---

4. A proposito dell'origine storica e del dibattito sulla Corte costituzionale innanzi all'Assemblea costituente: G.D'ORAZIO, *La genesi della Corte costituzionale*, Edizioni di Comunità, Milano, 1981; A.PIZZORUSSO, *Art.134, Commentario della Costituzione*, Zanichelli, Bologna, 1981, 64 ss; C.MEZZANOTTE, *Giudizio sulle leggi e ideologie del costituente*, Giuffrè, Milano, 1979; G.VOLPE, *L'ingiustizia delle leggi. Studi sui modelli di giustizia costituzionale*, Giuffrè, Milano, 1972; U.DE SIERVO, *L'istituzione della Corte costituzionale in Italia: dall'Assemblea costituente ai primi anni di attività della Corte*, in *La giustizia costituzionale tra memoria e prospettive. A cinquant'anni dalla pubblicazione della prima sentenza della Corte costituzionale*, Giappichelli, Torino, 2008; F.BONINI, *Storia della Corte costituzionale*, La Nuova Italia, Firenze, 1996; P.PEDERSOLI, *La Corte costituzionale*, Il Mulino, Bologna, 2008.
5. In merito all'evoluzione da forme di difesa politica della Costituzione a moderni modelli di giustizia costituzionale si rinvia a: G. ROLLA, *La tutela dei diritti costituzionali*, Carocci, Roma, 33 ss.

Invece, le competenze di natura prettamente politica (come il giudizio sui reati del Presidente della Repubblica e dei ministri) sarebbero spettate al Parlamento in seduta comune. Da ultimo Mortati propose di valorizzare il ruolo della Corte costituzionale come "giudice dei diritti", riservandole la competenza in tema di ricorsi diretti a tutela dei diritti fondamentali (una sorta di *amparo* costituzionale).

E' opportuno anche precisare che la Costituzione non contiene una disciplina organica del sistema di giustizia costituzionale, ma si limita a indicare un *debujo* preliminare basato sulla previsione di un controllo accentrato (in cui le cui sentenze di incostituzionalità hanno un effetto di annullamento *erga omnes*) a cui si aggiunge un numero limitato di altre competenze, come i conflitti di attribuzione tra i poteri dello Stato e tra lo Stato e le Regioni, i reati del Presidente della Repubblica per alto tradimento e attentato alla Costituzione e (successivamente) il giudizio di ammissibilità delle richieste di referendum abrogativo.

Le scelte dei costituenti furono evidentemente influenzate dal prototipo introdotto nella Costituzione austriaca del 1920.[6] Tuttavia, sarebbe fuorviante basarsi sul solo testo del Costituzione, dal momento che il sistema effettivamente operante in Italia si è formato gradualmente, plasmato sia dalla legislazione attuativa (costituzionale e ordinaria), sia dalla prassi e dalle regole integrative adottate dallo stesso giudice costituzionale.

Utilizzando gli schemi di classificazione introdotti dalla dottrina, si può sinteticamente affermare che in Italia opera un sistema che è al tempo stesso misto ed ibrido. La sua natura "mista" discende dalla convivenza di forme di sindacato accentrato (spetta solo alla Corte decidere sulla legittimità costituzionale delle leggi) e diffuso (il giudice ordinario può decidere di non sollevare una questione di costituzionalità ritenendo possibile un'interpretazione della norma conforme a Costituzione); di un giudizio concreto (nel caso del giudizio di legittimità costituzionale in via incidentale) e astratto (nell'ipotesi del giudizio di legittimità costituzionale in via principale). [7]

Il carattere "ibrido" del sistema italiano di giustizia costituzionale è stato – a sua volta - determinato dal processo evolutivo in base al quale il sistema accentrato si è aperto a forme di convivenza con quelli "diffusi" (di *judicial review*) attraverso la

---

6. Lo stesso P.CALAMANDREI, *L'illegittimità costituzionale delle legge nel processo civile*, Cedam,Padova,1950,.XIX qualificherà la Corte costituzionale italiana come un "organo super legislativo" con molti punti di somiglianza con il Tribunale costituzionale austriaco. Per considerazioni generali sul "modello" accentrato di giustizia costituzionale: G.ROLLA, *L'evoluzione dei sistemi accentrati di giustizia costituzionale. Note di diritto comparato*, in S.BAGNI, G.A.FIGUEROA MEJIA,G.PAVANI (coord), *La ciencia del derecho constitucional comparado*,II, Tirant lo Blanc, México, 2017,839 ss.
7. Vedi: G.ROLLA, *Il processo di ibridazione dei sistemi accentrati di giustizia costituzionale. Note di diritto comparato*, in *Estado constitucional, derechos humanos, justicia y vida universitaria*, III, UNAM, Mexico, pp.503 ss

progressiva importanza assunta dalla "questione incidentale di costituzionalità"[8]: in virtù della quale tipi originariamente alternativi si influenzano reciprocamente, in quanto il giudice comune svolge un'attività preliminare di controllo, in modo da impedire che pervengano alla Corte costituzionale questioni prive di adeguata base giuridica ovvero risolvibili direttamente dal giudice attribuendo alle norme legali un significato compatibile con la Costituzione.

3. Il consolidamento del ruolo della Corte: un'interpretazione estensiva delle sue competenze in tema di sindacato sulla costituzionalità delle leggi

La Corte costituzionale, una volta entrata in funzione, dovette fronteggiare due esigenze fondamentali: da un lato, fornire – in quanto interprete esclusivo del significato delle norme Costituzionali – una "visione" della scelta costituente che fosse in armonia con le trasformazioni sociali e culturali del paese; dall'altro lato, conquistare una salda legittimazione sociale e istituzionale.[9] La prima esigenza fu affrontata puntando sulla elevata professionalità e sensibilità costituzionale dei suoi componenti (soprattutto dei primi giudici costituzionali); la seconda è stata perseguita cercando di ottenere una rapida visibilità presso l'opinione pubblica.

Entrambi gli obiettivi sono stati possibili soprattutto in virtù di particolari tecniche decisorie adottate dai giudici costituzionali, che hanno consentito di superare alcuni limiti insiti nella disciplina (costituzionale e ordinaria) della materia: individuati soprattutto nella limitatezza delle competenze assegnate alla Corte, nelle scelte restrittive in tema di accesso al giudizio di costituzionalità, nella disciplina di una gamma assai limitata di sentenze.[10]

Il primo dei limiti sopra evidenziati emerge con evidenza se si comparano i suoi poteri con quelli di altri Tribunali costituzionali europei: ad esempio, la

---

8. Del giudizio di legittimità costituzionale in via incidentale come esperienza di ibridazione dei modelli più antichi parla ad esempio: L. PEGORARO, *Lineamenti di giustizia costituzionale comparata*, Giappichelli, Torino, 1998, 27. Nello stesso senso: M. ARAGON REYES, *El control de constitucionalidad en la Constitución española de 1978*, in *Revista de estudios políticos*,, 7, 1979, 174 ss.

    Per riferimenti generali sui sistemi di giustizia costituzionale in via incidentale: S. GAMBINO, *La giurisdizione costituzionale delle leggi. L'esperienza italiana nell'ottica comparata (con particolare riguardo al giudizio in via incidentale) ed in quella eurounitaria*, in S. GAMBINO (cur.) *Dirittti fondamentali e giustizia costituzionale*, Giuffrè, Milano, 2012.

9. Si veda, C. MEZZANOTTE, *Corte costituzionale e legittimazione politica*, Tipografia Veneziana, Roma, 1984. Più recentemente: M. FIORILLO, *Corte costituzionale e opinione pubblica*, in *Corte costituzionale e processi di decisione politica*, Giappichelli, Torino, 2015, 141 ss.

10. Sul punto si rinvia a: G. ROLLA, *L'organizzazione costituzionale dello Stato*, Giuffrè, Milano, 2018, 451 ss.

disciplina italiana non contempla, rispetto al Tribunale costituzionale tedesco, i ricorsi individuali in caso di lesioni di diritti fondamentali, i ricorsi per la tutela dell'autonomia delle amministrazioni locali, i procedimenti di verifica della regolarità delle elezioni e dei referendum territoriali, le decisioni in ordine allo scioglimento di partiti antisistema o la dichiarazione di perdita dei diritti fondamentali. Mentre rispetto al giudice costituzionale austriaco, la Corte italiana non ha il controllo sulla legittimità dei regolamenti, la tutela dei diritti, il giudizio sulla regolarità delle elezioni e la perdita del mandato parlamentare. Mentre, a sua volta, il Tribunale costituzionale spagnolo si segnala per un numero più ampio di attribuzioni come il controllo di costituzionalità preventivo nei confronti dei trattati internazionali, i conflitti in difesa dell'autonomia locale, il ricorso diretto a tutela dei diritti e delle libertà fondamentali garantite dalla Costituzione.[11]

Inoltre, la Costituzione e il legislatore hanno compiuto scelte restrittive in materia di accesso al giudizio di costituzionalità (riservato ai giudici nell'ambito di un processo o al Governo e alle Regioni nel caso di ricorsi e conflitti tra lo Stato e le Regioni); non va, inoltre, trascurato che sino agli inizi degli anni 1970 le ulteriori competenze della Corte costituzionale sono state virtuali: si consideri che il contenzioso tra lo Stato e le Regioni decollò solo in seguito all'attivazione delle Regioni ordinarie nel 1971, che la prima decisione in materia di conflitti tra poteri dello Stato si ebbe con la sentenza n. 13 del 1975, così come a tale periodo risalgono anche le prime decisioni in tema di ammissibilità del referendum abrogativo.

Di fatto, nei primi venti anni di funzionamento della Corte costituzionale, le "chiavi" per aprire la "porta" di accesso al giudizio costituzionale sono state quasi esclusivamente nelle mani dei giudici ordinari, dalla cui discrezionalità dipendeva la scelta se sollevare nel corso di un processo una questione di legittimità costituzionale. In siffatta limitazione si poteva annidare il rischio che tale fondamentale organo di garanzia della legalità costituzionale finisse per svolgere un ruolo marginale nella dinamica istituzionale della Repubblica: tale timore avrebbe potuto rivelarsi fondato.

Va ascritto, quindi, a merito della Corte costituzionale il risultato di aver favorito un ampio accesso al giudizio di legittimità costituzionale, attraverso l'utilizzazione di particolari tecniche decisorie, soprattutto di natura processuale.[12] Queste si sono orientate essenzialmente in tre direzioni.

---

11. Sulle diverse esperienze europee di giustizia costituzionale si veda: M. OLIVETTI, T. GROPPI (cur.) *La giustizia costituzionale in Europa*, Giuffrè, Milano, 2003; D.ROUSSEAU, *La justicia constitucional en Europa*, ,CEPC, Madrid, 2002; J.J.FERNANDEZ RODRIGUEZ, *La justicia constitucional europea ante el siglo XXI*, Tecnos, Madrid, 2002; J.LUTHER, R.ROMBOLI, R.TARCHI, *Esperienze di giustizia costituzionale*, Giappichelli, Torino, 2000.
12. Vedi: M.LUCIANI, *Le decisioni processuali e la logica del giudizio costituzionale incidentale*, Cedam, Padova, 1984.

Innanzitutto, il giudice costituzionale ha ampliato il parametro del proprio giudizio estendendolo sia a tutte le norme contenute nella Costituzione e nelle leggi costituzionali, sia ai principi che "appartengono all'essenza dei valori supremi sui quali si fonda la Costituzione italiana" (sentenza n.1146 del 1988): questi principi e valori supremi costituiscono delle norme non scritte, ricavabili da un'analisi sistematica del testo costituzionale, che si pongono "al di sopra" delle singole disposizioni e rappresentano per esse un limite sostanziale sindacabile dal giudice costituzionale. Mentre i principi rappresentano un valore assoluto, che non può essere intaccato neppure in sede di revisione costituzionale, i diritti – invece – possono essere limitati, regolati e in alcune fattispecie anche temporaneamente sospesi.[13]

Inoltre, a seconda dell'oggetto, i principi possono essere classificati a seconda che riguardino i diritti fondamentali (libertà, dignità, eguaglianza, pluralismo, laicità, solidarietà), l'organizzazione dei poteri (democratico, di autonomia, di separazione dei poteri), i criteri di interpretazione delle norme (ragionevolezza, proporzionalità).

Nel contempo, la Corte costituzionale ha reso giustiziabili tutte le disposizioni della Costituzione, segnando un punto di rottura rispetto a qualificati orientamenti della dottrina e della giurisprudenza – specie della Corte di Cassazione e del Consiglio di Stato – i quali avevano graduato l'efficacia delle disposizioni costituzionali, introducendo una suddivisione di massima tra norme immediatamente applicabili, norme non suscettibili di immediata applicazione in quanto rinviano al legislatore una più concreta determinazione, disposizioni generali che contengono mere direttive nei confronti del legislatore (sentenza n.1 del 1956). Con tale decisione la Corte, per un verso, ha riconosciuto l'obbligatorietà della Costituzione nei confronti dei privati e di tutti i pubblici poteri e, per un altro verso, ha depotenziato a tal fine l'utilità della distinzione tra norme precettive e programmatiche.[14]

---

13. Si veda, per ulteriori riferimenti: F.P.CASAVOLA, *I principi supremi nella giurisprudenza costituzionale*, in Foro it.,1955, II, 1555 ss; F.MODUGNO, *Principi e norme*, in *Esperienze giuridiche del '900*,Giuffrè, Milano,200, 95 ss; G.RAZZANO, *Il parametro delle norme non scritte nella giurisprudenza costituzionale*, Giuffrè, Milano, 2002. Un'esemplificazione ragionata dei principi costituzionali si trova in: L. VENTURA, A.MORELLI (cur.), *Principi costituzionali* Giuffrè, Milano, 2015.

14. In precedenza, la dottrina prevalente - anche alla luce di un'importante sentenza delle Sezioni unite penali della Corte di Cassazione, che nel febbraio del 1948 distingueva, nell'ambito delle disposizioni costituzionali, tra norme precettive e norme programmatiche- riteneva che per dare forza normativa a molte statuizioni della Costituzione, necessaria l'*interpositio legislatoris*. Sul valore normativo delle disposizioni costituzionali si rinvia a: E.GARCIA DE ENTERRIA, *La Constitución como norma y el Tribunal constitucional*, Civitas, Madrid, 1985, pp.68 ss. Secondo V.CRISAFULLI, *Lezioni di diritto*

In secondo luogo, il giudice costituzionale ha riconosciuto la propria competenza a "giudicare sulle controversie relative alla legittimità costituzionale delle leggi e degli atti aventi forza di legge anche se anteriori alla entrata in vigore della Costituzione" (sentenza n.1 del 1956). In tal modo il controllo di costituzionalità è stato esteso a tutte le norme di rango legislativo vigenti, consentendo di annullare molte disposizioni emanate durante il periodo della dittatura e contrarie alla nuova Costituzione.[15]

Siffatto orientamento differenzia la posizione della Corte costituzionale italiana da quelle adottate da altri Tribunali costituzionali europei: si consideri che nella Repubblica federale di Germania le leggi anteriori alla prima riunione del *Bundestag* restavano in vigore e la valutazione della compatibilità con la Legge fondamentale spettava al giudice comune (con decisione con effetti *inter partes*); mentre in Spagna il terzo comma dell'art.163 Cost. afferma che il contrasto tra Costituzione e legge anteriore può essere risolto dal giudice comune in sede di giudizio sull'applicabilità di questa ultima (quindi con effetto *inter partes*).

In terzo luogo, la Corte costituzionale si è premurata di evitare che il meccanismo principale di accesso al giudice costituzionale (la questione di costituzionalità) possa trasformarsi in un indebito ostacolo al pieno dispiegarsi del controllo di costituzionalità. A tal fine, con un'interpretazione estensiva dell' art. 23 della legge n. 87 del 1953, ha fornito un'interpretazione ampia sia della nozione di "giudizio" che di "autorità giurisdizionale" (sentenza n. 84 del 1966). Da un lato, ha affermato che possono considerarsi come "autorità giurisdizionale" anche organi estranei all'ordine giudiziario qualora siano investiti di funzioni giudicanti e si trovino in posizione *super partes* (ad esempio, le Commissioni tributarie, l'Ufficio centrale del referendum, la sezione disciplinare del Consiglio superiore della magistratura, gli ordini professionali in sede disciplinare).

Dall'altro lato, ha precisato che l'espressione "giudizio" è comprensiva di tutti i vari procedimenti di carattere decisorio svolti dal titolare di un ufficio giurisdizionale a prescindere dalla loro natura (ad esempio, le decisioni del giudice di sorveglianza che riguardano i diritti dei detenuti, l'autorizzazione del giudice tutelare nelle procedure di aborto, le decisioni del Presidente del tribunale nel procedimento di separazione dei coniugi, le decisioni del magistrato nel procedimento istruttorio per la domanda di grazia).[16]

---

    costituzionale,II, Cedam, Padova,1993, p.70 si tratta di norme "costitutive del diritto oggettivo".

15. Sul punto: C.MORTATI, *Competenza esclusiva della Corte costituzionale a dichiarare l'invalidità delle leggi anteriori alla Costituzione*, in *Scritti*, III, Giuffrè, Milano, 1972, pp.821 ss; G.ROLLA, *L'organizzazione costituzionale dello Stato*, Giuffré, Milano, 2018, pp.469 ss.
16. Sulla nozione di giudice *a quo*: A.PATRONI GRIFFI, *Accesso incidentale e legittimazione degli "organi a quo"*, Jovene, Napoli, 2012; AA.VV., *Giudizio "a quo" e promovimento del*

4. Il consolidamento del ruolo della Corte: b) la nascita di nuovi tipi di sentenze

Come abbiamo anticipato nel paragrafo precedente, il legislatore (costituzionale ed ordinario) ha dotato il giudice costituzionale di uno strumentario assai semplificato di decisioni, sintetizzabile nell'alternativa tra sentenze di accoglimento (che annullano le norme impugnate) e di rigetto (che dichiarano la loro applicabilità da parte degli operatori giuridici). Siffatta alternativa ha, tuttavia, trascurato che l'interpretazione costituzionale deve tener conto di una pluralità di profili non riconducibile alla netta alternativa tra accoglimento o rigetto: ad esempio, deve valutare le norme non solo sotto il profilo della legittimità, ma anche con riferimento alla loro ragionevolezza della scelta legislativa e alla capacità di contemperare in modo equilibrato interessi e diritti contrastanti.[17]

Inoltre, il giudice costituzionale non può esimersi dal valutare gli effetti delle proprie pronunce, trascurando l'impatto che esse possono produrre sia nell'ordinamento giuridico, sia nei confronti degli altri poteri dello Stato (in particolare, il Parlamento e l'ordine giudiziario). Tuttavia, il giudice costituzionale italiano – a differenza della Corte costituzionale austriaca o del Tribunale federale tedesco – non ha a propria disposizione un supporto normativo che gli consenta di modulare gli effetti delle proprie decisioni; ha dovuto, quindi, sopperire alla limitatezza degli strumenti decisionali messi a disposizione dal legislatore con un forte dinamismo giurisprudenziale, che le ha consentito di "creare" una varietà di tipi di sentenze di natura processuale.[18]

---

processo costituzionale, Giuffrè, Milano, 1990; A.ODDI, *La nozione di "giudice a quo"*, in *Le zone d'ombra della giustizia costituzionale*, Giappichelli,Torino, 2007,28 ss; C.PINELLI, *Prospettive di accesso alla giustizia costituzionale e nozione di giudice a quo* ,in *Prospettive di accesso alla giustizia costituzionale*, Giappichelli, Torino, 2000 ,618 ss.

17. Sul principio di ragionevolezza: L.PALADIN, *Ragionevolezza (principio di)*, in *Encl. Dir.*, Aggiornamento, I, Giuffrè, Milano, 1997, 899 ss; AA.VV., *Il principio di ragionevolezza nella giurisprudenza costituzionale*, Giuffrè, Milano, 1994; G. SCACCIA,. *Gli strumenti della ragionevolezza nel giudizio*, Giappichelli, Torino, 2000; P.M.VIPIANA, *Introduzione allo studio del principio di ragionevolezza nel diritto pubblico*, CEDAM, Padova, 1993; M.SCUDIERO, S.STAIANO (cur.), *La discrezionalità del legislatore nella giurisprudenza della Corte costituzionale (1988-1998)*, Jovene, Napoli, 1999; L.D'ANDREA, *Ragionevolezza e legittimazione del sistema*, Giuffrè, Milano, 2005; A.MOSCARINI, *Ratio legis e valutazioni di ragionevolezza della legge*, Giappichelli, Torino, 1996; A.MORRONE, *Il custode della ragionevolezza*, Giuffrè, Milano, 2001.

18. Cfr., M.RUOTOLO, *La dimensione temporale dell'invalidità della legge*, CEDAM, Padova, 2010; R.PINARDI, *La Corte, i giudici ed il legislatore. Il problema degli effetti temporali delle sentenze d'incostituzionalità*, Giuffrè, Milano, 1993; M.D'AMICO, *Giudizio sulle leggi ed efficacia temporale delle decisioni di incostituzionalità*, Giuffrè, Milano, 1993; F.POLITI, *Gli effetti nel tempo delle sentenze di accoglimento della Corte costituzionale: contributo ad una teoria dell'invalidità costituzionale delle leggi*, CEDAM, Padova, 1997.

Tre di questi sono particolarmente significative le sentenze di illegittimità sopravvenuta, quelle di incostituzionalità differita e le sentenze monitorie. Con le prime, la norma non viene annullata (cioè dichiarata incostituzionale *ab origine*), ma fa decorrere il vizio della legge a partire da un momento successivo determinato dal giudice costituzionale: ciò quando ragioni di sicurezza giuridica o l'esigenza di salvaguardare determinati atti processuali impongono di limitare l'effetto retroattivo delle sentenze di accoglimento (sentenza n. 50 del 1989).

Speculari a questo tipo di decisioni, sono le pronunce di "incostituzionalità differita" alle quali la Corte ricorre al fine di mettere un certo lasso di tempo a disposizione del Parlamento per approvare una nuova disciplina della materia o delle pubbliche amministrazioni per meglio fronteggiare organizzativamente gli effetti di una decisione di accoglimento. Anche in questo caso, è la Corte stessa a individuare, sulla base del bilanciamento tra diverse esigenze di rilievo costituzionale, il *dies a quo* dell'annullamento (sentenza n.119 del 1981).

In altre situazioni, invece, il giudice costituzionale preferisce instaurare un dialogo con il legislatore per non creare "vuoti" nel sistema normativo: a tal fine, rivolge "un monito" al Parlamento affinché sani con l'approvazione di una nuova normativa il vizio di incostituzionalità, preannunciando in caso di inerzia una futura sentenza di incostituzionalità (sentenza n. 225 del 1974).[19] Il dialogo con il legislatore si fa, poi, più sofisticato con le " sentenze additive di principio", con le quali il giudice costituzionale precisa i termini della collaborazione con il legislatore: il primo indica il principio a cui rifarsi per evitare un vizio di incostituzionalità, al secondo è affidato il compito di individuare, nella sua discrezionalità politica, i modi con cui dare attuazione agli indirizzi della Corte e trovare le relative coperture economiche (sentenza n. 243 del 1993).

In caso di evidente inerzia legislativa, non essendo operante nell'ordinamento italiano l'istituto del ricorso diretto contro le omissioni del legislatore,[20] la Corte sanziona il comportamento del legislatore attraverso l'adozione di sentenze di incostituzionalità c.d. "di tipo additivo": in questo caso il giudice costituzionale sana autonomamente la lacuna dichiarando una disposizione incostituzionale (non per ciò che dispone), ma in quanto non prevede una determinata norma la cui presenza è necessaria per rendere costituzionalmente legittima una disposi-

---

19. Si veda: L.PEGORARO, *La Corte e il Parlamento: sentenze-indirizzo e attività legislativa*, Cedam, Padova, 1987; R. PINARDI, *La Corte, i giudici ed il legislatore*, Milano, 1993, 73ss; G. D'ORAZIO, *Prime osservazioni sull'esercizio della funzione legislativa " conseguenziale " alle decisioni della Corte costituzionale*, in *Archivio giuridico Serafini*, 1967,134 ss; F. MODUGNO, *La funzione legislativa complementare della Corte costituzionale*, in *Giur. Cost.*, 1981, I, 1646 ss; A. RUGGERI, *Le attività " conseguenziali " nei rapporti fra la Corte costituzionale e il legislatore*, Giuffrè, Milano, 1988.
20. Si rinvia a: G.ROLLA, *La tutela dei diritti fondamentali*, Carocci, Roma, 2012,168 ss.

zione di legge (sentenza n. 190 del 1970). Il giudice costituzionale si trasforma, così, in un legislatore vero e proprio (in contraddizione con la teoria del Kelsen che considerava il giudice costituzionale un "legislatore negativo".[21]

5. L'anima "politica" e quella "giurisdizionale" della Corte costituzionale

Nella sua attività la Corte costituzionale ha dovuto trovare un equilibrio tra le sue due "anime": quella "politica" e quella giurisdizionale". Va considerato, infatti, che tale organo è sì un giudice, ma un giudice *sui generis*: è un organo indipendente dalla politica, ma non è estranea al circuito politico e istituzionale.

In Italia, la giustizia costituzionale è assicurata da un organo di natura giurisdizionale, imparziale e professionale; possiede uno *status* costituzionale di autonomia nei confronti degli altri poteri e decide sulla base di un procedimento che presenta i caratteri tipici del processo (possibilità per le parti di costituirsi in giudizio, udienza pubblica, conclusione del procedimento con atti tipici della funzione giurisdizionale come le sentenze e le ordinanze, decisione delle questioni utilizzando le tecniche proprie del metodo giuridico). In altri termini, siamo dinanzi a un "giudice" (sia pure speciale) che decide al termine di un "processo" (sia pure *sui generis*). La peculiarità del giudizio costituzionale consiste, se mai, nella facoltà della Corte di integrare la disciplina del processo sia adottando apposite norme integrative, sia con decisioni di natura processuale.

L'"anima giurisdizionale" si manifesta soprattutto nei rapporti che la Corte instaura, attraverso le sue sentenze, con i giudici (quelli che sollevano le questioni di legittimità costituzionale e gli altri che debbono tener conto della sua giurisprudenza): infatti, la peculiarità del sistema italiano fa sì che il giudizio costituzionale, pur essendo per natura oggettivo – finalizzato, cioè, a valutare la coerenza di una norma con le disposizioni costituzionali – non può trascurare che gli esiti dello stesso sono " rilevanti" sia per il processo che ha occasionato la questione di costituzionalità, sia per altri procedimenti giurisdizionali (in corso o futuri). Si instaura, altri termini, un *continuum* tra l'attività interpretativa del giudice costituzionale e quella dei giudici comuni.[22]

Per evitare l'insorgere di conflitti interpretativi tra le diverse giurisdizioni (in particolare con la Corte di cassazione) la Corte costituzionale si è preoccupata,

---

21. Cfr: C.COLAPIETRO, *Le sentenze additive e sostitutive della Corte costituzionale*, Pacini, Pisa, 1990. Per una sintesi dei tipi di sentenze additive: M.BELLOCCI, T. GIOVANNETTI, *Il quadro delle tipologie decisorie nelle pronunce della Corte costituzionale,* in www.cortecostituzionale.it/documenti.

22. Circa i rapporti tra giudice *a quo* e giudice costituzionale si rinvia ai lavori di:A. GARDINO,*Giudici e Corte costituzionale nel sindacato sulle leggi*, Giuffrè, Milano,1988; AA. VV., *Giudizio a quo e promovimento del processo costituzionale,*Giuffrè, Milano,1990

tuttavia, di tenere dei comportamenti idonei a evitare sovrapposizioni e conflitti tra le due giurisdizioni (ordinaria e costituzionale). A tale risultato si è pervenuti progressivamente sulla base di successive approssimazioni, sulla di un "dialogo" continuo tra le giurisdizioni.[23]

Prima, si è distinto tra l'interpretazione della normativa costituzionale (riservata al giudice costituzionale e vincolante per tutti gli operatori del diritto) e il significato della legislazione ordinaria, che deve emergere dal c.d. "diritto vivente", cioè da una "consolidata interpretazione giurisprudenziale, suffragata dall'esistenza di almeno una pronuncia della Corte di cassazione" (sentenza n. 356 del 1996). Quindi si è precisato che spetta al giudice comune, nell'esercizio dei suoi poteri interpretativi, pervenire a un'interpretazione delle disposizioni *secundum Costitutionem*, mentre si deve coinvolgere il giudice costituzionale (attraverso una questione di costituzionalità) soltanto se è impossibile realizzare un'interpretazione costituzionalmente corretta (ordinanza n. 19 del 2003).

L'anima "politica" del giudizio costituzionale, invece, ha evidenziato la preoccupazione di non interferire con la discrezionalità del Parlamento, tendendo presente che il controllo di legittimità della Corte costituzionale deve escludere "ogni valutazione di natura politica e ogni sindacato sull'uso del potere discrezionale del Parlamento" (art. 28 legge n. 87 del 1953). Pertanto, se la Corte non ha avuto remore – come abbiamo visto– a dichiarare l'illegittimità costituzionale di norme anteriori all'entrata in vigore della Costituzione, con riferimento alla legislazione successiva ha preferito ricercare – ove possibile – un "dialogo" con il Parlamento repubblicano.[24]

Gli strumenti che il giudice costituzionale ha utilizzato per scongiurare un "corto circuito" tra politica e giurisdizione sono stati molteplici.

Talvolta la Corte – quando ha dovuto affrontare questioni controverse, dotate di un elevato tasso di politicità – ha preferito che il vizio di costituzionalità fosse eliminato direttamente dal Parlamento con una nuova disciplina della materia: tale strategia è stata applicata, soprattutto, nei casi in cui l'annullamento avrebbe determinato un vuoto normativo, creato una lacuna giuridica pregiudizievole

---

23. A proposito della difficoltà nelle relazioni tra giurisdizione ordinaria e costituzionale nei sistemi accentrati, si vedano le mie considerazioni in: G. ROLLA, *L'interpretazione adeguatrice tra Tribunale costituzionale e giudici comuni in Spagna*, in *Giur. cost.*, 2010, 1865 ss. Sui difficili rapporti tra le giurisdizioni: P.CARETTI, U.DE SIERVO, *La Corte costituzionale e il potere giudiziario*, Giappichelli, Torino, 2005; A.GARDINO, *Giudici e Corte costituzionale nel sindacato sulle leggi*, Giuffrè, Milano, 1988;F.MANNELLA, *Giudici comuni e applicazione della Costituzione*, Editoriale Scientifico, Napoli, 201.;

24. Sui rapporti con il legislatore: P.PASSAGLIA, *Le Juge constitutionnel et le Législateur. L'expérience italienne*, Editions Universitaires européennes, Saarbruken, 2011; E.AJA, *Las tensiones entre el Tribunal Constitucional y el Legislador en la Europa actual*, Ariel, Barcelona, 1998.

per dei diritti fondamentali. In questi casi, le sentenze (attraverso *obiter* dicta) evidenziano i limiti della normativa impugnata, senza – però – annullarla.

Le espressioni linguistiche utilizzate sono assai varie (dal mero auspicio di revisione legislativa alla dichiarazione di incostituzionalità accertata ma non dichiarata o di "costituzionalità provvisoria"), ma possono essere riassuntivamente ricondotte alla formula delle c.d. sentenze "monito" con le quali il giudice costituzionale introduce una scissione logica tra il dispositivo e la motivazione: il primo determina il rigetto della questione di costituzionalità, la seconda – invece – lascia chiaramente intendere che la normativa impugnata presenta ben fondati dubbi di compatibilità con il dettato costituzionale, che dovranno essere rimossi con una nuova disciplina della materia.[25]

In altre situazioni, a partire soprattutto dalla seconda metà degli anni '80 e con un incremento costante nel tempo, la giurisprudenza costituzionale è stata impegnata a individuare un ragionevole punto di equilibrio tra la tutela dei diritti sociali e le compatibilità economiche e finanziarie contenute nelle scelte di bilancio, tra le aspettative sociali e i vincoli economici dai quali il Parlamento non può prescindere.[26] In diverse occasioni, la Corte costituzionale ha precisato che "il legislatore nel determinare l'ammontare delle prestazioni sociali può tener conto della disponibilità delle risorse finanziarie purché le sue scelte siano ragionevoli e rispettose del principio di proporzionalità "(sentenze n. 180/1982, n. 220/1988, n.73/1992, n. 485/1992 e n. 347/1997); così come ha considerato ammissibili contributi di solidarietà a carico delle pensioni di importo più elevato qualora trovino fondamento in una crisi contingente e grave del sistema previdenziale (sentenza n. 173 del 2016).

Più recentemente, infine, l'anima "politica" della Corte evidenzia un significativo allineamento della propria giurisprudenza ai processi di centralizzazione decisionale indotti dalle crisi economiche globali, soprattutto quando essi si richiamano (più o meno esplicitamente) ai vincoli conseguenti all'adesione dell'Italia all'Unione europea. A titolo di esempio, possiamo richiamare due decisioni. Nella sentenza n. 198 del 2012 il giudice costituzionale ha confermato la propria giurisprudenza secondo cui il legislatore statale può validamente imporre alle Regioni limiti generali di spesa e fissare criteri di bilancio orientati a ridurre

---

25. Una vasta eco ha suscitato la sentenza in cui il giudice costituzionale, in materia di sistema radiotelevisivo, ha dichiarato illegittimo non tanto il monopolio in sé, quanto le modalità con le quali era regolato e esercitato, provvedendo – altresì – ad evidenziare alcuni requisiti che avrebbe dovuto possedere una nuova disciplina della materia (sentenza n.225 del 1974). A tali criteri il Parlamento si è prontamente adeguato approvando la legge di riforma del sistema n. 103 del 1975

26. Cfr.,C.COLAPIETRO, *La giurisprudenza costituzionale nella crisi dello Stato sociale*, Cedam, Padova, 1996

le perdite finanziarie anche nelle materie rientranti nella loro competenza legislativa riservata (quindi, in materie sociali, sanitarie e assistenziali). Mentre nella sentenza n.198 del 2008 ha giustificato la capacità delle leggi statali di limitare l'autonomia statutaria delle Regioni al fine di porre un freno alle spese degli organi politici delle Regioni: nel caso di specie, il legislatore avere fissato un limite massimo agli emolumenti dei consiglieri regionali e al numero dei consiglieri e degli assessori.

6. Alcuni *trend* della giurisprudenza costituzionale: a) la fase di attuazione della Costituzione

Per valutare il ruolo assunto dalla Corte costituzionale nel sistema costituzionale italiano e i suoi rapporti con la società italiana non si può prescindere da una riflessione circa le principali tappe che hanno segnato la sua giurisprudenza di merito. A tal fine, i 62 anni di attività della Corte possono essere classificati secondo tre fasi: la prima, si caratterizza per l'annullamento di molte disposizioni illiberali approvate nel corso della Monarchia e del Fascismo; la seconda, a sua volta, spinge la giurisprudenza costituzionale a misurarsi con i temi principali di una società complessa in trasformazione; la terza, infine, affida alla Corte costituzionale un ruolo di "supplenza" dinanzi alle difficoltà delle istituzioni politiche di dirimere contraddizioni e contrapposizioni generate da alcuni fattori di crisi che hanno attraversato la società e l'economia di questi ultimi anni.

Il periodo che va dal 1956 alla metà degli anni '70 può qualificarsi come di "attuazione della Costituzione" o meglio di allineamento della legislazione ai nuovi principi introdotti dalla Carta costituzionale. Il giudice costituzionale ha sopperito ai ritardi del Parlamento nell'abrogare la legislazione anteriore alla nascita della Repubblica, assumendo un ruolo di primo piano nella democratizzazione dell'ordinamento giuridico italiano: ha, innanzitutto, disboscato la legislazione autoritaria risalente al periodo fascista, ma anche introdotto in materia di diritti orientamenti interpretativi alternativi rispetto a quelli delle supreme magistrature ordinarie.

Nella sua giurisprudenza iniziale si possono sia rinvenire i motivi dell'autorevolezza di cui quest'organo costituzionale gode all'interno della forma di governo italiana, sia apprezzare l'importante funzione di educazione civica che ha svolto, contribuendo a permeare la società dei nuovi valori codificati in Costituzione.

Rilevante è stato, ad esempio, l'impatto delle sue sentenze a tutela della libertà di manifestazione del pensiero, che viene depurata delle più odiose eredità del fascismo, quali le molte autorizzazioni di polizia (sentenza n.1 del 1956); della eguaglianza tra i sessi, dichiarando incostituzionale una disposizione del 1919 che escludeva le donne da una vasta categoria di impieghi pubblici (sentenza n. 33 del 1960); della libertà di riunione, per cui non vi è più l'obbligo di preavviso per le riunioni in luogo aperto al pubblico (sentenza n. 90 del 1970); della libertà di comunicazione, nel senso che le intercettazioni telefoniche debbono avvenire sempre sotto il controllo del giudice, che le deve adeguatamente motivare (sentenza n. 100 del 1968 e n. 34 del 1973).

Così come va apprezzata la sua giurisprudenza in tema di diritto di sciopero, che non ha solo finalità di natura retributiva, ma può essere esercitato a tutela di qualsiasi interesse dei lavoratori (sentenze n. 123 del 1962 e n. 141 del 1967); in tema di diritto alla salute, riconoscendo che la gravidanza può essere interrotta qualora la gestazione implichi un danno o pericolo grave per la salute della madre (sentenza n. 27 del 1975); in tema di limiti massimi della carcerazione preventiva, che debbono essere tali da non vanificare il principio di presunzione di non colpevolezza (sentenza n. 64 del 1970).

In questa prima fase, il giudice costituzionale fu percepito – sia dagli operatori giuridici che dall'opinione pubblica – come il principale difensore della Costituzione e dei valori in essa codificati. Ciononostante non vanno sottaciute alcune oscillazioni di giurisprudenza in relazione a temi culturalmente delicati relativi all' eguaglianza dei coniugi all'interno del matrimonio o alla legittimità delle pratiche anticoncezionali. In questi casi decisioni restrittive del collegio sono state successivamente modificate in ragione della mutata "sensibilità" dei componenti la Corte e delle modificazioni del costume sociale.

Rispetto alla normativa penale che puniva l'adulterio della sola moglie la Corte, in un primo momento aveva giustificato tale differenziazione di trattamento, ritenendo, per un verso, che tale deroga all'uguaglianza giuridica e morale dei coniugi fosse giustificata dal principio costituzionale dell'unità familiare e richiamandosi, per un altro verso, a un fattore metagiuridico secondo il quale l'infedeltà della moglie era considerata socialmente più grave di quella del marito (sentenza n. 64 del 1961). Tuttavia, in un differente contesto culturale (il 1968), la Corte costituzionale ha mutato orientamento, ritenendo prevalente il principio di eguaglianza tra i coniugi rispetto a quello di unità familiare (sentenza n. 126 del 1968).[27]

Inoltre, a proposito della normativa penale che puniva la propaganda dei metodi anticoncezionali, il giudice costituzionale dapprima ritenne che tale divieto non contrastava con la Costituzione nei casi "in cui le modalità di siffatta espressione si pongano in contrasto con il buon costume" (sentenza n. 9 del 1965);[28] ma successivamente ribalta il ragionamento precedente con la considerazione che la *ratio* della norma penale si ispirava all'obiettivo di incremento demografico

---

27. Vedi: L.CARLASSARE, *Una scelta politica della Corte: la depenalizzazione della relazione adulterina e del concubinato,* in *Giur.cost.*, 1969, 2659 ss.
28. Vedi: M.MAZZIOTTI, *Incitamento a pratiche contro la procreazione e Costituzione,* in *Giur.cost.*, 1965, 67 ss.

proprio del regime fascista, per cui non può considerarsi un limite legittimo alla libertà di manifestazione del pensiero (sentenza n. 49 del 1971).

Siffatti *revirement* giurisprudenziali dimostrano come il ragionamento giuridico della Corte costituzionale non si basi soltanto su di una interpretazione astratta delle norme che costituiscono l'oggetto e il parametro della questione di costituzionalità, ma tenga necessariamente conto dell'evoluzione del "costume " e dell'impatto che le sentenze possono produrre all'interno del corpo sociale (oltre che dell'ordinamento).

7. Alcuni *trend* della giurisprudenza costituzionale: la fase della "mediazione"

Dalla seconda metà degli anni '70 alla fine degli anni '90 la giurisprudenza costituzionale si è caratterizzata per due elementi. Sotto il profilo delle attribuzioni, in questo periodo l'attività della Corte costituzionale non si limita alle sole questioni di costituzionalità, ma si estende a tutte le competenze previste dalla Costituzione (con la sola eccezione della messa in stato di accusa del Presidente della Repubblica): è ricco il contenzioso tra lo Stato e le Regioni, sono numerosi i conflitti tra i poteri dello Stato e i giudizi di ammissibilità dei referendum.

Per quanto concerne, poi, il merito delle decisioni va considerato che l'oggetto del giudizio di costituzionalità non è più costituito dalla legislazione anteriore alla Costituzione, ma da leggi recenti, approvate dal Parlamento repubblicano: il che aumenta il tasso di "politicità" delle decisioni della Corte. In questa fase, la Corte affronta molti temi che caratterizzano una società che sta trasformando: sono rilevanti, ad esempio, le sentenze in tema di principio di eguaglianza sostanziale (in base al quale si riconosce la legittimità di azioni positive che mirino a evitare che "diversità di carattere naturale o biologico si trasformino in discriminazioni di destino sociale, sentenza n. 109 del 1993), di rapporti tra lo Stato e le confessioni religiose (ad esempio nella sentenza n. 508 del 2000 si afferma che l'atteggiamento dello Stato non può che essere di equidistanza e di imparzialità nei confronti delle confessioni religiose).

Inoltre, si arricchisce il ventaglio delle tecniche interpretative, dal momento che il giudice non si limita a verificare la compatibilità di una norma di legge con una disposizione costituzionale, ma deve spesso realizzare una mediazione equilibrata tra i diversi interessi e i valori coinvolti nella questione di costituzionalità.[29] Ad esempio, in materia di diritto alla salute, il giudice costituzionale ha precisato che il diritto ad ottenere determinati trattamenti sanitari è condizionato dall'attuazione che il legislatore ordinario ne dà attraverso il bilanciamento

---

29. Cfr., R.BIN, *Diritti e argomenti: il bilanciamento degli interessi nella giurisprudenza costituzionale,* Giuffrè, Milano, 1992.

dell'interesse tutelato da quel diritto con gli "altri interessi costituzionalmente protetti, tenuto conto dei limiti oggettivi che lo stesso legislatore incontra nella sua opera di attuazione in relazione alle risorse organizzative e finanziarie di cui dispone al momento" (sentenza n. 455 del 1990).

Inoltre, la giurisprudenza della Corte costituzionale risolve molte questioni valutando le scelte del legislatore con riferimento al principio di ragionevolezza, o di proporzionalità. Nel primo caso, si ritengono incostituzionali le scelte legislative che regolano situazioni differenti secondo criteri arbitrari, determinando una irrazionale contraddizione tra la finalità della legge e il contenuto della disposizione;[30] nel secondo caso, invece, si vuole evitare che il godimento di un diritto avvenga con modalità tali da comprimere i diritti altrui "oltre misura", cioè oltre quanto è necessario per esercitare un proprio diritto.[31]

Non sempre, tuttavia, è possibile od opportuno cercare un bilanciamento tra diritti fondamentali attraverso i principi di proporzionalità e di ragionevolezza, in quanto la garanzia del principio di eguaglianza richiede al giudice costituzionale di ampliare la platea dei soggetti interessati rispetto a quelli individuati dal legislatore. Sono frequenti in questo periodi i casi in cui la Corte, per assicurare una tutela effettiva dei diritti sociali e per evitare discriminazioni contrarie al principio di eguaglianza, ricorre sentenze c.d. "additive", in cui la dichiarazione di incostituzionalità colpisce una disposizione "nella parte in cui non prevede" o "non estende ad altri soggetti una determinata prestazione". Ciò è avvenuto con frequenza in materia di pubblico impiego, di diritto del lavoro e di previdenza sociale, di assistenza e di sanità pubblica.

Emblematiche di questa fase sono anche alcune pronunce in cui il giudice costituzionale modifica nel tempo la propria giurisprudenza in sintonia con l'evoluzione tecnologica che contraddistingue alcuni settori: emblematico appare, in proposito, il caso della disciplina del sistema radiotelevisivo in cui la Corte nella propria giurisprudenza ha cercato un delicato bilanciamento tra pluralismo delle idee (estrinsecazione della libertà di manifestazione del pensiero) e pluralismo economico (esistenza all'interno del settore di un regime effettivo di concorrenza).

---

30. Sul principio di ragionevolezza: G.SCACCIA, *Gli "strumenti della ragionevolezza nel giudizio costituzionale*, Giuffrè, Milano,2000; F.MODUGNO, *La ragionevolezza nella giustizia costituzionale*, Editoriale scientifica, Napoli, 2007;A.MORRONE, *Il custode della ragionevolezza*, Giuffrè,Milano,2000; L.D'ANDREA, *Ragionevolezza e legittimazione del sistema*, Giuffrè, Milano,2005.

31. Cfr., C.BERNAL PULIDO, *El principio de proporcionalidad y los derechos fundamentales*, CEPC, Madrid,2003; M.HEINTZEN, *Il principio di proporzionalità*, Mucchi, Modena, 20125; A.BARAK, *Proporzionality. Constitutional Rights and their limitations*, Cambridge University Press, Cambridge, 2012; A.MORRONE, *Il bilanciamento nello Stato costituzionale. Teoria e prassi nelle tecniche di giudizio nei confitti tra diritti e interessi costituzionali*, Giappichelli, Torino, 2014

In un prima momento, la Corte aveva ritenuto conforme a Costituzione il monopolio statale del sistema in considerazione della particolarità del mezzo tecnico: a suo avviso, la limitatezza delle frequenze disponibili e l'onerosità della gestione non avrebbero consentito un effettivo pluralismo, bensì una situazione di oligopolio pericolosa per il pluralismo delle idee e dell'informazione di conseguenza, si era premurata di assicurare il solo pluralismo interno all'azienda pubblica (sentenza n. 225 del 1974).

Successivamente, ha ritenuto che la libertà di iniziativa economica richiedesse l'esistenza anche di un pluralismo "esterno" del settore radiotelevisivo: di conseguenza, ha limitato la legittimità del monopolio all'ambito nazionale, ammettendo l'esercizio di una molteplicità di impianti in ambito locale (sentenza n. 202 del 1976). Infine, ha delineato un modello del settore ispirato alla formazione di un equilibrato sistema misto (pubblico-privato): per tale ragione, il giudice costituzionale ha ritenuto non conforme a Costituzione la norma che consentiva a un unico soggetto di detenere una quota di frequenze nazionali pari ad 1/4 di quelle disponibili (sentenza n. 420 del 1994).

8. Alcuni *trend* della giurisprudenza costituzionale recente: i rapporti tra scelte legislative e "questioni scientifiche controverse"

In questa ultima fase è aumentata la "politicità" dell'azione della Corte costituzionale e, di conseguenza, la sua la rilevanza all'interno del sistema politico ed istituzionale. Tale organo dovuto dirimere in questi anni contrapposizioni difficilmente mediabili, in quanto prodotte dalle molteplici "crisi" che hanno attraversato la vita istituzionale e sociale del paese: il difficile rapporto tra libertà individuali e sviluppo della scienza, la compressione dei diritti sociali da parte della crisi prodotte dai processi di internazionalizzazione finanziaria ed economica, la crisi delle forme tradizionali di rappresentanza politica con i conseguenti riflessi sul sistema elettorale.

In primo luogo, ha assunto una grande rilevanza – tanto sul piano sociale e culturale quanto su quello giuridico – la tematica dell'atteggiamento dei giuristi nei confronti delle c.d. "questioni scientifiche controverse": ci si è interrogati non solo sulle relazioni che dovrebbero intercorrere tra la scienza, la morale e il diritto , ma anche in merito al delicato equilibrio che deve intercorrere tra la libertà della ricerca scientifica – che per la Costituzione italiana gode di una tutela rafforzata o "privilegiata" – ed alcuni principi (dignità, libertà individuale) o diritti (salute, libertà religiosa, autodeterminazione del proprio corpo) costituzionali.[32]

---

32. Vedi: AA.VV., *Scienza e diritto nel prisma del diritto comparato,* Giappichelli, Torino, 2004; AA.VV., *Biotecnologie e valori costituzionali. Il contributo della giustizia costituzionale,* Giappichelli, Torino, 2005; P.VERONESI, *Il corpo e la Costituzione,* Giuffrè,

In sintesi, si può affermare che il giudice costituzionale, dovendo valutare la costituzionalità di alcune scelte del legislatore, ha individuato nel legislatore il soggetto primario cui compete operare un bilanciamento (il c.d. *definational balancing*), limitandosi a verificare se lo stesso conteneva un ragionevole e proporzionato equilibrio tra gli interessi e i diritti in potenziale conflitto. Nel compiere tale operazione ha assunto, in genere, un atteggiamento di cautela e di circospezione, preoccupandosi di non contrapporre un propria "visione", alternativa rispetto a quella codificata nella legge. Emblematica – e sotto alcuni aspetti anche "sconcertante" è il breve comunicato della Corte del 24 ottobre 2018 con il quale, a proposito della questione di legittimità costituzionale dell'art. 580 del codice penale che punisce l'istigazione o l'aiuto al suicidio, dopo aver rilevato che "l'attuale assetto normativo concernente il fine vita lascia prive di adeguata tutela determinate situazioni costituzionalmente meritevoli di protezione e da bilanciare con altri beni costituzionalmente rilevanti", non risolve il dubbio con una sentenza "additiva" o "additiva di principio", ma rinvia di un anno la trattazione della questione di costituzionalità di fine di "consentire in primo luogo al Parlamento di intervenire con un'appropriata disciplina".

Prevalentemente, la Corte preferisce fondare la *ratio decidendi* delle proprie decisioni su ciò che i giudici hanno allegato in sede di ordinanza di rimessione, parte da una presunzione di favore per valutazioni del legislatore, ritenendo che queste possano essere ribaltate soltanto nel caso in cui i dati scientifici su cui la legge si fonda siano "incontrovertibilmente erronei" (sentenza n. 114 del 1998). Se possibile, non entra nel merito scientifico dei problemi coinvolti: come ha avuto occasione di precisare, il fatto che una norma si fondi su di una base scientifica non certa determina necessariamente l'incostituzionalità di tale disciplina (sentenza n. 185 del 1998).

Tuttavia, l'atteggiamento di deferenza nei confronti del legislatore si ferma dinanzi alle "colonne d'Ercole" rappresentate dalla necessità di salvaguardare alcuni diritti come il diritto di autodeterminazione e alla salute, da un lato, e la libertà della ricerca scientifica, dall'altro lato.

Ad esempio, in caso di norme che invadono l'autonomia professionale dello scienziato o del professionista la Corte costituzionale ha affermato che non spetta al legislatore "stabilire direttamente e specificamente quali siano le pratiche terapeutiche ammesse", dal momento che in materia "la regola di fondo è costituita dalla autonomia e dalla responsabilità del medico che, sempre con il consenso del paziente, opera le scelte professionali basandosi sullo stato delle conoscenze

---

Milano, 2007; G.D'AMICO, *Scienza e diritto nella prospettiva del giudice delle leggi*, SGB, Messina, 2008; L.CHIEFFI, *Ricerca scientifica e tutela della persona*, ESI, Napoli, 1993; D.CARUSI, S, CASTIGLIONE (cur.), *In vita, in vitro, in potenza: lo sguardo del diritto sull'embrione*, Giappichelli, Torino, 2011.

a disposizione" (sentenza n. 282 del 2002). Mentre in un'altra decisione ha precisato che le valutazioni in tema di scelte terapeutiche non rientrano nella "pura discrezionalità politica del legislatore", il quale deve "tenere conto anche degli indirizzi fondati sulla verifica dello stato delle conoscenze scientifiche e delle evidenze sperimentali acquisite" (sentenza n. 8 del 2011). Sempre in coerenza con siffatto indirizzo giurisprudenziale ha ribadito che la legge deve riconoscere "al medico la possibilità di una valutazione sulla base delle più aggiornate e accreditate conoscenze tecnico scientifiche" (sentenza n. 151 del 2009).

Inoltre, nella medesima prospettiva, il giudice costituzionale si è riservata una funzione di "supplenza" in caso di particolari omissioni legislative, ritenendo che dinanzi a questioni delicate – nella fattispecie si trattava di un caso di disconoscimento di paternità da parte di un uomo che a suo tempo aveva consentito alla inseminazione artificiale eterologa della moglie – spetta "al giudice in caso di carenze legislativa assicurare una protezione effettiva ai beni costituzionali coinvolti" (sentenza n. 347 del 1998).

Importanti sono le argomentazioni con le quali il giudice costituzionale ha dichiarato l'incostituzionalità di alcune importanti norme della legge n. 40 del 2004 in materia di procreazione medicalmente assistita, ritenute lesive dei principi di dignità e di autodeterminazione individuale e del diritto alla salute.[33] Alcuni passi della motivazione sono, a nostro avviso, di particolare interesse: ad esempio, quando afferma che la scelta di una coppia di diventare genitori "costituisce espressione della fondamentale e generale libertà di autodeterminarsi", per cui un divieto assoluto imposto al suo esercizio deve essere "ragionevolmente e congruamente giustificato dall'impossibilità di tutelare altrimenti interessi di pari rango" (sentenza n. 162 del 2014).[34]

Sempre in materia medica, la Corte costituzionale ha considerato la volontà del paziente – da esprimersi attraverso l'istituto del "consenso informato" – un limite invalicabile per la legge, dal momento che tale istituto è riconducibile a due diritti fondamentali della persona (la salute e l' autodeterminazione). Secondo le argomentazioni del giudice costituzionale "ogni individuo ha il diritto a essere

---

33. Tra i molti contributi: AA.VV., *Dalla provetta alla Corte,* Giappichelli, Torino, 2008; C.CASONATO, T.E.FROSINI (cur.), *La fecondazione assistita nel diritto comparato,* Giappichelli, Torino, 2006.
34. Inoltre, sempre secondo il giudice costituzionale, un divieto assoluto di ricorrere alle tecniche di procreazione medicalmente assistita da parte di coppie fertili portatrici di malattie genetiche trasmissibili lede il diritto costituzionale alla salute e risulta irragionevolmente contradditorio rispetto a quanto già da tempo previsto dalla legge n.194 del 1978 (disciplina dell'aborto) che consente "l'interruzione volontaria (anche reiterata) di gravidanze naturali al fine di perseguire l'obiettivo di procreare un figlio non affetto dalla specifica patologia ereditaria" di cui la coppia è portatrice (sentenza n.94 del 2015).

curato e a ricevere le opportune informazioni in ordine alla natura e ai possibili sviluppi del percorso terapeutico" (sentenza n. 438 del 2008).

9. Alcuni aspetti della giurisprudenza costituzionale recente: b) il difficile equilibrio tra diritti e crisi economiche e politiche

Con gli anni '90 la società italiana appare caratterizzata, per un verso, dalla crisi degli equilibri politici contraddistinti da una crescente instabilità politica e, per un altro verso, dalle prime avvisaglie di un rallentamento dell'economia e da una crescita del debito pubblico. Il giudice costituzionale ha dovuto così misurarsi con l'impatto che i processi di internazionalizzazione finanziaria ed economica hanno avuto sulla qualità dei sistemi di *welfare* e, quindi, sui livelli di tutela di molti diritti costituzionali (con particolare riferimento a quelli sociali).[35]

In particolare, ha dovuto verificare se il legislatore abbia saputo trovare una ragionevole mediazione tra i vincoli posti dagli organismi internazionali ed europei (vincolo "esterno") e il rispetto della disciplina costituzionale in tema di diritti sociali (vincolo "interno").[36] Tale operazione ermeneutica, che ha impegnato la gran parte dei Tribunali costituzionali europei, è avvenuta sulla base di tecniche interpretative e decisorie differenti: ad esempio, il Tribunale costituzionale portoghese ha utilizzato il principio di eguaglianza e il criterio di ragionevolezza, ritenendo che il peso dei sacrifici debba essere ripartito tra le diverse categorie di cittadini in modo equilibrato e sulla base di un'adeguata motivazione (dimostrando, ad esempio, di aver esplorato la fattibilità di misure alternative rispetto a quelle prescelte). A sua volta, il Tribunale costituzionale federale di Germania ha introdotto uno specifico *test* finalizzato a verificare sia il rispetto dei criteri di effettività e di razionalità, sia se esiste la possibilità altre misure che rendano più adeguata la protezione dei diritti sociali.

Per contro, il giudice costituzionale italiano – pur dovendo tutelare la sostanza dei diritti sociali – ha assunto un atteggiamento di cautela, intraprendendo un percorso giurisprudenziale attento a non invadere "il terreno" riservato alla

---

35. Si è parlato, in proposito, di "diritti finanziariamente condizionati". Vedi: F.MERUSI, *Servizi pubblici instabili,* Il Mulino, Bologna, 1990, 30.
36. Vedi: C.SALAZAR, *Crisi economica e diritti fondamentali,* in *Spazio costituzionale e crisi economica,* Jovene, Napoli, 2015, 153 ss.; M.D'AMICO, F.BIONDI (cur.), *Diritti sociali e crisi economica,* Franco Angeli, Milano, 2017; S. GAMBINO (cur.), *Diritti sociali e crisi economica. Problemi e prospettive,* Giappichelli, Torino, 2015; L.BUSATTA, *La salute sostenibile,* Giappichelli, Torino, 2018, 83 ss.; B.BRANCATI, *Tra diritti sociali e crisi economica. Un difficile equilibrio per le Corti costituzionali,* Pisa University Press, Pisa, 2018; AA.VV., *La legge dei numeri: governance economica europea e marginalizzazione dei diritti,* Jovene, Napoli, 2016; I. CIOLLI, *Le ragioni dei diritti e il pareggio di bilancio,* Aracne, Roma, 2012.

discrezionalità politica del Parlamento. Tale percorso si è articolato in più fasi, non necessariamente cronologiche.

Innanzitutto, la Corte costituzionale ha tenuto in maggior considerazione (rispetto al passato) le conseguenze finanziarie delle sue pronunce: non solo può adottare ordinanze istruttorie finalizzate a quantificare gli oneri finanziari di eventuali decisioni di accoglimento, ma ha anche "creato" un nuovo tipo di sentenza (le c.d. le pronunce additive di principio), la consente di affermare la lesione di un diritto, ma anche di demandare al legislatore la scelta circa i modi con cui conseguire la copertura dei relativi costi (sentenza n. 243 del 1993). In altri termini, con questo tipo di sentenze si realizza una "distribuzione del lavoro" tra il giudice costituzionale – che indica il principio a cui rifarsi per sopperire al vizio di incostituzionalità – e il legislatore – che, nella sua discrezionalità politica deve dare seguito al principio, indicandone i mezzi e le relative coperture.

In altre decisioni la Corte ha riconosciuto la discrezionalità del legislatore nel modulare il contenuto dei diritti sociali, limitandosi a verificare se tale configurazione legale non ne vanifichi il contenuto essenziale: si è in presenza, in altri termini, di un "bilanciamento ineguale", nel senso che le ragioni finanziarie possono limitare la natura delle prestazioni sociali, purché in modo ragionevole e non eccessivo. Ad esempio, il giudice costituzionale ha ricondotto le scelte del legislatore al necessario principio di ragionevolezza, affermando che "le scelte connesse alla individuazione dei beneficiari – necessariamente da circoscrivere in ragione della limitatezza delle risorse disponibili- debbano essere operate sempre e comunque in ossequio al principio di ragionevolezza" (sentenza n.222 del 2013).[37]

Infine, la Corte ha individuato nel principio di dignità (che garantisce tutti gli individui indipendentemente dalla loro traiettoria di vita e dallo *status civitatis*) il confine oltre il quale la discrezionalità *legislativa non può spingersi*.[38] Ad esempio, si può richiamare l'orientamento del giudice costituzionale secondo cui alcune cure ospedaliere e ambulatoriali che costituiscono il nucleo essenziale del diritto alla salute devono essere erogate a favore di tutti, anche "indipendentemente dalla regolarità della posizione delle persone che ne beneficiano" (sentenza n. 299 del 2010).[39] Mentre in tema di diritto allo studio dei disabili ha precisato che "la sua effettività non può dipendere dalla certezza delle disponibilità finanziarie" e che

---

37. Cfr., P.BIANCHI (cur.), *La garanzia dei diritti sociali nel dialogo tra legislatore e Corte costituzionale*, Plus, Pisa, 2006; C.SALAZAR, *Dal riconoscimento alla garanzia dei diritti sociali: orientamenti e tecniche decisorie della Corte costituzionale a confronto*, Giappichelli, Torino, 2000.
38. E.CECCHERINI (cur.), *La tutela della dignità delll'uomo*, Editoriale scientifica, Napoli, 2008.
39. Cfr., F.BIONDI DAL MONTE, *Dai diritti sociali alla cittadinanza*, Giappichelli, Torino, 2013.

"il nucleo di garanzie minime per renderlo effettivo deve essere assicurato al di là di ogni esigenza di bilancio" (sentenza n. 275 del 2016).

Da ultimo, va evidenziato che recentemente la Corte ha dovuto misurarsi anche con problemi di ordine costituzionale prodotti dalla difficile governabilità del sistema politico, con particolare riferimento ai sistemi elettorali: in questo caso, il giudice costituzionale ha dovuto intervenire su un terreno normativo assai delicato in cui la linea di demarcazione tra discrezionalità e incostituzionalità non è sempre netta: ciò ha accresciuto il suo ruolo di mediatore nei conflitti "politici".

L'intervento del giudice costituzionale su temi inerenti ai sistemi elettori si è avuto in due momenti distinti: dapprima, negli anni '90, in sede di verifica dell'ammissibilità delle richieste de referendum abrogativo; quindi, più recentemente per verificare la legittimità costituzionale delle più recenti riforme elettorali.

L'intervento del giudice costituzionale si ha, innanzitutto, agli inizi degli anni '90, quando il "modello" introdotto dai costituenti – basato sulla centralità della democrazia rappresentativa, sul ruolo primario dei partiti politici nella formazione della rappresentanza politica, su di una formula elettorale di tipo proporzionale – entra in crisi in seguito all'azione repressiva della magistratura penale che fa emergere una diffusa corruzione e forme di finanziamento illecito dei partiti. In quegli anni si produce uno scollamento irrimediabile tra la c.d. "classe politica" e la società civile, che ha indotto a rivedere i modi di formazione della rappresentanza, di superare il ruolo (fino ad allora totalizzante) di mediazione dei partiti, di favorire la capacità del corpo elettorale di individuare direttamente la maggioranza di governo.

A tal fine, alcune associazioni e comitati di cittadini presentarono delle richieste di referendum per l'abrogazione della vigente legislazione elettorale con un duplice obiettivo: da un lato, sostituire la formula proporzionale per l'elezione del Senato con un sistema misto, prevalentemente maggioritario; dall'altro lato, sollecitare il Parlamento a rivedere l'intero impianto della normativa elettorale estendendo l'esito del referendum alla disciplina per l'elezione della Camera dei deputati.

In siffatto contesto, la Corte costituzionale ha svolto un ruolo arbitrale e di garanzia tra il Parlamento e i comitati promotori dei referendum in sede di verifica dell' ammissibilità delle richieste di referendum: ha ritenuto ammissibili richieste di referendum in materia elettorale, ma ha escluso che il referendum si possa trasformare da abrogativo a propositivo. (sentenza n. 47 del 1991).

Con la sua giurisprudenza successiva, la Corte costituzionale ha, poi, introdotto un vero e proprio decalogo comportamentale nel caso di richieste di abrogazione di leggi elettorali: le proposte di referendum non possono riguardare una legge elettorale nella sua interezza, i quesiti debbo essere omogenei e formulati in modo che dall'esito del referendum residui, comunque, una normativa immediatamente applicabile, in modo da garantire la "costante operatività dell'organo" (sentenza n. 13 del 2012).[40]

Successivamente, dal 2005 ad oggi, l'instabilità politica si è accentuata ed è emersa anche la difficoltà di esprimere delle maggioranze solide. Ad aggravare la situazione va ricordato che le varie leggi elettorali approvate in questi anni con l'obiettivo di favorire la governabilità del sistema politico sono state dichiarate in più parti illegittime dalla Corte costituzionale.[41]

Nel 2014, il giudice costituzionale ha dichiarato l'illegittimità costituzionale di vari aspetti del sistema elettorale delineato dalla legge n. 270 del 2005. In primo luogo, ha ritenuto che il premio di maggioranza previsto per l'elezione della Camera dei deputati e del Senato – suscettibile di trasformare una maggioranza anche esigua di voti in una maggioranza assoluta di seggi – non rispettasse i criteri di proporzionalità e di ragionevolezza, finendo per snaturare il principio fondamentale di eguaglianza del voto. Quindi, ha dichiarato che la scelta del legislatore di rimettere interamente ai partiti la formazione delle liste e l'ordine delle candidature fosse illegittima in quanto non consentiva all'elettore di esprimere almeno una preferenza sui candidati da eleggere (sentenza n. 1 del 2014).

Nel 2017, poi, la Corte ha dichiarato incostituzionale nei suoi elementi essenziali la legge elettorale n. 52 del 2015 nelle parti che riguardavano la disciplina del ballottaggio e la possibilità per i capilista di presentarsi in più collegi. Il primo aspetto (nella misura in cui consentiva di conseguire un ampio premio di maggioranza anche ad una lista che aveva avuto nel primo turno un consenso eseguo) configurava una lesione del principio di eguaglianza sotto il profilo della ragionevolezza: infatti, la lista più votata aveva una sovra rappresentazione dei parlamentari rispetto ai voti effettivamente conseguiti.

---

40. Circa i problemi di ammissibilità dei referendum in materia elettorale: F.LANCHESTER, *I referendum elettorali*, Bulzoni, Roma, 1992; S.BIANCOLATTE, *I referendum sulle leggi elettorali*, Roma, 2008; R.BIN (cur.), *Elettorali legislatori? Il problema dell'ammissibilità del quesito referendario elettorale*, Giappichelli, Torino, 1999. Più in generale si rinvia a: G.ROLLA, *I quesiti delle consultazioni popolari. Considerazioni alla luce dell'esperienza referendaria italiana*, in Nomos, , 2018.
41. Per ulteriori riferimenti sulla giurisprudenza costituzionale in materia si rinvia a :M. MININCLERI, *Il sindacato di legittimità costituzionale sulle leggi elettorali tra ruolo "legislativo" della Consulta, "moniti" al Parlamento ed ipotesi di introduzione del controllo preventivo*, in Consulta on line, 3,2017; G.FERRI (cur.),*Corte costituzionale e leggi elettorali delle Camere: problemi e prospettive dopo le sentenze n.1/2014 e n.35/2017*, ESI, Napoli, 2017; V.TONDI DELLA MURA, *Ma la discrezionalità legislativa non è uno spazio vuoto. Primi spunti di riflessione sulle sentenze della Consulta n.1/2014 e 35/2017*, in Diritti fondamentali,n.1, 2017;V. BALDINI, *Parlamentarismo, democrazia e disciplina elettorale: quel che la sentenza n.35/2017 dice e quel che (forse..) lascia intendere*, in Diritti fondamentali, 2017.

La possibilità per i capilista di presentarsi in numerosi collegi produceva, poi, secondo il giudice costituzionale un'alterazione del principio di rappresentanza, in quanto riservava alla piena discrezionalità del capolista (che poteva liberamente decidere per quale collegio optare e "scegliere" i primi tra i non eletti che divenivano, di conseguenza, deputati) il destino del voto di preferenza espresso dall'elettore Infine, il giudice costituzionale – con un *obiter dictum* – ha precisato che i sistemi elettorali debbono porsi l'obiettivo di "favorire la formazione di maggioranze parlamentari omogenee" per non compromettere il corretto funzionamento della forma di governo parlamentare (sentenza n. 35 del 2017).

49
PRINCIPIOS RECTORES EN DERECHOS HUMANOS

Gonzalo Aguilar Cavallo

Profesor de Derecho Internacional Público y Derechos Humanos de la Universidad de Talca. Doctor en Derecho. MA en Relaciones Internacionales. LLM en Derechos Humanos y Derecho Humanitario.

Sumario: 1. Introducción; 2. Valor de los principios en derechos humanos; 3. Identificación de los principios rectores substanciales en Derechos Humanos; 3.1. El Principio de Dignidad; 3.2. Principio de humanidade; 4. Conclusiones

1. Introducción

Detrás de toda norma existe un valor y un principio.[1-2] Es en este sentido que debemos entender los principios como justificación, explicación y sustento de toda la estructura y razonamiento normativo. Así, desde el punto de vista constitucional, en general las Constituciones están inspiradas en principios y valores básicos sobre los cuales descansan sus normas[3]. Es primordial asumir que el Derecho es un instrumento y que ese instrumento está al servicio de la persona y de la comunidad.

El punto de partida es la común y universal dignidad humana. El principio de dignidad del ser humano nos recuerda que cada ser humano tiene una inalienable y trascendente dignidad la cual da lugar a los derechos humanos. Este es el fundamento de una ética común y universal en el mundo contemporáneo, enten-

---

1. Este artículo se publica en el contexto del proyecto de investigación N° I000186, en el programa Investigador Inicial, financiado con fondos de la Dirección de Programas de Investigación de la Universidad de Talca.
2. El autor quiere agradecer la valiosa colaboración, la comprensión y el apoyo incondicional prestado por Rébecca Steward en la elaboración de este artículo. Evidentemente, cualquier error en el trabajo es de exclusiva responsabilidad del autor.
3. Valenzuela Somarriva, E.: *Criterios de hermenéutica constitucional aplicados por el Tribunal Constitucional*, Primera parte, Tribunal Constitucional, Santiago, 2005, p. 3.

dida como un conjunto de valores, principios y normas que guían la conducta y las acciones humanas. De lo anterior se sigue que las personas nunca deben ser tratadas como un medio o como un instrumento para ser usado para el beneficio de otros. Cada ser humano es igual en dignidad y derechos. Del mismo modo, cada comunidad humana, cada raza y cultura es igual en dignidad y derechos. Lo anterior determina el enfoque unitario y, consecuentemente, el principio de unidad de la familia humana, y, por lo tanto, el principio de unidad en el enfoque de los derechos humanos.

El razonamiento precedente, elemental en derechos humanos, nos ha conducido irremediablemente al tema de los principios en esta área del Derecho. Desde la perspectiva del ordenamiento jurídico interno, los derechos humanos se nutren tanto del Derecho Internacional como del Derecho Constitucional. Si bien, tanto en Derecho Internacional como en Derecho Constitucional, los principios generales son considerados fuente del derecho, no suele encontrarse un análisis de los principios generales en derechos humanos. Es claro que la relevancia de los principios generales es resaltada en el Derecho Internacional, al considerarlos como una fuente principal de este ordenamiento, según lo señala el artículo 38 del Estatuto de la Corte Internacional de Justicia[4]. Con todo, cuando hablamos de principios *en* derechos humanos queremos decir principios que actúan de alguna manera en materia de derechos humanos. Además, estos principios pueden ser principios propios *de* los derechos humanos, lo cual iremos relevando en cada caso en particular. Su identificación, su relevancia y la manera en que actúan es lo que nos proponemos abordar, concentrándonos en este caso, en un tipo específico de principios de la tipología planteada en este trabajo, nos referimos a los principios rectores substanciales.

En este estudio nos concentraremos en el análisis de los principios rectores substanciales en derechos humanos, por tanto conviene dejar claro desde el comienzo que no nos referiremos sino tangencialmente a otras categorías, como

---

4. "1. La Corte, cuya función es decidir conforme al derecho internacional las controversias que le sean sometidas, deberá aplicar:

   a. las convenciones internacionales, sean generales o particulares, que establecen reglas expresamente reconocidas por los Estados litigantes;

   b. la costumbre internacional como prueba de una práctica generalmente aceptada como derecho;

   c. los principios generales de derecho reconocidos por las naciones civilizadas;

   d. las decisiones judiciales y las doctrinas de los publicistas de mayor competencia de las distintas naciones, como medio auxiliar para la determinación de las reglas de derecho, sin perjuicio de lo dispuesto en el Artículo 59.

   2. La presente disposición no restringe la facultad de la Corte para decidir un litigio ex aequo et bono, si las partes así lo convinieren.". Artículo 38 del Estatuto de la Corte Internacional de Justicia.

podrían ser los principios orientadores y de interpretación. Para abordar esta materia, comenzaremos examinando someramente el rol y la importancia de los principios en derechos humanos, explicando, primeramente, en términos generales, la tipología de los principios en derechos humanos que proponemos (I) y, posteriormente, revisaremos el contenido y alcance de dos de los principales principios rectores substanciales en el área de los derechos humanos (II).

2. Valor de los principios en derechos humanos

Como se ha dicho, consideramos que es posible proponer una tipología general de los principios que actuarían en derechos humanos. Desde nuestra perspectiva, efectuar esta clasificación se configura como una exigencia de gran relevancia tanto para introducir un principio de racionalización en la actividad legislativa, en las propuestas de políticas públicas -en diversos ámbitos claves en el desarrollo nacional, tales como medio ambiente, salud, vivienda, educación, justicia social, etc.- y en las resoluciones administrativas y judiciales, como una manera de uniformar los criterios decisiorios jurisprudenciales, de tal modo que, esta clasificación, y en particular, estos principios que se proponen, tendrían un alto impacto en el terreno de los derechos humanos. En efecto, la relación entre principios y derechos, en derechos humanos, es trascendental y simétrica. Dicho de otro modo, los principios permiten establecer una línea directa con los derechos, vale decir, el sistema de derechos humanos se construye sobre la base de fuertes pilares, consistentes en los principios. Por tanto, la tipología de principios que actuaría en esta área, serían principios que estarían disponibles para jueces, legisladores y gobernantes, entre otros, cuando tuvieran que enfrentar y resolver situaciones relacionadas con derechos humanos. En este último sentido, desde nuestra perspectiva, prácticamente toda la vida en sociedad está vinculada con derechos humanos, transformándose así en un fenómeno aglutinante y englobante, de tal manera que muchas decisiones contemporáneas requieren la óptica de los derechos humanos.

De acuerdo con lo anterior, hemos optado por efectuar una tipología general de los principios, consistente en distinguir entre principios rectores, orientadores y de interpretación. Desde el punto de vista de su conceptualización, de acuerdo con el Diccionario de la Real Academia Española de la Lengua, el vocablo rector significa "que rige o gobierna". Dentro de estos principios, nosotros hemos establecido una subcategoría consistente en diferenciar los principios rectores substanciales de los principios rectores instrumentales. Por otra parte, de acuerdo con este mismo diccionario, orientador significa "que orienta" y la palabra orientar presenta varios significados, dentro de los cuales se encuentra "determinar la posición o dirección de algo respecto a un punto cardinal" o "dirigir o encaminar a alguien o algo hacia un lugar determinado" o "dirigir o encaminar a alguien o algo hacia un fin determinado". Finalmente, de acuerdo con este mismo diccionario, interpretador significa "que interpreta" e interpretación significa "acción y efecto de interpretar". Por su parte, interpretar significa, entre sus diversas acepciones "explicar o declarar el sentido de algo, y principalmente el de un texto" o "explicar acciones, dichos o sucesos que pueden ser entendidos de diferentes modos". Como se ha dicho, este estudio se concentra en el análisis de los principios rectores substanciales.

En el contexto de los principios, una primera característica que queremos resaltar desde el comienzo y que debe permanecer siempre en la mente del lector a lo largo de este trabajo es que los principios en derechos humanos -al igual que los derechos humanos- son universales y transversales a los ordenamientos, permean y nutren todos los sistemas jurídicos y esto último, es una particularidad importante. En derechos humanos no es posible hablar, como ocurre en otras áreas del derecho, de principios del derecho constitucional español o chileno, o incluso más, de principios de derechos humanos latinoamericano o interamericano. ¿Por qué? Porque los derechos humanos son universales e indivisibles y, por tanto, los principios que los rigen, siguen el mismo patrón. Puede haber matices o modelos de aplicación en base a aspectos nacionales, tal como fue reconocido en la Declaración y Programa de Acción de Viena de 1993, pero los principios en derechos humanos son los mismos para todos, para todas las comunidades y pueblos y para todos los sistemas jurídicos[5]. He aquí una razón fundamental para no hacer distinciones, tratándose de derechos humanos, entre derecho internacional y derecho interno. Además, este enfoque unitario o monolítico del edificio jurídico de los derechos humanos se corresponde con la realidad de la unidad de la familia humana y con el principio universalísimo de la dignidad humana. Esta es la razón por la cual el Derecho Internacional Público, a través de los derechos humanos, ha retomado su origen desplazándose lentamente hacia un derecho que, inspirado en el principio de humanidad, tiende a regir a la comunidad internacional compuesta de individuos, y de esto último, el Derecho Internacional Penal es una muestra patente.

En efecto, como se sabe, el surgimiento de los derechos humanos a nivel internacional se produjo en plenitud después de la Segunda Guerra Mundial. A partir de ese momento, comenzó a desarrollarse en el Derecho Internacional el interés por generar normas que tuvieran como preocupación central el individuo. Así, desde la perspectiva de una primera aproximación a los principios en

---

5. "Todos los derechos humanos son universales, indivisibles e interdependientes y están relacionados entre sí. La comunidad internacional debe tratar los derechos humanos en forma global y de manera justa y equitativa, en pie de igualdad y dándoles a todos el mismo peso. Debe tenerse en cuenta la importancia de las particularidades nacionales y regionales, así como de los diversos patrimonios históricos, culturales y religiosos, pero los Estados tienen el deber, sean cuales fueren sus sistemas políticos, económicos y culturales, de promover y proteger todos los derechos humanos y las libertades fundamentales". Vid. *Declaración y Programa de Acción de Viena*, Conferencia Mundial de Derechos Humanos, doc. A/CONF.157/23, 12 de julio de 1993.

derechos humanos, en la época actual, más que nunca antes, el Derecho Internacional Público se acerca verdaderamente hacia un *ius gestium* como lo entendían los latinos. Tal como lo ha señalado Peña, "los juristas romanos designaron este conjunto (no sistematizado) de normas como 'ius gentium', que es entendido en el sentido de 'derecho de todos los hombres'"[6]. En otras palabras, nuestra percepción apunta a señalar que el Derecho Internacional está experimentando un regreso al sentido inicial del *ius gentium*, gracias a la fuerte influencia de los derechos humanos, pero también del Derecho de los refugiados, del Derecho Internacional Penal y del Derecho del Medio Ambiente. En efecto, bajo la égida de los derechos humanos, y más particularmente de los principios en materia de derechos humanos, el Derecho Internacional tendencialmente vuelve a ser el derecho de todos los hombres y de todos los pueblos, pudiendo alcanzar incluso la característica de un derecho de toda la humanidad o de la comunidad universal. Una potente afirmación en el sentido de que *hominum causa omne jus constitutum est* -todo el derecho es creado para el beneficio del ser humano- ha sido sostenida por el Tribunal Penal Internacional para la ex Yugoslavia (en adelante el TPIY) en el *caso Tadic*. A través de una fórmula magistral, el Tribunal constató la realidad del Derecho Internacional, cuando afirmó que "the impetuous development and propagation in the international community of human rights doctrines, particularly after the adoption of the Universal Declaration of Human Rights in 1948, has brought about significant changes in international law, notably in the approach to problems besetting the world community. A State-sovereignty-oriented approach has been gradually supplanted by a human-being-oriented approach. Gradually the maxim of Roman law *hominum causa omne jus constitutum est* (all law is created for the benefit of human beings) has gained a firm foothold in the international community as well"[7]. Así, señala Peña que "[e]l ius gentium se basa en la consideración de que hay instituciones y normas jurídicas comunes a todos los pueblos, y esta tesis se deriva, no sólo de la verificación empírica de las coincidencias de este *ius gentium* con los derechos de los diferentes pueblos, sino también de la convicción, procedente del cosmopolitismo estoico, de la pertenencia de todos los hombres a una sociedad cósmica natural"[8].

---

6. Peña, J.: "Universalismo moral y derecho de gentes en Francisco de Vitoria", en *Rev. estud. hist.-juríd.* [online]. 2006, no. 28, p. 289-310 [citado 09 Diciembre 2007]. Disponible en: [http://www.scielo.cl/scielo.php?script=sci_arttext&pid=S0716-5455200600 00100008&lng=es&nrm=iso].

7. TPIY: *Prosecutor vs. Tadic*, caso n° IT-94-1-T, Decision on the Defense Motion for Interlocutory Appeal on Jurisdiction, Decisión of 2 octobre 1995, par. 97.

8. Peña, J.: "Universalismo moral y derecho de gentes en Francisco de Vitoria", en *Rev. estud. hist.-juríd.* [online]. 2006, no. 28, p. 289-310 [citado 09 Diciembre 2007]. Disponible en: [http://www.scielo.cl/scielo.php?script=sci_arttext&pid=S0716-54552006000 100008&lng=es&nrm=iso].

Junto con afirmar la transformación del Derecho Internacional, en gran medida gracias a los derechos humanos, hacia un derecho común de la humanidad y, por supuesto, verificar la universalidad de los derechos humanos y de sus principios, sostenemos que la base de todo orden jurídico residen en los principios, en particular, en los principios de derechos humanos. Al comenzar este estudio hemos señalado que detrás de toda norma existe un principio. El Derecho mismo se fundamenta, se sostiene y se justifica en base a estos. En este sentido, Maureira ha claramente señalado que "[l]a fuerza del derecho ya no es la de su naturaleza, sino la de los principios en los que se sostiene [...]"[9]. En esta línea de reflexión, desde hace tiempo que Virally señaló que los principios "son sinónimos de reglas jurídicas abstractas, que proporcionan las bases de un régimen jurídico susceptible de aplicarse a múltiples situaciones concretas, ya sea para reglamentarlas de manera permanente o para resolver las dificultades a las que dan origen"[10]. En consecuencia, y tal como propone De Cabo Martín, los derechos humanos y todo el sistema de derechos hay que construirlo a partir de los principios[11]. Es en este sentido que hay que entender lo dicho por Virally, en orden a que los principios "no siempre se presentan en la forma de una proposición normativa, sino a veces en la de un concepto (legítima defensa) (sic) [...] Esta formulación no los hace cambiar de naturaleza. Sólo condensa cierto número de normas jurídicas que no se pueden expresar en una fórmula lapidaria, más se deducen de ella de inmediato"[12].

En este orden de cosas, los principios son el fundamento del derecho, que como se sabe, excede los límites de la ley. Los principios representan los fines a los cuales debe ordenarse la correcta conducta humana, fines que vienen determinados por la conciencia jurídica, en este caso, de los sujetos de los derechos humanos. De acuerdo con lo señalado por Cançado Trindade, los principios son la manifestación de la conciencia jurídica y, en el caso del Derecho Internacional, los principios son el reflejo del *status conscientiae* de los sujetos del Derecho Inter-

---

9. Maureira Pacheco, M.: "La tripartición romana del derecho y su influencia en el pensamiento jurídico de la época Moderna", en *Rev. estud. hist.-juríd.* [online]. 2006, no. 28, p. 269-288 [citado 09 Diciembre 2007]. Disponible en: [http://www.scielo.cl/scielo.php?script=sci_arttext&pid=S0716-54552006000100007&lng=es&nrm=iso].

10. Virally, M.: "El papel de los principios en el desarrollo del Derecho Internacional", en Virally, Michel: *El devenir del Derecho Internacional: Ensayos escritos al correr de los años*. Fondo de Cultura Económica, México, 1998, p. 223.

11. De Cabo Martín, C.: *Teoría constitucional de la solidaridad*. Marcial Pons, Madrid, 2006, p. 51.

12. Virally, M.: "El papel de los principios en el desarrollo del Derecho Internacional", en Virally, Michel: *El devenir del Derecho Internacional: Ensayos escritos al correr de los años*. Fondo de Cultura Económica, México, 1998, p. 223.

nacional[13]. Por otro lado, Cançado Trindade también ha afirmado la conciencia jurídica universal como la fuente última de todos los derechos. En efecto, él ha señalado que "[…] en el campo de la ciencia del derecho, no veo cómo dejar de afirmar la existencia de una conciencia jurídica universal (correspondiente a la opinio juris comunis), que constituye, en mi entender, la fuente material por excelencia (más allá de las fuentes formales) de todo el derecho de gentes, responsable por los avances del género humano no sólo en el plano jurídico sino también en el espiritual. Lo que nos sobrevive es tan sólo la creación de nuestro espíritu, con el propósito de elevar la condición humana"[14].

La idea de que los principios representan los fines a los cuales debe ordenarse la conducta humana, en su aplicación, exige del juez, del parlamentario y de los agentes del gobierno, una interpretación teleológica en el orden de los derechos humanos y también en el ámbito del Derecho Constitucional. Una definición expresa del principio finalista o teleológico, como mecanismo de interpretación, se puede encontrar en la jurisprudencia del Tribunal Constitucional chileno, en la sentencia de 31 de enero de 2006 correspondiente al *Requerimiento que solicita la Declaración de Inconstitucionalidad de la actuación del Presidente del Senado y de la Comisión de Constitución, Legislación y Justicia y Reglamento de dicha Corporación, durante la tramitación del Proyecto de Reforma Constitucional que establece un principio proporcional y representativo en el sistema electoral*. En efecto, esta sentencia señala, entre otras cosas, ciertos criterios de interpretación de la Carta Fundamental, afirmando que el principio de interpretación "finalista o teleológico" postula que sobre el tenor literal de una disposición debe predominar la "finalidad" del precepto que la contiene, ya que este elemento revela con mayor certeza jurídica su verdadero alcance, puesto que las Constituciones no se escriben simplemente porque sí, sino que cada una de las normas tiene su *ratio legis* y su propia finalidad. Estos fines, en materia de derechos humanos y en el orden constitucional, pueden encontrarse en el capítulo relativo a las bases de la institucionalidad y, más específicamente, en el artículo 1º de la Constitución Política de la República de Chile. Además, los jueces constitucionales agregan la interpretación axiológica que "exige que la Constitución sea interpretada conforme a los principios y valores en que descansa; el que previene sobre la insuficiencia de recurrir sólo a las normas de interpretación de la ley, inaptas por si solas para determinar el sentido y alcance de los preceptos de la Constitución", y, también, entre

---

13. Cançado Trindade, A. A.: "International Law for Humankind: Towards a new *Jus Gentium*", en *General Course on Public International Law (I)*, RCADI Vol. 316 (2005), p. 85.
14. Corte IDH: *Caso Bámaca Velásquez vs. Guatemala*. Fondo. Sentencia de 25 de noviembre de 2000. Serie C No. 70. Voto razonado del juez Antônio Augusto Cançado Trindade, par. 16, p. 5.

otros muchos principios de interpretación constitucional, "el de la unidad de la Constitución".[15]

Así, como desde la Antigüedad se ha afirmado, el hombre "actúa correctamente según los principios, esto es, desde los fines desde los cuales razona". Estos fines desde los cuales razona el ser humano, en el terreno del derecho -y también de la política- y, particularmente, en el área de los derechos humanos, son, *inter alia*, el bien común y la dignidad del ser humano, a partir de los cuales se derivan o pueden desprender una serie de otros principios. En este orden de materias, el punto universal de referencia son los fines, así *lex importat ordinem ad finem*, de modo que, como se ha señalado *supra*, "en última instancia la ley es únicamente una función del fin que consideremos"[16]. Estos principios que traducen fines a los que se ordena la conducta humana fundamentan o explican o constituyen *la ratio regulae, id est*, la razón de ser de la regla jurídica. Dicho de otro modo, los principios son los fines a los cuales debe determinarse el comportamiento humano, y estos fines constituyen la razón que justifica la regla. Justamente, la naturaleza racional del hombre determina que su actuar se ordene *ex fine*. Coincidente con lo anterior ha sido la defensa que ha hecho de los principios Cançado Trindade, en cuanto *substratum* del orden legal y reafirmando que la articulación de los principios con la consideración de la humanidad tiene un importante rol que jugar en la evolución del derecho. En efecto, Cançado Trindade ha señalado que nadie puede "study the foundations of International Law making abstraction of its Basic principles, which form the *substratum* of the legal order itself. It is indeed the principles of International Law which, permeating the *corpus iuris* of the discipline, render it a truly normative system. Without those principles, the norms and rules of International Law would not have evolved, by their implementation, into a legal system. Those principles inspire the evolving *jus gentium*, in which basic considerations of humanity have an important role to play"[17].

Tanto desde el punto de vista del Derecho Internacional como desde la perspectiva del Derecho Constitucional los principios generales son fuente del derecho. En ese sentido, no hay mayor discrepancia entre los autores. Así, Virally

---

15. Sentencia del Tribunal Constitucional chileno, *Requerimiento que solicita la Declaración de Inconstitucionalidad de la actuación del Presidente del Senado y de la Comisión de Constitución, Legislación y Justicia y Reglamento de dicha Corporación, durante la tramitación del Proyecto de Reforma Constitucional que establece un principio proporcional y representativo en el sistema electoral*, de fecha 31 de enero de 2006, rol N° 464, considerando 6°.

16. Carpintero, F.: "Norma y principio en el 'Jus commune'". *Rev. estud. hist.-juríd.* [online]. 2005, no. 27, p. 283-308 [citado 09 Diciembre 2007]. Disponible: [http://www.scielo.cl/scielo.php?script=sci_arttext&pid=S0716-54552005000100013&lng=es&nrm=iso].

17. Cançado Trindade, A.A.: "International Law for Humankind: Towards a new *Jus Gentium*", en *General Course on Public International Law (I)*, RCADI Vol. 316 (2005), p. 85.

señala "sea cual fuere su naturaleza, todos los principios pueden constituir una fuente de inspiración para aquellos que participan en la formación del derecho. Por consiguiente, volviendo a una terminología clásica, forman un 'origen material' del derecho"[18]. Por su parte, Muñoz Conde señala, respecto de la posición jurídica de los principios en el sistema de fuentes, que puede afirmarse que "no cumplen una mera función supletoria, teniendo la condición de fuentes materiales básicas"[19]. Sin embargo, cuando pensamos en la manera cómo juegan estos principios en tanto fuente del derecho y, especialmente en cuanto a su valoración, aparecen las diferencias. Con todo, la visión y valoración que se tiene de los principios generales en cuanto fuente del derecho recobra su unidad monolítica y su coherencia integral cuando estamos hablando del Derecho de los Derechos Humanos, el cual se nutre, de la misma manera, de la normativa proveniente tanto desde el ámbito interno como internacional. En efecto, esta idea ha sido expresada por Maureira Pacheco cuando ha señalado que "[m]ientras el elemento de unidad más eminente del derecho estatal es el derecho del Estado soberano, en el Derecho Internacional desempeña tal papel la contemporánea doctrina de los Derechos Humanos [...]"[20]. Como se acaba de ver, uno de los criterios que ha sido afirmado por el Tribunal Constitucional ha sido el principio de la unidad del sistema legal. Este principio se extiende al orden de los derechos humanos y determina, por la aplicación del principio de la unidad de la familia humana, el enfoque unitario e integral maximizador del sistema de derechos humanos. Como se ha visto, en el terreno del orden constitucional, el Tribunal señaló que "[l]a Constitución es un todo orgánico y el sentido de sus normas debe ser determinado de manera tal que exista entre ellas la debida correspondencia y armonía, excluyéndose cualquiera interpretación que conduzca a anular o a privar de eficacia algún precepto de ella"[21]. Teniendo en mente que los principios generales son fuente del Derecho de los derechos humanos, hay que considerar que estos principios cumplen diversos roles o funciones.

Por ejemplo, la misma Corte Interamericana de Derechos Humanos (en adelante la Corte IDH) ha identificado o reconocido principios generales comunes a los Estados. En efecto, en la Opinión Consultiva 14/94, de 9 de diciembre de 1994, este órgano jurisdiccional señaló que "[s]egún el derecho internacional

---

18. Virally, M.: "El papel de los principios en el desarrollo del Derecho Internacional", en Virally, Michel: *El devenir del Derecho Internacional: Ensayos escritos al correr de los años*. Fondo de Cultura Económica, México, 1998, p. 234.
19. Álvarez Conde, E.: *Curso de Derecho Constitucional*, Vol. I, Tecnos, Madrid, 1992, p. 224.
20. Maureira Pacheco, M.: "La tripartición romana del derecho y su influencia en el pensamiento jurídico de la época Moderna", en Rev. estud. hist.-juríd. [online]. 2006, no. 28, p. 269-288 [citado 09 Diciembre 2007]. Disponible en: [http://www.scielo.cl/scielo.php?script=sci_arttext&pid=S0716-54552006000100007&lng=es&nrm=iso].
21. Sentencia del Tribunal Constitucional chileno, de fecha 31 de enero de 2006, rol N° 464, considerando 7°.

las obligaciones que éste impone deben ser cumplidas de buena fe y no puede invocarse para su incumplimiento el derecho interno. Estas reglas pueden ser consideradas como principios generales del derecho y han sido aplicadas, aún tratándose de disposiciones de carácter constitucional, por la Corte Permanente de Justicia Internacional y la Corte Internacional de Justicia [...]. Asimismo estas reglas han sido codificadas en los artículos 26 y 27 de la Convención de Viena sobre el Derecho de los Tratados de 1969"[22].

La importancia de los principios siempre ha sido reconocida en el derecho chileno. En efecto, en un informe del Fiscal de la Corte Suprema de 11 de febrero de 1837, frente a cuestionamientos sobrevenidos a propósito de una nueva ley de la época que ordenaba fundar los fallos, el Fiscal se refiere el entendimiento de "ley o leyes que le sean aplicables al pleito". En este contexto, señala que esto "ha ofrecido siempre y ofrecerá en el mundo, no sólo grave dificultad, sino aun absoluta imposibilidad en varias ocasiones, porque no se podría encontrar código que para cada caso particular de cuantos pueden ocurrir, contuviese una disposición terminante y adaptada como *ex profeso* a él. Más para esto sirven las máximas eternas de derecho natural, los principios generales de jurisprudencia, las leyes análogas y las decisiones de los tribunales y opiniones de los jurisconsultos, que esclarecen aquellos principios, descubren el espíritu de las leyes que pueden ser aplicables, y demuestra la extensión que puede dárseles a falta de otra disposición particular"[23].

Actualmente, en materia de derechos humanos, la Corte Suprema de Chile ha tenido una actividad particularmente copiosa en este sentido. En efecto, en el trascendental fallo *Molco*, la Corte Suprema menciona más de quince veces la expresión principios generales del derecho, principio de derecho de gentes o principio del Derecho Internacional, en apoyo de la fundamentación de su sentencia. Así por ejemplo, en el caso *Molco*, la Corte Suprema, reiterando una opinión pronunciada en 1998[24], señala expresamente que "la omisión de aplicar las disposiciones de los Convenios [de Ginebra] importa un error de derecho que debe ser corregido por la vía de este recurso, en especial si se tiene presente que de

---

22. Corte I.D.H.: *Responsabilidad Internacional por Expedición y Aplicación de Leyes Violatorias de la Convención* (arts. 1 y 2 Convención Americana sobre Derechos Humanos). Opinión Consultiva OC-14/94 del 9 de diciembre de 1994. Serie A No. 14, par. 35, p. 13; Cfr. Caso de las Comunidades Greco-Búlgaras (1930), Serie B, No. 17, p. 32; Caso de Nacionales Polacos de Danzig (1931), Series A/B, No. 44, p. 24; Caso de las Zonas Libres (1932), Series A/B, No. 46, p. 167; Aplicabilidad de la obligación a arbitrar bajo el Convenio de Sede de las Naciones Unidas (Caso de la Misión del PLO) (1988), pp. 12, a 31-2, par. 47.
23. Informe del Fiscal de la Corte Suprema de Justicia, febrero 11 de 1837, Bol. Lib. 7, núm. 54, p. 89.
24. Sentencia de la Corte Suprema de Chile, de fecha 9 de septiembre de 1998, Rol No 469, considerando 10.

acuerdo a los principios del Derecho Internacional, los tratados internacionales deben interpretarse y cumplirse de buena fe por los Estados, de lo que se colige que el derecho interno debe adecuarse a ellos y el legislador conciliar las nuevas normas que dicte a dichos instrumentos internacionales, evitando transgredir sus principios, sin la previa denuncia de los Convenios respectivos"[25].

En definitiva, la pregunta que se impone es ¿qué tipo de roles o funciones cumplen los principios en derechos humanos? Una primera aproximación posible para destacar la importancia de los principios en derechos humanos, aparte de la obvia derivada de su naturaleza de fuente de los derechos humanos, es confrontando la utilidad de estos principios, que podrían haber jugado un rol importante en ciertas decisiones jurisprudenciales que los omiten. En efecto, en el año 2005, la Corte Suprema de Chile, en el caso *Rioseco Montoya*, ha declarado que "los sentenciadores han establecido, además, que en virtud de la aplicación del PIDCP, los hechos investigados en esta causa deben ser calificados como crímenes de guerra y crímenes de lesa humanidad, que son imprescriptibles, conforme a los principios generales del derecho reconocidos por la comunidad internacional. La sentencia omite señalar cuáles son los criterios que los sentenciadores emplearon para determinar que los hechos investigados en esta causa eran crímenes de guerra y crímenes de lesa humanidad, conceptos no definidos en el PIDCP. También omitieron señalar dónde y cómo constan los principios generales de derecho reconocidos por la comunidad internacional con anterioridad al 5 de octubre de 1973, que impiden aplicar las normas generales de prescripción de la acción penal a tales ilícitos"[26].

Pero además, la misma Corte Suprema, afirmó respecto de la Convención sobre la Imprescriptibilidad de los Crímenes de Guerra y de los Crímenes de Lesa Humanidad, adoptada por la Asamblea General de las Naciones Unidas, mediante Resolución N° 2391 (XXIII), de 26 de noviembre de 1968, en vigor desde el 11 de noviembre de 1970 y del Estatuto de Roma de la Corte Penal Internacional, adoptado en Roma el 17 de julio de 1998, que ninguno de estos instrumentos internacionales había "sido aprobado por Chile hasta la fecha, en consecuencia, no era aplicable ni a la fecha de comisión del ilícito ni en la actualidad y, por tanto, no ha tenido la virtud de modificar ni tácita ni expresamente las normas sobre prescripción contempladas en el Código Penal"[27]. Desafortunadamente, el 27 de diciembre de 2007, la Corte Suprema de Chile repitió estos argumentos en el

---

25. Sentencia de la Corte Suprema de Justicia de Chile, Caso Molco, 13 de diciembre de 2006, Rol 559-04, considerando 11°; Sentencia de la Corte Suprema de Justicia de Chile, de fecha 9 de septiembre de 1998, rol N° 469, considerando 10°.
26. Sentencia de la Corte Suprema de Chile, caso Ricardo Rioseco Montoya, 4 de agosto de 2005, rol 457-05, considerando 11.
27. Sentencia de la Corte Suprema de Chile, caso Ricardo Rioseco Montoya, 4 de agosto de 2005, rol 457-05, considerando 12 y 13.

caso denominado Episodio Río Negro[28]. Como sabemos, con posterioridad, en esta materia, la Corte Suprema ha cambiado este criterio, haciendo aplicable en el orden jurídico interno, no sólo los principios generales, sino el derecho convencional internacional y el derecho consuetudinario.

Los principios de que trata este estudio tendrían la virtud de proporcionar herramientas al juez para evitar incurrir nuevamente en afirmaciones como las de más arriba y que están primordialmente estructuradas en aproximaciones sobre la base automática de la regla escrita y que no se sostienen conforme al Derecho de los Derechos Humanos del siglo XXI. En efecto, si el juez tuviera tan sólo una aproximación integral y sistemática a los casos de derechos humanos, soluciones discutibles como las precedentes no se plantearían. ¿Por qué? Porque el juez aplicaría todo el sistema de fuentes, interno e internacional -formal y material- y, no sólo intentaría buscar la solución determinada por la regla intena escrita. Y, asimismo, porque el juez aplicaría los principios de jerarquía y primacía de los derechos humanos que han sido reconocidos en el derecho y jurisprudencia internacional y comparada, tales como hacer primar la solución más ventajosa o favorable para la persona humana. Por consecuencia, a continuación entraremos a examinar un tipo específico de estos principios en derechos humanos, cuyo valor se acaba de examinar.

3. Identificación de los principios rectores substanciales en Derechos Humanos

En esta parte, en el proceso de identificación de los principios rectores substanciales, el análisis que se hace es de carácter eminentemente jurisprudencial, aun cuando se contempla, cuando cabe, la doctrina de los autores. Estos principios substanciales o esenciales al sistema mismo de los derechos humanos, son principios sin los cuales el orden de los derechos humanos no existe o deviene en algo diferente. Estos principios son substanciales porque responden al ser mismo de los derechos humanos y, por tanto, como los derechos humanos configuran una estructura ético normativa del sistema de derechos, estos principios reflejan, al mismo tiempo, un sistema de valores. En este contexto, conviene tener presente, por su pertinencia, la concepción de principios de Dworkin, En efecto, este autor llama "principio a un estándar que ha de ser observado, no porque favorezca o asegure una situación económica, política o social que se considera deseable, sino porque es una exigencia de la justicia, la equidad o alguna otra dimensión de la moralidad"[29]. En consecuencia, a través de la aplicación de estos principios, se obtienen respuestas en el orden jurídico, orientadas por los valores

---

28. Sentencia de la Corte Suprema de Chile, caso Episodio Río Negro, 27 de diciembre de 2007, rol 3925-05, considerando 6°, 7° y 8°.
29. Dworkin, R.: *Los derechos en serio*. Ariel, Barcelona, 1999 (4ª reimpresión), p. 72.

que constituyen el soporte de los derechos humanos, y, por consecuencia, de todo el ordenamiento jurídico. No pretendemos agotar aquí el análisis de todos los principios rectores substanciales, tan sólo resaltar dos de los más relevantes, nos referimos al principio de dignidad humana, y al principio de humanidad, que a continuación examinamos en ese mismo orden.

3.1. El Principio de Dignidad

El principio de la *Dignitatis Humanae* es un principio jurídico, pero también axiológico y fundante, de todo el ordenamiento, de cualquier ordenamiento jurídico, tanto interno como internacional. La dignidad es la cualidad del ser humano que lo hace acreedor siempre a un trato de respeto, porque ella es la fuente de los derechos humanos o fundamentales y de las garantías destinadas a protegerlos. Todos los sistemas jurídicos reconocen su existencia y su desarrollo en el principio elemental de la dignidad de la persona humana y de su manifestación social, esto es, grupos, comunidades y pueblos. La Constitución Política de la República de Chile reconoce expresamente este principio en su artículo 1° inciso 1° cuando señala que "[l]as personas nacen libres e iguales en dignidad y derechos". Tan fundamental es este principio para el ordenamiento interno chileno que encabeza el capítulo denominado "Las bases de la institucionalidad". El principio de dignidad reconocido expresamente en el artículo 1° de la Constitución chilena reenvía en materia de derechos al artículo 5° y al artículo 19 de la misma Constitución, lo cual demuestra la trascendencia de este principio en la construcción del edificio jurídico protector de los derechos humanos. En último término, este principio explica por qué los derechos humanos tienen como característica ser inalienables e irrenunciables.

Interesante resulta resaltar aquí que el reconocimiento expreso que se hace del principio de dignidad humana en la Constitución chilena es tremendamente cercano a la formulación de este mismo principio en la Declaración Universal de Derechos Humanos (en adelante DUDH) y en la Declaración Americana de Derechos y Deberes del Hombre (en adelante DADDH)[30]. En efecto, en el artículo 1° de la DUDH se señala que "[t]odos los seres humanos nacen libres e iguales en dignidad y derechos y, dotados como están de razón y conciencia, deben comportarse fraternalmente los unos con los otros". En este último sentido, el Instituto de Derecho Internacional ha reiterado este principio de dignidad y ha señalado, además, que del reconocimiento de la dignidad en la DUDH deriva la obligación *erga omnes* del Estado de asegurar la observancia de los derechos humanos[31]. Por

---

30. Ambas Declaraciones fueron adoptadas en 1948 y en el año 2008 se celebra su 60° aniversario.
31. "Human rights are a direct expression of the dignity of the human person. The obligation of States to ensure their observance derives from the recognition of this dignity as proclaimed in the Charter of the United Nations and in the Universal Declaration of

su parte, en el preámbulo de la DADDH se reconoce igualmente el principio de dignidad prácticamente en los mismos términos que en la DUDH, al señalar que "[t]odos los hombres nacen libres e iguales en dignidad y derechos y, dotados como están por naturaleza de razón y conciencia, deben conducirse fraternalmente los unos con los otros".

Los derechos humanos han nacido como un escudo de defensa frente a potenciales y actuales amenazas a la dignidad de la persona humana, comunidades y pueblos y para procurar su plena autorrealización. Incluso, la dignidad humana se encuentra al centro de cualquier intento de definición de la disciplina que estudia los derechos humanos. En efecto, René Cassin señaló que la ciencia de los derechos humanos es "una rama particular de las ciencias sociales que tiene por objeto estudiar las relaciones entre los hombres en función de la dignidad humana, determinando los derechos y facultades cuyo conjunto es necesario para la plena realización de la personalidad de cada ser humano"[32]. Realzando la vinculación entre dignidad y derechos humanos, Gros Espiell ha señalado que "la fuente de los derechos humanos es la noción de dignidad, noción de carácter universal, que permite dar a estos derechos, en todos los sistemas jurídicos y en todas las culturas, un fundamento común y unificador"[33]. Además, el Instituto de Derecho Internacional ha dicho claramente que los derechos humanos son la "expresión directa de la dignidad de la persona humana"[34]. Este concepto de la dignidad humana, fundante e inspirador de los derechos humanos, es a la vez expansivo e intensivo, en el sentido de que la primera prioridad es el ser humano, como centro y fin último de los proyectos de desarrollo y cooperación[35]. En esta misma línea, Nikken ha señalado que los derechos humanos son atributos de toda persona e inherentes a su dignidad, que el Estado está en el deber de respetar, garantizar o satisfacer"[36]. El profesor Gros Espiell, por su parte, ha indicado que "los derechos

---

Human Rights". Article 1. The Institute of International Law: *The Protection of Human Rights and the Principle of Non-intervention in Internal Affairs of Sates*. Session of Santiago de Compostela- 1989.

32. Vasak, K.: *Les dimensions internationales des droits de l'homme*. Unesco, Paris, 1978, pp. VIII y IX.
33. Gros Espiell, H.: «Droits de l'homme, droits de l'humanité», en *René Jean Dupuy, Une œuvre au service de l'humanité*, Unesco, Paris, 1999, pp. 15-32, especialmente, p. 19.
34. Article 1º de la résolution sur la protection des droits de l'homme et le principe de non-intervention dans les affaires intérieures des Etats, *Annuaire de l'Institut de droit international*, Session de Saint-jacques-de Compostelle, Vol. 63-11, Paris, 1990, p. 340.
35. Bernad y Álvarez de Eulate, M. y Gamarra Chopo, Y.: "Droit International, multiculturalisme et Construction de la Paix", *René Jean Dupuy, Une œuvre au service de l'humanité*, Unesco, Paris, 1999pp. 47-70, especialmente, p. 58.
36. Nikken, P.: *La garantía internacional de los derechos humanos*, Editorial Jurídica Venezolana, Caracas, 2006, p. 7.

humanos son atributos de todos los seres humanos, sin que ninguna suerte de discriminación o de exclusión pueda ser admitida"[37]. En nuestro concepto, los derechos humanos son criterios ético-normativos que actúan como parámetros de control de legitimidad y validez del resto de las normas del sistema jurídico en su globalidad. Los derechos humanos reflejan así, un derecho común derivado de la común pertenencia al género humano, lo que determina otra característica de estos derechos, su universalidad.[38]

Por otro lado, tal como señala Vasak y Nikken, dignidad humana y Estado de Derecho se encuentran estrechamente vinculados, así "el hombre no puede ser libre más que en un Estado libre"[39]. En este sentido, tal como ha afirmado Maureira, la fuerza del derecho reside en los principios en los que se sostiene y, particularmente, en la libertad[40]. En efecto, Nikken ha indicado que la vigencia de los derechos humanos es indisociable de una organización de los poderes públicos y de un orden jurídico orientado hacia el pleno respeto de la dignidad humana, dentro de un marco de seguridad y justicia, en el cual el norte del Estado sea el bien común"[41]. Este escudo de defensa no es único, pero es específico en el ordenamiento jurídico, y se rige por principios diferenciadores. Uno de estos principios es el de la dignidad de la persona humana, reconocido por Cançado Trindade en su voto razonado en el caso de La Cantuta, cuando asevera que "la Corte dio por probado que los "restos óseos calcinados "encontrados en Cieneguilla correspondían a un "entierro secundario", por cuando ya "habían permanecido en otras fosas" y, luego de haber sido extraídos y quemados ("los cuerpos fueron quemados en estado de putrefacción"), fueron "depositados y enterrados en la zona de Chavilca" (sic). O sea, la violación del principio de la dignidad de la persona humana se dio tanto en la vida como en la pos-vida"[42].

---

37. Gros Espiell, H.: «Droits de l'homme, droits de l'humanité», en *René Jean Dupuy, Une œuvre au service de l'humanité*, Unesco, Paris, 1999, pp. 15-32, especialmente, p. 19.
38. Peña, J.: "Universalismo moral y derecho de gentes en Francisco de Vitoria", en *Rev. estud. hist.-juríd.* [online]. 2006, no. 28, p. 289-310 [citado 09 Diciembre 2007]. Disponible en: [http://www.scielo.cl/scielo.php?script=sci_arttext&pid=S0716-54552006000100008&lng=es&nrm=iso].
39. Vasak, K.: «La réalité juridique des droits de l'homme», en Vasak, Karel: *Les dimensions internationales des droits de l'homme*. Unesco, Paris, 1978, p. 3.
40. Maureira Pacheco, M.: "La tripartición romana del derecho y su influencia en el pensamiento jurídico de la época Moderna", en *Rev. estud. hist.-juríd.* [online]. 2006, no. 28, p. 269-288 [citado 09 Diciembre 2007]. Disponible en: [http://www.scielo.cl/scielo.php?script=sci_arttext&pid=S0716-54552006000100007&lng=es&nrm=iso].
41. Nikken, P.: *La garantía internacional de los derechos humanos*, Editorial Jurídica Venezolana, Caracas, 2006, p. 14.
42. Corte I.D.H.: *Caso La Cantuta vs. Perú*. Sentencia sobre fondo, reparaciones y costas. Sentencia de 29 de noviembre de 2006. Serie C N° 162. Voto razonado del juez A. A. Cançado Trindade, par. 10.

El concepto mismo de derechos humanos y, en general, todo el sistema y subsistemas normativos y de protección y garantía de los derechos humanos tienen un fundamento objetivo, son demandas o exigencias derivadas de la dignidad humana, de lo que cabe concluir "la prohibición de reducir la persona a un simple instrumento al servicio de fines ajenos"[43]. En este contexto, desde la perspectiva de los derechos humanos, la humanidad representa la convergencia de una gran comunidad de valores comunes y compartidos. Justamente, ésta es la explicación normativa de la existencia de los derechos humanos, derechos a los cuales les ha cabido la misión de llevar adelante la lucha, la verdadera lucha del tercer milenio, para enfrentar y derrotar el mal esencial de la humanidad, que ya, a principios del siglo XX, era denunciado por la francesa Simone Weil, cual es "la sustitución de los medios a los fines"[44]. De la misma manera, Nikken ha destacado que los derechos humanos "han sido el producto de un sostenido desarrollo histórico, dentro del cual las ideas, el sufrimiento de los pueblos, la movilización de la opinión pública y una determinación universal de lucha por la dignidad humana, han ido forzando la voluntad política necesaria para consolidar una gran conquista de la humanidad, como lo es el reconocimiento universal de que toda persona tiene derechos por el mero hecho de serlo"[45].

Desde la perspectiva comparada, otro indicador que puede permitirnos concluir que el principio de dignidad es un principio rector, vital en la actividad constitucional, en particular en el orden de los derechos humanos, es la interpretación y aplicación que tribunales estadounidenses han hecho de la Octava Enmienda introducida a la Constitución de los Estados Unidos. El texto de la Octava Enmienda es el siguiente: "Excessive bail shall not be required, nor excessive fines imposed, nor cruel and unusual punishments inflicted". Se ha determinado por la Corte Suprema de Estados Unidos que esta enmienda se aplica exclusivamente a procedimientos penales[46]. Esta enmienda se refiere a las fianzas, las multas y los castigos excesivos, crueles e inusuales. La Corte Suprema estadounidense destacó como un principio sobre el que descansa la Octava Enmienda constitucional, el principio de la dignidad humana. En efecto, en el *caso Trop v. Dulles* de 1958, la Corte Suprema afirmó "[t]he basic concept underlying the Eighth Amendment

---

43. Escobar, Guillermo: *Introducción a la teoría jurídica de los derechos humanos*, Trama, Madrid, 2005, p. 17.
44. Weil, S.: *Réflexions sur les causes de la liberté et de l'oppression sociale*, Gallimard, 1955, reimpression 2004, p. 60.
45. Nikken, P.: *La garantía internacional de los derechos humanos*, Editorial Jurídica Venezolana, Caracas, 2006, p. 13.
46. Cfr. *Ingraham v. Wright*, 430 U.S. 651, 667 (1977). En este caso, la Corte señaló que las restricciones constitucionales, si es que hay alguna, a la disciplina escolar deberían encontrarse en la cláusula del debido proceso.

is nothing less than the dignity of man. While the State has the power to punish, the Amendment stands to assure that this power be exercised within the limits of civilized standards"[47]. Este principio de la dignidad humana, el cual se encuentra a la base de los preceptos constitucionales y, en general, de los valores y espíritu constitucional, ha sido confirmado por la Corte Suprema de Estados Unidos en el caso *Atkins v. Virginia* de 2002[48].

La Corte IDH ha recurrido en varias oportunidades al concepto de dignidad y, más propiamente, al principio de dignidad. En efecto, en el orden de las Opiniones Consultivas, la Corte IDH ha resaltado el principio de dignidad como un principio rector en materia de derechos del niño, al señalar que, *inter alia*, "este principio regulador de la normativa de los derechos del niño se funda en la dignidad misma del ser humano"[49]. Por otra parte, desde la perspectiva de la jurisdicción contenciosa, en el caso *Velásquez Rodríguez*, a propósito de la desaparición forzada de personas, la Corte afirmó claramente que "ninguna actividad del Estado puede fundarse sobre el desprecio a la dignidad humana"[50]. En este mismo caso, la Corte, refiriéndose al principio de dignidad en relación con las restricciones al poder estatal señaló que "[e]l ejercicio de la función pública tiene unos límites que derivan de que los derechos humanos son atributos inherentes a la dignidad humana y, en consecuencia, superiores al poder del Estado"[51].

En el caso *Loayza Tamayo*, la Corte IDH, en materia de integridad física y psíquica de las personas relacionada con reclusiones o privaciones a la libertad en situaciones carcelarias, señaló, "[t]odo uso de la fuerza que no sea estrictamente necesario por el propio comportamiento de la persona detenida constituye un atentado a la dignidad humana en violación del artículo 5 de la Convención Americana"[52]. Además, en el *caso Suárez Rosero*, en materia de limitación de la incomunicación de los reclusos, el mismo tribunal se refirió expresamente al

---

47. Vid. *Trop v. Dulles*, 356 U.S. 86 (1958). Certiorari to the United States Court of Appeals for the Second Circuit. [http://www.law.cornell.edu/supct/html/historics/USSC_CR_0356_0086_ZO.html#356_US_86n33ref].
48. Vid. *Atkins v. Virginia* (00-8452) 536 U.S. 304 (2002). [http://www.law.cornell.edu/supct/html/00-8452.ZO.html].
49. Corte I.D.H.: *Condición Jurídica y Derechos Humanos del Niño*. Opinión Consultiva OC-17/02 de 28 de agosto de 2002. Serie A No. 17, par. 56, p. 61.
50. Corte I.D.H.: *Caso Velásquez Rodríguez vs. Honduras*. Sentencia de 29 de julio de 1988. Serie C N°4, par. 154, p. 32.
51. Corte I.D.H.: *Caso Velásquez Rodríguez vs. Honduras*. Sentencia de 29 de julio de 1988. Serie C N°4, par. 1654, p. 34.
52. Corte I.D.H.: *Caso Loayza Tamayo vs. Perú*. Sentencia de 17 de septiembre de 1997. Serie C N°33, par. 57, p. 28; Cfr. Corte IDH: *Caso Bámaca Velásquez vs. Guatemala*. Fondo. Sentencia de 25 de noviembre de 2000. Serie C No. 70, par. 155, p. 71; Corte IDH: *Caso Cantoral Benavides vs. Perú*. Fondo. Sentencia de 18 de agosto de 2000. Serie C No. 69,

principio de dignidad, con base en el artículo 5.2. de la Convención Americana de Derechos Humanos (CADH), y señalando que "el aislamiento del mundo exterior produce en cualquier persona sufrimientos morales y perturbaciones psíquicas, la coloca en una situación de particular vulnerabilidad y acrecienta el riesgo de agresión y arbitrariedad en las cárceles"[53].

Asimismo, la Corte IDH ha confirmado el principio de dignidad en su sentencia en el *caso Montero Aranguren*, cuando ha señalado las obligaciones generales que surgen a partir de la CADH, dentro de las cuales está la obligación de adoptar las medidas necesarias para crear un marco normativo adecuado, la obligación de establecer un sistema de justicia efectivo y la obligación de "salvaguardar el derecho a que no se impida el acceso a las condiciones que garanticen una existencia digna"[54].

En este mismo caso *Montero Aranguren y otros*, sobre condiciones de detención de los privados de libertad, la Corte IDH ha sido enfática en reafirmar el valor y trascendencia del derecho a la vida y del derecho a la integridad personal, ambos derechos que forman parte del núcleo duro inderogable de los derechos humanos y que se asientan, son delimitados y llenados de contenido por el principio de dignidad inherente al ser humano, a partir del cual el órgano jurisdiccional extrae consecuencias concretas de estos derechos. En efecto, en este caso, la Corte ha señalado que "[e]n lo que se refiere a personas privadas de la libertad el propio artículo 5.2 de la Convención establece que serán tratadas con el respeto debido a la dignidad inherente al ser humano. De conformidad con el artículo 27.2 de la Convención este derecho forma parte del núcleo inderogable, pues se encuentra consagrado como uno de los que no puede ser suspendido en casos de guerra, peligro público u otras amenazas a la independencia o seguridad de los Estados Partes. En tal sentido, los Estados no pueden alegar dificultades económicas para justificar condiciones de detención que sean tan pobres que no respeten la dignidad inherente del ser humano"[55]. En concordancia con lo anterior, en una sentencia pronunciada por un juez de Garantía chileno, en un caso relativo al trato

---

par. 96, p. 37; Corte IDH: *Caso Castillo Petruzzi y otros vs. Perú*. Fondo, Reparaciones y Costas. Sentencia de 30 de mayo de 1999. Serie C No. 52, par. 197, p. 61.

53. Corte I.D.H.: *Caso Suárez Rosero vs. Ecuador*. Fondo. Sentencia de 12 de noviembre de 1997. Serie C No. 35, par. 88, 89, 90, p. 25.
54. Corte IDH: *Caso Montero Aranguren y otros (Retén de Catia) vs. Venezuela*. Sentencia de 5 de julio de 2006. Serie C N°150, par. 66; Cfr. Corte I.D.H.: *Caso Baldeón García*. Sentencia de 6 de abril de 2006. Serie C No. 147, par. 85; Corte I.D.H.: *Caso de la Comunidad indígena Yakye Axa*. Sentencia de 17 de junio de 2005. Serie C No. 125, par. 161, y Corte I.D.H.: *Caso "Instituto de Reeducación del Menor"*. Sentencia de 2 de septiembre de 2004. Serie C No. 112, par. 152 y 153.
55. Corte IDH: *Caso Montero Araguren y otros (Retén de Catia) vs. Venezuela*. Sentencia de 5 de julio de 2006. Serie C N°150, par. 85, p. 44; Cfr. ECHR, Case of I.I v Bulgaria.

recibido por reclusas en un centro de detención femenino, el juez ha condenado como atentatorio contra la dignidad de la persona humana, que el registro corporal implicando la desnudes de las internas, haya sido presenciado y filmado por agentes varones del penal, quienes posteriormente reexhibieron la cinta y hacían mofa con contenido sexual contra las reclusas. En este caso, el tribunal señaló claramente en relación con el principio de dignidad, que "Gendarmería de Chile es mucho más que una organización de carceleros; es más bien, una institución formada por servidores públicos que tienen como misión hacer carne, respecto de los privados de libertad, el mandato constitucional que señala que el Estado está al servicio de la persona y su deber es promover el bien común", y complementa su aseveración afirmando que las internas han sido lesionadas "en uno de los pocos bienes que en su despojo les queda: su dignidad"[56].

A propósito de lo anterior, considerando la íntima relación que existe entre privacidad, intimidad y dignidad, en el caso sobre la *Ley que crea la Unidad de Análisis Financiero*, el Tribunal Constitucional, en 2003, ha señalado que "la Carta Fundamental asegura a todas las personas, sin distinción ni exclusión alguna, en su artículo 19 N° 4 inciso primero, "El respeto y protección a la vida privada y pública y a la honra de la persona y de su familia." En tal sentido considera esta Magistratura necesario realzar la relación sustancial, clara y directa, que existe entre la dignidad de la persona, por una parte, y su proyección inmediata en la vida privada de ella y de su familia, por otra, circunstancia que vuelve indispensable cautelar, mediante el respeto y la protección debidas, ese ámbito reservado de la vida, en el cual no es lícito penetrar sin el consentimiento del afectado, de un lado, o por decisión de la autoridad fundada en la ley que hubiere sido dictada con sujeción a la Constitución, de otro"[57].

En el mismo sentido, el Tribunal Constitucional chileno, en la sentencia pronunciada en el caso de *Clodomiro Almeyda*, se refirió expresamente al principio de dignidad del hombre como un principio rector y vital del ordenamiento jurídico interno, particularmente, pero no exclusivamente, en materia de derechos humanos. En efecto, este Tribunal señaló que "[...] el ordenamiento institucional estructurado por la Constitución de 1980 descansa sobre ciertos principios y valores básicos, entre los cuales, cabe señalar, por su íntima vinculación con el problema que se analiza, los siguientes: la libertad del hombre, que los derechos

---

Judgment of 9 June 2005. Application No. 44082/98, par. 77; ECHR, Case of Poltoratskiy v. Ukraine. Judgment of 29 April 2003. Application No. 38812/97, par. 148.

56. Sentencia del Juez del 12° Tribunal de Garantía de Santiago, don Jorge Sáez Martín, de fecha 31 de diciembre de 2007, RIT 926-2006, considerando duodécimo.
57. Sentencia del Tribunal Constitucional de Chile, caso sobre Proyecto de Ley que crea la Unidad de Análisis Financiero y modifica el código Penal en materia de lavado y blanqueo de activos, de fecha 28 de octubre de 2003, Rol° 389-2003, considerando 17.

fundamentales de la persona humana son anteriores y superiores al Estado y a la Constitución, razón por la cual ésta no los crea sino que los "reconoce y asegura"; que el Estado en cumplimiento de su finalidad propia, cual es promover el bien común, debe darles segura y eficaz protección debiendo destacarse, en la especie, "la seguridad y certeza jurídica"; que el ejercicio de la soberanía que se realiza por el pueblo y por las autoridades que la Constitución establece reconoce como limitación el respeto a los derechos esenciales que emanan de la naturaleza humana [...] Todos estos principios se encarnan en disposiciones concretas de la Carta Fundamental como lo son, entre otros, los artículos 1°, 4°, 5°, inciso segundo [...] Estos preceptos no son meramente declarativos sino que constituyen disposiciones expresas que obligan a gobernantes y gobernados tanto en sí mismas, como también, en cuanto normas rectoras y vitales que coadyuvan a desentrañar el verdadero sentido y espíritu del resto de las disposiciones de la Constitución"[58].

Esta misma idea, a propósito del principio de dignidad, como un principio capital dentro del ordenamiento interno chileno, e incluso, ha sido reiterada en el caso sobre la *Ley que crea la Unidad de Análisis Financiero*, donde el Tribunal Constitucional ha señalado que "cabe recordar, primeramente, por ser base del sistema institucional imperante en Chile, el artículo 1° inciso primero de la Constitución, el cual dispone que "Las personas nacen libres e iguales en dignidad y derechos." Pues bien, la dignidad a la cual se alude en aquel principio capital de nuestro Código Supremo es la cualidad del ser humano que lo hace acreedor siempre a un trato de respeto, porque ella es la fuente de los derechos esenciales y de las garantías destinadas a obtener que sean resguardados"[59]. En este caso, claramente ha afirmado el Tribunal Constitucional que la dignidad es la fuente de los derechos humanos.

Como se ha dicho, la dignidad humana hace que los derechos humanos sean inalienables e irrenunciables y, a su vez, estos derechos, como se verá a continuación, imponen la exigencia de un trato mínimo de humanidad.

3.2. Principio de humanidad

Este es un principio de derechos humanos compartido, toda vez que opera directamente en el ámbito del Derecho Internacional Humanitario (DIH), pero también resulta aplicable en el terreno de los derechos humanos. Lo incluimos aquí por cuanto se trata de un principio que se encuentra estrechamente vinculado con el soporte ético de los derechos humanos y, por tanto, con los derechos hu-

---

58. Sentencia del Tribunal Constitucional, caso de Clodomiro Almeyda, de fecha 21 de diciembre de 1987, Rol N° 46, considerandos 19 a 21, pp. 26 y 27.
59. Sentencia del Tribunal Constitucional de Chile, caso sobre Proyecto de Ley que crea la Unidad de Análisis Financiero y modifica el código Penal en materia de lavado y blanqueo de activos, de fecha 28 de octubre de 2003, Rol ° 389-2003, considerando 17.

manos mismos. Por lo demás, el principio de humanidad representa una cláusula de tratamiento humano de las personas protegidas, especialmente civiles, esto es, representa la exigencia mínima de comportamiento durante una situación de conflicto. En estas situaciones confluyen desde el punto de vista normativo todo el *corpus iuris* del DIH y del Derecho Internacional de los Derechos Humanos (DIDH), razón por la cual los principios elementales de humanidad –que forman parte definitivamente del dominio del *ius cogens*- abarcan consideraciones jurídicas provenientes tanto del DIH como del DIDH, y a veces, provenientes, del mismo modo, del Derecho Internacional de los Refugiados[60]. En efecto, el principio de humanidad contiene normas humanitarias mínimas y está constituido por consideraciones básicas elaboradas a partir de la dignidad misma del ser humano, que implican que este último debe ser tratado, al menos, con las consideraciones elementales que emanan de esa dignidad, y no de otra manera. Estas consideraciones humanitarias mínimas rigen en todo tiempo y en todo lugar, cualquiera sea la situación fáctica, incluso en las circunstancias mas difíciles. Así lo ha dicho, por lo demás, la jurisprudencia internacional, aplicando reglas de lógica y sentido común. En efecto, en el famoso *caso Tadic*, el Tribunal Penal Internacional para la ex-Yugoslavia (en adelante el TPIY) señaló, "[i]ndeed, elementary considerations of humanity and common sense make it preposterous that the use by States of weapons prohibited in armed conflicts between themselves be allowed when States try to put down rebellion by their own nationals on their own territory. What is inhumane, and consequently proscribed, in international wars, cannot but be inhumane and inadmissible in civil strife"[61].

El principio de humanidad se traduce en el DIH en la famosa cláusula Martens, que la Corte Internacional de Justicia (en adelante la CIJ) ha calificado como uno de los principios cardinales formando el tejido del Derecho Humanitario.

---

60. Corte IDH: *Caso Bámaca Velásquez vs. Guatemala*. Fondo. Sentencia de 25 de noviembre de 2000. Serie C No. 70. Voto razonado del juez Antônio Augusto Cançado Trindade, par. 27, p. 8.
61. TPIY: *Prosecutor vs. Tadic*, caso n.º IT-94-AR-72, Appeals Chamber, *Decision on the Defence Motion for Interlocutory Appeal on Jurisdiction*, 2 october 1995, par. 119; La Asamblea General de las Naciones Unidas reconoció mediante una Resolución unánimemente adoptada en 1968, los siguientes principios humanitarios mínimos, todos los cuales se inspiran de consideraciones de humanidad, de las necesidades de la conciencia pública: General Assembly "affirmes the following principles for observance by all governmental and other authorities responsible for action in armed conflict: (a) That the right of the parties to a conflict to adopt means of injuring the enemy is not unlimited; (b) That it is prohibited to launch attacks against the civilian populations as such; (c) That distinction must be made at all times between persons taking part in the hostilities and members of the civilian population to the effect that the latter be spared as much as possible." G.A. Res. 2444 (XXIII), 19 december 1968, *Respect for human rights in armed conflict*.

La misma Corte ha agregado que la cláusula Martens ha sido "énoncée pour la première fois dans la convention II de La Haye de 1899 concernant les lois et coutumes de la guerre sur terre et qui s'est révélée être un moyen efficace pour faire face à l'évolution rapide des techniques militaires. Une version contemporaine de ladite clause se trouve à l'article premier, paragraphe 2, du protocole additionnel 1 de 1977, qui se lit comme suit: «Dans les cas non prévus par le présent protocole ou par d'autres accords internationaux, les personnes civiles et les combattants restent sous la sauvegarde et sous l'empire des principes du droit des gens, tels qu'ils résultent des usages établis, des principes de l'humanité et des exigences de la conscience publique»[62]. En definitiva, la cláusula Martens se trata del respeto de la persona humana en circunstancias que su vida o su integridad, corren peligro.

En efecto, una versión explícita y concreta de la cláusula Martens la encontramos en el Protocolo Adicional 1° de 1997, adicional a las cuatro Convenciones de Ginebra de 1949. En este contexto, la CIJ ha señalado que las normas y principios contenidos en el Protocolo Adicional 1° no son sino la expresión del Derecho Consuetudinario preexistente. En efecto, en la Opinión Consultiva de la *Licitud de la amenaza o del empleo de las armas nucleares*, "[l]a Cour rappellera en particulier que tous les Etats sont liés par celles des règles du protocole additionnel 1 qui ne représentaient, au moment de leur adoption, que l'expression du droit coutumier préexistant, comme c'est le cas de la clause de Martens, réaffirmée à l'article premier dudit protocole»[63]. En este contexto, la CIJ se ha referido no sólo al enunciado sino también al contenido de la mencionada cláusula Martes, *inter alia*, en el *caso Nicaragua vs. Estados Unidos*, identificando dicho contenido con las normas elementales mínimas recogidas en el artículo 3° común a los cuatro Convenios de Ginebra de 1949. En efecto, la Corte afirmó en dicho caso que "[a] rticle 3 which is common to all four Geneva Conventions of 12 August 1949 defines certain rules to be applied in the armed conflicts of a non-international character. There is no doubt that, in the event of international armed conflicts, these rules also constitutes a minimum yardstick, in addition to the more elaborate rules which are also applied to international conflicts; and they are rules which, in the Court's opinion, reflect what the Court in 1949 called "elementary considerations of humanity"[64]. Como se ha dicho anteriormente, este conjunto de normas mínimas constituirían lo que se denomina el núcleo duro de los de-

---

62. C.I.J.: *Licéité de la menace ou de l'emploi d'armes nucléaires, avis consultatif, C.I.J. Recueil 1996*, par. 78, p. 276.

63. C.I.J.: *Licéité de la menace ou de l'emploi d'armes nucléaires, avis consultatif, C.I.J. Recueil 1996*, par. 84.

64. C.I.J.: *Caso de las Actividades Militares y Paramilitares en y contra Nicaragua vs. Estados Unidos*, sentencia de 27 de junio de 1986, par. 218; Vid. también C.I.J.: *Caso del Canal de Corfú*, sentencia de 15 de diciembre de 1949, par. 215.

rechos humanos y ese núcleo duro tiene el carácter de derecho consuetudinario. Esta afirmación ha sido reiterada, por el TPIY en el famoso *caso Tadic*, al señalar el Tribunal, respecto del Derecho Internacional Humanitario consuetudinario, que "[...] that body of law includes the regime of protection established under Common Article 3 applicable to armed conflicts not of an international character, as a reflection of elementary considerations of humanity, and which is applicable to armed conflicts in general"[65]. Esta misma regla, considerando las normas contenidas en el artículo 3º común a los 4 Convenios de Ginebra de 1949 como el reflejo y la manifestación de consideraciones elementales de humanidad, ha sido reiterada por el TPIY en el caso Celebici[66].

Además, en la Opinión Consultiva de la *Licitud de la amenaza o del empleo de las armas nucleares*, la CIJ ha dado un paso más en relación con el principio de humanidad, avanzando la idea de que constituye un principio intransgredible del Derecho Internacional consuetudinario, noción que se acerca irrefragablemente a las normas de *ius cogens*. En efecto, la Corte elocuentemente ha señalado que "[c]'est sans doute parce qu'un grand nombre de règles du droit humanitaire applicable dans les conflits armés sont si fondamentales pour le respect de la personne humaine et pour des «considérations élémentaires d'humanité», selon l'expression utilisée par la Cour dans son arrêt du 9 avril 1949 rendu en l'affaire du Détroit de Corfou, que la convention IV de La Haye et les conventions de Genève ont bénéficié d'une large adhésion des Etats. Ces règles fondamentales s'imposent d'ailleurs à tous les Etats, qu'ils aient ou non ratifié les instruments conventionnels qui les expriment, parce qu'elles constituent des principes intransgressibles du droit international coutumier»[67].

De otra parte, es posible agregar, completando lo anterior, que el principio de humanidad actúa como un límite del uso de la fuerza, principalmente proveniente de los funcionarios encargados de hacer cumplir la ley, y es en este sentido que la Corte IDH, en el *caso Zambrano Vélez y otros*, ha afirmado que "[e]l principio de humanidad complementa y limita intrínsecamente el principio de necesidad, al prohibir las medidas de violencia que no son necesarias (es decir, relevantes y proporcionadas) para el logro de una ventaja militar definitiva. En situaciones de paz, los agentes del Estado deben distinguir entre las personas que, por sus

---

65. TPIY: *Prosecutor vs. Tadic*, caso n.º IT-94-1-T, opinión y fallo de 7 de mayo de 1997, par. 609, p. 218; Vid. también, *Prosecutor vs. Tadic*, caso nº IT-94-1-T, Decision on the Defense Motion for Interlocutory Appeal on Jurisdiction, Decisión of 2 octobre 1995, par. 102.
66. TPIY: *Prosecutor vs. Delalic y otros (Celebici case)*, caso n.º IT-96-21-T, sentencia de 20 de febrero de 2001, par. 150.
67. C.I.J.: *Licéité de la menace ou de l'emploi d'armes nucléaires, avis consultatif, C.I.J. Recueil 1996*, par. 79, p. 276.

acciones, constituyen una amenaza inminente de muerte o lesión grave y aquellas personas que no presentan esa amenaza, y usar la fuerza sólo contra las primeras"[68].

El principio de humanidad y de dignidad contribuyen ambos a resaltar la esencia valóricamente superior del ser humano, lo cual se traduce, desde el punto de vista normativo, en el principio de supremacía de los derechos humanos.

4. Conclusiones

Las decisiones jurisdiccionales nacionales, a veces, arrojan una cierta falta de lógica sistémica en la aplicación del Derecho en los casos de derechos humanos. Estos casos pueden estar vinculados al Derecho de los Derechos Humanos, al Derecho Internacional Penal, al Derecho de los Refugiados, al Derecho Internacional Humanitario y al Derecho del Medio Ambiente. Estas áreas normativas constituyen la reserva ética del derecho y encuentran su fuente, nacimiento y sustento en la conciencia común universal de la humanidad.

En nuestra opinión, la falta de uniformidad y/o de lógica sistémica en las decisiones judiciales nacionales se debe, en parte, a la ausencia de identificación de los principios clave que gobiernan la vigencia y aplicación de los derechos humanos. Los principios constituyen el *sustratum* de todo el ordenamiento jurídico interno, algunos de los cuales, se reflejan en la Constitución. En este sentido, hemos aludido a una tipología de principios en derechos humanos. Dentro de esta tipología se encuentran los principios rectores substanciales, que gobiernan la aplicación de los derechos humanos. Dos de los principales principios rectores substanciales son los principios de dignidad y humanidad. El principio de dignidad es el punto de partida del edificio de los derechos humanos y goza de un amplio reconocimiento jurisprudencial, tanto nacional como internacional. Desde la perspectiva nacional, este principio ha sido reafirmado tanto por la Corte Suprema como por el Tribunal Constitucional chileno. El principio de humanidad no hace sino traducir la normatividad ética mínima exigible en toda circunstancia, lo cual goza de un reconocimiento jurisprudencial. Atendida la virtualidad de estos principios, ellos debieran gobernar las decisiones judiciales internas relacionadas con el Derecho de los Derechos Humanos, el Derecho Internacional Penal, el Derecho Internacional de los Refugiados y el Derecho del Medio Ambiente.

---

68. Corte I.D.H.: *Caso Zambrano Vélez y otros vs. Ecuador*. Sentencia de Fondo, Reparaciones y Costas de 4 de julio de 2007. Serie c N° 166, par. 85, p. 25; Cfr., en similar sentido, Comisión I.D.H.: Informe sobre terrorismo y derechos humanos (OEA/ser.4 V/II.116), 22 de octubre de 2002. Ver también, Naciones Unidas. Informe provisional sobre la situación mundial con respecto a las ejecuciones extrajudiciales, sumarias o arbitrarias presentado por el Relator Especial Philip Alston (A/61/311), 5 de septiembre de 2006.

50
TRINTA ANOS DA CONSTITUIÇÃO: A REPÚBLICA QUE AINDA NÃO FOI

Luís Roberto Barroso

Professor Titular da Universidade do Estado do Rio de Janeiro – UERJ. Mestre pela *Yale Law School*. Doutor e Livre-Docente pela UERJ. Ministro do Supremo Tribunal Federal.

Sumário: I. Introdução; 1. A comemoração dos dez anos; 2. A comemoração dos vinte anos; 3. A Constituição de trinta anos; II. Minha relação com a Constituição; III. Alguns pontos altos; 1. Estabilidade institucional; 2. Estabilidade monetária; 3. Inclusão social; IV. O destaque maior: o avanço dos direitos fundamentais; V. Os pontos fracos desses 30 anos; 1. O sistema político; 2. A corrupção sistêmica; VI. Conclusão.

I. Introdução

A chegada de uma Constituição à sua terceira década, na América Latina, é um evento digno de comemoração efusiva. Sobretudo se ela, apesar de muitos percalços, tiver conseguido ser uma Carta verdadeiramente normativa, derrotando o passado de textos puramente semânticos ou nominais[1]. É certo que houve chuvas, trovoadas e tempestades. É inevitável em uma vida completa. No momento em que escrevo essas linhas, aliás, o céu continua bem escuro. A fotografia do quadro atual é devastadora. Porém, como se pretenderá demonstrar ao longo do presente ensaio, o filme da democracia brasileira é bom. Temos andado, no geral, na direção certa, embora certamente não na velocidade desejada. É sempre bom relembrar: a história é um caminho que se escolhe, e não um destino que se cumpre. Ao longo dos anos, a Constituição tem sido uma boa bússola. Sobre o

---

1. Karl Loewenstein, *Teoría de la Constitución*, 1965, p. 217 e s. A Constituição *normativa* é a que domina efetivamente o processo político. A Constituição *semântica* é mera formalização da situação de poder político existente, para o exclusivo benefício dos detentores do poder de fato. A Constituição *nominal* não controla efetivamente o processo político, mas desempenha um caráter educativo e prospectivo.

desencanto de uma República que ainda não foi, precisamos que ela nos oriente em um novo começo.

1. A comemoração dos dez anos

Quando a Constituição completou a sua primeira década, escrevi um artigo intitulado "Dez anos da Constituição de 1988: foi bom para você também?". Logo ao início do artigo, eu voltava o relógio no tempo a 20 anos antes, ao ano de 1978, quando começara o movimento pela convocação de uma Assembleia Constituinte. Escrevi, então:

> O País ainda se recuperava do trauma do fechamento do Congresso Nacional para outorga do *Pacote de Abril*, conjunto de reformas políticas que eliminavam quaisquer riscos de acesso da oposição a alguma fatia de poder. Os atos institucionais que davam poderes ditatoriais ao Presidente da República continuavam em vigor. O bipartidarismo artificial, a cassação de mandatos parlamentares e casuísmos eleitorais diversos falseavam a representação política. A imprensa ainda enfrentava a censura. Havia presos políticos nos quartéis e brasileiros exilados pelo mundo afora[2].

Em seguida, o texto dava um salto no tempo para o ano de 1998, ocasião da celebração dos dez anos, quando então anotei:

> Mova-se o relógio, agora, de volta para o presente. Estamos no final do ano de 1998. Refazendo-se da longa trajetória, o intrépido viajante intertemporal contempla a paisagem que o cerca, enebriado pelo marcante contraste com a aridez que deixara para trás: a Constituição vige com supremacia, há liberdade partidária, eleições livres em todos os níveis, liberdade de imprensa e uma sociedade politicamente reconciliada.
>
> (...) [É] inegável: sem embargo das dificuldades, dos avanços e dos recuos, das tristezas e decepções do caminho, a história que se vai aqui contar é uma história de sucesso. Um grande sucesso.
>
> Sorria. Você está em uma democracia.[3]

O tom moderadamente otimista, sem ignorar os múltiplos obstáculos e dificuldades, marcou, ao longo do tempo, minha percepção da Constituição e do avanço institucional brasileiro.

---

2. Luís Roberto Barroso, Dez anos da Constituição de 1988: foi bom para você também? *Revista de Direito Administrativo* 214:1, 1988, p. 1. Disponível em: [http://bibliotecadigital.fgv.br/ojs/index.php/rda/article/view/47263]. Acesso em: 24.04.2018.

3. Luís Roberto Barroso, Dez anos da Constituição de 1988: foi bom para você também? *Revista de Direito Administrativo* 214:1, 1988, p. 2.

2. A comemoração dos vinte anos

Por ocasião do vigésimo aniversário da Constituição, voltei ao tema, escrevendo um longo artigo denominado "Vinte anos da Constituição brasileira de 1988: o Estado a que chegamos". Na abertura do texto, consignei:

> Percorremos um longo caminho. Duzentos anos separam a vinda da família real para o Brasil e a comemoração do vigésimo aniversário da Constituição de 1988. Nesse intervalo, a colônia exótica e semi-abandonada tornou-se uma das dez maiores economias do mundo. O Império de viés autoritário, fundado em uma Carta outorgada, converteu-se em um Estado constitucional democrático e estável, com alternância de poder e absorção institucional das crises políticas. (...) A Constituição de 1988 representa o ponto culminante dessa trajetória, catalisando o esforço de inúmeras gerações de brasileiros contra o autoritarismo, a exclusão social e o patrimonialismo[4], estigmas da formação nacional[5]. Nem tudo foram flores, mas há muitas razões para celebrá-la[6].

Após análise detida das instituições e dos governos que se sucederam no período, assinalei na conclusão:

> O modelo vencedor chegou ao Brasil com atraso, mas não tarde demais, às vésperas da virada do milênio. Os últimos vinte anos representam, não a vitória de uma Constituição específica, concreta, mas de uma ideia, de uma atitude diante da vida. O constitucionalismo democrático, que se consolidou entre nós, traduz não apenas um modo de ver o Estado e o Direito, mas de desejar o

---

4. V. Ricardo Lobo Torres, *A idéia de liberdade no Estado patrimonial e no Estado fiscal*, Rio de Janeiro: Renovar, 1991.
5. Para uma densa análise da formação nacional, das origens portuguesas até a era Vargas, v. Raymundo Faoro, *Os donos do poder*, 2001 (1. ed. 1957). Embora sob perspectivas diferentes, são igualmente considerados marcos para a compreensão do Brasil: Gilberto Freyre, *Casa grande e senzala* (1. ed. 1933); Sérgio Buarque de Holanda, *Raízes do Brasil* (1. ed. 1936); e Caio Prado Júnior, *Formação do Brasil contemporâneo* (1. ed. 1942). Sobre a importância dessas três últimas obras, v. Antonio Candido, O significado de raízes do Brasil. In: Silviano Santiago (Coord.), *Intérpretes do Brasil*, São Paulo: Nova Aguilar, 2002. Para uma anotação sobre a obra de Raymundo Faoro e de Sergio Buarque de Holanda, que considera representantes de correntes opostas, v. Fernando Henrique Cardoso, *A arte da política*: a história que vivi, Rio de Janeiro: Civilização Brasileira, 2006, p. 55-56, onde também averbou: "Ancorado na tradição ibérica, o patrimonialismo transposto para as terras americanas confunde família e ordem pública, interesse privado e Estado".
6. Luís Roberto Barroso, Vinte anos da Constituição de 1988: o Estado a que chegamos. *Cadernos da Escola de Direito e Relações Internacionais*, jan.-jul. 2008, p. 185. Disponível em [http://revistas.unibrasil.com.br/cadernosdireito/index.php/direito/article/view/699]. Acesso em: 24.04.2108.

mundo, em busca de um tempo de justiça, fraternidade e delicadeza. Com as dificuldades inerentes aos processos históricos complexos e dialéticos, temos nos libertado, paulatinamente, de um passado autoritário, excludente, de horizonte estreito. E vivido as contradições inevitáveis da procura do equilíbrio entre o mercado e a política, entre o privado e o público, entre os interesses individuais e o bem coletivo. Nos duzentos anos que separam a chegada da família real e o vigésimo aniversário da Constituição de 1988, passou-se uma eternidade[7].

O futuro parecia ter chegado, com atraso mas não tarde demais, no final da primeira década dos anos 2000. Em sua edição de 12 de novembro de 2009, a revista *The Economist*, uma das mais influentes do mundo, estampou na capa uma foto do Cristo Redentor elevando-se como um foguete, sob o título *Brazil takes off* ("O Brasil decola"). Tendo escapado da crise de 2007 com poucas escoriações, o país voltara a crescer a taxas anuais superiores a 5%. Exibindo prestígio internacional, havia sido escolhido para sediar a Copa do Mundo de 2014, as Olimpíadas de 2016 e pleiteava uma vaga no Conselho de Segurança da Nações Unidas. Investimentos internacionais abundavam e o preço das *commodities* bombava.

O foguete, porém, aparentemente, não conseguiu sair da atmosfera e libertar-se da gravidade das muitas forças do atraso. Quatro anos depois, a mesma *The Economist*, em sua edição de 28 de setembro de 2013, foi portadora das más notícias. Na nova capa, o Cristo Redentor dava um *looping* e descia em queda livre. A aterrisagem não seria suave. O ciclo de prosperidade parecia ter chegado ao fim. Na sequência, veio o *impeachment*, que foi um trauma para o país. Uma vez mais, fomos do ufanismo à depressão. Não foi pequeno o tombo.

Apesar do desalento, procurei demonstrar, à época, que embora o futuro não tivesse chegado, como se supôs, ele continuava à espera. Em palestra na Universidade de Oxford, assim me manifestei para uma plateia que tinha muitos mestrandos e doutorandos brasileiros:

> E devo dizer, por implausível que possa parecer nessa hora, que avisto um horizonte promissor. Assim que começarmos a andar na direção certa, a confiança voltará e as perspectivas continuam favoráveis. Há múltiplos lados para onde crescer: estradas, aeroportos, portos, ferrovias, saneamento, habitação popular – não faltam demandas. Em outro *front*, precisamos investir em educação, pesquisa científica e tecnológica, incentivar a inovação, fazer parcerias com grandes centros. E, ainda, na lista dos problemas crônicos, precisamos

---

7. Luís Roberto Barroso, Vinte anos da Constituição de 1988: o Estado a que chegamos. *Cadernos da Escola de Direito e Relações Internacionais*, jan.-jul. 2008, p. 225. Disponível em [http://revistas.unibrasil.com.br/cadernosdireito/index.php/direito/article/view/699]. Acesso em: 24.04.2108.

de reforma política, reforma da previdência, reforma tributária. Há muito por fazer e muitas razões para ser moderadamente otimista[8].

Parece que foi logo ali, na esquina do tempo, que tudo começou. Mas lá se vão três décadas.

3. A Constituição de trinta anos

O título do presente tópico baseia-se no livro do escritor francês Honoré de Balzac, escrito entre 1829 e 1842, chamado *A mulher de trinta anos* ("La femme de trente ans"). A obra ficou célebre, menos pela qualidade literária – não é considerada um dos pontos altos da produção literária do autor –, mas por ter consagrado o termo "balzaquiana" para se referir às mulheres na casa dos 30. O enredo conta a história de uma jovem que viveu um casamento infeliz por muitos anos, só vindo a encontrar o verdadeiro amor depois dos 30 anos. A narrativa valoriza a idade mais avançada – em uma época em que as protagonistas mal haviam chegado aos 20 anos –, enfatizando a maturidade em lugar do romantismo e a capacidade de se reinventar após sofrimentos diversos. Até aqui, o livro parecia oferecer uma boa alegoria para o momento brasileiro. Mas na verdade não é. Quem ler a história até o fim verá que ela acumula tristeza, tragédia e melancolia. Não há de ser o nosso caso nem o nosso destino.

Sem fechar os olhos às vicissitudes desses últimos trinta anos, o texto que se segue procura lançar um olhar crítico, positivo e construtivo sobre esse período da vida institucional brasileira. Após uma breve nota pessoal, destaco os pontos altos e os desencontros dessas últimas décadas, concluindo com uma reflexão sobre o momento atual. Pessoalmente, devo dizer que minhas expectativas continuam elevadas, inspiradas por uma passagem antológica atribuída a Michelangelo, que me anima nos momentos difíceis:

> O maior perigo, para a maioria de nós
> não é que o alvo seja muito alto
> E não se consiga alcançá-lo.
> É que ele seja muito baixo
> E a gente consiga[9].

---

8. Luís Roberto Barroso, O legado de trinta anos de democracia, a crise atual e os desafios pela frente (Brasil: o caminho longo e sinuoso). Texto-base de palestra proferida na Universidade de Oxford em 18 de junho de 2016. Disponível em: [http://www.luisrobertobarroso.com.br/wp-content/uploads/2016/06/Trinta-anos-de-democracia-a-crise-autal-e-os-desafios-pela-frente1.pdf]. Acesso em: 24.04.2016.

9. A frase é generalizadamente atribuída a Michelangelo Buonarroti por mais de um autor e em sítios diversos. Todos sem remissão à fonte. Não há, portanto, certeza da autoria.

II. Minha relação com a Constituição

Minha relação com a Constituição de 1988 e com o direito constitucional é antiga, constante e fiel. Começou em 1978, quando eu estava no 3º ano da Faculdade de Direito e compareci a um ato público na Cinelândia, no Rio de Janeiro. Era a deflagração do movimento pela convocação de uma Assembleia Nacional Constituinte, *livre e soberana*, como exigiam as palavras de ordem da época. Não havia mais do que 200 pessoas na manifestação. Quase ninguém interrompera a sua rotina para aderir a uma reivindicação tão distante e abstrata. O futuro não parecia promissor.

Ainda assim, jamais me distanciei do rumo que ali se delineou. Desde então, tenho me dedicado ao direito constitucional, sem seguir inteiramente o conselho do meu pai, que me dizia: "Estuda processo civil". Aos poucos, fui acumulando informações e lendo os autores da época: Afonso Arinos de Mello Franco, Paulino Jacques, Manoel Gonçalves Ferreira Filho, Pinto Ferreira[10]. Logo à frente vieram os portugueses, na onda da redemocratização de Portugal: J.J. Gomes Canotilho e Jorge Miranda. Apesar da excelência de muita coisa que li, eu queria fazer algo diferente daquele direito constitucional que era essencialmente descritivo das instituições políticas – entremeado de reflexões históricas e sociológicas –, sem muita preocupação com a concretização dos mandamentos constitucionais. Vaguei algum tempo pelo deserto, até que um dia encontrei o meu caminho.

Após ter lido alguns textos seminais de José Afonso da Silva, Konrad Hesse, Celso Antonio Bandeira de Mello, Vezio Crisafulli, bem como Bernard Schwartz e outros americanos, descobri o que me pareceu ser a demanda mais premente do direito constitucional brasileiro naquela quadra histórica: o casamento com o processo civil. E, assim, de certa forma, pude seguir o conselho de meu pai. Para isso, foi de grande valia ter sido aluno de José Carlos Barbosa Moreira, um dos maiores juristas e processualistas que o país já teve, com quem aprendi muito. Passei então a refletir e a escrever sobre a concretização da Constituição perante o Poder Judiciário, defendendo a sindicabilidade judicial das normas constitucionais, inclusive e sobretudo, as que consagravam direitos fundamentais. Isso pode parecer óbvio nos dias de hoje, mas a ideia de que a Constituição era um documento jurídico, dotado de aplicabilidade direta e imediata, era revolucionária naqueles dias e enfrentava grande resistência. Muita gente olhava de banda para a novidade.

Na Wikipedia americana consta a seguinte observação: "Attributed without citation in Ken Robinson, The Element (2009), p. 260. Widely attributed to Michelangelo since the late 1990s, this adage has not been found before 1980 when it appeared without attribution in E. C. McKenzie, Mac's giant book of quips & quotes".

10. José Afonso da Silva e Paulo Bonavides, dois dos maiores de todos os tempos, só entraram no meu radar um pouco mais adiante.

Meus primeiros trabalhos acadêmicos de maior expressão foram sobre a efetividade das normas constitucionais, isto é, os limites e possibilidades de concretização da Constituição[11]. Por quase uma década dediquei-me ao tema, viajando pelo país em eventos acadêmicos e congressos, pregando esse novo paradigma e tentando conquistar corações e mentes. Consolidada a ideia de normatividade e de cumprimento efetivo da Constituição, dediquei os anos seguintes ao estudo da intepretação constitucional, que passou a exigir uma dogmática mais sofisticada nesse novo cenário de aplicação ampla, onde ocorriam colisões de direitos, necessidade de ponderação e de resgate da argumentação jurídica[12]. Na sequência histórica, participei do processo de reaproximação do direito constitucional com a filosofia moral, o desenvolvimento de uma cultura pós-positivista e da leitura de todo o ordenamento jurídico à luz dos valores e princípios constitucionais[13]. O Judiciário se tornava um ator decisivo na realização dos direitos fundamentais. Surgia um novo direito constitucional[14].

A efetividade da Constituição – i.e., sua concretização perante os tribunais – avançou tanto que, ultimamente, tenho feito reflexões sobre os riscos da judicialização excessiva em determinadas áreas[15]. A esse propósito, judicialização e ativismo judicial se tornaram debates imprescindíveis na atualidade brasileira[16]. E, nos últimos tempos, tenho me dedicado ao estudo dos papéis das supremas cortes e tribunais constitucionais, que divido em contramajoritário, representativo

---

11. V. Luís Roberto Barroso, A efetividade das normas constitucionais: por que não uma Constituição para valer?, *Anais do XIII Congresso Nacional de Procuradores do Estado. Teses*. Brasília, 1987, p. 354 e s.; A efetividade das normas constitucionais revisitada, *Revista de Direito Administrativo* 197:30, 1994; e *O direito constitucional e a efetividade de suas normas*, Rio de Janeiro: Renovar (a 1. edição é de 1990).
12. V. Luís Roberto Barroso, *Interpretação e aplicação da Constituição*, São Paulo: Saraiva (a 1. edição é de 1996).
13. Luís Roberto Barroso, Fundamentos teóricos e filosóficos do novo direito constitucional brasileiro. *Revista de Direito Administrativo* 225:5, 2001. Neste processo, teve papel importante Ricardo Lobo Torres, meu colega no Programa de Pós-Graduação em Direito Público da UERJ, autor de obras importantes como *Teoria dos direitos fundamentais* (org.), Rio de Janeiro: Renovar, 1999 e *O direito ao mínimo existencial*, Rio de Janeiro: Renovar, 2009.
14. Luís Roberto Barroso, Neoconstitucionalismo e constitucionalização do direito: o triunfo tardio do direito constitucional no Brasil. *Revista de Direito Administrativo* 240:1, 2005.
15. Luís Roberto Barroso, Da falta de efetividade à judicialização excessiva: direito à saúde, fornecimento gratuito de medicamentos e parâmetros para a atuação judicial. *Interesse Público* 46:31, 2007. Disponível em: [https://www.conjur.com.br/dl/estudobarroso.pdf].
16. Luís Roberto Barroso, Constituição, democracia e supremacia judicial: direito e política no Brasil contemporâneo. *Revista da Faculdade de Direito – UERJ* 21:1, 2012.

e iluminista.[17] Este foi o tema do meu debate recente na Faculdade de Direito de Harvard, com o professor Mark Tushnet[18], e é o objeto de artigo que será publicado proximamente pelo *American Journal of Constitutional Law*, na versão em inglês, e pela Revista *Direito e Práxis*, na versão em português[19].

Simultaneamente à minha carreira acadêmica, tive uma atuação relativamente intensa como advogado na área. Era um tempo em que os advogados nem tinham Constituição no escritório. Os civilistas usavam o Código Civil e o Código de Processo Civil. Os criminalistas, o Código Penal e o Código de Processo Penal. Os advogados trabalhistas utilizavam a CLT. O direito societário começava a se desenvolver, após a promulgação da Lei das Sociedades por Ações. Pois bem: em um dos meus primeiros casos, comecei a trabalhar com a Constituição. Postulei a anulação de um ato administrativo do diretor do Observatório Nacional, que criara obstáculo à pesquisa de seu principal astrônomo, com entraves burocráticos. Invoquei o art. 179, parágrafo único, da Constituição de 1967-1969, que previa que "O Poder Público incentivará a pesquisa e o ensino científico e tecnológico". Sustentei, então, que normas conhecidas como "programáticas", como esta, não permitiam que se exigisse um comportamento positivo. Porém, serviam como fundamento para se exigir uma abstenção, isto é, que o Poder Público não embaraçasse a pesquisa. Deu certo e foi feito um acordo. Começava ali um novo ramo de atividade jurídica, que era a do advogado constitucionalista.

Com o tempo, a vida me propiciou testar muitas das ideias que havia desenvolvido academicamente em ações perante os tribunais, inclusive o Supremo Tribunal Federal. Dentre os casos de mais visibilidade estiveram, por exemplo, (i) o direito de as mulheres interromperem a gestação no caso de gravidez de um feto anencefálico e, consequentemente, inviável; (ii) a proibição do nepotismo no Poder Judiciário (depois estendida aos três Poderes); (iii) a equiparação das uniões homoafetivas às uniões estáveis convencionais; e (iv) a defesa das pesquisas com células-tronco embrionárias. Todos eles envolviam a aplicação direta e criativa da Constituição. E, mais à frente, já como Ministro do Supremo Tribunal Federal, segui fiel às minhas ideias, em decisões envolvendo ações afirmativas

---

17. Luís Roberto Barroso, Contramajoritário, representativo e iluminista: os papéis dos tribunais constitucionais nas democracias contemporâneas. *Revista Direito e Práxis*, ahead of print, 2017.
18. *The roles of Supreme Courts*, 2017. Disponível em: [https://luisrobertobarroso.com.br/2017/11/25/em-harvard-com-mark-tushnet/].
19. Luís Roberto Barroso, *Counter-Majoritarian, Representative and Enlightened*: The Roles of Constitutional Courts in Democracies. Disponível em: [https://ssrn.com/abstract=3096203]; e tb. *Contramajoritário, representativo e iluminista*: os papéis dos tribunais constitucionais nas democracias. Disponível em [http://www.e-publicacoes.uerj.br/index.php/revistaceaju/article/view/30806].

para negros, direitos das mulheres, *gays* e transgêneros, liberdade de expressão, restrição ao foro privilegiado e direito à interrupção da gestação no primeiro trimestre, para citar algumas.

E assim se passaram os anos. Presto esse breve depoimento na primeira pessoa porque a minha vida acadêmica, de advogado e, agora, de juiz constitucional desenvolveu-se em conexão profunda com a Constituição. Uma convivência intensa, que me trouxe realizações intelectuais, proveitos materiais e algumas frustrações. Poucas, felizmente. Mesmo assim, trinta anos representam uma data emblemática e constituem um bom marco para discutir a relação. Uma DR básica. Aqui vai ela.

III. Alguns pontos altos

1. Estabilidade institucional

Desde o fim do regime militar e, sobretudo, tendo como marco histórico a Constituição de 1988, o Brasil vive o mais longo período de estabilidade institucional de sua história. E não foram tempos banais. Ao longo desse período, o país conviveu com a persistência da hiperinflação – de 1985 a 1994 –, com sucessivos planos econômicos que não deram certo – Cruzado I e II (1986), Bresser (1987), Collor I (1990) e Collor II (1991) – e com escândalos em série, que incluem o dos "Anões do Orçamento", o "Mensalão", a "Operação Lava-Jato" e duas denúncias criminais contra o Presidente em exercício, para citar os de maior visibilidade. A tudo isso se soma o trauma de dois *impeachments* de Presidentes da República eleitos pelo voto popular: o de Fernando Collor, em 1992, com adesão majoritária da sociedade; e o de Dilma Rousseff, em 2016, que produziu um ressentimento político sem precedente na história do Brasil.

Todas essas crises foram enfrentadas dentro do quadro da legalidade constitucional[20]. É impossível exagerar a importância desse fato, que significa a superação de muitos ciclos de atraso. O Brasil sempre fora o país do golpe de Estado, da quartelada, das mudanças autoritárias das regras do jogo. Desde que Floriano Peixoto deixou de convocar eleições presidenciais, ao suceder Deodoro da Fonseca, até a Emenda Constitucional 1/1969, quando os Ministros militares

---

20. É certo que partidários da Presidente Dilma Rousseff e outros observadores caracterizam como "golpe" a sua destituição, mediante procedimento de *impeachment* em 2016. Do ponto de vista jurídico-constitucional, foi observada a Constituição e o rito estabelecido pelo próprio Supremo Tribunal Federal. Do ponto de vista político, porém, a ausência de comportamento moralmente reprovável por parte da Presidente afastada sempre dará margem a uma leitura severamente crítica do episódio. Sua queda se deu, em verdade, por perda de sustentação política, em processo semelhante à moção de desconfiança dos sistemas parlamentaristas, em um país presidencialista.

impediram a posse do vice-presidente Pedro Aleixo, o golpismo foi uma maldição da República. Pois tudo isso é passado. Na sucessão de crises recentes, o Supremo Tribunal Federal evitou mudanças casuísticas nas regras do *impeachment*, embora, lamentavelmente, em momentos subsequentes, tenha sido casuístico em outros pontos da sua própria jurisprudência. Já as Forças Armadas têm mantido o comportamento exemplar que adotaram desde a redemocratização do país. Em suma: trinta anos de estabilidade institucional, apesar de tudo. Nessa matéria, só quem não soube a sombra não reconhece a luz.

2. Estabilidade monetária

Todas as pessoas no Brasil que têm 40 anos ou mais viveram uma parte de sua vida adulta dentro de um contexto econômico de hiperinflação. A memória da inflação é um registro aterrador. Os preços oscilavam diariamente. Quem tinha capital mantinha-o aplicado no *overnight* e quem vivia de salário via-o desvalorizar-se a cada hora. Generalizou-se o uso da *correção monetária* – reajuste periódico de preços, créditos e obrigações de acordo com determinado índice –, que realimentava drasticamente o processo inflacionário[21]. Até hoje, um percentual relevante de ações que tramitam perante a Justiça brasileira está relacionado a disputas acerca da correção monetária e de diferentes planos econômicos que interferiram com sua aplicação. Pois bem: com o Plano Real, implantado a partir de 1º de julho de 1994, quando Fernando Henrique Cardoso era Ministro da Fazenda, a inflação foi finalmente domesticada, tendo início uma fase de estabilidade monetária, com desindexação da economia e busca de equilíbrio fiscal.

Este é outro marco histórico cuja importância é impossível de se exagerar. Para que se tenha uma ideia do tamanho do problema, a inflação acumulada no ano de 1994, até o início da circulação da nova moeda, o real, que se deu em 1º de julho, era de 763,12%. Nos 12 meses anteriores, fora de 5.153,50%. A inflação, como se sabe, é particularmente perversa com os pobres, por não terem como se proteger da perda do poder aquisitivo da moeda. Como consequência, ela agravava o abismo de desigualdade do País. Em uma década de democracia e de poder civil, iniciado em 1985, o país consolidou a vitória sobre a ditadura e sobre a inflação. Em desdobramento da estabilidade monetária, entrou na agenda da sociedade a percepção da importância da *responsabilidade fiscal*. Embora não seja uma batalha totalmente ganha, aos poucos foi se consolidando a crença de que se trata de uma premissa das economias saudáveis. Responsabilidade fiscal não tem ideologia, não é de direita ou de esquerda. A não observância da regra básica de não se gastar

---

21. Um herói anônimo do combate à correção monetária foi o jurista carioca Letácio Jansen, que escreveu diversos trabalhos sobre o tema, entre eles *Crítica da doutrina da correção monetária*, Rio de Janeiro: Forense, 1983 e, mais recentemente, *Contra a correção monetária*, Rio de Janeiro: Lumen Juris, 2017.

mais do que se arrecada traz como consequências o aumento de juros ou a volta da inflação, disfunções que penalizam drasticamente as pessoas mais pobres.

3. Inclusão social

A pobreza e a desigualdade extrema são marcas indeléveis da formação social brasileira. Apesar de subsistirem indicadores ainda muito insatisfatórios, os avanços obtidos desde a redemocratização são muito significativos. De acordo com o IPEA, de 1985 a 2012, cerca de 24,5 milhões de pessoas saíram da pobreza, e mais 13,5 milhões não estão mais em condições de pobreza extrema. Ainda segundo o IPEA, em 2012 havia cerca de 30 milhões de pessoas pobres no Brasil (15,93% da população), das quais aproximadamente 10 milhões em situação de extrema pobreza (5,29% da população). Infelizmente, a crise econômica dos últimos anos impactou de forma negativa esses números. Entre 2014 e 2015, o desemprego e a queda de renda levaram de volta à pobreza 4,1 milhões de brasileiros, dos quais 1,4 milhão estão em pobreza extrema[22]. A reversão de expectativas é, evidentemente, dramática, mas não elimina o saldo extremamente positivo obtido ao longo de muitos anos. E com a retomada do crescimento econômico no ano de 2018, espera-se a recuperação desses indicadores sociais.

Merece registro, também, o Programa Bolsa Família, implantado a partir do início do Governo Lula, em 2003, que unificou e ampliou diversos programas sociais existentes[23]. Conforme dados divulgados em 2014, retratando uma década de funcionamento, o Programa atendia cerca de 13,8 milhões de famílias, o equivalente a 50 milhões de pessoas, quase um quarto da população brasileira. No início de 2018, os números eram essencialmente os mesmos. Apesar de enfrentar críticas e problemas administrativos, o Programa Bolsa Família recebeu apoio de diversos organismos das Nações Unidas.

Nas últimas três décadas, o Índice de Desenvolvimento Humano – IDH do Brasil, medido pelo Programa das Nações Unidas para o Desenvolvimento (PNUD), foi o que mais cresceu entre os países da América Latina e do Caribe. Nessas três décadas, os brasileiros ganharam 11,2 anos de expectativa de vida e viram a renda aumentar em 55,9%. Na educação, a expectativa de estudo para uma criança que entra para o ensino em idade escolar cresceu 53,5% (5,3 anos). Segundo dados do IBGE/PNAD, 98,4% das crianças em idade compatível com o

---

22. Crise levou 1,4 milhão de brasileiros para a pobreza extrema, diz IPEA. *Carta Capital*, 16.04.2017. Disponível em: [https://www.cartacapital.com.br/sociedade/crise-levou--1-4-milhao-de-brasileiros-para-a-pobreza-extrema-diz-ipea]. Acesso em: 28.03.2018.
23. Trata-se de um programa de transferência condicionada de renda, em que as condicionalidades são: crianças devem estar matriculadas nas escolas e ter frequência de no mínimo 85%; mulheres grávidas devem estar em dia com os exames pré-natal; crianças devem estar com as carteiras de vacinação igualmente atualizadas.

ensino fundamental (6 a 14 anos) estão na escola. Os avanços, portanto, são notáveis. Porém, alguns dados ainda são muito ruins: o analfabetismo atinge ainda 13 milhões de pessoas a partir de 15 anos (8,5% da população) e o analfabetismo funcional (pessoas com menos de 4 anos de estudo) alcança 17,8% da população.

Também aqui, infelizmente, o impacto da crise econômica dos últimos anos trouxe estagnação. De acordo com os dados do Relatório de Desenvolvimento Humano (RDH) do Programa das Nações Unidas para o Desenvolvimento (Pnud), divulgado em 2017, com base em informações de 2015, o IDH brasileiro, pela primeira vez desde 2004, deixou de apresentar crescimento. Na verdade, houve pequenos avanços em termos de expectativa de vida e escolaridade, mas decréscimo na renda *per capita*. Também no tocante à desigualdade, houve avanços expressivos, mas este continua a ser um estigma para o país, como atesta o coeficiente GINI, que mede a desigualdade de renda. Somos o 10º país mais desigual do mundo[24]. O Brasil ostenta uma incômoda 79ª posição em matéria de justa distribuição de riqueza. Em suma: apesar de algum retrocesso recente, o balanço da inclusão social no Brasil nos últimos 30 anos é extremamente positivo e merece ser celebrado.

IV. O destaque maior: o avanço dos direitos fundamentais

Uma Constituição tem dois propósitos principais: (i) organizar e limitar o exercício do poder político, assegurando o governo da maioria e estabelecendo as regras do jogo democrático; e (ii) definir os direitos fundamentais do povo, instituindo mecanismos para a sua proteção. Os dois grandes papéis das supremas cortes e dos tribunais constitucionais são, precisamente, assegurar o respeito às regras da democracia e proteger os direitos fundamentais. Este foi um dos domínios em que a Constituição e o Supremo Tribunal Federal se saíram particularmente bem nos últimos 30 anos.

Este tópico destaca os direitos fundamentais, que correspondem aos direitos humanos incorporados aos ordenamentos jurídicos internos. Direitos humanos são uma combinação de conquistas históricas, valores morais e razão pública, fundados na dignidade humana, que visam à proteção da vida, da liberdade, da igualdade e da justiça. E – por que não? –também a busca da felicidade. Embora tenham uma dimensão jusnaturalista, eles são normalmente incorporados aos ordenamentos jurídicos domésticos[25], sendo rebatizados como direitos fundamen-

---

24. Marcello Corrêa, Brasil é o 10º país mais desigual do mundo. *O Globo*, 21.03.2017. Disponível em: [https://oglobo.globo.com/economia/brasil-o-10-pais-mais-desigual-do-mundo-21094828]. Acesso em: 28.03.2018.
25. Bobbio, Matteucci e Pasquino, *Dicionário de política*, Brasília: UnB, 1986, p. 659: "Com a promulgação dos códigos, principalmente do napoleônico, o Jusnaturalismo exauria

tais. Significam a positivação pelo Estado dos direitos morais de cada indivíduo. Uma reserva mínima de justiça a ser assegurada a todas as pessoas[26].

Veja-se, em enunciação esquemática, alguns marcos da jurisprudência do Supremo Tribunal Federal nessa área:

Liberdade individual: (i) proibição da prisão por dívida no caso de depositário infiel, reconhecendo a eficácia e prevalência do Pacto de San Jose da Costa Rica em relação ao direito interno; (ii) declaração da inconstitucionalidade da proibição de progressão de regime, em caso de delitos associados a drogas; e (iii) o Tribunal sinaliza com a descriminalização da posse de drogas (ou ao menos maconha) para consumo pessoal;

Moralidade administrativa (direito à boa governança): (i) proibição do nepotismo; (ii) inconstitucionalidade do modelo de financiamento eleitoral por empresas sem restrições mínimas que preservassem a decência política e evitassem a corrupção; (iii) validação ampla da Lei da Ficha Limpa;

Direito à saúde: determinação de fornecimento gratuito de medicamentos necessários ao tratamento da AIDS em pacientes sem recursos financeiros;

Direito à educação: direito à educação infantil, aí incluídos o atendimento em creche e o acesso à pré-escola. Dever do Poder Público de dar efetividade a esse direito;

Direitos políticos: proibição de livre mudança de partido após a eleição para cargo proporcional, sob pena de perda do mandato, por violação ao princípio democrático;

Direitos dos trabalhadores públicos: regulamentação, por via de mandado de injunção, do direito de greve dos servidores e trabalhadores do serviço público;

Direito dos deficientes físicos: direito de passe livre no sistema de transporte coletivo interestadual a pessoas portadoras de deficiência, comprovadamente carentes;

Proteção das minorias:

(i) Judeus: a liberdade de expressão não inclui manifestações de racismo, aí incluído o antissemitismo;

(ii) Negros: (i) validação de ações afirmativas em favor de negros, pardos e índios para ingresso na universidade (ii) no acesso a cargos públicos e (iii) proteção aos quilombolas;

---

a sua função no momento mesmo em que celebrava o seu triunfo. Transposto o direito racional para o código, não se via nem admitia outro direito senão este. O recurso a princípios ou normas extrínsecos ao sistema do direito positivo foi considerado ilegítimo".

26. Robert Alexy, La institucionalización de la justicia, *Revista Chilena de Derecho*, v. 32, n. 3, p. 588-590, sep.-dic. 2005, p. 76.

(iii) Comunidade LGBT: equiparação das relações homoafetivas às uniões estáveis convencionais e direito ao casamento civil.

(iv) Comunidades indígenas: demarcação da reserva indígena Raposa Serra do Sol em área contínua;

(v) Transgêneros: direito à alteração do nome social, com ou sem cirurgia de redesignação de sexo;

Liberdade de pesquisa científica: declaração da constitucionalidade das pesquisas com células-tronco embrionárias.

Liberdade de expressão: inconstitucionalidade da exigência de autorização prévia da pessoa retratada ou de seus familiares para a divulgação de obras biográficas;

Direito das mulheres: (i) direito à antecipação terapêutica do parto em caso de feto anencefálico; (ii) constitucionalidade da Lei Maria da Penha, que reprime a violência doméstica contra a mulher; (iii) direito à interrupção da gestação até o 3º mês de gestação (decisão da 1ª. Turma);

Ética animal: proibição da submissão de animais a tratamento cruel, como nos casos de (i) briga de galo, (ii) farra do boi e (iii) vaquejada.

Por evidente, nenhum tribunal do mundo acerta todas. Até porque a verdade não tem dono e há diferentes pontos de observação da vida. Pessoalmente, incluiria em qualquer futura antologia de equívocos jurídicos julgados como o que (i) deu permissão para o ensino religioso confessional em escolas públicas (*i.e.*, autorizou a doutrinação religiosa no espaço público), (ii) a declaração de inconstitucionalidade da cláusula de barreira (dando causa à multiplicação descontrolada de partidos de aluguel) e (iii) a manutenção do monopólio (privilégio) postal da Empresa de Correios e Telégrafos (na era da internet!). Sem mencionar sustos como a defesa da distribuição compulsória de fosfoetanolamina (a "pílula do câncer"), sem pesquisa clínica ou registro na ANVISA, que teve medida cautelar deferida e quatro votos a favor.

Porém, também aqui, o saldo dos últimos trinta anos é extremamente positivo. Poucos países do mundo têm um número tão expressivo de decisões progressistas e civilizatórias em temas de direitos fundamentais.

V. Os pontos fracos desses 30 anos

1. O sistema político

Há exatos dez anos, em meu texto sobre os vinte anos da Constituição, abri um tópico específico para "as coisas que ficaram por fazer". Estampando a evidência, consignei, a propósito da reforma do sistema político:

> Nos vinte anos de sua vigência, o ponto baixo do modelo constitucional brasileiro e dos sucessivos governos democráticos foi a falta de disposição ou

de capacidade para reformular o sistema político. No conjunto de desacertos das últimas duas décadas, a política passou a ser um fim em si mesma, um mundo à parte, desconectado da sociedade, visto ora com indiferença, ora com desconfiança. As repetidas crises produzidas pelas disfunções do financiamento eleitoral, pelas relações oblíquas entre Executivo e parlamentares e pelo exercício de cargos públicos para benefício próprio têm trazido, ao longo dos anos, uma onda de ceticismo que abate a cidadania e compromete sua capacidade de indignação e de reação. A verdade, contudo, é que não há Estado democrático sem atividade política intensa e saudável, nem tampouco sem parlamento atuante e investido de credibilidade. É preciso, portanto, reconstruir o conteúdo e a imagem dos partidos e do Congresso, assim como exaltar a dignidade da política. O sistema político brasileiro, por vicissitudes diversas, tem desempenhado um papel oposto ao que lhe cabe: exacerba os defeitos e não deixa florescer as virtudes.

Pouca coisa mudou de lá para cá. Todas as pessoas trazem em si o bem e o mal. O processo civilizatório existe para potencializar o bem e reprimir o mal. O sistema político brasileiro faz exatamente o contrário. O sistema político envolve o sistema de governo (presidencialismo ou parlamentarismo), o sistema eleitoral (proporcional, majoritário ou misto) e o sistema partidário (regras que regem a criação e o funcionamento dos partidos políticos). Temos problemas nos três. A grande dificuldade, nessa matéria, é que as reformas de que o país precisa dependem, para serem feitas democraticamente, como se impõe, da deliberação de pessoas cujos interesses são afetados pelas mudanças necessárias.

Como sistema de governo, eu proponho a atenuação do hiperpresidencialismo brasileiro com um modelo semipresidencialista, inspirado pelo que existe na França e em Portugal. Na minha proposta, o Presidente da República seria eleito por voto direto e conservaria competências importantes, mas limitadas – como, por exemplo, a condução da política internacional, a indicação de embaixadores e de ministros de tribunais superiores, a nomeação dos comandantes militares –, inclusive a de nomear o Primeiro Ministro, que, todavia, dependeria de aprovação do Congresso. Já ao Primeiro Ministro caberia a condução do dia a dia da política, sujeito às turbulências próprias da função. Em caso de perda de sustentação política, poderia ser substituído pela vontade majoritária do Congresso, sem que isso importasse quebra da legalidade constitucional. Defendo esta ideia desde a proposta de reforma política que escrevi e publiquei em 2006. E penso que se esta fórmula estivesse em vigor, teríamos evitado o trauma do *impeachment* recente.

Mas não é o sistema de governo que está no centro das discussões atuais, mas sim o sistema eleitoral e o sistema partidário. A eles são dedicados os parágrafos que se seguem. Todos perdem com a persistência de um modelo que produziu um perigoso descolamento entre a classe política e a sociedade civil. A reforma política de que o Brasil precisa deverá ser capaz de atender três objetivos: (i) baratear o custo das eleições; (ii) aumentar a representatividade democrática dos eleitos; e (iii) facilitar a governabilidade.

No tocante à necessidade de *barateamento*, a demonstração é singela e socorre-se de pura aritmética. Em valores calculados parcimoniosamente, um deputado federal precisa gastar, para ter chance de se eleger, entre 5 e 10 milhões de reais[27]. Ao longo de quatro anos de mandato, o máximo que conseguirá arrecadar, a título de subsídios, em valores líquidos, será 1,1 milhão de reais[28]. Não é difícil intuir que a diferença terá de ser buscada em algum lugar. Aí está uma das grandes fontes de corrupção no país. No tocante à necessidade *de incrementar a representatividade* dos parlamentares, tampouco é difícil ilustrar a disfunção existente. O sistema eleitoral, relativamente à eleição para a Câmara dos Deputados, é o proporcional em lista aberta. Nesse sistema, o eleitor vota em quem ele quer, mas elege quem ele não sabe, porque o voto vai, em última análise, para o partido. Os mais votados do partido obtêm as vagas, de acordo com o número de vezes que o partido preencha o quociente eleitoral. Na prática, menos de 10% dos Deputados são eleitos com votação própria; mais de 90% são eleitos pela transferência de votos feita pelo partido. Tem-se, assim, uma fórmula em que o eleitor não sabe exatamente quem elegeu e o candidato não sabe exatamente a quem prestar contas. Não tem como funcionar.

Por fim, no tocante à *governabilidade*, o fato é que o sistema partidário impõe ao Executivo práticas reiteradas de fisiologismo e favorecimentos. As regras em vigor fomentam a multiplicação de partidos e a criação de legendas de aluguel. Disso resulta uma legião de agremiações irrelevantes para a sociedade, mas com atuação no Congresso, que vivem da apropriação privada do Fundo Partidário por seus dirigentes e da venda do tempo de televisão. Vale dizer: trata-se da institucionalização da desonestidade. Repleta de incentivos errados, a política deixa de ser a disputa pela melhor forma de realizar o interesse público e o bem comum, e passa a ser um negócio privado. A denominada "janela partidária", criada pelo Congresso Nacional por emenda à Constituição – permissão, por 30 dias, da

---

27. Disponível em: [http://www.otempo.com.br/capa/pol%C3%ADtica/eleger-se-deputado-federal-pode-custar-até-r-5-milhões-1.734350]. Estes números se referem à campanha de 2014. Outro levantamento, também referente à campanha de 2014, refere-se a R$ 6,4 milhões, em média, por candidato. Disponível em: [https://www.em.com.br/app/noticia/politica/2014/08/02/interna_politica,554453/gasto-para-eleger-um-deputado-federal-alcanca-r-6-4-milhoes.shtml]. Com relação à campanha de 2018, R$ 10 milhões como custo de uma campanha na eleição proporcional é uma estimativa próxima da realidade.

28. O teto de remuneração no serviço público é representado pelo subsídio de Ministro do Supremo Tribunal Federal, que percebem em torno de R$ 23 mil líquidos. Multiplicando-se este valor pelos 48 meses de mandato, chega-se ao número referido no texto.

troca de partido sem perda do mandato – gerou o que a imprensa e os próprios parlamentares denominaram de "leilão de deputados"[29]. A própria expressão já denota a desmoralização do modelo.

A reforma precisa conciliar muitos interesses legítimos e encontrar um caminho do meio, com concessões recíprocas e consensos possíveis. Uma ideia que tem amplo curso é a adoção de um sistema distrital misto, inspirado no alemão, em que metade das cadeiras da Câmara seria preenchida por voto distrital e a outra metade pelo voto no partido. O eleitor, assim, teria direito a dois votos: o primeiro para a escolha do representante do seu distrito, onde cada partido lançaria um candidato, sendo os distritos demarcados em função de quantitativos populacionais. O segundo voto seria no partido. O voto seria em lista, mas o eleitor teria a faculdade de mudar a ordem de preferência dos candidatos. O candidato que obtivesse individualmente o quociente eleitoral furaria a lista. Ao final do pleito, faz-se o ajuste necessário para preservar a proporcionalidade entre votação e número de cadeiras.

No tocante ao sistema partidário, a Emenda Constitucional 97, de 04.10.2017, instituiu cláusula de desempenho eleitoral para acesso dos partidos ao fundo partidário e ao tempo de rádio e TV[30] e proibiu coligações partidárias em eleições proporcionais a partir de 2020. A possibilidade de coligações e a ausência de cláusula de barreira contribuem para manter vivas legendas vazias de representatividade e conteúdo programático, produzindo uma fragmentação no Legislativo que acaba exigindo o "toma-lá-dá-cá" do fisiologismo.

---

29. Catarina Alencastro, Janela partidária: fundo público eleitoral financia leilão de deputados. *O Globo*, 15.03.2018. Disponível em: [https://oglobo.globo.com/brasil/janela-partidaria-fundo-publico-eleitoral-financia-leilao-de-deputados-22490956]. Acesso em: 1º.04.2018.

30. A emenda deu nova redação ao art. 17, § 3º, da Constituição, que passou a ter a seguinte redação: "§ 3º Somente terão direito a recursos do fundo partidário e acesso gratuito ao rádio e à televisão, na forma da lei, os partidos políticos que alternativamente: I – obtiverem, nas eleições para a Câmara dos Deputados, no mínimo, 3% (três por cento) dos votos válidos, distribuídos em pelo menos um terço das unidades da Federação, com um mínimo de 2% (dois por cento) dos votos válidos em cada uma delas; ou II – tiverem elegido pelo menos quinze Deputados Federais distribuídos em pelo menos um terço das unidades da Federação". Esta regra, todavia, só valerá a partir de 2030, sendo implantada gradualmente. Na legislatura seguinte às eleições de 2018, valerá o seguinte: "Terão acesso aos recursos do fundo partidário e à propaganda gratuita no rádio e na televisão os partidos políticos que: I – na legislatura seguinte às eleições de 2018: a) obtiverem, nas eleições para a Câmara dos Deputados, no mínimo, 1,5% (um e meio por cento) dos votos válidos, distribuídos em pelo menos um terço das unidades da Federação, com um mínimo de 1% (um por cento) dos votos válidos em cada uma delas; ou b) tiverem elegido pelo menos nove Deputados Federais distribuídos em pelo menos um terço das unidades da Federação".

Quanto ao financiamento eleitoral, o melhor modelo é o misto, que combina financiamento público, via propaganda eleitoral gratuita e fundo partidário, como já temos hoje, e financiamento privado, mas só por pessoas físicas e com limite máximo de contribuição. O modelo anterior que tínhamos, de financiamento por empresas, era contrário à moralidade administrativa e à decência política porque:

a) uma empresa podia tomar dinheiro emprestado no BNDES e utilizar para financiar os candidatos da sua escolha, isto é, usava o dinheiro que era de todos para bancar seus interesses privados;

b) uma empresa podia financiar, por exemplo, os três candidatos que tinham chance de vitória. Naturalmente, se financia candidatos concorrentes, não está exercendo direito político, para quem acha que empresa tem direito político. Quando isso ocorre, ou a empresa foi achacada ou está comprando favores futuros. Qualquer uma das duas opções é péssima;

c) uma empresa podia fazer doação de campanha e depois ser contratada pelo governo que ajudou a eleger. E, aí, o favor privado, que foi a doação de campanha, é pago com dinheiro público, que é o contrato com a Administração.

A reforma política é uma agenda inacabada no Brasil. Tal como no combate à inflação, em outras épocas, temos andado em círculos e feito opções equivocadas, tanto legislativa quanto jurisprudencialmente, aprofundando e realimentando problemas. O país precisa de um Plano Real para a política.

2. A corrupção sistêmica

É impossível não identificar as dificuldades em superar a corrupção sistêmica como um dos pontos baixos desses últimos trinta anos. O fenômeno vem em processo acumulativo desde muito longe e se disseminou, nos últimos tempos, em níveis espantosos e endêmicos. Não foram falhas pontuais, individuais. Foi um fenômeno generalizado, sistêmico e plural, que envolveu empresas estatais, empresas privadas, agentes públicos, agentes privados, partidos políticos, membros do Executivo e do Legislativo. Havia esquemas profissionais de arrecadação e distribuição de dinheiros desviados mediante superfaturamento e outros esquemas. Tornou-se o modo natural de se fazer negócios e de se fazer política no país. A corrupção é fruto de um pacto oligárquico celebrado entre boa parte da classe política, do empresariado e da burocracia estatal para saque do Estado brasileiro.

A fotografia do momento atual é devastadora: a) o Presidente da República foi denunciado duas vezes, por corrupção passiva e obstrução de justiça, e é investigado em dois outros inquéritos; b) um ex-Presidente da República teve a condenação por corrupção passiva confirmada em segundo grau de jurisdição; c) outro ex-Presidente da República foi denunciado criminalmente por corrupção passiva; c) dois ex-chefes da casa civil foram condenados criminalmente, um por corrupção ativa e outro por corrupção passiva; d) o ex-Ministro da Secretaria de Governo da Presidência da República está preso, tendo sido encontrados, em apartamento supostamente seu, 51 milhões de reais; e) dois ex-presidentes da Câmara dos Deputados estão presos, um deles já condenado por corrupção passiva, lavagem de dinheiro e evasão de divisas; f) um presidente anterior da Câmara dos Deputados foi condenado por peculato e cumpriu pena; g) mais de um ex-governador de Estado se encontra preso sob acusações de corrupção passiva e outros crimes; h) todos os conselheiros (menos um) de um Tribunal de Contas estadual foram presos por corrupção passiva; i) um Senador, ex-candidato a Presidente da República, foi denunciado por corrupção passiva.

Alguém poderia supor que há uma conspiração geral contra tudo e contra todos! O problema com esta versão são os *fatos*: os áudios, os vídeos, as malas de dinheiro, os apartamentos repletos, assim como as provas que saltam de cada compartimento que se abra. É impossível não sentir vergonha pelo que aconteceu no Brasil. Por outro lado, poucos países no mundo tiveram a coragem de abrir as suas entranhas e enfrentar o mal atávico da corrupção com a determinação que boa parte da sociedade brasileira e uma parte do Poder Judiciário têm demonstrado. Para isso têm contribuído mudanças de atitude das pessoas e das instituições, assim como alterações na legislação e na jurisprudência. Há uma imensa demanda por integridade, idealismo e patriotismo na sociedade brasileira, e esta é a energia que muda paradigmas e empurra a história.

Como seria de se esperar, o enfrentamento à corrupção tem encontrado resistências diversas, ostensivas e dissimuladas. A Nova Ordem que se está pretendendo criar atingiu pessoas que sempre se imaginaram imunes e impunes. Para combatê-la, uma enorme *Operação Abafa* foi deflagrada em várias frentes. Entre os representantes da Velha Ordem, há duas categorias bem visíveis: (i) a dos que não querem ser punidos pelos malfeitos cometidos ao longo de muitos anos; e (ii) um lote pior, que é o dos que não querem ficar honestos nem daqui para frente. Gente que tem aliados em toda parte: nos altos escalões, nos Poderes da República, na imprensa e até onde menos seria de se esperar. Mesmo no Judiciário ainda subsiste, em alguns espaços, a mentalidade de que rico não pode ser preso, não importa se corrupto, estuprador ou estelionatário. Parte da elite brasileira milita no tropicalismo equívoco de que corrupção ruim é a dos outros, mas não a dos que frequentam os mesmos salões que ela. Infelizmente, somos um país em que alguns ainda cultivam corruptos de estimação. Mas há um sentimento republicano e igualitário crescente, capaz de vencer essa triste realidade.

Naturalmente, é preciso tomar cuidado para evitar a criminalização da política. Em uma democracia, política é gênero de primeira necessidade. Seria um equívoco pretender demonizá-la e, mais ainda, criminalizá-la. A vida política nem sempre tem a racionalidade e a linearidade que uma certa ânsia por avanços sociais e civilizatórios exige. O mundo e o Brasil viveram experiências históricas devastadoras com tentativas de governar sem política, com a ajuda de militares, tecnocratas e da polícia política. Porém, assim como não se deve criminalizar a política, não se deve politizar o crime. Não há delito por opiniões, palavras e votos. Nessas matérias, a imunidade é plena. No entanto, o parlamentar que vende dispositivos em medidas provisórias, cobra participação em desonerações tributárias ou canaliza emendas orçamentárias para instituições fantasmas (e embolsa o dinheiro), comete um crime mesmo. Não há como "glamourizar" a desonestidade.

A corrupção tem custos elevados para o país. De acordo com a Transparência Internacional, em 2016 o Brasil foi o 96º colocado no *ranking* sobre percepção da corrupção no mundo, entre 168 países analisados. Em 2015, havíamos ocupado o 79º lugar. Em 2014, o 69º. Ou seja: pioramos[31]. Estatísticas como essas comprometem a imagem do país, o nível de investimento, a credibilidade das instituições e, em escala sutil e imensurável, a autoestima das pessoas. A corrupção acarreta custos financeiros, sociais e morais.

No tocante aos custos financeiros, apesar das dificuldades de levantamento de dados – subornos e propinas geralmente não vêm a público –, noticiou-se que apenas na Petrobras e empresas estatais investigadas na Operação Lava-jato os pagamentos de propina chegaram a 20 bilhões de reais. Levantamento feito pela Federação das Indústrias de São Paulo – FIESP projeta que até 2,3% do PIB são perdidos a cada ano com práticas corruptas, o que chegaria a 100 bilhões de reais por ano. Os custos sociais também são elevadíssimos. Como intuitivo, a corrupção é regressiva, pois só circula nas altas esferas e ali se encontram os seus grandes beneficiários. Porém, e muito mais grave, ela compromete a qualidade dos serviços públicos, em áreas de grande relevância como saúde, educação, segurança pública, estradas, transporte urbano etc. Nos anos de 2015 e 2016, ecoando escândalos de corrupção, o PIB brasileiro caiu 7,2%[32].

O pior custo, todavia, é provavelmente o custo moral, com a criação de uma cultura de desonestidade e esperteza, que contamina as pessoas ou espalha letargia. O modo de fazer política e de fazer negócios no país passou a funcionar mais ou menos assim: (i) o agente político relevante indica o dirigente do órgão ou da empresa estatal, com metas de desvio de dinheiro; (ii) o dirigente indicado frauda a licitação para contratar empresa que seja parte no esquema; (iii) a empresa contratada superfatura o contrato para gerar o excedente do dinheiro que vai ser

---

31. É certo que uma percepção da corrupção nem sempre corresponde ao seu aumento efetivo. Na medida em que ela passa a ser exposta e combatida, esta percepção pode aumentar, sem que haja incremento na sua manifestação concreta.
32. Alessandra Saraiva e Robson Salle, PIB do Brasil cai 7,2%, pior recessão desde 1948. *Valor Econômico*, 07.03.2017.

destinado ao agente político que fez a indicação, ao partido e aos correligionários. Note-se bem: este não foi um esquema isolado! Este é o modelo padrão. A ele se somam a cobrança de propinas em empréstimos públicos, a venda de dispositivos em medidas provisórias, leis ou decretos; e os achaques em comissões parlamentares de inquérito, para citar alguns exemplos mais visíveis. Nesse ambiente, faz pouca diferença saber se o dinheiro vai para a campanha, para o bolso ou um pouco para cada um. Porque o problema maior não é para onde o dinheiro vai, e sim de onde ele vem: de uma cultura de desonestidade que foi naturalizada e passou a ser a regra geral.

A cidadania, no Brasil, vive um momento de tristeza e de angústia. Uma fotografia do momento atual pode dar a impressão de que o crime compensa e o mal venceu. Mas seria uma imagem enganosa. O país já mudou e nada será como antes. A imensa demanda por integridade, idealismo e patriotismo que hoje existe na sociedade brasileira é uma realidade inescapável. Uma semente foi plantada. O trem já saiu da estação. Há muitas imagens para ilustrar a refundação do país sobre novas bases, tanto na ética pública quanto na ética privada. É preciso empurrar a história, mas ter a humildade de reconhecer que ela tem o seu próprio tempo. E não desistir antes de cumprida a missão. Li recentemente em um cartaz uma frase cuja autoria é disputada, mas que é uma boa alegoria para traduzir o espírito dessa hora: "Viver não é esperar a tempestade passar. Viver é aprender a dançar na chuva". E seguir em frente.

VI. Conclusão

A seguir, algumas reflexões e proposições acerca desse momento em que a Constituição brasileira chega a uma idade mais madura, em um país com o ciclo de desenvolvimento econômico, social e civilizatório ainda incompleto. Ideias que aproveitem a experiência acumulada e que ajudem a retificar as escolhas que nos mantêm como um país de renda média, com o futuro constantemente adiado.

1. Apesar de muitos avanços e conquistas que merecem ser comemorados, ainda não fomos capazes de enfrentar algumas das causas importantes do atraso, da pobreza e da corrupção. Dentre elas se inclui (i) um Estado que é grande demais – maior do que a sociedade pode e deseja sustentar –, extremamente ineficiente e apropriado privadamente; e (ii) um sistema político viciado, com incentivos equivocados, que extrai o pior das pessoas. Sem equacionarmos algumas das causas estruturais dos nossos problemas, eles se renovarão e se perpetuarão. A mera repressão criminal, ainda que fosse altamente eficaz – e está longe de ser –, jamais poderá ser vista como o melhor caminho para a transformação. É preciso desarmar os mecanismos que estimulam os comportamentos desviantes.

2. A referência ao tamanho do Estado não tem por alvo programas e redes de proteção social, a despeito dos problemas de gestão. A crítica volta-se contra

estruturas onerosas, que transferem renda dos mais pobres para os mais ricos – como o sistema de previdência e o sistema tributário, por exemplo –, assim como o excesso de cargos em comissão, o clientelismo e a distribuição discricionária e seletiva de benesses. A tudo se soma uma cultura cartorial e burocrática, sem controles mínimos de desempenho e de resultados das políticas públicas adotadas.

3. Algumas ideias desenvolvidas e demonstradas por Daron Acemoglu e James A. Robinson, em um livro notável intitulado "Why Nations Fail", ajudam a compreender as razões que levam os países à pobreza e à prosperidade. Segundo os autores, essas razões não se encontram – ao menos na sua parcela mais relevante – na geografia, na cultura ou na ignorância do que seja a coisa certa a se fazer. Encontram-se, sobretudo, na existência ou não de instituições econômicas e políticas verdadeiramente inclusivas, capazes de dar a todos segurança, igualdade de oportunidades e confiança para inovar e investir. A análise e os diagnósticos desses dois autores estão refletidos nessas considerações finais.

4. Países que se tornaram prósperos são aqueles que conseguiram, progressivamente, distribuir adequadamente direitos políticos e oportunidades econômicas, com um Estado transparente e responsivo aos cidadãos. Países que se atrasaram na história foram os conduzidos por elites extrativistas, que controlam um Estado apropriado privadamente, que distribui por poucos os frutos do progresso econômico limitado que produzem. Os mecanismos para tanto incluem monopólios, concessões, empresas estatais e profusão de cargos públicos. A comparação que Acemoglu e Robinson fazem entre a experiência histórica da Inglaterra – com a quebra do absolutismo e a abertura econômica no século XVII – e da Espanha, que seguiu trajetória exatamente inversa, ilustra o argumento de maneira emblemática.

5. Elites extrativistas e autorreferentes organizam a sociedade para o seu próprio benefício, às expensas da massa da população. Ao procederem assim, não criam um país em que as pessoas se sintam efetivamente livres e iguais. Sem terem o nível de respeito e incentivos adequados, os cidadãos desenvolvem uma relação de desconfiança com o Estado e tornam-se menos seguros, menos solidários e menos ousados. Ou seja: não desenvolvem a plenitude do seu talento, ambição e inventividade.

6. Nesse contexto, a sociedade e seus empreendedores não são capazes de promover a destruição criativa da ordem vigente, substituindo-a com criatividade, inovações e avanços sociais. A estagnação se torna inevitável. A consequência de instituições econômicas e políticas extrativistas é a impossibilidade do desenvolvimento verdadeiramente sustentável. Pode haver ciclos de crescimento, mas ele será sempre limitado e seus frutos apropriados por poucos. Triste como possa parecer, a narrativa acima não se distancia de modo significativo da realidade brasileira.

7. A parte boa dessa história é que conjunturas críticas podem liberar a energia capaz de produzir grandes mudanças institucionais. Conjunturas críticas envolvem um conjunto de eventos relevantes que abalam o equilíbrio político e econômico da sociedade. É inegável que o Brasil vive um desses momentos, decorrente da tempestade ética, política e econômica que se abateu sobre o país nos últimos anos. É possível – apenas possível – que estejamos vivendo um momento de refundação, um novo começo.

8. Desenvolveu-se na sociedade, nos últimos tempos, um grau sem precedente de conscientização em relação à corrupção sistêmica, à deficiência nos serviços públicos, à péssima governança e à má distribuição de riqueza poder e bem-estar. Não é fora de propósito imaginar que essa possa ser a energia transformadora de instituições extrativistas em instituições inclusivas. Aos trinta anos de democracia, temos uma chance de nos repensarmos e nos reinventarmos como país, com uma revolução pacífica capaz de elevar a ética pública e a ética privada. Não é uma tarefa fácil, mas pode ser um bom projeto para quem não tenha optado por ir embora. Recentemente, ao saudar-me em um evento acadêmico, um jovem dirigente estudantil me disse: "Eu não quero viver em outro país. Eu quero viver em outro Brasil". Pareceu-me uma boa ideia.

CONTROLE DE CONVENCIONALIDADE E DIÁLOGO ENTRE CORTES

51
A EFICÁCIA DOS PRECEDENTES DA CORTE INTERAMERICANA DE DIREITOS HUMANOS NO DIREITO INTERNO

Cleverton Cremonese de Souza

Advogado e professor universitário. Membro fundador da Associação Brasileira de Direito Processual Constitucional e membro das associações Argentina, Paraguaia e Panamenha de Direito Processual Constitucional. Membro da Associação Mundial de Justiça Constitucional. Especialista em Direito Civil e Processual Civil. Mestre em Processo Constitucional e Mestrando em Justiça Constitucional e Direitos Humanos pela Universidade de Bolonha.

Sumário: 1. Considerações Iniciais; 2. A Corte IDH como definidora de sentido e unificadora dos direitos humanos; 3. A eficácia das decisões da Corte IDH e o precedente do caso Gelman *versus* Uruguai; 4. A eficácia vinculante dos precedentes da Corte IDH no direito interno; 5. Conclusão.

1. Considerações iniciais

A eficácia dos pronunciamentos realizados pela Corte Interamericana de Direitos Humanos é tema intrigante dentro do ordenamento jurídico internacional. Muitas teses têm sido lançadas para tentar explicitar os motivos pelos quais as sentenças proferidas pelo órgão jurisdicional interamericano devem ser seguidas incondicionalmente pelos Estados-partes da Convenção Americana de Direitos Humanos, no entanto, ao que parece, nenhuma ainda tem apresentado resultado satisfatório.

A discussão sobre os efeitos produzidos por elas permanece saltitante dentro do cenário internacional e ganha feições problemáticas quando albergada no ordenamento jurídico de determinados países onde a bandeira da soberania permanece hasteada a qualquer custo.

A resistência ganha ainda mais corpo quando se alega que as decisões da Corte são vinculantes e que mesmo nos casos onde o Estado não figurou como parte da demanda interamericana, a sentença lhe é obrigatória.

Assim, por meio deste singelo artigo, sem muita pretensão de esgotamento do conteúdo, pretende-se demonstrar que as decisões proferidas pela Corte Interamericana de Direitos Humanos são vinculantes para todos os Estados-partes da Convenção Americana, independentemente da necessidade de suas participações na demanda concreta, em um caso específico contra si.

Para tanto, parte-se de uma breve e superficial análise sobre a diferenciação entre texto e norma para se rotular a Corte IDH como órgão definidor e unificador dos direitos humanos regionalizados.

Ato subsequente, partir-se-á para uma exploração direcionada para a eficácia dos pronunciamentos realizados pelo órgão jurisdicional, oportunidade em que ganha importância a resolução de cumprimento de sentença do Caso Gelman vs. Uruguai, proferida em 20 de março de 2013, pois nesta decisão a Corte se pronunciou tecendo importantes comentários acerca do que se pretende demonstrar por intermédio deste texto.

Por fim, investigar-se-á a eficácia vinculante que atinge os precedentes da Corte IDH, de modo a tentar desmistificar e trazer à baila uma linha de raciocínio coerente e compatível com os anseios do Sistema Interamericano de Direitos Humanos.

2. A Corte IDH como definidora de sentido e unificadora dos direitos humanos

A partir do momento em que se tem a percepção de que texto e norma possuem conceitos diferentes, e que a norma, que regula efetivamente a atuação de seus destinatários, é resultado da interpretação sistemática dos textos normativos[1], tem-se a noção de que a simples existência de enunciados não é suficiente para garantir a unidade do direito, haja vista as diferentes interpretações possíveis em cada caso.

Como os textos normativos são expressões equivocadas do ponto de vista da uniformização do direito, sendo apenas a base, ou o início, para qualquer fixação de sentido da norma, será sempre factível a existência de diversas interpretações que guardem consonância com os enunciados do texto normativo.

Por isso, para que o direito tenha a devida coerência, é necessária continuamente a presença de um intérprete autorizado para definir o sentido do texto normativo e fixar a norma de direito que verdadeiramente enlaçará seus destinatários. Isto ocorrendo, o direito ganha unidade e passa a ser tratado de forma equânime em todas as suas vertentes.

---

1. GUASTINI, Riccardo. *Das fontes às normas*. São Paulo: Quartier Latin, 2005. p. 23 e ss.

Nessa batida, a Convenção Americana de Direitos Humanos e seus protocolos adicionais, como simples textos normativos, por si só, não são capazes de dar unidade aos direitos humanos amparados pela sistemática interamericana.

A verificação de evidentes diferenças entre as realidades políticas, econômicas e sociais de cada país, somada aos distintos valores pertencentes a cada nação do continente americano, fazem com que os direitos humanos, quando respeitados, o sejam de diferentes formas conceituais[2].

Em outras palavras, o que para um país representa estrito cumprimento do núcleo-base de determinado direito humano protegido pela CADH, para outro pode representar evidente lesão a este mesmo direito.

Por tudo isso, é imprescindível a existência de um órgão dentro do sistema protetivo interamericano capaz de realizar a tarefa de interpretar os direitos humanos protegidos pela Convenção Americana e definir qual é a norma que efetivamente vigorará entre os povos americanos.

Esse órgão, de acordo com o sistema interamericano, não pode ser outro que não a Corte Interamericana de Direitos Humanos, que, de acordo com o artigo 62.3[3] da CADH, possui o objetivo de aplicar e interpretar as disposições convencionais. Da mesma forma o artigo 1º do Estatuto do órgão, que menciona ser a Corte *uma instituição judicial autônoma cujo objetivo é a aplicação e interpretação da Convenção Americana de Direitos Humanos*.

Ter competência para interpretar o texto convencional quer dizer que a Corte possui a função de definir qual é o sentido dos direitos humanos sustentados pela Convenção Americana, e logicamente, ao agregar tarefa interpretativa ao texto, formular a norma convencional.

O artigo 67[4] da CADH, ao prever que as sentenças da Corte são definitivas e inapeláveis, de modo a não permitir que nenhum outro órgão revise aquilo que a Corte decide, definindo o âmbito de proteção das normas de direitos humanos, acaba por confirmar este entendimento.

---

2. Cito o exemplo da diferença cultural existente entre Brasil e países como Bolívia e Equador, que possuem cultura fortemente enlaçada com antigas tradições indígenas. Nestes países já se reconhece o plurinacionalismo e a existência de jurisdição específica para tratar do direito indígena.
3. Artigo 62.3 da CADH: "A Corte tem competência para conhecer de qualquer caso relativo à interpretação e aplicação das disposições desta Convenção que lhe seja submetido, desde que os Estados-partes no caso tenham reconhecido ou reconheçam a referida competência, seja por declaração especial, como preveem os incisos anteriores, seja por convenção especial."
4. Artigo 67 da CADH: "A sentença da Corte será definitiva e inapelável. Em caso de divergência sobre o sentido ou alcance da sentença, a Corte a interpretará, a pedido de qualquer das partes, desde que o pedido seja apresentado dentro de noventa dias a partir da data da notificação da sentença."

Ainda, sendo competência privativa da Corte a definição de sentido dos direitos humanos convencionais, pode-se afirmar indubitavelmente que o órgão jurisdicional possui atribuição de dar unidade[5] aos direitos humanos (formar um corpo normativo uniforme), de modo a fazer com que todos os Estados-partes realizem o cumprimento da convenção de maneira compatível com os padrões normativos mínimos estabelecidos por ela.

Fala-se em padrões mínimos, pois em virtude do princípio *pro homine* previsto no artigo 29[6] da Convenção Americana de Direitos Humanos, a norma editada pela Corte sempre representará o menor patamar possível de respeito aos direitos humanos que os Estados-partes devem obediência. Caso exista no direito interno norma mais favorável, evidentemente que o mínimo normativo estipulado pela Corte sucumbirá e a norma mais benéfica ao ser humano será a aplicada no caso concreto.

3. A eficácia das decisões da Corte IDH e o precedente do caso Gelman *versus* Uruguai

A tarefa de definição de sentido das normas convencionais e a consequente função de dar unidade aos direitos humanos tutelados pelo sistema interamericano, como se expôs, pertencem à Corte Interamericana.

Sendo assim, é oportuno frisar que o exercício de referida função, que se tem por bem chamar de geral ou *lato sensu*, é realizado por meio das decisões pronunciadas pelo órgão interamericano.

Todavia, para que o intento uniformizador dos direitos humanos seja alcançado, as decisões da Corte devem ser efetivamente cumpridas pelos Estados-partes da CADH.

Não basta enunciar que a Corte define o sentido dos direitos humanos se cada país pode adotar ou não as normas emanadas da mais alta autoridade jurisdicional interamericana como lhes aprouver. Tal fato vai à contramão de quem tem a função de dar unidade aos direitos humanos.

---

5. Para melhor entender o funcionamento das Cortes Superiores e Supremas, ver MITIDIERO, Daniel. *Cortes Superiores e Cortes Supremas*. 2. ed. São Paulo: Ed. RT, 2014.
6. Artigo 29 da CADH: "Normas de interpretação: Nenhuma disposição desta Convenção pode ser interpretada no sentido de: a. permitir a qualquer dos Estados-partes, grupo ou pessoa, suprimir o gozo e exercício dos direitos e liberdades reconhecidos na Convenção ou limitá-los em maior medida do que a nela prevista; b. limitar o gozo e exercício de qualquer direito ou liberdade que possam ser reconhecidos de acordo com as leis de qualquer dos Estados-partes ou de acordo com outra convenção em que seja parte um dos referidos Estados; c. excluir outros direitos e garantias que são inerentes ao ser humano ou que decorrem da forma democrática representativa de governo; e d. excluir ou limitar o efeito que possam produzir a Declaração Americana dos Direitos e Deveres do Homem e outros atos internacionais da mesma natureza."

Nesse passo, é preciso dialogar acerca da eficácia das decisões proferidas pela Corte Interamericana, a fim de demonstrar que somente com a produção de eficácia vinculante, para que elas passem a ter observância obrigatória dentro de todos os países americanos, é que se consegue formar, de fato, um verdadeiro *Ius Commune Americanum*.

Não faz muito tempo, no procedimento de supervisão de cumprimento de sentença do caso Gelman vs. Uruguai[7], a Corte IDH, reafirmando posicionamentos anteriores de mesmo sentido, teceu importantes comentários acerca da eficácia das decisões interamericanas.

No ponto da decisão onde se analisava o fato da Suprema Corte de Justiça do Uruguai ter ignorado tanto a jurisprudência consolidada da Corte Interamericana quanto a sentença de mérito proferida contra seu país no Gelman[8] e declarado a inconstitucionalidade dos artigos 2º e 3º da Lei 18.831, que tornavam imprescritíveis crimes ocorridos durante o período da ditadura militar uruguaia, o órgão jurisdicional interamericano se pronunciou dizendo que suas sentenças devem ser cumpridas de boa-fé pelo ente infrator e que, em razão da coisa julgada internacional, elas são vinculantes para o Estado que atuou como parte material da demanda:

> 61. La Corte reitera que, una vez que este Tribunal se ha pronunciado sobre el fondo y las reparaciones en un caso que fue sometido a su conocimiento, resulta necesario que el Estado observe las normas de la Convención que se refieren al cumplimiento de esa o esas sentencias. De conformidad con lo establecido en el artículo 67 de la Convención Americana, "[e]l fallo de la Corte será definitivo e inapelable", el cual produce los efectos de autoridad de cosa juzgada. Asimismo, el artículo 68.1 de la Convención Americana estipula que "[l]os Estados Partes en la Convención se comprometen a cumplir la decisión de la Corte en todo caso en que sean partes"[9].

Na mesma abordagem, ainda se reportando para a Suprema Corte de Justiça, a Corte IDH se manifestou aduzindo que todos os órgãos internos dos Estados-partes e suas respectivas autoridades estatais, no exercício do controle de convencionalidade, possuem o dever de dar efetivo cumprimento às disposições convencionais. Para isso deveriam levar em consideração não somente os dispositivos da Convenção Americana de Direitos Humanos, como também o resultado da interpretação que a Corte faz dela:

---

7. A respeito, ver resolução de cumprimento de sentença de 20 de março de 2013, disponível em: [http://www.corteidh.or.cr/docs/supervisiones/gelman_20_03_13.doc].
8. A respeito, acessar: [http://www.corteidh.or.cr/docs/casos/articulos/seriec_221_esp1.doc]. Acesso em: 09.07.2017.
9. Resolução de supervisão de cumprimento de sentença do Caso Gelman vs. Uruguai, de 20 de março de 2013, Considerando 61.

> 66. Así, en varias sentencias la Corte ha establecido que es consciente de que las autoridades internas están sujetas al imperio de la ley y, por ello, están obligadas a aplicar las disposiciones vigentes en el ordenamiento jurídico. Pero cuando un Estado es Parte en un tratado internacional como la Convención Americana, todos sus órganos, incluidos sus jueces y demás órganos vinculados a la administración de justicia en todos los niveles, también están sometidos al tratado, lo cual les obliga a velar para que los efectos de las disposiciones de la Convención no se vean mermados por la aplicación de normas contrarias a su objeto y fin, de modo que decisiones judiciales o administrativas no hagan ilusorio el cumplimiento total o parcial de las obligaciones internacionales. Es decir, todas la autoridades estatales, están en la obligación de ejercer *ex officio* un "control de convencionalidad" entre las normas internas y la Convención Americana, en el marco de sus respectivas competencias y de las regulaciones procesales correspondientes. En esta tarea, deben tener en cuenta no solamente el tratado, sino también la interpretación que del mismo ha hecho la Corte Interamericana, intérprete última de la Convención Americana[10].

Na sequência, tecendo comentários sobre o modo de exercício do controle de convencionalidade, a Corte diferenciou a forma de vinculação que as sentenças atingem nos Estados-partes, a depender da participação do Estado como parte material da demanda internacional ou não:

> 67. De tal manera, es posible observar dos manifestaciones distintas de esa obligación de los Estados de ejercer el control de convencionalidad, dependiendo de si la Sentencia ha sido dictada en un caso en el cual el Estado ha sido parte o no. Lo anterior debido a que a que la norma convencional interpretada y aplicada adquiere distinta vinculación dependiendo si el Estado fue parte material o no en el proceso internacional[11].

Considerou a Corte, portanto, que suas sentenças são vinculativas tanto para o Estado que figurou como parte da demanda internacional, no caso concreto, como para aqueles que não fizeram parte do processo, diferenciando-se, contudo, a eficácia vinculante em cada caso.

Segundo argumentação esposada pela Corte, quando o Estado-parte não participa do processo, a força vinculante das decisões decorre não da sentença em si, que não lhe incide de forma direta, mas da obrigação assumida por ele perante o Pacto de San José, de sempre atuar de forma subsidiária[12] às atuações do órgão interamericano com a finalidade de prevenir violações de direitos humanos.

---

10. Ibidem, considerando 66.
11. Ibidem, considerando 67.
12. Do preâmbulo do Pacto de San José da Costa Rica é extraído o princípio da subsidiariedade (ou complementaridade) da jurisdição internacional: "Reconhecendo que os

Essa circunstância implicaria no compromisso de serem seguidos todos os pronunciamentos anteriores realizados pela Corte com o objetivo de se evitar e resolver os litígios de forma prévia e internamente, sem a necessidade de intervenção internacional:

> 72. De tal modo, el control de convencionalidad es una obligación propia de todo poder, órgano o autoridad del Estado Parte en la Convención, los cuales deben, en el marco de sus respectivas competencias y de las regulaciones procesales correspondientes, controlar que los derechos humanos de las personas sometidas a su jurisdicción sean respetados y garantizados. Así adquiere sentido el mecanismo convencional, el cual obliga a todos los jueces y órganos judiciales a prevenir potenciales violaciones a derechos humanos, las cuales deben solucionarse a nivel interno teniendo en cuenta las interpretaciones de la Corte Interamericana y, solo en caso contrario, pueden ser considerados por ésta, en cuyo supuesto ejercerá un control complementario de convencionalidad[13].

Sobrevém que os argumentos da Corte no caso em comento não foram claros acerca do porquê de as sentenças da Corte serem vinculantes para os Estados que não foram partes materiais do processo, principalmente porque o princípio da subsidiariedade, por si só, não é capaz de oferecer argumento plausível para justificar a eficácia vinculante.

O princípio da subsidiariedade poderia no máximo municiar de força persuasiva as decisões da Corte, como modo de coibição das violações de direitos humanos, mas jamais ensejaria eficácia vinculante como consequência direta.

De outra banda, em voto fundamentado apartado[14] da resolução de supervisão de cumprimento de sentença do caso Gelman vs. Uruguai, o Juiz Eduardo Ferrer Mac-Gregor fez constar novos argumentos sobre os efeitos vinculativos da sentença interamericana, pontuando que ao produzir eficácia de coisa julgada internacional, todos os Estados estão adstritos aos pronunciamentos da Corte de alguma maneira.

Consoante o eminente jurista, o efeito vinculante das sentenças da Corte ocorre de maneira direta e subjetiva (*res judicata*) para as partes da demanda in-

---

direitos essenciais da pessoa humana não derivam do fato de ser ela nacional de determinado Estado, mas sim do fato de ter como fundamento os atributos da pessoa humana, razão por que justificam uma proteção internacional, *de natureza convencional, coadjuvante ou complementar da que oferece o direito interno dos Estados americanos*".

13. Resolução de supervisão de cumprimento de sentença do Caso Gelman vs. Uruguai, de 20 de março de 2013, Considerando 72.
14. A respeito, acessar: [http://www.corteidh.or.cr/docs/supervisiones/votos/v_ferrer_gelman_20_03_13.doc]. Acesso em: 09.07.2017.

teramericana e indireta e objetiva (*res interpretata*) para os demais Estados-partes da CADH[15].

A direta seria extraída dos artigos 67[16] e 68.1[17] da CADH, que preveem que as sentenças da Corte serão definitivas e inapeláveis e os Estados-partes se comprometem a cumpri-las em todo o caso que figurarem como parte:

> 22. De conformidad con los artículos 67 y 68.1 de la Convención Americana sobre Derechos Humanos, el fallo de la Corte IDH será "definitivo" e "inapelable" y los Estados Partes en la Convención se comprometen a "cumplir la decisión" en todo caso en que sean partes. Estos dispositivos convencionales constituyen el fundamento principal en el marco del Pacto de San José para otorgar a las sentencias del Tribunal Interamericano su carácter "firme" y "con eficacia vinculante" en sus términos, por lo que no procede ningún medio de impugnación y, en consecuencia, no pueden ser revisadas en el ámbito nacional por ninguna autoridad[18].
>
> 23. La "eficacia vinculante" de las sentencias se corrobora, además, con el Artículo 68.2 del propio Pacto de San José, al señalar que la indemnización compensatoria "podrá ejecutarse en el respectivo país por el procedimiento interno vigente para la ejecución de sentencias contra el Estado". Y también del Artículo 65, in fine, de la misma Convención, que señala la posibilidad de la Corte IDH de someter a la consideración de la Asamblea General de la Organización de Estados Americanos, dentro de su informe anual las recomendaciones pertinentes cuando "un Estado no haya dado cumplimiento a sus fallos". Es decir, en todo caso existe la obligación de los Estados de cumplir con el fallo internacional de manera directa, pronta, íntegra y efectiva, siendo la propia Convención Americana la que establece garantías para lograr su cumplimiento[19];

O efeito vinculante nesse caso adviria como consequência natural da participação do Estado-parte em um caso concreto cujo resultado lhe será imposto por

---

15. Voto fundamentado do Juiz Eduardo Ferrer Mac-Gregor Poisot na Resolução de supervisão de cumprimento de sentença do Caso Gelman vs. Uruguai, de 20 de março de 2013, parágrafo 31.
16. Artigo 67 da CADH: "A sentença da Corte será definitiva e inapelável. Em caso de divergência sobre o sentido ou alcance da sentença, a Corte a interpretará, a pedido de qualquer das partes, desde que o pedido seja apresentado dentro de noventa dias a partir da data da notificação da sentença."
17. Artigo 68.1 da CADH: "Os Estados-partes na Convenção comprometem-se a cumprir a decisão da Corte em todo caso em que forem partes."
18. Voto fundamentado do Juiz Eduardo Ferrer Mac-Gregor Poisot na Resolução de supervisão de cumprimento de sentença do Caso Gelman vs. Uruguai, de 20 de março de 2013, parágrafo 22.
19. Ibidem, parágrafo 23.

uma Corte que tem legitimidade para dar a última palavra em matéria regional de direitos humanos, por meio de uma sentença que não pode ser guerreada por qualquer tipo de recurso.

É a sentença interamericana, coberta pela coisa julgada internacional, porquanto imutável, que operaria efeitos diretos sobre o Estado-parte da demanda.

A eficácia vinculante indireta, por sua vez, conforme ensina o insigne Juiz da Corte Interamericana, impõe a observância dos critérios interpretativos realizados pela Corte e seria derivada da obrigação convencional prevista nos artigos 1º[20] e 2º[21] do Pacto de San José, que estipulam que todos os Estados-partes devem adequar seu direito interno para garantir efetividade aos direitos humanos protegidos pela CADH[22].

---

20. Artigo 1º da CADH: "Obrigação de respeitar os direitos – 1. Os Estados-partes nesta Convenção comprometem-se a respeitar os direitos e liberdades nela reconhecidos e a garantir seu livre e pleno exercício a toda pessoa que esteja sujeita à sua jurisdição, sem discriminação alguma, por motivo de raça, cor, sexo, idioma, religião, opiniões políticas ou de qualquer outra natureza, origem nacional ou social, posição econômica, nascimento ou qualquer outra condição social. 2. Para efeitos desta Convenção, pessoa é todo ser humano."
21. Artigo 2º da CADH: "Dever de adotar disposições de direito interno – Se o exercício dos direitos e liberdades mencionados no artigo 1 ainda não estiver garantido por disposições legislativas ou de outra natureza, os Estados-partes comprometem-se a adotar, de acordo com as suas normas constitucionais e com as disposições desta Convenção, as medidas legislativas ou de outra natureza que forem necessárias para tornar efetivos tais direitos e liberdades."
22. Não é a primeira vez que o juiz interamericano Eduardo Ferrer Mac-Gregor Poisot se pronunciou sobre o tema. Em seu voto realizado no caso Cabrera García e Montiel Flores vs. México, em 26 de novembro de 2010, ele assim se manifestou: "51. El juez nacional, por consiguiente, debe aplicar la jurisprudencia convencional incluso la que se crea en aquellos asuntos donde no sea parte el Estado nacional al que pertenece, ya que lo que define la integración de la jurisprudencia de la Corte IDH es la interpretación que ese Tribunal Interamericano realiza del *corpus juris* interamericano con la finalidad de crear un estándar en la región sobre su aplicabilidad y efectividad. Lo anterior lo consideramos de la mayor importancia para el sano entendimiento del 'control difuso de convencionalidad', pues pretender reducir la obligatoriedad de la jurisprudencia convencional sólo a los casos donde el Estado ha sido 'parte material', equivaldría a nulificar la esencia misma de la propia Convención Americana, cuyos compromisos asumieron los Estados nacionales al haberla suscrito y ratificado o adherido a la misma, y cuyo incumplimiento produce responsabilidad internacional. 52. Así, la 'fuerza normativa' de la Convención Americana alcanza a la interpretación que de la misma realice la Corte IDH, como 'intérprete última' de dicho Pacto en el Sistema Interamericano de Protección de los Derechos Humanos. La interpretación emprendida por el Tribunal Interamericano a las disposiciones convencionales adquiere la misma eficacia que poseen éstas, ya que en realidad las 'normas convencionales' constituyen el resultado de la 'interpretación convencional' que emprende la Corte IDH como órgano 'judicial

43. La proyección de la eficacia interpretativa de la sentencia hacia todos los Estados Parte que han suscrito y ratificado o se han adherido a la Convención Americana sobre Derechos Humanos, y particularmente en aquellos que han aceptado la competencia contenciosa de la Corte IDH, consiste en la obligación por todas las autoridades nacionales de aplicar no sólo la norma convencional sino la "norma convencional interpretada" (*res interpretata*); es decir, el criterio interpretativo que como estándar mínimo aplicó el Tribunal Interamericano al Pacto de San José y, en general al *corpus juris* interamericano, materia de su competencia, para resolver la controversia. Y así asegurar la efectividad (mínima) de la norma convencional. Lo anterior, al constituir precisamente el objeto del mandato y competencia del Tribunal Interamericano "la interpretación y aplicación" de la Convención Americana", y "de otros tratados que le otorguen competencia"[23].

44. La eficacia interpretativa de la norma convencional debe entenderse como la posibilidad de lograr una efectividad regional estándar mínima de la Convención Americana para ser aplicable por todas las autoridades en el ámbito nacional. Lo anterior se deriva de los artículos 1.1 y 2 del propio Pacto de San José, en virtud de que existe la obligación de los Estados Parte de "respetar" y "garantizar" los derechos y libertades, así como la obligación de "adecuación" —normativa e interpretativa— para lograr la efectividad de los derechos y libertades cuando no estén garantizados. Esta última obligación de los Estados Parte es de singular importancia en el Sistema Interamericano de Derechos Humanos y constituye uno de los aspectos fundamentales que lo distingue del Sistema Europeo[24].

Segundo as razões expostas, a adequação requerida pela Convenção Americana impele sejam ajustados internamente tanto o ordenamento jurídico positivo, enquanto produto do Poder Legislativo, quanto os atos emanados dos demais poderes do Estado e seus órgãos, o que importaria também na obrigação dos juízes realizarem internamente o controle de convencionalidade levando em consideração a interpretação da CADH realizada pela Corte Interamericana em suas decisões:

---

autónomo cuyo objetivo es la aplicación e interpretación' del *corpus juris* interamericano. Dicho en otras palabras, el resultado de la interpretación de la Convención Americana conforma la jurisprudencia de la misma; es decir, 'constituyen normas que derivan de la CADH, de lo cual se obtiene que gocen de la misma eficacia (directa) que tiene dicho tratado internacional'". Para ver na íntegra, acessar: [http://www.corteidh.or.cr/docs/casos/votos/vsc_ferrer_220_esp.doc]. Acesso em: 09.01.2017.

23. Voto fundamentado do Juiz Eduardo Ferrer Mac-Gregor Poisot na Resolução de supervisão de cumprimento de sentença do Caso Gelman vs. Uruguai, de 20 de março de 2013, parágrafo 43.
24. Ibidem, parágrafo 44.

> 50. En este sentido "la obligación estatal de adecuar la legislación interna a las disposiciones convencionales no se limita al texto constitucional o legislativo, sino que deberá irradiar a todas las disposiciones jurídicas de carácter reglamentario y traducirse en la efectiva aplicación práctica de los estándares de protección de los derechos humanos". Así, la observancia a lo dispuesto en el artículo 2º del Pacto de San José trasciende el ámbito meramente legislativo, pudiendo y debiendo las autoridades administrativas y especialmente los jueces nacionales en todos los niveles, realizar interpretaciones que no limiten el estándar interpretativo establecido por la Corte IDH precisamente para lograr la efectividad mínima de la Convención Americana, cuyo compromiso los Estados se comprometieron a aplicar[25].

Conclui Mac-Gregor explicando que a vinculação à interpretação da CADH dada pela Corte, representa uma das manifestações do controle de convencionalidade nos casos em que o Estado não figurou como parte material do processo internacional:

> 56. Así, en la Resolución de supervisión de cumplimiento de sentencia en el Caso Gelman, a que se refiere el presente voto razonado, se explicita la obligación de los Estados Parte de la Convención Americana sobre la vinculación de la "norma convencional interpretada" (*res interpretata*) como una de las manifestaciones en que puede desplegarse el "control de convencionalidad" en situaciones y casos en que el Estado concernido no ha sido parte material en el proceso internacional en que fue establecida determinada jurisprudencia interamericana. En ese sentido "por el solo hecho de ser parte en la Convención Americana, toda autoridad pública y todos sus órganos, incluidas las instancias democráticas, jueces y demás órganos vinculados a la administración de justicia en todos los niveles, están obligados por el tratado, por lo cual deben ejercer, en el marco de sus respectivas competencias y de las regulaciones procesales correspondientes, un control de convencionalidad tanto en la emisión y aplicación de normas, en cuanto a su validez y compatibilidad con la Convención, como en la determinación, juzgamiento y resolución de situaciones particulares y casos concretos, teniendo en cuenta el propio tratado y, según corresponda, los precedentes o lineamientos jurisprudenciales de la Corte Interamericana"[26].

Resulta que embora tenha agregado conteúdo à supervisão de cumprimento do caso Gelman, principalmente em relação à *res interpretata*, o voto em destaque também não forneceu todos os subsídios necessários para explicar a eficácia vinculante das decisões da Corte Interamericana perante o direito interno de cada país.

---

25. Ibidem, parágrafo 50.
26. Ibidem, parágrafo 56.

Os argumentos utilizados acabaram por confundir a obrigação de adequação interna dos Estados-partes (artigo 2º da CADH), de se ajustar às disposições normativas da Corte, aí inclusa também a obrigação das autoridades judiciais nacionais levarem em consideração os lineamentos interpretativos do órgão interamericano, com a obrigação propriamente dita dos Estados e suas autoridades seguirem às intepretações realizadas pela Corte no exercício de sua função geral.

Em outros termos, ocorreu distorção entre a eficácia vinculante dos pronunciamentos realizados pela Corte, que devem ser seguidos pelos Estados-partes da Convenção como forma de garantia da unidade dos direitos humanos no cenário americano, com a obrigação dos Estados se adequarem internamente às disposições normativas da Corte, estando aí incluída a obrigação de acatamento da jurisprudência da Corte, como maneira de garantia de efetividade dos direitos humanos protegidos pela Convenção.

Perceba-se que um instituto visa dar alento à garantia de unidade, igualdade e coerência dos direitos humanos por todo o território americano (*ius commune*), enquanto que o outro busca garantir a produção de efeitos concretos da proteção dos direitos humanos dentro dos Estados-partes.

A constatação da força vinculante da coisa interpretada perante os Estados é antecedente necessário à obrigação de adequação interna aos pronunciamentos da Corte, de modo que além de uma não poder justificar a outra, também não devem ser confundidas, pois somente com a verificação da força vinculante das sentenças da Corte sobre os Estados-partes, inclusivamente sobre os não participantes diretos da demanda internacional, é que se pode afirmar que eles devem se adequar internamente aos preceitos interpretativos do órgão.

Aliás, acaba sendo retórica a afirmação de que os Estados-partes devem adaptar seu direito interno à interpretação da Corte quando não se justifica, *ab initio*, quais são os pronunciamentos que vinculam a adequação.

Por isso, necessário explicitar qual é o motivo antecedente que leva os Estados-partes a estarem vinculados aos pronunciamentos da Corte Interamericana.

É o que se demonstrará por intermédio do próximo tópico.

4. A eficácia vinculante dos precedentes da Corte IDH no direito interno

Deixando-se de lado a força vinculante que atinge as decisões proferidas pela Corte Interamericana quando incidentes diretamente sobre o Estado-parte que figurou como parte material da demanda, pois, ao que consta, realmente vinculam o Estado, com algumas ressalvas[27], em razão da coisa julgada internacional e da

---

27. Tecnicamente é paradoxal utilizar a coisa julgada como argumento para justificar a força vinculante das decisões para as partes materiais do processo, como se o efeito

obrigação de cumprimento de boa-fé[28] dos tratados internacionais, é necessário concentrar esforços no sentido de explicitar razões para garantir a eficácia vinculante dos pronunciamentos da Corte sobre os Estados-partes que não figuraram como partes do processo interamericano.

Nesse passo, oportuno mencionar que independentemente de qualquer disposição convencional que possa vir a ser invocada, as decisões da Corte Interamericana são vinculantes para todos os demais Estados-partes que não fizeram parte da demanda internacional pois, ordenadas por uma Corte que tem legitimidade para interpretar o texto convencional, passam a agregar conteúdo aos direitos humanos tutelados pela Convenção Americana.

Agregar conteúdo aos direitos humanos significa que a decisão prolatada pelo órgão interamericano, por trazer ínsita atividade de valoração e definição de sentido, desprega-se do texto normativo convencional e inova no ordenamento jurídico internacional, representando autêntica fonte de direito.

Melhor explicado, quando se tem em mente a distinção entre texto e norma e a verificação de que é a norma, como resultado da interpretação de determinado enunciado, que efetivamente vincula a atuação de seu destinatário, passa-se a perceber também, de maneira cristalina, que a existência unicamente de textos normativos não é suficiente para ordenar e definir direitos.

É a norma, como produto da interpretação dos textos normativos e demais elementos extratextuais presentes no ordenamento jurídico, que adiciona conteúdo e dá "verdadeiro" significado aos direitos em exegese.

Sem a norma (texto interpretado), o texto avaliado carece de sentido e nada acresce ao ordenamento jurídico, de modo que é imperioso afirmar que sempre será necessária a atividade de um intérprete para se atribuir significação ao enunciado de direito.

Quando a tarefa de interpretação para atribuição de sentido resta direcionada para um único órgão, que detém competência exclusiva para a realização do ato,

---

vinculante fosse advindo da coisa julgada, pois é a própria coisa julgada, enquanto garantia de imutabilidade que se agrega ao pronunciamento judicial, que revela a obrigação da parte cumprir com aquilo que foi declarado na decisão. A eficácia vinculante é aquela que conduz efeitos para além das partes materiais. Por uma questão sistemática e para utilizar a linguagem utilizada pela Corte IDH, preferiu-se manter o argumento.

28. O dever de cumprimento de boa-fé dos tratados internacionais é contraído com arrimo nos artigos 26 e 27 da Convenção de Viena sobre o Direito dos Tratados, de 23 de maio de 1969: "Observância de Tratados – Artigo 26 – *Pacta sunt servanda*: Todo tratado em vigor obriga as partes e deve ser cumprido por elas de boa-fé. Artigo 27 – Direito Interno e Observância de Tratados: Uma parte não pode invocar as disposições de seu direito interno para justificar o inadimplemento de um tratado. Esta regra não prejudica o artigo 46."

surge então o elo necessário entre norma e outorga de força vinculante para as decisões das Cortes.

No caso da Corte Interamericana de Direitos Humanos, como já se expôs em tópico anterior, indubitavelmente, de acordo com a Convenção Americana de Direitos Humanos, ela possui função de dar sentido e unidade aos direitos humanos tutelados pelo sistema interamericano (função geral ou *lato sensu*). Ela tem, portanto, legitimidade para interpretar as normas convencionais e formar um corpo normativo único e sólido de direitos humanos, já que a Convenção Americana e seus protocolos, como meros textos estanques e dotados de múltiplas interpretações possíveis, não são capazes de sozinhos definirem os direitos humanos que devem ser respeitados pelos Estados Americanos[29].

Reconhecendo-se a Corte como o único órgão interamericano dotado de competência para ditar a norma, automaticamente está se afirmando que suas decisões são vinculativas para todos os Estados-partes da Convenção Americana, independentemente de sua presença como parte material da demanda, pois antes de realizado o pronunciamento interpretativo pela Corte, como dito alhures, não se tem nada a não ser um simples texto normativo desprovido de sentido *de per si*.

Como o texto convencional necessita de definição de sentido para se tornar norma e esta é definida pela interpretação realizada pela Corte Interamericana, qualquer pronunciamento realizado pelo órgão acaba sendo vinculante e deve produzir efeitos para além das partes do caso concreto.

Em outros termos, se somente o texto não é o bastante, sendo necessária a norma, apenas existirá efetiva definição dos direitos humanos amparados pela CADH após o pronunciamento da Corte lhes dando dimensão, caso em que resulta fácil compreender o porquê de as decisões vincularem todos os Estados-partes a seguir os lineamentos da Corte.

A atuação da Corte definindo os direitos humanos, portanto, é passo necessário para se chegar à norma que vincula os Estados.

Aliás, não haveria razoabilidade alguma no que diz a Convenção nos artigos 67 e 68, de que as decisões do órgão jurisdicional interamericano são definitivas

---

29. Nesse ponto, importante anotar que somente entendendo desse modo é que a disposição do artigo 69 da Convenção Americana de Direitos Humanos ganha sentido. Não haveria motivo algum para se transmitir a sentença ditada pela Corte para todos os Estados-partes da Convenção caso ela realmente não preenchesse a norma de direitos humanos. Afinal, que lógica existiria em se comunicar algo a alguém que já deveria ter conhecimento do conteúdo? A sentença da Corte inova no ordenamento interamericano e, portanto, tem que ser comunicada a todos os Estados-partes para que eles passem a seguir os ditames mínimos por ela fixados. Artigo 69 da CADH: "A sentença da Corte deve ser notificada às partes no caso e transmitida aos Estados-partes na Convenção."

e inapeláveis e os Estados-partes se comprometem a cumpri-las em todo o caso que forem partes, caso as decisões da Corte não vinculassem a todos os Estados.

Ora, se é a Corte que dá a última palavra em matéria de direitos humanos, não existindo nenhum outro órgão com competência para reavaliar suas decisões, naquilo que ela se pronuncia, definindo a norma, só pode vincular a todos os Estados-partes da Convenção, indistintamente. Do contrário, estar-se-ia concedendo à Corte a prerrogativa de ditar as normas de forma casuística, para cada caso concreto que avalie, o que feriria a igualdade entre os povos.

Ainda, se o objetivo do Pacto de San José é realizar um direito comum interamericano em matéria de direitos humanos, *reconhecendo que os direitos essenciais da pessoa humana não derivam do fato de ser ela nacional de determinado Estado*[30], suas decisões devem ser vinculantes como forma de garantia de unidade dos direitos.

Somente com a definição pela Corte da abrangência dos direitos humanos amparados pelo Sistema Interamericano, mediante a interpretação realizada para a formação da norma, é que se conseguirá fazer com que os Estados americanos tenham um único e sólido corpo de direitos humanos.

Esse corpo de direitos da unidade (uniformidade) aos direitos humanos tutelados pela CADH, de modo que por intermédio das decisões da Corte é possível se precisar exatamente quais os direitos humanos mínimos que devem ser respeitados nacional e internacionalmente por todos os Estados, fato que contribui decisivamente para a real formação de um *ius commune* americano.

Interessante notar ainda que ao se determinar que todos os Estados-partes da CADH devem seguir os pronunciamentos da Corte IDH em virtude da eficácia vinculante de suas decisões que ditam a norma, está-se a falar, na verdade, na obrigação específica dos Estados seguirem os precedentes proferidos pelo órgão jurisdicional, não qualquer decisão.

Em verdade, são os precedentes fixados pela Corte, entendidos como as decisões determinantes para o delineamento dos direitos humanos, que acabam por vincular a atuação dos países americanos.

Quando se sustenta que as decisões da Corte agregam conteúdo aos direitos humanos tutelados pela CADH, por meio da norma, tem-se que ter consciência de que é somente aquela decisão interamericana que interpreta e dá feição aos dispositivos convencionais formadores do *corpus juris* interamericano que realmente representa um precedente e produz efeitos vinculativos.

Decisões que enfrentam situações já consolidadas na jurisprudência da Corte (repetição da norma) ou que acabam por discutir fatos irrelevantes para a definição da norma, por não contribuírem para a fixação de sentido dos direitos

---

30. Preâmbulo da Convenção Americana de Direitos Humanos.

humanos, não são consideradas precedentes e por consequência não ditam a norma que irá vincular os Estados[31].

Assim, a eficácia vinculante das decisões da Corte Interamericana está contida nos precedentes e não na decisão em si considerada.

Além disso, se é nos precedentes que se encontra a norma convencional, é especificamente na fundamentação apresentada na decisão que eles residem. A fundamentação é a parte da decisão onde os motivos determinantes, que levaram o intérprete a fixar a norma convencional do modo estampado, são apresentados.

Desse modo, será sempre na fundamentação que os Estados-partes deverão se direcionar para buscar a efetiva norma mínima que define os direitos humanos.

Ainda, como é a fundamentação que carrega inserto o modo de interpretação e definição de sentido dos direitos humanos, jamais se poderá aventar que é a parte dispositiva das decisões interamericanas que vincula a atuação dos Estados.

Mesmo nos casos concretos, onde o dispositivo incide diretamente sobre a parte material da demanda, guardando, destarte, maior relevância, a fundamentação não deixa de ser o local apropriado que o Estado-parte deve se socorrer para buscar a norma que concretamente lhe foi ditada. Somente assim ele cumprirá o pronunciamento da Corte em toda a sua essência.

Por fim, asseverando que as razões definidoras das normas de direitos humanos estão contidas nos precedentes das decisões da Corte e que sem o pronunciamento do referenciado órgão não existe significado o texto convencional, dimana outra importante constatação que não pode ser olvidada: Em tese, todas as formas de manifestação da Corte são capazes de dar sentido aos direitos humanos e, por consequência, formar precedentes vinculantes.

Isso ocorre porque as decisões da Corte que interpretam o texto convencional, sem distinção, inovam no ordenamento interamericano, trazendo consigo carga normativa que involuntariamente dá conteúdo concreto aos direitos humanos.

E, tratando-se de balizamento realizado por órgão que detém legitimidade exclusiva para fixar a norma de direitos humanos vigente no território americano, não se tem outra saída a não ser reconhecer que todas as decisões proferidas pela Corte, em tese, podem conter carga normativa suficiente para vincular a atuação dos Estados-partes da CADH.

Por isso, inegavelmente as decisões proferidas em opiniões consultivas, pedidos de interpretação de sentença, supervisão de cumprimento de sentença ou mesmo em medidas provisórias, desde que efetivamente tenham contribuído para a atribuição de sentido dos direitos humanos, consequentemente fixando a

---

31. Para um melhor panorama acerca da diferença entre precedente e decisão, ver MARINONI, Luiz Guilherme. *Precedentes obrigatórios*. 2. ed. São Paulo: Ed. RT, 2011. p. 215.

norma, vinculam todos os Estados-partes a se utilizarem das razões contidas no pronunciamento da Corte.

Importante pontuar também que a própria Corte deve ficar vinculada aos seus precedentes, de modo que para que ela possa vir a alterar seus delineamentos, carregará o fardo de ter que justificar com precisão quais os motivos que lhe levaram a alterar a substância da norma convencional interamericana.

5. Conclusão

Diante de tudo o que foi exposto, denota-se que a Corte Interamericana de Direitos Humanos possui papel fundamental dentro do Sistema Interamericano de Direitos Humanos.

É ela quem possui, em virtude de sua competência privativa para aplicar e interpretar o Pacto de San José da Costa Rica, a função de dar sentido e unidade aos direitos humanos amparados pela sistemática interamericana – função geral ou *lato sensu*.

Reconhecendo-se a diferença entre texto e norma e afirmando-se que os enunciados normativos extraídos da CADH não são bastantes em si e dependem de interpretação para produzir efeitos, firma-se o entendimento de que a Corte tem a obrigação de atribuir sentido aos direitos humanos regionalizados e estipular a norma que vigorará efetivamente entre os povos americanos.

Na mesma lógica, ao trazer para si a tarefa exclusiva de dar sentido aos direitos humanos presentes no cenário dos países interamericanos, a Corte carrega a função de dar unidade aos direitos humanos, de modo a fazer com que todos os Estados-partes da Convenção realizem o cumprimento das disposições convencionais de acordo com os padrões mínimos fixados por ela ao ditar a norma.

De outro lado, para que a unidade dos direitos humanos seja alcançada, as decisões da Corte IDH devem ser cumpridas incondicionalmente pelos Estados-partes da Convenção, caso em que é necessária a atribuição de eficácia vinculante às decisões do órgão jurisdicional interamericano.

A Corte Interamericana se pronunciou em diversas oportunidades afirmando que suas decisões produzem eficácia vinculante em relação aos Estados-partes da Convenção, inclusive em passado recente, por meio do conhecido caso Gelman *versus* Uruguai, no entanto, apesar de ter tecido importantes comentários, os argumentos utilizados não foram suficientes para explicar o motivo pelo qual suas decisões são vinculantes.

As decisões da Corte são vinculantes para o Estado-parte que figurou como parte material da demanda interamericana em virtude da coisa julgada internacional e da obrigação de cumprimento de boa-fé dos tratados internacionais, conforme se pode extrair de decisões pretéritas da Corte, no entanto, para os países que não fizeram parte do processo, as decisões são vinculantes por motivo diferenciado.

Reconhecendo-se a Corte como órgão competente e exclusivamente legitimado para ditar a norma e completar os enunciados normativos, conclui-se que todas as suas decisões são vinculantes, independentemente do fato de o Estado ser parte material da demanda, pois antes do pronunciamento interpretativo do órgão interamericano, o texto convencional não guarda significação *de per si* e necessita da atribuição de sentido para a formulação dos direitos.

A atuação da Corte definindo os direitos humanos é, portanto, passo necessário para se chegar à norma de direitos humanos que deverá ser aplicada aos Estados-partes, de modo que a vinculação surge naturalmente da necessidade de interpretação autorizada do texto normativo para a produção de efeitos concretos entre os povos.

Dessa assertiva decorre a importante constatação de que, em tese, todas as decisões da Corte Interamericana, sem distinção, podem ditar normas e consequentemente vincular os Estados-partes da CADH. Basta que a decisão inove no ordenamento jurídico, atribuindo verdadeiro sentido às normas convencionais, para que passe a gozar de caráter obrigatório perante todos os países componentes da Convenção Americana.

Por fim, importante pontuar, ainda que tecnicamente, que não são as decisões (ou todas as decisões) da Corte que são vinculantes, mas sim os precedentes contidos nas decisões do órgão interamericano, aqueles que interpretam e dão sentido aos direitos convencionais formadores do *corpus juris* interamericano (que geram a norma), que efetivamente produzem efeitos vinculantes para os demais Estados-partes.

52
CONTROL DE CONSTITUCIONALIDAD, CONTROL DE CONVENCIONALIDAD Y LA PROBLEMÁTICA DE SUS TOPES[1]

Néstor Pedro Sagüés

Profesor en la Universidades de Buenos Aires, Católica Argentina y Panamericana de México DF. Presidente del Centro Argentino de Derecho Procesal Constitucional. Presidente honorario de la Asociación Argentina de Derecho Constitucional. Doctor en Derecho por las Universidades de Madrid y Nacional del Litoral (Argentina).

Sumario: 1. Introducción. Control de convencionalidad internacional y nacional. Simultaneidad con el control de constitucionalidad. 2. "Manifestaciones" del control de convencionalidad nacional, o "desde abajo". Primera: caso de cosa juzgada internacional. 3. Segunda "manifestación" del control nacional de convencionalidad: situación de cosa interpretada. 4. Variantes de la segunda manifestación. Caso del control represivo. Inaplicación de normas nacionales. 5. El control nacional positivo o constructivo de convencionalidad. Selección de interpretaciones. 6. Construcción de interpretaciones. Interpretaciones mutativas por adición. 7. Interpretaciones mutativas por sustracción. 8. Interpretaciones mutativas por sustracción-adición (o mixtas). 9. Conclusiones. La constitución "convencionalizada", propia del "Estado constitucional y convencional de derecho". Los topes de la convencionalización. 10. Voces de renuencia. 11. Reexamen del tema. La aplicación de la "fórmula de Radbruch".

1. Introducción. Control de convencionalidad internacional y nacional. Simultaneidad con el control de constitucionalidad

El "control de convencionalidad" tiene por meta asegurar la eficacia funcional del sistema internacional de los derechos humanos, superando los obstáculos que pudieran presentarse en el orden interno de los Estados. Para el caso latinoame-

---

1. Ponencia presentada para el XIV Congreso Iberoamericano de Derecho Constitucional (Buenos Aires, 21/23 mayo 2019). El presente estudio se inserta en el programa de investigaciones de la Facultad de Derecho y Ciencias Sociales del Rosario, de la Universidad Católica Argentina.

ricano, el control de convencionalidad ha contado con un desarrollo específico, producto en buena medida de la jurisprudencia de la Corte Interamericana de Derechos Humanos, a cuya jurisdicción contenciosa han adherido la mayor parte de los países del área, aunque no todos.[2]

Anticipamos que el control de convencionalidad puede ser protagonizado (i) tanto por organismos jurisdiccionales internacionales, como (ii) por entes nacionales (jueces, legisladores, miembros del Poder Ejecutivo, Ministerio Público, Defensorías del Pueblo, incluso abogados, etc.), en el marco de sus competencias y conforme las reglamentaciones procesales vigentes.[3] El primer supuesto, llamado control de convencionalidad "internacional" o externo, está en nuestro caso a cargo de la Corte Interamericana de Derechos Humanos, cuando, por ejemplo invalida, por "inconvencionales" (contrarias al derecho internacional de los derechos humanos), reglas de derecho interno, constitucionales o subconstitucionales. El segundo está desempeñado por sujetos nacionales (control de convencionalidad "nacional", "interno" o "desde abajo"). Y a él nos referiremos en los párrafos siguientes, conforme la resolución de la Corte Interamericana de Derechos Humanos expedida en el caso coloquialmente denominado "Gelman 2" de supervisión de ejecución de sentencia, del 20 de marzo de 2013, fallo que redimensiona todo lo dicho por tal tribunal en la materia, y que, como pauta muy significativa, *establece dos "manifestaciones" (así las llama) del control de convencionalidad* (párrafo 65 y sigts. de tal resolución).

El control de convencionalidad nacional está preferentemente en manos de jueces, integrantes del Poder Judicial y de la judicatura constitucional en sentido estricto (especializada), importando en nuestros días una de sus funciones más cotidianas y relevantes; pero también compete a todos los órganos estatales locales, en particular, subraya la Corte Interamericana, a los vinculados con la administración de justicia y dentro del marco de sus respectivas competencias (caso cit., párrafo 72).

En la actualidad, debe subrayarse que para la Corte Interamericana el control de constitucionalidad que practiquen los jueces nacionales debe ejercitarse simultáneamente con el control de convencionalidad (caso "Gelman 2" cit, párrafo

---

2. Solamente 25 países de la región han adherido a la Convención Americana sobre derechos humanos (Pacto de San José de Costa rica), y únicamente 21 de ellos aceptan la jurisdicción contenciosa de la Corte Interamericana de Derechos Humanos: Groppi Tania y Anna María Lecis Cocco-Ortu, *Retos y perspectivas futuras de diálogo entre Europa y América: una investigación empírica sobre las referencias recíprocas entre el Tribunal Europeo y la Corte Interamericana de Derechos Humanos (1987-2015)*, versión digital remitida por Tania Groppi al autor. Venezuela se ha retirado últimamente del sistema.

3. En tal sentido, por ejemplo, ver Corte Interamericana de Derechos Humanos, caso "Gelman2", párrafo 69., y sus citas.

CONTROL DE CONSTITUCIONALIDAD, CONTROL DE CONVENCIONALIDAD | 1337

88). Con anterioridad a esta directriz, era usual para muchos pregonar la "tesis de los dos tramos": ante la duda en torno a la constitucionalidad y convencionalidad de una disposición normativa nacional, por ejemplo, primero se visualizaba si resultaba conforme con la Constitución. Si no lo era, el instrumento del caso resultaba inaplicable. Si superaba ese test de constitucionalidad, se pasaba a una segunda etapa, donde se escrutaba la convencionalidad del precepto en cuestión (test de convencionalidad). Sin embargo, ahora la Corte regional, en el párrafo mencionado, preconiza la conjunción de ambos controles: "...pues una vez que el Estado ha ratificado el tratado internacional y reconocido la competencia de sus órganos de control, precisamente a través de sus mecanismos constitucionales, aquéllos pasan a conformar su ordenamiento jurídico. De tal manera, el control de constitucionalidad implica necesariamente un control de convencionalidad, ejercidos de forma complementaria". Ello conduce a manejar, en tal tarea, a la constitución nacional entrevista como constitución *convencionalizada,* según describimos más abajo, parágrafo 8.

El siguiente cuadro sinóptico puede resumir la situación actual de la doctrina establecida por la Corte Interamericana de Derechos Humanos, sobre el control de convencionalidad:

CONTROL DE CONVENCIONALIDAD
(después de CIDH, «Gelman 2», marzo de 2013)

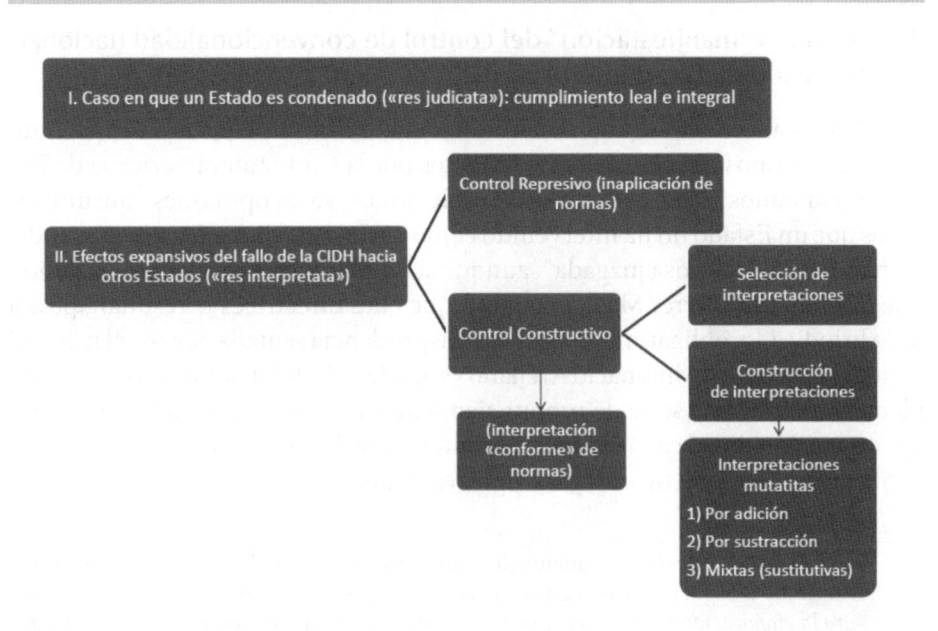

I. Caso en que un Estado es condenado («res judicata»): cumplimiento leal e integral

II. Efectos expansivos del fallo de la CIDH hacia otros Estados («res interpretata»)
- Control Represivo (inaplicación de normas)
- Control Constructivo
  - (interpretación «conforme» de normas)
  - Selección de interpretaciones
  - Construcción de interpretaciones
    - Interpretaciones mutatitas
      1) Por adición
      2) Por sustracción
      3) Mixtas (sustitutivas)

2. "Manifestaciones" del control de convencionalidad "nacional", o "desde abajo". Primera: caso de cosa juzgada internacional

En esta primera "manifestación" o variable del control de convencionalidad, el operador se encuentra frente a una sentencia dictada por la Corte Interamericana de Derechos Humanos contra un Estado nacional, donde lo condena a practicar determinados actos reparativos ante la lesión que se le imputa a dicho Estado. El mismo, naturalmente, ha sido parte en un proceso donde ha podido ofrecer, producir y controlar pruebas, y formular sus alegaciones. Media contra él, por tanto, *cosa juzgada internacional*. El tema está reglado por el art. 68 de la Convención Americana sobre Derechos Humanos ("Pacto de San José de Costa Rica"), el que determina que los Estados partes en la Convención *se comprometen a cumplir la decisión de la Corte* (interamericana) *en todo caso en que sean parte*.

En el referido caso "Gelman 2", párrafos 69 y 73 (en rigor, de supervisión de cumplimiento del primer caso Gelman, de 2011), la Corte Interamericana indica que el control de convencionalidad exige aquí, por parte de los operadores nacionales, el cumplimiento *íntegro* y de *buena fe* del fallo, y que las decisiones de la referida Corte no se vean mermadas por la aplicación de normas nacionales contrarias a su objeto y fin, o por decisiones judiciales o administrativas que hagan ilusorio su cumplimiento. Es decir, por normas, interpretaciones o prácticas internas que obstruyan el cumplimiento de lo dispuesto por la Corte regional.

3. Segunda "manifestación" del control de convencionalidad nacional. Situación de "cosa interpretada"

Vamos ahora a la segunda "manifestación" del control que nos ocupa. Aquí nos encontramos frente a criterios sentados por la Corte Interamericana de Derechos Humanos, ya en sentencias y resoluciones, ya en opiniones consultivas, en las que un Estado no ha intervenido como parte. Para dicho Estado, por ende, no hay al respecto "cosa juzgada", aunque sí "cosa interpretada", feliz expresión que usa Eduardo Ferrer Mac Gregor, porque tales directrices le resultan, pese a todo lo indicado, obligatorias, según la jurisprudencia sentada por aquel tribunal regional a partir de "Almonacid Arellano vs. Chile" (2006). Este fallo ha sido complementado por una serie de pronunciamientos que han auspiciado un control de convencionalidad cada vez más exigente y nutrido, en cuanto a quiénes deben verificarlo, cómo practicarlo, y con qué resultados.[4]

---

4. Sobre el origen y desenvolvimiento de la doctrina del control de convencionalidad, nos remitimos a Sagüés Néstor Pedro, *el "control de convencionalidad" como instrumento para la elaboración de un jus commune interamericano,* en von Bogdandy Armin, Ferrer Mac Gregor Eduardo y Morales Antoniazzi Mariela, *La justicia constitucional y su internacionalización. ¿Hacia un Ius Constitutionale Commune en América Latina?* Instituto de

El fundamento jurídico de esta doctrina de la Corte Interamericana se encuentra, a su decir, en los principios internacionalistas del *pacta sunt servanda*, de la *bona fide* y del *effet utile* (efecto útil) de los tratados internacionales, como la Convención Americana sobre derechos humanos. Sin embargo, de la lectura de este último instrumento no surge que los Estados deban proyectar en la emisión y aplicación de su derecho interno, los criterios elaborados por la Corte Interamericana cuando dicta sus fallos contra un Estado diferente al propio, o expide opiniones consultivas. El mentado art. 68 de la Convención alude al deber de un Estado a cumplir un fallo en un caso en el que fue parte y resultó condenado, no a cumplir sentencias pronunciadas en causas en las que no ha intervenido, o a adoptar y aplicar las interpretaciones que en estos últimos veredictos hubiese hecho la Corte Interamericana.

En rigor de verdad, el control de convencionalidad en los supuestos de "cosa interpretada" deriva de una *interpretación mutativa por adición* realizada por la Corte Interamericana, que a sumado a sus competencias, tal como se explicitaron en la Convención Americana sobre Derechos Humanos, y a las obligaciones de los estados que aceptaron la jurisdicción contenciosa de la Corte, *algo* (muy importante) *más*. Esas mutaciones se fundan en un argumento de autoridad: la condición de la Corte Interamericana de intérprete final de la Convención Americana (arg. arts. 62-3, 64, 67 y 68 de tal Pacto; caso "Gelman2", párrafo 66 *in fine*) y no son tan infrecuentes en el derecho comparado. Por ejemplo, la Corte Suprema de Estados Unidos dibujó en 1803, en *Marbury vs. Madison,* el control judicial de constitucionalidad, no previsto por la constitución estadounidense; y un siglo y medio más tarde lo amplió, también por su voluntad, al requerir en *Cooper vs. Aaron* que los tribunales y demás agencias gubernativas, incluso las estaduales, siguieran los lineamientos sentados en sus fallos, dándole a estos, por ende, fuerza expansiva, más allá del mero efecto *inter partes*.[5] El éxito de tales operaciones mutativistas depende básicamente de dos factores: a) la legitimidad del contenido

---

Investigaciones jurídicas-Max Planck Institut, UNAM, México 2010, t. II p. 449 y sigts.; Sagüés Néstor Pedro, *El "control de convencionalidad" en el sistema interamericano, y sus anticipos en el ámbito de los derechos económico-sociales. Concordancias y diferencias con el sistema europeo*, en Saiz Arnaiz Alejandro y Ferrer Mac-Gregor Eduardo, *Control de convencionalidad, interpretación conforme y diálogo jurisprudencial,* México 2012, Porrúa-UNAM, p. 435 y sigts.

5. Cfr. Sagüés María Sofía, *Las acciones afirmativas en los recientes pronunciamientos de la Suprema Corte de Justicia de Estados Unidos. Implicancias del dato sociológico en el análisis jurisprudencial*, en "Revista Iberoamericana de Derecho Procesal Constitucional", México 2004, Instituto Iberoamericano de Derecho Procesal Constitucional, ed. Porrúa, N° 2 p. 224-5, y *Dinámica política del control de constitucionalidad por la Suprema Corte de Estados Unidos de América,* en *Foro, Nueva época,* Madrid, 2007, Universidad Complutense, N° 5 ps. 125-195.

de la mutación (mutaciones de contenido justo provocan seguimiento, no así las opuestas); b) la aceptación de los demás operadores. Cuando se conjugan ambos factores, la mutación se consolida como derecho consuetudinario constitucional, o en su caso internacional.

Es interesante destacar que para la Corte Interamericana, este control se efectiviza también en lo que hace a la *emisión* y a la *aplicación* de normas (v. gr., caso "Gelman2", párrafo 69), motivo por el cual involucra a todos los órganos legisferantes y administrativos del Estado, por lo que puede hablarse, sin dudas, y aparte del judicial, de un control legislativo y administrativo de convencionalidad.[6]

4. Variantes de la segunda manifestación ("cosa interpretada"). Control represivo. Caso de inaplicación de las normas nacionales

En "Almonacid Arellano vs. Chile" (2006), la Corte Interamericana sentó los lineamientos iniciales del control de convencionalidad, de tipo "represivo", puntualizando que los jueces nacionales debían inaplicar las leyes de su Estado contrarias a los instrumentos internacionales en materia de derechos humanos que hubiere ratificado tal país, en particular la Convención Americana sobre Derechos Humanos, tanto como las opuestas a la interpretación que a esta última hubiese hecho la propia Corte Interamericana. Tres meses después (caso Trabajadores cesados del Congreso vs. Perú", extendió tal trabajo respecto de todas las "normas" internas (motivo por el cual, las cláusulas constitucionales eran también captadas por el control de convencionalidad), y entendió que esa función debía ejercerse *ex officio,* sin necesidad de petición de partes. Con posterioridad, v. gr. en "Gelman vs. Uruguay"), proclamó que tal función correspondía a todos los órganos del Estado, incluyendo a los más vinculados con la administración de justicia, dentro del marco de sus competencias, y que ello se refería tanto a la *aplicación* como a la *emisión* de normas (párrafo 69).

Las normas descalificadas como inconvencionales deben desde luego inaplicarse por los operadores locales, y reputarse, desde su inicio, carentes de eficacia jurídica, según se puntualizó el tribunal regional en "Almonacid Arellano", párrafo 123. Tal directriz es dura, y roza con la calificación de inexistencia de la norma así objetada.

Este rol *represivo* del control de convencionalidad es, desde luego, el más traumático, ya que supone la inutilización (por desaplicación, o en su caso, derogación, según el orden jurídico de cada Estado) de normas domésticas por los

---

6. Ver, por ejemplo, Sagüés Néstor Pedro, *Notas sobre el control ejecutivo de convencionalidad*, en Bazán Víctor, Castro Rivera Edwin y Cuarezma Terán Sergio J., *Estado constitucional y convencional*, Managua 2017, INEJ, p. 51 y sigts.; Sagüés Néstor Pedro, *Nuevas fronteras del control de convencionalidad: el reciclaje del derecho nacional y el control legisferante de convencionalidad*, Jurisprudencia Argentina, Buenos Aires, 2014-IV-966.

propios operadores nacionales. Veremos que actualmente es el último remedio al que estos deben recurrir, ya que antes del mismo, debe ensayarse el control *constructivo* o positivo de convencionalidad, al que nos referiremos de inmediato.

Un supuesto claro de control represivo de convencionalidad para el derecho constitucional argentino, sería respecto del sector del art. 55 de la constitución nacional que demanda, para ser senador, presidente de la Nación, vicepresidente o juez de la Corte Suprema, contar con una renta de dos mil pesos fuertes o una entrada equivalente (cosa que equivaldría a un ingreso mensual de varios miles de dólares), recaudo económico de índole oligárquica incompatible con las reglas de la Convención Americana sobre Derechos Humanos sobre el acceso a cargos públicos, según el art. 23.2 de la misma.

5. El control nacional constructivo o positivo de convencionalidad. Selección de interpretaciones

A partir del caso "Radilla Pacheco vs. México" (2009), párrafos 338 a 340, en correspondencia por ejemplo con "Comunidad indígena Xákmok Kásek, párrafo 311, "Fernández Ortega", párrafos 236 y 237, "Cabrera García-Montiel Flores", párrafo 233, y otros más, el control de convencionalidad consiste no solamente en no aplicar las reglas de derecho interno opuestas a las convenciones sobre derechos humanos ratificadas por un país, o a la jurisprudencia de la Corte Interamericana (control "represivo"), sino también, y de modo previo, en interpretar y hacer funcionar dicho derecho doméstico en consonancia, esto es, de conformidad, con esas pautas internacionalistas (control "constructivo" o "positivo" de convencionalidad, como lo llamamos).[7] El control de convencionalidad pasa a ocuparse, entonces, también de interpretaciones legales y constitucionales.

La primera vía para consumar tal control positivo de convencionalidad, o de la "interpretación conforme", es seleccionar, entre las diferentes interpretaciones que pueda tener una regla jurídica local (constitucional o subconstitucional), aquellas que sean compatibles con los instrumentos del derecho internacional ratificadas por el Estado del caso, y con la doctrina de la corte Interamericana de Derechos Humanos. El operador local tendría que manejarse con esas interpretaciones, y desechar las opuestas a tal compatibilización.

En la esfera del control de convencionalidad, una muestra del procedimiento de selección de interpretaciones puede hallarse respecto del art. 14 de la constitución nacional argentina, que entre otros derechos, enuncia el de "publicar las ideas por medio de la prensa, sin censura previa". Es una regla que admite al menos

---

[7]. Nos remitimos a Sagüés, Néstor Pedro, *La interpretación judicial de la Constitución. De la constitución nacional a la constitución convencionalizada*, 2ª ed., primera reimpresión, México 2017, Porrúa, p. 348.

dos interpretaciones: (i) una, restrictiva, de tipo arcaico, "originalista" (ceñida al momento en que se sancionó la constitución, en 1853), podría entender que la tutela constitucional ampara solamente a las "ideas", o sea, a las opiniones y criterios, pero no necesariamente a las "informaciones" ni a las "imágenes" (sobre las cuales podría haber, según ese entendimiento, censura); y además, que la "prensa" constitucionalmente protegida, sería la así existente en aquel momento histórico decimonónico, o sea, la escrita, y no la prensa oral ni a la audiovisual (en particular, radios y TV), de origen muy posterior, y que por ende, también resultarían eventualmente censurables. Otra versión interpretativa (ii), en cambio, de tipo dinámico-evolutiva, puede entender que el concepto de "ideas" se extiende por analogía a las informaciones y a las imágenes de cualquier tipo, como a los programas satíricos, conciertos, o eventos similares, y que la expresión "prensa" refiere a la tradicional (escrita) pero también a las nuevos medios de difusión, como radioemisoras y canales de televisión.

El control de convencionalidad, demanda que los jueces nacionales, y todos los órganos del Estado, en particular los más vinculados con la administración de justicia, efectivicen los instrumentos internacionales sobre derechos humanos ratificados por un Estado, en particular del Pacto de San José de Costa Rica (o Convención Americana sobre derechos Humanos), y que apliquen también la doctrina sentada por la Corte Interamericana de Derechos Humanos. Respecto de libertad de expresión, en "Herrera Ulloa" (entre otros muchos casos), la Corte Interamericana manejó un concepto amplio del art. 13 del Pacto referido a dicho derecho.[8] En concreto, señaló que abarcaba "informaciones e ideas de toda índole", a más de los relatos y las noticias, y que autorizaba a "utilizar cualquier medio apropiado para difundir el pensamiento, y hacerlo llegar al mayor número de destinatarios" (párrafos 108 a 110).

A su turno, la Corte Suprema de Justicia Argentina, por mayoría de votos, realizó en "Servini de Cubría",[9] una interpretación del art. 14 de la Constitución nacional argentina bastante compatible con el art. 13 del referido Pacto en materia de libertad de expresión, y con lo que después diría la Corte Interamericana en "Herrera Ulloa". No obstante, dejó entrever que la televisión no siempre gozaría de

---

8. El art. 13 del Pacto de San José de Costa Rica señala, en lo pertinente, que *Toda persona tiene derecho a la libertad de pensamiento y de expresión. Este derecho comprende la libertad de buscar, recitar y difundir informaciones e ideas de toda índole, sin consideración de fronteras, ya sea oralmente, por escrito o en forma impresa o artística o por cualquier otro procedimiento de su elección... El ejercicio del derecho previsto en el inciso precedente no puede estar sujeto a previa censura sino a responsabilidades ulteriores, las que deben estar expresamente fijadas por la ley...*

9. Corte Suprema de Justicia de la Nación, *Fallos*, 315:1943. Para un análisis más detallado, nos remitimos a Sagüés, Néstor Pedro, *Censura judicial y derecho de réplica*, Buenos Aires, Astrea, 2008, p. 44 y ss.

CONTROL DE CONSTITUCIONALIDAD, CONTROL DE CONVENCIONALIDAD | 1343

una tutela similar a la de otros medios de difusión, hipótesis que quizá no empalme completamente con el criterio señalado en "Herrera Ulloa". Pero en términos generales, optó por una interpretación del texto constitucional no arcaica, sino más bien dinámico- evolutiva, conciliatoria con el art. 13 del Pacto de San José.

6. Construcción de interpretaciones. Interpretaciones mutativas por adición

Hasta el momento, el intérprete-operador está realizando un arqueo o cómputo de un material que anida en la regla jurídica que está analizando, para consumar, poco después, un ejercicio de opciones, destinado a deslindar la paja del trigo, lo inconvencional de lo convencional.

El trabajo de "selección de interpretaciones" es generalmente aceptado por los tribunales y la doctrina especializada. En principio -y hasta cierto punto- no es demasiado creativo, sino recopilativo y dirimente, pero exige una significativa dosis de ingenio y acierto.

En un paso más adelante, la doctrina de la "interpretación conforme", base del control *positivo* o *constructivo* de convencionalidad, puede demandar al operador un esfuerzo más, tendiente a adaptar, adecuar o reciclar a la norma del derecho interno, con el derecho internacional de los derechos humanos y la jurisprudencia de la Corte Interamericana de Derechos Humanos.

En materia de control de convencionalidad, la necesidad de conformar el derecho interno con el derecho internacional de los derechos humanos y con la interpretación dada al Pacto de San José de Costa Rica por la Corte Interamericana de Derechos Humanos, producirá las alternativas de las interpretaciones mutativas por adición, sustracción y mixtas, en aras de compatibilizar los textos constitucionales y el derecho nacional con esos parámetros internacionalistas. Se trata aquí, por ende, de construir interpretaciones.

Veamos una muestra de interpretación mutativa por adición. El art. 54 de la Constitución de Panamá, que alude al amparo, puntualiza lo siguiente:

Toda persona contra la cual se expida o se ejecute, por cualquier autoridad pública, una orden de hacer o de no hacer, que viole derechos y garantías que esta Constitución consagra, tendrá derecho a que la orden sea revocada, a petición suya o de cualquier persona. El recurso de amparo de garantías constitucionales a que este artículo se refiere, se tramitará mediante procedimiento sumario y será competencia de los tribunales judiciales.

La norma en cuestión resulta insuficiente, para satisfacer plenamente el art. 25 del Pacto de San José de Costa Rica, el que, en lo que nos interesa, dice:

Toda persona tiene derecho a un recurso sencillo y rápido o a cualquier otro recurso efectivo ante los jueces o tribunales competentes, que la ampare contra actos que violen sus derechos fundamentales reconocidos por la Constitución, la ley o la presente Convención, aun cuando tal violación sea cometida por personas que actúen en ejercicio de sus funciones oficiales…

De la lectura de ambas cláusulas surge que el texto constitucional panameño no incluye estos ingredientes que en cambio sí figuran en el art. 25 del Pacto: a) lo ciñe respecto de actos de autoridad pública, sin habilitarlo contra actos u omisiones de particulares; c) restringe el cupo de derechos tutelados a los de fuente constitucional, sin incluir a los emergentes de la ley o del Pacto de San José.

Una exégesis mutativa por adición obliga entonces a leer el mentado art. 54 de la Constitución de este modo: *Toda persona contra la cual se expida o se ejecute, por cualquier autoridad pública o* **por un particular,** *una orden de hacer o de no hacer, que viole derechos y garantías que esta Constitución,* **la ley o un tratado** *consagren, tendrá derecho a que la orden sea revocada, a petición suya o de cualquier persona. El recurso de amparo…* etc.

El texto en negrita es, en concreto, el que cabe añadir en el operativo interpretativo de adición, en tren de lograr la correspondencia entre las reglas constitucional y convencional mencionadas, y a fin de concluir con una posible confrontación normativa entre ellas. En el ejemplo que damos, y sin necesidad de la actuación del poder constituyente, o del legislativo, el operador judicial realiza el trabajo conciliatorio aplicando las tesis de la "interpretación conforme", y de las sentencias modulatorias. Parte del supuesto de que las disimilitudes entre la cláusula constitucional y la del Pacto no son insalvables, y que los agregados generados por la interpretación conforme y la sentencia modulatoria arbitran una solución armónica y funcional a la vez.

7. Interpretaciones mutativas por sustracción

En este supuesto, el operador va a extraer del contenido normativo de un precepto (constitucional, llegado el caso), un trozo incompatible con la preceptiva controlante (en nuestro ejemplo, v. gr., la Convención americana sobre derechos humanos, o la jurisprudencia de la Corte Interamericana de Derechos Humanos).

Un supuesto muy frecuente ha sido el de las reglas constitucionales nacionales que posibilitan el dictado, a veces en términos muy amplios, de amnistías o indultos. Por ejemplo, el art. 63 inc. 16 de la Constitución de Chile determina que es materia de ley las normas "que concedan indultos generales y amnistías", aunque requiere un quórum calificado especial si se trata de delitos de terrorismo. A su turno, la ley fundamental de la República Dominicana, en su art. 93 inc. p, autoriza al Congreso Nacional a "conceder amnistía por causas políticas". Y el art. 187 inc. 5 de Venezuela, entre las competencias de la Asamblea Nacional, señala la de "decretar amnistías".

Tal facultad de amnistiar se encuentra recortada, no obstante, por la jurisprudencia reiterada de la Corte Interamericana de Derechos Humanos (v. gr., casos *Barrios Altos, Velázquez Rodríguez, Loayza Tamayo, Almonacid Arellano*),[10] en materia de delitos de lesa humanidad, de tal modo que la preceptiva constitucional citada, deberá entenderse con este agregado: "no proceden indultos o amnistías respecto de delitos de fuente internacional".

Ocasionalmente, dicho añadido restrictivo figura, total o parcialmente, de modo explícito, en alguna constitución de nuevo cuño.[11]

8. Interpretaciones mutativas por sustracción-adición, o mixtas ("sustitutivas")

Aquí el operador va a tomar el precepto normativo y le va a quitar un segmento de su contenido material, al par que le agrega otro. Desde luego, es el operativo más complejo, completo y controvertido, admisible solamente en posiciones muy activistas. Su mérito estriba en lograr una adecuación de la norma inferior con la superior, incluso a machetazos, pero justificado por las referidas razones de economía constitucional y convencional, eficacia, prontitud y predominio de la norma más relevante. No es una receta apta para mentalidades tradicionalistas y poco vanguardistas.

Un caso emblemático ha sido el del art. 115 de la Constitución nacional argentina, que programa un Jurado de Enjuiciamiento para la remoción de magistrados federales inferiores a la Corte Suprema de Justicia. El órgano en cuestión, mencionado en el título constitucional relativo al Poder Judicial, no es sin embargo un "tribunal" en sentido preciso. Se trata de un ente conformado por jueces, abogados y legisladores, de naturaleza político-administrativa o, si se prefiere, *sui generis*, sin resultar un tribunal "imparcial e independiente", en los términos, v. gr., del art. 8º del Pacto de San José de Costa Rica.

El problema es que la Constitución declara explícitamente en su art. 115 que el fallo de aquel Jurado, "será irrecurrible". Sobre el sentido terminante de tal irrecurribilidad no hay dudas. Además, no se trata de una norma arcaica, sino novedosa, introducida por la reforma constitucional de 1994. Naturalmente, la compatibilidad de la "irrecurribilidad" de dicho veredicto con el art. 25 del Pacto

---

10. Un resumen de estos fallos puede encontrarse en *Gomez Lund vs. Brasil*, párrafos 147 y sigts., de la Corte Interamericana de Derechos Humanos.
11. Así, el 120 inc. 13 de la Constitución de Ecuador de 2008, que dispone lo siguiente: La Asamblea Nacional puede "conceder amnistías por delitos políticos e indultos por motivos humanitarios... *No se concederán* por delitos cometidos contra la administración pública ni *por genocidio, tortura, desaparición forzada de personas*, secuestro y homicidio por razones políticas o de conciencia". La letra cursiva es nuestra.

de San José de Costa Rica es, por lo menos, dudosa, dado que esta Convención diseña un recurso ante "los jueces o tribunales competentes", si se violaren los derechos fundamentales de una persona.

En el caso "Brusa",[12] la Corte Suprema argentina asume ese conflicto y da una respuesta mutativa-sustitutiva. Por un lado, "comprime" el contenido de la regla constitucional de la irrecurribilidad (art. 115), al ámbito administrativo y político. Por otro, lo amplía, para cumplir con el Pacto, y habilita el recurso extraordinario federal, para que el juez removido pueda discutir sus derechos ante un organismo judicial, la propia Corte Suprema. Tal armonización, que algunos calificarán como forzosa, permite compatibilizar la Constitución con el Pacto y evitar, de tal modo, la declaración de inconvencionalidad del aludido art. 115 de la Constitución, pronunciamiento que hubiera sido muy duro y traumático. El operativo de rescate convencional de la cláusula constitucional termina así exitosamente.

9. Conclusiones. Hacia la "constitución convencionalizada", propia del "Estado constitucional y convencional de derecho". Los topes de la convencionalización

La doctrina del control de convencionalidad va a impactar en el concepto mismo del término "constitución". La constitución *nacional*, en verdad, pasa a transformarse en una constitución *convencionalizada*,[13] esto es, adaptada, adecuada, reinterpretada, reciclada, conforme a las pautas provenientes del derecho internacional de los derechos humanos. Por ello, algunas de sus cláusulas concluyen inaplicables. Otras, resultan amoldadas en su interpretación a dicho derecho internacional, desechándose determinadas exégesis otrora posibles pero que actualmente son descartables. Ciertos tramos son objeto de una interpretación extensiva, otros de una restrictiva, y algunos con un sentido normativo distinto al original, todo en aras de conciliarlos con los convenios internacionales de derechos humanos y la jurisprudencia de la Corte Interamericana de Derechos Humanos.

Axiológicamente, esta mutación, que perfila al Estado actual como "Estado constitucional y convencional de derecho",[14] se justifica en tanto y en cuanto sirva

---

12. Corte Suprema de Justicia de la Nación, *Fallos,* 326:4816.
13. Sobre el origen de esta denominación, que ensayamos en su momento, nos remitimos a Sagüés, Néstor Pedro, "Control de constitucionalidad y control de convencionalidad: a propósito de la constitución convencionalizada", *Parlamento y Constitución,* Toledo, Cortes de Castilla-La Mancha y Universidad de Castilla-La Mancha, 2011, N° 14, p.144 y ss.
14. Ver, al respecto, Vigo, Rodolfo L., "Interpretación y control constitucional: dos caracterizaciones y algunas proyecciones e implicancias", en Sagüés Néstor P. y Serra María Mercedes (Coords.), *Derecho Procesal Constitucional, Número especial,* Jurisprudencia

al bien común internacional, valor o meta superior al bien común nacional.[15] El bien común internacional, décadas atrás, aludía principalmente a temas de paz, guerra, relaciones diplomáticas y coordinación de servicios públicos internacionales, pero en nuestros días suma, y de modo cada vez más preponderante, la tutela de los derechos humanos. La experiencia nazi, sumada a los genocidios en general y los terrorismos de Estado (o de grupos con un *modus operandi* parecido) habidos en tantas regiones del globo, han sido los hechos que explican la necesidad de una atención de la comunidad internacional sobre temas que, como los derechos personales, antes se visualizaban sola y suficientemente con el derecho interno, comenzando por el constitucional.

Todo ello hace nacer una pregunta decisiva: el control de convencionalidad, en sus dos manifestaciones de "cosa juzgada" y de "cosa interpretada", ¿tiene topes de cumplimiento? Toda sentencia, de la Corte Interamericana, por ejemplo, consolidada como cosa juzgada internacional, ¿debe ser ejecutada por el Estado condenado? Toda directriz sentada por el mismo tribunal, a título de "cosa interpretada", ¿debe ser seguida y efectivizada por los operadores nacionales, en sus dos proyecciones de control represivo y constructivo?

A la luz del mero derecho positivo, la respuesta tiende a ser afirmativa: los artículos 63, 67 y 68 de la Convención Interamericana de Derechos Humanos son concluyentes en el punto. Como intérprete final de ella, las sentencias de la Corte Interamericana concluyen definitivas, inapelables y ejecutables, más allá de su acierto o error. La vía jurídica de escape (pero para el futuro) por parte de un Estado agraviado por los fallos del tribunal regional, o por la doctrina sentada en procesos en los que no fue parte, es la denuncia del Pacto (art. 78 del mismo), tal como lo ha hecho, por ejemplo, Venezuela.

Argentina, Buenos Aires, 02/08/17, p. 3 y sigts.; Terrile Ricardo A., *Estado constitucional y convencional de derecho*, Rosario, Amalevi, 2015, *passim*.

15. La doctrina del bien común universal o internacional ya había sido anticipada por autores de la escuela española a partir del siglo XVI: Cfr. Pereña Vicente, Luciano, *La tesis de la coexistencia pacífica en los teólogos clásicos españoles*, Madrid 1963, Instituto Social León XIII, p. 62; *Comunidad y autoridad supranacional*, en Varios, *Comentarios a la Pacem in Terris*, Madrid, 1963, Instituto Social León XIII, Biblioteca de Autores Cristianos, p. 559; Sagüés Néstor Pedro, *Jean Bodin y la escuela española,* Rosario, 1978, Instituto de Derecho Público y Ciencia Política, Facultad de Derecho y Ciencias Sociales, UCA, ps. 99-100. En las primeras décadas del siglo XX Jean Dabin asignaba como metas del bien común internacional la paz y el orden internacionales, la justicia internacional y la coordinación de las políticas y de los servicios públicos interestatales. Cfr. Dabin Jean, *Doctrina General del Estado. Elementos de filosofía política,* trad. por Héctor González Uribe y Jesús Toral Moreno. México 1946, Editorial Jus, p. 271 y sigts. Este listado se amplía sensiblemente después, incluyendo de manera relevante al tema derechos humanos.

10. Voces de renuencia

Sin embargo, no siempre los Estados han cumplido con la ahora llamada "primera manifestación" del control de convencionalidad, vale decir, mediando cosa juzgada internacional (v. *supra*, parágrafo 2). Esto es, en diversas oportunidades han reputado inejecutorias, total o parcialmente, sentencias de la Corte Interamericana, alegando motivos varios.

a) En un listado meramente a título de muestra, puede recordarse la resolución del Consejo Supremo de Justicia Militar del Perú, del 11 de junio de 1999, en el caso "Castillo Petruzzi y otros", argumentando que la Corte regional tipificó en una sentencia suya, en forma indebida a determinados delitos, incurrió en exceso de su competencia funcional, se extralimitó en sus atribuciones, al pronunciarse sobre el control de legalidad y de constitucionalidad del derecho interno, excediéndose también en su competencia, por indicarle a los legisladores locales cómo debían votar las leyes, a más de invocar falsamente preceptos del Pacto de San José de Costa Rica que el mismo no contiene, incurrir en "clamoroso desconocimiento" de la legislación penal y miliar peruana, , desconocer a la Constitución del Perú e intentar someterla al Pacto de San José de Costa Rica en la tarea de interpretación y aplicación propia de los jueces peruanos, violentar la cosa juzgada, valorar arbitrariamente las circunstancias histórico-sociales, resolver sobre puntos no sometidos a la Comisión y a la Corte Interamericana de Derechos Humanos, incurrir en autocontradicción y en prejuzgamiento, mediar peligro en el cumplimiento de lo decidido por la Corte Interamericana, al disponerse la libertad de terroristas, en perjuicio de la seguridad del Estado, actuar parcialmente y pronunciar un veredicto contrario a la Constitución del Perú, etc.[16]

Pocos días después, el 14 de junio, la Corte Suprema de Justicia peruana, en el caso "Loayza Tamayo" proclamó inejecutable otra sentencia de la Corte Regional, atento no haberse agotado las instancias internas previas al conocimiento del caso en el sistema interamericano, y subrayó que al momento de dictarse aquel fallo, el Pacto de San José se encontraba debajo de la Constitución peruana, por lo que "el sistema interamericano de protección de los derechos humanos debe sujetarse al ordenamiento constitucional de los estados signatarios". Acto seguido acotó que el veredicto de la Corte Interamericana desconocía el contenido y las consecuencias de una sentencia que fue dictada por la justicia peruana, y alertó que la "supervisión de cumplimiento"· dispuesta por la Corte Regional, no le era una facultad conferida por los instrumentos suscriptos por el Perú. En conclusión, reputó inejecutable lo decidido por la Corte Interamericana.[17]

---

16. *El Peruano*, Lima, 12/6/1999.
17. Sagüés Néstor Pedro, *Derecho Procesal Constitucional: logros y obstáculos*. Buenos Aires, 2006, Ad-Hoc, ps. 254/6.

Los dos pronunciamientos de rechazo fueron vertidos durante la presidencia de Alberto Fujimori, pero quedaron finalmente sin efecto por el siguiente Presidente del Perú, Valentín Paniagua Corazao.

b) Venezuela tiene cierta afición en materia de declaraciones de inejecutabilidad de fallos de la Corte Interamericana, siendo uno de los más célebres el pronunciado en la causa "Apitz Barbera y otros", donde la Sala Constitucional del Tribunal Supremo de la república boliviariana declaró inejecutable la sentencia del tribunal regional del 5 de agosto de 2008. En tal país la referida Sala ha instrumentado una acción popular de inconstitucionalidad contra veredictos de la Corte Interamericana, a fines de declararlos inejecutables por no someterse a la Constitución nacional, interpretada según los criterios autónomos de la Sala, conforme apunta Carlos Ayala Corao.[18]

En concreto, y partiendo de un precedente de la propia Sala Constitucional que le autorizaba a revisar los fallos de la Corte Interamericana para determinar si coincidían o no con la Constitución nacional, tesis que el autor que citamos denomina del "nacionalismo constitucional absoluto", y del "pasavante" o *exequatur* (en el sentido que el tribunal nacional se convierte en juez de la Corte Interamericana, para determinar si lo resuelto por ésta se adapta o no a la Constitución lugareña), la Sala detecta que en "Apitz Barbera" la Corte regional ha invadido competencias propias del Poder Judicial y del Poder Legislativo venezolanos. Por ello, declaró inejecutable tal fallo y en base al principio de "colaboración de los poderes", instó al Poder Ejecutivo a denunciar al Pacto de San José de Costa Rica. Tal exhortación fue finalmente seguida, años más tarde.

c) Argentina, fiel seguidora de la doctrina del control de convencionalidad implantado por la Corte Interamericana de Derechos Humanos, y que incluso la transcribió entre comillas copiando, v. gr., frases de "Almonacid Arellano vs.

---

18. Ayala Corao, Carlos, *La doctrina de la "inejecución" de las sentencias internacionales en la jurisprudencia constitucional de Venezuela (1999-2009)*, en von Bogdandy Armin, Ferrer Mac Gregor Eduardo y Morales Antoniazzi Mariela (Coords.), *La justicia constitucional y su internacionalización*, ob. cit., t. II p.106 y sigts. el argumento básico de la Sala Constitucional gira sobre lo siguiente: todo el derecho está al servicio del proyecto político que anida en la Constitución, cuyo intérprete máximo es la Sala constitucional. Si hubiere un conflicto entre cualquier norma (aun internacional) y la Constitución, debe prevalecer la última (*interpretatio favor Constitutione*). La Sala Constitucional determina el sentido de las reglas constitucionales, incluso de aquellas que confieren rango constitucional, o preeminencia en ciertos casos, a convenciones internacionales. Ver también, sobre la inejecutabilidad de sentencias de la Corte Interamericana en Venezuela, en el caso "López Mendoza", Zuñiga Urbina Francisco, *Control de convencionalidad y tribunales nacionales. Una aproximación crítica*, en Nogueira Alcalá Humberto (Coord.), *El diálogo transjudicial de los tribunales constitucionales entre sí y con las Cortes internacionales de Derechos Humanos*, Santiago de Chile, 2012, Librotecnia, p. 417 y sigts.

Chile" (caso "Mazzeo", y su continuación en "Videla y Massera", "Rodríguez Pereyra", entre otros, otros), el 14 de febrero de 2017, decidió, pese a todos esos antecedentes, no cumplir con un sector de la sentencia de la Corte Interamericana de Derechos Humanos pronunciada en "Fontevecchia y D'Amico c. Argentina", que le ordenaba "dejar sin efecto" una sentencia suya, pronunciada en 2001, en el caso "Menem, Carlos Saúl".[19]

Los argumentos de la Corte Suprema de Justicia argentina se centraron, principalmente, en alegar que la Corte Interamericana no tenía competencias para exigir tal (entendió) *revocatoria* de un fallo de una Corte Suprema, a realizar por esta misma. Argumentó al respecto que tal competencia no surgía del Pacto de San José de Costa Rica; que dicho instrumento, por lo demás, y pese a tener rango constitucional en el país (art. 75 inc. 22 de la Constitución), estaba sometido a los principios de derecho público de la misma carta magna, según su art. 27, de los que se desprendía su condición de Corte Suprema, enunciado en el art. 118; que como ente supremo, no podía ser conminado a que revocara un pronunciamiento suyo; que la Corte Interamericana no diligenciaba una cuarta instancia apta para revisar sentencias de la Corte Suprema nacional, y que su actuación era solamente subsidiaria o supletoria. De todos modos, conviene advertir que la Corte argentina no discutió el fondo de lo decidido por la Corte Interamericana, que en la especie era un debate sobre la libertad de expresión, sino, únicamente, si se la podía obligar a dejar sin efecto, por ella misma, una sentencia suya.

En su respuesta del 18 de octubre del mismo 2017, la Corte Interamericana descartó toda alegación de derecho interno para que la Corte Suprema argentina pudiese eximirse de sus compromisos internacionales. Añadió que la autoridad para determinar la competencia de la Corte Interamericana era esta misma Corte, conforme las reglas internacionales en vigor, y no la Corte Suprema argentina. Afirmó que para garantizar un derecho vulnerado, el Pacto de San José de Costa Rica le confería autoridad para disponer que se dejara sin efecto la sentencia que lesionaba al derecho. Entendió que no asumía una cuarta instancia, y que su actuación subsidiaria no le impedía disponer el restablecimiento de un derecho humano, del modo que lo hizo. No obstante, y dando un paso significativo, entendió que cuando exigió a la Corte Suprema argentina que "dejara sin efecto" una sentencia suya, ello no significaba, necesariamente, forzar a que la revocase, porque bastaba al efecto, por ejemplo, que se dejara una nota marginal al protocolo de fallos de la Corte argentina, en el sentido que la sentencia "Menem" que había sido reputada violatoria del Pacto de San

---

19. Nos remitimos, *in extenso*, a Sagüés Néstor Pedro, *¿Puede válidamente la Corte Interamericana obligar a que una Corte Suprema nacional deje sin efecto una sentencia suya?*, El Derecho, Buenos Aires, 4/4/2017, tomo 272-437.

José de Costa Rica, por la Corte Interamericana. Esta última actitud moderadora de la Corte regional permitió resolver en parte el conflicto, situación que felizmente ocurre con la resolución de la Corte Suprema de Justicia argentina del 5/12/17.[20]

Es del caso comentar que en algunos de los ejemplos datos, ciertos tribunales nacionales realizaron un control formal de competencia y otro de mérito sobre el fondo de lo resuelto por la Corte Interamericana, discutiendo su acierto en la valoración de pruebas o en el hecho de haberse dado por infringido un derecho humano, mientras que en otras situaciones solamente se discutió la competencia del órgano regional para decidir como lo hizo (tal fue el caso de Argentina).

11. Reexamen del tema. La aplicación de la "fórmula de Radbruch"

Corresponde alertar que el debate acerca de los límites del control de convencionalidad se encuentra en mucho enrarecido, ya que cuestionar —aunque fuere solamente en algún aspecto- el seguimiento a las directrices de la Corte Interamericana, es entrevisto por algunos internacionalistas entusiastas como un retroceso inadmisible en el desarrollo progresivo de la tutela de los derechos humanos. A su vez, la tesis de la obediencia irrestricta a los veredictos del tribunal regional, se mira por algunas tendencias apegadas a lo nacional como una claudicación de conceptos muy vivenciales como los de patria. soberanía y supremacía constitucional.[21] En síntesis, con frecuencia la polémica pasa del debate estrictamente jurídico al emocional, y allí no cabe el retorno.

En términos de derecho internacional formal positivo, cabe reiterar que frente al escenario de definitividad, inapelabilidad y de compromiso de cumplimiento de las sentencias de la Corte Interamericana de Derechos Humanos que describen, para los estados, los arts. 67 y 68 de la Convención respectiva, sumado a las disposiciones de la Convención de Viena sobre el derecho de los tratados (arts. 27 y

---

20. Derivamos al lector a Sagüés Néstor Pedro, *Un conflicto trascendente: la Corte Interamericana y la Corte Suprema argentina. Entre el diálogo y el "choque de trenes"*, La Ley, Buenos Aires, 22/11/17, tomo 2017-F. La resolución de la Corte Suprema argentina dispuso el 5/12/17 dejar constancia, en la sentencia "Menem", que había sido declarada por la Corte Interamericana como incompatible con la Convención americana sobre Derechos Humanos, ya que tal anotación no infringía el orden público emergente del art. 27 de la Constitución nacional.

21. En estas controversias cabe tener presente que en la misma fundación de la teoría de la soberanía (Jean Bodin, 1576), tal concepto es perfectamente compatible con el respeto al cumplimiento de los tratados internacionales libremente pactados por el soberano, y con las ideas de justicia y la existencia de un derecho de gentes: Sagüés Néstor Pedro, *El rescate histórico del concepto de soberanía y su compatibilidad con el derecho internacional*, El Derecho, Buenos Aires, 14/11/17, tomo 275.

46) que, como regla (hay alguna excepción),²² impiden alegar normas de derecho interno para eximirse del cumplimiento de obligaciones internacionales, resultaría jurídicamente inválido para los referidos estados sustraerse de la doctrina del control de convencionalidad, en cualquiera de las dos "manifestaciones" que la Corte regional enuncia (v. parágrafo 2). Solamente le quedaría al Estado agraviado, si entendiere insostenible la situación, denunciar a la Convención americana sobre derechos humanos, pero en los términos, plazos y efectos de su art. 78.

Naturalmente, el debate no termina ahí. Pueden existir normas de derecho internacional gravemente injustas, cuya no obediencia anticipó Jean Bodin ya en 1576, en sus *Six Livres sur la République,* refiriéndose, v. gr., a la esclavitud, mal consentida entonces por el derecho de gentes.²³ Para quienes comparten la "fórmula de Radbruch", a la que nos sumamos, acogida en diferencias instancias jurisdiccionales, en el sentido de que "la injusticia extrema no es derecho",²⁴ la respuesta, en términos metapositivos y de raigambre iusnaturalista, tendría en todo caso que atender, también, al contenido de la sentencia con valor de cosa juzgada internacional que se debería ejecutar (primera "manifestación" del control de convencionalidad), o de la doctrina interpretativa de la Corte Interamericana a seguir (segunda manifestación, de control constructivo o en su caso represivo).

En tal quehacer, si el fallo o la doctrina del caso fueran extremadamente injustos, portadores por ende de una injusticia intolerable e inadmisible, resultarían "no derecho", o si se prefiere, derecho intrínsecamente inválido, o mera cáscara de derecho aparente. Tal circunstancia se produciría si la sentencia, por supuesto, más que "discutible", o "arbitraria", o "derrotable", fuese de modo franco y sin remedio alguno un fallo *aberrante,* repulsivo gravemente, a la dignidad de la persona humana.²⁵ En síntesis, en una "no sentencia".

---

22. De tal modo, el art. 46 de la Convención de Viena permite alegar al Estado violaciones manifiestas de reglas fundamentales del derecho interno respecto de la competencia para celebrar, por tal Estado, un tratado.
23. Cfr. Sagüés Néstor Pedro, *El rescate histórico del concepto de soberanía,* ob. y p. cit., parágrafo 3, d).
24. Sobre el tema, cfr. Vigo Rodolfo L., *La injusticia extrema no es derecho. De Radbruch a Alexy,* reimpresión, Buenos Aires, 2008, La Ley, ps. 19, 84, 94, 167, 170, 204.
25. En el derecho comparado existen diferentes denominaciones para rotular a las sentencias viciosas. Las "arbitrarias" no serían una derivación del derecho vigente, y portan defectos graves o muy graves (estas últimas dejarían de ser actos judicialmente válidos, configurándose como "no sentencias": ver Gardella Lorenzo, *Sentencia arbitraria en la jurisprudencia de la Corte Suprema nacional,* en "Papiro", Rosario, 1977, Facultad de Derecho y Ciencias sociales, UCA, N° 7 p. 3). Utilizando conceptos provenientes de Herbert. L. A. Hart, otros hablan de las "sentencias derrotables", como aquellas cuya validez concluye si se acreditan determinadas circunstancias que ocasionan su derrumbe (supóngase la hipótesis de cosa juzgada írrita o fraudulenta). Por nuestra parte, hemos

La doctrina de las sentencias aberrantes como no pasibles de seguimiento no autoriza, desde luego, a que cada Estado pueda realizar sin más, ligera y desaprensivamente, como un trámite mecánico de todos los días, una suerte de "control de justicialidad" de los fallos de la Corte Interamericana que deba cumplir (mediando "cosa juzgada"), o de la doctrina sentada por el tribunal regional ("cosa interpretada") que deba proyectar en el control constructivo y represivo de convencionalidad. Eso sería admitir oblicuamente la teoría del "pasavante" o del "exequatur" que, como recuerda Carlos Ayala Corao, permitía a la Sala Constitucional del Tribunal Supremo de Venezuela filtrar los fallos de la Corte Interamericana para determinar cuáles cumplía y cuáles no. Alude, en cambio, como subrayamos, a situaciones límite y por ende extremas, groseras y excepcionalísimas, donde el derecho positivo internacional (encarnado, v. gr., en una sentencia), es nítidamente detectado como no derecho, frontalmente lesivo de la justicia y del derecho natural.

---

propuesto el concepto de "sentencia aberrante", como aquella que padece una lacra más fuerte que la arbitraria o la derrotable, y que no resulta ya impugnable según el orden vigente, nacional o internacional, pero que cabe inaplicarla, si se encuentra infiltrada de una injusticia clara, extrema e intolerable, lesiva sin duda del derecho natural y causante de un perjuicio actual. Asumiría de tal modo la condición de "no derecho", en su versión de "no sentencia". Ver Sagüés Néstor Pedro, *La Constitución bajo tensión*, Querétaro, 2016, Instituto de Estudios Constitucionales, ps. 229, 232 y 240.

53
LA CORTE INTERAMERICANA DE DERECHOS HUMANOS COMO INSTANCIA DE REVISIÓN DE LA COSA JUZGADA DEL DERECHO LOCAL: CONFLICTOS Y REALIDADES

Osvaldo Alfredo Gozaíni

Doctor en Derecho y Ciencias Sociales por la Facultad de Derecho y Ciencias Sociales de la Universidad de Buenos Aires. Director del Departamento de Derecho Procesal de la UBA. Director de la Maestría en Derecho Procesal Constitucional de la Universidad Nacional de Lomas de Zamora y de la carrera de especialización en Derecho Procesal Civil de la Facultad de Derecho de la Universidad de Buenos Aires. Miembro titular de la Asociación Internacional de Derecho Procesal, del Instituto Iberoamericano de Derecho Procesal, del Instituto Panamericano de Derecho Procesal, vocal del consejo directivo del Instituto Iberoamericano de Derecho Procesal Constitucional, de la Asociación Argentina de Derecho Procesal y presidente actual de la Asociación Argentina de Derecho Procesal Constitucional. Abogado.

Sumario: 1. Introducción; 2. ¿Se puede revisar la cosa juzgada?; 3. Objetivos a considerar cuando se actúa sobre un caso; 4. Poderes del Tribunal internacional; 4.1 Competencia de la competencia; 4.2 Principio de progresividad; 5. ¿Qué se entiende por cuarta instancia?; 5.1 Origen de la teoría de la cuarta instancia; 5.2 Revisión indirecta o impropia; 5.3 Generación del ius commune; 6. El marco normativo de adhesión al Pacto de San José de Costa Rica; 7. Desarrollo jurisprudencial; 8. El recurso de revisión de la cosa juzgada; 9. Conclusiones.

1. Introducción

El derecho internacional ha sufrido profundas y claras transformaciones. Cada tiempo demuestra que habiéndose originado en épocas remotas como una manifestación del acuerdo interciudades (como fueron Atenas y Esparta), que en el derecho romano se consagra bajo la forma del *ius gentium*, reconvertido en la Edad Media como *ius commune*, siempre evoluciona propiciando modelos de relacionamiento y convivencia entre Estados.

El pasado histórico observó la problemática derivada de las guerras hasta que en 1648 con la paz de Westfalia se pone término a la *Guerra de los Treinta*

Años, y por vez primera se desarrolla una etapa de convergencia y colaboración para solucionar pacíficamente las controversias entre naciones que tienen y deben aprender a cohabitar en un orden de recíproco respeto.

Por supuesto, el recorrido es mayor al que impulsa desarrollar este capítulo, pero sirve para enfatizar la razón por la que se busca coincidir y acordar sobre programas comunes.

Con la aparición en el siglo XX de los derechos humanos surge una alteración notable. Todos están pensando en los hombres y mujeres que tienen un destino de igualdad que cada Estado le debe garantizar, pero las soluciones del derecho interno son variables, de proporciones diferentes y generan divergencias implícitas.

> Entre los grandes logros de las Naciones Unidas se destaca el desarrollo de un corpus de derecho internacional (convenciones, tratados, normas, etc.) fundamental tanto para la promoción del desarrollo económico y social, como para la paz y seguridad internacionales. Muchos de los tratados creados por las Naciones Unidas forman la base del derecho que rige las relaciones interestatales. Aunque el trabajo de la ONU en este campo no siempre recibe mucha atención, tiene una repercusión diaria en la vida de todos los habitantes del mundo. Por ejemplo, la Carta de las Naciones Unidas insta a la Organización a ayudar a solucionar las controversias internacionales por medios pacíficos, entre ellos, el arbitraje y el arreglo judicial (artículo 33), y a impulsar el desarrollo progresivo del derecho internacional y su codificación (artículo 13)[1].

La Declaración Universal de Derechos Humanos aprobada por la Asamblea General de las Naciones Unidas el 10 de diciembre de 1948, enfatiza [...] "un ideal común por el que todos los pueblos y naciones deben esforzarse", con el fin de poner igualdad de criterios y en un mismo plano internacional de reconocimiento e interpretación, a los derechos civiles, políticos, económicos, sociales y culturales.

---

1. La Asamblea General ha adoptado diversos tratados multilaterales a lo largo de su historia, entre ellos, los siguientes: Convención Internacional para la Prevención y la Sanción del Delito de Genocidio (1948); Convención Internacional sobre la Eliminación de todas las Formas de Discriminación Racial (1965); Pacto Internacional de Derechos Civiles y Políticos (1966); Pacto Internacional de Derechos Económicos, Sociales y Culturales (1966); Convención sobre la eliminación de todas las formas de discriminación contra la mujer (1979); Convención de las Naciones Unidas sobre el Derecho del Mar (1982); Convención sobre los Derechos del Niño (1989); Tratado de Prohibición Completa de los Ensayos Nucleares (1996); Convenio Internacional para la Represión de la Financiación del Terrorismo (1999); Convenio Internacional para la Represión de los Actos de Terrorismo Nuclear (2005); Convención sobre los Derechos de las Personas con Discapacidad (2006); Convenio de las Naciones Unidas sobre el Contrato de Transporte Internacional de Mercancías Total o Parcialmente Marítimo (2008); Protocolo Facultativo del Pacto Internacional de Derechos Económicos, Sociales y Culturales (2008).

Este formato proveniente de un modelo acordado se presenta como derechos fundamentales y forman junto al Pacto Internacional de Derechos Civiles y Políticos (y sus dos protocolos facultativos), y el Pacto Internacional de Derechos Económicos, Sociales y Culturales, la llamada "Carta Internacional de Derechos Humanos".

Los documentos fueron el punto de partida para el desarrollo progresivo de los derechos humanos, que forjaron más tratados internacionales y otros instrumentos adoptados desde 1945, que le han dado un marco de referencia común y órganos específicamente dispuestos para su efectiva aplicación e interpretación uniforme.

Se concreta con todos el Sistema Interamericano de Derechos Humanos que tiene dos facetas importantes para el análisis. Por un lado el fenómeno procesal, que con las sentencias y opiniones consultivas influye y condiciona al derecho interno; y por otro advertir la existencia de un derecho internacional de los derechos humanos, que se refiere al aspecto sustantivo que nutre y da esencia a la disciplina.

> La mayoría de los Estados también adoptaron constituciones y otras leyes que protegen formalmente los derechos humanos fundamentales. Si bien los tratados internacionales y el derecho consuetudinario forman la columna vertebral del derecho internacional de derechos humanos, otros instrumentos, como declaraciones, directrices y principios adoptados en el plano internacional contribuyen a su comprensión, aplicación y desarrollo. El respeto por los derechos humanos requiere el establecimiento del estado de derecho en el plano nacional e internacional[2].

El primer aspecto necesita explicarse detenidamente porqué es el que expresa el nacimiento de la denominada *"Fórmula de la Cuarta Instancia"*.

2. ¿Se puede revisar la cosa juzgada?

La entrada en el derecho interno de Convenciones internacionales sobre derechos humanos, así como el acatamiento a la jurisprudencia interpretativa que realiza la Corte Interamericana de Derechos Humanos (en adelante Corte IDH), llevó a los Estados a tener que adaptar el derecho público para no encontrar afectada la llamada *"esfera de reserva soberana"*, donde anida la prevención que sostiene Argentina desde el resonado caso *"Fontevecchia"*[3].

---

2. Cfr. Documentos de Naciones Unidas elaborados por la Oficina del Alto Comisionado (http://www.ohchr.org).
3. Fallos, 340:47.

En esta causa la Corte Suprema de Justicia de la Nación (en adelante CS) consideró que no correspondía revocar una sentencia alcanzada por los efectos de la cosa juzgada, porque de hacerlo supondría transformar a la Corte IDH en una "cuarta instancia" revisora de los fallos dictados por los tribunales nacionales, en contravención de la estructura del sistema interamericano de derechos humanos y de los principios de derecho público de la Constitución Nacional. En este sentido, entendió que el texto de la Convención no atribuye facultades al tribunal internacional para ordenar la revocación de sentencias nacionales (art. 63.1, CADH).

Asimismo, expuso que revocar su propia sentencia firme -en razón de lo ordenado en la decisión *Fontevecchia*" de la Corte Interamericana- implicaría privarla de su carácter de órgano supremo del Poder Judicial argentino y sustituirla por un tribunal internacional, en violación a los arts. 27 y 108 de la Constitución Nacional.

Que el sistema no sea una "cuarta instancia" implica que los órganos de interpretación y aplicación de los instrumentos internacionales sobre derechos humanos no puedan revisar sentencias resueltas en el ordenamiento jurídico nacional. La actividad precisa pareciera centrar en evaluar la compatibilidad o incompatibilidad de la conducta estatal denunciada conforme el esquema convencional internacional vigente.

El interrogante inmediato es éste: ¿cuál es el rol que tiene la Corte IDH al receptar en la etapa contenciosa del sistema los informes de la Comisión y las demandas de las víctimas admitidas? ¿Revisa el proceso o solo atiende la conducta violatoria del Estado con los derechos humanos?

La doctrina sostiene que

> [...] La protección internacional se configura como una protección complementaria que no sustituye a la nacional sino que ambas se presentan como parte de una compleja maquinaria de garantía de derechos en una sociedad abierta y global. Estas dos dimensiones (nacional e internacional) de la protección de los derechos humanos determinan los nuevos entendimientos entre el derecho constitucional e internacional que requieren necesariamente de una "rehabilitación" del Estado en el escenario mundial, así como del fortalecimiento de las instancias supranacionales[4].

Cuando la técnica de interpretación deduce una conclusión en la sede supranacional, la aplicación no tiene fronteras, sino intelectos que deben seguir

---

4. Del Toro Huerta, Mauricio, *La apertura constitucional al derecho internacional de los derechos humanos en la era de la mundialización y sus consecuencias en la práctica judicial*. Boletín Mexicano de Derecho Comparado, nueva época, México D. F., N° 112, enero 2005.

ese criterio, u orientarse con el mismo. Quizás algunos hasta disientan con esas conclusiones, dando al control de convencionalidad una suerte de acertijo que va a depender, en mucho, de la política de integración que el Estado resuelva.

Para nosotros

> [...] La dificultad, entonces, pone énfasis en las cuestiones que se deben resolver como operativas. Algunos podrán colegir que todos los jueces adquieren un poder inesperado de interpretación que puede llegar a ser superior al que tienen los tribunales superiores de un Estado. Otros no le darán tanto vuelo al juez ordinario ni al tribunal constitucional obligándolos a seguir la jurisprudencia de la Corte IDH [...]. En estos casos, la cuestión será decidir si la jurisprudencia es una guía o un régimen a seguir sin más alternativas. También podrán darse supuestos de resistencia que lleven a desconocer la regla de convencionalidad. Es evidente así, que la oscilación o alternancia en seguir la interpretación de la CADH por los órganos encargados por el Sistema para cumplir esa misión, pone en juego la eficacia de la protección general a los derechos humanos. Claro está que la afirmación no significa creer en la infalibilidad de la Corte, ni sostener que ella tiene una injerencia directa en el derecho interno. Pero, al mismo tiempo, no confiar en un mecanismo al que se llega voluntariamente, supone obrar en contra de los propios actos, constituyendo para el Estado una acción que se expone en abierta contradicción con la confianza que en otros despierta con su actitud de incorporarse a una supremacía que, en el caso, proviene de la propia Convención[5].

3. Objetivos a considerar cuando se actúa sobre un caso

El interrogante recién presentado es el que debiéramos considerar. Se trata de encontrar la naturaleza jurídica propia del Sistema Interamericano de Protección de los Derechos Humanos, cuyo punto de apoyo primero está en la voluntad soberana de los Estados que han ratificado la Convención Americana de Derechos Humanos (CADH) y que, al adherir, han aceptado someterse a la competencia contenciosa de la Corte.

No hay líneas afines sobre las consecuencias que tiene este sometimiento voluntario. Por ejemplo, hemos argumentado que

> [...] El procedimiento que comienza ante la Comisión IDH tiene una naturaleza jurídica controvertida, pero lo que no es dudoso es que centra la investigación para desentrañar si existió una probable violación de los derechos humanos. El enjuiciamiento desarrollado en las instancias locales no se vincula con el

---

5. Gozaíni, Osvaldo A., *Sistema procesal interamericano;* Ediar, Buenos Aires, 2016, pp. 475 y ss.

nuevo proceso, aun cuando sostiene y estimula la decisión particular de promover una acción ante el órgano interestatal[6].

En concordancia con la afirmación, cuadra ver que la apertura del caso a la etapa contenciosa depende de la Comisión antes que de las víctimas, cambiando desde esta perspectiva uno de los presupuestos centrales para iniciar una causa. Vale decir, si el principio dispositivo de raigambre procesal sostiene que todo juicio se inicia a petición de parte, entonces la Comisión IDH actúa como un filtro dirimente que desde la investigación preliminar de los hechos y las causas, resuelve si el Estado denunciado puede ser llevado al enjuiciamiento puro.

La diferencia entre sujetos del proceso local (téngase en cuenta que al tenerse que agotar recursos internos siempre la revisión del caso analizará expedientes judiciales) y los que eventualmente actuarán ante la Corte IDH serán diferentes, provocando una nueva asimetría, pues en la jurisdicción interna se habrá alcanzado con la última decisión la cualidad de *cosa juzgada,* que podría (en verbo potencial) quedar alterada si la sentencia transnacional dispone en contrario con lo resuelto.

Esta consecuencia tiene otra visión. Abramovich dice

> [...] El argumento relativo a que el tribunal regional no es una "cuarta instancia" de los sistemas de justicia nacionales, no sirve en mi opinión para discutir el alcance del poder remedial de la Corte Interamericana. La fórmula de la cuarta instancia se refiere simplemente a que la Corte IDH no revisa el acierto o el error de las decisiones de los tribunales nacionales en la aplicación del derecho nacional si actuaron respetando el debido proceso y se trata de tribunales independientes e imparciales. En virtud de esta regla se limita en ese aspecto el margen de revisión del caso litigioso para que el sistema interamericano sea subsidiario de los sistemas judiciales nacionales. Pero la Corte Interamericana, sí examina si una decisión judicial violó la Convención Americana, por ejemplo al negar el debido proceso, o limitar arbitrariamente un derecho de la Convención, como la libertad de expresión, la libertad sindical, la nacionalidad o la defensa en juicio. Si concluye que lo hizo, su poder remedial no se limita a fijar reparaciones patrimoniales, sino que puede obligar al Estado condenado a dejar sin efecto, revisar o anular la decisión o sus efectos jurídicos. Técnicamente la Corte Interamericana no revoca la decisión, porque no es un tribunal superior resolviendo un recurso de apelación dentro de un único proceso y en eso la Corte Suprema argentina tiene razón. El proceso internacional es un nuevo proceso judicial, diferente al litigio interno, con sus instancias, sus propias partes litigantes, su sistema de prueba y de responsabilidad y su propio aparato remedial. Lo que hace la Corte Interamericana es ordenarle al

---

6. Gozaíni, ob. cit., en nota anterior, p. 476.

Estado que adopte los mecanismos necesarios para dejar sin efecto o privar de efectos jurídicos a la decisión [...]. Así como el tribunal de derechos humanos puede imponer al Congreso que es cabeza máxima del Poder Legislativo, cambiar una ley, o bien al Presidente, que es cabeza del Poder Ejecutivo revisar un acto administrativo, puede imponer a la Corte Suprema, o a los tribunales superiores, o a las cortes constitucionales, que son cabeza de los poderes judiciales, revisar o anular una sentencia por los caminos que la legislación de cada Estado determine[7].

Cualquiera sea la opción de entendimiento no hay dudas sobre la generación de un proceso de perfil transnacional que tiene un procedimiento propio de investigación preliminar que no se ocupa de revisar propiamente el acierto de la sentencia local, pero que desde etapa de admisión en camino hacia la Corte IDH da nacimiento a una instancia novedosa, independiente y aislada del proceso interno, donde de inmediato se advierte la confrontación con los principios procedimentales que rigen los sistemas procesales domésticos (v.gr.: contradicción, inmediación, economía procesal, oralidad, publicidad e informalismo).

4. Poderes del tribunal internacional

En líneas generales debemos diferenciar el control de convencionalidad que se debe actuar en todo ámbito de aplicación de derechos humanos, de aquél caso judicial que resuelto y en estado de cosa juzgada llega a la Corte IDH para efectuar el test de convencionalidad. El primero es una obligación del Estado y sus funcionarios, lo segundo es un poder del tribunal internacional.

En efecto, la Corte IDH recuerda insistentemente que, conforme al derecho internacional, cuando un Estado es parte de un tratado internacional, como la Convención Americana sobre Derechos Humanos, obliga a todos sus órganos, incluidos los poderes judicial y legislativo a que realicen el correspondiente control de convencionalidad, por lo que la violación por parte de alguno de dichos órganos genera responsabilidad internacional para aquél.

El propósito del sistema es la protección de los derechos fundamentales de los seres humanos[8], pero este cuadro de activismo alerta que en esta tarea de

---

7. Abramovich, Víctor, *Comentarios sobre el "caso Fontevecchia" La autoridad de las sentencias de la Corte Interamericana y los principios de derecho público argentino*. Materiales de estudio de la Maestría en Derechos Humanos (Departamento de Planificación y Políticas Públicas – UNLa). Publicado por el "Centro de Justicia y Derechos Humanos" de la Universidad Nacional de Lanús, Febrero, 2017, passim.
8. Corte IDH. *El Efecto de las Reservas sobre la Entrada en Vigencia de la Convención Americana sobre Derechos Humanos*. Opinión Consultiva OC-2/82 de 24 de septiembre de 1982. Serie A, N° 2, párr. 29; Corte IDH. Caso *Boyce y otros vs. Barbados*. Sentencia de 20

fiscalización se debe hacer considerando las normas internas y los tratados de derechos humanos de los cuales es parte el Estado, y siempre en el marco de sus respectivas competencias y de las regulaciones procesales correspondientes.

> En relación con las prácticas judiciales la Corte IDH estableció a través de su jurisprudencia que es consciente de que los jueces y tribunales internos están sujetos al imperio de la ley y, por ello, están obligados a aplicar las disposiciones vigentes en el ordenamiento jurídico. Pero cuando un Estado ha ratificado un tratado internacional como la Convención Americana, sus jueces, como parte del aparato del Estado, también están sometidos a ella, lo que les obliga a velar porque los efectos de las disposiciones de la Convención no se vean mermados por la aplicación de leyes contrarias a su objeto y fin, que desde un inicio carecen de efectos jurídicos. En otras palabras, el Poder Judicial debe ejercer un "control de convencionalidad" *ex officio* entre las normas internas y la Convención Americana, *evidentemente en el marco de sus respectivas competencias y de las regulaciones procesales correspondientes*. En esta tarea, el Poder Judicial debe tener en cuenta no solamente el tratado, sino también la interpretación que del mismo ha hecho la Corte Interamericana, intérprete última de la Convención Americana[9].

El destacado que hacemos resalta el inconveniente de interpretar el alcance que tiene para la Corte IDH actuar "en el marco de sus respectivas competencias" y, en su caso, de "no alterar las regulaciones procesales correspondientes".

Para poder contestar sin opinión, y basándonos únicamente en lo que sostiene el tribunal, se verifica que es la Corte quien suele eludir los contratiempos que le presenta el derecho interno sobre los cuales venimos comentando en cada capítulo de este libro.

4.1. Competencia de la competencia

El principio *competencia de la competencia* se aplica en el arbitraje para aceptar que el árbitro pueda resolver sobre la posibilidad de intervenir en el caso que se le asigna.

> El mencionado principio (cuyas primeras formulaciones se remontan hasta el año 1876 por el autor Böhlau en *Kompetenz-Kompetenz*, seguido principalmente por Schmitt en 1928 en su obra *Verfassungslehre*) atañe a problemas tan complejos como la distribución de competencias entre subsistemas estatales

---

de noviembre de 2007 (Excepción Preliminar, Fondo, Reparaciones y Costas). Serie C, N° 169, párr. 15.
9. Corte IDH, Caso *Mendoza y otros vs. Argentina*. Sentencia de 14 de mayo de 2013 (Excepciones Preliminares, Fondo y Reparaciones). Serie C, N° 200, párr. 221.

de solución de controversias, o la reafirmación legislativa de la jurisdicción arbitral sobre la del poder judicial. En 1955, un fallo emitido por el Tribunal Superior en la República Federal de Alemania contempla el principio "*Kompetenz-Kompetenz*". En éste se determinó que debía atribuírseles a los árbitros la facultad de determinar el alcance del acuerdo arbitral como la competencia y autoridad hacia el mismo.

La Corte IDH no interpreta el alcance de su intervención dentro de los límites de la competencia, dado que es común y repetido encontrar que lo fundamenta como un deber propio de su función. En cambio la Comisión dice que no está en su destino actuar como una cuarta instancia cuasi-judicial y revisar los fallos de los tribunales nacionales de los Estados miembros de la OEA[10].

También la Corte IDH ha dicho que [...]: "La proclamación de derechos sin la provisión de garantías para hacerlos valer queda en el vacío. Se convierte en una formulación estéril, que siembra expectativa y produce frustraciones. Por ello es preciso establecer las garantías que permitan reclamar el reconocimiento de los derechos, recuperarlos cuando han sido desconocidos, restablecerlos si fueron vulnerados y ponerlos en práctica cuando su ejercicio tropieza con obstáculos indebidos. A esto atiende el principio de acceso igual y expedito a la protección jurisdiccional efectiva, es decir, la posibilidad real de acceder a la justicia a través de los medios que el ordenamiento interno proporciona a todas las personas, con la finalidad de alcanzar una solución justa a la controversia que se ha suscitado[11].

En el caso del *Tribunal Constitucional vs. Perú*[12], se aplicó por vez primera esta regla al sostener que la Corte, como todo órgano con competencia jurisdiccional, tiene el poder inherente de determinar el alcance de su propia competencia (*compétence de la compétence/ Kompetenz-Kompetenz*).

Desde entonces entiende que su aptitud no puede ser condicionada por hechos distintos a sus propias actuaciones, en tanto es "maestra de su competencia". Y en ningún caso el Estado puede desligarse de la Corte por su voluntad, atento al valor superior del ordenamiento de protección de los derechos humanos.

En todo caso, para el tema que venimos a tratar, es un problema adyacente que no impacta más que para comprender el rol que debe operar la Corte IDH

---

10. Resolución 29/88, Caso 9260, Informe Anual de la Comisión IDH 1987-1988.
11. Cfr. Voto razonado concurrente del juez Sergio García Ramírez a la Opinión Consultiva OC–18/03, del 17 de Septiembre de 2003, "*Condición Jurídica y Derechos de los Migrantes Indocumentados*", párrs. 36 y 37.
12. *Tribunal Constitucional vs. Perú*. Competencia, Sentencia de 24 de septiembre de 1999. Serie C, N° 55.

como tribunal del caso, o creador de un ordenamiento jurídico que se forma con la interpretación de las normas, principios y valores que tienen los tratados y convenciones sobre derechos humanos.

> En el derecho internacional público se encuentra un modelo que se puede confrontar. Nos referimos a la competencia de la Corte Internacional de Justicia, que en el caso *Ahmadou Sadio Diallo*, dijo [...]. "La Corte no tiene, en principio, el poder de modificar por su propia interpretación la de las autoridades nacionales, sobre todo cuando esta interpretación proviene de los más altos tribunales internos (véase, para este último caso, *Empréstitos serbios*, Sentencia N° 14, 1929, CPJI Serie A N° 20, p. 46 y *Empréstitos brasileños*, Sentencia N° 15, 1929, CPJI Serie A No. 21, p. 124). Excepcionalmente, si el Estado realiza una interpretación manifiestamente errónea de su derecho interno, sobre todo con el fin de beneficiarse en un asunto pendiente, corresponde a la Corte la adopción de la interpretación que percibe como correcta". Este considerando puede entenderse que implica un pronunciamiento *contra legem*, si bien, en beneficio de la coherencia en las relaciones entre derecho internacional y derecho interno y de la buena fe de los Estados en el cumplimiento de sus obligaciones internacionales[13].

4.2. Principio de progresividad

Dispuesta la capacidad funcional, y tras el paso abierto por la Comisión IDH, se impone observar un principio inherente a la vida misma del Pacto de San José. Hablamos del principio de progresividad que se instaura desde la posición *pro homine*, que supone promover una interpretación amplia, abierta y voluntarista de la competencia.

Este predicado es permeable a muchas contingencias, en la medida que si la denuncia que llega a la Comisión se limita a afirmar que el fallo del tribunal que cierra la causa en el derecho interno fue equivocado o injusto en sí mismo, la petición debiera ser rechazada de inmediato, por no ser posible abrir una nueva instancia.

Dicho esto porque la función de la Comisión consiste en garantizar la observancia de las obligaciones asumidas por los Estados partes de la Convención Americana, pero no puede hacer las veces de un tribunal de alzada para examinar supuestos errores de derecho o de hecho que puedan haber cometido los tribunales nacionales que hayan actuado dentro de los límites de su competencia. Un examen de tal naturaleza solamente correspondería en la medida en que los errores

---

13. Drnas de Clement, Zlata, *Interpretación de los tratados internacionales sobre derechos humanos. Fallo de la Corte Internacional de Justicia en el Caso* "Ahmadou Sadio Diallo", Revista de la Facultad de Derecho de la UNC, Vol. III N° 1 Nueva Serie II (2012), p. 305.

resultaran en una posible violación de cualquiera de los derechos consagrados en la Convención Americana[14].

Pero lo cierto es que existe un cúmulo de casos donde la intervención nunca tuvo rechazos liminares, culminando en condenas contra los Estados que, *mutatis mutandi*, vieron desecha la cosa juzgada.

¿Es esto un escándalo jurídico?

La Corte IDH ha dado sus argumentos en contra de esta lectura. Así sostiene que el llamado control de convencionalidad tiene íntima relación con el "principio de complementariedad", en virtud del cual la responsabilidad estatal bajo la Convención sólo puede ser exigida a nivel internacional después de que el Estado haya tenido la oportunidad de declarar la violación y reparar el daño ocasionado por sus propios medios.

Este principio de complementariedad (también llamado "de subsidiariedad") informa transversalmente el Sistema IDH, el cual es, tal como lo expresa el Preámbulo de la misma Convención Americana, "coadyuvante o complementario de la [protección] que ofrece el derecho interno de los Estados americanos".

Con esta base el Estado [...] "es el principal garante de los derechos humanos de la personas, de manera que, si se produce un acto violatorio de dichos derechos, es el propio Estado quien tiene el deber de resolver el asunto a nivel interno y, [en su caso,] reparar, antes de tener que responder ante instancias internacionales como el Sistema Interamericano, lo cual deriva del carácter subsidiario que reviste el proceso internacional frente a los sistemas nacionales de garantías de los derechos humanos"[15].

Lo anterior significa que, como consecuencia de la eficacia jurídica de la Convención Americana, se ha generado un control dinámico y complementario de las obligaciones convencionales de los Estados de respetar y garantizar derechos humanos, conjuntamente con las autoridades internas y las instancias internacionales (en forma complementaria), de modo que los criterios de decisión puedan ser conformados y adecuados entre sí.

La jurisprudencia de la Corte muestra casos en que se retoman decisiones de tribunales internos para fundamentar y conceptualizar la violación de la Convención en el caso específico. En otros casos se ha reconocido que, en forma concordante con las obligaciones internacionales, los órganos, instancias o

---

14. Informe N° 55/97. Caso 11.137. *Juan Carlos Abella vs. Argentina.* 18 de noviembre de 1997.
15. Caso de la *Masacre de Santo Domingo vs. Colombia*, cit., párr. 142. Véase asimismo, Corte IDH. Caso *Acevedo Jaramillo y otros vs. Perú*. Sentencia de 24 de noviembre de 2006 (Interpretación de la Sentencia de Excepciones Preliminares, Fondo, Reparaciones y Costas), Serie C, N° 157, párr. 66.

tribunales internos han adoptado medidas adecuadas para remediar la situación que dio origen al caso; ya han resuelto la violación alegada; han dispuesto reparaciones razonables, o han ejercido un adecuado control de convencionalidad.

En el caso *Gelman vs. Uruguay*[16] se precisó el alcance y se dijo

> [...] Es posible observar dos manifestaciones distintas de esa obligación de los Estados de ejercer el control de convencionalidad, dependiendo de si la sentencia ha sido dictada en un caso en el cual el Estado ha sido parte o no. Lo anterior debido a que a que la norma convencional interpretada y aplicada adquiere distinta vinculación dependiendo si el Estado fue parte material o no en el proceso internacional.
>
> En relación con la primera manifestación, cuando existe una sentencia internacional dictada con carácter de cosa juzgada respecto de un Estado que ha sido parte en el caso sometido a la jurisdicción de la Corte IDH, todos sus órganos, incluidos sus jueces y órganos vinculados a la administración de justicia, también están sometidos al tratado y a la sentencia de este Tribunal, lo cual les obliga a velar para que los efectos de las disposiciones de la Convención y, consecuentemente, las decisiones del tribunal no se vean mermados por la aplicación de normas contrarias a su objeto y fin o por decisiones judiciales o administrativas que hagan ilusorio el cumplimiento total o parcial de la sentencia. Es decir, en este supuesto, se está en presencia de cosa juzgada internacional, en razón de lo cual el Estado está obligado a cumplir y aplicar la sentencia.
>
> En esta situación se encuentra el Estado de Uruguay respecto de la sentencia dictada en el caso Gelman. Por ello, precisamente porque el control de convencionalidad es una institución que sirve como instrumento para aplicar el Derecho Internacional, en el presente caso que existe cosa juzgada se trata simplemente de emplearlo para dar cumplimiento en su integridad y de buena fe a lo ordenado en la Sentencia dictada por la Corte en el caso concreto, por lo que sería incongruente utilizar esa herramienta como justificación para dejar de cumplir con la misma, de conformidad con lo señalado anteriormente [...].
>
> Respecto de la segunda manifestación del control de convencionalidad, en situaciones y casos en que el Estado concernido no ha sido parte en el proceso internacional en que fue establecida determinada jurisprudencia, por el solo hecho de ser Parte en la Convención Americana, todas sus autoridades públicas y todos sus órganos, incluidas las instancias democráticas, jueces y demás órganos vinculados a la administración de justicia en todos los niveles, están obligados por el tratado, por lo cual deben ejercer, en el marco de sus respectivas competencias y de las regulaciones procesales correspondientes, un control de convencionalidad tanto en la emisión y aplicación de normas,

---

16. Caso *Gelman vs. Uruguay*. Fondo y Reparaciones. Sentencia de 24 de febrero de 2011, párrs. 67 a 69.

en cuanto a su validez y compatibilidad con la Convención, como en la determinación, juzgamiento y resolución de situaciones particulares y casos concretos, teniendo en cuenta el propio tratado y, según corresponda, los precedentes o lineamientos jurisprudenciales de la Corte Interamericana.

Sin embargo, también en contrario de esta línea de exposición, se afirma que los modos como el Sistema Interamericano ejerce la autoridad de aplicación de un orden supranacional, fuerza en ciertos casos a los Estados a seguir un temperamento dispuesto como obligatorio, en flagrante contravención del *principio de libre consentimiento*, aun en vigencia de las reglas de buena fe del *pacta sunt servanda* y el *ius cogens* y consagrado en la Convención de Viena sobre Derecho de los Tratados (1969).

> Deviene así indispensable internalizar la centralidad del fenómeno que encarnan los derechos humanos. Se trata de un punto de partida básico en el proceso hermenéutico, desde que la cuestión de los derechos fundamentales es materia perteneciente al *ius cogens*, esto es, normativa imperativa del derecho internacional. En esa línea, es del caso recordar que el art. 53 de la Convención de Viena sobre el Derecho de los Tratados de 23 de mayo de 1969, se refiere al *ius cogens*, señalando: "una norma aceptada y reconocida por la comunidad internacional de Estados en su conjunto como norma que no admite acuerdo en contrario y que sólo puede ser modificada por una norma ulterior de derecho internacional general que tenga el mismo carácter"[17]
>
> Puede observarse que tanto el art. 38 del Estatuto del Tribunal Permanente de Justicia Internacional de la Sociedad de las Naciones cuanto el mismo número de artículo correspondiente al Estatuto de la actual Corte Internacional de Justicia (que sustituyó a aquel Tribunal Permanente) de la Organización de Naciones Unidas (ONU), han determinado la aplicación -inter alia- de "los principios generales del derecho reconocidos por las naciones civilizadas", que en definitiva son los aceptados por las naciones en el ámbito interno. Consiguientemente, todos los Estados que integran la comunidad internacional deben cumplir con tales pautas y con las normas de derecho convencional y consuetudinario que se establezcan sobre la base de aquéllas, pues los principios reconocidos por las "naciones civilizadas" son obligatorios para todos los Estados incluso fuera de todo vínculo convencional, desde que -como anticipábamos- se está ante la presencia de normas internacionales de ius cogens, es decir, de práctica generalizada y obligatoria.

Tales comportamientos, enuncia la doctrina, no sólo inciden en representar una causal de nulidad *ab initio* del acto contractual celebrado por el Estado, sino

---

17. Bazán, Víctor, *El control de convencionalidad y la necesidad de intensificar un adecuado diálogo jurisprudencial*, en La Ley - Suplemento Actualidad, 1 de febrero de 2011, pp. 1.

que además manifiesta la coacción ejercida a través de la fuerza de la presunta legitimidad de una sentencia judicial de autoridad judicial instituida, autoridad ésta que presiona ilegítimamente fuera del ámbito de su capacidad de la *iuris dictio*.

En síntesis, siguiendo en estos párrafos a Villalba Bernie[18]

> [...] Asoma indudable un vínculo de unión entre el orden internacional y el orden interno que no puede ser soslayado, al punto que las normativas supranacionales son parte del derecho vigente de la mayoría de los países Latinoamericanos desde el momento de la aceptación de la Convención Americana de Derechos Humanos.

Progresividad es iniciar el derrotero sin abandonarlo, y esto es indiscutible en todos los países de la región que han fomentado la tutela efectiva y continua de los derechos y garantías fundamentales. La armonía para el desarrollo es parte de este camino emprendido, y con el fin de articular respuestas comunes, sería deseable que se entienda el procedimiento de intervención de los organismos del Sistema dentro de una misma lógica.

5. ¿Qué se entiende por cuarta instancia?

Las denuncias que llegan al sistema parten de encontrar violaciones del Estado a los derechos humanos, que se reflejan en hechos investigados y resueltos en casos judiciales del derecho interno. Por eso, sostenemos que

> [...] Los procedimientos que comienzan ante la Comisión IDH tienen carácter subsidiario a las vías internas de protección a los derechos humanos. Se trata de un refuerzo de garantías, que no debe ser visto como una instancia final de los recursos que tiene la jurisdicción nacional. El preámbulo de la Convención se emplaza como mecanismo complementario. Si se le asignara calidad de instancia (etapa) procesal, constituiría una vía de impugnación contra las decisiones que se toman por los jueces locales, que no es propiamente la actividad que genera el sistema[19].

Si fuese leída la actuación como una *cuarta instancia* pareciera agregarse al proceso una etapa más de trámite, en cuyo caso sería menester precisar el alcance que posee. Por eso, tiene un efecto contraproducente con lo que quiere significar, pues en realidad, la premisa básica consiste en permitir que la Comisión intervenga para verificar si en el derecho interno se han violado derechos humanos, sin que

---

18. Villalba Bernié, Pablo D., *Ajustes de convencionalidad: las nuevas coordenadas*; en *El control de constitucionalidad en la democracia*, Gozaíni, Osvaldo A. (Director – AADPC), Ediar, Buenos Aires (Argentina); 2015, pp. 181 y ss.
19. Gozaíni, *Sistema procesal interamericano*, ob. cit. (Ediar), p. 176.

pueda revisar las sentencias dictadas por las autoridades jurisdiccionales de los Estados parte[20]. Es decir, solo revisa el obrar del Estado en el respeto hacia los derechos fundamentales, teniendo al caso judicial del derecho interno como testigo y documento de prueba para sustentar la denuncia que se concreta ante la Corte IDH.

En los primeros tiempos este fue el principal contenido, respetuoso de alguna manera con la matriz Kelseniana de no interferir en la soberanía de los Estados. Es la tendencia que refleja buena parte de la doctrina.

Rita Mill, por el caso, sostiene que

> [...] El orden internacional de los derechos humanos se sustenta en valores y principios compartidos, que destacan la supremacía y dignidad del ser humano, organizan la vida social, el poder político y la normativa jurídica con sentido antropocéntrico de donde deriva la regla *pro homine* para la elaboración, interpretación y aplicación del derecho[21].

De allí que la jurisdicción interamericana de derechos humanos emerge, en todolos casos, subsidiaria y/o complementaria de la nacional, pero nunca principal o excluyente de ella.

Para García Ramírez

> [...] A diferencia de otros tribunales u otras instancias de supervisión en el ámbito internacional, la Corte Interamericana ha sabido asumir -con realismo y eficacia- lo que entiendo es su vocación institucional como tribunal de derechos humanos en el ámbito regional de su incumbencia: instancia de generación de un renovado derecho interamericano de los Derechos Humanos que establece, mediante el conocimiento de grandes temas litigiosos de especial trascendencia, los criterios que acogerán los órganos nacionales en un amplio proceso de recepción del Derecho interamericano. La Corte IDH ha afianzado gradualmente esta vocación institucional, de la que muchos aguardan los mejores resultados, en la medida en que la fuerza de la jurisdicción interamericana cale en los ordenamientos y en las prácticas nacionales. Hoy día, la Corte IDH es un órgano emisor de lineamientos generales -pero vinculantes- para la formación de un *ius commune* americano de su materia; no es, en cambio -ni lo fue nunca- un órgano jurisdiccional de tercera o cuarta instancia; ni un tribunal llamado a intervenir reiteradamente en innumerables litigios de la misma naturaleza para afirmar, a través de centenares o millares de resoluciones, una tesis constante. Si lo intentara, naufragaría[22].

---

20. Informe N° 39/96, Caso 11.673 *Marzioni vs. Argentina*, 15 de octubre de 1996.
21. Mill, Rita A., *Efecto vertical y horizontal de la jurisprudencia*; en www.aadproc.org.ar
22. García Ramírez, Sergio, *Relación entre la jurisdicción interamericana y los Estados (Sistemas Nacionales): Algunas cuestiones relevantes*. En "El futuro del sistema interamericano

De algún modo funge como un refuerzo de garantías, el cual no debe ser analizado desde la óptica de instancia final o de agotamiento de los recursos jurisdiccionales dentro de la competencia local.

5.1. Origen de la teoría de la cuarta instancia

El origen de la denominada *cuarta instancia* proviene del caso *Cliffon Wright* que habiendo sido condenado a muerte por los jueces de la Corte de Jamaica, llevó el asunto a la Comisión, dando lugar a que esta sostuviera

> [...] Que no le corresponde revisar la transcripción oficial de la *Home Circuit Court de Jamaica* a fin de determinar si la condena del señor Wright podría haberse basado en otras razones o testimonios. La función de la Comisión es investigar si la Convención Americana ha sido objeto de violación y si la responsabilidad del acto recae en el Estado parte.
>
> Que en el caso actual, el abogado del peticionario ha demostrado a primera vista y a base de prueba presentada por la fiscalía, que consta en autos del juicio, que el señor Clifton Wright no pudo haber cometido el crimen por el que se le condenó[23].

La intervención sobre el caso no es directa, pero lo es la confrontación del resultado con las pruebas y la decisión que se adopta por la Comisión. En consecuencia, aunque se diga que la cosa juzgada no se revisa, en los hechos se recomienda explorar la causa por considerar que en ella hubo violaciones al debido proceso.

Del mismo tenor fue el caso *López Aurelli vs. Argentina* ([24]) que trata sobre la detención por la dictadura militar de un trabajador que permaneció preso desde el año 1975, donde la Comisión se expresa sin revisar los procedimientos internos, pero dando cuenta que con la instalación del gobierno democrático desde el 10 de diciembre de 1983 existía un deber de los jueces nuevos de repasar lo resuelto.

Este enfoque requiere de aclaraciones porque no es sencillo entender a simple vista. ¿Cómo se distancia la verificación del respeto a los derechos humanos de una persona que dice haberlos perdido o afectado en una instancia jurisdiccional local, sin que se revise la cosa juzgada?[25]

---

de los derechos humanos", documento de trabajo N° 3, mayo 2014, Instituto de Investigaciones Jurídicas (UNAM), pp. 14 y ss.
23. Comisión IDH, Resolución 29/88, Caso 9.260. *Cliffon Wright vs. Jamaica*. 14 de septiembre de 1988. Cfr. Gozaíni, *Sistema procesal interamericano,* ob. cit., (Ediar), p. 177
24. Comisión IDH, Informe N° 74/90. *López Aurelli vs. Argentina*. 4 de abril de 1990.
25. Gozaíni, *Sistema procesal interamericano,* ob. cit., (Ediar), p. 178.

5.2. Revisión indirecta o impropia

Las peticiones individuales ante los órganos competentes de protección internacional no deben ser entendidas como una sustracción de las jurisdicciones internas, sino como un proceso diferente, de idiosincrasia diversa y novedosa en sede foránea.

Una vez más fue Sergio García Ramírez el que avizoró el impacto que tendría una sentencia de la Corte IDH, que trabajando sobre un caso concreto, emite una resolución de carácter general y vinculante para los Estados parte.

En el año 2006, en el Caso *Vargas Areco vs. Paraguay*, aduce:

> [...] La función del control de convencionalidad es confrontar el hecho realizado con las normas de la Convención Americana, pero esa tarea no puede, ni pretende convertir la actuación en una nueva y última instancia para conocer la controversia suscitada en el orden interno. La expresión de que el tribunal interamericano constituye una tercera o cuarta instancia, y en todo caso una última instancia, obedece a una percepción popular, cuyos motivos son comprensibles, pero no corresponde (y en la realidad se extralimita) a la competencia del tribunal, a la relación jurídica controvertida en éste, a los sujetos del proceso respectivo y a las características del juicio internacional sobre derechos humanos[26].

Cuanto hay que constatar es si la actividad propia del Sistema Interamericano abre un procedimiento cuya naturaleza es difusa, y el resultado que se manifiesta a través de sentencias y resoluciones son de tal penetración en el derecho interno que puedan influir en la reforma de sus actos, procedimientos e inclusive, indicando estándares para la ley o para que la Norma Fundamental se reformule.

Lo que parece claro es que no es la denuncia ante la Comisión ni la etapa contenciosa ante la Corte IDH, una etapa impugnativa de los pronunciamientos de los magistrados locales. Obvio está que no es una instancia nueva, y no lo es porque todos los principios procesales que actúan en los procedimientos internacionales difieren totalmente.

En efecto, el principio dispositivo que postula el derecho a ser oído y a convertirse en parte procesal, es muy distinto; como también lo es el régimen probatorio o el objetivo de la prueba; asimismo es desigual el modelo que tienen los pronunciamientos y el efecto de la cosa juzgada.

Por eso no es posible ver una cuarta instancia allí donde la legitimación para obrar, la calidad de partes, el fin probatorio, el objeto procesal y el alcance de la

---

26. García Ramírez, Sergio, voto razonado en el caso *Vargas Areco vs. Paraguay*. Sentencia de 26 de septiembre de 2006. Serie C, N° 155, párr. 6.

cosa juzgada es absolutamente distinto al que produce el proceso sustanciado y finiquitado en sede jurisdiccional local.

En cambio, si en lugar de analizar el problema desde la perspectiva procesal, se comprueban los efectos que tiene la revisión del caso traído al Sistema IDH como testigo del cargo que se formula contra el Estado, la premisa cambia de lugar, porque de este modo se extiende a verificar la perpetración o no de violaciones a los derechos humanos en el campo del derecho interno. Creer que es una revisión de las sentencias dictadas por los órganos jurisdiccionales del Estado miembro, significaría orbitar un concepto de claro defecto dogmático.

Abramovich lo explica con otros argumentos

> [...] La competencia convencional de la Corte Interamericana para ordenar que se revisen sentencias de tribunales nacionales es coherente con el principio del previo agotamiento de los recursos internos que contribuye a definir su papel subsidiario. Sería absurdo que la Convención por un lado disponga que las víctimas deban agotar los procesos judiciales nacionales antes de acceder con sus demandas al sistema de protección internacional, y luego inhibiera a los órganos del sistema de revisar el alcance de esas decisiones judiciales. Si así fuera las víctimas quedarían en medio de una trampa. Pero además, si la cosa juzgada en la esfera nacional fuera rígida e inmodificable, la justicia internacional de derechos humanos no tendría razón de ser, se limitaría a adjudicar pagos de dinero para compensar aquello que el dinero no puede nunca compensar, como la vida o la integridad física, o la libertad personal, o la autonomía reproductiva, sin poder restituir a las víctimas en el goce de sus derechos conculcados, que es lo que manda a hacer el Artículo 63.1 de la propia Convención Americana.
>
> [...]
>
> En el derecho comparado, por ejemplo en Colombia, una ley establece un proceso de revisión de sentencias de los tribunales nacionales cuando un tribunal internacional aceptado por Colombia, como la Corte Interamericana, determinada que esa sentencia se dictó en violación del debido proceso o con incumplimiento grave del deber de investigar. Los tribunales tramitan el recurso de revisión y deciden revocar salvo que encuentren obstáculos insalvables para ello. El deber de cumplir con la sentencia no implica en ningún caso la imposición de un acatamiento ciego de la decisión interamericana, sino la implementación de buena fe de un proceso serio y efectivo de revisión que permita darle a esa decisión final de un caso contencioso un efecto útil[27].

Los buenos oficios que debe poner el Estado comprometido con la buena fe se ponen en juego para cumplir lo resuelto por el tribunal internacional, lo que en

---

27. Abramovich, *Comentarios sobre el "caso Fontevecchia"...*, cit., passim.

cierto modo persiste con la insegura afirmación de sostener que no se revisa ni el caso ni se altera la cosa juzgada, para condenar después ordenando la revocación o que el fallo se deje sin efecto.

5.3. Generación del ius commune

El significado de soberanía absoluta del Estado se ha transformado con esta actividad inclusiva. El pensamiento otrora incuestionable que las leyes se formaban en el derecho interno y que la ley de leyes era la Constitución, como vértice de un sistema piramidal, cede ante la flamante y naciente visión del Derecho Internacional contemporáneo, que trae otras nociones prevalentes como el *ius cogens* o el *ius commune* que genera obligaciones *erga omnes*, ante el *corpus iuris* universal.

El ejercicio fiscalizador que produce el Sistema IDH se basa en el control de convencionalidad, llevando así el tema a la posible injerencia que produce en el derecho público interno, que puede reaccionar poniendo límites de reserva de soberanía (como el que alega la CS argentina en el caso *Fontevecchia*) o abriendo espacio a la interpretacion creadora que se apoya en el art. 75.22 de la Constitucion Nacional.

Inclusive sería posible empalmar las miradas supuestamente encontradas entre el derecho procesal y el derecho internacional si se apoya el criterio de que la sentencia transnacional es distinta a la sentencia local. Y aunque influya en ésta, no hay escándalo jurídico por decisiones contrapuestas, pues la última palabra se incluye en el llamado "bloque de constitucionalidad", que pasa a tener jerarquía constitucional, y fomenta un cambio en normas o conductas que, a pesar de juzgarse en el derecho interno con un temperamento (revisado), se transforma y pone al Estado (no a los jueces del caso) en el deber de adecuar progresivamente el derecho interno para ponerlo a tono con el principio *pro homine*[28].

---

28. Ha dicho Drnas de Clement, ob. cit., pp. 293 que [...]: Los tribunales de derechos humanos, en sus pronunciamientos -en interpretación expansiva-, han otorgado a los derechos y deberes consagrados en la CADH un perfil distinto al concebido en el acuerdo entre partes, invocando la necesidad de avanzar en la humanización del derecho de los tratados; la existencia de un orden público en materia de derechos humanos; la evolutividad *pro homine* de todo el sistema. Así, por ejemplo, Cançado Trindade, en voto razonado en el *Caso Blake vs. Guatemala* (*Fondo,* Sentencia de 24 de enero de 1998. Serie C, N° 36), ha expresado: "Solamente a través de la transformación del derecho existente se logrará realizar plenamente la justicia en circunstancias como las planteadas en el presente caso Blake de desaparición forzada de persona. El gran reto que se vislumbra en el horizonte consiste en seguir avanzando resueltamente hacia la gradual humanización del derecho de los tratados (proceso ya iniciado con la emergencia del concepto de *ius cogens*), por persistir este capítulo del derecho internacional todavía fuertemente impregnado del voluntarismo estatal y de un peso indebido atribuido a las formas y manifestaciones del consentimiento".

Por otra parte, la visión estrictamente procesal provoca sin pensarlo un contratiempo con el derecho al recurso, pues el tribunal internacional sería un órgano de cierre que no tiene previsiones de alzada, dejando así las mismas dudas que recaen sobre los jueces locales. En su lugar es preferible pensar en un *ius commune* que tiene un órgano de interpretación con función creativa sin afectar ni alterar normas ni procedimientos del derecho interno. La sentencia exhortativa facilita el móvil del orden público internacional.

Dice la ex jueza de la Corte IDH, Medina Quiroga:

> [...] Un orden internacional de protección de los derechos humanos pretende como fin último el fortalecimiento de los derechos en el ámbito nacional, en su ordenamiento jurídico y en su práctica. Ese propósito debe traducirse en un mayor cumplimiento por los Estados de sus obligaciones en materia de derechos humanos, en tanto constituyen un orden público internacional, cuyo mantenimiento debe ser de interés de todos los Estados que participan en el sistema[29].

6. El marco normativo de adhesión al Pacto de San José de Costa Rica

La llamada *fórmula de la cuarta instancia,* más estudiada por la Comisión que por la Corte, recobró interés con el fallo de nuestro más alto tribunal en el caso *Fontevecchia,* porqué resolvió cambiar la orientación seguida hasta entonces.

La fórmula citada, que es una autorrestricción del Sistema IDH, exige agotar recursos internos antes de llevar la denuncia a la Comisión, y una vez satisfecho los presupuestos procesales de admisión, significa dejar en claro que no resultará función de la actividad encaminada, revisar las sentencias emanadas de los tribunales nacionales.

Los órganos internacionales, en consecuencia, no podrán actuar como tribunal de alzada para examinar supuestos errores de hecho o de derecho en los que pudieran haber incursionado los tribunales nacionales competentes, dirigiendo su tarea a garantizar exclusivamente la observancia de las obligaciones asumidas por parte de los Estados que han suscripto el texto de la CADH y se sometieron a la jurisdicción de sus órganos de aplicación.

Esto parece estar ratificado en la adhesión argentina al Pacto de San José de Costa Rica cuyas únicas observaciones (reserva y declaraciones interpretativas hechas al ratificar la Convención) se expusieron en el instrumento que recibió la Secretaría General de la OEA el 5 de septiembre de 1984.

---

29. Medina Quiroga, Cecilia, *Las obligaciones de los Estados bajo la Convención Americana de Derechos Humanos",* en García Ramírez, Sergio y otros. *La Corte Interamericana de Derechos Humanos. Un Cuarto de Siglo: 1979-2004,* Corte IDH, San José, 2005, pp. 207 y ss., en particular, pp. 208 y 210.

Las reservas versaron sobre el art. 21:

> El Gobierno argentino establece que no quedarán sujetas a revisión de un tribunal internacional cuestiones inherentes a la política económica del Gobierno. Tampoco considerará revisable lo que los tribunales nacionales determinen como causas de "utilidad pública" e "interés social", ni lo que éstos entiendan por "indemnización justa".

Y fueron declaraciones interpretativas, las relacionadas con el artículo 5, inciso 3, que se dijo debía interpretarse en el sentido que la pena no puede trascender directamente de la persona del delincuente, esto es, no cabrán sanciones penales vicariantes.

También respecto al artículo 7, inciso 7, que se debe interpretar en el sentido que la prohibición de la "detención por deudas" no comporta vedar al Estado la posibilidad de supeditar la imposición de penas a la condición de que ciertas deudas no sean satisfechas, cuando la pena no se imponga por el incumplimiento mismo de la deuda sino por un hecho penalmente ilícito anterior independiente.

Y finalmente el artículo 10 que se debía leer en el sentido de que el "error judicial" sea establecido por un Tribunal Nacional.

Con relación al reconocimiento de competencia, se produjo en el instrumento de ratificación de fecha 14 de agosto de 1984, depositado el 5 de septiembre de 1984 en la Secretaría General de la OEA, por el cual el gobierno de la República Argentina reconoce la competencia de la Comisión Interamericana de Derechos Humanos y de la Corte Interamericana de Derechos Humanos por tiempo indefinido y bajo condición de estricta reciprocidad, sobre los casos relativos a la interpretación o aplicación de la citada convención, con la reserva parcial y teniendo en cuenta las declaraciones interpretativas que se consignan en el instrumento de ratificación.

Se dejó constancia, asimismo, que las obligaciones contraídas en virtud del Pacto sólo tendrían efectos con relación a hechos acaecidos con posterioridad a la ratificación del mencionado instrumento.

Desde entonces y hasta ahora, la política de cooperación con el Sistema IDH no tuvo obstáculos ni desencuentros, debiéndose destacar el importante número de soluciones amistosas que se concretaron[30]

---

30. Soluciones que se dieron en hechos y actuaciones como la Declaración de inconstitucionalidad de las leyes de impunidad, permitiendo reapertura de las causas de lesa humanidad (Caso *Simon* CSJN, Informe CIDH 28/92 Caso Barrios Altos Corte IDH).; el derecho a la verdad en un contexto de impunidad (Caso *Lapacó*); la política reparatoria del Estado argentino por violaciones a los derechos humanos ocurridas durante la dictadura militar (Caso *Birt y otros*); la derogación del delito de desacato (Caso *Verbitsky*); la derogación del Código de Justicia Militar (Caso *Correa Belisle*); la reforma de la ley

Con la jurisprudencia ocurrió otro tanto, pero existieron algunas oscilaciones que dispersaron la continuidad de la línea.

7. Desarrollo jurisprudencial

La protección internacional que otorgan los órganos de supervisión de la Convención es de carácter subsidiario. El Preámbulo de la Convención es claro a ese respecto cuando se refiere al carácter de mecanismo de refuerzo o complementario que tiene la protección prevista por el derecho interno de los Estados americanos. Esta declaración preliminar que se encuentra dicha por la Comisión IDH en el caso *Marzioni vs Argentina*, data del 15 de octubre 1996, y es de las primeras manifestaciones aclaratorias realizada para un tema poco trascendente si se quiere, pues versaba sobre el error de cálculo de una sentencia laboral indemnizatoria.

La subsidiariedad se entiende a partir de la regla del agotamiento previo de los recursos internos, porque si fuera un recurso directo, no se le daría al Estado la posibilidad de reparar por sí mismo y dentro del marco del sistema jurídico interno.

Pero en este caso es importante considerar el párrafo siguiente:

> [...] La Comisión es competente para declarar admisible una petición y fallar sobre su fundamento cuando ésta se refiere a una sentencia judicial nacional que ha sido dictada al margen del debido proceso, o que aparentemente viola cualquier otro derecho garantizado por la Convención. Si, en cambio, se limita a afirmar que el fallo fue equivocado o injusto en sí mismo, la petición debe ser rechazada conforme a la fórmula arriba expuesta. La función de la Comisión consiste en garantizar la observancia de las obligaciones asumidas por los Estados partes de la Convención, pero no puede hacer las veces de un tribunal de alzada para examinar supuestos errores de derecho o de hecho que puedan haber cometido los tribunales nacionales que hayan actuado dentro de los límites de su competencia.

Otro precedente (anterior) fue establecido en el *Informe N° 74/90* del 4 de abril de 1990, que referimos someramente en párrafos anteriores. El denunciante, Sr. López Aurelli, era un trabajador argentino que fue privado ilegalmente de su libertad, imputado de delitos motivados en prácticas políticas que el gobierno militar prohibía por entonces (1975). El peticionario sostuvo que el juicio se realizó sin las mínimas garantías legales, y que los jueces del proceso no habían sido imparciales ni independientes de la para resolver su caso. La Comisión IDH no admitió la denuncia pero llegó a la conclusión que se le había denegado el

---

de migraciones (Caso *Juan Carlos de la Torre*); la modificación de la mal llamada ley de solidaridad previsional (Caso *Menéndez Caride y otros - ANSeS*), o la despenalización de las calumnias e injurias para cuestiones de interés público (Caso *Kimel*).

derecho a tener un debido proceso en los términos de los artículos 8.1 y 25.1 de la Convención.

Estas resoluciones brindan ejemplos del alcance de la competencia de la Comisión con respecto a la revisión de los fallos nacionales, siempre basándose en la violación al debido proceso o de cualquiera de los derechos protegidos por el Pacto de San José.

Con esta mirada se podría decir que el principio de subsidiariedad actúa como refuerzo de las garantías que se deben otorgar en el derecho interno, y cuando esto no sucede y debe intervenir el sistema, las decisiones adoptadas en este procedimiento maniobran como sentencias de reparación especial.

Tiempo después en la causa *Espósito* (2003)[31] la CS argentina trabajó la obligatoriedad de respeto a la jurisprudencia de la Corte IDH cuando se ordenaba cambiar el *statu quo* establecido por la cosa juzgada. La operatividad del Sistema IDH estaba consolidado en causas como *Ekmekdjian c/ Sofovich y otros* (1992), *Giroldi* (1995), *Bramajo* (1996) y *Acosta* (año 1998), pero en esta había una particularidad que la hacía diferente. Aquí se ejecuta la sentencia del caso *Bulacio* donde nuestro país fue condenado, y aun estando en disidencia declarada, por entender que la decisión internacional estaba en contradicción con el propio orden constitucional, aceptó la obligatoriedad del fallo.

> La confirmación de la decisión por la cual se declara extinguida por prescripción la acción penal resultaría lesiva del derecho reconocido en este caso a las víctimas a la protección judicial, y daría origen, nuevamente, a la responsabilidad internacional del Estado Argentino. Desde esa perspectiva, el ámbito de decisión de los tribunales argentinos ha quedado considerablemente limitado, por lo que corresponde declarar inaplicables al *sub lite* las disposiciones comunes de extinción de la acción penal por prescripción en un caso que, en principio, no podría considerarse alcanzado por las reglas de derecho internacional incorporadas a nuestro ordenamiento jurídico en materia de imprescriptibilidad ("Convención sobre desaparición forzada de personas" -Ley 24.556, art. VII y "Convención sobre la imprescriptibilidad de los crímenes de guerra y de los crímenes de lesa humanidad"- Ley 24.584)[32].

---

31. Fallos, 327:5668.
32. Que, sin perjuicio de lo precedentemente expuesto, corresponde dejar sentado que esta Corte no comparte el criterio restrictivo del derecho de defensa que se desprende de la resolución del tribunal internacional mencionado. En efecto, tal como ya se señaló en este mismo expediente (conf. Fallos: 324:4135, voto de los jueces Petracchi y Bossert), son los órganos estatales quienes tienen a su cargo el deber de asegurar que el proceso se desarrolle normalmente, y sin dilaciones indebidas. Hacer caer sobre el propio imputado los efectos de la infracción a ese deber, sea que ella se haya producido por la desidia judicial o por la actividad imprudente del letrado que asume a su cargo la defensa

Precisamente en el caso *Bulacio vs. Argentina*[33], la Corte IDH había expresado que la obligatoriedad de sus decisiones se desprendía del artículo 27 de la Convención de Viena sobre el Derecho de los Tratados de 1969, por lo cual ellas no podían encontrar obstáculos en las reglas o institutos del derecho interno.

También el tribunal internacional dijo en la causa *Bueno Alves vs. Argentina*[34] que se debía reabrir una causa extinguida en el derecho interno por prescripción y actuar cumpliendo el deber de investigar.

> En esta causa Juan Francisco Bueno Alves había hecho una compraventa inmobiliaria que se frustró, dando origen a una controversia judicial (1988), que hicieron los vendedores por estafa y extorsión. El conflicto civil se había zanjado, pero el proceso contra Bueno Alves continuó tramitando hasta llegar a su detención y la de su abogado. Estos padecieron apremios ilegales en la comisaría, que según la prueba colectada, había sido ordenada por René Jesús Derecho, quien a la postre fue sobreseído por el juzgado de primera instancia que declaró la prescripción de la acción penal, más tarde confirmada por la Cámara Nacional de Apelaciones en lo Criminal y Correccional. Contra esta resolución, la querella interpuso un recurso extraordinario federal que fue denegado y motivó la presentación de una queja ante la Corte Suprema de Justicia de la Nación. El argumento central del recurso fue que se trataba de un delito de lesa humanidad y, por ende, alegó que era imprescriptible.

La causa no fue considerada como un delito de lesa humanidad, pero mantuvo la obligación de garantizar el derecho reconocido en el artículo 5 de la Convención Americana, por el cual el Estado se encontraba comprometido a investigar posibles actos de tortura u otros tratos crueles, inhumanos o degradantes.

El Estado argentino cumplió con el pago de las indemnizaciones dispuestas, pero en forma paralela la CS confirmó la prescripción de la causa[35], dando lugar a que la Corte IDH interviniera en supervisión de cumplimiento y dijese

> [...] El presente caso no se relaciona con un crimen de lesa humanidad [...]. Si bien los actos de tortura perpetrados contra el señor Bueno Alves han quedado

---

técnica, produce una restricción al derecho de defensa difícil de legitimar a la luz del derecho a la inviolabilidad de dicho derecho conforme el art. 18 de la Constitución Nacional. La circunstancia de que sea el defensor del imputado quien haya generado tales dilaciones en nada modifica la situación, pues la defensa sólo es inviolable cuando puede ser ejercida en forma amplia (Considerando 12, Fallos, 327:5668).

33. Corte IDH. Caso *Bulacio vs. Argentina*. Sentencia de 18 de Septiembre de 2003 (Fondo, Reparaciones y Costas). Serie C, N° 100, párr. 118.
34. Corte IDH. Caso *Bueno Alves vs. Argentina*. Sentencia de 11 de mayo de 2007 (Fondo, Reparaciones y Costas), párr. 88.
35. Fallos, 330:3074.

alcanzados por la protección convencional, ello no significa que deban ser calificados *per se* como delitos de lesa humanidad, debido a que tales actos no forman parte de un contexto de ataque generalizado o sistemático contra la población civil. Es decir, ni *ante* la Corte Suprema de Argentina ni ante esta Corte fue probado que los actos de tortura cometidos en contra del señor Bueno Alves cumplieran los requisitos para establecer que fuera un crimen de lesa humanidad.

Sin embargo, con independencia de si una conducta constituye un crimen de lesa humanidad, la Corte señaló que la obligación de investigar violaciones de derechos humanos se encuentra dentro de las medidas positivas que deben adoptar los Estados para garantizar los derechos reconocidos en la Convención. El deber de investigar es una obligación de medios y no de resultado, que debe ser asumida por el Estado como un deber jurídico propio y no como una simple formalidad condenada de antemano a ser infructuosa, o como una mera gestión de intereses particulares, que dependa de la iniciativa procesal de las víctimas, de sus familiares o de la aportación privada de elementos probatorios. A la luz de ese deber, una vez que las autoridades estatales tengan conocimiento del hecho, deben iniciar *ex officio* y sin dilación, una investigación seria, imparcial y efectiva. Esta investigación debía ser realizada por todos los medios legales disponibles y orientarse a la determinación de la verdad.

La sentencia permitió reabrir el caso con la carátula del imputado. Se interpuso por las víctimas un incidente con el fin de aclarar si la prescripción decretada sería confirmada y, en su caso, desconocería el fallo internacional. La impugnación se abrió como recurso de revocatoria, y con varias disidencias, la CS permitió que el caso *"Derecho"*[36] fuera un claro testimonio de afectación contra la cosa juzgada local.

Sin embargo no era la primera vez, pues siguiendo criterios de la justicia internacional, existían antecedentes que habían cambiado la suerte de decisiones firmes que privaron de certeza a la cosa juzgada. Por ejemplo el caso *"Simón"* (2005)[37], es la primera oportunidad en que la CS argentina altera la incolumidad existente en el criterio, e inicia un contundente *íter* aperturista del derecho internacional de los derechos humanos que fomenta continuar la doctrina emergente para la interpretación convencional.

---

36. Fallos, 334:1504, donde se dice [...]: Con el objeto de dar estricto cumplimiento a lo ordenado por la Corte Interamericana de Derechos Humanos en la sentencia *"Bueno Alves vs. Argentina"*, corresponde hacer lugar al recurso de revocatoria, dejar sin efecto el pronunciamiento que confirmó la declaración de extinción de la acción penal por prescripción y sobreseyó parcial y definitivamente en orden al delito previsto por el art. 144 bis del Código Penal y devolver las actuaciones a la instancia anterior para que, por quien corresponda, se cumplimenten las pautas fijadas en dicho fallo.

37. Fallos, 328:2056.

Lo cierto es que se existen serias dudas sobre la extensión que corresponde hacer cuando se trata de ejecutar una decisión de la Corte IDH. Por ejemplo, una cosa sería seguir la jurisprudencia y aplicarla conforme el test de convencionalidad; y otra, procurar que se ejecute una sentencia del tribunal internacional.

Obsérvese que cuando la Procuración del Tesoro de la Nación solicitó ejecutar los honorarios del caso *"Cantos, José María"*[38], la CS niega el procedimiento por los argumentos siguientes

> [...] La violación de garantías judiciales y del derecho de propiedad, expresamente tuteladas por la Constitución Nacional (arts. 17 y 18) como por la Convención Americana sobre Derechos Humanos (arts. 8, 21 y 25; Fallos 325:28) sucedería de ejecutar la sentencia tal como lo pide la Procuración del Tesoro. Así bajo el ropaje de dar cumplimiento con una obligación emanada de un tratado con jerarquía constitucional (art. 63.1, de la Convención), llevaría a la inicua -cuanto paradójica- situación, de hacer incurrir al Estado Argentino en responsabilidad internacional por afectar garantías y derechos reconocidos a los profesionales, precisamente, en el instrumento cuyo acatamiento se invoca. Una decisión como la aquí indicada implicaría asumir que el Estado Nacional seguirá adelante con la ejecución de la tasa judicial y su multa no obstante la decisión de la Corte Interamericana; que en el ámbito de esa ejecución, el ejecutado no podrá esgrimir defensa alguna sobre la base de la decisión internacional o que, en su caso, ella habrá de ser desestimada.

Y con tantos devenires se llegó al caso *"Fontevecchia"*[39] que constituye un cambio copernicano (*overrule*), de categórico componente ideológico, que presume la modificación de los criterios jurisprudenciales de la CS argentina en cuanto al reconocimiento de la obligatoriedad en el cumplimiento de las sentencias de la Corte IDH, al dejarse reservada la *última ratio* jurisprudencial.

8. El recurso de revisión de la cosa juzgada

Si tenemos al procedimiento que celebra el sistema interamericano como un relevamiento sobre el cumplimiento que tiene el Estado parte de la convención sobre los derechos humanos, donde la causa judicial llevada por la justicia local es el testimonio que se considera como prueba relevante, se podría entender que esta actuación produce una revisión indirecta de la cosa juzgada.

De ser así se puntualiza que sólo con una reforma en la Constitución Nacional podría ser posible mudar el carácter final e irrevocable de las sentencias

---

38. Fallos, 326:2968.
39. *"Ministerio de Relaciones Exteriores y Culto s/ informe en la sentencia dictada para el caso Fontevecchia y D´Amico vs. Argentina"*, La Ley, 20/02/2017, p. 9; Cita Online: AR/JUR/66/2017.

que emanan con esa condición de inmutabilidad. Pero esta conclusión enfrenta disposiciones de las convenciones transnacionales con la supremacía de las constituciones locales, pues si la voluntad del Estado al adherir voluntariamente a un pacto o tratado fue comprometerse respecto a los derechos consagrados en su texto, cualquier apartamiento o desconocimiento a esa voluntad implicada daría lugar al interesado para denunciar el incumplimiento a los órganos de protección por aquellas previsto.

No debe olvidarse que la sentencia transnacional promete resolver un conflicto de situación directamente vinculado con la libertad del hombre. Esa libertad, base de los derechos humanos es, a un mismo tiempo, absoluta y circunstancial. Si no la interpretamos como absoluta podría ser posible difuminarla por un sinnúmero de causas. Pero, si no la experimentamos al conjuro de sus posibilidades fácticas, le daremos el vacío destino de la abstracción.

Esto significaría que cualquier resolución jurisdiccional que tomara un tribunal transnacional, tendría valor de recomendación, pero sin ejecutividad. Así ocurre, por ejemplo, en el Convenio Europeo que, siguiendo el esquema clásico del derecho internacional, establece la obligatoriedad de la sentencia aun cuando no posee coercibilidad.

Según Hitters

> [...] En principio, estamos en presencia de fallos meramente declarativos, y ello resulta evidente, ya que la comunidad internacional no posee un cuerpo que tenga el poder de hacerlo cumplir; además cualquier acción de ese tipo afectaría seriamente la soberanía de los Estados[40].

En suma, actualmente la cosa juzgada interna no se altera por la recomendación efectuada por un organismo de derecho trasnacional. A veces, la influencia se encuentra al tener que alterar una sentencia local por efectos de las condenas dispuestas por la Corte IDH, a la que se la priva de efectos sin necesidad de revocarla.

Sin embargo, es ésta una explicación confusa, porque a pesar de ser estos tribunales un contralor subsidiario de las responsabilidades que los Estados asumen frente a los seres humanos que los pueblan y organizan, cuando el caso se considera admisible y la condena al país denunciado procede, es evidente que aquella primera decisión cuestionada queda inerte.

Basados en esta idea una solución posible es crear un esquema normativo interno destinado a que se ejecute la sentencia transnacional sin afectar el caso juzgado por los tribunales locales.

---

40. Hitters, Juan Carlos, *Derecho Internacional de los Derechos Humanos*, tomo I, Ediar, Buenos Aires, 1991, p. 333.

Existen algunos proyectos al respecto. Uno de ellos promueve lo siguiente[41]

> [...] *Artículo 11*. La parte beneficiaria podrá interponer un recurso de revisión ante el órgano judicial argentino que hubiere dictado una sentencia que un fallo firme indicado en el artículo 1 de la presente ley determine dejar sin efecto.
>
> El recurso de revisión tendrá como objeto la revocación de la sentencia en cuestión a los fines de otorgar pleno cumplimiento al respectivo fallo de la Corte Interamericana de Derechos Humanos.
>
> El recurso de revisión también procederá en aquellos supuestos en los que, pese a que un fallo mencionado en el artículo 1 de la presente ley no determine dejar sin efecto una sentencia dictada en el ámbito argentino, la violación, por su naturaleza y gravedad, entrañe efectos que persistan y no puedan cesar de ningún otro modo que no sea mediante la revocación de aquella.
>
> La parte beneficiaria deberá presentar un escrito en el cual se acredite su condición, se fundamente la procedencia del recurso de revisión y se acompañe copia simple del fallo en cuestión dictado por la Corte Interamericana de Derechos Humanos.
>
> Una vez presentado el recurso de revisión, el órgano judicial argentino deberá dar traslado por diez días al Ministerio Público Fiscal de la jurisdicción correspondiente. Contestado el traslado, el órgano judicial argentino deberá resolver dentro de cinco días sobre la admisibilidad y procedencia del recurso de revisión interpuesto, pudiendo asimismo disponer otras medidas accesorias y tendientes a la plena efectividad del fallo que hubiere sido dictado por la Corte Interamericana de Derechos Humanos.
>
> Se atribuirá a los órganos judiciales intervinientes la facultad revocatoria prevista en la presente ley.
>
> La parte beneficiaria contará con el beneficio de intervención judicial gratuita, el cual lo eximirá del pago de todo costo vinculado a la sustanciación del proceso.
>
> Respecto a la interposición y trámite del recurso de revisión se aplicarán supletoriamente las normas procesales vigentes en la jurisdicción correspondiente.
>
> *Artículo 12*. El Poder Ejecutivo de la Nación, la Corte Suprema de Justicia de la Nación y todo organismo, Estado o gobierno o municipio involucrado publicarán de forma libre a través de internet el estado actualizado del trámite

---

41. Un grupo de legisladores del bloque FPV-PJ presentaron la iniciativa para establecer un régimen de ejecución y cumplimiento de fallos de la Corte IIDH. El proyecto surgió tras el pronunciamiento de la CS de la Nación en el caso "Fontevecchia", en el marco de la causa en la que se condenó al Estado nacional a dejar sin efecto una condena civil a editorial Perfil. En el fallo, los ministros determinaron que el Tribunal Internacional no tiene potestad para revocar los fallos del Máximo Tribunal argentino.

de ejecución y cumplimiento de los fallos indicados en el artículo 1 de la presente ley.

La publicación contendrá el detalle de todos los actos emitidos, sus contenidos y las medidas adoptadas para dar cumplimiento al fallo de la Corte Interamericana de Derechos Humanos en cuestión.

9. Conclusiones

Podemos compartir cuanto expresa repetidamente la Comisión y argumentar con sus ideas el significado que tiene la fórmula de la cuarta instancia. Lo que parece impreciso es compatibilizar las declaraciones con los hechos siguientes que suceden en el derecho interno.

En efecto, es cierto que la intervención de los órganos del Sistema IDH en ningún caso constituye una cuarta instancia del orden jurídico y judicial interno. La autonomía del procedimiento se verifica con principios y características particulares que le son propias y que lo alejan del concepto de instancia, trascendiendo así la figura de constituirse en una mera etapa revisora de impugnación.

La afirmación que hizo la Comisión IDH en el caso *Clifton Wright* (1988), que introduce por primera vez la cuestión de la *fórmula de la cuarta instancia*, deja en claro cuál será el modelo de revisión. El que pide puede ser la víctima, pero también puede no serlo al ejercer otro una representación directa o deducir la denuncia como expositor de un derecho vulnerado por el Estado Parte. Desde la apertura misma, entonces, se ve que cambian los actores que tuvo el proceso principal, y que en la etapa transnacional no se estudiarán hechos sino derechos humanos en conflicto.

Las pruebas tendrán un objeto singular, así como el formato de los medios probatorios a desarrollar donde todo pasará por las declaraciones de partes, testigos, peritos, etc. Y así hasta llegar a la decisión que es el nudo gordiano de la teoría de la cuarta instancia.

Las sentencias que verifiquen el obrar culpable del Estado encontrarán como testimonio manifiesto las actuaciones judiciales del derecho interno hasta allí desenvueltas, y quizás las resoluciones a tomar ordenen afectar la cosa juzgada que allí se alcanzó. Pero este resultado no puede eludir lo evidente: la sentencia es para el Estado no para quienes fueron litigantes en el proceso local.

Así ocurre en muchos casos, que sin particularizarlos, ordenan a los Estados adecuar el derecho interno, suprimir prácticas, interpretar conforme a estándares, etc., que portan el objetivo de lograr que se respete el principio de *effet utile* y fiel cumplimiento de las obligaciones asumidas.

Ahora bien, ¿cómo pensar que estos cambios que se le ordenan al Estado (no a los jueces que actuaron en la causa cerrada por el derecho local) no afecta la cosa juzgada? Es evidente que los derechos que se encuentran mal entendidos o inaplicados por la sentencia originaria deberán cambiar y organizar un sistema de reparación de las víctimas o restauración de las garantías. Solo que esto puede llevarse a cabo sin tocar lo resuelto y ejecutoriado por los jueces del Estado parte.

¿Cómo hacerlo? En nuestra opinión lo juzgado por el tribunal internacional, para lograr efectividad, debe tener un régimen de ejecución de sentencia propio y no un desvío o delegación para que sean aquellos a quienes supuestamente se les revisó el caso los que deban cumplir la manda del tribunal internacional. De ocurrir así quedará repetido el alto porcentaje de incumplimiento que tienen las sentencias de la Corte IDH. Los *"Fontevecchia"* se reiterarán porque no son los jueces locales quienes deban revisar sino el Estado el que debe replantear la solucion del caso, claro está, en un escenario distinto al que tuvo antes. Es decir, no en la jurisdicción del Poder Judicial sino en la gestión administrativa del conflicto que ahora exige un nuevo abordaje.

Es decir que se torna menester construir un lenguaje común y unificado de justicia con el cual afrontar una era de estabilidad y paz social perdurables que involucre a los individuos, jueces y demás funcionarios de la organización estadual en una proclama de correlación de derechos y deberes de la búsqueda de justicia, de la materialización de la *iuris dictio* en perspectiva a lograr la seguridad de todos, en justa exigencia del bien común en una sociedad que pondera su raíz democrática. Tales preceptos resultan imprescindibles para obtener el objetivo de evitar tensiones innecesarias.

Ante la diatriba se asumen caminos alternos. O bien se relaciona la jurisdicción internacional con el ámbito interno asumiendo que deben vincularse estratégicamente para evitar el descalabro de principios constitucionales (recuérdese que la cosa juzgada anida en las garantías del derecho de propiedad); o se promueve un activismo de la Corte IDH que deje "respirar" algo más a las instancias nacionales a fin de oxigenar su tarea específica y no hacer peligrar su efectividad institucional futura.

Surge con eminente lógica que no deberá obviarse la importancia del principio de legalidad y de aquél que pregona que si un Estado se somete voluntariamente a la aplicación de un Tratado, se presume su buena fe y el arbitrio de un esfuerzo supino y de los medios necesarios para cumplirlo.

Ya lo dijo García Sayán

> [...] Interesa analizar cuánto puede haber impactado ese criterio de interpretación al interior de los países en el cumplimiento de sus obligaciones ejecutivas, legislativas y judiciales. Ese camino es una entrada importante para determinar si los tribunales están contribuyendo -o no- a establecer concordancias con el ordenamiento internacional de los derechos humanos. En esa lógica se puede encontrar, por cierto, no sólo influencias del ordenamiento

internacional sobre el interno, sino la interacción y retroalimentación de éste sobre el internacional.

La naturaleza de las normas y órganos de protección internacionales está diseñada para expresarse en el orden y derecho interno de los países. Los Estados, que por decisión soberana se hacen parte de tratados internacionales sobre derechos humanos y/o promueven el funcionamiento de órganos universales o regionales de protección, se imponen a sí mismos el deber de aplicar en su orden interno ese tipo de compromisos internacionales. Ese elemento esencial del derecho internacional de los derechos humanos está en la base conceptual misma de la interacción esencial del mismo con el derecho interno y el comportamiento de las distintas instituciones del Estado. Esto es parte cardinal de los compromisos internacionales delos Estados en materia de derechos humanos a través de tratados libremente concertados, firmados y ratificados[42].

Impera ejercer y concretar el difícil y complejo proceso de conjunción, armonización y ponderación de derechos y valores impregnado de la realidad sociopolítica de cada país, ante la titánica y trascendental obligación de esos Estados de convertirse en insignia de los derechos humanos.

Sólo la efectivización de parámetros sensatos, flexibles, prudentes y legítimos que realice la Corte IDH antes de un pronunciamiento oficial sobre inconvencionalidad, permitirá erradicar la crisis de disconformidad, cuestionamientos y manipulaciones ideológicas, brindando una sincera bienvenida a la aceptación y el consenso.

---

42. García Sayán, Diego, *Una Viva Interacción: Corte Interamericana y Tribunales Internos,* en "Corte Interamericana de Derechos Humanos. Un Cuarto de Siglo: 1979- 2004", Organización de los Estados Americanos y la Corte Interamericana de Derechos Humanos, San José de Costa Rica 2005.

54

DIALOGO TRA CORTI: ALCUNE RAGIONI DI UN SUCCESSO

REMO CAPONI

Professore Ordinario di Diritto Processuale Civile nell'Università di Firenze.

SOMMARIO: 1. Introduzione. - 2. Ragioni di un successo. – 3. Formazione legislativa e formazione giurisprudenziale del diritto. - 4. Interazione tra corti. - 5. Corti tra diritto e società. – 6. Nuova questione costituzionale.

1. Introduzione

A partire dall'ultima decade del secolo XX, e specialmente dalla caduta del Muro di Berlino, l'attività delle corti internazionali è cresciuta in modo esponenziale.[1] Secondo un'indagine recente, esistono almeno 24 corti internazionali permanenti, la stragrande maggioranza delle quali è dotata di giurisdizione obbligatoria (indipendente dal consenso delle parti in causa) e può essere adita da attori non statali (tra cui commissioni internazionali e soggetti privati). Nel loro insieme, queste corti hanno emanato circa 37.000 decisioni, di cui oltre 33.000 dopo il 1989[2]. Parallelamente, anche i rapporti tra corti internazionali e giudici nazionali si sono notevolmente accresciuti e diversificati e ciò ha suscitato un notevole dibattito[3]. Accanto a studiosi di diritto internazionale, sono intervenuti

---

1. Il presente articolo è la versione aggiornata, in occasione della raccolta di saggi per onorare il trentesimo anniversario della Costituzione brasiliana (1988), di *Dialogo tra corti: alcune ragioni di un successo*, in V. Barsotti, V. Varano (a cura di), *Il nuovo ruolo delle corti supreme nell'ordine politico e istituzionale*, Napoli, Esi, 2012, p. 121–129. Ringrazio molto il Presidente dell'Associazione brasiliana di diritto processuale costituzionale, prof. Luiz Guilherme Marinoni, per l'onore che mi ha reso nel consentirmi di partecipare con un mio contributo a questo importante anniversario.
2. Così K. ALTER, *The New Terrain of International Law. Courts, Politics, Rights*, Princeton, 2014, p. 3.
3. Tra i contributi più recenti, v. K. ALTER, *The New Terrain of International Law. Courts, Politics, Rights*, cit.; A. VON BOGDANDY, I. VENZKE, *In Whose Name? A Public Law Theory of*

studiosi di altre branche del diritto, e di altre discipline, come scienza della politica, filosofia politica, relazioni internazionali, sociologia, economia[4].

Uno degli aspetti fondamentali sui quali si concorda, pur nella diversità di impostazioni, è che le corti svolgono una pluralità di funzioni: risolvono controversie; accertano, sviluppano e perfezionano il diritto; coordinano e raccordano ordinamenti diversi; controllano e legittimano attività di altre istituzioni operanti a livello ultrastatale[5]. La tradizionale visione delle corti internazionali come organi di risoluzione dei conflitti tra Stati coglie ormai una piccola parte della realtà. È certamente utile ambientare i compiti delle corti all'interno di concetti più ampi, come quello di *governance*, qualificata da aggettivi con diverse sfumature di significato più o meno equivalente: transnazionale, ultrastatale, o globale[6].

Tuttavia questi compiti si svolgono pur sempre per mezzo di decisioni adottate su una domanda di una persona che investe un terzo indipendente e imparziale della giusta composizione di una controversia nel corso di un procedimento ispirato al principio del contraddittorio tra le persone destinatarie degli effetti della decisione.

Forma processuale e funzione delle corti di comporre controversie costituiscono la base che legittima e conforma gli effetti della loro attività. La pluralità dei compiti assegnati alle corti corrisponde alla differenziazione dell'impatto della risoluzione di controversie nelle società contemporanee, più che ad una radicale trasformazione del ruolo delle corti e del loro modo di operare[7]. In secondo luogo, l'idea di sganciare il fulcro dell'attività delle corti dalla funzione di composizione di controversie attuali si rivela alla prova dei fatti poco utile (se non dannosa). Due esempi. Il parere n. 2 del 2013 della Corte di giustizia sul progetto di accordo di adesione dell'Unione europea alla Convenzione europea dei diritti dell'uomo[8]

International Adjudication, Oxford, 2014; C. ROMANO, K. ALTER, Y. SHANY (a cura di), *The Oxford Handbook of International Adjudication*, Oxford, 2014.

4. Cfr. C. ROMANO, K. ALTER, Y. SHANY, *Mapping International Adjudicative Bodies, the Issues, and Players*, in *The Oxford Handbook of International Adjudication*, cit., p. 25.
5. Per un elenco di queste funzioni, v. A. VON BOGDANDY, I. VENZKE, *In Whose Name? A Public Law Theory of International Adjudication*, cit., p. 1. In particolare, sulla funzione di raccordo e coordinamento tra ordinamenti diversi, v. S. CASSESE, *I tribunali di Babele. I giudici alla ricerca di un nuovo ordine globale*, Roma, 2009.
6. In tema, v. S. CASSESE, *Chi governa il mondo?* Bologna, 2013. Il termine "governo" traduce male in italiano il termine l'inglese *"governance"*, ma "reggimento" non mi sembra migliore. In tedesco si parla di *"globales regieren"*, impiegando il modo infinito del verbo "governare" in forma sostantivata.
7. Su questo profilo ho svolto un discorso più ampio in R. CAPONI, *'Just Settlements' or 'Just About Settlements'. Mediated Agreements: A Comparative Overview of the Basics*, in *Rabels Zeitschrift*, 2015, p. 117 ss.
8. Il parere può essere letto sul sito della Corte, *curia.europa.eu*.

e il provvedimento con cui la Corte costituzionale tedesca ha rimesso alla Corte di giustizia questioni pregiudiziali relative ad ipotetiche 'operazioni monetarie definitive' della Banca centrale europea[9], dimostrano che le corti non danno il meglio di sé quando sono chiamate ad operare al di fuori dei limiti segnati dalla necessità di risolvere un caso concreto e argomentano sulla base di ipotesi astratte. In questa situazione le corti tendono ad assumere una posizione in un certo senso 'schmittiana', desumendo conclusioni di ordine generale dalla rappresentazione di casi limite[10], mentre il caso concreto confronta le corti con l'*id quod plerumque accidit*, con la vita concreta del diritto.

Le corti intrattengono rapporti reciproci e dialogano in diversi modi, che vengono studiati secondo il quadro normativo che li regola e il settore delle scienze che li approfondisce.

Normalmente, in ogni affare giudiziario le corti entrano in contatto con attività di altre corti. Nell'applicazione di parametri normativi a fatti della vita per la composizione di controversie, la gestione di interessi di minori, incapaci, ecc., o la punizione di reati, accade di rado che le corti desumano gli elementi utili alla decisione esclusivamente dalla solitaria interpretazione delle norme giuridiche e dall'attività delle parti del processo. Frequentemente, nell'interpretare il parametro decisorio, esse tengono conto di precedenti pronunce di altre corti su fattispecie simili, specialmente laddove l'ordinamento investa una particolare corte della funzione di assicurare l'uniformità dell'interpretazione del diritto. Si pensi alle corti di cassazione o di revisione, ma anche alla Corte di giustizia dell'Unione europea, in virtù del rinvio pregiudiziale[11]. Laddove entrino in gioco norme costituzionali il cui rispetto è presidiato da una corte, è inevitabile il richiamo alla giurisprudenza di quest'ultima. Laddove entrino in gioco diritti e libertà garantiti dalla Convenzione europea dei diritti dell'uomo, è inevitabile il riferimento alla giurisprudenza della Corte di Strasburgo.

---

9. *BVerfG*, 2 BvR 2728/13, 14 gennaio 2014, *OMT*. Per la conclusione di questa "saga", dopo la pronuncia della Corte di giustizia UE, v. *BVerfG*, 2 BvR 2728/13, 2 BvE 13/13, 2 BvR 2731/13, 2 BvR 2730/13, 2 BvR 2729/13, 21 giugno 2016.

10. Cfr. C. Schmitt, *Politische Theologie. Vier Kapitel zur Lehre von der Souveränität*, München-Leipzig, 1922; trad. it. *Teologia politica*, in *Le categorie del "politico"*, a cura di G. Miglio e P. Schiera, Bologna, 1972, p. 34: "L'eccezione è più interessante del caso normale. Quest'ultimo non prova nulla, l'eccezione prova tutto; non solo essa conferma la regola: la regola stessa vive solo dell'eccezione".

11. Cfr. art. 267 Trattato sul funzionamento dell'Unione europea, TFUE. Sull'importanza del rinvio pregiudiziale nella prospettiva del dialogo tra Corte di giustizia e giudici nazionali, v. J.H.H. Weiler, *Van Gend en Loos: The Individual as Subject and Object and the Dilemma of European Legitimacy*, in *International Journal of Constitutional Law*, 12 (2014), p. 94 ss.

Rapporti tra corti sorgono non solo in relazione alla decisione della causa, ma anche in relazione allo svolgimento di attività processuali strumentali a quest'ultima. Il tema, trattato in genere sotto l'insegna di "cooperazione giudiziaria" (in senso stretto), investe a sua volta una molteplicità di profili in piena evoluzione, che in questa sede non possono essere nemmeno elencati[12].

Si intreccia con il tema dei rapporti tra corti quello dei rapporti personali fra giudici, che rivestono un carattere più o meno formale (associazioni e reti tra giudici, presidenti di uffici giudiziari; seminari e incontri di studio, ecc.). La rilevanza di tali incontri per l'evoluzione del diritto, specialmente sul versante dei rapporti tra ordinamenti nazionali e internazionali, è notevole.

L'intreccio tra influenze reciproche della giurisprudenza delle corti e interazioni personali dei giudici è plasticamente profilato dal presidente della Corte costituzionale tedesca Andreas Voßkuhle: "In modo simile alle lingue anche i tribunali operano come prismi diversamente sfaccettati, che riflettono, ma contemporaneamente rendono anche possibili, differenti concezioni giuridiche e della vita [...]. La Corte costituzionale tedesca, la Corte di giustizia dell'Unione europea e la Corte europea dei diritti dell'uomo non giudicano in maniera isolata l'una dalle altre, bensì in modo reciprocamente coordinato. Decisioni contenutisticamente divergenti sono state adottate di rado, mentre occasionali dissonanze hanno dispiegato sempre una forza generatrice di nuovi sviluppi [...]. Ma il circuito europeo delle corti costituzionali va ben al di là dei tre attori appena nominati. In particolare non possono rimanere privi di menzione le corti costituzionali degli altri stati europei e gli scambi culturali e di esperienze che si svolgono con loro. Le corti costituzionali degli stati membri cooperano non solo nel circuito delle corti costituzionali con la Corte di giustizia e la Corte europea dei diritti dell'uomo, bensì anche le une con le altre, per esempio attraverso l'interazione personale dei loro giudici, così come attraverso la reciproca recezione della loro giurisprudenza. La giurisprudenza delle corti costituzionali in circuito si rivela così una disputa discorsiva circa la 'migliore soluzione', cosicché il circuito delle corti costituzionali diventa alla fine un 'circuito di apprendimento'"[13].

Per inquadrare questo intreccio a livello europeo, Voßkuhle propone di adottare la nozione di *Verbund*. Questo termine è lo stesso chiamato ad indicare l'Unione europea nella terminologia della Corte costituzionale tedesca (*Staatenverbund*), ma questa volta l'oggetto del collegamento, della connessione, della com-

---

12. Sulla quale v. B. Hess, *Justizielle Kooperation*, in P. Gottwald, B. Hess (a cura di), *Procedural Justice*, XIV. IAPL World Congress Heidelberg 2011, Bielefeld, 2014.
13. A. Vosskuhle, *Der europäische Verfassungsgerichtsverbund*, in Neue Zeitschrift für Verwaltungsrecht, NVwZ, 2010, p. 4.

binazione, della unione[14] non sono gli stati, bensì le corti: "Il concetto di *Verbund* contribuisce a descrivere il funzionamento di un complesso sistema plurilivello, senza che così siano previamente definite le precise tecniche di interazione. Tale concetto permette di rinunciare ad immagini spaziali, fortemente semplificanti, come 'equiordinazione, sovraordinazione e sottoordinazione'. Invece, esso dischiude una rappresentazione differenziata sulla base di punti di vista ordinatori diversi, come unità, differenza e diversità, omogeneità e pluralità, delimitazione, interazione e interconnessione. Nel concetto di *Verbund* sono egualmente riposte le idee di autonomia, di rispetto reciproco e di capacità di agire insieme"[15].

Il concetto di *Verbund* può rivelarsi in effetti un utile strumento di analisi e di ricostruzione di quella "global community of transnational adjudication"[16] in cui i giudici si sentono progressivamente inseriti, caratterizzata da scambi culturali e di esperienze, da interazioni personali, al di là dei recinti ancora eretti sulla base dei confini nazionali e delle partizioni tra le scienze.

Questo intreccio deve essere messo a fuoco secondo un approccio interdisciplinare diretto ad approfondire le forme di impatto della personalità del giurista sugli sviluppi del diritto nell'età contemporanea. Quanto incidono la personalità, il talento e la cultura individuali del giurista sull'attività delle istituzioni in cui egli opera? Per rispondere occorre evidentemente distinguere a seconda del tipo di giurista e del tipo di istituzione. Facendo l'esempio della giustizia civile, si può osservare che i fattori fondamentali per rendere un processo efficiente sono essenzialmente tre e si possono collocare in ordine crescente di importanza: il fattore legislativo, il fattore delle risorse, il fattore culturale. Il primo fattore è che la disciplina legislativa del processo e dell'organizzazione giudiziaria sia moderna e tecnicamente adeguata a rispondere alla domanda di giustizia proveniente

---

14. Questi i possibili significati del termine *Verbund* nella lingua tedesca.
15. Così, A. Vosskuhle, *Der europäische Verfassungsgerichtsverbund*, in NVwZ, 2010, p. 1, p. 4, ove si può leggere: "Taluni osservatori possono rammaricarsi che il *Bundesverfassungsgericht* non occupi più una posizione solitaria dal punto di vista giuridico--costituzionale, perché in conseguenza della progressiva internazionalizzazione ed europeizzazione ad esso non spetta più l'esclusiva nella verifica del diritto vigente in Germania. Proprio per il *Bundesverfassungsgericht* si dischiude una significativa possibilità di compensazione, di cooperare nel sistema plurilivello europeo alla creazione di un vincolante ordine costituzionale comune europeo con standard di tutela di diritti fondamentali per tutta Europa, e quindi di accompagnare con cognizione di causa il processo di cooperazione e di coerenziazione nel circuito (*Verbund*) giurisprudenziale della Corte di giustizia dell'Unione europea e della Corte europea dei diritti dell'uomo. Concepita in questi termini, la suddivisione di responsabilità giudiziale non conduce ad una diminuzione, bensì ad una triplicazione della tutela dei diritti fondamentali nel circuito della giurisdizione costituzionale di Karlsruhe, Strasburgo e Lussemburgo.
16. Cfr. A.-M. Slaughter, *A Global Community of Courts*, in 44 Harv. Int'l L.J. (2003), 191.

dalla società civile. Si tratta di un primo elemento, che di per sé non è risolutivo, poiché – per esprimersi con le parole di Virgilio Andrioli – non è mai esistita legge processuale così buona da impedire l'affermarsi nella prassi di un cattivo processo (né viceversa – per la verità – è mai esistita legge processuale tanto cattiva dall'impedire nella prassi un buon processo). Il secondo fattore è costituito dalla predisposizione di risorse umane e materiali in misura sufficiente ad applicare nel modo migliore la disciplina legislativa. Accanto al fattore legislativo e al fattore delle risorse, non si deve però sottovalutare il fattore culturale, che incide sulla qualità dell'offerta del servizio giustizia (oltre che sulla stessa qualità della domanda). L'adeguatezza tecnica della disciplina legislativa non serve a niente, se non è accompagnata dalla capacità e competenza professionale degli avvocati, dei magistrati, del personale ausiliario, attraverso la loro reciproca collaborazione, di interpretare tale disciplina nel modo migliore, di lenirne e non di esasperarne gli eventuali difetti, di evitare di trasformare una fisiologica contrapposizione di ruoli processuali in un generalizzato conflitto tra categorie professionali. La congrua disponibilità di risorse serve a poco, se non è accompagnata dalla capacità e competenza professionale di organizzarne in modo efficiente l'impiego. La capacità di interpretare le norme e di organizzare le risorse nel modo migliore altro non sono che problemi culturali, alla cui soluzione cospirano essenzialmente la formazione, le esperienze, le qualità professionali dei soggetti che a vario titolo, con la loro attività, incidono sulla gestione del servizio giustizia. In definitiva il fattore culturale è quello più importante, poiché è l'unico dei tre fattori in grado di mettere adeguatamente a frutto gli altri due[17].

---

17. Ovviamente, la consapevolezza del ruolo centrale che la formazione, le attitudini e le qualità professionali delle persone rivestono per il buon funzionamento della giustizia non affiora oggi per la prima volta. Nella prima delle sue conferenze tenute a Città del Messico nel 1952 e pubblicate in Italia nel volume "Processo e democrazia", Piero Calamandrei scriveva per esempio: "in realtà ciò che plasma il processo, ciò che gli dà la sua fisionomia tipica non è la legge processuale, ma è il costume di chi la mette in pratica. Il diritto scritto non è che un contorno esterno, entro il quale il rilievo, coi colori ed i chiaroscuri, è dato dal costume. [...] Ogni 'procedimento' ha questa caratteristica: che, per quanto siano minuziose le norme che disciplinano il suo svolgimento, le attività che lo compongono non possono mai essere previste in maniera così rigorosa da non lasciare un certo margine all'iniziativa e alla discrezione personale di chi è chiamato a compierle". L'identica consapevolezza dell'importanza del fattore culturale promuove in Italia la nascita del movimento degli osservatori sulla giustizia civile nella seconda metà degli novanta, in cui un gruppo di magistrati, avvocati, e di personale giudiziario si assume l'impegno di operare, con iniziative congiunte o coordinate, per migliorare la giustizia civile presso un certo ufficio giudiziario. Accanto alla responsabilità imputabile individualmente, sulla base delle norme che definiscono i loro ruoli professionali nell'organizzazione giudiziaria e nel processo, questi soggetti si fanno liberamente carico di una responsabilità ulteriore,

Se ci si estende il discorso alla dimensione internazionale o transnazionale, l'incidenza delle qualità individuali del giurista è maggiore, non fosse altro perché solo coloro che sono in grado di raccogliere la sfida di trasporre frequentemente alcuni elementi del proprio bagaglio culturale in una lingua diversa dalla loro lingua madre hanno accesso pieno a questa dimensione. Tuttavia, non appena il grado di complessità istituzionale aumenta, il peso relativo dei talenti personali del giurista rispetto all'apparato torna evidentemente a diminuire, come accade ad esempio nel caso delle istituzioni dell'Unione europea.

Probabilmente, l'ambito in cui i talenti personali del giurista pesano attualmente in modo maggiore rispetto alle costrizioni istituzionali (al di là del caso difficilmente analizzabile del giurista amico e/o consulente personale delle persone investite di cariche politiche) è proprio quello della formazione giurisprudenziale del diritto affidata all'opera delle corti internazionali.

2. Ragioni di un successo

Nel proseguimento del discorso ci si occuperà specificamente del dialogo tra corti nazionali, europee e internazionali di tono "costituzionale" e attinente all'attività decisoria.

È uno dei grandi temi del diritto contemporaneo. Le ragioni di questo successo non sono difficili da individuare. In parte sono legate a sviluppi interni al diritto contemporaneo. In parte sono attinenti all'evoluzione del rapporto tra diritto e realtà sociale.

La svolta che la storia giuridica dell'Europa continentale aveva conosciuto alla fine del Settecento, con la realizzazione di un monopolio del diritto da parte dei detentori del potere politico, e quindi dello Stato nazionale, aveva relegato il diritto in un ruolo ancillare rispetto alla politica[18]. Il monopolio delle fonti del diritto fondate sull'autorità politica, fondate "sull'idea che il legislatore crei il diritto, partendo da un programma politico che con esso ci si propone di attuare e di imporre", aveva condotto ad una corrispondente svalutazione delle fonti

---

imputabile collettivamente alle persone che con la loro attività, secondo le proprie competenze, incidono sulla gestione del servizio giustizia. Per un discorso più ampio, v. R. Caponi, *Il principio di proporzionalità nella giustizia civile: prime note sistematiche*, in *Riv. trim. dir. proc. civ.*, 2011, p. 389 ss. Si tratta della relazione introduttiva al congresso di diritto processuale *Desafios do novo processo civil e penal*, organizzato dal 21 al 23 ottobre 2010 a Curitiba dallo *Instituto dos Advocados do Paraná*, in onore del prof. Luiz Guilherme Marinoni, sotto l'amabile regia della presidente Rogéria Fagundes Dotti. Traduzione in lingua portoghese: *O princípio da proporcionalidade na justiça civil: primeiras notas sistemáticas*, a cura di S. Cruz Arenhart, in *Revista de Processo*, 36 (2011), p. 397-418.

18. Così, P. Grossi, *Il diritto tra potere e ordinamento*, Napoli, 2005, p. 16.

culturali, fondate "sull'idea che il giudice (o il giurista in genere) trovi il diritto, mediante una ricerca svolta essenzialmente con l'uso della ragione"[19].

Il fattore fondamentale di rottura di questo assetto è costituito dal varo delle costituzioni democratiche nell'Europa continentale (specialmente in Italia e in Germania) dopo la seconda guerra mondiale. In particolare, la rottura è segnata dalla entrata in funzione dei meccanismi di controllo di costituzionalità delle leggi ordinarie, affidate a corti costituzionali.

La crescente internazionalizzazione dei rapporti sociali ed economici ha successivamente messo in crisi non solo il dominio della ordinaria legge statale sul diritto, ma anche il monopolio dello Stato nazionale sulla giurisdizione. La fisiologica inettitudine degli ordinamenti giuridici nazionali a regolamentare in modo efficiente i rapporti transnazionali ha fatto sì che la disciplina tendesse a trasferirsi dal piano della legislazione statale ad istanze internazionali o astatuali. Ma la progressiva incidenza di fonti normative internazionali o sovranazionali non ha lasciato al riparo gli stessi rapporti interni allo Stato.

Un ruolo normativo a livello regionale europeo giocano istituzioni sovranazionali, cui una determinata comunità di Stati ha attribuito il potere di emanare atti normativi con efficacia diretta, all'interno dei rispettivi ordinamenti nazionali, e prevalente sulle norme nazionali (Unione europea), nonché istituzioni di protezione internazionale dei diritti dell'uomo (Convenzione europea dei diritti dell'uomo). Entrambi i sistemi sono presidiati da corti giudiziarie, che con la loro opera hanno determinato alcuni fra i maggiori rivolgimenti del diritto in Europa nella seconda metà del secolo XX.

I fenomeni sorti da questi sviluppi sono evidenti: dal ravvicinamento tra le tradizioni giuridiche di *common law* e di *civil law*, alla compenetrazione tra ordinamento interno e ordinamento internazionale, alla crisi del sistema delle fonti nonché delle virtù ordinanti possedute dalle tradizionali branche del diritto, alla prevalenza del momento applicativo rispetto alla astratta previsione legislativa del diritto.

3. Formazione legislativa e formazione giurisprudenziale del diritto

È probabile che la cultura giuridica di *civil law* non sia ancora sufficientemente attrezzata per apprezzare la diversità tra formazione legislativa e formazione giurisprudenziale del diritto. Nel passaggio dall'assolutismo giuridico, in cui la legge statale era tutto il diritto[20], ad un forte assetto pluralistico, con il moltiplicarsi

---

19. Così, A. Pizzorusso, *Comparazione giuridica e sistema delle fonti del diritto*, Torino, 2005, p. 41.
20. Fondamentali gli studi di P. Grossi, tra cui si segnala, come strettamente collegato al passaggio nel testo, *Assolutismo giuridico e diritto privato*, Milano, 1998.

e l'intrecciarsi dei piani di legalità (regionale, statale, costituzionale, sovranazionale, internazionale), sono venute meno le ragioni storiche che hanno sostenuto la negazione del carattere di fonte del diritto delle pronunce giudiziali. Passerà ancora del tempo prima che se rendano conto tutti, ma la direzione di marcia è segnata[21]. Con una notevole semplificazione si può dire che, mentre la legge è una previsione normativa (se *x*, allora *y*) e nasce (dovrebbe nascere) in esecuzione di un disegno politico, la sentenza è un accertamento normativo (poiché *x*, allora *y*), che nasce letteralmente "per caso" e "per processo" (giurisdizionale), perché si è già verificato un caso, una controversia che richiede di essere risolta.

Certamente, l'attribuzione alla giurisprudenza del carattere di fonte del diritto deve rispettare le caratteristiche proprie delle pronunce giudiziali e distinguere le ipotesi in cui la sentenza giudiziaria è fonte di norme interpretative di regole giuridiche, ovvero di precetti che concretizzano principi, oppure ancora di norme integrative dell'ordinamento (come accade a quelle pronunce che colmano lacune, testuali o valutative, delle norme giuridiche generali ed astratte)[22]. Di conseguenza anche il grado di creatività della pronuncia del giudice è diverso a seconda del tipo di parametro normativo anteriore che essa è chiamata ad interpretare o integrare: sarà minore quando si tratti di interpretare una regola (che colleghi un effetto ad una fattispecie), sarà maggiore quando si tratti di interpretare un principio (che non collega il proprio contenuto precettivo ad una fattispecie predeterminata)[23].

La portata della norma legislativa (in particolare di quella che abbia struttura di regola), la sua capacità di disciplinare i futuri contegni umani è individuata attraverso una comparazione della fattispecie concreta da disciplinare sia con la fattispecie legale, sia anche – soprattutto – con la *ratio legis*. Quest'ultima esiste prima del fatto da disciplinare: la regola è appunto una *previsione* normativa. La

---

21. Nella letteratura italiana, la tesi secondo la quale il precedente giurisprudenziale è fonte del diritto è oggi argomentata con il massimo impegno da A. Pizzorusso, *Delle fonti del diritto*, seconda edizione, in *Commentario del codice civile Scialoja-Branca*, Bologna-Roma (1ª ed. 1977; 2ª ed. 2011).
22. A proposito di queste ultime, l'esperienza giuridica tedesca conosce un termine pregnante: *Rechtsfortbildung*.
23. Per una critica della contrapposizione tra principi e regole, v. L. Ferrajoli, *Costituzionalismo principialista e costituzionalismo garantista*, in *Giur. cost.* 2010, p. 2771. Ferrajoli coglie alcuni aspetti critici e intende rafforzare il carattere vincolante dei principi (specialmente di quelli che egli chiama principi regolativi, in contrapposizione ai principi direttivi), ma la sua posizione non induce a negare che vi siano più tecniche di formulazione delle norme giuridiche e che la distinzione in due, accennata nelle due parentesi nel testo, abbia un impatto a livello interpretativo. Per una recente rimeditazione complessiva su valori, principi e regole, v. G. Silvestri, *Dal potere ai principi. Libertà ed eguaglianza nel costituzionalismo contemporaneo*, Roma-Bari, Laterza, 2009.

ratio legis ha frequentemente, per non dire sempre, una proiezione normativa che eccede la descrizione legale della fattispecie: i vecchi brocardi dell'antica sapienza *legis plus dixit quam voluit, lex minus dixit quam voluit* lo confermano.

La *ratio decidendi* (in particolare quando il parametro sia un principio) ha natura ed attitudine normativa diverse dalla *ratio legis*[24]. La *ratio decidendi* è saldamente agganciata a quel fatto che si è già verificato nel passato e ha dato origine alla pronuncia giudiziale, un fatto che proietta permanentemente la propria ombra sul *dictum* giudiziale, con tutta la maggiore forza che, rispetto alla fattispecie legale astratta, gli deriva sia dall'essersi già verificato nella realtà, sia dal non dover temere la concorrenza della *ratio legis*. Da un lato, questo tratto rivela la debolezza della portata normativa della pronuncia giudiziale rispetto alla legge, che *in apicibus* discende dal principio della domanda, dal carattere necessariamente reattivo dell'intervento giurisdizionale. Dall'altro lato, questo tratto rivela la forza degli orientamenti giurisprudenziali: la loro capacità di reagire con circospezione, passo dopo passo, fatto dopo fatto, ai mutamenti della realtà[25].

Il problema consiste nell'approfondire come operi questa evoluzione giurisprudenziale sollecitata dai nuovi fatti da giudicare. L'individuazione dei fatti rilevanti per la decisione del caso è un'opera di selezione e di costruzione, di tipizzazione in una fattispecie astratta (analoga alla fattispecie della norma giuridica, laddove quest'ultima rivesta la struttura della regola)[26] dei fatti che il giudice trova dinanzi a sé, o meglio dei racconti che ne fanno le parti. È questa fattispecie ricostruita che è descritta nella *ratio decidendi* e trova espressione nella massima giurisprudenziale che viene elaborata poi dagli uffici studio della Corte e dalle redazioni delle riviste giuridiche. Al momento della decisione, anche la norma giuridica espressa in forma di principio si concretizza evidentemente in una regola. Ma le regole giurisprudenziali, le *rationes decidendi*, si applicano a quei casi della vita che giungono dinanzi al giudice, non alla fattispecie astratta che ne viene poi desunta.

Ne segue che la ricostruzione degli orientamenti della giurisprudenza non si può compiere se non attraverso la lettura attenta e integrale del testo delle sentenze, e non delle massime che se ne estraggono. La prima rilettura attenta e integrale del testo integrale delle sentenze è quella che fa la corte stessa, con

---

24. Su questi temi è molto utile la lettura della raccolta di scritti di G. GORLA, *Diritto comparato e diritto comune europeo*, Milano, 1981. In particolare si segnala "*ratio decidendi*» e "*obiter dictum*", p. 331.
25. Cfr. R. CAPONI, *Retroattività del mutamento di giurisprudenza: limiti*, in *Foro it.*, 2011, I, c. 3344.
26. Cfr. G. GORLA, "*Ratio decidendi*" e "*obiter dictum*", cit., p. 332; J. HRUSCHKA, *La costituzione del caso giuridico. Il rapporto tra accertamento fattuale e applicazione giuridica*, Bologna, 2009.

riferimento ai propri precedenti, per saggiare se vi sono margini per una conferma, per un *distinguishing*, se non per una modifica del proprio orientamento. La valutazione comparativa ha per oggetto le due narrazioni complete dei fatti della vita: la precedente e l'attuale. Si tratta di un lavoro lungo, che è da compiere senza risparmio di energie.

La "decostruzione" della tipizzazione della fattispecie sottesa al precedente, la l'immersione nel flusso della narrazione processuale degli elementi di fatto stilizzati nella massima, ai fini del confronto con il nuovo caso da decidere, è operazione della massima importanza.

4. Interazioni tra corti

Oltre agli aspetti segnalati specialmente alla fine del secondo paragrafo, che possono ancora essere racchiusi entro l'etichetta della crescita impetuosa del diritto di formazione giurisprudenziale, vi è una ragione del successo di questo tema che attiene specificamente all'interazione delle corti tra di loro. L'espressione "dialogo tra le corti" non è affatto neutrale, avalutativa, anonima, ma si carica immediatamente di un valore, di una visione ottimistica, quasi idilliaca. Essa è chiamata a sconfiggere la fosca "ipotesi speculativa", formulata all'inizio degli anni settanta del secolo XX nel teorizzare il concetto di *Weltgesellschaft*, di società-mondo: la previsione che il diritto globale avrebbe sperimentato una radicale frammentazione, non secondo confini territoriali, ma lungo linee di frattura sociali ed economiche[27]. Una previsione accentuata da odierni sostenitori, secondo i quali la frammentazione del diritto globale sarebbe progressiva e irrimediabile, potendosi aspirare solo ad un legame tenue di unità collidenti ed a provvisorie soluzioni di conflitti[28].

Se si sacrificano visioni chiaroscurali e posizioni intermedie, si può osservare che questa concezione pessimistica è fronteggiata da un'altra opposta, secondo la quale le varie relazioni tra ordini nazionali e ordini sovranazionali, da un lato, e tra i diversi ordini sovranazionali, dall'altro lato, possono essere coordinate. Ciò può avvenire non già attraverso le azioni politiche dei governi nazionali, bensì piuttosto attraverso l'azione delle corti, nazionali, sovranazionali e globali, che fissano le regole di convivenza tra ordini giuridici diversi, collegandoli tra di loro, ricomponendo così almeno in parte la frammentazione del diritto globale nel quadro di una "diversità sostenibile"[29]. Questa idea, che può trovare una

---

27. Così N. Luhmann, *Die Weltgesellschaft*, in *Archiv für Rechts und Sozialphilosophie* 21 (1971), p. 57.
28. Così, A. Fischer-Lescano, G. Teubner, *Regime-Kollisionen. Zur Fragmentierung des globalen Rechts*, Frankfurt am Main, 2006.
29. Così, H. P. Glenn, *Legal Traditions of the World*, 4ª ed., Oxford, 2010, p. 357.

fondazione filosofica nella *Diskurstheorie* di Jürgen Habermas[30], ha trovato nella recente letteratura italiana felice espressione in una recente opera[31].

5. Corti tra diritto e società

Vi è infine una ragione del successo del dialogo tra le corti che attiene alle evoluzioni del rapporto tra diritto e realtà sociale. Se il diritto gode oggi di una rinnovata, fortunata stagione nella società (in questo caso il discorso si rivolge specificamente alla realtà italiana), "non più riservato a piccole cerchie di iniziati ai suoi formalismi tecnici, non più confinato nell'angusto perimetro delle esercitazioni accademiche"[32], ma affrancato dalla sua tradizionale "separatezza" rispetto alle correnti culturali contemporanee e coinvolto nei dibattiti dell'opinione pubblica, ciò si deve anche al fatto che il dialogo tra le corti ha toccato temi centrali della vita individuale delle persone, nonché della vita collettiva delle nazioni.

Questi sviluppi sono carichi delle sfide più attraenti per lo studioso del diritto, poiché gli impongono di sollevare lo sguardo al di là delle cure quotidiane della propria specialità disciplinare, per riflettere sul ruolo della scienza

---

30. J. Habermas, *Fatti e norme. Contributi ad una teoria discorsiva del diritto e della democrazia* (1992), trad. it. a cura di L. Ceppa, Milano, 1992.

31. Cfr. S. Cassese, *I tribunali di Babele. I giudici alla ricerca di un nuovo ordine globale*, Roma, 2009. Le corti svolgono un ruolo integratore, servendosi di un nucleo di "dottrine", che l'A. elenca sulla base dell'analisi di una serie di casi concreti: *a)* controlimiti (un diritto "superiore" viene accettato da un ordine giuridico "inferiore" a condizione che esso rispetti i principi essenziali di quest'ultimo); *b)* margine di apprezzamento (un diritto "superiore" si impone a ordini giuridici "inferiori", ma lasciando un margine libero a questi ultimi); *c)* distinzione tra supremazia e primazia (un diritto "superiore" si applica a ordini giuridici "inferiori" non in virtù della sua superiorità gerarchica, ma grazie alla distinzione degli ambiti di competenza dei due ordini); *d)* fonti atipiche o infracostituzionali, norme interposte (un diritto "superiore" si impone alla normazione primaria degli ordini giuridici "inferiori", ma non a quella costituzionale); *e)* effetto diretto e interpretazione conforme (un diritto "superiore", pur non essendo direttamente indirizzato ai privati, obbliga le autorità degli ordini giuridici "inferiori" ad applicarne le norme in modo conforme al diritto "superiore"); *f)* "*judicial comity*", rinvii o "*deference*" tra regimi regolatori (gli ordini giuridici ultrastatali sono intesi come ordini integrati ovvero sottoposti all'obbligo di cooperazione); *g)* protezione equivalente (un ordine giuridico riconosce la validità di un altro ordine giuridico a condizione che quest'ultimo garantisca una protezione dei diritti fondamentali paragonabile a quella offerta dal primo); *h)* divisione dei compiti (un ordine giuridico fa spazio a un altro ordine in relazione a una determinata funzione, se quest'ultimo ha come compito principale la cura di quella funzione); *i)* sussidiarietà (un ordine giuridico si astiene dall'intervenire in una certa materia, se in relazione a quest'ultima vi è un altro ordine giuridico competente meno lontano dall'interesse da curare).

32. Così P. Cappellini, G. Conte, *Maestri del diritto. Un invito alla lettura*, in G. Alpa (a cura di) *Paolo Grossi*, a cura di, Bari, 2011, p. V.

giuridica e del giurista in una realtà sociale e culturale in rapida trasformazione. Gli suggeriscono di mettere alla prova la sua capacità di farsi ascoltare da settori ampi dell'opinione pubblica, attraverso interventi su mezzi di comunicazione di massa, che riescano a conservare la struttura del saggio breve, in cui si coglie sinteticamente il cuore del problema, senza semplificare eccessivamente. Sorge una domanda: se si affacci all'orizzonte del nostro paese la distinzione di ruoli, propria delle *law schools* statunitensi, tra rielaborazione conforme alla prassi del diritto vigente, che viene prevalentemente lasciata ai giuristi nelle case editrici che curano le banche dati, da un lato, ed i grandi giuristi che si vedono più come *public intellectuals* che producono nuove idee attraverso un approccio interdisciplinare, dall'altro[33].

Sfida attraente, ma non priva di qualche rischio, poiché nasconde l'insidia di una funzione ancillare del diritto rispetto ad altri saperi. Il giurista non deve certo disdegnare il dialogo con gli altri scienziati sociali sulle questioni di fondo della nostra società, ma deve affrontare il dialogo sui massimi sistemi solo dopo aver percorso per intero il tragitto che muove dalla ricostruzione puntigliosa dei fatti che gli stanno dinanzi: le aule dei tribunali, le stanze degli uffici legali, gli uffici della pubblica amministrazione, le aule parlamentari, ecc., sono sempre i nostri migliori laboratori.

Il diritto non è solo quello che si dibatte negli interessanti simposi presso le prestigiose ed esclusive università americane. Il diritto nasce dalle viscere della società, è scritto sulla pelle delle persone[34]. Alla fine, lo studio del diritto è davvero una difficile, ma meravigliosa vocazione, poiché chi la prende sul serio deve essere in grado di compiere sempre il faticoso percorso che va dai fatti minuti della vita quotidiana alle grandi idee che ci proiettano verso il futuro. Così lo studioso del diritto deve essere in grado di farsi ascoltare con interesse, sia dall'avvocato di provincia, che dai grandi intellettuali pubblici.

6. Nuova questione costituzionale

Nei rapporti tra corti, la partita decisiva si gioca nel campo di tensione generato dalla seguente questione: potrà mai esistere un "costituzionalismo globale" in grado di sfidare effettivamente "poteri che appaiono non controllabili"?[35] Oppure la protezione dei diritti fondamentali dovrà continuare ad essere collegata essenzialmente all'esercizio dei poteri statali, come proclama l'art. 1 del *Grundgesetz* tedesco, che aspira così a rovesciare in termini positivi la durissima lezione della

---

33. Cfr. A. VON BOGDANDY, *Prospettive della scienza giuridica nell'area giuridica europea. Una riflessione sulla base del caso tedesco*, in Foro it., 2012, V, c. 54.
34. Nell'affermazione del testo vi è di nuovo il riflesso della lezione di Paolo Grossi.
35. È la domanda che si pone S. RODOTÀ, all'inizio del suo *Il diritto di avere diritti*, Bari, 2012.

storia? Dovrà la protezione dei diritti fondamentali continuare ad essere affidata ai poteri statali almeno nel momento ultimo e decisivo, quando azioni "esecutive" siano chiamate a dare effettività a quei diritti? Ciò consente di cogliere nel dialogo tra corti nazionali, europee e internazionali uno dei tanti elementi della "nuova questione costituzionale": se possano darsi assetti costituzionali al di là dello stato nazionale.

Tra le due posizioni fondamentali, la prima che constata il declino del costituzionalismo moderno legato allo stato nazionale, oggi minato nei suoi fondamenti dal processo di integrazione europea, nonché dal sorgere di regimi transnazionali[36], la seconda che sviluppa l'idea di una costituzione per l'intera società europea e poi per la società mondiale[37], guadagna terreno e attenzione una terza posizione, che cerca di porre la questione costituzionale "non solo in rapporto alla politica e al diritto, ma in rapporto a tutti i settori della società"[38]. In effetti, in confronto con la vecchia questione costituzionale del diciottesimo e del diciannovesimo secolo, si pongono oggi problemi di tipo diverso, ma non meno grave: "se allora si trattava di liberare le energie politiche dello Stato nazionale e contemporaneamente di delimitarle dal punto di vista giuridico, gli attuali processi di costituzionalizzazione sono diretti ad arginare gli effetti distruttivi di ben altre energie sociali, particolarmente avvertibili nell'economia, ma anche nella scienza e nella tecnologia, nella medicina e nei nuovi mezzi di comunicazione"[39].

---

36. Esponente di spicco di questa corrente di pensiero è D. GRIMM, del quale si può leggere, tra i molti lavori, *Zur Bedeutung nationaler Verfassungen in einem vereinten Europa*, in *Handbuch der Grundrechte in Deutschland und Europa*, VI, 2, *Europäische Grundrechte II - Universelle Menschenrechte*, Heidelberg, 2009, p. 3.
37. Esponente di spicco di questa corrente di pensiero è sempre J. HABERMAS, *Zur Verfassung Europas*, Berlin, 2011, p. 83.
38. Cfr. G. TEUBNER, *Verfassungsfragmente*, Berlin, 2012, p. 15.
39. Cfr. G. TEUBNER, *Verfassungsfragmente*, cit., p. 11.